Curso de Direito do Trabalho

1ª edição — março, 2005

1ª edição — 2ª tiragem atualizada — setembro, 2005

2ª edição — fevereiro, 2006

3ª edição — fevereiro, 2007

4ª edição — fevereiro, 2008

5ª edição — fevereiro, 2009

5ª edição — 2ª tiragem — julho, 2009

5ª edição — 3ª tiragem — outubro, 2009

6ª edição — fevereiro, 2010

7ª edição — março, 2011

ALICE MONTEIRO DE BARROS

Doutora em Direito Privado pela Faculdade de Direito da Universidade Federal de Minas Gerais. Desembargadora do Tribunal Regional do Trabalho da 3ª Região. Professora Adjunta IV da Faculdade de Direito da Universidade Federal de Minas Gerais. (Aposentada em agosto de 2008).

CURSO DE DIREITO DO TRABALHO

7ª edição

revista e atualizada

LTr 75

EDITORA LTDA.

Rua Jaguaribe, 571
CEP 01224-001
São Paulo, SP — Brasil
Fone (11) 2167-1101

Produção Gráfica e Editoração Eletrônica: R. P. TIEZZI
Projeto de Capa: FABIO GIGLIO
Impressão: HR GRÁFICA E EDITORA
LTr 4420.8
Março, 2011

Visite nosso site:
www.ltr.com.br

Dados Internacionais de Catalogação na Publicação (CIP)
(Câmara Brasileira do Livro, SP, Brasil)

Barros, Alice Monteiro de

Curso de direito do trabalho / Alice Monteiro de Barros. — 7. ed. — São Paulo : LTr, 2011.

Bibliografia

ISBN 978-85-361-1686-0

1. Direito do trabalho 2. Direito do trabalho — Brasil I. Título.

11-01804 CDU-34:331(81)

Índices para catálogo sistemático:

1. Brasil : Direito do trabalho 34:331(81)
2. Direito do trabalho : Brasil 34:331(81)

À memória de minha mãe,
Alice Junqueira Monteiro de Barros,
e de meu pai, Newton Monteiro de Barros.

Os meus agradecimentos a todos os que me incentivaram a escrever esta obra e, em especial, aos que tornaram possível a sua concretização. Refiro-me à Soraya Mendonça Tarquinio, pela eficiência e dedicação no trabalho de digitação do texto, à Ana Martins Marques, pela criteriosa revisão de linguagem, e, respectivamente, à Virgínia Lúcia Rocha Vianna, à Suzana Paim Lavalle, e ao Renaldo César Bueno Alves da Silva, pelo expressivo auxílio complementar prestado nos trabalhos de digitação e revisão do texto.

Agradeço à Cristiana de Oliveira Andrade, à Fernanda Pessamílio Freitas Ferreira, ao Mateus Alves da Silva, à Paula Cristina de Abreu Amorim e à Rosimeire Gomes Maia, pela compreensão e pelos préstimos na seleção complementar de jurisprudência utilizada nesse estudo.

Agradeço, por fim, à Thais Bernardes Camilo e ao Glauco Allan da Silva Neiva, pelo suporte técnico.

ÍNDICE

PARTE I — DIREITO INDIVIDUAL DO TRABALHO

PARTE II — DIREITO COLETIVO DO TRABALHO

PARTE III — DIREITO COMUNITÁRIO DO TRABALHO

PARTE I

DIREITO INDIVIDUAL DO TRABALHO

FUNDAMENTOS E FORMAÇÃO HISTÓRICA DO DIREITO DO TRABALHO. TENDÊNCIAS ATUAIS DO DIREITO DO TRABALHO. FLEXIBILIZAÇÃO E GARANTIAS MÍNIMAS

1. INTRODUÇÃO

O termo *trabalho,* segundo alguns dicionários etimológicos[(1)], deriva do latim vulgar *tripaliare*, que significa "martirizar com o *tripalium*" (instrumento de tortura composto de três paus).

Sustenta-se que os primeiros trabalhos foram os da Criação. É o que se infere do Pentateuco, mais precisamente do livro Gênesis, que narra a origem do mundo: "Deus acabou no sétimo dia a obra que tinha feito; e descansou..." (Gen. 2, 2). O trabalho não tem aqui conotação de fadiga e o repouso é desprovido do sentido de recuperação de esforços gastos. Do mesmo livro Gênesis consta que "... o Senhor Deus tomou o homem e o colocou no paraíso de delícias para que o cultivasse e guardasse..." (Gen. 2:15). Verifica-se dessa passagem que, mesmo antes do pecado original, Adão já trabalhava. O trabalho é uma possibilidade de continuar a obra criadora de Deus.

Com o pecado original, a doutrina cristã destaca não o trabalho em si, mas a fadiga, o esforço penoso nele contido[(2)], como se constata do mesmo livro Gênesis, 3, 17-19: "Porque deste ouvido à voz de tua mulher, e comeste da árvore, de que eu tinha te ordenado que não comesses, a terra será maldita por tua causa; tirarás dela o sustento com trabalhos penosos, todos os dias da tua vida. Ela te produzirá espinhos e abrolhos, e tu comerás a erva da terra. Comerás o pão com o suor do teu rosto até que voltes à terra, de que foste tomado; porque tu és pó, e em pó te hás de tornar"[(3)]. O homem está, pois, condenado a trabalhar para remir o pecado original e resgatar a dignidade que perdera diante de Deus. O trabalho tem um sentido reconstrutivo. É, sem dúvida, na visão hebraica de trabalho que ele adquire uma valorização como atividade humana.

Na Antiguidade Clássica, no mundo greco-romano, o trabalho possuía um sentido material, era reduzido a coisa, o que tornou possível a escravidão. A condição de escravo derivava do fato de nascer de mãe escrava, de ser prisioneiro de guerra, de

(1) CUNHA, Antonio Geraldo. *Dicionário Etimológico Nova Fronteira da Língua Portuguesa.* 2. ed., Rio de Janeiro: Nova Fronteira, 1986, p. 779.

(2) GARCÍA, Manuel Alonso. *Derecho del Trabajo*. Tomo I. Barcelona: José Maria Bosch, 1960, p. 19.

(3) Os textos do livro Gênesis foram extraídos da Bíblia Sagrada da Edições Paulinas. São Paulo, 1987.

condenação penal, de descumprimento de obrigações tributárias, de deserção do exército, entre outras razões. Nessa forma de trabalho, o homem perde a posse de si mesmo. Ao escravo era confiado o trabalho manual, considerado vil, enquanto os homens livres dedicavam-se ao pensamento e à contemplação, para os quais os escravos eram considerados incapazes.

A escravidão explica-se pelas particulares condições econômicas da época e pela falta de um conceito autêntico de liberdade(4). O mundo grego apresenta duas teorias antagônicas sobre o trabalho: uma o considera vil, opressor da inteligência humana, e outra o exalta como essência do homem. Na realidade, essas teorias resultam de duas concepções de vida, com origens diferentes. Os pensadores que enaltecem o trabalho são de origem humilde, participam da religião dos mistérios, das classes deserdadas, e os que o consideram vil pertencem às classes mais favorecidas(5).

Na Idade Média, as seitas heréticas partem do pressuposto de que prover a subsistência com o próprio trabalho assegura a independência, mas recomendam que seja repelido todo esforço além do necessário.

Pelo que se pode constatar, durante longos anos, e desde a sua origem etimológica, o trabalho encerra valores ora penosos, ora desprezíveis. Com o cristianismo, ele desfruta de um sentido mais digno.

Finalmente, o Renascimento louva o homem na atuação livre e racional; o trabalho é visto como a verdadeira essência humana.

Encarado sob o prisma da concepção humana, o trabalho tem um caráter pessoal, constituindo um ato da vontade livre do homem; tem um caráter singular, na medida em que traduz uma expressão do valor e da personalidade de quem o executa. O trabalho atua como meio de subsistência, de acesso à propriedade, e cumpre um conjunto de funções sociais. Em consequência, ele representa um ponto de reflexão singularmente característico pela sua transcendência social. E exatamente por isso tem um caráter multidisciplinar e interessa, entre outras áreas de conhecimento, à Teologia, à Filosofia, à Economia, à Sociologia e ao Direito. O trabalho é uma atividade humana que pressupõe esforço físico ou mental. Do ponto de vista **filosófico**, vem sendo conceituado como "uma atividade consciente e voluntária do homem, dependente de um esforço" ou como "a obra moral de um homem moral"; já sob o prisma **econômico**, o trabalho é considerado como "toda energia humana empregada, tendo em vista um escopo produtivo"(6). Finalmente, sob o aspecto **jurídico**, ele é encarado como "objeto de uma prestação devida ou realizada por um sujeito em favor de outro" e, mais precisamente do ponto de vista **jurídico-trabalhista**, o trabalho é uma prestação de serviço não eventual, subordinada e onerosa, devida pelo empregado em favor do empregador.

(4) BATTAGLIA, Felice. *Filosofia do Trabalho*. São Paulo: Saraiva, 1958, p. 30. Trad.: Luis Washington Vita e Antonio D' Elia.

(5) BATTAGLIA, Felice. *Op. cit.*, p. 37.

(6) NITTI, Francesco. *Apud* MORAES FILHO, Evaristo. *Introdução ao Direito do Trabalho*. São Paulo: LTr, 1971, p. 133.

O trabalho pressupõe atividade que se manifesta por meio de variados aspectos, os quais reclamam do ordenamento jurídico atenção diversa, dependendo da época.

2. O TRABALHO NA ANTIGUIDADE

A difusão do trabalho escravo na Antiguidade, sobretudo entre os gregos e romanos, associada à concepção do trabalho como mercadoria são fatores responsáveis pela inclusão dessa relação laboral no contexto da propriedade. O escravo assemelhava-se a uma coisa que pertencia ao amo ou senhor, a partir do momento em que entrava no seu domínio, portanto, não poderia prestar o consentimento contratual e, consequentemente, contrair obrigações. O escravo era destituído do direito à vida e ao tratamento digno, embora estivesse o amo sujeito a sanções penais se o matasse sem causa (Digesto 1.6; 1 y 2).

Nessas circunstâncias, o escravo enquadrava-se como objeto do direito de propriedade, não como sujeito de direito, razão pela qual se torna inviável falar-se de um Direito do Trabalho enquanto predominava o trabalho escravo. É que o contrato de trabalho, núcleo de nossa disciplina, pressupõe a existência de dois sujeitos de direito: empregado e empregador. Ausente um deles, a relação jurídica está fora de sua tutela.

Cumpre esclarecer que aos escravos permitia-se o trabalho leve e doméstico em dias destinados ao repouso, exceto nos dias das *Saturnales*, que inicialmente duravam três dias (18 a 20 de dezembro), prolongando-se posteriormente até às festas *sigilariae*, como acentua Bayón Chacon(7), o que vem comprovar a existência de normas heterônomas aplicáveis também aos escravos, embora em número insignificante.

Paralelamente ao trabalho do escravo havia, sobretudo entre os romanos, aqueles que exerciam uma atividade com autonomia, em regime de liberdade, como os artesãos. Suas associações recebiam o nome de colégios romanos, provavelmente fundadas por Numa Pompílio, com finalidade religiosa e de socorro mútuo. Não se confundiam com os sindicatos, que são órgãos de defesa dos interesses de determinada categoria econômica, profissional, de trabalhadores avulsos, autônomos e de servidores públicos.

2.1. **Locatio conductio*: rei, operis e operarum no mundo romano***

O aumento da população e a complexidade das relações sociais e humanas fizeram com que os senhores passassem a se utilizar da mão de obra de escravos de outros senhores, arrendando-lhes os serviços. Paulatinamente, os homens livres, de baixo poder aquisitivo, passaram também a ser incluídos entre os que arrendavam os seus serviços.

As condições iniciais desse contrato, idênticas às do escravo, eram regidas pela locação de coisas, daí ser toda a operação denominada genericamente *locatio conductio,* definida como o ajuste consensual por meio do qual uma pessoa se obrigava a fornecer a outrem o uso e o gozo de uma coisa, a prestação de um serviço ou de uma obra em

---

(7) BAYON CHACON, Gaspar. *La autonomía de la voluntad en el derecho del trabajo*. Madrid: Editorial Tecnos, 1955, p. 92 (nota de rodapé 148).

troca de um preço que a outra parte se obrigava a pagar e que se chamava *merces* ou *pensio*. Somente os escravos e os pobres de classe mais baixa poderiam se obrigar nessas locações.

O aparecimento da *locatio* no mundo romano ocorreu em torno dos séculos VII e VI a.C.[(8)].

Havia, no Direito Romano antigo, três espécies de *locatio conductio: rei, operis* e *operarum*.

Na primeira, uma das partes se obrigava a conceder à outra o uso e gozo de uma coisa em troca de certa retribuição.

Na segunda, denominada *locatio operis faciendi*, o objetivo era o resultado de determinada obra que uma pessoa (*conductor*) se comprometia a executar para outrem (*locator*), mediante um preço e assumindo os riscos de tal execução. Essa figura é um antecedente da empreitada.

Finalmente, a *locatio conductio operarum,* antecedente do contrato de trabalho, segundo grande parte da doutrina, implicava a prestação de serviço por uma pessoa (*locator*), cuja remuneração era fixada tendo em vista o tempo gasto na sua execução, não o resultado do trabalho, arcando o *conductor* (credor do trabalho) com os riscos advindos da prestação. Observa-se que a designação das partes se inverte nesses dois últimos contratos, acentuando Barassi[(9)] que o fenômeno se justifica historicamente.

Convém reforçar, entretanto, que durante a Antiguidade Clássica a locação de obra e de serviços era escassa, se comparada com a escravidão. A razão reside na circunstância de que, para os romanos, ela somente seria possível no tocante a fatos materiais, concretos, não se estendendo aos serviços intelectuais. Isso confirma a dificuldade enfrentada pelos romanos para conceber uma relação abstrata de trabalho distinta do homem que a executa. A propósito, a *Lex Julia Publica et Privata* fala do homem que se arrenda a si mesmo.

Afirma-se que na *locatio operarum* havia ampla liberdade contratual, a qual poderia derrogar o quadro jurídico existente[(10)], inclusive regras sobre a indivisibilidade da jornada, que era fixada de sol a sol; os repousos festivos deveriam ser respeitados; a morte das partes (ou de uma delas) constituía causa da extinção da *locatio*. Essa fatalidade era o limite máximo da vinculação contratual. Nos contratos a termo, não se admitia a resilição antecipada por quaisquer das partes, tampouco era permitida a sua substituição na prestação de serviços. Ademais, o credor do trabalho poderia transferir o *locator* para o lugar que lhe aprouvesse.

O pagamento, na *locatio*, era elemento essencial. A remuneração, denominada *merces* ou *pensio*, era fixada pelas partes e ficava entregue à lei da oferta e da procura,

---

(8) MORAES FILHO, Evaristo. *Tratado Elementar de Direito do Trabalho*. Rio de Janeiro: Freitas Bastos, 1956, v. I, p. 41.

(9) BARASSI, Ludovico. *Il Contratto di Lavoro nel Diritto Positivo Italiano*. Milano: Societá Editrice Librairia, 1901.

(10) GOMES, Orlando & GOTTSCHALK, Elson. *Curso de Direito do Trabalho*. Rio de Janeiro: Forense, 2000, p. 118.

razão pela qual a retribuição era, em geral, inferior às necessidades vitais, salvo nos lugares onde a oferta era maior do que a procura.

Bayón Chacon(11) sustenta que "de certa forma, apesar da plena liberdade contratual, havia generalizada tendência dos juízes a exigir que se estipulasse o pagamento em dinheiro sempre que se tratasse da *locatio*, não bastando o fornecimento de alimentação e habitação, as quais eram consideradas acessórias da *merces*; exigia-se, igualmente, sua prévia determinação, sendo normal o pagamento por jornada, salvo pacto em contrário. Na *locatio operis*, o pagamento era feito na entrega e recebimento da obra ou por ocasião do término de cada parte ou até mesmo por jornadas, se assim tivesse sido avençado ou, ainda, mediante prévia exibição do trabalho realizado nos últimos casos. Existiam, pois, no campo processual escassos e problemáticos limites à plena autonomia da vontade".

A coexistência, na sociedade romana da Antiguidade, de normas autônomas e normas heterônomas é inegável, não obstante predominassem as primeiras. As normas dispositivas permitiram o exercício de uma certa liberdade contratual, que não chegou, evidentemente, a assumir a projeção encontrada no liberalismo.

3. IDADE MÉDIA

O trabalho escravo decai na economia medieval, não só no período feudal (século V a século XI), como também no período urbano (século XI a século XV)(12).

No período feudal, de economia predominantemente agrária, o trabalho era confiado ao servo da gleba, a quem se reconhecia a natureza de pessoa(13) e não de coisa, ao contrário do que ocorria com os escravos. Não obstante, a situação do servo, pelo menos no Baixo Império Romano, era muito próxima à dos escravos. Eles eram escravos alforriados ou homens livres que, diante da invasão de suas terras pelo Estado e, posteriormente, pelos bárbaros, tiveram que recorrer aos senhores feudais em busca de proteção. Em contrapartida, os servos estavam obrigados a pesadas cargas de trabalho e poderiam ser maltratados ou encarcerados pelo senhor, que desfrutava até mesmo do chamado *jus primae noctis*, ou seja, direito à noite de núpcias com a serva da gleba que se casasse.

A partir do século X, os habitantes dos feudos, impulsionados por novas necessidades que não podiam ser ali satisfeitas, passaram a adquirir mercadorias produzidas fora dos limites dessas áreas, em feiras e mercados sediados à margem dos rios, lagos e mares, locais propícios ao intercâmbio de produtos manufaturados ou naturais, inclusive com os próprios feudos, que forneciam víveres às comunas e em troca recebiam

(11) BAYON CHACON, Gaspar. *Op. cit.*, p. 96.

(12) A decadência da escravidão, no Império Romano, acentuou-se na época de Marco Aurélio e dos Severos, em face da política igualitária por eles implantada. A par desse aspecto, o ideal humanitário apregoado pelo cristianismo e pela filosofia estoica, associado à fuga dos escravos são também fatores responsáveis pelo declínio dessa forma de trabalho (Rémondon: La crisis del Imperio Romano, de Marco Aurélio a Anastásio. Barcelona, 1967, p. 21 y 36. *Apud* MONTOYA MELGAR, Alfredo. *Derecho del Trabajo*. 24. ed., Madrid: Tecnos, 2003, p. 55).

(13) J. M. Font y Rius. Instituciones medievales. *Apud* MONTOYA MELGAR, Alfredo. *Derecho del Trabajo*. 24. ed., Madrid: Tecnos, 2003, p. 56.

mercadorias e objetos fabricados. Essas comunas eram centros de interesse de artesãos e mercadores e evoluíram para as corporações de ofício.

Após a queda do Império Romano[14], as relações predominantemente autônomas de trabalho foram paulatinamente sendo substituídas por um regime heterônomo, que se manifestou sobretudo no segundo período da época medieval, nas corporações de ofício, constituídas por mestres que, em princípio, obtinham o cargo pelas suas aptidões profissionais ou por terem executado uma obra-prima. Essas exigências foram aos poucos desaparecendo, quando se instalou no seio das corporações uma oligarquia.

A preocupação dominante nas corporações, sobretudo na França, no século XII, refletida nos seus estatutos, era assegurar a lealdade da fabricação e a excelência das mercadorias vendidas. No setor industrial da tecelagem e da alimentação havia rigorosa fiscalização da matéria-prima e da qualidade dos produtos. O mestre não podia recrutar operários de outras corporações, tampouco lançá-las ao descrédito. Na Inglaterra, as corporações monopolizavam a profissão tanto na indústria como no comércio, pois quem não pertencesse a uma corporação não poderia exercer as atividades no perímetro urbano. Essa tendência monopolizadora agrava-se em face dos limites impostos ao número de aprendizes, do alongamento da duração do aprendizado e da vedação do trabalho do artesão estrangeiro.

O ajuste contratual deixa de ser norma reguladora para ser substituído pelas regras das Corporações de Ofício, aplicáveis a todos os seus membros, isto é, aos aprendizes, operários ou companheiros e aos mestres.

Os aprendizes celebravam com os mestres contrato de aprendizagem que durava de dois a 12 anos, dependendo da complexidade do ofício. Durante esse período, o mestre possuía o direito de custódia, alojando e alimentando os aprendizes, além do dever de ensinar-lhes o ofício, concedendo-lhes tratamento adequado.

Terminado o aprendizado, os aprendizes tornavam-se companheiros e exerciam suas atividades nos locais públicos. Por outro lado, o companheiro só conseguia melhorar sua atuação na categoria profissional se dispusesse de dinheiro para comprar a carta de mestria ou se se casasse com a filha do mestre ou com sua viúva[15].

Os estatutos das corporações previam também algumas regras para os companheiros, que trabalhavam por dia ou por unidade de obra, com a obrigação de produzir um produto de boa qualidade. Os estatutos, além de outras disposições, fixavam a retribuição não em função das necessidades do trabalhador, mas com o objetivo de evitar a livre concorrência, que poderia surgir se os salários fossem fixados a critério dos mestres. Estes últimos deveriam respeitar as regras da fábrica, o emprego de produtos e técnicas.

Na época medieval, as relações jurídico-laborais que se desenvolviam nas corporações de ofício enquadravam-se dentro de uma orientação heterônoma. A regulamen-

---

(14) A queda do Império Romano ocorre em 410 d.C. Cf. CASELLI, Giovanni. *O Império Romano e a Idade Média*. São Paulo: Melhoramentos, 1981, p. 20. Trad.: Alida Christina Sauer.

(15) PIMENTA, Joaquim. *Sociologia econômica e jurídica do trabalho*. 5. ed. Rio de Janeiro: Freitas Bastos, 1957, p. 116.

tação das condições de trabalho era estabelecida por normas alheias à vontade dos trabalhadores. Nota-se, entretanto, que, na hipótese de invalidez ou morte do artesão, as corporações os amparavam ou as suas famílias.

Afirma-se que as corporações de ofício atingiram o seu apogeu no século XIII e decaíram a partir do século XV, lembrando que no século XIV esse declínio já havia começado.

4. O REGIME LIBERAL

O processo de transição dessa época de heteronomia para o regime liberal, em que predomina a autonomia, verificou-se em razão de uma conjugação de fatores.

É sabido que nenhuma sociedade consegue se manter sob o domínio de instituições que não se justificam mais em face dos seus progressos naturais.

Os abusos praticados pelos mestres nas corporações de ofício, geradores de greves e revoltas dos companheiros, principalmente em face da tendência oligárquica de transformar o ofício em um bem de família, associada à incapacidade de adaptação do trabalho ali desenvolvido às novas exigências socioeconômicas, dada a tendência monopolizadora e o apego às formas superadas de produção, foram, como acentua Pérez Paton[(16)], motivos mais do que suficientes para incrementar a transição da sociedade artesanal para o capitalismo mercantil.

Nos séculos XVII e XVIII acentuou-se a decomposição do regime precedente. Em 1776, promulgou-se o Edito de Turgot, extinguindo as corporações. Algumas foram mantidas, dada a pressão exercida por certos mestres, mas com limitações. Finalmente, a lei Chapelier, de 1791, extinguiu-as definitivamente, como se infere de seu art. 7º, que dispõe: "a partir de 1º de abril, todo homem é livre para dedicar-se ao trabalho, profissão, arte ou ofício que achar conveniente, porém estará obrigado a prover-se de uma licença, a pagar os impostos de acordo com as tarifas seguintes e a conformar-se com os regulamentos da polícia que existam ou que se expeçam no futuro".

Esses dois textos legais tiveram um aspecto positivo e um aspecto negativo. O aspecto positivo foi a obtenção da liberdade de trabalho e o negativo, o impedimento da possibilidade de existência de qualquer órgão entre indivíduo e Estado, pois as associações foram vedadas.

O fenômeno acelerador da crise do regime artesanal foi a inovação tecnológica, globalmente designada Revolução Industrial[(17)], cujo momento de ocorrência é controvertido. Segundo alguns autores (Toynbee), seu ponto de partida foi 1760; já para outros autores (Nef), esse processo ocorreu entre 1783 e 1802, na Inglaterra[(18)]. Com a inovação tecnológica, a ferramenta manual é substituída pela máquina.

O triunfo da Revolução Francesa exaltou a liberdade individual consagrada no preâmbulo da Constituição de 1791 desse país.

---

(16) PÉREZ PATON, Roberto. *Principios de Derecho Social y de legislación del Trabajo*. Buenos Aires: Arayú, 1945, p. 61.

(17) ALONSO GARCIA, Manuel. *Derecho del Trabajo*. Tomo I. Barcelona: José Maria Bosch Editor, 1960, p. 90.

(18) MONTALVO CORREA, Jaime. *Fundamentos de Direito do Trabalho*. Madrid: Civitas, 1973, p. 66 e 67.

O novo regime consagrou a liberdade para o exercício das profissões, artes ou ofícios, e consequentemente, para as livres contratações. Encontrava-se estribado na doutrina de Rousseau, nas doutrinas econômicas dos fisiocratas e dos clássicos ingleses, como também na Escola do Direito Natural e das Gentes.

Essa nova estrutura social fundava-se no individualismo, que se refletia nos aspectos econômicos, políticos e jurídicos.

"*Laissez-faire, laissez-passer*" é a fórmula do liberalismo econômico, atribuída a Vicent Gournay.

Princípio liberal e postulados individualistas atuaram como as grandes bases sobre as quais se desenvolveu todo o mecanismo das relações jurídico-laborais existentes até o aparecimento do fenômeno intervencionista, como acentua Alonso Garcia[(19)].

Os indivíduos adquiriam com sua vontade o poder supremo para realizar toda a classe de atos jurídicos, os quais passavam a ter força de lei entre as partes, porque aceitos voluntariamente.

O Código de Napoleão, de 1804, revela a vontade contratual como norma suprema das relações jurídicas. E assim é que o art. 1.134 do aludido diploma legal dispõe: "As convenções têm força de lei para os que as celebraram". Por outro lado, o art. 1.115 do mesmo diploma legal condiciona a revogação das convenções ao consentimento mútuo das partes ou às causas que a lei autorize.

Nesse Código, de cunho puramente individualista, encontram-se as diretrizes da organização do trabalho nos quadros do Direito Civil. O Código Francês de 1804 regulou o contrato de trabalho como uma das modalidades da locação, no Capítulo II, Título VIII, do Terceiro Livro, consagrando apenas dois artigos a esse importante ajuste. O **primeiro** desses artigos dispunha que o trabalhador só poderia se obrigar por certo tempo ou para a execução de determinada obra, e o **segundo** consubstanciava--se na determinação de que o empregador merece crédito pela sua afirmação, no tocante aos salários pagos anualmente.

Ao se instituir o contrato a prazo, proibia-se o trabalho por toda a vida com o objetivo de evitar o reaparecimento da escravidão. O legislador mostrou-se coerente com as tendências individualistas da época, já que a obrigação de trabalhar por toda a vida para alguém implica a alienação da liberdade, que é um dos direitos naturais do homem. De outro lado, a valorização da palavra do empregador, no que se refere ao pagamento do salário, evidenciava a parcialidade do legislador em favor dos interesses do empregador, contribuindo decisivamente para o desequilíbrio das forças.

Influenciados por esses dispositivos legais, os códigos elaborados no século XIX e no início do século XX, como o Código Civil Argentino, o Espanhol e o nosso, de 1916, seguiram a diretriz já traçada e inseriram o serviço humano nos moldes clássicos, ou seja, ao lado da locação de coisas ou de animais. Já o Código Alemão da mesma época dispunha sobre o contrato de trabalho separadamente da locação.

---

(19) ALONSO GARCIA, Manuel. *Derecho del Trabajo*. *Op. cit.*, p. 101.

Daí a afirmação de que o Direito Civil da época ordenava as relações de trabalho por meio de normas de locação de serviços, "não se enquadrando com as ideias modernas de liberdade humana e independência do trabalhador", como bem acentua Ramirez Gronda[(20)], deslocando-se a relação jurídica de trabalho do campo do Direito Civil apenas com o surgimento do Direito do Trabalho, cujos princípios visaram à harmonia entre as classes sociais.

5. CONSEQUÊNCIAS DA REVOLUÇÃO INDUSTRIAL RESPONSÁVEIS PELO APARECIMENTO DO DIREITO DO TRABALHO

A Revolução Industrial acarretou mudanças no setor produtivo e deu origem à classe operária, transformando as relações sociais.

As relações de trabalho presididas pelos critérios heterônomos das corporações de ofício foram substituídas por uma regulamentação essencialmente autônoma. Surgiu daí uma liberdade econômica sem limites, com opressão dos mais fracos, gerando, segundo alguns autores, uma nova forma de escravidão. É o que se extrai do pensamento de Lacordaire[(21)]: "Entre o forte e o fraco, entre o rico e o pobre, é a liberdade que escraviza, é a lei que liberta".

O emprego generalizado de mulheres e menores suplantou o trabalho dos homens, pois a máquina reduziu o esforço físico e tornou possível a utilização das "meias--forças dóceis", não preparadas para reivindicar. Suportavam salários ínfimos, jornadas desumanas[(22)] e condições de higiene degradantes, com graves riscos de acidente.

A lei de bronze, em vigor à época, considerava o trabalho uma mercadoria, cujo preço era determinado pela concorrência que tendia a fixá-lo no custo da produção e a estabilizá-lo a um nível próximo ao mínimo de subsistência. Analisando a referida lei, Marx desenvolveu o polêmico princípio da depauperação progressiva do proletariado que apareceu ligada à acumulação do capital[(23)]. Sua doutrina contribuiu para que despertasse no trabalhador a consciência coletiva e sua extraordinária força. As organizações de trabalhadores, adeptas da violência, pressionaram o Poder Público exigindo uma solução para a questão social[(24)], com a qual se preocupou também a doutrina social da Igreja, por meio da Encíclica *Rerum Novarum* (1891), de Leão

---

(20) GRONDA, Ramirez. *Tratado de Derecho del Trabajo*. Dirigido por Mário Deveali. Tomo I. La Lei, Buenos Aires: Editora e Impressora, 1964, *passim*.

(21) LACORDAIRE. *Apud* Arnaldo Süssekind, Délio Maranhão, Segadas Vianna e João de Lima Teixeira Filho. *Instituições de Direito do Trabalho*. São Paulo: Freitas Bastos, 2003. v. 1, p. 36.

(22) O célebre relatório do médico Villermé, alusivo aos trabalhadores franceses do séc. XIX, revela que só 27 dos filhos dos operários empregados chegavam a completar 10 anos de idade e os outros morriam entre sete e 10 anos. Eles trabalhavam durante 16 ou 17 horas diárias. "Isso não é trabalho que se impõe a crianças de seis a oito anos, mal alimentadas, obrigadas a percorrer, desde as 5 horas da manhã, grandes distâncias que os separava das fábricas. Em 1871, a autoridade médica inglesa informou ter encontrado uma criança de três anos em uma fábrica de fósforo de Berthnal Green" (cf. MONTOYA MELGAR, Alfredo. *Op. cit.*, p. 66-67).

(23) MONTALVO CORREA, Jaime. *Op. cit.*, p. 105.

(24) No sentido estrito, a questão social concentra-se, no mundo do trabalho, no conjunto de males que o afligem e nos remédios para curá-los. Já no sentido amplo, abrange todos os problemas criados pela vida em sociedade (cf. CERQUEIRA, João da Gama. *Sistema de Direito do Trabalho*. São Paulo: *Revista dos Tribunais*, 1961, p. 327/329).

XIII, passando pela *Quadragesimo Anno* (1931) ou pela *Divini Redemptores* (1931), ambas de Pio XI.

Em síntese, pode-se afirmar que a doutrina social da Igreja condena os excessos capitalistas, socialistas e comunistas. Vejamos: o Estado deve intervir nas relações de trabalho para assegurar o bem comum; a propriedade não é um direito absoluto, e ao dono corresponde, na realidade, uma função de administrador, devendo submeter-se às limitações necessárias, dada a sua função social; o trabalho é título de honra, que toca a dignidade da pessoa humana; o salário deve ser justo e suficiente para manter o trabalhador e sua família de forma decorosa; o descanso deverá permitir-lhe a reposição de forças e o cumprimento dos deveres religiosos; não devem ser exploradas as "meias--forças" (mulheres e crianças); trabalhadores e empregadores não devem enfrentar luta de classes; a sociedade deve organizar-se corporativamente e as organizações profissionais deverão regular as relações de trabalho; o Estado deve intervir para regular e fixar condições em favor de quem não conta com outra sorte de proteção(25).

O Estado se portava como simples observador dos acontecimentos e, por isso, transformou-se em um instrumento de opressão contra os menos favorecidos, colaborando para a dissociação entre capital e trabalho, como afirma João da Gama Cerqueira(26). Ao mesmo tempo, a "grande indústria" reuniu os operários que se sentiam incorporados a um "grupo profissional".

O conflito entre o coletivo e o individual ameaçava a estrutura da sociedade e sua estabilidade. Surge daí a necessidade de um ordenamento jurídico com um sentido mais justo de equilíbrio.

A rigor, todos os ramos do Direito e, principalmente, as relações de trabalho foram-se insurgindo contra os princípios liberais e reclamando modificação nos seus institutos.

Da mesma forma, foram-se manifestando determinadas ideologias, opondo-se contra os abusos da propriedade privada. Sustenta-se que, até mesmo doutrinas opostas, como o cristianismo e o marxismo, insurgiram-se contra o liberalismo, ainda que por meios diversos, pois o primeiro não poderia compactuar com um sistema que implicava a negação da dignidade humana, e o segundo porque os princípios liberais oprimiam as classes trabalhadoras.

As causas originárias do intervencionismo encontram-se no aparecimento das massas, no surgimento de uma consciência coletiva e de um sentimento de solidariedade.

Inicialmente, como acentua Pérez Leñero(27), esse intervencionismo teve um caráter jusnaturalista, humanitário, de proteção ao débil e ao oprimido, de fundo bem mais filosófico do que teleológico.

---

(25) ALONSO GARCIA, Manuel. *Derecho del Trabajo*. Barcelona: José Maria Bosch, 1960, p. 122.

(26) GAMA CERQUEIRA, João. *Sistema de Direito do Trabalho*. v. 1: Revista dos Tribunais, p. 346.

(27) PÉREZ LEÑERO, José. *Teoría General del Derecho Español de Trabajo*. Madrid: Espasa — Calpe, 1948, p. 110.

O cunho humanitário da intervenção estatal refletiu-se no aparecimento do Direito do Trabalho de praticamente todos os povos. E assim é que foram os aprendizes, os menores e os acidentados os que provocaram grande parte da legislação laboral, de caráter mais humanitário do que jurídico. As mulheres também se incluem entre os primeiros destinatários do Direito do Trabalho, considerando que, ao lado dos menores, eram a força de trabalho mais explorada no final do século XVIII, com jornadas extensas, precárias e degradantes condições de trabalho e baixos salários.

Já em meados do século XIX, com o surgimento da força operária, apoiada por suas organizações profissionais, o intervencionismo estatal entra na sua etapa política.

Segundo Pérez Leñero[(28)], o intervencionismo estatal de tendência política tem sido o maior inimigo do caráter científico de nossa disciplina.

Outro fator que aparece na evolução histórica do intervencionismo, segundo o citado autor, é o caráter internacional dos movimentos obreiros.

Cumpre-nos acrescentar, entretanto, que, mesmo no período individualista, apontado como anti-intervencionista, o legislador inseriu algumas restrições à autonomia da vontade que imperava na época, ainda que de forma pouco significativa. É o que se infere dos art. 6º, 1.134, 1.131 e 1.133 do Código Civil Francês de 1804, que, embora consagrando a autonomia da vontade, traçam seus limites como sendo a lei, a ordem pública e os bons costumes.

Entretanto, deve-se esclarecer que, na doutrina individualista clássica, predominava a teoria da autonomia da vontade, com a maioria de normas dispositivas e não cogentes.

Assevera-se[(29)] que o intervencionismo do Estado no domínio do direito obrigacional e do contrato jamais deixou de ser aplicado, o que tem variado, "de acordo com a época e as contingências internas de cada povo, é a sua intensidade".

René Savatier vem corroborar essa assertiva[(30)]: "O que marca de início, quando se compara o direito contemporâneo do Código Civil, é que há uma espécie de invasão de normas de ordem pública no contrato. Em 1804, as regras imperativas e proibitivas limitando a vontade das partes eram pouco numerosas."

Infere-se, portanto, do que foi exposto que a criação do Direito, inclusive do Direito do Trabalho, advém de dois processos: o heterônomo e o autônomo, que, por sinal, correspondem, respectivamente, a dois segmentos diversos, o do chamado Direito necessário, e o do Direito voluntário. Aquele estabelece um conjunto de preceitos

---

(28) *Idem*, p. 11. O Direito do Trabalho, segundo o autor, "tem crescido fragmentado e envolvido em paixões e lutas, muitas vezes sem um mínimo de justiça, inimiga sempre de represálias e de ódios, base indispensável para se criar um Direito. Ainda hoje mesmo, vemos que se pedem com gritos e com rancores coisas que, por serem devidas por justiça, deveriam ser objeto de reclamações serenas e frias, como todas as que se baseiam em estrita justiça".

(29) FERNANDES, Milton. *Problemas e Limites do Dirigismo Contratual*. (Tese de Doutoramento apresentada à Faculdade de Direito da UFMG). Belo Horizonte, 1969, p. 13.

(30) SAVATIER, René. *La Théorie des Vision Juridique et Economique*. Paris: Librairie Dalloz, 1967, p. 160. *"Ce qui frappe d'abord, quand on compare le droit, contemporain du Code Civil, c'est une sorte d'envahissement de l'ordre public dans les contrat. Em 1804, les regles impératives et prohibitives limitant la volonté des parties etaient peux nombreuses".*

obrigatórios, impostos pela vontade do Estado, independentemente de qualquer emissão volitiva dos contratantes, e se aplica indistintamente a todos os que se encontrarem no suposto de fato previsto pela lei. Já as normas que pertencem ao Direito voluntário se situam numa esfera de liberdade na qual os que querem obrigar-se com reciprocidade podem fazê-lo livremente.

O Direito do Trabalho surge no século XIX, na Europa, em um mundo marcado pela desigualdade econômica e social, fenômeno que tornou necessária a intervenção do Estado por meio de uma legislação predominantemente imperativa, de força cogente, insuscetível de renúncia pelas partes. Paralelamente a esses condicionamentos impostos pelo legislador, o rol de normas dispositivas existentes é reduzido, atenuando--se a autonomia da vontade das partes.

O Direito do Trabalho brasileiro não é alheio a esse fenômeno, como se infere dos preceitos legais que alinhamos abaixo, cujo conteúdo reflete o princípio da autonomia da vontade, mas com limitações inseridas nos art. 9º, 444 e 468 da CLT. Vejamos:

> "Art. 9º — Serão nulos de pleno direito os atos praticados com o objetivo de desvirtuar, impedir ou fraudar a aplicação dos preceitos contidos na presente Consolidação.
>
> Art. 444 — As relações contratuais de trabalho podem ser objeto de livre estipulação das partes interessadas em tudo quanto não contravenha às disposições de proteção ao trabalho, aos contratos coletivos que lhes sejam aplicáveis e às decisões das autoridades competentes.
>
> Art. 468 — Nos contratos individuais de trabalho só é lícita a alteração das respectivas condições, por mútuo consentimento, e, ainda assim, desde que não resultem, direta ou indiretamente, prejuízos ao empregado, sob pena de nulidade da cláusula infringente desta garantia".

5.1. Sumário da evolução histórica do Direito do Trabalho

Os autores espanhóis Granizo e Rothvoss[31] dividiram a história do Direito do Trabalho em quatro períodos, aos quais denominaram formação, intensificação, consolidação e autonomia.

No período da **Formação** (1802 a 1848), surge, na Inglaterra, a primeira lei verdadeiramente tutelar, dentro do espírito do Direito do Trabalho, intitulada *Moral and Health Act* (1802), ou seja, Ato da Moral e da Saúde. Essa lei proíbe o trabalho dos menores à noite e por duração superior a 12 horas diárias. Nesse período, Napoleão restabeleceu na França, em 1806, os *conseils de prud'hommes*, órgãos destinados a dirimir as controvérsias entre fabricantes e operários, considerados, por alguns, como precursores da Justiça do Trabalho. Em 1813, proibiu-se, na França, o trabalho de menores nas minas; em 1839, na Alemanha, teve início a edição de normas sobre trabalho da mulher e do menor. Em 1824, na Inglaterra, a coalizão deixa de constituir crime.

---

(31) MARTIN-GRANIZO, Leon e GONZALEZ-ROTHVOSS, Mariano. *In* MORAES FILHO, Evaristo de. *Introdução ao Direito do Trabalho*. São Paulo: LTr, 1971, p. 53. Cf. também OLIVEIRA, José César de. Formação Histórica do Direito do Trabalho. *Curso de Direito do Trabalho. Estudos em memória de Célio Goyatá*. 3. ed., v. 1. São Paulo: LTr, 1997, p. 70.

Outras iniciativas igualmente importantes para nossa disciplina ocorreram nesse período, mas os limites dessa obra não nos permitem uma análise mais pormenorizada.

No segundo período, intitulado **Intensificação** (1848 a 1890), os acontecimentos mais importantes foram o Manifesto Comunista de Marx e Engels e a implantação da primeira forma de seguro social na Alemanha, em 1883, no governo de Bismarck.

O terceiro período, chamado de **Consolidação** (1890 a 1919), é caracterizado pela publicação da Encíclica Papal *Rerum Novarum* (coisas novas), de Leão XIII, preconizando o salário justo. Ainda nesse período, realizou-se em Berlim, em 1890, importante conferência a respeito do Direito do Trabalho.

Por fim, o quarto período, que é o da **Autonomia** (de 1919 aos nossos dias), caracteriza-se pela criação da Organização Internacional do Trabalho (OIT), em 1919. A ação internacional desenvolve um excelente trabalho de universalização do Direito do Trabalho. O Tratado de Versailles (de 1919) desempenha papel importante: em seu art. 427, não admite que o trabalho seja mercadoria, assegura jornada de 8 horas, igualdade de salário para trabalho de igual valor, repouso semanal, inspeção do trabalho, salário mínimo, dispensa tratamento especial ao trabalho da mulher e do menor, além de dispor sobre direito sindical. Nesse ano, começa na Europa a constitucionalização do Direito do Trabalho, com a Constituição alemã de Weimar (1919).

No Brasil, Evaristo de Moraes Filho[(32)], em excelente síntese, aponta como principais causas do aparecimento do Direito do Trabalho no contexto mundial: os vícios e as consequências da liberdade econômica e do liberalismo político; o maquinismo; a concentração de massas humanas e de capitais; as lutas de classes, com as consequentes rebeliões sociais com destaques para os ludistas ou cartistas na Inglaterra; as revoluções de 1848 e 1871, na França, e de 1848, na Alemanha; livres acordos entre grupos econômicos e profissionais regulando as relações entre patrões e operários, mais tarde, reconhecidos pelo Estado como lei; a Encíclica *Rerum Novarum*, de Leão XIII; a guerra (1914-1918), cujo fim (1919) conferiu ao Direito do Trabalho posição definitiva nos ordenamentos jurídicos nacionais e internacionais.

6. EVOLUÇÃO HISTÓRICA DO DIREITO DO TRABALHO NO BRASIL

No Brasil, **de 1500 até 1888**, o quadro legislativo referente ao trabalho registra, em 1830, uma lei que regulou o contrato sobre prestação de serviços dirigida a brasileiros e estrangeiros. Em 1837, há uma normativa sobre contratos de prestação de serviços entre colonos dispondo sobre justas causas de ambas as partes. De 1850 é o Código Comercial, contendo preceitos alusivos ao aviso prévio.

De 1888 à Revolução de 1930, os diplomas legislativos de maior relevância são: em 1903, lei sobre sindicalização dos profissionais da agricultura; de 1907, lei sobre sindicalização de trabalhadores urbanos; de 1916, o Código Civil, com o capítulo sobre locação de serviços, regulamentando a prestação de serviços de trabalhadores; de 1919, temos uma lei sobre acidente do trabalho; de 1923 é a Lei Elói Chaves,

(32) MORAES FILHO, Evaristo de. *Op. cit.*, p. 47 e ss.

disciplinando a estabilidade no emprego conferida aos ferroviários que contassem 10 ou mais anos de serviço junto ao mesmo empregador, instituto, mais tarde, estendido a outras categorias; em 1930 cria-se o Ministério do Trabalho. Esse é o marco do aparecimento do Direito do Trabalho no Brasil apresentado pela doutrina, embora anteriormente já existisse um ambiente propício ao seu surgimento, em face da legislação que o antecedeu.

Em 1943, temos o diploma mais importante para a disciplina, que é a Consolidação das Leis do Trabalho (CLT).

Discute-se a respeito da existência ou não de movimentos operários impulsionando o processo da legislação trabalhista no país. Há quem sustente que essa legislação adveio da vontade do Estado, enquanto outros afirmam a existência de movimentos operários reivindicando a intervenção legislativa sobre a matéria. As agitações dos trabalhadores, em 1919, manifestadas por meio de greves nos grandes centros do país, ratificam essa última posição[(33)].

6.1. O Direito do Trabalho à luz das Constituições brasileiras

No contexto mundial, as primeiras constituições que se ocuparam de institutos de Direito do Trabalho foram a Constituição Mexicana, de 1917, e a Constituição Alemã de Weimar, de 1919.

No Brasil, a **Constituição do Império, de 1824**, no art. 179 dispõe:

"XXIV. Nenhum genero de trabalho, de cultura, industria, ou commercio póde ser prohibido, uma vez que não se opponha aos costumes publicos, á segurança, e saude dos Cidadãos.

XXV. Ficam abolidas as Corporações de Officios, seus Juizes, Escrivães, e Mestres".

Como se vê, essa Constituição limita-se a assegurar a liberdade de trabalho.

Já a **Constituição de 1891** garante, no *caput* do art. 72, a brasileiros e a estrangeiros residentes no País, a inviolabilidade dos direitos concernentes à liberdade, à segurança individual e à propriedade...

"§ 8º — A todos é lícito associarem-se e reunirem-se livremente e sem armas; não podendo intervir a polícia senão para manter a ordem pública".

Esta Constituição assegura a liberdade de associação.

A **Constituição da República de 1934** foi a primeira a tratar da ordem econômica e social, dispondo, no art. 120, que os sindicatos e associações profissionais serão reconhecidos de conformidade com a lei.

Em seguida, no art. 121, estabelece que a lei promoverá o amparo da produção e estabelecerá as condições de trabalho na cidade e nos campos, tendo em vista a proteção social do trabalhador e os interesses econômicos do país.

O § 1º desse art. 121 prevê que a legislação do trabalho observará os seguintes preceitos, além de outros que colimem melhorar as condições do trabalhador:

---

(33) MORAES FILHO, Evaristo de. *O problema do sindicato único no Brasil.* Rio de Janeiro, 1952, *passim.*

a) proibição de diferença de salário para um mesmo trabalho, por motivo de idade, sexo, nacionalidade ou estado civil; b) salário mínimo, capaz de satisfazer, conforme as condições de cada região, às necessidades normais do trabalhador; c) trabalho diário não excedente de oito horas, reduzíveis, mas só prorrogáveis nos casos previstos em lei; d) proibição de trabalho a menores de 14 anos; de trabalho noturno a menores de 16 anos e, em indústrias insalubres, a menores de 18 anos e a mulheres; e) repouso hebdomadário, de preferência aos domingos; f) férias anuais remuneradas; g) indenização ao trabalhador dispensado sem justa causa; h) assistência médica e sanitária ao trabalhador e à gestante, assegurando a esta descanso antes e depois do parto, sem prejuízo do salário e do emprego, e instituição de previdência, mediante contribuição igual da União, do empregador e do empregado, a favor da velhice, da invalidez, da maternidade e nos casos de acidentes de trabalho ou de morte; i) regulamentação do exercício de todas as profissões; j) reconhecimento das convenções coletivas, de trabalho.

"§ 2º — Para o efeito deste artigo, não há distinção entre o trabalho manual e o trabalho intelectual ou técnico, nem entre os profissionais respectivos.

§ 3º — Os serviços de amparo à maternidade e à infância, os referentes ao lar e ao trabalho feminino, assim como a fiscalização e a orientação respectivas, serão incumbidos de preferência a mulheres habilitadas.

§ 4º — O trabalho agrícola será objeto de regulamentação especial, em que se atenderá, quanto possível, ao disposto neste artigo. Procurar-se-á fixar o homem no campo, cuidar da sua educação rural, e assegurar ao trabalhador nacional a preferência na colonização e aproveitamento das terras públicas.

§ 5º — A União promoverá, em cooperação com os Estados, a organização de colônias agrícolas, para onde serão encaminhados os habitantes de zonas empobrecidas, que o desejarem, e os sem trabalho.

§ 6º — A entrada de imigrantes no território nacional sofrerá as restrições necessárias à garantia da integração étnica e capacidade física e civil do imigrante, não podendo, porém, a corrente imigratória de cada país exceder, anualmente, o limite de dois por cento sobre o número total dos respectivos nacionais fixados no Brasil durante os últimos cinquenta anos.

§ 7º — É vedada a concentração de imigrantes em qualquer ponto do território da União, devendo a lei regular a seleção, localização e assimilação do alienígena.

§ 8º — Nos acidentes do trabalho em obras públicas da União, dos Estados e dos Municípios, a indenização será feita pela folha de pagamento, dentro de quinze dias depois da sentença, da qual não se admitirá recurso *ex officio*".

Pelo que se pode constatar, foi essa a primeira Constituição a tratar do salário mínimo, da jornada de oito horas, das férias anuais remuneradas, da proibição de qualquer trabalho a menores de 14 anos, do trabalho noturno a menores de 16 anos e em indústrias insalubres, a menores de 18 anos e a mulheres. Essa mesma Constituição assegurou indenização ao trabalhador dispensado sem justa causa; repouso hebdomadário, de preferência aos domingos. Não dispôs, entretanto, sobre sua remuneração, tampouco estendeu o descanso aos dias santos e feriados. A Constituição de 1934 dedica atenção especial à maternidade, deixando claro que a licença correspondente se faz sem prejuízo do salário e do emprego, mas mediante a instituição de previdência a cargo da União, do empregador e do empregado. Proíbe-se diferença de salário para o mesmo trabalho por motivo de idade, sexo, nacionalidade ou estado civil.

No art. 122, o texto constitucional institui a Justiça do Trabalho para dirimir questões entre empregados e empregadores, esclarecendo que a constituição dos tribunais do trabalho e das Comissões de Conciliação obedecerá ao princípio da eleição de membros, metade pelas associações representativas dos empregados e metade pelas dos empregadores, sendo o presidente de livre nomeação do Governo, escolhido entre pessoas de experiência e notória capacidade moral e intelectual.

No art. 123 foram equiparados aos trabalhadores, para todos os efeitos das garantias e dos benefícios da legislação social, os que exercem profissões liberais.

A Constituição de 1934 foi a única a instituir no País o sistema da pluralidade sindical (art. 120, parágrafo único), o qual não chegou a ser regulamentado.

Essa **Constituição é seguida da Carta de 1937**, cujo art. 136 coloca o trabalho como dever social, assegurando a todos o direito de subsistir mediante seu trabalho honesto, o qual é um bem que o Estado deve proteger.

O art. 137 dispõe que a legislação do trabalho observará, além de outros, os seguintes preceitos: a) os contratos coletivos de trabalho concluídos pelas associações, legalmente reconhecidas, de empregadores, trabalhadores, artistas e especialistas, serão aplicados a todos os empregados, trabalhadores, artistas e especialistas que elas representam; b) os contratos coletivos de trabalho deverão estipular obrigatoriamente a sua duração, a importância e as modalidades do salário, a disciplina interior e o horário do trabalho; c) a modalidade do salário será a mais apropriada às exigências do operário e da empresa; d) o operário terá direito ao repouso semanal aos domingos e, nos limites das exigências técnicas da empresa, aos feriados civis e religiosos, de acordo com a tradição local; e) depois de um ano de serviço ininterrupto em uma empresa de trabalho contínuo, o operário terá direito a uma licença anual remunerada; f) nas empresas de trabalho contínuo, a cessação das relações de trabalho, a que o trabalhador não haja dado motivo, e quando a lei não lhe garanta a estabilidade no emprego, cria-lhe o direito a uma indenização proporcional aos anos de serviço; g) nas empresas de trabalho contínuo, a mudança de proprietário não rescinde o contrato de trabalho, conservando os empregados, para com o novo empregador, os direitos que tinham em relação ao antigo; h) salário mínimo, capaz de satisfazer, de acordo com as condições de cada região, as necessidades normais do trabalho; i) dia de trabalho de oito horas, que poderá ser reduzido, e somente suscetível de aumento nos casos previstos em lei; j) o trabalho à noite, a não ser nos casos em que é efetuado periodicamente por turnos, será retribuído com remuneração superior à do diurno; k) proibição de trabalho a menores de 14 anos; de trabalho noturno a menores de 16, e, em indústrias insalubres, a menores de 18 anos e a mulheres; l) assistência médica e higiênica ao trabalhador e à gestante, assegurado a esta, sem prejuízo do salário, um período de repouso antes e depois do parto; m) a instituição de seguros de velhice, de invalidez, de vida e para os casos de acidentes do trabalho; n) as associações de trabalhadores têm o dever de prestar aos seus associados auxílio ou assistência, no referente às práticas administrativas ou judiciais relativas aos seguros de acidentes do trabalho e aos seguros sociais.

O texto constitucional em exame substitui o termo convenção coletiva por contrato coletivo, à semelhança do que ocorria no Direito italiano; inova ao estender o repouso também aos feriados civis e religiosos, mas os mantém sem remuneração. Dispõe que o trabalho noturno deverá ser retribuído com remuneração superior à do diurno. Dispensa tratamento ao instituto da sucessão, deixando claro que a mudança de proprietário não rescinde o contrato de trabalho, conservando os empregados para com o novo empregador os direitos que tinham em relação ao antigo. Essa é a única Constituição brasileira que dispõe sobre a temática, pois as outras deixam a matéria a critério da lei ordinária.

No inciso I, do art. 122, ao tratar da isonomia, considerou todos iguais perante a lei. Como não se proibia diferença por motivo de sexo, à semelhança da Constituição anterior, em agosto de 1940 editou-se, no Brasil, uma legislação permitindo que os empregadores pagassem às mulheres 10% a menos do que o salário pago aos homens.

No tocante à licença-maternidade, a Constituição de 1937 omitiu-se quanto à sua concessão, "sem prejuízo do emprego", limitando-se a manter a licença apenas sem prejuízo do salário, o que permitia a dispensa da empregada no ciclo gravídico puerperal.

Em seguida, no art. 138, considera a associação profissional ou sindical livre, mas introduz a unicidade sindical, que consiste no reconhecimento, pelo Estado, de apenas uma entidade sindical de determinada categoria econômica ou profissional dentro de uma mesma base territorial. Essa Constituição impôs a contribuição sindical. A seguir, considerou a greve e o *lock-out* recursos antissociais, nocivos ao capital e ao trabalho e incompatíveis com os superiores interesses da produção nacional.

A **Constituição de 1946** retoma as diretrizes democráticas de 1934.

No art. 141 assegura aos brasileiros e aos estrangeiros residentes no País, a inviolabilidade dos direitos concernentes à vida, à liberdade, à segurança individual e à propriedade, nos seguintes termos: *"§ 12º É garantida a liberdade de associação para fins lícitos. Nenhuma associação poderá ser compulsoriamente dissolvida senão em virtude de sentença judiciária."*

No art. 145 prevê que a ordem econômica deverá ser organizada de acordo com os princípios da justiça social, conciliando a liberdade de ini-ciativa com a valorização do trabalho humano, o qual é obrigação social, devendo ser assegurado a todos e possibilitando-lhes existência digna (parágrafo único).

Mais adiante, no art. 157, a Constituição de 1946 dispõe que a legislação do trabalho e a da Previdência Social obedecerão aos seguintes preceitos, além de outros que visem à melhoria da condição dos trabalhadores: *"I — salário mínimo capaz de satisfazer, conforme as condições de cada região, as necessidades normais do trabalhador e de sua família; II — proibição de diferença de salário para um mesmo trabalho por motivo de idade, sexo, nacionalidade ou estado civil; III — salário do trabalho noturno superior ao do diurno; IV — participação obrigatória e direta do trabalhador nos lucros da empresa, nos termos e pela forma que a lei determinar; V — duração diária do trabalho não excedente a oito horas, exceto nos casos e condições previstos em lei; VI — repouso semanal remunerado, preferentemente aos domingos e, no limite das exigências técnicas das empresas, nos feriados civis e religiosos, de acordo com a tradição local; VII — férias anuais remuneradas; VIII — higiene e segurança do trabalho; IX — proibição de trabalho a menores de 14 anos; em indústrias insalubres, a mulheres e a menores, de 18 anos; e de trabalho noturno a menores de 18 anos, respeitadas, em qualquer caso, as condições estabelecidas em lei e as exceções admitidas pelo Juiz competente; X — direito da gestante a descanso antes e depois do parto, sem prejuízo do emprego nem do salário; XI — fixação das percentagens de empregados brasileiros nos serviços públicos dados em concessão e nos estabelecimentos de determinados ramos do comércio e da indústria; XII — estabilidade, na empresa ou na exploração rural, e indenização ao trabalhador despedido, nos casos e nas condições que a lei estatuir; XIII — reconhecimento das convenções coletivas de trabalho; XIV — assistência sanitária, inclusive hospitalar e médica preventiva, ao trabalhador e à gestante; XV — assistência aos desempregados; XVI — previdência, mediante contribuição da União, do empregador e do empregado, em favor da maternidade e contra as consequências da doença, da velhice, da invalidez e da morte; XVII — obrigatoriedade da instituição do seguro pelo empregador contra os acidentes do trabalho.*

Parágrafo único — Não se admitirá distinção entre o trabalho manual ou técnico e o trabalho intelectual, nem entre os profissionais respectivos, no que concerne a direitos, garantias e benefícios".

Como se viu, a Constituição de 1946 assegurou o princípio da isonomia, de forma mais minuciosa, vedando diferença de salário para o mesmo trabalho por motivo de idade, sexo, nacionalidade ou estado civil; com isso ficou revogado o decreto de 1940 que permitia que as mulheres recebessem salários inferiores aos dos homens. Essa foi a primeira Constituição a instituir a participação do trabalhador nos lucros da empresa. O descanso semanal e em feriados passou a ser remunerado no inciso VI, do art. 157 da Constituição de 1946. A estabilidade no emprego foi estendida ao meio rural. O trabalho noturno passou a ser proibido aos menores de 18 e não de 16 anos, como previa a Carta anterior. Instituiu-se a assistência aos desempregados e a obrigatoriedade de o empregador fazer seguro contra acidente do trabalho.

Sob o prisma do Direito Coletivo, o art. 158 reconhece o direito de greve, cujo exercício a lei regulará, e o art. 159 dispõe ser livre a associação profissional ou sindical, sendo reguladas por lei a forma de sua constituição e a sua representação legal.

O aspecto mais inovador consiste na integração da Justiça do Trabalho aos quadros do Poder Judiciário, pois anteriormente era órgão administrativo.

A Constituição de 1967, no art. 150, assegura aos brasileiros e aos estrangeiros residentes no País, a inviolabilidade dos direitos concernentes à vida, à liberdade, à segurança e à propriedade, nos seguintes termos: *"É garantida a liberdade de associação. Nenhuma associação poderá ser dissolvida, senão em virtude de decisão judicial"*.

Os direitos sociais vêm arrolados no art. 165, nos seguintes termos:

"I — salário mínimo capaz de satisfazer, conforme as condições de cada região, as necessidades normais do trabalhador e de sua família; II — salário-família aos dependentes do trabalhador; III — proibição de diferença de salários e de critérios de admissões por motivo de sexo, cor e estado civil; IV — salário de trabalho noturno superior ao diurno; V — integração do trabalhador na vida e no desenvolvimento da empresa, com participação nos lucros e, excepcionalmente, na gestão, nos casos e condições que forem estabelecidos; VI — duração diária do trabalho não excedente de oito horas, com intervalo para descanso, salvo casos especialmente previstos; VII — repouso semanal remunerado e nos feriados civis e religiosos, de acordo com a tradição local; VIII — férias anuais remuneradas; IX — higiene e segurança do trabalho; X — proibição de trabalho a menores de doze anos e de trabalho noturno a menores de dezoito anos, em indústrias insalubres a estes e às mulheres; XI — descanso remunerado da gestante, antes e depois do parto, sem prejuízo do emprego e do salário; XII — fixação das percentagens de empregados brasileiros nos serviços públicos dados em concessão e nos estabelecimentos de determinados ramos comerciais e Industriais; XIII — estabilidade, com indenização ao trabalhador despedido, ou fundo de garantia equivalente; XIV — reconhecimento das convenções coletivas de trabalho; XV — assistência sanitária, hospitalar e médica preventiva; XVI — previdência social, mediante contribuição da União, do empregador e do empregado, para seguro-desemprego, proteção da maternidade e, nos casos de doença, velhice, invalidez e morte; XVII — seguro obrigatório pelo empregador contra acidentes do trabalho; XVIII — proibição de distinção entre trabalho manual, técnico ou intelectual, ou entre os profissionais respectivos; XIX — colônias de férias e clínicas de repouso, recuperação e convalescença, mantidas pela União, conforme dispuser a lei; XX — aposentadoria para a mulher, aos trinta anos de trabalho, com salário integral; XXI — greve, salvo o disposto no art. 157, § 7º.

§ 1º — Nenhuma prestação de serviço de caráter assistencial ou de benefício compreendido na previdência social será criada, majorada ou estendida, sem a correspondente fonte de custeio total.

§ 2º — A parte da União no custeio dos encargos a que se refere o n. XVI deste artigo será atendida mediante dotação orçamentária, ou com o produto de contribuições de previdência arrecadadas, com caráter geral, na forma da lei.

Art. 159 — É livre a associação profissional ou sindical; a sua constituição, a representação legal nas convenções coletivas de trabalho e o exercício de funções delegadas de Poder Público serão regulados em lei.

Art. 157, § 7º — Não será permitida greve nos serviços públicos e atividades essenciais, definidas em lei."

A Constituição de 1967 e a Emenda Constitucional n. 1, de 1969, introduziram a cogestão e o regime do FGTS que, de início, conviveu com o da estabilidade e o da indenização, competindo ao empregado a "opção" por um deles. O salário-família foi assegurado aos dependentes do trabalhador. A idade mínima para o trabalho foi reduzida para 12 anos, ao contrário dos outros textos. A mesma Constituição (1967), no inciso XX, garante a aposentadoria da mulher aos 30 anos de trabalho, com vencimento integral. O trabalho na indústria insalubre, à semelhança das Constituições de 1934, 1937 e 1946, continua sendo proibido à mulher. O inciso IV assegura ao trabalho noturno remuneração superior ao diurno, o que não é novidade, considerando que essa garantia já constava do texto constitucional de 1937.

Sob o prisma do direito coletivo, a greve foi proibida nos serviços públicos e atividades essenciais definidas em lei.

Finalmente, a **Constituição da República de 1988**, no art. 7º, arrola os direitos sociais dos empregados urbanos e rurais, além de outros que visem à melhoria de sua condição social, na seguinte ordem: I — relação de emprego protegida contra despedida arbitrária ou sem justa causa, nos termos de lei complementar, que preverá indenização compensatória, dentre outros direitos; II — seguro-desemprego, em caso de desemprego involuntário; III — fundo de garantia do tempo de serviço; IV — salário mínimo, fixado em lei, nacionalmente unificado, capaz de atender às suas necessidades vitais básicas e às de sua família com moradia, alimentação, educação, saúde, lazer, vestuário, higiene, transporte e previdência social, com reajustes periódicos que lhe preservem o poder aquisitivo, sendo vedada sua vinculação para qualquer fim; V — piso salarial proporcional à extensão e à complexidade do trabalho; VI — irredutibilidade do salário, salvo o disposto em convenção ou acordo coletivo; VII — garantia de salário, nunca inferior ao mínimo, para os que percebem remuneração variável; VIII — décimo terceiro salário com base na remuneração integral ou no valor da aposentadoria; IX — remuneração do trabalho noturno superior à do diurno; X — proteção do salário na forma da lei, constituindo crime sua retenção dolosa; XI — participação nos lucros, ou resultados, desvinculada da remuneração, e, excepcionalmente, participação na gestão da empresa, conforme definido em lei; XII — salário-família pago em razão do dependente do trabalhador de baixa renda, nos termos da lei; XIII — duração do trabalho normal não superior a oito horas diárias e quarenta e quatro semanais, facultada a compensação de horários e a redução da jornada, mediante acordo ou convenção coletiva de trabalho; XIV — jornada de seis horas para o trabalho realizado em turnos ininterruptos de revezamento, salvo negociação coletiva; XV — repouso semanal remunerado, preferencialmente aos domingos; XVI — remuneração do serviço extraordinário superior, no mínimo, em cinquenta por cento à do normal; XVII — gozo de férias anuais remuneradas com, pelo menos, um terço a mais do que o salário normal; XVIII — licença à gestante, sem prejuízo do emprego e do salário, com a duração de cento e vinte dias; XIX — licença-paternidade, nos termos fixados em lei; XX — proteção do mercado de trabalho da mulher, mediante incentivos específicos, nos termos da lei; XXI — aviso prévio proporcional ao tempo de serviço, sendo no mínimo de trinta dias, nos termos da lei; XXII — redução dos riscos inerentes ao trabalho, por meio de normas de saúde, higiene e segurança; XXIII — adicional de remuneração para as atividades penosas, insalubres ou perigosas, na forma da lei; XXIV — aposentadoria; XXV — assistência gratuita aos filhos e dependentes desde o nascimento até seis anos de idade em creches e pré-escolas; XXVI — reconhecimento das convenções e acordos coletivos de trabalho; XXVII — proteção em face da automação, na forma da lei; XXVIII — seguro contra acidentes de trabalho, a cargo do empregador, sem excluir a indenização a que este está obrigado, quando incorrer em dolo ou culpa; XXIX — ação, quanto aos créditos resultantes das relações de trabalho, com prazo prescricional de cinco anos para os trabalhadores urbanos e rurais, até o limite de dois anos após a extinção do contrato; XXX — proibição de diferença de salários, de exercício de funções e de critério de admissão por motivo de sexo, idade, cor ou estado civil; XXXI — proibição de qualquer discriminação no tocante a salário e critérios de admissão do trabalhador portador de deficiência; XXXII — proibição de distinção entre trabalho manual, técnico e intelectual ou entre os profissionais respectivos; XXXIII — proibição de trabalho noturno, perigoso ou insalubre a menores de dezoito anos e de qualquer trabalho a menores de dezesseis anos, salvo na condição de aprendiz, a partir de quatorze anos; XXXIV — igualdade de direitos entre o trabalhador com vínculo empregatício permanente e o trabalhador avulso. **Parágrafo único.** São assegurados à categoria dos trabalhadores domésticos os direitos previstos nos incisos IV, VI, VIII, XV, XVII, XVIII, XIX, XXI e XXIV, bem como a sua integração à previdência social.

Inovações e alterações importantes surgiram nesse texto, a começar pela equiparação entre empregados urbanos e rurais.

O FGTS, estendido ao empregado rural, passou a ser a regra, tal como ocorreu no caso do trabalhador urbano; logo independe de opção do empregado seu ingresso nesse regime (inciso III); desaparece do cenário jurídico a estabilidade decenária. Em contrapartida, o inciso I protege o empregado contra despedida arbitrária(34), preceito que, no entanto, depende de lei complementar ainda não editada.

O salário mínimo, antes regionalizado, foi unificado no território nacional. As necessidades vitais básicas a que o salário mínimo deve atender foram ampliadas, passando a englobar educação, saúde, lazer e previdência social, além das outras já contempladas no art. 76 da CLT (alimentação, habitação, vestuário, higiene e transporte).

O piso salarial, outrora considerado inconstitucional, foi contemplado no inciso V.

Importante inovação foi a do inciso VI. O salário continua sendo irredutível, **exceto se a convenção ou o acordo coletivo dispuserem em sentido contrário**. Isso significa que esses instrumentos poderão reduzir o salário.

A retenção dolosa do salário foi tipificada como crime (inciso X), e a participação nos lucros, que antes possuía feição salarial, foi desvinculada da remuneração, mantida, excepcionalmente, a participação do empregado na gestão (XI).

O salário-família, já contemplado no texto constitucional de 1967, é agora assegurado apenas ao trabalhador de baixa renda, estendendo-se ao rurícola, a partir de 1991, pois a norma constitucional necessitou de regulamentação.

(34) Despedida arbitrária, à luz do art. 165 da CLT, é aquela que não se funda em motivo disciplinar técnico, econômico ou financeiro.

A jornada do empregado continua sendo de 8 horas, mas a carga horária (ou módulo) semanal foi reduzida para 44 horas. Antes era de 48 horas.

O adicional de horas extras, que antes era de 20% ou 25%, dependendo da situação, passou a ser de 50%, no mínimo; nada impede que as partes estipulem em normas coletivas percentual mais elevado. Facultou-se o regime de compensação (inciso XIII).

No inciso XIV, conferiu-se ao empregado que trabalha em turno ininterrupto de revezamento a jornada de seis horas, facultando a majoração mediante negociação coletiva.

Assegurou-se o repouso semanal remunerado, preferencialmente aos domingos, mas omitiu-se quanto aos feriados civis e religiosos.

As férias, já asseguradas em Constituições anteriores, tiveram sua remuneração majorada em 1/3.

A licença-maternidade foi alongada de 84 para 120 dias, e introduziu-se a licença--paternidade (inciso XIX) de cinco dias (art. 10, § 1º, do ADCT). O objetivo do legislador foi tornar o pai cada vez mais responsável pelo cuidado com os filhos e com a companheira.

Vinte anos após a Carta de 1988, a Lei n. 11.770, de 9 de setembro de 2008, criou o Programa Empresa Cidadã, destinado a assegurar, por mais 60 (sessenta) dias, a licença-maternidade a que alude o art. 7º, XVIII, da Constituição Federal. Essa prorrogação é garantida à empregada gestante, desde que a pessoa jurídica adira ao programa. Cf. detalhes no Capítulo XXXI, item 2 — Trabalho da Mulher — tópico 2.4.1.

A seguir, no inciso XX, protege-se o mercado de trabalho da mulher mediante incentivos específicos, entre os quais podem ser arroladas as **"ações afirmativas"**, cujo fundamento consiste em "desigualar para criar igualdade"[35]. Elas procuram conceder vantagens a certos grupos de pessoas que se encontram em desvantagem no contexto social (escola, trabalho, entre outros setores), mas sem infringir o princípio da isonomia. Seu objetivo é corrigir as desigualdades.

Essa Constituição, coerente com o disposto no inciso I do art. 5º, que consagra a igualdade de direitos e obrigações entre homens e mulheres, não proibiu o trabalho da mulher em indústria insalubre, como procederam os textos anteriores, a começar pela Constituição de 1934. Com isso, facilitou a revogação de preceitos celetistas que restringiram o campo de trabalho das mulheres.

O inciso XXI revogou o preceito legal que permitia o aviso prévio de oito dias e o fixou em 30 dias no mínimo, criando o aviso prévio proporcional, matéria que depende de regulamentação, a qual se tem operado por meio de normas coletivas, por enquanto.

---

(35) FERREIRA FILHO, Manoel Gonçalves. Aspectos Jurídicos das Ações Afirmativas. *Revista TST*, v. 69, jul./dez. 2003, p. 72.

Previu-se também um adicional de penosidade, ao lado de outros já existentes, mas ainda falta lei regulamentadora para definir as atividades penosas.

A proteção contra os efeitos da automação é outra novidade do texto constitucional (inciso XXVII), embora a matéria dependa de regulamentação.

Os créditos trabalhistas dos empregados urbanos, antes da Constituição de 1988, estavam sujeitos à prescrição no prazo de dois anos, o qual foi dilatado para cinco anos no inciso XXIX. Com a Emenda Constitucional n. 28, de maio de 2000, esse prazo prescricional estendeu-se ao rurícola, cujos créditos não estavam sujeitos à prescrição no curso do contrato.

Em seguida, proíbe-se diferença de salário, de exercício de função e de critério de admissão por motivo de sexo, idade, cor ou estado civil (inciso XXX). Proíbe-se, também, qualquer discriminação no tocante a salário e critérios de admissão do trabalhador portador de deficiência (inciso XXXI).

A Constituição de 1988, ao contrário do texto de 1967, retoma a tradição das Constituições anteriores e fixa em 14 anos a idade para o trabalho, ainda assim na condição de aprendiz. Aos menores de 16 anos e maiores de 14 anos só se permite a celebração de contrato de aprendizagem, modalidade especial de contrato de trabalho. A partir de 16 até 18 anos, o trabalhador poderá ser destinatário do contrato de aprendizagem ou de um contrato de trabalho normal. Ao completar 18 anos, o empregado se torna absolutamente capaz.

O texto constitucional, no inciso XXXIV, equiparou os trabalhadores avulsos aos empregados e, no parágrafo único do art. 7º, estendeu à doméstica vários direitos sociais, entre eles: salário mínimo, irredutibilidade de salário, 13º salário, repouso semanal remunerado, férias anuais, licença à gestante, licença-paternidade, aviso prévio e aposentadoria. Anteriormente, a empregada doméstica só era contemplada com assinatura de carteira de trabalho para fins previdenciários e férias de vinte dias úteis após um ano de serviço.

Já o Ato das Disposições Constitucionais Transitórias, no art. 10, I e II, garante o emprego ao empregado eleito para cargo de direção de comissão interna de prevenção de acidentes (CIPA), desde o registro de sua candidatura até um ano após o final do mandato; à empregada gestante, desde a confirmação da gravidez até cinco meses após o parto. Está compreendida nesse preceito a empregada urbana, rural e avulsa, e excluída a empregada doméstica, porque o parágrafo único do art. 7º da Constituição, ao arrolar os seus direitos sociais, não fez menção ao art. 10, II, "b", do ADCT.

Finalmente, os art. 8º e 9º do texto constitucional de 1988 dispõem sobre os direitos sindicais. Vejamos:

> "**Art. 8º** É livre a associação profissional ou sindical, observado o seguinte: I — a lei não poderá exigir autorização do Estado para a fundação de sindicato, ressalvado o registro no órgão competente, vedadas ao poder público a interferência e a intervenção na organização sindical; II — é vedada a criação de mais de uma organização sindical, em qualquer grau, representativa de categoria profissional ou econômica, na mesma base territorial, que será definida pelos trabalhadores ou empregadores interessados,

não podendo ser inferior à área de um Município; III — ao sindicato cabe a defesa dos direitos e interesses coletivos ou individuais da categoria, inclusive em questões judiciais ou administrativas; IV — a assembleia geral fixará a contribuição que, em se tratando de categoria profissional, será descontada em folha, para custeio do sistema confederativo da representação sindical respectiva, independentemente da contribuição prevista em lei; V — ninguém será obrigado a filiar-se ou a manter-se filiado a sindicato; VI — é obrigatória a participação dos sindicatos nas negociações coletivas de trabalho; VII — o aposentado filiado tem direito a votar e ser votado nas organizações sindicais; VIII — é vedada a dispensa do empregado sindicalizado a partir do registro da candidatura a cargo de direção ou representação sindical e, se eleito, ainda que suplente, até um ano após o final do mandato, salvo se cometer falta grave nos termos da lei.

Parágrafo único. As disposições deste artigo aplicam-se à organização de sindicatos rurais e de colônias de pescadores, atendidas as condições que a lei estabelecer.

Art. 9º É assegurado o direito de greve, competindo aos trabalhadores decidir sobre a oportunidade de exercê-lo e sobre os interesses que devam por meio dele defender.

§ 1º A lei definirá os serviços ou atividades essenciais e disporá sobre o atendimento das necessidades inadiáveis da comunidade.

§ 2º Os abusos cometidos sujeitam os responsáveis às penas da lei".

Embora o inciso I do art. 8º vede ao Poder Público a interferência e a intervenção na organização sindical, mantém a contribuição sindical obrigatória (inciso IV) a todos os que exercem uma atividade econômica, profissional ou autônoma, independentemente de serem ou não filiados ao sindicato. E se não bastasse, essa mesma Constituição criou outra contribuição (a confederativa), devida apenas pelos associados (**Súmula n. 666 do STF**). Além desses aspectos, foi mantida a unicidade sindical, que consiste na possibilidade de se criar apenas uma entidade, de um certo grau, de uma determinada categoria dentro da mesma base territorial. O preceito em questão, mantido no inciso II, atenta contra a liberdade sindical.

Esses dois aspectos autoritários são reminiscências do sistema corporativista que existiu na Itália durante o fascismo.

A Constituição de 1988, no que tange ao Direito Sindical, previu a obrigatoriedade da participação dos sindicatos nas negociações coletivas e estendeu ao aposentado o direito a ser votado nas organizações sindicais, pois antes lhe era conferido apenas o direito ao voto.

Assegurou-se a garantia de emprego (estabilidade provisória) ao dirigente sindical desde o registro de sua candidatura ao cargo de direção ou representação sindical e, se eleito, ainda que suplente, até um ano após o final do mandato, salvo se cometer falta grave (apuração mediante inquérito judicial), nos termos da lei. Esse preceito não representa novidade, pois o assunto já estava disciplinado no art. 543 da CLT.

No inciso III, confere-se ao sindicato a defesa dos direitos e interesses coletivos ou individuais da categoria, inclusive em questões judiciais ou administrativas. Discute-se a respeito desse inciso, entendendo o STF que a hipótese é de substituição processual, levando o TST a cancelar Súmula em sentido contrário.

No que tange à greve, o art. 9º a contempla e o art. 37, inciso VII, a estende ao servidor público, nos limites que serão definidos em lei específica. O art. 142, IV, proíbe a sindicalização e a greve ao militar.

7. TENDÊNCIAS ATUAIS DO DIREITO DO TRABALHO. FLEXIBILIZAÇÃO E GARANTIAS MÍNIMAS

7.1. Introdução

Apontam-se como "pressuposto sociológico do Direito do Trabalho a questão social obreira; como pressuposto antropológico, o trabalhador na condição de proletário e, como pressuposto político-econômico, o capitalismo em crise..."[(36)]. Os pressupostos são caracterizados por circunstâncias fáticas que vão dar origem ao ordenamento jurídico.

Como se vê, o Direito do Trabalho surgiu em momento histórico de crise, como resposta política aos problemas sociais acarretados pelos dogmas do capitalismo liberal[(37)]. Seu marco, no contexto mundial, é o século XIX. A disciplina em estudo surgiu quando se tentou solucionar a crise social posterior à Revolução Industrial. Nasceu sob o império da máquina, que, ao reduzir o esforço físico e simplificar a atenção mental, facilitou a exploração do trabalho das mulheres e dos menores, considerados "meias forças", relegando-se o trabalho do homem adulto a um plano secundário. O desgaste prematuro do material humano nos acidentes mecânicos do trabalho, os baixos salários e as excessivas jornadas foram, então, inevitáveis. O Direito Civil já não se encontrava apto à solução desses problemas, os quais exigiam uma legislação mais de acordo com o momento histórico-social. Isso porque a celebração e o cumprimento do contrato de trabalho disciplinados pela liberdade assegurada às partes no direito clássico, intensificavam a flagrante desigualdade dos interlocutores sociais.

Diante das agitações dos trabalhadores e das lutas sociais no continente europeu, o Estado resolveu intervir na regulamentação do trabalho, inspirando-se em normas que lhe atribuem critérios próprios, não encontrados em outro ramo do Direito. Essas normas são os princípios peculiares do Direito do Trabalho, entre os quais está o da proteção, centralizado numa garantia de condições mínimas de trabalho, sustentadas por um outro princípio, o da irrenunciabilidade.

Por longo tempo, a orientação da legislação do trabalho no Brasil e na América Latina, em geral, também caracterizou-se pelo garantismo dispensado pelo Estado, com restrições das relações coletivas, e as modificações havidas foram no sentido de aprofundar essa tendência[(38)], em virtude de razões políticas, econômicas e ideológicas.

Sob o prisma político, o Estado alia-se ao proletariado que surgia com o deslocamento do poder das oligarquias rurais para as classes médias urbanas. Em favor desse proletariado editou-se uma legislação generosa para a época, com a recomendação

---

(36) BAYÓN CHACON y PÉREZ BOTIJA, Eugenio. *Introducción al derecho español del trabajo*. Madrid: Tecnos, 3. ed., 1971, p. 39.

(37) MONTALVO CORREA, Jaime. *Fundamentos de Direito do Trabalho*. Madrid: Civitas, 1973, p. 234-235.

(38) BRONSTEIN, Arturo S. Reforma Laboral en America Latina. Entre garantismo y flexibilidad. *Revista Internacional del Trabajo*, v. 116 (1997), p. 10.

de que sua proteção deveria vir do Estado, não dos sindicatos, que eram hostilizados porque não podiam ser controlados pelo poder público. Por outro lado, visando a fomentar a indústria, o Estado ofereceu proteção laboral paralelamente à proteção econômica concedida ao empregador.

Associadas a esses fatores, a doutrina social cristã e socialista e as convenções internacionais da OIT também influenciaram essa legislação garantista[(39)], asseguradora de condições mínimas de trabalho.

Como se vê, a concepção política, em geral, reflete-se no ordenamento jurídico dos povos e nele se insere, evidentemente, o Direito do Trabalho.

Acontece que as relações individuais de trabalho vêm sofrendo várias modificações nos últimos anos, em face da conjugação de fatores como a crise econômica no início de 1970, desencadeada pelo alto preço do petróleo; a inovação tecnológica; as modificações radicais na organização da produção; a necessária competitividade com os países orientais e a necessidade de combater o desemprego, entre outros.

Essas mudanças desencadearam a discussão sobre a flexibilização do emprego, cujos significados variam conforme o sistema legal que se adote e o grau de desenvolvimento dos países. Muitos sustentavam que a predominância de normas imperativas nos institutos jurídicos era o fato gerador da crise das empresas, uma vez que lhes retirava as possibilidades de adaptarem-se a um mercado turbulento. Afirmavam que a rigidez daí advinda impedia a competitividade das economias europeias e o aproveitamento das oportunidades de inovação tecnológica. Outros, ao contrário, atribuíam a culpa pela crise econômica à estrutura orgânica e aos métodos de gestão, típicos da concepção fordista da produção, e viam a rigidez das instituições mais como um resultado da crise do que como sua origem (Boyer, 1990).

Por outro lado, o Estado do Bem-Estar Social que vigorou durante grande parte do século XX e que tinha uma concepção mais solidária de proteção ao ser humano como empregado começou a entrar em crise nos anos 60. Como consequência desse fenômeno, temos, no Brasil, a estabilidade no emprego, que começa a ser substituída pelo FGTS em 1967, com a Lei n. 5.107. Não é menos certo, entretanto, que o Estado do Bem-Estar Social propiciou a acumulação de riquezas em detrimento das reivindicações sociais.

A década de 1990 reflete uma política neoliberal, com o abandono do conceito de Estado do Bem-Estar social. Enquanto se privilegiam os grandes grupos econômicos, as pequenas e médias empresas quebram em decorrência do dano causado pelas políticas econômicas. A saúde, a educação, a segurança e a previdência são relegadas a um plano secundário.

Passou-se, portanto, a se falar no cenário social, em incluídos e excluídos.

Daí se infere que nenhum dos modelos (liberal, social e neoliberal) conseguiu ser eficaz[(40)].

---

(39) BRONSTEIN, Arturo. *Op. cit.*, p. 8.

(40) DALLEGRAVE NETO, José Affonso. *Contrato Individual de Trabalho. Uma visão estrutural.* São Paulo: LTr, 1998, p. 56.

7.2. Flexibilização. Momento histórico. Tipos

A flexibilização no campo do trabalho, historicamente, tem sido uma reivindicação empresarial identificável com uma explícita solicitação de menores custos sociais e maior governabilidade do fator trabalho. Para a realização dessa reivindicação, reclama-se uma flexibilidade normativa, que poderá ser atingida sob o prisma legal, regulamentar e convencional[(41)], mas assegurando-se garantias mínimas ao empregado.

A flexibilização teve dois momentos históricos: **o primeiro** coincide com o chamado "direito do trabalho da emergência" e corresponde a um processo temporário; **o segundo** coincide com a "instalação da crise" e corresponde a reivindicações patronais permanentes.

Dois tipos de **flexibilização** podem ser destacados. A flexibilização **interna**, atinente à ordenação do trabalho na empresa, compreende a mobilidade funcional e geográfica, a modificação substancial das condições de trabalho, do tempo de trabalho, da suspensão do contrato e da remuneração. Enquadram-se nessa forma de flexibilização o trabalho em regime de tempo parcial (art. 58-A da CLT), e a suspensão do contrato a que se refere o art. 476-A do mesmo diploma legal. Paralelamente, temos a flexibilização **externa**, que diz respeito ao ingresso do trabalhador na empresa, às modalidades de contratação, de duração do contrato, de dissolução do contrato, como também à descentralização com recurso a formas de gestão de mão de obra, subcontratos, empresa de trabalho temporário, etc. Encaixa-se nessa segunda forma a inserção do trabalhador no regime do FGTS, retirando-lhe qualquer possibilidade de adquirir estabilidade no emprego. Esse regime foi introduzido no País no primeiro momento histórico da flexibilização, ou seja, como imposição do chamado direito do trabalho da emergência[(42)].

Constituem igualmente modalidade de flexibilização externa a ampliação do rol de contratos determinados, como aliás se infere da Lei n. 9.601, de 1998, contendo redução de encargos, a terceirização disciplinada pela **Súmula n. 331 do TST**, a contratação de trabalhador temporário, na forma da Lei n. 6.019, de 1974, entre outras.

7.2.1. Flexibilização e desregulamentação heterônoma. Flexibilização autônoma

O fenômeno da flexibilização é encarado também sob o enfoque da "desregulamentação normativa", imposta pelo Estado, a qual consiste em derrogar vantagens de cunho trabalhista, substituindo-as por benefícios inferiores.

A "desregulamentação normativa" imposta unilateralmente pelo Estado (flexibilização heterônoma) é considerada por alguns doutrinadores[(43)] como "selvagem". Em contrapartida a ela, sugere-se uma "regulamentação laboral de novo tipo", a qual pressupõe a **substituição das garantias legais pelas garantias convencionais (flexibilização autônoma)**, com a primazia da negociação coletiva. Situa-se aqui a hipótese

(41) SALA-FRANCO, Tomás. El debate sobre políticas de flexibilidad laboral y el derecho del Trabajo. *Revista Jurídica do Trabalho*. Ano I, n. 3, out./dez. de 1988. Salvador/Lisboa, p. 82.

(42) RUSSOMANO, Mozart Victor. A propósito da Lei n. 9.601, de 21 de janeiro de 1998. *Revista Gênesis*, abr./98, p. 537.

(43) SALA FRANCO, Tomás. *Op. cit.*, p. 86.

de redução salarial prevista na Constituição de 1988 (art. 7º, VI), mediante convenção ou acordo coletivo, como também de majoração da jornada de seis horas para turnos ininterruptos de revezamento, sempre mediante negociação coletiva (art. 7º, XIV). **A flexibilização traduz** aqui uma forma de adaptação das normas trabalhistas às grandes modificações verificadas no mercado de trabalho. Até nessa hipótese de **flexibilização**, os limites mínimos previstos nos diplomas constitucionais e internacionais devem ser respeitados, mesmo porque os direitos trabalhistas integram o rol dos direitos fundamentais na Constituição de 1988.

Ressalte-se que a gênese do Direito do Trabalho, por várias razões e principalmente pelo seu conteúdo normativo, possui, sem dúvida, um sentido político-econômico refletido de forma clara não só nas leis que dispõem sobre matéria salarial, mas também naquelas disciplinadoras das licenças, dos descansos e das férias, além de outras, pois, nesses períodos, a empresa necessitará de mais empregados para manter os níveis de produção. Lembre-se, entretanto, que, não obstante essa vinculação estreita com a economia, o Direito do Trabalho é motivado, essencialmente, por objetivos de ordem político-social, que visam a corrigir as diferenças, elevando o nível social da classe trabalhadora, como imposição de solidariedade, que nos torna responsáveis pela carência dos demais.

7.2.2. Desregulamentação e o trabalho da mulher

O capítulo da CLT que mais sofreu os efeitos da desregulamentação foi o atinente ao trabalho da mulher.

A desregulamentação normativa sobre o trabalho da mulher, ocorrida após a Constituição da República de 1988, teve mais o intuito de promover a sua igualdade no mercado de trabalho do que flexibilizar as normas em questão.

A legislação tutelar inserida em documentos internacionais e transplantada para a legislação interna dos países mostrou-se necessária, em determinado momento histórico, diante da exploração de que eram vítimas as mulheres e em face de um proletariado pouco consciente.

Ocorre que, atualmente, com a evolução científica, tecnológica e social, as intervenções legislativas referentes, por exemplo, ao trabalho da mulher em determinados locais, horários e circunstâncias passaram a restringir-lhe as oportunidades de emprego e a institucionalizar a segregação profissional, constituindo-se em um obstáculo às necessidades econômicas e sociais.

Nota-se que vários países revogaram leis de tutela para promover a exportação de produtos manufaturados, como ocorreu com a Coreia, que aboliu as proibições ao trabalho da mulher em 24 ocupações, enquanto outros, como as Ilhas Maurício, a Malásia e o Paquistão, ampliaram as permissões para o trabalho noturno industrial da mulher, visando a favorecer os investimentos(44). Consta que a Coreia aboliu inúmeras restrições ao trabalho da mulher, tendo em vista a política de desenvolvimento fundada na exportação, mormente com produtos manufaturados e com semicondutores, que

---

(44) ANKER, Richard; HEIN, Catherine. Por qué los empresarios de las ciudades del tercer mundo suelen preferir el empleo de varones. *Revista Internacional del Trabajo*, Ginebra, v. 104, n. 1, ene./mar. 1985, p. 95.

exigem grande destreza. Uma das atividades mais dinâmicas do sudeste da Ásia é a indústria de semicondutores, cuja força de trabalho é predominantemente constituída de mulheres. Ocorre que os efeitos nocivos desse trabalho já se fazem sentir, dado o elevado índice de miopia (47%) e astigmatismo (19%) entre as coreanas, que trabalham com microscópio e não fazem uso das máscaras protetoras, por impedi-las de alcançar um rendimento maior. Algumas empresas já procuram solucionar o problema criando comissões mistas (pessoal — direção de seguridade e higiene)(45).

Conclui-se, portanto, que, nos países mencionados, a revogação dessas leis tutelares teve por fim imediato satisfazer as exigências do mercado. Embora, em consequência, tenha sido fomentada a igualdade entre os sexos, proporcionando mais oportunidades de emprego às mulheres, a flexibilização gerou os efeitos nocivos relatados, porque faltam os cuidados necessários à saúde.

Já no Brasil, a revogação das leis tutelares teve por objetivo imediato fomentar a igualdade da mulher no mercado de trabalho, princípio proclamado no art. 5º, inciso I, e no art. 7º, inciso XXX, da Constituição da República de 1988.

Nossa legislação infraconstitucional, influenciada pelas normas internacionais, sobretudo da Organização Internacional do Trabalho (OIT), possuiu, durante mais de meio século, um caráter altamente tutelar em relação às mulheres, em geral, estabelecendo restrições que não mais se justificam na sociedade contemporânea. Em 24 de outubro de 1989, a Lei n. 7.855 revogou, expressamente, os art. 379 e 380 da CLT, que continham restrição ao trabalho noturno da mulher. A medida representou um avanço considerável na legislação sobre a matéria, pois a proibição reforçava uma divisão sexista de atividades, sem qualquer respaldo científico. A rigor, do ponto de vista fisiológico, o trabalho noturno é prejudicial tanto à mulher como ao homem, tanto é que se recomenda o afastamento do empregado, em geral, desse turno(46).

A CLT proibia, ainda, o trabalho da mulher nos subterrâneos, nas minerações em subsolo, nas pedreiras e obras de construção pública ou particular, nos serviços perigosos e insalubres, até a revogação do dispositivo pertinente pela referida Lei n. 7.855, de 24 de outubro de 1989, que deu efetividade ao preceito contido no art. 5º, inciso I, da Constituição. Esse dispositivo prevê que homens e mulheres são iguais em direitos e obrigações. Ora, os riscos reprodutivos ocupacionais devem ser eliminados, reduzidos ou distribuídos dentro de um sistema racional de trabalho, de acordo com as particularidades de cada sexo. Ademais, são poucas as profissões, se realmente existem, nas quais o trabalho insalubre ou perigoso é mais prejudicial às mulheres do que aos homens, se uns e outros agirem com a prudência necessária(47). Finalmente, em 2001, foi revogado o art. 376 da CLT, que proibia o trabalho extraordinário da mulher, salvo na força maior.

Maiores considerações sobre a flexibilização serão tecidas quando do exame de cada um dos princípios peculiares ao Direito do Trabalho.

---

(45) MUJER y Trabajo. Ginebra: Oficina Internacional del Trabajo, 1988, número extraordinario, p. 32.

(46) BARROS, Alice Monteiro de. *A mulher e o Direito do Trabalho*. São Paulo: LTr, 1995, p. 111 a 116.

(47) SÉGURET, Marie-Claire. ¿Mejorarán algún día las condiciones de trabajo de las mujeres? *Revista Internacional del Trabajo*. Ginebra, v. 102, n. 3, p. 416.

CAPÍTULO II

DIREITO DO TRABALHO: DENOMINAÇÃO. CONCEITO. CARACTERÍSTICAS. DIVISÃO. NATUREZA JURÍDICA. FUNÇÃO. RELAÇÃO COM OUTRAS DISCIPLINAS. AUTONOMIA

As primeiras **denominações** atribuídas ao Direito do Trabalho foram as seguintes: legislação industrial, legislação operária, legislação trabalhista e legislação social. A propósito, esta última é ainda utilizada nas faculdades de Ciências Contábeis. Essas denominações se justificavam quando a disciplina era destituída de autonomia científica, traduzindo um conjunto de leis esparsas. A partir do momento em que o Direito do Trabalho passou a desfrutar de autonomia científica, didática, metodológica e constitucional, com princípios e regras próprias, sua denominação foi alterada para Direito, em princípio com a qualificação **operário**, empregada, aliás, no art. 16, XVI, da Constituição de 1937, que atribui competência à União para legislar sobre a matéria trabalhista.

A denominação **Direito Industrial** também foi utilizada, mas, à semelhança da nomenclatura anterior, pecava pelo seu caráter restrito. É que a esfera normativa do Direito do Trabalho estende-se muito além dos operários de fábrica e empregados da indústria e abrange setores do comércio, banco, ensino, transporte, serviços em geral, etc. Já o termo **Direito Social**, cujo grande defensor no Brasil foi Cesarino Júnior, atribui-lhe um alcance amplo demais, abrangendo todos os preceitos de tutela aos economicamente débeis. A esse argumento os autores acrescentam o fato de que todo Direito é social e, consequentemente, o Direito do Trabalho seria apenas um dos ramos do Direito Social. Tentou-se, ainda, o termo **Direito Corporativo**, restritivo e muito divulgado durante o fascismo italiano. A denominação abrangia apenas as relações coletivas e deixava à margem as relações individuais, e não prosperou.

Finalmente, a denominação que acabou por triunfar entre os autores dos mais diversos países[(1)] foi **Direito do Trabalho**. Há os que a criticam, sob o argumento de ser muito ampla, considerando que tal Direito não se estende a todos os trabalhadores, apenas aos que labutam de forma subordinada.

Feitas essas considerações a respeito da disciplina, como se **conceitua** o Direito do Trabalho?

Os conceitos poderão ser reunidos em três categorias, intituladas **subjetivas**, **objetivas** ou **mistas**, conforme o pensamento filosófico, político ou social dos autores e o momento histórico da sua elaboração.

---

(1) Na França, o Direito do Trabalho é intitulado *Droit du Travail*; na Itália, *Diritto del Lavoro*; nos países de língua espanhola, *Derecho del Trabajo*.

Os conceitos **subjetivistas**, em geral, realçam a condição do empregado como o economicamente fraco na relação jurídica. Cesarino Júnior[(2)] conceitua o Direito do Trabalho como "o sistema jurídico de proteção aos economicamente fracos". Radbruch também vê "nas normas trabalhistas a proteção do débil diante do poderoso endinheirado".

Já os que definem o Direito do Trabalho consoante a corrente **objetivista** tomam como referência a prestação de trabalho subordinado, objeto do contrato de trabalho. Situa-se entre eles La Loggia, que o conceitua como "a parte do direito que tem por objeto as relações de trabalho subordinado". Messias Donato[(3)] também pode ser incluído entre os objetivistas, ao conceituar o Direito do Trabalho como "o conjunto de princípios e normas jurídicas que regem a prestação de trabalho subordinado ou a ele similar, bem como as relações e os riscos que dela se originam".

Por fim, poderão ser arrolados entre os partidários do **conceito misto** Perez Botija e, entre os brasileiros, Evaristo de Moraes Filho[(4)], cujas definições harmonizam os sujeitos do contrato de trabalho com o seu objeto, que é a prestação de serviço subordinado. Vejamos: Perez Botija[(5)] define o Direito do Trabalho como o "conjunto de princípios e normas que regulam as relações de empregadores e trabalhadores e de ambos com o Estado, para efeitos de proteção e tutela do trabalho"; Evaristo de Moraes Filho, na mesma linha, conceitua-o como o "conjunto de princípios e normas jurídicas que regulam as relações jurídicas oriundas da prestação de serviço subordinado e outros aspectos deste último, como consequência da situação econômico-social das pessoas que o exercem".

O Direito do Trabalho divide-se em direito individual e direito coletivo.

Direito Individual do Trabalho "é o conjunto de leis que consideram individualmente o empregado e o empregador, unidos numa relação contratual" (Cesarino Júnior. *Direito Social. Op. cit.*, p. 52).

O **Direito Coletivo do Trabalho**, por sua vez, é conceituado como "o conjunto de normas que consideram os empregados e empregadores coletivamente reunidos, principalmente na forma de entidades sindicais" (Cesarino Júnior. *Direito Social. Op. cit.*, p. 52).

Assim, como adverte a doutrina italiana, o direito individual pressupõe uma relação entre sujeitos de direito, considerando os interesses concretos de indivíduos determinados, contrariamente ao direito coletivo, que pressupõe uma relação entre sujeitos de direito, em que a participação do indivíduo também é considerada, mas como membro de determinada coletividade. Neste último, consideram-se os interesses abstratos do grupo.

Entre as **características do Direito do Trabalho,** a doutrina nacional[(6)] aponta: a) a tendência *in fieri*, isto é, à ampliação crescente; b) o fato de ser um direito "tuitivo",

(2) CESARINO JÚNIOR, A. F. *Direito Social*. São Paulo: LTr, 1980, p. 54.
(3) DONATO, Messias Pereira. *Curso de Direito do Trabalho*. 3. ed., São Paulo: Saraiva, 1979, p. 4-5.
(4) MORAES FILHO, Evaristo. *Introdução ao Direito do Trabalho*. São Paulo: LTr, 1971, p. 17.
(5) PEREZ BOTIJA, Eugenio. *Curso de Derecho del Trabajo*. 6. ed., Madrid: Tecnos, 1960, p. 4.
(6) MORAES FILHO, Evaristo. *Introdução ao Direito do Trabalho*. São Paulo: LTr, 1971, p. 37-40.

de reivindicação de classe; c) o cunho intervencionista; d) o caráter cosmopolita, isto é, influenciado pelas normas internacionais; e) o fato de os seus institutos jurídicos mais típicos serem de ordem coletiva ou socializante; f) o fato de ser um direito em transição. A essas características a doutrina estrangeira acrescenta a circunstância de ser limitativo da autonomia da vontade individual no contrato, ter como propósito principal a tutela do trabalhador e do economicamente fraco e ordenar o mundo do trabalho de acordo com os princípios da dignidade humana, tendo em vista a paz social (García Oviedo).

A sua tendência à ampliação crescente levou alguns autores a apelidar o Direito do Trabalho, há muitos anos, de "direito em vir a ser" (Photoff, em 1928). Essa ampliação ocorre no tocante à **extensão pessoal** e à **intensidade**. No que se refere à extensão pessoal, embora o campo de atuação do Direito do Trabalho ainda se restrinja ao trabalho subordinado, a legislação material tende a estender sua esfera normativa ao trabalhador autônomo, quando lhe assegura o direito à sindicalização (art. 511 da CLT) e ao repouso semanal remunerado (art. 3º da Lei n. 605, de 1949), enquanto a legislação processual (art. 652, III, "a", da CLT) tende a atribuir competência aos tribunais para conciliarem e julgarem dissídios resultantes do contrato de empreitada em que o empreiteiro seja operário ou artífice. Evidentemente, a Justiça do Trabalho é competente, aqui, para deferir ou indeferir o preço da empreitada, não os direitos sociais.

O trabalhador avulso não era, antes da Constituição da República de 1988, equiparado a empregado, mas já lhe eram assegurados direitos como férias, FGTS, gratificação natalina e salário-família, o que levou doutrinadores[(7)] a considerá-lo um "empregado defectivo". A partir da Constituição vigente, os trabalhadores avulsos foram equiparados aos empregados para fins de direitos sociais (art. 7º, XXXIV).

A característica de **ampliação crescente** do Direito do Trabalho fez-se presente na Constituição de 1988, em duas direções bem definidas: a) **em extensão pessoal**, ao incluir em seu âmbito um número cada vez maior de pessoas, até então parcialmente ausentes de sua esfera normativa; b) **em intensidade**, porque a Constituição aumentou os benefícios ou criou vantagens em favor do trabalhador.

Quanto à **extensão pessoal**, o art. 7º, inciso XXXIV, assegurou a igualdade de direitos entre o trabalhador com vínculo empregatício permanente e o trabalhador avulso. O mesmo dispositivo legal, no seu parágrafo único, estendeu aos trabalhadores domésticos direitos de natureza tipicamente trabalhista, assim relacionados: salário mínimo; irredutibilidade salarial; 13º salário; repouso semanal remunerado, preferencialmente aos domingos; gozo de férias anuais remuneradas, acrescidas de 1/3 do salário normal; licença de 120 dias à gestante, sem prejuízo do emprego e do salário; licença-paternidade de cinco dias; aviso prévio proporcional; aposentadoria e sua integração à Previdência Social. Tais direitos devem ser aplicados com a regulamentação contida nas leis já existentes, que disciplinam esses institutos, exceto quanto

---

(7) VILHENA, Paulo Emílio Ribeiro de. *Relação de emprego. Estrutura legal e supostos*. São Paulo: Saraiva, 1972, p. 198.

às férias, que eram disciplinadas pela Lei n. 5.859, de 1972, e agora, em face da ratificação pelo Brasil da Convenção n. 132 da OIT, sem exclusão dos domésticos, aplicam-se os seus preceitos e a Lei n. 11.324, de 2006.

Conquanto os rurícolas já fossem titulares de direitos sociais, a Constituição da República de 1988, ao equipará-los aos empregados urbanos, estendeu-lhes os institutos jurídicos do FGTS e do salário-família, até então a eles inaplicáveis. No tocante ao FGTS, a norma constitucional teve aplicação imediata. Entretanto, a lei ordinária impossibilita-os de optarem pelo FGTS com efeito retroativo. A concessão do salário-família necessitou de regulamentação, ocorrida em 1991.

Por outro lado, embora o texto constitucional tivesse estendido aos funcionários públicos os direitos sociais alinhados no art. 39, muitos dos quais até então deferidos apenas aos empregados, não lhes concedeu direito de ação na Justiça do Trabalho para reivindicá-los. Dispõe o art. 114 da Constituição da República de 1988, na sua redação original, que compete à Justiça do Trabalho "conciliar e julgar os dissídios individuais e coletivos entre trabalhadores e empregadores, abrangidos os entes de direito público externo e da administração pública direta e indireta dos Municípios, do Distrito Federal, dos Estados e da União e, na forma da lei, outras controvérsias decorrentes da relação de trabalho, bem como os litígios que tenham origem no cumprimento de suas próprias sentenças, inclusive coletivas". Ao fixar esta competência para dirimir as controvérsias entre trabalhador e empregador, o legislador constituinte não delimitou a matéria que ficaria a cargo da Justiça do Trabalho, esclarecendo que as causas em que forem parte, na condição de **empregador**, os entes de direito público externo e interno serão solucionadas pela Justiça do Trabalho. Logo, apenas os **empregados** destes últimos passaram a ter direito de ação na Justiça do Trabalho.

Ressaltamos que a Emenda Constitucional n. 45, de 31 de dezembro de 2004, que tratou da reforma do judiciário e modificou o referido art. 114, alterou essa competência. Dispõe o art. 114 da Constituição vigente, com a nova redação dada pela Emenda Constitucional n. 45, de 8 de dezembro de 2004, que compete à Justiça do Trabalho processar e julgar: "I — as ações oriundas da relação de trabalho, abrangidos os entes de direito público externo e da administração pública direta e indireta da União, dos Estados, do Distrito Federal e dos Municípios."

Embora a relação de trabalho do servidor estatutário (antigo funcionário público) seja institucional e não contratual, entendemos que ela estaria incluída no verbete. O fato de o regime ser institucional significa que as condições de trabalho e remuneração não são fixadas pelas partes, mas pelo Poder Público, mediante critério político administrativo. Não se excluiriam as ações desse servidor público, do âmbito da Justiça do Trabalho, como proposição emendada pelo Senado. Essa, portanto, seria uma inovação importante no que tange à tendência de ampliação crescente, não do Direito do Trabalho em si, mas da processualística trabalhista, pois aos servidores públicos estatutários seriam conferidos os direitos alinhados no art. 37 da Constituição e do seu regime próprio. Não se lhe aplicariam as normas celetistas.

Acontece, porém, que em 27 de janeiro de 2005, o Min. Nelson Jobim concedeu liminar na Ação Direta de Inconstitucionalidade n. 3.395/6-DF, para suspender qualquer interpretação ao referido inciso I, do art. 114 da Constituição, que inclua na competência da Justiça do Trabalho as causas entre o Poder Público e seus servidores a ele vinculados por típica relação de ordem estatutária ou de caráter jurídico-administrativo.

Persiste, portanto, a competência da Justiça do Trabalho para as causas envolvendo os servidores públicos celetistas e não estatutários ou administrativos.

A competência para apreciação de pedido de compensação por dano moral e/ou material decorrente de acidente do trabalho é da Justiça do Trabalho (Conflito de Competência n. 7.207-1-STF).

A jurisprudência trabalhista majoritária, mesmo antes da Emenda Constitucional n. 45/2004, já defendia essa competência para apreciar a matéria[(8)].

O STF, após alguma hesitação[(9)], em 29 de junho de 2005, ao decidir conflito de competência, alterou seu posicionamento e definiu, por unanimidade, pela competência da Justiça do Trabalho para apreciar e julgar ação reparadora de dano (material e/ou moral), resultante de acidente do trabalho, ajuizada pelo empregado contra o empregador. Afirmou-se, na oportunidade, que essas ações não foram excetuadas do âmbito do citado art. 114, ao contrário sua apreciação pela Justiça do Trabalho está contida no inciso VI do referido preceito, pois "sem o vinculo trabalhista o infortúnio não se configuraria". Considerando que o STF é o guardião da Constituição, a ele compete interpretá-la. Assim, para evitar expectativa falsa de um direito, e por motivo de disciplina judiciária, dada a nossa condição de magistrada, ressalvamos nosso entendimento contrário[(10)] para acompanhar a decisão do STF e dar pela competência da Justiça do Trabalho para apreciar essa matéria.

Ainda no que se refere à característica de ampliação crescente do Direito do Trabalho, mas agora sob o prisma da **intensidade**, a Constituição de 1988 criou novos

---

(8) "Embargos do reclamado — Dano moral e material — Acidente de trabalho — Lesão por esforços repetitivos — LER — Competência da Justiça do Trabalho. A Justiça do Trabalho é competente para apreciar e julgar ação de indenização por dano moral e material resultante de acidente de trabalho, nos termos do art. 114 da Constituição Federal. Quando o art. 109, I, da Magna Carta exclui da competência da Justiça do Trabalho as causas de acidente de trabalho, logicamente está a se referir àquelas ações acidentárias dirigidas em desfavor da entidade previdenciária e não às ações indenizatórias de dano moral e material decorrentes de acidente de trabalho. Esse comando constitucional tem razão de ser, uma vez que as ações previdenciárias não visam equacionar litígio entre empregador e empregado, mas resguardar direito previdenciário, tendo no polo passivo o INSS. O mesmo não ocorre com a ação de indenização por dano moral e material decorrente de acidente de trabalho, que configura típico litígio trabalhista, na medida em que envolve parcela devida pelo empregador ao empregado resultante do contrato havido entre as partes. Recurso parcialmente conhecido e desprovido". TST-E-RR-483206/1998. Acórdão SD1. Redator designado: Min. Vantuil Abdala. DJU 17.10.2003.

(9) Em fevereiro de 2005 (RE 394.943/SP — Rel. p/acórdão Min. Eros Grau) e em sessão plenária de 9 de março do mesmo ano (RE-438639-9/MG), por 9 votos contra 2 vencidos, o STF manteve a Competência da Justiça Comum para apreciar pedido de compensação por dano moral advindo de acidente do trabalho sofrido por empregado, não só para evitar decisões conflitantes, como também porque a Justiça Comum estaria mais apta a fazê-lo prontamente (por possuir mais Varas das diversas cidades do Estado do que a Justiça do Trabalho).

(10) Como a nova redação dada ao art. 114 da Constituição vigente, em dezembro de 2004, pela Emenda Constitucional n. 45, não incluiu no âmbito da competência da Justiça do Trabalho as ações de acidente do trabalho, acatávamos o entendimento segundo o qual não havia como estender-lhe a competência para apreciar as ações de compensação por dano moral ou patrimonial oriundas desse infortúnio, em face do art. 109, inciso I, do mesmo texto constitucional, salvo se a questão do acidente do trabalho já estivesse definida. Deveria o legislador ter ousado, passando a competência dessa matéria para a Justiça do Trabalho. Trata-se de evidente analogia entre a lide trabalhista e o infortúnio do trabalho.

institutos, como o adicional de penosidade e a licença-paternidade, além de ter introduzido a proteção contra os efeitos da automação (art. 7º, XXIII, XIX e XXVII).

A propósito, essa característica, apontada no parágrafo anterior, revela uma outra, que é o fato de ser o Direito do Trabalho "**tuitivo**", isto é, de reivindicação de classe. Embora a história revele, no mundo europeu (século XIX), a existência de lutas de classe exigindo dos empregadores melhores condições de trabalho, que se concretizaram em livres acordos celebrados entre os interlocutores sociais, é igualmente certo que o legislador abandonou sua postura de "mero espectador na iniciativa privada" e interveio, editando uma legislação tutelar, com o objetivo de "compensar com uma superioridade jurídica a desigualdade econômica do trabalhador" (Gallart Folch. *Apud* Evaristo de Moraes Filho. *Op. cit.*, p. 35).

No plano internacional, há uma preocupação em harmonizar a legislação trabalhista dos países. E para isso é necessário estender as obrigações correspondentes a todas as nações, com o objetivo de assegurar uma concorrência mais justa no mercado internacional, impedindo sejam comercializados produtos por preços mais baixos, com o sacrifício dos trabalhadores, cuja mão de obra seria remunerada com valores aviltantes. Esse caráter **cosmopolita** do Direito do Trabalho encontra-se refletido no art. 427 do Tratado de Versalhes, de 1919, e na ação dos organismos internacionais, inclusive da OIT.

O Direito do Trabalho se particulariza, ainda, em relação aos outros ramos do Direito, pela existência de **institutos de direito coletivo,** como a liberdade sindical, a convenção coletiva e a greve[(11)].

Arrola-se, por fim, entre as características do Direito do Trabalho, a circunstância de ser ele visto como um direito em **transição**, pois a ele compete realizar "a reforma social sem sobressaltos, nem alterações bruscas nas atuais posições na vida econômica"[(12)].

Relativamente à **natureza jurídica** da disciplina, também conhecida como **taxinomia**, cumpre salientar que a evolução do Direito do Trabalho, com a especialização dos seus diversos ramos e, principalmente, em face da autonomia e da internacionalização dos institutos, despertou controvérsias sobre o seu enquadramento na tradicional classificação direito público e direito privado.

É sabido que muitos autores insurgem-se contra essa dicotomia, atribuída a Ulpiano, entre direito público e direito privado, e defendem a unidade do direito. Hans Kelsen, por exemplo, construiu o mundo jurídico como uma unidade universal, afirmando que o direito é um só, composto de normas hierarquizadas, partindo-se da norma constitucional.

Outros doutrinadores sustentam haver um terceiro gênero dentro da enciclopédia jurídica, ao argumento de que a estrutura jurídica de novas instituições ou figuras de

---

(11) KASKEL e DERSCH. *Apud* MORAES FILHO, Evaristo de. *Introdução ao Direito do Trabalho. Op. cit.*, p. 38.

(12) MORAES FILHO, Evaristo de. *Introdução ao Direito do Trabalho. Op. cit., passim.*

direito, na qual se verifica a interferência do direito público no direito privado, autoriza a conclusão de que, ao lado destes, encontra-se um novo ramo do direito: o social.

Dessa discussão surgiram inúmeras correntes, que tentam explicar a **natureza jurídica** do Direito do Trabalho ora como um direito público, ora como integrante do direito privado, ora como um terceiro gênero — direito social, ou, ainda, como um direito misto ou um direito unitário.

Os que sustentam enquadrar-se o Direito do Trabalho no **direito público** utilizam-se do argumento de ter sido ele fruto do intervencionismo estatal nas relações de trabalho, quer no tocante ao conteúdo de suas normas, predominantemente imperativas, quer no tocante à fiscalização de seu cumprimento, feita pelo Ministério do Trabalho, que é um órgão da Administração. Já os adeptos do Direito do Trabalho como um segmento do **direito privado** afirmam que as normas legais que lhe correspondem surgiram dos Códigos Civis e seu instituto básico é o contrato individual de trabalho. Renomados juristas italianos, como Ludovico Barassi, defendem esse enquadramento.

Outros autores entendem que o Direito do Trabalho integra um terceiro gênero, o **direito social**. Para os defensores do terceiro gênero, o fundamento básico é a socialização do direito em oposição ao direito individual, com a supremacia ou o primado do direito coletivo sobre o individual. É inegável a tendência socializadora, contudo ela concerne a relações jurídicas dos mais diversos matizes, inclusive àquelas que pertencem ao Direito Civil e que ainda o integram. Daí a doutrina espanhola afirmar que a ideia do direito social como terceiro gênero constitui uma solução cômoda, porém ineficaz, seja do ponto de vista metódico, científico, seja do ponto de vista dogmático.

Asseveram alguns autores constituir o Direito do Trabalho um conjunto de **regras mistas**. Seus adeptos ora reconhecem, ora não reconhecem a sua unidade conceitual.

Refutando a teoria anterior, surge a corrente que situa o Direito do Trabalho como um **direito unitário**, fruto de estudos dos juristas alemães, para os quais o trabalho não corresponde apenas a uma relação individual, mas também a uma relação social. Por isso, o Direito do Trabalho compreende as normas individuais e sociais, pois somente nessa concepção unitária pode ser reconhecida a ordem jurídica real do trabalho. E assim estão presentes no Direito do Trabalho tanto o direito privado como o direito público, em "uma situação de mescla indissolúvel".

O Direito do Trabalho, qualquer que seja a natureza que se lhe atribua, possui, conforme a concepção filosófica de seus expositores, as **funções** tutelar, econômica, conservadora ou coordenadora. A **função de tutela** dá-se em relação ao trabalhador, dada a sua condição de hipossuficiente. Outros sustentam que sua **função é econômica**, tendo em mira a realização de valores; por conseguinte, todas as vantagens atribuídas ao empregado deverão ser precedidas de um suporte econômico. Em contraposição a essa vertente, há quem diga que o Direito do Trabalho visa à realização de valores sociais, não econômicos, com o objetivo de preservar um valor universal, que é a dignidade humana.

Há, ainda, os que atribuem ao Direito do Trabalho uma **função conservadora.** Afirmam que ele é um meio utilizado pelo Estado para sufocar os movimentos operários reivindicatórios. Sustenta outra linha de pensadores que o Direito do Trabalho possui uma **função coordenadora,** na medida em que coordena os interesses entre capital e trabalho[(13)].

Em face de tudo o que já foi exposto, infere-se que o Direito do Trabalho possui **autonomia científica**, embora não esteja isolado das outras disciplinas. Sua **autonomia doutrinária e legislativa** constata-se na amplitude de seu campo de ação, capaz de autorizar uma legislação especial, fora do âmbito do Direito Civil, fundada em princípios peculiares, os quais permitem a elaboração de doutrinas presididas por conceitos gerais comuns e diversos daqueles encontrados em outras disciplinas. Além desses aspectos, a disciplina possui **autonomia didática** em quase todos os países, pois está incluída como matéria obrigatória nos programas de ensino superior e possui um **segmento especial do poder judiciário para apreciar os litígios** oriundos das questões que envolvem capital e trabalho.

O fato de possuir autonomia científica não significa que o Direito do Trabalho esteja isolado. Ao contrário, ele está relacionado com diversos ramos do Direito, entre eles o Direito Constitucional, principal fonte estatal do Direito do Trabalho, cujo conteúdo se reflete nos art. 7º, 8º e 9º da Constituição vigente, bem como no art. 10 do Ato das Disposições Constitucionais Transitórias, que tratam, respectivamente, dos direitos sociais de cunho individual e coletivo; o Direito Administrativo, no que se refere ao controle e vigilância no cumprimento das normas trabalhistas e ao servidor público. A propósito, a teor do inciso VIII, do art. 114 da Constituição, com a redação dada em 2004 (EC n. 45), compete à Justiça do Trabalho julgar as ações relativas às penalidades administrativas impostas aos empregadores pelos órgãos de fiscalização das relações de trabalho. O Direito do Trabalho relaciona-se com o Direito Civil, no que tange às fontes, à aplicação do Direito do Trabalho, à teoria geral do contrato, aos vícios do negócio jurídico, ao dano patrimonial e moral, à prescrição e decadência, à condição de sócios, etc.; o Direito Comercial, no que se refere ao conceito de representante comercial, de empresa e estabelecimento e aos efeitos da falência sobre o contrato; o Direito Penal, cujo conceito de dolo e culpa interessam ao Direito do Trabalho, principalmente quando da aplicação do art. 462 da CLT, alusivo aos descontos no salário do empregado por dano ocasionado ao empregador. Na hipótese de dano culposo, torna-se necessário ajuste prévio para autorizar o desconto, o que é dispensável quando há dolo. O estudo das contravenções penais é importante, pois terá influência na própria formação do pacto laboral. Se o objeto do contrato for uma contravenção penal, o ajuste será nulo, em face da ilicitude do objeto. O sistema de sanções penais, livramento condicional, anistia, irá também refletir na cessação do pacto laboral, lembrando-se que o Código Penal dispõe sobre os crimes contra a organização do trabalho, cuja competência não é afeta a essa Justiça especializada[(14)], mas repercutirá

(13) Cf. NASCIMENTO, Amauri Mascaro. *Iniciação ao Direito do Trabalho*. 29. ed., São Paulo: LTr, 2003, p. 65-66.

(14) Os crimes contra a organização do trabalho, mesmo após a reforma do judiciário, ocorrida no final de 2004, continuam sendo julgados pela Justiça Federal, a teor da Súmula n. 115 do ex-TFR, que preceitua: "Compete à Justiça Federal processar e julgar os crimes contra a organização do trabalho, quando tenham por objeto a organização geral do trabalho, ou direitos dos trabalhadores considerados coletivamente". Se a hipótese não se enquadrar nesse contexto, a competência será da Justiça Estadual para apreciar o crime.

no contrato, à semelhança do que ocorre em relação aos crimes contra o patrimônio, contra a honra e contra a vida; o Direito Processual, pela necessidade de compatibilizar o processo do trabalho com as disposições do Código de Processo Civil e de outras leis processuais (art. 769 da CLT).

Finalmente, o Direito do Trabalho mantém ligações com o Direito Internacional Público e Privado, mormente se considerarmos que as convenções internacionais, uma vez ratificadas, passam a integrar o sistema de fontes do direito interno, o que será examinado adiante.

FONTES DO DIREITO DO TRABALHO. CONCEITO. CLASSIFICAÇÃO E HIERARQUIA. CONFLITOS E SUAS SOLUÇÕES

1. CONCEITO

De início, cumpre verificar qual é o conceito de fonte. Na linguagem popular, fonte é origem, é tudo aquilo de onde provém alguma coisa. Já sob o prisma jurídico, a **fonte** é vista como origem do direito, incluídos os fatores sociais, econômicos e históricos. Como **fundamento** de validade da norma jurídica, a fonte pressupõe um conjunto de normas, em que as de maior hierarquia constituem fonte das de hierarquia inferior. Finalmente, por fonte entende-se, ainda, **a exteriorização do direito**, os modos pelos quais se manifesta a norma jurídica.

2. CLASSIFICAÇÃO

São várias as classificações das fontes segundo a doutrina trabalhista.

Há autores que dividem as fontes do Direito do Trabalho em **primárias e imperativas.** A **fonte primária** ou **fonte de criação**, segundo a classificação de Orlando Gomes[1], é a que depende da vontade das partes. Para ele, o contrato é a única fonte de criação da relação de emprego.

As **fontes imperativas**, por sua vez, são subdivididas pelo autor em: fonte de produção estatal, em que se situa a lei; fonte de produção profissional, que compreende as convenções coletivas; fonte de produção mista, cujo exemplo é a sentença normativa. Esta é considerada mista porque, no processo de dissídio coletivo em que é proferida, quem toma a iniciativa de ajuizar a ação é a entidade sindical representante da categoria interessada, mas quem profere a decisão é o Tribunal do Trabalho, logo, há também intervenção de autoridade pública. Por fim, o citado autor arrola a **fonte de produção internacional,** que são os tratados e as convenções internacionais ratificados pelo Brasil.

Outra classificação é elaborada por Messias Pereira Donato[2], para quem as fontes se dividem em: **estatais, de origem profissional, internacionais, supletivas e subsidiárias**. O autor considera fontes subsidiárias o direito comum, o processual civil e o

(1) GOMES, Orlando e GOTTSCHALK, Elson. *Curso de Direito do Trabalho*. v. 1-2. Rio de Janeiro: Forense, 1984, p. 44.

(2) *Curso de Direito do Trabalho*. 3. ed. São Paulo: Saraiva, 1979, p. 7.

direito comercial, e fontes supletivas a analogia, a equidade, o Direito Comparado e a jurisprudência. As supletivas ele considera recursos de interpretação, e não fontes objetivas do Direito do Trabalho.

Muito comum é a classificação das fontes, inclusive do Direito do Trabalho, em materiais e formais.

Fontes materiais, também conhecidas como **reais ou primárias,** são os "substratos facticos", que imprimem conteúdo à norma. Como fatores culturais, essas fontes pertencem mais ao campo da sociologia jurídica e da filosofia do Direito do que à ciência jurídica.

Já as **fontes formais** traduzem a exteriorização dos fatos por meio da **regra jurídica**. Essa fonte pode ser imposta de forma coercitiva, obrigando de maneira geral.

Evaristo de Moraes Filho(3) divide as fontes formais em **autônomas** (costumes, convenção coletiva, regulamento de empresa, quando bilateral) e **heterônomas** (lei, regulamento, sentença normativa e regulamento de empresa, quando unilateral). O referido autor exclui a doutrina das fontes formais, por entender que ela não se reveste da forma essencial da natureza jurídica, considerando a analogia, a equidade, os princípios do direito e o direito internacional como regras de interpretação, e não como fontes. O mesmo autor não inclui entre as fontes formais a jurisprudência, embora reconheça que ela tenha papel relevante. Como o trabalho foi escrito quando em vigor os prejulgados, dizia que as súmulas não eram de cumprimento obrigatório e os prejulgados padeciam do vício da inconstitucionalidade. O autor(4) inclui o **regulamento interno da empresa** como fonte normativa do Direito do Trabalho, não se dissolvendo nos contratos individuais. Segundo ele, suas cláusulas é que aderem a este, como também acontece com a lei, as convenções, etc.

2.1. Fontes formais

Entre as classificações de fontes e com amparo na doutrina civilista, adaptada ao Direito do Trabalho, preferimos as que as subdividem em fontes materiais e fontes formais.

Como já se constatou, o comportamento humano não é disciplinado apenas pela lei, que é a principal fonte do direito nos países de tradição romano-germânica como o nosso, mas por outros meios, cujo elemento essencial é a vontade, apta a produzir efeitos. Para abranger essas formas técnicas de materialização do direito objetivo, a doutrina civilista moderna criou a teoria da fonte formal, identificada como ato jurídico, no sentido amplo, distinto do ato jurídico *stricto sensu*, equivalente a negócio jurídico (art. 82 do Código Civil de 2002) e o dividiu em ato-regra, ato-condição, ato-subjetivo e ato-jurisdicional(5).

Por **ato-regra** entende-se a manifestação de vontade instituidora de regra jurídica obrigatória destinada a reger o comportamento humano. O principal ato-regra é a lei,

---

(3) MORAES FILHO, Evaristo de. *Introdução ao Direito do Trabalho*. São Paulo: LTr, 1971, p. 111.

(4) MORAES FILHO, Evaristo de. *Introdução ao Direito do Trabalho*. São Paulo: LTr, 1971, p. 114.

(5) PEREIRA, Caio Mário. *Instituições de Direito Civil*. v. 1, 19. ed., Rio de Janeiro: Forense, 1998, p. 29 e 30.

cujos caracteres encerram um comando geral e abstrato emanado de autoridade competente, sob a forma escrita, com força coercitiva, cujo conteúdo é uma norma.

Podem ser incluídas também entre as fontes formais, como ato-regra, as convenções coletivas[6], que ditam regras obrigatórias para grupos de pessoas integrantes de determinada categoria econômica ou profissional. Situamos aqui também os acordos coletivos celebrados entre um grupo de empregados e a empresa para a qual trabalham, assistidos os primeiros pela entidade sindical da categoria profissional a que pertencem.

Já o **ato-condição**, segundo Caio Mário, resulta de uma "declaração de vontade emanada de órgão público ou particular, apta a colocar o indivíduo em uma situação impessoalmente caracterizada, muito embora lhe granjeie condições pessoais ou subjetivas". Geralmente, o ato-condição provém de quem não é titular da situação jurídica, embora possa, às vezes, integrar-se com a sua participação ou simples adesão (ato jurídico bilateral), daí o citado autor, à semelhança de Duguit[7], incluir a admissão do empregado nessa modalidade de ato jurídico[8], como também a nomeação de alguém para cargo público. Logo, o contrato de trabalho situa-se como fonte formal também.

O **ato-subjetivo**, por sua vez, é uma declaração de vontade apta a produzir efeitos jurídicos dentro de limites restritos. Poderá ser unilateral ou bilateral e não se estende a quem não participou dessa manifestação ou não a recebeu como destinatário (Caio Mário. *Op. cit.*, p. 40). São os contratos, em geral.

Finalmente, temos o **ato-jurisdicional**, que é manifestação de vontade do Estado, cujo principal efeito é criar uma situação jurídica definitiva. Compreendem-se aqui as sentenças transitadas em julgado. Elas são relativas, segundo Caio Mário, o que significa que se cingem às pessoas que participaram do processo ou aos sub-rogados. As sentenças em geral e a sentença normativa, em particular, enquadram-se nessa modalidade, lembrando, entretanto, que seus efeitos são *erga omnes*, ou seja, estendem-se a todos os integrantes da categoria econômica ou profissional representada pelos sindicatos suscitantes, independentemente de serem ou não associados dessas entidades sindicais.

3. A LEI COMO PRINCIPAL FONTE FORMAL

O conceito de lei assenta-se sobre quatro noções fundamentais[9]: a **primeira,** a de que ela é uma **declaração jurídica**, **a segunda,** a de que essa declaração se reveste da **forma escrita**, **a terceira,** a de que o seu **conteúdo** há de ser uma **norma** e **a quarta,** a de que ela deve provir de **órgãos estatais competentes**. O fato de a lei ser uma **declaração** a distingue do costume e o fato de dever ser escrita a distingue de atos normativos com força verbal. Por fim, a circunstância de a lei provir de **órgãos estatais** competentes a distingue das **convenções coletivas** e dos regulamentos de empresa. A norma jurídica que constitui o conteúdo da lei é um comando abstrato,

(6) *Idem*, p. 40.
(7) DUGUIT. *Apud* CATHARINO, José Martins. *Compêndio Universitário de Direito do Trabalho*. v. 1. São Paulo: Editora Jurídica e Universitária, 1972, p. 229.
(8) PEREIRA, Caio Mário. *Op. cit.*, p. 40.
(9) DIAS MARQUES, J. *Introdução ao Estudo do Direito*. 4. ed. Lisboa: Tipografia Guerra, 1972, p. 201.

hipotético, coercitivo e genérico. Ela é um comando hipotético porque prevê abstratamente certos fatos (hipótese), com as consequências jurídicas que lhe correspondem (tese).

Do ponto de vista interno, cumpre verificar quais as **origens da lei**. Rousseau, no *Contrato Social*, vê a lei como **expressão da vontade geral**. Outros afirmam que ela não é expressão da vontade geral nem da vontade do Estado, que não existe, mas expressão da vontade de alguns homens que a votam (Duguit). Esse conceito mais interessa à Filosofia do que ao estudo que ora desenvolvemos.

Do ponto de vista externo, a lei é um "preceito jurídico escrito emanado do poder estatal competente, com caráter de generalidade e obrigatoriedade"[(10)].

3.1. Classificação das leis

Seguindo a classificação das leis apontada pela doutrina, de acordo com a **hierarquia, elas classificam-se em constitucionais, ordinárias e regulamentares**[(11)]. Caio Mário da Silva Pereira[(12)] acrescenta a essa classificação as **leis complementares**.

a) Quanto à hierarquia

1. As leis constitucionais referem-se à estrutura e ao funcionamento do Estado. Subdividem-se em três grupos: as que talham a estrutura do Estado, as que determinam as competências dos Poderes e as que definem os direitos fundamentais do homem e instituem garantias a esses direitos[(13)]. Elas estabelecem valores como princípios fundamentais da ordem constitucional, entre os quais: a dignidade da pessoa humana; a cidadania; o bem-estar social; a igualdade; a sociedade fraterna, livre, justa e solidária.

A lei fundamental é a Constituição, que pode ser rígida ou flexível. A Constituição brasileira é rígida, embora sujeita a emendas, e as flexíveis são as que se acham em constante elaboração. Fala-se, ainda, em Carta Constitucional outorgada, imposta ao povo pelos chefes revolucionários. **São cartas outorgadas, no Brasil, a de 1824, a de 1937** e, ainda, a Emenda Constitucional n. 1, de 1969. As outras são Constituições da República. A Carta de 1824 foi outorgada por Dom Pedro I e a de 1937 pelo Presidente Getúlio Vargas, por ocasião em que o fascismo dominava o mundo. A Carta de 1937 tem o perfil de um estatuto totalitário. Já a Emenda Constitucional n. 1, de 1969, foi imposta pelo regime militar.

2. As leis **complementares** são aprovadas por maioria absoluta dos membros da Câmara e do Senado (art. 69 da Constituição vigente); elas sobrepõem-se às leis ordinárias, e sua função consiste em regulamentar os textos constitucionais. As leis complementares disporão sobre a elaboração, a redação, a alteração e a consolidação das leis (art. 59, parágrafo único, da Constituição da República de 1988).

3. As leis ordinárias emanam do Poder Legislativo.

---

(10) FRANÇA, Rubens Limongi. *Hermenêutica Jurídica*. São Paulo: Saraiva, 1997, p. 66.
(11) FRANÇA, Rubens Limongi. *Op. cit.*, p. 66.
(12) *Instituições de Direito Civil*. v. 1, 19. ed., Rio de Janeiro: Forense, 1998, p. 63.
(13) FRANÇA, Rubens Limongi. *Op. cit.*, p. 74.

4. As leis delegadas, elaboradas pelo Presidente da República, que deverá solicitar a delegação ao Congresso. Não serão objeto de delegação os atos privativos do Congresso Nacional, os de competência privativa da Câmara dos Deputados ou do Senado Federal, tampouco legislação sobre organização do Poder Judiciário e do Ministério Público, a carreira e a garantia dos seus membros; nacionalidade, cidadania, direitos individuais, políticos e eleitorais; planos plurianuais, diretrizes orçamentárias e orçamentos tanto do Poder Judiciário como do Ministério Público (art. 68, incisos I, II e III da Constituição da República de 1988).

5. Os Decretos-Legislativos são provisões emanadas do Poder Legislativo (art. 59, VI, da Constituição vigente), nas matérias de sua competência, definidas no art. 48 do mesmo diploma legal.

6. Com o advento da Constituição da República de 1988 (art. 62), as chamadas **medidas provisórias**, com força de lei, submetidas ao referendo do Congresso, passaram a ter uma singular relevância. **Elas são o resquício de ditaduras passadas**[14].

As medidas provisórias são institutos transplantados da Constituição italiana, que as prevê em casos extraordinários de necessidade e de urgência.

É importante definir a natureza jurídica das medidas provisórias, pois, conforme a conclusão, diversas serão as consequências que daí irão emergir, com referência à eficácia. A questão é polêmica.

Há quem sustente tratar-se de um **ato normativo**, por integrar o rol do art. 59 da Constituição, o qual enumera as figuras que compõem o processo legislativo, sendo editada com base em competência legislativa, pois ela tem força de lei, nos termos do art. 62 da Constituição de 1988. Outros, entretanto, atribuem-lhe a feição de um **ato administrativo**, com força provisória de lei (Marco Aurélio Greco. *Medidas Provisórias*. São Paulo: Ed. Revista dos Tribunais, 1991). O citado autor afirma que a medida provisória não é emitida pelo poder legislativo, mas pelo poder executivo, e se deve ser convertida em lei é porque não é lei. Se é necessário dizer que tem força de lei é porque é outra coisa que não uma lei. Uma terceira corrente afirma tratar-se de **um provimento do Executivo**, que não é lei, nem ato administrativo.

O Supremo Tribunal Federal tem sustentado que a medida provisória é ato materialmente legislativo, como se infere da ementa do Acórdão no MS n. 21.082-6, cujo relator foi o Ministro Sepúlveda Pertence, referindo-se a matéria a Mandado de Segurança contra a Medida Provisória n. 168, de 15 de março de 1990, que tornou indisponíveis as quantias superiores a Cr$ 50,00 que estivessem nas contas bancárias.

Ademais, mesmo admitindo-se o seu caráter normativo, as medidas provisórias "são excepcionais, efêmeras e precárias, suscetíveis de perder a eficácia desde o início"[15]. Logo, só se justificam ante questões relevantes que demandem urgência,

---

(14) Nos regimes ditatoriais, o Presidente da República legisla por meio de **Decretos-Leis**, sobre finanças públicas, segurança nacional, criação de cargos e fixação de vencimentos. Em regime de urgência, os Decretos-Leis poderão versar sobre qualquer matéria. Originariamente, são atos do Poder Executivo mas possuem natureza de provisões de cunho legislativo. A Constituição da República de 1988 os substituiu por Medidas Provisórias, cujo uso abusivo foi limitado posteriormente.

(15) MELLO, Celso Antônio Bandeira de. *Elementos de Direito Administrativo*. São Paulo: Revista dos Tribunais, 1991, p. 74-75.

sendo estes os seus pressupostos. Relevância e urgência são, portanto, seus pressupostos, como acentua Celso Antônio Bandeira de Mello, enquanto na Itália são eles a necessidade e a urgência.

7. Os **regulamentos** que se manifestam por meio de decretos desenvolvem-se no plano administrativo e são editados para assegurar o fiel cumprimento da lei.

b) Natureza

No tocante à **natureza**, as leis podem ser teóricas, **substantivas**, materiais e práticas ou **adjetivas**, formais, também conhecidas como processuais. As leis substantivas definem os direitos subjetivos, já as adjetivas estabelecem meios para fazer valer esses direitos.

c) Forma técnica

Quanto à **forma técnica**, as leis podem ser **Códigos, Consolidações** e **leis extravagantes**. A principal **distinção estabelecida pela doutrina entre um Código e uma Consolidação** reside no fato de que o primeiro é uma **lei elaborada em primeira mão**, com eficácia própria, e a segunda traduz uma **reunião sistemática de disposições legais pré-vigorantes**. As Consolidações constituem uma etapa preliminar dos Códigos. Saliente-se que a Consolidação das Leis do Trabalho, embora assim intitulada, não é constituída de uma reunião de dispositivos legais preexistentes. Finalmente, temos **as leis extravagantes ou especiais**, que surgem após a promulgação do Código ou da Consolidação, derrogando-os ou revogando-os parcialmente, podendo, ainda, complementar preceitos neles consagrados.

d) Força obrigatória

Quanto à **força obrigatória**[16], as leis podem ser **imperativas** ou proibitivas, de força cogente, insuscetíveis de renúncia e **dispositivas** ou permissivas. As leis imperativas são as que se "impõem, por imprescindível necessidade, e não deixam campo algum à vontade individual" (Savigny) e as dispositivas são as que, na falta de estipulação das partes, servem para dar determinação à relação jurídica, interpretando a vontade das partes (Limongi França).

No Direito do Trabalho predominam as normas imperativas, pois não seria viável que esse ramo do direito inserisse normas de tutela e as deixasse entregues à autonomia da vontade das partes. Nota-se, entretanto, em face do fenômeno da flexibilização, uma tendência a atenuar essa característica do Direito do Trabalho.

3.2. Fontes formais de origem estatal

As principais fontes formais do Direito do Trabalho que advêm da vontade do Estado podem ser alinhadas na seguinte ordem:

a) a Constituição da República de 1988, cujo art. 7º dispõe sobre os direitos sociais assegurados aos trabalhadores, visando à melhoria de sua condição social,

(16) PEREIRA, Caio Mário da Silva. *Instituições de Direito Civil*. Rio de Janeiro: Forense, 19. ed., *passim*.

entre eles salário mínimo, irredutibilidade salarial, salário-família, isonomia salarial, jornada de oito horas, horas extras, férias, repouso semanal remunerado, licença-maternidade, licença-paternidade, além de outros. Porém, nem todas as normas da Constituição da República são **autoaplicáveis, muitas dependem de leis ordinárias que as regulamentem,** como ocorreu com aquela que assegura a participação do empregado nos lucros. A par dos direitos individuais temos, nos art. 8º e 9º do mesmo diploma constitucional os direitos coletivos e de exercício coletivo assegurados ao trabalhador;

b) a Consolidação das Leis do Trabalho se situa entre as fontes formais, estatais ou heterônomas do Direito do Trabalho. Ela é uma lei ordinária e contém um número expressivo de normas imperativas, distribuídas em 11 Títulos, sobre os temas elencados nessa ordem: introdução, normas gerais e especiais de tutela do trabalho, contrato individual de trabalho, organização sindical, convenções coletivas, processo de multas administrativas, Justiça do Trabalho, Ministério Público, processo judiciário e disposições finais e transitórias. Esse ordenamento jurídico tem sido objeto de crítica não só no tocante à forma como também quanto ao conteúdo. Em muitos dispositivos, segue uma linha contratualista, como aliás se infere do art. 468, e, em outros, **paradoxalmente, se inspira em ideias anticontratualistas**, como ocorre com o art. 2º, quando o legislador identifica empregador com empresa. Por outro lado, seus primeiros artigos dizem respeito às **normas** gerais, quando deveria iniciar-se pelo **contrato de trabalho**. A CLT é também imprecisa quanto ao conceito de vários institutos jurídicos, entre eles o do próprio contrato individual de trabalho. Se não bastasse, contém ainda omissões, mas tem sido muito útil na solução dos conflitos do trabalho durante várias décadas;

c) as leis ordinárias não consolidadas posteriores à edição da CLT são inúmeras. Ressaltam-se a Lei n. 605, de 1949, sobre repouso semanal, a Lei n. 4.090, de 1962, sobre gratificação natalina, a Lei n. 5.889, de 1973, sobre trabalho rural, a Lei n. 6.019, de 1974, sobre trabalho temporário, a Lei n. 8.036, de 1990, sobre FGTS, etc.;

d) os Decretos-Legislativos promulgados pelo Congresso Nacional, que aprovam os Tratados, Convenções e Protocolos dos organismos internacionais, como da OIT, da ONU e da OEA;

e) os regulamentos são atos que se originam do Poder Executivo e se exteriorizam por meio de decretos, editados para que a legislação possa ser cumprida de forma fiel. Os regulamentos não podem invadir a reserva legal. Exemplo de regulamento que invade a reserva legal é o Decreto n. 93.412, de outubro de 1986, regulamentador da lei que disciplina o trabalho do eletricitário. No art. 2º, § 1º, o Decreto n. 93.412 dispõe que "o ingresso ou a permanência eventual em área de risco não geram direito ao adicional de periculosidade". Ora, essa exceção não está na lei. Daí ter o TST editado a **Súmula n. 361**, cujo teor é o seguinte: "O trabalho exercido em funções perigosas, embora de forma intermitente, dá direito ao empregado a receber o adicional de periculosidade de forma integral, tendo em vista que a Lei n. 7.369, de 1985, não estabeleceu qualquer proporcionalidade em relação ao seu pagamento";

f) as portarias ministeriais são, em geral, os atos da Administração. Essas portarias não obrigam o Juiz. A **Portaria n. 3.751, de 1990**, ao fixar em cinco horas o limite máximo para a atividade de digitador, a nosso ver, invade a reserva legal. Entendemos que a faculdade atribuída ao Ministério do Trabalho pelo art. 200 da CLT autoriza que esse órgão disponha sobre providências e determinações necessárias à regulamentação das condições relativas à proteção do trabalhador dentro do ambiente de trabalho. Não se lhe atribuiu, porém, competência para alterar a jornada de trabalho. Essa matéria, a nosso ver, somente pode vir a ser regulamentada por meio de lei ordinária. Dessa forma, entendemos que a portaria em questão, ao dispor sobre a jornada do digitador, exorbitou sua competência, invadindo a reserva legal, motivo pelo qual não é válida a limitação nela prevista[17].

3.3. Eficácia da lei. Cessação. Revogação. Derrogação e ab-rogação

Concluído o processo de elaboração de uma lei, ela é promulgada e publicada. A publicação da lei marca a sua existência, com a aposição de data e número, porém sua vigência só começa com o que dispuser a própria lei. Poderá entrar em vigor na data de sua publicação ou em data designada pela própria lei. A esse período entre a publicação e o termo inicial de vigência chama-se *vacatio legis,* e o prazo é contado excluindo-se o dia do começo e incluindo-se o dia de seu término, de forma corrida, computados os domingos e feriados.

Na falta de prazo estipulado, a lei entra em vigor, em todo o País, 45 dias após sua publicação (art. 1º da Lei de Introdução ao Código Civil). Transcorrido o prazo da *vacatio legis*, a lei torna-se obrigatória para todos e assume o caráter contínuo, até que transformações sociais subsequentes exijam seja modificada ou revogada por legislação posterior.

A revogação consiste na publicação de outra lei capaz de retirar total (ab-rogação) ou parcialmente (derrogação) a eficácia da lei anterior.

A revogação poderá ser expressa, também conhecida como direta, ou tácita (indireta). A primeira ocorre quando a lei revogadora menciona os dispositivos da lei antiga que ficam extintos, podendo abranger todos eles ou apenas alguns. Assim que entrar em vigor a nova lei, perdem eficácia os preceitos legais da lei antiga. Poderá

---

(17) "Jornada de trabalho. É geral a jornada de trabalho do digitador, não se podendo conferir à Portaria n. 3.435/90 regulamentação dessa matéria, poder que não lhe é assegurado nem instituído legalmente". TRT — 4ª T. — RO-4979/92 — Rel.: Juiz Nilo Álvaro Soares — DJMG 5.6.92. *Revista do TRT da 3ª Região*, v. 51, p. 275.
Na mesma direção nos pronunciamos no RO-12481/92, que tramitou perante a 2ª Turma do TRT da 3ª Região, cuja ementa é a seguinte: "Digitador. Jornada. O digitador está sujeito às regras gerais sobre jornada de trabalho. A faculdade atribuída ao Ministério do Trabalho pelo art. 200 consolidado não lhe atribui competência para reduzir horário de trabalho de empregado. Logo, Portaria deste órgão dispondo sobre limites à jornada de digitador exorbita sua competência e invade a reserva legal."
Há, todavia, jurisprudência em contrário, como se infere da seguinte ementa: "Digitador. Exercício do cargo. Jornada reduzida. Sendo a prova testemunhal no sentido de que no período plei-teado havia serviço de informática na reclamada, e que o reclamante exercia exclusivamente a atividade de digitação, correta a r. sentença que deferiu o pagamento da sétima e oitava horas diárias de trabalho como extraordinárias, em razão da jornada reduzida à qual está submetido o digitador". TRT — 3ª Reg. — RO 4185/94 — 4ª T. — Rel.: Juiz Márcio F. S. Vidigal — DJMG 11.2.95 — Coletânea de Jurisprudência Trabalhista. Cristiano Paixão Araújo Pinto e outro, Síntese, 1996, p. 153.

ocorrer que a lei fixe uma data para que o dispositivo revogado deixe de existir. A título de exemplo podemos citar o art. 96 da Lei n. 9.615, de 24 de março de 1998 (Lei Pelé), que estabelece a revogação de determinados dispositivos após certo lapso de tempo.

A revogação tácita, por sua vez, é norteada pelo princípio da incompatibilidade, que não permite a contradição entre normas integrantes do sistema jurídico. Havendo incompatibilidade, prevalece a norma mais recente (art. 2º, § 1º, da Lei de Introdução já citada). É certo que essa incompatibilidade nem sempre é total. Poderá ocorrer situação em que a lei revogadora discipline apenas parte da matéria, de forma que a torne contraditória somente no tocante a alguns dispositivos, que ficam revogados pela lei nova, mas coexistem com os demais que lhe são compatíveis.

A título de exemplo, passaremos a citar um caso de revogação tácita na CLT. É sabido que a legislação brasileira só assegurava a licença em caso de aborto se este não fosse criminoso. Entretanto, verifica-se que o art. 131, II, do texto consolidado, em face da nova redação que lhe foi atribuída pela Lei n. 8.921, de 25 de julho de 1994, ao considerar o aborto ausência legal computada para fins de férias, já deixa de mencionar o fato de não ser ele criminoso, preocupando-se apenas com a saúde da empregada. Evidentemente, a referida Lei n. 8.921, de julho de 1994, acabou por revogar, tacitamente, a expressão "não criminoso" que sucede a palavra aborto constante do **art. 395 da CLT**, assegurador da licença de duas semanas, nesses casos, pois não seria compatível com a lei mais recente de 1994, que aboliu o termo do citado art. 131, II, também da CLT.

A coexistência também não é comprometida, em regra, se o legislador dispõe em normas gerais contrariamente ao que consta de preceitos de leis especiais. Poderá ocorrer, todavia, de a lei geral pretender abolir as disposições especiais. Nesse caso, compete ao intérprete cassar-lhes a força obrigatória, na análise do caso concreto submetido à sua apreciação.

3.4. Fontes internacionais

A internacionalização é uma característica essencial do ordenamento jurídico trabalhista e não poderá ser vista apenas como uma etapa histórica.

São considerados precursores da ideia de uma legislação internacional do trabalho os industriais liberais Robert Owen (1771-1858) e Daniel Le Grand (1783-1859)[18].

Essa ideia foi defendida por entidades privadas, como também nos Congressos Internacionais de Bruxelas, realizado em 1856, e de Frankfurt, em 1857. Entre as medidas propostas por ocasião deste último Congresso, encontram-se regras relativas ao trabalho das mulheres. Os participantes do Congresso comprometeram-se a defender esses ideais em seus respectivos países. Inicia-se, aqui, a ação coletiva de universalização das normas de Direito do Trabalho.

As possibilidades de se concretizarem esses objetivos surgiram, de início, na França, na Alemanha e na Suíça, tendo estes dois últimos países convocado reuniões

---

(18) VALTICOS, Nicolas. *Droit international du travail*. 2. ed., Paris: Dalloz, 1983, p. 5.

para definição dos aspectos do Direito do Trabalho que poderiam ser regulamentados em convenções internacionais. Em 1890 realizou-se a Conferência de Berlim, na qual quase todos os Estados europeus subscreveram um protocolo contendo medidas para regulamentar o trabalho em certas situações, sendo objeto de tratamento específico o trabalho dos menores, das mulheres, e dos mineiros. O Protocolo de Berlim proíbe o trabalho noturno às mulheres, como também aquele realizado em minas, em locais insalubres e perigosos, e assegura às empregadas gestantes um descanso mínimo de quatro semanas[19]. Esse Protocolo dispõe, ainda, sobre descanso semanal.

Em **1897**, celebrou-se, em Zurich, o 1º Congresso Internacional de Proteção Obreira. Na oportunidade, foi aprovada resolução com o objetivo de incrementar a promoção de leis internacionais e, no mesmo ano, realizou-se novo Congresso em Bruxelas, para estudar as bases de um organismo internacional do trabalho e as conclusões da Conferência de Berlim. Desse Congresso de Bruxelas originaram-se organizações internacionais, criando-se, em **1900**, com sede na Suíça, a Associação Internacional para a Proteção Legal dos Trabalhadores, composta por associações nacionais que visavam à universalização das normas trabalhistas. No ano seguinte, surge a primeira Oficina Internacional do Trabalho.

A Associação Internacional para a Proteção Legal dos Trabalhadores realizou duas Conferências (1905 e 1906) em Berna. Na segunda, adotou-se uma Convenção Internacional, ratificada por 11 países, proibindo o trabalho noturno (das 22 horas de um dia às 5 horas do dia seguinte) das mulheres nas indústrias com mais de dez empregados. Excluíam-se de seu campo de incidência as hipóteses de força maior, serviços com matéria suscetível de alteração rápida e o trabalho desenvolvido em oficinas de família.

Em setembro de **1913**, novamente em Berna, a Associação Internacional para a Proteção Legal dos Trabalhadores realizou outra conferência, em que se redigiram convenções para disciplinar, entre outros assuntos, a jornada de trabalho da mulher. Com a Primeira Guerra Mundial, extinguiu-se a citada associação.

Em **25 de janeiro de 1919**, instalou-se a Conferência da Paz, que deu origem ao Tratado de Versailles. Na Parte XIII do referido Tratado, criava-se a Organização Internacional do Trabalho (OIT), cuja constituição é o preâmbulo do Tratado de Versailles, com ligeiras alterações. Nas diretrizes ali traçadas e consubstanciadas no asseguramento da paz social por meio de melhores condições de trabalho, foram adotadas, pela Conferência Geral da OIT, diversas convenções e recomendações relativas aos setores que reclamavam uma proteção.

Os fatores da internacionalização são de ordem **humanitária** (de tutela ao trabalho) e **econômica**, ligadas à necessidade de evitar ou dissuadir as práticas de competição internacional, que impliquem redução dos patamares mínimos de condições de trabalho. Assim, pretende-se assegurar um nível mínimo e uniforme de condições de trabalho, que impeça os países com patamares mais baixos de proteção social de valerem-se dessa circunstância para competir de forma mais vantajosa.

(19) PÉREZ PATON, Roberto. *Derecho social y legislación del trabajo*. 2. ed., Buenos Aires: Arayú, 1954, p. 318.

Convém lembrar, entretanto, que à unificação internacional da regulamentação do trabalho se contrapõem as diferenças decorrentes das disparidades sociais, do progresso econômico e das contingências políticas existentes nos diversos países.

Em face dessas particularidades, a OIT vem inserindo uma certa flexibilidade nos métodos de aplicação de suas normas. A exclusão de algumas categorias do campo de incidência da convenção, a possibilidade de aplicação gradual de suas cláusulas ou a sua não aplicação quando o país possui uma tutela equivalente traduzem um elemento de flexibilidade que vem adquirindo um novo perfil, sobretudo nos países industrializados de economia de mercado, em decorrência das dificuldades econômicas[(20)]. Outro aspecto que contribui para flexibilizar as normas internacionais consiste na possibilidade de sua revisão, quando evoluem as condições econômicas e sociais do mundo. O fenômeno implica, em muitos aspectos, reapreciar e reavaliar as relações entre o econômico e o social, para se aferir em que proporção as garantias sociais oneram o mercado de trabalho, com reflexos negativos nos custos operacionais das empresas e na economia do país[(21)].

Alguns autores, de cujo ponto de vista compartilhamos, incluem entre as fontes do Direito do Trabalho os tratados e as convenções internacionais, desde que ratificados pelos países. São fontes formais, mas dependem de ratificação. Uma vez ratificadas, passam a integrar o rol de leis internas do respectivo país, perdendo relevância a distinção entre fontes internas e de origem internacional.

O tratado, em sentido amplo, é todo acordo de vontade entre dois ou mais sujeitos de direito internacional, com vista a produzir efeitos jurídicos. Os tratados são acordos internacionais escritos, cuja abrangência é dada pela Convenção de Viena. Fala-se em tratado fechado e tratado aberto. O primeiro não permite a adesão de outros sujeitos, enquanto o segundo permite a adesão. Outra distinção compreende os tratados-contratos, que são negócios jurídicos reguladores de assuntos concretos, e os tratados-leis, que admitem número ilimitado de partes e estabelecem normas de conduta gerais e abstratas. São tratados-leis as convenções internacionais.

As convenções não são subscritas pelos representantes dos países; são autenticadas pelo presidente da Conferência e, depois de aprovadas por 2/3 dos representantes, estendem-se aos Estados-Membros[(22)]. A Conferência assemelha-se mais a um parlamento do que a uma assembleia diplomática. Ademais, o ato legislativo parece mais próximo da aprovação de um código do que da ratificação de um tratado. **As convenções estão sujeitas ao duplo controle** (da Administração e da OIT). **Em matéria de interpretação, só pode fazê-la livremente a Conferência**, ou, **se for o caso, a Corte Internacional de Justiça.** Plá Rodriguez apresenta os seguintes elementos **presentes nos tratados** e ausentes nas convenções: **a bilateralidade**, a

(20) SERVAIS, Jean Michel. "Flexibilidad y rigor de las normas internacionales del trabajo". *Revista Internacional del Trabajo*, Ginebra, abr./jun. 1986, v. 105, n. 2, p. 263.

(21) SERVAIS, Jean Michel. *Op. cit.*, 1986, p. 264.

(22) JIMÉNEZ DE ARÉCHAGA, Eduardo *apud* VARELLA, Raúl H. *Participação do Poder Executivo e do Poder Legislativo no processo de ratificação das Convenções Internacionais do Trabalho. Estudos sobre as fontes do Direito do Trabalho*. São Paulo: LTr, 1998, p. 82. Coord. Plá Rodriguez.

presença de plenipotenciários na elaboração, a **subscrição de representantes estatais, a concessão de vantagens** recíprocas, **a falta de regulamentação posterior**, e **o fato de os tratados serem ratificados** sem ressalvas.

No Direito Internacional do Trabalho, predominam as convenções abertas e abstratas, com vista a tornar uniforme a norma protetora. Nossa legislação interna sofreu influência significativa das Convenções da OIT, mormente no capítulo alusivo ao trabalho da mulher, do menor, dos descansos e do salário, dos direitos sindicais, como se infere dos textos das Convenções ns. 3 e 103, sobre proteção à maternidade; das Convenções ns. 4, 41 e 89, sobre trabalho noturno da mulher; das Convenções ns. 100 e 111, sobre igualdade de salário e oportunidades entre homem e mulher; das Convenções ns. 5, 6, 7 e 16, sobre menores; das Convenções ns. 11 e 98, sobre liberdade de associação e organização sindical; ns. 14 e 106, sobre descanso semanal; ns. 52, 91 e 101, sobre férias; ns. 26, 95 e 99, sobre métodos de fixação de salário mínimo e proteção ao salário, além de muitas outras.

Influência significativa das normas internacionais sobre o ordenamento jurídico brasileiro infere-se também do capítulo da CLT sobre trabalho marítimo[(23)].

Importante mencionar aqui convenções de caráter especial da ONU sobre eliminação de todas as formas de **discriminação racial** (1965) e a convenção sobre eliminação de todas as formas de **discriminação contra a mulher** (1979). Além dessas, merece destaque a convenção sobre **direitos da criança** (1989), entre outras.

Há, ainda, **tratados internacionais** específicos sobre direitos sociais, com importantes referências à matéria trabalhista, além de convenções de outros organismos. No âmbito da ONU, temos o Pacto Internacional de Direitos Econômicos, Sociais e Culturais (19 de dezembro de 1966). No sistema interamericano, o Protocolo Adicional à Convenção Americana sobre Direitos Humanos (Protocolo de São Salvador, de 17.11.1988); a Declaração de Princípios Sociais da América (1945 — Ata de Chapultepec); a Carta da OEA (1948, com inclusão dos art. 43 e 44, em 1967); a Carta Internacional Americana de Garantias Sociais; o Protocolo de reformas da Carta da OEA (1985); o Protocolo de Manágua (1993), etc.

As recomendações não são objeto de ratificação, logo, não são admitidas como fontes formais. Elas são atos que contêm sugestões destinadas a orientar os legisladores, mas não criam obrigações. Por essas razões, são vistas por alguns autores como fontes materiais[(24)].

3.4.1. Efetividade das normas internacionais

Em primeiro lugar, cumpre distinguir efetividade de eficácia. Esta última, vista também como eficácia jurídica, é a possibilidade de aplicação da norma, no caso da convenção internacional, no território nacional. Já a efetividade é a eficácia social, ou

(23) BARROS, Alice Monteiro de. *Contratos e Regulamentações Especiais de Trabalho*. São Paulo: LTr, 2002, *passim*.

(24) SÜSSEKIND, Arnaldo. *Convenções da OIT*. São Paulo: LTr, 1994, *passim*.

seja, "a materialização no mundo dos fatos, dos preceitos legais". Ela reflete a proximidade "entre o dever-ser normativo e o ser da realidade social"[(25)].

São apontados vários fatores como responsáveis pela não efetividade das normas constitucionais, os quais se aplicam também às normas internacionais. Esses fatores consistem no fato de que essas normas "poderão contrariar interesses de vulto, os quais encontram aliado poderoso na tendência de certos meios ao imobilismo", o que se "explica, muitas vezes, pelas convicções políticas conservadoras e/ou pela resistência à mudança, fruto de simples indolência mental", de pouco entusiasmo para "aprender tudo outra vez"[(26)].

Em muitas situações, apesar de o Brasil ser adepto da teoria monista, que implica incorporação das normas internacionais na nossa legislação interna, há casos em que a complementação ou a modificação do ordenamento jurídico ainda depende de lei ou regulamento capaz de torná-las executáveis[(27)]. Esse fato dificulta a efetividade das normas internacionais.

A efetividade das convenções internacionais da OIT, mesmo ratificadas pelo país, depende, ainda, no nosso entendimento, de vontade política. Exemplo disso foi a ratificação pelo Brasil, em 1934, da Convenção n. 3 da OIT, sobre proteção à maternidade e denunciada em 1962, exatamente porque o país não cumpriu o preceito principal dessa norma, ou seja, não transferiu o encargo do salário-maternidade para o órgão previdenciário. Se não bastasse, em 1966 o Brasil, novamente, ratificou uma outra Convenção da OIT (103) também sobre o mesmo tema e continuou descumprindo-a, pois só transferiu o ônus do salário-maternidade para os cofres previdenciários em 1974. A efetividade desse direito pressupõe também uma Previdência Social sólida.

Violaram, igualmente, a Convenção n. 103 da OIT, as decisões que deram eficácia plena ao art. 7º, XVIII, da Constituição vigente, alusiva à ampliação da licença-maternidade de 84 para 120 dias e colocaram sobre os ombros do empregador o pagamento dos 36 dias excedentes de 84, à falta de previsão de custeio para o alongamento do benefício previdenciário, o que só veio a ocorrer no ano de 1989.

Onerar o empregador com este encargo, sob a alegação de tornar efetivo o direito à ampliação da licença-maternidade, implica flagrante violação ao princípio constitucional da igualdade, pois a contratação de mulheres em idade de procriação sofreria discriminação no mercado, já que sua mão de obra seria mais onerosa. Ora, a maternidade tem uma função social das mais relevantes, pois dela depende a renovação das gerações. Por isso mesmo, os ônus dela decorrentes devem ser suportados pela coletividade, por meio de um Seguro Social, do contrário, a efetividade do princípio da igualdade ficará comprometida.

Pelo que se pode constatar, são vários os órgãos e entidades responsáveis pela atuação das normas internacionais, entre os quais se situa o Poder Judiciário que, por

---

(25) BARROSO, Luis Roberto. *O Direito Constitucional e a efetividade de suas normas. Limites e possibilidades da Constituição brasileira*. 2. ed. Rio de Janeiro: Renovar, 1993, p. 78 e 79.

(26) BARBOSA MOREIRA, José Carlos. O Poder Judiciário e a efetividade da nova Constituição. *Revista Forense*, v. 304, p. 152.

(27) SÜSSEKIND, Arnaldo. *Direito Internacional do Trabalho*. 3. ed., São Paulo: LTr, 2000, p. 64.

meio da jurisprudência, tem, não raro, enfrentado desafios, procurando dar efetividade às normas internacionais, compatibilizando-a com o ordenamento jurídico nacional, como ocorreu com a revisão da **Súmula n. 261 do TST**, ajustando-a à Convenção Internacional n. 132 da OIT sobre férias. A interpretação, estendendo as férias proporcionais ao empregado que se demite, contando com menos de um ano de serviço, encontra respaldo na citada norma internacional, que não estabelece distinção entre empregados com menos ou mais de um ano para conceder férias nessa hipótese de dissolução. A distinção é feita pela CLT, sem qualquer fundamento.

3.5. Ordem jurídica comunitária

A expressão "ordem jurídica comunitária" é de uso corrente. O direito comunitário forma um sistema jurídico autônomo, não se confundindo com o direito internacional. O direito comunitário é constituído de um conjunto de fontes de direito ordenado por uma hierarquia de normas e é regido por dois princípios essenciais: o princípio da integração e o princípio da primazia[(28)]. Enquanto o direito comunitário modifica e integra direta ou indiretamente (por meio de diretivas) o ordenamento nacional, em virtude de uma limitação de soberania aceita pelos Estados-Membros, o direito internacional pressupõe a autonomia dos ordenamentos nacionais, só intervindo mediante um ato que se expressa por meio da ratificação.

O ordenamento jurídico comunitário constitui-se do **direito originário ou primário,** composto de normas jurídicas contidas em três tratados (União Europeia, Comunidade Europeia do Carvão e do Aço — CECA e EURATOM) e nos protocolos e tratados de adesão, e do **direito derivado**, criado pelas instituições comunitárias, que se reveste de várias roupagens jurídicas, como regulamentos, diretivas, decisões dirigidas aos Estados-Membros, recomendações e pareceres (não vinculativos), além de outros atos comunitários de ordem interna. Esses instrumentos podem ser **obrigatórios**, como os regulamentos, as diretivas e as decisões, ou **não obrigatórios**, como as recomendações e os ditames ou informes[(29)].

---

(28) MANIN, Philippe. *Les Communautés européennes, Etudes Internationales* n. 6, 1996, 2 eme édition, Pedone, p. 275. O citado autor esclarece que a ordem jurídica comunitária é integrada ao direito dos Estados-Membros. Não se pode escolher entre o dualismo e o monismo, pois este último prevalece. Os sujeitos do direito comunitário são os Estados-Membros e os jurisdicionados. Logo, estes últimos podem invocar as disposições do direito comunitário diante das autoridades nacionais, principalmente dos tribunais, para os fins que lhe parecerem úteis, inclusive para anular ou declarar inaplicáveis os atos nacionais que estiverem em desacordo com o direito comunitário (cf. decisão da Corte de Justiça Costa x ENEL de 1964). Sob a base de uma interpretação global do sistema comunitário, a Corte de Justiça construiu a teoria do "efeito direto", que determina as condições em que o particular pode invocar esse efeito. Por força do art. 189, § 2º, do Tratado da CE, os regulamentos são diretamente aplicáveis. Os particulares podem invocá-los nos litígios contra o poder público (tipo vertical) ou contra um outro particular (tipo horizontal).
A aplicação direta de um dispositivo do direito comunitário poderá implicar contradição com o direito nacional do Estado-Membro. O conflito entre os dispositivos pode ser solucionado aplicando-se o princípio da **primazia** do direito comunitário reconhecido pela Corte de Justiça da CE em relação a **todas** as fontes do direito interno, inclusive constitucional.
A autonomia da ordem jurídica permite a aplicação unitária do direito comunitário aos Estados-Membros. Para isso, as noções jurídicas comunitárias são sempre definidas em função da necessidade do direito comunitário e de seus objetivos. Assim, o conceito de trabalhador, no sentido comunitário, poderá ser diverso daquele adotado pelos sistemas nacionais.

(29) CASELLA, Paulo Borba. *Comunidade Europeia e seu ordenamento jurídico*. São Paulo: LTr, 1994, p. 122.

Merecem destaque, aqui, os **regulamentos** elaborados pelo Conselho da União Europeia e que são equivalentes às leis comunitárias. Esses regulamentos têm caráter obrigatório e são diretamente aplicáveis na ordem jurídica interna dos Estados-Membros, sem necessidade de norma nacional, o que constitui originalidade do direito comunitário europeu[30]. Entretanto, para os regulamentos de caráter programático há necessidade de norma nacional.

A **diretiva**, denominada recomendação, no tratado CECA, é também elaborada pelo Conselho. Trata-se de um ato jurídico comunitário, que estabelece uma obrigação dos Estados-Membros quanto a objetivos determinados, porém deixa-lhes a escolha da forma e dos meios para alcançá-los em um prazo determinado, no quadro do ordenamento jurídico interno. A diretiva visa a reaproximar as legislações.

Excepcionalmente, a jurisprudência comunitária admite a aplicação direta da diretiva. Isso é possível quando ela contém regulamentação autossuficiente e suscetível de ser aplicada pelos tribunais, por estarem detalhados os direitos, e ainda quando tenha sido fixado prazo para adaptação do ordenamento estatal ao comunitário e o Estado tenha-se omitido ou tenha feito a adaptação de forma que contrarie a diretiva. A diretiva entra em vigor a partir da notificação dos destinatários, tendo a publicação no diário oficial mero efeito informativo.

A Corte de Justiça da Comunidade Europeia declarou que os Estados-Membros têm a obrigação de reparar os prejuízos advindos da ausência ou incorreção de transposição da diretiva (Processo Francovich et Bonifaci — 1991). Em consequência, atribuiu responsabilidade à Itália pela não transposição no prazo estipulado da diretiva 80/987/CEE, de 20 de outubro de 1980, relativa à **proteção dos trabalhadores em caso de insolvência do empregador. Essa diretiva garante aos trabalhadores o direito de perceberem um salário durante certo período precedente à insolvência ou à despedida por essa razão**[31].

As **decisões**, por sua vez, são atos emanados do **Conselho ou da Comissão**, dirigidas a um ou a vários particulares ou a um ou a vários Estados-Membros. São obrigatórias só para os seus destinatários. Entram em vigor com a notificação, sem necessidade de publicação em diário oficial.

As **recomendações** não vinculam os Estados-Membros e têm em mira uniformizar sua legislação. São ditadas pelo Conselho ou Comissão e têm como destinatários os Estados-Membros ou as empresas. Já os **ditames e informes**, ditados pela Comissão, são atos com conteúdo mais difuso, e não concreto como o das recomendações. Assim, uma recomendação poderá fixar a duração do trabalho em, por exemplo, 40 horas semanais, enquanto o ditame limita-se a aconselhar a sua diminuição[32].

Saliente-se, entretanto, que as fontes comunitárias, sob o prisma social, "ainda são desprovidas de um grau suficiente de organicidade capaz de permitir a construção

---

(30) VALTICOS, Nikolas. *Droit International du Travail*. 2. ed., Paris: Dalloz, 1983, p. 640.

(31) BORCHARDT, Klauss-Dieter. *L'ABC du Droit Communautaire Documentation Européenne*. Luxembourg: Office des publications officielles des communautés européennes, 1994, p. 38.

(32) SALA FRANCO, Tomás. A política social na Comunidade Europeia. *Revista Relasur* n. 1, p. 53/54.

de uma base normativa coerente, autossuficiente, com características sistemáticas que autorizem concluir por um direito comunitário do trabalho"(33). Esse fato, entretanto, não permite negar a relevância da progressiva e constante atenção das fontes comunitárias à dimensão social.

Em outubro de 2004 foi assinada a Constituição da União Europeia.

4. SENTENÇA NORMATIVA

Outra fonte estatal do Direito do Trabalho é a **Sentença Normativa**. Ela é uma decisão proferida pelos Tribunais Regionais do Trabalho ou pelo TST, conforme seja a base territorial do sindicato suscitante municipal, estadual ou nacional, em processo de dissídio coletivo, o qual pode ser de natureza jurídica ou de natureza econômica. O primeiro visa a interpretação de norma preexistente e o segundo visa a estipulação de novas condições de trabalho.

5. CONVENÇÕES COLETIVAS E ACORDOS COLETIVOS COMO FONTES FORMAIS DE ORIGEM PROFISSIONAL OU AUTÔNOMAS. A RECUSA DO SINDICATO PROFISSIONAL NA CELEBRAÇÃO DE ACORDO COLETIVO E A INTERFERÊNCIA DA JUSTIÇA DO TRABALHO

No Direito do Trabalho, além das fontes formais que advêm da vontade do Estado, existem as que têm origem profissional ou autônoma, isto é, emanam da vontade das partes, manifestada em assembleia promovida pela entidade sindical. Tanto uma como a outra são fontes formais. As principais fontes autônomas são **as convenções e os acordos** coletivos. Elas são fontes peculiares ao Direito do Trabalho. As convenções coletivas representam ajustes celebrados entre entidades sindicais, de qualquer grau (sindicatos, federações ou confederações), representante de categoria econômica (de empregadores) e profissional (de empregados) estabelecendo novas condições de trabalho, com eficácia *erga omnes*. Isso significa que seus efeitos se estendem a todos os integrantes da categoria profissional ou econômica signatária da norma coletiva, independentemente de serem ou não associados das entidades sindicais correspondentes. Já os acordos coletivos são ajustes firmados entre empregados assistidos pelo respectivo sindicato e empresa; sua eficácia é interpartes.

A participação do sindicato nas negociações coletivas é obrigatória (art. 8º, VI, da Constituição vigente). O referido preceito alude a sindicato de empregados, sendo esta a interpretação dominante.

A jurisprudência registra, entretanto, uma situação pouco comum, em que o sindicato dos trabalhadores recusou-se a firmar um acordo coletivo, apesar de a matéria ter sido aprovada em assembleia, pela maioria dos empregados de uma empresa situada

---

(33) FOGLIA, Raffaele & SANTORO PASSARELLI, Giuseppe. *Profili di diritto comunitario del lavoro*. Torino: G. Giappichelli Editore, 1996, p. 236.

no interior paulista. Esta última suscitou um dissídio coletivo visando a obter da Justiça do Trabalho o endosso para celebrar o acordo coletivo sobre implantação de banco de horas diretamente com a Comissão de Negociação dos Empregados, em face da resistência do sindicato. Em última análise, o dissídio coletivo visou a obter da Seção de Dissídios Coletivos do TST o suprimento judicial para celebrar o citado acordo coletivo, na falta de consentimento da entidade sindical.

O pedido foi acatado pelo TST, ao argumento de que o *quorum* do art. 612 da CLT para a celebração de acordo coletivo de trabalho foi atendido, tendo o sindicato o elevado unilateralmente, de forma arbitrária, sem respaldo em lei ou em seu próprio estatuto(34). Em consequência, o TST autorizou a celebração do acordo entre a empresa e a comissão de negociação dos empregados.

5.1. Eficácia no tempo das vantagens inseridas em acordos e convenções coletivas. Ultratividade da norma coletiva

Questão que tem suscitado muita controvérsia doutrinária e jurisprudencial diz respeito à eficácia no tempo das cláusulas inseridas em acordos e convenções coletivas. Em síntese, as vantagens inseridas nas cláusulas de acordos ou convenções coletivas incorporam-se ou não aos contratos de trabalho após o término de vigência dessas normas?

Há quem defenda a integração dos direitos assegurados nas cláusulas convencionais aos contratos individuais de trabalho, como regra mais vantajosa e, em consequência, insuscetível de supressão, sob pena de se incorrer em alteração contratual, vedada pelo art. 468 da CLT. O fundamento é o direito adquirido.

Outros, aos quais nos filiamos, sustentam que as vantagens inseridas nas normas coletivas não se incorporam aos contratos individuais de trabalho(35), por ausência de determinação legal, e consideram inaplicável a tese do direito adquirido, tendo em vista a vigência temporária das normas coletivas, cujo papel principal é acompanhar as transformações das condições econômicas e sociais. Ora, se, no futuro, as condições conjunturais se alterarem, poderá ser inviável a manutenção de vantagens previstas em normas coletivas, pois os custos operacionais das empresas elevar-se-iam sobremaneira. Em consequência, ficarão comprometidos o processo de negociação coletiva

---

(34) TST — RODC — 670.593/2000. Órgão Julgador: Seção Especializada em Dissídios Coletivos. Rel.: Min. Wagner Pimenta. Decisão de 9.5.2002. DJU 30.8.2002. **Recorrente: Brascabos Componentes Elétricos Eletrônicos Ltda. Recorrido: Sindicato dos Trabalhadores nas Indústrias Metalúrgicas, Mecânicas de Material Elétrico e Ourives de Limeira e Região.**

(35) "**Horas extras — Adicional — Acordo coletivo — Norma mais benéfica.** As condições de trabalho alcançadas por força de Sentença Normativa ou Acordo Coletivo de Trabalho vigoram no prazo assinado, não integrando, de forma definitiva, os contratos. É preciso prestigiar e valorizar a negociação coletiva assentada na boa-fé, como forma de incentivo à composição dos conflitos pelos próprios interessados. Condições de trabalho e de salário livremente ajustadas, com o objetivo de fixar o alcance de determinada norma, devem ser prestigiadas, sob pena de desestímulo à aplicação dos instrumentos convencionais, hoje alçados ao nível constitucional (art. 7º, XXVI, da Constituição da República). Recurso de Embargos do Reclamado conhecido e provido". TST — E-RR-398.109/97. Ac. SESDI 1 — Rel.: Min. Carlos Alberto Reis de Paula — DJU de 18.10.2002. *Revista TST*, v. 68, jul./dez. 2002, p. 379.

e os avanços no campo social. Adere a essa corrente o TST, por meio da **Súmula n. 277**, cujas condições de trabalho alcançadas por força de sentença normativa, convenção ou acordo coletivos vigoram no prazo assinado, não integrando, de forma definitiva, os contratos individuais de trabalho[36].

Com o objetivo de solucionar a controvérsia, adveio a Lei n. 8.542, de 23 de dezembro de 1992, cujo art. 1º, § 1º, dispunha que "as cláusulas dos acordos, convenções ou contratos coletivos de trabalho integram os contratos individuais de trabalho e somente poderão ser reduzidas ou suprimidas por posterior acordo, convenção ou contrato coletivo de trabalho". Ocorre que as medidas provisórias instituidoras das medidas complementares ao Plano Real, a começar pela de n. 1.053, de junho de 1995 (reeditada várias vezes), revogaram esse § 1º do art. 1º da Lei n. 8.542, de 1992. Este preceito contido na Medida Provisória culminou na Lei n. 10.192, de 2001.

O item II da Súmula n. 277 ressalva a regra enunciada no item I e dispõe sobre o período compreendido entre 23.12.1992 e 28.7.1995, em que vigorou a Lei n. 8.542, revogada pela Medida Provisória n. 1.709, convertida na Lei n. 10.192, de 14.2.2001[37].

5.2. Conflito entre acordo e convenção coletiva

À luz do art. 620 da CLT "as condições estabelecidas em convenção, quando mais favoráveis, prevalecerão sobre as estipuladas em acordo".

O TST tem sustentado, entretanto, que "as cláusulas de acordo coletivo devem prevalecer sobre as de convenção coletiva quando o referido instrumento for celebrado posteriormente a este último e sem qualquer ressalva dos acordantes, porque deve-se prestigiar o princípio da realidade, ou seja, de que as partes (sindicato profissional e empregador) conhecem de forma mais pormenorizada todo o contexto que envolve a prestação de serviços, e a capacidade econômico-financeira do empregador, e podem, por isso mesmo, direcionar seus interesses atentos a essa realidade que os cerca. *In casu* há de se aplicar a convenção coletiva, visto que o regional consignou serem suas cláusulas mais favoráveis em relação às cláusulas do acordo coletivo, sem apontar a ordem cronológica em que foram firmadas. A violação ao dispositivo legal e ao texto constitucional invocados encontram óbice no Enunciado n. 297 do TST. Aresto convergente. Recurso de Embargos não conhecido". (TST — SDI-1-E-RR-582.976/1999.3. Rel.: Min. Carlos Alberto Reis de Paula. DJ 6.9.2001)

Concordamos com o raciocínio exposto no início dessa ementa somente se a matéria versar sobre as hipóteses constantes dos incisos VI (redução salarial), XIII (regime de compensação) e XIV (majoração da jornada de 6 horas nos turnos de revezamento), em que se permite a alternativa entre acordo ou convenção coletiva. Nas demais situações prevalece a regra do art. 620 da CLT.

---

(36) O texto foi alterado em nov. 2009, contendo o item I.

(37) Insere-se aqui o item II da Súmula n. 277 alterada em nov. 2009.

6. CONTRATO INDIVIDUAL DE TRABALHO. CONFLITO ENTRE CONTRATO E NORMA COLETIVA (CONVENÇÃO OU ACORDO COLETIVO)

Há autores[38], entre os quais nos filiamos, que acrescentam entre as fontes formais, de origem autônoma, o contrato individual do trabalho. Existe aqui uma manifestação de vontade destinada a produzir efeitos jurídicos. A questão, contudo, é controvertida.

Sustentam alguns que as disposições surgidas no contrato de trabalho carecem de **generalidade e abstração**, pois só alcançam as partes (Santoro Passarelli). Ele gera norma contratual particular e concreta, destituída de juridicidade. Logo, para essa corrente, a autonomia negocial não constitui uma fonte de direito (Renato Scognamiglio). Assim, o contrato individual de trabalho não é fonte do Direito do Trabalho, segundo seus defensores, pois só produz efeitos entre as partes, e não em relação a terceiros; ele é fonte de obrigações, mas não é fonte de direito. Para essa corrente, o mesmo não acontece quando se **trata de autonomia coletiva**, pois as regras que surgem de uma convenção coletiva são geradoras de normas abstratas para uma determinada categoria.

Será nula de pleno direito disposição do contrato individual de trabalho que contrariar normas previstas em convenção ou acordo coletivo (art. 619 da CLT), salvo se mais favorável ao empregado.

7. REGULAMENTO INTERNO DE EMPRESA

O regulamento é um ato jurídico que disciplina futuras relações jurídicas. É considerado pela doutrina como fonte formal heterônoma, quando elaborado exclusivamente pelo empregador, ou fonte formal autônoma, quando o empregado participa de sua construção[39]. No Brasil, a matéria não tem tratamento legal.

Do poder diretivo do empregador, acentua Cesarino Júnior[40], advém a capacidade de fixar unilateralmente normas para o andamento dos serviços na empresa, às quais o empregado adere ao celebrar o contrato de trabalho. Tais normas constituem o regulamento da empresa, que, segundo Dorval de Lacerda[41], de ato unilateral na admissão, torna-se verdadeiro contrato pela adesão do empregado, seja substituindo o contrato individual, seja complementando os contratos que se celebram. Adere, portanto, o autor à teoria contratualista, para explicar o fundamento jurídico do regulamento de empresa, também conhecido como regulamento de fábrica, regulamento interno e regulamento de serviço.

Além da teoria contratualista, outras, como a institucionalista e a mista, são usadas para justificar o regulamento. O seu caráter institucionalista se infere do fato

---

(38) DONATO, Messias Pereira. *Curso de Direito do Trabalho*. Saraiva, 1979, p. 7. GOMES, Orlando e GOTTSCHALK, Elson. *Op. cit., passim*. PEREIRA, Caio Mário. *Op. cit.*, p. 39-40. RAY, Jean Emmanuel. *Droit du travail. Droit vivant*. Paris: Les éditions Liaisons, 1999, p. 25.

(39) MORAES FILHO, Evaristo de. *Introdução ao Direito do Trabalho*. São Paulo: LTr, 1971, p. 111.

(40) CESARINO JR., A. F. *Direito Social*. São Paulo: LTr, 1980, p. 154.

(41) LACERDA, Dorval de. *Op. cit.*, p. 73 e 84.

de constituir ele lei interna da organização empresarial, por meio da qual o empregador fixa as normas disciplinares e as condições gerais e especiais de trabalho na empresa. Sua elaboração deverá contar com a participação de empregados ou de seus representantes, como ocorre, por exemplo, na França, embora tradicionalmente decorra de ato unilateral do empregador.

Mesmo que de feição unilateral, o regulamento deverá ater-se aos limites previstos na lei e aos condicionamentos existentes nos princípios peculiares ao Direito do Trabalho, sob pena de subversão à ordem jurídica constitucional. Daí se infere que, à luz do princípio da igualdade, o regulamento não deverá conter procedimentos capazes de conduzir à discriminação, tampouco violar o direito adquirido dos empregados.

Embora sejamos partidários da corrente contratualista, como fundamento dos poderes diretivo e disciplinar, atribuímos ao regulamento natureza mista, entendendo que o mesmo contém, de um lado, regras institucionais voltadas para a emissão de ordens técnicas e outras alusivas à disciplina que deve existir na organização empresarial; e, de outro, regras de feição contratual, como são as cláusulas sobre salário, jornada e outras matérias com a mesma conotação, as quais constituirão o conteúdo dos contratos de trabalho, matéria, aliás, já sedimentada na **Súmula n. 51 do TST**(42).

No Brasil, tais regulamentos não são obrigatórios, mas, uma vez adotados, embora não sujeitos a controle administrativo, submetem-se ao controle judicial. Tal controle, entretanto, restringir-se-á às cláusulas cuja ilegalidade se argui em Juízo e os efeitos da sentença só se estenderão a quem for parte no dissídio, vedado ao Judiciário decretar a nulidade genérica do regulamento, sob pena de ferir o poder de comando do empregador, como ressalta Emílio Gonçalves(43).

8. LAUDOS ARBITRAIS

A doutrina(44) acrescenta como fonte do Direito do Trabalho o laudo arbitral, dada a sua qualidade de meio de solução de conflitos, ao lado da mediação e da conciliação. Na arbitragem, a um terceiro, indicado pelas partes ou pelo legislador, são atribuídas faculdades jurisdicionais para a solução de um caso concreto.

Se no direito comum a arbitragem encontra-se em franco desenvolvimento, no contexto mundial, no Direito do Trabalho brasileiro não é muito comum, nem sob o prisma do direito individual, nem sob o prisma do direito coletivo. Ela poderá ser, em tese, obrigatória ou facultativa.

A arbitragem apresenta como vantagem evitar a morosidade da justiça e os altos custos do processo, além de ser recomendada pela ação internacional.

---

(42) Norma regulamentar. Vantagens e opção pelo novo Regulamento. Art. 468 da CLT. I — As cláusulas regulamentares, que revoguem ou alterem vantagens deferidas anteriormente, só atingirão os trabalhadores admitidos após a revogação ou alteração do regulamento (redação anterior da Súmula n. 51, que se limitava a esse item). II — Havendo a coexistência de dois regulamentos da empresa, a opção do empregado por um deles tem efeito jurídico de renúncia às regras do sistema do outro (ex-OJ n. 163).

(43) GONÇALVES, Emílio. Controle administrativo e judicial do Regulamento da empresa. *Revista Direito do Trabalho,* n. 53. São Paulo: Revista dos Tribunais, p. 63.

(44) PEREIRA CAMPOS, Santiago. *Laudos arbitrais em matéria de trabalho. Estudos sobre as fontes do Direito do Trabalho*. São Paulo: LTr Editora, 1998, p. 200. Coord. Plá Rodriguez.

A Constituição do Brasil, de 1988, no art. 114, § 1º, dispõe que "frustrada a negociação, as partes poderão eleger árbitros" e, no § 2º, prevê que "recusando-se qualquer das partes à negociação coletiva ou à arbitragem, é facultado às mesmas, de comum acordo, ajuizar dissídio coletivo de natureza econômica, podendo a Justiça do Trabalho decidir o conflito, respeitadas as disposições mínimas legais de proteção ao trabalho, bem como as convencionadas anteriormente".

No plano da lei ordinária (n. 7.783, de 1989), que disciplina o direito de greve, o art. 3º estabelece que "frustrada a negociação ou verificada a impossibilidade de recurso via arbitral, é facultada a cessação coletiva do trabalho".

Mais adiante, o art. 7º da mesma lei, ao mencionar que a greve suspende o contrato, estabelece que, durante a paralisação, as relações obrigacionais serão regidas pelo acordo, convenção, laudo arbitral ou decisão da Justiça do Trabalho.

Nota-se, também, que a Lei n. 10.101, de 19 de dezembro de 2000, prevê no art. 4º, inciso II, o recurso ao laudo arbitral, quando a negociação, visando à participação nos lucros resulte em impasse, não sendo possível estipulá-la por meio de acordo ou convenção coletiva. O laudo arbitral terá força normativa, independentemente de homologação judicial.

Verifica-se, portanto, que no âmbito da demanda coletiva, a arbitragem tem respaldo legal [45]. Já no campo da demanda individual a legislação é omissa e não há como recorrermos subsidiariamente à Lei n. 9.307, de 1996, considerando que ela só autoriza a arbitragem em relação aos direitos patrimoniais disponíveis[46]. Ora, é sabido que, em face do princípio da irrenunciabilidade, a maioria das normas trabalhistas é indisponível, o que torna difícil a aplicação da arbitragem nesse âmbito, no estágio atual de nossa legislação.

9. HIERARQUIA DAS FONTES. CONFLITOS E SOLUÇÕES

Hierarquia significa graduação. Quando se fala em hierarquia de fontes, indica-se a existência de uma ordem entre elas. Do ponto de vista filosófico, não deveria

---

(45) "Acordo perante o Tribunal de Arbitragem não constitui óbice para o exame da tutela jurisdicional postulada pelo autor: A solução de conflitos através de arbitragem, nesta Justiça Especializada, é limitada às demandas coletivas, nos termos do § 1º do art. 114 da Constituição Federal, não havendo previsão no que concerne à solução de dissídios individuais. Isto porque a Lei Maior dispõe, expressamente, que 'frustrada a negociação coletiva, as partes poderão eleger árbitro' (*sic*). Se a previsão incluísse também os conflitos individuais, não haveria necessidade de especificação. Assim, o referido acordo não constitui causa para a extinção do processo". TRT/SP Ac. 20030523022 Proc. 42800200290202003 Relª: Juíza Vilma Mazzei Capatto. DOE 10.10.2003.

(46) "**Dissídio Coletivo. Cláusula compromissória de arbitragem. Ilegalidade**. A Lei n. 9.307, de 23 de setembro de 1996, no art. 1º, taxativamente, restringe o alcance da arbitragem para dirimir litígios relativos a direitos patrimoniais disponíveis, sem força, portanto, para alcançar direitos de natureza alimentar ou sociais como são aqueles que compõem a reparação devida ao trabalhador pela rescisão imotivada do contrato de trabalho. Ao contrário da Justiça Comum, a Justiça do Trabalho foi pensada para proteger a parte mais fraca da relação de emprego, assim hipossuficiente, segundo a definição de Cesarino Jr. Se a lei civil parte da suposição da plena igualdade dos contraentes, a legislação trabalhista tem feição nitidamente protecionista, em que pese a reação do pensamento neoliberal. Desse modo, o propósito assumido equivocadamente por sindicatos profissionais, de obstar o acesso dos trabalhadores do manto protecionista da Justiça do Trabalho ofende a garantia inscrita no inciso XXXV do art. 5º da Constituição". TRT/SP — Ac. SDC — 00154/2003-7 — Proc. n. 20030200300002002 — Rel. designado: Juiz José Carlos da Silva Arouca.

existir hierarquia entre leis, pois o ideal seria a coincidência entre o ordenamento positivo e o "dever ser"[(47)]. Sucede que, sob o aspecto prático, as leis têm **prazo de vigência extenso**, trazem **força obrigatória variável** e são acompanhadas de **sanção mais ou menos intensa**. Todos esses fatores acabam por exigir uma classificação das leis.

No ramo do direito, em que só há fontes estatais, a hierarquia observa a categoria da autoridade de onde a fonte provém. No Direito do Trabalho, o problema da hierarquia se agrava, porque existem, também, como fonte de direito, as sentenças normativas, as convenções coletivas e os acordos coletivos, e não apenas as fontes estatais.

A lei é a principal fonte do Direito do Trabalho. E tanto é que o art. 9º da CLT dispõe serem nulos de pleno direito os atos praticados com o objetivo de desvirtuar, impedir ou fraudar a aplicação dos preceitos contidos na Consolidação. Como a lei ordinária é hierarquicamente inferior à Constituição, a CLT encontra nela seu fundamento de validez (Kelsen). Encontra-se no ápice da pirâmide das fontes a Constituição, seguida da lei complementar, da lei ordinária, da lei delegada, do decreto legislativo, dos decretos (regulamentos), das portarias, da sentença normativa, do laudo arbitral, da convenção coletiva, dos acordos coletivos, do regulamento interno da empresa e do contrato de trabalho.

Em face do disposto no art. 8º da CLT, incluímos como formas de integração do Direito do Trabalho e não como fontes propriamente ditas, a jurisprudência, a analogia, a equidade, os princípios gerais do Direito, os princípios peculiares do Direito do Trabalho, os usos e costumes e o Direito Comparado. Aí incluímos também a doutrina.

Saliente-se, entretanto, que a jurisprudência, embora não se situe entre as fontes formais, poderá ser incluída na classificação de fonte informativa ou intelectual[(48)], dada a sua importância para o Direito, em geral, e para o Direito do Trabalho, em particular.

Feitas essas considerações, a doutrina[(49)] estabelece as seguintes regras: a) havendo conflito entre as fontes estatais (leis) e as internacionais, prevalecem as últimas; b) se o conflito se estabelece entre as fontes estatais (leis) e a sentença normativa, prevalecem as primeiras; c) na hipótese de conflito entre a sentença normativa e os usos e costumes, regulamento de empresa e convenção coletiva, prevalece a primeira; d) finalmente, se o conflito se estabelece entre usos e costumes, regulamento de empresa e convenção coletiva, prevalecem aquelas cujo âmbito seja mais generalizado[(50)].

Possui relevância no exame da hierarquia das fontes a prevalência da norma mais favorável ao empregado, a qual torna maleável a hierarquia apresentada. Isso significa que deve ser aplicado o instituto que proporcione melhores condições para o empregado, ainda

---

(47) PEREIRA, Caio Mário da Silva. *Instituições de Direito Civil.* v. 1. 19. ed. Rio de Janeiro: Forense, p. 60.

(48) PEREIRA, Caio Mário da Silva. *Instituições de Direito Civil.* v. 1. 19. ed. Rio de Janeiro: Forense, p. 37.

(49) GOMES, Orlando, GOTTSCHALK, Elson. *Op. cit.*, p. 52.

(50) GOMES, Orlando, GOTTSCHALK, Elson. *Op. cit.*, p. 52.

que contidos em norma de hierarquia inferior. Esse é o traço de originalidade que marca o Direito do Trabalho.

A prevalência da norma mais favorável é um corolário do princípio da proteção que norteia o Direito do Trabalho brasileiro, como se infere do *caput* do art. 7º, da Constituição vigente, e dos art. 444 e 468 da CLT(51), dos quais se constata que a lei atua assegurando um mínimo de garantias sociais para o empregado, passível de tratamento mais benéfico pela vontade das partes ou por outra fonte do Direito. Essas novas condições aderem ao contrato de trabalho por força de ajuste tácito ou expresso. O fundamento da adesão da condição mais benéfica ao pacto laboral é o direito adquirido.

A aferição da norma mais benéfica é feita com base na **teoria da acumulação ou atomização**, com amparo na teoria do **conglobamento**, ou, ainda, **do conglobamento parcial, orgânico ou por institutos**.

A primeira (**teoria da acumulação**) implica extrair de cada uma das fontes, objeto de comparação, as disposições mais favoráveis ao empregado, e, reunidos esses "retalhos" serão aplicados ao caso concreto. A teoria da acumulação sofre inúmeras críticas, entre as quais a de que transforma o juiz em legislador (Mario Pasco), pois a norma que aplica não existe, foi criada destruindo a harmonia interna das normas comparadas.

A segunda teoria é a do **conglobamento**, segundo a qual se deve comparar as fontes e aplicar a que, no seu conjunto, for mais favorável ao empregado, excluindo-se as demais. Essa teoria, contrariamente à anterior, não "atomiza" ou "despedaça" as fontes objeto de confronto, entretanto, possui a desvantagem de conduzir ao subjetivismo do juiz quando da comparação das normas, para aferir qual é a mais vantajosa, em face da heterogeneidade que existe entre elas (Campos Ruiz, Alonso Olea e Antonio Ojeda Ovilés).

Finalmente, a teoria do **conglobamento por instituto,** denominada também **conglobamento orgânico** ou **conglobamento mitigado**, segundo a qual o objeto da comparação extrai-se do conjunto de normas que se referem a um mesmo instituto, como por exemplo, o regime de férias, de despedida (Deveali). Considerando que cada instituto do Direito do Trabalho possui um regime unitário, não há como aplicá-lo parcialmente. Logo, a norma aplicada será um todo infindável, porém, só a respeito de um instituto ou de cada instituto(52). Essa teoria foi adotada pelo art. 9º da Lei do Contrato de Trabalho da Argentina.

---

(51) "São direitos dos trabalhadores urbanos e rurais, além de outros que visem à melhoria de sua condição social: ..." (*caput* do art. 7º da Constituição da República de 1988).

"As relações contratuais de trabalho podem ser objeto de livre estipulação das partes interessadas em tudo quanto não contravenha às disposições de proteção ao trabalho, aos contratos coletivos (atualmente convenções coletivas) que lhes sejam aplicáveis e às decisões das autoridades competentes" (art. 444 da CLT).

"Nos contratos individuais de trabalho só é lícita a alteração das respectivas condições, por mútuo consentimento, e, ainda assim, desde que não resultem, direta ou indiretamente, prejuízos ao empregado, sob pena de nulidade da cláusula infringente dessa garantia" (art. 468 da CLT).

(52) DEVEALI, Mario. *El derecho del trabajo en su aplicación y sus tendencias*; MARIO PASCO *apud* SILVA, Luiz de Pinho Pedreira da. *Principiologia de Direito do Trabalho*. Salvador: Gráfica Contraste, 1996, p. 104.

Tendo-se em vista que "instituto é o conjunto de disposições e cláusulas unificadas *ratione materiae*, isto é, concernentes a atribuições patrimoniais da mesma natureza, ou melhor, correspondentes à mesma função"[(53)], entendemos que a Lei brasileira n. 7.064, de 1982, no art. 3º, II, adotou a teoria do conglobamento por instituto, ao dispor sobre "a aplicação da legislação brasileira de proteção ao trabalho, naquilo que não for incompatível com o disposto nesta Lei, quando mais favorável do que a legislação territorial, no **conjunto de normas** e em relação a **cada matéria**" (grifou-se).

Essa teoria também é criticada, ao argumento de que nem sempre será possível formular um "catálogo" dos institutos como unidades de comparação invariáveis em todos os casos de confronto[(54)].

Asseveram os autores que a aplicação da **norma ou da condição mais favorável não significa eliminação do princípio da hierarquia** das leis. **O que ocorre é que a própria lei deixa espaço para ser sobrepujada por uma norma de hierarquia inferior, por exemplo, a convenção coletiva**[(55)]. A norma mais vantajosa não viola a de categoria superior, exatamente porque estão sendo respeitados os limites mínimos por esta fixados. A lei atua, portanto, como norma mínima superável, e a convenção coletiva é uma maneira de aprimorá-la, a menos que haja uma lei de interesse público que contrarie a regra mais favorável, como se infere do **art. 623 da CLT**. O citado artigo dispõe que "será nula de pleno direito disposição de Convenção ou acordo coletivo que, direta ou indiretamente, contrarie proibição ou norma disciplinadora da política econômico-financeira do Governo ou concernente à política salarial vigente, não produzindo quaisquer efeitos perante autoridades e repartições públicas, inclusive para fins de revisão de preços e tarifas de mercadorias e serviços". Parágrafo único: Na hipótese deste artigo, "a nulidade será declarada, de ofício ou mediante representação, pelo Ministro do Trabalho, ou pela Justiça do Trabalho em processo submetido ao seu julgamento".

Indaga-se, ainda, se **a convenção coletiva poderá estipular cláusulas menos vantajosas do que aquelas delineadas pela lei**. Excepcionalmente isso é possível, como se infere da própria Constituição da República de 1988 (art. 7º, incisos VI, XIII e XIV).

---

(53) GHIDINI, Mário. *Diritto del Lavoro*. Padova: CEDAM, 1973, p. 23.

(54) GOLDIN, Adriano. *Apud* SILVA, Luiz de Pinho Pedreira da. *Principiologia de Direito do Trabalho*. Salvador: Gráfica Contraste, 1996, p. 105.

(55) PEREZ DEL CASTILLO, Santiago. *Hierarquia das Fontes no Direito do Trabalho*. Estudos sobre as fontes do Direito do Trabalho. São Paulo: LTr Editora, 1998, p. 38. Coord. Plá Rodriguez.

CAPÍTULO IV

A HERMENÊUTICA. INTERPRETAÇÃO. INTEGRAÇÃO. APLICAÇÃO DO DIREITO DO TRABALHO. MÉTODOS BÁSICOS DE EXEGESE. ORIGEM. CONCEITO. OBJETO. REGRAS

De origem etimológica grega, a hermenêutica tem sua genealogia no deus Hermes, que era o intérprete da vontade divina. Hermenêutica, em um sentido amplo, quer dizer "compreender o significado do mundo" (Heidegger).

Hermenêutica "é a teoria científica da arte de interpretar" (Carlos Maximiliano). Ela é um processo mental de pesquisa de conteúdo real da lei (Caio Mário). **Tem por objeto o estudo e a sistematização dos processos** que devem ser utilizados para que a interpretação se realize. Como se situa num campo mais abstrato não apresenta tanta dificuldade como a **interpretação**, embora **alguns autores as identifiquem**[(1)].

As regras de hermenêutica são legais (art. 5º, 6º e 7º da Lei de Introdução ao Código Civil), de jurisprudência, criadas pelos tribunais, e científicas, apontadas pelos doutrinadores.

Washington de Barros Monteiro[(2)] coletou **várias regras de jurisprudência sobre hermenêutica**, entre elas: na interpretação deve-se sempre preferir a inteligência que faz sentido à que não faz; deve-se preferir a inteligência que melhor atenda a tradição do direito; deve ser afastada a exegese que conduz ao vago, ao **contraditório, ao absurdo**; há que se ter em vista o que ordinariamente ocorre no **meio social**; onde a lei não distingue, o intérprete não deve distinguir; todas as leis especiais ou excepcionais devem ser interpretadas restritivamente; **tratando-se de interpretar leis sociais**, preciso será temperar o espírito do jurista, adicionando-lhe certa dose de espírito social, sob pena de sacrificar-se a verdade à lógica.

No âmbito da hermenêutica *lato sensu* inserem-se **a interpretação, a integração e a aplicação do Direito**[(3)].

A interpretação consiste em **determinar o sentido da Lei**. Toda lei está sujeita à interpretação e não apenas aquelas que contêm preceitos obscuros ou confusos, pois a clareza é relativa. **A interpretação é a aplicação das regras de hermenêutica**[(4)]; é

---

(1) REALE, Miguel. *O direito como experiência*. São Paulo: Saraiva, 1968, n. 2, p. 238.

(2) *Curso de Direito Civil.* 25. ed., São Paulo: Saraiva, 1985, p. 37.

(3) MAGALHÃES FILHO, Glauco Barreira. *Hermenêutica Jurídica Clássica*. Belo Horizonte: Mandamentos, 2002, p. 17.

(4) MAXIMILIANO, Carlos. *Hermenêutica e Aplicação do Direito*. Rio de Janeiro: Forense, 1988, p. 1.

essencialmente concreta, reportando-se a uma situação de fato, real ou hipotética[(5)]. Alguns autores não estabelecem distinção entre interpretação e aplicação. Entendemos que a interpretação antecede a aplicação, embora haja uma interação dialética entre ambas (Larenz).

A integração é o suprimento das lacunas dos sistemas jurídicos. Finalmente, a **aplicação** é o processo de adaptação dos preceitos normativos às situações de fato que se lhes subordinam.

1. INTERPRETAÇÃO DO DIREITO DO TRABALHO

1.1. Conceito e fundamentos

Interpretar consiste em aplicar as regras que a hermenêutica perquire e ordena[(6)]. A interpretação é um processo mental de pesquisa do real conteúdo da lei[(7)]. Não é, entretanto, apenas a lei escrita que deverá ser interpretada, mas toda a norma jurídica, e não somente os preceitos obscuros. Há situações em que o esforço hermenêutico é mais simples e em outras é mais complexo.

Os fundamentos da interpretação ou as razões pelas quais ela é sempre necessária são: o ontológico, o axiológico, o gnoseológico e o lógico[(8)].

O fundamento ontológico se subsume à conduta humana e traduz uma expressão do ego existencial, logo o Juiz não poderá presumir já conhecê-la e vinculá-la a uma norma.

O fundamento axiológico, por sua vez, exige a verificação dos valores contidos no fato, para individualizá-lo.

O fundamento gnoseológico está relacionado com a necessidade de se conhecer o fato no contexto do Direito.

Finalmente, tem-se o fundamento lógico, que consiste na adaptação do fato à norma, utilizando-se de coerência nas conexões de pensamento. A título de exemplo, o art. 373-A da CLT proíbe o empregador ou seus prepostos de procederem a revistas íntimas nas empregadas, com o objetivo de preservar-lhes a dignidade humana. O fundamento lógico da interpretação permite aplicar o preceito legal também aos homens, pois se ambos são iguais em direitos e obrigações, como se infere do art. 5º, inciso I, da Constituição vigente, e possuem, igualmente, dignidade, que deverá ser respeitada, o art. 373-A da CLT se aplica também aos homens, por ser derivação racional deduzida de circunstâncias de fato e de direito objetivamente estabelecidas. “A rigor, toda a interpretação jurídica é um ato de reconstrução racional do direito objetivo”[(9)], mesmo nos sistemas de direito escrito. Essa reconstrução impede que as leis envelheçam.

---

(5) BASTOS, Celso Ribeiro. *Hermenêutica e Interpretação Constitucional*. São Paulo: Celso Bastos Editor, p. 21.

(6) FRANÇA, Rubens Limongi. *Hermenêutica Jurídica*. São Paulo: Saraiva, 1997, p. 3-4.

(7) PEREIRA, Caio Mário da Silva. *Instituições de Direito Civil*. Rio de Janeiro: Forense, 1998, p. 123.

(8) MAGALHÃES FILHO, Glauco Barreira. *Hermenêutica Jurídica Clássica*. Belo Horizonte: Mandamentos, 2002, p. 25.

(9) VERNENGO, Roberto J. *La interpretación literal de la ley*. 2. ed., Buenos Aires: Abeledo-Perrot, 1994, p. 132.

As teorias mais tradicionais em matéria de interpretação do Direito são as teorias objetiva e subjetiva; a primeira sugere que o intérprete observe a vontade da lei e a segunda propugne pela observância da vontade do legislador na operação interpretativa.

1.2. Sistemas e escolas de interpretação

Os diversos métodos, técnicas ou elementos de interpretação do direito deram origem às escolas que propuseram um sistema de interpretação, o qual constitui uma organização dos procedimentos do intérprete ligados à interpretação, de acordo com uma ideologia político-jurídica que o orienta[(10)].

As escolas de hermenêutica podem ser classificadas em três grupos: escolas de estrito legalismo ou dogmatismo, escolas de reação ao estrito legalismo e escolas que preconizam um direito mais livre[(11)].

Situa-se entre as escolas presas ao legalismo a Escola exegética, que propõe um sistema dogmático. Ela surge na França, no século XIX, e parte do pressuposto de que o intérprete é escravo da lei. Prega o culto aos códigos, considerados sem lacunas. Um de seus defensores dizia: "não conheço o direito civil, só ensino o Código de Napoleão" (Bugnet), expressão da filosofia liberal e individualista que triunfou com a Revolução Francesa. De acordo com essa escola, os códigos não deixam nada ao arbítrio do Juiz, competindo-lhe, por meio de uma interpretação literal, extrair o sentido dos textos legais. Quando a linguagem do legislador for obscura ou incompleta, o intérprete deverá utilizar-se do método lógico. Os pressupostos dessa escola são incompatíveis com o pluricentrismo do Direito do Trabalho. Mesmo o recurso ao costume, à analogia e aos princípios gerais do direito eram tidos como ampliação da regra legal, subsistindo a plenitude do direito.

São várias as razões que contribuíram para esse positivismo exacerbado, entre as quais se encontra a doutrina da separação de poderes, que considerava inadmissível a interferência do Judiciário no campo do Legislativo, por meio de um método de interpretação que não fosse a literal. Outra razão foi a identificação do Código de Napoleão com o direito, por ser ele considerado obra completa e acabada.

Outra manifestação do positivismo encontra-se na **Escola dos pandectistas alemães**, que elaboraram um sistema de normas, baseado no Direito Romano, por meio de um estudo do *Corpus Juris Civilis*, ou mais precisamente, de sua segunda parte.

Embora menos radicais do que os integrantes da Escola Exegética, os pandectistas interpretavam o texto legal consoante a "intenção possível do legislador", à época da interpretação e não da data da elaboração do preceito.

Finalmente, alinha-se entre as manifestações positivistas a **Escola Analítica de Jurisprudência**, segundo a qual o Direito tem por objeto as leis positivas, sendo irrelevantes os valores ou o conteúdo ético que as inspiram[(12)].

---

(10) MAGALHÃES FILHO, Glauco Barreira. *Hermenêutica Jurídica Clássica*. Belo Horizonte: Mandamentos, 2002, p. 57.

(11) HERKENHOFF, João Baptista. *Como aplicar o Direito*. 5. ed., Rio de Janeiro: Forense, 1999, p. 33.

(12) AUSTIN, John. Lectures on Jurisprudence or the Philosophy of Positive Law. Londres: John Murray, 1879, v. I, p. 176. *Apud* Paulino Jacques. *Curso de Introdução ao Estudo do Direito*. Rio de Janeiro: Forense, 1978, p. 326.

Diametralmente opostas são as Escolas Históricas, que reagem contra o positivismo exacerbado das escolas anteriores e propõem o sistema histórico-evolutivo(13). Os princípios básicos dessas escolas residem no fato de que o Direito é um produto histórico, que surge espontaneamente das convicções do povo, isto é, das gerações que se sucedem, e encontra sua expressão inconsciente no costume. Situam-se aqui a **Escola Histórico-Dogmática, a Histórico-Evolutiva e a Teleológica**. A **Escola Histórico-Dogmática** teve entre os seus representantes Savigny. Segundo essa escola, o intérprete não deveria se limitar ao texto legal para solucionar os conflitos, mas utilizar-se também do elemento sistemático. Logo, se a intenção do legislador conflitasse com a manifestação da consciência coletiva, o intérprete deveria optar por esta última.

Já a **Escola Histórico-Evolutiva**, cujo nome é vinculado a Saleilles, entendia que o intérprete deveria não só considerar o que o legislador quis, mas o que quereria se vivesse à época da aplicação da lei. Saleilles sustentava que as normas jurídicas sujeitavam-se à lei geral da evolução. Caberia ao intérprete conservar a vida dos códigos, adaptando-os às novas realidades.

Outra **escola de interpretação é a Teleológica**, cujo fundador foi Von Ihering. Essa escola vê o Direito como organismo vivo, produto de luta dos povos, das classes sociais, dos governos e dos indivíduos. "A luta é o trabalho eterno do direito" (Ihering). Sua finalidade é a proteção de interesses, que, se opostos, devem ser conciliados com a predominância dos interesses sociais.

Temos, finalmente, as escolas que pregam margem maior de liberdade na interpretação, situando-se, entre elas, a Escola da Livre Pesquisa Científica, também conhecida como Escola do Direito Livre, a Escola Sociológica Americana, a Escola da Jurisprudência de Interesses, a Escola Realista Americana, a Escola Egológica e a Escola Vitalista do Direito(14).

Já no sistema da livre investigação científica do direito, proposto pela **Escola Científica Francesa**, inspirada na obra de Gény, o direito não está todo contido na lei, embora ela seja a mais importante das fontes do direito. Logo, o intérprete deverá preencher essas lacunas com recurso à analogia, ou, não sendo possível, ao costume. Não havendo regra costumeira, o intérprete deverá criar norma individual e concreta, por meio da pesquisa científica e dos fatos sociais.

A determinação constante do art. 4º da Lei de Introdução ao Código Civil, segundo a qual "quando a lei for omissa, o juiz decidirá o caso de acordo com a analogia, os costumes e os princípios gerais de Direito", revela a influência da Escola Científica Francesa, de Gény. Esses meios de integração ou fontes supletivas trazem uma enumeração excludente, na visão acertada de Clóvis Bevilacqua, e só serão aplicados quando houver lacuna da lei. Consagra-se, portanto, nesse texto legal, a primazia lógica da lei. Já o art. 5º da LICC admite uma interpretação histórico-evolutiva e sociológica, quando estabelece que "na aplicação da lei, o juiz atenderá aos fins sociais a que ela se dirige e às exigências do bem comum".

---

(13) MAGALHÃES FILHO, Glauco Barreira. *Op. cit.*, p. 65.

(14) HERKENHOFF, João Batista. *Op. cit.*, p. 46 e seguintes.

O art. 8º da CLT também revela a influência de Gény quando autoriza o juiz, na falta de disposições legais ou contratuais, a decidir, "conforme o caso, pela jurisprudência, por analogia, por equidade e outros princípios e normas gerais de direito, principalmente do direito do trabalho, e, ainda, de acordo com os usos e costumes, o Direito Comparado, mas sempre de maneira que nenhum interesse de classe ou particular prevaleça sobre o interesse público". Nessa parte final, alusiva à prevalência do interesse público sobre o interesse de classe, o preceito celetista sofre influência da Escola Teleológica, de Von Ihering.

Já o sistema do **Direito Livre**, proposto pela Escola Alemã (1906), representa uma reação contra o princípio da plenitude do direito positivo. Entende que o Direito não emana sempre da vontade do Estado; logo, o intérprete não deve submeter-se exclusivamente à lei, mas também aos estudos sociológicos, quando os textos legais não oferecerem uma solução adequada e justa. Seu lema era: "Justiça pelo Código ou apesar do Código". Vislumbram-se nessa Escola duas tendências: **a moderada**, que autorizava a criação da norma jurídica pelo intérprete apenas quando deparasse com uma lacuna nas fontes do direito, e **a radical**, que recomendava ao juiz aplicar a lei só quando ela fosse justa. Se fosse injusta, decidiria de acordo com os critérios da consciência e da ciência. Essa corrente foi chamada também de Escola do Direito Justo, de Hermann Kantorowicz. A principal crítica a essa Escola é a ameaça que representa para a segurança, já que as decisões dependem de subjetividade do Juiz. E tanto é que o regime nazista utilizou-se desse sistema para violar as normas da Constituição de Weimar(15).

A **Escola da Jurisprudência de Interesses** desenvolveu-se na Alemanha, no século XX, e apresenta certo paralelismo com o pensamento contido na Escola do Direito Livre. Parte da ideia de que o trabalho do intérprete deve ser presidido pela investigação do interesse que a lei visou a proteger, isto é, deve-se investigar que interesse de grupos antagônicos deve prevalecer segundo a vontade do legislador, e não de acordo com os critérios próprios do juiz. As duas ideias fundamentais que inspiraram essa Escola são: o Juiz está obrigado a observar o direito positivo, competindo-lhe ainda construir novas regras, quando deparar com situações em relação às quais a lei nada dispõe, e corrigir as normas deficientes(16).

Ainda entre as Escolas que pregam maior liberdade na interpretação, situa-se a **Escola da Jurisprudência Sociológica Americana**, da primeira metade do século XX, segundo a qual o magistrado deve interpretar a norma formulando juízos de valor e escolhendo a solução entre as diversas possibilidades que a ordem jurídica lhe oferece; ele deve interpretar a norma fazendo uma ponderação valorativa das realidades sociais. Aqui, a lógica desempenha papel secundário, considerando-se que o direito é, sobretudo, um instrumento para a vida social, para a realização de fins humanos(17).

Situa-se também entre as escolas que pregam maior liberdade na interpretação a **Escola Realista Americana**, da primeira metade do século XX. Um dos representantes

---

(15) MAGALHÃES FILHO, Glauco Barreira. *Op. cit.*, p. 69.

(16) RECASÉNS SICHES, Luis. *Nueva Filosofía de la interpretación del Derecho.* Mexico: Porrúa, 1973, p. 62.

(17) RECASÉNS SICHES, Luis. *Nueva Filosofía de la interpretación del Derecho.* Mexico: Porrúa, 1973, p. 69-70.

dessa escola é Jerome New Frank, para quem o direito efetivo, produzido pelos tribunais, não advém apenas das normas jurídicas. Segundo ele, a sentença reflete a personalidade do Juiz, sobre o qual devem sopesar-se a educação geral e jurídica, os vínculos familiares e pessoais, a posição econômica e social, a experiência política e jurídica, a filiação e a opinião política, os traços intelectuais e temperamentais. Isso porque os fatores emocionais interferem nas decisões. Essa escola, segundo alguns autores, dá uma "visão mais autêntica da vida jurídica, derrubando padrões como os de uniformidade e generalidade do Direito, impessoalidade do Juiz, etc."[18].

Inclui-se, ainda, nessa classificação, a **Teoria Egológica do Direito**, de autoria do argentino Carlos Cossio, para quem o objeto a ser identificado pelo Juiz não são as normas, mas a conduta humana. Para o autor, o Juiz não vê o Direito concluído e feito, mas algo que se está fazendo constantemente, com a contribuição do Magistrado, por meio de sua vivência. Logo, o Juiz, ao julgar, não aplica a norma, mas atribui uma qualificação jurídica à conduta[19]. De acordo com a concepção egológica, o Juiz deve julgar de acordo "com sua ciência e consciência". "O termo consciência, refere, aí, o imprescindível elemento emocional ou valorativo, enquanto que a ciência aí referida é o conhecimento das fontes do direito (conceitual)"[20].

Temos também a **Escola Vitalista do Direito**, de Luis Recaséns Siches (1903--1977), segundo a qual o Direito não é fenômeno da natureza física ou psíquica, mas fato histórico; é forma de vida humana objetivada. Essa escola deu origem ao que se chama de **pós-positivismo**. A norma deve ser interpretada e aplicada, tendo em vista a variação da circunstância (razão histórica), desde o momento de sua criação até quando venha a ser aplicada. Logo, na aplicação do Direito, quando os métodos da lógica formal tradicional são incapazes de propiciar a solução para um caso *sub judice* e/ou levam a um resultado absurdo, o Juiz deverá lançar mão do razoável, impregnado de critérios valorativos (lógica material), para se chegar a uma decisão justa. Esses critérios são os valores que inspiram a ordem jurídica na sua totalidade, isto é, considerando não só os textos legais, mas também as convicções da sociedade em determinados momentos históricos.

Finalmente, temos a **Teoria da Argumentação** ("conjunto de técnicas discursivas que permitem aumentar a adesão das mentes às teses que se apresentaram à sua adesão"), de Chäim Perelman, professor de Lógica da Universidade Livre de Bruxelas, para quem "nem tudo se sujeita ao campo da matemática, que exibe como verdade apenas aquilo que é rigorosamente demonstrável ou provado como evidente"... "Admite existir um outro âmbito de existência cujas relações não se sujeitam ao argumento da indiscutibilidade, qual seja, o das relações humanas"[21].

Afirma Perelmam que "o campo da argumentação é o do verossímil, do plausível, do provável, na medida em que este último escapa às certezas do cálculo..."[22]. Onde

(18) HERKENHOFF, João Batista. *Op. cit.*, p. 69.

(19) MAGALHÃES FILHO, Glauco Barreira. *Op. cit.*, p. 75.

(20) MACHADO NETO, A. L. *Teoria da Ciência Jurídica*. São Paulo: Saraiva, 1975, p. 95, 157-158.

(21) CAMARGO, Margarida Maria Lacombe. *Hermenêutica e Argumentação*. Rio de Janeiro: Renovar, 2003, p. 188.

(22) Tratado da argumentação. *Apud* CAMARGO, Margarida Maria Lacombe. *Op. cit.*, p. 191.

não há evidência, há dúvida, e onde a dúvida predomina, a argumentação faz-se necessária. A argumentação pressupõe a fundamentação racional que justifica o agir humano, ou seja, por que tomamos um tipo de decisão e não outro. Para a argumentação, é necessário que haja um ponto de vista contrário em relação ao qual deve-se apresentar argumentos fortes para enfrentar a oposição (elemento dialético)[(23)].

Sustenta Perelman que "o direito nos ensina a não abandonar regras existentes, a não ser que boas razões justifiquem-lhes a substituição: apenas a mudança necessita de uma justificação, pois a presunção joga em favor do que já existe, do mesmo modo que o ônus da prova incumbe àquele que quer mudar um estado de coisas estabelecido"[(24)].

O pensamento de Perelman tem sido mais aceito nos países do *common law* do que nos de tradição romano-germânica, como o Brasil, provavelmente porque na Inglaterra do séc. XIV já havia os tribunais de equidade, cuja atribuição principal consistia em impedir soluções iníquas que poderiam ocorrer em virtude da aplicação rígida dos precedentes jurisprudenciais[(25)].

Adepto da teoria da argumentação é Robert Alexy[(26)].

1.3. Classificação da interpretação. Métodos básicos de exegese

A doutrina classifica a interpretação quanto à origem ou quanto ao agente; quanto à natureza ou elemento e quanto à extensão, ou aos efeitos ou ao resultado[(27)].

Quanto ao agente ou à origem, a interpretação pode ser autêntica ou pública (Cunha Gonçalves e Caio Mário), quando realizada pelos órgãos do poder público (Legislativo, Judiciário e Executivo). Na primeira hipótese temos a interpretação **autêntica**, elaborada pelo próprio órgão que editou a norma. A rigor, diante da ambiguidade do texto legislativo, o legislador vota uma nova lei para fixar a sua vontade imperfeitamente manifestada. Não se trata de um processo interpretativo, pois não se atribuiu à lei um entendimento para sua aplicação[(28)]. A interpretação **judicial** emana dos órgãos do Poder Judiciário, quando aplica a lei ao caso concreto, e pelo Executivo, por meio de regulamentos. Ainda quanto ao agente ou quanto à origem, a interpretação poderá ser **privada ou doutrinária,** realizada em livros, pelos autores, pelos professores ao estudar a lei em classe, em comentários à lei, *in abstrato*, sem destino ou interesse imediato. A interpretação doutrinária poderá externar-se, ainda, por meio de pareceres de juristas imparciais.

Quanto à natureza ou quanto aos elementos, a interpretação pode ser literal ou gramatical, que era a única permitida na escola da exegese. Ela implica a análise morfológica e sintática do texto, na verificação do significado das palavras e na sua

(23) PERELMAN. Nova Retórica. *Apud*. CAMARGO, Margarida Maria Lacombe. *Op. cit.*, p. 203.
(24) "Ética e Direito", p. 92. *Apud* CAMARGO, Margarida Maria Lacombe. *Op. cit.*, p. 224.
(25) CAMARGO, Margarida Maria Lacombe. *Op. cit.*, p. 225, nota 384.
(26) *Teoria da Argumentação jurídica*. São Paulo: Landy, 2001.
(27) FRANÇA, Rubens Limongi. *Op. cit.*, p. 5. PEREIRA, Caio Mário da Silva. *Op. cit.*, p. 123/124.
(28) PEREIRA, Caio Mário da Silva. *Op. cit.*, p. 125.

colocação na frase, segundo as regras gramaticais, para finalmente extrair o pensamento do legislador. Em regra, a palavra deverá ser entendida no seu sentido usual, exceto se "da matéria tratada derivar um significado especial técnico...". Isso poderá ocorrer "quando a acepção técnica não coincide nem corresponde ao seu significado popular. Em tal caso, deve acolher-se, na dúvida, a significação técnico-jurídica, pois é de presumir que o legislador usou das palavras com plena reflexão, e, portanto, se serviu delas no seu significado técnico, de preferência ao vulgar"(29).

Já a interpretação **lógica ou racional** exige que se estabeleça **conexão** entre a lei objeto de interpretação e outros textos legais que os une. Afere os motivos que ditaram a norma, pois ela reflete ideias políticas, filosóficas e econômicas, em determinado momento histórico.

Há, ainda, a interpretação **histórica,** que leva em consideração as circunstâncias de meio e momento da elaboração da norma legal, como também as causas pretéritas da solução dada pelo legislador. A aferição do elemento histórico pressupõe também consulta aos trabalhos que antecederam a inserção do preceito na lei, como discussão nas Comissões e projetos. A evolução histórica do instituto jurídico, principalmente no campo do direito privado, que é fruto de evolução lenta, propicia ao intérprete uma visão mais clara do preceito legal. A doutrina, entretanto, adverte para o fato segundo o qual a interpretação histórica deverá ser utilizada como subsídio e com cautela, pois "a lei poderá ter sido aprovada por outros motivos e até discordando das razões invocadas nos debates internos"(30).

Também quanto à natureza, a interpretação pode ser **sistemática,** segundo a qual o intérprete deve verificar qual a tendência dominante **nas várias leis existentes sobre matérias correlatas** e adotá-las como premissa. Ela é um processo lógico, que opera em um campo mais amplo (Caio Mário). A interpretação sistemática extrai de um complexo legislativo as ideias gerais inspiradoras da legislação em conjunto. No campo do Direito do Trabalho, essa ideia consiste no abandono da autonomia da vontade e em uma inclinação para o intervencionismo, em face do princípio da proteção.

Quanto ao resultado ou aos efeitos, a interpretação pode ser: a) declarativa ou enunciativa; b) ab-rogante; c) extensiva; d) restritiva.

A interpretação é declarativa quando o legislador atribuiu à lei o sentido exato das palavras nela utilizadas.

A **interpretação é ab-rogante** quando ocorre absoluta incompatibilidade ou contrariedade entre dois preceitos legais, ou entre um dispositivo de lei e um princípio geral do ordenamento jurídico impossíveis de conciliação. Nesse conflito recomenda-se que se atente para o grau de importância das normas contraditórias, concluindo-se

---

(29) FERRARA, Francesco. *Ensaio sobre a teoria da interpretação das leis*. Coimbra: Armênio Amado Editor, Sucessor, 1987, p. 139. Trad. Manuel A. Domingues de Andrade.

(30) FERRARA, Francesco. *Ensaio sobre a teria da interpretação das leis*. Coimbra: Armênio Amado Editor, Sucessor, 1987, p. 145-146. Trad. Manuel A. Domingues de Andrade.

pela ineficácia da disposição secundária e pela manutenção da disposição fundamental. Se ambas tiverem o mesmo grau de importância serão consideradas ineficazes[31].

A interpretação extensiva ou ampliativa pressupõe que a forma legal aplica-se aos casos que não estão abrangidos pelo seu teor literal, ou seja, "a lei quis mais do que disse".

A interpretação restritiva, por sua vez, supõe que a lei "quis menos do que disse". Esse critério de interpretação limita o campo de aplicação da lei a um âmbito menos amplo do que aquele constante de suas expressões. Qual o resultado prático dessa interpretação, à luz do Direito do Trabalho? Essa interpretação é utilizada no Direito do Trabalho quando se examina postulação fundada em condição mais vantajosa, concedida pelo empregador (art. 114 do novo Código Civil). É o caso, por exemplo, de concessão, pelo empregador, de determinada gratificação ao empregado que estiver na empresa por ocasião dos balanços. Se for acusado lucro, paga-se a gratificação. Alguns julgados afirmavam a inviabilidade da interpretação ser restritiva, dada a possibilidade de o empregador obstar a aquisição da vantagem por meio de despedida injusta, o que traduziria cláusula puramente potestativa vedada pelo ordenamento pátrio. A jurisprudência dominante admite a possibilidade de interpretação restritiva, tendo-se em vista que a resilição contratual operada pelo empregador não poderia configurar presunção de malícia a ensejar cláusula abusiva, já que o empregado também poderia se utilizar da faculdade de se demitir[32].

No tocante ao **fim, a interpretação é teleológica**. Essa técnica de interpretação é uma decorrência das formulações teóricas de Ihering[33], para o qual o direito só evoluiu com a luta e não espontaneamente. Na aplicação da lei, o Juiz atenderá aos fins sociais a que ela se dirige e às exigências do bem comum (art. 5º da LICC) ou do interesse público (art. 8º da CLT). Esse perfil teleológico vem sendo um dos responsáveis pela qualificação da norma trabalhista como inderrogável[34]. Os juslaboralistas clássicos, de cujo ponto de vista compartilhamos, asseveram que as leis trabalhistas devem ser interpretadas em favor do empregado, mas apenas quando houver dúvida a respeito de seu alcance. Não podemos adotar esse critério para suprir deficiência da prova a que estava onerado o trabalhador. Outro limite à aplicação desse método é o interesse público que não poderá ser sacrificado em função do interesse individual.

---

(31) FERRARA, Francesco. *Op. cit.*, p. 152.

(32) "**Gratificação extraordinária. Condição potestativa**. A concessão de vantagem de cunho salarial não implica sua desvinculação às condições exigidas pela reclamada. É que os atos de liberalidade interpretam-se restritivamente, sob pena de se ampliar o conteúdo da obrigação assumida e impedir os avanços patronais no campo do Direito Social. Logo, eventual dispensa injusta, por si só, não gera presunção de malícia a ensejar a aplicação do art. 115 do Código Civil. Não se vislumbra, na hipótese, cláusula puramente potestativa, porquanto o empregado também poderá se utilizar da faculdade de se demitir da empresa (Precedentes TST-Pleno-E-RR-4446/84 — Ac. SDI 1488/89) — DJU 13.10.89, p. 15.801; E-RR-2486/85.6 (Ac. SDI 12.085/89) DJU 6.10.89, p. 15.561". TRT — 3ª Reg. — 2ª T. — RO 10.149/92 — Relª: Juíza Alice Monteiro de Barros. DJMG 30.4.93.

(33) IHERING *apud* MAGALHÃES FILHO, Glauco Barreira. *Op. cit.*, p. 41.

(34) SALVATORE, Hernandez. Uma releitura da inderrogabilidade na crise dos princípios do Direito do Trabalho. *Revista Synthesis 39/04*. Trad. e Resumo de: Paulo Augusto Câmara.

Aliás, essa política de proteção encontra-se presente em várias outras áreas do Direito.

E assim é que a política de proteção ao consumidor também determina, no art. 47 da Lei n. 8.078, de 1990, que "as cláusulas contratuais serão interpretadas de maneira mais favorável ao consumidor". Na mesma direção é o art. 112 do Código Nacional Tributário quando dispõe: "A lei tributária que define infrações, ou lhe comina penalidades, interpreta-se da maneira mais favorável ao acusado, em caso de dúvida quanto: I — à capitulação legal do fato; II — à natureza ou às circunstâncias materiais do fato, ou à natureza ou extensão dos seus efeitos; III — à autoria, imputabilidade, ou punibilidade; IV — à natureza da penalidade aplicável, ou à sua graduação."

Sob o prisma do Direito Penal, a doutrina clássica há muito recomendava: "*in dubio pro reo*" (Beccaria).

Alguns autores referem-se às classificações da interpretação expostas nesse tópico como **métodos de interpretação** que consistem nos processos adotados pelo intérprete para determinar o sentido da lei. São eles: método gramatical, método lógico-analítico, método sistemático, método histórico e método teleológico[35].

Fala-se, ainda, em **métodos de integração**, ao referir-se aos processos de preenchimento de lacunas do Direito, com recurso à analogia, aos princípios gerais do Direito, à equidade e ao Direito Comparado[36].

2. INTEGRAÇÃO

2.1. Introdução

A integração é um aspecto da hermenêutica por meio do qual o Juiz preenche as lacunas do sistema jurídico. Nesse processo hermenêutico, o intérprete exerce "uma atividade supletiva" conferida pelo próprio legislador, como se infere, aliás, do art. 8º da CLT, ao dispor:

> "As autoridades administrativas e a Justiça do Trabalho, na falta de disposições legais ou contratuais, decidirão, conforme o caso, pela jurisprudência, por analogia, por equidade e outros princípios e normas gerais de direito, principalmente do direito do trabalho, e, ainda, de acordo com os usos e costumes, o direito comparado, mas sempre de maneira que nenhum interesse de classe ou particular prevaleça sobre o interesse público".

A leitura do preceito em questão revela que ele não arrola as fontes, mas indica formas do Juiz preencher as lacunas na lei[37].

É que a lei contém um comando genérico e hipotético, ao prever de forma abstrata certos fatos. Por mais que seja densa a verificação dos fatos ocorridos, ou possíveis de ocorrer no cotidiano das relações sociais, a sua previsão nos preceitos legais não consegue abranger todas as vicissitudes da convivência humana. Por isso, a lei apresenta lacunas.

---

(35) MAGANO, Octavio Bueno. *Manual de Direito do Trabalho*. Parte Geral. São Paulo: LTr Editora, 1980, p. 100-101. FRIEDE, Reis. *Ciência do Direito, Norma, Interpretação e Hermenêutica Jurídica.* Rio de Janeiro: Forense, 1997, p. 123.

(36) MAGANO, Octavio Bueno. *Op. cit.*, p. 101.

(37) Nesse sentido: ROMITA, Arion Sayão. *Direito do Trabalho. Estudos.* Rio de Janeiro: Livraria Freitas Bastos, 1981, p. 18. CERQUEIRA, João da Gama. *Sistema de Direito do Trabalho.* v. 1. São Paulo: LTr, 1961, p. 109.

A integração de uma lacuna é um processo necessário à solução do caso concreto, não contemplado na lei e exige um critério, "supõe um dever ser"[(38)].

O termo "lacuna" é relativamente recente. Seu significado apresenta uma dificuldade real a partir do final do século XVIII, quando passa a ser desenvolvida **"a teoria da plenitude necessária da legislação escrita".**

A evolução do Direito em relação às lacunas compreende quatro fases[(39)]: **a) a fase do sistema irracional anterior ao século XII**, em que as lacunas do Direito eram solucionadas com a intervenção divina. Os Juízes, ante a falta das provas, dos fatos e do direito, recorriam às **ordálias**, submetendo as partes a duras provas, como marcação com ferro em brasa, banho com água fervente, etc. Esperavam, com isso, que a intervenção divina beneficiasse a parte que tivesse razão no conflito. O inocente sairia ileso dessas provas. Como se vê, nas ordálias, a validade da prova dependia de uma autoridade que era exterior ao próprio sistema: a divindade; **b) do século XIII ao XV, a Justiça torna-se racional, o sistema ganha autonomia**. O direito costumeiro torna quase intangível a noção de lacuna, porque os Juízes não imaginavam que ali pudesse haver lacunas. Dois procedimentos eram utilizados para suprir a ignorância de um costume. O primeiro deles era o recurso *à chef de sens*, procedimento usual na época em que se multiplicavam as jurisdições rurais, por meio do qual, diante de questões muito complexas, procuravam-se Juízes mais sábios. Não se tratava de um recurso como o concebemos hoje, de duplo grau de jurisdição, mesmo porque o Juiz recorria a esses Juízes antes de decidir. O outro procedimento era a chamada *enquête par turbe*, cujo objetivo era suprir lacunas de conhecimento do direito costumeiro dos Juízes locais; **c) do século XVI ao XVIII, o Direito passa a ser cada vez mais escrito e o fenômeno da recepção do direito romano vai propiciar o aparecimento da hierarquia das fontes**. Foi nessa fase que surgiu o absolutismo francês e, na hipótese de lacuna, cabia ao rei preenchê-la; **d) a partir do século XVIII, o direito escrito adquire importância significativa e há uma tendência a eliminar as fontes do direito que não sejam a lei**, acabando por resultar na "teoria da plenitude da lei". Esse dogma, a partir de 1899, é condenado pela notável obra de Geny, para quem o jurista deve estudar a natureza das coisas.

O problema das lacunas do direito, como aparece hoje, **começa na época da Revolução Francesa. O art. 3º** da Declaração dos Direitos do Homem e do Cidadão, de 1789, reza que: "o princípio de toda soberania reside, essencialmente, na nação". Essa substituição do rei pela nação acaba por dar lugar à separação de poderes, com caracteres próprios e autônomos, como emerge do art. 1º, Cap. V, da Constituição Francesa de 1791. **O Poder Judiciário passa a ser o intérprete da lei.** A Declaração de 1789, no art. 5º, assegura que: "tudo aquilo que não for proibido pela lei, não pode ser impedido; e ninguém pode ser constrangido a fazer aquilo que ela não ordena". Por outro lado, o art. 4º do Código de Napoleão obriga o Juiz a julgar, mesmo em caso de silêncio da lei, sob pena de ser punido por denegação de justiça. Entendeu-se, de início, que o referido diploma legal continha solução para qualquer caso concreto.

---

(38) ASCENSÃO, José de Oliveira. *O Direito. Introdução e Teoria Geral*. 7. ed., Coimbra: Almedina, 1993, p. 30.
(39) GILISSEN *Apud* DINIZ, Maria Helena. *As lacunas do direito*. São Paulo: Saraiva, 1997, *passim*.

Daí surgem as seguintes indagações: **o sistema normativo é coerente ou não? É completo ou incompleto?**

Duas vertentes doutrinárias procuram responder a essa indagação. Uma sustenta que o sistema jurídico é um todo orgânico, suficiente para disciplinar todos os comportamentos humanos, e outra, à qual nos filiamos, admite a existência de lacunas nos ordenamentos, por mais perfeitos que sejam. O fenômeno da lacuna está correlacionado com o modo de conceber o sistema. Se se admite que o sistema normativo é fechado, toda ação está nele determinada. Se, ao contrário, se admite o sistema como aberto e incompleto, revelando o direito como uma realidade complexa, surgem as lacunas.

A lacuna é sintetizada pela seguinte fórmula: Direito - Lei = Lacuna(40). Existem as chamadas lacunas falsas: falta na lei uma exceção, que deveria ser a regra. Nessa situação, o Juiz corrige o direito(41). Há também as lacunas verdadeiras, que são aquelas em que a lei deve uma resposta. Nesse caso, o Juiz completa o direito.

O Juiz não poderá abster-se de solucionar o caso concreto sob o pretexto de que a lei é omissa (art. 126 do CPC). Cabe-lhe integrar o ordenamento jurídico positivo.

O recurso à analogia está previsto nos art. 4º e 7º da Lei de Introdução ao Código Civil e no art. 8º da CLT. Em se tratando de lei trabalhista, o art. 8º da CLT determina, expressamente, que as autoridades administrativas ou da Justiça do Trabalho, diante de omissão da lei, decidam de acordo com a jurisprudência, a analogia, a equidade, os princípios gerais do direito, os princípios peculiares do Direito do Trabalho, os usos e costumes e o Direito Comparado.

Na tarefa de suprir as lacunas da lei, o Juiz se vale de dois processos: **autointegração e heterointegração da lei**.

2.2. *Autointegração*

A autointegração, terminologia de Carnelutti, é o preenchimento de lacunas da lei, utilizando-se da analogia. Já a **heterointegração da lei** consiste em preencher essas lacunas, recorrendo-se à equidade, aos costumes, aos princípios gerais do direito, aos princípios peculiares ao Direito do Trabalho, à doutrina, à jurisprudência e ao Direito Comparado (art. 8º da CLT).

A autointegração se processa por meio da analogia, que consiste na aplicação ao caso concreto não contemplado pela norma jurídica de um dispositivo de lei ou princípio do direito previsto para uma hipótese semelhante. Se a razão da lei é a mesma, idêntica há de ser a solução: *Ubi eadem ratio legis ibi eadem legis dispositio.*

O fundamento da analogia é a igualdade jurídica. O preenchimento de lacunas por meio da analogia é permitido pelo nosso ordenamento jurídico, como se infere do art. 5º da LICC e do art. 8º da CLT.

---

(40) MARCHETTI, Maurizio. *Analogia e Criação Judicial*. São Paulo: Komedi, 1998, p. 49. Tese de mestrado.
(41) MARCHETTI, Maurizio. *Op. cit.*, p. 51.

A aplicação analógica pressupõe **três requisitos**: a) que o caso concreto em exame não esteja previsto em lei, do contrário tratar-se-ia de interpretação extensiva; b) que exista um caso análogo, semelhante, objeto de previsão legal; c) que a regra tomada como parâmetro integre o mesmo ramo do direito a que pertence o caso omisso(42). A doutrina elasteceu esse último requisito, em se tratando de Direito do Trabalho, por ser ele um ramo do Direito relativamente novo, se comparado com o Direito Civil. Logo, a possibilidade de lacunas é maior do que em outros ramos do Direito. Permite-se, portanto, integrar as lacunas com recurso ao Direito Civil, ao Direito Processual Civil, entre outros ramos do ordenamento jurídico.

Os autores(43) dividem a analogia em **legal e jurídica (analogia *legis* e *iuris*)**. A analogia *legis* consiste na aplicação de uma norma legal estabelecida para uma situação afim, ao fato para o qual não há regulamentação. A analogia *iuris* implica recurso mais amplo, ou seja, na ausência de regra estabelecida para o caso *sub judice*, o Juiz recorre aos princípios gerais do Direito. A autointegração utilizada com apego à analogia jurídica se confunde com a heterointegração, pois ambas pressupõem recurso aos princípios gerais do Direito.

Os doutrinadores trabalhistas falam, ainda, em analogia legal interna e externa, e em analogia jurídica interna e externa(44).

Configura-se a **analogia legal interna** quando o Juiz, no processo de integração, recorre primeiro à própria legislação trabalhista para suprir a lacuna, e à **analogia legal externa** quando ele se utiliza da legislação comum para preencher a lacuna e solucionar o caso concreto. A título de exemplo, o TST, quando editou a **Súmula n. 346**, aplicando ao digitador o intervalo previsto no art. 72 da CLT, instituído para os mecanógrafos, utilizou-se da analogia legal interna, ou seja, para suprir a lacuna existente em relação ao digitador utilizou-se de preceito da própria legislação trabalhista previsto para caso semelhante. Já na **Súmula n. 194**, que trata de ajuizamento, instrução e julgamento de ação rescisória, o mesmo tribunal supre a lacuna da legislação processual trabalhista, recorrendo à analogia legal externa, ou seja, ao Código de Processo Civil, na parte compatível com a sistemática trabalhista.

Se esses recursos forem insuficientes, impossibilitando a entrega da prestação jurisdicional, o julgador poderá valer-se da **analogia jurídica interna** (princípios e normas gerais do Direito do Trabalho) e, finalmente como recurso analógico extremo, convoca-se a **analogia jurídica externa**, isto é, os princípios gerais do Direito(45).

Não se admite a aplicação analógica de **sentenças normativas e convenções coletivas**, pois elas são instrumentos que vigoram no âmbito dos sindicatos representativos de determinadas categorias econômicas e profissionais, considerando as suas peculiaridades em determinado momento.

---

(42) MAXIMILIANO, Carlos. *Op. cit.*, p. 212.

(43) FERRARA, Francesco. *Op. cit.*, p. 159; PEREIRA, Caio Mário da Silva. *Op. cit.*, p. 48.

(44) CATHARINO, José Martins. *Compêndio de Direito do Trabalho*. v. 1. São Paulo: Editora Jurídica e Universitária, 1972, p. 116.

(45) CATHARINO, José Martins. *Compêndio de Direito do Trabalho*. v. 1. São Paulo: Editora Jurídica e Universitária, 1972, p. 116.

2.2.1. Analogia e interpretação extensiva

Alguns autores estabelecem distinção entre analogia e interpretação extensiva, argumentando que "a analogia vem preencher um caso não previsto pelo legislador, ao passo que a interpretação lógico-extensiva vem apenas para dar desenvolvimento à lei escrita"(46). Na visão de Carlos Maximiliano, "a analogia ocupa-se com uma lacuna do Direito Positivo, com hipótese não prevista em dispositivo nenhum, e resolve esta por meio de soluções estabelecidas para casos afins; a interpretação extensiva completa a norma existente, trata de espécie já regulada pelo Código, enquadrada no sentido de um preceito explícito, embora não se compreenda na letra deste"(47).

A analogia pressupõe um "vácuo normativo" e atua como um **processo de integração** do sistema jurídico preenchendo uma lacuna, enquanto a interpretação extensiva "parte de uma norma e resolve um problema de insuficiência verbal"(48); é uma forma de **interpretação**.

A analogia não é permitida no Direito Penal, para definir infrações ou estabelecer penas; no Direito Fiscal, para criar tributos ou aplicar penas ao contribuinte; no Direito Excepcional (normas de exceção), porque restringe ou suprime direitos.

2.2.2. A analogia em face de dispositivos especiais

Por inexistir o requisito do caso análogo, segundo a maioria dos autores, não cabe interpretação analógica entre as **regulamentações especiais** do próprio Direito do Trabalho (bancários, professores, ferroviários, médicos, etc.). Asseveram esses doutrinadores que não há a mesma razão da lei, pois as situações são desiguais; nesses casos, quis o legislador dar tratamento de exceção a determinadas categorias ou pessoas, em situações singulares de prestação de serviço. Pode-se, no máximo, admitir a interpretação extensiva, que não se confunde com a analogia, fazendo abranger certos casos contemplados pela vontade da lei, embora pareçam excluídos à primeira vista. Trata-se, aqui, de mero trabalho interpretativo(49).

Questão de ordem prática, ligada à aplicação ou não da **analogia**, diz respeito à incidência da regra contida no **art. 244, § 2º, da CLT,** prevista para os ferroviários, a outras situações.

Há quem sustente que o disposto no artigo citado volta-se exclusivamente para os ferroviários, sendo inaplicável a categoria profissional diversa, por constituir situação especial.

A atual jurisprudência do TST, refletida na **Orientação Jurisprudencial** n. 49, não permite a aplicação analógica do art. 244 da CLT aos empregados portadores de

---

(46) SILVEIRA, Alípio. Analogia. *In: Repertório Enciclopédico do direito brasileiro*. Rio de Janeiro: Borsoi, s.d., p. 230.

(47) MAXIMILIANO, Carlos. *Op. cit.*, p. 215.

(48) MAGALHÃES FILHO, Glauco Barreira. *Hermenêutica Jurídica Clássica.* Belo Horizonte: Mandamentos, 2002, p. 84.

(49) MORAES FILHO, Evaristo. *Introdução ao Direito do Trabalho. Op. cit.*, p. 123. ROMITA, Arion Sayão. *Direito do Trabalho. Estudos.* Rio de Janeiro: Freitas Bastos, 1981, p. 44.

bipe, telefone celular e outros aparelhos do gênero, ao argumento de que, sendo o preceito legal em questão específico, não comporta o recurso à analogia.

Outros, aos quais nos filiamos, asseveram que, evidenciada a identidade fática, a regra em tela poderá se estender a outros trabalhadores, por força de aplicação analógica. O próprio TST assim dispôs, quando editou a **Súmula n. 229**(50), fixando em 1/3 sobre a totalidade das parcelas de natureza salarial o sobreaviso dos eletricitários, com amparo na regra prevista para os ferroviários.

Nesse sentido já se pronunciou outrora o mesmo TST, incluindo no campo de aplicação desse dispositivo legal os portadores de bipe(51), ao argumento de que o art. 244, § 2º, da CLT, encerra preceito especial e não excepcional, podendo, portanto, comportar aplicação analógica.

Entendemos que a norma em exame tem como objetivo compensar o tolhimento da liberdade de locomoção do empregado que, com o porte de bipe, telefone celular ou outro aparelho equivalente, mantém-se em estado de alerta constante, pois, acionado o aparelho, o empregado deverá comparecer à empresa, imediatamente, para prestar o trabalho. O tratamento especial se justifica porque o uso desses aparelhos restringe a liberdade do empregado e a sua disponibilidade de tempo, mantendo-o psicologicamente ligado à atividade funcional. Essa circunstância o impede de assumir outros afazeres e prejudica o resguardo de seus interesses, entre os quais o lazer junto aos familiares e amigos.

O sobreaviso configura-se, segundo nossa opinião, não só quando o obreiro está à disposição da empresa, em sua residência, mas também fora dela, nesse caso, circunscrito a um determinado perímetro, dada a iminência de convocação ao trabalho, a qualquer momento. Para o trabalho nessas circunstâncias, o empregado deverá receber um plus salarial equivalente a 1/3 do salário normal.

Esse raciocínio atende o princípio da razoabilidade, pois, do contrário, ou esse tempo à disposição permanece sem remuneração, o que conduz ao enriquecimento sem causa, ou será pago como extra, com infringência ao princípio da isonomia, se confrontada a situação com a dos empregados que permanecem nesse regime, executando ordens ou aguardando-as, com um grau de liberdade muito menor.

2.2.3. A analogia e os dispositivos de exceção

O art. 477, § 6º, da CLT, estabelece prazo para quitação das verbas provenientes da dissolução dos contratos, sob pena de multa (§ 8º do mesmo artigo) a favor do empregado,

---

(50) **Súmula** n. 229. "Sobreaviso. Eletricitários. Por aplicação analógica do art. 244, § 2º, da CLT, as horas de sobreaviso dos eletricitários são remuneradas à base de 1/3 sobre a totalidade das parcelas de natureza salarial".

(51) "Sobreaviso. A tanto equivale a exigência patronal no sentido de o empregado portar, fora de serviço, o bip. A utilização do referido aparelho implica constante possibilidade de o empregador, a qualquer momento, contar com a força de trabalho do empregado, espelhando, assim, vantagem para aquele e limitação à locomoção deste último, haja vista para o raio de ação do aparelho. O disposto no art. 244, CLT, encerra preceito especial, pertinente aos ferroviários. Considerando a semelhança de fatos, o empregador, a qualquer momento, pode convocar o empregado. Numa ou noutra hipótese, tem-se que aplicáveis são a analogia e a exegese extensiva. A exclusão da aplicação analógica e da exegese extensiva apenas ocorre em se tratando de direito excepcional, não alcançando ao especial ou particular — Carlos Maximiliano, Hermenêutica e Aplicação do Direito, Forense, 9. ed., 1979, p. 213." TST-RR-1816/83 — Ac. 1ª T. 2997/84, Rel.: Min. Marco Aurélio Mendes Farias Mello. DJU 11.84, p. 18.978. Cf. Valentin Carrion. *Comentários à Consolidação das Leis do Trabalho*. ed. Revista dos Tribunais, 13. ed., 1990, p. 59.

salvo quando, comprovadamente, o trabalhador der causa à mora. A hipótese é de dispositivo legal de exceção, ou seja, exclui-se a multa apenas quando o trabalhador for o responsável pelo atraso.

Há, entretanto, **jurisprudência do TST** que, invocando a **analogia *iuris***, consubstanciada no princípio da razoabilidade[52], sustenta que a controvérsia processual estabelecida no tocante à relação empregatícia ou alusiva à causa de cessação do contrato (arguição de justa causa) é suficiente para tornar inaplicável a multa prevista no art. 477, § 8º, da CLT, por descumprimento do prazo destinado à quitação das verbas rescisórias.

A matéria é polêmica.

Divergimos da tese esposada. Ora, o texto legal não contém essas exceções, limitando-se a tornar a multa indevida apenas quando o trabalhador, comprovadamente, der causa à mora, frise-se.

É sabido que o referido dispositivo legal foi introduzido pela Lei n. 7.855, de 24 de outubro de 1989, e, sem dúvida, representou uma conquista da classe trabalhadora, que, até então, e salvo disposição contida em norma coletiva, teria que aguardar indefinidamente o pagamento das verbas decorrentes de uma dispensa injusta, sem que o empregador sofresse qualquer sanção de uma cláusula penal. Era assegurado ao trabalhador apenas o recurso ao Judiciário, que lhe garantia a incidência de juros e correção monetária, os quais, em país de inflação acelerada e incontida, não lhe reporiam, jamais, o valor real das parcelas devidas.

Verifica-se, pois, que o legislador já chegou com atraso, trazendo um mínimo para o obreiro. E não cabe ao intérprete negar a lei, decidir o contrário do que ela estabelece, pois o papel da jurisprudência é o aperfeiçoamento do Direito, é o reconhecimento do que já existe.

Segundo a lição de Carlos Maximiliano, em sua clássica obra *Hermenêutica e Aplicação do Direito*, "as exceções é que se não deixam ao arbítrio do intérprete; devem ser expressas e, ainda assim, compreendidas e aplicadas estritamente" (p. 81 da 9ª edição).

Ora, na hipótese do § 8º do art. 477, a única exceção para que o empregador se isente da multa é que o trabalhador, comprovadamente, dê causa à mora. Não se incluíram, na exceção, relação jurídica controvertida ou discussão em torno da causa da cessação do contrato.

E note-se que, no final do § 8º do art. 477 consolidado, o legislador nem mesmo usou o termo empregado, porém trabalhador, estando aí incluído até mesmo aquele cuja relação jurídica é controvertida.

---

(52) **"Art. 477, § 8º, da CLT — Parcelas rescisórias. Vínculo empregatício. Controvérsia**. A multa prevista no art. 477, § 8º da CLT, refere-se exclusivamente ao atraso no pagamento de parcelas rescisórias incontroversas. Derivando as parcelas rescisórias de matéria controvertida no processo, referente ao reconhecimento em juízo de vínculo empregatício, indevido o pagamento de multa". TST-E-RR-423.159/1998 — SDI-1 — Rel.: Min. João Oreste Dalazen. DJ 10.9.2004.

Antes de se invocar qualquer aspecto da hermenêutica, como a integração por via de analogia *iuris*, por exemplo, cumpre ressaltar que a existência de normas jurídicas importa "no reconhecimento oficial da necessidade de uma direção, em proclamar que a vida social não pode prescindir de regras obrigatórias"(53).

Essa circunstância sobressai, principalmente, no Direito do Trabalho, impregnado de normas imperativas, de força cogente, que surgem, propositadamente, para compensar, com uma desigualdade jurídica, a desigualdade econômica do trabalhador, a fim de tornar efetivo esse direito especial.

Logo, não vemos como admitir que a controvérsia torne inaplicável o preceito em questão, pois o legislador assim não estabeleceu e, quando pretendeu, ele o fez expressamente no art. 467 da CLT.

Se não há lacuna na lei, se a razão jurídica da norma não é a mesma, não vemos como recorrer ao processo de autointegração nem sequer por meio da analogia *legis*.

Nem mesmo a analogia *iuris* poderia ser invocada, como se procede no tocante ao indeferimento da rescisão indireta, quando a relação de emprego é controvertida, pois há aí um fim de maior relevância, traduzido pelo princípio da continuidade da relação de emprego, ausente no caso em questão.

E nem se diga que, controvertida a relação jurídica, o empregador não poderia pagar as verbas rescisórias. Ora, tal circunstância traduz um risco do empreendimento econômico, que, de acordo com o art. 2º do texto consolidado, deverá ser suportado pelo empregador.

Por outro lado, uma vez reconhecido o liame empregatício, deve-se atribuir ao trabalhador a totalidade dos direitos assegurados nas normas trabalhistas, e de imediato. Contemplar o empregador, no caso infrator, com a isenção da multa, implicaria injustiça em relação ao que desde o início reconheceu o pacto laboral, com todos os seus ônus.

Nesse diapasão também já decidiu a SDI-1 do TST(54).

Finalizando, o mesmo Carlos Maximiliano preleciona ser impossível adaptar a regra jurídica às

> "mil circunstâncias várias dos casos particulares. Permitir abandoná-la, então, sob o pretexto de buscar atingir o ideal de justiça, importaria em criar mal maior; porque a vantagem precípua das codificações consiste na certeza, na relativa estabilidade do direito...
>
> Alegam os guias da corrente revolucionária que o juiz não é um executor cego e, sim, um artista da aplicação do Direito. Deveriam saber que

---

(53) EYECKEN, Paul Vander. *Méthode Positive de l'Interprétation Juridique*. Bruxelles: Librairie Falk Fils, 1907, p. 3.

(54) "**Multa do art. 477, § 8º, da CLT. Verbas rescisórias deferidas em juízo**. Como se infere da letra da Lei (art. 477, § 8º, da CLT), a multa pelo atraso no pagamento das parcelas a que faz jus o empregado por ocasião da rescisão contratual somente não será devida quando ele mesmo **der causa à mora**. Assim, merece reforma a Decisão embargada, porque o fato de a controvérsia acerca da forma de contratação e da ruptura do pacto, com o consequente deferimento de verbas rescisórias, ter sido dirimida apenas em juízo, não exclui o direito à referida multa, já que não pode tal fato ser equiparado à mora atribuível ao Reclamante. Embargos conhecidos e providos". TST-ERR-804.129/2001 — Ac. SDI-1 — Rel.: Min. José Luciano de Castilho Pereira. DJU 2.4.2004.

também o artista obedece a normas; toda arte tem os seus preceitos e quem dos mesmos se afasta corre o risco de reproduzir obra imperfeita... Comparável seria o magistrado ao violinista de talento, que procura compreender bem a partitura, imprime à execução cunho pessoal, um brilho particular, decorrente da própria virtuosidade; porém, não se afasta dos sinais impressos; interpreta-os com inteligência e invejável mestria; não inventa coisa alguma" (*Op. cit.*, p. 81).

Tudo o que foi dito se aplica quando há controvérsia em torno da causa de cessação do contrato[55], ou quando ele se extingue por aposentadoria do trabalhador. A controvérsia estabelecida em torno da dissolução contratual, com invocação de abandono de emprego, demissão, aposentadoria ou outra forma de dissolução do contrato não retira do trabalhador o direito à multa a que alude o § 6º do art. 477 da CLT. Isso porque a única exceção capaz de afastá-la é quando o empregado comprovadamente der **causa à mora.**

2.3. Heterointegração

As lacunas da lei são preenchidas, ainda, pela heterointegração, ou seja, com auxílio da jurisprudência, dos princípios gerais do Direito e princípios peculiares do Direito do Trabalho, da doutrina, da equidade, do Direito Comparado e dos costumes (art. 8º da CLT). Quando o preenchimento das lacunas é feito com o recurso aos princípios gerais do Direito, a heterointegração se confunde com a analogia jurídica.

2.3.1. Jurisprudência

A legislação (art. 8º da CLT) arrola a jurisprudência como forma de integração da lei. Não seria ela fonte do Direito? No sistema anglo-saxônico o Direito está calcado em precedentes judiciais e costumes fixados pelos órgãos judiciários superiores, os quais vinculam as instâncias inferiores.

Ocorre que o Brasil é filiado ao sistema romano-germânico, tradicionalmente positivista. Entretanto, mesmo para os países de tradição romano-germânica, a jurisprudência passou a ter grande importância, não só como elemento de integração do Direito (art. 8º da CLT), mas também como fonte, ainda que intelectual ou informativa e não formal[56]. Há respeitosos pronunciamentos em sentido contrário, que ora a veem como um fato decisivo na elucidação de questão jurídica, ora como declarador do Direito.

---

(55) **"Multa do art. 477, § 8º da CLT**. A controvérsia estabelecida em torno da dissolução contratual com invocação de abandono de emprego descaracterizado não retira do trabalhador o direito à multa do art. 477, § 8º da CLT. Isto porque a única exceção capaz de afastá-la é quando o trabalhador comprovadamente der **causa à mora**, o que não ocorreu na hipótese dos autos". TRT — 3ª Região — 2ª Turma — RO-11.664/94. Relª: Juíza Alice Monteiro de Barros. Julgado em 4.10.94. Havia, entretanto, a Orientação Jurisprudencial n. 351 do TST em sentido diverso: "Incabível a multa prevista no art. 477, § 8º da CLT, quando houver fundada controvérsia quanto à existência da obrigação cujo inadimplemento gerou a multa". (A OJ n. 351 do TST foi cancelada em nov. 2009).

(56) PEREIRA, Caio Mário da Silva. *Instituições de Direito Civil*. v. 1. 19. ed. Rio de Janeiro: Forense, 1998, p. 37. Afirma o autor que "os tribunais, aplicando e interpretando a lei, vivificam-na às transformações econômicas e sociais. Pela autoridade intelectual de seus juízes, como em razão de constituírem os julgamentos o meio material de se apurar como a regra jurídica deve ser entendida, a consulta à jurisprudência é elemento informativo de constante utilidade. À medida que se distancia a época em que a lei é votada, o seu texto puro perde a vivacidade original, e é então a discussão perante as Cortes, como a palavra destas, que mantém a norma em plena atualidade...".

De **origem etimológica** vinculada ao termo "prudência", como virtude intelectual dirigida para a prática, para a ação honesta, leal e justa, entre os romanos, a jurisprudência representou a grande força criadora da ordem jurídica.

Essa conotação desapareceu paulatinamente, ganhando outros significados. No sistema romano-germânico, originário dos séculos XII e XIII na Europa, a teoria positivista, diante da codificação, destaca a lei como fonte exclusiva do Direito. Entretanto, os próprios defensores do positivismo têm desprezado a importância da lei na intensidade que se apresentou no século XIX e, atualmente, já admitem a função criadora do Juiz[(57)]. Mesmo assim, observa René Davi existir uma tendência a se fundamentarem as soluções judiciais com fulcro em texto legal, colocando-se a função criadora da jurisprudência quase sempre atrás da aparência da interpretação da lei. Raramente os juristas se libertam dessa atitude e reconhecem seu poder de construir o Direito. Logo, se se quer ponderar o peso que tem a jurisprudência na evolução jurídica, deve-se ir mais além do processo de interpretação dos textos legislativos. Saliente-se, entretanto, que qualquer que seja a contribuição adotada pela jurisprudência na evolução do Direito, tal contribuição, nos países do sistema romano-germânico, é diversa daquela adotada pelo legislador.

Na França, a jurisprudência tem origem nesse sistema e, portanto, traduz a prática dos tribunais. E se nesse país deseja-se sublinhar o exclusivismo da lei, negando-se a qualidade da jurisprudência como fonte de direito, tal fórmula, segundo René David[(58)], resulta um tanto "ridícula", quando obras doutrinárias são, em muitos casos, a exegese da jurisprudência. Alerta o autor que, se quisermos alcançar uma exata visão do problema, basta considerarmos um fator muito significativo, a existência e amplitude dos repertórios de jurisprudência, cuja elaboração não se verifica em benefício dos futuros historiadores do Direito ou dos sociólogos, mas se destinam aos juristas, fato que só se explica na medida em que a jurisprudência seja uma autêntica fonte informativa ou intelectual do Direito. Logo, a quantidade e a qualidade desses precedentes são testemunho de que no sistema romano-germânico a jurisprudência goza de uma extraordinária importância como fonte informativa ou intelectual de Direito.

A crítica se torna mais veemente se tomarmos o exemplo do Direito do Trabalho brasileiro, também fundado no sistema romano-germânico, quando o art. 8º do diploma consolidado alude à jurisprudência como processo de integração das decisões judiciais, na hipótese de se verificar lacuna na lei, contrariamente ao disposto no art. 4º da Lei de Introdução ao Código Civil, que, em situação idêntica, remete-nos apenas à analogia, aos costumes e aos princípios gerais do direito. Ademais, a uniformização da jurisprudência trabalhista, por meio de súmulas ou orientações jurisprudenciais, sob o pretexto de assegurar estabilidade no Direito, acaba por assumir papel importante na sua construção, mormente quando se inviabiliza a interposição de recurso de revista, caso a decisão proferida esteja ajustada à jurisprudência do TST.

---

(57) DAVID, René. *Os Grandes Sistemas do Direito Contemporâneo*. São Paulo: Martins Fontes, 1998, p. 80. Trad. Hermínio A. Carvalho.

(58) DAVID, René. *Op. cit.*, p. 100.

Centenas de súmulas, embora destituídas de força vinculante, como ocorria no passado com os prejulgados, acabam, muitas vezes, por ser consideradas, praticamente, o direito positivo aplicável. A essas súmulas, editadas com a maioria absoluta dos membros efetivos do Pleno do TST, acrescentem-se as orientações da Seção de Dissídio Individual 1 e 2, e os precedentes normativos da Seção de Dissídios Coletivos do Trabalho do mesmo Tribunal. Ressalte-se que a Emenda Constitucional n. 45, de 2004, previu efeito vinculante apenas para as Súmulas do Supremo Tribunal Federal (STF) e não para as do TST.

Os precedentes jurisprudenciais são inseridos na Orientação Jurisprudencial do TST quando as cinco Turmas decidem no mesmo sentido matéria idêntica; ou houver três acórdãos da Seção Especializada em Dissídios Individuais e, pelo menos, três acórdãos de três Turmas na mesma direção; ou ainda quando houver, pelo menos, duas decisões unânimes de cada uma das duas Subseções da Seção Especializada em Dissídios Individuais sobre a mesma matéria (cf. Instrução Normativa n. 19, do Tribunal Superior do Trabalho, de 27 de abril de 2000).

O Juiz pode indeferir a admissibilidade de recurso de revista quando contrariar **Orientação Jurisprudencial** da SDI do TST ou súmulas do mesmo Tribunal, com fundamento na alínea "a" e no § 4º do art. 896 da CLT e na **Súmula n. 333/TST**. Isso porque, à luz desses preceitos, só cabe recurso de revista, por divergência, quando um determinado Tribunal Regional do Trabalho der ao mesmo dispositivo de lei federal interpretação diversa da que lhe houver dado outro Tribunal Regional, no seu Pleno ou Turma, a Seção de Dissídios Individuais do TST ou violar Súmula de Jurisprudência uniforme deste último. Ora, se o Tribunal Regional decidir de acordo com a orientação da SDI ou com súmula do TST, não há divergência, podendo o recurso de revista ser denegado, evitando o aumento das demandas e atendendo os princípios da economia e celeridade processual.

Os Tribunais Regionais não estão, entretanto, obrigados a cumprir Orientação Jurisprudencial da SDI, tampouco súmulas do TST, pois elas não possuem força vinculante, por enquanto. A uniformização da jurisprudência, no nosso entender, justifica-se, pois o texto ou a letra da lei nem sempre solucionam o problema, competindo ao intérprete, por meio do processo hermenêutico, atribuir às Súmulas o significado que lhe pareça o mais acertado — é o livre convencimento motivado. Só que essa operação, desenvolvida para determinar o sentido da regra jurídica, poderá conduzir a julgamentos diferentes, embora as situações sejam idênticas. Esse fato gera um clima de incerteza e insegurança e compromete a confiança da sociedade nos jurisdicionados, em particular, e na justiça, de um modo geral.

A uniformização evita também "o fenômeno constrangedor da jurisprudência lotérica", isto é, que uns obtenham imediatamente a tutela jurisdicional, enquanto outros tenham que arcar com maiores ônus para conseguir a proteção jurídica adequada. Não basta assegurar o direito de recorrer até o TST para que, depois de longos anos de espera, esse Tribunal uniformize a jurisprudência.

Convém observar também que a uniformização da jurisprudência por meio de súmula, orientação jurisprudencial ou precedentes pode gerar diretrizes conflitantes entre si. Exemplo disso foi a modificação da interpretação da **Súmula n. 146 do TST**, sobre a dobra do repouso, entre outras.

Para evitar esse conflito, e coerentemente com o que foi exposto, queremos lembrar que a jurisprudência, como expressão do direito, deverá proporcionar a solução mais eficaz para os conflitos entre capital e trabalho. E essa eficácia é a sua adequação aos novos fatos da vida social, que o Direito visa a regular, em determinado momento histórico, político, econômico e cultural. Esses fatos, por sua vez, estão em constante mutação, a qual o direito codificado não consegue acompanhar, o que conduz, como salienta José Puig Brutau, a um anacronismo, ou seja, a cada nova necessidade acode-se quase sempre com a mesma normatividade idealizada para os casos passados, e essa é uma realidade que não podemos desconhecer para precisar o valor da jurisprudência como fonte do Direito[(59)].

À luz da observação da realidade jurídica, é necessário que as decisões, sem desrespeitar o ordenamento jurídico vigente, resolvam a sua trajetória, indicando-se o caminho justo.

Admitem alguns autores até mesmo que se "deforme a norma vigente para assentar o germe da norma vindoura"[(60)]. Sem chegarmos a esse extremo, reconhecemos que simples Súmulas de leis são insuficientes para assumir a função que se lhes assina, até mesmo porque situações únicas ou novas não podem contar antecipadamente com a solução exigida.

É imprescindível que os tribunais revejam os posicionamentos sempre que forem alterados os fatores que ensejaram a edição de uma determinada súmula ou Orientação Jurisprudencial, atentos para o fato de que o trabalho dos Juízes não visa a substituir a atividade legislativa, "mas permitir-lhes certas liberdades com a lei, sem a ilusão de que as abstrações jurídicas ali contidas se revistam de exatidão matemática"[(61)]. Essa liberdade se acentua quando da interpretação das leis sociais, cujo "espírito jurídico deve ser temperado, juntando-lhe algumas gotas de espírito social, senão se arrisca sacrificar a verdade à lógica" (Henri Capitant).

2.3.2. Doutrina

Do ponto de vista **etimológico**, o termo "doutrina" vem do latim *doceo-docere*, que significa ensinar.

A doutrina conceitua-se como o conjunto de trabalhos científicos que traduzem a opinião dos autores sobre o direito. Se o objeto de seu estudo é um tema específico, dela advirão correntes e, quando estas chegam a adquirir certa organização, escolas. O pensamento dos doutrinadores manifesta-se por meio de livros, artigos, conferências, palestras, aulas, etc.

O desenvolvimento do **Direito Romano** teve como principais artífices os jurisconsultos, ficando em um plano secundário o direito legislado, pelo menos desde a sanção

---

(59) *A Jurisprudência como fonte do Direito*. Porto Alegre: Ajuris, 1977, *passim*. Trad. Lenine Nequete.
(60) BRUTAU, José Puig. *Op. cit.*, *passim*.
(61) FRANK, Jerome. Law and Modern Mind. *Apud* BRUTAU, José Puig. *Op. cit. passim*.

das Leis das Doze Tábuas até Diocleciano[(62)]. Na época dos imperadores Tibério e Adriano, facultava-se aos jurisconsultos emitir ditames obrigatórios para os magistrados[(63)]. Portanto, o Direito Romano Clássico não teve a lei como fonte principal, mas a doutrina conjugada com a ação dos pretores, que davam validade à norma *iuris* fornecida pelos jurisconsultos. Afirma-se que, graças à doutrina, os romanos formularam um sistema cuja perfeição permitiu fosse usado pelos juristas que realizavam uma atividade científica e, por isso, os autores anteriores à promulgação do Código de Napoleão, inclusive seus redatores, eram romanistas. Essa influência estende-se aos nossos dias e se evidencia no uso de termos, conceitos e princípios do Direito Romano.

A doutrina também foi fonte formal na Espanha (1499), quando os reis católicos deram força obrigatória à opinião de três jurisconsultos, e nos países muçulmanos, onde a doutrina é inspirada no Alcorão, possuindo, portanto, mais natureza dogmática do que jurídica.

Há muita controvérsia a respeito da inclusão da doutrina como fonte do direito.

Muitos autores excluem a doutrina do elenco das fontes de direito, alegando que ela não desenvolve uma "estrutura de poder"[(64)], porque o Juiz não está vinculado às opiniões dos jurisconsultos, nem mesmo se a totalidade deles se orientar em determinado sentido[(65)]. Entretanto, esses mesmos autores reconhecem que a doutrina contribui para a vida jurídica, "modelando o ambiente no qual se desenrolam os fenômenos normativos", além de atuar como "suprema instância crítica das realizações do legislador, dos juízes e da Administração"[(66)].

Outros sustentam que, na maioria dos **sistemas jurídicos de origem latina**, a doutrina desempenhou função de fonte de direito, mediante inúmeras contribuições. Assim é que no Uruguai, por exemplo, o art. 332 da Constituição e o art. 16 do Código Civil fazem menção a ela.

A doutrina auxilia o legislador, fornecendo-lhe conceitos e institutos que proporcionam maior tecnicismo às normas. A denominação da disciplina é fruto também de elaboração doutrinária e tem-se mostrado adequada até mesmo quando se amplia sua esfera normativa. É o que se infere do art. 16, XVII, da Constituição da República brasileira de 1937, que emprega, originariamente, o termo legislação operária para designar a disciplina hoje conhecida como Direito do Trabalho.

O próprio legislador reconhece a utilidade da doutrina na elaboração das leis, quando convida professores ou renomados juristas para prestar-lhe assessoramento nos seus trabalhos preparatórios. É comum também os doutrinadores formularem projetos de códigos do trabalho, individualmente, ou como integrantes de comissões. Logo, a doutrina mobiliza a reforma legislativa. A presença de normas especiais e de uma doutrina importante, quer no tocante à quantidade e à qualidade, contribuíram para a autonomia do Direito do Trabalho.

---

(62) CUETO RUA, Julio. *Fuentes del Derecho.* Buenos Aires: Abeledo-Perrot, 1971, p. 181 (reimpressão).
(63) TRUEBA-URBINA, Alberto. *Nuevo Derecho Procesal del Trabajo.* México: Editorial Porrúa, 1978, p. 32.
(64) REALE, Miguel. *Lições Preliminares de Direito. Op. cit.*, p. 176.
(65) ASCENSÃO, José de Oliveira. *Op. cit.*, p. 240.
(66) MONTOYA MELGAR, Alfredo. *Op. cit.*, p. 218.

Os doutrinadores auxiliam o magistrado, porque participam do dinamismo do Direito do Trabalho. Com a análise dos preceitos legais e da jurisprudência, apreendem os princípios da disciplina. Destaca-se, nesse contexto, a obra do autor uruguaio Plá Rodriguez, intitulada Princípios de Direito do Trabalho, que exerceu influência significativa não só na interpretação adotada pelos tribunais de nosso país, em várias décadas, como também nos trabalhos doutrinários. Exatamente por essas razões, incluímos a doutrina como processo de integração do Direito do Trabalho, apesar de o art. 8º da CLT não mencioná-la.

Saliente-se, entretanto, que os estudiosos do Direito do Trabalho deverão manter-se atualizados com as alterações processadas em outros ramos do Direito, principalmente do Direito Civil, que atua sistematicamente como fonte subsidiária do Direito do Trabalho.

2.3.3. Equidade

O **princípio da justiça** é o da equidade, segundo o qual se deve dar a cada um aquilo que lhe pertence. É esse princípio que rege o estabelecimento das leis. Sucede que a vida sociojurídica não é composta de casos gerais, mas de diversos casos concretos, não sendo suficiente para atendê-los a simples justiça que se encontra na lei[(67)].

Outro significado baseia-se na ideia aristotélica, segundo a qual a justiça **corresponderia a uma régua rígida e a equidade a uma régua maleável**, capaz de adaptar-se às saliências de um terreno a ser medido. No campo do Direito, o magistrado, sem quebrar a régua, ao medir a igualdade nos casos concretos, em muitas situações deverá adequá-la a circunstâncias não previstas na lei, do contrário, incorrerá numa injustiça e comprometerá o próprio espírito do Direito.

Há ainda quem afirme que o magistrado deve agir de acordo com o direito natural de distribuir justiça de forma equânime, isto é, se a lei traduz o direito natural, uma tradução mais pormenorizada é levada a efeito com o uso do princípio da equidade.

2.3.4. A equidade no direito positivo

De Page e Savatier definem **equidade como o direito natural interpretado pelo Juiz.**

A equidade é vista "como a ideia de amenização do rigor da lei" e se identifica com o conceito de justiça ideal.

Encarada sob esse prisma, ela é empregada para não permitir que a lei se transforme em ofensa ao próprio direito. Assevera Caio Mário (*Op. cit.*, p. 51) que o recurso à equidade é uma "arma de dois gumes", pois, se de um lado permite que o Juiz aplique o direito de forma a atender às necessidade que o caso concreto reclama, de outro lado "poderá servir de instrumento às tendências legiferantes do julgador", ou

(67) FRANÇA, Rubens Limongi. *Hermenêutica Jurídica*. São Paulo: Saraiva, 1997, p. 50.

seja, possibilita-lhe negar vigência à lei, ao argumento de que está em desacordo com os ideais de justiça. Exatamente para coibir esse procedimento recomenda-se que, afora as autorizações legais, o Juiz só se utilize da equidade em circunstâncias excepcionais e nunca "como desculpa à efetivação das suas tendências sentimentais ou filantrópicas"(68).

Há três modos de **fundamentar** o exercício da equidade no direito positivo brasileiro: a) nos textos que expressamente fazem alusão ao termo equidade, como ocorre no art. 8º da CLT; b) nos textos que, sem se referirem a essa palavra, direta ou indiretamente, usam a expressão "prudente arbítrio" do magistrado; c) nos textos gerais, referentes à interpretação e aplicação da lei (art. 4º e 5º da Lei de Introdução ao Código Civil e 127 do CPC).

Como processo de integração do Direito do Trabalho, a equidade aparece **no art. 766 da CLT**, quando, ao autorizar os tribunais a fixar novas condições de trabalho na sentença normativa, refere-se ao "justos salários".

2.3.5. Direito comparado

O estudo fundado na comparação encontra-se presente desde os pensadores da Antiguidade. E assim é que Aristóteles, em seus trabalhos, estabeleceu comparação entre as constituições de cidades da antiga Grécia, e Montesquieu, entre as instituições políticas de várias épocas.

Já as primeiras associações científicas e **revistas de Direito Comparado** surgiram na segunda metade do século XIX e o 1º Congresso Internacional de Direito Comparado, apontado como marco da sua institucionalização disciplinar, foi realizado em Paris em 1900. Nesse período, há uma tendência a comparar fontes legislativas, com preferência pela **comparação bilateral** (direitos francês e inglês e francês e alemão).

A partir da segunda metade do século XX, aperfeiçoam-se os métodos do Direito Comparado, ampliam-se as obras, com destaque para a de René David(69).

O Direito Comparado não deverá cingir-se apenas à área de interesse de alguns juristas. Ao contrário, todos são chamados a interessar-se pelo seu estudo, não só para compreender o direito de seu país, como também para tentar aperfeiçoá-lo(70), fugindo da rotina já superada e oferecendo outras possibilidades em face do mundo real.

O Direito Comparado pressupõe o estudo da lei, da doutrina e da jurisprudência de países que são objeto do confronto. Se no passado esse estudo era muito complexo, dada a dificuldade de importação desses textos, hoje, em uma sociedade globalizada, com avanço da tecnologia e da automação, os problemas diminuíram sobremaneira. O Direito Comparado é um elemento desse universalismo, reconhecido pelo Direito do

(68) DE PAGE. *Traité Elémentaire de Droit Civil Belge*. v. 1, p. 26. *Apud* PEREIRA, Caio Mário da Silva. *Op. cit.*, v. 1, 19. ed., p. 51.

(69) *Os Grandes Sistemas do Direito Contemporâneo*. São Paulo: Martins Fontes, 1998, *passim*. Trad. Hermínio A. Carvalho.

(70) DAVID, René. *Op. cit.*, p. 9.

Trabalho brasileiro, quando no art. 8º da CLT o inclui entre os processos de integração do nosso sistema jurídico.

A CLT arrola entre os processos de heterointegração o auxílio ao Direito Comparado, que é a disciplina jurídica cujo objeto consiste em estabelecer sistematicamente semelhanças e diferenças entre ordens jurídicas(71).

Fala-se, ainda, em **macrocomparação e microcomparação.** A primeira pressupõe comparação entre ordens jurídicas, classificação dos sistemas jurídicos e comparação entre famílias de direitos (**romano-germânica e *common law***), e a segunda estabelece comparação entre institutos jurídicos afins, em ordens jurídicas diferentes.

O Direito Comparado tem como **função principal integrar lacunas**, quando a liberdade do julgador possa apoiar-se em tendências verificadas noutros direitos. Tem ainda a função de **uniformizar e harmonizar direitos**.

O Direito Comparado é método ou ciência autônoma?

Alguns juristas entendem que o Direito Comparado é um **método**, porque não tem objeto próprio e definido. Outros afirmam que o Direito Comparado tem objeto próprio, o qual é constituído por uma multiplicidade de ordens jurídicas, e um método específico (o comparativo), logo, **é uma ciência autônoma**.

A propósito, e estabelecendo uma comparação entre alguns países de tradição romano-germânica (França, Alemanha e Portugal) no tocante às fontes de direito, o doutrinador citado anteriormente constata que a lei tem o primado, quer pela sua importância, quer pela hierarquia.

A **doutrina, a jurisprudência e os princípios gerais do direito,** nesses três países, tendem a ser considerados **fonte mediata** ou modos de revelação do direito. Aos **costumes** atribui-se pouca importância.

A **doutrina**, embora considerada fonte mediata nesses países, exerce uma função importante na elaboração e compreensão dos sistemas jurídicos, na reforma legislativa e, até mesmo, na aplicação do direito(72).

A jurisprudência, nos três países analisados, é fonte mediata de direito, e as decisões só têm eficácia em relação ao caso concreto, traduzindo "precedente meramente persuasivo".

O método adotado na interpretação da lei, nos países de tradição romano-germânica, é pluralista, sendo relevantes o elemento literal ou gramatical e o elemento lógico, subdividido nos elementos histórico (trabalhos preparatórios), teleológico e sistemático. A integração da lei nos três sistemas se faz, em geral, por referência ao sistema legislativo, privilegiando a analogia legal, sendo menos pacífica a analogia *iuris*, reportando-se aos costumes, o direito alemão, e à jurisprudência, o direito português, quando no art. 10, n. 3, do Código Civil alude à norma hipotética(73).

---

(71) ALMEIDA, Carlos Ferreira de. *Introdução ao Direito Comparado*. Coimbra: Almedina, 1994, p. 7. Todos os dados obtidos dessa comparação entre os países analisados foram extraídos da obra desse autor.
(72) ALMEIDA, Carlos Ferreira. *Op. cit.*, p. 53.
(73) ALMEIDA, Carlos Ferreira de. *Op. cit.*, p. 56.

A organização judiciária ordinária compreende a 1ª e a 2ª instâncias e há um tribunal supremo, que visa a uniformizar a jurisprudência.

Nos três países analisados, a formação universitária é pressuposto para o exercício da judicatura e da advocacia.

Já o moderno direito inglês remonta à conquista pelos normandos (1066), embora as Ilhas Britânicas tenham sido colônias romanas até início do século V d.C. Ocorre que o Direito Romano não deixou raízes por aqui, provavelmente em face das invasões dos anglos, saxões e dinamarqueses. No início do domínio normando, a *Curia Regis* concentrava as atribuições dos três poderes do Estado, até que no século XII foram institucionalizados três tribunais reais com autonomia para assuntos fiscais (*Court of Exchequer*), para litígios fundiários (*Court of Common Pleas*) e para questões criminais (*Court of King's Bench*), assuntos de interesse da Coroa. O âmbito de competência desses tribunais ampliou-se por volta de 1930, os quais invocavam ficticiamente um "direito comum" inspirado em regras do direito costumeiro, romano, canônico e no princípio da razoabilidade. O precedente jurisprudencial ganhou estabilidade e o litígio em exame tende a ser solucionado do mesmo modo que caso concreto anterior e análogo.

O direito inglês, na época moderna, aboliu a resistência em admitir também a lei como fonte do direito, e já no final do século XIX publicavam-se importantes leis. Após a 2ª Guerra Mundial, a via legislativa é imprescindível para a criação de certos organismos.

A adesão do Reino às Comunidades Europeias, em 1973, tem contribuído para o aumento dos textos legais, pois as normas comunitárias só poderão ter vigência por esse meio.

2.3.6. Costumes. Diferença entre usos e costumes. Elementos do direito consuetudinário. Classificação

O **costume** ou Direito Consuetudinário teve papel relevante nos primórdios do Direito, em geral, e do Direito do Trabalho, em particular. E assim é que o aviso prévio, por exemplo, surgiu dos usos e costumes, como também o descanso semanal, as férias e o justo motivo para a dispensa. A existência de peculiaridades profissionais contribuiu para a importância do costume no Direito do Trabalho, embora na sua evolução tenha declinado, dado o caráter intervencionista de suas normas e o avanço de convenções coletivas. Seus efeitos são, portanto, limitados, em face da abrangência das normas estatais e de origem profissional. A CLT faz menção aos costumes nos art. 8º, 458 e, implicitamente, no art. 460. Já o Decreto n. 73.626, de 12 de fevereiro de 1974, que aprovou o Regulamento da Lei n. 5.889, de 1973, alusiva ao trabalho rural, refere-se aos usos e costumes no art. 5º, e em seu § 1º, quando dispõe sobre o início, o término da jornada e os intervalos para alimentação.

Os **costumes distinguem-se dos usos**(74), embora haja autores que os identifiquem. O **uso** constitui a prática de atos iguais ou semelhantes repetidos no tempo e o **costume**

(74) PLÁ RODRIGUEZ, Américo. *Apud* MANGARELLI, Cristina. Costume. *In: Estudos sobre as Fontes do Direito do Trabalho*. São Paulo: LTr Editora, 1998, p. 165. Coord. Plá Rodriguez.

é a regra que advém do uso, ou seja, desses atos repetidos utilizados para solucionar determinadas situações. O costume é o "uso implantado numa coletividade e por ela considerado como juridicamente obrigatório" (Du Pasquier). No uso está ausente a tônica da obrigatoriedade.

Elementos do Direito Consuetudinário: a) material caracterizado pela repetição de determinados atos, de forma geral e durante algum tempo; b) o aspecto psicológico, isto é, a convicção dos interessados de que o uso é obrigatório[(75)].

A principal função do costume é integrar a lei.

Os costumes classificam-se em: costume *praeter legem,* que atua integrando a lei, quando a matéria não está diretamente prevista por ela (art. 4º da Lei de Introdução ao Código Civil e art. 8º da CLT); o **costume** *secundum legem,* que consiste na recepção pela lei do seu conteúdo, por via de remissão[(76)], como acontece com o art. 458 da CLT e art. 5º da Lei n. 5.889, de 1973, reguladora do trabalho rural; e o **costume** *contra legem*, que atrita com a lei. No presente momento do direito positivo, não é possível identificar costume *contra legem*, inobstante posições contrárias que o justificam, com base no princípio da condição mais favorável.

O **primeiro** fundamento do costume reside na **teoria da vontade popular** (Savigny), o que significa que há participação individual e consciente das pessoas na sua formação.

O **segundo** fundamento reside na **teoria da sanção judicial** concebida por Planiol, e, no Brasil, seguida por Franzen de Lima, segundo a qual o costume, por si só, não tem força jurídica, dependendo de sentença judicial. Nossa lei repele a teoria em questão, quando admite a prova do costume "pelos meios admissíveis em Juízo".

Finalmente, o **terceiro** fundamento adotado por François Geny e, no Brasil, por Limongi França[(77)], **reside na teoria do direito natural**, ou seja, na **natureza das coisas,** e é por essa razão que se impõe ao intérprete.

2.4. Princípios

Tanto os princípios gerais do direito como os princípios peculiares do Direito do Trabalho atuam como processo de heterointegração diante da lacuna da lei. A eles dedicaremos capítulo próprio, dada a importância do tema.

3. APLICAÇÃO DO DIREITO DO TRABALHO

3.1. Aplicação do Direito do Trabalho no tempo. Direito adquirido e direito consumado

A aplicação das normas de Direito do Trabalho é de caráter imediato, considerando-se o predomínio de normas imperativas, devendo-se, entretanto, respeitar o

---

(75) VESCOVI *In Estudos sobre as Fontes do Direito do Trabalho,* Coord. Plá Rodriguez.

(76) DIAS MARQUES, J. *Introdução ao Estudo do Direito*. Lisboa: Tipografia Guerra, 1972, p. 211.

(77) FRANÇA, Rubens Limongi. *Hermenêutica Jurídica*. São Paulo: Saraiva, 1997, *passim*.

direito adquirido, o ato jurídico perfeito e a coisa julgada[78]. É o que emerge do art. 912 da CLT, quando preceitua: "os dispositivos de caráter imperativo terão aplicação imediata às relações iniciadas, mas não consumadas, antes da vigência desta Consolidação". Observe-se, entretanto, que o caráter imediato não se confunde com efeito retroativo. Com o advento da Constituição de 1988 (art. 7º, XXIX), por exemplo, o prazo prescricional alusivo à pretensão dos empregados urbanos foi dilatado de dois para cinco anos, porém, até o limite de dois anos após a extinção do contrato.

Entendemos que a prescrição já consumada sob a égide da lei anterior (redação antiga do art. 11 da CLT) não poderá ser ressuscitada, conforme inteligência do princípio da irretroatividade das leis. Uma vez operada a prescrição, não poderão mais ser questionados os efeitos da pretensão alusiva a uma situação jurídica constituída sob o império de uma lei velha, encontrando-se "a lei nova com o seu ciclo existencial inteiramente vencido" (Caio Mário. *Op. cit.*, p. 98), do contrário haverá retroatividade da lei. Nesse sentido consolidou-se a jurisprudência, pelo que se infere da **Súmula n. 308, inciso II, do TST**.

O **direito consumado** não se confunde com o **direito adquirido**, embora ambos estejam protegidos pelo princípio da irretroatividade das leis.

O princípio da irretroatividade das leis, segundo os civilistas, é o ponto de partida para essas questões de direito intertemporal.

O ordenamento jurídico brasileiro não admite a retroatividade da lei (art. 5º, XXXVI, da Constituição da República de 1988).

Para solucionar os problemas de direito intertemporal, têm sido adotadas, pela doutrina, duas teorias: a subjetiva (Savigny) e a objetiva.

O fundamento da doutrina subjetiva é o direito adquirido. Segundo Gabba, a lei nova não pode violar direito adquirido, considerando-se como tal "o direito que é consequência de um fato idôneo a produzi-lo em virtude da lei vigente ao tempo em que se efetuou, embora a ocasião de fazê-lo valer não se tenha apresentado antes da atuação da lei nova, e que, sob o império da lei então vigente, integrou-se imediatamente no patrimônio de seu titular".

Caio Mário[79] extrai desse conceito o seguinte: a) que o fato gerador do **direito adquirido** tenha transcorrido por inteiro, o que é fácil de avaliar quando o fato é simples, mas difícil quando o fato é complexo. Nesse caso, dever-se-á apurar se todos os seus elementos constitutivos foram preenchidos na vigência da lei de que é contemporâneo o fato; b) "não se confunde com o **direito totalmente consumado**,

---

(78) À luz do art. 6º da Lei de Introdução ao Código Civil, a lei em vigor terá efeito imediato e geral, respeitados o ato jurídico perfeito, o direito adquirido e a coisa julgada. "§ 1º Reputa-se ato jurídico perfeito o já consumado segundo a lei vigente ao tempo em que se efetuou. (Parágrafo incluído pela Lei n. 3.238, de 1.8.1957); § 2º Consideram-se adquiridos assim os direitos que o seu titular, ou alguém por êle, possa exercer, como aquêles cujo comêço do exercício tenha têrmo pré-fixo, ou condição preestabelecida inalterável, a arbítrio de outrem. (Parágrafo incluído pela Lei n. 3.238, de 1.8.1957); § 3º Chama-se coisa julgada ou caso julgado a decisão judicial de que já não caiba recurso. (Parágrafo incluído pela Lei n. 3.238, de 1º.8.1957)."

(79) *Op. cit.*, p. 97.

pois este último já produziu todos os efeitos, enquanto o direito adquirido continua como tal, embora vá gerar consequências posteriormente à lei nova modificadora; c) o direito adquirido integra o patrimônio do sujeito".

O **direito adquirido** distingue-se da **expectativa de direito**, decorrente de um fato aquisitivo incompleto que, por esse motivo, não se incorporou ao patrimônio do indivíduo e, portanto, será atingido pela lei nova, pois ela representa mera esperança do direito.

Já a **faculdade legal** traduz um poder concedido ao indivíduo pela lei, do qual ele não fez ainda nenhum uso. Ela é regulada pela lei moderna.

A teoria subjetiva é objeto de críticas pela doutrina, ao argumento de que, embora a noção de direito adquirido esteja bem assentada, "os tribunais criam uma série de confusões"[(80)]. Por esse motivo, os especialistas modernos passaram a sustentar que as questões de direito intertemporal devem ser tratadas com base na teoria objetiva, embora o art. 6º da Lei de Introdução ao Código Civil e o art. 5º, XXXVI, da Constituição tenham seguido a corrente subjetivista.

O fundamento principal da teoria objetiva é a distinção entre efeito imediato e efeito retroativo. Se a lei nova pretende aplicar-se aos fatos consumados antes de sua entrada em vigor, o efeito é retroativo. No que se refere às situações em curso, a lei nova poderá atingir os efeitos ainda não produzidos, mas não poderá atingir os efeitos jurídicos anteriores, mesmo que para modificá-los, restringi-los ou ampliá-los.

3.2. Aplicação do Direito do Trabalho no espaço

Quanto ao espaço, prevalece em Direito do Trabalho o princípio da territorialidade, isto é, incide a norma do local em que se efetivou a relação empregatícia. É o predomínio do princípio da *lex loci executionis*, reforçado nos países americanos, por dois diplomas internacionais que o consagram (art. 128 do Código de Bustamante, aprovado na Conferência de Havana, em 1928, ratificado pelo Brasil no ano seguinte, e art. 2º, "e", da Carta Internacional Americana de Garantias Sociais de 1948).

Corrobora esse entendimento o art. 651 da CLT, quando dispõe:

> "A competência das Varas do Trabalho é determinada pela localidade onde o empregado, reclamante ou reclamado, prestar serviços ao empregador, ainda que tenha sido contratado noutro local ou no estrangeiro".
>
> "A competência das Varas do Trabalho, estabelecida neste artigo, estende-se aos dissídios ocorridos em agência ou filial no estrangeiro, desde que o empregado seja brasileiro e não haja convenção internacional dispondo em contrário" (art. 651, § 2º, da CLT).

Na mesma linha de ideias do *caput* do art. 651 da CLT é a **Súmula n. 207,** que também consagra o princípio da territorialidade, ao dispor que "a relação jurídica trabalhista é regida pelas leis vigentes no país da prestação do serviço e não por aquelas do local da contratação".

---

(80) PEREIRA, Caio Mário da Silva. *Op. cit.*, p. 99.

O princípio geral da territorialidade não é absoluto e, no caso do trabalho no estrangeiro, pressupõe a permanência do trabalho em outro país. Caso o serviço seja executado transitoriamente, prevalecerá a legislação do país onde o contrato se executa normalmente.

A Lei n. 7.064, de 1982, dispõe sobre a situação de trabalhadores contratados ou transferidos para prestar serviços no exterior por prazo superior a 90 dias. É aplicável a legislação brasileira, se mais favorável do que a legislação territorial, no conjunto, em relação a cada matéria. Já no tocante aos técnicos estrangeiros contratados para prestar serviços especializados no Brasil, em caráter provisório, é aplicável legislação especial (Decreto-Lei n. 691, de 1969). Esses contratos serão celebrados por prazo determinado, não estando sujeitos às regras dos art. 451 e 452 da CLT. Os trabalhadores terão garantidos o salário mínimo, as férias, o repouso, higiene e segurança, duração do trabalho, seguro contra acidente e previdência social. Estão excluídos, expressamente, da participação dos lucros, e os salários podem ser estipulados em moeda estrangeira, mas são pagos em moeda nacional.

Quanto aos empregados de embaixada estrangeira, a jurisprudência do TST excluía-os da legislação e da jurisdição brasileira, com base no princípio da extraterritorialidade. Acontece que, a partir de 1988, o art. 114 da Constituição, ao fixar a competência da Justiça do Trabalho, atribuindo-lhe poderes para apreciar e julgar dissídios trabalhistas entre empregados e empregadores, abrangeu os entes de direito público externo, sujeitando-se, portanto, os organismos internacionais, as embaixadas e os consulados à jurisdição brasileira[(81)]. A alteração procedida no final de 2004, quando da reforma do judiciário, manteve a competência da Justiça do Trabalho para processar e julgar as ações oriundas da relação de trabalho, abrangidos os entes de direito público externo. A dificuldade do magistrado na apreciação de feitos contra organismos internacionais e Estado estrangeiro residirá na execução, em que eles gozam de imunidade[(82)].

Aos chamados "auxiliares locais", admitidos pelos postos de serviço diplomático brasileiro para atuar no exterior, o art. 44 da Lei n. 3.917, de 1961, permite sua despedida *ad nutum* e a legislação posterior (Leis n. 7.501, de 1986, n. 8.028, de 1990 e n. 8.745,

---

(81) **"Estado estrangeiro. Imunidade de jurisdição — Organismo internacional — Violação ao art. 114, da Constituição Federal de 1988.** A Imunidade de Jurisdição não mais subsiste no panorama internacional, nem mesmo na tradicional jurisprudência de nossas Cortes, pelo menos de forma absoluta, porquanto é de se levar em conta a natureza do ato motivador da instauração do litígio; de modo que, se o Estado Estrangeiro atua em matéria de ordem estritamente privada, está a praticar atos de gestão, igualando-se, nesta condição, ao particular e desnudando-se dos privilégios conferidos ao ente público internacional. Do contrário, estar-se-ia colocando em risco a soberania do cumprimento dos princípios constitucionais, notadamente quando o ato praticado não se reveste de qualquer característica que justifique a inovação do princípio da Imunidade de Jurisdição. Embargos não conhecidos". TST — E-RR-189.280/95-2 — SDI-1 — Rel.: Min. José Luiz Vasconcellos — DJ 18.8.2000, p. 472. *Revista do Direito Trabalhista*, set. 2000, p. 57.

(82) **"Estado estrangeiro. Processo de execução.** O Estado estrangeiro goza de imunidade de execução, estando impedida esta Justiça Especializada de efetuar a constrição dos bens do Estado estrangeiro, no caso, representado pela embaixada da França no Brasil". TRT — 10ª Reg. — 2ª T. — AP 842/99 — Rel.: Juiz Geraldo Vasconcelos — DJDF 25.8.2000, p. 14. *Revista do Direito Trabalhista*, set. 2000, p. 56.

de 1993) também não autoriza a contratação desses trabalhadores sob a égide da CLT, daí a impossibilidade de reconhecer-lhes o vínculo empregatício[83].

Já quanto aos empregados de navios e aeronaves, o princípio dominante é o do pavilhão, isto é, o da aplicação da lei local da matrícula, como aliás se infere do Código de Bustamante e das Convenções internacionais (n. 53 a 57, 68 a 73, 75, 76, 91 e 93). É que navios e aeronaves são considerados estabelecimentos unitários e extensão da empresa.

(83) Cf., a propósito, TRT — 10ª Região — RO-3374/2000 — Ac. 1ª T. — DJ 13.12.00 — Relª: Juíza Maria de Assis Calsing. *Revista LTr* 65-09/1104.

CAPÍTULO V

PRINCÍPIOS DO DIREITO DO TRABALHO. PRINCÍPIOS CONSTITUCIONAIS DO DIREITO DO TRABALHO. DISTINÇÃO ENTRE PRINCÍPIO E NORMA

1. PRINCÍPIOS GERAIS DO DIREITO

O jurista, ao interpretar a lei, deverá utilizar-se da teoria geral do direito e dela extrair, no processo de integração, os **princípios gerais do direito, os princípios constitucionais e os princípios peculiares ao Direito do Trabalho**.

Os princípios gerais do direito distinguem-se dos princípios constitucionais pela generalidade absoluta de sua incidência[(1)]. Seu fato gerador é a convicção social da época, que vai influir na elaboração da Constituição. Esses princípios entram para preencher a vaguidade das normas, e não como um Direito supraconstitucional.

Os princípios gerais do Direito são "as ideias fundamentais sobre a organização jurídica de uma comunidade, emanados da consciência social, que cumprem funções fundamentadoras, interpretativas e supletivas, a respeito de seu total ordenamento jurídico"[(2)]. Celso Ribeiro Bastos[(3)] enumera como **princípios gerais de Direito os da justiça, da igualdade, da liberdade e da dignidade da pessoa humana**, os quais são vistos por alguns autores como valores (justiça, liberdade, bem-estar geral e paz interior), porque atuam como metanormas. Conclui o citado autor dizendo que os princípios gerais de direito "são verdadeiros valores, sendo princípios, vale lembrar, porque se concebem como causa, gênese, origem".

1.1. Princípios gerais do Direito. Implicações no Direito do Trabalho

Amauri Mascaro Nascimento[(4)] alinha entre os princípios gerais da Constituição, aplicáveis ao Direito do Trabalho: o respeito à dignidade humana, os valores sociais

(1) BASTOS, Celso Ribeiro. *Hermenêutica e Interpretação Constitucional*. São Paulo: Celso Bastos Editor, 1997, p. 144.

(2) FLÓREZ-VALDÉS *apud* BASTOS, Celso Ribeiro. *Op. cit.*, p. 145.

(3) BASTOS, Celso Ribeiro. *Op. cit.*, p. 145.

(4) NASCIMENTO, Amauri Mascaro. *Iniciação ao Direito do Trabalho*. São Paulo: LTr, 2003, p. 123.

do trabalho e da livre-iniciativa, a inviolabilidade do direito à vida, à liberdade, à segurança e à propriedade, à igualdade entre homens e mulheres nas suas obrigações, além de outros enumerados no art. 5º (incisos II a VIII; incisos X, XIII; XVI a XXI; XXXV e XXXVI, como também os de cunho processual).

2. PRINCÍPIOS CONSTITUCIONAIS

Os princípios constitucionais, segundo alguns autores, "têm deixado de ser princípios científicos ou dogmas, para se converterem em direito positivo e, pois, com plena eficácia normativa". Eles são Súmulas **que permitem melhor caracterizar a Constituição e compreendê-la**. A doutrina tem elaborado um conjunto de noções que se têm cristalizado como princípios constitucionais, entre outros: o Estado de Direito, a vontade popular, os poderes implícitos, a soberania nacional, etc.

Há, entretanto, quem considere os princípios constitucionais como "síntese dos valores mais relevantes da ordem jurídica" e os classifique em **princípios fundamentais**, vistos como os que contêm decisões políticas estruturais do Estado (ex.: princípio republicano, princípio federativo, princípio do Estado democrático de direito, princípio da separação de poderes, princípio presidencialista e princípio da livre-iniciativa); **princípios gerais,** como desdobramento dos princípios fundamentais, incluindo-se entre eles o princípio da legalidade, da isonomia, do juiz natural; por fim, os **princípios constitucionais setoriais ou especiais**, vinculados a determinado assunto, como, por exemplo, princípio da legalidade tributária, princípio da legalidade penal, entre outros[(5)].

Alguns autores[(6)], baseados em Canotilho, admitem possam ser identificados princípios constitucionais do Direito do Trabalho com ilustrações importantes, a saber: "o trabalho escravo contraria o **princípio fundamental da liberdade** de trabalho; a dispensa de apenas alguns grevistas cuja participação na paralisação em nada difere dos demais que aderiram ao movimento contrapõe-se, salvo peculiaridades, ao **princípio constitucional da isonomia**; a cobrança de contribuições sindicais em valores mais elevados daqueles que não são sócios do sindicato, com o objeto de forçá-los a se associar, é contrário ao princípio constitucional da **liberdade de sindicalização**".

Entre os princípios constitucionais de Direito do Trabalho, Amauri Mascaro Nascimento[(7)] arrola: "a liberdade sindical; a não interferência do Estado na organização sindical (art. 8º, I); o direito de greve (art. 9º); representação dos trabalhadores na empresa (art. 11); o reconhecimento das convenções e acordos coletivos (art. 7º, XXVI); proteção em face da automação (art. 7º, XXVII); proteção contra a dispensa arbitrária ou sem justa causa (art. 7º, I); irredutibilidade de salários (art. 7º, VI); isonomia salarial", etc.

3. DISTINÇÃO ENTRE PRINCÍPIO E NORMA. CONFLITO. PRINCÍPIO DA PROPORCIONALIDADE

O art. 8º da CLT dispõe que "as autoridades administrativas e a Justiça do Trabalho, na falta de disposições legais e contratuais, decidirão, conforme o caso, pela

(5) BARROSO, Luis Roberto. *Interpretação e aplicação da Constituição.* São Paulo: Saraiva, 1998, p. 141 e ss.
(6) NASCIMENTO, Amauri Mascaro. *Op. cit.*, p. 121.
(7) *Op. cit.*, p. 123.

jurisprudência, por analogia, por equidade e outros princípios e normas gerais de direito, principalmente do Direito do Trabalho, e, ainda, de acordo com os usos e costumes, o Direito Comparado, mas sempre de maneira que nenhum interesse de classe ou particular prevaleça sobre o interesse público".

Ribeiro de Vilhena[8] assevera que o referido art. 8º considerou como se fossem a mesma coisa princípios e normas. Realça que, embora "contenham um preceito e até um comando, separa-os a inexistência de forma no princípio e a sua assistematicidade, como diversamente ocorre com a norma, que se reveste de forma e, em geral, incrusta-se em um sistema".

O autor prossegue dizendo que, se "assimilarmos a expressão norma jurídica à regra de direito, podemos, em termos de concepção atual e de tecnicismo jurídico, estabelecer distinção entre regra de direito e princípio", pelo critério da formalidade e da sistematicidade. Invocando Puigarnau[9], afirma que a distinção que "mais aclara entre ambas é a que considera princípios como conceitos ou normas fundamentais e abstratos, tenham sido ou não objeto de formulação concreta e à regra, como a locução concisa e sentenciosa que serve de expressão a um princípio jurídico". Além disso, "a palavra *princípio* tem uma significação originariamente filosófica; a voz regra tem um sentido predominantemente técnico".

Há, entretanto, uma outra vertente doutrinária, à qual nos filiamos, que considera os princípios gerais do direito como normas fundamentais ou generalíssimas do sistema jurídico.

Afirma Bobbio[10], para sustentar a assertiva acima, serem dois os argumentos: "antes de mais nada, se são normas aquelas das quais os princípios gerais são extraídos, através de um procedimento de generalização sucessiva, não se vê porque não devam ser normas também eles: se abstraio da espécie animal, obtenho sempre animais, e não flores ou estrelas. Em segundo lugar, a função para a qual são extraídos e empregados é a mesma cumprida por todas as normas, isto é, a função de regular um caso. E com que finalidade são extraídos em caso de lacuna? Para regular um comportamento não regulamentado: mas então servem ao mesmo escopo a que servem as normas expressas. E por que não deveriam ser normas?"

Como se pode verificar, não há uma teoria exata para a distinção. Alguns autores[11] já a consideram superada, ao argumento de que "as normas jurídicas, em geral, e as normas constitucionais em particular, podem ser enquadradas em duas categorias: normas-princípio e normas-disposição. As normas-disposição, também referidas como regras, têm eficácia restrita às situações específicas às quais se dirigem. Já as normas-princípios, ou simplesmente princípios, têm, normalmente, maior teor de abstração e uma finalidade mais destacada dentro do sistema".

---

(8) Princípios de Direito. Princípio Jurídico. Direito do Trabalho. *Curso de Direito do Trabalho*. Estudos em memória de Célio Goyatá. v. 1. São Paulo: LTr, 1997, p. 117.

(9) MANS PUIGARNAU, Jaime M. Los principios generales del Derecho. *Repertório*. Barcelona: Bosch, Casa Editorial, 1947, p. XXX.

(10) BOBBIO, Norberto. *Teoria do ordenamento jurídico*. Brasília: Editora Polis, 1989, p. 158-159. Trad.: Cláudio de Cicco (capítulo I, e Maria Celeste C. J. Santos (capítulos II a V). Revisão Técnica: João Ferreira).

(11) BARROSO, Luis Roberto. *Interpretação e Aplicação da Constituição*. São Paulo: Saraiva, 2003, p. 151.

Já para Willis Santiago Guerra Filho[(12)] a regra descreve fatos que constituem os estados de coisa, enquanto os princípios referem-se diretamente a valores: "Os princípios possuem um grau mais alto de generalidade e abstração do que as regras".

Nossa conclusão é no sentido de que a norma (vista como o dever-ser) abrange tanto os princípios como as regras. Estes se distinguem por meio de vários critérios apontados pela doutrina, entre os quais destacamos: a) as regras prescrevem atos relativamente específicos, e os princípios atos inespecíficos; b) os princípios não podem gerar direito subjetivo, ao contrário das regras que geram esses direitos e podem ser aplicadas diretamente; c) os princípios contêm uma enunciação ampla, sendo, portanto, abstratos, enquanto as regras são concisas.

Na hipótese de **conflito entre regras**, a solução implica perda de validade de uma delas em favor da outra. Se, entretanto, o **conflito ocorrer entre princípios**, privilegia-se um deles, sem que o outro seja violado. Daí afirmar o autor mencionado acima que os princípios possuem como característica a relatividade, tendo em vista que eles não são aplicados de forma absoluta, sob pena de violação a outra obediência. Para a conciliação entre princípios, sugere-se **a invocação do princípio da proporcionalidade** deduzido do art. 5º, § 2º, da Constituição vigente.

A doutrina do princípio da proporcionalidade é fruto do direito público alemão, que repousa sobre a noção de poder. Ele vem sendo conceituado ora como técnica de redução e controle judicial da discricionariedade administrativa, ora como instituto destinado a atacar essa discricionariedade[(13)]. O princípio da proporcionalidade é muito utilizado na Corte Constitucional Alemã para proteger o núcleo dos direitos fundamentais[(14)]. Ele expandiu-se, posteriormente, para outros ramos do ordenamento jurídico, inclusive para o Direito do Trabalho que, modernamente, repousa sobre uma colaboração necessária a qual impõe aos cocontratantes o dever de não negligenciarem os interesses do outro[(15)].

O princípio opera com **caráter ordinário** nas situações em que o ordenamento jurídico admite escolher um dos vários meios utilizados e com caráter **excepcional**, em conexão com "os princípios da boa-fé e equidade", quando, existindo um único meio, ele é inadequado e excessivo em relação às características do caso em exame[(16)].

As normas que integram o princípio da proporcionalidade não possuem as características de regras, à falta de previsão expressa no ordenamento jurídico[(17)]. Por outro lado, Bonavides assevera que esse princípio não existe como norma geral de direito escrito, mas como norma esparsa na Constituição e cita, entre outros, o art. 5º, incisos

(12) O princípio constitucional da proporcionalidade. *Revista Synthesis* 37/2003, p. 125.

(13) TERRADILLOS ORMAETXEA, Edurne. *Principio de proporcionalidad constitución y derecho del trabajo.* Valencia: Tirant to blanch, 2004, p. 12-15.

(14) BARROS, Suzana de Toledo. *O princípio da proporcionalidade e o controle de constitucionalidade das leis restritivas de direitos fundamentais.* Brasília: Editora Brasília Jurídica, 2003, p. 56 (tese de mestrado).

(15) CORNESSE, Isabelle. *La proporcionnalité en Droit du Travail.* Paris: Litec, 2001, *passim.*

(16) TERRADILLOS ORMAETXEA, Edurne. *Op. cit.,* p. 12-15.

(17) GUERRA FILHO, Willis Santiago. O princípio constitucional da proporcionalidade. *Revista TRT 15ª Região n.* 20/2002 e *Revista Synthesis* 37/2003, p. 124-125. Resumido por Abigail Vieira F. Lopes Gomes.

V, X e XXV, sobre direitos e deveres individuais e coletivos; art. 7º, incisos IV, V e XXI, sobre direitos sociais, além de outros[18].

Esse princípio desdobra-se em "princípio da proporcionalidade em sentido estrito", ou máxima do sopesamento, "princípio da adequação" e "princípio da exigibilidade" ou mandamento do meio mais suave.

O "princípio da proporcionalidade em sentido estrito" estabelece que, para o fim a ser alcançado por uma disposição normativa deverá ser empregado o melhor meio possível, sob o prisma jurídico.

Já o "princípio da adequação" determina que com o seu auxílio se atinja o fim legítimo perseguido. Por derradeiro, o "princípio da exigibilidade" parte do pressuposto de que a medida sancionadora é exigível quando o legislador não poderia ter escolhido outra, igualmente eficaz, sem o sacrifício dos direitos fundamentais ou o menor grau dos mesmos[19].

É sabido que não há direito absoluto, nem sequer os direitos fundamentais o são. Os seus limites não poderão, entretanto, obstruí-los além do razoável.

Compõe o conteúdo do princípio da proporcionalidade: a) o equilíbrio a ser ponderado pelos tribunais, segundo o qual a sanção aplicada em face da **infração praticada** deverá ater-se ao objetivo político-normativo que envolve a norma violada; b) a aplicação do princípio em estudo pressupõe a **idoneidade da medida sancionadora**, ou seja, ela deverá ser adequada ao fim legítimo perseguido; c) ao lado da adequação, mister ainda que a **medida seja necessária**, isto é, deve-se provar que não existem outras medidas menos gravosas, sem se impor o sacrifício dos direitos fundamentais ou o menor grau dos mesmos. Em síntese, a sanção deverá submeter-se a uma **adequada e razoável** proporção entre meio e fim. A ponderação a que nos referimos acima constitui um limite externo do exercício de um direito constitucional, que também tem limites internos, entre os quais se situa a boa-fé[20].

Entre outros valores, o princípio da proporcionalidade tem sua base na justiça, e visa a conciliação de bens jurídicos protegidos pela Constituição. Está estritamente ligado à proteção dos direitos das pessoas e das liberdades individuais e coletivas.

No âmbito da empresa, ele atua como garantia do limite aos direitos fundamentais e como "medidor" do exercício desses direitos. Isso significa que o princípio da proporcionalidade atua como critério limitativo dos poderes diretivo e disciplinar do empregador e também como um meio de correção aplicável a todas as hipóteses de desequilíbrio contratual, visando à garantia dos bens jurídicos e valores que se encontram na empresa.

Do princípio em exame se infere deva a sanção ser proporcional à gravidade da falta, situação que se manifesta de forma bem nítida nos limites impostos ao exercício do poder disciplinar do empregador, como, aliás, se deduz do art. 474 da CLT[21].

---

(18) BONAVIDES, Paulo. *Curso de Direito Constitucional*. São Paulo: Malheiros Editores, 2004, p. 434.

(19) GUERRA FILHO, Willis Santiago. *Ensaios de Teoria Constitucional*. Fortaleza: Imprensa Universitária, 1989, p. 75. No mesmo sentido: TERRADILLOS ORMAETXEA, Edurne. *Op. cit.*, p. 75.

(20) TERRADILLOS ORMAETXEA, Edurne. *Op. cit.*, p. 20 e 105.

(21) "A suspensão do empregado por mais de 30 dias consecutivos importa na rescisão injusta do contrato de trabalho" (art. 474 da CLT).

No campo do Direito do Trabalho, poderá ocorrer, também, de o direito à liberdade de expressão do empregado colidir com o direito à honra do empregador, isto é, com o direito a não ser difamado, injuriado ou caluniado. Comprovado, entretanto, que o empregado revelou ao inspetor do trabalho fatos de interesse geral, como o mau estado de aeronaves, entre as quais a que gerou acidente com morte do comandante e outro piloto, a jurisprudência espanhola afastou a alegada deslealdade do informante para com a empresa, reconhecendo-lhe o direito de expressão e informação, protegendo bens valiosos de terceiros, como a vida[(22)]. Poderá ainda ocorrer uma colisão entre a liberdade individual do empregado e a saúde pública ou a segurança nacional e o princípio da proporcionalidade poderá ser invocado para solucioná-la. Ele é utilizado também para conciliar o direito à intimidade do empregado com o direito à propriedade assegurados, respectivamente, no art. 5º, incisos X e XXIII, da Constituição vigente.

É inegável que o princípio da proporcionalidade poderá auxiliar o Juiz no processo de interpretação, permitindo-lhe a harmonização desses direitos e, em consequência, o proferimento de uma decisão mais justa. Não obstante as vantagens propiciadas por esse princípio, ele tem sido objeto de críticas. Afirma-se que, ao se atribuir o controle sobre a razoabilidade de uma lei ao Juiz, essa atividade poderia igualar a função jurisdicional à função legislativa[(23)].

Por outro lado, a boa-fé poderá também atuar como limite ao exercício dos direitos fundamentais quando se identifica com direito de terceiro, no caso, do empregador. A boa-fé obriga a evitar excessos, no exercício desses direitos, capaz de configurar abuso de direito.

4. PRINCÍPIOS PECULIARES DO DIREITO DO TRABALHO

Sob o enfoque do Direito do Trabalho, os princípios peculiares a essa disciplina vêm sendo conceituados como as "linhas diretrizes ou postulados que inspiram o sentido das normas trabalhistas e configuram a regulamentação das relações de trabalho, conforme critérios distintos dos que podem encontrar-se em outros ramos do direito"[(24)].

Divergimos apenas do início do conceito, pois, em vez da expressão linhas diretrizes ou postulados, utilizamos o termo normas, que inspiram o ordenamento jurídico--trabalhista, de acordo com critérios distintos não encontrados em outros ramos do Direito, em face do exposto no item anterior.

Esses princípios têm como funções **informar** o legislador, **orientar** o Juiz na sua atividade interpretativa, e, por fim, integrar o direito, que é sua **função normativa**.

As decisões devem assentar-se nos princípios jurídicos, e não apenas na letra supostamente suficiente do legislador. Esses princípios, segundo a doutrina de Plá Rodriguez[(25)], podem ser assim enumerados: **princípio da proteção,** da **primazia da**

(22) TERRADILLOS ORMAETXEA, Edurne. *Op. cit.*, p. 50-51.
(23) CAPPELLETTI, Mauro. *Juízes legisladores?* Porto Alegre: Editor Sergio A. Fabris, 1993, p. 73. Trad. Carlos Alberto A. de Oliveira.
(24) ALONSO GARCIA, Manoel. *Derecho del Trabajo*. Barcelona: José Maria Bosch Editor, 1960, t. I, p. 247.
(25) *Princípios de Direito do Trabalho*. São Paulo: LTr, 1978, *passim*.

realidade, da **irrenunciabilidade**, da **continuidade**, da **boa-fé** e da **razoabilidade**. Passaremos à análise de cada um desses princípios. No nosso entender, apenas os quatro primeiros são peculiares ao Direito do Trabalho.

O Direito do Trabalho ainda "é todo centralizado no princípio da tutela 'compensatória' ao trabalhador subordinado, que consiste num conjunto de normas estabelecidas para contrabalançar a posição superior do empregador não apenas de fato, mas também juridicamente reconhecida e normativamente sustentada"(26).

O **princípio da proteção** é consubstanciado na norma e na condição mais favorável, cujo fundamento se subsume à essência do Direito do Trabalho. Seu propósito consiste em tentar corrigir desigualdades, criando uma superioridade jurídica em favor do empregado, diante da sua condição de hipossuficiente.

O fundamento do princípio da **norma mais favorável** é a existência de duas ou mais normas, cuja preferência na aplicação é objeto de polêmica. Esse princípio autoriza a aplicação da norma mais favorável, independentemente de sua hierarquia.

A aferição da norma mais favorável pressupõe alguns problemas de ordem técnica, pois existem, como já salientado, três critérios para a sua comparação. O primeiro critério é conhecido como teoria do **conglobamento**, em que se prefere a norma mais favorável, após o confronto em bloco das normas objeto de comparação. O segundo critério, intitulado teoria da **acumulação,** se faz selecionando, em cada uma das normas comparadas, o preceito mais favorável ao trabalhador. Finalmente, o terceiro critério (teoria do **conglobamento orgânico ou por instituto**) apresenta como solução uma comparação parcial entre grupos homogêneos de matérias, de uma e de outra norma.

Muitos países(27), como a Espanha, por exemplo, manifestaram-se favoravelmente à adoção do primeiro critério, ressaltando, entretanto, que a comparação não apresenta problemas quando as normas possuem conteúdo homogêneo; o mesmo não ocorre quando essas normas forem heterogêneas, situação em que se aconselha uma comparação por partes ou grupo de matérias. Embora razoável, o critério sofre a crítica da doutrina, por se chocar com a letra da lei e com o espírito da lei.

Atenta para essa dificuldade, a legislação brasileira adotou, no nosso entendimento, a teoria do conglobamento parcial, orgânico, mitigado ou por instituto, como se infere do art. 3º, II, da Lei n. 7.064, de 1982, que estabelece: "a aplicação da legislação brasileira de proteção ao trabalho, naquilo que não for incompatível com o disposto nesta Lei, quando mais favorável do que a legislação territorial, no **conjunto de normas** e em relação a **cada matéria**" (grifou-se).

Já a **condição mais benéfica** se direciona a proteger situações pessoais mais vantajosas que se incorporaram ao patrimônio do empregado, por força do próprio contrato, de forma expressa ou tácita consistente esta última em fornecimentos

---

(26) HERNANDEZ, Salvatore. Uma releitura da inderrogabilidade na crise dos princípios do Direito do Trabalho. *Revista Synthesis* n. 39/2004, p. 43. Trad. e Resumo de Paulo Augusto Câmara.

(27) MONTOYA MELGAR, Alfredo. *Op. cit.*, p. 223.

habituais de vantagens[(28)] que não poderão ser retiradas, sob pena de violação ao art. 468 da CLT.

A simples tolerância do empregador quanto ao não exercício de determinado direito está sendo excluída pela jurisprudência do contexto da condição mais favorável[(29)].

Vantagem auferida pelo trabalhador, por erro, também não poderá gerar direito[(30)], logo, não integra o rol das condições mais vantajosas.

As condições mais favoráveis podem ser **causais**, concedidas em face de uma qualidade especial do empregado, e **concessivas**, outorgadas pelo empregador, sem o cunho sinalagmático. Estas últimas poderão ser compensadas com norma legal ou convencional posterior, como ocorreu com a gratificação natalina, que já era paga por algumas empresas quando da edição da Lei n. 4.019, de 13 de julho de 1962, instituidora do 13º salário (**Súmula n. 145**, hoje cancelada, **e n. 87, do TST**). O mesmo já não ocorre com as condições mais favoráveis causais, pois, dada a sua especificidade, não poderão ser absorvidas por normas gerais. A homogeneidade das vantagens é um requisito necessário à compensação.

A aplicação da condição mais benéfica está sujeita a limites **intrínsecos e extrínsecos**[(31)].

O **limite intrínseco** da condição mais benéfica justifica a não concessão de vantagens inseridas no regulamento interno da empresa ao empregado admitido após a sua revogação **(Súmula n. 51 do TST)**. O desconhecimento dessa situação desautoriza o pleito.

O limite intrínseco da condição mais benéfica não protege a incorporação ao contrato individual de trabalho das vantagens inseridas em norma coletiva (sentença normativa, convenção e acordo coletivo).

Já **o limite extrínseco** seria a edição de norma posterior mais vantajosa do que a condição benéfica, implicando o desaparecimento desta última. O segundo limite extrínseco é o de que essas vantagens não se acumulam.

Os diplomas legais no Brasil continuam sendo inspirados no princípio da proteção ou da tutela, como se infere do próprio *caput* do art. 7º da Constituição da República

---

(28) "**Ajuda-alimentação.** O jantar fornecido com habitualidade pelo empregador, em decorrência da prestação laboral, constitui um acréscimo salarial para o trabalhador, integrando a sua remuneração para todos os efeitos legais." TRT — 3ª Região — 2ª T. — RO-2477/02 — Relª: Juíza Alice Monteiro de Barros — DJMG 17.4.2002.

(29) Uma vertente jurisprudencial, com a qual não compartilhamos, sustenta que o fato de o empregado trabalhar sem sujeição a controle de horário por meio de cartão de ponto é uma simples tolerância que não se incorpora ao pacto laboral. Vejamos: "**Controle de horário. Alteração contratual.** Não constitui alteração contratual a determinação do empregador, para que o empregado marque cartão de ponto. Embargos conhecidos e providos." TST-E-RR-7.169/85 —SDI-1 — Rel.: Min. Almir Pazzianotto Pinto — DJU 7.12.1989. Valentin Carrion. *Nova Jurisprudência em Direito do Trabalho,* 1990, *passim.*

(30) "Não configura violação ao preceito expresso no art. 468 da CLT e no art. 7º, IV da CF/88, a redução salarial decorrente de correção de erro no enquadramento do reclamante." TRT — 10ª Região — 1ª Turma — RO-100/97. Rel.: Juiz Ricardo Castanheira — BJ set. 1997.

(31) PINHO PEDREIRA. Revisitação ao princípio da condição mais benéfica. *Revista Synthesis* n. 18/98. Os dados referentes a condições mais favoráveis causais e concessivas, com o desdobramento e seus limites, foram extraídos da obra deste autor.

de 1988, o qual, ao arrolar os direitos dos trabalhadores urbanos e rurais, prevê “outros que visem à melhoria de sua condição social”. Isso demonstra uma técnica legislativa direcionada ao princípio da tutela. Outra manifestação do princípio da proteção encontra-se nos art. 444 e 620 da CLT. O primeiro faculta às partes estipular as condições contratuais, desde que não contravenham às disposições de proteção ao trabalho, às convenções coletivas que lhe sejam aplicáveis e às decisões das autoridades competentes. Já o art. 620 preceitua que as condições estabelecidas em convenções coletivas, quando mais favoráveis, prevalecerão sobre as estipuladas em acordo, desde que não contrariem o interesse geral da coletividade.

O princípio da proteção, entretanto, vem sofrendo recortes pela própria lei, com vista a não onerar demais o empregador e impedir o progresso no campo das conquistas sociais. Isso é também uma consequência do fenômeno da chamada flexibilização “normatizada”. Dentro desse espírito, a própria Constituição, no art. 7º, XI, assegura ao trabalhador participação nos lucros ou resultados, mas desvincula-a da remuneração, retirando-lhe a feição retributiva. Com isso, a participação nos lucros não se incorporará ao cálculo de outros institutos jurídicos trabalhistas, ao contrário do que dispunham as Constituições anteriores (1946 e 1967). Com o mesmo objetivo, a Lei n. 9.300, de 29 de agosto de 1996, inseriu, no art. 9º da Lei n. 5.889, de 1973, que disciplina as relações jurídicas no meio rural, o § 5º, dispondo que “a cessão pelo empregador, de moradia e de sua infraestrutura básica, assim como, bens destinados à produção para a sua subsistência e de sua família, não integra o salário do trabalhador rural, desde que caracterizados como tais, em contrato escrito celebrado entre as partes, com testemunhas e notificação obrigatória ao respectivo sindicato de trabalhadores rurais”. Na mesma direção, a Lei n. 10.243, de 19 de junho de 2001, deu nova redação ao § 2º, do art. 458 da CLT, retirando a feição salarial de vários fornecimentos feitos pelo empregador ao empregado, como por exemplo auxílio à educação, assistência médica, hospitalar, odontológica, prestada diretamente ou por meio de plano de saúde, seguro de vida, etc., exatamente para evitar que se incorporassem ao contrato de trabalho e não pudessem mais ser retirados, passando a compor o cálculo de vários institutos jurídicos. Se não bastasse, a Emenda Constitucional n. 28, de 25 de maio de 2000, garantiu ao empregado rural o mesmo prazo prescricional atribuído aos empregados urbanos, para reivindicarem a pretensão (art. 7º, XXIX, da Constituição vigente), pois anteriormente não ocorria a prescrição no curso do contrato do rural.

O grande desafio que se enfrenta é determinar o ponto de equilíbrio entre uma flexibilização sensível às preocupações legítimas das empresas e uma legislação que impeça um retrocesso ao antigo arrendamento de serviços, norteado pela autonomia da vontade, que foge completamente dos ideais de justiça social.

Entretanto, o **princípio da proteção continua auxiliando o intérprete no processo de integração da legislação trabalhista**, como se infere dos seguintes pronunciamentos jurisprudenciais:

> “As cláusulas regulamentares, que revoguem ou alterem vantagens deferidas anteriormente, só atingirão os trabalhadores admitidos após a revogação ou alteração do regulamento (**Súmula n. 51 do TST**)”. A mesma súmula, no inciso II, assevera que havendo

dois regulamentos da empresa, a opção do empregado por um deles tem efeito jurídico de renúncia às regras do sistema do outro.

"A complementação dos proventos da aposentadoria é regida pelas normas em vigor na data da admissão do empregado, observando-se as alterações posteriores desde que mais favoráveis ao beneficiário do direito" (**Súmula n. 288 do TST**).

Já sob o prisma do Direito Coletivo do Trabalho, as condições mais vantajosas asseguradas em convenções coletivas, acordos coletivos e sentenças normativas não se incorporam ao contrato de trabalho (**Súmula n. 277 do TST**). Daí se infere que o princípio da proteção, do qual a regra mais favorável constitui manifestação, não se aplica às relações coletivas de trabalho, em caráter absoluto. Essas normas coletivas têm prazo máximo de vigência, que, escoado, não poderá produzir efeitos *ad futuro*, pois as vantagens ali asseguradas adequam-se a determinado momento conjuntural, por isso estão submetidas à limitação temporal. Superado o fato gerador de determinada vantagem, a cláusula normativa que a assegurou perderá a eficácia, salvo estipulação em contrário.

Aliás, em sessão de 2 de junho de 1998, o TST cancelou vários precedentes normativos que continham condições mais favoráveis, entre eles o de n. 76, que concedia o aviso prévio à razão de 60 dias e os de n. 43, 90 e 101, que autorizavam, respectivamente, o pagamento do adicional de 100% para as horas extras, 60% para o trabalho noturno e 50% a título de adicional de transferência. Os referidos cancelamentos seguiram diretriz traçada pelo STF (RE 197.911-PE, Rel.: Min. Octávio Galotti, julgado em 24.9.96), no sentido de que a Justiça do Trabalho, no exercício de seu poder normativo, apenas poderá criar obrigações para as partes envolvidas no dissídio coletivo, quando **houver lacuna no texto legal**, mas não poderá se sobrepor ou contrariar a legislação em vigor.

É inegável que os cancelamentos demonstram uma nítida tendência a reduzir o poder normativo da Justiça do Trabalho, privilegiando a negociação coletiva, com o objetivo de aumentar o garantismo convencional, por meio da celebração de convenção e acordo coletivo, isto é, de normas coletivas.

Poderá ocorrer, ainda, que uma cláusula econômica, inserida em norma coletiva, que estipule condição mais benéfica precise ser revista, quando surgirem motivos econômicos e sociais de interesse geral modificando, por meio de lei, a política salarial. A norma coletiva, celebrada sob a égide do estado de fato anterior, ainda que contenha condições mais favoráveis ao empregado, sofrerá os efeitos da cláusula *rebus sic stantibus*, implícita no ajuste, podendo traduzir renúncia. Aqui o garantismo convencional, corolário do princípio da proteção, não poderá prevalecer, em face do interesse público[32].

---

(32) **"Convenção Coletiva. Supremacia da lei**. A Lei n. 8.030/90, ao prever reajustes de salários em percentuais a serem fixados pelo Ministério da Economia, alterou a legislação de política salarial vigente à época e, em consequência, traduziu fato relevante a ensejar a revisão de cláusula econômica, constante de convenção coletiva firmada sob a égide de regulação legal anterior (cf. TST-RO-DC 15.626/90.5 — Rel.: Min. Norberto da Silveira de Souza. DJ 7.6.91, p. 7765). O fator salarial afeta a política econômica adotada pela nova regulação. Logo, em atenção à prevalência do interesse público sobre o interesse particular de grupos profissionais, indevidos se tornam os reajustes fundados em norma coletiva que, por sua vez, se inspirou em lei de política salarial substituída pela lei nova reguladora dos direitos, que se realizariam no futuro, afastando possível lesão a direito adquirido". TRT — 3ª Reg. — 2ª T. — RO-7532/92— Relª: Juíza Alice Monteiro de Barros, julgado em 18.5.93.

Outro desdobramento do princípio da proteção consiste na aplicação do *in dubio pro operario*. Já sustentamos que só se deve decidir em favor do empregado quando houver fundada dúvida a respeito do alcance da lei e nunca para suprir deficiência da prova, cujo ônus lhe competia, tampouco quando implicar sacrifício do interesse público em função do interesse particular.

O princípio da primazia da realidade significa que as relações jurídico-trabalhistas se definem pela situação de fato, isto é, pela forma como se realizou a prestação de serviços, pouco importando o nome que lhes foi atribuído pelas partes. Despreza-se a ficção jurídica. É sabido que muitas vezes a prestação de trabalho subordinado está encoberta por meio de contratos de Direito Civil ou Comercial. Compete ao intérprete, quando chamado a se pronunciar sobre o caso concreto, retirar essa roupagem e atribuir-lhe o enquadramento adequado, nos moldes traçados pelos art. 2º e 3º da CLT. Esse princípio manifesta-se em todas as fases da relação de emprego[(33)]. Ele não se aplica na hipótese de trabalhador admitido em emprego público sem concurso, na forma exigida pelo inciso II, do art. 37, da Constituição vigente. O princípio da primazia da realidade, que norteia o Direito do Trabalho, se torna flexível diante dos princípios administrativos da moralidade e da eficiência no serviço público. Nessas situações, o contrato será nulo e os seus efeitos restringem-se à retribuição pactuada e ao FGTS.

O princípio da irrenunciabilidade possui uma coligação com o princípio da primazia da realidade. Embora atenuado pela negociação coletiva (art. 7º, incisos VI, XIII e XIV da Constituição vigente) está vinculado à ideia de imperatividade, isto é, de indisponibilidade de direitos. Seu objetivo é limitar a autonomia da vontade das partes, pois não seria viável que o ordenamento jurídico, impregnado de normas de tutela do trabalhador, permitisse que o empregado se despojasse desses direitos, presumivelmente pressionado pelo temor reverencial de não obter o emprego ou de perdê-lo, caso não formalizasse a renúncia. Maiores considerações sobre esse princípio serão tecidas em capítulo próprio.

Outro princípio é o da continuidade, que visa à preservação do emprego, com o objetivo de dar segurança econômica ao trabalhador e incorporá-lo ao organismo empresarial. Para entender esse princípio, cumpre ressaltar que uma característica do contrato de trabalho é o trato sucessivo, ou seja, ele não se esgota mediante a realização instantânea de certo ato, mas perdura no tempo. Daí se infere que a relação de emprego pressupõe uma vinculação que se prolonga. Esse princípio revela que o Direito do Trabalho tende a resistir à dispensa arbitrária, como se infere do art. 7º, I, da Constituição de 1988, embora ainda não regulamentado, e a manter o pacto laboral nas hipóteses de sucessão, de suspensão e interrupção do contrato e em face de algumas nulidades por descumprimento de formalidades legais. O Direito do Trabalho tem, ainda, como regra, os contratos de duração indeterminada[(34)] e procura mantê-los quando

---

(33) **"Princípio da primazia da realidade. Salário 'por fora'. Prova**. O princípio da primazia da realidade norteia o contrato de trabalho, não só quanto à sua formação, mas durante toda a execução do pacto. Logo, embora haja recibo comprovando a quitação de determinado salário, ele pode ser elidido por depoimentos de testemunhas, que confirmaram a quitação de salário pago 'por fora'". TRT — 3ª Região — 2ª T. — RO-2278-2003-073-03-00-6. Relª: Juíza Alice Monteiro de Barros, julgado em **17.8.04**.

(34) PLÁ RODRIGUEZ, Américo. *Princípios de Direito do Trabalho*. São Paulo: LTr, 1978, *passim*.

institui as estabilidades provisórias. Esse princípio sofreu os efeitos da flexibilização, com a ampliação das formas de contratação por prazo determinado, mas ainda persiste inspirando o nosso ordenamento jurídico.

O princípio da continuidade ainda favorece o empregado na distribuição do ônus da prova. Isso porque se o empregador limita-se a negar a prestação de serviços e o despedimento, evidenciada a relação de emprego compete-lhe o ônus de provar as razões ensejadoras do término do contrato de trabalho, já que o princípio da continuidade do vínculo constitui presunção favorável ao empregado (**Súmula n. 212 do TST**).

Plá Rodriguez arrola, ainda, o **princípio da boa-fé,** o qual, na nossa opinião, não é peculiar ao Direito do Trabalho, mas comum a todos os ramos do Direito, atuando em várias fases da relação jurídica, inclusive nas negociações preliminares, como, aliás, já se infere de alguns Códigos Civis, entre os quais o de Portugal e o da Itália. O nosso Código Civil de 2002 também faz alusão à boa-fé no art. 422, do Título V, que trata dos contratos, em geral, e do contrato preliminar, em especial.

Esse princípio possui uma **dimensão objetiva**, que incide no direito obrigacional como regra de conduta segundo a qual as partes deverão comportar-se com lealdade recíproca nas relações contratuais. Em sua **dimensão subjetiva**, a boa-fé assenta-se na crença que induz uma parte a agir equivocadamente, mas na absoluta convicção de que não está lesando interesses alheios juridicamente protegidos. A boa-fé subjetiva se encontra, em regra, no campo dos direitos reais, mas poderá ocorrer na órbita do Direito Previdenciário, quando o segurado recebe um benefício equivocadamente, sem a noção de estar prejudicando o órgão previdenciário e a coletividade(35).

O fundamento da boa-fé consiste em opor valores éticos com o objetivo de evitar os perigos de uma interpretação excessivamente positivista do ordenamento jurídico. Dessa forma, o princípio da boa-fé exerce uma função **flexibilizadora dos institutos jurídicos**, entre os quais se situa **o contrato de trabalho**.

Desde a fase das negociações pré-contratuais, **a boa-fé** deverá presidir o comportamento das partes. Mesmo antes de o contrato ter sido concluído, as partes devem agir com retidão, conforme os valores éticos e sociais juridicamente protegidos e implícitos nas relações trabalhistas. A violação desse dever implica ressarcimento do **dano emergente** (gastos realizados) **e do lucro cessante**, que poderia ser obtido em outra contratação que não se realizou, dada a frustração da negociação anterior, sem prejuízo da compensação pelo dano moral acaso verificado(36). Dá-se, na hipótese, "abuso da liberdade de não contratar", que constitui abuso de direito.

Uma vez celebrado o contrato de trabalho, a boa-fé adquire uma relevância singular, considerando que o empregado é sempre uma pessoa física. A relação de emprego gerada por esse contrato é impregnada de uma "dimensão humana" e de um "conteúdo ético" não encontrados em outros tipos de contrato. O direito do empregado de não ser

---

(35) MONTOYA MELGAR, Alfredo. *La buena fe en el derecho del trabajo*. Madrid: Tecnos, 2001, p. 23.

(36) VAZQUEZ VIALARD, Antonio. *La responsabilidad en el derecho del trabajo*. Buenos Aires: Astrea, 1988, p. 157.

discriminado e o direito à dignidade guardam coerência com os valores pessoais e morais, que estão acima dos direitos patrimoniais envolvidos nessa relação contratual.

O caráter **contínuo** do contrato de trabalho explica a existência dos poderes **diretivo e disciplinar** do empregador, dos quais decorre o dever de obediência, de fidelidade e de diligência do empregado.

O conteúdo do princípio da boa-fé manifesta-se de várias formas, entre as quais: por meio do dever do empregado de cumprir ordens legais, guardar segredos profissionais, executar suas atividades com zelo e cuidado, evitando danos, agir honestamente, bem como abster-se de concorrer com o empregador. A transgressão desses deveres é punida com a dispensa por justa causa (art. 482 da CLT), mas a violação à boa-fé pressupõe intenção danosa, consciência do possível dano. Nem toda a dispensa por justa causa implica violação ao dever de boa-fé.

A **boa-fé** manifesta-se com maior intensidade em alguns contratos, como o dos empregados que ocupam cargo de confiança, o dos bancários, que manipulam importâncias vultosas de dinheiro, e o dos empregados domésticos, que trabalham na residência do empregador, além de outros. Poderes e direitos deverão ser exercidos, moldando-se às regras da boa-fé.

O princípio da boa-fé poderá subsistir mesmo após o término dos contratos, pela inserção da cláusula de não concorrência, o que será examinado no capítulo sobre contrato de trabalho, na seção dedicada aos elementos desse contrato.

O empregador, por sua vez, ao exercer o poder diretivo e disciplinar, deverá agir dentro dos limites traçados pela lei e pelas normas coletivas, como também ajustar-se às exigências da **boa-fé**, que impõem o exercício normal desse direito. A boa-fé não comporta gradação quantitativa[37]. São contrários a esse princípio e, portanto, "nulos de pleno direito os atos praticados com o objetivo de desvirtuar, impedir ou fraudar a aplicação dos preceitos" contidos na CLT (art. 9º da CLT).

Mesmo que tenha sido atenuado o princípio da proteção legal no Direito do Trabalho, o empregador deverá ainda proteger o empregado na prevenção dos riscos inerentes ao exercício da função.

A **boa-fé** rege também as relações coletivas de trabalho. No campo da negociação coletiva, ela deverá nortear os diálogos, bem como estar presente na celebração dos acordos e convenções coletivas, inclusive daqueles que põem fim à greve. O exercício do direito de greve, por sua vez, não faz desaparecer o princípio da boa-fé, consubstanciado no dever mútuo de lealdade. E tanto é assim que a legislação pertinente (Lei n. 7.783, de 1989) exige que se notifique a categoria econômica ou o empregador sobre o início da paralisação, como também que se respeite o direito dos que queiram trabalhar. Constitui abuso de direito o prosseguimento da greve após finalizado o movimento, salvo fato superveniente ou descumprimento de cláusula ou condição avençada ou determinada (art. 14 da Lei n. 7.783, de 1989). A boa-fé impede também que o empregador substitua os grevistas, exceto se descumprida a exigência de garantir

(37) MONTOYA MELGAR, Alfredo. *Op. cit., passim.*

os serviços essenciais, na forma dos art. 11 e 12 da Lei n. 7.783, de 1989. Em nome do princípio da boa-fé, a mesma lei proíbe que o empregador paralise as suas atividades, com o objetivo de frustrar negociação ou dificultar o atendimento das reivindicações dos empregados (art. 17 da mesma lei).

Finalmente, a boa-fé está presente também no direito processual, já que constitui dever das partes e dos procuradores, a teor do art. 14, incisos I a IV, do Código de Processo Civil, proceder com lealdade e boa-fé, expor os fatos conforme a verdade, não formular pretensões nem defesa cientes de que estão destituídas de fundamento, tampouco produzir provas inúteis ou desnecessárias. Mais adiante, o art. 17 do mesmo diploma legal qualifica como litigante de má-fé quem, além de outras condutas, alterar a verdade dos fatos, usar do processo para conseguir objetivo ilegal, provocar incidentes infundados ou interpuser recurso protelatório.

Ao lado do princípio da boa-fé, Plá Rodriguez arrola, ainda, o **princípio da razoabilidade**, que, segundo nossa opinião, também não é peculiar ao Direito do Trabalho, mas comum a outros ramos do Direito. A ordem jurídica se constrói sobre os alicerces da **razão e da justiça**. Parte-se do pressuposto de que o homem aja razoavelmente, com bom senso, e não arbitrariamente. Esse princípio impõe limites a situações **em que a lei não consegue prevê-los de forma muito rígida, dadas as inúmeras circunstâncias que podem surgir no caso objeto de apreciação.** Daí ser o princípio da razoabilidade abstrato, sem conteúdo concreto. Esse princípio atribuído aos norte-americanos corresponde ao princípio da proporcionalidade como construção dogmática dos alemães[(38)].

Como **fundamento** do Estado Democrático de Direito, a **dignidade humana** norteia o **ordenamento** jurídico brasileiro como um todo.

Embora não seja peculiar ao Direito do Trabalho, alguns autores acrescentam a dignidade humana entre os seus **princípios**. Outros lhe atribuem a natureza **de valor universal**[(39)] compatível com certas limitações, e há ainda quem a inclua **no rol dos direitos fundamentais**.

A dignidade é conceituada como um conjunto de atributos identificador da pessoa humana, que a distingue de outros seres vivos. Após a 2ª Guerra Mundial, ela adquire reconhecimento constitucional, e abre, no Brasil, o título dos princípios fundamentais (art. 1º, inciso III, da Constituição vigente). Ela é uma projeção existencial que poderá se verificar em diversos âmbitos da liberdade efetiva de cada um e "só se salva quando se respeitar essa liberdade"[(40)].

O caráter genérico da dignidade torna fecunda as manifestações do direito à igualdade, à proteção da identidade, à integridade física e moral[(41)], à liberdade, à

---

(38) BARROS, Suzana de Toledo. *Op. cit.*, p. 59.

(39) HOFMANN, H. *Apud* GUTIÉRREZ GUTIÉRREZ, Ignacio. *Dignidad de la persona y derechos fundamentales*. Madrid: Marcial Pons, 2005, p. 58.

(40) SANCHES DE LA TORRE, Angel. *Los principios clásicos del derecho*. Madrid: Unión Editorial, 1975, p. 159, 165.

(41) CHUECA, R. La protección jurídica de embrión humano, p. 37. *Apud* GUTIÉRREZ GUTIÉRREZ, Ignacio. *Dignidad de la persona y derechos fundamentales*. Madrid: Marcial Pons, 2005, p. 75.

segurança e à autodeterminação política[(42)]. A esses direitos, que constituem, segundo alguns autores, o conteúdo da dignidade humana, se inclui a garantia de um mínimo vital de subsistência, imprescindível no Estado Democrático de Direito.

A legislação trabalhista garantista coexiste com **a dignidade humana**, acrescida como princípio por Alfredo Ruprecht[(43)], e inserida na Constituição da República de 1988, evidenciando que o primeiro fundamento do valor do trabalho é o próprio homem. A **dignidade humana** não se confunde com o princípio da proteção, pois é superior a ele. "Trata de elevar a consideração da pessoa que trabalha aos mesmos níveis das que utilizam seus serviços", ressalta o autor citado anteriormente.

A **dignidade humana** ocupa posição de destaque no exercício dos direitos e deveres que se exteriorizam nas relações de trabalho e aplica-se em várias situações, principalmente, para evitar tratamento degradante do trabalhador. Sob a ótica laboral, o direito à intimidade é uma das variáveis mais importantes da dignidade, situando-se aqui a proteção ante o assédio sexual[(44)] e aos exames médicos que se destinam a investigar, sem o consentimento do empregado, aspecto capaz de discriminá-lo. Os controles pessoais no emprego, entre os quais se incluem as revistas[(45)], devem ser feitos respeitando-se, ao máximo, a dignidade de quem a eles se submeter; as opiniões políticas,

---

(42) LÓPEZ PINA, A. *Derechos fundamentales, Estado y sociedade*, p. 19 e ss. *Apud* GUTIÉRREZ GUTIÉRREZ, Ignacio. *Dignidad de la persona y derechos fundamentales*. Madrid: Marcial Pons, 2005, p. 75.

(43) *Os princípios do Direito do Trabalho*. São Paulo: LTr, 1995, p. 106. Trad. Edilson A. Cunha.

(44) "**Assédio sexual. Relação de trabalho. Dano moral.** Ao alçar o assédio sexual a esfera criminal, o Estado visou a proteger um bem jurídico do mais alto quilate, **a dignidade humana**. Uma visão repressora, mas de cunho positivo, já que a criminalização da conduta se constitui em um eficiente mecanismo capaz de afastar o agente de sua prática. A frequente banalização do que é moral, veiculada pela mídia, não pode inverter os valores sociais. A sociedade nos atribui, e assumimos, uma série de papéis nos quais podemos nos comportar de diferentes maneiras. Evidentemente, nestes papéis somos livres para exercitar nossa liberdade, mas estamos limitados aos direitos que também são garantidos aos outros e devemos arcar com a responsabilidade pelos atos praticados. Se a empresa manteve no local de trabalho pessoa que desestabiliza o ambiente e é contumaz em assediar sexualmente suas funcionárias, passa a ser obrigada a reparar o dano que causou, se houver elementos suficientemente esclarecedores da conduta do chefe da reclamante, elementos estes capazes de evidenciar a prática do ilícito a ele imputado." (Grifou-se). TRT 10ª Reg. — RO-0684/2002 — 1ª T. — Rel. p/o Ac. Juiz Pedro Luís Vicentin Foltran — DJU 6.12.2002. *Revista Síntese Trabalhista* n. 164, p. 64.

(45) "**Transportadora de valores. Nudez. Revista íntima. Atentado à dignidade do empregado. Indenização por dano moral.** Ainda que se trate de empresa de transporte de valores, a prática diária de revista íntima, mesmo realizada por pessoa do mesmo sexo, não pode ser convalidada porque agride a **dignidade humana**, fundamento da República (CF, art. 1º, III). O direito do empregador, de proteger seu patrimônio e o de terceiros termina onde começa o direito à intimidade e dignidade do empregado. A sujeição do empregado a permanecer nu ou de cuecas diante de colegas e superiores, retira legitimidade à conduta patronal, vez que incompatível com a dignidade da pessoa, com a valorização do trabalho humano e a função social da propriedade, asseguradas pela Constituição Federal (art. 1º, III e IV, art. 5º, XIII, art. 170, *caput* e III) e ainda, porque a Carta Magna veda todo e qualquer tratamento desumano e degradante (art. 5º, inciso III), e garante a todos a inviolabilidade da intimidade e da honra (art. 5º, inciso X).Tratando--se de direitos indisponíveis, não se admite sua renúncia e tampouco, a invasão da esfera reservada da personalidade humana com a imposição de condições vexaminosas que extrapolam os limites do poder de direção, disciplina e fiscalização dos serviços prestados. A revista íntima não pode ser vista como regra ou condição contratual, pois nem mesmo a autoridade policial está autorizada a proceder dessa forma sem mandado. A revista sem autorização judicial inverte a ordem jurídica vigente no sentido de que ninguém é culpado senão mediante prova em contrário. Estabelecer presunção de culpa contra os empregados, apenas pelo fato de a empresa lidar com valores é consagrar odiosa discriminação contra os trabalhadores dessa sofrida categoria, como se fosse regra a apropriação por estes, do numerário confiado por terceiros aos seus empregadores. Decisão que se reforma para deferir indenização por dano moral (art. 5º, V e X, CF)". (Grifou-se). TRT 2ª Região — RO-01259-2002-442-02-00. Acórdão 20050755719. 4ª Turma — Rel.: Juiz Ricardo Artur Costa e Trigueiros — DOE 11.11.2005. *In: Revista Justiça do Trabalho*. Porto Alegre: HS Editora, dez. **2005**, p. 57.

sindicais e religiosas também devem ser respeitadas. A dignidade humana tem servido ainda para consolidar a não discriminação em função de sexo, cor[46], idade[47], estado civil, orientação sexual, além de outros aspectos.

Ela é invocada também para dotar de alcance o direito à honra, que confere ao seu titular proteção diante do tratamento humilhante e desprezível. A dignidade da pessoa humana constitui, portanto, o núcleo intangível do direito à honra, cujo conceito depende de fatos, ideias e valores que estão presentes numa sociedade em determinado momento histórico.

A solução dos conflitos envolvendo os direitos fundamentais do empregado e do empregador passa pela ponderação das circunstâncias que envolvem o caso concreto e a sanção a ser aplicada deverá observar uma adequada proporção de meios e fins.

A Justiça deverá promover a dignidade do ser humano, impedindo abusos em todos os sentidos.

A jurisprudência brasileira e a estrangeira utilizam, formalmente, a dignidade da pessoa humana como critério indicativo da essência intangível dos direitos fundamentais, como será visto no Capítulo XVIII.

Além da dignidade humana, Ruprecht acrescenta o princípio da racionalidade, da colaboração, da não discriminação, da justiça social, da equidade, da gratuidade nos procedimentos judiciais e administrativos e da integralidade do salário[48].

Os autores espanhóis[49], fundados na doutrina penalista alemã (H. Welzel), submetida a sucessivas releituras, acrescentam também como princípio do Direito do

---

(46) "**Discriminação nas relações de trabalho. Raça negra.** Por direito e lei, é firmemente repudiado em nosso país, qualquer ato de discriminação em função de cor, raça, sexo, idade, religião ou condições especiais e individuais que diferencie a pessoa. Nas relações de trabalho, especialmente, não se pode tolerar atos discriminatórios e humilhantes impingidos ao empregado de raça negra, com ofensas verbais assacadas contra sua pessoa em função exclusiva da cor de sua pele. Fatos como tais devem ser denunciados, sempre, a fim de que não se torne comum e usual a violação de um direito garantido constitucionalmente, reforçando preconceito e prática discriminatória inaceitável. RO a que se dá provimento para fixar indenização por danos morais, em função da violação da honra e do sentimento de **dignidade** própria **do empregado**, que, como qualquer outra pessoa, merece apreço e respeito de seus superiores hierárquicos, não podendo aceitar ou resignar-se com frases como 'negro safado', 'crioulo', ou 'se voltasse a escravidão eu iria te colocar no tronco'. O dano moral, íntimo, é irreparável, mas o ato discriminatório pode e deve ser estancado por esta Justiça". TRT — 3ª Região — RO-5207/1999 — 1ª Turma — Rel.: Juiz Washington Maia Fernandes. DJMG 19.5.2000.

(47) "**Recurso de Revista. Dispensa discriminatória por idade. Nulidade. Abuso de direito. Reintegração**. Se das premissas fáticas emergiu que a empresa se utiliza da prática de dispensar seus funcionários quando estes **completam 60 anos**, imperioso se impõe ao julgador coibir tais procedimentos irregulares, efetivados sob o manto do poder potestativo, para que as dispensas não se efetivem sob a pecha discriminatória da maior idade. Embora o caso vertente não tivesse à época de sua ocorrência previsão legal especial (a Lei n. 9.029 que trata da proibição de práticas discriminatórias foi editada em 13.4.1995 e a dispensa do reclamante ocorreu anteriormente), cabe ao prolator da decisão o dever de valer-se dos princípios gerais do direito, da analogia e dos costumes, para solucionar os conflitos a ele impostos, sendo esse, aliás, o entendimento consagrado pelo art. 8º, da CLT, que admite que a aplicação da norma jurídica em cada caso concreto, não desenvolve apenas o dispositivo imediatamente específico para o caso, ou o vazio de que se ressente, mas sim, todo o universo de normas vigentes, os precedentes, a evolução da sociedade, os princípios, ainda que não haja omissão na norma. Se a realidade do ordenamento jurídico trabalhista contempla o direito potestativo da resilição unilateral do contrato de trabalho, é verdade que o exercício deste direito guarda parâmetros éticos e sociais como forma de preservar a **dignidade** do cidadão trabalhador...". TST-RR-462888/1998. 5ª Turma. Rel.: Juiz Convocado André Luís Moraes de Oliveira. DJU 26.9.**2003**.

(48) RUPRECHT, Alfredo J. *Os princípios do Direito do Trabalho*. São Paulo: LTr, 1995, p. 96 e ss.

(49) DE LA VILLA GIL, Luis Enrique; CUMBRE, Lourdes López. El principio de adecuación social y los conceptos jurídicos indeterminados en el Derecho del Trabajo. *In Los principios del Derecho del Trabajo*. Directores: Luis Enrique de la Villa Gil e Lourdes López Cumbre. Madrid: Centro de Estudios Financieros, **2003**, p. 393.

Trabalho o da "**adequação social**". A ideia central dessa teoria consiste em desvincular do tipo penal comportamentos socialmente adequados, ou seja, condutas admitidas no contexto social. Welzel cita como exemplo o comportamento de um sobrinho ambicioso que incentiva o seu tio rico a viajar de trem, com a expectativa de herdar sua fortuna, caso o tio faleça em um acidente. A ação homicida está ausente quando se considera que o sobrinho se comportou de modo socialmente adequado, considerando que as viagens de trem não constituem risco juridicamente relevante. A hipótese versa sobre um risco permitido.

Embora seja admitida a aplicação desse princípio a outros ramos do ordenamento jurídico, não é frequente a sua utilização no Direito do Trabalho.

À luz dessa disciplina, o princípio está compreendido no conceito segundo o qual "as normas trabalhistas deverão ser interpretadas e aplicadas de acordo com o sentir social dominante de cada realidade positiva, em cada momento histórico, e as condutas dos sujeitos terão de ser avaliadas em função de sua adequação às exigências sociais"[(50)]. A jurisprudência tem que reconhecer a cada momento as inovações do direito legislado e as aspirações sociais, quando compatíveis com os textos legais.

Logo, em muitas situações, para realizar a função interpretativa não são suficientes os métodos gramatical, lógico e sistemático; é necessário considerar também o elemento sociológico, ao qual serão incorporados fatores de ordem política, econômica e moral que revelam os anseios da comunidade no momento da aplicação da lei. Lembre-se, entretanto, que esses fatores não autorizam o Juiz a modificar ou deixar de aplicar a norma vigente, mas a suavizá-la até onde o texto legal o permitir[(51)]. A doutrina tem alertado para o fato de que a utilização desses fatores na função interpretativa exige prudência e habilidade, pois há risco de arbitrariedade ao se entregar a consciência moral de um povo à apreciação subjetiva do Juiz. Assim, é necessário que a tendência ou a ideia tenha penetrado de forma inequívoca na realidade social ao tempo da aplicação.

De La Villa assevera que o princípio da **adequação social** "não pode ser aplicado como cláusula geral independente que, com caráter normativo, determine situações jurídicas concretas, tampouco pode derrogar leis positivas ou amparar condutas antijurídicas"[(52)].

O **princípio da adequação social** no ordenamento jurídico-trabalhista poderá se expressar por meio de uma dimensão objetiva, que se exterioriza na interpretação das normas trabalhistas com emprego do método social ou sociológico. Já a dimensão subjetiva do princípio da adequação social alude à valoração dos comportamentos dos trabalhadores, em face das circunstâncias de tempo, lugar e modo, o que é prejudicado pelo casuísmo das normas trabalhistas em vários países, entre eles o Brasil e a Espanha[(53)].

---

(50) DE LA VILLA GIL, Luis Enrique. *Op. cit.*, p. 396.
(51) DE LA VILLA GIL, Luis Enrique. *Op. cit.*, p. 399.
(52) *Op. cit.*, p. 396.
(53) DE LA VILLA GIL, Luis Enrique. *Op. cit., passim*.

Embora as normas trabalhistas, desde a sua formação histórica, visem ao equilíbrio dos interesses econômicos e sociais em jogo, muitas vezes essa conciliação não se situa em um plano objetivo e atemporal.

Ocorre também de uma norma sacrificar o interesse de uma das partes em benefício da outra, o que não deveria existir no ordenamento jurídico, porque conduz ao desaparecimento do contrapeso necessário às relações entre empregado e empregador.

A incorporação do elemento sociológico na interpretação das leis tem relação também com o grau de indeterminação do conteúdo das normas legais, cuja intensidade pode ser **mínima, média ou máxima**.

A indeterminação **mínima** resulta do emprego da linguagem jurídica, que se utiliza de formas literais não autossuficientes, exigindo do Juiz uma atividade definidora dos conteúdos normativos quando a indeterminação se verificar. Citamos como exemplo no Direito do Trabalho brasileiro e no Direito Civil de nosso país as normas sobre segredo (art. 482, "g", da CLT), ofensa física (art. 482, "j", da CLT) e compensação razoável (art. 606 do Código Civil).

Um **segundo grau** de indeterminação **(médio)** advém da opção consciente do legislador por não esgotar o conteúdo das normas disciplinadoras do fato, atribuindo ao Judiciário a tarefa de completá-lo, como ocorre quando a jurisprudência define o que é habitual para a incorporação das horas extras na remuneração do empregado (art. 7º, "a", da Lei n. 605, de 1949), o que é serviço contínuo para conceituar o empregado doméstico (art. 1º da Lei n. 5.859, de 1972), para citar apenas algumas situações.

E por fim, temos a indeterminação **máxima**, que ocorre quando o legislador opta por esvaziar a norma de conteúdo preciso, substituindo-o por critérios gerais que deverão ser aglutinados no ato da aplicação da norma ao caso concreto. Nesse momento, os órgãos judiciários realizam uma verdadeira atividade criativa, distinguindo-se, entretanto, do Legislativo, porque essas normas são destituídas de caráter geral. Elas são particulares e dirigem-se apenas à solução do caso concreto. Esses conceitos indeterminados se encontram em vários preceitos legais, como os que fazem menção à honra e à boa-fama (art. 482, "j" e "k", da CLT), mau procedimento (art. 482, "b", da CLT), interesse público (art. 8º da CLT), dignidade (art. 1º, inciso III, da Constituição), igualdade perante a lei (art. 5º da Constituição), equidade (art. 8º da CLT), direito adquirido (art. 5º, inciso XXXVI, da Constituição).

Quanto maior for o grau de indeterminação da norma, maior será a utilização do princípio da adequação social ou do método sociológico na função interpretativa.

CAPÍTULO VI

RENÚNCIA E TRANSAÇÃO. COMISSÕES DE CONCILIAÇÃO PRÉVIA

1. RENÚNCIA

1.1. Conceito e elementos

A renúncia é um instituto jurídico que se encontra presente desde o Direito Romano, nas *Institutas* de Gaio e no *Digesto*. É conceituada pelos civilistas como "a abdicação que o titular faz do seu direito, sem transferi-lo a quem quer que seja. É o abandono voluntário do direito" (SILVA PEREIRA, Caio Mário da. *Instituições de Direito Civil*, v. I).

Seus principais elementos são: manifestação de vontade consciente, dirigida à produção de um resultado prático previsto pelo ordenamento jurídico; ato unilateral, no Direito do Trabalho, podendo ser bilateral, no Direito Civil, conforme a natureza do direito a que se renuncie(1); pressupõe certeza do direito.

Em geral, são renunciáveis os direitos que versam sobre interesses privados. Os civilistas abrem exceção para os direitos que envolvem um interesse de ordem pública, como os de família puros (pátrio poder, etc.), os de proteção aos economicamente fracos ou contratualmente inferiores (garantias asseguradas ao trabalhador, etc.)(2).

Verifica-se, portanto, que, no Direito do Trabalho, até mesmo segundo a doutrina civilista, o instituto da renúncia tem seu campo de aplicação reduzido. Isso, porque o legislador trabalhista abandonou o princípio da igualdade de direito em que se haviam baseado os códigos civis do século XIX e do início do século XX, e passou a cercar-se da igualdade de fato, inclinando-se para compensar, com uma "superioridade jurídica, a desigualdade econômica do trabalhador", por meio de uma proteção jurídica a ele favorável.

Em consequência, as normas de Direito do Trabalho são, em sua maioria, imperativas, cogentes, limitando o Estado deliberadamente a autonomia da vontade em face da necessidade de proteger o economicamente fraco. Logo, a disponibilidade de direitos sofre limitações, quer no tocante à renúncia, quer no tocante à transação, pois não seria coerente que o ordenamento jurídico assegurasse ao empregado garantias

(1) VILLELA, João Baptista. Sobre Renúncia e Transação no Direito do Trabalho. *Curso de Direito do Trabalho*. Estudos em memória de Célio Goyatá. 3. ed., São Paulo: LTr, 1996, p. 179. Coord. Alice Monteiro de Barros.
(2) PEREIRA, Caio Mário da Silva. *Instituições de Direito Civil*. v. 1. Rio de Janeiro: Forense, 1996, p. 301.

mínimas e depois deixasse esses direitos subordinados à sua vontade ou à vontade do empregador. O limite à autonomia da vontade torna o Direito do Trabalho mais social e mais humano[3]. Cumpre, portanto, verificar em que situações a renúncia é possível no Direito do Trabalho.

1.2. Irrenunciabilidade e conteúdo da norma

Sustentam alguns autores[4] que a irrenunciabilidade decorre do conteúdo da norma, de forma **explícita** ou **implícita**, podendo ainda advir de sua **finalidade objetiva**.

A forma **explícita** emerge claramente do preceito legal, em que consta seu caráter inderrogável. Essa manifestação poderá se externar **sob a forma de proibição expressa de renúncia**. Como exemplo, citamos o art. 3º da Lei do Trabalho da Venezuela, quando dispõe que "em nenhum caso serão renunciáveis as normas e disposições que favoreçam os trabalhadores". No parágrafo único, o mesmo artigo prevê que "a irrenunciabilidade não exclui a possibilidade de conciliação ou transação sempre que se realize por escrito e contenha uma relação circunstanciada dos fatos que a motivem e os direitos nela compreendidos...".

No âmbito internacional, podemos citar o art. 5º, inciso XIII, do Repertório de Recomendações Práticas sobre Proteção de Dados Pessoais dos Trabalhadores para ação futura da OIT, que prevê a impossibilidade de os trabalhadores renunciarem ao direito de proteger sua vida privada, e o art. 12 da Convenção n. 132, que proíbe renúncia às férias.

A irrenunciabilidade manifesta-se também por meio da declaração de nulidade de todo ato cujo objetivo é estabelecer solução diferente da estipulada pelo legislador, como, aliás, ressalta Plá Rodriguez[5]. Em consonância com esse entendimento, o Direito do Trabalho brasileiro, no art. 9º da CLT, torna irrenunciáveis explicitamente as normas consolidadas, ao prever a nulidade "de pleno direito dos atos praticados com o objetivo de desvirtuar, impedir ou fraudar a aplicação dos preceitos contidos na presente Consolidação".

Já a forma **implícita** da irrenunciabilidade encontra-se no próprio contexto legal. Assim, o art. 7º, inciso XIII, da Constituição da República de 1988, ao assegurar a duração do trabalho normal não superior a oito horas diárias e 44 semanais, possui um conteúdo inderrogável, pois o texto constitucional, quando diz "não superior", traça limites que não podem ser ultrapassados, a não ser se se tratar de regime de compensação. O mesmo ocorre com a Lei do FGTS (n. 8.036, de 1990), quando, em seu art. 6º, impõe ao empregador a obrigação de pagar o mínimo de 60% da indenização simples ou em dobro, conforme o caso, pelo tempo de serviço anterior ao ingresso no FGTS. O caráter inderrogável dessas normas está implícito no seu próprio conteúdo.

---

(3) VASQUEZ VIALARDI. *Derecho del Trabajo*. 2. ed. Buenos Aires: Astrea, 1981, p. 78.

(4) DEVEALI, Mario L. Orden Público y Inderogabilidad de las Normas Laborales. *Derecho del Trabajo*, Buenos Aires, 1957, p. 355.

(5) *Princípios de Direito do Trabalho*. São Paulo: LTr, 1978, p. 84.

Há também casos em que a irrenunciabilidade resulta do **fim visado pela norma**, que outro não é senão o de retirar o trabalhador de sua condição de inferioridade econômica. Daí afirmar Pinho Pedreira[(6)] que a irrenunciabilidade domina o Direito do Trabalho. Em consonância com esse entendimento, o TST tem admitido que as leis trabalhistas são, em regra, irrenunciáveis[(7)].

1.3. Renúncia expressa e tácita

Por outro lado, a renúncia poderá traduzir manifestação da vontade do titular do direito de forma **expressa** ou **tácita.** A primeira se exterioriza por meio de declaração de vontade, em que o titular do direito (no caso, o empregado) dele se despoja, enquanto a segunda se extrai de comportamentos do empregado que evidenciem a intenção de despojar-se de certos direitos. Como exemplo de renúncia **expressa** podemos citar o pedido de demissão do empregado estável, com a indispensável assistência a que alude o art. 500 da CLT. Nesse caso, está declarada a vontade do empregado de despojar-se da garantia de emprego e da indenização de antiguidade correspondente. A proteção à liberdade individual justifica a resilição do contrato pelo empregado; do contrário, sujeitar-se-ia o obreiro a vínculos perpétuos. Implica igualmente renúncia à estabilidade provisória o pedido de demissão formulado por dirigente sindical, por membro de Comissão Interna de Prevenção de Acidentes — CIPA, por acidentado e pela gestante.

Quanto à renúncia **tácita** ou **presumida**, a maioria dos autores[(8)], aos quais nos filiamos, não a admite, em face do princípio da irrenunciabilidade. Sustentam que a renúncia só poderá ser admitida em caráter excepcional. Outros equiparam, na prática, à renúncia tácita a prescrição, uma vez transcorrido o prazo para se ajuizar a ação[(9)].

Não nos parece possa traduzir renúncia a despedida injusta de empregado portador de estabilidade legal, ainda que ele receba verbas rescisórias. É que o instituto da estabilidade está consagrado em preceito de ordem pública, irrenunciável tacitamente[(10)]. Em muitos casos está em jogo até mesmo o interesse coletivo, como ocorre com o dirigente sindical. A matéria é, contudo, controvertida[(11)].

---

(6) PINHO PEDREIRA, Luiz de. *Principiologia do Direito do Trabalho*. Salvador: Gráfica Contraste, 1996, p. 159. Afirma o autor que os direitos assegurados por lei, convenção ou acordos coletivos e pelo contrato de trabalho são irrenunciáveis, a não ser que a renúncia seja favorável ao trabalhador.

(7) **"Aviso prévio. Irrenunciabilidade**. O direito ao aviso prévio é irrenunciável, **como são, via de regra, todos os direitos trabalhistas previstos em lei**. Assim, a liberação do cumprimento do aviso prévio pela empresa, a empregado dispensado a pedido, não a exime do pagamento dos valores pecuniários pertinentes, irrenunciáveis. Gerente. Horas extras. Matéria estritamente de prova. Recurso em parte conhecido e provido". TST — 2ª T. — RR 57.285/92.3. Ac. 3255/93 — Rel.: Min. Ney Proença Doyle — DJ 26.11.93 (grifou-se).

(8) SÜSSEKIND, Arnaldo. *Instituições de Direito do Trabalho*. v. 1. São Paulo: LTr, 16. ed., 1996.

(9) PLÁ RODRIGUEZ, Américo. *Op. cit.*, p. 92.

(10) **"Ação rescisória. Violação de lei. Art. 19 do Ato das Disposições Constitucionais Transitórias**. 1. A estabilidade constitucional prevista no art. 19 do Ato das Disposições Constitucionais Transitórias é direito patrimonial incorporado ao bem jurídico do trabalhador, portanto direito indisponível que não comporta qualquer tipo de transação. 2. Sentença que atribui validade à dispensa sem justa causa ao fundamento de que foram pagas as indenizações trabalhistas viola literalmente o art. 19 do ADCT. 3. Ação rescisória a que se nega provimento". TST — RO/AR 24.611/91.5 — Ac. SDI-1409/92 — Rel.: Min. Francisco Fausto — DJ 14.8.1992.

(11) **"Garantia de emprego. Dispensa imotivada. Homologação sindical. Renúncia ao direito.** Se dispensado imotivadamente, no curso de garantia de emprego, o empregado concorda em receber verbas indenizatórias e levanta

1.4. Momento da renúncia

Outro aspecto que releva mencionar diz respeito ao **momento da renúncia**.

Em princípio, os autores são unânimes em afirmar que a renúncia a **direitos futuros é inadmissível** (art. 191 do Código Civil de 2002), a não ser em situações raras, previstas na lei. Aliás, no Brasil tivemos exemplo desse tipo de renúncia, como se infere do Decreto-Lei n. 4.362, de 6 de junho de 1942, revogado no ano seguinte pela CLT, cujo art. 1º dispunha que "ao trabalhador maior de 45 anos que tivesse sido contratado estando em vigência este decreto-lei, é lícito, **no ato de admissão**, desistir expressamente do benefício da estabilidade no emprego, sempre que não haja trabalhado nos dois anos anteriores e em caráter efetivo para o mesmo empregador". Atualmente, o Direito do Trabalho brasileiro não admite a renúncia a direitos futuros, daí ter o TST, por meio da **Súmula n. 199**, proibido a pré-contratação de horas extras pelos bancários, pois implicaria renúncia prévia à jornada reduzida(12).

No **curso** do contrato a renúncia é permitida apenas quando houver previsão legal. Como exemplo, citamos a opção pelo FGTS feita pelo empregado estável, antes da Constituição da República de 1988. Esse trabalhador estaria renunciando à estabilidade, mas não à indenização por tempo de serviço. A redutibilidade salarial a que alude o art. 7º, VI, da Constituição de 1988 tem sido também apontada como renúncia no curso do contrato(13). A esses exemplos, acrescentamos a majoração da jornada de oito horas no regime de compensação (art. 7º, XIII) e da jornada de seis horas nos turnos ininterruptos de revezamento (art. 7º, XIV, da Constituição de 1988), sempre mediante acordo ou convenção coletiva. Para a adoção do regime de compensação, a jurisprudência predominante admite seja o acordo individual (**Súmula n. 85 do TST**), salvo norma coletiva em contrário.

Outro caso de renúncia no curso do contrato está contemplado no inciso II, da **Súmula n. 51 do TST**, que preceitua: "II — havendo a coexistência de dois regulamentos da empresa, a opção do empregado por um deles tem efeito jurídico de renúncia às regras do sistema do outro."

Finalmente, na **ruptura do contrato** a renúncia vem sendo permitida, mas, a nosso ver, desde que o direito seja disponível, o que é raro. Isso porque muitos institutos

---

o FGTS, sem ressalva, tudo com assistência sindical, por certo que seu comportamento retrata típica renúncia ao direito de permanecer no emprego, sendo inconteste, igualmente, que o ato jurídico de rescisão contratual assenta-se em inconfundível boa-fé das partes. Revista não conhecida". TST — RR 215.256/1995-7 — 4ª T. — Rel.: Min. Milton de Moura França — DJU de 15.5.98, p. 497, *in* "Ponto de Encontro", *Informativo Bimestral da AMATRA* da 10ª Região. Ano III, Brasília, abr./maio 1998, p. 8.

(12) "**Horas extras. Pré-contratação.** A jornada do bancário é de seis horas, só podendo ser prorrogada excepcionalmente, *ex vi* do art. 225 consolidado. O verbete sumular 199 desta Corte buscou coibir abusos e artifícios que se proliferam acerca desta jornada reduzida, acabando por encampar o princípio de que a renúncia antecipada, no Direito do Trabalho, é nula de pleno direito. Se a parte renuncia, previamente, à jornada reduzida que lhe é benéfica, configura-se uma presunção *jure et jure* de que foi coagida a esta atitude para ingressar na respectiva empresa. E tal atitude, à luz do art. 9º da CLT, é considerada nula. A **Orientação Jurisprudencial** desta Corte, sedimentada no Enunciado n. 199, tem inteira aplicação ao caso *sub judice*, sendo devidas as 7 e 8 horas como extras. Revista parcialmente conhecida e provida." TST — RR 94.160/93.3 — Ac. 2104/94 — Rel.: Min. José Francisco da Silva — DJ 19.8.94.

(13) VILELLA, João Baptista. *Curso de Direito do Trabalho*. Estudos em memória de Célio Goyatá. *Op. cit.*, p. 176.

jurídicos assegurados ao trabalhador só são devidos após a ruptura do pacto e nem por isso deixam de estar consagrados em preceitos irrenunciáveis. Além disso, a pressão econômica, viciadora da vontade do empregado, poderá estar mais acentuada por ocasião da cessação do pacto, em virtude do desemprego que assola o País. Atento a esses dois aspectos, o TST editou a **Súmula n. 276**, cujo texto dispõe: "O direito ao aviso prévio é irrenunciável pelo empregado. O pedido de dispensa de cumprimento não exime o empregador de pagar o valor respectivo, salvo comprovação de haver o prestador dos serviços obtido novo emprego". Trata-se de instituto jurídico previsto em dispositivo de ordem pública, cuja finalidade é proporcionar ao empregado injustamente dispensado a possibilidade de conseguir outro emprego. Também o art. 12 da Convenção n. 132 da OIT, ratificada pelo Brasil, considera o instituto jurídico das férias irrenunciável, independentemente do momento em que ocorre o despojamento.

Outra será a situação se o empregado for portador de estabilidade legal e se demitir do emprego. Nesse caso, ele estará renunciando à garantia de emprego proporcionada pela estabilidade.

Indaga-se ainda se implica **renúncia** o fato de constar dos **recibos de rescisão quitação plena para nada mais reclamar**. Essa cláusula liberatória não tem eficácia jurídica, em face do teor do art. 477 da CLT, que condiciona a validade dos recibos à discriminação de parcelas e respectivos valores. Sucede que o TST, por meio da **Súmula n. 330**[14], *caput*, ao interpretar o citado dispositivo legal, acabou por permitir a renúncia de direitos do trabalhador, embora a maioria deles esteja assegurada em preceitos irrenunciáveis.

Mesmo após a ruptura do contrato, filiamo-nos aos que sustentam que a renúncia do empregado deve ser vista com desconfiança, pelas seguintes razões: em primeiro lugar, pela condição de desempregado, que necessita de recursos imediatos para continuar se mantendo até que obtenha novo emprego; em segundo lugar, pelo temor de enfrentar a demora de uma demanda judicial e, por fim, dada a necessidade de obtenção da carta de referência do antigo empregador para candidatar-se a um novo emprego[15].

1.5. Renúncia e norma coletiva

Outro aspecto ligado à **renúncia** e que tem conotação prática diz respeito ao fato de poder ou não ser ela efetuada por meio de **convenção coletiva**.

A doutrina francesa admite a possibilidade, sob o fundamento de que "o fato de igualar em nível coletivo os antagonistas sociais faz decair, ao menos em parte, o

(14) "**Quitação. Validade** — A quitação passada pelo empregado, com assistência de entidade sindical de sua categoria, ao empregador, com observância dos requisitos exigidos nos parágrafos do art. 477 da CLT, tem eficácia liberatória em relação às parcelas expressamente consignadas no recibo, salvo se oposta ressalva expressa e especificada ao valor dado à parcela ou parcelas impugnadas. I — A quitação não abrange parcelas não consignadas no recibo de quitação e, consequentemente, seus reflexos em outras parcelas, ainda que estas constem desse recibo. II — Quanto a direitos que deveriam ter sido satisfeitos durante a vigência do contrato de trabalho, a quitação é válida em relação ao período expressamente consignado no recibo de quitação." (Redação dada pela Resolução n. 108/2001, DJ 18.4.2001).

(15) LIMA, Francisco Meton Marques de. *Os princípios de Direito do Trabalho na lei e na jurisprudência*. 2. ed., São Paulo: LTr, 1997, p. 96.

cuidado do legislador pela posição de inferioridade do trabalhador individual frente a seu empregador" (Camerlynck).

A doutrina alemã também é favorável, afirmando que "a convenção coletiva pode alterar ou suprimir direitos adquiridos com base em uma convenção anterior" (Nipperdey). É a prevalência do direito coletivo sobre o direito individual, com fortalecimento da autonomia coletiva.

No Brasil, os incisos VI, XIII e XIV do art. 7º da Constituição de 1988, já citados, autorizam a renúncia via acordo e convenção coletiva. No tocante à sentença normativa, ela também é possível. A jurisprudência do TST inclina-se favoravelmente a essa tese, quando, na **Súmula n. 277**, dispõe que: "as condições de trabalho alcançadas por força de sentença normativa vigoram no prazo assinado, não integrando de forma definitiva os contratos".

Quanto aos demais direitos assegurados na Constituição, não vemos como admitir renúncia, nem sequer via convenção coletiva.

Aliás, o TST, em decisão proferida pela 1ª Turma e cujo relator foi o Ministro João Oreste Dalazen, coibiu a renúncia em convenção coletiva quando se tratar de preceito assegurado na Constituição. Vejamos:

> "Adicional de insalubridade. Princípio da flexibilização do contrato de trabalho. Não pode ser validada a negociação coletiva que pretende dar quitação ao adicional de insalubridade não pago ao trabalhador, pois o princípio constitucional medular inscrito no art. 7º, inciso VI, não subsiste diante da renúncia de direito assegurado pela Carta Magna. Revista conhecida e provida". TST — 1ª T. — Ac. 3953/96 — Rel.: Min. João Oreste Dalazen, DJ 7.3.97, p. 5736. *Revista de Direito Trabalhista,* ano 3, n. 4, abr. 1997, p. 46.

Outra questão com a qual os tribunais têm deparado diz respeito a instrumentos coletivos intitulados acordos, nos quais os empregados renunciam antecipadamente a direitos individuais, como as horas *in itinere* (de percurso) que possam existir no contrato, derrogando comandos imperativos asseguradores de direitos mínimos. Temos invalidado tais cláusulas, nos dissídios individuais(16). A hipótese não se encaixa como transação, uma vez que inexiste concessão feita pela empresa, mas apenas pelo empregado, que renuncia às horas extras, antecipadamente. E nem se diga que, em se tratando de assunto polêmico, a renúncia seria possível. Ora, a matéria já está consubstanciada na **Súmula n. 90**, inciso I, do TST há muitos anos, traduzindo fonte supletiva ou processo de integração de Direito do Trabalho; portanto, não há mais controvérsia sobre a questão. Comunga nesse entendimento Milton de Moura França, em artigo intitulado "Renúncia de Direito às Horas *in itinere* Previstas em Acordo

---

(16) TRT — 3ª Reg. — 2ª T. — RO 5.483/92 — Relª: Juíza Alice Monteiro de Barros — julgado em 9.12.1992. Afinado com a ideia exposta também se pronunciou o TRT da 15ª Região, como se infere desta ementa: "**Acordo coletivo de trabalho**. Instrumento de melhoria de condições de trabalho e de salário e não de extinção de direitos do empregado. Renúncia de direitos às horas extras *in itinere* previstas em cláusula de Acordo Coletivo. Ineficácia, por sua incompatibilidade com princípios e normas garantidoras de proteção mínima aos empregados (art. 9º e 444 ambos da CLT). Recurso provido". TRT — 15ª Região — RO 19.358/91.9. Ac. 11.297/93 — Rel.: Juiz Milton de Moura França — DOE 14.9.93. *Revista Genesis* n. 13, jan. 1994, p. 71.

Coletivo: Ineficácia"[17]. E mais, agora a matéria tem tratamento legal (art. 58, § 2º, da CLT). O tema é polêmico e há jurisprudência divergente admitindo deva prevalecer o disposto nas normas coletivas.

Poderá ocorrer também que uma cláusula econômica, inserida em norma coletiva, precise ser revista, quando surgirem motivos econômicos e sociais de interesse geral que levem a uma modificação, por meio de lei, da política salarial. A norma coletiva, ainda que contenha condições mais favoráveis ao empregado, celebrada sob a égide do estado de fato anterior, sofrerá os efeitos da cláusula *rebus sic stantibus*, implícita no ajuste, podendo traduzir renúncia.

Entendemos que mesmo diante da flexibilização a renúncia continua sofrendo restrições no Direito do Trabalho, em razão das **barreiras ou limites** impostos pelo art. 166 do Código Civil de 2002 (o qual dispõe que a renúncia requer agente capaz, objeto lícito e forma prescrita em lei), pelo conteúdo expresso ou implícito das normas, pelo fim visado por elas, pela necessidade de constituir manifestação volitiva livre, pela inviabilidade de concretizar-se de forma tácita e quanto a direitos futuros.

A Constituição da República de 1988 flexibilizou o princípio da irrenunciabilidade do sistema trabalhista, mas apenas no art. 7º, incisos VI, XIII e XIV, os quais não comportam interpretação extensiva (cf. Pinho Pedreira. *Principiologia do Direito do Trabalho*, Salvador: Gráfica Contraste, 1996, p. 158). A consequência da irrenunciabilidade é a nulidade do ato.

2. TRANSAÇÃO

2.1. Conceito e natureza jurídica

No tocante à **transação**, há quem a veja como um contrato e outros a considerem forma de extinguir obrigações. Trata-se de uma relação jurídica em que as partes fazem concessões recíprocas, nascendo daí o direito de ação para os transigentes. É restrita a direitos patrimoniais de caráter privado, sobre os quais recaia o litígio ou a suscetibilidade do litígio. Diferencia-se da conciliação, que é um ato praticado no curso do processo, mediante a iniciativa e a interveniência do magistrado. A transação é de inegável utilidade social, pois evita despesa e dissabor moral, prevenindo inimizades. Ela pode se manifestar no curso do contrato ou por ocasião de seu término[18].

2.2. Transação e a Constituição da República de 1988

No curso do contrato de trabalho, a transação encontra limite nos art. 9º e 468 da CLT, consagrando este último a ineficácia da alteração do contrato, se prejudicial ao trabalhador, exceto nas hipóteses do art. 7º, VI, XIII e XIV, da Constituição vigente. Convém esclarecer que o disposto no inciso XIII já estava excetuado no diploma consolidado.

---

(17) *Revista Gênesis de Direito do Trabalho*, n. 19, jul. 1994, p. 31.

(18) OLIVEIRA, Francisco Antônio de. Transação. *Revista Trabalho e Doutrina*, n. 27, dez. 2002, p. 127 e ss.

2.2.1. Transação. Limites. Cláusulas de convenção coletiva. Nulidade

A transação encontra seu limite também no interesse da categoria, no interesse público e no art. 444 da CLT, que preceitua: "As relações contratuais de trabalho podem ser objeto de livre estipulação das partes interessadas em tudo quanto não contravenha às disposições de proteção ao trabalho, aos contratos coletivos (atualmente convenções coletivas) que lhes sejam aplicáveis e às decisões das autoridades competentes".

As cláusulas de convenção ou acordo coletivo são passíveis de nulidade? Evidentemente que sim, com base no art. 83, IV, da Lei Complementar n. 75, de 1993, que atribui competência ao Ministério Público para propor ação anulatória junto aos órgãos da Justiça do Trabalho quando aquelas normas violarem as liberdades individuais ou coletivas ou os direitos individuais indisponíveis do trabalhador. Por se tratar de questão coletiva, à semelhança dos dissídios coletivos, a ação anulatória, nesses casos, deverá ser proposta nos tribunais, como já começa a se manifestar a jurisprudência(19).

Em geral, as cláusulas que têm sido objeto de anulação são as relativas a desconto da contribuição confederativa de empregado não sindicalizado, por ferir-lhe o direito à plena liberdade de associação e de sindicalização (cf. a propósito **Orientação Jurisprudencial** n. 17 da SDC do TST).

Ora, se a transação feita pelo sindicato é passível de nulidade, com mais razão aquela que se realiza entre empregado e empregador, geralmente na ruptura do pacto laboral, pois os direitos são em regra indisponíveis, porque instituídos por normas imperativas reveladoras do interesse público(20). Essas normas, segundo Ribeiro de Vilhena(21), "são técnicas de substituição de vontade. Injeta-se a vontade estatal na vontade do empregado e àquela se vincula a deste (...). Nas quitações, nas rescisões, nos pagamentos, a vontade legal ainda não se desprendeu da do empregado. Mesmo naquele campo desvinculador que a lei reservou a ele, o da renúncia, o da transação, impõe ela ao conteúdo do ato certos limites". O primeiro limite é de cunho formal. A transação extrajudicial de empregado com mais de um ano de serviço só terá validade se realizada com a assistência do respectivo sindicato ou do Ministério do Trabalho. Quando não existir na localidade nenhum dos órgãos previstos no art. 477 consolidado, a assistência será prestada pelo Ministério Público, pelo Defensor Público ou pelo Juiz de Paz. Trata-se de condição extrínseca de eficácia, que não impede o exame do conteúdo do ato material, para se verificar se houve renúncia, transação ou quitação dos direitos discriminados.

---

(19) "**Ação anulatória.** Convenção coletiva de trabalho que estabelece contrato especial (flexibilização de direitos indisponíveis). É competente o Tribunal Regional do Trabalho, originariamente, para o julgamento de ação anulatória que tem por finalidade atingir cláusulas de convenção coletiva, haja vista que o fato é coletivo na forma preconizada na Lei n. 8.984, de 7.2.1995 (...)." TRT — 2ª Reg.— Ação Anulatória n. 64/96-A — julgado em 23.9.1996 — Rel.: Juiz Nelson Nazar — DJ 4.10.1996. p. 47. Nesse sentido é a **Orientação Jurisprudencial** n. 129 da SDI-2 do TST.

(20) "**Aviso prévio. Direito irrenunciável**. Rescindindo o contrato de trabalho mediante **acordo,** este não atinge o aviso prévio, por constituir-se em direito irrenunciável do empregado. Recurso conhecido e provido." TST — RR 67.543/93.6 — Ac. 3173/93 — Rel.: Min. Almir Pazzianotto — DJ 12.11.93.

(21) RIBEIRO DE VILHENA, Paulo Emílio. Lei n. 4.066: Quitação e Transação. *Revista LTr* 29/364.

Lembre-se que, a teor do art. 1º, § 1º, do Decreto-Lei n. 779, de 21 de agosto de 1969, a assistência a que alude o art. 477 da CLT não se aplica à União, aos Estados, ao Distrito Federal, aos Municípios e às autarquias ou fundações de direito público federais, estaduais ou municipais que não explorem atividade econômica. Isso porque desfrutam de presunção relativa de validade os recibos de quitação ou pedidos de demissão de seus empregados, ainda que não homologados nem submetidos à assistência mencionada nos §§ 1º, 2º e 3º do art. 477 da CLT.

2.3. Transação. Quitação pelo objeto do pedido e extinto contrato de trabalho feita em juízo. Diferença entre conciliação e transação

A transação, por força dos art. 840 e 843 do Código Civil de 2002, é forma de extinguir obrigação, devendo ser interpretada restritivamente. Em consequência, como a regra consubstanciada no art. 477 da CLT dirige-se à quitação pela dissolução do contrato, encarada a transação como simples distrato, a sua eficácia é relativa, encontrando limite nesse dispositivo legal. Não se pode presumir transação, daí divergirmos da **Súmula n. 330 do TST**, cujo teor é o seguinte:

> "Quitação. Validade — A quitação passada pelo empregado, com assistência de entidade sindical de sua categoria, ao empregador, com observância dos requisitos exigidos nos parágrafos do art. 477 da CLT, tem eficácia liberatória em relação às parcelas expressamente consignadas no recibo, salvo se oposta ressalva expressa e especificada ao valor dado à parcela ou parcelas impugnadas. I — A quitação não abrange parcelas não consignadas no recibo de quitação e, consequentemente, seus reflexos em outras parcelas, ainda que estas constem desse recibo. II — Quanto a direitos que deveriam ter sido satisfeitos durante a vigência do contrato de trabalho, a quitação é válida em relação ao período expressamente consignado no recibo de quitação."

O só fato de o empregado encontrar-se assistido pelo sindicato no momento da rescisão não tem o condão de estender a quitação a valores não pagos(22), embora a parcela esteja discriminada no recibo. Ora, o art. 477 da CLT não exige ressalva expressa. Condiciona a validade do recibo à especificação da parcela e do respectivo valor apenas.

Eventuais diferenças a esse título, a nosso ver, podem ser reivindicadas em juízo (art. 477 da CLT), embora esse raciocínio não encontre amparo na jurisprudência predominante do TST, que exige a ressalva.

Durante a tramitação do feito, a conciliação deverá ser proposta pelo Juiz, em duas oportunidades. Ela marca um ponto de encontro entre a autocomposição e a heterocomposição (Athos Gusmão).

A conciliação não implica necessariamente transação, pois poderá ocorrer de o empregador pagar tudo o que é devido ao empregado, mas, em geral, ela se subsume à transação.

Mesmo na homologação da **transação judicial** há limites impostos pelo art. 166 do Código Civil de 2002, ou seja, a transação requer agente capaz, objeto lícito e

(22) Cf. a propósito Carlos Moreira de Luca *in* Aspectos da Transação de Direitos Trabalhistas. *Jornal do IV Congresso Brasileiro de Direito Individual do Trabalho*. São Paulo: LTr, mar. 1996.

forma prescrita na lei. Assim, comprovada a incapacidade mental da parte, a ponto de retirar-lhe a livre manifestação de vontade, a transação, se realizada, é nula, podendo ser atacada por ação rescisória (art. 831 da CLT, art. 485, VIII, e 269, III, do CPC). O mesmo se dá com o acordo cujo objeto é fraudulento e atentatório aos cofres públicos. A título de exemplo, em algumas situações a sentença transitada em julgado nega o liame empregatício e as partes vêm em juízo solicitar homologação de acordo visando tão somente ao recolhimento da contribuição previdenciária(23). Está nítido o propósito fraudulento de desfrutar dos benefícios previdenciários sem possuir a condição de segurado.

Também não são recomendáveis as conciliações homologadas sem reconhecimento de vínculo empregatício, pois, além de prejudicar o empregado, lesam a Previdência Social e o FGTS(24), salvo se a relação de trabalho for controvertida.

É muito comum nos acordos celebrados em ação trabalhista, homologados pelas Varas, constar "quitação pelo objeto do pedido e extinto contrato de trabalho". Pressupõe-se que esses acordos tenham sido celebrados sob a fiscalização da magistratura especializada, que na oportunidade deverá indagar a respeito da existência de outros direitos porventura não postulados. Esses acordos têm força de decisão irrecorrível (art. 831, parágrafo único, da CLT), em consequência, filiamo-nos aos que sustentam que eles obstam futura pretensão(25), a não ser que se comprove algum vício da vontade ou vício social capaz de comprometer a conciliação ou então que se celebre

---

(23) "**Ação rescisória. Acordo fraudulento.** Procedência em parte. Inexistindo vínculo laboral, não podem as partes em juízo realizar acordo visando tão somente ao recolhimento de prestações previdenciárias. A transação é fraudulenta, impondo assim a desconstituição do acordo no particular. Mantido o acordo nos demais termos para que surta os efeitos de coisa julgada material. Hipótese do inciso II, art. 45, do CPC." TRT — 6ª Reg. Pleno — AR 66/88 — Relª: Juíza Irene Queiroz. Boletim de Legislação e Jurisprudência da 6ª Reg., n. 4/90, p. 71. *Dicionário de Decisões Trabalhistas*, Calheiros Bonfim, 23 ed., p. 24.

Na mesma linha de ideias pronunciou-se o TST, no RO — AR-180.134/95.3 — Acórdão SBD12-1545/97 (*Revista do Direito Trabalhista* n. 1, jan. 1998, p. 20), pelo que se infere da seguinte ementa: "**Ação rescisória — Colusão para fraudar a lei — Transação — Município**. 1. Acordo homologado em dissídio individual, do qual resulta benefício a ex-empregado em prejuízo do erário público. 2. Ex-secretário de administração do Município, posteriormente nomeado para assessoria jurídica, dispensado da função quando em vigor a Lei n. 8.214/91, que vedava, no art. 29, qualquer exoneração ou dispensa de servidores públicos até o término do mandato do **então chefe do Executivo Municipal. Realização de acordo judicial em quantia vultosa, logo após o término da gestão do ex-prefeito, do qual o ex--empregado havia participado da administração. Estipulação, na transação, de pagamento em 48 horas, com cláusula penal de 100%** no caso de descumprimento. 3. Caracterização de colusão entre as partes com o escopo manifesto de fraudar a lei (CPC, art. 485, III, 2ª parte). 4. A Administração Pública deve orientar-se pelos princípios da legalidade, impessoalidade e moralidade (Constituição Federal de 1988, art. 37, *caput*). 5. Recurso provido para rescindir a r. sentença homologatória proferida nos autos de ação trabalhista, determinando-se a continuidade regular do processo, julgando-se-lhe o mérito".

(24) "Se o acordo visou fraudar disposições que regulam o FGTS, confirma-se o despacho agravado que negou a homologação." TRT — 8ª Reg. — AP 32/87 — Rel.: Juiz Alvim Soares — Julgado 6.4.87. *Repertório de Jurisprudência Trabalhista*. João de Lima Teixeira Filho, v. 6, p. 90.

(25) Nesse sentido manifestou-se o TST. "**Desconstituição de transação judicial. Ação rescisória.** A transação judicial é, por definição, o ato jurídico pelo qual as partes, fazendo-se concessões recíprocas, extinguem obrigações litigiosas ou duvidosas. E duvidoso era o resultado das ações propostas pelo Sindicato. Desta forma, se o empregado, através da conciliação homologada, deu quitação plena e total ao contrato de trabalho extinto, sem nenhuma ressalva, não pode arrepender-se e buscar a desconstituição da coisa julgada ao seu livre arbítrio. Recurso provido." TST — SDI2 — Ac. n. 1693/97 — Rel.: Min. Ângelo Mário — DJ 1.8.97 — p. 34.260. *Revista do Direito Trabalhista,* ano 3, n. 9, set. 1997, p. 64.

um outro contrato posteriormente. Jurisprudência em sentido contrário está hoje superada em face da **Orientação Jurisprudencial** n. 132 da SDI-2 do TST, que dispõe:

"Ação rescisória. Acordo homologado. Alcance. Ofensa à coisa julgada. Acordo celebrado homologado judicialmente em que o empregado dá plena e ampla quitação, sem qualquer ressalva, alcança não só o objeto da inicial, como também todas as demais parcelas referentes ao extinto contrato de trabalho, violando a coisa julgada a propositura de nova reclamação trabalhista".

Por fim, há situações em que a lei estabelece um mínimo para a transação, como ocorre com a indenização pelo tempo anterior ao ingresso no FGTS. Nesse caso, a Vara do Trabalho, ao homologar o ajuste, deverá fazer constar da ata que o empregado está recebendo pelo menos 60% de indenização e discriminar o valor correspondente (cf. a propósito TOSTES MALTA, Christóvão Piragibe. *Prática do Processo Trabalhista*. São Paulo: LTr, 26. ed., 1995, p. 358). Sugere-se, ainda, quando se tratar de **transação extrajudicial**, que o valor seja quitado de imediato, pois há decisões[(26)] sustentando que o parcelamento da importância implica prejuízo para o obreiro, autorizando sejam pagas as diferenças.

2.4. Transação e órgãos públicos

E no tocante aos órgãos públicos, a transação é permitida? A Lei n. 9.469, de 10 de julho de 1997, permite, no art. 1º, que o Advogado-Geral da União e os dirigentes máximos das autarquias, fundações e empresas públicas federais autorizem a celebração de acordo ou transação, em juízo, para terminar litígio nas causas de valor até R$ 50.000,00 (cinquenta mil reais), inclusive em parcelas mensais e sucessivas, até o máximo de 30. Se a causa envolver valor superior, o acordo ou a transação dependerá de prévia autorização do Ministro de Estado ou do titular da Secretaria da Presidência da República a cuja área de competência estiver afeto o assunto, no caso da União ou das autoridades citadas no art. 1º, sob pena de nulidade. Não se aplica o disposto no preceito citado às causas relativas ao patrimônio imobiliário da União.

2.5. Transação extrajudicial. Programa de Incentivo à Demissão Voluntária. Efeitos

A transação extrajudicial que importa resilição do contrato de trabalho ante a adesão do empregado a plano de demissão voluntária, implica quitação exclusivamente

(26) "**Recurso de embargos. Violência à lei**. Longe fica de vulnerar qualquer preceito de lei decisão que conclui pelo direito à correção de valores pagos a título de verba indenizatória pertinente ao período anterior à opção, quando o quantitativo de 60% é acordado para ser satisfeito em três parcelas sucessivas, porém semestrais. O § 3º do art. 17 da Lei n. 5.107/66 prevê o piso mínimo de 60%. Desdobrada a satisfação deste último, tem-se que a espiral inflacionária o diminui. Por outro lado, o § 4º do art. 477 da Consolidação das Leis do Trabalho cogita do pagamento da verba indenizatória, em moeda corrente ou cheque visado, no ato da homologação, o que revela a obrigatoriedade de se satisfazer a parcela à vista e não a prazo. A concordância do empregado no sentido do parcelamento é irrelevante, porquanto as normas trabalhistas possuem natureza imperativa, fundamento medular do princípio da irrenunciabilidade. De nada adiantaria a intervenção do Estado, outorgando direitos mínimos, caso o empregado, premido e emudecido por circunstâncias reinantes, pudesse despojar-se da garantia legal. Ac. unânime." TST — Pleno — AG-3-RR-6982/86.8 — Rel.: Min. Marco Aurélio Mendes de Farias Mello — proferido em 19.11.87. Calheiros Bomfim. *Dicionário de Decisões Trabalhistas*, 22. ed.

das parcelas e valores constantes do recibo. É facultado, portanto, ao empregado, reivindicar outras verbas não inseridas nessa quitação (**Orientação Jurisprudencial** n. 270 da SBDI-1 do TST).

2.6. Conclusão

Para finalizar, salientamos que a transação é de grande utilidade social, pois transforma o litígio em estado de paz. Entretanto, é bom lembrar que "transigir não é tudo conceder sem nada receber".

3. COMISSÕES DE CONCILIAÇÃO PRÉVIA

A sobrecarga de processos nos tribunais, inclusive trabalhistas, a morosidade do processo, a burocratização e a complicação procedimental, responsáveis, até mesmo, pela denegação da própria Justiça, têm conduzido os processualistas a duas vertentes: a **jurisdicional**, visando à descomplicação do próprio processo, de modo que o torne mais célere, e a **extrajudicial,** na qual se insere a revitalização da conciliação prévia, como meio alternativo de solução dos conflitos e via de pacificação social, não alcançada, em geral, pela sentença, que se limita a ditar a regra ao caso concreto, sem possibilidade de pacificar a lide sociológica[(27)].

A OIT, desde 1951, tem aderido a esses propósitos. A Recomendação n. 92 sugere a criação de organismos de conciliação voluntária, de base mista, constituídos de empregados e empregadores, com o objetivo de prevenir e solucionar conflitos entre eles. Na mesma direção, a Recomendação n. 94 sugere a instituição de organismos de consulta e colaboração entre empregadores e trabalhadores no âmbito empresarial, visando a conciliar controvérsias, a estimular acordos e a excluir de seu campo de aplicação apenas as questões próprias da negociação coletiva pertinente aos sindicatos. Finalmente, temos a Recomendação n. 130, de 1967, sobre o exame de reclamações dentro da empresa. Essa Recomendação da OIT deixa claro que nenhuma das disposições ali inseridas poderá limitar o acesso do trabalhador ao Judiciário, enfatizando que o representante do empregado não poderá ter nenhum prejuízo pelo fato de exercer essa representação.

Em 22 de março de 1996, a Editorial Lex Nova promoveu, na Espanha, uma jornada de análise, intitulada "A Solução Extrajudicial de Conflitos Trabalhistas", na qual foram apresentados aspectos gerais sobre o assunto, demonstrando a preocupação dos europeus com essa temática.

Nessa mesma linha de ideias foram apresentados, no Brasil, vários projetos de lei[(28)].

Esses projetos previam a obrigatoriedade da tentativa de conciliação prévia, como requisito para o ajuizamento da ação, a qual não representa ineditismo, mesmo porque,

---

(27) PELLEGRINI GRINOVER, Ada. Órgãos Extrajudiciais de Conciliação. *Revista de Direito do Trabalho* n. 83, 1993, p. 17.

(28) Entre esses projetos destacamos um do TST, outro, de n. 3.118/92, de autoria do Deputado Víctor Faccioni, inspirado na iniciativa do Colégio de Presidentes e Corregedores dos Tribunais Regionais do País, o de n. 4.768, de 1994, do Poder Executivo, como também o projeto encaminhado pela Academia Nacional de Direito do Trabalho.

desde a Constituição de 1824 (art. 161), já se preceituava que os Juízes de Paz estavam investidos da função conciliatória prévia, que constituía condição obrigatória para o exercício de qualquer processo.

Em 12 de janeiro de 2000, editou-se a Lei n. 9.958, com entrada em vigor prevista para 12 de abril de 2000, criando as Comissões de Conciliação Prévia, baseada em vários projetos. Essa lei introduziu, na CLT, inúmeros dispositivos, a começar pelo art. 625-A. Esse artigo faculta a instituição de Comissões de Conciliação Prévia, de composição paritária, com representantes dos empregados e dos empregadores, cuja atribuição consiste em tentar a conciliação dos conflitos individuais do trabalho.

As Comissões de Conciliação Prévia podem ser constituídas por empresa ou grupo de empresas e/ou ter caráter intersindical, podendo o interessado optar por uma delas. Quando a Comissão for instituída no âmbito sindical, terá sua constituição e normas de funcionamento definidas em convenção ou acordo coletivo. O problema surge quando ela é instituída no âmbito empresarial. Uma leitura rápida do art. 625-B poderia nos conduzir ao entendimento de que a criação das Comissões de Conciliação Prévia, no âmbito da empresa, compete, isoladamente, a ela. Ocorre que o *caput* do art. 625-A dispõe que as comissões serão instituídas por empresa e sindicato. Ademais, esse preceito legal está inserido no Título VI-A, da CLT, enquanto as convenções coletivas estão no Título VI, o que demonstra uma certa ligação entre esses institutos, já que, a rigor, o número do título é o mesmo. Logo, entendemos que, de alguma forma, o sindicato dos trabalhadores deverá participar da instituição da Comissão na empresa.

Pelo que se pode constatar, a criação das comissões é facultativa, ou seja, elas não têm o caráter de obrigatoriedade, o que parece, a alguns autores(29), à primeira vista, inconstitucional, porque discriminatório. Sustentam esses autores que os empregados que trabalham em empresa regida pelas Comissões de Conciliação Prévia só poderão ingressar na Justiça do Trabalho comprovando que tentaram a conciliação, enquanto os que trabalham em empresa onde inexista esse órgão estão desobrigados dessa prova, podendo acionar o Judiciário de imediato.

Outros alegam que a Lei n. 9.958, de 2000, não previu a obrigatoriedade da tentativa de conciliação como condição da ação trabalhista, sustentando que o artigo do projeto que a previa, inclusive estabelecendo sanção, não foi aprovado(30). Vejamos a redação inicial do projeto: "Os conflitos individuais do trabalho entre empregado e empregador serão submetidos, previamente, à Comissão de Conciliação Prévia, como condição do ajuizamento da ação trabalhista". "O descumprimento injustificado do procedimento disciplinado nesse artigo importa extinção do processo, sem apreciação do mérito, além de sanção por litigância de má-fé, se for o caso".

A redação atual é a seguinte:

> "Art. 625-D. Qualquer demanda de natureza trabalhista será submetida à Comissão de Conciliação Prévia se, na localidade da prestação de serviços, houver sido instituída a Comissão no âmbito da empresa ou do sindicato da categoria.

---

(29) MACIEL, José Alberto Couto. Comentários à Lei n. 9.958/2000. *Revista de Direito do Trabalho*, jan. 2000.

(30) SOUTO MAIOR, Jorge Luiz. I — O Procedimento Sumaríssimo Trabalhista. II — Comissões de Conciliação Prévia. *Suplemento Trabalhista LTr Editora* 33/00, *passim*.

§ 1º A demanda será formulada por escrito ou reduzida a termo por qualquer dos membros da Comissão, sendo entregue cópia datada e assinada pelo membro aos interessados.

§ 2º Não prosperando a conciliação, será fornecida ao empregado e ao empregador declaração da tentativa conciliatória frustrada com a descrição de seu objeto, firmada pelos membros da Comissão, que deverá ser juntada à eventual reclamação trabalhista.

§ 3º Em caso de motivo relevante que impossibilite a observância do procedimento previsto no *caput* deste artigo, será a circunstância declarada na petição inicial da ação intentada perante a Justiça do Trabalho.

§ 4º Caso exista, na mesma localidade e para a mesma categoria, Comissão de empresa e Comissão sindical, o interessado optará por uma delas para submeter a sua demanda, sendo competente aquela que primeiro conhecer do pedido".

Há, ainda, os que afirmam que essas comissões violam o art. 5º, XXXV, da Constituição da República(31), segundo o qual "a lei não excluirá da apreciação do Poder Judiciário lesão ou ameaça a direito".

Teoricamente, as Comissões de Conciliação Prévia possuem a vantagem de estarem a par das peculiaridades da respectiva atividade laboral e de, por não estarem congestionadas, poderem dedicar um esforço maior à conciliação.

Ora, a instituição facultativa das comissões está em consonância com as normas internacionais citadas e representa uma solução espontânea do conflito de interesses, ajudando a descongestionar os órgãos judiciais. Portanto, quando existirem as comissões, qualquer demanda de natureza trabalhista será submetida a elas, salvo motivo relevante, devidamente comprovado(32). É o que se infere do art. 625-D, § 3º, da CLT.

Em consequência, e considerando que a conciliação prévia não retira da Justiça do Trabalho a apreciação de qualquer lesão ou ameaça de lesão a direito, mas apenas difere no tempo a acionabilidade, fica afastada a inconstitucionalidade por afronta ao art. 5º, inciso XXXV, da Constituição da República de 1988. É que essas técnicas de conciliação prévia, à semelhança do que já ocorre nos processos de dissídio coletivo, constituem pré-requisito da ação e se inspiram em exigências de economia processual.

É bom lembrar que a Itália possui exigência semelhante à prevista no art. 625-D da CLT, para empregados de ferrovias, estradas e linhas de navegação. Antes de propor medida judicial, deve o trabalhador formular diretamente sua reclamação à empresa, podendo ajuizar a ação somente depois de decidida a reclamação ou ultrapassado o prazo de 30 dias. A inconstitucionalidade dessa exigência, chamada jurisdição condicionada, já foi suscitada perante a Corte Constitucional Italiana, pois o art. 24.1

(31) SOUTO MAIOR, Jorge Luiz. *Op. cit.*, p. 165.

(32) **Recurso de Embargos. Comissão de Conciliação Prévia. Submissão. Obrigatoriedade. Pressuposto Processual.** I — A obrigatoriedade de submeter o litígio trabalhista à Comissão de Conciliação Prévia, antes do ajuizamento da Reclamação Trabalhista constitui pressuposto processual inscrito no art. 625-D da CLT. Essa exigência não importa negativa de acesso à Justiça, visto que não representa ônus pecuniário para o empregado e preserva integralmente o prazo prescricional. II — A injustificada recusa de submeter a pretensão à conciliação prévia, quando na localidade da prestação dos serviços houver sido instituída, enseja a extinção do processo sem resolução de mérito, na forma que possibilita o art. 267, inc. IV, do CPC. Recurso de Embargos de que se conhece e a que se nega provimento. (E-RR 1074/2002-071-02-00.0 Julgamento: 5.12.2006, Relator Ministro: João Batista Brito Pereira, Subseção I Especializada em Dissídios Individuais, Publicação: DJ 19.12.**2006**).

da Constituição desse país prevê que "todos podem demandar em juízo para a tutela de seus próprios direitos e interesses legítimos" e o art. 25 dispõe que "ninguém poderá ser privado do juiz natural preconstituído por lei". A Corte Constitucional Italiana afastou a inconstitucionalidade, dizendo que o legislador ordinário tem a prerrogativa de diferir no tempo a acionabilidade da pretensão, desde que não torne difícil ou impossível o exercício do direito de ação[(33)]. Também na França exige-se a tentativa prévia de conciliação, sob pena de não ser recebida a demanda nos tribunais de 1ª instância, como se infere do art. 48 do CPC[(34)].

Logo, qualquer demanda de natureza trabalhista, inclusive sobre obrigação de fazer, será submetida à Comissão de Conciliação Prévia se, na localidade da prestação de serviços, ela houver sido instituída no âmbito da empresa ou do sindicato (art. 625-D). Havendo a referida Comissão nesses dois âmbitos, simultaneamente, o interessado poderá optar por qualquer uma delas, sendo competente a que primeiro conheceu do pedido (art. 625-D, § 4º).

A demanda será formulada por escrito ou reduzida a termo, por qualquer dos membros da Comissão, entregando-se aos interessados cópia datada e assinada. A sessão de tentativa de conciliação será realizada em 10 dias, a partir da provocação do interessado.

Aceita a conciliação, será lavrado termo assinado pelo empregado, pelo empregador e pelos membros da Comissão, o qual constituirá título executivo extrajudicial, com eficácia liberatória, salvo quanto às parcelas expressamente ressalvadas. A eficácia liberatória é absurda, pois retira a efetividade dos direitos sociais previstos em preceito constitucional e atenta contra o princípio da irrenunciabilidade. Esse título será executado perante a Justiça do Trabalho (art. 876 da CLT) e, provavelmente, sem multa, pois não cremos que elas sejam inseridas nos acordos firmados nas comissões no âmbito da empresa, fato que ensejará, na certa, prejuízos ao trabalhador.

Por outro lado, o vício de consentimento na conciliação extrajudicial ensejará ação de anulação (art. 171, II, do Código Civil de 2002) e não ação rescisória, pois o termo é um negócio jurídico extrajudicial. Esse vício também será difícil de ser comprovado, se verificado nas comissões formadas em empresa. Esgotado o prazo sem a realização da sessão, será fornecida, no último dia do mesmo, uma cópia da tentativa de conciliação frustrada, com a descrição de seu objeto, firmada pelos seus membros, para ser juntada à eventual ação trabalhista. O período entre a provocação da Comissão e a declaração de conciliação frustrada ou do esgotamento do prazo para a conciliação é de suspensão da prescrição dos direitos ali discutidos (art. 625-G).

O art. 625-B da CLT prevê que as comissões instituídas no âmbito da empresa serão constituídas de, no mínimo dois e no máximo 10 membros, sendo a metade eleita pelos empregadores e a outra metade indicada pelos empregados, em escrutínio secreto, fiscalizado pelo sindicato, com tantos suplentes quantos forem os titulares.

---

(33) MALLET, Estêvão. Sobre o projeto de criação de comissões de conciliação. *Revista de Direito do Trabalho*, n. 83, p. 46/47.

(34) MALLET, Estêvão. *Idem, passim*.

No § 1º do art. 625-B, que trata das comissões no âmbito da empresa, foi concedida estabilidade provisória aos representantes de empregados, inclusive suplentes, até um ano após o término do mandato, que é de um ano, possibilitando-se uma recondução. Aqui, agiu com acerto o legislador, vedando a dispensa, salvo por justa causa, e, em consequência, preservando o emprego dos representantes dos trabalhadores na comissão de conciliação prévia. A garantia em questão foi uma exigência das centrais sindicais, que, em boa hora, consideraram intransacionável essa estabilidade provisória, a qual, aliás, não existia no projeto de lei.

A tutela inserida no art. 625-B, § 1º, é um imperativo salutar, pois, além de impedir desvios intencionais no poder de comando, capazes de comprometer as funções das comissões, tranquiliza os ânimos eventualmente agastados, inclusive por exacerbações no decorrer do mandato. A estabilidade provisória conferida aos representantes de empregados nas Comissões de Conciliação Prévia visa a resguardar a sua independência no exercício do mandato e a assegurar-lhes isenção quando do desempenho de seu papel conciliador. O objetivo dessa estabilidade provisória é preservar o emprego do representante de empregados, fato que contribui para mantê-lo a par das peculiaridades da respectiva profissão, e não convertê-la em indenização.

Em Congresso Nacional de Direito do Trabalho realizado logo após a publicação da Lei n. 9.958, de 2000, indagaram aos componentes da 6ª Comissão[35], da qual participamos, se a estabilidade provisória conferida aos representantes de empregados nas comissões de âmbito empresarial poderia ser substituída pela indenização. A nossa resposta, como a da maioria dos expositores, foi não. E mais, cabe reintegração com fulcro no art. 9º da CLT e no art. 182 do Código Civil de 2002. Na hipótese de justa causa, a dispensa procede, independentemente de inquérito judicial, por falta de previsão legal[36].

Vale lembrar que a Convenção n. 135 da OIT, ratificada pelo Brasil na década de 90 (Decreto n. 131), prevê proteção contra a dispensa dos representantes de empregados na empresa, e a Recomendação n. 143, que a complementa, assegura reintegração em caso de dispensa injusta. Ora, a situação desses representantes de empregados na empresa assemelha-se à dos representantes de empregados nas Comissões de Conciliação Prévia, mormente quando é sabido que estes continuam na empresa, afastando-se das atividades só quando convocados para atuar como conciliadores. O afastamento é considerado como tempo de serviço, para os efeitos legais. Trata-se de mais uma hipótese de interrupção contratual.

A segunda indagação feita no Congresso a que nos referimos foi se essa estabilidade atua como um fator que dificulta a iniciativa da criação da Comissão na empresa. É sabido que, a par de outras estabilidades provisórias já existentes, essa que agora se assegura, após a primeira recondução, quando nada, quadruplica o número de portadores desse tipo de estabilidade e, dependendo da quantidade de membros representantes de

(35) Congresso de Direito do Trabalho promovido pela LTr, em São Paulo, nos dias 27 e 28.3.2000.

(36) Cf. DALLEGRAVE NETO, José Afonso e NORRIS, Roberto. *Inovações no Processo do Trabalho*. Rio de Janeiro: Forense, 2000, p. 51.

empregados na Comissão, como titulares e suplentes, poderá atingir um grande contingente de estáveis em empresa de pequeno porte. Daí alguns projetos de lei terem, com razão, estabelecido que a exigência da Comissão só seria aplicável a empresas maiores (com mais de 60 empregados, por exemplo, conforme constou do projeto enviado pela Academia Nacional de Direito do Trabalho).

Por outro lado, se o empregado não tiver essa garantia de emprego, o exercício do mandato na comissão fica comprometido, em face do temor reverencial e econômico da perda do emprego. Lembre-se que o termo de conciliação, à luz do art. 625-E, tem eficácia liberatória geral, a menos que haja ressalvas expressas quanto às parcelas, o que, a nosso ver, atenta contra o princípio da irrenunciabilidade, inspirador do sentido das normas trabalhistas. Logo, o empregado deverá ter como representante um colega que possua conhecimento de Direito e de cálculo de liquidação e que aja com coragem e independência na defesa dos seus interesses individuais, e a estabilidade contribui para assegurá-las. A doutrina e a jurisprudência têm se rebelado contra esse preceito, como o fizeram em relação ao texto inicial da **Súmula n. 330 do TST**.

Já com relação aos membros da Comissão instituída no âmbito do sindicato (art. 625-C), a lei não prevê estabilidade provisória, mas deixa margem para que a introduzam nas convenções coletivas, pois a constituição e o funcionamento dessas comissões dependerão de negociação coletiva.

A Lei n. 9.958, de 2000, legaliza os núcleos intersindicais já existentes (art. 625-H da CLT), com respaldo em princípios constitucionais (art. 7º, XXVI, da Constituição da República de 1988).

Outra questão diz respeito à possibilidade ou não de o Estado, em sentido amplo, instituir Comissões de Conciliação Prévia, quando contrata sob o regime celetista, equiparando-se a empregador.

A Lei n. 9.958, de 2000, não excluiu os órgãos da Administração direta de seu âmbito, como fez a Lei n. 9.957, de 2000, que disciplina o rito sumaríssimo.

Acontece que, no âmbito sindical, as Comissões de Conciliação Prévia terão sua constituição e suas normas de funcionamento definidas em convenção ou acordo coletivo, logo, no âmbito da Administração direta, elas não poderão ser criadas. É sabido que a alínea "d" (hoje revogada), do art. 240 da Lei n. 8.112, de dezembro de 1990, que previa a negociação coletiva na Administração Pública direta, foi declarada inconstitucional pelo Supremo Tribunal Federal, em novembro de 92, ao julgar ação direta de inconstitucionalidade proposta pelo Procurador-Geral da República. E, mesmo que a negociação se viabilizasse, o entendimento só poderia ser formalizado pela via heterônoma (por meio do Poder Legislativo ou Executivo — art. 61, § 1º, II, "a", da Constituição da República de 1988), em face dos limites impostos ao exercício do poder de transigir, evitando-se o comprometimento do erário. Esse raciocínio também dificulta a constituição de comissões no âmbito da empresa, mormente quando é sabido que a **Lei n. 9.469, de julho de 1997**, permite que o Advogado-Geral da União e os dirigentes máximos de autarquias, fundações e empresas públicas federais autorizem a celebração de acordo ou transação, mas **em juízo**, e, ainda assim, nas causas até R$ 50.000,00. Se a causa envolver valor superior, há necessidade de autorização do Ministro de Estado ou do titular da Secretaria da Presidência da República a cuja área de competência o assunto estiver afeto. Observe-se que a referida Lei n. 9.469, de 1997, faz menção apenas à transação em juízo. Logo, no âmbito da Administração direta, a conciliação extrajudicial é inviável.

Indaga-se, ainda, se a Justiça do Trabalho é competente para executar contribuição previdenciária advinda do termo de conciliação extrajudicial. Sustentamos que não[(37)], pois a Emenda Constitucional n. 45/2004 lhe dá competência para executar as contribuições previdenciárias apenas de suas próprias decisões (art. 114, VIII e § 3º da Constituição). Logo, a competência é da Justiça Federal.

Outro aspecto diz respeito aos termos de conciliação extrajudicial, contendo ressalvas, que não forem cumpridos. Eles darão margem a duas ações na Justiça do Trabalho: uma de conhecimento, referente às parcelas objeto de ressalva, e outra de execução do título extrajudicial, o que vem, contraditoriamente, comprometer os princípios da economia e da celeridade processual norteadores da lei que instituiu as Comissões de Conciliação Prévia.

Para finalizar, queremos dizer que não somos contra a composição dos litígios extrajudicialmente, mas repudiamos que, sob o pretexto de desafogar o Judiciário, sacrifiquemos garantias mínimas asseguradas ao trabalhador em preceito constitucional.

(37) Há decisões do TST nesse diapasão:
Agravo de Instrumento. Execução. Instituto Nacional do Seguro Social. Acordo firmado perante comissão de Conciliação Prévia. Contribuições previdenciárias. Incompetência da Justiça do Trabalho. A teor da Súmula n. 368, I, desta Corte, a competência da Justiça do Trabalho, quanto à execução das contribuições previdenciárias, limita-se às sentenças condenatórias em pecúnia que proferir e aos valores, objeto de acordo homologado, que integrem o salário de contribuição. Na concepção do Tribunal Superior do Trabalho, não prosperará o intento do Instituto Nacional do Seguro Social de ver executadas, na Justiça do Trabalho, as contribuições previdenciárias decorrentes de acordo homologado perante comissão de conciliação prévia. Agravo de instrumento conhecido e desprovido. (Número único Proc: AIRR — 1110/2003-037-03-41 PUBLICAÇÃO: DJ 1º.9.**2006.** Acórdão 3ª Turma — Relator Ministro Alberto Bresciani)

CAPÍTULO VII

RELAÇÃO DE TRABALHO E RELAÇÃO DE EMPREGO. ESTRUTURA DA RELAÇÃO EMPREGATÍCIA. ELEMENTOS COMPONENTES. NATUREZA JURÍDICA. RELAÇÕES DE TRABALHO *LATO SENSU*: TRABALHO AUTÔNOMO, EVENTUAL, AVULSO, PORTUÁRIO. LEI N. 8.630/1993. ESTÁGIO. COOPERATIVAS DE MÃO DE OBRA. CONTRATOS DE TRABALHO POR EQUIPE

1. RELAÇÃO DE TRABALHO E RELAÇÃO DE EMPREGO

Antes de tecermos considerações sobre a relação de trabalho, convém definirmos o contrato de atividade, expressão utilizada por Jean Vincent(1), para designar "todos os contratos nos quais a atividade pessoal de uma das partes constitui o objeto da convenção ou uma das obrigações que ela comporta". Os contratos de atividade geram uma relação de trabalho, da qual a relação de emprego é uma espécie.

Tanto a relação de trabalho como a relação de emprego são modalidades de relação jurídica, isto é, de "situação da vida social disciplinada pelo Direito, mediante a atribuição a uma pessoa (em sentido jurídico) de um direito subjetivo e a correspondente imposição a outra de um dever ou de uma sujeição"(2). Sua estrutura é constituída de sujeitos, objeto, causa e garantia (sanção).

A relação jurídica pressupõe a existência de, pelo menos, duas pessoas e de uma norma jurídica qualificadora de uma relação social. A relação jurídica se manifesta por meio: dos direitos subjetivos, conceituados como o "poder de exigir ou pretender de outra pessoa um determinado comportamento positivo ou negativo"(3); de direitos potestativos definidos como "poderes jurídicos de, por um ato livre de vontade, só de *per si* ou integrado por uma decisão judicial, produzir efeitos jurídicos que inelutavelmente se impõem a outra parte"(4).

---

(1) VINCENT, Jean. *La dissolution du contrat de travail*, p. 27. *Apud* GOMES, Orlando e GOTTSCHALK, Elson. *Curso de Direito do Trabalho*. 17. ed. Rio de Janeiro: Forense, 2005, p. 131.

(2) DOMINGUES DE ANDRADE. Manuel A. *Teoria Geral da Relação Jurídica*. v. 1. Coimbra: Livraria Almedina, 1997, p. 2.

(3) DOMINGUES DE ANDRADE, Manuel. *Op. cit.*, p. 10.

(4) MOTA PINTO, Carlos Alberto da. *Teoria Geral do Direito Civil*. 3. ed., Coimbra: Editora Coimbra, 1990, p. 174.

A relação de emprego tem natureza contratual exatamente porque é gerada pelo contrato de trabalho.

Os principais elementos da relação de emprego gerada pelo contrato de trabalho são: a) a pessoalidade, ou seja, um dos sujeitos (o empregado) tem o dever jurídico de prestar os serviços em favor de outrem pessoalmente; b) a natureza não eventual do serviço, isto é, ele deverá ser necessário à atividade normal do empregador; c) a remuneração do trabalho a ser executado pelo empregado; d) finalmente, a subordinação jurídica da prestação de serviços ao empregador.

Não é, portanto, qualquer relação de trabalho que atrai a aplicação do Direito do Trabalho, mas apenas aquela dotada da configuração específica mencionada no parágrafo anterior.

O Direito do Trabalho brasileiro, à semelhança de outros países, caracterizou-se no curso de sua elaboração por um núcleo que é o contrato de trabalho subordinado, via de acesso às formas de proteção legal. Acontece que, contraditoriamente, as medidas utilizadas para atenuar a perda do emprego são insuficientes, o que compromete as formas de proteção.

A tutela dos trabalhadores fora da relação de emprego é ineficaz. O mercado informal, por sua vez, desenvolve-se em um cenário dramático.

Existem relações de trabalho *lato sensu* que não se confundem com a relação de emprego, considerada relação de trabalho *stricto sensu*[(5)]. São elas o trabalho autônomo, o eventual, o avulso, entre outros.

2. O TRABALHO AUTÔNOMO

O trabalho autônomo, por faltar-lhe o pressuposto da subordinação jurídica, está fora da égide do Direito do Trabalho. No trabalho autônomo, o prestador de serviços atua como patrão de si mesmo, sem submissão aos poderes de comando do empregador, e, portanto, não está inserido no círculo diretivo e disciplinar de uma organização empresarial[(6)]. O trabalhador autônomo conserva a liberdade de iniciativa, competindo-lhe gerir sua própria atividade e, em consequência, suportar os riscos daí advindos.

Maiores considerações sobre o tema poderão ser encontradas no **tópico 12 do capítulo IX**, sobre trabalhadores que se situam nas chamadas zonas grises.

3. O TRABALHO EVENTUAL

Outra relação de trabalho que está excluída da esfera normativa do Direito do Trabalho é a eventual. São várias as correntes que procuram explicar o que seja serviço eventual. Filiamo-nos à corrente segundo a qual o trabalho eventual é aquele que não

(5) MONTOYA MELGAR, Alfredo. *Derecho del Trabajo*. Madrid: Tecnos, 2003, p. 35.

(6) "É trabalhador autônomo aquele que, contratado por tarefa, presta serviço de motoqueiro entregador, com liberdade para definir quando e onde trabalhar. Autodeterminação que repele a noção de subordinação própria e indispensável à configuração de vínculo de emprego com o tomador do serviço". TRT 4ª Região — RO-00395.001/97-8 — Ac. 6ª T. — 6.12.01 — Rel.: Juiz Milton Varela Dutra — *Revista LTr* 66-08/994.

se insere no âmbito das atividades normais de uma empresa, como é o caso de um técnico chamado momentaneamente para reparar o elevador de um estabelecimento comercial. Outros autores afirmam que o trabalho eventual é ocasional em relação à fonte para a qual o serviço é prestado[7]. Há ainda quem considere trabalhador eventual aquele que não se fixa a uma fonte de trabalho[8].

4. O TRABALHO AVULSO

O termo avulso tem origem no latim "*avulsus*", particípio passado do verbo "*avellere*", cujo significado é arrancar, separar, destacar[9].

A primeira referência a trabalhadores avulsos consta de lei previdenciária (Decreto n. 1.577, de 8 de abril de 1937). Trabalhadores avulsos eram, por força dessa lei, os sócios dos sindicatos destacados por estes para prestar serviços de natureza temporária em trapiches e armazéns.

Já a Lei n. 3.807 (Lei Orgânica da Previdência Social), de 1960, considerou como avulso o trabalhador que presta serviços a diversas empresas, agrupado, ou não, em sindicato, inclusive os estivadores, conferentes e assemelhados.

Finalmente, a Lei n. 8.212, de 24 de julho de 1991, que instituiu o Plano de Custeio de Benefícios da Previdência Social, define como trabalhador avulso "quem presta, a diversas empresas, sem vínculo empregatício, serviços de natureza urbana ou rural definidos no regulamento". Já o regulamento dessa lei (Decreto n. 612, de 1992) define como avulso o estivador, inclusive o trabalhador em estiva de carvão e minério; o trabalhador em alvarenga; o conferente e consertador de carga e descarga; o vigia portuário; o amarrador de embarcação; o trabalhador em serviço de bloco; o trabalhador de capatazia; o ensacador de café, cacau, sal e similares; o trabalhador na indústria de extração de sal; o carregador de bagagens em portos; o prático de barra em portos; o guindasteiro; o classificador, movimentador e o empacotador de mercadoria e outros classificados pelo Ministério do Trabalho. O mesmo regulamento (Decreto n. 612), ao definir o trabalhador avulso, afirma que ele deverá prestar esses serviços a várias empresas, com intermediação obrigatória do sindicato da categoria. O regulamento invade a reserva legal, pois a Lei n. 8.212, de 1991, não estabelece a obrigatoriedade de intermediação do sindicato e, se não bastasse, esta foi abolida dos trabalhos portuários, como se infere da Lei n. 8.630, de 1993, sendo a entidade sindical substituída pelo Órgão de Gestão de Mão de obra (OGMO).

A confusão introduzida pela legislação tem reflexos na doutrina. Afirmam alguns autores que os trabalhadores avulsos prestam serviços essenciais, complementares,

---

(7) Colaborador em campanha eleitoral. Relação de emprego. Inexistência. "A contratação de pessoal para prestação de serviços nas campanhas eleitorais não gera vínculo empregatício com o candidato ou partido contratante" (art. 100 da Lei n. 9.504/97). TRT/PA — 001452006120008003 — RO 2ª T. — Rel. Vicente José Malheiros da Fonseca — DOJT 15.9.**2007** — R. *Synthesis* 44/2007, p. 290).

(8) NASCIMENTO, Amauri Mascaro. *Iniciação ao Direito do Trabalho*. *Op. cit.*, 2003, p. 174.

(9) CUNHA, Antônio Geraldo da. *Dicionário etimológico Nova Fronteira da língua portuguesa*. Rio de Janeiro: Nova Fronteira, 1982.

periodicamente necessários à atividade da empresa[10]. Outros[11] asseveram que os serviços do avulso são prestados em atividade não essencial da empresa. A controvérsia persiste, ainda, quanto à subordinação, havendo os que sustentam haver subordinação nessa relação jurídica[12] e os que afastam esse pressuposto[13]. Outro aspecto a que se apegavam os autores para a conceituação do avulso era a necessidade da intermediação pelo sindicato, mas ela foi abolida pela Lei n. 8.630, de 1993. Hoje, o trabalhador avulso é visto como "aquele que, devidamente habilitado e registrado como tal, pelo órgão gestor de mão de obra, trabalha para operador portuário, remunerado por este, mas pago pelo primeiro"[14].

Acrescente-se que a Lei n. 8.212, de 1991, incluiu na condição de avulso também o rurícola que presta serviços a várias empresas sem vínculo empregatício, na forma do regulamento.

4.1. O trabalho portuário desenvolvido pelo avulso

A atividade portuária executada pelo trabalhador avulso compreende: **capatazia**, que consiste na movimentação de mercadorias nas instalações de uso público (recebimento, conferência, transporte interno, abertura de volumes para conferência aduaneira, manipulação, arrumação e entrega, bem como carregamento e descarga de embarcações, quando efetuados por aparelhamento portuário); **estiva**, que é a movimentação de mercadorias nos conveses ou porões das embarcações principais ou auxiliares; **conferência de carga**, que é a contagem de volumes, a anotação de suas características, procedência ou destino, a verificação do estado das mercadorias e demais serviços correlatos nas operações de carregamento e descarga de embarcações; **conserto de carga**, que é o reparo e restauração das embalagens de mercadorias, nas operações de carregamento e descarga de embarcações, reembalagem, marcação, remarcação, carimbagem, etiquetagem, abertura de volumes para vistoria e posterior recomposição; **vigilância de embarcações**, que é a atividade de fiscalização de entrada e saída de pessoas a bordo das embarcações atracadas ou fundeadas ao largo, bem como da movimentação de mercadorias nos portalós, rampas, porões, conveses, plataformas e em outros locais da embarcação; **bloco**, que é a atividade de limpeza e conservação de embarcações mercantes e de seus tanques, incluindo batimento de ferrugem, pintura, reparos de pequena monta e correlatos.

4.2. Primeiros direitos trabalhistas assegurados aos trabalhadores portuários avulsos

A CLT, embora disciplinasse a temática de forma exaustiva, permitiu que continuassem vigorando leis especiais. Com o passar dos anos, vários artigos da

(10) VILHENA, Paulo Emílio Ribeiro de. *Relação de emprego. Estrutura legal e supostos*. São Paulo: Saraiva, 1975, p. 198, 201 e 205.
(11) FERRARI, Irany. *O trabalhador avulso e o profissional autônomo*. São Paulo: LTr, 1972, p. 45.
(12) VILHENA, Paulo Emílio Ribeiro de. *Op. cit.*, p. 201.
(13) FERRARI, Irany. *Op. cit.*, p. 52.
(14) CATHARINO, José Martins. *O novo sistema portuário brasileiro*. Rio de Janeiro: Destaque, s.d., p. 22.

CLT sofreram alterações e revogações, principalmente com o Decreto-Lei n. 127, de janeiro de 1967.

Surgiu, nesse contexto, a regulamentação da Lei n. 5.085, de agosto de 1966, o Decreto n. 61.851, de dezembro de 1967, que reconheceu o direito às **férias** aos trabalhadores avulsos, pagas pelos tomadores dos serviços mediante um adicional ao salário administrado e controlado pelo sindicato[(15)]. Em 1968, a Lei n. 5.480 estendeu ao avulso o direito ao **FGTS e à gratificação natalina** e, em 1982, a Lei n. 7.002 autorizou as administrações dos portos a adotarem **jornada noturna especial**, com duração de seis horas contínuas de 60 minutos cada hora. A hora noturna é aquela compreendida entre as 19 horas e as 7 horas do dia seguinte (**Orientação Jurisprudencial** n. 60 da SDI-1 do TST, editada com amparo no art. 4º da Lei n. 4.860, de 1965). Em 1988 foram eles equiparados aos empregados (art. 7º, XXXIV, da Constituição da República).

É aplicável a prescrição bienal prevista no art. 7º, XXIX, da Constituição de 1988 ao trabalhador avulso, tendo como marco inicial a cessação do trabalho ultimado para cada tomador de serviço (OJ-SDI-1 — 384 — TST — abril 2010).

A submissão prévia de demanda a comissão paritária, constituída nos termos do art. 23 da Lei n. 8.630, de 25.2.1993 (Lei dos Portos), não é pressuposto de constituição e desenvolvimento válido e regular do processo, ante a ausência de previsão em lei (OJ-SDI-1 — 391 — TST — 2010).

O adicional de risco previsto no art. 14 da Lei n. 4.860, de 26.11.1965, aplica-se somente aos portuários que trabalham em portos organizados, não podendo ser conferido aos que operam terminal privativo (OJ-SDI-1 — 402 — TST — setembro 2010).

4.3. Atividades de movimentação de mercadoria em geral e trabalho avulso

A Lei n. **12.023**, em vigor a partir de 27.9.2009, disciplina as atividades de movimentação de mercadorias em geral, exercidas por trabalhadores avulsos, no âmbito urbano ou rural, sem vínculo empregatício, mediante intermediação obrigatória do sindicato da categoria, por meio de Acordo ou Convenção Coletiva de Trabalho. São atividades de movimentação de mercadorias (art. 2º): cargas e descargas de mercadorias a granel e ensacados, costura, pesagem, embalagem, ensaque, empilhamento etc.; operações de equipamentos de carga e descarga; pré-limpeza e limpeza em locais necessários à viabilidade das operações ou à sua continuidade.

As atividades de movimentação de mercadoria serão exercidas por trabalhadores com vínculo empregatício ou em caráter avulso (art. 3º).

Os deveres do sindicato intermediador constam do art. 5º e os deveres do tomador de serviços estão inseridos no art. 6º, da Lei n. **12.023.** O sindicato elabora a escala de trabalho e as folhas de pagamento dos trabalhadores avulsos, com a indicação do tomador do serviço e dos trabalhadores que participaram da operação, devendo prestar

---

(15) GODOI, Luiz Carlos Gomes. *O trabalho avulso nos Portos Brasileiros*. Tese de doutorado aprovada na Faculdade de Direito de São Paulo em 1996.

as informações descritas no art. 4º (o sindicato poderá ser parte em Dissídio Coletivo, nos termos do art. 114 da CF e art. 643 da CLT).

Feitas essas considerações a respeito do trabalho avulso, passamos agora ao exame da relação de trabalho do estagiário.

5. ESTÁGIO DE ESTUDANTES

5.1. Definição, classificação e relações de estágio

A situação do estagiário era disciplinada pela Lei n. 6.494, de 1977, revogada em 25.9.2008 pela Lei n. 11.788.

Atualmente, o estágio é **conceituado** como "um ato educativo escolar supervisionado", desenvolvido no ambiente de trabalho. À luz do art. 1º, § 2º, da Lei n. 11.788, de 25.9.2008, o **objetivo** é a preparação dos educandos para o trabalho produtivo. Eles deverão **estar frequentando o ensino regular** em **instituições de educação superior**, de **educação profissional,** de **ensino médio**, da **educação especial** e dos **anos finais do ensino fundamental**, na modalidade profissional da educação de **jovens** e **adultos**. **Não há previsão para supletivo**.

O **estágio** faz parte do **projeto pedagógico** do curso e poderá ser obrigatório ou não obrigatório. Essa **classificação** dependerá da determinação das diretrizes curriculares da etapa, modalidade de área de ensino e de seu projeto pedagógico (art. 2º da Lei n. 11.788, de 2008). O estágio obrigatório é definido no projeto do curso, cuja carga horária é **requisito** para aprovação e obtenção de diploma (§ 1º do art. 2º). Já o estágio não obrigatório é aquele desenvolvido como atividade opcional, acrescida à carga horária regular e obrigatória. Esses estágios (art. 2º, § 1º e 2º) **não criam vínculo empregatício de qualquer natureza** (art. 3º da referida lei), observados esses **requisitos**: I — **matrícula e frequência regular do educando** em curso de educação mencionado no art. 1º da Lei n. 11.788, de 2008; II — **celebração de termo de compromisso** entre o educando, a parte concedente do estágio e a instituição de ensino; III — **compatibilidade entre as atividades desenvolvidas no estágio e aquelas previstas no termo de compromisso**. Inexiste previsão legal de CTPS.

O estágio deverá ter **acompanhamento efetivo do professor** orientador da instituição de ensino **e por supervisor da parte concedente**, comprovados nos vistos dos relatórios (art. 3º, § 1º, da Lei n. 11.788, de set. 2008).

O descumprimento de qualquer dos incisos deste artigo ou de qualquer **obrigação** contida **no termo de compromisso caracteriza vínculo de emprego do educando com a parte concedente** do estágio para todos os fins da legislação trabalhista e previdenciária (art. 3º, § 2º), inclusive CTPS.

A realização de estágio aplica-se aos **estudantes estrangeiros** matriculados em cursos superiores no País, autorizados ou reconhecidos, observado o prazo do visto temporário de estudante na forma da legislação aplicável (art. 4º).

As instituições de ensino, cujas obrigações estão previstas no art. 7º da Lei n. 11.788/08, e celebração de convênio de concessão de estágio no art. 8º e partes cedentes poderão recorrer a **serviços de agente de integração pública e privada** mediante condições acordadas em instrumento jurídico apropriado observado na hipótese de contratos com recursos públicos, a legislação estabelece as normas gerais de licitação (art. 5º). A esses agentes ou auxiliares no processo de aperfeiçoamento do instituto do estágio compete mencionar a oportunidade de estágio, ajustar as condições de realizá-lo, fazer o acompanhamento administrativo, encaminhar negociação de seguro contra acidentes pessoais e cadastrar os estudantes.

Os agentes de integração ficam proibidos de cobrar qualquer valor dos estudantes a título de remuneração pelos serviços referidos acima (art. 5º, § 2º). Esses agentes serão responsáveis civilmente pela indicação de estagiários para a realização de atividades incompatíveis com a programação curricular instituída para cada curso, como também matriculados em cursos ou instituições sem previsão de estágio curricular. O local de estágio poderá ser escolhido a partir do cadastro de partes cedentes, organizado pelas instituições de ensino ou agente de integração.

As pessoas jurídicas de Direito Privado e os órgãos da administração pública direta, autárquica e fundacional de quaisquer dos poderes da União, dos Estados, do Distrito Federal e dos Municípios, bem como **profissionais liberais de nível superior** registrados nos Conselhos de Fiscalização Profissional, estarão sujeitos às observações contidas no art. 9º, inciso I ao VII e parágrafo único Lei n. 11.788/08.

5.2. Jornada de atividades realizadas em estágio. Duração do estágio. Bolsa de estudo. Transporte. Estagiário e período de recesso

A **jornada** de atividade realizada **em estágio** será ajustada de comum acordo entre a instituição de ensino, a parte concedente e o aluno estagiário (ou seu representante legal), devendo constar do termo de compromisso ser compatível com as atividades escolares e não ultrapassar:

I — 4 (quatro) horas diárias e 20 (vinte) horas semanais, no caso de estudantes de educação especial e dos anos finais do ensino fundamental, na modalidade profissional de educação de jovens e adultos;

II — 6 (seis) horas diárias e 30 (trinta) horas semanais, no caso de estudantes do ensino superior, da educação profissional de nível médio e do ensino médio regular.

"O estágio relativo a cursos que alternam **teoria e prática**, nos períodos em que não estão programadas aulas presenciais, poderá ter jornada de até 40 (quarenta) horas semanais, desde que isso esteja previsto no projeto pedagógico do curso e da instituição de ensino" (§ 1º do art. 10).

"Se a instituição de ensino adotar aprendizagem periódicas ou finais, nos períodos de avaliação, a carga horária do estágio será reduzida pelo menos à metade, segundo estipulado no termo de compromisso, para garantir o bom desempenho do estudante" (§ 2º do art. 10).

Como se pode verificar, há previsão legal da jornada.

"A **duração do estágio**, na mesma parte concedente, **não poderá exceder 2 (dois) anos, exceto quando se tratar de estagiário portador de deficiência"**

(art. 11). Em alguns países usa-se o termo deficiência física, ou moral (art. 11 da Constituição Portuguesa), porém em 1997 a Constituição passa a falar de "cidadãos portadores de deficiência" (cf. ARAÚJO, Antonio de. *Cidadãos portadores de deficiência.* Coimbra: Editora Coimbra, 2001). A deficiência é, portanto, vista como um produto da "consiência ou imaginação social".

"O estagiário poderá receber **bolsa ou outra forma de contrapres tação** que venha a ser acordada, sendo compulsória **a sua concessão**, bem como a do **auxílio--transporte**, na **hipótese de estágio não obrigatório**" (art. 12).

"A eventual concessão de benefícios relacionados **a transporte, alimentação e saúde**, entre outros, **não caracteriza vínculo empregatício**" (§ 1º do art. 12). Faculta-se ao educando inscrever-se e **contribuir como segurado facultativo do Regime Geral de Previdência Social**" (§ 2º do art. 12).

"Aplica-se ao estagiário a legislação relacionada à **saúde e segurança** no trabalho, sendo sua implementação de responsabilidade da parte concedente do estágio" (art. 14).

"É assegurado ao estagiário, sempre que o estágio tenha **duração igual** ou **superior a 1 (um) ano**, período de recesso de 30 (trinta) dias, a ser gozado preferencialmente durante suas férias escolares" (art. 13). Esse recesso deverá **ser remunerado** quando o **estagiário receber bolsa ou outra forma de contraprestação** e será concedido de maneira proporcional, nos casos de **estágio com duração inferior a um ano** (§§ 1º e 2º do art. 13). Lembre-se que não há dobra, tampouco o acréscimo de 1/3 previsto na Constituição Federal durante as férias escolares.

5.3. Da fiscalização

Ressalte-se, novamente, que a permanência de estagiários em **desconformidade** com esta Lei **caracteriza vínculo de emprego** do educando com a parte concedente do estágio para todos os fins da legislação trabalhista e previdenciária (art. 15). A instituição **privada** ou **pública** que reincidir nesse tipo de irregularidade **ficará impedida de receber estagiários por 2 (dois) anos**, contados da data da decisão definitiva do processo administrativo correspondente (§ 1º do art. 15). Essa **penalidade** fica limitada à filial ou agência em que for cometida a irregularidade (§ 2º do art. 15).

Convém salientar, entretanto, que desvirtuada a finalidade do contrato de estágio celebrado na vigência da Constituição Federal de 1988, **é inviável** o reconhecimento do vínculo empregatício com ente da Administração Pública direta ou indireta, por força do art. **37, II, da CF/1988**; bem como o deferimento de indenização pecuniária, exceto em relação às parcelas previstas na Súmula n. 363 do TST, se requeridas. (Orientação Jurisprudencial n. 366 da SDI-1 do TST, de 28.5.2008). Já a Súmula n. 363 do TST prevê que "a contratação de servidor público, após a CF/1988, sem prévia aprovação em concurso público, encontra óbice no respectivo art. 37, II e § 2º, somente lhe conferindo direito ao pagamento da contraprestação pactuada, em relação ao número de horas trabalhadas, respeitado o valor da hora do salário mínimo, e dos valores referentes aos depósitos do FGTS".

5.4. Das disposições gerais

"O termo de compromisso deverá ser firmado pelo estagiário ou com seu representante ou assistente legal e pelos representantes legais da parte concedente e da instituição de ensino, vedada a atuação dos agentes de integração" (art. 16 da Lei n. 11.788, de 25.9.2008).

O número máximo de estagiários em relação ao **quadro de pessoal** das entidades concedentes de estágio deverá atender às seguintes proporções: I — de 1 (um) a 5 (cinco) empregados: 1 (um) estagiário; II — de 6 (seis) a 10 (dez) empregados: até 2 (dois) estagiários; III — de 11 (onze) a 25 (vinte e cinco) empregados: até 5 (cinco) estagiários; IV — acima de 25 (vinte e cinco) empregados: até 20% (vinte por cento) de estagiários (art. 17). Considera-se quadro de pessoal o conjunto de trabalhadores **empregados existentes no estabelecimento do estágio** (§ 1º).

"Na hipótese de a parte concedente contar com várias filiais ou estabelecimentos, **os quantitativos previstos nos incisos deste artigo serão aplicados a cada um deles**" (§ 2º).

"Quando o cálculo do percentual disposto no inciso IV do *caput* deste artigo resultar em fração, poderá ser arredondado para o número inteiro imediatamente superior" (§ 3º).

"Não se aplica o disposto no *caput* deste artigo aos estágios de nível superior e de nível médio profissional" (§ 4º).

"Fica assegurado às pessoas portadoras de deficiência o percentual de 10% (dez por cento) das vagas oferecidas pela parte concedente do estágio".

Lembre-se que a prorrogação do estágio contratado antes da Lei n. 11.788, de 25.9.08 poderá ocorrer apenas se ajustada às suas disposições (cf. art. 18 da referida lei).

Ressaltamos mais uma vez que a manutenção do estagiário em desconformidade com essa lei caracteriza vínculo de emprego com a parte concedente. Aliás, quando em vigor a Lei n. 6.494/77, isso ocorria com uma certa frequência(16). Lembre-se, entretanto, que havia também a hipótese de parte do período trabalhado consistir em estágio e o outro período na condição de contrato de trabalho.(17)

---

(16) **Agravo de Instrumento. Vínculo de emprego reconhecido. Violações legais não configuradas. Não Provimento.** 1. Da simples leitura da d. decisão recorrida, conclui-se que o egrégio Tribunal Regional, ao reconhecer o vínculo de emprego entre as partes, levou em consideração as normas legais pertinentes à matéria, principalmente a Lei n. 6.494/77, invocada pelo reclamado. Restou expressamente consignado que a obreira desenvolvia as mesmas atividades de uma efetiva empregada do banco, evidenciando o distanciamento da reclamante dos reais objetivos do estágio; quais sejam, complementação do ensino e da aprendizagem, como previsto no § 3º do art. 1º da Lei n. 6.494/77 (fl. 94). Logo, descabe falar, *in casu*, em afronta aos citados dispositivos legais, uma vez que, inclusive, serviram de fundamento para a decisão recorrida. 2. Agravo de instrumento a que se nega provimento (AIRR 989/2005-015-04-41.9 Julgamento: 3.9.2008, Relator Ministro: Guilherme Augusto Caputo Bastos, 7ª Turma, Publicação: DJ 5.9.2008).

(17) **Estágio. Relação de Emprego.** Comprovado que em parte do período trabalhado havia estreita relação entre o curso de pedagogia frequentado pela autora e as atividades que desenvolvia, na condição de estagiária em pré-escola, não há como atribuir-se a relação de emprego durante toda a prestação de serviços. Embora a reclamada tenha dito que para crianças de 3 anos de idade não se exige formação própria de professor, há de se ressaltar que

Maiores considerações sobre o tema poderão ser revistas no Capítulo XVII, tópico 17.

5.5. *Estagiário. Subscritor do recurso*

Constatado que o subscritor do apelo era estagiário desprovido de acompanhamento de advogado e inabilitado para atuar como responsável pelo patrocínio da causa, não há dúvida de que esse ato extrapola os limites previstos na OJ n. 319 da SDI-1 do TST, que dispõe: "Válidos são os atos praticados por estagiário se, entre o substabelecimento e a interposição do recurso, sobreveio a habilitação, do então estagiário, para atuar como advogado".

5.6. *Residência médica*

A residência médica constitui modalidade de ensino de pós-graduação, sob a forma de curso de especialização. Caracteriza-se por treinamento em serviço e funciona sob a responsabilidade de instituição de saúde, universitária ou não, sujeita a orientação de médicos de elevada qualificação ética e profissional (art. 1º da Lei n. 6.932, de 1981).

As instituições de saúde só poderão propiciar a residência médica após seu credenciamento pela Comissão Nacional de Residência Médica. A admissão em qualquer curso dessa natureza pressupõe processo de seleção, estabelecido por programa aprovado pela referida comissão. É vedada a utilização da expressão "residência médica" para designar qualquer programa fora do crivo dessa entidade.

Na residência médica, os serviços são prestados a título de formação profissional e são totalmente estranhos à relação empregatícia[(18)], sendo o médico residente filiado

---

princípios e métodos de educação e instrução são necessários para proporcionar o início do desenvolvimento intelectual nas crianças, os quais estão contidos no curso de pedagogia. É que os primeiros 3 anos de vida da criança são de extrema relevância para o seu desenvolvimento, por residirem aí os aprendizados mais importantes da vida, como o andar, a fala, o temor, o prazer, e a descoberta de si e dos outros. É através da interação com outras pessoas que a criança vai construindo suas características: modos de agir, pensar, sentir e sua visão de mundo, seu conhecimento. Nesse contexto, as creches, maternais ou pré-escolares apresentam-se como elemento de desenvolvimento da criança, pois além de prestarem cuidados físicos, criam condições para o desenvolvimento cognitivo, simbólico, social e emocional (cf. "Creches: Crianças, Faz de Conta & Cia." Zilma de Moraes Oliveira, Ana Maria Mello, Telma Vitória, Maria Clotilde R. Ferreira, 2. ed., Petrópolis: Vozes, 1992). Deve-se observar que, em seu trabalho com as crianças, o educador enfrenta, muitas vezes, situações críticas, tais como as de oposição ao adulto, de birra, agressões e a curiosidade. Tais situações o deixam, com frequência, inseguro. Assim, faz-se necessário, além da tranquilidade e capacidade de negociação, conhecimentos de técnicas de ensino para, ao mesmo tempo, superar suas dificuldades e favorecer a aprendizagem e o desenvolvimento das crianças. Nesse sentido, é fundamental que o Educador se posicione como um profissional nesta relação e não como alguém que se propõe a substituir a mãe na ausência desta. O Educador é o elemento chave, que deve ser adequadamente selecionado e treinado. Portanto, se a autora teve a oportunidade de receber esse treinamento, nos moldes da Lei n. 6.494/77, que dispõe sobre o estágio, torna-se impossível reconhecer-lhe o vínculo empregatício durante toda a prestação de serviços. Ref.: Lei n. 5.584/70, art. 133, CF/88 Lei n. 4.215/63. (RO-11271/94 — 3ª Região — Data de Publicação 14.10.1994 DJMG Órgão Julgador Segunda Turma Relator Alice Monteiro de Barros)

(18) "A residência médica constitui um estágio de alto nível, uma modalidade de ensino necessária, conforme o Decreto n. 80.281, que regulamentou a atividade. E nos termos do referido texto legal é que não se abstrai que a relação entre residente e a entidade hospitalar seja empregatícia, ao contrário, o fato de ser o residente contemplado com bolsas de estudo demonstra inexistência do vínculo laboral e a existência de uma atividade voltada à formação profissional prevista e exigida por lei. Revista conhecida e desprovida". TST — RR-6380/85 — 1ª Turma — Rel.: Min. Orlando Lobato — DJ 9.5.86.

ao sistema previdenciário na condição de segurado autônomo (art. 4º, § 1º, da Lei n. 6.932, de 1981). Sua jornada é de sessenta horas semanais em regime especial de treinamento em serviço. A ele assegura-se bolsa no valor correspondente a R$ 1.916,45, efeitos a partir de 1º.1.07 (Lei n. 11.381, de 1º.12.2006).

Saliente-se, entretanto, que se a alegada residência médica não atender às exigências legais, a relação jurídica estabelecida, reunindo os pressupostos do art. 3º da CLT, passará a ser disciplinada pelo Direito do Trabalho(19).

6. COOPERATIVAS DE MÃO DE OBRA

As relações de trabalho do cooperado também não se encontram abrangidas pelo Direito do Trabalho, salvo se desvirtuadas de seus objetivos, o que ocorre com frequência, reclamando, inclusive, a eficiente atuação do Ministério Público do Trabalho, na propositura de ação civil pública na Justiça do Trabalho, em defesa dos interesses individuais homogêneos(20).

À luz do Código Civil de 2002, a cooperativa é uma sociedade simples. A Lei n. 5.764, de 1971, confere ampla liberdade na escolha do objeto das cooperativas, dispondo o seu art. 5º que as sociedades cooperativas poderão adotar por objeto qualquer gênero de serviço, operação ou atividade.

As características dessa forma de associação, agora, de acordo com o art. 1.094 do Código Civil de 2002 são: "I — variabilidade, ou dispensa do capital social; II — concurso de sócios em número mínimo necessário a compor a administração da sociedade, sem limitação de número máximo; III — limitação do valor da soma de quotas do capital social que cada sócio poderá tomar; IV — intransferibilidade das quotas do capital a terceiros estranhos à sociedade, ainda que por herança; V — *quorum*, para a assembleia geral funcionar e deliberar, fundado no número de sócios presentes à reunião, e não no capital social representado; VI — direito de cada sócio a um só voto nas deliberações, tenha ou não capital a sociedade, e qualquer que seja o valor de sua participação; VII — distribuição dos resultados, proporcionalmente ao valor das operações efetuadas pelo sócio com a sociedade, podendo ser atribuído juro fixo ao

---

(19) "É empregado o médico que presta pseudo-'residência médica' sem preencher os requisitos previstos na Lei n. 6.932/81, que exige expressamente o prévio credenciamento da instituição na Comissão Nacional de Residência Médica. É nula a contratação de médicos, inclusive do pessoal de direção, exclusivamente através de cooperativa médica, especialmente quando configurados os requisitos do art. 3º da CLT". TRT — Campinas 27.699/96 — Ac. 2ª T. — 36907/98 — Rel.: Samuel Hugo Lima — DOE — 19.10.98 — *Revista Synthesis* 28/99, p. 298.

(20) "**Cabimento da ação civil pública no processo do trabalho. Defesa de interesses e direitos individuais homogêneos**. A Ação Civil Pública, na Justiça do Trabalho, decorre da tutela de direitos e interesses individuais homogêneos, provenientes de causa comum, que atinge uniformemente o universo de trabalhadores. O órgão do judiciário, consciente da relevância social do tema relacionado à utilização de mão de obra de trabalhadores rurais, de forma fraudulenta, via cooperativas de trabalho, deve recepcionar a tutela pretendida pelo Douto Ministério Público, cuja legitimidade para o ajuizamento de Ação Civil Pública está prevista tanto na Constituição Federal, art. 127 c/c 129, inciso II quanto na LC n. 75/93, que conferiu legitimidade ao *parquet* para a defesa dos interesses difusos e coletivos na Justiça do Trabalho. Constatando-se o bem tutelado, direitos trabalhistas negados a trabalhadores rurais que atuam na colheita de laranja, é de se verificar que encontra-se a matéria inserida naqueles direitos que visam a defesa da ordem jurídica e dos interesses sociais e individuais indisponíveis, o que torna legitimado o douto Ministério Público." TST-RR-724.248/2001.9 — 1ª Turma. Rel.: Juiz convocado Aloysio Corrêa da Veiga. DJU 14.2.2003.

capital realizado; VIII — indivisibilidade do fundo de reserva entre os sócios, ainda que em caso de dissolução da sociedade".

O Código Civil de 2002, no art. 1.094, dispõe que o *quorum* para a assembleia funcionar e deliberar depende do número de sócios presentes à reunião social e não do capital social representado. Logo, é facultado aos cooperados deliberar contrariamente aos interesses da diretoria, o que poderá contribuir para diminuir as fraudes ocorridas.

A doutrina classifica as cooperativas em três modalidades: de produção, de consumo e de crédito.

Embora inexista previsão legal expressa a respeito da possibilidade de os trabalhadores dos diversos setores da economia associarem-se em cooperativas para prestar serviços a terceiros, é certo que essa aglutinação não encontra proibição expressa em norma alguma. Por essa razão, consideramos que trabalhadores vinculados a qualquer setor da economia podem se organizar em cooperativas, desde que presentes todas as características essenciais previstas na legislação civil. Cumpre lembrar que o verdadeiro cooperado apresenta uma dupla condição em relação à cooperativa, pois, além de prestar serviços, deverá ser beneficiário dos serviços prestados pela entidade.

7. CONTRATOS DE TRABALHO POR EQUIPE

Não raro se depara, principalmente no setor do espetáculo(21), com o chamado contrato de equipe, também denominado contrato de grupo (conjuntos musicais, orquestras e bandas), exatamente porque requer o concurso de um grupo de trabalhadores organizados espontaneamente para realizar um trabalho comum.

O ajuste com um grupo intitula-se contrato de equipe, e poderá assumir as feições de um contrato de trabalho, de uma prestação de serviços autônomos ou de uma empreitada(22).

O trabalho realizado por uma equipe gera relações jurídicas complexas, quer no tocante ao credor do trabalho, quer em relação aos integrantes do grupo entre si. Se a equipe adquire uma **configuração autônoma**, ou seja, se a subordinação não resta caracterizada, a relação jurídica permanecerá à margem do Direito do Trabalho e será disciplinada pelo direito comum, como na prestação de serviços autônomos ou na empreitada(23).

Já na hipótese de **existir a subordinação**, ainda que atenuada, o Direito do Trabalho ampara a relação jurídica. Nesse caso, como a prestação de serviços só poderá ser executada por uma pessoa física, o contrato de equipe "se resolve num feixe de contratos especiais"(24). A equipe configura aqui uma pluralidade de contratos, porém

(21) Cf., de nossa autoria, *As Relações de Trabalho no Espetáculo*. São Paulo: LTr, 2003, *passim*.

(22) KROTOSCHIN, Ernesto. *Instituciones de derecho del trabajo*. Buenos Aires: Depalma, 1968, p. 401.

(23) **"Relação de emprego não configurada.** Participante de conjunto musical não tem vínculo com empresa que contrata os serviços do conjunto, organizado para exercer atividade lucrativa e de forma autônoma". TST — 3ª T. — RR-3359/81 — Rel.: Min. Expedito Amorim — DJ de 28.5.82. *Repertório de Jurisprudência Trabalhista*. João de Lima Tcixcira Filho, v. II, Rio de Janeiro: Livraria Freitas Bastos, p. 283.

(24) MARANHÃO, Délio. *Instituições de Direito do Trabalho*. v. 1. São Paulo: LTr, 2005, p. 273.

as individualidades, se não desaparecem, pelo menos aglutinam-se em defesa do "espírito de corpo"[25].

Assinala Krotoschin[26] que "o empregador não tem influência, em geral, na composição da equipe", cuja coesão foi independente dele e atendeu às qualidades, especializações e possibilidades profissionais de cada integrante, pelo que o espírito unitário daí resultante poderá se ressentir da ingerência do empregador[27]. O poder diretivo do empregador aqui é atenuado, pois não poderá exercê-lo de modo que comprometa essas singularidades.

No caso dos músicos, certas facetas técnicas não poderão permanecer ao arbítrio do empregador, o que ocorreria, por exemplo, se este pretendesse impor-se a um membro da orquestra, quando esta firma o contrato e adquire seu selo distintivo precisamente pela harmonia de execução do grupo constitutivo da equipe, que somente seu diretor conseguiu obter, em face da busca afanosa e do trabalho contínuo de seus executantes. Nesse contrato, a homogeneidade e eficiência se presumem, são preexistentes[28].

Em consequência, a natureza jurídica dos contratos celebrados com músicos enseja muitas discussões.

Configura-se um **contrato de equipe, disciplinado pelo Direito do Trabalho**, quando o líder do grupo organiza a orquestra e oferece seus serviços a terceiro, mas trabalha como os demais músicos, mediante subordinação jurídica, sem assumir os riscos e sem capacidade de adequar o seu desempenho ao de uma empresa. Nesse caso, o vínculo empregatício configura-se entre o grupo e a empresa que o dirige e não com o líder ou chefe da equipe. O fato de este último receber e distribuir uma retribuição global entre os integrantes do grupo não descaracteriza sua condição de pseudoempregador, pois ele não lucra com a atividade do grupo, sendo apenas um de seus componentes.

Se o diretor da orquestra é quem a organiza, dirige e remunera a prestação de serviços, ele estabelece relações individuais de emprego com cada um de seus membros. Por outro lado, o contrato celebrado entre ele e uma empresa que se utiliza do trabalho da equipe está disciplinado pelo direito civil. Nesse caso, não será a empresa a responsável pelos encargos trabalhistas, mas o diretor da orquestra, que lucra com a atividade do grupo[29].

---

(25) FELDMAN, Isaías. *El contrato de trabajo por equipo y el trabajo por equipo*. Buenos Aires: Ediciones Pannedille, 1971 (Tese de doutorado), p. 41.

(26) KROTOSCHIN. *Op. cit., passim.*

(27) FELDMAN, Isaías. *Op. cit.,* p. 41.

(28) FELDMAN, Isaías. *Op. cit.*, p. 42.

(29) "**Músico. Conjunto musical de cantor. Relação de emprego.** Músico que trabalha em conjunto de cantor, de modo permanente, remunerado pela esposa e empresária deste, é empregado. Nada importa que a atividade profissional do empregado seja intermitente, se o músico está sempre à sua disposição, para ensaios e apresentações". TRT — 1ª Reg. — 1ª T. — RO 20.988/96 — Rel.: Juiz Luiz Carlos Teixeira Bonfim — DJRJ 23.7.98, p. 120. *Revista do Direito Trabalhista*, Brasília: Consulex, ago. 1998, p. 53.

"É empregado o músico que trabalha para conjunto musical, mediante remuneração definida, horário predeterminado, sujeito a sanções disciplinares e subordinado às ordens do dono do conjunto". TRT — 1ª Reg.— RO- 2932/87 — Ac. 3ª T. — 1869/87 — DJ 27.7.87. Rel.: Juiz Haroldo Collares Chaves. *Revista LTr* 52-2/177.

CAPÍTULO VIII

CONTRATO DE TRABALHO: DENOMINAÇÃO, CONCEITO, CLASSIFICAÇÃO, CARACTERES. NATUREZA JURÍDICA. REQUISITOS. ELEMENTOS INTEGRANTES

1. DENOMINAÇÃO

O contrato de trabalho vem sendo denominado por alguns autores contrato de emprego[(1)], para distingui-lo de outros contratos de atividade geradores de relações de trabalho.

2. CONCEITO

O contrato de trabalho é conceituado no art. **442** da CLT como sendo "o acordo tácito ou expresso, correspondente à relação de emprego". Esse conceito é **criticado** pela doutrina sob o argumento de que o contrato não corresponde à relação de emprego, mas cria esta relação jurídica. A relação jurídica, por sua vez, é o vínculo que impõe a subordinação do prestador de serviços ao empregador, detentor do poder diretivo. Como se vê, a relação jurídica se estabelece entre os sujeitos de direito, e não entre sujeito e objeto, pois ela só existe entre pessoas (SILVA PEREIRA, Caio Mário da. *Instituições de Direito Civil*, v. 1. Rio de Janeiro: Forense, 19. ed., 1998, p. 28).

Verifica-se, portanto, que a relação jurídico-trabalhista estabelece, por força de lei (art. 2º e 3º da CLT), a posição de poder de uma pessoa e a respectiva posição de dever da outra, para a tutela de um interesse, ou seja, o valor relativo que um determinado bem representa para o sujeito (SANTORO PASSARELLI, F. *Teoria Geral do Direito Civil*. Coimbra: Atlântida, 1967, *passim*).

Propomos o seguinte **conceito** para o ajuste em questão: o contrato de trabalho é o acordo expresso (escrito ou verbal) ou tácito firmado entre uma pessoa física (empregado) e outra pessoa física, jurídica ou entidade (empregador), por meio do qual o primeiro se compromete a executar, **pessoalmente**, em favor do segundo um serviço de **natureza não eventual**, mediante **salário e subordinação jurídica**. Sua nota típica é a **subordinação jurídica**. É ela que irá distinguir o contrato de trabalho dos contratos que lhe são afins e, evidentemente, o trabalho subordinado do trabalho autônomo.

(1) CATHARINO, José Martins. *Contrato de emprego*. Guanabara: Edições Trabalhistas, 1965, *passim*.

O contrato de trabalho é, portanto, um negócio jurídico bilateral em que "os interesses contrapostos"[2] se acham presentes com mais intensidade do que em outros contratos, dependendo da categoria profissional e econômica a que pertençam os cocontratantes. O conflito contratual acaba por se tornar a projeção de um conflito social.

Para fins de contratação, o empregador não exigirá do candidato a emprego comprovação de experiência prévia por tempo superior a 6 (seis) meses no mesmo tipo de atividade (art. 442-A da CLT, introduzido pela Lei n. 11.644, de 10.3.**2008**).

3. CLASSIFICAÇÃO

Há uma variedade de critérios de classificação dos contratos de trabalho[3]. Eles se classificam, **quanto à forma de celebração,** em escritos ou verbais; **quanto à regulamentação,** em comuns e especiais; **quanto ao local da prestação de serviços,** no estabelecimento do empregador, externamente e no domicílio do empregado; **quanto ao consentimento,** em expressos ou tácitos; **quanto à qualidade do trabalho**, em manual, técnico e intelectual; **quanto aos sujeitos**, em contrato individual e contrato de equipe; **quanto ao modo de remuneração**, por unidade de tempo, por unidade de obra ou misto; **quanto à duração,** o contrato poderá ser **determinado e indeterminado**. Este último é a regra, tendo em vista que o ajuste foi feito para durar, como consequência do princípio da continuidade. Esse princípio vem sofrendo recortes nos últimos anos, com a ampliação dos contratos a termo, mas ainda continua sendo a regra. **Quanto ao fim ou quanto à índole da atividade** em doméstico, rural, urbano, marítimo, industrial e comercial.

4. CARACTERES DO CONTRATO DE TRABALHO

Entre os caracteres do contrato de trabalho apontados pela doutrina[4], poderão ser arrolados os seguintes: trata-se de um contrato de direito privado, sinalagmático, de execução continuada, consensual, *intuitu personae* em relação ao empregado, oneroso e do tipo subordinativo. Alguns autores[5] acrescentam a alteridade entre esses caracteres, o que significa ser o trabalho executado em favor de outrem, que aufere os frutos do trabalho de alguém e, portanto, deverá assumir os riscos do empreendimento.

Não obstante o Direito do Trabalho se caracterize pela predominância de normas imperativas, insuscetíveis de renúncia, o **contrato de emprego**, na feliz constatação de Martins Catharino[6], enquadra-se no campo do **direito privado**. Ele repousa no princípio da autonomia da vontade, por meio do qual as partes obrigam-se reciprocamente, daí o seu caráter **sinalagmático**. A cada obrigação de fazer, de prestar o serviço, corresponde uma obrigação de dar (pagar o salário) equivalente. O caráter

(2) BETTI, Emílio. *Teoria General del Negocio Jurídico*. Portugal: Coimbra, 1969, *passim*.

(3) GOMES, Orlando e GOTTSCHALK, Elson. *Op. cit.* 16. ed., 2000, *passim* e LAMARCA, Antônio. *Contrato Individual do Trabalho*. *Op. cit.*, *passim*.

(4) GOMES, Orlando e GOTTSCHALK, Elson. *Op. cit.* 16. ed., 2000, p. 111 e LAMARCA, Antônio. *Contrato Individual do Trabalho*. *Op. cit.*, p. 120 e 121.

(5) ALONSO OLEA, Manoel. *Derecho del Trabajo*. Madrid: Universidad, 1973, p. 14.

(6) Contrato de emprego. 2. ed., Guanabara: Edições Trabalhistas, 1965, *passim*.

sinalagmático tem em vista o contrato no todo e não prestação por prestação, o que explica existir salário quando ausente a prestação de serviços, como ocorre na interrupção do contrato (férias, repouso semanal, etc.).

A prestação de serviços é de **trato sucessivo**, não se esgota com a realização de um ato singular. Ela pressupõe a execução de prestações na organização empresarial, apesar da intermitência da relação jurídica e da condescendência dos critérios diretivos do empregador, no tocante a determinados empregados.

No tocante ao contrato de trabalho, cumpre salientar que o **ajuste dispensa formalidades, salvo algumas exceções**. A regra geral é traduzida pela **consensualidade**, a qual se caracteriza pela ausência de formas especiais prescritas em lei, sendo suficiente para atribuir validade ao contrato o simples consentimento. Ressalte-se, entretanto, que existem contratos de trabalho cuja formalidade é exigida, sem contudo perderem a característica consensual[(7)].

O contrato de trabalho é ***intuitu personae*** em relação ao empregado. Isso significa que o empregado não poderá se fazer substituir por outrem na prestação de serviços, salvo esporadicamente e com a aquiescência do empregador.

O caráter personalíssimo da relação de emprego deriva, segundo alguns autores[(8)], do fato de o empregado colocar à disposição do empregador sua energia psicofísica e não da infungibilidade da prestação de serviços, pois é sabido que no âmbito da organização empresarial existem funções que pressupõem qualificações relativamente homogêneas, em que é normal a substituição de um trabalhador por outro, como também em um regime de revezamento. Esse caráter *intuitu personae* da prestação de serviços admite outras temporárias ou particulares exceções nas hipóteses de suspensão do contrato (afastamento por doença, parto, acidente, greve, etc.).

O caráter *intuitu personae,* característico do contrato de trabalho em geral, é ainda mais relevante no caso de alguns empregados em particular. No tocante ao artista, por exemplo, esse caráter assume uma importância significativa, exatamente porque a prestação de serviços, a par do seu aspecto fiduciário, envolve valores intrínsecos, como a criação e a interpretação. A criação interpretativa é livre, observado, porém, o texto final da obra (art. 24 da Lei n. 6.533 e art. 52, parágrafo único do Decreto n. 82.385, de 1978). A liberdade da prestação, naquilo que ela tem de criativa "e no que supõe de adesão espontânea do artista aos valores de sua arte, e a subordinação, no que tem de rigorosa obediência a uma disciplina de equipe, confluem para qualificar como de extrema pessoalidade os vínculos de trabalho em causa"[(9)].

O Direito não pode ignorar a situação de compromisso pessoal do artista e do desportista, o seu empenho, o grau de diligência, tampouco os valores patrimoniais e morais particulares que estão em jogo na execução do espetáculo (direito à identificação

---

(7) Cf., de nossa autoria, *As Relações de Trabalho no Espetáculo*. São Paulo: LTr, 2003, p. 102, 132, 133, 169, 170.
(8) SCOGNAMIGLIO, Renato. *Manuale di Diritto del Lavoro*. Napoli: Jovene Editore, 2003, p. 84.
(9) LOBO XAVIER, Bernardo da Gama. Contratos de trabalho dos profissionais de espetáculos (direito aplicável). *Revista de Direito e de Estudos Sociais*. Coimbra: Almedina. jan./mar. 1986, p. 124.

pelo nome ou pseudônimo, direito à imagem, à intimidade, direitos autorais ou conexos a estes, como o direito de arena e o direito à livre expressão). Também não poderão ser ignorados os fatores que influem no espetáculo, como a sutileza do controle da execução, que vai além daquele exercido pelo empregador e se estende, afinal, ao público e também aos próprios colegas do artista. A menor falha de execução ou qualquer quebra do sentido de disciplina e do *esprit de corps* prejudica não só o espetáculo, no seu conjunto, como perturba e até deteriora a própria prestação pessoal dos demais participantes[(10)].

A doutrina admite, excepcionalmente, o caráter *intuitu personae* em relação ao empregador e cita como exemplo a situação de um jornalista cuja empresa em que trabalhava sofreu mudança radical na orientação. Nesse caso, segundo alguns doutrinadores, pode o empregado não aceitar a mudança de titularidade da empresa, rompendo o contrato com direito às reparações[(11)].

A **onerosidade** é também um dos caracteres do contrato de trabalho. O empregado aceita trabalhar em favor de outrem, na medida em que é compensado com um salário. Ele não se descaracteriza se a obrigação de dar (pagar salário) assumida pelo empregador em relação a determinados empregados verificar-se por meio de fornecimento *in natura*, como alimentação ao rurícola, de cachê ao artista ou, no tocante ao atleta, por exemplo, a título de luvas ou bichos, pois estas são formas especiais de retribuição dos empregados sujeitos de uma relação especial de trabalho.

Cumpre salientar que a ausência da onerosidade só descaracteriza o contrato de emprego quando o trabalhador voluntariamente dela se despoja, trabalha gratuitamente, do contrário, o que existe é mora salarial do empregador.

Um aspecto estreitamente vinculado a esse pressuposto consiste na possibilidade da execução do trabalho a título gratuito, sem subordinação jurídica, realizada por uma pessoa para afirmação de ideias políticas, difusão de crença religiosa, ou a título de colaboração, no âmbito familiar, amoroso e amigável, em que alguém se sinta até na obrigação de fazê-lo ou o faz porque possui a expectativa de futuros benefícios. Não vemos como fazer incidir o Direito do Trabalho nessas situações, tampouco no trabalho voluntário, pela falta dos pressupostos constitutivos da relação de emprego (subordinação jurídica e/ou salário). A prestação laboral, no caso, estará restrita ao campo das relações sociais.

A **alteridade** revela que o empregado desempenha suas tarefas por conta alheia. A título de exemplo, citamos a situação do jogador de futebol que obtém o título de campeão. Esse título poderá lhe conceder um benefício econômico ou maior prestígio, mas a vitória no campeonato é atribuída ao clube, com registro nos seus anais e/ou na entidade organizadora do campeonato.

Finalmente, o traço, de fato, caracterizador do contrato de trabalho é a **subordinação jurídica**. Vista, tradicionalmente, como o "estado de dependência real criado

---

(10) LOBO XAVIER, Bernardo da Gama. *Op. cit.*, p. 124-125.

(11) MARANHÃO, Délio. *Direito do Trabalho*. 7. ed., Rio de Janeiro: Fundação Getúlio Vargas, 1979, p. 83.

por um direito"[12], a subordinação jurídica mostra-se atenuada no tocante a certos empregados, como os que executam trabalhos intelectuais.

O traço característico da subordinação é a observância a diretivas constantes e analíticas sobre o modo e o tempo em que deverá ser executada a prestação de serviços. Como o **trabalho artístico** se insere no contexto do trabalho intelectual, **a subordinação jurídica é menos acentuada.**

Diversa é a situação do desportista. No contrato de trabalho do **jogador de futebol, a subordinação jurídica é ampla** e intensa, estendendo-se além da atividade esportiva (em que se incluem treinos, concentração e excursões). Ela abrange também **aspectos pessoais**, como controle da alimentação, das horas de sono, do peso; **aspectos íntimos**, como o comportamento sexual; **convencionais**, como a vestimenta e a aparência externa, aliados, ainda, a **aspectos mais significativos**, como as declarações aos meios de comunicação[13].

Há situações em que as circunstâncias geralmente consideradas para qualificar a relação jurídica como de emprego encontram-se muito difusas, levando a doutrina italiana a sugerir um terceiro gênero, intitulado **trabalho parassubordinado**, com o objetivo de enquadrar a situação jurídica desses trabalhadores[14].

5. NATUREZA JURÍDICA

Há várias teorias que procuram explicar a natureza jurídica do contrato de trabalho. Elas subdividem-se em teorias contratualistas e anticontratualistas, e ainda há autores[15] que acrescentam as acontratualistas ou paracontratualistas.

As **teorias contratualistas** procuram identificá-lo a um contrato de direito civil: ora a uma **compra** e **venda**, ora a uma **locação**, ora a uma **sociedade**, ora a um **mandato**.

Os que atribuíam ao contrato de trabalho a natureza de uma compra e venda afirmavam que o **empregado vende a sua força de trabalho em troca de um salário.** A principal crítica que se tece a essa teoria é a de que trabalho não é mercadoria nem salário é preço. Aliás, desde o Tratado de Versalhes proíbe-se que o trabalho humano seja considerado mercadoria. Tampouco pode essa atividade, inseparável do homem, assemelhar-se a uma coisa. Carnelutti tentou alterar um pouco essa teoria, sustentando que o contrato de trabalho equipara-se ao fornecimento de energia elétrica, argumentando: "o que permanece com o trabalhador é a fonte de sua energia, isto é, seu próprio corpo; a energia, no entanto, sai dele e não volta mais". Mesmo com essa variante, a teoria é muito criticada, sob o argumento de que "a energia humana não permanece

(12) COLIN, Paul. *De la détermination du mandat salarié. Apud* MORAES FILHO, Evaristo de. *Introdução ao Direito do Trabalho*. São Paulo: LTr, 1971, p. 222.

(13) PLÁ RODRIGUEZ, Américo. *El derecho laboral y la protección de la intimidad del trabajador*. Derecho Laboral. tomo XXIX, n. 144, oct./dic. 1986, p. 603.

(14) Sobre o assunto, cf., de nossa autoria, a obra *As Relações de Trabalho no Espetáculo*. São Paulo: LTr, 2003, *passim*.

(15) CATHARINO, José Martins. *Compêndio Universitário de Direito do Trabalho*. v. 1. São Paulo: Universitária, 1972, p. 227.

com o empregador, mas o produto por ela elaborado; sem o núcleo psicológico e social da personalidade humana, a energia nada mais significa que algo sem vida própria".

A **segunda teoria, que vê no contrato de trabalho uma espécie de locação de serviço**, tem suas raízes no Direito Romano (*locatio operarum*). Para essa vertente doutrinária, o empregado aluga o seu trabalho, assumindo a condição de locador; o empregador o utiliza na condição de locatário e a coisa locada é a força de trabalho. A própria doutrina italiana (Renato Conrado) critica essa teoria, ao fundamento de que ela implica retrocesso à *locatio hominis*, por ignorar que a força de trabalho do empregado é inseparável da sua pessoa. Sustenta-se, ainda, que, terminada a locação, restitui-se a coisa alugada na sua forma e na sua substância, o que não é possível no contrato de trabalho.

A vertente doutrinária que tenta explicar a natureza jurídica do contrato de trabalho, identificando-o com um contrato de **sociedade**, argumenta que tanto o empregado quanto o empregador colocam em comum, respectivamente, trabalho e capital, tendo em vista dividir o benefício que daí se origina. Embora essa teoria seja mais condizente com a dignidade humana, não pode ser aceita, exatamente porque no contrato de trabalho não há a *affectio societatis*, ou seja, a comunhão de interesses na proporção existente no contrato de sociedade. Aliás, infere-se do próprio conceito do art. 2º da CLT que, quem assume os riscos do empreendimento econômico é o empregador, portanto, só ele poderá participar das perdas; em compensação, ele participa dos lucros de forma muito mais intensa do que os empregados. Ora, na sociedade, os sócios participam, em tese, das perdas e dos lucros de forma igualitária.

Entre as teorias contratualistas, aponta-se, ainda, a que atribui a natureza jurídica do contrato de trabalho a **um mandato**. Afirma-se que o empregador atua como mandante e o empregado como mandatário. A começar pela origem dos dois contratos, verifica-se que essa teoria não pode prosperar, pois, tradicionalmente, o mandato era gratuito, enquanto o contrato de trabalho sempre foi oneroso. Ademais, a representação é elemento essencial no mandato, sendo dispensável no contrato de trabalho, exceção feita aos empregados de confiança. E se não bastasse, no mandato está ausente a subordinação jurídica, traço distintivo do contrato de trabalho. Há autores que acrescentam, ainda, como elemento distintivo entre os dois contratos, o fato de o mandato ser sempre revogável e o contrato de trabalho nem sempre ser rescindível *ad nutum*, pois, no tocante aos empregados estáveis, é necessário autorização judicial precedida de inquérito (art. 492 da CLT).

As **teorias anticontratualistas**, por sua vez, alcançaram grande destaque na Alemanha, inspiradas nas críticas de Gierke, que se opunha ao caráter individualista do contrato, baseado no antigo modelo romano da *locatio operarum*. O citado autor apresenta como objeção ao materialismo das relações obrigacionais, o espiritualismo da relação de trabalho, fundada na lealdade do trabalhador e na proteção do empresário, unidos por meio de um vínculo quase familiar que evoca os laços da servidão medieval(16). Já Potthoff(17) defendia a substituição da tradicional relação de trabalho por uma relação societária, sem necessidade de contrato. Esse pensamento reaparece na Alemanha, a partir de 1930, principalmente na obra de um jurista nacional socialista Wolfgang Siebert(18), para quem a relação laboral se funda não no contrato, mas no fato da incorporação do trabalhador na empresa; a relação de trabalho surge com o início da efetiva prestação de serviços e se funda no dever de lealdade. Outra teoria, muito próxima da anterior, é a da **ocupação.** Para seus adeptos (Nikisch), basta que o trabalhador ocupe um posto na empresa para obter o *status* de empregado; é irrelevante que tenha iniciado a prestação de serviços, e suficiente que permaneça aguardado ordens. Essas teorias fracassaram exatamente porque as relações de fato, sejam elas fundadas na "incorporação" ou na "ocupação", têm na origem um contrato, seja ele expresso ou tácito. Ademais, o desejo de se construir um Direito do Trabalho sobre os alicerces de uma "comunidade" ficaram reduzidos à ideia de voltar a um tipo de relação de trabalho inconciliável com as exigências técnicas, econômicas e sociais da produção do mundo moderno.

Uma terceira vertente doutrinária utiliza as **teorias acontratualistas** para explicar a natureza jurídica do contrato de trabalho. Seus adeptos asseveram que a relação de emprego não contrasta com o contrato, mas também não afirmam sua existência. Sustentam que a relação de emprego é oriunda de um ato jurídico bilateral, sendo suficiente a vontade de integrar-se na empresa independentemente do contrato.

Aderem às teorias acontratualistas os partidários da institucionalização da relação de emprego, entre os quais se situam vários autores franceses. Seus defensores sustentam que a relação de trabalho é uma instituição, e não um contrato, pois enquanto o contrato tem por critério a igualdade, a instituição pressupõe autoridade, hierarquia, e o *status* que daí emerge substitui o contrato. Já a subordinação, que surge em contraposição à hierarquia, é em relação às aspirações coletivas da instituição, e não individual.

À luz da teoria institucionalista, o empregado, quando ingressa na empresa, está sujeito a uma situação estatutária, que o submete às condições de trabalho previamente estabelecidas por um complexo normativo constituído pelas leis, normas coletivas, regulamentos, etc. A teoria é criticada sob o argumento de que o caráter consensual do contrato de trabalho afasta qualquer perfil institucionalista ou estatutário.

Prevalece no **Brasil**, como regra geral, a forma livre de celebração do contrato, que pode assumir o caráter expresso (verbal ou escrito) ou tácito (art. 442 e 443 da CLT). Infere-se do art. 468 da CLT que a legislação brasileira adotou a corrente contratualista, mas os art. 2º, 503 e 766 da CLT enquadram-se na corrente institucionalista, confundindo empregador com empresa. Daí sustentarem alguns autores o perfil eclético da nossa legislação trabalhista.

---

(16) O.Von Gierke. Deutsche Privatrecht, Munich y Leipzig, 1917, p. 59 y sigs. *Apud* MONTOYA MELGAR, Alfredo. *Op. cit.*, 2003, p. 275, 276.

(17) H. POTTHOFF. Ist das Arbeiverhältnis ein Schuldverhältnis?, ArbR, 1922, p. 267. *Apud* MONTOYA MELGAR, Alfredo. *Op. cit.*, p. 276.

(18) W. Siebert. *Apud* MONTOYA MELGAR, Alfredo. *Op. cit.*, p. 276.

Predomina, entretanto, no nosso entendimento, a teoria contratualista, não nos moldes das teorias civilistas clássicas, mas considerando a vontade como elemento indispensável à configuração do contrato.

Para Cesarino Júnior, o **contrato** de trabalho é do tipo de **adesão**, isto é, o empregado adere sem discutir o esquema do contrato individual, já prefixado em parte pela lei, pela convenção coletiva e pelo regulamento da empresa. Cotrin Neto e Arnaldo Süssekind também veem no contrato de trabalho fortes características de adesão.

Aderimos ao mesmo posicionamento. O contrato de trabalho é do tipo de adesão. Sua principal função é criar uma relação jurídica obrigacional entre as partes, porém, com o caráter meramente complementar, em face do extenso rol de normas imperativas previstas em lei ou instrumentos coletivos, que fogem do domínio da autonomia da vontade e compreendem aspectos relevantes do vínculo empregatício. As partes, se desejarem celebrar o contrato, terão que aderir a elas, sem possibilidade de discussão, como aliás se infere do art. 444 da CLT.

Lembre-se que à luz do art. 423 do Código Civil vigente, quando houver no contrato de adesão cláusulas ambíguas ou contraditórias, dever-se-á adotar interpretação mais favorável ao aderente. Em se tratando de aplicação subsidiária ao Direito do Trabalho, o aderente é o empregado. O dispositivo visou a proporcionar o equilíbrio contratual ao cocontratante que confiou no comportamento do estipulante.

6. MORFOLOGIA DO CONTRATO. REQUISITOS. ELEMENTOS

6.1. Requisitos do contrato de trabalho

A formação do contrato de trabalho, por aplicação analógica do Código Civil de 2002 (art. 104), pressupõe a concomitância dos seguintes **requisitos**: capacidade das partes, licitude do objeto e consentimento[(19)].

Em se tratando de alguns contratos de trabalho especiais, exige-se, ainda, forma prescrita[(20)].

6.2. Elementos

Orlando Gomes[(21)] fala em **elementos essenciais** do contrato e inclui entre eles a capacidade, o objeto lícito, o consentimento livre e a causa lícita. A estes acrescenta a legitimação ou legitimidade. Entre os **elementos acidentais** o autor inclui o termo e a condição.

6.2.1. Capacidade do trabalhador em geral

A capacidade é a aptidão para adquirir direitos e contrair obrigações no ordenamento jurídico. À luz do Direito do Trabalho, é proibido o trabalho do menor

(19) MORAES FILHO, Evaristo de. *Introdução ao Direito do Trabalho*. São Paulo: LTr, 1971, p. 210.

(20) Cf., de nossa autoria, *As Relações de Trabalho no Espetáculo*. São Paulo: LTr, 2003, *passim*.

(21) GOMES, Orlando & GOTTSCHALK, Elson. *Curso de Direito do Trabalho*. Rio de Janeiro: Forense, 2000, p. 145 e 146.

de 16 anos, salvo se o fizer na condição de aprendiz, mas ainda assim é necessário que já tenha completado pelo menos 14 anos (Emenda Constitucional n. 20, de 1998). Dos 16 aos 18 anos, o trabalho é permitido mediante autorização do representante legal. A partir dos 18 anos completos, o trabalhador torna-se absolutamente capaz.

O art. 5º do Código Civil de 2002 dispôs que a menoridade cessa aos 18 anos completos, e não aos 21 anos, como dispunha o art. 9º do Código Civil de 1916. O mesmo art. 5º menciona, no parágrafo único, inciso V, as hipóteses de emancipação, estendendo-a ao menor com 16 anos que tenha "economia própria", em função de estabelecimento civil ou comercial ou "pela existência da relação de emprego".

Essa última alternativa representa uma inovação em relação ao Código Civil de 1916 e tem gerado polêmica. Há quem entenda que a incapacidade trabalhista cessa aos 16 anos, desde que o empregado tenha economia própria, a qual é vista como obtenção de trabalho que garanta o provimento para a sua subsistência, bem como a de sua família. O parâmetro dessa condição, segundo uma corrente, é o salário mínimo. Não obstante a capacidade para contratar, não está legitimada a contratação para o trabalho em condições insalubres, perigosas ou à noite(22).

Outros(23), aos quais nos filiamos, sustentam que as disposições especiais da legislação trabalhista que disciplinam o trabalho do menor continuam em vigor, não tendo sido revogadas, sequer tacitamente, pelo Código Civil de 2002, de âmbito geral, pois aquelas derivam não apenas da incapacidade, mas de certas peculiaridades de ordem fisiológica, de segurança, de salubridade, moralidade e cultura, que justificam a proteção especial. Portanto, consideramos em vigor os art. 439 e 440 da CLT. Ressaltamos que a doutrina civilista até admite a revogação de normas especiais pelas normas gerais, mas é necessário que expressamente o declarem(24), o que não ocorreu na situação em exame.

Da mesma forma, por motivos peculiares, o Código Penal de 1942 manteve a imputabilidade a partir dos 18 anos (art. 27), não se admitindo que ele tivesse sido revogado tacitamente pelo antigo Código Civil (art. 9º).

No tocante aos que prestam serviços no espetáculo, existem alguns aspectos particulares atinentes ao requisito da capacidade.

Ao **jogador de futebol** é vedado celebrar contrato de trabalho se menor de 16 anos, sendo permitido ao maior de 16 anos e menor de 21 anos firmá-lo somente com a aquiescência do representante legal. Caso o atleta tenha mais de 18 anos completos, na falta do assentimento do representante legal, o contrato poderá ser celebrado mediante suprimento judicial (art. 5º, *caput* e parágrafo único da Lei n. 6.354, de 1976).

De forma semelhante ao que sucede com o jogador de futebol, a celebração do contrato entre a entidade promotora das provas de rodeio e o **peão** maior de 16 e

(22) GODOI, Luiz Carlos Gomes. Da capacidade. *Revista Synthesis,* São Paulo, n. 37/2003, p. 39-44.
(23) MARTINS, Adalberto. O sistema das incapacidades no atual Código Civil. *Revista Synthesis*, São Paulo, n. 37/03, p. 67 e 71.
(24) PEREIRA, Caio Mário. *Op. cit., passim.*

menor de 21 anos deve ser precedida de expresso consentimento de seu responsável legal (art. 4º da Lei n. 10.220). Após os 18 anos completos, na falta ou negativa do assentimento do responsável legal, o contrato poderá ser celebrado diretamente pelas partes, mediante suprimento judicial ou assentimento (§ 2º, do art. 4º, já citado).

6.2.2. Licitude do objeto. Cambista de jogo de bicho

Para que haja a tutela do Direito do Trabalho é necessário que o objeto do contrato seja lícito (art. 104 do Código Civil de 2002), pouco importando a licitude ou ilicitude do empreendimento. A licitude do objeto refere-se à qualidade mesma da prestação de serviços ou, em outras palavras, à natureza dos serviços que constituem essa prestação(25).

O objeto do contrato de trabalho é uma atividade, é um *facere* lícito. A licitude indica uma prestação de serviços que está em consonância com a lei, com a ordem pública e com os bons costumes, independentemente de a atividade empresarial ser lícita ou ilícita. A atividade empresarial ilícita, em regra, configura delito ou contravenção penal.

Cumpre lembrar que **a atividade ilícita** não se confunde com a **atividade proibida**. Na primeira hipótese, o contrato não produz nenhum efeito, pois "o negócio é reprovado pelo direito, em defesa dos interesses da sociedade, ou dos bons costumes e dos valores existentes". Nesse caso, o "valor tutelado é a realização da ordem pública"(26). Na segunda hipótese, isto é, na atividade proibida, o contrato produz certos efeitos e "a tutela da ordem pública se realiza de modo mediato, prevalecendo o interesse do trabalhador"(27). A título de exemplo, o trabalho realizado pelo menor de 14 anos é proibido, portanto, o ajuste com ele firmado é nulo, mas produz certos efeitos, pois autoriza o pagamento de uma compensação razoável, que poderá até mesmo ser a retribuição pactuada, se se entender que ela é justa. Aplicamos aqui, por força do art. 593 do Código Civil vigente, o art. 606 desse diploma legal(28), pois se falta o requisito da capacidade o contrato de trabalho é nulo e a CLT não se estende às relações de fato. A compensação razoável a que alude o citado art. 606 do Código Civil será fixada tomando-se como parâmetro a retribuição que seria devida a um trabalhador autônomo. Ela é paga com o objetivo de impedir o enriquecimento ilícito do credor do trabalho que se beneficiou com o serviço do menor e não pode devolver-lhe a atividade, com a restituição do *status quo ante*. Há, entretanto, vários autores e vertente jurisprudencial que, dando efeito *ex nunc* à decretação da nulidade, deferem todos os direitos trabalhistas ao menor.

---

(25) ALONSO GARCIA, Manuel. *Curso de Derecho del Trabajo*. Barcelona: Editorial Ariel, 1982, p. 371.

(26) BETTI, Emilio. *Teoria Geral do Negócio Jurídico*. v. I. Portugal: Coimbra Editora, 1969, p. 224.

(27) MARTINEZ VIVOT, J. J. e outros. *Ley de Contrato de Trabajo*. Buenos Aires: Astrea, 1981, p. 309.

(28) "Art. 593 do Código Civil de 2002: A prestação de serviço, que não estiver sujeita às leis trabalhistas ou a lei especial, reger-se-á pelas disposições deste Capítulo."

Caput e parágrafo único do art. 606 do Código Civil vigente: "Se o serviço for prestado por quem não possua título de habilitação, ou não satisfaça requisitos outros estabelecidos em lei, não poderá quem os prestou cobrar a retribuição normalmente correspondente ao trabalho executado. Mas se deste resultar benefício para a outra parte, o juiz atribuirá a quem o prestou uma compensação razoável, desde que tenha agido com boa-fé. Parágrafo único. Não se aplica a segunda parte deste artigo, quando a proibição da prestação de serviço resultar de lei de ordem pública".

Esse assunto será tratado com mais detalhes no **Capítulo XV** desta obra, inclusive sobre jogo do bicho[(29)].

Já a atividade exercida pela meretriz em um prostíbulo é ilícita, por ser contrária aos bons costumes, logo não produz qualquer efeito. Se, contudo, a função executada no prostíbulo ou em outro local do mesmo gênero for lícita, a idoneidade do objeto estará presente e, se aliada aos pressupostos fáticos do art. 3º da CLT, a relação de emprego configurar-se-á, não obstante a ilicitude da atividade do empregador. A ementa do acórdão abaixo admite o vínculo empregatício entre a dançarina, que também exercia a prostituição, e a casa de tolerância, ao argumento de que o fazia em momentos distintos, reunindo os elementos fático-jurídicos do contrato de trabalho. Vejamos:

> "DANÇARINA DE CASA DE PROSTITUIÇÃO — POSSIBILIDADE DE RECONHECIMENTO DE VÍNCULO EMPREGATÍCIO. Restando provado que a autora laborava no estabelecimento patronal como dançarina, sendo revelados os elementos fático-jurídicos da relação de emprego, em tal função, não se tem possível afastar os efeitos jurídicos de tal contratação empregatícia, conforme pretende o reclamado, em decorrência de ter a reclamante também exercido a prostituição, atividade esta que de forma alguma se confunde com aquela, e, pelo que restou provado, era exercida em momentos distintos. Entendimento diverso implicaria favorecimento ao enriquecimento ilícito do reclamado, além de afronta ao princípio consubstanciado no aforismo ***utile per inutile vitiari non debet***. Importa ressaltar a observação ministerial de que a exploração de prostituição, pelo reclamado, agrava-se pelo fato de que 'restou comprovado o desrespeito a direitos individuais indisponíveis assegurados constitucionalmente — (contratação de dançarinas, menores de 18 anos), o que atrai a atuação deste MINISTÉRIO PÚBLICO DO TRABALHO, através da Coordenadoria de Defesa dos Interesses Difusos, Coletivos e Individuais Indisponíveis CODIN. Procuradora Júnia Soares Nader (grifou-se)'". TRT 3ª R. — 5ª T. — RO-1125/00 — Relª: Juíza Rosemary de Oliveira Pires — DJMG 18.11.2000 — p. 23. *Revista Síntese*, n. 141, p. 63.

Diverge da eminente relatora do aresto citado acima uma vertente doutrinária, de cujo ponto de vista compartilhamos, segundo a qual a "ilicitude do trabalho faz nulo o contrato quando ele consiste em atração da freguesia ou em ocultação ou cumplicidade". Exemplifica-se: "não é nulo qualquer contrato de trabalho se feito a hospedaria, qualquer que seja, e ocorre que o hospedeiro explora lenocínio ou contrabando, sem que o trabalho consista em atração da freguesia ou em ocultação ou cumplicidade. Dá-se o mesmo a respeito de casas de diversão"[(30)]. Ora, o trabalho da dançarina em uma casa de tolerância, onde também exerce a prostituição, sem dúvida é uma atração da freguesia, portanto, não vemos como admitir a licitude do objeto, nessa situação.

Posição doutrinária mais radical sustenta que "qualquer que seja o trabalho posto em prática conscientemente pelo empregado, se se destina ao preenchimento de fins ilícitos ou delituosos da empresa, deve ser declarado nulo de pleno direito. A arrumadeira de uma casa de tolerância não atrai a clientela; no entanto, é conscientemente

---

(29) **Orientação Jurisprudencial n. 199 da SDI-1 do TST**: Jogo do bicho. Contrato de trabalho. Nulidade. Objeto ilícito. É nulo o contrato de trabalho celebrado para o desempenho de atividade inerente à prática do jogo do bicho, ante a ilicitude de seu objeto, o que subtrai o requisito de validade para a formação do ato jurídico.

(30) PONTES DE MIRANDA. *Tratado de Direito Privado*. Rio de Janeiro: Borsoi, 1971, tomo 47, p. 492.

responsável pelo bom aviamento do estabelecimento. O pederasta passivo não tem relação alguma com a atração da misteriosa freguesia; contudo, ele ali está para servir às mulheres, em suas necessidades, mesmo fisiológicas, cooperando para que o trabalho se desenvolva sem chateações ou tropeços. Eles nos lembram os eunucos dos haréns turcos. Ninguém seria capaz de declarar lícito o trabalho de tais pessoas"[(31)].

Para essa vertente doutrinária, o importante é que o empregado seja consciente da ilicitude do trabalho. Dentro desse raciocínio, admite-se possa o trabalhador não ter conhecimento da ilicitude de seu trabalho, como no caso de empregado que exerce suas funções em escritório com fachada de empresa imobiliária, mas que, na verdade, dedica-se ao tráfico de mulheres. "Ignorando as verdadeiras finalidades da empresa, temos que não se poderá arguir nulidade em detrimento de trabalhador de boa-fé"[(32)].

Atenta à realidade fática do país, o art. 39 da Lei do Contrato de Trabalho da Argentina "considera ilícito o objeto quando o mesmo for contrário à moral e aos bons costumes, porém não será considerado como tal, se pelas leis, ordenanças municipais ou regulamentos de polícia forem consentidos, tolerados ou regulados".

Adota um raciocínio semelhante ao inserido no art. 39 da Lei Argentina a vertente jurisprudencial brasileira que admite o vínculo empregatício entre os cambistas e as casas de jogo de bicho situadas em Estados de nossa Federação que não fazem censura a sua prática, tampouco se importam com a impunidade de seus controladores, chegando até mesmo a cobrar taxas. Ocorre que, à luz da doutrina[(33)], a legislação argentina legaliza situação de pessoas que trabalham em funções não diretamente ligadas à atividade ilícita, como ocorre com as camareiras de casas de tolerância ou locais equivalentes. Na hipótese do cambista, ele participa diretamente da atividade ilícita, atrai clientes e atua como cúmplice da atividade ilegal, sendo, na visão de Pontes de Miranda, citado anteriormente, ilícito o objeto dessa prestação de serviços, posição com a qual compartilhamos inteiramente e que encontra respaldo no art. 606, parágrafo único, do Código Civil de 2002.

6.2.2.1. Rinhas de galo. Vendedores de rifa

Poderá ocorrer de uma atividade, embora considerada contravenção penal atrair um público considerável e proporcionar-lhe um espetáculo. É o que ocorre com as **"rinhas de galo"**, isto é, eventos em que são colocados galos para brigar, sob os olhares de pessoas que lucram com essa selvageria, entre as quais os donos dos galos, os apostadores e até os "treinadores" dessas aves, que "as preparam para os embates e as medicam após a briga, recebendo, inclusive, comissões pela vitória dos galos que treinaram"[(34)]. Nessas condições, não há como reconhecer o contrato de trabalho com

(31) LAMARCA, Antônio. *Contrato Individual de Trabalho*. São Paulo: Revista dos Tribunais, 1969, p. 119.

(32) LAMARCA, Antônio. *Op. cit.*, p. 119.

(33) SARDEGNA, Miguel Angel. *Ley de Contrato de Trabajo y sus reformas*. Buenos Aires: Editorial Universidad, 1999, p. 211.

(34) "**Relação de emprego. Ilicitude do objeto.** Impossibilidade de reconhecimento. Quando a própria prestação do trabalhador é considerada ilícita, como na espécie, em que o reclamante era 'treinador de galos de briga', não há como se reconhecer a existência do liame". TRT — 3ª Região — 3ª T. — RO-4735/02 — Rel.: Juiz Sebastião Geraldo de Oliveira — julgado em 22 de maio de 2002.

o **treinador de galos**, dada a ilicitude do objeto (art. 104 do Código Civil de 2002), que, no caso, traduz contravenção penal, por força do art. 64 do Decreto-Lei n. 3.688, de 1941.

A hipótese relatada é de trabalho ilícito em empreendimento ilícito.

Também não haverá contrato de emprego, por ilicitude de objeto, quando alguém presta serviços a outrem, **vendendo rifas**, atividade considerada contravenção penal (art. 50 do Decreto-Lei n. 3.688, de 1941). Como a validade do contrato está condicionada à licitude do objeto, ausente este último, a relação de emprego não se estabelecerá(35).

Mais considerações sobre o assunto serão encontradas no **Capítulo XV** desta obra, intitulado "Formas de invalidade do contrato de emprego. Nulidades total e parcial. Trabalho ilícito e trabalho proibido. Efeitos da Declaração de nulidade".

6.2.3. Consentimento

A vontade individual é considerada um fator decisivo na formação do negócio jurídico. Quando há o acordo de duas ou mais vontades, temos o consentimento, considerado suprema lei nos contratos(36).

O consentimento válido das partes é requisito essencial do contrato. Ele figura também entre os elementos que, intrinsecamente, compõem o ajuste. Nos contratos de trabalho, em geral, o consentimento do empregado toma a forma de **adesão**.

É necessário que as partes sejam livres para celebrar o ajuste. O consentimento viciado não produzirá efeitos jurídicos. Entre os vícios que poderão tornar defeituosa a manifestação de vontade dos cocontratantes compreendem-se o **erro**, o **dolo**, a **coação**, a **simulação** e a **fraude**(37). Não possuem relevância jurídica e nem sequer são consideradas vício de consentimento, as pressões advindas das necessidades econômicas do empregado, pois, na visão de Carnelutti, "o contrato é uma noção formal... o fato de que a vontade seja mais ou menos livre não afeta a sua existência"(38).

Citam-se como exemplo de dolo capaz de comprometer a validade do consentimento e anular o pacto laboral a celebração do contrato com alguém, na crença de que possui a

---

(35) TRT — 3ª Região — RO-6140/03 — 6ª Turma — Rel.: Juiz Rogério Valle Ferreira — DJMG 12.6.03.

(36) PUENTE Y FLORES, Arturo. *Principios de Derecho*. 22. ed., México: Editorial Banca y Comercio, 1973, p. 21.

(37) **O erro** é conceituado como a "noção falsa sobre determinada coisa", enquanto **o dolo**, em Direito Civil, é considerado "o expediente astucioso utilizado para induzir alguém à prática de um ato que o prejudica e aproveita ao autor do dolo ou a terceiro" (Clóvis Bevilácqua).

A principal **diferença entre erro e dolo** consiste no fato de que, no erro, a ideia falsa é do próprio agente e, no dolo, a ideia falsa é resultado de malícia alheia.

Já a **coação** é vista como o vício mais profundo que poderá afetar o ato jurídico, vez que atinge a vontade livre do agente. Ela é a pressão física ou moral exercida sobre alguém para induzi-lo à prática do ato que lhe é exigido.

A **simulação**, por sua vez, é a declaração enganosa da vontade, cujo objetivo é produzir efeito diverso do ostensivamente indicado.

Finalmente, **a fraude** caracteriza-se por manobras insidiosas que, contrariamente ao dolo, se consumam sem intervenção da vítima.

(38) CARNELUTTI, F. *Teoria Geral do Direito*. São Paulo: Saraiva, 1942, p. 37, *passim*. Trad. A. Rodrigues Queiró e outro.

qualificação de médico indicada nos documentos falsos apresentados para conseguir o emprego (conduta dolosa). A coação, embora difícil de ocorrer, poderá contaminar o consentimento quando o empregador for forçado a contratar um empregado "sob o fundado temor de dano a seus bens, decorrente de ameaça de outros empregados"[(39)].

A simulação também poderá viciar o consentimento e invalidar o contrato, quando celebrado com alguém apenas para permitir desfrutar de benefício previdenciário, sem que reúna os pressupostos do art. 3º da CLT.

Exatamente por faltar a liberdade contratual e de escolha do trabalho (consentimento), a legislação brasileira não reconhece o vínculo empregatício com o condenado que presta serviços com a finalidade de reeducação e reinserção na vida social, além de constituir, em determinadas situações, elemento de redução da pena.

Dispõe o art. 28, § 2º, da Lei n. 7.210, de 1984 (Lei de Execução Penal), que: "o trabalho do condenado, como dever social e condição de dignidade humana, terá finalidade educativa e produtiva ...". § 2º "O trabalho do preso não está sujeito ao regime da Consolidação das Leis do Trabalho".

A exclusão refere-se ao trabalho do preso junto à penitenciária ou a particulares. A propósito, o TRT da 4ª Região, no RO-00616.771/99.1, por meio de sua 2ª Turma, em acórdão de 20.3.2001, da lavra da Juíza Jane Alide de Azevedo Machado, ao confirmar a decisão que negou o liame empregatício entre o condenado e uma determinada empresa, ressaltou que "do ponto de vista do empregador, nenhuma vantagem teria este em contratar os serviços de apenado, cujo passado pouco recomenda, em detrimento de outros trabalhadores, que se sabe são muitos em todo o País, sem emprego. O reconhecimento de direitos iguais entre apenados e trabalhadores livres acarretaria, simplesmente, a inexistência de oferta de trabalho para aqueles, constituindo, isto sim, afronta aos princípios constitucionais." (Cf. *Revista LTr* 66-4/475)

Qual a **natureza jurídica da retribuição paga pelo Estado ao presidiário**, diante dos serviços prestados? Como a retribuição não decorre de uma relação de emprego, sustenta-se que é um "pecúlio indispensável à sua readaptação à vida social após o cumprimento da pena"[(40)].

O Estatuto do Trabalhador da Espanha, no art. 2º, § 1º, considera relação especial de trabalho "a dos apenados nas instituições penitenciárias". Já o trabalho dos condenados em regime aberto, em liberdade condicional e dos ex-reclusos rege-se, nesse país, pelas normas de um contrato de trabalho comum.

A autonomia contratual do empregador poderá ser limitada nos casos de imposição de mão de obra de deficientes e menores aprendizes, por motivos de solidariedade social, diante de uma reduzida capacidade laborativa.

Essa obrigação genérica de contratar percentual de deficientes não elimina o consentimento na eleição dos concretos trabalhadores empregados[(41)].

---

(39) GOMES, Orlando e GOTTSCHALK, Elson. *Op. cit.*, p. 152.
(40) CESARINO JÚNIOR, A. *Direito Social Brasileiro*. 1963, v. 2, p. 142.
(41) MONTOYA MELGAR, Alfredo. *Op. cit.*, p. 278.

Mais considerações sobre o tema serão tecidas no **Capítulo XV** desta obra, frise-se.

6.2.4. Causa lícita

Causa lícita é apontada por alguns autores como outro elemento do contrato de trabalho. Vista sob o enfoque objetivo e subjetivo, "a causa se define como o motivo típico do contrato, integrando-se a causa função no processo volitivo" (Galvão Teles. *Apud* GOMES, Orlando e GOTTSCHALK, Elson. *Op. cit.*, p. 151).

Afirma-se que, nos contratos nominados, regulados por lei, a causa pode faltar, mas não poderá ser ilícita, exatamente porque é estabelecida por lei. Já nos contratos inominados, é possível a causa ilícita, pois a sua função é atribuída à vontade das partes[(42)]. No contrato de trabalho, espécie de contrato nominado, a causa é lícita e está na troca entre trabalho e remuneração. Os autores de Direito do Trabalho, no Brasil, em geral, não fazem referência à causa, exatamente porque o Código Civil de 1916 só dizia que ela viciava o contrato quando fosse sua razão determinante ou condição. O termo "causa" foi substituído por "motivo" no Código Civil de 2002, sendo omissa a CLT sobre o assunto. À luz do art. 140 do Código Civil vigente, o falso motivo só vicia a declaração de vontade quando expresso como razão determinante. Segundo a doutrina italiana, os motivos são as razões que induziram as partes a celebrar o contrato. A ilicitude dos motivos é comum a ambas as partes e, segundo a doutrina italiana[(43)], ocorre quando a prestação de trabalho é intencionalmente dirigida às atividades vedadas por lei, como "jogo de azar, contrabando, emigração clandestina, etc.". Os motivos confundem-se, portanto, com a ilicitude do objeto no Direito do Trabalho brasileiro.

6.2.5. Legitimação. Ilegalidade da permanência de estrangeiro no país. Contratos que exigem formação específica

Alguns autores apresentam a legitimação como um limite à celebração do contrato de trabalho[(44)]. A hipótese não é de incapacidade, mas de uma impossibilidade circunstancial para agir, tendo-se em vista a situação em que se encontra determinada pessoa em relação a um tipo de contrato de trabalho.

No Direito do Trabalho, os autores citam como exemplo desse limite a situação do estrangeiro com visto de turista no Brasil.

Dispõe o art. 97 da Lei n. 6.815, de 19 de agosto de 1980, ser vedado o exercício de atividade remunerada por fonte brasileira ao estrangeiro que se encontrar no Brasil com o amparo de visto de turista, de trânsito ou temporário, de que trata o art. 13, IV, bem como aos dependentes de titulares de quaisquer vistos temporários.

---

(42) SANTORO PASSARELLI. Nozioni di Diritto del Lavoro, 1967, p. 130. *Apud* CESARINO JÚNIOR, Antônio. *Direito Social*. São Paulo: LTr, 1980, p. 181.

(43) RIVA SANSEVERINO, Luisa. *Curso de Direito do Trabalho*. São Paulo: LTr, 1976, p. 164. Trad. Elson G. Gottschalk.

(44) GOMES, Orlando; GOTTSCHALK, Elson. *Curso de Direito do Trabalho*. Rio de Janeiro: Forense, 2000, p. 149. Atualizador José Augusto Rodrigues Pinto.

Da mesma forma, "a ilegalidade da permanência de estrangeiro no país traz como consequência o não reconhecimento de relação de emprego nesse período, por não poder ele, nessa situação, beneficiar-se da legislação brasileira"(45). A hipótese autoriza apenas a compensação pelo período trabalhado, por versar sobre trabalho proibido e não ilícito (art. 593 e 606 do Código Civil). Requisitos exigidos para que o estrangeiro permaneça em outro país não atentam contra as prerrogativas entre brasileiros e estrangeiros asseguradas no art. 5º da Constituição vigente. Eles visam a evitar o aumento e o descontrole dos movimentos migratórios que podem ser prejudiciais ao próprio trabalhador.

Há, todavia, quem sustente que compete ao empregador verificar a regularização do estrangeiro no Brasil, antes de com ele firmar o contrato de trabalho. Se o ajuste for celebrado com infringência das leis específicas, deverá arcar o empregador com os encargos sociais correspondentes, tendo em vista o princípio da primazia da realidade, que norteia toda a execução do contrato de trabalho(46).

A legitimação é também um limite para a celebração de contratos que exigem formação específica comprovada por meio de diploma. Assim, não poderá celebrar contrato como médico quem possua o diploma de farmacêutico.

6.2.6. Elementos acidentais: termo e condição. Cláusula de não concorrência

Os elementos acidentais do contrato, por sua vez, são a condição (suspensiva e resolutiva) e o termo (inicial ou final).

À luz do art. 121 do Código Civil de 2002, condição é a cláusula que deriva exclusivamente da vontade das partes e subordina os efeitos do negócio jurídico a evento futuro e incerto. Quando as partes fixam um momento para que o negócio jurídico comece ou cesse a produção de efeitos, teremos o termo (art. 131 do Código Civil de 2002). Eles são cláusulas acessórias acrescentadas de forma facultativa, pelas partes, ao contrato para modificar alguns dos direitos decorrentes do liame empregatício.

A CLT não disciplinou a matéria, conferindo maior liberdade ao intérprete para apreciar o assunto.

Os contratos por prazo determinado, por exemplo, quando ajustada a data de sua extinção, estão sujeitos a um termo certo. Se, entretanto, depender da execução de uma obra, o termo será incerto, embora certo o evento, já que a obra terminará um dia. Nesse último caso, como a duração é incerta, há autores que sustentam estar o contrato pendente de condição resolutiva (GOMES, Orlando e GOTTSCHALK, Elson. *Op. cit.*, 2000, p. 153).

Já a condição suspensiva, segundo a doutrina, é raríssima e o termo inicial também não é comum, pois ambos suspendem os efeitos do contrato até a realização do acontecimento previsto.

(45) TRT — 3ª Região — RO-13.316/99 — 1ª Turma — Relª: Juíza Beatriz Nazareth Teixeira de Souza — DJMG 3.3.2000. *Revista TRT* da 3ª Região n. 61, jan./jun. 2000, *passim*.

(46) TRT — 6ª Região — RO- 6861/99 — 3ª Turma — Rel.: Juiz João Bandeira — DJ 17.11.99. *Revista LTr* 64-7/940.

Questão polêmica envolvendo essas cláusulas acessórias está relacionada com o contrato de trabalho contendo cláusula de prova (contrato de experiência). Para os que o veem como contrato de trabalho especial, autônomo, a cláusula de prova é termo final certo. Terminado o contrato, se a experiência foi exitosa, firma-se, tácita ou expressamente, um novo contrato, de natureza indeterminada.

Outros sustentam que o contrato de prova gera uma relação jurídica unitária, sujeita a uma condição resolutiva ou, para outra vertente doutrinária (Barassi), a uma condição suspensiva, pois a relação de emprego definitiva dependerá do sucesso obtido pelo empregado durante a prova, ou seja, da aprovação do trabalho prestado por ocasião do contrato de experiência.

No Brasil, o contrato de experiência não é disciplinado por lei especial, como ocorre em outras legislações, limitando-se a CLT a estabelecer seu prazo máximo de duração (90 dias) e arrolá-lo como outra modalidade de contrato por prazo determinado. Logo, os efeitos alusivos à sua cessação seguem as mesmas regras previstas para esses ajustes, com apenas uma distinção: o contrato determinado é definitivo e o de experiência está condicionado ao bom êxito da prova.

Cesarino Júnior (*Op. cit.*, p. 186) acrescenta como condição do contrato a chamada **cláusula de não concorrência**.

A inserção da cláusula de não concorrência nos contratos de trabalho é polêmica, pois se de um lado ela é necessária à proteção dos legítimos interesses da empresa, "numa época em que o capital intelectual importa mais do que o segredo de fabricação", dada a intensa concorrência a que são submetidas as empresas, de outro lado ela poderá infringir a liberdade de trabalho, ofício ou profissão assegurada em preceito constitucional.

A legislação estrangeira vem autorizando a inserção da cláusula de não concorrência no contrato de trabalho, mas com limitações. E assim é que o art. 2.125 do **Código Civil Italiano** autoriza a estipulação do *patto di non concorrenza*, o qual limita o desenvolvimento da atividade do empregado, por período sucessivo à cessação do contrato. Essa cláusula será nula, se não for ajustada por escrito com uma contraprestação em favor do empregado e se o vínculo não for contido entre determinados limites de objeto, tempo e lugar. A duração do vínculo não poderá ser superior a cinco anos, se se tratar de empregado dirigente e a três anos nos outros casos. Se for pactuada uma duração superior, ela será reduzida na medida citada.

Na **Espanha**, o Estatuto do Trabalhador, no art. 21, também prevê a possibilidade de se ajustar cláusula de não concorrência para viger após a cessação do contrato de trabalho. Essa cláusula não poderá ter duração superior a dois anos para os técnicos e a seis meses para os demais trabalhadores e só será válida se concorrerem os seguintes requisitos: que o empregador tenha um efetivo interesse industrial ou comercial nele e que se conceda ao empregado uma compensação econômica adequada.

Em **Portugal**, o art. 146, incisos 1 e 2 do Código do Trabalho em vigor no final de 2003 considera nulas as cláusulas contratuais que possam prejudicar a liberdade de trabalho após a cessação do contrato, salvo se constar de forma escrita do contrato ou do acordo de cessação deste último, **não for superior a dois anos, se a atividade exercida efetivamente causar prejuízo ao empregador e se for atribuída ao empregado uma compensação durante a limitação de sua atividade.**

Na **França**, decisão da Corte de Cassação, de 12 de janeiro de 2000, admitiu a possibilidade da cláusula de não concorrência poder suspender toda a atividade de ex-empregado em empresa concorrente, desde que necessária à proteção dos legítimos interesses da empresa e não obstasse o empregado de assumir outro emprego, de acordo com sua formação e experiência profissional(47). São requisitos de validade da **cláusula de não concorrência**: a necessária proteção dos legítimos interesses das empresas e a possibilidade de se permitir ao empregado sua recolocação. O primeiro requisito poderá ser comprovado, observando-se o setor para o qual trabalha o empregado e o risco que ele constitui. É necessário que os juízes examinem se a empresa tem interesse de se prevenir de uma concorrência e se ela tem concorrentes perigosos, capazes de recrutar o empregado. Não basta, portanto, o estado de concorrência no setor. Por outro lado, **o risco** irá depender da função que o empregado exerce na empresa, sendo três os indicadores: contato **com clientela**, acesso às **informações** específicas sobre a empresa, aquisição de ***know how*** da empresa. O primeiro desse indicador diz respeito, em geral, aos empregados que exercem atividade comercial, cuja função os coloca em contato com cliente, devendo-se verificar a natureza do laço que existe entre eles. Cumpre verificar também se o empregado tem acesso a informações capazes de arruinar a empresa e se o acesso alcança o *know how* da empresa, ou seja, a particularidade de técnica ou relatos de outras técnicas utilizadas por ela.

Os autores franceses criticam o acórdão citado, alegando que ele desprezou um dado importante antes utilizado pela jurisprudência, o qual consiste em limitar no tempo e no espaço a inserção da cláusula de não concorrência. A decisão da Corte de dezembro de 1997 condicionou a validade da cláusula à possibilidade de se permitir ao empregado a sua recolocação, atenta à liberdade de trabalho. Para isso, é necessário que os juízes apreciem a possibilidade de o empregado encontrar nova colocação, tendo em vista sua formação e experiência. Outros indicadores complementares também devem ser analisados como tempo-espaço, salário, idade do empregado, situação familiar, isto é, número de filhos em idade escolar.

No **Brasil**, o art. 482, "c", da CLT, dispõe que o empregado deverá se abster de realizar negociação habitual por conta própria ou alheia, sem permissão do empregador e quando constituir ato de concorrência à empresa para a qual trabalha, ou for prejudicial ao serviço. A prática dessa falta implica justa causa para a dispensa(48).

Como se vê do dispositivo legal citado, a concorrência desleal traduz violação ao dever de fidelidade, constituído por obrigação de não fazer, sendo uma consequência

(47) GAVALDA, Natacha. Les critéres de validité des clauses de non-concurrence em droit du travail. *Droit Social*, n. 6, jun. 1999, *passim*.

(48) "**Justa causa. Concorrência desleal**. Caracteriza-se a prática de concorrência desleal, prevista na alínea *c* do art. 482 da CLT, a prestação de serviços para os quais foi contratado pela empresa, a clientes desta, de forma autônoma, com orçamentos inferiores aos por ela apresentados, mesmo que fora do horário contratual de trabalho". TRT — 15ª Reg. — 5ª T. — Ac. n. 9248/2000 — Relª: Juíza Olga A. J. Gomieri — DJSP 13.3.2000 — p. 93. *Revista do Direito Trabalhista*, Brasília: Consulex, abr. 2000, p. 55.

do princípio da boa-fé. Se a lei proíbe a negociação habitual sem permissão do empregador, quando constituir ato de concorrência à empresa, evidentemente que ela torna possível a inserção da cláusula de não concorrência durante o período de vigência do contrato. Após o término da relação de emprego, a persistência dessa cláusula só se justifica em casos excepcionais, isto é, quando necessária à proteção dos legítimos interesses do empregador e, ainda assim, por um determinado período, durante o qual deverá ser assegurada ao trabalhador uma indenização. Não cremos, tampouco, possa a referida cláusula, nessas condições, cercear a liberdade de exercício de qualquer trabalho, ofício ou profissão, na forma do art. 5º, XIII, da Constituição de 1988, pois a inserção da cláusula deverá permitir ao empregado a possibilidade de exercer a atividade que lhe é própria, considerando sua experiência e formação, desde que junto a estabelecimentos empresariais insuscetíveis de ocasionar concorrência danosa ao ex-empregador.

Percebe-se que a doutrina brasileira[(49)], a cujo ponto de vista aderimos, tende a aceitar a aplicação da cláusula de não concorrência no contrato de trabalho, por aplicação subsidiária da legislação estrangeira, como autoriza o art. 8º da CLT, em situações excepcionais, sendo ideal a previsão em convenção coletiva, com limitações relativas ao objeto, tempo e espaço. A inserção dessa cláusula nos contratos de trabalho deverá ser analisada dentro de um contexto de razoabilidade, em face dos interesses e liberdade que estão em jogo.

A jurisprudência brasileira, entretanto, começa a nortear o seu percurso em duas direções, ou seja, inclinando-se contrariamente à inserção da cláusula após o término do pacto laboral, por considerá-la atentatória à liberdade de trabalho ou admitindo-a quando cumpridas determinadas exigências. É o que se infere, respectivamente, desses julgados:

> "Cláusula de não concorrência. Cumprimento após a rescisão contratual. Ilegalidade. A ordem econômica é fundada, também, na valorização do trabalho, tendo por fim assegurar a todos existência digna, observando dentre outros princípios a busca do pleno emprego. Pelo menos, assim está escrito no art. 170, inciso VIII, da Constituição. O art. 6º do diploma deu ao trabalho grandeza fundamental. A força de trabalho é o bem retribuído com o salário e assim meio indispensável ao sustento próprio e familiar, tanto que a ordem social tem nele o primado para alcançar o bem-estar e a justiça sociais. Finalmente, o contrato de trabalho contempla direitos e obrigações que se encerram com sua extinção. Por tudo, cláusula de não concorrência que se projeta para após a rescisão contratual é nula de pleno direito, a teor do que estabelece o art. 9º da Consolidação das Leis do Trabalho". TRT — 2ª Região — 8ª Turma — RO 22 VT de São Paulo — Processo 20010487101 — Ac. 20020079847 — Rel.: Juiz José Carlos S. Arouca — DOE/SP 5.3.02. Decisório Trabalhista. Silvonei S. Piovesan. Decisório Trabalhista n. 96, jul. 2002.

> "Cláusula de não concorrência. Validade. A cláusula de não concorrência foi estabelecida por tempo razoável e houve pagamento de indenização. Logo, está dentro dos princípios

---

(49) LEITE, Carlos Henrique Bezerra. Cláusula de não concorrência no contrato de trabalho. *Repertório IOB de Jurisprudência Trabalhista*. 1ª Quinzena de julho de 1999, n. 13/99. Caderno 2, p. 287. BELTRAN, Ari Possidonio. A cláusula de não concorrência no direito do trabalho. *Revista do advogado*. São Paulo, 1999, p. 63-68.

da razoabilidade e da proporcionalidade. É, portanto, considerada válida. Não há dano moral a ser reparado". TRT 2ª Região — RO-2003.03.10762 (002243.2000.381.02.00.9. Ac. Rel.: Juiz Sérgio Pinto Martins. *Revista LTr* 68-7/854).

6.2.7. Cláusula de condições recíprocas. Curso ou bolsa de estudo custeados pelo empregador

A concessão de curso de especialização ou bolsa de estudo custeada pelo empregador poderá assegurar cláusula estabelecendo obrigação de permanência do empregado na empresa, após o retorno e por determinado período(50), sob pena de ressarcimento de dano, na forma do art. 444 da CLT. Essa cláusula reflete sem dúvida "condição recíproca" fundada na lei e nos princípios do Direito do Trabalho, como o da realidade e o da boa-fé. Traduz ato jurídico perfeito permanecer o empregado trabalhando na empresa por determinado período após o curso ou desligar-se, espontaneamente com o pagamento em papel moeda corrente, tomando-se o dólar ou outra moeda como critério de avaliação. "Interpretação diversa implica desestímulo aos avanços patrimoniais no âmbito social".

7. SUJEITOS DO CONTRATO DE TRABALHO

São **sujeitos do contrato de trabalho** o empregado (conceito no art. 3º da CLT) e o empregador (art. 2º da CLT).

Os artigos citados da CLT conceituam empregado e empregador urbano, pois os rurais estão definidos, respectivamente, nos art. 2º e 3º da Lei n. 5.889, de 1973. Passaremos, nos próximos capítulos, a tratar de cada um desses sujeitos.

8. PROVA DO CONTRATO DE TRABALHO

A principal prova do contrato de emprego é a Carteira de Trabalho e Previdência Social — CTPS (art. 13 da CLT), cujas anotações geram presunção relativa (**Súmula n. 12 do TST**), podendo ser elidida por prova em contrário apresentada por aquele que alegar situação diversa das anotações ali apostas. A Carteira de Trabalho é expedida pela Delegacia Regional do Trabalho, mediante solicitação do empregado, na forma do art. 15 da CLT, exibindo os documentos a que alude o art. 16 do mesmo diploma legal.

A CTPS será obrigatoriamente apresentada contra recibo pelo trabalhador (urbano, rural, doméstico) ao empregador que o admitir, o qual terá o prazo de 48 horas para nela anotar, especificamente, a data de admissão, a remuneração e as condições especiais, se houver. O empregador que a retiver além desse prazo estará sujeito à multa.

---

(50) **Incentivo. Mestrado. Previsão de manutenção do contrato.** Nada mais justo que o empregador que valoriza seu empregado, concedendo-lhe a oportunidade de aprimorar seus conhecimentos, com repercussão no aspecto pessoal e profissional, obtenha, em contrapartida pelo benefício concedido, o direito de ter este profissional trabalhando durante certo período para ele. Não se trata aqui de benefício unilateral, mas uma contrapartida pelo benefício propiciado ao empregado. (00951-2006-081-03-00-0-RO — 3ª Região — Data de Publicação: **5.5.2007** Órgão Julgador: Terceira Turma Juiz Relator: Desembargador Cesar Machado) *Rev. Synthesis* 4/07, p. 282 — Já se manifestava nessa direção o Min. Marco Aurélio à época no TST (Pleno) E-RR 2268/80 DJ 20.9.**1985** e também o Min. Carlos Alberto Reis de Paula, à época Presidente da 17ª JCJ de Belo Horizonte, no Proc. 457/**87**.

É vedado ao empregador efetuar anotações desabonadoras à conduta do empregado em sua CTPS; o descumprimento dessa exigência enseja compensação por dano material e/ou moral e multa (art. 29, §§ 4º e 5º da CLT).

Recusando-se a empresa a fazer as anotações ou a devolver a carteira, poderá o empregado, pessoalmente, ou por meio de seu sindicato, apresentar reclamação perante a Delegacia Regional do Trabalho (art. 36 da CLT). Lavrado o termo de reclamação, determinar-se-á diligência para instrução do feito e posterior notificação do reclamado para comparecer e efetuar as anotações ou prestar esclarecimentos. Não comparecendo, será confesso, nos termos da reclamação e a CTPS será anotada por despacho da autoridade que tenha processado a reclamação.

Se o alegado empregador comparecer e apresentar defesa negando o vínculo empregatício e não sendo possível verificar essa condição pelos meios administrativos, o processo será remetido a uma das Varas da Justiça do Trabalho para dirimir a controvérsia, e o auto de infração que houver sido lavrado na Delegacia Regional do Trabalho ficará suspenso. Se não houver acordo e comprovada a relação de emprego, a Vara do Trabalho, em sentença transitada em julgado, ordenará que a Secretaria efetue as anotações devidas e comunique à Delegacia Regional do Trabalho para aplicar a multa cabível. O mesmo ocorrerá, em processo trabalhista, de qualquer natureza, quando verificada a falta de anotações na CTPS. Nada impede que o empregado ingresse diretamente na Justiça do Trabalho reivindicando as anotações da CTPS. Para os efeitos da emissão, substituição ou anotação da Carteira de Trabalho e Previdência Social, considerar-se-á crime de falsidade, com as penalidades previstas no art. 299 do Código Penal, as seguintes situações: "**I** — Fazer, no todo ou em parte, qualquer documento falso ou alterar o verdadeiro; **II** — Afirmar falsamente a sua própria identidade, filiação, lugar de nascimento, residência, profissão ou estado civil e beneficiários, ou atestar os de outra pessoa; **III** — Servir-se de documentos, por qualquer forma falsificados; **IV** — falsificar, fabricando ou alterando, ou vender, usar ou possuir Carteira de Trabalho e Previdência Social assim alteradas; **V** — Anotar dolosamente em Carteira de Trabalho e Previdência Social ou registro de empregado, ou confessar ou declarar em juízo ou fora dêle, data de admissão em emprêgo diversa da verdadeira".

Comprovada a falsidade, o fato será levado à autoridade que expediu a carteira, para os devidos fins.

Implica apropriação indébita deixar de repassar à Previdência Social as contribuições recolhidas dos contribuintes, entre os quais se incluem os empregados, no prazo e forma legal. A pena será de reclusão, de dois a cinco anos, além de multa (art. 168-A do Código Penal).

Não havendo Carteira de Trabalho assinada, servirão como meio de prova do liame empregatício o livro de registro de empregados e outras provas documentais, testemunhais, periciais ou a confissão do reclamado.

Aplica-se o Direito do Trabalho à atividade humana, em geral. Se o reclamado (réu) nega que o reclamante (autor) lhe tenha prestado serviços, compete a este último o ônus da prova do fato constitutivo de seu direito (art. 818 da CLT).

Se, entretanto, o reclamado admite a prestação de serviços pelo reclamante, mas invoca situação excepcional capaz de impedir a incidência do Direito do Trabalho, ao argumento, por exemplo, de que o reclamante lhe prestou serviços como autônomo, como trabalhador eventual, como estagiário ou em outra situação equivalente, fora da égide dessa disciplina, compete ao primeiro (reclamado) o ônus desta prova, a teor do art. 818 da CLT e 333 do CPC.

Lembre-se que o ônus de provar o término do contrato de trabalho, quando negados a prestação de serviço e o despedimento, é do empregador, pois o princípio da continuidade da relação de emprego constitui presunção favorável ao empregado (**Súmula n. 212 do TST**).

Não há previsão legal, tampouco normativa, compelindo o empregador a emitir carta de referência sob pena de violação ao inciso II do art. 5º da Constituição Federal[51].

(51) TRT/PA — 01180-2007-001-08-00-4 — RO — 1ª T. — Rel. Francisco Sérgio Silva Rocha — 7.3.2008, *Synthesis*, 47/2008, p. 278.

CAPÍTULO IX

EMPREGADO. CONCEITO. CARACTERIZAÇÃO (PRESSUPOSTOS). ALTOS EMPREGADOS: EXERCENTES DE CARGO DE CONFIANÇA E TRABALHADORES INTELECTUAIS. COEXISTÊNCIA DA CONDIÇÃO DE EMPREGADO COM A DE SÓCIO. MÃE SOCIAL. ÍNDIO. APRENDIZ. EMPREGADO A DOMICÍLIO. TELETRABALHADOR. EMPREGADO DOMÉSTICO

1. CONCEITO E CARACTERIZAÇÃO

Empregado pode ser conceituado como a **pessoa física** que presta **serviço de natureza não eventual** a empregador mediante **salário e subordinação jurídica**. Esses serviços podem ser de natureza técnica, intelectual ou manual, integrantes das mais diversas categorias profissionais ou diferenciadas.

Daí se extraem os pressupostos do conceito de empregado, os quais poderão ser alinhados em: pessoalidade, não eventualidade, salário e subordinação jurídica (art. 3º da CLT). Esses pressupostos deverão coexistir. Na falta de um deles a relação de trabalho não será regida pela disciplina em estudo. Passaremos à análise desses pressupostos.

1.1. O pressuposto da pessoalidade exige que o empregado execute suas atividades pessoalmente, sem se fazer substituir, a não ser em caráter esporádico, com a aquiescência do empregador. É exatamente o fato de a atividade humana ser inseparável da pessoa do empregado que provoca a intervenção do Estado na edição de normas imperativas destinadas a proteger sua liberdade e personalidade. Resulta daí que empregado é sempre pessoa física.

Esse pressuposto da pessoalidade é aferido com menos rigor quando se trata de relação jurídica estabelecida entre empregador e empregado a domicílio (art. 6º da CLT), tendo em vista que esse empregado trabalha no seu âmbito domiciliar, em que o auxílio de familiares é normal e vem sendo permitido sem, contudo, descaracterizar o vínculo empregatício. Há, nesse caso, uma espécie de aquiescência tácita de que o trabalho possa ser realizado com o auxílio de familiares[1]. Contrariamente ao que ocorre

(1) MAGANO, Octavio Bueno. *Manual de Direito do Trabalho*. v. 2, 4. ed., São Paulo: LTr, 1993, p. 111.

com o empregado a domicílio, na contratação do artista e do atleta, por exemplo, o caráter *intuitu personae* assume maior relevo, principalmente porque a prestação de serviços se realiza por meio de valores intrínsecos, como a interpretação, a criação e o talento[(2)].

Outro aspecto que convém mencionar no tocante ao pressuposto da pessoalidade diz respeito ao contrato "de equipe" ou "por equipe", muito comum no setor do espetáculo.

Poderá ocorrer de o ajuste ser celebrado com um **conjunto de músicos**, isto é, com uma equipe, organizada espontaneamente, visando a executar um trabalho comum. O grupo é formado, em geral, antes de estabelecer qualquer relação jurídica com terceiro. O ajuste firmado com um grupo intitula-se "contrato de equipe", e pressupõe que o trabalho não possa ser realizado senão mediante os esforços do grupo.

O contrato de equipe poderá assumir as feições de um contrato de trabalho, de prestação de serviços autônomos ou de uma empreitada[(3)]. Na primeira hipótese, como a prestação de serviço no contrato de trabalho somente poderá ser realizada por uma pessoa física, o contrato de equipe "se resolve num feixe de contratos especiais"[(4)].

Discute-se quem seria o sujeito do contrato de equipe. É inegável que o empregador não enfrenta nessa relação jurídica um ente coletivo, com personalidade jurídica própria, distinta de seus componentes, mas um conjunto de individualidades circunstancialmente reunidas para colaborar em determinada tarefa. Daí afirmarem alguns autores[(5)] que o sujeito do contrato de equipe é o grupo. Os defensores desse ponto de vista afirmam que, de certo modo, poderia ocorrer aqui uma aparente contradição com o conceito do contrato de trabalho, na medida em que a relação nascida desse ajuste tem em um de seus polos uma pessoa física (o empregado). Entretanto, essa contradição é só aparente. Isso porque devem ser evitados os conceitos frondosos, que, a rigor, nada mais são do que o desenvolvimento dos elementos caracterizadores do instituto. O conceito deverá dar uma noção precisa, concisa, breve e essencial de seu objeto. Não se pode pretender que um conceito abranja todas as situações que poderão apresentar-se; ele cumpre sua função dando a concepção geral do que está sendo definido[(6)]. Concluindo, essa vertente doutrinária assevera que não se deve inferir, portanto, que um conjunto de pessoas naturais fique excluído do conceito de empregado.

Deveali faz algumas observações quanto ao fato de se considerar o grupo sujeito do contrato de equipe. Lembra o autor que só poderão ser sujeitos pessoas físicas e jurídicas, e o grupo não se situa como tal. Entretanto, admite a assimilação para diferenciá-lo do contrato normal, em que intervém uma só pessoa[(7)].

(2) Maiores considerações sobre o assunto, cf., de nossa autoria, *As Relações de Trabalho no Espetáculo*. São Paulo: LTr, 2003, p. 29.

(3) KROTOSCHIN, Ernesto. *Instituciones de derecho del trabajo*. Buenos Aires: Depalma, 1968, p. 407.

(4) MARANHÃO, Délio. *Instituições de Direito do Trabalho*. v. I, 13. ed., São Paulo: LTr, p. 258.

(5) GALLART FOLCH. *Derecho español del trabajo*, Barcelona, 1936, p. 95; FELDMAN, Isaias. *El contrato de trabajo por equipo y el trabajo por equipo*. Buenos Aires: Ediciones Pannedille, 1971, p. 27 (Tese de doutorado).

(6) FELDMAN, Isaias. *Op. cit.*, p. 28 (Tese de doutorado).

(7) *Lineamentos de derecho del trabajo*, 1956, p. 509.

Já no contrato de equipe realizado sob a forma de empreitada, os músicos têm autonomia e seu objetivo é o resultado do trabalho, cujos riscos a eles competem. A esse fato acresce a ausência de comando sobre sua atuação concreta.

1.2. O pressuposto da **não eventualidade** traduz-se pela exigência de que os serviços sejam de natureza não eventual, isto é, necessários à atividade normal do empregador. Observe-se que o legislador não se utilizou do termo "continuidade". Logo, mesmo que descontínuo, isto é, intermitente, o serviço executado pelo empregado poderá ser de natureza não eventual. Basta para isso que seja necessário ao desenvolvimento da atividade normal do empregador. É o que ocorre com os professores que comparecem aos estabelecimentos de ensino para ministrarem determinada disciplina durante dois ou três dias na semana. O pressuposto da não eventualidade diverge da exclusividade, a qual é dispensável no Direito do Trabalho.

1.3. Outro pressuposto do conceito de empregado é o **salário,** visto como a contraprestação devida e paga diretamente pelo empregador ao empregado em virtude do contrato de trabalho. Poderá ser pago em dinheiro ou *in natura* (alimentação, habitação, etc.).

Maiores considerações sobre o assunto poderão ser encontradas no capítulo anterior e em capítulo específico sobre salário e remuneração.

1.4. Subordinação jurídica. O trabalho subordinado é o objeto do contrato regulado pelo Direito do Trabalho.

A origem etimológica do termo subordinação é *sub-ordinare*. O termo genérico "dependência" ou "subordinação" é utilizado pela doutrina desde o século XIX, como critério que distingue o contrato de trabalho dos que lhe são afins. À dependência ou à subordinação os autores acrescentaram a qualificação: a) técnica; b) econômica; c) social e d) jurídica.

O critério da **subordinação técnica** é atribuído à Sociedade de Estudos Legislativos da França. De acordo com esse critério, o empregador, em virtude de sua atividade, está em posição de comandar tecnicamente o trabalho dos que se acham sob suas ordens. Sustenta-se que a dependência técnica é apenas um dos aspectos da subordinação jurídica.

Para que haja subordinação, não é necessário que o empregador oriente tecnicamente o empregado. Embora comumente caiba ao empregador dar ordens técnicas, de forma profissional, nada impede que o titular da empresa se faça assessorar de técnicos, fenômeno muito comum na empresa moderna, que importa *know-how*.

Já o **critério da dependência econômica** é originário da doutrina alemã e parte da circunstância de que o empregado necessita do trabalho e do correspondente salário para sobreviver, em face da sua condição de hipossuficiente no plano econômico. Embora o empregado dependa, em geral, do salário para viver, o critério é falho, porque se baseia em um elemento extrajurídico. Poderá ocorrer de o empregado possuir capacidade econômico-financeira e não necessitar de seu contrato de trabalho para sobreviver.

A **subordinação social,** por sua vez, é uma resultante dos critérios de subordinação técnica e econômica. Os adeptos dessa terminologia justificam-na com base no fato de que o empregado, para viver, depende do trabalho que lhe dá o empregador, sem assumir os riscos da atividade econômica, mas obedecendo às ordens do patrão. Esse critério, atribuído a Savatier, também se mostra inadequado. Na verdade, descreve a situação do trabalhador como sujeito de um contrato de trabalho; entretanto, focaliza apenas o aspecto social da questão, sem passar à análise do título jurídico que autoriza o empregador a dar ordens ao empregado.

Por fim, o critério mais aceito tanto pela doutrina como pela jurisprudência é o da **subordinação jurídica**.

a) Conceito

Paul Colin define a subordinação jurídica como "um estado de dependência real criado pelo direito de o empregador comandar, dar ordens", donde nasce a obrigação correspondente para o empregado de se submeter a essas ordens[(8)]. Por essa razão, chamou-se essa subordinação de jurídica. Esse poder de comando do empregador não precisa ser exercido de forma constante, tampouco torna-se necessária a vigilância técnica contínua dos trabalhos efetuados, mesmo porque, em relação aos trabalhadores intelectuais, ela é difícil de ocorrer. O importante é que haja a possibilidade de o empregador dar ordens, comandar, dirigir e fiscalizar a atividade do empregado. Em linhas gerais, o que interessa é a possibilidade que assiste ao empregador de intervir na atividade do empregado. Por isso, nem sempre a subordinação jurídica se manifesta pela submissão a horário ou pelo controle direto do cumprimento de ordens.

Afirma Riva Sanseverino que a subordinação **varia de intensidade**, passando de um máximo a um mínimo, segundo a natureza da prestação de trabalho e à medida que se passa do trabalho prevalentemente material ao prevalentemente intelectual[(9)].

Isso significa que, a partir do momento em que o empregado se eleva na escala do serviço manual para o técnico ou intelectual, menor é o grau de subordinação a que se subsume ao seu empregador. Em contrapartida, tornam-se também mais intensas a colaboração e a confiança de que desfruta junto ao empregador.

b) Subordinação subjetiva

Encarada sob o prisma subjetivo, a subordinação apresenta três aspectos: pessoal, técnico e econômico. Quando o empregado está sujeito a controle de horário e acata as ordens recebidas, ele subordina-se pessoalmente ao empregador; quando atende às regras de execução, aflora a subordinação técnica; e quando seu orçamento familiar e seu patrimônio são constituídos basicamente do salário que recebe do empregador,

(8) COLIN, Paul. *Apud* MORAES FILHO, Evaristo de. *Introdução ao Direito do Trabalho*. São Paulo: LTr Editora, 1971, p. 222.

(9) RIVA SANSEVERINO, Luisa. *Curso de Direito do Trabalho*. São Paulo: LTr, 1976, p. 49. Trad. Elson Gottschalk.

fica patente a subordinação econômica[(10)]. Em geral, esses três aspectos estão presentes na subordinação jurídica, o que varia é a intensidade de cada um deles. Como já afirmamos, em se tratando de empregados que exercem atividade intelectual, o controle técnico é rarefeito. Já no empregado desprovido de qualificação, esses três graus evidenciam-se de forma intensa[(11)].

c) Subordinação objetiva

Alguns autores, já há muitos anos, entendem insuficiente o tradicional critério subjetivista, que considera a subordinação sob o prisma da direção e da fiscalização pelo empregador, e do consequente dever de obediência pelo empregado.

Sustentam esses autores "que a subordinação deve gravitar em torno da atividade e exercitar-se pela integração do empregado na organização empresarial. Neste contexto, a relação de trabalho, caracterizada pela subordinação, é uma relação intersubjetiva (por isso, não isenta de conotações pessoais), mas o vínculo de subordinação é de ordem objetiva"[(12)].

Fixando-se o conceito objetivo de subordinação, chega-se à assertiva de que ela consiste na integração da atividade do trabalhador na organização da empresa mediante um vínculo contratualmente estabelecido, em virtude do qual o empregado aceita a determinação, pelo empregador, das modalidades de prestação de trabalho.

A subordinação objetiva não vem sendo admitida como critério autônomo para definir a existência de um contrato de trabalho.

A jurisprudência inglesa, por exemplo, considera necessário apegar-se, ainda, ao "direito residual de controle", que consiste na faculdade concedida ao empregador de impor sanções ao trabalhador[(13)].

Posicionam-se na mesma direção a jurisprudência e a doutrina italiana moderna quando consideram insuficiente a subordinação objetiva para caracterizar a relação empregatícia, ao argumento de que ela poderá apresentar-se também no trabalho autônomo[(14)].

Na América do Sul, Oscar Ermida Uriarte também considera a subordinação objetiva insuficiente à caracterização do liame empregatício, exatamente porque a "inserção do trabalhador na organização empresarial não é exclusiva da relação de

---

(10) SIDAOUI, Alberto. *Teoría general de las obligaciones en el Derecho del Trabajo*. México: Porrúa Hinos, 1946, p. 91. *Apud* ROMITA, Arion Sayão. *A subordinação no contrato de trabalho*. Rio de Janeiro: Forense, 1979, p. 77-78.

(11) *Idem. Op. cit.*, p. 77-78.

(12) ROMITA, Arion Sayão. *A subordinação no contrato de trabalho*. Rio de Janeiro: Forense, 1979, p. 80 e ss. RIBEIRO DE VILHENA, Paulo Emílio. *Relação de emprego. Estrutura legal e supostos*. São Paulo: Saraiva, 1975, p. 230.

(13) GALIANA MORENO, Jesus M. *El contrato de trabajo en el derecho inglés*. Barcelona: Bosch, Casa Editorial, 1972, p. 47.

(14) Corte de Cassação Italiana, 18 de maio de 1999, n. 48, *Guida al lavoro*, **1999**, n. 26, 23, citados por Luísa Galantino na obra *Diritto del Lavoro*. Torino: G. Giappichelli Editore, 2000, p. 5. GHERA, Edoardo. Perspectiva do contrato individual do trabalho. Anais do Seminário Internacional. Relações de Trabalho. Aspectos Jurídicos, Sociais e Econômicos. Brasília: Ministério do Trabalho, **1998**, *passim*.

emprego, já que o empregador incorpora ao desenvolvimento da atividade empresarial, além do trabalho de seus próprios empregados, a atividade contínua, porém autônoma, de colaboradores"[15].

Conclui-se, portanto, que, a par da participação integrativa do trabalhador na atividade empresarial, ele deverá estar sujeito ao poder diretivo e disciplinar conferido ao empregador.

d) Natureza jurídica da subordinação. Limites

A relação de trabalho apresentou modificações em sua natureza jurídica no decorrer dos anos. Sabe-se que a relação de trabalho caminhou dos direitos reais, desde os romanos, passando pelos pessoais, no período medieval, acabando por desembocar no obrigacional, de crédito, na clara análise de Radbruch. No Direito do Trabalho, importa destacar o elemento patrimonial da subordinação, apesar da presença do elemento pessoal na prestação de serviços, que é *intuitu personae* em relação ao empregado.

A subordinação não significa sujeição ou submissão da pessoa do empregado em relação à pessoa do empregador. Esse conceito, já ultrapassado, vigorou em uma fase da humanidade. Entretanto, nos dias atuais, essa assimilação é incompatível com os preceitos constitucionais de liberdade e igualdade.

A subordinação jurídica apresenta-se, na classificação de Von Tuhr, como uma **obrigação patrimonial de prestação pessoal**.

"O empregador mantém o direito de comandar não porque seja senhor e sim porque é credor de trabalho" (Sinzheimer). A subordinação não incide sobre a pessoa do empregado, dentro ou fora da empresa, "como se fosse um tutelado ou curatelado", mas sobre a execução de sua atividade. Refere-se à matéria de serviço, ficando o empregado em igualdade de condições na formação da relação jurídica e na manutenção de suas condições essenciais.

Há também quem considere a subordinação jurídica um ***status* pessoal**, como criação artificial do contrato, que assinala limites, distinguindo-a da subordinação como fato natural, preexistente no núcleo familiar, no qual há também uma organização, exigindo uma vontade central organizadora necessária aos fins desse núcleo. Desse *status* jurídico derivam direitos e obrigações, o que também ocorre "da potestade do império do Estado em relação aos seus súditos"[16].

Outros sustentam que a subordinação não poderá ser um ***status***, porque nela não existem os caracteres de necessidade e permanência. A assertiva é refutada ao argumento de que esses caracteres constituíam exigência do direito romano, já que o estado pessoal se limita hoje a "uma determinada qualidade jurídica de um sujeito derivada de uma situação de fato ou de direito em que se encontra, e que insere o sujeito nas relações

(15) ERMIDA URIARTE, Oscar e HERNÁNDEZ ALVAREZ, Oscar. Considerações sobre os questionamentos acerca do conceito de subordinação. *Revista Synthesis* n. **35/2002**, p. 33. Texto resumido e traduzido por Eurides Avance de Souza.

(16) BARASSI. *El derecho del trabajo. Op. cit.*, v. I, p. 400.

jurídicas que pressupõem aquela qualidade"[17]. Há quem a veja também como um "***status* acidental**". Por fim, sustenta uma última vertente doutrinária[18], que nos parece a mais correta, tratar-se a subordinação em exame de uma **situação jurídica**, a qual traduz a posição particular do sujeito em determinado momento.

A subordinação encontra seus **limites** nas fontes formais do contrato (Constituição, CLT, outras leis ordinárias, sentenças normativas, convenções coletivas, acordos coletivos, etc.). A propósito, o art. 483, alíneas "a", "b" e "c" da CLT contém exemplos desses limites da subordinação.

e) Trabalho parassubordinado

Uma tendência manifestada na doutrina italiana[19] consiste em sugerir a inclusão de um terceiro gênero, denominado trabalho parassubordinado, pois nele não se encontra a rígida contraposição de traços característicos da subordinação, tampouco as conotações exclusivas da prestação de trabalho autônomo. Afirma a citada doutrina[20] que não se delineia nessa modalidade de trabalho a subordinação socioeconômica, tampouco pode-se falar em acentuada direção no desenvolvimento dessas atividades. Procura-se incluir nesse terceiro gênero, entre outras, algumas atividades artísticas, em que, embora permaneça a disponibilidade do trabalhador e, em consequência, em certa medida, os modos pelos quais realiza o seu trabalho, principalmente em se tratando de produtor, apresentador, diretor de fotografia, atores principais e dubladores, os trabalhadores mantêm uma certa autonomia, preservando a própria individualidade, tendo em vista um objetivo final que representa o interesse comum.

Os aspectos que qualificam o trabalho parassubordinado, segundo a doutrina e a jurisprudência italianas, podem ser sintetizados na **presença pessoal dominante** da qual deriva a conotação de infungibilidade; na **coordenação** e na **interação** funcional com a estrutura da empresa ou com o interesse do sujeito que se utiliza do trabalho de outrem, bem como na **continuidade do empenho no tempo** até atingir o resultado (filme, representação, espetáculo ou programa de televisão).

O assunto está analisado também no tópico 5.4.

2. ALTOS EMPREGADOS

A doutrina nacional e estrangeira vem **conceituando** como **altos empregados** os ocupantes de cargo de confiança[21], investidos de mandato que lhes confere poderes de administração para agir em nome do empregador. Situam-se entre eles "os diretores

---

(17) BARASSI. *El derecho del trabajo. Op. cit.*, v. 2, p. 387.
(18) CASSÍ, Vincenzo. *La subordinazione del lavoratore nel diritto del lavoro*. Milano: Giuffrè, 1961, p. 78.
(19) CARDONI, Giovanni. *Autonomia e subordinazione nel rapporto di lavoro artistico*. Il Diritto del Lavoro, Parte I, v. 71, jan./fev. 1997, p. 100-101.
(20) CARDONI, Giovanni. *Op. cit.*, p. 100-101.
(21) Miguel Cantón Moller *Apud* PALOMINO, Teodosio A. *Trabalhadores de confiança...* Sua situação laboral. São Paulo: LTr, p. 140. Trad. Ronald Amorim e Souza. LAMARCA, Antônio. *Contrato individual de trabalho*. São Paulo: Revista dos Tribunais, 1969, p. 57 a 60.

gerais, administradores, superintendentes, gerentes com amplos poderes e, em síntese, todos os que exercem função diretiva e ocupam um posto de destaque"[22].

Discute-se a **natureza jurídica** do contrato dos altos empregados. Há quem não os veja como empregados, sob a alegação de que o poder de iniciativa conferido a eles é incompatível com a dependência exigida pelo art. 3º da CLT. Refuta-se esse argumento considerando que nesse caso a dependência ou subordinação jurídica é reduzida, mas não está ausente, pois o empregado encontra-se sujeito aos critérios diretivos gerais ditados pelo empregador, e o desrespeito a esses critérios poderá gerar a despedida por justa causa. Se, de um lado, o seu poder de iniciativa nas negociações o autoriza a fixar, de certa forma, o tempo em que permanecerá à disposição do empregador, não tem ele o direito de esquivar-se completamente do cumprimento dessa obrigação. A posição privilegiada que ocupam leva a doutrina[23] a enquadrar os **altos empregados** em uma categoria especial e, em muitos países, eles são sujeitos de um estatuto próprio, como ocorre na Itália[24]. Afirma-se que os altos empregados são sujeitos de um contrato misto de trabalho e mandato, sem que se desfigure a condição de empregado.

A jurisprudência tem considerado empregado de alta hierarquia o "diretor" de sede brasileira indicado por matriz estrangeira, para implementar estratégia do grupo econômico internacional em território nacional, mesmo que sua subordinação esteja restrita à matriz, porque excede a obediência ao estatuto da sociedade. (TRT/SP — 00379199604302006 — RO — Ac 20080431024 — Rel. Rafael E. Pugliese Ribeiro — DOE 30.5.2008 — *Rev. Synthesis*, 47/2008, p. 214).

2.1. Empregado ocupante de cargo de confiança

2.1.1. Conceito

A legislação trabalhista brasileira fornece uma "ideia de confiança progressivamente crescente que se distingue", segundo a doutrina[25], em quatro graus: a) **confiança genérica,** presente em todos os contratos de trabalho e que exige um mínimo de fidúcia da parte do empregador; b) **confiança específica**, pertinente aos bancários (art. 224 da CLT); c) **confiança estrita,** a que alude o art. 499 da CLT; d) **confiança excepcional**, na qual se enquadra o gerente (art. 62, II, da CLT).

Como se vê, não descaracteriza a relação de emprego o fato de o empregado ocupar cargo de confiança na empresa. Embora a CLT não inclua esse empregado no

---

(22) GOMES, Orlando e GOTTSCHALK, Elson. *Curso de Direito do Trabalho*. 16. ed., Rio de Janeiro: Forense, 2000, p. 79. Atualizador: José Augusto Rodrigues Pinto. É, portanto, alto empregado "o gerente de hotel que, portando poderes para admitir, punir e dispensar empregados, sendo a autoridade máxima do local, tendo padrão salarial superior aos subordinados, podendo ainda assinar cheques do estabelecimento, enquadrado nas disposições do art. 62, II, Consolidado, pelo que não tem jus às horas extras, que são incompatíveis com a função de confiança por ele exercida". TRT — 3ª R. — 4ª T. — RO/13858/00 — Rel.: Juiz Paulo Chaves Corrêa Filho — DJMG 24.3.2001, p. 17.

(23) GOMES, Orlando e GOTTSCHALK, Elson. *Op. cit.,* 16. ed., 2000, p. 81.

(24) BARROS, Alice Monteiro de. *Contratos e regulamentações especiais de trabalho*. 3. ed. São Paulo: LTr, 2008, p. 244.

(25) RUSSOMANO, Mozart Victor. *Comentários à CLT*. v. I. 13. ed. Rio de Janeiro: Forense, p. 105.

Título III — "Das Normas Especiais de Tutela do Trabalho", a doutrina majoritária situa-o como sujeito das relações especiais de emprego, exatamente pelo fato de que esse trabalhador, embora não usufrua da tutela legal com a mesma extensão conferida aos demais empregados, possui a subordinação jurídica própria do liame empregatício, porém, de forma debilitada, isto é, desfrutando de uma confiança estrita ou excepcional, que o coloca em posição hierárquica mais elevada, como *alter ego* do empregador. São, em princípio, vistos pela doutrina como empregados que, em face de suas atribuições, têm a seu cargo a marcha e o destino geral da empresa ou, ainda, possuem conhecimento dos segredos dessa organização de trabalho(26).

Sucede que a figura do dirigente, como *alter ego* do empregador, vem sendo questionada pela moderna jurisprudência nacional e estrangeira(27), sob a alegação de que não corresponde aos atuais perfis da organização empresarial, em face de suas diferentes dimensões, traduzidas por uma pluralidade de dirigentes, de diversos níveis, no âmbito de uma difusa descentralização de poderes decisórios ou, ainda, pelos elementos qualificadores do dirigente, entre os quais se situa a extraordinária eficiência técnica, acompanhada de poderes de gestão(28), que têm imediata incidência nos objetivos gerais do empregador. Nessa condição, o dirigente atua como representante do empregador em vários setores e serviços da empresa ou em ramo relevante de sua atividade, justificando as funções que lhe são conferidas com poderes de mando, de gestão e com liberdade de decisão, de modo que influencie os destinos da unidade econômica de produção.

Na mesma linha manifesta-se a doutrina espanhola(29), ao afirmar que "a complexidade crescente das estruturas empresariais determina que as decisões possam ser tomadas em áreas concretas ou setores-chave de sua atividade, nas quais se encontram implícitos os objetivos gerais da entidade". Assim, o empregado não necessitaria ser o *alter ego* do empregador, obedecendo a um critério puramente hierárquico, mas pode ser qualificado como tal em função de suas decisões, adotadas em círculos ou setores estratégicos da empresa. Outra vertente doutrinária afirma que essa interpretação deve ser utilizada com cautela, alertando para o fato de que poderá ampliar o conceito de alto empregado.

Tudo irá depender, portanto, das circunstâncias fáticas que, em alguns casos, podem ser confusas e contraditórias, exigindo do Judiciário uma valoração do conjunto.

---

(26) Cf. PALOMINO, Teodosio A. *Trabalhadores de Confiança...* São Paulo: LTr, 1992, p. 145. Trad. Ronald Amorim e Souza.

(27) Cass. Sez. Lav, 28/12/1998, n. 12860, *in* Mass, 1998. DI CERBO, Fernando. *I rapporti speciali di lavoro*. Padova: Cedam, 2000, p. 101.

(28) "**Cargo de Confiança. Engenheiro. Alto nível salarial. Responsabilidades inerentes a fidúcia**. Auferindo o autor salário de alto padrão e desempenhando suas funções em outra localidade, com responsabilidade de controle geral da obra, inclusive do pagamento efetuado aos operários, inegável que exercia cargo de confiança, não havendo que se cogitar de horas extras por ter participado em algumas assembleias da reclamada em horário avançado, o que, aliás, compunha parte de suas obrigações face ao cargo ocupado". TRT — 2ª Reg. — 7ª T. — RO-02930204154 Ac. 02950047384 — Rel. Designado: Juiz Gualdo Amaury Formica — DOE-SP 16.2.95, p. 128/9.

(29) GARCÍA-PERROTE ESCARTÍN, I. Flexibilización y ajuste de la noción de alto directivo en la jurisprudencia de la Sala de lo Social del TS, "RS", n. 14, jul. 1992, p. 18-19. *In*: MOLERO MANGLANO, Carlos. *El contrato de alta dirección*. 2. ed. Madrid: Civitas, 2004, *passim*.

O legislador brasileiro ateve-se a essa realidade, quando, ao rever a redação do art. 62, II, da CLT, que dispõe sobre os cargos de confiança, equiparou aos gerentes, já inseridos no preceito legal, os diretores e chefes de departamento. Não se situam aqui os trabalhadores encarregados de desempenhar certos trabalhos pessoais do empregador, em virtude de qualidades que possuem, as quais estão relacionadas com a ética profissional, a honestidade e o zelo funcional. Estes últimos, em regra, não executam atribuições de mando, representação ou controle, ao contrário, suas funções são subalternas e a confiança neles depositada pelo empregador corre paralela com a subordinação a que estão sujeitos.

2.2. Diretor de S/A

Questão que despertou polêmica no Direito do Trabalho brasileiro diz respeito ao enquadramento do **diretor de sociedade anônima**. Aliás, ainda hoje esse enquadramento não se acha definido pela doutrina, tampouco pela jurisprudência.

Sustenta uma linha de pensadores que o diretor ou administrador de sociedade anônima, investido de mandato eletivo, como pessoa física e representante legal da pessoa jurídica, não poderia ser, simultaneamente, empregado, porquanto integra um dos órgãos indispensáveis à existência dessa sociedade. Alegam que é por meio dele que a sociedade se exterioriza, logo, não poderia o dirigente ser empregado de si próprio. Os adeptos desse ponto de vista sustentam que sua investidura no mandato se dá em função do contrato social, e não da relação de emprego. Essa corrente não admite possa o diretor de sociedade anônima ser empregado, ainda que o contrato de trabalho preceda a ascensão ao cargo.

Na nossa visão, cumpre distinguir a situação do diretor que já ingressa na empresa nessa condição e a daquele que antes era empregado e galga o posto de diretor de S/A.

Filiamo-nos à corrente segundo a qual o diretor de sociedade anônima tanto pode ser diretor-órgão[(30)], evidentemente, sem vínculo empregatício, como diretor-empregado. Tudo irá depender da forma como seus serviços forem prestados[(31)].

Se o diretor trabalhar sujeito à subordinação jurídica, reunindo os demais pressupostos do art. 3º da CLT, a relação jurídica será a de emprego, pois não há incompatibilidade entre o exercício do cargo de diretor de S/A e as funções de empregado.

A jurisprudência do TST, por uma de suas turmas, reformando decisão de Tribunal Regional, sustentou que a subordinação jurídica, pressuposto do conceito de empregado,

---

(30) "**Diretor-Presidente de Sociedade Anônima** de economia mista que nunca mantivera relação de emprego e fora eleito pela assembleia geral não se configura como empregado pelo fato só de poder ser destituído a qualquer tempo pela assembleia em que o governo vota como sócio majoritário. O Diretor tem a gestão e seus atos valem. Quando contrariarem a diretriz governamental podem redundar em afastamento, o que não altera a validade dos atos". TST — SDI2 — ROAR-111179/94 — 13ª Região (PB) — Rel.: Min. José Luiz Vasconcellos — DJ 23.5.1997, p. 22.176.

(31) "**Sociedade Anônima. Diretor.** O diretor de uma sociedade anônima tanto pode ser diretor empregado, quanto diretor-órgão da sociedade. Tudo depende das circunstâncias. O art. 499 da CLT refere-se ao diretor empregado". TRT — 1ª Reg. — RO-1304/85 — 3ª T. — Rel.: Juiz Sebastião Ribeiro — DORJ 10.9.85.

não se caracteriza se o controle for feito apenas pelo conselho administrativo da sociedade anônima[32]. Nessa hipótese, o diretor continua sendo diretor-órgão.

Ser ou não ser acionista não é critério decisivo da relação de emprego, pois poderá ocorrer "a camuflagem com atribuições de ações a um autêntico empregado". Comprovado, entretanto, que se trata de maior acionista, a pretensão de reconhecimento de vínculo empregatício não será acatada[33], exatamente porque essa condição lhe assegura uma influência decisiva nos destinos da empresa, incompatível com o pressuposto da subordinação jurídica.

Há situações em que o empregado, de reconhecida capacidade e longa experiência, galga o posto de diretor de uma empresa, constituída sob a forma de sociedade anônima. Nesse caso, o contrato de trabalho precedeu a eleição para o exercício do cargo de diretoria. Assevera uma vertente que, nessa hipótese, o contrato estará rompido a partir do momento em que ele assume o cargo[34].

Outros afirmam tratar-se de uma interrupção parcial do contrato[35]. Uma terceira corrente entende que se opera a suspensão contratual[36] e há os que asseveram que o empregado passará a ocupar cargo de confiança na empresa, sem qualquer paralisação das cláusulas contratuais.

---

(32) "**Diretor. Sociedade anônima**. Vínculo empregatício. Sendo o reclamante diretor de sociedade anônima, eleito na forma da lei e 'subordinado' tão somente ao Conselho Administrativo, não é empregado. Recurso de Revista conhecido e provido". TST — 3ª T. — RR 412290/97 (9ª Região) — Rel.: Min. José Luiz Vasconcellos — DJ 19.5.2000, p. 317.

Há, contudo, entendimento diverso, como se infere deste aresto: "**Empregado eleito diretor de S/A**. O empregado eleito diretor de sociedade anônima não é empresário (art. 12, III, da Lei n. 8.212/91) e, por estar sob permanente controle do conselho de administração (art. 142 e 157, § 1º, 'a' da Lei n. 6.404/76), não perde a subordinação jurídica inerente à relação de emprego (Enunciado n. 269 do TST)". TRT — 2ª Região — 8ª T. — Rel. designado: Juiz Raimundo Cerqueira Ally — DOESP 4.7.96.

(33) "Estando confirmada a alegação de que **o autor era acionista majoritário** e diretor-superintendente da empresa, **afasta-se a pretensão de reconhecimento de vínculo de emprego**, para declarar-se a carência de ação proposta". TRT — 9ª Região — 2ª T. — Proc. RO 1311/86 — Rel.: Juiz Fernando Almeida — BJ n. 7/87. *Repertório de Jurisprudência Trabalhista.* João de Lima Teixeira Filho, v. 6.

(34) "**Agravo de Instrumento do Reclamado. I — Agravo de instrumento. Recurso de Revista. Admissibilidade. Vínculo empregatício. Diretor Vice-Presidente**. O enquadramento jurídico dos fatos revelados pelo Regional não importa no revolvimento de fatos e provas de que trata o Enunciado n. 126 do TST. Assim, na hipótese, não demonstrada de forma indubitável a permanência da subordinação caracterizadora do vínculo empregatício, contrariado está o Enunciado n. 269 do TST, circunstância que autoriza o processamento do recurso de revista. Agravo a que se dá provimento. II — Recurso de Revista. Vínculo empregatício. Diretor Vice-Presidente. O empregado, eleito **diretor** de sociedade anônima, despoja-se dessa qualidade, tendo em vista a incompatibilidade entre as duas situações, pois o **diretor** passa a constituir órgão da sociedade, não se caracterizando, na hipótese, a subordinação jurídica, elemento basilar da relação empregatícia. Observância da regra inscrita no Enunciado n. 269 do TST. Recurso de revista conhecido e provido no particular para ser afastado o reconhecimento do vínculo empregatício. Agravo de Instrumento do reclamante. Não preenchidos os requisitos do art. 896 da CLT, nega-se provimento ao agravo". TST— RR-791216/2001 — 1ª T. (1ª Região) — Rel.: Min. Wagner Pimenta — DJ 15.3.2002.

(35) CALHEIROS BOMFIM, B. Diretores de Sociedades Anônimas. *Revista LTr* 40/1006. Similarmente manifestou-se MORAES FILHO, Evaristo de. *Diretor de Sociedade Anônima. Pareceres de Direito do Trabalho.* São Paulo: LTr Editora, 1976, p. 87.

(36) "**Diretor eleito. Vínculo de emprego. Inexistência**. Não se reconhece a relação de emprego entre a sociedade anônima e o diretor estatutariamente eleito para o cargo, o qual foi exercido com desenvoltura e relativa autonomia, subordinado apenas à matriz (em outro Estado da Federação) e à Superintendência do Banco. Contrato suspenso. Inteligência do Enunciado n. 269 do TST". TRT — SP-19990436161 — Ac. 6ª T. — 20000467310 — Relª: Juíza Maria Aparecida Duenhas — DOE 22.9.2000, *Revista Synthesis* 32/2001, p. 218.

Filiamo-nos à corrente que sustenta operar-se a suspensão do contrato de trabalho quando, modificando-se a relação jurídica, o empregado ascende ao cargo de diretor de sociedade anônima, integrando um de seus órgãos e, em consequência, passa a ser o representante legal da pessoa jurídica, ficando paralisadas as cláusulas do contrato de trabalho (**Súmula n. 269 do TST**). Nesse caso, o único efeito jurídico que se admite é a faculdade concedida ao credor do trabalho de computar esse tempo para cálculo do FGTS (art. 16 da Lei n. 8.036, de 1990).

Se, contudo, persistir a subordinação jurídica, ainda que de forma debilitada, o elo empregatício manter-se-á e o cargo exercido será de diretor-empregado(37), considerado como de **confiança estrita**.

Ao lado dos cargos de **confiança estrita**, temos outros considerados como de **confiança excepcional**, em que se incluem os gerentes, e os chefes de departamento e/ou filial (art. 62, II, da CLT), cuja caracterização implica poderes de mando, como admitir, dispensar ou punir empregados, poderes para representar a empresa nas suas relações com terceiros ou ainda poderes para alterar normas em vigor na empresa, no tocante à forma de produzir e de trabalhar.

3. CONSEQUÊNCIAS PRÁTICAS DA QUALIFICAÇÃO JURÍDICA

A redação anterior conferida ao art. 62 da CLT excetuava do capítulo sobre a duração do trabalho, entre outros, os gerentes, investidos de mandato, em forma legal, que exerciam encargos de gestão e, pelo padrão mais elevado de vencimentos, diferenciavam-se dos demais empregados. O texto do art. 62 da CLT, com a redação dada pela Lei n. 8.966, de 1994, manteve a exclusão para os gerentes, assim considerados os exercentes de cargo de gestão(38), aos quais se equiparam, para os efeitos do citado artigo, os diretores e chefes de departamento ou filial.

No parágrafo único do art. 62 da CLT, com nova redação, esclareceu-se que as normas sobre duração do trabalho são aplicadas aos gerentes quando o salário do cargo de confiança, compreendendo a gratificação de função, se houver, for inferior ao valor do respectivo salário efetivo acrescido de 40%.

Ora, as exceções devem se verificar não só em razão da função, mas da fiscalização exercida sobre a jornada. Entendemos que o citado parágrafo único não excluiu os

---

(37) "**Relação de emprego. Diretor de Sociedade Anônima**. A ascensão do empregado ao cargo de diretor de sociedade anônima, em virtude de sua aptidão técnica, mediante indicação do sócio majoritário, não afeta o liame empregatício anteriormente firmado com o trabalhador quando persiste a subordinação jurídica; passa ele a ser um alto empregado, ocupante de cargo de confiança. A situação não se identifica com a de diretor-órgão, através do qual a sociedade se exterioriza, tampouco com a suspensão do contrato a que alude o E. n. 269 porquanto a subordinação jurídica não deixou de persistir". TRT — 3ª Região — RO-20903/96 — 2ª Turma — Redª: Juíza Alice Monteiro de Barros — DJMG 26.9.1997.

(38) "A **investidura no cargo de gerente** e seu exercício, **nos moldes do art. 62 da CLT**, importa para o empregado restrições de seus direitos trabalhistas. Assim, o cargo de gestão exige para sua caracterização que o empregado esteja munido de 'mandato formal', não meramente tácito, pelo qual se comprovem as atribuições a ele conferidas, e o exato limite de seu poder de mando e gestão de maneira a ser excluído das regras atinentes à duração do trabalho. A regra do art. 62 da CLT, mesmo após a edição da Lei n. 8.966/94, deve, por conseguinte, ser interpretada restritivamente, não havendo falar em mandato tácito". TST — E-RR-222.653/95.2 — Ac. SDI-1 — julgado em 4.8.98 — Rel.: Min. Rider de Brito. *In*: *Revista LTr*, 62-10/1361.

gerentes do direito ao pagamento de horas extras, quando existir a fiscalização sobre sua jornada(39). O dispositivo em questão é meramente explicativo, limitando-se a definir qual é o padrão mais elevado de vencimentos, que aliás já constava da redação antiga, sem explicitar o valor, e nem por isso estava o gerente afastado das normas sobre duração do trabalho, se sujeito a fiscalização de horário. A gratificação de 40% decorre da maior soma de responsabilidades que o cargo exige e visa a evitar as designações fictícias(40). Por outro lado, de nada adiantará o percebimento de gratificação se o empregado for desprovido de poderes de gestão.

Saliente-se que os ocupantes de **cargo de confiança estrita**, entre os quais se situam os cargos de diretoria, gerência e outros cargos de confiança imediata do empregador, estavam excluídos da disciplina que limitava as despedidas, enquadrando-se entre os que não adquiriam estabilidade decenária no emprego (art. 499 da CLT). Era-lhes ressalvado, entretanto, o cômputo do tempo de serviço para fins de indenização ou estabilidade no cargo efetivo que houvessem ocupado anteriormente na empresa.

Destituído o empregado do cargo de confiança (art. 499, § 1º, e parágrafo único do art. 468 da CLT) e revertendo-se ao cargo efetivo, perderá a gratificação, cuja natureza é a de um salário-condição. Ocorre, entretanto, que se a gratificação foi recebida pelo ocupante do cargo de confiança por mais de 10 anos, a **Súmula n. 372, inciso I, do TST** autoriza a manutenção do seu pagamento, quando for ele destituído do cargo sem justo motivo, em atenção à estabilidade financeira que a verba lhe proporcionou.

Mantido o empregado na função comissionada, não poderá sofrer redução no percebimento da gratificação (**Súmula n. 372, inciso II do TST**).

Os ocupantes de cargo de confiança, de um modo geral, não estão compreendidos no preceito legal que veda a transferência do empregado, sem a sua anuência, para localidade diversa da que resultar do contrato (art. 469 da CLT), pois são os representantes do empregador, devendo estar presentes, quando solicitado. O empregador deverá, entretanto, comprovar a necessidade do serviço, sob pena de ser considerada abusiva a transferência (**Súmula n. 43 do TST**). Em se tratando de transferência provisória, o empregado fará jus ao adicional de transferência de 25% sobre os salários, a despeito de ocupar cargo de confiança (**Orientação Jurisprudencial** n. 113 da SDI-1 do TST).

4. OCUPANTES DE CARGO DE CONFIANÇA ESPECÍFICA

Os ocupantes de cargo de **confiança específica** compreendem os bancários que exercem funções de direção, gerência, fiscalização, chefia e equivalente ou que

(39) "**Horas extras. Gerente de Produção.** A dispensa da marcação do ponto constitui mera liberalidade da empresa. Mas se o gerente de produção não tem liberdade de entrar e sair do trabalho quando bem lhe aprouver, e que trabalha além da jornada normal, faz jus ao pagamento das horas extras, sob pena de haver o locupletamento por parte da empresa". TRT — 7ª Região — RO4759/95 — Relª: Juíza Maria Irisman Alves Cidade — julgado em 20.3.96 — DJCE 18.4.96, p. 84/5.

(40) "**Gerente de loja. Ausência de poderes de mando e gestão.** Não aplicação do art. 62 da CLT. Horas extras. Gerente de loja. Para que o obreiro possa ser enquadrado na hipótese prevista no art. 62 da CLT, necessário se torna que o Tribunal Regional identifique a presença de poderes de mando e gestão, assim como padrão mais elevado de vencimentos, pois há gerentes que não passam de chefes gerais. Revista patronal conhecida e desprovida". TST — RR-173456/95.6. — Ac. 2ª T. — Rel.: Min. Moacyr Roberto — DJ 11.10.96, p. 38.793.

desempenham outros cargos de confiança, desde que o valor da gratificação por eles percebida não seja inferior a 1/3 do salário do cargo efetivo (art. 224, § 2º, da CLT). Esses trabalhadores estão sujeitos à jornada de oito horas de trabalho, não sendo destinatários da jornada especial de seis horas conferida a essa categoria.

A exceção prevista no § 2º do art. 224 da CLT, que sujeita o bancário a oito horas diárias de trabalho, abrange todos os cargos que pressupõem atividades de direção, coordenação, supervisão ou fiscalização burocrática de serviços, capazes de colocar o seu ocupante acima do nível dos colegas, cujas funções dirige. Não se exige, entretanto, amplos poderes de mando e gestão. Daí se infere que a expressão "cargos de confiança bancária" tem aqui um alcance muito maior do que aquele previsto no art. 62, II, da CLT. Logo, nem todos esses cargos enquadram o trabalhador como alto empregado.

A **Súmula n. 287 do TST** enquadra o gerente de agência no § 2º do art. 224 da CLT. Já ao gerente-geral de agência bancária, por presumir-se exercer encargo de gestão, aplica-se o art. 62 da CLT. Quem tem o ônus de elidir essa presunção relativa é quem alega situação diversa.

Entendemos que a norma contida no art. 62, II, da CLT, só se aplica ao **gerente** de banco se, paralelamente ao padrão salarial mais elevado, o cargo por ele ocupado for de confiança excepcional, ou seja, colocar em jogo "a própria existência da empresa, seus interesses fundamentais, sua segurança e a ordem essencial do desenvolvimento de sua atividade". Se o **gerente** estiver destituído de poderes de mando e gestão, sem participação em setor de vital importância para a empresa ou com padrão salarial inferior a 40% em relação aos demais empregados, não há como enquadrá-lo no referido dispositivo legal. Comprovado trabalhar ele em sobretempo à jornada de oito horas, fará jus às horas extras.

No tocante ao **supervisor e ao auditor** de banco, entendemos que não basta, simplesmente, ocuparem cargos com essa nomenclatura para que sejam enquadrados na excepcionalidade do art. 224, § 2º, da CLT. É necessário que, no exercício dessa função, possuam subordinados sob seu controle ou fiscalização e, além disso, recebam gratificação de 1/3 do cargo efetivo, do contrário, os supervisores e auditores estarão sujeitos às regras gerais(41). O mesmo raciocínio aplica-se ao **advogado**, para os que não o veem como categoria diferenciada. Sustentam os adeptos dessa corrente que a simples existência de mandato *ad judicia*, indispensável à representação em juízo, não tem o condão de enquadrá-lo na exceção do art. 224, § 2º, da CLT(42). Da mesma

---

(41) "**Bancário. Supervisor e auditor. Horas extras excedentes da sexta**. A jurisprudência desta Corte é no sentido de que não basta o recebimento da gratificação de função e o cargo estar rotulado como sendo de confiança para que o bancário seja enquadrado na exceção prevista no § 2º do art. 224 da CLT. Deve ficar comprovado que o bancário exercia cargo de confiança, com o mínimo de poder de mando e gestão que o distinguisse dos demais empregados do banco, aspecto fático este que foi afastado pelos acórdãos regional e turmário. Contrariedade ao art. 224, § 2º, da CLT e ao Verbete n. 204/TST, não caracterizada. Embargos não conhecidos". TST-SDI1 — ERR n. 224996/95-7 — Rel.: Min. Rider Nogueira de Brito — DJ 20.8.99 — p. 38. *Revista do Direito Trabalhista*, set. 1999, p. 53.

(42) **Súmula n. 102, inciso V, do TST, que dispõe**: "Bancário. Cargo de confiança. (...). V — O advogado empregado de banco, pelo simples exercício da advocacia, não exerce cargo de confiança, não se enquadrando, portanto, na hipótese do § 2º do art. 224 da CLT".

forma, não há como se aplicar ao **analista de sistema** de estabelecimento bancário a jornada elastecida de oito horas. O fato de o analista ter acesso a senhas, contas e outras aplicações traduz atribuições inerentes às suas atividades, de natureza essencialmente técnica, incapazes de enquadrá-lo no exercício de cargo de confiança bancária, salvo se possuir poder de direção, supervisão ou controle de subordinados, o que normalmente não ocorre.

Também não se enquadra como de confiança bancária o **caixa**, ainda que executivo. Esse cargo requer eficiência técnica, honestidade e zelo funcional; entretanto, seus ocupantes não realizam atividades de direção, fiscalização, gerência, chefia ou equivalente. Mesmo que o caixa perceba gratificação, está excluído do conceito de cargo de confiança bancária e sujeita-se à jornada de seis horas (**Súmula n. 102, inciso VI, do TST**). A gratificação visa a remunerar a maior responsabilidade do cargo e não as duas horas extras que excederem de seis.

Está também excluída da exceção contida no art. 224, § 2º, da CLT a **secretária** de estabelecimento bancário que exerce atividades inerentes ao cotidiano dessas instituições, sem poder de mando e/ou fiscalização, ainda que receba gratificação equivalente a 1/3 de seu salário. A finalidade dessa gratificação é compensar-lhe pelas responsabilidades atribuídas, e não pela maior quantidade de trabalho, capaz de exigir-lhe o serviço em duas horas excedentes de seis[43].

5. TRABALHADORES INTELECTUAIS

5.1. A extensão da legislação trabalhista aos intelectuais

Durante muitos anos, combateu-se a existência de um contrato de trabalho entre trabalhadores intelectuais e as empresas para as quais trabalhavam, por se entender que a subordinação jurídica, indispensável à sua configuração, estaria ausente. Esqueceram-se os adeptos dessa corrente de que a subordinação jurídica admite graus e matizes. Quanto mais a prestação de serviço se intelectualiza, mais se dilui a subordinação, porque maior é a intensificação da iniciativa pessoal do trabalhador. Isso não significa, entretanto, que a subordinação jurídica esteja ausente, mas, simplesmente, exige-se o respeito a certa autonomia do trabalhador. Em consequência, quando aumenta a intelectualidade da prestação de serviços[44], maior é também a confiança sob o prisma funcional.

---

(43) "**Secretária de Diretoria de Banco — Função não alcançada pela excludente prevista no § 2º do art. 224 da CLT**. Cargo de confiança não configurado. O simples fato de a empregada exercer sua função de secretária 'na Diretoria' do Banco, não basta, só por só, para incluí-la na excepcionalidade do dispositivo acima referido, de vez que a confiança nele prevista não é definida por critério topológico, mas jurídico. Secretária, consoante é de palmar sabença, desempenha meras 'tarefas de sala'. O exercente de cargo de confiança, para assim poder ser considerado, há de executar, preponderantemente, misteres típicos de 'gestão', derivados de 'poder de mando'. Apenas a circunstância de trabalhar próximo de quem decide não significa que também decida, pois, na hipótese, as coisas não se comunicam por osmose... Proximidade não equivale a estar aspergido de poder. Nem muda as coisas se o empregado recebe gratificação de função superior a 1/3 do seu salário, pois, aí, a vantagem estará apenas compensando o maior grau das responsabilidades que lhe são atribuídas. Sem prova, *v.g.*, de que possua subordinados, mandato, poder para admitir, dispensar, punir, estabelecer critérios de trabalho para terceiros, fiscalizar, dirigir, etc., não há que se falar em cargo de confiança na acepção da lei, por faltar ao empregado poderes com 'dimensão gerencial'". TRT — 3ª Reg. — 2ª T. — RO-10375/95 — Rel.: Juiz José César de Oliveira — DJMG 1.12.1995.

(44) RIVA SANSEVERINO, Luisa. *Curso de Direito do Trabalho*. São Paulo: LTr, 1976, p. 49. Trad.: Elson Gottschalk.

Com a "proletarização dos intelectuais", o Direito do Trabalho passou a estender-lhes sua esfera normativa, desde que esse profissional se posicione como sujeito de um contrato de trabalho.

Afirma a doutrina francesa que a extensão da legislação trabalhista ao trabalhador intelectual ocorreu após a Primeira Guerra Mundial, com a crise das carreiras liberais e a transformação de seus membros em proletários(45). Já o doutrinador Raggi Ageo assevera que a guerra foi precipitada pelo processo de concentração e luta capitalista, o qual trouxe, bem antes, como consequência a proletarização dos intelectuais. Esse movimento fez com que se concentrassem as empresas jornalísticas, que se inaugurassem as mutualidades médicas com milhares de associados, que aumentassem os escritórios jurídicos e outras instituições similares(46).

5.2. Conceito

Os trabalhadores intelectuais são aqueles cuja atividade pressupõe uma cultura científica ou artística, como o advogado, o médico, o dentista, o engenheiro, o artista, entre outros. Eles podem exercer suas atividades reunindo os pressupostos do art. 3º da CLT, ou seja, na condição de empregados, como também executar suas funções de forma independente, como autônomos. Podem, ainda, figurar como empregadores, quando se situarem no quadro emoldurado no art. 2º, § 1º, da CLT.

Vamo-nos ater aqui ao estudo desses profissionais como empregados, isto é, como pessoas físicas que trabalham, pessoalmente(47), em favor de uma pessoa física, jurídica ou ente, de forma não eventual, mediante salário e subordinação jurídica.

O fato de o trabalho executado ser intelectual não descaracteriza o liame empregatício, pois ele consistirá sempre na exteriorização e no desenvolvimento da atividade de uma pessoa em favor de outrem. Por outro lado, inexiste incompatibilidade jurídica, tampouco moral, entre o exercício dessa profissão e a condição de empregado(48). Isso porque a subordinação é jurídica, e não econômica, intelectual ou social; ela traduz critério disciplinador da organização do trabalho, sendo indispensável à produção econômica.

---

(45) PIC, Paul. Traité Elementaire de Legislation Industrielle, p. 612. *Apud* GOYATÁ, Célio. Questões Práticas de Direito do Trabalho. *Revista do Trabalho*. São Paulo: LTr, 1947, *passim*.

(46) RAGGI AGEO. Contratos y Convenios del Trabajo. *La Habana,* p. 89-90. *Apud* GOYATÁ, Célio. Questões Práticas de Direito do Trabalho. *Revista do Trabalho*. São Paulo: LTr, 1947, p. 16.

(47) "**Advogado.** A pessoalidade é um dos traços distintivos da relação de emprego, de modo que não pode o empregado fazer-se substituir na prestação de serviço. Este princípio sofre, hoje, atenuações em face de novas condições criadas, principalmente, na área de profissionais liberais. Assim, não descaracteriza a relação de emprego eventual substituição do advogado-empregado por colega de escritório, para atender a situação de emergência, decorrente de volume de ações postas em juízo diariamente e às quais têm que atender os causídicos". TST — SDI (RO-AR-37.490/91.2) — Rel.: Min. Hylo Gurgel — DJU 13.11.92, p. 20.975 (CALHEIROS BOMFIM, B. e SILVÉRIO DOS SANTOS. *Dicionário de Decisões Trabalhistas,* 24. ed., p. 648). Obs.: Pelo que se constata dessa ementa, nem mesmo o pressuposto da pessoalidade foi considerado com muito rigor para se concluir pela relação de emprego.

(48) RUSSOMANO, Mozart Victor. *O empregado e o empregador no Direito Brasileiro*. Rio de Janeiro: Forense, 7. ed., 1984, p. 143.

A subordinação que existe no trabalho intelectual não se encontra com frequência nos contratos dos empregados em geral, pois, no primeiro, ela é rarefeita[49] e guarda outras características, entre elas a participação integrativa da atividade do prestador no processo produtivo empresarial (subordinação objetiva).

Essa subordinação objetiva é suficiente para o reconhecimento do vínculo empregatício? É o que passaremos a examinar.

5.3. Subordinação jurídica

5.3.1. Redimensionamento do Direito do Trabalho

A situação jurídica na qual o homem livre subordina-se a outro deriva da relação que existe entre trabalho e propriedade. A propriedade atrai a força de trabalho e permite que seu titular a dirija[50], pois os frutos dessa atividade lhe pertencem, como também os riscos do empreendimento econômico.

Tradicionalmente, o empregador, no contrato de trabalho, denominado por alguns contrato de emprego, **controla as atribuições inerentes à função** a ser realizada como também o modo de realizá-la. Esse critério tradicional da subordinação jurídica, que realça a submissão funcional do empregado às ordens do empregador, mostrou-se suficiente em determinado momento histórico, ou seja, quando predominava o trabalho agrícola ou numa sociedade industrial primitiva, em que empregado e empregador possuíam o mesmo grau de conhecimento e experiência profissionais.

Sucede que, em uma sociedade como a atual, caracterizada pela racionalização do trabalho, com a consequente especialização da mão de obra, o empregador nem sempre possui superioridade ou igualdade de conhecimentos profissionais em relação ao empregado, mesmo porque, cada vez mais, as contratações recaem sobre pessoas que possuem um grau de conhecimento em determinada profissão (*know-how*) do qual o empregador não é detentor[51]. Nasce daí o que se chama de "subordinação técnica invertida"[52], frequentemente presente nas relações de trabalho intelectual.

A debilidade do critério da subordinação funcional do empregado em relação ao empregador não supõe a eliminação da relação de emprego, mas mera insuficiência desse critério em certas situações, principalmente quando envolve trabalhos intelectuais.

Uma outra tentativa na procura de um traço diferenciador entre trabalho subordinado e trabalho autônomo é a chamada **integração do trabalhador na organização empresarial**, isto é, a base para se definir a relação de emprego residiria no fato de o empregado constituir parte integrante da organização. É a substituição da subordinação-controle ou subjetiva pela subordinação-integração ou objetiva.

---

(49) RUSSOMANO, Mozart Victor. *Op. cit.*, p. 144.

(50) GALLEGOS CIGARROA, Jorge E. La prestación de servicios en las empresas de espectáculos taurinos. Mexico (Tesi para obtener el título de licenciado en Derecho), 1968, p. 28.

(51) J. G. FLEMING. The Law of Torts, 4[h] ed. *Apud* GALIANA MORENO, Jésus M. *El contrato de trabajo en el Derecho Inglés*. Barcelona: Bosch Casa Editorial, 1978, p. 33-34.

(52) ERMIDA URIARTE, Oscar e HERNÁNDEZ ALVAREZ, Oscar. Considerações sobre os questionamentos acerca do conceito de subordinação. *Revista Synthesis* n. 35/33. Texto resumido e traduzido por Eurides Avance de Souza.

Esse critério da subordinação objetiva surgiu com os doutrinadores europeus, influenciados por Otto Kahn-Freund[53], como, por exemplo, Mário Ghidini (*Diritto del Lavoro*. Padova: Cedam, 8ª ed., 1981, p. 186) e encontrou adeptos no Brasil, entre os quais Paulo Emílio Ribeiro de Vilhena (*Relação de emprego. Estrutura. Supostos*. São Paulo: Saraiva, 1975, p. 214) e Arion Sayão Romita (*A subordinação no contrato de trabalho*. Rio de Janeiro: Forense, 1979, p. 81).

O problema central desse critério consiste em saber o que é "organização" ou "integração". Há quem interprete organização como empresa ou negócio; outros afirmam que a organização é constituída por uma série de fatores ou indícios que, reunidos, poderão comprovar a integração do trabalhador na empresa. Em última análise, esse critério, segundo alguns autores, nada acrescenta de substancial ao critério do controle[54].

5.3.2. A insuficiência da subordinação objetiva e a necessidade do "direito residual de controle"

A integração do trabalhador na organização empresarial, também conhecida como subordinação objetiva, não é um critério autônomo para determinar a existência de um contrato de emprego, mas um fundamento teórico para a conceituação do trabalhador subordinado.

À luz da jurisprudência inglesa, tanto no caso de se adotar o critério do controle como o da "integração na organização", usados para definir a existência de um contrato de trabalho distinto de um contrato de prestação de serviços autônomos, torna-se necessário recorrer a indícios, os quais são comuns aos dois critérios e poderão ser sintetizados no "direito residual de controle" do empregador, traduzido pela sua faculdade de impor sanções disciplinares ao trabalhador, inclusive a dispensa, associada ao poder empresarial de contratar e fixar-lhe um salário[55].

Também predomina, na jurisprudência e na doutrina italiana moderna[56], o entendimento segundo o qual não é suficiente a inserção ou integração da atividade laborativa do trabalhador na organização empresarial, exatamente porque isso poderia ocorrer também no trabalho autônomo.

A mesma observação é feita, na América do Sul, por Oscar Ermida Uriarte[57], quando assevera "que a inserção na organização empresarial, ainda que seja um elemento próprio da relação de trabalho, não é exclusivo da mesma, já que o empregador incorpora ao desenvolvimento da atividade empresarial não só o trabalho de seus próprios

---

(53) KROTOSCHIN, Ernesto. *Manual de derecho del trabajo*. Buenos Aires: Depalma, 1987, *passim*.

(54) GALIANA MORENO, Jésus M. *El contrato de trabajo en el Derecho Inglés*. Barcelona: Bosch, Casa Editorial, 1978, p. 47.

(55) GALIANA MORENO, Jesus. *Op. cit.*, *passim*.

(56) Corte de Cassação Italiana, 18 de maio de 1999, n. 48, *Guida al lavoro*, 1999, n. 26, 23, citados por Luísa Galantino na obra *Diritto del Lavoro*. Torino: G. Giappichelli Editore, 2000, p. 5. GHERA, Edoardo. Perspectiva do contrato individual do trabalho. Anais do Seminário Internacional. Relações de Trabalho. Aspectos Jurídicos, Sociais e Econômicos. Brasília: Ministério do Trabalho, 1998, p. 183 e ss.

(57) *Op. cit.*, p. 35.

trabalhadores, mas também a atividade, contínua porém autônoma, de colaboradores, que mesmo não sendo empregados, estão incorporados ao cumprimento da atividade econômica organizada da empresa".

Será, portanto, necessário que essa participação integrativa do trabalhador no processo produtivo implique consequente observância às diretivas do empregador acerca da prestação e ao seu poder disciplinar.

A sujeição ao poder diretivo e disciplinar poderá apresentar-se atenuada, como no caso do serviço de caráter intelectual, havendo a tentação de rotulá-lo como trabalho autônomo. Em tais hipóteses, a doutrina italiana assevera que deverá o Juiz recorrer a critérios complementares considerados idôneos para aferir os elementos essenciais da subordinação, entre eles: se a atividade laboral poderá ser objeto do contrato de trabalho, independentemente do resultado dela consequente; se a atividade prevalentemente pessoal é executada com instrumentos de trabalho e matéria-prima da empresa; se a empresa assume substancialmente os riscos do negócio; se a retribuição é fixada em razão do tempo do trabalho subordinado, pois, se ela é comensurada em função do resultado da atividade produtiva, tende à subsistência de um trabalho autônomo, embora essa forma de retribuição seja compatível com o trabalho a domicílio subordinado; a presença de um horário fixo é também indicativa de trabalho subordinado, o mesmo ocorrendo se a prestação de serviço é de caráter contínuo(58).

Esses critérios isolados não são suficientes à definição da subordinação e devem ser apreciados conjuntamente na relação jurídica, tendo em vista também o tipo de atividade e se ela é desenvolvida mediante alguma espécie de observância de ordens. A título de exemplo, a jurisprudência tem reconhecido a subordinação jurídica na prestação de serviços de trabalhadores intelectuais nas seguintes situações:

> "Vínculo de emprego x **Médico**. Tendo a reclamada admitido a prestação de serviços, ainda que sob natureza diversa daquela pretendida pela parte contrária, atraiu para si o ônus da prova e dele não se desvencilhou. Comprovado que o médico prestava serviços remunerados de perícia médica nas dependências da reclamada e de auditoria de contas hospitalares, em dias e horários previamente determinados e sob a sua ingerência, preenchendo assim os requisitos do art. 3º da CLT, outro caminho não há senão a manutenção do vínculo empregatício postulado". TRT-3ª Reg. — BH (01141200309903007 RO — 8ª T. Relª. Juíza Cecília Alves Pinto — Publ. MG 13.3.04) Rev. Trib. Reg. Trab. 3ª Reg., Belo Horizonte, v. 39, n. 69, p. 249-498, jan./jun. **2004**.

> "Relação de emprego. **Advogado**. É empregado o advogado que presta serviços pessoalmente, pois os demais sócios da pessoa jurídica não trabalhavam para a ré. O autor não se fez substituir. O postulante era obrigado a propor ação, mesmo que contra a sua vontade e entendimento pessoal. Isso não indica autonomia na prestação de serviços, mas subordinação" (TRT/SP 01488200301302009 — RO — Ac 2ª T. 20060568393 — Rel. Sérgio Pinto Martins — DOE 15.8.**06**. *Rev. Equilíbrio* n. 8, **2006**, p. 320).

> "Dentista. Relação de emprego. **Odontólogo.** É empregado e não trabalhador autônomo (profissional liberal) o odontólogo que, trabalhando pessoalmente e com habitualidade,

---

(58) GALANTINO, Luísa. *Diritto del Lavoro*. Torino: G. Giappichelli Editore, 2000, p. 6.

desempenha atividades essenciais para o funcionamento de clínica odontológica" (TRT/PA 01103200400308004 RO — Rel. Francisco Sérgio Silva Rocha — DOJT 28.3.2005. *Rev. Synthesis* n. 41/**2005**, p. 256).

5.3.3. A importância da autonomia da vontade

Outra dificuldade diz respeito ao enquadramento jurídico da relação de trabalho quando presentes elementos compatíveis com a atividade autônoma e com o trabalho subordinado, principalmente em face dos novos perfis profissionais.

Uma vertente jurisprudencial tem procurado novos critérios de qualificação, dando importância à vontade das partes.

Entendemos que as partes, no exercício da autonomia contratual, poderão excluir a subordinação, ao regular seus interesses recíprocos, não sendo possível ao juízo atribuir qualificação diversa à relação jurídica, apegando-se a elementos que tanto servem para definir o trabalho subordinado como o trabalho autônomo.

Saliente-se, entretanto, que a declaração de vontade das partes não poderá prevalecer quando comprovadas, por meio do exame das circunstâncias do caso concreto, as características intrínsecas da subordinação jurídica. Nesse caso, compete à Justiça do Trabalho proceder ao correto enquadramento da situação fática no dispositivo legal pertinente (art. 3º da CLT), não podendo as partes, por meio de atos dispositivos, escolher a disciplina aplicável, sob pena de se subtrair do Poder Judiciário a sua prerrogativa de aplicação de normas inderrogáveis previstas no ordenamento jurídico. Compete à Justiça do Trabalho verificar se o *nomen iuris* atribuído à relação jurídica pelas partes é compatível com a modalidade concreta de prestação de serviços. O ônus da prova da situação diversa daquela resultante do contrato compete, em geral, ao trabalhador.

Se a forma pela qual se realizou a prestação de serviços for incompatível com a intenção declarada pelas partes e revelar os pressupostos fáticos do conceito de empregado, a hipótese configura simulação ou fraude, com as consequências jurídicas pertinentes. É que não se pode negar o enquadramento de relação de trabalho subordinado às relações jurídicas que tenham essa natureza.

Nota-se, entretanto, que tanto a jurisprudência nacional quanto a estrangeira[(59)] inovam sob outro ângulo. Há uma tendência a redimensionar a orientação segundo a qual deve-se incluir no âmbito do Direito do Trabalho a relação jurídica incerta caracterizada pela presença de elementos compatíveis com o trabalho autônomo e com o trabalho subordinado. Este último "está perdendo a *vis actractiva* que havia exercitado nos confrontos das hipóteses de dupla interpretação"[(60)].

Por outro lado, o trabalhador será considerado autônomo quando exercer suas atividades por conta própria, como titular das instalações, contratando seus auxiliares e assumindo os riscos do negócio.

---

(59) GALANTINO, Luisa. *Op. cit.*, p. 9 a 11, referindo-se à Suprema Corte Italiana.

(60) GALANTINO, Luisa. *Op. cit.*, *passim*.

As transformações no cenário econômico e social dos últimos anos, manifestadas por várias circunstâncias, entre as quais a descentralização produtiva, a inovação tecnológica (informatização e automação) e o aparecimento de novas profissões advindas da transição de uma economia industrial para uma economia pós-industrial ou de serviços, contribuíram, segundo a doutrina[(61)], para colocar em crise a tradicional dicotomia entre trabalho autônomo e trabalho subordinado. É que os modelos (ideais) típicos submetidos a essa dicotomia acarretam, frequentemente, dificuldades, em face das modificações que se operaram no cenário econômico e social. Para atender a essas exigências particulares, muitas vezes, inovadoras, tem sido proposto um terceiro gênero: o trabalho parassubordinado.

5.4. O trabalho parassubordinado

Atenta a essa realidade, boa parte da doutrina italiana mostra a necessidade de adotar novos modelos para disciplinar as transformações operadas nas modalidades de trabalho. Para isso, sugere-se **um modelo intermediário entre o trabalho subordinado e o trabalho autônomo**, isto é, o trabalho parassubordinado ou coordenado. Os trabalhadores, nesse caso, não são subordinados, mas prestam uma colaboração contínua e coordenada à empresa e, por motivos fáticos e de desnível econômico, contratam seus serviços com esta em condições de inferioridade, sob a modalidade de contratos civis ou mercantis, como o de obra, prestação de serviços profissionais, transporte, etc., sem, entretanto, possuírem uma efetiva liberdade negocial[(62)]. Propõe-se para o trabalho parassubordinado uma tutela adequada, sem a intensidade prevista para o trabalho subordinado e sem a ausência de tutela eficaz que ainda caracteriza o trabalho autônomo[(63)].

Ocorre que, embora esse terceiro gênero tenha sido proposto há bastante tempo, subsistem controvérsias em torno da noção de trabalho parassubordinado.

Uma vertente doutrinária denomina parassubordinadas "as áreas mais amplas do que aquelas identificadas pela noção de subordinação técnico-funcional e que são caracterizadas pela 'colaboração pessoal', a cujos trabalhadores se aplicam tratamentos previdenciários similares ou idênticos aos dos trabalhadores subordinados, bem como a contratação, a autotutela coletiva e as técnicas processuais nas controvérsias derivadas das relações com os comitentes"[(64)].

Outros autores conceituam o trabalho parassubordinado como a relação jurídica que, prescindindo da sua formal e incontestável autonomia, define-se, a par da

---

(61) CARDONI, Giovanni. *Autonomia e subordinazione nel rapporto di lavoro artístico*. Il Diritto del Lavoro, Parte I, v. 71, jan./fev. 1997, p. 74. Em harmonia com a ideia citada pronunciou-se GHERA, Edoardo. Perspectiva do contrato individual do trabalho. Anais do Seminário Internacional. Relações de Trabalho — Aspectos Jurídicos, Sociais e Econômicos. Brasília, Ministério do Trabalho, 1998, p. 183 e ss.

(62) ERMIDA URIARTE, Oscar. *Op. cit.*, p. 35.

(63) PERSIANI, Mattia. Autonomia, subordinazione e coordinamento nei recenti modelli di collaborazione lavorativa. *In: Contratto e lavoro subordinato*. Padova: Cedam, 2000, p. 105. Scritti in onere di Renato Scognamiglio.

(64) GHEZZI e ROMAGNOLI. *Il Rapporto di lavoro*, II. Bologna: Zanichelli, 1984, p. 32. *Apud* Alfio Cesare La Rosa. *Op. cit.* p. 107, n. 6.

continuidade, pelo caráter estritamente pessoal da prestação, integrada na empresa e por ela coordenada[(65)].

Existe, ainda, uma posição doutrinária que tenta conceituar o trabalho coordenado com base na continuidade, que, se presente, constituiria indício seguro da existência de uma coordenação. Afirmam outros autores que a continuidade não se presta à configuração do trabalho parassubordinado, por ser característica comum ao trabalho subordinado.

Há também quem sugira como traço distintivo entre o trabalho coordenado e o trabalho subordinado o critério quantitativo, ou seja, a intensidade de poderes que descaracteriza a subordinação. Porém, para tornar objetivo esse critério, sustenta-se ser necessária indicação deduzida da lei, esclarecendo-se que o legislador poderia especificar qual o significado da expressão "coordenação", para caracterizar esse novo gênero.

Percebe-se na doutrina italiana[(66)] uma tendência a incluir o trabalho artístico, por exemplo, nesse terceiro gênero (trabalho parassubordinado), pois nele não se encontram nem a rígida contraposição de traços característicos da subordinação nem as conotações exclusivas da prestação de trabalho autônomo. Afirma-se[(67)] que não se delineia nessa modalidade de trabalho a subordinação socioeconômica, tampouco pode-se falar em acentuada direção no desenvolvimento dessa atividade, uma vez que o artista determina, de certa forma, os modos pelos quais realiza o seu trabalho, principalmente em se tratando de **produtor, apresentador, diretor de fotografia, atores principais e dubladores.** Estes mantêm uma certa autonomia, preservando a própria individualidade, com vistas a um objetivo final que representa o interesse comum.

Por outro lado, o objeto do *opus*, no contrato de trabalho autônomo, é predeterminado. No tocante à contratação do artista, essa predeterminação não poderá ocorrer, exatamente porque nem mesmo ao artista é dado prever e regular os aspectos que entram na definição do objeto do seu contrato, como a sensibilidade e a criação.

Afastados os traços característicos do trabalho subordinado e do trabalho autônomo, assevera-se que melhor seria enquadrar a atividade artística (de alguns profissionais desse meio) como trabalho parassubordinado, pois os seus aspectos típicos, apresentados pela doutrina e pela jurisprudência italianas, estão presentes no trabalho dos artistas, a saber: a presença pessoal dominante da qual deriva a conotação de infungibilidade; a coordenação e a interação funcional com a estrutura da empresa ou com o interesse do sujeito que se utiliza do trabalho de outrem, bem como a continuidade do empenho no tempo até atingir o resultado (filme, repre-sentação, espetáculo ou programa de televisão).

---

(65) PERA, Giuseppe. *Diritto del Lavoro*. Padova: Cedam, 1988, p. 311.

(66) CARDONI, Giovanni. *Autonomia e subordinazione nel rapporto di lavoro artístico*. Il Diritto del Lavoro, Parte I, v. 71, jan./fev. 1997, p. 100-101.

(67) CARDONI, Giovanni. *Op. cit.*, p. 100-101.

Foi aprovado pelo senado italiano projeto de lei sobre "normas dos trabalhos atípicos", em que se incluem milhares de trabalhadores parassubordinados[68].

A instituição do trabalho parassubordinado, ao lado do trabalho autônomo e do trabalho subordinado, implica, sem dúvida, redimensionamento do Direito do Trabalho. Em primeiro porque, se esses trabalhadores estão fugindo da esfera tutelar do Direito do Trabalho, o correto será estender-lhes o seu âmbito de aplicação e "perseguir os fugitivos", como alerta Ermida Uriarte, na hipótese de burla à subordinação jurídica[69]. Afora essa hipótese, é necessário definir, para as situações de trabalho humano parassubordinado, a extensão dessa disciplina, analisando quais institutos seriam devidos ao trabalhador.

5.5. Aspectos considerados pela jurisprudência para enquadrar como empregados determinados trabalhadores intelectuais

Como é sabido, a principal via de acesso ao ordenamento jurídico-trabalhista é o trabalho pessoal e subordinado (heterodirigido).

Não há um critério abstrato capaz de fornecer a qualificação jurídica do trabalho subordinado, dada a permeabilidade que existe na sua linha divisória com o trabalho autônomo. É necessário, portanto, extrair tal qualificação da forma pela qual se realizou a prestação de serviços.

Tentaremos, em seguida, apresentar algumas situações concretas que autorizam o reconhecimento da subordinação jurídica de trabalhadores intelectuais.

a) Advogado

O advogado e outros tantos trabalhadores intelectuais poderão exercer suas atividades como empregado ou como trabalhador autônomo.

É empregado o advogado contratado para atender os serviços internos de uma empresa, ainda que não tenha horário certo, mas que possa ser chamado a qualquer momento e deva permanecer à disposição da empresa pelo tempo necessário. Ainda que o empregador não se utilize desses serviços constantemente, o liame empregatício persistirá, pois contínua será a possibilidade de o profissional receber encargos, de modo que, mesmo nesses interregnos, o advogado estará à disposição do empregador[70].

Ribeiro de Vilhena[71] aventa a hipótese de o vínculo empregatício persistir ainda quando o advogado possua escritório próprio, mas adverte que para isso é necessário "que seja manifesta a sua disponibilidade e se ache vinculado a um atendimento prioritário aos interesses e chamadas da empresa credora. O profissional empregado, em seu próprio escritório, fornece, sempre, à empresa, seu itinerário; não viaja sem

(68) SALVATORE, Hernandez. Lavori atipici e autonomia colletiva: un incontro difficile. *Rivista Il Diritto del Lavoro*, n. 4, jul./ago. 2000. *In*: *Revista Síntese* 33/01, p. 29. Resumido e traduzido por Marco Antônio César Villatore. O autor afirma que o citado projeto inclui também como atípico o trabalho autônomo não regulamentado, além do trabalho parassubordinado.

(69) ERMIDA URIARTE, Oscar. *Op. cit.*, p. 35.

(70) RUSSOMANO, Mozart Victor. *Op. cit.*, p. 143.

(71) VILHENA, Paulo Emílio Ribeiro de. *Relação de emprego. Estrutura.* São Paulo: Saraiva, 1975, p. 263.

comunicar; está pronto a atender a qualquer determinação e a omissão e/ou a recusa importam em um desvio de conduta, dada a natureza contínua, precedente e tácita das relações mantidas com a empresa". Nesse sentido tem havido também pronunciamento dos tribunais(72).

Outro indício da relação de emprego, que deverá ser analisado ao lado de outros elementos, é o fato de o advogado receber importância fixa mensal, independentemente da carga de trabalho(73).

A presença da pessoalidade, do salário fixo, da subordinação jurídica, exteriorizada pelas instruções recebidas, pela correção de minutas das peças processuais redigidas e pelos compromissos processuais, são pressupostos que levam à caracterização da relação empregatícia do advogado(74).

A situação do advogado empregado é disciplinada pela Lei n. 8.906, de 4 de julho de 1994 (art. 18 a 21).

A relação de emprego não retira do advogado a isenção técnica, tampouco a independência indispensável ao exercício da profissão(75).

b) Médico e dentista

É sabido que as profissões de médico e de dentista tanto podem ser exercidas de forma autônoma como subordinada, assumindo o trabalhador, nessa última situação, a condição de empregado, desde que coexistam os pressupostos fáticos do art. 3º da CLT. Na primeira hipótese, os médicos e dentistas trabalham nas suas atividades individuais, conservando a independência, isto é, dirigem o seu tempo e o seu trabalho, atuando como patrões de si mesmos. Já na segunda hipótese, eles desenvolvem suas funções como colaboradores permanentes, em atividade normal do empregador, mediante salário e subordinação jurídica(76), ainda que o façam em seu próprio

(72) "**A advocacia** de partido exercida no próprio escritório do causídico, por si só, não desnatura o liame empregatício, mormente quando manifesta a subordinação jurídica". TRT — 5ª Região — RO-001870315-50 — Ac. 3ª T. — 11.2.92 — Rel.: Juiz Mário Brito. *Revista LTr* 56-5/566.

(73) "O pagamento de importância mensal fixa, haja ou não serviço, carrega de indiscutível presunção a existência de um contrato de trabalho. A disponibilidade (paga-se o tempo) vem a ser irrefutável". VILHENA, Paulo Emílio de. *Op. cit.*, p. 263. A mesma tendência se infere desse aresto: "**Advogado. Configuração de vínculo de emprego**. Quando o advogado presta tarefas à empresa com caráter permanente, **com remuneração fixa**, sendo o prestador pessoa física e não escritório, não lhe sendo facultada a escolha das causas e comparecendo à sede com horário prefixado, estão presentes os requisitos do art. 3º da CLT. Há que se considerar, ainda, que, ao pagar salário fixo, o empregador assumiu o risco quanto ao ônus trabalhista e à obrigatoriedade de comparecimento indica a subordinação aos membros da diretoria". TRT — 15ª Região — 3409/90 — Ac. 3ª T. 1664/91 — Rel.: Juiz Eurico Cruz Neto — DJSP 7.3.91. FERRARI, Irany e outro. *Julgados Trabalhistas Selecionados*. v. I, São Paulo: LTr, p. 440 (grifou-se).

(74) "**Advogado**. Presença de subordinação pela evidência de instruções recebidas, compromissos processuais atribuídos, correção de minutas das peças processuais redigidas, pagamento de salário fixo e pessoalidade naturalmente exigida para a confiança do patrocínio especializado. Vínculo reconhecido". TRT—SP 19990446736 — Ac. 6ª T. 20000495390 — Rel.: Juiz Rafael E. Pugliese Ribeiro — DOE 29.9.2000. *Revista Synthesis* 32/2001, p. 289.

(75) Maiores considerações sobre este profissional poderão se encontradas em obra de nossa autoria intitulada *Contratos e Regulamentações Especiais de Trabalho*. 4. ed., São Paulo: LTr, 2010, *passim*.

(76) "**Vínculo de emprego. Médico**. Médica que tem horário de trabalho, plantões a cumprir em dias certos e é subordinada aos diretores do hospital, é empregada. Presente o elemento subordinação. Vínculo reconhecido". TRT-SP-RO-20000582365 — Ac. 3ª T. 20020526584 — Rel.: Juiz Sérgio Pinto Martins — DOE 3.9.2002. *Revista Synthesis* n. 36/2003, p. 299.

consultório[77]. Evidentemente, quando a prestação de serviços se desenvolve no consultório do profissional, é necessário que ela se realize de forma indiscriminada, não podendo ele selecionar ou recusar pacientes, e devendo atendê-los em horário determinado. Cumpre esclarecer, entretanto, que, se o trabalho for realizado no consultório, em horário em que são atendidos indistintamente pacientes particulares e oriundos de vários convênios, os quais, em alguns casos, podem ser atendidos até mesmo por substituto do profissional liberal, a relação jurídica foge da esfera normativa do Direito do Trabalho[78]. É que, nesse caso, está ausente a pessoalidade, pressuposto da relação de emprego.

Também não configura relação de emprego a prestação de serviços pelos médicos na condição de cooperados de empresas de plano de saúde, quando não evidenciados os pressupostos do conceito de empregado[79].

Em geral, o médico-empregado recebe salário fixo, mas a forma de remuneração não é um traço distintivo que permite definir o vínculo empregatício, mesmo porque ele poderá receber por tarefa, ou seja, pelo número de pacientes atendidos, sem que esse fato lhe retire a condição de empregado.

Como se vê, a possibilidade de existência de relação de emprego, no caso de profissional liberal, é sempre uma questão de fato, cuja decisão depende do caso concreto.

b.1) Médico credenciado

Sabemos que, devido ao crescimento dos serviços essenciais prestados pelas instituições de Previdência Social, viu-se a Administração Pública na necessidade de criar uma nova figura de prestadores de serviços profissionais, denominados "credenciados", os quais são, em geral, profissionais liberais recrutados para, de modo precário, preencherem a lacuna de mão de obra qualificada própria nos quadros das instituições. Com esses profissionais, visa-se a atender aos casos que exigem cuidados

---

"**Médica que labora em academia de ginástica**, mediante contraprestação, obedecendo a quadro de horário, comparecendo diariamente na reclamada, é empregada regida pela CLT". TRT — RS 95004608-6 — Ac. 1ª T — Rel.: Juiz Álvaro Davi Boessio — DOE 9.9.96, *Revista Synthesis* 24/97, p. 287.

(77) "Relação de emprego. **Médico**. É empregado o médico que presta serviços remunerados e em caráter permanente a **sindicato profissional**, ainda que no próprio consultório, se evidenciadas a direção e o controle do labor. Ac. (unânime)". TRT — 9ª Reg. — 3ª T. — RO-09605/93, Rel.: Juiz João Oreste Dalazen, DJ/PR 24.6.94, p. 264. CALHEIROS BOMFIM. *Dicionário de Decisões Trabalhistas*. Rio de Janeiro: Edições Trabalhistas. 25. ed., p. 647.

(78) "**Relação de emprego. A prestação de serviço odontológico**, através de convênio com determinada entidade, não autoriza o reconhecimento de vínculo empregatício quando o trabalho realiza-se no consultório particular, em horário em que indistintamente há atendimento de pacientes particulares e oriundos de outros convênios, pelo profissional ou substituto por ele contratado". TRT — 4ª Reg. — RO-1989/92 — 1ª Turma — Rel.: Juiz Fabiano de Castilhos Bertoluci — DOERS — 16.5.94, PINTO, Cristiano Paixão Araújo e outro. *Coletânea de Jurisprudência Trabalhista*. Porto Alegre: Síntese, 1996, p. 455.

(79) "**Contribuição previdenciária — Médicos prestadores de serviço da UNIMED**. Relação de emprego. Falta de subordinação. Os médicos prestadores de serviço à UNIMED, não se enquadram na relação de emprego, conforme preceitua o art. 3º da CLT. Os atos cooperativos não constituem relação empregatícia." TRF— 4ª Região — Ac. 97.04.22135-5-SC-1ª T. — Rel.: José Luiz B. Germano da Silva — DJU 23.2.2000. *Revista Synthesis* n. 131, maio 2000, p. 113.

de especialistas e que, dada a raridade, não justificam a contratação de um servidor em caráter permanente. A prestação de serviço se processa da seguinte forma: o profissional recebe o associado, no seu próprio consultório ou clínica particular, como os demais clientes, sem preferência, e cobra o serviço da entidade previdenciária a que está filiado o doente, sem qualquer subordinação[(80)]. Esses profissionais não são empregados, tampouco funcionários públicos. Sua relação jurídica é gerada por uma prestação de serviços autônomos e livres. Em geral, esses médicos se utilizam de instalações de determinado hospital ou clínica para atenderem clientes particulares e segurados do órgão previdenciário e, em troca da infraestrutura e do apoio que recebem desse hospital ou clínica, atendem também os beneficiários de convênios firmados com estes últimos, os quais atuam como intermediários no repasse do numerário correspondente aos convênios. Entretanto, esse fato não é suficiente para configurar o liame empregatício nem sequer com estes hospitais ou clínicas[(81)].

c) Engenheiro

À semelhança dos demais trabalhadores intelectuais já mencionados, o engenheiro pode trabalhar como autônomo ou como empregado.

É empregado o engenheiro que, pessoalmente, de forma continuada, presta serviços remunerados necessários ao campo de atividade econômica desenvolvida por empresa construtora, sob as ordens desta última. É inegável que, sendo o trabalho prevalentemente intelectual, a subordinação jurídica diminui ao mesmo tempo que aumenta o seu caráter de colaboração e a confiança dentro da empresa[(82)].

d) Jornalista

Da mesma forma, o trabalho do jornalista tanto poderá ser executado em caráter subordinado[(83)] como autônomo, sendo que apenas a primeira espécie irá nos interessar

---

(80) MORAES FILHO, Evaristo. O credenciamento perante as instituições de Previdência. *Revista LTr*, São Paulo, n. 34/701. Obs.: O autor se baseia em parecer do então Consultor-Geral da República, Dr. Carlos Medeiros Silva. De maneira análoga é a jurisprudência: "Vínculo empregatício. Médico credenciado. Inexiste relação empregatícia na hipótese de trabalho realizado por médico credenciado junto ao **INSS**, porque a legislação que rege a matéria não autoriza a formação de vínculo trabalhista. Revista conhecida e não provida". TST — 3ª T. — Ac. n. 8.928/96 — Rel.: Min. Antônio Fábio Ribeiro — DJMG 21.3.97, p. 8869. *Revista do Direito Trabalhista,* abr. 1997, p. 57.

(81) "**Relação de emprego. Médico.** Não é empregado o médico credenciado do **INAMPS**, que se utilizava da infraestrutura e do apoio do hospital reclamado, para atender a seus clientes particulares e segurados do órgão previdenciário, do qual recebia honorários e, em troca, sem pes-soalidade e subordinação jurídica, atendia, ainda, os beneficiários de convênios do reclamado, o qual atuava como intermediário do numerário correspondente a estes convênios, repassando-o ao autor". TRT — 3ª Reg. — 2ª T. — RO 9634/90 — Relª: Juíza Alice Monteiro de Barros — julgado em 1.10.91. No mesmo sentido: TRT-3ª Reg. — 3ª T. 0002520000903000-R. — Rel.: Juiz Irapuan de Oliveira T. Lyra — Publ. 15.6.**06**.

(82) RIVA SANSEVERINO. *Corso di Diritto del Lavoro*. 3. ed., Padova: Cedam, *passim*.

(83) "É empregado, nos termos do art. 11, inciso III, do Decreto n. 83.284, de 13.3.1979, jornalista que, prestando serviços na própria residência, obriga-se ao cumprimento de pautas determinadas pela empresa e labora na redação de artigos jornalísticos e informativos". TRT-PA-RO-2019/97 — Ac. 1836/97 — Rel.: Juiz Fausto Lustosa Neto — DOE 15.1.1998. *Revista Synthesis* 27/98, p. 280.

"**Jornalista. Responsável pela coluna social do jornal** reclamado, não pode ser considerado autônomo ou 'free lancer' ". TRT-SP 20000268903 — Ac. 10ª T. 20010574837 — Relª: Vera Marta Públio Dias — DOE 28.9.2001. *Revista Synthesis* n. 34/2002, p. 288.

neste estudo. Para se definir a natureza dessa prestação de serviços, cumpre individualizar a vontade manifestada pelas partes no ato da contratação e, em momento posterior, aferir o comportamento adotado por elas durante a execução do pacto. A jurisprudência nacional[(84)] e estrangeira[(85)] tem considerado como ponto de partida na definição da natureza jurídica desses contratos a qualificação atribuída pelos cocontratantes no ato negocial, competindo à parte que alegar situação fática diversa da ajustada o ônus da prova. Comprovado que a prestação de serviços reúne os pressupostos do art. 3º da CLT, a relação jurídica será disciplinada pelo Direito do Trabalho, em título que confere aos jornalistas tratamento especial[(86)].

De acordo com o § 1º do art. 302 da CLT, "entende-se como jornalista o trabalhador intelectual cuja função se estende desde a busca de informações até a redação de notícias e artigos e à organização, orientação e direção desse trabalho". A função de jornalista não se confunde com a de radialista, como se infere do seguinte aresto:

> "ENQUADRAMENTO. JORNALISTA. A distinção entre as categorias profissionais de jornalista e radialista reside no fato de que ao primeiro compete a busca de notícias, redação dos textos e artigos a divulgar, organização, orientação e direção desse trabalho (art. 302, § 1º, da CLT), além da crônica divulgada por qualquer meio de comunicação (art. 2º, inciso II, do Decreto n. 83.284/79), enquanto ao segundo (radialista) compete a divulgação da notícia, sem participação na elaboração dos textos (aplicação do art. 4º, § 2º, da Lei n. 6.615/78 e quadro anexo ao Decreto n. 84.134/79, inciso II, alínea 'F', n. 6). O registro lançado na CTPS do autor consignando o exercício da função de jornalista gera presunção *juris tantum* contra a empresa, a quem cabe apresentar prova da alegação de que as funções do primeiro limitavam-se à leitura do noticiário televisivo. Ausente essa prova, há de ser deferido o enquadramento na categoria dos jornalistas". TRT — 3ª Região — 2ª Turma — RO 9789/01 — Relª: Juíza Alice Monteiro de Barros, julgado em 21 de agosto de 2001.

d.1) Assessoria de imprensa

A jurisprudência do TST inclina-se no sentido de afastar o enquadramento do assessor de imprensa como jornalista, ao argumento de que essa atividade não compreende a busca de informação para redação de notícias e artigos, tampouco

---

(84) "**Jornalista. Serviço de consultoria. Vínculo empregatício.** Tratando-se de profissional de nível superior, de alta capacidade técnica e intelectual, não de trabalhador comum que tivesse de submeter-se a uma oferta de trabalho sem poder questionar a forma contratual, mas, pelo contrário, sendo pessoa esclarecida, que detinha informações suficientes para distinguir formas contratuais que lhe fossem prejudiciais ou não correspondessem às reais condições de trabalho e, mesmo assim, aceitou assinar contratos com a finalidade de realização de serviços de consultoria, sem vínculo empregatício, renovando tais contratos por dez vezes seguidas e, durante esses períodos, nenhuma insatisfação manifestou à reclamada, tais fatos demonstram que havia plena coerência entre vontade de trabalhar como jornalista e o regime de prestação de serviços, sem relação empregatícia, certamente porque lhe era mais favorável e correspondia às condições do trabalho efetuado". TRT — 10ª Reg. — RO-2458/97 — 1ª T. — Red. Design.: Juiz João Mathias de Souza Filho — DJU 24.7.98 — *Revista Síntese*, nov. 98, p. 61.

(85) Pret. Roma, 21.6.15. Lucidi C., Società editrice Messagero, s.p.a. *In* DI CERBO, Fernando. *I rapporti speciali di lavoro*. Padova: Cedam, 2000, p. 86.

(86) Maiores considerações sobre esse profissional poderão ser encontradas em obra de nossa autoria intitulada *Contratos e Regulamentações Especiais de Trabalho*. 4. ed., São Paulo: LTr, 2010.

organização, orientação e direção de trabalhos jornalísticos, na forma do art. 302, § 1º, da CLT, limitando-se o assessor a divulgar notícias, como intermediário[(87)].

d.2) Colaborador

O Decreto n. 83.284, de 1979, que deu nova regulamentação ao Decreto-Lei n. 972/69, em face das alterações introduzidas pela Lei n. 6.612, de 7 de dezembro de 1978, define o "colaborador" de jornais como sendo aquele que exerce trabalho de natureza técnica, científica ou cultural, mediante remuneração e sem relação de emprego.

Os colaboradores possuem "total liberdade de criação, com adoção de critérios e métodos exclusivamente seus para produção de matérias", aspecto considerado pela jurisprudência suficiente para excluir a subordinação jurídica e, em consequência, a relação de emprego nessas situações[(88)].

d.3) Comentarista esportivo

Ao "comentarista esportivo convidado para participar de mesa-redonda, percebendo cachês por programa a que comparece, em caráter eventual e sem subordinação ou dependência", a jurisprudência não reconhece a relação de emprego[(89)].

d.4) Inconstitucionalidade da exigência do diploma de jornalistmo

O Plenário do Supremo Tribunal Federal, em 17 de junho de **2009**, decidiu, no julgamento do Recurso Extraordinário n. 511.961, pela inconstitucionalidade da exigência de diploma de jornalismo e registro profissional do Ministério do Trabalho, como condição para o exercício da profissão de jornalismo. Sustentou-se que o art. 4º, inciso V do Decreto-Lei n. 972/1969, baixado durante a ditadura militar, "não foi recepcionado pela Constituição Federal de 1988", violando a liberdade de imprensa e o direito à livre manifestação de pensamento inscrita no art. 13 da Convenção Americana dos Direitos Humanos de 1969.

---

(87) "**Enquadramento. Jornalista. Assessor de Imprensa**. Assessor de imprensa não exerce atividades típicas de jornalismo, pois o desempenho dessa função não compreende a busca de informações para redação de notícias e artigos, organização, orientação e direção de trabalhos jornalísticos, conforme disciplinado no art. 302, § 1º da CLT, Decreto-Lei n. 72/69 e Decreto n. 83.284/79. Atua como simples divulgador de notícias e mero repassador de informações aos jornalistas, servindo apenas de intermediário entre o seu empregador e a imprensa. Revista conhecida e provida". TST-RR-261412/96.5 — 2ª Região — 3ª Turma — Rel.: Min. Antônio Fábio Ribeiro — DJ 15.5.1998 — p. 451. *Boletim Doutrina, Legislação e Jurisprudência*. TRT — 3ª Reg. — v. 19, abr./jun. 1998, p. 222.

(88) "**Colaborador de Jornal.** O colaborador de jornal exerce atividade cujo traço marcante é o de utilizar-se de total liberdade de criação, com adoção de critérios e métodos exclusivamente seus para a produção de matérias. Essa nuance é suficiente para descaracterizar a existência de subordinação e, em consequência, de vínculo de emprego. A própria legislação que dispõe sobre a profissão de jornalista — art. 5º, item I, do Decreto n. 83.284/79, que deu nova regulamentação ao Decreto-Lei n. 972/69, em decorrência das alterações introduzidas pela Lei n. 6.612, de 7.12.78 — não à toa definiu o colaborador como o exercente de trabalho de natureza técnica, científica ou cultural, mediante remuneração e sem relação de emprego. Recurso de revista provido". TST-RR-284.623/96.3. — Ac. 3ª T. — 24.2.99 — Rel.: Min. Francisco Fausto Paula de Medeiros. *Revista LTr* 63-04/524.

(89) TRT — 1ª Região — 2ª Turma — RO-2647/84 — julgado em 2.10.84 — Rel.: Juiz Celso Lanna. *In*: *Repertório de Jurisprudência Trabalhista.* João de Lima Teixeira Filho, v. 4. Rio de Janeiro: Biblioteca Jurídica Freitas Bastos, p. 303.

"O jornalistmo prescinde de diploma", exigindo desses profissionais "uma sólida cultura, domínio do idioma, formação ética e fidelidade aos fatos".

A exigência do diploma, segundo os ministros, não salvaguarda a sociedade para justificar restrições ao exercício da liberdade. Afirma-se que o jornalismo "continuará a ser exercido por quem tem pendor para a profissão sem as atuais restrições".

Divergiu apenas o Ministro Marco Aurélio, favorável à obrigatoriedade do diploma de jornalista, cuja regra vigora há 40 anos, tendo a sociedade se organizado para cumprimento da norma, criando-se faculdades de nível superior de jornalismo no país. Chega à conclusão de que "agora haverá jornalistas não só de curso superior, mas outros de nível médio, e, talvez, apenas fundamental".

Obs.: Detalhes nos *Contratos e regulamentos especiais*. 4. ed. São Paulo: LTr, 2010.

e) Artista

O artista também poderá executar suas atividades em caráter autônomo ou de forma subordinada, como empregado. Esta última situação se verifica quando ele está sujeito ao poder diretivo do empregador, o qual se exterioriza pela faculdade conferida a este de determinar a função, o tempo e o local da prestação de serviços[(90)].

A Lei n. 6.533, de 1978, que disciplina o trabalho desenvolvido pelo artista--empregado, considera como tal "o profissional que cria, interpreta ou executa obra de caráter cultural de qualquer natureza, para efeito de exibição ou divulgação pública, pelos meios de comunicação de massa ou em locais onde se realizam espetáculos de diversão pública", reunindo os pressupostos do art. 3º da CLT.

Entre os locais em que se realizam esses espetáculos, situam-se os **estabelecimentos circenses**. Se, contudo, **o circo for constituído por um conjunto de famílias** que trabalham em benefício próprio, como donos do negócio, sem qualquer controle de uns sobre os outros, a relação jurídica não será a de emprego tutelada pela legislação em exame[(91)].

f) Músico

No tocante ao músico, ele também poderá exercer suas atividades em caráter autônomo ou subordinado. Interessa-nos aqui apenas a hipótese em que ele trabalha como empregado, reunindo os pressupostos do art. 3º da CLT[(92)]. A situação sofrerá,

(90) "**Artista circense. Vínculo de emprego**. O artista que recebe pagamento semanal e moradia, com a obrigação de fazer exibições em locais e horários previamente determinados pela contratante, é empregado, já que não assume o risco do negócio e sua atividade constituía mais uma atração do parque temático da reclamada". TRT — 12ª Reg. — 1ª T. — Ac. n. 1400/2000 — Red.: Juiz Godoy Ilha — DJSC 9.2.2000, p. 202. *Revista do Direito Trabalhista*, março de 2000, p. 61 e *Revista Synthesis* 31/**2000**, p. 298.

(91) "**Circo. Parceria circense. Conjunto de famílias, integrantes de circo**. Trabalho em benefício próprio, sem qualquer dependência ou controle de ordens, sendo donos do próprio negócio. Vínculo inexistente". TRT — 15ª Região — 5ª Turma — RO-27.693/1998-8 — Relª: Juíza Olga Aida Joaquim Gomieri — DJ 14.2.**2000**. *Revista Síntese* n. 131, p. 83.

(92) "**Relação de emprego. Músico**. O músico que presta serviços, por mais de dois anos, com horários prestabelecidos e direcionamento de suas apresentações pelos Reclamados, percebendo remuneração semanal, deve ser considerado empregado e não trabalhador autônomo, ante a evidente configuração dos pressupostos caracterizadores do vínculo empregatício, nos exatos termos do art. 2º e 3º da CLT". TRT — 3ª Reg. — RO-6453/01 — 4ª T. — Rel. Juiz Fernando Luiz Gonçalves Rios Neto — DJMG 14.7.**01**. *Revista do TRT* — 3ª Região, v. 64, p. 367.

sem dúvida, a incidência do art. 61 da Lei n. 3.857, de 1960, que dispõe ser empregado o músico prestador de serviço "efetivo ou transitório a empregador, sob a dependência deste e mediante qualquer forma de remuneração ou salário, inclusive *cachet*, pago com continuidade". A mesma lei considera empregador "os estabelecimentos comerciais, teatrais e congêneres, bem como as associações recreativas, sociais e desportivas; os estúdios de gravação, radiodifusão, televisão ou filmagem; as companhias nacionais de navegação e toda organização ou instituição que explore qualquer gênero de diversão, franqueada ao público, ou privativa de associados" (art. 59 da Lei n. 3.857, de 22 de dezembro de 1960).

Estará sob a égide desses preceitos o músico que trabalha individualmente ou em orquestra, conjunto ou banda de determinada empresa, com atuação permanente e vínculo de subordinação. Em face desses preceitos legais, será empregado o músico cujas funções são exercidas pessoalmente, nos limites do normal e do necessário ao complexo empresarial que explora a diversão, sob o comando do titular do empreendimento, que o remunera, mesmo sob a forma de cachê(93). Esse comando acarreta a subordinação jurídica do artista ao empregador, que se configura pela escolha, por parte deste último, do repertório, pela fixação de dia e hora para ensaios e exibições, pela especificação de figurino e emissão de ordens quanto à parte artística e arranjos(94).

g) Trabalhos com informática

Afirma a doutrina francesa que, no modelo clássico, a subordinação manifesta-se pelo poder que tem o empregador de determinar as tarefas a cumprir. Já no tocante aos empregados que trabalham com informática, deverão não mais executar tarefas precisas, mas alcançar metas e concluir projetos para os quais dispõem de grande independência operacional. Nesses casos, o objeto do poder diretivo se desloca e o empregador determina não mais as tarefas, mas os objetivos a alcançar, e aguarda o êxito(95).

5.6. Conclusão

Com a "proletarização" dos intelectuais, o Direito do Trabalho passou a estender-lhes a sua esfera normativa, havendo dúvidas apenas se esse fenômeno ocorreu antes ou após a Primeira Guerra Mundial.

O fato de ser executado um trabalho intelectual não descaracteriza o liame empregatício, desde que presentes os pressupostos fáticos do art. 3º da CLT. Inexiste,

(93) "**Músico.** Quando provada a continuidade da prestação laboral, executada mediante orientação, inclusive de natureza técnica (ensaios dirigidos e coordenados por prepostos do tomador dos serviços), de forma onerosa (pagamento de cachês), e de modo pessoal pelo artista, a regra aplicável a esse tipo de trabalho é da lei consolidada. Inteligência do Enunciado da Súmula n. 312 do Supremo Tribunal Federal." TRT — 5ª Região — 1ª T. — RO-01.09.97.0603-50 — Ac. 2534/00 — Rel.: Juiz Roberto Pessoa — julgado em 17.2.00 — DOE 17.3.2000. *Revista Synthesis* 31/2000, p. 297.

(94) Para maiores detalhes sobre o músico confira, de nossa autoria, a obra *As Relações de Trabalho no Espetáculo*. São Paulo: LTr, **2003**, p. 68, 69, 130 e ss.

(95) CHRISTOPHE, Radé. Novas Tecnologias de Informação e de Comunicação e novas formas de subordinação. Tradução e resumo de Eliane Pedroso. *Revista Synthesis* n. 36/2003, p. 37.

portanto, incompatibilidade jurídica e moral entre o exercício dessa modalidade de trabalho e a condição de empregado.

A subordinação que existe no trabalho intelectual é rarefeita e apresenta várias outras características, entre as quais alguns autores incluem a participação integrativa da atividade do prestador no processo produtivo empresarial (subordinação jurídica objetiva). Essa subordinação objetiva, entretanto, não é suficiente para o reconhecimento da relação de emprego, exatamente porque ela poderá ocorrer também no trabalho autônomo. Logo, será necessário, ainda, que essa participação integrativa do trabalhador no processo produtivo implique consequente submissão às diretivas do empregador acerca da prestação de serviços e ao poder disciplinar.

Em tais hipóteses, a doutrina italiana assevera que deverá o Juiz recorrer a critérios complementares considerados idôneos para aferir os elementos essenciais da subordinação, entre eles: se a atividade laboral poderá ser objeto do contrato de trabalho, independentemente do resultado dela consequente; se a atividade prevalentemente pessoal é executada com instrumentos de trabalho e matéria-prima da empresa; se a empresa assume substancialmente os riscos do negócio; se a retribuição é fixada em razão do tempo do trabalho subordinado, pois, se é comensurada em função do resultado da atividade produtiva, tende à subsistência de um trabalho autônomo, embora essa forma de retribuição seja compatível com o trabalho a domicílio subordinado; a presença de um horário fixo é também indicativa de trabalho subordinado, o mesmo ocorrendo se a prestação de serviço é de caráter contínuo[96].

Esses critérios isolados, todavia, são insuficientes à definição da subordinação, devendo ser apreciados conjuntamente na relação jurídica, tendo em vista, ainda, o tipo de atividade desenvolvida mediante alguma espécie de observância de ordens.

Entendemos que as partes, no exercício da autonomia contratual, poderão excluir a subordinação, ao regular seus recíprocos interesses, não sendo possível ao juízo atribuir qualificação diversa à relação jurídica, apegando-se a elementos que tanto servem para definir o trabalho subordinado como o trabalho autônomo. O ônus da prova da situação diversa daquela resultante do contrato compete à parte que a alegar.

Tanto a jurisprudência nacional como a estrangeira mostram uma tendência a redimensionar a orientação segundo a qual deve incluir-se no âmbito do Direito do Trabalho a relação jurídica incerta caracterizada pelos elementos compatíveis com o trabalho autônomo e com o trabalho subordinado. Este último "está perdendo a *vis atractiva* que havia exercitado no confronto das hipóteses de dupla interpretação".

Saliente-se, entretanto, que a declaração de vontade das partes não poderá prevalecer quando comprovadas, por meio do exame das circunstâncias do caso concreto, as características intrínsecas da subordinação jurídica. Nesse caso, compete à Justiça do Trabalho proceder ao correto enquadramento da situação fática.

As transformações no cenário econômico e social têm colocado em crise a tradicional dicotomia entre trabalho autônomo e trabalho subordinado. Para atender

(96) GALANTINO, Luísa. *Diritto del Lavoro*. Torino: G. Giappichelli Editore, 2000, p. 6.

às novas exigências, tem sido proposto um terceiro gênero: o trabalho parassubordinado, cujo conceito ainda é bastante controvertido. A doutrina italiana ora o considera como o trabalho contínuo e coordenado, ora o considera apenas como trabalho coordenado. Sugere-se sejam incluídos nesse terceiro gênero alguns trabalhos artísticos, como o de produtor, apresentador, atores principais, entre outros.

A instituição do trabalho parassubordinado implica redimensionamento do próprio Direito do Trabalho, a fim de que se definam as situações que serão por ele abrangidas, bem como os institutos de natureza trabalhista que lhe serão aplicados. A utilidade desse terceiro gênero, ou seja, dessa alternativa, consiste na possibilidade de se incluírem no seu âmbito situações fronteiriças, localizadas na chamada "*zona grise*", habitada, por exemplo, por trabalhadores intelectuais, cujo trabalho envolve situações dúbias, de qualificação jurídica difícil de ser delineada. Isso ocorre exatamente porque não há possibilidade de um critério abstrato capaz de fornecer o conteúdo da subordinação jurídica.

Outros autores sustentam que não é necessária a inserção desse terceiro gênero, podendo os Juízes apegarem-se a outros critérios para concluir pelo trabalho subordinado, entre os quais a dependência econômica[97].

6. COEXISTÊNCIA DA CONDIÇÃO DE SÓCIO COM A DE EMPREGADO. DESCONSIDERAÇÃO DA PERSONALIDADE JURÍDICA

O Código Civil de 2002 classifica as sociedades em: a) empresárias, quando exercem atividade mercantil, sob a forma de sociedade em nome coletivo, sociedade em comandita simples, sociedade limitada, sociedade anônima, sociedade em comandita por ações; e b) sociedade simples, em se tratando de certas profissões ou prestação de serviços técnicos, cooperativas e certas sociedades dedicadas à atividade agrícola e pastoril, excluída a agroindústria.

A personalidade jurídica da sociedade não se confunde com a de seus sócios, logo, é possível a coexistência da condição de sócio com a de empregado, desde que a responsabilidade daquele seja limitada, o que ocorre, em geral, nas sociedades por quotas e por ações. Saliente-se, entretanto, que mesmo nas sociedades por ações ou limitadas, a condição de sócio, animada pela *affectio societatis*, excepcionalmente, poderá afastar a de empregado, quando aquele possuir a maioria das ações, for acionista controlador ou, ainda, detiver a maioria das quotas de uma sociedade de responsabilidade limitada. Nesses casos, sua participação no patrimônio e, em consequência, na vida da sociedade inviabilizam a cumulação da condição de sócio com a condição de empregado.

Na sociedade em comandita simples, em relação ao sócio comanditado, cuja responsabilidade pelas obrigações sociais é ilimitada (art. 1.045 do Código Civil de 2002), impossível se torna a coexistência da condição de sócio com a posição de

(97) ERMIDA URIARTE, Oscar. *Op. cit., passim.*

empregado, pois o sócio não poderá ser, ao mesmo tempo, responsável pelos encargos sociais de uma dívida da qual ele, na condição de empregado, é também credor. Já em relação ao sócio comanditário é possível a coexistência, tendo-se em vista a sua responsabilidade limitada ao valor da sua cota.

Na sociedade em nome coletivo também não é possível tal coexistência, dada a responsabilidade solidária e ilimitada dos sócios pelas obrigações sociais (art. 1.039 do Código Civil de 2002), salvo se limitarem entre eles a responsabilidade de cada um (art. 1.039, parágrafo único do Código Civil de 2002). Da mesma forma, nas sociedades não personificadas (em comum), antigas sociedades de fato(98), cujos atos constitutivos não foram registrados em órgão próprio (art. 986 do Código Civil de 2002), os sócios são responsáveis solidária e ilimitadamente pelas obrigações sociais, afastando a possibilidade de serem simultaneamente empregados (art. 990 do Código Civil de 2002).

Quanto à sociedade de capital e indústria, cumpre lembrar que ela foi baseada no *Códice di Commercio di Terra e di Mare*, publicado em Milão em 1807, transplantada para a legislação portuguesa e desta para o Código Comercial Brasileiro (art. 317 a 324), que a define como "aquela que se contrai entre pessoas que entram por uma parte com fundos necessários para uma negociação comercial em geral ou para alguma operação mercantil em particular, e por outra parte com a sua indústria somente"... (art. 317).

Em face das duas categorias de sócios, aqueles que respondem ilimitadamente pelas operações sociais, comprometendo seu patrimônio individual (sócios capitalistas), e aqueles que não têm qualquer responsabilidade de ordem pecuniária, prestando à sociedade apenas o seu trabalho (sócios de indústria), a sociedade de capital e indústria classificava-se entre as sociedades de responsabilidade mista, à luz do Código Comercial.

Afirmam alguns autores(99) que a sociedade de capital e indústria foi instituída em proveito do homem de trabalho sem capital ou que, possuindo-o reduzido, não deseja arriscá-lo em atividades negociais. Entretanto, a realidade social denuncia que, sob a roupagem de sociedade de capital e indústria, tentam-se encobrir verdadeiros contratos de trabalho.

Nesses casos, o Direito do Trabalho pode ser evocado e a relação jurídica sujeita-se à apreciação da Justiça do Trabalho. Lembre-se que a relação de emprego será definida pelo seu real conteúdo, pouco importando o nome que lhe venha a ser dado

(98) "**Contrato de emprego. Sociedade**. Excetuadas as sociedades cujas obrigações são garantidas não apenas pelo patrimônio social, mas também pelo patrimônio individual dos sócios, no direito brasileiro a doutrina admite a coexistência desta condição com a de empregado, em face do princípio legal de distinção de personalidade e desde que concorram os pressupostos fáticos do conceito de empregado. Todavia, se os elementos dos autos não evidenciam a onerosidade e a subordinação jurídica, tem-se que os serviços de mecânica e manutenção executados pelo reclamante, sócio e diretor técnico do reclamado, foram a título de cooperação, de junção de esforços, visando lograr fins comuns, porém sempre imbuído da *affectio societatis*". TRT — 3ª Região — RO 9516/90 — 2ª T. — Relª: Juíza Alice Monteiro de Barros — julgado em 1º.10.91— DJMG de 1.11.1991.

(99) FERNANDÉZ, Raymundo L. *Cod. de Comercio de La República Argentina, Tratado de Derecho Comercial en forma exegética*. Buenos Aires: Sebastian de Amorrortu e Hyjos, 1946, p. 640.

pelas partes, pois os seus efeitos jurídicos são extraídos da forma como se realiza a prestação de serviços, o que levou Iñarritu[100] a considerar o contrato de trabalho como "contrato realidade".

Portanto, cumpre verificar em cada caso concreto e de acordo com as circunstâncias de fato se a condição de sócio subsiste ou se foi absorvida pelo contrato de trabalho, em face da presença dos elementos caracterizadores da relação de emprego. Neste último caso, ser-lhe-ão aplicadas as normas do Direito do Trabalho, como vêm-se manifestando os nossos tribunais[101].

O Código Civil de 2002 ainda permite que algumas sociedades, como as simples, tenham sócio de indústria, como se pode verificar do disposto nos art. 1.006 e 1.007. O art. 1.006 do Código Civil preceitua "que o sócio, cuja contribuição consista em serviços, não pode, salvo convenção em contrário, empregar-se em atividade estranha à sociedade, sob pena de ser privado de seus lucros e dela excluído". E o art. 1.007 dispõe que o sócio "só participa dos lucros na proporção da média do valor das quotas".

No tocante ao sócio de indústria, a coexistência da condição de sócio com a de empregado está, portanto, excluída pelo art. 1.006 do Código Civil de 2002, salvo se houver convenção em contrário permitindo. Relativamente ao sócio capitalista, não se definiu o tipo de responsabilidade, a qual dependerá do contrato. Se este último dispuser que a responsabilidade é limitada haverá a possibilidade de coexistirem as condições de sócio com a de empregado; se ilimitada a responsabilidade, a coexistência estará afastada.

6.1. Desconsideração da personalidade jurídica da sociedade

Em regra, os bens particulares do sócio não podem ser objeto de constrição, isto é, de penhora, por dívida da sociedade, a teor do art. 596 do CPC, salvo nos casos previstos em lei.

Como a matéria é tratada no Direito do Trabalho? Há exceção a essa regra? Filiamo-nos aos que admitem a responsabilidade dos bens dos sócios e daqueles que se retiram da sociedade sem meios de honrar os seus compromissos, exatamente para impedir fraude, abusos e transferência do risco do empreendimento para o empregado. Invocamos a teoria da desconsideração da personalidade jurídica das sociedades de capitais (*Disregard Doctrine*) para atingir o patrimônio dos sócios, com amparo no art. 28 do Código de Defesa do Consumidor, aplicado subsidiariamente.

Esse preceito do Código de Defesa do Consumidor autoriza a desconsideração da personalidade jurídica da sociedade pelo Juiz, quando, em detrimento do consumidor,

---

(100) DE LA CUEVA, Mário. *Derecho Mexicano del Trabajo*. Tomo I. México: Porrùa, 1970, p. 478.

(101) "**Constituição de sociedade de Capital e Indústria. Fraude comprovada**. Não obstante comprovada a constituição de sociedade de capital e indústria pela reclamante, para prestação de serviços à sua antiga empregadora, mas demonstrado que o vínculo persistiu, sem solução de continuidade, com as mesmas características do antigo contrato de emprego, apesar do rompimento formal, há que se reconhecer a vigência do contrato de trabalho no período indicado na inicial, em face da constatação de fraude. Recurso da reclamada não provido. Recurso do reclamante provido para deferir a multa prevista no art. 477 da CLT". Relª: Juíza Heloísa Pinto Marques — RO-2274/2001 — TRT/DF — 10ª Região (DT n. 95, jun. 2002, p. 192).

houver, entre outros fatos, infração da lei, encerramento ou inatividade da pessoa jurídica provocada por má administração, isto é, quando forem praticados atos de comércio sem a prudência costumeira ou realizados gastos excessivos ou, ainda, quando constituir obstáculo ao ressarcimento de prejuízos ocasionados aos consumidores. Ora, se esse raciocínio se aplica em relação ao consumidor, deverá ser aplicado, subsidiariamente, ao empregado, cujos créditos têm natureza alimentar e, por isso mesmo, são privilegiados. O não pagamento de créditos trabalhistas constitui infração de lei, adequando-se ao comando contido no *caput* do art. 28 do Código de Defesa do Consumidor, aplicado por analogia.

Também poderá ser desconsiderada a personalidade jurídica sempre que ela for, de alguma forma, obstáculo ao ressarcimento de prejuízos ocasionados ao empregado.

Desconsidera-se é a personalidade jurídica, e não a pessoa jurídica, a fim de que sejam alcançados bens dos sócios.

Se não bastasse, o Código Civil de 2002, no art. 50, estabelece: "em caso de abuso da personalidade jurídica, caracterizado pelo desvio de finalidade, ou pela confusão patrimonial, pode o juiz decidir, a requerimento da parte, ou do Ministério Público quando lhe couber intervir no processo, que os efeitos de certas e determinadas relações de obrigações sejam estendidos aos bens particulares dos administradores ou sócios da pessoa jurídica".

Corrente oposta admite a desconsideração da personalidade jurídica na sociedade de responsabilidade limitada apenas quando o sócio faz retiradas abusivas ou em prejuízo do capital social, ou ainda pela parte do capital social não integralizado ou, finalmente, em se tratando de sócio-gerente, se agiu com excesso de mandato.

7. ATLETA

O atleta que praticar o futebol, em caráter profissional, é considerado empregado da associação desportiva que se utilizar de seus serviços mediante salário e subordinação jurídica. O empregador será sempre pessoa jurídica de direito privado (art. 1º da Lei n. 6.354, de 1976, art. 28 da Lei n. 9.615, de 24 de março de 1998, e art. 30 de seu regulamento).

Saliente-se, entretanto, que o desporto realizado de modo não profissional será identificado pela liberdade de prática e pela inexistência de contrato de trabalho, sendo permitido o recebimento de incentivos materiais e de patrocínio (art. 3º, parágrafo único, II, da Lei n. 9.615, de 1998, com a nova redação dada pela Lei n. 9.981, de 14 de julho de 2000).

Não se reconhece, portanto, o vínculo empregatício com **os jogadores de futebol** amadores[(102)], pois não praticam o desporto em caráter profissional, mas por prazer e

(102) "**Jogador de futebol amador**. Impossível o reconhecimento de vínculo empregatício, porque não amparado pela Lei n. 6.354/76". TRT — 6ª Reg. — 2ª T. — Proc. RO-4404/96 — julgado em 7.8.96 — Relª: Juíza Josélia Costa — BJ n. 8/96. *Repertório de Jurisprudência Trabalhista*. João de Lima Teixeira Filho, v. 7, p. 315.

diversão. Tampouco há relação de emprego entre os atletas e as empresas que os patrocinam, na falta dos pressupostos do art. 3º da CLT(103).

7.1. Árbitro de futebol

No que se refere ao **árbitro de futebol**, a matéria era polêmica. Havia quem sustentasse que ele mantinha relação de emprego com a "federação a que se vincula para a realização de trabalho de sua especialidade, cumprindo normas regulamentares instituídas pela entidade da qual aufere pagamento pela prestação de serviços"(104).

Outra vertente jurisprudencial negava-lhes o vínculo empregatício, diante da ausência de prova dos seus elementos, principalmente a subordinação jurídica(105), não considerando como tal a obediência às normas esportivas que regulam a técnica do ofício(106).

A orientação atual do TST inclina-se no sentido de excluir o liame empregatício do árbitro de futebol e lhe atribui a condição de autônomo, ao argumento de que "o fato de estar sujeito às ordens, instruções e fiscalização da Federação, e de ser por ela escalado para os jogos, não indica a sua subordinação jurídica"(107). Admitiu-se aqui a subordinação "agonal", isto é, vinculada apenas às regras do jogo e não a subordinação jurídica indispensável ao reconhecimento do vínculo empregatício.

---

(103) "**Patrocínio promovido por empresas**, nos meios esportivos, com a utilização de propaganda e mediante ajustes com atletas, não caracteriza relacionamento subordinado a teor do prescrito no art. 3º da CLT. E foi isso o que ocorreu no presente caso, pelo que mantém-se a sentença de primeiro grau, que não reconheceu vínculo de emprego entre as partes". TRT — 8ª Região — RO-1925/01 — Ac. 3ª T. — 8.6.01 — Relª: Juíza Lygia Simão Luiz Oliveira. *Revista LTr* 66-03/364.

(104) "**Árbitro de futebol. Relação de emprego.** Mesmo não sendo profissional e vinculado à Federação que cuida de esporte amador, é empregado o árbitro de futebol de salão se presentes os requisitos caracterizadores do vínculo empregatício. Relação de emprego reconhecida em primeiro grau e mantida nesta instância". TRT — 3ª Reg. — RO-15.387/92 — 2ª T. — Rel.: Juiz José Murilo de Morais — DJMG 21.5.93. Cristiano Paixão Araújo Pinto e Marco Antônio Paixão. *Coletânea de Jurisprudência Trabalhista*. Editora Síntese, 1996, p. 451.

A propósito, a jurisprudência estrangeira tem reconhecido na relação que liga os árbitros à Associação de Futebol as notas tipificadoras do contrato de emprego (CNATr; Sala V, 18.5.73, D.T. 1973 - 637. *In*: SARDEGNA, Miguel Ángel. *Ley de Contrato de Trabajo y sus reformas*. Buenos Aires: Editorial Universidad, 1999, p. 133).

(105) "A Lei n. 8.672/92 **descaracteriza formalmente o vínculo de emprego entre o árbitro de futebol e as federações futebolísticas de cada Estado**. Contudo, não é somente uma lei que irá dizer se, no exercício de suas funções, o profissional pode ou não ser enquadrado como empregado. *In casu*, o reclamante deixou de trabalhar antes da promulgação da lei supra. Pela prova dos autos e face à ausência de subordinação jurídica, não se vislumbra existência de vínculo de emprego entre as partes". TRT — PE 8550/95 — Ac. 3ª T. — Relª: Juíza Maria de Lourdes Cabral de Mello — DOE 23.2.96. *Revista Synthesis* 23/96, p. 334.

(106) Cf. TRT/RS 13.233/92. Ac. 3ª T. — Relª: Juíza Belatrix C. Prado. *Revista Synthesis* n. 19/94, p. 281.

(107) "... **Vínculo empregatício — Árbitro de futebol.** A subordinação parte da atividade, e nela se concentra. Seu exercício, porém, implica intercâmbio de condutas, porque essa atividade consome-se por pessoas que se congregam, que se organizam e que compõem um quadro geral de ordem e de segurança no processo da produção de bens e/ou serviços. O único meio de se obter uma razoável separação entre mandatário-autônomo e mandatário-subordinado é aferir a proporção da intervenção do poder jurídico do mandante na atividade do mandatário. 'In casu', observa-se que o trabalho do árbitro é executado sem subordinação à Reclamada. O fato de estar o árbitro sujeito às ordens, instruções e fiscalização da Federação, e de ser por ela escalado para os jogos, não indica a sua subordinação jurídica. Pelo contrário, em razão da própria natureza do serviço prestado, o Reclamante desfruta de total autonomia no seu trabalho, não havendo por parte da Federação qualquer direção, comando, controle e/ou aplicação de penas disciplinares, a ela interessando tão somente o resultado. Recurso de Revista conhecido e provido". TST-RR-572.932/99 — 3ª T. — Rel.: Min. Carlos Alberto Reis de Paula — DJU 19.12.01. *Revista TST*. Brasília, v. 67, n. 4, out./dez. 2001.

Para solucionar a controvérsia, a Lei n. 9.615, de março de 1998, no art. 88, autoriza os árbitros e auxiliares de arbitragem a constituir entidades nacionais e estaduais, por modalidade desportiva ou grupo de modalidades, visando ao recrutamento, à formação e à prestação de serviços às entidades de administração do desporto. O mesmo artigo, em seu parágrafo único, dispõe, de forma expressa, que "independentemente da constituição de sociedade ou entidades, os árbitros e seus auxiliares não têm qualquer vínculo empregatício com as entidades desportivas diretivas onde atuarem, e sua remuneração como autônomos exonera tais entidades de quaisquer outras responsabilidades trabalhistas, securitárias e previdenciárias".

A remuneração do árbitro e de seus auxiliares será de responsabilidade da entidade de administração do desporto ou da liga organizadora do evento esportivo (art. 30, parágrafo único, da Lei n. 10.671, de 15 de maio de 2003 — conhecida como Estatuto de Defesa do Torcedor). A mesma lei, em seu art. 32, considera direito do torcedor que os árbitros de cada partida sejam escolhidos, mediante sorteio, entre aqueles previamente selecionados. O sorteio será realizado no mínimo 48 horas antes de cada rodada, em local e data previamente definidos, aberto ao público, garantida a sua ampla divulgação (§§ 1º e 2º do art. 32 do Estatuto do Torcedor).

7.2. Treinador profissional de futebol

O **treinador profissional de futebol ou técnico** é considerado empregado da associação desportiva ou do clube de futebol quando for contratado para treinar atletas profissionais ou amadores, ministrando-lhes técnicas e regras de futebol, mediante qualquer modalidade de remuneração (art. 1º e 2º da Lei n. 8.650, de 22 de abril de 1993). Em consequência, aplica-se-lhe a legislação do trabalho e da previdência social comum. O contrato do treinador será registrado, no prazo improrrogável de 10 dias, no Conselho Regional de Desportos e na Federação ou Liga a que estiver filiado o clube ou a associação. O prazo de vigência do contrato não poderá ser superior a dois anos, devendo constar do mesmo os componentes da remuneração, a forma, o tempo e o lugar do pagamento.

O exercício dessa profissão é assegurado preferencialmente aos portadores de diploma expedido por escolas de Educação Física ou entidades análogas, reconhecidas na forma da lei, e aos profissionais que, até a data do início da vigência daquela lei, hajam, comprovadamente, exercido cargos ou funções de treinador de futebol, por prazo não inferior a seis meses, como empregados[(108)] ou autônomos, em clubes ou associações filiadas às Ligas ou Federações, em todo o território nacional.

São direitos do treinador a ampla liberdade na orientação técnica e tática da equipe, o apoio e a assistência material e moral assegurada pelo empregador, do qual

(108) "**Técnico de futebol. Relação de emprego. Ônus da prova da existência de trabalho eventual.** Se o ordinário se presume e o extraordinário se prova, presume-se que a prestação de serviços de uma parte em favor da outra deu-se sob a forma habitual do contrato de trabalho. Negada, pelo reclamado, a existência de vínculo de emprego, mas reconhecida a relação de trabalho, a teor do disposto no art. 333, II, do CPC, inverteu-se o ônus da prova, cabendo ao demandado comprovar suas alegações. Restando comprovada nos autos a habitualidade na prestação de serviços subordinados pelo reclamante, exercendo a função de técnico de futebol, deve ser mantida a r. decisão de primeiro grau que reconheceu o vínculo empregatício". TRT — 3ª Região — 7ª T. — RO-11775/02 — Rel.: Juiz José Roberto Freire Pimenta — DJMG 26.11.2002. *Revista Síntese*, n. 165, mar. 2003, p. 83.

pode ser exigido o cumprimento das determinações dos órgãos desportivos atinentes ao futebol profissional. A par desses direitos, o treinador tem o dever de zelar pela disciplina dos atletas sob sua orientação, comprometendo-se a manter o sigilo profissional.

8. MÃE SOCIAL — MÃE CRECHEIRA — PAI SOCIAL

A situação jurídica da **mãe social** é disciplinada pela Lei n. 7.644, de 1987. Sua prestação de serviços consiste no atendimento de crianças da comunidade e gera vínculo empregatício com a instituição assistencial para a qual trabalha. Trata-se de contrato de trabalho especial. A empregada será colocada pela instituição em uma casa-lar, com a incumbência de ali residir e cuidar de determinado número de menores abandonados, em número máximo de 10, mediante remuneração reajustável equivalente a pelo menos o salário mínimo. Ela fará jus a anotação de CTPS, repouso semanal remunerado, 30 dias de férias anuais, 13º salário, FGTS ou indenização e previdência social, também para a hipótese de acidente de trabalho.

A lei remete, ainda, a alguns preceitos celetistas aplicáveis e autoriza à administração providenciar a colocação, em estabelecimentos públicos ou privados, de menores no mercado de trabalho, como estagiários, aprendizes ou empregados. Em contrapartida, do salário que o menor receber, 40% serão para ressarcir suas despesas pessoais, até 40% serão destinados à casa-lar e até 30% serão depositados em cadernetas de poupança em seu nome para recebimento quando completar 18 anos.

A jurisprudência do TST equipara, por analogia, à mãe social, a mãe crecheira da Febem (Fundação Estadual do Bem-Estar do Menor), como se infere do E.RR-402.216/97 — Ac. SDI-1, tendo como relator o Min. João Oreste Dalazen (decisão de 25.2.02), cuja ementa dispõe:

> "VÍNCULO EMPREGATÍCIO. MÃE CRECHEIRA. FEBEM. 1. A prestação de serviços nos moldes da Lei n. 7.644, de 1987, consistente no atendimento de crianças da comunidade, gera vínculo empregatício entre as partes. A expressa e restritiva indicação, na referida lei, de quais os dispositivos celetistas aplicáveis à espécie (art. 5º e 19) apenas indica a existência de contrato especial de emprego. 2. Tratando-se de contrato de trabalho especial, a empregada somente se beneficia dos direitos assegurados em lei, taxativamente. Assim, não faz jus a **mãe crecheira** a aviso prévio e horas extras. 3. Embargos conhecidos e parcialmente providos para restringir a condenação ao pagamento das verbas previstas no art. 5º da Lei n. 7.644/87". *Revista TST*, v. 68, n. 2, abril/junho de 2002.

Ponto de vista contrário sustenta que a **mãe crecheira** da Febem, que cuida de crianças residentes na vizinhança no próprio domicílio, exerce atividade voluntária e de caráter social sem dependência econômica ou subordinação à entidade estatal. Por essa razão, o Tribunal Superior do Trabalho, por meio de decisão da 4ª Turma, deixou de reconhecer vínculo empregatício entre a mãe crecheira (ou substituta) e a Febem. Sustentou-se que projetos com as características dos lares substitutos não podem ser onerados por encargos trabalhistas, pois isso seria "um desserviço, um desestímulo à participação da sociedade nas tarefas imprescindíveis à consecução do bem comum".

Com esses argumentos, a 4ª Turma do TST reformou a decisão do Tribunal Regional do Trabalho do Rio Grande do Sul (4ª Região), que havia mantido sentença na qual foi reconhecido o vínculo empregatício entre uma mãe substituta e a entidade.

Para o TRT-RS, apesar de a atividade ser de cunho social, nada impediria o reconhecimento da relação de emprego, "pois não é necessário que o trabalho seja exercido em benefício de empresa que vise ao lucro". Essa forma de assistência, de acordo com a 2ª instância, não poderia ser repassada "para terceiros que não são devidamente remunerados para isso".

O relator do RR-419415/98, no TST, Juiz convocado Horácio de Senna Pires, afirmou que "o espírito do projeto dos lares vicinais ou substitutos foi buscar na própria comunidade carente o apoio indispensável a minimizar o problema do menor". À Febem, diz, cabe servir como intermediária no serviço voluntário de mulheres dispostas a receber em sua própria casa crianças necessitadas de abrigo e cuidados, no período em que seus pais ou responsáveis precisam trabalhar.

O Estado é incapaz de resolver todos os problemas sozinho. "Daí a importância dos programas desenvolvidos por comunidades solidárias, em que os próprios cidadãos unem-se para colaborar na solução de problemas sociais que lhes dizem respeito", acrescenta o citado relator.

O relator considerou inaplicável à mãe crecheira a Lei n. 7.644, de 1987, que regulamenta a atividade de mãe social. De acordo com ele, trata-se de situações diferentes. Ao contrário da mãe substituta, a mãe social é admitida depois de seleção e treinamento, por contrato especial, para trabalhar em "casas-lares", de propriedade da Febem e por ela mantidas. "A mãe social é, portanto, empregada remunerada e sujeita à disciplina da instituição", conclui o relator do RR 419415/1998, que tramitou perante o TST.

Há decisão que autoriza a aplicação da Lei n. 7.644/87 ao trabalhador masculino (**pai-social**), com amparo no art. 5º, I, da CF, quando se concilia afeto, estado psicológico e moral para propiciar condições familiares aos menores que orienta e assiste (art. 4º, I). (TRT — 3ª Reg., 2ª T. — 00699-2003-090-03-004, RO 2ª T. — Rel. Juíza Mônica Sette Lopes — Publ. MG 24.3.2004).

9. RELAÇÃO DE EMPREGO ENTRE FAMILIARES, ENTRE CÔNJUGES OU PESSOAS QUE VIVAM EM REGIME DE UNIÃO ESTÁVEL

Embora o parentesco e a afeição não constituam obstáculo ao reconhecimento do vínculo empregatício entre as partes, sendo possível que o filho se situe como empregado do pai e vice-versa ou que um cônjuge ou companheiro o seja do outro(109),

(109) "**Relação de emprego. Relação conjugal entre as partes. Reconhecimento.** Não desqualifica a relação empregatícia o laço de matrimônio que une as partes, de modo que presentes os requisitos pertinentes ao vínculo de emprego, irrecusável o seu reconhecimento, mormente se não demonstrado conluio engendrado com o fim de ser alcançada vantagem indevida". TRT 15ª Reg. (Campinas/SP) — ROS-0-25568/99 (Ac. SE 46.487/01) — Relª: Juíza Maria Cecília Fernandes Álvares Leite — DJSP 22.10.01, p. 71.

deverá ser afastada a relação de emprego quando a subordinação jurídica está ausente e demonstrada apenas a motivação afetiva[(110)].

10. ÍNDIO

Diante do art. 3º, inciso I, da Lei n. 6.001, de 19 de dezembro de 1973, índio ou silvícola é todo indivíduo de origem e ascendência pré-colombiana que se identifica e é identificado como pertencente a um grupo étnico cujas características culturais o distinguem da sociedade nacional.

Os índios são considerados, por força do art. 4º do mesmo diploma legal: "I — Isolados — Quando vivem em grupos desconhecidos ou de que se possuem poucos e vagos informes por meio de contatos eventuais com elementos da comunhão nacional; II — Em vias de integração — Quando, em contato intermitente ou permanente com grupos estranhos, conservam menor ou maior parte das condições de sua vida nativa, mas aceitam algumas práticas e modos de existência comuns aos demais setores da comunhão nacional, da qual vão necessitando cada vez mais para o próprio sustento; III — Integrados — Quando incorporados à comunhão nacional e reconhecidos no pleno exercício dos direitos civis, ainda que conservem usos, costumes e tradições característicos da sua cultura".

À luz do art. 7º da Lei n. 6.001, de 1973, os índios das comunidades indígenas ainda não integrados à comunhão nacional ficam sujeitos ao regime tutelar estabelecido nessa lei. Comunidade indígena ou grupo tribal é um conjunto de famílias ou comunidades índias que vivem em estado de completo isolamento em relação a outros setores da comunhão nacional ou em contato intermitente ou mesmo permanente, sem contudo estarem neles integrados.

Qualquer índio pode requerer sua liberação do regime tutelar, investindo-se na capacidade civil plena, desde que preencha estes requisitos: idade mínima de 21 anos, conhecimento da língua portuguesa, habilitação para o exercício de atividade útil na comunidade nacional e razoável compreensão dos usos e costumes dessa comunidade (art. 9º da Lei n. 6.001, de 1973).

O Juiz, após instrução sumária, ouvidos o órgão de assistência ao índio e o Ministério Público, proferirá sentença concedendo a capacidade, mediante inscrição no registro civil.

---

(110) "**O trabalho da concubina no escritório do concubino** não implica reconhecimento de vínculo empregatício se demonstrada a motivação exclusivamente afetiva para que tal ocorresse, havida no amadurecimento da relação amorosa, inclusive com crescimento profissional da própria reclamante, que passou de empregada do comércio à responsável única do referido escritório, o qual, até então, encontrava-se inativado diante do exercício de cargo público pelo concubino. O fato de os lucros terem sido administrados exclusivamente pelo concubino não modifica a situação, porquanto a administração dos bens do casal somente a ele diz respeito, não havendo dúvidas de que, durante a vigência da relação amorosa, deles usufruiu a reclamante, seja pela sua subsistência — habitação, saúde, lazer — seja pela constituição de um patrimônio comum, cuja divisão após a separação não deve ser resolvida através de postulação de vínculo empregatício". TRT — 12ª Região — RO-V- 1245/98 — Acórdão 5118/1998 — 2ª T. — Rel.: Juiz Telmo Joaquim Nunes — Publicado no DJ/SC em 19.6.1998. *Revista LTr* 63-11/1529. **Na mesma direção:** TRT/GO 00375-2007-010-18-00-3-RO Rel. Juíza Kátia Maria Bomtempo de Albuquerque — **DJE 3.9.07** — *Rev. Synthesis* 46/2008, p. 272.

Satisfeitos os requisitos do art. 9º e a pedido do interessado, o órgão de assistência ao índio poderá reconhecer-lhe a condição de integrado, mediante declaração formal homologada judicialmente, com inscrição do ato no registro civil. Nesse caso cessará toda restrição à capacidade.

A emancipação da comunidade indígena e de seus membros pode ser declarada, por solicitação do interessado, por decreto do Presidente da República, quando preenchidos os requisitos do art. 9º, e quando comprovado, em inquérito realizado pelo órgão federal competente, a sua plena integração na comunidade nacional (art. 11 da Lei n. 6.001, de 1973).

Indaga-se: o índio (silvícola) tem capacidade para firmar contrato de trabalho na condição de empregado ou empregador?

Em face do Código Civil de 1916 (art. 6º, III), os índios eram considerados relativamente incapazes no tocante a certos atos ou à maneira de exercê-los. Entretanto, o parágrafo único desse mesmo artigo dispunha que os silvícolas estariam sujeitos ao regime tutelar estabelecido em leis especiais, o qual cessaria à medida que se fossem adaptando à civilização do País.

Já o art. 8º da Lei n. 6.001, de 1973, considera nulos os atos praticados pelo índio que vive isolado. Isso significa que a nulidade refere-se aos atos dos índios ainda não integrados à comunidade, nem em vias de integração, caso contrário, os atos serão válidos e o índio poderá ser empregado ou empregador (art. 15 da Lei n. 6.001, de 1973)[(111)].

O Código Civil de 2002 é omisso sobre a temática, dispondo que a capacidade dos índios será disciplinada em lei especial (art. 4º, parágrafo único).

Por outro lado, o art. 232 da Constituição de 1988 dispõe que "os índios, suas comunidades e organizações são partes legítimas para ingressar em juízo em defesa de seus interesses, intervindo o Ministério Público em todos os atos do processo".

---

(111) "**Índio — Capacidade para firmar contrato de trabalho na condição de empregador.** O art. 232, da Constituição Federal em vigor dispõe que 'os índios, suas comunidades e organi-zações são partes legítimas para ingressar em juízo em defesa de seus direitos e interesses, intervindo o Ministério Público em todos os atos do processo'. Com base nesse dispositivo constitucional, o constitucionalista Pinto Ferreira preleciona que 'os índios não são mais incapazes, visto que o CPC determina que só é capaz quem tem capacidade de estar em juízo (art. 7º) e que os incapazes serão representados ou assistidos por seus pais, tutores ou curadores, na forma da lei (art. 8º). O índio assim pessoalmente tem a denominada *legitimatio ad causam*. Destarte a pessoa do índio está acima da União e da FUNAI para mover uma ação judicial, podendo contratar advogado ou utilizar-se da assistência judiciária' (*in Comentários à Constituição Brasileira*, Saraiva, 7º vol., 1995). No presente caso, pela situação que se apresenta, tanto a comunidade como o cacique Bekwynh'l Kaiapó, estão plenamente integrados na civilização e na comunidade nacional, afinal a comunidade possui uma aeronave e o seu cacique desfruta da situação normal de um cidadão civilizado, possuindo Carteira de Identidade, estando inscrito como contribuinte do imposto de renda; possui cartão de autógrafo no cartório de notas de Redenção no Estado do Pará. A existência de todos esses elementos e circunstâncias, comprovam que o índio que firmou o contrato em nome da comunidade indígena é um índio plenamente capaz. Aliás, é bom lembrar que nos termos do parágrafo único do art. 6º do CCB, a condição de tutelado dos silvícolas cessa à medida que se forem adaptando à civilização do País. Para complementar estas considerações, devemos registrar que, a teor do art. 8º, da Lei n. 6.001/73, **só são nulos os atos praticados pelo índio sem assistência tutelar, se ele ainda não estiver integrado à comunidade, caso contrário, o ato não será nulo**". TRT — 8ª Reg. — RO-8250/95 — Ac. 2ª T. — 27.11.96 — Rel.: Juiz José Edílsimo Eliziário Bentes. *Revista LTr* 61-11/1536.

Com base nesse dispositivo e no art. 7º do CPC, o constitucionalista Pinto Ferreira sustenta que os índios não são mais incapazes, pois têm *legitimatio ad causam* (*Comentários à Constituição Brasileira*, v. 7, São Paulo: Saraiva, 1995).

Sustentamos que se o índio viver isolado, situação rara no Brasil de hoje, será nulo o contrato de trabalho ou locação de serviços com ele firmado (art. 15 da Lei n. 6.001, de 19 de dezembro de 1973, não revogado). Nesse caso, ser-lhe-á devida uma compensação razoável (art. 593 e 606 do Código Civil vigente). Caso o índio esteja em processo de integração, habitando parque ou colônia agrícola, os contratos dependerão de prévia aprovação do órgão de proteção ao índio (art. 16 da Lei n. 6.001). Como a lei não considera nulo o contrato, entendemos que ele produzirá os efeitos legais; portanto, se o índio já estiver integrado, o contrato será válido.

Lembre-se que o Ministério Público[112] deverá intervir em todas as fases do processo, na hipótese de uma ação trabalhista (art. 232 da Constituição). Entretanto, a presença da parte é indispensável[113].

11. APRENDIZ

As primeiras alusões ao aprendiz estão inseridas nos §§ 188 e 189 do Código de Hammurabi.

Sob o prisma do Direito Internacional Público, a Recomendação n. 87 da OIT dispõe sobre a orientação profissional, a qual compreende "a ajuda prestada a um indivíduo para resolver problemas referentes à escolha de uma profissão ou ao processo

(112) "**Índio. Ministério Público. Intervenção. Não observação. Nulidade processual**. Com efeito, o art. 9º, da Lei n. 6.001/73 (Estatuto do Índio), reza que a emancipação do indígena somente pode ser reconhecida mediante pronunciamento judicial, ou ainda, através de declaração formal neste sentido, emitida pelo órgão assistencial e homologada em juízo. Desta forma, sendo a capacidade do agente o elemento que consagra a existência ou não do discernimento quanto à realidade que o cerca, há na legislação pátria forma de proteger as pessoas consideradas como incapazes. Exemplo disto encontra-se previsto no inciso I, do art. 82, do Código de Processo Civil, quando atribui competência ao Ministério Público para intervir nas causas em que há interesse de incapazes. Pelo exposto, a intervenção do Ministério Público é indispensável nas causas em que haja interesse de incapazes, como é o caso dos presentes autos, pois a reclamante assim deve ser considerada até que seja declarada emancipada na forma do Estatuto do Índio. Nulidade processual que se declara". TRT — 19ª Região — RXOF 00151.2001.059.19.00-7 — Ano 2001 — Tribunal Pleno. Rel.: Juiz José Abílio — DOE/AL 19.12.2001.

(113) "**Arquivamento da reclamação. Indígena. Ausência**. Os relativamente incapazes podem praticar por si os atos da vida civil, ou jurídica, desde que legalmente assistidos, o efeito da norma de proteção é gerar a anulabilidade do ato, dependendo de iniciativa do lesado, os silvícolas podem ser equiparados a crianças e a relativa incapacidade é uma proteção e não restrição. (DINIZ, Maria Helena. *Curso de Direito Civil Brasileiro*, 1º Volume, Saraiva, p. 93 e 94). Assim como o menor, devidamente assistido, o índio tem o direito, inclusive, de faltar à audiência, assim como o dever, em face de sua relativa capacidade, de atender ao disposto no art. 844 da CLT, isto é, de comparecer à audiência. Logo, o acompanhamento da Fundação Nacional do Índio e do Ministério Público do Trabalho é uma proteção e não uma restrição, devendo prevalecer a norma de necessidade do comparecimento do indígena trabalhador Reclamante à audiência inaugural, importando sua ausência em arquivamento da reclamação. Compete à FUNAI e ao Ministério Público, defendendo, acompanhar e não substituir o indígena, ademais em ato processual em que a lei expressamente requer a presença da parte e o instituto da substituição processual não abrange a hipótese. Os art. 231 e 232, da Constituição Federal, nem expressamente, nem analogicamente, revogaram, nem derrogaram a norma prevista no art. 844, da CLT. Recurso do Reclamado provido, para determinar o arquivamento da reclamação, sem exame do feito, julgando nulos atos desde a audiência inaugural em que não foi deferido o arquivamento pleiteado, por ausência do Reclamante". TRT — 24ª Região — RO-3209/1994 — Relª: Juíza Geralda Pedroso — DJ 14.8.95, p. 13.

profissional, levando-se em conta as características do interessado e a relação com as possibilidades do mercado de trabalho". Já a formação profissional, a que se refere a Recomendação n. 117, de 1962, da OIT, abre espaço para a preparação pré-profissional, a qual deve incluir uma instrução geral e prática apropriada à idade dos jovens, para continuar e completar a educação recebida anteriormente; dar uma ideia do trabalho prático e desenvolver o gosto por ele e o interesse pela formação; revelar interesse, habilidades profissionais e favorecer a aptidão profissional ulterior.

Distingue-se a formação profissional do ensino técnico profissional, a que alude o art. 62 do Estatuto da Criança e do Adolescente (Lei n. 8.069/90), pois este se preocupa em formar concomitantemente o cidadão e o profissional, ao passo que aquela tem por objetivo principal treinar alguém para ocupar um lugar no processo de produção. A distinção é feita pelo glossário da UNESCO[(114)]. Da distinção se infere que o ensino técnico profissional deve perdurar por toda a vida, no sentido de adaptar o trabalhador às alterações tecnológicas, dentro ou fora de um mesmo emprego[(115)].

A formação profissional é o gênero e a aprendizagem, sua espécie. O Estatuto da Criança e do Adolescente define a aprendizagem como modalidade de formação técnico-profissional, ministrada segundo as diretrizes e bases da legislação de educação em vigor.

Já a CLT, no art. 428, com a nova redação concedida pela Lei n. 10.097, de 19 de dezembro de 2000, e pela Lei n. 11.180, de setembro de 2005, considera de aprendizagem o contrato de trabalho especial, ajustado por escrito e por prazo determinado, por meio do qual o empregador "se compromete a assegurar ao maior de 14 e menor de 24 anos, inscrito em programa de aprendizagem, formação técnico-profissional metódica compatível com o seu desenvolvimento físico, moral e psicológico e o aprendiz, a executar, com zelo e diligência, as tarefas necessárias a essa formação". O contrato de aprendizagem não poderá ser superior a dois anos, exceto quando se tratar de aprendiz portador de deficiência física (art. 19 da Lei n. 11.788, de 25.9.**2008**, que alterou o § 3º do art. 428 da CLT).

À luz do **§ 5º** do art. 428 da CLT, introduzido pela Lei n. 11.180, de setembro de 2005, a idade máxima não se aplica aos aprendizes portadores de deficiência. Para os fins do contrato de aprendizagem, a comprovação da escolaridade de aprendiz portador de deficiência deve considerar, sobretudo, as habilidades e competências relacionadas com a profissionalização (§ 6º do art. 428 da CLT, introduzido pela Lei n. 11.180, de 2005).

Diversamente do que ocorre com o estagiário, **(cf. art. 3º, da Lei n. 11.788, de 25.9.2008)**, o aprendiz é empregado regido pelo Direito do Trabalho, sendo destinatário de normas específicas na CLT. Paralelamente à formação técnico-profissional ministrada segundo as diretrizes e bases da legislação em vigor, ele trabalha na empresa reunindo os pressupostos do art. 3º da CLT, sendo-lhe assegurados todos os direitos de cunho trabalhista conferidos à modalidade especial de seu contrato a termo.

---

(114) OLIVEIRA, Oris de. *O trabalho da criança e do adolescente*. São Paulo: LTr, 1994, p. 87.
(115) OLIVEIRA, Oris de. *Op. cit.*, p. 87.

A formação técnico-profissional, a que se refere o ***caput*** do art. 428 da CLT, com a nova redação dada pela Lei n. 10.097, realiza-se por meio de atividades teóricas e práticas metodicamente organizadas em tarefas de complexidade progressiva desenvolvidas no ambiente de trabalho (art. 428, **§ 4º,** acrescentado pela Lei n. 10.097, de **2000**).

A validade do contrato de aprendizagem, à luz do § 1º do art. 428 da CLT, acrescentado pela Lei n. 10.097, de 2000, e pela Lei n. 11.788, de 25.9.**2008**, pressupõe anotação na **CTPS**, matrícula e frequência do aprendiz na escola, caso não haja concluído o ensino médio e inscrição em programa de aprendizagem desenvolvido sob a orientação de entidade qualificada em formação técnico-profissional metódica.

O condicionamento da validade desse contrato à anotação prévia na carteira do menor, previsto agora, expressamente, no **§ 1º** do art. 428 da CLT, já constava do art. 5º do Decreto n. 31.546, de 1952, revogado expressamente no final de 2005, o que nos levou, em apreciação de caso concreto, a descaracterizar esse tipo de ajuste, por falta dessa formalidade, e deferir ao obreiro as vantagens advindas de um contrato de trabalho sujeito às regras gerais[116]. Havia, entretanto, corrente doutrinária sustentando que o propósito da norma regulamentar (Decreto n. 31.546, de 1952, hoje revogado) era estabelecer forma *ad substantiam,* e não apenas *ad probationem*, o que lhe era defeso, por invadir a reserva legal[117]. O citado Decreto foi revogado em 2005 pelo Decreto n. 5.598, de 1º de dezembro, mas manteve o teor do art. 5º, no mesmo dispositivo.

Nas localidades onde não houver oferta de ensino médio para o cumprimento no disposto no § 1º do art. 428 da CLT, a contratação do aprendiz poderá ocorrer sem a frequência à escola, desde que ele já tenha concluído o ensino fundamental (art. 428, **§ 7º**, da CLT, introduzido pela Lei n. 11.788, de 25.9.**2008**).

Maiores considerações a respeito do tema serão tecidas no **capítulo sobre o trabalho dos menores.**

12. TRABALHADORES QUE SE SITUAM NA CHAMADA "ZONA GRISE"

No campo da ciência jurídica, ao lado de casos típicos, cujo enquadramento, no art. 3º da CLT, não acarreta dúvidas, existem situações intermediárias, cuja classificação enseja certas dificuldades, em face do conteúdo diversificado do trabalho, em que a subordinação é insuscetível de especificação antecipada passível de ser utilizada para qualquer relação de trabalho.

---

(116) "**Contrato de aprendizagem.** A condição de menor aprendiz deverá constar da CTPS do obreiro, nos termos do Decreto n. 31.546/52 e pressupõe estar ele sujeito à formação profissional metódica do ofício, a qual deveria corresponder a um processo educacional, com o desdobramento do ofício ou da ocupação, em operações ordenadas de acordo com um programa cuja execução se faça sob a direção de um responsável, em ambiente adequado à aprendizagem (Portaria n. 27 do MT, de 18.12.56). Ausentes estes requisitos, deve-se assegurar ao trabalhador o salário mínimo integral e não a redução prevista no art. 80 da CLT, pois de aprendiz não se trata". TRT — 3ª Reg. — Ac. 2ª T. — RO-19710/92 — Relª: Juíza Alice Monteiro de Barros — DJMG de 23.7.93.

(117) Nesse sentido BERNARDES, Hugo Gueiros. *Cláusula de aprendizagem nos contratos de trabalho.* Editora Universidade de Brasília, 1969, p. 93. O autor, à luz da legislação da época, conclui dizendo que o contrato de aprendizagem no Brasil independe de forma prescrita em lei, provando-se como os demais contratos de trabalho.

A qualificação, em concreto, de uma determinada relação como de trabalho subordinado ou autônomo poderá ser difícil e controvertida, principalmente nas hipóteses que se situam na chamada "zona grise", isto é, zona cinzenta ou fronteiriça habitada por trabalhadores que tanto poderão ser enquadrados como empregados quanto como autônomos, fora da órbita do Direito do Trabalho. A jurisprudência tem sustentado que a questão deverá ser resolvida em face das circunstâncias específicas de cada caso concreto.

Um dos trabalhadores que habita a chamada "zona grise" é o vendedor. Não há no Direito do Trabalho Brasileiro lei que defina o vendedor-empregado e o representante comercial. A subordinação jurídica é reconhecida, universalmente, como elemento descritivo da relação de emprego, apresentando-se como traço que distingue o empregado vendedor viajante ou pracista do representante comercial autônomo, cujas funções são análogas às do primeiro. O conteúdo da subordinação varia de intensidade, segundo a natureza da prestação de serviços e os fins da empresa. E, em se tratando de distinguir esses dois trabalhadores, nem sempre é fácil a missão. Isso porque a Lei n. 4.886/65 (com as alterações advindas da Lei n. 8.420/92), que disciplina o trabalho do representante comercial autônomo, dificulta ainda mais esse enquadramento, quando estabelece, para o representante comercial, além dos serviços de natureza não eventual (art. 1º), certos elementos a que os tribunais se apegavam para caracterizar a subordinação jurídica, entre os quais: a fixação e restrição de zonas de trabalho, a proibição de autorizar descontos, a obrigação de fornecer informações detalhadas sobre o andamento do negócio e a observância às instruções do representado (art. 27, 28 e 29). Assim, restam como critérios favoráveis à subordinação a obrigatoriedade de comparecimento à empresa em determinado lapso de tempo, a obediência a métodos de venda, rota de viagem, cota mínima de produção, ausência de apreciável margem de escolha dos clientes e de organização própria, como também risco a cargo do dador de trabalho. Ausentes esses critérios, a relação jurídica não se submete à égide do Direito do Trabalho, pois caracteriza prestação de serviços autônomos"[(118)].

Habitam também a chamada "zona grise", além dos trabalhadores a domicílio e dos intelectuais, cuja subordinação técnica ou está ausente ou é muito reduzida, os

---

(118) TRT — 3ª Região — RO-1901/02 (01579-2001-077-03-00-6) — 2ª Turma — Rel.: Juíza Alice Monteiro de Barros — DJMG de 10.4.02. **Em sentido contrário:**

"**Vendedor empregado ou representante comercial autônomo**. ... A doutrina abalizada (CARDONE, Marly, *in: Viajantes e Pracistas no Direito do Trabalho*. São Paulo: LTr Editora, 1998, p. 32 e ss.) fornece uma classificação capaz de ajudar na aferição da subordinação jurídica, a qual considera a verificação de três espécies de elementos: **de certeza** (trabalho controlado para a empresa em certo lapso de tempo; comparecimento periódico obrigatório; obediência a métodos de vendas; fixação de viagens pela empresa; recebimento de instruções sobre o aproveitamento da zona de vendas; e obediência a regulamento da empresa); de **indício** (recebimento de quantia fixa mensal; utilização de material e papel timbrado da empresa; obrigação de produção mínima; recebimento de ajuda de custo; e pessoalidade na prestação); e **excludentes** (existência de escritório próprio e admissão de auxiliares; substituição constante do representante na prestação dos serviços; pagamento de ISS; registro no Conselho Regional de Representantes Comerciais; e **utilização do tempo de forma livre**). Demonstrados os elementos de certeza consistentes no trabalho com comparecimento diário a empresa, no estabelecimento prévio de rotas de vendas pela empregadora e revelados, ainda, os indícios da utilização de transporte e material da demandada e da pessoalidade na prestação, sem a existência de qualquer elemento excludente válido, a relação de trabalho verificada se submete à égide do Direito do Trabalho, pois configura vínculo empregatício". TRT — 3ª Região — RO-7798/03 (00235-2003-057-03-00-7) — 2ª Turma — Relª: Juíza Alice Monteiro de Barros — DJMG de 2.7.**2003.**

cabeleireiros(119), os motoristas de táxi(120), os motoqueiros entregadores(121), os "chapas"(122), os corretores(123), entre outros, dadas as peculiaridades que norteiam essas

(119) **Vínculo empregatício. Cabeleireiro.** Presentes os requisitos exigidos pelos art. 2º e 3º da CLT, é de ser ratificada a r. sentença de 1º grau que declarou a existência de vínculo de emprego entre as partes. (00680-2005-005-03-00-0 RO Data de Publicação 8.10.**2005** Órgão Julgador Quarta Turma Relator Caio Luiz de Almeida Vieira de Mello) **Acepção diversa: Manicure. Vínculo empregatício. Inexistente** — Inexiste falar-se no caso em trabalho sob vinculação empregatícia, uma vez que os valores percebidos pela prestadora do serviço — 80% sobre os serviços prestados — não são condizentes com a paga de salário. Evidenciado que a recorrente assumia os riscos do seu negócio, pagando, com os 20% restantes, pela utilização do espaço do reclamado. (Processo TRT 15ª Região n. 00750-2005-130-15-00-2 RO Ac. 8382/07 — Rel. Ana Maria de Vasconcellos DOE 9.3.**2007** — *Rev. Synthesis* 45/07)

(120) "**Motorista de táxi. Vínculo empregatício.** Configura-se relação de emprego, ainda que sob contrato de locação, a de taxista que realiza os fins econômicos perseguidos pela empresa de frota de táxis, ativando-se com pessoalidade, continuidade e subordinação, submetendo-se, assim, ao seu poder diretivo, mediante remuneração estipulada pela empresa; não possuindo veículo próprio para utilização como instrumento de trabalho e sequer desfrutando de autonomia e liberdade, ao lançar-se às ruas da cidade, para exercer sua atividade de transporte de passageiros". TRT — SP-20010256118-RO — 3ª T. — 20030145028 — Rel.: Juiz Ricardo Artur Costa e Trigueiros — DOE **15.4.03. Direção oposta: Motorista de táxi. Autonomia da prestação de serviços. Lei n. 6.094/74.** De acordo com a Lei n. 6.094, de 30 de agosto de 1974 o permissionário do serviço de táxi pode ceder seu automóvel ao auxiliar, em regime de colaboração, o que afasta a relação de emprego, nos termos do § 2º, do art. 1º da referida lei. (Processo: 00066-2007-037-03-00-4 RO — 3ª Região — MG — Data de Publicação: 24.5.**2007** — Órgão Julgador: Sexta Turma Juiz Relator: Desembargador Antonio Fernando Guimarães)

(121) "***Motoboy*. Vínculo empregatício. Presença dos requisitos.** O trabalhador que desempenha sua atividade como piloto de motocicleta em empresa que tem por atividade-fim a entrega de mercadorias, fazendo-o pessoalmente, mediante subordinação, remuneração e sem assumir os riscos da atividade, é empregado, porque presentes todos os requisitos fáticos elencados nos art. 2º e 3º da CLT." TRT — RO-01030.2003.001.14.00-4- Rel.: Francisco de Paula Leal Filho — DJ 12.4.2004. *Revista Synthesis* n. 39/**2004**, p. 304.

Assume rumo diverso: "Relação de emprego. Motoqueiro. Entregador. É autônomo o entregador de jornais que, para o exercício da função, utiliza motocicleta de sua propriedade, arcando com as despesas de manutenção do veículo e das perdas e extravio de exemplares, sem ingerência ou fiscalização da reclamada, podendo, até mesmo, fazer-se substituir por outra pessoa. Ausentes a pessoalidade e a subordinação pelo prisma subjetivo e assumindo o trabalhador os riscos do negócio, não se vislumbram os elementos caracterizadores da relação de emprego". TRT — 3ª Reg. — RO-2.646/01 — 2ª T. — Relª: Juíza Alice Monteiro de Barros — DJMG 25.4.**2001**, p. 17.

(122) "**Vínculo de emprego — 'Chapa' — Carregamento e descarregamento de mercadorias — Não caracterização.** Inexistente a subordinação jurídica nos serviços prestados como 'chapa' (haja vista a ausência do controle de horário e da fiscalização dos serviços, assim como da pessoalidade, ante a utilização aleatória dos carregadores), não há se falar em relação de emprego, ante a evidente ausência dos pressupostos contidos no art. 3º, da CLT". TRT — 15ª Reg. (Campinas/SP) — ROS-5 — 34.143/00 (Ac. 5ª T. 14489/01) — Relª: Juíza Olga Aida Joaquim Gomieri — DJSP 19.4.01, p. 68. FERRARI, Irany & MARTINS, Melchíades R. *Julgados Trabalhistas Selecionados,* v. VIII, São Paulo: LTr Editora, **2003**, p. 376. **Posicionamento contrário: "Chapa — Vínculo de emprego** — Para uma empresa transportadora a carga e descarga de mercadorias é atividade essencial. O comparecimento diário do autor e a sujeição a controle de frequência denota que o trabalho era subordinado (art. 3º da CLT)". TRT 2ª Reg. — RO-46476200290202002 — Ac. 20030104577 — 6ª T. — Rel.: Juiz Rafael E. Pugliese Ribeiro — DOESP 28.3.2003. *Revista Justiça do Trabalho.* Porto Alegre: HS Editora, abr. 2003, p. 99.

(123) "**Relação de emprego.** A qualificação, em concreto, de uma determinada relação jurídica, como a de trabalho subordinado ou autônomo, poderá ser difícil e controvertida, principalmente nas hipóteses que se situam na chamada "zona grise", isto é, zona cinzenta ou fronteiriça habitada por trabalhadores que tanto poderão ser enquadrados como empregados quanto como autônomos, fora da órbita do Direito do Trabalho. A jurisprudência tem sustentado que a questão deverá ser resolvida em face das circunstâncias específicas de cada caso concreto. Um dos trabalhadores que habita a chamada "zona grise" é o **corretor de seguros**. A subordinação jurídica é reconhecida, universalmente, como elemento descritivo da relação de emprego, apresentando-se como traço que distingue o empregado do trabalhador autônomo. Ela se patenteia quando o corretor de seguros trabalha dentro do estabelecimento do empregador, sujeito a horário, a estratégia de vendas e a fiscalização da gerente geral. (01116-2005-008-03-00-3 RO Publicação: 7.3.**2006** Órgão Julgador: 7ª Turma Juiz Relator: Desembargadora Alice Monteiro de Barros). **Posicionamento diferente: Relação de emprego. Corretor de seguros.** Não sendo comprovada a alegação de que houve fraude na contratação dos serviços de corretagem de seguros, e por força dos que dispõem os art. 17, *b*, da Lei n. 4.594/64, 9º do Decreto n. 56.903/65 e 51 do Decreto-Lei n. 81.402/78, regras que vedam a relação de emprego entre o corretor de seguros e a seguradora contratante, impõe-se manter a sentença que indeferiu a pretensão relativa ao reconhecimento do vínculo empregatício. (00583-2007-017-03-00-9 RO — 3ª Região — Publicação 20.9.**2008** Órgão Julgador Quinta Turma Relator Desembargador José Murilo de Morais)

funções, entre as quais a maior liberdade no tocante a horário, a impessoalidade e/ou a assunção de risco pelo trabalhador. Como se pode constatar dos arestos transcritos em notas de rodapé, a questão será solucionada em face da prova de cada caso concreto.

13. TRABALHADORES A DISTÂNCIA

13.1. Empregado a domicílio

13.1.1. Escorço histórico

É sabido que, no Renascimento, as mulheres perderam várias atividades que lhes pertenciam, como o trabalho com a seda, com materiais preciosos, com a cerveja e com as velas, e se confinaram entre as paredes domésticas, entregues ao trabalho a domicílio, que surge nos primórdios do século XVI, na Europa(124). Essa modalidade de trabalho perde importância a partir do século XIX, quando o trabalho com o algodão e a lã é deslocado das casas para as fábricas.

A partir dessa época, com o advento da era industrial, a mão de obra da mulher e do menor é solicitada na indústria têxtil, tanto na Inglaterra como na França, porque menos dispendiosa e mais "dócil". Assim, o processo de industrialização vivido pelo mundo europeu, no século XIX, caracterizou-se pela exploração do trabalho dessas chamadas "meias-forças".

13.1.2. Setores que se utilizam do trabalho a domicílio

O trabalho a domicílio, que de início se limitava ao setor industrial, com o passar dos anos acabou por se estender também ao setor de serviços, em atividades como a preparação de publicidade, a mecanografia, a revisão de originais, a tradução de textos e a informática. Caso o trabalhador se utilize de um terminal que o mantenha em contato com a empresa, esse trabalho é conhecido como "teletrabalho". Entretanto, o trabalho a domicílio ainda predomina na indústria têxtil, do couro, do ferro, do metal, da eletrônica, da ótica, de produtos químicos e sintéticos, do papel e do papelão(125). Ele é, portanto, um fenômeno vigente que consolida e amplia seu campo de atuação.

13.1.3. Intervenção legislativa

Os trabalhadores a domicílio estiveram por longo período à margem da intervenção do legislador, sendo, ainda hoje, insuficiente a proteção legal. Os principais fatores responsáveis pela lentidão e escassez da intervenção legislativa foram os seguintes: razões econômicas não permitiam eliminar as vantagens dessa mão de obra, menos onerosa e não organizada sindicalmente; razões ideológicas advindas do mito liberal consideram que o trabalho nessas condições concede mais autonomia, dignidade e liberdade ao operário e, no tocante à mulher, garante sua presença na família,

---

(124) MORAES FILHO, Evaristo de. *Trabalho a domicílio e contrato de trabalho.* São Paulo: LTr, 1994, p. 20.

(125) SCHNIDER DE VILLEGAS, Gisela. Trabajadores a domicilio: necesidad de una protección social. *Revista Internacional del Trabajo*, Ginebra, 1990, v. 109, n. 3, p. 364.

preservando-lhe a moralidade; finalmente, o último fator diz respeito à dificuldade de individualizar a figura do trabalhador a domicílio subordinado(126).

Em face do isolamento em que se encontram, os empregados a domicílio permanecem quase sempre em uma "situação desfavorável" em relação a quem lhes fornece o serviço, mormente no tocante às condições de trabalho, que às vezes põem em perigo a segurança da família do trabalhador, quase sempre excluído de assistência previdenciária.

13.1.4. Conceito

O trabalho a domicílio pode ser executado de forma autônoma ou em caráter subordinado. Na primeira hipótese, o objeto da prestação de serviços é o resultado que o trabalhador irá fornecer com os meios que considera oportunos, com uma organização própria e assumindo os riscos do empreendimento econômico. Já no trabalho a domicílio subordinado, que irá nos interessar neste estudo, o objeto da prestação é a energia que o trabalhador coloca à disposição do credor do trabalho, como elemento inserido na organização empresarial, sob o comando do empregador, o qual assume os riscos do processo produtivo.

No Brasil, não se estabelece distinção entre o trabalho realizado no estabelecimento do empregador e aquele realizado no domicílio do empregado (art. 6º da CLT), logo, entre nós, o trabalho a domicílio não se situa como objeto de um contrato especial, à semelhança do que ocorre em outras legislações que serão examinadas neste estudo. O Direito do Trabalho estende sua esfera normativa ao empregado a domicílio, desde que ele preste serviços de natureza não eventual a empregador mediante salário e subordinação jurídica. O pressuposto da pessoalidade não é aferido com muito rigor nessa relação jurídica, considerando-se que o empregado trabalha no seu próprio domicílio, onde o auxílio dos familiares vem sendo permitido(127), sem descaracterizar a relação empregatícia.

A subordinação jurídica do trabalhador a domicílio não é substancialmente diversa da subordinação do empregado que exerce suas atividades no interior da empresa. Em ambas as situações, a subordinação tem como substrato a livre manifestação volitiva das partes, isto é, tem base contratual, sendo, portanto, compatível com os princípios da igualdade e da liberdade. A subordinação constitui, portanto, uma situação jurídica que possui graus diversos, apresentando-se menos intensa no trabalho a domicílio, que se desenvolve longe dos olhos do empregador. No trabalho a domicílio, descentraliza-se o processo produtivo(128), uma vez que o objeto da prestação do trabalhador

(126) BORGOGELLI, Franca; D'INZEO, Carla; DOMENEGUETTI, Enrica; HOESCH, Laura (a cura di). *La donna e il secondo mercato del lavoro*. Problemi del lavoro femminile. Milano: Unicoli, 1980, p. 70.

(127) "Trabalho no domicílio do contratado. Pessoalidade. O auxílio por parte de pessoas da família do empregado que labora em sua própria residência, nos moldes do art. 6º da CLT, desde que seus dependentes, não afasta a pessoalidade exigida para o reconhecimento do vínculo empregatício". TRT — SP 02920071917 — Ac. 3ª T. 42.509/93 — Rel.: Juiz Décio Sebastião Daidone — DOE 14.12.93 — *Revista Synthesis* 19/94, p. 284.

(128) "Recurso ordinário da reclamada a que se dá provimento parcial para excluir da condenação os honorários do advogado. A relação de emprego ficou comprovada. A reclamante trabalhou na confecção de bolsas de couro em

vem em destaque não como resultado, mas como energia laborativa utilizada em função complementar e substitutiva do trabalho executado no interior da empresa. Em consequência, o vínculo de subordinação consiste na inserção da atividade do prestador no ciclo produtivo empresarial e na observância a ordens preventivas e sucessivas. Ainda que operando externamente e com seus próprios meios e instrumentos de trabalho[(129)], o trabalhador torna-se elemento integrativo.

Por outro lado, no trabalho autônomo desenvolvido no domicílio, o sujeito a quem o empregador entrega a realização de um determinado serviço, visando ao resultado, possui uma organização distinta, arcando com os riscos e meios produtivos, tendo uma estrutura do tipo empresarial[(130)]. A esses fatos acresce a circunstância de ser a autonomia caracterizada também pela ampla faculdade de aceitar ou recusar o trabalho encomendado.

O fato de o empregador ter permitido que o trabalhador execute as atividades em seu domicílio não significa que tenha renunciado ao poder diretivo. O controle é exercido sobre a atividade desenvolvida e sobre o resultado final do produto, devendo o empregado a domicílio ater-se às ordens preventivas e sucessivas, sem nenhuma margem de discricionariedade. A subordinação é atenuada[(131)], porque não se manifesta por meio de prescrições analíticas e reiteradas acerca do trabalho, mas por meio de ordens preventivas e controles sucessivos atribuídos aos empregados a domicílio, em geral.

Pelo que foi exposto, verifica-se que o empregado a domicílio encontra-se na chamada "zona grise" entre o trabalho subordinado e o autônomo.

Com o progresso tecnológico, o trabalho a domicílio pode-se desenvolver de modo informatizado, adotando-se uma linha telefônica, um terminal ou outro aparelho eletrônico. São cada vez mais frequentes os casos de trabalho a domicílio desenvolvidos graças à tecnologia eletrônica de transmissão a distância. Situa-se aqui o "teletrabalho", derivado da necessidade de reestruturar as organizações de trabalho.

---

casa, ganhando por produção, com subordinação, habitualidade e essencialidade dos serviços em função da atividade principal da empresa". TRT — 6ª Reg. — 2ª T. — RO-1068/91 — Rel.: Juiz Francisco Solano de Godoy Magalhães. CALHEIROS BOMFIM, B. *Dicionário de Decisões Trabalhistas*. Rio de Janeiro: Edições Trabalhistas. 24. ed., p. 760.

(129) "**Lavadeira de roupas para empresa**. Trabalho efetuado na residência. Irrelevância do fato de custear o material gasto na lavagem. O fato de custear o reclamante o material gasto na lavagem das roupas não elide o reconhecimento do vínculo, eis que o contrato de trabalho é um contrato-realidade e as partes são livres para estipularem seus termos". TRT — SP 02930307450 — Ac. 7ª T. 12.050/95 — Rel.: Gualdo Amaury Formica — DOE 6.4.95. *Revista Synthesis* 22/96, p. 314. Obs.: O fornecimento de matéria-prima e equipamentos não traduz característica essencial desse contrato, como acentuam GOMES, Orlando e GOTTSCHALK, Elson. *Curso de Direito do Trabalho*. Rio de Janeiro: Forense, v. II, p. 647.

(130) BONARETTI, Loris. Il lavoro subordinato a domicilio. *In Teoria e Pratica del Diritto*. Sez I-64. Diritto e Procedura Civile. Giuffré Editore, 1993, p. 43 e 58.

(131) "**Empregado a domicílio**. A subordinação jurídica admite matizes e graduações, sendo em alguns casos perceptível e em outros manifesta. Assim, trabalhando o empregado em seu domicílio, fora da vigilância direta do empregador, a relação jurídica com este estabelecida muito se aproxima do trabalho autônomo. Todavia, comprovado estar ele sujeito a observância rigorosa de instruções pormenorizadas emanadas do credor de trabalho, a subordinação jurídica se patenteia, caracterizando-se o vínculo empregatício, nos termos do art. 6º da CLT". TRT — 3ª Reg. — 2ª T. —RO 9857/91 — Relª: Juíza Alice Monteiro de Barros — DJMG 9.10.92.

13.1.5. Vantagens e desvantagens do trabalho a domicílio

Essa modalidade de trabalho pode oferecer algumas vantagens, como horários flexíveis e maior disponibilidade de tempo, uma vez que o trabalhador não terá que perder tempo nas idas e voltas do trabalho, entre sua residência e o local da prestação de serviços.

Já a principal desvantagem consiste no fato de o empregado encontrar-se muito isolado, o que dificulta a sindicalização, como também a fiscalização de suas condições de trabalho pelo órgão próprio.

13.1.6. O perfil do trabalhador a domicílio

O trabalho a domicílio tem sido alternativa para a mulher com responsabilidades familiares, que enfrenta dificuldades em conseguir emprego em tempo parcial e não conta com uma infraestrutura doméstica e social que lhe permita manter os filhos em casa ou em berçários e creches.

O trabalho a domicílio em atividade da indústria têxtil, do vestuário e do tabaco tem sido também outra alternativa para as mulheres que perderam seus empregos em decorrência da rápida industrialização e não obtiveram outra ocupação, como se verificou no Brasil, Índia, México e Nigéria[(132)]. No setor agrícola, muitas mulheres trabalham a domicílio para aumentar a renda familiar. Segundo estatísticas fornecidas pela OIT, na Índia, cerca de dois ou três milhões de mulheres trabalham a domicílio para as indústrias de cigarros, percebendo salários inferiores ao mínimo, sendo consideradas como uma "força de trabalho invisível"[(133)]. Os trabalhos nessa condição, em geral, não estão regulamentados e as tentativas de sindicalização são puníveis com o desemprego[(134)]. Não obstante a imprecisão das estatísticas, os dados existentes revelam que o trabalho a domicílio é realizado mais por mulheres do que por homens[(135)]. Estudo efetuado pelo Conselho da Europa, em 1987 e 1988, constatou que o percentual feminino no trabalho a domicílio é de 90% a 95% na Alemanha, Grécia, Irlanda, Países Baixos e Itália, 86% na Rússia, 84% na França e 75% na Espanha. Outra não é a situação no Japão, cujo percentual de mulheres no trabalho a domicílio era de 93,5% em 1988[(136)].

Nesse trabalho, os homens, em geral, agem como intermediários na contratação ou encarregam-se da distribuição de materiais e do recolhimento dos serviços executados pelas mulheres. Afirma-se que esses intermediários trabalham em um sistema de *marchandage*, constituindo elos de uma corrente de subcontratantes, aos quais se pagam elevadas comissões, o que acarreta empobrecimento do trabalhador a

---

(132) *El trabajo en el mundo.* Ginebra: Oficina Internacional del Trabajo, 1985, v. 2, p. 230.

(133) *El trabajo en el mundo.* Ginebra: Oficina Internacional del Trabajo, 1985, v. 2, p. 227.

(134) *El trabajo en el mundo.* Ginebra: Oficina Internacional del Trabajo, 1984, v. 1, p. 23.

(135) SÉGURET, Marie-Claire. ¿Mejorarán algún día las condiciones de trabajo de las mujeres? *Revista Internacional del Trabajo*, v. 102, n. 3, p. 408. De forma correlata: Igualdad de oportunidades y de trato entre trabajadores y trabajadoras; trabajadores con responsabilidades familiares. Conferencia Internacional del Trabajo, 66ª reunión, 1980. Informe VI (1), Ginebra: Oficina Internacional del Trabajo, 1980, p. 33.

(136) SCHNIDER DE VILLEGAS, Gisela. *Op. cit.*, p. 364.

domicílio, o qual nem sempre pode insurgir-se contra essa exploração, mormente em países industrializados, por integrar, em regra, o contingente de migrantes chegados ao país de forma clandestina.

Impõe-se, portanto, uma fiscalização rigorosa, tendo como objetivo localizar o trabalho a domicílio clandestino, com a aplicação de sanções severas aos intermediários ou aos empregadores que auferem vantagens provenientes desse trabalho. A extensão do Direito do Trabalho vigente aos empregados a domicílio, com as adaptações necessárias às peculiaridades dessa modalidade de trabalho, constitui uma estratégia para coibir os abusos relatados e atenuar a precariedade das condições de trabalho a que se sujeitam esses prestadores de serviço.

13.1.7. O trabalho a domicílio e a legislação estrangeira. Tendências

Atualmente, a legislação que regulamenta o trabalho a domicílio ainda é insuficiente na maioria dos países.

Em face dos aspectos peculiares dessa relação laboral, que poderá se desenvolver por conta alheia, há países que consideram o trabalho a domicílio como trabalho autônomo, arrolando-se entre esses países Bangladesh, Egito, Hong Kong, Índia, Panamá, Turquia, Singapura e Sudáfrica[(137)].

Alguns países possuem legislação específica sobre o trabalho a domicílio (Alemanha, Argentina, Áustria, Cuba, Hungria, Índia, Itália, Japão, Marrocos, Noruega, Países Baixos, Peru, Polônia, Portugal, Rússia, San Marino, Suíça e Uruguai), outros regulam-no em um artigo do Código do Trabalho (Bolívia, Colômbia, Costa Rica, El Salvador, Equador, Espanha, França, Guatemala, Haiti, Honduras, México, Nicarágua, Paraguai, República Dominicana e Venezuela), outros o incluem no âmbito da legislação geral do trabalho (Brasil e Finlândia) e há os que o excluem de certos institutos jurídicos (Dinamarca, Malta e Suécia).

13.1.8. O trabalho a domicílio no Brasil

No Brasil, por força do art. 6º da CLT, não se distingue entre trabalho realizado no domicílio do empregado e o executado no estabelecimento do empregador. Logo, estendem-se a essa modalidade de trabalho as normas previstas no Direito Social, desde que compatíveis.

13.2. O teletrabalho. Novas tecnologias. Novas formas de subordinação jurídica

De origem etimológica grega, *tele* significa a distância. O teletrabalho é modalidade especial de trabalho a distância; nos EUA utiliza-se o termo *networking, telecommuting, remote working*; nos países de língua portuguesa emprega-se o termo teletrabalho; nos países de idioma francês, *télétravail*; nos países de idioma espanhol *teletrabajo* e nos de idioma italiano *telelavoro*.

---

(137) VEGA RUIZ, Maria Luz. *El trabajo a domicilio: un análisis comparativo de la legislación y la práctica*. Ginebra: OIT, Documento n. 10, 1995, p. 9.

A inovação tecnológica subverte a relação de trabalho clássica, sendo responsável por novos tipos de atividade descentralizada, que reúnem informação e comunicação.

Situa-se entre esses novos tipos o teletrabalho, realizado no domicílio do trabalhador (art. 6º, da CLT), em centros satélites fora do estabelecimento patronal, mas em contato com ele ou em outro local, de uso público. Flexibiliza-se, portanto, o local de trabalho, embora alguns autores considerem teletrabalhador quem trabalha na empresa, utilizando-se de computador. Nesse estudo, vamos analisar o teletrabalho como atividade de quem o executa a distância, em consonância com a origem etimológica do termo. Aliás, essa nova forma de trabalhar transcende os limites territoriais e poderá ser transregional, transnacional e transcontinental. Ela permite até mesmo a atividade em movimento. Esse tipo de trabalho é executado por pessoas com média ou alta qualificação, as quais se utilizam da informática ou da telecomunicação no exercício das atividades.

13.2.1. Teletrabalho e trabalho a domicílio

Afirmam alguns autores que o teletrabalho consiste no "renascimento do trabalho a domicílio"(138), mas, a rigor, ele é fruto da moderna tecnologia e começa a difundir-se na década de oitenta(139), embora em meados de 1970 já se falasse no assunto(140).

O teletrabalho distingue-se do trabalho a domicílio tradicional não só por implicar, em geral, a realização de tarefas mais complexas do que as manuais, mas também porque abrange setores diversos como: tratamento, transmissão e acumulação de informação; atividade de investigação; secretariado, consultoria, assistência técnica e auditoria; gestão de recursos, vendas e operações mercantis em geral; desenho, jornalismo, digitação, redação, edição, contabilidade, tradução, além da utilização de novas tecnologias, como informática e telecomunicações, afetas ao setor terciário.

Não se identifica como teletrabalhador, **no sentido etimológico do termo**, a orientadora de telecurso exibido no estabelecimento do empregador aos seus empregados, com o objetivo de proporcionar-lhes a conclusão do ensino fundamental. O orientador atua dentro do estabelecimento do empregador e não a distância(141).

---

(138) ALARCÓN CARACUEL, Gallardo Moya citado por WILFREDO SANGUINETI, Raymond. Teletrabajo: notas sobre su calificación y regimen jurídico. *In Revista do Instituto Goiano de Direito do Trabalho,* ano VIII, n. 9 de novembro de 2001, p. 294.

(139) DI MARTINO, Vittorio e WIRTH, Linda. Teletrabajo: un nuevo modo de trabajo y de vida. *Revista Internacional del Trabajo*, v. 109, 1990, n. 4. Ginebra: Oficina Internacional del Trabajo, p. 491.

(140) DUMÉNIL, Marc e ROUX, Jean Christophe. *Le télétravail*. Paris: Gualino Editeur, 1995, p. 33.

(141) "**Relação de emprego. Orientadora de telecurso. Subordinação jurídica.** A implantação de teleposto nas dependências da empresa, através de Termo de Adesão firmado com a FIEMG, SESI e SENAI, para exibição das séries de Telecurso 2000 a seus empregados, constitui medida de reconhecido caráter social, que merece todos os encômios, por lhes proporcionar a oportunidade de concluir o ensino fundamental. Contudo, a atitude louvável da reclamada não tem o condão de afastar a relação de emprego então mantida, durante quase cinco anos, com a reclamante (orientadora do telecurso), quando presente, dentre outros elementos configuradores da relação de emprego, a subordinação jurídica, revelada pela exigência de cumprimento de horário, da confecção e envio de relatórios ao Senai (que promovia a avaliação periódica das atividades da reclamante), e da supervisão da própria reclamada. Assim, não menos digna de louvor a contribuição da reclamante, para que a reclamada pudesse melhor qualificar

13.2.2. Vantagens e desvantagens para a empresa

A utilização do teletrabalho visa, em especial, a substituir o trabalho subordinado realizado de forma tradicional no estabelecimento do empregador, pelas relações externas, ainda que coordenadas pela empresa.

A utilização do teletrabalho, segundo a doutrina, apresenta, portanto, várias vantagens para o empregador, entre as quais a redução do espaço imobiliário, com diminuição de custos inerentes à aquisição de locais, aluguéis, manutenção, transporte, etc. A par dessas vantagens, propicia uma atenção melhor aos clientes mediante a conexão informática/telemática; gera maior produtividade pelo empregado, em face do desaparecimento do absenteísmo, da eliminação de tempo perdido, sobretudo no trânsito, da maior motivação e da satisfação no exercício da atividade. Além desses aspectos, a empresa se vê livre das greves de transporte, dos acidentes no trajeto do trabalho, dos fenômenos meteorológicos, entre outros(142).

Paralelamente a essas vantagens, o teletrabalho gera a necessidade de investimentos expressivos com equipamentos que se tornam com frequência obsoletos, além da presença física de equipe de manutenção. A esses fatos acresce a dificuldade de direção e controle dos trabalhadores, dependendo da forma do teletrabalho, a perda da coesão na organização empresarial e a ameaça à confidencialidade da informação(143).

13.2.3. Vantagens e desvantagens para o trabalhador

A principal vantagem apontada em favor do trabalhador é a flexibilidade de horário capaz de facilitar-lhe a conciliação das atividades profissionais com os encargos familiares. Em consequência, o teletrabalho poderá ser um meio propício à melhora da qualidade de vida do trabalhador, desde que ele consiga distinguir entre tempo de trabalho e tempo livre.

Outra vantagem consiste na possibilidade de o teletrabalho se estender a um contingente humano que enfrenta dificuldade de obter emprego formal, como é o caso das donas de casa, trabalhadores com idade avançada ou com deficiência física e presidiários. Visto sob esse ângulo, o teletrabalho poderá atuar como um meio capaz de contribuir para diminuir a desigualdade de oportunidades.

Como se vê, em princípio, o teletrabalho permite conciliar os interesses da empresa com os dos empregados.

Por outro lado, essa modalidade de trabalho a distância apresenta como desvantagem a possibilidade de deterioração das condições de trabalho, entre elas o isolamento advindo da falta de contato com outros trabalhadores. Ora, é sabido que o trabalho realizado no estabelecimento do empregador permite, em muitas funções, o contato

---

seus empregados e se orgulhar dos resultados obtidos, impondo-se o reconhecimento da existência do liame empregatício, diante da prova produzida". TRT — 3ª Região — 7ª T. — RO-02417-2002-079-03-00-9 — Relª: Juíza Maristela Íris da S. Malheiros. DJMG 25.2.2003.

(142) PÉREZ DE LOS COBOS, Francisco e ARANDA, Javier Thibault. *El teletrabajo en España. Perspectiva jurídico laboral.* Madrid: Sociedad Anónima de Fotocomposición Talisio, 2001, p. 25 e 26.

(143) PÉREZ DE LOS COBOS, Francisco e ARANDA, Javier Thibault. *Op. cit.*, p. 25-26.

com colegas, propiciando conversas amenas, troca de ideias e discussão de problemas pessoais e familiares, em clima de interação profissional e emocional.

Outra desvantagem desse tipo de trabalho é a eliminação da carreira e, consequentemente, de qualquer promoção; menores níveis de proteção social, de tutela sindical e administrativa, além de conflitos familiares, na hipótese de o trabalhador não conseguir separar o tempo livre do tempo de trabalho.

Embora lhe seja reconhecida a tutela sindical e, consequentemente, o direito de greve, o exercício desse último será dificultado pelo fato de o teletrabalhador laborar a distância.

O teletrabalho apresenta, ainda, uma nova questão a respeito da fronteira entre o exercício do poder diretivo do empregador, do poder de fiscalização da autoridade administrativa, e o direito à intimidade e à vida privada do empregado.

Quando o controle se verifica no domicílio do empregado, ele poderá imiscuir-se com a sua vida familiar.

Por outro lado, no que tange à fiscalização, ressalte-se que o fiscal do trabalho só poderá entrar no domicílio do empregado com sua aquiescência, sob pena de violar-lhe a vida privada. Nos EUA (Los Angeles), para contornar esse problema, exige-se que os teletrabalhadores designem um local ou um cômodo para esse tipo de atividade, com passagem direta à parte externa do domicílio, para que a administração do trabalho tenha acesso sem que viole o domicílio do trabalhador[(144)].

13.2.4. Vantagens para o meio ambiente

A difusão do teletrabalho poderá contribuir para reduzir a poluição, na medida em que diminui a necessidade de transporte público, favorecendo o descongestionamento do tráfego.

13.2.5. O enquadramento jurídico do teletrabalhador. Indicadores valiosos para a identificação da subordinação jurídica

As transformações tecnológicas dos últimos anos não eliminaram a relação de emprego caracterizada pela subordinação jurídica, pela heterodireção particularmente acentuadas.

O teletrabalho não neutraliza o contrato de emprego. Ele poderá prestar serviços subordinados sob a égide da CLT (art. 6º) ou como autônomo, exercendo suas atividades por conta própria, fora da tutela dessa disciplina, tudo irá depender da forma como for realizada a prestação de serviços. Saliente-se, todavia, que não é o lugar da prestação de serviços que irá distinguir as duas situações e atribuir tratamento distinto para as atividades, mas o fato de o trabalho ser realizado mediante controle do credor do trabalho ou com poderes para gerir a sua própria atividade.

---

(144) RAY, Jean-Emmanuel. Le droit du travail à l'épreuve du télétravail: le statut du teletravailleur. *Droit Social*, 1996, n. 2, p. 527.

Sustentam alguns autores que o liame empregatício configurar-se-á recorrendo-se a critérios distintos da subordinação jurídica, como a dependência econômica ou a alteridade. Não aderimos a esse ponto de vista, porque admitimos a possibilidade de adaptação da subordinação jurídica desse trabalhador em relação ao credor do trabalho. A novidade que a subordinação jurídica apresenta no teletrabalho advém de três fatores, entre os quais: o controle é **facilitado pelos aparelhos de videofiscalização**, capazes de fazer registros diversos, até superiores aos que seriam realizados pela inteligência humana, que seleciona, mas esquece; essa memória é associada a uma **capacidade de síntese inviável** ao espírito humano, e, por fim, os **métodos** de controle se tornam cada vez **mais discretos**, senão invisíveis, como ocorre quando se utilizam câmeras escondidas(145), as quais, na nossa opinião, não poderão ser instaladas sem o conhecimento do empregado.

Como se vê, para se definir a natureza do vínculo existente entre o teletrabalhador e o empregador teremos que recorrer não só aos elementos similares aos tradicionais, mas também a outros que são típicos do teletrabalho.

No trabalho a distância, do qual o teletrabalho é modalidade, o controle alusivo ao poder de direção poderá se apresentar com maior ou menor intensidade, tomando a subordinação jurídica a denominação de telessubordinação, que poderá manifestar-se durante a execução do trabalho ou, mais comumente, em função do seu resultado. Afirma-se, até mesmo, que o controle da atividade é substituído pelo controle do resultado(146).

Não é, portanto, o fato de se prometer o resultado do trabalho que irá qualificar a natureza jurídica do teletrabalho, o qual dependerá da coexistência dos pressupostos do art. 3º da CLT para ser enquadrado como objeto de um contrato de emprego, e da presença de poderes de livre-iniciativa, sem ingerência do credor do trabalho, para ser definido como autônomo.

Se o trabalhador se encontra, por exemplo, em conexão direta e permanente, por meio do computador, com o centro de dados da empresa, o empregador poderá fornecer instruções, controlar a execução de trabalho e comprovar a qualidade e a quantidade de tarefas de forma instantânea, como se o empregado estivesse no estabelecimento do empregador. A *internet* permite, inclusive, aferir o tempo de conexão do terminal do empregado, bem como quando foi acessado pela última vez o teclado. Esse controle revela, sem dúvida, a subordinação jurídica, que poderá estar presente ainda quando a execução do serviço seja desconectada (*off line*). Tudo irá depender da análise do programa de informática utilizado.

A doutrina faz referência a um programa operativo específico (*software* aplicativo), que permite registrar o tempo de trabalho, bem como pausas, erros, falsas manobras, cadência de trabalho e recebimento de instruções(147). E, na hipótese de desrespeitar os procedimentos codificados, o programa bloqueia as atividades por

(145) RAY, Jean-Emmanuel. *Op. cit.*, p. 531.
(146) PÉREZ DE LOS COBOS, Francisco e THIBAULT ARANDA, Javier. *Op. cit.*, p. 84.
(147) PÉREZ DE LOS COBOS, Francisco e THIBAULT ARANDA, Javier. *Op. cit.*, p. 38.

falta da ativação das operações predeterminadas pelo *software*. As instruções do empregador encontram-se incorporadas no próprio instrumento de trabalho e cerceiam a livre-iniciativa do empregado.

Poderá ocorrer outra situação em que, não obstante aparente liberdade de iniciativa no exercício de suas atividades, o teletrabalhador se compromete a atender as pautas, prazo e condições prefixadas, recebendo ordens por *e-mails* ou fax, "derrubando até mesmo as barreiras que separam a vida privada da vida laboral" e demonstrando a presença de uma nova forma de subordinação.

Os tribunais espanhóis[148], por exemplo, quando definem pela relação empregatícia do teletrabalhador, realçam que as novas tecnologias não poderão servir de burla à legislação vigente e assimilam a presença física à virtual, destacando que o empregador recebe por meio da *internet* a mesma prestação de serviços que receberia se o empregado estivesse na empresa, sendo idêntico o resultado do trabalho para as partes. Concluem que o avanço tecnológico não poderá implicar retrocesso social, favorecendo a precariedade do emprego.

Os elementos caracterizadores da subordinação jurídica capazes de revelar o vínculo empregatício deverão ser examinados em conjunto, para que resultem significativos. São apontados pela doutrina[149] **indicadores valiosos da subordinação jurídica**, entre os quais: a submissão do teletrabalhador a um programa informático confeccionado pela empresa, que lhe permite dirigir e controlar a atividade do empregado; o fato de o credor do trabalho ter a faculdade de escolher e substituir o programa operativo específico, com assunção de riscos; disponibilidade de tempo em favor do empregador, com a obrigação de assistir a reuniões ou cursos de treinamento, sob pena de sanção disciplinar. Outro indício consiste em ser a empresa proprietária dos equipamentos de produção (computador, linha telefônica, fax, impressora, etc.); percebimento de importância fixa pelos serviços prestados; assunção de gastos pelo credor do trabalho com água, luz, aluguel, estacionamento, manutenção de equipamentos e outros. A esses indícios acrescente-se a integração do teletrabalhador na organização empresarial, a qual se manifesta pelo grau elevado de confiança, e participação na vida da empresa, dispondo de crachá, de autorização para chamadas telefônicas externas, código para acesso informativo à empresa, figuração nas listas de distribuição interna de documentos aos diretórios eletrônicos da empresa ou aparecimento de sua representação virtual na respectiva página, fatos que não ocorrem com os profissionais que trabalham como sujeitos de um contrato civil ou mercantil.

O contrato de emprego do teletrabalhador poderá ser determinado, nos moldes traçados pela CLT, ou indeterminado, que é a regra no Direito do Trabalho brasileiro.

13.2.6. Alteração contratual

A remoção do empregado do interior da empresa para a execução do trabalho no seu domicílio ou em um telecentro é possível mediante acordo entre as partes e desde

(148) STSJ de Madrid de 30 de setembro de 1999 (AS. 3321).

(149) PÉREZ DE LOS COBOS, Francisco e outro. *Op. cit.*, p. 38 a 42.

que não acarrete prejuízo para o trabalhador, nos termos do art. 468 da CLT, observada a inalterabilidade do local do domicílio deste último.

A propósito, o Código do Trabalho de Portugal, em vigor desde 1º de dezembro de 2003, prevê, no art. 235, a possibilidade de o empregado passar a trabalhar em regime de teletrabalho por acordo escrito celebrado com o empregador, cuja duração inicial não poderá exceder de três anos.

13.2.7. Direitos assegurados ao teletrabalhador. Deveres do empregado

No Direito do Trabalho brasileiro não há legislação especial para o teletrabalhador, tampouco para o empregado a domicílio; logo, configurado o liame empregatício, deverão ser aplicadas as normas trabalhistas gerais da CLT (art. 6º), adaptando-as às peculiares circunstâncias em que se desenvolve o teletrabalho, entre os quais a possibilidade de administrar o tempo, de modo mais benéfico para o teletrabalhador. Em geral, esse trabalhador não está sujeito a controle de jornada e é livre para escolher o horário e por quanto tempo deseja trabalhar, daí a dificuldade de se comprovar a prática de horas extras.

É possível, entretanto, aplicar ao teletrabalhador as normas sobre jornada de trabalho, quando estiver em conexão permanente com a empresa que lhe controla a atividade e o tempo de trabalho mediante a utilização de um programa informático, capaz de armazenar na memória a duração real da atividade, dos intervalos, ou o horário definido pela exigência dos clientes do empregador, sem que o teletrabalhador tenha liberdade para escolher as horas que pretende trabalhar ao dia. Não há incompatibilidade entre o teletrabalho e a jornada extraordinária e, consequentemente, é possível também fixar o salário por unidade de tempo[(150)].

Poderá acontecer ainda de o teletrabalhador ter que exercer as atividades nos finais de semana e também à noite, pois nesses dias e horários o computador é menos solicitado. Se ele trabalha nessas condições, para atender a prazos de entrega, impostos pelo empregador, em períodos de grande demanda, fará jus à paga correspondente (repouso em dobro e adicional noturno). Se essa escolha é do empregado, não há como impor ao empregador esses ônus. Entretanto, entendemos que nesses casos o empregador deve evitar contactá-lo à noite, exceto em situações de urgência, pois o controle contínuo ou nesse turno constitui indiscrição e atenta contra a vida privada do empregado. O avanço tecnológico subverte os critérios da relação clássica de trabalho e apresenta problemas jurídicos diversos, mormente no que se refere à liberdade e à intimidade do empregado, ameaçadas por ingerência do empregador e até pelos órgãos de fiscalização do trabalho.

Por outro lado, o teletrabalhador assalariado tem o dever de lealdade e confidencialidade em relação às informações sigilosas da empresa, de clientes e de colegas, devendo resguardá-las como consequência do dever geral de boa-fé.

---

(150) PÉREZ DE LOS COBOS, Francisco e outro. *Op. cit.*, p. 58-60. Afinado com a ideia encontra-se: LEFEBRE, Sylvain. *Nouvelles Technologies et protection de la vie privée en milieu de travail en France et au Québec*. Aix-en-Provence: Presses Universitaires D'Aix-Marseille, 1998, p. 67.

13.2.8. Riscos para a segurança e saúde dos teletrabalhadores

O fato de o teletrabalhador exercer suas atividades fora do estabelecimento do empregador não o exime de cumprir as normas de higiene e segurança do trabalho (art. 6º da CLT).

Entre os riscos e patologias que essa nova forma de trabalhar apresenta encontram-se aqueles relacionados com o local e com a organização do trabalho.

Em **primeiro lugar**, salientamos que os teletrabalhadores, em geral, fazem **uso de computador**. Por isso, recomenda-se que o aparelho não fique contra a luz ou de frente para ela (se for natural), seja também móvel, com tela plana, imagem estável e dimensão suficiente. O monitor do computador deverá estar na altura dos olhos. A par desses aspectos, torna-se necessário, ainda, que a mesa ou superfície em que se assenta o computador seja também plana, de dimensão suficiente, de cor fosca ou clara, com suporte para documentos, além de assento regulável. Se a pessoa que for se utilizar do equipamento tiver estatura baixa e não conseguir encostar o pé no chão, torna-se necessário colocar um encosto para os pés. Recomenda-se também o uso de cadeira giratória. A exigência se justifica porque a inadequação desses elementos poderá provocar fadiga visual e problema musculoesquelético na região dorso-lombar, considerando a posição sedentária em que se desenvolve o trabalho.

Os **problemas visuais**, em geral, estão relacionados com a iluminação do local de trabalho, devendo-se evitar os reflexos de luz e, para isso, o aparelho ou as janelas contarão com dispositivo de cobertura capaz de atenuar a luz externa.

Sustenta-se, ainda, que os níveis elevados de **ruídos**, inclusive **das possíveis impressoras no local de trabalho**, **associados** aos zumbidos de **ventiladores ou transformadores**, bem como o **excesso de conversa no local**, poderão afetar a concentração do teletrabalhador e também o seu rendimento.

Não só a **fadiga** e os **problemas osteomusculares** poderão surgir nesse tipo de trabalho como também o estresse, responsável por transtornos físicos e psicológicos.

O estresse tem sua origem etimológica voltada para a palavra francesa *destresse*, que significa "ser colocado sob aperto ou opressão" (francês arcaico *estresse*). Ele é inevitável na vida humana e consiste numa "exigência imposta sobre as capacidades de adaptação da mente e do corpo". O estresse poderá ser bom para o organismo se as capacidades conseguem lidar com as dificuldades e desfrutar do estímulo envolvido; caso contrário, ele será prejudicial. Se a exigência estiver muito abaixo de nossa capacidade, poderemos nos sentir entediados e desestimulados, o que poderá gerar consequências danosas, quer sob o prisma físico, quer sob o prisma psíquico. Se a exigência ficar muito acima de nossa capacidade, poderemos sentir manifestações de tensão e opressão. As principais consequências do estresse são a liberação de adrenalina e noradrenalina das suprarrenais na corrente sanguínea e as consequências disso, a longo prazo, podem gerar distúrbios cardiovasculares, além de outros males[151].

(151) FONTANA, David. *Estresse*. São Paulo: Saraiva, 1991, p. 17 a 19. Trad. Nivaldo Montingelli Júnior.

O **estresse é provocado por vários fatores**, principalmente pelo local e pela organização do trabalho. Assim, são causadores de maior tensão no teletrabalhador a repetitividade, a infrautilização de habilidades, o ritmo de trabalho, avaliado por programa de computador que permite medir o período de baixa atividade e emitir avisos disciplinares se a velocidade não atende os objetivos da empresa ou, em se tratando de tradutores, por exemplo, se os equipamentos, a par de registrar as páginas traduzidas, controlam os toques por minuto, os erros, o método de trabalho e as micropausas(152). A esses estressores aliam-se a sobrecarga de trabalho, a complexidade da tarefa e a pressão temporal.

Se não bastasse, existem ainda **outros fatores** responsáveis pelo comprometimento da segurança e saúde do teletrabalhador afetos à organização do trabalho, entre os quais situam-se: a falta de comunicação e interação com companheiros de trabalho e chefes, a ausência de informações adequadas à utilização dos equipamentos de trabalho, à formação e à atualização de conhecimento. Ademais, a liberdade de regular o ritmo de trabalho poderá induzir o trabalhador a não distinguir tempo de trabalho e tempo livre, transformando-o em um *workaholic*. Todos esses fatores geram depressão, falta de concentração, irritabilidade, insônia, que, no somatório, são altamente estressantes.

Para atenuar esses problemas, recomenda-se que o empregador se faça auxiliar por uma equipe multidisciplinar, constituída de representantes da empresa e especialistas de várias áreas, principalmente da medicina e da psicologia, os quais utilizarão os testes de adaptação ao trabalho na seleção desses empregados. Deverão, ainda, ser estabelecidos sistemas de informação e comunicação verdadeiramente efetivos e não só restritos à eficácia produtiva, isto é, essa tecnologia deve ser utilizada tendo-se em vista também as necessidades dos trabalhadores. Visando a reduzir o risco do isolamento social o empregador deverá facilitar as relações de cooperação entre os trabalhadores, quer sob o aspecto formal, quer sob o aspecto informal, organizando reuniões regulares entre teletrabalhadores e empregados da empresa, sobre assuntos concernentes ao trabalho. O fornecimento de informação sobre as atividades de outros empregados e departamentos da empresa, possibilitará a comunicação entre os teletrabalhadores, fator importante para o apoio emocional entre eles. Ora, se de início o trabalho a distância propicia maior liberdade, após um certo tempo gera tédio e solidão. Sugere-se também, para amenizar esses problemas, o uso de telefone com possibilidade de ver a imagem dos interlocutores no visor(153).

13.2.9. O teletrabalho e a legislação estrangeira. Primeiras manifestações legislativas

No plano internacional não há norma dispondo sobre o tema, podendo ser aplicada a Convenção Internacional n. 177 da OIT quando o teletrabalho se desenvolver no domicílio do empregado, como também a Declaração de 1998, do mesmo organismo internacional, que versa sobre princípios e direitos fundamentais no trabalho.

---

(152) PÉREZ DE LOS COBOS, Francisco e THIBAULT ARANDA, Javier. *Op. cit.*, p. 79.

(153) DUMÉNIL, Marc e ROUX, Jean Christophe. *Le télétravail*. Paris: Gualino Editeur, 1995, p. 85.

O tratamento legal atribuído pelos países ao teletrabalho ainda é escasso. Citamos como exemplo o Código do Trabalho de Portugal, em vigor desde dezembro de 2003, cuja Seção IV dispõe sobre o tema em 11 artigos, quando, obviamente, é o teletrabalho objeto de um contrato de emprego. Ele requer forma escrita, com a identificação e assinatura das partes, cargo ou função a desempenhar, regime de trabalho, duração do trabalho, atividades antes exercida pelo teletrabalhador ou que irá exercer quando da cessação do contrato de teletrabalho, propriedade dos instrumentos do trabalho, entidade responsável pela instalação, manutenção, pagamento das despesas inerentes, identificação do estabelecimento ou departamento da empresa à qual deve reportar o teletrabalhador e identificação do superior hierárquico ou de outro interlocutor com o qual o teletrabalhador contactará no âmbito da prestação de trabalho (art. 103, I e II, e 234 da citada legislação).

Não se considera sujeito ao regime de teletrabalho o acordo não escrito ou em que falte a menção ao regime de trabalho (art. 234, II).

O referido código assegura ao teletrabalhador, no art. 236, os mesmos direitos garantidos aos outros trabalhadores, quer no tocante à formação e promoção, quer no que se refere às condições de trabalho. No preceito legal seguinte garante-se ao teletrabalhador o respeito à privacidade, ao tempo de descanso e de repouso da família, bem como às boas condições de trabalho, tanto do ponto de vista físico como moral.

O art. 237, no inciso II, prevê visitas ao domicílio do teletrabalhador para controle de sua atividade e dos respectivos equipamentos no horário de 9 às 19 horas, com a assistência do empregado ou de pessoa por ele designada.

13.2.10. Instrumentos de trabalho

"Na ausência de estipulação contratual, presume-se que os instrumentos de trabalho utilizados pelo teletrabalhador no manuseio de tecnologias de informação e de comunicação constituem propriedade do empregador, a quem compete a respectiva instalação e manutenção, bem como das inerentes despesas" (art. 238, I, do Código do Trabalho de Portugal).

O teletrabalhador deverá observar as regras de utilização dos instrumentos que lhe forem disponibilizados e não poderá, salvo acordo em contrário, dar aos equipamentos que lhe forem confiados uso diverso do cumprimento da prestação de serviços (art. 238 do Código do Trabalho português).

13.2.11. Segurança, higiene e saúde no trabalho

O art. 239 do Código do Trabalho de Portugal estende ao teletrabalhador o regime jurídico relativo à segurança, higiene e saúde no trabalho, bem como pelo regime jurídico dos acidentes de trabalho e doenças profissionais.

O empregador é responsável pela definição e execução de uma política de segurança, higiene e saúde que abranja esses trabalhadores, aos quais deverão ser proporcionados exames médicos periódicos e equipamentos de proteção visual.

Ressalte-se que o teletrabalhador está também sujeito aos limites máximos de trabalho diário e semanal aplicáveis aos que exercem a sua atividade fora desse regime (art. 240). O teletrabalhador poderá, entretanto, estar isento de horário de trabalho (art. 241 do Código do Trabalho português).

13.2.12. Deveres secundários

Entre os deveres secundários do empregador encontra-se, no art. 242 do diploma legal citado acima, o de proporcionar ao teletrabalhador formação específica para utilização e manuseio das tecnologias de informação e comunicação necessárias ao desempenho da atividade laboral. Ele deverá também proporcionar ao teletrabalhador contatos regulares com a empresa e demais trabalhadores, a fim de evitar o seu isolamento.

Já o teletrabalhador deve, em especial, guardar segredo sobre as informações e as técnicas que lhe tenham sido confiadas pelo empregador. O fundamento desse dever reside na defesa da intimidade do titular do segredo ou de outros interesses legítimos de pessoas abarcadas pela confidência. Sua violação implica indiscrição sobre a informação e ofende a confiança, base da relação profissional, como também poderá violar a intimidade de quem confiou o segredo.

13.2.13. Participação e representação coletivas

"O teletrabalhador é considerado para o cálculo do limiar mínimo exigível para efeitos de constituição das estruturas representativas dos trabalhadores previstos nesse Código, podendo candidatar-se a essas estruturas" (art. 243 do Código de Trabalho de Portugal).

Ele poderá participar também das reuniões promovidas no local de trabalho pelas comissões de trabalhadores ou associações sindicais, nomeadamente, através do emprego das tecnologias de informação e de comunicação utilizadas habitualmente na sua atividade laboral.

As comissões e as associações citadas acima podem, com as necessárias adaptações, por meio de informação e comunicação, utilizadas habitualmente pelo teletrabalhador no desempenho de suas atividades, fixar e divulgar textos, convocatórias, comunicações ou informações relativos à vida sindical e aos interesses socioprofissionais dos trabalhadores.

14. EMPREGADO DOMÉSTICO

14.1. Evolução legislativa

De origem etimológica latina (*domus* — casa), o trabalho doméstico realizado no âmbito residencial de outrem era disciplinado, inicialmente, no Brasil, pelas Ordenações do Reino. Posteriormente, o Código Civil de 1916 tratou do assunto, no capítulo referente à locação de serviços (art. 1.216 e ss.), que se aplicava às relações de trabalho em geral. Em 1941, edita-se o Decreto-Lei n. 3.078, disciplinando a locação dos empregados em serviços domésticos. Intensa polêmica foi travada em torno de sua vigência. Havia quem entendesse que o referido diploma legal não entrara em vigor, à falta de regulamentação (J. Antero de Carvalho. *Direito e jurisprudência do trabalho*, p. 92); outros (Mozart Victor Russomano) sustentavam a sua autoexecutoriedade no que fosse possível, e, finalmente, havia os que o consideravam revogado pela CLT e legislação complementar (Arnaldo Süssekind e Evaristo de Moraes Filho. *Temas atuais de Trabalho e Previdência*. São Paulo: LTr Editora, 1976, p. 140).

Em nosso entender, a CLT, quando disciplinou as relações individuais e coletivas de trabalho, excluindo o doméstico de sua esfera normativa (art. 7º, "a"), não revogou o Decreto-Lei n. 3.078, mas simplesmente deixou de estender ao empregado doméstico as normas consolidadas, embora o entendimento jurisprudencial dominante fosse em sentido contrário.

Mais tarde, em 11 de dezembro de 1972, editou-se a Lei n. 5.859, disciplinando o trabalho doméstico. Em 1988, o parágrafo único do art. 7º da Constituição vigente ampliou os direitos até então assegurados.

14.2. Conceito

O art. 1º da Lei n. 5.859 conceitua empregado doméstico como sendo "aquele que presta serviços de natureza contínua e de finalidade não lucrativa à pessoa ou à família, no âmbito residencial destas". Essa lei corrigiu o equívoco cometido pela CLT quando, ao conceituar o doméstico, definiu-o como aquele que presta serviços de natureza não econômica à pessoa ou à família, no âmbito residencial destas (art. 7º, "a", da CLT). Ora, esses serviços têm em mira a satisfação de uma necessidade, embora não tenham propósitos de lucro. A atividade doméstica cinge-se, portanto, à "economia de consumo de uma comunidade familiar"[(154)].

Do conceito de empregado doméstico emergem os seguintes pressupostos: a) o trabalho é realizado por **pessoa física**; b) em caráter **contínuo**; c) no âmbito residencial de uma **pessoa ou família,** pouco importando tratar-se de residência consular, pois a imunidade de jurisdição de que gozam os cônsules restringe-se aos atos de ofício[(155)]; d) sem destinação **lucrativa**. Compreendem-se, portanto, no conceito de empregado doméstico, não só a cozinheira, a copeira, a babá, a lavadeira, o mordomo, a governanta, mas também os que prestam serviço nas **dependências ou em prolongamento** da residência, como o jardineiro, o vigia[(156)], o motorista, o piloto ou marinheiro

---

(154) LUCA, Carlos Moreira de. Contrato de emprego doméstico. *Revista de Direito do Trabalho*, São Paulo, n. 36, p. 9.

(155) "**Empregada doméstica. Contratação. Cônsul** — Imunidades de jurisdição. Ausência. Segundo o art. 43 da Convenção sobre as Relações Consulares, celebrada em Viena, em 1963, os cônsules e funcionários consulares gozam de imunidade de jurisdição apenas no tocante aos atos de ofício, dentre os quais não se inclui a contratação de empregada para prestar serviços domésticos na residência consular. Recurso Ordinário não provido". TST — SDI II — RO-MS 341.103 — 1997 — DJ de 12.11.99, p. 64. *Revista Síntese*, Porto Alegre, n. 135, set. 2000, p. 46.

(156) "**Vigia doméstico.** O empregado que presta serviços em chácara, sem fins lucrativos, na função de vigia, unicamente para velar pela segurança de aeronave do reclamado com finalidade apenas de sua locomoção, é doméstico." TRT 18ª R. RO-01036-2003-012-18-00-3 — Rel. Juíza Ialba Luza Guimarães de Mello — DJGO 26.2.**2004**). *Revista Síntese* n. 180, jul. 2004, p. 91.

particular[(157)], os caseiros e zeladores de **casas de veraneio** ou **sítios destinados ao recreio dos proprietários**, sem qualquer caráter lucrativo. Não descaracteriza a condição de doméstico o fato de o sítio ou a chácara criar aves raras ou cultivar plantas ornamentais sem finalidade mercantil[(158)]. Outra será a situação se o sítio explorar atividade lucrativa, por meio da venda de frutos, flores, hortaliças, aves, ovos, ou se for o local alugado para eventos, como congressos, festas, etc.[(159)]. Nesses casos, o vínculo empregatício caracterizar-se-á, nos moldes da Lei n. 5.889, de 1973, ou da CLT e não da disciplina legal dos domésticos.

Equipara-se, ainda, a empregado doméstico, a pessoa física que trabalha como **segurança dos familiares** de empregador, reunindo os pressupostos do art. 1º da Lei n. 5.859, de 1972[(160)].

---

(157) "**Relação de emprego — Motorista residencial doméstico** — Trabalho externo eventual — Direito às horas extras — Impossibilidade. Se a prova dos autos demonstra que a reclamante foi admitida e registrada como trabalhadora doméstica (motorista), não há como enquadrá-la na categoria diferenciada dos empregados em empresas de transportes rodoviários (Precedente n. 55 da SDI-1/TST): A circunstância de ocorrer, em tese, a execução de tarefas externas eventuais em prol da reclamada e de seus familiares, não lhe dá o direito de receber horas extras, pois se trata de pedido juridicamente impossível." (TRT 3ª Reg. RO 15483/02 — (Ac. 4ª T.) — Rel. Juiz Lucas Vanucci Lins. DJMG 15.2.03, p. 14. *Julgados Trabalhistas Selecionados,* vol. IX. Irany Ferrari e Melchíades R. Martins. São Paulo: LTr, **2005**, p. 332).

"À semelhança dos motoristas profissionais, é empregado doméstico o **aviador** que presta serviços a diretor-presidente de sociedade anônima e sua família, em caráter particular". TRT — SP-13001/76 — Rel.: Juiz Antônio Lamarca — Ac. 1ª T. 6.740/77 — DJESP 23.7.77, p. 32. CARRION, Valentin. *Nova Jurisprudência em Direito do Trabalho.* São Paulo: Revista dos Tribunais, 1979, p. 98-99.

"**Empregado Doméstico. Marinheiro. Embarcação particular de recreio.** Finalidade Mercantil. Inexistência. Reconhecimento. Considera-se doméstico "aquele que presta serviços de natureza contínua e de finalidade não lucrativa à pessoa ou à família, no âmbito residencial destas" (art. 1º, Lei n. 5.859/72); nesse diapasão, só há de ser classificado o trabalhador como doméstico se a prestação de serviços estiver voltada — ou introjetada — para a usufruição pessoal ou familiar. Vale dizer, a tônica do dispositivo está centrada na finalidade não lucrativa da tarefa realizada pelo trabalhador, independentemente se a prestação de serviços ocorre, ou não, no espaço físico em que reside o contratante. Restando comprovada a ativação do recorrido — marinheiro de embarcação particular — em favor do reclamado apenas no âmbito recreativo-familiar, não existindo nela qualquer finalidade econômica ou lucrativa, não há como se afastar o reconhecimento de contrato de trabalho doméstico". TRT — 15ª Reg. — Proc. 4987/00 (4414/02) — 2ª T. — Rel.: Juiz Luís Carlos Cândido Martins Sotero da Silva — DOESP 28.1.**2002**. *Síntese Trabalhista.* n. 155, maio 2002, p. 71.

(158) "**Relação de emprego. Doméstica. Sítio de lazer.** Sendo a prestação de serviços realizada em sítio de lazer, que não explora atividade pecuária ou agrária com destinação econômica, eis que não comprovada a prática de quaisquer atos de comercialização, resta configurada a relação de emprego doméstica. Ainda que eventualmente a autora tenha auxiliado o caseiro do sítio a executar tarefas ligadas ao campo, como corte de grama, limpeza de galinheiro, não há como enquadrá-la como empregada rural, em face da não exploração de atividade agroeconômica, devendo ser considerada a atividade básica de faxineira e cozinheira para os membros da família". TRT 3ª Região — 1ª Turma — RO- 00057-2004-049-03-00-0 — Relª: Juíza Maria Laura Franco Lima de Faria — DJMG 16.7.**2004**, p. 3.

(159) "**Caseira de sítio. Enquadramento. Empregada celetista**. Provado nos autos que a reclamada explora atividade econômica, *ex vi* do disposto no art. 2º da CLT, porquanto o sítio de sua propriedade, no qual laborava a reclamante, **era habitualmente alugado a terceiros com patente finalidade lucrativa**, mister se faz o deferimento à mesma dos direitos previstos por aquele estatuto consolidado." TRT — 3ª Região — RO-4549/99 — 4ª Turma. Rel.: Juiz Júlio Bernardo do Carmo — DJMG 9.10.1999, p. 12 (grifou-se).

(160) "**Empregado doméstico. Serviço de Segurança Pessoal. Caracterização**. É doméstico a pessoa física que trabalha como **segurança dos familiares** de empresário, reunindo os requisitos da legislação específica. Cabe registrar que a circunstância de o reclamante prestar serviços fora dos limites da residência do empregador deve-se à natureza de suas atribuições, que consistiam no acompanhamento de todos os membros da família para zelar pela sua segurança. Dessa forma, o aspecto a ser considerado, no caso, é a ausência de finalidade lucrativa da atividade desenvolvida pelo trabalhador". TRT — 3ª Região — 2ª T. — RO-10032/96 — Relª: Juíza Alice Monteiro de Barros — julgado em 17.12.96. De maneira análoga nos pronunciamos perante o TRT da 3ª Região — 2ª Turma — RO-01492-2002-112-03-00-3 — MG 12.5.**2004**.

Na hipótese de haver exploração de atividade lucrativa, seja na residência urbana, onde o proprietário mantenha, por exemplo, uma pensão[161], seja na chácara, com a comercialização de seus produtos, concorrendo o trabalhador com seu serviço para essas atividades, perderá sua condição de doméstico e enquadrar-se-á como empregado regido, respectivamente, pelo art. 3º da CLT ou pelo art. 2º da Lei n. 5.889, de 1973. Lembre-se, entretanto, que permanecerão como domésticos os que trabalharem apenas nas residências da fazenda, arrumando a casa ou cozinhando para os seus proprietários[162]. Não é, portanto, apenas a destinação do empreendimento como um todo, mas também a atividade ali desenvolvida pelo trabalhador que irá caracterizar a natureza da relação jurídica.

Não caracteriza relação de emprego doméstico, por ausência de pessoalidade e de subordinação jurídica, a atividade desenvolvida no âmbito residencial da própria trabalhadora autônoma que revezava com sua mãe os cuidados dispensados ao filho da reclamada em setor diverso dessa última (cf. TRT 3ª Região, RO 00643-2009-069-03-00-4, 7ª Turma, Relator Juiz Convocado Antônio Gomes de Vasconcelos, julgado em 31.8.2009).

Também não vemos como atribuir ao cabo eleitoral a condição de empregado doméstico, inobstante pronunciamentos contrários[163], pois o art. 1º da Lei n. 5.859 aponta como pressuposto de seu conceito o fato de prestar ele serviços à pessoa ou à família no âmbito residencial destas, cingindo-se a prestação à economia de consumo de uma comunidade familiar. Aliás, a Lei n. 9.504, de 30 de setembro de 1997, no art. 100, dispõe expressamente que "a contratação de pessoal para prestação de serviços nas campanhas eleitorais não gera vínculo empregatício com o candidato ou partido contratantes".

---

(161) "**Trabalho em hospedagem. Não configuração**. Quem trabalha em casa de hospedagem mantida pelo empregador não é doméstico, pois este trabalha no âmbito residencial da família". TRT — 8ª Reg. — RO 1713/89 — Ac. 218/90 — Relª: Juíza Antonia Campos Serra — DJPA 7.2.90. *Resenha Trabalhista*. Arno Duarte. Editora Orientadora Trabalhista, out. 1990, p. 107.

Igualmente, não constituirá trabalho doméstico aquele realizado em ambiente familiar, mas aproveitado pelo empregador com fim lucrativo. É o que se infere desta ementa: "Relação de emprego. Não é doméstico empregado que trabalha fabricando queijos, ainda que em ambiente familiar do empregador, destinados à venda a terceiros. O serviço prestado na hipótese é fator de produção para quem dele se utiliza". TRT — 3ª Reg. — 2ª T. — RO 11.381/92 — Relª: Juíza Alice Monteiro de Barros.

(162) "**Vínculo empregatício. Exercício de atividade de dona de casa na fazenda** em que labora o marido e na qual reside com sua família, por autorização do empregador. Não reconhecimento. Ausência de requisitos do art. 3º da CLT. O exercício de atividades rotineiras de dona de casa na fazenda em que labora o marido, cedida pelo empregador para nela fixar a autora residência comsua família, não autoriza o reconhecimento de vínculo empregatício por ela pretendido, por ausência dos requisitos do art. 3º do Celetário". TRT — 12ª Reg. — RO V 02262/99 — Ac. 2ª T. — 02764/00 — Rel.: Juiz Carlos Alberto Pereira Oliveira — DJSC 7.4.99, p. 283.

(163) "**Relação de emprego. 'Cabo Eleitoral'**. O traço distintivo do contrato de emprego doméstico não é o dado, meramente circunstancial, de o labor desenvolver-se em âmbito residencial: é a destinação do trabalho, a atividade de escopo lucrativo, ou não (Lei n. 5.859/72, art. 1º). É, assim, empregado doméstico o 'cabo eleitoral' que presta trabalho estritamente em campanha eleitoral, não se divisando lucro, em sentido próprio, no objetivo do candidato". TRT — 9ª Reg. — Ac. 7877/92 — 1ª Turma — RO 5588/91 — Rel.: Juiz João Oreste Dalazen — DPJR de 16.10.92. *In*: PAMPLONA FILHO, Rodolfo e VILATORE, Marco Antônio C. *Direito do Trabalho Doméstico*. São Paulo: LTr, 1997, p. 157.

14.3. Pessoa que presta serviços de acompanhamento ou enfermagem no âmbito familiar ou em casa de repouso, em caráter particular

Equipara-se a doméstico a pessoa que, no âmbito residencial de alguém, presta serviços contínuos de acompanhamento a pessoa idosa ou serviços de asseio e enfermagem a membro da família doente ou inválido, sem qualquer finalidade lucrativa.

Essa é a **Orientação Jurisprudencial**:

"Enfermeiro no âmbito residencial. Profissional enfermeiro que executa serviços de enfermagem, na residência do reclamado, sem finalidade lucrativa, é considerado empregado doméstico". **TST.RR** 4.138/88.6 (Ac. 2ª T. 3.108/91). 2ª Reg. Red. Design.: Min. Hylo Gurgel. DJU de 29.11.91, p. 17.430. *Julgados Trabalhistas Selecionados*. Irany Ferrari e Melchíades Rodrigues Martins. São Paulo: LTr, 1992, p. 227.

"Enfermeira. Caracterização do trabalho como doméstica. A qualificação dos serviços prestados como enfermeira não tem o condão de desqualificar o enquadramento do labor como doméstico. Empregado doméstico é aquele que 'presta serviços de natureza contínua e de finalidade não lucrativa à pessoa ou à família no âmbito residencial destas', nos termos do art. 1º, da Lei n. 5.859/72. E, portanto, torna-se irrelevante a função desempenhada pela laborista quando, efetivamente, a tenha exercido para pessoa física e em seu domicílio". TRT — 3ª Região — Ac. 4ª Turma — RO 01440-2001-111-03-00-9. Rel.: Juiz Heriberto de Castro. Data de Publicação: 20.4.2002.

"Empregado doméstico. Enfermeiro. Labor em âmbito residencial. Ausência de finalidade lucrativa. Caracterização. Considera-se doméstico 'aquele que presta serviços de natureza contínua e de finalidade não lucrativa à pessoa ou à família, no âmbito residencial destas' (art. 1º, Lei n. 5.859/72). Assim, caracteriza o trabalhador como doméstico a realização de serviços direcionados à pessoa ou família, no âmbito residencial e sem a finalidade lucrativa, isto é, sua mão de obra não gera lucros financeiros para o empregador, beneficiário direto ou indireto (família) do labor". TRT — 15ª Reg. — Proc. 20.983/03 (41.442/03 — PATR) — 4ª T. Rel.: Juiz Manuel Soares Ferreira Carradita — DOESP 19.12.2003. *Revista Síntese*, n. 179, p. 96.

Aliás, a legislação paraguaia é expressa nesse sentido, inserindo no conceito de doméstico as pessoas que cuidam de enfermos, idosos ou minorados (art. 148 do Código do Trabalho).

Mesmo que esses serviços sejam prestados ao idoso ou enfermo, em caráter particular, em casa de repouso, caracteriza-se o vínculo de emprego doméstico, por atenderem a uma necessidade familiar, que consiste em dar assistência aos seus membros(164).

Se, todavia, os serviços de enfermeiro forem prestados de forma descontínua, em apenas alguns dias da semana, não vemos como enquadrá-lo na condição de

---

(164) "**Âmbito familiar. Acompanhante particular em casa de repouso**. O conceito de âmbito familiar não se atrela ao lugar da prestação dos serviços, mas a quem o aproveita (Amauri Mascaro Nascimento, *Apud* Sérgio Pinto Martins). No caso, a natureza dos serviços atende uma necessidade da família, qual seja, de dar auxílio mútuo aos seus membros". TRT — SP 02980184521 — Ac. 9ª T. 02990135671 — DOE 20.4.99 — Relª: Juíza Maria Luiza Freitas. *Revista Synthesis* 29/99, p. 215.

doméstico, pelas razões expostas no subtítulo "Diaristas". Nesse sentido inclina-se a jurisprudência(165).

14.3.1. Serviço doméstico a pessoas que vivem comunitariamente — República de estudantes

O serviço doméstico pode ser prestado a pessoa que reside só, a família ou até mesmo a pessoas que se reúnem para viver comunitariamente(166), como em uma república de estudantes, por exemplo, onde não se explora qualquer atividade lucrativa.

14.3.2. Serviços de natureza doméstica a um condomínio

Note-se, entretanto, que se os serviços forem prestados a um conjunto de moradores de casas vizinhas, a situação se assemelha a um "condomínio de fato"(167), logo, o trabalhador deixa de ser doméstico, passando a figurar em um dos polos da relação de emprego tutelada pela CLT, por aplicação analógica da Lei n. 2.757, de 23 de abril de 1956, que incluiu na sua esfera normativa "os porteiros, zeladores, faxineiros e serventes de prédios de apartamentos residenciais, desde que a serviço da administração do edifício e não de cada condômino em particular".

Observe-se, porém, não comungar nesse entendimento o TST, que tem atribuído a relação de emprego doméstico ao guarda-noturno que presta serviços a vários moradores de rua(168).

14.3.3. Empregada a domicílio

Não é doméstica a pessoa física que, reunindo os pressupostos do art. 3º da CLT, trabalha no seu próprio domicílio. Isso porque o art. 6º da CLT não estabelece distinção entre o trabalho realizado no estabelecimento do empregador e aquele realizado no domicílio do empregado.

---

(165) "**Enfermeiro que trabalha em residência particular**, somente nos finais de semana, com liberdade para prestar serviços em outros locais, não se enquadra como empregado doméstico". TRT — GO 416/99, Ac. 1410/99. Rel.: Juiz Breno Medeiros — DOE 16.4.99. *Revista Synthesis*, n. 29/99, p. 215.

(166) "Se o empregado presta a uma pessoa ou a um **grupo de pessoas, que se reúnem para viver comunitariamente**, serviços de natureza não lucrativa, no âmbito residencial delas,assume as características legais de empregada doméstica". TRT — 3ª Reg. — 1ª T. — RO 4.103/85 — Rel. Juiz Luiz Carlos Avellar — DJMG n. 71/86. TEIXEIRA FILHO, João de Lima. *Repertório de Jurisprudência Trabalhista*, v. 5. Rio de Janeiro: Freitas Bastos, p. 259. A hipótese era de uma república de estudantes, e não de um pensionato.

(167) "**Vigia de rua. Aplicação analógica da legislação pertinente a condomínio.** O vigia de rua, contratado por grupo de moradores de residências vizinhas, exerce função semelhante ao porteiro ou zelador de prédios residenciais. Não há, pois, falar em seu enquadramento como doméstico, sendo pertinente a aplicação analógica da Lei n. 2.757, de 23 de abril de 1956, respondendo cada morador pela cota parte que lhe compete". TRT — 3ª Reg. — RO-7471/01 — 1ª T — Relª: Juíza Maria Laura Franco Lima de Faria — DJMG 21.9.01. *Revista TRT* — 3ª Região n. 64, p. 395.

(168) "**Vigia de residência. Relação de emprego.** O trabalho do guarda noturno que presta serviços a vários moradores de rua residencial reveste-se de natureza doméstica. Recurso parcialmente conhecido e provido". TST — 5ª T. — RR-326953/96.9 — Red.: Min. Darcy Carlos Mahle — DJ 17.12.99 — p. 379. *Revista do Direito Trabalhista*, jan. 2000.

14.3.4. Pedreiro que trabalha na construção de residência

Prevalece no Tribunal Superior do Trabalho a orientação segundo a qual inexiste relação empregatícia entre o pedreiro e o proprietário de obra residencial[(169)], por não explorar este último atividade econômica, tampouco assumir os riscos a ela inerentes.

Divergimos desse posicionamento e também dos que consideram doméstico o pedreiro que trabalha na construção ou reforma de residência[(170)]. Afora as hipóteses configuradoras de uma empreitada, é empregado regido pelos preceitos do art. 3º da CLT o pedreiro cujas atividades são desenvolvidas sob as ordens do proprietário da obra, que se arvora a substituir a atividade do construtor, assumindo os riscos do empreendimento, a teor do disposto no art. 2º da CLT. O trabalho, na hipótese, não se subsume à atividade de consumo, como ocorre com o trabalho do médico e do paciente, possuindo destinação econômica e até fins lucrativos, ainda que a longo prazo. Ademais, o dono da obra acaba por substituir o engenheiro, considerado empregador por equiparação (art. 2º, § 1º, da CLT).

Esse, aliás, é o entendimento doutrinário:

> "Os serviços prestados pelo reclamante se destinam à construção ou à conservação de bem material infungível. Trata-se de bem suscetível de possuir destinação econômica, ainda que a longo prazo, por ser passível de venda, de permuta, de sucessão..." (cf. PEREIRA DONATO, Messias. *Curso de Direito do Trabalho*, Saraiva, 1979, *passim*).

Em consonância com a doutrina, assim já se manifestou a jurisprudência:

"Quando é o próprio dono da casa que a constrói, ele exerce uma atividade econômica, eis que está aumentando o seu patrimônio, está substituindo a empresa, sendo, portanto, empregador, tal como preconiza o art. 2º da CLT, pois assume o risco da atividade, admite e assalaria pessoal. Relação de emprego caracterizada". TST-RR-3790/89 — Ac. 2ª T. — 2273/9-0.1. — Rel.: Min. José Ajuricaba da Costa e Silva.

"O dono da obra que diretamente admite trabalhador para construção ou reforma da casa própria é empregador. Conforme leciona Paulo Emílio Ribeiro de Vilhena, o dono da obra, ao empreender tal atividade econômica, substitui profissionais habilitados. Por isso, deve assumir os riscos decorrentes (de natureza jurídica e econômica) e responder juridicamente pela situação dos empregados que contratar". TRT/DF 980/93 — Ac. 2ª T. 192/94 — Rel.: José Luciano de Castilho Pereira. *Revista Synthesis* 19/94, p. 282.

"Servente de pedreiro. Reforma de residência própria. Princípio do risco por substituição de atividade. Vínculo Empregatício. Aquele que se embrenha na construção de residência particular substitui o empreiteiro da construção civil que deveria realizar a obra. Trata-se da aplicação do princípio do risco por substituição da atividade, consagrado na doutrina e

---

(169) "**Dono de obra residencial. Vínculo de emprego**. Configuração. A previsão legal do art. 2º da CLT exige, para caracterização do empregador, a assunção de uma atividade econômica e dos riscos inerentes a ela, requisito que não se encontra presente na figura do dono de obra residencial, impossibilitando a configuração do vínculo de emprego. Recurso de embargos conhecido e provido". TST — SDI1 — E-RR-542878/99.6 — Rel.: Min. João Batista B. Pereira — DJ 10.11.2000, p. 508. *Revista do Direito Trabalhista*, dez. 2000, p. 61.

(170) PRUNES, José Luiz Ferreira. *Contrato de trabalho doméstico e trabalho a domicílio*. Curitiba: Juruá, 1995, p. 99.

jurisprudência trabalhista. Assim, se o dono da obra contrata servente de pedreiro para trabalhar por dia, por prazo indeterminado, impõe-se o reconhecimento do vínculo com ele, porquanto trata-se de trabalhador subordinado. Do mesmo modo, não há que se falar em inexistência de atividade econômica, visto que o proprietário da obra está aumentando o seu patrimônio. Sentença reformada". TRT — 18ª Região — ROS-00872-2003-010-18-00-8. Rel.: Juiz Aldon do Vale Alves Taglialegna — DJE GO 16.1.2004. *Revista Synthesis* 39/2004, p. 304[(171)].

14.3.5. "Diarista". Tendência na legislação estrangeira

Não nos parece esteja incluída no art. 1º da Lei n. 5.859 a trabalhadora chamada, impropriamente, de "diarista" (faxineira, lavadeira, passadeira, etc.), que trabalha nas residências, em dias quaisquer, para diversas famílias. É que a Lei n. 5.859, de 1972, considera doméstico "quem presta serviços de natureza **contínua** e de finalidade não lucrativa à pessoa ou à família, no âmbito residencial destas..." (art. 1º).

De acordo com o Novo Dicionário Aurélio, o vocábulo "contínuo" significa "em que não há interrupção, seguido, sucessivo".

É necessário, portanto, que o trabalho executado seja seguido, não sofra interrupção. Portanto, um dos pressupostos do conceito de empregado doméstico é a continuidade, inconfundível com a não eventualidade exigida como elemento da relação jurídica advinda do contrato de emprego firmado entre empregado e empregador, regido pela CLT. Ora, a continuidade pressupõe ausência de interrupção, enquanto a não eventualidade diz respeito ao serviço que se vincula aos fins normais da atividade da empresa. "Não é o tempo em si que desloca a prestação de trabalho de efetivo para eventual, mas o próprio nexo da prestação desenvolvida pelo trabalhador com a atividade da empresa" (Cf. RIBEIRO DE VILHENA, Paulo Emílio. "Relação de emprego: supostos, autonomia e eventualidade". *Revista de Direito do Trabalho*, nov./dez. 1982, v. 7, n. 40, p. 38/43). Logo, se a não eventualidade é uma característica que não depende do tempo, o mesmo não se pode dizer da continuidade, já que a interrupção tem natureza temporal.

Assim, não é doméstica a trabalhadora de residência que lá comparece em alguns dias da semana, por faltar na relação jurídica o elemento continuidade[(172)].

---

(171) "Relação de Emprego. Pedreiro de residência. Comprovado que o autor trabalhou, de forma contínua e remunerada, na construção de imóvel residencial do reclamado, substituindo este último a atividade profissional do construtor, a relação jurídica que se estabelece entre as partes é a de emprego, tutelada pela CLT. A força de trabalho do obreiro está canalizada para a construção de bem suscetível de possuir destinação econômica (cf. PEREIRA DONATO, Messias. *Curso de Direito do Trabalho,* 1979)". TRT — 3ª Reg. — 2ª T. — RO-15.527/97, Relª: Juíza Alice Monteiro de Barros, julgado 26.5.98.

"Servente de pedreiro. Construção de imóvel residencial. Trabalhador Urbano. O que caracteriza o vínculo contratual doméstico é a destinação de sua atividade, meramente de consumo, economicamente não produtiva. A construção de um prédio residencial, ainda que destinado à moradia própria, constitui um fato jurídico com expressão econômica (Juiz Salgado Martins — TRT — 4ª Região), até porque nada impede sua posterior comercialização. Não se pode confundir servente de pedreiro de 'residência em construção' com empregado de residência já construída, este último sim, trabalhando no ambiente familiar e sem finalidade lucrativa". (Juiz Orlandi Guedes de Oliveira) — TRT — 24ª Reg. — Ac. 0002184/98 — RO-0001003/98 — 4ª Vara do Trabalho de Campo Grande — Rel.: Juiz Amaury Rodrigues Pinto Júnior. DJMS 5.11.1998, p. 50/51.

(172) TRT — 3ª Região — 2ª T. — RO 9.829.91— Relª: Juíza Alice Monteiro de Barros — Julgado em 18.8.1992. *Revista LTr*, São Paulo, n. 56-11/1336.

Similarmente pronunciou-se Isis de Almeida[(173)], quando asseverou que, tendo em vista a expressão "contínua", fixada pela definição dada pela lei ao empregado doméstico, relativamente à natureza do serviço por ele prestado, é de se entender que aquele que trabalha esporadicamente, para diversas famílias, passa a ser trabalhador doméstico autônomo, sem o amparo, portanto, das normas estabelecidas na Lei n. 5.859, de 1972.

Essa também é a doutrina de Aloysio Santos[(174)], como se infere do seguinte trecho de sua obra: "A faxineira, por exemplo, que recebe por dia, trabalhando em várias residências, não é considerada empregada doméstica para os efeitos da Lei n. 5.859/72".

Corrobora a assertiva Reinaldo Santos[(175)], no texto abaixo:

> "Só é considerado empregado doméstico aquele que trabalha de modo permanente, na residência da pessoa ou família, que o contratou. A lei não beneficia o trabalhador eventual, o biscateiro, aquele que realiza tarefas avulsas, em dias quaisquer. Se não houver continuidade dos serviços prestados, o empregado está fora do amparo da Lei n. 5.859, de 11 de dezembro de 1972".

No mesmo diapasão manifesta-se Valentin Carrion[(176)], ao afirmar que:

> "O diarista intermitente (lavadeira, arrumadeira ou passadeira) não está, em princípio, protegido pela lei dos domésticos, mesmo que compareça certo dia por semana, que, de acordo com a Lei n. 5.859/72, se destina apenas ao "serviço de natureza contínua". As circunstâncias que separam o empreendimento empresarial, de um lado, e a dona de casa, de outro, juntamente com o entendimento que se extrai da expressão "serviço de natureza contínua" e com os ônus impostos pela CONSTITUIÇÃO FEDERAL de 1988 levam a deixar de aplicar por analogia o entendimento que reconhece a relação de emprego aos contratados para prestar serviços em clubes esportivos ou de apostas nos fins de semana; as diferenças existentes entre o meio familiar e o empresarial as rejeitam. Até o recolhimento previdenciário seria impossível, posto que o mínimo permitido é calculado sobre o salário mínimo (Lei n. 8.212/91, art. 28, § 3º). O diarista esporádico, como mero prestador de serviços e não empregado, deve vincular-se à Previdência Social, como trabalhador autônomo para efetuar os recolhimentos previdenciários".

Evaristo de Moraes Filho[(177)] também não diverge dos pensamentos já expostos, quando assevera: *"Não é considerado empregado doméstico o prestador de serviços*

(173) *Curso de legislação do trabalho*. 4. ed., São Paulo: Sugestões Literárias, 1981, *passim* e, mais recentemente, na obra *Manual de Direito Individual do Trabalho*. São Paulo: LTr, 1998, p. 547.
(174) *Manual de contrato de trabalho doméstico*. São Paulo: LTr, 1989, p. 50.
(175) *Empregado Doméstico*. Rio de Janeiro: Edições Trabalhistas, 1986, p. 36.
(176) *Comentários à Consolidação das Leis do Trabalho*. São Paulo: Saraiva, 1995, 19. ed., p. 4.
(177) *Temas atuais de Trabalho e Previdência*. São Paulo: LTr, 1976, p. 134.

a várias famílias, sob a forma de diarista ou de avulso. Esses são considerados autônomos, por conta própria, para todos os efeitos, quer trabalhistas, quer previdenciários".

Em consonância com o posicionamento acima, o Prof. José Luiz Ferreira Prunes[(178)] afirma:

> "A Lei n. 5.859, de 11.12.72, definiu o empregado doméstico como sendo aquele que presta serviços de natureza contínua e de finalidade não lucrativa à pessoa ou à família no âmbito residencial destas, o que é uma forma distinta daquela apontada pela Consolidação das Leis do Trabalho, que difere, no caso, de serviços não eventuais. É de se pensar, portanto, que o empregado que presta serviços sem continuidade no tempo não estará ao abrigo daquela lei. Com essas características, encontramos os diaristas que labutam apenas em um ou mais dias da semana, mas não em todos. Igualmente, a forma de pagamento acompanha o mesmo ciclo: o pagamento é normalmente ao fim de cada jornada. É de se acrescer que tais empregadas percorrem, ao longo dos dias, uma série de residências, normalmente com um dia prefixado. Comumente chegam a atender até mais de seis residências, isto porque nalgumas o trabalho se desenvolve apenas em um turno. Os serviços são os mais variados, indo de faxinas, lavar e passar roupas e até uma situação que se mostra mais amiúde nos dias atuais: o preparo quinzenal ou mensal de alimentação em grande quantidade, para congelamento instantâneo e consumo de acordo com as necessidades da família..." Conclui o autor, dizendo "que o legislador fez uma significativa diferenciação entre o 'empregado celetista' e 'o doméstico', excluindo o primeiro de qualquer tutela quando o trabalho é eventual, e afastando o segundo quando o trabalho é descontínuo".

Comungam no mesmo entendimento Rodolfo Pamplona Filho e Marco Antônio César Villatore[(179)], quando asseveram que "os diaristas não podem ser considerados empregados domésticos, tendo em vista que um dos requisitos indispensáveis para a sua caracterização é a presença da continuidade na prestação de trabalho, pelo que somente podem ser considerados trabalhadores autônomos".

Na mesma diretriz traçada pela doutrina, manifesta-se a jurisprudência, por meio das ementas de vários acórdãos das mais diversas regiões do País[(180)].

---

(178) *Contrato de trabalho doméstico e trabalho a domicílio*. Curitiba: Juruá, 1995, p. 72.

(179) *Direito do Trabalho Doméstico*. São Paulo: LTr Editora, 2006, p. 44.

(180) **Empregado doméstico.** Continuidade na prestação de serviços. Para a configuração do vínculo de emprego nos moldes da Lei n. 5.859/72 é necessário que a prestação de serviços ocorra, de forma ininterrupta, no decorrer da semana (TRT/RJ — 1ª Reg. — 01260200453101008 — RO — Ac. 1ª T. — Rel. Mery Bucker Caminha — RO 8.8.**2006**).

Diarista. Relação de emprego. A Lei n. 5.859/72, que regula o trabalho doméstico fixa em seu art. 1º, como um dos elementos para sua configuração, a continuidade na prestação dos serviços. Trata-se de imposição rigorosa que, uma vez não caracterizada, afasta a condição do trabalhador de empregado doméstico. Assim, não se pode considerar doméstica a diarista que presta serviços em residência lá comparecendo **um ou dois dias na semana**, ainda mais restando provado que trabalhou para outras residências nos demais dias da semana (TRT/SP — 00631200544602000 — RS — Ac. 6ª T. 20050718619 — Rel. Ivani Contini Bramante — DOE 21.10.2005 — *Revista Synthesis* 42/**2006**, p. 221).

Em consonância com o raciocínio descrito, tem-se pronunciado o TST, por meio de várias Turmas[(181)], entre as quais essa última:

> Recurso de Revista. Diarista que presta serviços em residência dois ou três dias na semana. Inexistência de vínculo empregatício. O reconhecimento do vínculo empregatício com o empregado doméstico está condicionado à continuidade na prestação dos serviços, o que não se aplica quando o trabalho é realizado durante alguns dias da semana. No caso, inicialmente, durante longo período, a reclamante laborava duas vezes por semana para a reclamada, passando, posteriormente, a três vezes. Assim, não há como reconhecer o vínculo de emprego postulado, porque, na hipótese, está configurada a prestação de serviços por trabalhadora diarista. Recurso de revista de que se conhece e a que se dá provimento, para julgar improcedente a reclamação. (TST-RR-17676/2005-007-09-00, 7ª T., Rel. Min. **Pedro Paulo Manus**, Publ. **4.5.2009,** HS Editora, n. 305, maio 2009).

E se não bastasse, cumpre lembrar que o regulamento da Lei de Benefícios da Previdência Social (art. 9º, V, § 15, VI, do Decreto n. 3.048, de maio de 1999)

Diarista — Relação de Emprego. Para a caracterização do vínculo empregatício do doméstico é essencial que o trabalho se dê de forma continuada, a teor do art. 1º da Lei n. 5.859/72, categoria na qual não se enquadra a prestação de serviço em **um ou alguns dias da semana**, como ocorre com a diarista. (TRT/MG — 3ª Reg. 01645-2004-017-03-007 RO — 5ª T. — Rel. Juiz José Murilo de Morais — Publ. MG 25.6.**05**, *Rev. 3ª Região*, v. 41, n. 71, jan./jun. **2005**, p. 434)

Recurso ordinário. Empregada doméstica. Diarista. Lei n. 5.859/72, art. 1º. Serviço de natureza contínua. Trabalho em **dois dias na semana**, em dias variados. Não configuração da continuidade estabelecida pela Lei. A forma da prestação de serviço de diarista, eventual, não autoriza o reconhecimento do trabalho doméstico tal como definido na Lei n. 5.859/72. (TRT/SP 00741200631702000 — RS — Ac. 11ª T. 20060994007 — Rel. Rita Maria Silvestre — DOE 19.12.**2006** — *Revista Equilíbrio*)

Empregada doméstica x diarista. Configuração do vínculo empregatício. Continuidade. Se a reclamante admite que até maio de 2002 prestava serviço por apenas **três dias na semana**, entendo que não restou caracterizada a continuidade prevista no art. 1º da Lei n. 5.859/72 para a existência de vínculo empregatício nas funções de empregada doméstica, eis que tal requisito exige, no meu entender, a prestação de serviços dia a dia, sem interrupção no curso da semana, à execução da folga dominical. (TRT/SP 02882200507302000 — RS — Ac. 12ª T. 2006096237 — Rel. Delvio Buffulin — DOE 15.12.**2006**)

Doméstico — Prestação de serviço em poucos dias da semana — Impossibilidade de reconhecimento de vínculo empregatício. A natureza do trabalho doméstico é habitual e diária, porquanto os afazeres do lar são ininterruptos. Sob tal ângulo de visão, não se pode admitir que o trabalho prestado em apenas **dois ou três dias** na semana possa ser considerado contínuo, nos termos da Lei n. 5.859/72. (TRT/MA 00606-2004-003-16-00-9-ROPS — Ac. 025772005 — Rel. Gerson de Oliveira Costa Filho — DJ 22.9.**2005** — *Rev. Synthesis* 42/**2006**, p. 221 e 222)

(181) TST, RR 119/2002-047-03-00. 3ª T. Rel. Min. Maria Cristina J. Peduzzi, DJ 13.2.04. No mesmo sentido: **"Diarista que presta serviços em residência apenas em três dias da semana — Inexistência de vínculo empregatício** — O reconhecimento do vínculo empregatício do doméstico está condicionado à continuidade na prestação dos serviços, não se prestando ao reconhecimento do liame a realização de trabalho durante alguns dias da semana (*in casu* três), considerando-se que, para o doméstico com vínculo de emprego permanente, a sua jornada de trabalho, geral e normalmente, é executada de segunda-feira a sábado, ou seja, seis dias na semana, até porque foi assegurado ao doméstico o descanso semanal remunerado, preferencialmente aos domingos (CF, art. 7º, XV, parágrafo único). No caso, é incontroverso que a Reclamante somente trabalhava três vezes por semana para a Reclamada, não havendo como reconhecer-lhe o vínculo empregatício com a ora Recorrida, pois, nessa hipótese, estamos diante de serviço prestado na modalidade de empregado diarista. O caráter de eventualidade do qual se reveste o trabalho do diarista decorre da inexistência de garantia de continuidade da relação. O diarista presta serviço e recebe no mesmo dia a remuneração do seu labor, geralmente superior àquilo que faria jus se laborasse continuadamente para o mesmo empregador, pois nele restam englobados e pagos diretamente ao trabalhador os encargos sociais que seriam recolhidos a terceiros. Se não quiser mais prestar serviços para este ou aquele tomador dos seus serviços não precisará avisá-lo com antecedência ou submeter-se a nenhuma formalidade, já que é de sua conveniência, pela flexibilidade de que goza, não manter um vínculo estável e permanente com um único empregador, pois tem variadas fontes de renda, provenientes dos vários postos de serviços que mantém. Recurso de revista conhecido e desprovido." (TST-RR-776.500/2001.7, 4ª Turma, Relator designado Ministro Ives Gandra Martins Filho, *in* DJ de **2.4.2007**).

considera contribuinte individual da previdência social aquele que presta serviço de natureza não contínua, por conta própria, a pessoa ou a família, no âmbito residencial desta, sem fins lucrativos. Ora, o empregado doméstico encontra-se em outro inciso (II) deste art. 9º, que trata dos segurados da Previdência Social.

Constata-se, ainda, na legislação estrangeira, uma tendência a exigir-se a continuidade como pressuposto do conceito de empregado doméstico. Na **Itália**, os empregados domésticos têm sua situação regulamentada por lei especial (n. 339, de 1958), mas desde que prestem serviço continuado pelo menos durante quatro horas diárias, aplicando-se o Código Civil aos que trabalham em jornada inferior. A legislação do **Panamá** (Lei n. 44, de agosto de 1995), por sua vez, disciplina o trabalho doméstico no título dos contratos especiais e exige que o serviço seja prestado de "forma habitual e contínua", à semelhança da legislação da **República Dominicana** (art. 258 do Código do Trabalho). A Lei do Contrato de Trabalho da **Argentina** não diverge dessa orientação, quando considera doméstico quem trabalha "dentro da vida doméstica" de alguém, mais de quatro dias na semana, por mais de quatro horas diárias e por um período não inferior a um mês.

Verifica-se, portanto, que também a legislação estrangeira examinada excluiu do conceito de doméstico os serviços realizados no âmbito residencial, com frequência intermitente.

O que se deve, então, considerar como serviço contínuo para se caracterizar o vínculo doméstico?

Entendemos possa ser aplicado, aqui, supletivamente, o Direito Comparado, como autoriza o art. 8º da CLT. A legislação da Argentina[182], país como o Brasil, integrante do Mercosul, oferece um exemplo razoável do que seja contínuo para fins de trabalho doméstico, isto é, a atividade realizada por mais de quatro dias na semana, por mais de quatro horas, por um período não inferior a um mês. À falta de previsão legal no Brasil do que seja serviço contínuo, o critério acima tem respaldo no art. 8º da CLT e favorece a harmonia da interpretação atinente ao conceito em exame entre as legislações dos dois países integrantes do Mercosul, evitando interpretações subjetivas e, consequentemente, contraditórias a respeito da temática.

Observe-se, entretanto, que a maioria da jurisprudência tem admitido, atualmente, como descontínuo o trabalho realizado entre dois ou três dias na semana, em favor de um mesmo credor do trabalho, com liberdade de o prestador de serviços laborar em outros locais, nos demais dias da semana.

Há, todavia, quem divirja dessa orientação, sustentando que mesmo na hipótese de intermitência na prestação de serviços, por não ser ela diária, a continuidade estará presente, por entender que ela se caracteriza quando o trabalho se repete em intervalos regulares[183].

---

(182) Decreto-Lei n. 326/1956, regulamentado pelo Decreto n. 7.979/1956 *in* MAGANO, Octavio Bueno. *Manual de Direito do Trabalho*. v. II. 4. ed., 1993, p. 113.

(183) **"Vínculo de emprego. Diarista.** A periodicidade reconhecida nos serviços de faxina caracteriza continuidade na prestação dos serviços. Mesmo que o trabalho tenha sido prestado de forma intermitente, as segundas-feiras e

14.3.6. Serviço doméstico acumulado com serviço em atividade lucrativa

Caso haja concomitância na prestação de serviços domésticos e em atividade lucrativa, para um mesmo credor de trabalho, prevalecerá o ordenamento jurídico que for mais favorável ao trabalhador, ou seja, o celetista.

Corrobora a assertiva a jurisprudência dos nossos tribunais:

"Quando o trabalhador presta serviços domésticos e não domésticos ao empregador, deve prevalecer o regime jurídico que maior proteção proporcionar ao trabalhador, no caso, o da Consolidação das Leis do Trabalho". TRT-8ª Reg. RO 243/86, julgado em 5.5.86; Rel.: Juiz Rider N. Brito. *Repertório de Jurisprudência Trabalhista*. João de Lima Teixeira Filho, v. 5, p. 258.

"A atividade doméstica cumulada com o serviço de comércio explorado pelo reclamado fizeram com que seja qualificado como empregada, nos termos do art. 3º da CLT, tendo direito às verbas rescisórias reconhecidas na sentença de 1º grau. A relação jurídica de emprego demonstrada pelas provas carreadas para os autos suplantaram o vínculo de doméstica disciplinado pela Lei n. 5.859, de 11.12.72". TRT 6ª Reg., 2ª T. (RO 2074/88), Rel.: Juiz Francisco Solano de G. Magalhães. DO/PE 4.3.89. *Dicionário de Decisões Trabalhistas*. Calheiros Bomfim, 23. ed., p. 233.

14.3.7. Acréscimo de atividades

O acréscimo de atribuições conferido ao doméstico no âmbito do lar do mesmo empregador não gera duplo contrato de emprego[(184)], mas um *plus* salarial.

14.4. Direitos assegurados ou não ao doméstico

14.4.1. Lei n. 5.859, de 1972, e Constituição da República de 1988

Seguindo sua característica expansionista, de ampliação crescente, o Direito do Trabalho brasileiro, de forma ainda tímida, assegurou ao empregado doméstico, definido no art. 1º da Lei n. 5.859, de 1972, o direito a férias anuais remuneradas de 20 dias úteis, após 12 meses de serviços prestados à mesma pessoa ou família, e à assinatura de Carteira de Trabalho para fins previdenciários, deixando de aplicar-lhe as demais disposições, entre elas o Capítulo III, Seção V, do Título III do diploma consolidado, relativo à proteção à maternidade (art. 2º do Decreto n. 71.885, de 9 de março de 1973, regulamentador da Lei n. 5.859, de 11 de dezembro de 1972). Os art. 4º e 7º do referido regulamento estabelecem que os empregados domésticos são segurados obrigatórios da Previdência Social.

---

sextas-feiras, esse fator não descaracteriza a habitualidade. Presentes os demais requisitos contidos na relação de emprego. Vínculo reconhecido. Recurso a que se dá provimento". TRT — 4ª Região — Número do Processo: 01289-2003-008-04-00-4 (RO) — Ac. 1ª Turma — Juiz: José Felipe Ledur. DJ 8.4.**2005**.

(184) "Se ocorre aumento de atribuições da empregada doméstica, ou seja, passa a lavar roupa, e há em razão disso aumento de salário, não se configura a existência de duas atividades distintas — doméstica e lavadeira — pois o contrato continuou sendo prestado ao mesmo empregador e na mesma residência. Indevido, portanto, será o pleito de diferença salarial". TRT — PA 5669/99 — Rel.: Juiz Vanilson F. Hesketh — DOE 3.2.2000. *Revista Synthesis* 31/2000, p. 228.

A Constituição da República vigente ampliou os institutos jurídicos assegurados ao empregado doméstico, conferindo-lhe, além das férias e da assinatura de carteira de trabalho para fins previdenciários, das quais já era destinatário, o **salário mínimo, a irredutibilidade salarial, a gratificação natalina, o repouso semanal remunerado, o terço de férias, o aviso prévio e a aposentadoria** (art. 7º, parágrafo único). À empregada doméstica estendeu-se, ainda, a **licença-maternidade** de 120 dias, sem prejuízo do emprego e do salário, e ao empregado doméstico deferiu-se a **licença--paternidade** de cinco dias (art. 7º, parágrafo único, da Constituição, e art. 10, § 1º, do Ato das Disposições Constitucionais Transitórias).

14.4.2. A licença-maternidade

Apesar de segurada obrigatória, sujeita à contribuição mensal compulsória, na mesma proporção dos empregados regidos pelo art. 3º da CLT, a empregada doméstica era excluída, injustamente, do direito ao salário-maternidade (art. 103, § 4º, do Decreto n. 83.080, de 1979 — Regulamento dos Benefícios da Previdência Social).

Com o advento da Constituição da República de 1988, o art. 7º, parágrafo único, estendeu à **empregada doméstica** o salário-maternidade.

O Supremo Tribunal Federal deu eficácia imediata ao preceito, argumentando que o constituinte não condicionou o gozo da licença-maternidade à edição de lei reguladora, sendo inexigível a observância do art. 195, § 5º, da Constituição da República, quando o benefício fosse criado diretamente pelo texto constitucional. Esse pronunciamento do Supremo Tribunal Federal foi genérico, não excetuando a doméstica[185].

14.4.2.1. Concessão da licença-maternidade — Alteração legal

A licença deverá ser concedida 28 dias antes e 92 dias após o parto, e o pagamento correspondente será feito diretamente pela Previdência Social à empregada doméstica, em valor correspondente ao seu último salário de contribuição (art. 73 da Lei n. 8.213, de 24 de julho de 1991). Se o empregador dispensasse a doméstica injustamente, antes desse período, obstava o pagamento da licença pela Previdência Social e, em consequência, arcava com o pagamento correspondente aos 120 dias[186].

(185) "**Licença-maternidade. Art. 7º, XVIII, da CF** — Norma de Eficácia Plena. Benefício devido desde a promulgação da Carta de 1988, havendo de ser pago pelo empregador, à conta da Previdência Social, independentemente da definição da respectiva fonte de custeio. Entendimento assentado pelo STF". STF — RE-220.613-1 — SP — 1ª T. — Rel.: Min. Ilmar Galvão — DJU 2.6.2000. *Revista Síntese,* set. 2000, p. 86.

(186) "**Empregada doméstica. Salário-maternidade. Desconhecimento do estado gravídico**. O desconhecimento da gravidez quando da despedida sem justa causa da empregada, não exime o empregador da obrigação pelo pagamento do salário-maternidade, pois o art. 7º, parágrafo único, da Constituição Federal, combinado com o inciso XVIII do mesmo dispositivo constitucional, ao contemplar a empregada doméstica com a licença à gestante, não impôs qualquer condição. Efetivamente, o direito ao salário-maternidade pressupõe tão somente o estado gravídico da empregada na constância do contrato de trabalho. Logo, se a empregada grávida ficou impedida de gozar da licença à gestante, porque despedida injustamente, deve o empregador responder pelo ônus respectivo, convertendo-se o pagamento do salário-maternidade em indenização. Trata-se, na realidade, de uma responsabilidade objetiva decorrente dos riscos inerentes à condição de empregador. Revista conhecida e desprovida". TST — RR-356978/97 — Ac. 5ª Turma — Relator: Ministro Rider Nogueira de Brito. DJU 2.6.2000, p. 321.

Com a Lei n. 11.324, de **2006**, o art. 4º-A da Lei n. 5.859, de 1972, veda a dispensa arbitrária ou sem justa causa da empregada doméstica gestante desde a confirmação da gravidez até 5 (cinco) meses após o parto.

14.4.3. Vale-transporte

Além desses direitos, é também assegurado ao doméstico o vale-transporte para ir de sua residência ao trabalho, na forma do Decreto n. 95.247, de 1987, regulamentador da Lei n. 7.619, de 1987, que modificou, em parte, a Lei n. 7.418, de 1985.

14.4.4. Estabilidade provisória. Doméstica

Outro aspecto controvertido dizia respeito à extensão da garantia de emprego assegurada no art. 10, II, "b", do Ato das Disposições Constitucionais Transitórias à empregada doméstica. Os Tribunais Regionais do Trabalho, em geral, vinham se manifestando contrariamente à extensão. Isso porque o parágrafo único do art. 7º da Constituição da República, que arrola os direitos sociais atribuídos à empregada doméstica, não incluiu entre esses direitos a proteção contra a dispensa arbitrária. Eram, portanto, destinatárias da garantia em questão apenas as empregadas **urbanas, rurais e as trabalhadoras avulsas**.

Andou bem a norma constitucional ao excluir a doméstica da referida garantia, pois é sabido que seu trabalho, na maioria das vezes, constitui, além de uma simples relação jurídica, uma "complexa relação humana". Como o serviço é prestado no âmbito residencial, o doméstico desfruta de uma íntima convivência com a família, e o elemento pessoalidade fica ressaltado, traduzindo-se na simpatia, confiança, afinidade e afetividade entre o empregado e o empregador. Trata-se, portanto, de um empregado de extrema confiança. Logo, obrigar uma família a manter um empregado doméstico, a pretexto de uma estabilidade provisória, quando a confiança deixa de existir, afronta a natureza humana(187), violando a privacidade, invadindo o domicílio e contrariando os preceitos constitucionais.

Essa vinha sendo a orientação do Tribunal Superior do Trabalho(188).

---

(187) SANTOS, Edilton Meireles de. O doméstico e a estabilidade sindical provisória. *Suplemento Trabalhista*, São Paulo: LTr Editora, 1990, v. 26, n. 27. Segue igual tendência: SANTOS, Aloysio. *Manual de contrato de trabalho doméstico*. São Paulo: LTr, 1989, p. 35.

(188) **"Recurso de Revista — Empregada doméstica gestante — Vedação de dispensa arbitrária ou sem justa causa.** 1. A vedação de despedida prevista no art. 10, inciso II, alínea "b", do ADCT não contempla a empregada doméstica, porquanto a proteção não se inclui entre os direitos assegurados pelo art. 7º, parágrafo único, da Constituição da República aos trabalhadores domésticos. 2. Embora a lei não resguarde a empregada doméstica gestante da despedida arbitrária ou sem justa causa, deve o empregador pagar, a título de indenização, o equivalente ao salário-maternidade, visto que, com a denúncia do contrato, obsta o gozo da licença a que a trabalhadora teria direito, consoante disposição contida no art. 7º, XVIII, da Constituição da República, combinada com o parágrafo único do mesmo dispositivo. Recurso de Revista conhecido e parcialmente provido". TST-RR-426.347/98 — Ac. 5ª Turma. Rel.: Juiz Convocado Carlos Mahle — DJU 11.10.2002. *Revista TST*, v. 68, n. 3, jul./dez. 2002, p. 423.

Lembre-se, ainda, que o Direito estrangeiro também não assegura a garantia em exame à trabalhadora doméstica(189).

Ocorre que a Lei n. 11.324, de julho de 2006, ampliou, entre outras, **a redação do art. 4º da Lei n. 5.859, de 1972**, cujo art. 4º-A vedou a dispensa arbitrária ou sem justa causa da empregada doméstica gestante desde a confirmação da gravidez até cinco meses após o parto. Como se pode verificar, a referida lei assegurou também à empregada doméstica gestante a estabilidade provisória.

A relação empregatícia, no caso, gera um conjunto de direitos e obrigações que condiciona, em especial, ao exercício de direitos da personalidade assegurados em preceito constitucional (art. 5º, X). Salvaguardam esses direitos, entre outros, espaços da honra, da intimidade pessoal e familiar, da imagem e da vida privada. A violação a esses espaços afeta a confiança entre as partes. Diante desses fatos, não vemos como obrigar uma família a manter uma empregada doméstica em sua residência sob pretexto da estabilidade provisória, pois poderá ocorrer violação à vida privada, invasão de domicílio e contrariedade ao preceito constitucional (art. 5º, X e XI). O ideal seria pagar-lhe os seus efeitos, que se restringirão à reparação pecuniária correspondente.

14.4.4.1. Estabilidade provisória e acidente do trabalho

A estabilidade provisória assegurada ao empregado acidentado, por força da Lei n. 8.213, de 1991, não se estende ao doméstico, em face da exclusão contida no art. 11 e 18, § 1º, da referida lei(190).

14.4.5. Férias

É sabido que os domésticos foram contemplados com férias de 20 dias úteis a cada período aquisitivo, a partir da vigência da Lei n. 5.859, de 1972 (art. 3º), regulamentada, no particular, pelo art. 2º do Decreto n. 71.885, de 1973, não alterado por legislação posterior. O regulamento prevê, ainda, que "excetuando o capítulo referente a férias não se aplicam aos empregados domésticos as demais disposições da CLT". Ora, tal assertiva não induz, *data venia*, à conclusão de que os contornos da Lei n. 5.859, de 1972, foram ampliados, autorizando a concessão de férias de 30 dias(191), em dobro

(189) Na Itália, proíbe-se a dispensa da trabalhadora, em geral, durante o período de gestação e até um ano após o nascimento da criança, como instituído pela Lei n. 860, de 1950 e pela Lei n. 1.204, de 1971; entretanto, à doméstica não se aplica essa garantia (GHIDINI, Mario. *Diritto del lavoro*. Padova: Cedam, 1981, p. 251). No Chile, a doméstica também não é contemplada com a garantia de emprego de um ano, assegurada a outras trabalhadoras. (Cf. art. 201 do Novo Código de Trabalho de 1987, revisto pelo DFL de n. 1, de 7 de janeiro de 1994).

(190) TRT — 9ª Reg. — RO 11.229/96 — Ac. 2ª T. 011492/97 — 19.3.97 — Rel.: Juiz Arnor Lima Neto. *Revista LTr* 61-7/968.

(191) Cf., na mesma direção, SÜSSEKIND, Arnaldo. *Instituições de Direito do Trabalho*. São Paulo: LTr Editora, v. 2, 16. ed., p. 883. "Os preceitos da CLT, salvo quando for, em cada caso, expressamente determinado em contrário" (art. 7º, *a*, da CLT), não se aplicam ao empregado doméstico. Assim, continuará ele a ter direito a somente 20 dias úteis de férias anuais remuneradas, porquanto o art. 3º da Lei n. 5.859, de 11.9.72, não lhe estendeu as disposições sobre a matéria inserida na Consolidação... "É certo que o regulamento da lei dos domésticos, aprovado pelo Decreto n. 71.885, de 9.3.73, declarou aplicável a esses empregados o capítulo da CLT atinente às férias (art. 2º). Na oportunidade, podia assim dispor, de vez que o art. 3º da Lei n. 5.859, de 1973, estava sintonizado com o preceituado naquele capítulo: ambos asseguravam o direito do empregado a 20 dias úteis de férias anuais remuneradas. Hoje,

e proporcionais aos domésticos, mesmo porque não poderia o regulamento conceder-lhes tais direitos, sob pena de invadir a reserva legal. Lembre-se, ainda, que a dobra de férias, constituindo uma penalidade, deveria ter previsão expressa. O regulamento, ao excetuar o capítulo de férias, teve em mira incluir na esfera normativa do trabalho doméstico apenas as disposições sobre férias compatíveis com a Lei n. 5.859, de 1972. E se não bastasse, convém lembrar que a Constituição de 1988, quando estende ao doméstico o direito às férias, não faz qualquer referência às proporcionais, tampouco à dobra. Não cabe invocar-se no tocante à dobra das férias o art. 137 da CLT, por analogia, pois, em se tratando de penalidade, esse processo de autointegração da lei fica afastado.

Nesse sentido pronunciou-se o TST:

> "Empregado doméstico. Férias proporcionais. Indevido o pagamento das férias proporcionais ao doméstico, porquanto a lei regulamentadora das relações empregatícias envolvendo empregados domésticos, bem como a Constituição da República não lhe asseguram tal vantagem. Embargos providos". E-RR-324225/96 — Ac. SDI-1 — 2ª Região — Red.: Min. Vantuil Abdala — DJU 26.5.2000, p. 339.

A orientação acima não é pacífica, havendo jurisprudência no sentido de que as férias do doméstico passaram a ser de 30 dias, por força do art. 2º do Decreto n. 71.885 ou de preceito constitucional[(192)], conferindo-lhe também as férias em dobro e proporcionais[(193)].

À luz da Convenção n. 132 da OIT, ratificada pelo Brasil, sem ressalva quanto ao doméstico, está, no nosso entendimento, solucionado o impasse relativamente às férias proporcionais[(194)].

---

porém, a CLT e a lei especial dos domésticos dispõem diferentemente sobre a matéria, razão porque perdeu eficácia a declaração do regulamento, já que este não pode estender direitos e obrigações estatuídas em lei".
Similarmente doutrina RUSSOMANO, Mozart Victor, na sua obra *Comentários à Consolidação das Leis do Trabalho*. Rio de Janeiro: Forense, v. I, 13. ed., p. 154 e 156. Em consonância com esse ponto de vista, manifesta-se SAAD, Eduardo Gabriel: "A Lei n. 5.859, de 11 de dezembro de 1972, regulamentada pelo Decreto n. 71.885, de 9 de março de 1973, disciplina o trabalho doméstico. Estabelece, no seu art. 3º, ter o empregado doméstico direito a férias anuais remuneradas de 20 dias úteis. De consequência, não é ele favorecido pelo novo regime de férias, tanto mais que a CLT o exclui do campo de aplicação de suas normas" (*CLT Comentada*, 29. ed., p. 122).

(192) "**Empregado doméstico. Férias. Prescrição**. Matéria interpretativa. 1. Constitui interpretação razoável o entendimento segundo o qual aos empregados domésticos são devidas férias de 30 dias, conforme previsto no art. 130 da CLT. O mesmo ocorre em relação à inaplicabilidade da prescrição bienal às ações ajuizadas pela referida categoria. Pertinência do Enunciado n. 221. 2. Agravo desprovido". TST — ARG-RR-4475/89.0 — Ac. 396/91 — 3ª T. — Rel.: Min. Francisco Fausto — DJ 26.4.91, p. 5.216.

(193) Outros julgados do TST mantinham as férias à razão de 20 dias, mas as deferiam em dobro e proporcionais, com fulcro no citado art. 2º do Decreto n. 71.885, de 1973. Vejamos:
"**Férias: Empregado doméstico.** O empregado doméstico teve reconhecido seu direito a férias pela Lei n. 5.859, de 11.12.72, aplicando-se a ele as disposições da CLT (art. 2º do Decreto n. 71.885, de 1973), exceto no tocante à duração, que é de 20 dias, por força da Lei n. 5.859. Tem direito, pois, a férias em dobro e proporcionais. Recurso provido em parte". TST — 3ª T. — RR 8835/90.9. — Ac. 4838/91— Rel.: Min. Manoel Mendes de Freitas — DJ 19.12.91.

(194) "**Férias. Empregado doméstico. Convenção n. 132 da OIT**. A Convenção n. 132 da OIT aplica-se a todas as pessoas empregadas, à exceção dos marítimos (art. 2º), o que significa que os empregados domésticos estão sob a órbita de abrangência do referido diploma legal. Assim, o empregado doméstico passou a fazer jus às férias proporcionais — e mesmo que peça demissão —, eis que a Convenção n. 132 prevê esse direito sem fazer qualquer ressalva quanto ao motivo da rescisão contratual". TRT-GO-01741 — 2002-011-18-00-3 — ROS- Rel.: Juiz Platon Teixeira de Azevedo Filho — DOE 25.3.2003. *Revista Synthesis* 37/2003, p. 240.

Filiamo-nos aos que admitem a **teoria da acumulação** para aferir a regra mais favorável, em se tratando de estabelecer o confronto entre norma internacional e norma nacional, pois aqui não se corre o risco de fracionar ordenamentos jurídicos, formando--se um terceiro, com destruição das normas comparadas. Ademais, os países-membros da OIT não precisam cumprir os preceitos das normas internacionais quando suas regras forem mais favoráveis (art. 19, § 8º, da Constituição da OIT). Logo, se a nossa legislação sobre férias fosse, na sua totalidade, mais favorável, seria inócua a ratificação. Impõe-se, portanto, extrair da Convenção n. 132 da OIT os preceitos que forem mais favoráveis e adaptá-los à legislação brasileira.

A norma internacional em estudo autoriza o pagamento de férias proporcionais, quando o empregado conta com mais de 6 meses de tempo de serviço, independentemente da causa de cessação do contrato. Por aplicação analógica do art. 146, parágrafo único, da CLT, passamos a concedê-las ao doméstico, por tempo inferior ao previsto na citada convenção internacional.

Entretanto, a jurisprudência do TST, na culpa recíproca, defere o pagamento a esse título pela metade (nova redação da **Súmula n. 14**, dada após a ratificação da Convenção n. 132 pelo Brasil), logo, como consequência lógica, esse mesmo Tribunal não as deferirá na justa causa praticada pelo empregado. Nas demais hipóteses, as férias proporcionais procedem.

No tocante às **férias de 30 dias**, interpretação restritiva da Convenção internacional n. 132 da OIT não autorizaria a concedê-las aos domésticos, uma vez que o referido texto alude a férias de, pelo menos, três semanas por um ano de serviço (art. 3º). Ora, o doméstico, à luz da Lei n. 5.859, de 1972, já é destinatário de período superior (20 dias úteis). Quando não se excluiu o doméstico da ratificação da Convenção em exame houve, sem dúvida, uma intenção de igualá-lo aos demais empregados, em atenção a um dos objetivos primordiais da OIT, que é a uniformização tanto quanto possível das normas de proteção ao trabalho.

Ademais, o País, como Estado-Membro da OIT, ao ratificar essa Convenção, comunicou a esse organismo internacional, no Instrumento de Depósito de Ratificação, que as férias serão de 30 dias, não excetuando o doméstico. Por outro lado, a diferença que existe entre 20 dias úteis e 30 dias corridos de férias é de poucos dias e pode ser responsável pela ruptura do pacto laboral. Mesquinharia não combina com relação de emprego, mormente no âmbito doméstico. Por essas razões, consideramos razoável estender a esses empregados as férias de 30 dias, nos moldes consolidados, por analogia, e agora no art. 3º da Lei n. 5.859, de 1972, alterado pelo art. 4º da Lei n. 11.324, de 2006.

Não vemos, entretanto, como conceder-lhe a **dobra dessas férias**, tendo-se em vista que a referida norma internacional não a assegura e o art. 137 da CLT é inaplicável ao doméstico, por força do art. 7º do mesmo diploma legal. E, por fim, a Lei n. 5.859, de 1972, que instituiu as férias ao doméstico, não as previu em dobro, nem mesmo após a alteração ocasionada pela Lei n. 11.324, de julho de 2006. **A dobra** em exame **constitui** uma **sanção criada por lei para coibir ato do empregador inadimplente** (art. 137 da

CLT). Se **a nova legislação que ampliou para trinta dias as férias dos domésticos não faz alusão à dobra do referido artigo, a sanção deverá ser denegada.**

O TST, no SBDI-1-E. RR 13145/2000-653-09, autoriza a dobra dessas férias a empregado doméstico com amparo no art. 137 da CLT, Rel. Min. Maria Cristina J. Peduzzi, DJU 7.12.2007.

14.4.6. Repousos aos domingos e feriados. Doméstica

O parágrafo único do art. 7º da Constituição da República de 1988 conferiu aos empregados domésticos o direito ao repouso semanal, fazendo menção expressa ao inciso XV do art. 7º, que o prevê. Entretanto, o texto constitucional foi omisso quanto ao repouso em feriados, gerando dúvidas a respeito de sua concessão aos domésticos, pois a lei ordinária que os prevê (Lei n. 605, de 1949) excluía esses empregados de sua esfera normativa. Ocorre que o art. 9º da Lei n. 11.324, de 19 de julho de 2006, revogou o art. 5º, "a", da Lei n. 605, de 1949, que excluía os domésticos de seus preceitos legais. Com a citada revogação, o doméstico passa a fazer jus, por força de lei ordinária, ao repouso semanal em dias santos e feriados também.

Embora inexista disposição constitucional autorizando o descanso em dias santos e feriados ao doméstico, entendemos que o dispositivo constitucional em questão comporta uma interpretação extensiva, pois a intenção deduzida da lei era mais ampla do que o texto legal. Deve-se levar em conta que, não obstante o silêncio da Constituição da República de 1988, nesse aspecto, era a intenção do legislador constituinte prever no citado preceito também o descanso em feriados civis e religiosos e igualar os domésticos no que diz respeito ao gozo dos descansos semanais, incluindo, no caso, os feriados. É tradição dos textos constitucionais anteriores, desde a Carta de 1937, assegurar aos trabalhadores não só os descansos semanais, mas também em feriados civis e religiosos. Isso porque esses descansos têm, em linhas gerais, a mesma finalidade, ou seja, propiciar ao empregado disposição de tempo para o adequado desenvolvimento dos valores morais, culturais e religiosos. Os critérios sistemático e teleológico de interpretação autorizam a extensão, aos domésticos, dos descansos também em feriados civis e dias santificados[(195)].

A propósito, já tivemos a oportunidade de decidir favoravelmente à concessão do descanso aos domésticos também em dias santos e feriados[(196)].

---

(195) Na mesma direção manifestavam-se Octacílio P. Silva (*Curso de Direito do Trabalho* — Estudos em Memória de Célio Goyatá. 3. ed., v. I, p. 395), Roberto Salles Cunha (*O trabalho doméstico*. São Paulo: Atlas, 1990, p. 95), Aloysio Santos (*Manual de contrato de trabalho doméstico*. São Paulo: LTr, 1989, p. 32), Emílio Gonçalves (*Direitos sociais dos empregados domésticos*. São Paulo: LTr, 1989, p. 53) e José Janguiê Bezerra Diniz (Os domésticos e seus direitos antes e depois da Revisão Constitucional. *Jornal Trabalhista*, ano XI, n. 501, p. 366).

(196) "Os empregados domésticos devem receber, em dobro, pelo trabalho realizado aos domingos, em feriados e dias santificados, embora a Carta de 1988 não se refira de modo expresso a estes últimos. O objetivo do legislador constituinte foi estender-lhes também o descanso em feriados". TRT — 3ª Região — 2ª Turma — RO 3159/95 — Relª: Juíza Alice Monteiro de Barros — DJMG 18.4.95.

Interpretação restritiva dada ao preceito constitucional negava o pagamento em dobro pelo repouso em dias santos e feriados(197).

Em face da revogação do art. 5º, "a", da Lei n. 605, de 1949, pela Lei n. 11.324, de 19 de julho de 2006, o empregado doméstico passou a ser contemplado expressamente com o descanso em feriados civis e religiosos, bem como a remuneração em dobro desse dia, quando houver trabalho, sem outra data para folga (art. 9º da Lei n. 605, de 1949, e Súmula n. 146 do TST).

14.4.7. Salário mínimo. Irredutibilidade de salário

Ao empregado doméstico foi assegurado o salário mínimo, nacionalmente unificado, nos termos do art. 7º, parágrafo único, da Constituição de 1988, direito há muito almejado.

Em se tratando de instituto jurídico trabalhista, a ele se aplicam os preceitos consolidados que lhe correspondem, inclusive o princípio da integralidade que inspira nosso ordenamento jurídico. Porém, esse princípio autoriza os descontos legais, tendo o texto constitucional permitido a redução por acordo ou convenção coletiva.

Portanto, filiávamo-nos à corrente que permitia fossem descontadas do doméstico as utilidades fornecidas (alimentação, habitação, higiene, transporte e vestuário), por força do costume ou do contrato, respeitados os percentuais legais(198). Saliente-se que em nenhuma hipótese poderia o trabalhador receber menos de 30% do salário mínimo em espécie (art. 82, parágrafo único, da CLT)(199).

---

(197) "Embora a Carta Magna de 1988, em seu art. 7º, parágrafo único, tenha estendido à categoria dos empregados domésticos alguns direitos sociais, entre os quais o direito ao repouso semanal remunerado, não fez nenhuma menção quanto ao pagamento em dobro do trabalho prestado em feriados civis e religiosos, devendo tal pretensão do autor ser rejeitada, por ausência de previsão legal, e à luz do art. 2º da Lei n. 5.859/73". TRT — PB 5141/98 Ac. 31.233 — Relª: Juíza Ana Clara de Jesus Maroja Nóbrega — DOE 19.3.99. *Revista Synthesis* 29/99, p. 215.

(198) "Se o empregador doméstico fornece alimentação ao seu empregado, tem o direito de descontar o salário *in natura* no mesmo percentual previsto para os demais trabalhadores". TRT — PE 4010/89 (Ac. 1ª T.) — Relª: Juíza Ana Schuler — DJ/PE 20.7.90. FERRARI, Irany e MARTINS, Melchíades Rodrigues. *Julgados Trabalhistas Selecionados*. São Paulo: LTr, 1992, p. 226.

"Fornecendo o empregador doméstico alimentação ao seu empregado, tem o direito de descontar o salário *in natura* no mesmo percentual previsto para os empregados de outras categorias". TRT — 6ª Reg. 3ª T. — RO 5.731/94 — Relª: Juíza Josélia Morais da Costa — DOE 2.11.94. CALHEIROS BOMFIM, B. *Dicionário de Decisões Trabalhistas*, 25. ed., p. 286. Afinados com a ideia manifestaram-se: GONÇALVES, Emílio. *Op. cit.*, p. 49 e PUECH, Rezende. Empregado doméstico: O salário *in natura*. *Revista Synthesis* 9/89, p. 188.

"O parágrafo único do art. 7º, da Constituição Federal, entre outras vantagens, assegura à categoria dos domésticos a percepção do salário mínimo legalmente instituído. O fornecimento de alimentação, vestuário, habitação etc. pode ser incluído no cômputo da contraprestação mínima devida, obedecidos os percentuais descritos no art. 458 da CLT. É imprescindível, entretanto, para que tal ocorra validamente, o prévio ajuste entre os contratantes, pena de ter-se a parcela *in natura* como mera liberalidade do empregador, constituindo-se, inclusive, como um *plus* salarial." TRT — PB-4485/97 — Rel.: Juiz Edvaldo de Andrade — DOE 13.5.1998, *Revista Synthesis* 27/98, p. 210.

(199) Discutia-se, também, em face da Constituição vigente, se o empregador poderia efetuar descontos no salário do doméstico pela concessão de utilidades, ainda que não tivessem sido pré-contratados. Entendíamos que sim, considerando que se o novo texto constitucional o contemplou com o salário mínimo, as regras atinentes a este último se lhe aplicam, bem como o art. 458, § 2º da CLT. Em abono de nossa tese, Rezende Puech, invocando Nélio Reis, assevera que, quando surgiu no País a lei do salário mínimo, "não só autorizando, mas estabelecendo valores salariais para as parcelas *in natura*, seria contra a teoria da imprevisão, se, a despeito de fornecê-los, o empregador devesse excluir o respectivo valor do total pago em dinheiro...". O autor conclui dizendo que, "se a teoria da imprevisão justificava a aplicação dos descontos ao surgir o salário mínimo legal, ainda que não pré-contratados, assim há de justificar-se agora para os empregados domésticos, em face da nova Constituição". (*Op. cit.*, p. 188).

Havia os que divergiam desse raciocínio, equiparando a instrumento de trabalho tais fornecimentos ou, então, entendiam que o art. 458 da CLT, que trata das utilidades, não se aplicava ao doméstico[(200)].

Adere a essa última corrente o art. 2º-A da Lei n. 5.859, de 1972, introduzido pela Lei n. 11.324, de 19 de julho de 2006, quando veda ao empregador doméstico efetuar descontos no salário do empregado, por fornecimento de alimentação, vestuário, higiene ou moradia. O § 2º do dispositivo em exame retira a natureza salarial ou remuneratória, para quaisquer efeitos, das utilidades mencionadas e as equipara a instrumento de trabalho advindo da necessidade de serviço. No § 1º do art. 2º-A da Lei n. 5.859, de 1972, poderão ser descontadas as despesas com moradia, quando essa se dirigir a local diverso da residência em que ocorrer a prestação de serviço e desde que a possibilidade tenha sido expressamente acordada entre as partes. Nessa hipótese, a verba poderá ter feição retributiva.

Cumpre salientar que os salários, a teor do art. 464 da CLT, devem ser pagos mediante recibo[(201)]. Como a CLT não se aplica ao doméstico, há jurisprudência admitindo a prova desta quitação por meio de testemunhas[(202)].

Questiona-se, ainda, se o doméstico poderá receber o salário mínimo proporcional à jornada de oito horas. Embora não esteja ele sujeito às normas a respeito de jornada, não há dúvida de que o salário mínimo é fixado considerando-se oito horas diárias e 44 semanais; logo, se ele cumpre jornada reduzida, o Tribunal Superior do Trabalho, por meio de uma de suas Turmas, tem considerado correto o pagamento do salário mínimo proporcional. Vejamos:

> "O dispositivo constitucional que fixa o salário mínimo como a menor remuneração paga ao trabalhador (art. 7º, inciso IV), o faz em consonância com aquele que dispõe sobre a duração normal do trabalho não superior a oito horas diárias e quarenta e quatro

---

(200) Nesse sentido pronunciou-se o TRT do Mato Grosso do Sul, no RO 2810/94, Ac. 924/95, tendo como relator o Juiz Abdalla Jallad, cuja ementa é a seguinte: "O fornecimento de alimentação ao doméstico não configura salário *in natura*, porque inexiste previsão legal (exegese dos art. 458 da CLT e 7º da Constituição Federal). DOE 27.3.95. *Revista Synthesis* 21/95, p. 217.

(201) ... "**Empregado doméstico. Salário. Prova do pagamento**. Inobstante a praxe, decorrente da confiança reinante entre as partes e da falta de organização do empregador, de pagamento ao empregado doméstico sem comprovante escrito, a rigor, nos termos da lei, o cumprimento da respectiva obrigação **só se prova mediante recibo**". TRT — 19ª Reg. — RO 534/94 — Ac. 5.7.94 — Rel.: Juiz José Soares Filho. *Revista LTr* 59-7/994.

"**O pagamento de salários deve ser efetuado contra recibo** assinado pelo empregado, conforme dispõe expressamente o art. 464 da CLT. Não há outra forma de se comprovar a quitação de salários, e a lei não faz exceção ao fato de a obreira ser ou não empregada doméstica". TRT — MS-2033/94 — Ac. 4329/94 — Rel.: Juiz João de Deus Gomes de Souza — DOE 17.1.95. *Revista Synthesis* n. 21/95, p. 217.

(202) "**Pagamento de salários. Empregado doméstico. Necessidade de recibo**. O trabalho doméstico não guarda as mesmas características do trabalho ordinário, por conta da constatação do seu desenvolvimento no âmbito familiar, destituído em regra de controle contábil, não se podendo exigir do empregador, tanto quanto pode e se deve exigir do empregador comum, a documentação do pagamento do salário. Este, não raro, é procedido de maneira informal em razão da significativa fidúcia que preside a relação de trabalho doméstico. Nesse caso, a prova documental de pagamento de salário, que é insubstituível na relação de emprego ordinário, deve sofrer atenuação, a fim de se permitir demonstração de seu pagamento mediante outros meios de prova, como a oitiva de testemunhas. Vale salientar que *in casu*, de acordo com a tese do acórdão regional, soberano no exame do conjunto probatório, ficou subentendido o efetivo pagamento dos seis anos de trabalho da reclamante, apesar da ausência do recibo, o que descarta a reiteração do pagamento. Recurso conhecido e desprovido". TST-RR — 33559/2002-900-02-00.9 — 4ª Turma — Min. Barros Levenhagen — DJU — 11.6.2004.

semanais (art. 7º, inciso XIII). Assim, se a jornada de trabalho do empregado é menor que a estipulada pela Constituição, cabe-lhe o pagamento do mínimo proporcional ao tempo de trabalho por ele executado". AR 483.013/98.7. Ac. 1ª T. — Relª: Min. Regina E.A.R. Ezequiel. *Revista Trabalho e Doutrina*, n. 22, set./99, p. 178.

14.4.8. Uso de uniforme

Entendemos que o empregador doméstico pode exigir do empregado o uso de uniforme, desde que o forneça gratuitamente.

14.4.9. Jornada de trabalho

Não se estendem aos trabalhadores domésticos as normas sobre jornada, sendo-lhes indevidos, portanto, o adicional noturno, as horas extras e as pausas intrajornadas.

Somos favoráveis à extensão da tutela sobre duração do trabalho ao doméstico, como, aliás, já previa o anteprojeto do Código do Trabalho, de autoria de Evaristo de Moraes Filho, desde que se adapte à natureza do trabalho executado. Logo, se a jornada de trabalho não lhe pode ser imposta de forma rígida, nada impede que se lhe assegure um descanso consecutivo entre uma jornada e outra.

14.4.10. Aviso prévio

Assegurou-se aos domésticos, por força de preceito constitucional, o aviso prévio, conservando o instituto em questão seu caráter bilateral, apesar de considerado por alguns doutrinadores[203] desaconselhável no âmbito doméstico, na ruptura do contrato de iniciativa do empregador, temerosos dos danos que o trabalhador pudesse ocasionar, quando pré-avisado. O fato de o doméstico ter assegurado o aviso prévio não faz pressupor que seu contrato deva ser necessariamente indeterminado.

14.4.11. FGTS

Os empregados domésticos ainda não foram contemplados, obrigatoriamente, com as normas do FGTS, sendo facultada a sua inclusão no referido regime mediante requerimento do empregador (Lei n. 10.208, de 23 de março de 2001, que acrescentou o art. 3º-A à Lei n. 5.859, de 11 de dezembro de 1972).

14.4.11.1. Seguro-desemprego

O empregado doméstico, inscrito no FGTS, que tiver trabalhado nessa condição por um período mínimo de 15 meses, nos últimos 24 meses contados da dispensa sem justa causa, fará jus ao seguro-desemprego, no valor de um salário mínimo, por um

(203) "O aviso prévio deve ser unilateral, isto é, do empregado para o patrão e não deste para com aquele, tendo em vista que, pré-avisado, poderá o doméstico, por força mesmo de suas atribuições, realizar estragos nunca dantes imaginados". LAMARCA, Antônio. *Contrato Individual de Trabalho*, 1969, p. 64/65. Alinhado com o ponto de vista encontra-se BARRETO, Amaro: "Medite-se bem sobre a turbação do ambiente familiar, causada pelo descontentamento de uma empregada doméstica pré-avisada!" *Tutela Especial do Trabalho*. Rio de Janeiro: Edições Trabalhistas, 1967.

período máximo de três meses, de forma contínua ou alternada (Lei n. 10.208, de 23 de março de 2001, que acrescentou o art. 6º-A à Lei n. 5.859, de 11 de dezembro de 1972).

São consideradas justas causas as hipóteses previstas no art. 482 da CLT, com exceção das alíneas "c" (negociação habitual por conta própria ou alheia sem permissão do empregador e quando constituir ato de concorrência à empresa para a qual trabalha ou for prejudicial ao serviço), "g" (violação de segredo da empresa) e parágrafo único do citado artigo (prática devidamente comprovada em inquérito administrativo de atos atentatórios à segurança nacional).

Para auferir o seguro-desemprego, o doméstico deverá dirigir-se ao órgão competente do Ministério do Trabalho, de posse dos seguintes documentos: carteira de trabalho assinada pelo empregador, constando a data da dispensa, termo de rescisão atestando a dispensa injusta; comprovante de recolhimento da contribuição previdenciária e do FGTS durante pelo menos 15 meses nos últimos 24 meses; declaração de que não está em gozo de nenhum benefício previdenciário, exceto auxílio-doença e pensão por morte; declaração de que não possui renda própria de qualquer natureza suficiente à sua manutenção e de sua família. O seguro-desemprego deverá ser requerido de 7 a 90 dias contados da data da dispensa. Novo seguro-desemprego só poderá ser requerido a cada período de 16 meses decorridos da dispensa que originou o benefício anterior.

As despesas decorrentes do pagamento do seguro-desemprego serão atendidas à conta dos recursos do Fundo de Amparo ao Trabalhador.

14.4.12. Salário-enfermidade relativo aos 15 primeiros dias de afastamento por doença

O empregado doméstico é segurado obrigatório da Previdência Social, prevendo o art. 72, II, do Regulamento de Benefícios que ele fará jus ao auxílio-doença desde o início da incapacidade. Logo, até mesmo os 15 primeiros dias de afastamento por doença constituem ônus do órgão previdenciário, e não do empregador, como acontece com relação aos outros empregados em geral (art. 73 da Lei n. 8.213, de 1991).

14.5. Justas causas

Aderimos à assertiva segundo a qual as faltas arroladas na CLT podem dar ensejo à resolução do contrato de trabalho doméstico, quer sejam praticadas pelo empregado, quer sejam praticadas pelo empregador, como aliás já faz menção a Lei n. 10.208, de 23.3.2001, ao dispor sobre o seguro-desemprego do doméstico. Logo, configura justa causa o mau procedimento caracterizado por ato que fere o decoro e implica a violação ao direito da personalidade na sua integridade moral (violação à vida privada do empregador), o ato do empregado que, na ausência do patrão, realiza festas em sua residência, com uso de bebidas alcooólicas, para pessoas, aliás, desconhecidas do proprietário dessa residência (cf. TRT-10ª Reg. 1ª T — RO 01209-2004-014-10-00-0 — Relª Juíza Elaine Machado Vasconcelos, *Revista IOB*, fev. 2006).

E essa tem sido também a jurisprudência, mesmo antes da citada legislação. A título de exemplo, constitui justa causa praticada pela empregada o mau-trato e a negligência atinentes à incolumidade física da dona de casa em idade avançada. Por outro lado, afasta-se a justa causa quando a empregada doméstica recusa-se a viajar com seus patrões.[204]

14.6. Contrato de experiência ou de prova. Tendência na legislação estrangeira

A nosso ver, nada impede seja firmado com o empregado doméstico um contrato de experiência[205], pois esse tipo de ajuste destina-se a avaliar não só a aptidão para o trabalho, mas também a conduta pessoal do trabalhador.

A lei não estabelece que funções poderão ser objeto do contrato de experiência. Dessa forma, não invalida o ajuste o só fato de o empregado ter sido contratado a título de experiência para trabalho doméstico, porquanto o que se pretende com o contrato de experiência não é apenas a aferição do desempenho funcional do obreiro, mas também a avaliação recíproca, que, por um lado, permite ao empregador analisar a personalidade e o entrosamento do empregado no ambiente de trabalho, e, por outro, dá ao trabalhador a oportunidade de verificar se o emprego atende às suas expectativas. Aliás, o Código do Paraguai, revisto em 1995, faz menção expressa a esse tipo de ajuste contratual (contrato de experiência) para o doméstico. Da mesma forma, o Código do Trabalho da Costa Rica, com a nova redação fornecida em 1995[206], prevê, no art. 102, que, no contrato de trabalho relativo ao serviço doméstico, "os primeiros 30 dias são considerados de prova e quaisquer das partes poderão rompê-lo sem aviso prévio, nem responsabilidade". Portanto, invocando também o Direito Comparado como fonte subsidiária, consideramos possível a celebração de contrato de experiência com o doméstico.

---

(204) TRT — 12ª Reg. — 3ª T. — Ac. n. 15745/97 — Rel.: Juiz João Barbosa — DJSC 1.12.97, p. 151. *Revista do Direito Trabalhista*. n. 1. ed. Consulex, 1998, p. 64.
TRT — 1ª Região — 9ª T. — RO 23878/92 — Rel.: Juiz Ideraldo Gonçalves, DO/RJ 24.11.94, p. 193. Calheiros Bomfim. *Dicionário de Decisões Trabalhistas*. 1º semestre de 1995, p. 286.

(205) "**Empregado doméstico e contrato de experiência**. Validade. Tendo em conta a inserção no mundo jurídico de vários direitos trabalhistas para o trabalhador doméstico, a partir de 1972, com a edição da Lei n. 5.859, finalizando com a extensão à categoria de vários dos direitos previstos no art. 7º da Constituição da República, pelo seu parágrafo único, entendo deva ser efetuada uma releitura do disposto no art. 7º, *a*, da CLT, para que lhe seja dada interpretação mais moderna e consoante com a atual realidade da categoria. Sob tal enfoque, há de se dar validade a contrato de experiência firmado com empregado doméstico". TRT — 3ª Reg. — 3ª T. — RO n. 9392/99 — Rel.: Juiz José Miguel de Campos — DJMG 19.1.2000, p. 37. *Revista do Direito Trabalhista*. Brasília: Consulex, p. 56. **No mesmo sentido**: **Contrato de experiência — Trabalhador doméstico — Possibilidade** — A CF/88 traz em seu art. 7º uma série de direitos garantidos aos trabalhadores urbanos e rurais, tecendo de forma expressa aqueles assegurados à categoria dos domésticos (parágrafo único). Ocorre que, o *caput* do referido artigo dispõe, na sequência, que além daqueles, são também direitos outros que visem à melhoria das condições sociais, podendo ser entendido como uma destas condições a possibilidade das partes firmarem contrato de experiência, para que possam "se conhecer", dentro das regras legais, e não que mantenham esse primeiro contato na seara da informalidade (Acórdão TRT-15ª R. — 1315/**2007** — 114-15-00-8-ROPS Ac. 18839/08 — 10ª C. — Rel. Juíza Elency Pereira Neves — DOESP **18.4.2008**).

(206) Código do Trabalho. Texto original de 1943 revisto pelas reformas de 1995.

Saliente-se, entretanto, que há quem considere inaplicável ao doméstico o contrato de experiência, ao argumento de que as normas consolidadas não se lhe aplicam, devendo ser regido pelas regras do contrato indeterminado(207).

14.7. Pedido de demissão. Assistência e multa a que se referem os art. 477 e parágrafos da CLT e 467 do mesmo diploma

O art. 477 da CLT e seus parágrafos, bem como o art. 467 do mesmo diploma legal, destinam-se aos empregados que reúnem os pressupostos do art. 3º desse diploma legal. Consequentemente, o pedido de demissão ou recibo de rescisão do contrato do empregado doméstico, com mais de um ano de serviço, prescinde da assistência a que alude o referido artigo, sendo-lhe inaplicável também a sanção ali prevista. Nesse sentido é a orientação jurisprudencial predominante(208).

14.8. Responsabilidade civil das agências de empregados domésticos

As agências especializadas na indicação de empregados domésticos são civilmente responsáveis pelos atos ilícitos cometidos por estes no desempenho de suas atividades, por força do art. 1º da Lei n. 7.195, de 12 de junho de 1984.

Dispõe a citada lei que, no ato de contratação, a agência firmará compromisso com o empregador, obrigando-se a reparar qualquer dano que venha a ser praticado pelo empregado contratado, no período de um ano.

14.9. Sucessão

Dadas as peculiaridades existentes no âmbito familiar, o qual não se confunde com a empresa, e considerando-se ainda o fato de ser o doméstico trabalhador de alta confiança, encarada sob um prisma mais amplo, em que se sobressai a característica *intuitu personae* do ajuste, a jurisprudência(209) não tem admitido a sucessão trabalhista na hipótese de morte do empregador, embora reconheça que os herdeiros devam responder pelos direitos porventura não atendidos por aquele.

14.10. Direitos sindicais

A Constituição da República de 1988 não arrolou, expressamente, entre os direitos assegurados aos domésticos os acordos, tampouco as convenções coletivas. Tanto é

---

(207) "**Empregada doméstica. Contrato de experiência**. Inaplicabilidade das disposições contidas na Consolidação das Leis do Trabalho, razão porque o contrato de trabalho é tido como a prazo indeterminado". TRT — 4ª Região — 2ª T. — RO 96.022750-4 — Relª: Juíza Dulce Olenca B. Padilha. *Revista do Direito Trabalhista* n. 5. ed., Consulex, maio 1998, p. 46. De forma correlata PAMPLONA, Rodolfo e outro. *Op. cit.*, p. 69.

(208) "**Multa do art. 477/CLT. Empregada doméstica. Salário-maternidade**. Não há norma específica estabelecendo a extensão da aplicação do art. 477/CLT aos empregados domésticos. À gestante doméstica dispensada sem justo motivo cabe o pagamento do salário-maternidade. Revista conhecida e provida". TST — RR-130647/94.0 — 6ª Reg. — 2ª T. — Rel.: Min. Vantuil Abdala — DJ 19.4.96, p. 12.433.

(209) "**Sucessão de empregadores. Inaplicabilidade.** Não se aplica aos empregados domésticos a sucessão de empregadores prevista nos art. 10 e 448 da CLT". TRT — PR-RO-5.912/91 (Ac. 3ª T. 6.403/92) — Rel.: Juiz Pedro Ribeiro Tavares — DJPR, 21.8.92, p. 128. FERRARI, Irany & MARTINS, Melchíades Rodrigues. *Julgados trabalhistas selecionados*. São Paulo: LTr, v. II, p. 252.

que o art. 7º, parágrafo único, não incluiu em seu contexto o inciso XXVI do referido artigo. Com base nesse argumento, e também sob o fundamento de que a atividade doméstica não poderá ser considerada atividade econômica, o TST(210) tem sustentado a impossibilidade de negociação coletiva (art. 8º, VI, da Constituição da República de 1988) ao sindicato dos trabalhadores domésticos, negando-lhes o direito ao ajuizamento de dissídio coletivo, por impossibilidade jurídica.

Note-se, entretanto, que o direito de sindicalização tem sido exercido pelos domésticos. Embora não lhes tenha sido assegurado de forma expressa, esse direito lhes é reconhecido implicitamente, pois, além de a Constituição da República não proibi-lo, como o fez com relação ao militar, o art. 5º, XVII, assegura aos brasileiros e aos estrangeiros a plena liberdade de associação para fins lícitos, vedando apenas a de caráter paramilitar. Ora, a liberdade de sindicalização é mero corolário desse direito. Da mesma forma, no tocante à greve, também não há reconhecimento expresso desse direito, mas inexiste vedação constitucional, a qual se restringe aos militares; logo, cabe aos domésticos exercê-lo, se considerarem conveniente(211).

14.11. A representação do empregador doméstico na Justiça do Trabalho

Por força do art. 3º, inciso II, do Decreto n. 71.885, de 1973, empregador doméstico é a pessoa ou a família, logo, qualquer de seus membros residente no local(212) poderá representá-lo, desde que seja agente capaz e conhecedor dos fatos. A representação não se limita apenas ao marido, que, como é sabido, não é mais o chefe da sociedade conjugal, conforme previa o art. 233, I, do Código Civil de 1916.

É que a Constituição da República de 1988 eliminou a figura do chefe da sociedade conjugal, ao estatuir que: "Os direitos e deveres referentes à sociedade conjugal são exercidos igualmente pelo homem e pela mulher" (art. 226, § 5º).

Em consequência, mesmo antes do Código Civil de 2002, sustentava a doutrina que: "revogados foram não só o art. 233 do Código Civil, *caput*, mas também todos os privilégios que os diversos incisos daquele dispositivo legal atribuíram à competência exclusiva do varão, ou seja: representação legal da família, administração de bens comuns e particulares da mulher, fixação do domicílio de família e manutenção da família"(213).

---

(210) "**Dissídio coletivo. Sindicato de trabalhadores domésticos. Impossibilidade jurídica.** A categoria dos trabalhadores domésticos é, ainda, uma categoria limitada no que tange a direitos coletivos e individuais, não lhe tendo sido assegurado, no que tange àqueles, o reconhecimento dos acordos e convenções coletivas (art. 7º, parágrafo único, da Carta Magna), o que afasta, por incompatibilidade lógica, a possibilidade de negociação coletiva e, finalmente, de chegar-se ao estágio final do ajuizamento da ação coletiva (art. 114, § 2º). Recurso ordinário desprovido". TST — RO-DC 112.868/94.7 — Ac. SDI 1.271/94 — 17.10.94 — Rel.: Min. Manoel Mendes de Freitas. *Revista LTr* 59-1/51.

(211) FRANCO FILHO, Georgenor de Souza. A revisão constitucional e o empregado doméstico. *Jornal Trabalhista*, ano XI, n. 489, 24.1.1994, p. 93.

(212) Nesse sentido manifestam-se: GONÇALVES, Emílio e GONÇALVES, Emílio Carlos Garcia. A representação do empregador doméstico na Justiça do Trabalho. *Revista LTr* 58-2/174; CARRION, Valentin. *Comentários à CLT*. 5. ed., p. 20. MELLO FRANCO, Guilherme Alves de. O empregado doméstico no campo do Direito do Trabalho. *Jornal Trabalhista,* ano XI, n. 513, p. 643.

(213) THEODORO JÚNIOR, Humberto. *Alguns aspectos da nova ordem constitucional sobre o direito civil. Direitos de família e do menor*. Coord. Sálvio Figueiredo Teixeira. Belo Horizonte: Del Rey, 1993, p. 197.

Em face do art. 1.567, do Código Civil de 2002, está solucionada a questão: "a direção da sociedade conjugal será exercida, em colaboração, pelo marido e pela mulher, sempre no interesse do casal e dos filhos. Parágrafo único: havendo divergência, qualquer dos cônjuges poderá recorrer ao juiz, que decidirá tendo em consideração aqueles interesses."

Logo, qualquer membro da família poderá representá-la em juízo, desde que seja agente capaz e tenha conhecimento dos fatos.

Nada impede também que o empregador doméstico se faça representar por preposto credenciado, como, por exemplo, por um mordomo ou pela governanta, uma vez que, sendo a Justiça do Trabalho competente para solucionar litígio entre empregado e empregador regidos por legislação social, é inquestionável se lhe estenda, por aplicação analógica, o disposto no art. 843 consolidado, não obstante o art. 7º, "a", da CLT[214]. A exigência segundo a qual o preposto deverá ser necessariamente empregado não se aplica ao âmbito doméstico, tampouco ao micro ou pequeno empresário **(Súmula n. 377 do TST — DJU de 28.4.2008).**

14.12. Impenhorabilidade dos bens a que alude a Lei n. 8.009, de 1990, e empregado doméstico

A Lei n. 8.009, de 1990, dispõe sobre a impenhorabilidade do imóvel residencial próprio do casal ou da entidade familiar, dos equipamentos, inclusive de uso profissional, e dos móveis que guarnecem a casa, desde que quitados. A impenhorabilidade é oponível em qualquer processo de execução civil, fiscal, previdenciária, trabalhista ou de outra natureza, salvo se movido em razão dos créditos de trabalhadores da própria residência e das respectivas contribuições previdenciárias (art. 3º). Em consequência, a impenhorabilidade a que se refere a Lei n. 8.009, de 1990, não procede quando o empregado doméstico for credor.

14.13. Prescrição e créditos dos empregados domésticos

A matéria alusiva à prescrição da pretensão dos créditos do empregado doméstico será examinada em capítulo próprio.

(214) Essa também é a orientação de GONÇALVES, Emílio e GONÇALVES, Emílio Carlos Garcia. *Op. cit.*, *Revista LTr* 58-2/174.

CAPÍTULO X

EMPREGADOR. CONCEITO. CARACTERIZAÇÃO. EMPRESA E ESTABELECIMENTO. CARTÓRIO NÃO OFICIALIZADO. GRUPO ECONÔMICO. SUCESSÃO DE EMPREGADORES. CONSÓRCIO DE EMPREGADORES. SITUAÇÕES DE RESPONSABILIZAÇÃO EMPRESARIAL

1. CONCEITO LEGAL

O art. 2º da CLT considera empregador a empresa individual ou coletiva que, assumindo os riscos do empreendimento econômico, contrata, assalaria e dirige a prestação pessoal de serviços. Esse conceito é criticado pela doutrina, sob o argumento de que assimila o empregador à empresa, a qual não é sujeito de direito, salvo a empresa pública, por força do Decreto-Lei n. 200. Há, entretanto, quem refute essa crítica, dizendo que, quando o legislador considera empregador a empresa, não está subjetivando-a, mas esclarecendo que o empregado, ao contratar os seus serviços, não o faz com a pessoa física do empregador, por ser efêmera, acidental, mas com o organismo duradouro que é a empresa(1).

Para nós, empregador é a pessoa física, jurídica ou o ente que contrata, assalaria e dirige a prestação pessoal de serviços do empregado, assumindo os riscos do empreendimento econômico.

2. CONCEITO DE EMPRESA E ESTABELECIMENTO. NATUREZA JURÍDICA

Sob o prisma sociológico, empresa é uma organização complexa e sua existência se deve ao fato de que o homem necessita da cooperação social para atender às necessidades da demanda. Essa ideia aproxima-se das perspectivas do Direito do Trabalho, por exaltar a circunstância de que a empresa constitui uma comunidade de trabalho. Ela substituiu a economia familiar e é uma forma de produzir típica do mundo moderno.

(1) DONATO, Messias Pereira. *Curso de Direito do Trabalho. Op. cit., passim.*

A empresa é conceituada como a "organização de trabalho alheio"[(2)] e o estabelecimento como os meios que proporcionam o desenvolvimento dessa organização. Ela é vista também como "unidade econômica de produção" e o estabelecimento como "unidade técnica de produção"[(3)]. A distinção teórica se justifica, mormente se considerarmos que deverá figurar no polo passivo da reclamação trabalhista a empresa, e não o nome fantasia do estabelecimento, embora haja uma certa tolerância com a adoção deste, dada a informalidade que norteia o Direito do Trabalho.

O estabelecimento não pressupõe, necessariamente, um local fixo, existindo até mesmo nas atividades circenses e de transporte[(4)], como os navios e aeronaves[(5)].

À luz do art. 966 do Código Civil vigente, empresa é a atividade econômica exercida profissionalmente pelo empresário, organizada para a produção ou a circulação de bens ou serviços. Já o estabelecimento é o complexo de bens (corpóreos e incorpóreos) organizados para o exercício da empresa, por empresário, ou por sociedade empresária (art. 1.142 do mesmo diploma legal). Engloba o que se chamava "fundo de comércio".

Igualmente polêmica é a **natureza jurídica da empresa**. Há quem a veja como **sujeito de direito**, dotado de vida e personalidade jurídica próprias; essa teoria tem suas origens na Alemanha. Michel Despax impulsionou essa teoria subjetivista, quando asseverou que a personificação da empresa lhe fornece uma armadura jurídica capaz de defendê-la e impedir a sua destruição pelo indivíduo e pela sociedade que a exploram. No Brasil, o maior adepto dessa corrente foi Cesarino Júnior.

Outros veem a empresa como **objeto de direito** de propriedade do empregador.

Uma terceira corrente considera a empresa como a **atividade profissional do empregador** (doutrina italiana e, entre nós, Délio Maranhão). Essa corrente se funda no Código Civil Italiano de 1942, que, apesar de não conceituar a empresa, ao definir o empresário, deixa claro que a empresa deve ser considerada a atividade por ele exercida.

O Código Civil brasileiro de 2002, no *caput* do art. 966, inspirado no Código Civil italiano, considera empresário quem exerce profissionalmente atividade econômica organizada para a produção ou circulação de bens ou de serviços. À luz desse preceito legal, a empresa, no Direito Civil brasileiro, se funda na teoria que a considera atividade profissional do empresário, o qual não se confunde, entretanto, com empregador, mesmo porque o parágrafo único do referido preceito exclui da condição de empresário quem exerce profissão intelectual, ainda que com o concurso de auxiliares, salvo se o exercício da profissão constituir elemento da empresa. Logo, não são considerados empresários dois médicos que se associam em um consultório,

---

(2) ALFREDO ROCCO. *Princípios de Direito Comercial*. Trad. de C. de Moncada. *Apud* MORAES FILHO, Evaristo. *Tratado Elementar de Direito do Trabalho*. Rio de Janeiro: Freitas Bastos, 1965, p. 221.

(3) DURAND, Paul e JAUSSAND, R. *Traité de droit du travail*, I, n. 337. Paris: Dalloz, 1956, p. 408.

(4) DURAND, Paul e JAUSSAND, R. *Traité de droit du travail*, I, n. 337. Paris: Dalloz, 1956, p. 408. DONATO, Messias Pereira. *Op. cit.*, 1979, p. 12.

(5) MORAES FILHO, Evaristo de. *Introdução ao Direito do Trabalho*. São Paulo: LTr, 1971, p. 121.

para exercerem suas especialidades médicas, apesar de contarem com a ajuda de auxiliares[6]. A sociedade será simples e não empresária, mas poderá ser empregadora, pois, à luz do § 1º do art. 2º, da CLT, equiparam-se a empregador os profissionais liberais.

Não obstante, a teoria da empresa como atividade é a que mais se aproxima de nossa disciplina.

Há ainda quem considere a empresa como **instituição**. Essa teoria foi desenvolvida pela doutrina francesa e possui um conteúdo mais sociológico do que jurídico. Ela considera a instituição um instrumento para a satisfação de uma necessidade humana e, segundo seus defensores, a empresa atende a essa finalidade quando dirigida ao cumprimento de desígnios humanos, concretizados mediante a união de meios de índoles distintas, porém pessoais, cujos serviços são dirigidos a um fim comum. Esse fim é o interesse da empresa como conjunto, que funciona para satisfazer aspirações humanas saudáveis[7].

Nota-se, portanto, que os autores não conseguiram chegar a um consenso sobre a natureza jurídica da empresa, dada a sua organização complexa.

A CLT não adota com precisão os termos empresa e estabelecimento. A título de exemplo, nos art. 74, § 2º, 168, § 4º, e 355, o termo estabelecimento é usado em sentido próprio. Já no art. 429 confunde-se empregador com empresa. Há vários artigos em que a empresa é vista na condição de empregador, como, por exemplo, nos art. 2º, 160, 164, 165, 200 e 449 da CLT. Por outro lado, o conceito de empresa como objeto do direito de propriedade do empregador infere-se dos art. 425, 448 e 485.

3. TIPOS DE EMPREGADOR

3.1. Empregador por equiparação. O art. 2º, § 1º, da CLT considera empregadores, por equiparação, os profissionais liberais, as instituições de beneficência, as associações recreativas ou outras instituições sem fins lucrativos que admitirem trabalhadores como empregados.

3.1.1. Partido político. À luz do art. 17, § 2º, da Constituição vigente, aos partidos políticos é atribuída personalidade jurídica, situando-se como pessoa jurídica de direito privado (art. 44, V, do Código Civil de 2002). Os partidos políticos equiparam-se a empregador, nos termos do art. 2º, § 1º, da CLT, quando contratarem, assalariarem e dirigirem a prestação pessoal de serviços desenvolvidos de forma não eventual.

Não se situam, entretanto, como empregados dos partidos, tampouco dos candidatos, por exclusão expressa do art. 100 da Lei n. 9.504, de 1997, os que, por ocasião das eleições, engajam-se em campanhas eleitorais, entregando "santinhos" nos espaços públicos, dirigindo veículos em carreata ou atuando na condição de "cabo eleitoral"[8].

---

(6) Outra será a situação dos médicos que trabalham em hospitais e clínicas. Aqui há sociedade empresarial (e não simples), pois o exercício da profissão, nesse caso, é um dos elementos da empresa, vista como atividade organizada.

(7) KROTOSCHIN, Ernesto. *Manual de Derecho del Trabajo*. Buenos Aires: Depalma, 1987, p. 56.

(8) Colaborador em campanha eleitoral. Relação de emprego. Inexistência. "A contratação de pessoal para prestação de serviços nas campanhas eleitorais não gera vínculo empregatício com o candidato ou partido contrastantes"

A vinculação entre essas pessoas e o candidato ou o partido político vem sendo considerada de cunho ideológico(9). Há quem considere inconstitucional o referido preceito, por violar o princípio da igualdade (cf. PESSOA, Jouberto de Quadros e FERREIRA, Francisco Jorge Neto. As questões trabalhistas tratadas pelo Direito Eleitoral. *Revista Synthesis* 35/2002, p. 52).

A **exclusão do contrato de trabalho com o cabo eleitoral** ocorre porque ausente a relação obrigacional, uma das principais funções do pacto laboral. Não há nessa relação de trabalho discrepância de interesses configuradores do contrato, pois aqui os interesses estão jungidos à crença no mesmo ideal preconizado pela filosofia política constante de determinado programa partidário sustentada pelo candidato e seguida pelo cabo eleitoral, em face do sentimento de estima ou simpatia e muitas vezes com o objetivo de angariar vantagem futura.

Tampouco se reconhece o vínculo empregatício entre o Secretário-Geral de partido político e este último, eleito aquele pelos filiados, sem prova de trabalhar com subordinação jurídica e de forma onerosa(10).

3.2. Edifício de apartamento. Condomínio. A Lei n. 2.757, de 23 de abril de 1956, incluiu na esfera normativa do Direito do Trabalho "os porteiros, zeladores, faxineiros e serventes de prédios residenciais, desde que a serviço da administração do edifício e não de cada condômino em particular" (art. 1º). Sua inclusão na ordem jurídica se deve à destinação rentável das locações.

Para Pontes de Miranda, empregadores são os comuneiros(11), ou seja, os condôminos. Se há condomínio, a relação empregatícia forma-se com cada condômino, tomando-se o edifício como unidade econômica real e conceitual a que se prestam serviços, nos termos do art. 259 do Código Civil de 2002 e do art. 891 do Código Civil antigo. Afirmam alguns autores que a pecuniaridade, que torna divisível a coisa, segundo o disposto no art. 263 do Código Civil de 2002 e no art. 895 do Código Civil de 1916, não exclui o direito de o empregado acionar o edifício e receber tudo e por inteiro de qualquer condômino, com aplicação, inclusive, do princípio da solidariedade. A responsabilidade proporcional dos condôminos (art. 3º da Lei n. 2.757, de 1956)

(art. 100, da Lei n. 9.504/97). TRT/PA — 00145200612008003 — RO 2ª T. — Rel. Vicente José Malheiros da Fonseca — DOJT 8 15.9.**2006**. *Synthesis* 44/2007, p. 290.

(9) TRT — 3ª Região — 4ª T. — RO-16456/99. Rel.: Juiz Rogério Valle Ferreira — MG 15.4.2000. *Revista do Tribunal Regional do Trabalho da 3ª Região*, n. 61. Sujeito ao mesmo entendimento é o seguinte aresto: "Tendo a reclamante laborado para o reclamado, auxiliando-o em sua campanha para reeleição como deputado federal, visando apenas futura recontratação no cargo em comissão anteriormente ocupado, resta caracterizada, na espécie, prestação de serviços por motivação ideológica, com vistas a obtenção de vantagem futura, a qual afigura-se incompatível com a formação de vínculo de emprego, face a ausência da onerosidade típica deste tipo de relação. Recurso não provido". TRT — 4ª Região — RO-00327.561/99-8. — Ac. 5ª T. — 22.3.2001 — Rel.: Juiz Carlos Alberto Robinson. *Revista LTr*, São Paulo, n. 66-04/497.

(10) "**Não se forma vínculo de emprego entre o Secretário-Geral de Partido Político**, eleito pelos filiados, para o cargo, e a agremiação política, principalmente quando o reclamante não consegue demonstrar critério de onerosidade e existência de subordinação no desempenho de suas atribuições, requisitos previstos no art. 3º da Consolidação das Leis do Trabalho para caracterização da relação de emprego". TRT — 21ª Região — RO-01703-2001-003-21-00-9 — Ac. 41.604 — 27.6.02 — Relª: Juíza Maria do Perpétuo Socorro Wanderley de Castro. *Revista LTr*, São Paulo, n. 66-10/1255.

(11) *Tratado de Direito Privado*. Rio de Janeiro: Borsoi, 1954-1970. T. 47, p. 88-89.

dirige-se às relações internas dos devedores por obrigação indivisível, no caso, aos condôminos entre si. Nesse sentido manifestou-se Paulo Emílio Ribeiro de Vilhena[(12)].

Outros autores sustentam que o condomínio, embora não tenha personalidade jurídica, "projeta-se como unidade equiparada à pessoa jurídica, tanto assim que os direitos dos que trabalham no prédio respectivo devem ser exercidos contra a administração do edifício e não contra cada condômino em particular" (Cf. MAGANO, Octavio Bueno. *Direito Individual do Trabalho*. v. 2, 4. ed. São Paulo: LTr, 1993, p. 103).

Embora não tenha personalidade jurídica, o condomínio tem personalidade judiciária, sendo representado em juízo ou fora dele pelo síndico, nos termos do art. 22 da Lei n. 4.591, de 16 de dezembro de 1964, e não pelo condômino, o que fortalece a posição doutrinária citada no parágrafo anterior e encontra-se em consonância com a jurisprudência[(13)].

É o síndico considerado empregado do condomínio? Depende da forma como se realizou a prestação de serviços. Se o condomínio contrata alguém que não seja condômino para exercer as atividades de síndico, reunindo os pressupostos do art. 3º da CLT, o vínculo empregatício poderá configurar-se[(14)]. Outra será a situação se um dos condôminos é eleito pelos demais para o desempenho dessa função e executa suas tarefas sem qualquer subordinação[(15)]. Nesse caso, não há relação empregatícia. Eleito pela assembleia dos condôminos, ele é um mandatário, inclusive com interesses próprios, por ser um dos proprietários.

3.3. Falência e empresas em liquidação. A falência tende à extinção da sociedade, mas não a obriga necessariamente. A empresa falida pode, portanto, ser empregador[(16)].

---

(12) Relação de Emprego. *Op. cit.*, p. 79.

(13) "**O condômino não tem legitimidade para atuar no polo passivo da relação processual**, se o alegado vínculo jurídico, na órbita do direito material, verificou-se com o condomínio. Hipótese em que o reclamante, noticiando que trabalhava para o condomínio, ajuizou a ação contra pessoa física que integra a entidade condominial. Processo extinto sem julgamento do mérito. Art. 3º e 267, inciso VI, do Código de Processo Civil". TRT — 4ª Reg. — RO-00521.851/96-3- Ac. 1ª T. — 17.11.99 — Rel.: Juiz Paulo Caruso. *Revista LTr* 64-11/1463.

(14) "**Síndico. Relação de emprego**. Pode configurar-se a relação de emprego entre o condomínio e o síndico, se este for pessoa física, não condômino, e receber remuneração não meramente simbólica pela administração exercida, a despeito da amplitude de seu poder de mando previsto na letra *a* do § 1º do art. 22 da Lei n. 4.591, desde que se evidencie uma subordinação expressiva aos condôminos ou ao órgão que os represente (Isis de Almeida)". TRT — 3ª Região — RO-11.360/00 — 4ª Turma — Rel.: Juiz José Murilo de Morais — DJMG de 17.3.2001, p. 33.

(15) "**Condomínio. Condômino gestor-síndico**. Inexistência dos requisitos do art. 3º da CLT. A figura do gestor--síndico em autogestão de condomínio não se assemelha, em nada, ao empregado com vínculo empregatício, que não tem qualquer ingerência nos desígnios administrativos. Ao contrário, a figura tem os contornos do administrador-acionista em uma sociedade anônima, ou até do sócio-gerente em outros tipos de sociedades. Ganha um pró--labore pelos seus serviços, mas nunca um salário. Ademais, sendo condômino, não pode ser empregado de si mesmo, confundindo-se com a própria figura do empregador (inciso X, art. 267 do CPC)". TRT — SP 19990570364 — Ac. 7ª T. — 20010064227 — Relª: Juíza Rosa Maria Zuccaro — DOE 23.3.2001. *Revista Synthesis* 33/2001, p. 291.

(16) "**Contrato de trabalho celebrado pela massa falida. Aplicação dos preceitos da CLT** — Tendo o responsável pela massa optado por prosseguir as atividades da empresa falida, inclusive contratando empregados, não pode pretender encobrir-se sob o manto do Decreto-Lei n. 7.661-1945 (Lei de Falências) para fugir às responsabilidades pelo pagamento dos direitos trabalhistas do reclamante. Evidente que a contratação do autor, sob a égide do regime falimentar, e a posterior inadimplência pela massa, visaram fraudar a aplicação dos preceitos contidos na CLT, o que não se pode admitir, ante as disposições dos art. 9º e 449 do texto consolidado. Nesta hipótese, prevalece o

Os contratos podem ser cumpridos pelo administrador judicial se reduzir ou evitar o aumento do passivo da massa, na forma do art. 117 da Lei n. 11.101, de 9 de fevereiro de 2005. A personalidade jurídica do devedor em regime falimentar mantém-se até a liquidação final. O que se verifica na falência é a continuidade da sociedade, cuja firma ou denominação passa a ser qualificada com o aditivo Massa Falida. A Massa Falida é representada em juízo pelo administrador judicial (art. 22, III, alínea "n", da Lei n. 11.101, de 9 de fevereiro de 2005), porquanto os administradores sociais perdem a posse e a administração da sociedade.

No tocante às empresas de crédito e ao estabelecimento bancário em liquidação, ao liquidante são conferidos os poderes de gestão, nos termos do art. 10 do Decreto--Lei n. 9.346, de 1946, e a rescisão dos contratos fica ao arbítrio do liquidante. Saliente--se que a Lei n. 6.024, de 1974, no seu art. 34, determina que se aplique às liquidações bancárias e de financeiras a antiga Lei de Falências, substituída pela Lei n. 11.101, de 9 de fevereiro de 2005, quando compatível. Essa liquidação judicial não interfere na personalidade jurídica do sujeito empregador.

3.4. Patrimônio hereditário. Falecendo o empregador, seus bens transmitem-se, imediatamente, aos herdeiros. Os herdeiros são os empregadores, até consumar-se a partilha, em face do princípio da universalidade e indivisibilidade. Concluída a partilha, de posse os herdeiros de seus quinhões, as relações de emprego prosseguem, transferindo-se a titularidade a um deles, ou seja, àquele com quem permaneça em serviço o empregado. Os direitos e obrigações não se alteram e sofrem os efeitos da sucessão trabalhista. A herança jacente não possui personalidade jurídica, mas possui capacidade processual, sendo, portanto, a empregadora.

3.5. Usufruto. O empregador é o usufrutuário e não o nu proprietário, pois àquele pode ser transferida a coisa, o patrimônio, compreendidos como uma unidade formada por todos os pertences e acessórios com uma fisionomia jurídica econômica, que se reverte na exploração do negócio. O nu proprietário possui a responsabilidade indireta (cf. VILHENA, Ribeiro de. *Relação de emprego.* São Paulo: Saraiva, 1975, p. 74).

3.6. Empregador aparente. Cogita-se de empregador aparente na hipótese de uma situação simulatória praticada pelo empregador real, com o objetivo de ocultar--se (art. 9º da CLT).

Alinham-se entre os empregadores aparentes as sociedades não registradas nos órgãos próprios, os testas de ferro, etc. (cf. VILHENA, Ribeiro de. *Relação de emprego.* São Paulo: Saraiva, 1975, p. 72 e 73).

3.7. Agentes políticos. Agentes públicos. Saliente-se que não existe relação empregatícia com os titulares de cargos que compõem a estrutura da organização

---

interesse do hipossuficiente, não podendo este responder pela má administração do síndico, o qual, inclusive, poderá ser responsabilizado pelos prejuízos causados, nos termos do art. 68 e parágrafo único do Decreto-Lei n. 7.661-1945". TRT — 9ª Região — RO-08997/2002 — Ac. 03650/2003 — 4ª T. — Rel.: Juiz Sérgio Murilo Rodrigues Lemos — DJPR 7.3.2003.

política do País. Eles também não se enquadram como servidores públicos ou destinatários de regime jurídico único, pois são agentes políticos. Entre eles, podemos citar o Presidente da República, os Governadores, os Prefeitos e respectivos Vices, bem como os Ministros e Secretários das diversas pastas, os Senadores, os Deputados Federais e Estaduais e os Vereadores[17]. Mesmo que o poder público tenha assinado a carteira de um agente político, o fez por erro, o que não gera direito ao reconhecimento de vínculo empregatício[18].

Já os membros do Judiciário são agentes públicos regidos por lei especial (LOMAN — Lei Complementar n. 35, de 14 de março de 1979) e seus servidores são disciplinados pelo Direito Administrativo. Tampouco há vínculo empregatício com o oficial de justiça *ad hoc* nomeado, ainda que de forma reiterada, para o exercício da respectiva função. A sua designação para o exercício de *munus* público se verifica de forma precária, para suprir a ausência ou o impedimento do titular do cargo efetivo. Logo, a prática de atos judiciais por ele exercida se exaure a cada cumprimento de mandado. Nesse sentido é a **Orientação Jurisprudencial n. 164 da SDI-1** do TST.

3.8. Cartório não oficializado. Registramos, inicialmente, que os cartórios dividem-se em duas espécies: judiciais e notariais ou de registro. Os primeiros, também chamados de serventias judiciais, subordinam-se ao Poder Judiciário e seus servidores são funcionários públicos estatutários. Os cartórios notariais ou de registro, por sua vez, são exercidos em caráter privado por delegação do poder público e seus titulares são escolhidos mediante concurso público.

Anteriormente, os cartórios judiciais e extrajudiciais tinham sua concessão balizada exclusivamente no interesse político, sendo destinados aos apadrinhados e cabos eleitorais dos governantes. Com o advento da Emenda Constitucional n. 7, de 1977, passou-se a exigir a aprovação em concurso público para ingresso na atividade notarial e de registro. A propósito, o Supremo Tribunal Federal concedeu liminar, em 6 de junho de 2002, em ADIn e suspendeu a vigência da Lei Estadual n. 13.724, de 2000, de Minas Gerais, que previa efetivação de notários sem concurso público.

A matéria também foi objeto de regulamentação pela Emenda Constitucional n. 22/82, a qual estabeleceu o provimento das serventias extrajudiciais na forma da legislação estadual, respeitada a classificação no concurso público[19].

Cabendo a cada Estado definir o regime a que se submetiam os servidores desses cartórios, era possível sua inclusão em um regime especial, equivalente ao dos funcionários públicos. Por essa razão, há jurisprudência, inclusive do TST, calcada em precedentes jurisprudenciais do Supremo Tribunal Federal, afastando a competência da Justiça do Trabalho para apreciar reclamações ajuizadas por esses servidores[20].

---

(17) MEIRELES, Hely Lopes. *Direito Administrativo Brasileiro*. 22. ed., São Paulo: Malheiros, p. 73-75; MELLO, Celso Antônio Bandeira de. *Curso de Direito Administrativo*. 5. ed., São Paulo: Malheiros, p. 124.

(18) TRT — 9ª Região — RO-6975/99 —Ac. 4761/00 — 4ª Turma — 1º.12.1999 — Rel.: Juiz Dirceu Pinto Júnior. *Revista LTr* 64-11/1449.

(19) Cf., a respeito, MONTENEGRO JÚNIOR, Eurico. Breves Anotações ao Novo Estatuto dos Notários e Registradores Públicos. *Revista dos Tribunais*, n. 739, maio 1997, p. 96/101.

(20) "**Competência — Serventuário de cartório não oficializado**. É incompetente a Justiça do Trabalho para dirimir controvérsia entre serventuário de cartório não oficializado e o titular do mesmo, porque são órgãos

Sucede que a Constituição atualmente em vigor estabelece, em seu art. 236, que *"Os serviços notariais e de registro são exercidos em caráter privado, por delegação do Poder Público"*. A partir da vigência desse dispositivo, considera-se que os notários e tabeliães prestam serviço público, por delegação. Os agentes delegados, consoante Hely Lopes Meirelles, *"são particulares que recebem a incumbência da execução de determinada atividade, obra ou serviço público e o realizam em nome próprio,* por sua conta e risco, *mas segundo as normas do Estado e sob a permanente fiscalização do delegante"*[(21)] (grifou-se).

O entendimento predominante no STJ, solucionando conflito de competência, e do TST, atualmente, é o de que o titular do cartório não oficializado, no exercício de delegação estatal, contrata, assalaria e dirige a prestação laboral dos auxiliares que julgar necessários, portanto, equipara-se ao empregador comum, até porque aufere renda decorrente da exploração do cartório[(22)]. É irrelevante que o contrato respeite os requisitos impostos por um regulamento próprio, como, por exemplo, a Lei de Organização Judiciária do Estado de Minas Gerais. Nesse contexto, há de se ter em conta que os notários assumem os riscos do empreendimento econômico, admitindo, dirigindo e dispensando pessoal.

A modificação dessa titularidade poderá, por isso, atrair a incidência dos art. 10 e 448 da CLT, pois hão de ser resguardados os direitos dos empregados contratados anteriormente.

Nesse sentido também tem-se pronunciado o TST, como se infere da seguinte ementa:

> "CARTÓRIO — MUDANÇA DE TITULAR — SUCESSÃO. O titular do cartório extrajudicial exerce atividade delegada pelo estado, que pelos serviços prestados recebe custas, mas também assume o risco da atividade econômica, admitindo e demitindo pessoal. Equipara-se, assim, a empregador, para os efeitos da legislação trabalhista. **Em ocorrendo mudança do titular, os direitos dos empregados são preservados, à luz dos art. 10 e 448 CLT.** Revista parcialmente conhecida e desprovida". TST Ac. 2ª Turma n. 3523 — RR-79563/1993 — Rel.: Min. Vantuil Abdala. DJ — 25.8.1995 — p. 26.428 (grifou-se).

Atualmente, a jurisprudência de alguns tribunais regionais vem sustentando que o novo titular assume, após submeter-se a concurso, o cargo, e não o patrimônio do

subordinados ao poder público estadual. Precedentes: STF: RR-EE 91.422-6-SP 88.743-8, 88743-9-SP- AG 87943 TST: E-RR-2.081/79". TST — RR-6728/1983 — Acórdão n. 2466 — 1ª Turma — Rel.: Min. Marco Aurélio — DJ 23.8.1985.

(21) *Direito Administrativo Brasileiro*. 17. ed., São Paulo: Malheiros, p. 76.

(22) "**Conflito de Jurisdição. Competência**. Reclamação trabalhista movida por empregado de Ofício extrajudicial, não oficializado, do Distrito Federal contra o respectivo titular. Lei n. 6.750/1979 (Lei de Organização Judiciária do Distrito Federal e Territórios), art. 81 e 82. A remuneração dos empregados das serventias não oficializadas do Distrito Federal deve ser paga pelos titulares, únicos responsáveis pelas obrigações trabalhistas. Os direitos dos empregados não remunerados pelos cofres públicos, vinculados ao titular da serventia, são os previstos na legislação do trabalho. A intervenção da Corregedoria-Geral da Justiça do Distrito Federal, nos referidos contratos de trabalho (Lei n. 6.750/79, art. 81, § 3º), é meramente de natureza fiscalizadora e disciplinar. Constituição, art. 114 e 236. Competência da Justiça do Trabalho e não da Justiça Comum do Distrito Federal. Conflito de Jurisdição conhecido, declarando-se, no caso, a competência do Tribunal Superior do Trabalho". Supremo Tribunal Federal — Tribunal Pleno — CJ 6964/DF — Distrito Federal. Conflito de Jurisdição — Rel.: Min. Neri da Silveira. Publicação — DJ 10.4.92 — PP. 04797 — Ementa Vol. 01657-02 — PP-00189 — Julgamento: 19.6.1991. De forma correlata: TST — E-RR-88.673/93.4 — Rel.: Min. Vantuil Abdala — Ac. SDI-1 — 1.567/97.

antigo empregador. Não poderá, portanto, ser responsável pelos débitos anteriores, já que não existiu entre ele e o antigo titular do cartório nenhuma transação comercial. É o que se infere deste aresto:

"SUCESSÃO TRABALHISTA — CARTÓRIO DE NOTAS OU DE REGISTRO. INEXISTÊNCIA. Esta Turma vem adotando o entendimento de que não há sucessão quando a mudança do titular do cartório ocorre nas condições descritas nestes autos. É que, com a exigência feita pela Constituição de 1988, de concurso público para o ingresso na atividade notarial e de registro, o novo titular assume o cargo e não o patrimônio da antiga empregadora. Como nenhum crédito lhe é repassado, não pode ser responsabilizado pelos débitos anteriores. O serviço cartorial é concedido pelo Poder Público àquele que foi aprovado em concurso, inexistindo qualquer transação comercial entre o titular anterior e o novo, ou a transferência de patrimônio. A lei, ao estabelecer a responsabilidade do sucessor pelos contratos de trabalho celebrados pelo sucedido, tem em vista a defesa dos direitos já adquiridos pelo trabalhador, que ficariam prejudicados se, embora ocorrendo a transferência patrimonial, permanecesse o sucedido responsável pelo pagamento das obrigações ajustadas antes da sucessão". TRT — 3ª Região — RO- 00910-2003-002-03-00-0 — 4ª Turma — Rel.: Juiz Luiz Otávio Linhares Renault — DJMG 6.12.2003. *Revista Justiça do Trabalho*. Porto Alegre: HS Editora, dez. 2003, p. 65.

Outros sustentam que empregador é empresa, vista sob o prisma da atividade organizada, a qual não se confunde com o seu titular. Como a atividade cartorária é por excelência privada, apesar da ingerência pública, e considerando que a empresa é atividade, o fato de o cartório ter pertencido a vários gestores ou responsáveis não impede a sucessão(23). Essa é a nossa posição.

4. SUBEMPREITADA

Dispõe o art. 455 da CLT:

"Nos contratos de subempreitada responderá o subempreiteiro pelas obrigações derivadas do contrato de trabalho que celebrar, cabendo, todavia, aos empregados, o direito de reclamação contra o empreiteiro principal pelo inadimplemento daquelas obrigações por parte do primeiro.

Parágrafo único. Ao empreiteiro principal fica ressalvada, nos termos da lei civil, ação regressiva contra o subempreiteiro e a retenção de importâncias a este devidas, para a garantia das obrigações previstas neste artigo".

---

(23) "**Cartório como empregador trabalhista. Ilegitimidade de parte do notário**. A atividade cartorária é por excelência privada, apesar da ingerência pública pela relevância do serviço prestado (art. 236, *caput*, CF). O autor laborou de 1993 a 2001 em prol dessa atividade notarial, sendo que a atividade teve vários gestores ou responsáveis. Dentro da sistemática legal brasileira, empregador poderá ser pessoa física ou jurídica, bem como outras entidades que, mesmo não tendo personalidade, utilizam o trabalho subordinado. O fato de o cartório não ter personalidade jurídica não implica, necessariamente, no argumento de que não possa ser rotulado como empregador. A lei brasileira não exige a formalização da atividade organizada, como pessoa jurídica, para fins da imputação da norma jurídico-trabalhista. O empregador é a empresa, vista pelo prisma da atividade organizada, logo, não se confunde com o seu titular. Como já houve a definição de que a atividade, como empresa, é o efetivo empregador, como instituição que tenha empregador, entendo que é possível a caracterização da sucessão nas atividades notariais ou de registro. Portanto, rejeito a tese de ilegitimidade de parte como o chamamento ao processo dos outros ex-responsáveis pelo cartório". TRT — 2ª Reg. — RO01 — 01192-2002-016-02-00 — Ac. 20040482965 — 7ª T. — Rel.: Juiz Francisco Ferreira Jorge Neto — DOESP 1º.10.2004. *Revista Justiça do Trabalho*, HS Editora, out. 2004.

A subempreitada é uma modalidade de contrato pelo qual o empreiteiro principal, não considerando conveniente executar todas as obras ou serviços que lhe foram confiados, os transfere para outrem (pessoa física ou jurídica) chamado subempreiteiro, que se encarrega de executá-los com seus próprios elementos, inclusive com seus trabalhadores.

O art. 455 da CLT assegura, entretanto, aos empregados do subempreiteiro o direito de reclamar contra o empreiteiro principal quando o primeiro se torna inadimplente.

Saliente-se que a inadimplência não se confunde com a insolvência. Essa última pressupõe falência, enquanto a inadimplência caracteriza-se pelo descumprimento das obrigações contratuais. Uma vez descumprida qualquer obrigação contratual pelo subempreiteiro, a lei permite que os empregados por ele contratados proponham reclamação contra o empreiteiro principal, com o fim de resguardar os empregados da inidoneidade econômico-financeira do subempreiteiro.

A empreiteira principal tem, portanto, legitimidade para atuar no polo passivo da ação. Entendemos, entretanto, ser indispensável a citação da subempreiteira para apresentar defesa juntamente com a empreiteira principal. Isso porque somente ela possui os registros relativos aos contratos de trabalho, recibos, controles de jornada, os quais são indispensáveis à defesa. Cumpre notar que o empreiteiro principal quase sempre desconhece as circunstâncias nas quais a subempreiteira contratou seus empregados, não possuindo elementos para se defender contra as parcelas constantes do pedido. Dessa forma, se se admitisse que a reclamatória pudesse ser proposta exclusivamente contra o mesmo, ficaria ele à mercê das alegações do reclamante, sem possibilidade de se defender (cf., a respeito, Mozart Victor Russomano. *Comentários à CLT*. v. 1, 13. ed., p. 419)[(24)].

Filiamo-nos à corrente[(25)] segundo a qual a **responsabilidade** do **empreiteiro principal é subsidiária.** Isso porque **a responsabilidade solidária decorre de lei ou da vontade das partes** (art. 265 do Código Civil de 2002 e art. 896 do antigo diploma legal). Ora, o art. 455 da CLT, que trata da matéria, não dispõe sobre a natureza da responsabilidade e se o contrato celebrado entre a empreiteira principal e a subempreiteira for omisso quanto ao assunto, não vemos como atribuir ao empreiteiro principal a responsabilidade solidária, inobstante pronunciamentos contrários[(26)]. E mais, quando o legislador pretendeu atribuir a **responsabilidade solidária** na CLT, foi claro, como se infere do **art. 2º, § 2º.**

Saliente-se, ainda, que o TST, por meio da **Orientação Jurisprudencial** n. 191 da SDI-1, tem sustentado que "o contrato de empreitada entre o dono da obra e o

---

(24) Nesse sentido nos pronunciamos como relatora do RO-16.423/92, julgado em 15 de junho de 1993 pela 2ª Turma do TRT da 3ª Região.

(25) MAGANO, Octavio Bueno. *Manual de Direito do Trabalho*. v. 2. São Paulo: LTr, 1993, p. 105. SÜSSEKIND, Arnaldo e outros. *Instituições de Direito do Trabalho*. São Paulo: LTr, 21. ed., 2003, p. 453. MARTINS, Sérgio Pinto. *Comentários à CLT*. São Paulo: Atlas, 2000, p. 392.

(26) NASCIMENTO, Amauri Mascaro. *Iniciação ao Direito do Trabalho*. 30. ed., São Paulo: LTr, 2004, p. 184.

empreiteiro não enseja responsabilidade solidária ou subsidiária nas obrigações trabalhistas contraídas pelo empreiteiro, diante da inexistência de previsão legal, salvo sendo o dono da obra uma empresa construtora ou incorporadora". Como se vê, a legislação brasileira interpretada por essa **Orientação Jurisprudencial** é tímida em relação à legislação de outros países ao excluir o dono da obra da responsabilidade, pois, a rigor, foi ele quem recebeu a prestação de serviços respectiva. Melhor teria sido a inclusão do dono da obra como responsável solidário ou pelo menos subsidiário, em face da culpa *in eligendo* ou *in vigilando*.

A jurisprudência(27), por aplicação analógica do art. 455 da CLT, tem responsabilizado o clube que contrata empresa para explorar no recinto serviços de lanchonete, caso esta última não cumpra as obrigações sociais atinentes aos contratos dos empregados que admitir.

A doutrina(28) manifesta-se pela responsabilidade solidária da empresa pelas obrigações trabalhistas dos empregados da **cantina arrendada a terceiro**, invocando os autores alemães e a jurisprudência brasileira.

5. GRUPO ECONÔMICO

A concepção legal de grupo econômico surgiu entre nós com a Lei n. 435, de 17 de maio de 1935, cujo art. 1º é quase igual ao atual § 2º do art. 2º da CLT, substituída apenas a expressão antiga "para efeitos da legislação trabalhista" por "para efeitos da relação de emprego", existente no preceito celetista.

Grupo econômico é um conglomerado de empresas que, embora tenham personalidade jurídica própria, estão sob o controle administrativo ou acionário de outra, constituindo grupo industrial, comercial ou de outra atividade econômica, sendo solidariamente responsáveis para os efeitos da relação de emprego (art. 2º, § 2º, da CLT).

O **controle**, segundo Octavio Bueno Magano(29), é a "possibilidade do exercício de uma influência dominante de uma empresa sobre a outra, subordinando os bens a ela atribuídos à consecução de suas finalidades". Ele poderá ser administrativo ou acionário. Já a **direção** é a efetivação do controle. Consiste, como assevera o mesmo autor, "no poder de subordinar pessoas e coisas à realização dos objetivos da empresa", enquanto a **administração** é a submissão de uma empresa à orientação e à interferência de órgãos administrativos de outra.

Cumpre, inicialmente, examinar uma questão de extrema relevância e que diz respeito à formação do grupo econômico. Este pressupõe unidade diversificada, ou

(27) "**Responsabilidade trabalhista** — Clube que contrata empresa através de contrato de concessão de serviços de lanchonete. Aplicação analógica do art. 455 da CLT que cria liames obrigacionais relativos ao cumprimento da legislação trabalhista em vista da utilização do trabalho e de quem lhe retira proveito. Quaisquer que sejam as roupagens que se emprestem ao relacionamento jurídico mantido entre o destinatário do trabalho e o prestador de serviços, será sempre a realidade que imporá os exatos termos da responsabilidade". TRT — 2ª Reg. — RO-43968200290202006 (20030242864) — 8ª T. — Relª: Juíza Cátia Lungov — DOESP 10.6.2003.

(28) MAGANO, Octavio Bueno. *Manual de Direito do Trabalho*. v. 2. São Paulo: LTr, 1993, p. 84.

(29) MAGANO, Octavio Bueno. *Manual de Direito do Trabalho*. v. 2. São Paulo: LTr, 1993, p. 80, 82 e 84.

seja, o uno com pluralidade de elementos, residindo aí o traço que o distingue da fusão e da incorporação, que constituem a concentração na unidade. A concentração e o grupo econômico são fenômenos importantes para a produção, tanto no regime empresarial pertencente ao setor público, como ao setor privado.

Mozart Victor Russomano(30), ao tratar da formação de consórcio ou grupo empresarial, distingue duas situações. A **primeira** delas é a forma tradicional do consórcio; pressupõe uma organização piramidal em cujo vértice situa-se uma empresa líder (*holding*), detendo um poder de comando, direção, vigilância ou controle sobre as demais empresas participantes do grupo, que se tornam lideradas. Nesse caso, o grupo caracteriza-se pelo controle unificado, sendo sua forma mais comum a participação acionária majoritária da empresa principal, no capital de cada uma das empresas secundárias.

O grupo de que trata a CLT possui amplitude muito maior do que o previsto na legislação comercial, cujos participantes têm de ser necessariamente sociedades. No Direito do Trabalho, o grupo pode ser composto de empresas e o controle poderá ser exercido por pessoas físicas, já que a tônica do grupo está no poder que o comanda e não na natureza da pessoa que detenha a sua titularidade.

O autor mencionado anteriormente, na obra citada(31), e de cujo ponto de vista compartilhamos, admite também uma **segunda** forma de grupo econômico instituído sem a existência da empresa líder e de empresas lideradas, mas com todas as empresas dispostas horizontalmente, no mesmo plano, exercendo, reciprocamente, controle ou vigilância e participando todas de um empreendimento global. Nesse sentido há também pronunciamento jurisprudencial(32).

Considerando que o grupo econômico é empregador único, o empregado está vinculado ao conjunto de empresas, logo, o trabalho por ele prestado a mais de uma delas, na mesma jornada, não gera duplo contrato, salvo disposição em sentido contrário (**Súmula n. 129 do TST**).

Inovação importante a respeito da temática foi o cancelamento da **Súmula n. 205 do TST**, no final do ano de 2003.

A **Súmula n. 205 do TST**, contrariamente ao disposto no art. 2º, § 2º, da CLT, e da **Súmula n. 129 do mesmo TST**, que consideram empregador único as empresas componentes do mesmo grupo econômico, negava à empresa do grupo a possibilidade de ser sujeito passivo na execução, quando não tivesse participado da relação processual e, consequentemente, não constasse do título executivo judicial como devedor.

---

(30) *Comentários à CLT*. v. 1. 13. ed., Rio de Janeiro: Forense, 1990, p. 8.

(31) *Comentários à CLT*. v. 1, 13. ed., Rio de Janeiro: Forense, 1990, p. 8.

(32) "**Grupo econômico.** Não somente as empresas que se encontram subordinadas a uma única outra (*holding*) são passíveis de formar a figura do grupo econômico, porquanto permite tanto o direito comercial quanto o direito econômico e o direito empresarial a formação do grupo por coordenação, ou seja, na linha horizontal. A solidariedade prevista no art. 2º, § 2º, consolidado, visa a resguardar o efetivo recebimento dos direitos sociais por parte do empregado, dada a natureza alimentar dos mesmos, independentemente de maiores formalidades." TRT/SP-49666200290202001-RO-Ac. 9ª T. 20030132376 — Relª: Juíza Jane Granzoto Torres da Silva. DOE 11.4.2003. *Revista Synthesis* 37/2003, p. 242. **No mesmo sentido**: TRT — 3ª Região — RO-20823/00 — 4ª Turma — Rel.: Juiz Júlio Bernardo do Carmo — DJMG 17.2.2001, p. 13.

Cancelada a **Súmula n. 205**, a questão agora será decidida à luz do art. 422, do Código Civil de 2002, que referendou o princípio da boa-fé nos contratos, do art. 50, do mesmo diploma, que permite ao juiz, a requerimento da parte ou do Ministério Público, intervir no processo para que os efeitos de certas obrigações se estendam aos bens particulares dos administradores ou sócios da pessoa jurídica. Ora, se está autorizada a desconsideração da personalidade jurídica, a ponto de se atingir a pessoa física dos sócios e administradores, com muito mais razão pode-se atingir empresas do mesmo grupo solidariamente responsáveis para efeito da relação de emprego.

Lembre-se que a doutrina já considerava introduzida no § 2º, do art. 2º, da CLT, a desconsideração da personalidade jurídica[33].

Diante do exposto, mesmo não constando do título executivo judicial, a empresa componente do mesmo grupo econômico do devedor poderá ser sujeito passivo na execução, pois a hipótese é de empregador (devedor) único.

É possível existir grupo econômico constituído por instituições de beneficência, associações recreativas ou outras entidades sem fins lucrativos? E entre profissionais liberais?

Quando o grupo for constituído de instituições de beneficência, associações recreativas ou outras entidades sem fins lucrativos, a doutrina[34] tem sustentado a impossibilidade de formação de grupo econômico, por entender que a atividade do grupo deve possuir natureza econômica, e, em relação a essas instituições, as atividades possuem aspecto mais altruísta do que econômico, não se enquadrando, portanto, na forma emoldurada no art. 2º, § 2º, da CLT. Prossegue o doutrinador citado anteriormente dizendo também não ser possível grupo econômico composto de profissionais liberais, os quais foram enquadrados no § 1º, do art. 2º, da CLT, ao lado das instituições de beneficência, associações recreativas e entidades sem fins lucrativos, e não como empresa individual ou coletiva de que trata o *caput* do art. 2º da CLT.

No que tange às instituições beneficentes, comungamos na opinião de Amaro Barreto[35], para quem, excepcionalmente, é possível a existência de grupo econômico. Cita como exemplo uma empresa comercial que organiza uma sociedade civil beneficente, com o caráter de instituição assistencial de seus empregados, ficando com a maioria das cotas-partes desta última; predomina, nesse caso, a atividade econômica comercial. Na hipótese, não há como afastar a existência do grupo econômico. A propósito, o próprio Octavio Bueno Magano[36], que, em princípio, não admite a existência de grupo econômico envolvendo entidades beneficentes, concorda com o exemplo apresentado por Amaro Barreto.

(33) GUIMARÃES, Flávia Lefèvre. *Desconsideração da personalidade jurídica no Código do Consumidor. Aspectos processuais*. São Paulo: Max Limonad, 1998, p. 35 — dissertação de mestrado. Similarmente RUSSOMANO, Mozart Victor. v. 1. *Op. cit.*, p. 6.

(34) MAGANO, Octavio Bueno. *Direito Individual do Trabalho*. v. 2, 4. ed., São Paulo: LTr, 1993, p. 89. Idêntico raciocínio adota MARTINS, Sérgio Pinto. *Direito do Trabalho*. São Paulo: Atlas, 2004, p. 216.

(35) BARRETO, Amaro. *Tutela geral do trabalho*. Rio de Janeiro: Edições Trabalhistas, v. 1, 1964, p. 17.

(36) *Op. cit., passim*.

Quanto aos profissionais liberais (médicos, engenheiros, dentistas, etc.), poderão eles integrar uma sociedade simples, quando dois médicos, por exemplo, se associam para exercer a respectiva especialidade. Os médicos, nesse caso, ainda que se façam auxiliar de secretárias, enfermeiras, entre outros, não são considerados empresários, à luz do art. 966, parágrafo único, do Código Civil de 2002. Logo, afasta-se também a possibilidade de existir ali empresa, vista como atividade profissional do empresário. Outra é a situação se esses médicos, a par do consultório, organizarem casas de saúde e hospitais, detendo a maioria de suas cotas-partes ou o seu controle administrativo. Aqui, a atividade intelectual se apresenta como um elemento da atividade econômica a ser explorada por sociedade empresária controlada por eles(37). O grupo irá se configurar, dada a predominância dessa última atividade.

O mesmo ocorre quando dois engenheiros se associam para o exercício da atividade profissional. A hipótese poderá configurar uma sociedade simples. Será, entretanto, um grupo econômico, quando esses mesmos sócios, independentemente da sociedade simples, resolverem constituir ou controlar uma construtora de edifícios, sociedade comercial nos moldes da Lei n. 4.068, de 1962, a qual será uma sociedade empresária(38), em face do art. 966 do Código Civil vigente. Aqui, a atividade empresarial transcende o exercício da profissão intelectual de engenheiro. O exercício da profissão de engenheiro torna-se, neste último caso, elemento da empresa, cuja atividade predominará sobre a sociedade simples dos engenheiros.

Relativamente às sociedades de advogados, o art. 966 do Código Civil de 2002 não os considera empresários, mas integrantes de uma sociedade simples, e a Lei n. 8.906, de 1994, no seu art. 15, § 1º, estabelece que o registro dos seus atos constitutivos se processe perante o Conselho Seccional da OAB, em cuja base territorial tenha sede. Com o registro adquire-se a personalidade jurídica, mas seu objeto continua limitado à prestação de serviços de advocacia. Não se transforma em sociedade empresária. Daí, em relação a esse profissional liberal, não se admitir a existência do grupo econômico.

Indaga-se, também, sobre a possibilidade de grupo econômico envolvendo **empresa pública e sociedade de economia mista**. No tocante à primeira, com base na doutrina francesa, há autores brasileiros que o admitem, desde que a empresa pública seja uma sociedade dominante e não dominada; do contrário, deixaria de ser instrumento do Estado para a realização de seus objetivos (cf. Magano. *Op. cit.*, p. 91). No tocante à sociedade de economia mista, ela poderá compor grupo econômico, tanto como empresa controladora ou como empresa controlada (cf. Magano. *Op. cit.*, p. 91).

No que se refere às autarquias, a doutrina assevera que suas atividades são tipicamente administrativas, o que inviabiliza a configuração de grupo, pois falta-lhes a natureza econômica da atividade. Sustenta-se também que as fundações não poderão constituir grupo econômico, por serem instituídas sem fins lucrativos, a teor do Decreto-Lei n. 900, de 29 de setembro de 1969(39).

---

(37) CAMPINHO, Sérgio. *O direito de empresa à luz do novo Código Civil*. Rio de Janeiro: Renovar, 2003, p. 40.
(38) CAMPINHO, Sérgio. *Op. cit.*, p. 39.
(39) MAGANO, Octavio Bueno. *Op. cit.*, p. 90.

No tocante às fundações, poderá ocorrer de serem elas constituídas por uma empresa com a finalidade de prestarem assistência aos seus empregados, ficando aquela com o seu controle administrativo. Nesse caso, à semelhança do exemplo citado por Amaro Barreto, um pouco mais acima, entendemos que a atividade preponderante, de natureza econômica, é da empresa que instituiu a fundação. Como a lei não exige, para a configuração do grupo, que cada um dos seus integrantes possua finalidade econômica, sustentamos que o grupo poderá configurar-se nesse último caso também.

6. SUCESSÃO DE EMPREGADORES: CONCEITO, REQUISITOS E NATUREZA JURÍDICA. SUCESSÃO TOTAL OU PARCIAL

O **conceito** de sucessão no Direito do Trabalho possui contorno distinto daquele encontrado em outros ramos do Direito. A sucessão, no Direito do Trabalho, traduz uma substituição de empregadores, com uma imposição de créditos e débitos.

A sucessão pressupõe os seguintes **requisitos**: **a)** mudança na estrutura jurídica ou na propriedade da empresa, como ocorre na compra e venda, sucessão hereditária, arrendamento[(40)], incorporação, fusão, cisão, etc. A incorporação consiste na absorção de uma empresa por outra que lhe sucede em todos os direitos e obrigações. A fusão implica a unificação de duas ou mais empresas para a formação de uma nova, que lhe sucederá em todos os direitos e obrigações. Por fim, a cisão consiste na operação pela qual uma empresa transfere parte ou a totalidade de seu patrimônio para outra já existente, ou construída para essa finalidade. Extinguindo-se a empresa cindida, a sucessão será total. Poderá haver sucessão apenas parcial, quando subsiste a empresa cindida que transferiu apenas alguns de seus estabelecimentos para a empresa nova; **b)** continuidade do ramo do negócio; **c)** continuidade dos contratos de trabalho com a unidade econômica de produção e não com a pessoa natural que a explora. Este último requisito não é imprescindível para que haja sucessão, pois poderá ocorrer que o empregador dispense seus empregados antes da transferência da empresa ou do estabelecimento, sem lhes pagar os direitos sociais. Nesse caso, a continuidade do contrato de trabalho foi obstada pelo sucedido, podendo o empregado reivindicar seus direitos do sucessor, pois, ao celebrar o ajuste, não se vinculou à pessoa física do titular da empresa, mas a esta última, que é o organismo duradouro. Nesse sentido manifestou-se o TST, por meio da **Orientação Jurisprudencial** n. 261 da SDI-1 do TST, que dispõe: "Bancos. Sucessão trabalhista. As obrigações trabalhistas, inclusive as contraídas à época em que os empregados trabalhavam para o banco sucedido, são de responsabilidade do sucessor, uma vez que a este foram transferidos os ativos, as agências, os direitos e deveres contratuais, caracterizando típica sucessão trabalhista".

---

(40) "**Sucessão trabalhista. Contrato de arrendamento. Configuração.** Nos termos dos art. 10 e 448 da CLT, há sucessão trabalhista quando um estabelecimento, entendido este como uma organização dos fatores de produção, é transferido para outro titular, sem solução de continuidade na prestação dos serviços. Para o direito do trabalho, não há necessidade de o novo titular ser o proprietário do estabelecimento, sendo suficiente apenas que haja a substituição na exploração do mesmo serviço, sem solução de continuidade e, por isso, verifica-se a sucessão trabalhista entre arrendatários, caso dos autos". TRT — 1ª Reg. — RO-24004-01 — 5ª T. — Rel.: Juiz Antônio Carlos Areal — DORJ 26.2.2003. *Revista Justiça do Trabalho*. Porto Alegre: HS Editora, jun. 2003, p. 109.

As normas que dispõem sobre a temática (art. 10 e 448 da CLT) **são imperativas**, insuscetíveis de transação entre as partes.

Sempre que aparece no mundo do Direito um instituto novo, há uma tendência a assimilá-lo a outros já existentes. A natureza jurídica da sucessão trabalhista não foi alheia a esse fenômeno, pois as primeiras manifestações doutrinárias procuraram equipará-la a institutos jurídicos do Direito Civil, como a novação, a cessão, a sub-rogação, a estipulação em favor de terceiro e a delegação, entre outros.

O Código Civil disciplina a novação como o efeito das obrigações. Ela possui um elemento subjetivo, traduzido pela intenção de novar, sem o qual a hipótese será de ratificação (a segunda obrigação confirmando simplesmente a primeira), e um elemento objetivo, que implica contratação pelo devedor de uma nova dívida para substituir a anterior. Nesse contexto, há quem veja na sucessão uma **novação**, isto é, substitui-se a obrigação antiga pela nova. Não concordamos com essa corrente, porque na sucessão não há intenção de novar. Ela opera por força de lei, tanto é que, se houver um ajuste, entre sucessor e sucedido, a respeito de dívida de natureza trabalhista, esta, quando muito, poderá ser cobrada em uma ação regressiva na Justiça Comum do sucessor contra o sucedido, exatamente porque aquele não assume uma nova obrigação, podendo até mesmo responder pelas dívidas velhas, pois transferem-se nessa mudança créditos e débitos.

Existe ainda uma outra corrente, com a qual compartilhamos, que admite a sucessão como uma **cessão** de empresa e/ou de estabelecimento, com transferência de créditos e de débitos(41).

Alguns autores também sustentam ser possível considerar a sucessão como **sub-rogação**. A principal crítica que se tece a essa corrente é a de que a sub-rogação é convencional, e na sucessão a responsabilidade do sucessor independe do ajuste feito com o sucedido, tampouco da concordância do empregado. Ela opera por força de lei. Tanto é que, reconhecida a sucessão trabalhista, a responsabilidade integral é do sucessor(42), pois a lei não estabelece responsabilidade solidária entre ele e o sucedido, que responderá apenas na hipótese de algum vício social (fraude, simulação, etc.). Saliente-se que o art. 346 do Código Civil em vigor prevê sub-rogação que opera de pleno direito também.

A **estipulação em favor de terceiro** também é um critério falho para definir a natureza jurídica do instituto da sucessão, uma vez que o empregado não poderá ser visto como terceiro em virtude do contrato celebrado entre sucessor e sucedido, haja vista ser ele não apenas beneficiário, mas também devedor em relação às obrigações assumidas, originariamente, perante o sucedido, as quais deverão ser cumpridas junto ao sucessor. Ademais, a estipulação em favor de terceiro é, prevalentemente, em benefício deste, situação não delineada na sucessão trabalhista.

---

(41) DONATO, Messias Pereira. *Curso de Direito do Trabalho*. São Paulo: Saraiva, 1979, p. 20.

(42) "**Responsabilidade da sucessora**. Uma vez reconhecida a sucessão trabalhista na forma prevista nos art. 10 e 448 da CLT, a responsabilidade integral é do sucessor. Ao recorrente resta o direito regressivo conforme previsto na lei civil." TST-RR 13.936/90.4 — Rel.: Min. Francisco Fausto. — Ac. 3ª T. 281/92 — *Revista de Direito do Trabalho* n. 80. ed. Revista dos Tribunais.

Há ainda uma teoria que afirma ser a sucessão uma **delegação**. Critica-se essa teoria sob o argumento de que o sucessor não é constituído pelo sucedido como seu delegado, para agir em seu nome. Ademais, a sucessão opera por força de lei e se estende a todos os créditos e débitos da relação de emprego, que permanece incólume, o que não ocorre na delegação.

Martins Catharino(43) afirma que a natureza jurídica da sucessão é uma "imposição de crédito e de débito" ajustada por inteiro à relação de emprego, que é de trato sucessivo, com tendência a permanecer.

A sucessão pode ser total, abrangendo a empresa "como organização de trabalho alheio", ou parcial, restringindo-se apenas a um de seus estabelecimentos. Logo, para que haja sucessão, não é necessário que a empresa sucedida desapareça.

Lembre-se, contudo, que a sucessão não se configura quando a empresa se estabelece em imóvel antes ocupado pela antecessora, mas desocupado por meio de uma ação de despejo, depois de um lapso de tempo considerável, instalando-se ali com outro maquinário, outros empregados, enfim, sem se apropriar dos meios materiais e pessoais da antecessora, nem sequer do ponto comercial.

6.1. Sucessão em face do fenômeno da globalização. Posição das partes. Responsabilização

É sabido que, em face do fenômeno da globalização e da necessidade de adequar os setores econômicos e financeiros às novas tendências da política governamental, a intervenção do Banco Central do Brasil nas instituições financeiras, nos termos da Lei n. 6.024, de 1974, tornou-se mais frequente(44). Diante do fenômeno da liquidação das instituições financeiras, inúmeras são as questões que surgem, a começar pela responsabilidade pelos débitos trabalhistas, em caso de venda do acervo patrimonial de bancos que se encontravam sob intervenção.

Há alguns anos, as instituições financeiras mal administradas sofriam a intervenção do Banco Central e eram liquidadas extrajudicialmente, faliam ou se transformavam em bancos estaduais. Mais recentemente, com fundamento no plano de estabilização intitulado Plano Real, políticos e economistas do País têm-se utilizado de um outro processo, o qual consiste em separar o ativo (fundo de comércio com todo o patrimônio, sem dívidas) do passivo, alienando-se o primeiro a outra instituição financeira que continua a exercer as atividades bancárias e permanecendo o banco que sofreu a intervenção em liquidação, sem o ativo principal(45). O que ocorre é a transferência de toda a atividade bancária, inclusive da carta patente, sendo, portanto, do sucessor a responsabilidade dos créditos de natureza trabalhista relativos aos contratos de trabalho vigentes e findos, pois na sucessão opera-se uma imposição ou cessão

(43) *Compêndio de Direito do Trabalho*. São Paulo: Saraiva, 1982, *passim*.
(44) BEBBER, Júlio César. Intervenção e Liquidação extrajudicial de instituições financeiras. Sucessão trabalhista — O caso da venda dos bancos sob intervenção. *Revista LTr* 62-4/467.
(45) BEBBER, Júlio César. *Op. cit.*, p. 475.

de créditos, mas também de débitos[46]. O sucessor, adquirente de parte ou da totalidade do empreendimento, na sua unidade técnica ou econômica (em que se compreende a universalidade de bens, de coisas e de pessoas), passa a ser o responsável pelos encargos trabalhistas, em face do fenômeno da desconsideração do empregador. Com suporte na teoria da desconsideração da pessoa jurídica, hoje incorporada ao direito comum (art. 28 da Lei n. 8.078, de 1990), o empregado está desvinculado da pessoa natural ou jurídica do empregador, ligando-se à empresa, de maneira que as modificações ocorridas em sua estrutura jurídica não alcançam o trabalhador, tampouco prejudicam o cumprimento de obrigações já existentes. Isso significa que a personalidade jurídica da sociedade pode e deve ser desprezada sempre que representar obstáculo ao ressarcimento de prejuízos causados ao trabalhador. É que "o empregado depende mais da empresa impessoal do que da pessoa do empregador"[47].

Nesse sentido manifesta-se grande parte da doutrina e da jurisprudência:

"A não ser em casos excepcionais, de particular prestação de serviços *intuitu personae*, de natureza intelectual, não pode o empregado negar-se a aceitar a transferência do estabelecimento comercial ou industrial. Mas, em compensação, fica o sucessor inteiramente responsável por todos os direitos adquiridos durante a vigência anterior do contrato. Mesmo para os contratos já rescindidos pelo antigo empregador, inexistentes no momento do traspasse, fica privativamente responsável o sucessor. Dívidas não pagas pelo sucedido, a antigos empregados ou aos poderes públicos, também por elas torna-se responsável o adquirente do negócio" (Evaristo de Moraes Filho. *Sucessão nas obrigações e a teoria da empresa*. Rio de Janeiro: Forense, 1960, v. 2, p. 251).

"O sucessor assume os direitos e as obrigações do antecessor, inclusive pelas chamadas dívidas velhas" (Messias Pereira Donato. *Curso de Direito do Trabalho*. São Paulo: Saraiva, 1982, p. 22).

"A nosso ver, é desnecessário usar o fenômeno da despersonalização do empresário para justificar a responsabilidade do adquirente. A lição de Lamarca deve ser aproveitada no tocante que conclui que haverá sucessão ainda que o contrato de emprego não subsista, uma vez que os direitos adquiridos pelos empregados, independentemente da sobrevivência da relação de emprego, que não é exigida pela lei, estão amparados pela responsabilidade do sucessor, por força do que dispõem os artigos 10 e 448 da CLT. O fenômeno da sucessão é o fundamento da responsabilidade daquele que adquire o

(46) CATHARINO, José Martins. *Compêndio de Direito do Trabalho*. São Paulo: Saraiva, 1982, v. 1, p. 148. Na mesma direção DONATO, Messias Pereira. *Curso de Direito do Trabalho*. São Paulo: Saraiva, 1979, p. 21. Nesse diapasão tivemos a oportunidade de nos pronunciar em vários processos, envolvendo bancos sob intervenção, como, aliás, se infere do seguinte aresto:

"**Sucessão trabalhista**. É público e notório que o Banco Excel-Econômico S/A assumiu parte do patrimônio do Banco Econômico S/A, passando a explorar a mesma atividade econômica, utilizando-se, inclusive, das mesmas agências e 'meios' anteriormente utilizados pelo reclamado, que hoje se encontra em liquidação extrajudicial. Sem dúvida alguma, configura-se, no caso, a sucessão de empregadores, prevista nos artigos 10 e 448 da CLT. Sendo certo que esse instituto opera uma transferência plena de direitos e obrigações trabalhistas ao sucessor, não há razão para se cogitar da exclusão da lide do Banco Bilbao Viscaya Brasil S/A, comprador do Banco **Excel-Econômico S/A. Logo, deve ser mantida a decisão agravada que julgou subsistente a** penhora realizada sobre bens de propriedade do banco sucessor". TRT — 3ª Reg. — Seção Especializada — AP-2363/99 — Relª: Juíza Alice Monteiro de Barros, julgado em 14.9.99.

(47) LOPES, Juan Antonio. *El cambio de firma y la moderna teoría de la empresa*. Derecho del Trabajo, Buenos Aires, 1950, p. 551.

negócio". (Thomas Malm. A responsabilidade do sucessor por contratos extintos anteriormente à sucessão; A responsabilidade do sucedido por contratos mantidos pelo sucessor. *Revista Synthesis* 17/93, São Paulo, p. 126).

"Sucessão trabalhista. Prosseguimento da mesma atividade econômica, no mesmo local. Resta configurada, de forma inequívoca, a sucessão trabalhista, com responsabilidade solidária das duas empresas, se a segunda reclamada instalou-se no mesmo local onde operava a primeira, recebendo em transferência o ponto, funcionários, e seguindo a exploração da atividade econômica no mesmo ramo. Incidência dos art. 10 e 448 da CLT" (TRT/SP 01031200407402005 — RO — Ac 12ª T. — 20060509516 — Rel.: Delvio Buffulin — DOE 1º.8.06).

"Sucessão trabalhista. Configuração. Hipótese. O fato de o contrato de trabalho do reclamante ter findado antes da efetivação da sucessão não descaracteriza esta, pois, ao adquirir a unidade econômico-jurídica, a empresa-sucessora passou a ser responsável também pelos contratos laborais extintos. Dessa forma, responde o empreendimento, representado pelo sucessor, pelas dívidas trabalhistas oriundas dos contratos de trabalho findos ou vigentes à época da transferência da unidade produtiva". TRT/MS-AP-1111/2001-005-24-00-3- Rel.: Juiz Nicanor de Araújo Lima — DOE 31.10.2002. *Revista Synthesis* 36/2003, p. 222.

Fortalece essa corrente, de cujos fundamentos compartilhamos, o art. 1.146 do Código Civil de 2002, quando preceitua que "o adquirente do estabelecimento responde pelo pagamento dos débitos anteriores à transferência, desde que regularmente contabilizados, continuando o devedor primitivo solidariamente obrigado pelo prazo de um ano, a partir, quanto aos créditos vencidos, da publicação, e, quanto aos outros, da data do vencimento".

A responsabilidade do sucessor opera *ope legis*, sendo irrelevante a pactuação entre ele e o sucedido ou até mesmo entre o sucessor e o Banco Central pelos débitos existentes até o momento da transferência do empreendimento[(48)]. Esse pacto não produzirá efeito sobre os créditos dos empregados, dado o comando imperativo constante dos art. 10 e 448 da CLT, servindo contudo para fundamentar, na área cível, uma ação regressiva do sucessor contra o sucedido, que só responderá solidariamente na hipótese de ter agido com fraude ou simulação[(49)].

---

(48) "**Sucessão trabalhista. Estabelecimento bancário em processo de liquidação extrajudicial**. A compra do acervo patrimonial de estabelecimento bancário implica na sucessão trabalhista preconizada pelos art. 10 e 448 da CLT, não se justificando remeter o trabalhador à habilitação na liquidação extrajudicial decretada pelo Governo Federal. O ajuste entre o banco Central e o agente comprador não pode dispor sobre forma de liquidação dos débitos trabalhistas em curso no Judiciário, posto que a garantia do trabalhador está no acerto patrimonial existente em seu local de trabalho, ante o princípio da despersonalização do empregador". TRT — 15ª Reg. — Proc. n. 7936/99 (Ac. 8909/00) — Rel.: Juiz Luiz Antônio Lazarim — DOESP 13.3.2000. *Revista Síntese Trabalhista* — jul. 2000, Porto Alegre: Síntese, p. 78.

(49) "**Sucessão trabalhista. Responsabilidade do sucedido.** Só cabe cogitar da possibilidade de responsabilidade (exclusiva ou solidária) do sucedido se demonstrado que o sucessor é incapaz de responder, sozinho, pelas obrigações do contrato de trabalho iniciado com o sucedido. A responsabilidade do sucedido é exceção, só podendo ser extraída de razão jurídica especial, verificável caso a caso, constituída pela ocorrência de fraude em detrimento de empregados cujos contratos foram afetados pela sucessão. Nada tendo sido alegado a respeito no caso, deu--se provimento ao recurso para exonerar-se o Estado do Rio Grande do Sul da responsabilidade que lhe foi imputada". TST — RR — Ac. 7456- 3ª T. — Proc. 3680/90 — Rel.: Min. Manoel Mendes de Freitas — DJU 14.11.91, p. 16.446.

Há, todavia, corrente jurisprudencial sustentando a impossibilidade de sucessão no tocante aos contratos findos, ao argumento de que ela visa à continuidade dos contratos, logo, se eles não mais vigiam à época da sucessão, exclui-se a responsabilidade do sucessor do polo passivo da ação(50).

7. PESSOA JURÍDICA DE DIREITO PRIVADO SUCEDIDA PELA UNIÃO OU POR ESTADO-MEMBRO. PENHORA

Poderá ocorrer de pessoa jurídica de direito privado ser sucedida pela União ou por Estado-membro. Nesse caso, o TST, por meio da **Orientação Jurisprudencial** n. 343 da SDI-1, tem sustentado que é válida a penhora em bens da primeira, realizada anteriormente à sucessão, não podendo a execução prosseguir mediante precatório. Conclui que esse procedimento não viola o art. 100 da Constituição vigente.

8. SUCESSÃO. HASTA PÚBLICA. CONCESSÃO DE SERVIÇO PÚBLICO

Há sucessão quando a empresa é adquirida em hasta pública? A resposta é não, em face do art. 141, II, da nova Lei de Falência.

Uma vertente doutrinária anterior à nova Lei de Falência vinha admitindo a sucessão mesmo que a empresa fosse adquirida em hasta pública(51), embora a jurisprudência se manifestasse em contrário. Entendemos que a aquisição da empresa ou de um de seus estabelecimentos, por meio de arrematação judicial não se assemelha a um contrato de compra e venda, pois a expropriação é forçada e advém de ato processual unilateral do Estado, sem qualquer participação do devedor, a quem o Juiz não representa. Em consequência, o arrematante não se transforma em sucessor. Nesse sentido são os art. 60, parágrafo único, e 141, II, da Lei n. 11.101, de 9 de fevereiro de 2005(52).

Relativamente à concessão de serviço público, a sucessão poderá ocorrer quando o novo concessionário adquire não só atribuições, mas também bens materiais da antiga concessionária(53).

---

(50) "**Sucessão trabalhista.** Inocorre sucessão trabalhista quando o empregado não presta serviços ao sucessor, sendo este parte ilegítima para atuar no polo passivo da ação". TST — RR — Ac. 152173 — Ac. 4ª T. — Proc. 4626/94 — Rel.: Min. Galba Veloso — DJU 6.10.95, p. 334/9. *Revista LTr* 62-4/474.

(51) LAMARCA, Antônio. *Contrato Individual de Trabalho*. São Paulo: Revista dos Tribunais, 1969, p. 86.

(52) "Art. 60. Se o plano de recuperação judicial aprovado envolver alienação judicial de filiais ou de unidades produtivas isoladas do devedor, o juiz ordenará a sua realização, observado o disposto no art. 142 desta Lei. Parágrafo único. O objeto da alienação estará livre de qualquer ônus e não haverá sucessão do arrematante nas obrigações do devedor, inclusive as de natureza tributária, observado o disposto no § 1º do art. 141 desta Lei."

(53) "**Sucessão — Concessão de serviços de transporte público. Empresa pública exploradora de atividade econômica.** Ocorre sucessão trabalhista, mesmo nos casos em que empresa privada assume, através de concessão, o serviço de transporte público anteriormente realizado por Empresa Pública que explora atividade econômica, pois, esta última, já se encontrava submetida ao regime trabalhista aplicável às empresas privadas, em razão da determinação contida no art. 173, § 1º, II, da CF/88. Trata-se de risco do empreendimento (art. 2º da CLT), sendo certo que as alterações na estrutura jurídica da empresa não podem afetar os direitos adquiridos por seus empregados (inteligência dos art. 10 e 448 da CLT)." TRT/SP- 51410200290202004 — AP- Ac. 10ª T. 20030163174 — Rel.: Juiz Ricardo César Alonso Hespanhol — DOE 29.4.2003. *Revista Synthesis* 37/2003, p. 243. No mesmo sentido confiram SENA, Adriana Goulart de. *A nova caracterização da sucessão trabalhista*. São Paulo: LTr Editora, 2000, p. 285-286. Dissertação de mestrado apresentada à Faculdade de Direito da UFMG.

No caso específico da Rede Ferroviária Federal, o Tribunal Superior do Trabalho, por meio da **Orientação Jurisprudencial** n. 225 da SDI-1, dispõe: "Em razão da subsistência da Rede Ferroviária Federal S/A e da transitoriedade da transferência dos seus bens pelo arrendamento das malhas ferroviárias, a Rede é responsável subsidiariamente pelos direitos trabalhistas referentes aos contratos de trabalho rescindidos após a entrada em vigor do contrato de concessão; e quanto àqueles contratos rescindidos antes da entrada em vigor do contrato de concessão, a responsabilidade é exclusiva da Rede".

Na hipótese de a concessionária não adquirir máquinas e equipamentos da antiga concessionária, a jurisprudência afasta também a sucessão. Vejamos:

> "Não há sucessão trabalhista quando a reclamada SBT conquistou o direito de explorar o canal de televisão da empresa falida, mediante concorrência pública, sem assumir máquinas e estabelecimentos empresariais...". TST — 3ª T. — Proc. RR 59/86. Rel.: Min. Guimarães Falcão; DJ n. 35/87. *Repertório de Jurisprudência Trabalhista*. João de Lima Teixeira Filho, v. 6.

9. DESMEMBRAMENTO DE MUNICÍPIOS

Em caso de criação de novo Município ou desmembramento, cada uma das novas entidades responsabiliza-se pelos direitos trabalhistas do empregado no período em que figurarem como real empregadora. Não há que se falar em sucessão (inteligência da **Orientação Jurisprudencial** n. 92 da SDI-1 do TST).

10. SUCESSÃO. ÂMBITO DOMÉSTICO

Não há sucessão trabalhista no âmbito familiar, dadas as suas peculiaridades. O empregado doméstico vincula-se à pessoa do empregador e não à sua residência, não se lhe aplicando os art. 10 e 448 da CLT, por exclusão expressa do mesmo diploma legal (art. 7º).

11. SUCESSÃO. PROVEDORES DA *INTERNET*

Os tribunais começam a deparar com pedidos de sucessão trabalhista entre provedores de *internet*. Há decisões admitindo a aplicação dos art. 10 e 448 da CLT à realidade virtual, com a qual compartilhamos.

Recordamos, inicialmente, que a *internet* é a interligação de milhares de redes de computadores no mundo todo, mediante a utilização de padrões uniformes de transmissão de dados (protocolos). A origem da rede mundial foi um projeto científico-militar (Arpanet), desativado em 1990, quando entrou em funcionamento o primeiro provedor comercial de *Internet*, com acesso discado[54]. A conexão do usuário pode ser feita diretamente com a rede mundial, quando o mesmo passa a ter um endereço (IP-*Internet* Protocol), definido por um código numérico. A forma de conexão mais

(54) CIETTO, Rogério Paiva. Micro Empresas Virtuais. *Revista dos Tribunais*, ano 92, v. 817, nov. 2003, p. 79/104.

comum utilizada pelos usuários, no entanto, é feita indiretamente, por intermédio de um provedor, dotado de computadores mais potentes, que viabilizam o acesso, armazenamento, movimentação e recuperação de informações[(55)].

O uso da *Internet* acelerou a comunicação, a troca de informações e desaguou, naturalmente, na adoção de uma nova rota de comércio, de bens e serviços, com transações processadas inteiramente pela via eletrônica. As principais vantagens oferecidas por esse tipo de comércio mostram-se na rapidez e na agilidade de exposição dos produtos e serviços, além da redução dos custos, propiciada pela menor demanda de mão de obra e ausência de grandes investimentos em instalações físicas. A conjugação dessas vantagens justifica o crescente interesse pela atividade comercial explorada nesse meio virtual e é comum a realização de negócios milionários envolvendo empresas que se instalaram na *internet*.

A tecnologia da informática simplificou e agilizou os negócios. Apresenta, porém, em seu reverso, aspecto que pode facilitar a prática de fraudes, pois permitiu aos empre sários que aderiram a essa moderna forma de comércio diluir suas responsabilidades perante clientes, em virtude de propiciar meios que dificultam o contato direto entre as partes envolvidas. Muitos *websites* ou portais deixam de informar o endereço e o telefone onde podem ser encontradas as instalações físicas dessas empresas virtuais, impossibilitando que os usuários dos serviços, clientes e interessados busquem a solução de problemas e esclarecimento de dúvidas diretamente com o comerciante. É possível, portanto, que um empresário esconda-se atrás das páginas expostas na rede, sem revelar sua verdadeira identidade aos clientes e interessados que com ele fazem contato eletrônico.

As empresas provedoras de *internet*, objeto desse estudo, são responsáveis por intermediar a conexão de usuários com a rede mundial e, além da página virtual, mantêm instalações físicas, dotadas de computadores potentes e equipamentos de comunicação, além do quadro de empregados capacitados para zelar pelas conexões prometidas aos usuários.

Esses provedores de *internet* têm os seus ganhos sustentados, principalmente, em razão da quantidade de usuários que conseguem captar. Essa renda inclui não só os valores arrecadados a título de assinaturas, mas também a capacidade de atrair anunciantes, pois os portais que possuem grandes cadastros de clientes e registram elevado número de visitantes têm seu potencial na área de *marketing* muito valorizado. Logo, além das instalações físicas, esse empreendimento possui elementos do fundo de comércio que são incorpóreos (cadastro de visitantes ou clientes), os quais agregam expressivo valor econômico. A transferência desses bens imateriais, associada à aquisição do domínio de um provedor por outro, tem sido admitida pela jurisprudência como evidência de sucessão nos moldes dos art. 10 e 448 da CLT. Esse tipo de transação quase nunca irá incluir a transferência de bens materiais (móveis, computadores, etc.), existentes nas instalações físicas do provedor sucedido. Ainda assim, considera-se, no

---

(55) STUBER, Walter Douglas e FRANCO, Ana Cristina de Paiva. A Internet Sob a Ótica Jurídica. *Revista dos Tribunais,* ano 87, mar. 1998, p. 60-81.

caso, que o domínio e o cadastro de clientes podem constituir os elementos mais valorizados da empresa, motivo pelo qual a sua aquisição é suficiente para evidenciar a sucessão.

Nesse sentido, há decisões que reconhecem a sucessão, como se infere do seguinte aresto:

"Provedores de acesso à Internet. Sucessão Trabalhista. A continuidade do negócio antes explorado pelo sucedido não se identifica prioritariamente pela disponibilidade dos mesmos serviços, senão pela aquisição do domínio do site e direcionamento dos clientes da sucedida à sucessora". TRT-SP — Ac. 20030106219 RO- 50166200290202002 — Rel.: Juiz Pugliese Ribeiro — DOE 28.3.2003.

O Juiz Relator da decisão reproduzida acima acentua que, naquele caso específico, fora ajustada a transferência do domínio do *site* mediante o pagamento calculado conforme o número de visitantes direcionados pela empresa sucedida à sucessora. Reconheceu-se, portanto, a sucessão em virtude da aquisição do domínio aliada ao redirecionamento de usuários que acessavam o site da sucedida. Afirmou-se, inclusive, que a expressão econômica atribuída ao contingente de usuários mais se evidenciava por constituir ela a base de cálculo do pagamento devido à sucedida.

Similarmente há outra decisão proferida pelo mesmo Tribunal da 2ª Região:

"SUCESSÃO. PROVEDORAS DA INTERNET. Face ao princípio de proteção ao trabalho que rege a CLT e diante da impossibilidade absoluta de o empregado produzir prova da sucessão de empresas, feita através de transferência de serviços, de suários, de anunciantes e de outros clientes para o sucessor, por meio eletrônico ou virtual ou através de contratos verbais ou escritos firmados entre empresas, inacessíveis a empregados, o ônus da prova robusta é do empregador e, havendo indícios, do possível sucessor." TRT-SP — Ac. 20020658251. RO-28660200290202000 — Relª: Juíza Maria Isabel de Carvalho Viana — DOE 18.10.2002.

Nessa segunda decisão, a relatora adverte para a possibilidade de as empresas provedoras de *internet* disponibilizarem clientes, usuários e patrocinadores, de molde a esvaziar seu objetivo social, mantendo, porém, abertos o domínio do portal e a sociedade, sem atividade comercial, com o intuito exclusivo de descaracterizar a sucessão havida. Ressalta-se, ainda, que a transferência de bens incorpóreos, feita eletronicamente, nem sempre é visível. Essa circunstância, aliada ao fato de o empregado não ter acesso ou conhecimento sobre a forma como foi entabulada a negociação dos bens incorpóreos entre as empresas, autoriza atribuir a essas últimas o ônus probatório, devendo ser admitida a sucessão na hipótese de haver indícios dessa transferência de patrimônio.

Igual direção foi tomada pela 5ª Turma do TRT de São Paulo no RO-01596220000802003 — Ac. 20040198639, cujo relator foi o Juiz Ricardo Vera Luduvice — DOE 14.5.2004 (*Revista Synthesis* 39/2004, p. 224).

O TST também se manifestou sobre a matéria, ao analisar agravo de instrumento em recurso de revista, de uma ação originária da 2ª Região, envolvendo as mesmas empresas referidas nas decisões mencionadas acima. Apesar de constar da ementa dessa decisão que o recurso de revista era incabível, nos fundamentos há manifestação expressa confirmando a sucessão, como se infere a seguir:

> "Todo esse procedimento é perfeitamente visualizado no documento de fl. 92 *home page* onde o usuário do portal da primeira reclamada imediatamente era absorvido pela segunda, independente de sua vontade individual. Aliás, o depoimento pessoal da primeira reclamada — Super 11 Net do Brasil — configurou a assunção dos ativos e passivos, com contornos de uma alienação de toda a atividade econômico-jurídica quando admitiu que o principal patrimônio da empresa é o cadastro dos usuários. Irrelevante que esse mesmo domínio tenha transparecido, à luz de terceiros, como se fosse por prazo determinado, através de um contrato, no mínimo, empírico. Igualmente inócua a arguição recursal quanto a impossibilidade de avaliar-se a extensão das dificuldades financeiras da primeira reclamada na medida que estão mais do que comprovadas diante da dispensa de uma centena de funcionários, sem os mínimos direitos trabalhistas assegurados, à época.
>
> De toda a sorte, a transferência do domínio do acervo da primeira reclamada que, por força de sua insolvência financeira, dispensou seus empregados, só pode ser reconhecida como verdadeira sucessão trabalhista, ainda que procurem ocultá-la por via de um contrato de origem inautêntica. O seu patrimônio universal, indefinido — verdadeiro acervo humano — passou a ser de propriedade da segunda reclamada que deve ser responsabilizada como a verdadeira proprietária.
>
> Está-se diante de uma cessão de cadastro de usuários verdadeiro acervo humano — modernamente feita na figura de uma sucessão trabalhista 'internauta', 'futurista', 'virtual', própria do século informatizado em que vivemos, ainda que as disposições legais que a regem revolva aos idos de 1943 — art. 10 e 448 da CLT — acarretando a responsabilidade solidária de ambas sucessora e sucedida — pelos créditos trabalhistas dos empregados.
>
> Assim, de tudo que consta dos autos desponta a conclusão mediana quanto à inequívoca sucessão de empresas, não merecendo reforma a r. sentença de primeiro grau". TST-AIRR-75304/2003-900-02-00, publicação DJ 25.6.2004, ACÓRDÃO 3ª Turma, Relª Convocada Dora Maria da Costa.

Ponto de vista diverso foi defendido pela 8ª Turma do TRT/SP, como se infere dessa manifestação:

> "SUCESSÃO — *INTERNET* — Cessão de cadastro de clientes internautas. Não se caracteriza sucessão de empresa, a cessão de cadastro de clientes de uma determinada empresa para a outra, ainda que mediante o acordo firmado entre elas, com duração limitada, por não se configurar a hipótese de transferência de patrimônio de uma para outra, daí porque não se permitir a instalação da segunda corré no patamar de sucessora e ser guindada à responsável subsidiária pelas obrigações trabalhistas não saldadas pela primeira, principalmente quando comprovado sobejamente que a primeira ré continuou em atividade muito tempo depois de fechar suas portas reais, funcionando com as portas virtuais abertas na *internet*". TRT-SP — Ac. 20030612831. RO-23146200290202009 — Relª: Juíza Rita Maria Silvestre — DOE 25.11.2003.

12. SUCESSÃO. TRANSFERÊNCIA DE MARCA

Na economia moderna, o patrimônio imaterial de uma empresa, representado substancialmente pela sua marca, industrial ou comercial, significa mais do que todo o conjunto de seu patrimônio material. É o que se verifica com empresas multinacionais, cuja produção fragmenta-se por meio de várias empresas situadas, na maior parte, em países de terceiro mundo, onde a mão de obra é mais barata, enquanto a detentora da marca apenas comercializa os produtos, possuindo, como patrimônio, substancialmente, apenas a marca. Nesse contexto, a transferência da marca, maior patrimônio de empresa, revela a ocorrência da sucessão trabalhista, principalmente se considerarmos que a executada não permaneceu com patrimônio físico suficiente à satisfação de suas obrigações(56).

13. SUCESSÃO E PRIVATIZAÇÃO DE EMPRESA

Configura sucessão a aquisição do acervo patrimonial, do corpo funcional e de toda a infraestrutura de sociedade de economia mista, em face da privatização. O direito adquirido dos empregados junto à sucessora, para a qual passarão a trabalhar, deverão ser preservados à luz dos art. 10 e 448 da CLT.

14. SUCESSÃO. SUSPENSÃO E INTERRUPÇÃO CONTRATUAL

A sucessão não extingue os contratos de trabalho mantidos com a sucedida e que se encontravam suspensos ou interrompidos à época da substituição dos empregadores. Logo, cessado o obstáculo que as gerou, o contrato de trabalho prossegue normalmente com o sucessor. Nesse sentido é a **Orientação Jurisprudencial** n. 261 da SDI-1 do TST.

A respeito de sucessão nos cartórios, confiram o início deste capítulo.

15. SUCESSÃO TRABALHISTA. AQUISIÇÃO DE EMPRESA PERTECENTE A GRUPO ECONÔMICO. RESPONSABILIDADE SOLIDÁRIA DO SUCESSOR POR DÉBITOS TRABALHISTAS DE EMPRESA NÃO ADQUIRIDA. INEXISTÊNCIA

O sucessor não responde solidariamente por débitos trabalhistas de empresa não adquirida, integrante do mesmo grupo econômico da empresa sucedida, quando, à época, a empresa devedora direta era solvente ou idônea economicamente, ressalvada a hipótese de má-fé ou fraude na sucessão. (OJ-SDI-1 — 411 — TST — Divulgado em 22, 25 e 26.10.2010).

16. JUROS DE MORA. EMPRESA EM LIQUIDAÇÃO EXTRAJUDICIAL. SUCESSÃO TRABALHISTAS

É devida a incidência de juros de mora em relação aos débitos trabalhistas de empresa em liquidação extrajudicial sucedida nos moldes dos arts. 10 e 448 da CLT. O sucessor responde pela obrigação do sucedido, não se beneficiando de qualquer privilégio a este destinado. (OJ-SDI-1 — 408 do TST — outubro 2010).

---

(56) Nesse sentido nos pronunciamos perante o TRT — 3ª Região — 7ª Turma — AP-00657-2004-015-03-00-1 — Relª: Juíza Alice Monteiro de Barros — DJMG 10.3.2005.

CAPÍTULO XI

TRABALHO RURAL: EMPREGADOR, EMPREGADO E TRABALHADOR RURAL. NORMAS DE PROTEÇÃO AO TRABALHADOR RURAL

1. O TRABALHO RURAL NO BRASIL. EVOLUÇÃO LEGISLATIVA

O desenvolvimento da agricultura e do pastoreio não despertou o mesmo interesse legislativo que aquele manifestado em relação ao trabalho desenvolvido no meio urbano, embora nosso País seja de organização tradicionalmente agropecuária.

As relações de trabalho eram disciplinadas por legislação esparsa e, a partir de 1916, pelo Código Civil, que regulava a locação de serviços, a empreitada e a parceria rural.

Com a publicação da CLT, em 1º de maio de 1943, disciplinou-se o trabalho subordinado no meio urbano, excluindo-se de sua esfera normativa o trabalho rural, nos termos do art. 7º, "b", da CLT.

Apesar de a CLT não estender seu campo de atuação aos rurícolas, a legislação acabou, com o passar dos anos, a ser adaptada, no sentido de assegurar-lhes algumas garantias.

Assim, o art. 76 da CLT, ao conceituar o salário mínimo, o considera "a contraprestação mínima devida e paga diretamente pelo empregador a todo trabalhador, **inclusive ao trabalhador rural,** sem distinção de sexo, **por dia normal de serviço** e capaz de satisfazer, em determinada época e região do país, as suas necessidades normais de alimentação, habitação, vestuário, higiene e transporte" (grifo nosso).

O conceito de "dia normal de serviço" já havia sido explicitado no art. 58 do mesmo diploma: *"Art. 58. A duração normal do trabalho, para os empregados em qualquer atividade privada, não excederá de oito horas diárias, desde que não seja fixado expressamente outro limite".*

Logo, possível diferença salarial destinada a complementar o mínimo tem como limite temporal a data em que as garantias correspondentes passaram a integrar o direito positivo nacional, ou seja, 10 de novembro de 1943.

As férias também foram asseguradas aos rurícolas, nos termos do parágrafo único do art. 129 consolidado, assim como o aviso prévio (art. 487 a 491) e as normas genéricas sobre o contrato de trabalho (art. 442 a 467).

Com relação aos descansos, a Lei n. 605, que entrou em vigor em 14 de janeiro de 1949, determina em seu art. 1º que:

> "Todo empregado tem direito ao repouso semanal remunerado de vinte e quatro horas consecutivas, preferentemente aos domingos e, nos limites das exigências técnicas das empresas, nos feriados civis e religiosos, de acordo com a tradição local".

O art. 2º equiparou os rurícolas aos empregados urbanos, para o efeito específico de estender-lhes os novos benefícios. Com efeito, nele se lê:

> "Entre os empregados a que se refere esta lei, **incluem-se os trabalhadores rurais,** salvo os que operem em qualquer regime de parceria, mediação, ou forma semelhante de participação na produção". (Grifo nosso).

Cabe salientar, portanto, que não foi somente a partir do Estatuto do Trabalhador Rural (Lei n. 4.214, de 2 de março de 1963) que os trabalhadores do campo passaram a ter direitos outros, além dos estatuídos no Código Civil, pois, como informa Délio Maranhão:

> "Antes mesmo do advento do Estatuto do Trabalhador Rural não estavam os trabalhadores rurais totalmente excluídos do campo de aplicação do Direito do Trabalho. A eles se estendiam as disposições da Consolidação relativas ao salário mínimo (art. 76); às férias (art. 129, parágrafo único); ao aviso prévio e às normas gerais sobre o contrato de trabalho (art. 505). A aplicação do art. 76 importava, implicitamente, em reconhecer-lhes o legislador o limite de 8 horas para a jornada de trabalho ('dia normal de serviço'). Tinham, ainda, os rurais, o direito ao repouso semanal e à remuneração dos domingos e feriados (Lei n. 605, de 5 de janeiro de 1949)". (MARANHÃO, Délio. Campo de aplicação do Direito do Trabalho. *In*: SÜSSEKIND, Arnaldo; MARANHÃO, Délio; SEGADAS VIANNA. *Instituições de Direito do Trabalho*. 22. ed., v. I, São Paulo: LTr, 2005, p. 185).

A partir de 1954 começaram a aumentar as reivindicações dos rurícolas, iniciando--se os movimentos camponeses. Em contraposição às metas traçadas pela União dos Lavradores e Trabalhadores, surgiram os programas dos movimentos operários católicos e, paralelamente, cresceu o movimento em favor da reforma agrária, comandado por Julião. Com o objetivo de conter o avanço socialista editou-se, em 1963, o Estatuto do Trabalhador Rural (ETR), disciplinando integralmente a matéria e modificando as regras celetistas, mormente no tocante à prescrição, embora determinasse a aplicação das normas consolidadas naquilo que não contrariassem ou restringissem o disposto no Estatuto (art. 179). O ETR foi revogado pela Lei n. 5.889, de 1973, que estendeu aos empregados rurais quase todos os institutos jurídicos consagrados na CLT, observadas as peculiaridades desses trabalhadores. A partir da Constituição da República de 1988, empregados urbanos e rurais foram equiparados por força do *caput* do art. 7º, permanecendo, entretanto, o tratamento diferenciado no que tange à prescrição, por força do mesmo diploma legal, até que a Emenda Constitucional n. 28, de maio de 2000, atribuiu aos rurícolas o mesmo prazo prescricional concedido aos empregados urbanos.

Em 2 de abril de 1993, o Brasil aprovou, por meio do Decreto Legislativo n. 5, o texto da Convenção n. 141 da OIT, relativa às organizações de trabalhadores rurais e a sua função no desenvolvimento econômico e social.

2. CONCEITO

Foram várias as tentativas de conceituar o rurícola.

A CLT, no seu art. 7º, "b", ao excluí-lo do seu campo de incidência, considerava-o como sendo "aquele que, exercendo funções diretamente ligadas à agricultura e à pecuária, não seja empregado em atividades que, pelos métodos de execução dos respectivos trabalhos ou pela finalidade de suas operações, se classifiquem como industriais ou comerciais".

Esse conceito gerou polêmica. Havia os que entendiam que as expressões "método de execução dos respectivos trabalhos" e "finalidade de suas operações" diziam respeito às atividades do empregado, logo, consideravam como determinante para a classificação do empregado rural a natureza da atividade por ele exercida e não a atividade preponderante da empresa. Assim, eram tidos como rurícolas os que trabalhavam no plantio, cultivo e colheita da cana e como industriários os que trabalhavam nas seções de transformação do produto das usinas de álcool.

A outra interpretação era no sentido de que a expressão "finalidade de suas operações", contida no texto consolidado, referia-se à empresa, não estabelecendo, portanto, qualquer distinção entre esses empregados, que deveriam ser enquadrados consoante a atividade preponderante da empresa. Aliás, esta era a corrente predominante, antes da edição do Estatuto do Trabalhador Rural, como se infere da **Súmula n. 196 do Supremo Tribunal Federal**, que dispõe: "Ainda que exerça atividade rural, o empregado de empresa industrial ou comercial é classificado de acordo com a categoria do empregador". É bom que se frise que essa Súmula, editada antes de os rurícolas desfrutarem de um sistema legal de proteção ao trabalho, teve fim eminentemente social, visando a integrá-lo no sistema previdenciário.

O art. 2º do revogado Estatuto do Trabalhador Rural considerava trabalhador rural "toda pessoa física que presta serviços a empregador rural, em propriedade rural ou prédio rústico, mediante salário". Nessa linha de ideias, a Lei Complementar n. 11, de 1971, instituidora do Programa de Assistência ao Trabalhador Rural (Pró-Rural), considerou trabalhador rural aquele que "presta serviços de natureza rural a empregador".

A Portaria n. 71, de 2 de fevereiro de 1965, por sua vez, definia trabalhador rural como sendo "a pessoa física que exerce atividade profissional rural, sob a forma de emprego ou como empreendedor autônomo, neste caso em regime de economia individual, familiar ou coletiva e sem empregado".

Como se pode verificar, o Estatuto atribuiu ao rurícola um conceito mais amplo do que aquele previsto para o empregado celetista, e tanto é que, em vez de usar o termo "empregado", utilizou-se da expressão "trabalhador". Ao que nos parece, não ocorreu, na hipótese, erro de técnica, como bem assevera Evaristo de Moraes

Filho[1]. Ao contrário, teve-se em mira ampliar o conceito, a fim de abranger todos aqueles trabalhadores que não possuem dependência econômica e social, não obstante opiniões em sentido oposto[2]. Logo, ainda com amparo na doutrina de Evaristo de Moraes Filho, o Estatuto abrangeu, no art. 2º, não só o empregado rural, mas também o tarefeiro, o parceiro agrícola e pecuário, independentemente do tipo de contrato e do sistema de pagamento.

Já o art. 2º da Lei n. 5.889, de 1973, em vigor, substitui o termo trabalhador por empregado rural, conceituando-o como sendo toda "pessoa física que, em propriedade rural ou prédio rústico, presta serviços de natureza não eventual a empregador rural, sob a dependência deste e mediante salário". A mesma lei considera, por sua vez, "empregador rural a pessoa física ou jurídica, proprietário ou não, que explora atividade agroeconômica, em caráter permanente ou temporário, diretamente ou através de prepostos". Os contratos são por prazo determinado ou indeterminado.

Segundo Martins Catharino[3], "rural" refere-se à terra, compreendendo o agrícola, o pastoril e, por extensão, a pecuária. O autor afirma que aos poucos foi-se firmando a preferência pelo termo "agrário", utilizado, aliás, para definir a atividade do empregador rural. Logo, por atividade agroeconômica entenda-se a atividade agrícola, pastoril ou pecuária que não se destina, exclusivamente, ao consumo de seus proprietários.

2.1. Enquadramento do "boia-fria" e do "turmeiro" ou "gato"

Os chamados "turmeiros" ou "gatos", que agenciam o trabalho do "boia-fria", não estabelecem com ele vínculo empregatício, sendo, portanto, inadmissível invocar o art. 4º da Lei n. 5.889, de 1973, para equipará-los a empregador. Eles são meros intermediários, agindo como prepostos do fazendeiro, sem qualquer capacidade econômico-financeira para suportar os riscos do negócio, podendo ser considerados empregados em muitas situações[4].

Também o "boia-fria" reúne, geralmente, os pressupostos do conceito de empregado, não podendo ser equiparado a um trabalhador eventual. Isso porque, em regra, ele não executa serviços que dependam de um acontecimento incerto, mas tarefas necessárias ou essenciais à consecução da atividade normal do empregador, ainda que não sejam desenvolvidas todos os dias da semana. Assim, na hipótese de o "boia-fria" participar de uma plantação ou colheita, ele não poderá ser considerado trabalhador eventual, pois essas tarefas estão inseridas no processo produtivo do empregador rural. Torna-se irrelevante o espaço de tempo em que elas se desenvolveram e a descontinuidade dos períodos trabalhados, pois o art. 453 da CLT, aplicável ao trabalhador rural por analogia, autoriza a soma de períodos descontínuos de trabalho, havendo uma presunção de existência de um contrato indeterminado, salvo ajuste em contrário autorizado para a safra e para a obra certa, cuja prova compete ao empregador.

---

(1) *Conceito de trabalhador rural e enquadramento sindical — Estudos de Direito do Trabalho*. São Paulo: LTr, 1971, p. 84.

(2) SÜSSEKIND. Arnaldo. *Trabalhador Rural. Pareceres*. v. V. São Paulo: LTr, 1984, p. 191.

(3) *Compêndio Universitário de Direito do Trabalho*. v. 1. São Paulo: Jurídica e Universitária, 1972, p. 369-370.

(4) SAMPAIO, Ricardo. O rurícola boia-fria é empregado: não há autonomia, nem vazio legal. *Revista LTr*, São Paulo, 48-11/1306.

2.2. *Enquadramento dos motoristas, apontadores, fiscais, tratoristas, pedreiros, empregados de escritório, professoras de escola rural, forneiros, trabalhadores do campo de empresa agroindustrial*

Consideram-se, igualmente, empregados rurais os que, embora não trabalhando em funções típicas da lavoura ou da pecuária, têm seus serviços direcionados para a finalidade da empresa. Dessa forma, são rurais os **motoristas, apontadores, fiscais, administradores, tratoristas, pedreiros e outros**, cujos serviços convergem para a atividade agroeconômica, sendo relevante para a conceituação do rurícola a finalidade da empresa. Poder-se-ia argumentar que os motoristas, pertencendo a categoria diferenciada, não poderiam ser considerados empregados rurais. Sucede que, em relação ao rurícola, a organização sindical, antes da Constituição de 1988, subsumia-se ao Decreto-Lei n. 1.166, de 1971, cujo art. 3º dispõe:

> "Somente será reconhecido, para a mesma base territorial, um sindicato de empregadores e outro de empregados rurais, sem especificação de atividades ou profissão, ressalvado às entidades já reconhecidas o direito à representação constante da respectiva carta sindical."

Pelo que se infere do citado dispositivo, na organização sindical rural, antes de 1988, não havia categoria diferenciada, agrupando-se em um só sindicato todos os trabalhadores rurais do local, pouco importando a profissão[5].

Após outubro de 1988, a Constituição da República equiparou os empregados rurais aos urbanos, logo, aqueles poderão também ter sindicatos rurais de categorias diferenciadas[6]. No entanto, enquanto os sindicatos não forem constituídos, prevalece a regra da categoria preponderante.

Em consonância com o exposto, há pronunciamento da jurisprudência, cuja ementa prescreve:

> "Empresa de Reflorestamento. Motorista. Prescrição própria do rurícola. Este Tribunal tem entendido, no julgamento de dissídios coletivos, que os motoristas de atividade rural não são considerados categoria diferenciada porque não trabalham, de um modo geral, nas estradas, enfrentando o trânsito, mas trabalham no âmbito da própria empresa, o que é plenamente possível num país onde as propriedades rurais são muito grandes, não lhes sendo aplicáveis as normas próprias dos motoristas. Embargos não conhecidos". TST-E-RR-582.999/99. Ac. SDI 1. Rel.: Min. Rider de Brito, julgado em 8.10.2001, *Revista do TST*, out./dez. 2001, p. 302[7].

Nessa linha de ideias é a **Orientação Jurisprudencial** n. 315 da SDI-I do TST.

---

(5) NASCIMENTO, Amauri Mascaro, no artigo intitulado *Trabalho Rural. Pareceres.* São Paulo: LTr, 1986, p. 25.

(6) "Nada impede a fundação de sindicatos rurais por categorias diferenciadas. É decorrência da isonomia constitucional da organização sindical urbana e rural"... NASCIMENTO, Amauri Mascaro. *Iniciação ao Direito do Trabalho*. São Paulo: LTr, 2001, p. 418.

(7) Há decisões em sentido contrário do mesmo TST: "**Categoria diferenciada**. Muito embora o motorista desenvolva suas atividades em área rural, para empregador rural, isto não o qualifica como sendo empregado rural, por pertencer à categoria diferenciada, nos termos do art. 511, § 3º, da CLT. Recurso Ordinário em Dissídio Coletivo a que se nega provimento". TST — RO-DC 239.929/96.2 — Ac. SDC 724/97 — Rel.: Min. Moacyr Roberto Tesch Auersvald — DJU 6.2.1998.

Paira discussão também em torno do enquadramento dos **empregados de escritório de empresa agropecuária**. Há resolução (Proc. n. 301.402/75) da extinta Comissão de Enquadramento Sindical que classifica esses empregados, que exercem funções burocráticas, na categoria dos comerciários (1º Grupo — Empregados no Comércio). Entretanto, inclinam-se pelo seu enquadramento como rurícola a doutrina(8) e a jurisprudência trabalhista, cujo teor se transcreve:

"É empregado rural aquele contratado para laborar em escritório localizado na fazenda e que presta serviços de apoio à consecução da atividade-fim da empregadora. Aplicação do art. 2º da Lei n. 5.889/73...". TRT/PR 1228/90 (Ac. 1157/91). Rel.: Juiz Délvio José Machado Lopes. DJPR 22.2.91. *Julgados Trabalhistas Selecionados*, p. 460 e 461. Irany Ferrari e Melchíades Rodrigues Martins. São Paulo: LTr, p. 460 e 461.

"Empresa de atividade agropecuária. Escriturário que presta serviços em estabelecimento rural. Vínculo empregatício de natureza rural". TRT — 15ª Reg. — 5.150/91 — Ac. n. 6.143/92 — Rel.: Juiz Milton de Moura França, 1ª T. — DOE 16.7.92, p. 99. *Revista do TRT 15ª Região*, n. 4, jan./jun. 1993, p. 178.

Esta última nos parece a posição mais correta, em face da categoria preponderante do empreendimento e mesmo porque sempre entendemos que as resoluções da extinta Comissão do Enquadramento Sindical não obrigam o Juiz, servindo somente como um quadro consultivo.

Situação muito comum no meio rural diz respeito **às professoras** contratadas pela municipalidade para ministrarem aulas em **escolas situadas dentro da fazenda**. Geralmente, as professoras residem em imóvel do fazendeiro, pois em muitas situações é longa a distância entre a fazenda e a cidade mais próxima. Essa circunstância, ou mesmo o fato de o empregador lhe fornecer uma gratificação para complementar a irrisória retribuição paga pela municipalidade, não gera dupla relação jurídica(9).

Discute-se ainda o enquadramento do **forneiro**. Como é sabido, inclui-se como atividade agroeconômica a exploração industrial em estabelecimento agrário, ou seja, a "indústria incrustada em um estabelecimento rural"(10).

De acordo com o Decreto n. 73.626, de 1974, consideram-se como exploração industrial em estabelecimento agrário as atividades que compreendem o primeiro tratamento dos produtos agrários *in natura*, sem transformá-los em sua natureza, tais como: o beneficiamento, a primeira modificação e o preparo dos produtos agropecuários e hortigranjeiros e das matérias-primas de origem animal ou vegetal para posterior

---

(8) PRADO, Roberto Barreto. *Comentários à Nova Lei do Trabalhador Rural*. São Paulo: Revista dos Tribunais, 1975, p. 23. REZENDE, Nilza Perez de. *Cumprimento de obrigações trabalhistas*. São Paulo: LTr Editora, 6. ed., p. 24. NASCIMENTO, Amauri Mascaro. *Pareceres de Direito do Trabalho e Previdência Social*. São Paulo: LTr, 1986, p. 28.

(9) "A professora que, na qualidade de empregada municipal, ministra aulas em escola situada dentro da fazenda, para empregados desta, ainda que resida na propriedade rural e receba gratificações do proprietário, não mantém com este vínculo empregatício. A subordinação jurídica, em tal caso, se estabelece com o Município e não com o fazendeiro, sendo absurda a pretensão de ver reconhecida a duplicidade de vínculo pela mesma prestação de serviços". TRT— MS n. 2.610/93 — Ac. 516/94. *Revista Synthesis* 19/94, p. 284.

(10) RIBEIRO DE VILHENA, Paulo Emílio. *Direito do Trabalho e Fundo de Garantia*. São Paulo: LTr, 1978, p. 167.

venda ou industrialização, bem como o aproveitamento dos subprodutos oriundos das operações de preparo e modificação dos produtos *in natura*.

Já o Regulamento do IPI, quando fala nos processos de industrialização, separa beneficiamento, embalagem, recondicionamento e transformação. O principal processo industrial é a transformação, ou seja, a modificação de uma matéria-prima na aparência, na qualidade, resultando num produto, enquanto o beneficiamento apenas prepara. Logo, considera-se trabalho rural aquele realizado com matéria-prima, mesmo que ela tenha sido submetida a beneficiamento, assim compreendidos processos primários de preparação do produto para consumo imediato ou posterior industrialização, tais como: descaroçamento, descascamento, limpeza, abate, seccionamento, secagem, pasteurização, resfriamento e fermentação (cf. Lei Complementar n. 11, de 1971). Os produtos e subprodutos obtidos por meio dessas operações recebem a qualificação de produtos rurais.

Portanto, se houver atividade desenvolvida em processo de industrialização sem que haja transformação da matéria-prima, trata-se de trabalho rural; mas se estiver presente um processo de transformação da matéria-prima na aparência e a força de trabalho do obreiro for utilizada, o trabalhador será enquadrado como industriário.

Assim, entendemos que o **forneiro** é industriário e não rural. Isso porque ele labuta como operador de forno de fabricação de carvão vegetal, tendo sua força de trabalho utilizada em processo de transformação de matéria-prima na aparência, da qual resulta um novo produto. Pouco importa, portanto, que tais atividades se desenvolvam de forma rudimentar, em ambiente rural. "A transformação da madeira em carvão por meio da aplicação de calor é de tal ordem que se tem processo industrial" (cf. Joaquim Burrel Juvillar. *Seminário sobre carvão vegetal realizado em Belo Horizonte* (1977) citado por **Wladimir Novaes Martinez** — *O trabalhador rural e a Previdência Social*. São Paulo: LTr, 1985, p. 238). Nesse sentido nos pronunciamos como relatora do Recurso Ordinário n. 8.641/90, que tramitou perante a 2ª Turma do TRT da 3ª Região (Diário do Judiciário — Minas Gerais de 29.11.91). Outros julgados concluíram da mesma forma[(11)], inobstante posições contrárias.

Por outro lado, se o trabalhador labuta no campo[(12)], no plantio, no corte de árvores[(13)] ou no reflorestamento, deverá ser enquadrado no regime rural, à semelhança

(11) "Operador de forno de fabricação vegetal é industriário e não trabalhador rural". TRT — 3ª Reg. — 2ª T. — RO 359/83 — DJ/MG de 28.10.83 — Rel.: Juiz Fiuza Gouthier. Dicionários LTr Editora. *Direito do Trabalho Rural*. José Luiz Ferreira Prunes. São Paulo: LTr Editora, 1991, p. 72.

(12) Nesse sentido é a **Orientação Jurisprudencial** n. 38 da SDI-1 do TST.

(13) "**Empresa de florestamento e reflorestamento. Natureza da atividade. Operador de motosserra**. Uma vez residindo na mata, o próprio ambiente de trabalho do 'operador de motosserra', e não importando tal atividade no preparo ou tratamento da matéria-prima — madeira, para outro fim, impõe-se reconhecer a natureza rurícola desse trabalho, mercê de pertencerem os empregados da Empresa ao 5º Grupo da Confederação Nacional dos Trabalhadores nas Indústrias Extrativas Vegetais. Observe-se, por consequência, a prescrição própria do rurícola, conforme os art. 10 da Lei n. 5.889/73 e 2º, § 4º do Decreto-Lei n. 73.636/74. Embargos conhecidos e não providos". TST — SDI — Ac. 880/97 — Rel.: Min. Francisco Fausto — DJ 18.4.97, p. 14.110. *Revista do Direito Trabalhista,* ano 3, n. 5, maio 1997, p. 76.

De forma correlata: TST-RR-674.611/2000.2 — 2ª Turma — Rel.: Min. José Luciano de Castilho. DJU 11.2.2005. *Revista Síntese* n. 191, p. 47.

do que ocorre com os trabalhadores que prestam serviços no campo, para usina açucareira[14]. Sua equiparação a industriário, inserida na **Súmula n. 57**, hoje cancelada, foi unicamente com o objetivo de conferir-lhe os benefícios salariais dessa categoria.

O empregado que trabalha em empresa de reflorestamento, cuja atividade está diretamente ligada ao manuseio da terra e de matéria-prima, é rurícola e não industriário, nos termos do Decreto n. 73.626, de 12.2.1974, art. 2º, § 4º, pouco importando que o fruto de seu trabalho seja destinado à indústria. Assim, aplica-se a prescrição própria dos rurícolas aos direitos desses empregados[15]. Não poderá ser considerado rurícola o vigia de horto florestal[16], excluído do manuseio da terra e da matéria-prima.

2.3. Trabalhador de cooperativa agrícola

É considerado rurícola o empregado de cooperativa agrícola, a teor do aresto que se transcreve:

> "Rurícola. Empregado de cooperativa. É empregado rural o trabalhador de cooperativa contratado por esta como rurícola, prestando inicialmente serviços de apoio à consecução da atividade-fim da empregadora, quais sejam, plantio, capina e colheita de cana e, posteriormente, de tratorista. A interferência direta da reclamada, na área de produção, faz presumir o desenvolvimento de típica atividade rural". TRT — PR-RO-9.661/91. Rel.: Juiz Ernesto Trevizan, DJPR 25.6.93, p. 46. Irany Ferrari e outro. *Julgados Trabalhistas Selecionados*. v. II, p. 638.

2.4. Cooperado e trabalhador rural

Foi introduzido parágrafo único no art. 442 da CLT, segundo o qual, "qualquer que seja o ramo de atividade da sociedade cooperativa, não existe vínculo empregatício entre ela e seus associados, nem entre estes e os tomadores de serviços daquela".

Temos deparado com várias ações em que trabalhadores tipicamente rurais, semianalfabetos, formalmente integrantes de cooperativas prestam serviços ligados, em geral, à lavoura de café ou ao cultivo de eucaliptos de fazendeiros de várias regiões e ingressam na Justiça do Trabalho postulando o reconhecimento do vínculo empregatício. A defesa insiste na negativa do vínculo.

Ressaltamos que as inúmeras transformações sociais que vêm acontecendo em escala mundial repercutem no Direito em geral, sendo certo que o Direito do Trabalho é um dos ramos mais sensíveis a essas alterações, que acarretam significativa redução no número de postos de trabalho. Uma das consequências dessas transformações tem sido o surgimento de sociedades cooperativas.

---

(14) Cf. TST — 5ª T. Ac. 1274/95. Rel.: Min. Nestor Hein — DJ 12.5.95, p. 13.285. *Revista de Direito Trabalhista*. n. 6, jul. 1995, p. 42.

(15) Orientação Jurisprudencial n. 38, revista em nov. 2010.

(16) "**Trabalhador rural. Caracterização. Prescrição.** Apenas aos empregados rurais que lidam diretamente com a terra (agricultura, plantio) ou com animais (pecuária), aplicar-se-á a prescrição própria do rurícola. Vigia de horto florestal, atividade exercida pelo reclamante, não é trabalhador rural". TRT — 3ª Reg. — 2ª T. — RO-7113/2000 — Rel.: Juiz José Maria Caldeira — DJMG 8.11.2000, p. 13. *Revista do Direito Trabalhista*, dez. 2000, p. 63.

A formação de sociedades cooperativas tem apresentado resultados positivos em diversas áreas de prestação de serviços, como no caso de médicos, consultores, arquitetos, taxistas, ou seja, trabalhadores que gozam de autonomia em razão da natureza de sua atividade.

A sociedade cooperativa apresenta como requisitos básicos a espontaneidade de criação, a independência e a autonomia de seus associados, o objetivo comum que os une, a autogestão, a liberdade de associação e a não flutuação dos associados no quadro cooperativo[17]. Uma vez ausente qualquer um desses requisitos, e comprovados os pressupostos do art. 3º da CLT, há de ser reconhecido o vínculo empregatício com o tomador.

No exame dos casos concretos, deve-se atentar para a independência e autonomia do cooperado, a qual pressupõe liberdade na execução dos serviços, com obediência apenas às diretrizes gerais da cooperativa. Quando a própria natureza do trabalho prestado exigir fiscalização durante a sua realização, essa circunstância descaracteriza o requisito da autonomia e indica que a intermediação tinha como finalidade única possibilitar que a empregadora se furtasse ao pagamento de encargos trabalhistas. A esses fatos acresce a circunstância de que, em regra, a realidade vivida pelo trabalhador não se altera com a filiação à cooperativa, pois continua sujeito à liderança do turmeiro, cumprindo jornadas extenuantes. Muitas vezes inexiste qualquer indício de que o resultado de seu trabalho tenha sofrido majoração expressiva em relação ao pessoal avulso da região. Em contrapartida, viu-se ele privado de todos os direitos trabalhistas, os quais, muitas vezes, são a fonte de subsistência dos "boias-frias" durante a entressafra.

Ademais, deve-se ter em conta que, somente é viável o seu implemento em atividade-meio da empresa, por força do entendimento consubstanciado na **Súmula n. 331 do TST**[18]. Ora, se a empresa é uma fazenda de café, por exemplo, a colheita desse produto encontra-se inserida no processo produtivo empresarial, constituindo sua atividade-fim. Também sob esse prisma a intermediação mostra-se irregular, atraindo a aplicação do art. 9º da CLT e, por consequência, formando-se o vínculo diretamente com a tomadora.

Vale transcrever, nesse passo, a seguinte posição doutrinária:

> "Como vimos, o cooperativismo não visa a excelência das empresas, mas a reunião voluntária de pessoas, que juntam seus esforços e suas economias para a concretização de um objetivo comum — objetivo delas e não de nenhuma empresa. Outrossim, não pode a cooperativa ser utilizada para substituição de mão de obra interna das empresas". (Iara Alves Cordeiro Pacheco, Cooperativas de trabalho x intermediação de mão de obra, *Revista LTr* 60-08/1102).

(17) MELO, Raimundo Simão. Cooperativas de Trabalho. *Revista Genesis*, jun. 1996.

(18) PACHECO, Iara Alves Cordeiro. Cooperativas de trabalho x intermediação de mão de obra. *Revista LTr*, São Paulo, 60-08/1102.

Ratifica a assertiva a jurisprudência do TRT da 15ª Região:

"Cooperativa de trabalho — Rural. Em face dos preceitos legais aplicáveis aos rurícolas, presume-se em fraude à lei a constituição de Cooperativa de Trabalho no âmbito rural e a consequente utilização de mão de obra dos cooperados, 'formando-se o vínculo respectivo apenas com o tomador' dos serviços". TRT — 15ª Região — Proc. 10479/99, Ac. 30.510/00 — 1ª T. — Rel. desig.: Juiz Eduardo Benedito de Oliveira Zanella — DOESP 15.8.2000. *In*: *Justiça do Trabalho*. Porto Alegre: Editora HS, set. 2000, p. 97.

2.5. Condomínio rural

Nos Estados do Paraná, Minas Gerais e São Paulo, vem sendo instituído "consórcio" ou "condomínio de empregadores", em substituição às falsas cooperativas(19). Os consórcios de empregadores rurais foram disciplinados pela Portaria n. 1.964, de 1º de dezembro de 1999, que os conceitua como a "união de empregadores rurais, pessoas físicas, com a finalidade única de contratar empregados rurais". A Lei n. 10.256, de 9.7.2001 (art. 25-A) equipara ao empregador rural pessoa física o consórcio simplificado de produtores rurais, formado pela união de produtores rurais pessoas físicas, outorgando a um deles poderes para contratar, gerir e demitir trabalhadores para prestação de serviços, exclusivamente, aos seus integrantes, mediante documento registrado em cartório de títulos e documentos. Esse documento deverá conter a identificação de cada produtor, seu endereço pessoal e o de sua propriedade rural, bem como o respectivo registro no INCRA ou informações relativas a parceria, arrendamento ou equivalente e a matrícula no INSS de cada um dos produtores. O consórcio deverá ser matriculado no INSS em nome do empregador a quem hajam sido outorgados os poderes, na forma do regulamento. Os produtores rurais integrantes do consórcio de que trata o *caput* serão responsáveis solidários em relação às obrigações previdenciárias (§§ 2º e 3º). O instituto vem sendo considerado animador por membros do Ministério Público(20), que o veem como uma forma de flexibilização trabalhista que não precariza a condição do trabalhador. A doutrina também não vê nos consórcios ilegalidade, mas admite que eles não traduzem garantia contra fraude, tampouco asseguram o cumprimento da legislação. A mesma doutrina aponta, ainda, problemas que poderão surgir quanto à definição das normas coletivas aplicáveis na hipótese de o trabalho ser prestado em bases geográficas sindicais diferentes e outros alusivos à competência territorial da Justiça do Trabalho(21).

2.6. Trabalho temporário no meio rural — Lei n. 11.718, de 20.6.08

Dispõem o art. 4º da Lei n. 6.019, de 1974, e o art. 3º do Regulamento da referida lei, que a empresa de trabalho temporário é necessariamente urbana, o que impede que o rurícola seja contratado nessas condições(22).

(19) FONSECA, Ricardo Tadeu Marques da. Modalidades de Contratação no meio rural e o consórcio de empregadores. *Jornal Trabalhista. Consulex*, dez. 2000, p. 7.

(20) FONSECA, Ricardo Tadeu Marques da. *Op. cit.*, p. 17-842/10.

(21) NASCIMENTO, Amauri Mascaro. *Iniciação ao Direito do Trabalho*. São Paulo: LTr, 2001, p. 419-201.

(22) "**Rurícola. Empresa urbana. Relação de emprego. Impossibilidade**. É carecedor de ação, por impossibilidade jurídica do pedido, o empregado rural que demanda somente contra empresa de trabalho temporário, pois

A partir de 20 de junho de **2008**, a Lei n. 11.718 acrescenta ao art. 14-A da Lei n. 5.889, de junho de 1973, um contrato de trabalhador rural por pequeno prazo. O "produtor rural, pessoa física, proprietário ou não, que explore diretamente a atividade agroeconômica, poderá celebrar contrato com trabalhador rural, por pequeno prazo, para o exercício de atividades de natureza temporária". A contratação de trabalhador rural por pequeno prazo, que, dentro do período de 1 (um) ano superar 2 (dois) meses, fica convertida em contrato indeterminado, observada a legislação aplicável (§ 1º do art. 14-A da Lei n. 5.889, de 1973).

O contrato de trabalho por pequeno prazo deverá ser formalizado mediante inclusão do trabalhador na guia de recolhimento do FGTS e Informações à Previdência Social (GFIP), mediante anotação na CTPS e em livro ou Ficha de Registro de Empregados, ou mediante contrato escrito, em duas vias (uma para cada parte) onde consta, no mínimo, expressa autorização em acordo coletivo ou convenção coletiva; identificação do produtor rural e do imóvel rural onde o trabalho será realizado e indicação da respectiva matrícula; identificação do trabalhador com indicação do Número de Inscrição do Trabalhador (NIT). São assegurados ao trabalhador rural, contratado por pequeno prazo determinado, os direitos de cunho trabalhista, entre eles a remuneração, calculada dia a dia e paga mediante recibo. O FGTS será recolhido e poderá ser levantado na forma da Lei n. 8.036, de 1990.

3. FENÔMENO CONTRATUAL DA PROMISCUIDADE

Pode suceder que um empregado preste serviços, com finalidades diversas, sucessiva ou alternadamente, a empresas com mais de uma atividade econômica ou a empresas do mesmo grupo econômico, por meio de um único contrato. Dá-se, na hipótese, o que Martins Catharino[23] denomina fenômeno contratual da promiscuidade. É muito comum que tal fenômeno inclua trabalho rural e trabalho industrial, como, por exemplo, no plantio e na indústria da cana-de-açúcar. É certo que a Lei n. 5.889, de 1973, minimizou essa situação, quando, ao definir empregador rural, abrangeu "a exploração industrial exercida em qualquer estabelecimento rural, não compreendido na CLT". Entretanto, se houver promiscuidade, podem ocorrer duas situações: a) **trabalhos subordinados distintos,** mas de igual importância, caso em que se aplica a norma mais favorável ao empregado; b) **trabalhos subordinados distintos, de importância diversa**, ou seja, um deles é mais importante no tocante à qualidade, valor ou quantidade. Nesse caso, deverá ser observado o princípio da preponderância.

4. CONTRATOS MISTOS

Nada impede que a relação jurídica de emprego rural coexista no plano do Direito com outras relações jurídicas, principalmente com a parceria. É sabido que a existência

---

segundo os art. 4º da Lei n. 6.019/74 e 3º do Decreto n. 73.841/74, esta empresa é necessariamente urbana e o art. 2º, da Lei n. 5.889/73 veda a relação empregatícia entre ambos". TRT — 9ª Reg. — 2ª T. — RO 592/88 — Rel.: Juiz Tobias de Macedo Filho — DJPR 11.1.1989, p. 24. CALHEIROS BOMFIM, B. *Dicionário de Decisões Trabalhistas*. 22. ed., p. 724.

(23) CATHARINO, José Martins. *Compêndio de Direito do Trabalho*. v. I. São Paulo: Jurídica e Universitária, 1972, p. 263.

do contrato de parceria pressupõe que o parceiro trabalhe com autonomia, participando não só dos lucros, mas também das perdas havidas. São esses os traços que o distinguem do contrato de trabalho, porque neste há subordinação e o empregado não arca com os prejuízos verificados no empreendimento econômico. Acresce, ainda, que na parceria a atividade não precisa ser executada *intuitu personae*, ao passo que no contrato de trabalho a pessoalidade é pressuposto do conceito de empregado. E mais, se o chamado parceiro proprietário exercer o comando do trabalho, ainda que em parte, caracterizada está a subordinação jurídica, pressuposto que implica o reconhecimento da relação de emprego. Não restando demonstrado que o credor de trabalho exerce qualquer tipo de direção ou fiscalização, tal fato poderá afastar a relação de emprego, mormente quando se evidencia que o trabalhador laborava em regime de parceria para várias pessoas, possuindo estrutura econômico-financeira para suportar os ônus advindos desse tipo de contrato. Note-se, entretanto, que se paralelamente a essa parceria restar comprovado que o trabalhador realizava outros serviços remunerados característicos da atividade-fim da fazenda, como, por exemplo, bater e roçar pastos, capinar, fazer aceiros, consertar cercas, etc., mediante subordinação, a relação jurídica, no caso, será a de emprego. A relação de emprego poderá coexistir com a parceria, vislumbrando-se, na hipótese, o chamado contrato misto(24).

Nessa direção continua a jurisprudência mais recente, como se infere deste julgado:

> "Parceria rural. Contrato de trabalho. Coexistência. Admissibilidade. É juridicamente admissível a coexistência, no mesmo espaço de tempo, do contrato de parceria e da relação de emprego, uma vez que adstritos a requisitos distintos, que podem existir simultaneamente". TRT/SC/RO-V 08433/01 — Ac. 3ª T. — 09486/02 — 30.7.2002. Rel.: Juiz Marcus Pina Mugnaini — DOE 28.8.2002. *Revista Synthesis* 36/2003, p. 303.

5. O CARÁTER *INTUITU PERSONAE* DO CONTRATO DE TRABALHO DO RURÍCOLA

É indiscutível que o contrato de trabalho rural é também *intuitu personae* em relação ao empregado; entretanto, não desnatura essa característica o fato de o obreiro contar, de vez em quando, com a colaboração de familiares, principalmente mulher e filhos, na realização de suas atividades, até mesmo sem o conhecimento do empregador. Se, todavia, os serviços forem prestados na forma prevista no art. 2º da Lei n. 5.889, de 1973, a relação jurídica estará sob a égide do Direito do Trabalho, não constituindo

(24) "Relação de emprego. Parceria. A relação de emprego pode coexistir no plano do direito com outras relações jurídicas. Logo, comprovado que durante parte do período trabalhado o reclamante exercia suas atividades mediante subordinação e em outro mantinha uma estrutura associativa, dá-se o contrato misto: de emprego e de parceria. 'Sua disciplina se funda na teoria analógica sujeitando-se às normas gerais sobre contrato por analogia, às particulares relativas aos seus elementos componentes' (Cf. José Martins Catharino. Compêndio de Direito do Trabalho. v. 1, p. 296)." TRT — 3ª Região — 2ª Turma — RO 7.854/97, Relª: Juíza Alice Monteiro de Barros, publicado no Minas Gerais de 25.11.1997.

obstáculo à caracterização do liame empregatício o fato de os empregados integrarem o mesmo grupo familiar(25).

6. SUCESSÃO

Outro aspecto relacionado com o trabalho rural diz respeito à sucessão. Na hipótese de a propriedade rural ser arrendada, opera-se a sucessão, pois há mudança de titularidade, arcando o arrendatário com os encargos trabalhistas e previdenciários(26). Cessado o arrendamento e voltando o imóvel rural ao proprietário, os encargos passam a este último, pois os contratos de trabalho permanecem incólumes às mudanças na estrutura jurídica da empresa(27). Havendo fraude ou simulação, arrendador e arrendatário responderão solidariamente. Lembre-se que a compra e venda é um exemplo de sucessão; em consequência, efetuada a venda de uma propriedade rural, os encargos trabalhistas serão transferidos para o sucessor(28).

7. DURAÇÃO DO TRABALHO

7.1. Jornada, horário e intervalos

A jornada de trabalho do rurícola é de oito horas diárias, totalizando 44 horas na semana. Em qualquer trabalho contínuo de duração superior a seis horas, ser-lhe-á concedido um intervalo para repouso e alimentação, conforme **usos e costumes** da região, e não nos limites previstos na CLT (art. 7º, § 4º).

Embora o art. 7º da Constituição de 1988 tivesse equiparado o trabalhador rural ao urbano, as normas especiais, inseridas na Lei n. 5.889/73 (art. 6º), não foram revogadas, encontrando-se atentas às regras destinadas a situações particulares como a dos retireiros, em fazenda de leite iniciando a jornada bem cedo, em geral às 4 horas da manhã, e dando continuidade somente ao final da tarde com longa interrupção (cf. PORTO, Marcos da Silva. *Direito do trabalho rural*. São Paulo: LTr, 1998). O art. 71,

---

(25) "**Relação de emprego. Esposa do empregado rural**. Demonstrado que havia prestação de serviços pela esposa do empregado rural, diretamente ao reclamado e de forma distinta, sem o caráter de mera colaboração ao marido, impõe-se o reconhecimento do vínculo empregatício. Recurso provido". TRT — 3ª Reg. — 1ª T. — RO 2071/89 — Rel.: Juiz Manoel Mendes — MG 27.10.89.

(26) "**Sucessão Trabalhista. Arrendamento.** Na hipótese de sucessão de empresas, a responsabilidade quanto a débitos e obrigações trabalhistas recai sobre o sucessor, nos termos dos art. 10 e 448 da CLT, em face do princípio da despersonalização do empregador. Apresenta-se irrelevante o vínculo estabelecido entre sucedido e sucessor, bem como a natureza do título que possibilitou ao titular do estabelecimento a utilização dos meios de produção nele organizados. Dá-se a sucessão de empresa, nos contratos de arrendamento, mediante o qual o arrendatário ocupa-se da exploração do negócio, operando-se a transferência da unidade econômico-jurídica, bem como a continuidade na prestação de serviços". TST — RR-486.767/1998.1 — 1ª T. — Rel.: Min. João Oreste Dalazen — DJU 12.5.2000. *Revista Síntese Trabalhista*. Porto Alegre: Síntese, jul. 2000, p. 71.

(27) "**Vínculo empregatício.** Caracteriza-se com a empresa arrendada, não importando se o empregado foi contratado pelo arrendatário ou pelo representante legal da empresa". TRT — SP-0291019549 — Ac. 8ª T.— 18.349/93 — Rel.: Juiz Sérgio Prado de Mello — DOE 25.6.93. *Revista Synthesis* 18/94, p. 300.

(28) "**Sucessão. Propriedade Rural. Responsabilidade do adquirente**. Quando ocorre a substituição do titular do empreendimento — exploração de propriedade rural — sub-roga-se o novo proprietário em todas as obrigações trabalhistas do primeiro. Mesmo as obrigações trabalhistas anteriores à alienação, e ainda não satisfeitas, são de responsabilidade do novo titular do em-preendimento (art. 10 e 448 da CLT)". TST — RR-441.216/1998-7 — 2ª T. — Rel.: Min. Vantuil Abdala — DJU 14.5.99 — *Revista Síntese*, n. 123, set. 1999, p. 77.

§ 4º da CLT, não se aplica ao empregado rural, sendo até mesmo excluído do art. 4º do Decreto n. 73.626/74 da Lei n. 5.889/73 que disciplina essa matéria do âmbito rurícola.

Caso o legislador tivesse a intenção de estender ao rurícola as regras contidas no art. 71, § 4º, da CLT, acrescido da Lei n. 8.923/94, teria ocorrido a mesma modificação nas legislações especiais, o que não se verificou (cf. TST-4ª T., RR 2148/2003-021-23-005, Data do julgamento: 21.9.05, Relator Ministro Ives Gandra M. Filho).

E mais, como a lei dos rurícolas não fixou o período de descanso, considera-se usual e costumeiro aquele para o qual o trabalhador foi contratado, do contrário os sindicatos rurais já teriam se insurgido contra a não observância ao costume regional (cf. RR-1705/2003-021-23-00-0-15, Data do julgamento 31.8.05, Rel. Min. Barros Levenhagem, Publ. 16.9.05).

Finalmente a não concessão total ou parcial do intervalo mínimo intrajornada de uma hora ao **trabalhador rural**, fixado no Decreto n. 73.626, de 12.2.1974, que regulamentou a Lei n. 5.889, de 8.6.1973, acarreta o pagamento do período total, acrescido do respectivo adicional, por aplicação subsidiária do art. 71, § 4º da CLT. (OJ-SDI-1 — 381 — TST abr. 2010).

A Lei n. 5.889, de 1973, considera trabalho noturno aquele realizado entre as 21 horas de um dia e as 5 horas do dia seguinte para os que labutam na lavoura. Para os que exercem suas atividades na pecuária, o trabalho noturno é aquele compreendido entre as 20 horas de um dia e as 4 horas do dia seguinte. Todo trabalho noturno será acrescido de 25% sobre a remuneração normal do rurícola, não havendo, entretanto, a redução da hora noturna para 52' 30", como ocorre no tocante ao empregado urbano. Ao menor de 18 anos é proibido o trabalho nesse turno.

Cumpre esclarecer que o capataz, também conhecido como feitor ou administrador de fazenda, sendo detentor de poder de mando e representação e atuando como verdadeiro *alter ego* do empregador, encontra-se na excepcionalidade do art. 62, "b", da CLT, aplicado analogicamente, conforme autorizado pelo art. 4º do Decreto n. 73.626, de 1974. Logo, não faz jus às horas extras, tampouco à indenização em dobro, pois não adquire a estabilidade (aplicação subsidiária do art. 499 da CLT, § 2º, conforme previsto no art. 4º do Decreto n. 73.626, de 1974). Mister, entretanto, que ele tenha padrão salarial superior ao dos demais empregados da empresa(29), do contrário não há como enquadrá-lo no conceito de cargo de confiança.

(29) "**Horas extras. Administrador de Fazenda**. Não cabimento. Se fica indubitavelmente comprovado que o reclamante exercia o cargo de administrador de fazenda, com poder de autonomia nas opções importantes a serem tomadas, poder este em que o empregado substitui o empregador, haja vista que dirigia os trabalhos dos empregados da fazenda, não há que se falar em horas extras. Restou fartamente provado que o autor, efetivamente, dava ordens aos empregados, efetuava pagamentos, demitia e admitia trabalhadores e administrava todos os serviços, não se ativando em serviços gerais de trato agrícola, como quer fazer crer. Ademais, o fato de o reclamado residir em outro município, distante da fazenda, demonstra a impossibilidade de fiscalização do horário de trabalho, que ficava ao arbítrio do obreiro, o que afasta o direito às horas extraordinárias postuladas". TRT — 15ª Reg. — Proc. 32.354/98 — (Ac. 9227/00) — 5ª T. — Relª: Juíza Olga Aida Joaquim Gomieri — DOESP 13.3.2000. Revista Síntese Trabalhista, n. 133, jul. 2000, p. 78.

7.2. Horas in itinere

A CLT, no art. 4º, considera tempo de serviço efetivo não só o tempo em que o empregado se encontra trabalhando, mas também o período em que permanece à disposição do empregador aguardando ordens, excetuada disposição em contrário. Esse dispositivo se aplica ao empregado rural, nos termos do art. 4º do Decreto n. 73.626, de fevereiro de 1974, que aprovou o regulamento da Lei n. 5.889, de 1973, disciplinadora do trabalho rural. Esse trabalho, em regra, é executado fora do perímetro urbano, geralmente em local de difícil acesso, impossível de ser atingido pelo trabalhador sem o uso de transporte. Por essa razão, muitas empresas optam por fornecer condução a seus empregados, a fim de obter mão de obra pontual e assídua. Assim, o tempo gasto pelo empregado no percurso até o local de trabalho, em veículo fornecido pelo empregador, identifica-se com a hipótese prevista no art. 4º da CLT e autoriza o pagamento pelo tempo gasto no transporte, nos termos da **Súmula n. 90 do TST**:

> "O tempo despendido pelo empregado, em condução fornecida pelo empregador, até o local de trabalho de difícil acesso ou não servido por transporte regular público, e para o seu retorno, é computável na jornada de trabalho."

Essa orientação jurisprudencial acabou por se transformar em lei (art. 58, § 2º da CLT).

Em consequência, se o tempo gasto no percurso implica protraimento de jornada, deverá ser pago como extra.

Saliente-se que a mera insuficiência de transporte público para atender a demanda não enseja o pagamento das horas *in itinere* (**Súmula n. 90, inciso III, do TST**).

Se o transporte existir, mas em horário incompatível com a jornada de trabalho do obreiro, o TST tem se orientado no sentido de que a circunstância gera o direito as horas *in itinere* (Súmula n. 90, inciso II, do TST).

Havendo transporte público regular, em parte do trajeto percorrido em condução da empresa, as horas *in itinere* remuneradas se limitam ao trecho não alcançado pelo transporte público (**Súmula n. 90, inciso IV,** do TST). Também não afasta o direito ao pagamento das horas *in itinere* o fato de o empregador cobrar ou não pelo fornecimento do transporte para o local de difícil acesso (**Súmula n. 320 do TST**).

8. FÉRIAS

À semelhança do que ocorre com o trabalhador urbano, as férias do rurícola são de 30 dias. Lembre-se, entretanto, que, se elas não forem concedidas em época própria, serão pagas com acréscimo de 1/3, previsto no art. 7º, XVII, da Constituição da República, ainda que correspondam a período anterior à vigência da Constituição de 1988[30] e em dobro.

---

(30) "As férias do trabalhador rural relativas a período anterior a 5.10.88, não concedidas nas épocas de direito e a serem pagas na vigência da atual Carta Magna, são devidas com o adicional de 1/3 previsto no art. 7º, XVII, da Constituição Federal. Inteligência do Enunciado n. 7/TST". TRT — GO 1368/92 — Ac. 1662/93 — Rel.: Juiz Norton Ribeiro Hummel. *Revista Synthesis* 18/94, p. 308.

Registre-se, entretanto, que a Lei n. 4.214, de março de 1963 (Estatuto do Trabalhador Rural), em seu art. 43, previa a concessão de férias de 20 dias úteis ao empregado rural a cada período de 12 meses de trabalho prestado ao mesmo empregador, quando não tivesse mais de seis faltas ao serviço. Em 8 de junho de 1973, foi a referida lei revogada pela de n. 5.889 (regulamentada pelo Decreto n. 73.626, de 1974), que autorizava a aplicação subsidiária da CLT, no que não colidisse com a legislação específica. Em consequência, o cálculo das férias deverá observar a legislação vigente a cada época, e não tomar como parâmetro sempre 30 dias corridos.

Não concedidas as férias nos 12 meses subsequentes ao período aquisitivo, elas serão pagas em dobro, qualquer que seja a data da admissão do trabalhador.

9. FALTAS AO SERVIÇO. COMPRAS. CONTROLE DE FREQUÊNCIA

O TST, por meio do Precedente Normativo n. 68 da Seção de Dissídios Coletivos, autoriza o chefe de família, se empregado rural, a faltar ao serviço um dia por mês ou meio dia por quinzena, para efetuar compras, sem remuneração ou mediante compensação de horário, mas sem prejuízo do repouso. O Precedente é uma medida de proteção ao salário e contribui para que o trabalhador não fique obrigado a fazer suas compras no próprio armazém do empregador, o que, aliás, é vedado pelo art. 462, § 2º, consolidado, aplicado subsidiariamente à espécie.

Controvertida é a questão alusiva à apuração da frequência do rurícola feita em folhas de pagamento(31). Parece-nos válido o controle, em face da dificuldade de se manter registro de frequência no meio rural. Nesse sentido manifestou-se o TST(32).

10. SALÁRIO *IN NATURA*

Dispõe o art. 9º da Lei n. 5.889, de 1973, que compõem o salário mínimo do rurícola os seguintes fornecimentos *in natura*: alimentação e habitação, podendo ser deduzidos até 25% pela alimentação e até 20% pela ocupação da moradia. Essas deduções **devem ser previamente autorizadas**, sob pena de nulidade (§ 1º do art. 9º). Conclui-se, portanto, que o rurícola deve receber, pelo menos, 55% do salário mínimo em espécie, em princípio.

É bom lembrar que a jurisprudência tem autorizado a integração de certas utilidades, como lenha e leite(33), por exemplo, ao salário do obreiro, embora haja corrente

---

(31) "É válida a apuração da frequência feita em folhas de pagamento quando reconhece a empregada que delas constava a real frequência". TRT — 6ª Reg. — RO 231/84. — Ac. 2ª T. — 19.6.84 — Rel. designado: Juiz Paulo Britto. *Revista LTr,* São Paulo, 49-3/315.
Em sentido contrário: "Perícia em folhas de pagamento, no ambiente rural, não constitui meio idôneo à apuração de frequência do empregado". TRT — 6ª Reg. — RO 1451/84 — Ac. 1ª T., 24.7.84 — Rel. designado: Juiz Alfredo Duarte Neto. *Revista LTr*, São Paulo, 49-3/316.

(32) "Dada a dificuldade de se manter no campo um registro para controle de frequência, a folha de pagamento constitui-se em um dos poucos documentos capazes de demonstrar a assiduidade do empregado no trabalho. Assim sendo, o indeferimento de realização de prova pericial no referido documento e testemunhal, para averiguação da frequência do obreiro, implica cerceamento de defesa". TST — RR-7396/89.0 — Ac. 2ª T. — 2603/91— 24.6.91 — Rel.: Min. Ney Doyle. *Revista LTr* 56-2/231.

(33) "**Salário-utilidade. Alimentação. A lenha consumida**, em país tropical, destina-se preponderantemente ao preparo das refeições; inclui-se, por isso, no item referente a salário-alimentação". TRT — SP — RO 4114/83 — Rel.: Juiz Valentin Carrion — Ac. 8ª T. CARRION, Valentin. *Nova jurisprudência em Direito do Trabalho*, 1989, p. 509.

jurisprudencial mais antiga que proíba a incorporação de tais utilidades ao salário para efeito do mínimo legal, considerando procedente, entretanto, sua incidência na remuneração para os efeitos legais(34).

Ainda no tocante à remuneração do obreiro, dispõe o art. 12 da Lei n. 5.889, de 1973:

> "Art. 12 — Nas regiões em que se adota a plantação subsidiária ou intercalar (cultura secundária) a cargo do empregado rural, quando autorizada ou permitida, será objeto de contrato em separado.
>
> Parágrafo único — Embora devendo integrar o resultado anual a que tem direito o empregado rural, a plantação subsidiária ou intercalar não poderá compor a parte correspondente ao salário mínimo na remuneração geral do empregado, durante o ano agrícola".

Pelo *caput* do dispositivo em exame, conjugado com o parágrafo único, conclui-se que a hipótese versa sobre dois contratos (um de emprego rural e outro de trabalho agrícola) coligados parcialmente, "produzindo relativa promiscuidade remuneratória", pois o que o trabalhador auferir com a plantação intercalar poderá compor-lhe a remuneração anual, embora não lhe integre o salário, para efeito de mínimo legal.

O Precedente Normativo n. 65 da Seção de Dissídios Coletivos do TST prevê que o pagamento do salário será efetuado em moeda corrente e no horário de serviço, permitindo para isso o seu prolongamento até duas horas após o término da jornada de trabalho.

Convém frisar que a casa fornecida aos rurais deve conter condições mínimas de habitabilidade, daí os Precedentes n. 34 e 63 do TST, de dissídio coletivo, estabelecerem, respectivamente, que o empregador deverá garantir essas condições mínimas, conforme exigências da autoridade local, bem como arcar com os reparos nas casas ocupadas, desde que os danos não decorram de culpa dos trabalhadores.

Sempre que mais de um empregado **residir na mesma morada**, o desconto de 20% pela ocupação da moradia, previsto na alínea "a" do art. 9º da Lei n. 5.889, de 1973, será dividido proporcionalmente ao número de empregados, sendo, entretanto, proibida a moradia coletiva de famílias.

Questão controvertida diz respeito à habitação fornecida ao rurícola. Há corrente jurisprudencial sustentando que a casa ocupada pelo trabalhador na própria fazenda não possui feição salarial, constituindo mero instrumento de trabalho, sem o qual se inviabilizaria a execução do serviço(35). Outros sustentam que a habitação é salário *in*

"O fornecimento diário e habitual de **leite** ao empregado, não justificado pela existência de condições excepcionais, constitui parcela salarial *in natura* e, como tal, insuscetível de ser suprimida". TRT — SC 1522/88 — Ac. 360/89 — Rel.: Juiz Umberto Grillo. *Revista Synthesis* 9/89.

(34) "Fornecimento de **lenha e leite** não constituem prestação contratual deduzível no salário do trabalhador do campo. Os fornecimentos remuneratórios 'in natura' resumem-se na casa e na alimentação, considerada esta no sentido íntegro, café pela manhã e à tarde, almoço e jantar". TRT — 3ª Reg. — Proc. 1.889/67— 19.1.68 — Rel.: Juiz Ribeiro de Vilhena. *Dicionários LTr Editora*. *Op. cit.*, p. 215.

(35) "**Salário utilidade. Habitação. Área rural. Natureza.** A moradia fornecida pelo empregador, em área rural, não possui natureza salarial. Tem ela precípua finalidade de assegurar ao empregado condições mínimas para o exercício de suas funções, identificando-se como autêntica infraestrutura básica imprescindível ao desenvolvimento

natura, a não ser que o imóvel seja condição para o exercício do trabalho, isto é, se as distâncias no campo "permitem aos empregados optar entre residir na fazenda-empregadora ou em povoado, a moradia será salário. Se for impossível residir fora do imóvel rural, a moradia é condição para a prestação laboral"[(36)]. Finalmente, a terceira corrente imprime à habitação feição salarial, determinando sua incidência sobre a remuneração, para fins de 13º salário, lembrando-se, entretanto, que não incidirá ela sobre os cálculos dos repousos, das férias e das horas extras, pois o empregado continua a usufruir da utilidade, no respectivo período; entendimento contrário, implicaria *bis in idem*[(37)].

Com a Lei n. 9.300, de 29 de agosto de 1996, acrescentou-se o § 5º ao art. 9º da Lei n. 5.889, cujo teor é o seguinte:

> "A cessão pelo empregador de moradia e de sua infraestrutura básica, assim como bens destinados à produção para sua subsistência e de sua família não integram o salário do trabalhador rural, desde que caracterizados como tais, em contrato escrito celebrado entre as partes, com testemunhas e notificação obrigatória ao respectivo sindicato de trabalhadores rurais."

Em face do novo parágrafo inserido no art. 9º da Lei n. 5.889, de 1973, a habitação e sua infraestrutura básica como, por exemplo, luz, água e bens destinados à produção para a subsistência do trabalhador e de sua família, aí compreendida a área ao redor da casa cedida ao empregado, destinada ao plantio e criação de animais, não irão compor-lhe o salário para nenhum efeito legal, desde que ajustado por escrito, na presença de testemunhas e feita a notificação obrigatória ao sindicato dos trabalhadores rurais.

Nesse caso, dever-se-á assegurar ao obreiro o salário mínimo, descontando-se, apenas, se for o caso, a alimentação, nos moldes já mencionados. No nosso entender, os fornecimentos a que alude o § 5º do art. 9º serão equiparados a instrumento de trabalho e não repercutirão na remuneração para efeitos de férias, 13º salário, FGTS, indenização e outros institutos jurídicos porventura devidos.

11. EQUIPARAÇÃO SALARIAL

A legislação do trabalho rural não dispensou muita atenção ao princípio da isonomia, deixando de mencioná-lo no Estatuto do Trabalhador Rural (1963), só o fazendo no art. 4º do Decreto n. 73.636, regulamentador da Lei n. 5.889, de 1973, em vigor.

A jurisprudência sobre o assunto é escassa, havendo acórdão anterior à vigência do Estatuto do Trabalhador Rural negando a isonomia aos rurícolas[(38)].

---

da atividade produtiva. A cessão de moradia dá-se 'para' e não 'pelo' trabalho, circunstância que afasta a natureza salarial da referida verba. Revista conhecida mas não provida". TST — RR-152692/94.9 — 4ª Turma — Rel.: Min. Milton de Moura França — DJ 31.10.1997, p. 56.001. *Boletim Doutrina e Jurisprudência* — TRT — 3ª Região. out./dez. 1997, p. 646.

(36) TRT — 2ª Região — 8ª Turma — Proc. 4114/83 — Rel.: Juiz Valentin Carrion, *Revista Synthesis* 5/87, p. 220.

(37) TRT — 4ª Região — RO 2665/85 — 1ª Turma — Rel.: Juiz Hermes Pedro Pedrassani. *Revista LTr* 51-10/1236.

(38) TRT — 2ª Reg. — Proc. 1.427, de 1959 — Rel.: Juiz José Ney Serrão. *Revista LTr* 24/342.

Entretanto, após a vigência do Estatuto do Trabalhador Rural, mesmo que omissa a legislação, entendemos que a isonomia se aplica ao rurícola, pois o preceito que a consagra (art. 461 da CLT) não colide com as normas trabalhistas aplicáveis ao campo (art. 179 da Lei n. 4.214, de 2 de março de 1963)(39). Após a Constituição de 1988, a matéria não comporta mais discussão, pois o rurícola foi equiparado ao empregado urbano, destinatário do preceito contido no art. 461 da CLT.

12. ADICIONAL DE INSALUBRIDADE E PERICULOSIDADE

Desde que foram instituídos os adicionais de insalubridade e periculosidade, travaram-se discussões jurídicas sobre a sua aplicabilidade aos empregados rurais.

É certo que os art. 192 e 193 da CLT, que cuidam da matéria, não constaram do art. 4º do regulamento (Decreto n. 73.626, de 1974) da Lei n. 5.889, de 1973, que determina a aplicação subsidiária de dispositivos consolidados ao trabalho rural.

Entretanto, registre-se que o art. 28 do citado Decreto n. 73.626, de 1974, repetindo o disposto no art. 13 da Lei n. 5.889, prevê que, nos locais de trabalho rural, serão observadas as normas de segurança e higiene estabelecidas em Portaria do Ministério do Trabalho e Previdência Social. A Portaria n. 3.214, de 1978, disciplinadora desse assunto, indica inúmeras situações que somente são admissíveis no meio rural, como a criação de animais, aplicação de defensivos agrícolas, etc., o que reforça o entendimento aqui adotado.

Vejam-se, a propósito da aplicação das normas relativas à segurança e medicina do trabalho, extensiva também aos rurícolas, decisões do TST, anteriores à Portaria n. 3.067, de 12 de abril de 1988, e à **Súmula n. 292 do TST**(40).

Desde a **Súmula n. 292 do TST**, hoje cancelada, não há mais dúvida de que ao trabalhador rural é devido o adicional de insalubridade e periculosidade, quando exposto aos agentes nocivos à saúde que o autorizem. Atualmente, o rurícola está contemplado com esses adicionais, por força do art. 7º, *caput*, e inciso XXXIII da Constituição vigente, sendo desnecessária a Súmula.

Saliente-se que o Anexo 14 da NR-15 da Portaria n. 3.214/78 do MTb não prevê o pagamento do adicional de insalubridade para o pessoal que trabalha em **aviário**, mas aos trabalhos realizados em **estábulos** e **cavalariças**, locais não equiparados, nem sequer por analogia aos galinheiros (TST-RR-990/2005-411-04-00 — 4ª Região — 7ª T. — Rel.: Min. Ives Gandra M. Filho — DJ 15.2.**2008**). Aliás, a Portaria n. 3.067, de 1988, prevê normas de proteção física e cuidados com o ambiente rural. Por

---

(39) Nesse sentido manifesta-se PRUNES, José Luiz Ferreira. *Equiparação Salarial*. São Paulo: LTr Editora, 1977, p. 20.

(40) "**Adicional de insalubridade. Trabalhador rural.** As normas da CLT pertinentes à segurança e higiene são aplicáveis, a teor do disposto no art. 1º, da Lei n. 5.889/73, aos trabalhadores rurais. O fato de, passados doze anos, ainda não haver sido editada, pelo Ministério do Trabalho, a Portaria de que cogita o art. 13, da aludida lei, não obstaculiza a atuação judicial, face à existência de salutar preceito — o art. 8º, da CLT, pertinente à hipótese por força do disposto no art. 4º, do Decreto n. 73.626/74. Precedente: RR-5.706, de 1984 — 3ª T., Rel. Min. Orlando Teixeira da Costa. Precedente: RR 6.705/85, 1ª T., 2.536/86, Rel.: Min. Marco Aurélio". TST — RR-4.139/86, 1ª T., 16/87, DJU de 6.3.87, Rel.: Min. Marco Aurélio. *In*: PRUNES, José Luiz Ferreira. Direito do Trabalho Rural. *Dicionários LTr Editora*. São Paulo: LTr, 1991.

força do Precedente n. 50 de Dissídio Coletivo, o TST tem exigido que o empregador rural possua o receituário agronômico de defensivos agrícolas e observe as medidas de prevenção nele contidas, dados os inúmeros produtos tóxicos usados na lavoura.

Dispõe o **Precedente n. 106 de Dissídio Coletivo do TST** que os empregadores rurais que se dedicarem à pecuária leiteira ficam obrigados a fornecer, diariamente, um litro de leite aos trabalhadores que exerçam atividades insalubres.

12.1. Exposição a raios solares

Questão controvertida diz respeito à concessão do adicional de insalubridade aos rurícolas que trabalham expostos à luz solar, por desenvolverem atividades a céu aberto.

Embora haja decisão deferindo o adicional correspondente, por entender que os raios solares podem causar câncer, filiamo-nos ao entendimento contrário, pois a NR-15 do Ministério do Trabalho e seu Anexo 7 não incluem a luz solar entre os agentes agressivos, exatamente porque não seria possível medir o tempo de exposição do empregado, em face das variações contínuas advindas da nebulosidade e de condições meteorológicas.

Essa também tem sido a orientação do TST, por meio da SDI-1[(41)], matéria hoje consubstanciada na **Orientação Jurisprudencial** n. 173.

13. OSCILAÇÕES CLIMÁTICAS E TRABALHO RURAL

A Portaria n. 3.214, de 8 de junho de 1978, do Ministério do Trabalho, que aprova as normas regulamentadoras do Capítulo V, Título II, da CLT, relativas à Segurança e Medicina do Trabalho, com as alterações trazidas pela Portaria n. 3.048, de março de 1988, na NR-21 trata do **trabalho realizado a céu aberto.** Exigem-se abrigos, ainda que rústicos, capazes de proteger os trabalhadores contra intempéries e a adoção de medidas especiais contra a insolação excessiva, o calor, o frio, a umidade e os ventos inconvenientes. Para os trabalhadores que residem no local, devem ser oferecidos alojamentos que apresentem adequadas condições sanitárias, ressaltando-se que as fossas negras deverão estar, no mínimo, a 15 metros do poço e a 10 metros da casa, em lugar livre de enchentes e a jusante do poço. Os locais destinados a privadas serão arejados, com ventilação abundante, mantidos em boas condições sanitárias e protegidos contra a proliferação de insetos, ratos, animais e pragas. Havendo poço d'água, ele deve ser protegido contra a contaminação e coberto com material impermeável, imputrescível e não combustível.

---

(41) "**Adicional de insalubridade. Trabalhador rural. Exposição a raios solares.** O anexo 7 da Norma Regulamentar n. 15 do Ministério do Trabalho, ao condicionar a existência jurídica da insalubridade a laudo de inspeção realizado no local de trabalho, exclui a exposição ao sol como elemento possivelmente causador da condição insalubre, já que seria impraticável a medição, dadas as contínuas variações, próprias da nebulosidade e das condições meteorológicas em geral. Embargos conhecidos e providos". TST — SDI — E-RR n. 265573/96-5 — Rel.: Min. Leonaldo Silva — DJ 3.9.99, p. 286. *Jornal Trabalhista*, 15.11.99, Brasília: Consulex, p. 28.

Quando o empregador fornecer moradia ao empregado e à sua família, ela deve conter capacidade dimensionada conforme o número de moradores, ventilação e luz direta, paredes caiadas, pisos construídos de material impermeável, devendo ser construída em local arejado, livre de vegetação e afastada, no mínimo, 50 metros dos depósitos de feno, esterco, currais, pocilgas e quaisquer outros viveiros de criação. A moradia deve conter, no mínimo, um dormitório, uma cozinha e um compartimento sanitário. Lembre-se que é vedado em qualquer hipótese moradia coletiva de famílias.

Em se tratando de trabalho realizado a céu aberto em regiões pantanosas ou alagadiças, é imperativa a adoção de medidas de profilaxia, nos termos das normas de saúde pública.

Em situação semelhante, poderá ocorrer a impossibilidade de trabalho em decorrência das oscilações climáticas, como excesso de sol ou chuva e até mesmo geada, o que se tem verificado no sul do País. Nessas situações, entendemos que o empregado continua à disposição do empregador, constituindo tais paralisações um risco do empreendimento econômico, que deverá ser suportado pelo empregador. Portanto, paralisados os serviços por essas razões, os empregados farão jus ao salário normal. Aliás, nesse sentido é o Precedente n. 106, em dissídio coletivo, do TST. O mesmo Tribunal, no Precedente Dissídio Coletivo n. 108, determina aos empregadores rurais que construam abrigos rústicos, nos locais de trabalho, para proteção de seus empregados, a fim de que não permaneçam expostos ao sol e à chuva, sem proteção. Logo, a recusa do obreiro em trabalhar sob mau tempo não configura justa causa.

14. O TRABALHO RURAL DO MENOR

Por força da Emenda Constitucional n. 20, de 1998, veda-se o trabalho do menor de 16 anos, salvo se aprendiz e, ainda assim, se maior de 14 anos. Por outro lado, a Constituição da República assegura o salário mínimo a todos os empregados, proibindo distinção por idade (art. 7º, IV e XXX). Assim, consideramos revogado o art. 11, parágrafo único, da Lei n. 5.889, de 1973, que permitia fosse pago ao empregado rural menor de 16 anos 50% do salário mínimo estabelecido para o adulto. Essa, aliás, é a orientação do TST[42].

14.1. Aprendizagem

O contrato de aprendizagem, definido no Decreto n. 31.546, de outubro de 1952, e agora no art. 428 da CLT, é aplicável ao trabalho rural. A aprendizagem nesse setor deverá ser proporcionada pelo SENAR — Serviço Nacional de Aprendizagem Rural, previsto no art. 62 das Disposições Transitórias da Constituição da República de 1988 e na Lei n. 8.315, de 1991.

---

(42) "A Constituição Federal promulgada em 1988 assegurou ao trabalhador rural os mesmos direitos conferidos ao trabalhador urbano (art. 7º). Ficou, portanto, revogada a Lei n. 5.889/73, art. 11, parágrafo único, por conter preceito discriminativo ao trabalho do rurícola menor de 16 (dezesseis) anos, não compatível com o atual ordenamento jurídico, pelo qual não se distingue o salário do urbano, considerando o fator idade". TST-RO-DC 54.765/92.6. Rel.: Min. Francisco Fausto, Acórdão SDC 670/94. *Revista Trabalho e Processo* n. 3, dez. 1994, p. 23.

15. LICENÇA-MATERNIDADE

O Decreto n. 73.626, de 12 de fevereiro de 1974, que regulamentou a Lei n. 5.889, de 8 de junho de 1973, determinou, em seu art. 4º, fossem aplicadas às relações de trabalho rural, entre outros, os art. 391 a 401 da CLT, ou seja, os dispositivos legais que se referem à proteção à maternidade.

Verifica-se, pois, que, apesar de não estar obrigado por convenção internacional, já que a ratificação pelo Brasil da Convenção n. 103 se fez com exclusão do dispositivo que estende a licença remunerada da gestante à empregada doméstica e à trabalhadora rural, a esfera normativa do referido instituto jurídico foi ampliada pelo decreto regulamentador da Lei n. 5.889.

O TST, em sua composição plena, negou o salário-maternidade à empregada rural, sob o argumento de que o instituto em questão não foi assegurado na Lei n. 5.889, de 1973, mas apenas no decreto que a regulamentou, configurando-se invasão da reserva legal[(43)].

Com a Constituição da República de 1988, o art. 7º arrolou, entre os direitos das trabalhadoras **urbanas e rurais,** a licença à gestante, com duração de 120 dias. E, em 24 julho de 1991, a Lei n. 8.213 incluiu o salário-maternidade entre as espécies de prestação previdenciária do rurícola (art. 18, I, "f", e art. 71).

Portanto, apenas a partir dessa data, o TST passou a considerar devido o salário--maternidade à empregada rural[(44)].

16. SALÁRIO-FAMÍLIA

Como é sabido, o trabalhador rural esteve à margem da legislação instituidora do salário-família durante longos anos.

Embora o direito ao instituto jurídico em questão integre as normas de "proteção à família", previstas no art. 203 da Constituição da República, e apesar de ter sido equiparado ao empregado urbano desde a vigência do referido texto constitucional, o trabalhador rural esteve excluído do mencionado benefício até que foi editada a Lei n. 8.213, de 1991. É o que se infere da **Súmula n. 344 do TST.** Entendeu-se que o art. 7º, inciso XII, da Constituição da República, apesar de ter estendido o salário-família ao rurícola, não era autoaplicável. É que, dada a sua natureza de benefício previdenciário, haveria a necessidade de previsão de custeio. Assim, enquanto não foi atendida a exigência contida no art. 59 das Disposições Constitucionais Transitórias, o rurícola permaneceu fora do campo de aplicação do salário-família.

---

(43) "O salário-maternidade somente é devido às empregadas urbanas, não alcançando as rurais, porque, com relação a estas, não há previsão em lei ordinária que permita a aplicação do art. 165, XVI, combinado com o art. 43, X, ambos da Constituição Federal". TST — Pleno — Proc. AG.E.RR 7.128/84 — Rel.: Min. Marco Aurélio — D.J. 110/86. TEIXEIRA FILHO, João de Lima. *Op. cit.*, v. 5, p. 727.

(44) "**Licença Gestante de 120 dias. Lei n. 8.213/91**. Em sendo o pedido anterior ao advento da Lei n. 8.213/91, que regulamentou a licença gestante de 120 dias, prevista no novo ordenamento constitucional, inviável se mostra o deferimento da parcela. Revista conhecida e provida". TST — RR. 28.591/91.7. — Ac. 3ª T. 5.160/92 — Rel.: Min. Roberto Della Manna — Julgado em 14 de dezembro de 1992. Obs.: Embora a ementa não faça alusão à empregada rural, consta do relatório e dos fundamentos deste acórdão tratar-se de rurícola.

17. DESPEDIDA DE EMPREGADO RURAL IMPLICA IGUALMENTE DESPEDIDA DE EMPREGADOS COMPONENTES DO MESMO NÚCLEO FAMILIAR?

Outro aspecto controvertido diz respeito à despedida do empregado rural, a qual poderá implicar também a de sua esposa, caso seja empregada rural. Há quem sustente que, por força do art. 231, II, do Código Civil de 1916, a mulher deverá acompanhar o marido ao novo domicílio(45).

Esta foi também a orientação seguida pelo TST, como se infere da seguinte ementa:

> "Considerando-se que a dispensa do pai implicaria na desocupação da casa em que habitavam e, consequentemente, no afastamento da fazenda, lógico que o despedimento dos filhos decorreu de tal fato. Recurso de revista a que se dá provimento parcial". TST — 1ª T, RR 166/86.8, DJ 31.10.86. Rel.: Min. João Wagner. *Dicionários LTr. Direito do Trabalho Rural*. José Luiz Ferreira Prunes. São Paulo: LTr Editora, 1991, p. 148.
>
> Aliás, o mesmo Tribunal, no Precedente Dissídio Coletivo n. 53, considera "a rescisão do contrato de trabalho rural, sem justa causa, do chefe da unidade familiar, extensiva à esposa, às filhas solteiras e aos filhos até 20 anos de idade, que exerçam atividades na propriedade, mediante opção destes".

O citado precedente permite a rescisão indireta do contrato de trabalho dos familiares do rurícola, além das causas arroladas no art. 483 da CLT, contrariando o direito potestativo do empregador de resilir o pacto. Por isso mesmo, encontrou resistência no próprio TST, como se infere do voto vencido do Min. Marco Aurélio, nos seguintes termos:

> "É mais uma condição de trabalho que além de contrária à própria sistemática da Consolidação das Leis do Trabalho no que prevê, em rol exaustivo, as causas ensejadoras da ruptura do contrato de trabalho por culpa patronal — art. 483, discrepa da atuação normativa. Inexiste lei que, interpretada e aplicada, autorize a imposição da cláusula. Como que transfere-se ao empregado direito de natureza potestativa, cujo único titular é o empregador — de despedimento" (cf. José Alberto Couto Maciel. *Precedentes do TST em Dissídios Coletivos Comentados*. São Paulo: LTr, 1991, p. 64).

Em sentido diverso do Precedente Normativo n. 53 do TST, pronunciou-se o TRT da 3ª Região, considerando que:

> "A dispensa do marido não é suficiente para inferir-se a da mulher, quando ambos prestam serviços ao mesmo empregador. Negada a dispensa da mulher, dela é o ônus de sua comprovação, não obstante a ocorrência daquela circunstância". TRT 3ª Região. RO 483/80, 2ª T, 4.6.80. Rel.: Juiz Manoel Mendes de Freitas. *Revista LTr* 45-2/204.

A nosso ver, embora a dispensa do marido ou do pai, trabalhador rural, não implique necessariamente a despedida, sequer indireta, do cônjuge e dos familiares, também rurícolas, é certo que constitui dever dos cônjuges a vida em comum, no

(45) Cf., a propósito, TRT — 4ª Região — RO 8097/84 — Ac. 2ª Turma — 31.10.85 — Rel.: Juiz Francisco A. G. da Costa Neto. *Revista LTr* 50-4/453. O art. 231, II, do Código Civil de 1916, a que se baseou o acórdão, guarda correspondência com o art. 1.566, II, do Código Civil de 2002.

domicílio conjugal (art. 1.566, II, do Código Civil de 2002), competindo-lhes o sustento, guarda e educação dos filhos (art. 1.566, IV, do Código Civil de 2002). Ora, a dispensa do marido dificulta o cumprimento desses deveres e, se não bastasse, a Constituição da República de 1988 concede uma proteção especial à família. Logo, o cônjuge ou os filhos têm o direito de acompanhar o marido ou os pais, para se garantir a união da vida familiar.

Em consequência, entendemos razoável que seja facultado aos familiares resilir o contrato, mas por justo motivo, com direito às verbas de cunho salarial, sem o dever de pré-avisar ou pagar indenizações típicas de contrato a termo (art. 480 da CLT). Não se torna devido, entretanto, o direito aos 40% do FGTS, visto que o empregador não cometeu falta alguma, podendo prosseguir a relação jurídica, se o trabalhador assim decidir, com fundamento em suas conveniências particulares. Trata-se de aplicação analógica do art. 483, § 1º, da CLT.

18. AÇÃO DE DESPEJO

Rescindido ou findo o contrato de trabalho, o empregado rural, a teor do art. 9º, § 3º, da Lei n. 5.889, será obrigado a desocupar a casa fornecida pelo empregador rural dentro de 30 dias. Caso o empregado se recuse a desocupá-la, qual deverá ser o procedimento adotado pelo empregador? Cabe ação de despejo? É a Justiça do Trabalho competente para julgá-la?

Para bem equacionar o problema, cumpre esclarecer, de início, a que título se processa a ocupação do imóvel, pelos trabalhadores, em geral.

Tostes Malta distingue três situações. A **primeira** seria a existência de dois contratos inteiramente independentes, um de locação e outro de trabalho, como, por exemplo, se alguém celebrasse contrato de locação com dado indivíduo e, muito depois, o locatário viesse a tornar-se empregado do locador. A **segunda** hipótese surge quando há dois contratos, um de trabalho e um de locação, mas entrosados, um tendo nascido do outro. É o caso de empresas que, possuindo imóveis nas imediações de suas fábricas, alugam-nos a seus empregados. A **terceira** hipótese, que é a que mais interessa neste estudo, ocorre quando o empregado não celebra qualquer contrato expresso de locação com a empresa, recebendo habitação a título de salário-utilidade ou como instrumento de trabalho. Essa última situação, em geral, ocorre nas relações de trabalho rural, quando o trabalhador e sua família ocupam imóvel de propriedade do fazendeiro empregador.

Em geral, o rurícola recebe moradia do empregador durante o contrato, dentro do estabelecimento. Eventual locação do imóvel, citada na segunda e terceira hipóteses do exemplo acima, não deixa de ser uma decorrência de sua condição de trabalhador. Logo, como se trata de fornecimento de vantagem proveniente da relação de trabalho, entendemos que a Justiça do Trabalho é competente para dirimir o feito, com base no art. 114 da Constituição da República de 1988, com alterações introduzidas pela Emenda Constitucional n. 45, promulgada em dezembro de 2004. Esse artigo, no seu inciso I, dispõe que "compete à Justiça do Trabalho processar e julgar as ações oriundas da relação de trabalho, abrangidos os entes de direito público externo e da administração pública direta e indireta da União, dos Estados, do Distrito Federal e dos Municípios".

19. RELAÇÃO DE TRABALHO CONTROVERTIDA. RESCISÃO INDIRETA NÃO COMPROVADA E SUAS CONSEQUÊNCIAS

Não se discute que o descumprimento de obrigações trabalhistas autoriza a rescisão indireta do contrato. Entretanto, tem-se tornado muito comum no meio rural, principalmente em Minas Gerais, a circunstância de o trabalhador rural, durante anos a fio, tolerar o descumprimento de obrigações trabalhistas, como não pagamento de diferença salarial, repouso, 13º, etc., e vir a juízo, às vésperas da aposentadoria, reivindicando polpudas indenizações, com amparo na rescisão indireta.

Ora, é sabido que uma das diretrizes norteadoras do Direito do Trabalho é o princípio da continuidade, que visa à conservação da fonte de trabalho, com o objetivo de dar segurança econômica ao trabalhador e incorporá-lo ao organismo empresarial. Esse princípio revela que o Direito do Trabalho tende pela preferência aos contratos de duração indeterminada, pela resistência em admitir a dispensa arbitrária, pela manutenção do pacto nas hipóteses de interrupção e suspensão do contrato e pela facilidade de mantê-lo, apesar das nulidades ou descumprimentos em que se haja incorrido(46).

Em consequência, esse mesmo princípio autoriza sejam relevadas pequenas infrações suscetíveis de reparação e incapazes de abalar a fidúcia que deve existir entre as partes, impedindo a decretação da rescisão indireta de empregado que, ao postulá-la, já se encontra com tempo de serviço suficiente à obtenção da aposentadoria ou às vésperas de consegui-la.

Cumpre, aliás, citar aqui o raciocínio exposto pelo saudoso Juiz Ari Rocha, em sentença referente ao Processo n. 1.193/82, proferida em 13.12.82, quando presidia a Junta de Conciliação e Julgamento de Uberaba, ao julgar situação semelhante:

> "Não procede a rescisão indireta do pacto laboral. Está se tornando moda, de certo tempo a esta parte, virem a Juízo rurícolas estáveis, pleiteando polpudas indenizações, com fulcro na despedida indireta. Anos e anos a fio, mourejaram nas fazendas e, quando de lá querem retirar-se ou quando se acham prestes a jubilar-se, aparecem na Justiça do Trabalho, visando à dissolução dos vínculos contratuais. Anos e anos toleraram o descumprimento de obrigações trabalhistas e, sem o mínimo aviso dos fazendeiros, surpreendem-nos com uma adiposa reclamação. Pensamos que está na hora de se pôr um paradeiro nisso. Todos, à farta, sabem que o momento não se mostra propício aos investimentos agropecuários, por causa das marchas e contramarchas de uma incompreensível e incerta política econômico-financeira. Há a alta assustadora dos insumos, a restrição creditícia, as variações meteorológicas, etc. E, ainda, vêm os pingues e vultosos pedidos indenizatórios. Nós não os chancelamos, a não ser que, notificado o fazendeiro, persista ele em descumprir a lei. O Juiz não pode fazer tábula rasa do bom

(46) PLÁ RODRIGUEZ, Américo. *Princípios de Direito do Trabalho*. São Paulo: LTr, 1978.

senso, do equilíbrio e da auscultação da realidade que o cerca. Atentaria ele contra a equidade, se assim não agisse, blasonando por seu o direito de aplicar o disposto em lei. Claro: é um direito, mas esse direito, longe de prender-se nas malhas de esquemas rígidos e frios, amolda-se à peculiaridade dos casos e das situações".

Amparando-nos nessa lição, como também no princípio da imediatidade que norteia as justas causas associado ao princípio da boa-fé, por várias vezes negamos a rescisão indireta em situações dessa ordem [(47)], quando o empregado é portador de estabilidade decenária e pode reivindicar seus direitos sem o temor de perder o emprego, contando, inclusive, na região, com sindicato atuante, na representação da respectiva categoria profissional.

Há, entretanto, jurisprudência divergente, entendendo que a tolerância do empregado rurícola no tocante à inadimplência contratual não constitui obstáculo ao pleito de rescisão indireta[(48)].

Outra circunstância que desautoriza a rescisão indireta, com amparo na alínea "d" do art. 483 da CLT, é a fundada controvérsia em torno da natureza da relação jurídica, que poderá situar-se na chamada zona "grise" da relação de trabalho, com os prestadores de serviços "transitando conceitualmente" da área subordinada (rurícola) para a área autônoma (parceiros, empreiteiros, etc.), definindo-se a natureza do contrato somente após decisão judicial. Nessa hipótese, em nome do princípio da boa-fé, que preserva a execução de um negócio, feito na certeza de que a ação estava correta, isenta de dolo ou engano, não se revela razoável admitir-se cumulação do pedido declaratório de reconhecimento de vínculo empregatício com o pleito condenatório proveniente da rescisão indireta, como se infere da decisão abaixo:

> "Reconhecimento de vínculo de emprego e caracterização de despedida indireta. Possibilidade. A cumulação de pedidos de reconhecimento de vínculo de emprego e de rescisão indireta, muito embora admissível processualmente, mostra-se incompatível com a natureza dos institutos, posto que a rescisão indireta do contrato de trabalho, por infringência à legislação trabalhista, nesta circunstância, é inviável, uma vez que não se

---

(47) RO-5087/90, que tramitou perante a 2ª Turma do TRT da 3ª Região.

(48) "**Rescisão indireta postulada por empregado rural. Princípio da imediatidade — Atenuação.** ... A rede de obrigações decorrentes do contrato de trabalho urbano e rural é semelhante, as fontes material e legal são praticamente idênticas; no entanto, as duas situações não se adaptam como o côncavo e o convexo da mesma figura, de modo a autorizar idêntico tratamento jurídico. A prática tem demonstrado que, quando o empregado comparece em Juízo para pleitear a rescisão indireta do contrato de trabalho, as violações são inúmeras e datam de longo tempo. Elas vão desde a falta de anotação da CTPS, até o pagamento de salário inferior ao mínimo legal, passando pela falta de pagamento de férias, de 13º salário e de repousos remunerados, com a tônica no não reconhecimento da relação de emprego, normalmente mascarada por falsa parceria. Ora bem, o indeferimento da pretensão de empregado rural de ver roto o liame empregatício, com base no princípio da imediação, não se afigura consentâneo com os princípios que informam o direito do trabalho. Exigir-se que o empregado observe o princípio da atualidade, quando o ato faltoso provém do empregador, é pretender, dentro de uma concepção clássica, a igualdade formal das partes num contrato substancialmente desigual. Por outro lado, a imediação não significa instantaneidade, porque a parte lesada necessita de um lapso de tempo razoável entre o conhecimento do ato faltoso e a oportunidade de sua reação. Sob outra ótica deve também o intérprete centrar sua preocupação: sendo o contrato de trabalho daqueles que geram prestações periódicas, o descumprimento se renova a cada dia. Logo, obrigações atualíssimas estão sempre sendo infringidas, avultando-se, como a mais frequente, a falta de anotação da CTPS, que é obrigação básica e fundamental; direito irrenunciável e coberto pelo manto protetor do interesse público". TRT — 3ª Região — 4ª Turma — RO-5617/99 — Rel.: Juiz Luiz Otávio Linhares Renault — DJMG 23.10.1999, p. 17.

pode cogitar de descumprimento do contrato de trabalho antes do seu reconhecimento e da declaração judicial de sua existência, que se faz necessária ante a aceitação das partes, por omissão ou por silêncio". TST — E-RR 6.303/89.2. Ac. SDI 2170/92. 4ª Reg. — Rel.: Min. Hylo Gurgel — DJU 2.10.92. *Julgados Trabalhistas Selecionados*. Irany Ferrari e outro. v. II. São Paulo: LTr, p. 500.

Esclareceu o TST, em outro aresto, que não há óbice na cumulação do pedido de reconhecimento do liame empregatício com o de rescisão indireta, quando o autor, no curso da relação jurídica mantida com a reclamada, procurou interpelá-la para que reconhecesse sua condição de empregado e não de autônomo e ela se silenciou ou até mesmo recusou o seu pedido (TST-E-RR-213324/95.1, Ac. SDI 1 5173/97 — 30.10.97 — Rel.: Min. Milton de Moura França — *Revista LTr* 62-02/194).

Não comprovada a rescisão indireta e tendo o autor se afastado do emprego com o objetivo de não mais retornar, a situação se equipara ao abandono de emprego e os salários serão devidos até o afastamento.

Nesse sentido doutrina Amauri Mascaro Nascimento(49):

> "Se a sentença a ser proferida na ação de dispensa indireta julgar a pretensão do empregado improcedente porque não reconhece a justa causa do empregador, não haverá direitos rescisórios **para o trabalhador, nem os da ação indireta, que perdeu, nem os da dispensa direta, porque incorreu em justa causa**" (grifou-se).

Comunga no mesmo entendimento José Luiz Ferreira Prunes(50), ao afirmar: "Quando a iniciativa é do empregado, sob alegação de 'despedida indireta', desligando--se ele do contrato (definitivamente), se não provar a falta patronal, não só se verá desempregado, como não terá direito a qualquer reparação"(51).

Corrobora a assertiva a jurisprudência trabalhista:

"Rescisão Indireta do contrato. Empregado que opta por não mais prestar serviços de imediato. O empregado que opta por não mais continuar a prestação de serviços a partir do ajuizamento da ação assume o risco de, julgado improcedente o pedido, ter o contrato rescindido por sua iniciativa e culpa". Ac. (unânime) do TRT 1ª Reg. — 8ª T. — RO-16.185/97. Rel.: Juiz Marcelo Augusto Souto de Oliveira. Julg. 22.6.99 — DJRJ 26.7.99, p. 140. *Relações Trabalhistas. Atualidades*. n. 136, set./out. 1999, p. 13. São Paulo: RTA(52).

Há, entretanto, quem sustente que, se o empregado se afasta ao postular a rescisão indireta e ela não resta comprovada, a situação não se assemelha ao abandono, por ter existido motivo para a ausência do empregado. Tratar-se-ia de uma suspensão provisória do contrato, pendente de solução por parte da Justiça(53), ou de um pedido de demissão (desligamento voluntário).

---

(49) *Curso de Direito do Trabalho*, p. 453-454.

(50) *Justa Causa e Despedida Indireta*. Curitiba: Juruá, 1994, p. 269.

(51) Na mesma tendência, manifesta-se RUSSOMANO, Mozart Victor. *Comentários à CLT*. 12. ed., Rio de Janeiro: Forense, p. 575.

(52) Nesse mesmo diapasão nos pronunciamos como relatora do RO 12.120/92, julgado pelo TRT da 3ª Região, por meio de sua 2ª Turma.

(53) LACERDA, Dorval de. *A falta grave no Direito do Trabalho*. 3. ed., Rio de Janeiro: Edições Trabalhistas, 1964, p. 56 e 259.

20. AVISO PRÉVIO

Outra particularidade do trabalho rural diz respeito à concessão do aviso prévio pelo empregador. Durante o espaço de tempo correspondente ao aviso prévio, o empregado rural terá direito a um dia por semana, sem prejuízo do salário integral, para procurar outro emprego (art. 15 da Lei n. 5.889, de 1973, e art. 22 do Decreto n. 73.626, de 1974). Não vemos como aplicar ao rurícola o disposto no art. 488, parágrafo único, da CLT, que faculta ao empregado trabalhar com redução de duas horas diárias ou então faltar ao serviço por sete dias corridos. É que a legislação especial trata do assunto, não cabendo, portanto, invocar-se, por analogia, a regra contida no dispositivo consolidado como, *data venia,* sustentam alguns autores(54).

Convém esclarecer que não é pacífica na jurisprudência estrangeira a extensão das normas sobre aviso prévio ao trabalhador rural dispensado injustamente. Há julgados argentinos entendendo que as normas em questão foram voluntariamente omitidas na legislação especial correspondente, em função da natureza das relações laborais que se desenvolvem no meio rural(55). Entretanto, outros Tribunais argentinos consideram compatível a aplicação da Lei do Contrato de Trabalho com a natureza do trabalho rural, concedendo aos rurícolas o pré-aviso na ruptura unilateral do contrato de trabalho ou a indenização substitutiva(56).

21. INDENIZAÇÃO. LIMITE DE 60%

Outra questão controvertida dizia respeito à aplicação ao rurícola do percentual de 60% previsto para as transações atinentes à indenização de antiguidade, a teor do art. 17 da Lei n. 5.107, de 1966(57), e mantido na Lei n. 8.036, de 1990.

Os trabalhadores rurais só foram contemplados com a conta vinculada do FGTS a partir da vigência da Constituição da República de 1988. Logo, o limite de 60% previsto na Lei n. 5.107, de 1966, para as transações atinentes à indenização de antiguidade, destinada a ressarcir o tempo de serviço anterior ao ingresso no FGTS previsto no art. 17, § 3º, da Lei n. 5.107, de 1966, mantido no art. 12, § 2º, da Lei n. 7.839, de 12 de outubro de 1989 e na Lei n. 8.036, de 1990, só se tornou aplicável ao rurícola a partir da vigência da nova Constituição da República (art. 7º, III). Lembre-se que ao rurícola não se aplica a opção retroativa, exatamente porque o regime do FGTS não lhe estendia os efeitos.

---

(54) CARRION, Valentin. *Comentários à Consolidação das Leis do Trabalho*. 19. ed., São Paulo: Saraiva, 1995, p. 53.

(55) S. C. Mendoza, Sala II, 7.10.76, "T.S.S.", 1976-776. MEILIJ, Gustavo R. *Contrato de Trabajo*. Tomo I. Buenos Aires: Depalma, 1989, p. 22.

(56) C. Trab. Tucumán, 28.2.78, "DT", 1978-987. MEILIJ, Gustavo R. Tomo I. *Op. cit.*, p. 23.

(57) "O limite de 60% para a indenização acordada por empregado estável (art. 17 da Lei n. 5.107) é inaplicável ao trabalhador rural". TST — E-RR 2.260/70 — Rel.: Min. Arnaldo Süssekind. *In* Acórdãos no TST, III, São Paulo: LTr.

"**Rurícola. Estabilidade. Indenizações em dobro**. O trabalhador rural que goza de estabilidade tem direito, nas hipóteses previstas em lei, inclusive de extinção de estabelecimento, às indenizações em dobro, integralmente, não se lhes aplicando a norma da lei do FGTS, que autoriza a redução da indenização, por acordo, a 60%". TRT — 2ª Reg. — RO 02861052990 — Ac. 02880039040 — 1ª T. — Rel.: Juiz Floriano Correa Vaz da Silva — DJE 18.3.88, p. 66. *Revista de Direito do Trabalho*, n. 74, p. 88.

22. INDENIZAÇÃO E SAFRISTA. CONTRATO COLETIVO DE SAFRA

O contrato de safra, considerado como modalidade de contrato a termo, é aquele cuja duração depende de variações estacionais da atividade agrária (art. 14, parágrafo único, da Lei n. 5.889, de 1973).

A legislação em questão estabelece que a indenização do safrista ao término do contrato será de 1/12 do salário mensal, por mês de serviço ou fração igual ou superior a 15 dias. Ocorre que a Constituição da República de 1988, ao assegurar ao safrista o FGTS, retirou-lhe a indenização por duodécimos em período concomitante. Logo, terminado o contrato de safra, defere-se o levantamento da conta vinculada e não a indenização em duodécimos[(58)].

Na hipótese de ruptura antecipada pelo empregador, sem justa causa, antes do término final do contrato de safra, autoriza-se o levantamento do FGTS, acrescido de 40%, nos termos do art. 14 do Decreto n. 99.684, de 1990, sem prejuízo do disposto no art. 479 da CLT, isto é, asseguram-se, ainda, os salários do tempo restante do contrato, pela metade.

Vejamos o preceito em questão:

> "Art. 14 — No caso de contrato a termo, a rescisão antecipada, **sem justa causa** ou com culpa recíproca, equipara-se às hipóteses previstas nos §§ 1º e 2º do **art. 9º,** respectivamente, sem prejuízo do disposto no art. 479 da CLT" (grifou-se).

Ora, a hipótese prevista no § 1º do art. 9º citado no preceito legal acima autoriza o levantamento do FGTS acrescido de 40% e o art. 479 prevê indenização correspondente aos salários do tempo restante do contrato, pela metade.

Discute-se também, na esfera do Poder Executivo, a possibilidade de se disciplinar, por lei, o contrato de equipe rural para as safras, o qual seria negociado pelo sindicato e celebrado entre mais de um empregado e o mesmo proprietário rural ou seu preposto, mediante autorização prevista em norma coletiva (convenção ou acordo coletivo). Cada trabalhador seria considerado individualmente em seus direitos e, caso trabalhasse menos de 30 dias, a anotação da CTPS seria dispensada, mas o empregado receberia os seus direitos trabalhistas[(59)].

23. INDENIZAÇÃO E SOMA DE PERÍODOS DESCONTÍNUOS DE TRABALHO

É comum no meio rural o trabalho em períodos descontínuos para um mesmo empregador. Em se tratando de contratos indeterminados, o art. 453 da CLT, aplicado subsidiariamente ao rurícola, por força do art. 4º do Decreto n. 73.626, de fevereiro de

(58) Nesse sentido manifestaram-se: NASCIMENTO, Amauri Mascaro. O trabalho rural na Constituição de 1988. Regulamentação e realidade. *Revista LTr*, São Paulo, 59-10/1308. PACHECO, Iara Alves Cordeiro. Trabalhador rural. *Jornal Trabalhista,* ano X, n. 460, p. 538, 28.6.93. **Em sentido contrário**: "Trabalhador rural que presta serviço ao empregador somente nos períodos de safra tem direito à indenização prevista no art. 14 da Lei n. 5.889, de 8.6.73". TRT — AL 51/93 — Relª: Juíza Grace Cavendieh Lima. *Revista Synthesis* 18/94, p. 308.

(59) FONSECA, Ricardo Tadeu Marques da. *Op. cit.*, p. 17-842/10.

1974, autoriza a soma desses períodos, para fins de indenização devida anteriormente à Constituição de 1988, exceto se o empregado houver sido despedido por falta grave, recebido indenização legal ou se aposentado espontaneamente[(60)]. A partir de 1988, com o ingresso automático do obreiro no FGTS, o citado dispositivo consolidado deixa de ter significado prático no tocante à *acessio temporis*, pois esse somatório de contratos era utilizado para fins de indenização de antiguidade e não do FGTS.

Outro problema surgiu e diz respeito à incidência ou não da multa de 40% prevista na Lei n. 8.036 (do FGTS) sobre o período do contrato alusivo à aposentadoria, o que gera outra indagação: **a concessão da aposentadoria implica ou não a extinção do contrato?**

Cabe invocar, novamente, a regra contida no art. 453 da CLT, com a redação dada pela Lei n. 6.204, de 1975, que veda a *accessio temporis* quando o empregado se desliga por justa causa, recebe indenização legal ou se aposenta espontaneamente. Anteriormente, a hipótese de aposentadoria não constava da vedação legal, o que levou a jurisprudência a adotar o entendimento cristalizado na **Súmula n. 21 do TST**[(61)], hoje cancelada, determinando o cômputo do tempo anterior à aposentadoria, qualquer que fosse a sua causa. Sucede que, após a Lei n. 6.204, de 1975, o trabalhador deixou de fazer jus a quaisquer direitos indenizatórios sobre o tempo de serviço encerrado com a aposentadoria espontânea. A exclusão desse lapso se justifica pelo fato de que, se determinado período já se encontra garantido por um benefício de ordem social, como é a aposentadoria, fazer incidir outra vantagem fundada na mesma razão, como a garantia do tempo de serviço, constituiria *bis in idem*.

Frise-se que o art. 453 da CLT não exigia o afastamento do empregado para considerar extinto o período contratual encerrado com a obtenção da aposentadoria. Dessa forma, ainda que o trabalhador aposentado nessas condições continuasse a prestar serviços na mesma empresa, considerava-se que um novo contrato passou a vigorar a partir da aposentadoria.

Também a lei que regula o regime do FGTS, ao admitir o levantamento dos depósitos na hipótese de aposentadoria, conduzia ao entendimento de que a concessão desse benefício importava a cessação do contrato do **trabalho**.

Em consonância com esses argumentos, manifestava-se o TST, por meio da **Orientação Jurisprudencial** n. 177, da SDI-1, que dispunha: "A aposentadoria espontânea extingue o contrato de trabalho, mesmo quando o empregado continua a trabalhar na empresa após a concessão do benefício previdenciário. Assim sendo, indevida a multa de 40% do FGTS em relação ao período anterior à aposentadoria". **Essa orientação foi cancelada** no final de 2006, por opinião contrária do Supremo Tribunal Federal, sustentando que, como a lei previdenciária não mais exige o desligamento do empregado

(60) "**Rural. Direitos. Indenização por tempo de serviço. Empregado rural.** A aposentadoria espontânea extingue automaticamente o contrato de trabalho, inexistindo direito à indenização por tempo de serviço. Se o empregado é readmitido ou continua trabalhando, sem a solução de continuidade, nasce um novo contrato, não sendo computável neste o período anterior, nos exatos termos do art. 453 da CLT". TST — RR-146.796/94.4 — Rel.: Min. Ney Doyle — Ac. 2ª T. 5822/95. *Revista Trabalho e Doutrina* n. 8, p. 250.

(61) A Súmula n. 21, como também a de n. 20, estão hoje canceladas.

de suas atividades, quando da aposentadoria, esta não extingue o contrato. Logo, se houver dispensa injustificada depois da aposentadoria, a multa de 40% do FGTS incidirá sobre a totalidade da conta vinculada, independentemente de ter havido saque por ocasião da jubilação e, na hipótese de existir algum tempo de serviço anterior ao ingresso no FGTS, deverá ele ser indenizado na forma do art. 457 da CLT[(62)], aplicável subsidiariamente ao rural, por força do art. 4º do Decreto n. 73.626.

Com a Lei n. 9.528, de 10 de dezembro de 1997, foram introduzidos dois parágrafos ao art. 453: o § 1º, sustentando que na aposentadoria espontânea de empregado de empresas públicas e sociedades de economia mista é permitida a readmissão do empregado desde que atendidos os requisitos constantes do art. 37, inciso XVI, da Constituição e condicionada à prestação de concurso público e o § 2º, dispondo que o ato de concessão de aposentadoria a empregado que não tiver completado 35 anos de serviço, se homem, ou 30, se mulher, importa extinção do vínculo empregatício. Esses dois dispositivos legais estavam suspensos, em face de liminar concedida em ADIN pelo Supremo Tribunal Federal, mas foram julgados inconstitucionais em 11 de outubro de 2006 (ADIN n. 1.770 e n. 1.771), ao argumento de que a extinção do contrato com a aposentadoria espontânea "viola os preceitos constitucionais relativos à proteção e à garantia à percepção dos benefícios previdenciários".

24. PROGRAMA DE INTEGRAÇÃO SOCIAL

Questão muito discutida foi também aquela referente ao cadastramento do empregado rural no Programa de Integração Social (PIS). Sustentava-se que este trabalhador, sendo empregado de pessoa física, não poderia ser cadastrado no mencionado programa. Ocorre que a jurisprudência já firmou entendimento no sentido de que desde a edição da Lei Complementar n. 7, de 1970, toda pessoa física que prestasse serviços de natureza não eventual ao empregador, sob dependência e mediante salário, tinha direito a participar do programa. Ora, inexistindo qualquer distinção legal a respeito, é inegável que essa disposição também abrange o empregado rural[(63)].

25. IMPENHORABILIDADE DE MÓDULO RURAL

Por força do art. 649, XIII, do CPC, são absolutamente impenhoráveis: "a pequena propriedade rural, assim definida em lei, desde que trabalhada pela família" (Lei n. 11.382/06).

Em consonância com o referido preceito legal é o art. 5º, XXVI, da Constituição de 1988, quando preceitua: "a pequena propriedade rural, assim definida em lei, desde que trabalhada pela família, não será objeto de penhora para pagamento de débitos decorrentes de sua atividade produtiva, dispondo a lei sobre os meios de financiar o seu desenvolvimento".

---

(62) Cf. TST-Proc. E. EDRR n. 716678, ano 2000. Publ. DJ **26.10.2007**. Ac SBDI-1, Rel. Min. Rela. Maria Cristina Irigoyen Peduzzi.

(63) TST — AG- RR- 2900/86 — 1ª T — Ac. 4988/86 — DJU 27.2.87 — Rel.: Min. Marco Aurélio Mendes de Farias Mello. *Dicionário LTr Editora* — Direito do Trabalho Rural — José Luiz Ferreira Prunes — São Paulo: LTr, 1991.

O objetivo do legislador foi tutelar o pequeno agricultor e sua família, fornecendo-lhe condições mínimas de sobrevivência, como se infere deste aresto:

"Módulo rural — Impenhorabilidade — Execução. O imóvel rural impenhorável, de até um módulo, a que se refere o art. 649, X, do CPC, é o que tem as dimensões mínimas que assegurem ao pequeno agricultor e à sua família condições de sobrevivência, não se confundindo com o conceito de fração mínima de parcelamento. Tratando-se de norma protetiva do pequeno produtor deve ser interpretada em favor dele". RE-66.672-4 (95.254492) — RS — 4ª T: Rel.: Min. Ruy Rosado de Aguiar. DJ 30.10.95, p. 36.774.

26. CONTRATO DE EXPERIÊNCIA

O contrato de experiência, no meio rural, não se limita a habilidade e conhecimento do empregado na atividade, devendo a empresa avaliá-lo no ambiente em que está inserido (sua adaptação e socialização), não servindo apenas de avaliação técnica, mas também dos critérios subjetivos de interesse do empregador(64).

27. PRESCRIÇÃO

A matéria alusiva à prescrição dos créditos trabalhistas do rurícola será examinada em capítulo próprio.

(64) TRT-19ª Região — RO 916.2008.055.19.00-0 — Rel. Des. Pedro Inácio da Silva — DJEAL 2.6.2008 — *Rev. Magister de Direito do Trabalho e Previdência Social,* n. 30, maio/jun. 2009.

TRABALHO TEMPORÁRIO. TERCEIRIZAÇÃO NO DIREITO DO TRABALHO. TERCEIRIZAÇÃO LÍCITA E ILÍCITA. ENTES ESTATAIS E TERCEIRIZAÇÃO. RESPONSABILIDADE NA TERCEIRIZAÇÃO. CONTRATO DE FRANQUIA

1. TRABALHADOR TEMPORÁRIO

1.1. Escorço histórico

O Direito do Trabalho, além do princípio da proteção, cujo conteúdo converge para o asseguramento de condições mínimas de trabalho, resguardadas pela irrenunciabilidade, consagrou o princípio da continuidade do contrato. Em consequência, no Direito do Trabalho a regra são os contratos de duração indeterminada.

No entanto, como as reparações advindas dessa modalidade de contrato, antes do advento do FGTS, eram bem mais amplas do que as provenientes do contrato a termo e cresciam proporcionalmente ao tempo de serviço na empresa, como ocorria com a indenização de antiguidade (art. 477 da CLT), passou-se a utilizar abusivamente dos contratos determinados. Para coibir esses abusos editou-se o Decreto-Lei n. 229, de 1967, que autorizou o contrato a termo apenas quando o seu objeto estivesse, de fato, limitado no tempo.

Com a restrição ao uso abusivo do contrato de trabalho a prazo, multiplicaram-se as empresas criadas com o objetivo de fornecer mão de obra a outras empresas, para atividade permanente ou transitória, ora por intermédio do contrato de locação de serviços, ora via empreitada. Difundiu-se rapidamente no Brasil esse sistema de locação de pessoal. Em 1973, só em São Paulo, havia 10 mil empresas que se utilizavam desse sistema, por meio de contrato com duração indefinida[1].

Segundo Evaristo de Moraes Filho, em monografia sobre o tema[2], o surgimento desse tipo de organização no mercado obreiro verifica-se na década de 1960, parecendo ao autor ter-se constituído pela primeira vez na Inglaterra e nos Estados Unidos e, na França, em 1965.

---

(1) Cf. ALMEIDA, Isis de. *O Regime de Trabalho Temporário*. São Paulo: LTr, 1977, p. 4.

(2) MORAES FILHO, Evaristo de. A Situação Jurídica das Empresas de Fornecimento de Mão de Obra Temporária no Direito do Trabalho Brasileiro. *Revista LTr* 34/144.

No Brasil, a disciplina do trabalho temporário surgiu com a Lei n. 6.019, de 1974. O objetivo do regime de trabalho temporário foi suprir momentaneamente uma necessidade transitória de substituição e de acréscimo extraordinário de serviço da empresa tomadora, afastando-se de seu campo de incidência o trabalho contínuo, que não poderá ser objeto de ajuste nesse contrato especial.

A justificativa do projeto que regulamentou o trabalho temporário deixou claro que não viria ele concorrer com o trabalho permanente, mas, ao contrário, viria vitalizar a economia e melhorar a renda individual dos que não podem obrigar-se em trabalho permanente.

Durante a tramitação do projeto, o legislador acautelou-se de cuidados para evitar lacunas capazes de permitir que as empresas locadoras de mão de obra concorressem com as empresas que empregam trabalhadores em caráter permanente, e retirassem conquistas econômicas e sociais dos trabalhadores asseguradas em lei. Na oportunidade, o Deputado Célio Marques assim se pronunciou: "Lutamos e continuaremos lutando dentro desta Casa contra os que exploram o trabalhador com a venda de mão de obra. É o caso de motoristas de uma empresa, que prestam serviços a esta Câmara. São altamente explorados, já que a Câmara paga muito dinheiro à firma locadora de serviços e eles quase nada recebem, conforme a relação de despesa a mim fornecida. Pelos dados de que disponho, verifica-se enorme abatimento, pois de 975 cruzeiros ficam eles com pouco mais de 400 cruzeiros" (*Diário do Congresso Nacional* de 13.11.73, p. 8.684/5).

O Senador Nélson Carneiro, reportando-se ao alerta feito pelo saudoso Prof. Cesarino Júnior, em intervenção na Comissão de Legislação Social, salientou que, "se não tomarmos cautela, uma lei dessa natureza pode eliminar toda a legislação social brasileira, porque, daqui para diante, se esta lei contiver saídas, aberturas, nenhuma empresa vai contratar mais empregados para não ter os ônus que a legislação do trabalho impõe ao empregador; vai utilizar esse tipo de contrato que, do ponto de vista jurídico, merece um exame" (*Diário do Congresso Nacional* de 5.12.73, f. 5.870).

Não obstante as restrições contidas na Lei n. 6.019, a intermediação de mão de obra para serviços permanentes continuou a ser utilizada, levando o TST a editar a **Súmula n. 256**, hoje cancelada(3), mas que ainda se aplica às situações anteriores à Constituição de 1988 (**Orientação Jurisprudencial** n. 321 da SDI-1 do TST).

---

(3) Serviram de precedentes a essa Súmula recursos de revista em que se definiu pela responsabilidade do dono da obra, no tocante aos direitos trabalhistas sonegados pela empreiteira; recurso de revista versando sobre relação de emprego com a tomadora, porque o contrato de trabalho temporário ultrapassou o prazo previsto na Lei n. 6.019 e recursos de revista em que se discutia relação de emprego de trabalhador que prestava serviços de limpeza e portaria a banco ou estabelecimento análogo, por meio de empresa locadora de mão de obra. No RR 3442/84, que deu origem à Súmula n. 256, hoje cancelada, asseverou-se que a possibilidade de o tomador dos serviços não assumir diretamente os ônus trabalhistas, valendo-se para tanto de um contrato de natureza civil, só poderia ser permitida excepcionalmente, em caso de serviço transitório e não vinculado à atividade normal da tomadora; do contrário, "a relação jurídica mantida entre a locadora dos serviços e o contratado, com as características do arrendamento, locação ou aluguel da força de trabalho, reveste-se de ilicitude, pois os homens não podem ser objeto — ainda que velado — desse tipo de contrato, mas somente as coisas".

O acórdão proferido no Recurso de Revista 3.442/84, que serviu de precedente à citada **Súmula n. 256**, hoje cancelada, coibiu não apenas a intermediação de mão de obra em atividade-fim, mas também em atividade-meio, vedando a contratação de mão de obra permanente (limpeza).

1.2. Conceito

O art. 2º da Lei n. 6.019, de 1974, conceitua trabalho temporário como aquele prestado por pessoa física a uma empresa, para atender a **necessidade transitória de substituição de seu pessoal** regular e permanente ou a **acréscimo extraordinário de serviço**. Um desses dois motivos tem de constar expressamente do contrato, que é obrigatório, e por escrito, entre a tomadora dos serviços (empresa ou cliente) e a empresa de trabalho temporário, também chamada fornecedora (art. 9º).

Empresas do mesmo grupo econômico não podem manter empresa de trabalho temporário para atender às demandas de suas coirmãs.

1.3. Vantagens

O trabalho temporário poderá constituir uma forma de trabalho flexível para as pessoas que, com responsabilidades familiares ou escolares, não querem ou não podem se dedicar a um trabalho permanente. Faculta-se a elas trabalharem nos períodos que mais lhes convierem.

O sistema difundiu-se pelos países desenvolvidos e subdesenvolvidos. Sua regulamentação traduz uma exigência para evitar abusos e assegurar aos trabalhadores temporários as garantias sociais mínimas conferidas aos trabalhadores permanentes. Pesquisa realizada em seis países europeus constatou que o trabalho temporário constituía 8,6% do emprego feminino, enquanto o percentual masculino era de 6,3% (*El trabajo en el mundo*. Ginebra: Oficina Internacional del Trabajo, 1992, v. 5, p. 26).

A Lei n. 6.019, de 3 de janeiro de 1974, que veio disciplinar o trabalho temporário no Brasil, estabeleceu que ele deveria ser exclusivamente ajustado por meio de empresas especializadas na locação de mão de obra. Para funcionar, as empresas de trabalho temporário devem preencher os requisitos do art. 6º da citada lei, sob pena de o contrato se firmar diretamente com a tomadora dos serviços. A referida empresa é necessariamente urbana (art. 3º do Regulamento da Lei n. 6.019/74).

1.4. Prazo de duração

O prazo máximo do contrato celebrado entre a tomadora e a fornecedora de mão de obra, **em relação a um mesmo empregado**, é de **90 dias**, salvo autorização do Ministério do Trabalho.

1.5. Cocontratantes

O trabalhador que se submete a esse tipo de contrato é empregado, porém da empresa de trabalho temporário; seu contrato com ela também deve ser escrito. O contrato de trabalho temporário será nulo se não se destinar a serviço transitório, de substituição de pessoal ou a acréscimo extraordinário de serviço[(4)]. A nulidade acarreta vínculo empregatício direto com a tomadora (art. 3º da CLT). A lei proíbe a contratação de estrangeiro, sob essa modalidade de contrato especial de trabalho, quando portador de visto provisório no País.

1.6. Poder de comando

Nas relações de trabalho temporário, o empregado se submete à dupla autoridade: a da empresa de trabalho temporário e a da empresa cliente ou tomadora.

A empresa de trabalho temporário delega o poder de comando ao tomador, mas com ele o empregado não mantém relação de emprego. Seu empregador é a empresa de trabalho temporário. Entretanto, em se tratando de aplicação de medida disciplinar de natureza leve, entende-se deva o tomador aplicá-la para evitar-se o perdão tácito. A subordinação jurídica em relação à empresa de trabalho temporário é mais diluída.

1.7. Direitos assegurados ao trabalhador temporário

Os direitos do empregado temporário estão previstos no art. 12 da citada lei, mas seu elenco é meramente exemplificativo, sendo-lhe deferidos outros, desde que compatíveis com essa modalidade de contrato. Por exemplo, ser-lhe-ão devidos: gratificação natalina[(5)], adicional noturno, horas extras, PIS, terço de férias[(6)], mas não o aviso prévio, pois trata-se de contrato por prazo determinado. Quanto ao salário--maternidade, a doutrina se manifesta favoravelmente[(7)], mas a jurisprudência não o defere. A jornada dos trabalhadores é de oito horas diárias e 44 semanais. Devem receber remuneração equivalente à percebida pelos empregados da mesma categoria da empresa tomadora.

1.8. Indenização prevista no art. 12 da Lei n. 6.019, de 3 de janeiro de 1974, e FGTS (Lei n. 8.036, de 1990)

A Lei n. 6.019, de 1974, de caráter especial, regula a contratação do trabalho temporário, prevendo indenização específica para a hipótese de despedida injusta (art. 12, "f", da Lei n. 6.019, de 1974).

---

(4) "**Nulidade**. É nulo o contrato de prestação de serviços temporários firmado entre a empresa de locação de mão de obra e a empresa tomadora dos serviços quando dele não constar, expressamente, o motivo justificador da demanda de trabalho temporário — substituição de pessoal regular e permanente e acréscimo extraordinário de serviço, firmando-se o contrato individual de trabalho com a empresa tomadora". TRT-SP-02970166784 — Ac. 6ª T. — 02980163125 — Rel.: Juiz Gézio Duarte Medrado — DOE 17.4.98. *Revista Synthesis* n. 27/98, p. 299.

(5) "**13º salário — trabalhador temporário**. A Constituição Federal de 1988, quando quis limitar os denominados direitos sociais, fez com enumeração expressa dos direitos assegurados, como no caso dos trabalhadores domésticos (art. 7º, parágrafo único). Pode-se extrair, em assim sendo, que o trabalhador temporário tem direito, também, ao 13º salário, não bastasse a amplitude do disposto no art. 12 "a", da Lei n. 6.019, de 3 de janeiro de 1974, interpretado à luz do contido nos art. 457, § 1º e 461 da CLT. Recurso de Revista desprovido." TST-RR-33.109/91 — 3ª T — Rel.: Min. Manoel Mendes — DJU 11.9.92. CALHEIROS BOMFIM. *Dicionário de Decisões Trabalhistas*. 24. ed., p. 763.

(6) "Com o advento da Constituição Federal, de 1988, o trabalhador temporário passou a ter direito ao acréscimo de um terço sobre férias, bem como ao décimo terceiro salário". TRT — SP 02900276246 — Ac. 8ª T 19.420/92 — Relª: Juíza Dora Vaz Treviño — DOE 11.11.92 — *Revista Synthesis* 17/93 1.292.

(7) ALMEIDA, Isis de. *O Regime de Trabalho Temporário*. São Paulo: LTr, 1977, *passim*.

Ocorre que a Lei n. 8.036, de 1990, e o seu regulamento (o Decreto n. 99.684, de 1990) inseriram o trabalhador temporário no regime do FGTS. Em consequência, ficou revogado, por incompatibilidade, o dispositivo da Lei n. 6.019, de 1974, que previa uma indenização correspondente a 1/12 do pagamento recebido.

Desse raciocínio não diverge a doutrina, como emerge do seguinte posicionamento:

> "A Carta de 1988 extinguiu a dualidade de regimes de garantia de tempo de serviço, indenização ou FGTS, passando este a ser o regime único. Com isto, operou-se a derrogação do art. 12, 'f', da Lei n. 6.019, que previa o pagamento de indenização de 1/12 por mês trabalhado, substitutivamente ao FGTS, até então não extensível ao trabalhador temporário"[(8)].
>
> "Os direitos dos trabalhadores temporários são assegurados pela Lei n. 6.019, de 1974; remuneração equivalente à percebida pelos empregados da categoria da empresa tomadora ou cliente, salário mínimo, jornada diária máxima de 8 horas, férias proporcionais, repouso semanal remunerado, previdência social, adicional de horas extras, adicional noturno de 20% e **indenização de dispensa ou término do contrato, esta substituída pelo Fundo de Garantia do Tempo de Serviço...**" (grifou-se)[(9)].
>
> "... Uma conclusão nos pareceu indiscutível: a extinção da indenização — a que nos referimos linhas atrás —, e que consta do inciso III, do art. 17, do Regulamento do Regime de Trabalho Temporário, ou letra 'f' do art. 12 da Lei n. 6.019/74. E isso porque essa indenização seria incompatível com o sistema 'indenizatório' (ou 'compensatório') do Regime do FGTS. Ora, esse entendimento veio recentemente a ser consagrado na Instrução Normativa n. 9, da SNT, do Ministério do Trabalho e Previdência Social (DOU 14.11.91), que, no inciso VIII, do art. 1º, assegura ao trabalhador temporário o Fundo de Garantia do Tempo de Serviço — FGTS — como previsto na Lei n. 8.036/90, art. 20, IX, em substituição de 1/12 (um doze avos) do pagamento recebido, estabelecido no art. 12, letra 'f', da Lei n. 6.019/74"[(10)].
>
> "O trabalhador temporário somente passou a ter direito ao FGTS com a edição da Lei n. 7.839, de 12 de outubro de 1989, conforme art. 13 e seus §§ 1º e 2º. Com a promulgação da Lei n. 8.036, de 11 de maio de 1990, que revogou a Lei n. 7.839, ficou mais clara a previsão legal do FGTS ao trabalhador temporário (art. 15 e seus §§ 1º e 2º), inclusive quanto à movimentação da conta vinculada na extinção normal do contrato de trabalho temporário (art. 20, IX). **Com a edição da Lei n. 7.839, o trabalhador**

---

(8) TEIXEIRA FILHO, João de Lima em coautoria com Délio Maranhão, Arnaldo Süssekind e Segadas Vianna. *Instituições de Direito do Trabalho*, v. I, São Paulo: LTr, 16. ed., p. 270.

(9) NASCIMENTO, Amauri Mascaro. *Iniciação ao Direito do Trabalho*. 20. ed., São Paulo: LTr, 1993, p. 105.

(10) ALMEIDA, Isis de. O Regime de Trabalho Temporário. *In Curso de Direito do Trabalho. Estudos em Memória de Célio Goyatá*, v. I, 2. ed., São Paulo: LTr, 1994, p. 349.

temporário perdeu o direito à indenização de que trata a alínea 'f' do art. 12 da Lei n. 6.019, pois o FGTS tem por objetivo substituir o pagamento de tal indenização" (grifou-se). (Sérgio Pinto Martins. *Curso de Direito do Trabalho*. São Paulo: Atlas, 2004, p. 186).

Sucede que o contrato de trabalho temporário é espécie de contrato por prazo determinado; logo, aplica-se-lhe, na hipótese de rompimento imotivado antes do termo final do pacto, a regra contida no art. 14 do Decreto n. 99.684, de 1990, segundo a qual o rompimento antecipado do contrato a termo torna devido o FGTS acrescido de 40%, **sem prejuízo da indenização prevista no art. 479 da CLT**.

Nesse sentido nos manifestamos, como relatora do RO-6.879/96, que tramitou perante o TRT da 3ª Região — 2ª Turma, cuja ementa é a seguinte:

"**TRABALHO TEMPORÁRIO**. O art. 12, alínea 'f' da Lei n. 6.019/74 encontra-se revogado pela Lei n. 8.036/90 e seu regulamento, Decreto n. 99.684/90, pois essa norma inseriu o trabalhador temporário no regime do FGTS e a indenização mencionada é com ele incompatível. Tem-se, portanto, que o trabalho temporário acabou por se igualar aos contratos por prazo determinado, no que tange à hipótese de rompimento imotivado antes de seu termo final. Sendo assim, aplica-se neste caso a regra contida no art. 14 do Decreto n. 99.684/90, segundo a qual o rompimento antecipado do contrato a termo torna devido o FGTS acrescido de 40%, sem prejuízo da indenização prevista no art. 479 da CLT". (Julgado em 27.8.96).

Poder-se-ia argumentar que o art. 14 do Decreto n. 99.684 invade a reserva legal, ao prever regras que não constam da Lei n. 6.019, sendo, portanto, ilegal.

Acontece que o art. 30, § 3º, do Decreto n. 59.820, de 20 de dezembro de 1966, regulamentador da antiga Lei do FGTS (n. 5.107, de 1966), também estabelecia regras não previstas nessa lei, ao dispor que, na ruptura dos contratos por prazo determinado, a conta vinculada do FGTS não poderia ser inferior ao equivalente à remuneração do tempo restante do contrato pela metade, ou seja, à reparação a que alude o art. 479 da CLT. Não obstante, o conteúdo do art. 30, § 3º citado foi objeto até de **Súmula do TST (n. 125)**. E mais, hoje constitui ideia dominante que o contrato por prazo determinado poderá servir como forma de combate ao desemprego. O conteúdo do art. 14 do regulamento da Lei n. 8.036 está em consonância com essa ideia, uma vez que dificultará a ruptura do contrato a termo, contribuindo para atenuar os malefícios do desemprego.

1.9. Contrato de trabalho temporário seguido de contrato de experiência

A jurisprudência tem considerado como fraudulenta a celebração de contrato de experiência em seguida a contrato temporário, inclusive quando injustificadamente extinto. Entende-se que o obreiro foi suficientemente testado durante os 30 dias de sua anterior contratação[11].

---

(11) TRT-SP 02950070412 — Ac. 8ª T. 02960286094 — Relª: Juíza Wilma Nogueira Araújo Vaz da Silva — DOE 20.6.96. *Revista Synthesis* 24/94, p. 213. No mesmo rumo: "**Contrato de Experiência — Superveniência a contrato temporário. Inadmissibilidade**. Incabível a celebração de contrato de experiência em período imediatamente

1.10. Justa causa

O trabalhador temporário pode ser dispensado por justa causa, catalogada no art. 482 da CLT. Se a falta for do empregador, o trabalhador poderá pedir a rescisão indireta.

1.11. Competência

A Justiça do Trabalho é competente para dirimir controvérsia existente entre as partes, devendo ser chamadas em Juízo pelo reclamante as duas empresas, pois, em caso de falência da empresa de trabalho temporário, responde solidariamente a tomadora.

2. TERCEIRIZAÇÃO NO DIREITO DO TRABALHO

2.1. Terceirização lícita e ilícita. Entes estatais e terceirização. Responsabilidade

As relações individuais de trabalho sofreram várias modificações nos últimos anos, em face de uma conjugação de fatores, que podem ser sintetizados na inovação tecnológica, nas alterações na organização da produção, nos métodos utilizados na gestão da mão de obra, e, em consequência, nas necessidades dos trabalhadores.

Essas mudanças deram origem ao conhecido debate sobre a flexibilidade do emprego, em contraposição à relação de emprego "típica", gerada por um contrato de trabalho indeterminado, com um empregador único e protegida contra a dispensa injusta. Sustenta-se que essa relação de trabalho "típica" é incompatível com a necessidade da empresa moderna de adaptar-se a um processo econômico competitivo. Passou-se, então, a sugerir um modelo contraposto, cujo traço distintivo era o recurso a diversas modalidades de emprego chamadas flexíveis, entre as quais se inclui a terceirização.

O fenômeno da terceirização consiste em transferir para outrem atividades consideradas secundárias, ou seja, de suporte, atendo-se a empresa à sua atividade principal. Assim, a empresa se concentra na sua atividade-fim, transferindo as atividades-meio. Por atividade-fim entenda-se aquela cujo objetivo a registra na classificação socioeconômica, destinado ao atendimento das necessidades socialmente sentidas (cf. TRINDADE, Washington L. da. Os caminhos da terceirização, *Jornal Trabalhista*, Brasília, 17.8.1992, ano IX, n. 416, p. 869).

Teoricamente, o objetivo da terceirização é diminuir os custos e melhorar a qualidade do produto ou do serviço. Alguns especialistas denominam esse processo de "especialização flexível", ou seja, aparecem empresas, com acentuado grau de especialização em determinado tipo de produção, mas com capacidade para atender a mudanças de pedidos de seus clientes. Há exemplos desse processo na região

---

posterior ao término de contrato temporário, eis que já devidamente provado o obreiro". TRT — 1ª Região — Ac. unânime da 7ª T. — RO-13.878/98 — Rel.: Juiz Carlos Alberto Araújo Drummond — julgado em 17.5.00 — DJRJ II — 2.6.00, p. 130.

centro-norte da Itália e também no Japão (Cf. Terceirização, arma contra o movimento sindical?, *Jornal Trabalhista*, Brasília, 31.8.1992, ano IX, n. 418, p. 904).

Não acreditamos possa a terceirização constituir uma solução para todos os problemas empresariais. A terceirização requer cautela do ponto de vista econômico, pois implica planejamento de produtividade, qualidade e custos. Os cuidados devem ser redobrados do ponto de vista jurídico, porquanto a adoção de mão de obra terceirizada poderá implicar reconhecimento direto de vínculo empregatício com a tomadora dos serviços, na hipótese de fraude, ou responsabilidade subsidiária dessa última, quando inadimplente a prestadora de serviços.

Essa foi a diretriz traçada pela **Súmula n. 331 do TST**, ao rever a **Súmula n. 256,** hoje cancelada, mas que ainda se aplica nos casos de vínculo empregatício com a administração pública, anteriores à Constituição da República de 1988 (**Orientação Jurisprudencial** n. 321 da SDI-1 do TST). Na **Súmula n. 331**, o TST não se desviou completamente da rota delineada pela citada **Súmula n. 256**, limitando-se a dar um pouco mais de flexibilidade às contratações.

A redação da **Súmula n. 331 do TST** é a seguinte:

"I — A contratação de trabalhadores por empresa interposta é ilegal, formando-se o vínculo diretamente com o tomador dos serviços, salvo no caso de trabalho temporário (Lei n. 6.019, de 3 de janeiro de 1974).

II — A contratação irregular de trabalhador, por meio de empresa interposta, não gera vínculo de emprego com os órgãos da Administração Pública Direta, Indireta ou Fundacional (art. 37, II, da Constituição da República).

III — Não forma vínculo de emprego com o tomador a contratação de serviços de vigilância (Lei n. 7.102, de 20 de junho de 1983), de conservação e limpeza, bem como a de serviços especializados ligados à atividade-meio do tomador, desde que inexistente a pessoalidade e subordinação direta.

IV — O inadimplemento das obrigações trabalhistas, por parte do empregador, implica na **responsabilidade subsidiária** do tomador dos serviços quanto àquelas obrigações, inclusive quanto aos órgãos da administração direta, das autarquias, das fundações públicas e das sociedades de economia mista, desde que este tenha participado da relação processual e conste também do título executivo judicial (alterado pela Resolução de 11.9.00, DJ 19.9.00)."

Verifica-se, **no item I da Súmula n. 331,** que a contratação por empresa interposta continua sendo ilegal, formando-se o vínculo diretamente com o tomador dos serviços, excetuada a hipótese de trabalho temporário. O TST continuou, portanto, considerando inadmissível delegar tarefas canalizadas para a atividade-fim da empresa, salvo o trabalho temporário.

Tanto a Justiça do Trabalho como o Ministério Público não têm medido esforços no combate à terceirização de serviços ligados à atividade-fim da empresa fora dos limites traçados pela **Súmula n. 331 do TST**. Entre os malefícios da terceirização em atividade-fim das empresas encontram-se a violação ao princípio da isonomia, a impossibilidade de acesso ao quadro de carreira da empresa usuária dos serviços terceirizados, além do esfacelamento da categoria profissional.

Há autores que admitem a terceirização em atividade-fim, com amparo no art. 170 da Constituição, citando como exemplo a delegação, pela indústria automobilística, de determinados serviços vinculados à atividade-fim das empresas, decorrentes das novas técnicas de produção ou de novas tecnologias(12). Outros acrescentam serviços ligados à perfuração de poços de petróleo em empresas que o exploram, entre outras.

No tocante ao **item II da Súmula n. 331**, exclui-se a possibilidade de relação de emprego entre o trabalhador e os órgãos da Administração direta ou indireta, quando aquele lhe presta serviços, por meio de contratação irregular, sem concurso público. O TST visou, principalmente, a coibir os apadrinhamentos no serviço público e a dar efetividade ao comando do art. 37 da Constituição da República de 1988.

A corrente que prevalece sobre essa temática defere ao trabalhador contratado irregularmente apenas o pagamento da contraprestação pactuada, em relação ao número de horas trabalhadas, respeitado o valor do salário mínimo, e dos valores referentes aos depósitos do FGTS (**Súmula n. 363 do TST**).

No **item III, a Súmula n. 331 do TST** limita-se a permitir que o usuário recorra ao contrato de natureza civil apenas quando se tratar de serviços de vigilância, conservação e limpeza, ou de serviços especializados, ligados à atividade-meio do tomador e, ainda assim, desde que inexistentes a pessoalidade e a subordinação direta, pois, presentes esses dois pressupostos, a relação jurídica se estabelecerá com o tomador dos serviços.

Ateve-se, portanto, o TST aos objetivos da terceirização, que visa, do ponto de vista teórico, a maximizar a qualidade dos serviços e a diminuir os custos operacionais.

Na hipótese ventilada no **item IV da Súmula n. 331 do TST**, o inadimplemento das obrigações trabalhistas por parte do empregador, ou seja, do fornecedor da mão de obra, implica responsabilidade subsidiária do tomador quanto àquelas obrigações, inclusive se for órgão da administração direta, das autarquias, das fundações públicas e das sociedades de economia mista, desde que este tenha participado da relação processual e conste também do título executivo judicial.

É que toda a atividade lesiva a um interesse patrimonial ou moral gera a necessidade de reparação, de restabelecimento do equilíbrio violado, que é o fato gerador da responsabilidade civil. Embora considerada "a grande vedete do direito civil"(13), a responsabilidade estende-se a outros ramos do Direito, como decorrência da unidade jurídica dos institutos basilares. A função da responsabilidade é, portanto, servir como sanção civil, de natureza compensatória. Essa sanção funda-se na culpa (responsabilidade subjetiva) e também no risco (responsabilidade objetiva), "representando esta última uma reformulação da teoria da responsabilidade civil dentro de um processo de humanização". O risco traduz uma objetivação da responsabilidade,

(12) MARTINS, Sérgio Pinto. *A terceirização e o Direito do Trabalho*. 2. ed., São Paulo: Malheiros Editores, 1996, p. 99-100.

(13) JOSSERAND, Louis. L'évolution de la responsabilité, in Évolutions et actualités (Conférences de droit civil). Paris: Sirey, 1936, p. 29. *In:* DINIZ, Maria Helena. *Curso de Direito Civil Brasileiro. Responsabilidade civil*. v. 7. São Paulo: Saraiva, 1987, p. 4.

garantida com o fim de assegurar uma proteção jurídica à pessoa humana, "em particular aos trabalhadores e às vítimas de acidentes, contra a insegurança material e todo dano deve ter um responsável. A noção de risco prescinde da prova da culpa do lesante, contentando-se com a simples causação externa, bastando a prova de que o evento decorreu do exercício da atividade, para que o prejuízo por ela criado seja indenizado. Baseia-se no princípio do *ubi emolumentum, ibi ius* (ou *ibi onus*), isto é, a pessoa que se aproveitar dos riscos ocasionados deverá arcar com suas consequências"[(14)].

Outra tendência diz respeito ao progressivo aumento da extensão da responsabilidade. A cada dia amplia-se o número de pessoas responsáveis pelos danos, admitindo-se, ao lado da responsabilidade direta ou por fato próprio do imputado, a indireta, por fatos de terceiro e coisas sob sua guarda, fundada na ideia de culpa presumida (***in eligendo* ou *in vigilando***). No Direito Civil, a responsabilidade por fatos de terceiro atribui responsabilidade civil solidária aos pais pelos danos causados a outrem pelos filhos menores, com fulcro na falta de vigilância; da mesma forma, responsabiliza-se o comitente pelos atos de seus prepostos por culpa ***in eligendo*** (**Súmula n. 341 do STF**).

A reformulação da teoria da responsabilidade civil encaixa-se como uma luva na hipótese da **terceirização**. O tomador dos serviços responderá, na falta de previsão legal ou contratual, subsidiariamente, pelo inadimplemento das obrigações sociais a cargo da empresa prestadora de serviços. Trata-se de uma responsabilidade indireta, fundada na ideia de culpa presumida (*in eligendo*), ou seja, na má escolha do fornecedor da mão de obra[(15)] e também no risco (art. 927, parágrafo único, do Código Civil), já que o evento, isto é, a inadimplência da prestadora de serviços, decorreu do exercício de uma atividade que se reverteu em proveito do tomador.

Logo, reconhecida a responsabilidade objetiva de quem se utilizou dos serviços, por meio da terceirização, pouco importa tenha ele dado ou não causa à cessação do contrato de trabalho do reclamante, assumirá os encargos sociais.

O responsável subsidiariamente deverá arcar, em regra, com o pagamento de todas as parcelas que sejam, inicialmente, de responsabilidade do devedor principal[(16)]. Ainda que ausente a culpa, sua posição assemelha-se à do fiador ou do avalista; não

(14) DINIZ, Maria Helena. *Curso de Direito Civil Brasileiro. Responsabilidade civil.* v. 7. São Paulo: Saraiva, 1987, p. 11 e CHAVES, Antônio. *Responsabilidade civil.* 1. ed., São Paulo: Bushatsky, 1972, p. 36.

(15) "**Terceirização. Empresa tomadora.** O princípio da proteção ao trabalhador permite responsabilizar subsidiariamente a empresa tomadora de serviços, diante da inadimplência da empresa interposta, pelo prejuízo causado aos empregados, cuja força de trabalho foi usada em seu benefício. Mesmo não caracterizada a má-fé, a responsabilidade subsidiária se impõe por ter a empresa, tomadora de serviços, negligenciado na escolha da empresa com a qual efetivou a terceirização". TRT — 3ª Região — RO 16.520/95 — 2ª T., Relª: Juíza Alice Monteiro de Barros, julgado em 27.2.96, DJMG 15.3.96.

(16) "**Multa do art. 477, § 8º, da CLT — Aplicabilidade. Responsabilidade subsidiária.** Está evidenciado nos autos o atraso no pagamento das verbas rescisórias ao Autor, dando ensejo à aplicação da penalidade prevista no art. 477, § 8º, da CLT. O Tribunal Regional impôs obrigação subsidiária pela satisfação dos créditos trabalhistas, o que implica responsabilidade pelo total devido ao Reclamante, incluindo a aludida multa, na hipótese de a empregadora (prestadora de serviços) não os satisfazer. O acórdão recorrido está conforme ao Enunciado n. 331, IV, do TST, inviabilizando o conhecimento dos Embargos, nos termos do art. 894, alínea 'b', da CLT. Embargos não conhecidos". TST — ERR- 411020/1997 — Ac. 1ª Turma — SDI-1. Relª: Min. Maria Cristina Irigoyen Peduzzi. DJ de 22.11.2002.

tendo havido o adimplemento da obrigação pelo devedor principal, incide, automaticamente, e sem quaisquer restrições, a plena responsabilidade daquele que, em última análise, figura na relação jurídica única e exclusivamente para garantir a integral satisfação do credor.

E nem se diga que, na fase de execução, deve-se primeiro exaurir a execução contra os sócios da devedora principal (a chamada "responsabilidade subsidiária em terceiro grau"). Admitir-se tal raciocínio equivale a transferir para o empregado hipossuficiente ou para o próprio Juízo da execução trabalhista o pesado encargo de localizar o endereço e os bens particulares passíveis de execução daquelas pessoas físicas, tarefa demorada e, na grande maioria dos casos, inútil. Assim, mostra-se mais compatível com a natureza alimentar dos créditos trabalhistas e com a consequente exigência de celeridade em sua satisfação o entendimento de que, não sendo possível a penhora de bens suficientes e desimpedidos da pessoa jurídica empregadora, deverá o tomador dos serviços, como responsável subsidiário, sofrer logo em seguida a execução trabalhista, cabendo-lhe postular posteriormente na Justiça Comum o correspondente ressarcimento por parte dos sócios da pessoa jurídica que, afinal, ele próprio contratou.

A jurisprudência do TST tem excluído do responsável subsidiário as obrigações do devedor principal (empregador) alusivas à equiparação salarial, pois ausente um dos requisitos (mesmo empregador) do art. 461 da CLT, e as normas coletivas[(17)], porque o tomador dos serviços não participou das mesmas, nem sequer por meio de sua entidade sindical.

Mais conveniente teria sido a edição de lei atribuindo ao tomador dos serviços a responsabilidade solidária de todas as empresas integrantes da cadeia produtiva, para assegurar ao obreiro maior garantia, à semelhança do Estatuto dos Trabalhadores da Espanha, cujo art. 42 preceitua:

> "§ 1º — Os empregadores que contratem ou subcontratem com outros a realização de obras ou serviços correspondentes à própria atividade daqueles deverão comprovar que os ditos contratantes estão quites com o pagamento das cotas da seguridade social. Para esse efeito, receberão por escrito, com identificação da empresa afetada, certidão negativa

(17) "**Isonomia salarial. Terceirização. Equiparação com os servidores da tomadora de serviços.** Do preceito contido no artigo 461 da CLT depreende-se que a equiparação salarial é deferida quando preenchidas conjuntamente as hipóteses: idêntica função, trabalho de igual valor, prestação ao mesmo empregador e na mesma localidade. 'In casu', não houve prestação de serviço 'ao mesmo empregador', já que a Caixa Econômica Federal não é a legítima empregadora, mas tão só a tomadora dos serviços. Não houve reconhecimento de vínculo empregatício com a CEF. Esta somente foi condenada a responder subsidiariamente pelos débitos trabalhistas que porventura não venham a ser adimplidos pela real empregadora (Presto Labor Assessoria e Consultoria de Pessoal Ltda. — prestadora de serviços) (...)". TST — RR-480846/1998 — 3ª Turma — Relª: Min. Maria Cristina Irigoyen Peduzzi — DJU 10.5.2002.

"**Equiparação salarial em terceirização. Não participação da empresa interposta nos acordos normativos firmados pela tomadora.** A decisão recorrida reconheceu a responsabilidade subsidiária da tomadora dos serviços. No entanto, afastou a aplicação dos acordos normativos firmados diretamente pela tomadora, sem a participação da real empregadora. Não se vislumbra violação ao princípio da isonomia, eis que não declarado o vínculo empregatício diretamente com a tomadora, nem emitida tese acerca da existência de fraude na contratação". TST-RR-454956/98 — Ac. 2ª Turma — Rel.: Juiz Convocado Aloysio Corrêa da Veiga — DJU de 22.2.2002.

da entidade gestora, no prazo improrrogável de trinta dias. Transcorrido esse prazo, ficará exonerado da responsabilidade o empregador solicitante.

§ 2º — O empregador principal, salvo o transcurso do prazo antes assinalado a respeito da seguridade social, e durante o ano seguinte ao término de seu encargo, responderá solidariamente pelas obrigações de natureza salarial contraídas pelos subcontratantes com seus trabalhadores e pelas referentes à seguridade social durante o período de vigência do contrato, limitando-se ao que corresponderia se tivesse contratado pessoal fixo na mesma categoria ou locais de trabalho".

Na França, proíbe-se a intermediação de mão de obra, salvo para trabalho temporário (cf. art. 125-3 do Código do Trabalho francês).

Na Colômbia, o art. 34 do Código do Trabalho, de 1992, dispõe que: "São contratantes independentes e, portanto, verdadeiras pessoas naturais ou jurídicas os que contratam a execução de uma ou várias obras a prestação de serviços em benefício de terceiros, por um preço determinado, assumindo todos os riscos, para realizá-los com seus próprios meios e com liberdade, autonomia técnica e diretiva. **Porém, o beneficiário do trabalho ou dono da obra**, a menos que se trate de trabalhos estranhos às atividades normais de sua empresa ou negócio, será solidariamente responsável pelo valor dos salários, as prestações e indenizações a que tenham direito" (grifou-se).

Sobre terceirização junto aos órgãos públicos, confiram a parte final do **Capítulo XIV** desta obra.

2.2. Terceirização. Contrato de franquia

Consoante o art. 2º da Lei n. 8.955/94, "Franquia empresarial é o sistema pelo qual um franqueador cede ao franqueado o direito de uso de marca ou patente, associado ao direito de distribuição exclusiva ou semiexclusiva de produtos ou serviços e, eventualmente, também ao direito de uso de tecnologia de implantação e administração de negócio ou sistema operacional desenvolvidos ou detidos pelo franqueador, mediante remuneração direta ou indireta, sem que, no entanto, fique caracterizado vínculo empregatício". A jurisprudência do C. TST tem-se posicionado no sentido de afastar a responsabilidade subsidiária do franqueador, nos casos de franquia típica. Assim ocorre porque as partes do contrato de franquia mantêm total autonomia na condução de seus negócios, inexistindo subordinação entre elas. Nesse sentido, foi a decisão proferida no processo E-RR-1141/2001-012-10-00.4. Julgamento: 30.6.2008, Relator Ministro Carlos Alberto Reis de Paula, Subsecção I Especializada em Dissídios Individuais, Publicação: DJ 1º.8.2008. O entendimento referido acima prevalece no tocante aos contratos de franquia típicos, por intermédio dos quais o franqueador autoriza o uso de marca ou patente, associado ao direito de distribuição de produtos ou serviços. Em tal hipótese, o franqueador consegue distribuir e comercializar seus produtos de forma ágil, assumindo a obrigação de prestar serviços de consultoria ao franqueado. Este, por seu turno, adquire os meios de trabalhar com uma marca de prestígio, já testada e aprovada pelo mercado de consumo. Em contrapartida, deverá suportar o pagamento da taxa de filiação e os *royalties* pelos serviços que receberá do franqueador. A prof. Lina Fernandes, em monografia sobre o assunto, frisa a inteira ausência de relação de dependência entre as partes, nessa forma contratual, visto que ambas mantêm mera parceria comercial, cada uma assumindo o risco do respectivo empreendimento e responsabilizando-se por todas as despesas de manutenção (FERNANDES, Lina Márcia Chaves. *Do contrato de franquia*. Belo Horizonte: Del Rey, 2000). Tal posicionamento, contudo, não prevalece quando se constata o desvirtuamento do contrato de franquia, mediante inserção de cláusulas que atribuem ao franqueado a obrigação de prestar serviços ao franqueador, revelando que a intenção deste último era transferir ao primeiro a execução de uma parcela da sua atividade empresarial. O quadro delineado permite concluir pela existência de uma terceirização, de molde a impor ao franqueador respon-sabilidade subsidiária pelo pagamento do crédito trabalhista deferido aos empregados do franqueado[18].

(18) TRT-3ª Reg. 7ª T., RO 01643-2008-023-03-00.3, Rel. Des. Alice Monteiro de Barros, Pub. **8.10.2009**.

CAPÍTULO XIII

TRABALHO VOLUNTÁRIO E TRABALHO RELIGIOSO

1. TRABALHO VOLUNTÁRIO

1.1. Introdução

Neste capítulo[(1)], vamos nos referir ao trabalho voluntário disciplinado pela Lei n. 9.608, de 1998, e não àquele em sentido amplo, objeto de várias áreas do conhecimento, realizado em contraposição ao trabalho forçado, prestado em caráter de pena, ou ao trabalho obrigatório, com o significado de dever, como, por exemplo, o serviço militar.

O trabalho voluntário, objeto deste estudo, não se encontra sob o domínio do Direito do Trabalho; ele tem um caráter de benevolência. Entretanto, como, em regra, o Direito desconfia desses atos gratuitos, porque geralmente são realizados com escopo fraudulento, o legislador veio disciplinar essa forma de trabalho, que constitui o conteúdo de um contrato de serviços gratuitos.

O trabalho voluntário existe no Brasil há cinco séculos[(2)], apontando-se como marco inicial dessa atividade a fundação da Santa Casa de Misericórdia da então Vila de Santos, Capitania de São Vicente, em 1543. Nos séculos XVII e XVIII, a maioria das entidades filantrópicas era ligada à Igreja Católica e a presença do Estado só se tornou significativa a partir de 1930, fortalecendo-se, em 1942, com a criação da LBA (Legião Brasileira de Assistência). Em 1995, cria-se a Comunidade Solidária para substituir a extinta LBA. Mais da metade (58%) dos voluntários são vinculados a instituições religiosas.

1.2. Conceito

O Brasil, à semelhança da Itália, disciplinou o trabalho voluntário, na década de 1990, por meio da Lei n. 9.608, de 18 de fevereiro de 1998, e do Decreto n. 2.536, do mesmo ano. Por força da referida lei, considera-se serviço voluntário a atividade não remunerada prestada por pessoa física a entidade pública de qualquer natureza, ou a instituição privada sem fins lucrativos, que tenha objetivos cívicos, culturais,

---

(1) Cf., sobre o tema, artigo de nossa autoria, intitulado Trabalho Voluntário e Trabalho Religioso, publicado em dezembro de 1999 na *Revista Trabalho e Doutrina*, São Paulo: Editora Saraiva.

(2) Reportagem da *Folha de S. Paulo* de 18.9.99, p. 2 e 6 — Equipe de *Trainees*.

educacionais, científicos, recreativos ou de assistência social, inclusive mutualidade. Verifica-se que a lei não estabelece qualquer tipo de distinção quanto à função a ser executada pelo voluntário, tampouco quanto à existência ou não de subordinação jurídica, quando é sabido que mesmo "na organização de trabalho voluntário também se exige um mínimo de ordens para dividir o trabalho e elaborar a escala de comparecimento"[(3)]. Logo, a qualificação do trabalhador e o fato de ser ou não fiscalizada a sua atividade são irrelevantes à configuração do trabalho disciplinado pela Lei n. 9.608, de 1998[(4)]. O que interessa é que o trabalho seja prestado gratuitamente a entidades públicas de qualquer natureza, aí compreendidos os órgãos da administração direta e indireta, ou a instituição privada, sem fins lucrativos. Os serviços devem ser prestados à pessoa jurídica em atividades de proteção à família, à maternidade, à infância, à adolescência e à velhice, no amparo às crianças e aos adolescentes carentes, em ações de prevenção, habilitação e reabilitação de pessoas portadoras de deficiências, assim como em promoções gratuitas de assistência educacional ou de saúde, além da integração ao trabalho (art. 2º, incisos I a V do Regulamento).

O parágrafo único do art. 1º da Lei n. 9.608, de 1998, que estabelece essa conceituação, dispõe, expressamente, que o serviço voluntário não gera vínculo empregatício, tampouco obrigação de natureza trabalhista, previdenciária ou afim.

Embora a Lei n. 9.608, de 1998, tenha "estremecido os alicerces"[(5)] do art. 2º, § 1º, da CLT, que estendia o vínculo empregatício aos que prestassem serviços em entidade de beneficência, entendemos, entretanto, que, à semelhança da lei italiana, o legislador brasileiro não exauriu todas as hipóteses de trabalho gratuito e voluntário que possam ocorrer, entre os quais o serviço de cunho religioso, a participação em mutirão para construção e aquisição de casa própria, o programa de caráter solidário, de interesse filantrópico, entre outros[(6)].

1.3. Termo de adesão

A teor do disposto no art. 2º da Lei n. 9.608, de 1998, o serviço voluntário será exercido mediante a celebração de um termo de adesão entre a entidade, pública ou

---

(3) DALLEGRAVE NETO, José Affonso. *Contrato Individual de Trabalho — uma visão estrutural*. São Paulo: LTr, 1998, p. 95.

(4) RIBEIRO DE VILHENA, Paulo Emílio. Trabalho voluntário. *Revista Trabalho e Doutrina*, n. 18, set. 1998, p. 44.

(5) RIBEIRO DE VILHENA, Paulo Emílio. *Op. cit.*, p. 43.

(6) "**Mutirão para construção e aquisição de casa própria — vínculo de emprego — inexistência** — O sistema de mutirão é fulcrado no princípio da solidariedade, onde todos os adquirentes, de todas as unidades residenciais, se ativam em conjunto, de modo que todos possam atingir o objetivo comum. Não foi propósito das partes a existência de vínculo de emprego. O que pretendeu o autor foi tão somente adquirir sua casa própria, a preço não praticado no mercado. Deveria o autor, já na inicial e por questão de lógica, pugnar pelo reajuste da mensalidade de sua unidade habitacional, justamente para fazer frente à eventual condenação que ora pleiteia, cujo custo não está incluído no valor da unidade habitacional adquirida. O acolhimento do pedido do autor implicaria em relegar ao oblívio a carência de moradias que atormenta toda a população de baixa renda e o esforço que o Poder Público vem fazendo para fomentar o desenvolvimento e diminuir, junto com a própria sociedade, os efeitos desta chaga social. Ausentes a subordinação jurídica, pessoalidade, onerosidade e 'animus contrahendi'". TRT-SP-20000363574 — Ac. 1ª T. 20010096501 — Relª: Juíza Maria Inês Moura Santos Alves da Cunha — DOE 27.3.01. *Revista Synthesis* 33/2001, p. 291.

privada, e o prestador do serviço voluntário, dele devendo constar o objeto e as condições do seu exercício. Comungamos no entendimento de que o ato de adesão é requisito substancial à configuração do trabalho voluntário, ou seja, ausente essa formalidade, o trabalho nessas condições deixa de ser disciplinado pela lei em questão(7).

Nada impede, entretanto, que as pessoas que já prestavam serviços voluntários, de forma gratuita, a entidades sem fins lucrativos, anteriormente à vigência da Lei n. 9.608, de 1998, assinem o termo de adesão, formalizando-se esse tipo de relação jurídica, que se encontra fora da égide do Direito do Trabalho.

1.4. Ressarcimento de despesas. Auxílio financeiro a jovens egressos de unidades prisionais e a grupos de jovens submetidos a maiores taxas de desemprego. Estímulo ao primeiro emprego

No art. 3º, o legislador estabeleceu que o prestador de serviço voluntário poderá ser ressarcido pelas despesas que, comprovadamente, realizar no desempenho das atividades voluntárias, à semelhança do que prevê a lei italiana. Essas despesas deverão estar expressamente autorizadas pela entidade a que for prestado o serviço voluntário (parágrafo único do art. 3º da Lei n. 9.608, de 1998), exatamente para coibir abusos do prestador de serviços. Alguns autores veem nesse dispositivo, principalmente quando o serviço for prestado a um ente público, a possibilidade de ser "ele transformado num ralo onde sairão polpudas importâncias"(8).

A nossa lei, na sua redação original, assemelhava-se, e muito, à Lei italiana n. 266, de 1991, a qual introduziu no ordenamento jurídico desse país o trabalho voluntário, distinguindo-o do trabalho subordinado e do trabalho autônomo. Um aspecto louvável da legislação italiana, e que não consta de nossa legislação, é a obrigatoriedade de o credor de trabalho fazer seguro contra infortúnio e doenças profissionais, como veremos mais adiante neste estudo.

A Lei n. 9.608, de 18 de fevereiro de 1998, passou a vigorar acrescida do art. 3º-A, introduzido pela Lei n. 10.748, de 22 de outubro de 2003, que criou o Programa de Estímulo ao Primeiro Emprego para os Jovens, revogado pela Lei n. 11.692, de 10.6.2008, instituidora do novo programa: O Projovem.

1.5. O trabalho voluntário e a Lei n. 10.029, de 20 de outubro de 2000

Na mesma linha de ideias já traçada, editou-se, no Brasil, a Lei n. 10.029, de 20 de outubro de 2000, facultando aos Estados e ao Distrito Federal a instituição do trabalho voluntário nos serviços administrativos e auxiliares de saúde e de defesa civil, além de outros (art. 1º), nas Polícias Militares e nos Corpos de Bombeiros Militares, com duração de um ano, prorrogável por, no máximo, igual período, a critério do Poder Executivo, ouvido o Comandante Geral dos órgãos já mencionados.

---

(7) De forma correlata: SAAD, Eduardo Gabriel. Temas trabalhistas. Do serviço voluntário. Nova lei — *Suplemento trabalhista LTr* 42/98, p. 174.

(8) SAAD, Eduardo Gabriel. *Op. cit.*, p. 174.

O prazo de duração do voluntariado poderá ser inferior a um ano, por solicitação do interessado, quando o voluntário apresentar conduta incompatível com os serviços prestados ou em função da natureza desse serviço (art. 2º, parágrafo único da Lei n. 10.029).

O número de voluntários não poderá ultrapassar a proporção de um para cada integrante do efetivo determinado em lei para a Polícia Militar ou o Corpo de Bombeiros. Esse número será estabelecido pelos Estados e pelo Distrito Federal, que também fixarão os requisitos necessários para o desempenho das atividades do voluntário e os critérios de admissão deste, sendo-lhes vedado, sob qualquer hipótese, nas vias públicas, o porte ou uso de armas de fogo, bem como o exercício do poder de polícia.

Poderão ser admitidos como voluntários homens, maiores de 18 e menores de 23 anos, que excederem às necessidades de incorporação das Forças Armadas e mulheres na mesma faixa etária (art. 3º).

Os voluntários fazem jus ao recebimento de um auxílio mensal, de natureza indenizatória, a ser fixado pelo Estado e pelo Distrito Federal, destinado a custear as despesas necessárias à execução dos serviços.

A prestação voluntária de serviço não gera vínculo empregatício ou previdenciário (art. 6º, § 2º).

1.6. O trabalho voluntário e a legislação italiana

Pelo que se pode constatar, a legislação brasileira sobre trabalho voluntário sofreu, originariamente, influência significativa da legislação italiana.

Por força do art. 2º da Lei italiana n. 266, de 1991, considera-se atividade voluntária aquela prestada pessoalmente, de forma espontânea ou gratuita, à organização em que o trabalho voluntário se realiza, sem fim lucrativo, ainda que indireto, e exclusivamente por solidariedade. O voluntário poderá ser reembolsado pelas despesas realizadas, nos limites estabelecidos pela organização.

Desse conceito extraem-se os seguintes pressupostos: pessoalidade, espontaneidade e gratuidade, todos guardando conexão com o pressuposto da solidariedade, que, a rigor, é a causa distintiva dessa atividade. É necessário, ainda, que o trabalho seja executado em favor de uma organização de voluntariado. Essa organização poderá assumir a forma jurídica mais apropriada para atingir o seu fim, que é a solidariedade, sempre dentro dos limites compatíveis com esta última.

Os acordos dos voluntários, bem como a constituição e o estatuto da organização, deverão prever a ausência de fins lucrativos, a democraticidade da estrutura, a efetividade e a gratuidade dos cargos associativos e da prestação de serviços, os critérios de admissão e exclusão dos associados, suas obrigações e direitos, como também a obrigação do balanço.

As organizações de voluntariado podem ter também empregados ou trabalhadores autônomos, mas só dentro dos estreitos limites previstos no art. 3º, § 4º, da Lei n. 266, de 1991, ou seja, nos limites de seu regular funcionamento ou quando ocorrer a qualificação ou especialização da atividade a ser desenvolvida. Já a condição de voluntário é incompatível com qualquer forma de relação de trabalho subordinado ou autônomo e com outras relações de conteúdo patrimonial com a organização da qual faça parte. O único traço comum entre ele e os trabalhadores subordinados diz respeito ao seguro contra infortúnio e doenças profissionais, além da responsabilidade civil em relação a terceiro. Esse seguro tem natureza privada, não sendo gerido pelo órgão previdenciário.

A doutrina italiana[9] deixa claro que a situação regulada pela Lei n. 266, de 1991, não exaure todas as hipóteses de trabalho gratuito configurável no ordenamento jurídico, entre outros o trabalho prestado no âmbito da família, o trabalho solidário desenvolvido singularmente, sem vínculo com organizações específicas, e o trabalho religioso, que vem tratado em capítulo próprio, mesmo após a edição da citada lei. O importante é o sentimento fraterno gerador do trabalho voluntário.

2. TRABALHO RELIGIOSO

2.1. Introdução

As religiões são consideradas “sistemas unificados de crenças e práticas relacionadas com coisas sagradas”[10], que se projetam na vida social, por meio de comunidades morais, chamadas Igrejas. Essas comunidades contêm normas de conduta religiosa emanadas da Divindade, visando a regular as relações entre o homem e Deus, e normas de caráter positivo criadas pela hierarquia de autoridades religiosas reguladoras das condutas exteriores dos diversos elementos da comunidade. Essa autoridade concreta é exercida pelos sacerdotes, ministros de culto, eclesiásticos, pastores, freis e freiras, entre outros, que são os intermediários entre os homens e os deuses.

A violação das normas de conduta religiosa implica castigo extraterreno, e a infração às normas de caráter positivo autoriza a aplicação de sanções religiosas. Essas normas não se confundem com aquelas criadas pelo Estado, para disciplinar o fenômeno associativo religioso. Cumpre verificar, portanto, se o ordenamento estatal, mais especificamente o jurídico-trabalhista, estende-se aos religiosos, pois nem toda atividade humana que se projeta no mundo exterior é objeto do Direito do Trabalho. E para isso é necessário enumerar alguns perfis distintos, em relação ao trabalho executado pelos religiosos.

2.2. Natureza da atividade religiosa

Em primeiro lugar, cumpre perquirir qual a natureza jurídica da atividade religiosa.

A doutrina francesa tem realizado estudo profundo sobre o assunto. Asseveram os autores[11] que, desde o início do século XVIII até os nossos dias, a natureza jurídica

(9) GALANTINO, Luisa. *Diritto del Lavoro*. Torino: Giappichelli Editore, 1992, p. 12.
(10) DURKHEIM, *Apud* BOTTOMORE. *Introdução à Sociologia.* Rio de Janeiro: Zahar, 3. ed., p. 190-191.
(11) DOLE, Georges. La qualification juridique de l’activité religieuse. *Droit Social* n. 4, avr. 1987, p. 381.

da atividade religiosa é a de um "estado eclesiástico", e os tribunais se mostram prudentes antes de aplicar à atividade dos religiosos a natureza profissional, recusando firmemente a hipótese de um contrato de trabalho entre uma ordem religiosa e seus membros. Em consonância com a jurisprudência, parte da doutrina afirma que o engajamento do religioso em torno da diocese e o seu estilo de vida não possuem relação com a profissão, mas correspondem à doação de si próprio com um sentido desinteressado, comunitário, e a submissão à autoridade hierárquica do grupo lhe imprime características, as quais se aproximam mais de um estado do que de uma função, pois a fé se integra à sua personalidade(12).

Outros, ao contrário, sustentam que, "mesmo que, por caridade ou por dever de confraternidade, o ministro de culto não perceba nenhuma remuneração, sua atividade desinteressada deve ser considerada como profissional"(13).

A disponibilidade em favor do empregador ou do cliente parece ser o critério decisivo de atividade profissional(14). Afirma-se que, na profissão liberal, há oferecimento permanente ao público, aos usuários, de um serviço determinado, que poderá ser, inclusive, de ordem espiritual. O modelo da profissão liberal coincide, mais ou menos, com o perfil sociológico do ministério eclesiástico que a História traçou. Caracterizado pela independência moral, ele remonta à antiguidade romana e corresponde a funções, em princípio gratuitas, reservadas aos homens livres, como ocorria com a assistência judiciária gratuita aos demandantes. Uma vez efetivada a separação entre o Estado e a Igreja, os ministros de culto guardam a imagem da profissão liberal. Após a Segunda Guerra Mundial, a instituição da seguridade social francesa incluiu na sua esfera normativa os ministros de culto católico como sujeitos do seguro velhice e a jurisprudência considera a noção de profissão eclesiástica indispensável para conferir legalidade aos sindicatos constituídos entre os clérigos(15).

O direito positivo francês reserva a noção de estado à condição permanente das pessoas, estendendo-a, contudo, às atividades transitórias de uma função, no art. 378 do Código Penal, e a duas carreiras caracterizadas pela vocação: o "estado militar" e o "estado eclesiástico". O legislador faz reaparecer uma antiga, mas sempre atual, discussão entre profissão e estado. O citado art. 378 do Código Penal, quando enumera as atividades sujeitas à obrigação de segredo profissional, faz referência a "estado, profissão ou função", donde se infere que o mister do culto não é uma profissão. Por outro lado, a jurisprudência das Câmaras Criminais, quando estende ao ministro de culto a obrigação do segredo profissional, limita esta apreciação ao exercício e à razão de seu mister, sem precisar o título que o qualifica (se estado, profissão ou função).

Como se vê, persiste a discussão no direito francês sobre a natureza da missão religiosa.

---

(12) LAVAGNE, A. *Droit Social*, 1950, p. 133 e ss. Na mesma orientação, M. Jean Savatier. *Rép. dr. soc. trav. II*, n. 13, Encycl. Jur. Dalloz, Paris.
(13) DURAND, M. Paul. *Traité de droit du travail*. Note 4, p. 110.
(14) DURAND, Paul *et* Vitu. *Droit du Travail*, p. 6.
(15) DOLE, Georges. *Op. cit.*, p. 387.

2.3. Serviços de natureza religiosa prestados ao ente a que pertence o religioso. Impossibilidade de constituir objeto de um contrato de trabalho

As organizações religiosas são, em geral, pessoas jurídicas de direito privado (art. 44, IV, do Código Civil de 2002).

O religioso, dentro de uma análise dogmática, desfruta de uma condição particular no ordenamento da Igreja Católica, corporificada na Santa Sé, a qual é pessoa jurídica de direito público externo. Compreendem-se nesse conceito os ministros de ofício, os eclesiásticos (entre eles, os clérigos) e os religiosos no sentido próprio, ou seja, aqueles que, ao entrarem para as comunidades religiosas, proferem votos, e desenvolvem profissão evangélica segundo as regras do ente.

Saliente-se, outrossim, que as atividades religiosas podem ser do tipo espiritual, carismático, ou então secular, prestadas internamente ao ente eclesiástico ou a favor de terceiro (entes públicos ou privados).

Consideram-se atividades tipicamente espirituais as que consistem na celebração de sacramentos, como: realizar batizados, crismas e ordenações, receber confissão, dar comunhão, celebrar casamento e dar extrema unção. A essas atividades religiosas poderão ser acrescidas outras, como celebrar missa ou outro culto e pregar o evangelho. Essas atividades são deveres da religião, inerentes aos objetivos da Igreja e conferidos aos que, por motivos pessoais ligados à intimidade da consciência, ingressam na vida religiosa, abdicando dos bens terrestres.

O trabalho de cunho religioso não constitui objeto de um contrato de emprego, pois, sendo destinado à assistência espiritual e à divulgação da fé, ele não é avaliável economicamente. Eventual importância recebida pelo religioso visa não só a assegurar-lhe a subsistência, mas a propiciar-lhe maior disponibilidade para se dedicar à difusão e fortalecimento da crença.

Ademais, nos serviços religiosos prestados ao ente eclesiástico, não há interesses distintos ou opostos, capazes de configurar o contrato; as pessoas que os executam o fazem como membros da mesma comunidade, dando um testemunho de generosidade, em nome de sua fé. Tampouco pode-se falar em obrigação das partes, pois, do ponto de vista técnico, a obrigação é um vínculo que nos constrange a dar, fazer ou não fazer alguma coisa em proveito de outrem. Esse constrangimento não existe no tocante aos deveres da religião, aos quais as pessoas aderem, espontaneamente, imbuídas do espírito de fé. Em consequência, quando o religioso, seja frei, padre, irmã ou freira, presta serviço por espírito de seita ou voto, ele desenvolve profissão evangélica na comunidade religiosa a que pertence, estando excluído do ordenamento jurídico-trabalhista, ou seja, não é empregado. Isso porque há uma relação causal direta com o cumprimento dos votos impostos pela ordem religiosa e uma presunção de gratuidade da prestação, que é disciplinada pelo direito canônico, no caso da Igreja Católica Apostólica Romana.

Aliás, a gratuidade da atividade religiosa infere-se de várias passagens bíblicas, que demonstram serem os pregadores voltados para o desprendimento de bens terrenos.

É o que consta do seguinte texto: "... *Curai enfermos, ressuscitai mortos, limpai leprosos, expulsai demônios. Dai gratuitamente o que recebestes*" (Mateus 10, 7-11). O mesmo se deduz desta passagem: "*Quando vos enviei sem bolsa, nem alforje, nem sandálias, faltou-vos alguma vez algo? Nada, responderam*" (Lucas 22, 33).

Essa orientação doutrinária que pressupõe gratuidade das atividades religiosas, predominou no passado e persiste nos dias atuais também na doutrina estrangeira:

> "... As prestações dos sacerdotes ou membros de ordens religiosas, tanto masculinas como femininas, não enquadram no contrato de trabalho se correspondem à sua específica missão"(16).

Se a atividade for de natureza tipicamente espiritual, de celebração de sacramentos, desenvolvida no interior do ente eclesiástico a que pertence o religioso, não há dúvida de que a *fattispecie* é disciplinada pelo direito canônico, não se lhe aplicando a legislação trabalhista(17). Em consonância com essa posição doutrinária, tem-se manifestado a jurisprudência brasileira(18).

O mesmo raciocínio se aplica ao presbítero, pastor, diácono evangélico, pregador, missionário, ministro de culto religioso ou orientador espiritual, quando atuam na divulgação do evangelho, na celebração do culto, orientando e aconselhando os membros da Igreja(19).

Alinhado com o ponto de vista anterior pronunciou-se a jurisprudência francesa, por meio da Corte de Cassação (Câmara Social), em decisão de 20 de novembro de 1986. Afirmou a Corte que os pastores da Igreja protestante, quando no exercício de seu ministério, não celebram um contrato de trabalho com as associações culturais

---

(16) CABANELLAS. *Compendio de Derecho Laboral*. Buenos Aires: Omeba, 1968, v. 1, p. 274.

(17) GALANTINO, Luisa. *Diritto del Lavoro*. Torino: Giappichelli Editore, 2000, p. 13.

(18) "**Religiosa. Não reconhecimento.** Vínculo empregatício. Religiosa. A religiosa que se dedica durante 28 anos, na condição de noviça e depois de freira, às atividades próprias da Congregação das Irmãs Filhas de Caridade de São Vicente de Paula, não pode ser considerada empregada da congregação da qual também é parte. A ausência de pagamento de salário durante quase três décadas, a natureza do trabalho desenvolvido, não configura a presença dos requisitos do art. 3º da CLT. Relação de emprego não reconhecida. Recurso da reclamante a que se nega provimento". TRT — PR-RO-01716/92 (Ac. 2ª T. 10.277/93) — Rel.: Juiz Ernesto Trevizan, DJPR, 17.9.93, p. 239. *Julgados Trabalhistas Selecionados*. v. III. Irany Ferrari e Melchíades Rodrigues Martins. São Paulo: LTr Editora, p. 610.

(19) "**Pastor Evangélico. Vínculo empregatício. Não reconhecido.** Não se reconhece como vínculo de emprego o exercício de atividades inerentes ao mister de membro de entidade religiosa, na qualidade de orientador espiritual, sendo irrelevante à configuração da relação laboral, a existência ou não de remuneração, ou recebimento de prestações *in natura*. Como ensina Paulo Emílio Ribeiro de Vilhena, é relevante identificar-se se os serviços prestados dizem respeito à finalidade da instituição religiosa, em decorrência do vínculo comunitário que une o prestador à unidade e os fins ideais que sedimentam o ingresso do prestador de serviços na instituição". TRT/PE- 4982/00 — Relª: Juíza Gisane Barbosa de Araújo — DOE 13.1.2001. *Revista Synthesis* 33/01, p. 292.

"**Relação de emprego. Ministro religioso**. Não caracteriza vínculo de emprego a natureza do labor desenvolvido pelo pastor para sua Igreja. De caráter eminentemente religiosa e não econômica, tanto a missão de apascentar crentes como a de divulgar preceitos bíblicos não se prestam e nem satisfazem às definições dos art. 2º e 3º da Consolidação das Leis do Trabalho. Recurso desprovido". TRT/PB-RO-2146/2002 — Ac. 69.540 — Rel.: Juiz Ruy Eloy — DOE 30.8.2002. *Revista Synthesis* 36/2003, p. 300.

"**A atividade vocacionada para evangelização**, de cunho espiritual, como celebração de cultos, sacramentos, assistência religiosa a famílias, administração regional de igrejas e envio de missionários ao exterior não enseja relação de índole trabalhista". TRT — Campinas 29.744/00 — Ac. 10432/01 — Rel.: Juiz Flávio Allegretti de Campos Cooper — DOE 2.4.2001. *Revista Synthesis* 33/2001, p. 292.

da Igreja. E com esta conclusão, a Corte de Cassação julgou incompetente a Justiça do Trabalho (*juridiction prud'homale*) para apreciar ação proposta pelo pastor M. Caldier contra a União Nacional de Associações Culturais de Igrejas Protestantes da França, reivindicando diferença salarial[20].

À mesma conclusão chegou a Corte de Douai, em decisão de 30 de maio de 1984 (J.C.P. 1986, II, 20, 628). Naquela oportunidade, destacou-se que "os cargos do ministério pastoral dizem respeito a tudo o que concerne à preparação do reino de Deus sobre a terra" e que "a finalidade espiritual" dessa atividade exclui a aplicação do Código do Trabalho[21].

Não desconhecemos que os ministros de cultos religiosos evangélicos obtiveram o registro de seu sindicato[22]. Ocorre, porém, que tal circunstância não muda o enfoque relatado, mesmo porque países europeus também autorizam o sindicato de ministros de culto religioso, mas na condição de profissionais liberais e nunca de integrantes de uma categoria profissional reunindo um grupo de empregados.

2.4. Serviço não religioso prestado por sacerdotes ou freiras ao ente a que pertencem

Segundo a doutrina italiana mais recente[23], na hipótese de trabalho prestado por sacerdotes e freiras, na condição de professores, enfermeiros ou assistentes em colégios e hospitais, o *status* de eclesiástico não impede a possibilidade de se firmar um contrato de trabalho, como qualquer outro trabalhador subordinado laico.

Essa posição doutrinária não encontra eco na jurisprudência da Suprema Corte Italiana, como admitiu a eminente doutrinadora citada acima. Ressalta a jurisprudência que a configuração da relação de emprego subordinado pressupõe, de um lado, ausência de uma relação causal direta com o cumprimento dos votos impostos pelas regras da ordem a que pertence o religioso e, de outro lado, que o ente a que ele pertence não seja o beneficiário das prestações. Em outras palavras, convém demonstrar que a prestação laboral não se desenvolveu exclusivamente *officii vel religionis causa* e que foi prestada fora do ente eclesiástico a que pertence o religioso, em favor de particulares ou entes públicos.

Em consonância com esse entendimento, a jurisprudência italiana negou a relação de emprego a uma religiosa chamada a desenvolver atividade didática — do tipo secular — junto a um instituto escolástico gerido pela Congregação a que pertence (Cass. 18 nov. 1985, n. 5.674 *in* Giur. it, 1988, I, 1484). Em tal caso, embora estivessem objetivamente configurados os elementos típicos da relação de trabalho subordinado, a Suprema Corte Italiana considerou a prestação laborativa interna como "mera obra de evangelização *religionis causa*", com consequente subtração da normativa estatal.

(20) *Droit Social,* avr. 1987, p. 379.

(21) SAVATIER, Jean. La situation au regard du droit du travail, des pasteurs de l'Église reformée. *Droit Social*, Paris, n. 4, avr. 1987, p. 375.

(22) *Revista Veja* de 9.6.99.

(23) GALANTINO, Luisa. *Op. cit.*, p. 14.

As múltiplas funções confiadas aos religiosos constituem um único ministério sacerdotal, pois a vocação se concebe em uma perspectiva capaz de englobar, por sua finalidade, uma atividade profissional.

Já a jurisprudência francesa admitiu a relação de emprego entre a União Nacional das Associações Culturais da Igreja Protestante da França e Mlle. Fischer, que ocupava o cargo de professora assistente de História da Igreja Moderna e Contemporânea na Faculdade livre de teologia protestante de Montpellier. Alegou a instituição que todos os professores da referida faculdade tinham o *status* de pastor; em contrapartida, a autora afirmou que "a disciplina da Igreja não impunha aos professores de teologia receber a consagração-ordenação, logo, suas funções não eram relevantes para o ministério pastoral". O contrato de trabalho foi admitido pela Corte de Cassação (Câmara Social), em decisão de 20 de novembro de 1986, por entender que as funções de professor de uma faculdade de teologia não consistiam em ministério pastoral, podendo ser confiadas a um laico, e que a relação de emprego não foi afetada pelo fato de a autora ter-se ordenado pastor.

A decisão tem sido objeto de críticas pela doutrina francesa, ao asseverar que o fato de uma tarefa poder ser confiada a um laico não significa que, quando ela é confiada a um clérigo, esteja fora do ministério pastoral[(24)]. Examinando a decisão, sustenta-se haver dúvidas sobre a existência de um contrato de trabalho entre a Faculdade livre de teologia e o pastor que lá ensina, pois a situação se assemelha à de um padre que atua como professor em um seminário de sua congregação, ao qual não se reconhece o liame empregatício. Em ambas as situações, ou seja, tanto em relação ao pastor como no tocante ao padre, há obrigação de aceitar as missões confiadas pela autoridade eclesiástica, em função de pertencerem à mesma comunidade, mas entre eles não há um contrato disciplinado pelo Direito do Trabalho[(25)].

Mesmo que as tarefas consistam em trabalhos administrativos ou impliquem responsabilidade de tesoureiro ou de economista da instituição religiosa, por exemplo, não haverá contrato de trabalho se elas são conferidas ao clérigo por seu superior religioso como um ofício da Igreja[(26)], mas uma ordenação ou investidura incompatível com a subordinação jurídica.

A doutrina e a jurisprudência brasileiras demonstram também uma tendência a unificar as diversas formas em que o trabalho religioso é desenvolvido em um único fenômeno, o da presunção da gratuidade, ainda que o trabalho seja prestado em favor de outrem. Entende essa corrente que a pessoa, ao ingressar na comunidade religiosa, se obriga perante o ente eclesiástico a realizar não só serviços religiosos, mas de outra natureza também, sempre com a característica de gratuidade. Vejamos:

> "... não há contrato de trabalho na prestação de serviços religiosos ou de qualquer outra natureza quando prestados por membros da igreja ou de

---

(24) SAVATIER, Jean. La situation au regard du droit du travail, des pasteurs de l'Église réformée. *Droit Social*, Paris, n. 4, avr. 1987.

(25) SAVATIER, Jean. *Op. cit.*, p. 376.

(26) SAVATIER, Jean. *Op. cit.*, p. 376.

irmandades ou confrarias, se esses membros estão vinculados a tais instituições por votos próprios de dedicação exclusiva, num plano espiritual.

Não importa que espécie de trabalho se preste e é irrelevante também verificar se a prestação se desenvolve no próprio seio da instituição ou fora dela, a terceiros, que com aquela contrataram serviços de assistência social, religiosa ou hospitalar.

O que define a inexistência da relação de emprego é a condição especial, segundo a qual a pessoa prometeu servir, de corpo e alma, à sua congregação, pois tal relação escapa ao direito secular"[(27)].

Veja-se, a propósito, também a jurisprudência:

"Diácono evangélico. Inexistência de relação de emprego com a sua igreja. Não há relação de emprego entre ministro de confissão religiosa e a sua igreja, pois as tarefas decorrentes da fé não são equiparadas ao serviço prestado pelo trabalhador comum, mesmo que exerça **atividades administrativas** em sua igreja ou templo além daquelas próprias do seu voto religioso. A subordinação, que se apresenta em qualquer instituição, sendo inerente à sua estrutura hierarquizada, não se confunde com a subordinação jurídica. E se o evangelho é pregado por aparente desprendimento, a ruptura dos laços eclesiásticos não converte esse sentimento em interesse puramente pecuniário, em prestação onerosa". TRT 20ª Região — RO-10.443-2003-002-20-00-3. Ac. 1.988/03, 25.8.03. Rel.: Juiz Augusto César Leite de Carvalho. *Revista LTr*, mar. 2004, p. 360 (grifos nossos).

"Relação de emprego. Trabalho Religioso. Pastor. Inexiste contrato de trabalho entre um pastor e sua igreja. Apesar da atividade **intelectual e física**, o traço de união é a fé religiosa decorrente da vocação, sem a conotação material que envolve o trabalhador comum". **TST**-RR-104323/94, Rel.: Min. Ursulino Santos — DJ 25.11.94. *Revista do Direito Trabalhista*, maio 1999, p. 33 (grifos nossos).

Isso não significa que a organização religiosa jamais possa ser considerada empregadora (art. 2º da CLT). Poderá, sim, ser o polo passivo no vínculo de emprego, mas em relação a alguém que não pertença à sua congregação por meio de votos[(28)].

---

(27) ALMEIDA, Isis de. *Curso de legislação do trabalho*. 4. ed., São Paulo: Sugestões Literárias, 1981, p. 60. No mesmo sentido: Cour de Cassation, 8 de janeiro de 1993 (França). A religiosa trabalhou como enfermeira e **assistente social** de centro social e de saúde organizado pela sua igreja, não celebrando contrato de emprego, em face da teoria da **afectação canônica** (DOLE, Georges. La liberté d'opinion et de croyance an en droit comparé du travail. *In*: REIS, Raquel Tavares dos. *Liberdade de consciência e de religião e contrato de trabalho do trabalhador de tendência*. Que equilíbrio do ponto de vista das relações individuais do trabalho? Coimbra: Editora Coimbra, 2004, p. 222).

(28) "**Sociedade Religiosa. Vínculo empregatício. Reconhecimento.** O fato de ser uma sociedade religiosa, sem fins lucrativos, não impede a reclamada de contratar empregados nem a exime de arcar com o ônus advindo da legislação celetista, tampouco leva à configuração de trabalho doméstico. Neste sentido é o § 1º, do art. 2º, consolidado". TRT — 6ª Região — 00849-2002-181-06-00-3 — Relª: Gisane Batista de Araújo — DOE/PE 10.1.03 — *Revista O Trabalho*, Curitiba, jul. 2003, p. 46.

Empregado doméstico. O entendimento majoritário em doutrina e jurisprudência é no sentido de que os jardineiros, caseiros, enfermeiros e outros prestadores de seviços são empregados domésticos, quando o labor é prestado à família, no âmbito da respectiva residência. Tal entendimento, contudo, não beneficia aquele que trabalha em instituição religiosa, que deve admitir **empregados, urbanos ou rurais, sob a égide da CLT, recurso a que se nega provimento, no particular. (TRT 1ª R. 006/2-2003-491-01-004 — 2ª T. — Rela. Desa. Aurora de Oliveira Coentro — DORJ 19.8.2004).**

O exercício da atividade religiosa leva à personificação de entidades que divulgam a fé e desfrutam da titularidade dos bens materiais e imateriais necessários ao seu desenvolvimento. A relação de emprego se estabelecia com a Mitra Arquidiocesana, situando-se a Paróquia como autêntico estabelecimento, e isso porque, sob o aspecto da titularidade, a Igreja Matriz não poderia ser considerada pessoa jurídica[(29)], fato hoje admitido pelas organizações religiosas (Cód. Civil, art. 44, § 4º).

Por outro lado, o religioso também poderá ser empregado de uma pessoa física, jurídica ou de entidade, desde que não pertença à congregação a que se vincula o prestador de serviços, tampouco preste serviços religiosos àquela. A título de exemplo, podemos citar o padre que ministra aulas de filosofia em um estabelecimento de ensino pertencente a um condomínio de professores e que ali exerce suas atividades reunindo os pressupostos do art. 3º da CLT.

2.5. Nova tendência doutrinária e jurisprudencial sobre o trabalho religioso prestado em favor de terceiro na Itália

Como vimos, se a **atividade desenvolvida for de natureza tipicamente espiritual**, de celebração de sacramentos, desenvolvida **no interior do ente eclesiástico** a que pertence o religioso, é incontroverso que a hipótese rege-se pelo direito canônico, **não se lhe aplicando a legislação trabalhista**.

Outro aspecto diz respeito às prestações laborativas carismáticas, desenvolvidas pelo religioso em favor de terceiro, como, por exemplo, celebração de sacramentos ou de assistência espiritual a domicílio, mediante correspondente soma em dinheiro. Reconhece a doutrina italiana[(30)] que no passado negava-se a existência de uma relação contratual nessa hipótese, considerando-se prestação juridicamente insuscetível de avaliação econômica, em razão do caráter sobrenatural do rito religioso. O *spicendum missae* era equiparado a uma esmola, não descaracterizando a gratuidade da prestação.

Hoje, entretanto, considerando a obrigação do religioso do ponto de vista do emprego de energias psicofísicas, a doutrina passou a reconhecer a existência de uma relação contratual, com caráter presumidamente oneroso, na situação relatada no parágrafo anterior. Controvertida, todavia, é sua natureza. Segundo uma corrente doutrinária, a hipótese configura um contrato de empreitada cujo objeto são as prestações profissionais. Outros afirmam tratar-se de um típico contrato de trabalho subordinado, sujeito às regras do Direito do Trabalho. Nesse último sentido parece orientar-se também a Suprema Corte Italiana, com referência àquelas situações em que o particular ou ente beneficiário da atividade tenha o poder de impor ao religioso os conteúdos modais das prestações, como os requisitos espaciais e temporais da celebração, sua frequência e tipologia (Cass. 20 ott. 1984, n. 5.324, *in* Giur. it., 1986, I, 1, 299).

---

(29) RIBEIRO DE VILHENA, Paulo Emílio. *Relação de emprego. Estrutura legal e supostos*. 2. ed., São Paulo: LTr, 1999, p. 152.

(30) GALANTINO, Luisa. *Op. cit.*, p. 13.

2.6. Sacristães, organistas e campanários

Completamente diferente é, entretanto, a posição dos trabalhadores laicos, como os sacristães, organistas e campanários, que prestam serviços em favor de entes eclesiásticos. A doutrina e a jurisprudência italianas, já consolidadas, contrariando a presunção segundo a qual as prestações destes seriam realizadas gratuitamente, *devotionis causa*, concordam que elas configuram uma normal relação de trabalho subordinado, à qual se aplicam as normas do ordenamento estatal. Nessa mesma linha dispõe também o novo código de direito canônico (Can. 231.7).

O mesmo ocorre no Brasil. O sacristão zela pela guarda, conservação e limpeza do templo e, além disso, auxilia o pároco no culto, registrando e marcando os ofícios. Ele retira da sacristia o seu principal meio de subsistência e acata as ordens do pároco. Logo, não se vinculando à ordem por votos, ele reúne os pressupostos do art. 3º da CLT, prestando serviços à associação religiosa, que, no caso, atua como empregadora por equiparação (art. 2º, § 1º, da CLT).

A jurisprudência brasileira, há muitos anos, inclina-se nesse sentido:

"Não é empregado doméstico o sacristão de paróquia que não presta serviço no âmbito residencial do vigário, mas executa trabalho relacionado com o exercício do culto religioso, cuidando da limpeza do templo e auxiliando nas cerimônias, sem haver prestado voto de pobreza, achando-se, assim, amparado pelas Leis Trabalhistas, embora deva ser considerado de confiança o seu cargo, sendo demissível a qualquer tempo, mediante indenização simples". TRT — 3ª Região. 16/67. Rel.: Juiz Cândido Gomes de Freitas. Ac. 19.5.67 — *Revista LTr* 32/63.

No citado acórdão, o relator acolheu a tese sustentada pelo Prof. Célio Goyatá, em artigo pioneiro sobre o tema[31]. Vejamos:

> "O sacristão, desde que não esteja ligado a ordens, confrarias e irmandades por votos religiosos, é desenganadamente empregado, sujeito, pois, ao *imperium* das leis sociais-trabalhistas. A enunciação da proposição deriva do texto do § 1º do art. 2º da Consolidação das Leis do Trabalho...".

No mesmo diapasão nos pronunciamos, como se constata deste aresto:

"**RELAÇÃO DE EMPREGO. SACRISTÃO.** A atividade religiosa de divulgação da fé, realizada por meio de votos impostos pela ordem, seita ou confraria, transcende os limites do pacto laboral. Não se inclui nesse contexto o sacristão, cuja atividade consiste na guarda e conservação do templo, bem como no auxílio ao culto por meio do registro e marcação de ofícios. Ele retira da sacristia o seu principal meio de subsistência e acata as ordens do pároco. Como reúne os pressupostos do art. 3º da CLT, a MITRA DIOCESANA atua como empregadora por equiparação (art. 2º, § 1º, da CLT), tanto que procedeu às anotações na CTPS do autor, cuja presunção não foi elidida em juízo". TRT — 3ª Região — 7ª Turma — ROPS-00876-2005-081-03-00-7. Relª: Juíza Alice Monteiro de Barros — DJMG de 14.10.**2005**.

Situação que também tem merecido tratamento semelhante é a do chamado "obreiro cristão", que trabalha sem qualquer formação teológica, angariando donativos

---

(31) Os Sacristães e a Legislação Social Trabalhista. *Revista do Trabalho*, set./out. 1953, p. 333.

em favor da Igreja. Nesse caso, a jurisprudência tem-lhe reconhecido o vínculo empregatício(32), como também na hipótese de o trabalhador laborar fora da pregação do evangelho, na área técnica(33).

A jurisprudência tem afastado a relação de emprego com a pessoa que, de forma voluntária e sem salário, presta serviços à comunidade religiosa local, como se infere da ementa abaixo(34).

2.7. Colportor

A função do colportor (termo trasladado da palavra inglesa *corportor*) consiste em distribuir livros religiosos e outras publicações editadas pela Igreja Adventista do 7º dia, revendendo-os por preço estipulado, o qual poderá ser alterado pelo colportor, que não está sujeito a horário, tampouco possui dias certos para aquisição e revenda dos livros.

O engajamento no missionismo da Igreja Adventista é feito com a finalidade de propagar seus ideais filantrópicos e religiosos, por meio de literatura impressa.

Os **colportores recebem** instrução geral da Igreja para orarem nos lares e, sempre que possível, realizarem estudos bíblicos, pois o objetivo final do trabalho de colportagem é a pregação do evangelho e a divulgação da doutrina cristã-adventista nos locais que a pregação de seus pastores não alcança. O colportor, ao ingressar na Igreja, assina uma declaração com o seguinte teor: "Declaro, de espontânea vontade e livre de qualquer constrangimento, que, como membro da Igreja Adventista do 7º dia, sentindo-me chamado por Deus, desejo, como missionário, dedicar-me por conta própria à disseminação da literatura por ela impressa, distribuindo-a para a propagação de seus ideais filantrópicos e religiosos, seus princípios cristãos, antialcoólicos e higiênicos nos quais eu creio, contribuindo assim para o bem de meus semelhantes".

Assim, o colportor, ao realizar vendas, não o faz com fins lucrativos, mas como membro da Igreja, e membro professo, que fez juramento e proferiu votos manifestados pela declaração citada e exigida para o ingresso na seita, pouco importando constar da declaração "a dedicação por conta própria". Portanto, por se tratar de atividade religiosa, a colportagem está fora da égide do Direito do Trabalho.

---

(32) "É empregado a pessoa simples que, sem qualquer formação teológica e intitulada 'obreiro cristão', sob a máscara de um pseudo e incipiente sacerdócio, trabalha exclusivamente para arrecadar donativos em prol da Igreja". TRT — PR — RP 1.329/92 — Rel.: Juiz João Oreste Dalazen — Ac. 3ª T. 7.817/93.

(33) "**Vínculo religioso. Reconhecimento.** Existência de relação de emprego. Se o trabalho do empregado se fazia na área técnica, fora da pregação evangélica, como mero eletricista, sob regime de subordinação, inegável a existência de relação de emprego". TRT — 3ª Reg. — RO 15.657/93 — (Ac. 1ª T.) — Rel.: Juiz Agenor Ribeiro — DJMG 18.2.94, p. 78. *Julgados Trabalhistas Selecionados*. v. III. Irany Ferrari e Melchíades Rodrigues Martins. São Paulo: LTr, p. 615.

(34) "**Relação de emprego — Não configuração.** Constatando-se de toda a prova dos autos que o autor, como voluntário, auxiliava o padre em vários serviços inerentes à Igreja como na Eucaristia, Secretaria, serviços de contabilidade, processos de casamento, batismo e outros, atividades livres e espontâneas, por amor a Deus e ao próximo e de acordo com sua conveniência, afiguram-se inexistentes os requisitos do art. 3º, da CLT, não se reconhecendo o vínculo empregatício pleiteado". TRT — 3ª Região — RO-10.398/99 — 1ª T. — Relª: Juíza Denise Alves Horta — DJMG 12.12.2000. *Revista Justiça do Trabalho*. Porto Alegre: HS Editora, jan. 2001, p. 95.

É certo que o colportor sujeita-se à elaboração de relatórios, à fixação de área aproximada para exercitar seu ministério e à dedicação a um coordenador, como, aliás, ocorre com os pastores. Acontece que essas regras são impostas no interesse de seu culto, não se identificando com a subordinação jurídica, pressuposto do conceito de empregado, pois integram deveres comuns do sacerdócio.

Também a venda de livros religiosos e os demais aspectos comerciais da missão do colportor não descaracterizam o sentido de difusão do culto religioso. Trata-se de propagador de crédito religioso, de um subordinado à disciplina religiosa.

As ajudas de custo, as ajudas hospitalares e médicas e as demais vantagens concedidas são dadas como reembolso pelas desobrigas, não assumindo feição salarial, no sentido de contraprestação de trabalho. Trata-se de "pagamento de um serviço comumente prestado por quem comparte iguais sentimentos religiosos" (cf. Cabanellas. *Compêndio de Derecho Laboral*).

Em se tratando de trabalho de natureza espiritual e vocacional, com a finalidade de propagar a fé, ele não se situa dentro dos limites fixados pelos art. 3º e 442 da CLT. Essa é a doutrina de Dorval de Lacerda, manifestada por meio de parecer transcrito por J. Antero de Carvalho, em obra deste último intitulada *Direito e Jurisprudência do Trabalho* (1958, p. 184), em artigo intitulado "Os colportores e a Igreja Adventista":

> "O propósito religioso da atividade de colportor evangelista, a sua missão de semeador da doutrina cristã-adventista, por meio de publicações religiosas — em uma atividade não menos importante que a do próprio pastor, em sua pregação no púlpito —, retira-lhe, de início, outro intuito que não o de prestar valiosa colaboração na propagação do culto, sem outro secundário interesse, qual o de fim lucrativo, ou benefício econômico. E a Igreja Adventista visa, mediante esses missionários, estender o alcance de sua fé, dilatar o campo dos conversos evangélicos, divulgar onde não possa chegar a pregação dos seus pastores, a doutrinação dos seus objetivos religiosos e dos propósitos morais. A circunstância de que a atividade de colportor depende economicamente do serviço que presta, serviço esse, acentuemos, de cunho essencialmente missionário, nem só por isso caracteriza um contrato de trabalho, dado que aquele empreendimento se opera em caráter puramente espiritual, sem o ânimo de mercancia ou finalidade lucrativa. A compensação pecuniária acordada em base de participação comissionada na venda dos impressos editados pela Associação reclamada destina-se a atender a subsistência do colportor, dar-lhe o amparo material, visível, aliás, em qualquer outra classe de sacerdócio, que também tem exigências econômicas a cumprir fisicamente.
>
> A vinculação entre o colportor reclamante e a Organização Adventista não preenche as condições de um pacto empregatício. Não estava o reclamante sujeito à fiscalização de suas atividades, que as exercia livremente, nem tinha horário de trabalho, havendo completa ausência de poder diretivo ou disciplinar por parte da Associação Adventista. Afigura-se-nos classificável

> o reclamante como trabalhador autônomo, pela inexistência daqueles requisitos próprios do contrato de trabalho".

Em consonância com esse ponto de vista está a doutrina mais recente:

> "O contrato de trabalho, como se sabe, é sinalagmático e comutativo, dele resultando para as partes prestações e contraprestações em nível de equivalência. Essa reciprocidade, entre os direitos e obrigações ajustadas no ato bilateral, afasta, evidentemente, a ideia de que a relação estabelecida entre a entidade religiosa e o sacerdote ou o colportor possa configurar um contrato de trabalho, porquanto o elo que os vincula não gera obrigações recíprocas. A subordinação do membro integrante da Igreja à sua disciplina resulta, não de um contrato, mas do seu voto de obediência, proferido solenemente ao incorporar-se à entidade religiosa". Arnaldo Süssekind e Luiz Inácio B. Carvalho. *Pareceres. Direito do Trabalho e Previdência Social.* v. VIII, 1995, São Paulo: LTr Editora, p. 30 (Parecer emitido em 2.8.94).

Igual direção seguiu o TRT de Santa Catarina:

"Vínculo empregatício. Missionário evangélico. Inexistência. Inexistentes os requisitos do art. 3º da CLT, não há como reconhecer o vínculo empregatício entre o colportor-missionário e a corporação evangélica à qual fez voto de fé, pregando espontaneamente a palavra divina em horário flexível, entregando folhetos, e vendendo assinatura das revistas da congregação ao tempo em que fazia orações com assinantes ou não das revistas, com o objetivo de divulgar a palavra evangélica, sem sofrer fiscalização ou penalidades". TRT — SC-RO 921096 — Ac. 2ª T. 012185/97. Relª: Juíza Licélia Ribeiro. Revista Genesis, jan. 1999, p. 136.

Não diverge desse entendimento o TST, em sua composição plena, quando há muito, no Proc. TST n. 7963/55, tendo como relator o Min. Carvalho Júnior, manifestou:

"Mérito — Conhecidos os embargos, dou-lhes provimento para absolver a Embargante da condenação imposta, entendendo não haver qualquer relação de emprego entre a Embargante e o Embargado.

Realmente, ao exame dos autos observa-se que na organização religiosa da reclamada, a função exercida pelo Embargado, denominada 'colportor', é prevista expressamente: 'Colportor' evangelista — É assim denominado aquele que, depois de haver demonstrado, no período de prova, que Deus o chamou e que tem capacidade para a obra de ganhar almas por meio da disseminação de nossa literatura, é aceito para consagrar-se inteiramente à colportagem, como vocação de sua vida, dedicando todo o seu tempo a esse trabalho. Existe mais, nos autos, a prova de que o colportor se obriga a fazer depósito de determinada importância para receber os livros. Ele não os vende por conta da missão; consequentemente esta não tem o risco da venda. O colportor é que corre esse risco. Em determinados casos, quando a venda é de maior importância, os livros são remetidos por reembolso postal. O dever de o colportor enviar relatório semanal das atividades de sua função, vale não como subordinação ou dependência hierárquica entre as partes, mas significando o empenho que a Missão Adventista tem em acompanhar o resultado alcançado pela divulgação dos seus livros, em saber se a semente dos seus preceitos medrou em solo fecundo e que possibilitasse a fixação definitiva de um pastor — completando, assim, a etapa missionária.

A finalidade da Igreja dos Adventistas do Sétimo Dia, a de pregação evangélica, envolve um ciclo de atividades amplas por intermédio de pastores, pregadores, professores, médicos e colportores-evangelistas. Estes últimos são missionários voluntários que se mantêm com a distribuição da literatura adventista. O colportor integra, de modo irrecusável, como que hierarquia eclesiástica e a do culto adventista, sendo um dos agentes mais ativos da disseminação evangélica, propagando, como missionário leigo, os ideais filantrópicos e religiosos da Igreja. As obrigações assumidas pelo colportor resultam do chamado de uma vocação religiosa, do apelo que sente em sua alma para dedicar-se a uma nobre missão espiritual. E é nesse sentido místico que assume o encargo, sem outro objetivo senão o de servir à sua religião, comprometendo-se nesta declaração: 'Declaro, de espontânea vontade, que, como membro da Igreja Adventista do Sétimo Dia, desejo trabalhar, como missionário voluntário, com a literatura impressa por essa igreja, distribuindo-a para a propagação de seus ideais filantrópicos e religiosos, suas doutrinas cristãs, antialcoólicas e higiênicas, contribuindo assim para o bem de meu semelhante'.

Reconheceu o Embargado em seu depoimento que o declarante é membro, associado, participante da Associação da União Este Brasileira dos Adventistas do Sétimo Dia; que a finalidade dessa Associação é a de difundir o ensino religioso, moral e intelectual, defendendo a religião cristã, como salvaguarda da moral (...)

Eis, então, configurada a atividade propagandista do culto religioso adventista, por parte do Embargado, por meio do seu mister missionário feito pela venda de livros e revistas contendo essa fé evangélica. Nenhuma relação de emprego surgiu entre o embargado e a Associação Embargante, diversa desse nexo religioso.

Os relatórios semanais que se obrigou a enviar o colportor, bem como a fixação da área territorial que lhe foi designada, para exercitar seu ministério, não implicam em reconhecimento de qualquer subordinação jurídica, pois integram deveres comuns do sacerdócio, inclusive na Igreja Católica, onde os padres exercitam sua missão espiritual em sua respectiva paróquia.

A venda dos livros praticada pelo colportor e da qual este auferia algum lucro visava a sua subsistência, já que este membro da Igreja Adventista deveria dedicar à colportagem o maior empenho, consagrando nesse trabalho todo o seu tempo.

Nessa venda da literatura adventista, assumiu o Embargado plena autonomia ou independência da Associação Embargante sem horário de trabalho, fiscalização ou qualquer interferência diretiva — nada havendo que comprovasse uma relação de emprego.

Pela excelência e como homenagem justa ao seu autor, transcrevo neste acórdão o voto que o Ministro Astolfo Serra proferiu e que me parece equacionar e dirimir perfeitamente a hipótese" (ref. TST 7.963/55). *Op. cit.* de J. Antero de Carvalho, p. 194/196 (Grifou-se).

Mais recentemente, o mesmo TST manteve igual posicionamento, como se constata deste aresto:

"Atividade de natureza religiosa, como a de colportagem, exercida em virtude de voto feito em público, não gera relação de emprego, pois se esgota fora da comutatividade contratual". TST — RR-113.000/94.0. Rel.: Min. Hylo Gurgel. Ac. 2ª Turma 4.206/95.

Concluindo, invocamos aqui o pensamento da doutrina francesa, segundo a qual "o direito não foi feito nem para os heróis, nem para os santos, mas para os homens medíocres que somos"(35).

---

(35) Le droit n'est fait ni pour les héros, ni pour les saints, mais pour les hommes médiocres que nous sommes. *In*: J. Carbonnier. *Théorie des obligations*, Paris: PUF, 1969, n. 86, p. 55.

CAPÍTULO XIV

MODALIDADES DE CONTRATO DE EMPREGO. TIPOS DE CONTRATO A TERMO. CONTRATO DE EXPERIÊNCIA E PERÍODO DE EXPERIÊNCIA. CONTRATO DE EMPREGO E CONTRATOS AFINS. DIFERENÇA ENTRE CONTRATO DE TRABALHO E PRESTAÇÃO DE SERVIÇOS. EMPREITADA, MANDATO, REPRESENTAÇÃO COMERCIAL, SOCIEDADE E PARCERIA. PRÉ-CONTRATO. RESPONSABILIDADE PRÉ-CONTRATUAL

1. INTRODUÇÃO

Quanto à duração, o contrato de trabalho poderá ser por prazo determinado ou indeterminado, que é a regra, em face do princípio da continuidade. Os efeitos do contrato determinado dependem de um termo futuro, que poderá ser certo quanto à unidade de tempo ou quanto ao serviço a ser executado (*dies certus an et quando*). Aqui, tanto o tempo como o evento são certos. Poderá ocorrer, entretanto, de o trabalhador saber que o contrato se extinguirá, mas não quando (*dies certus an et incertus quando*). Isso poderá se verificar quando o empregado for contratado para a construção de um edifício. Sabe-se que a obra terminará, mas não se sabe quando. O mesmo ocorre com os serviços executados durante uma safra.

O contrato por prazo determinado é o ajuste cuja vigência depende de termo prefixado ou da execução de serviços especificados ou, ainda, da realização de certo acontecimento suscetível de previsão aproximada (art. 443 da CLT).

Observe-se que a lei faz menção a serviços especificados (art. 443 da CLT) e, mais adiante, no art. 452, alude a serviços especializados, levando a uma dissidência doutrinária e jurisprudencial.

Argumentam alguns autores que o serviço objeto de contrato a termo, nos moldes celetistas, deverá ser especializado, e outros sustentam que o citado art. 443, § 1º, da CLT, ao se utilizar da expressão "serviços especificados", na realidade, deveria ter-se utilizado da expressão "serviços específicos"[(1)]. E exemplifica: "uma datilógrafa, com

(1) KHAMIS, Roberto Mehanna. *Contrato de trabalho de duração determinada*. São Paulo: LTr, 1987, p. 19.

a especificação de que seus serviços seriam os de datilografia, não autoriza a determinação de prazo".

À luz da CLT (§ 2º do art. 443), o contrato a termo só será válido em se tratando:

a) de serviço cuja natureza ou transitoriedade justifique a predeterminação do prazo. A transitoriedade aqui não significa eventualidade, pois o trabalho eventual não é objeto do contrato de emprego. A transitoriedade de um curso de especialização em um estabelecimento de ensino justifica a contratação a termo de um professor, assim como se justifica a contratação de um técnico para montar uma fábrica;

b) de atividades empresariais de caráter transitório. Aqui o legislador não incorreu na impropriedade do termo utilizado no item anterior, optando pela expressão "atividade de caráter transitório". A **jurisprudência** nos dá um exemplo de atividade empresarial de caráter provisório: a confecção de ovos de chocolate no período que antecede a Páscoa. Apesar de repetir-se todos os anos, a contratação da mão de obra não obedece a critério rígido, dependendo do consumo e da demanda do mercado(2);

c) de contrato de experiência ou de prova. Essa modalidade de ajuste determinado, celebrado pelo prazo máximo de 90 dias, tem por objetivo aferir o desempenho e entrosamento do empregado no local de trabalho, permitindo-lhe também aquilatar as condições da prestação de serviços. Mais adiante teceremos considerações específicas sobre essa modalidade de contrato a termo.

Pelo que se pode constatar das alíneas "a" e "b" do § 2º do art. 443, o contrato por prazo certo exige a característica transitória do serviço a ser executado.

À luz do art. 445 da CLT, o contrato de trabalho por prazo determinado não poderá ser estipulado por mais de dois anos. Já o contrato de experiência não poderá ultrapassar 90 dias, sob pena de passar a reger-se pelas normas do contrato indeterminado (parágrafo único do art. 445 da CLT). Caso esses contratos sejam prorrogados, somado o prazo do contrato inicial com a prorrogação, não poderá exceder de dois anos ou 90 dias, respectivamente. É permitida somente uma prorrogação. Lembre-se que a prorrogação do contrato não poderá ocorrer após seu vencimento, tampouco precisa ser por prazo idêntico ao do contrato inicial.

---

(2) "**Contrato a prazo determinado. Safra e experiência. Estabilidade provisória da gestante**. O art. 443, § 2º da CLT estabelece como condição de validade (*sic*) do contrato de trabalho a prazo determinado a execução de serviços, cuja natureza ou **transitoriedade** justifique a predeterminação do prazo ou atividades empresariais de caráter provisório (grifos nossos). Ora, é evidente que a **confecção de ovos de chocolate, no período que antecede a Páscoa**, enquadra-se dentro deste tipo de atividade empresarial de '**caráter provisório**', pois, apesar de repetir-se todos os anos, não obedece ao critério rígido de contratação de mão de obra, mas o fluxo de consumo e a demanda do mercado. Por outro lado, não é possível olvidar-se que a reclamante, no ato de sua contratação, tinha conhecimento da precariedade e prazo de duração de seu contrato de trabalho, razão pela qual não poderia pleitear sua reintegração no emprego em face de gravidez superveniente. Recurso de Revista da Reclamada provido". TST — RR-351.947/97.4 — Ac. 5ª T. 7524/97 – Rel.: Min. Antônio Maria Thaumaturgo Cortizo — DJU 7.11.97, p. 57.581. *Julgados Trabalhistas Selecionados*. Irany Ferrari e Melchíades Rodrigues Martins. São Paulo: LTr, 1998, p. 122.

O desrespeito a essas regras faz com que o contrato passe a reger-se pelas normas do contrato por prazo indeterminado.

A CLT considera, ainda, indeterminado o contrato que suceder, no prazo de seis meses, a outro contrato por prazo determinado, salvo se a expiração deste dependeu da execução de serviços especializados ou da realização de certos acontecimentos (art. 452 da CLT).

Poderá ocorrer que o contrato determinado contenha a cláusula do direito recíproco de rescisão antecipada. Se essa cláusula for utilizada, ele passará a reger-se pelas normas do contrato indeterminado (art. 481 da CLT).

O Decreto-Lei n. 229, de 28 de fevereiro de 1967, restringiu o campo de aplicação dos contratos determinados da CLT. Ocorre que os preceitos celetistas não poderão ser interpretados isoladamente, pois existem várias outras leis, além da CLT, que preveem a admissibilidade de contratos por prazo determinado em outras hipóteses, como, por exemplo, as leis que tratam do safrista (Lei n. 5.889, de 1973), do trabalhador temporário (Lei n. 6.019, de 1974), do jogador de futebol (Lei n. 6.354, de 1976, e Lei n. 9.615, de 1998, entre outras), do artista (Lei n. 6.533, de 1978), do técnico estrangeiro, do trabalhador contratado por obra certa (Lei n. 2.959, de 17 de novembro de 1956), entre outras.

Antes de tecermos algumas considerações a respeito desses contratos determinados previstos em legislação trabalhista especial, passaremos ao estudo do contrato de experiência, última modalidade alinhada no art. 443 da CLT.

2. CONTRATO DE EXPERIÊNCIA

2.1. Contrato de experiência e período de experiência

O contrato de experiência não se confunde com o período de experiência, a que alude o art. 478, § 1º, da CLT. Isso porque este último, por força de preceito legal, corresponde ao primeiro ano de duração do contrato indeterminado, enquanto aquele é um contrato a termo, fundado na autonomia da vontade das partes, cujo objetivo é aferir o desempenho e entrosamento do empregado no local de trabalho, permitindo-lhe também aquilatar as condições da prestação de trabalho.

O § 1º do art. 478 da CLT dispõe sobre um prazo de carência[3], esclarecendo que antes de um ano o empregado não faz jus à indenização de antiguidade prevista como reparação nos contratos indeterminados, hoje substituída pela conta vinculada do FGTS.

2.2. Conceito

O contrato de experiência é modalidade de ajuste a termo, de curta duração, que propicia às partes uma avaliação subjetiva recíproca: possibilita ao empregador verificar as aptidões técnicas e o comportamento do empregado e a este último analisar as condições de trabalho.

---

(3) MAGANO, Octavio Bueno. *Contrato de prazo determinado*. São Paulo: Saraiva, 1984, p. 51.

Para fins de contratação, o empregador não exigirá do candidato a emprego comprovação de experiência prévia por tempo superior a 6 (seis) meses no mesmo tipo de atividade (art. 442-A da CLT, introduzido pela Lei n. 11.694, de 10.3.**2008**).

2.3. Natureza jurídica

É muito discutível a natureza jurídica do contrato de experiência, e há várias teorias que procuram explicar a essência desse ajuste. Há quem afirme tratar-se de um **contrato preliminar**, por meio do qual ajustar-se-á o contrato posterior, se a experiência for satisfatória. Essa teoria não é aceitável, porque o objetivo do contrato preliminar é a celebração do contrato definitivo e o do contrato de experiência é a avaliação subjetiva recíproca.

Outros[(4)] o veem como um contrato de trabalho **pendente de condição resolutiva,** caso a experiência não seja satisfatória. Em contraposição a essa corrente, há os que afirmam que a cláusula de experiência ou prova é um dos elementos acidentais do contrato; logo, o vínculo fica subordinado a uma **condição suspensiva**, meramente potestativa, quanto à formação da relação jurídica futura, a qual dependerá de uma prova[(5)].

Sustentam outros que o essencial do pacto laboral já se encontra no período de experiência, e ressaltam a **natureza unitária do contrato**[(6)] em contraposição à teoria do contrato preliminar.

Filiamo-nos aos que entendem tratar-se o contrato de experiência de um **contrato especial**, porquanto o art. 443, § 2º, da CLT o distingue ao lado de outros contratos por prazo determinado[(7)].

2.4. Forma. Tendência na legislação estrangeira

É sabido que o contrato de trabalho, em regra, não requer forma solene, podendo ser celebrado expressa ou tacitamente. Vigora, entre nós, a liberdade de forma, não exigindo a lei que o contrato de experiência seja escrito, embora haja jurisprudência em contrário[(8)]. Quando o legislador brasileiro pretendeu exigir solenidade de forma para alguma modalidade de contrato por prazo determinado, deixou sua intenção expressa, como ocorreu, por exemplo, com o art. 11 da Lei n. 6.019, de 1974, que exige, "obrigatoriamente, a forma escrita para o contrato de trabalho temporário".

---

(4) BARASSI, Ludovico. *Il Diritto del Lavoro*. Milano: Giuffrè, 1949, v. II, p. 194.

(5) SANSEVERINO, Luisa Riva. *Diritto del Lavoro*. Padova: Cedam, 1967, p. 188.

(6) CATHARINO, José Martins. *Compêndio Universitário de Direito do Trabalho*. São Paulo: Jurídica e Universitária. 1972, v. I, p. 384.

(7) MAGANO, Octavio Bueno. *Contrato de prazo determinado*. São Paulo: Saraiva, 1984. p. 55 e PLÁ RODRIGUEZ, Americo. *Curso de Derecho Laboral*, Montevidéu: Acali, 1980, v. 2, p. 52.

(8) "O contrato de trabalho tem por natureza o sentido de continuidade. Por isso, sua mais importante classificação se traduz no contrato indeterminado. O contrato de experiência constitui uma possibilidade do empregador submeter o empregado a um período de prova, contratando-o antes a título experimental, até porque a aprovação ou não seria de escolha do empregador. Inadmissível, portanto, contrato de experiência na forma verbal". TRT — SP 02970085032 — Ac. 7ª T. 0298005910 — Rel.: Juiz José Mechango Antunes — DOE 13.2.98. *Revista Synthesis* 27/98, p. 204.

Saliente-se, apenas para argumentar, que o contrato de experiência está previsto em algumas legislações estrangeiras, inclusive no Código Civil Italiano, cujo art. 2.096 o denomina *patto di prova*. O *caput* do citado preceito legal exige, expressamente, a forma escrita para esse contrato, salvo disposição diversa prevista nos contratos coletivos. A mesma exigência consta do Estatuto do Trabalhador Espanhol (art. 14), do Código do Trabalho da Colômbia e do Panamá. Logo, a tendência na legislação estrangeira é exigir a forma escrita para esses ajustes.

Note-se, entretanto, que o art. 29 da CLT dispõe que as condições especiais de trabalho, entre as quais se inclui a experiência ou a prova, sejam anotadas na CTPS do empregado, no prazo improrrogável de 48 horas.

O só fato de não constar da carteira de trabalho do empregado a condição especial, isto é, a natureza do contrato e/ou sua prorrogação, não o anula, transformando-o em ajuste por prazo indeterminado. É que a lei não prescreve forma especial para o contrato de experiência. Logo, havendo prova de manifestação do obreiro admitindo essa contratação especial e a respectiva prorrogação, o ajuste deverá ser admitido como válido. A citada omissão gera penalidade apenas de ordem administrativa, como se infere do art. 29 da CLT, e não nulidade capaz de transformar o contrato em indeterminado[(9)]. Lembre-se que o legislador, quando pretendeu atribuir a nulidade ao contrato, por ausência de anotação da condição especial na CTPS, foi claro e taxativo. É o que se infere da nova redação atribuída ao art. 428, § 1º, da CLT (acrescentado pela Lei n. 10.097, de 2000), que preceitua: "a validade do contrato de aprendizagem pressupõe anotação na Carteira de Trabalho e Previdência Social...".

Há, todavia, quem sustente que "a validade do contrato de experiência, como condição especial de trabalho, depende de sua anotação na CTPS do empregado, como determina o art. 29, da CLT"[(10)].

Observe-se, entretanto, que, contestada a natureza do ajuste, compete ao empregador o ônus da prova da celebração e prorrogação do contrato de experiência. Evidentemente, apesar de inexistir a obrigação legal no tocante à forma do pacto, a prática demonstra que o documento formalizado facilita a sua prova.

2.5. Classificação e prazo

O contrato de experiência, também intitulado contrato de prova ou de tirocínio[(11)], está previsto no art. 443, "c", da CLT, como modalidade de contrato por prazo

---

(9) "**Contrato de Experiência. Prorrogação**. Demonstrado que as partes ajustaram a prorrogação de contrato de experiência, por uma única vez, em instrumento escrito, o só fato desta circunstância não ter sido lançada na CTPS dos autores não torna o ajuste indeterminado". TRT — 3ª Região — 2ª Turma — RO 14416/93 — Relª: Juíza Alice Monteiro de Barros — julgado em 30.11.93.

"**Contrato de Prova**. Anotação na carteira profissional. A falta de anotação na Carteira de Trabalho não torna sem validade o contrato de experiência, até porque inexiste norma legal que exija essa formalidade. Recurso desprovido". TST — SDI-2. RO.AR153.705/94 — Rel.: Min. Armando de Brito — DJ 231/97. Repertório de Jurisprudência Trabalhista. João de Lima Teixeira Filho, v. 7, p. 322.

(10) TRT — 2ª Região — RO 02910049269 (Ac. 5ª T. — 02930009351) — Rel.: Juiz João Carlos de Araújo, 1.2.93, p. 366. FERRARI, Irany e outro. *Julgados Trabalhistas Selecionados*. São Paulo: LTr.

(11) REIS, Nélio. *Contrato de prova*. São Paulo: Freitas Bastos, 1963, p. 31.

determinado. Já o art. 445, parágrafo único, do mesmo texto consolidado dispõe que seu prazo não poderá exceder de 90 dias, do contrário, passará a reger-se pelas normas do contrato indeterminado.

Há legislações estrangeiras que preveem prazos maiores para as funções mais complexas e prazos menores para os empregados não qualificados(12). Essa distinção é, a nosso ver, das mais recomendáveis, embora não seja prevista na legislação brasileira.

2.6. Equívoco na contagem do prazo

Algumas decisões jurisprudenciais têm desconsiderado o equívoco de um dia na contagem do contrato de experiência como circunstância capaz de autorizar sua indeterminação, pois muitas vezes ele advém do fato de alguns meses terem 31 dias ou da circunstância de o último dia do contrato recair em um sábado e o empregador pagar o repouso alusivo à semana trabalhada(13). Nessa situação, os princípios da razoabilidade e da boa-fé justificam a não indeterminação do pacto, porém, em regra, ultrapassados os 90 dias, o contrato se transforma em indeterminado(14).

2.7. Objeto

Paira acirrada controvérsia em torno da natureza do serviço que poderá ser objeto do contrato de experiência. Muitos doutrinadores sustentam que essa modalidade contratual só é compatível com a prestação de trabalho qualificado, sendo inadmissível em relação ao trabalhador braçal ou ao que se encarregue de serviços gerais(15).

---

(12) Cf. Estatuto do Trabalhador Espanhol, art. 14, que dispõe: "Poderá ajustar-se por escrito um período de prova com sujeição a limites previstos em convenção coletiva. Sendo omissa esta última, os limites não poderão ultrapassar seis meses para os técnicos titulados, nem dois meses para os demais empregados. Nas empresas com menos de 25 trabalhadores, o período de prova não poderá exceder de 3 meses para os trabalhadores que não sejam técnicos titulados". O mesmo se infere do Código do Trabalho do Paraguai — Lei n. 213, de outubro de 1993 (Documentos de Derecho Social, 1993), cujo art. 58 estabelece que na etapa inicial do contrato de trabalho haverá um período de prova cujo objetivo é permitir que o empregador avalie as aptidões do empregado e que este verifique a conveniência das condições de trabalho. Esse período terá duração de 30 dias para os domésticos e trabalhadores não qualificados e de 60 dias para os trabalhadores qualificados e para os aprendizes. Em se tratando de técnicos altamente qualificados, as partes poderão convencionar um outro prazo de duração.

(13) "Se demonstrado que houve equívoco quanto à contagem do prazo relativo ao contrato de experiência, acarretando excesso de um dia em sua duração, a avença não se transforma em contrato por prazo indeterminado, que se extingue, de pleno direito, pelo transcurso do prazo convencionado. Revista conhecida e provida". TST — 2ª T. – RR 2243/86 — Rel.: Min. Nélson Tapajós — DJ n. 224/86. *Repertório de Jurisprudência Trabalhista*. João de Lima Teixeira Filho, v. 6.

"Se o contrato a termo extingue-se no sábado, é evidente que o pagamento do domingo seguinte significa a remuneração do repouso semanal e não se constitui, é óbvio, em prorrogação do ajuste". TRT — 7ª Região — RO-536/86 — Rel.: Juiz Manoel Arízio — DJCE 12.6.87. *In: Repertório de Jurisprudência Trabalhista*. João de Lima Teixeira Filho, v. 6.

(14) **"Contrato de prova. Prazo. Prorrogação. Limite.** Correta exegese da norma consolidada. O contrato de experiência ou de prova, a teor do § 2º do art. 443, da CLT, pode ser prorrogado uma única vez, respeitado o limite máximo de 90 (noventa) dias. Assim, se a empresa contratante pretende ver prorrogado o prazo, deve procedê-lo até a data de seu termo. Deixando ultrapassar, como *in casu*, três dias para operar-se a respectiva prorrogação, o contrato se transforma em indeterminado. Recurso a que se nega provimento". TRT — 3ª Região, 2ª T. — RO 1794/90 — Relª: Juíza Alice Monteiro de Barros — julgado em 5.3.91.

(15) DONATO, Messias Pereira. *Curso de Direito do Trabalho*. São Paulo: Saraiva, 1977, p. 153; PAULON, C. A. Contrato de Experiência e aviso prévio. *Revista LTr* 46-7/785; CATHARINO, José Martins. *Compêndio Universitário de Direito do Trabalho*. v. 1, 1972. São Paulo: Jurídica e Universitária, p. 385. PRUNES, José Luiz Ferreira. *Contrato de trabalho com cláusula de experiência*. São Paulo: LTr, 1981, p. 384.

A jurisprudência **majoritária do TST adota ponto de vista contrário**(16), **ao qual nos filiamos. É que a lei não distingue que funções poderão ser objeto do contrato de experiência. Dessa forma, não invalida o ajuste a circunstância de o empregado ter sido contratado a título de experiência para uma função que não exija especialização.** O que se pretende nesse período **não é apenas aferir a qualificação da mão de obra do trabalhador, mas também permitir uma avaliação subjetiva recíproca**, que autorize o empregador a examinar o comportamento pessoal do empregado, como assiduidade, diligência, caráter e entrosamento com o ambiente de trabalho; em contrapartida, poderá o obreiro, igualmente, verificar se o emprego atende às suas expectativas, avaliando as condições de trabalho(17). Aliás, o Código Colombiano e o Código Paraguaio do Trabalho são expressos no sentido de que o objetivo do contrato de prova é permitir essa avaliação subjetiva recíproca pelas partes. Se, entretanto, o empregado já houver sido testado antes, na mesma função ou em atribuição equivalente, junto ao mesmo empregador(18), incluindo-se como tal os integrantes do mesmo grupo econômico, o contrato de experiência não será válido, transformando-se em contrato indeterminado, sujeito às regras gerais.

2.8. Contrato de experiência que sucede a um contrato temporário

Poderá ocorrer de um contrato de experiência suceder a um contrato de trabalho temporário, ou vice-versa, em que tomador e empregado atuem como cocontratantes. Ora, essa situação desvirtua o contrato de prova, pois tudo leva a crer que o empregado já fora testado anteriormente.

Nesse sentido tem-se inclinado a jurisprudência:

> "Contrato de experiência. Sequência de contrato de trabalho temporário. Inadmissibilidade. Esvazia-se o objeto do contrato de experiência quando a empresa contrata, na

---

(16) "Contrato de experiência. Caracterização. O contrato de experiência não impõe que a atividade profissional a ser desenvolvida seja de natureza técnica, especializada. Recurso desprovido". TST — E-RR-4221/90.8 — Ac. SDI-1462/92 — Rel.: Min. José Calixto — DJU 21.8.90, p. 12.901. FERRARI, Irany e outro. *Julgados Trabalhistas Selecionados*. São Paulo: LTr, v. II, p. 203.

(17) A doutrina majoritária admite que o empregado também possa avaliar o futuro empregador. Vejamos: "o empregado previdente tem empenho em verificar, sucessivamente, a situação moral e econômica da empresa, a garantia de trabalho certo e contínuo (sobretudo se tarefeiro), se os serviços não são superiores às suas forças e às suas possibilidades de realizá-lo (como no caso do vendedor em relação à quantidade, qualidade e aceitação dos produtos da fábrica), os instrumentos e locais de trabalho apresentados pela empresa (o que é do interesse do trabalhador técnico, científico ou artístico etc.)". REIS, Nélio. *Contrato de prova*. Rio de Janeiro: Freitas Bastos, 1963, p. 33. De forma correlata manifestam-se Dorval M. de Lacerda. *O contrato individual de trabalho*. São Paulo: Saraiva, 1939, p. 156; Eugenio Perez Botija. *Curso de Derecho del Trabajo*. Madrid: Tecnos, 1948, p. 142; Pontes de Miranda *apud* José Luiz Ferreira Prunes. *Contrato de Trabalho com cláusula de experiência*. São Paulo: LTr, 1981, p. 34/35.

Alguns autores afirmam que a experimentação recíproca só existe no campo teórico: "Na realidade dos fatos, somente o empregado será experimentado" (Cf. ALMEIDA, Milton Vasques Thibau. O contrato de experiência. *Curso de Direito do Trabalho. Estudos em memória de Célio Goyatá*, v. I, São Paulo: LTr, 1997, p. 520. Coord. de Alice Monteiro de Barros).

(18) "**Contrato de experiência. Nulidade.** Ante o princípio da primazia da realidade, consagrado no art. 9º da CLT, é nulo, porque fraudulento, o contrato de experiência celebrado na mesma função, ou similar, como é o caso *sub examine*, quando da readmissão de empregado que já trabalhara por um período de seis meses na mesma empresa". TRT — 3ª Reg. — 4ª T. — RO-22682/98 — Rel.: Juiz Júlio Bernardo do Carmo — DJMG 31.7.99. p. 12. *Revista do Direito Trabalhista*, set. 1999, p. 54.

sequência, o trabalhador temporário, para o exercício da mesma função, uma vez que já lhe conhece as aptidões e a conduta pessoal. Contratação que se reputa, portanto, como de prazo indeterminado. Recurso ordinário a que se dá provimento." (TRT/SP 02112200424102008 — RO — Ac. 11ª T. 20060680797 — Rel. Eduardo de Azevedo Silva — DOE 12.9.**06**)

Ocorrendo a hipótese relatada acima, o pacto passará a reger-se pelas normas do contrato indeterminado.

2.9. Prorrogação

Como modalidade de contrato determinado, o contrato de experiência permite a prorrogação, por uma única vez, antes de expirado o prazo, e desde que não sejam ultrapassados 90 dias, a teor do art. 451 da CLT e da **Súmula n. 188 do TST**(19).

A jurisprudência diverge quanto à possibilidade de inserção de cláusula de prorrogação automática do contrato de experiência. Uma corrente nega validade à cláusula de prorrogação automática do contrato de experiência, por deixar o empregado na incerteza quanto ao verdadeiro término do contrato determinado(20). Outros a admitem, desde que o somatório do contrato inicial e da respectiva prorrogação não ultrapasse 90 dias(21). Em face da divergência apontada e por precaução, sugerimos a prorrogação expressa do contrato de experiência num prazo mínimo antes do termo ou na data em que atingir o seu término(22), embora a jurisprudência do TST se inclinasse favoravelmente à possibilidade de prorrogação tácita do pacto(23).

O TST (E-RR-525.853/99 – SBDI-1 Rel. Min. João Oreste Dalazen) asseverava que expirado o contrato a termo, de experiência, não gera a sua prorrogação tácita quando ausente conduta objetiva das partes por prazo determinado, mas mera manifestação de vontade do empregador (*Revista TST*, v. 69, n. 1, jan./jun. 2003).

---

(19) "O contrato de experiência pode ser prorrogado, respeitado o limite máximo de 90 dias".

(20) "**Cláusula de prorrogação automática. Nulidade do pacto.** A cláusula de prorrogação automática constitui vício insanável, que torna nulo de pleno direito o pacto de experiência, porquanto submete à condição resolutiva, previamente, dois prazos finais, utilizáveis a critério unilateral do empregador, deixando o empregado na incerteza quanto ao verdadeiro término do contrato a termo. Assim, na dúvida quanto à real duração de um contrato a termo que, por si mesmo, já é considerado na doutrina como nefasto ao empregado, há de presumir a contratação por tempo indeterminado". TRT — SP-02960242810 — Ac. 8ª T. — Relª: Wilma N. de Araújo Vaz da Silva — DOE 17.2.98. *Revista Synthesis* 27/98, p. 203.

(21) "**Contrato de experiência. Prorrogação automática até o limite de noventa dias.** A prorrogação do contrato de experiência de trinta dias para mais sessenta dias, pelo efeito do silêncio das partes, ainda o mantém sob o regime do prazo determinado quando há cláusula expressa prevendo este elastecimento automático e independentemente da manifestação das partes. Neste caso, somente a partir dos noventa dias da contratualidade é que passam a viger as regras da indeterminação do seu prazo, nos termos do parágrafo único do art. 455 da CLT". TRT — 12ª Reg. — 1ª T. — RO 5220/94 — Rel.: Juiz Idemar A. Martini — DJ/SC 1.4.96, p. 140. CALHEIROS BOMFIM. *Dicionário de Decisões Trabalhistas*. 27. ed., p. 140.

(22) DONATO, Messias Pereira. *Curso de Direito do Trabalho*. São Paulo: Saraiva, 1979, p. 138.

(23) "**Contrato de experiência. Prorrogação e extinção**. O denominado contrato de experiência é espécie do contrato de trabalho por prazo determinado. Logo, sendo permitida, a teor do art. 451 da CLT, a prorrogação tácita deste, nada impede que a mesma possibilidade seja aplicada ao primeiro." TST-RR-248.749/96.4. Ac. 3ª T. — Rel.: Min. Francisco Fausto Paula de Medeiros – Revista Trabalho e Doutrina, n. 18, set. 1998, p. 158.

2.10. Renovação

A renovação não se confunde com a prorrogação. Ela está prevista no art. 452 da CLT, que preceitua: "considera-se por prazo indeterminado todo contrato que suceder, dentro de seis meses, a outro contrato por prazo determinado, excepcionado aquele cuja expiração dependeu da execução de serviços especializados ou da realização de certos acontecimentos".

Sustenta uma corrente jurisprudencial que a renovação prevista para os contratos determinados é incompatível com o contrato de experiência[(24)]. Outros a admitem, ao argumento de que o dispositivo em questão "cuida da chamada sucessão nos contratos a prazo certo", em que se inclui o contrato de experiência. "Quer isso significar que um contrato de experiência não poderá ser sucedido por outro contrato de experiência, antes de completar seis meses da data do término do primeiro ajuste", sob pena de indeterminação do segundo pacto[(25)]. A rigor, a lei não impede a renovação do contrato de experiência, o qual não se alinha nas exceções do art. 452 da CLT. Entretanto, só a consideramos possível se o contrato de experiência for celebrado para nova função.

2.11. Necessidade ou não de expor as razões pelas quais não prosseguiu o contrato

Se o contrato de experiência é modalidade de ajuste determinado, com o advento do termo extingue-se o liame empregatício, sem que o empregador tenha necessidade de expor as razões pelas quais não prosseguiu a relação jurídica. É que a legislação não estabelece, como exigência, que o empregador comprove a falta de habilitação[(26)].

Nesse sentido tem-se inclinado a jurisprudência:

> "O Contrato de Experiência, uma das espécies do contrato por prazo determinado, tem por característica o termo prefixado e, findo este, pode o empregador não contratar definitivamente o obreiro, não lhe sendo exigida a justificação que gerou a não recontratação". TST-RR 208.241/95.1 — Ac. 4ª T. 8.724/96 — 4ª Região. Rel.: Min. Milton de Moura França. DJU 28.2.97, p. 4446. *Julgados Trabalhistas Selecionados*. FERRARI, Irany e outro. São Paulo: LTr, v. V, p. 119/20.

2.12. Contrato de experiência e empregado rural

Como ressaltamos, o objetivo do contrato de experiência é permitir uma avaliação subjetiva pelas partes, pouco importando tratar-se ou não de mão de obra técnica ou especializada. Em consequência, é perfeitamente admissível essa modalidade de

---

(24) "Não se admite renovação de contrato de experiência, prorrogação sim. Por outro lado, a ideia de contrato de experiência é incompatível com a de atividades empresariais transitórias e, ainda, com a de serviços transitórios ou que por sua natureza justifiquem a predeterminação de prazos. São, pois, antitécnicas as disposições das alíneas a, b, c do § 2º do art. 443 da CLT". TRT — 3ª Região — RO2894/85 — Ac. 1ª T. — 17.12.85 — Rel.: Juiz Aroldo Plínio Gonçalves. *Revista LTr* 50-9/1085.

(25) PASSOS, Nicanor Sena. *Contrato de Experiência*. São Paulo: LTr, 1995, p. 147.

(26) No passado, o revogado Estatuto do Trabalhador Rural (Lei n. 4.213, de 1963) considerava justa causa para a resolução do contrato determinado a incompetência do empregado, mas desde que alegada e comprovada em até seis meses, a partir do início do prazo (art. 86, § 1º).

contrato **no meio rural**, não havendo qualquer restrição a ele pela Lei n. 5.889, de 1973[27], embora haja jurisprudência em contrário[28].

2.13. Contrato de experiência e empregado doméstico. Tendência na legislação estrangeira

A nosso ver, nada impede seja firmado com o empregado doméstico um contrato de experiência[29], pois esse tipo de ajuste destina-se a avaliar não só a aptidão para o trabalho contratado, mas também a conduta pessoal do trabalhador.

A lei não distingue que funções poderão ser objeto do contrato de experiência. Dessa forma, não invalida o ajuste o só fato de o empregado ter sido contratado a título de experiência para trabalho doméstico, porquanto o que se pretende nesse período não é apenas aferir o desempenho funcional do obreiro, mas também permitir uma avaliação recíproca, que consiste na análise, por parte do empregador, da personalidade e do entrosamento do empregado no ambiente de trabalho, podendo o trabalhador, da mesma forma, verificar se o emprego atende às suas expectativas. Aliás, o Código do Paraguai faz menção expressa a esse tipo de ajuste contratual (contrato de experiência) para o doméstico. Da mesma forma, o Código do Trabalho da Costa Rica, com a nova redação dada em 1995[30], considera, no art. 102, que, no contrato de trabalho relativo ao serviço doméstico, "os primeiros 30 dias são considerados de prova e quaisquer das partes poderão rompê-lo sem aviso prévio, nem responsabilidade". Já o Código Substantivo do Trabalho da Colômbia considera como período de prova dos domésticos os primeiros 15 dias de trabalho.

Saliente-se, entretanto, que há quem considere inaplicável ao doméstico o contrato de experiência, ao argumento de que as normas consolidadas não se lhe aplicam, e entenda que o contrato deve ser tido como indeterminado[31].

2.14. Contrato de experiência. Consórcio de empresas

Em se tratando de empregado que celebrou contrato de experiência em empresa integrante de consórcio empresarial, é inaceitável nova contratação a esse título para o exercício das mesmas funções junto a outra empresa consorciada, uma vez que o

---

(27) Nesse sentido tem-se posicionado a doutrina. Cf. PASSOS, Nicanor Sena. *Op. cit.*, p. 61. GALDINO, Dirceu e LOPES, Aparecido Domingos Erreria. *Manual do Direito do Trabalho Rural*. São Paulo: LTr, 2. ed., p. 55-58.

(28) "Contrato de experiência. Trabalhador rural. Clama aos céus a contratação de um rurícola a título de experiência, ferindo tal procedimento o direito e a lei, além de constituir uma atividade ilógica, insensata e aética". TRT — 3ª Reg. — 3ª T. — RO 2375/92 — Rel.: Juiz Álfio Amaury dos Santos — DJMG 3.2.1993.

(29) "O empregado doméstico pode ser contratado mediante caráter experimental, mesmo porque a lei civil permite a contratação por prazo determinado de qualquer tipo de serviço (art. 1.216, 1.220 e 1225 do Código Civil)". TRT — MG — RO 3.106/92 — Rel.: Juiz Rodrigo da Silva Pinheiro. *Revista de Direito do Trabalho*. n. 84, dez. 1993, p. 73.

(30) Código do Trabalho. Texto original de 1943 revisto pelas reformas de 1995. Dados fornecidos pela *Internet*.

(31) "Empregada doméstica. Contrato de experiência. Inaplicabilidade das disposições contidas na Consolidação das Leis do Trabalho, razão porque o contrato de trabalho é tido como a prazo indeterminado". TRT — 4ª Região — 2ª T. — RO 96.022750-4 — Relª: Juíza Dulce Olenca B. Padilha. *Revista do Direito Trabalhista* n. 5, ed. Consulex, maio 1998, p. 46. Em consonância com o ponto de vista PAMPLONA, Rodolfo e outro. *Direito do Trabalho Doméstico*. São Paulo: LTr, 1997, p. 69.

empregado já foi testado para a referida função e o empregador é único (TRT — 15ª Região — Proc. 16.614/02 — 1ª Turma — Rel.: Juiz Antônio Miguel Pereira — DOESP — 22.8.2002, *Revista Síntese* n. 162, p. 59).

2.15. Contrato de experiência e doença no seu curso

O prazo do contrato de experiência flui normalmente durante o período em que o empregado estiver afastado desfrutando de benefício previdenciário, a não ser que as partes tenham ajustado em contrário. Isso porque se trata de modalidade de contrato determinado, a ensejar a aplicação do disposto no art. 472, § 2º, da CLT. Embora o afastamento por doença inviabilize a experiência pretendida pelas partes, não tem ele o condão de projetar o ajuste, em face dos termos legais, a não ser que se comprove avença em contrário. O mesmo se diga em relação a outras espécies de suspensão do contrato.

2.16. Contrato de experiência e estabilidade provisória

Se o empregado foi admitido mediante contrato de experiência, pressupõe-se que ele se encontra em regime de prova durante esse período. Além disso, ao firmarem o contrato, as partes, antecipadamente, já sabem a data de sua extinção.

Fato superveniente alusivo à gravidez da empregada, a acidente do trabalho ou à circunstância de ter o obreiro obtido o registro e sido eleito para o cargo de dirigente sindical, de dirigente de CIPA ou de membro do conselho curador do FGTS não tem o condão de se sobrepor ao limite do contrato e assegurar a manutenção do emprego a trabalhador considerado sem habilitação durante a vigência do contrato de prova, por ferir os princípios da razoabilidade e da boa-fé.

Logo, se, de um lado, a proteção à garantia de emprego se impõe, de outro, não se pode olvidar a boa-fé do empregador, que ajustou contrato experimental, por prazo certo, e se viu surpreendido por um fato superveniente a que não deu causa, o qual assegura a continuidade do contrato[(32)].

Não há, portanto, direito da empregada gestante à estabilidade provisória na hipótese de admissão mediante contrato de experiência visto que a extinção da relação de emprego, em face do término do prazo, não constitui dispensa arbitrária ou sem justa causa (Súmula n. 244, inciso III). Sustentamos que nos contratos determinados não se obstou a aquisição da licença, pois a empregada já sabia de antemão a data em que o contrato terminaria.

Maiores considerações a respeito do tema poderão ser encontradas no **Capítulo sobre o Trabalho da Mulher**.

---

(32) Excetua-se, entretanto, a situação prevista na Lei n. 9.601, de 1998, disciplinadora de outra modalidade de contrato por prazo determinado.

2.17. Cessação do contrato de experiência e direitos assegurados ao empregado

Na hipótese de dissolução do contrato de experiência não é devido o aviso prévio, pois trata-se de contrato determinado. Se, todavia, o contrato contiver a cláusula prevista no art. 481 da CLT, que permite às partes romperem o ajuste antecipadamente, e se for ela utilizada, o aviso prévio será devido, pois o pacto passará a reger-se pelas normas do contrato indeterminado, na forma da interpretação contida na **Súmula n. 163 do TST**.

Na dispensa injusta e na rescisão indireta antes do término do contrato de experiência, sem a cláusula do direito recíproco de rescisão antecipada (art. 481 da CLT), não é devido o aviso prévio. As férias (art. 147 da CLT) e a gratificação natalina proporcionais (art. 3º da Lei n. 4.090, de 1962) serão devidas à razão de 1/12 por mês trabalhado, considerando-se mês fração igual ou superior a 15 dias. O empregado fará jus, ainda, ao levantamento do FGTS, constituído de depósito, juros e correção monetária, acrescido de multa de 40%, sem prejuízo da reparação a que alude o art. 479 da CLT (art. 20, I, da Lei n. 8.036, de 1990, e art. 14 do seu regulamento — Decreto n. 99.684, de 1990). Nesse sentido pronunciou-se o TST[33].

Em caso de encerramento voluntário da empresa antes de terminada a experiência, o empregado terá direito a férias (art. 147 da CLT) e à gratificação natalina proporcionais (art. 3º da Lei n. 4.090, de 1962), além do levantamento da conta vinculada do FGTS, que será sempre constituída de depósito, juros e correção monetária, acrescido de multa de 40% (art. 20 da Lei n. 8.036, de 1990). O encerramento voluntário da empresa gera uma dispensa injusta.

Na hipótese de demissão, ou seja, saída espontânea do empregado, antes de terminado o contrato de experiência, ele fará jus a férias proporcionais (nova redação dada à **Súmula n. 171 do TST**). Terá direito também à gratificação natalina, proporcional ao período trabalhado, com base no art. 7º do Decreto n. 57.155, de 1965, e na **Súmula n. 157**. Fará jus, por fim, ao FGTS, porém só irá recebê-lo nas hipóteses previstas no art. 20 da Lei n. 8.036, de 1990, e no art. 35 do Decreto n. 99.684, de 1990.

Na resolução do contrato por culpa recíproca, o empregado terá direito a 50% do valor das férias e da gratificação natalina proporcionais que lhe seriam devidas na hipótese de dispensa injusta (nova redação dada à **Súmula n. 14 do TST**, com aplicação analógica do art. 484 da CLT). O empregado terá direito ao levantamento da conta vinculada do FGTS acrescida de multa de 20% (art. 20, I, da Lei n. 8.036, de 1990, e

---

(33) "**Estabilidade provisória. Gestante. Dispensa no curso da prorrogação de contrato de experiência**. O contrato de experiência, espécie do gênero contrato de trabalho por prazo determinado, pode ser tacitamente prorrogado (art. 443, § 2º, 'c', e 451 da CLT), desde que, em atenção ao **Enunciado** n. 188/TST, seja respeitado o limite de 90 (noventa) dias. Na espécie, em razão da validade da cláusula de prorrogação automática do contrato de experiência e da observância do prazo fixado no **Enunciado**, conclui-se que a Reclamante, despedida 8 (oito) dias antes do termo do contrato de experiência, não tem jus à estabilidade provisória conferida à gestante no art. 10, II, 'b', do ADCT da Constituição da República, mas apenas à indenização prevista no **art. 479 da CLT, como foi paga**...". (Grifou-se). TST-RR-598.420/1999. Ac. 3ª T. — Relª: Min. Maria Cristina Irigoyen Peduzzi. DJ 6.6.2003. *Revista Justiça do Trabalho,* Rio Grande do Sul: HS Editora, n. 250, out. 2004, p. 99.

art. 14, § 2º, do seu regulamento — Decreto n. 99.684, de 1990), sem prejuízo da remuneração devida pelo tempo restante do contrato, dividida por quatro (art. 479 c/c art. 484 da CLT e § 2º do art. 14 do Regulamento citado).

Da mesma forma, na extinção do contrato por força maior, o empregado fará jus a 50% do valor das férias e da gratificação natalina proporcionais, por força do art. 502, II, da CLT, aplicado por analogia, como procedeu o TST em relação à culpa recíproca, revendo a **Súmula n. 14**, com base no art. 484 da CLT. O empregado fará jus também à conta vinculada do FGTS, com o acréscimo da multa de 20%, relativos ao período trabalhado (art. 9º, § 2º, do Decreto n. 99.684, de 1990), sem prejuízo da remuneração devida pelo tempo restante do contrato, dividida por quatro (art. 479 e 502, II, da CLT c/c o § 2º do art. 9º do Decreto citado).

Falecendo o empregado antes da extinção normal do contrato de experiência, os dependentes receberão a remuneração das férias (nova redação dada à **Súmula n. 171 do TST**) e da gratificação natalina proporcionais (art. 7º do Decreto n. 57.155, de 1965). O levantamento da conta vinculada do FGTS se fará, sem multa, em favor dos dependentes arrolados como tais perante o órgão previdenciário (art. 20, IV, da Lei n. 8.036, de 1990).

Chegando a termo o contrato de experiência de 90 dias serão devidas as férias (art. 147 da CLT) e a gratificação natalina proporcionais, isto é, à razão de 3/12 (art. 7º do Decreto n. 57.155, de 1965). O obreiro receberá também o saldo da conta vinculada do FGTS, sem multa (art. 20, IX, da Lei n. 8.036, de 1990, e art. 35 do seu regulamento).

Na hipótese de resolução do contrato de experiência por justa causa (art. 482 da CLT), o empregado perderá férias e gratificação natalina proporcionais (nova redação dada à **Súmula n. 171 do TST**). Terá direito ao FGTS, mas só poderá sacá-lo nas hipóteses previstas nos incisos III a VIII do art. 35 do Decreto n. 99.684, de 1990.

Além das hipóteses já analisadas, poderão ser considerados por prazo determinado os contratos de safrista, trabalhador temporário, jogador de futebol, artista, técnico estrangeiro e o contrato por obra certa, na forma de lei ordinária que disciplina esses contratos, entre outros ajustes.

3. CONTRATO DE SAFRA

O contrato de safra, considerado como modalidade de contrato a termo, é aquele cuja duração depende de variações estacionais da atividade agrária (art. 14, parágrafo único, da Lei n. 5.889, de 1973).

Ele não se confunde com serviço eventual, pois, apesar de realizado nas épocas de plantio e colheita, é essencial à atividade normal do empregador(34).

---

(34) "**Safrista. Trabalhador que presta serviços apenas nos períodos de safra. Eventualidade. Não caracterização.** Os trabalhadores que prestam serviços a produtor rural apenas nas épocas de plantio e colheita não podem ser considerados 'eventuais', pois suas atividades estão perfeitamente inseridas no objetivo empresarial. O plantio e a colheita caracterizam eventos sazonais, mas não extraordinários à atividade econômica, motivo pelo qual a contratação de trabalhadores se consubstancia em situação absolutamente previsível, inclusive quanto à sua duração

Se, entretanto, terminada a safra, o empregado continua prestando serviços ao empregador, em atividades típicas do meio rural, como conserto de cerca, limpeza de curral, etc., o contrato de trabalho se indetermina.

A legislação em questão estabelece que a indenização do safrista ao término do contrato será de 1/12 do salário mensal, por mês de serviço ou fração igual ou superior a 15 dias. Ocorre que a Constituição da República de 1988, ao assegurar ao safrista o FGTS, retirou-lhe a indenização por duodécimos em período concomitante. Logo, terminado o contrato de safra, defere-se o levantamento da conta vinculada, e não a indenização em duodécimos(35).

Na hipótese de ruptura pelo empregador, sem justa causa, antes do término final do contrato de safra, autoriza-se o levantamento do FGTS, acrescido de 40%, nos termos do art. 14 do Decreto n. 99.684, de 1990, sem prejuízo do disposto no art. 479 da CLT, isto é, asseguram-se, ainda, os salários do tempo restante do contrato pela metade.

Vejamos o preceito em questão:

> "Art. 14: No caso de contrato a termo, a rescisão antecipada, **sem justa causa** ou com culpa recíproca, equipara-se às hipóteses previstas nos §§ 1º e 2º do **art. 9º**, respectivamente, sem prejuízo do disposto no art. 479 da CLT" (grifou-se).

A hipótese prevista no § 1º do art. 9º citado no preceito legal acima autoriza o levantamento do FGTS acrescido de 40% e o art. 479 da CLT prevê a indenização correspondente aos salários do tempo restante do contrato pela metade.

Discute-se também, na esfera do Poder Executivo, a possibilidade de se disciplinar, por lei, o contrato de equipe rural para as safras, o qual seria negociado pelo sindicato e celebrado entre mais de um empregado e o mesmo proprietário rural ou seu preposto, mediante autorização prevista em norma coletiva (convenção ou acordo coletivo). Cada trabalhador seria considerado individualmente em seus direitos e, caso trabalhasse menos de 30 dias, a anotação da CTPS seria dispensada, mas o empregado receberia os seus direitos trabalhistas(36).

4. CONTRATO DE TRABALHO TEMPORÁRIO

Outro contrato a termo é o de trabalho temporário urbano, já analisado. O art. 2º da Lei n. 6.019, de 1974, conceitua trabalho temporário como aquele prestado por pessoa física a uma empresa, para atender a **necessidade transitória de substituição**

---

aproximada, o que justifica a previsão do art. 14 da Lei n. 5.889/73, reconhecendo o vínculo de emprego do safrista e estabelecendo direitos específicos para tal modalidade contratual." TRT/MS — RO-0655/2001-046-24-00-0 — Rel.: Juiz Amaury Rodrigues Pinto Júnior — DOE 18.10.2002.

(35) Nesse sentido manifestaram-se: NASCIMENTO, Amauri Mascaro. O trabalho rural na Constituição de 1988. Regulamentação e realidade. *Revista LTr*, São Paulo, 59-10/1308. PACHECO, Iara Alves Cordeiro. Trabalhador rural. *Jornal Trabalhista,* ano X, n. 460, p. 538, 28.6.93. Em sentido contrário: "Trabalhador rural que presta serviço ao empregador somente nos períodos de safra tem direito à indenização prevista no art. 14 da Lei n. 5.889, de 8.6.73". TRT — AL 51/93 — Relª: Juíza Grace Cavendieh Lima. *Revista Synthesis* 18/94, p. 308.

(36) FONSECA, Ricardo Tadeu Marques da. *Op. cit.*, p. 17-842/10.

de seu pessoal regular e permanente ou a **acréscimo extraordinário de serviço**. Um desses dois motivos grifados no texto tem de constar expressamente do contrato, que é obrigatório, e por escrito, entre a tomadora dos serviços (empresa ou cliente) e a empresa de trabalho temporário, também chamada fornecedora (art. 9º).

O prazo máximo do contrato celebrado entre a tomadora e a fornecedora de mão de obra, **em relação a um mesmo empregado**, é de **90 dias**, salvo autorização do Ministério do Trabalho.

5. CONTRATO DE TRABALHO DO ATLETA PROFISSIONAL DO FUTEBOL

O contrato entre o atleta, com interesse pecuniário, e a entidade de desporto é visto como um contrato especial de trabalho[37].

Aplicam-se aos jogadores de futebol a Lei n. 9.615, de 24 de março de 1998, intitulada Lei Pelé, cujo campo de aplicação se estende aos atletas de modo geral, sendo que as disposições dos art. 27, 27-A, 28, 29, 30, 39, 43, 45 e do § 1º do art. 41 serão obrigatórias para os atletas e entidades de prática profissional da modalidade de futebol (art. 94 da Lei n. 9.615, de 1998). Faculta-se às demais modalidades desportivas adotar os preceitos constantes dos dispositivos referidos.

Aplicam-se ao atleta profissional do futebol a Lei n. 6.354, de 2 de setembro de 1976, cujo anteprojeto foi de autoria do Prof. Evaristo de Moraes Filho; a Lei n. 9.615, de 24 de março de 1998, conhecida popularmente como Lei Pelé, a Lei n. 9.981, de 14 de julho de 2000, e as disposições da CLT compatíveis com a situação desse profissional (art. 28 da Lei n. 6.423, de 1977). A par dessas disposições legais, aplicam-se, também, as regras da Federação Internacional de Futebol, dos Códigos Disciplinares de Futebol e outras advindas dos usos, mormente no tocante à remuneração.

O atleta que praticar o futebol, em caráter profissional, é considerado empregado da associação desportiva que se utilizar de seus serviços mediante salário e subordinação jurídica. O empregador será sempre pessoa jurídica de direito privado (art. 1º da Lei n. 6.354, de 1976, art. 28 da Lei n. 9.615, de 24 de março de 1998, e art. 30 de seu regulamento).

O art. 30 da Lei n. 9.615, de 1998, com a redação alterada pela Lei n. 9.981, de 14 de julho de 2000, prevê que o contrato de trabalho do atleta terá prazo determinado, com vigência nunca inferior a três meses nem superior a cinco anos. Essa exigência visa a propiciar-lhe um tempo mínimo para mostrar suas habilidades profissionais.

A entidade de prática desportiva formadora do atleta terá o direito de assinar com este, a partir de 16 anos, o primeiro contrato de trabalho profissional, cujo prazo

---

(37) CATHARINO, José Martins. Contrato futebolístico e a lei brasileira. *Revista de Direito do Trabalho*. v. 6. *Revista dos Tribunais* maio/abr. 1977, p. 9.

não poderá ser superior a cinco anos (nova redação dada ao art. 29 da Lei n. 9.615, de 24 de março de 1998). A entidade de prática desportiva formadora e detentora do primeiro contrato de trabalho com o atleta por ele profissionalizado terá o direito de preferência para a primeira renovação desse contrato, cujo prazo não poderá ser superior a dois anos (art. 29 da Lei Pelé, com a nova redação dada em 2003).

Ao menor de 16 anos é vedada a celebração de contrato de emprego, sendo permitido ao maior de 16 anos e menor de 21 anos firmá-lo somente com aquiescência do representante legal. Caso o atleta tenha mais de 18 anos completos, na falta do assentimento do representante legal, o contrato poderá ser celebrado mediante suprimento judicial (art. 5º e parágrafo único da Lei n. 6.354/76).

O contrato de trabalho do jogador de futebol deverá conter os nomes das partes contratantes individualizadas e caracterizadas; o modo e a forma de remuneração, especificando o salário, os prêmios, as gratificações e, quando houver, as bonificações, bem como o valor das luvas, se previamente ajustadas, além do número da carteira de trabalho. Os contratos de trabalho serão numerados pelos empregadores em ordem sucessiva e cronológica, datados e assinados pelo atleta ou por seu representante legal, sob pena de nulidade (art. 3º, incisos I, III, IV, VI e § 2º da Lei n. 6.354, de 1976).

Não se lhe aplicam as normas contidas nos art. 451 e 452 da CLT, que dizem respeito à prorrogação e renovação do contrato, pois o contrato do atleta pode ser prorrogado por mais de uma vez e a sua renovação não está sujeita a interstício de seis meses entre os dois contratos. Igualmente, mesmo antes de o FGTS ser o regime legal, não se estendia ao atleta a indenização de antiguidade prevista no art. 477 da CLT, porque o seu contrato é a termo. Em consequência, tampouco o instituto da estabilidade previsto no art. 492 da CLT poderia lhe ser estendido. **Atualmente, por força expressa de lei (art. 30, parágrafo único, da Lei n. 9.981, de 2000), não se aplica ao atleta o disposto no art. 445 da CLT.**

Também não vemos como aplicar ao atleta a regra do art. 453 da CLT, que trata de soma de períodos descontínuos, uma vez que o contrato do atleta é sempre por prazo determinado. A propósito, o TST já se pronunciou sobre o assunto[(38)].

6. CONTRATO DE TRABALHO DO ARTISTA

O contrato de trabalho do artista e do técnico em espetáculo de diversão poderá ser por prazo determinado ou indeterminado, conforme previsão contida no art. 10 da Lei n. 6.355, de 1978[(39)].

O contrato do artista e do técnico em espetáculos de diversões requer forma solene, ou seja, deve ser padronizado, com visto do Sindicato, no prazo de dois dias,

(38) Cf. Ac. TST — Pleno — RR 285/82 — Rel.: Min. Ildélio Martins — DJU de 10.7.1983. Sobre o assunto em questão, vejam, de nossa autoria, a obra *As Relações de Trabalho no Espetáculo*. São Paulo: LTr, 2003, p. 164 e *Contratos e Regulamentações Especiais de Trabalho*. 4. ed. São Paulo: LTr, 2008.

(39) Sobre o tema, confira, de nossa autoria, *As Relações de Trabalho no Espetáculo*. *Op. cit.*, p. 59 a 89; 94 a 125.

findos os quais poderá ser registrado no Ministério do Trabalho, independentemente da manifestação sindical. Se negado o visto, o artista poderá recorrer ao Ministério do Trabalho (art. 9º, §§ 2º e 3º, da Lei n. 6.533, de 1978).

O contrato conterá: nome dos contratantes; qualificação; prazo de vigência; natureza da função; título do programa, espetáculo ou produção, ainda que provisório, com indicação do personagem, em se tratando de contrato a termo; os locais onde o técnico ou o artista vai trabalhar; jornada; remuneração e forma de pagamento; dia de folga; ajuste sobre viagens e deslocamento; período de realização dos trabalhos complementares e número da carteira de trabalho (art. 10 da Lei n. 6.533).

Em se tratando de contrato indeterminado, o ajuste deverá conter, ainda, cláusula relativa ao adicional de transferência, caso haja deslocamento para prestação de serviços fora da cidade ajustada no contrato, na forma prevista no parágrafo único do art. 10 já citado.

7. CONTRATO POR OBRA CERTA

A Lei n. 2.959, de 1956, admite a contratação de trabalhadores por prazo determinado por obra certa ou serviço certo. Se, entretanto, for ele contratado para "prestar serviços em várias obras de uma empresa de construção civil", o contrato será por prazo indeterminado.

Celebrado o contrato por obra certa e terminada a mesma, o empregado fará jus às férias e ao 13º salário alusivos ao período trabalhado, bem como ao levantamento do FGTS, sem multa. A Lei n. 2.959, de 1956, prescreve ainda que, terminada a obra ou serviço e cessado o contrato do empregado com mais de um ano de serviço, ser-lhe-á devida uma indenização típica dos contratos indeterminados (*caput* do art. 477 da CLT), reduzida de 30% do valor que se apurar. Entendemos que, após a extensão do FGTS a esses trabalhadores não mais persiste essa indenização, porém, a do art. 479 da CLT, nos termos do art. 14 do Regulamento da Lei n. 8.036, 1990.

8. TÉCNICO ESTRANGEIRO

O trabalho do técnico estrangeiro domiciliado no exterior poderá ser objeto de um contrato determinado, disciplinado pelo Decreto-Lei n. 691, de 1969. Esses técnicos são contratados para trabalhar no Brasil, como destinatários de um regime especial, principalmente em setores cuja mão de obra nacional especializada é inexistente. O referido decreto-lei faz menção a serviços especializados, em caráter provisório, levando alguns doutrinadores a sustentar que a provisoriedade está relacionada com a permanência do trabalhador no Brasil, a qual depende da natureza do visto de ingresso obtido e não com a natureza dos serviços (Octavio Bueno Magano. *Contrato de Prazo Determinado*. São Paulo: Saraiva, 1984, p. 40). O mesmo autor admite que esses contratos sejam renovados indefinidamente, ao argumento de que o Decreto-Lei n. 691, de 1969, não faz alusão aos art. 451 e 452 da CLT. Aos técnicos estrangeiros permite-se a estipulação do salário em moeda estrangeira.

9. CONTRATO POR PRAZO DETERMINADO INSTITUÍDO POR CONVENÇÕES E ACORDOS COLETVOS

9.1. Admissão sob a égide da Lei n. 9.601, de 21 de janeiro de 1998

O art. 1º, da Lei n. 9.601, de 21 de janeiro de 1998, autoriza as convenções e os acordos coletivos a instituírem contrato por prazo determinado, independentemente das condições estabelecidas no § 2º do art. 443 da CLT, em qualquer atividade desenvolvida pela empresa ou estabelecimento, para admissões que representem acréscimo no número de empregados.

É vedada a contratação por prazo determinado, a que fizemos alusão acima, para substituição de pessoal regular e permanente, contratado por prazo indeterminado (art. 1º, parágrafo único do Decreto n. 2.490, de 4 de fevereiro de 1998).

9.2. Limite fixado para contratação sob essa modalidade de contrato a termo

O número de empregados que serão contratados nos termos do art. 1º dessa lei respeitará o limite fixado na respectiva norma coletiva, mas não poderá ultrapassar os seguintes percentuais que serão aplicados cumulativamente: I) 50% do número de trabalhadores para estabelecimentos com média semestral até 49 empregados; II) para estabelecimentos com média semestral de 50 a 199 empregados, subtrair-se-á 49 empregados, aplicando-se o percentual de 35% sobre o remanescente, somando-se ao resultado 24,5 empregados; III) para estabelecimentos com média semestral igual ou superior a 200 empregados, subtrair-se-á 199 empregados e aplicar-se-á o percentual de 20% sobre o remanescente, somando-se ao resultado 77 empregados. No resultado obtido nos termos deste artigo, as frações decimais até quatro décimos serão desprezadas, considerando-se o número inteiro, e para as frações decimais iguais ou superiores a cinco décimos considerar-se-á o número inteiro imediatamente superior (art. 6º, e parágrafo único, do Decreto n. 2.490, de 4 de fevereiro de 1998, regulamentador do art. 3º, da Lei n. 9.601, de 21 de janeiro de 1998).

A teor do parágrafo único, do art. 3º, da Lei n. 9.601, de 1998, "as parcelas referidas nos incisos deste artigo serão calculadas sobre a média aritmética mensal do número de empregados contratados por prazo indeterminado do estabelecimento, nos seis meses imediatamente anteriores ao da data de publicação desta Lei" (1º de julho a 31 de dezembro de 1997).

Essa média semestral foi aferida pela soma das médias mensais dividida por seis. Estas últimas, por sua vez, foram obtidas somando-se o número de empregados com vínculo empregatício por prazo indeterminado de cada dia do mês e dividindo-se o seu somatório pelo número de dias do mês respectivo (art. 5º, do Decreto n. 2.490, de 4 de fevereiro de 1998). Para cálculo da média mensal serão considerados todos os dias do mês, trabalhados ou não (art. 1º da Portaria n. 207 do MTE, de 31 de março de 1998).

Os estabelecimentos instalados ou os que não possuíam empregados contratados por prazo indeterminado a partir de 1º de julho de 1997 terão sua média aritmética aferida contando-se o prazo de seis meses a começar do primeiro dia do mês subsequente à data da primeira contratação por prazo indeterminado (§ 2º, do art. 5º, do Decreto n. 2.490, de 4 de fevereiro de 1998).

9.3. Direitos assegurados

Fica o empregador obrigado a anotar na Carteira de Trabalho e Previdência Social — CTPS do empregado a sua condição de contratado por prazo determinado, com indicação do número da lei de regência, e a discriminar, em separado, na folha de pagamento, tais empregados (art. 2º, do Decreto n. 2.490, de 4 de fevereiro de 1998).

O contrato por prazo determinado, na forma da Lei n. 9.601, de 21 de janeiro de 1998, será de no máximo dois anos, permitindo-se, dentro deste período, sofrer sucessivas prorrogações, sem acarretar o efeito previsto no art. 451 da CLT (art. 3º, do Decreto n. 2.490, de 4 de fevereiro de 1998).

O contrato por prazo determinado poderá ser sucedido por outro por prazo indeterminado (parágrafo único, do art. 3º, do citado Decreto).

De acordo com o art. 1º, § 1º da Lei n. 9.601, de 21 de janeiro de 1998, as partes estabelecerão, na convenção ou acordo coletivo: I) a indenização para as hipóteses de rescisão antecipada do contrato de que trata este artigo, por iniciativa do empregador ou do empregado, não se aplicando o disposto nos art. 479 e 480 da CLT; II) as multas pelo descumprimento de suas cláusulas.

Não se aplica a essa modalidade de contrato de trabalho o disposto no art. 451 da CLT.

São garantidas as estabilidades provisórias da gestante; do dirigente sindical, ainda que suplente; do empregado eleito para cargo de direção de comissões internas de prevenção de acidentes; do empregado acidentado, nos termos do art. 118 da Lei n. 8.213, de 24 de julho de 1991, durante a vigência do contrato por prazo determinado, que não poderá ser rescindido antes do prazo estipulado pelas partes (art. 1º, §§ 2º e 4º, da Lei n. 9.601, de 21 de janeiro de 1998).

Para os contratos previstos nessa lei ficam reduzidas, por 18 meses, a contar da data da publicação dessa lei, ou seja, de 21 de janeiro de 1998: "I) a cinquenta por cento de seu valor vigente em 1º de janeiro de 1996, as alíquotas das contribuições sociais destinadas ao Serviço Social da Indústria — SESI, Serviço Social do Comércio — SESC, Serviço Social do Transporte — SEST, Serviço Nacional de Aprendizagem Industrial — SENAI, Serviço Nacional de Aprendizagem Comercial — SENAC, Serviço Nacional de Aprendizagem do Transporte — SENAT, Serviço Brasileiro de Apoio às Micro e Pequenas Empresas — SEBRAE e Instituto Nacional de Colonização e Reforma Agrária — INCRA, bem como ao salário educação e para o financiamento do seguro de acidente do trabalho; II) para dois por cento, a alíquota da contribuição para o Fundo de Garantia do Tempo de Serviço — FGTS, de que trata a Lei n. 8.036, de 11 de maio de 1990" (art. 2º da Lei n. 9.601, de 21 de janeiro de 1998).

As partes estabelecerão, na convenção ou no acordo coletivo, obrigação de o empregador efetuar, sem prejuízo do disposto no inciso II, do art. 2º citado acima, depósitos mensais vinculados, a favor do empregado, em estabelecimento bancário, com periodicidade determinada de saque.

Essas reduções só serão asseguradas se, no momento da contratação: "I) o empregador esteja adimplente junto ao Instituto Nacional do Seguro Social — INSS e ao Fundo de Garantia do Tempo de Serviço — FGTS; II) o contrato de trabalho por prazo determinado e a relação mencionada no § 3º deste artigo tenham sido depositados no Ministério do Trabalho" (*caput* do art. 4º, da Lei n. 9.601, de 21 de janeiro de 1998).

As reduções referidas no art. 4º, da mencionada lei, subsistirão enquanto: I) o quadro de empregados e a respectiva folha salarial, da empresa ou estabelecimento, forem superiores às respectivas médias mensais dos seis meses imediatamente anteriores ao da data de publicação desta Lei; II) o número de empregados contratados por prazo indeterminado for, no mínimo, igual à média referida no parágrafo único do art. 3º (art. 4º, § 1º, da Lei n. 9.601, de 21 de janeiro de 1998).

O Ministério do Trabalho tornará disponíveis ao INSS e ao Agente Operador do FGTS as informações constantes da convenção ou acordo coletivo de que trata o art. 1º e do contrato de trabalho depositado, necessárias ao controle do recolhimento das contribuições mencionadas, respectivamente, nos incisos I e II, do art. 2º, desta Lei (art. 4º, § 2º, da Lei n. 9.601, de 21 de janeiro de 1998).

O empregador deverá afixar, no quadro de avisos da empresa, cópias do instrumento normativo mencionado no art. 1º da referida lei, e da relação dos contratados, que conterá, entre outras informações, o nome do empregado, número da Carteira de Trabalho e Previdência Social, o número de inscrição do trabalhador no Programa de Integração Social — PIS e as datas de início e de término do contrato por prazo determinado (art. 4º, § 3º da Lei n. 9.601, de 21 de janeiro de 1998).

9.4. Empresas com preferência na obtenção de recursos no âmbito dos programas executados pelos estabelecimentos federais de crédito

As empresas que, a partir da data de publicação dessa Lei, aumentarem seu quadro de pessoal em relação à média mensal do número de empregos no período de referência, mencionado no art. 4º da legislação em exame, terão preferência na obtenção de recursos no âmbito dos programas executados pelos estabelecimentos federais de crédito, especialmente junto ao Banco Nacional de Desenvolvimento Econômico e Social — BNDES (art. 5º, da Lei n. 9.601, de 21 de janeiro de 1998).

9.5. Violação aos preceitos contidos na Lei n. 9.601, de 1998

O descumprimento, pelo empregador, do disposto nos art. 3º e 4º da Lei n. 9.601, de 1998, sujeita-o à multa de 500 Unidades Fiscais de Referência — UFIR, por trabalhador contratado nos moldes do art. 1º, que se constituirá receita adicional do Fundo de Amparo ao Trabalhador — FAT, de que trata a Lei n. 7.998, de 11 de janeiro de 1990 (art. 7º, da Lei n. 9.601, de 21 de janeiro de 1998).

10. CONTRATOS COM CLÁUSULA DE DURAÇÃO MÍNIMA

Os contratos que contêm cláusula de duração mínima não se confundem com contrato por prazo determinado, ao contrário, eles são de duração indeterminada. Alguns autores sustentam que essa cláusula corresponde a uma garantia mínima de estabilidade (Edoardo Ghera. *Diritto del Lavoro*. Bari: Cacucci, 1982, p. 244).

Rompido o contrato sem justa causa pelo empregador, antes de vencida a garantia mínima, não cabe reintegração, mas a liberação do FGTS, acrescida de 40%, sem prejuízo da reparação a que alude o art. 479 da CLT, pelo ato abusivo que impediu o cumprimento da duração mínima, além do aviso prévio, das férias e do 13º salário proporcionais alusivos ao período trabalhado. Vencida a duração mínima, persiste o liame empregatício.

11. CONTRATO DE EMPREGO E CONTRATOS AFINS. DIFERENÇA ENTRE CONTRATO DE TRABALHO E PRESTAÇÃO DE SERVIÇOS, EMPREITADA, MANDATO, REPRESENTAÇÃO COMERCIAL, SOCIEDADE E PARCERIA

11.1. Contrato de prestação de serviços

O contrato de emprego ou de trabalho, a locação de serviços (intitulada pelo Código Civil de 2002 de prestação de serviços), a empreitada, a representação comercial, o mandato, a sociedade e a parceria são modalidades de contrato de atividade, expressão utilizada por Jean Vincent[40] para designar "todos os contratos nos quais a atividade pessoal de uma das partes constitui objeto da convenção ou uma das obrigações que ela comporta".

A prestação de serviços, disciplinada pelos art. 593 a 609 do Código Civil de 2002, estende-se a toda espécie de serviço lícito, material ou imaterial, não sujeita às leis trabalhistas ou a lei especial.

Se o serviço for prestado por quem não possua habilitação ou não satisfaça os requisitos estabelecidos em lei, não poderá o prestador cobrar a retribuição normalmente correspondente ao trabalho executado (art. 606 do Código Civil de 2002). Se, entretanto, desse trabalho adveio benefício para a outra parte, o juiz fixará retribuição razoável em favor de quem o executou de boa-fé, exceto se houver proibição da prestação de serviço em virtude de lei de ordem pública (parágrafo único do art. 606).

Se uma das partes não souber ler ou escrever, o contrato de prestação de serviços poderá ser assinado a rogo e subscrito por duas testemunhas.

A prestação de serviços não poderá ser convencionada por mais de quatro anos. O período em que o prestador, por culpa sua, deixou de servir, não será computado na duração do contrato. Decorrido esse prazo, o contrato dar-se-á por findo, ainda que não concluída a obra. Se rompido o contrato a prazo sem justa causa, o prestador de

(40) VINCENT, Jean. *Op. cit.*, p. 27. *Apud* GOMES, Orlando e GOTTSCHALK, Elson. *Op. cit.*, p. 117.

serviço fará jus à retribuição, pela metade, do que lhe seria devido até o final do contrato. Se pedir demissão ou for despedido por justa causa, fará jus à retribuição vencida, mas responderá por perdas e danos (art. 602, parágrafo único, do Código Civil de 2002).

Não havendo prazo estipulado, qualquer das partes, a seu arbítrio, poderá romper o ajuste mediante prévio aviso. Pelo que se pode observar, a prestação de serviços guarda similitudes com o contrato de emprego, mormente quanto aos efeitos, porém o traço distintivo, por excelência, é a subordinação jurídica, ausente na prestação de serviços, que se realiza sempre com autonomia.

O Direito do Trabalho estendeu sua esfera normativa a vários contratos, cujo objeto é a atividade humana, mas ainda há um campo disciplinado pela prestação de serviços definida no Código Civil; para isso, é preciso que se realize sem o pressuposto da subordinação jurídica. Esses contratos são onerosos (Ennecerus, Kipp e Wolff), embora a doutrina pátria[41] admita possam ser gratuitos.

11.2. Empreitada

Outro contrato de atividade que possui afinidades com o contrato de emprego é o de empreitada (art. 610 do Código Civil de 2002), originário do direito romano (*locatio operis*). Há quem sustente que ele não se situa entre os contratos de atividade, pertencendo a uma outra classificação (contrato de resultado, como assevera Molitor).

O contrato de empreitada é conceituado como o ajuste pelo qual "uma das partes (o empreiteiro) se obriga, sem subordinação ou dependência, a realizar certo trabalho para a outra (dono da obra), com material próprio ou por este fornecido, mediante remuneração global ou proporcional ao trabalho executado"[42].

Ele é um contrato bilateral, oneroso, consensual, comutativo, em regra, podendo, entretanto, ajustar-se com caráter aleatório.

Têm sido apontados quatro critérios que distinguem o contrato de empreitada do contrato de trabalho: a) a natureza da prestação de serviços; b) a forma de remuneração; c) a "profissionalidade" do empregador; d) a subordinação jurídica.

O primeiro critério, de origem romana, foi adotado em 1900 pelo Código Civil alemão. Sustentava-se que a empreitada era um contrato de resultado, de obra, enquanto o contrato de trabalho era um contrato de atividade, de serviço. A principal crítica que se tece a esse critério consiste no fato de que o empregado também poderá se obrigar a executar uma obra certa, como, aliás, dispõe a Lei n. 2.959, de 1956, e, nesse caso, o contrato de trabalho terá também um resultado último.

Da mesma forma, o critério da remuneração ajustada é imprestável para distinguir a empreitada do contrato de trabalho. Afirma-se que, no primeiro, a retribuição é ajustada consoante o resultado obtido com a execução da obra, enquanto no segundo ela é fixada por unidade de tempo, sendo irrelevante o resultado produzido. O critério

---

(41) PEREIRA, Caio Mário da Silva. *Instituições de Direito Civil*. v. III. Rio de Janeiro: Forense, 1998, p. 241.
(42) PEREIRA, Caio Mário da Silva. *Instituições de Direito Civil*. v. III. Rio de Janeiro: Forense, 1998, p. 201.

é falho, mormente se considerarmos que a própria lei (art. 78 da CLT) dispõe sobre o salário do empregado, fazendo alusão ao ajuste por empreitada, tarefa ou peça.

O terceiro critério considera contrato de trabalho quando o empregado presta serviços a um empregador profissional que o remunera e dirige a prestação de serviços, enquanto a empreitada pressupõe que os serviços sejam prestados ao público. A falha do critério reside no fato de que o empregador profissional poderá celebrar não só contratos de trabalho, mas também de empreitada. Por outro lado, uma pessoa que não seja empregador profissional também poderá celebrar contrato de trabalho admitindo empregados na forma do art. 3º da CLT.

Finalmente, o critério mais preciso para distinguir o contrato de trabalho da empreitada é a subordinação jurídica do empregado em relação ao empregador, presente no primeiro e ausente na empreitada, já que o empreiteiro trabalha com autonomia, sem qualquer fiscalização de quem o pagará.

11.3. Mandato

Possui também afinidades com o contrato de trabalho o mandato, que é o contrato pelo qual alguém recebe de outrem poderes para, em seu nome, praticar atos ou administrar interesses. A procuração é o instrumento do mandato (art. 653 do Código Civil de 2002). São os seguintes os critérios apontados para distinguir esses contratos afins: a) gratuidade do mandato; b) natureza da atividade; c) representação; d) subordinação jurídica.

Quanto à gratuidade, é sabido que ela era uma característica do mandato, entre os romanos, mas hoje a regra é a onerosidade dos mandatos, como ocorre na contratação de advogados pelos clientes.

O critério alusivo à natureza da atividade, de origem romana, consiste em atribuir ao mandatário apenas a execução de atos jurídicos, enquanto o empregado executa atos materiais[(43)]. Ora, o mandatário poderá também desempenhar atos materiais ao administrar interesses alheios, atribuição que poderá, ainda, ser confiada aos empregados.

Outro critério utilizado para distinguir o mandato do contrato de trabalho é a representação. Sustenta-se que o mandatário é sempre representante de alguém. Ocorre que há várias formas de mandato, entre elas, a direta e a indireta.

Na representação direta, o representante realiza o negócio jurídico em nome do representado, cujas consequências (econômicas ou jurídicas) se produzem em relação a este último, embora a vontade tenha sido declarada pelo representante. A representação aqui é a sua "nota típica"[(44)], salientando-se que a doutrina e a legislação lhe atribuem função autônoma, podendo existir representação sem mandato e mandato sem representação.

---

(43) GOMES, Orlando e GOTTSCHALK, Elson. *Op. cit.*, p. 137.

(44) GOMES, Orlando e GOTTSCHALK, Elson. *Op. cit.*, p. 138. Os autores, reportando-se a Oertmann, citam como exemplo de representação sem mandato o fato de alguém autorizar uma pessoa a receber dinheiro em seu nome, mas a retê-lo para si a título de empréstimo. E mandato sem representação ocorre quando o mandatário age em seu próprio nome.

A representação indireta, por sua vez, ocorre quando o negócio jurídico é realizado em nome do próprio declarante, mas no interesse de outrem, que não aparece como outorgante de mandato. O empregado, por exemplo, poderá ser representante indireto do empregador. Há quem sustente que a condição de empregador só coexistirá com a de empregado quando o vínculo empregatício predominar. A opinião majoritária, entretanto, reconhece o liame empregatício nessa situação mista, quando a subordinação jurídica encontra-se presente.

Como se vê, o critério que mais satisfaz é o da subordinação jurídica, embora o mandatário, apesar de desfrutar de maior autonomia na realização de suas atividades em muitas situações, trabalhe também sob instruções do mandante(45). Daí concluir Orlando Gomes(46) que a diferença é a do grau de subordinação: atenuada no mandatário e acentuada no empregado. A título de exemplo, cita a situação do representante comercial.

11.4. Representação comercial

O art. 1º da Lei n. 4.886, de 1965, considera que "exerce representação comercial autônoma a pessoa jurídica ou a pessoa física, sem relação de emprego, que desempenha, em caráter não eventual, por conta de uma ou mais pessoas, a mediação para a realização de negócios mercantis, agenciando propostas ou pedidos, para transmiti-los aos representados, praticando ou não atos relacionados com a execução dos negócios".

Do preceito em questão extrai-se: a atividade empresarial; a não eventualidade do serviço; a mediação para a realização do negócio, que tanto poderá se dirigir para o recebimento de propostas ou pedidos como para a execução do negócio e, finalmente, a autonomia da atividade do agente, que deverá ser organizada "modesta ou poderosamente com uma estrutura de produção"(47).

Tanto a representação comercial como a relação de emprego são de caráter não eventual e oneroso, o que aproxima a figura do representante comercial autônomo do vendedor (viajante, pracista) empregado.

A subordinação jurídica é reconhecida, universalmente, como elemento descritivo da relação de emprego, apresentando-se como traço que distingue o empregado viajante ou pracista do representante comercial autônomo, cujas funções são análogas às do primeiro. O conteúdo da subordinação varia de intensidade, segundo a natureza da prestação de serviços e os fins da empresa. Em se tratando de distinguir esses dois

---

(45) "**Relação de emprego. Mandato**. O contrato de emprego possui afinidades com o contrato de mandato, mormente se considerarmos que ambos pertencem ao gênero contrato de atividade. Todavia, distinguem-se, em geral, pelo traço da subordinação jurídica presente no primeiro e ausente no segundo. Observância de instrução para cumprimento de determinado ato, de sua missão, não descaracteriza o mandato, pois extrinca-se mediante poderes de deliberação e de iniciativa pessoais, incompatíveis com a subordinação jurídica, que reside na base da relação empregatícia". TRT — 3ª Região — 2ª Turma — RO-11.587/91 — Relª: Juíza Alice Monteiro de Barros. Julgado em 8.9.1992.

(46) GOMES, Orlando e GOTTSCHALK, Elson. *Op. cit.*, p. 139.

(47) REQUIÃO, Rubens. *Do representante comercial*. 8. ed. Rio de Janeiro: Forense, 2000, p. 58.

trabalhadores, nem sempre é fácil a missão. Isto porque a Lei n. 4.886, de 1965 (com as alterações advindas da Lei n. 8.420, de 1992), que disciplina o trabalho do representante comercial autônomo, dificulta ainda mais esse enquadramento, quando estabelece, para o representante comercial, além dos serviços de natureza não eventual (art. 1º), certos elementos a que os tribunais se apegavam para caracterizar a subordinação jurídica, entre os quais: a fixação e restrição de zonas de trabalho, a proibição de autorizar descontos, a obrigação de fornecer informações detalhadas sobre o andamento do negócio e a observância às instruções do representado (art. 27, 28 e 29).

Assim, restam como critérios favoráveis à subordinação, a obrigatoriedade de comparecimento à empresa em determinado lapso de tempo, a obediência a métodos de venda, rota de viagem, cota mínima de produção, ausência de apreciável margem de escolha dos clientes e de organização própria, como também risco a cargo da empresa. Ausentes esses critérios, a relação não se submeterá à égide do Direito do Trabalho, pois estará caracterizada a prestação de serviços autônomos.

Diante dessa dificuldade, resta ao intérprete do caso concreto, que envolve figura intermediária, das que se situam nas chamadas "zonas grises", existentes no campo da ciência jurídica, valer-se também dos critérios apontados pela doutrina para a verificação da subordinação jurídica, ainda reconhecida, universalmente, como o elemento determinante da relação de emprego.

A doutrina[48] fornece uma classificação capaz de auxiliar na aferição da subordinação jurídica, a qual considera a verificação de três espécies de elementos: **de certeza** (trabalho controlado pela empresa em certo lapso; comparecimento periódico obrigatório; obediência a métodos de vendas; fixação de viagens pela empresa; recebimento de instruções sobre o aproveitamento da zona de vendas e obediência a regulamento da empresa); **elementos de indício** (recebimento de quantia fixa mensal; utilização de material e papel timbrado da empresa; obrigação de produção mínima; recebimento de ajuda de custo e pessoalidade na prestação) **e elementos excludentes** (existência de escritório próprio e admissão de auxiliares; substituição constante do representante na prestação dos serviços; pagamento de ISS; registro no Conselho Regional de Representantes Comerciais e utilização do tempo de forma livre). Há de ser afastada a relação de emprego se o trabalhador não demonstra nenhum dos elementos de certeza e a prova evidencia a presença de um dos elementos excludentes do liame empregatício, consubstanciado na plena liberdade do trabalhador para definir horário de trabalho e escolher clientes, de forma a demonstrar a prestação dos serviços de venda sem qualquer tipo de fiscalização ou controle exercido pela empresa[49].

A doutrina estrangeira, representada por Giuseppe Giordano[50], também aponta elementos excludentes da relação de emprego, entre os quais arrola: a) o desfrute de plena autonomia, como liberdade de itinerário e de emprego, com retribuição sem garantia

(48) CARDONE, Marly. *Viajantes e Pracistas no Direito do Trabalho*. São Paulo: LTr, 1998, p. 32 e ss.

(49) Nesse sentido nos pronunciamos como relatora do RO-00196-2003-016-03-00-2, que tramitou perante a 2ª Turma do TRT da 3ª Região (DJMG de 30.6.04).

(50) GIORDANO, Giuseppe. *Il contrato di agenzia*. *Apud* REQUIÃO, Rubens. *Op. cit.*, p. 62.

de um mínimo; b) ônus de despesas, riscos na manutenção da atividade e empregados próprios; c) inscrição no registro próprio; d) pagamento de impostos incidentes sobre trabalhadores autônomos ou empregadores.

Esclarece o autor que os dois primeiros elementos arrolados, nas alíneas "a" e "b", são próprios do trabalho autônomo, enquanto os dois últimos (alíneas "c" e "d") são apenas formais e não afetam a substância da relação jurídica.

Saliente-se, entretanto, que esses elementos são apenas indicativos, pois, quando do exame do caso concreto, poderão ocorrer outros, não arrolados acima, e faltar alguns dos mencionados. A solução dependerá da prevalência dos elementos essenciais. Quando ausentes, caberá uma análise qualitativa e quantitativa dos outros elementos restantes.

Giordano sugere que a distinção entre o contrato de trabalho e a representação comercial autônoma observe: a) o elemento organizativo, segundo o qual o representante comercial autônomo possui poderes de organização própria e livre-iniciativa; b) o elemento funcional, traduzido pelo fato de o interesse do representante, demonstrado durante a realização do serviço, e o da empresa convergirem para o resultado final do negócio; c) o elemento econômico, caracterizado pela assunção de despesas e riscos por conta da empresa para a qual trabalha o representante.

Observe-se que a doutrina italiana põe em destaque, para a caracterização do trabalho autônomo, a liberdade de itinerário e de emprego do tempo associada à assunção de riscos pelo trabalhador[(51)].

11.5. Contrato de sociedade

O contrato de sociedade é aquele pelo qual as pessoas, reciprocamente, obrigam-se a contribuir com bens ou serviços, para o exercício de atividade econômica e a partilhar entre si os resultados (art. 981 do Código Civil de 2002).

Os principais traços apresentados pela doutrina que distinguem o contrato de trabalho do contrato de sociedade são: a) o caráter fixo do salário; b) a *affectio societatis*; c) a subordinação jurídica do empregado.

O primeiro critério, de acordo com o qual o empregado recebe salário fixo, o que não ocorre com o sócio, é insatisfatório, pois nem sempre o salário do empregado é fixo, podendo ser variável, à base de comissões. Por outro lado, poderá ocorrer de os sócios auferirem *pro labore* fixo.

O segundo critério adotado para distinguir a sociedade do contrato de trabalho é a *affectio societatis*, ou seja, o espírito de comunhão e identidade de interesses que se extrai da intenção dos sócios de compartilharem lucros e perdas. É um elemento subjetivo, ausente no contrato de trabalho, em que o empregado poderá participar dos lucros em intensidade menor do que a dos sócios, mas não participará das perdas, pois quem assume os riscos do empreendimento econômico é o empregador, por força do

---

(51) REQUIÃO, Rubens. *Op. cit.*, p. 64.

art. 2º da CLT. A relação de emprego ainda não é associativa, situando-se no campo da contraprestação (D'Eufemia).

Finalmente, o critério mais útil à distinção entre os dois contratos é a subordinação jurídica, presente no contrato de trabalho e ausente na relação associativa.

11.6. Parceria rural

A parceria rural (agrícola ou pecuária) é outro contrato de atividade que possui afinidades com o contrato de trabalho, mas com ele não se confunde, porque o parceiro trabalha sem o pressuposto da subordinação jurídica, não sujeito aos poderes diretivo e disciplinar conferidos ao empregador.

A parceria, à luz do novo Código Civil, passou, ao que nos parece, a ter estrutura associativa. Não há mais um capítulo dedicado a ela.

O parceiro participa dos lucros e das perdas, já que os riscos do negócio são divididos entre os cocontratantes, inexistindo, nessa relação jurídica, o pressuposto da subordinação.

Considerando que, na maioria das vezes, a condição econômica dos pequenos parceiros não difere da dos empregados rurais, há uma tendência a assimilá-los.

E muitas vezes a alegada parceria está mesmo encobrindo verdadeiras relações empregatícias(52), com o objetivo de desobrigar o empregador dos encargos trabalhistas e previdenciários. Outras vezes ela coexiste com a relação de emprego(53).

12. PRÉ-CONTRATO. RESPONSABILIDADE PRÉ-CONTRATUAL. CONCEITO. ELEMENTOS. NATUREZA JURÍDICA. FUNDAMENTOS. EFEITOS NO CONTRATO DE TRABALHO

12.1. Conceito. Elementos

Impõe-se ao autor do dano ocasionado a outrem a necessidade de repará-lo, mesmo antes da celebração do contrato, ou seja, na fase das negociações, dos atos preparatórios. Esse dever de ressarcimento do dano acarreta a responsabilidade civil pré-contratual, advinda da culpa *in contrahendo*, expressão atribuída a Rudolph Jhering.

Essa responsabilidade se verifica quando uma das partes viola o dever de boa-fé na fase das negociações que antecedem o contrato, e lesa, com esse comportamento, a outra pessoa. A boa-fé, a que nos referimos, é vista aqui sob o prisma objetivo, alusiva ao dever recíproco de se comportar com lealdade; é assegurada desde as fases

---

(52) **"Vínculo empregatício. Falsa parceria.** É empregado e não parceiro agrícola o trabalhador que presta serviços pessoalmente, ou com auxílio de seus familiares, que não tem idoneidade financeira para estabelecer-se ou responder por um empreendimento e depende inteiramente do outro 'parceiro' que, por vias diretas, ou transversas, comanda o negócio, detendo para si quase a totalidade da renda líquida auferida". TRT — 12ª Região — RO-V-08799/2000. RO-V — 3ª Turma — Relª: Juíza Ione Ramos — DJ/SC 23.10.2001, p. 166.

(53) "**Relação de emprego — Parceria**. A relação de emprego pode coexistir no plano do direito com outras relações jurídicas. Logo, comprovado que durante parte do período trabalhado o reclamante exercia suas atividades mediante subordinação e em outro mantinha uma estrutura associativa, dá-se o contrato misto: de emprego e de parceria. 'Sua disciplina se funda na teoria analógica sujeitando-se às normas gerais sobre contrato e, por analogia, às particulares relativas aos seus elementos componentes' (cf. José Martins Catharino, *Compêndio de Direito do Trabalho*, v. 1, p. 296)." TRT 3ª Região — 2ª Turma — RO-7854/97 — Relª: Juíza Alice Monteiro de Barros — DJMG 25.11.1997.

preparatórias do contrato. Não guarda relação com o estado de espírito dos envolvidos, dispensando-se a intenção de prejudicar, a má-fé. A boa-fé subjetiva, por sua vez, consiste na convicção pessoal de estar agindo de acordo com o Direito.

Apontam-se[(54)] como **elementos genéricos** da responsabilidade pré-contratual, que estão presentes também em outros tipos de responsabilidade; o **consentimento** às negociações; o dano patrimonial; **a relação de causalidade** e a **inobservância ao princípio da boa-fé.** E como elementos específicos da responsabilidade pré-contratual: a **confiança** na seriedade das tratativas e a **enganosidade** da informação.

O **consentimento manifestado** por ocasião das negociações poderá ser expresso ou tácito, mas é imprescindível à configuração da responsabilidade pré-contratual. Mister também a existência do dano, visto "como um prejuízo ao direito alheio"[(55)]; ele pressupõe certeza e atualidade. Autoriza o ressarcimento da "perda de tempo e trabalho na fase pré-negocial, bem como a perda de oportunidade de contratar com outrem", e os gastos efetuados[(56)], em face da frustração de uma confiança razoável na futura conclusão do contrato.

Os autores apontam também o **dano patrimonial** como elemento do conceito da responsabilidade pré-contratual, ao qual acrescentamos o dano moral que poderá surgir quando, antes de admitir o trabalhador, a empresa efetua investigação, ainda que por intermédio de terceiro, sobre opiniões políticas, religiosas, sindicais, gravidez da empregada, orientação sexual ou outro fato irrelevante para fins da aferição da aptidão profissional do empregado e deixa de contratá-lo por um desses motivos considerados, em princípio, de nenhuma relevância para a celebração do contrato.

A relação de **causalidade**, ou seja, a conexão entre o prejuízo alegado (dano) e a conduta que lhe deu origem é outro elemento genérico do conceito em exame. Logo, a retirada abrupta das negociações, sem reflexão sobre as consequências, poderá gerar reparação. Ainda como elemento genérico cita-se a **boa-fé**. A par desses elementos, a doutrina arrola como específicos do pré-contrato, a seriedade nas negociações e a enganosidade.

A **seriedade nas negociações** preliminares cria uma confiança entre as partes e autoriza a responsabilidade pré-contratual daquele cujo comportamento injustificado, ou seja, desistência da concretização do negócio, ensejou na contraparte uma convicção razoável no cumprimento do negócio frustrado. Essa confiança não é aquela que a parte, por suas características psicológicas, depositou no outro sujeito, mas é aferida por meio de uma apreciação objetiva no quadro do ambiente econômico-social em que os contratos pré-negociais ocorreram[(57)]. O momento em que a confiança surge poderá ser determinado pela formulação concreta do convite feito por um profissional a um destinatário único e determinado. Nesse caso, a confiança do destinatário na realização do contrato é muito maior do que ocasionaria um anúncio dirigido a várias pessoas. A respeitabilidade da pessoa que desencadeia as negociações também deverá

---

(54) CAPPELARI, Récio Eduardo. *Responsabilidade pré-contratual. Aplicabilidade ao Direito Brasileiro*. Porto Alegre: Livraria do Advogado Editora, 1995, p. 35.

(55) DE PAGE, Henri. *Apud* PEREIRA, Caio Mário. *Responsabilidade Civil*. Rio de Janeiro: Forense, 1992, p. 38.

(56) CAPPELARI, Récio Eduardo. *Responsabilidade pré-contratual. Aplicabilidade ao Direito Brasileiro*. Porto Alegre: Livraria do Advogado Editora, 1995, p. 39.

(57) PRATA, Ana. *Notas sobre responsabilidade pré-contratual*. Coimbra: Almedina, 2002, *passim*.

ser avaliada; ela poderá advir de razões objetivas ou de relações contratuais anteriores. Importante é que o comportamento crie para a contraparte a razoável convicção de que o contrato seria celebrado.

Por fim, a **enganosidade** da informação, como, por exemplo, a publicidade enganosa, configuram a responsabilidade pré-contratual, como, aliás, se infere do art. 48 do Código de Defesa do Consumidor.

A parte que saiba ou deva saber de algum risco que ameace o sucesso do negócio deverá comunicar à contraparte.

12.2. Natureza da responsabilidade pré-contratual

Há três vertentes doutrinárias sobre a temática: a que atribui feição contratual à responsabilidade pré-contratual; a que sustenta ser ela extracontratual e a terceira, que lhe atribui a natureza de uma responsabilidade *sui generis*. Aderimos à segunda corrente, que lhe atribui a natureza extracontratual, porque nas negociações preliminares o contrato ainda não chegou a ser celebrado. O que caracteriza a responsabilidade pré-contratual é o comportamento de uma das partes e não o descumprimento do pacto ainda não firmado. É esta, aliás, a teoria adotada na maioria dos sistemas jurídicos[58].

12.3. Fundamento da responsabilidade pré-contratual

O principal fundamento da responsabilidade pré-contratual é o princípio da boa-fé, o qual atribui às partes que pretendem celebrar o pacto uma série de deveres alusivos à fase pré-negocial. Esses deveres já não pertencem ao simples convívio social, mas se situam no campo das obrigações.

Há, entretanto, vertentes doutrinárias que apontam outros fundamentos da responsabilidade pré-contratual como sendo de natureza *sui generis*; sustentam que seu fundamento é de natureza objetiva.

Outros afirmam que o fundamento dessa responsabilidade pré-contratual reside na teoria que veda o enriquecimento ilícito, e existem ainda os que fundamentam o instituto na teoria do abuso de direito.

12.3.1. Pré-contrato e contrato preliminar

Alguns autores consideram expressões sinônimas pré-contrato e contrato preliminar. Filiamo-nos a corrente diversa.

As negociações preliminares ou o pré-contrato não se confundem com o contrato preliminar; aquele não gera direito e obrigação, mas apenas ressarcimento de danos, na forma do art. 186 do Código Civil de 2002, que estabelece: "Aquele que, por ação ou omissão voluntária, negligência ou imprudência, violar direito e causar dano a outrem, ainda que exclusivamente moral, comete ato ilícito".

Já o contrato preliminar é o ajuste por meio do qual "as partes ou uma delas se comprometem a celebrar futuramente um outro contrato que será o principal"[59]. Ele gera a obrigação de concluir o contrato principal. Os autores citam como exemplo de contrato

---

(58) CAPPELARI, Récio Eduardo. *Op. cit.*, p. 54.

(59) PEREIRA, Caio Mário da Silva. *Op. cit.*, v. 1., p. 48.

preliminar de emprego "a concessão de bolsa de estudo para aprimoramento da qualificação profissional do candidato", em face das circunstâncias em que for concedida[60].

Há quem afirme tratar-se o contrato de experiência de um **contrato preliminar**, por meio do qual ajustar-se-á o contrato posterior, se a experiência for satisfatória. Essa teoria não é aceitável, porque o objetivo do contrato preliminar é a celebração do contrato definitivo e o do contrato de experiência é a avaliação subjetiva recíproca.

12.4. Efeitos no Direito do Trabalho. Perdas e danos. Pré-contratação de horas extras. Ilegalidade

Se o executante não der execução ao contrato preliminar, poderá a parte contrária considerá-lo desfeito e pedir perdas e danos (art. 465 do Código Civil). Por outro lado, concluído o contrato preliminar e desde que não conste cláusula de arrependimento, quaisquer das partes terá o direito de exigir a celebração do contrato definitivo, conferindo prazo à outra parte para que o efetive. Esgotado o prazo, poderá o juiz, a pedido do interessado, conferir caráter definitivo ao contrato preliminar, salvo se a isto se opuser a natureza da obrigação (art. 463 e 464 do Código Civil).

No tocante à responsabilidade pré-contratual no Direito do Trabalho, em regra, não há muitas situações capazes de ensejá-la, porque o contrato de trabalho é precedido de negociações de curta duração, todavia, em relação aos altos empregados, ou aos que exercerão funções técnicas, poderão ocorrer negociações mais longas, das quais surgirão gastos por parte do trabalhador, alusivos às viagens, estada e permanência em local distante de sua residência. Poderá verificar também a perda de oportunidade de o trabalhador obter outra atividade em virtude das negociações preliminares que se interromperam injustificadamente pela outra parte, após dar motivos para criar expectativa sobre a conclusão do negócio. Essa atitude, geradora do dano emergente e do lucro cessante devidamente comprovados ou, pelo menos, estribado em sérias presunções, exige reparação[61].

Por outro lado, o trabalhador que negociou com alguém, tendo em vista a celebração de um contrato, tem a obrigação de manter sigilo sobre informações relativas ao processo de produção, de organização de métodos empresariais da contraparte, da situação financeira da empresa ou de seus novos projetos[62]. Inclui-se também no dever de sigilo a obrigação da parte que teve acesso a informações da empresa de não se utilizar delas em seu próprio benefício. Esses deveres persistem mesmo que não se tenha logrado êxito na celebração do pacto laboral.

Salienta-se que por maioria de votos, a Seção I de Dissídios Individuais do Tribunal Superior do Trabalho, rejeitou (não conheceu) recurso da Agip do Brasil contra a condenação de pagar como hora normal de jornada as horas extras pré-contratadas no ato de admissão do trabalhador. O relator dos embargos da empresa, Ministro Aloysio Corrêa da Veiga, defendeu a tese de que a pré-contratação de horas extras na celebração do contrato é ilegítima, justamente porque descaracteriza a natureza extraordinária da prorrogação da jornada normal de trabalho[63].

---

(60) OLIVEIRA, Paulo Eduardo V. *O Dano Pessoal no Direito do Trabalho*. São Paulo: LTr, 2002, p. 144.
(61) VIALARD, Antonio Vasquez. *La responsabilidad en el Derecho del Trabajo*. Argentina: Astrea, 1988, p. 158.
(62) PRATA, Ana. *Op. cit.*, p. 64.
(63) E-ED-RR-83453.000-48.2003.5.04.0900, Rel. Min. Aloysio Corrêa da Veiga, *HS Editora*, fev. 2010, n. 314, p. 156.

CAPÍTULO XV

FORMAS DE INVALIDADE DO CONTRATO DE EMPREGO. NULIDADES TOTAL E PARCIAL. TRABALHO ILÍCITO E TRABALHO PROIBIDO. EFEITOS DA DECLARAÇÃO DE NULIDADE. CONTRATO DE TRABALHO PROSTITUCIONAL NA ALEMANHA. TRABALHO FORÇADO

A teoria das nulidades não é abordada com perfeição na legislação civil, tampouco na legislação do trabalho. Por outro lado, as posições doutrinárias não se encontram em consonância a respeito dos conceitos básicos de nulidade, e a jurisprudência também peca por imprecisão quanto aos seus efeitos.

O princípio da autonomia da vontade autoriza os indivíduos a criarem direitos e a contraírem obrigações, mas "por amor à regra da convivência social esse princípio subordina-se às imposições da ordem pública"[(1)], a qual fixa limites a essa autonomia.

A manifestação volitiva destinada a produzir efeitos jurídicos, no contrato, visto como negócio jurídico, poderá ser expressa, com emprego da forma escrita, falada ou da mímica, como também tácita, exteriorizando-se por meio de um determinado comportamento.

Ocorre que, para o negócio jurídico em questão produzir efeitos, deverá atender a certos requisitos de validade exigidos pela lei. O Código Civil de 2002 os alinha no art. 104, na seguinte ordem: agente capaz, objeto lícito e forma prescrita ou não defesa em lei.

Em consequência, à luz do art. 166 do Código Civil de 2002, é nulo o negócio jurídico quando: I — celebrado por pessoa absolutamente incapaz; II — for ilícito, impossível ou indeterminável o seu objeto; III — o motivo determinante, comum a ambas as partes, for ilícito; IV — não revestir a forma prescrita em lei; V — for preterida alguma solenidade que a lei considere essencial para a sua validade; VI — tiver por objetivo fraudar lei imperativa; VII — a lei taxativamente o declarar nulo, ou proibir-lhe a prática, sem cominar sanção.

É nulo também o negócio jurídico simulado, mas subsistirá o que se dissimulou, se válido for na substância e na forma. Já a anulabilidade, em geral, resulta da

(1) PEREIRA, Caio Mário da Silva. *Instituições de Direito Civil*. Rio de Janeiro: Forense. v. I, 1998, p. 305.

incapacidade relativa do agente e de vício no negócio jurídico resultante de erro, dolo, coação, estado de perigo, lesão ou fraude contra credores (art. 171 do Código Civil de 2002).

Anteriormente, incluía-se, ainda, nesse rol, o vício resultante de simulação, o qual, à luz do Código Civil de 2002, acarreta a nulidade do negócio jurídico (art. 167). Observe-se que não há coerência nem mesmo na legislação.

A nulidade absoluta é considerada ainda como nulidade total e a anulabilidade é conhecida como nulidade parcial. O ato nulo não produz efeito algum e invalida o ato desde a sua constituição, por isso é insuscetível de ratificação. O ato anulável, uma vez ratificado pelas partes, produz todos os seus efeitos.

Para alguns autores, essa distinção não interessa muito em Direito do Trabalho, pois mesmo que o ato seja anulável, se tiver por objetivo "desvirtuar, impedir ou fraudar a aplicação dos preceitos contidos na CLT, ele será nulo, na forma do art. 9º do mesmo diploma legal" (cf. Ísis de Almeida. *Manual de Direito Individual do Trabalho*. São Paulo: LTr Editora, 1998, p. 26).

Outros autores sustentam que a teoria das nulidades do Direito Civil é inaplicável ao contrato de trabalho, porque, havendo dispêndio de energia física ou mental pelo empregado, não há como restituí-la, retornando as partes ao estado em que se encontravam ao celebrar o ajuste.

Em face dessa peculiaridade, vários autores afirmam que a regra, em Direito do Trabalho, deverá ser a irretroatividade das nulidades, ou seja, **o ato nulo produz efeitos até a data da decretação da nulidade**, "subvertendo um dos princípios cardeais da teoria civilista das nulidades"(2). Isso significa que os efeitos serão *ex nunc*. Já os efeitos *ex tunc* invalidariam o ato desde sua origem.

Há, também, uma vertente jurisprudencial brasileira que acrescenta outros fundamentos e autoriza o pagamento **de todos os créditos trabalhistas ao menor.** Invoca-se o princípio da proteção, da primazia da realidade, além do já citado fato segundo o qual o menor trabalhou em benefício de alguém que não poderá restituir-lhe as energias gastas. A tutela dirige-se, de acordo com essa vertente, ao incapaz, e não poderá ser invocada em favor de quem violou o preceito constitucional, admitindo-o(3).

Na doutrina estrangeira, essa tese tem prevalecido, por previsão expressa da lei.

---

(2) GOMES, Orlando e GOTTSCHALK, Elson. *Curso de Direito do Trabalho*. Rio de Janeiro: Forense, 2000, p. 35. Atualizador: José Augusto Rodrigues Pinto, entre outros.

(3) "**Trabalhador menor de quatorze anos. Relação de emprego. Princípios da primazia da realidade e da proteção.** Seria incompatível com os princípios da primazia da realidade e da proteção negar, por completo, eficácia jurídica ao contrato celebrado entre as Partes, em razão da menoridade do Reclamante. No Direito do Trabalho, a nulidade do contrato pode não acarretar negação plena dos efeitos jurídicos do ato. É o que acontece com a contratação sem concurso pela Administração Pública. Declara-se a nulidade do ato, sem prejuízo da obrigação de pagar os salários dos dias trabalhados (**Orientação Jurisprudencial** n. 85 da SDI-1). Assim, a tutela jurisdicional prestada pela Justiça do Trabalho obsta o enriquecimento sem causa, valorizando a força de trabalho despendida, considerada a impossibilidade de restabelecimento do estado anterior. Assim, empregador que se beneficia dos serviços prestados pelo empregado menor deve arcar com os encargos correspondentes ao contrato de trabalho. Recurso conhecido e provido". TST-RR-449879/98 — 3ª Turma — Relª: Min. Maria Cristina I. Peduzzi — DJ 19.4.2002.

A propósito, o art. 115 do Código do Trabalho português, em vigor a partir de dezembro de 2003, dispõe sobre o assunto de forma clara, quando, no inciso I, estabelece: "O contrato de trabalho declarado nulo ou anulado produz efeitos como se fosse válido em relação ao tempo durante o qual esteve em execução".

Se, entretanto, "o contrato tiver por objeto ou fim uma atividade contrária à lei, à ordem pública ou for ofensivo aos bons costumes, a parte que conhecia a ilicitude perde, a favor do Instituto de Gestão Financeira da Segurança Social, todas as vantagens auferidas decorrentes do contrato de trabalho" (art. 117, I, do Código do Trabalho de Portugal). "A parte que conhecia a ilicitude não pode eximir-se do cumprimento de qualquer obrigação contratual ou legal, nem reaver aquilo que prestou, ou o seu valor, quando a outra parte ignorar essa ilicitude" (art. 117, II, do Código do Trabalho português).

A doutrina espanhola, por sua vez, assevera que a relação de trabalho fundada no contrato nulo recebe eficácia jurídica, confirmando-se os efeitos produzidos, mas quando a lei assim pretender, baseando-se na "equidade e em motivos práticos"[(4)]. E, com amparo no art. 9.2 do Estatuto do Trabalhador Espanhol, a doutrina acrescenta que os efeitos são produzidos não pelo fato do trabalho ou da inserção fática do empregado na empresa, mas porque o legislador assim pretendeu[(5)].

Uma segunda vertente doutrinária[(6)], com amparo no princípio que veda o enriquecimento ilícito, autoriza o pagamento apenas da retribuição financeira, que, na nossa opinião, poderá ser aquela mensalmente ajustada, desde que razoável, em face da nulidade do contrato. Compartilhamos desse entendimento, pelas razões que passaremos a transcrever.

A capacidade é requisito subjetivo do contrato. O negócio jurídico celebrado por pessoa absolutamente incapaz é nulo (art. 166, I, do Código Civil de 2002). Transpondo o assunto para o campo do Direito do Trabalho, é proibido o trabalho do menor de 16 anos, salvo se aprendiz, mas, ainda assim, é necessário que já tenha completado pelo menos 14 anos (art. 7º, XXXIII, da Constituição da República, com a redação dada pela Emenda Constitucional n. 20, de 1998), do contrário o contrato será nulo. Dos 16 até completar 18 anos, o trabalho é permitido, mas mediante autorização do representante legal, o mesmo ocorrendo no caso do aprendiz, a partir dos 14 anos[(7)].

Aos 18 anos completos, o trabalhador torna-se absolutamente capaz e, na hipótese de contrato de trabalho de aprendizagem, ele se extinguia e a relação jurídica sujeitava-se às normas gerais sobre contrato de trabalho.

---

(4) RODRÍGUEZ-PIÑERO, M. *Contrato de trabajo y relación de trabajo*, AUH, XXVII, 1967, p. 16.

(5) MONTOYA MELGAR, Alfredo. *Derecho del Trabajo*. 24. ed. Madrid: Tecnos, 2003, p. 277.

(6) SCOGNAMIGLIO, Renato. *Manuale di diritto del lavoro*. Napoli: Jovene Editore, 2003, p. 71. Nesse sentido, no Brasil, temos o acórdão TST-RR-142.420/94.4. Ac. 3ª T. — 8.739/97. 9ª Região. Rel.: Min. José Zito Calasãs Rodrigues. DJ 5.12.94. *Julgados Trabalhistas Selecionados*. Irany Ferrari e outro. v. V, p. 250. Na mesma direção, entre nós, MARANHÃO, Délio. *Direito do Trabalho*. Rio de Janeiro: Fundação Getúlio Vargas, 1979, p. 45.

(7) O aprendiz é empregado, destinatário de um contrato especial de trabalho, diversamente do que acontece com o estagiário.

Com a Lei n. 11.180, de setembro de 2005, o contrato de aprendizagem poderá ser firmado entre maior de 14 anos e menor de 24 anos, não estipulado por mais de 2 (dois) anos, salvo se o aprendiz for portador de deficiência.

Ao menor de 14 anos, em qualquer situação, e ao menor de 16 não aprendiz, falta capacidade para firmar o contrato, pois o trabalho lhes **é proibido**. Se, não obstante a vedação legal, o menor trabalhar, o ajuste será nulo, mas produzirá certos efeitos, entre os quais o pagamento de uma compensação razoável, a teor dos art. 593 e 606 do Código Civil[(8)], a qual poderá ser a retribuição avençada, desde que atenda aos requisitos da razoabilidade. A natureza da parcela auferida não é salarial, inobstante respeitáveis pronunciamentos contrários, pois estamos diante de uma relação extracontratual, e não há dispositivo na CLT, à semelhança do que ocorre no Código Português, capaz de autorizar a produção de efeitos da relação de trabalho nessa situação. Trata-se, em consequência, de uma compensação razoável paga com o intuito de impedir o enriquecimento ilícito do credor do trabalho que se beneficiou com o serviço do obreiro e não pode devolver-lhe a atividade, com a restituição do *status quo ante*.

A retribuição deverá tomar como parâmetro o valor devido a um trabalhador autônomo que exercesse a referida função. Essa tem sido a solução também adotada pelos autores italianos[(9)], com amparo no art. 2.126, § 2º, do Código Civil[(10)] desse país, diante da lacuna do Estatuto do Trabalhador Italiano.

Outro requisito ou elemento essencial de validade do contrato de trabalho é a **licitude do objeto**. Exige-se que a prestação de serviços esteja em consonância com a lei, com a ordem pública e com os bons costumes, independentemente de a atividade empresarial ser lícita ou ilícita. Se o objeto for ilícito, o contrato não produz nenhum efeito, sequer alusivo à retribuição pelos serviços prestados.

Cumpre lembrar que atividade ilícita não se confunde com atividade proibida. Na primeira hipótese, o contrato não produz nenhum efeito, pois "o negócio é reprovado pelo direito, em defesa dos interesses da sociedade, ou dos bons costumes e dos valores existentes". Nesse caso, o "valor tutelado é a realização da ordem pública"[(11)]. Na segunda hipótese, isto é, na atividade proibida, o contrato produz certos efeitos e "a tutela da ordem pública se realiza de modo mediato, prevalecendo o interesse do trabalhador"[(12)]. A título de exemplo, o trabalho realizado pelo menor de 14 anos é

---

(8) Art. 593 do Código Civil: "A prestação de serviço, que não estiver sujeita às leis trabalhistas ou a lei especial, reger-se-á pelas disposições deste Capítulo".
O art. 606 do Código Civil brasileiro de 2002, ao disciplinar o contrato de prestação de serviços, nega a remuneração a quem trabalhou sem estar habilitado ou **desprovido de requisitos outros estabelecidos em lei**. Se, entretanto, "deste trabalho resultar benefício para a outra parte, o juiz atribuirá a quem o prestou uma compensação razoável, desde que tenha agido com boa-fé", exceto quando a proibição da prestação de serviços resultar de lei de ordem pública (parágrafo único do art. 606 do Código Civil brasileiro).

(9) SCOGNAMIGLIO, Renato. *Manuale di diritto del lavoro*. Napoli: Jovene Editore, 2003, p. 71. Essa é a doutrina e a jurisprudência dominantes na Itália, como assinala GALANTINO, Luisa. *Op. cit.*, 2000, p. 107-108.

(10) O art. 2.126, § 2º do Código Civil Italiano, que trata das prestações de fato, com violação de lei, prevê que "se o trabalho é prestado com violação de normas postas à tutela dos prestadores de trabalho, estes têm, em cada caso, direito à retribuição".

(11) BETTI, Emilio. *Teoria Geral do Negócio Jurídico*. v. I. Portugal: Coimbra, 1969, p. 224.

(12) MARTINEZ VIVOT, J. J. e outros. *Ley de Contrato de Trabajo*. Buenos Aires: Astrea, 1981, p. 309.

proibido, portanto, o ajuste com ele firmado é nulo, mas produz certos efeitos, pois autoriza o pagamento da retribuição mensal.

Já a atividade exercida pela **meretriz** em um **prostíbulo** é ilícita, por ser contrária aos bons costumes[(13)], logo não produz qualquer efeito[(14)], e nem sequer a retribuição lhe será devida. O conceito de comportamento contrário aos bons costumes se deduz quando "a consciência social o repugna e considera indigno de amparo jurídico o resultado prático do negócio[(15)]. Se, contudo, a função executada no prostíbulo ou em outro local do mesmo gênero for lícita, a idoneidade do objeto estará presente e, se aliada aos pressupostos fáticos do art. 3º da CLT, a relação de emprego configurar-se-á, não obstante a ilicitude da atividade do empregador. Todos os créditos trabalhistas lhe serão garantidos.

Saliente-se que a **Alemanha**, visando a melhorar a situação jurídica e social das **prostitutas**, editou a lei de 20 de dezembro de 2001, em vigor a partir de 1º de janeiro de 2002, admitindo possa a atividade prostitucional ser objeto de uma relação empregatícia, como por exemplo entre a prostituta e o bordel. Reconheceu também a validade do contrato disciplinado pela legislação civil entre a prostituta *free lancer* e o seu cliente. Deixou, portanto, de ser aplicado a essas situações o § 138 do BGB (Código Civil Alemão), que considera nulos os negócios jurídicos contrários aos bons costumes. Logo, se tradicionalmente os bons costumes consideravam inadmissível o comércio de favores sexuais, como objeto de um negócio jurídico, a situação atual é diversa e revela que o conceito de bons costumes varia de acordo com o lugar e com o momento histórico[(16)].

A jurisprudência predominante[(17)], com a qual compartilhamos inteiramente, vem considerando ilícito o objeto do contrato celebrado entre o **bicheiro** e o **cambista de jogo de bicho,** situando o negócio no terreno dos fatos humanos insuscetíveis de criar direitos, por traduzir contravenção penal. Logo, ambos os agentes sujeitam-se ao desfazimento do negócio e à sanção criminal, nos termos do art. 58 do Decreto-Lei n. 3.688, de 1949 (Lei de Contravenção Penal), que preceitua: "Explorar ou realizar a loteria denominada jogo do bicho, ou praticar qualquer ato relativo à sua realização ou exploração: pena: prisão simples, de quatro meses a um ano e multa".

Essa corrente se fortalece, em face do art. 606 do Código Civil, alusivo à prestação de serviços autônomos, e aplicado também às relações de trabalho não regidas pela CLT e por lei especial (art. 593 do Código Civil vigente). O dispositivo em questão não autoriza pagamento de nenhuma retribuição a quem prestou serviços sem habilitação ou sem o preenchimento dos requisitos estabelecidos em lei, salvo se deste

(13) Art. 17 da Lei de Introdução ao Código Civil.

(14) "Não há vínculo de emprego entre a casa que explora a prostituição e a mulher que a esta se dedica, em face da ilicitude do seu objeto (art. 82 do Código Civil)". TRT — SC — RO-4563/99 — 1ª T. — Ac. 821/00 — Rel.: Juiz Roberto Guglielmetto — DOE 28.1.2000. *Revista Synthesis* n. 31/2000, p. 297.

(15) DE CASTRO Y BRAVO, F. *El negocio jurídico*. Madrid: Civitas, 1985, p. 245 e ss.

(16) AMADO, João Leal. *Temas laborais. Contrato de trabalho prostitucional*. Coimbra: Coimbra Editora, 2005, p. 35 e 36.

(17) "Jogo do bicho. Contrato de trabalho. Nulidade. Objeto ilícito". **Orientação Jurisprudencial** n. 199 da SDI-1 do TST. Republicação em novembro de 2010.

serviço resultar benefício para a outra parte. Neste caso, o Juiz atribuirá a quem trabalhou uma "compensação razoável", desde que tenha agido de boa-fé.

Ocorre que no parágrafo único desse mesmo artigo o legislador deixou claro que a parte final do preceito, alusiva à compensação financeira, não se aplica quando a proibição da prestação de serviço resultar de lei de ordem pública. Ora, em primeiro lugar, o cambista não preencheu o requisito alusivo à licitude do objeto exigida pelo art. 166, II, do Código Civil vigente, aplicável subsidiariamente ao Direito do Trabalho, em face de suas lacunas, e mesmo que, eventualmente, tenha agido de boa-fé, desconhecendo a ilicitude da atividade, ainda assim o parágrafo único do art. 606 do Código Civil desautoriza o pagamento de qualquer compensação financeira, pois a lei disciplinadora da contravenção penal é de ordem pública.

Corrente contrária reconhece o liame empregatício com o **cambista**, ao argumento de que se trata de prática tolerada pela sociedade e pelo Estado, que "não faz censura à sua prática, tampouco se importa com a impunidade de seus controladores, cujo enriquecimento sem causa ocorre à custa dos vendedores de aposta"[(18)]. Alguns julgados[(19)] concluem dizendo que se nulidade houvesse seria com efeito *ex nunc*.

Entendemos que a falta de infraestrutura policial no combate a essa prática não poderá induzir à conclusão de que o jogo desfruta do beneplácito dos três Poderes da República, quando é sabido que o STJ, por meio da **Súmula 51**, dispõe que "a punição do intermediador, no jogo do bicho, independe da identificação do 'apostador' ou do 'banqueiro'". Isso significa que há punição, ainda que de forma insatisfatória.

Como se trata de objeto ilícito, uma vez que a atividade prometida é uma contravenção penal, o contrato é nulo e não produz nenhum efeito, sequer compensação pecuniária razoável pelo serviço realizado (inteligência dos art. 104, II, 166, II, 606 e parágrafo único do Código Civil de 2002). O valor protegido, nesse caso, "é a realização da ordem pública".

Já a omissão de **forma**, quando a nossa legislação a exige para certos trabalhadores (artista, aprendiz, entre outros), não gera como consequência contratual a nulidade, mas a presunção de duração indeterminada do contrato.

Cumpre salientar, entretanto, que, no tocante à forma de ingresso no serviço público, após a Constituição de 1988 (art. 37), quer sob a égide do regime trabalhista, quer sob as normas do Direito Administrativo, exige-se a submissão a concurso público. **A contratação do servidor sem prévia aprovação em concurso público é nula** e somente lhe confere direito ao pagamento da contraprestação pactuada, em relação ao número de horas trabalhadas, respeitado o valor da hora do salário mínimo e dos últimos valores referentes aos depósitos do FGTS[(20)], exigidos estes por força de Medida Provisória (n. 2.164-41, de 24 de agosto de 2001, cujo art. 9º alterou o art. 19 da Lei n. 8.036, de 1990).

---

(18) Cf. decisão, das mais brilhantes sobre o tema, proferida pelo Juiz do Trabalho José César de Oliveira, perante a JCJ de Sete Lagoas — MG, no Processo n. 1.997/88, publicada na obra *Direito do Trabalho Aplicado*. 1º v. Belo Horizonte: Ed. Del Rey, 1990, p. 230-240. Coord.: Alice Monteiro de Barros.

(19) TST — RR-501541/1998— Relª: Min. Maria Cristina I. Peduzzi — DJ 5.4.2002; TST—RR-556028 — 1ª T. — Rel.: Min. João Oreste Dalazen — DJ 3.3.2000, p. 98.

(20) **Súmula n.** 363 do TST, revista em outubro de 2003.

Por fim, temos como requisito essencial do contrato o **consentimento**, caracterizado pelo acordo de duas ou mais vontades, o qual poderá ser expresso ou tácito. É necessário que as partes sejam livres para a celebração do ajuste, punindo-se como crime o trabalho forçado, do qual o trabalho escravo é uma espécie.

É sabido que a **escravidão**, no Brasil, foi abolida com a Lei Áurea, de 13 de maio de 1888. Não obstante, lamentavelmente, ela sobrevive no País com outros contornos, apesar de o Brasil ter ratificado as Convenções n. 29 (1930) e n. 105 (1957) da OIT, as quais visam a combater o trabalho forçado utilizado com fins econômicos em países submetidos a administração colonial e em outros países independentes, mas cujo nível de desenvolvimento era análogo. No plano constitucional, é vedado o tratamento desumano ou degradante (art. 5º).

O Direito brasileiro, por meio da Lei n. 10.803, de 11 de dezembro de 2003, alterou o art. 149 do Código Penal, tipificando como crime "reduzir alguém à condição análoga à de escravo, quer submetendo-o a trabalhos forçados ou a jornada exaustiva, quer sujeitando-o a condições degradantes de trabalho, quer restringindo, por qualquer meio, sua locomoção em razão de dívida contraída com o empregador ou preposto" (art. 149 do Código Penal, com a redação dada em 2003). A pena é de reclusão de dois a oito anos, e multa, além da pena correspondente à violência (art. 149 citado). A pena é aumentada de metade, se o crime é cometido contra criança ou adolescente, ou ainda por preconceito de raça, cor, etnia, religião ou origem (§ 2º do art. 149 do Código Penal).

Incorre nas mesmas penas, de acordo com a nova redação do § 1º do art. 149 do Código Penal, quem "cerceia o uso de qualquer meio de transporte por parte do trabalhador, com o fim de retê-lo no local de trabalho", ou quem "mantém vigilância ostensiva no local de trabalho ou se apodera de documentos ou objetos pessoais do trabalhador, com o fim de retê-lo no local de trabalho".

A Lei n. 10.608, de 20 de dezembro de 2002, estendeu o seguro-desemprego ao trabalhador liberto e estabeleceu a sua recolocação no mercado de trabalho, assegurando-lhe uma qualificação profissional.

Os Tribunais[21] têm dado procedência à Ação Cível Pública intentada pelo Ministério Público do Trabalho, na defesa de interesses individuais homogêneos de trabalhadores flagrados pelo grupo móvel do Ministério do Trabalho em degradante e aviltante condições de trabalho e vida, em situação subumana de escravos, já que sem acesso às garantias mínimas de saúde e outras estabelecidas na CLT. A 1ª Turma do TRT da 8ª Região condenou a empresa ao cumprimento de diversas obrigações de fazer, além do pagamento de indenização por dano moral coletivo em favor do FAT (Fundo de Amparo ao Trabalhador).

A proibição da escravidão e do trabalho forçado gera direitos que pertencem ao âmbito da dignidade humana em geral, e do trabalhador em especial, a qual constitui um limite genérico aos que estão investidos de poder econômico ou social.

---

(21) TRT — 8ª Região — RO-861/2003 (00276.2002.114.08.00-5) — 1ª Turma. Relª: Juíza Convocada Maria Valquíria Norat Coelho. DOPA 30.4.2003. *Revista Síntese*, dez. 2003, p. 67.

CAPÍTULO XVI

CONTRATO DE EMPREGO DO SERVIDOR PÚBLICO: PRINCÍPIOS DE DIREITO ADMINISTRATIVO, TIPOS DE SERVIDORES, ESTABILIDADE, CONTRATAÇÃO POR PRAZO DETERMINADO

1. PRINCÍPIOS DO DIREITO ADMINISTRATIVO

O art. 37, *caput*, da Constituição de 1988, arrolou como princípios da Administração Pública os seguintes: legalidade, impessoalidade, moralidade, publicidade e eficiência. Muitos desses princípios constam também da Lei n. 9.784, de 29 de janeiro de 1999, disciplinadora do processo administrativo no âmbito da administração, a qual acrescenta outros, como o princípio da finalidade, da motivação, da razoabilidade, da proporcionalidade, da ampla defesa, do contraditório, da segurança jurídica e do interesse público. Outros princípios são alinhados pela doutrina de forma heterogênea, entre eles o da continuidade. Teceremos, em seguida, considerações sobre alguns deles.

O princípio da **legalidade** é específico do Estado de Direito; submete os "exercentes do poder a um quadro normativo que embarga favoritismo, perseguições ou desmandos", condicionando o administrador público ao que a lei determina, ao contrário do particular, que pode fazer tudo o que a lei não proíbe (cf. Celso Antônio Bandeira de Mello. *Curso de Direito Administrativo*. 17. ed. São Paulo: Malheiros Editores, 2004, p. 91, 92 e 95).

O princípio da impessoalidade confunde-se, segundo o autor citado, com o princípio da legalidade ou isonomia, segundo o qual a Administração deverá atribuir igual tratamento aos administrados, coibindo-se discriminações. Acrescente-se que, em situações cujos interesses são coletivos ou difusos, a impessoalidade significa a exigência de ponderação equilibrada de todos os interesses envolvidos, para que não se decida imbuído de preconceito ou radicalismo(1).

Além desses princípios, temos o da moralidade, designação jurídica da lisura, da honestidade nas atividades administrativas, evitando-se favorecimentos deliberados em função de alguém. Pressupõe lesão ao erário público. O art. 5º, LXXIII, do texto constitucional introduziu a ação popular como instrumento capaz de sancionar tais atividades, anulando o ato lesivo a esse princípio. E o art. 37, § 4º, sanciona os atos de improbidade dos agentes públicos em geral, com a suspensão dos direitos políticos,

(1) MEDAUAR, Odete. *Direito Administrativo Moderno*. São Paulo: Revista dos Tribunais, 2004, p. 147.

perda da função pública, indisponibilidade de bens e ressarcimento do erário. A sanção prevista para o Presidente da República encontra-se no art. 85, V, da Constituição e implica crime de responsabilidade.

Em 1992, editou-se a Lei n. 8.429, sobre improbidade administrativa.

Coexiste com os princípios acima o da publicidade, que permite transparência na atuação administrativa e maior controle da conduta dos governantes.

Por fim, no plano constitucional, temos o princípio da eficiência, postulado que exige ação rápida e precisa da Administração, capaz de satisfazer as necessidades da coletividade.

Ao lado desses princípios, há o da prevalência do interesse público sobre o interesse particular, designação jurídica utilizada para a preponderância de providências que atendam o interesse da coletividade em primeiro lugar.

Alguns autores englobam o princípio da proporcionalidade e da razoabilidade. O primeiro norteia o Direito Comunitário Europeu e os ordenamentos jurídicos da França e Alemanha. Ele ameniza o princípio da prevalência do interesse público, de sorte que não sejam impostas aos indivíduos, em geral, obrigações, restrições e sanções, em medida superior à estritamente necessária ao atendimento do interesse público. Já o princípio da razoabilidade, adotado nos EUA e Argentina, sugere decisões equilibradas, com adequação da relação custo-benefício, em que se incluem o custo social (cf. MEDAUAR, Odete. *Op. cit.*, p. 152).

Importante ressaltar o princípio da continuidade das atividades realizadas pela Administração, a fim de que o interesse público não sofra prejuízos. Durante muitos anos, esse princípio serviu de obstáculo ao reconhecimento do direito de greve no serviço público. Hoje ele coexiste com a greve, dada a obrigatoriedade de comunicação prévia da deflagração do movimento grevista.

2. A CARACTERÍSTICA DE AMPLIAÇÃO CRESCENTE DO DIREITO DO TRABALHO E O SERVIDOR PÚBLICO

O art. 39 da Constituição da República dispunha, em sua redação original, que os servidores públicos da União, dos Estados, do Distrito Federal e dos Municípios sujeitar-se-iam ao regime jurídico único. Enquanto vigorou o dispositivo com esses termos, muito se discutiu sobre a possibilidade de quaisquer desses entes públicos adotarem, no âmbito de sua competência, o regime celetista, havendo doutrinadores que afirmavam a exclusão definitiva do regime trabalhista (nesse sentido manifestou-se Hely Lopes Meirelles *in Direito Administrativo Brasileiro*, 15. ed., RT, p. 355). Havia, no entanto, posicionamento contrário (Ivan Barbosa Rigolin. *O Servidor Público na Constituição de 1988*, Saraiva, 1989, p. 121), segundo o qual inexiste essa restrição na norma constitucional. Filiamo-nos a esse entendimento, pois consideramos que a Constituição, além de não estabelecer o conteúdo do regime jurídico dos servidores, também reconheceu a autonomia política, administrativa e financeira das entidades que integram a Federação. A conjugação desses dois fatores evidencia a possibilidade de qualquer uma das unidades integrantes da Federação adotar o regime celetista.

Acresce frisar que o referido artigo 39 da Constituição teve alterada sua redação pela Emenda n. 19, de 4 de junho de 1998, quando foi excluída a menção ao regime único. Já à época, se a restrição nem mesmo subsistia no plano constitucional, evidentemente que não haveria empecilho à adoção do regime celetista na Administração. Essa circunstância atrai a competência da Justiça do Trabalho para apreciar matéria envolvendo servidor público celetista, destinatário do que o legislador denominou regime de emprego público (Lei n. 9.962, de 22 de dezembro de 2000).

Ao lado do regime jurídico celetista ou de emprego público, a Administração Pública Direta conta, ainda, com servidores públicos estatutários, cuja relação jurídica é regida por leis específicas, como, por exemplo, a Lei n. 8.112 e os servidores públicos temporários (art. 37, IX, da Constituição vigente).

A situação estatutária, como revelam os administrativistas, não pressupõe ajuste entre as partes de condições de serviço e remuneração. Ao contrário, é o poder público que estabelece, unilateralmente, em lei e regulamentos, as condições de exercício das funções públicas.

Com a promulgação da Emenda Constitucional n. 45, de 8 de dezembro de 2004, o art. 114, e inciso I, da Constituição, passou a ter a seguinte redação: "Compete à Justiça do Trabalho processar e julgar: I — as ações oriundas da relação de trabalho, abrangidos os entes de direito público externo e da administração pública direta e indireta da União, dos Estados, do Distrito Federal e dos Municípios".

O preceito em questão, ao que tudo indica, abrangeria as relações de trabalho não só geradas pelo contrato de emprego, mas também pelo regime estatutário. Reforça esse entendimento o fato de não ter sido ainda acatada pela Câmara a proposição emendada pelo Senado, que excluía da apreciação da Justiça do Trabalho os servidores ocupantes de cargos criados por lei, de provimento efetivo.

Acontece, porém, que, em 27 de janeiro de 2005, o Min. Nelson Jobim concedeu liminar na Ação Direta de Inconstitucionalidade n. 3395/6-DF, para suspender qualquer interpretação ao referido inciso I, do art. 114 da Constituição, que inclua na competência da Justiça do Trabalho as causas entre o Poder Público e seus servidores a ele vinculados por típica relação de ordem estatutária ou de caráter jurídico-administrativo.

Persiste, portanto, a competência da Justiça do Trabalho para as causas envolvendo os servidores públicos celetistas.

3. ADMINISTRAÇÃO PÚBLICA E SERVIDORES DE SEU QUADRO. CONCURSO. CONTRATAÇÃO IRREGULAR. EMPREGADOS DE EMPRESA PÚBLICA E SOCIEDADE DE ECONOMIA MISTA. APOSENTADORIA E CONTINUIDADE DA PRESTAÇÃO DE SERVIÇOS. NECESSIDADE DE NOVO CONCURSO?

A Administração Pública direta, autárquica e fundacional, de qualquer dos Poderes da União, do Estado, do Distrito Federal e dos Municípios poderá ter em seus quadros empregados regidos pelo Direito do Trabalho ou servidores estatutários (antigamente denominados funcionários públicos), cuja relação jurídica não é contratual, mas institucional e, por isso mesmo, disciplinada pelo Direito Administrativo. A União Federal, por exemplo, adotou o regime jurídico estatutário para os seus servidores, como se infere da Lei n. 8.112, de 11 de dezembro de 1990.

Em ambas as hipóteses, a investidura em emprego ou cargo público depende, com amparo no princípio da eficiência, de aprovação em concurso público de provas ou de provas e títulos, de acordo com a natureza e a complexidade do cargo ou emprego, na forma prevista em lei, ressalvadas as nomeações para cargo em comissão declarado em lei de livre nomeação e exoneração.

O concurso público, à semelhança da licitação, visa à seleção de agentes qualificados tecnicamente para o desempenho das atividades junto à Administração Pública.

A contratação de servidor público, após a Constituição da República de 1988, sem prévia aprovação em concurso público encontra óbice no art. 37, II e § 2º. A jurisprudência do TST somente lhe confere direito "ao pagamento da contraprestação pactuada, em relação ao número de horas trabalhadas, respeitado o valor da hora do salário mínimo e dos valores referentes aos depósitos do FGTS", nos termos da **Súmula n. 363 do TST**, e do art. 9º da Medida Provisória n. 2.164-41, de agosto de 2001, que inseriu o art. 19-A na Lei n. 8.036, de 1990[(2)]. E a verificação do respeito ao salário mínimo não se apura pelo confronto isolado do salário-base com o mínimo legal, mas deste com a soma de todas as parcelas de natureza salarial recebidas pelo empregado diretamente do empregador (**Orientação Jurisprudencial** n. 272 da SDI-1 do TST).

Ora, é sabido que o salário mínimo, na CLT, possui capítulo próprio (III do Título II) e dali se inferem, como seus componentes, a importância fixa, o salário *in natura* e as comissões (art. 76, 78, parágrafo único, e 81), não obstante o TST autorizasse fosse ele apurado com base no art. 457, § 1º da CLT, que dispõe sobre salário contratual.

Seria o caso também, **com amparo no art. 37, § 6º**, da Constituição da República, de se responsabilizar o agente público que atuou na contratação, por meio de uma ação regressiva ajuizada pelo Estado contra ele. Apesar de disposição expressa no texto constitucional, a medida não tem sido concretizada[(3)].

A responsabilidade civil do administrador público perante a administração, quando este pratica atos ilegais, não é de competência da Justiça do Trabalho, nos termos do art. 114 da Constituição da República. Assim, na visão de Hely Lopes Meirelles, a responsabilidade que se impõe ao servidor de reparar o dano causado à administração, por culpa ou dolo no desempenho de suas funções, "independente das demais (responsabilidade administrativa e criminal) é apurada na forma do direito

---

(2) A declaração judicial de nulidade do contrato de trabalho com o órgão público, por ausência de concurso, não afasta a obrigação de recolhimento das contribuições previdenciárias (art. 43 e 44 da Lei n. 8.212, de 1991, e 195, inciso I, "a", da Constituição vigente). Nesse sentido: TST — AIRR-1059/2001-005-16-00.9. Rel.: Juiz convocado Ricardo Alencar Machado. 3ª Turma. DJ 5.8.2005.

(3) Cf. MAZUR, Maurício. O contrato de trabalho nulo com a Administração Pública e o recente **Enunciado** n. 363 do TST. *Revista Synthesis* 33/2001, p. 168.

privado, perante a Justiça Comum" (*Direito Administrativo Brasileiro*. 19. ed. São Paulo: Revista dos Tribunais, 1993, p. 418). Ademais, inadmissível sustentar-se a existência de vínculo de emprego entre o autor e o agente público que atuou na contratação[(4)], inobstante posições contrárias.

Não se inclui na regra da **Súmula n. 363** o art. 37, inciso IX, da Constituição vigente, que autoriza a contratação por prazo determinado para atender a necessidade temporária de excepcional interesse público, nos casos que a lei estabelecer, ou seja: "I — assistência a situações de calamidade pública; II — combate a surtos endêmicos; III — realização de recenseamentos e outras pesquisas de natureza estatística efetuadas pela Fundação Instituto Brasileiro de Geografia e Estatística — IBGE; IV — admissão de professor substituto e professor visitante; V — admissão de professor e pesquisador visitante estrangeiro; VI — atividades: a) especiais nas organizações das Forças Armadas para atender à área industrial ou a encargos temporários de obras e serviços de engenharia; b) de identificação e demarcação desenvolvidas pela FUNAI; c) de análise e registro de marcas e patentes pelo Instituto Nacional da Propriedade Industrial — INPI; d) finalística do Hospital das Forças Armadas; e) de pesquisa e desenvolvimento de produtos destinados à segurança de sistemas de informações, sob a responsabilidade do Centro de Pesquisa e Desenvolvimento para a Segurança das Comunicações — CEPESC; f) de vigilância e inspeção, relacionadas à defesa agropecuária, no âmbito do Ministério da Agricultura e do Abastecimento, para atendimento de situações emergenciais ligadas ao comércio internacional de produtos de origem animal ou vegetal ou de iminente risco à saúde animal, vegetal ou humana; g) desenvolvidas no âmbito dos projetos do Sistema de Vigilância da Amazônia — SIVAM e do Sistema de Proteção da Amazônia — SIPAM" (art. 2º da Lei n. 8.745, de 9 de dezembro de 1993, com as alterações introduzidas pela Lei n. 9.849, de 26 de outubro de 1999).

O § 1º, do art. 2º, da Lei n. 9.849, de 1999, estabelece que "a contratação de professor substituto a que se refere o inciso IV far-se-á exclusivamente para suprir a falta de docente da carreira, decorrente de exoneração ou demissão, falecimento, aposentadoria, afastamento para capacitação e afastamento ou licença de concessão obrigatória".

Nos casos dos incisos V e VI, do mencionado art. 2º, a contratação de pessoal poderá ser efetivada com base em notória capacidade técnica ou científica do profissional, mediante análise do *curriculum vitae*.

Nessas hipóteses, reguladas pela Lei n. 8.745, de 1993, fica dispensada a contratação mediante concurso público[(5)], mas exige-se recrutamento do pessoal a ser

---

(4) TRT- 3ª Reg. — 2ª T. — RO-17614/94. Relª: Juíza Alice Monteiro de Barros — DJMG 6.10.1995.

(5) "**Servidor público. Contrato por tempo determinado. Art. 37, IX, da CF/88.** 1. A contratação de servidor por tempo determinado, na hipótese contemplada no art. 37, IX, da CF/88, opera-se sem prévia aprovação em concurso público, mesmo porque prevista para situações emergenciais, que não se compadecem com as inafastáveis delongas exigidas por um concurso público. Essa forma de contratação, por sua própria natureza, é incompatível com a exigência de concurso público. Nesse sentido, no plano federal, há a Lei n. 8.745/93, que regula os casos em que

contratado mediante processo seletivo simplificado, sujeito à ampla divulgação (art. 3º da referida lei).

A legislação citada anteriormente contém regras próprias de prorrogação do contrato, que não se identificam com aquelas previstas na CLT.

Os servidores celetistas ou estatutários nomeados para cargo de provimento efetivo em virtude de concurso público são estáveis após três anos de efetivo exercício (art. 41 da Constituição). O servidor estável só perderá o cargo em virtude de sentença judicial transitada em julgado; mediante processo administrativo em que lhe seja assegurada ampla defesa ou mediante procedimento de avaliação periódica de desempenho, na forma de lei complementar, assegurada a ampla defesa (§ 1º do citado art. 41).

O STF vinha exigindo concurso público também para o acesso aos empregos junto às empresas públicas e sociedades de economia mista[(6)], embora o regime legal desses trabalhadores seja o celetista, em que a admissão, em regra, se faz sem essa exigência (art. 173, § 1º, II, com a redação dada pela Emenda Constitucional n. 19, de 4 de junho de 1998).

Somos, sem dúvida, favoráveis à exigência do concurso, exatamente para se atender ao princípio da máxima eficiência que se almeja do servidor público. O concurso é um certame democrático, que permite a participação de todos nas mesmas condições e autoriza a seleção dos melhores candidatos apresentados para a prestação de serviços capazes de atender à expectativa da sociedade. Antes da Constituição de 1988, o concurso público era exigido apenas para a primeira investidura em cargo público; a partir de 1988, o STF, ao interpretar o art. 37, II, da referida Constituição, entendeu não existir mais a possibilidade de ascensão funcional como forma de provimento de cargo público efetivo.

Observe-se, entretanto, que os empregados de empresa pública ou sociedade de economia mista, ainda que admitidos por concurso público, poderão ser despedidos independentemente de ato motivado para sua validade, na forma da **Orientação Jurisprudencial** n. 247 da SBDI-1 do TST. Ressaltou-se na nova redação da Orientação Jurisprudencial n. 247, inciso 2, que a validade do ato de despedida do empregado da Empresa Brasileira de Correios e Telégrafos (ECT) está condicionada à motivação

---

pode haver lugar a contratação de servidor por tempo determinado, independentemente de concurso público (art. 2º e 3º). 2. Recurso de revista de que não se conhece". TST — RR-475.044/98.0 — 1ª T. — Rel.: Min. João Oreste Dalazen — DJU 14.3.2003.

(6) "**Cargos e empregos públicos. Administração Pública Direta, Indireta e Fundacional. Acessibilidade. Concurso público.** A acessibilidade aos cargos públicos a todos os brasileiros, nos termos da Lei e mediante concurso público é princípio constitucional explícito, desde 1934, art. 168. Embora cronicamente sofismado, mercê de expedientes destinados a iludir a regra, não só foi reafirmado pela Constituição, como ampliado, para alcançar os empregos públicos, art. 37, I e II. Pela vigente ordem constitucional, em regra, o acesso aos empregos públicos opera-se mediante concurso público, que pode não ser de igual conteúdo, mas há de ser público. As autarquias, empresas públicas ou sociedades de economia mista estão sujeitas à regra, que envolve a administração direta, indireta ou fundacional, de qualquer dos poderes da União, dos Estados, do Distrito Federal e dos Municípios. Sociedade de economia mista destinada a explorar atividade econômica está igualmente sujeita a esse princípio, que não colide com o expresso no art. 173, § 1º. Exceções ao princípio, se existem, estão na própria Constituição". MS 21322 — DF — Rel.: Min. Paulo Brossard. Julgamento: 3.12.1992. Órgão Julgador: Tribunal Pleno. Publicação: DJ 23.4.93, p. 06921.

por desfrutar a empresa do mesmo tratamento destinado à Fazenda Pública, relativamente à imunidade tributária e à execução por precatório, além das prerrogativas de foro, prazos e custas processuais. Ora, a dispensa do servidor empregado, independentemente do ato motivado, desprestigia o concurso público, meio colocado à disposição do Administrador Público para se obter moralidade e eficiência no serviço público. Se não bastasse, a motivação não dificulta o ato da dispensa, ao contrário, legitima-o.

Se nova e peculiar relação de emprego surge após a jubilação voluntária do servidor, torna-se necessário prévio concurso público para o empregado continuar prestando serviços, à luz do art. 37, II, da Constituição vigente?

Nossa resposta era afirmativa, pois à luz do art. 453 da CLT, a aposentadoria extingue o contrato, logo o novo contrato que se celebra após a aposentadoria deverá ser precedido de concurso, de acordo com a exigência contida no citado preceito constitucional. Essa, aliás, era a jurisprudência que vinha prevalecendo na SDI-1 do TST(7), mas certamente será alterada, dado o cancelamento da Orientação Jurisprudencial n. 177 do TST, diante da decretação da inconstitucionalidade dos §§ 1º e 2º do art. 453 da CLT, pelo STF, em outubro de 2006.

Aliás, o mesmo TST (RR-56231/2002-900-02-00 — Rel.: Min. Moura França — DJU 25.6.04) tem sustentado, por meio de sua 4ª Turma, que não é necessário novo concurso, em face da inexistência de prejuízo patronal com a nova conjuntura, a qual se mantém às margens da exigência contida no art. 37, II, e § 2º, da Constituição vigente, assentando-se no princípio da primazia da realidade e no requisito da pertinência consubstanciado no brocardo "onde há a mesma razão, deve-se aplicar a mesma disposição legal".

3.1. Mudança de regime jurídico de celetista para estatutário. Limites à execução

A mudança de regime celetista para estatutário implica extinção do contrato de trabalho, portanto, o prazo prescricional para reclamar pretensão de cunho trabalhista flui a partir da mudança. Não reivindicados esses direitos nos dois anos contados da alteração do regime, opera-se a prescrição da pretensão (**Súmula n. 382 do TST**).

Ainda no tocante à mudança de regime jurídico, cumpre ressaltar que a superveniência de regime estatutário em substituição ao celetista, mesmo após a sentença, limita a execução ao período celetista, conforme **Orientação Jurisprudencial** n. 138 da SDI-1 do TST.

---

(7) "Contrato nulo. Efeitos. Violação ao art. 37, II e § 2º, da Constituição. Entendimento da Corte reafirmado na nova redação do Enunciado n. 363/TST. A Turma deu provimento parcial ao recurso da Reclamada para determinar a exclusão da condenação dos valores referentes às verbas rescisórias do primeiro contrato de trabalho, firmado antes da aposentadoria voluntária. No entanto, manteve a condenação no tocante ao pagamento das verbas rescisórias do segundo período trabalhado. O entendimento desta Corte, reafirmado na nova redação do Enunciado n. 363 do TST, é no sentido da nulidade do contrato firmado no período posterior à aposentadoria, pois esta extingue o contrato de trabalho, na forma da OJ n. 177 da SDI1, circunstância a demandar novo concurso público para a admissão do empregado. Devem ser excluídas da condenação as verbas rescisórias correspondentes ao segundo período trabalhado. Recurso de Embargos conhecido e provido por ofensa ao art. 37, II, § 2º, da Constituição Federal". TST-E-RR 788035/2001. Ac. SBDI-1. Relª: Min. Maria Cristina Irigoyen Peduzzi — DJU 5.3.2004. *Revista TST*, Brasília, v. 70, n. 1, jan./jun. 2004.

4. A TERCEIRIZAÇÃO E OS ÓRGÃOS DA ADMINISTRAÇÃO

A terceirização requer cautela do ponto de vista econômico, pois implica planejamento de produtividade, qualidade e custos. Os cuidados devem ser redobrados do ponto de vista jurídico, porquanto a adoção de mão de obra terceirizada poderá implicar reconhecimento direto de vínculo empregatício com a tomadora dos serviços, na hipótese de fraude, ou responsabilidade subsidiária dessa última, quando inadimplente a prestadora de serviços.

Essa foi a diretriz traçada pela **Súmula n. 331 do TST**, ao rever a **Súmula n. 256**, hoje cancelada, mas cujo teor ainda se aplica aos casos de vínculo empregatício com a administração pública, anteriores à Constituição da República de 1988 (**Orientação Jurisprudencial** n. 321 da SDI-1 do TST).

A redação da **Súmula n. 331 do TST** é a seguinte:

> "I — A contratação de trabalhadores por empresa interposta é ilegal, formando-se o vínculo diretamente com o tomador dos serviços, salvo no caso de trabalho temporário (Lei n. 6.019, de 3 de janeiro de 1974).
>
> II — A contratação irregular de trabalhador, por meio de empresa interposta, não gera vínculo de emprego com os órgãos da Administração Pública Direta, Indireta ou Fundacional (art. 37, II, da Constituição da República).
>
> III — Não forma vínculo de emprego com o tomador a contratação de serviços de vigilância (Lei n. 7.102, de 20 de junho de 1983), de conservação e limpeza, bem como a de serviços especializados ligados à atividade-meio do tomador, desde que inexistente a pessoalidade e subordinação direta.
>
> IV — O inadimplemento das obrigações trabalhistas, por parte do empregador, implica na responsabilidade subsidiária do tomador dos serviços quanto àquelas obrigações, inclusive quanto aos órgãos da administração direta, das autarquias, das fundações públicas, das empresas públicas e das sociedades de economia mista, desde que este tenha participado da relação processual e constem também do título executivo judicial (art. 71 da Lei n. 8.666, de 21.6.1993). (Alterado pela Resolução n. 96, de 11.9.00, DJ 19.9.00)."

Verifica-se, **no item I da Súmula n. 331,** que a contratação por empresa interposta continua sendo ilegal, formando-se o vínculo diretamente com o tomador dos serviços, excetuada a hipótese de trabalho temporário.

No tocante ao **item II da Súmula n. 331**, exclui-se também a possibilidade de relação de emprego entre o trabalhador e os órgãos da Administração direta ou indireta, quando aquele lhe presta serviços, por meio de contratação irregular, sem concurso público. O TST, nesse item, visou, principalmente, a coibir os apadrinhamentos no serviço público e a dar efetividade ao comando do art. 37 da Constituição da República de 1988.

Como vimos, defere-se ao trabalhador contratado irregularmente apenas o pagamento da contraprestação pactuada, em relação ao número de horas trabalhadas, respeitado o valor do salário mínimo, e dos valores referentes aos depósitos do FGTS (**Súmula n. 363 do TST**).

Na hipótese ventilada no **item IV da Súmula n. 331 do TST**, o inadimplemento das obrigações trabalhistas por parte do empregador, ou seja, do fornecedor da mão de obra, implica responsabilidade subsidiária do tomador quanto àquelas obrigações, inclusive se for órgão da administração direta, das autarquias, das fundações públicas e das sociedades de economia mista, desde que este tenha participado da relação processual e conste também do título executivo judicial.

É comum, entretanto, os órgãos públicos, inclusive pertencentes à Administração indireta, invocarem o art. 71 da Lei n. 8.666, de 1993[(8)], como obstáculo à sua responsabilidade, ainda que subsidiária, pelos encargos assumidos pela empresa contratada para a prestação de serviços, conhecida como fornecedora.

Aliás, examinando a matéria à luz dessa norma, verifica-se que ela realmente exclui a responsabilidade da Administração pelos encargos trabalhistas, na hipótese de inadimplência da empresa fornecedora.

Esse dispositivo, ao resguardar os interesses do poder público, isentando-o do pagamento dos direitos sociais aos que venham a lhe prestar serviços, subverte a teoria da responsabilidade civil e atenta contra a Constituição vigente. Ora, admitir a isenção contida nessa norma implica conceder à Administração Pública, que se beneficiou da atividade dos empregados, um privilégio injustificável em detrimento da dignidade da pessoa humana e dos valores sociais do trabalho preconizados pela própria Constituição, como fundamentos do Estado Democrático de Direito (art. 1º, III e IV).

Como se vê, as antinomias, também nos sistemas legislativos, não são raras. Para solucionar o conflito deve-se considerar o grau de importância das normas contraditórias, orientando-se o intérprete pela disposição principal contida na norma supraordenada, no caso, a Constituição da República, adotando-se a interpretação ab-rogante. É o que recomenda Francisco Ferrara na obra *Ensaio sobre a Teoria da Interpretação*. Coimbra: Armênio Amado Editor, 1987, p. 152. Trad.: Manuel A. Domingues de Andrade.

Note-se que, se cabe ao particular responder pelos danos advindos da culpa *in eligendo* e/ou *in vigilando*, com mais razão há de se exigir do Estado tal responsabilidade, uma vez que lhe compete realizar o bem comum, o qual não pode ser alcançado mediante lesão ao direito dos trabalhadores. Nesse sentido orienta-se o TST[(9)].

---

(8) **Art.** 71. O contratado é responsável pelos encargos trabalhistas, previdenciários, fiscais e comerciais resultantes da execução do contrato.

§ 1º A inadimplência do contratado, com referência aos encargos estabelecidos neste artigo, não transfere à Administração Pública a responsabilidade por seu pagamento, nem poderá onerar o objeto do contrato ou restringir a regularização e o uso das obras e edificações, inclusive perante o Registro de Imóveis.

§ 2º A Administração poderá exigir, também, seguro para garantia de pessoas e bens, devendo essa exigência constar do edital da licitação ou do convite.

(9) "**Responsabilidade subsidiária. Ente público. Culpa *in eligendo*.** Presume-se inidônea a empresa prestadora de serviços, na medida em que não honra suas obrigações trabalhistas. Tendo isto ocorrido, não há como se invocar a Lei n. 8.666/93 para dizer que a responsabilidade não pode ser transferida para o Estado...". TST-RR-352457/97 — Ac. 2ª Turma — Rel.: Min. José Luciano de Castilho Pereira. DJU 31.3.2000.

Ressalte-se, ainda, que a responsabilidade subsidiária do tomador dos serviços funda-se na existência do risco, assumido pela Administração Pública ao contratar com prestadora de serviços inadimplente, e ter-se beneficiado da força de trabalho dos empregados contratados por esta última.

Logo, reconhecida a responsabilidade objetiva de quem se utilizou dos serviços, por meio da terceirização, é irrelevante tenha ele dado ou não causa à cessação do contrato de trabalho do reclamante, devendo responder pelo inadimplemento da obrigação sem restrições(10).

5. ACUMULAÇÃO DE CARGOS

O contrato de trabalho não requer exclusividade; entretanto, o art. 37, XVI, da Constituição da República de 1988, veda a acumulação remunerada de cargos públicos, exceto quando houver compatibilidade de horários entre dois cargos de professor (alínea "a"); a de um cargo de professor com outro técnico ou científico (alínea "b"); a de dois cargos ou empregos privativos de profissionais da saúde, com profissões regulamentadas (alínea "c").

O inciso XVII do art. 37 da Constituição da República dispõe, ainda, que a proibição de acumular **estende-se a empregos** e funções e abrange autarquias, empresas públicas, sociedades de economia mista e fundações mantidas pelo Poder Público. Aplicam-se aos empregados públicos e aos servidores estatutários não só as regras a respeito da proibição de acumulação (art. 37, inciso XVII, da Constituição), e aquelas referentes à improbidade (art. 37, § 4º, da Constituição), mas também as alusivas ao limite de remuneração (art. 37, XI, da Constituição).

Se a acumulação de cargos se faz sem remuneração em um deles, do qual o servidor se encontra licenciado, a jurisprudência tem sustentado que a situação não viola o art. 37, XVI e XVII, da Constituição vigente(11).

A dispensa ocorrida em virtude de acumulação ilegal não gera direito às verbas rescisórias(12).

---

(10) "**Multa do art. 477, § 8º, da CLT — Aplicabilidade. Responsabilidade subsidiária.** Está evidenciado nos autos o atraso no pagamento das verbas rescisórias ao Autor, dando ensejo à aplicação da penalidade prevista no art. 477, § 8º, da CLT. O Tribunal Regional impôs obrigação subsidiária pela satisfação dos créditos trabalhistas, o que implica responsabilidade pelo total devido ao Reclamante, incluindo a aludida multa, na hipótese de a empregadora (prestadora de serviços) não os satisfazer. O acórdão recorrido está conforme o **Enunciado** n. 331, IV, do TST, inviabilizando o conhecimento dos Embargos, nos termos do art. 894, alínea 'b', da CLT. Embargos não conhecidos". TST — ERR-411020/1997 —Ac. 1ª Turma — SDI-1. Relª: Min. Maria Cristina Irigoyen Peduzzi. DJ de 22.11.2002.

(11) "Acumulação de cargos. Ocupação simultânea de dois cargos públicos, com remuneração de apenas um deles. Acumulação lícita. Art. 37, incisos XVI e XVII, da Constituição da República. O art. 37, incisos XVI e XVII, da Constituição da República veda a acumulação remunerada de cargos públicos. Assim, a rigor, o texto constitucional não veda a acumulação, se o servidor se encontra licenciado sem remuneração de um dos cargos que acumula...". TST-E-RR-415.074/1998.0 — Ac. SDI-1, 1C.3.04. Rel. Min. João Batista Brito Pereira. *Revista LTr* 68-7/854.

(12) "... **Proventos e vencimentos. Acumulação indevida. Verbas rescisórias**. A acumulação de proventos e vencimentos, à margem das hipóteses previstas no art. 37, inc. XVI e XVII, da Constituição da República, constitui justo motivo para a dispensa do empregado que se encontra em situação incompatível com a disposição constitucional, razão pela qual não são devidas as verbas rescisórias. Recurso de Revista de que se conhece parcialmente e a que se dá provimento." TST-RR-436292/1998.3 — 5ª T. — Rel.: Min. João Batista Brito Pereira — DJU 23.4.2004. *Revista TST*, Brasília, n. 70, v. 1, jan./jun. 2004.

5.1. Policial militar. Reconhecimento de vínculo empregatício

À luz da **Súmula n. 386 do TST**, preenchidos os requisitos do art. 3º da CLT, é legítimo o reconhecimento de relação de emprego entre policial militar e empresa privada, independentemente do eventual cabimento de penalidade disciplinar prevista no Estatuto do Policial Militar.

6. CARGOS EM COMISSÃO

À luz do art. 37, II, da Constituição vigente, os cargos em comissão são declarados em lei de livre nomeação e exoneração. Logo, dispensam o concurso público, mas em contrapartida são destituídos de qualquer garantia quanto à sua permanência no cargo, pois seus ocupantes são demissíveis *ad nutum*. Os cargos em comissão de livre escolha do administrador, como também as funções de confiança exercidas por servidores públicos que ocupam cargos de provimento efetivo, mediante concurso público, destinam-se apenas às atribuições de direção, chefia e assessoramento, na forma do art. 37, V, da Constituição de 1988, com a redação dada pela Emenda Constitucional n. 19, de 1998.

7. ALTERAÇÃO DE JORNADA. SERVIDOR PÚBLICO

Cumpre salientar que a redução da jornada de trabalho do empregado, mantendo-se o mesmo salário, caracteriza alteração do pacto laboral para melhor. O retorno ao horário antigo implica alteração vedada pelo art. 468 da CLT, porque prejudicial ao trabalhador(13), exceto se se tratar de servidor público (administração direta, autárquica e fundacional), "cuja jornada inicialmente contratada não se insere nas vedações do art. 468 da CLT, sendo definida em lei e não no contrato de trabalho firmado entre as partes" (**Orientação Jurisprudencial** n. 308 da SDI-1 do TST). O princípio da regra mais favorável não é aplicado na hipótese, em face do princípio da legalidade que norteia o administrador público.

8. REGIMES JURÍDICOS DIVERSOS. EQUIPARAÇÃO SALARIAL

É inviável a equiparação salarial entre servidores regidos por regimes jurídicos diversos, em que as vantagens e deveres se distinguem, inclusive, no tocante à fixação da retribuição, dada a natureza contratual e institucional dos regimes(14).

---

(13) "**Alteração do contrato de trabalho. Horas Extras.** Considerando-se a primazia do contrato-realidade, o que importa é como o contrato de trabalho se expressa e executa na prática. Assim, embora o empregado tenha sido contratado para trabalhar oito horas diárias, houve um ajuste tácito no sentido de que o mesmo cumprisse uma jornada reduzida de seis horas diárias até 1992, pelo que a exigência unilateral da reclamada, no sentido de que aquele passasse a cumprir a jornada nos termos do contrato, resulta em alteração ilícita do contrato de trabalho vedada pelo art. 468 da CLT. Revista improvida." TST— RR-21021/95.4— Ac 1ª T. 7.031/96 — TRT — 3ª Reg. — Relª: Min. Regina R. Ezequiel — DJU 28.2.97 — p. 4395. Irany Ferrari e Melchíades Rodrigues Martins, *Julgados Trabalhistas Selecionados*. v. 5, São Paulo: LTr, p. 89.

(14) "**Isonomia entre servidores de regimes distintos**. É juridicamente impossível a isonomia salarial entre servidores de regimes distintos. A mistura de regra de dois regimes forma um terceiro e deve ser evitado". TST — 1ª T. — RR 60.877/92.3 —Rel. designado: Juiz Ursulino Santos — DJ 30.4.93. BOMFIM, Calheiros B. *Dicionário de Decisões Trabalhistas*, 24. ed., p. 421.

Saliente-se que o TST vem sustentando que "o art. 37, inciso XIII, da Constituição da República de 1988 veda a equiparação de qualquer natureza para efeito de remuneração do pessoal do serviço público, sendo juridicamente impossível a aplicação da norma infraconstitucional prevista no art. 461 da CLT quando se pleiteia equiparação salarial entre servidores públicos, independentemente de terem sido contratados". É essa a interpretação do TST, por meio da **Orientação Jurisprudencial** n. 297 da SDI-1.

Discorrendo sobre os dispositivos constitucionais que tratam dos vencimentos devidos aos servidores públicos, José Afonso da Silva assegura que o legislador constituinte garantiu a isonomia, tendo como referência os cargos do executivo e levando em conta cargos iguais ou assemelhados. Trata-se da isonomia entre servidores de Poderes diversos, chamada paridade de vencimentos. O referido autor acrescenta, ainda, que a equiparação vedada no dispositivo já citado ocorre quando há "comparação de cargos de denominação e atribuições diversas, considerando-os iguais para fins de se lhes conferirem os mesmos vencimentos; é igualação jurídico-formal de cargos ontologicamente desiguais, para o efeito de se lhes darem vencimentos idênticos, de tal sorte que, ao aumentar-se o padrão do cargo-paradigma, automaticamente o do outro ficará também majorado na mesma proporção" (*Curso de Direito Constitucional Positivo*. Malheiros Editores, 22. ed., p. 667).

Nota-se, portanto, que a hipótese tratada no art. 37, XIII, da Constituição, é diversa da equiparação prevista no art. 461 da CLT. Por outro lado, o autor alerta para o fato de que a exclusão da determinação especial alusiva à isonomia, anteriormente contida no art. 39, § 1º, do texto constitucional, não significou que a isonomia tenha deixado de ser aplicada nas relações funcionais, pois o princípio geral contido no art. 5º, *caput*, aplica-se a qualquer relação jurídica e garante a igualdade de todos perante a lei.

A Orientação Jurisprudencial n. 353 da SBDI-1 do TST (revista em 2008) dispõe que não se aplica à sociedade de economia mista a proibição à equiparação prevista no art. 37, XIII, da Constituição de 1988, pois, ao contratar empregados sob a égide da CLT, equipara-se a empregador privado, conforme disposto no art. 173, § 1º, II, da Constituição de 1988.

9. ESTABILIDADE ASSEGURADA NO ART. 41 DA CONSTITUIÇÃO DA REPÚBLICA DE 1988

A Constituição da República de 1988, no art. 41, assegurou estabilidade, após três anos de efetivo exercício, aos servidores nomeados para cargo de provimento efetivo em virtude de concurso público. Ele só perderá o cargo: por meio de sentença judicial transitada em julgado; mediante processo administrativo em que lhe seja assegurada ampla defesa; em virtude de procedimento de avaliação periódica de desempenho, na forma de lei complementar, assegurada ampla defesa.

Cumpre ressaltar que a estabilidade em questão alcança não só o servidor estatutário como também o empregado público celetista da administração direta, autárquica ou fundacional, admitido por concurso público (**Súmula n. 390, inciso I, do TST**).

O TST, por meio da **Súmula n. 390, inciso II,** entende que o referido preceito não se aplica às empresas públicas e sociedades de economia mista, logo, mesmo que concursados os seus empregados, a despedida não precisa ser motivada (**Orientação Jurisprudencial n. 247 da SDI-1 do TST**), pois não estão amparados pela estabilidade. A despedida imotivada desprestigia o concurso, utilizado para obtenção de moralidade e eficiência no serviço.

10. ESTABILIDADE PROVISÓRIA E LEIS ELEITORAIS

Leis eleitorais têm instituído regras impedindo a dispensa de servidores públicos, como também sua contratação, transferência ou supressão de vantagens, por ocasião das eleições. Essas regras têm em mira dar efetividade ao princípio da moralidade, evitando sejam admitidos ou dispensados simpatizantes de uma ou outra facção política. Discute-se a aplicação dessas restrições aos trabalhadores de sociedade de economia mista[(15)].

Ora, é inegável que a Lei n. 7.773, de 1989, e outras sobre a mesma matéria estendem-se à Administração Indireta, o que inclui a sociedade de economia mista. Isso porque, por força do Decreto-Lei n. 200, de 1967, as empresas públicas e sociedades de economia mista integram a administração pública indireta.

É que, não obstante estarem estas últimas submetidas ao regime jurídico próprio da iniciativa privada, no que tange às obrigações trabalhistas e tributárias, conforme o teor do art. 173, § 1º, da Constituição da República, não perdem elas a condição de estatais, pois são um instrumento do Estado para a consecução do interesse coletivo. Vale lembrar que existem dois casos nos quais a Administração Pública pode atuar no setor empresarial: a fim de resguardar monopólios do Estado, estabelecidos na Constituição, ou para suprir necessidade em determinados setores econômicos que não sejam convenientemente explorados pela iniciativa privada. Em ambas as situações, a interferência da Administração Pública visa sempre ao interesse público, cuja consideração é indispensável para que o Estado venha a explorar atividade econômica. Dessa forma, considerando que a ordem econômica nacional orienta-se no sentido de que a regra geral é a prevalência da iniciativa privada na exploração da atividade econômica, entendemos que a regra contida no dispositivo constitucional anteriormente mencionado (art. 173, § 1º) somente veio dar cumprimento a essa norma geral, evitando que o Estado, ao atuar na área empresarial, estabeleça concorrência desleal com o particular, garantindo a livre-iniciativa e a livre concorrência. Logo, inexiste incompatibilidade entre essa norma constitucional e a estabilidade provisória assegurada nas leis eleitorais. É que, a par de as sociedades de economia mista e empresas públicas terem o mesmo tratamento que as da área privada, continuam a integrar a Administração Indireta.

Outro aspecto que deverá ser analisado consiste em saber se a expressão "servidor público", mencionada nessas leis, alcança o empregado das empresas paraestatais. O

(15) Sempre nos manifestamos favoravelmente, como se infere dos RO 1.853/90 e RO 8.493/92, que tramitaram perante a 2ª T. do TRT da 3ª Região, dos quais atuamos como relatora.

termo refere-se ao sentido amplo de servidor público, ou seja, engloba todos os que prestam serviços à Administração em geral, seja ela direta, indireta ou fundacional.

É oportuno lembrar que a Constituição inclui os empregados das empresas públicas e sociedades de economia mista na proibição geral de acumulação de cargos. Esse fato, segundo o Min. Vantuil Abdala, "é indício seguro de que os empregados de empresas paraestatais têm, do ponto de vista constitucional, tratamento de servidores públicos no que tange aos preceitos que objetivam a preservação dos princípios contidos no art. 37, *caput*"[16].

Aliás, vale salientar que a Lei n. 7.773, de 1989, não faz nenhuma distinção quando determina as vedações previstas em seu art. 15, referindo-se, expressamente, aos servidores públicos de qualquer espécie, inclusive aqueles vinculados à administração indireta.

Convém ressaltar, ainda, que as leis eleitorais, ora discutidas, destinam-se, principalmente, a garantir a observância da moralidade administrativa, preservando o interesse público contra desvios de poder, motivados pela ingerência de forças emergentes nos períodos eleitorais. Ora, os dispositivos constitucionais e infraconstitucionais que resguardam a moralidade administrativa aplicam-se a todos os entes da administração direta e indireta, por força do que dispõe o art. 37, *caput,* da Constituição da República. Inegável, portanto, que também alcançam as empresas públicas e sociedades de economia mista. Nesse sentido pronunciou-se o TST, por meio da **Orientação Jurisprudencial** n. 51 da SDI-1.

11. ASSISTÊNCIA A QUE ALUDE O ART. 477 DA CLT E MULTA DO ART. 8º DO REFERIDO PRECEITO LEGAL

Gozam de presunção relativa de validade os recibos de quitação ou pedido de demissão dos servidores celetistas da União, dos Estados, do Distrito Federal, dos Municípios, das autarquias ou fundações de direito público federais, estaduais ou municipais que não exploram atividade econômica, ainda que não homologados nem submetidos à assistência a que alude o art. 477, §§ 1º, 2º e 3º da CLT, conforme dispõe o art. 1º, § 1º, do Decreto-Lei n. 779, de 21 de agosto de 1969.

Parte-se da presunção relativa de que essas pessoas jurídicas de direito público não viciarão a vontade do empregado quando da cessação do contrato; entretanto, caso haja atraso na quitação, a multa a que se refere o § 8º desse mesmo artigo procede (**Orientação Jurisprudencial** n. 238 da SDI-1 do TST), pois, sendo a inserção do referido parágrafo no art. 477 muito anterior ao Decreto-Lei n. 779, evidentemente que ele não poderia isentar esses empregadores de sua esfera normativa.

---

(16) **Estabilidade Provisória concedida por Força da Lei n. 7.773, de 1989**, em período pré e pós-eleitoral. Aplicabilidade aos Empregados em Sociedade de Economia Mista e Empresas Públicas, *Revista do TST*/1992, p. 54. Em consonância com esse entendimento, pronunciou-se o mesmo Ministro ao relatar o RR 12.996/90, perante a 2ª T. do TST.

12. LEGISLAÇÃO FEDERAL APLICÁVEL AOS SERVIDORES PÚBLICOS DOS ESTADOS E MUNICÍPIOS

Os servidores públicos, celetistas ou estatutários, dos Estados e Municípios estão incluídos na esfera normativa da Lei Federal n. 8.429, de 1992, alusiva à improbidade administrativa, caracterizada não só pelos atos que importam enriquecimento ilícito do servidor (art. 9º), mas também pelos que ensejam prejuízo ao erário (art. 10). Traduz, igualmente, ato de improbidade administrativa os que atentam contra os princípios da Administração Pública, entre os quais: retardar ou deixar de praticar, indevidamente, ato de ofício (art. 11, II), negar publicidade aos atos oficiais (art. 11, IV), frustrar a licitude de concurso público (art. 11, V), deixar de prestar contas quando estiver obrigado a fazê-lo (art. 11, VI).

Pelo que se pode constatar, a referida lei abriga em seu contexto comportamentos do servidor que não caracterizam necessariamente locupletamento financeiro ou material(17).

13. VALE-TRANSPORTE. SERVIDOR PÚBLICO CELETISTA

O vale-transporte é devido ao servidor público celetista, na forma da **Orientação Jurisprudencial** n. 216 do TST.

14. AGENTE COMUNITÁRIO DA SAÚDE E COMBATE ÀS ENDEMIAS

Nos termos do art. 8º da Lei n. 11.350/06, "Os Agentes Comunitários de Saúde e os Agentes de Combate às Endemias admitidos pelos gestores locais do SUS e pela Fundação Nacional de Saúde — FUNASA, na forma do disposto no § 4º do art. 198 da Constituição, submetem-se ao regime jurídico estabelecido pela Consolidação das Leis do Trabalho — CLT, salvo se, no caso dos Estados, do Distrito Federal e dos Municípios, lei local dispuser de forma diversa". Demonstrada a contratação da reclamante como agente comunitário de saúde para prestar serviços ao município, inexistindo prova da adoção de regime diverso na admissão desse pessoal e demonstrada pelo Procurador do Trabalho a existência de lei municipal, em Belo Horizonte, que estabelece, de forma expressa, o regime celetista (Lei Municipal n. 9.490/08), afasta-se a incompetência material do recurso e determina-se o retorno dos autos à origem para exame de mérito(18).

(17) ODETE MEDAUAR. *Op. cit.*, p. 149.

(18) TRT — 3ª Reg., 7ª T., RO 00022-2009-138-03-00-0, Rel. Juíza Alice Monteiro de Barros, julgado 31.8.09.

CAPÍTULO XVII

TRABALHO DO MENOR. CONCEITO DE CRIANÇA E ADOLESCENTE. EFEITOS DA CONTRATAÇÃO. NORMAS DE PROTEÇÃO. LIMITES. ESTAGIÁRIO E APRENDIZ. CONSELHOS TUTELARES

1. INTRODUÇÃO

A dificuldade econômica das famílias tem sido a principal responsável pela exploração de que são vítimas os menores, desde a primeira infância e nas mais variadas épocas da humanidade.

A necessidade de aprender uma profissão também tem colocado os menores a serviço da própria família ou de outrem, que, em geral, recebe a ajuda e nem sempre os remunera. E assim é que, já no Egito, em Roma e na Grécia Antiga, os filhos dos escravos trabalhavam para os amos ou senhores ou para terceiros, em benefício daqueles, sem remuneração.

Na Idade Média, o menor trabalhava nas corporações de ofício durante 7 anos e às vezes até mesmo por 10 anos, tempo desproporcional ao necessário à aprendizagem. Na maioria dos serviços, o número de aprendizes era limitado a um ou dois e mesmo nos momentos de crise o mestre estava proibido de ter aprendizes pelo período de 3 ou 6 anos. Ele propiciava educação ao aprendiz e este lhe dava todo o seu tempo, pois dormia sob o seu teto e comia à sua mesa[(1)]. Os serviços que prestava eram gratuitos e a família do aprendiz ainda pagava ao mestre uma importância em dinheiro. Após o aprendizado, o menor tornava-se "companheiro" e era matriculado sob novo registro.

O sistema corporativo foi sucedido bruscamente pela livre concorrência. A Lei Chapelier, de 1791, proibiu as corporações, sem o contrapeso das associações livres. Se de um lado o novo regime estimulava o esforço individual, fazendo crescer a produção, de outro, facilitou a exploração da classe trabalhadora. À semelhança do que ocorreu com o trabalho da mulher, o maquinismo absorveu a força de trabalho dos menores, cujos salários eram irrisórios; além do mais, tratava-se de mão de obra "dócil", que nada reivindicava. Assim, na Inglaterra e em outros países, quando a indústria era ainda incipiente, a mão de obra de crianças, inclusive de 5 anos, era utilizada na vigilância ou no manejo das máquinas, por cerca de 14 a 16 horas diárias nas fábricas

---

(1) PIC, Paul. *Traité Elementaire de législation industrielle*. Paris: Arthur Rousseau Éditeur, 1930, p. 60.

de algodão[2]. Na França, as condições de trabalho eram igualmente cruéis, como se infere da preciosa obra do médico Louis-René Villermé, publicada em 1840 e intitulada *Quadro do Estado Físico e Moral dos Operários Empregados nas Manufaturas do Algodão, Lã e Seda.*

2. FUNDAMENTOS DA TUTELA ESPECIAL

São vários os esforços realizados para melhorar as condições de trabalho dos jovens e impedir a mão de obra infantil. As razões apresentadas, originariamente, para justificar a legislação tutelar a respeito do menor, são de caráter higiênico e fisiológico. É sabido que o trabalho em jornadas excessivas e realizado em determinadas circunstâncias, como em subterrâneos e à noite, poderá comprometer o normal desenvolvimento dos jovens; se eles são afetados nos seus primeiros anos, tornar-se-ão adultos enfermos, incapacitados ou minorados, acarretando problemas demográficos futuros, com graves repercussões sociais.

A par do aspecto humanitário, outros fundamentos são arrolados para justificar a tutela especial, entre os quais os de ordem moral, de segurança e de cultura[3]. É que certos tipos de atividade, como a impressão de livros frívolos ou a elaboração de artigos, impressos, ou cartazes pornográficos, poderão afetar a formação moral do menor. A essas atividades acrescentem-se aquelas que exigem muita atenção, expondo o trabalhador menor a um risco constante de acidentes. Finalmente, a necessidade de propiciar-lhe uma instrução apropriada, livre de outras atividades que lhe ocupem o tempo, constitui uma causa que também justifica a tutela especial do menor.

As medidas de proteção estão direcionadas no sentido de proibir o trabalho da criança, restringir o trabalho do jovem e equiparar o trabalho do maior de 18 anos ao do adulto.

3. EVOLUÇÃO LEGISLATIVA

A legislação tutelar do menor remonta ao século XIX e encontra sua origem nos países mais industrializados; inicia-se na Inglaterra, em 1802, com o chamado "Ato da Moral e da Saúde" ("Moral and Health Act"), cujos destinatários eram os trabalhadores da indústria da lã e do algodão. Esta lei limitava a jornada de trabalho em 12 horas e proibia o trabalho noturno do menor nas oficinas dos povoados, estendendo-se às cidades, em 1819, com a lei "Cotton Mills Act", que limitou a idade mínima para o trabalho em 9 anos. Em 1833, a jornada foi reduzida a 8 horas diárias para os menores entre 9 e 13 anos e a 10 horas para os que estivessem na faixa etária de 13 a 18 anos. Em 1867 proibiu-se o trabalho subterrâneo dos menores nas indústrias de motor mecânico[4].

---

(2) ZAMORA Y CASTILLO, Luis Alcala; CABANELLAS DE TORRES, Guillermo. *Tratado de Política Laboral y Social*. T. II. Buenos Aires: Heliasta, SRL, p. 41.

(3) GARCÍA OVIEDO, Carlos. *Tratado elemental de Derecho Social*. T. I. Madrid: EISA, 1954, p. 485.

(4) MARTÍNEZ VIVOT, Julio J. *Los menores y las mujeres en el derecho del trabajo*. Buenos Aires: Astrea, 1981, p. 16.

A França, em 1813, estabelecia idade mínima de 10 anos para o trabalho dos menores nas minas[5]. Em 1841, editou-se uma lei manifestamente insuficiente, pois autorizava a admissão de menores nas manufaturas desde a idade de 8 anos. Proteção mais eficaz surgiu com a lei de 1874, que fixava a jornada em 12 horas para o menor de 16 anos e em 6 horas para os menores entre 10 e 12 anos, admitidos excepcionalmente em certas indústrias. Essa lei limitava a 12 anos a idade para o trabalho em fábricas. Ela ainda proibia o trabalho noturno aos menores de 16 e às menores de 21 anos. Outra restrição contida na lei de 1874 consistia em proibir o trabalho subterrâneo das mulheres de qualquer idade e dos meninos menores de 12 anos[6].

Na Alemanha, entre 1835 e 1839, foram editadas disposições limitando o trabalho dos menores que estivessem na faixa etária compreendida entre nove e 16 anos de idade, para 10 horas diárias. A essa disposição foi acrescido o requisito de saber ler e escrever, importante novidade para a época, mas que foi descumprida, por inexistir um sistema apropriado de fiscalização.

Na Itália, a legislação social se exauria na lei de 11 de fevereiro de 1886, que regulava a admissão dos menores nas fábricas, subterrâneos e minas. Essa lei proibia a admissão dos menores de 9 ou de 10 anos, quando se tratasse de trabalho em subterrâneos e aos menores de 9 aos 15 anos, quando a natureza do trabalho fosse incompatível com seu estado físico. Ela prescrevia também a obrigação de atestado médico de sanidade, limitava a 8 horas a jornada dos menores de 12 anos e proibia o emprego dos trabalhadores com idade inferior a 15 anos, nos serviços perigosos e insalubres. Essa lei não dispunha sobre o trabalho noturno. Era a legislação europeia mais permissiva da época e, ainda assim, não era respeitada[7].

Ainda na Itália, em 1902, promulgou-se uma lei sobre trabalho da mulher e do menor, cuja aplicação foi facilitada pela instituição de um serviço de inspeção criado em 1906. A lei de 1902 proibia o trabalho noturno das mulheres, de qualquer idade, com algumas exceções, e dos homens com menos de 15 anos (art. 5º); proibia determinados serviços perigosos, insalubres e fatigantes aos menores de 15 anos, os quais não poderiam ser admitidos em outros serviços sem carteira e atestado médico. A lei de 1902 (art. 7º) vedava o trabalho dos menores de ambos os sexos, de 12 a 15 anos, por mais de 11 horas nas 24 horas do dia e às mulheres, de qualquer idade, por mais de 12 horas, prevendo intervalos.

Na América Latina, afora as disposições restritivas contidas nas Leis das Índias, o Brasil foi o primeiro país que expediu normas de proteção ao trabalho do menor. E assim é que, em 1891, o Decreto n. 1.313, publicado no governo do Marechal Deodoro da Fonseca, dispunha sobre o trabalho do menor que trabalhava nas fábricas situadas no Distrito Federal. Afirma-se que esta lei não foi aplicada, por falta de regulamentação. Em 1917, o Decreto Municipal n. 1.801 estabeleceu medidas de proteção aos menores que trabalhavam no Rio de Janeiro, mas sua aplicação também foi considerada "letra

(5) MARTÍNEZ VIVOT, Julio J. *Op. cit.*, p. 17.
(6) PIC, Paul. *Op. cit.*, p. 518.
(7) MERLI, Stefano. *Proletariato di fabbrica e capitalismo industriale*. Firenzi: La Nuova Italia, 1972, p. 337.

morta"[8], à semelhança do que ocorreu com o Decreto n. 16.300, de 1923, que vedava o trabalho dos menores de 18 anos por mais de seis horas em 24 horas. Finalmente, em 1927, o Decreto n. 17.943-A aprovou o Código de Menores, proibindo o trabalho dos menores de 12 anos e o trabalho noturno aos menores de 18 anos; o emprego de menores de 14 anos, em praça pública, ficou também proibido. Em seguida, vieram os Decretos n. 22.042, de 1932, limitando a 14 anos a idade mínima para o emprego de menores na indústria, o Decreto n. 423, de 1935, que ratificou as Convenções Internacionais da OIT n. 5 e 6, o Decreto n. 6.029, de 1940, sobre instituição de cursos profissionais e o Decreto-Lei n. 3.616, de 1941, instituindo a Carteira de Trabalho do menor, extinta em 1969, com a Carteira de Trabalho e Previdência Social comum aos adultos e menores. Em 1943, editou-se a CLT, contendo um capítulo destinado à proteção do menor, complementada por várias leis sobre a temática, sobretudo no tocante ao aprendiz e, em 1990, com a Lei n. 8.069, publicou-se o Estatuto da Criança e do Adolescente, cujos art. 69 e 70 são dedicados ao "Direito à Profissionalização e à Proteção no Trabalho".

No Chile, em 1907, assegurou-se a obrigatoriedade e irrenunciabilidade do repouso semanal para os menores de 16 anos.

Na Argentina, o trabalho dos menores foi regulamentado inicialmente pela lei de 1907, que proibia o trabalho dos menores de 12 anos e fixava em seis horas o trabalho dos menores de 18 anos, vedando-lhes o trabalho noturno nas indústrias insalubres e em trabalhos penosos definidos em lei.

4. O TRABALHO DO MENOR E A AÇÃO INTERNACIONAL. TENDÊNCIA

Desde a Conferência de Berlim, de março de 1890, já se estudavam as bases para a regulamentação internacional do trabalho do menor, deixando clara a necessidade de intervenção estatal nesta área. A legislação sobre o trabalho do menor sofreu a influência da ação internacional, recebendo um tratamento nitidamente tutelar, mais ou menos semelhante à proteção conferida à mulher. Com a evolução do Direito do Trabalho, as normas alusivas ao menor foram sendo revistas, com o objetivo de intensificar a tutela, enquanto as normas sobre o trabalho da mulher sofreram revisões, mas no sentido de dar-lhes uma flexibilidade maior, para adaptá-las às novas necessidades econômico-sociais e, em última análise, para acelerar a conquista da igualdade no emprego ou profissão.

A OIT tem adotado, desde suas primeiras assembleias, Convenções Internacionais sobre o trabalho do menor, que se vêm incorporando à legislação interna dos Estados-membros. Assim, em 1919, ela aprovou a **Convenção n. 5**, que limitou a 14 anos a idade mínima para a admissão em minas, canteiros, indústrias, construção naval, centrais elétricas, transportes e construções. Excetua-se o trabalho em escolas profissionais autorizadas e em empresas familiares. No mesmo ano, a **Convenção n. 6** proibiu o trabalho noturno do menor na indústria. Em 1920, a **Convenção n. 7** estabeleceu em

(8) SEGADAS VIANNA, J. e outros. *Instituições de Direito do Trabalho*. São Paulo: LTr, 1993, p. 885.

14 anos a idade mínima para o trabalho marítimo. A **Convenção n. 10**, de 1921, proibiu o trabalho agrícola aos menores de 14 anos e a de **n. 13** vedou o trabalho em serviços que implicassem o uso de cerusa, sulfato de chumbo e outras substâncias insalubres aos menores de 18 anos. Em seguida, a **Convenção n. 15**, de 1921, fixou em 18 anos a idade para o trabalho em navios, na condição de foguista e paioleiros. **A Convenção n. 16**, de 1921, determinou que os menores de 18 anos se submetessem a exame médico antes de ingressarem em empregos a bordo e realizassem novo exame anualmente, salvo se trabalhassem em embarcação, cuja tripulação fosse constituída de familiares. De 1932 é a **Convenção n. 33, revista pela de n. 60**, de 1937. A **Convenção n. 33** dispôs sobre a idade mínima para contratação de menores em trabalhos não industriais, conforme definido na legislação interna dos países, não se aplicando às oficinas de família. A **Convenção n. 7 foi revista pela de n. 58**, que fixou em 15 anos a idade mínima para o trabalho marítimo, à semelhança das **Convenções n. 59 e 60**, que fixaram esta mesma idade para o trabalho na indústria e nos serviços não industriais, respectivamente, revendo as Convenções n. 5 e n. 33. De 1946 são as **Convenções n. 78 e 79**, dispondo, a primeira, sobre exame médico de menores em trabalhos não industriais e, a segunda, sobre o trabalho noturno dos menores nessas atividades. Referiu-se ao trabalho noturno de menores na indústria, **a Convenção n. 90**, de 1948 e a de **n. 112** estabeleceu idade mínima de 15 anos para o trabalho em barcos de pesca. Dispuseram também sobre o trabalho do menor a **Convenção n. 123, de 1965,** fixando a idade mínima em 16 anos para o trabalho do menor em subterrâneos; **a Convenção n. 124, de 1965,** estabelecendo a exigência de atestado médico periódico para o trabalho do menor em subterrâneos até que se complete 21 anos de idade; **a Convenção n. 128,** de 1967, alusiva a peso máximo a ser transportado, **a n. 138 e a n. 146**, ambas de 1973, dispondo sobre idade mínima para admissão no emprego; a **Convenção n. 142,** de 1975, sobre políticas e programas de orientação e formação profissional do menor e, finalmente, a **Convenção n. 182**, de 1999, cujo objetivo é eliminar as mais degradantes formas de trabalho infantil.

As principais Convenções da OIT sobre a temática, ratificadas pelo Brasil, são as de **n. 5, 6, 16, 58, 138, 142 e 182**. Além dessas normas internacionais, há várias Recomendações da OIT sobre o trabalho do menor, entre as quais as de **n. 4, 14, 41, 45, 52, 57, 60, 77, 79, 80, 87, 96, 101, 117 e 190, além de outras não específicas.**

Há, ainda, documentos importantes editados pela ONU sobre o assunto. Trata-se da Declaração Universal dos Direitos da Criança, de 1959 e da Convenção sobre Direitos da Criança, de 1989, ratificada pelo Brasil.

Importante atuação internacional foi a **Conferência sobre Trabalho Infantil**, realizada no final de outubro de 1997, na Noruega. Seguindo a sua campanha de erradicação do trabalho infantil, a OIT editou a Convenção n. 182 e a Recomendação n. 190, em junho de 2000. Em setembro de 2000, por meio do Decreto n. 3.597, o Brasil ratificou a Convenção n. 182 da OIT sobre Proibição das Piores Formas de Trabalho Infantil e a Ação Imediata para sua Eliminação, concluída em Genebra desde junho de 2000 e complementada pela Recomendação n. 190 da OIT, da mesma data[9].

(9) Cf. *Revista do Direito Trabalhista*, set. 2000, p. 42.

Os Estados-membros que ratificaram esta Convenção deverão adotar, em caráter urgente, medidas imediatas e eficazes para assegurar a proibição e eliminação das piores formas de trabalho infantil, as quais abrangem: a) todas as formas de escravidão ou práticas análogas, como venda e tráfico de crianças, a servidão por dívidas e o trabalho forçado ou obrigatório, inclusive o recrutamento forçado para serem utilizadas em conflitos armados; b) a utilização, recrutamento ou oferta de crianças para a prostituição, a produção de pornografia ou atuações pornográficas; c) a utilização, recrutamento ou a oferta de crianças para a realização de atividades ilícitas, em particular, a produção e o tráfico de entorpecentes, como definidos nos tratados internacionais; d) o trabalho suscetível de prejudicar a saúde, a segurança ou a moral das crianças, conforme previsão na legislação nacional (art. 3º e 4º da Convenção n. 182 da OIT). Ao se determinar e localizar estes últimos, deve-se levar em consideração: os trabalhos em que a criança fique exposta a abusos de ordem física, psicológica ou sexual; os trabalhos subterrâneos, debaixo d'água, em alturas perigosas ou em locais confinados; os trabalhos com máquinas, equipamentos e ferramentas perigosas, ou que impliquem a manipulação ou transporte manual de cargas pesadas; trabalhos insalubres, agentes ou processos perigosos ou a temperaturas, níveis de ruído ou de vibrações prejudiciais à saúde e os trabalhos executados em condições especialmente difíceis, como os horários prolongados ou noturnos, ou trabalhos que retenham injustificadamente as crianças em locais à disposição do empregador. Todo Estado-membro que ratificar a referida norma internacional deverá implementar programas para eliminar as piores formas de trabalho infantil, em consulta com as instituições governamentais, com as organizações de empregados, empregadores e outros grupos interessados. O Brasil, dando efetividade ao comando contido nesta norma internacional, publicou o Decreto n. 3.409, de 10 de abril de 2000, a Instrução Normativa MTE/SIT n. 1, de 23 de março de 2000, dispondo sobre ações para erradicação do trabalho infantil e proteção ao trabalhador adolescente e também a Portaria MTE/SIT n. 7, de 23.3.2000, criando Grupos Especiais de Combate ao Trabalho Infantil e de Proteção ao Trabalhador Adolescente, definindo sua subordinação, finalidade, composição e atribuições(10).

4.1. A concentração de trabalhadores menores no Brasil

Apesar das restrições legais ao trabalho de crianças e adolescentes, Pesquisa Nacional por Amostra de Domicílio (PNAD), anualmente realizada pelo IBGE, apurou, ao longo do ano de 2001, que 6.263 milhões de crianças e adolescentes entre 10 e 17 anos estavam ocupadas em atividades econômicas, o que representa uma queda de 20% em relação à década de 90, principalmente nas regiões Sul e Centro-Oeste, e a maior concentração, proporcionalmente, é na região Nordeste (cf. Tendências do Trabalho Infantil no Brasil entre 1992 e 2002 — OIT. Programa Internacional para Eliminação do Trabalho Infantil — 2004. Elaboração do Estudo: Simon Schwartzman e Felipe F. Schwartzman, p. 13, 15 e 19).

---

(10) Cf. *Revista do Direito Trabalhista*, abr. 2000, p. 39 e 40.

Dados de 2002, obtidos pelo IBGE, revelam que o trabalho está concentrado na faixa entre 15 e 17 anos de idade, mais entre homens e, mais proporcionalmente, entre indígenas e pessoas de cor preta ou parda. Ocorre mais nas áreas rurais (culturas diversas — milho, mandioca, etc. e criação de animais) e menos nas regiões metropolitanas. Está mais presente nas regiões Sul (apesar de ter diminuído) e Nordeste(11).

A pesquisa não incluiu a zona rural da Amazônia, exceto o Estado de Tocantins. Nas regiões Sudeste e Norte urbano predomina o trabalho nas atividades de comércio e serviço. Nas regiões metropolitanas, em geral, predomina o emprego doméstico, executado por mulheres que também superam os homens em trabalhos em restaurantes e comércio de vestuário(12).

5. O TRABALHO DO MENOR À LUZ DAS CONSTITUIÇÕES BRASILEIRAS

As Constituições de 1824 e de 1891 foram omissas sobre o trabalho do menor. A partir da Constituição de 1934 vedou-se o trabalho dos menores de 14 anos, bem como o trabalho noturno aos menores de 16 anos e em indústrias insalubres aos menores de 18 anos (art. 121, § 1º, *d*). A mesma Constituição, no citado dispositivo legal, proibia diferença de salário para o mesmo trabalho, por motivo de idade. A Constituição de 1937 estabeleceu as mesmas restrições aos menores de 14, 16 e 18 anos de idade (art. 137, *k*). A Constituição de 1946 continuou considerando proibido o trabalho dos menores de 14 anos, como também o trabalho dos menores de 18 anos em indústrias insalubres e à noite (art. 157, IX). No mesmo dispositivo legal, inciso II, esta Constituição estabelecia a proibição de diferença de salário para o mesmo trabalho por motivo de idade.

A Constituição de 1967 proibiu o trabalho do menor de 12 anos, como também o trabalho noturno e em indústrias insalubres aos menores de 18 anos (art. 158, X). A mesma diretriz foi seguida pela Emenda Constitucional n. 1, de 1969 (art. 165, X). A Constituição de 1988 proibiu diferença de salário, de exercício de função e de critério de admissão por motivo de idade, como se infere do inciso XXX, do art. 7º; já o inciso XXXIII, do mesmo art. 7º, voltou a fixar o limite mínimo para o trabalho do menor em 14 anos, como previam as Constituições anteriores a 1967, abrindo, contudo, uma exceção para os aprendizes. Em seguida, a Constituição de 1988 proibiu o trabalho noturno, perigoso ou insalubre aos menores de 18 anos. Como se vê, a Constituição da República de 1988 foi mais ampla do que as anteriores no tocante aos serviços insalubres, proibindo-o em geral e não apenas o que se desenvolvesse nas indústrias consideradas insalubres. Em consequência, ficou revogado, tacitamente, o art. 405, § 1º, da CLT, que permitia aos maiores de 16 anos, estagiários de cursos de aprendizagem, o trabalho em serviços perigosos ou insalubres, desde que o local fosse vistoriado pela autoridade competente e desde que o menor fosse submetido a exame médico

(11) *Op. cit.*, p. 19, 40 e 41.
(12) *Op. cit.*, p. 39 e 40.

semestralmente[13]. Em dezembro de 2000, a Lei n. 10.097 revogou expressamente o citado § 1º do art. 405 da CLT.

Finalmente, a Emenda Constitucional n. 20, de 15 de dezembro de 1998, fixou o limite mínimo de idade para o trabalho do menor em 16 anos, admitindo sua contratação com idade inferior apenas como aprendiz e, ainda assim, a partir de 14 anos. A restrição ao trabalho noturno, perigoso ou insalubre persiste (art. 1º da Emenda Constitucional n. 20, em vigor a partir de 16 de dezembro de 1998).

O limite da idade aumentado para 16 anos pela Emenda Constitucional n. 20, de 1998, causou polêmica. Não há dúvida de que a Emenda n. 20 permitiu a ratificação pelo Brasil da Convenção n. 138 da OIT, importante arma contra o trabalho infanto juvenil. Isto porque o limite de idade fixado pela Constituição em 14 anos conflitava com a idade mínima exigida naquele instrumento internacional. Sustentavam alguns que a alteração de limite de idade não resolvia o problema da evasão escolar[14] e que melhor seria que aos trabalhadores de 14 a 16 anos, ao invés de abandonados nas esquinas, estivessem sob regime de trabalho protegido, com salário garantido para a autossustentação[15]. Outros afirmavam que a elevação do limite de idade proporcionaria maior espaço para a formação educacional do menor, *desideratum* que já se exteriorizava no art. 227 da Constituição vigente.

5.1. Eficácia do contrato de trabalho do menor em face da lei vigente à época de sua admissão no emprego

Discute-se a eficácia do contrato de trabalho do menor entre 14 e 16 anos, admitido sob a égide do texto original do art. 7º, XXXIII, da Constituição vigente, sem contrato de aprendizagem. Com o advento da Emenda Constitucional n. 20, de 1998, o empregado menor de 16 anos de idade poderá permanecer trabalhando?

Há quem responda afirmativamente a essa indagação com base no direito adquirido e no ato jurídico perfeito e acabado[16]. Comungamos na opinião contrária, por entender que a Emenda Constitucional tem aplicação imediata, dada a sua natureza imperativa inspirada por um interesse público, que é a salvaguarda das futuras gerações. Ao empregador restam duas alternativas: a resilição contratual ou a colocação do trabalhador como aprendiz, se maior de 14 anos[17].

6. DESTINATÁRIOS DAS NORMAS TRABALHISTAS CONSTANTES DO CAPÍTULO IV, DO TÍTULO III DA CLT

O Capítulo IV, do Título III, da CLT, aplica-se ao empregado menor, conceituado como tal no art. 3º da CLT, ainda que aprendiz. Algumas de suas normas (art. 402, 403, 407 a 410, 414 a 427, 439 e 441 da CLT) são aplicáveis também ao empregado rural menor.

---

(13) Similarmente manifestou-se TEIXEIRA FILHO, João de Lima. *Instituições de Direito do Trabalho. Op. cit.*, p. 888.

(14) DALLEGRAVE NETO, José Affonso. *Inovações na legislação trabalhista*. São Paulo: LTr, 2000, p. 198.

(15) LEITE, Júlio César. Idade mínima para o trabalho. Alteração Constitucional. *Jornal Trabalhista* 16-765/5, Brasília: Consulex, 21.6.99.

(16) FONSECA, Ricardo Tadeu Marques da. A idade mínima para o trabalho. Proteção ou desamparo. *In Trabalho em revista*, mar. 1999. Curitiba: Editora Decisório Trabalhista, p. 587/588.

(17) MAGANO, *Op. cit.*, *passim*.

As disposições constantes deste capítulo não se aplicam ao menor que presta serviços em oficinas de sua família e esteja sob a direção do pai, mãe ou tutor, observado, entretanto, o disposto nos art. 404, 405 e na Seção II da CLT. Isso significa que, mesmo em oficina de família, o menor não poderá trabalhar à noite, em condições insalubres e perigosas, em locais ou serviços prejudiciais à sua moralidade, tampouco em serviços que demandem emprego de força muscular superior a 20 quilos para o trabalho contínuo ou 25 quilos para o trabalho ocasional. Proíbe-se-lhe, também, a prorrogação de jornada, salvo regime de compensação e força maior, esclarecendo-se que, se o menor trabalhar em mais de um estabelecimento, o total das horas de trabalho não poderá ultrapassar oito horas diárias. As normas contidas nesse capítulo são imperativas, insuscetíveis de renúncia pelas partes.

7. A CAPACIDADE LABORAL. DISTINÇÃO ENTRE CRIANÇA E ADOLESCENTE

O Código Civil de 2002, no art. 5º, considera os menores de 16 anos absolutamente incapazes de exercer pessoalmente os atos da vida civil, e relativamente incapazes, para certos atos, os maiores de 16 anos e menores de 18 anos. Já o Estatuto da Criança e do Adolescente (Lei n. 8.069, de 1990) estabelece distinção entre criança e adolescente, considerando adolescente o que estiver entre 12 e 18 anos, e criança a pessoa até 12 anos incompletos (art. 2º).

A maioridade civil coincide, hoje, com a maioridade trabalhista, que é atingida quando o trabalhador completa 18 anos de idade (art. 404 da CLT). Considera-se menor, à luz do art. 402 da CLT, o trabalhador de 14 até 18 anos. Fica esclarecido, entretanto, que é proibido qualquer trabalho ao menor de 16, salvo se aprendiz e, ainda assim, desde que já tenha completado 14 anos (nova redação dada ao art. 403 da CLT pela Lei n. 10.097, de 19 de dezembro de 2000). Logo, no Direito do Trabalho, são absolutamente incapazes os menores de 16 anos, exceção feita ao aprendiz. Já os relativamente incapazes são os menores de 18 e maiores de 16 anos ou, se aprendizes, os menores de 16 e maiores de 14 anos (art. 1º da Emenda Constitucional n. 20). O menor de 14 anos será sempre absolutamente incapaz.

A Constituição da República de 1988 não fixou limite mínimo de idade para o aprendiz, como, acertadamente, o fez a Emenda Constitucional n. 20. O limite de idade ali inserido foi transposto para os art. 402 e 403 da CLT, com a Lei n. 10.097, de 2000. No entanto, **se o menor, absolutamente incapaz, trabalhar, o contrato será nulo, sendo devidos apenas a retribuição pelos dias trabalhados**(18). Sustentamos, entretanto, com amparo nos art. 593 e 606, parte final do Código Civil brasileiro de 2002, que a contraprestação mensal ou compensação razoável, terminologia adotada pelo preceito legal civil, deverá tomar como parâmetro aquela que seria paga a quem exercesse o serviço como autônomo, e não com base no salário mínimo. Isso porque a força de trabalho do menor foi utilizada em benefício de alguém, não sendo mais possível restituí-la, com retorno ao *status quo ante*. A hipótese versa sobre trabalho proibido e não ilícito.

---

(18) De modo análogo: MARANHÃO, Délio. *Direito do Trabalho*. 7. ed. Rio de Janeiro: Fundação Getúlio Vargas, 1979, p. 45.

Há, contudo, corrente contrária que admite o vínculo empregatício, ainda que o requisito da capacidade esteja ausente, bastando, para isso, que estejam configurados os pressupostos do art. 3º da CLT[19].

Finalmente, há os que admitem a nulidade desse contrato por faltar o requisito da capacidade, mas sustentam que seus efeitos se produzem até a decretação de nulidade por autoridade competente[20], pois não há como restituir-lhe as energias gastas na execução do serviço, sendo-lhe assegurados todos os direitos trabalhistas, mesmo porque as reparações de Direito Civil são de difícil fixação.

8. CONTRATAÇÃO E DESLIGAMENTO

A jurisprudência orienta-se no sentido de que, se o menor possui carteira de trabalho, está apto a contratar, independentemente de assistência dos pais ou representante legal[21]. Isto porque a expedição da CTPS está condicionada à apresentação de declaração expressa dos pais ou dos responsáveis legais, quando impossibilitado de exibir documento que o qualifique, como se infere do art. 17, § 1º da CLT. O art. 16, parágrafo único, alínea "d", da CLT, revogado em 1989, era mais genérico do que o art. 17, § 1º, quanto à necessidade da autorização.

Em consequência do que foi exposto, a jurisprudência[22] tem admitido também a validade do aviso prévio concedido pelo empregado menor ao empregador, sem a

---

(19) "**Vínculo de emprego — Menor**. Ainda que ausentes as condições de validade do contrato de trabalho, reconhece-se a relação de emprego quando presentes os elementos do art. 3º da CLT, nos termos da teoria paracontratualista". TRT — 4ª Reg. RO-17004/92 — 2ª T. — Rel.: Juiz Mário Chaves — DOERS 25.7.94. Na mesma direção: TRT-15ª Reg. — 259-2006-048-15-00-2 — RO Ac 29362/08 — 8ª C — Rel. Juíza Vera Teresa Martins Crespo — DOESP 6.6.08 — *Rev. Justiça do Trabalho*, HS Editora n. 295, p. 126.

(20) DONATO, Messias Pereira. *Op. cit.*, 1979, p. 125. NASCIMENTO, Amauri Mascaro. *Iniciação ao Direito do Trabalho. Op. cit.*, 2004, p. 300. GOMES, Orlando e GOTTSCHALK, Elson. *Op. cit., passim.*

(21) "**Menor. Contrato de trabalho firmado sem assistência. Impedimento. Inexistência**. Não há no ordenamento jurídico previsão legal que impeça menor de 18 anos de firmar contrato de trabalho sem assistência dos responsáveis. O impedimento somente irá aparecer por ocasião da quitação das verbas. Recurso desprovido por unanimidade". TRT — 24ª Reg. — Ac. TP 519/97 — RO 1741/96. Relª: Juíza Geralda Pedroso. *Revista Decisório Trabalhista*. n. 8, ago. 1997, p. 163.

"**Menor. Capacidade contratual**. Presume-se autorizado, por seus responsáveis legais, para ajustar contrato de trabalho, o menor portador de carteira profissional, só lhe sendo vedado, sem a assistência de quem sobre ele detém o pátrio poder, dar quitação pelas verbas rescisórias (CLT, art. 439)". TRT — 12ª Reg. — 1ª T. — Ac. n. 2575/92 — Rel.: Juiz Pedro Alves de Almeida — DJSC 18.8.92 — p. 38. *Jornal Trabalhista CTA*, 8.2.9, ano X, n. 440, p. 108.

(22) "**Menor. Aviso prévio. Ciência.** 1. A simples autorização indispensável a que o menor obtenha a carteira de trabalho já implica aquiescência do responsável legal quanto à formalização e distrato do contrato de trabalho. 2. Consubstancia formalidade essencial, a assistência do responsável apenas na quitação de verba indenizatória — art. 439 da Consolidação das Leis do Trabalho. 3. Válido é o conhecimento do empregado, sem manifestação do responsável, quanto ao aviso prévio." Ac. (unânime) TST — 1ª T. (RR 7.347/85.1). Rel. Min. Marco Aurélio Mendes de Farias Mello, DJ 10.10.86.

"**Menor. Pedido de demissão. Validade. Art. 439 da CLT**. O menor pode, validamente, pedir demissão sem assistência de seus responsáveis legais. O artigo quatrocentos e trinta e nove da CLT apenas veda a ele firmar recibo de quitação de indenização final, em decorrência de rescisão do contrato de trabalho. A possibilidade de anulação da demissão depende, portanto, da demonstração de vício de vontade, como previsto em lei. Recurso de Revista desprovido". TST-RR-182167/95, 3ª T. — 10ª Reg. — Rel. Min. Manoel Mendes de Freitas — DJ 26.9.97, p. 47.925.

Esta matéria é controvertida, havendo decisões em sentido contrário, como a que se segue:

"**Menor. Pedido de demissão. Validade.** A validade do pedido de demissão formulado por trabalhador menor de idade está condicionada à assistência de seu representante legal ao ato praticado, pois o espírito da lei tem como escopo protegê-lo. Interpretação do art. 439 da CLT. Recurso de Revista conhecido e provido". TST-RR-493.226/98 — 2ª Turma. Julgado em 11.9.2002. Rel: Min. José Luciano. *Revista TST*, v. 68, n. 3, p. 354. No mesmo rumo pronunciou-se essa Turma no RR-493.226/98. Rel.: Min. Moura França. *Revista TST*, v. 68, n. 3, jul./dez. 2002, p. 356.

assistência dos pais ou representante legal, ao argumento de que, se ele está autorizado a contratar, deve-se presumir autorizado a firmar o distrato. Compartilhamos desse entendimento, mesmo porque a lei não proíbe que o menor peça demissão, o que ela exige é a participação dos pais ou representante legal, no ato alusivo à quitação final. Quando o legislador pretendeu exigir a assistência na demissão do trabalhador, ele foi claro, como se infere do art. 477, § 1º, da CLT. Os pais ou o representante legal do menor não o representam, simplesmente o assistem, salvo nas exceções previstas em lei, isto é, quando entenderem que o prosseguimento da relação de emprego é prejudicial à integridade física ou moral do menor.

Por força do art. 407 da CLT, constatado que o trabalho executado pelo menor está sendo ou poderá ser prejudicial à sua saúde física ou moral, a autoridade competente poderá obrigá-lo a abandonar o serviço, devendo o empregador, quando for o caso, propiciar as facilidades a fim de que ele mude para uma função compatível com a sua formação física. A intervenção aqui é no trabalho não vedado por lei[23]. Quando o empregador não tomar as medidas possíveis e recomendadas pela autoridade competente do Ministério do Trabalho, para que o menor mude de função, configurar-se-á a rescisão indireta, na forma do art. 483 da CLT. Os pais ou representantes legais dos menores também poderão postular a rescisão indireta de seu contrato de trabalho, desde que o serviço possa lhes acarretar prejuízo de ordem física ou moral.

9. TRABALHOS PROIBIDOS. FUNDAMENTOS

Ao menor de 18 anos é proibido o **trabalho noturno**, assim considerado aquele realizado entre as 22 horas de um dia e as 5 horas do dia seguinte, **no meio urbano** (art. 404 da CLT) e, **no meio rural**, das 20 horas de um dia e as 4 horas do dia seguinte, se executado na pecuária, ou das 21 horas de um dia às 5 horas do dia seguinte, se exercidas as atividades na agricultura (art. 11, parágrafo único, e 12 do Decreto n. 73.626, de fevereiro de 1974). Razões de ordem biológica, social e econômica justificam a proibição.

Ao menor de 18 anos é proibido, ainda, o trabalho em locais **perigosos ou insalubres** (art. 405, I, da CLT). À luz da legislação brasileira, são consideradas **perigosas** as atividades desenvolvidas de forma não eventual que impliquem contato com **substâncias inflamáveis, explosivos e com eletricidade, em condições de risco acentuado**[24], e as **insalubres** pressupõem exposição a **agentes químico**, **físico** ou **biológico prejudiciais à saúde.** A restrição se justifica, considerando que o **organismo do menor está em crescimento** e não reage, como o dos adultos, aos agentes químicos e biológicos existentes nos ambientes de trabalho, pois **não possui defesa madura.** O aparelho respiratório é importante porta de **entrada de tóxicos** no organismo de crianças e de adolescentes, que, por possuírem grande demanda de oxigênio, precisam ventilar muito mais por unidade de peso corporal do que os adultos. Em consequência, os **tóxicos inalados penetram**, também, muito **mais no organismo de crianças e adolescentes** do que em adultos, respirando a mesma concentração do agente tóxico[25]. E

(23) BARRETO, Amaro. *Tutela Especial do Trabalho*. v. II. Guanabara: Edições Trabalhistas, 1967, p. 577.
(24) Cf. inciso II da Recomendação n. 190 da OIT, jun. 1999.
(25) Efeitos do Trabalho na Saúde de Crianças e Adolescentes. *Revista CIPA*, ano XX, n. 240, nov. 1999, p. 50.

se não bastasse, o **aparelho gastrointestinal de crianças** e adolescentes é uma rota comum de ingresso de agentes químicos e biológicos, sendo afetado em seu crescimento por um grande número de produtos químicos. A título de exemplo, foi constatado que 50% de chumbo ingerido por crianças é absorvido, enquanto nos adultos este percentual é de 15%(26). Isto porque após a entrada dos produtos químicos no organismo, eles sofrem biotransformação (no fígado, pulmão, intestino, sangue e sistema nervoso central), para que sejam mais facilmente eliminados. **Os processos são enzimáticos e, como nas crianças e adolescentes esse sistema não está amadurecido, a modificação desses produtos é mais lenta**, permanecendo no organismo por período mais longo. Tanto é assim que, em **farmacologia, as doses recomendadas de medicamentos para crianças e adolescentes são inferiores às previstas para os adultos**, exatamente, **para evitar efeitos tóxicos**(27).

O quadro de serviços perigosos ou insalubres proibidos aos menores, independentemente do uso de equipamento de proteção individual, está previsto na Portaria MTE/SIT n. 6, de 2001.

O Ministro do Trabalho poderá derrogar essas restrições, quando houver desaparecido o agente agressivo, que antes a justificava (art. 410 da CLT). A rigor, o que ocorre aqui não é derrogação, "mas eliminação do gravame, abrindo-se o trabalho aos menores"(28).

Proíbe-se também o trabalho do menor em locais prejudiciais ao seu **desenvolvimento moral**. Considera-se prejudicial à moralidade do menor o trabalho executado: a) em teatros de revista, cinema, boate, cassino, cabarés e estabelecimentos análogos; b) em empresas circenses, como acrobata, saltimbanco, ginasta e outras semelhantes; c) na produção, composição, entrega ou venda de escritos, impressos, cartazes, desenhos, gravuras, pinturas, emblemas e quaisquer outros objetos que possam, a Juízo da autoridade competente, prejudicar sua formação moral; d) na venda a varejo de bebidas alcoólicas (art. 405, § 3º, da CLT).

O Juizado de Menores poderá autorizar ao menor o trabalho em **teatro** de revista, **cinemas** e estabelecimentos análogos, como também em **empresas circenses**, quando a representação tiver um fim educativo ou a peça de que participa não lhe prejudique a formação moral. Essa autorização poderá ser fornecida, ainda, quando certificado que a ocupação do menor é indispensável à sua sobrevivência ou à de seus pais, avós ou irmãos, mas desde que não lhe advenha nenhum prejuízo à formação moral.

Por força do art. 405, § 5º, da CLT, conjugado com o art. 390 e parágrafo único, do mesmo diploma legal, proíbe-se, ainda, o trabalho do menor de 18 anos em serviços que demandem o **emprego de força muscular superior a 20 quilos, para o trabalho contínuo, ou 25 quilos para o trabalho ocasional**. Cessa a proibição se a remoção do material for feita por impulsão ou tração de vagonetes sobre trilhos, de carros de mão ou aparelho mecânico. A **restrição** contida no preceito legal **se justifica**,

---

(26) Efeitos do Trabalho na Saúde de Crianças e Adolescentes. *Revista CIPA*, ano XX, n. 240, nov. 1999, p. 50.

(27) Efeitos do Trabalho na Saúde de Crianças e Adolescentes. *Revista CIPA*, ano XX, n. 240, nov. 1999, p. 50.

(28) BARRETO, Amaro. *Op. cit.*, p. 578.

considerando que "os ossos vão crescendo por deposição de tecido ósseo até que permanecem separados apenas por fina camada de cartilagem, muito sensível aos traumatismos. O **carregamento de pesos acima da capacidade** da criança e do adolescente **poderá influir na deformação dos ossos**, acarretando a deformação e deslocamento da cabeça do fêmur **com a possível concomitância de artrose da articulação coxofemural**. Essa atividade, consistente no **carregamento de pesos** além da capacidade do menor, **associada** à permanência por **longas horas em pé ou sentado erroneamente** provocam também um acunhamento anterior em vértebras dorsais, **provocando distrofia osteocartilaginosa**", fazendo com que as crianças e adolescentes curvem-se para a frente e percam o equilíbrio com facilidade, sofrendo mais acidentes(29).

Veda-se, também, o **trabalho penoso** do menor, como se infere do art. 67, II, da Lei n. 8.069, de 1990 (Estatuto da Criança e do Adolescente). Sucede que a referida lei não esclareceu o que se deve entender por trabalho penoso. Recorrendo às normas internacionais, mais precisamente à Recomendação n. 95, de 1952, da OIT, considera-se trabalho penoso aquele que implique levantar, empurrar ou retirar grandes pesos, ou que envolva esforço físico excessivo ao qual o trabalhador não está acostumado. É certo que a Recomendação n. 95 refere-se à mulher, mas sob tal aspecto comporta aplicação analógica, mesmo porque coincide com o disposto no art. 390, parágrafo único, da CLT, também relativo a ela e que, não obstante, aplica-se por analogia ao menor, por força da própria lei (art. 405, § 5º).

Com o objetivo de prevenir e evitar a delinquência dos jovens, o citado art. 405 da CLT, em seu § 2º, esclarece que o trabalho exercido pelos menores **nas ruas, praças e outros logradouros** dependerá de autorização do juizado de menores, ao qual cabe verificar se a ocupação é indispensável à sua sobrevivência ou à de seus pais, avós ou irmãos e se dessa ocupação não poderá advir prejuízo à sua formação moral. É que nesses locais o menor está mais sujeito ao contato com elementos perniciosos. Onde houver, oficialmente reconhecida, instituição destinada ao amparo de **menores jornaleiros**, essa autorização só será outorgada aos que estiverem sob o patrocínio dessas entidades (§ 4º do art. 405 da CLT). Essa exigência faz com que os menores se associem a essas instituições de grande utilidade social.

Por força do art. 301 da CLT, proíbe-se ainda o trabalho dos menores no **subsolo**.

Outras restrições existem ao trabalho do menor de 18 anos, entre elas: exercer a **profissão de propagandista e vendedor de produtos farmacêuticos** (Lei n. 6.224, de 1975, art. 3º).

Também a Lei n. 6.354, de setembro de 1976, que disciplina o trabalho do **atleta de futebol**, proíbe a contratação de menores de 16 anos. Caso o menor esteja entre 16 e 20 anos, a contratação necessita de consentimento expresso do responsável legal, esclarecendo-se que, a partir de 18 anos, a falta ou a negativa do consentimento, poderá ser substituída pelo suprimento judicial (art. 5º, parágrafo único). Sob tais aspectos, o contrato do atleta não foi alterado pela Lei n. 9.615, de 1998 (art. 96).

(29) Efeitos do Trabalho na Saúde de Crianças e Adolescentes. *Revista CIPA*, ano XX, n. 240, nov. 1999, p. 38.

O Decreto n. 1.232, de 1962, que regulamenta a profissão do **aeroviário**, também estabelece restrições ao trabalho do menor, proibindo-lhe o exercício de atividades em locais insalubres, perigosos, à noite e em sobretempo à jornada legal, como se infere dos art. 29, 33 e 34.

A par de todos os fundamentos científicos citados para justificar as restrições ao trabalho do menor, cumpre frisar que o aprendizado, em geral, e o da criança, em especial, passam por fases sucessivas, em que novos conhecimentos são assimilados. O aprendizado feito de forma inadequada altera o ritmo normal da aquisição de conhecimento pelo menor, afetando os sistemas neurológico e psicológico, os quais passam a ter dificuldade de enfrentar novas habilidades(30).

10. LIMITES À JORNADA DE TRABALHO DO MENOR

A Seção II, alusiva à duração do trabalho do menor não aprendiz, foi mantida pela Lei n. 10.097, de 19 de dezembro de 2000.

Por força do art. 413 da CLT, proíbe-se a prorrogação da duração normal diária do trabalho do menor, salvo na hipótese de regime de compensação ou, excepcionalmente, por motivo de força maior. Na primeira hipótese, a jornada poderá estender-se até mais duas horas, mediante convenção ou acordo coletivo, desde que o excesso de horas em um dia seja compensado pela diminuição em outro, de modo que não seja ultrapassado o limite máximo de 44 horas semanais ou outro inferior legalmente fixado. Em se tratando de regime de compensação, inexistirá hora extra.

Na hipótese de força maior, a prorrogação é autorizada, desde que o trabalho do menor seja imprescindível ao funcionamento do estabelecimento e, ainda assim, a jornada máxima não poderá ultrapassar 12 horas, devendo ser pagas como extras aquelas que excederem a jornada normal. Entre o término desta jornada e o início da prorrogação deverá existir um intervalo de 15 minutos para descanso (parágrafo único do art. 413 da CLT). A prorrogação extraordinária deverá ser comunicada por escrito à autoridade competente, dentro de 48 horas.

Quando o menor de 18 anos trabalhar em mais de um estabelecimento, o total das horas trabalhadas não poderá exceder de oito horas diárias.

11. FÉRIAS E REPOUSO

O trabalhador menor possui um tratamento especial no tocante às férias, as quais não poderão ser fracionadas e, sendo ele estudante, elas deverão coincidir com as férias escolares (art. 134, § 2º, e 136, § 2º, da CLT, respectivamente).

Para maior segurança do trabalhador e para melhor garantia de sua saúde, a autoridade fiscalizadora poderá proibir que o menor permaneça nos locais de trabalho nos períodos de repouso (art. 409 da CLT). A razão reside na "conveniência de ter, nos repousos, uma ambiência mais propícia à sua saúde ou à sua moral, dado que, nos intervalos, há menos ordem, disciplina, respeito e moralidade nos locais de trabalho"(31).

---

(30) *Revista CIPA,* ano XX, n. 240, nov. 1999, p. 47.

(31) BARRETO, Amaro. *Op. cit.*, p. 578.

12. RECIBOS

É lícito ao menor de 18 anos firmar recibo pelo pagamento dos salários, todavia, quando da quitação das verbas rescisórias, ele deverá estar assistido pelos responsáveis legais, sob pena de nulidade. Inteligência do art. 439 da CLT. Lembre-se, entretanto, que os pais não poderão tomar a iniciativa de rescindir o contrato, salvo se o serviço acarretar prejuízo de ordem física ou moral para o menor (art. 408 da CLT), tampouco assinar sozinhos a quitação, pois, no ato, o menor deverá estar assistido e não representado(32).

13. PRESCRIÇÃO. DIREITOS ORIUNDOS DE SUCESSÃO

Um dos traços que distinguem a decadência da prescrição consiste no fato de estar esta última sujeita a causas preclusivas, entre as quais se inclui a causa impeditiva da prescrição. Como exemplo de causa impeditiva da prescrição tem-se a menoridade do trabalhador. Contra menor de 18 anos, a teor do art. 440 da CLT, não corre nenhum prazo prescricional. A isenção prescricional traduz uma justa medida de tutela e nenhuma alteração sofreu com o advento da Lei n. 10.097, de 2000.

Se o menor vem a Juízo como herdeiro de empregado falecido, a prescrição deixa de correr a partir do seu falecimento e a idade daquele constituirá, agora, causa suspensiva da prescrição, lembrando-se que os direitos já abrangidos pelo instituto não poderão ser ressurgidos(33). Se, contudo, é o empregado menor que falece, seus herdeiros não se beneficiam da prescrição a que alude o art. 440 da CLT(34).

---

(32) "**Trabalhador menor. Termo de rescisão do contrato de trabalho. Ausência de assinatura. Nulidade.** É nulo o Termo de Rescisão do Contrato de Trabalho desprovido da assinatura do menor, ainda que assinado por sua genitora. Conquanto a menoridade civil e a trabalhista não se confundam, a doutrina entende que o trabalhador entre os 16 e os 18 anos deve ser 'assistido' pelo responsável legal. Consequentemente, o pai, mãe ou tutor não pode, sozinho, tomar a decisão de rescindir o contrato de trabalho, salvo a hipótese do art. 408 da CLT, inocorrente *in casu*. Recurso improvido por unanimidade". TRT 24ª Reg. (RO 2007/95), Rel.: Juiz João de Deus Gomes de Souza, DJ/MS 11.4.96. CALHEIROS BOMFIM. *Dicionário de Decisões Trabalhistas*. Rio de Janeiro: Edições Trabalhistas. 27. ed., p. 366.

(33) "**Herdeiro menor de idade. Prescrição.** Se o menor vier a Juízo, por exemplo, na qualidade de sucessor do empregado falecido, a prescrição que estava em curso contra este deixa de correr, a partir de sua morte, porque o novo titular do direito passou a ser o menor de dezoito anos. A idade, agora, funciona como causa suspensiva do prazo prescricional anterior e, sendo assim, cessada a menoridade, o prazo recomeçará a fluir com a contagem do período anterior à suspensão (PRUNES, José Luiz Ferreira. *In Prescrição no Direito do Trabalho*. 2. ed. São Paulo: LTr, p. 189)". TRT — 18ª Reg. — Ac. n. 6390/97 — Rel.: Luiz Francisco Guedes de Amorim — DJGO 27.1.98, p. 54. *Revista do Direito Trabalhista*, ano 4, n. 3, mar. 1998, p. 79.

"**Menor. Prescrição. Espólio. Interesse de menores.** Embora o art. 440 da CLT preconize que contra menores de 18 anos não corre prescrição, não se pode concluir que os direitos abrangidos pelo instituto, quando do falecimento do trabalhador, tenham o condão de ressurgir a favor dos filhos menores, pois os direitos transmitidos aos herdeiros cingem-se àqueles não prescritos. Recurso de Revista parcialmente conhecido e provido. Ac. (unânime)". TST — 1ª T. (RR 116683/94), Rel. Min. Indalécio Gomes Neto, DJU 9.12.94, p. 34230. CALHEIROS BOMFIM. *Dicionário de Decisões Trabalhistas*. Rio de Janeiro: Edições Trabalhistas. 25. ed., p. 495.

(34) "**Prescrição. Herdeiro menor. Art. 440 da CLT**. A prescrição insculpida no art. 440 do Texto Consolidado dirige-se ao trabalhador menor, não sendo endereçada àqueles que sucedem o empregado pré-morto. Entendimento contrário importaria em desvirtuar a finalidade do instituto da prescrição voltada à segurança das relações jurídicas, posto que não se consumaria em relação a qualquer empregado, eternizando a obrigação do empregador em guardar documentos". TRT — 9ª Reg. — RO-15.877/98 — 4ª T. — Rel.: Juíza Rosimarie D. Pimpão. Julgado em 5.5.1999. *Revista Síntese*, maio 2000, p. 66.

14. O SALÁRIO DO TRABALHADOR RURAL MENOR

Por força de preceito constitucional, veda-se qualquer trabalho do menor de 16 anos, salvo se aprendiz (Senar, L. n. 8.315/91). Por outro lado, a mesma Constituição da República assegura o salário mínimo a todos os empregados, proibindo distinção por idade (art. 7º, IV e XXX). Assim, entendemos que está revogado o art. 11, parágrafo único, da Lei n. 5.889, de 1973, que permitia fosse pago ao empregado rural, menor de 16 anos, 50% do salário mínimo estabelecido para o adulto. Esta, aliás, é a orientação do TST, como se infere da ementa que se transcreve:

> "A Constituição Federal promulgada em 1988 assegurou ao trabalhador rural os mesmos direitos conferidos ao trabalhador urbano (art. 7º). Ficou, portanto, revogada a Lei n. 5.889/73, art. 11, parágrafo único, por conter preceito discriminativo ao trabalho do rurícola menor de 16 (dezesseis) anos, não compatível com o atual ordenamento jurídico, pelo qual não se distingue o salário do urbano, considerando o fator idade". TST-RO-DC 54.765/92.6. Rel.: Min. Francisco Fausto, Acórdão SDC 670/94). *Revista Trabalho e Processo* n. 3, dez. 1994, p. 23[35].

Com a vigência da Lei n. 10.097, de 19 de dezembro de 2000, nem mesmo ao menor aprendiz é possível o pagamento de salário inferior ao mínimo, estando, portanto, **revogado, o art. 80 da CLT.**

15. DEVERES DOS RESPONSÁVEIS LEGAIS

É dever dos responsáveis legais dos menores (pais, mães ou tutores) afastá-los dos empregos que diminuam o seu tempo de estudo, reduzam o repouso necessário à sua saúde ou prejudiquem sua educação moral (art. 424 da CLT). Caso o serviço possa acarretar prejuízo de ordem física ou moral para o menor, os pais ou o representante legal poderão pleitear a extinção do contrato.

O art. 437 da CLT previa que se o responsável legal do menor infringisse os dispositivos do Capítulo IV, do Título III, da CLT ou deixasse de cumprir os deveres que lhe fossem impostos, ou, ainda, concorresse para que o menor não completasse sua alfabetização, poderia ser destituído do pátrio poder, além de incorrer em multa. O citado dispositivo foi revogado pela Lei n. 10.097, de 19 de dezembro de 2000, esclarecendo-se que não se tem notícia de ter sido aplicado, pois a sanção ali inserida agravaria o problema social dos menores abandonados neste país.

16. DEVERES DOS EMPREGADORES

Os empregadores de menores de 18 anos são obrigados a velar pela observância dos bons costumes, decência pública e regras de segurança e medicina do trabalho em seus estabelecimentos (art. 425 da CLT).

Na hipótese de a autoridade competente verificar que o trabalho executado pelo menor é suscetível de comprometer sua saúde, seu desenvolvimento físico ou a sua

---

(35) Na mesma direção doutrina FONSECA, Vicente José Malheiros da. O trabalho do menor no direito brasileiro. *In: Presente e Futuro das Relações de Trabalho*. Estudos em homenagem a Roberto Araújo de Oliveira Santos. São Paulo: LTr Editora, 2000, p. 394. Coord.: Georgenor de Sousa Franco Filho.

moralidade, poderá ela obrigá-lo a abandonar o serviço, devendo o empregador proporcionar ao menor todas as facilidades para mudá-lo de função (art. 407 e 426 da CLT), sob pena de rescisão indireta (art. 407, parágrafo único da CLT).

O empregador será obrigado, ainda, a conceder ao menor tempo para frequência às aulas, esclarecendo-se que se o estabelecimento ocupar, permanentemente, mais de trinta menores analfabetos de 14 a 18 anos e estiver a mais de dois quilômetros de distância da escola, deverá ser mantido local apropriado para que lhes seja ministrada a instrução primária (art. 427, parágrafo único da CLT).

17. O CONTRATO DE APRENDIZAGEM

17.1. Evolução histórica. Conceito de contrato de aprendizagem. Requisitos de validade. Distinção entre aprendiz e estagiário

As primeiras alusões ao aprendiz estão inseridas nos §§ 188 e 189 do Código de Hammurabi.

Sob o prisma do Direito Internacional Público, a Recomendação n. 87, da OIT, dispõe sobre orientação profissional, a qual compreende "a ajuda prestada a um indivíduo para resolver problemas referentes à escolha de uma profissão ou ao processo profissional, levando-se em conta as características do interessado e a relação com as possibilidades do mercado de trabalho". Já a formação profissional, a que se refere a Recomendação n. 117, de 1962, da OIT, abre espaço para a preparação pré-profissional, a qual deve incluir uma instrução geral e prática apropriada à idade dos jovens para continuar e completar a educação recebida anteriormente; dar uma ideia do trabalho prático e desenvolver o gosto por ele e interesse pela formação; revelar interesse, habilidades profissionais e favorecer a aptidão profissional ulterior.

Distingue-se a formação profissional do ensino técnico profissional, a que alude o art. 62 do Estatuto da Criança e do Adolescente (Lei n. 8.069, de 1990), pois este se preocupa em formar concomitantemente o cidadão e o profissional, ao passo que aquela tem por objetivo principal adestrar alguém para ocupar um lugar no processo de produção. A distinção é feita pelo glossário da UNESCO[(36)]. Da distinção se infere que o ensino técnico profissional deve perdurar por toda a vida, no sentido de adaptar o trabalhador às alterações tecnológicas, dentro ou fora de um mesmo emprego[(37)]. A formação profissional é o gênero e a aprendizagem sua espécie.

O Estatuto da Criança e do Adolescente define a aprendizagem como modalidade de formação técnico-profissional, ministrada segundo diretrizes e bases da legislação da educação em vigor.

Já a CLT, no art. 428, com a nova redação fornecida pela Lei n. 10.097, de 19 de dezembro de **2000**, e pela Lei n. 11.180, de 23 de setembro de **2005**, considera de aprendizagem **o contrato de trabalho especial**, ajustado por escrito e por prazo determinado, por meio do qual o empregador "se compromete a assegurar ao maior de 14 e menor de 24 anos inscrito em programa de aprendizagem, formação técnico-profissional

(36) OLIVEIRA, Oris de. *O trabalho da criança e do adolescente*. São Paulo: LTr, 1994, p. 87.
(37) OLIVEIRA, Oris de. *Op. cit.*, p. 87.

metódica compatível com o seu desenvolvimento físico, moral e psicológico e o aprendiz, a executar, com zelo e diligência, as tarefas necessárias a essa formação". O contrato de aprendizagem não poderá ser estipulado por mais de 2 anos, exceto **se o empregado for portador de deficiência** (art. 428, § 3º da CLT, redação da Lei n. 11.788/08). A **idade máxima** prevista nesse conceito não se aplica aos aprendizes portadores de deficiência (**art. 428, § 5º**, da CLT, introduzido pela Lei n. 11.180, de 2005). Para os fins do contrato de aprendizagem, a comprovação da escolaridade de aprendiz portador de **deficiência mental** deve considerar, sobretudo, as habilidades e competências relacionadas com a profissionalização nos termos do **§ 6º** do citado art. 428 da CLT (introduzido pela Lei n. 11.180/05).

Já o § 7º do art. 428 assegura nas localidades onde não houver oferta de ensino médio para o cumprimento do disposto no § 1º deste artigo, a contratação do aprendiz poderá ocorrer sem a frequência à escola, desde que ele já tenha concluído o **ensino fundamental.** (Incluído pela Lei n. 11.788, de 2008)

A formação técnico-profissional, a que se refere o ***caput*** do art. 428 da CLT, realiza-se por meio de atividades teóricas e práticas, metodicamente organizadas em tarefas de complexidade progressiva, desenvolvidas no ambiente de trabalho (art. 428, **§ 4º**, acrescentado pela Lei n. 10.097, de 2000).

A par de todos os fundamentos científicos citados para justificar as restrições do trabalho do menor, cumpre frisar que o aprendizado, em geral, e o da criança, em especial, passam por fases sucessivas, em que novos conhecimentos são assimilados. O aprendizado feito de forma inadequada altera o ritmo normal da aquisição de conhecimento, afetando os sistemas neurológico e psicológico do jovem que passa a ter dificuldade de enfrentar novas habilidades[38].

A **validade** do contrato de aprendizagem, à luz do **§ 1º** do art. 428 da CLT, acrescentado pela Lei n. 10.097, de 2000, e Lei n. 11.788/08, **pressupõe** anotação na CTPS, matrícula e frequência do aprendiz na escola, caso não haja concluído o ensino fundamental, além de inscrição em programa de aprendizagem desenvolvido sob a orientação de entidade qualificada em formação técnico-profissional metódica.

O condicionamento da validade deste contrato à anotação prévia na carteira do menor, previsto agora, expressamente, no **§ 1º** do art. 428 da CLT, já constava do art. 5º do Decreto n. 31.546, de 1952, revogado pelo Decreto n. 5.598, de 1º de dezembro de 2005, o que nos levou, apreciando caso concreto, a descaracterizar este tipo de ajuste, por falta da referida formalidade, e deferir ao obreiro as vantagens advindas de um contrato de trabalho sujeito às regras gerais[39]. Havia, entretanto, corrente

(38) *Revista Cipa,* ano XX, n. 240, nov. 1999, p. 47.

(39) "**Contrato de aprendizagem.** A condição de menor aprendiz deverá constar da CTPS do obreiro, nos termos do Dec. n. 31.546/52 e pressupõe estar ele sujeito à formação profissional metódica do ofício, a qual deveria corresponder a um processo educacional, com o desdobramento do ofício ou da ocupação, em operações ordenadas de acordo com um programa cuja execução se faça sob a direção de um responsável, em ambiente adequado à aprendizagem (Portaria n. 27 do MT, de 18.12.56). Ausentes estes requisitos, deve-se assegurar ao trabalhador o salário mínimo integral e não a redução prevista no art. 80 da CLT, pois de aprendiz não se trata". TRT — 3ª Reg. — Ac. 2ª T. -RO-19710/92 — Rel.: Juíza Alice Monteiro de Barros, MG de 23.7.93.

doutrinária contrária sustentando que o propósito da norma regulamentar (Decreto n. 31.546, de 1952, hoje revogado) não era estabelecer forma solene, o que lhe era defeso, por invadir a reserva legal(40). O referido Decreto foi cancelado em dezembro de 2005, mas a exigência da anotação do contrato na carteira de trabalho continua sendo condição de validade do contrato de aprendizagem (art. 4º e 5º do Decreto n. 5.598, de 2005, **art. 428, *caput,* e § 1º,** introduzido pela Lei n. 11.788/08).

Como se vê, o **aprendiz** é empregado destinatário de um contrato de trabalho por prazo determinado, de natureza especial, considerando que a obrigação de fazer por ele assumida junto ao empregador é também subordinada à obrigação principal do vínculo, que é o aprendizado. "O aprendiz deve aprender e deve também trabalhar, porém, mais pela sua formação técnica do que pela empresa"(41).

Já **o estagiário está excluído** da tutela **do Direito do Trabalho**. O estágio é uma fase da aprendizagem escolar que se realiza na empresa, durante o qual as qualificações adquiridas no transcurso do ensino técnico e profissional obtido nas escolas poderá ser experimentado e comprovado na empresa(42). A Lei n. 11.788, de 25 de setembro de 2008, disciplina o estágio frequentado no ambiente de trabalho produtivo, os educandos deverão estar frequentando o ensino regular em instituições de educação superior, de educação profissional, de ensino médio, de educação especial e dos anos finais do ensino fundamental, na modalidade profissional da educação dos jovens e adultos.

As instituições de ensino fixarão a carga horária, na forma do art. 10 e parágrafos da Lei n. 11.788/**08**.

O estágio pressupõe, necessariamente, uma relação jurídica triangular, situando-se nos seus vértices a escola, que encaminha o aluno, a empresa, que o recebe, e o aluno que ali exerce atividade prática, em consonância com o currículo escolar.

A ausência da participação da escola no estágio ou a falta de consonância entre ele e a atividade exercida o descaracterizam, transformando a relação jurídica em contrato de trabalho, se presentes os demais pressupostos do art. 3º da CLT(43).

17.2. Duração

O contrato de aprendizagem não poderá ser estipulado por mais de dois anos, na forma do art. 428, § 3º; se isto ocorrer, o ajuste estará sujeito às regras do contrato de

---

(40) Nesse sentido BERNARDES, Hugo Gueiros. *Cláusula de aprendizagem nos contratos de trabalho*. Editora Universidade de Brasília, 1969, p. 93. O autor, à luz da legislação da época, conclui dizendo que o contrato de aprendizagem no Brasil independe de forma prescrita em lei, provando-se como os demais contratos de trabalho.

(41) MAZZONI, Giuliani. *Manuali di Diritto del Lavoro*. v. 1. 5. ed. Milano: Giuffré, 1977, p. 777.

(42) OLIVEIRA, Oris. *O trabalho da criança e do adolescente*. São Paulo: LTr, 1994, p. 90-91.

(43) "Reconhecimento do vínculo empregatício. Estágio. Cabimento. O contrato de estágio tem seu objetivo desvirtuado, se as atribuições cometidas ao estagiário não correspondem ao curso de formação profissional, o que autoriza o reconhecimento do vínculo empregatício, preenchidos os requisitos do art. 3º, da CLT". TRT/SP-02486200202602002 — Ac. 5ª T. — 20030193677. Rel.: Juiz Fernando Antônio Sampaio da Silva. DOE 9.5.2003. *Revista Synthesis* 37/2003, p. 309.

Em decisão proferida pelo TST (E-RR-20.202/2002-900-08-00-8-SDI-1. Rel.: Min. Lélio Bentes Correa — DJU 5.12.2002), descaracterizou-se a relação de estágio e admitiu-se a relação de emprego com a telefonista, estudante de economia, que prestava serviços junto à empresa de Telecomunicações do Pará, sem que houvesse monitoramento do estágio ou remessa de relatório à escola. Ficou reconhecida a violação ao art. 9º da CLT (cf. *Revista Síntese* n. 178, p. 61).

trabalho comum, indeterminado. Esse **prazo** não se estenderá ao contrato do aprendiz portador de deficiência (Lei n. 11.788/08), tampouco a **idade máxima** do art. 428 se aplica ao ajuste celebrado pelo aprendiz portador de deficiência.

17.3. Natureza jurídica

Muito discutida é a natureza jurídica do contrato de aprendizagem. Há quem sustente tratar-se de um contrato *sui generis*, outros de um contrato preliminar, havendo ainda quem o veja como um contrato misto, de trabalho e de ensino. A posição dominante o considera contrato de trabalho, divergindo apenas quanto à sua duração. Sustenta parte da doutrina que, se a aprendizagem for facultativa, ele será um contrato indeterminado; se se tratar de aprendizagem obrigatória, o contrato será determinado[44]. A jurisprudência do TST vem-lhe atribuindo a natureza de tipo especial de contrato determinado[45], em estreita consonância com a alteração legislativa verificada com a Lei n. 10.097, de 2000, que deu nova redação ao art. 428 da CLT.

No contrato de aprendizagem, a principal obrigação do empregador é propiciar a formação profissional (obrigação de fazer), seguida da obrigação de pagar salário (obrigação de dar). Afirma-se, também, que a subordinação do trabalhador aprendiz é mais acentuada. "O empregador dirige sua atividade pessoal nos momentos em que aprende sem trabalhar, quando trabalha aprendendo, ou ainda, enquanto produz em proveito da empresa, sem estar aprendendo"[46].

17.4. Obrigatoriedade de contratação de aprendizes

Os estabelecimentos de qualquer natureza são obrigados a empregar e matricular aprendizes nos cursos dos Serviços Nacionais de Aprendizagem em número equivalente a 5%, no mínimo, e 15%, no máximo, dos trabalhadores existentes em cada estabelecimento, cujas funções demandem formação profissional (art. 429 da CLT, com a nova redação dada pela Lei n. 10.097, de 19 de dezembro de 2000). A nova redação dada ao art. 429 da CLT unificou os percentuais em relação aos diversos setores. Ressalte-se que o limite fixado no art. 429 da CLT não se aplica quando o empregador for entidade sem fins lucrativos, cujo objetivo seja a educação profissional (§ 1º-A do art. 429 da CLT, com a nova redação dada pela Lei n. 10.097, de 2000).

17.5. Locais destinados a ministrar o aprendizado

A formação profissional metódica deverá ser ministrada em curso do SENAI, SENAC, SENAR (Lei n. 8.315, de 1991) e SENAT (Lei n. 8.706, de 1993). Caso estes

(44) MARANHÃO, Délio. *Direito do Trabalho*. Rio de Janeiro: Fundação Getúlio Vargas, p. 145.

(45) "**Menor aprendiz. Contrato por prazo determinado.** Ao celebrar um contrato de aprendizagem, o empregador se obriga a dar cumprimento a ele pelo tempo previsto em lei para a aprendizagem, mas não se obriga a admitir o aprendiz definitivamente, e nem de outra parte está o menor aprendiz obrigado a continuar a prestar serviço à empresa, por isso o contrato de aprendizagem é um tipo especial de contrato por prazo determinado. Recurso de embargos conhecido e desprovido". TST-E-RR-60.161/92.1 — Ac. SDI-1 3.348/97 — Rel.: Min. Vantuil Abdala. *Revista Genesis*. Curitiba, nov. 1997, n. 59, p. 672.

(46) CATHARINO, José Martins. *Contrato de trabalho e aprendizagem*. Bahia: Fundação Gonçalo Muniz, 1956, p. 34, *apud* MESQUITA, Luiz José de. *Trabalho do menor. Emprego de menores* (Teoria e prática). v. I. São Paulo: LTr, p. 69, nota 10.

órgãos não ofereçam cursos ou vagas suficientes para atender à demanda dos estabelecimentos, a formação poderá ser suprida por outras entidades qualificadas em formação técnico-profissional metódica, a saber: Escolas Técnicas de Educação (inciso I do art. 430 da CLT, com a redação dada pela Lei n. 10.097, de 2000), na própria empresa (art. 431 da CLT com a nova redação dada pela Lei n. 10.097, de 2000), ou nas entidades sem fins lucrativos, que tenham por objetivo a assistência ao adolescente e à educação profissional, registradas no Conselho Municipal dos Direitos da Criança e do Adolescente (art. 430, II, da CLT, acrescentado pela Lei n. 10.097, de 2000). O aprendizado verificado nesta última, ou seja, perante as entidades sem fins lucrativos já descritas, não gera vínculo empregatício com a empresa tomadora dos serviços (art. 431 da CLT com a nova redação concedida pela Lei n. 10.097, de 2000).

Sustentamos, com base na nova redação do art. 431 da CLT, que o aprendizado poderá ocorrer ainda na própria empresa, sob a supervisão dos serviços nacionais de aprendizagem[(47)], não obstante posicionamentos contrários[(48)], desde que atendidas as exigências do programa correspondente.

As entidades mencionadas acima deverão contar com estrutura adequada ao desenvolvimento dos programas de aprendizagem, de forma que mantenha a qualidade do processo de ensino, bem como acompanhe e avalie os resultados (art. 430, § 1º, acrescentado pela Lei n. 10.097, de 2000). Concluído o curso de aprendizagem, com aproveitamento, será concedido certificado de qualificação profissional ao menor (art. 430, § 2º).

A Portaria n. 43, de abril de 1953, do Ministério do Trabalho, estabelece relações de ofícios e ocupações objeto de aprendizagem metódica, esclarecendo que a duração dos cursos varia de cinco meses a três anos, no máximo. Ocorre que o contrato de aprendizagem não poderá ser estipulado por mais de dois anos, salvo se o aprendiz for portador de deficiência (art. 428, § 3º, da CLT, com a nova redação dada pela Lei n. 10.097, de dezembro de 2000). Há, também, ocupações que não demandam formação profissional ou aprendizagem metódica (Portaria de 28 de fevereiro de 1958), situando-se aqui, a título de exemplo, as funções de *boy*, ascensorista, cobrador, contínuo, embalador, empacotador, envelopador, porteiro, servente, ciclista, mensageiro, pacoteiro, carimbador, etiquetista, entre outras. Portanto, o menor que for contratado para essas funções deverá ter mais de 16 anos e suas condições de trabalho serão disciplinadas pelas normas de um contrato de trabalho comum, caso inexista a formação profissional ou aprendizagem metódica.

---

(47) De forma correlata MARTINS, Sérgio Pinto. *Direito do Trabalho*. 20. ed. São Paulo: Atlas, 2004, p. 622. TEIXEIRA FILHO, João de Lima. *Instituições de Direito do Trabalho*. v. II. São Paulo: LTr, 2003, *passim*.

(48) OLIVEIRA, Oris. A aprendizagem empresária do adolescente. *Revista Synthesis*, São Paulo, 33/01, p. 16. Segundo o autor, a alternância de atividades práticas e teóricas é elemento fundamental de toda aprendizagem, desde que previamente programadas. Cabe ao programa de aprendizagem fixar o tempo de alternância. Por essa razão, a lei torna obrigatória a inscrição nesse programa, desenvolvido sob a orientação de entidade qualificada em formação técnico-profissional. Essa exigência impossibilita que o aprendizado se faça no próprio emprego, pois, anteriormente, não se exigia a inscrição, tampouco a frequência a centro de formação.

17.6. Restrições ao contrato de trabalho do aprendiz

A Lei n. 10.097, de 19 de dezembro de 2000, em atenção ao comando contido na Convenção Internacional da OIT n. 182, ratificada pelo Brasil em setembro de 2000, deu nova redação ao art. 403, parágrafo único da CLT. O referido preceito passou a proibir o trabalho do **menor aprendiz** em locais prejudiciais **à sua formação, ao seu desenvolvimento físico, psíquico, moral e social, como também em horários e locais que não permitam a frequência à escola**.

17.7. Salário, jornada e FGTS em face das inovações introduzidas pela Lei n. 10.097, de 2000

O art. 80 da CLT previa que, durante a primeira metade do curso de aprendizagem, o empregador poderia pagar ao menor 50% do salário mínimo e, na segunda metade deste curso, 2/3 do salário mínimo. Doutrinadores sustentaram a inconstitucionalidade do mencionado art. 80 da CLT, uma vez que a Constituição da República vigente, em seu art. 7º, XXX, veda diferença de salário por motivo de idade. Nota-se, entretanto, que a jurisprudência vinha admitindo a percepção de salário inferior ao mínimo, no caso de aprendizagem[(49)]. A nova redação atribuída ao art. 428 da CLT pela Lei n. 10.097, de 2000, pôs fim à controvérsia, dispondo, no **§ 2º** deste artigo, que ao menor aprendiz será garantido o salário mínimo hora, salvo condição mais favorável. A mesma lei revogou expressamente o art. 80 da CLT.

A duração de trabalho do aprendiz não excederá de seis horas diárias, sendo vedadas a prorrogação e a compensação de jornada (art. 432 da CLT, com a nova redação dada pela Lei n. 10.097, de 2000). Logo, a possibilidade de regime de compensação de jornada e a prorrogação, autorizada outrora na força maior, não mais serão possíveis em se tratando de menores aprendizes. Aquele limite poderá ser ultrapassado e atingir até oito horas diárias, quando o aprendiz já tiver completado o ensino fundamental, se neles forem computadas as horas destinadas à aprendizagem teórica (§ 1º do art. 432 com a nova redação da Lei n. 10.097, de 2000). Este dispositivo vem sendo, todavia, considerado inconstitucional, ao fundamento de que a Constituição assegura a escolaridade a todos os adolescentes (art. 208 e 227) e, quando dispõe que o ensino fundamental é obrigatório e gratuito, não afasta a importância do ensino secundário, reafirmando-a no art. 208, II. Ademais, a distinção feita pelo art. 432, § 1º, da CLT, viola o princípio da isonomia, gerando situações díspares entre trabalhadores de faixa etária protegida e com a mesma condição profissional[(50)].

---

(49) "**Dissídio coletivo. Salário do menor.** Desde que o menor não esteja em regime de aprendizado, atenta contra a Constituição da República o pagamento de piso salarial inferior ao pagamento percebido pelo adulto em igual função". TST-RO-DC-59.875/92.9 — Ac. SDC 798/93 — Rel. Min. Wagner Pimenta — DJU 25.2.94. *Coletânea de Jurisprudência Trabalhista*. Cristiano Paixão Araújo Pinto e Marco Antônio Paixão. Porto Alegre: Síntese, 1996, p. 347. No mesmo sentido VALENTIN CARRION. *Comentários à CLT*. São Paulo: Saraiva, 1998, p. 133, RUSSOMANO, Mozart Victor. *Comentários à CLT*. Rio de Janeiro: Forense, 1990, p. 141. Esse autor analisa o art. 80 à luz da Carta de 1946, que também proibia diferença salarial por motivo de idade. MESQUITA, Luiz José de. *Op. cit.*, p. 14. TEIXEIRA FILHO, João de Lima. *Op. cit.*, p. 893.

(50) FONSECA, Ricardo Tadeu M. da. A reforma do Instituto da Aprendizagem no Brasil: Anotações sobre a Lei n. 10.097/2000. *In: O Trabalho*. Fascículo 49, mar. 2001, p. 1.153. Encarte.

Os empregadores que contratarem aprendizes ficarão obrigados a depositar, até o dia sete de cada mês, em conta bancária vinculada do FGTS, a alíquota de 2% da remuneração paga ou devida no mês anterior a cada menor aprendiz (§ 7º do art. 15 da Lei n. 8.036, de 1990, introduzido pela Lei n. 10.097, de 2000).

17.8. Cessação do contrato de aprendizagem. Justa causa

O contrato de aprendizagem extinguir-se-á com o advento do seu termo, ou com o implemento da idade de 24 anos (art. 18 da Lei n. 11.180, de 23 de setembro de 2005), independentemente de ter ou não o menor concluído o aprendizado, ou, ainda, antecipadamente nas seguintes hipóteses: desempenho insuficiente ou inadaptação do aprendiz, falta disciplinar grave, ausência injustificada à escola que implique perda do ano letivo ou por solicitação do aprendiz. Como se pode verificar, a cessação do contrato está restrita a apenas algumas situações, exatamente para se permitir o aprendizado. À ruptura antecipada do contrato de aprendizagem nessas situações não se aplica o disposto nos art. 479 e 480 da CLT (art. 433, § 2º da CLT, com a nova redação e acréscimos introduzidos pela Lei n. 10.097, de 2000).

O art. 432, § 2º da CLT, revogado pela Lei n. 10.097, de 2000, considerava justa causa a falta reiterada do menor aprendiz no cumprimento dos deveres escolares do respectivo curso ou a falta de razoável aproveitamento. A matéria hoje, frise-se, é disciplinada pelo art. 433 da CLT, que autoriza a ruptura do contrato do aprendiz, antecipadamente, nas seguintes hipóteses: I — desempenho insuficiente ou inadaptação; II — falta disciplinar grave; III — ausência injustificada à escola que implique perda do ano letivo; IV — a pedido do aprendiz.

Como se vê, com a revogação do § 2º do art. 432 da CLT, o desempenho insuficiente, a inadaptação do aprendiz ou a ausência injustificada à escola que implique perda do ano letivo são comportamentos não mais arrolados como justa causa. Autorizam apenas a cessação antecipada do contrato, mas sem justa causa.

O ato faltoso só se configurará na hipótese de falta disciplinar grave, além das outras classificadas no art. 482 da CLT.

18. ASPECTOS PROCESSUAIS RELACIONADOS COM O TRABALHO DO MENOR

O menor de 18 anos não possui *legitimatio ad processum* para reclamar em Juízo, devendo estar assistido pelos pais ou representante legal; na falta deste, pelo Ministério Público do Trabalho e, onde não houver, pelo curador à lide nomeado pelo Juiz ou presidente da Vara (art. 793 da CLT e Lei Complementar n. 75, de 1993, art. 83, V).

Indaga-se se **o menor de 18 anos e maior de 14 pode ser interrogado**. Entendemos que sim, desde que assistido pelo responsável legal (pai, mãe, tutor, curador), pois se ele está apto a trabalhar, evidentemente que deve prestar esclarecimentos a respeito da relação de emprego; o mesmo ocorre com o menor na faixa etária compreendida **entre 14 e 16 anos, se for aprendiz**. Se desse interrogatório resultar a confissão, ela será válida. Inteligência do art. 7º, XXXIII da Constituição de 1988 e 792 da CLT. A matéria é, contudo, controvertida.

Enseja igualmente controvérsia o fato de o menor de 16 anos poder testemunhar. É que a legislação processual civil estabelece tal limite (art. 405, III, do CPC). Entendemos que se o menor de 16 anos pode trabalhar como aprendiz, deverá também ser ouvido como informante a respeito de fatos que presenciou durante a relação de emprego, desde que assistido pelo responsável legal[(51)]. A esse fato acresce a circunstância de que a descontração natural que a idade lhe proporciona pode tornar o depoimento até mais precioso do que aquele prestado pelos adultos[(52)].

19. TRABALHO EDUCATIVO

Sob o ponto de vista geral, o trabalho educativo tanto poderá se desenvolver por meio de um contrato de aprendizagem, como pelo estágio, ou por um adolescente, que se profissionaliza com os pais numa oficina de família[(53)].

À luz do art. 68 do ECA (Estatuto da Criança e do Adolescente), o trabalho educativo é conceituado como "a atividade laboral em que as exigências pedagógicas relativas ao desenvolvimento pessoal do educando prevalecem sobre o aspecto produtivo". Esse trabalho executado pelo adolescente, perante entidades governamentais ou não governamentais, que o capacitam para o exercício futuro de uma atividade profissional, não gera vínculo empregatício[(54)]. A hipótese é de uma relação aluno-escola, e a remuneração que o adolescente recebe a título de participação no produto daí advindo não descaracteriza esse caráter educativo.

Verifica-se, portanto, do mencionado preceito legal, que as exigências pedagógicas, a profissionalização, deverão prevalecer sobre o escopo produtivo, do contrário, essa modalidade de trabalho restará descaracterizada[(55)] e a relação de emprego sobrepor-se-á.

20. CONSELHO TUTELAR: COMPOSIÇÃO E ATRIBUIÇÕES. NATUREZA DO VÍNCULO ESTABELECIDO COM O CONSELHEIRO

O Conselho Tutelar é um órgão permanente e autônomo, encarregado pela sociedade de zelar pelo cumprimento dos direitos da criança e do adolescente (art. 131 do Estatuto da Criança e do Adolescente). Cada Município deverá ter, pelo menos,

(51) TEIXEIRA FILHO, Manoel Antônio. *A prova no processo do trabalho*. 7. ed. São Paulo: LTr, 1997, p. 310.

(52) VARELA, Antunes. *Manual de Processo Civil*. 2. ed. Coimbra Editora, 1985, p. 611, item 195.

(53) OLIVEIRA, Oris. *Op. cit.*, p. 179.

(54) Há pronunciamento da jurisprudência afastando a relação de emprego do **guarda-mirim**, por considerar o trabalho de cunho educativo, como se constata do seguinte aresto: "Relação de emprego. Trabalho educativo. Guarda-mirim. As instituições de guardas-mirins realizam um trabalho social dando oportunidade a seus integrantes de dar os primeiros passos no caminho do trabalho e da convivência social. Reconhecer a relação de emprego quando da existência de trabalho educativo seria penalizar as empresas que colaboram com tais instituições, impondo um ônus a quem na verdade mereceria aplausos". TRT — 15ª Reg. — Proc. 33.374/98 — (15.680/00) — 5ª T. — Relª: Juíza Eliana Felippe Toledo. DOESP 2.5.2000. *Revista Síntese Trabalhista*. out. 2000, p. 78.

(55) "**Trabalho educativo** — O trabalho educativo previsto no ECA faz do menor um educando, ficando relegado o aspecto do exercício da atividade profissional — o objetivo é a educação e não apenas a entrada no mercado de trabalho, sem qualquer qualificação para tanto. Assim, não é toda atividade laboral capaz de ser tomada como educativa. Apenas aquela que, inserindo-se como parte de projeto pedagógico, vise ao desenvolvimento pessoal e social do educando". TRT — 3ª Região — 2ª T. — RO-8616/01 — Rel.: Juiz Ricardo Antônio Mohallem — DJMG 17.10.2001, p. 20.

um Conselho Tutelar, composto de cinco membros, escolhidos pela comunidade local, para mandato de três anos, permitida uma recondução (art. 132 do ECA). Os candidatos ao Conselho Tutelar deverão preencher os seguintes requisitos: ser pessoa de reconhecida idoneidade moral; idade superior a 21 anos; residir no Município. Não poderão servir no mesmo Conselho: marido e mulher; pai e filho; irmãos; tios e sobrinhos; cunhados, durante o cunhadio; sogro e genro ou nora; padrasto ou madrasta e enteado. O processo de escolha desses membros será fixado em lei municipal, sob a responsabilidade do Conselho Municipal dos Direitos da Criança e do Adolescente, e a fiscalização compete ao Ministério Público (art. 132, 133 e 138 do ECA).

O exercício efetivo da função de conselheiro constituirá serviço público relevante, estabelecerá presunção de idoneidade moral e assegurará prisão especial, em caso de crime comum, até o julgamento definitivo. **O conselheiro não é empregado do Município**, mas agente público honorífico, escolhido pela comunidade em razão de sua honorabilidade e designado para prestar serviço público relevante, por prazo certo, podendo receber um pró-labore (cf. conceito de cargos honoríficos em Hely Lopes Meireles. *Op. cit.*, 29. ed., 2004, p. 79).

A lei municipal disporá sobre local, dia e horário de funcionamento do Conselho Tutelar e eventual remuneração de seus membros (art. 134), e Lei Orçamentária do Município disporá sobre previsão de recursos para o funcionamento desse conselho, nos termos do art. 134 do ECA.

Constituem atribuições do Conselho Tutelar:

> "I — atender as crianças e adolescentes nas hipóteses previstas nos art. 98 e 105, aplicando as medidas previstas no art. 101, I a VII do ECA; II — atender e aconselhar os pais ou responsável, aplicando as medidas previstas no art. 129, I a VII do ECA; III — promover a execução de suas decisões, podendo para tanto: *a)* requisitar serviços públicos nas áreas de saúde, educação, serviço social, previdência, trabalho e segurança; *b)* representar junto à autoridade judiciária nos casos de descumprimento injustificado de suas deliberações; IV — encaminhar ao Ministério Público notícia de fato que constitua infração administrativa ou penal contra os direitos da criança ou adolescente; V — encaminhar à autoridade judiciária os casos de sua competência; VI — providenciar a medida estabelecida pela autoridade judiciária, dentre as previstas no art. 101, de I a VI, para o adolescente autor de ato infracional; VII — expedir notificações; VIII — requisitar certidões de nascimento e de óbito de criança ou adolescente quando necessário; IX — assessorar o Poder Executivo local na elaboração da proposta orçamentária para planos e programas de atendimento dos direitos da criança e do adolescente; X — representar, em nome da pessoa e da família, contra a violação dos direitos previstos no art. 220, § 3º, inciso II da Constituição Federal; XI — representar ao Ministério Público, para efeito das ações de perda ou suspensão do pátrio poder.
>
> Art. 137. As decisões do Conselho Tutelar somente poderão ser revistas pela autoridade judiciária a pedido de quem tenha legítimo interesse".

CAPÍTULO XVIII

OS PODERES DO EMPREGADOR NO CONTRATO DE EMPREGO: PODER DIRETIVO, FUNÇÃO DE CONTROLE, REVISTA, CONTROLE POR INSTRUMENTOS VISUAIS E DE POLÍGRAFO. REGULAMENTAR, ETC. PODER DE FISCALIZAÇÃO E DISCIPLINAR. EFEITOS DO CONTRATO DE EMPREGO: DIREITOS, DEVERES E OBRIGAÇÕES DAS PARTES. DIREITOS DA PERSONALIDADE: DIREITO À INTEGRIDADE FÍSICA, DIREITO À INTEGRIDADE INTELECTUAL (INVENÇÕES DO EMPREGADO, EFEITOS CONEXOS DO CONTRATO) E DIREITO À INTEGRIDADE MORAL. INDENIZAÇÕES POR DANO MATERIAL, MORAL E ESTÉTICO. DANO COLETIVO

1. O FENÔMENO SOCIAL E AS PRIMEIRAS MANIFESTAÇÕES DE PODER

Na Antiguidade romana, a vida no círculo familiar constituía um mundo à parte, cuja direção pertencia exclusivamente ao *pater familias*, detentor do poder político e jurisdicional nesse âmbito, pois a ordem jurídica do Estado não penetrava nos limites do *domus*.

Na economia medieval, o traço de sujeição mostra-se também acentuado, em face dos vestígios deixados pela escravidão; o colono e servo da gleba estavam sujeitos, ainda, à submissão pessoal. As relações de trabalho desenvolvidas nas corporações de ofício entre mestre e aprendizes também não eram de natureza obrigacional.

No regime liberal, opera-se um recuo no campo jurídico à figura romana do arrendamento de serviço e o detentor do capital tem a faculdade de exercer amplamente o poder de direção. Daí Orlando Gomes[1] afirmar que as fontes do Direito parecem revelar que a separação da atividade laboral da pessoa do trabalhador foi uma tarefa de elaboração lenta e fatigante.

---

(1) GOMES, Orlando & GOTTSCHALK, Elson. *Curso de Direito do Trabalho*. Rio de Janeiro: Forense, 1971, *passim*.

O fenômeno social apresenta, portanto, desde os seus primórdios, duas manifestações: a da força, da autoridade, do poder, da liberdade e da resistência.

À luz do art. 2º da CLT, o legislador conceitua empregador como sendo a empresa, individual ou coletiva, que, assumindo os riscos da atividade econômica, contrata, assalaria e **dirige** a prestação pessoal de serviços. Essa direção tem sido vista pela doutrina como um poder hierárquico ou como um poder diretivo ou de comando exercido pelo empregador sobre a atividade do empregado.

Alguns autores(2), com base no conceito do art. 2º da CLT, sustentam que o empregador detém o poder hierárquico manifestado pelo poder diretivo, do qual o poder disciplinar é um corolário.

2. CONCEITO DE PODER HIERÁRQUICO

Etimologicamente, a palavra **poder** deriva do latim vulgar *potere*, da raiz *poti*, que significa chefe de um grupo. O termo "poder" gira em torno da ideia de posse, de força, de vontade, de obediência e de influência, enquanto **hierarquia** pressupõe uma série contínua de graus entre pessoas unidas por um vínculo de autoridade.

Luiz José de Mesquita(3) conceitua o poder hierárquico como a "... faculdade em virtude da qual uma pessoa, o sujeito ativo chamado superior hierárquico, exerce um direito-função sobre a atividade humana profissional de outra, o sujeito passivo, chamado inferior hierárquico, segundo o interesse social da instituição, para legislar, governar e sancionar, no que respeita à ordem profissional da empresa".

3. CRÍTICA AO CHAMADO PODER HIERÁRQUICO

Modernamente, vem-se entendendo que o termo "poder hierárquico" não guarda tradição no direito brasileiro, por constituir "ressaibo do corporativismo" e admite-se existir um poder diretivo definido pela "capacidade atribuída ao empregador de dar conteúdo concreto à atividade do trabalhador, visando à realização das finalidades da empresa". Daí a preferência pelo termo "capacidade" em vez de "faculdade", adotado pela maioria dos autores, pois esta última "... é mero atributo do direito, uma qualidade ou potência que lhe é inerente, e não pode ter extensão maior do que o objeto a ser definido. O poder diretivo deriva do direito subjetivo exatamente por se tratar de algo encerrado na esfera de uma relação jurídica..."(4).

A capacidade de dirigir caracteriza o poder diretivo e, por se tratar de um poder jurídico, impõe modificações à relação de emprego.

3.1. Poder diretivo. Poder disciplinar. Poder regulamentar e poder de fiscalização

A autoridade do empregador exterioriza-se pelo **poder de direção** e torna-se efetiva pelo **poder disciplinar**. Outros autores alinham a estes dois o **poder**

(2) MORAES FILHO, Evaristo. *Introdução ao Direito do Trabalho*. São Paulo: LTr, 1971, p. 240; SÜSSEKIND, Arnaldo. *Comentários à CLT*. Rio de Janeiro: Freitas Bastos, 1964, p. 82; REIS, Nélio. *Alteração do contrato de trabalho*. São Paulo: Freitas Bastos, 4. ed. 1968, p. 41.

(3) MESQUITA, Luiz José de. *Direito disciplinar do trabalho*. São Paulo: Saraiva, 1982, p. 48.

(4) MAGANO, Octavio Bueno. *Do poder diretivo na empresa*. São Paulo: Saraiva, 1982, p. 114.

regulamentar[(5)] e o consideram como manifestação da autoridade empresarial, que se configura como um poder de legislar no âmbito da empresa.

A legislação brasileira não faz referência ao regulamento da empresa, sendo escasso o uso de normas emanadas do empregador. Lembre-se, entretanto, que, ao introduzi-lo, o empregador se auto-obriga, pois o regulamento "longe de se constituir num instrumento policialesco, transmudou-se num diploma que assegura — também — obrigações ao dador de trabalho"[(6)].

Já o **poder de fiscalização** nada mais é do que uma das faculdades compreendidas no conteúdo do poder diretivo, como será examinado no decorrer deste estudo.

4. CONCEITO E FUNDAMENTOS DO PODER DIRETIVO

O **poder diretivo** é conceituado por Augusto Venturini[(7)] como "a faculdade que assiste ao chefe de ditar normas de caráter prevalentemente técnico" ou "técnico-administrativas", como quer Riva Sanseverino[(8)].

São três as principais correntes utilizadas para fundamentar a existência do poder diretivo e disciplinar: a **teoria da propriedade privada**, a **teoria institucional** e a **teoria contratual**.

Afirmam os adeptos da primeira corrente que esse poder conferido ao empregador reside no fato de ser a empresa objeto do seu direito de propriedade, logo, o empregador comanda porque é dono.

A opinião segundo a qual o poder diretivo funda-se na concepção institucional ou comunitária da empresa possui um caráter mais político e social do que jurídico, encontrando-se em franco declive[(9)].

Mais consistente é a teoria que fundamenta a existência dos poderes do empregador no contrato de trabalho. Esses poderes são consequência imediata da celebração do ajuste entre empregado e empregador, o qual coloca sob a responsabilidade deste último a organização e a disciplina do trabalho realizado na empresa, quer vista sob a forma de empresa capitalista, quer sob o prisma da empresa socializada.

4.1. Titular do poder diretivo. Natureza jurídica e limites. Hipóteses de desobediência legítima. Ordem sobre a conduta extralaboral

O **titular do poder** diretivo é o empregador ou seus prepostos, aos quais aquele delega parte desse poder, cuja intensidade varia de acordo com a natureza da relação de emprego. Assim, no tocante aos empregados ocupantes de cargo de confiança, o poder diretivo do empregador é muito tênue, enquanto no trabalho desportivo é rigoroso.

---

(5) MARTIN MARCHESINI, Gualtiero. El Poder de Dirección. *Revista de Direito do Trabalho*, n. 65, ano 12, jan./fev. 1987, p. 18.

(6) PRUNES, José Luiz Ferreira. Poder Empresarial: Fundamentos, conteúdo e limites. *Temas de Direito do Trabalho*. IV Jornadas Luso-Brasileiras de D. Trabalho. Coimbra: Coimbra Editora, 1990, p. 360.

(7) VENTURINI, Augusto. *Il Diritto Fascista del Lavoro*, citado por Luiz José de Mesquita. *Op. cit.*, p. 65, nota 1ª.

(8) RIVA SANSEVERINO, Luisa. *Curso de Direito do Trabalho*. São Paulo: LTr, 1976, p. 280. Trad. Elson Gottschalk.

(9) MONTOYA MELGAR, Alfredo. *Derecho del Trabajo*. 24. ed. Madrid: Editorial Tecnos, 2003, p. 364.

São duas as vertentes doutrinárias que procuram explicar a **natureza jurídica** do poder diretivo: a primeira o vê como um **direito potestativo** que, na concepção de Larenz[10], "é o que habilita uma pessoa a estabelecer uma relação jurídica com outra ou a determiná-la especificamente em seu conteúdo, modificá-la ou extingui-la mediante uma declaração de vontade unilateral. E a outra parte tem que aceitar e tolerar a modificação jurídica e a invasão súbita em sua própria esfera jurídica".

A segunda vertente lhe atribui a natureza de um **direito-função**, o qual consiste "na imposição do exercício de uma função pela norma jurídica a alguém, com o que o titular do direito passa a ter obrigações"[11]. Esse é um direito com fins altruístas, que deve ser cumprido segundo sua finalidade, da maneira mais útil possível pela pessoa habilitada. A função não elimina o direito, simplesmente o coloca a seu serviço, como ocorre com o direito de propriedade[12]. Essa teoria está em consonância com a função social do contrato, reconhecida pelo art. 421 do Código Civil de 2002, aplicável subsidiariamente ao Direito do Trabalho, por força do art. 8º da CLT. Ora, a função social mitiga o princípio da autonomia contratual. Como o poder diretivo do empregador emana do contrato, aquele também deverá ser exercido com restrições. O empregador, enquanto chefe do empreendimento, deverá exercer sua autoridade, tendo em vista a "boa marcha da empresa" e não outro fim[13]. O direito-função, como se vê, poderá ocorrer não só na esfera pública como também na esfera privada, ou seja, na empresa, nas sociedades, na família, etc. Os titulares da função estão a serviço de pessoas físicas.

O exercício do poder diretivo, como se infere dessa última vertente, possui **limites "externos"**, impostos pela Constituição, por outras leis, pelo contrato, pelas normas coletivas, e um **limite "interno"**, como assevera Montoya Melgar[14], isto é, ele deverá ser exercido de boa-fé e de forma regular.

Cumpre ressaltar que as ordens emitidas por quem não está legitimado a fazê-lo, as ordens ilícitas ou capazes de lesar direitos à integridade física ou moral do empregado poderão ser desobedecidas. Logo, não está o empregado obrigado a acatar ordens que lhe exijam uma conduta ilegal (prática de um crime), aliás ele tem até mesmo o dever de descumprir a determinação, sob pena de incorrer em sanção penal. Também não está obrigado a obedecer ordens que lhe acarretem e a outrem perigo à vida, como o piloto de aeronave que não decola por dificuldades meteorológicas, ou as que o exponham a situações indignas, vexatórias ou atentatórias à sua dignidade ou ao seu prestígio profissional. Nesses casos justifica-se, respectivamente, a desobediência jurídico-penal, a "desobediência técnica"[15] e a desobediência civil ou extralaboral.

---

(10) LARENZ, Karl (1975). *Apud* GIL Y GIL, José Luis. *Autotutela privada y poder disciplinario en la empresa.* Madrid: Din Impresores, S.L., 1994, p. 35.

(11) NASCIMENTO, Amauri Mascaro. *Iniciação ao Direito do Trabalho*. São Paulo: LTr, 2003, p. 213.

(12) DABIN, Jean. *El derecho subjetivo*. Madrid: Editorial Revista de Derecho Privado, 1955, p. 276 e 294.

(13) DABIN, Jean. *El derecho subjetivo. Op. cit.*, p. 280. O autor, em nota de rodapé, reporta-se a ROUAST e afirma que o empregador não poderá despedir o empregado por motivos estranhos à "boa marcha da empresa".

(14) *Op. cit.*, p. 366.

(15) MONTOYA MELGAR, Alfredo. *Derecho del Trabajo*. *Op. cit.*, p. 331. Similarmente PÉREZ BOTIJA, Eugenio. *Op. cit.*, p. 184.

Da mesma forma, não estão os empregados obrigados a acatar ordens sobre aspectos alheios à relação de emprego e sem qualquer repercussão sobre ela. Isso porque, em regra, a vida privada do empregado, seus costumes, amizades, ideias, orientação sexual e opiniões estão fora do campo de incidência do poder diretivo do empregador, como também suas crenças religiosas, convicções políticas, liberdade sindical, o que se deduz do art. 5º, inciso X, da Constituição de 1988, quando considera invioláveis a intimidade e a vida privada das pessoas, como também dos incisos IV,VI, VIII, XVII do mesmo diploma, que garantem a liberdade de pensamento, de crença religiosa, de convicção filosófica ou política e de associação para fins lícitos. Nessas situações, justifica-se a desobediência extralaboral.

Ocorre que a liberdade do empregado também tem os seus limites na própria Constituição, quando assegura o direito de propriedade (art. 5º, inciso XXIII).

Assim, a prática da religião não poderá constituir obstáculo para o acesso ao trabalho, mas o empregado, por convicções religiosas, não poderá eximir-se da jornada aos sábados para professar culto religioso, quando, ao ingressar na empresa pública, mediante concurso, já estava ciente, por força do edital, de que deveria cumprir 44 horas semanais(16). Como a jornada normal não poderá ultrapassar oito horas, é evidente que parte dessa carga horária semanal deveria ser cumprida aos sábados.

Excepcionalmente, o empregador poderá interferir na vida extralaboral do empregado, quando seu comportamento for suscetível de ocasionar danos aos interesses da empresa(17). A título de exemplo, o empregado de uma liga antialcoólica não poderá tornar pública ostentação de suas inclinações alcoólicas(18).

4.2. Funções diretivas

O conteúdo do poder diretivo é amplo e compreende três funções(19).

A primeira função é traduzida pelas **decisões executivas**, que dizem respeito à organização do trabalho e se manifestam por meio de atos meramente constitutivos, não determinando nenhuma conduta para os trabalhadores.

A segunda é a de **instrução**, que se exterioriza por intermédio de ordens ou recomendações, cuja eficácia real depende de uma observância do trabalhador.

Finalmente, o poder de direção tem ainda a **função de controle**, que consiste na faculdade do empregador de **fiscalizar** as atividades profissionais de seus empregados. A função de controle compreende as **revistas.**

---

(16) "**Discriminação. Culto Religioso**. A reclamada, empresa pública, contrata mediante concurso público, devendo obediência ao princípio da legalidade e moralidade. Nesse diapasão, tem-se que o contratado é quem deve se adequar às normas da empresa, e não o inverso. Se o reclamante tinha pleno conhecimento dos termos do edital, que previa jornada de 44 horas semanais, não pode, agora, à revelia da reclamada, querer se eximir da jornada aos sábados, para professar culto religioso. Os direitos e garantias constitucionais dizem respeito a todos, indistintamente, não considerando particularidades pessoais, valendo lembrar que o direito de um termina onde inicia o direito do outro. Recurso ordinário a que se nega provimento, por unanimidade". TRT — MS-1278/2001-005-24-00-4 — RO — Rel.: Juiz Dalma Diamante Gouveia — DOE 17.2.2003. *Revista Synthesis* n. 37/2003, p. 319.

(17) Cf. sobre o assunto, de nossa autoria, a obra *Proteção à Intimidade do Empregado*. São Paulo: LTr, 1997, p. 107 e seguintes.

(18) MONTOYA MELGAR, Alfredo. *Derecho del Trabajo*. *Op. cit.*, p. 332.

(19) MARTIN MARCHESINI, Gualtiero. *Op. cit.*, *passim*.

4.3. A revista como função de controle

4.3.1. A revista em face da lei, da jurisprudência e da doutrina

Não havia no direito positivo brasileiro, pelo menos até início da década de 1990, nenhum dispositivo legal que fizesse referência à revista, embora a Constituição da República de 1988 já assegurasse o direito à intimidade do cidadão brasileiro, em geral (art. 5º, X). Esse direito protege as pessoas, em geral, contra as intromissões ilegítimas.

Entretanto, com fundamento na função de controle atinente ao poder diretivo, a maioria dos doutrinadores nacionais já admitia as revistas pessoais[20], como medida preventiva, enquanto outros condicionavam-na a um ajuste prévio ou à previsão no regulamento da empresa[21].

Poucos autores se insurgiam **contra a revista,** por considerá-la atentatória ao direito individual do empregado, diante do qual a autoridade na empresa deveria curvar-se[22].

A jurisprudência brasileira inclina-se, há mais de meio século, pela possibilidade da revista pessoal, mormente quando prevista em regimento interno da empresa[23], com o fundamento de que é um direito do empregador e uma salvaguarda ao seu patrimônio. Entende-se que a insurgência do empregado contra esse procedimento permite a suposição de que a revista viria comprovar a suspeita que a determinou, autorizando o reconhecimento da justa causa[24].

A partir de meados da década de 1990, foram editadas, no Brasil, leis municipais proibindo revista íntima. É, aliás, o que se infere da Lei n. 7.451, publicada pela Câmara Municipal de Belo Horizonte, no dia 27 de fevereiro de 1998. Dispõe o art. 1º da referida lei que "ficam os estabelecimentos comerciais, industriais e de prestações de serviços, com sede ou filiais no Município, proibidos da prática de revista íntima nos empregados". Considera-se revista íntima, à luz dessa legislação, a coerção para se despir ou qualquer ato de molestamento físico que exponha o corpo. O descumprimento dessa lei sujeita o infrator às seguintes penalidades: advertência, multa, suspensão e cassação do alvará de funcionamento.

---

(20) MAGANO, Octavio Bueno. *Manual de Direito do Trabalho.* Direito individual do trabalho. v. 2. São Paulo: LTr, 1993, p. 212. RIBEIRO DE VILHENA, Paulo Emílio. *Revista. Direito de Revista (Antessupostos constitucionais). Direito do Trabalho e Fundo de Garantia.* São Paulo: LTr, 1978, p. 66. Afirma esse autor que, "no resguardo à propriedade do empregador, reconhece-lhe a ordem jurídica o direito de proceder à 'revista' em seus empregados, cujo exercício regular traduz um direito subjetivo público". A legislação do trabalho, quando criou o "ato de improbidade", como justa causa, deixou virtualidade ao direito de "revista, como caso típico de medida preventiva".

(21) BARATA SILVA, Carlos Alberto. *Compêndio de Direito do Trabalho.* São Paulo: LTr, 1978, p. 259.

(22) MESQUITA, Luiz José de. *Direito disciplinar do trabalho*. 2. ed. São Paulo: LTr, 1991, p. 56.

(23) Acórdãos TST 3.069/46 — DJ 19.12.46, p. 2.287 e TST—10.364/47 — DJ 24.2.49, p. 821. MESQUITA, Luiz José de. *Op. cit.*, p. 56.

(24) Acórdão TST 3.186/48 — DJ 13.1.49 — citado em nota de pé de página por MESQUITA, Luiz José de. *Direito disciplinar do trabalho*. 2. ed., São Paulo: LTr, p. 56. Na mesma tendência é a seguinte ementa: "Constitui falta grave a recusa do empregado a submeter-se a determinado tipo de revista" (Embargos no TST, Proc. n. 3.120/66, acórdão de 22.11.1967; Rel.: Min. Charles E. Moritz; *Revista do TST* 67/68, p. 85). LAMARCA, Antônio. *Manual das justas causas*. São Paulo: Revista dos Tribunais, 1977, p. 462.

De forma semelhante dispõe a Lei n. 4.603, de 2 de março de 1998, editada pela Câmara Municipal de Vitória, que, no art. 1º, proíbe as revistas íntimas em funcionárias ou funcionários, por parte de empregadores ou prepostos de empresas privadas, estabelecimentos comerciais, órgãos da administração direta e indireta, sociedades de economia mista, autarquias e fundações em atividade no Município de Vitória. As sanções pelo descumprimento desse artigo consistem em multa, majorada na hipótese de reincidência e cassação de alvará de licença, localização e funcionamento do estabelecimento em caso de nova reincidência. A constitucionalidade dessas leis é questionada, considerando ser da União a competência para legislar sobre a matéria, que é de natureza trabalhista.

Atualmente, o art. 373-A da CLT, inserido no capítulo sobre o trabalho da mulher, à semelhança da legislação chinesa, permite expressamente a revista, salvo se íntima. Logo, a recusa por parte do empregado será legítima quando a revista passa a envolver circunstâncias que afrontam a dignidade do ser humano.

Como homens e mulheres são iguais em direitos e deveres (art. 5º, inciso I, da Constituição de 1988), os homens poderão invocar, por analogia, o citado art. 373-A da CLT, para se protegerem contra as revistas íntimas.

4.3.2. Situações que justificam a revista. Meios e cautelas que deverão ser utilizados para reduzir os seus efeitos

A nosso ver, **a revista se justifica**, não quando traduza um comodismo do empregador para defender o seu patrimônio, mas quando constitua o último recurso para satisfazer o interesse empresarial, à falta de outras medidas preventivas. Essa fiscalização visa à proteção do patrimônio do empregador e à salvaguarda da segurança das pessoas, mormente na época em que vivemos, com o fenômeno terrorista atemorizando o mundo.

Não basta a tutela genérica da propriedade, deverão existir circunstâncias concretas que justifiquem a revista. Mister que haja, na empresa, no estabelecimento ou no setor bens suscetíveis de subtração e ocultação, com valor material, ou que tenham relevância para o funcionamento da atividade empresarial e para a segurança das pessoas(25). Ademais, a tecnologia também poderá ser utilizada para evitar ou reduzir os efeitos da revista na intimidade dos empregados. A título de exemplo, a colocação de etiquetas magnéticas em livros e roupas torna desnecessária a inspeção em bolsas e sacolas, nos estabelecimentos comerciais.

Quando utilizada, a revista deve ser em **caráter geral, impessoal,** para evitar suspeitas, por meio de critério objetivo (sorteio, numeração, todos os integrantes de um turno ou setor), **mediante ajuste prévio com a entidade sindical ou com o próprio empregado, na falta daquela, respeitando-se, ao máximo, os direitos da personalidade (intimidade, honra, entre outros).**

---

(25) DURÁN LÓPEZ, Federico. Inviolabilidad de la persona del trabajador. *In*: *Comentarios a las leyes laborales. El Estatuto de los trabajadores*. Madrid: Edersa. v. 4, 1983, p. 539.

4.3.3. Âmbito de realização da revista. Limites

A revista deverá ser realizada **no âmbito da empresa**, assim entendido o local de trabalho, a entrada e a saída deste. O **exercício do poder diretivo** conferido ao empregador, no caso, não se estende para fora do estabelecimento da empresa, ainda que haja fundadas suspeitas contra o obreiro. Nessa circunstância deverá o empregador recorrer às autoridades competentes[26].

A jurisprudência canadense, excepcionalmente, aceitou como prova a revista em lixo da casa de ex-empregado, depositado ao longo da rua, onde havia garrafas de vinho correspondentes àquelas que haviam sido furtadas em uma caixa de vinho da empresa, fato ensejador da resolução contratual do empregado[27].

Em geral, a revista **deverá ser realizada na saída**. A revista **na entrada** do trabalho ou durante a execução do serviço **pode justificar-se, hoje, em casos excepcionais,** em face da intensificação do fenômeno terrorista no mundo, e também em determinadas atividades (minas, por exemplo), para evitar a introdução de objetos como explosivos ou outro objeto capaz de colocar em risco a segurança das pessoas ou o patrimônio empresarial. Nessas situações, recomenda-se o sistema automático de detecção de objetos, não seletivo, geralmente usado nos aeroportos. Instalado tal sistema, pode-se justificar, diante do sinal de alarme, a revista individualizada de certos empregados[28], sempre com a menor publicidade possível, na presença de um colega de trabalho, dependendo da circunstância, de colega do mesmo sexo, e respeitando-se a dignidade pessoal do empregado. A utilização desses controles, ainda que de maior custo econômico do que as revistas manuais, impõe-se, em nome da tutela da dignidade do empregado.

Vem sendo considerada abusiva e por isso mesmo inadmissível a revista feita por várias vezes ao dia, sem motivo excepcional[29].

A revista individual só se justifica quando fundada em sérias razões. **A revista** efetuada em uma ou poucas pessoas, ainda que de forma superficial e respeitosa, pode ser altamente lesiva para elas, pois se tornarão suspeitas. Daí a inadmissibilidade de

---

(26) DURÁN LÓPEZ, Federico. *Op. cit.*, p. 545.

(27) Société des alcools du Quebec et sindicat des travailleurs (euses) de la SAQ, D.T.E. 90 T.-1198 — arb. Paul Imbeau) *In*: Informação prestada pelo Canadá ao III Congresso Regional de Direito do Trabalho e Segurança Social, realizado em Montreal, em maio de 1995, n. 89, p. 50.

(28) DURÁN LÓPEZ, Federico. *Op. cit.*, p. 544.

(29) "**Indenização por dano moral. Revistas a empregados. Critério de cálculo.** A Justiça do Trabalho é competente para apreciar o pedido de indenização por dano moral, quando o ato praticado pelo empregador decorre da prestação de serviços. Na espécie, a obreira autora teve seu direito à intimidade violado, ao estar sujeita a constrangimentos e desgastes emocionais, ao se ver exposta a 'revistas' rotineiras, duas a quatro vezes ao dia. Trata-se de lesão a um direito personalíssimo, constitucionalmente assegurado. O contrato de trabalho tem por princípio a confiança e a boa-fé dos contraentes. Se há dúvidas quanto à idoneidade dos empregados, não pode o empregador, a seu bel--prazer, submetê-los a situações constrangedoras, indiscriminadamente. Se não mais lhe agradam os serviços prestados, seja por indícios de furto ou cometimento de qualquer outra transgressão, caberá à empresa representar o obreiro perante órgão criminal competente ou demiti-lo. Por certo que ao empregador é conferido poderes na direção, regulamentação, disciplinamento e fiscalização na prestação de serviços. Entretanto, o poder fiscalizatório, também chamado poder de controle, não poderá sobrepor-se à dignidade da pessoa do trabalhador". TRT — 9ª Reg. — 5ª T. — Ac. n. 20413/97 — Rel.: Juiz Haj Mussi — DJPR — 1.8.97 — p. 1038. *Revista de Direito Trabalhista*, ano 3, n. 9, set. 1997, p. 71.

controles discriminatórios, arbitrários, dos quais advenha predisposição contra os empregados selecionados.

4.3.4. Revista que pressupõe inspeção direta sobre o corpo do empregado. Exigência de que o empregado se desnude. Violação ao direito à intimidade

Outro aspecto diz respeito à **revista que pressupõe inspeção direta sobre o corpo do empregado** suspeito de furto de pequenos objetos de grande valor (joias, pedras preciosas).

Com razão está a doutrina estrangeira[30] quando assevera que a inspeção nessas condições poderá traduzir atentado contra o pudor natural da pessoa, dependendo da intensidade do exame. Portanto, considera-se atentatória à intimidade a inspeção que exige que o indivíduo se desnude completamente, ainda que perante pessoas do mesmo sexo, e se submeta a exame minucioso, detalhado, prolongado ou em presença de outros. A revista nessas condições encontra limite no respeito à dignidade do trabalhador.

Nesse sentido nos pronunciamos como relatora do processo RO-313/97, que tramitou perante a 2ª Turma do TRT da 3ª Região, cuja ementa é a seguinte:

> "REVISTA. DESRESPEITO À INTIMIDADE DO TRABALHADOR. DANO MORAL. A circunstância de a empresa trabalhar com drogas valiosas, muito visadas pelo comércio ilegal, justifica a utilização de fiscalização rigorosa, inclusive a revista, até porque o empregador está obrigado a zelar para que esses medicamentos não sejam objeto de tráfico ilícito, evitando a sua comercialização indiscriminada. Sucede que a revista deverá ser admitida como último recurso para defender o patrimônio empresarial e salvaguardar a segurança dentro da empresa, à falta de outras medidas preventivas; mesmo assim, quando utilizada, deverá respeitar a dignidade do trabalhador, evitando ferir-lhe o direito à intimidade. Se a revista implica no fato de o empregado desnudar-se completamente e ainda ter que caminhar por pequeno percurso, a fiscalização atenta contra o direito à intimidade do empregado e autoriza o pagamento de indenização por dano moral (art. 5º, X, da Constituição da República/1988, no título 'Dos Direitos e Garantias Fundamentais'). Ora, 'numa época em que os imperativos econômicos do mercado questionam os dogmas tradicionais' do Direito do Trabalho, inclusive o princípio da proteção, o vigor dos direitos fundamentais dos trabalhadores nas empresas poderá traduzir 'um antídoto para emancipar o contrato de trabalho' de sua excessiva subordinação à economia, permitindo que essa disciplina recupere seu papel de assegurar a autorrealização do empregado como cidadão". (Cf. Miguel Rodriguez-Pinñero. "Costituzione, diritti fundamentali e contratto di lavoro". *Giornali di Diritto del Lavoro e di Relazioni Industriali*, n. 65, 1995). Julgado em 5.8.1997.

O TST também não tem permitido a revista que constranja os empregados a se despirem em uma sala espelhada, sem que pudessem ver quem os observava (3ª Turma — RR-688.679/2000.1. Relª: Min. Maria Cristina I. Peduzzi. DJ 27.5.2005).

---

(30) PLÁ RODRIGUEZ, Américo. El derecho laboral y la protección de la intimidad del trabajador. *Revista Derecho Laboral*, T. XXIX, n. 144, oct./dic. 1986, Montevidéo, p. 595. Em harmonia com a citada ideia: GOÑI SEIN, José Luis. *Op. cit.*, p. 197.

Concluímos, portanto, pela impossibilidade de revista que implique sejam os empregados desnudados, independentemente de ser respeitosa a vistoria.

Por outro lado, a 37ª Vara Criminal do Rio de Janeiro condenou o proprietário de uma empresa de peças íntimas femininas a elevada multa, por incorrer na prática de crime de constrangimento ilegal, ao submeter 3.000 empregadas do setor de produção a revistas periódicas, no final do expediente. As operárias eram encaminhadas a cabines sem cortina, em grupos de 30, e recebiam instruções para levantar as saias e blusas ou abaixar as calças compridas, a fim de que fossem examinadas as etiquetas das peças íntimas e, quando ocorria de estarem menstruadas, deveriam mostrar a ponta do absorvente higiênico, para provar que não havia peças escondidas no local (cf. *Revista Veja*, 19 de junho de 1991, p. 24).

Em consonância com esse entendimento, a Justiça do Trabalho tem entendido que as revistas consistentes em abaixar a calça ou levantar a saia e abrir a blusa constituem ato ofensivo à intimidade do trabalhador, a ensejar indenização por danos morais (art. 5º, X, da Constituição de 1988), como se infere da ementa que se transcreve:

> "Dano moral. Caracterização. Revistas 'completas'. Extrapolamento ao limite do poder potestativo do empregador. Danos morais sofridos. Desnecessária a publicidade do ato ilegal para caracterização. Constitui-se em ato abusivo da reclamada a realização de revistas 'completas' (incluindo abaixar a calça/saia e abrir a camisa/blusa), extrapolando o limite do poder potestativo que detém, ainda que realizadas em locais reservados. O ato ilícito ofende ao obreiro em sua intimidade psíquica em seus valores subjetivos, exigindo a reparação. O poder potestativo, nestes casos, deve ficar restrito ao necessário, respeitando a dignidade e intimidade do trabalhador, a qual deve prevalecer sobre o excesso de zelo com o patrimônio". TRT — 9ª Reg. 1ª T. — Ac. n. 3869/97. Rel.: Juiz Wilson Pereira. DJPR 21.2.97, p. 322. *Revista de Direito Trabalhista,* ano 3, n. 3, mar. 1997, p. 50.

O Ministério Público do Trabalho, em eficiente atuação e por meio da Portaria n. 9, de 23 de janeiro de 1996, publicada no "Diário Oficial" de 24 de janeiro de 1996, instaurou inquérito civil público para apuração de fatos veiculados pela denúncia formulada por um Sindicato de Empregados de determinada categoria profissional do Distrito Federal, comunicando que os empregados de uma loja de departamentos vinham sendo submetidos a revista pessoal constrangedora. Realizadas as diligências necessárias, a Coordenadoria da Defesa dos Interesses Difusos e Coletivos aprovou o parecer da relatora no sentido de que fosse arquivado o inquérito, uma vez reconhecida a regularidade da Norma Operacional da empresa, de n. 2.328/01. Essa norma prevê que todos os prestadores de serviço passarão pela vistoria ao deixarem a loja, desde que sejam sorteados. O trabalhador retira de uma sacola uma das quatro fichas verdes ou vermelha; sorteado com a ficha vermelha, proceder-se-á à vistoria visual em local próprio e reservado, na presença de pessoa do mesmo sexo, sendo vedados o contato físico e a exigência de que o empregado se desnude. A vistoria consiste em mostrar o conteúdo da bolsa e dos bolsos; retirar o sapato; levantar a bainha da calça até a altura dos joelhos; abrir o cinto e a calça; levantar a camisa ou a manga e soltar os cabelos, se estiverem presos por prendedores.

4.3.5. Revistas em objetos do empregado, veículo ou em espaços a ele reservados

Constrangedoras são, ainda, as **revistas nas bolsas, carteiras, papéis, fichários do empregado ou espaços a ele reservados, como armários, mesas, escrivaninhas, escaninhos e outros, que se tornam privados por destinação.** A partir do momento em que o empregador concede aos obreiros espaços exclusivos, obriga-se, implicitamente, a respeitar sua intimidade. Encontra-se, aqui, um clima de confiança que os empregadores, em outras situações, exigem espontaneamente de seus empregados(31). Em consequência, a revista realizada nessas circunstâncias implica violação da intimidade do empregado, a qual é vedada pela Constituição da República (art. 5º, X), logo, só deve ser permitida quando necessária à salvaguarda do patrimônio do empregador e como medida de segurança dos demais empregados. Inclui-se no conceito de objetos do empregado, nos quais se permite a revista nas condições relatadas, o veículo do trabalhador que, por suas características, poderá resultar adequado para a ocultação de bens da empresa.

A revista, a rigor, vem sendo considerada, com acerto, como verdadeira atividade de polícia privada. Logo, só poderá ocorrer de forma geral, não discricionária e apenas em circunstâncias excepcionais, respeitando-se ao máximo a esfera de privacidade do empregado, que se projeta sobre bolsos, carteiras, papéis, fichários e espaços a ele reservados. Entendimento contrário afronta o preceito constitucional contido no art. 5º, X, que considera inviolável a intimidade do cidadão brasileiro.

Em face das peculiaridades que envolvem o assunto e para limitar esse poder de fiscalização do empregador, recomenda-se que tais revistas ocorram, preferencialmente, na saída do trabalho, por meio de critério objetivo (sorteio, numeração, etc.), não seletivo, mediante certas garantias, como a presença de um representante dos empregados, ou, na ausência deste, de um colega de trabalho, para impedir abusos. Em determinadas circunstâncias, sugere-se, até mesmo, que a revista se faça na presença de colegas do mesmo sexo, para se evitarem situações constrangedoras(32).

---

(31) D'AOUST, Claude. *Relation d'emploi et droit de la personne. Actes du colloque Relation d'emploi et droits de la personne: évolution et tensions*! Québec: Éditions Yvon Blais, 1994, p. 44. Direction de Denis Nadeau et Benoit Pelletier.

(32) "**Rescisão do contrato de trabalho. Justa causa inocorrente.** A empresa pode acautelar-se, determinando que seus empregados submetam seus pertences **a revista**, antes de abandonarem o local de trabalho. A recusa por parte da empregada, porém, é lícita, quando tal ato passa a envolver circunstâncias que afrontam a dignidade do ser humano". TRT — SC — RO-V-A-1.389/91 — 1ª T. — Rel.: Juiz Arthur E.Kilian — publicado DJSC de 4.11.1992. Nos fundamentos do acórdão, ficou evidenciado que a empregada não permitiu fosse vistoriado seu guarda-pó "porque enrolava uma peça íntima, ou seja, calcinha e forro de pano, em virtude de sua menstruação". Quando da realização da revista estavam presentes apenas a empregada e um guarda, que, ao depor, informou que foi a primeira vez que ela se negou à revista, em mais de cinco anos de trabalho. Entendeu o Tribunal que a revista deve resguardar a dignidade do ser humano e que o motivo apresentado pela empregada era compreensível, "sendo de se lamentar que a empresa não dispusesse de uma pessoa do sexo feminino disponível para solucionar tais questões íntimas e pessoais".
Atenta a aspectos dessa natureza, a Lei do Contrato de Trabalho da Argentina (Lei n. 20.744), no art. 70, prevê que os controles do pessoal feminino deverão estar reservados, exclusivamente, a pessoas do mesmo sexo.

4.3.6. O procedimento das revistas na legislação estrangeira

Itália. A Constituição italiana veda a inspeção e perquirição pessoal.

Quanto às **revistas,** a legislação italiana também disciplina a matéria.

Dispõe o art. 6º da Lei n. 300, de 1970 (Estatuto dos Empregados da Itália), que as revistas pessoais de controle sobre o empregado são vedadas, salvo nos casos em que sejam indispensáveis aos fins da tutela do patrimônio empresarial, em relação à qualidade dos instrumentos de trabalho, da matéria-prima ou dos produtos. Nesses casos, as revistas pessoais poderão ser efetuadas só na saída do local de trabalho, salvaguardando-se a dignidade e a intimidade do empregado, por meio de sistemas de seleção automática referentes à coletividade ou a grupos de empregados. As hipóteses e condições nas quais será permitida a revista pessoal, como também as correspondentes modalidades deverão ser acordadas entre o empregador e o representante sindical ou, na falta deste, a comissão interna. A ausência de acordo poderá ser provida pelo Inspetor do Trabalho, a requerimento do empregador.

Espanha. O art. 10.1 da Constituição espanhola consagra o respeito à dignidade da pessoa, e o art. 18 do Estatuto dos Empregados da Espanha, sob a influência desse preceito, dispõe que "as revistas sobre a pessoa do empregado, seus pertences e efeitos particulares, quando necessárias à proteção do patrimônio do empregador e dos demais empregados da empresa, devem ser feitas dentro do estabelecimento e no horário de trabalho. Na sua realização, respeitar-se-á ao máximo a dignidade e intimidade do empregado, contando-se com a assistência de um representante legal dos empregados ou, em sua ausência, de outro empregado da empresa, sempre que isto for possível".

A **finalidade** do art. 18 é a tutela da propriedade privada, enquanto a **razão** do preceito reside na suspeita de que os empregados possam atentar contra o patrimônio empresarial(33).

O dispositivo em exame tem sido objeto de várias críticas pela doutrina, afirmando-se que o empregado poderá resistir a essa ordem, por ser ilegítima. Alguns consideram que o preceito vulnera o direito à intimidade do empregado e a presunção de inocência consagrada no art. 24-2 da Constituição da Espanha, logo, sua desobediência não implica nenhuma sanção(34). Outros sustentam que, além da violação ao núcleo essencial do direito à intimidade, o preceito consagra uma desigualdade contrária ao art. 14 da Constituição da Espanha, ao outorgar ao empregador um privilégio na proteção de seus bens, o qual não é concedido a outros cidadãos em situações similares (os proprietários de cinemas ou de supermercados em relação a seus clientes)(35). Afirmam os doutrinadores que o art. 18 da legislação espanhola é uma cópia malfeita do art. 6º do Estatuto dos Empregados Italianos.

---

(33) DURÁN LÓPEZ, Federico. Inviolabilidad de la persona del trabajador. *In: Comentarios a las leys laborales. El Estatuto de los Trabajadores.* T. IV, Madrid: Edersa, 1983. Efrén Borrajo Dacruz (dir.), p. 537-538.

(34) DURÁN LÓPEZ, Federico. *Op. cit.*, p. 529 ss., p. 549.

(35) GOÑI SEIN, José Luis. *El respeto a la esfera privada del trabajador; un estudio sobre los límites del poder de control empresarial.* Madrid: Editorial Civitas, 1988, p. 172.

França. A jurisprudência francesa condena a submissão do empregado a revistas vexatórias (Cass. Soc. 21 nov. 1958: Bull. civ IV, n. 1239), ou realizadas por pessoa de outro sexo (Cass. soc. 19 déc. 1973: Bull. civ. V, n. 677), mas admite o controle nos vestiários onde o empregado guarda os seus objetos pessoais, por motivo de segurança e higiene, e desde que realizado na presença do empregado (Cons. Ét. 12 juin. 1987: Droit social, 1987, 654).

Nesse país, a Corte de Cassação vinha autorizando a revista corporal de empregados por pessoa do mesmo sexo. A partir de 1982, a legislação francesa passou a *"proibir ao empregador impor restrições que não sejam justificadas pelo tipo de tarefa a realizar, nem proporcionais ao objetivo procurado"*. Paira controvérsia em torno da interpretação do texto; para uns, trata-se de proteção dos direitos e das liberdades; para outros, de limite desses direitos. (Jean-Claude Javillier. *Manuel de Droit du Travail*, Paris, LGDJ, 4. ed., 1992, p. 86 — Tradução nossa).

China. A legislação trabalhista chinesa, de 3 de abril de 1992[(36)], sobre a proteção dos direitos e interesses da mulher, após considerar sua liberdade pessoal inviolável, proíbe seja ela submetida a revistas físicas ilícitas.

Argentina. A Lei do Contrato de Trabalho (Lei n. 20.744, de 1976) da Argentina, dispõe de forma semelhante à legislação italiana. O art. 70 da referida lei prevê que os sistemas de controles pessoais do empregado, destinados à proteção dos bens do empregador, deverão ser usados discretamente, salvaguardando a dignidade do empregado, por intermédio de meios de seleção automática destinados à totalidade do pessoal. Os controles do pessoal feminino deverão ser feitos exclusivamente por pessoas do mesmo sexo. Em todas as situações, os sistemas deverão ser postos ao conhecimento da autoridade que fiscaliza a aplicação das normas trabalhistas (art. 71), a qual está autorizada a verificar se os sistemas de controle utilizados pela empresa não afetam, de forma manifesta e discriminatória, a dignidade do empregado.

Canadá. No tocante ao controle pelo empregador durante a execução do pacto laboral, as leis canadenses são omissas.

As revistas sobre a pessoa do empregado e os locais de trabalho são permitidas quando se destinam a prevenir ou reprimir furtos, conforme previsto em convenções coletivas ou no costume; são permitidas, ainda, quando há suspeita fundada para se proceder dessa forma, devendo ser tomadas, entretanto, medidas preventivas razoáveis para evitá-las. Essas revistas consistem em supervisionar visualmente as pessoas e seus objetos ou inspecioná-las, apalpando suas roupas, por exemplo, como medida de segurança, para evitar furtos e, em certas circunstâncias particulares, para descobrir um crime, mas sempre por meio de métodos razoáveis, sistemáticos e não discriminatórios.

O controle por meio de câmera de vídeo também tem sido aceito, desde que utilizado com causa justificada. Assim, a jurisprudência **canadense** considerou legítima a instalação de câmera de vídeo com o objetivo de surpreender dois empregados que espiavam as empregadas por intermédio de um orifício na parede do vestiário das

---

(36) *Documentos de Derecho Social*. Ginebra, 1992/3, p. 8.

mulheres, mesmo que elas não tivessem sofrido nenhum prejuízo e ignorassem estar sendo observadas. O comportamento foi tido como atentatório à privacidade das empregadas (Hôpital Notre-Dame et Syndicat des travailleurs (euses) de l'hopital Notre Dame, AAS. 91A-247 — arb. Marc. Boisvert, citado na comunicação apresentada pelos informadores canadenses ao III Congresso Americano de Direito do Trabalho e Seguridade Social realizado em Montreal, em maio de 1995, n. 93, p. 52).

4.4. Fiscalização por instrumentos visuais

A jurisprudência nacional e estrangeira vem permitindo também a fiscalização da atividade do empregado por meio de **circuito interno de televisão**(37). Pelo que consta da jurisprudência citada, tal procedimento objetiva otimizar o funcionamento do processo produtivo e, não, controlar aspectos de caráter íntimo do empregado.

A instalação de câmara de vídeo foi considerada legítima pelo **Tribunal Suíço**, mas para controlar o funcionamento de máquinas automáticas não operadas por empregados, embora ocasionalmente pudesse permitir a vigilância do pessoal. Salientou-se que, quando a câmara enfoca com permanência o local de trabalho de um empregado, sua instalação vulnera o direito à intimidade do empregado. Pouco importa que a câmara só funcione periodicamente e que não tenha por objetivo vigiar o pessoal. A mera possibilidade de que se produza, de fato, essa vigilância pelo citado meio viola a intimidade do empregado(38).

A doutrina estrangeira também tem admitido o controle por meio de **observações telescópicas** instaladas em banco ou caixas de segurança, joalherias, mesas de jogos em cassino, ainda que simultaneamente permita observar-se o empregado nas atividades correspondentes(39). Há, todavia, quem se insurja contra esse tipo de controle, considerando-o atentatório à intimidade do empregado, por registrar todos os seus atos, inclusive os de caráter íntimo(40).

Na **Itália**, o art. 4º do Estatuto do Trabalhador disciplina a implantação de sistemas adequados para controlar a distância a atividade dos empregados. A norma em questão proíbe o "controle intencional", por meio desses sistemas, sancionando-o criminalmente, mas o permite quando implantado mediante acordo com os sindicatos ou por uma providência dos órgãos administrativos encarregados da inspeção do trabalho(41).

---

(37) "**Poder disciplinar. Abuso. Fiscalização com aparelho de TV em circuito fechado.** Não pratica abuso de direito empregador que, na busca de melhor produtividade, coloca circuito fechado de televisão, com o intuito de fiscalizar os empregados e o andamento dos serviços". TRT-CP-RO 2.217/89 — Rel.: Juiz Antônio Mazzuca — 4ª T. — Ac. 10.767/89. CARRION, Valentin. *Nova Jurisprudência em Direito do Trabalho.* São Paulo: Saraiva, 1990, p. 371.

(38) Tribunal Cantonal do Jura (Sala do Cível), sentencia de 19.9.1989. La semaine judiciaire (Ginebra), 24.4.1990. *Revista Internacional del Trabajo*. n. 1, v. 110, 1991, p. 79.

(39) PLÁ RODRIGUEZ, Américo. *El derecho laboral y la protección de la intimidad del trabajador.* Derecho Laboral, T. XXIX, n. 144, oct./dic. 1986, p. 607. Similarmente, DEL VALLE, José Manuel. El derecho a la intimidad del trabajador durante la relación de trabajo. *Actualidad Laboral*, n. 39, p. 497.

(40) GOÑI SEIN, José Luis. *El respeto a la esfera privada del trabajador; un estudio sobre los límites del poder de control empresarial.* Madrid: Editorial Civitas, 1988, p. 172.

(41) C. PISANI. *I controlli a distanza sui lavoratori*, en Gion. dir. lav. rel. ind., 1987, 121 ss, *apud* SANTONI, Francesco. *Op. cit.*, p. 193, n. 74.

A legislação brasileira não proíbe que o poder de direção conferido ao empregador se verifique por meio de aparelhos audiovisuais de controle de prestação de serviços, o que, aliás, é uma decorrência do avanço da tecnologia e poderá consistir em um instrumento probatório valioso na apreciação da conduta do empregado. Inadmissível é entender que o conjunto de locais do estabelecimento esteja sob total controle do empregador e autorizar a introdução de aparelhos audiovisuais indistintamente. Ora, há certos locais que são privados por natureza ou se destinam ao descanso do empregado, logo, não se pode permitir a instalação de um sistema de vídeo, por exemplo, em um banheiro[(42)], ou em uma cantina.

À combinação de ameaças à privacidade de dados, de invasão crescente da intimidade física e de maior vigilância de pessoal, a OIT atribui a denominação "química da intrusão"[(43)].

A vigilância eletrônica poderá ter um futuro promissor, desde que utilizada de forma humana, combatendo-se os abusos na sua utilização e permitindo-se o acesso do obreiro às informações que lhe digam respeito.

Torna-se, entretanto, indispensável que esses instrumentos audiovisuais não sejam utilizados ilegalmente, com o objetivo de gravar, reproduzir ou divulgar aspectos de caráter íntimo ou pessoal do empregado. Logo, a inovação tecnológica na fiscalização é eficaz; inadmissíveis são as atividades que impliquem utilização indevida dos avanços mecânicos e técnicos de vigilância.

4.5. Controle exercido por meio de polígrafo

O polígrafo, também conhecido como detector de mentiras, é uma invenção do século XX e consiste em um aparelho que mede e registra as atividades neurovegetativas, reproduzindo-as sob a forma gráfica, com o objetivo de aferir a veracidade das afirmações da pessoa que se submete ao teste por esse meio. O aparelho registra variações da pressão arterial, da respiração, das contrações musculares, dos movimentos oculares, etc. Esse teste funda-se no princípio segundo o qual o fato de mentir acarreta alteração psicológica, gerada pelo temor.

---

(42) Essa prática foi repelida pelo Tribunal de Grande Instance, Saint-Étienne, 19 avr. 1977, D.1978, 123. *In*. D'AOUST, Claude. *Op. cit.* 44, n. 27. Também tivemos a oportunidade de condenar esse comportamento, como se infere dessa ementa: "**Poder de direção. Uso de aparelhos audiovisuais em sanitários. Invasão da intimidade do empregado**. A legislação brasileira permite que o poder de fiscalização conferido ao empregador, em determinadas circunstâncias, se verifique, por meio de aparelhos audiovisuais, como decorrência do avanço tecnológico, desde que o empregado deles tenha ciência. Inadmissível é entender que o conjunto de locais do estabelecimento esteja sob total controle do empregador e autorizar a introdução desses aparelhos, indistintamente, como no banheiro, lugar que é privado por natureza. A utilização de câmera de vídeo nos sanitários gera compensação por dano moral, em face da flagrante violação ao direito à intimidade do empregado, assegurado por preceito constitucional (art. 5º, X) e conceituado como a faculdade concedida às pessoas de se verem protegidas 'contra o sentido dos outros, principalmente dos olhos e dos ouvidos'. A vigilância eletrônica poderá ter um futuro promissor, desde que usada de forma humana, combatendo-se os abusos na sua utilização. Instalação de aparelho audiovisual no banheiro caracteriza o que a OIT denomina 'química da intrusão', comportamento repudiado pelo ordenamento jurídico nacional e internacional". TRT — 3ª Região — 2ª Turma — Ac. RO-00117-2004-044-03-00-3 — Relª: Juíza Alice Monteiro de Barros, julgado em 17.8.2004.

(43) Cuidado: ! un ojo electrónico lo vigila! Trabajo. *Revista da OIT*, n. 10, 1994, p. 24.

O teste por meio de **polígrafo** compreende três etapas: uma conversa preliminar, o teste propriamente dito e a conclusão.

Discute-se muito sobre a validade e a eficácia desses testes, mormente em face dos direitos fundamentais e, particularmente, em relação à privacidade do empregado.

O Repertório de Recomendações Práticas sobre Proteção de Dados Pessoais dos Trabalhadores elaborado pela OIT, no item 6.11, dispõe que as provas de personalidade ou exames análogos deverão efetuar-se de acordo com as disposições nele contidas, sob a condição de que o trabalhador tenha a possibilidade de rechaçá-los, isto é, recusar-se a submeter-se a eles[(44)].

Há quem afirme que o **polígrafo** é ineficaz no caso de pessoas que acreditam estar dizendo a verdade, que têm prazer em mentir ou que não creem na constatação da falsidade da assertiva por esse meio. Isso porque, nessas situações, a mentira não produz estresse. Por outro lado, existem inúmeros outros fatores que geram estresse e, consequentemente, produzem alterações fisiológicas nas pessoas, como o temor, a raiva e o constrangimento pelo fato de estarem se submetendo ao teste do polígrafo. Aliás, o cansaço, a angústia e até uma simples cefaleia também poderão falsear os resultados obtidos pelo polígrafo[(45)]. Por essas razões, a maioria dos Juízes canadenses considera inadmissível a obtenção de provas por esse meio no contexto das relações de trabalho[(46)].

Realça Lefebvre[(47)] a possibilidade de distinção ou exclusão infundada provocada pelo teste do **polígrafo**, uma vez que, para obter resultados, é necessário fazer indagações sobre temas discriminatórios. Para atingir os objetivos do teste, são abordadas questões muito pessoais a respeito de atuação política ou sindical do trabalhador e ainda a respeito do uso de drogas no passado.

A Suprema Corte do **Canadá**, com amparo no art. 8º da Carta canadense de direitos e liberdades, protege o direito contra os atentados às expectativas razoáveis dos cidadãos em matéria de vida privada, em uma sociedade livre e democrática[(48)]. À luz da jurisprudência dessa Corte, o teste do polígrafo é assimilado às perquirições abusivas e inconstitucionais, pois, de um lado, não permite encontrar uma prova válida, e, de outro lado, seu valor científico é duvidoso. Além disso, esse teste constitui um sério atentado à privacidade dos empregados.

Da mesma forma, na **França**, o teste do polígrafo encontra obstáculo no art. 120-2 do Código do Trabalho, que veda restrições aos direitos das pessoas e às liberdades coletivas que não sejam justificadas pela natureza das tarefas a executar, nem sejam proporcionais aos fins almejados. Esse preceito legal seria aplicável apenas aos empregados. Aos candidatos ao emprego, os tribunais considerarão provavelmente

---

(44) *Revista Internacional del Trabajo*. 1996/5. Ginebra: OIT, p. 635.

(45) LEFEBVRE, Sylvain. *Nouvelles tecnologies et protection de la vie privée en milieu de travail en France et au Québec*. Aix-en-Provence: Presses Universitaires d'Aix — Marseille — 1998, p. 150.

(46) LEFEBVRE, Sylvain. *Op. cit.*, p. 152.

(47) LEFEBVRE, Sylvain. *Op. cit.*, p. 153.

(48) HUNTER C. SOUTHAM INC., (1984) 2 R.C.S., p. 145. *In*: LEFEBVRE, Sylvain. *Op. cit.*, p. 157.

que o polígrafo não é "pertinente à qualidade visada", segundo o princípio da pertinência exigido pelo art. 121-7 do mesmo Código[49]. Nesse país o teste do polígrafo não é utilizado, e a doutrina francesa assevera que ele é uma "técnica forçada de transparência"[50].

O **polígrafo**, muito comum nas histórias policiais, encontra-se, como se vê, em vias de extinção. Foi utilizado nos **EUA**, mas o protesto contra seu uso deu origem à aprovação da Lei de 1988, sobre proteção dos empregados ante a adoção de polígrafos, que considera ilegal sua utilização. A partir de então, o uso desse instrumento pelas empresas privadas nos EUA foi reduzido em 85%[51]. Não há, todavia, dados concretos sobre a utilização desse aparelho após o atentado de 11 de setembro de 2001, nesse país.

A jurisprudência revela, entretanto, no Brasil, submissão de empregados a **detectores de mentiras (polígrafos)** por empresa aérea americana, como se infere deste julgado:

> "DANO MORAL. TESTE DO POLÍGRAFO (DETECTOR DE MENTIRAS). DIREITO À HONRA E À INTIMIDADE DO TRABALHADOR. O trabalhador, ao ingressar em uma empresa na qualidade de empregado, não se despe dos direitos e garantias fundamentais assegurados pela Constituição da República a todos os cidadãos, dentre os quais figura com destaque a inviolabilidade de sua intimidade, de sua honra e de sua imagem (art. 5º, inciso X, do Texto Fundamental). Se é verdade que o empregador detém poderes de direção, fiscalização e disciplinamento em relação àqueles que lhe prestam serviços, não menos certo que o exercício desse direito potestativo encontra limite em tais direitos e garantias constitucionais. Quando o empregador obriga o seu empregado a se submeter ao teste do polígrafo, equipamento de eficácia duvidosa e não adotado no ordenamento jurídico pátrio, extrapola os limites de atuação do seu poder diretivo e atinge a dignidade desse trabalhador, expondo a honra e intimidade deste e submetendo-o a um constrangimento injustificado, apto a ensejar a reparação pelos danos morais causados por essa conduta". TRT — 3ª Região — 5ª Turma — RO-00317-2003-092-03-00-9. Rel.: Juiz José Roberto Freire Pimenta. DJMG 5.6.2004, p. 14.

Nota-se, portanto, que uma vertente jurisprudencial brasileira, de cujo ponto de vista compartilhamos, inclina-se também no sentido de não admitir a submissão do empregado ao teste do polígrafo, isso porque, além de duvidoso o seu cunho científico, implica violação à esfera íntima do empregado.

Há, contudo, posicionamento diverso, admitindo o teste por meio de polígrafo, exigido por empresa de aviação americana, sob a alegação de que, após o atentado terrorista de 11 de setembro nos EUA, suas "aeronaves são potenciais alvos de atentado por parte do terrorismo internacional". Em consequência, considera que a submissão dos empregados ao exame por meio de polígrafo é uma medida preventiva

---

(49) LEFEBVRE, Sylvain. *Op. cit.*, p. 155.

(50) RAY, Jean Emmanuel. Nouvelles techniques e nouvelles formes de subordination. *Droit Social*, 1992, n. 6, p. 533.

(51) Período de prueba para los examinadores. *Trabajo. Revista da OIT,* n. 11, 1994, p. 26.

de segurança em favor do bem-estar da comunidade[52], não ensejando compensação por dano moral.

4.6. Controle das comunicações do empregado no local de trabalho. O **e-mail**

São inúmeras as vinculações entre a vida privada e as relações de trabalho. No âmbito da empresa, o empregador deverá assegurar o segredo e as liberdades que dizem respeito à privacidade do empregado.

O desenvolvimento da informática, além de permitir maior agilidade, diminuição de custos, maior capacidade de armazenamento e outras praticidades, gerou uma explosão de informações, que reforçaram o controle do empregador sobre o empregado. As novas tecnologias facilitaram a obtenção de dados pessoais e profissionais, num contexto de concorrência acirrada no mercado nacional e internacional.

Vários são os meios utilizados pelo empregador para encorajar a produtividade e supervisionar o rendimento dos trabalhadores. E, entre esses meios, estão as escutas telefônicas e os novos sistemas de interceptação de correspondência, como o correio eletrônico ou *e-mail*, no caso de empresas em que várias pessoas fazem uso de um computador e cada uma possui um endereço eletrônico, que lhes permite expedir mensagens. O computador registra e conserva na memória as mensagens recebidas.

É lícito o controle pelo empregador sobre o conteúdo da conversa telefônica ou do *e-mail* enviado e recebido pelos empregados?

O art. 5º, XII, do texto constitucional considera "*inviolável o sigilo da correspondência e das comunicações telegráficas, de dados e das comunicações telefônicas, salvo, no último caso, por ordem judicial, nas hipóteses e na forma que a lei estabelecer para fins de investigação criminal ou instrução processual penal*".

O que se tutela no preceito em questão é a liberdade de comunicação e sua reserva.

Até meados da década de 1990, era controvertida a aplicação imediata do referido preceito constitucional.

---

(52) TRT — 3ª Região — RO-00524.2004.092.03.00.4 — 4ª T. — Rel.: Juiz Caio L. de A. Vieira de Mello — DJ 4.12.2004. *Revista Síntese Trabalhista,* n. 189, mar. **2005**, p. 67. **No mesmo sentido**: "**Contrato de transporte aéreo de pessoas e coisas — segurança** — Há que se considerar que a empresa, hodiernamente e em tempos de globalização, vem se amoldando cada vez mais à dinâmica social, tem um novo papel no contexto social, eis que, como empregador, não é mais um simples empreendimento em busca de lucros para um pequeno grupo, afastando-se cada vez mais de sua antiga visão privatística, para assumir não só os riscos do negócio, mas também a responsabilidade pelos seus empregados, pelas garantias da personalidade e da dignidade humanas. A subsunção do teste do polígrafo não tem por finalidade a salvaguarda do patrimônio da empresa, mas a segurança da população em geral e dos clientes em particular". TRT — 2ª Região — 10ª Turma — RO n. 00735-2002-036-02-00-2, ano 2003. Relª: Juíza Vera Marta Públio Dias — DJ 1º.6.**2004**.

Segue a mesma direção a 3ª Turma do TST: "**Agravo de Instrumento. Recurso de Revista. Adicional de periculosidade. Dano moral.** ... A decisão, no tópico, desconsiderou a existência de dano moral, porquanto a demandante, desde 1999, em face da natureza da empresa e a necessidade de redobrar a segurança dos passageiros, estava sujeita aos testes com polígrafo, não se configurando qualquer atitude violenta por parte da demandada, que viesse justificar o deferimento do pedido. Ausência de violação do art. 5º, X, da Constituição. Agravo conhecido, mas não provido." TST-AIRR-524/2004-092-03-40.9 — 3ª Turma. Rel.: Juiz convocado José Ronald Cavalcante Soares — DJ 30.9.**2005**.

Entendeu o Supremo Tribunal Federal (STF), ao julgar, em 9 de maio de 1996, o *habeas corpus* n. 73.351-4, de São Paulo, que o chamado "grampo" não poderá ser admitido sem a edição de lei definidora das hipóteses e da forma indicada no art. 5º, inciso XII, da Constituição da República. Logo, nem mesmo o Juiz poderia autorizar a interceptação de comunicação telefônica para fins de investigação criminal, dependendo de lei complementar para legitimar a escuta telefônica.

Interpretação diversa foi dada pelo Tribunal de Justiça de São Paulo (6ª Câmara Criminal). Os integrantes dessa Câmara argumentaram, em processo envolvendo tráfico de drogas, que *"a escuta telefônica teve em mira investigação criminal acerca do gravíssimo delito de tráfico ilícito de cocaína; houve autorização judicial para a escuta telefônica; a hipótese é prevista no Código Brasileiro de Telecomunicações (Lei n. 4.117/62)"*. O Tribunal de Justiça esclareceu que a própria Constituição remeteu a legalidade da interceptação aos ditames da lei ordinária que já existia, sob o fundamento de que, se assim não fosse, outra seria a redação do texto maior, por exemplo: *"... nas hipóteses e na forma que a lei estabelecerá"*(53).

Para solucionar a controvérsia, editou-se a Lei n. 9.296, de 24 de julho de 1996, regulamentando o inciso XII, parte final, do art. 5º da Constituição da República. A referida lei considera crime, punível com reclusão de dois a quatro anos e multa, a interceptação **das comunicações telefônicas, de informática ou telemática e a quebra de segredo de Justiça, sem autorização judicial ou com objetivos não autorizados em lei**(54).

Interceptar significa escutar, registrar ou tomar, voluntariamente, conhecimento de uma comunicação ou de seu conteúdo. Uma interpretação restritiva do art. 5º, XII, da Constituição induziria à conclusão de que é vedada qualquer interceptação de comunicação telegráfica ou de dados, salvo no caso das comunicações telefônicas, por ordem judicial e na forma que a lei estabelecer, para fins de investigação criminal ou instrução processual.

---

(53) *Jornal Tribuna do Direito,* jul. 1996, ano 4, n. 39, p. 9.

(54) A legislação em exame admite a interceptação determinada pelo Juiz, de ofício ou a requerimento da autoridade policial ou do representante do Ministério Público, na investigação criminal e na instrução processual penal. Não caberá a interceptação de comunicação telefônica quando inexistirem indícios razoáveis da autoria ou participação em infração penal; a prova puder ser feita por outros meios; ou o fato investigado constituir infração penal, punida, no máximo, com pena de detenção. Excepcionalmente, o Juiz permitirá que o pedido seja verbal, desde que atendidos os pressupostos autorizadores da interceptação; a concessão será condicionada à sua redução a termo. O Juiz pronunciar-se-á, no prazo máximo de 24 horas, sobre o pedido, em decisão fundamentada, sob pena de nulidade, indicando a forma de executar a diligência, que não excederá de 15 dias, renovável por igual período, quando comprovada a indispensabilidade da medida como meio de prova. Deferido o pedido, a autoridade policial conduzirá os procedimentos, ciente o Ministério Público, que poderá acompanhar sua realização. Cumprida a diligência, o resultado da interceptação será encaminhado ao Juiz em auto circunstanciado, contendo o resumo das operações realizadas. A interceptação a que se refere essa lei correrá em autos apartados, apensados aos autos do inquérito policial, antes do relatório da autoridade, ou na conclusão do processo criminal ao Juiz, para o despacho decorrente do disposto nos art. 407, 502 ou 538 do Código de Processo Penal, preservando-se o sigilo das diligências, gravações e transcrições respectivas. A gravação que não interessar será inutilizada por decisão judicial, durante o inquérito, a instrução processual, ou após esta, em virtude de requerimento da parte interessada ou do Ministério Público, o qual assistirá à inutilização, sendo facultada a presença do acusado ou de seu representante legal.

À luz do art. 5º, § 1º, da Constituição vigente, as normas definidoras de direitos e garantias fundamentais têm aplicação imediata. Na mesma direção é uma das manifestações da teoria da eficácia pluridimensional dos direitos fundamentais (Drittwirkung), desenvolvida pela escola alemã e expandida para outros países. Esses direitos são oponíveis também nas relações privadas, entre as quais a de emprego. Na hipótese de existir legislação infraconstitucional, o Juiz deverá aplicar o conjunto das normas de direito fundamental previsto na Constituição e também na lei ordinária, podendo, a teor do art. 5º, § 2º, do texto constitucional, estabelecer o controle por meio do juízo da proporcionalidade ou razoabilidade, para dar aplicação imediata aos direitos fundamentais.

Quanto à possibilidade de o empregador escutar a conversa telefônica do empregado, a doutrina espanhola estabelece um critério de razoabilidade que poderá, à luz do art. 8º da CLT, auxiliar o intérprete brasileiro na conciliação dos direitos fundamentais da livre-iniciativa e da propriedade (art. 1º, inciso IV, e 5º, inciso XXII, da Constituição), com o direito ao sigilo de correspondência e à privacidade (art. 5º, X e XII, do texto constitucional). Parte a doutrina espanhola da seguinte distinção: se o telefone é utilizado como meio de execução das tarefas, o empregador poderá intervir e controlar as chamadas, pois não é considerado terceiro relativamente à conversa. Nesse sentido começa a se manifestar a jurisprudência brasileira(55).

A propósito, a Comissão Nacional de Informática e Liberdades da França também autoriza a interceptação de conversa telefônica do empregado, apenas quando o trabalho consiste, essencialmente, em telefonar (*telemarketing*). Nesse caso, o empregador poderá verificar como o trabalho está sendo realizado(56). Outra será a situação se o telefonema se verificar nos descansos e pausas ocorridos durante o horário de trabalho, caso em que a interferência do empregador afetará o direito à intimidade do empregado(57).

---

(55) "**Dano moral. Operador Telefônico. Acompanhamento pelo empregador. Privacidade não violada**. Se os terminais telefônicos eram utilizados como equipamentos de trabalho pela empregada e se o acompanhamento das rotinas fixadas para a execução do contrato era feito mediante escutas concomitantes pelo empregador, das quais cientificado o operário, não há como sugerir a ofensa aos incisos X e XIII do art. 5º da CF. Definitivamente, não há sigilo de comunicação telefônica violado quando os aparelhos de comunicação constituem ferramentas de trabalho, pois, do contrário, chegar-se-ia ao absurdo de inexistir qualquer possibilidade de controle e acompanhamento das atividades sensível para os melhores resultados da atividade comercial explorada (Juiz Douglas Alencar Rodrigues). Dano moral. Inexistente. Não caracterizado o ânimo de ofender ou a culpa do reclamado. O dano moral é o prejuízo decorrente de ofensa a bem jurídico do indivíduo, material ou não, que alcance o espírito, os valores pessoais e incorpóreos, que não têm expressão econômica. Sentir-se ofendido qualquer um pode, mas isso nem sempre implica configuração de dano moral, sob pena de banalização do instituto, levando-o ao descrédito. A autora, contratada pela reclamada para exercer função de telefonista, ao realizar ligações telefônicas particulares durante o horário de serviço e, ainda, ciente de que as aludidas conversas eram monitoradas pela empresa, por meio de sistema de viva-voz, assumiu os riscos e as consequências de ver divulgada questão particular. Ademais, não comprovado que a empregada tenha sofrido qualquer constrangimento, por parte de seus colegas de trabalho e também pela empresa, quando da publicização do seu infortúnio. Assim, não configurado o ânimo de ofender, tampouco a culpa do empregador, não se caracterizou o dano moral". TRT — 10ª Reg. — RO-00439.2003.011.10.00.2. — 1ª T. — Rel. p/o Ac. Juiz Ricardo Alencar Machado — DJU 20.2.2004.

(56) OLIVIER, Tissot. *Internet* e contrato de trabalho. As incidências da conexão à *internet* sobre as relações empregado-empregador. *Revista Synthesis* n. 32/2001, p. 45. Resumido e traduzido por Rachel Vilar de Oliveira Villarim.

(57) DEL VALLE, José Manuel. El derecho a la intimidad del trabajador durante la relación de trabajo. *Actualidad Laboral*, n. 39, oct. 1991, p. 493.

Raciocínio semelhante poderá ser adotado no tocante às mensagens eletrônicas, cuja utilização é crescente em todos os ramos de atividade, principalmente no comércio, na indústria e no setor de serviços.

Se o empregado se utiliza, no horário de serviço, do *e-mail* do empregador (*e-mail* corporativo) para enviar suas mensagens particulares, o empregador poderá controlar os *sites* visitados, como também ter acesso às mensagens eletrônicas enviadas e recebidas. Deverá, entretanto, comunicar ao empregado essa fiscalização, lembrando que o uso do computador dirige-se exclusivamente à atividade funcional. Nesse caso, o poder diretivo justifica a fiscalização, pois o computador constitui instrumento de trabalho.

A liberdade de comunicação, entretanto, continua sendo a regra. Se o empregador confere ao empregado um endereço eletrônico particular, em princípio, não se admite a fiscalização do conteúdo das mensagens enviadas e recebidas. E mais, se a mensagem for de conteúdo íntimo, o empregador violará dois preceitos constitucionais: o que assegura o direito à intimidade (art. 5º, X) e o que garante o sigilo da correspondência (art. 5º, XII). A violação a esses direitos, no caso, autoriza a rescisão indireta do contrato de trabalho e a compensação por dano moral e/ou material em favor do empregado.

Ressaltamos que, mesmo em se tratando de uso de correio eletrônico para fins particulares, disponibilizado pela empresa ao empregado, admitimos a hipótese de o empregador coibir os abusos capazes de sobrecarregar o sistema, como tempo de conexão excessivo, de implicar gastos desnecessários de energia ou de tempo e de disseminar "vírus", além de outros. Nesses casos, o controle deverá limitar-se ao número e aos horários das mensagens, sem incluir o exame de seu conteúdo, salvo autorização judicial[58]. Ainda assim, o empregador deverá agir com moderação, não tendo a juris-

(58) "**Prova ilícita. 'E-mail' corporativo. Justa causa. Divulgação de material pornográfico**. 1. Os sacrossantos direitos do cidadão à privacidade e ao sigilo de correspondência, constitucionalmente assegurados, concernem à comunicação estritamente pessoal, ainda que virtual ('e-mail' particular). Assim, apenas o e-mail pessoal ou particular do empregado, socorrendo-se de provedor próprio, desfruta da proteção constitucional e legal de inviolabilidade. 2. Solução diversa impõe-se em se tratando do chamado 'e-mail' corporativo, instrumento de comunicação virtual mediante o qual o empregado louva-se de terminal de computador e de provedor da empresa, bem assim do próprio endereço eletrônico que lhe é disponibilizado igualmente pela empresa. Destina-se este a que nele trafeguem mensagens de cunho estritamente profissional. Em princípio, é de uso corporativo, salvo consentimento do empregador. Ostenta, pois, natureza jurídica equivalente à de uma ferramenta de trabalho proporcionada pelo empregador ao empregado para a consecução do serviço. 3. A estreita e cada vez mais intensa vinculação que passou a existir, de uns tempos a esta parte, entre Internet e/ou correspondência eletrônica e justa causa e/ou crime exige muita parcimônia dos órgãos jurisdicionais na qualificação da ilicitude da prova referente ao desvio de finalidade na utilização dessa tecnologia, tomando-se em conta, inclusive, o princípio da proporcionalidade e, pois, os diversos valores jurídicos tutelados pela lei e pela Constituição Federal. A experiência subministrada ao magistrado pela observação do que ordinariamente acontece revela que, notadamente o 'e-mail' corporativo, não raro sofre acentuado desvio de finalidade, mediante a utilização abusiva ou ilegal, de que é exemplo o envio de fotos pornográficas. Constitui, assim, em última análise, expediente pelo qual o empregado pode provocar expressivo prejuízo ao empregador. 4. Se se cuida de 'e-mail' corporativo, declaradamente destinado somente para assuntos e matérias afetas ao serviço, o que está em jogo, antes de tudo, é o exercício do direito de propriedade do empregador sobre o computador capaz de acessar à INTERNET e sobre o próprio provedor. Insta ter presente também a responsabilidade do empregador, perante terceiros, pelos atos de seus empregados em serviço (Código Civil, art. 932, inc. III), bem como que está em xeque o direito à

prudência considerado justa causa o fato de o empregado ter-se utilizado de *e-mail* do empregador no horário do café para fins particulares[(59)]. A doutrina francesa também admite limites ao uso do correio eletrônico particular[(60)].

Por outro lado, incorre em justa causa responsável pela resolução contratual o empregado que faz mal uso do computador, por exemplo, utilizando-se da *internet* para a remessa de material pornográfico[(61)] ou para votações em programas de meio de comunicação (*Big Brother*, por exemplo), entre outros.

Incorre, igualmente, na prática de justa causa o colega de trabalho que viola *e-mail* de conteúdo particular dirigido a outro colega[(62)].

5. O PODER DISCIPLINAR

Há autores que não admitem a existência do poder disciplinar. Adepto desse ponto de vista, afirma Antônio Lamarca[(63)] que, sendo o poder disciplinar punitivo, ele constitui prerrogativa do Estado e não das sociedades particulares, isto é, das empresas, ainda que as considere instituições. Prossegue o autor dizendo que "a fundamentação

---

imagem do empregador, igualmente merecedor de tutela constitucional. Sobretudo, imperativo considerar que o empregado, ao receber uma caixa de 'e-mail' de seu empregador para uso corporativo, mediante ciência prévia de que nele somente podem transitar mensagens profissionais, não tem razoável expectativa de privacidade quanto a esta, como se vem entendendo no Direito Comparado (EUA e Reino Unido). 5. Pode o empregador monitorar e rastrear a atividade do empregado no ambiente de trabalho, em 'e-mail' corporativo, isto é, checar suas mensagens, tanto do ponto de vista formal quanto sob o ângulo material ou de conteúdo. Não é ilícita a prova assim obtida, visando a demonstrar justa causa para a despedida decorrente do envio de material pornográfico a colega de trabalho. Inexistência de afronta ao art. 5º, incisos X, XII e LVI, da Constituição Federal. 6. Agravo de Instrumento do Reclamante a que se nega provimento". TST-RR-613/2000-013-10-00.7 — 1ª Turma — Rel.: Min. João Oreste Dalazen. DJ 18.5.2005 — *Revista LTr* 69-06/722.

(59) "**Justa causa — *E-mail* caracteriza-se como correspondência pessoal.** O fato de ter sido enviado por computador da empresa não lhe retira essa qualidade. Mesmo que o objetivo da empresa seja a fiscalização dos serviços, o poder diretivo cede ao direito do obreiro à intimidade (CF, art. 5º, VIII). Um único *e-mail*, enviado para fins particulares, em horário de café, não tipifica justa causa. Recurso provido". TRT 2ª Reg. — Proc. 20000347340 (20000000387414) — 6ª T. — Rel.: Juiz Fernando Antônio Sampaio da Silva — DOESP 8.8.2000.

(60) TISSOT, Olivier de. *Internet* e contrato de trabalho. As incidências da conexão à *internet* sobre as relações empregado-empregador. *Revista Synthesis,* n. 32/2001, p. 45. Resumido e traduzido por Rachel Vilar de Oliveira Villlarim.

(61) "**Justa causa — *E-mail* — Prova produzida por meio ilícito — Não ocorrência**. Quando o empregado comete um ato de improbidade ou mesmo um delito utilizando-se do *e-mail* da empresa, esta, em regra, responde solidariamente pelo ato praticado por aquele. Sob este prisma, podemos então constatar o quão grave e delicada é esta questão, que demanda a apreciação jurídica dos profissionais do Direito. Enquadrando tal situação à CLT, verifica-se que tal conduta é absolutamente imprópria, podendo configurar justa causa para a rescisão contratual, dependendo do caso e da gravidade do ato praticado. Considerando que os equipamentos de informática são disponibilizados pelas empresas aos seus funcionários com a finalidade única de atender às suas atividades laborativas, o controle do *e-mail* apresenta-se como a forma mais eficaz, não somente de proteção ao sigilo profissional, como de evitar o mau uso do sistema *internet* que atenta contra a moral e os bons costumes, podendo causar à empresa prejuízos de larga monta." TRT — 10ª Reg. — RO-0504/2002 — 3ª T. — Relª: Juíza Márcia Mazoni Cúrcio Ribeiro — DJU 19.7.2002.

(62) "**Violação de correio eletrônico e divulgação do seu conteúdo. Falta grave caracterizada. Sentença reformada.** Hipótese em que não há dúvida quanto ao fato de que a reclamante, efetivamente, violou a caixa de correio eletrônico de sua colega, divulgando o conteúdo de seus e-mails, com a finalidade de causar confusão no ambiente de trabalho, restando plenamente provada a falta grave cometida pela empregada, capaz de motivar sua despedida por justa causa. Recurso provido para restabelecer a despedida por justa causa." (...). TRT — 4ª Região — 2ª T. — 00195-2003-301-04-00-8 (RO). Rel.: Juiz João Ghisleni Filho. Data de Publicação: 22.10.2004. Diário Oficial do Estado do RGS — Justiça.

(63) *Manual das Justas Causas*. *Op. cit.*, p. 142, 148, 150 e 151.

institucional do poder disciplinar não é aceitável; contratualmente, nos parece inadmissível, por não poder recorrer-se à cláusula penal (...) Esta é pacto acessório, em que se estipulam penas ou multas contra aquele que deixar de cumprir ato ou fato, a que se obrigou". Acrescenta o citado autor que a unilateralidade da pena disciplinar infringe o princípio constitucional da isonomia, além de violar a harmonia e a solidariedade entre as partes, pois o trabalhador punido fica ressentido e já não demonstra a mesma motivação de antes.

A maior parte da doutrina, entretanto, admite o poder disciplinar conferido ao empregador, por meio do qual ele pune as faltas que o empregado praticar em serviço. Esse poder tem seu "fundamento sociológico na estrutura organizada que é a empresa". À semelhança do que ocorre com o poder diretivo[64], o poder disciplinar tem sua fonte imediata na celebração do contrato e sua origem mediata na vontade da lei (art. 474 da CLT).

A existência do poder disciplinar deve-se, também, à inaplicabilidade, em certos casos, dos mecanismos civis de resolução do contrato por descumprimento da obrigação pela outra parte e de indenização pelos danos. Muitas vezes, a falta praticada pelo empregado é leve, não justificando uma reação extrema, como é a resolução do pacto. Já a indenização pelos danos revela-se, em geral, ilusória, uma vez que o empregado, normalmente, não possui capacidade econômico-financeira para suportar esse ônus e ressarcir o empregador dos danos causados. Em consequência, filiamo-nos aos que admitem o poder disciplinar do empregador, do contrário, o poder diretivo não se efetivaria.

5.1. Conceito de poder disciplinar. Tipos de sanção

O **poder disciplinar** traduz a capacidade concedida ao empregador de aplicar sanções ao empregado infrator dos deveres a que está sujeito por força de lei, de norma coletiva ou do contrato. O exercício desse poder tem por fim manter a ordem e a harmonia no ambiente de trabalho.

Essas sanções compreendem: advertência, suspensão e despedida por justa causa, não sendo permitida a multa, exceto para os jogadores de futebol (Lei n. 9.615, de 1998), tampouco a transferência, o rebaixamento ou a redução salarial com caráter punitivo. Por força do art. 474 da CLT, também não se permite suspensão disciplinar por mais de 30 dias. Esse comportamento patronal corresponde à dispensa sem justa causa.

Por outro lado, na aplicação das medidas disciplinares, o empregador deverá ater-se ao nexo de causalidade entre a falta e a punição e à imediatidade, sob pena de perdão tácito[65]; à proporcionalidade entre o comportamento faltoso e a sanção[66]; à

---

(64) MONTOYA MELGAR, Alfredo. *Derecho del Trabajo. Op. cit.*, p. 367.

(65) "**Poder disciplinar — Cancelamento de suspensão.** A falta atribuída ao empregado e do conhecimento do empregador não comporta retardamento de mais de um mês, para aplicação da correspondente medida disciplinar pedagógica, sob pena de se incorrer no perdão tácito. Mera burocracia na administração de Prefeitura de pequena cidade do interior, não justifica o atraso na punição, tampouco se confunde com diligência cautelosa e necessária à apuração do comportamento faltoso atribuído ao empregado. Suspensão disciplinar cancelada, porque ausente a imediatidade entre a falta e a punição". TRT — 3ª Região — 2ª T. — RO 10.393/90 — Relª: Juíza Alice Monteiro de Barros— Julgado em 6.8.91.

(66) "Revela-se rigor excessivo, no exercício do poder diretivo do empregador, punir o empregado com 15 dias de suspensão pelo atraso de 30 minutos". TRT —12ª R. — 2ª T. — Ac. n. 1656/94 — Relª: Juíza Marta V. Fabre — DJSC 13.4.94 — p. 127.

proibição de dupla penalidade pela mesma falta — *non bis in idem*[(67)]; à aplicação de sanções iguais aos empregados que praticaram a mesma falta. Lembre-se, ainda, que a punição aplicada não poderá ser substituída.

5.2. Fundamento. Novas posições

A doutrina espanhola mais recente tem afastado o fundamento contratual ou institucional do poder disciplinar conferido ao empregador.

Vem-se atribuindo ao exercício do poder disciplinar a qualificação de "ato de autotutela privada"[(68)], ou seja, a possibilidade concreta de se aplicar uma sanção ou uma despedida disciplinar ao empregado terá que provir não do contrato, mas da lei e da negociação coletiva, isto é, de uma fonte de integração do contrato. O caráter de autotutela privada no âmbito das relações trabalhistas fundamenta a vigência do princípio da legalidade e, consequentemente, reconhece a possibilidade concreta de aplicar uma sanção por motivos disciplinares que estejam reconhecidos em uma fonte heterônoma. Para fazer face a esse ato de autotutela privada, o ordenamento jurídico atribui ao empregado o direito de impugnar os atos ilegítimos no exercício do poder disciplinar e com isso o Estado limita e controla esse poder, tornando-o mais civilizado.

5.3. Natureza jurídica do poder disciplinar

Controvertida é a natureza jurídica do poder disciplinar. Coligado, funcionalmente, com o poder diretivo, ele traduz uma reação do empregador ao descumprimento de obrigação legal ou contratual assumida pelo empregado.

As teorias que procuram explicar a **natureza** do poder disciplinar podem ser sintetizadas em: penalista, civilista, administrativista e do direito especial.

Segundo a **teoria penalista**, o poder disciplinar identifica-se com o poder punitivo do Estado, e as principais críticas que se lhe atribuem consistem no fato de este último ser obrigatório, enquanto aquele é discricionário. Saliente-se, entretanto, que ambas as sanções visam ao bem-estar e à segurança de um grupo ou de uma sociedade.

Para a **teoria civilista**, as medidas disciplinares equiparam-se às penas civis, previstas no contrato, e têm por objetivo a garantia da execução da obrigação assumida. Sucede que as sanções civis consistentes na obrigação de indenizar resguardam um patrimônio, enquanto a sanção trabalhista visa, em regra, a zelar pela boa ordem interna da empresa, a par de recuperar o trabalhador para o caminho da exação funcional.

Já a **teoria administrativista** parte do raciocínio "de que o objetivo do Direito disciplinar é regular precisamente a ordem interna do serviço público, o comportamento

---

(67) "A aplicação da penalidade máxima da dispensa sumária quando do retorno do empregado após o cumprimento de suspensão disciplinar configura dupla punição pela mesma infração, *bis in idem*, o que se afigura inadmissível para o efeito pretendido de acolhimento da alegada justa causa. Recurso do obreiro a que se dá provimento". TRT — 2ª Reg. — 7ª T. — Ac. n. 02940201310 — Relª: Juíza Anélia Li Chum — DJSP 3.5.94, p. 124.

(68) GIL Y GIL, José Luis. *Autotutela privada y poder disciplinario en la empresa*. Madrid: Din Impresores, SL, 1994, p. 36, 42, 76, 80 e 81.

dos seus servidores e o regime hierárquico que está na base do Direito administrativo", como frisa Themístocles B. Cavalcanti(69). Possui, portanto, maior abrangência do que no Direito do Trabalho, pois se estende não só às relações estatutárias entre o Estado e o funcionário público, mas, também, aos que se utilizam de serviços mantidos pelo Estado, e funda-se no princípio da supremacia e do interesse público.

Finalmente, sustentam outros que o poder disciplinar constitui um **poder especial**, não se situando dentro de outros ramos do Direito, sendo assegurado ao empregador com o objetivo de resguardar a boa ordem do organismo empresarial (cf. Luiz José de Mesquita, obra citada, *passim*).

5.4. Dosagem da pena

O poder disciplinar funda-se, a rigor, no próprio contrato. Entretanto, esse poder não é ilimitado nem discricionário, cabendo à Justiça do Trabalho, na hipótese de inconformismo do empregado, manter a medida disciplinar aplicada(70) ou cancelá-la(71).

Entende a jurisprudência que a dosagem da punição, como a escolha da penalidade disciplinar ou do número de dias de suspensão, fica a critério da empresa e não do Judiciário, a quem não é dado invadir o poder de comando do empregador(72).

Contra essa assertiva insurge-se Paulo Emílio Ribeiro de Vilhena(73), afirmando que:

> "... se não se permite ao juiz a aplicação de preceito cominatório adequado no seu entendimento, estar-se-á retirando da sentença a sua definição de operação lógica, como ato não apenas de vontade, mas de inteligência também e, o que é substancial, ter-se-á subtraído ao exame do julgador um dos dados fundamentais da relação jurídica *sub judice*: a intensidade da falta e a proporcionalidade da punição para fins de se encontrar, na parte conclusiva, a exata adequação entre ambas...". "A graduação da pena, pelo

---

(69) CAVALCANTI, Themístocles B. *Direito e Processo Disciplinar*. 2. ed. Rio de Janeiro: Fundação Getúlio Vargas, 1966, p. 8.

(70) "**Poder Disciplinar**. O poder disciplinar constituiu uma das manifestações do poder hierárquico do empregador e consiste na aplicação de sanções aos empregados que infringem regras gerais relativas às formas de produzir e de trabalhar. Evidenciando a prova dos autos que a conduta adotada pelo reclamante durante a greve foi além da participação pacífica, acobertando companheiros que praticaram atos de vandalismo, mantém-se a suspensão aplicada. A punição, neste caso, não traduz abuso do poder disciplinar com a intenção de intimidar o movimento sindical, mas constitui, sim, exercício regular de um direito". TRT — 3ª Região — 2ª T. — RO 7.404/95 — Relª: Juíza Alice Monteiro de Barros — julgado em 27.2.96.

(71) "**Poder Disciplinar.** Verifica-se justa a recusa ou resistência do empregado ao cumprimento de determinação de superior hierárquico quando a atividade é estranha ao rol de suas atribuições regulares, devendo ser anulada a pena de advertência aplicada". TRT-SE 694/94 — Ac. n. 1198/94 — Rel.: Juiz Eliseu P. do Nascimento — DOE 29.8.94. *Revista Synthesis* 20/93.

(72) "A legislação trabalhista conferiu ao empregador uma gama imensurável de poderes, que devem ser usados com moderação e critério. Afigura-se como abuso do poder de comando e direção, importando em rigor excessivo, a despedida de empregado encontrado em bilhar, quando em gozo de auxílio-doença, fazendo jus ao recebimento dos títulos rescisórios, já que a esta Justiça não cabe dosar a penalidade, transformando-a em suspensão disciplinar". TRT — 15ª R. —1ª T. — Ac. n. 000487/94 — Rel.: Juiz D. Paolieri — DJSP 18.2.94 — p. 96.

(73) RIBEIRO DE VILHENA, Paulo Emílio. *Direito do Trabalho e FGTS.* São Paulo: LTr, 1978, *passim*.

juiz, significa não a quebra da intangibilidade do poder de comando do empregador — que esta já foi quebrada, quando àquele se facultou até a cassação de suspensões injustas —, mas a reposição da relação material controvertida dos desníveis subjetivos em choques, nos precisos limites inspirados pelo ordenamento jurídico ao tribunal."

"Se se pode o mais, pode-se o menos. Se se cassa a suspensão, por que não dosá-la? Há ilusão de apropriação pelo juiz do poder de comando do empregador. Ao contrário, ele permanece dentro de sua atribuição, a de julgar, e esta é a mais ampla...".

"O ato punitivo consumou-se e operou efeitos materiais, com repercussão jurídica. O juiz, ao graduar a pena, corta-lhes a eficácia, no todo ou em parte. Ora, esta eficácia, ou se dá na ordem patrimonial (salário, repouso, etc.), ou na ordem disciplinar moral (preenchimento da vida pregressa do empregado). Reduzida a suspensão, exerceu o juiz a função jurisdicional, preservando o direito subjetivo de ambas as partes, nos estritos limites que entende ele os exatos. A Justiça não estará suspendendo o empregado, mas, exercitando esse direito pelo empregador, fixando os limites certos desse exercício. A isso chama 'concretização da ordem jurídica', na função jurisdicional, tão bem desprendida na doutrina italiana, por meio de Carnellutti, Satta, Chiovenda, etc. (...)".

5.5. Norma regulamentar. Sindicância interna

Registre-se que, se a empresa se obrigou, por norma regulamentar, a só aplicar punição ao empregado depois de apurada a falta em inquérito ou sindicância internos, desrespeitados esses procedimentos, a punição é nula (inteligência da **Súmula n. 77 do TST**).

6. DEVERES DO EMPREGADO

A obrigação de trabalhar assumida pelo empregado ao celebrar o contrato vem acompanhada do dever de obediência às instruções do empregador, o qual é uma característica manifesta da subordinação jurídica do empregado. Do exercício do poder diretivo do empregador, portanto, surge para o empregado **o dever de obediência** a ordens ou recomendações lícitas.

6.1. Conteúdo e limites do dever de obediência

Evidentemente, o dever de obediência diz respeito às ordens lícitas, emanadas de quem esteja legitimado a fazê-lo, não contrárias à saúde, à vida ou à dignidade do trabalhador, quando então a recusa ao seu cumprimento é legítima. Assim, está o empregado desobrigado de cumprir ordens capazes de gerar grave e iminente perigo à sua saúde ou as que o exponham a situações indignas e vexatórias.

As ordens alusivas à vida privada do empregado, por versarem sobre aspectos alheios ao contrato de trabalho, sem qualquer reflexo sobre ele, em geral, não precisam ser cumpridas, pois estão fora do âmbito do poder diretivo. Situam-se aqui aspectos ligados aos costumes, amizades, posições políticas, crenças religiosas, liberdade de pensamento e expressão do empregado[(74)].

A Constituição da República, no art. 5º, incisos IV, VI, VIII, XVII, e no art. 8º assegura a liberdade de pensamento, de crença religiosa, de convicção filosófica ou política e de associação sindical. Toda pessoa tem direito de pensar, filosófica ou politicamente, e também de associar-se. São direitos da personalidade, cuja inviolabilidade é assegurada em preceito constitucional, no título dos Direitos e Garantias Fundamentais. Logo, o empregado tem a faculdade de ocultar suas opiniões ante indagações dessa ordem. E a privacidade tende a *"assegurar, em uma concepção renovada, a esfera política do indivíduo, erigindo-se em pressuposto institucional de outros direitos fundamentais (liberdade ideológica e de crença, liberdade sindical, etc.)"*[(75)].

O dispositivo constitucional citado garante a efetividade da independência da consciência moral e cívica dos indivíduos que integram uma sociedade democrática.

Mesmo na época do regime militar no Brasil, quando esses direitos de personalidade eram postergados, os Tribunais do Trabalho os respeitavam, não considerando como justa causa as convicções políticas ou ideológicas do empregado[(76)].

Em meados da década de 1990, a jurisprudência trabalhista brasileira considerou **nula** a despedida de empregado, porque verificada com autêntica restrição ao princípio de liberdade de expressão, garantido no art. 5º, inciso IV, da Constituição da República de 1988, e determinou a **reintegração** do empregado. Confira-se a ementa do acórdão:

> "Despedida por justa causa. Nulidade. Motivação política. Perseguição ideológica. O empregador, para exercer o direito de resolver o contrato por falta grave do empregado, cinge-se às hipóteses elencadas no art. 482 da CLT. Se empresa pública, adicione-se a necessária obediência aos princípios da legalidade e da impessoalidade, dentre outros, por força do art. 37, *caput*, da CF/88. Ao comprovar-se que a despedida do empregado deu-se por perseguição político-partidária — em autêntica restrição ao princípio de liberdade de expressão, garantido pelo art. 5º, inciso IV da CF/88 — finda, ainda, o empregador por ferir o princípio da impessoalidade, pois o ato resilitório deixa de atender ao interesse público para satisfazer sentimentos pessoais. Por sua vez, a violação ao princípio da legalidade dá-se pela ultrapassagem dos limites em que, permitido o exercício do ato demissório, eis que, no caso vertente, tem traço eminentemente vinculado". TRT 9ª Reg. 3ª T. (RO 00433/93), Relª: Juíza Wanda Santi Cardoso da Silva, DJ/PR 8.7.94, p. 61. *Dicionário de Decisões Trabalhistas*. Calheiros Bomfim, 25. ed.

Segundo a citada decisão, a despedida, na hipótese, encobriu verdadeira represália patronal e foi utilizada como arma para violentar as opiniões políticas, para impedir

---

(74) Maiores detalhes a respeito da privacidade do empregado poderão ser encontrados em obra de nossa autoria intitulada *Proteção à Intimidade do Empregado*. 2. ed. São Paulo: LTr, **2009**, *passim*.

(75) MORALES PRATS, F. *"Privacy" y reforma penal: la propuesta de Anteproyecto de Nuevo Código Penal apud* GOÑI SEIN, José Luis. *Op. cit.*, p. 32.

(76) "As convicções políticas ou ideológicas do empregado não constituem justo motivo para a rescisão do contrato". TRT — Belo Horizonte — Proc. 2.240/64 — Rel.: Juiz Gomes de Freitas. *Legislação do Trabalho*, 1965, p. 582. MORAES FILHO, Evaristo de. *A justa causa na rescisão do contrato de trabalho*. Rio de Janeiro: Forense, 1968, p. 356.

sua exteriorização ou defesa, sem desconhecer a força da angústia econômica que essa situação pode gerar. O dano daí advindo nem sempre se repara com as indenizações legais, provenientes de uma despedida injusta, motivo pelo qual o tribunal autorizou a reintegração do empregado. É que a dispensa teve um fim ilícito, dirigindo-se à obtenção de um resultado que fere direitos fundamentais, como os de liberdade de pensamento, de convicção filosófica e política e de associação sindical.

Para os que consideram a dispensa um direito potestativo, a reparação, no caso, restringir-se-ia às indenizações próprias de uma resilição unilateral do contrato.

Acontece que outros, aos quais nos filiamos, asseveram que o assunto tem inegável transcendência, mormente se considerarmos que essas indenizações nem sempre são suficientes para a reparação do dano advindo da perda do emprego. Em consequência, negam eficácia às despedidas verificadas com o objetivo de violar a consciência moral e cívica do empregado, pois, sendo ilícita, sua causa é desprovida de valor sob o aspecto jurídico(77).

Similarmente, Valente Simi afirma que: *"As despedidas realizadas com fraude à lei ou por causa ilícita são nulas, portanto, não produzem efeitos jurídicos"* (*L'estinzione del rapporto di lavoro*, Milano, 1949).

Em consonância com essa assertiva, manifesta-se Luisa Riva Sanseverino:

> "Ainda que no ordenamento jurídico especial das relações de trabalho não haja nenhuma disposição a respeito da forma de manifestar a vontade de despedir, do ordenamento geral pode-se deduzir, no entanto, que a declaração de vontade deve ter em conta uma causa lícita" (*Diritto del Lavoro*, p. 226).

Ficando comprovado que a despedida violou a consciência moral e cívica do empregado, sendo a faculdade resilitória exercida contra a lei, essa manifestação de vontade é mesmo destituída dos efeitos jurídicos que normalmente produziria, porque configura ato ilícito.

Dessa forma, faculta-se ao empregado postular a reintegração ou as verbas provenientes de uma despedida injusta, sem prejuízo da indenização por dano moral, se for o caso.

No que concerne à liberdade religiosa, há decisão dos juízes franceses considerando ser o empregado livre para não revelar sua condição de padre no ato da admissão.

Por outro lado, a jurisprudência, desde a década de 1960, não ampara o trabalhador que, invocando razões religiosas, recusa-se a trabalhar aos sábados(78). A prática da religião não poderá constituir obstáculo para o acesso ao trabalho; logo, o empregado,

---

(77) BARBAGELATA, Anibal Luis. La independencia de la consciencia moral y cívica del trabajador. *Revista Derecho Laboral*. Montevideo, 1950, p. 10.

(78) "Não aproveitam ao empregado suas convicções religiosas para o efeito de se recusar a trabalhar no sábado. Se constituía obrigação o trabalho naquele dia, a recusa configura falta grave, sem embargo do motivo invocado". TRT — 2ª Reg. — Proc. n. 5.388/66 — Acórdão 3.090/68 — julgado em 19.8.69 — DOE 19.9.68. Rel.: Juiz Fernando de Oliveira Coutinho. *In*: LAMARCA, Antônio. *Manual das justas causas*, p. 462.

por condições religiosas, não poderá pretender que se altere o regime de descanso dominical, devendo prevalecer o sistema vigente na empresa, ao qual deverá se adaptar o trabalhador, se quiser continuar no emprego.

Outra seria a situação se o trabalho aos sábados constituísse uma novidade. Nesse caso, o empregador deveria respeitar a religião do trabalhador (cf. Antônio Lamarca. *Op. cit.*, p. 462).

A **violação do dever de obediência** poderá ensejar, respectivamente, **ato de indisciplina ou insubordinação**, caso o descumprimento se refira, respectivamente, a ordens lícitas, de âmbito geral, emanadas do empregador e/ou de seus prepostos ou a ordens de cunho específico, pessoal, emanadas das mesmas autoridades, permitindo a resolução contratual, nos termos do art. 482, "h", da CLT.

6.2. Dever de diligência

Apenas a observância de ordens não é suficiente; mister também que o empregado cumpra o **dever de diligência** inserido na obrigação de trabalhar, ou seja, execute suas atividades com zelo.

A diligência, na visão de Carnelutti, é "o amor à ordem"(79). Ela possui um elemento interno traduzido "por um grau de tensão da vontade, por um complexo de cuidados"(80) e um elemento externo que é a obtenção do rendimento, isto é, do trabalho realizado com quantidade e qualidade.

Ressalte-se, entretanto, que a avaliação da diligência pressupõe graus, de acordo com a posição hierárquica do empregado na empresa, ou consoante sua atividade profissional, exigindo-se grau mais apurado de um alto empregado, cujos atos e omissões terão maior repercussão na vida empresarial, do que de um trabalhador não especializado(81).

A diligência poderá ser aferida de forma objetiva, quando se toma como parâmetro o comportamento do trabalhador médio, ou de forma subjetiva, considerada em função do comportamento pessoal do empregado.

A violação do dever de diligência traduz a desídia e, portanto, implica sanções disciplinares que podem chegar à penalidade máxima, traduzida pela dispensa por justa causa (art. 482 da CLT), acrescida do ônus de responder o empregado pelo dano causado à empresa, na hipótese de ter sido ajustada essa possibilidade (art. 462, § 1º, da CLT). Essa falta pressupõe culpa (imprudência, negligência ou imperícia).

Os partidários da avaliação subjetiva da falta sustentam que a imperícia só poderá responsabilizar o obreiro na hipótese de ausência de contrato de experiência, por ter sustentado, quando do ajuste, capacidade que não possuía. Se o ajuste indeterminado foi precedido de contrato de experiência, teve o empregador a oportunidade

---

(79) *Teoria Geral do Direito*. São Paulo: Saraiva, 1942, *passim*. Trad.: A. Rodrigues Queiró e Artur Anselmo de Castro.

(80) LEGA, C. *La capacità lavorativa e la sua tutela giuridica*. 2. ed. Milano: Giuffrè, 1950, p. 152.

(81) DONATO, Messias Pereira. *Curso de Direito do Trabalho*. São Paulo: Saraiva, p. 179.

de avaliar-lhe a habilitação, sendo, portanto, de seu conhecimento a perícia ou imperícia do empregado. Nesta situação, a imperícia constituirá risco empresarial.

Há, ainda, quem atribua ao empregador a responsabilidade pela culpa *in vigilando*, ao fundamento de que, mesmo após a prova durante o curso do contrato, deverá ele manter constante fiscalização sobre o empregado.

O rendimento do empregado poderá ser afetado sem que se lhe atribua culpa, a qual, aliás, é proveniente de conduta imputável ao empregador, no fornecimento insuficiente de matéria-prima, com reflexos salariais prejudiciais ao empregado, e capaz de ensejar a rescisão indireta do contrato, com amparo no art. 483, "g", da CLT.

Poderá também comprometer o rendimento do empregado, sem que se atribua culpa aos cocontratantes, razões de ordem conjuntural que ocasionem reflexos sobre os salários de trabalhadores pagos à base de comissões.

6.3. Dever de fidelidade

O contrato de trabalho gera direitos e obrigações não só de cunho patrimonial, mas também de caráter pessoal, em que se insere o aspecto ético, cujo dever de fidelidade é uma de suas manifestações. Esse dever é a conduta humana honrada, que pressupõe o agir com retidão, em virtude não só do interesse do empregado como também da harmonia que deverá existir na organização de trabalho que ele integra.

O dever de fidelidade se exterioriza por manifestações positivas caracterizadas pela obrigação de fazer, ou seja, de comunicar ao empregador perigos e anormalidades no local em que se desenvolvem as atividades, bem como relatar-lhe as deficiências no material e nos instrumentos de trabalho. Se não bastasse, o empregado deve, ainda, colocar o empregador a par do andamento do negócio.

Além dessas manifestações positivas, existem as obrigações negativas de não fazer, que impõem ao empregado o dever de abster-se de comportamentos prejudiciais ao empregador. Entre essas obrigações arrolamos: não ocasionar danos, não divulgar segredos, não se deixar subornar, não fazer concorrência desleal.

Conduta contrária a esses deveres ensejará justa causa responsável pela resolução do pacto laboral, porquanto o art. 482 da CLT alinha entre as justas causas a negociação habitual por conta própria ou alheia que constitua ato de concorrência ao empregador ou que lhe acarrete prejuízos e, ainda, a violação de segredo da empresa, relacionado com inventos, métodos de fabricação, concorrência, etc.

A par desses deveres, o empregado possui também inúmeros direitos, como analisaremos a seguir.

7. DIREITOS DOS EMPREGADOS. DEVERES DO EMPREGADOR

Sob o pretexto de dirigir a empresa e, em consequência, de impor sanções ao trabalhador, o empregador não poderá desconhecer direitos básicos do empregado previstos na legislação trabalhista e previdenciária, nas normas coletivas, no regulamento interno das empresas, no contrato individual e, principalmente, na Constituição, onde estão inseridos os direitos fundamentais, cerne do ordenamento jurídico e cuja existência está calcada na dignidade humana, vista como "um ente da razão que basta-se a si mesma"(82). A dignidade humana é um valor superior que deverá presidir as relações humanas, entre as quais as relações jurídico-trabalhistas.

8. DIREITOS FUNDAMENTAIS, DIREITOS HUMANOS E DIREITOS DA PERSONALIDADE

Direitos fundamentais, direitos humanos e direitos do homem são expressões sinônimas?

O termo "direitos fundamentais" é mais utilizado pelos publicistas alemães, enquanto os últimos (direitos humanos e direitos do homem) são empregados nos países anglo-americanos e latinos(83).

Alguns autores distinguem os direitos fundamentais dos direitos humanos, embora admitam que sob o prisma histórico aqueles sejam, originariamente, direitos humanos. Entretanto, veem estes últimos "numa dimensão suprapositiva", "enquanto pautas ético-políticas"(84).

Outros sustentam que os direitos fundamentais são os direitos humanos positivados nas Constituições, nas leis e nos tratados internacionais(85).

Distinguem-se, ainda, os direitos fundamentais dos "direitos da personalidade", tendo-se em vista que estes se manifestam diretamente numa dimensão privatista, em que também se apresentam os direitos fundamentais, mas de forma indireta, segundo a doutrina alemã.

A concepção clássica dos direitos humanos é a de que eles consistem numa defesa contra o poder arbitrário do Estado, contra o absolutismo monárquico. Outra concepção é a de que eles são um direito protetor contra os demais indivíduos também.

8.1. Gerações ou dimensões dos direitos fundamentais. Limites

Hoje, os direitos fundamentais abrangem três "gerações" ou dimensões de direitos. A primeira compreende os direitos e garantias individuais, a segunda, os direitos sociais e a terceira, o direito à higidez do meio ambiente e o direito dos povos ao desenvolvimento(86). Há autores que se insurgem contra essa classificação por considerá-la "uma fantasia desagregadora, historicamente incorreta e juridicamente infundada"(87).

---

(82) SOTELO FILIPPE, Márcio. *Razão Jurídica e Dignidade Humana*. São Paulo: Max Limonad, 1999, p. 67.

(83) BONAVIDES, Paulo. *Curso de Direito Constitucional*. 4. ed. refundida, São Paulo: Malheiros, 1993, p. 472.

(84) GUERRA FILHO, Willis Santiago. *In*: Apresentação à obra coletiva *Dos Direitos Humanos aos Direitos Fundamentais*. Porto Alegre: Livraria do Advogado, 1997, p. 12.

(85) COMPARATO, Fábio K. *A afirmação histórica dos direitos humanos*. São Paulo: Saraiva, 1999, p. 46.

(86) GUERRA FILHO, Willis Santiago. Apresentação à obra coletiva *Dos Direitos Humanos aos Direitos Fundamentais*. Porto Alegre: Livraria do Advogado, 1997, p. 13.

(87) CANÇADO TRINDADE, Antônio Augusto. Memorial em Prol de uma Nova Mentalidade Quanto à Proteção dos Direitos Humanos nos Planos Internacional e Nacional. *Revista de Direito Comparado*, v. 3. Belo Horizonte: Mandamentos, 1998, *passim*.

Esses direitos são limitados na relação com outros direitos fundamentais consagrados no próprio texto constitucional. É o que os autores chamam de princípio da relatividade ou convivência das liberdades[(88)]. Havendo conflito entre eles, deverá o intérprete harmonizá-los, reduzindo proporcionalmente a esfera normativa de cada um, com vistas a aferir o verdadeiro alcance da norma.

8.2. Princípios

Os princípios norteadores dos direitos humanos são arrolados pela doutrina[(89)] na seguinte ordem: os princípios axiológicos, em que se incluem a liberdade, a igualdade, a fraternidade (ou solidariedade) e os princípios estruturais dos direitos humanos, que correspondem à irrevogabilidade e à complementariedade solidária.

A solidariedade "vincula-se à ideia da responsabilidade de todos pelas carências ou necessidade de qualquer indivíduo ou grupo social". Seu fundamento é a justiça distributiva vista como "a necessária compensação de bens e vantagens entre as classes sociais, com a socialização dos riscos normais da existência humana"[(90)]. Esse princípio autoriza a inclusão nos ordenamentos jurídicos modernos do dever de se atribuir à propriedade privada uma função social, como, aliás, se infere do inciso XXIII, do art. 5º da Constituição da República de 1988.

8.3. A internacionalização dos direitos humanos

A internacionalização dos direitos humanos começa na segunda metade do século XIX e finda com a Segunda Guerra Mundial. Seus principais destinatários são os soldados prisioneiros, os doentes, os feridos, bem como os civis atingidos pelos conflitos bélicos (Convenção de Genebra de 1864), os escravos (com a coibição do tráfico pela Convenção de 1926, no quadro Liga das Nações) e os assalariados (inúmeras Convenções da OIT).

A OIT foi fundada com o propósito de contribuir para a maior justiça social. Sua criação, de acordo com o Tratado de Versailles e com a sua própria Constituição, teve motivação humanitária, dada a necessidade de melhorar as penosas condições de trabalho em face da dinâmica produtiva derivada da Revolução Industrial. Para atender a esse objetivo, preconizou-se a elaboração e adoção de um "estandar jurídico universal mínimo aplicável no âmbito das relações de trabalho". A par desse aspecto, as normas jurídicas internacionais deverão abordar um fenômeno humano social que é o trabalho.

Além dessa dimensão humanitária, a OIT possui uma dimensão política evidenciada no Preâmbulo da sua Constituição, quando afirma "que a paz universal e

---

(88) MORAES, Alexandre de. Direitos Humanos Fundamentais e as Constituições Brasileiras. *In: Constitucionalismo Social. Estudos em Homenagem ao Min. Marco Aurélio Mendes de Farias Mello*. São Paulo: LTr, 2003, p. 242. Coord.: Jane Granzoto. Afinado com o ponto de vista: QUIROGA LAVIÉ, Humberto. *Derecho Constitucional*. Buenos Aires: Depalma, 1993, p. 123. GUERRA FILHO, Willis Santiago. Nota em torno do princípio da proporcionalidade. Perspectivas constitucionais nos anos 20 da Constituição de 1976. Coimbra: Jorge Miranda Coimbra, 1996, p. 259.

(89) COMPARATO, Fábio K. *A afirmação histórica dos direitos humanos*. São Paulo: Saraiva, 1999, p. 49 a 53.

(90) COMPARATO, Fábio K. *Op. cit.*, p. 52.

permanente só pode se basear na justiça social". Finalmente, a dimensão econômica se extrai também do Preâmbulo da Constituição, quando assevera que, "se qualquer Estado não adotar um regime de trabalho realmente humano, esta omissão constituiria um obstáculo aos esforços de outras nações que desejem melhorar a sorte dos trabalhadores de seus próprios países". Isso significa que a falta de uniformidade nas condições de trabalho pode ensejar algum tipo de vantagem no mercado capaz de tornar desanimadora para os Estados-membros a ideia de melhorar a situação dos trabalhadores e, com isso, travar os avanços no campo social.

Encarado o problema sob essas perspectivas, constata-se que a questão das condições de trabalho está inter-relacionada com a política econômica e social do Estado-membro, com a realidade mundial e com a questão das condições de vida do trabalhador e da população em geral[91].

8.4. Direitos fundamentais do trabalho sob o prisma da ação internacional

No âmbito do trabalho, o empregado possui direitos sociais fundamentais vinculados à dignidade humana, entre os quais se situam, à luz da OIT, a liberdade sindical, a abolição do trabalho forçado, a eliminação da discriminação e do trabalho infantil. Afirma-se que a exigibilidade jurídica desses direitos independe de ratificação, pelos Estados, da Convenção que os tutela, mesmo porque eles se inserem nos princípios fundamentais da OIT, interferindo na sua Constituição e na Declaração de Filadélfia[92].

É inegável que as normas de Direito do Trabalho, tanto no direito positivo interno como no plano internacional, produzirão reflexos na competitividade exterior da produção e no desenvolvimento econômico de qualquer país. Nesse contexto, há a tentação de se optar pela desregulamentação sociolaboral.

A OIT parece inclinar-se pela adoção de uma política dirigida para a proteção dos citados direitos sociolaborais fundamentais (liberdade sindical, abolição do trabalho forçado, eliminação da discriminação e do trabalho infantil) e para torná-los efetivos. Nesse sentido editou-se, em 1998, a Declaração da OIT relativa aos princípios e direitos fundamentais no trabalho.

A Declaração da OIT é uma reafirmação do compromisso dos Estados-membros e da comunidade internacional de respeitar, promover e aplicar um patamar mínimo de princípios e direitos do trabalho reconhecidamente fundamentais para o desenvolvimento sustentável e a continuidade do processo de globalização (documento da OIT).

De 2000 é a Carta de Direitos Fundamentais da União Europeia, cujo Preâmbulo destaca os fundamentos da União Europeia como sendo a indivisibilidade e a universalidade dos valores da dignidade humana. Liberdade, igualdade e solidariedade constituem a raiz dos princípios da democracia e do Estado de Direito.

---

(91) PÉREZ, Jordi Bonet. *Principios y derechos fundamentales en el trabajo*. Bilbao: Universidad de Deusto, 1999, p. 17 e 21.

(92) PÉREZ, Jordi Bonet. *Op. cit.*, p. 29.

Havendo conflito entre as normas internacionais e as alusivas ao direito positivo interno dos países, prevalece, em matéria de direitos humanos, a regra mais favorável ao sujeito de direito, tendo em vista que a sua finalidade última é a proteção da dignidade humana (nesse sentido doutrinam Antônio Augusto Cançado Trindade e Flávia Piovesan. *Direitos Humanos e Direito Constitucional Internacional*. São Paulo: Max Limonad, 1996, p. 121 e seguintes).

8.5. Direitos fundamentais à luz da Constituição da República de 1988. Eficácia mediata e imediata dos direitos fundamentais

A Constituição da República de 1988 arrolou, em seu Título II, os direitos e garantias fundamentais, dividindo-os nos seguintes capítulos: direitos e deveres individuais e coletivos; direitos sociais; direitos de nacionalidade; direitos políticos e partidos políticos.

Os direitos sociais compreendem o direito ao trabalho, os direitos do trabalhador assalariado, o direito à seguridade social e à educação.

A maioria dos direitos sociais aí inseridos constitui o que se intitula de cláusulas pétreas intransacionáveis, com exceção dos constantes nos incisos VI, XIII e XIV do art. 7º da Constituição vigente, que cedem diante da negociação coletiva.

Observe-se que o próprio Supremo Tribunal Federal começa a se posicionar nesse sentido, quando não admite sequer via negociação coletiva, que se tome o termo "confirmação da gravidez" como marco da estabilidade provisória (art. 10, II, "b", das Disposições Constitucionais Transitórias) em notificação ao empregador (Ac. 1ª T. RE-234.186 — SP — Rel.: Min. Sepúlveda Pertence, 5.6.2001).

Da mesma forma, o TST, em acórdão da lavra do Ministro Rider de Brito, deu provimento ao recurso do Ministério Público e negou validade à cláusula de acordo celebrado em processo de dissídio coletivo, que facultava à empregada renunciar ou transacionar a estabilidade provisória conferida pelo art. 10 já citado.

Ainda o TST, por meio de sua SDC, no RO-AA n. 740604, julgado em 2001, tendo como relator o Ministro Rider de Brito, deu provimento ao recurso do Ministério Público e decidiu pela ilegalidade de cláusula de acordo coletivo que permitia a redução para até 15 minutos do intervalo destinado ao repouso e à alimentação do motorista de ônibus.

A assimétrica situação de poder contratual que existe na relação de emprego serviu, segundo alguns autores, não só para desativar o fundamento teórico do dogma da autonomia da vontade[(93)], como também contribuiu para a reconstrução da tradicional dogmática dos direitos fundamentais. Essa reconstrução significa que os direitos fundamentais continuam como direitos subjetivos, mas possuem uma dimensão objetiva, com dois sentidos. O primeiro sentido consiste na garantia dos direitos fundamentais pelo Estado, que geram para ele uma obrigação negativa de não interferir no seu

(93) "A autonomia da vontade é uma relação de liberdade entre iguais."

exercício, e uma obrigação positiva consistente no dever de editar medidas capazes de facilitar de modo real e efetivo a aplicação desses direitos. O outro sentido implica estender a vinculação dos direitos fundamentais aos particulares, pouco importando sejam pessoas físicas ou jurídicas. É o que se chama eficácia horizontal dos direitos fundamentais e os torna oponíveis nas relações privadas, entre as quais a de emprego, cujo âmbito tem-se mostrado fértil ao desenvolvimento pluridimensional desses direitos, segundo a Teoria da Drittwirkung.

O núcleo dessa teoria alemã compreende duas dimensões: a da "eficácia mediata" e a da "eficácia imediata" dos direitos fundamentais.

A tese da "**eficácia mediata**" assevera que:

> "os direitos fundamentais têm dupla natureza ou forma de ser. Reconhece direitos de liberdade oponíveis aos poderes públicos e define um sistema de valores incorporados à Constituição, que quando dotado de um efeito de irradiação deverá influir na interpretação do ordenamento em seu conjunto e vincular todos os poderes do Estado.
>
> No ordenamento privado, a que pertencem as relações trabalhistas, essa influência manifesta-se por meio de cláusulas gerais, ao estilo da 'boa-fé' ou da 'ordem pública', nas quais se produz o efeito de irradiação dos direitos fundamentais nas relações privadas. Sob esse aspecto, a tese acaba por permitir que todo o sistema dos direitos fundamentais gire em torno da sentença civil ou trabalhista, encobrindo a verdadeira estrutura dos direitos fundamentais, sendo considerada por alguns doutrinadores como artificial"(94).

Já a teoria da "**eficácia imediata**" reconhece a "**vinculabilidade**" dos direitos fundamentais, enquanto direitos sociais amparados com a garantia constitucional nas relações entre particulares. Os direitos fundamentais, em face dessa teoria, são também oponíveis em relação aos sujeitos privados, independentemente de lei ordinária que delimite o conteúdo constitucional do direito protegido. Na hipótese de existir legislação infraconstitucional, o Juiz deverá aplicar o conjunto das normas de direito fundamental previsto na Constituição e também na lei ordinária, podendo, caso o ordenamento jurídico positivo permita, exercer o controle por meio do juízo de proporcionalidade, o qual está autorizado pelo texto constitucional brasileiro (art. 5º, § 2º). Na ausência de norma legal, o Juiz terá de ponderar em que medida a conduta ou o comportamento de um ente particular, em geral o empregador, produziu uma lesão no patrimônio de direito fundamental de outro ente particular, em regra o empregado(95).

O reconhecimento dos direitos fundamentais nas relações entre empregado e empregador tem alcançado êxito perante os tribunais brasileiros, que asseguram a igualdade, o segredo da vida privada e o respeito à honra e à liberdade dos empregados na execução de sua atividade profissional, com amparo em preceito constitucional

---

(94) VALDÉS DAL-RÉ, Fernando. La vinculabilidad jurídica de los derechos fundamentales de la persona del trabajador: una aproximación de derecho comparado. *Revista Synthesis,* n. 39/30, p. 31. Resumido e traduzido por Patrícia Therezinha de Toledo.

(95) VALDÉS DAL-RÉ, Fernando. *Op. cit.*, p. 32.

(art. 5º, incisos I, VIII, IX, X, XII, XIII, XIV, XV e XVII, art. 7º, incisos XXX e XXXI, da Constituição vigente). Outra via de penetração desses direitos, como vimos, é o ordenamento internacional sobre direitos humanos. Situam-se nesse contexto a proibição de discriminar e o respeito à dignidade humana.

As considerações que teceremos adiante revelam a intervenção conjunta da legislação e da jurisprudência, as quais vão abrindo espaço para uma tutela eficaz das liberdades individuais no âmbito das relações trabalhistas brasileiras. Nota-se a tendência do Direito do Trabalho brasileiro a proteger os direitos da personalidade do trabalhador, que corresponde, sem dúvida, à eficácia horizontal dos direitos fundamentais.

9. DIREITOS DA PERSONALIDADE

De acordo com a tradição do Direito Romano são reconhecidos ao indivíduo: **direitos pessoais** (*jura in persona ipsa*), referentes ao estado individual, familiar e político; **direitos obrigacionais** (*jura in persona aliena),* alusivos aos vínculos negociais e **direitos reais** (*jura in re materiali*) atinentes às relações das pessoas com respeito a coisas materiais.

Com a evolução do pensamento jurídico, no século XIX, **outros direitos foram alinhados** àqueles, **como os direitos da personalidade**.

A construção dos direitos da personalidade deve-se: a) ao cristianismo, que exalta a dignidade humana; b) à escola do direito natural, que firmou a noção de direitos naturais ou inatos; c) aos filósofos do iluminismo, que valorizavam o homem diante do Estado[(96)].

Os direitos da personalidade, segundo Gierke, "são os que asseguram ao sujeito o domínio sobre uma parte da própria esfera da personalidade"[(97)]. Alguns lhe atribuem a natureza dc direitos subjetivos privados, por terem âmbito de atuação limitada às relações entre particulares (De Cupis e Tobeñas), outros os enquadram como direitos inatos, argumentando que o fato de o direito do autor classificar-se como direito da personalidade não altera sua natureza, pois esse direito existe com o homem, a sua manifestação ou o seu exercício é que surgem com a criação da obra. São apontados pela doutrina caracteres especiais para esses direitos, que são inatos, extrapatrimoniais, intransmissíveis, imprescritíveis, impenhoráveis, vitalícios, necessários e oponíveis *erga omnes*.

Excluídas as hipóteses previstas em lei, os direitos da personalidade, no **âmbito civil**, são intransmissíveis e irrenunciáveis (art. 11 do Cód. Civil), não podendo o seu exercício sofrer limitação voluntária. A ameaça ou lesão ao direito da personalidade gera perdas e danos, independentemente de outras sanções previstas em lei (art. 12 do C. Civil). A utilização dessas normas civis traduz uma **fonte subsidiária do Direito**

---

(96) BITTAR, Carlos Alberto. *Os direitos da personalidade*. Rio de Janeiro: Forense, 1989, p. 19.

(97) GIERKE, *apud* ALVES, Alexandre Ferreira de Assumpção. *A pessoa jurídica e os direitos da personalidade*. Rio de Janeiro: Renovar, 1998, p. 61. Dissertação de Mestrado apresentada à Faculdade de Direito da Universidade do Estado do Rio de Janeiro.

do Trabalho. Se o dano moral for provocado pelo empregador ou pelo empregado, em decorrência da relação de emprego, a lesão afeta os direitos da personalidade a ser decidida pela Justiça do Trabalho. Se, entretanto, a Justiça do Trabalho, com amparo no art. 114, VI e IX da CF, apreciar matéria alusiva a relações de trabalho autônomas ou eventuais, será disciplinada pelo D. Civil, art. 11 e 12, entre outros.

Os direitos da personalidade são classificados(98) como direito à **integridade física** (direito à vida, à higidez corpórea, às partes do corpo, ao cadáver, etc.), à **integridade intelectual** (direito à liberdade de pensamento, autoria artística e científica e invenção) e à **integridade moral** (direito à imagem, ao segredo, à boa fama, direito à honra, direito à intimidade, à privacidade, à liberdade civil, política e religiosa, etc.). Esses direitos são oponíveis contra o empregador.

Já se sugere seja acrescida aos direitos da personalidade a proteção da pessoa, em face do uso de fichários e tratamentos informáticos de dados pessoais(99).

9.1. Direito à integridade física do trabalhador

O primeiro dos direitos de personalidade é o direito à vida humana. Trata-se de um bem anterior ao Direito, o qual é produto do homem, feito para o homem. A pessoa humana é anterior e superior à sociedade, impondo-se ao Direito(100).

A ordem jurídica reconhece o direito ao respeito à vida. Violar esse direito gera um dano que é o prejuízo supremo, isto é, a morte. Portanto, com fulcro no art. 7º, XXVIII, da Constituição, é possível a condenação por dano moral na hipótese de acidente do trabalho ou doença profissional, uma vez comprovada a conduta dolosa ou culposa do empregador. Responderá ele mesmo na hipótese de a culpa advir do preposto ou de outro empregado. É que o art. 932 do Código Civil de 2002 o autoriza, quando considera também responsável pela reparação civil o empregador ou comitente, por seus empregados, serviçais e prepostos, no exercício do trabalho que lhes competir ou em razão dele.

Implica igualmente dano moral por violação à integridade física ou psíquica do empregado o empregador que permite que o empregado transporte valores sem a proteção adequada(101), ou o transporte em veículo desprovido de segurança(102). Esse comportamento patronal põe em risco a integridade física e a vida do trabalhador.

---

(98) FRANÇA, Rubens Limongi. *Manual de Direito Civil*. 2. ed., São Paulo: Revista dos Tribunais, 1971, p. 320.

(99) ORTI VALLEJO, Antonio. *Derecho a la intimidad e informática*. Granada: Editorial Comares, 1994, p. 31.

(100) CAMPOS, Diogo de Leite. *Lições de Direitos da Personalidade*. 2. ed. Coimbra, 1995, p. 38 e 57.

(101) "**Assalto. Proteção do empregado. Dano moral.** O empregador tem o dever de zelar pela segurança do empregado em seu trabalho. Transportando valores sem proteção adequada, o empregado que sofreu assaltos faz jus à indenização por dano moral relativo aos efeitos deles decorrentes". TRT-SC-RO-V-A-09899/01 — Ac. 2ª T. 08392/02 — Rel.: José Luiz Moreira Cacciari — DOE 2.8.2002. *Revista Synthesis* 36/2003, p. 212.

(102) **"Dano moral. Condições subumanas de transporte. Configuração.** O transporte de empregados de maneira irregular, em desrespeito às normas coletivas e legais, suficiente para causar sofrimento de ordem psíquica, tirando--lhes a tranquilidade, a paz interior, o que configura dano moral, nos termos do art. 5º, V, da CF/88. Além da insegurança, há de se levar em conta a humilhação de serem transportados em 'carroceria típica de condução de

9.2. Direito à integridade intelectual do empregado. Direitos conexos

9.2.1. Introdução

Há quem inclua os direitos à integridade intelectual entre os direitos da personalidade, e outros que os classificam como categoria autônoma, isto é, "direitos intelectuais".

Contribuiu sobremaneira para a afirmação dos direitos intelectuais a tese de Edmond Picard, lançada em 1877, defendendo a inserção dessa nova categoria no ordenamento jurídico, adotada pela lei belga de 1886, posteriormente consagrada em instrumentos internacionais e, mais tarde, inserida nas legislações internas dos países(103).

As relações internacionais tornaram-se complexas com a inovação tecnológica, a partir do século XIX. O setor de comunicação não foi alheio a esse fenômeno, levando os países a adotarem vários convênios multilaterais, com o objetivo de proteger e promover o direito à criação intelectual. Destacam-se, nesse contexto, a Convenção das Obras Literárias e Artísticas firmada em Berna, em 1886, completada em Paris em 1896, revista em Berlim em 1908, completada em Berna em 1914, revista em Roma em 1928 e revista em Bruxelas no ano de 1948. O Brasil a ratificou e, em consequência, as suas normas passaram a integrar o nosso ordenamento jurídico por meio do Decreto n. 75.699, de 6 de maio de 1975.

Todos os países que ratificaram essa Convenção se constituem em uma União para a proteção desses direitos.

A Convenção de Berna é um instrumento padrão. Ela declara que o direito à criação intelectual é anterior ao cumprimento de qualquer formalidade legal, regendo-se pelas leis do país onde se solicita a proteção. A tutela se estende às obras literárias e artísticas durante a vida do autor e até 50 anos após a sua morte. Esse instrumento internacional estabelece a trajetória da concepção doutrinária do direito do autor.

A criação intelectual do homem apresenta dois aspectos: por um lado, não pode ser percebida senão por meio de sua materialidade exteriorizada em uma coisa ou em uma energia e, por outro lado, não se identifica nunca com essa exteriorização(104). As

---

gado', em franca violação dos princípios fundamentais da República Federativa do Brasil da dignidade da pessoa humana e da valorização social do trabalho (art. 1º, III e IV da CF/88)". TRT — 3ª Reg. — RO-471/03 01024-2002-81-03-00-4 — 7ª T. — Rel.: Juiz Manoel Barbosa da Silva — DJMG 18.3.2003. *Revista Justiça do Trabalho*. Rio Grande do Sul: HS Editora, mar. 2003, p. 106.

Entendimento contrário citado abaixo despertou polêmica, inclusive na imprensa nacional. Vejamos: "**Danos morais. Transporte inadequado. Ausência de ofensa à dignidade humana**. Poder-se-ia questionar no âmbito administrativo uma mera infração das normas de trânsito do Código de Trânsito Brasileiro quanto a transporte inadequado de passageiros em carroceria de veículo de transporte de cargas, o que não é da competência da Justiça do Trabalho. Mas se o veículo é seguro para o transporte de gado também o é para o transporte do ser humano, não constando do relato bíblico que Noé tenha rebaixado a sua dignidade como pessoa humana e como emissário de Deus para salvar as espécies animais, com elas coabitando a sua Arca em meio semelhante ou pior do que o descrito na petição inicial (em meio a fezes de suínos e de bovinos)". TRT — 3ª Reg. — 7ª T. — RO-484/03 — Rel.: Juiz Milton Vasques Thibau de Almeida — DJMG 25.3.2003, p. 15.

(103) BITTAR, Carlos Alberto. *Direito do autor*. 3. ed., Rio de Janeiro: Forense, 2000, p. 2.

(104) ASCARELLI. *Teoria della concorrenza e dei beni immateriali*. Milano: A. Giuffrè, 1960, *passim*. *Apud* LA ROSA, Alfio Cesare. *Op. cit.*, p. 3.

criações do gênio humano são protegidas pelos direitos intelectuais, que abrangem o Direito Autoral e o Direito de Propriedade Intelectual, entre outros. O objetivo da tutela é a conservação da obra pelos criadores.

"O Direito **Autoral** é conceituado como o ramo do Direito privado que regula as relações jurídicas, advindas da criação e da utilização econômica de obras intelectuais, estéticas e compreendidas na literatura, nas artes e nas ciências"[(105)]. As relações disciplinadas pelo Direito Autoral "nascem com a criação da obra (direito de paternidade, de nominação, de integridade da obra) e, de outro lado, com sua comunicação ao público, os direitos patrimoniais (direitos de representação e reprodução da obra, como por exemplo para as músicas, os direitos de fixação gráfica, de gravação, de inserção em fita, em filme, de execução e outros)"[(106)].

No Brasil, o art. 1º da Lei n. 9.610, de fevereiro de 1998, regula os direitos autorais, compreendendo-se nessa denominação os direitos de autor e os que lhes são conexos. Logo, quando se fala em direitos de autor[(107)], em se tratando, por exemplo, de obras musicais, seus titulares são os compositores e como destinatários dos direitos conexos temos os intérpretes (cantores) ou executantes (músicos). Sob o prisma empresarial, temos as produtoras fonográficas e as empresas de radiodifusão (rádio e televisão).

As obras tuteladas compreendem as interpretações artísticas, musicais e as execuções (orquestras e instrumentalizações).

Por outro lado, o Direito de Propriedade Intelectual, regulado pela Lei n. 9.279, de 14 de maio de 1996, disciplina as obras de natureza utilitária, traduzidas em bens materiais de uso empresarial, por meio de patentes (invenção) e marcas (de indústria, comércio, etc.).

A **atual lei de direitos autorais** (Lei n. 9.610, de 1998) faz menção aos direitos conexos de que é titular o artista, por força do art. 3º da Convenção de Roma (de 26.10.1961), dos art. 13 e 14 da Lei n. 6.533, de 1978[(108)].

O direito **conexo** é reconhecido a determinados profissionais que auxiliam na criação, produção ou, ainda, na difusão de obra intelectual. São objeto de proteção as interpretações artísticas, musicais e as execuções e, no plano empresarial, as emissões de sons (transmissões e retransmissões), a produção sonora de discos e fitas, realizadas por meio da radiodifusão (rádio e televisão) e por produtores de fonograma.

A Lei n. 6.533, de 24 de maio de 1978, no seu art. 13, proíbe a cessão ou promessa de cessão de direitos autorais e conexos decorrentes da prestação de serviços profissionais. Esses direitos, por força do parágrafo único do art. 13, serão devidos

(105) BITTAR, Carlos Alberto. *Direito do autor*. 3. ed. Rio de Janeiro: Forense, 2000, p. 8.

(106) BITTAR, Carlos Alberto. *Op. cit.*, p. 8.

(107) O autor é a pessoa física criadora de obra literária, artística ou científica, como define o art. 11 da Lei n. 9.610, de 1998.

(108) Por equívoco, constou das duas primeiras edições o termo "**não faz menção**...". Retificamos a frase, retirando a palavra "não" do 5º parágrafo, corrigindo-a da seguinte forma: "A atual lei de direitos autorais (Lei n. 9.610, de 1998) **faz menção** aos direitos conexos...".

em decorrência de cada exibição da obra. Nas mensagens publicitárias feitas para cinema, televisão ou outro veículo, o contrato deverá conter, obrigatoriamente: o nome do produtor, do anunciante e, se houver, da agência de publicidade para quem a mensagem é produzida; o tempo de exploração comercial da mensagem; o produto a ser promovido; os veículos por meio dos quais a mensagem será exibida; as praças onde a mensagem será veiculada; o tempo de duração da mensagem e suas características.

9.2.2. Proteção aos direitos conexos

Incluem-se no âmbito artístico as pessoas que representam, cantam, declamam, recitam, interpretam e executam obras literárias ou artísticas, nos termos do art. 3º da Convenção de Roma, de 1961, sobre direitos conexos, ratificada pelo Brasil por meio do Decreto n. 57.125, de 19 de outubro de 1965.

Os direitos conexos são reconhecidos aos que auxiliam na criação, produção ou difusão de obra intelectual, entre os quais se situam os músicos (art. 3º, "a", da citada norma internacional).

O objetivo da Convenção de Roma é impedir a radiodifusão e as comunicações de execuções ou interpretações, as fixações e as reproduções sem o consentimento do detentor da licença ou do direito. Não obstante as vedações legais, depara-se com o uso indevido de nome de cantor, em disco cantado por terceiro[(109)].

9.2.2.1. Direito de arena

O mundo do esporte tem-se mostrado sensível à comercialização da imagem ligada à explosão dos meios de comunicação. A atração que o esporte exerce sobre os espectadores é responsável pela importância do espetáculo desportivo no mundo audiovisual, convertendo-o em um produto estratégico na pauta das programações. Os operadores de televisão não se limitam apenas a cumprir a sua função institucional de informar a comunidade sobre um fato de certa relevância; agora, o audiovisual toma o espetáculo esportivo como parte de sua programação, isto é, do seu negócio e se transforma em um "autêntico estádio virtual"[(110)].

Em consequência, a exploração econômica das imagens do esporte modificou sobremaneira as relações entre os protagonistas do espetáculo desportista e os meios audiovisuais. O "desportista profissional" é o ator do espetáculo e sua imagem é essencial e inevitável[(111)]. Surge em função dessa atuação o direito do desportista

(109) "**Dano moral. Direito autoral. Uso indevido de nome artístico**. Lançamento de disco, cantado por terceiro, com título de cantor famoso sem a autorização deste — Violação dos direitos de personalidade com reflexos patrimoniais. Fixação da verba em artigos de liquidação. Processual. Ilegitimidade passiva — Responsabilidade civil — Arguição da ré, vencida em primeiro grau, reiterada nas razões de recurso — impossibilidade, se o fato gerador de sua responsabilidade lhe é atribuído no despacho saneador que fica irrecorrido. Preliminar afastada". TJSP — Ap. Cív. 60.571-1 — São Paulo — Aptes.: R.S.D. L. e C. I. D. — Apdo.: S.B. — Rel.: Des. Álvaro Lazzarini — julgado em 4.6.1985. *In: Dano moral. Doutrina. Modelos e Jurisprudência*. Christino Almeida do Valle. 3ª Tiragem. Rio de Janeiro. Editora Aide, 1996, p. 181.

(110) PALOMAR OLMEDA, Alberto e DESCALZO GONZÁLEZ, Antonio. *Los derechos de imagen en el ámbito del deporte profesional*. Madrid: Dykinson, 2001, p. 63, 69.

(111) PALOMAR OLMEDA, Alberto e outro. *Op. cit.*, p. 71, 75.

participar do preço, da autorização, da fixação, transmissão ou retransmissão do espetáculo esportivo público com entrada paga, ao qual se denomina direito de arena.

O direito **de arena** é considerado pela doutrina como um **"direito conexo"**, "vizinho" dos direitos autorais e também ligado ao direito à imagem do atleta(112). Ele é reconhecido aos desportistas e lhes assegura uma "regalia pelas transmissões radiofônicas e/ou televisivas de suas atuações públicas sobre a base da originalidade e da criatividade de suas destrezas pessoais, que não são meras informações periódicas"(113).

Atualmente, o direito de arena está garantido no art. 5º, XXVIII, letra "a" da CF de 1988, que assegura, nos termos da lei, "a proteção às participações individuais em obras coletivas e à reprodução da imagem e voz humanas, inclusive em atividades desportivas".

Mesmo antes da previsão constitucional, o art. 100 da Lei n. 5.988, de 1973, já o consagrava nos seguintes termos:

> "À entidade a que esteja vinculado o atleta, pertence o direito de autorizar ou proibir a fixação, transmissão ou retransmissão, por quaisquer meios ou processos, de espetáculo desportivo público, com entrada paga".

A teor do parágrafo único desse artigo, "salvo convenção em contrário, 20% do preço da autorização serão distribuídos em partes iguais, aos atletas participantes do espetáculo".

O **direito de arena, como direito conexo**, "vizinho" ao do autor, foi suprimido da nova lei de direitos autorais (Lei n. 9.615, de 1998, que revogou integralmente a Lei n. 5.988, de 1973). Entendeu o legislador ser imprópria a inserção dessa matéria na legislação autoral, como constava da lei revogada. Por essa razão, a legislação desportiva incluiu em seu texto o direito de arena(114). Sua violação acarreta dano de natureza material e/ou moral.

O art. 42 da Lei n. 9.615, de 1998, em seu § 1º, disciplina o assunto, assegurando o percentual de 20% do preço total da autorização aos atletas, como mínimo, e o *caput* do citado artigo garante às entidades de prática desportiva o direito de negociar, autorizar ou proibir a fixação, transmissão ou retransmissão da imagem de espetáculos ou eventos de que participem.

O espectador que paga por qualquer meio de espetáculo ou evento desportivo equipara-se ao consumidor, para todos os efeitos legais (art. 42, § 3º da Lei n. 9.615, de 1998).

O enunciado no art. 42 citado contém um limite ao direito de arena, quando dispõe que esse direito não se aplica a flagrantes de espetáculo ou evento desportivo para fins exclusivamente jornalísticos ou educativos, cuja duração, no conjunto, não exceda de 3% do total do tempo previsto para o espetáculo (§ 2º).

---

(112) SILVA, Américo Luis Martins. *O dano moral e a sua reparação civil*. São Paulo: Ed. Revista dos Tribunais, 1999, 1ª edição, 2ª tiragem, p. 256.

(113) GOLDSTEIN, Mabel. *Derecho de autor*. Buenos Aires: Ediciones La Rocca, 1995, p. 187.

(114) BITTAR, Carlos Alberto. *Direito do autor*. Rio de Janeiro: Forense, 2000, p. 161.

Se um canal de televisão transmite uma partida de futebol com o fim de atrair os admiradores desse esporte ou exibe um filme da partida, como meio de propaganda dos produtos anunciados pela emissora, é justo que os atletas, criadores do espetáculo futebolístico, percebam os direitos correspondentes, pois a par da remuneração percebida junto aos clubes, quando interpretam as regras do futebol no desenvolvimento de suas ações, exercem uma atividade criativa, que dá vida ao espetáculo. Sendo eles os que incitam a concorrência dos espectadores ao estádio e despertam o interesse dos telespectadores na exibição do programa, é justo que lhes reconheça o direito de arena[(115)].

À luz do art. 27-A, § 5º, da Lei n. 9.615, de 1998, com a nova redação dada pela Lei n. 10.672, de maio de 2003, "as empresas detentoras de concessão, permissão ou autorização para exploração de serviço de radiodifusão sonora e de sons e imagens, bem como de televisão por assinatura, ficam impedidas de patrocinar ou veicular sua própria marca, bem como a de seus canais e dos títulos de seus programas, nos uniformes de competições das entidades desportivas" (§ 5º).

A violação do disposto no § 5º implicará a eliminação da entidade de prática desportiva que lhe deu causa da competição ou do torneio em que aquela se verificou, sem prejuízo das penalidades que venham a ser aplicadas pela Justiça Desportiva (§ 6º).

A respeito da natureza jurídica do direito de arena confiram o **Capítulo XXI sobre Remuneração e Salário.**

9.2.3. Autor empregado. Direitos autorais

A existência da relação de emprego entre o autor empregado e o empregador não afeta, em princípio, a natureza da criação intelectual, uma vez que os **direitos autorais e conexos** compõem os chamados direitos da personalidade, oponíveis também contra o empregador, ainda que o trabalhador execute suas atividades sob o comando empresarial.

A doutrina[(116)] aponta algumas dificuldades criadas pela realidade social, entre elas a de que "o empregador só vai mandar seu empregado criar uma obra e pagá-lo para isso, se puder dispor livremente desta (...) A mentalidade de que o resultado do trabalho do empregado é considerado como pertencente ao empregador continua viva. Considere-se, ainda, até que ponto o criador empregado está, em sua criação intelectual, dependendo de ordens do empregador". Sugere a citada doutrina que a solução seja negociada no contrato de trabalho.

A antiga lei sobre direitos autorais (art. 36 da Lei n. 5.988, de 1973) admitia a propriedade comum da obra intelectual produzida em cumprimento ao dever funcional ou ao contrato de trabalho, levando a jurisprudência trabalhista a entender, fundada

---

(115) PÉREZ, Benito. Regimen jurídico de boxeador profesional. *Revista Derecho del Trabajo*, Argentina, n. 11, nov. 1972, p. 834.

(116) HAMMES, Bruno Jorge. *O Direito da Propriedade Intelectual*. Subsídios para o ensino. Rio Grande do Sul: Editora Unisinos, 1996, p. 112.

no referido preceito legal e na doutrina, que a comunhão criada pelo legislador limitava-se ao campo moral; logo, não fazia jus o empregado, salvo convenção em contrário, aos direitos patrimoniais que são o próprio objeto e conteúdo do seu contrato de trabalho[(117)].

A atual lei de direitos autorais é omissa a respeito do controvertido direito comum entre o autor empregado e o empregador. Em sendo assim, entendemos aplicável, por analogia, as disposições pertinentes contidas na Lei n. 9.609, de fevereiro de 1998.

A Lei n. 9.609, de 1998, preceitua, no art. 4º, que os direitos relativos aos programas de computador desenvolvidos e elaborados durante a vigência de pacto laboral ou de vínculo estatutário expressamente destinado à pesquisa e desenvolvimento ou em atividade do empregado, contratado ou servidor, ou ainda que decorram da própria natureza dos encargos concernentes a esses vínculos, salvo estipulação em contrário, pertencerão exclusivamente ao empregador que contratou os serviços ou ao órgão público a que está vinculado o servidor. Logo, só será de propriedade exclusiva do empregado a criação que não for desenvolvida ou elaborada durante a relação empregatícia, tampouco decorra da natureza dos encargos alusivos ao vínculo empregatício. Se houver estipulação em contrário, os direitos poderão pertencer ao empregado, mesmo que a criação seja desenvolvida durante o liame empregatício ou em decorrência dele.

9.2.4. Invenções do empregado

9.2.4.1. Tratamento legal

A CLT dispunha sobre o direito a invenções do empregado no art. 454, revogado pela Lei n. 5.772, de 1971, que, posteriormente, foi revogada pela Lei n. 9.279, de 1996 (Lei de Propriedade Industrial). A matéria tem também tratamento constitucional, como se infere do art. 5º, XXIX:

> "A lei assegurará aos autores de inventos industriais privilégio temporário para sua utilização, bem como proteção às criações industriais, à propriedade das marcas, aos nomes de empresas e a outros signos distintivos, tendo em vista o interesse social e o desenvolvimento tecnológico e econômico do País."

---

(117) MANSO, Eduardo Vieira. *Direito autoral*. ed.: José Bushatsky, 1980, p. 58. Na mesma tendência é a ementa: "**Direitos Autorais. Competência da Justiça do Trabalho**. Se a discussão dos direitos autorais entre empregado e empregador resulta das atividades praticadas pelo primeiro na constância da relação laboral, competente é esta Justiça especializada para dirimir o litígio. Em que pese o estatuído pelo art. 36 da Lei n. 5.988/73, os direitos autorais patrimoniais concernentes a obras intelectuais criadas pelo empregado como resultado de vínculo de emprego, quando contratado para tal pertencem ao empregador, salvo disposição em contrário. Não estando o empregado adstrito aos riscos da atividade econômica empreendida pelo seu contratante, incompatível com o princípio basilar da livre iniciativa determinação no sentido de que o empregador seja compelido a partilhar dos frutos de seu empreendimento com seus empregados". TRT — 9ª Região — RO-709/84. Ac. 1456/84 — 27.6.84 — Rel.: Juiz Tobias de Macedo Filho. *Revista LTr* 49-4/438. Decisão de 1997 comunga na mesma opinião: "**Competência da Justiça do Trabalho. Dano moral. Direitos autorais**. O ramo do direito que fundamenta o pedido não afasta a competência desta Justiça, que é determinada pelo fato da controvérsia decorrer ou não da relação de emprego — art. 114-CF. Obra intelectual. Direitos patrimoniais. Relação de emprego. Quando a elaboração da obra intelectual fizer parte da atividade normal do empregado na relação de emprego estará remunerada pelo salário — não tem aplicação nestes casos o art. 36, da Lei n. 5.988-73". TRT — PR — RO 14.286-96 — Ac. 4ª T. 25.414-97 — Rel.: Juiz Rubens Edgard Tiemann — julgado em 6.8.97. Dados obtidos por intermédio do *site* do TRT — 9ª Região.

9.2.4.2. *Conceito*

Na concepção de Pontes de Miranda[(118)], inventar é criar objeto de que provenha produto novo, com resultados novos. Não se confunde, portanto, com descoberta, que aliás revela apenas o que ainda não se conhecia. As invenções, segundo alguns autores, situam-se entre os direitos patrimoniais, enquanto outros, aos quais nos filiamos, as enquadram entre os direitos da personalidade. Elas decorrem de "dons inatos, que ornam a pessoa", ou são por ela adquiridos no decorrer da vida, apesar de algumas terem ocorrido casualmente[(119)].

Invenção poderá ser conceituada, portanto, como o ato de criação proveniente da intelectualidade ou da engenhosidade de alguém que "dá ao mundo um novo objeto utilizável ou novas aplicações úteis"[(120)].

As interações advindas do ato de criar penetram na área jurídica, gerando direitos e obrigações para as partes. O Direito do Trabalho não é alheio a esse fenômeno.

9.2.4.3. *Invenções dos empregados. Cultivares*

As invenções são disciplinadas pelo art. 88 da Lei n. 9.279, de 1996 e seguintes, sendo denominadas invenções de serviço, livres, casuais e de estabelecimento[(121)].

As invenções de **serviço** são o objeto do próprio contrato de trabalho, pois o empregado foi admitido na empresa com o propósito de estudar e criar. A retribuição do empregado, nesses casos, identifica-se com o próprio salário ajustado, salvo se houver disposição em sentido contrário, como autoriza o § 1º do citado art. 88. Apesar da atividade criativa pertencer ao empregado, o empregador arcou com os riscos econômicos e financeiros inerentes à invenção, objeto do contrato, logo, os frutos pertencem a este último.

Consideram desenvolvidos na vigência do contrato a invenção ou o modelo de utilidade, cuja patente seja requerida pelo prazo de um ano após a extinção da relação de emprego (art. 88, § 2º, da legislação em exame).

Por força do art. 89, o empregador, titular da patente, pode conceder ao empregado, autor de invento ou aperfeiçoamento, participação nos ganhos econômicos resultantes da exploração da patente, mediante negociação com o interessado ou de acordo com o disposto em norma empresarial. Saliente-se que a participação referida nesse artigo não se incorpora ao salário do empregado para nenhum efeito (parágrafo único do art. 89 da Lei n. 9.279, de 1996).

Poderá suceder também de a invenção ocorrer durante a relação de emprego, mas completamente desvinculada do contrato de trabalho e não decorrente de recursos, meios materiais, instalações ou equipamentos da empresa. Nesse caso, a invenção

---

(118) *Comentários à Constituição de 1967*. São Paulo: Revista dos Tribunais, tomo V, *passim*.
(119) CASTELLÕES, Paulo A. G. Invenções do Empregado. *Curso de Direito do Trabalho*. Estudos em memória de Célio Goyatá. 3. ed. v. II. São Paulo: LTr, 1997, p. 304. Coord.: Alice Monteiro de Barros.
(120) PONTES DE MIRANDA. *Op. cit.*, *passim*.
(121) CASTELLÕES. *Op. cit.*, p. 306-308.

pertencerá exclusivamente ao empregado, porque proveniente de esforço próprio e de recursos desvinculados do empregador (art. 90 da Lei n. 9.279, de 1996). Essa invenção é chamada **livre**.

Há autores que fazem alusão à invenção **relativamente livre**, ao argumento de que "mesmo isenta de contrato específico e realizada fora da empresa, guarda certa relação com o 'espírito da empresa', onde o empregado exerce a atividade", atuando sobre ele como excitante mental[(122)]. Divergimos dessa opinião, dado o princípio da proteção que inspira o sentido das normas trabalhistas. O que a legislação visou, no art. 90, foi tutelar a atividade do empregado inventor[(123)].

Se a invenção for fruto de contribuição pessoal do empregado e de recursos, dados, meios, materiais, instalações ou equipamentos do empregador, a propriedade será comum, em partes iguais, salvo expressa disposição contratual em contrário (art. 91 da citada Lei). A essas invenções a doutrina denomina **casuais**[(124)]. À luz do § 2º do art. 91 da Lei n. 9.279, de 1996, é assegurado ao empregador o direito exclusivo de exploração e ao empregado a justa remuneração[(125)]. Não nos parece, entretanto, que o termo "remuneração" guarde similitude com o seu conceito em Direito do Trabalho, mesmo porque os frutos deverão ser repartidos em partes iguais e sua fixação com base na remuneração do empregado poderá ser superior ou inferior a essa divisão[(126)].

No tocante a essa última invenção, garante-se ao empregador o direito de explorá-la com o prazo de um ano para iniciá-la, sob pena de transferir-se a propriedade do invento, com exclusividade para o empregado.

Finalmente, no que tange às invenções **de estabelecimento**, decorrentes do acervo científico e tecnológico montado pelo empregador, por meio de experimentações prévias, embora nossa legislação seja omissa, o ideal será repartir os frutos, de forma igual, entre os empregados que participaram do invento e o empregador.

É sabido que a Lei n. 9.456, de 26 de abril de 1997, disciplina o gênero ou espécie vegetal nova derivadas dos que já existem na natureza, intitulada cultivares, com características peculiares e propriedades úteis à alimentação humana ou animal, bem como à produção de combustíveis, fibras, corantes, óleos e outros, para fins industrial, medicinal, florestal e ornamental.

Foi assegurado o direito de propriedade à pessoa física ou jurídica que obtiver nova cultivar ou cultivar derivada, inclusive no decorrer de uma relação de trabalho, da qual a relação de emprego é uma espécie. Nesse caso, à luz do art. 5º, § 3º da citada

---

(122) GNOCCHI, Alexandre. *Direito industrial: patentes*. São Paulo: Editora Inventa, 1981, p. 88.

(123) MATTOS, Cláudio de Oliveira. Invenções do empregado e o Direito Patentário. *Revista LTr*, São Paulo, v. 65, n. 7, jul. 2001, p. 824.

(124) CASTELLÕES, Paulo A.G. *Op. cit.*, p. 308.

(125) "**Invenção. Caracterização.** Invenção é o ato de concepção do *novus*, constituindo-se na criação fruto da intelectualidade e/ou engenhosidade do indivíduo e se caracteriza instantaneamente, uma vez de serventia à obtenção de resultado de industrialidade. A execução do objeto do engenho concebido e ajustes que o aprimorem são atos ulteriores que não interferem na configuração do invento." TRT — 3ª Reg. — RO-5519/90 — Ac. 1ª T. 30.9.91. Rel.: Juiz Antônio Fernando Guimarães. *Revista LTr* 56-5-552.

(126) CASTELLÕES, Paulo A.G. *Op. cit.*, p. 310.

lei, o pedido de proteção deverá conter, obrigatoriamente, o nome dos trabalhadores que concorreram para a descoberta e sua aplicação em escala industrial, devendo o certificado correspondente deixar claro que ela decorreu de um contrato de emprego ou contrato afim. Os direitos de comercialização poderão pertencer ao empregado, ao empregador, ou terem titularidade compartilhada (art. 38 e 39), conforme disposição contratual e desde que concorra o empregador para o resultado útil da obra inventiva, cuja proteção incide sobre o material reprodutivo da planta ou da estrutura vegetal utilizada para fins comerciais.

A doutrina autoriza a aplicação analógica da Lei n. 9.279, de 1996, e, em consequência, assegura ao empregado inventor uma participação sobre o ganho líquido gerado, quando a descoberta for utilizada exclusivamente pelo empregador[(127)].

9.3. Direito à integridade moral — lesão à imagem e à honra

A utilização da **imagem**, sem o consentimento expresso de seus titulares, configura ato ilícito, porque viola o patrimônio jurídico personalíssimo do indivíduo (art. 5º, X, da Constituição Federal), alcançando o nascituro, por força do art. 2º do Código Civil ("a personalidade civil da pessoa começa do nascimento com vida; mas a lei põe a salvo, desde a concepção, os direitos do nascituro").

Nesse sentido nos pronunciamos na ementa desse acórdão:

> **Dano moral. Direito à imagem.** A divulgação de fotografia obstétrica tridimensional do filho não autorizada pela mãe em material publicitário da empresa, para a qual trabalhava, configura ato ilícito e atrai a obrigação de indenizar o dano resultante da exposição indevida. A circunstância de as imagens divulgadas pela empresa não apresentarem um conteúdo vexatório e não causarem maior constrangimento aos reclamantes é irrelevante, pois a simples divulgação das fotografias, sem o consentimento dos titulares, configura, por si só, ofensa ao direito à imagem, assegurado no art. 5º, X, da Constituição. (00088-2008-002-03-00-1-RO — 3ª Região — Publicação: 26.6.**2008** — 7ª Turma — Juiz Relator: Desembargadora Alice Monteiro de Barros)

Por outro lado, a honra, na visão de De Cupis[(128)], é "a dignidade pessoal refletida na consideração dos outros e no sentimento da própria pessoa".

Distingue-se, claramente, nesse conceito, o **aspecto objetivo e o subjetivo da honra.** O primeiro consiste na valoração de nossa personalidade feita pelos membros da sociedade; é a boa reputação que compreende a estima política, profissional, artística, comercial, literária, e de outros âmbitos de respeitabilidade[(129)]. Traduz respeito e apreço concedidos por terceiro à personalidade de um sujeito.

O segundo aspecto (honra subjetiva) é o sentimento de dignidade pela própria pessoa. É a autoestima. A honra subjetiva se identifica, portanto, com o sentimento

---

(127) Cf. SÜSSEKIND, Arnaldo. *Instituições de Direito do Trabalho*. v. 1. São Paulo: LTr, 2003, p. 259.

(128) *Direitos da Personalidade*. Lisboa: Livraria Morais Editora, 1961, p. 111.

(129) CASTÁN TOBEÑAS, José. *Derecho civil español, comun y foral*, tomo I, v. II, 1984, p. 398 y ss. *Apud* CONCEPCIÓN RODRIGUEZ, José Luis. *Honor, intimidad e imagen*. Barcelona: Bosch, Casa Editorial, 1996, p. 28.

que a pessoa tem de sua própria dignidade. Esta última compreende o conjunto de valores morais, como retidão, probidade e lealdade, comuns às pessoas, em geral, e que o indivíduo atribui a si mesmo.

A **honra** poderá diminuir, pela falta de integridade moral, por defeitos graves do caráter, mas por se tratar de direito que se funda na dignidade da pessoa, inerente ao homem, não se perde nunca. Proíbem-se, portanto, os comportamentos que afetam o âmbito dessa respeitabilidade e sejam objetivamente injustos, isto é, que "não se encontram amparados em um interesse sério e legítimo"[(130)].

Situam-se como lesivas à **honra**, no campo do Direito Penal, a injúria, a difamação e a calúnia, e no campo do Direito do Trabalho a jurisprudência vem solucionando casos concretos, adaptando-os à realidade social, atenta ao direito da personalidade e da dignidade humana.

Incorre na compensação por danos morais, por violação à honra do empregado, o empregador que lhe atribui acusações infundadas de ato de improbidade lesiva ao seu bom nome[(131)], dá informações desabonatórias e inverídicas a alguém que pretende contratá-lo[(132)] ou, ainda, insere o trabalhador em "lista negra", para efeito de restrições de crédito e outras operações, visando a discriminá-lo em futuros empregos, pelo fato de o trabalhador tê-lo acionado em Juízo, fornecendo tais informações às prestadoras de serviço e exigindo que elas não contratem esse empregado[(133)]. Da mesma forma, autoriza a condenação por dano moral o empregador que lança na CTPS do empregado anotações desabonadoras à conduta do empregado, como consta desse aresto:

> "Danos morais. Anotações desabonadoras à conduta do empregado na CTPS. Impera, no Direito do Trabalho, o princípio de vedação às anotações desabonadoras à conduta

---

(130) CONCEPCIÓN RODRIGUEZ, José Luis. *Honor, intimidad e imagen*. Barcelona: Bosch, Casa Editorial, 1996, p. 28.

(131) "**Dano moral. Caracterização. Acusar o empregado da prática de ato de improbidade**, sobretudo em uma cidade pequena, onde vive a autora e está localizada a reclamada, produz efeitos negativos de maior amplitude no meio social, levando à 'condenação' antecipada daquele a quem é atribuída a autoria. Entre pessoas leigas, sobretudo aquelas menos esclarecidas, não se aplica a máxima de que 'todos são inocentes até prova em contrário'. Em face disso, o empregador deve agir com extrema cautela antes de fazer qualquer acusação. Assim não procedeu a reclamada, que acusou sem provas. Desse modo, estão plenamente configurados os requisitos que caracterizam o dano moral". TRT — PA — Ac. 2ª T. — RO-3248/2002 — Rel.: Marcus Augusto Losada Maia — DOE 25.9.2002 — *Revista Synthesis* 36/**2003**, p. 213.

(132) "**Indenização. Devida em face de observação em carta de referência**. A observação aposta pelo empregador em carta de referência acerca de reclamatória ajuizada pelo ex-empregado configura intenção velada em dificultar a obtenção de nova colocação, caracterizando-se como dano moral e ensejando a indenização correlata". TRT — Campinas — 1846/02 — PATR — 4ª T. — Rel.: Flávio Allegretti de Campos Cooper — DOE 25.7.2002. *Revista Synthesis* 36/**2003**, p. 212.

(133) "**Dano moral — 'Listas negras'**. Restou incontroverso nos autos que a reclamada elaborava e atualizava, de tempos em tempos, a chamada 'lista negra', com o nome de todos os ex-funcionários que vieram a pleitear seus direitos no Poder Judiciário Trabalhista. No caso presente, a reclamada adotava procedimentos vis, não apenas discriminando ex-empregados que ajuizaram reclamações trabalhistas, quando do fornecimento de referência, mas também coagindo as empresas que lhe prestavam serviços para que não contratassem ou até mesmo demitissem tais pessoas. Se o fato de que a reclamada elaborar tal listagem e encaminhá-la a uma única firma já é motivo bastante para configurar o dano à pessoa da autora, quanto mais se considerarmos as centenas de empresas que lhes prestavam serviços ou comercializavam seus jornais. Caracterizada a lesão ao trabalhador, impõe-se o ressarcimento do dano. Recurso a que se dá provimento parcial (tão somente para reduzir o valor da indenização)". TRT — 24ª Reg. — Proc. 452/2002-001-24-00-7 — RO.1 — Relª: Juíza Dalma Diamante Gouveia — DJMS 16.5.2003. *Revista Justiça do Trabalho*, n. 134, Porto Alegre: HS Editora, jun. **2003**, p. 121.

do empregado em sua CTPS, por macular sua imagem profissional de forma drástica e permanente. Abusiva, portanto, a postura do empregador que registra na CTPS do obreiro longa advertência, relatando negativamente sua vida funcional pregressa, o que autoriza o recebimento de indenização por danos morais". TRT-SE-01047.2000.006.17.00.4 — Ac. 7093/2002 — Relª: Juíza Maria Francisca dos Santos Lacerda — DOE 15.8.2002. *Revista Synthesis* 36/2003, p. 213.

Incorre também em violação **à honra** do trabalhador e condenação por dano moral, o empregador que atribui à empregada a alcunha de "loura-burra", elege o trabalhador "empregado tartaruga"(134) ou, quando do retorno de empregados, **afastados por acidente, os colocam em sala de vidro apelidada de** "gaiola das loucas" ou "cemitério", em situações vexatórias e humilhantes sendo rotulados de "sequelados", "gardenal", "rivotril", "vagabundos", etc. (cf. TRT-SP RO-09098200446502009, 6ª T. Rel.: Juiz Ivani C. Bramante, DOE 6.10.2006).

Implica também pagamento de indenização por dano moral o ato atentatório à estética da empregada e à sua honra, formulado pelo empregador ao conceder à empregada **terminologia degradante** como "gorda, relaxada, barriga de pochete, topeira, pera cintura" (cf. TRT 2ª Reg. RO-01480200540102007 (2007060 1997) 8ª T. Rel. Juiz Sérgio P. Martins, DJSP **14.8.07**).

Atenta, igualmente, contra a honra do trabalhador o empregador que deixa **o obreiro na ociosidade**, descumprindo a principal obrigação do contrato, que é proporcionar-lhe trabalho(135) ou lhe exige, caso não atendidas as metas de venda, que participe de desfile com vestimenta feminina e uso de batom(136), expondo-o ao ridículo e ofendendo-lhe a dignidade pessoal.

---

(134) "**Dano moral. Loira burra. Prova testemunhal robusta** — Em casos como tais, se torna difícil uma comprovação da ofensa, uma vez que, geralmente, esses ocorridos podem significar apenas uma forma jocosa de tratamento, necessitando, pois, de prova robusta, o deferimento de uma indenização por dano moral. E, no caso que ora se apresenta, essa prova de fato existe, como se constata da oitiva testemunhal, onde restou evidenciado que a fiscal de caixa tratava de forma rude todas os operadores de caixa, utilizando-se de expressões ofensivas". TRT — ES — 17ª Região — 00018.2001.004.17.00.3 — Ac. 6164/2002 — Rel.: Juiz Hélio Mário de Arruda — Data da Publicação: 15.7.2002. *Revista Synthesis* 36/**2003**, p. 212.

"**Eleição do 'empregado tartaruga'**. Ato patronal constrangedor e ofensivo à dignidade da pessoa humana — Exposição do empregado a ridículo e a vexame. Reparação por dano moral. Viabilidade. Afronta a dignidade da pessoa humana a instituição, pela empresa, de 'eleição' mensal de 'empregado tartaruga', para assim designar pejorativamente aquele trabalhador que cometeu atrasos no horário de entrada nos serviços, expondo o empregado 'eleito' ao ridículo, além de colocá-lo em situação vexatória perante os demais colegas de trabalho. Louvável seria o empregador instituir mecanismos para estimular ou incentivar os seus empregados à assiduidade e à maior produtividade, sem causar-lhes constrangimentos no ambiente de trabalho. Pedido de reparação por dano moral que se acolhe. Recurso ordinário do empregado a que se dá provimento". TRT — 15ª Reg. — Ac. 11704/2002 — 5ª T. RO-029389/2001 — Rel. designado: Juiz José Antônio Pancotti — DOE/SP 8.4.**2002**, p. 94.

(135) "**Danos morais.** Considera-se que a **não delegação de tarefas** e o isolamento imposto ao reclamante causaram danos morais, no caso, passíveis de reparação por indenização. Provimento parcial ao recurso". TRT — RS — Ac. 8ª T. — 01050.029/97-6 — Relª: Juíza Maria Helena Mallmann Sulzbach — DOE 26.8.2002 — *Revista Synthesis* 36/2003, p. 211.

(136) "**Danos morais. Vendedor. Desfile com vestimenta feminina e batom pelo não cumprimento de venda.** Violação aos Direitos da Personalidade. A ordem jurídica vigente assegura, amplamente, os direitos da personalidade, contendo o Código Civil de 2002 um capítulo específico sobre o tema (artigos 11 a 21). Mesmo antes da vigência dessa nova codificação civil, o direito da personalidade já era tutelado, por meio do princípio da dignidade da pessoa humana, arrolado pela Constituição Federal dentre os fundamentos da República Federativa do Brasil (art. 1º, III). Nesse contexto, toda e qualquer violação a esses direitos há de ser repudiada, mormente no âmbito da

Poderá ocorrer que uma lesão ao direito à honra implique também **lesão ao direito à intimidade**. Como exemplo, podemos citar a revista feita a um único empregado, tornando-o suspeito, e ainda de forma desrespeitosa; ela viola a honra e o direito à intimidade[137].

A **violação à honra** não se confunde com a violação ao direito à intimidade, pois as normas sobre a honra protegem o cidadão contra uma descrição inexata de sua vida privada (difamação, por exemplo), enquanto as **normas sobre a intimidade** proíbem qualquer descrição de fatos que entrem na esfera íntima da pessoa (divulgação de enfermidade). O direito de retificação oferece proteção só em face do direito à honra, mas não ante o direito à intimidade.

9.3.1. Direito à integridade moral. Lesão ao direito à intimidade. Revista abusiva

O direito à intimidade nos protege da ingerência dos sentidos dos outros, principalmente dos olhos e dos ouvidos de terceiro. A tutela dirige-se contra as intromissões ilegítimas. Seu conceito é mais restrito do que o direito à privacidade, sendo ambos consagrados em preceito constitucional (art. 5º, X).

Com frequência, a jurisprudência revela comportamentos de várias espécies, que atentam contra a intimidade dos empregados.

Tivemos a oportunidade de atuar como relatora de um Recurso Ordinário[138] provido, para condenar o empregador à compensação por dano moral, tendo em vista a violação à intimidade do trabalhador, vítima de revista atentatória à sua dignidade. O fato de a empresa trabalhar com drogas valiosas, muito visadas pelo comércio ilegal, justificava a utilização de fiscalização rigorosa, inclusive a revista, até porque está ela obrigada a zelar para que esses medicamentos não sejam objeto de tráfico ilegal, evitando a sua comercialização indiscriminada. Sucede que, no caso, a conduta adotada pelo empregador extrapolou os limites do poder diretivo que lhe confere o art. 2º da CLT.

Ainda que se tornasse indispensável a revista, a forma como foi levada a efeito era desrespeitosa e humilhante. O próprio preposto confessou que os empregados eram obrigados a despir-se completamente diante da pessoa que realizava a revista e

---

relação de trabalho, onde as partes devem pautar-se pelo respeito mútuo. Assim, faz jus o laborista à indenização pelos danos morais sofridos, em razão da aquiescência da empregadora com a adoção de situações vexatórias, expondo o reclamante ao ridículo, através de desfiles com vestimenta feminina e usando batom, perante os demais colegas de trabalho e, inclusive, visitantes, por não ter atingido as metas de vendas, em evidente infração à sua dignidade, ao seu respeito próprio e, consequentemente, à sua integridade psíquica e emocional." TRT 3ª Região — 8ª Turma — RO-01766-2003-005-03-00-8. Rel.: Juiz Paulo Maurício Ribeiro Pires. DJMG 24.7.**2004**, p. 17.

(137) "**Dano moral**. CF, art. 5º, inciso X. Revista íntima à saída do serviço. Atende ao bom senso e à equidade a fixação de um salário para cada ano de trabalho, quando a mulher, à saída do serviço, for submetida a **revista íntima**, com **suspeita infundada de furto de mercadorias**, o que equivale à acusação de improbidade (art. 482, letra *a*, da CLT). Se o constrangimento for continuado, mês a mês, também é razoável a fixação de um salário para cada ato do empregador, a critério do Juiz". TRT — 2ª Reg. — RO-20000561970 — Ac. 20010669773 — 9ª T. — Rel.: Juiz Luiz Edgar Ferraz de Oliveira — DOESP 26.10.2001. *Revista Justiça do Trabalho* n. 216, Porto Alegre: HS Editora, dez. 2001, p. 51.

(138) RO 313/97, julgado pela 2ª Turma do TRT — 3ª Região e cujo acórdão foi publicado em 5.9.1997.

fazer um pequeno percurso no local. A conduta do empregador, nesse caso, traduziu atentado ao pudor natural dos empregados, além de violar-lhes a intimidade, emergindo, daí, o dano moral que se procurou reparar.

Apreciando matéria idêntica que envolvia o mesmo empregador, o Tribunal Regional do Trabalho da 3ª Região, por meio de outra de suas turmas, admitiu a revista nas condições relatadas, mas foi o referido aresto reformado pelo TST, em decisão da 2ª Turma, no RR-533.779/1999.3, proferida em 6 de fevereiro de 2004, cujo relator foi o Juiz convocado Samuel Corrêa Leite. O julgado deixou bem claro que "não há circunstância que autorize o empregador a proceder à revista de seus empregados quanto mais se ela os constrange a despirem-se, por mais respeitosa que seja a conduta do preposto responsável pela vistoria. É de todos sabido que o contrato de trabalho envolve um mínimo de fidúcia entre ambas as partes. Se ao empregador remanesce dúvida sobre a integridade moral do candidato ao emprego deve, então, recusar a contratação. Não há como conciliar uma confiança relativa com o contrato de trabalho variável conforme a natureza da atividade da empresa. Se esta a direciona para a manipulação de drogas e substâncias psicotrópicas, deve, naturalmente, tomar as precauções necessárias à segurança, como, por exemplo, a instalação de câmeras, que em nada ofendem a dignidade do trabalhador. Mas não pode, a pretexto disso investir-se dos poderes de polícia e submeter seus empregados a situações de extremo constrangimento, com total desprezo do direito do cidadão à preservação de sua intimidade. Não é por menos que tais valores e direitos foram erigidos ao *status* de objeto de garantia constitucional, o que se verifica do contido nos art. 1º, III, 5º, III, e, sobretudo o art. 5º, X, todos da Constituição. Nesses preceitos estão garantidos como direitos fundamentais a dignidade da pessoa, a vedação do tratamento desumano e degradante, assim como a inviolabilidade da intimidade e da honra". Na mesma direção manifestou-se o TST, mais recentemente[139].

A inserção do empregado no ambiente de trabalho não lhe retira os direitos da personalidade, dos quais o direito à intimidade constitui uma espécie.

Não se discute que o empregado, ao ser submetido ao poder diretivo do empregador, sofre algumas limitações em seu direito à intimidade. Inadmissível, contudo, é que a ação do empregador se amplie a ponto de ferir a dignidade da pessoa humana[140]. Não é o fato de um empregado encontrar-se subordinado ao empregador ou de deter este último o poder diretivo que irá justificar a ineficácia da tutela à intimidade no local de trabalho, do contrário haveria degeneração da subordinação jurídica em um estado de sujeição do empregado.

O contrato de trabalho não poderá constituir um "título legitimador de recortes no exercício dos direitos fundamentais" assegurados ao empregado como cidadão. Os direitos fundamentais não deverão ser afetados quando o empregado se insere no

---

(139) TST-RR-578.399/99.1 — Ac. 4ª Turma — Rel. convocado: Juiz José Antônio Pancotti. Publicado no DJ de 2.4.2003.

(140) Cf. a propósito obra de nossa autoria intitulada *Proteção à Intimidade do Empregado*. São Paulo: LTr, 1997, *passim*.

organismo empresarial, admitindo-se, apenas, que sejam modulados na medida imprescindível do correto desenvolvimento da atividade produtiva[(141)].

Outras hipóteses que poderão ensejar ressarcimento por dano moral em face da violação ao direito à intimidade consistem em pesquisar aspectos da vida pessoal do obreiro sem que possuam relevância para a atividade que está executando, como investigá-lo para conhecer sua orientação sexual ou assediá-lo sexualmente.

9.3.2. Restrição ao uso de banheiro

Configura, igualmente, violação à intimidade da empregada impedir que a mesma vá ao banheiro durante a jornada, ficando ela forçada a urinar em público, no local de trabalho. O comportamento patronal agrava-se mormente quando se revela que a empregada se encontrava grávida. O caso autoriza a compensação por dano moral[(142)].

Por outro lado, a utilização de câmera de vídeo nos sanitários, lugar que é privado por natureza, não se situa como avanço tecnológico indistintamente. A vigilância eletrônica poderá ter um futuro promissor, caso utilizada de forma humana, devendo, entretanto, ser combatidos os abusos na sua fiscalização, pena de violação aos direitos da personalidade, entre eles a intimidade (art. 5º, X da CF de 88). Instalação de aparelho audiovisual no banheiro caracteriza o que a OIT denomina "química de intrusão" e autoriza o pagamento do dano moral (cf. TRT — 3ª Reg. RO 00117-2004-044-03-00-3 — 2ª T. — Rel.: Juíza Alice Monteiro de Barros — DJ 17.8.**04**).

9.3.3. Submissão do empregado a exames para investigação do vírus HIV e de anticorpos de Hepatite B

Da mesma forma, configura violação à intimidade do empregado submetê-lo a exames para investigação do vírus HIV[(143)], bem como de anticorpos de Hepatite B, e,

---

(141) RUIZ MIGUEL, Carlos. *La configuración constitucional del derecho a la intimidad*. Madrid: Editorial Tecnos, 1995, p. 379, citado no livro de nossa autoria intitulado *Proteção à Intimidade do Empregado*. São Paulo: LTr, 1997, p. 33.

(142) "**Direito à intimidade. Violação. Dano moral.** Embora o Direito do Trabalho não faça menção expressa aos direitos de intimidade do trabalhador, eles são oponíveis contra o empregador, porque assegurados em preceito constitucional (art. 5º, X, da Constituição da República). Não é o fato de o empregado encontrar-se subordinado ao empregador ou de deter este último o poder diretivo, que irá justificar a ineficácia da tutela à intimidade no local de trabalho, do contrário haveria degeneração da subordinação jurídica em um estado de sujeição do trabalhador. Logo, procede a indenização por dano moral, quando comprovado que a reclamante, em estado de gravidez, **foi proibida de ir ao banheiro pelo gerente do reclamado, durante a realização de jogos de bingo**, vindo a urinar, em público, no horário de expediente. O rigor desmedido adotado pela empresa expôs a obreira a uma situação vexatória, devendo ser reparado o mal que lhe foi injustamente causado. Numa época em que os imperativos econômicos do mercado questionam os dogmas tradicionais do direito do trabalho, o vigor dos direitos fundamentais deverá servir de antídoto 'para emancipar o contrato de trabalho de sua excessiva subordinação à economia', permitindo a autorrealização do empregado como cidadão". TRT — 3ª Região — 2ª Turma — RO-18878/99 — Relª: Juíza Alice Monteiro de Barros — Julgado em 2.5.2000.

(143) "**Dano moral**. Comete ato ilícito ensejador de reparação por dano moral a empresa que submete empregado seu a exames de conteúdo eminentemente discriminatório, como no caso, de HIV, a teor da Lei n. 9.029/95". TRT — 4ª Reg. — Proc. 01575.771/01-2 — RO- 3ª T. — Rel.: Juiz Ricardo Carvalho Fraga — DOERS 19.12.2002. *Revista Justiça do Trabalho*. Porto Alegre: HS Editora, jan. 2003, p. 85.

constatada a presença destes, dispensá-lo no mês seguinte. A despedida é discriminatória e implica indenização por dano moral.

9.4. Direito à integridade moral ou à integridade intelectual. Liberdade de pensamento, crença religiosa, convicção filosófica, política ou sindical

A **liberdade**, em geral, é arrolada por Orlando Gomes entre os direitos da personalidade, situando-a como um dos componentes da integridade moral, enquanto Limongi França inclui a liberdade **de pensamento** (art. 5º, IV, da CF de 88) na divisão: integridade intelectual (cf. Carlos Alberto Bittar, p. 16). Essa liberdade, como direito de fazer ou deixar de fazer alguma coisa, traduz a autodeterminação de cada um para expressar-se pelas palavras (escritas ou verbais), pela imagem ou outro meio. No campo do Direito, a liberdade envolve várias manifestações desenvolvidas pelo homem no âmbito pessoal, negocial e espiritual. É, portanto, o valor fundamental da ordem jurídica previsto nos direitos constitucionais. A Constituição de 1988 declara inviolável a liberdade de consciência e de crença (art. 5º, VI), inconfundíveis por Pontes de Miranda, ao argumento de que a liberdade de crença acolhe a liberdade de escolha da religião, de aderir a qualquer seita religiosa, a liberdade de mudar de religião e a circunstância de não aderir à religião alguma, como a liberdade de descrença, de ser ateu e de exprimir o agnosticismo. Lembre-se de que a liberdade de alguém vai até onde não se prejudica a liberdade dos outros (SILVA, José Afonso da. *Curso de Direito Constitucional Positivo*. São Paulo: Malheiros Editores, 2010, p. 249).

A **religião,** por sua vez, pressupõe um sistema ideológico que envolve uma moral fundada em comportamentos individuais ou coletivos e "ritualizados", por meio dos quais o homem "participa do Eterno" e "coopera por meio do culto na formação do mundo"[(144)].

A **crença religiosa**, na divindade ou no sobrenatural, poderá ou não ser adotada sobre o sentido da vida, devendo o Estado, segundo a doutrina, afastar-se do direito à liberdade de crença ou religião. As pessoas poderão alterar suas crenças e "renovar a capacidade de diálogo com Deus"[(145)].

Cumpre frisar que o vínculo entre as igrejas, as comunidades religiosas e os seus membros ou integrantes constitui parte de um todo cujo liame é vocacional, não se situando como relação de emprego. A atividade pastoral não pressupõe subordinação jurídica, tampouco salário, mas uma "contribuição de subsistência", ou um "pequeno naco atribuído ao seu membro como um bolo concedido pelos fiéis"[(146)] (Ac. do Tribunal de Relação de Lisboa — 24.6.98. In: REIS, Raquel Tavares dos. *Op. cit., passim*).

Já a **convicção filosófica** repousa na experiência e na razão, enquanto a religião se funda na fé.

---

(144) REIS, Raquel Tavares dos. *Liberdade de Consciência e de Religião e Contrato de Trabalho de Tendência.* Coimbra: Coimbra Editora, 2004, p. 90, 219, 89.

(145) REIS, Raquel Tavares dos. *Op. cit., passim.*

(146) REIS, Raquel Tavares dos. *Op. cit., passim.*

Além de outras expressões, a convicção **política** concerne ao Estado ou ao governo, na opinião popular (Cf. LALANDE, André. *Vocabulário Técnico e Crítico da Filosofia*. São Paulo: Martins Fontes, p. 822).

Por fim, a **liberdade sindical** (art. 5º, XVIII, da CF) assegura a essa associação econômica ou profissional a representação da categoria, cuja natureza é privada, em geral.

A violação ao direito da personalidade é traduzida também pelo desrespeito à liberdade de **pensamento, crença religiosa, convicção filosófica, política ou sindical** assegurada no art. 5º (incisos IV, VI, VIII e XVII) e no art. 8º da Constituição da República de 1988. Os repertórios de jurisprudência nos dão notícia de acórdão proferido pelo TRT da 9ª Região — 3ª Turma[(147)], no qual se considerou nula a despedida de empregado, por ter se verificado com restrição ao princípio da **liberdade de expressão** ou, mais precisamente, em decorrência de **perseguição político-partidária**. A consequência foi a reintegração.

Uma vez comprovado que a despedida violou a consciência moral e cívica do empregado, sendo a faculdade resilitória exercida com um fim ilícito, dirigido à obtenção de um resultado que fere direitos fundamentais, entendemos que, a par da reintegração, deve-se assegurar ainda ressarcimento por dano moral, quando postulado.

9.5. Conclusão

Gostaríamos de ressaltar que numa época em que os imperativos econômicos do mercado questionam os dogmas tradicionais do Direito do Trabalho, inclusive o princípio da proteção, o persistente vigor dos direitos fundamentais dos trabalhadores nas empresas poderá traduzir, segundo a doutrina espanhola, "um antídoto para emancipar o contrato de trabalho de sua excessiva subordinação à economia, permitindo que essa disciplina recupere o seu papel de assegurar a autorrealização, a autodeterminação do empregado como cidadão"[(148)].

10. DANO MATERIAL, DANO PATRIMONIAL E DANO MORAL

10.1. Introdução

A responsabilidade civil se aplica não só ao âmbito da respectiva disciplina, mas de todas as que derivam desse ramo, inclusive do Direito do Trabalho. O dano a que alude o art. 186 do Código Civil de 2002 poderá ser material e/ou moral.

(147) "**Despedida por justa causa. Nulidade. Motivação política. Perseguição ideológica**. O empregador, para exercer o direito de resolver o contrato por falta grave do empregado, cinge-se às hipóteses elencadas no art. 482 da CLT. Se empresa pública, adicione-se a necessária obediência aos princípios da legalidade e da impessoalidade, dentre outros, por força do art. 37, *caput*, da CF/88. Ao comprovar-se que a despedida do empregado deu-se por perseguição político-partidária — em autêntica restrição ao princípio de liberdade de expressão, garantido pelo art. 5º, inciso IV da CF/88 — finda, ainda, o empregador por ferir o princípio da impessoalidade, pois o ato resilitório deixa de atender ao interesse público para satisfazer sentimentos pessoais. Por sua vez, a violação ao princípio da legalidade dá-se pela ultrapassagem dos limites em que, permitido o exercício do ato demissório, eis que, no caso vertente, tem traço eminentemente vinculado". TRT — 9ª Reg. — 3ª T. (RO 00433/93) — Relª: Juíza Wanda Santi Cardoso da Silva — DJ/PR 8.7.94, p. 61. *Dicionário de Decisões Trabalhistas*. Calheiros Bomfim, 25. ed.

(148) RODRIGUEZ-PIÑERO, Miguel. Costituzione, diritti fondamentali e contratto di lavoro. *Giornale di Diritto del Lavoro e di Relazioni Industriali*, Milano, n. 65, 1995.

Essa responsabilidade, por sua vez, poderá ser **contratual ou extracontratual**. A primeira configura-se quando uma das partes descumpre obrigação previamente contraída e a responsabilidade extracontratual se verifica quando o dano causado implica violação de um dever geral de não lesar, fora da relação convencional.

Convém distinguir, ainda, a **responsabilidade subjetiva**, em que o autor do dano age com dolo ou culpa e a **responsabilidade objetiva** "em que entram em funcionamento os chamados fatores objetivos de atribuição, em função dos quais quem provocou um dano deverá ser responsável por ele ainda que não haja atuado dolosa ou culposamente, a fim de preservar a segurança jurídica e a ordem pública"(149).

Não há responsabilidade civil sem a ocorrência de um dano, embora nem sempre que exista um dano haja a responsabilidade, mesmo porque ele poderá ter sido ocasionado pela própria vítima.

O dano poderá ser **material** e/ou **moral**.

O **dano material** implica lesão aos bens materiais de alguém, sujeitos à avaliação econômica. Compreende o **dano emergente** traduzido pelos gastos feitos pela vítima que deverão ser ressarcidos pelo autor do dano e o **lucro cessante** constituído de vantagens que a vítima deixou de auferir durante certo período em virtude do dano. Parte da doutrina distingue entre **dano material** e **dano patrimonial**, sustentando que este último abrange tanto os bens corpóreos, com valor econômico suscetível de apropriação, como os bens incorpóreos, entre os quais situa o direito autoral, suscetíveis de valor econômico. A distinção se verifica porque o patrimônio de uma pessoa não é constituído apenas de bens materiais(150). A propósito, o art. 114, inciso VI, da Constituição vigente, com a nova redação que lhe foi dada em dezembro de 2004, utiliza-se expressamente dessa expressão, quando atribui à Justiça do Trabalho competência para processar e julgar as ações de indenização por dano moral ou patrimonial, decorrentes da relação de trabalho.

Já o **dano moral** viveu durante muitos anos sob a sombra do dano patrimonial; a preocupação estava centrada no patrimônio e não na pessoa. Lembre-se que o dano moral é utilizado com maior precisão técnica como o dano pessoal, empregado o termo numa dimensão mais ampla, compreendendo a violação aos direitos da personalidade(151).

O dano à pessoa se resumia, praticamente, na violação do direito à vida e à honra, pois a vida humana tinha um significado diverso do que lhe é atribuído atualmente. Ignoravam-se as enfermidades mentais, como traumas, complexos, depressões, etc., qualificando-se esses estados como um produto da fatalidade, do azar. Ademais, desconfiava-se do rol ressarcitório para hipóteses que não tinham vinculação com o rendimento econômico, com o lucro, pois o homem que interessava

---

(149) LITWAK, Martín Aléxis. Responsabilidad civil de los deportistas y espectadores. *In: Daños en y por espectáculos desportivos*. Argentina: Ediciones Gowa, 1996, p. 106. Coord. Carlos Alberto Ghersi.

(150) OLIVEIRA, Paulo Eduardo V. *O Dano Pessoal no Direito do Trabalho*. São Paulo: LTr, 2002, p. 29.

(151) OLIVEIRA, Paulo Eduardo V. *Op. cit.*, p. 39.

era o homem trabalhador, o homem produtor, logo, os prejuízos deveriam guardar uma relação com a capacidade de produzir. Por outro lado, a burguesia se sentia solidária com os que causavam danos e não com os que sofriam os danos, como os assalariados. Essa elite era avessa a uma generalização que alcançasse todos os cidadãos: assim acontecia com o "dano à vida de relação", o dano estético, além de outros[(152)].

Acontece que, felizmente, os tempos mudaram. A economia estática foi sucedida por um processo mais dinâmico. A filosofia, ao penetrar na trama da existência humana, permite mostrar o homem em todas as suas facetas, como ser livre e criador. A psiquiatria e a sociologia também avançaram no conhecimento da complexidade do psiquismo e da alma. Em consequência, o homem toma consciência do que representa a sua integridade biológica e da gravidade de qualquer menoscabo ou violação a ela. O desfrute da saúde, da tranquilidade emocional e da alegria de viver não constituem mais privilégio de uma classe social, mas alcança todos os membros da comunidade. Em consequência, o sentido de justiça coloca-se ao lado de qualquer vítima que sofreu prejuízo e que reclama uma reparação condigna[(153)].

Assim, a compensação pelo dano à pessoa deve caminhar de forma harmoniosa com os direitos humanos e com os direitos da personalidade, cujo fundamento é o reconhecimento de que a pessoa tem um valor em si mesma e de que, por isso, deve-lhe ser reconhecida uma dignidade. A pessoa humana é corpo e espírito. Logo, a dor, a angústia e a tristeza são formas por meio das quais o dano moral se exterioriza.

10.2. Conceito de dano moral

Controvertido é o conceito de dano moral. De acordo com uma primeira linha de pensamento, o dano moral é "todo detrimento que não possa ser considerado como dano patrimonial"[(154)]. O conceito é criticado por ser simplista e definir por negação. Uma segunda posição sustenta que o dano moral se determina pela índole extrapatrimonial do direito lesado[(155)]. Essa posição é combatida ao fundamento de que nem sempre a lesão ao direito extrapatrimonial gera dano dessa natureza. Ademais, pode ocorrer que um dano moral tenha também um caráter patrimonial ou, inversamente, a lesão a direitos patrimoniais seja suscetível de causar simultaneamente dano patrimonial e moral. Passível dessas mesmas críticas anteriores é o conceito segundo o qual o dano moral é o "que se inflige ao violar-se algum dos direitos da personalidade". Há também os que asseveram que "o dano moral consiste em uma lesão a um interesse de caráter extrapatrimonial, pressuposto de um direito"[(156)].

---

(152) MOSSET ITURRASPE, Jorge. El daño fundado en la dimensión del hombre en su concreta realidad. Daños a la persona. *Revista de Derecho Privado y Comunitario*. Buenos Aires: Rubinzal-Culzoni Editores, p. 14.

(153) MOSSET ITURRASPE, Jorge. *Op. cit.*, p. 14.

(154) DIAS, José Aguiar. *Da responsabilidade civil*. 4. ed. Rio de Janeiro: Forense, 1960, t. II, p. 771.

(155) SAVATIER, René. *Traité de la responsabilité civil en droit français*. 2. ed. Paris: Librairie Generale de Droit et jurisprudence, 1951, *passim*.

(156) DE CUPIS, Adriano. *El daño*, trad. de la 2. ed. italiana por Angel Martínez Sarrión, Bosch, Barcelona, 1975, n. 10, p. 120.

A principal crítica que se tece a essa teoria é a de que confunde dano em "sentido amplo" e dano ressarcível.

Outra linha de pensadores afirma que o dano moral se determina considerando-se o resultado ou consequência da ação que causa o prejuízo[157]. Há também quem defina o dano em função do interesse afetado.

Entendemos como dano moral o menoscabo sofrido por alguém ou por um grupo como consequência de ato ilícito ou atividade de risco desenvolvida por outrem capaz de atingir direitos da personalidade e princípios axiológicos do direito, independentemente de repercussão econômica.

No Brasil, antes da Constituição de 1988, a jurisprudência mostrava-se vacilante, prevalecendo a ideia de irressarcibilidade do dano moral[158], embora a doutrina se inclinasse em sentido oposto, defendendo a sua reparabilidade[159]. Uma vez admitida no texto constitucional, a compensação pelo dano moral (art. 5º, X) estende-se a outros ramos do Direito, inclusive do Direito do Trabalho. Aliás, os art. 186, 953 e 954 do Código Civil de 2002, respectivamente, fazem alusão expressa ou implícita ao dano moral. Ele procede, em geral, quando se atenta contra os princípios axiológicos do Direito (igualdade e liberdade) e/ou contra os direitos da personalidade.

10.3. Cumulação de danos morais com danos materiais e estéticos

Também muito discutida foi a questão relacionada com a cumulação de danos morais e de danos materiais oriundos do mesmo fato. Pacificou-se a controvérsia com a **Súmula n. 37 do STJ**, que admite a cumulação.

Admite-se também a cumulação do dano moral e do estético, ainda que derivados do mesmo fato, quando possuem fundamentos distintos.

O dano moral é compensável pela dor e pelo constrangimento impostos e o dano estético, pela anomalia que a vítima passou a ostentar.

O dano estético afeta "a integridade pessoal do ser humano, em geral, e em particular a harmonia física, concebidas como materialização de um direito humano garantido no nível constitucional"[160]. Ele poderá ser o resultado de uma ferida que gera cicatriz, da amputação de um membro, falange, orelha, nariz, olho ou outro elemento da anatomia humana.

Quando se constata que um semelhante possui alguma parte do corpo alterada em relação à imagem que dele tinha formado o observador, o fato causa impacto a quem o percebe. É inegável que esse dano estético provoca também impacto sobre a percepção da própria vítima, afetada com a diminuição da harmonia corporal.

---

(157) PIZARRO, Daniel; Ramón e Roitman Horacio. El daño moral y la persona jurídica. Daños a la persona. *Revista de Derecho Privado y Comunitario*. Argentina: Rubinzal-Culzoni Editores, p. 215.

(158) *Revista dos Tribunais* 45/521.

(159) Clóvis Bevilacqua, Carvalho de Mendonça, Orozimbo Nonato, Pontes de Miranda, entre outros.

(160) GRANDOV, Baldomero e BASCARY, Miguel Carrillo. *Cicatrices, dano estético y el derecho a la integridad física*. Rosario: Editorial FAZ, 2000, p. 34.

O que se visa a proteger não é a beleza, valor relativo na vida cotidiana, mas a regularidade, ou normalidade do aspecto de uma pessoa; busca-se reparar o fato de que o ser humano, vítima da cicatriz, se veja como alguém diferente ou inferior, diante da curiosidade natural dos outros, nas suas relações. A reparação não resulta, portanto, do fato de a cicatriz ser repulsiva, embora essa circunstância possa aumentar o *quantum* ressarcitório, tampouco de ser sanada mediante uma cirurgia plástica, circunstância que poderá atenuar o valor da compensação(161).

10.4. Natureza jurídica

Igualmente controvertida é a natureza jurídica do dano moral, sendo considerada para uns pena e para outros ressarcimento, tese que tem prevalecido.

10.5. Dano moral e competência da Justiça do Trabalho

Já está pacificada na doutrina e na jurisprudência a competência da Justiça do Trabalho para apreciação de demanda em que o empregado postula a compensação por dano moral, decorrente da relação de trabalho(162). E se não bastasse, o art. 114, inciso VI, da Constituição vigente, introduzido pela Emenda Constitucional n. 45, de 2004, atribui competência à Justiça do Trabalho para processar e julgar as ações de indenização por dano moral ou patrimonial, decorrentes da relação de trabalho.

A controvérsia que persistiu, mesmo após a Emenda Constitucional n. 45, do final de 2004, foi relativa à competência para apreciação de pedido de compensação por dano moral e/ou material decorrente de acidente do trabalho.

A jurisprudência trabalhista majoritária, anteriormente à Emenda Constitucional, já defendia a competência da Justiça do Trabalho para apreciar a matéria(163).

O STF, após alguma hesitação(164), em 29 de junho de 2005, ao decidir conflito de competência, alterou seu posicionamento e definiu, por unanimidade, pela competência da Justiça do Trabalho para apreciar e julgar ação reparadora de dano (material

---

(161) GRANDOV, Balldomero e BASCARY Miguel Carrillo. *Cicatrices. Dano estético y Derecho a la integridad física.* Rosario: Editorial FAZ, 2000, p. 34 e 40. Na mesma direção nos posicionamos também como relatora do RO — 8903/03, que tramitou perante a 2ª Turma do TRT da 3ª Região, julgado em 22.7.2003 e publicado no DJMG de 30.7.2003. O STJ já se pronunciou nesse sentido por meio de suas turmas nos seguintes acórdãos: **2ª T.**-AGA 276.023-RJ-Rel.: Min. Paulo Gallotti — Fonte: DJ 28.8.2000 — PG:00068 — RSTJ — V.: 00138 — PG: 00172; **3ª T.** — RESP 254.445 — PR — Rel.: Min. Nancy Andrighi — Fonte: DJ 23.6.2003 — PG: 00351 e **4ª T.** — RESP 347.978 — RJ — Rel.: Min. Ruy Rosado de Aguiar — Fonte: DJ 10.6.2002 — p. 00217.

(162) **Súmula n. 392 do TST**.

(163) **"Embargos do reclamado — Dano moral e material — Acidente de trabalho — Lesão por esforços repetitivos — LER — Competência da Justiça do Trabalho.** A Justiça do Trabalho é competente para apreciar e julgar ação de indenização por dano moral e material resultante de acidente de trabalho, nos termos do art. 114 da Constituição Federal". TST-E-RR 483206/1998. Acórdão SD1. Redator designado: Min. Vantuil Abdala. DJU 17.10.2003.

(164) Em fevereiro de 2005 (RE-394.943/SP — Rel. p/acórdão Min. Eros Grau) e em sessão plenária de 9 de março do mesmo ano (RE-438639-9/MG), por 9 votos contra 2 vencidos, mantiveram-se essas decisões. Em julho de 2005 o STF atribuiu competência à Justiça do Trabalho para apreciar e julgar ação de indenização por dano moral e/ou material.

e/ou moral) resultante de acidente do trabalho ajuizada pelo empregado contra o empregador. Afirmou, na oportunidade, que essas ações não foram excetuadas do âmbito do citado art. 114, ao contrário sua apreciação pela Justiça do Trabalho está contida no inciso VI do referido preceito, pois "sem o vínculo trabalhista o infortúnio não se configuraria". Considerando que o STF é o guardião da Constituição, a ele compete interpretá-la[(165)].

10.6. Prova

Releva notar, ainda, que a responsabilidade de reparação surge tão logo se verifica o fato da violação (*damnun in re ipsa*). Não cabe cogitar, por isso, de prova do dano moral, já que não se exige do lesado a demonstração de seu sofrimento. Já o dano material não é presumível, portanto, exige prova.

10.7. Responsabilidade pré-contratual, contratual e pós-contratual

O dano moral geralmente ocorre na fase pré-contratual e contratual, podendo, neste último caso, provocar ou não a resolução do pacto. O dano moral poderá ocorrer também na fase pós-contratual.

Se o dano moral ocorreu na fase contratual, não há dúvida de que a competência para dirimir o feito é da Justiça do Trabalho (**Súmula n. 392 do TST**).

Caso o dano moral tenha se verificado na fase de seleção de pessoal, afirmam alguns falecer competência à Justiça do Trabalho para apreciar a questão, devendo a matéria ser julgada pela Justiça comum, uma vez que a relação de emprego não chegou a se estabelecer[(166)].

Outros, aos quais nos filiamos, concluem pela competência da Justiça do Trabalho também quando o dano ocorre na fase pré-contratual, ou seja, quando o empregador deixa de admitir o trabalhador por um ato que configura atentado à intimidade, como por exemplo, alegando ser ele homossexual, cleptomaníaco, prostituta, portador do vírus HIV, por estar a mulher grávida, por apresentar tendência genética a uma determinada doença, sempre que tais circunstâncias não tenham repercussão direta na função que irá exercer. Alinha-se também aqui o fato de o trabalhador não ser contratado por ter repelido assédio sexual.

O dever de ressarcimento, nesses casos, se funda na teoria da culpa *in contrahendo* ou responsabilidade pré-contratual, com a qual Jhering visou a tutelar a confiança recíproca, que deve nortear o comportamento das partes desde a fase das negociações preliminares. O fundamento dessa responsabilidade reside no dever de agir consoante o princípio da boa-fé objetiva, que incide no direito obrigacional, atuando como norma de conduta social, segundo a qual as pessoas devem se comportar com lealdade

---

(165) Decisão alusiva do Conflito de Competência n. 7.204-1-MG, Relator Min. Carlos Brito.

(166) TEIXEIRA FILHO, João de Lima. O dano moral no Direito do Trabalho. *Revista LTr* 60-9/1179. DALAZEN, João Oreste. Indenização civil de empregado e empregador por dano patrimonial ou moral. *Revista de Direito do Trabalho*, n. 77, p. 49.

recíproca nas relações sociais, enquanto a boa-fé subjetiva cinge-se ao campo dos direitos reais(167). Corroboram nossa assertiva Délio Maranhão(168), Amauri Mascaro Nascimento(169), Tostes Malta(170) e César P. S. Machado Júnior(171).

A doutrina estrangeira também assevera que não há inconveniente em se aplicar os princípios da responsabilidade pré-contratual elaborados pelo Direito Civil para os casos que, em virtude da atitude de uma das partes, configuradora de um claro abuso de direito, se produza um dano com a frustração do contrato de trabalho(172). Dá-se na hipótese "abuso da liberdade de não contratar", que constitui abuso de direito(173). Apesar de o contrato ainda não ter sido concluído, durante a negociação as partes devem agir com lealdade e boa-fé. A infringência desses deveres implica ressarcimento do dano emergente (gastos realizados), como também do lucro cessante que poderia ser obtido em outra contratação que não se concretizou, dada a frustração da negociação anterior, sem prejuízo da compensação pelo dano moral acaso verificado(174).

Nota-se, portanto, que a jurisprudência, com a qual compartilhamos inteiramente, começa a se inclinar pela competência da Justiça do Trabalho também quando o dano ocorre na fase pré-contratual. É o que se constata desses julgados:

> "Contrato de trabalho. Fase pré-contratual. Efeitos jurídicos. As conversações preliminares travadas entre empregado e futuro empregador, apesar de não obrigarem a conclusão do contrato, produzem, em alguns casos, efeitos jurídicos, na medida em que o empregado, confiando na previsível conclusão do contrato, deixa de aceitar outra proposta de emprego,

---

(167) CAPPELARI, Récio Eduardo. *Responsabilidade pré-contratual*. Porto Alegre: Livraria do Advogado, 1995, p. 76. Em harmonia com o entendimento: ARAÚJO, Francisco Rossal de. *A boa-fé no contrato de trabalho*. São Paulo: LTr, 1996, p. 38; ROMAN GARCIA, Antonio. *El precontrato. Estudio dogmático y jurisprudencial*. Madrid: Editorial Montecorvo, 1982, p. 419.

(168) "Assim é que, se os entendimentos preliminares chegaram a um ponto que faça prever a conclusão do contrato e uma das partes os rompe sem um motivo justo e razoável (*culpa in contrahendo*), a outra terá direito ao ressarcimento do dano causado por esse rompimento (interesse contratual negativo), quando possa provar que, confiando na previsível conclusão do contrato, fez despesas em virtude de tais entendimentos, ou deixou de aceitar outra oferta tanto mais vantajosa. Consideramos perfeitamente cabível uma ação desta natureza na Justiça do Trabalho, em face do artigo 114 da Constituição, que fala em 'outras controvérsias decorrentes da relação do trabalho'. Dir-se-á que não chegou a completar. Mas o dano se apura, na hipótese, em função de sua previsível formação e a culpa ocorre na fase preliminar de um contrato de trabalho: a controvérsia se origina, pois, de uma relação de trabalho, embora no nascedouro". *Instituições de Direito do Trabalho*. 22. ed. v. 1, São Paulo: LTr, mar. **2005**, p. 251.

(169) "... quando há contrato escrito para início futuro da relação de emprego e esta não começa na data aprazada por oposição do empregador que, supervenientemente, desinteressou-se do empregado. A lei não resolve a questão. Se resultarem prejuízos ao empregado, que contava com o emprego e se desfez de suas obrigações em função do ajuste com o novo empregador, o empregado terá direito às reparações que serão cíveis de acordo com o princípio da indenização por danos. A competência para apreciar a questão será da Justiça do Trabalho, em face do disposto no art. 114 da Constituição Federal, ao atribuir-lhe poderes para resolver controvérsias oriundas das relações de emprego". *Iniciação ao Direito do Trabalho*. 15. ed. São Paulo: LTr p. 130.

(170) "... os litígios decorrentes de pré-contratos de trabalho ou da chamada fase pré-contratual da relação de emprego entram na competência da Justiça do Trabalho, segundo melhor doutrina". *Prática do Processo Trabalhista*. São Paulo: LTr, 1989, 19. ed., p. 253.

(171) MACHADO JÚNIOR, César P. S. *Direito do Trabalho*. São Paulo: LTr, 1999, p. 188.

(172) VAZQUEZ VIALARD, Antonio. *La responsabilidad en el derecho del trabajo*. Buenos Aires: Astrea, 1988, p. 157.

(173) LLAMBÍAS. *Tratado. Obligaciones*. T. I, p. 224 y ss. citado por VAZQUEZ VIALARD, Antonio.*Op. cit., passim*.

(174) VAZQUEZ VIALARD, Antonio. *Op. cit.*, p. 157.

tanto ou mais vantajosa". TRT — 22ª Região — RO-00496-2002-001-22-00-8 — Ac. 2.295/2003, 19.11.03. Rel.: Juiz Fausto Lustosa. *Revista LTr*, abr. 2004, p. 492.

"PROMESSA DE CONTRATAR — PRÉ-CONTRATO — DESCUMPRIMENTO — REPARAÇÃO DE DANOS — A Justiça do Trabalho é competente para apreciar e decidir pedido de reparação de dano causado pelo descumprimento da promessa de celebrar contrato de trabalho, por tratar-se de controvérsia decorrente de uma relação de trabalho prometida e que não teria se consumado por culpa de uma das partes. Embora refutada por muitos, existe a chamada responsabilidade pré-contratual, decorrente de ação ou omissão culposas ocorridas entre a proposta e a aceitação. Se a aceitação da proposta é manifestada no tempo oportuno, o contrato estará perfeito e acabado pelo simples acordo de vontades. Mas em se tratando de proposta que não exige aceitação imediata, pode o policitante retratar-se antes de manifestar o policitado sua vontade. Entretanto, se este foi ilaqueado em sua boa-fé e frustrado na sua fundada esperança de contratar, tem ele o direito à reparação dos prejuízos sofridos. O dever de indenizar, no caso, explica-se, segundo alguns, pela teoria da culpa *in contrahendo* ou, segundo outros, pelo abuso de direito, mesmo que nessa fase não se entenda já existirem direitos". TRT — 3ª Região — RO-17.739/2000 — Rel.: Juiz Luiz Otávio Linhares Renault, julgado em 8.11.2000 — DJMG 25.11.2000. *Revista TRT 3ª Região* n. 62, p. 279.

Na hipótese relatada, o dano foi apenas material, porquanto o empregado deixou de trabalhar para a empresa X pouco depois de receber a proposta de emprego feita pela empresa Y. Não celebrado o contrato prometido, por culpa desta última, ela deverá reparar os danos causados ao recorrido, que permaneceu alguns meses desempregado.

A conduta ilícita praticada pelo empregador e capaz de gerar compensação por dano moral poderá ocorrer na fase pós-contratual. Persiste a competência da Justiça especializada sempre que a ofensa tenha vinculação com o contrato de trabalho rompido. Dessa forma, se o empregador invoca situação que importa afronta à honra da pessoa enquanto trabalhador, como no caso da improbidade, compete à Justiça do Trabalho apreciar o feito[175], assim como quando o dano advier de informações desabonatórias e inverídicas fornecidas pelo ex-empregador ao futuro empregador[176]. Embora a conduta danosa seja posterior à ruptura do pacto laboral, guarda estreito nexo de causalidade com ele, capaz de atrair a competência da Justiça do Trabalho.

10.8. A compensação por danos morais. Parâmetros para fixação de valor

A compensação por danos morais pressupõe um dano efetivo e não um simples aborrecimento decorrente de uma sensibilidade excessiva ou amor-próprio

(175) Nesse sentido nos pronunciamos como relatora do RO 15687/96, julgado pela 2ª T. do TRT da 3ª Região no dia 11.3.1997.

(176) Na mesma direção pronunciou-se o TRT da 9ª Região, por meio da seguinte ementa: "**Danos morais. Anotações desabonadoras na CTPS.** A CTPS é um documento expedido por órgão oficial e destinado, especificamente, à anotação de dados acerca do contrato de trabalho (art. 29 e seguintes da CLT). A atitude tomada pelo empregador, no sentido de anotar na CTPS que o contrato estava sendo rescindido em razão de 'faltas injustificadas da empregada', representaram um ato ilícito, posto que vedadas as anotações desabonadoras à conduta do empregado em sua CTPS. Essa atitude gerou manifesto prejuízo, na medida em que a carteira de trabalho é um retrato profissional do trabalhador, além de uma forma de identificação do cidadão. Assim, quaisquer anotações indevidas tornam-se públicas, prejudicando a imagem do trabalhador, nascendo, daí, o direito do empregado à reparação pelos danos morais e patrimoniais sofridos". TRT-PR-RO-8379/97 — Ac. 1ª T. — Rel.: Juiz Wilson Pereira. *Revista Genesis*, jan. 1998, n. 61, p. 124.

pretensamente ferido[(177)]. Essa compensação não poderá servir de pretexto para angariar vultosas indenizações e, em consequência, transformar o instituto em "indústria" da responsabilidade civil, como já alertam os autores.

No Brasil, há predeterminação em lei para a compensação por danos morais, como emerge dos art. 948, 952 e 954 do Código Civil de 2002; da lei de imprensa; das leis sobre comunicação e sobre direitos autorais.

Verifica-se, entretanto, que as denúncias de violação dos direitos da personalidade sujeitas à apreciação do Judiciário sempre se encontram em "*estreita consonância com o chamado mundo interior dos homens com seus elementos espirituais e anímicos*"[(178)], com suas convicções morais.

É que a fixação da compensação alusiva ao **dano moral** e **psicológico** resulta de arbitramento do juiz, após analisar a gravidade da falta; a intensidade e a repercussão da ofensa; a condição social da vítima; a sua personalidade e a do ofensor; a possibilidade de superação física ou psicológica da lesão, bem como o comportamento do ofensor após o fato, entre outros fatores.

No Brasil, não há regramento legal **estabelecendo critérios objetivos** para fixá-lo, o mesmo ocorrendo nos EUA, na França e na Inglaterra (cf. Ronaldo Alves de Andrade. *Dano moral à pessoa e sua valoração*. São Paulo: Juarez de Oliveira, 2000, p. 44, 45 e 46).

Aliás, nem sequer se aplica ao dano moral a tarifação prevista na Lei de Imprensa, consoante dispõe a **Súmula n. 281 do Superior Tribunal de Justiça**.

Da mesma forma, na avaliação do dano psicológico não há critério objetivo para quantificar a compensação correspondente, mesmo porque a absorção da dor psíquica varia de indivíduo para indivíduo, pois é um fenômeno nervoso. Afirma-se já existir um aparelho nos EUA e, mais recentemente na Europa, capaz de observar com precisão o momento em que a dor física ou psíquica é sentida. Ele reduz em unidades denominadas "dols" as sensações da pessoa. Ocorre que o mesmo aparelho não consegue medir a dor passada, tampouco a dor moral[(179)].

Por enquanto, há apenas projeto de lei, no Brasil, aprovado no Senado, n. 150, de 1999, com o substitutivo do Senador Pedro Simon, estabelecendo tarifação para o dano moral.

---

(177) Observa Antônio Chaves que "propugnar pela mais ampla ressarcibilidade do dano moral não implica no reconhecimento de que todo e qualquer melindre, toda suscetibilidade exacerbada, toda exaltação do amor próprio, pretensamente ferido à mais suave sombra, ao mais ligeiro roçar de asas de uma borboleta, mimos, escrúpulos, delicadezas excessivas, ilusões insignificantes desfeitas, possibilitem sejam extraídas da caixa de Pandora do Direito, centenas de milhares de cruzeiros". *Apud* MEIRELES, Edilton. Aferição do Dano moral trabalhista. *Jornal Trabalhista*. Brasília, n. 390, 17.2.92, p. 210.
Do mesmo modo opinou o TRT da 12ª Região: "**Dano moral**. A despedida imotivada de empregado, não obstante esteja protegido por estabilidade ou com o contrato suspenso, não constitui, por si só, lesão à moral, à dignidade ou a qualquer outro valor subjetivo. Trata-se de prejuízo e dano de ordem patrimonial, ressarcíveis na forma da legislação trabalhista". TRT-12ª Reg. — 2ª T. — Ac. 3.663/97— Rel.: Juiz Marcus Mugnaini — DJSC 23.4.97, p. 100.

(178) SILVA, Wilson Melo da. *O dano moral e sua reparação*. 2. ed., Rio de Janeiro: Forense, p. 356.

(179) Cf. VINEY, Geneviève *apud* ANDRADE, Ronaldo Alves de. *Op. cit.*, p. 127.

A fixação de seu valor não deverá ter como parâmetro o salário mínimo, em face da vedação expressa contida no art. 7º, IV, da Constituição de 1988[180].

11. DANO COLETIVO

A vida em sociedade mantém o homem interagindo continuamente na família, nos bairros, na escola, no trabalho, nos sindicatos, nos clubes, nas igrejas, nos espetáculos, etc. Em muitos desses lugares, sejam relações pessoais ou impessoais, a violência está presente. Se não bastasse, a massificação associada à automação e à mecanização dão origem também ao surgimento de várias atividades de risco.

Muitas atividades que o homem realiza ou participa são geradoras de danos e, às vezes, trágicos. O Direito não pode permanecer alheio a essa realidade. Reclama-se uma ampliação das fronteiras da responsabilidade civil, quer no tocante aos danos reparáveis, quer no que se refere aos fatos geradores do dano e aos sujeitos obrigados a ressarci-los. Nessa linha se direciona o art. 927, parágrafo único, do Código Civil de 2002, ao estabelecer que "haverá obrigação de reparar o dano, independentemente de culpa, nos casos especificados em lei, quando a atividade normalmente desenvolvida pelo autor do dano implicar, por sua natureza, risco para os direitos de outrem". Restou claro, com esse dispositivo, que o diploma civil vigente se compadece mais com a realidade da sociedade atual do que o sistema clássico da responsabilidade civil, fundada apenas no ato ilícito, reconhecendo-se que ao lado da culpa existem fatores objetivos de risco suscetíveis de causar danos. Competirá à doutrina e, principalmente, à jurisprudência, fixar os limites do risco circunstancial, que certamente levará em conta o grau de previsibilidade da produção do dano[181]. Estarão compreendidos nesse conceito a contaminação ambiental, a exploração nuclear, os danos advindos de uso da informática, os riscos do desenvolvimento, principalmente da biologia, pois produtos medicinais poderão comprometer vidas futuras. Se o "direito é luta" (Ihering) não poderá permanecer inerte em face das transformações sociais, omisso em relação às súplicas de seu tempo.

Não se admite mais que o dano seja visto como um castigo divino, um azar. Urge a necessidade de preveni-lo ou repará-lo, porque atrás dele encontra-se a ação culposa de alguém ou a criação de um risco por outrem.

Quando o dano é produzido por um sujeito determinado ou por vários sujeitos identificados ou ainda por coisas pertencentes a eles, cabe-lhes indenizar a vítima. Aqui, apresentam-se os pressupostos da responsabilidade individual.

---

(180) "**Dano moral. Fixação de indenização com vinculação a salário mínimo. Vedação Constitucional**. Art. 7º, IV, da Carta Magna. O Plenário desta Corte, ao julgar, em 1º.10.97, a ADIN 1425, firmou o entendimento de que, ao estabelecer o art. 7º, IV, da Constituição que é vedada a vinculação ao salário mínimo para qualquer fim, 'quis evitar que interesses estranhos aos versados na norma constitucional venham a ter influência na fixação do valor mínimo a ser observado'. No caso, a indenização por dano moral foi fixada em 500 salários mínimos para que, inequivocamente, o valor do salário mínimo a que essa indenização está vinculada atue como fator de atualização desta, o que é vedado pelo citado dispositivo constitucional. Outros precedentes desta Corte quanto à vedação da vinculação em causa. Recurso extraordinário conhecido e provido". STF — RE-225488/PR — 1ª T. — Rel.: Min. Moreira Alves — julgado em 11.4.2000 — DJ 16.6.2000, p. 39.

(181) ZAVALA DE GONZÁLEZ, Matilde. La noción de actividades riesgosas en el proyecto do Código Civil, J. A. semanário del 23/3/88, n. 5560. *Apud* GARRIDO CORDOBERA, Lídia M. *Los daños colectivos y la reparación*. Buenos Aires: Editorial Universidad, 1993, p. 57.

Poderá ocorrer, entretanto, de o autor do dano não estar individualizado entre os componentes de um grupo que, possivelmente, lesou alguém. E, às vezes, até mesmo esse grupo é indeterminado. A impossibilidade de se estabelecer essa individualização gera a chamada "responsabilidade coletiva"[(182)], da qual se têm ocupado vários sistemas legislativos. Nela se encontram presentes: a antijuridicidade, representada pela participação do grupo em atividade de risco, com menosprezo do resultado; o dano; a imputabilidade aos membros do grupo que participaram da ação comum, e a causalidade.

A diferença entre o dano individual e o dano coletivo é que, no primeiro, a lesão atinge um direito subjetivo ou o interesse individual de alguém, enquanto no dano coletivo o prejuízo é mais disperso ou difuso, porém perceptível, pois as pessoas lesadas integram uma determinada coletividade[(183)]. Situam-se como exemplo destes últimos os danos que afetam o meio ambiente, os danos nucleares, os derivados de defeitos em produtos de consumo ou os advindos de explosão de violência[(184)].

Fala-se, ainda, em dano coletivo próprio e impróprio.

O **dano coletivo próprio** pressupõe uma atividade antissocial que causa o prejuízo, mas não há como imputar a conduta a um grupo determinado, como ocorre, por exemplo, nas atividades gerais de danos em espetáculos, sem possibilidade de incriminar alguém. Nesses casos, responsabilizam-se os empresários promotores do evento, quando factível, ou então ao Estado, por meio de fundos comuns de garantia.

O **dano coletivo impróprio** ocorre quando não se consegue individualizar o seu autor, mas é possível determinar os sujeitos integrantes do grupo, dos quais um ou vários causaram o dano, embora não se saiba a quem imputar a coautoria[(185)].

Há autores que distinguem os danos causados coletivamente dos danos sofridos coletivamente. No primeiro, a causa é de natureza grupal, em que todos os seus membros, mesmo que de modo invisível, escondido pelo anonimato, facilitaram ou colaboraram para o evento danoso, potencializando benefícios comuns e perigos. O fato gerador é objetivo e tem como pressuposto o risco criado pelo grupo.

No que se refere aos danos que afetam várias pessoas simultaneamente ou sucessivamente em seus interesses sociais, eles geram prejuízos intrinsecamente difusos, sob uma perspectiva passiva, o que significa que afetam elencos de pessoas ou massa humana[(186)].

Caso não seja possível identificar o autor do fato lesivo, aplica-se a teoria do "dano coletivo", imputando-se a responsabilidade ao grupo cuja atitude gerou um

(182) GARRIDO CORDOBERA, Lídia M. *Op. cit.*, p. 64.
(183) Neste sentido: GARRIDO CORDOBERA, Lídia. *Op. cit.*, p. 92.
(184) BARROS, Alice Monteiro de. *As relações de trabalho no espetáculo*. São Paulo: LTr, 2003, p. 230 e ss.
(185) GARRIDO, Roque Fortunado. Reflexiones sobre la responsabilidad civil (conferencia). *Apud* GARRIDO CORDOBERA, Lídia. *Op. cit.*, p. 94.
(186) ZAVALA DE GONZÁLEZ, Matilde. *El daño colectivo, en Derecho de Daños*. Buenos Aires: Ed. La Rocca, 1989, p. 93.

risco potencial. Embora ausentes as características de uma pessoa jurídica na massa humana, que atuou em conjunto, ela arcará com o ônus[(187)]. A responsabilidade coletiva é uma espécie de responsabilidade por fato de terceiro em benefício de uma socialização ou fracionamento dessa responsabilidade.

Não há dúvida de que é difícil a instrumentalização do instituto da reparação do dano coletivo, por exemplo, em um jogo de futebol, multitudinário, em que o dano, às vezes, é praticado por um grupo pequeno que se esconde no anonimato, conhecido, na Argentina, como "barras bravas". É sabido que o comportamento social amparado na quantidade, no anonimato, na impessoalidade gera como consequência a superação das inibições preexistentes, com a mobilização para ações irracionais, que soem derivar no paroxismo[(188)]. Entretanto, não se pode permitir que esses atos de violência, tão comuns na sociedade atual, fiquem desprovidos de sanção. Tais comportamentos exigem que o Direito se antecipe a uma legislação sobre a temática e enfrente esses desafios; do contrário, ficará comprometida a manutenção da ordem social.

Sugerimos fosse seguida a solução já adotada por alguns países europeus e que consiste na criação de fundos comuns de garantia, cuja função é reparar os danos, independentemente dos fatores de atribuição tradicionais. Eles reparam os prejuízos sofridos pela vítima ou pelos seus familiares e permitem a socialização dos riscos.

O direito moderno que pretende assegurar o bem comum precisa ampliar as fronteiras da responsabilidade civil, ciente de que "atrás do dano não está o azar, a desgraça impessoal ou anônima, senão a atuação de uma pessoa ou a criação de um risco"[(189)].

(187) HERRERA, Felix Guillermo. La caracterización de las relaciones jurídicas entre deportistas y la institución. Espectadores. *In: Daño en y por espectáculos deportivos*. Buenos Aires: Ediciones Gowa, 1996, p. 38. Coord.: Carlos Alberto Thersi.

(188) AGULLA, Juan Carlos. *La promesa de la sociología*, p. 283. *Apud* CORDOBERA GARRIDO. *Los daños colectivos y la reparación*. Buenos Aires: Editorial Universidad, 1993, p. 46.

(189) MOSSET ITURRASPE, Jorge. Nuevas fronteras de la responsabilidad civil, em *Revista de la Asociación Argentina de D. Comparado*, p. 136, 1977, n. 1.

CAPÍTULO XIX

DURAÇÃO DO TRABALHO. JORNADA DE TRABALHO

1. ESCORÇO HISTÓRICO

Antes da era industrial, não havia regulamentação sistemática da duração do trabalho. A história registra um ato normativo isolado, conhecido como Lei das Índias (1593), que vigorou na Espanha, dispondo que a jornada não poderia ultrapassar oito horas diárias. Na Inglaterra, a primeira lei limitou a jornada em 10 horas (1847) e na França estabeleceu-se o mesmo limite em 1848, para os que trabalhavam em Paris. Nos EUA, já em 1868 fixava-se em oito horas a jornada para os empregados federais. Na América Latina, o Chile foi o primeiro a estabelecer esse limite para os trabalhadores estatais (em 1908), seguido de Cuba, em 1909, para os mesmos empregados, e do Uruguai, em 1915. No Brasil, há notícia de um Decreto de 1891, que vigorou apenas no Distrito Federal, dispondo que a jornada dos meninos era de nove horas e das meninas, de oito horas. Em 1932 editaram-se decretos limitando a jornada em oito horas para os comerciários e industriários, estendendo-se a outros trabalhadores em 1933. A Constituição de 1934 também já previa esse limite. A jornada de oito horas foi unificada em 1940. A Constituição de 1988 manteve a jornada de oito horas, mas reduziu o número de horas semanais de 48 para 44 horas e ainda majorou o adicional de horas extras para 50%[1].

É sabido que a legislação sobre a duração do trabalho no Brasil, elaborada em 1943, compreende vários temas, como jornada de trabalho, repouso e outros descansos (art. 58 a 74 da CLT). Em consequência e em face das mudanças sociais e econômicas pelas quais passou o país, o capítulo sofreu várias alterações legislativas.

2. FUNDAMENTOS E OBJETIVOS

As normas sobre duração do trabalho têm por **objetivo primordial tutelar a integridade física do obreiro, evitando-lhe a fadiga. Daí as sucessivas reivindicações de redução da carga horária de trabalho e alongamento dos descansos.** Aliás, as longas jornadas de trabalho têm sido apontadas como fato gerador do estresse, porque resultam em um grande desgaste para o organismo. O estresse, por sua vez, poderá ser responsável por enfermidades coronárias e úlceras[2], as quais estão relacionadas também com a natureza da atividade, com o ambiente de trabalho e com fatores genéticos. A par do desgaste para o organismo, o estresse é responsável ainda pelo absenteísmo, pela rotação de mão de obra e por acidentes do trabalho.

---

(1) Anteriormente à Constituição de 1988, o adicional de horas extras era de 20% quando houvesse acordo escrito para prorrogação da jornada de trabalho e, na falta deste ajuste, o adicional era de 25% (**Súmula n.** 215 do TST).
(2) *El trabajo en el mundo*. Ginebra: OIT, 1993, v. 6, p. 83.

Além desse fundamento de ordem fisiológica, as normas sobre duração do trabalho possuem, ainda, um outro de ordem econômica, pois o empregado descansado tem o seu rendimento aumentado e a produção aprimorada. Já o terceiro fundamento, capaz de justificar as normas sobre duração do trabalho, é de ordem social: durante o dia o empregado necessita de tempo para o convívio familiar e para os compromissos sociais.

3. JORNADA E HORÁRIO

Cumpre, de início, distinguir jornada e horário de trabalho. Jornada é o período, durante um dia, em que o empregado permanece à disposição do empregador, trabalhando ou aguardando ordens (art. 4º da CLT). Já o horário de trabalho abrange o período que vai do início ao término da jornada, como também os intervalos que existem durante o seu cumprimento.

No Brasil, a norma geral prevê uma jornada de oito horas para um módulo ou carga semanal de 44 horas. O que exceder a isso é tido como trabalho extraordinário[(3)].

3.1. Trabalho extraordinário. Necessidade imperiosa

Em geral, nos países desenvolvidos, aceita-se a licitude do trabalho extraordinário apenas quando ocorrerem certas situações, ou seja, um fenômeno inusitado ocasionado por necessidade imperiosa, via de regra, imprevisível, as quais estão mencionadas no art. 61 da CLT.

O nosso Direito arrola os casos de necessidade imperiosa, na seguinte ordem: a) a **força maior,** definida no art. 501 da CLT, entendida como acontecimento imprevisível para o qual o empregador não concorreu nem direta nem indiretamente, como um terremoto, por exemplo; b) a **recuperação do tempo perdido em virtude de força maior ou causas acidentais**; c) a **conclusão de serviços inadiáveis ou cuja inexecução possa acarretar prejuízos manifestos ao empregador**, dada a sua própria natureza (produtos perecíveis, por exemplo, que devam ser colocados em refrigeradores).

a) Força maior

Embora o texto consolidado não preveja limite expresso de horas de trabalho exigível, quando do evento da força maior, concluímos que são no máximo 12 horas, haja vista que, entre duas jornadas, devem existir 11 horas de intervalo para o sono e, após cada seis horas de trabalho, uma hora para refeição. Portanto, esta é **outra revisão** a ser feita na CLT: deve ser estabelecido um limite à jornada extraordinária em caso de força maior.

A redação da CLT também não previu o adicional de horas extras para o trabalho realizado em decorrência de **força maior,** salvo para o menor e para a mulher (art. 376 da CLT, revogado em junho de 2001). O sobretempo era pago apenas como hora

(3) A carga horária semanal antes da Constituição da República de 1988 era de 48 horas, com jornada de oito horas.

normal. Hoje, em face do art. 7º, XVI, da Constituição de 1988, **o adicional mínimo, de 50%, deve ser assegurado também nessa hipótese,** uma vez que o dispositivo constitucional não prevê exceção.

À luz do art. 376 da CLT, à **mulher** só era permitido o trabalho em hora extra na hipótese de força maior. O preceito acabou por ser revogado pela Lei n. 10.244, de 27 de junho de 2001. Atualmente, confere-se à mulher o mesmo tratamento legal atribuído ao homem no que tange ao trabalho extraordinário.

Por outro lado, o art. 413, inciso II, da CLT, só permite a prorrogação da jornada normal do **menor** por motivo de força maior, até o máximo de 12 horas, com o acréscimo salarial de, pelo menos, 50% sobre a hora normal e desde que o trabalho do menor seja imprescindível ao funcionamento do estabelecimento. Fica esclarecido que, se o menor for sujeito de um contrato de aprendizagem, a duração do seu trabalho não poderá exceder de seis horas diárias, sendo vedada a prorrogação e a compensação (art. 432 da CLT, alterado pela Lei n. 10.097, de 19 de dezembro de 2000). O limite previsto nesse artigo é de até oito horas diárias para os aprendizes que já tiverem completado o ensino fundamental, se nelas forem computadas as horas destinadas à aprendizagem teórica.

b) Recuperação do tempo perdido em decorrência de força maior

Já na recuperação do tempo perdido em decorrência da força maior, as horas extras não poderão exceder de duas horas diárias e por período não superior a 45 dias por ano, consecutivos ou não. Embora o texto da CLT também não preveja o adicional de horas extras para o trabalhador adulto masculino, ele procede, em razão do disposto no art. 7º, XVI, da Constituição. **Aí estão, portanto, outras revisões que devem ser feitas na CLT.**

c) Serviços inadiáveis ou cuja inexecução possa acarretar prejuízos manifestos ao empregador

Por fim, entre as hipóteses de necessidade imperiosa, o art. 61 da CLT arrolou a conclusão de serviços inadiáveis, ou cuja inexecução possa acarretar prejuízo às partes. Essa prorrogação só se justifica pelo tempo necessário e quando a interrupção do trabalho resulte de causas acidentais e imprevisíveis, o que, aliás, deverá ser esclarecido em face de uma revisão na legislação, dadas as posições doutrinárias antagônicas[(4)]. Na primeira situação (serviços inadiáveis), os trabalhos que serão executados visam a preparar o ambiente para reiniciar o serviço (aquecimento de forno, etc.) e, na segunda situação, são complementares (terminar serviços já iniciados com matéria-prima suscetível de perda). O serviço extraordinário, nos casos citados, poderá atingir até quatro horas extras, mesmo que o trabalhador tenha jornada legal ou convencional

(4) FERRAZ, Sérgio. *Duração do trabalho e repouso remunerado*. São Paulo: Revista dos Tribunais, 1977, p. 37-39. O autor só admite a derrogação pelo tempo necessário. Em sentido contrário: DONATO, Messias Pereira. *Curso de Direito do Trabalho*. São Paulo: Saraiva, 1979, p. 251. Assevera este autor que, "por impropriedade técnica, ordenou-se no art. 61 da CLT a derrogação temporária da jornada em razão de força maior, juntamente com um tipo de derrogação que é permanente: o excesso de horas para atender à realização ou conclusão de serviços inadiáveis ou cuja inexecução possa acarretar prejuízo manifesto".

inferior a oito horas. É que, quando o legislador faz alusão a 12 horas, presume trabalhar o obreiro durante uma jornada normal de oito horas. Cabe aqui, portanto, um esclarecimento por meio de revisão, a qual deverá também se limitar a permitir apenas esses casos de serviço extraordinário.

3.2. Trabalho extraordinário não previsto nas hipóteses de necessidade imperiosa

A CLT não se limita a autorizar essas prorrogações em virtude de necessidade imperiosa, pois permite o trabalho extraordinário sempre que houver **acordo escrito** entre as partes, **acordo** ou **convenção coletiva**, desde que **o número de horas extras não exceda de duas horas diárias e que elas sejam pagas com o acréscimo de pelo menos 50% sobre a hora normal** (art. 59). Ausente um desses três requisitos, a recusa do empregado ao trabalho em sobrejornada é legítima. A limitação legal (art. 59 da CLT) da jornada extraordinária ou suplementar a duas horas diárias não exime o empregador de pagar as que excederem desse limite (**Súmula n. 376 do TST**) e, se habituais, também integrarão o cálculo dos haveres trabalhistas.

Ora, o preceito legal contido no art. 59 da CLT tem ampla dimensão, permitindo até mesmo que as horas extras sejam habituais, fazendo com que o princípio da jornada de oito horas perca a sua virtualidade, pois o trabalho em sobretempo só deveria ser admitido em circunstâncias excepcionais. Mantendo-se o art. 59 da CLT, o trabalho extraordinário passa a ser normal, dificultando, inclusive, a contratação de novos empregados.

3.3. Horas extras. Conceito. Natureza jurídica. Horas extras habituais e incorporação à remuneração

A hora extra é conceituada como o trabalho realizado em sobretempo à jornada normal do empregado, seja ela legal ou convencional.

A doutrina aponta para várias correntes a respeito da natureza jurídica da hora extra. Há quem a veja como "sobrecarga à hora normal"(5), como um "sobressalário"(6) ou, ainda, como um instituto híbrido, isto é, a parte alusiva à hora normal tem feição salarial, mas o adicional possui natureza indenizatória(7). A tese que prevalece atribui às horas extras a natureza de salário.

As horas extras habituais, assim consideradas aquelas prestadas pelo menos durante um ano junto ao mesmo empregador (**Súmula n. 291**), incorporam-se à remuneração do empregado para fins de indenização (**Súmula n. 24 do TST**), gratificação natalina (**Súmula n. 45 do TST**), aviso prévio (art. 487, § 5º, da CLT), repouso semanal e em feriado (art. 7º da Lei n. 605, de 1949 e **Súmula n. 172 do TST**). No tocante ao FGTS, sua incidência no cálculo dos depósitos procede, independentemente de serem habituais ou eventuais (**Súmula n. 63 do TST**). As

(5) DONATO, Messias Pereira. *Curso de Direito do Trabalho*. São Paulo: Saraiva, 1979, p. 248.
(6) MARANHÃO, Délio. *Direito do Trabalho*. Rio de Janeiro: Fundação Getúlio Vargas, 1976, p. 184.
(7) CATHARINO, José Martins. *Tratado Jurídico do Salário*. São Paulo: Freitas Bastos, 1951.

horas extras habitualmente prestadas incorporam-se também ao cálculo das férias e do terço constitucional (art. 142, § 5º, da CLT).

O cálculo do valor das horas extras habituais, para efeito de reflexos em verbas trabalhistas, observará o número de horas efetivamente prestadas e a ele aplica-se o valor do salário-hora da época do pagamento daquelas verbas (**Súmula n. 347 do TST**).

3.4. Cálculo das horas extras. Comissionista. Salário fixo. Salário variável e salário misto

O cálculo das horas extras é feito tomando-se por base a remuneração mensal (incluindo-se os adicionais habituais, de insalubridade ou periculosidade e noturno, conforme **Súmulas n. 132 e 60 do TST**) e dividindo-a por 220 horas. O quociente obtido equivale à hora normal, a qual será acrescida de pelo menos 50%. O divisor 220 foi obtido tomando-se as 44 horas semanais, dividindo-se por seis, para se saber o número de horas diárias na semana e em seguida, multiplicando-se por 30, que é o número de dias do mês. A título de exemplo, o empregado que recebe o salário fixo de R$ 660,00 por mês terá o valor de uma hora extra calculada da seguinte forma: 660,00 : 220 = 3,00; 3,00 é o valor da hora normal, o qual será acrescido do adicional de 50%, pelo menos, pois poderá haver percentual superior em norma coletiva. Logo, a hora extra é igual a 3,00 + 1,50 = 4,50.

Em se tratando de empregado comissionista (**Súmula n. 340 do TST**) ou de empregado que recebe por produção (**Orientação Jurisprudencial** n. 235 da SDI-1 do TST), sujeito a controle de horário, o cálculo da hora extra (hora normal + 50% da hora normal, pelo menos), de início, é feito pressupondo-se que o valor recebido a título de comissão pelas vendas realizadas no período extraordinário já remunera a hora normal, sendo devido pelo empregador apenas o adicional de 50% previsto na Constituição da República ou percentual superior assegurado em norma coletiva.

Se o empregado recebe salário misto, constituído de importância fixa e variável (comissões), fará jus às horas extras constituídas da hora normal, acrescida do adicional de no mínimo 50% em relação ao valor fixo. Já no tocante à parte variável, ser-lhe-á devido apenas o adicional de horas extras, tendo-se em vista que a hora normal já foi paga com as comissões auferidas.

3.5. Horas extras. Supressão. Indenização

Como foi dito, as horas extras prestadas, habitualmente, durante pelo menos um ano incorporam-se à remuneração do empregado para os efeitos legais. Entretanto, o TST, por meio da **Súmula n. 291**, autoriza a sua supressão, desde que o empregador pague uma indenização ao empregado correspondente ao valor de um mês de horas extras suprimidas, multiplicado pelo número de anos em que prestou este serviço além da jornada normal. Considera-se ano, para esse fim, fração igual ou superior a seis meses (aplicação analógica do *caput* do art. 477 e do *caput* do art. 478 da CLT).

O cálculo observará a média das horas extras efetivamente trabalhadas nos últimos 12 meses, multiplicada pelo valor da hora extra do dia da supressão.

A título de exemplo, qual será o valor dessa indenização se o empregado trabalhou em regime de horas extras durante três anos e meio, fazendo uma hora extra por dia, em média, no ano anterior à supressão?

O cálculo dessa indenização observará a operação que se segue, esclarecendo-se que o valor da hora extra da data da supressão era de R$ 15,00 (quinze reais). Vejamos: R$ 15,00 (valor da hora extra) x 30 (dias do mês, computado o repouso semanal e em feriados) = R$ 450,00 (valor de horas extras recebidas no mês e refletidas nos descansos). O valor da indenização corresponde a R$ 450,00 x 4 (número de anos trabalhados sob o regime de horas extras) = R$ 1.800,00. Saliente-se que os quatro anos foram obtidos arredondando-se a fração de seis meses para um ano. Se o número de meses fosse inferior a seis, a fração seria desprezada e a multiplicação seria por três.

3.6. Minutos que antecedem ou sucedem a jornada

Não serão descontadas nem computadas como jornada extraordinária as variações de horário no registro de ponto não excedentes de cinco minutos, observado o limite máximo de dez minutos diários (art. 58, § 1º, da CLT).

Logo, não serão descontados, nem computadas como jornada extraordinária as variações de horário no registro de ponto, desde que não excedentes de cinco minutos, observado o limite máximo de 10 minutos diários. Se ultrapassado esse limite, será considerada como extra a totalidade do tempo que exceder a jornada normal (**Súmula n. 366 do TST**).

3.7. Tempo utilizado para troca de uniforme, lanche, higiene pessoal e ginástica

À luz da **Súmula n. 366 do TST**, "o tempo gasto pelo empregado com troca de uniforme, lanche e higiene pessoal, dentro das dependências da empresa, após o registro de entrada e antes do registro de saída, considera-se tempo à disposição do empregador, sendo remunerado como extra o período que ultrapassar, no total, a dez minutos da jornada de trabalho diária".

É sabido que algumas empresas, antes de iniciarem as atividades, submetem os seus empregados à prática de exercícios físicos. Discute-se sobre a possibilidade desses exercícios serem considerados tempo à disposição para efeito de cômputo na jornada. Sustentamos que não, principalmente quando for facultativo, pois o empregado é o maior beneficiário desses exercícios(8). Outros afirmam que apesar da liberalidade do empregador, a pausa para ginástica integra o contrato de trabalho, ora determinada corrente, cuja supressão gera o pagamento de horas extras (TRT-3ª Reg. — 5ª T. 1720.2009.037-03-00, Rel. Juíza Conv. Gisele C. Macedo, publ. 31.5.2010).

---

(8) "Tempo à disposição. Ginástica. Não pode ser tido como tempo à disposição aquele consumido com exercícios físicos patrocinados pelo empregador, principalmente se não é ele obrigatório para os empregados". TRT — 15ª Reg. -- RO 6-10036/01 — Ac. 2ª T. 34.235/01 — Relª: Juíza Ismênia Diniz da Costa —DJSP 6.8.01, p. 56. *Julgados Trabalhistas Selecionados*, v. VIII. Irany Ferrari e Melchíades Rodrigues Martins. São Paulo: LTr, 2003, p. 272.

3.8. Participação em cursos e treinamento

A participação em cursos e treinamentos é tempo à disposição do empregador e, por conseguinte, gera direito às horas extras?

A matéria é polêmica, como se infere das notas de rodapé(9). Entendemos que é tempo à disposição do empregador, quando comprovada a obrigatoriedade atestada por meio de controle de presença. Evidentemente, mesmo que o curso traga vantagens para o empregado, o maior beneficiário é o empregador, que conta com mão de obra mais qualificada e produtiva. Logo, se a frequência aos cursos implica protraimento à jornada do empregado, o tempo a eles correspondente deverá ser pago como hora extra.

3.9. Horas **in itinere**

À luz do art. 4º, da CLT, tempo de serviço efetivo não é só o tempo em que o empregado se encontra trabalhando, mas também o período em que permanece à disposição do empregador aguardando ordens, excetuada disposição em contrário. Esse dispositivo se aplica ao empregado, inclusive rural, nos termos do art. 4º do Decreto n. 73.626, de fevereiro de 1974, que aprovou o regulamento da Lei n. 5.889, de 1973, disciplinadora do trabalho do rurícola.

As horas *in itinere* correspondem ao tempo à disposição do empregador, quando a empresa encontra-se fora do perímetro urbano, via de regra, em local de difícil acesso, ou seja, impossível de ser atingido pelo obreiro sem o uso de transporte. Por essa razão, as empresas optam pela alternativa de propiciar condução a seus empregados, visando a obter mão de obra pontual e assídua. Assim, o tempo gasto pelo empregado no percurso, até o local de trabalho, em veículo fornecido pelo empregador, identifica-se com a hipótese prevista no art. 4º consolidado e autoriza o pagamento pelo tempo gasto no transporte, nos termos da **Súmula n. 90 do TST**, cujo teor é o seguinte: *"O tempo despendido pelo empregado, em condução fornecida pelo empregador, até o local de trabalho de difícil acesso ou não servido por transporte regular público, e para o seu retorno, é computável na jornada de trabalho"*.

Logo, se o tempo gasto no percurso implica dilatação da jornada deverá ser pago como extra.

---

(9) "**Participação em cursos e treinamento. Horas extras**. Comprovado que havia controle de presença, pelo Banco, através do relatório de participantes e anotação na ficha do empregado, ingênuo imaginar fosse indiferente a participação nos cursos e treinamentos promovidos. Nem se alegue que tais cursos trouxeram benefícios ao empregado, seja pelo princípio do ônus da atividade econômica, seja porque é evidente que maior benefício traziam ao empregador, em face do aumento da produtividade e qualificação dos empregados, assim, ministrados em horários fora da jornada normal, devem ser remunerados". TRT — PR — RO-07147-2002 — Acórdão 02057-2003— Rel.: Juiz Ney José de Freitas — DJPR de 7.2.2003. *Revista Synthesis* 37/2003, p. 267.

Em sentido contrário: "Curso de Aperfeiçoamento — Participação do empregado — Horas extras. A participação do empregado em curso de aperfeiçoamento solicitado pela reclamada, não lhe dá o direito à percepção das horas de duração do curso como extras, em face dos resultados positivos e permanentes para os empregados que têm seus currículos enriquecidos...". TRT — 2ª Região — RO-0103-2001-005-21-00 1 — Ac. 47.332, 9.9.03. Rel. designado: Juiz Eridson João Fernandes Medeiros. *Revista LTr* 68-03/369.

Muito se discutiu a respeito do conceito de local de difícil acesso ou não servido por transporte público regular.

Afirma uma corrente jurisprudencial que, se o transporte público existente fosse insuficiente para atender à demanda, aplicar-se-ia a **Súmula n. 90 do TST**(10), pois perderia a característica da regularidade. Em sentido oposto é a jurisprudência atual, sedimentada na **Súmula n. 90, III, do TST**, cujo teor é o seguinte: "A mera insuficiência do transporte público não enseja o pagamento das horas *in itinere*".

Se, entretanto, frise-se, o transporte existir, mas em horário incompatível com a jornada de trabalho do obreiro, as horas *in itinere* procedem, pois horário incompatível é ausência de transporte (**Súmula n. 90, II, do TST**).

Já se parte do percurso for fornecida por transporte público regular e outra parte não o for, as horas *in itinere* restringir-se-ão ao trecho não alcançado pelo transporte (**Súmula n. 90, IV, do TST**). Também não afasta o direito ao pagamento das horas *in itinere* o fato de o empregador cobrar ou não pelo fornecimento do transporte para o local de difícil acesso (**Súmula n. 320 do TST**).

Lembre-se de que a Lei n. 7.418, de 1987, instituidora do vale-transporte, não cancelou o entendimento consubstanciado na **Súmula n. 90 do TST**, pois aquela se aplica quando há transporte público e esta Súmula incide quando não há o referido transporte, sendo o mesmo fornecido pelo empregador.

A partir de 19 de junho de 2001, a matéria passou também a ter tratamento legal. A Lei n. 10.243 introduziu no art. 58 da CLT o § 2º, que dispõe: "o tempo despendido pelo empregado até o local de trabalho e para o seu retorno, por qualquer meio de transporte, não será computado na jornada de trabalho, salvo quando, tratando-se de local de difícil acesso ou não servido por transporte público, o empregador fornecer a condução". O referido preceito legal sofreu influência significativa da **Súmula n. 90 do TST**.

Podem as convenções e acordos coletivos prever a isenção de pagamento das horas *in itinere* ou instituir um teto máximo a esse título?

À luz da jurisprudência do TST, sim. Sustenta-se que a Convenção Coletiva deve ser analisada tendo em vista a teoria do conglobamento, em que os sindicatos da classe trabalhadora negociam determinadas vantagens para obter outras. Em consequência, a norma coletiva deveria ser analisada sistemicamente e não particularmente. Nesse sentido é a decisão da 5ª Turma referente ao RR-214745/95, tendo como relator o Ministro Armando de Brito (DJU de 18.4.1997).

Só utilizamos esse raciocínio se, no tocante às cláusulas do instrumento normativo, alusivas ao instituto das horas extras, houver previsão de alguma vantagem capaz de compensar a isenção ou teto citados. O confronto será feito por aplicação analógica

(10) "Evidenciado que o transporte público é insuficiente para atender a demanda dos obreiros em horário compatível, são devidas as horas *in itinere*, pois tais circunstâncias caracterizam o local de trabalho como de difícil acesso, atraindo à hipótese, a incidência do **Enunciado** n. 90 da Súmula deste Tribunal". TST — RR-3.200/86.1 — Ac. SDI 2253/89 — 4ª Reg. — Rel.: Min. Guimarães Falcão — DJ 13.10.89, p. 15.804.

da Lei n. 7.064, de 1982 (art. 3º, II), no conjunto e por matéria, em face da teoria do conglobamento orgânico, adotada no Brasil. Logo, o confronto se fará nas normas alusivas às horas extras, pois as horas *in itinere* correspondem uma espécie desse gênero.

Do contrário, no nosso entendimento existe a interdição específica prevista no art. 444 da CLT, em que se ressalta, expressamente, a possibilidade da livre estipulação de relações de trabalho, em tudo que não contravenha a ordem pública. A primazia da lei sobre o acordo coletivo encontra-se inserida no art. 9º da CLT, que dispõe: "Art. 9º: Serão nulos de pleno direito os atos praticados com o objetivo de desvirtuar, impedir ou fraudar a aplicação dos preceitos contidos na presente Consolidação".

Pondera o Prof. Octavio Bueno Magano:

> "Resultou isso do crescente intervencionismo do Estado; da preocupação de se atenuarem desigualdades; da constatação de que nem sempre é possível a recusa à contratação, havendo por vezes contratos impostos pela necessidade.
>
> Sendo as situações referidas muito mais frequentes no Direito do Trabalho aqui se torna mais ampla a área reservada a ordem pública.
>
> Esta apontada amplitude restringe o espaço da convenção coletiva, cujas cláusulas haverão de se considerarem nulas se desvirtuarem a aplicação dos preceitos contidos na lei trabalhista.
>
> É inegável, pois, a primazia desta sobre aquela"[11].

Se é incontestável que o empregado trabalha em local de difícil acesso, não servido por linha regular de ônibus e gasta, a título de exemplo, uma hora diária *in itinere*, sempre em horário excedente à jornada normal, a teor do art. 4º da CLT, da **Súmula n. 90, I, do TST** e agora do § 2º do art. 58 da CLT, deverá ele receber essas horas como extras integralmente, já que se trata de tempo à disposição do empregador, ainda que a norma coletiva preveja o não pagamento das horas *in itinere* ou um teto a esse título.

Prevalece no Direito do Trabalho o princípio da irrenunciabilidade de direitos. A Constituição anterior nada dispunha a esse respeito, permitindo a lei ordinária a redução do salário nas hipóteses de força maior previstas no art. 503 da CLT. A Lei n. 4.923, de 1965, permitia a redução em face da conjuntura econômica.

Cumpre verificar se a Constituição da República de 1988 alterou tal entendimento.

Quanto à redução de direitos, a Constituição autoriza reduzir salários no art. 7º, VI, sempre mediante convenção ou acordo coletivo. A outra exceção está relacionada com a jornada de seis horas em turnos ininterruptos de revezamento (art. 7º, XIV). É permitido majorar a jornada, porém mediante negociação coletiva. Ocorre que a situação relatada não se adequa às exceções previstas acima, tampouco à hipótese constante do inciso XIII, do art. 7º citado, por prever majoração de jornada em regime de compensação.

---

(11) MAGANO, Octavio Bueno. *Convenção Coletiva*. São Paulo: LTr, 1972, p. 77.

Ademais, nem mesmo a pretexto da flexibilização se justificaria a isenção desse pagamento ou a inserção de cláusula em norma coletiva prevendo percentual máximo a título de horas *in itinere*.

O Direito do Trabalho é informado por uma característica tuitiva, e a quebra dessa rigidez, como bem ressalta o saudoso Ministro Orlando Teixeira da Costa, em artigo sobre o tema publicado na *Revista LTr,* set. 1990, deveria vir "metodicamente, num processo de flexibilização diferenciado entre pequenas, médias e grandes empresas, estabelecendo-se níveis de tratamento conforme a qualificação dos trabalhadores", do contrário não haverá conciliação da norma autônoma com a heterônoma e corre-se o risco de um retrocesso no desenvolvimento do Direito do Trabalho e de um retorno ao capitalismo liberal, no sentido clássico, temor demonstrado por Plá Rodriguez, em Congresso promovido pelo TST e realizado em Brasília, maio 1991.

Portanto, celebrada convenção ou acordo coletivo (§ 2º do art. 58 da CLT) que infrinja lei, é de se decretar a nulidade da cláusula, até mesmo por meio de reclamação individual, sob pena de se negar à Justiça do Trabalho a atribuição de julgar.

4. SOBREAVISO. PORTADORES DE BIPE, CELULARES E OUTROS APARELHOS SEMELHANTES

Considera-se de sobreaviso o empregado ferroviário efetivo que permanece escalado em sua própria casa, aguardando a qualquer momento o chamado para o serviço. Cada escala de sobreaviso é de, no máximo, 24 horas. Os empregados ferroviários, à luz do art. 244, § 2º, da CLT, fazem jus a 1/3 do salário normal quando permanecerem de sobreaviso.

A nova redação dada em 2005 à **Orientação Jurisprudencial n. 49 da SDI-1** é no sentido de que "o uso do aparelho bip pelo empregado, por si só, não caracteriza o regime de sobreaviso, uma vez que o empregado não permanece em sua residência aguardando, a qualquer momento, convocação para o serviço".

Quando deparamos com casos concretos envolvendo essa interpretação, para evitar expectativa falsa de um direito à parte, aplicamos a orientação acima, ressalvando nosso ponto de vista contrário. Isso porque como o art. 244, § 2º, da CLT, é um dispositivo especial e não excepcional, entendemos razoável a aplicação do referido preceito, por analogia. Como é sabido, os empregados portadores desse aparelho têm sua locomoção restrita aos limites do raio de ação do bipe que portam. Logo, a expectativa de virem a ser solicitados cerceia-lhes a liberdade, mantendo-os psicologicamente ligados à atribuição funcional e, em contrapartida, o bipe proporciona ao empregador segurança no resguardo de seus interesses.

Raciocínio semelhante adotamos para os portadores de telefones celulares ou outros aparelhos semelhantes, que não poderão se deslocar para grandes distâncias, dada a iminência de serem convocados, a qualquer hora, inclusive em dias destinados ao descanso.

5. HORAS EXTRAS EM CONDIÇÕES INSALUBRES E PERIGOSAS. ACORDO DE COMPENSAÇÃO DE HORAS NESSES LOCAIS

As horas extras nos trabalhos insalubres são ainda admitidas, inexplicavelmente, no art. 60 da CLT, desde que o local seja inspecionado por autoridade competente, no caso, o Ministério do Trabalho. Aliás, a jornada de trabalho nessas condições deveria, ao contrário, ser reduzida(12), considerando que a exposição prolongada a agentes agressivos pode causar danos irreparáveis à saúde do trabalhador.

Nesses casos, a hora extra é calculada somando-se a parte fixa do salário com o adicional de insalubridade ou periculosidade, dividindo-se pelo número de horas trabalhadas no mês. Apurado o quociente da operação, tem-se o valor da hora normal, o qual será acrescido do adicional de pelo menos 50%.

Cumpre lembrar que a jurisprudência uniforme do TST, sedimentada na **Súmula n. 349**, atribui validade ao **acordo coletivo ou convenção coletiva** para adotar o regime de compensação em atividade insalubre, dispensando a inspeção prévia da autoridade competente em matéria de higiene do trabalho (art. 7º, XIII, da Constituição da República de 1988 e art. 60 da CLT).

6. JORNADA EM TURNO ININTERRUPTO DE REVEZAMENTO. INTERVALO. EMPREGADO HORISTA

A Constituição de 1988 assegura jornada de seis horas aos empregados que trabalham em turnos ininterruptos de revezamento, salvo negociação coletiva, que poderá fixá-la em número superior (art. 7º, XIV, da Constituição da República de 1988 — **Orientação Jurisprudencial n. 169 da SDI-1** do TST). Turno ininterrupto de revezamento é o que pressupõe trabalho em horários com sucessivas modificações, em atividade empresarial contínua. A redução de jornada, nesse caso, se impõe, porque a alternância de horário prejudica o metabolismo humano.

O TST vem entendendo como turno ininterrupto o trabalho que se alterna em horários diferentes, trabalhando o empregado nos períodos diurno e noturno. Esclarece "não se exigir que o empregado trabalhe necessariamente nos três turnos, mas que haja alternância de turnos, ora diurno, ora noturno, no todo ou em parte, **o que é suficiente** para caracterizar o gravame para a saúde", sendo irrelevante que a atividade empresarial se realize de forma ininterrupta(13).

---

(12) Verifica-se na legislação estrangeira mais recente, inclusive da América Latina, uma tendência a limitar em seis horas a duração da jornada em locais insalubres ou penosos, em turnos contínuos ou rotativos, recebendo o trabalhador, porém, o salário correspondente a oito horas. Assim procedeu o Código Paraguaio de 1993 (cf. *Documentos de Derecho Social*, 1994/2, p. 73).

(13) TST — E-RR-406.667/1997.0 — TRT 3ª Região — Ac. SDI-1 — Partes: Cia. Vale do Rio Doce (embargante) x Francisco de Paula Vítor (embargado). Embargos não conhecidos. Redator: Min. Rider Nogueira de Brito. DJU de 28.6.2002, p. 925. Nesse sentido: TURNO ININTERRUPTO DE REVEZAMENTO. DOIS TURNOS. HORÁRIO DIURNO E NOTURNO. CARACTERIZAÇÃO. Faz jus à jornada especial prevista no art. 7º, XIV, da CF/1988 o trabalhador que exerce suas atividades em sistema de alternância de turnos, ainda que em dois turnos de trabalho, que compreendam, no todo ou em parte, o horário diurno e o noturno, pois submetido à alternância de horário prejudicial à saúde, sendo irrelevante que a atividade da empresa se desenvolva de forma ininterrupta. Orientação Jurisprudencial n. 360 SDI 1 do TST (DJ de 14.3.08).

intervalo semanal e/ou intrajornada não o descaracteriza, do contrário, a norma constitucional só seria aplicada quando houvesse infringência dos art. 67 e 71, § 1º, da CLT, o que fere o princípio da razoabilidade.

À luz da **Súmula n. 110 do TST**, "no regime de revezamento, as horas trabalhadas em seguida ao repouso semanal de vinte e quatro horas, com prejuízo do intervalo mínimo de onze horas consecutivas para descanso entre jornadas, devem ser remuneradas como extraordinárias, inclusive com o respectivo adicional".

Não havendo instrumento coletivo fixando jornada diversa, o empregado horista submetido a turno ininterrupto de revezamento faz jus ao pagamento das horas extraordinárias trabalhadas além da sexta, bem como ao respectivo adicional (**Orientação Jurisprudencial** n. 275 da SDI-1 do TST).

6.1. Ferroviários submetidos a escalas variadas com alternância de turnos. Aplicação do art. 7º, XIV, da Constituição da República de 1988

Cumpre lembrar que os ferroviários submetidos a escalas variadas, com alternância de turnos, fazem jus à jornada especial prevista no art. 7º, inciso XIV, da Constituição da República de 1988 (**Orientação Jurisprudencial n. 274 da SDI-1 do TST**).

7. JORNADA EM REGIME DE TEMPO PARCIAL

Não há dúvida de que um horário de trabalho mais flexível e a possibilidade de emprego em tempo parcial poderiam incentivar a inserção e a permanência no mercado de trabalho de pessoas oneradas com encargos familiares e atividades domésticas, como as mulheres, os jovens que precisam estudar em parte do dia, e as pessoas que pretendem ir desligando-se das atividades, aos poucos, antes de se aposentarem. Essa flexibilidade poderá também constituir estratégia para o combate ao desemprego. Para isso, porém, é indispensável que o trabalho em tempo parcial receba tratamento proporcional ao trabalho em tempo integral, mormente no que tange ao salário, às oportunidades de promoção e às prestações previdenciárias, do contrário, de nada adiantaria e essa modalidade de emprego seria considerada precária, podendo traduzir até mesmo uma discriminação indireta(14).

O trabalho compartido, muito usado nos EUA, **é outra forma de flexibilizar a jornada** e consiste no fato de que duas pessoas aceitem encarregar-se de um mesmo trabalho e dividir a remuneração. Esse sistema, além de propiciar a qualificação e experiência disponível para um mesmo trabalho, dispensa a contratação de número excessivo de trabalhadores, para fazer frente a imprevistos, como doença.

Em junho de 2001, a Medida Provisória n. 2.164-39 acrescentou à CLT o art. 58-A, inserindo ali o trabalho em regime de tempo parcial no Brasil, como sendo aquele cuja duração não exceda de 25 horas semanais. O salário a ser pago aos empregados sob esse regime será proporcional àquele pago aos empregados que

---

(14) BARROS, Alice Monteiro de. *A Mulher e o Direito do Trabalho*. São Paulo: LTr, 1995, *passim*.

cumpram, na mesma função, tempo integral (§ 1º do art. 58-A). Para os atuais empregados, a adoção desse regime pressupõe opção manifestada perante o empregador, na forma prevista em instrumento decorrente de negociação coletiva (acordo coletivo ou convenção coletiva).

Os empregados que estiverem sob o regime de tempo parcial não poderão prestar horas extras (art. 59, § 4º, da CLT).

8. COMPENSAÇÃO. CONSEQUÊNCIAS NA HIPÓTESE DE DESCARACTERIZAÇÃO DO REGIME

O regime de compensação de horário consagrado na redação original da CLT (art. 59, § 2º) pressupunha acordo ou convenção coletiva por meio dos quais o excesso de horas em um dia seria decorrência de diminuição em outro dia, de maneira que não excedesse o horário normal da semana, tampouco ultrapassasse o limite máximo de 10 horas diárias.

Em consequência, os requisitos necessários ao regime de compensação eram: a) existência de acordo escrito, convenção ou acordo coletivo; b) o excesso de horas de trabalho em um dia ou dias da semana não poderia ultrapassar 10 horas; c) deveria ser respeitada a carga horária semanal máxima (44 horas após a Constituição de 1988 e, antes, 48 horas). O não atendimento dessas exigências legais, para adoção do regime de compensação de horário semanal, não implica repetição do pagamento das horas excedentes, sendo devido, apenas, o adicional respectivo, uma vez que o salário fixo mensal já remunera essas horas (**Súmula n. 85, inciso III, do TST**).

No tocante ao regime de compensação, o art. 7º, XIII, da Constituição da República de 1988 o autoriza mediante acordo ou convenção coletiva. A natureza do acordo a que alude o preceito legal despertou polêmica.

O TST definiu a natureza do acordo a que se refere o texto constitucional como sendo individual e escrito (**Súmula n. 85, I e II**), salvo norma coletiva em contrário[15]. Cumpre frisar que o TST não admite, para tais fins, o acordo individual tácito (**Súmula n. 85, I**). Entretanto, a teor do item III da citada súmula, o não atendimento das exigências legais para a compensação de jornada, inclusive quando encetada mediante acordo tácito, não implica a repetição de pagamento de horas excedentes à jornada normal diária, se não dilatada a jornada máxima semanal, sendo devido apenas o respectivo adicional sobre as horas compensadas irregularmente.

Fica esclarecido que a prestação de horas extras habituais descaracteriza o acordo de compensação de jornada e, nesse caso, as horas que ultrapassarem o módulo de 44 horas semanais serão pagas como horas extras e aquelas objeto de compensação serão pagas apenas com o adicional pelo trabalho extraordinário (**Súmula n. 85, IV, do TST**).

---

(15) Divergimos desse ponto de vista e filiamo-nos à corrente contrária, pois, a se admitir que o acordo seja o individual, acabaríamos permitindo também que por meio desse ajuste as partes poderiam estabelecer redução de jornada. Nesse sentido manifestam-se: CANO MARTINS, Nei Frederico. A duração do trabalho na nova Constituição. *Revista LTr* 53-2/197; MAGANO, Octavio Bueno. Redução de jornada. *Revista LTr* 53-4/394, entre outros.

8.1. Banco de horas

Com a Medida Provisória n. 2.164-4, de 14 de agosto de 2001, foi alterada a redação do § 2º do art. 59 da CLT, instituindo-se o chamado "banco de horas", o qual permite, por acordo ou convenção coletiva, a compensação do excesso de horas trabalhadas em um dia pela correspondente diminuição em outro dia, de modo que não exceda, no período máximo de um ano, à soma das jornadas semanais de trabalho, tampouco ultrapasse o limite de 10 horas por dia. À luz do § 3º do art. 59 da CLT, na hipótese de rescisão do contrato de trabalho sem que tenha havido a compensação integral da jornada extraordinária, na forma do § 2º, fará o trabalhador jus ao pagamento das horas extras não compensadas, calculadas sobre o valor da remuneração na data da rescisão.

Já o § 4º desse mesmo artigo dispõe que os empregados sob o regime de tempo parcial não poderão prestar horas extras.

8.2. Regime de 12 x 36 horas de trabalho. Regime de 48 horas em uma semana e 40 horas em outra (semana espanhola). Semana inglesa. Aplicação de 40 horas semanais com divisor de 200 para cálculo do salário-hora do empregado mensalista

Prática adotada há muitos anos nos estabelecimentos hospitalares e no setor de vigilância consiste no estabelecimento, em acordo individual ou coletivo, da jornada de 12 horas de trabalho por 36 de descanso.

A jurisprudência do TST tem admitido o acordo individual instituindo esse regime, salvo se houver norma coletiva em contrário[(16)]. O trabalho acordado por meio desse regime não autoriza o pagamento de horas extras[(17)].

O mesmo tribunal não tem admitido dobra salarial pelo repouso aos domingos e feriados, por entender que os repousos estão embutidos nas 36 horas de descanso[(18)].

Resta verificar qual é o divisor a ser adotado nesse regime de 12 x 36 horas para o cálculo das horas extras, caso se ultrapasse o módulo semanal. Nesses regimes, em uma semana o empregado trabalha 48 horas; logo, dividindo-se essas 48 horas por seis, temos, em média, oito horas diárias. Na segunda semana o empregado trabalha

---

(16) **Súmula n. 85, incisos I e II do TST.**

(17) TST — 2ª T. — RR-419547/98 — Rel.: Min. José Luciano de Castilho — DJ de 30.8.2002.

(18) "**Domingos e feriados. Jornada de 12X36.** ... O entendimento prevalecente nesta Corte é no sentido de que os empregados que trabalham em regime de revezamento de doze horas por trinta e seis de descanso não fazem jus à dobra salarial pelo trabalho realizado em dias de repouso semanal e feriados, porque estes acham-se embutidos nas 36 horas de descanso, não devendo, por isso mesmo, ser pagos de forma dobrada. Precedente da SDI-1. Recurso de Revista parcialmente conhecido e provido". TST — 5ª T. — RR-425859/98 — Rel.: Juiz Convocado Walmir Oliveira Costa — DJ 21.6.2002. **Ressalte-se que o aludido precedente da SDI-1 a que faz menção esta ementa refere-se ao acórdão de n. E-RR-314329/1996, da SDI-1 do TST, tendo como relator o Min. Rider de Brito e julgado em 6.12.1999.** Consta do item 1 do inciso II do mérito do acórdão o seguinte: "A Turma negou provimento ao Recurso de Revista, ao fundamento de que tanto no regime de vinte e quatro horas de trabalho por vinte e quatro horas de descanso, como no de doze horas de trabalho por trinta e seis de descanso, o empregado não faz jus ao pagamento em dobro dos descansos remunerados e feriados trabalhados, porquanto o trabalho prestado nestes dias é compensado em outros dias da semana".

36 horas; dividindo-se essas 36 horas por seis dias temos seis horas diárias de trabalho. Na terceira semana o empregado volta a trabalhar 48 horas, o que resulta na jornada de oito horas, obtida como resultado da média aritmética. Na quarta semana o empregado trabalha novamente 36 horas, que, divididas por seis, representam seis horas diárias, em média. Somando-se as oito horas da primeira e terceira semanas com as seis horas da segunda e quarta semanas temos um total de 28 horas nas quatro semanas; dividindo-se essas 28 horas por quatro, temos, em média, a jornada de sete horas para quem trabalha no regime de 12 x 36. Multiplicadas essas sete horas por 30 dias do mês, resulta no divisor de 210. Nesse sentido tem-se pronunciado o TST[(19)]. O empregado submetido à jornada de 12 horas de trabalho por 36 de descanso, que compreenda a totalidade do período noturno, tem direito ao adicional noturno, relativo às horas trabalhadas após as 5 horas da manhã (OJ-SDI-1 — 388 — 2010 — TST).

Outro tipo de regime de compensação é a chamada "semana espanhola". O Tribunal Superior do Trabalho, por meio da **Orientação Jurisprudencial n. 323 da SDI-1,** considera válido o sistema de compensação de horário quando a jornada adotada é a denominada "semana espanhola", que alterna a prestação de 48 horas em uma semana e 40 horas em outra, não violando o art. 59, § 2º, da CLT e o art. 7º, XIII, da Constituição da República de 1988 o seu ajuste mediante acordo ou convenção coletiva de trabalho.

Há, ainda, a possibilidade de compensação em face da supressão das horas trabalhadas aos sábados (semana inglesa), com a respectiva distribuição das horas nos demais dias da semana, lembrando que deverá ser respeitado o máximo de 10 horas trabalhadas por dia, não ultrapassando 44 horas por semana, sob pena de descaracterização do regime, com incidência da **Súmula n. 85, inciso IV, do TST**.

O TST já pacificou o entendimento de que à jornada de trabalho semanal de 40 horas, aplica-se o divisor 200 no cálculo do salário-hora do empregado mensalista (cf. acórdão do TST-E. ED-RR-819/2005-015-12-00, SBDI-1, Rel. Min. Rosa Maria W. C. da Rosa, DJ 30.11.07, *Revista IOB* n. 244, out. **2009**).

9. EMPREGADOS EXCLUÍDOS DO DIREITO A HORAS EXTRAS. ART. 62 DA CLT. CARGOS DE CONFIANÇA E SERVIÇOS EXTERNOS INCOMPATÍVEIS COM FIXAÇÃO DE HORÁRIO

A redação anterior do art. 62 excluía do regime da duração do trabalho, entre outros, os gerentes, assim entendidos os que, investidos de mandato, em forma legal, exerciam encargos de gestão e, pelo padrão mais elevado de vencimentos, diferenciavam-se dos demais empregados.

(19) **Jornada 12 x 36. Feriados em que houve prestação de trabalho.** Os feriados em que houve prestação de trabalho no regime de doze horas de trabalho por trinta e seis de descanso são automaticamente compensados, considerando-se o intervalo de descanso entre uma jornada e outra. Desse modo, não podem ser pagos em dobro, porque já usufruído o descanso. Recurso de Embargos de que não se conhece. Processo: E-RR-784014/2001.3 — Data do julgamento: 12.11.2007, Rel. Min.: José Batista Brito Pereira, Subseção I Especializada em Dissídios Individuais, Data da Publicação: DJ 7.12.2007.

O texto atual do art. 62 manteve a exclusão para os gerentes, assim considerados os exercentes de cargo de gestão, aos quais se equiparam, para os efeitos desse artigo, os diretores e chefes de departamento ou filial. No parágrafo único do art. 62 da CLT, esclareceu-se que as normas sobre duração do trabalho seriam aplicadas a esses empregados quando o salário do cargo de confiança, compreendendo a gratificação de função, se houver, for inferior ao valor do respectivo salário efetivo acrescido de 40%.

Ora, as exceções devem se verificar não em razão da função, mas da fiscalização, independentemente do cargo ocupado pelo obreiro. Entendemos que o citado parágrafo único não excetuou os gerentes do direito ao pagamento de horas extras, quando existir a fiscalização sobre seu trabalho. O dispositivo em questão é meramente explicativo, limitando-se a definir qual é o padrão mais elevado de vencimentos, que aliás já constava da redação antiga, sem explicitar o valor, e nem por isso estava o gerente afastado das normas sobre duração do trabalho, se sujeito à fiscalização. A gratificação de 40% é uma consequência natural da maior soma de responsabilidades que o cargo exige e visa a evitar as designações fictícias.

Estão também excluídos do capítulo sobre duração do trabalho os empregados que exercem atividade externa, incompatível com a fixação de horário de trabalho, devendo tal condição ser anotada na CTPS do obreiro e no registro de empregados (art. 62, I, da CLT). Ressalte-se, todavia, que, se o empregado, embora exercendo função externa, estiver sujeito a controle de jornada, como, por exemplo, por meio de tacógrafo e de rotas previamente conhecidas, com previsão da duração das viagens, a jurisprudência tem-se orientado no sentido de autorizar o pagamento das horas extras[20]. Saliente-se que o tacógrafo, por si só, sem a existência de outros elementos, não serve para controlar a jornada de trabalho de empregado que exerce atividade externa. Nesse sentido é a **Orientação Jurisprudencial** n. 332 da SDI-1 do TST.

9.1. Horas extras. Empregado que reside no local de trabalho

Os empregados que residem no local de trabalho estão excluídos do capítulo da CLT sobre duração do trabalho?

O fato de o empregado residir no local de trabalho (zelador) não é excludente do direito às horas extras, salvo se o controle ou fiscalização de horário for inviável.

---

(20) "**Horas extras. Motorista. Carreteiro. Controle de jornada. Art. 62, I, da CLT.** I. A norma do art. 62, inciso I, da CLT exclui o empregado do direito às horas extras quando incompatível o controle de horário, ou quando desenvolva atividade externa, por natureza insuscetível de propiciar aferição da efetiva jornada de labor. Preceito excepcional, há de ser interpretado restritivamente, em boa hermenêutica. 2. Dilatada a jornada normal, faz jus às horas extras o motorista carreteiro cuja jornada de labor é controlada pelo empregador, ainda que de forma indireta, seja pela presença de tacógrafo, seja pela determinação de cumprimento de rotas previamente conhecidas e com possibilidade de previsão da duração das viagens. O tacógrafo é mecanismo que enseja a apuração não apenas da velocidade do veículo, mas também a distância percorrida e a data e hora do início da operação, dia a dia (Resolução n. 816/86, do CONTRAN). 3. Embargos de que se conhece e a que se nega provimento". TST — E-RR-423510/1998.0 — Ac. SDI-1 — Rel.: Min. João Oreste Dalazen — DJ 4.4.2003, p. 593.

Negado o regime suplementar, compete ao empregado o ônus da prova do trabalho realizado em sobretempo à hora normal(21).

10. INTERVALO ENTRE DOIS TURNOS (INTERJORNADA) OU PARA REFEIÇÃO (INTRAJORNADA)

Em geral, os intervalos de descanso não serão computados na duração do trabalho (art. 71, § 2º, da CLT). Entre duas jornadas de trabalho, haverá, à luz do art. 66 da CLT, um período mínimo de 11 horas consecutivas para descanso.

Nos regimes de revezamento, as horas trabalhadas em seguida ao repouso semanal de 24 horas, com prejuízo do intervalo mínimo de 11 horas consecutivas para descanso entre jornadas, devem ser remuneradas como extras, inclusive com o respectivo adicional (**Súmula n. 110 do TST**). A apuração desse intervalo só terá início após o término da jornada anterior, seja normal ou extraordinária. Esse intervalo é distinto do descanso semanal de 24 (vinte e quatro) horas. Logo, se a jornada aos sábados se estender até às 15 horas, só depois de transcorridas 35 horas (11 horas do intervalo e mais 24 horas do repouso) é que terá início a jornada seguinte(22). Encontrando-se o empregado em regime de horas extras, o intervalo de 11 horas só terá início após a última hora extraordinária acaso trabalhada(23).

Em qualquer trabalho contínuo cuja duração exceda de seis horas, é obrigatória a concessão de um intervalo para repouso ou alimentação, o qual será, no mínimo, de uma hora e, salvo acordo escrito ou convenção coletiva em contrário, não poderá exceder de duas horas (art. 71 da CLT). O intervalo de uma hora para repouso ou refeição poderá ser reduzido por ato do Ministério do Trabalho, ouvida a Secretaria de Segurança e Medicina do Trabalho, se verificar que o estabelecimento atende integralmente às exigências concernentes à organização dos refeitórios e quando os respectivos empregados não estiverem sob regime de trabalho prorrogado a horas suplementares (horas extras).

Caso o trabalho não exceda de seis horas, será obrigatório um intervalo de 15 minutos quando a duração ultrapassar quatro horas (§ 1º do art. 71 da CLT).

---

(21) "**Horas extras. Trabalhador que reside no local da prestação dos serviços. Inexistência de controle de horário.** O exercício de tarefas típicas de zeladoria, comum em condomínios e áreas de terra (caseiros), cuja prestação de serviços ocorre sem controle de horário e fiscalização pelo empregador, afasta, em tese, o direito à percepção de horas extras. Cabia ao autor, portanto, o ônus de provar o labor em horário excedente de 44 horas semanais, por se tratar de propriedade rural na qual ele era o único empregado, encargo do qual não logrou se desincumbir". TRT — 4ª Região — RO-00119941/00-7 — Ac. 4ª T. — Relª: Juíza Denise Pacheco — DOERS 10.3.2003. *Revista Justiça do Trabalho*. Porto Alegre: HS Editora, mar. 2003, p. 109.

"**Horas extras. Zelador residente no local de trabalho**. Considerada a peculiaridade da natureza das atividades exercidas pelo reclamante — zelador de condomínio residencial —, entende-se não haver controle de horário da jornada de trabalho, mormente porque executado de forma intermitente ao longo do dia. Apelo não provido". TRT — 4ª Região — RO: 00023.003/00-6 — Ac. 1ª T. — Rel.: Juiz Leonardo Meurer Brasil — DJ 24.3.2003. *Revista Síntese Trabalhista*, jun. 2003, p. 78.

(22) BARRETO, Amaro. *Tutela Geral do Trabalho*. v. II. Rio de Janeiro: Edições Trabalhistas, 1964, p. 64.

(23) FERRAZ, Sérgio. *Duração do Trabalho e Repouso Remunerado*. São Paulo: Revista dos Tribunais, 1967, p. 107.

Podem os acordos e convenções coletivas reduzir os intervalos para refeição e sono?

Nossa resposta é não. A Constituição da República de 1988 admite a flexibilização do salário (art. 7º, VI) e da jornada de trabalho (art. 7º, XIV), garantida, por certo, a manifestação da categoria ou grupo profissional, por intermédio de assembleia devidamente convocada para esse fim.

As normas que regulam as medidas referentes à medicina e segurança do trabalho escapam, porém, da esfera negocial conferida aos sindicatos. Essas disposições são de ordem pública, revestem-se de caráter imperativo para a proteção do hipossuficiente, motivo pelo qual são inderrogáveis pela vontade das partes. Compete ao legislador tutelar o trabalhador, impedindo-o de concordar com redução desse intervalo, em detrimento de sua própria segurança e saúde.

Lembre-se que a finalidade dos intervalos intra e interjornada é proporcionar ao trabalhador oportunidade de alimentar-se, descansar e repor suas energias. Sua manutenção é indispensável, na medida em que o trabalho realizado em jornadas prolongadas contribui para a fadiga física e psíquica, conduzindo à insegurança no ambiente de trabalho.

Confira-se, a respeito, a **Orientação Jurisprudencial n. 342 da SDI-I** do TST, que dispõe:

> "Intervalo Intrajornada para repouso e alimentação. Não concessão ou redução. Previsão em norma coletiva. Invalidade e exceção. É inválida cláusula de acordo ou convenção coletiva de trabalho contemplando a supressão ou redução do intervalo intrajornada porque este constitui medida de higiene, saúde e segurança do trabalho, garantido por norma de ordem pública (art. 71 da CLT e art. 7º, XXII, da CF/88), infenso à negociação coletiva." (item I)

Entendemos, por isso, que o único meio de a empresa reduzir o intervalo intrajornada seria obter autorização do Ministério do Trabalho para esse fim, pois a ele compete avaliar se o local onde serão feitas as refeições oferece condições para que elas sejam realizadas em tempo inferior a uma hora.

Coerente com o que foi exposto acima, sustentamos que a norma coletiva não poderá também suprimir intervalo, exigindo dos **empregados motoristas, por exemplo,** sete horas seguidas. Esse comportamento atinge preceito de ordem pública, com sérias implicações tanto na saúde do trabalhador, quanto, sobretudo, na segurança dos próprios usuários e de terceiros. A questão não pode ser apreciada apenas sob a ótica da flexibilização das normas alusivas às relações de trabalho, da autonomia da vontade coletiva ou da transação entabulada, sob o prisma da teoria do conglobamento, pois, aqui, trata-se de preceito imperativo indisponível pela vontade das partes, na forma em que estas o negociaram[24].

Saliente-se, entretanto, que a Orientação Jurisprudencial n. 342, II, do TST, publicada em novembro de **2009**, ante a natureza do serviço e em face das condições especiais

(24) Nesse sentido nos pronunciamos no acórdão alusivo ao RO-167/02, julgado pela 2ª Turma do TRT da 3ª Região em 26.2.2002.

de trabalho, a que se submetem estritamente os **condutores** e **cobradores** de **veículos rodoviários** empregados em empresas de transporte público coletivo urbano, é válida a cláusula de acordo ou convenção coletiva de trabalho com redução do intervalo intrajornada desde que garantida a redução da jornada para, no mínimo, 7 horas diárias ou 42 semanais, não prorrogada, mantida a mesma remuneração e concedidos intervalos para descansos menores e fracionários ao final de cada viagem não descontados da jornada.

10.1. Consequências legais em caso de desrespeito aos intervalos

Questão atinente à duração do trabalho diz respeito às atividades realizadas em desobediência aos intervalos entre dois turnos ou para refeição. Entendia a jurisprudência do TST, por meio da **Súmula n. 88**, que: "O desrespeito ao intervalo mínimo entre dois turnos de trabalho, **sem importar em excesso na jornada efetivamente trabalhada**, não dá direito a qualquer ressarcimento ao obreiro, por tratar-se apenas de infração sujeita à penalidade administrativa" (art. 71 da CLT). Pelo que se infere da referida Súmula, a sanção era apenas a multa administrativa. Ocorre que a **Súmula n. 88 do TST** foi cancelada em face da introdução do § 4º no citado art. 71 da CLT. O referido preceito legal autoriza o pagamento ao empregado de no mínimo **50% sobre o valor da hora normal** de trabalho, quando o **intervalo para repouso e alimentação não for concedido**, sem prejuízo das sanções administrativas (multas). A jurisprudência divergia sobre a forma desse pagamento. Havia uma vertente jurisprudencial que considerava devido apenas o adicional de 50% pelo trabalho realizado nos intervalos, atribuindo-lhe natureza de sanção administrativa e, por isso mesmo, entendia que o valor não integrava a remuneração do empregado; **outros sustentam** que a hora deverá ser paga como extra, entendimento que tem prevalecido no TST[(25)]. Consideramos acertada essa última interpretação[(26)], aliás, agora sedimentada nas **Orientações Jurisprudenciais n. 307, 354 e 355 da SDI-1** do TST[(27)], que determinam o pagamento total do período relativo ao intervalo (não concedido total ou parcialmente), com acréscimo de, no mínimo, 50% sobre o valor da remuneração da hora normal de trabalho. O objetivo dessa orientação é impedir a não concessão do intervalo, ainda que parcialmente, com reflexos negativos na saúde do empregado.

---

(25) "... **Intervalo intrajornada. Concessão parcial. Invalidade**. O intervalo intrajornada concedido a menor (40 minutos, em jornada de 8 horas), gera o direito, para o empregado, à remuneração, como extra, da hora integral. Trata-se de norma de natureza tutelar, objetivando preservar a saúde e a segurança do trabalhador. Embargos não conhecidos". TST-SDI-1-E.RR 628779/2000 — Relª: Min. Maria Cristina Irigoyen Peduzzi — DJ de 22.11.2002.

(26) Nesse sentido nos pronunciamos como relatora do RO-15784/95, que tramitou perante a 2ª Turma do TRT 3ª Região. DJMG 19.4.1996.

(27) Orientação Jurisprudencial n. 354 da SDI-1 do TST — INTERVALO INTRAJORNADA ART. 71, § 4º, DA CLT. NÃO CONCESSÃO OU REDUÇÃO. NATUREZA JURÍDICA SALARIAL. Possui natureza salarial a parcela prevista no art. 71, § 4º, da CLT, com redação introduzida pela Lei n. 8.923, de 27 de julho de 1994, quando **não concedido ou reduzido pelo empregador** o intervalo mínimo intrajornada para repouso e alimentação, repercutindo, assim, no cálculo de outras parcelas salariais.

Orientação Jurisprudencial n. 355 da SDI-1 do TST — INTERVALO INTERJORNADAS. INOBSERVÂNCIA. HORAS EXTRAS. PERÍODO PAGO COMO SOBREJORNADA. ART. 66 DA CLT. APLICAÇÃO ANALÓGICA DO § 4º DO ART. 71 DA CLT. O desrespeito ao intervalo mínimo interjornadas previsto no art. 66 da CLT acarreta, por analogia, os mesmos efeitos previstos no § 4º do art. 71 da CLT e na Súmula n. 110 do TST, devendo-se pagar a **integralidade das horas** que foram subtraídas do intervalo, acrescidas do respectivo adicional.

Após a edição da Lei n. 8.923, de 1994, a ausência do intervalo para refeição deixou de constituir mera infração administrativa. Isso porque o § 4º, do art. 71 da CLT, com a redação dada pela citada lei, determina que o período de repouso e alimentação há de ser remunerado com o acréscimo de 50% sobre o valor da remuneração da hora normal de trabalho, quando o empregador deixar de concedê-lo. A pretensão de que o pagamento dessa hora fique limitado apenas ao adicional incidente sobre o valor da hora normal não poderá ser acatada.

No caso de ausência do intervalo para descanso não se pode considerar que o salário normal englobe esse período, pois trata-se de lapso que é excluído da jornada e que, por consequência, não é remunerado. Aliás, cabe registrar que a redação do § 4º do art. 71 é praticamente idêntica à do § 1º do art. 59, o que vem demonstrar que a intenção do legislador era mesmo impor o pagamento do período correspondente ao repouso em valor equivalente ao de hora normal, acrescida do adicional de hora extra. Dessa forma, se o reclamante nada recebeu pelo intervalo, é devido o seu pagamento integral (valor normal acrescido do adicional). Releva notar, ainda, que nosso ordenamento não contém dispositivo algum que estabeleça o pagamento de quaisquer períodos em valor equivalente a apenas a metade da hora normal. A legislação trabalhista, quando muito, determina o pagamento do trabalho realizado em sobretempo no mesmo valor da hora normal, tal como ocorre com o labor realizado em decorrência de força maior (art. 61, § 2º, da CLT), disposição que, aliás, encontra-se revogada pelo art. 7º, XVI, Constituição da República.

Ultrapassada habitualmente a jornada de seis horas de trabalho, é devido o gozo do intervalo intrajornada mínimo de uma hora, obrigando o empregador a remunerar o período para descanso e alimentação não usufruído como extra, acrescido do respectivo adicional, na forma prevista no art. 71, *caput* e § 4º, da CLT. (OJ-SDI-1 — 380 — TST — 2010).

Finalmente, fica esclarecido que os intervalos concedidos pelo empregador na jornada de trabalho não previstos em lei representam tempo à disposição da empresa, logo devem ser remunerados como serviço extraordinário, se acrescidos ao final da jornada (**Súmula n. 118 do TST**).

10.2. Pausas e descansos. Digitadores, mineiros e trabalhadores em câmaras frigoríficas

Em princípio, os intervalos e descansos não serão computados na duração do trabalho (art. 71, § 2º, da CLT) e, consequentemente, também não serão remunerados. Há, contudo, exceções. Vejamos.

O art. 72 da CLT assegura um intervalo de 10 minutos a cada 90 minutos de trabalho consecutivo para os que trabalham em serviços de mecanografia (datilografia, escrituração e cálculo), o qual não é deduzido da duração normal do trabalho.

O art. 72 da CLT tem sido aplicado, por analogia (**Súmula n. 346 do TST**), aos **digitadores** que ingressaram no mercado de trabalho, em face das conquistas técnicas mais recentes. Correto o raciocínio contido na **Súmula n. 346**, ao incluir esses trabalhadores no contexto do art. 72, para que possam beneficiar-se do repouso de 10 minutos ali mencionado, uma vez que esses profissionais trabalham com teclado semelhante; em consequência, estarão sujeitos também à Lesão ou *Síndrome dos Esforços Repetidos* (LER), que compreende várias patologias, entre as quais a tendinite, a *Síndrome do Túnel do Carpo* e as epicondilites.

Para os empregados que trabalham no interior das **câmaras frigoríficas** e para os que movimentam mercadorias do ambiente quente ou normal para o frio e vice-versa, depois de uma hora e quarenta minutos de trabalho contínuo lhes será assegurado um período de vinte minutos de repouso, computado esse intervalo como de trabalho efetivo (art. 253 da CLT).

Prevê o art. 298 consolidado, em favor dos que trabalham em **minas de subsolo**, uma pausa especial de 15 minutos, em cada período de três horas consecutivas de trabalho, a qual será computada na duração normal de trabalho efetivo.

11. TRABALHO NOTURNO NO MEIO URBANO E NO MEIO RURAL

O trabalho noturno no **meio urbano** é aquele realizado entre as 22 horas de um dia e as 5 horas do dia seguinte. A hora noturna é computada como de 52 minutos e 30 segundos[28] e sofre uma carga de 20% sobre a hora normal a título de adicional noturno, independentemente de o trabalho se desenvolver sob a forma de revezamento, não obstante a ressalva feita no art. 73 da CLT.

A redação do art. 73 da CLT exclui do adicional noturno os que trabalham em revezamento. Ocorre que esse preceito legal foi elaborado quando em vigor dispositivo constitucional (Carta de 1937) que excluía expressamente do princípio da majoração salarial o trabalho noturno desenvolvido em revezamento.

Desde a Constituição de 1946 foi abolida a exceção, assegurando-se o adicional noturno aos que trabalham nesses turnos, sem qualquer limitação. É que o trabalho desenvolvido nessas circunstâncias exige maior esforço, impondo tratamento especial independentemente de realizar-se ou não no sistema de rodízio.

No **meio rural** a matéria é disciplinada pelo art. 7º da Lei n. 5.889, de 1973, isto é, considera-se trabalho noturno o executado entre as 21 horas de um dia e as 5 horas do dia seguinte, na **lavoura.** Para os que trabalham na **pecuária**, considera-se noturno o interregno compreendido entre as 20 horas de um dia e as 4 horas do dia seguinte. O adicional noturno é de 25% sobre a hora normal, a qual é de 60 minutos, não sofrendo a redução prevista para os urbanos.

Cumprida integralmente a jornada no período noturno e prorrogada esta, devido é também o adicional quanto às horas prorrogadas, conforme exegese do art. 73, § 5º, da CLT (**Súmula n. 60 do TST**). Evidentemente, a concessão do adicional noturno, nesse caso, justifica-se, porque a prorrogação da jornada após o cumprimento do horário

---

(28) A hora reduzida não se aplica aos empregados nas atividades de exploração, perfuração, produção e refinação do petróleo, industrialização do xisto, indústria petroquímica e transporte de petróleo e seus derivados, por meio de dutos, sendo o trabalho noturno regulado pela Lei n. 5.811, de 1972 (**Súmula n.** 112 do TST).

noturno implica maior desgaste físico e psíquico para o trabalhador. O mesmo não ocorre se as horas antecederem o período noturno[29].

11.1. Cálculo do adicional noturno

Caso o empregado trabalhe em condições perigosas, o adicional correspondente será considerado para compor a base de cálculo do adicional noturno, pois nesse horário ele permanece sob as condições de risco (**Orientação Jurisprudencial** n. 259 da SDI-1 do TST).

O adicional noturno integra a base de cálculo das horas extras prestadas no período noturno (**Orientação Jurisprudencial** n. 97 da SDI-1 do TST).

À luz da **Súmula n. 60 do TST**, o percebimento do adicional noturno incorpora-se ao cálculo da remuneração para os efeitos legais. Cessado o trabalho nesse turno, opera-se a supressão do respectivo adicional.

11.2. Consequências nefastas advindas do trabalho noturno

Ainda no tocante ao trabalho noturno, cumpre esclarecer que especialistas em ergonomia[30] concluíram que ele ocasiona maior fadiga do que aquele realizado durante o dia, pois há uma coincidência entre a ativação biológica e o horário de trabalho e entre a desativação cerebral e o sono. Logo, quem trabalha em estado de desativação noturna desenvolve esforço maior para a execução do mesmo trabalho. Além disso, o sono em estado de ativação cerebral é menos reparador. Em consequência, surge a fadiga, que poderá gerar redução do rendimento profissional e aumento da gravidade de acidentes do trabalho. Se a fadiga tornar-se crônica, provoca, muitas vezes, enfermidade psicossomática. Por outro lado, quando o trabalho noturno é alternado, poderá provocar transtornos digestivos capazes de evoluir independentemente ou de combinar-se com a enfermidade psicossomática.

Portanto, do ponto de vista médico, afirmam os especialistas que o trabalho noturno deveria ser proibido em geral.

Entretanto, há situações em que o trabalho à noite é inevitável, como ocorre nas indústrias que funcionam ininterruptamente e nos serviços de utilidade pública que devem ser prestados em caráter permanente. **Para essas situações, sugere-se reduzir a sua duração, com o objetivo de desestimular sua exigência.**

---

(29) "**Adicional noturno. Horário noturno. Prorrogação lógica.** Há equívoco na inferência de que as horas antecedentes ao período legalmente estabelecido como noturno devem ser tidas igualmente como noturnas se as horas que se seguem ao referido horário especial forem consideradas como seu prolongamento para efeito de aquisição do direito ao respectivo adicional. A falácia consiste em se desprezar a natureza penosa do trabalho desenvolvido à noite. É de elementar compreensão que se o trabalhador extrapola, em serviço, a jornada noturna delimitada em lei, o adicional noturno continua a ser devido pela lógica da prorrogação das condições biológicas adversas, que intensificam progressivamente o desgaste físico e psíquico causado pelos esforços de concentração e vigília exigidos redobradamente. Aceitar a tese contrária implica admitir que, por um passe de mágica, o raiar de um novo dia seja, por si só, suficiente para eliminar a fadiga do pernoite transcorrido em plena atividade física e mental". TRT — 2ª Reg. — RO-20010282577 — Ac. 20020760676 — 8ª T. — Relª: Juíza Wilma Nogueira de Araújo Vaz da Silva — DOESP 10.12.2002. *In*: *Revista Justiça do Trabalho*. Porto Alegre: HS Editora, jan. 2003, p. 106.

(30) CARPENTIER, J.; CAZAMIAN, P. *El trabajo nocturno; sus efectos sobre la salud y el bienestar del trabajador.* Ginebra: Oficina Internacional del Trabajo, 1977, p. 41, 42, 48.

Nessa linha de ideias, insustentável é a posição jurisprudencial que defendia a tese segundo a qual, ante a Constituição de 1988, teria deixado de existir a redução da hora noturna(31). Isso porque:

"... o art. 73 da CLT não foi revogado pela Constituição Federal de 1988, persistindo o direito dos empregados à redução da hora noturna e respectivo adicional. Não se pode fazer tábula rasa de preceito que não somente é da tradição do nosso direito, mas também tem elevado sentido social e humano, pois o trabalho noturno é, sabidamente, mais penoso do que o diurno, podendo afetar a saúde do trabalhador, ocasionando-lhe enfermidade psicossomática, que se expressa por uma síndrome neurótica ou por uma úlcera do aparelho digestivo, além de perturbar a vida familiar e social do operário (cf. *El trabajo nocturno*. J. Carpentier, P. Cazamian. OIT, Ginebra). A dupla proteção do trabalho à noite (adicional sobre a remuneração e ficção legal que reduz a hora física para 52'30") ultrapassa o direito individual e vai alcançar o direito internacional do trabalho e os tratados multilaterais da OIT sobre o assunto. Vale lembrar que a Constituição Federal não pretendeu substituir-se à CLT, nem transtornar o direito vigente ou desconsiderar conquistas anteriores. Seu objetivo foi construir uma sociedade livre, justa e solidária e para esse fim incorporou em seu texto alguns dos mais importantes preceitos trabalhistas, como que para atribuir-lhes a perenidade e a segurança a que a Constituição rígida aspira"(32).

Corrobora esse entendimento a Convenção n. 171, da OIT, de 1990 (ratificada pelo Brasil em dezembro de 2003), sobre trabalho noturno, quando, em seu art. 8º, prevê que a compensação instituída aos trabalhadores noturnos, em matéria de duração de jornada, deve reconhecer a natureza da atividade realizada à noite.

Vale lembrar, ainda, que os efeitos do trabalho noturno agravam-se segundo a idade e o tempo de serviço. O envelhecimento e as alterações de sono daí decorrentes fazem com que as exigências do trabalho nessas condições se tornem, a partir dos 45 anos de idade, menos suportáveis, recomendando-se, em geral, o afastamento do empregado desse turno. O mesmo ocorre com o tempo de serviço: a antiguidade do trabalhador na empresa, ao invés de gerar o hábito em relação ao trabalho noturno, torna-o, ao contrário, progressivamente insuportável.

Com base nesses fundamentos e invocando o Direito Comparado, mais precisamente o art. 36 da Lei espanhola n. 11, de 1994, **aos que trabalham à noite não deveriam ser permitidas horas extras.**

---

(31) "Com o advento da Constituição Federal de 1988 não mais subsiste a redução da hora noturna. O legislador constituinte dispôs, com exaustão, sobre a duração normal do trabalho, inclusive quando prestado em turnos ininterruptos e em revezamento. Quantificadas as jornadas máximas normais, também em relação à semana, não mais se pode pensar que uma determinada hora tenha duração menor que outras. Persistia, na vigência da Carta Magna de 1967/Emenda n. 1/69, a duração reduzida de 52'30" para a hora noturna, em face da exceção inscrita na parte final do inciso VI do art. 165 ('... salvo casos especialmente previstos;'), o que não foi acolhido pela Constituição Federal de 1988. Com o novo ordenamento constitucional, incidindo o princípio da recepção, as horas de trabalho, diurnas e ou noturnas, têm duração igual de 60 (sessenta) minutos, revogado o § 1º do art. 73 da CLT". TRT — 3ª Região — RO 459/91 — Rel.: Juiz Luiz Carlos da Cunha Avellar — Acórdão 1ª Turma — DJ 30.9.91. *Revista LTr*, São Paulo, mar. 1992, n. 56, p. 301.

(32) TRT — 3ª Região —RO 18.266/92 — Relª: Juíza Alice Monteiro de Barros — Acórdão 2ª Turma — julgado em 11 de janeiro de 1994. **Esse ponto de vista acabou se consolidando na jurisprudência, como se infere da Orientação Jurisprudencial n. 127 da SDI-1 do TST.**

11.3. Convenção n. 171 da OIT sobre trabalho noturno

11.3.1. Introdução

A OIT adotou, em junho de 1990, a Convenção n. 171, sobre trabalho noturno, a qual entrou em vigor, no plano internacional, em 4 de janeiro de 1995. O Brasil a ratificou e, entre nós, ela passou a vigorar em 18 de dezembro de 2003, sendo promulgada, posteriormente, pelo Decreto n. 5.005, de 8 de março de 2004.

11.3.2. Campo de aplicação

A Convenção n. 171 da OIT estende-se ao trabalhador noturno, assalariado, cuja atividade exija a realização de horas noturnas em número substancial, superior a determinado limite, a ser fixado pela autoridade competente, após prévia consulta às entidades representativas de empregadores e trabalhadores, ou por meio de convenção coletiva (art. 1º, "b").

Estão excluídos da Convenção Internacional n. 171 da OIT os trabalhadores da agricultura, da pecuária, da pesca, dos transportes marítimos e da navegação interior (art. 2º, item 1).

11.3.3. Conceito de trabalho noturno

Considera-se trabalho noturno a atividade que exija a realização de serviços à noite, por um período de pelo menos sete horas consecutivas, compreendidas entre a meia-noite e as 5 horas da manhã, a ser determinado pela autoridade competente, mediante consulta prévia aos representantes de empregadores e trabalhadores ou por meio de convenções coletivas (art. 1º, "a").

11.3.4. Medidas de proteção ao trabalhador noturno

Deverão ser tomadas medidas, ainda que progressivas, destinadas a proteger a saúde do empregado que trabalhar à noite, bem como outras destinadas a ajudá-lo a cumprir suas responsabilidades familiares e sociais. Deverão, também, ser adotadas medidas capazes de proporcionar a esse empregado melhoria na carreira e de compensá-lo de forma adequada.

A empregada, no ciclo gravídico-puerperal deverá ter tratamento especial no âmbito da segurança e da proteção à maternidade.

Entre as medidas recomendadas, o art. 4º da citada norma internacional prevê a possibilidade de os trabalhadores, se solicitarem, serem submetidos a uma avaliação de seu estado de saúde, gratuitamente, e de serem orientados a respeito de atenuarem ou evitarem problemas de saúde relacionados com o trabalho noturno. Essa avaliação e/ou orientação poderão ocorrer antes de se submeterem ao trabalho noturno, em intervalos regulares, durante sua colocação nesse turno e na hipótese de apresentarem problemas de saúde, salvo se devido a fatores alheios ao trabalho noturno.

Eventual inaptidão do empregado para o trabalho noturno, apurada por meio dessas avaliações não será comunicada a terceiros, sem o consentimento do empregado, tampouco em seu prejuízo (art. 4º, item 2). A medida visa a proteger a intimidade do trabalhador.

Esses empregados não aptos para o trabalho noturno, por motivo de saúde, serão colocados, quando viável, em função similar para a qual estejam aptos. Na ausência desta função similar no estabelecimento, o empregado desfrutará dos mesmos benefícios concedidos aos empregados não aptos para o trabalho, ou que não podem conseguir emprego (art. 6º, itens 1 e 2). E o empregado que for considerado inapto, temporariamente, para o trabalho noturno, desfrutará da mesma proteção contra a dispensa conferida a outros trabalhadores impossibilitados de trabalhar por motivo de saúde. Isso significa que o contrato de trabalho permanecerá suspenso.

11.3.5. Tutela conferida à trabalhadora noturna no ciclo gravídico-puerperal

O art. 7º, §§ 1º e 2º, da norma internacional em estudo, prevê medidas alternativas, como colocação em turno diurno, quando viável, concessão de benefício de seguridade social ou prorrogação da licença-maternidade, para algumas mulheres que executam trabalho noturno. São beneficiárias dessas alternativas as mulheres que se encontram: a) no ciclo gravídico-puerperal, no período de, pelo menos, 16 semanas, sendo oito antes do parto; b) as que apresentam previamente atestado médico indicando que tais alternativas são necessárias à saúde da mãe ou do filho por outros períodos; c) durante a gravidez; d) durante um lapso de tempo determinado, além do período posterior ao parto mencionado na alínea "a", cuja duração fica a critério da autoridade competente e prévia consulta às organizações mais representativas dos empregadores e empregados.

As alternativas sugeridas consistem no seguinte: a) durante os períodos mencionados acima a empregada não poderá ser dispensada, tampouco ser comunicada da dispensa, salvo se houver causa justificada não vinculada à gravidez ou parto; b) os rendimentos da trabalhadora deverão ser mantidos em nível suficiente capaz de garantir o seu sustento, bem como o de seu filho em condições de vida adequadas. Esses rendimentos poderão ser mantidos pela seguridade social, pela prorrogação da licença-maternidade ou outra medida apropriada; c) a trabalhadora não perderá os benefícios relativos a grau, antiguidade e promoção que forem concedidos ao cargo de trabalho noturno que ocupava anteriormente.

As alternativas sugeridas não deverão ter como efeito a redução da proteção e os benefícios relativos à licença-maternidade (§ 4º, do art. 7º, da Convenção n. 171 da OIT).

11.3.6. Tratamento especial ao trabalhador noturno

A compensação aos trabalhadores noturnos, alusiva à duração do trabalho, remuneração ou benefícios similares, deverá reconhecer a natureza desse trabalho (art. 8º, da citada norma internacional). Deverão também ser previstos serviços sociais apropriados para os trabalhadores noturnos, e, quando necessário, para os que realizarem trabalho noturno (art. 9º, da Convenção n. 171 da OIT).

Antes de se adotar o horário noturno que exija a utilização de empregados, o empregador deverá consultar os representantes daqueles acerca dos detalhes desses horários e a forma de organizá-lo que melhor se adapte ao estabelecimento e ao pessoal, como também sobre as medidas de saúde no trabalho e serviços sociais necessários.

Os estabelecimentos que empregam trabalhadores noturnos deverão realizar essas consultas periodicamente.

11.3.7. Meios de aplicação da Convenção n. 171 da OIT

Os preceitos contidos nessa convenção poderão ser aplicados mediante lei, normas coletivas, laudos arbitrais, sentenças judiciais, como também por intermédio de uma combinação desses meios ou outra forma, de acordo com as práticas nacionais. Deverão, entretanto, ser aplicadas por lei, caso inexistam outros meios.

12. OBRIGATORIEDADE DE MANTER CONTROLE DE HORÁRIO

Postuladas horas extras em juízo e negadas pelo empregador, o ônus da prova é do empregado (art. 818 da CLT e art. 333 do CPC).

Lembre-se, entretanto, que, por força do art. 74, § 2º, da CLT, possuindo o empregador mais de 10 empregados terá a obrigação de manter controle de horário em que conste a entrada e a saída do trabalhador, em registro manual, mecânico ou eletrônico, devendo assinalar o período de repouso. É ônus do empregador que conta com mais de 10 empregados o registro da jornada de trabalho na forma do art. 74, § 2º da CLT. Contestado o trabalho extraordinário, a não apresentação injustificada dos controles de frequência gera a presunção relativa de veracidade da jornada declinada na petição inicial, a qual poderá, todavia, ser elidida por prova em contrário, a teor do disposto na **Súmula n. 338 do TST**. Saliente-se que não é necessária a notificação judicial para o empregador exibir os registros de horário, os quais são meios de prova típicos dele, em face da obrigação contida no art. 74, § 2º, da CLT (TST-RR-623.232/2000-0. 3ª Turma. Relª: Min. Maria Cristina Y. Peduzzi, DJ 24.6.2005).

12.1. Prova da hora extra

Contestado o trabalho em sobretempo à jornada legal, compete ao empregado o ônus da prova, a teor do art. 818 da CLT e do art. 333 do CPC. Essa prova pode ser feita por perícia, documento ou testemunha. A jurisprudência, por meio da **Orientação Jurisprudencial** n. 233 da SDI-1 do TST, tem sustentado que a decisão com base em prova oral ou documental não ficará limitada ao tempo por ela abrangido, desde que o julgador fique convencido de que o procedimento questionado superou aquele período.

Por outro lado, a presunção de veracidade da jornada de trabalho, ainda que prevista em instrumento normativo, poderá ser elidida por prova em contrário (**Súmula n. 338, II, do TST**).

Já os cartões de ponto apresentados pelo empregador que demonstram horário de entrada e saída invariáveis, chamados popularmente "horários britânicos", não se prestam como meio de prova capaz de elidir o pedido de horas extras. Nesse caso, inverte-se o ônus da prova para o empregador e prevalece o horário declinado na inicial se ele não se desincumbir do encargo probatório (**Súmula n. 338, III, do TST**).

13. JORNADAS ESPECIAIS DO TRABALHO

Existem inúmeros trabalhadores cuja jornada de trabalho possui um tratamento especial. Entre estes, podemos citar o artista, o atleta, o bancário, o ferroviário, o jornalista, o mineiro, o professor, o telefonista, entre outros.

a) Advogado

Os advogados poderão figurar nos dois polos da relação de emprego, isto é, como empregadores (art. 2º, § 1º, da CLT) e como empregados[33]. Eles poderão, ainda, enquadrar-se como autônomos, por meio de contratos civis, quando, por exemplo, forem procurados pelo cliente em seus escritórios para defendê-lo em juízo.

Vamo-nos ater aqui ao estudo da jornada de trabalho do advogado empregado. A jornada de trabalho do advogado empregado, no exercício da profissão, não poderá exceder a duração diária de quatro horas contínuas e 20 horas semanais, salvo acordo ou convenção coletiva ou ainda em caso de dedicação exclusiva[34].

Para efeito de jornada de trabalho considera-se tempo de serviço o período em que o advogado estiver à disposição do empregador ou executando ordens no seu escritório ou em atividades externas, devendo ser reembolsado pelas despesas com transporte, hospedagem e alimentação.

As horas trabalhadas que ultrapassarem a jornada normal serão remuneradas com um adicional não inferior a 100% sobre o valor da hora normal, mesmo havendo contrato escrito (art. 20, § 2º, da Lei n. 8.906, de 1994). Isso significa que para o cálculo da hora extra do advogado deve-se dividir a remuneração mensal por 120, que é o número de horas trabalhadas no mês; o quociente desta operação equivale à hora normal, a qual será acrescida de um percentual de 100%. Já o trabalho noturno, assim considerado o que é realizado entre as 20 horas de um dia até as 5 horas do dia seguinte, sofre uma sobrecarga de 25% sobre a hora normal.

Cumpre ressaltar que o art. 3º da Lei n. 8.906, de 1994, que trata da limitação de jornada do advogado-empregado, não se aplica à administração pública direta da União, Estado, Municípios e Distrito Federal, bem como às autarquias, às fundações instituídas

---

(33) "**Relação de emprego. Advogado.** É empregado, nos termos do art. 3º da CLT, o advogado que presta serviços de consultoria jurídica à empresa, assim como de representação judicial, de forma subordinada, mediante remuneração mensal fixa". TRT — 4ª Reg. — RO-94.005847-2 — 3ª T. — Relª: Juíza Nires Maciel de Oliveira — DOERS 5.6.95. *Coletânea de Jurisprudência Trabalhista*. Cristiano Paixão A. Pinto. ed. Síntese, 1996, p. 456.

(34) "**Advogado empregado que celebra contrato de trabalho para prestar trabalho por oito horas**, com o advento da Lei n. 8.906/94 insere-se na excludente da dedicação exclusiva, e não tem direito a receber, como extraordinárias, as horas entre a quarta e a oitava diárias, ou entre vinte e quarenta semanais". TRT — 3ª Reg. — 2ª T. — RO 21886/99. Rel.: Juiz Antônio Fernando Guimarães, julgado em 18.4.2.000 — DJMG 29.8.2000. *In*: *Justiça do Trabalho*. Porto Alegre: HS Editora, p. 52.

pelo Poder Público, às empresas públicas e às sociedades de economia mista (art. 4º da Lei n. 9.527, de 1997). Acontece que este último dispositivo foi objeto de ação direta de inconstitucionalidade ajuizada perante o STF, **tendo sido deferida liminar** para suspender a eficácia dessa norma, relativamente às empresas públicas e sociedades de economia mista que explorem atividade econômica em sentido estrito, sem monopólio.

Confira-se a ementa dessa medida cautelar:

"CONSTITUCIONAL. ADVOGADOS. ADVOGADO-EMPREGADO. EMPRESAS PÚBLICAS E SOCIEDADES DE ECONOMIA MISTA. Medida Provisória n. 1.522-2, de 1996, art. 3º. Lei n. 8.906/94, art. 18 a 21. CF, art. 173, § 1º. I — As empresas públicas, as sociedades de economia mista e outras entidades que explorem atividade econômica em sentido estrito, sem monopólio, estão sujeitas ao regime próprio das empresas privadas, inclusive quanto às obrigações trabalhistas e tributárias. CF, art. 173, § 1º. II — Suspensão parcial da eficácia das expressões 'às empresas públicas e às sociedades de economia mista', sem redução do texto, mediante a aplicação da técnica da interpretação conforme: não aplicabilidade às empresas públicas e às sociedades de economia mista que explorem atividade econômica, em sentido estrito, sem monopólio. III — Cautelar deferida". (ADIMC-1552/DF AÇÃO DIRETA DE INCONSTITUCIONALIDADE — MEDIDA CAUTELAR — Rel.: Min. CARLOS VELLOSO — Publicação: DJ 17.4.98 — p. 2 — EMENT. VOL-01906-01 — p. 88 — Julgamento 17.4.1998 — TRIBUNAL PLENO).

A decisão proferida pelo STF considerou discriminatório o preceito contido na Lei n. 9.527, de 1997, se aplicado às empresas públicas que exploram atividade econômica em concorrência com a iniciativa privada. Isso porque o art. 173, § 1º, da Constituição, sujeita as empresas públicas ao regime próprio das empresas privadas, exatamente para garantir a livre concorrência. Acentue-se que duas são as formas de exploração de atividade econômica pelo Estado. Uma delas é exercida em regime de monopólio, nas áreas previstas no art. 177 do texto constitucional. A outra, é a necessária, ou seja, quando assim exigir a segurança nacional ou interesse coletivo relevante, a serem definidos em lei, conforme previsão contida no art. 173 da mesma Constituição. Nessa segunda modalidade, o poder público atua sempre em regime de concorrência com a iniciativa privada, ficando, por isso, sujeito ao mesmo tratamento das empresas da área privada, a fim de evitar a concorrência desleal com o particular, garantindo, assim, a livre-iniciativa e a livre concorrência. Dentro deste contexto, os advogados da Caixa Econômica Federal estão ou não abrangidos pela redução de jornada prevista na Lei n. 8.906, de 1994? A Caixa Econômica Federal explora alguns setores que lhe são exclusivos. Não é menos certo, porém, que predomina em sua atividade econômica a exploração de atividade em concorrência com os bancos privados. Se há concorrência, está ela excluída da ressalva contida na referida ação direta de inconstitucionalidade, ficando, pois, obrigada a observar as regras atinentes à limitação de jornada contidas na Lei n. 8.906, de 1994.

a.1) Dedicação exclusiva

Como se ressaltou, a Lei n. 8.906, de 1994, fixou em quatro horas a jornada do advogado empregado e a sua carga horária máxima semanal em 20 horas, salvo norma coletiva em contrário. Estão excluídos dessa limitação os que trabalham sob dedicação exclusiva. Nesta hipótese (dedicação exclusiva) serão remuneradas como extras apenas as horas que forem prestadas além da jornada normal de oito horas (parágrafo único, do art. 12, do Regulamento Geral do Estatuto da Advocacia e da OAB). Logo, o advogado que celebrou contrato de trabalho antes da vigência da Lei n. 8.906, de 1994, com jornada de oito horas diárias, não fará jus às horas extras advindas da jornada reduzida de quatro horas, pois a situação se enquadra na excludente da dedicação exclusiva(35). A nova redação dada ao art. 12 do Regulamento considera dedicação exclusiva o regime de trabalho que for expressamente previsto em contrato individual de trabalho.

b) Artista

Considera-se como de trabalho efetivo não só o período em que o artista permanece executando as atividades, mas também o tempo em que estiver à disposição do empregador, a contar de sua apresentação no local de trabalho, ainda que ele não se realize, por motivo alheio à vontade do artista, como também o período destinado a ensaios, gravações, dublagem, fotografias, caracterização, e todo aquele que exija a presença do artista, assim como o destinado à preparação do ambiente, em termos de cenografia, iluminação e montagem de equipamento (art. 18 e art. 21, § 4º, da Lei n. 6.355).

A jornada dos artistas varia conforme se trate de atividade ligada a radiodifusão, fotografia, gravação, cinema, teatro, circo e variedades.

Para os que trabalham em empresa de radiodifusão, fotografia e gravação, a jornada é de seis horas, com limitação de 30 horas semanais; no cinema, inclusive publicitário, quando em estúdio, a jornada é de seis horas diárias; em teatro, a partir da estreia do espetáculo, o trabalho do artista terá a duração das sessões, com oito sessões semanais. Para o artista integrante de elenco teatral, a jornada de trabalho poderá ser de oito horas, durante o período de ensaio, respeitado o intervalo previsto na CLT.

Nos circos e variedades, o artista trabalhará seis horas diárias, com limitação de 36 horas semanais; na dublagem, a jornada será de seis horas, com limitação de 40 horas semanais.

O trabalho prestado além das limitações diárias ou das sessões semanais será considerado como extraordinário, aplicando-se o disposto nos art. 59 a 61 da CLT.

A jornada normal será dividida em dois turnos, nenhum dos quais poderá exceder de quatro horas, respeitando o intervalo previsto na CLT.

Nos espetáculos teatrais e circenses, desde que sua natureza ou tradição o exijam, o intervalo poderá, em benefício do rendimento artístico, ser superior a duas horas (art. 21 e parágrafos da Lei n. 6.355).

---

(35) O advogado empregado contratado para jornada de 40 horas semanais, antes da edição da Lei n. 8.906, de 4.7.1994, está sujeito ao regime de dedicação exclusiva disposto no art. 20 da referida lei, pelo que não tem direito à jornada de 20 horas semanais ou 4 diárias. (OJ-SDI-1 — 403 — TST — 2010).

c) Atleta

Dispunha o art. 6º da Lei n. 6.354, de 1976, que o horário normal de trabalho do atleta seria organizado de forma que bem servisse o seu adestramento e exibição, não podendo exceder de 48 horas semanais, hoje, 44 horas semanais, em face da alteração constitucional, tempo em que o empregador poderia exigir que o empregado permanecesse à sua disposição. Lembre-se, entretanto, que esse dispositivo vigorou apenas até 25 de março de 2001, quando foi revogado pelos art. 93 e 96 da Lei n. 9.615, de 1998, conhecida popularmente como Lei Pelé. Entendemos que as normas em questão foram voluntariamente omitidas na legislação especial correspondente, em face das peculiaridades laborais que envolvem essa função. Logo, a partir de 26 de março de 2001, as normas a respeito de limitação de horas semanais não mais serão aplicadas ao profissional do futebol.

Já no tocante ao adicional noturno de 20% estabelecido na CLT, alguns sustentam que não há previsão legal atinente ao atleta, provavelmente pelas peculiaridades dessa função e também pelo fato de que suas atividades raramente adentram no horário noturno[(36)]. Em consequência, negam o direito ao adicional noturno a esses profissionais.

Nessa direção tem-se manifestado uma corrente jurisprudencial:

> "As condições peculiares do contrato do atleta profissional de futebol não toleram incursão no adicional noturno, em louvor dos critérios universalmente consagrados na exibição profissional do atleta. Esse tipo de prestação noturna participa visceralmente do contrato e se há de tê-la como abrangida na remuneração estipulada". TST RR-3.866/82 — Ac. 1ª T., 3.854/83, 16.12.83 — Rel.: Min. Ildélio Martins.

> "Atleta profissional de futebol. Salvo prova de excessos das normas contidas na Lei n. 6.354/76, não faz jus o atleta profissional de futebol a horas extras, repouso semanal remunerado e adicional noturno". TRT — 4ª T. — RO-6.609/90 — 1ª T. Rel.: Juiz Carlos A. C. Fraga — Julgado em 5.2.92.

Entendemos que o adicional noturno está previsto em preceito constitucional (art. 7º, IX), logo, é aplicável ao atleta empregado, sempre que comprovado o trabalho entre as 22 horas de um dia e as 5 horas do dia seguinte, o que se constata facilmente, considerando que há partidas de futebol iniciadas sempre em determinados dias da semana a partir das 21h 30min. Trata-se de aplicação subsidiária do art. 71 da CLT, compatível com a legislação específica e autorizada pelo art. 28 da Lei n. 6.354, de 1976.

Entre as peculiaridades do contrato do atleta, temos o período de concentração, a que alude o art. 7º da Lei n. 6.354, de 1976. Dispõe o citado preceito legal que o atleta será obrigado a concentrar-se, se convier ao empregador, por prazo não superior a três dias por semana, desde que esteja programada competição oficial ou amistosa, bem como a ficar à disposição do empregador quando da realização de competição fora da localidade onde tenha sua sede. Esse prazo poderá, excepcionalmente, ser ampliado, quando ele estiver à disposição da Federação ou Confederação.

Diverge a jurisprudência sobre a natureza da concentração. Uns sustentam tratar-se de tempo à disposição do empregador, portanto, se ultrapassar oito horas diárias,

---

(36) ZAINAGHI, Domingos Sávio. *Op. cit.*, p. 96.

deverá o período excedente ser pago como extra[37]; outros a veem como característica especial do contrato do atleta, não gerando direito a horas extras[38]. Filiamo-nos a essa última corrente, porque a concentração não pode ser equiparada ao tempo em que o empregado permanece à disposição do empregador, trabalhando ou executando ordens (art. 4º da CLT). A concentração é um costume peculiar ao atleta e visa a resguardá-lo para obtenção de melhor rendimento na competição. Nessa oportunidade, o empregador poderá exigir que o atleta alimente-se adequadamente, observe as horas de sono, abstenha-se de ingerir bebidas alcoólicas e treine[39]. Não vemos como equiparar a concentração a tempo à disposição para fins de horas extras, nem sequer para efeito de prontidão[40] ou sobreaviso[41], pois se a razão jurídica das normas que ensejaram tais direitos não é a mesma, igual não poderá ser a solução.

d) Bancário

Dispõe o art. 224 da CLT, com a redação fornecida pelo Decreto-Lei n. 915, de 7 de outubro de 1969 e pela Lei n. 7.430, de 17 de dezembro de 1985, que a duração normal do trabalho dos empregados em bancos, casas bancárias e na Caixa Econômica Federal será de seis horas contínuas, com exceção dos sábados, perfazendo um total de 30 horas semanais; o divisor adotado para o cálculo das horas extras será 180.

A duração da jornada poderá ser excepcionalmente prorrogada até oito horas diárias, não excedendo de 40 horas.

A duração normal do trabalho ficará compreendida entre as 7 horas e as 22 horas, assegurando-se ao bancário um intervalo de 15 minutos para alimentação. Os intervalos para descanso concedidos ao trabalhador, em regra, não são computados na duração do trabalho, "ex vi" do art. 71, § 2º, da CLT. Quando o legislador pretendeu incluir tal período na duração normal de trabalho do empregado, ele o fez expressamente, como na hipótese do intervalo concedido ao mecanógrafo (art. 72 da CLT), ao mineiro (art. 298 da CLT) e ao empregado de frigorífico (art. 253 da CLT). Como, no caso do bancário, nenhuma determinação foi feita no sentido de que o intervalo de quinze minutos para alimentação integre a jornada, deve ser utilizada a regra geral constante

---

(37) "**Horas extras. Jogador de futebol.** É devido o pagamento de horas extras ao jogador de futebol, por todo o período que ficou na concentração, sem compensação de horário à disposição do empregador". TRT — PR — 9ª Reg. — Ac. 236/82 — RO-1079/81 — Rel.: Juiz Indalécio Gomes — DJPR 26.2.82.

(38) "Jogador de futebol. Horas extras. A concentração do jogador de futebol é uma característica especial do contrato de trabalho do atleta profissional, não se admitindo o deferimento de horas extras neste período (unanimidade)". TRT — PB — 13ª Reg. — RO 783/88 — Rel.: Juiz Paulo Montenegro Pires — DJPB de 5.1.89. Idêntica direção foi traçada pelo TST, anteriormente: "**A concentração do jogador de futebol** é uma característica especial do contrato de trabalho do atleta profissional, não se admitindo o deferimento de horas extras neste período. Revista parcialmente conhecida e provida para excluir da condenação as horas extras e reflexos". TST — 1ª T. — RR 7.782/84 — Rel.: Min. Fernando Franco — DJ 243/85.

(39) ZAINAGHI, Domingos Sávio. *Op. cit.*, p. 91.

(40) **Prontidão** é o período que o empregado ferroviário permanece à disposição do empregador nas dependências da estrada, aguardando ordens. A escala de prontidão será, no máximo, de 12 horas. As horas de prontidão serão, para todos os efeitos, contadas à razão de 2/3 do salário-hora normal (§ 3º do art. 244 da CLT).

(41) **Sobreaviso**, na forma do § 2º do art. 244 da CLT, é o período que o empregado permanece em sua própria casa, aguardando, a qualquer momento, o chamado para o serviço. Cada escala de "sobreaviso" será, no máximo, de 24 horas. As horas de "sobreaviso", para todos os efeitos, serão contadas à razão de 1/3 do salário normal.

do art. 71, § 2º, da CLT, ou seja, o citado intervalo não é computado na duração do trabalho(42). Esse entendimento está hoje consagrado na **Orientação Jurisprudencial** n. 178 da SDI-1 do TST. O sábado é considerado dia útil não trabalhado e não dia de repouso remunerado (**Súmula n. 113 do TST**), salvo norma coletiva em contrário.

O Decreto-Lei n. 546, de 1969, autorizou o trabalho noturno em bancos, mas o restringiu aos serviços pertinentes à compensação de cheques ou à computação eletrônica. Se, não obstante, o bancário executar outras funções à noite, impõe-se a aplicação das regras atinentes ao trabalho noturno, sob pena de enriquecimento ilícito do empregador e prejuízo à saúde do trabalhador.

O regime especial de trabalho estende-se aos empregados de bancos e casas bancárias que prestam serviços em **portaria e limpeza**, tais como porteiros, telefonistas de mesa, contínuos e serventes, na forma do art. 226 da CLT, que veio uniformizar a legislação aplicável aos bancários. O caixa de banco também se enquadra nesse dispositivo, sendo, portanto, destinatário da jornada de seis horas, mesmo se considerado **caixa executivo** (**Súmula n. 102, inciso VI, do TST**). É certo que, atuando como guardião de numerário do empregador, o caixa desempenha função relevante, mas não de confiança bancária. Esse cargo requer eficiência técnica, honestidade e zelo funcional; entretanto, seus ocupantes não realizam atividades de direção, fiscalização, gerência, chefia ou equivalente. Mesmo que o caixa perceba gratificação, está excluído do conceito de cargo de confiança bancária e sujeita-se à jornada de seis horas. O mesmo ocorre com o **secretário de banco**, que, embora preste serviços de apoio, não desempenha atividades que compreendam chefia, fiscalização ou orientação capazes de enquadrá-lo na excepcionalidade do § 2º do art. 224 da CLT. O secretário integra categoria diferenciada, possuindo legislação própria (Lei n. 6.556, de 1978, e Lei n. 7.377, de 30 de setembro de 1985, que dispõem sobre o exercício da profissão de secretário e sobre a sua atividade). Acontece que essa legislação não estatui jornada especial, portanto, entendemos deva ser aplicada ao secretário a jornada prevista para os bancários, em geral (seis horas), salvo disposição contrária prevista em norma coletiva da categoria dos secretários.

O bancário não enquadrado no art. 224, § 2º, da CLT, mesmo que receba gratificação de função, não poderá ter as horas extras compensadas com o valor daquela vantagem (**Súmula n. 109 do TST**).

A tutela especial conferida aos bancários não se aplica aos **vigilantes** contratados diretamente por bancos ou por intermédio de empresas especializadas (**Súmula n. 257 do TST**). Já aos vigias aplica-se a jornada da categoria predominante. Logo, **vigia de banco** é bancário, estando sujeito à jornada de 6 horas, por interpretação extensiva do art. 226 da CLT.

O **vigilante** possui formação específica prevista em lei e exerce atividade dinâmica, parapolicial, com o objetivo de impedir ações criminosas. Está sujeito à disciplina específica prevista na Lei n. 7.102, de 20 de junho de 1983, e poderá integrar o quadro

(42) TRT — 3ª Região — 2ª Turma — RO-2329/96 — Relª: Juíza Alice Monteiro de Barros — DJMG 28.6.96.

de empresas especializadas ou os próprios estabelecimentos financeiros, desde que mantenham serviço organizado para esse fim. Integra o rol de categoria diferenciada.

Já o **vigia** exerce funções estáticas, sem grande esforço físico. Seu conteúdo ocupacional consiste em circular pelo local de trabalho, observando fatos. As atividades inerentes à função de vigia são menos complexas do que a do vigilante e se enquadram na categoria profissional correspondente à categoria econômica que prepondera na empresa para a qual trabalha.

No tocante aos **supervisores e auditores** de banco, entendemos que não basta, simplesmente, ocuparem cargos com essa nomenclatura para que sejam enquadrados na excepcionalidade do art. 224, § 2º, da CLT. É necessário que no exercício dessa função possuam subordinados sob seu controle ou fiscalização e, além disso, recebam gratificação de 1/3 do cargo efetivo, do contrário, estarão sujeitos às regras gerais[(43)]. O mesmo raciocínio se aplica ao **advogado**, para os que não o veem como categoria diferenciada. À luz do inciso V da **Súmula n. 102 do TST**, o advogado empregado de banco, pelo exercício da advocacia, não desempenha função de confiança bancária (art. 224, § 2º, da CLT). A mera existência de mandato *ad judicia*, indispensável à representação em Juízo, não tem o condão de enquadrá-lo na exceção prevista no art. 224, § 2º, da CLT e a gratificação acaso recebida visa a retribuir a responsabilidade do cargo e não a remunerar-lhe a 7ª e a 8ª horas. Da mesma forma, não há como se aplicar ao **analista de sistema** de estabelecimento bancário a jornada elastecida de oito horas. O fato de o analista ter acesso a senhas, contas e outras aplicações traduz atribuições inerentes às suas atividades, de natureza essencialmente técnica, incapazes de enquadrá-lo no exercício de cargo de confiança bancária, salvo se possuir poder de direção, supervisão ou controle de subordinados, o que normalmente não ocorre.

d.1) Bancários excluídos das regras especiais. Função de confiança

As regras específicas dos bancários atinentes à jornada não se aplicam aos empregados desses estabelecimentos que exercem funções de **direção, gerência, fiscalização, chefia e equivalentes ou que desempenham outros cargos de confiança**, desde que o valor da gratificação percebida não seja inferior a 1/3 do salário do cargo efetivo (art. 224, § 2º, da CLT). Esses trabalhadores não são destinatários da jornada reduzida dos bancários; estão amparados pelas normas gerais. Em consequência, sua jornada será no máximo de oito horas e a carga horária semanal não poderá ultrapassar 40 horas[(44)], sendo extras as horas que excederem desse limite, pois o sábado é dia útil, mas não trabalhado. As horas trabalhadas aos sábados serão

---

(43) "**Bancário. Supervisor e auditor. Horas extras excedentes da sexta**. A jurisprudência desta c. Corte é no sentido de que não basta o recebimento da gratificação de função e o cargo estar rotulado como sendo de confiança para que o bancário seja enquadrado na exceção prevista no § 2º do art. 224 da CLT. Deve ficar comprovado que o bancário exercia cargo de confiança, com o mínimo de poder de mando e gestão que o distinguisse dos demais empregados do banco, aspecto fático este que foi afastado pelos acórdãos regional e turmário. Contrariedade ao art. 224, § 2º, da CLT e ao Verbete n. 204/TST, não caracterizada. Embargos não conhecidos". TST — SDI-1 — ERR n. 224996/95-7 — Rel.: Min. Rider Nogueira de Brito — DJ 20.8.99 — p. 38. *Revista do Direito Trabalhista*, set. 1999, p. 53.

(44) Por equívoco, constou das duas tiragens da 1ª edição desta obra, 44 horas.

extras. Após a Constituição da República de 1988, o salário-hora desses bancários passou a ser calculado com base no divisor 220, e não 240.

À luz da **Súmula n. 287 do TST**, estão enquadrados no art. 224, § 2º, da CLT, os **gerentes de agência**, e no art. 62, inciso II, da CLT, o **gerente geral de agência bancária**, por presumir estar investido de poderes de gestão.

Como se vê, o art. 224, § 2º, da CLT pressupõe o preenchimento de dois requisitos para excluir o bancário da jornada de seis horas: exercício de funções de direção, gerência, fiscalização, chefia e equivalentes, bem como o percebimento de gratificação não inferior a 1/3 do salário do cargo efetivo. Não cumprida a primeira exigência, relativa à natureza da função, tem-se que a gratificação paga ao empregado visou a remunerar-lhe a maior responsabilidade do cargo e não a retribuir o serviço realizado em sobretempo à jornada legal de seis horas(45). Outra será a situação se o bancário exercer função de confiança (§ 2º do art. 224 da CLT) e perceber gratificação não inferior ao terço legal, mas a norma coletiva contemplar percentual superior. Nessa situação, ele fará jus às diferenças de gratificação de função, se postulada, mas não terá direito à sétima e à oitava horas (**Súmula n. 102, inciso VII, do TST**).

Os cargos a que alude o § 2º do art. 224 da CLT são considerados de "confiança especial"; resultam da natureza da atividade e do comissionamento do trabalhador(46). A exceção prevista nesse dispositivo legal, que sujeita o bancário a oito horas diárias de trabalho, abrange todos os cargos que pressupõem atividades de coordenação, supervisão ou fiscalização, não exigindo a lei amplos poderes de mando e gestão. Daí se infere que a expressão cargos de confiança bancária tem aqui um alcance muito maior do que aquele previsto no art. 62, II, da CLT. A configuração ou não do exercício da função de confiança, a que se refere o art. 224, § 2º, da CLT, depende da prova das reais atribuições do empregado, sendo insuscetível de exame mediante recurso de revista ou de embargos (**Súmula n. 102, inciso I, do TST**).

Já a norma contida no art. 62, II, da CLT só se aplica ao gerente de banco se, paralelamente ao padrão salarial mais elevado, o cargo por ele ocupado for de confiança excepcional, ou seja, colocar em jogo "a própria existência da empresa, seus interesses fundamentais, sua segurança e a ordem essencial do desenvolvimento de sua atividade". Se o gerente estiver destituído de poderes de mando e gestão, sem participação em setor de vital importância para a empresa, é inviável enquadrá-lo no referido dispositivo legal. Poderá, entretanto, situar-se no art. 224, § 2º, da CLT, se exercer as atribuições ali previstas. Comprovado trabalhar ele em sobretempo à jornada de oito horas, fará jus às horas extras (inteligência da **Súmula n. 102, inciso IV, do TST**). É que a

---

(45) "**Bancário. Exercício de cargo de chefia**. Para configuração do exercício do cargo de chefia de empregado bancário se faz necessário o preenchimento dos requisitos previstos no § 2º do art. 224 da CLT — O exercício efetivo de função de maior fidúcia e a percepção de gratificação de função superior a um terço do cargo efetivo. Inexistindo um desses requisitos, não há como se enquadrar o empregado na exceção do art. 224 consolidado, que, por ser norma excepcional, não comporta interpretação extensiva. Recurso de Embargos não conhecidos". TST — SDI-1-E.RR294902/96-3 — Rel.: Min. Vantuil Abdala — DJ 10.12.99 — p. 12. *Revista do Direito Trabalhista*. jan. 2000, p. 56.

(46) RUSSOMANO, Mozart Victor. *Comentários à Consolidação das Leis do Trabalho*. v. I, 13. ed. Rio de Janeiro: Forense, p. 234.

gratificação não inferior a 1/3 já remunera as duas horas excedentes de seis (**Súmula n. 102, inciso II, do TST**). Se, entretanto, a gratificação for inferior a essa fração, o empregado fará jus à sétima e à oitava horas como extras, no período em que se verificar o pagamento a menor da gratificação (**Súmula n. 102, inciso III, do TST**).

d.2) Empregados de financeiras, bancos regionais, corretoras, distribuidoras de valores e empresa de processamento de dados que prestam serviço a banco

É sabido que a complexidade da economia moderna criou **empresas de crédito, financiamento e investimento**, conhecidas como financeiras, que se destinam à concessão de empréstimos a médio e longo prazo, dedicando-se à administração de fundos de investimento. Elas praticam no mercado financeiro a intermediação ou aplicação de recursos financeiros ou a custódia de valores de terceiros. Em consequência, equiparam-se aos bancários os empregados dessas **financeiras** que comerciam com dinheiro, identificando-se com os estabelecimentos bancários. Nesse sentido é a **Súmula n. 55 do TST**. O mesmo não se diga no tocante aos empregados de distribuidoras e corretoras de valores (**Súmula n. 119 do TST**). As corretoras e distribuidoras de valores mobiliários realizam atividades de mera intermediação não sendo, portanto, equiparadas a bancos; seus empregados não gozam da jornada especial dos bancários (**Súmula n. 119 do TST**).

Os empregados de **bancos nacionais e regionais** que incrementam o desenvolvimento nacional ou de determinadas regiões do País também são considerados bancários[47], pois esses estabelecimentos fazem parte do sistema financeiro, de acordo com a Lei n. 4.594, de 1964, estando sujeitos à legislação bancária, a teor da Res. do BACEN n. 469/70 (art. 8º). Corrobora a assertiva a Orientação Jurisprudencial Transitória n. 34 e a Orientação Jurisprudencial n. 179 da SDI-1 do TST. A jornada do art. 224 da CLT não se aplica aos empregados do BNDES, sendo de sete horas diárias e de trinta e cinco horas semanais, não se permitindo redução (Lei n. 10.556, de nov. 2002). Essa mesma lei exclui os empregados da Financiadora de Estudos e Projetos (FINEP) da Seção 1, do Cap. I do Título III da CLT das disposições especiais dos bancários e fixa a jornada em oito horas diárias e quarenta horas de trabalho semanais, não podendo ser reduzida em qualquer hipótese (art. 8º da Lei n. 10.556, de 2002).

São considerados bancários os empregados de empresas de processamento de dados que prestam serviços a banco integrante do mesmo grupo econômico, exceto quando as referidas empresas prestam serviços a banco e a empresas não bancárias do mesmo grupo econômico ou a terceiros (Súmula n. 239 do TST).

---

(47) "**Banco Regional de Desenvolvimento. Enquadramento**. Para fins de aplicação do art. 224 consolidado, não se justifica que o Banco Regional de Desenvolvimento do Extremo Sul — BRDE, simplesmente por se constituir em autarquia estadual e ainda que criado com o objetivo de incrementar o desenvolvimento econômico da região sul, seja excluído do cumprimento do dispositivo legal, e seus empregados, bancários que literalmente são, tenham a obrigação com uma jornada de trabalho maior do que a exigida por lei. Embargos não providos". TST — E-RR 7044/89.4 — Ac SDI 2024/92 — Rel. desig.: Min. Hylo Gurgel — DJU 25.9.92 — p. 6.264. *In*: Irany Ferrari e Melchíades Rodrigues Martins. *Bancários*. São Paulo: LTr, p. 72.

d.3) Empregados de cooperativas de crédito e administradoras de cartão de crédito

A jurisprudência inclina-se no sentido de não atribuir aos empregados de **cooperativa de crédito rural** a condição de bancários, por ser ela uma sociedade de pessoas e não de capital; destina-se a promover a cooperação entre os associados sem o intuito de lucro[48], mas com o auxílio mútuo entre os cooperados.

Ademais, a Lei n. 5.764/71, instituidora das sociedades cooperativas, veda, no art. 5º, o uso da expressão "banco" e afirma que igualam-se às demais empresas para fins da legislação trabalhista e previdenciária assegurada aos empregados (art. 91 — TST-E-ED-RR-1449-2003-024-03-00, Rel. Ministra Maria Cristina I. Peduzzi, decisão de 20.10.08). Não se enquadram também como bancários, por falta de previsão legal específica, os empregados de cooperativas de crédito no meio urbano ou rural, que, com atividade penosa e extenuante, prestam serviços, cujos fins são a promoção de cooperação entre associados, sem fins lucrativos (TST-E-ER-RR-1580-2002-103-03-00-3, **6.10.08,** Rel. Min. Aloysio C. da Veiga. Não há, portanto, direitos aplicáveis à categoria dos bancários). (OJ-SDI-1 — 379 — TST — 2010).

Estão, ainda, excluídos do tratamento especial atribuído aos bancários os empregados de empresa de **cartão de crédito**[49], cuja atividade básica consiste na prestação de serviços de aproximação e administração das relações entre o usuário do cartão, o comerciante e o mercado financeiro. A administradora de cartão de crédito assemelha-se muito, quanto ao tipo de atividade desenvolvida, às empresas de assessoramento, perícia, informações e pesquisas, pertencentes ao 3º Grupo do Plano da CNTC, do quadro a que se refere o art. 577, denominado Agentes Autônomos do Comércio. Aliás, esta foi a classificação que lhe atribuiu a extinta Comissão de Enquadramento Sindical do Ministério do Trabalho. Ademais, é sabido que o próprio Banco Central não a considera instituição financeira, deixando de exercer qualquer fiscalização sobre ela.

Há, entretanto, vertente jurisprudencial em sentido contrário, equiparando a financeiras as administradoras de cartão de crédito e, por conseguinte, enquadram seus

---

(48) TST-RR-214.732/95-0, 5ª T. Rel. Min. Armando de Brito. DJU 16.5.97. *In*: FERRARI, Irany e outro. *Julgados Trabalhistas Selecionados*. v. V, São Paulo: LTr, p. 101.

(49) "Enquadramento. Não se equipara a bancário o empregado que trabalha em administradora de cartão de crédito, cuja atividade básica consiste na prestação de serviços de aproximação e administração das relações entre o usuário do cartão, o comerciante e o mercado financeiro". TRT — 3ª Região — 2ª T. — RO-7149/91. Rel. Juíza Alice Monteiro de Barros. Julgado em 16.6.1992. **No mesmo diapasão**: TST — 3ª T. — RR-441.354/98.3 — Relª: Min. Maria Cristina I. Peduzzi, DJ 25.4.2003 (a reclamada é a FININCARD). **Igual sentido**: TST — 4ª T. — RR-36765/2002-900-05-00 — Rel.: Juiz Convocado José Antônio Pancotti. DJ 7.10.2005: "ADMINISTRADORA DE CARTÃO DE CRÉDITO — SÚMULA N. 55 DO TST — IMPERTINÊNCIA. Empresa administradora de cartão de crédito não tem como atividade a coleta, intermediação ou aplicação de recursos financeiros próprios ou de terceiros e, por isso mesmo, não é equiparada a instituição financeira, nos termos da Lei n. 4.595/64. Sua atividade se limita à intermediação de crédito entre o mercado e o consumidor e ao desenvolvimento de serviços correlatos, sem a efetuação de empréstimo de dinheiro ou de captação de recursos para investimentos no mercado financeiro e financiamento de bens móveis ou imóveis. Impertinente, portanto, é a aplicação da Súmula n. 55 do TST, que equipara aos estabelecimentos bancários, para os efeitos do art. 224 da CLT, as financeiras (empresas de crédito, financiamento ou investimento), quando a reclamada é empresa administradora de cartão de crédito. Agravo de instrumento e recurso de revista providos".

empregados como financiários, para fins de jornada (cf. Súmula n. 55 do TST). Argumenta-se que a atividade-fim da reclamada (no caso, a FININVEST S/A — Administradora de Cartões de Crédito) é o lançamento e distribuição de títulos e valores mobiliários, serviços que servem de suporte a financiamentos, atividades que se inserem no art. 18, § 1º, da Lei n. 4.595, de 1964, e, portanto, equipara os seus empregados aos de financeira (TST-RR-00578/2001-004-13-40.4 — Rel.: Min. Lélio Bentes Corrêa. DJ 17.6.2005).

e) Digitador

e.1) Introdução

O digitador foi um dos profissionais que ingressou no mercado de trabalho, em face das inovações técnicas mais recentes, não se encontrando, portanto, contemplado na CLT. Logo, para esse profissional, a hermenêutica autoriza a possibilidade de adaptação das normas celetistas às novas condições sociais, por um processo de analogia ou de interpretação extensiva.

e.2) Enquadramento

A Portaria MTb n. 3.251, de 7 de junho de 1985, incluiu os digitadores na categoria profissional diferenciada — "trabalhadores em processamento de dados", analistas de sistemas, programadores e operadores de computador, perfuradores e digitadores. Essa portaria, no entanto, foi revogada e os digitadores não integram categoria à parte, tampouco são destinatários de contrato especial, mas possuem peculiaridades quanto à sua atividade profissional.

e.3) Intervalo e jornada

O recurso à analogia não poderá, entretanto, ser invocado, para concluir-se pela equiparação à telefonista, cujas atividades possuem peculiaridades próprias, sabidamente desgastante, a merecer tratamento especial. Cabe, entretanto, a analogia, mas para assimilá-lo ao mecanógrafo, datilógrafo ou afim e deferir-lhe a pausa de 10 minutos após cada 90 minutos contínuos de trabalho, não deduzidos da jornada normal (art. 72 da CLT), isto é, esses intervalos são considerados como tempo de serviço efetivo[(50)].

Sustenta-se que a atividade física do digitador e mecanógrafo é a mesma, distinguindo-se os teclados: enquanto o digitador observa uma tela, o datilógrafo observa um papel. Já a telefonista faz uso continuado de fone acoplado, o que não ocorre naquelas atividades. Sucede que, à data da edição do art. 72 da CLT, não havia as recentes conquistas técnicas que acabaram por introduzir no mercado de trabalho novos profissionais, entre eles o digitador. Esse profissional, embora não incluído no referido dispositivo legal, executa serviço com uso de aparelho que escreve mecanicamente. Logo, se a razão jurídica é a mesma, igual deverá ser a solução. A atualização do texto consolidado poderá verificar com recurso ao art. 8º da CLT, orientando-se o intérprete com vistas ao fim social da norma e às necessidades práticas que o direito visa a

---

(50) RUSSOMANO, Mozart Victor. *Comentários à Consolidação das Leis do Trabalho*. Rio de Janeiro: Forense, 13. ed., v. 1, p. 121.

tutelar. Nesse sentido é a **Súmula n. 346 do TST**. Em consequência do que foi exposto, os digitadores estão sujeitos à jornada de oito horas e à carga horária de 44 horas semanais. É certo que a Portaria n. 3.751, de 1990, no item 17.6.4, "c", estabelece que o tempo efetivo de trabalho, de entrada de dados não deve exceder o limite máximo de cinco horas, sendo que no período de tempo restante poderá exercer outras atividades. Acontece que à citada Portaria é vedado fixar jornada e intervalos, devendo ser a matéria tratada em lei federal, pois quem legisla sobre Direito do Trabalho é a União. As portarias do Ministério do Trabalho destinam-se a complementar as disposições consolidadas.

Na mesma direção têm decidido os Tribunais Regionais e o TST[51].

f) Ferroviário

A CLT contém uma seção destinada aos ferroviários, que se inicia no art. 236 e estende-se até o art. 247. Convém salientar que o art. 244, incluídos os §§ 1º a 4º, foi revogado pela Lei n. 3.970, de 1961, mas teve a vigência restaurada pelo Decreto-Lei n. 5, de 4 de abril de 1966 (art. 36).

A regra é a jornada de oito horas para os ferroviários, exceto para os operadores telegrafistas das estações de tráfego intenso em que a jornada não excederá de 6 horas (art. 246 da CLT).

Dispõe o art. 241 consolidado que as horas excedentes de oito serão pagas como extras da seguinte forma: as duas primeiras com o acréscimo de 25% sobre o salário-hora normal. Evidentemente, esse preceito está derrogado pelo art. 7º, XVI, da Constituição da República de 1988, pois, atualmente, a sobrecarga pelo trabalho em horas extras é de, pelo menos, 50% sobre a hora normal. Logo, as horas extras do ferroviário, a que alude o art. 241, serão pagas com o adicional de 50%, exceto as que excederem de quatro, para as quais o referido dispositivo prevê adicional de 75%. Fica ressalvada a situação dos que trabalham em equipagens de trens, cujo cálculo das horas extras será feito de acordo com o comando contido no parágrafo único do art. 241, tratado em subtítulo próprio. As frações de meia hora que ultrapassarem 10 minutos serão consideradas como meia hora, para qualquer efeito, por força do art. 242 da CLT. Isto é, se o empregado trabalhar uma hora e treze minutos, ser-lhe-á pago o salário equivalente a uma hora e meia. Se, entretanto, ele trabalhar uma hora e cinco minutos, estes não serão desprezados, devendo o empregado receber o exato tempo de serviço, sem o arredondamento previsto para o que exceder de 10 minutos[52].

---

(51) "**Jornada do digitador**. Não existe no ordenamento jurídico vigente norma que assegure ao exercente da função de digitador jornada especial de 6 (seis) horas de trabalho". TRT — 12ª Reg. — RO-V 2191/00 — Ac. 8315/00 — 1ª T. — Rel.: Juiz Idemar Antônio Martini — DJSC 8.9.2000. Justiça do Trabalho. Porto Alegre: HS Editora, 2000, p. 95.

"**Digitador de computador. Jornada reduzida. Portaria MTb n. 3.751/90**. O art. 200 da CLT reconhece ao Ministério do Trabalho tão somente o direito de complementar as disposições consolidadas no que diz respeito ao estabelecimento de medidas especiais de proteção ao trabalhador, no campo de segurança e medicina do trabalho, não lhe conferindo poderes para fixar a duração da jornada de trabalho. Revista a que se nega provimento". TST-2ª T. — RR-522573/98.0 — Rel.: Min. Valdir Righetto — DJ 18.6.99, p. 114. Brasília: *Revista de Direito Trabalhista* 5-7/66.

(52) RUSSOMANO, Mozart Victor. *Op. cit.*, 13. ed., v. 1, p. 253.

Para os ferroviários de estação do interior, assim classificados pelo Departamento Nacional de Estradas de Ferro, cujo serviço seja intermitente ou de pouca intensidade, não se lhe aplicam os preceitos gerais sobre duração do trabalho, conforme previsão contida no art. 243 da CLT. Com fulcro nesse preceito, a jurisprudência nega-lhes o direito às horas extras (**Súmula n. 61 do TST**). A exclusão se justifica, considerando que o serviço é suave, logo, o preceito em questão não se atrita com o art. 7º, XIV da Constituição(53). O art. 243 da CLT só concede aos ferroviários de estações de interior o repouso diário de 10 horas consecutivas, no mínimo, entre duas jornadas e o repouso semanal.

O art. 238 da CLT reproduz a regra geral contida no art. 4º do mesmo diploma ao considerar como de serviço efetivo o período em que o empregado encontra-se à disposição do empregador, aguardando ou executando ordens. O referido preceito considera como tempo à disposição o momento em que o ferroviário inicia as atividades na sede da empresa até o seu regresso à mesma, no final do trabalho. Dessa forma, de acordo com o § 2º do art. 238 da CLT, será considerado como de trabalho normal e efetivo, sem direito à percepção de horas extras, o tempo gasto em viagens feitas pelos ferroviários removidos ou comissionados fora da sede. Será também considerado tempo de efetivo trabalho o período em que os empregados de turmas de conservação da via permanente saem da casa da turma até a hora em que cessar o serviço em qualquer ponto compreendido dentro dos limites da respectiva turma (art. 238, § 3º). Caso esse empregado trabalhe fora dos limites da turma, ser-lhe-á também computado como de trabalho efetivo o tempo gasto no percurso de volta a esses limites(54). Ocorre que essa regra contém várias exceções. O tempo gasto em viagens do local ou para o local de início e término dos serviços do **pessoal de equipagens**, por exemplo, não será considerado como de trabalho efetivo; tampouco será considerado como de trabalho efetivo o tempo de viagem para o local do serviço, desde que não exceda de uma hora, seja para a ida ou para a volta, **dos encarregados da conservação de obras de arte, linhas telegráficas ou telefônicas e edifícios**, quando a estrada fornecer os meios de locomoção, computando-se o tempo excedente a esse limite.

A jornada de trabalho do ferroviário das equipagens de trens é de oito horas (art. 241 da CLT), sendo computado como de trabalho efetivo todo o tempo em que o empregado estiver à disposição da estrada. Há, todavia, as seguintes exceções: não

---

(53) "**Horas extras. Ferroviários. 'Estação do interior'**. A norma traçada no art. 7º, inciso XIV, da Carta Magna não conflita com o art. 243 da CLT, o qual dispõe especificamente sobre a duração do trabalho do ferroviário que trabalha em 'estação do interior'. Comprovada aludida classificação, não há que se falar em pagamento de horas extras, à luz da diretriz perfilhada pela **Súmula n.** 61 do TST. Recurso conhecido e provido". TST — 1ª T. — RR-422.697/98-0 — Rel.: Min. João Oreste Dalazen — DJ 13.10.2000, p. 383.

(54) "**Horas *in itinere*. Ferroviário integrante da categoria 'b'.** A teor da previsão contida no art. 238, § 3º, da CLT, o tempo efetivo de trabalho das turmas de conservação da via permanente deve ser contado desde a hora de saída da casa da turma até a hora em que cessar o serviço, em qualquer ponto compreendido dentro dos limites da respectiva turma. Apenas quando o empregado prestar serviços fora dos limites de sua turma será computado o tempo gasto no retorno até esses limites. Constatado que o tempo de percurso postulado pelo autor refere-se ao trajeto realizado dentro dos limites da área de trabalho de sua turma, correta a decisão que indeferiu o pleito de horas *in itinere*". TRT — 3ª Reg. — 2ª T. — RO 18894/00 — Relª: Juíza Alice Monteiro de Barros — Julgado em 5.12.2000. Obs.: Na hipótese, o empregado postulava o tempo gasto no percurso de retorno da frente de trabalho para a estação.

será considerado como de trabalho efetivo o tempo gasto em viagens do local ou para o local de terminação e início dos mesmos serviços (§ 1º do art. 238); apenas depois da chegada ao destino, o pessoal da equipagem de trens terá considerado como período efetivo o tempo em que estiver ocupado ou retido à disposição da estrada. Intervalos inferiores a uma hora, entre dois períodos de trabalho, serão considerados como de trabalho efetivo para o pessoal de equipagem (§ 4º do art. 238). O tempo concedido para refeição, em regra, não se computa como de trabalho efetivo, senão para o pessoal da equipagem, quando as refeições forem tomadas em viagem ou nas estações durante as paradas. Esse tempo não será inferior a uma hora, exceto para o pessoal da equipagem em serviço de trens (§ 5º do art. 238). O intervalo para refeição a que alude o art. 71 e parágrafos da CLT não se aplica aos ferroviários, por terem eles tratamento específico, como visto nesse parágrafo(55).

A prorrogação de jornada, para o pessoal da equipagem, poderá efetivar-se, independentemente de qualquer formalidade, desde que não exceda de 12 horas.

Para o pessoal da equipagem de trens, depois de cada jornada de trabalho, é assegurado um repouso de 10 horas contínuas, no mínimo, observado o descanso semanal. Segundo o art. 241, parágrafo único, da CLT, as horas excedentes do horário normal de oito horas do pessoal de equipagem de trens serão pagas como serviço extraordinário da seguinte forma: a primeira hora será majorada com o adicional de 50%, em face do art. 7º, XVI, da Constituição da República de 1988, a segunda, também com o acréscimo de 50% sobre a hora normal, e as duas subsequentes, com um adicional de 60%, salvo caso de negligência comprovada. Aqui, a negligência do trabalhador o impede de receber as horas extras. O preceito é incoerente com a natureza imperativa das normas que limitam a jornada, dada a necessidade de proteger a integridade física do trabalhador. A negligência poderia gerar punição disciplinar e até mesmo a dispensa por justa causa, mas nunca servir de obstáculo ao pagamento das horas extras, de feição nitidamente retributiva, em face do tempo que o empregado permaneceu à disposição do empregador. Entretanto, filiamo-nos aos que consideram derrogado o preceito pelo art. 7º, XVI, da Constituição(56).

Não estabelecendo o texto taxa para o trabalho além de 12 horas, entende-se que a regra prevista para os ferroviários, em geral, se aplica, também, ao pessoal da equipagem. Assim sendo, sobre as horas de trabalho do pessoal da equipagem, além de 12 horas, incidirá o adicional de 75%(57).

Nos casos de urgência ou de acidente, capazes de afetar a segurança ou a regularidade do serviço, poderá a duração do trabalho ser excepcionalmente elevada a

---

(55) "**Intervalo Intrajornada. Ferroviário. Equipagens de trem.** O art. 71 e seus parágrafos não se aplicam aos ferroviários, por força do disposto no art. 57 da CLT. Integrando, sempre, a jornada de trabalho o tempo destinado às refeições quando efetuadas em viagem (como previsto pelo § 4º do art. 238, parte final) e sendo o labor diário não superior a seis horas, consoante alegado na inicial, não há que se falar em pagamento como extras desses 15 minutos". TRT — 3ª Reg. — 4ª T. — RO n. 18.462/98 — Rel.: Juiz Márcio Flávio S. Vidigal — DJMG 12.6.99, p. 12. *Revista do Direito Trabalhista*, jul. 1999.

(56) RUSSOMANO, Mozart Victor. *Comentários à Consolidação das Leis do Trabalho*. Rio de Janeiro: Forense. v. 1, p. 253.

(57) CÂNDIA, Ralph. *Op. cit.*, 2. ed., p. 215.

qualquer número de horas (art. 240), incumbindo ao empregador zelar pela incolumidade dos empregados e pela possibilidade de estabelecer escala de revezamento. Deverá ser assegurado repouso aos ferroviários e comunicado o fato ao Ministério do Trabalho dentro de 10 dias do ocorrido. A recusa injustificada do ferroviário para a execução de serviço extraordinário nessas circunstâncias implica justa causa para a dispensa (parágrafo único do art. 240 da CLT).

De acordo com o art. 245 da CLT, "o horário normal de trabalho dos cabineiros nas estações de tráfego intenso não excederá de oito horas e deverá ser dividido em dois turnos com um intervalo não inferior a uma hora de repouso, não podendo nenhum turno ter duração superior a cinco horas, com um período de descanso, entre duas jornadas de trabalho, de quatorze horas consecutivas".

O art. 246 da CLT estatui que "o horário de trabalho dos operadores telegrafistas nas estações de tráfego intenso não excederá de seis horas diárias". A tutela se justifica, considerando que esse serviço exige atenção especial e muito esforço do trabalhador na recepção e transmissão de mensagens.

O art. 239, § 1º, prevê **para o pessoal da equipagem de trens** um repouso de 10 horas contínuas, no mínimo, depois de cada jornada de trabalho, observado o descanso semanal remunerado. Tal preceito, portanto, não se estende aos demais ferroviários, aos quais será aplicado o art. 66 consolidado, que é a regra geral, ou seja, terão um repouso de 11 horas após cada jornada de trabalho. Constituem exceção a essa regra apenas as disposições especiais concernentes estritamente a peculiaridades profissionais previstas no Capítulo I do Título III, as quais abrangem, no caso, somente o pessoal de equipagem.

As estradas de ferro poderão ter três espécies de empregado para executarem tarefas imprevistas ou para substituírem colegas que faltarem à escala organizada. **Esses empregados são os extranumerários, de sobreaviso e de prontidão**.

Os extranumerários são candidatos à efetivação que se apresentam normalmente ao serviço, mas só trabalham quando necessário. O extranumerário, por força do § 1º do art. 244 da CLT, só receberá os dias de trabalho efetivo.

Considera-se de **sobreaviso** o empregado efetivo que permanecer em sua própria casa, aguardando a qualquer momento o chamado para o serviço. O tempo de sobreaviso terá a duração máxima de 24 horas (art. 244, § 2º, da CLT). As horas de sobreaviso serão pagas à razão de 1/3 do salário normal[58]. Já a **prontidão** é o tempo em que o empregado permanece nas dependências da estrada, aguardando ordens. A escala de prontidão será de 12 horas, no máximo. As horas de prontidão serão, para todos os efeitos, pagas à razão de 2/3 (dois terços) do salário-hora normal.

Os ferroviários que cumprem horários alternados, ora durante o dia, ora à noite, sujeitam-se à jornada especial dos turnos ininterruptos de revezamento, inexistindo

(58) "A jurisprudência do TST inclina-se no sentido de desautorizar a incidência do adicional de insalubridade e periculosidade no cálculo do sobreaviso, ao argumento de que está ausente, na hipótese, o agente agressivo gerador do adicional". TST — RR 311.264/96.0 — Ac. 4ª T. — Rel.: Min. Leonaldo Silva. *Revista Trabalho e Doutrina*, dez. 1999, p. 207.

incompatibilidade entre o art. 7º, inciso XIV, da Constituição da República e as normas que regem essa categoria. A tutela se justifica, considerando que as alterações na sincronia do ritmo circadiano podem acarretar, a longo prazo, redução da duração da vida do trabalhador, em face de distintos efeitos patológicos acumulados no tempo[(59)]. Nesse sentido é a **Orientação Jurisprudencial** n. 274 da SDI-1 do TST.

g) Jornalista

A jornada do jornalista tem a duração de cinco horas, tanto para os que exercem atividades diurnas quanto para os que exercem atividades noturnas. A jurisprudência tem admitido a possibilidade de contratação de jornalista para jornada inferior, com salário proporcional[(60)]. Poderá a jornada ser elevada para sete horas, mediante acordo escrito, em que se estipule o aumento do salário, para o excesso, e se estabeleça intervalo para repouso ou refeição, de acordo com os art. 303, 304 e parágrafo único da CLT.

Estão excluídos da jornada especial de cinco horas os que executam unicamente serviços externos ou aqueles que exercem as funções de redator chefe, secretário, subsecretário, chefe e subchefe de revisão, chefe de oficina, de ilustração e chefe de portaria (art. 306 da CLT). Para esses jornalistas, a duração normal diária do trabalho será de oito horas. A prestação de serviços acima desse limite sujeitar-se-á às regras celetistas gerais, previstas nos art. 59 e seguintes, inclusive para as prorrogações excepcionais.

Segundo o art. 308 da CLT, em seguida a cada período diário de trabalho haverá um intervalo mínimo de 10 horas, destinado ao repouso.

h) Mineiro

O trabalho em minas de subsolo, no Brasil, é disciplinado nos art. 293 a 301 da CLT. A duração normal de trabalho efetivo para os empregados em minas no subsolo é de seis horas diárias ou 36 semanais, sendo computado como de serviço o tempo despendido pelo empregado da boca da mina ao local de trabalho. Logo, computado esse período, e se ultrapassada a jornada legal, as horas excedentes deverão ser pagas como extras[(61)]. A jornada mencionada pode ser elevada até oito horas diárias ou 44 semanais, mediante acordo escrito entre empregado e empregador ou convenção coletiva, ficando a prorrogação sujeita à prévia autorização do Ministério do Trabalho. Considerando as condições locais de insalubridade e os métodos do trabalho, a duração diária do trabalho no subsolo poderá ser inferior a seis horas, por determinação da autoridade competente.

---

(59) VASILACHIS DE GIALDINO, Irene. *Las condiciones de trabajo*. Buenos Aires: Abele do Pierrot, 1986, p. 132.

(60) "**Jornalista. Redução da jornada. Possibilidade.** Inexiste vedação legal à contratação do jornalista para trabalhar em jornada reduzida, percebendo salário proporcional às horas trabalhadas". TRT — 3ª Região — RO-14.102/99 — 1ª T. — Relª: Juíza Maria Lúcia C. Magalhães — DJMG 17.3.2000. *Revista Síntese*, maio 2000, p. 80.

(61) Cf. neste sentido Precedente TST—E-RR-2857/88.7— Ac. SDI 1171/90.1— Rel.: Min. José Ajuricaba da Costa e Silva — DJ 8.2.1991, p. 808 — BIT — Revista ano I, n. 2, fev. 1991. *Revista Nacional de Orientações Trabalhistas e Previdenciários Urbano e Rural*.

Quando a jornada compreender parte no subsolo e parte na superfície, a duração da parte complementar será calculada tendo-se em vista a proporção de seis horas no subsolo para oito horas na superfície e vice-versa (art. 22.1.5.3 da NR-22, da Portaria n. 3.214, de 1978).

O art. 298 consolidado prevê uma pausa especial de 15 minutos, em cada período de três horas consecutivas de trabalho, a qual será computada na duração normal de trabalho efetivo.

i) Professor

A contraprestação mensal devida ao professor, que trabalha no limite máximo da jornada prevista no art. 318 da CLT, é de um salário mínimo integral, não se cogitando do pagamento proporcional em relação à jornada prevista no art. 7º, XIII, da Constituição Federal. (OJ-SDI-1 — 393 — TST — 2010).

De acordo com o disposto no art. 318 da CLT, ao professor é vedado ministrar, por dia, mais de quatro aulas consecutivas ou seis intercaladas em um mesmo estabelecimento de ensino. As aulas que excederem desse limite deverão ser pagas como extras(62).

A tutela visa a combater o desgaste físico, a fadiga mental do docente e, em consequência, proporcionar um ensino mais eficiente e promissor. É sabido que a atividade do professor não se restringe apenas a proferir aulas, com transmissão de conhecimentos e experiência adquiridos, mas exige preparo dessas aulas com estudo e reflexão. Observe-se, entretanto, que a proibição legal diz respeito ao mesmo estabelecimento, o que não impede o professor de lecionar em outros institutos simultaneamente, como, aliás, vem ocorrendo na prática, desde muitas décadas. É que em face dos parcos salários auferidos, o professor necessita aumentar a sua renda mensal e para isso leciona em vários estabelecimentos, frustrando-se a finalidade da norma(63).

Convém frisar que o tempo despendido pelo professor na correção de provas e trabalhos, como também na preparação de aulas, não é considerado como extraordinário, uma vez que essas atividades, conhecidas como extraclasse, são inerentes à função docente e já estão remuneradas pelo salário ajustado(64).

Outro aspecto atinente à jornada de trabalho do professor diz respeito à duração das aulas e ao intervalo entre elas. A CLT é omissa, sendo a matéria disciplinada pelo

(62) "Havendo cumprimento de jornada máxima consignada pela Lei Consolidada, deve o empregador sujeitar-se ao pagamento adicional pelo trabalho suplementar. Entendimento contrário tornaria letra morta o contexto legal pertinente à matéria em epígrafe, porquanto a remuneração do trabalho extraordinário, de forma superior ao normal virá, exatamente, desestimular a prática reiterada de exigir do professor a prestação de serviços além do limite fixado". TST — SDI — E-RR1221.992/95.6 — Rel.: Min. José Luiz Vasconcellos — Julgado em 22.2.99. *Revista Trabalho e Doutrina*, n. 22. **Esse entendimento está hoje consagrado na Orientação Jurisprudencial n. 206 da SDI-1 do C. TST**.

(63) GONÇALVES, Emílio. *O magistério particular e as leis trabalhistas*. São Paulo: LTr, 1970, p. 44.

(64) "**Professor. Horas extras. Atividade extraclasse.** Não faz jus à hora extra o professor quando pratica atividade tida como extraclasse (corrigir provas e trabalhos, preparar aulas e preencher cadernetas), ao passo que mostram-se como decorrência do trabalho específico do magistério, sendo que tais atividades já são remuneradas pelo salário--base do magistério". TST-ARG-E-RR-101823/94.7 — SDI — Relª: Min. Cnéa Moreira de Oliveira — DJ 21.2.97. No mesmo sentido: TST-RR 914/2004-028-04-40.0 — 4ª T. — Rel. Min. Fernando Eizo Ono — DJe 30.3.2010 — JT, n. 252, jun. 2010, HS Editora.

art. 4º da Portaria n. 522, de 23.5.52, do Ministério da Educação(65), que fixa em 50 minutos as aulas diurnas e em 45 minutos as aulas ministradas após as 20 horas, nos estabelecimentos de grau superior ou médio e em 60 minutos as aulas ministradas nos demais cursos. A mesma Portaria faculta ao professor um intervalo de 90 minutos, pelo menos, após o decurso de três aulas consecutivas. Caso as aulas sejam ministradas entre as 22 horas de um dia e as 5 horas do dia seguinte, o trabalhador fará jus ao adicional noturno assegurado em preceito constitucional(66).

i.1) Participação em reuniões, permanência na sala de aula ou outro local aguardando pais de alunos, após o expediente ou durante os intervalos

A atividade extraclasse é "inerente ao trabalho docente, relativa a classes regulares sob a responsabilidade do professor fora de seu horário". Ela compreende a correção de provas, a preparação de aulas, o preenchimento de diário de classe, entre outras atribuições do gênero. O tempo que o professor despende nessas atividades não é considerado como extraordinário. O mesmo não ocorre com o tempo em que o docente permanece, nos intervalos de aula, à disposição do empregador (art. 4º da CLT), sanando dúvidas e discutindo com os alunos temas debatidos em aula(67). Esse período é considerado como trabalho suplementar, à semelhança do tempo em que o professor permanece, após as aulas, aguardando pais ou responsáveis pelos alunos(68) ou em reuniões.

---

(65) A doutrina considera em vigor essas disposições. Cf. Arnaldo Süssekind, Délio Maranhão, Segadas Viana e João de Lima Teixeira Filho nas *Instituições de Direito do Trabalho*, v. II. São Paulo. LTr Editora, 1996, p. 1028; Valentin Carrion. *Comentários à CLT*, 1987, p. 186. Amauri Mascaro Nascimento. *O Salário*. São Paulo: LTr Editora, 1968, p. 355. Na mesma direção posicionou-se o TST no Ac. TP-RO-DC 65/85 — Rel.: Nelson Tapajós. *Jurisprudência Trabalhista do TST*, v. 57, p. 259.

(66) "Professor. Direito ao adicional noturno reconhecido". TST-RR 2.900/80 — Rel.: Floriano Maciel — Ac. 3ª T. 993/81 —DJU de 29.5.81, p. 521. Esse posicionamento persiste após a Constituição de 1988, como consta da ementa abaixo:

"**Adicional noturno. Professor. O art. 7º, inciso IX**, assegura a todos os trabalhadores, indistintamente, o direito de perceber o adicional em tela, conjugando-se tal vantagem com a das horas trabalhadas de forma reduzida (cinquenta e dois minutos e meio), resultando, daí, que o trabalhador noturno labora sete horas, como se efetivamente trabalhasse oito, portanto as normas referentes ao trabalho noturno são as mesmas para todos os trabalhadores das várias esferas, inclusive servidores públicos civis". TST — 4ª T. — RR 182.841/95 — Relª: Min. Cnéa Moreira — DJ 226/97. *In*: TEIXEIRA FILHO, João de Lima. *Repertório de Jurisprudência Trabalhista*, v. 7, p. 1.007.

(67) "**Horas extras. Professor. Intervalo entre aulas**. 1. Ao estabelecer que a remuneração dos professores será calculada com base no número de aulas semanais, o art. 320 da CLT não exclui expressamente do cálculo o cômputo de minutos residuais eventualmente constatados nos intervalos entre as aulas. Isto porque alude, ao final, à 'conformidade dos horários', que deverá ser considerada para efeito de fixação do valor correspondente à remuneração. 2. Durante o intervalo entre as aulas, o professor geralmente fica à disposição dos alunos do estabelecimento de ensino para, entre outras coisas, sanar eventuais dúvidas e discutir temas debatidos em aula. 3. Os intervalos constituem, pois, tempo à disposição do empregador, nos moldes do art. 4º da CLT. 4. Recurso de Revista de que se conhece e a que se dá provimento". TST-RR-356325/1997 — 1ª T. — Red. designado: Min. João Oreste Dalazen — DJU 31.5.2002. *Revista Justiça do Trabalho*. HS Editora, jun. 2002, p. 120.

(68) "**Professor. Atividade extraclasse. Horas extras.** Consoante o disposto nas normas coletivas vigentes ao longo do contrato de trabalho, a atividade extraclasse desenvolvida pelo professor é aquela 'inerente ao trabalho docente, relativa a classes regulares sob a responsabilidade do professor e realizada fora de seu horário de aulas'. Conclui-se de tal disposição que as atividades extraclasse têm relação direta com as classes, ou seja, identificam-se como tal a preparação das aulas e testes, assim como a correção de exercícios e provas. Não se há de considerar, portanto, como atividade extraclasse todo e qualquer trabalho realizado pelo professor em prol do estabelecimento de ensino, fora do horário de aulas. Por consequência, a participação em reuniões e a permanência em sala após a aula, aguardando os pais ou responsáveis pelos alunos, constitui autêntico trabalho em sobrejornada, ensejando a percepção de horas extras". TRT — 3ª Reg. — 2ª T. — RO-507/02 — Relª: Juíza Cristiana Maria Valadares Fenelon —DJMG 13.3.2002. *Revista Síntese*, maio 2002, p. 68.

i.2) Intervalo entre aulas, conhecido como "janela"

É comum, no meio escolar, um intervalo entre as aulas, o qual não guarda correlação com aquele mencionado anteriormente. Referimo-nos neste tópico ao intervalo entre uma e outra aula, quando a escala de horários fixada pelo estabelecimento de ensino o exige. Entendemos que, se o professor permanece à disposição do estabelecimento de ensino nessa pausa, também conhecida como "janela", deverá receber a paga correspondente. Nesse sentido alinha-se a doutrina(69) e a SDC do TST, quando autoriza, em sentença normativa, a remuneração, como aula, no limite de uma hora diária por unidade do tempo vago "janela" em que o professor permanecer à disposição do curso (Precedente n. 31).

j) Telefonista

Acirrada controvérsia pairou em torno do campo de aplicação das normas inseridas nos art. 227 a 231 da CLT. Sustentavam alguns que o preceito especial abrangia apenas os empregados das empresas que explorassem os serviços de telefonia como atividade essencial(70), ou seja, atividade-fim, e não aos que executassem esses serviços apenas como atividade acessória, isto é, atividade-meio.

Ora, a tutela especial justifica-se, considerando as funções do trabalhador e não a atividade empresarial; portanto, é irrelevante que esta seja principal ou acessória. A discussão deixou de ser relevante a partir do momento em que se introduziram, no art. 226, as telefonistas de mesa de estabelecimentos bancários como destinatárias da jornada especial dos bancários. A partir daí, houve uma acentuada modificação na jurisprudência, que acabou por estender às telefonistas de mesa de empresa que não explora o serviço de telefonia a jornada especial contida no art. 227 e seus parágrafos da CLT (**Súmula n. 178 do TST**). Nesse diapasão, a jurisprudência vem considerando como telefonista o empregado que opera com aparelho "KS", contendo oito ou nove linhas e vários ramais ou outros de natureza equivalente(71) e o que, embora não trabalhe

---

(69) SADY, João José. *Direito do Trabalho do Professor*. São Paulo: LTr, 1996, p. 56. No mesmo sentido manifesta-se Emílio Gonçalves, *Op. cit.* p. 27: "Não obstante, deve o horário das aulas ser estabelecido de comum acordo entre o professor e a direção do estabelecimento e haja recíproco interesse em que não se verifiquem 'janelas' no horários das aulas, muitas vezes surgem dificuldades insuperáveis na fixação do horário global das aulas do estabelecimento, as quais só poderão ser resolvidas com a ocorrência das denominadas 'janelas' no horário de determinado professor. Nestas circunstâncias, o professor, após ter ministrado uma aula, é obrigado a aguardar a duração de uma segunda aula, para só então iniciar nova aula... quando o fato independe da vontade do professor... aquele permanecerá à disposição do empregador, incumbindo a este a obrigação do pagamento do salário-aula, como se o professor estivesse ministrando aula. A CLT é omissa a este respeito, mas é irrecusável a aplicação à hipótese do disposto no art. 4º do texto consolidado, no sentido de que se considera como de serviço efetivo o período em que o empregado esteja à disposição do empregador, aguardando ou executando ordens".

(70) RUSSOMANO, Mozart Victor. *Comentários à Consolidação das Leis do Trabalho*. v. 1, 13. ed., p. 243.

(71) "**Telefonista. Caracterização.** O trabalho em telefone KS, com 9 linhas e obrigação de anotações simultâneas, em atendimento a reparadores e instaladores, qualifica a trabalhadora como telefonista". TRT-PR-RO-1136/91 — Ac. 3ª T. — 8.578/92 — Rel.: Juiz Pedro Ribeiro Tavares — DJPR 13.12.92, p. 195. *Julgados Trabalhistas Selecionados*. Irany Ferrari e Melchíades Rodrigues Martins, v. 3. São Paulo: LTr, p. 692.

Igual entendimento tem sido aplicado aos telefonistas de rádio-táxi, como se infere desse aresto: "Se houve o desempenho da função, é de se reconhecer ao profissional que a desempenhou a condição de telefonista, do que resulta a aplicação das normas coletivas invocadas e colacionadas ao processo. Tal profissão, como se sabe, é diferenciada, de modo que as normas obtidas pela categoria abrange não só as empresas que trabalham exclusivamente no ramo da telefonia, como as que se utilizam desse serviço, ainda que sua atividade principal seja outra, como é o caso da

em mesa de telefonia, atua no atendimento sucessivo de chamadas telefônicas, sendo esta sua atividade principal[(72)]. O recurso analógico se justifica, em face do desgaste da função considerada penosa, do ponto de vista objetivo.

Por outro lado, não nos parece possa ser equiparado ao telefonista o empregado que alterna essas funções com as de recepcionista, pois a jornada reduzida se justifica quando o trabalho em telefonia é contínuo e capaz de lesar a saúde do trabalhador. Essa é a orientação que prevalece no TST[(73)].

Há, entretanto, quem divirja dessa opinião e autorize a incidência do art. 227 da CLT ainda que os telefonistas acumulem funções, ao argumento de que o limite de tempo fixado para a função penosa deve prevalecer[(74)]; outros julgados sugerem a aplicação da norma de forma proporcional ao tempo gasto na execução da atividade de telefonia[(75)].

Não se aplica a tutela especial em questão ao empregado que se limita a manter contato com possíveis clientes, realizando vendas por telefone (operadores de *telemarketing*), sendo sua a iniciativa nas chamadas telefônicas. A finalidade da norma insculpida no art. 227 da CLT é diminuir os efeitos nocivos da permanência de postura, da monotonia, do complexo de atividades de mesas operadoras, protegendo aqueles empregados sujeitos à atividade penosa de intermediação de um número excessivo de chamadas, com a utilização de vários ramais e permanência na expectativa dos telefonemas que irão intermediar[(76)].

É escassa a jurisprudência em contrário, que autoriza a aplicação analógica do art. 227 aos operadores de *telemarketing*[(77)].

---

reclamada." TRT — 8ª Reg. — 3ª T. — RO-6308/96 — Relª: Lygia Simão L. Oliveira — julgado em 19.2.97. *Revista TRT* — 8ª Reg. — v. 30, n. 58, jan./jun. 1997, p. 387.

(72) "Ainda que não trabalhe em mesa de telefonia, é telefonista, sujeita à jornada reduzida, a empregada que atua no atendimento sucessivo de chamadas telefônicas, sendo esta a sua atividade principal". TRT — 2ª Reg., RO 02910256574 (Ac. 6ª T. — 02930168083) — Relª: Juíza Yone Frediani — DJSP 16.3.93. *Julgados Trabalhistas Selecionados*. *Op. cit.*, p. 692.

(73) "A jornada de trabalho reduzida é atribuída, exclusivamente, às telefonistas que trabalham em mesas telefônicas (art. 227/CLT c/c **Enunciado** n. 178/TST). *In casu*, a reclamante não se ativara em tempo integral, como tal, não se enquadrando, portanto, na hipótese legal e jurisprudencial." TST-E-RR-247715/96.9. Ac. SDI-1. Rel.: Min. Nelson A. Daiha. *Revista Trabalho e Doutrina*. Saraiva, n. 21, p. 213.

(74) TRT — 12ª Reg. — 3ª T.— Ac. 7234/99 — Rel.: Juiz Osvaldo S. Olinger — DJSC 14.7.99 — *Revista do Direito Trabalhista*, ago. 1999, p. 61.

(75) "Se a empregada alterna horário, hora a hora, como telefonista e como recepcionista, as quatro horas trabalhadas como telefonista correspondem a 2/3 da jornada normal, equivalendo a 5:20 horas da jornada de 8 horas". TRT — 2ª Região — RO-17.349/84 — 7ª T. 27.711/85 — 16.12.85 — Rel. designado: Juiz José Luiz Vasconcelos. *Revista LTr* 50-11/1328.

(76) Assim nos pronunciamos como relatora do RO-6123/92, julgado pela 2ª T. do TRT da 3ª Região — MG de 27.8.93. FERRARI, Irany e outro. *Julgados Trabalhistas Selecionados*. São Paulo: LTr Editora, v. 3, p. 692. Nesse sentido é a **Orientação Jurisprudencial** da SDI-1 n. 273 do TST, que dispõe: "*Telemarketing*. Operadores. Art. 227 da CLT. Inaplicável. A jornada reduzida de que trata o art. 227 da CLT não é aplicável, por analogia, ao operador de televendas, que não exerce suas atividades exclusivamente como telefonista, pois, naquela função, não opera mesa de transmissão, fazendo uso apenas dos telefones comuns para atender e fazer as ligações exigidas no exercício da função".

(77) "**Operadores de *telemarketing* — Jornada de trabalho**. Aplica-se aos operadores de *telemarketing*, por analogia, o disposto no art. 227/CLT, bem como o verbete do **Enunciado** n. 178/TST". TRT — 3ª Reg. — 5ª T. — RO 17.492/98 — Rel.: Juiz Fernando Antônio de M. Lopes — DJMG 12.6.99, p. 18. *Revista do Direito Trabalhista*, jul. 1999.

Consideramos também inaplicável ao operador de *telemarketing* o intervalo previsto no art. 72 da CLT, dada a intermitência na atividade de digitação(78).

Os operadores dos serviços de telefonia, de telegrafia submarina e subfluvial, de radiotelegrafia e radiotelefonia desfrutam da jornada de seis horas e da carga horária semanal de 36 horas. Apenas em caso de indeclinável necessidade, ou seja, nas hipóteses de necessidade imperiosa, é permitido o trabalho extraordinário. Nessas situações, mesmo antes de a Constituição da República de 1988 elevar o percentual de horas extras, esses operadores já desfrutavam do adicional de 50% sobre o salário-hora normal pelo serviço extraordinário (art. 227, § 1º, da CLT).

O trabalho aos domingos, feriados e dias santos é considerado extraordinário, devendo sua duração constar de acordos e convenções coletivas. Assevera a doutrina(79) que nem mesmo a folga compensatória prevista na Lei n. 605, de 1949, desautoriza o pagamento dessas horas como extras. Outros afirmam que o § 1º do art. 227, redigido de acordo com o Decreto-Lei n. 6.353, de 1944, está derrogado pela Lei n. 605, de 1949, a qual estabelece "a obrigatoriedade da remuneração dos dias de repouso e o pagamento em dobro, quando houver serviço em domingos ou feriados"(80). Sustenta-se, ademais, que a jurisprudência repudia o pagamento dos dias destinados ao descanso como extra. Ocorre que hoje é o próprio TST que autoriza o pagamento em dobro do trabalho realizado em dias de descanso, sem folga compensatória, independentemente da importância fixa. Ora, esse critério implica pagamento do repouso em valor superior ao previsto no art. 227, § 2º, da CLT. Em se tratando de preceito especial, deverá prevalecer sobre a regra geral.

Os operadores de serviços de telefonia, telegrafia submarina ou subfluvial, de radiotelegrafia ou de radiotelefonia não poderão trabalhar ininterruptamente nos serviços de transmissão manual, recepção visual, auditiva, com escrita manual ou datilográfica, quando a velocidade for superior a 25 palavras por minuto. A jornada dos operadores é a especial de seis horas (art. 227 da CLT) e trinta e seis horas semanais, exatamente por ser desgastante a atividade. O art. 228 da CLT apenas se lhe impõe a interrupção para refazimento das energias. E na omissão do texto legal sobre qual seria essa interrupção, aplica-se, subsidiariamente, aquela prevista no art. 72 da CLT(81).

Para os empregados admitidos com horários variáveis, a jornada é de sete horas, asseguradas 17 horas para repouso e deduzidos 20 minutos para descanso, quando o serviço prolongar-se por mais de três horas ininterruptas.

O legislador não restringiu o trabalho a seis dias na semana, como fez com relação aos operadores das empresas de telefonia e congêneres, sujeitos à jornada de seis

---

(78) "**Operador de *Telemarketing* — Intervalo do art. 72 da CLT. Não aplicação.** A intermitência na atividade de digitação, própria do operador de *telemarketing,* afasta a sua equiparação aos serviços de digitador, não se lhe aplicando, por conseguinte, o intervalo previsto no art. 72 da CLT". TRT — 3ª Reg. — 4ª T. — RO 12.476/99 — Rel.: Juiz Lucas V. Lins — DJMG 4.12.99 — p. 34. *Revista do Direito Trabalhista*, jan. 2000.

(79) CÂNDIA, Ralph. *Comentários aos contratos trabalhistas especiais*. 2. ed. São Paulo: LTr, p. 370.

(80) RUSSOMANO, Mozart Victor. *Op. cit.*, p. 245.

(81) BARRETO, Amaro. *Tutela Especial do Trabalho*, 1967, v. I, p. 40.

horas contínuas de trabalho (art. 227 da CLT), logo a carga horária desses profissionais poderá ser de 42 horas[82].

O trabalho aos domingos, feriados e dias santos deverá ser pago como extraordinário (art. 229, § 2º, da CLT).

São considerados empregados sujeitos a horários variáveis, além dos operadores, cujas funções exigem classificação distinta e que, portanto, estão excluídos do grupo de jornada de seis horas (art. 227 da CLT), os que pertencem a seções de técnica, telefone, revisão, expedição, entrega e balcão (art. 229, § 1º, da CLT).

A direção das empresas deve organizar as turmas de empregados, para a execução de serviços, de maneira que prevaleça, sempre, o revezamento, em escalas noturnas ou diurnas (art. 230 da CLT), cujos horários não podem ser fixados de modo que obriguem os empregados a fazer a refeição do almoço antes das 10 e depois das 13 horas e a do jantar antes das 16h e depois das 19h30 min. O art. 230, § 1º, da CLT autoriza aos empregados que exerçam a mesma função a troca de turmas, desde que não seja prejudicial ao serviço, competindo ao chefe ou encarregado resolver sobre a oportunidade ou possibilidade dessa medida.

Finalmente, o art. 231 consolidado exclui o trabalho dos operadores de radiotelegrafia embarcados em navios ou aeronaves das disposições legais analisadas, pois eles são regidos por princípios aprovados pela Convenção Radiotelegráfica Internacional de Washington.

(82) Nesse sentido, cf. Amaro Barreto. *Op. cit.*, p. 48.

CAPÍTULO XX

REPOUSO SEMANAL REMUNERADO E FÉRIAS

1. REPOUSO SEMANAL REMUNERADO

1.1. Escorço histórico

O instituto jurídico em exame recebe várias denominações pela doutrina, entre as quais: descanso semanal, descanso hebdomadário, repouso hebdomadário, folga semanal e repouso semanal, nomenclatura de nossa preferência.

A gênese do instituto do repouso semanal está vinculada às festas religiosas, nas quais a participação era obrigatória, em face do caráter oficial das religiões. Em consequência, não havia trabalho nesses dias[1].

A influência do Cristianismo no desenvolvimento da sociedade ocidental contribuiu para que o repouso semanal recaísse no domingo, com o objetivo de comemorar a ressurreição de Cristo. A religião hebraica determina o respeito ao sábado, por ser ele o sétimo dia da criação (Gênesis, Cap. II, vers. 2 e 3, Cap. XXXI, vers. 14; Deuteronômio, Cap. V, vers. 12, 14 e 15) e a religião muçulmana prevê o descanso às sextas-feiras.

De início, o descanso semanal foi inserido nas legislações com caráter religioso. O instituto tem tratamento no Direito Internacional (Tratado de Versalhes e Convenções n. 14, de 1921, e n. 106, de 1957, da OIT). No plano constitucional, o instituto surgiu na Constituição Mexicana de 1917 e na Constituição Weimar, de 1919.

No Brasil, o repouso semanal surgiu, no plano legislativo, com o Decreto n. 21.186, de março de 1932, e a Constituição de 1934 foi a primeira a assegurá-lo. Em seguida, a Carta de 1937 estendeu o descanso aos feriados civis e religiosos. Finalmente, a Constituição de 1946 manteve o descanso aos domingos e feriados, com a determinação de que fossem remunerados (art. 157, VI). O texto constitucional de 1967 e a Emenda Constitucional de 1969 mantiveram o descanso remunerado aos domingos e feriados, e a Constituição de 1988 assegurou o repouso semanal remunerado preferencialmente aos domingos, não mencionando os feriados civis e religiosos.

1.2. Fundamentos

Os fundamentos do descanso semanal obrigatório são de ordem biológica, social e econômica. O repouso, além de contribuir para eliminar a fadiga ocasionada pelo trabalho executado na semana, assegura ao empregado liberdade para maior convívio familiar e social, propiciando tempo para as práticas religiosas, para o lazer e para

(1) FUSTEL DE COULANGES, N. D. *A Cidade Antiga*. São Paulo: Ed. das Américas, 1961, v. 1., p. 216. Trad. Frederico Ozanam L. Pessoa de Barros.

as atividades esportivas e culturais(2). A par desses dois fundamentos, há ainda o de ordem econômica, segundo o qual o empregado descansado tem o seu rendimento aumentado e a produção aprimorada.

1.2.1. Conceito. Características. Natureza jurídica

O repouso semanal remunerado é o direito assegurado ao empregado de abster-se de trabalhar durante, pelo menos, 24 horas consecutivas, prefixadas na semana, sem prejuízo do salário. O repouso semanal situa-se como hipótese de interrupção do contrato de trabalho e tem como **características**: a obrigatoriedade, que advém do caráter tutelar e das normas irrenunciáveis do Direito do Trabalho; a periodicidade, porque a pausa se repete a intervalos determinados; a duração prefixada em pelo menos 24 horas e a correlatividade com as condições contratuais(3).

A **natureza jurídica** do repouso semanal reside na concessão de dois direitos do empregado: o de abster-se de trabalhar no dia destinado ao descanso e o de receber o pagamento correspondente. Por outro lado, gera para o empregador o dever de não exigir o trabalho nesses dias ou de conceder uma folga compensatória.

1.3. O repouso semanal à luz da CLT e da Lei n. 605, de 1949

Estão em vigor as disposições da CLT alusivas ao repouso semanal após a Lei n. 605, de 1949?

Em face da minuciosa disciplina consignada na Lei n. 605, de 1949, e em seu regulamento, afirmam alguns que os art. 67 a 70 da CLT estão revogados. Não comungamos nesse entendimento, salvo se, confrontados os dispositivos consolidados com aqueles contidos na lei especial (n. 605, de 1949), houver conflito. E esse conflito só ocorre em relação ao texto do **art. 68 da CLT**, que admite derrogação ao repouso ao domingo a título permanente, quando a **conveniência pública ou a natureza das atividades assim autorizasse**, do contrário a derrogação seria tida como transitória. Já a Lei n. 605, de 1949, no parágrafo único do art. 5º e no art. 10, *caput* e parágrafo único, disciplina a matéria de forma diversa e pior, derrogando o art. 68 em grande parte. É que a referida lei autoriza o trabalho aos domingos, em caráter permanente, conforme permissão expedida pelo Poder Executivo ou em caráter transitório, por motivo de força maior. Diversamente do art. 68 consolidado, a Lei n. 605, de 1949, fala em **exigências técnicas, como motivo de derrogação permanente, conceituando-as como as que pelas condições peculiares das atividades empresariais, ou em razão do interesse público, tornem indispensável a continuidade do serviço.** Ora, como salienta a doutrina(4), "só com abstração de lógica se pode incluir o interesse público como componente de exigências técnicas da empresa. Melhor fora a posição da velha CLT que não menciona exigências técnicas como motivo de derrogação, mas

---

(2) SÜSSEKIND, Arnaldo L. *Duração do trabalho e repousos remunerados*. Rio de Janeiro: Freitas Bastos, 1950, *passim*.

(3) CASELLA, João Carlos. *Regimes de repouso semanal remunerado*. São Paulo: LTr, 1983, p. 39.

(4) DONATO, Messias Pereira. *Curso de Direito do Trabalho*. São Paulo: Saraiva, 1979, p. 259.

conveniência pública ou necessidade imperiosa, seja permanente ou temporária, respectivamente".

1.4. Destinatários da Lei n. 605, de 1949

Todo empregado tem direito ao repouso semanal remunerado de 24 horas consecutivas, preferentemente aos domingos, como também em feriados civis e religiosos. São destinatários da Lei n. 605, de 1949, os empregados rurais, urbanos, avulsos e domésticos, estes últimos a partir da Lei n. 11.324, de 19 de julho de 2006, que revogou a alínea "a" do art. 5º da Lei n. 605, a qual os excluía de sua esfera normativa.

Viola o art. 7º, XV, da CF a concessão de repouso semanal remunerado após o sétimo dia consecutivo de trabalho, importando no seu pagamento em dobro. (OJ-SDI-1 — 410 — TST — 2010).

1.5. Empregada doméstica e o instituto do repouso

O parágrafo único do art. 7º da Constituição da República de 1988 contemplou os empregados domésticos com o direito ao repouso semanal, fazendo menção expressa ao inciso XV do art. 7º, que o prevê. Entretanto, o texto constitucional foi omisso quanto ao repouso em feriados, gerando dúvidas a respeito de sua concessão aos domésticos, pois a lei ordinária que o prevê (Lei n. 605, de 1949) excluía esses empregados de sua esfera normativa. Embora inexista disposição constitucional capaz de autorizar o descanso em dias santos e feriados ao doméstico, entendemos que o dispositivo constitucional em questão comporta uma interpretação extensiva, pois a intenção deduzida da lei era mais ampla do que o texto legal. Deve-se levar em conta que, não obstante o silêncio da Constituição da República de 1988, nesse aspecto, era a intenção do legislador constituinte prever no citado preceito também o descanso em feriados civis e religiosos e igualar os domésticos no que diz respeito ao gozo dos descansos semanais, incluindo, no caso, esses feriados. É tradição dos textos constitucionais anteriores, desde a Carta de 1937, assegurar aos trabalhadores não só os descansos semanais, mas também em feriados civis e religiosos. Isso, porque esses descansos têm, em linhas gerais, a mesma finalidade, ou seja, propiciar ao empregado disposição de tempo para o adequado desenvolvimento dos valores morais, culturais e religiosos. Os critérios sistemático e teleológico de interpretação autorizam a extensão, aos domésticos, dos descansos também em feriados civis e dias santificados.

A propósito, já tivemos a oportunidade de decidir favoravelmente à concessão do descanso aos domésticos também em dias santos e feriados[(5)], hoje assegurado na Lei n. 605, de 1949, em face da revogação da alínea "a" do art. 5º pela Lei n. 11.324, de julho de **2006**.

---

(5) "Os empregados domésticos devem receber, em dobro, pelo trabalho realizado aos domingos, em feriados e dias santificados, embora a Carta de 1988 não se refira de modo expresso a estes últimos. O objetivo do legislador constituinte foi estender-lhes também o descanso em feriados". TRT — 3ª Região — 2ª Turma — RO 3159/95 — Relª: Juíza Alice Monteiro de Barros — DJMG 18.4.95.

Cabe registrar que, uma vez reconhecido esse direito, procede a reparação em dobro na ausência de sua concessão, na forma prevista na **Súmula n. 146 do TST**. No sentido de concessão em dobro pelo trabalho aos domingos aos domésticos, há decisão do TST (3ª Turma) no RR-707066/2000.7, tendo como relator o Juiz convocado Cláudio Armando Couce de Menezes, em novembro de 2004 (decisão unânime).

Interpretação restritiva dada ao preceito constitucional negava o pagamento em dobro pelo repouso em dias santos e feriados aos domésticos[(6)].

1.6. O repouso semanal remunerado do professor

Por força do art. 320, § 1º, da CLT, o pagamento do professor far-se-á mensalmente, considerando-se para esse efeito cada mês como constituído de quatro semanas e meia. **Aí estão incluídas as horas-aulas efetivamente ministradas, como também o seu preparo, preenchimento de diário de classe, correção de provas e trabalhos**[(7)]. Nesse valor não está incluído, entretanto, o repouso semanal, pois a regra da Lei n. 605, de 1949, aplicável ao professor, é aquela contida no § 2º do art. 7º desse diploma legal. Isto significa que o professor deverá receber, ainda, a título de repouso, 1/6 do salário hora-aula semanal, na forma prevista na **Súmula n. 351 do TST**.

1.7. Repouso semanal em empresas, cujas atividades, caracteristicamente, desenvolvem-se em fins de semana

Acirrada discussão travou-se em torno do direito ao repouso semanal remunerado dos empregados de empresas cujas atividades, caracteristicamente, desenvolvem-se em fins de semana, entre as quais se situam casas de diversão e estabelecimentos esportivos, com ingresso pago.

Alguns autores negam esse direito, ao argumento de que as atividades não são de caráter contínuo e a regra inserida no § 3º do art. 6º do Decreto n. 27.048, que disciplina a Lei n. 605, de 1949, dirige-se às empresas de trabalho contínuo e não às de trabalho intermitente. Afirma-se que os trabalhadores dessas empresas têm livres outros dias da semana, que poderiam ser considerados compensatórios do domingo trabalhado[(8)].

Esta compensação é, sem dúvida, possível, centralizando-se o problema em torno da remuneração desse dia. **Uma corrente** autoriza a apuração desse valor dividindo-se

---

(6) "Embora a Carta Magna de 88, em seu art. 7º, parágrafo único, tenha estendido à categoria dos empregados domésticos alguns direitos sociais, entre os quais o direito ao repouso semanal remunerado, não fez nenhuma menção quanto ao pagamento em dobro do trabalho prestado em feriados civis e religiosos, devendo tal pretensão do autor ser rejeitada, por ausência de previsão legal, e à luz do art. 2º da Lei n. 5.859/73". TRT—PB 5141/98 — Ac. 51.233 — Relª: Juíza Ana Clara de Jesus Maroja Nóbrega — DOE 19.3.99. *Revista Synthesis* 29/99, p. 215.

(7) "**Professor — Trabalho extraclasse.** A remuneração do professor não inclui apenas o pe-ríodo de aulas ministradas, mas também o preparo dessas aulas, correção de exercícios e provas, por serem tais atividades inerentes à função docente. Assim, não há como se considerar, como extras, o período em que o profissional da área de ensino despende para o exercício de tais atividades. Revista conhecida em parte e provida". TST — 2ª T. — RR n. 384016/97-9 — Rel.: Min. José Luciano de C. Pereira — DJ 30.4.99, p. 139. *Revista do Direito Trabalhista*, maio 1999, p. 71.

(8) MORAES FILHO, Evaristo de. O repouso semanal e as empresas de atividade de fim de semana. *In: Estudos de Direito do Trabalho*. São Paulo: LTr, 1971, p. 181-201.

por seis a remuneração auferida durante a semana. **Outra corrente** sustenta que o pagamento desse repouso deverá ser feito de forma proporcional ao número de dias da semana e não ao quantitativo dos dias trabalhados, considerando-se aplicável a exegese restritiva mesmo quando a jornada é imposta por interesse do empregador, em termos de operacionalidade, amparando-se no § 3º do art. 6º da Lei n. 605, de 1949[(9)].

Por fim, há **uma terceira corrente** que autoriza o pagamento de um dia de repouso, independentemente de o empregado trabalhar, por força do contrato, em apenas alguns dias da semana[(10)]. Essa vertente assegura ao trabalhador um salário-dia sem observância de qualquer proporcionalidade.

1.8. Requisitos para aquisição do repouso

Os requisitos exigidos pelo art. 6º da Lei n. 605, de 1949, para aquisição do repouso são a assiduidade e a pontualidade do empregado na semana. É o que se infere do referido preceito: "Não será devida a remuneração quando, sem motivo justificado, o empregado não tiver trabalhado durante toda a semana anterior, cumprindo integralmente o seu horário de trabalho".

O empregado perderá a remuneração do repouso semanal quando não tiver trabalhado durante toda a semana anterior, cumprindo integramente o seu horário de trabalho. Não serão consideradas faltas ao serviço: aquelas previstas no art. 473 da CLT, as que forem justificadas pelo empregador; aquelas decorrentes de paralisação do serviço por conveniência do empregador, até 30 dias; os 15 primeiros dias de afastamento por doença, seja por acidente do trabalho ou não, pois esses dias serão remunerados pelo empregador. A doença será comprovada observando-se a seguinte ordem de preferência para os atestados médicos: do departamento médico da empresa ou em convênio com ela (**Súmula n. 282 do TST** e Lei n. 8.213, de 1991), do órgão previdenciário a que estiver filiado o empregado e, na falta deste e, sucessivamente, de médico do SESC ou do SESI, de médico a serviço da repartição federal, estadual ou municipal incumbida de assuntos de higiene e saúde pública e, por fim, de médico de escolha do empregado (art. 6º, § 2º, da Lei n. 605, de 1949).

Sustenta uma vertente doutrinária[(11)] que os empregados mensalistas já têm o repouso semanal incluído no salário, logo, se faltarem ao serviço, injustificadamente, durante a semana perderão apenas esse dia e não o repouso também. Sucede que a jurisprudência do TST posiciona-se em sentido contrário ao argumento de que tal orientação estabeleceria um privilégio em relação aos mensalistas[(12)].

---

(9) TST-E-RR-3138/78 — Ac. TP-1668/80, de 18.6.80. Rel.: Min. Marco Aurélio Prates — DJU 19.9.80.

(10) "**Repouso Semanal Remunerado. Trabalho em alguns dias da semana**. O fato de o empregado, por disposição contratual, apenas trabalhar em alguns dias da semana, deixando de fazê-lo nos seis dias úteis que a integram, não prejudica o direito a um dia de repouso." TST-E-RR-469/84 — Ac. SDI 698/89, 26.4.89. Redator design.: Min. Marco Aurélio. *Revista LTr* 53-9/1050.

(11) DONATO, Messias Pereira. *Op. cit., passim.*

(12) "**Repouso remunerado. Mensalista**. Em alcançando o salário do mensalista, a remuneração dos trinta dias do mês — art. 7º, § 2º da Lei n. 605 — tem-se como pertinente o disposto no art. 6º, segundo o qual a falta injustificada no correr da semana torna indevido o pagamento do repouso, autorizando, portanto, o desconto não só do dia de

A jurisprudência tem assegurado o repouso semanal remunerado aos empregados que se enquadram no art. 62 da CLT, ou seja, executam atividade externa incompatível com a fixação de horário ou abrangem cargos de gerência equiparados aos diretores, aos chefes de departamento ou filial. O direito é assegurado também no art. 7º, XV, da Constituição de 1988 e na Lei n. 605/49, que não excluem o benefício de quem exerce poder de mando e gestão, tampouco atividade externa (cf. TST-RR-1320-2004-015-03-40, Ac. 3ª Turma, Rel. Min. Maria Cristina I. Peduzzi, DJ 25.5.07 e RR-118749-2003-900-04-00, 1ª T., Rel. Min. Lélio Bentes, 18.4.**08**).

1.9. Remuneração do repouso. Critérios de cálculo

Os empregados que recebem um salário fixo mensal já têm incluído nesse valor o repouso semanal e em feriado (art. 7º, § 2º, da Lei n. 605, de 1949). Outra será a situação dos empregados que recebem por dia, hora, tarefa, peça ou comissões.

A remuneração do repouso corresponderá: a) para os que trabalham por dia, semana, quinzena ou mês, à de um dia de serviço, computadas as horas extraordinárias habitualmente prestadas; b) para os que trabalham por hora, à de sua jornada normal de trabalho, computadas as horas extraordinárias habitualmente prestadas; c) para os que trabalham por tarefa, peça ou comissões (**Súmula n. 27 do TST**), o equivalente ao salário correspondente às tarefas ou peças feitas durante a semana, no horário normal de trabalho, dividido pelos dias de serviço efetivamente prestado ao empregador; d) para o empregado em domicílio, o equivalente ao quociente da divisão por 6 da importância total da sua produção na semana (art. 7º da Lei n. 605, de 1949).

Se, como foi dito, os empregados que recebem salário fixo mensal já têm incluído nesse fixo o repouso, em consequência, as gratificações de produtividade e por tempo de serviço (anuênio, biênio, quinquênio, etc.) pagas mensalmente, por força do contrato individual ou de normas coletivas, não repercutem no cálculo do repouso (**Súmula n. 225 do TST**).

Da mesma forma, não incidem no cálculo do repouso semanal e em feriado os adicionais de insalubridade e periculosidade, cujos cálculos têm como parâmetro, respectivamente, o salário mínimo e o salário contratual mensal. É que nesses adicionais já se encontram compreendidos os repousos semanais e em feriados; autorizar novos reflexos implicaria *bis in idem*.

Por força da **Súmula n. 354 do TST**, também não servirão de base de cálculo do repouso semanal remunerado as gorjetas cobradas pelo empregador na nota de serviço ou oferecidas espontaneamente pelos clientes. Afirma-se que elas já se incluem automaticamente no repouso semanal remunerado, quando o empregado, em razão do rateio mensal, é beneficiado pela cobrança delas, que ocorre mesmo nos dias em que não trabalha (Proc. TST-E-RR-4649/87.5 Ac. SDI 836/95, DJU 4.8.95, p. 22.827, Rel.: Min. José Luiz Vasconcellos).

---

ausência, como também daquele destinado ao repouso. Entendimento diverso leva ao estabelecimento de verdadeiro privilégio, com a manutenção, em relação aos mensalistas, do direito ao repouso, independentemente de assiduidade durante a semana". TST-E-RR-4.019/79 — Ac. TP 26/83 — 2.2.83. Rel.: Min. Marco Aurélio Mendes de Farias Mello. *Revista LTr*, São Paulo, 47-3/334.

Por fim, a majoração do valor do repouso semanal remunerado, em razão da integração das horas extras habitualmente prestadas, não repercute no cálculo das férias, da gratificação natalina, do aviso prévio e do FGTS, sob pena de caracterização de *bis in idem*. (OJ-SDI-1 — 394 — TST — 2010).

1.9.1. Trabalho realizado aos domingos sem folga compensatória

O trabalho realizado aos domingos ou em feriados sem a folga compensatória dará direito ao empregado de receber esse dia em dobro, independentemente do salário fixo mensal e das sanções de ordem administrativa (art. 9º da Lei n. 605 — **Súmula n. 146 do TST**).

Os empregados que recebem salário fixo mensal já têm incluído nesse valor o repouso. Se, por exemplo, o empregado recebe salário de R$ 300,00 fixos por mês, o salário-dia desse empregado equivale a R$ 10,00 (R$ 300,00 : 30). Caso trabalhe em um domingo no mês, sem a folga compensatória, deverá receber pelo domingo R$ 10,00 x 2 = R$ 20,00 (cf. **Súmula n. 146 do TST**). Por outro lado, se ele faltar ao serviço, perderá o dia em que faltou (– R$ 10,00) e o domingo (– R$ 10,00); logo, do salário de R$ 300,00, serão descontados R$ 20,00.

1.10. Derrogações ou exceções ao repouso aos domingos

Em geral, o repouso semanal deverá recair no domingo. Há, contudo, circunstâncias previstas na lei (art. 1º e 8º da Lei n. 605, de 1949) que permitem o trabalho aos domingos, desde que se reserve ao empregado um outro dia de folga na semana.

As derrogações ao repouso aos domingos são de ordem permanente ou temporária. As primeiras (permanentes) estão condicionadas às exigências técnicas da empresa e dependem de autorização prévia do Poder Executivo, por meio de decreto. À luz do art. 6º, § 1º, do Decreto n. 27.048, de 1949, "constituem exigências técnicas aquelas que, em razão do interesse público, ou pelas condições peculiares às atividades da empresa ou ao local onde as mesmas se exercitarem, tornem indispensável a continuidade do trabalho, em todos ou alguns dos respectivos serviços". As derrogações temporárias ao repouso aos domingos poderão ocorrer em virtude de força maior ou de realização de serviços inadiáveis.

1.10.1. Derrogações permanentes ao repouso aos domingos e feriados

É concedida, em caráter permanente, permissão para o trabalho em dias de repouso, tanto aos domingos como nos feriados civis e religiosos, nas atividades industriais, comerciais, de transporte, comunicação e publicidade, educação e cultura, serviços funerários e de agricultura elencadas na relação anexa ao Decreto n. 27.048, de 12 de agosto de 1949 (Regulamento da Lei n. 605, de 1949). A título de exemplo, na **indústria** estão autorizados a funcionar os serviços de laticínio, frio industrial e distribuição de gelo, purificação e distribuição de água (usinas e filtros), produção e distribuição de energia elétrica e de gás, e os serviços de esgotos, excluídos de todas essas atividades os serviços de escritório, além das atividades de confecção de coroas de flores naturais, pastelaria, confeitaria, panificação, etc. No **comércio,** as atividades de varejista de peixe, de carnes frescas e caça, de frutas e verduras, de aves e ovos, de produtos farmacêuticos, de flores e coroas, além de barbearias, hotéis e similares, hospitais, clínicas, casas de saúde e ambulatório, casas de diversão, locadoras de bicicletas e similares, feiras livres e mercados, inclusive os transportes inerentes aos mesmos, porteiros e cabineiros de edifícios residenciais, comércio de artigos regionais nas estâncias hidrominerais, comércio de portos, aeroportos, estradas, estações rodoviárias e ferroviárias. No **transporte,** estão autorizados a funcionar os serviços portuários, de navegação (inclusive escritórios, unicamente para atender a serviços de navios), trânsito marítimo de passageiros (exceto serviços de escritório), serviços propriamente de transportes (excluídos os de carga urbanos e os de escritórios e oficinas, salvo as de emergência), serviços de transportes aéreos (excluídos os departamentos não ligados diretamente ao tráfego aéreo), transporte interestadual (rodoviário), transporte de passageiros por elevadores e cabos aéreos. Nas áreas de **comunicação e publicidade,** as empresas de comunicações telegráficas e radiotelegráficas (excluídos os serviços de escritório e oficinas, salvo as de emergência), as empresas de radiodifusão e televisão, os distribuidores e vendedores de jornais e revistas (bancas e ambulantes), anúncios em bondes e outros veículos (turmas de emergência). Na **educação e cultura,** empresas de orquestras, instituições de culto religioso, estabelecimentos de ensino (internatos, excluídos os serviços de escritório e magistério), bibliotecas, museus, empresas exibidoras cinematográficas, cultura física (em todos, excluídos os serviços de escritórios). Além dos citados, estão autorizados a funcionar **estabelecimentos e entidades que executem serviços funerários, limpeza e alimentação de animais em propriedades agropecuárias**.

Os pedidos de permissão para quaisquer outras atividades que se enquadrem no § 1º do art. 6º do Decreto n. 27.048 serão encaminhados ao Ministro do Trabalho e a permissão dar-se-á por decreto do Executivo.

1.10.1.1. O funcionamento dos supermercados aos domingos

Muito se discutiu, na jurisprudência, se a atividade mais ampla dos supermercados estaria compreendida na autorização contida no art. 7º do Decreto n. 27.048, de 1949, quando alude ao funcionamento dos "mercados" aos domingos e feriados.

Em agosto de 1990 editou-se o Decreto Federal n. 99.467, que permitiu o funcionamento do comércio varejista aos domingos, desde que autorizado em acordo ou convenção coletiva de trabalho e respeitadas as normas de proteção ao trabalho e o art. 30, I, da Constituição da República, alusivo à competência do município para fixar o horário de funcionamento do comércio local. Essa norma tinha a finalidade de modernizar a economia e ampliar o mercado de trabalho. Resta clara, porém, a preocupação em resguardar os direitos dos trabalhadores, evidenciada pela exigência de negociação coletiva. A partir dessa época, os estabelecimentos de comércio varejista estavam autorizados a funcionar, mas não de forma irrestrita e incondicionada, pois era indispensável a negociação coletiva.

O Superior Tribunal de Justiça solucionou a controvérsia quando se manifestou pela aplicação dessa previsão aos supermercados, espécie moderna do gênero mercado (REsp n. 94.559, Rel.: Min. José de Jesus Filho, julgado em 12.9.96). Ressaltou o citado Tribunal que, do ponto de vista etimológico, supermercado é um mercado em escala maior. O termo "supermercado" está compreendido na *mens legis* do Decreto n. 27.048, de 1949, dispensando aplicação analógica.

Posteriormente, foi editada a Medida Provisória n. 1.539-34, de 7.8.97, que autorizava o trabalho aos domingos no comércio varejista e que nada dispôs a respeito da negociação via acordo ou convenção coletiva de trabalho. O STF deferiu liminar na ADIn 1.650-4, sustando a eficácia dessa norma. Vislumbrou sua inconstitucionalidade em virtude de dispensar o prévio acordo ou convenção coletiva de trabalho para abertura do comércio varejista aos domingos. Essa ação foi, em seguida, considerada prejudicada, por não ter sido reeditada a medida.

Editou-se, então, a MP n. 1.539-36, de 2.10.97, cujo art. 6º, alterado em relação ao texto anterior, permitiu o trabalho aos domingos no comércio varejista, a partir de 9 de novembro de 1997, desde que o repouso semanal remunerado do empregado coincidisse com o domingo, pelo menos uma vez, no período máximo de quatro semanas, "respeitadas as demais normas de proteção ao trabalho e outras previstas em acordo ou convenção coletiva". Essa última norma foi transformada na Lei n. 10.101, de 19 de dezembro de 2000, parcialmente alterada pela Lei n. 11.603, de 5 de dezembro de 2007.

O art. 6º da Lei n. 10.101/00 passou a conter a mencionada redação: "Fica autorizado o trabalho aos domingos nas atividades do comércio em geral, observada a legislação municipal, nos termos do art. 30, I, da Constituição". No parágrafo único desse art. 6º, restou expresso que "o repouso semanal remunerado deverá coincidir, pelo menos uma vez, no período máximo de três semanas, com o domingo, respeitadas as demais normas de proteção ao trabalho, e outras a serem estipuladas em negociação coletiva (art. 1º da Lei n. 11.603, de 5.12.**07**).

É permitido o trabalho em feriados nas atividades do comércio em geral, desde que autorizado em convenção coletiva de trabalho e observada a legislação municipal, a teor do art. 30, inciso I, da Constituição (art. 6º-A da Lei n. 10.101/00).

As infrações ao disposto nesses artigos (6º e 6º-A) serão punidas com base no art. 75 da CLT e no processo de fiscalização, de autuação e imposição de multas pelo Título VII da CLT (art. 6º-B).

À luz da **Súmula n. 645 do STF** "é competente o Município para fixar o horário de funcionamento de estabelecimento comercial".

1.10.1.2. Empresas autorizadas a funcionar aos domingos e escalas de revezamento

As empresas legalmente autorizadas a funcionar aos domingos são obrigadas a organizar escalas de revezamento, a fim de que cada empregado usufrua de pelo menos um domingo de folga no mês, sendo as restantes em outros dias da semana. A escala de revezamento será efetuada por meio de livre escolha do empregador (art. 6º do Decreto n. 27.048, de agosto de 1949, e alínea "b" do art. 2º da Portaria n. 417, de 10 de junho de 1966).

Nos serviços que exijam trabalho aos domingos, será estabelecida escala de revezamento, previamente organizada e constante de quadro sujeito à fiscalização (art. 6º, § 2º, do Decreto n. 27.048, de 1949). O citado preceito legal exclui do revezamento os elencos teatrais e congêneres. Isso, porque esse sistema tem como pressuposto a existência de turmas que se revezam, e a exigência da escala é para assegurar a continuidade do funcionamento do trabalho. Como, nos elencos teatrais e congêneres, o fundamento da permissão de trabalho aos domingos é a sua necessidade específica nesse dia e não a continuidade, desnecessário se torna o revezamento(13).

Nos serviços em que for permitido o trabalho nos feriados civis e religiosos, a remuneração dos empregados que trabalharem nesses dias será paga em dobro (art. 9º da Lei n. 605, de 1949, e art. 6º, § 3º, do Decreto n. 27.048, de 1949), independentemente da importância fixa estipulada (**Súmula n. 146 do TST**), salvo se o empregador destinar-lhe um outro dia de folga. A Lei n. 10.607, de 19 de dezembro de 2000, ao revogar a Lei n. 1.266, de 8 de dezembro de 1950, considerou como feriados nacionais os dias: 1º de janeiro, 21 de abril, 1º de maio, 7 de setembro, 2 de novembro, 15 de novembro e 25 de dezembro, aos quais são acrescidos a sexta-feira da Paixão (Lei n. 9.093, de 1995) e o dia 12 de outubro (Lei n. 6.802, de 1980).

1.10.2. Derrogações transitórias aos repousos

No tocante às **derrogações transitórias aos repousos aos domingos e feriados**, o art. 8º do Decreto n. 27.048, de 1942, as arrola em: força maior e realização de serviços inadiáveis ou cuja inexecução possa acarretar prejuízos manifestos ao empregador. Caso o empregado seja convocado para trabalhar aos domingos **por motivo de força maior**, receberá o salário-dia normal, porém o empregador deverá conceder-lhe um outro dia de folga, devendo justificar à autoridade administrativa a ocorrência, posteriormente, no prazo de 10 dias. Se a convocação foi para trabalhar em **dias feriados**, por **motivo de força maior**, o pagamento será singelo, sem a obrigatoriedade de destinar um outro dia de folga(14).

Se o trabalhador for convocado para trabalhar aos domingos ou feriados em face de serviços inadiáveis ou cuja inexecução possa acarretar prejuízo ao empregador, é necessário que o empregador obtenha autorização prévia da Delegacia Regional do Trabalho, e o período de convocação não poderá ultrapassar 60 dias úteis. Nesse caso, se o trabalho ocorrer no domingo, o trabalhador receberá o salário-dia normal, mas ser-lhe-á assegurado um outro dia de descanso no mês. Se ocorrer o trabalho em feriados, o trabalhador receberá o salário-dia em dobro, independentemente do salário fixo estipulado.

---

(13) CASELLA, João Carlos. *Regimes de Repouso Semanal Remunerado*. São Paulo: LTr Editora, 1983, p. 90.
(14) DONATO, Messias Pereira. *Op. cit.*, p. 260.

1.11. Violação aos preceitos contidos na legislação pertinente ao repouso semanal e em feriados

As infrações ao disposto na Lei n. 605, de 1949, e no respectivo regulamento serão punidas com multa. São originariamente competentes para impô-las o diretor da divisão de fiscalização do Departamento Nacional do Trabalho, no Distrito Federal, e, nos Estados, o delegado regional do trabalho.

2. FÉRIAS

2.1. Escorço histórico

As férias remuneradas surgem após o início do século XX, com o desenvolvimento da indústria. É que o aparecimento da máquina, as condições insalubres de trabalho, o desenvolvimento dos centros urbanos criaram um tipo de vida antinatural e, em consequência, tornou-se necessário o repouso por alguns dias por ano[15]. Lembre-se, entretanto, que, anteriormente ao século XX, a Dinamarca, com uma Lei de 1821, já concedia uma semana aos domésticos, no mês de novembro, e na França havia um decreto imperial de 1853, concedendo aos funcionários públicos uma ausência autorizada de 15 dias. Entre 1900 e 1905, empresas comerciais e industriais de Frankfurt e Hamburgo concediam férias espontaneamente aos seus empregados, enquanto a Suécia, a Dinamarca e a Noruega também o faziam por meio de convenções coletivas. A partir de 1909 e 1910, respectivamente, a Islândia e a Áustria legislaram sobre férias em favor dos aprendizes e dos empregados do comércio. Outros países (Suíça e Inglaterra), em seguida, legislaram sobre férias para determinados profissionais[16].

Com a eclosão da Primeira Grande Guerra, o avanço legislativo sobre a temática foi contido; retornou entre 1918 e 1939, expandindo-se por toda parte, principalmente em face do trabalho incessante do Bureau Internacional do Trabalho.

No Brasil, a regulamentação legal surge com a Lei n. 4.982, de 1925, que concedia 15 dias de férias aos empregados e operários de estabelecimentos comerciais, industriais e bancários, sem prejuízo do ordenado. A mesma lei mandava estender o descanso às empresas jornalísticas. Sustentam alguns autores que essa lei não "passou do terreno das boas intenções, limitada às capitais e a poucos trabalhadores". A esses fatos acresce a deficiência de fiscalização sobre os empregadores.

A partir de 1933, com o Decreto n. 23.103, começaram os empregadores a cumprir a lei de férias, de 15 dias; seus destinatários eram os comerciários, bancários e trabalhadores. Mais tarde, o referido instituto estendeu-se aos trabalhadores em hotéis, restaurantes, confeitarias, leiterias, botequins, etc. (Lei n. 228, de 24 de julho de 1936). Paulatinamente, outras categorias profissionais foram contempladas com as férias, até que, em 1º de maio de 1943, a CLT estendeu o instituto a todos os empregados.

---

(15) GOTTSCHALK, Elson. *Férias anuais remuneradas*. São Paulo: Max Limonad, 1956, p. 21 a 23.

(16) GOTTSCHALK, Elson. Férias anuais remuneradas. *Op. cit.*, p. 22 a 24. O autor obteve esses dados históricos por meio da obra de Etienne David, *Les congés payes en Droit Comparé,* 1939, p. 6 e seguintes.

No plano constitucional, a Constituição de 1934 já arrolava as férias entre os direitos que deveriam estar previstos na legislação do trabalho (art. 121, § 1º, alínea "f"). De forma correlata dispuseram as Constituições de 1937 (art. 137, alínea "e"), de 1946 (art. 157, VII), de 1967 e de 1988 (art. 7º, XVII).

2.2. Conceito

As férias constituem um direito do empregado de abster-se de trabalhar durante um determinado número de dias consecutivos por ano, sem prejuízo da remuneração e após cumpridas certas exigências, entre elas a assiduidade.

2.3. Fundamentos

A obrigatoriedade da concessão das férias anuais remuneradas se funda em razões de ordem biológica, pois visa a proporcionar aos empregados um período de descanso, capaz de restituir-lhes as energias gastas e de permitir-lhes retornar em melhores condições físicas e psíquicas. Para tornar esse descanso mais reparador, recomenda-se um bom uso das férias, de modo que elas não se convertam em oportunidade para novas fadigas. Lembre-se que muitas enfermidades aderem aos organismos fatigados. Recomenda-se que, antes de se desfrutar das férias, seja consultado o médico do trabalhador e obtenham-se dele recomendações para que o repouso lhe conceda o máximo de benefício higiênico(17).

Exatamente para que o objetivo desse instituto seja atendido, durante as férias o empregado não poderá prestar serviços a outro empregador, salvo se estiver obrigado a fazê-lo em virtude de contrato de trabalho regularmente mantido com aquele.

2.4. Natureza jurídica

Antes de serem consagradas em preceito legal, as férias constituíam um prêmio à permanência ou à fidelidade do empregado no seio da organização produtiva(18).

As férias, hoje, têm a seguinte natureza jurídica: para o empregado constitui um **direito** gozá-las dentro dos 12 meses subsequentes ao período aquisitivo e um **dever** não trabalhar para outro empregador nesse período, a menos que tenha duplo contrato de trabalho; para o empregador ela constitui um **dever**, isto é, ele deverá concedê-las nos 12 meses subsequentes ao término do período aquisitivo e tem ele o **direito** de exigir que o empregado não trabalhe durante o seu curso, salvo se estiver obrigado a fazê-lo por ter outro contrato de trabalho.

A doutrina estrangeira(19) atribui às férias a natureza jurídica de interrupção da prestação do trabalho.

Concedidas as férias ao empregado, o contrato permanecerá interrompido durante o seu curso. Se elas forem pagas em dinheiro, por ocasião da ruptura do contrato,

---

(17) Cf. Desmarás. *In*: GOTTSCHALK, Elson. *Op. cit.*, p. 82.

(18) GIUSTINIANI. *Trattato di Diritto del Lavoro.* Padova: Cedam, 1938. *Apud* GOTTSCHALK, Elson. *Férias anuais remuneradas*. São Paulo: Max Limonad, 1956, p. 51.

(19) MONTOYA MELGAR, Alfredo. *Op. cit.*, 2002, p. 356.

terão natureza indenizatória, logo não sofrerão a incidência de descontos previdenciários. Sobre elas o empregador também não recolherá o FGTS (**Orientação Jurisprudencial n. 195 da SDI-1 do TST**).

Convém esclarecer, entretanto, que a remuneração das férias pagas após a cessação do contrato terá natureza salarial, para os efeitos do art. 449 da CLT, isto é, constituirão créditos privilegiados na falência, recuperação de empresa, ou dissolução da empresa, desde que impliquem ruptura do contrato (art. 148 da CLT).

2.5. Tratamento legal

Essa matéria é disciplinada nos art. 129 a 153 da CLT e também em algumas **Súmulas**, entre as quais as de n. 14, 171, 261 e 328 do TST.

2.6. Do direito a férias. Duração e concessão

Todo empregado que tenha completado um período aquisitivo, anualmente, terá direito ao gozo de férias remuneradas nos 12 meses subsequentes (período concessivo).

O mês das férias será o que melhor atenda aos interesses do empregador.

A concessão das férias será participada por escrito ao empregado, com antecedência de, no mínimo, 30 dias (art. 135 da CLT). O empregado deverá dar recibo dessa participação. O período de férias será anotado na CTPS, como também no livro de registro de empregados.

Somente em casos excepcionais as férias serão concedidas em dois períodos, um dos quais não poderá ser inferior a 10 dias corridos (art. 134, § 1º, da CLT). Aos menores de 18 anos e aos maiores de 50 anos de idade, as férias serão sempre concedidas de uma só vez (§ 2º do art. 134 da CLT).

A época da concessão das férias será a que melhor atenda aos interesses do empregador, mas os membros de uma mesma família, empregados do mesmo empregador, terão direito a gozar férias no mesmo período, se o desejarem e se disso não resultar prejuízo para o empregador. É um mecanismo utilizado pelo Direito do Trabalho para tutelar a família.

Após cada período de 12 meses de vigência do contrato de trabalho, o empregado terá direito a férias, na seguinte proporção: "I — 30 (trinta) dias corridos, quando não houver faltado ao serviço mais de 5 (cinco) vezes; II — 24 (vinte e quatro) dias corridos, quando houver tido de 6 (seis) a 14 (quatorze) faltas; III — 18 (dezoito) dias corridos, quando houver tido de 15 (quinze) a 23 (vinte e três) faltas; IV — 12 (doze) dias corridos, quando houver tido de 24 (vinte e quatro) a 32 (trinta e duas) faltas".

O empregador que deixar de conceder as férias nos 12 meses subsequentes ao término do período aquisitivo, deverá pagá-las em dobro e, além disso, o empregado poderá ajuizar reclamação pedindo a fixação por sentença da época de gozo das mesmas. A sentença cominará pena diária de 5% do salário mínimo, devida ao empregado até que seja cumprida a decisão. Cópia da decisão transitada em julgado será remetida ao órgão do Ministério do Trabalho para fins de aplicação da multa de caráter administrativo.

Filiamo-nos à corrente jurisprudencial[20] que estende a dobra também ao terço constitucional, por integrar-lhe o pagamento das férias.

É devido o pagamento em dobro da remuneração de férias, incluído o terço constitucional, com base no art. 137 da CLT, quando, ainda que gozadas na época própria, o empregador tenha descumprido o prazo previsto no art. 145 do mesmo diploma legal[21].

2.7. Férias e empregado menor

Aos menores de 18 anos e aos maiores de 50, as férias serão sempre concedidas de uma só vez (§ 2º do art. 134 da CLT). O empregado menor de 18 anos terá direito a fazer coincidir suas férias com as férias escolares.

2.8. Ausências que não afetam o período aquisitivo de férias

Não afetam o período aquisitivo de férias as ausências legais previstas no art. 473 da CLT (até dois dias consecutivos em caso de falecimento de cônjuge, ascendente, descendente, irmão ou pessoa que viva sob sua dependência econômica; até três dias consecutivos em virtude de casamento; por um dia em caso de nascimento de filho, no decorrer da primeira semana; por um dia em cada 12 meses de trabalho, em caso de doação voluntária de sangue, devidamente comprovada; até dois dias consecutivos ou não para o fim de se alistar eleitor, nos termos da lei respectiva; no período de tempo em que tiver que cumprir as exigências do serviço militar referidas na letra "c" do art. 65 da Lei n. 4.375, de 1964; nos dias em que estiver comprovadamente realizando provas de exame de vestibular para ingresso em estabelecimento de ensino superior; pelo tempo que se fizer necessário quando tiver que comparecer a Juízo como parte, testemunha ou jurado). Também não afetam o período aquisitivo das férias a licença-maternidade (120 dias) ou licença por aborto (duas semanas), as ausências justificadas pelo empregador e também as licenças por doença que não forem superiores a seis meses consecutivos ou intercalados dentro do mesmo período aquisitivo (art. 131 da CLT). A licença remunerada até 30 dias também não afeta o período aquisitivo de férias. Se o período de licença remunerada ultrapassar 30 dias, o afastamento substitui as férias, logo deverá ser remunerado com acréscimo de 1/3 (TST-E-RR-360.606/1997. Rel.: Min. Rider de Brito, julgado em 15.10.2001).

---

(20) "Havendo condenação ao pagamento de férias vencidas, em dobro, acrescidas do terço constitucional e, inexistindo na sentença nenhuma ressalva quanto à forma de pagamento desse abono, a interpretação que se deve dar ao *decisum* é no sentido de que o abono constitucional também deve ser pago em dobro, ainda mais se considerarmos que o referido adicional é parte integrante do pagamento de férias (**Enunciado** n. 328 do TST) e que a execução deve se ater aos limites impostos pela sentença proferida na fase de conhecimento". TRT-GO-275/2002 — Rel.: Juiz Geraldo Rodrigues do Nascimento — DOE 10.5.2002 — *Revista Synthesis* n. 35/2002, p. 210.

(21) Orientação Jurisprudencial n. 386, do TST, 2010.

2.8.1. Ausências que afetam o período aquisitivo de férias

Não terá direito a férias, nos termos do art. 133 da CLT, o empregado que deixar o emprego e não for readmitido dentro de 60 dias subsequentes à sua saída; permanecer em gozo de licença remunerada por mais de 30 dias(22); deixar de trabalhar com percepção de salário por mais de 30 dias em virtude de paralisação parcial ou total dos serviços da empresa; estiver afastado por doença, seja ou não decorrente de acidente do trabalho; estiver em gozo de benefício previdenciário, por mais de seis meses, embora descontínuos (art. 133 da CLT).

2.9. Remuneração das férias e seu pagamento

O empregado receberá, durante as férias, a remuneração que lhe for devida na data de sua concessão (art. 142 da CLT), acrescida de 1/3, conforme previsão constitucional. Assim, se o empregado ganha R$ 300,00 de salário fixo, por ocasião das férias deverá receber R$ 400,00, dado o acréscimo de 1/3.

Caso o salário seja pago por hora, com jornadas variadas, apura-se a média do período aquisitivo do direito às férias e aplica-se o valor do salário da época da concessão (art. 142, § 1º, da CLT). Quando o salário for pago por tarefa, toma-se por base a média da produção do período aquisitivo e aplica-se o valor da remuneração da tarefa na data da concessão das férias (art. 142, § 2º, da CLT).

Quando o empregado receber por percentagem, comissão ou viagem, apura-se a média dos 12 meses que antecederem a concessão das férias, somando-se a essa média 1/3 (art. 142, § 3º, da CLT). Ressalte-se que não se trata da média do período aquisitivo, mas dos doze meses que antecederem a data da concessão das férias(23).

As horas extras habitualmente prestadas, os adicionais noturnos, os adicionais de insalubridade e periculosidade incorporar-se-ão também ao cálculo das férias e do terço constitucional (art. 142, § 5º, da CLT).

As gorjetas, cobradas pelo empregador, habitualmente, na nota de serviço ou oferecidas espontaneamente pelos clientes integram a remuneração do empregado para efeito de férias (art. 457 da CLT, **Súmula n. 354 do TST**).

Caso o empregado receba salário *in natura* (alimentação, habitação, etc.) e durante as férias a vantagem for suprimida, porque o trabalhador desocupou o imóvel, por exemplo, o empregador deverá assegurar-lhe o substitutivo em moeda? A resposta

---

(22) "**Terço constitucional. Férias não gozadas formalmente em razão de concessão de licença remunerada por mais de trinta dias**. O adicional correspondente a um terço do salário constitui um direito do trabalhador que se encontra em gozo de férias, assegurado pela Carta Magna (art. 7º, XVII), com o objetivo de proporcionar ao trabalhador possibilidade de efetivamente gozar de suas férias. Levando-se em consideração que o empregado, em razão da paralisação da empresa, deixou de trabalhar por mais de trinta dias, com percepção de salário, ou seja, embora formalmente não estivesse gozando de garantia constitucionalmente assegurada, usufruiu do respectivo descanso, tem-se que faz jus a receber o aludido terço como se estivesse formalmente em gozo de férias. Conclui-se, portanto, que, nessa hipótese, a ausência de fruição das férias remuneradas não afasta o direito do empregado de receber o terço constitucional. Embargos não conhecidos". TST-SDI-1-E-RR-360.606/1997— Rel.: Min. Rider de Brito — Julgado em 15.10.2001.

(23) RUSSOMANO, Mozart Victor. *Op. cit.*, p. 179.

é sim, pois, caso contrário, o empregado sofreria uma redução salarial no período do descanso.

Se, entretanto, o empregado, durante as férias, continua desfrutando da utilidade (habitação, por exemplo), evidentemente não cabe nenhum acréscimo pecuniário pelo fornecimento *in natura*, do contrário haverá *bis in idem*, isto é, o empregador pagará a utilidade duas vezes (fruição da utilidade mais o valor pecuniário).

O mesmo raciocínio foi utilizado pelo TST na **Súmula n. 253**, segundo o qual a gratificação semestral acaso percebida pelo empregado não incide no cálculo das férias, ainda que indenizadas. A referida gratificação não poderá refletir no cálculo de direitos ligados à unidade de tempo, sob pena de atentar contra o princípio do *non bis in idem* e conflitar com os art. 129, 146 e 147 da CLT.

O pagamento da remuneração das férias será efetuado até dois dias antes do início da sua concessão e o empregado dará quitação com indicação do seu início e término.

2.10. Férias e cessação, dissolução ou terminação do contrato de trabalho

O empregado, independentemente de ter menos ou mais de um ano de serviço, junto ao mesmo empregador, que for dispensado sem justa causa, obtiver em Juízo a rescisão indireta (art. 483 da CLT), tiver extinto o seu contrato determinado pelo advento do termo, for dispensado porque a empresa encerrou as suas atividades voluntariamente (por falência, liquidação extrajudicial ou dissolução irregular) ou tiver se demitido, isto é, se desligado espontaneamente, fará jus, pelo período incompleto, à remuneração das férias proporcionais ou dozeavadas à razão de 1/12 por mês trabalhado, considerando mês fração igual ou superior a 15 dias (cf. **Súmulas n. 171 e n. 261**, ambas com a nova redação). Se a cessação do contrato for por morte, os dependentes habilitados perante a Previdência Social receberão o valor correspondente (art. 1º da Lei n. 6.858, de novembro de 1980). Na ausência de dependentes, os herdeiros ou os sucessores receberão o valor.

A título de exemplo, se o empregado firma com o empregador um contrato de experiência de 90 dias e é dispensado sem justa causa com um mês e 15 dias de serviço, fará jus, em dinheiro, ao equivalente a 2/12 a título de férias indenizadas. Se a sua remuneração é de R$ 900,00, com o acréscimo de 1/3 (art. 7º, XVII, da Constituição da República de 1988), tem-se o valor de R$ 1.200,00, o qual servirá de base para o cálculo de 2/12 de férias que corresponderá a R$ 200,00. Saliente-se que o terço constitucional incide mesmo que as férias sejam proporcionais ou dozeavadas (**Súmula n. 328 do TST**).

Na hipótese de a cessação do contrato ser por culpa recíproca, o valor mencionado será reduzido à metade, com amparo no art. 484 da CLT e na nova redação dada à **Súmula n. 14 do TST**(24), pois o empregado também concorreu com culpa para a

(24) "**Culpa recíproca.** Reconhecida a culpa recíproca na rescisão do contrato de trabalho (art. 484 da CLT), o empregado tem direito a 50% (cinquenta por cento) do valor do aviso prévio, do décimo terceiro salário e das férias proporcionais".

cessação do contrato. O TST atribuiu à verba a natureza indenizatória e tomou como parâmetro o mesmo critério utilizado pelo legislador na concessão da indenização de antiguidade prevista no art. 484 da CLT, caso a resolução contratual ocorresse por culpa recíproca.

O mesmo raciocínio será, certamente, utilizado pelo TST se ocorrer a extinção das atividades da empresa por motivo de força maior (art. 502, III, da CLT).

Se o empregado se demitir, isto é, sair espontaneamente do emprego, independentemente de ter menos ou mais de um ano de serviço junto ao mesmo empregador, também terá direito a férias proporcionais ou dozeavadas (**Súmula n. 261 da SDI-1 do TST**). Essa nova redação está em consonância com a Convenção Internacional n. 132 da OIT, ratificada pelo Brasil, a qual não estabelece distinção entre empregado com menos ou mais de um ano de serviço junto ao mesmo empregador, para deferir-lhe férias proporcionais quando, voluntariamente, deixa o emprego. Logo, está tacitamente revogado o art. 147 da CLT.

2.11. Férias-prêmio

O instituto das férias-prêmio não se confunde com o repouso anual. Foi introduzido, originariamente, com o objetivo de compensar o trabalhador, sobretudo de órgão público, pelo tempo de serviço prestado por mais de cinco ou 10 anos. Ressalvado o direito adquirido dos que já haviam completado o tempo alusivo à aquisição da vantagem, essa licença não mais persiste no ordenamento jurídico. Se a empresa instituir no seu regimento interno essa vantagem, sobre ela não haverá incidência do terço constitucional[25].

2.12. Férias e Convenção n. 132 da OIT

Visando a preservar a segurança e a saúde no trabalho, a OIT editou a Convenção n. 132, de 1970 (revista), alusiva a férias. O instrumento internacional foi ratificado pelo Brasil e passou a integrar o nosso ordenamento jurídico com o Decreto de promulgação n. 3.197, de 5 de outubro de 1999[26], embora entendam alguns que a sua vigência teve início um mês antes, com o Decreto de ratificação[27].

Há quem sustente, com amparo na **teoria do conglobamento**, que sendo a legislação brasileira mais favorável ao empregado, a Convenção Internacional n. 132

---

(25) "**Licença-prêmio**. O acréscimo de 1/3 sobre as férias regulamentares, assegurado em preceito constitucional, objetivou proporcionar ao empregado recursos para o gozo de um descanso mais reparador, evitando que o mesmo, em face das dificuldades financeiras, se visse constrangido a buscar ocupação nesse período, frustrando a finalidade do referido instituto jurídico. Esse acréscimo não incide sobre a licença-prêmio, à falta de previsão legal e dada a sua natureza diversa, qual seja, premiar o trabalhador em face do preenchimento de requisitos necessários à sua concessão". TRT — 3ª Região — 2ª Turma — RO-13332/91 — Relª: Alice Monteiro de Barros — DJMG 29.5.92.

(26) SILVA, Homero Batista Mateus da. A discreta vigência da Convenção n. 132 da OIT sobre férias anuais remuneradas. *Revista Synthesis* 34/2002, p. 5. De forma correlata DANTAS JÚNIOR, Aldemiro Rezende. A Convenção n. 132 da OIT e as férias anuais. *Revista Synthesis* 38/2004, p. 137.

(27) MEDEIROS, Alexandre Alliprandino e LAET, Flávio Antônio C. As novidades no sistema jurídico das férias individuais. Convenção n. 132 da OIT. *Revista Trabalho e Doutrina*, n. 26, dez. 2001, p. 19.

da OIT não será aplicada no Brasil. Divergimos desse raciocínio e admitimos a aplicação da citada norma internacional, por filiarmos aos que afirmam a possibilidade de fazer incidir, no caso, excepcionalmente, não a teoria do conglobamento, mas a teoria da acumulação. Ao se estabelecer o confronto entre norma nacional e internacional, para aferir qual a mais vantajosa, não há o risco de se fracionar o ordenamento jurídico nacional. Ademais, se a lei brasileira fosse mais favorável, seria desnecessária a sua ratificação, como sugere a própria OIT.

A Convenção n. 132 da OIT exclui de sua esfera normativa apenas os marítimos (art. 2º, item 1), aplicando-se, portanto, ao âmbito doméstico, inclusive no Brasil, já que o País não excluiu esses trabalhadores quando da ratificação. A norma internacional, no art. 3º, manteve o período aquisitivo de férias como de um ano.

O instrumento normativo em questão assegura férias anuais remuneradas, cuja duração não poderá ser, em **nenhum caso**, inferior a três semanas, por um ano de serviço (art. 6º, I). Nesse particular, nossa lei, exceto quanto à doméstica, é mais favorável, por já assegurar 30 dias de férias.

O Brasil, ao ratificar a Convenção n. 132, comunicou à OIT que haverá no País, sempre, 30 dias de férias, não ressalvando as domésticas. Daí entendermos que, a partir da promulgação desse instrumento internacional, as férias das domésticas passaram a ser de 30 dias, à semelhança do que já ocorria com os empregados celetistas. Ademais, por força do art. 4º da Convenção n. 132 da OIT, os empregados domésticos passaram também a ter direito às férias proporcionais.

Há quem sustente que as férias serão agora de 30 dias **úteis**, por força do art. 6º, I, da Convenção n. 132[(28)]. Outros, aos quais nos filiamos, afirmam que o citado art. 6º, I, da norma internacional, aplica-se às férias quando fixadas em três semanas, como ali previsto, e não aos países que já a instituíram em montante superior, como ocorre no Brasil[(29)]. O mesmo se diga relativamente às ausências por incapacidade laboral advindas de enfermidades ou acidentes. A CLT contém norma expressa sobre a temática, não se lhe aplicando a previsão internacional, conforme autorizado pelo item 2, do art. 6º da Convenção n. 132 da OIT.

Por outro lado, a CLT permite a redução do período concessivo de férias, proporcionalmente às faltas injustificadas. Esse preceito, segundo alguns, não atenta contra a Convenção n. 132 da OIT, pois ela estabelece que, para adquirir o direito a um período de férias anuais remuneradas, pode-se exigir um período mínimo de serviços (art. 5º, I), cabendo à autoridade competente do Estado-membro definir o modo de calcular o período de serviço para determinar o direito às férias (art. 5º, III).

---

(28) FRANCO FILHO, Georgenor de Sousa. A Convenção n. 132 da OIT e seus reflexos. *Revista Synthesis* 34/2002, p. 141.

(29) GOMIERI, Olga Aida Joaquim. A Convenção n. 132 da OIT e a falta de seu manejo pelos aplicadores do Direito. *Revista Synthesis* 32/2003, *passim*. SUSSEKIND, Arnaldo Lopes. *Instituições de Direito do Trabalho*. v. II, 21. ed. São Paulo: LTr, 2003, p. 889-890 (entendimento modificado pelo autor na nota de rodapé 27-A). A mesma tendência reflete-se no guia sobre as normas internacionais do trabalho editado pela OIT, impresso em Turim, em 2003, p. 93.

Observa-se, ainda, que a referida norma internacional não retira o direito às férias proporcionais em nenhuma hipótese de cessação do contrato. Entretanto, o TST, após a revisão das **Súmulas n. 14 e 261**, deixou claro que o empregado não as perderá na saída voluntária (demissão), recebendo-as por metade na culpa recíproca. Isso nos leva à conclusão de que na justa causa, segundo essa mesma orientação, o empregado não fará jus às férias proporcionais[(30)]. É bom lembrar, entretanto, que a Convenção n. 132 assegura as férias proporcionais, independentemente da causa de cessação do contrato, dado o fundamento biofisiológico do instituto.

À autoridade nacional competente é facultado fracionar o período de férias, mas nesse caso (art. 8º, II, da Convenção n. 132 da OIT) uma das frações deverá corresponder a pelo menos duas semanas ininterruptas (14 dias), salvo se for ajustada outra forma em acordo de cumprimento obrigatório firmado pelas partes. Aqui, a norma internacional alterou a nossa legislação interna, cuja fração era de 10 dias. Esse período de férias deverá ser desfrutado no prazo de um ano após o período aquisitivo das férias e o restante após 18 meses desse mesmo período. Este último prazo não se aplica no Brasil, por conter a nossa lei norma mais vantajosa.

A mesma Convenção proíbe todo acordo por meio do qual o empregado renuncie ao seu direito a férias anuais, ainda que em troca receba indenização (art. 12).

A Convenção em estudo, nos art. 4º e 5º, autoriza a redução proporcional das férias, em face da redução da jornada e dos dias trabalhados.

2.13. Férias coletivas

As férias coletivas passaram a ser asseguradas no Brasil em 1977, com o Decreto--Lei n. 1.535, como faculdade concedida ao empregador em face de crise econômica capaz de permitir a suspensão provisória da produção de certas empresas.

Essas férias constituem liberalidade do empregador, a qual poderá atingir a totalidade dos empregados, ou de determinado estabelecimento ou setor da empresa, notificando-se o Ministério do Trabalho, os sindicatos da categoria profissional e os trabalhadores que estarão sujeitos a elas. Todos eles serão comunicados com antecedência mínima de quinze dias das datas de início e término das férias (art. 139, §§ 2º e 3º, da CLT).

As férias coletivas poderão ser fracionadas em dois períodos por ano, lembrando que cada um deles não poderá ser inferior a dez dias corridos (§ 1º do art. 139 da CLT).

Os empregados admitidos há menos de doze meses gozarão, na oportunidade, de férias proporcionais, iniciando-se, então, novo período aquisitivo do direito às férias. Caso sejam contemplados com férias mais de trezentos empregados, a empresa poderá promover, mediante carimbo, as anotações a que alude o art. 135, § 1º, da CLT. Esse

(30) GOMIERI, Olga Aida Joaquim. *Op. cit.*, *passim*. A autora compartilha desse entendimento ao argumento de que ninguém poderá valer-se da própria torpeza em benefício próprio.

carimbo será aprovado pelo Ministério do Trabalho e dispensará a referência ao período aquisitivo a que correspondem as férias, cabendo ao empregador fornecer ao empregado recibo correspondente à quitação da referida verba. Por ocasião da cessação do contrato de trabalho, o empregador anotará na Carteira de Trabalho e Previdência Social as datas dos períodos aquisitivos correspondentes às férias coletivas gozadas pelo empregado.

CAPÍTULO XXI

REMUNERAÇÃO E SALÁRIO. CONCEITO. DISTINÇÕES. CARACTERES E CLASSIFICAÇÃO DO SALÁRIO. DIFERENÇA ENTRE SALÁRIO E INDENIZAÇÃO. COMPOSIÇÃO DO SALÁRIO. MODALIDADES DE SALÁRIO. COMPONENTES DA REMUNERAÇÃO

1. INTRODUÇÃO

Do ponto de vista etimológico, o termo "salário" deriva do latim *salarium*, que por sua vez tem sua origem na palavra sal (*salis*), utilidade fornecida pelos romanos como pagamento aos domésticos. O sal era utilizado também como pagamento aos soldados das legiões romanas, com o objetivo de permitir que comprassem comida. O termo "remuneração" também deriva do latim, *remuneratio*.

O Direito do Trabalho dá preferência ao termo salário para definir a forma de retribuição do empregado pelos serviços prestados ou por ter permanecido à disposição do empregador.

O tema é tratado, na CLT, nos art. 76 a 83, relativamente aos empregados que recebem salário mínimo, e nos art. 457 a 467 para os empregados que recebem salário superior, lembrando que estes últimos artigos contêm também regras gerais sobre o assunto.

Relativamente ao empregado rural, o salário é disciplinado pela Lei n. 5.889, de 1973, nos art. 9º e 12 e em seu Regulamento, esclarecendo que os preceitos celetistas ser-lhe-ão aplicados, subsidiariamente, quando compatíveis(1).

Os capítulos em que estão inseridos esses preceitos legais estão em consonância com as Convenções Internacionais da OIT, sobretudo com as de n. 26 e 95, ratificadas pelo Brasil — a primeira, em 1930, e a segunda, em 1949 —, que dispõem, respectivamente, sobre métodos de fixação do salário mínimo e medidas de proteção ao salário. Além desses instrumentos internacionais, o Brasil ratificou, na década de 50, a Convenção n. 99, que dispõe sobre salário mínimo na agricultura, e a de n. 100, referente à igualdade de salário.

O ordenamento jurídico, quando disciplinou a matéria alusiva ao salário, atentou para as peculiaridades de cada país, para então extrair o seu conceito.

(1) Cf. capítulo próprio sobre empregado rural.

2. CONCEITO. DISTINÇÃO ENTRE SALÁRIO E REMUNERAÇÃO. EFEITOS PRÁTICOS

A CLT, seguindo a orientação já existente na legislação de outros países, estabeleceu distinção entre salário e remuneração[(2)].

O art. 457 da CLT considera salário a contraprestação do serviço devida e paga diretamente pelo empregador ao empregado, em virtude da relação de emprego. O mesmo diploma legal atribui à remuneração um conceito mais amplo, quando afirma que ela abrange o salário, com todos os seus componentes, e ainda as gorjetas, que são pagas por terceiro.

Muitos doutrinadores, quando conceituam salário, utilizam-se do termo "contraprestação", empregado pela CLT[(3)]. Outros preferem o vocábulo "retribuição"[(4)], ao fundamento de que contraprestação reduz o contrato a uma relação de troca (trabalho contra remuneração), sem atentar para o aspecto pessoal do liame empregatício. A este fato acresce o de que a contraprestatividade nem sempre está presente, como ocorre, por exemplo, nas hipóteses de interrupção do contrato, em que o empregado recebe o salário, embora não preste serviços[(5)].

Por todas essas razões, preferimos conceituar o salário como a retribuição devida e paga diretamente pelo empregador ao empregado, de forma habitual, não só pelos serviços prestados, mas pelo fato de se encontrar à disposição daquele, por força do contrato de trabalho. Como o contrato é sinalagmático no conjunto e não prestação por prestação, essa sua característica justifica o pagamento do salário nos casos de afastamento do empregado por férias, descanso semanal, intervalos remunerados, enfim, nas hipóteses de interrupção do contrato.

Já a remuneração é a retribuição devida e paga ao empregado não só pelo empregador, mas também por terceiro, de forma habitual, em virtude do contrato de trabalho. Pelo que se vê, seu conceito é mais amplo: abrange o salário e seus componentes, como também os adicionais[(6)] e as gorjetas.

A distinção é importante, porque há muitos institutos jurídicos que são calculados com base na remuneração e não apenas no salário, como ocorre com o FGTS, o 13º salário, as férias, a indenização de antiguidade, hoje substituída pelo FGTS, etc. A distinção é relevante também para efeito de salário mínimo, pois a gorjeta não o compõe, tendo em vista o disposto no art. 76 da CLT, que o considera a "contraprestação mínima

(2) A quase totalidade da doutrina nacional admite a distinção. Confira o rol de autores apresentados por Amauri Mascaro Nascimento na obra *O Salário* — Edição fac-similada — São Paulo: LTr, 1996, p. 23-26.

(3) MAGANO, Octavio Bueno. Contribuições do IAPI sobre gratificações. *Revista LTr* n. 26/15. RUSSOMANO, Mozart Victor. *O empregado e o empregador no direito brasileiro*. Rio de Janeiro: Forense, 1984, p. 596. CATHARINO, José Martins. *Tratado jurídico do salário*. São Paulo: Freitas Bastos, 1951, p. 90. PRADO, Roberto Barreto. *Direito do Trabalho*. 1º vol., São Paulo: Revista dos Tribunais, 1971, p. 201. MARANHÃO, Délio. *Direito do Trabalho*. Rio de Janeiro: Fundação Getúlio Vargas, 1979, p. 119.

(4) SÜSSEKIND, Arnaldo Lopes. *Instituições de Direito do Trabalho*. São Paulo: LTr, *passim*.

(5) NASCIMENTO, Amauri Mascaro. *O Salário*. São Paulo: LTr. Edição fac-similada, 1996, p. 21.

(6) DONATO, Messias Pereira. *Curso de Direito do Trabalho*. São Paulo: Saraiva, 1979, *passim*.

devida e paga diretamente pelo empregador a todo trabalhador"[7]. A gorjeta é paga por terceiro. A utilidade prática da distinção poderá ser encontrada adiante no tópico sobre gorjeta.

3. NATUREZA JURÍDICA DO SALÁRIO

São várias as teorias que surgiram para explicar a natureza jurídica do salário, destacando-se entre elas:

a) a que considera **o salário como o preço do trabalho**. Esse posicionamento, típico do liberalismo econômico, vigorava no tempo em que se equiparava o trabalho a uma mercadoria, não se justificando nos dias atuais. Aliás, desde o Tratado de Versalhes, de 1919, já se proibia fosse o trabalho considerado mercadoria, como previa a lei do bronze, e, em consequência, o salário não poderia ser visto como preço;

b) a corrente que sustenta que **o salário é uma indenização** paga ao empregado como compensação pelas energias por ele despendidas em virtude de uma relação contratual de trabalho. Essa posição é refutada sob o argumento de que só existe a obrigação de indenizar quando, na relação de trabalho, há perda ou lesão de um direito, por dolo ou culpa de outrem, o que, evidentemente, não ocorre quando alguém exerce um direito, que é o de trabalhar[8];

c) a que afirma a **natureza alimentícia do salário**. A principal crítica a essa corrente reside no fato de que o salário não tem caráter alimentar apenas, pois possui outros fins, como os de propiciar ao empregado habitação, higiene, transporte, educação, assegurando a manutenção do empregado e de sua família, o que justifica o salário mínimo e o salário-família. O salário não é uma quota alimentícia, tampouco um crédito, embora contenha certos elementos alimentícios;

d) a corrente que atribui ao salário a **natureza de contraprestação pelo serviço prestado**. Destaca-se, dessa forma, a correspondência existente entre trabalho e salário, o primeiro como prestação e o último como contraprestação, só se justificando o salário na medida do primeiro. Em consequência, segundo os defensores dessa corrente, só há salário quando há trabalho; deixa de ser salário qualquer remuneração paga ao empregado sem trabalho[9]. A corrente é criticada por reduzir o contrato de trabalho a uma relação de troca, à semelhança do conteúdo dos contratos de direito comum, sem atentar para o aspecto pessoal da relação jurídica;

e) a natureza jurídica do salário consiste, segundo uma outra vertente doutrinária, "**num dever de retribuição**, pelo fato de o empregado se integrar na empresa, pondo à disposição dela o seu trabalho, sendo o contrato de trabalho sinalagmático em seu todo e não prestação por prestação".

Um fato inexplicável pelas teorias anteriores, que justifica o surgimento desta última teoria, segundo a doutrina uruguaia, consiste na obrigação do pagamento do

(7) GOMES, Orlando e GOTTSCHALK, Elson. *Curso de Direito do Trabalho*. Rio de Janeiro: Forense, 2000, p. 197. Atualizador: José Augusto Rodrigues Pinto.

(8) MESQUITA, José Luiz de. *Das gratificações no Direito do Trabalho.* São Paulo: Saraiva, 1957, p. 16.

(9) GOMES, Orlando & GOTTSCHALK, Elson. *Curso de Direito do Trabalho. Op. cit.*, 2000, *passim.*

salário ao empregado em certos períodos em que ele não presta serviços, como durante as férias, aos domingos, nas faltas justificadas, nos 15 primeiros dias de afastamento por doença, entre outros. Por isso, parece ao autor citado anteriormente mais adequado atribuir ao salário a natureza de retribuição paga ao empregado não só pelos serviços prestados, mas pelo fato de colocar-se à disposição do empregador, subordinando-se ao plano da organização do trabalho alheio e nele baseando sua existência.

Isso não exclui o fato de o salário, em geral, encontrar-se vinculado, em grande parte, ao trabalho efetivamente prestado.

Por outro lado, o salário, visto como retribuição, permite extrair a consequência de que o trabalhador, em certas circunstâncias ou oportunidades, tem direito à remuneração, enquanto o trabalho não se executa, porque o empregador não pode ou não quer ocupá-lo. O empregado perde esse direito, em princípio, somente quando a ausência de prestação de serviços deve-se à culpa do próprio trabalhador.

Exposta e justificada a teoria pela qual optam esses autores, vemos que a equivalência entre prestação e contraprestação não pode ser absoluta, mas deve ser considerada tendo em vista o caráter sinalagmático do contrato no seu todo e não apenas quando do cumprimento de cada obrigação.

4. DIFERENÇA ENTRE SALÁRIO E INDENIZAÇÃO

Como vimos, ao analisar as correntes sobre a natureza jurídica do salário, este é uma retribuição devida e paga diretamente pelo empregador ao empregado, de forma habitual, pelos serviços prestados e pelo fato de encontrar-se à sua disposição.

Já a indenização é uma importância devida na relação de emprego quando há perda ou lesão de um direito provocada de forma dolosa ou culposa pelo empregador ou seus prepostos ou, ainda, pelo fato de desenvolver ele atividade de risco, à luz do art. 927, parágrafo único, do Código Civil de 2002.

5. CARACTERES DO SALÁRIO

Os autores, em geral, tratam desse tema como características do salário.

Amauri Mascaro Nascimento[(10)] aponta como características do salário: a) a **essencialidade**, sem a qual não há contrato de trabalho, pois ele é oneroso; b) a **reciprocidade,** pois sua causa reside no fato de alguém atuar como empregado e, nessa condição, prestar serviços ou colocar-se à disposição do empregador; c) a **sucessividade**, isto é, o salário é pago em função de uma relação jurídica que se prolonga no tempo; d) em consequência da sucessividade da relação jurídica, que não é instantânea, resulta a necessidade de se pagar o salário ao empregado com **periodicidade, em intervalos curtos,** para prover a sua subsistência, como também a de seus familiares.

Romita[(11)] acrescenta a essas características a **tendência de determinação heterônoma do salário**, isto é, a sua fixação, em geral, por meio de lei ou sentença

(10) NASCIMENTO, Amauri Mascaro. *O Salário*. *Op. cit.*, p. 21.
(11) ROMITA, Arion Sayão. *Temas de Direito Social*. Rio de Janeiro: Freitas Bastos, 1984, p. 193.

normativa. O caráter alimentar do salário como fonte de sustento do trabalhador e sua **irredutibilidade** — hoje excetuada por convenções e acordos coletivos (art. 7º, VI, da Constituição da República de 1988) — são outras características da retribuição do empregado, ao lado de sua natureza **composta**, tendo em vista que, normalmente, agregam-se a ele parcelas de **sobressalário**, como adicionais, por exemplo. O mesmo autor acrescenta que o salário deverá ser fixado ***forfait***, pois a retribuição paga não guarda relação com o valor econômico de cada prestação executada pelo trabalhador.

6. COMPONENTES

O salário compõe-se da importância fixa em dinheiro, de utilidades, de comissões, de percentagens, de gratificações ajustadas, de diárias superiores a 50% do salário, de abonos (art. 457 e § 1º da CLT), além de prêmios, pagos pelo empregador.

A jurisprudência vem atribuindo feição retributiva aos adicionais de horas extras, noturnos, de insalubridade, de periculosidade e de transferência, quando pagos habitualmente, isto é, durante pelo menos um ano (**Súmula n. 291 do TST**).

7. SALÁRIO *IN NATURA* E UTILIDADES NÃO SALARIAIS

A teor do art. 458 da CLT, o salário poderá ser pago em dinheiro ou em utilidades, como alimentação, habitação, vestuário ou outras prestações *in natura* que a empresa, por força do contrato ou do costume, fornecer habitualmente ao empregado. Como se vê, o rol é exemplificativo, podendo abranger outros fornecimentos feitos pelo empregador ao empregado, como, por exemplo, higiene e transporte.

Anteriormente à edição da Lei n. 8.860, de março de 1994, que introduziu os §§ 3º e 4º ao art. 458 da CLT, entendia-se que o empregado que recebesse salário superior ao mínimo legal e salário *in natura* deveria ter o *quantum* deste último apurado de acordo com o real valor da utilidade (**Súmula n. 258 do TST**), pois os percentuais fixados em lei referiam-se aos trabalhadores que recebiam na faixa do salário mínimo legal. Ocorre que a Lei n. 8.860, de 1994, introduziu o § 3º no art. 458 da CLT, fixando, respectivamente, em 25% e 20%, no máximo, o valor da habitação e da alimentação, a incidir sobre o salário contratual do empregado. Ora, ao assim dispor, evidentemente alterou, em parte, a **Súmula n. 258 do TST**. Em primeiro lugar, porque o dispositivo refere-se ao empregado que recebe além do salário mínimo, tanto que não está a matéria inserida no art. 81 da CLT; em segundo lugar, porque o art. 458, no referido § 3º, faz menção a salário contratual. Logo, o conteúdo da **Súmula n. 258** do TST só poderá ser aplicado, com recurso à perícia, se for o caso, a outras utilidades que não sejam a habitação e a alimentação, pois no tocante a estas o percentual não poderá exceder de 25% e 20% do salário contratual, respectivamente.

Tratando-se de habitação coletiva, o valor do salário-utilidade a ela correspondente será obtido mediante a divisão do justo valor da habitação pelo número de coocupantes, vedada, em qualquer hipótese, a utilização da mesma unidade residencial por mais de uma família (§ 4º do art. 458 da CLT). É o texto consolidado novamente assegurando a tutela e o respeito à família.

Cumpre ressaltar, à luz da **Súmula n. 241 do TST**, que o vale-refeição fornecido por força do contrato tem caráter salarial, integrando a remuneração do empregado, para todos os efeitos legais.

As utilidades salariais são aquelas que se destinam a atender às necessidades individuais do trabalhador, de tal modo que, se não as recebesse, ele deveria despender parte de seu salário para adquiri-las[(12)]. As utilidades salariais não se confundem com as que são fornecidas para melhor execução do trabalho. Estas equiparam-se a instrumento de trabalho e, consequentemente, não têm feição salarial.

Matéria polêmica diz respeito à **etapa concedida aos marítimos**. Ela consiste no fornecimento de alimentação aos tripulantes, na forma das convenções coletivas. Segundo alguns autores, a utilidade é fornecida **para** o trabalho e não tem feição salarial; guarda semelhança com instrumento de trabalho, já que concedida por necessidade do mesmo. Para os adeptos dessa corrente, a etapa não se incorpora à remuneração do empregado, para os efeitos legais[(13)].

Há, entretanto, decisão contrária do TST, cujo teor é o seguinte:

> "A chamada etapa-alimentação possui natureza salarial, porquanto não se pode enquadrá-la como vestuário, equipamento ou outro qualquer acessório fornecido ao empregado e utilizado no local de trabalho para prestação dos respectivos serviços, únicas hipóteses excepcionadas na lei. Mais se evidencia a natureza salarial da parcela quando se nota que o marítimo, desembarcado, a recebe em pecúnia". TST — E — RR 3616/84 Ac. SDI — 42/90, de 13.2.90 — Rel.: Min. José Ajuricaba da Costa e Silva — *Revista LTr* 54-9/1116.

Aderimos a esta última corrente, mesmo porque a CLT, ao determinar a inserção da etapa na remuneração das férias (art. 152), está a atribuir-lhe feição salarial.

8. UTILIDADES NÃO SALARIAIS

Em regra, as utilidades fornecidas ao empregado têm feição salarial, pois representam um *plus*, uma vez que, se não fossem fornecidas, o empregado deveria adquiri-las com os seus próprios recursos financeiros para suprir suas necessidades. Esse raciocínio está fundado no princípio da proteção ou, mais precisamente, na condição mais favorável que o incorpora. Sucede que os empregadores começaram a se sentir desestimulados na concessão das utilidades, considerando o ônus por elas acarretado, já que seu valor integraria o cálculo de vários institutos jurídicos. E o legislador, atento a essa realidade e no afã de não impedir os avanços no campo social, ampliou o rol de utilidades que não possuem feição retributiva.

À luz do § 2º do art. 458 da CLT, não serão consideradas como salário as seguintes utilidades concedidas pelo empregador:

---

(12) A SBDI-1 do TST, no E-RR-750.195/2001.1, tendo como relator o Min. Carlos Alberto Reis de Paula, atribuiu feição de salário *in natura* às **passagens aéreas** fornecidas pelo empregador ao empregado e aos seus familiares, pelo contrato de trabalho e não para sua melhor execução (DJU 10.9.2004).

(13) GOMES, Orlando e GOTTSCHALK, Elson, *Op. cit.*, p.447. No mesmo rumo pronunciou-se o TRT — 1ª Região, 2ª T. RO 5003/95. Rel.: Juiz Luiz Sérgio Lopes; DO/RJ 181/97. *In*: TEIXEIRA FILHO, João de Lima. *Repertório de Jurisprudência Trabalhista*. v. 7. Rio de Janeiro: Renovar, p. 889.

I — Vestuários, equipamentos e outros acessórios fornecidos aos empregados e utilizados no local de trabalho, para a prestação do serviço. A utilidade, nesses casos, é concedida pelo empregador gratuitamente, como meio necessário ou conveniente para uma melhor execução dos serviços e equipara-se a instrumento de trabalho. Incluem-se aqui os uniformes, os capacetes, os bonés, as ferramentas, os impermeáveis, as fardas, muitos dos quais são exigidos pelo Ministério do Trabalho para tutelar a integridade física do empregado.

É permitido ao empregador exigir o uso de uniforme, desde que não implique gastos para o empregado. Deverá o empregador arcar também com o *kit* de maquiagem, quando ela for por ele exigida, com o objetivo de que as empregadas se apresentem bem-apessoadas (cf. Ac. TRT — 4ª Região — RO-00145-2000-010-04-00-4 — 2ª T. — Rel.: Juíza Vanda Krindges Marques — DOERS 30.6.04 — *Revista Síntese* n. 183, set. 2004, p. 72).

II — Educação, em estabelecimento de ensino próprio ou de terceiros, compreendendo os valores relativos a matrícula, mensalidade, anuidade, livros e material didático. O objetivo do legislador, nesse caso, foi incentivar os avanços no campo social, fomentando as atitudes de algumas empresas que financiam total ou parcialmente os gastos do empregado ou de seus familiares com educação. Atribuir feição salarial a essas utilidades, com sua incorporação à remuneração para os efeitos legais, desestimularia a empresa a continuar fornecendo a benesse. Os mais prejudicados seriam os próprios empregados, que teriam dificuldades de acesso a um nível mais elevado de educação. O mesmo se diga com relação à exclusão de feição salarial dos fornecimentos previstos nos itens III, IV, V e VI transcritos a seguir.

III — Transporte destinado ao deslocamento para o trabalho e retorno, em percurso servido ou não por transporte público. O legislador retirou a feição salarial do transporte, nesse caso, porque ele se equipara a instrumento de trabalho. Mesmo a utilização, pelo empregado, em atividades particulares, de veículo que lhe é fornecido para o trabalho da empresa não caracteriza salário-utilidade (**Súmula n. 367, inciso I,** do TST). A referida Súmula assenta-se no princípio da colaboração mútua, entendendo que o fornecimento do transporte visa a evitar que o empregador seja levado à mesquinharia de exigir que o empregado devolva o veículo quando, por exemplo, necessitar pagar uma conta durante o expediente, prejudicando o bom andamento do serviço e acarretando um constante clima de desconfiança. Outra será a situação se a função do veículo for irrestrita, podendo ser utilizado em dias de lazer ou de repouso e férias, com o objetivo de tornar mais atraente o exercício do cargo a ser ocupado, com sensíveis melhorias nas condições de trabalho. Nesse caso, o veículo terá feição salarial, pois a hipótese foge completamente do disposto na referida Orientação, haja vista ser o veículo fornecido **pelo** trabalho e não **para o** trabalho.

IV — Assistência médica, hospitalar e odontológica, prestada diretamente ou mediante seguro-saúde. Os fornecimentos a esse título, bem como os constantes dos dois itens subsequentes, foram excluídos do rol de utilidades com caráter salarial.

V — Seguros de vida e de acidentes pessoais

VI — Previdência privada.

Em caso algum será permitido **o pagamento com bebidas alcoólicas ou drogas nocivas** (art. 458 da CLT).

O fornecimento gratuito de **maços de cigarro** pela empresa ao empregado não constitui salário *in natura*, pois, à semelhança das bebidas alcoólicas e das substâncias inebriantes, os cigarros são nocivos à saúde, nos termos do art. 458 da CLT e da **Súmula n. 367, inciso II,** do TST. O seu consumo não visa a satisfazer as necessidades vitais do empregado.

A **ajuda-alimentação** concedida em decorrência de prestação de horas extras tem natureza indenizatória e, por isso, não integra o salário do empregado bancário (**Orientação Jurisprudencial** n. 123 da SDI-1 do TST). Outra, completamente diversa, é a natureza do **vale para refeição**, fornecido pelo empregador ao empregado, por força do contrato de trabalho. Ele possui caráter salarial e integrará a remuneração do empregado para todos os efeitos legais (**Súmula n. 241 do TST**).

A **ajuda-alimentação** fornecida por empresa participante do Programa de Alimentação do Trabalhador, instituído pela Lei n. 6.321, de 1976, também não tem caráter salarial; portanto, não integra o salário para nenhum efeito legal (**Orientação Jurisprudencial** n. 133 da SDI-1 do TST).

Auxílio cesta-alimentação previsto em norma coletiva. CEF. Cláusula que estabelece natureza indenizatória à parcela. Extensão aos aposentados e pensionistas. Impossibilidade. Havendo previsão em cláusula de norma coletiva de trabalho de pagamento mensal de auxílio cesta-alimentação somente a empregados em atividade, dando-lhe caráter indenizatório, é indevida a extensão desse benefício aos aposentados e pensionistas. Exegese do art. 7º, XXVI, da Constituição Federal. Orientação Jurisprudencial Transitória **n. 61 da SDI-1 do TST)**.

A **habitação e a energia elétrica** fornecidas pelo empregador ao empregado, quando indispensáveis para a realização do trabalho, não têm natureza salarial (**Súmula n. 367, inciso I,** do TST). As utilidades concedidas equiparam-se a instrumento de trabalho. Inclui-se aqui a habitação concedida em local desprovido de imóveis residenciais (local de construção de usina hidrelétrica, por exemplo).

Alojamento em canteiro de obra assemelha-se a um instrumento de trabalho e, portanto, não tem feição retributiva, pois é concedido **para** melhor execução do trabalho(14).

Também não tem feição retributiva o simples **cafezinho** oferecido aos empregados durante a jornada, sem valor econômico e que não colabora com a sobrevivência do trabalhador, ao contrário do que ocorre com o lanche(15).

---

(14) TRT — 8ª Região — RO-652/86 — Ac. 997/86 — 25.8.86. Rel.: Juiz Rider Nogueira de Brito. *Revista LTr* 51-3/327.

(15) "**O café completo fornecido pelo empregador representa salário *in natura*.** Diferente é a hipótese do simples cafezinho, que, apenas espelhado em hábito nacional, representa mera cortesia do empregador, sem valor econômico e que não colabora para a sobrevivência do trabalhador". TST-RR-4929/79. Ac. 2ª T. 3.511/81, de 27.10.81. Rel.: Min. Marcelo Pimentel. *Revista LTr* 46-2/202.

O fornecimento de **telefone celular** a empregado de confiança, a fim de que o empregador possa com ele manter contato nos finais de semana, para resolver questões atinentes ao seu interesse, não tem feição salarial. Ele é fornecido para melhor execução do serviço e assemelha-se a instrumento de trabalho(16). Outra será a situação se o aparelho em questão é fornecido com a quitação das ligações, como um plus, sem o qual o empregado deveria adquiri-lo às suas próprias expensas, não tendo qualquer vinculação com o trabalho realizado(17).

O **vale-transporte** também não tem feição salarial, por disposição expressa de lei (art. 2º, "a", da Lei n. 7.418, de 16 de dezembro de 1985).

Para receber o vale-transporte, o trabalhador deverá fornecer, por escrito, o seu endereço residencial, devendo atualizá-lo, anualmente, ressaltando-se que declaração falsa constitui justa causa para a resolução contratual. À luz da **Orientação Jurisprudencial** n. 215 da SDI-1 do TST, é do empregado o ônus de comprovar que satisfaz os requisitos indispensáveis à obtenção do vale-transporte.

O leitor deverá permanecer atento, pois nota-se na jurisprudência uma tendência à inversão do ônus dessa prova, no sentido de transferir para o empregador a iniciativa de exigir do empregado informações relativas ao seu endereço residencial e aos meios de transporte mais adequados ao seu deslocamento residência-trabalho e vice-versa; do contrário, a norma local que instituiu o vale-transporte será transformada em letra morta, dada a dificuldade prática que o empregado possui de se desincumbir desse encargo.

O empregador, por sua vez, deverá exigir um recibo de entrega dos vales e inserir, no mesmo, autorização para descontar do salário a ser pago o valor correspondente a 6%, que é a parte custeada pelo empregado, arcando o empregador com a antecipação e com o que exceder desse percentual.

Lembre-se que o empregador não é obrigado a conceder vale-transporte para o empregado se deslocar do trabalho à sua residência, com o objetivo de ali fazer as refeições.

O art. 5º do Decreto n. 95.247, de 1987, proíbe a substituição do vale-transporte por dinheiro. A restrição contida nesse dispositivo exclui a vantagem paga em espécie, pelo empregador, dos benefícios previstos na Lei n. 7.418, de 1985, que instituiu o

---

"**Salário *in natura*. Integração no salário**. O lanche gratuitamente fornecido pelo empregador ao obreiro, sem ser indispensável para o serviço, constitui salário *in natura*, devendo ser considerado para todos os efeitos legais, nos termos do art. 458 da CLT". TRT — 3ª Região — RO-10154/01 — 1ª T. — Rel.: Juiz José Roberto Freire Pimenta. DJMG 14.9.01.

(16) "**Telefone celular. Salário *in natura***. Não se compraz com a ideia de salário utilidade o fornecimento de telefone celular a empregado que representa o *alter ego* do empregador, que pode ser solicitado a qualquer momento e circunstância, inclusive finais de semana, para resolver questões atinentes aos interesses deste. Evidente, nesta hipótese, que o 'auxílio-telefonia' noticiado na peça vestibular tinha a finalidade única de viabilizar a execução do trabalho e aumentar sua eficiência no desempenho de suas atividades, não consistindo em contraprestação pecuniária pelos serviços realizados. De aplicar-se ao caso o entendimento consubstanciado o En. n. 131 do Col. TST". TRT — 3ª Região — RO-00951-2002-087-03-00-5 — Rel.: Juiz Júlio Bernardo do Carmo — DJMG 13.9.2003.

(17) Nesse sentido TRT — 4ª Região — RO-00272-2003-030-04-00-0 — 2ª Turma. Relª: Juíza Beatriz Zoratto. DORS 10.8.04. *Revista Justiça do Trabalho*. Porto Alegre: HS Editora, ago. 2004, p. 125.

vale-transporte. Convém recordar que, de acordo com a previsão contida no art. 2º da referida lei, o vale-transporte concedido nas condições e limites nela definidos não possui natureza salarial nem se incorpora à remuneração do empregado para qualquer fim, além de não constituir base de cálculo de contribuição previdenciária ou de FGTS(18).

A antecipação do vale-transporte em dinheiro é vedada para impedir que o empregado se utilize do valor para outro fim, exceto se o trabalhador arcou com o pagamento do transporte, por ausência ou escassez de estoque nas entidades que comercializam o vale, quando então o valor será ressarcido em folha de pagamento. Nesse diapasão tem-se manifestado o TST, por meio das suas 4ª e 5ª Turmas(19). Há, entretanto, decisão de Tribunais Regionais em sentido contrário(20), dizendo que a lei não proíbe que o vale-transporte seja pago em dinheiro, mas apenas o decreto, que invade a reserva legal. Outra vertente jurisprudencial admite a concessão do vale--transporte em dinheiro, mas apenas quando há previsão em norma coletiva(21).

O empregador, por sua vez, fica onerado com o encargo administrativo de controlar os itinerários e entregar os vales-transporte.

Outra será a situação quando o vale-transporte versar sobre obrigação litigiosa ou duvidosa e for objeto de transação em juízo. Nesse caso, as partes poderão avençar sua natureza indenizatória, mesmo porque o vínculo empregatício encerrou-se e o transporte não será mais utilizado. Se as partes atribuírem à parcela (vale-transporte) feição indenizatória na transação, sem qualquer indício fraudulento, não há incidência de contribuição previdenciária.

A partir do momento em que o vale-transporte, em papel, for substituído, como vem ocorrendo em muitas cidades, pelos cartões eletrônicos, cuja leitura permite ao usuário verificar no visor do validador o saldo ainda existente, problemas do tipo relatado nesse tópico deixarão de existir e, fatalmente, outros surgirão.

---

(18) Cabe invocar, inclusive, o entendimento adotado pelo poder público, contido no Ato Declaratório n. 4, de 21 de fevereiro de 2002, produzido pelo Departamento de Fiscalização do Trabalho. Essa norma aprovou vários precedentes administrativos, entre os quais o Precedente Administrativo n. 3 do Ministério do Trabalho, que estabelece: "**FGTS. Vale-transporte. Falta de recolhimento do percentual de 8% sobre parte da remuneração devida.** O vale--transporte não terá natureza salarial, não se incorporará à remuneração para quaisquer efeitos e tampouco constituirá base de incidência do FGTS, desde que fornecido de acordo com o disposto no art. 2º, II, da Lei n. 7.418/85. O vale--transporte pago em dinheiro tem natureza salarial e repercussão no FGTS. Referência normativa: art. 2º e alíneas, da Lei n. 7.418/85 e art. 5º e 6º do Decreto n. 95.247/87".

(19) "**Vale-transporte.** O Decreto-Lei n. 95.247/87, em seu art. 5º, veda expressamente a substituição do vale--transporte por antecipação em dinheiro ou qualquer outra forma de pagamento, ressalvada a hipótese preceituada em seu parágrafo único, o qual permite que ao empregado seja ressarcido o benefício, na folha de pagamento imediata, no caso de falta ou insuficiência de estoque de vale-transporte". TST — 4ª Turma. Ac. (unânime). RR-333966/1996 — Rel.: Juiz convocado Gilberto Porcello Petry. DJ 4.2.2000, p. 327. No mesmo rumo: TST — RR-361655/1997, 5ª Turma (Unânime). Rel.: Min. João Batista Brito Pereira. DJU 25.8.2000.

(20) "**Vale-transporte. Incidência da contribuição previdenciária**. Decreto não tem força de lei e não vincula o juiz, além do que não pode ir contra a previsão de lei. A lei não proíbe que o vale--transporte seja pago em dinheiro. Logo, o decreto não pode distinguir quando a lei não estabelece nada nesse sentido". TRT — 2ª Região — RO-01057-2002-341-02-00-5/2003. Rel.: Juiz Sérgio Pinto Martins — Ac. 3ª Turma — 20040350732. DJ 17.8.2004.

(21) TRT — 2ª Região — SDC — Ac. 2001.1002058 — Rel.: Juiz José Carlos de Araújo, decisão de 23.8.2001.

9. UTILIDADE FORNECIDA POR MEIO DE COMODATO

É sabido que o salário *in natura* poderá ser ajustado contratualmente ou decorrer do costume. É necessário que a utilidade seja fornecida a título oneroso, ou seja, que sua concessão decorra da prestação de serviço e não se destine apenas a facilitar o trabalho. Finalmente, a utilidade deverá atender às necessidades individuais do trabalhador, representando para este um ganho. Se o empregado passou a receber a utilidade (habitação, por exemplo), por meio de comodato, para facilitar-lhe o trabalho, não vemos como atribuir-lhe feição salarial.

Veja-se, a respeito, a orientação doutrinária:

> "Igual situação não ocorre quando o empregador, como acessório do contrato de trabalho, dá ao empregado, em comodato (logo, a título gratuito) casa para morar. Nesta hipótese, a concessão da moradia a título gratuito (comodato) não foi efetuada em troca do trabalho, mas apenas para tornar mais cômoda sua realização. Em que pese haja a obrigação patronal de se respeitar o comodato enquanto perdurar a relação de emprego, a habitação marginada não se traduz como salário-utilidade, pelo que é vedado ao patrão descontá-la da remuneração do empregado e a este invocá-la como plus salarial, com o fito de ver mais polpudas suas verbas resilitórias"(22).

A jurisprudência do TST exclui a feição salarial da moradia fornecida sob a forma de comodato quando necessária para viabilizar a realização do trabalho, tendo em vista a falta de infraestrutura no local(23).

Se, todavia, a utilidade for fornecida habitualmente pelo empregador ao empregado, em um grande centro, apesar da existência do contrato de comodato, esse fornecimento terá feição retributiva, por constituir um *plus* para o empregado e não uma condição *sine qua non* da prestação de serviços(24).

10. O FORNECIMENTO DO SALÁRIO *IN NATURA* EM FACE DA SUSPENSÃO E DA INTERRUPÇÃO DO CONTRATO

Se o empregado recebe salário composto constituído de importância em dinheiro e em utilidades, esta última se incorpora ao contrato de trabalho, que não poderá ser

---

(22) CARMO, Júlio Bernardo do. Salário *in natura* ou em utilidades. *Curso de Direito do Trabalho. Estudos em Memória de Célio Goyatá*. v. 2, 3.ed. São Paulo: LTr, 1997, p. 34.

(23) "**Embargos. Cabimento**. Improsperável o recurso de embargos quando não configurada a hipótese prevista no art. 894, *b*, da CLT. Recurso de embargos não conhecido. **Embargos do reclamante Salário *in natura* — Habitação fornecida em função do trabalho — ITAIPU**. Na esteira da jurisprudência dominante desta Corte (**Orientação Jurisprudencial** n. 131 da SDI-1), a habitação fornecida pelo empregador para os empregados que trabalharam na construção da hidrelétrica de Itaipu não pode ser considerada salário *in natura*, porque, além de estar prevista em cláusula de contrato binacional sob a forma de comodato, fazia-se imperiosa a fixação do trabalhador nas chamadas 'vilas' para viabilizar-se a realização do trabalho, tendo em vista a falta de infraestrutura no local. Recurso de embargos não conhecido". TST-E-RR -436.356/98.5 — Ac. SDI-1 — Red. designado: Min. Milton de Moura França — DJ 31.10.2003.

(24) "**Salário-utilidade. Habitação.** A moradia fornecida pelo empregador ao empregado, em um grande centro, apesar da existência de 'contrato de comodato', caracteriza-se como salário *in natura*. Embora este fornecimento não seja condição *sine qua non* da prestação laboral, é um *plus* salarial. Recurso de Embargos conhecido e desprovido". TST — Ac. 2376 — E-RR-16796/1990 — SDI-1 — Rel.: Min. Armando de Brito — DJ 17.9.1993, p. 19.032.

alterado unilateralmente pelo empregador, em face do art. 468 da CLT, sob pena de se dar ensejo à rescisão indireta do pacto laboral.

E se o contrato estiver interrompido, persiste o direito do empregado ao desfrute da utilidade? Em princípio sim, porque na interrupção do contrato mantém-se o pagamento do salário, do qual a utilidade é uma espécie. Nesse caso, o empregado continuará recebendo o salário *in natura*, que irá refletir no cálculo do FGTS e do 13º salário. Já relativamente às férias e ao repouso, se durante esses períodos o empregado continuar a desfrutar da utilidade, ser-lhe-á paga apenas a importância em dinheiro, do contrário haverá *bis in idem*.

E na hipótese de suspensão do contrato, o empregador é obrigado a continuar fornecendo a utilidade? Entendemos que não, pois o principal traço distintivo entre a interrupção e a suspensão do contrato é exatamente o fato de inexistir salário neste último afastamento; logo, o empregador pode cancelar o fornecimento da utilidade, que é modalidade de salário. Entretanto, as hipóteses de suspensão por doença ou serviço militar, motivos de proteção social do empregado, impedem o cancelamento da utilidade, segundo alguns autores(25).

11. COMISSÕES

11.1. Conceito. Distinção entre comissões e percentagens. Natureza jurídica das comissões

As comissões são permitidas, no Brasil, como forma exclusiva ou não de retribuição paga a certos tipos de empregados, como os vendedores, viajantes pracistas ou trabalhadores que executam funções análogas, cujos ganhos são calculados com base no resultado de suas atividades(26).

As comissões poderão ser conceituadas como modalidade de salário variável constituído, em regra, de um percentual sobre o valor do resultado da atividade executada pelo empregado. **Distinguem-se as comissões das percentagens**, considerando que as primeiras possuem um conceito mais amplo, isto é, abrangem estas últimas. Ademais, poderá ocorrer de as comissões não serem pagas por meio de percentagens, mas de unidades.

Relativamente à **natureza jurídica** das comissões, a doutrina(27) é praticamente unânime em afirmar que as comissões são "modalidade de salário pago por unidade de obra ou serviço". Esclarece Orlando Gomes que "se não há uma obra material para se remunerar, como na produção de mercadorias, há negócios individualizáveis, que

---

(25) DE LITALA. *Il contrato di lavoro*. Torino, 1937, p. 518. REIS, Nélio. Salário-utilidades. *Revista do Trabalho*, 1950. *Apud* DONATO, Messias Pereira. *Op. cit.*, p. 188 e CARMO, Júlio Bernardo do. Salário *in natura* ou em utilidades. *Curso de Direito do Trabalho. Estudos em memória de Célio Goyatá*. v. 2, 3. ed. São Paulo: LTr, 1997, p. 46.

(26) Confira, de nossa autoria, *Contratos e Regulamentações Especiais de Trabalho*. 2. ed. São Paulo: LTr, p. 464 em diante.

(27) CATHARINO, José Martins. *Tratado jurídico do salário*. 1951, p. 525; GOMES, Orlando. *O salário no direito brasileiro*. Rio de Janeiro: J. Konfino, 1947, p. 35; CARDONE, Marly. *Viajantes e pracistas no Direito do Trabalho*...; SÜSSEKIND, Arnaldo. *Instituições de Direito do Trabalho*, v. 1, *passim*; NASCIMENTO, Amauri Mascaro. *O salário*. Edição fac-similada. São Paulo: LTr, p. 294.

exigem do empregado a prática de determinados atos ou negócios, os quais são tomados como unidade para efeito do pagamento do salário"[28].

Magano[29] afirma que a unidade de obra é o fator preponderante utilizado para o cálculo efetivo do salário. A remuneração fixada por unidade de obra leva em consideração o resultado do trabalho executado. Embora essa remuneração não seja típica do Direito do Trabalho, constituindo característica da empreitada, é compatível com a nossa disciplina.

Já Catharino[30] alerta que a expressão "unidade de obra é bem própria quando se trata de trabalho preponderantemente manual", devendo ser empregada a expressão "unidade de serviço" para outras situações.

11.2. Nascimento do direito às comissões

Dispõe o art. 466 da CLT que o pagamento das comissões e percentagens só é exigível depois de ultimada a transação a que se referem. O § 1º do mesmo artigo prevê que, nas transações realizadas por prestações sucessivas, é exigível o pagamento das percentagens e comissões que lhes disserem respeito, proporcionalmente à respectiva liquidação.

Esse artigo despertou divergência quanto à sua interpretação: uns entendiam que o termo "ultimada a transação" significava a conclusão do negócio, com a aceitação da proposta, e outros entendiam que a expressão pressupunha a completa execução, inclusive com pagamento feito pelo comprador. Com o advento da Lei n. 3.207, seu art. 3º dispôs que a transação será considerada aceita se o empregador não recusar a proposta, por escrito[31], dentro de 10 dias, contados da data da proposta, em se tratando de vendas realizadas no mesmo Estado. Esse prazo alonga-se para 90 dias quando se trata de venda efetivada em outro Estado ou no estrangeiro, podendo o referido prazo ser prorrogado por tempo determinado, mediante comunicação escrita do empregador ao empregado.

Os vendedores, sejam eles pracistas ou viajantes, em regra, recebem salário a base de comissões, quer como forma exclusiva de remuneração (comissionista puro), quer sob a forma de salário composto, isto é, um fixo acrescido de comissões. Na hipótese de ser o vendedor comissionista puro, quando as comissões mensais não alcançarem o mínimo legal ou convencional, o credor do trabalho deverá assegurar-lhe essa importância, de acordo com o comando constitucional (art. 7º, VII). Essa obrigação é uma decorrência do fato de que o risco do empreendimento econômico deverá ser suportado pelo empregador.

---

(28) GOMES, Orlando. *Op. cit.*, *passim*.

(29) *Manual de Direito do Trabalho*. São Paulo: LTr, p. 225.

(30) CATHARINO, José Martins. *Op. cit.*, p. 153.

(31) "**Comunicação impeditiva do direito a comissões por vendas canceladas**. Forma prescrita em lei. A Lei n. 3.207/57, em seu art. 3º, estabelece que o cancelamento de vendas, por parte do empregador, deve ser comunicado ao empregado-vendedor-comissionista por escrito. Assim sendo, nos termos do art. 145 do Código Civil, a validade do ato depende de forma prescrita em lei. Tendo sido feita verbalmente a comunicação impeditiva do direito ao pagamento de comissões por vendas, não atinge o fim colimado. Revista conhecida e provida". TST — RR-360686/97 — 4ª T. — Rel.: Min. Ives G. Martins Filho — DJ 12.5.2000.

O empregado que recebe remuneração mista, ou seja, uma parte fixa e outra variável, tem direito a horas extras pelo trabalho em sobrejornada. Em relação à parte fixa, são devidas as horas simples acrescidas do adicional de horas extras. Em relação à parte variável, é devido somente o adicional de horas extras, aplicando-se à hipótese o disposto na Súmula n. 340 do TST. (OJ n. 397 — SBD-1 — TST — 2010).

11.3. Inexecução do negócio por vontade do cliente ou do empregador. Cancelamento de vendas

Verifica-se, portanto, que o direito à comissão surge ou com a aceitação expressa do negócio ou, de forma tácita, com a expiração do prazo previsto para o empregador recusar a proposta. Logo, aceita a proposta, de uma ou de outra forma, nasce o direito do empregado às comissões, independentemente de o cliente cancelá-la[32], deixando de efetivar o pagamento. Da mesma forma, se por motivo alheio à vontade do empregado o empregador deixa de entregar a mercadoria, ainda assim o empregado fará jus às comissões, pois já houve dispêndio de energia do trabalhador, insuscetível de restituição, situando-se o desfazimento do negócio na esfera do risco do empreendimento econômico, o qual deverá ser suportado pelo empregador, na forma do art. 2º da CLT. A própria Lei n. 3.207 determina que "a inexecução voluntária do negócio pelo empregador não prejudicará a percepção das comissões e percentagens devidas". O referido preceito corrobora a assertiva segundo a qual o direito às comissões nasce com a aceitação do negócio.

11.4. Comissões. Vendas por meio de licitação

A jurisprudência[33] tem entendido que a participação do vendedor na fase preparatória da licitação, levando o empregador a participar da concorrência pública não gera o direito às comissões caso este último vença a licitação e realize a venda a ente público. Isso porque, além de a lei de licitações proibir a intermediação, a venda é resultado da vitória da proposta apresentada, de acordo com a decisão do órgão licitador, não intervindo aqui a capacidade de convencimento do vendedor.

11.5. Comissões e exclusividade de zona. Comissões e cessação da relação de emprego

Dispõe o art. 2º da Lei n. 3.207 que, na hipótese de lhe ter sido reservada, com exclusividade e expressamente, uma zona de trabalho, o vendedor terá direito às

(32) "**Estorno de comissões.** Se a transação foi concluída pela aceitação do comprador e vendedor, o empregado faz jus à comissão resultante do seu trabalho, regularmente cumprido. Se fato posterior ocorre, prejudicando aquele negócio, cabe ao empregador suportar os ônus decorrentes, característicos do risco inerente à atividade empresarial". TRT — 3ª R. — RO 13.837/99 — 4ª T. — Rel.: Juiz Marcus Moura Ferreira — DJMG 18.3.2000. *Revista Síntese Trabalhista*, maio 2000, p. 79.

(33) "Não gera direito à comissão do vendedor negócio efetuado com os entes públicos, eis que havidos mediante licitação, visto que, neste procedimento, inexiste por consequência dos princípios e mandamentos constitucionais a intermediação entre a empresa e a administração pública". TST — RR — 127.228/94 — 3ª T.— Ac. 1542 — DJ 9.8.96, p. 27.337 — Rel.: Min. José Luiz Vasconcellos.

comissões sobre as vendas ali realizadas diretamente pelo empregador ou por preposto da empresa. O fundamento dessa garantia consiste em assegurar a "subsistência do contrato de trabalho do vendedor, não permitindo que os proventos do empregado sejam reduzidos por concorrência do próprio empregador, pois que, neste caso, o empregado seria forçado a demitir-se; caracteriza a despedida indireta, pois é óbvio que o empregador, agindo dessa maneira, estaria obrigando o empregado a demitir-se"(34).

A terminação das relações de trabalho não prejudica a percepção das comissões e percentagens devidas, como se infere do art. 6º da Lei n. 3.207(35), que tutela o direito adquirido do empregado advindo da aceitação da proposta de venda pela empresa, ainda que posteriormente à cessação da relação laboral. O contrato continua com "efeito residual", "deixando rastro jurídico". É o fenômeno da eficácia retardada do contrato(36).

11.6. Vendas à prestação. Exigibilidade das comissões

Nas transações em que a empresa se obriga por prestações sucessivas, o pagamento das comissões e percentagens será exigível de acordo com a ordem de recebimento das mesmas (art. 5º da Lei n. 3.207). O dispositivo deixa claro que, se o cliente paga a primeira prestação e deixa de quitar a segunda, as comissões só serão exigíveis depois de quitada esta última, o que significa assumir o empregado o risco do empreendimento juntamente com o empregador.

O preceito em questão trata da exigibilidade, isto é, do aspecto temporal, da ordem de recebimento das comissões. Se, contudo, a venda tiver sido realizada, com a aceitação expressa ou tácita da proposta, a simples inadimplência do cliente ou o cancelamento do contrato por quaisquer das partes não impede que o vendedor receba suas comissões pelo trabalho realizado, sendo irrelevante tratar-se de pagamento integral ou parcelado. Entendimento contrário implicaria transferir para o trabalhador os riscos do negócio, contrariamente ao que dispõe o art. 2º da CLT. O trabalhador só perderia esse direito se tivesse agido dolosa ou culposamente.

Veja-se, a propósito, a jurisprudência:

"Comissão. Venda parcelada. Transação comercial ratificada pela empresa. Posterior cancelamento. Direito à percepção. Inteligência do art. 5º, da Lei n. 3.207/57, e § 1º, do

---

(34) CARDONE, Marly. *Op. cit.*, p. 74.

(35) **"Comissionista. Vendas ajustadas durante o contrato. Finalização após a cessação da relação de emprego. Comissões por vendas**. Mesmo após a cessação da relação de emprego, o empregado comissionista faz jus às comissões resultantes de vendas ajustadas no curso do contrato, ainda que finalizadas posteriormente." TRT — 2ª Reg. — 2ª T. — RO 02910052278 — Rel.: Juiz Antônio Pereira dos Santos — DJSP 24.2.93 — p. 141. *Repertório IOB de Jurisprudência* 7/93, p. 119.

A matéria é polêmica e comporta entendimento contrário: **"Comissões — Exigibilidade**. As comissões só são exigíveis quando efetivamente pagas e liquidada a transação (inteligência do art. 466 da CLT). Não há que se falar em pagamento das mesmas, após o rompimento do pacto laboral, quando não mais existe a relação de emprego. Recurso de revista a que se nega provimento". TST — 2ª T. — RR-311950/96-3 — Rel.: Min. José Alberto Rossi — DJ 13.8.99 — p. 169.

(36) CATHARINO, José Martins. *Compêndio de Direito do Trabalho*. v. 2. São Paulo: Editora Jurídica e Universitária, 1972, p. 494.

art. 466 da CLT. O direito à percepção das comissões nasce com a aceitação da proposta pela empresa, sendo irrelevante se o pagamento for integral, ou parcelado. A partir desse momento, toda responsabilidade pelo cumprimento do contrato restringe-se à empresa e à contratada. Na hipótese de haver parcelamento, a exigibilidade do crédito da comissão advém do efetivo pagamento, nos termos do art. 5º da Lei n. 3.207/57, bem como o § 1º do art. 466 consolidado. Ressalte-se que o termo exigibilidade deve ser entendido como ordem de recebimento, considerado o aspecto puramente temporal. Havendo cancelamento do contrato, quer pela empresa contratada, quer pela contratante, e não tendo o empregado-comissionista contribuído para tal desiderato, faz jus à percepção das comissões, posto que não lhe é lícito suportar os riscos do negócio". TRT — 15ª Região — Ac. 009472/2000 — RO-032780/98 — 2ª Turma — Rel.: Juiz Luís Carlos Cândido Martins Sotero da Silva. DOE 13.3.2000.

"Salário. Comissões. Cancelamento. Devolução de parcelas descontadas. Exceto no caso excepcional de insolvência do comprador, ou quando houver recusa por escrito da proposta de venda pelo empregador (Lei n. 3.207/57, art. 6º), o descumprimento, pelo comprador, das obrigações resultantes do negócio ou o cancelamento da compra não dá ao empregador o direito de proceder ao estorno das comissões ou percentagens auferidas pelo empregado. Exegese do art. 466 da CLT e incidência do art. 7º da Lei n. 3.207/57. Revista parcialmente conhecida e provida". TST-RR-319248/1996 — Ac. 1ª Turma — Red. designado: Min. João Oreste Dalazen. DJ 10.3.2000[37].

11.7. Insolvência do comprador

Verificando-se a insolvência do comprador, cabe ao empregador estornar a comissão que houver pago ao empregado (art. 7º da Lei n. 3.207). A lei teve em mira impedir que o vendedor "na ganância de receber altos salários não se interessasse em conhecer a real situação econômica e financeira do cliente e entabulasse o negócio"[38]. Entretanto, não nos parece justo, que, mesmo quando aja de boa-fé, e com as cautelas necessárias, deixe o vendedor de auferir as comissões pelas vendas aceitas antes da falência do cliente. Melhor teria sido que o legislador brasileiro seguisse o exemplo da lei argentina, quando determina "que não será responsável o viajante, salvo o caso de dolo ou culpa grave de sua parte, pela insolvência do cliente" (art. 12 da Lei n. 14.546).

11.8. Cláusula star del credere

A cláusula *star del credere* tem origem no direito italiano e é utilizada nos contratos de comissão mercantil. Por meio da sua inserção, o comissário fica constituído responsável solidário ao comitente. Atualmente, a cláusula em questão perdeu essa característica e constitui uma garantia parcial nos contratos de comissão mercantil.

Indaga-se sobre a possibilidade de estipular-se essa cláusula nos contratos de trabalho. A doutrina[39] ressalta a dificuldade de aplicá-la ao Direito do Trabalho, consi-

(37) Obs.: No corpo deste voto, o douto redator deixa claro que apenas "no caso excepcional de insolvência do comprador cabe ao empregador estornar a comissão que porventura já tenha pago".

(38) CARDONE, Marly. *Op. cit.*, p. 89.

(39) CATHARINO, José Martins. *Compêndio de Direito do Trabalho.* v. 2. São Paulo: Editora Jurídica e Universitária, 1972, p. 492.

derando que o inadimplemento da obrigação pelo freguês ou sua mora situam-se na esfera de risco do empreendimento, o qual será suportado pelo empregador, devendo ser aplicado ao vendedor empregado a regra insculpida no art. 462 da CLT, isto é, responderá o empregado pelos danos ocasionados dolosamente, ou, se previamente ajustado, na hipótese de ter agido culposamente.

Saliente-se, entretanto, que, na hipótese de insolvência do cliente, o vendedor perderá as comissões, caso a venda tenha sido a prestação, mas não se torna devedor solidário.

11.9. Lastro ou fiança

O lastro ou fiança consiste em um fundo de reserva feito por meio de numerário do empregado em favor do empregador, para garantir a liquidez das vendas, dos estornos ou de adiantamentos[40]. O fundo de reserva, na prática, tem-se constituído por meio de desconto mensal feito no salário do empregado, o que encontra obstáculo no art. 462 da CLT, ou então de um valor global pago pelo empregado ao empregador, o que também é ilegal, por transferir para o trabalhador o risco do empreendimento econômico. Ademais, cumpre lembrar que a própria Lei n. 3.207 já assegura ao empregador os meios de se precaver na hipótese de insolvência do cliente, ao conferir--lhe o direito ao estorno das comissões que houver pago.

11.10. Comissões. Repercussão na remuneração para os efeitos legais. Horas extras

Como foi dito, as comissões constituem salário variável pago por unidade de obra ou de serviço, sendo esta sua natureza jurídica. Como retribuem apenas o trabalho, o valor do repouso semanal atinente a elas deverá ser calculado à parte, tomando-se como parâmetro a regra alusiva ao tarefeiro (art. 7º, "c", da Lei n. 605, de 1949), isto é, apura-se o valor das comissões recebidas durante a semana, no horário normal de trabalho, e divide-se pelos dias de serviço efetivamente prestado; o quociente dessa operação equivale ao valor de um dia de repouso. As comissões acrescidas do repouso, dada a sua feição retributiva, incorporam-se ao cálculo das férias (art. 142, § 3º, da CLT), pela média percebida pelo empregado nos 12 meses que precederam à sua concessão. Elas integrarão também o cálculo do aviso prévio (art. 487, § 3º, da CLT) e da indenização (art. 478, § 4º), de acordo com a média dos últimos 12 meses de serviço. Com base nessa média, elas se incorporarão ao cálculo da gratificação natalina, na forma do art. 2º do Decreto n. 57.155, de 3 de novembro de 1965 (Orientação Jurisprudencial n. 181 do TST). As comissões incluem-se ainda no cálculo das horas extras, de acordo com a **Súmula n. 340 do TST**.

A citada **Súmula** parte do pressuposto de que o comissionista já teria sido remunerado, pelas horas acaso trabalhadas, com as comissões que auferiu pelas vendas realizadas no período extraordinário; sendo assim, fará jus apenas ao adicional de 50% ou a outro previsto em instrumento normativo. O cálculo das horas extras do

(40) CARDONE, Marly. *Op. cit.*, p. 81.

comissionista sujeito a controle de horário é efetuado tomando-se por base as comissões do mês dividindo-se pelo número de horas efetivamente trabalhadas. Obtido o quociente, ele equivale ao valor da hora normal já paga com as comissões. **As horas extras são no mínimo 50% do valor da hora normal (inteligência da Súmula n. 340 do TST).**

11.11. Pagamento das comissões

O pagamento das comissões e percentagens deverá ser efetuado mensalmente, expedindo a empresa, no fim de cada mês, a conta respectiva, com as cópias das faturas correspondentes aos negócios concluídos (art. 4º da Lei n. 3.207, de 1957). É, contudo, permitido às partes interessadas fixar outra época para o pagamento das comissões e percentagens, o que, no entanto, não poderá exceder de um trimestre, contado da aceitação do negócio, sendo sempre obrigatória a expedição pela empresa da referida conta (art. 4º, parágrafo único, da Lei n. 3.207 e art. 459 da CLT).

11.12. Acumulação de funções

O empregado que acumula as funções de vendedor viajante ou pracista com as de inspeção e fiscalização fará jus ao pagamento adicional de 1/10 da remuneração que lhe é atribuída (art. 8º da Lei n. 3.207).

11.13. Alteração contratual e empregado comissionista

A regra geral inserida no art. 468 da CLT veda a alteração contratual, mesmo bilateral, quando for capaz de ocasionar prejuízos ao empregado e considera nula a cláusula infringente. O mesmo diploma legal, no art. 469, impõe restrições ao empregador no que tange à transferência dos empregados. As restrições impostas nesses preceitos poderão ser aplicadas ao empregado vendedor viajante ou pracista, porém adaptando-as às disposições contidas na Lei n. 3.207, a qual abre exceção à regra da inalterabilidade das condições contratuais. Essa legislação especial autoriza a empresa, de acordo com as suas necessidades, a ampliar ou restringir a zona de trabalho do empregado, respeitadas as disposições dessa lei relativas à irredutibilidade de salário (art. 2º, § 1º). Sempre que, por conveniência da empresa empregadora, for o viajante transferido de zona de trabalho, com redução de vantagens, ser-lhe-á assegurado, como mínimo de remuneração, um salário correspondente à média dos 12 últimos meses, anteriores à transferência (art. 2º, § 2º, da Lei n. 3.207). Cada parcela mensal deverá ser devidamente atualizada com correção monetária, para que seja posteriormente somada e obtida a citada média[41].

Alteração contratual lesiva, muito comum entre os que recebem salário à base de comissões, consiste na redução do percentual ajustado a esse título, fato que constitui, sem dúvida, flagrante alteração do contrato de trabalho. Ocorre que o empregado deverá se insurgir contra essa alteração dentro do quinquídio prescricional, se o contrato

(41) CARDONE, Marly. *Op. cit.*, p. 108.

estiver em vigor, ou em dois anos, na hipótese de ter havido ruptura do contrato, sob pena de prescrição total, considerando que o percentual não é fixado por lei, dependendo do consenso das partes. Logo, a redução do percentual está jungida ao terreno da livre contratualidade a ensejar prescrição total, na forma da jurisprudência predominante (**Orientação Jurisprudencial** n. 175 da SDI-1 do TST).

11.14. Equiparação salarial e empregado comissionista

Discute-se a possibilidade de vendedores com clientelas ou áreas diferentes de vendas receberem o mesmo percentual de comissões[42]. A jurisprudência tem-se inclinado favoravelmente ao pedido de equiparação salarial, por entender que essas circunstâncias não se encontram excluídas da isonomia consagrada no art. 461 da CLT. O empregador não poderá determinar arbitrariamente o que é igual, devendo pautar-se em critérios objetivos e normativos.

12. GRATIFICAÇÃO

12.1. Origem etimológica. Evolução do conceito. Critérios adotados para aferição do ajuste tácito

Do ponto de vista etimológico, gratificação significa demonstração de agradecimento.

Originariamente, as gratificações constituíam liberalidade do empregador. Visavam a presentear o empregado concedendo-lhe um prêmio ou incentivo, por ocasião das grandes festividades. Neste sentido, a verba não assumia feição salarial.

Com a evolução do Direito do Trabalho, a gratificação foi perdendo a tônica de liberalidade, haja vista que começaram a ser pagas com certa frequência, em virtude dos costumes e também da sua inserção nas convenções coletivas. Em consequência, passaram a constituir salário, pois a habitualidade do seu pagamento gera para o empregado a expectativa de contar com o valor correspondente no seu orçamento pessoal e familiar.

---

(42) "**Isonomia salarial.** Não pode o empregador tratar desigualmente empregados exercentes de uma mesma função, atribuindo a uns vantagens que não atribui a outro. O reclamante, por sinal vendedor de primeira linha da reclamada, tem direito a receber o mesmo percentual de comissões pagas a outros vendedores. O fato de trabalhar junto a uma clientela mais selecionada não justifica a desigualdade remuneratória. A hipótese em tela não corresponde exatamente a uma equiparação salarial, sendo irrelevante que à reclamatória tenha sido dada esta natureza, pois ao Juiz é que cabe fixar o enquadramento jurídico da matéria, após ouvir as alegações das partes". TRT — 3ª Reg. — RO-2836/75 — 2ª T.— Rel.: Juiz Álfio Amaury dos Santos, MG 1º.4.77. *In.* DAMASCENO, Fernando Américo Veiga. *Equiparação salarial.* São Paulo: LTr, 1980, p. 73.

"**Equiparação salarial. Vendedores com diferentes áreas de atuação.** Não configuração da diversidade de locais de trabalho. A circunstância de que o reclamante e o paradigma, na condição de vendedores, cobriam áreas diferentes de vendas, não implica diversidade de local de trabalho e não impede, portanto, a constituição do direito à equiparação salarial. O que o legislador da CLT visou impedir foi a equiparação salarial entre empregados de uma mesma empresa que laborassem, de forma fixa, em localidades diferentes, relativamente às quais a diferença de salário poderia muito bem ser compensada por uma diversidade de nível de custo de vida". TRT — 2ª R. — RO-029803010/13 — 8ª T. (Ac. 029902924/83) — Relª: Juíza Wilma Nogueira de Araújo Vaz da Silva — DOESP 6.7.1999. *Revista Síntese Trabalhista,* jan. 2000, p. 84.

Em face de seus aspectos econômicos, a legislação brasileira passou a considerá-la salário, desde que ajustada (art. 457, § 1º, da CLT) tácita ou expressamente.

Para aferir o ajuste tácito a que alude o citado dispositivo legal foram apresentados pela doutrina dois critérios: o subjetivo, que exigia a prova da intenção ou da vontade do empregador de se obrigar para o futuro, e o objetivo, que atribui feição salarial à gratificação sempre que ela for paga de modo periódico, habitual e uniforme, sendo irrelevante a intenção do empregador.

A jurisprudência acabou por aderir à tese da aferição objetiva, como se infere da **Súmula n. 207 do STF** e da **Súmula n. 152 do TST**(43).

Em se tratando de salário condicionado ou salário-condição, as gratificações pagas em virtude do exercício de cargo de confiança (art. 468, parágrafo único, da CLT) não integram *ad futurum* o salário, exceto no período em que o empregado exercer as funções em situações que autorizem o seu pagamento. Se, entretanto, a gratificação for percebida por mais de 10 anos, em decorrência do exercício de cargo de confiança pelo empregado, ela adquire foros de definitividade e, mesmo destituído do cargo, autoriza-se o empregado, por força da estabilidade financeira conferida, a tê-la incorporada ao seu salário, para os efeitos legais (**Súmula n. 372, inciso I, do TST**).

Observe-se que o raciocínio adotado no início do parágrafo anterior, segundo o TST, restringe-se a cargo de confiança. Logo, em se tratando de gratificação percebida em virtude de cargo não considerado de confiança, como caixa, por exemplo, a jurisprudência tem se inclinado contra a supressão da gratificação, considerando ilícita a reversão à função anterior(44).

O simples fato de o antigo ocupante do cargo receber determinada gratificação ou determinado salário não obriga o empregador a conceder a mesma importância a outro empregado que vier a ocupar o cargo vago (**Súmula n. 159, inciso II, do TST**). Já a substituição que assegura o mesmo salário do substituído pressupõe não a vacância do cargo, mas apenas a ausência de seu titular provisoriamente, sendo necessário ainda que essa substituição não tenha caráter meramente eventual, isto é, ocorra sem programação e por um curto período (**Súmula n. 159, inciso I, do TST**). As férias não são consideradas substituição eventual, logo, ao empregado que substitui colega em férias é assegurado o salário contratual do substituído (**Súmula n. 159, inciso I, do TST**).

---

(43) **Súmula n.** 207 do STF: "As gratificações habituais, inclusive a de Natal, consideram-se tacitamente convencionadas, integrando o salário".

Súmula n. 152 do TST: "Gratificação. Ajuste tácito. O fato de constar do recibo de pagamento de gratificação o caráter de liberalidade não basta, por si só, para excluir a existência de um ajuste tácito".

(44) "**Recurso de embargos. Bancário. Função de caixa. Supressão** — O **Enunciado** n. 102 do TST expressa o entendimento de que o caixa bancário não exerce cargo de confiança. Não exercendo o caixa bancário cargo de confiança, e nem em comissão, a conclusão possível é a de que a gratificação, neste caso, dá-se em virtude do cargo exercido pelo empregado, pois visa remunerar a complexidade da função. A reversão ou retorno à função anterior somente é considerada alteração contratual lícita, quando o empregado venha exercendo cargo de confiança. Não se verifica, também, na hipótese do caixa bancário, a figura da representação do empregador, de sorte que, a gratificação não pode ser suprimida da remuneração. Embargos a que se nega provimento". TST-E-RR-294627/1996 — SDI-1 — Rel.: Min. Carlos Alberto Reis de Paula — DJU 22.9.2000.

12.2. Classificação

As gratificações **classificam-se**: quanto à **periodicidade**, em mensais, semestrais e anuais, em regra; quanto ao **valor**, em fixas e variáveis; quanto à **fonte**, em autônomas, quando advêm da vontade das partes, e heterônomas, quando são fixadas por lei; quanto à **causa**, elas podem ser de função, de festas e de balanço.

12.3. Natureza jurídica. Efeitos da gratificação no contrato de trabalho

A natureza jurídica das gratificações é salarial (art. 457, § 1º, da CLT), lembrando que, em se tratando de gratificação paga pelo exercício do cargo de confiança, ela terá a natureza de um salário-condição. Podem ser retiradas quando o empregado for destituído do cargo, salvo se ele a recebeu por mais de 10 anos (**Súmula n. 372, inciso I, do TST**). As gratificações irão compor, em geral, o salário do empregado para efeito de FGTS, indenização, férias, aviso prévio, horas extras e 13º salário.

Assim, à luz das **Súmulas n. 203 e n. 226 do TST**, a gratificação por tempo de serviço (anuênios e quinquênios, por exemplo) paga mensalmente, por força de norma coletiva ou ajuste entre as partes, integra o salário do empregado para os efeitos legais, exceto para fins de repouso semanal (**Súmula n. 225 do TST**). Isso porque, sendo ela paga mensalmente, já inclui no seu cálculo o descanso em questão, o mesmo ocorrendo com a gratificação de produtividade paga nessas mesmas circunstâncias (**Súmula n. 225 do TST**).

Lembre-se que a gratificação semestral não repercutirá no cálculo das horas extras, das férias e do aviso prévio, ainda que indenizados, mas repercutirá pelo seu duodécimo na indenização de antiguidade e na gratificação natalina (**Súmula n. 253 do TST**).

12.4. Gratificação concedida pelo empregador após preenchimento de certas condições

Não é raro depararmos com pedidos formulados pelos empregados de gratificações concedidas pelo empregador mediante o preenchimento de certas condições pelo trabalhador. Muitas vezes, uma dessas condições é a de encontrar-se o empregado na empresa por ocasião do pagamento da referida verba. Discute-se a validade dessa cláusula. Em geral, os trabalhadores alegam que ela é puramente potestativa, portanto destituída de validade, à luz do art. 115 do antigo Código Civil, que guarda correspondente no art. 122 do novo diploma, o qual considera, entre as condições defesas, "as que privarem de todo efeito o negócio jurídico, ou o sujeitarem ao arbítrio de uma das partes".

Em primeiro lugar, convém esclarecer que as condições mais benéficas deverão ser interpretadas restritivamente. Em segundo lugar, ressalte-se que a condição puramente potestativa é proibida.

Cumpre verificar se a condição relatada é puramente potestativa. Filiamo-nos à vertente doutrinária e jurisprudencial segundo a qual é puramente potestativa a condição que pode ser afastada unicamente pela vontade da parte instituidora da vantagem, que, a um só tempo, se obriga e desobriga de fazer. Ora, a condição de estar o empregado na empresa em determinada data, para fazer jus à gratificação, não se mostra puramente potestativa, porque o empregado também tem a faculdade de deixar o emprego, antes do implemento da condição(45).

12.5. Gratificação natalina ou 13º salário

A gratificação natalina foi instituída pela Lei n. 4.090, de 1962, regulamentada pelo Decreto n. 57.155, de 1965, com acréscimos introduzidos pela Lei n. 4.749, de agosto de 1965.

12.5.1. Destinatários

São **destinatários** da gratificação natalina os empregados urbanos, rurais, os trabalhadores avulsos e os domésticos (*caput,* inciso XXXIV e parágrafo único do art. 7º da Constituição da República de 1988). Os trabalhadores temporários são também contemplados com a vantagem, pois o elenco do art. 12 da Lei n. 6.019, de 1974, é meramente exemplificativo.

12.5.2. Época e valor do pagamento

A gratificação de Natal será paga a esses trabalhadores pelo empregador até o dia 20 de dezembro de cada ano, independentemente da remuneração a que fizerem jus.

O seu cálculo é efetuado com base na remuneração do mês de dezembro e observará o tempo de serviço do empregado. A remuneração compreende o salário e seus componentes, inclusive *in natura* (art. 5º do Decreto n. 57.155, de 1965), gorjeta (**Súmula n. 354 do TST**), adicionais habituais de horas extras (**Súmula n. 45 do TST**), adicionais noturnos (**Súmula n. 60 do TST**), de insalubridade (**Súmula n. 139 do TST**), de periculosidade e de transferência. Na hipótese de receber o empregado duas gratificações semestrais, por exemplo, elas serão somadas e divididas por 12; o quociente da operação, isto é, o duodécimo, será integrado ao cálculo do 13º salário (**Súmula n. 253 do TST**).

Dada a feição salarial da gratificação natalina, ela sofrerá descontos de contribuições sociais. Sobre ela o empregador deverá recolher os depósitos para o FGTS.

---

(45) Nesse sentido nos pronunciamos como relatora do RO-6.604/90, que tramitou perante a 2ª Turma do TRT da 3ª Região, como consta desta ementa: "**14º salário. Condição potestativa**. A concessão de vantagem de cunho salarial não implica sua desvinculação às condições exigidas pela reclamada. É que os atos de liberalidade interpretam-se restritivamente, sob pena de se ampliar o conteúdo da obrigação assumida e impedir os avanços patronais no campo do Direito Social. Logo, eventual dispensa injusta, por si só, não gera presunção de malícia a ensejar a aplicação do art. 115 do Código Civil. Não se vislumbra, na hipótese, cláusula puramente potestativa, porquanto o empregado também poderá se utilizar da faculdade de se demitir da empresa (Precedentes TST — Pleno — E-RR-4446/84 — Ac. SDI 1488/89. DJU 13.10.89, p. 15.801; E-RR-2486/85.6. Ac. SDI 12.085/89 — DJU 6.10.89, p. 15.561)".

A gratificação corresponderá a 1/12 da remuneração mensal, para cada mês de serviço do ano correspondente. Considera-se mês fração igual ou superior a 15 dias de trabalho (art. 1º, §§ 1º e 2º da Lei n. 4.090, de 1962).

12.5.3. Adiantamento. Dedução da primeira parcela. URV. Lei n. 8.880, de 1994

A gratificação natalina será paga em duas parcelas. O empregador pagará a primeira metade, a título de adiantamento, entre os meses de fevereiro e novembro de cada ano, de uma só vez. O valor será calculado com base no salário do mês anterior ao adiantamento (art. 3º do Decreto n. 57.155, de 1965). O empregador não estará obrigado a pagar o adiantamento no mesmo mês a todos os seus empregados (art. 3º, § 2º, do Decreto n. 57.155, de 1965). O adiantamento será pago por ocasião das férias do empregado, desde que este o requeira no mês de janeiro do correspondente ano. A importância que o empregado houver recebido a título de adiantamento será deduzida do valor da gratificação devida no final do ano.

Ainda que o adiantamento da gratificação natalina ou 13º salário tenha ocorrido anteriormente à edição da Lei n. 8.880, de 1994, as deduções deverão ser realizadas considerando o valor da antecipação, em URV, na data do efetivo pagamento, não podendo a segunda parcela ser inferior à metade do 13º, em URV(46).

12.5.4. Ausências

As ausências legais e justificadas não serão descontadas do cálculo da gratificação natalina (art. 2º da Lei n. 4.090, de 1962). Entre essas ausências incluem-se as decorrentes de acidente do trabalho (**Súmula n. 46 do TST**).

12.5.5. Cessação do contrato de trabalho

A gratificação natalina será proporcional aos meses trabalhados quando ocorrer a extinção do contrato a prazo, inclusive de safra (art. 1º, § 3º, I, da Lei n. 4.090, de 1962), despedida sem justa causa, rescisão indireta decretada pela Justiça do Trabalho, encerramento da atividade empresarial por falência, despedida fundada em recuperação de empresa, liquidação extrajudicial, dissolução irregular da empresa, aposentadoria (art. 1º, § 3º, II, da Lei n. 4.090, de 1962) ou demissão, isto é, saída espontânea do empregado (**Súmula n. 157 do TST**). Na hipótese de morte do empregado, os dependentes receberão a gratificação natalina proporcional ou integral, dependendo do número de meses que ele trabalhou (art. 1º da Lei n. 6.858, de 24 de novembro de 1980). Não havendo dependentes, o crédito passa aos sucessores.

Caso a resolução contratual se verifique por culpa recíproca, a gratificação natalina proporcional será paga à razão de 50% do que lhe seria devido na dispensa injusta (**Súmula n. 14 do TST**). O mesmo raciocínio se aplica caso o contrato se extinga por força maior (art. 502, II, da CLT).

---

(46) **Orientação Jurisprudencial Transitória n. 47 da SDI do TST**.

Na hipótese de ter o trabalhador praticado uma das justas causas a que alude o art. 482 da CLT, reconhecida pela Justiça do Trabalho, a gratificação natalina proporcional será indevida, conforme disposto no art. 3º da Lei n. 4.090, de 1962, no art. 7º do Decreto n. 57.155, de 1965, e na **Súmula n. 14 do TST**.

Se uma parcela da gratificação natalina já tiver sido paga por antecipação quando o empregado cometer a justa causa, o empregador poderá estornar o que pagou?

Entendemos que se o empregador já tiver realizado o adiantamento de parte do 13º salário antes da prática da justa causa, o pagamento subsistirá. É que a falta cometida não produz efeito *ex tunc*, capaz de descompor ato jurídico perfeito e acabado. Essa, aliás, é a orientação doutrinária:

> "No mês de dezembro, até o dia vinte, quando do cálculo do valor total da gratificação, o adiantamento será tido em conta, para efeito de dedução do que deve receber. Se cessar o contrato de trabalho antes daquele mês, cumpre verificar se o foi sem justa causa ou com justa causa. No primeiro caso, o empregado, como já se viu, fará jus à gratificação proporcional aos meses trabalhados e de seu *quantum* se abaterá a importância já recebida. Se tiver ocorrido com justa causa, descaber-lhe-á a gratificação. Nesse caso, subsiste o pagamento feito a título de adiantamento. A falta grave não gera efeito *ex tunc* para resolver ou descompor o que se consolidou como ato acabado. O adiantamento só é tido em conta quando se cuida da complementação. Feito o cálculo do total a pagar no ano, para se saber o que se vai pagar, é de mister conhecer e abater o que será quitado. Se nada há a pagar, a parte quitada resultou de direito que, em nenhum momento, foi posto *sub conditione*" (DONATO, Messias Pereira. *Curso de Direito do Trabalho*. São Paulo: Saraiva, 1979, *passim*).

Em consonância com a doutrina, manifestam-se os Tribunais:

"Considere-se definitivamente incorporado ao patrimônio jurídico do empregado, a parte do 13º salário paga adiantadamente (Lei n. 4.749, de 12 de agosto de 1965, art. 2º). Esse direito que versa remuneração somente se desconstitui se se prova haver seu titular cometido falta grave no período a que se refere o pagamento e não posteriormente". TRT — 3ª Região — 2ª T. — Proc. n. 1295/71 — Rel.: Juiz Ribeiro de Vilhena. Proferido em 19.7.71. Calheiros Bomfim, 1973).

"A falta grave não gera efeitos *ex tunc*. Logo, não alcança antecipação de 13º salário ocorrida anteriormente à rescisão contratual". TRT — 3ª Região — 3ª Turma — RO-2767/87. Rel.: Juiz Carlos Alberto Pereira, DJMG 24/88. *Repertório de Jurisprudência Trabalhista*. João de Lima Teixeira Filho. v. 6, p. 744[47].

Só seria possível, no nosso entendimento, estornar o valor do 13º salário adiantado se excedesse o período trabalhado pelo empregado no respectivo ano. A título de exemplo, se o empregado trabalhou três meses e recebeu 6/12 de adiantamento, ser-lhe-ão deduzidos apenas 3/12, com amparo no art. 7º do Decreto n. 57.155, de 1965,

---

(47) Igual direção foi seguida pela 2ª Turma desse mesmo Tribunal Regional no RO-2841/83, publicado em 6 de abril de 1984 (*Revista do TRT — 3ª Região* n. 35/44, p. 129).

inobstante a prática da justa causa 3/12 referentes aos meses trabalhados lhe serão devidos, porque adiantados antes da sua prática.

Outra vertente jurisprudencial permite a reposição do adiantamento do 13º salário, caso o empregado, posteriormente, seja dispensado por justa causa, ao argumento de que o art. 7º do Decreto n. 57.155, de 1965, o autoriza (TRT — 3ª Região — RO-914/84 — 3ª Turma. Rel.: Juiz Álfio A. dos Santos).

13. DIÁRIAS

13.1. Conceito. Classificação. Natureza jurídica. Distinção entre diárias e ajuda de custo

As diárias são importâncias pagas a determinados tipos de empregado para ressarcir despesas provenientes de deslocamentos constantes. Entre essas despesas, encontram-se as relativas a alimentação, alojamento, transporte, correspondência, telefonemas, além de outras. Vistas sob esse ângulo, isto é, como ressarcimento de despesas, as diárias não terão conotação salarial, mas meramente indenizatória. Situam-se nesse contexto as diárias "próprias", a saber, aquelas concedidas para as viagens.

Já as diárias chamadas "impróprias" compõem o salário. Elas são concedidas em decorrência do contrato de trabalho e, para defini-las, nossa legislação adotou um critério prático: considerou que elas possuem natureza retributiva quando seu valor ultrapassar 50% do salário (art. 457, § 2º, da CLT). A **Súmula n. 101 do TST**, ao interpretar o referido preceito, solucionou as controvérsias, deixando claro que "integram o salário, pelo seu valor total, as diárias de viagem que excedam de 50% do salário do empregado, enquanto perdurarem as viagens". Ficou, portanto, ultrapassada a posição que atribuía feição salarial apenas ao excedente de 50%.

Quando o empregado for mensalista, a integração das diárias ao salário deverá ser feita tomando-se por base o salário mensal por ele percebido, e não o salário-dia, somente sendo devida a referida integração quando o valor das diárias, no mês, for superior à metade do salário mensal (**Súmula n. 318 do TST**).

Esse raciocínio parte do pressuposto de que o empregado não está sujeito à prestação de contas, pois se isso ocorrer e o empregado, mesmo recebendo diárias superiores a 50% do salário, comprovar que todo o valor se destinou ao ressarcimento de despesas, não vemos como atribuir-lhe feição salarial.

A jurisprudência atribui a natureza de salário-condição às diárias de viagem pagas, pois, mesmo que superiores a 50%, só integram o salário do empregado enquanto perdurarem as viagens (**Súmula n. 101 do TST**).

As diárias distinguem-se da ajuda de custo, uma vez que esta última corresponde a um pagamento único efetuado ao empregado por ocasião de transferência[(48)]. A ajuda de custo tem sempre natureza indenizatória.

---

(48) "**Ajuda de custo**. A ajuda de custo não tem caráter continuativo, correspondendo a um único pagamento efetuado ao empregado, enquanto as diárias são pagas com frequência e assumem feição retributiva quando ultrapassam 50% do salário, a teor do art. 457, § 2º da CLT. Se, entretanto, o valor destinado ao ressarcimento de despesas de movimentação, com prestação de contas *a posteriori*, não terá natureza jurídica salarial, ainda que

14. ABONOS

À luz do § 1º, do art. 457 da CLT, integram também o salário os abonos, embora anteriormente não possuíssem essa natureza (Decreto-Lei n. 3.813, de 1941). A rigor, os abonos foram instituídos como adiantamentos salariais.

Assevera Paulo Castellões que "situações conjunturais, no entanto, decorrentes de política econômica governamental, podem retirar dos abonos a sua imanente natureza salarial (o administrador e o político nem sempre podem estar comprometidos com as bases doutrinárias e jurisprudenciais)". O autor cita como exemplo um abono instituído pelo art. 9º, § 2º da Medida Provisória n. 292, de 1991, do qual se retirou a natureza salarial, quando dispôs que ele não se integraria aos salários a qualquer título, tampouco sofreria as incidências de caráter tributário ou previdenciário[(49)].

15. PRÊMIOS

15.1. Conceito. Natureza jurídica. Classificação. Diferença entre prêmio, participação nos lucros e gratificação

Segundo a doutrina[(50)], prêmio é modalidade de salário vinculado a fatores de ordem pessoal do trabalhador, como produtividade e eficiência. Os prêmios caracterizam-se por seu aspecto condicional. Uma vez instituídos os prêmios na empresa, com caráter habitual, preenchida a condição, deverão ser pagos. Seu cancelamento implica alteração contratual lesiva[(51)].

Os prêmios possuem natureza jurídica de salário-condição. Não podem, entretanto, constituir a única forma de retribuição, tampouco complementar o salário mínimo. Daí se deduz que se, por exemplo, o salário mínimo for de R$ 500,00 e o empregado receber, exclusivamente, à base de prêmios, totalizando, em média, R$ 1.000,00 mensais, ainda assim o empregador está a dever-lhe o salário fixo correspondente ao salário mínimo.

Em geral, os prêmios de feição salarial dividem-se em: **prêmio coletivo,** cujo principal exemplo é o prêmio-produção, que tem por fato gerador determinada produção a ser atingida, e o **prêmio individual**, que se assenta no rendimento do trabalhador. Exemplo de prêmio individual é a importância paga ao atleta a título de "bicho", por

---

superior a 50% do salário. São diárias próprias, com natureza indenizatória (cf. Amauri Mascaro Nascimento — *Manual do Salário*. São Paulo: LTr Editora e precedente TST — Pleno — ERR 1272/82 — Ac. TP 2277/87 — Rel.: Min. Marco Aurélio — *Boletim de Legislação, Jurisprudência e Pesquisa*, TRT Terceira Região, v. 9 — jan/abril/ 88, p. 28)". TRT — 3ª R. — 2ª T. — RO/2678/90 — Relª: Juíza Alice Monteiro de Barros —DJMG 7.6.1991, p. 20.

(49) CASTELLÕES, Paulo A. G. Falci. Gratificações. Comissões. Percentagens. Abonos. Prêmios. PIS-PASEP. Participação nos lucros das empresas. *In*: *Curso de Direito do Trabalho. Estudos em memória de Célio Goyatá*. 3. ed. São Paulo: LTr, 1997, p. 80. Coord.: Alice Monteiro de Barros.

(50) NASCIMENTO, Amauri Mascaro. *Manual do Salário*. São Paulo: LTr, 1984, p. 334.

(51) "**Supressão de prêmio-produção. Alteração do contrato de trabalho. Vedação legal**. A empresa que paga com habitualidade e por um período satisfatório o prêmio-produção ao empregado, seja ou não deliberadamente, está impedida de suprimi-lo porque passou a integrar ao salário e acarretaria redução salarial, configurando alteração contratual (CLT, art. 457 e 468)". TRT — 12ª Reg. — Proc. RO-V 03248-2001-039-12-00-5- Ac. 04925/03 — 3ª T. — Relª: Juíza Sandra Márcia Wambier — DJSC 27.5.2003. *Revista Justiça do Trabalho*. Porto Alegre: HS Editora, 2003, p. 119.

ocasião das vitórias ou empates, em função de um rendimento individual, mas resultante de trabalho coletivo. Tem em mira não apenas compensar o atleta, mas também estimulá-lo(52).

O prêmio não se confunde com a participação nos lucros, uma vez que sua causa não é a percepção de lucros pela empresa, mas o cumprimento, pelo empregado, de uma condição predeterminada. Também não se trata de gratificação, cujas causas dependem, sobretudo, de fatos ou acontecimentos objetivos e externos à vontade do empregado, enquanto os prêmios têm como causa o aumento da produção ou a eficiência do trabalhador.

Já o prêmio liberalidade não integra a remuneração do empregado, pois é concedido esporadicamente.

16. "BICHO"

Sustenta-se que a nomenclatura "bicho" surgiu com as primeiras apostas sobre o futebol profissional, no seu início, e guarda uma correlação com o chamado jogo do bicho.

A importância intitulada "bicho" pela linguagem futebolística é, frise-se, paga ao atleta, em geral, por ocasião das vitórias ou empates, possuindo natureza de prêmio individual, resultante de trabalho coletivo(53), pois visa não só a compensar os atletas, mas também a estimulá-los; essa verba funda-se em uma valorização objetiva, consequentemente, dado o seu pagamento habitual e periódico, tem feição retributiva (Inteligência do art. 31, § 1º, da Lei n. 9.615, de 24 de março de 1998). Os bichos são fixos e variáveis, podendo, excepcionalmente, ser pagos até mesmo em caso de derrotas, quando verificado o bom desempenho da equipe. Isso porque a obrigação do atleta é de meio e não de resultado, ou seja, sua atividade não está circunscrita à obtenção de um resultado positivo, exitoso, mas ao fato de executar as funções com diligência ou estar à disposição do clube para fazê-lo, pois compete ao técnico convocá-lo ou não, bem como mantê-lo ou retirá-lo da partida de futebol.

O bicho não é pago por gol marcado ou evitado, mas pela atuação da equipe, recompensando o espírito de colaboração entre os seus integrantes.

17. GUELTAS

As chamadas gueltas, pagas ao empregado com habitualidade a título de incentivo, têm feição retributiva, ainda que pagas por terceiro. A onerosidade reside na oportunidade que o empregador concede ao empregado para auferi-la, à semelhança do que ocorre com as gorjetas(54). Em consequência, integra a remuneração do

---

(52) CATHARINO, José Martins. *Contrato de emprego desportivo no Direito Brasileiro*. São Paulo: LTr, 1969, p. 32.
(53) CATHARINO, José Martins. *Contrato de emprego desportivo no Direito Brasileiro*. São Paulo: LTr, 1969, p. 32.
(54) "'**Gueltas'. Natureza. Integração ao salário**. As chamadas 'gueltas' têm natureza salarial, especialmente quando comprovado que recebidas habitualmente pelo empregado, como incentivo, um estímulo, um prêmio. É irrelevante que sejam pagas por terceiros, como os fornecedores, desde que isso se dê por intermédio da empregadora.

trabalhador, por aplicação analógica do art. 457, *caput,* e § 3º da CLT, como também da **Súmula n. 354 do TST**.

Vertente jurisprudencial contrária[55] nega a integração da verba à remuneração do empregado, por falta de previsão legal e por não ser paga diretamente pelo empregador.

18. LUVAS

O termo "luva" não é uma exclusividade do mundo esportivo, pois o Decreto n. 24.150, de 1934, sobre renovação de locação comercial, conhecido como "Lei de Luvas"[56], também se utiliza desse termo.

A doutrina[57] sustenta que as luvas desportivas importam reconhecimento de um "fundo de trabalho", isto é, do valor do trabalho desportivo já apresentado pelo atleta que será contratado, estabelecendo um paralelo com o "fundo de comércio", que é o valor do ponto adquirido pelo locatário.

As luvas traduzem importância paga ao atleta pelo seu empregador, "na forma que for convencionada, pela assinatura do contrato"; compõem a sua remuneração[58] para todos os efeitos legais (art.12 da Lei n. 6.354, de 1976 e art. 31, § 1º, da Lei n. 9.615, de 1998). Elas podem ser em dinheiro, títulos ou bens, como automóveis[59]. Seu valor é fixado tendo em vista a eficiência do atleta antes de ser contratado pela entidade desportiva, ou seja, o desempenho funcional já demonstrado no curso de sua vida profissional; logo, embora de natureza retributiva, não se confunde com prêmios e gratificações, cujas causas ocorrem no curso do contrato. As luvas têm natureza de salário pago por antecipação[60], não se confundindo com indenização, pois nelas não se encontra presente o caráter ressarcitório advindo de perda.

O TST, divergindo de decisões anteriores citadas no rodapé, retirou a feição salarial das luvas, sob a alegação de que "assim o é pagamento para assinatura do contrato, não se cuida da prestação para a força de trabalho, mas forma pela qual os clubes e agremiações despertam no atleta o *animus contrahendi* em relação ao clube de futebol" (TST — 5ª T. — RR-137.799/2004-900-01-00. Rel. Min. João B. B. Pereira — DJU 30.6.2006).

Não há óbice à integração da verba, porquanto tal hipótese é semelhante à gorjeta". TRT — 3ª Região — 6ª T. — RO-16550/01 — Relª: Juíza Maria de Lourdes Gonçalves Chaves — DJMG 8.3.2002, p. 11. A mesma tendência se infere de decisão da 6ª T. da 3ª Região — RO-1872-2005-134-03-00-8 — Rel. Juiz Ricardo Marcelo Silva — Public. 29.6.**06** (MG TRT-3ª Região). Nesta direção: TRT 3ª Reg., 9ª T., RO 01161-2008-103-03-00-7-8, Rel. Des. Ricardo A. Mohadlen, **DJ 27.5.09**.

(55) TRT — 3ª Região — 7ª Turma — RO-16.159/02 — Rel.: Juiz Manoel Barbosa da Silva, DJMG 18.2.2003, p. 14.

(56) CATHARINO, José Martins. *Contrato de emprego desportivo no Direito Brasileiro*. São Paulo: LTr, p. 33.

(57) CATHARINO, José Martins. *Op. cit.*, p. 33.

(58) "As 'luvas' são pagas antecipadamente ou divididas em parcelas, o que caracteriza pagamentos por conta do trabalho a ser realizado pelo atleta durante o tempo fixado no seu contrato. Em virtude de seu caráter eminentemente salarial, deverão ser integradas nas férias e gratificações natalinas". TST-RR-266807/1996 — 3ª T. — DJ 21.2.1997 — Relator: Min. José Zito Calasãs Rodrigues. Do mesmo modo pronunciou-se o TST, no RR-418392/98, 1ª T., Rel.: Juiz Convocado Vieira de Mello Filho, julgado em 26.6.02.

(59) CATHARINO, José Martins. *Contrato de emprego desportivo no Direito Brasileiro*. São Paulo: LTr, 1969, p. 34.

(60) CATHARINO, José Martins. *Op. cit.*, p. 37.

19. *STOCK OPTIONS*

As *stock options* constituem um regime de compra ou de subscrição de ações e foram introduzidas na França em 1970, cujas novas regras encontram-se na Lei n. 420, de 2001. Não se identificam com a poupança salarial.

O regime das *stock options* permite que os empregados comprem ações da empresa em um determinado período e por preço ajustado previamente. Se o valor da ação ultrapassa o preço, o beneficiário obtém o lucro e, em consequência, duas alternativas lhe são oferecidas: revender de imediato a mais valia ou guardar os seus títulos e se tornar um empregado acionista. A primeira alternativa tem encontrado a preferência dos empregados (cf. Pierre Hanotaux. "Poupança Salarial e *Stock options". Revista Synthesis* 37/2003, p. 93. Tradução e resumo de Eliane Pedroso). Elas não representam um complemento da remuneração, mas um meio de estimular o empregado a fazer coincidir seus interesses com o dos acionistas.

No Brasil, o instituto também não possui feição salarial, como se infere deste aresto:

> "*STOCK OPTIONS* — INCENTIVO AO EMPREGADO — CARÁTER NÃO SALARIAL. Tratando-se as denominadas *stock options* de incentivo ao empregado no desenvolvimento de seus misteres, condicionado, porém, a regras estabelecidas e não sendo gratuito, visto que sujeito a preço, embora com desconto, tem-se que não guardam tais opções de compra de ações da empresa caráter salarial. Recurso Ordinário obreiro a que se nega provimento, no aspecto". TRT — 2ª Região — 42364200290202002-RO-Ac. 20030636234 — 7ª T. — Relª: Juíza Anélia Li Chum — DOESP 5.12.2003. *Revista Justiça do Trabalho*. Porto Alegre: HS Editora, jan. 2004, p. 128.

Em sentido oposto é a jurisprudência espanhola, que lhe atribui feição salarial[61].

20. GORJETA

20.1. Conceito. Classificação. Natureza jurídica. Efeitos práticos

A gorjeta é a quantia paga ao empregado por terceiros, estranhos ao estabelecimento do empregador.

Como é sabido, a legislação brasileira e a doutrina distinguem dois tipos de gorjetas: as gorjetas no sentido próprio do termo, isto é, as que são concedidas voluntariamente pela clientela, e as que são pagas em razão de percentual constante das notas de serviço, calculado sobre o valor da conta. Esta última denomina-se gorjeta imprópria.

A CLT engloba as duas modalidades sob a mesma denominação (gorjeta), como se infere desse dispositivo:

> "Art. 457 — Compreendem-se na remuneração do empregado, para todos os efeitos legais, além do salário devido e pago diretamente pelo empregador, como contraprestação do serviço, as gorjetas que receber.

---

(61) TS/SOC 24.10.2001; TSJ Madrid 22.2.2001. *In* MONTOYA MELGAR, Alfredo. *Op. cit.*, p. 376.

(...) § 3º — Considera-se gorjeta não só a importância espontaneamente dada pelo cliente ao empregado, como também aquela que for cobrada pela empresa ao cliente, como adicional nas contas, a qualquer título e destinada à distribuição aos empregados".

O citado preceito legal determina, de forma expressa, que a gorjeta, em suas duas modalidades, integra a remuneração do empregado, principalmente porque supõe uma oportunidade de ganho que lhe foi concedida pelo empregador.

É oportuno lembrar que as expressões *salário* e *remuneração* se distinguem. O primeiro refere-se à contraprestação pelos serviços prestados pelo empregado, paga diretamente pelo empregador, ao passo que a remuneração é a totalidade dos proventos percebidos pelo obreiro, habitualmente, em virtude do contrato de emprego, ainda que pagos por terceiro.

Isso significa que ambas as modalidades de gorjeta incidirão no cálculo da gratificação natalina (art. 1º, § 1º, da Lei n. 4.090, de 1962), das férias (art. 142 da CLT), do FGTS (art. 15 da Lei n. 8.036, de 11 de maio de 1990) e da indenização (art. 477 da CLT), cujos cálculos são feitos com base na remuneração.

A jurisprudência exclui a incidência das gorjetas do cálculo do aviso prévio (art. 487, § 2º, da CLT), das horas extras, do adicional noturno (art. 59, § 1º, 64 e 65 da CLT) e do repouso semanal remunerado (cf. **Súmula n. 354 do TST**), por entender que eles são calculados sobre o salário e não sobre a remuneração.

Inadmissível também que a gorjeta componha o cálculo do salário mínimo devido pelo empregador, por força do contrato de trabalho.

Há entendimento doutrinário considerando a gorjeta compulsória como salário, quando recebida em caráter permanente. Entretanto, mesmo os adeptos dessa corrente admitem que a CLT adotou tese contrária[(62)].

Isso porque o § 3º do art. 457 da CLT dispõe que o percentual de serviço cobrado do cliente sobre o valor da conta é gorjeta e esta não compõe o cálculo do salário mínimo (art. 76 e 78 da CLT). Logo, por força do *caput* do mesmo dispositivo legal e dos art. 76 e 78 da CLT, não poderá a gorjeta compor o cálculo do salário mínimo, mas apenas da remuneração, persistindo a obrigação de o empregador pagar o salário mínimo, além da importância paga a título de gorjeta compulsória. Tais dispositivos foram recepcionados pela Constituição de 1988, como, aliás, já tivemos a oportunidade de nos pronunciar:

> "Ação Rescisória. Improcede a ação que pretende rescindir decisão que não atribuiu às gorjetas compulsórias a feição salarial. Gorjeta, ainda que compulsória, não é contraprestação salarial mínima paga diretamente pelo empregador, portanto, não poderá compor o cálculo do salário mínimo embora integre a remuneração do empregado. Inteligência dos art. 76 e 457 da CLT". TRT — 3ª Região — Seção Especializada de Dissídios Individuais — AR 130/92. Relª: Juíza Alice Monteiro de Barros. Julgado em 1º.3.1993.

Essa decisão foi mantida pelo TST, como se infere do aresto abaixo:

"AÇÃO RESCISÓRIA. Ação rescisória improcedente porque pretende rescindir decisão que não atribui às gorjetas compulsórias a feição salarial. Gorjeta não é contraprestação

(62) CATHARINO, José Martins. *Tratado Jurídico do Salário*. Rio de Janeiro: Freitas Bastos, 1951, p. 237.

salarial mínima, e não compõe o cálculo do salário mínimo, embora integre a remuneração do empregado. Art. 76 e 457 da CLT interpretados. Matéria interpretativa não faz prosperar ação rescisória. Enunciado n. 83 do TST. A decisão rescindenda aplicou de forma correta os dispositivos legais apontados como violados. Rescisória improcedente. Recurso ordinário a que se nega provimento". TST — ROAR 90516/93. SDI-1 — Ac. 4588 — Rel.: Min. Vantuil Abdala. DJ: 7.12.1995, p. 42.876.

Na mesma direção manifesta-se mais recentemente a jurisprudência do TRT da 3ª Região:

"GARÇOM — SALÁRIO CONTRATUAL EM GORJETAS — ILEGALIDADE — INTEGRAÇÃO NA REMUNERAÇÃO — Ilegal a forma de contratação de garçons para receber como salário as gorjetas pagas pelos clientes, ainda que tal prática seja uma constante. Estas, gorjetas, sejam espontâneas ou compulsórias, integram a remuneração do trabalhador para os efeitos legais" (RO 00785-2005-055-03-00-5 — Seção 9.5.06 — Publicação: 13.5.**06** — Órgão Julgador 5ª T. — Juiz Relator: Juiz Convocado Danilo Siqueira de C. Faria).

21. DIREITO DE ARENA

O direito de arena está garantido no art. 5º, XXVIII, *a*, da Constituição da República de 1988, que assegura, nos termos da lei, a proteção às participações individuais em obras coletivas e à reprodução da imagem e voz humanas, inclusive em atividades desportivas. Em consonância com esse preceito, o art. 42 da Lei n. 9.615, de 1998 prevê que as entidades de prática desportiva possuem o direito de negociar, autorizar e proibir a fixação, a transmissão ou retransmissão de imagem de espetáculo ou eventos desportivos de que participem, dispondo o seu § 1º que "salvo convenção em contrário, vinte por cento do preço total da autorização, como mínimo, será distribuído, em partes iguais, aos atletas profissionais participantes do espetáculo ou evento".

Salvo estipulação em contrário, o atleta tem direito de participar dos ganhos obtidos com a divulgação da imagem dos jogos de futebol que contaram com a sua presença e, considerando o princípio da continuidade da prestação de serviços, a presunção é de que ele tenha participado de todos os jogos do clube, cuja imagem foi produzida ou reproduzida, competindo ao clube de futebol provar possíveis ausências do atleta nos eventos desportivos. Assim, defere-se ao atleta, a título de direito de arena, o pagamento da fração de 1/14 (considerando-se o número de atletas que podem participar de um jogo de futebol) do percentual de 20% incidente sobre o preço total das autorizações concedidas pelo Clube, para transmissão ou retransmissão de imagem de eventos desportivos.

A doutrina tem atribuído a natureza de remuneração ao direito de arena, de forma semelhante às gorjetas que também são pagas por terceiro[63]. A onerosidade desse

(63) ZAINAGHI, Domingos Sávio. *Op. cit.*, p. 148. Similarmente: "**Atleta profissional de futebol — Direito de arena**, espécie do direito à imagem. Natureza jurídica salarial da parcela. Integração à remuneração para todos os efeitos legais. A quantia informal paga ao reclamante a título de 'direito de arena', através de empresa simulada constituída para este fim, não desqualifica a natureza jurídica salarial da verba, conforme o disposto nos art. 9º e

fornecimento decorre não só da lei, mas da oportunidade concedida ao empregado para auferir a vantagem. O valor alusivo ao direito de arena irá compor apenas o cálculo do FGTS, 13º salário, férias e contribuições previdenciárias, pois a **Súmula n. 354 do TST**, aplicada por analogia, exclui sua incidência do cálculo do aviso prévio, repouso, horas extras e adicional noturno.

22. ADICIONAL DE INSALUBRIDADE

22.1. Destinatários

São destinatários do adicional de insalubridade os empregados urbanos, rurais e os trabalhadores avulsos (art. 7º, *caput*, inciso XXXIV, da Constituição da República de 1988).

22.2. Conceito

As atividades ou operações insalubres, definidas em quadro aprovado pelo Ministério do Trabalho (art. 190 da CLT), são aquelas que, por sua natureza, condições ou métodos de trabalho expõem os empregados a agentes químicos, físicos ou biológicos nocivos à saúde, acima dos limites de tolerância (art. 189 da CLT).

O trabalho em condições insalubres, ainda que intermitente (**Súmula n. 47 do TST**), envolve maior perigo para a saúde do trabalhador e, por isso mesmo, ocasiona um aumento na remuneração do empregado. Em consequência, o trabalho nessas condições, acima dos limites de tolerância estabelecidos pelo Ministério do Trabalho, assegura ao empregado o direito ao recebimento de um adicional de 10%, 20% ou 40% sobre o salário mínimo(64) ou mínimo profissional, conforme se classifique a insalubridade, respectivamente, no grau mínimo, médio ou máximo, segundo apurado por perito, médico ou engenheiro do trabalho(65) registrado no Ministério do Trabalho.

Cumpre frisar que é necessária a classificação da atividade insalubre na relação oficial elaborada pelo Ministério do Trabalho, não bastando a constatação por laudo pericial. Assim, a título de exemplo, a limpeza em residências e escritórios e a respectiva coleta de lixo não podem ser consideradas atividades insalubres, ainda que constatada a insalubridade por laudo pericial, porque não se encontram classificadas na Portaria do Ministério do Trabalho (**Orientação Jurisprudencial** n. 4, inciso I e II, da SDI-1 do TST). Igualmente, em face da ausência de previsão legal, é indevido o adicional de

---

444/CLT". TRT — 3ª Região. 4ª T. — RO-12668/02, Rel.: Juiz Antônio Álvares da Silva. DJMG 14.12.2002 — *Revista Síntese,* v. 165, mar. 2002, p. 82. Igual direção se infere também do julgado: TRT — 3ª Região — 2ª T. — RO-2479/02 — Relª: Juíza Alice Monteiro de Barros, julgado em 16.4.2002.

Diverge deste ponto de vista o seguinte aresto: "**Atleta profissional**. Não tem natureza salarial a retribuição econômica, a cargo das emissoras de televisão, resultante da cessão a elas, pelo Atleta Profissional, através do empregador, do uso de sua imagem". TRT — 3ª Região — RO-8879/01 — 1ª T. — Rel.: Juiz Maurílio Brasil. DOE 31.08.01. *Revista Synthesis* n. 34/2002, p. 204.

(64) Na vigência do Decreto-Lei n. 2.351, de 1987, o adicional de insalubridade incidia sobre o piso nacional de salários, sucedâneo do salário mínimo (**Orientação Jurisprudencial Transitória n. 33** da SDI-1 do TST).

(65) **Orientação Jurisprudencial** n. 165 da SDI-1 do TST.

insalubridade ao trabalhador em atividade a céu aberto (art. 195 da CLT e NR-15 MTb, Anexo 7). É o que se infere da **Orientação Jurisprudencial** n. 173 da SDI-1 do TST.

Se houver reclassificação ou descaracterização da insalubridade, por ato da autoridade competente (Ministério do Trabalho), esse fato irá repercutir na satisfação do respectivo adicional, sem ofensa a direito adquirido ou ao princípio da irredutibilidade salarial(66). Como exemplo, pode ser citada a retirada do mundo jurídico, após 20 de fevereiro de 1991, das normas ensejadoras do direito ao adicional de insalubridade por iluminamento insuficiente no local da prestação de serviços, como previsto na Portaria n. 3.751, de 1990, do Ministério do Trabalho. A partir dessa data, os empregados não poderão invocar o direito adquirido para continuar percebendo o adicional de insalubridade.

22.3. Base de incidência do adicional de insalubridade

A base de incidência do adicional de insalubridade era o salário mínimo, salvo se o empregado, por força de lei, convenção coletiva ou sentença normativa percebesse salário profissional. Nesse caso, o referido adicional seria sobre este calculado e não sobre a totalidade da remuneração do empregado, pelo menos enquanto não for regulamentado o art. 7º, XXIII, da Constituição de 1988.

O raciocínio exposto, no nosso entendimento, não encontrava obstáculo no art. 7º, IV, da Constituição, que veda a vinculação do salário mínimo. O legislador constituinte, ao estabelecer essa restrição, o fez com o objetivo de proibir a vinculação ao salário mínimo como fator de indexação(67).

Sugerimos, entretanto, permanecesse o leitor atento, porque o STF, nos últimos julgados(68), havia alterado esse ponto de vista ao argumento de que o adicional de insalubridade não poderia ser calculado sobre o salário mínimo em face da vedação contida no art. 7º, IV, da Constituição. Como essa jurisprudência consolidou-se, adveio a Súmula Vinculante n. 4 do STF que dispõe: "Salvo nos casos previstos na Constituição, o salário mínimo não pode ser usado como indexador de base de cálculo de vantagem de servidor público ou de empregado, nem ser substituído por decisão judicial".

Após a edição dessa súmula vinculante, o TST, por meio do Tribunal Pleno, publicou a Resolução n. 148, de 10.7.08, cancelando a Súmula n. 17, a Orientação

---

(66) **Súmula n.** 248 do TST.

(67) **"Adicional. Trabalho. Adicional de insalubridade: salário mínimo. CF, art. 7º, IV**. I — O que a Constituição veda, no art. 7º, IV, é a utilização do salário-mínimo para servir, por exemplo, como fator de indexação. O salário mínimo pode ser utilizado como base de incidência da percentagem do adicional de insalubridade. Precedentes do STF: Ags. 169.269 (AgRg)-MG e 179.844 (AgRg)-MG, Galvão, 1ª Turma; Ags. 177.959 (AgRg)-MG, Marco Aurélio, 2ª Turma e RE 230.528 (AgRg)-MG, Velloso, 2ª Turma. II. — Agravo não provido". STF — RE 230688 AgR /SP. AG. REG. no Recurso Extraordinário — Rel.: Min. Carlos Velloso — Julgamento: 18.6.2002 — Órgão Julgador: Segunda Turma — Publicação: DJ 2.8.2002, p. 100. EMENT. VOL-02076-06, p. 1.109.

(68) "**Adicional de insalubridade**: vinculação ao salário mínimo, estabelecida pelas instâncias ordinárias, que contraria o disposto no art. 7º, IV, da Constituição: precedentes". STF — AI 499211 AgR/ES — Espírito Santo — Ag. Reg. no Agravo de Instrumento — Rel.: Min. Sepúlveda Pertence — Julgamento: 29.6.2004 — Órgão Julgador: 1ª Turma — Publicação DJ 6.8.2004, p. 35.

Jurisprudencial, n. 2 da SDI e alterando o conteúdo da Súmula n. 228, imprimindo-lhe a seguinte redação: "ADICIONAL DE INSALUBRIDADE. BASE DE CÁLCULO. A partir de 9 de maio de 2008, data da publicação da Súmula Vinculante n. 4 do Supremo Tribunal Federal, o adicional de insalubridade será calculado sobre o salário básico, salvo critério mais vantajoso fixado em instrumento coletivo".

Acontece que a Confederação Nacional da Indústria ajuizou, em 11.7.08, reclamação perante o STF, sustentando que a nova redação da Súmula n. 228 do TST, ao fixar o salário contratual como base de cálculo do adicional de insalubridade, conflitava com a Súmula Vinculante n. 4 daquela Corte. O pedido liminar formulado foi acolhido pelo Presidente do TST, **em 15.7.08**, tendo sido determinado, por despacho, a suspensão da Súmula n. 228 do TST.

Até que se edite norma legal, continuará sendo aplicado o salário mínimo para cálculo do adicional de insalubridade. O Ministro Ives Gandra M. Filho ressaltou que a Suprema Corte adotou técnica decisória do Direito Constitucional alemão, como declaração de inconstitucionalidade, sem pronúncia de nulidade, ou seja, a norma alusiva ao cálculo do salário mínimo continua a reger as relações obrigacionais, em face da impossibilidade do Poder Judiciário se substituir ao legislador para definir critério diverso destinado à regulamentação da matéria (TST-RR-872/2005-042-15-00 — Publicação DJ 13.**6.08** — Acórdão 7ª T. — Relator Ministro Ives Gandra Martins Filho).

22.4. O adicional de insalubridade como componente da remuneração do empregado

Enquanto percebido, o adicional de insalubridade integra a remuneração do empregado para todos os efeitos legais[(69)], exceto para cálculo de repouso semanal e em feriados, pois esse adicional é calculado sobre importância fixa que já remunera os dias de repouso semanal e em feriados (**Orientação Jurisprudencial** n. 103 da SDI-1 do TST).

22.5. Adicional de insalubridade devido a empregado sujeito a mais de um agente agressivo

O TST[(70)] vem sustentando que não se acumulam os adicionais quando o empregado está sujeito a mais de um agente insalubre, dada a vedação expressa do item 15.3 da NR-15, da Portaria n. 3.214, de 1978. Divergimos dessa orientação, ao que parece, majoritária.

Entendemos que, se as condições de trabalho do empregado são duplamente gravosas, é cabível o pagamento dos dois adicionais, pois houve exposição a dois agentes insalubres diferentes, que podem ocasionar prejuízos a diversos órgãos do

(69) **Súmula n. 139 do TST**.

(70) "... **Adicional de insalubridade. Cumulação**. O item 15.3 da NR-15 da Portaria n. 3.214/78 do Ministério do Trabalho veda, expressamente, o pagamento cumulativo de dois ou mais adicionais quando o empregado trabalha sujeito a mais de um agente insalubre. Recurso de Revista parcialmente conhecido e desprovido". TST — RR-473888/1998 — 3ª Turma — Relª: Min. Maria Cristina Irigoyen Peduzzi — DJ 11.10.2002.

corpo humano. Nesse sentido, pronunciamo-nos favoravelmente ao pagamento de dois adicionais a empregado que trabalhava operando raios x e ainda mantinha contato com portadores de moléstia contagiosa[71].

Saliente-se que a determinação contida na NR-15 da Portaria n. 3.214, de 1978, no sentido de se considerar apenas o fator de insalubridade de maior grau, no caso de incidência de mais de um agente insalubre, extrapola os limites da própria lei, que não proíbe a cumulação de mais de um adicional de insalubridade. Se se permitir tal dispositivo, o empregador poderá perder o estímulo de eliminar outros agentes agressivos, porquanto a Portaria só o onera com o pagamento de um deles.

Ademais, essa Portaria é anterior à edição da Lei n. 7.394, de 1985, que prevê o "adicional de risco de vida e insalubridade", logo, não poderia regulamentá-la.

22.6. Fornecimento de Equipamento de Proteção Individual (EPI)

O fornecimento do EPI aprovado pelo órgão competente do Poder Executivo poderá eliminar o agente agressivo gerador do adicional de insalubridade (**Súmula n. 80 do TST**). Lembre-se, entretanto, que o só fornecimento do aparelho de proteção pelo empregador não o exime do pagamento do adicional de insalubridade, cabendo-lhe tomar as medidas que conduzam à diminuição ou eliminação da nocividade, entre as quais as relativas ao uso efetivo do equipamento pelo empregado (**Súmula n. 289 do TST**). O simples fornecimento do EPI não é suficiente à elisão do pedido de adicional de insalubridade quando, por exemplo, sua durabilidade não ultrapassa determinado número de dias e a substituição é realizada além do prazo de validade.

22.7. Adicional de insalubridade. Óleos minerais. Sentido do termo "manipulação"

Para efeito de concessão de adicional de insalubridade, não há distinção entre fabricação e manuseio de óleos minerais (Portaria n. 3.214 do Ministério do Trabalho, NR-15, Anexo XIII — **Orientação Jurisprudencial** n. 171 da SDI-1 do TST).

22.8. Pedido de adicional de insalubridade. Agente nocivo diverso do apontado na petição inicial

O fato de o empregado ter reivindicado, em Juízo, o adicional de insalubridade calcado em determinado agente agressivo e de ter sido verificada, mediante perícia, a prestação de serviços em condições nocivas, porém com base em agente insalubre

(71) "**Adicional de insalubridade** — Faz jus ao adicional de insalubridade assegurado no art. 192 da CLT o empregado que trabalha com agente biológico, devido ao contato com pacientes portadores de moléstia contagiosa. Essa circunstância não o impede de receber também o intitulado 'adicional de risco de vida e insalubridade' previsto na Lei n. 7.394/85 e que lhe é assegurado pelo fato de operar raio x, sujeitando-o, portanto, a radiações perigosas. Os agentes agressivos são diversos e, em consequência, poderão lesar a saúde do trabalhador, ocasionando-lhe danos a órgãos distintos do corpo humano. Raciocínio em sentido contrário acabará por incentivar o empregador a não eliminar os agentes agressivos existentes, enriquecendo-se, ilicitamente, em detrimento da saúde do trabalhador". TRT — 3ª R. — 2ª T. — RO-7405/90 — Relª: Juíza Alice Monteiro de Barros — DJMG 31.1.1992. Decisão transitada em julgado.

diverso do apontado na petição inicial, não prejudica o pedido de adicional de insalubridade (**Súmula n. 293 do TST**).

22.9. Legitimidade do sindicato para atuar como substituto processual

O sindicato, com base no § 2º do art. 195 da CLT, tem legitimidade para atuar na qualidade de substituto processual para pleitear diferença de adicional de insalubridade ou periculosidade (**Orientação Jurisprudencial** n. 121 da SDI-1 do TST).

23. ADICIONAL DE PERICULOSIDADE

23.1. Destinatários

O adicional de periculosidade é devido não só aos empregados urbanos, mas também aos empregados rurais e aos trabalhadores avulsos (art. 7º, *caput* e inciso XXXIV, da Constituição de 1988).

23.2. Conceito. Base de incidência

O adicional de periculosidade é assegurado no art. 193 da CLT aos empregados que trabalham em contato permanente ou intermitente com explosivos ou inflamáveis, em condições de risco acentuado, comprovadas por perícia (**Súmula n. 364, inciso I, do TST**). A título de exemplo, fazem jus ao adicional de periculosidade os empregados que operam em bomba de gasolina (**Súmula n. 39 do TST**).

O contato eventual com o agente perigoso, assim considerado o contato fortuito ou o que, sendo habitual, se dá por tempo extremamente reduzido, não dá ao empregado direito de perceber o adicional respectivo (**Súmula n. 364, inciso I, do TST**).

Aos empregados que trabalham com explosivos ou inflamáveis nas condições relatadas é assegurado um adicional de 30% sobre o salário, sem os acréscimos resultantes de gratificações, prêmios ou participação nos lucros (§ 1º do art. 193 da CLT). Coerente com a exclusão constante desse dispositivo, a **Súmula n. 70 do TST** não autorizou a repercussão do adicional de periculosidade sobre gratificação ou adicional por tempo de serviço (triênios) conferidos pela Petrobrás aos seus empregados.

Além do adicional de periculosidade previsto na CLT, a Lei n. 7.369, de 20 de setembro de 1985, instituiu, em favor dos empregados que exercem atividade no setor de energia elétrica, com sistema elétrico de potência, em condições de risco ou com equipamento e instalações elétricas similares, que ofereçam risco equivalente, ainda que em unidade consumidora de energia elétrica[72], um adicional de 30% sobre o salário que perceberem, deixando para o decreto regulamentador a especificação das atividades consideradas perigosas.

Estão, portanto, obviamente incluídos nesse contexto os empregados do setor de telefonia que trabalham em situação de perigo, constatada por perícia, nas proximidades

(72) Nesse sentido é a **Orientação Jurisprudencial n. 324** da SDI-1 do TST.

dos circuitos que conduzem energia elétrica e passam pelos mesmos postes em que se encontram as linhas telefônicas.

Situam-se na conjuntura os cabistas, instaladores e reparadores de linhas e aparelhos de telefonia como risco equivalente ao sistema elétrico de potência[(73)].

Em 20 de dezembro de 1985, entrou em vigor o Decreto n. 92.212, que estabeleceu o quadro de atividades consideradas perigosas e as respectivas áreas de risco. Esse Decreto foi revogado pelo de n. 93.412, de 14 de outubro de 1986, que, além de conter a especificação de atividades perigosas, limitou, em seu art. 2º, inciso II, o direito ao adicional de periculosidade ao tempo despendido pelo empregado na execução de tais atividades, quando ali ingressa, de modo intermitente, em caráter habitual. O Decreto n. 93.412, de 1986, como ato administrativo que é, extrapolou sua competência, fugindo do fim social da Lei n. 7.369, de 1985, que não estabeleceu tal proporcionalidade, acertadamente, em face da imprevisibilidade do momento em que o infortúnio pode ocorrer. Logo, comprovado o trabalho em área de risco, em setor de energia elétrica, o empregado faz jus ao adicional de periculosidade, pouco importando a intermitência de seu ingresso na referida área. Neste sentido é a **Súmula n. 361 do TST**.

Ressalte-se que o TST, por meio da **Súmula n. 364, inciso II,** tem autorizado a fixação do adicional de periculosidade em percentual inferior ao legal e até mesmo de forma proporcional ao tempo de exposição ao risco, quando pactuada em acordos ou convenções coletivas de trabalho.

O adicional de periculosidade assegurado aos empregados que trabalham no setor de energia elétrica deverá incidir sobre o salário e seus componentes (art. 457, § 1º, da CLT), nos termos da Lei n. 7.369, de 1985, que não estabeleceu exclusões de parcelas salariais, como procedeu o art. 193, § 1º, da CLT[(74)].

Na mesma direção é o seguinte aresto da SDI-1 do TST:

> "ADICIONAL DE PERICULOSIDADE. ELETRICITÁRIOS. BASE DE CÁLCULO. A Lei n. 7.369/85, em seu art. 1º, estabelece que 'O empregado que exerce atividade no setor de energia elétrica, em condições de periculosidade, tem direito a uma remuneração adicional de 30% sobre o salário que perceber'. Verifica-se, dessa forma, que esse preceito legal determina expressamente que, no caso do exercício de atividade no setor de energia elétrica, o adicional de periculosidade deve incidir sobre o salário que o empregado perceber. Sendo assim, afigura-se correta a tese adotada pela E. Turma, no sentido de que *estaria o cálculo do adicional de periculosidade dos eletricitários livre das exclusões previstas no § 1º do art. 193 da CLT, ou mesmo da restrição a que alude o Enunciado n. 191 do TST.* Embargos conhecidos e desprovidos". (Grifou-se). TST — Proc. E-RR-518.290. Ano 1998. Órgão Julgador — SDI-1 — Rel.: Min. José Luciano de Castilho Pereira. DJ de 21.6.2002.

Não cabe invocar aqui a **Súmula n. 191 do TST**[(75)] para embasar a exclusão de gratificações ou prêmios do cálculo do adicional de periculosidade, pois ele constitui

(73) Cf. **Orientação Jurisprudencial n. 347** do TST, de abril de 2007.

(74) Esta é a **Orientação Jurisprudencial** n. 279 da SDI-1 do TST: "**Adicional de periculosidade. Eletricitários. Base de cálculo.** Lei n. 7.369/1985, art. 1º. Interpretação. O adicional de periculosidade dos eletricitários deverá ser calculado sobre o conjunto de parcelas de natureza salarial".

(75) "**Adicional. Periculosidade. Incidência**. O adicional de periculosidade incide, apenas, sobre o salário básico, e não sobre este acrescido de outros adicionais". Resolução n. 13, de 1983. DJ 9.11.1983.

uma interpretação do art. 193, § 1º, da CLT, sendo até mesmo anterior à Lei n. 7.369, de 1985, já que foi editado em novembro de 1983.

Discutiu-se, durante algum tempo, o cabimento do adicional de periculosidade proveniente do contato com radiação ionizante (exposição a raios x).

Uma vertente jurisprudencial sustentava que a periculosidade somente poderia ser reconhecida em relação aos trabalhadores que se expõem ao risco por inflamáveis, explosivos ou eletricidade, nos termos do art. 193 da CLT e da Lei n. 7.369, de 1985. Isso porque a norma legal prevê a existência de risco apenas em relação a esses agentes, nada dispondo sobre a existência da periculosidade gerada pelas radiações ionizantes.

O TST, entretanto, tem admitido, com acerto, a adoção de atividade e operações perigosas no anexo da Portaria n. 518, de abril de 2003, ao argumento de que a delegação contida no art. 200, inciso VI, da CLT, permite ainda ao Ministério do Trabalho enquadrar outras atividades entre aquelas geradoras de risco, incluindo-se aí as operações com aparelhos de raios x. Aliás, nesse sentido, consolidou-se a jurisprudência por meio da Orientação Jurisprudencial da SDI-1 n. 345 do TST, como se infere desse verbete:

> "ADICIONAL DE PERICULOSIDADE. RADIAÇÃO IONIZANTE OU SUBSTÂNCIA RADIOATIVA. DEVIDO. A exposição do empregado à radiação ionizante ou à substância radioativa enseja a percepção do adicional de periculosidade, pois a regulamentação ministerial (Portarias do Ministério do Trabalho n. 3.393, de 17.12.1987, e n. 518, de 7.4.2003), ao reputar perigosa a atividade, reveste-se de plena eficácia, porquanto expedida por força de delegação legislativa contida no art. 200, *caput*, e inciso VI, da CLT. No período de 12.12.2002 a 6.4.2003, enquanto vigeu a Portaria n. 496 do Ministério do Trabalho, o empregado faz jus ao adicional de insalubridade".

23.3. Incidência na remuneração do empregado

O adicional de periculosidade pago habitualmente integra o cálculo da indenização (**Súmula n. 132**), das férias, do 13º salário, do aviso prévio e do FGTS. Aliás, a incidência sobre este último independe de habitualidade (**Súmula n. 63 do TST**). O adicional de periculosidade repercute também no cálculo das horas extras e noturnas (**Orientação Jurisprudencial** n. 259 e **Súmula n. 132, inciso I, do TST**). O valor dessas horas é calculado com base no valor da hora normal, integrado das parcelas salariais e acrescido do adicional previsto em lei ou em norma coletiva (**Súmula n. 264 do TST**). Como o adicional de periculosidade tem feição salarial, ele será acrescido à hora normal para cálculo do valor das horas extras e noturnas, mormente se considerarmos que também nesses regimes o empregado permanece sob as condições de risco.

O mesmo não se diga quanto ao cálculo das horas de sobreaviso pagas ao ferroviário (**Súmula n. 132, II, do TST**). Os adicionais de periculosidade e insalubridade não incidem no cálculo do sobreaviso, considerando que o art. 244, § 2º, da CLT dispõe que as horas de sobreaviso serão calculadas à razão de 1/3 do salário normal. Se não bastasse, durante o sobreaviso o empregado permanece em sua própria residência, aguardando, a qualquer momento, o chamado para o serviço. Ele permanece, portanto, fora da área de risco acentuado nesse período.

23.4. Não cumulação do adicional de insalubridade com o de periculosidade

Caso o empregado trabalhe em condições perigosas e insalubres, simultaneamente, os adicionais não se acumulam, por disposição expressa de lei. O empregado poderá optar pelo adicional que lhe for mais favorável (art. 193, § 2º, da CLT).

23.5. Inserção em folha

Condenada ao pagamento do adicional de insalubridade ou periculosidade, a empresa deverá inserir, mês a mês e enquanto o trabalho for executado sob essas condições, o valor correspondente em folha de pagamento (**Orientação Jurisprudencial** n. 172 da SDI-1 do TST).

23.6. Postulação em juízo

A postulação em Juízo do adicional de insalubridade e periculosidade poderá ser feita tanto pelo empregado quanto pelo Sindicato da respectiva categoria profissional em favor de seus associados, na condição de substituto processual (art. 195, § 2º, da CLT e art. 8º, III, da Constituição).

24. ADICIONAIS DE HORAS EXTRAS, NOTURNOS E DE TRANSFERÊNCIA

Os adicionais de horas extras, noturnos e de transferência, quando pagos em caráter habitual, irão compor também a remuneração do empregado. Confiram, a propósito, o capítulo sobre duração do trabalho, tópico alusivo à jornada e também o capítulo sobre alteração contratual, tópico alusivo à modificação do local de trabalho.

25. QUEBRA DE CAIXA

Em princípio, a verba denominada "quebra de caixa" não tem cunho salarial, pois tem em vista o risco a que se sujeita o empregado cujas funções possam ensejar erros involuntários de contagem, dado o manuseio constante de dinheiro. Destina-se a cobrir diferenças decorrentes desses enganos (cf. Messias Pereira Donato. *Curso de Direito do Trabalho*. São Paulo: Saraiva, 1979, p. 95). Para que sejam descontados os valores correspondentes aos erros de contagem ocasionados por culpa, nos caixas, é necessário que as partes contratem a possibilidade de desconto pelo empregador nos salários do empregado em caso de dano culposo comprovadamente causado pelo empregado, conforme determina o art. 462, § 1º, da CLT. Do contrário, o desconto será ilegal e a verba paga a título de "quebra de caixa", que seria destinada a cobrir as diferenças do caixa, perderá seu caráter indenizatório e passará a ter feição salarial.

Veja-se, a respeito, o ensinamento de Octavio Bueno Magano:

"Nada obstante, se os descontos efetuados apresentam-se ilícitos por não haver sido tal hipótese previamente pactuada, impõe-se, então, a conclusão de que a parcela posteriormente devolvida, sob a forma de 'quebra de caixa', conserva o mesmo caráter salarial". (*Manual de Direito do Trabalho*. v. 2. São Paulo: LTr, 2. ed., *passim*).

Nesse sentido é a **Súmula n. 247 do TST**, que dispõe: "a parcela paga aos bancários sob a denominação 'quebra de caixa' possui natureza salarial, integrando o salário do prestador de serviços, para todos os efeitos legais". A referida Súmula dirige-se aos bancários, mas o raciocínio tem sido aplicado também a outras categorias[76].

26. PARTICIPAÇÃO NOS LUCROS

26.1. Escorço histórico

A participação nos lucros é uma decorrência da função social da propriedade, que a sujeita a algumas restrições. Traduz um instrumento de integração entre capital e trabalho, além de ser um incentivo à produtividade.

De origem controvertida, alguns autores atribuem a Edmé Leclaire, em 1842, a primeira forma de participação nos lucros, outros sustentam que seu precursor é Robert Owen. O mais acertado é situarmos a gênese do instituto em 1812, pois à época já se encontrava previsto para os artistas da Comédia Francesa, por iniciativa de Napoleão Bonaparte.

O assunto foi tratado também nas encíclicas papais *Quadragesimo Anno* e *Mater et Magistra*, sendo consagrado, pela primeira vez, no plano constitucional, na Constituição de Weimar. No Brasil, a matéria foi inserida, inicialmente, na Constituição de 1946 e mais tarde reproduzida nas Constituições de 1967 e 1988. As Medidas Provisórias editadas a partir do final de 1994 tentaram regulamentar a participação nos lucros ou resultados, até que a Lei n. 10.101, de 19 de dezembro de 2000, dispôs sobre a temática.

26.2. Conceito e natureza jurídica

Sob o prisma doutrinário, a participação nos lucros tem sido definida como "a atribuição facultativa ou obrigatória pelo empregador ao empregado, além do justo salário legal ou convencional a ele devido, de uma parte dos resultados líquidos, exclusivamente positivos da atividade econômica da empresa"[77]. A Constituição de 1988 torna obrigatória a participação nos lucros ou resultados, conforme for definido

---

(76) "**Quebra de caixa. Natureza jurídica. Comerciário**. A parcela paga mensalmente, em valor ou percentual fixo, a título de quebra de caixa, constitui acréscimo destinado a remunerar a maior responsabilidade que se exige do empregado, no exercício da função que a enseja. O móvel que conduziu à edição do **Enunciado** n. 247 do TST remanesce, mesmo quando se cogita de comerciário, eis que o título sob apreço, ressalvadas restrições em sua origem, ostente natureza salarial, nada indenizando. Precedentes. Recurso de revista conhecido e desprovido". TST — RR-665147/2000.0 — 3ª T. — Rel. convocado: Juiz Alberto Bresciani — DJU 6.6.2003. *Revista Justiça do Trabalho*. Porto Alegre: HS Editora, jun. 2003, p. 81.

(77) CESARINO JÚNIOR, A. *Direito Social*. São Paulo: LTr, 1980, p. 167.

em lei, mas deixa clara a sua natureza não salarial (art. 7º, XI, e art. 218, IV); em consequência, cancelou-se a **Súmula n. 251 do TST**, que lhe atribuía feição retributiva. Sua natureza equivale a uma "técnica de incentivo" e, por força de preceito constitucional, não integra o salário, tampouco a remuneração para nenhum efeito legal.

Os principais fundamentos da participação nos lucros residem em razões filosófico-sociais, psicológicas, econômicas e jurídicas.

26.3. Fundamentos

Os fundamentos filosófico-sociais partem da assertiva segundo a qual o instituto em questão configura a mistura de um elemento da sociedade ao contrato de trabalho e residem na teoria institucional da empresa (Renard).

Aliás, Pio XI, na encíclica *Quadragesimo Anno*, aderindo a esse fundamento, considera mais prudente que o contrato de trabalho contenha um pouco do contrato de sociedade, a fim de que o empregado se torne cointeressado na propriedade e, em certa medida, nos lucros auferidos. O mesmo pensamento já constava do Código Social de Malines, sendo reproduzido também na encíclica *Mater et Magistra*.

Já os fundamentos de ordem psicológica partem de uma indagação: se a motivação do empregador é o lucro, por que a do empregado há de ser apenas o salário? Ora, a par do aspecto econômico, o instituto em questão tem também o interesse moral de fazer com que o empregado se sinta integrado à empresa.

Por outro lado, os fundamentos econômicos demonstram que na produção estão presentes os seguintes fatores: natureza, capital, trabalho e organização, personalizada no empregador, os quais têm retribuições específicas. A natureza tem por retribuição a renda da terra; o capital tem tradicionalmente uma retribuição específica, que é o lucro; o trabalho é remunerado pelo salário e o empregador tem como remuneração específica, pelo seu trabalho de direção, o *pro labore*. Para remunerar a sua colaboração, o empregador fica ainda com todo o lucro, sendo razoável que ao empregado, também como colaborador, assista o direito de participar dos mesmos, pois o salário não remunera integralmente o trabalho.

Finalmente, o fundamento jurídico assenta-se na circunstância de que a participação nos lucros é um direito e não mera liberalidade.

26.4. Objeções à participação nos lucros

Várias objeções patronais foram feitas ao instituto em exame. Sustentam ser ele incompatível com a estrutura capitalista, a qual se funda no direito de propriedade privada; alegam, ainda, que o risco do empreendimento econômico recai necessariamente sobre o empregador, justificando a pertinência do lucro. Outro argumento é o de que a participação nos lucros provoca a descapitalização e a inversão de capitais em atividades mais rendosas, afastando o capital estrangeiro. Essas objeções são refutadas por Cesarino Júnior[(78)], sob o argumento de que a propriedade privada tem uma função social e, com a participação nos lucros, ela passa a caber não só aos proprietários, mas também aos empregados, contribuindo para maior harmonia entre capital e trabalho e para maior valorização desse fator de produção como condição de dignidade humana. Com relação ao risco empresarial, contra-argumenta o autor lembrando que nem sempre o empregador investe na empresa todo o seu patrimônio, logo, em caso de perda, sua situação é melhor do que a do empregado, que perde o seu meio de subsistência. Ademais, como o percentual de participação nos lucros é pequeno, não impede o autofinanciamento das empresas. E, se não bastasse, Cesarino[(79)] argumenta que a escolha da atividade em que se devem investir capitais não depende exclusivamente do arbítrio dos investidores, mas das condições do mercado.

Objeções dos sindicatos operários também foram feitas, sustentando que a participação tem por objetivo evitar a solidariedade dos empregados em suas uniões e sindicatos, traduzindo um disfarce para manter baixos os salários e a proposta de igualdade dos empregados. O argumento tem sido refutado, sob a alegação de que a participação nos lucros, com a conversão de seu valor individual em cotas do capital da empresa, poderá contribuir para a solução da questão social, exatamente porque conduz os trabalhadores à condição de coproprietários da empresa.

Há, finalmente, as objeções doutrinárias, que, em regra, assentam-se na dificuldade de critério de fixação da participação nos lucros. A essa crítica, Cesarino Júnior[(80)] responde dizendo que, sendo quatro os fatores da produção, uma divisão equitativa daria aos trabalhadores 25% dos lucros líquidos, restando 75% para os demais fatores.

Reconhecemos que o sistema não é muito conhecido em nosso país, sendo conveniente incrementar essa experiência.

26.5. Participação nos lucros e regulamentação por meio de medidas provisórias

Em dezembro de 1994, a participação nos lucros passou a ser regulamentada por medidas provisórias, renovadas indefinidamente por outras medidas provisórias, como, por exemplo, as de ns. 860, 890, 915, 955, 980, 1.006 e 1.239, de 1995, e a Medida Provisória n. 1.276, de 12 de janeiro de 1996.

As medidas provisórias são institutos transplantados da Constituição italiana, que as prevê em casos extraordinários de necessidade e de urgência. É importante definir a natureza jurídica das medidas provisórias, pois, conforme a conclusão, diversas serão as consequências que daí irão emergir, com referência à eficácia.

A questão é polêmica. Há quem sustente tratar-se de um **ato normativo**, por integrar o rol do art. 59 da Constituição, o qual enumera as figuras que compõem o processo legislativo, sendo editada com base em competência legislativa, pois ela tem força de lei, nos termos do art. 62 da Constituição de 1988. Outros, como Marco Aurélio Greco, entretanto, atribuem-lhe a feição de **um ato administrativo**, com força

---

(78) *Idem, passim.*
(79) *Idem, passim.*
(80) *Idem, passim.*

provisória de lei (*Medidas Provisórias*. São Paulo: Ed. Revista dos Tribunais, 1991). O citado autor afirma que a medida provisória não é emitida pelo Poder Legislativo, mas pelo Poder Executivo e, se deve ser convertida em lei, é porque não é lei. Se é necessário dizer que tem força de lei, é porque é outra coisa que não uma lei. Uma terceira corrente afirma tratar-se de **um provimento do Executivo**, que não é lei, nem ato administrativo.

O Supremo Tribunal Federal tem sustentado que a medida provisória é ato materialmente legislativo, como se infere da ementa do acórdão MS-21.082-6, cujo relator foi o Ministro Sepúlveda Pertence, referente a Mandado de Segurança contra a Medida Provisória n. 168, de 15 de março de 1990, que tornou indisponíveis as quantias superiores a Cr$ 50,00 que estivessem nas contas bancárias.

Ademais, mesmo admitindo-se seu caráter normativo, essas medidas "são excepcionais, efêmeras e precárias, suscetíveis de perder a eficácia desde o início"[(81)]. Logo, só se justificam ante questões relevantes que demandem urgência. Relevância e urgência são, portanto, seus pressupostos, como acentua Celso Antônio Bandeira de Mello, enquanto na Itália são eles a necessidade e a urgência.

Apesar de respeitáveis posições contrárias, embora se trate de questão relevante, não se vislumbra, no caso da participação nos lucros, a urgência. A começar que a não aprovação da medida pelo Congresso, que deixou de convertê-la em lei, no prazo de 30 dias, faz presumir que este não entende urgente a incorporação das normas nela contidas ao ordenamento jurídico, como assevera Manoel Gonçalves Ferreira Filho[(82)]. Além disso, como admitir a urgência, no caso, se a participação nos lucros está inserida no texto constitucional desde 1946 e na CLT, desde 1943 (art. 621) e somente no final de 1994 processou-se a sua regulamentação? Se não bastasse, inexiste urgência se a eficácia da disposição veiculada pela medida provisória só puder se materializar após um lapso temporal suficientemente amplo, que permitiria a tramitação normal do processo legislativo[(83)]. Logo, se a apuração do lucro não é imediata, a participação só poderá se materializar após um período que permita a tramitação normal do processo legislativo.

Conquanto sejamos inteiramente favoráveis à ideia da participação dos empregados nos lucros da empresa, entendemos que sua implantação por meio de reedição de medida provisória pelo decurso do prazo, como se verificava, poderia implicar uma indisfarçável ditadura, como aliás ressaltou José Carlos Bruzzi Castelo[(84)], impondo a vontade do Presidente da República como único legislador e usurpando a competência do Poder Legislativo.

Portanto, se a matéria não é urgente, o certo é o processo legislativo, que acabou por se concretizar no ano de 2000.

---

(81) MELLO, Celso Antônio Bandeira de. *Elementos de Direito Administrativo*. 2. ed. São Paulo: Revista dos Tribunais, 1991, p. 74-75.

(82) *Apud* SANTOS, Brasilino Pereira dos. *As medidas provisórias no Direito Comparado e no Brasil*. São Paulo: LTr Editora, 1994, p. 422.

(83) GRECO, Marco Aurélio. Medidas Provisórias. *Revista dos Tribunais*, São Paulo, 1988, p. 24.

(84) O abuso reiterado nas Medidas Provisórias sobre liminares e outras ofensas à Constituição — *Informativo semanal*, n. 23/90, COAD, p. 227.

26.6. A participação nos lucros à luz da Lei n. 10.101, de 19 de dezembro de 2000

Atualmente, a participação nos lucros ou resultados é disciplinada pela Lei n. 10.101, de 19 de dezembro de 2000, oriunda da Medida Provisória n. 1982-77, de 2000. Ela será objeto de negociação entre a empresa e seus empregados, mediante um dos procedimentos a seguir descritos, escolhidos pelas partes de comum acordo: I — comissão escolhida pelas partes, integrada, também, por um representante indicado pelo sindicato da respectiva categoria; II — convenção ou acordo coletivo.

O instrumento decorrente da negociação deverá conter regras claras e objetivas quanto aos direitos substantivos da participação e das regras adjetivas, inclusive mecanismos de aferição das informações pertinentes ao cumprimento do acordado, periodicidade da distribuição, período de vigência, prazo para revisão do acordo, podendo ser considerados, entre outros, os seguintes critérios e condições: I — índices de produtividade, qualidade ou lucratividade da empresa; II — programas de metas, resultados e prazos, pactuados previamente (art. 2º, § 1º, da Lei n. 10.101, de 19 de dezembro de 2000).

O acordo celebrado será arquivado na entidade sindical dos empregados (art. 2º, § 2º). Se a negociação não se concretizar, as partes poderão recorrer à mediação ou à arbitragem (art. 4º).

A participação nos lucros ou resultados não substitui nem complementa a remuneração do empregado, nem sequer a integra para qualquer efeito trabalhista, não se lhe aplicando o princípio da habitualidade (art. 3º da Lei n. 10.101, de 19 de dezembro de 2000, em consonância com o art. 7º, XI, da Constituição de 1988).

Veda-se o pagamento de qualquer antecipação ou distribuição de valores a título de participação de lucros ou resultados da empresa em período inferior a um semestre civil, ou mais de duas vezes no mesmo ano civil. Previu-se que essa periodicidade poderia ser alterada pelo Poder Executivo, até 31 de dezembro de 2000, em função de eventuais impactos nas receitas tributárias (art. 3º, §§ 2º e 4º da Lei n. 10.101, de 19 de dezembro de 2000).

Todos os pagamentos efetuados em decorrência de planos de participação nos lucros ou resultados, mantidos espontaneamente pela empresa, poderão ser compensados com as obrigações previstas em normas coletivas atinentes ao referido instituto jurídico (art. 3º, § 3º).

Para fins de apuração do lucro real, a pessoa jurídica poderá deduzir como despesa operacional o pagamento a título de participação nos lucros feito aos empregados, dentro do próprio exercício de sua constituição.

A participação nos lucros ou resultados será tributada na fonte, separadamente dos demais rendimentos mensais, como antecipação do imposto de renda devido na declaração de rendimentos da pessoa física, competindo à pessoa jurídica a responsabilidade pela retenção e pelo recolhimento do imposto (art. 3º, § 5º, da Lei n. 10.101, de 19 de dezembro de 2000).

A participação dos trabalhadores nos lucros em empresas estatais (sociedades de economia mista, empresas públicas, suas subsidiárias e controladas, além das demais empresas em que a União, direta ou indiretamente, detenha a maioria do capital social com direito a voto) observará as diretrizes específicas fixadas pelo Poder Executivo (art. 5º).

Finalmente, a Lei n. 10.101, de 19 de dezembro de 2000, não considera empresa, para os fins de participação nos lucros, a pessoa física e a entidade sem fins lucrativos que, cumulativamente, não distribuam resultados, a qualquer título, a dirigentes, administradores ou empresas vinculadas; apliquem integralmente os seus recursos em sua atividade institucional e no País; destinem o seu patrimônio a entidade congênere ou ao poder público, em caso de encerramento de suas atividades; mantenham escrituração contábil capaz de comprovar observância dos demais requisitos citados e das normas fiscais, comerciais e de direito econômico que lhe sejam aplicáveis (art. 2º, § 3º, inciso II, da referida lei).

26.7. Questões práticas alusivas à participação nos lucros

Poderá ocorrer de a verba denominada "participação nos lucros" ter outra natureza. Nesse caso, compete ao judiciário apreciar as provas e dar-lhe o correto enquadramento, com os consectários legais, como, aliás, consta desta decisão:

> "PARTICIPAÇÃO NOS LUCROS X PRÊMIO — DENOMINAÇÃO DA PARCELA E SUA NATUREZA JURÍDICA — PREVALÊNCIA. Verificando-se que, embora denominada 'participação nos lucros', a parcela paga ao trabalhador tinha natureza jurídica de 'prêmio', assim considerada a 'promessa de vantagem caso o empregado atinja certo nível de produção ou observe determinada conduta', tem-se como inaplicável o disposto no art. 10, XI, da Constituição Federal e na Lei n. 10.101/00, devendo ser reconhecida a natureza remuneratória dos valores pagos e deferidos os respectivos reflexos, não sendo admissível a prevalência do rótulo em relação ao conteúdo". TRT — 24ª Reg. — Proc. 00556-2001-031-24-00-2 –RO.1. Rel.: Juiz Amaury Rodrigues Pinto Júnior. DJMS 22.1.2003.

Poderá ocorrer também situação contrária. A parcela é intitulada "prêmio produtividade", mas, a rigor, é paga anualmente, em decorrência do lucro líquido da empresa. Nesse caso, não terá feição salarial, por se tratar de verdadeira participação nos lucros(85).

Inserção de cláusula em norma coletiva ajustando percentual a título de participação nos lucros em favor do sindicato de determinada categoria profissional é nula, pois o instituto jurídico em questão é um direito que só poderá beneficiar o empregado, como se infere do art. 7º, XI, da Constituição da República de 1988(86).

---

(85) "**SERPRO. Prêmio Produtividade. Integração.** O prêmio produtividade pago anualmente pela SERPRO aos seus empregados decorre da apuração do lucro líquido do exercício financeiro, constituindo autêntica participação nos lucros, que não integra a remuneração do empregado. Inteligência do art. 7º, XI, da Carta Magna". TRT — SP 20000466373 — Ac. 6ª T. 20000512804 — Relª: Juíza Maria Aparecida Duenhas — DOE 6.10.2000. *Revista Synthesis* 32/2001, p. 300.

(86) "**Acordo coletivo. Participação nos lucros ou resultados. Remuneração negocial do sindicato — Ilegalidade.** Participação nos lucros ou resultados é um direito deferido aos trabalhadores em decorrência de negociação

A "situação deficitária" da empresa não é argumento convincente para não pagar a participação nos lucros e resultados, pactuada em norma coletiva que não contenha essa ressalva[(87)].

Tem sido comum também vincular-se em norma coletiva o pagamento da participação nos lucros à presença do empregado na empresa em determinada data.

A participação nos lucros ou resultados (art. 7º, XI, da Constituição vigente) constitui instrumento de integração entre capital e trabalho, bem como um incentivo à produtividade (Lei n. 10.101, de 2000). A apuração do seu valor está relacionada com o resultado obtido pela empresa em decorrência do trabalho desenvolvido por todos os seus empregados em um determinado ano. Logo, configura procedimento discriminatório excluir do alcance da parcela aqueles empregados que contribuíram para o resultado alcançado, por exemplo, em 2003, ainda que não tenham trabalhado durante todo o ano, isto é, tenham sido dispensados em setembro de 2003. Note-se que o critério estabelecido pelas normas coletivas torna-se ainda mais arbitrário, na medida em que exclui os empregados que não estejam em pleno exercício da função, por ocasião do pagamento da participação nos lucros. Ressaltamos que a hipótese não é de condição mais benéfica a ensejar interpretação restritiva, na forma do art. 114 do Código Civil vigente, mas de norma coletiva regulamentadora de vantagem assegurada em preceito constitucional[(88)].

27. AJUDA DE CUSTO

27.1. Natureza jurídica. Conceito

Dispõe o art. 457, § 2º, da CLT que "não se incluem nos salários as ajudas de custo, assim como as diárias para viagem que não excedam de cinquenta por cento do salário percebido pelo empregado".

A nosso ver, a interpretação gramatical que se extrai do citado dispositivo permite-nos concluir que o limite de 50% estabelecido na norma não se aplica às ajudas de

---

coletiva. O acordo coletivo firmado resulta em direito social de índole personalíssima que só pode beneficiar o obreiro (*intuitu personae*). Esse é o comando que se extrai da letra do art. 7º, inciso XI, da Lei Suprema. Assim sendo, viola a lei e a Constituição Federal cláusula que tem por escopo estabelecer remuneração pela participação do sindicato profissional na negociação coletiva. Com efeito, a entidade sindical negocia por imposição de um dever constitucional, verdadeiro 'munus' público, buscando o interesse da coletividade dos trabalhadores pertencentes à categoria profissional, mesmo quando locados em uma única empresa. Entidade sindical, portanto, não se confunde com sociedade mercantil que visa resultados lucrativos". TRT — 2ª Região — 0069/2000-4 — Ac. SDC 2001000381 — Rel.: Juiz Nelson Nazar — DOE 9.3.2001. *Revista Synthesis* 33/2000, p. 300.

(87) TRT/PR/ 1387/2000. Ac. 04602/2001. Rel.: Juiz Arnor Lima Neto. DOE 2.3.2001. *Revista Synthesis* 33/2001, p. 300.

(88) Nesse sentido nos pronunciamos como relatora do RO-00133-2004-014-03-00-4, que tramitou perante a 2ª Turma do TRT da 3ª Região, julgado em 27.7.2004. Cf. Orientação Jurisprudencial n. 390, do TST, 2010: Fere o princípio da isonomia instituir vantagem mediante acordo coletivo ou norma regulamentar que condiciona a percepção da parcela participação nos lucros e resultandos ao fato de estar o contrato de trabalho em vigor na data prevista para a distribuição dos lucros. Assim, inclusive na rescisão contratual antecipada, é devido o pagamento da parcela de forma proporcional aos meses trabalhados, pois o ex-empregado concorreu para os resultados positivos da empresa.

custo, mas tão somente às diárias para viagem, porquanto a presença de vírgula após a palavra "ajuda de custo" indica a existência de dois comandos distintos.

Analisando-se o preceito contido no art. 457, § 2º, da CLT sob o prisma teleológico, outra conclusão não se impõe, porquanto as ajudas de custo referem-se a despesas precisas e específicas, restando nítida a sua natureza indenizatória.

Elas correspondem a um único pagamento, efetuado em situações excepcionais, em geral para fazer face às despesas de transferência do empregado ocorridas no interesse do empregador. Assim se posiciona, também, grande parte da doutrina, como Amauri Mascaro Nascimento (*O Salário*. São Paulo: LTr, 1996, edição fac-similada, p. 327), Orlando Gomes e Elson Gottschalk (*Curso de Direito do Trabalho*. Rio de Janeiro: Forense, 2000, p. 239 — Atualizador: José Augusto Rodrigues Pinto), Arnaldo Sussekind (*Comentários à Consolidação das Leis do Trabalho*. *Op. cit.*, 1964, vol. II, p. 36), Adriano Capanhole (*Prática e Jurisprudência Trabalhistas*, 1962, p. 321), Marly Cardone (*Viajantes e Pracistas no Direito do Trabalho*. São Paulo: LTr, 1998, p. 51) e Délio Maranhão (*Direito do Trabalho*. Rio de Janeiro: Fundação Getúlio Vargas, 1979, p. 193).

Discute-se a possibilidade ou não de se inserir no regulamento da empresa cláusula exigindo que o empregado devolva o valor que lhe foi pago a título de ajuda de custo, por ocasião de transferência, caso não permaneça no local durante determinado prazo. A jurisprudência tem negado validade à cláusula por violar a liberdade de trabalho[(89)].

Não é raro depararmos com situações em que o empregador paga ao empregado, habitualmente, valor fixo mensal superior a 50% do seu salário, rotulando a verba de ajuda de custo destinada a ressarcir despesas com combustível e manutenção de automóvel, sem, entretanto, exigir qualquer prestação de contas dos gastos realizados. Não há dúvida de que a parcela quitada nessas condições representa um *plus* na remuneração do empregado, revelando-se inequívoca a sua natureza salarial[(90)]. De ajuda de custo não se trata.

28. VERBA DE REPRESENTAÇÃO

A verba de representação consiste na importância concedida ao trabalhador para que ele possa arcar com despesas inerentes às ostentações que o cargo exige. Possui natureza indenizatória.

---

(89) TST-AIRR 787014/01.2. Ac. 1ª T. 27.11.02. Rel.: Min. João Oreste Dalazen. *Revista LTr* 67-10/1255.

(90) "**Verba quitada pela empresa a título de ajuda de custo. Natureza salarial.** A ajuda de custo, segundo o posicionamento de grande parte da doutrina, corresponde a um pagamento único efetuado ao empregado, em situações excepcionais, normalmente para fazer face a despesas de transferência do obreiro no interesse do empregador. Inviável considerar-se como autêntica ajuda de custo verba paga habitualmente ao empregado em valor bem superior a 50% de seu salário, em quantia fixa mensal, sob alegação de que se destina a ressarcir despesas com combustível e manutenção de automóvel, utilizado na execução dos serviços, quando sequer há prestação de contas dos gastos realizados pelo obreiro. A parcela quitada nessas condições representa um plus na remuneração do empregado, revelando-se induvidosa a sua natureza salarial. Recurso ordinário provido, no particular". TRT — 3ª Região — Ac. 2ª Turma — RO-7459/03 (00352-2003-021-03-00-0) — Relª: Juíza Alice Monteiro de Barros — Julgado em 24.6.2003.

29. SALÁRIO-FAMÍLIA

O salário-família foi contemplado expressamente na Constituição da República de 1967, mas a Lei n. 4.266, de 1963, já o havia instituído para auxiliar o trabalhador no sustento e educação de seus dependentes. Sua natureza jurídica é a de um benefício previdenciário e os destinatários são os empregados urbanos, trabalhadores avulsos e empregados rurais. Estes últimos, por força da Constituição de 1988, foram equiparados aos empregados urbanos (*caput* do art. 7º), entretanto, o salário-família tornou-se devido a eles somente após a vigência da Lei n. 8.213, de 1991 (**Súmula n. 344 do TST**).

A finalidade do salário-família é auxiliar os pais no custeio da educação dos filhos. É devido por filho, de qualquer condição, menor de 14 anos ou inválido de qualquer idade. Aí se incluem os menores enteados e curatelados (Orientação de Serviço IAPAS/SAF n. 119, de 4 de junho de 1987). Havendo perda do "poder familiar", o salário-família será creditado a quem o detiver.

Para receber o salário-família torna-se necessário que o empregado entregue ao empregador as certidões de nascimento dos filhos, pois o termo inicial do direito coincide com a prova da filiação. Se a prova é feita em Juízo, o termo inicial corresponde à data de ajuizamento do pedido, salvo se comprovado que anteriormente o empregador se recusou a receber a certidão respectiva (**Súmula n. 254 do TST**).

Se o empregado estiver com o contrato suspenso, recebendo benefício previdenciário, o salário-família será pago pelo INSS. As reclamações alusivas a esse período são da competência da Justiça Federal e o réu será o INSS.

Na hipótese de marido e mulher serem empregados, receberão cotas distintas do salário-família e, se possuírem mais de um contrato de trabalho, ser-lhe-ão devidas tantas cotas quantos forem os contratos.

De acordo com a Lei n. 10.888, de 24 de junho de 2004, a partir de 1º de maio deste ano, o valor da cota do salário-família, por filho ou equiparado de qualquer condição, até 14 anos de idade, ou inválido de qualquer idade, é de: R$ 20,00 para o segurado com remuneração mensal não superior a R$ 390,00 e de R$ 14,09 para o segurado com remuneração superior a R$ 390,00 e igual ou inferior a R$ 586,19. Esses valores se alteram, em geral, sempre que há modificação no salário mínimo, entretanto, foram mantidos em 2005, como se infere do Decreto n. 5.545, de 22 de setembro, e em 2006, pela Lei n. 11.321.

30. CESSÃO DO SALÁRIO

É possível cessão de salário?

A cessão é a transferência voluntária do salário em favor de uma pessoa distinta do empregado (Plá Rodriguez. *El salario en el Uruguay*. Montevidéu, 1956, tomo II, p. 571).

À luz da Convenção n. 95 da OIT, o salário não poderá ser objeto de penhora ou de cessão, segundo as modalidades e limites prescritos pela legislação interna dos países.

Nossa legislação trabalhista é omissa a respeito da cessão de salário, admitindo--se a penhora, apenas em se tratando de pensão alimentícia.

A doutrina divide-se em duas posições: a que admite a cessão, desde que recaia sobre a porção penhorável do salário, como os juros que incidem sobre saldo de salário depositado em banco pelo empregador e não recebido pelo empregado, sem motivo plausível (Catharino, José Martins. *Tratado jurídico do salário*. 1951, p. 703 e 712) e os que não a admitem, pois o salário deverá ser pago diretamente ao empregado(91), para protegê-lo de sua imprevidência advinda de suas necessidades prementes e evitar que credores adquiram uma parte dessa contraprestação, de caráter alimentício(92).

A Lei n. 11.101, de 9 de fevereiro de 2005, arrola como créditos quirografários os créditos trabalhistas cedidos a terceiros (art. 83, § 4º).

31. CLASSIFICAÇÃO DO SALÁRIO

São várias as classificações atribuídas ao salário pela doutrina. Passaremos à análise das principais nomenclaturas utilizadas nessa classificação, a começar pelo salário mínimo previsto em lei.

O salário mínimo é previsto no art. 76 da CLT e no art. 7º, IV, da Constituição da República de 1988, que o unificou no território nacional, pois anteriormente ele variava de acordo com a região do país.

31.1. Escorço histórico

As primeiras leis sobre o salário mínimo foram promulgadas em 1894, na Austrália, e em 1896, na Nova Zelândia(93).

No plano internacional, a Convenção n. 26 da OIT, de 1928, foi a primeira a dispor sobre o salário mínimo, com o campo de aplicação restrito aos empregados da indústria e do comércio. Mais tarde, a Convenção n. 99, de 1951, do mesmo organismo internacional estendeu o salário mínimo aos trabalhadores da agricultura. Essas convenções foram ratificadas pelo Brasil, cuja Constituição de 1934 já garantia o salário mínimo aos trabalhadores no art. 121, § 1º, "b". Em 1936, editou-se a Lei n. 185, regulamentada pelo Decreto-Lei n. 399, de 3 de abril de 1938, sobre o tema.

Enquanto a Constituição de 1934 e a de 1937 garantiam o salário mínimo como aquele capaz de satisfazer as necessidades normais do trabalhador ou do trabalho, respectivamente, a Constituição de 1946 incluía também as de sua família (art. 137, inciso I), e seu texto foi reproduzido na Constituição de 1967 e na Emenda Constitucional n. 1, de 1969. A atual Constituição, no art. 7º, IV, ao arrolar o salário mínimo entre os direitos sociais, conceituou-o como aquele fixado em lei, nacionalmente unificado, capaz

---

(91) TOSTES MALTA, Christovão P. *Dicionário de Doutrina Trabalhista*. 1966, p. 224. *Apud* NASCIMENTO, Amauri Mascaro. *O salário no Direito brasileiro*. São Paulo: LTr, 1975, p. 103-104.

(92) GOMES, Orlando & GOTTSCHALK, Elson *apud* NASCIMENTO, Amauri Mascaro. *Op. cit.*, p. 103. PLÁ RODRIGUEZ. *Op. cit.*, *passim*.

(93) DONATO, Messias Pereira. *Curso de Direito do Trabalho*. São Paulo: Saraiva, 1979, p. 197.

de atender às necessidades vitais básicas do trabalhador e às de sua família, como moradia, alimentação, educação, saúde, lazer, vestuário, higiene, transporte e previdência social, com reajustes periódicos que lhe preservem o poder aquisitivo, sendo vedada sua vinculação para qualquer fim.

As normas sobre salário mínimo são imperativas, de força cogente, insuscetíveis de renúncia pelas partes. Entendemos que nem mesmo por negociação coletiva poderá ser reduzido. Logo, a ele não se aplica o inciso VI da Constituição vigente.

31.2. Conceito. Estipulação. Garantia

O art. 76 da CLT conceitua o salário mínimo como a contraprestação mínima devida e paga diretamente pelo empregador a todo trabalhador, inclusive ao rural, sem distinção de sexo, por dia normal de serviço e capaz de satisfazer, em determinada época e região do país, às suas necessidades normais de alimentação, habitação, vestuário, higiene e transporte. Essas necessidades foram ampliadas pelo art. 7º, IV, da Constituição vigente, que incluiu também a educação, a saúde, o lazer e a previdência social. Por outro lado, o salário deixou de ser regional e passou a ser nacional pelo referido preceito.

Ele é fixado por Decreto do Poder Executivo para uma jornada de oito horas e um módulo semanal de 44 horas, sendo lícita a contratação para jornada reduzida com salário mínimo proporcional às horas trabalhadas.

Os componentes do salário mínimo devido ao empregado urbano, a teor do art. 76 e do art. 81 da CLT, além da importância fixa, compreendem as comissões e as utilidades. A importância paga em dinheiro aos empregados urbanos, paralelamente ao salário *in natura*, não poderá ser inferior a 30% do salário mínimo (art. 82, parágrafo único da CLT). Note-se, entretanto, que o TST, por meio da **Orientação Jurisprudencial** n. 272 da SDI-1, sustenta que a verificação do respeito ao direito ao salário mínimo não se apura pelo confronto isolado do salário-base com o mínimo legal, mas deste com a soma de todas as parcelas de natureza salarial recebidas pelo empregado diretamente do empregador. Conclui-se, daí, que o TST está considerando como componentes do salário mínimo todas as verbas do art. 457 da CLT, exceto, evidentemente, as gorjetas, que não são pagas diretamente pelo empregador.

O empregado urbano que recebe o salário mínimo poderá auferi-lo em espécie (dinheiro) e *in natura*, cujos valores para desconto são fixados em Portaria (n. 19, de 1952) e estão previstos, para Minas Gerais, por exemplo, nos seguintes percentuais: 54% do salário mínimo a título de alimentação preparada fora do estabelecimento do empregador, sendo 5% para café da manhã e lanche e 22% para almoço e jantar; 28% do salário mínimo a título de habitação; 1% para transporte, 6% para higiene e 11% para vestuário(94). Se a alimentação for preparada pelo próprio empregador, o percentual

(94) Esses percentuais encontram-se na Portaria n. 19, de 31 de janeiro de 1952. MAGANO, Octavio Bueno. *Manual de Direito do Trabalho*. v. 2. São Paulo: LTr, 1993, p. 235. Afinado com a ideia: MARTINS, Sérgio Pinto. *Direito do Trabalho*. São Paulo: Atlas, 2002, p. 217. Os referidos autores reportam-se à Portaria, mas baseando-se nos percentuais previstos no Estado de São Paulo. O importante é que esses autores também entendem que ela está em vigor.

do desconto a esse título será de 25% do salário mínimo (art. 1º da Lei n. 3.030, de 19 de dezembro de 1956). Lembre-se, contudo, que pelo menos 30% do salário mínimo deverão ser pagos em espécie (dinheiro).

Há autores[95] que não mais admitem a existência desses percentuais e consideram que se aplicam a todos os empregados, isto é, aos que recebem o salário mínimo e aos que recebem, além desse valor, os percentuais previstos no § 3º do art. 458 da CLT, introduzido pela Lei n. 8.860, de 1994 (20% para alimentação e 25% para habitação, sobre o salário contratual) e que, em relação às demais utilidades, deve-se arbitrar o valor. Divergimos dessa posição, por entendermos que o salário mínimo está disciplinado no Título II, Capítulo III, da CLT (art. 76 a 126), enquanto o art. 458 do mesmo diploma encontra-se no Título IV, Capítulo II, aplicando-se este preceito aos que recebem salário superior ao mínimo. No art. 81, § 1º, da CLT, alusivo ao capítulo sobre salário mínimo, temos que a alimentação terá um valor mínimo igual aos valores da lista de provisões, constante dos quadros devidamente aprovados.

Ao empregado rural será assegurado em dinheiro pelo menos 55% do salário mínimo, pois o limite do salário *in natura* para esses trabalhadores, com o fim de integrar o mínimo, restringe-se a 20% para habitação e a 25% para alimentação (art. 9º da Lei n. 5.889, de 1973).

31.3. Outras classificações de salário

Outras classificações utilizadas pela doutrina podem ser assim resumidas:

Salário Real é um termo empregado pela doutrina para demonstrar a quantidade de bens que o empregado poderá com ele adquirir.

Salário Nominal é "mera expressão numérica", segundo a doutrina.

Salário-base foi definido pela Lei n. 5.811, de 1982, como a importância fixa mensal, antes de outros acréscimos ou vantagens, incentivos ou benefícios a qualquer título. Ele se identifica, portanto, com o salário contratual.

Salário Ficto indica uma situação de fraude criada no contrato de trabalho, ocorrida quando se coloca nos recibos ou na CTPS um salário que não corresponde ao efetivamente percebido pelo empregado. Geralmente, o salário auferido é maior e o expediente fraudulento tem por objetivo quitar as contribuições sociais com um salário mais baixo.

Salário Diferido é o que corresponde a uma obrigação salarial atual do empregador, mas que será recebida pelo empregado no futuro. A título de exemplo, podemos citar os depósitos do FGTS efetuados pelo empregador mensalmente, na conta vinculada do empregado para recebimento *a posteriori*.

---

(95) CARMO, Júlio Bernardo do. *Curso de Direito do Trabalho. Estudos em memória de Célio Goyatá*. São Paulo: LTr, 1997, p. 39. Coord.: Alice Monteiro de Barros.

Salário Complessivo é o pagamento global que compreende vários institutos jurídicos sem, entretanto, discriminá-los, como determina o art. 477 da CLT. Ele é proibido no Brasil, pois retira do trabalhador a certeza do seu ganho (**Súmula n. 91 do TST**).

Salário Indireto é a importância paga não pelo empregador, mas por terceiro, dada a oportunidade oferecida por aquele para que o empregado receba o valor. Outro significado é atribuído ao salário indireto, ao argumento de que ele compreende não só o salário em dinheiro ou utilidades, mas outros encargos devidos ao empregado trazidos em acréscimos em razão de encargos familiares.

O **Salário Social** foi objeto de tese, defendida na França, em 1966, por Félix Pipi. No referido estudo, o autor propõe uma ampliação do conceito de salário, para abranger também os benefícios previdenciários. Entre nós, o salário social vem sendo conceituado como o "conjunto de valores canalizados compulsoriamente para as instituições de segurança social, por meio de contribuições pagas pelas empresas, pelo Estado ou por ambos e que tem como destino final o patrimônio do empregado que o recebe, sem dar qualquer participação especial de sua parte, seja em trabalho, seja em dinheiro"[(96)].

Salário condicionado, na concepção de Amauri Mascaro[(97)], é forma de salário vinculado à ocorrência de uma causa específica. Não se verificando a condição, o efeito não será exigível.

O **salário vital** divide-se em **salário vital material**, que visa a satisfazer o custo das necessidades materiais do trabalhador, e **salário vital pessoal**, cujo objetivo é atender não só as necessidades materiais, mas também as espirituais do trabalhador.

Salário Supletivo é modalidade salarial fixada pelo Poder Judiciário com o objetivo de suprir omissão do contrato a respeito do *quantum* a ser percebido pelo empregado. A título de exemplo de salário supletivo podemos citar o preceito contido no art. 460 da CLT: "Na falta de estipulação do salário ou não havendo prova sobre a importância ajustada, o empregado terá direito a perceber salário igual ao daquele que, na mesma empresa, fizer **serviço equivalente**, ou do que for habitualmente pago para serviço semelhante" (grifou-se). Pressupõe, como se vê, serviço equivalente.

Salário Equitativo é o que advém da equiparação determinada por lei (art. 461 da CLT) e autorizada pela Justiça do Trabalho como remuneração corretiva imposta pelo princípio da isonomia. Essa modalidade salarial está contida no art. 461 da CLT. Pressupõe função idêntica.

Salário Misto é a terminologia utilizada pela doutrina para designar o salário constituído de mais de uma forma, geral ou especial, de retribuição.

Salário Progressivo é uma forma mista de salário constituída de um elemento, como o tempo ou peças, e um elemento suplementar, como prêmios. Exemplo de

---

(96) OLIVEIRA, Fábio Leopoldo de. *Introdução elementar ao estudo do salário social no Brasil*. São Paulo: LTr, 1974, p. 106.
(97) *Manual do Salário*. São Paulo: LTr, 1984, p. 75.

salário progressivo é o salário mínimo acrescido de prêmios, previsto na classificação de Plá Rodriguez e Miguel Hernainz Marquez[98].

Salário de Categoria é aquele fixado por sentença normativa ou convenção coletiva para determinada categoria profissional.

Salário Profissional é a contraprestação fixada, geralmente, *a priori*[99] por lei, norma coletiva ou laudo arbitral[100] para determinada profissão. Aplica-se aos contratos que estiverem em curso e aos que forem celebrados depois de sua instituição. A título de exemplo, podemos citar a Lei n. 3.999, de 1961, que dispõe sobre o trabalho do médico e do dentista.

Os engenheiros, arquitetos, agrônomos, veterinários ou químicos gozam também de tratamento especial previsto na Lei n. 4.950-A, de 1966. Segundo a referida lei, aqueles diplomados pelos cursos regulares superiores, com duração de quatro anos ou mais, e que tenham uma jornada de trabalho diária de seis horas, fazem jus ao salário-base mínimo de seis vezes o salário mínimo comum vigente (art. 5º). Considerando que o salário mínimo foi unificado, não há que se falar em maior salário mínimo, como prevê a Lei n. 4.950, de 1966. Já aqueles cujo curso universitário teve duração inferior a quatro anos e que cumprem uma jornada de trabalho de seis horas, perceberão um salário-base de cinco vezes o salário mínimo vigente (art. 5º).

A Lei n. 4.950-A, de 22 de abril de 1966, portanto, estabeleceu um salário profissional de cinco ou seis vezes o salário mínimo, conforme a duração do curso. Filiamo-nos aos que sustentam que inexiste atrito dessa lei com o art. 7º, IV, da Constituição de 1988 quanto à proibição de vinculação ao salário mínimo. Ora, o que o texto constitucional veda é que o salário mínimo seja utilizado como fator de indexação em cláusulas contratuais de conteúdo econômico, refletindo de forma maléfica na inflação.

Veja-se a propósito a orientação do TST:

> "Salário profissional — Vinculação ao salário mínimo. A proibição de vinculação do salário mínimo para qualquer fim, inscrita no art. 7º, inciso IV, da Carta Magna, não alcança os contratos de trabalho que fixam a contraprestação mínima da relação empregatícia em determinada quantidade de salários, porquanto busca obstar a prática comum em cláusulas contratuais de conteúdo econômico que tomavam o salário mínimo como indexador do reajuste, refletindo maleficamente no fator inflacionário. A finalidade social do salário mínimo e do salário profissional é a mesma, qual seja, estabelecer uma remuneração mínima ao trabalhador. Recurso de revista conhecido e desprovido". TST — RR.310019/96.3. 1ª T. Rel.: Min. Ronaldo Leal. Julgado em 28 de abril de 1999. *Revista D. Trabalhista*. 31.7.99, p. 35[101].

---

(98) *Tratado Elemental de Derecho del Trabajo*. Instituto de Estudos Políticos. Madrid. 1972, p. 388. *Apud* NASCIMENTO, Amauri Mascaro. *O salário no Direito do Trabalho*. São Paulo: LTr, 1975, p. 80-81.

(99) Cf. NASCIMENTO, Amauri Mascaro. *Op. cit.*, p. 293.

(100) SÜSSEKIND, Arnaldo. *Instituições de Direito do Trabalho*. v. 1, 2002, p. 405.

(101) No referido acórdão foram invocadas várias orientações jurisprudenciais, entre outras: RR95.365/93, Ac. 5732/94, DJ de 3.2.95, Rel.: Min. Vantuil Abdala; RR-285.332/96, DJ 26.6.98, Rel.: Min. João Oreste Dalazen e RR-242.804/96, DJ 4.9.98. Rel.: Min. Moacir Roberto Tech.

Em novembro de 2004, a SDI-2 do TST ratificou o ponto de vista acima, quando, no tema n. 71 da **Orientação Jurisprudencial** dessa Seção, sustentou que "a estipulação do salário profissional em múltiplos do salário mínimo não afronta o art. 7º, IV, da Constituição Federal de 1988, só incorrendo em vulneração do referido preceito constitucional a fixação de correção automática do salário pelo reajuste do salário mínimo".

Observe-se, entretanto, que o STF[(102)] inclinava-se no sentido de não admitir a utilização do salário mínimo como piso de salário profissional. Em **9.5.08** foi editada a Súmula Vinculante n. 4 do STF proibindo o salário mínimo como base de cálculo do adicional de insalubridade e, em consequência, cancelada a Súmula n. 17 do TST e alterada a Súmula n. 228 desse Tribunal. O STF acatou liminar formulada pela Confederação Nacional da Indústria e determinou a suspensão da Súmula n. 228 do TST, por conflitar com a Súmula Vinculante n. 4 do STF. Até que se edite lei regulamentadora sobre o tema, prevalece o salário mínimo com base de cálculo do adicional de insalubridade (TST-RR-872-2005-042-15-00 — DJ de **13.6.08** — 7ª T. — Rel. Min. Ives Gandra M. Filho).

Os engenheiros sujeitos a carga horária superior a seis horas diárias cujo curso superior tenha tido duração de quatro anos ou mais deverão receber o salário-base mínimo, tomando-se por parâmetro o custo da hora fixada no art. 5º, acrescentando-se 25% à 6ª e à 7ª horas diárias de serviço (art. 6º).

A Lei n. 4.950-A, de 1966, estabelece salário mínimo profissional e não jornada mínima de seis horas para o engenheiro e outros profissionais por ela contemplados. A referida lei prevê a possibilidade de ser a jornada ajustada no contrato (art. 3º, parágrafo único), observado o parâmetro máximo fixado pela Constituição Federal de 1988. Logo, o acréscimo de 25% previsto na lei citada destina-se às duas horas excedentes de seis e não tem a natureza de horas extras, mas "de base acrescida de piso salarial"[(103)].

O engenheiro empregado que trabalhar das 22 horas de um dia às 5 horas do dia seguinte fará jus ao adicional noturno de 25% sobre a hora normal.

O salário profissional dos médicos e dentistas que prestam serviços como empregados a pessoas físicas ou jurídicas de direito privado é de três vezes o salário mínimo e o de seus auxiliares, de duas vezes o salário mínimo. Por força da **Súmula n. 143 do TST**, "o salário profissional dos médicos e dentistas guarda proporcionalidade com as horas efetivamente trabalhadas, respeitando o mínimo de 50 horas mensais". Cumpre salientar que a Lei n. 3.999, de 1961, não estipula a jornada reduzida para os médicos e dentistas, mas apenas estabelece o salário mínimo da categoria para uma jornada de quatro horas. Não há que se falar em horas extras, salvo as excedentes de oito, desde que seja respeitado o salário mínimo horário da categoria (**Súmula n. 370 do TST**).

(102) Cf. Despacho: RE-403672/CE — Recurso Extraordinário — Rel.: Min. Eros Grau — DJ 7.10.2004, p. 66, julgamento 2.9.2004.

(103) NASCIMENTO, Amauri Mascaro. A Polêmica sobre a Jornada de Trabalho do Engenheiro. *Revista LTr*, São Paulo, n. 54/9/1051. De maneira análoga é a **Súmula n. 370** do TST.

As funções de chefia de serviço médico e odontológico só poderão ser exercidas por médico ou dentista.

O valor do trabalho do médico ou do dentista realizado entre as 22 horas de um dia e as 5 horas do dia seguinte sofrerá um acréscimo de 20% sobre o valor da hora diurna, segundo dispõe o art. 9º da Lei n. 3.999, de 1961.

A duração normal do trabalho do médico e do dentista, salvo acordo em contrário, é no mínimo de duas horas e no máximo de quatro horas diárias e a de seus auxiliares (de laboratório, radiologista e internos) é de quatro horas. Aos médicos e auxiliares que contratarem com mais de um empregador é vedado o trabalho além de seis horas diárias (art. 8º, § 2º, da Lei n. 3.999, de 1961). Para cada 90 minutos de trabalho, haverá intervalo obrigatório de 10 minutos, sob pena de multa administrativa.

CAPÍTULO XXII

FORMAS E MEIOS DE PAGAMENTO DO SALÁRIO. PROTEÇÃO AO SALÁRIO

1. FORMAS E MEIOS DE PAGAMENTO DO SALÁRIO

As principais formas de pagamento do salário são: por unidade de tempo, por unidade de obra e por tarefa. A rigor, as formas fundamentais são as duas primeiras, pois a última é uma combinação de ambas.

O **salário pago por unidade de tempo** é fixado em função da duração do trabalho, do período em que o empregado permanece à disposição do empregador (hora, dia, semana, quinzena, mês), independentemente da quantidade de serviços executados, ou seja, do "resultado objetivo da produção"(1). É a forma comum de contraprestação dos empregados denominados horistas, diaristas, semanalistas, quinzenalistas e mensalistas. A principal desvantagem atribuída a essa forma de retribuição é a de que desestimula o empregado e implica uma fiscalização rigorosa sobre ele. Por outro lado, tem a vantagem de não lhe exigir esforço excessivo, sobrando-lhe tempo livre para dedicar-se às atividades pessoais.

Cumpre lembrar que o salário por unidade de tempo não se confunde com o período do pagamento. Assim, o empregado cujo salário foi estipulado por hora poderá recebê-lo mensalmente, sem que perca sua condição de horista. É o que se denomina falso mensalista, pois é a forma da estipulação do salário e não a época do pagamento que designa o mensalista(2).

O **salário pago por unidade de obra** é a importância variável recebida pelo trabalhador como contraprestação fixada em função do resultado do trabalho, da quantidade de mercadoria produzida pelo empregado (ex.: cada tonelada de minério extraído, cada metro de tecido vendido, etc.). Ele vem contemplado no art. 483, "g", da CLT, que autoriza a rescisão indireta do contrato quando o empregador reduzir as peças, de forma que lhe afete sensivelmente o salário.

Distingue-se o salário por unidade de obra da empreitada, porque no primeiro a finalidade do contrato é a prestação de serviços do empregado, enquanto no segundo, ou seja, na empreitada, sua finalidade nuclear é o resultado do trabalho(3).

Já o **salário por tarefa** é a contraprestação que advém de uma reunião do salário pago por unidade de tempo com o salário pago por unidade de obra ou peça (resultado), embora uma vertente doutrinária o identifique com o salário por unidade de obra. O salário por tarefa é pago ao empregado com a exigência de que ele produza, em determinado lapso de tempo, um resultado mínimo.

---

(1) NASCIMENTO, Amauri Mascaro. *Op. cit.*, p. 49.

(2) SÜSSEKIND, Arnaldo Lopes. *Instituições de Direito do Trabalho*. v. I. São Paulo: LTr, 2003, p. 394.

(3) CATHARINO, José Martins. *Op. cit.*, 1951, p. 160.

Cumpre, finalmente, salientar que essa forma mista de pagamento de salário, que combina tempo com resultado, é considerada simples. Ela será composta quando o salário por tarefa vier acompanhado de prêmios.

O sistema Taylor, por exemplo, consiste em pagar uma tarifa mais elevada por peça, unidade ou tarefa, quando o trabalho é realizado no menor tempo possível e sem imperfeição. Decresce a tarifa quando a velocidade diminui e a peça carece de perfeição. O sistema em exame é muito criticado, exatamente porque lança o empregado, desejoso de maiores ganhos, a um ritmo de trabalho mais célere, que o conduz ao esgotamento físico e mental.

Por outro lado, entre os meios de pagamento do salário temos o principal deles, que é o dinheiro. O art. 463 da CLT, visando à circulação da moeda nacional, determina que o pagamento seja realizado em moeda corrente no País, sob pena de ser tido como não efetuado (art. 463 e parágrafo único da CLT). Se o salário foi estipulado em moeda estrangeira, no ato de seu pagamento deverá ser feita a conversão para a moeda nacional.

O art. 464, parágrafo único, da CLT, permite, ainda, que o salário seja pago em cheque ou depósito bancário, sendo vedado o pagamento por meio de notas promissórias, pois, além de prorrogar a data de pagamento, é de difícil circulação. O legislador, como vimos no capítulo anterior, autoriza, ainda, o pagamento em utilidades.

2. PROTEÇÃO AO SALÁRIO OU GARANTIAS SALARIAIS

O caráter alimentar do salário garante o seu percebimento pelo empregado por meio de várias medidas de proteção, ora contra abusos do empregador, ora contra seus credores, ora contra familiares do empregado, ora contra credores deste último.

2.1. Medidas de proteção ao salário contra abusos do empregador. O truck-system

Essas medidas estão relacionadas com princípios e normas universalmente aceitos[(4)], com maior ou menor intensidade.

a) Se o salário ajustado foi constituído de importância fixa, acrescida de salário *in natura*, não se pode alterar a forma contratada, salvo se houver impossibilidade de o empregador continuar a fornecer a utilidade ao empregado, quando então admite-se a novação, ou seja, a sua substituição por dinheiro. Da mesma forma, se se contratou com o empregado um salário fixo mais comissões, não será possível suprimir-se uma dessas partes, em regra.

O art. 2º, § 1º, da Lei n. 3.207, de 18 de julho de 1957, prevê a possibilidade de o empregado, vendedor viajante ou pracista, ter a sua zona de trabalho ampliada ou restringida, de acordo com as necessidades da empresa, respeitados os dispositivos dessa lei quanto à irredutibilidade da remuneração. Sempre que o empregado viajante, por conveniência da empresa, for transferido de zona de trabalho, com redução de

(4) DONATO, Messias Pereira. *Curso de Direito do Trabalho*. São Paulo: Saraiva, 1979, p. 218.

vantagens, ser-lhe-á assegurado, como mínimo de remuneração, um salário correspondente à média dos 12 últimos meses anteriores à transferência.

Tampouco se admite com relação aos empregados em geral que o salário ajustado por tempo seja alterado para salário por unidade de obra ou para salário misto, parte por tempo e parte por unidade de obra. Isso porque vigora em Direito do Trabalho o princípio de inalterabilidade formal do salário, que veda também a transformação das subunidades de salário por tempo, ou seja, horista em diarista ou semanalista em mensalista.

b) Outro princípio norteador das medidas de proteção ao salário contra abusos do empregador diz respeito à irredutibilidade salarial. A CLT, no art. 503, autoriza a redução salarial nas hipóteses de força maior, assim consideradas as circunstâncias imprevisíveis para as quais o empregador não concorreu nem direta nem indiretamente. Nessas circunstâncias era facultado ao empregador reduzir o salário do empregado em um percentual de até 25%, respeitado o salário mínimo, devendo a medida ser genérica. A partir da Constituição de 1988 a redução salarial permitida depende de negociação coletiva, consubstanciada em convenção ou acordo coletivo, como prevê o inciso VI do art. 7º. Logo, até mesmo na força maior a negociação é indispensável. O art. 503 da CLT está, portanto, parcialmente revogado. Outra exceção à regra da irredutibilidade salarial diz respeito ao retorno do empregado, ocupante de cargo de confiança, ao cargo de origem (art. 468, parágrafo único da CLT), de remuneração inferior. O art. 450 da CLT também autoriza a redução do salário quando o empregado é afastado provisoriamente do seu cargo para exercer, interinamente, em comissão, um outro que se encontra vago, ou então quando ocupa eventual ou temporariamente um outro cargo, cujo titular se encontra afastado por motivo de interrupção, suspensão do contrato ou outro motivo que o impossibilite de ocupá-lo. Com o regresso desse empregado, seu substituto retornará ao cargo efetivo, cujo salário é inferior, sem que o fato implique redução salarial.

Maiores considerações sobre o tema serão tecidas no **Capítulo: Alteração do Contrato de emprego.**

c) Integra o rol das medidas de proteção ao salário do empregado a proibição do chamado *truck-system* (pagamento por meio de vales, bônus ou equivalentes para aquisição de mercadoria no estabelecimento do empregador), da imposição de descontos provenientes de multas criadas pelo empregador ou de descontos que não encontram respaldo na lei, em norma coletiva (sentença normativa, convenção ou acordo coletivo) ou em contrato individual de trabalho. Estas proibições são um corolário do princípio da integralidade ou intangibilidade do salário. As exceções correspondem a vários tipos de descontos.

O *truck-system* é um sistema retributivo que se expandiu com a Revolução Industrial, mas já existia na Inglaterra desde o séc. XV. A causa da difusão está relacionada com o maquinismo e a grande manufatura. O aproveitamento de quedas d'água situadas em regiões desabitadas atraiu os trabalhadores das empresas instaladas nesses locais. A falta de elementos de vida obrigava as empresas a organizar instituições para fornecer aos empregados artigos de primeira necessidade[5]. A escassez da moeda também motivou o pagamento por meio de vales e fichas, os quais, em um primeiro momento, eram aceitos pelos comerciantes, com o aval do empregador. Posteriormente, os vales deixaram de ser aceitos no comércio e o empregador se transformou em abastecedor de seus próprios empregados. A fixação de preços abusivos e a má qualidade do produto trouxeram graves consequências para os trabalhadores, entre elas o seu endividamento diante do empregador e o seu estado de submissão vitalícia.

Outro inconveniente é que o salário pago em utilidade está propício a fraude, considerando que seus valores oscilam, o que não ocorre com o dinheiro, insubstituível como instrumento de troca. O *truck-system* contraria também a intenção de poupar ou economizar.

Esse sistema retributivo consiste no pagamento do salário por meio de vales, bônus ou equivalentes capazes de propiciar a aquisição de mercadorias pelo empregado em estabelecimento do empregador ou de terceiros. Daí o § 2º do art. 462 da CLT vedar à empresa que mantiver armazém para venda de mercadorias aos empregados ou serviços destinados a proporcionar-lhes prestações *in natura* exercer qualquer coação ou induzimento no sentido de que os empregados se utilizem do armazém ou dos serviços. Se não for possível o acesso dos empregados a armazéns ou serviços não mantidos pela empresa, é lícito à autoridade competente determinar a adoção de medidas adequadas, com o objetivo de garantir que as mercadorias sejam vendidas e os serviços prestados a preços razoáveis, sem fins de lucro e sempre em benefício dos empregados (art. 462, § 3º, da CLT).

São legais os **descontos efetuados** no salário do empregado a título de **contribuição previdenciária, de contribuição sindical, de imposto de renda[6], de ressarcimento em caso de dano doloso ou culposo** ocasionado pelo empregado, neste último caso, desde que a possibilidade tenha sido acordada pelas partes (art. 462, § 1º, da CLT). Daí o TST admitir seja descontado do salário do frentista valor referente a cheques devolvidos sem provisão de fundos, quando ele não observou as recomendações previstas em instrumento coletivo (**Orientação Jurisprudencial** n.

---

(5) GARCÍA OVIEDO, Carlos. *Tratado Elemental de Derecho Social*. v. 1. Madrid: EISA, 1954, p. 221.

(6) **Súmula n. 368 do TST: "Descontos previdenciários e fiscais. Competência. Responsabilidade pelo pagamento. Forma de cálculo** (conversão das Orientações Jurisprudenciais n. 32, 141 e 228 da SDI-1) — Resolução n. 129/2005 — DJ 20.4.05 — Republicada com correção no DJ 5.5.05. I. A Justiça do Trabalho é competente para determinar o recolhimento das contribuições previdenciárias e fiscais provenientes das sentenças que proferir. A competência da Justiça do Trabalho para execução das contribuições previdenciárias alcança as parcelas integrantes do salário de contribuição, pagas em virtude de contrato de emprego reconhecido em juízo, ou decorrentes de anotação da Carteira de Trabalho e Previdência Social — CTPS, objeto de acordo homologado em juízo (ex-OJ n. 141 — Inserida em 27.11.1998). II. É do empregador a responsabilidade pelo recolhimento das contribuições previdenciárias e fiscais, resultante de crédito do empregado oriundo de condenação judicial, devendo incidir, em relação aos descontos fiscais, sobre o valor total da condenação, referente às parcelas tributáveis, calculado ao final, nos termos da Lei n. 8.541/1992, art. 46 e Provimento da CGJT n. 1/1996 (ex-OJ n. 32 — Inserida em 14.3.1994 e OJ n. 228 — Inserida em 20.6.2001). III. Em se tratando de descontos previdenciários, o critério de apuração encontra-se disciplinado no art. 276, § 4º, do Decreto n. 3.048/99 que regulamentou a Lei n. 8.212/91 e determina que a contribuição do empregado, no caso de ações trabalhistas, seja calculada mês a mês, aplicando-se as alíquotas previstas no art. 198, observado o limite máximo do salário de contribuição (ex-OJ n. 32 — Inserida em 14.3.1994 e OJ n. 228 — Inserida em 20.6.2001)".

251 da SDI-1). Entendemos que, mesmo evidenciada a culpa, no caso de negligência, mister a aquiescência prévia do empregado quanto ao desconto.

Entre os **descontos salariais** convencionais efetuados pelo empregador com autorização prévia e por escrito do empregado, poderão ser arrolados os inerentes à integração em **planos de assistência odontológica, médico-hospitalar, de seguro, de previdência privada ou de entidade cooperativa, cultural ou recreativa** associativa dos seus trabalhadores, em seu benefício e dos seus dependentes. Comprovada a coação ou outro defeito capaz de viciar essa autorização, o desconto efetuado a esse título será destituído de validade, impondo-se a sua restituição (**Súmula n. 342 do TST**).

Situam-se, também, entre os descontos salariais aqueles autorizados pelo empregado para **quitar débito de habitação** adquirida junto ao Sistema Financeiro Habitacional (Lei n. 5.725, de 1971). Em face da Lei n. 10.820, de dezembro de 2003, incluem-se ainda entre os descontos salariais efetuados pelo empregador, com autorização prévia (irrevogável e irretratável) do empregado, em sua folha de pagamento ou sobre verbas rescisórias, aqueles destinados a quitar empréstimos, financiamentos e operações de arrendamento mercantis concedidos por instituições financeiras e outras mencionadas no art. 1º da citada lei. Esses descontos não poderão ultrapassar 30% da remuneração disponível do empregado. O total da consignação voluntária (as autorizadas pelo empregado) incluindo as do art. 1º já citado, não poderão exceder de 40% de sua remuneração disponível.

O aviso prévio devido pelo empregado pode ser compensado com eventual crédito que ele possua na empresa (art. 487, § 2º, da CLT), o mesmo ocorrendo com adiantamentos salariais realizados.

Merecem destaque especial os **descontos sindicais**, dadas as inúmeras reclamações de empregados reivindicando a sua reposição por considerarem-nos ilegais.

Os empregados poderão sofrer descontos nos salários a título de **contribuição sindical** (art. 547 da CLT e inciso IV, do art. 8º, da Constituição da República de 1988).

A **contribuição sindical** advém da vontade do Estado (da lei) e é imposta a toda a categoria, independentemente de serem ou não os seus integrantes associados do sindicato. Corresponde a um dia de remuneração do empregado e é descontada pelo empregador na folha de pagamento de março do empregado e recolhida ao estabelecimento bancário em abril de cada ano. O desconto é compulsório.

Já a **contribuição assistencial** é autorizada pela assembleia geral do sindicato e se destina a custear atividades assistenciais do sindicato, como serviço médico, odontológico, etc. Sujeita-se essa contribuição à não oposição do empregado até 10 dias antes do primeiro pagamento registrado (TST. SDC-RO-DC 617/88, Rel.: Min. Wagner Pimenta, DJU 15.6.90, p. 5.76. *Dicionário de Decisões Trabalhistas*. Calheiros Bomfim, 23. ed., p. 197).

Há, ainda, a **mensalidade sindical,** que é uma contribuição estatutária e se estende apenas aos associados do sindicato, podendo os estatutos fixar o respectivo *quantum*.

Ela é voluntária e traduz uma decorrência da liberdade de filiar-se a um sindicato. Os empregados poderão autorizar, por escrito, o desconto nos salários dessas duas últimas contribuições.

Finalmente, há a **contribuição confederativa** instituída pela Constituição da República de 1988 (art. 8º, IV). Ela se destina a manter a estrutura sindical e é devida apenas pelos associados do sindicato. A cobrança da contribuição confederativa de todos os integrantes da categoria implica bitributação e autoritarismo sindical. Logo, a cobrança da contribuição confederativa só pode ser efetuada em relação aos associados do sindicato, que participaram ou poderiam ter participado da assembleia instituidora. Daí ter o TST, por meio da SDC (**Orientação Jurisprudencial** n. 17), e o Supremo Tribunal Federal, na **Súmula n. 666,** considerado inconstitucionais as cláusulas coletivas que estabeleçam contribuição em favor de entidade sindical, a qualquer título, obrigando trabalhadores não sindicalizados. Essas cláusulas são ofensivas ao direito de livre associação e sindicalização, constitucionalmente assegurado, e, portanto, são nulas, sendo passíveis de devolução, por via própria, os respectivos valores eventualmente descontados.

Se o desconto a esse título concretizou-se, o empregado poderá ajuizar ação trabalhista contra o empregador, insurgindo-se contra ele. E se o desconto ainda não se concretizou, consideramos prudente o ajuizamento de ação declaratória postulando seja declarada a ilegalidade do mesmo.

As **multas** não serão permitidas, exceto se previstas em normas coletivas ou se o empregado for atleta.

d) Constitui igualmente garantia salarial contra abusos do empregador a pontualidade no pagamento dos salários, aferida de acordo com o tempo, o lugar e a forma estipulada para seu cumprimento.

À luz do art. 459 da CLT, o pagamento do salário, qualquer que seja a modalidade do trabalho, não poderá ser estipulado por período superior a um mês, salvo no que concerne a comissões, percentagens e gratificações. Relativamente às comissões, a Lei n. 3.207, de 17 de janeiro de 1957, autoriza a estipulação por até três meses, por meio de ajuste, no tocante aos empregados vendedores, viajantes ou pracistas, ou que exercerem funções iguais, semelhantes ou equivalentes. Nesses casos, entende-se que o salário mínimo deverá ser pago, mensalmente, ao empregado, para posterior acerto, a ser feito trimestralmente. Se, todavia, o empregado não atingir, mensalmente, a título de comissões, o valor equivalente ao mínimo legal, este deverá ser sempre assegurado.

Afora a hipótese relatada acima, de estipulação trimestral, em regra o pagamento do salário, qualquer que seja a modalidade, não deverá ser estipulado por período superior a um mês. Estipulado o salário por mês, deverá o pagamento ser efetuado, o mais tardar, até o quinto dia útil do mês subsequente ao vencido. É a *vacatio* fixada pelo art. 459, parágrafo único, da CLT, para a sua efetivação. Se estipulado por quinzena ou semana, a quitação deverá ocorrer até o quinto dia subsequente à quinzena ou semana vencida, nos termos do Decreto-Lei n. 75, de 21 de novembro de 1966. Na hipótese de ter sido estipulado o pagamento do salário por prazo inferior a uma semana, o crédito será exigível de imediato (inteligência do art. 952 do Código Civil de 1916, que encontra preceito correspondente no art. 331 do Código Civil de 2002).

Caso o empregador deixe de quitar o salário em tempo oportuno, incorrerá em mora, podendo o empregado reclamar o salário em Juízo, com juros e correção monetária[7]. Reiterado o atraso, configura-se descumprimento de obrigação contratual capaz de autorizar o empregado a postular a rescisão indireta (art. 483, "d", da CLT). Se o atraso no pagamento do salário for superior a três meses consecutivos, poderá o trabalhador postular também a rescisão indireta, por mora contumaz (Decreto-Lei n. 368, de 18 de dezembro de 1968, Portaria n. 1.061, de 1º de novembro de 1996 — art. 2º, "c", do Ministério do Trabalho, e art. 483, "d", da CLT). Lembre-se que o só fato de o empregador purgar a mora em audiência não elide a falta capaz de autorizar a rescisão indireta[8].

Em caso de rescisão do contrato de trabalho, havendo controvérsia sobre o montante das verbas rescisórias, o empregador é obrigado a pagar ao trabalhador, à data do comparecimento à Justiça do Trabalho, a parte incontroversa dessas verbas, sob pena de pagá-las acrescidas de 50% (art. 467 da CLT). O disposto no *caput* do referido artigo não se aplica à União, aos Estados, ao Distrito Federal, aos municípios, às autarquias e às fundações públicas (parágrafo único do art. 467 da CLT). O *caput* do art. 467 da CLT e a multa do art. 477, § 8º, da CLT também não se aplicam à massa falida, a teor da **Súmula n. 388 do TST**.

Na nossa opinião, a norma contida no art. 467 da CLT é de ordem imperativa e incide, portanto, independentemente de postulação[9]. Todavia, é prudente reivindicá-la na inicial, em face de jurisprudência divergente. O preceito em questão aplica-se quando revel e confesso o empregador quanto à matéria de fato, nos termos da **Súmula n. 69 do TST**.

e) O pagamento dos salários deverá ser efetuado em dia útil e no local do trabalho, dentro do horário do serviço ou imediatamente após o seu encerramento, salvo quando efetuado por depósito em conta bancária (art. 465 da CLT).

Saliente-se que, se o empregador optar por efetuar o pagamento no local de trabalho, deverá aguardar o término da jornada[10] para o pagamento dos empregados que recebem por tarefa ou peça, do contrário poderá prejudicar-lhes o rendimento e, consequentemente, o salário.

O pagamento poderá ser feito por meio de conta aberta para esse fim, em nome de cada empregado, com o seu consentimento, em estabelecimento de crédito próximo ao local de trabalho (art. 464, parágrafo único, da CLT), devendo o empregador assegurar aos empregados horário para receberem o salário e ressarcir-lhes eventuais

---

(7) À luz da **Súmula n. 381** do TST, "o pagamento dos salários até o 5º dia útil do mês subsequente ao vencido não está sujeito à correção monetária. Se essa data limite for ultrapassada, incidirá o índice da correção monetária do mês subsequente ao da prestação de serviços, a partir do dia 1º".

(8) **Súmula n.** 13 do TST.

(9) DONATO, Messias Pereira. *Curso de Direito do Trabalho.* São Paulo: Saraiva, 1979, p. 222.

(10) GOMES, Orlando. *O salário no direito brasileiro*. Rio de Janeiro: J. Konfino, 1947, *passim.*

prejuízos, como despesas com condução para dirigirem-se ao estabelecimento bancário, caso ocorra atraso no recebimento.

A quitação do salário deverá ser efetuada por meio de recibo, assinado pelo empregado, ou, em se tratando de analfabeto, mediante sua impressão digital, ou ainda, não sendo esta possível, a seu rogo (art. 464, *caput*, da CLT). Terá força de recibo o comprovante de depósito em conta bancária, aberta para esse fim em nome de cada empregado, com o consentimento deste, em estabelecimento de crédito próximo ao local de trabalho (parágrafo único do art. 464 da CLT).

O salário deverá ser pago direta e pessoalmente ao empregado, ainda que menor (art. 439 da CLT), pelo empregador ou seus prepostos. Na hipótese de morte do empregado, esse direito transfere-se aos dependentes habilitados perante a Previdência Social, em cotas iguais e, na sua falta, aos sucessores previstos na lei civil, indicados em alvará judicial, independentemente de inventário ou arrolamento. As cotas atribuídas a menores ficarão depositadas em caderneta de poupança, rendendo juros e correção monetária, e só serão disponíveis após completar 18 anos, salvo autorização judicial para aquisição de imóvel destinado à residência do menor e de sua família, ou para dispêndio necessário à subsistência e educação do menor. Inexistindo dependentes ou sucessores, os valores reverterão em favor do Fundo de Previdência e Assistência Social, do FGTS ou do Fundo de Participação PIS-PASEP, conforme se trate de quantias devidas pelo empregador ou de contas de FGTS e do fundo PIS-PASEP (art. 1º e parágrafos da Lei n. 6.858, de 24 de novembro de 1980).

A cessão de salários em favor de uma pessoa distinta do empregado não é compatível com as normas trabalhistas. Os salários são impenhoráveis, salvo o caso de pensão alimentícia.

O pagamento dos salários prova-se por meio de recibos, frise-se. Na falta deles, presume-se a ausência de quitação. Essa presunção é relativa (*juris tantum*), logo, admite prova em contrário, a qual não poderá ser exclusivamente testemunhal (art. 141 do Código Civil, que guarda correspondente no art. 227 do Código Civil de 2002). A confissão do empregado a respeito do recebimento do salário elide a presunção gerada pela ausência do recibo.

O recibo tanto poderá ser individual como em folha coletiva. Deverá conter o nome do empregado, especificação da parcela e o respectivo valor, bem como época, lugar do pagamento, assinatura do empregado ou de seu procurador. Excepcionalmente, em se tratando de analfabeto, o recibo poderá ser assinado a rogo (art. 464 da CLT), caso não seja possível colher sua impressão digital.

Eventual vício de vontade ou vício social deverá ser comprovado pelo trabalhador, como ocorre quando alega ter assinado o recibo em branco, sem especificação de valor e ter sido o recibo preenchido *a posteriori* ou quando afirma não ter recebido a importância nele aposta ou ter recebido o valor, devolvendo-o em seguida.

Embora o texto legal não preveja obrigatoriedade de fornecimento ao empregado de cópia do recibo, algumas normas coletivas já o fazem.

Dispõe o art. 463 da CLT que a prestação em espécie do salário será paga em moeda corrente do País, sob pena de ser tida como não realizada. O objetivo do legislador foi assegurar a circulação da moeda brasileira. A rigor, o referido preceito não vedou a estipulação do salário em moeda estrangeira, apenas proibiu o seu pagamento nessas condições. Já o Decreto-Lei n. 857, de 11 de setembro de 1969, considera nulos os contratos que, exequíveis no Brasil, estipulem pagamento em ouro, em moeda estrangeira, ou que por alguma forma restrinjam ou recusem, nos seus efeitos, o curso do cruzeiro, moeda nacional da época. Excetuam-se os contratos de mútuo.

O Decreto-Lei n. 691, de 18 de julho de 1969, permite expressamente a estipulação de salário em moeda estrangeira, para o técnico estrangeiro contratado no Brasil em caráter provisório. O contrato será por prazo determinado, para serviços especializados, podendo ser prorrogado por prazo certo.

O art. 463 da CLT, ao exigir o pagamento do salário em moeda corrente do País, tem por objetivo também proibir o *truck system*(11).

2.2. Medidas de proteção ao salário contra os credores do empregador

Dado o caráter alimentar do salário, ele constitui crédito privilegiado ou preferencial na falência. A redação do art. 449, § 1º, da CLT estende esse privilégio também às indenizações a que tiver direito o empregado. Tanto os créditos referentes a salários como às indenizações ficaram limitados a 150 salários mínimos por credor, em face da nova lei de falência (art. 83, I, da Lei n. 11.101, de 9 de fevereiro de 2005). São privilegiados também os créditos decorrentes de acidente do trabalho, aos quais não se aplica o referido limite.

2.3. Medidas de proteção ao salário contra familiares do empregado

O salário deverá ser pago diretamente ao empregado, ainda que menor de 18 anos (art. 439 da CLT). Apenas na hipótese de dissolução do contrato de trabalho, é vedado ao empregado menor de 18 anos dar, sem assistência dos seus responsáveis legais, quitação ao empregador pelo recebimento de indenizações que lhe forem devidas.

Efetuado o pagamento dos salários aos pais do empregado menor, sem sua anuência, é tido como não realizado, devendo ser repetido, a não ser que o empregador prove, em Juízo, que o salário reverteu-se em benefício do menor (Cf., a propósito, MESSIAS, Donato. *Op. cit., passim*).

2.4. Medidas de proteção ao salário contra credores do empregado

O salário, independentemente do *quantum*, em virtude de seu cunho alimentar, é protegido também contra credores do empregado, daí ser ele impenhorável.

---

(11) MONTOYA MELGAR, Alfredo. *Op. cit.*, p. 68.

Aliás, o art. 649 do CPC, que dispõe sobre a impenhorabilidade, estende-a aos vencimentos dos professores e a salários e soldos em geral. Com isso, incluíram-se na impenhorabilidade os componentes do salário e da remuneração do empregado (art. 457 e seu § 1º), inclusive gorjeta e adicionais habituais.

Tendo-se em vista que o objetivo dessa garantia é assegurar a subsistência do empregado e a manutenção de um nível de vida compatível com a dignidade humana, compartilhamos com a vertente doutrinária que considera também impenhoráveis os recebimentos provenientes de auxílio-desemprego e de benefícios da previdência social.

Diante do disposto nos art. 649, IV, e 734 do CPC, a regra de impenhorabilidade salarial é derrogada em razão de pensão alimentícia devida aos familiares do empregado por decisão judicial e está em consonância com a Constituição vigente que consagra o salário mínimo familiar (art. 7º, inciso IV). O desconto a esse título é efetuado na folha de pagamento do trabalhador e revela o cunho social do salário.

E se o credor do empregado for o próprio empregador, que o avalizou, vendeu-lhe gêneros alimentícios ou vestuário, caberá a cobrança por meio de descontos em folha?

Nesses casos, dada sua natureza alimentar, o empregador não poderá efetuar nenhuma compensação com o salário, pois dívidas de natureza civil não se compensam com créditos trabalhistas[12]. Resta, portanto, ao empregador cobrar o débito na área cível.

(12) **Súmula n.** 18 do TST.

CAPÍTULO XXIII

EQUIPARAÇÃO SALARIAL. O PRINCÍPIO DA IGUALDADE DE SALÁRIO. DESVIO DE FUNÇÃO

1. INTRODUÇÃO

O princípio da isonomia garantido no diploma constitucional é amplo e assegura ao indivíduo o direito de se insurgir contra a má utilização que possa ser feita da ordem jurídica. Previne o indivíduo contra o arbítrio e a discriminação (cf. Celso Ribeiro Bastos. *Comentários à Constituição do Brasil*. 2º v., São Paulo: Saraiva, 1989). Ensina também o eminente constitucionalista que o princípio da igualdade não se dirige somente ao legislador, com o fim de impedi-lo de editar leis arbitrárias, mas também atinge diretamente os particulares. A isonomia, no direito moderno, além de ser um princípio informador de todo o sistema jurídico, assume ainda a condição de um autêntico direito subjetivo.

Sob o prisma internacional, o princípio da isonomia foi inserido pela primeira vez no Tratado de Versailles, constando da Declaração Universal dos Direitos do Homem (1948) e, mais tarde, da Convenção n. 100 da OIT, de 1951, que assegurou a igualdade de remuneração para a mão de obra feminina e masculina por um trabalho de igual valor.

No plano constitucional, o princípio da isonomia surge, de início, na Constituição Mexicana de 1917, a qual assegura para trabalho igual salário igual, sem distinção de sexo e de nacionalidade. Em seguida, a Constituição de Weimar reproduziu o preceito.

Em nosso País, esse princípio teve por objetivo inicial proteger o trabalhador nacional, proibindo recebesse salário inferior aos que fossem pagos aos estrangeiros (Regulamento aprovado pelo Decreto n. 20.291, de 12 de agosto de 1931). A Constituição de 1934 (art. 121) e a de 1946 proibiram diferença de salário para um mesmo trabalho, por motivo de idade, sexo, nacionalidade ou estado civil. A Constituição de 1937 limitou-se ao princípio genérico segundo o qual todos são iguais perante a lei. Não tardou a surgir, em agosto de 1940, um Decreto permitindo ao empregador pagar às mulheres salário inferior ao dos homens, autorizando uma redução de 10% em prejuízo daquelas (cf. Decreto-Lei n. 2.548, de 31 de agosto de 1940). Mais tarde, a Constituição de 1967 proibiu diferença de salário e de critério de admissão por motivo de sexo, cor e estado civil, enquanto a Constituição de 1988 reproduziu o texto, estendendo a proibição também por motivo de idade (art. 7º, XXX).

O princípio da igualdade foi inserido, originariamente, na CLT, assegurando a igualdade de salário para trabalho de igual valor, independentemente de sexo. A partir da Lei n. 1.723, de 1952, foi ampliada a proibição, acrescentando-se também a vedação à **diferença** de salário por motivo de nacionalidade e idade.

O combate à discriminação no trabalho humano está, portanto, inserido no princípio constitucional da isonomia, do qual derivou a equiparação salarial prevista no art. 461 da CLT, que dispõe:

> "Art. 461. Sendo idêntica a função, a todo trabalho de igual valor, prestado ao mesmo empregador, na mesma localidade, corresponderá igual salário, sem distinção de sexo, nacionalidade ou idade.
>
> § 1º Trabalho de igual valor, para os fins deste capítulo, será o que for feito com igual produtividade e com a mesma perfeição técnica, entre pessoas cuja diferença de tempo de serviço não for superior a dois anos.
>
> § 2º Os dispositivos deste artigo não prevalecerão quando o empregador tiver pessoal organizado em quadro de carreira, hipótese em que as promoções deverão obedecer aos critérios de antiguidade e merecimento.
>
> § 3º No caso do parágrafo anterior, as promoções deverão ser feitas alternadamente por merecimento e por antiguidade, dentro de cada categoria profissional. (Redação determinada pela Lei n. 1.723, de 1952).
>
> § 4º O trabalhador readaptado em nova função, por motivo de deficiência física ou mental atestada pelo órgão competente da Previdência Social, não servirá de paradigma para fins de equiparação salarial. (Redação determinada pela Lei n. 5.798, de 1972)".

Em consequência do exposto, é vedado ao legislador ordinário determinar arbitrariamente o que é igual, devendo pautar-se em critérios objetivos, circunscritos aos parâmetros traçados pela Constituição.

2. IDENTIDADE DE FUNÇÃO

A equiparação salarial, nos moldes em que a consagra o diploma consolidado, pressupõe **identidade funcional** e não mera analogia de funções ou cargos da mesma natureza. Ocorre que essa identidade é relativa[(1)] e não se descaracteriza se houver no exercício da função, ou seja, no conjunto de atos e operações realizadas, pluralidade de atribuições afins entre os empregados, o que, aliás, traduz imposição do sistema racional de trabalho na empresa moderna. O importante é que as operações substanciais sejam idênticas.

Os elementos de uma função compreendem o seu objeto e os meios de realização; esses sim devem ser idênticos.

Exemplo esclarecedor é citado por Fernando Américo Damasceno, em sua obra *Equiparação salarial*, ao mencionar o caso de três datilógrafas:

---

(1) "**A identidade de funções, em se tratando de equiparação salarial**, é pressuposto necessário, exigido pelo art. 461/CLT. Contudo, não se pressupõe identidade plena ou absoluta de funções, o que seria impossível ante a variedade e instabilidade permanente dos fatos sociais. Basta que substancialmente as funções se identifiquem para que haja atração do art. 461/CLT, prevalecendo o princípio da primazia da realidade". TRT — 3ª R. — 3ª T. — RO n. 06103/94 — Rel.: Juiz Antônio Álvares da Silva — DJMG 11.10.94, p. 95.

"A datilógrafa 'A' é incumbida de datilografar ofícios, com base em minutas que lhe são entregues pelos interessados; a datilógrafa 'B' preenche datilograficamente notas fiscais copiando rascunhos que lhe são fornecidos por outro empregado; a datilógrafa 'C' preenche datilograficamente guias de recolhimento de tributos, mediante dados que recolhe em outra unidade admi-nistrativa. Todas são datilógrafas e as respectivas tarefas não são idênticas. Mas as funções das duas primeiras são idênticas, a despeito de as suas tarefas serem diferentes, considerados os resultados que produzem e os meios utilizados para atingir o objeto da função: instrumentos datilografados (objeto), com base em minutas (meios de realização). Já a datilógrafa 'C', também tendo a missão de elaborar instrumentos datilografados (objeto), executa tarefas com base em dados que lhe são fornecidos, desempenhando atividade intelectual, ainda que pequena, para o correto preenchimento das guias; há uma diferença no meio de realização e sua função não é idêntica às das datilógrafas 'A' e 'B'." (*Op. cit.*, 1. ed., p. 44).

Nota-se, no exemplo anterior, que, embora a denominação dos cargos fosse idêntica, a isonomia não se verificou em relação a uma das datilógrafas, exatamente porque o meio de realizar a função era diverso e a lei não fala em igualdade de cargo, cujo caráter é mais formal, pressupondo igualdade de função, que possui natureza real.

Na mesma linha de ideias, entendemos que, apesar de os cargos de professor serem idênticos, torna-se difícil admitir a identidade funcional se as disciplinas por eles ministradas forem diferentes. Da mesma forma, rejeita-se a identidade funcional entre enfermeiras de berçários e de centro de tratamento intensivo ou entre motoristas, quando um deles dirige carro de passeio e o outro conduz carreta, não obstante os cargos terem a mesma designação.

Ressalte-se que a **Súmula n. 6, inciso II e III,** do TST só considera possível a equi-paração salarial quando o empregado e o paradigma exerçam a mesma função, desempenhando as mesmas tarefas, não importando se os cargos tenham ou não a mesma denominação.

3. MESMO EMPREGADOR

3.1. Empresas do mesmo grupo econômico

O *caput* do art. 461 exige, ainda, para fins de equiparação salarial, que o serviço seja prestado ao **mesmo empregador**, assim considerada a empresa, individual ou coletiva, que contrata, assalaria e dirige a prestação pessoal de serviços, assumindo os riscos do empreendimento econômico (art. 2º da CLT). Logo, o fato de os empregados trabalharem em estabelecimentos distintos, pertencentes à mesma empresa, em princípio, não inviabiliza a equiparação.

Discute-se se, para esses efeitos, são consideradas mesmo empregador as empresas integrantes de um mesmo grupo econômico. Opinamos pela afirmativa, uma vez que o art. 2º, § 2º, da CLT, ao conceituar o grupo econômico, considera solidariamente responsáveis a empresa principal e cada uma das subordinadas, para efeitos da relação de emprego. Ora, a equiparação é um efeito da relação de emprego, e o legislador, ao definir a natureza da responsabilidade em exame, não estabeleceu qualquer distinção no tocante às obrigações contratuais, entre as quais encontra-se o respeito ao princípio da isonomia. Dessa forma, as empresas integrantes de um mesmo grupo econômico serão consideradas a mesma empresa para fins de equiparação. Nesse sentido posiciona-se José Martins Catharino (*Contrato de emprego*, p. 173), quando assevera que "no sistema legal, a figura do empregador está confundida com a empresa, logo, a diferença jurídica entre ambos não pode ser extremada pelo intérprete. Destarte, a equiparação se faz possível em todos os casos do art. 2º, inclusive havendo consórcio hierarquizado". Igual ponto de vista foi manifestado por Fernando Américo Veiga Damasceno, em obra já citada (p. 75); Paulo Emílio Ribeiro de Vilhena (*Relação de emprego*. São Paulo: Saraiva, p. 146-147) e Octavio Bueno Magano (*Os grupos de empresas no Direito do Trabalho*. São Paulo: Revista dos Tribunais, 1979, p. 177).

Outros divergem dessa corrente, ao fundamento de que a equiparação salarial entre empresas diversas, ainda que pertencentes ao mesmo grupo econômico, poderia ocasionar uma anarquia nos quadros da empresa, com manifesta violência à liberdade contratual. Essa, aliás, tem sido a orientação do TST(2).

4. EQUIPARAÇÃO SALARIAL. SUCESSÃO. TRABALHO TEMPORÁRIO. TERCEIRIZAÇÃO. CESSÃO

Na hipótese de sucessão, considera-se o tempo de serviço em que o empregado exerceu a função na empresa sucedida, quer se trate de postulante ou paradigma, pois a mudança de proprietários ou a alteração na estrutura jurídica da empresa não afeta os contratos de trabalho dos empregados, cujos direitos adquiridos, entre os quais os que advêm da contagem do tempo de serviço, devem ser resguardados pelo empregador (cf., nesse sentido, Vantuil Abdala — Equiparação Salarial: empregado readmitido, quadro de carreira, grupo econômico e sucessão, *Revista Synthesis* 1/85, p. 81).

A isonomia aplica-se excepcionalmente quando se trata de empregadores diferentes, ou seja, na hipótese de trabalhador temporário, cuja remuneração deverá ser a mesma daquela auferida por empregado de idêntica função da empresa tomadora ou cliente, conforme comando contido no art. 12 da Lei n. 6.019, de 1974(3).

---

(2) "**O pedido de equiparação salarial** não tem sucesso quando empregado e paradigma pertencem a empresas distintas, muito embora componentes do mesmo grupo econômico". TST— RR-4056/89.0 — Ac. 3ª T. 0039/90 — 5.2.90 — Rel. designado: Min. Wagner Pimenta. *Revista LTr* 54-9/1148. Similarmente pronunciou-se Vantuil Abdala, em artigo intitulado: Equiparação salarial: empregado readmitido, quadro de carreira, grupo econômico e sucessão. *Revista Synthesis* n. 1/85, p. 80. Assevera esse autor que a concessão da isonomia entre empregados de empresas distintas pertencentes ao mesmo grupo econômico conduziria à irrazoabilidade de determinar-se a equiparação salarial quando equiparando e paradigma tivessem seus salários fixados por decisões normativas ou convenções coletivas diversas, ou por promoção decorrente de quadro de carreira, ou por concurso interno, podendo até prejudicar os próprios trabalhadores, pois as empresas mais bem sucedidas ficariam desestimuladas a conceder melhoria salarial, temerosas das consequências que poderiam advir. Em direção idêntica manifestou-se há muito PRADO, Roberto Barreto. *Tratado de Direito do Trabalho*. v. 1. São Paulo: Revista dos Tribunais, 1967, p. 280.

(3) Cf. ALMEIDA, Ísis de. *O regime de trabalho temporário*, p. 89; DAMASCENO, Fernando. *Op. cit.*, p. 78.

O mesmo raciocínio se aplica, apesar de opiniões contrárias, por força do art. 5º, *caput*, da Constituição da República de 1988, à terceirização, ou seja, aos empregados contratados por empresas prestadoras de serviços para prestarem serviços a outras empresas, do contrário haverá séria violação ao princípio constitucional da isonomia. Lembre-se, contudo, que esse raciocínio tem encontrado obstáculo em algumas decisões do TST, quando o salário dos empregados da tomadora é fixado por norma coletiva, sem a participação da real empregadora(4). Nesse caso, o TST tem negado a aplicação do princípio da isonomia, sob o argumento de que a verdadeira empregadora não participou da norma coletiva em questão, logo, não poderá sujeitar-se ao cumprimento das cláusulas ali inseridas.

Também não exclui a equiparação salarial a cessão de empregados, embora exercida a função em órgão governamental estranho à cedente, se esta responde pelos salários do paradigma e do reclamante (**Súmula n. 6, inciso V, do TST**).

5. REGIMES JURÍDICOS DIVERSOS

Inviável a equiparação salarial entre servidores regidos por regimes jurídicos diversos, em que as vantagens e deveres se distinguem, inclusive, no tocante à fixação da retribuição, dada a natureza contratual e institucional dos regimes. A mesclagem de dois regimes diversos conduz a um terceiro regime, o que destrói a harmonia interna das normas e por isso deve ser evitado(5).

Saliente-se que o TST vem sustentando que "o art. 37, inciso XIII, da Constituição da República de 1988 veda a equiparação de qualquer natureza para efeito de remuneração do pessoal do serviço público, sendo juridicamente impossível a aplicação da norma infraconstitucional prevista no art. 461 da CLT quando se pleiteia equiparação salarial entre servidores públicos, independentemente de terem sido contratados pela CLT". É essa a interpretação do TST, por meio da **Orientação Jurisprudencial** n. 297 da SDI-1. A proibição não se estende à sociedade de economia mista (Orientação Jurisprudencial n. 353 do TST), cujos empregados, em regra, são disciplinados pela CLT.

Maiores considerações sobre o tema poderão ser encontradas no Capítulo sobre **Contrato de Emprego do Servidor Público**.

6. ESPAÇO FÍSICO COMO REQUISITO NECESSÁRIO À ISONOMIA

Para que se autorize a equiparação salarial, o art. 461 consolidado exige, também, que postulante e paradigma trabalhem na **mesma localidade**. Ocorre que o legislador

(4) "**Equiparação salarial em terceirização** — Não participação da empresa interposta nos acordos normativos firmados pela tomadora. A decisão recorrida reconheceu a responsabilidade subsidiária da tomadora dos serviços. No entanto, afastou a aplicação dos acordos normativos firmados diretamente pela tomadora, sem a participação da real empregadora. Não se vislumbra violação ao princípio da isonomia, eis que não declarado o vínculo empregatício diretamente com a tomadora, nem emitida tese acerca da existência de fraude na contratação". TST — Proc. RR 454956/1998 — 2ª Turma — Rel.: Juiz Convocado Aloysio Corrêa da Veiga — DJU 22.2.2002.

(5) "**Isonomia entre servidores de regimes distintos**. É juridicamente impossível a isonomia salarial entre servidores de regimes distintos. A mistura de regra de dois regimes forma um terceiro e deve ser evitado". TST — 1ª T. — RR 60.877/92.3 — Rel. designado: Juiz Ursulino Santos — DJ 30.4.93. BOMFIM, Calheiros B. *Dicionário de Decisões Trabalhistas*, 24. ed., p. 421.

não precisou o conceito de "localidade", ficando a critério da doutrina e da jurisprudência defini-la. Sustentam alguns autores tratar-se de "critério geofísico", ou seja, o "lugar onde o empregado presta o serviço" (Roberto Barreto Prado, *Direito do Trabalho. Op. cit.*, 1962, p. 222); outros aderem ao "critério econômico", entendendo deva o conceito ser considerado em função das condições do custo de vida (José Martins Catharino — *Contrato de emprego. Op. cit.*, 1962, p. 171), ou da mesma região para efeito de salário mínimo (Aluísio José Teixeira Gavazzoni Silva — *Comentários à CLT. Op. cit.*, v. 2, 1963, p. 200); uma terceira corrente filia-se ao "critério político-administrativo", e entende o termo como referente ao mesmo Município (Amaro Barreto — *Tutela Geral do Trabalho. Op. cit.*, v. 1, 1964, p. 34; Arnaldo Süssekind — *Comentários à Consoli-dação das Leis do Trabalho e à legislação complementar. Op. cit.*, v. 3, 1964, p. 390; Fernando Américo Damasceno. *Op. cit.*, 1980, p. 85; José Luiz Ferreira Prunes. *Op. cit.*, 1977, p. 147); finalmente, a última corrente entende deva ser aplicada a interpretação restritiva, limitando-se o conceito de localidade ao espaço físico da **cidade** em que for desenvolvida a prestação de serviços (Amauri Mascaro Nascimento. *O salário*. São Paulo: LTr, p. 229).

O TST, por meio da **Súmula n. 6, inciso X,** considera o conceito de "mesma localidade", para efeito de incidência do art. 461 da CLT, o mesmo Município ou Municípios distintos que, comprovadamente, pertençam à mesma região metropolitana.

Deixa de ser relevante o conceito de localidade quando o empregado, postulante e paradigma trabalham percorrendo vários lugares circunscritos a uma mesma região geoeconômica, ou a mesma rodovia ou ferrovia(6), como ocorre com os motoristas, vendedores, pracistas, maquinistas, entre outros.

7. O TRABALHO DE IGUAL VALOR E A CONTEMPORANEIDADE NO EXERCÍCIO DAS FUNÇÕES. VACÂNCIA DE CARGO

Não basta a coexistência dos requisitos já analisados para que seja deferida a isonomia. Torna-se necessário, ainda, que o trabalho executado pelos comparados seja de igual valor, assim considerado aquele realizado com igual **produtividade e perfeição técnica** e o tempo de serviço não seja superior a dois anos em favor do paradigma.

A exigência desse requisito induz à conclusão de que a isonomia preconizada no art. 461 da CLT pressupõe **contemporaneidade** no exercício de funções idênticas, do contrário, a aferição do trabalho de igual valor tornar-se-á impraticável. Logo, a isonomia não procederá se o postulante só passou a executar as atribuições inerentes ao cargo do paradigma quando de sua destituição. O mesmo trabalho executado sucessivamente por dois empregados inviabiliza a aferição do trabalho de igual valor.

---

(6) **Equiparação salarial. Conceito de "mesma localidade". Maquinista.** No pleito de equiparação salarial, deixa de ser relevante, como aspecto de diferenciação entre postulante e paradigma, o conceito de "mesma localidade" na prestação de serviços, restrito apenas ao aspecto geográfico, quando verificado que ambos os obreiros, exercendo a função de maquinista, prestavam serviços ao longo da mesma linha férrea, passando, em certos trechos, pelos mesmos municípios. TRT — 3ª Região — Ac. 7ª Turma. Rel.: Juíza Alice Monteiro de Barros. Julgado em 16.3.**2006**.

Portanto, quando se pretende que o empregador mantenha o salário pago ao sucedido para o cargo que veio a ser ocupado pelo sucessor, em face da vacância, o pedido não poderá ser feito com base em equiparação salarial (art. 461 da CLT), mas, quando muito, no salário supletivo (art. 460 da CLT) e desde que haja norma coletiva autorizando, pois a doutrina tem-se manifestado no sentido de que, ao vagar um cargo, o empregador poderá, em princípio, provê-lo como pretender, sem a obrigação de manter o salário pago anteriormente a quem o ocupava (cf., a propósito, Ísis de Almeida. *Curso de Legislação Trabalhista.* 4. ed., p. 123), a não ser que haja norma coletiva dispondo em contrário.

Esse raciocínio está consubstanciado na **Súmula n. 159 do TST**, que preceitua: "*Substituição de caráter não eventual e vacância do cargo. I — Enquanto perdurar a substituição que não tenha caráter meramente eventual, inclusive nas férias, o empregado substituto fará jus ao salário contratual do substituído. II — Vago o cargo em definitivo, o empregado que passa a ocupá-lo não tem direito a salário igual ao do antecessor.*"

Comprovada a simultaneidade na prestação de serviços, cumpre verificar se o trabalho era realizado com a **mesma produtividade e perfeição técnica**. Verifica-se que a lei fala em produtividade, ou seja, resultado da capacidade de produzir, e não em produção, que é o ato de produzir. Em face da distinção entre os dois termos, a assiduidade ou pontualidade do empregado não poderá ser vista como fator de produtividade desigual, podendo configurar um comportamento desidioso passível de punição disciplinar.

O dispositivo em exame exige também a mesma "perfeição técnica" entre os comparados, ou seja, é necessário que, no exercício da função, eles realizem trabalhos com a mesma qualidade.

7.1. Equiparação salarial e jornadas distintas

O fato de postulante e paradigma trabalharem em funções idênticas, reunindo os demais requisitos do art. 461 da CLT, mas em horários diversos, não constitui obstáculo à equiparação salarial, porque o elemento temporal da simultaneidade na prestação de serviços continua presente(7).

8. EQUIPARAÇÃO SALARIAL A EMPREGADOS OCUPANTES DE CARGO DE CONFIANÇA OU EXECUTANTES DE TRABALHOS INTELECTUAIS OU ARTÍSTICOS

Em princípio, o art. 461 consolidado não excluiu da equiparação salarial as pessoas ocupantes de cargos de confiança(8) ou que executem trabalhos predominantemente

(7) "**Equiparação salarial. Trabalho em turnos diferentes**. Não elide a pretensão relativa à equiparação salarial o fato de paradigma e paragonado trabalharem em turnos diferentes, desde que comprovada a simultaneidade na prestação dos serviços durante o mesmo lapso temporal." TRT — 12ª Reg. — 2ª T. — RO-1140/96 — Rel.: Juiz João Cardoso; BJ jan. 1997. *Repertório de Jurisprudência Trabalhista*. João de Lima Teixeira Filho. 7º v. Rio de Janeiro: Renovar, 1999, p. 558. No mesmo rumo nos pronunciamos como relatora do RO-17.046/95, que tramitou perante o TRT da 3ª Região (2ª Turma), julgado em 19.3.96.

(8) Em consonância com esse entendimento, manifesta-se CATHARINO, José Martins. *Tratado Jurídico do Salário*. São Paulo: Freitas Bastos, 1951, p. 376.

intelectuais[9] ou artísticos, sendo vedado ao intérprete estabelecer distinções. Ora, quando o desempenho da função exige predicados pessoais, como ocorre com os cargos de confiança que não sejam simplesmente técnicos, ou quando a prestação de serviços envolve trabalho intelectual ou artístico, torna-se mais difícil a avaliação da igualdade qualitativa dos trabalhos, ensejadora do nivelamento salarial. É que o trabalho intelectual poderá conter fatores insuscetíveis de equiparação, como estilo literário, imaginação, diferenças culturais que caracterizam o autor. No entanto, há outros elementos que são suscetíveis de parâmetro, a exemplo dos trabalhos acadêmicos, cuja perfeição técnica poderá ser aferida (cf. a propósito Ac. TST — E — RR — 463/88, Ac. SDI — 469/90 — Valentin Carrion. *Nova jurisprudência em Direito do Trabalho*, 1991, p. 204). Daí a dificuldade encontrada para se deferir a comparação entre advogados, por exemplo[10]. Logo, é possível a equiparação salarial entre ocupantes de cargo de confiança e entre trabalhadores intelectuais, desde que atendidos os requisitos do art. 461 da CLT, lembrando-se que, relativamente ao trabalho intelectual, ele poderá ser avaliado por sua perfeição técnica, cuja aferição terá critérios objetivos (**Súmula n. 6, inciso VII, do TST**).

No tocante à atividade artística, é mais difícil ainda a aferição do trabalho de igual valor, dadas as características intrínsecas e extrínsecas próprias do artista e o aspecto subjetivo que envolve a comparação. O mesmo raciocínio não se aplica, quando a hipótese versa sobre equiparação salarial entre integrantes de grandes orquestras ou

---

Essa também é a orientação do TST, como emerge do seguinte aresto: "**Equiparação salarial. Função de confiança. Isonomia salarial devida.** As instâncias ordinárias, responsáveis pela análise do conjunto fático-probatório, concluíram pela identidade de função, mesma produtividade e perfeição técnica, tempo de serviço não superior a dois anos e mesma localidade. O fato de equiparando e paradigma exercerem cargos comissionados e, portanto, sujeitos à reversão (parágrafo único do art. 468 da CLT) não constitui óbice à equiparação, porque a lei não contempla referido requisito como causa excludente do direito à isonomia salarial. Recurso de embargos conhecido mas não provido". TST — E-RR-187.992/95.2 — Ac. SDI 1-4537/97 — 22.9.97 — Rel.: Min. Milton de Moura França. *Revista LTr* 62-1/98, p. 64. Obs.: A hipótese retratada diz respeito a dois jornalistas.

Diverge desse entendimento Nélio Reis, quando assevera "que a investidura nos cargos de confiança se processa com exclusão dos de confiança técnica — por outras vias que o puro exame da capacidade profissional ou eficiência técnica. Mesmo nos de confiança técnica, o elemento profissional não é o único determinante da eleição patronal, como no lembrado caso do Caixa de Banco em que a empresa confia não só na competência profissional, como igualmente nos demais predicados de honestidade, vida privada incensurável, etc. Não nos parece possível, assim, determinar, com justiça, a existência da igualdade criadora da equiparação, porque são elementos psicológicos, morais, de foro íntimo, que não admitem confronto, como o vício, a virtude, a inteligência ou a estupidez. Assim sendo, nos filiamos à corrente dos que entendem que não cabe a equiparação salarial nos casos dos exercentes de cargos de confiança de qualquer natureza". (Contratos especiais *apud* Fernando Américo Veiga Damasceno, *Op. cit.*, p. 58). Em diretriz semelhante, alinha-se José Luiz Ferreira Prunes, *Equiparação Salarial*, p. 64.

(9) Esse entendimento está sedimentado na Súmula n. 6, inciso VII, do TST: "Equiparação salarial. Trabalho intelectual. Possibilidade. Desde que atendidos os requisitos do art. 461 da CLT, é possível a equiparação salarial de trabalho intelectual, que pode ser avaliado por sua perfeição técnica, cuja aferição terá critério objetivo".

(10) "**Equiparação salarial** — Em princípio, a equiparação salarial é viável nos trabalhos intelectuais, desde que evidenciada a identidade funcional. Se o postulante era advogado da defensoria pública e a paradigma assessora jurídica da Prefeitura Municipal, com atribuições diversas, não há como se deferir a equiparação salarial reivindicada". TRT — 3ª Reg. — 2ª T. — RO 7473/90— julgado em 17.12.91 — Relª: Juíza Alice Monteiro de Barros.

"**Advogado** — Ora, em funções ligadas a aspectos artísticos, ou de habilidade cultural, entendo ser difícil adotar o princípio da isonomia salarial, sobretudo pela impossibilidade de se aplicar critérios objetivos, uma vez que tais atividades são revestidas de características individuais marcantes, nas quais a criatividade, a cultura e o estilo são essenciais. Revista conhecida e provida". TST — 1ª T — Ac. n. 01884/94 — Rel.: Min. Indalécio G. Neto — DJ 20.5.94 — p. 12.429.

corais em que seus componentes formam um conjunto despersonalizado, pois aqui a homogeneidade é que contribui para o êxito da exibição, do resultado do trabalho. Logo, a equiparação salarial entre eles poderá ocorrer, excepcionalmente (cf., nesse sentido, José Luiz Ferreira Prunes e Fernando Américo V. Damasceno em monografias intituladas *Equiparação Salarial*, p. 60 e 72, respectivamente).

9. MAIOR FORMAÇÃO TEÓRICA DO PARADIGMA. PROFISSÕES QUE EXIGEM HABILITAÇÃO TÉCNICA

Por outro lado, para a incidência da regra consubstanciada no art. 461 da CLT, a maior formação teórica ou maior potencialidade do paradigma é irrelevante, quando não sobressaiu em sua atividade, tampouco foi revertida em favor do credor do trabalho. Se, todavia, por imposição legal, a função só puder ser exercida por profissional devidamente habilitado, como médico, por exemplo, a inexistência dessa habilitação obsta a isonomia pretendida. Na mesma direção manifesta-se o TST, por meio da **Orientação Jurisprudencial** n. 296 da SDI-1, quando considera impossível a equiparação salarial entre o auxiliar de enfermagem, cujo exercício da profissão requer habilitação técnica pelo Conselho Regional de Enfermagem, e o simples atendente.

10. O TEMPO DE SERVIÇO COMO REQUISITO NECESSÁRIO À ISONOMIA. SOMA DE PERÍODOS DESCONTÍNUOS

Se houver diferença de tempo de serviço, superior a dois anos, em favor do paradigma, isso obsta a equiparação salarial (CLT, art. 461, § 1º). No passado, muito se discutiu, na doutrina e na jurisprudência, sobre o significado da expressão "tempo de serviço". Entendiam uns que se tratava de "tempo na empresa", justificando-se a diferença de remuneração pela maior colaboração que o empregado mais antigo havia prestado ao empregador. Para outros, o "tempo de serviço" deveria ater-se à "função": partiam da presunção de que a antiguidade na função traz, como corolário, maior prática e maior domínio de suas atividades e, em consequência, maior experiência, também autorizando um rendimento superior a justificar os salários discrepantes, enquanto a antiguidade na empresa seria recompensada mediante a concessão de adicionais e outras vantagens, sem relação direta com a qualidade do serviço prestado. Os adeptos da primeira corrente, ou seja, do "tempo na empresa", refutavam esses fundamentos, alegando que a presunção de rendimento superior não era confirmada pela experiência quotidiana, que mostra, muitas vezes, ser o novato mais diligente e operoso que o veterano.

A interpretação que prevaleceu, consagrada na **Súmula n. 202 do Supremo Tribunal Federal** e na **Súmula n. 6, II, do Tribunal Superior do Trabalho**, foi a de que o "tempo de serviço" deve ser aferido na função e não no emprego.

Registre-se, todavia, que inexiste um comando legal para a contagem do tempo na função. Em face das dúvidas que podem surgir, é de se seguir a orientação traçada nos seguintes termos: "O período de dois anos, estabelecido em lei, por meio de critério absolutamente aleatório, não mereceu forma legal específica para sua apuração.

Procurar-se-á solução pela analogia, adotando-se a regra geral para contagem do tempo de serviço" (DAMASCENO, Fernando Américo Veiga. *Equiparação Salarial.* São Paulo: LTr, 1980, p. 90. Afinado com tal entendimento: ABDALA, Vantuil. Equiparação Salarial: empregado readmitido, quadro de carreira, grupo econômico e sucessão. *Revista Synthesis* n. 1/85, p. 80).

Logo, mesmo que o paradigma tenha exercido a função em períodos distintos, essa circunstância não impede sejam somados todos os períodos em que exerceu a função, para se justificar o tratamento diferenciado. O legislador, ao estabelecer como obstáculo à equiparação a maior antiguidade do paradigma, criou uma presunção legal de que o maior tempo de exercício da função acarreta maior experiência, gerando, por conseguinte, um rendimento superior ou um desempenho de atividades mais útil ao empregado, capaz de autorizar a disparidade salarial. Logo, a soma dos períodos descontínuos também deverá ser interpretada favoravelmente ao postulante. Se o empregado reclamante exerceu a referida função por dois períodos distintos na mesma empresa e na mesma localidade, a unicidade contratual é autorizada, por idênticas razões, uma vez que a experiência adquirida não poderá ser desprezada. Veja-se, a propósito, a jurisprudência:

> "RECURSO DE REVISTA. EQUIPARAÇÃO SALARIAL. SOMA DOS PERÍODOS DESCONTÍNUOS. O § 1º do art. 461 da CLT é expresso ao estabelecer que a diferença de tempo de serviço na função entre o paradigma e o equiparando não pode ser superior a dois anos. Não faz contudo menção à necessidade da continuidade do contrato, inclinando-se a jurisprudência desta Corte pelo cômputo dos períodos descontínuos. Recurso de revista a que se nega provimento". TST Decisão 8.1.2000. RR-410237/1997. 4ª Turma. Rel.: Min. Antônio José de Barros Levenhagen. DJ 1.12.2000, p. 798.

> "EQUIPARAÇÃO SALARIAL. SOMA DE PERÍODOS DESCONTÍNUOS DE TRABALHO. É lícita a soma de períodos descontínuos de trabalho na mesma função, para efeito do cômputo do tempo de serviço na função, a fim de aferir-se trabalho de igual valor, ainda mais quando o espaço de tempo entre um e outro é reduzido, como na hipótese dos autos. Revista conhecida e desprovida". TST — Acórdão n. 1037. Decisão: 29.4.1993. RR-52429/1992. 2ª Turma. Rel.: Min. Ney Doyle. DJ 18.6.1993, p. 12.206.

Vale transcrever, quanto a esta última decisão, os seguintes fundamentos contidos no corpo do voto:

> "A jurisprudência desta Turma é no sentido de que, para efeito obstativo à equiparação salarial, devem ser somados os períodos descontínuos de trabalho. A indagação é se, na hipótese dos autos, somam-se as duas fases para afastar o fato impeditivo à equiparação.
>
> Entendo que sim. Não se pode interpretar de duas maneiras o mesmo dispositivo legal para ora favorecer o empregado, ora o empregador. Assim, é lícita a soma de períodos descontínuos de trabalho na mesma função, para efeito do cômputo do tempo de serviço na função, a fim de aferir-se trabalho de igual valor, ainda mais quando o espaço de tempo entre um e outro é reduzido, como na hipótese dos autos".

Por outro lado, ressalte-se que a jurisprudência é no sentido de que a diferença de tempo de serviço na função superior a dois anos é um fato extintivo, que não pode ser conhecido de ofício sem o requerimento da parte, sob pena de ofensa ao art. 128 do CPC

(Ac. TST-E-RR 7263/85.3 — Ac. SDI 3819/89 — 28.9.89 — Rel.: Min. Guimarães Falcão — *Revista LTr* 54-11/1334).

11. O QUADRO DE CARREIRA COMO OBSTÁCULO À EQUIPARAÇÃO SALARIAL. ENQUADRAMENTO. RECLASSIFICAÇÃO. DESVIO DE FUNÇÃO

A existência de **quadro organizado em carreira** atua como obstáculo à equiparação salarial, desde que ele seja homologado por autoridade competente (Ministério do Trabalho — **Súmula n. 6, inciso I, do TST**) e garanta aos empregados critérios de promoção alternada, ora por merecimento ora por antiguidade[(11)]. O quadro de carreira não se confunde com um simples plano de cargos e salários elaborado pela empresa, sem o crivo do Estado.

O art. 34 do Decreto-Lei n. 5, de 1966, com a redação concedida pelo Decreto-Lei n. 12, de 1966, conferiu ao Ministério do Transporte poderes para homologar quadro de carreira da Rede Ferroviária Federal[(12)]. Para fins do art. 461, § 2º da CLT, só é válido quadro de pessoal organizado em carreira quando homologado pelo Ministério do Trabalho, excluindo-se apenas dessa exigência o quadro de carreira das entidades de direito público da administração direta, autárquica e fundacional aprovada por ato administrativo da autoridade competente (Súmula n. 6, inciso I).

Havendo quadro de carreira aprovado pelo órgão próprio, compete à Justiça do Trabalho apreciar a reclamação fundada em preterição, enquadramento ou reclassificação (**Súmulas n. 19 e n. 127 do TST)**. Isso porque o princípio constitucional da isonomia, ainda que diante de um quadro de carreira, determina que, mesmo no exercício de seu poder de comando, o empregador deva assegurar aos seus empregados, de modo pleno e impessoalmente, o direito de acesso ao cargo, o que não significa a imposição de restrições absolutas ao poder de comando. Logo, se o quadro de carreira desobriga o empregador no tocante à equiparação salarial, cria-lhe uma série de restrições no que tange ao provimento dos cargos e ao desvio de função.

O desvio de função implica modificação, pelo empregador, das funções originalmente conferidas ao empregado, destinando-lhe atividades, em geral, mais qualificadas, sem a paga correspondente. Esse comportamento infringe o caráter sinalagmático do contrato e implica enriquecimento ilícito para o empregador.

A teor da **Orientação Jurisprudencial** n. 125 da SDI-1 do TST, "o simples desvio funcional do empregado não gera direito a novo enquadramento, mas apenas

(11) Essa é a **Orientação Jurisprudencial** Transitória n. 29 da SDI-1 do TST, que dispõe: "CEEE. Equiparação salarial. Quadro de carreira. Reestruturação em 1991. Válido. O quadro de carreira implantado na CEEE em 1977 foi homologado pelo Ministério do Trabalho. A reestruturação procedida em 1991, mesmo não homologada, é válida".

(12) "**Empregado da Rede Ferroviária Federal S/A. Equiparação salarial. Homologação do Quadro pelo Ministério do Trabalho, nos termos do art. 461 da CLT.** Havendo lei especial precisando que a homologação do Quadro, quanto aos recorridos, é da alçada do Ministro dos Transportes (Decreto-Lei n. 5/66, art. 34, com a redação atribuída pelo Decreto-Lei n. 12/66), atenta contra o art. 85, I, da Constituição, o julgado recorrido que deu validade ao ato do Min. do Trabalho. Recurso Extraordinário da empresa provido". STF — Pleno — RE 77.778 — Rel.: Min. Thompson Flores — proferido em 23.5.74.

às diferenças salariais respectivas", alusiva ao período em que ocorreu esse desvio. Em consequência, não há que falar também em alteração contratual ilícita, tampouco em redução de salário.

A pretensão alusiva à ação que visa a corrigir desvio funcional está sujeita à prescrição parcial e só alcança as parcelas vencidas há mais de cinco anos anteriores ao ajuizamento da ação (**Súmula n. 275 do TST**).

12. READAPTAÇÃO COMO OBSTÁCULO À ISONOMIA

Por fim, não serve de paradigma o **empregado readaptado em nova função**, por motivo de deficiência física devidamente atestada pelo órgão previdenciário. Nem sequer aproveita ao postulante a alegação de que ele também foi readaptado na função, em decorrência da mesma moléstia que acometeu o modelo. É que, em se tratando de empregado readaptado, sua remuneração está vinculada à função anterior, e não àquela que passa a exercer. Isso ocorre porque o empregador não pode reduzir-lhe os salários, quando o designa para realizar atribuições mais modestas, pois o princípio da irredutibilidade do salário lhe cerceia essa liberdade. A maior remuneração do empregado readaptado advém da lei e é vantagem de caráter personalíssimo, excluída, portanto, do âmbito da isonomia.

13. ISONOMIA ADVINDA DE SENTENÇA JUDICIAL. VANTAGENS PESSOAIS

Presentes os pressupostos previstos no art. 461 da CLT, é irrelevante a circunstância de que o desnível salarial tenha origem em decisão judicial que beneficiou o paradigma, exceto se decorrente de vantagem pessoal ou de tese jurídica superada pela jurisprudência de Corte Superior ou, na hipótese de equiparação salarial em cadeia, se não demonstrada a presença dos requisitos da equiparação em relação ao paradigma que deu origem à pretensão, caso arguida a objeção pelo reclamado (item alterado na sessão do Tribunal Pleno realizada em 16.11.2010) (Súmula n. 6, inciso VI, do TST, 2010, nova parte).

14. A INDICAÇÃO DO PARADIGMA

Versando o pedido sobre equiparação salarial, é imprescindível a indicação do nome do paradigma na peça vestibular, sob pena de inépcia do pedido inicial. Caso o autor mencione, na petição inicial, vários paradigmas, tal fato não impossibilita o deferimento da equiparação salarial, devendo o julgador autorizá-la quando atendidos os requisitos legais, considerando-se, para esse fim, o paradigma de maior salário (cf. TST — RR 6499/84, 1ª T. Rel.: Min. Marco Aurélio Mendes de Farias Mello — DJ. 18.4.86. Calheiros Bomfim. *Dicionário de Decisões Trabalhistas*, 21. ed., p. 304).

É desnecessário que, à época da reclamação, postulante e paradigma estejam a serviço do estabelecimento, desde que o pedido se relacione com situação pretérita

(**Súmula n. 6, inciso IV, do TST**). Deferida a equiparação salarial, eventual desligamento do paradigma não impede que o empregado continue recebendo o salário equitativo, sob pena de infringência ao princípio da irredutibilidade salarial.

15. A EQUIPARAÇÃO ENTRE BRASILEIROS E ESTRANGEIROS

O art. 5º, *caput* e inciso XIII, da Constituição da República de 1988, assegura igualdade perante a lei entre brasileiros e estrangeiros, sendo-lhes livre o exercício de qualquer trabalho, ofício ou profissão, desde que atendidas as qualificações profissionais que a lei estabelecer. Pelo que se vê, é inconstitucional qualquer discriminação contra estrangeiro, inclusive indireta, proibindo-se a distinção entre brasileiros natos e naturalizados (Lei n. 6.192, de 1974).

As restrições que vigoram atualmente em relação aos estrangeiros são aquelas previstas na própria Constituição de 1988 e referem-se a cargos, empregos e funções públicas (art. 37, I), recursos minerais (art. 176, § 1º), transporte aquático (art. 178, parágrafo único) e empresas jornalísticas (art. 222). Em consequência, os autores têm considerado revogadas as restrições atinentes a exercício profissional privado referente a corretagem de navios, fundos públicos, leiloeiros, despachantes, administradores de sindicatos ou entidade de fiscalização do exercício profissional, prático de portos e aeronautas (CARRION, Valentin. *Comentários à CLT*. 1995, 19. ed., p. 237-238).

E se não bastasse, dispõe o art. 353 da CLT que se equiparam aos brasileiros, ressalvado o exercício de profissões reservadas a estes, os estrangeiros que, residindo no País há mais de 10 anos, tenham cônjuge ou filho brasileiro, e os portugueses (Lei n. 6.651, de 23 de maio de 1979).

Em consequência do exposto nesse tópico, consideram-se revogados os dispositivos consolidados que estabelecem proporcionalidade favorável à contratação de brasileiros, como, por exemplo, os art. 352 e 354 da CLT (cf. ainda CARRION, Valentin. *Comentários à CLT*. 19. ed., p. 237-239).

16. A EQUIPARAÇÃO SALARIAL E O RURÍCOLA

A legislação do trabalho rural não dispensou muita atenção ao princípio da isonomia, deixando de mencioná-lo no Estatuto do Trabalhador Rural (1963) e só o fazendo no art. 4º do Decreto n. 73.626, regulamentador da Lei n. 5.889, de 1973.

A jurisprudência sobre o assunto é escassa, havendo acórdão anterior à vigência do Estatuto do Trabalhador Rural que negava a isonomia aos rurícolas (TRT — 2ª Reg. Proc. 1.427, de 1959, Rel.: Juiz José Ney Serrão. *Revista LTr* 24/342).

Entretanto, após a vigência do Estatuto do Trabalhador Rural, mesmo que omissa a legislação, entendemos que a isonomia se aplica ao rurícola, pois o preceito que a consagra (art. 461 da CLT) não colide com as normas trabalhistas aplicáveis ao campo (art. 179 da Lei n. 4.214, de 2 de março de 1963). Nesse sentido manifestam-se Amauri Mascaro Nascimento, na obra *O Salário* e José Luiz Ferreira Prunes, *Equiparação Salarial* (São Paulo: LTr, 1977, p. 20).

Após a Constituição de 1988, a matéria não comporta mais discussão, pois o rurícola foi equiparado ao empregado urbano, destinatário do preceito contido no art. 461 da CLT.

17. CESSÃO DE EMPREGADOS

À luz da **Súmula n. 6, inciso V, do TST**, a cessão de empregados não exclui a equiparação salarial, embora exercida a função em órgão governamental estranho à cedente, se esta responde pelos salários do paradigma e do reclamante.

18. ÔNUS DA PROVA

Contestada a identidade funcional, o ônus da prova é do autor, salvo se o empregador invocar fato modificativo, impeditivo ou extintivo de direito, quando então o ônus lhe será transferido, como aliás se infere da **Súmula n. 6, inciso VIII, do TST**.

Compete, portanto, ao empregador, comprovar que o trabalho do autor é de valor desigual, realizado com menor produtividade e perfeição, em local diverso do paradigma, contando este último tempo de serviço na função superior ao do postulante (cf. TST-E-RR-7.263/85.3. Ac. SDI 3.819/89. 28.9.89. Rel.: Min. Guimarães Falcão. *Revista LTr* 54-11/1334).

Da mesma forma, compete ao empregador comprovar a existência de quadro de carreira ou a readaptação do paradigma, porque todos são fatos impeditivos do direito do autor (art. 333, I, do CPC, e 818 da CLT).

A prova incumbe a quem alega, pois não é justo onerar o empregado com a prova negativa "sempre mais difícil e menos razoável", de todos os requisitos estudados. Nesse sentido doutrina Fernando Damasceno, em monografia sobre o assunto(13):

> "A carga probatória recairá sobre quem nega a ocorrência do presumido (...). Provada por uma das partes a existência de determinado fato, poder-se-á presumir a existência de outro, decorrente do primeiro. A partir de então, inverte-se o ônus probatório, passando à parte adversa a obrigação de demonstrar que, a despeito do fato provado, não ocorreram os outros que dele normalmente adviriam. (...) O ônus da prova compete a quem alega infração à normalidade. (...) A experiência mostra que, normalmente, quando dois empregados são colocados a desempenhar a mesma função, é porque o fazem com a mesma produtividade e perfeição. (...)"

Na mesma direção posiciona-se Délio Maranhão:

> "Fatos impeditivos são as causas concorrentes cuja falta impede produza o fato constitutivo seu efeito normal. Ora, se, portanto, o que é normal se presume, tendo dois empregados a mesma qualificação profissional, ocupando a mesma função, em cujo exercício há de esperar o empregador, como é lógico, de todos, trabalho de igual valor, tanto que os nivelou

(13) *Equiparação salarial*. São Paulo: LTr, 1980, p. 137, 138 a 140.

funcionalmente, normal será que essa igualdade de valor na prestação do serviço se presuma também. Assim, o fato constitutivo da ação, cuja prova incumbirá ao empregado, é a identidade de função. A falta de igual produtividade, ou perfeição técnica, e, ainda, a diferença de tempo de serviço (circunstâncias concorrentes), são fatos impeditivos que ao empregador caberá provar" (*Direito do Trabalho*. Rio de Janeiro: Fundação Getúlio Vargas, 1979, p. 197).

Segue idêntico raciocínio Arnaldo Süssekind nas *Instituições de Direito do Trabalho*, 21. ed., v. 1, São Paulo: LTr, 2003, p. 432. Vejamos:

"Com esteio no art. 333 do CPC, firmou-se a jurisprudência no sentido de que ao empregado pleiteante da equiparação salarial cumpre provar o fato constitutivo, isto é, a identidade de funções exercidas na mesma empresa, competindo a esta provar qualquer dos fatos impeditivos a que nos referimos na análise do art. 461 da CLT."

Outra corrente sustenta que o ônus da prova da equiparação não deve ser suportado pelo empregado, nem mesmo a identidade funcional (cf. Catharino. *Tratado Jurídico do Salário*, p. 379).

Por fim, há quem sustente que ao empregado compete a prova do preenchimento de todos os requisitos legais da equiparação salarial, uma vez serem eles constitutivos do direito do autor(14).

19. PRESCRIÇÃO

A sentença que decide sobre a procedência da ação objetivando a isonomia salarial é constitutiva-condenatória. Na demanda de equiparação, a prescrição só alcança as diferenças salariais asseguradas em lei (art. 461 da CLT) vencidas no período anterior aos cinco anos que precederem o ajuizamento (**Súmula n. 6, inciso IX, do TST**), tendo-se em vista que a lesão se renova mês a mês, sempre que se tornar exigível a parcela de trato sucessivo. A prescrição é, portanto, parcial.

(14) No pleito de equiparação salarial compete ao reclamante fazer a prova dos fatos constitutivos enumerados no art. 461 e § 1º da Consolidação das Leis do Trabalho. Ac. TRT 8ª Reg. (Proc. 568/74). Rel.: Juiz Rider Nogueira de Brito, prof. 27.1.1975. *In:* PRUNES, José Luís Ferreira. *Equiparação salarial*. São Paulo: LTr, 1977, p. 168.

CAPÍTULO XXIV

ALTERAÇÃO DO CONTRATO DE EMPREGO. ALTERAÇÃO UNILATERAL E BILATERAL. TRANSFERÊNCIA DE LOCAL DE TRABALHO. REMOÇÃO. REVERSÃO. PROMOÇÃO E REBAIXAMENTO. ALTERAÇÃO DE HORÁRIO DE TRABALHO. REDUÇÃO DE REMUNERAÇÃO. *JUS VARIANDI*

1. DAS ALTERAÇÕES DO CONTRATO INDIVIDUAL DE TRABALHO E DO PRÉ-CONTRATO

Pelo que se infere do art. 444 da CLT, é livre a estipulação, pelas partes, das cláusulas do contrato, desde que não contrariem as disposições de proteção ao trabalho, bem como as normas previstas em decisões judiciais e administrativas ou em convenções e acordos coletivos.

Como se vê, o art. 444 da CLT consagra a autonomia da vontade das partes, mas lhe impõe limites.

Em princípio, só é lícita a alteração das condições do contrato individual de trabalho por mútuo consentimento e, ainda assim, desde que dela não resultem, direta ou indiretamente, prejuízos ao empregado, sob pena de nulidade da cláusula infringente dessa garantia (art. 468 da CLT).

São válidas as alterações das condições oferecidas pelo empregador na divulgação de anúncio de emprego?

A jurisprudência tem entendido que não, sustentando que as partes deverão agir de acordo com o princípio da boa-fé nas relações sociais e também com amparo no art. 30 do Código de Defesa do Consumidor(1).

É o que emerge desta decisão:

> "Pré-contrato. Anúncio de emprego. Alteração das condições oferecidas. Invalidade. O compromisso assumido pelo empregador quando da divulgação do anúncio do emprego, diante do princípio da boa-fé, que orienta não só a relação de emprego, mas também as relações civis e comerciais, integra o contrato de trabalho que vier a ser celebrado, nos termos do que preconiza o art. 30 do Código de Defesa do Consumidor, aplicável por analogia, não podendo ser posteriormente modificado". TRT-PR-16411/98. Ac. 1828/02. Rel.: Juiz Arion Mazurkevic — DOE 15.2.2002. *Revista Synthesis* 35/2002, p. 178.

---

(1) "Toda informação ou publicidade, suficientemente precisa, veiculada por qualquer forma ou meio de comunicação com relação a produtos e serviços oferecidos ou apresentados, obriga o fornecedor que a fizer veicular ou dela se utilizar e integra o contrato que vier a ser celebrado."

O art. 468 da CLT prevê a possibilidade de alterações, pois, sendo o contrato de trabalho de trato sucessivo, está sujeito a vicissitudes que podem ou não resultar da vontade das partes. Essas alterações, quanto à **origem**, podem ser voluntárias (unilaterais e bilaterais) e imperativas (legais e judiciais). Quanto ao **objeto**, as alterações podem estar relacionadas com a prestação do trabalho (função, duração, local) e com o salário(2).

Geralmente, as alterações contratuais se processam com relação à função, ao salário, ao local e ao horário de trabalho.

2. AS ALTERAÇÕES VOLUNTÁRIAS E *JUS VARIANDI*. QUALIFICAÇÃO PROFISSIONAL

As alterações voluntárias do contrato podem ser unilaterais ou bilaterais. As primeiras, em princípio, serão permitidas se forem mais favoráveis ao empregado. As alterações bilaterais são possíveis, desde que não tragam prejuízos ao trabalhador.

Saliente-se que o empregador, quando contrata o empregado, tem em mira uma prestação mais ou menos específica em relação às atividades empresariais, e o empregado, ao ser contratado, assume o compromisso de prestar o serviço decorrente de seu "*status* profissional", que se exterioriza pela qualificação profissional. Esta poderá ser avaliada de acordo com dois critérios: um subjetivo, aferido pela capacidade profissional do empregado, e outro objetivo avaliado pela destinação qualitativa do trabalho em cada empresa. A qualificação profissional retrata, em última análise, a função que o empregado exercerá na empresa, distinguindo-se da habilitação, por ser esta última a capacitação para o exercício de determinada profissão. O fato de o empregado estar habilitado para exercer o cargo de engenheiro não significa que, necessariamente, ele deva exercer as funções inerentes a essa habilitação, pois poderá ser contratado para outra função, como, por exemplo, chefe da contabilidade (DONATO, Messias. *Op. cit.*, p. 301).

A qualificação profissional determina exatamente a prestação de serviços devida pelo empregado, da qual derivam direitos e deveres.

Se as partes não fizeram referência à qualificação profissional no contrato, tampouco conseguiram comprová-la, presume-se que o "empregado obrigou-se a todo e qualquer serviço compatível com a sua condição pessoal" (art. 456, parágrafo único, da CLT), o que significa que o serviço deverá ser compatível com sua habilitação, se a possuir, ou, caso contrário, com a habilidade profissional de que dispuser.

A alteração voluntária unilateral possui conexão com o ***jus variandi***, visto como a faculdade concedida ao empregador, com fundamento no poder diretivo, de realizar modificações e variações na prestação de serviços conforme as circunstâncias, exigências ou perigos que surjam na realidade fática(3). Entre esses aspectos circunstanciais

---

(2) Cf. a respeito dessa classificação LAMARCA, Antônio. *Op. cit.*, p. 164. Alinhado com a ideia, pronunciou-se Umberto Grillo na obra *Alteração do Contrato de Trabalho*. São Paulo: Livraria Freitas Bastos, 1990, *passim*.

(3) KROTOSCHIN, Ernesto. *Instituciones de derecho del trabajo*. Buenos Aires: Depalma, 1968, *passim*.

poderão ser arrolados: o modo, o tempo e o lugar. Assim, o empregador poderá trocar o maquinário utilizado pelo empregado, tendo em vista os avanços tecnológicos, instituir, em princípio, o uso de uniformes ou modificar aqueles já utilizados, modificar o tempo de duração das viagens, o horário de início e término da jornada, desde que dentro do mesmo turno e desde que a mudança não seja prejudicial ao empregado. O empregador poderá também efetuar modificações no espaço físico do estabelecimento. Esses comportamentos encontram-se nos limites do *jus variandi* e não traduzem alteração lesiva do pacto laboral. Lembre-se, entretanto, que a instituição de uniforme, sem prejuízo para o empregado é medida inerente ao poder de comando, mas não poderá o empregador alterar as condições do contrato, impondo o uso de determinado traje[(4)], quando o expõe a uma situação ridícula, ferindo a dignidade do trabalhador. O ônus desse fornecimento é do empregador.

***2.1. Alteração qualitativa: modificação na função do empregado. Acúmulo de função.* Jus variandi**

A função que o empregado exerce na empresa poderá sofrer modificações no curso do contrato.

A alteração voluntária unilateral poderá apresentar-se sob a forma de modificação qualitativa do trabalho contratado, nos limites autorizados pela lei, os quais compreendem **promoção, rebaixamento, reversão ao cargo anterior** e **aproveitamento**.

A **promoção** possui dois sentidos: o primeiro corresponde à elevação de direitos, em função de certas qualidades do empregado, que passa a ter direito a voz e voto na solução dos problemas comuns da empresa[(5)]; o outro significado é o da elevação na carreira. A CLT dispõe sobre a matéria na alínea "b" do art. 358, quando permite que empregado brasileiro perceba salário inferior ao percebido por estrangeiro ocupante da mesma função, caso haja na empresa quadro organizado em carreira, em que seja garantido o acesso por antiguidade, e no art. 461, §§ 2º e 3º, que dispõem sobre equiparação salarial.

A promoção poderá ocorrer por ato unilateral do empregador, mas deverá ser seguida do consentimento do empregado, ainda que tácito, mesmo porque, em geral, ela é benéfica. Esse consentimento poderá ocorrer por adesão do trabalhador ao quadro de carreira.

---

(4) "**Abuso de poder da empregadora é a instituição de uniforme de trabalho para as empregadas com exigência de uso de calças compridas e por elas pagas**. Não se retira à empresa o direito de exigir uniforme de trabalho, mas não pode, evidentemente, abusar de tal direito. Sabido que muitas mulheres não se sujeitam ao uso de calças, por razões as mais variáveis. Se a empresa apenas houvesse exigido um uniforme de saia, entendo que não poderia insurgir-se a empregada, mas exigir a troca de saia por calça constitui abuso de poder. Acresce que a ré exige a paga do uniforme (exceto do primeiro), constituindo esta última ordem um flagrante atentado ao contrato, atingindo o salário". TST — 2ª T. — n. 4438/70, julgado em 18.5.71. Rel.: Min. Hildebrando Bisaglia. LAMARCA, Antônio. *Manual das justas causas*, p. 466. No mesmo sentido: TRT 1ª Região — Proc. n. 2208/70, 2ª Turma — Julgado em 6.10.70. Rel.: Juiz Henrique Lomba Ferraz. *In* LAMARCA, Antônio. *Manual das justas causas*, p. 466.

(5) DONATO, Messias Pereira. *Op. cit.*, p. 302 e 303.

Pergunta-se muito se o empregado poderá recusar a promoção. Embora não seja comum essa situação, filiamo-nos aos que sustentam que sim(6), mormente quando restar comprovado que ele não tem aptidão para assumir as novas atribuições, por gerar-lhe sacrifícios ou transtornos sem vantagens compensatórias ou por outra justificativa razoável. Caso haja quadro organizado em carreira, a recusa em aceitar a promoção torna-se mais difícil, pois espera-se que, ocorrida a vaga no quadro, seja ela ocupada, e o colega que se encontra na posição imediatamente inferior tenha acesso ao cargo deixado pelo que foi promovido. Ora, a recusa injustificada em acatar a promoção em quadro de carreira poderá impedir a mobilidade do pessoal, em detrimento de colegas.

Já o **rebaixamento**, que consiste em reverter o empregado ao nível inferior ao que ocupava na empresa, por motivo de imperícia ou punição, não é permitido no Direito do Trabalho, nem mesmo se o contrato for de experiência. Constatada a imperícia na vigência do contrato de experiência, deve-se despedir o empregado.

A **reversão** é o retorno do empregado que ocupava cargo de confiança (art. 468, parágrafo único, da CLT), em comissão, interinamente ou em substituição (art. 450 da CLT), ao cargo de origem. Ela encontra respaldo no art. 468 da CLT, e o empregador poderá determinar o retorno livremente. Essas situações alteram a qualificação profissional do empregado até a reversão ao cargo efetivo na empresa.

Saliente-se que, enquanto durar a substituição do empregado e desde que ela não seja meramente eventual, assegura-se ao substituto o mesmo salário contratual do substituído (**Súmula n. 159, inciso I, do TST**). A substituição de colega titular do cargo em férias não é considerada eventual, pois é passível de programação (**Súmula n. 159, inciso I, do TST)**. Consideram-se eventuais as substituições de curta duração e insuscetíveis de serem programadas, como as que ocorrem por ter faltado o empregado em virtude de falecimento de familiares, na forma do art. 473 da CLT.

O **aproveitamento** pressupõe alteração de uma função para outra do mesmo nível (horizontal), ao contrário das situações anteriores, em que a alteração funcional ocorre verticalmente. O aproveitamento por ato bilateral é possível, quando não acarreta prejuízo material ou moral para o empregado.

Por meio de ato voluntário unilateral do empregador, é possível o aproveitamento, quando proveniente de extinção do cargo ocupado pelo empregado e desde que o novo posto guarde semelhança com o anterior e não implique lesão à sua dignidade.

Situação que tem ocorrido na prática diz respeito à extinção de funções em virtude de automação. O aproveitamento é legítimo em cargo compatível, observada compensação financeira prevista em regulamento interno da empresa quando da admissão do empregado. Impõe-se a majoração na remuneração quando há acréscimo na jornada(7).

---

(6) GRILLO, Umberto. *Op. cit.*, p. 71. LAMARCA, Antônio. *Contrato Individual de Trabalho*. *Op. cit.*, p. 167.

(7) "**Extinta a função em virtude de automação, é legítimo o reenquadramento do empregado em cargo compatível**, porém com a devida compensação financeira assegurada em regulamento interno, que, embora revogado, já integrava o contrato individual de trabalho". TRT — 22ª Região — RO-635-2002-003-22-00-6 — Ac. 1280/2003, 1º.7.02. Red.: Juiz Francisco Meton Marques de Lima. *Revista LTr*, fev. 2004, p. 235. Figurou no polo passivo desta ação a Empresa Brasileira de Correios e Telégrafos.

Outro aspecto que possui conexão com o assunto em exame diz respeito ao **acúmulo de funções**. Esse comportamento enquadra-se no *jus variandi* do empregador? Há quem sustente que sim[(8)].

Entendemos, de início, que não se verifica o acúmulo de funções quando um empregado é substituído por outros em pequenos intervalos destinados à refeição ou higiene, pois, afinal, o dever de colaboração justifica essas solicitações[(9)]. Da mesma forma, não implica acúmulo de funções exigir-se do motorista de ônibus que também realize a cobrança, pois essa atividade pode, perfeitamente, ser exercida dentro do horário e no próprio ônibus, sem qualquer esforço extraordinário[(10)]. Outra será a situação se o acúmulo de funções exigir do empregado esforço ou capacidade acima do que foi contratualmente ajustado[(11)] ou houver previsão legal capaz de autorizar a majoração salarial. Isso ocorre, por exemplo, quando o vendedor acumula esta função com as de inspeção e fiscalização. O art. 8º da Lei n. 3.207, de 1957, assegura-lhe um pagamento adicional de 1/10 da remuneração que lhe é atribuída.

2.1.1. Acumulação de funções e o empregado radialista

Outro exemplo está relacionado com o empregado radialista, disciplinado pela Lei n. 6.615, de 16 de dezembro de 1978. Por força do art. 13 da referida Lei, na

(8) "**Acúmulo de função.** A legislação ordinária não prevê o acúmulo de função, nem o recebimento de um 'plus' salarial em decorrência deste fenômeno. Esta matéria está regulada apenas na Lei n. 6.615 de 16.12.78 (art. 13), referente aos radialistas, e no Decreto n. 83.284, de 13.3.79 (art. 13), referente aos jornalistas. Inaplicável o art. 460 da CLT porque o salário foi pactuado entre as partes, sendo indispensável a indicação de paradigma, nos termos do art. 461 da CLT. Sem isto, o fenômeno do acúmulo de função enquadra-se no 'jus variandi' do empregador. Recurso a que se nega provimento". TRT — SP-02990279908 — Ac. 6ª T. 20000511280 — Rel.: Juiz Fernando Antônio Sampaio da Silva — DOE 6.10.2000. *Revista Synthesis* 32/2001, p. 300.

(9) "**Acúmulo de função.** Não se considera acúmulo a substituição do porteiro, durante o intervalo de refeição e café, sobretudo quando a substituição é feita por vários empregados aleatoriamente. O fato não envolve ocupação de outro cargo, cumulativamente, mas simples deslocamento de atribuições, autorizado no parágrafo único do art. 456 da CLT, não se justificando o acréscimo salarial previsto em norma coletiva". TRT — SP-20000291646 — Ac. 9ª T. 20010115506 — Rel.: Juiz Luiz Edgar Ferraz de Oliveira — DOE 3.4.2001. *Revista Synthesis* 33/2001, p. 300.

(10) "**Enunciado n. 330 do TST**. A quitação constante no TRCT envolve apenas as parcelas e valores pagos e não apenas títulos. Caso não haja o pagamento integral, o empregado poderá reclamar eventuais diferenças ou até mesmo verbas que não foram pagas e, portanto, não quitadas. Este é o sentido da nova redação dada ao **Enunciado** 330 do TST. Recurso da demandada não provido. Dupla função: motorista e cobrador. Ainda que o reclamante tenha recebido pagamento de passagens, tal fato não o desloca à condição de cobrador, nem lhe assegura o direito a um acréscimo salarial, porquanto esta função não se incompatibiliza com a de motorista, pois pode ser exercida dentro do horário e no âmbito do próprio ônibus, não exigindo esforço ou capacidade acima da contratualmente pactuada. Recurso do demandante não provido". TRT-PI-RO 01737-2000-003-22-00-7 — Ac. 1140/02 — Relª: Juíza Enedina Maria Gomes dos Santos — DOE 8.8.2002. *Revista Synthesis* 36/2003, p. 306. No mesmo sentido: TRT — 4ª Região — Proc. 00098-2003.561.04.00.5 — RO — 6ª T. — Rel.: Juiz Denis Marcelo de Lima Molarinho — DOERS 1º.12.2003. *Revista Justiça do Trabalho*, dez. 2003, Porto Alegre: HS Editora, n. 240, p. 65.

(11) "**Acúmulo de funções. Salário adicional**. Se a prova dos autos demonstra a execução sem acréscimo de jornada, de tarefas que excedem, em quantidade e responsabilidade, ao pactuado no contrato de trabalho, o empregado tem direito a um aditivo remuneratório. O contrato de trabalho é sinalagmático. Dele resultam obrigações contrárias e equivalentes. Logo, qualquer alteração na qualidade ou na quantidade do labor exigido desnatura aquela equivalência ínsita à natureza comutativa e onerosa do vínculo e exige um reequilíbrio que, no caso de acúmulo de funções, será o pagamento de um 'plus' salarial. Recurso de revista não conhecido". TST-RR-403.535/97 — 4ª Turma — Rel.: Juiz Convocado Horácio R. de Senna Pires — DJU 11.10.2002. *Revista TST*, v. 68, jul./dez. 2002, p. 407.

hipótese de exercício de funções acumuladas dentro de um mesmo setor, em que se desdobram as atividades de **administração, produção e técnica**, será assegurado ao radialista um adicional mínimo de: I — 40% (quarenta por cento), pela função acumulada, tomando-se por base a função com remuneração melhor, nas emissoras de potência igual ou superior a 10 (dez) quilowatts e nas empresas equiparadas segundo o parágrafo único do art. 3º; II — 20% (vinte por cento), pela função acumulada, tomando-se por base a função com remuneração melhor, nas emissoras de potência inferior a 10 (dez) quilowatts e superior a 1 (um) quilowatt; III — 10% (dez por cento), pela função acumulada, tomando-se por base a função com remuneração melhor, nas emissoras de potência igual ou inferior a 1 (um) quilowatt.

A título de exemplo, podemos citar a situação de um radialista que trabalhe na atividade de "produção" no setor de "locução", exercendo as funções de locutor anunciador, lendo anúncios, hora certa e dando nome de músicas. Se paralelamente a essas funções ele ler noticiários (setor de locução) estará acumulando a primeira função com a de locutor noticiarista e fará jus ao adicional que será apurado de acordo com a potência da emissora.

O mesmo ocorrerá quando o radialista acumula a função de iluminador com a de operador de câmera, ambas pertencentes ao setor de tratamento e registros visuais[(12)].

E se a acumulação ocorrer em setores diferentes?

O art. 14 da Lei n. 6.615, de 1978, não permite, por força de um só contrato de trabalho, o exercício para diferentes setores entre os mencionados no art. 4º (administração, produção e técnica).

Se a acumulação referir-se a funções de setores diversos, não serão devidos os adicionais de acumulação[(13)]. Diante da impossibilidade de acumulação de funções em setores diversos, por força de um só contrato (art. 14 da Lei n. 6.615, de 1978), não há outra alternativa senão reconhecer a existência de um segundo contrato de trabalho[(14)].

---

(12) "**Recurso Ordinário da reclamada. Prescrição quinquenal.** A prescrição atinge a ação referente aos créditos vencidos e exigíveis no quinquênio que antecede o ajuizamento da reclamatória e não os cinco anos anteriores à data da extinção do contrato. Exegese da **Orientação Jurisprudencial** SDI1/TST n. 204. Recurso provido no aspecto. Radialista. Cinegrafista que acumula a função de iluminador. Acréscimo de 40%. O exercício concomitante das funções de iluminador e de operador de câmera, funções pertencentes ao mesmo setor (tratamento e registros visuais) da atividade técnica, importa o direito à percepção do adicional de 40%, na forma prevista no art. 13 da Lei n. 6.615/78. Recurso a que se nega provimento no particular...". TRT — 4ª Reg. — 8ª T. — Processo 00877.901/01-5 (RO). Relª: Juíza Cleusa Regina Halfen. Data de Publicação: 17.6.2002.

(13) "**Radialista. Acúmulo de funções. Adicional de 40%.** A acumulação de funções que dá direito ao radialista ao recebimento do adicional de 40% é aquela desenvolvida dentro de um mesmo setor de trabalho, o que não é o caso da autora que acumulava a função de gerente administrativo, ínsita ao setor de administração, com a de locutor de noticiário, integrante do setor artístico, conforme esclarecido no próprio depoimento pessoal da reclamante. Recurso desprovido". TRT — 10ª Reg. — 2ª T. — RO-3.172/99 — Rel.: Juiz Braz Henriques de Oliveira — DJDF 28.1.2000 — p. 11. *Revista do Direito Trabalhista*, mar. 2000, p. 60.

(14) "**Recurso de Revista. Radialista. Acúmulo de funções. Locutor-anunciador e operador de áudio — Atividades desenvolvidas em setores diversos. Contratos de trabalho distintos**. Os art. 4º, 13 e 14 da Lei n. 6.615/78, conjuntamente interpretados, condicionam a acumulação das atividades de Locutor-Anunciador e Operador de Áudio à celebração de contratos distintos, porquanto desenvolvidas em setores diversos, enquadrando-se a primeira função como atividade de 'produção' (item II, F, 1, do quadro anexo ao Decreto n. 84.134/79, que regulamentou a

Outros afirmam que a acumulação de funções em diferentes setores, por meio de um só contrato é, por força do art. 14 da Lei n. 6.615, de fato, proibida. Como esse artigo não prevê qualquer penalidade a favor do empregado, no caso de sua infração pelo empregador, deverá aquele receber o acréscimo de 40%, por aplicação analógica do art. 13 da mesma lei(15) e não um novo salário, como admite uma outra vertente jurisprudencial(16).

Finalmente, quando o exercício de qualquer função for acumulado com responsabilidade de chefia, o radialista fará jus a um acréscimo de 40% sobre o salário.

2.2. Alteração qualitativa imperativa (obrigatória)

Existem alterações qualitativas, atinentes à função, que são impostas pelo legislador ao empregador. São, portanto, imperativas, obrigatórias. E assim é que, nos termos do art. 407 da CLT, verificado pela autoridade competente que o trabalho executado pelo menor é prejudicial à sua saúde, ao seu desenvolvimento físico ou à sua moralidade, poderá ela obrigá-lo a abandonar o serviço, devendo a respectiva empresa, quando for o caso, proporcionar ao menor todas as facilidades para mudá-lo de função. Sua negligência poderá autorizar a rescisão indireta do contrato de trabalho.

O art. 300 da CLT também determina que o empregador transfira o empregado mineiro do trabalho executado no subsolo para a superfície, sempre que o serviço de segurança e medicina do trabalho, por motivo de saúde, considerar necessária a medida. A empresa é obrigada a pagar a esse empregado remuneração atribuída ao trabalhador de superfície em serviço equivalente, respeitada a capacidade profissional do interessado.

---

mencionada lei), enquanto a segunda descreve-se como 'técnica' (item III, B, 1). Recurso de Revista conhecido e provido, para que, reconhecida a existência de um segundo contrato de trabalho celebrado entre as partes, proceda o Juízo de origem ao exame dos pleitos referentes a tal pacto laboral". TST-RR-374.192/97 — 4ª Turma — Rel.: Juiz Convocado Guilherme Bastos — DJU 24.11.00. *Revista TST*. Brasília, v. 67, n. 1, jan./mar. 2001.

"**Radialista. Horas extras**. A profissão de radialista é exercida em três atividades (administração, produção e técnica), divididas em setores, definidos na Lei n. 6.615/78, subdivididos em funções, tituladas e descritas em quadro anexo ao Decreto n. 84.134/79. A prestação de serviços, em setores diferentes, a um mesmo empregador, ainda que dentro da mesma jornada, **gera contratos de trabalho distintos**; não sendo possível cumular, em um único contrato, o exercício de funções diferentes mas de um mesmo setor, o que propicia ao empregado um adicional sobre o salário da função melhor remunerada. Havendo vários contratos, cada um terá sua própria estipulação salarial. Variando a duração do trabalho de cinco a oito horas diárias, na cumulação de vários contratos, será considerada normal a referente ao setor cuja jornada for maior, bem como a média salarial obtida pela soma dos valores dos contratos". TRT — 4ª Reg. — Ac. 01411561/96-1 RO — 1ª T. — Rel.: Juiz Ari da Silva Mattos — Julgado em 25.11.98 — DOERS 11.1.99 (grifos nossos).

(15) "**Radialista. Exercício de função de locutor e operador. Pagamento de adicional.** O art. 4º da Lei n. 6.615/78 divide as atividades inerentes à profissão de radialista em três setores, sendo que a locução e a operação de equipamentos estão discriminadas, respectivamente, nos §§ 2º e 3º. O art. 14, por sua vez, impede o acúmulo de funções em diferentes setores mencionados no art. 4º, por força de um único contrato de trabalho. Este artigo, contudo, não prevê qualquer penalidade a ser aplicada a favor do empregado, no caso de sua infração pela empresa empregadora. Assim, a ocorrência do acúmulo das atividades não gera a percepção de novo salário, mas, no máximo, por aplicação analógica, do percentual garantido no art. 13 da mesma lei, para o caso de exercício de funções acumuladas dentro de um mesmo setor". TRT-RO-1287/00 — 4ª T. — Rel.: Juiz Márcio Flávio Salem Vidigal — Publ. MG. 1º.7.2000. *Revista Tribunal Regional do Trabalho 3ª Região* — Belo Horizonte, 32 (62): 287-421, jul./dez. 2000.

(16) TRT 10ª Reg. — RO 6538/97 — 2ª T. — Relª: Juíza Heloísa Pinto Marques — DJU 14.5.1999. *Revista Síntese* n. 121, p. 85.

3. ALTERAÇÃO QUANTITATIVA DO CONTRATO (SALÁRIO)

Vamo-nos ater neste tópico às alterações no salário do empregado. As alterações para melhor (*in melius*), sejam concedidas por ato voluntário unilateral do empregador, sejam bilaterais, sejam resultantes de lei ou de norma coletiva, são, evidentemente, legítimas, porque mais favoráveis ao empregado.

E as alterações quantitativas para pior (*in pejus*) são permitidas?

A resposta, em princípio, é não, lembrando, entretanto, que a CLT prevê duas situações em que o empregado poderá sofrer redução salarial. A primeira está relacionada com a força maior (art. 503 da CLT), assim entendido todo acontecimento inevitável para o qual o empregador não concorreu de forma direta, nem indireta (art. 501 da CLT). Em caso de força maior ou prejuízos devidamente comprovados, é lícita a redução dos salários dos empregados da empresa, proporcionalmente aos salários de cada um, não podendo, entretanto, ser superior a 25%, respeitado, em qualquer caso, o salário mínimo (art. 501 da CLT). Cessados os efeitos decorrentes do motivo de força maior, é garantido o restabelecimento dos salários reduzidos. A outra hipótese de redução salarial é a reversão do empregado ao cargo efetivo, de que se encontrava afastado para exercer outro de confiança (art. 468, parágrafo único, da CLT) ou de provimento interino ou em razão de substituição eventual ou temporária (art. 450 da CLT). Nessas hipóteses poderá ocorrer a redução salarial.

Saliente-se, no tocante ao cargo de confiança, que, se o empregado recebeu a gratificação a ele atinente por mais de 10 anos e foi afastado do cargo sem justo motivo, ele fará jus à manutenção dessa verba, considerando já ter ela se incorporado ao seu orçamento familiar, concedendo-lhe estabilidade financeira. Mantido o empregado no exercício da função comissionada, não pode o empregador reduzir o valor da gratificação (**Súmula n. 372, incisos I e II, do TST)**.

A Lei n. 4.923, de 1965, também autoriza a redução do salário, com a consequente redução da jornada, quando a empresa, em face da conjuntura econômica, devidamente comprovada, se encontrar em condições que autorizem a medida, provisoriamente. No entanto, deverá existir acordo com a entidade de classe, homologado pelo Ministério do Trabalho, por prazo não superior a três meses, prorrogável, nas mesmas condições e sempre de modo que a redução do salário mensal não seja superior a 25% do salário contratual, respeitado o mínimo e reduzidas, proporcionalmente, a remuneração de gerentes e diretores.

Essa redução salarial e aquela prevista no art. 503 da CLT não estão em perfeita sintonia com o texto da Constituição vigente. É sabido que o art. 7º, inciso VI, da Constituição da República de 1988, apesar de consagrar a irredutibilidade salarial, permite sua redução por convenção ou acordo coletivo. Afirma a doutrina que o art. 503 da CLT está revogado pelo referido preceito constitucional, ficando a redução salarial a cargo das citadas normas coletivas[17]. Já no que se refere ao art. 2º da Lei n.

---

(17) Nesse sentido: NASCIMENTO, Amauri Mascaro. *Iniciação ao Direito do Trabalho*. São Paulo: LTr, 2003, p. 375. MARTINS, Sérgio Pinto. *Direito do Trabalho*. São Paulo: Editora Atlas, 2002, p. 267. SÜSSEKIND, Arnaldo

4.923, de 23 de dezembro de 1965, entendemos que ele não contraria o art. 7º, VI, da Constituição, pois a redução salarial se processa mediante acordo com o sindicato, quando motivos ligados à conjuntura econômica o autorizem, ficando também reduzida a jornada; todavia, no que se refere ao percentual de redução e ao período em que persistirá, entendemos que a matéria deverá ficar a cargo da negociação em convenção ou acordo coletivo(18).

Implica alteração contratual lesiva modificar a data de pagamento do salário do último dia do mês trabalhado para o quinto dia útil do mês subsequente ao vencido? O comportamento patronal encontra-se dentro do *jus variandi*?

A jurisprudência da SDI-1 do TST(19), refletida na **Orientação Jurisprudencial** n. 159, tem entendido que tal comportamento não é lesivo aos empregados, porque o art. 459, parágrafo único, da CLT, estipula como prazo final para o pagamento o quinto dia útil do mês subsequente ao vencido.

Matéria que tem sido objeto de inúmeras reclamações diz respeito à condição mais favorável constante de norma interna de empresa pública, à época da admissão dos empregados. Essa vantagem implicava em se estender aos aposentados o direito ao auxílio-alimentação, nos termos da **Súmula n. 51 do TST**.

A revisão da norma, com a consequente supressão do benefício aos aposentados, ainda que em cumprimento de determinação emanada do Ministério da Fazenda, somente poderia alcançar os empregados admitidos após a revogação da norma mais vantajosa. Os empregados contratados sob a égide da norma mais vantajosa não poderiam ser atingidos pela nova regulamentação, pois seus patrimônios já tinham incorporado o direito de receber, também após a aposentadoria, o benefício fornecido no curso do contrato de trabalho (inteligência da **Súmula n. 51 do TST**). A supressão da vantagem configura alteração contratual lesiva, vedada pelo art. 468 da CLT, além de violar o direito adquirido, em afronta ao disposto no art. 5º, XXXVI, da Constituição da República.

O empregador afirma que deve pautar seus procedimentos nos princípios gerais da Administração Pública, insertos no art. 37 da Constituição da República, bem como no preceito da reserva legal, insculpido no art. 5º, II, do mesmo diploma. Cumpre enfatizar, no entanto, que o fato de o empregador ser empresa pública não afasta a completa observância dos dispositivos legais citados anteriormente. Isso porque, a teor do § 1º, II, do art. 173 da Constituição da República, a empresa pública é equiparada

---

e outros. *Instituições de Direito do Trabalho*. v. 1. São Paulo: LTr, 2003, p. 441, MARANHÃO, Délio e outros. *Instituições de Direito do Trabalho*. v. 1. São Paulo: LTr, 2003, p. 534, texto revisto por João de Lima Teixeira Filho.

(18) Na mesma direção: MARTINS, Sérgio Pinto. *Op. cit.*, p. 267.

(19) "**Alteração contratual. Dia do pagamento. Ofensa aos art. 444 e 468, da CLT. Não configuração.** Não é lesiva aos Empregados a alteração do dia do pagamento efetuado no último do mês trabalhado para o quinto dia útil do mês vencido, porquanto o art. 459, parágrafo único, da CLT, estipula como prazo final para o pagamento o quinto dia útil do mês trabalhado, razão pela qual não exsurge ofensa aos art. 444 e 468, consolidados. Recurso de Embargos não conhecido". TST-E-RR-167567/95.2 — Ac. SDI-1-1058/97 — 4ª Reg. — Relª: Min. Cnéa Moreira — DJU 25.4.97, p. 15.513.

às empresas privadas, sujeitando-se ao mesmo regime jurídico destas, inclusive quanto aos direitos e obrigações trabalhistas.

Reconhecida a natureza salarial do auxílio-alimentação fornecido ao empregado, não há que se falar em interpretação restritiva da norma instituidora do benefício e tampouco em inexistência de norma legal que imponha ao empregador o pagamento do benefício (art. 5º, II, da Constituição da República de 1988). Frise-se que, nos termos do art. 468 da CLT, é ilícita a alteração das condições contratuais quando prejudicial ao trabalhador, sobretudo se a alteração foi perpetrada unilateralmente pelo empregador.

Confira-se, a respeito, a decisão proferida pelo TST:

"COMPLEMENTAÇÃO DE APOSENTADORIA. AUXÍLIO-ALIMENTAÇÃO. SUPRESSÃO. Partindo-se das premissas fáticas delineadas na decisão recorrida, tem-se que a própria Caixa Econômica Federal obrigou-se a estender o direito ao percebimento do auxílio-alimentação aos empregados aposentados, por força de norma interna por ela mesma instituída em 1975. Nesse sentido, a norma interna que instituiu o pagamento do benefício aos empregados jubilados incorporou-se ao contrato de trabalho de seus funcionários, razão pela qual a supressão unilateral pelo empregador produz efeitos apenas com relação aos empregados posteriormente admitidos, conforme entendimento desta e. Corte, sufragado nos Enunciados n. 51 e 288/TST. Recurso de embargos não conhecido". TST-E-RR 618090/99. Ac. SDI-1. Rel.: Min. Milton de Moura França, DJ 23.8.2002.

Por outro lado, não implicam alteração contratual vedada por lei modificações feitas no regimento interno da empresa para aferir o mérito do empregado, quando for o caso, e desde que o empregado ainda não tenha preenchido os requisitos anteriormente exigidos[20].

4. ALTERAÇÃO DO LOCAL DE TRABALHO

Em princípio, cumpre salientar que a regra em Direito do Trabalho é a inamovibilidade do empregado. É o que emerge do art. 469 da CLT, quando dispõe ser vedado ao empregador "transferir o empregado, sem a sua anuência, para localidade diversa da que resultar do contrato, não se considerando transferência a que não acarretar necessariamente a mudança de seu domicílio". Entende-se por domicílio o local em que o empregado se estabelece com ânimo definitivo.

Em face desse preceito legal, a doutrina estabelece distinção entre **remoção e transferência**, considerando que a primeira não implica mudança de domicílio[21], embora possa haver mudança de localidade, o que ocorre, com frequência, na região

(20) "**Contrato. Alteração. Poder regulamentar**. Não se caracteriza como alteração prejudicial ao empregado a modificação feita em tópicos do regulamento interno que disciplinam os mecanismos de avaliação do mérito para efeito de promoção, quando e se for o caso. Trata-se de legítimo exercício do poder regulamentar da empresa — emanante do poder diretivo que a ordem jurídica reconhece ao empregador, de fato e por lei (art. 456, parágrafo único da CLT). Não se pode cogitar, no caso, de direito adquirido ao aumento por mérito futuro, mas de mera expectativa fundada na incerteza da avaliação de comportamento e de qualificação ainda por vir, incertos, improváveis e imprevisíveis". TRT/SP — RO-20010298643/2001 — 8ª Turma — 20030020055 — Relª: Juíza Wilma Nogueira de Araújo Vaz da Silva. DOE 11.2.2003. *Revista Synthesis* 37/2003, p. 220.

(21) DONATO, Messias Pereira. *Op. cit.*, p. 306.

metropolitana de grandes cidades ou cidades vizinhas. Mesmo não havendo mudança de domicílio, o empregado removido por ato unilateral do empregador para local mais distante de sua residência tem direito a suplemento salarial correspondente ao acréscimo da despesa de transporte (**Súmula n. 29 do TST**, baseada no art. 470 da CLT). A remoção é facultada ao empregador, mantidas as condições contratuais ajustadas.

Já no que tange à transferência, ou seja, à alteração do local de trabalho com mudança de domicílio, em geral não é permitida por ato unilateral do empregador. Excetuam-se da proibição, desde que comprovada a necessidade do serviço[22], algumas situações que configuram transferências definitivas, a saber: a do ocupante de cargo de confiança; a dos empregados cujo contrato contenha cláusula explícita ou implícita de transferibilidade; a decorrente de extinção de estabelecimento; e, por fim, a transferência provisória por necessidade de serviço. Passaremos a uma breve análise de cada uma dessas situações.

A transferência do trabalhador ocupante de **cargo de confiança** se justifica, por ato unilateral do empregador (art. 469, § 1º, da CLT), porque esse empregado detém poder de mando, logo, é razoável, em face da intensidade da fidúcia nele depositada, que o empregador lhe solicite os serviços, consoante os interesses da empresa, em outras localidades, como seu *alter ego*, isto é, seu representante.

Por outro lado, os contratos que contiverem **cláusula explícita** ou **implícita** de transferibilidade também justificam o ato voluntário do empregador de exigir do cocontratante serviços fora da localidade do ajuste. A primeira cláusula resulta de manifestação expressa a respeito da permissibilidade da transferência e a segunda advém da natureza da função que o empregado irá exercer. Isso ocorre quando a empresa possui atividade em vários locais, como agências, filiais, bases, obras em construção, etc. Trabalhando para empresas desse gênero, poderão ser transferidos os viajantes, os engenheiros, os bancários, os aeroviários, entre outros. Quando inserida a cláusula de transferência, ela deverá se processar com o mínimo de sacrifício para o empregado, considerando-se, inclusive, que o contrato celebrado há muitos anos atrás não poderá ser aplicado de forma irreversível, "a ferro e fogo", pois com o tempo a situação pessoal do trabalhador poderá ter-se alterado e cabe invocar aqui a cláusula *rebus sic stantibus*[23]. É o que ocorre, por exemplo, com um empregado que, ao firmar o ajuste, não havia ingressado, ainda, em curso superior e, com o passar dos anos teve acesso à universidade. Ora, sua transferência para local onde não exista ensino superior, nem sequer nas vizinhanças, será altamente prejudicial ao empregado, o mesmo ocorrendo com aquele que possui encargos familiares. Esse raciocínio aplica-se aos empregados que ajustaram cláusula explícita ou implícita de transferência.

A **transferência por extinção do estabelecimento** no local em que o empregado trabalha também é uma exceção à regra da inamovibilidade, pois poderá ocorrer de o

(22) Presume-se abusiva a transferência de que trata o § 1º do art. 469, da CLT, sem comprovação da necessidade de serviço (**Súmula n.** 43 do TST).

(23) DONATO, Messias Pereira. *Op. cit.*, p. 306.

empregador necessitar dos empregados em estabelecimento sediado em outro local. A recusa do empregado equivale a pedido de demissão (art. 469, § 2º, da CLT), salvo se portador de estabilidade decenária. Nesse caso poderá optar pelo recebimento da indenização em dobro alusiva ao período anterior a 5 de outubro de 1988 (art. 469, § 2º, da CLT), quando por determinação legal passou a ser destinatário das normas do FGTS, porém preservado o direito adquirido à indenização prevista na CLT.

Finalmente, temos a transferência provisória, a que está sujeito qualquer empregado, como colaborador da empresa, por comprovada necessidade de serviço (art. 469, § 3º, da CLT).

A jurisprudência já pacificou o entendimento segundo o qual apenas a transferência provisória enseja o pagamento do adicional de 25% previsto no art. 469, § 3º, da CLT. Nesse sentido é a **Orientação Jurisprudencial** n. 113 da SDI-1 do TST. O legislador não define o que se considera transferência provisória, nem fixa o prazo de sua duração. A doutrina tem lançado mão da analogia para considerar provisória a transferência que dure até um ano, com fundamento no art. 478, § 1º, da CLT, segundo o qual o primeiro ano de duração do contrato de trabalho é considerado como período de experiência (cf. Nélio Reis *apud* Octavio Bueno Magano. *Lineamentos de Direito do Trabalho.* São Paulo: LTr, 1972, p. 42). Logo, se o empregado, qualquer que seja, for transferido, permanecendo em seu novo posto por lapso inferior a 12 meses, fará jus ao recebimento do referido adicional.

As despesas resultantes de qualquer transferência correrão por conta do empregador (art. 470 da CLT).

Há determinadas empresas que inserem no seu regulamento uma cláusula exigindo que o empregado restitua o valor pago a título de ajuda de custo, em caso de transferência definitiva, se ele se demitir de seus quadros antes de decorrido determinado prazo. É evidente que a cláusula não possui validade, pois afeta a liberdade de trabalho(24).

O art. 543 da CLT veda a transferência dos empregados eleitos para cargo de administração sindical ou representação profissional, por inviabilizar-lhes a execução de suas atribuições.

5. ALTERAÇÃO NA JORNADA E NO TURNO DE TRABALHO. *JUS VARIANDI*

A jornada de trabalho é o período em que o empregado permanece à disposição do empregador trabalhando ou aguardando ordens. Já o horário de trabalho abrange o

(24) "**Contrato de trabalho. Alteração. Transferência definitiva. Restituição de ajuda de custo**. Consumando-se a transferência definitiva do empregado por interesse do empregador, responde este pelas despesas decorrentes (CLT, art. 470). Inválida a cláusula contemplada em regulamento de empresa pela qual se paga ajuda de custo ao empregado, em caso de transferência definitiva, e o empregado obriga-se a restituir o respectivo valor em caso de demitir-se antes de decorridos 24 meses. Norma que se contrapõe aos art. 470 e 444 da CLT. Rejeição do pedido patronal de restituição da ajuda de custo. Violação do art. 468 da CLT não caracterizada. 4. Agravo de instrumento de que se conhece e a que se nega provimento". TST-AIRR-787014/01.2 — Ac. 1ª Turma — Rel.: Min. João Oreste Dalazen — DJ 14.2.2003. *Revista LTr* 67-10/1255.

início, o término e as pausas durante a jornada. A jornada pode se desenvolver em horário diurno ou noturno.

Em princípio, as alterações ocorridas dentro do mesmo turno são permitidas, salvo se acarretarem prejuízo ao empregado, a quem incumbe o ônus dessa prova.

Já as alterações unilaterais do turno diurno para o noturno e deste para aquele não são permitidas, uma vez que implicam alteração qualitativa. Nota-se, entretanto, que a **Súmula n. 265 do TST** autoriza, implicitamente, a alteração, quando assevera que "a transferência para o período diurno de trabalho implica a perda do adicional respectivo".

Cumpre salientar, ainda, que a redução da jornada de trabalho do empregado, mantendo-se o mesmo salário, caracteriza alteração do pacto laboral para melhor. O retorno ao horário antigo implica alteração vedada pelo art. 468 da CLT, porque prejudicial ao trabalhador(25), exceto se se tratar de servidor público (administração direta, autárquica e fundacional), "cuja jornada inicialmente contratada não se insere nas vedações do art. 468 da CLT, sendo definida em lei e no contrato de trabalho firmado entre as partes" (**Orientação Jurisprudencial n. 308 da SDI-1 do TST**).

A dispensa de marcação de ponto por longos anos é passível de modificação por ato unilateral do empregador, ou seja, a exigência de ponto está nos limites do *jus variandi*?

Entendemos que não. A exigência contida no art. 74, § 2º, da CLT quanto ao controle de horário poderá ser substituída por condição mais benéfica, que dispense o trabalhador de marcar o cartão, registrando o horário de entrada, de saída e intervalos.

Ora, evidentemente que, desobrigado desse controle durante vários anos, o empregado é tratado com menos rigor no tocante à pontualidade, o que representa condição mais benéfica, ajustada de forma tácita. Posterior exigência de marcação de ponto implica alteração contratual unilateral vedada pelo art. 468 da CLT(26). Há,

---

(25) "**Alteração do contrato de trabalho. Horas Extras**. Considerando-se a primazia do contrato realidade, o que importa é como o contrato de trabalho se expressa e executa na prática. Assim, embora o empregado tenha sido contratado para trabalhar oito horas diárias, houve um ajuste tácito no sentido de que o mesmo cumprisse uma jornada reduzida de seis horas diárias até 1992, pelo que a exigência unilateral da reclamada, no sentido de que aquele passasse a cumprir a jornada nos termos do contrato, resulta em alteração ilícita do contrato de trabalho vedada pelo art. 468 da CLT. Revista improvida". TST-RR-21021/95.4 — Ac 1ª T. 7031/96 — TRT — 3ª Reg. — Relª: Min. Regina R. Ezequiel — DJU 28.2.97 — p. 4395. Irany Ferrari e Melchíades Rodrigues Martins, *Julgados Trabalhistas Selecionados*. v. 5, São Paulo: LTr, p. 89.

(26) "**Alteração contratual unilateral. Exigência de registro de ponto a empregado não sujeito a este controle. Inadmissibilidade**. O § 2º, do art. 74 da CLT, deve ser interpretado de molde a beneficiar e não prejudicar aquele que o dispositivo visa proteger — o empregado. Em se tratando de hipótese em que há vários anos, o empregado está desobrigado da marcação de ponto, inclusive havendo ajuste expresso em tal sentido, impossível é pretender o empregador, com base em tal preceito, exigir o registro". TST — 1ª T. — RR-1.664/80 — Rel.: Min. Marco Aurélio — DJ de 5.2.82. TEIXEIRA FILHO, João de Lima. *Repertório de Jurisprudência Trabalhista*. v. 2. Rio de Janeiro: Livraria Freitas Bastos, 1983, p. 579.

"**Ponto. Recurso Ordinário**. Registro de frequência verificado através de assinatura em folha interna, durante anos. Implantação de novo controle, pela empregadora, através de relógio e cartão de ponto, extrapolando seu *ius variandi*. Alteração dos contratos de trabalho dos reclamantes. Infração ao art. 468 da CLT. Nova conduta em desacordo com o **Enunciado** n. 51 do TST. Recurso provido. A reclamada deve manter inalterado o sistema de controle de frequência nos moldes em que vinha sendo efetuado." TRT — 17ª T. — RO-4.673/91— Ac. 4.673/91 — Rel.: Juiz José Carlos Rizk. *Revista LTr* 57-05/608.

entretanto, quem sustente tratar-se de mera tolerância, que não gera direito[27], situando a modificação dentro do *jus variandi* do empregador.

A redução da carga horária do professor, cujo salário é fixado por número de horas-aulas, implica alteração contratual vedada pelo art. 468 da CLT ou situa-se dentro do *jus variandi* do empregador?

O TST, por meio da **Orientação Jurisprudencial** n. 244 da SDI-1, assevera que a matéria se situa dentro do *jus variandi* do empregador, ao considerar que não há alteração contratual ilícita. Sustenta-se que a diminuição do número de horas-aulas não implica redução do seu valor, nos termos do art. 320 da CLT, o qual não assegura ao docente a manutenção de igual número de aulas do ano anterior, mesmo porque a variação da carga horária e das disciplinas oferecidas, feita conforme a quantidade de alunos matriculados, é típica dessa profissão.

Entendemos que se o salário do docente for calculado com base no número de aulas ministradas haverá, sem dúvida, redução salarial, capaz de implicar rescisão indireta do contrato em face da alteração contratual lesiva[28], a não ser que ela se opere mediante acordo ou convenção coletiva, na forma do preceito constitucional (art. 7º, VI). Caso o empregado opte pela continuidade do vínculo, fará jus à diferença salarial correspondente à redução do número de aulas, mesmo que advinda da redução de turmas, do contrário estar-se-ia atribuindo ao professor os riscos do empreendimento econômico, que devem ser suportados pelo empregador, na forma do art. 2º da CLT[29].

Indaga-se também sobre a possibilidade de se alterar o regime de turnos ininterruptos de revezamento para trabalho em turno fixo.

A jurisprudência do TST[30] tem admitido a modificação do regime, por entender que ela, além de se encontrar no *jus variandi* do empregador, não acarreta prejuízo

---

(27) "**Controle de horário. Alteração contratual**. Não constitui alteração contratual a determinação do empregador, para que o empregado marque cartão de ponto. Embargos conhecidos e providos." TST — E-RR-7.169/85.1. Rel.: Min. Almir Pazzianotto. Ac. SDI 2.371/89. *Nova Jurisprudência em Direito do Trabalho*. Valentin Carrion, 1990.

(28) "**Professor. Carga horária. Redução**. A supressão da carga horária do professor importa em alteração contratual lesiva, sendo irrelevante a existência de outro emprego ocupado pela mesma empregada em outra unidade ou ente público diverso, mesmo que, somadas, as horas-aula excedam a 44 semanais, pois a limitação da jornada, estipulada no art. 7º, inciso XXIII, da lei maior está adstrita a um mesmo empregador. Como se sabe, ao professor é autorizado o acúmulo de empregos, desde que exista compatibilidade de horários, e não há qualquer vedação legal ao labor acima de 44 horas semanais quando prestado a dois empregadores. Embargos conhecidos mas não providos". TST — SDI-ERR-115822/94.6 — Rel.: Min. Ronaldo José Lopes Leal — DJ 8.8.97.

(29) "**Professor. Redução de carga horária**. Cabível o pedido de diferenças salariais decorrentes da redução de carga horária. Não é possível que, em um contrato de trabalho regido pela CLT, possa o empregador transferir para o empregado o risco do empreendimento. A alteração unilateral é vedada legalmente. Recurso conhecido em parte e provido". TST — RR 224764/95.2 — 2ª T. — Rel.: Min. José Luciano de Castilho Pereira — DJ de 30.4.98.

(30) "**Alteração do regime de revezamento para turno fixo. Validade do ato da empresa**. A alteração do regime de turnos ininterruptos de revezamento para trabalho em turno fixo constitui-se em *jus variandi* do empregador, que dirige a prestação dos serviços, assumindo os riscos da atividade e nesse sentido, sendo mais benéfica aos empregados, não se inclui na vedação do artigo 468 da CLT, principalmente quando não se verifica prejuízo econômico--salarial. Ressalte-se que a própria Constituição Federal estabeleceu jornada reduzida para aqueles que trabalham em turnos de revezamento, por ser prejudicial à saúde dos trabalhadores em decorrência das mudanças contínuas de turnos. Violação não vislumbrada e divergência jurisprudencial inespecífica. Recurso de revista não conhecido". TST-RR-529.123/1999.7 — 2ª T. — Rel. convocado: Juiz Décio Sebastião Daidone — DJU 5.12.2003. *Revista Justiça do Trabalho*. Porto Alegre: HS Editora, n. 241, jan. 2004, p. 122.

econômico para o empregado, sendo-lhe até mesmo mais favorável, considerando-se que os trabalhos em turnos de revezamento são prejudiciais à saúde, dadas as mudanças contínuas de turnos.

Por fim, convém frisar que a Convenção n. 171 da OIT, sobre trabalho noturno, ratificada pelo Brasil, prevê medidas alternativas, entre elas a substituição do turno da noite pelo turno diurno, quando viável, para a empregada durante o ciclo gravídico--puerperal, no período de pelo menos 16 semanas, sendo oito antes do parto.

6. PRESCRIÇÃO

As alterações do contrato de trabalho que envolvam pedidos de prestações sucessivas (de cunho salarial) estão sujeitas à prescrição total, exceto se o direito à parcela esteja também assegurado em lei (**Súmula n. 294 do TST**), quando então a prescrição será parcial.

7. CONSEQUÊNCIAS

A alteração contratual lesiva autoriza o empregado a postular em juízo o retorno à situação anterior ou a rescisão indireta do contrato de trabalho (art. 483, “d”, da CLT).

CAPÍTULO XXV

INTERRUPÇÃO E SUSPENSÃO DO CONTRATO: CONCEITO, CARACTERIZAÇÃO, DISTINÇÕES. TIPIFICAÇÃO. SITUAÇÕES CONTROVERTIDAS. ANISTIA

1. FUNDAMENTOS

O princípio da continuidade, de que decorre o trato sucessivo do contrato de emprego, visa à conservação da fonte de trabalho, com o objetivo de dar segurança econômica ao trabalhador e incorporá-lo ao organismo empresarial. Este princípio evidencia que o Direito do Trabalho dá preferência aos contratos indeterminados, resiste à dispensa arbitrária e mantém o pacto laboral na chamada interrupção e suspensão contratual[1].

Vê-se, portanto, que um dos principais objetivos colimados pelo Direito do Trabalho é a continuidade do emprego, o que se reflete, aliás, no texto legal brasileiro, quando determina a manutenção das relações jurídico-laborais, mesmo que, em virtude de certos acontecimentos, ocorra a inexecução provisória da prestação de serviço.

Essa inexecução provisória da prestação de serviço produz efeitos no contrato, como se infere das normas imperativas consubstanciadas nos art. 471 a 476 da CLT, que traduzem a suspensão e a interrupção contratual ou, mais precisamente, a suspensão e a interrupção da prestação de serviço, objeto deste estudo.

Se a empresa poderá funcionar em caráter contínuo, o mesmo não ocorre com o empregado, cujo contrato está sujeito a vários acontecimentos, até certo ponto previsíveis, gerando a necessidade de interrompê-lo ou suspendê-lo em determinadas situações. Daí se infere que o tempo das partes nesse contrato nem sempre é idêntico.

2. TRAÇOS COMUNS ENTRE A INTERRUPÇÃO E A SUSPENSÃO DO CONTRATO

Tanto na interrupção quanto na suspensão do contrato há uma paralisação transitória da prestação de serviço e não a cessação contratual.

Pérez Leñero[2] também doutrina no sentido de que "a suspensão não extingue o contrato, mas somente deixa em suspenso sua execução".

Em ambas as hipóteses são "asseguradas ao empregado, afastado do emprego, por ocasião de sua volta, todas as vantagens que, em sua ausência, tenham sido atribuídas à categoria a que pertencia na empresa" (art. 471 da CLT).

---

(1) PLÁ RODRIGUEZ, Américo. *Princípio de Direito do Trabalho*. São Paulo: LTr, 1978.

(2) PÉREZ LEÑERO, José. *Teoría General del Derecho Español de Trabajo*. Madrid: Espasa — Calpe, 1948, p. 200.

Outro traço comum entre os dois institutos jurídicos é a impossibilidade de o empregador dissolver o contrato de trabalho, durante a cessação temporária da obrigação de trabalhar, mesmo que arque com as reparações devidas, salvo em se tratando de justa causa cometida pelo obreiro e reconhecida pela Justiça do Trabalho ou de extinção da empresa, que impossibilite a continuidade da relação jurídico-laboral.

3. CONCEITO. CARACTERIZAÇÃO. TRAÇOS DISTINTIVOS ENTRE INTERRUPÇÃO E SUSPENSÃO DO CONTRATO

Apresentados os traços comuns entre a suspensão e a interrupção do contrato de trabalho, passaremos a estabelecer as distinções entre as duas figuras e a analisar as hipóteses de interrupção e de suspensão do contrato.

A interrupção, também denominada por alguns autores suspensão parcial do contrato de trabalho, é conceituada como a paralisação temporária do trabalho pelo empregado, em que a ausência do empregado não afeta o seu tempo de serviço na empresa, sendo computado o período de afastamento para todos os efeitos legais. Em consequência, permanece a obrigação de pagar salário e outras vantagens que decorrem do pacto laboral.

Vê-se, pois, que, de simples contraprestação pelo trabalho prestado, o conceito de salário evoluiu, significando, hoje, a retribuição paga diretamente pelo empregador ao empregado, tendo em vista o contrato de trabalho.

Nesse contrato, a cada prestação corresponde prestação equivalente, daí o seu caráter sinalagmático. Há, entretanto, situações em que falta essa reciprocidade de prestações: em certos casos, inexiste a prestação do empregado e, mesmo assim, o empregador lhe deve salários; é o que ocorre nos casos de interrupção contratual. Esse fato justifica-se, considerando que o contrato de emprego é sinalagmático em seu todo e não prestação por prestação. Daí afirmar-se que a natureza jurídica da remuneração paga, quando da interrupção contratual, é salário.

Já na suspensão, embora também ocorra a cessação temporária da prestação de serviço, não há pagamento de salário e tampouco o período de afastamento é considerado para os efeitos legais. Constituem exceções a essa regra a ausência do empregado em virtude de acidente de trabalho e a prestação de serviço militar obrigatório, quando, então, o afastamento será computado como tempo de serviço para efeito de indenização, estabilidade e FGTS (art. 4º, parágrafo único, da CLT e art. 28 do Decreto n. 99.684, de 1990). Entretanto, cumpre salientar que em nenhuma dessas duas situações há obrigação legal de pagamento de salários, razão pela qual as incluímos como hipóteses especiais de suspensão em que o tempo de serviço é computado para certos efeitos legais[(3)].

---

(3) DONATO, Messias Pereira. *Op. cit.*, 1979, p. 290 e 296. MARANHÃO, Délio. *Op. cit.*, 1979, p. 262. Há autores que incluem esses afastamentos como interrupção do contrato, porque o tempo é computado para certos efeitos. Cf. MARTINS, Sérgio Pinto. *Direito do Trabalho*. 20. ed., São Paulo: Atlas, p. 347 e 360.

Diante do que foi exposto, pode-se concluir que, durante a interrupção contratual, não há trabalho, mas há salário[(4)], e o tempo de afastamento do trabalhador é considerado como de serviço para os efeitos legais. Já na suspensão do contrato não há trabalho nem salário, tampouco o afastamento é considerado como tempo de serviço, salvo nos casos citados.

4. CLASSIFICAÇÃO

4.1. Hipóteses de interrupção contratual

São as seguintes as hipóteses de interrupção do contrato:

a) *Afastamento por motivo de doença ou acidente do trabalho até o 15º dia, inclusive*. Constitui ônus do empregador o pagamento dos 15 primeiros dias de ausência por motivo de doença ou acidente do trabalho. A partir do 16º dia de afastamento, o encargo se transfere para o órgão previdenciário (art. 476 da CLT e art. 75, § 4º, do Decreto n. 3.048, de 1999 — Regulamento de Benefícios da Previdência Social), passando a situação a constituir suspensão contratual. Cancelado o auxílio-doença, em face da alta obtida, poderá o trabalhador afastar-se novamente, em virtude de uma recidiva da doença.

Se, dentro de 60 dias da cessação do auxílio-doença, o empregado requerer novo benefício, comprovadamente em virtude da mesma doença, o auxílio anterior será prorrogado, descontando-se os dias porventura trabalhados. Fica, então, o empregador desobrigado do pagamento dos 15 primeiros dias (§ 3º do art. 75 do Decreto n. 3.048, de 1999).

Se o segurado empregado, por motivo de doença, afastar-se do trabalho durante 15 dias, retornando à atividade no 16º dia, e se dela voltar a se afastar dentro de 60 dias desse retorno, em decorrência da mesma doença, fará jus ao auxílio-doença a partir da data do novo afastamento. Nesse sentido é a nova redação do § 4º do art. 75 do Decreto n. 3.048, de 1999 (Regulamento de Benefícios da Previdência Social), dada pelo Decreto n. 5.545, de 22 de setembro de 2005. Na hipótese do § 4º, se o retorno à atividade tiver ocorrido antes de 15 dias do afastamento, o segurado fará jus ao auxílio-doença a partir do dia seguinte ao que completar aquele período (§ 5º do art. 75).

b) *Gozo de férias* (art. 134 da CLT). Os fundamentos desse direito são de ordem fisiológica, social, cultural e econômica, como já mencionados em capítulo próprio.

c) *Repouso semanal remunerado e nos feriados civis e religiosos*. De origem nitidamente religiosa, o repouso semanal remunerado, modernamente, tem por fim eliminar a fadiga gerada pelo trabalho (fundamento biológico), possibilitar a prática de atividades recreativas, culturais e físicas, o convívio familiar e social (fundamento social), bem como aumentar o rendimento no trabalho, aprimorar a produção e restringir o desemprego (fundamento econômico), como sintetiza Arnaldo Süssekind[(5)]. Quanto

---

(4) RAY, Jean Emmanuel. *Droit du Travail. Droit vivant.* Paris: Editions Liaisons, 1999, p. 149. MONTOYA MELGAR. *Op. cit.*, p. 356.
(5) SÜSSEKIND, Arnaldo Lopes. *Op. cit.*, v. 2, p. 841.

aos feriados civis e religiosos, embora a interrupção do trabalho possibilite os objetivos colimados pelo repouso hebdomadário, seus fundamentos são, sobretudo, de caráter cívico e religioso.

d) Licença remunerada. Se, durante o afastamento, houver remuneração, trata-se de interrupção; se, entretanto, solicitada a licença e sendo a mesma concedida sem a respectiva contraprestação salarial, o afastamento assume as características de suspensão contratual. Concedida a licença remunerada para o empregado frequentar curso, é permitido o empregador exigir-lhe a prestação de serviços por um determinado prazo após a conclusão do curso, ou o procedimento implica violação à liberdade de trabalho? Sustentamos a possibilidade dessa exigência, com amparo na jurisprudência do TST, segundo a qual

> "1) As relações contratuais de trabalho podem ser objeto de livre estipulação das partes interessadas em tudo quanto não contravenha as disposições de proteção ao trabalho aos contratos coletivos (atualmente convenções coletivas) que lhes sejam aplicáveis e às decisões das autoridades competentes — art. 444 da Consolidação das Leis do Trabalho (Parênteses nossos). 2) Inexiste no ordenamento jurídico a execução específica da obrigação de fazer — art. 638 do Código de Processo Civil. 3) É harmônica com a legislação vigente e com os princípios de direito do trabalho — da realidade e da boa-fé — a cláusula consubstanciando a obrigação de o empregado permanecer na empresa, por período limitado de tempo, após feitura de curso custeado por esta, ou de reembolsá-la das despesas realizadas, caso, em retornando à prestação de serviços, venha a decidir pela resilição do contrato de trabalho. O ato é jurídico e perfeito valendo notar que interpretação diversa implica em verdadeiro desestímulo aos avanços patronais no campo social". TST Pleno — Proc. E-RR-2.268/80. Rel.: Min. Marco Aurélio. DJ n. 209/85. *Repertório de Jurisprudência Trabalhista.* João de Lima Teixeira Filho, v. 5, p. 269/70.

e) Período em que não houver serviço na empresa, por culpa ou responsabilidade desta, caso em que há obrigação de pagamento de remuneração (art. 133, III, CLT). Essa paralisação deverá ser temporária e poderá ser voluntária ou involuntária. Será voluntária a paralisação que se situar dentro das conveniências do empregador; ou estiver relacionada a riscos por ele assumidos por força do art. 2º da CLT, como a paralisação transitória das atividades por queda ou excesso de produção, conserto ou modificação no maquinário ou recuperação em virtude de crise financeira. Já a paralisação involuntária diz respeito a força maior, ou seja, a circunstâncias inevitáveis para as quais o empregador não concorreu (terremoto, guerra, por exemplo). Situam-se como força maior fenômenos como inundação e terremoto, já que a CLT incluiu, em seu conceito, o caso fortuito. São paralisações decorrentes de motivos físico-econômicos.

Em ambas as situações, o salário deverá ser assegurado.

Essa hipótese de interrupção deve ser analisada indagando-se a razão da disponibilidade remunerada, pois fornecer trabalho ao empregado constitui uma das principais obrigações do contrato e sua infringência poderá autorizar a rescisão indireta, com fulcro no art. 483, "d", da CLT, e também na alínea "e", já que a situação poderá atentar contra a dignidade do empregado e o empregador não poderá transformar o contrato de trabalho em contrato de "inação"(6).

Ressalte-se, todavia, que se tal prazo ultrapassar 30 dias, por força da lei, o empregado não mais terá direito a férias, entendendo-se que o afastamento nessas circunstâncias as substitui (art. 133, III, da CLT);

f) ***Afastamento do empregado estável, em razão de suspensão para ajuizamento de inquérito destinado à apuração de falta grave, cuja decisão seja a improcedência da ação, com a consequente reintegração do trabalhador no emprego*** **(art. 494 da CLT)**. Se o empregador se utiliza da faculdade de suspender o empregado estável para apurar falta grave contra ele invocada, deverá ajuizar o inquérito dentro de 30 dias a contar da suspensão, sob pena de decadência (art. 853 da CLT). Julgado improcedente o inquérito, o empregador deverá reintegrar o empregado ao serviço, pagando-lhe os salários e demais vantagens a que teria direito no período do afastamento. Insurgindo-se contra essa determinação, incorrerá nas sanções a que se refere o art. 729 da CLT.

"No caso de se converter a reintegração em indenização dobrada, o direito aos salários é assegurado até a data da primeira decisão que determinou essa conversão" (**Súmula n. 28 do TST**). Essa hipótese ocorrerá quando, apesar de inocentado o empregado, surge uma incompatibilidade entre as partes, tornando inviável o prosseguimento da relação jurídica.

g) ***Suspensão disciplinar relevada pelo empregador espontaneamente ou por força de decisão judicial***. O poder disciplinar funda-se, a rigor, no próprio contrato, que gera a relação de emprego, e cujo traço característico é a subordinação jurídica, da qual surge o dever de obediência do empregado às ordens emanadas do empregador, no exercício do poder diretivo. Este, por sua vez, seria inócuo, se o empregador não dispusesse de sanções, caso o empregado viole o dever de obediência. Entretanto, o poder diretivo não é ilimitado nem discricionário, cabendo à Justiça do Trabalho, na hipótese de inconformismo do empregado, manter a medida disciplinar aplicada ou cancelá-la. Havendo cancelamento, a hipótese configurará interrupção contratual.

h) Afastamento, até 90 dias, mediante requisição da autoridade competente, em face da ocorrência de motivo relevante de interesse para a segurança nacional **(§ 5º do art. 472 da CLT)**. Esse preceito foi introduzido pelo Decreto-Lei n. 3, de 27 de janeiro de 1966, durante a Revolução Militar, e visou a combater as atividades subversivas do empregado capazes de comprometer a segurança nacional. Não se tem notícia de aplicação prática do preceito, inobstante a polêmica doutrinária que se estabeleceu sobre determinados aspectos.

O afastamento do empregado do serviço deveria ser solicitado ao empregador pela autoridade competente do Serviço Nacional de Segurança Pública. À luz do § 4º do mesmo art. 472 da CLT, o empregador, a quem seria solicitado o afastamento, poderia instaurar um inquérito interno ou administrativo para o referido fim, o qual

(6) CATHARINO, José Martins. *Contrato de Emprego, passim.*

deveria ser concluído em 90 dias. Esse período de afastamento traduziria hipótese de interrupção do contrato, com todas as consequências, pois o empregador deveria pagar a remuneração, independentemente do resultado do inquérito. Se absolvido o empregado, ele continuaria trabalhando; se culpado, seria dispensado por justa causa.

O assunto que despertou polêmica na doutrina dizia respeito ao fato de o inquérito administrativo **ultrapassar 90 dias**. Havia quem entendesse que, se isso ocorresse e o empregado fosse inocentado, a hipótese traduziria interrupção. Se considerado culpado no inquérito administrativo, o período seria de suspensão do contrato[(7)]. Outros afirmavam que independentemente do resultado a hipótese seria de suspensão[(8)]. Havia também quem sustentasse que o empregado poderia pedir, caso o inquérito ultrapassasse os 90 dias, com amparo analógico no art. 474 da CLT, os direitos advindos de uma dispensa injusta, pois a suspensão ultrapassou 30 dias e não estava a hipótese inserida no § 5º do citado art. 472 da CLT, porque o afastamento ultrapassou os 90 dias[(9)].

A nosso ver, se inocentado o empregado no inquérito, teria assegurado o direito ao retorno ao emprego, mas sem os salários e demais vantagens do período, porquanto a hipótese em questão não se identifica com aquela prevista nos art. 494 e 495 da CLT, em que o afastamento foi determinado pelo empregador para apuração da falta grave e não por solicitação do agente público encarregado de apurar comportamentos atentatórios à Segurança Nacional (art. 472, §§ 3º e 4º, da CLT).

Nesse caso, cabe à União ressarcir os prejuízos sofridos pelo empregado (cf., a propósito, Eduardo Gabriel Saad. *Comentários à CLT*. 20. ed., p. 311).

Considerado culpado, o empregado será dispensado por justa causa, conforme autoriza o art. 482, parágrafo único, da CLT, sem direito a qualquer reparação pelo período de tramitação do inquérito.

i) Afastamentos alinhados no art. 473 da CLT, que correspondem às ausências legais. São eles:

I — *dois dias consecutivos, em caso de falecimento do cônjuge, ascendente, descendente, irmão ou pessoa que, declarada na carteira profissional do empregado, viva sob sua dependência*. Essa ausência legal, nos dizeres de Russomano (*Comentários à CLT*, 7. ed., 1966, v. 3), traduz "o justo respeito aos sentimentos e mágoa do trabalhador". Nessa hipótese, o trabalhador "poderá deixar de comparecer ao serviço sem prejuízo do salário" nos dois dias imediatamente posteriores à morte do familiar ou dependente. Daí se infere que essa, como as demais ausências legais, a que alude o art. 473 da CLT, refere-se a dias de serviço. Nesse sentido se manifestam: José Luiz Ferreira Prunes, na obra já citada, e Ísis de Almeida (*Curso de Legislação do Trabalho*).

O professor tem direito a nove dias de faltas legais, por motivo de casamento ou de luto, tendo em vista o falecimento do cônjuge, pais ou filhos (art. 320, § 3º, da CLT). O período de afastamento será de dois dias se o luto for em decorrência de

(7) PRUNES, José Luis Ferreira. *Salário sem trabalho*. São Paulo: LTr, p. 168.
(8) MAGANO, Octavio Bueno. *Manual de Direito do Trabalho*. V. 2. São Paulo: LTr, 1993, p. 314.
(9) RUSSOMANO, Mozart Victor. *Comentários à CLT*. 12. ed., p. 509-510.

falecimento de outro descendente (neto, etc., art. 473, I, CLT). Alguns autores consideram a distinção odiosa, afirmando que outras categorias, inclusive de intelectuais mais avançados, ficaram excluídas, o que implica violação ao princípio constitucional da isonomia. Sustenta João Régis Teixeira, em seu *Direito do Trabalho* (São Paulo: Sugestões Literárias, 1968, p. 175, v. 1), que "o ideal seria uma igualação pelo alto; o caminho, com a exceção, está evidentemente aberto às reivindicações operárias";

II — *três dias consecutivos, em virtude de casamento*. Esses três dias devem ser desfrutados, consecutivamente, em datas em que o empregado trabalhe normalmente. Os autores exemplificam a matéria citando a hipótese do empregado que se casa numa sexta-feira. Não havendo trabalho no sábado e no domingo, a interrupção de três dias deve incluir, além da sexta-feira, a segunda e a terça-feira. Para o dia em que não há serviço, a lei não necessita justificar a ausência. Cumpre esclarecer que o casamento a que se refere o citado dispositivo é aquele previsto nos termos da legislação civil;

III — *um dia, em caso de nascimento de filho*, durante a primeira semana. Têm razão os que afirmam que a lei deveria ter dado outro tratamento ao assunto, concedendo ao empregado também o dia do nascimento do filho, a fim de permitir que o pai acompanhasse a mãe ao hospital, dando apoio à companheira. Atenuando o rigor do texto consolidado, as Disposições Transitórias (art. 10, § 1º) da Constituição da República de 1988 asseguraram a licença-paternidade de cinco dias, como outra hipótese de interrupção contratual, que deverá coexistir com a do art. 473, III, da CLT. Isso porque a primeira destina-se aos cuidados com a família e a segunda ao registro do filho (cf., nesse sentido, Marly Cardone, *Revista LTr* 52-11/1346 e Amauri Mascaro Nascimento. *Comentários às Leis Trabalhistas*. 2. ed., v. 1. LTr, p. 81). Há, entretanto, quem entenda que o inciso III do art. 473 foi revogado pelo art. 10 das Disposições Constitucionais Transitórias (cf. CAMPANHOLE, Adriano. *CLT Comentada*. 1991. p. 64. Arnaldo Süssekind e outros. *Instituições de Direito do Trabalho*. v. 1, 21. ed., 2003, p. 514);

IV — *um dia, em cada doze meses, no caso de doação voluntária de sangue, devidamente comprovada*. Nesse caso, o legislador usou a expressão "doação", o que significa entrega gratuita. Logo, se o empregado faz a venda de seu sangue, não goza de interrupção, pois o legislador visou a compensar o espírito humanitário, o desprendimento do obreiro;

V — *dois dias consecutivos ou não para alistamento eleitoral*. Nessa hipótese, entendeu o legislador que um único dia não seria suficiente, porquanto necessita-se de um dia para a inscrição como eleitor e outro para a obtenção do título eleitoral, considerando, ainda, o deslocamento do cidadão e formalidades burocráticas;

VI — *no período de tempo em que tiver de cumprir as exigências do Serviço Militar* referidas na letra "c" do art. 65 da Lei n. 4.375, de 17 de agosto de 1964;

VII — *nos dias em que comprovadamente estiver realizando provas de exame vestibular*, para ingresso em estabelecimento de ensino superior (art. 473, VII, introduzido em julho de 1997);

VIII — *pelo tempo que se fizer necessário, quando tiver que comparecer a juízo (inciso acrescentado em outubro de 1999)*. Neste sentido já se manifestava também o TST, por meio da **Súmula n. 155**. Vejamos: "As horas em que o empregado faltar ao serviço para comparecimento necessário como parte na Justiça do Trabalho não serão descontadas de seu salário". Frise-se que apenas são relevadas as horas em que permanecer à disposição;

IX — pelo tempo que se fizer necessário, quando, na qualidade de representante de entidade sindical, estiver participando de reunião oficial de organismo internacional do qual o Brasil seja membro (Lei n. 11.304, de maio de 2006).

j) Intervalos para repouso durante as jornadas de trabalho, que não sejam deduzidos destas, são também incluídos como hipótese de interrupção contratual. Situam-se aqui os intervalos previstos nos art. 72 (mecanógrafo), 238, § 5º (ferroviários da categoria "c"), 253 (empregados que trabalham no interior de câmara frigorífica) e 298 (mineiro) da CLT.

k) Período em que o representante dos empregados se afastar de suas atividades na empresa, *quando convocado para atuar como conciliador nas comissões de conciliação prévia,* instituídas facultativamente no âmbito da empresa, nos termos do § 2º do art. 625-B da CLT.

Observe-se, entretanto, que, quando a comissão for instituída no âmbito do Sindicato (art. 625-C da CLT), não há previsão de interrupção do contrato, tampouco é assegurada a garantia de emprego.

l) Tempo necessário para a empregada gestante realizar consultas médicas e demais exames complementares, prevendo o art. 392, § 4º, II, da CLT, um mínimo de seis consultas e exames;

m) Afastamento do empregado para participar de atividade do Conselho Curador do FGTS. A teor do art. 65, § 6º, do Decreto n. 99.684, de 8 de novembro de 1990, as ausências ao trabalho dos representantes dos trabalhadores no Conselho Curador do FGTS, decorrentes das atividades desse órgão, serão abonadas, computando-se como jornada efetivamente trabalhada para todos os fins e efeitos legais.

n) convocação do empregado para guerra ou manutenção da ordem interna pelas Forças Armadas, hipótese em que a Lei n. 4.375, de 17 de agosto de 1964, estabelece o pagamento de 2/3 de sua remuneração pelo empregador.

4.2. Hipóteses de suspensão contratual. Situações controvertidas

A suspensão do contrato implica cessação de seus efeitos por determinado lapso de tempo. Recupera sua eficácia quando cessarem as causas que a motivaram. Essas causas poderão ter: **natureza biológica**, como ocorre com os afastamentos por gravidez, parto e enfermidade, provocada ou não por acidente do trabalho; **político-administrativa**, na hipótese de afastamento por serviço militar, ou atividade cívica, como *munus* público, desempenho de mandato sindical; **político-social**, na hipótese de greve e *lock out*; **jurídico-penal**, nas hipóteses de afastamento do empregado por motivo de prisão[(10)].

a) Período de licença da gestante (art. 392 da CLT). À luz da Constituição, a empregada (urbana, rural, avulsa e doméstica) no ciclo gravídico-puerperal faz jus à licença-maternidade de 120 dias, devendo afastar-se entre o 28º dia antes do parto e a ocorrência deste. A licença é compulsória e o órgão previdenciário arcará com o pagamento do salário-maternidade. Em casos excepcionais, os períodos da licença antes e depois do parto poderão ser aumentados de duas semanas, mediante atestado médico fornecido pelo SUS. Assegura-se a licença de 120 dias na hipótese de parto antecipado e duas semanas em caso de aborto não criminoso. Situamos essas hipóteses como de suspensão do contrato de trabalho, porque não há salário. A retribuição, conforme salientado, é paga pelo órgão previdenciário.

Essa também é a posição de José Luiz Ferreira Prunes na obra *Salário sem trabalho* (p. 122), de Mozart Victor Russomano[(11)], entre outros, mas a matéria é polêmica, havendo autores que a incluem entre as hipóteses de interrupção[(12)].

Se, entretanto, o vínculo empregatício for rompido sem justa causa, o empregador será responsável pelo pagamento da licença de 120 dias (art. 95 do Decreto n. 357, de 1991), além dos ônus decorrentes da estabilidade provisória em relação à empregada urbana, rural, à trabalhadora avulsa e à doméstica que após o art. 4º da Lei n. 11.324, de 19 de julho de 2006, desfrutará dessa garantia.

b) A ausência por motivo de doença, a partir do 16º dia (gozo de auxílio-doença), cuja causa seja diversa daquela provocada por acidente do trabalho ou doença profissional, não será considerada como tempo de serviço para os efeitos legais, exceto para fins de gratificação natalina, que será paga pelo INSS, e de férias, caso o afastamento, durante o período aquisitivo, não ultrapasse seis meses. Esse afastamento só retirará do empregado o direito às férias se durante o período aquisitivo ele permaneceu por mais de seis meses, ainda que descontínuos, recebendo prestações de auxílio-doença (art. 133, IV, da CLT). Entretanto, o afastamento, por doença, a partir do 16º dia, não será computado para fins de FGTS, estabilidade e indenização.

c) Período de suspensão disciplinar não relevada pelo empregador, tampouco cancelada pela Justiça do Trabalho.

d) Período de afastamento para desempenho de encargo público (cargo político eletivo, membro de órgão paritário da Previdência Social, mandato sindical e outros), nos termos do art. 472 da CLT.

Nessa hipótese, a suspensão independe de aquiescência do empregador, sendo vedada a dispensa injusta do trabalhador, mesmo que a empresa se responsabilize pelo pagamento das indenizações devidas. Cessada a causa político-administrativa,

---

(10) PÉREZ BOTIJA, Eugenio. *Op. cit.*, p. 270.
(11) *Op. cit.*, 13. ed., p. 495.
(12) SÜSSEKIND, Arnaldo. *Instituições de Direito do Trabalho*. v. 1, São Paulo: LTr, 2003, p. 516- 517.

que ensejou a suspensão do trabalhador e não sendo ele amparado pela estabilidade, o empregador poderá dispensá-lo, salvo no caso de ser o empregado dirigente sindical, a quem se assegura o emprego desde o momento de sua candidatura até um ano após o término do mandato (art. 543, § 3º, da CLT). Essa garantia de emprego estende-se a toda a diretoria das entidades sindicais representativas de empregados (sindicatos, federações e confederações), abrangendo, ainda, segundo doutrina majoritária, os membros do conselho fiscal, do conselho de representantes e delegados, desde que eleitos. Os dirigentes de associação profissional não gozam da referida garantia.

Durante esse afastamento, os encargos trabalhistas se transferem para o respectivo sindicato, o que não implica existência de relação de emprego entre o dirigente e a mencionada entidade sindical, com quem mantém apenas uma relação de mandato.

e) Ausência por motivo de greve. Quando em vigor a Lei n. 4.330, de 1964, hoje revogada, entendia-se que o afastamento por motivo de greve implicaria interrupção contratual, se porventura fossem atendidas as reivindicações no todo ou parcialmente. Se, entretanto, a greve fosse considerada ilícita ou se não fossem atendidas as reivindicações, retornando os trabalhadores ao emprego, a hipótese configuraria suspensão da prestação de serviço.

Em face da Lei de Greve (art. 7º da Lei n. 7.783, de 1989), o afastamento nessas condições traduz suspensão contratual[(13)], independentemente de ser ou não abusiva, salvo se a norma coletiva ou laudo arbitral responsável pela cessação da mesma dispuser sobre pagamento de salários e demais vantagens nesse período, quando então o afastamento será convertido em interrupção.

f) Ausência por motivo de licença sem remuneração concedida pelo empregador. Nessa hipótese, cumpre frisar que é facultado ao empregador recusá-la, embora alguns autores entendam que deverá apresentar motivo plausível.

g) Ausência do empregado por motivo de prisão. O período em que o empregado ficou afastado, aguardando julgamento na Justiça Comum ou Militar ou respondendo a inquérito, é de suspensão contratual. Sustenta Ísis de Almeida[(14)] que nesse caso:

> "a rescisão é ilegal, só podendo operar-se — e como dispensa por justa causa — após a condenação criminal passada em julgado, caso não tenha

---

(13) "**Greve. Dias parados. Suspensão do contrato de trabalho.** Inexistindo negociação coletiva que determine o contrário, não se torna exigível o pagamento dos dias de paralisação por greve, ainda que não abusiva, tratando-se, tal circunstância, de suspensão do contrato de trabalho, sendo essa a inteligência do art. 7º da Lei n. 7.783/89. Recurso de Revista conhecido e não provido". TST — 4ª Turma — RR-580368/1999 — Relª: Juíza Convocada Anélia Li Chum. DJ 17.8.2001.

"**Agravo de instrumento. Não provimento. Greve. Pagamento dos dias parados. Divergência jurisprudencial superada**. O seguimento do recurso de revista encontra óbice no § 4º do art. 896 da CLT e no **Enunciado** n. 333 do TST, eis que o paradigma apontado está superado por iterativa, notória e atual jurisprudência desta Corte. O entendimento atual da Seção de Dissídios Coletivos em relação à matéria é que o empregador não está obrigado ao pagamento dos salários correspondentes aos dias em que não prestado serviço pelo empregado que aderiu ao movimento paredista, independentemente da declaração de abusividade ou não da greve, visto que, nos termos da legislação vigente, **há suspensão do contrato de trabalho**. Agravo de instrumento a que se nega provimento". TST — 3ª T. — AIRR-36467/2002-900-09-00.2. Relª: Juíza Convocada Wilma Nogueira de A. Vaz da Silva. DJ. 23.4.04.

(14) *Curso de Legislação do Trabalho*. São Paulo: Sugestões Literárias, 1981, p. 119-120.

havido suspensão da execução da pena, conforme dispõe o art. 482, alínea 'd', da CLT.

Ressalvam-se os casos em que o crime ou a contravenção praticados pelo empregado tenham implicações com o contrato de trabalho (constituam 'falta trabalhista', enfim), e aí a dispensa poderá ter lugar durante a suspensão e independentemente do pronunciamento prévio da Justiça Criminal.

Incluem-se no item supra os casos em que se imputou ao empregado a prática de atos atentatórios à segurança nacional, cumprindo recordar, entretanto, que os primeiros noventa dias de afastamento são de interrupção do contrato de trabalho".

h) Período de afastamento de empregado estável suspenso para ajuizamento de inquérito judicial, cuja decisão seja a readmissão do trabalhador, considerando ter o empregado estável contribuído, de certa forma, para o ajuizamento do inquérito (prática de falta leve). Cumpre salientar que o afastamento nessa hipótese não é considerado como tempo de serviço, para os efeitos legais, inexistindo também a obrigação de pagar salários ou outros institutos jurídicos trabalhistas, durante o período de afastamento. Essa hipótese de afastamento é uma criação da jurisprudência.

i) Afastamento para prestação de serviço militar obrigatório. Durante essa ausência, não há obrigação de pagar salários; entretanto, nos termos do parágrafo único do art. 4º da CLT e do art. 28, inciso I, do Decreto n. 99.684, de 1990, o período de afastamento é computado como de serviço para efeito de indenização, estabilidade e depósitos de FGTS.

Já para fins de férias, o tempo de serviço anterior à incorporação será considerado na formação do respectivo período aquisitivo, "desde que o empregado compareça ao estabelecimento, dentro de 90 dias da data em que se verificar a respectiva baixa", esclarecendo-se, todavia, que antes desse prazo o empregado deve apresentar-se à empresa, nos 30 dias que se seguirem à licença. A hipótese é de suspensão contratual.

A dispensa injusta do empregado, provocada pela notícia de incorporação do trabalhador, deve ser interpretada como dolosa, visto que verificada com a intenção de impedir ao empregado a aquisição do tempo de casa com os respectivos efeitos.

Paira controvérsia sobre esta hipótese e a seguinte (alínea "j"). Há quem sustente tratar-se de interrupção do contrato, porque o tempo de afastamento do empregado é computado para certos efeitos.

j) Afastamento por motivo de acidente do trabalho (parágrafo único do art. 4º da CLT) ou doenças ocupacionais (profissionais ou do trabalho), a partir do 16º dia. Durante esse afastamento não haverá pagamento de salário, mas o período de ausência é considerado como de serviço para efeito de estabilidade, indenização (art. 4º, parágrafo único, da CLT) e recolhimento de depósitos do FGTS (art. 28, inciso III, do Decreto n. 99.684, de 1990, que regulamentou a Lei n. 8.036, de 1990).

Por outro lado, para efeito de férias, dispõe o art. 133, inciso IV, da CLT que "não terá direito a férias o empregado que, no curso do período aquisitivo, tiver percebido da Previdência Social prestações de acidente de trabalho ou de auxílio-doença por mais de 6 (seis) meses, embora descontínuos".

Atualmente, o abono anual, correspondente à gratificação natalina, será pago pelo INSS ao segurado que, durante o ano, recebeu auxílio-doença ou auxílio-acidente, independentemente do período de duração do benefício (art. 120 do Decreto n. 3.048, de 1999).

k) Afastamento em virtude de aposentadoria provisória (invalidez). Entendia-se que a aposentadoria por invalidez concedida há mais de cinco anos, computado o período de auxílio-doença, tornava-se definitiva.

Com a **Súmula n. 160 do TST**, a jurisprudência passou a entender que, "cancelada a aposentadoria por invalidez, mesmo após 5 anos, o trabalhador terá o direito de retornar ao emprego, facultado, porém, ao empregador indenizá-lo na forma da lei".

Por essa razão, o período de afastamento é tido como de suspensão contratual.

l) Afastamento do empregado até decisão da ação visando à anulação de transferência (art. 469 e 659 da CLT). Concedida a liminar a que se refere o art. 659, inciso IX, da CLT, se o empregador não permite que o empregado trabalhe no local de origem, reconhecida a ilegalidade da transferência, com o consequente reconhecimento da alteração contratual vedada por lei, o período de afastamento é de interrupção do contrato, ensejando pagamento de salários e demais vantagens. Se, ao contrário, o empregado não trabalha no local de origem e sendo reconhecida a legalidade da transferência, o período de afastamento será considerado de suspensão do contrato e o empregado estará, ainda, suscetível à dispensa por justa causa, em face do desrespeito à ordem de transferência.

m) Afastamento do cargo efetivo para desempenho de posto de direção de sociedade anônima. Em princípio, à luz da doutrina pátria, entende-se que o diretor ou administrador de sociedade anônima, como pessoa física e representante legal da pessoa jurídica, não pode ser, simultaneamente, empregado, porquanto integra um dos órgãos indispensáveis à existência dessa sociedade e é por meio dele que a sociedade se exterioriza. Ou, como doutrina José Martins Catharino[15], "quando a intensidade da colaboração suplanta a subordinação, no plano jurídico, desaparece a relação de emprego".

Ocorre, porém, que um empregado pode galgar a esse cargo, ou seja, o contrato de trabalho poderá preceder à eleição para exercício do cargo de diretoria.

Nesse caso, divergem os doutrinadores. Entendem uns tratar-se de interrupção e outros, de suspensão contratual.

Entendemos que, no plano jurídico, ocorre a suspensão contratual quando, modificando-se a relação jurídica, o empregado passa a autêntico diretor de sociedade anônima (e não diretor empregado, situação em que os efeitos são os inerentes aos

(15) CATHARINO, Martins José, citado por Délio Maranhão em *Direito do Trabalho*. 7. ed., Fundação Getúlio Vargas, p. 63.

empregados de confiança), integrante de um de seus órgãos, assumindo, como consequência, a posição de empregador (**Súmula n. 269 do TST**).

Assim, o único efeito jurídico trabalhista que se admite é o cômputo do tempo de serviço para cálculo do FGTS (art. 16 da Lei n. 8.036, de 1990).

5. EFEITOS

Feitas essas considerações, resta-nos examinar os efeitos da suspensão e da interrupção. Dispõe o art. 471 da CLT que "ao empregado afastado do emprego são asseguradas, por ocasião de sua volta, todas as vantagens que, em sua ausência, tenham sido atribuídas à categoria a que pertencia na empresa".

Outro efeito gerado por essas duas situações é a preservação do emprego, o que significa que o empregado não poderá ser dispensado quando o contrato estiver suspenso ou interrompido, salvo por justa causa ou encerramento da empresa, do contrário, a dispensa é nula. A jurisprudência tem anulado a dispensa e autorizado a reintegração do empregado realizada durante o afastamento por licença médica.

Consideramos que seria o caso de apenas tornar nula a cessação do contrato, mantendo-o suspenso, pois a reintegração consiste no retorno do empregado ao trabalho, com percepção de salários e demais vantagens. Ora, se o contrato está suspenso, em virtude de licença médica, como autorizar o retorno do empregado às atividades? Se, entretanto, após a alta médica persistir a recusa do empregador em aceitá-lo nos seus quadros, aí sim cabe a reintegração, se o afastamento por doença foi provocado por acidente do trabalho, pois, nesse caso, o empregado é detentor de estabilidade provisória, por força de lei. Lembre-se de que durante o afastamento por acidente do trabalho persiste a obrigação do empregador no tocante aos depósitos do FGTS.

Se o empregado foi acometido de doença não equiparada a acidente do trabalho e na ausência de norma coletiva, conferindo-lhe estabilidade provisória, a despedida poderá ocorrer, constando como data de saída na CTPS aquela efetivamente verificada após a cessação do benefício previdenciário.

Suspensos os efeitos do pacto laboral, com ausência de trabalho e de salário (auxílio-doença — serviço militar — gravidez ou parto), ou **interrompida** sua eficácia sem prestação de serviços, mas com pagamento de salários (férias), poderá ocorrer a prática de justa causa, apesar de ausente a prestação de serviços.

É que o vínculo empregatício persiste, embora atenuada a subordinação jurídica, mantendo-se as obrigações contratuais em face dos deveres alusivos à fidelidade. A prevalência desses deveres esclarece a possibilidade de prática de atos faltosos (negociação habitual, condenação criminal, embriaguez, revelação de segredo da empresa, lesão à honra do empregador, agressão a superior hierárquico, além de outros) e caracteriza a justa causa responsável pela resolução contratual do empregado (art. 482 da CLT), embora não esteja prestando serviços.

Nota-se, entretanto, que a ausência do empregado ao trabalho por motivo de suspensão ou interrupção dos efeitos do contrato, em geral, impossibilita outros tipos de atos faltosos, porque, via de regra, eles ocorrem é durante a prestação de serviço, como a desídia, indisciplina, a exigência de serviços superiores à sua força, entre outros.(16)

Afirmam alguns autores que, a rigor, a interrupção e a suspensão não impedem as faltas, se praticadas pelo empregado (art. 482 da CLT) ou pelo empregador (art. 483 da CLT), autorizando a resolução contratual, sem qualquer impedimento, como se infere da jurisprudência.(17) Embora ausente a prestação de serviços, como a suspensão ou a interrupção permitem a sobrevivência dos deveres das partes, quando violados, a justa causa autoriza a resolução contratual com os seus efeitos legais, ou seja, sem ressarcimentos (art. 482 da CLT) ou com ofensa física ou moral cometida pelo empregador (art. 483 da CLT), independentemente de data incerta para configuração da falta.(18) A previsão legal é nesse sentido.

Encontrando-se o empregado de **férias**, por ocasião da prática da justa causa, há quem sustente que a resolução contratual se verifica quando de seu **retorno** ao emprego, o mesmo acontecendo quando estiver afastado por **doença ou aposentadoria**. Nessa situação, a justa causa caracteriza-se quando da **alta** previdenciária, sem ressarcimento, considerando incerto o retorno.(19)

6. FLUÊNCIA DOS CONTRATOS A TERMO EM FACE DA SUSPENSÃO E DA INTERRUPÇÃO DO CONTRATO

Convém esclarecer que nem a suspensão nem a interrupção afetam a fluência do prazo do contrato a termo. Logo, o tempo de afastamento só será deduzido da contagem do prazo, para a respectiva terminação, se assim acordarem as partes (§ 2º do art. 472 da CLT).

7. ANISTIA

A Lei n. 6.683, de agosto de 1979, concedeu anistia aos empregados de empresas privadas que, por motivo de participação em greve ou em quaisquer movimentos reivindicatórios ou de reclamação de direitos regidos pela legislação social, hajam sido despedidos do trabalho, ou destituídos de cargos administrativos ou de

(16) GIGLIO, Wagner D. *Justa causa*. 4. ed. São Paulo: LTr, 1993, p. 40 e 41.

(17) LACERDA, Dorval de. *A falta grave no Direito do Trabalho*. 3. ed., Guanabara: Edições Trabalhistas, 1964, p. 36. Vejamos a jurisprudência desde a década de 1960: "O fato de encontrar-se o empregado em gozo de auxílio--enfermidade não constitui impedimento à rescisão do contrato por parte do empregador. E esse impedimento menos existirá quando tenha o empregado praticado falta que deixe justificada a sua demissão" (Ac. TRT 1ª Região. Relator Geraldo Magela Machado. DO 30.2.1962, p. 328). Essa nos parece que é a decisão do TST: "**Ação rescisória. Violação de lei. Impossibilidade de resilição durante a suspensão do contrato de trabalho**. Nula é a dispensa do empregado durante o período de suspensão do contrato, considerando-se como dispensa a resilição unilateral, e não a resolução por motivo faltoso do empregado. Inexistente ofensa aos art. 477, § 2º, da CLT, 5º, II e XXXVI, e 93, IX, da Constituição Federal por parte da decisão rescindenda que determinou a reintegração da empregada em razão da nulidade da resilição contratual, eis que efetuada durante período de licença médica. Recurso ordinário a que se nega provimento". TST-ROAR-450.418/98 — Ac. SDI-2 — Rel.: Juiz Convocado Aloysio Corrêa da Veiga — DJU 6.9.2002. *Revista TST*, v. 68, jul./dez. 2002, p. 382.

(18) LACERDA, Dorval de. *Op. cit.*, p. 36.

(19) LAMARCA, Antonio. *Contrato Individual de Trabalho*. São Paulo: Revista dos Tribunais, 1969, p. 384 e 385.

representação sindical. Essa lei assegura o retorno ao mesmo cargo ou emprego que o trabalhador ocupava, não gerando direito a vencimentos, soldos, salários, proventos, restituições, atrasados, indenizações, promoções ou ressarcimentos (art. 11).

O retorno do anistiado ao emprego não foi, portanto, assegurado como reintegração, sendo computado o período de afastamento apenas para efeito de aposentadoria, se o empregador optou pela alternativa de tornar inativo o empregado, quando, então, a cessação do contrato verifica-se na data em que foi "originalmente operada", não ocorrendo suspensão ou interrupção do contrato de trabalho, dissolvido sem justa causa. Nesse sentido pronunciou-se o TST no Ac. 1226/85 — 3ª T. RR-1.623, julgado em 24.4.85 — Rel.: Min. Ranor Barbosa — DJ 17.5.85. O tempo em questão não é também computado para efeito de indenização, adicional por tempo de serviço, licença-prêmio e promoção (**Orientação Jurisprudencial Transitória n. 44 da SDI-1** do TST e Precedente E-RR-255.756/96.2).

O art. 8º, § 1º, do Ato das Disposições Constitucionais Transitórias da Constituição de 1988 concedeu anistia aos que, no período de 18 de setembro de 1946 até a data da promulgação do texto constitucional, foram atingidos, em decorrência de motivação exclusivamente política, por atos de exceção, institucionais ou complementares, aos que foram abrangidos pelo Decreto Legislativo n. 18, de 15 de dezembro de 1961, e aos atingidos pelo Decreto-Lei n. 864, de 12 de setembro de 1969, asseguradas as promoções, na inatividade, ao cargo, emprego, posto ou graduação a que teriam direito se estivessem em serviço ativo, obedecidos os prazos de permanência em atividade previstos nas leis e regulamentos vigentes, respeitadas as características e peculiaridades das carreiras dos servidores públicos civis e militares e observados os respectivos regimes jurídicos.

São destinatários dessa anistia os trabalhadores do setor privado, dirigentes e representantes sindicais que, por motivos exclusivamente políticos, tenham sido punidos, demitidos ou compelidos ao afastamento das atividades remuneradas que exerciam, bem como aos que foram impedidos de exercer atividades profissionais em virtude de pressões ostensivas ou expedientes oficiais sigilosos (§ 2º do art. 8º do ADCT).

O disposto no art. 8º, § 1º, do ADCT somente gerará efeitos financeiros a partir da promulgação da Constituição de 1988.

Interpretando o preceito em questão, o TST, por meio da **Orientação Jurisprudencial** n. **91 da SDI-1**, dispôs que os efeitos financeiros do retorno do empregado anistiado serão contados a partir do momento em que este manifestou o desejo de retornar ao trabalho e, na ausência de prova, da data do ajuizamento da ação.

O art. 1º da Lei n. 8.878, de 1994, também concede anistia "aos servidores públicos civis e empregados da Administração Pública Federal direta, autárquica e fundacional, bem como aos empregados de empresas públicas e sociedades de economia mista sob controle da União que, no período compreendido entre 16 de março de 1990 e 30 de setembro de 1992, tenham sido: I — exonerados ou demitidos com violação de dispositivo constitucional ou legal; II — despedidos ou dispensados dos seus empregos com violação de dispositivo constitucional, legal, regulamentar ou de cláusula constante de acordo, convenção ou sentença normativa; III — exonerados, demitidos ou dispensados por motivação política, devidamente caracterizado, ou por interrupção de atividade profissional em decorrência de movimentação grevista.

Parágrafo único. O disposto neste artigo aplica-se, exclusivamente, ao servidor titular de cargo de provimento efetivo ou de emprego permanente à época da exoneração, demissão ou dispensa."

Os efeitos financeiros da Lei n. 8.878, de 1994, são devidos a partir do efetivo retorno à atividade (**Orientação Jurisprudencial Transitória n. 56 da SDI-1** do TST), sendo vedada a remuneração retroativa. Consequentemente, durante o período de afastamento não se operou nem suspensão tampouco interrupção do contrato.

CAPÍTULO XXVI

RESOLUÇÃO PELO INADIMPLEMENTO DAS OBRIGAÇÕES DO CONTRATO. JUSTA CAUSA. RESCISÃO INDIRETA. ASSÉDIO MORAL E ASSÉDIO SEXUAL

O termo *resolução* é empregado sempre que o contrato terminar pela prática de falta por uma das partes (justa causa — art. 482 da CLT ou rescisão indireta — art. 483 da CLT), ou por ambas (culpa recíproca — art. 484 da CLT).

A CLT, no art. 482, "i", e no art. 483, "d", prevê a resolução do contrato por inadimplemento contratual. A primeira hipótese diz respeito ao abandono de emprego pelo empregado, isto é, à inexecução de sua obrigação principal, que é trabalhar. A segunda versa sobre pedido de rescisão indireta pelo empregado, por ter o empregador descumprido as obrigações contratuais de modo que inviabilize a continuidade do contrato, porque destruída a confiança que deve existir entre os cocontratantes, a qual traduz manifestação do conteúdo ético e da boa-fé que presidem o vínculo empregatício.

Afirma a doutrina[1] que a inexecução contratual grave poderá configurar justa causa, embora nem "toda justa causa seja necessariamente inexecução ou inadimplemento contratual".

No Direito Civil, se as partes estipulam no contrato a cláusula de resolução por inadimplemento da outra parte, sustenta-se que foi inserido **pacto comissório expresso**[2]. Essa cláusula opera de pleno direito, sendo desnecessária a interpelação judicial, dependendo desta se for tácito o pacto.

O contrato de trabalho contém cláusula resolutiva tácita ou implícita (**pacto comissório tácito**) e, sendo de trato sucessivo, os efeitos já produzidos operam *ex nunc*. É dispensável a intervenção judicial, salvo se o empregado for portador de estabilidade decenária ou dirigente sindical, hipóteses em que é preciso haver inquérito para a resolução contratual. A intervenção do Juiz será necessária, ainda, quando contestada a falta.

---

(1) MORAES FILHO, Evaristo de. *A justa causa na rescisão do contrato de trabalho*. Rio de Janeiro: Forense, 1968, p. 86.

(2) LAMARCA, Antônio. *Manual das justas causas*. São Paulo: Revista dos Tribunais, 1977, p. 209-210.

1. JUSTA CAUSA

1.1. Conceito e requisitos

A justa causa é uma circunstância peculiar ao pacto laboral. Ela consiste na prática de ato doloso ou culposamente grave por uma das partes e pode ser o motivo determinante da resolução do contrato.

Sempre que houver ruptura do contrato pela prática de ato faltoso por uma das partes ou por ambas, o termo apropriado para designá-la é resolução contratual.

Alguns autores consideram sinônimos os termos "justa causa" e "falta grave"[(3)]. Outros se utilizam da expressão "falta grave" quando ela for praticada por empregado estável e apurada na forma do art. 494 da CLT[(4)].

A legislação brasileira aderiu ao sistema taxativo das faltas, limitando-se a enumerá-las, sem a preocupação de defini-las. Logo, relatados os fatos pela parte, o Juiz possui uma certa liberdade para enquadrá-las na enumeração legal[(5)], sendo-lhe, no entanto, defeso admitir nova figura faltosa além daquelas previstas na lei.

Em geral, os autores apontam como elementos caracterizadores ou requisitos da justa causa[(6)]: a) **a previsão legal**. As justas causas estão arroladas nos art. 482 e 483 da CLT, conforme sejam cometidas, respectivamente, pelo empregado ou pelo empregador. Além dessas faltas, consideradas genéricas, existem outras que são consideradas específicas, como o art. 240, parágrafo único da CLT, desobediência de ferroviário e a falta contumaz no pagamento de dívidas legalmente exigíveis pelo bancário (revogando esse último pelo art. 508 da CLT, em 13.12. 2010); b) o **caráter determinante da falta**. Para os adeptos da corrente subjetivista, como Barassi[(7)], deverá existir um vínculo causal subjetivo na mente de quem rompe o contrato e o fato responsável pela resolução. Isso significa que, invocada determinada falta na defesa, ela não mais poderá ser substituída no curso do processo, salvo se o empregado ocultou maliciosamente o fato; c) **a atualidade ou imediatidade da falta** é outro requisito para a caracterização da justa causa invocada. É mister que haja a atualidade entre a falta e a penalidade máxima aplicada. O requisito, segundo Evaristo de Moraes Filho[(8)], é recíproco — refere-se tanto à falta praticada pelo empregado como àquela praticada pelo empregador — e o seu fundamento reside na confiança e na boa-fé que deverão

---

(3) CATHARINO, José Martins. *Contrato de emprego.* Guanabara: Edições Trabalhistas, 1965, p. 317; MORAES FILHO, Evaristo de. *A justa causa na rescisão do contrato de trabalho.* Rio de Janeiro: Forense, 1968, p. 105.

(4) GIGLIO, Wagner D. *Justa causa.* São Paulo: LTr, 1993, p. 17.

(5) "**Falta grave. Enquadramento do fato narrado com determinante de falta grave.** A tipificação do fato, tornado incontroverso, é tarefa exclusiva do magistrado que profere a sentença, único competente para analisar e decidir se o mesmo configura ou não falta grave, à luz da lei, da jurisprudência e da prova dos autos, para justificar extremada medida". TRT — SP — RO-18080200290202005 — Ac. 10ª T. — 20020680346 — Relª: Juíza Vera Marta Públio Dias — DOE 29.10.2002. *Revista Synthesis* 36/03, p. 260.

(6) MORAES FILHO, Evaristo de. *Op. cit.*, p. 109, 138 e 140. Evaristo enumera os seguintes princípios da justa causa: atualidade ou imediatidade, proporcionalidade, *non bis in idem.* O autor considera-os também requisitos da justa causa (p. 132). Dorval de Lacerda (*Op. cit.*, p. 18) fala em elemento caracterizador das justas causas.

(7) *Il Diritto del Lavoro*, v. III, p. 268.

(8) *Op. cit.*, p. 110 e 117.

existir na relação de emprego. Configura-se a renúncia ou o perdão tácito quando o empregador toma ciência do comportamento faltoso do empregado e mesmo assim permite que ele trabalhe por um lapso de tempo relativamente longo, não comprovando estivesse neste período aguardando investigação contínua, cautelosa e criteriosa, a fim de, depois, romper o ajuste. O prazo para aferição da atualidade ficará ao prudente arbítrio do Juiz(9), esclarecendo-se que devem sopesar-se, na sua avaliação, as dimensões da empresa e a sua complexidade organizacional; d) outro requisito é a **proporcionalidade** que deverá existir entre a prática da falta e a natureza da punição. Quando a hipótese versar sobre comportamento doloso, não se exige seja aplicada a proporcionalidade. O mesmo não se diga no que tange à conduta culposa. Há faltas que não assumem, de imediato, uma gravidade capaz de ensejar a despedida. Elas só autorizam a resolução quando se repetem, isto é, tornam-se crônicas, como acontece, em geral, com a desídia, embora ela possa também configurar-se pela prática de um único ato faltoso. Quando a falta é leve ou levíssima, devem ser aplicadas sanções mais brandas (advertência ou suspensão), com o objetivo de recuperar o trabalhador para o caminho da exação funcional. É o princípio da proporcionalidade da falta(10). A proporcionalidade possui vinculação com a **gravidade da falta**, requisito único, segundo Wagner Giglio(11), que considera "os demais fatores externos, importantes, mas estranhos à infração em si mesma".

A **gradação pedagógica** no exercício do poder disciplinar assegurado ao empregador tem por objetivo resguardar a boa ordem no organismo empresarial. A adoção de punições leves (advertências) e iguais incentiva a repetição da falta e não recupera o trabalhador para o caminho da exação funcional. Portanto, sugerimos seja observada a gradação (advertência e depois suspensão), salvo se a gravidade da falta já comportar, de imediato, a dispensa por justa causa(12).

---

(9) "**Imediatidade entre o ato faltoso e a dispensa por justa causa. Não caracterização do perdão tácito**. O transcurso de apenas onze dias úteis entre o cometimento da falta e a aplicação da pena de demissão não é tempo suficiente para que se possa alegar ausência de imediatidade, a fim de caracterizar o perdão tácito, como pretende o recorrente, pois o tempo gasto para a verificação variará de acordo com a complexidade de cada caso, não podendo ser fixado em razão de dias ou meses. O perdão tácito poderia ser presumido caso ocorresse a falta de interesse em apurar a existência ou não da justa causa, ou seja, se a empresa deixasse de apurá-la, o que não restou configurado nestes autos. Recurso de revista a que se nega provimento". TST — RR-457.671/98.3 — 1ª T. — Relª : Juíza Convocada Maria de Lourdes Sallaberry — DJU 30.5.2003. *Revista Justiça do Trabalho*. Porto Alegre: HS Editora, jun. 2003, p. 106. No aresto seguinte, a imediatidade restou afastada: "**Justa causa. Imediatidade da falta e perdão tácito**. Em que pesem os esforços da Reclamada e o reconhecimento da prática de atos ilícitos pelo Reclamante, ensejadores da aplicação da justa causa, não se pode perder de vista a imediatidade e a atualidade na aplicação da pena. No caso, uma vez apurados os atos faltosos, a resolução contratual só veio a ocorrer após transcorridos quase seis meses contados das conclusões da Comissão de Apuração Sumária, o que implica perdão tácito, visto que o princípio da imediatidade é elemento inerente ao poder disciplinar do empregador". TRT — 3ª Região — RO-12975/02 — 00939-1999-077-03-00-7 — 6ª Turma — Relª: Juíza Emilia Facchini — DJMG 19.12.2002. *Revista Justiça do Trabalho*. Porto Alegre: HS Editora, jan. 2003, p. 110.

(10) LAMARCA, Antônio. "Contrato Individual de Trabalho". *Revista dos Tribunais*, 1969, p. 378.

(11) GIGLIO, Wagner. *Op. cit.*, p. 19.

(12) Seguimos essa direção. TRT — 3ª Região — 2ª T. — RO-4196/91 — Relª: Juíza Alice Monteiro de Barros. Cf., similarmente, TRT — 3ª Região — RO-4320/85 e 2043/90 — Julgado em 2.4.91; RO-1664/90, julgado em 4.3.91.

A jurisprudência do TST inclina-se no sentido de dispensar a gradação na aplicação das punições disciplinares e considera suficiente a aplicação de advertências seguida da dispensa por justa causa[13].

Ressaltamos, mais uma vez, que a gradação deverá ser respeitada, pelas razões já mencionadas, salvo se a gravidade da falta autorizar a dispensa de imediato, como, por exemplo, a ofensa física[14]. As sanções disciplinares, no Direito do Trabalho, têm uma finalidade punitiva e corretiva, o que se deduz da sua natureza progressiva. Não possuem característica ressarcitória, como ocorre em outras disciplinas.

Discute-se a possibilidade de o Juiz, ao apreciar o comportamento responsável pela resolução contratual, concluir pela simples punição disciplinar e afastar a justa causa.

A jurisprudência nega a possibilidade de os tribunais dosarem a punição aplicada pelo empregador, sob o argumento de que essa atitude invadiria o poder de comando empresarial, com intromissão indevida do Magistrado no ambiente de trabalho. Se o Juiz discordar da pena aplicada, poderá apenas considerar injusta a dispensa. Da mesma forma, se o pleito versar sobre cancelamento de suspensão disciplinar e o Juiz entender que a hipótese comportaria uma simples advertência, a ele não é dado substituir uma punição pela outra, mas apenas manter ou cancelar a punição já aplicada.

Alguns doutrinadores entendem que quem pode o mais pode o menos; logo, se o Juiz pode cancelar uma punição, deverá poder também substituí-la por uma penalidade mais leve[15], fixando os limites que considerar exatos, sob pena de retirar-se da apreciação judicial um fato, ou seja, a intensidade da falta, que é necessário à aplicação da sanção apropriada. Afirma essa vertente doutrinária que, na gradação

---

(13) "**Falta grave. Desídia. Caracterização.** As ausências contínuas e injustificadas ao serviço autorizam a rescisão contratual por justa causa (art. 483, letra e, da CLT). Para a configuração da desídia não é imprescindível a existência de gradação na aplicação das penalidades disciplinares, sendo suficiente que o empregado tenha sido advertido por diversas vezes durante a execução do contrato. Recurso de revista conhecido, por divergência jurisprudencial, e não provido". TST — RR-435.521/98 — Ac. 1ª Turma — Rel.: Juiz Convocado Altino Pedrozo dos Santos — DJU 7.6.2002. *Revista TST*, v. 68, n. 3, p. 390.

(14) "**Recurso de Revista. Justa causa. Ofensa física (CLT, art. 482, k). Configuração**. Não há dúvidas de que, em recurso de revista, não são revolvidos fatos e provas (En. n. 126/TST), concentrando-se a atividade do Tribunal Superior do Trabalho na realidade que o acórdão regional revelar. Tanto decorre da função uniformizadora do direito que lhe reserva a Lei. O postulado, no entanto, não impede que, com base nas premissas de fato a que se apegar a decisão revisanda, venha esta Corte a pesquisar a adequação do resultado jurídico dado. Esta é, em verdade, vocação da instância extraordinária. Sem se perder de vista que a Lei não consagra o instituto da gradação de penas, quando se cuida de justa causa, não se poderá admitir uma tal exigência, diante de ofensa física. Não há razoabilidade em impor-se ao empregador que se submeta, pacientemente, a repetidos ataques por parte de empregado seu, para que, somente quando muito provavelmente já sem defesa, venha a poder dissolver o pacto laboral motivadamente. Em tal caso, qualquer que seja a extensão da conduta obreira, imperativa será a configuração de justa causa, pois não se tolera, como basilar princípio de convivência em sociedade, o risco à integridade física das pessoas. À ausência de legítima defesa, submete-se à disciplina do art. 482, 'k', da CLT a trabalhadora que arremessa objetos contra sua superiora hierárquica, manifestamente tentando feri-la. Autorizada resta, na hipótese, a resolução contratual. Recurso de revista provido". TST — RR-640.442/00 — Ac. 4ª Turma — Rel.: Juiz Convocado Alberto Luiz Bresciani de Fontan Pereira — DJU 2.8.2002. *Revista TST*, v. 68, n. 3, jul./dez. 2002, p. 413.

(15) RIBEIRO DE VILHENA, Paulo Emílio. *Direito do Trabalho e Fundo de Garantia. Suspensão disciplinar e graduação da pena pelo juiz*. São Paulo: LTr, 1978, p. 88 e 89.

da pena pelo Juiz, não há quebra da intangibilidade do poder de comando do empregador (pois esta já foi quebrada quando se facultou até a cassação de suspensões injustas), mas a reposição da relação material controvertida, nos limites imputados pelo ordenamento jurídico ao tribunal.

Outro requisito apontado[(16)] é o ***non bis in idem***. Logo, se o empregado já foi punido por uma determinada falta, não poderá o empregador arrepender-se e aplicar--lhe outra punição, mais rigorosa, sob pena de a segunda ser anulada[(17)]. A substituição de pena mais grave por pena mais branda só tem sido admitida se o empregado concordar[(18)].

1.2. Circunstâncias que devem ser sopesadas na análise da justa causa

"Não existe uma justa causa isolada, sempre válida para todos os tempos e lugares. Muito ao contrário; toda a justa causa é relativa"[(19)]. Infere-se dessa assertiva que a avaliação da justa causa deverá ser feita não com base em critérios absolutos, mas em face das singulares circunstâncias do caso concreto. Aspectos subjetivos devem ser sopesados na avaliação da justa causa, entre os quais o passado funcional do empregado, o tempo de serviço prestado à empresa, o seu nível educacional, a personalidade do faltoso, as condições emocionais em que a falta foi cometida, a forma como agiu o empregador com relação a comportamentos da mesma natureza praticados em circunstâncias semelhantes. A esses aspectos, deverão ser também acrescentados outros, de ordem objetiva, como a função exercida pelo empregado na empresa e o ambiente de trabalho[(20)]. Assim, o empregado pedreiro que se utiliza de palavrão em uma obra de construção civil, entre homens habituados a essa prática, comete falta de pouca relevância, se confrontada com o mesmo ato praticado por empregado em um ambiente de cortesia habitual. Daí se infere que, na avaliação da justa causa, o intérprete não deverá se ater a uma medida-padrão abstrata de comportamento.

1.3. Elenco taxativo das justas causas. Espécies

As justas causas são tratadas nos sistemas legislativos ora de forma **taxativa**, como ocorre no Brasil, na Colômbia, em Portugal e no Chile, entre outros, ora de forma **genérica**, sistema adotado na Itália e na França. Outras vezes, são tratadas de forma **exemplificativa**, como é o caso da legislação do México.

---

(16) CATHARINO, José Martins. *Contrato de emprego*. *Op. cit.*, p. 320.

(17) "**Justa causa. Impossibilidade de dupla punição. Princípio geral de direito.** Não pode o empregador, depois de aplicar uma punição ao empregado, arrepender-se para aplicar outra, mais rigorosa, pelo mesmo fato. Se a última punição aplicada foi a dispensa por justa causa, a empresa deve ser condenada a pagar as verbas indenizatórias". TRT — 2ª Reg. — RO-3870500290202005 — Ac. 2003011467 — 9ª T. — Rel.: Juiz Luiz Edgar Ferraz de Oliveira — DOESP 28.3.2003. *Revista Justiça do Trabalho*. Porto Alegre: HS Editora, abr. 2003, p. 99.

(18) GIGLIO, Wagner D. *Op. cit.*, p. 21.

(19) MORAES FILHO, Evaristo. *Op. cit.*, p. 192.

(20) BORTOLOTTO. *Diritto del Lavoro,* p. 400. *Apud* LACERDA, Dorval de. *A falta grave no Direito do Trabalho*. 3. ed. Guanabara: Edições Trabalhistas, 1964, p. 23.

As justas causas praticadas pelo empregado capazes de autorizar a resolução contratual estão previstas na legislação brasileira de forma genérica (art. 482 da CLT), e também de forma específica, como se infere do art. 240, parágrafo único, do mesmo diploma legal, que dispõe sobre desobediência de ferroviário. A rigor, essas faltas não alteram a enumeração taxativa do art. 482 da CLT, mesmo porque já estão compreendidas no elenco desse preceito legal (improbidade e insubordinação).

O art. 482 da CLT arrola as justas causas capazes de autorizar a resolução do contrato de trabalho pelo empregador, na seguinte ordem: a) ato de improbidade; b) incontinência de conduta ou mau procedimento; c) negociação habitual por conta própria ou alheia sem permissão do empregador, e quando constituir ato de concorrência à empresa para a qual trabalha o empregado, ou for prejudicial ao serviço; d) condenação criminal do empregado, passada em julgado, caso não tenha havido suspensão da execução da pena; e) desídia no desempenho das respectivas funções; f) embriaguez habitual ou em serviço; g) violação de segredo da empresa; h) ato de indisciplina ou de insubordinação; i) abandono de emprego; j) ato lesivo da honra ou da boa fama praticado no serviço contra qualquer pessoa, ou ofensas físicas, nas mesmas condições, salvo em caso de legítima defesa, própria ou de outrem; k) ato lesivo da honra ou da boa fama ou ofensas físicas praticadas contra o empregador e superiores hierárquicos, salvo em caso de legítima defesa, própria ou de outrem; l) prática constante de jogos de azar.

Passaremos em seguida ao estudo de cada um desses atos faltosos.

a) Os **atos de improbidade** traduzem obtenção dolosa de uma vantagem de qualquer ordem. Caracterizam-se, em geral, pela prática do furto, do roubo, do estelionato ou da apropriação indébita[(21)]. O ato não precisa necessariamente atentar contra o patrimônio do empregador. E assim é que incorre nessa falta o empregado que falsifica certidão de nascimento de filho ou atestado de óbito para continuar recebendo salário-família (art. 90 do Decreto n. 3.048, de 6 de maio de 1999).

Situa-se também como improbidade o suborno. Embora difícil de ser comprovado, o suborno poderá existir no ambiente de trabalho, principalmente no meio esportivo. Ele consiste numa dádiva ou entrega e recebimento de dinheiro, com o objetivo de facilitar ou assegurar um resultado irregular de uma competição desportiva ou, ainda, o desempenho anormal de um participante.

O furto famélico vem sendo admitido como ação antijurídica pela jurisprudência trabalhista? Em princípio, é bom lembrar que o furto famélico consiste numa subtração praticada pelo agente em estado de necessidade (art. 23, I, e 24 do Código Penal), isto é, premido pela fome. Essa ação é destituída de antijuridicidade, sendo necessário, entretanto, que o autor comprove a inevitabilidade da ação extrema, devendo

(21) O furto é descrito no art. 155 do Código Penal como o ato que consiste em "subtrair, para si ou para outrem, coisa alheia móvel". Se a subtração ocorrer mediante grave ameaça ou violência à pessoa, ou depois de havê-la, por qualquer meio, reduzido à impossibilidade de resistência, o crime é de roubo (art. 157 do Código Penal). Apropriar-se de coisa alheia móvel de que se tem a posse ou a detenção também configura crime, nos moldes do art. 168 do Código Penal, tipificado como apropriação indébita.

ser ressaltada a raridade das hipóteses verdadeiras de furto famélico, mormente nas últimas décadas.

O desemprego do agente ou o fato de receber ele baixos salários, situação comum a grande parte dos trabalhadores brasileiros nos nossos dias, não caracteriza furto famélico. Torna-se necessária a prova de que está sofrendo dificuldades especiais[(22)].

A jurisprudência afastou a hipótese de furto famélico e reconheceu a prática de justa causa por um repositor de supermercado apanhado em flagrante alimentando-se com produto do empregador[(23)].

A improbidade constitui uma das faltas mais graves que o empregado pode cometer. Requer prova cabal, dados os reflexos desastrosos que produz na vida funcional do empregado, maculando-lhe a honra. Simples ocorrência[(24)] registrada em delegacia de polícia, com o objetivo de apurar desvio de numerário pertencente ao empregador, não constitui prova dessa justa causa. Já o inquérito policial em que o autor confessa prática de crime de roubo qualificado, com uso de arma, vem sendo aceito como prova da improbidade[(25)].

b) A **incontinência de conduta** é um ato faltoso que se configura pela carência de pudor. Exterioriza-se pela prática, em serviço, de gestos, palavras e atos obscenos contra qualquer pessoa.

Incorre nessa falta o empregado que pratica o assédio sexual em serviço contra colega de trabalho, cliente da empresa ou contra o próprio empregador. Enquadra-se como assédio sexual não apenas aquele classificado como crime, porque acompanhado de chantagem, mas também o que se caracteriza pela intimidação, pelo constrangimento, com a utilização de incitações sexuais importunas. Vejamos:

---

(22) Acórdão unânime 3ª Câmara 26.6.1986, Ap. 27656 — BATISTA, Weber Martins. O Furto e o Roubo no Direito e no Processo Penal. *Doutrina e Jurisprudência.* 2. ed. Rio de Janeiro: Forense, 2002, p. 100.

(23) "**Repositor de supermercado apanhado em flagrante**, alimentando-se com produto do empregador comete falta ensejadora de sua despedida. Não há que se falar em furto famélico, porque comprovado nos autos que havia intervalo para lanches e o pequeno valor da mercadoria consumida, sua espécie ou quantidade não afastam a reprovação do ato". TRT — SP-02900267980 — Ac. 2ª T. 8.454/93 — DOE 2.4.93, Rel.: Juiz Gilberto Alain Baldacci. *In Justa causa e despedida indireta.* José Luis Ferreira Prunes. *Op. cit.,* p. 133.

(24) "**Justa causa. Envolvimento do empregado em crime de dano a bens da empresa. Boletim de ocorrência policial.** Sabe-se que a ocorrência policial é apenas um documento por meio do qual se prestam informações à autoridade policial acerca dos fatos ocorridos no local da infração. Pode ser utilizada como indícios probatórios da conduta desabonadora do empregado, mas não como prova absoluta, nela se embasando completamente a empresa para aplicar ao empregado a justa causa ensejadora da rescisão do contrato de trabalho, sob alegação de depredação de bens a ela pertencentes. A autoria atribuída àquele decerto será investigada pela autoridade policial, ocasião em que o boletim será utilizado como mero instrumento de informação de ocorrência dos fatos *in loco*. Não serve, por si só, para provar a autoria do delito. Mantém-se, pois, a r. decisão hostilizada que afastou a justa causa para rescisão do pacto laboral". TRT — 3ª Região. RO-8348/01 — 4ª Turma — Rel.: Juiz Bolívar Viegas Peixoto — DJMG 18.8.01.

(25) "**Justa causa. Reclamante indiciado como assaltante a mão armada. Caracterização.** Tendo sido o reclamante indiciado por crime de roubo qualificado, inclusive com uso de arma, fato que confessou em inquérito policial, comete falta grave por ato de improbidade praticado contra terceiros, além de tornar inviável a continuidade das relações de trabalho". TRT — RO-6831/00 — 4ª Turma — Rel.: Juiz Márcio Flávio Salem Vidigal — DJMG 30.9.00. *Revista TRT* — 3ª Região — jul./dez. 2000 — p. 362.

"Justa causa — 'Cantada' no horário e local do trabalho. Incontinência de conduta. Caracteriza justa causa para o despedimento o comportamento do empregado, no local e no horário de trabalho, consistente em cantar pessoa que se utiliza dos serviços da reclamada. Ato incompatível com a civilidade que razoavelmente é dado ao empregador exigir do empregado. Incontinência de conduta configurada". TRT — 10ª Reg. — RO-2528/99 — 1ª T. — Relª: Juíza Maria de Assis Calsing — DJU 26.5.2000. *Revista Síntese*, n. 133, p. 76.

"Constitui justa causa o assédio sexual entre colegas de trabalho quando um deles causa constrangimento, é repelido, descambando o outro para a vulgaridade e as ameaças, em típica má conduta". TRT — 5ª Região — RO-009892722-50 — Ac. 3ª T. — 4613/92, 7.7.92. Rel.: Juiz Ronald Souza. *Revista LTr*, São Paulo, mar. 1993, n. 57, p. 318.

Incorre também na justa causa de incontinência de conduta o empregado que se utiliza de telefone do empregador para efetuar ligações para "disque-sexo"(26), ou do *e-mail* corporativo para a remessa de material pornográfico.

Não constitui incontinência de conduta o beijo rápido de casal de namorados, na boca, intitulado "selinho", em ambiente de trabalho, fato comum no nosso país. O ato constitui manifestação carinhosa, sem qualquer conotação de escândalo. Entendimento contrário traduz rigor excessivo ou falso puritanismo.

Merece destaque especial a incontinência de conduta praticada pelo atleta ou, mais especificamente, pelo jogador de futebol. Como é sabido, o caráter muito amplo e intenso da subordinação é uma peculiaridade do contrato de trabalho desse empregado(27). O controle estende-se não só à atividade esportiva, incluindo treinos, concentração e excursões, mas também aos **aspectos pessoais**, como alimentação, bebidas, horas de sono e peso; aos **aspectos mais íntimos**, como o comportamento sexual; **mais convencionais**, como a vestimenta e a presença externa e, ainda, aos **aspectos mais significativos,** como declarações à imprensa(28).

Por outro lado, é incontestável que o atleta, dada a natureza da obrigação funcional assumida consciente e voluntariamente, deve manter boa forma física, como aliás se infere do art. 35, II, da Lei n. 9.615, de 1998, com a nova redação dada pela Lei n. 9.981, de 2000. Logo, segundo a doutrina(29), o seu ambiente de trabalho é mais amplo e não se restringe aos limites físicos da sede da agremiação, sob pena de serem desatendidas as peculiaridades do contrato em exame. Com base nesses argumentos, justifica-se a ingerência empresarial em certos aspectos da vida privada do empregado que terminarão "*por implicar inevitável queda de forma física do atleta*".

Para os atletas, portanto, a incontinência de conduta é avaliada com mais rigor do que o critério adotado para os empregados em geral e poderá configurar-se mesmo fora das dependências da agremiação.

---

(26) "**Empregado que, durante o tempo em que está à disposição de seu empregador**, utiliza telefone deste para efetuar ligações para disk-sexo e disk-namoro dá ensejo ao seu despedimento por justa causa, por adoção de comportamento incompatível com a moral". TRT — 9ª Região — RO-14792/1999 — Ac. 1ª T. — 11.782/2000, 2.5.00 — Rel.: Juiz Tobias de Macedo Filho. *Revista LTr* 64-10/1298.

(27) Cf. de nossa autoria *As Relações de Trabalho no Espetáculo*. São Paulo: LTr, 2003, p. 30.

(28) PLÁ RODRIGUEZ, Américo. *El derecho laboral y la protección de la intimidad del trabajador*. Derecho Laboral. Tomo XXIX, n. 144, oct./dic. 1986, p. 603.

(29) CÂNDIA, Ralph. *Comentários aos contratos trabalhistas especiais*. 2. ed., São Paulo: LTr, 1990, p. 123.

Pratica incontinência de conduta o jogador que comparece com frequência "às casas noturnas, para encontros constantes, amorosos, que somente se concretizam depois de longa permanência na área de diversão, onde quase sempre o uso imoderado de bebida faz parte da noitada"[(30)]. É imprescindível, para a configuração dessa falta, que haja a habitualidade, residindo aí um dos limites à intromissão da agremiação na conduta privada do empregado.

Essas prerrogativas patronais, que em relação a outro empregado não encontrariam respaldo legal, são permitidas, no tocante ao atleta, dado o nexo de causalidade entre elas e o fim do contrato, que é o maior rendimento possível nos espetáculos desportivos. O cumprimento das obrigações contratuais assumidas voluntariamente em troca de dinheiro e prestígio requer um determinado comportamento privado, que poderá ser objeto de controle pelo empregador. Ressalte-se, entretanto, que as prerrogativas patronais não são ilimitadas. Poderão ocorrer abusos no exercício desse poder de controle. Logo, se for ele exercido com desvio da finalidade, ou seja, sem o objetivo originário, que é o maior rendimento desportivo, a faculdade exercida pelo empregador poderá ser considerada ilegal.

c) Outra falta é o **mau procedimento**. O traço distintivo do mau procedimento em relação a outras justas causas é a sua amplitude. O mau procedimento caracteriza-se quando evidenciado comportamento incorreto do empregado, traduzido pela prática de atos que firam a discrição pessoal, as regras do bom viver, o respeito, o decoro, ou quando a conduta do obreiro configurar impolidez ou falta de compostura capazes de ofender a dignidade de alguém, prejudicando as boas condições no ambiente de trabalho. A falta não se configura se ausente a infringência ao cumprimento do dever social de boa conduta[(31)]. Dada a sua amplitude, poderá abranger outras faltas.

d) A **negociação habitual**, por conta própria ou alheia, sem permissão do empregador, quando constituir concorrência à empresa para a qual trabalha ou for prejudicial ao serviço, também caracteriza justa causa para a dispensa. Se o empregado desempenhar alguma função prejudicial ao serviço, sem conhecimento do empregador, a justa causa poderá configurar-se. O mesmo sucederá se praticar um ato que implique concorrência com o empregador. Incorre na prática dessa falta e também na improbidade o empregado que se apropria de dinheiro do empregador e ainda realiza vendas por conta própria a preços reduzidos[(32)].

e) **A condenação criminal passada em julgado** também constitui justa causa. Não obstante a autonomia existente entre a Justiça do Trabalho e a Justiça Criminal, ficaria comprometida a ordem jurídica se esta última reconhecesse a existência de furto praticado por um empregado e a Justiça do Trabalho negasse a falta. Outra será

(30) CÂNDIA, Ralph. *Op. cit.*, p. 123.

(31) GIGLIO, Wagner. *Justa causa para despedimento do empregado.* São Paulo: Editora Florença, p. 111.

(32) "**Justa causa. Improbidade e negociação habitual sem permissão do empregador**. Comprovado pelo empregador que o autor se apropriava indevidamente de valores decorrentes de vendas realizadas no estabelecimento comercial e praticava vendas a margens reduzidas, correta a aplicação de justa causa com supedâneo nas alíneas 'a' e 'c' da Consolidação das Leis do Trabalho". TRT — SC–RO V 02136-2001-018-12-00-6 — Ac. 1ª T. 09321/02 — Rel.: Gilmar Cavalieri — DOE 23.8.2002. *Revista Synthesis* 36/2003, p. 261.

a situação se o empregado foi absolvido na Justiça Criminal por insuficiência de provas. Essa decisão não faz coisa julgada na esfera trabalhista (art. 66 do CPP) e, portanto, não retira do fato sua característica de falta funcional[(33)], pois poderá haver justa causa sem que haja crime que lhe corresponda. Suponhamos que o empregado seja absolvido do crime de furto, mas resulte comprovado na esfera trabalhista que, sendo caixa, ele negligenciou a vigilância de bens que se encontravam sob sua guarda, facilitando a subtração dos mesmos. Nesse caso, a justa causa poderá configurar-se, não obstante a absolvição na área criminal.

O só fato de o empregado encontrar-se preso não autoriza a dispensa por justa causa, mas apenas a suspensão do contrato.

Se sobrevier a condenação criminal, com pena privativa de liberdade, haverá, em princípio, impossibilidade física de o empregado continuar trabalhando; logo, incorrerá na prática da justa causa classificada na letra "d" do art. 482 da CLT.

Veja-se, a propósito, a orientação jurisprudencial:

"Prisão. Posterior condenação criminal do empregado. A mera prisão do empregado não resolve o contrato de trabalho, que fica suspenso, por impossibilidade de sua execução. Advindo condenação em pena privativa de liberdade, sem sursis, por decisão final do juízo criminal, tal fato acarreta *ipso iure* a dissolução do pacto por justa causa". TRT — 15ª Região — Proc. 6688/98 (13.418/99) — 4ª T. — Rel.: Juiz Flávio Allegreti de Campos Cooper — DOESP 2.8.2000. *Revista Síntese* n. 138, p. 87.

Se a pena não é privativa da liberdade e refere-se a delito praticado fora da empresa, sem qualquer repercussão negativa no seu âmbito, ou na sua imagem, não vemos possam esses antecedentes criminais ter efeitos prolongados além dos limites da sentença condenatória[(34)]. Logo, o empregado não poderá ser dispensado por justa causa. É que aspectos da sua vida privada são irrelevantes, salvo quando refletirem negativamente na empresa, não sendo permitido ao empregador editar normas de conduta.

Ruy Rosado, em artigo sobre o tema[(35)], afirma que só **configuram** justa causa as condenações criminais passadas em julgado quando **sujeito** o trabalhador à pena privativa de **liberdade**. Se ela for substituída por multa ou penas restritivas de direito,

---

(33) "**A sentença penal absolutória por insuficiência de provas não constitui coisa julgada** na esfera cível/trabalhista (art. 66 do CPP). O objeto da ação cível/trabalhista deve ser analisado de acordo com as provas constantes nos seus próprios autos. Portanto, ainda que absolvido o reclamante na ação penal, não restou descaracterizada a justa causa, vez que a absolvição se deu por insuficiência de provas, e em regular processo de sindicância interna da empresa ficou comprovada a falta grave praticada pelo reclamante". TRT — SP-02980400666 — Ac. 3ª T. — 01990425453 — DOE 31.8.1999. Rel.: Juiz Marcelo Freire Gonçalves. *Revista Synthesis* 30/00, p. 258.

(34) "**Condenação criminal. Empregado condenado em processo criminal à pena de oito meses de reclusão, em benefício do *sursis* e com pena suspensa em grau de recurso.** Se o ilícito penal em tela foi fora da empresa e não guarda relação com ele, não vemos razão para aplicação da justa causa. O período em que esteve preso o empregado é motivo de força maior. Quando o empregado deixa de interessar à empresa, por conduta atípica, o caminho lógico e regular é o da dispensa sem justa causa, com as reparações legais. Contratam-se empregados e não anjos". TRT — RJ-18.979/91 — Ac. 9ª T. — Rel.: Juiz Narciso Gonçalves dos Santos — DOE 22.8.94. *Revista Synthesis* 20/95, p. 262.

(35) "A sentença criminal condenatória e a resolução do contrato de trabalho". *Revista LTr* 52-9/88 e *Revista Synthesis* 8/89, p. 143/144.

não impedirá a continuidade da prestação de serviços pelo empregado condenado, logo não constitui motivo para a resolução contratual. Excetua-se a hipótese de a pena restritiva ser de interdição de direito (art. 43, II, e art. 47 do Código Penal), de execução incompatível com a continuidade da prestação de serviços na empresa, como, por exemplo, na hipótese de uma pena de reclusão de 10 meses ser substituída pela proibição de exercer atividade, ofício, profissão ou cargo na empresa(36). Nesse caso, o empregado estará incapacitado para o desempenho de suas atividades durante aqueles 10 meses, e, evidentemente, a justa causa configurar-se-á. Assevera o citado autor que "a substituição da pena nesses casos é um mal tão grande quanto a própria execução da pena privativa de liberdade, se a interdição recair sobre a mesma atividade que exerce na empresa. Pode até ser pior do que a execução da pena de prisão, pois as penas curtas serão cumpridas em regime de prisão-albergue", capazes de autorizar a continuidade do liame empregatício(37).

Outra hipótese que autoriza a aplicação da justa causa é a substituição da pena privativa de liberdade ao réu semi-imputável (art. 26, parágrafo único, e 98 do Código Penal) por internação em estabelecimento psiquiátrico, pelo prazo de um a três anos, pois persiste a impossibilidade de comparecer ao trabalho. O mesmo já não ocorre se a substituição for pela sujeição a tratamento ambulatorial. Nesse caso não haverá impossibilidade de continuar a relação de emprego.

Voltando à pena privativa de liberdade (não superior a dois anos), cumpre salientar que ela poderá ter sua execução suspensa condicionalmente, pelo *sursis* comum (art. 77 do Código Penal) ou especial (art. 78, § 2º do mesmo Código). Em nenhum dos casos de *sursis* a justa causa prevista no art. 482, "d", da CLT configurar-se-á, pelo que se infere do teor do preceito legal citado, pois inexistirá a impossibilidade física de o autor continuar trabalhando.

Poderá ocorrer, em se tratando de pena privativa de liberdade, não substituída nem suspensa condicionalmente, a concessão ao condenado do direito de cumpri-la em regime de prisão-albergue (art. 36, § 1º, do Código Penal). Isso ocorre quando o réu não é reincidente e a pena é de até quatro anos. Nesse caso, não haverá impossibilidade de o empregado continuar trabalhando.

Prossegue Ruy Rosado afirmando(38) que o livramento condicional incidente sobre pena privativa de liberdade por dois ou mais anos não atua favoravelmente à continuidade do liame empregatício, porque pressupõe o cumprimento de parte da pena, por tempo relativamente longo (1/3 da metade da pena), inferindo-se daí que a justa causa se configura antes da concessão do referido livramento condicional. O mesmo ocorrerá com o empregado condenado sujeito a cumprir pena em regime semiaberto. Ele poderá exercer atividades externas, mas só depois de ter cumprido

---

(36) Art. 56 do Código Penal: "As penas de interdição, previstas nos incisos I e II do art. 47 deste Código, aplicam-se para todo o crime cometido no exercício de profissão, atividade, ofício, cargo ou função, sempre que houver violação dos deveres que lhes são inerentes. (Redação dada pela Lei n. 7.209, de 11.7.1984)".

(37) Texto do autor Ruy Rosado resumido por Francisco de Mattos Rangel na *Revista Synthesis* 8/89, p. 144.

(38) *Revista Synthesis*. *Op. cit.*, p. 145.

1/6 da pena; logo, dependendo da quantidade da pena, a continuidade do vínculo empregatício é inviável.

f) A **desídia** funcional é outra falta prevista no art. 482 da CLT. A desídia implica violação ao dever de diligência. Embora alguns autores admitam possa ser intencional, dolosa[39], entendemos que ela pressupõe culpa[40] e caracteriza-se pelo desleixo, pela má vontade, pela incúria, pela falta de zelo ou de interesse no exercício de suas funções. A desídia manifesta-se pela deficiência qualitativa do trabalho e pela redução de rendimento. Conquanto, em geral, seja necessária, para a sua caracterização, uma certa repetição, ela poderá configurar-se pela prática de uma só falta, como uma negligência ocasional, suficientemente grave pelas suas consequências, capaz de autorizar a quebra da confiança, além de servir de mau exemplo e perigoso precedente para a estrutura disciplinar da empresa. É o que se infere destes arestos:

> "Falta grave. Não ministrar remédios a paciente hospitalizada. A sobra de medicamentos constatada pelo hospital ao final da jornada implica concluir que não houve a aplicação de remédios a paciente hospitalizada. Essa falta (incúria) é extremamente grave em se tratando de profissionais do ramo da saúde. Tanto mais grave é a falta que, inclusive, poderia vir a comprometer a saúde da paciente". TRT/SC — RO-V-A 10413/01 — Ac. 2ª T. — 07571/02 — Rel.: Juiz Dilnei Ângelo Biléssimo. DOE 17.7.2002. *Revista Synthesis* 36/2003, p. 261.

> "JUSTA CAUSA. EMPREGADO QUE TRABALHA EM BANCO DE SANGUE. DESÍDIA. Empregado lotado em banco de sangue de hospital que, ao receber solicitação de reserva de sangue e derivados de paciente submetido a intervenção cirúrgica, e que, inadvertidamente, confundindo os nomes, remete o material de outra pessoa, acarretando a confusão na morte do paciente que recebera sangue impróprio, comete desídia passível de rescisão de contrato de trabalho por justa causa, por aplicação do art. 482, alínea *e*, da CLT". TRT — 24ª Região — 00108-2003-005-24-00-4 (RO) — Rel.: Juiz Márcio Eurico Vitral Amaro — DOMS 12.5.04, p. 48. *Revista Synthesis* 39/40, p. 268.

As faltas injustificadas e reiteradas ao serviço traduzem violação a normas gerais alusivas à assiduidade e à pontualidade e, portanto, configuram indisciplina[41], embora a jurisprudência dominante enquadre-as como desídia, quando é sabido que esta última ocorre em serviço. Ora, se o empregado faltou ao serviço, sua ausência inviabiliza a caracterização da desídia[42]. Independentemente de seu enquadramento, certo é que para que se configure a justa causa, é necessário que tenha havido a aplicação de medidas disciplinares visando a recuperar o trabalhador para o caminho da exação funcional. Se o empregador não o puniu, é porque não considerou seu comportamento reprovável. Logo, "não seria o intérprete mais realista do que o rei, que iria divisar infração, onde o maior interessado, o empregador, não a encontrou"[43]. Frise-se,

---

(39) LACERDA, Dorval de. *Op. cit.*, p. 131.

(40) A maioria entende que a desídia não poderá ser dolosa, do contrário será descaracterizada para improbidade. Nesse sentido, cf. GIGLIO, Wagner. *Op. cit.*, p. 119. RUSSOMANO, Mozart Victor. *Comentários à CLT*, v. I. Rio: Forense, 1990, p. 561. MARANHÃO, Délio e outros. *Instituições de Direito do Trabalho*. São Paulo: LTr, 2002, p. 573.

(41) DONATO, Messias Pereira. *Curso de Direito do Trabalho*. São Paulo: Saraiva, 1979, p. 351.

(42) GIGLIO, Wagner D. *Op. cit.*, p. 118.

(43) Cf. GIGLIO, Wagner D. *Op. cit.*, p. 126.

entretanto, que em se tratando de desídia grave, ela dispensa a aplicação de medidas disciplinares anteriores e poderá se configurar pela prática de um só fato.

A maioria dos casos de desídia revela-se pela negligência, com inúmeras variações, embora possa apresentar-se também como imprudência, isto é, quando o agente se comporta sem cuidado diante de uma circunstância perigosa.

Já a imperícia nem sempre é aceita como ato desidioso.

Os adeptos da avaliação subjetiva da falta asseveram que a imperícia só poderá responsabilizar o obreiro na hipótese de ausência de contrato de experiência, por ele ter afirmado, quando do ajuste, aptidão que não possuía. Se o contrato indeterminado foi precedido de contrato de experiência, teve o empregador oportunidade de avaliar a habilitação do empregado, sendo, portanto, de seu conhecimento a perícia ou imperícia do trabalhador. Nessa situação, a imperícia constituirá risco empresarial.

Há, ainda, quem, indistintamente, diante da imperícia do trabalhador, atribua ao empregador a responsabilidade por culpa *in eligendo*, ao fundamento de que mesmo após a prova e durante o curso do contrato deverá ele manter constante vigilância sobre o empregado.

g) Também a **embriaguez habitual** ou em serviço, ainda que por uma única vez[(44)], autoriza a dispensa por justa causa, a teor da alínea "f" do art. 482 da CLT. Incorre nessa falta, por exemplo, o empregado, motorista, que se apresenta embriagado ao serviço, ainda que uma única vez. A embriaguez, no plano fisiológico, enfraquece os reflexos e, no plano psicológico, diminui a acuidade, tornando perigosa a condução do veículo pelo empregado embriagado, pois coloca em risco a vida de pessoas, podendo ainda lesar interesse patrimonial do empregador, na hipótese de dano do veículo[(45)].

Já a embriaguez habitual, como é sabido, pressupõe ingestão não só de álcool, mas de qualquer substância tóxica, inebriante, capaz de alterar o comportamento do empregado. Tanto o alcoolismo como a toxicomania são tidos como doenças catalogadas no Código Internacional de Doenças (CID), sob os números F.10.6 (psicose alcoólica Korsakov), F.10.2 (*Síndrome de Dependência do Álcool*) e F.10.4 (*delirium tremens*), entre outras. Ocorre que a legislação trabalhista os inclui no rol das justas causas.

Surgem daí duas linhas de interpretação. Há uma vertente jurisprudencial que sustenta ser a embriaguez habitual do empregado doença degenerativa e fatal, logo, o empregado alcoólatra deverá ter seu contrato suspenso e ser encaminhado à Previdência Social para controle do vício, ou então aposentado por invalidez, dependendo do quadro

---

(44) "**Falta grave. Embriaguez em serviço.** Confirmação por duas testemunhas. Basta um único evento. Falta grave confirmada". TRT — 2ª Região — RO.01:19990597505/1999 — Ac. 20000683994 — 6ª Turma — Rel.: Juiz Rafael E. Pugliese Ribeiro — DOESP 19.1.2001.

(45) Nesse sentido nos pronunciamos como relatora do RO-4455/92, que tramitou perante a 2ª Turma do TRT da 3ª Região, amparando-nos na doutrina de Pedro Cruz. "A justa causa de despedimento na jurisprudência". Coimbra: Livraria Almedina, *passim*.

clínico, pois está ele acometido de doença catalogada no CID[46]. Ele é considerado muito mais como um desafortunado do que como um mau profissional e, por isso mesmo, deverá ser encaminhado ao serviço de saúde.

Outra linha de interpretação dos tribunais ressalta a carga de sentimento humano, de imensurável valor, da vertente jurisprudencial citada, mas assevera que a embriaguez habitual e a toxicomania, embora tidas como doenças, são tipificadas pela legislação trabalhista como justa causa. Afirma essa corrente que é tarefa do Estado assumir o cidadão alcoólatra, tratando-o, para que possa recompor-se e retornar ao ambiente de trabalho, não sendo possível delegar ao empregador essa tarefa, pois, além de este não poder obrigar o empregado a submeter-se a tratamento, o alcoólatra está vulnerável a acidentes, além de ocasionar conturbações no ambiente de trabalho[47].

Como se realiza a prova dessa falta? A jurisprudência admite a prova do estado etílico do empregado por testemunhas[48], pelo teste de bafômetro[49], pelo laudo de dosagem alcoólica feito por exame clínico ou laboratorial, por meio do sangue ou da urina, elaborado pelo Instituto Médico Legal[50] ou outros meios capazes de

---

(46) "**Embargos. Justa causa. Alcoolismo crônico. Art. 482, 'f', da CLT**. 1. Na atualidade, o alcoolismo crônico é formalmente reconhecido como doença pelo Código Internacional de Doenças (CID) da Organização Mundial de Saúde OMS, que o classifica sob o título de síndrome de dependência do álcool (referência F-10.2). É patologia que gera compulsão, impele o alcoolista a consumir descontroladamente a substância psicoativa e retira-lhe a capacidade de discernimento sobre seus atos. Clama, pois, por tratamento e não por punição. 2. O dramático quadro social advindo desse maldito vício impõe que se dê solução distinta daquela que imperava em 1943, quando passou a viger a letra fria e hoje caduca do art. 482, 'f', da CLT, no que tange à embriaguez habitual. 3. Por conseguinte, incumbe ao empregador, seja por motivos humanitários, seja porque lhe toca indeclinável responsabilidade social, ao invés de optar pela resolução do contrato de emprego, sempre que possível, afastar ou manter afastado do serviço o empregado portador dessa doença, a fim de que se submeta a tratamento médico visando a recuperá-lo. 4. Recurso de embargos conhecido, por divergência jurisprudencial, e provido para restabelecer o acórdão regional". TST-E-RR-586.320/1999.1 — SDI-1 — Rel.: Min. João Oreste Dalazen — DJU 21.5.2004.

(47) "**Justa causa. Alcoolismo.** O alcoolismo é uma figura típica de falta grave do empregado ensejadora da justa causa para a rescisão do contrato de trabalho. Mesmo sendo uma doença de consequência muito grave para a sociedade é motivo de rescisão contratual porque a lei assim determina. O alcoolismo é um problema da alçada do Estado que deve assumir o cidadão doente, e não do empregador, que não é obrigado a tolerar o empregado alcoólatra que, pela sua condição, pode estar vulnerável a acidentes de trabalho, problemas de convívio e insatisfatório desempenho de suas funções. Revista conhecida e desprovida". TST — RR-524378/1998 — 3ª T. — Rel.: Juiz Convocado Lucas Kontoyanis.

(48) "**Justa causa. Embriaguez. Caracterização.** Resta caracterizada a justa causa por embriaguez em serviço quando o estado etílico do empregado é integralmente confirmado pela prova testemunhal, não havendo necessidade de exame médico ou laboratorial para atestar o fato, uma vez que o descumprimento dos deveres funcionais e os das regras de trânsito, pela responsabilidade que encerram, não se confundem". TRT — 12ª Região — RO-V 00667-2001-028-12-00-1 — Acórdão 10641/2002 — 1ª Turma — Relª: Juíza Maria Regina Olivé Malhadas — DJSC 20.9.2002.

(49) "**Demissão por justa causa. Embriaguez**. A demonstração de que o empregado ingeriu alguma quantidade de álcool não tem o condão de caracterizar, por si só, a embriaguez, capaz de ensejar a justa causa na forma capitulada na letra 'f' do art. 482 da CLT, mormente quando o teste de bafômetro realizado pela própria empregadora revelou que a graduação alcoólica na corrente sanguínea do empregado se encontrava muito aquém daquela estipulada pelo Código Brasileiro de Trânsito como característica da embriaguez". TRT — 12ª Região — SC/RO-V 6722/2001 — Acórdão 4383/2002 — 1ª Turma — Rel.: Juiz Gerson P. Taboada Conrado — DJSC 2.5.2002.

(50) "**Nulidade da justa causa. Descabimento.** A embriaguez no volante, comprovada mediante laudo de dosagem alcoólica, justifica plenamente a rescisão do contrato de trabalho por justa causa. Meras alegações de ingestão de medicamentos capazes de alterar os resultados dos exames não são suficientes para afastar a despedida por justa causa". TRT — 12ª Região-SC/RO-4442/2000 — Acórdão 11366/2000 — 1ª Turma — Rel.: Juiz Estanislau E. Bresolin — DJSC 23.11.2000.

revelar a graduação alcoólica na corrente sanguínea e, evidentemente, pela própria confissão do autor.

No que tange à **utilização de substâncias dopantes**, o comportamento do empregado poderá constituir justa causa responsável pela resolução contratual quando concorrer com dolo ou culpa. Se, todavia, o consumo da droga foi sugerido pelo serviço médico do empregador ou, por exemplo, incitado pela entidade desportiva, a justa causa não se configura, ainda que o empregado seja punido no âmbito desportivo(51).

No Brasil, a Portaria do MEC n. 531, de 10 de julho de 1985, baixa normas sobre o controle da dopagem nas partidas de futebol. O seu art. 1º conceitua como *doping* "a substância, o agente ou meio capaz de alterar o desempenho do atleta por ocasião de competição esportiva", e o art. 2º da mesma portaria define a dopagem "como a ministração ao atleta, ou o uso por parte deste, de substância, agente ou meio capaz de alterar artificialmente o seu desempenho em competição desportiva."

Qualquer atleta que tenha jogado a partida, ainda que parcialmente, poderá ser submetido ao controle químico-toxicológico da dopagem.

h) A **violação de segredo da empresa** traduz, igualmente, justa causa. Ela se funda na infringência ao dever de fidelidade e poderá configurar-se quando o empregado violar patentes de invenção, métodos de trabalho, segredos de fabricação ou informações comerciais. O comportamento assume maior gravidade quando os beneficiários da infidelidade forem concorrentes do empregador(52).

Incorre na prática desse ato faltoso, por exemplo, o empregado que desenvolvia *software* para uso do empregador e o passava para outra empresa(53).

i) **Indisciplina e insubordinação** são também modalidades de justa causa. Elas implicam violação ao dever de obediência. O empregado que pratica essas faltas subverte a hierarquia interna da empresa e compromete sua organização. Em consequência, dá motivo para ser dispensado por justa causa, quando ausentes razões capazes de justificar o seu direito de resistência.

Embora indisciplina e insubordinação constem dos dicionários como expressões sinônimas, o Direito do Trabalho distingue as duas figuras faltosas. A indisciplina caracteriza-se pela desobediência às normas de caráter geral, e a insubordinação pelo desrespeito deliberado a uma ordem específica dirigida a um determinado empregado. Em ambos os casos, a ordem deverá ser lícita e emanada do empregador ou de seus prepostos, pois o empregado não está obrigado a acatar ordens ilícitas, ao contrário, deverá denunciá-las ao empregador ou à autoridade competente, desde que verdadeiras(54), dadas as consequências que poderão resultar de sua omissão ou de uma acusação injusta.

---

(51) Cf., de nossa autoria, a obra *As Relações de Trabalho no Espetáculo*. São Paulo: LTr, 2003, p. 194.

(52) BELTRÃO, Ari Possidônio. "Dever de fidelidade, dever de não concorrência e cláusula de não concorrência". *Revista Synthesis* n. 35/02, p. 47.

(53) "**Falta grave** — A fidúcia é o elo que liga patrão e empregado e, como uma planta frágil, há de ser regada diariamente para que cada vez mais se acentue e se fortaleça. Neste caso, a fidúcia restou em frangalhos quando a empresa constatou que o autor, na qualidade de empregado de confiança, desenvolvia *software* para uso desta e o passava para outra empresa". TRT-SP-02980508025 — Ac. 5ª T. 19990455727 — DOE 17.9.99 — Rel.: Juiz Francisco Antônio de Oliveira. *Revista Synthesis* 30/00, p. 259.

(54) FURTADO, Emmanuel Teófilo. *Terminação do contrato de trabalho*. São Paulo: LTr, 1997, p. 155.

j) O **abandono de emprego** é uma falta que pressupõe a existência de dois elementos: o **elemento subjetivo**, que se caracteriza pela intenção do empregado de não mais retornar ao trabalho, e o **elemento objetivo**, que se configura pela ausência injustificada e prolongada por mais de 30 dias.

É comum o empregado não se apresentar ao trabalho após o término da licença-previdenciária para tratamento de saúde, invocando a persistência do mal que o acometera. De acordo com a **Súmula n. 32 do TST**, nesse caso, presume-se o abandono de emprego se o trabalhador não retornar ao serviço no prazo de 30 dias após a cessação do benefício previdenciário nem justificar o motivo de não o fazer.

A invocação de abandono de emprego, ainda que por meio de eufemismo, sob a forma "deixou o serviço", deverá ser comprovada pelo empregador de modo insofismável, a teor do art. 818 da CLT e art. 333, II, do CPC. É igualmente comum o empregador pretender comprovar em Juízo essa falta, juntando aos autos convocações de retorno ao trabalho publicadas na imprensa e dirigidas ao empregado. Entendemos que a convocação por esse meio é medida extrema e só servirá como prova quando dirigida a trabalhadores com endereço incerto e indeterminado, desconhecido pelo empregador e, ainda assim, deverá ser ratificada pela prova testemunhal, em face do caráter unilateral do documento.

Não se desincumbindo o empregador do encargo probatório, presume-se injusta a dispensa, porquanto o empregado tem a seu favor a presunção gerada pelo princípio da continuidade da relação de emprego.

Incorre em abandono de emprego o trabalhador que se afasta para prestar serviço militar e deixa de notificar previamente o empregador, por telegrama ou em registro postal, de sua intenção de retornar ao trabalho, dentro do prazo máximo de 30 dias, contados da data da respectiva baixa ou término do encargo a que estava obrigado (art. 472, § 1º, da CLT). Se não o faz, tampouco se apresenta ao empregador para retornar às atividades, o abandono de emprego configurar-se-á, exceto se o empregado apresentar uma justificativa plausível.

l) O **ato lesivo da honra ou da boa fama praticado no serviço** contra qualquer pessoa, ou **ofensas físicas** realizadas nas mesmas condições, salvo em caso de legítima defesa, própria ou de outrem constituem também justa causa. Os atos lesivos da honra, em geral, caracterizam-se pela injúria, calúnia e difamação.

A honra, à luz do Direito Penal, foi protegida no Brasil desde as Ordenações do Reino, a seguir no Código Criminal do Império e no Código Republicano de 1890, sendo atualmente tratada em capítulo próprio do Código Penal vigente.

A doutrina a subdivide em duas espécies: **honra subjetiva**, traduzida pelo Juízo que a pessoa faz de si mesma, e **honra objetiva**, que é o Juízo que outras pessoas fazem de nós, a reputação que possuímos no meio social em que vivemos. Esses dois aspectos da honra são protegidos pelo Código Penal, quando tipifica os crimes de **calúnia** (art. 138), **difamação** (art. 139) e **injúria** (art. 140).

A **calúnia e a difamação** ofendem a reputação social e exigem que o fato seja comunicado a terceiros, salientando-se que, na calúnia, atribui-se a alguém, falsamente, um fato tido como crime e, na difamação, basta imputar-se a alguém um fato determinado lesivo de sua reputação social. São dispensáveis na difamação a falsidade (salvo se a vítima for funcionário público) e a tipificação do fato como crime.

Por outro lado, a **injúria** implica violação da honra subjetiva, é a ofensa ao sentimento da dignidade que a pessoa tem de si mesma. A título de exemplo, constitui injúria o xingamento, o impropério. Basta chamar alguém de ladrão, não sendo necessário mencionar um fato determinado, como o objeto por ele subtraído, tampouco comunicar o fato a terceiro, para que a injúria se configure. Aqui, é suficiente que a ofensa cinja-se ao conhecimento do próprio ofendido.

Todos esses crimes contra a honra poderão ser praticados oralmente, diretamente ou pelo rádio, televisão ou outro meio, ou por escrito (manuscrito, impresso, etc.).

Já **os atos lesivos da boa fama** são aqueles que expõem o ofendido ao desprezo de outrem. Incorre na prática dessa falta o empregado que agride colega no ambiente de trabalho, aí compreendidos também os arredores da empresa, a serem definidos pelo Juiz que estiver apreciando o caso concreto. O ato é ilícito e autoriza a resolução do contrato pelo empregador. Se comprovado que o empregado agiu em legítima defesa, própria ou de outrem, exclui-se a antijuridicidade do ato, mas é necessário que a reação se faça com a utilização de meios moderados diante da agressão injusta atual ou iminente. Logo, se o agredido premedita a reação, revida ou reage de forma desproporcional à agressão, repelindo, por exemplo, um empurrão com um tiro, não poderá alegar legítima defesa.

Não configura justa causa a agressão do empregado contra colega fora do local de trabalho, por motivo exclusivamente pessoal, sem qualquer repercussão na empresa.

m) **Quando a falta for praticada contra o empregador**(55), é dispensável que seja em local de serviço e poderá ocorrer por ofensa à honra dirigida em *e-mail*(56), por exemplo.

n) **A prática reiterada de jogos de azar**, com o objetivo de lucro, é outra justa causa arrolada como responsável pela resolução contratual. Essa prática, à semelhança

---

(55) "**Dispensa por justa causa. Agressão verbal. Quebra de fidúcia.** A teor do art. 818, da CLT, c/c o art. 333, I, do CPC, incumbe à reclamada provar que o obreiro agiu consubstanciado em uma das hipóteses do art. 482, da CLT, prova essa que deve ser clarividente, estanque de qualquer dúvida, vez que a dispensa por justa causa é a mais severa das penas imposta ao empregado. Agressão verbal por parte do obreiro, quando provada, basta para demonstrar que o obreiro agiu com ato lesivo a honra e boa fama do empregador, vez que, sem sombra de dúvidas, afronta o princípio da fidúcia que deve existir na relação empregado/empregador (vide art. 482, 'k', da CLT). *In casu*, estando atendidos todos os requisitos específicos para aplicação da referida penalidade, quais sejam, a atualidade, a não discriminação, a proporcionalidade, o *non bis in idem*, o princípio da determinação da falta e a gravidade da mesma, correta a dispensa por justa causa...". TRT — MT-RO-01655.2001.001.23.00-5 — Ac. TP 2511/2002 — Rel.: Juiz Osmair Couto — DOE 15.10.2002. *Revista Synthesis* 36/2003, p. 260.

(56) "**Justa causa. Ofensa à honra do empregador**. Hipótese em que se tem por configurada a justa causa pela falta capitulada na alínea 'k' do art. 482 da CLT, pois o reclamante atingiu a honra do empregador ao afirmar, em *e-mail*, que determinada atitude da reclamada foi baixa, traiçoeira, suja, encardida e podre. Ao utilizar tais expressões, o autor fez estremecer a confiança nele depositada, sendo o fato ocorrido grave o suficiente para ensejar a ruptura do pacto por justa causa. Caso em que não há prova, sequer indícios, de que os fatos narrados pelo autor no *e-mail*, que deram origem à sua atitude extremada e às palavras utilizadas, efetivamente ocorreram". TRT — 4ª Reg. — 01362.006/98-0 RO — 7ª T. — Relª: Juíza Maria Inês Cunha Dornelles — DOERS 10.3.2003. *Revista Justiça do Trabalho*. Porto Alegre: HS Editora, mar. 2003, p. 110.

do alcoolismo, pode incidir negativamente na vida funcional do empregado, razão pela qual o legislador a incluiu entre as figuras faltosas. Afirma-se que *"o jogo degrada o indivíduo, arrasta-o à desonestidade, solapa sua formação moral, desenfreia paixões"*, e por isso mesmo, quando constante, traduz justa causa para a dispensa do empregado[(57)]. Os autores, em geral, sustentam que o empregado que se dedica ao jogo, de forma habitual, mesmo fora do trabalho, destrói a confiança indispensável à sobrevivência da relação de emprego. Ocorre que a generalização dessa justa causa carece de fundamento, pois há empregos em que o *"fator confiança é relevante, mas isto não ocorre sempre"*[(58)]. Há trabalhos, como os exclusivamente braçais, em que a prática constante de jogos de azar não traz qualquer dano à empresa.

Logo, essa conduta poderá ser levada em conta no curso da relação de emprego, mas desde que haja conexão com a prestação de serviços. A prática reiterada de jogos de azar poderá, evidentemente, produzir efeitos distintos dependendo do cargo que o empregado ocupar na empresa.

1.4. Justas causas específicas

Além das faltas gerais arroladas no art. 482 da CLT como responsáveis pela resolução contratual, acrescentava-se outra que constituía justa causa específica do empregado bancário: é a falta contumaz de pagamento de dívidas legalmente exigíveis (art. 508 da CLT revogado).

Conforme salientado, o fundamento dessa justa causa específica residia na circunstância de que o comportamento do bancário, mesmo nas relações pessoais e privadas, atinge moralmente e de forma indireta o estabelecimento em que trabalha. A conduta prevista no art. 508 da CLT (hoje revogado) não configura justa causa em relação a um empregado sem qualificação, que integra os quadros de empresa de outra categoria econômica.

A falta em estudo pressupõe dois elementos: a contumácia, ou seja, o descumprimento frequente da obrigação, e a dívida legalmente exigível, o que significa que é necessário que a obrigação contraída seja cobrável de acordo com a legislação. Incorrem na prática dessa falta os empregados que, reiteradamente, emitem cheque sem provisão de fundos[(59)], deixam de quitar promissórias e duplicatas ou cometem faltas semelhantes.

Alguns autores justificam a justa causa específica dos bancários (art. 508, revogado em 13.12.2010), ao argumento de que os bancos, como instituições de crédito, dependem do conceito de que desfrutam os seus empregados.

---

(57) GIGLIO, Wagner D. *Justa causa*. 4. ed. São Paulo: LTr, p. 282.

(58) LAMARCA, Antônio. *Manual das justas causas*. São Paulo: Revista dos Tribunais, 1977, p. 498. LACERDA, Dorval de. *Op. cit.*, p. 238.

(59) "**Justa causa. Bancário. Não pagamento contumaz de dívidas.** Procedência da resilição motivada. Art. 508 da CLT. Tratando-se de empregada bancária que laborava no setor de cheques e que, de forma contumaz, os emitia sem provisão de fundos, aplicável ao caso a resilição contratual por justa causa, nos termos do art. 508 consolidado e em face da quebra da fidúcia necessária entre as partes". TRT — 15ª Reg. — Proc. 38.305/00 (5558/02) — 5ª T. — Relª: Juíza Olga Ainda Joaquim Gomieri — DOESP 18.2.2002. *Revista Síntese* n. 155, p. 72.

Outros, como Mozart Victor Russomano, criticavam o preceito:

> "Em primeiro lugar, porque a natureza da falta é a mesma, seja ela praticada por um bancário, seja praticada por empregado de escritório de qualquer empresa comercial. Em segundo lugar, porque o conceito de instituição de crédito não depende da conduta particular dos seus empregados" (...) "Sempre nos pareceu muito mais razoável despedir o 'caixa' de uma empresa comercial por falta contumaz no pagamento de suas dívidas que, pelo mesmo motivo, despedir um simples escriturário de casa bancária, pois os riscos do empregador, na primeira hipótese, pela má conduta privada do empregado, são muito maiores, mas desde que a norma existe, clara e irretorquível, no art. 508, deve ser cumprida pelos juízes e pelas partes interessadas"[60].

Compartilhávamos deste último pensamento só que a norma do art. 508 da CLT foi revogada em 13.12.2010.

Além dessa justa causa específica, o art. 432, § 2º, da CLT, revogado pela Lei n. 10.097, de 2000, considerava justa causa a falta reiterada do menor aprendiz no cumprimento dos deveres escolares do respectivo curso ou a falta de razoável aproveitamento. A matéria hoje é disciplinada pelo art. 433 da CLT, que autoriza a ruptura do contrato de aprendizagem, antecipadamente, nas seguintes hipóteses: I — desempenho insuficiente ou inadaptação do aprendiz; II — falta disciplinar grave; III — ausência injustificada à escola que implique perda do ano letivo; IV — a pedido do aprendiz.

Como se vê, com a revogação do § 2º do art. 432 da CLT, o desempenho insuficiente, a inadaptação do aprendiz ou a ausência injustificada à escola que implique perda do ano letivo são comportamentos não mais arrolados como justa causa. Autorizam apenas a cessação antecipada do contrato, mas sem justa causa.

O ato faltoso só se configurará na hipótese de falta disciplinar grave, além das outras classificadas no art. 482 da CLT.

Incorre na prática de ato faltoso o empregado ferroviário que se recusa, sem justificativa, a executar serviço extraordinário, nos casos de urgência ou de acidente capazes de afetar a segurança ou regularidade do serviço (art. 240 da CLT).

Finalmente, pratica também falta capaz de autorizar a resolução contratual o empregado que, durante a greve, viola ou constrange os direitos e garantias fundamentais de outrem ou, então, impede o acesso ao trabalho de outros colegas. O empregado que age assim, poderá incorrer na prática de justa causa, pois estará violando as disposições contidas na Lei n. 7.783, de 1989 (art. 14).

A Lei n. 7.783, de 1989, não autoriza o reconhecimento da justa causa pelo só fato de o empregado participar de movimento paredista. Ademais, o Supremo Tribunal Federal, por meio da **Súmula n. 316**, tem entendido que a participação pacífica em paralisação coletiva de trabalho não configura justa causa para a dispensa. Na realidade, o movimento reivindicatório visa primordialmente à manutenção da relação de emprego, lutando para o aprimoramento das condições de trabalho. Portanto, é preciso cautela no

---

(60) *Comentários à CLT*. v. I, 13. ed., p. 616.

exame dessa matéria, para não se invalidar a maior aspiração do empregado, fulminando de morte o vínculo, por entender que, participando de um movimento legítimo para a maioria, pratica o obreiro justa causa. Não podemos visualizar na greve o aspecto individual, a não ser pelo comportamento distinto de cada empregado, pois ela constitui um fato coletivo(61).

1.5. Natureza jurídica da despedida por justa causa

Os que admitem o poder disciplinar do empregador consideram a despedida por justa causa uma pena disciplinar, e a mais severa(62). Os que negam a existência desse poder não a consideram pena, mas "forma autorizada de rescisão contratual"(63). Filiamo-nos à primeira vertente.

1.6. Atos faltosos praticados pelo empregador. Despedida indireta

A despedida indireta é uma causa de cessação dos contratos em face de atos faltosos praticados pelo empregador, conforme elenco constante do art. 483 da CLT. A rigor, a hipótese é de resolução contratual (falta cometida pelo empregador), embora a prática a intitule rescisão indireta.

À luz desse preceito legal, o empregado poderá considerar rescindido o contrato e pleitear as verbas alusivas à dissolução injusta do contrato nas hipóteses enumeradas a seguir.

a) Quando forem exigidos serviços superiores às **suas forças, defesos por lei, contrários aos bons costumes ou alheios ao contrato**. Incorre na exigência de serviços superiores às forças do trabalhador o empregador que exige dos empregados, mulheres e menores, serviço que demande a utilização de força muscular superior a 20 quilos para trabalho contínuo ou 25 quilos para trabalho ocasional (art. 390 e parágrafo único, como também § 5º do art. 405 da CLT), sem a utilização de aparelhos mecânicos. Situa-se também aqui o empregador que impõe ao empregado "tarefas impossíveis de serem executadas com os recursos físicos ou técnicos do trabalhador", como, por exemplo, o empregador que exige de um digitador um número de palavras superior ao seu rendimento máximo(64).

Discute-se, doutrinariamente, se estaria abrangida por esse preceito a exigência de serviços superiores às forças intelectuais do trabalhador. Alguns autores negam a inclusão, argumentando que, se fosse essa a intenção do legislador, ele teria utilizado a expressão "energias, mais consentânea com o objetivo de abarcar a capacidade intelectual"(65). Filiamo-nos ao ponto de vista contrário, pois se a lei não distingue

---

(61) TRT — 3ª R. — 2ª T. — RO-15264/92 — Relª: Juíza Alice Monteiro de Barros — DJMG 4.2.1994.

(62) MESQUITA, Luis José de. *Direito Disciplinar do Trabalho*. 2. ed., São Paulo: LTr, 1991. p. 251.

(63) LAMARCA, Antônio. *Manual das justas causas*, p. 211 e 213. No mesmo rumo: KROTOSCHIN, Ernesto. *Tratado*... v. I, p. 488.

(64) RUSSOMANO, Mozart Victor. *Comentários à CLT.* v. I, 13. ed. Rio de Janeiro: Forense, p. 568.

(65) LAMARCA, Antônio. *Contrato Individual de Trabalho*. São Paulo: Revista dos Tribunais, 1969, p. 423 e CATHARINO, José Martins. *Contrato de emprego*. Guanabara: Edições Trabalhistas, 1965, p. 366.

quais os tipos de força, não fazendo menção à energia muscular, entendemos possível incluir no preceito legal em exame também as forças intelectuais ou mentais[66]. O objetivo do legislador foi limitar o poder de comando empresarial e coibir abusos capazes de acarretar danos ao empregado, como, por exemplo, exigências desproporcionais à condição humana.

Já a exigência de serviços superiores às forças morais do empregado situar-se-ia melhor na segunda parte da alínea "a" do art. 483 da CLT — "exigir serviços contrários aos bons costumes" —, embora possa ser enquadrada também como exigência de serviços superiores às forças do empregado. Dorval de Lacerda cita como exemplo a situação de empregado cujo empregador (estrangeiro) tenha praticado crime contra a soberania nacional, estando o Brasil em guerra, e que reivindica a rescisão indireta, sob o fundamento de que não pretende continuar empregando sua força de trabalho a um traidor da pátria[67].

Incorre também na prática de falta o empregador que exige do empregado **serviços defesos por lei**, incluindo-se aqui a obrigatoriedade de o vendedor realizar vendas sem nota fiscal, ou **serviços contrários aos bons costumes**, como, por exemplo, exigir que a empregada se prostitua.

A exigência de **serviços alheios ao contrato** é outro comportamento faltoso previsto na alínea "a" do art. 483 da CLT e traduz um corolário da inalterabilidade das condições contratuais consagrada no art. 468 da CLT. A falta funda-se na inadimplência do empregador.

b) Constitui também justa causa para a rescisão indireta do contrato o fato de ser o empregado tratado pelo empregador ou por seus prepostos com rigor excessivo (art. 483, "b", da CLT). O comportamento faltoso em exame pressupõe rigidez incomensurável, capaz de ferir a dignidade do empregado. Incorre nessa falta, por exemplo, o empregador que, abusando de seu poder disciplinar, aplica ao empregado uma sanção severa (suspensão de cinco dias), desproporcional à falta praticada (atraso de poucos minutos), considerada injusta e cancelada pela Justiça do Trabalho.

Wagner Giglio apresenta, ainda, como exemplo de rigor excessivo, a proibição de utilização do banheiro, salvo nos intervalos, ou a exigência de que o empregado não use barba ou **bigode**[68].

Comungamos no mesmo entendimento no que tange à proibição de utilização do banheiro. A propósito, tivemos a oportunidade de nos pronunciar sobre o assunto em caso concreto. Embora o Direito do Trabalho não fizesse menção expressa aos direitos à intimidade do trabalhador, até 27.05 da Lei n. 9.799, de 1999, eles são oponíveis contra o empregador, porque assegurados em preceito constitucional (art. 5º, X, da Constituição da República). Atualmente, o direito à intimidade está previsto no art. 373-A, VI, da CLT (Lei n. 9.799, de 27.5.1999). Não é o fato de o empregado encontrar-se

(66) LACERDA, Dorval de. *A falta grave no Direito do Trabalho*. Guanabara: Edições Trabalhistas, 1964, p. 262 e 264.
(67) *Op. cit.*, p. 266.
(68) *Op. cit.*, p. 329.

subordinado ao empregador ou de deter este último o poder diretivo que irá justificar a ineficácia da tutela à intimidade no local de trabalho, do contrário haveria degeneração da subordinação jurídica em um estado de sujeição do trabalhador. Logo, procede o pedido de rescisão indireta do contrato e de pagamento de indenização por dano moral, quando comprovado, por exemplo, que a empregada, em estado de gravidez, foi proibida de ir ao banheiro pelo gerente do estabelecimento reclamado, durante a realização de jogos de bingo, vindo a urinar, em público, no horário de expediente. O rigor desmedido adotado pelo empregador expôs a obreira a uma situação vexatória, devendo ser reparado o mal que lhe foi injustamente causado[(69)].

No tocante ao uso de barba, divergimos, respeitosamente, do eminente doutrinador. É inegável que a intimidade e a vida privada do empregado não podem ser protegidas em caráter absoluto. Dessa forma, poderá o empregador intervir na higiene e na apresentação do empregado, exigindo-lhe, por exemplo, o corte de **barba**[(70)], sempre que essas circunstâncias constituírem exigência do serviço ou da autoridade sanitária, como, por exemplo, quando o empregado trabalhar como cozinheiro, garçom, no abate de aves ou em outras funções que exijam a restrição[(71)].

A jurisprudência espanhola[(72)], à semelhança do aresto nacional citado em nota de rodapé anterior, também registra precedente em que o uso de **barba** pelo empregado pode sofrer restrições pelo empregador, em decorrência de exigência de autoridade sanitária ou "de deveres e relações jurídicas que o ordenamento jurídico regula", os quais transcendem a esfera estritamente pessoal. Entendeu o Tribunal Constitucional

---

(69) Nesse sentido é o acórdão alusivo ao RO-18878/99, julgado pela 2ª Turma do TRT da 3ª Região em 2.5.2000, no qual atuamos como relatora.

(70) "A empresa pretende o reconhecimento da justa causa para a despedida. O empregado, que trabalhava na seção de abate de aves, compareceu ao serviço **sem ter aparado a barba**, condição exigida pela autoridade sanitária aos empregados que trabalham nesse setor. O empregado foi mandado para casa, juntamente com outro companheiro, **para que providenciasse o corte da barba. O reclamante foi e voltou barbudo**. Em consequência, sofreu a pena de suspensão. Ao receber a comunicação da suspensão, rasgou-a diante do encarregado da seção de pessoal e, por isso, foi demitido. Recurso provido para excluir da condenação as verbas rescisórias. Configura-se a justa causa para o despedimento quando o empregado não cumpre dispositivo expresso no regulamento da empresa (exigência de autoridade sanitária)". (Grifamos). TRT — 12ª Reg. — RO 1.874/82 — Rel.: Juiz Anselmo Raimundo — proferido em 14.2.84. CALHEIROS BOMFIM, B., SANTOS, Silvério dos. *Dicionário de Decisões Trabalhistas*. 20. ed, p. 421.

(71) Cf., de nossa autoria, a obra *Proteção à Intimidade do Empregado*. São Paulo: LTr, **2009**, *passim*.

Na década de 70, o TST já manifestava a mesma tendência ao considerar que: "Constitui justa causa para a despedida não se apresentar o empregado 'decentemente trajado, barbeado e de cabelos cortados e convenientemente penteados', após reiteradas advertências para cumprir o regulamento da empresa, principalmente tendo em vista o atendimento ao público". TST — 3ª T. — Proc. 2.693/71 — Acórdão de 29.2.72 — Rel.: Juiz Elias Bufaiçal. *Revista TST* 1972, p. 240 e LAMARCA, Antônio. *Manual das justas causas*. São Paulo: Revista dos Tribunais, 1977, p. 463.

(72) PISÓN CAVERO, José Martínez de. *El derecho a la intimidad en la jurisprudencia constitucional*. Madrid: Civitas, 1993, p. 173. A conhecida "**sentença da barba**" (STC 170/1987, de 30 de outubro) considerou válida a despedida de empregado de um hotel de Las Palmas, que, após onze anos de serviço, resolveu deixar a barba crescer, não obstante reiteradas solicitações do empregador para que a retirasse, posto que estava em contato permanente com clientes. O empregado recorreu, considerando violado o art. 18.1 da Constituição. Alega que as decisões sobre estética pessoal, "se é favorecida ou não pelo uso da barba, é parte integrante da intimidade e o direito à própria imagem da pessoa". Ressalta que a colisão entre esse direito e o da livre organização produtiva deve resolver-se em favor do primeiro. O empregado também não obteve êxito no Tribunal Constitucional, que destacou inexistir, no caso, invasão ao direito à intimidade ou à imagem, como bens de personalidade, que devem ser resguardados de intromissões.

da Espanha que a ordem da empresa, exigindo o corte da barba de empregado de hotel, não excedia suas faculdades diretivas, encontrando-se dentro do poder de comando. Chamado a opinar nesse caso, esclareceu o Ministério Fiscal da Espanha que o comportamento do empregador não afrontou os direitos à intimidade e à própria imagem, assegurados no art. 18.1 da Constituição espanhola, que se situam *"como algo mais profundo e global do que o puro aspecto físico",* em que se apoia o empregado.

Já a Companhia de Aviação espanhola Iberia proibiu aos seus empregados o **uso de barba**, em 1964, abolindo a exigência em 1986[(73)].

Por outro lado, a **jurisprudência brasileira** não considerou justa causa a recusa de um trabalhador em raspar as **costeletas**[(74)].

Nos anos 60 e 70, quando a moda ***hippie*** encontrava-se em plena efervescência, a **jurisprudência canadense**, em várias decisões, assegurou ao empregador o direito de estabelecer, nos regulamentos internos da empresa, a proibição do uso de barba, como também de anelar os cabelos, exigindo-lhes certo tamanho, e ainda permitiu a imposição de regras sobre o cuidado com a vestimenta dos empregados. Esse direito tem sido, todavia, abalizado por certas regras: a adoção do regimento ou da diretiva deverá revestir-se de um caráter de pertinência, de razoabilidade, que possibilite uma aplicação justa e equitativa[(75)].

Da mesma forma, a **jurisprudência francesa** autorizou a dispensa de empregado que se apresentou ao trabalho com os cabelos à **iroquês**, raspados na lateral, contendo uma crista central amarela engomada, recusando-se a modificar a aparência por sugestão do empregador[(76)].

c) Implica também motivo ensejador de rescisão indireta **o fato de correr o empregado perigo manifesto de mal considerável.** A falta se configura porque o empregador violou o dever de zelar pela saúde e pela integridade física de seus dependentes. O perigo a que alude o legislador é o que está prestes a ocorrer, caso as condições de trabalho não se cercarem de precauções ou segurança exigidas[(77)]. O dispositivo legal não se refere aos perigos da profissão ou da função para a qual o trabalhador foi contratado. Logo, o empregado não poderá invocar essa falta tendo em vista o risco normal da profissão, como ocorre com os aviadores. Excetua-se, entretanto, a hipótese de o empregador deixar de fazer a manutenção necessária na aeronave, tornando o risco anormal.

---

(73) Cf. comunicação apresentada no III Congresso Regional Americano de Direito do Trabalho e da Segurança Social pelo relator espanhol Indalecio Talavera Salomon, p. 14.

(74) "**Não pratica falta grave o empregado que** descumpre determinação superior no sentido de não usar costeletas que sempre usou desde a data de sua admissão na empresa". TRT — 2ª Reg. — 1ª T. — Proc. n. 8.295/71— Ac. 2.780/72 — julgado em 8.5.1972 — DOE 23.5.72 — Rel.: Roberto Mário R. Martins. *In*. Antônio Lamarca. *Manual das justas causas*, p. 467.

(75) D'AOUST, Claude. Relation d'emploi et droit de la personne. *In: Actes du colloque — Relation d'emploi et droits de la personne: évolution et tensions!* Québec: Éditions Yvon Blais, 1994, p. 35-49. (Dir. de Denis Nadeau et Benoit Pelletier), p. 40.

(76) BUY, Michel. Les droits fondamentaux de la persone dans les relations de travail en France. *In Actes du colloque... Op. cit.*, p. 253.

(77) LACERDA, Dorval. *Op. cit.*, p. 304.

d) O **descumprimento de obrigações contratuais** pelo empregador é outra falta caracterizadora da rescisão indireta (art. 483, "d", da CLT). Incluem-se entre essas obrigações apenas aquelas estipuladas no contrato individual de trabalho ou também as previstas na lei e em normas coletivas, como sentenças normativas, convenções e acordos coletivos?

Há quem afirme que as obrigações são apenas as contratuais[(78)], ao argumento de que o legislador, quando se refere a contrato, faz remissão ao conteúdo deixado à livre manifestação das partes. Filiamo-nos à corrente doutrinária[(79)] que atribui ao preceito legal em exame interpretação mais ampla, pois muitas cláusulas contratuais são impostas por lei ou normas coletivas, sendo restrito o campo deixado para a autonomia da vontade das partes na fixação das condições de trabalho.

O inadimplemento das obrigações poderá ocorrer no tocante ao salário, à função, ao horário e ao local de trabalho. São várias as hipóteses de descumprimento de obrigação contratual, entre as quais podem ser citadas, a título de ilustração, a mora salarial[(80)], a recusa do empregador em propiciar trabalho, a mudança de função com prejuízo para o empregado, sem amparo em lei, e a transferência do empregado, sem prova de necessidade de serviço em outro lugar.

Embora a matéria desperte polêmica, entendemos que a falta de recolhimento dos depósitos do FGTS constitui motivo suficiente para o rompimento do vínculo empregatício, com base em descumprimento de obrigação contratual[(81)]. Apesar de o crédito, em princípio, ser disponibilizado para o empregado somente após o rompimento

---

(78) LAMARCA, Antônio. *Manual das Justas Causas*. *Op. cit.*, p. 522.

(79) GIGLIO, Wagner. *Justa causa*. *Op. cit.*, 4. ed., p. 378. LACERDA, Dorval. *Op. cit.*, p. 256.

(80) "**Rescisão indireta**. O atraso nos pagamentos dos salários ampara o pedido de rescisão indireta, a teor do disposto na alínea d do art. 483 da CLT. O caráter sinalagmático do contrato de trabalho — prestação de trabalho/contraprestação pecuniária — é rompido, com evidente prejuízo ao empregado, face a mora salarial por culpa do empregador. De se evidenciar a natureza alimentar dos créditos trabalhistas, sendo inadmissível o constante atraso na contraprestação do trabalho". TRT — 4ª Reg. — 00416.019/02-1 — RO — 7ª T. — Relª: Juíza Maria Inês Cunha Dornelles — DOERS 7.4.2003. *Revista Justiça do Trabalho*. Porto Alegre: HS Editora, abr. 2003, p. 107.

(81) "**Rescisão indireta. Depósitos de FGTS nunca realizados**. Ao optar pelo regime do FGTS o Reclamante abriu mão de sua estabilidade decenal. Em contrapartida, o Empregador se obrigou a realizar os depósitos fundiários, a fim de garantir-lhe relativa "segurança financeira" na hipótese de eventual despedida. Essas obrigações recíprocas aderiram ao contrato de trabalho então existente. Nesse diapasão, a ausência dos depósitos fundiários durante toda a contratualidade implica verdadeiro descumprimento das obrigações contratuais patronais, além de sujeitar o empregado aos riscos do negócio, circunstância que autoriza a rescisão indireta do contrato de trabalho, pelo Empregado. Recurso conhecido e provido...". TST — RR- 487315/1998 — **2ª Turma** — Rel.: Min. José Simpliciano Fernandes. Decisão: 18.6.2003. DJ 1.8.2003. **Na mesma orientação**: "**Justa causa. FGTS. Ausência de depósitos**. 1. Ao descumprir o empregador a obrigação de efetuar os depósitos do FGTS na conta vinculada do empregado, por cerca de dois anos, rende ensejo à caracterização de justa causa e à declaração de rescisão indireta do contrato de emprego, nos termos do art. 483, 'd' , da Consolidação das Leis do Trabalho. 2. A circunstância de o empregador, após demandado em juízo, depositar o valor devido e confessado na conta vinculada do reclamante, não afasta o direito do empregado em dar por rescindido o contrato em virtude de sucessivo e reiterado inadimplemento de obrigação elementar inerente ao contrato de emprego, oriunda de previsão legal. 3. Recurso de revista conhecido e provido". TST- **1ª Turma** — RR-708.306/2000.2. — Rel.: Min. João Oreste Dalazen — 28.4.2004.

"... **O recolhimento regular dos depósitos atinentes ao FGTS constitui obrigação contratual do empregador** e o seu descumprimento, além de gerar incerteza e insegurança ao empregado, está inserido no contexto da alínea 'd' do art. 483 consolidado a autorizar a rescisão indireta do contrato de trabalho, ainda quando descumpridas outras obrigações legais, tais como não pagamento de horas extras e do adicional de insalubridade". TRT — 3ª Reg. — 2ª T. — RO-3137/01 — Relª: Juíza Jaqueline Monteiro de Lima — DJMG de 25.5.2001.

do contrato, há várias situações em que o empregado poderá movimentar a respectiva conta, independentemente dessa ruptura. É o que ocorre, por exemplo, quando o empregado pretende adquirir imóvel pelo sistema financeiro habitacional ou amortizar essa dívida, quando ele ou seus familiares forem acometidos de neoplasia maligna, AIDS ou encontrarem-se em fase terminal, na hipótese de calamidade pública no município em que reside o empregado, e aplicação em cotas de Fundos Mútuos de Privatização.

A irregularidade no recolhimento dos depósitos, como se vê, acaba por interferir na continuidade do contrato.

A hipótese se situa no art. 483, "d", da CLT e autoriza a rescisão indireta.

A propósito, a Lei n. 9.615, de 1998, alusiva ao atleta e conhecida popularmente como Lei Pelé, arrola, expressamente, no art. 31, § 2º, como causa de rescisão indireta, o não recolhimento do FGTS. *Ad argumentandum,* caberia aqui uma interpretação extensiva. A infração se agrava, na medida em que inviabiliza também a utilização desses valores pelo Poder Público no sistema financeiro habitacional e no saneamento básico.

Outra vertente jurisprudencial nega a rescisão indireta, nesses casos, por entender que a ausência de recolhimento de depósitos do FGTS não constitui motivo suficientemente grave para enquadrar-se na alínea "d" do art. 483 da CLT(82).

Entre as obrigações contratuais e legais do empregador encontra-se a de propiciar trabalho ao empregado. Deixá-lo sem atividade, injustificadamente, implica rescisão indireta do contrato de trabalho, com fundamento no art. 483, alínea "d", da CLT, sem prejuízo da compensação por dano material e até mesmo moral, em face da situação vexatória e humilhante a que o empregado foi submetido.

Se, entretanto, o empregado concorda, durante longos anos, com a inatividade e até invoca a ociosidade como um fundamento de pedido de equiparação salarial, formulado em Juízo, não há como acatar o pleito de rescisão indireta, tampouco de dano moral(83).

No tocante aos desportistas e artistas, essa falta patronal se agrava, pelas razões que passaremos a expor.

Os desportistas têm direito à ocupação efetiva e não poderão ser excluídos dos treinos ou de outras atividades necessárias ao exercício de sua função, que deve ser constantemente "alimentada" pela preparação(84), salvo nas hipóteses de afastamento por punição disciplinar ou lesão.

---

(82) TST — RR-291418/1996 — Ac. 1ª Turma — Relª: Min. Regina Fátima Abrantes Rezende Ezequiel — DJU 26.2.1999.

(83) "**Dano moral.** A recusa do empregador em propiciar trabalho constitui justa causa ensejadora da rescisão indireta (art. 483, 'd', da CLT) e traz consequências danosas para o trabalhador em sua honra, podendo, em princípio, evidenciar o dano moral. Se os elementos dos autos, no entanto, evidenciam que o autor anuiu com a situação durante longos anos, tendo até mesmo invocado a ociosidade como fundamento de um pedido de equiparação salarial, em reclamação anterior, fica afastada a ofensa moral". TRT — 3ª Reg. — 2ª T. — RO-865/01 — Relª: Juíza Alice Monteiro de Barros — DJ 4.4.2001.

(84) DURAN LOPEZ, Federico. Las relaciones especiales de trabajo de los deportistas profesionales y de los artistas en los espectáculos públicos. *Documentación Laboral*, dic. 1985. Madrid: ACARL, p. 225.

À semelhança do que ocorre com os artistas, a inatividade poderá ocasionar ao atleta prejuízos irreparáveis em seu futuro profissional, porquanto sua promoção está relacionada diretamente com o seu efetivo emprego. A inatividade forçada, nesse caso, é mais grave do que em outras profissões, considerando que a carreira profissional do desportista é muito curta. Logo, viola a obrigação contratual de propiciar trabalho ao atleta a conduta de dirigente de clube ou de técnico que implique exclusão sistemática do desportista das competições, sem qualquer fundamento esportivo, senão a visível intenção de condená-lo ao ostracismo, com todas as suas consequências[85]. A desocupação arbitrária, vexatória e discriminatória autoriza a rescisão indireta do contrato, sem prejuízo do dano material e/ou moral daí advindo[86].

Configurado o motivo ensejador da rescisão indireta, o atleta fará jus, além das verbas advindas da dispensa injusta, a uma indenização equivalente à prevista no art. 479 da CLT, isto é, à metade da remuneração a que teria direito pelo tempo restante do contrato (art. 31, § 3º, da Lei n. 9.615, de 1998).

Já uma circunstância que desautoriza a rescisão indireta com amparo na alínea "d" do art. 483 da CLT é a fundada controvérsia em torno da natureza da relação jurídica estabelecida entre as partes. Quando essa relação situa-se na chamada zona "grise" da relação de trabalho, com os prestadores de serviços "transitando conceitualmente" da área subordinada (rurícola) para a área autônoma (parceiros, empreiteiros, etc.), a natureza do contrato define-se somente após decisão judicial. Nessa hipótese, em nome do princípio da boa-fé, que preserva a execução de um negócio, feito na certeza de que a ação estava correta, isenta de dolo ou engano, não se revela razoável admitir-se cumulação do pedido declaratório de reconhecimento de vínculo empregatício com o pleito condenatório proveniente da rescisão indireta, como se infere da decisão abaixo:

> "Reconhecimento de vínculo de emprego e caracterização de despedida indireta. Possibilidade. A cumulação de pedidos de reconhecimento de vínculo de emprego e de rescisão indireta, muito embora admissível processualmente, mostra-se incompatível com a natureza dos institutos, posto que a rescisão indireta do contrato de trabalho, por infringência à legislação trabalhista, nesta circunstância, é inviável, uma vez que não se pode cogitar de descumprimento do contrato de trabalho antes do seu reconhecimento e da declaração judicial de sua existência, que se faz necessária ante a aceitação das partes, por omissão ou por silêncio". TST — E-RR 6.303/89.2. Ac. SDI 2170/92. 4ª Reg. — Rel.: Min. Hylo Gurgel — DJU 2.10.92. *Julgados Trabalhistas Selecionados*. Irany Ferrari e outro. v. II. São Paulo: LTr, p. 500.

Esclareceu o TST, em outro aresto, que não há óbice na cumulação do pedido de reconhecimento do liame empregatício com o de rescisão indireta quando o autor, no

(85) ROQUETA BUJ, Remedios. *El trabajo de los deportistas profesionales*. Valencia, Edita: Tirant Blanch, 1996, p. 170/173.

(86) Nesse sentido pronunciou-se a jurisprudência argentina (primeira instancia juzgado de trabajo n. 35, 30.11.2001, na ação movida por Canniggia, Claudio Paul x c/ Club Atlético Boca Juniors), autorizando a rescisão indireta do contrato do autor, por descumprimento de obrigações contratuais, e indenização por dano moral, dada a repercussão causada pelo fato de o clube mantê-lo inativo, prejudicando sua imagem e a possibilidade de ser contratado por outros clubes de primeira linha. Quando ocorreram os fatos, o autor se encontrava com 31 anos, o que significa para um jogador de futebol, o princípio do fim da carreira. *Quadernos de Derecho Deportivo,* n. 2, p. 141.

curso da relação jurídica mantida com o reclamado, procura interpelá-lo para que reconheça sua condição de empregado e não de autônomo, e ele silencie ou até mesmo recuse o seu pedido[87].

e) A rescisão indireta procede ainda quando o empregador ou seus prepostos praticarem contra o empregado ou pessoas de sua família ato lesivo da honra, da boa fama ou ofensas físicas.

Discute-se sobre a necessidade ou não de a falta relatada (ato lesivo da honra, da boa fama e ofensas físicas) coincidir com as figuras delituosas de crimes contra a honra (calúnia, injúria, difamação) e lesão corporal. Entendemos que o empregador deverá manter tranquilidade no local de trabalho, dispensando aos seus empregados tratamento respeitoso. Portanto, a falta não precisa, necessariamente, coincidir com as figuras delituosas, embora isso ocorra em muitas ocasiões.

Observe-se que o legislador referiu-se a ofensa física e não a lesão corporal. Logo, um pontapé ou um tapa poderão caracterizá-la, pois traduzem agressão. A legítima defesa própria ou de outrem justifica a falta, excluindo-a do elenco responsável pela rescisão indireta. Lembre-se, entretanto, que reação premeditada descaracteriza a legítima defesa.

No que tange à ofensa à honra, o conceito vem sendo elastecido no sentido de abranger não apenas os crimes contra a honra, mas outros comportamentos capazes de lesá-la. Russomano[88] afirma, a título de exemplo, que "o empregador que induz um menor a praticar atos libidinosos em serviço comete crime contra os costumes e, não obstante, age contrariamente à honra ou à boa fama do mesmo".

A lesão à boa fama configura-se por atitudes capazes de sujeitar o empregado ao desprezo de outrem ou ao ridículo, ofendendo-lhe a dignidade.

f) Implica, igualmente, falta ensejadora da rescisão indireta a redução do salário do empregado, sendo ele pago por peça ou tarefa (art. 483, "g", da CLT).

Acrescenta a doutrina que o preceito legal em exame estende-se a todas as espécies de salário pago por unidade de obra, inclusive a que tem em mira o resultado do trabalho[89].

O fundamento da falta consiste na circunstância de competir ao empregador propiciar serviço ao empregado. Se ele reduz o serviço de forma a afetar sensivelmente o ganho do trabalhador, essa falta se delineia. É o que ocorre quando o salário do comissionista é reduzido por falta do produto vendido no mercado.

Outra será a falta se o empregador reduzir o percentual de comissões do empregado. Nesse caso, a hipótese é de alteração contratual ilícita, vedada pelo art. 468 da CLT, que poderá se situar também na alínea "d" do art. 483 consolidado.

---

(87) TST-E-RR-213324/95.1, Ac. SDI 1 5173/97 — 30.10.97 — Rel.: Min. Milton de Moura França — *Revista LTr* 62.02/194.

(88) *Op. cit.*, p. 564.

(89) LAMARCA, Antônio. *Contrato individual. Op. cit.*, p. 429.

Se a redução salarial advier de retração do mercado consumidor ou de falta de empenho do empregado, o comportamento ensejador da rescisão indireta não se configura(90).

E se o empregador reduz o número de aulas do empregado professor, a falta a que alude a alínea "g" do art. 483 da CLT se caracteriza?

A **Orientação Jurisprudencial n. 244 da SDI-1 do TST** é pela negativa(91). Sustenta-se que a redução da carga horária do professor decorrente da diminuição do número de alunos de um ano para outro não implica alteração contratual, pois não há dispositivo legal que garanta ao trabalhador a manutenção da carga horária.

Entendemos de forma contrária. Os princípios da irredutibilidade e da integralidade do salário não autorizam reduzir a carga horária do professor, salvo norma coletiva, sob pena de transferirem-se-lhe os riscos do empreendimento econômico.

1.7. Prova da justa causa

Invocada a justa causa praticada pelo empregado, compete ao empregador que a arguiu o ônus da prova desse fato extintivo de direito, a teor do art. 333, II, do CPC e do art. 818 da CLT.

Confesso o empregado quanto à matéria de fato, porque ausente injustificadamente à audiência em que deveria depor, presume-se verdadeira a falta contra ele invocada?

A corrente majoritária entende que sim, como se infere da **Súmula n. 74 do TST**.

Filiamo-nos à corrente oposta (minoritária), por entender que a confissão ficta não tem o condão de eximir as partes do ônus da prova já distribuído na litiscontestação. Logo, se o empregador invoca justa causa contra o empregado e esse é confesso, porque ausente à audiência em que deveria depor, a confissão "somente gera a presunção — que é uma espécie de prova (art. 136, V, do CPC) — então não produzirá efeitos diretos, imediatos, mas subordinam-se tais efeitos a um outro meio de prova ... não se podendo presumir apenas que a falta grave alegada foi cometida e dar ganho de causa ao empregador, independentemente da prova direta da justa causa"(92). A confissão, no caso, é inconciliável com os princípios da proteção e da efetividade. O convencimento do julgador deverá, sempre que possível, corresponder à realidade, e para isso a parte deverá fornecer condições propícias à reconstituição de fatos relevantes; do contrário, as decisões serão fundadas em cômodas, mas injustas e ilegais presunções, impedindo a busca da verdade real e frustrando a realização da justiça(93).

---

(90) GIGLIO, Wagner. *Justa causa. Op. cit.*, p. 359.

(91) "**Professor. Redução da carga horária. Possibilidade**. A redução da carga horária do professor, em virtude da diminuição do número de alunos, não constitui alteração contratual, uma vez que não implica redução do valor da hora-aula".

(92) Cf. ALMEIDA, Isis de. *Manual de Direito Processual do Trabalho. Op. cit.*, 2º v., p. 159 e 161.

(93) Cf. a respeito, o pronunciamento do autor Cláudio Armando Couce de Menezes *in: A Indústria da Confissão e o Enunciado n. 74 do TST*, p. 41.

1.8. Consequências caso não seja comprovada a falta ensejadora da rescisão indireta

Não comprovada a rescisão indireta e tendo o autor se afastado do emprego com o objetivo de não mais retornar, entendemos que a situação se equipara ao abandono de emprego, e os salários serão devidos sempre até o afastamento.

Corrobora a assertiva Amauri Mascaro Nascimento(94):

> "Se a sentença a ser proferida na ação de dispensa indireta julgar a pretensão do empregado improcedente porque não reconhece a justa causa do empregador, não haverá direitos rescisórios **para o trabalhador, nem os da ação indireta, que perdeu, nem os da dispensa direta, porque incorreu em justa causa**" (grifou-se).

Comunga no mesmo entendimento José Luiz Ferreira Prunes(95), ao afirmar: "Quando a iniciativa é do empregado, sob alegação de 'despedida indireta', desligando-se ele do contrato (definitivamente), se não provar a falta patronal, não só se verá desempregado, como não terá direito a qualquer reparação".

De maneira análoga, manifesta-se Mozart Victor Russomano(96).

A jurisprudência trabalhista também apresenta posicionamento nessa direção:

"Empregado que se retira do trabalho valendo-se da prerrogativa estatuída pelo § 3º do art. 483 consolidado corre o risco de ver declarado seu abandono de emprego, uma vez repelida a tese da rescisão indireta do contrato de trabalho". TRT — 9ª Reg. — RO- 1186/84. Rel.: Juiz Tobias de Macedo Filho, DJ 10/84 — *Repertório de Jurisprudência Trabalhista*, João de Lima Teixeira Filho, v. 4, p. 639.

"Rescisão Indireta do contrato. Empregado que opta por não mais prestar serviços de imediato. O empregado que opta por não mais continuar a prestação de serviços a partir do ajuizamento da ação assume o risco de, julgado improcedente o pedido, ter o contrato rescindido por sua iniciativa e culpa". Ac. (unânime) do TRT 1ª Reg. — 8ª T. — RO-16.185/97. Rel.: Juiz Marcelo Augusto Souto de Oliveira. Julg. 22.6.99 — DJRJ 26.7.99, p. 140. *Relações Trabalhistas. Atualidades*, n. 136, set./out. 1999, p. 13. São Paulo: RTA Editores(97).

Há, entretanto, quem afirme que, se o empregado se afasta do emprego para postular a rescisão indireta e ela não resta comprovada, a situação não se assemelha ao abandono de emprego, por ter existido motivo para a ausência do empregado. Trata-se, na hipótese, segundo essa corrente, de uma suspensão provisória do contrato, pendente de solução por parte da Justiça(98). Outros afirmam que a hipótese se identifica com a demissão.

Qual é o momento processual oportuno para se declarar o abandono de emprego?

---

(94) *Curso de Direito do Trabalho*, p. 453-454.

(95) *Justa Causa e Despedida Indireta*. Curitiba: Juruá, 1994, p. 269.

(96) *Comentários à CLT*. 12. ed., p. 575.

(97) Nesse mesmo diapasão nos pronunciamos como relatora do RO 12.120/92, julgado pelo TRT da 3ª Região, por meio de sua 2ª Turma.

(98) LACERDA, Dorval de. *A falta grave no Direito do Trabalho*. 3. ed. Rio de Janeiro: Edições Trabalhistas, 1964, p. 56 e 259.

Sustentamos que o abandono de emprego poderá ser declarado na própria ação em que se reivindicou a rescisão indireta, pois, mesmo frustrada a reparação judicial reivindicada, o vínculo trabalhista rompeu-se e não poderá ser ressuscitado, dada a decisão do trabalhador de afastar-se e dar por rescindido o pacto laboral. A sentença que decidiu pela improcedência da rescisão indireta poderá definir a causa da cessação do pacto(99), em atenção aos princípios da economia e da celeridade processual.

1.9. Permanência do empregado no trabalho e pleito de rescisão indireta

Apenas nas hipóteses de rescisão indireta consagradas nas alíneas "d" e "g" do art. 483 da CLT, que dizem respeito, respectivamente, a descumprimento de obrigações contratuais e a redução de trabalho, sendo este por peça ou tarefa, o empregado poderá optar por permanecer ou não trabalhando ao postular em Juízo a rescisão indireta (§ 3º do citado art. 483). Afora esse permissivo legal, nas demais situações o empregado, ao alegar despedida indireta que envolva incompatibilidade pessoal com o empregador ou seus prepostos (ofensa física ou à sua honra), deverá se afastar do serviço, comunicando o fato na petição inicial. O empregado também deverá se afastar do serviço se o pedido de rescisão indireta se fundar em exigência de serviços superiores às suas forças, defesos por lei ou contrários aos bons costumes, quando for tratado com rigor excessivo ou sofrer perigo manifesto de mal considerável, pois nesses casos a incompatibilidade também se configura.

2. ASSÉDIO MORAL. JUSTA CAUSA. RESCISÃO INDIRETA

2.1. Introdução

Estamos vivendo o momento histórico da pós-modernidade, com modificações em todos os segmentos da sociedade, inclusive no Direito, e principalmente nos direitos individuais, em que se inserem os direitos da personalidade.

A personalidade se constrói e evolui na convivência familiar, nas escolas, nos clubes, nos bairros, no trabalho, e, finalmente, na sociedade, como sistema cultural maior(100). Nesse processo de aculturação, formam-se os sentimentos, o modo de ser das pessoas. Dos sentimentos origina-se a sensibilidade, que se manifesta nas condutas individuais e nos comportamentos coletivos.

O sentimento produz emoções primárias e secundárias. As emoções primárias se adquirem com a experiência, isto é, com a aculturação informal (situam-se aqui o orgulho e o ódio, por exemplo). Já as emoções secundárias, como o medo e a esperança, são adquiridas pelos processos de aculturação formal(101). As emoções são sensações que nos invadem a alma e a razão, e muitas vezes temos dificuldades de controlá-las. As emoções têm antecedentes causais, que advêm do processo de aculturação formal ou informal, daí falar-se, ainda, em emoções estáticas ou passivas, que ocorrem quando

(99) NASCIMENTO, Amauri Mascaro. *Dispensa indireta. Pareceres de Direito do Trabalho e Previdência Social.* São Paulo: LTr, 1986, n. 44.

(100) GHERSI, Carlos Alberto. *Daño moral y psicológico.* Buenos Aires: Astrea, 2002, p. 44.

(101) *Idem*, p. 47.

somos vítimas, por exemplo, de um dano moral. Elas provocam mudanças no estado de ânimo, quando somos ofendidos. A par da emoção passiva, temos a emoção dinâmica ou ativa, que se manifesta quando transmitimos para outrem nossas emoções positivas ou negativas. Isso significa que "nas situações 'cara a cara' a subjetividade do outro nos é acessível mediante um máximo de sintomas"[(102)].

A intensidade dos sentimentos terá reflexos diretos no comportamento futuro, gerando novos estados, como euforia, desgosto ou angústia, o que afeta todo o sistema fisiológico, podendo predispor-nos a sensações agradáveis ou até perniciosas, ou mesmo vir a transformar-nos em agressores inconscientes.

Essa situação negativa poderá ser revertida mediante motivações artificiais ou incentivos, que evitam novas emoções negativas perante os outros, na família, no trabalho e na sociedade, e contribuem para a melhora da qualidade de vida.

O ser humano é único, e as pressões que sofreu no decorrer da vida transformam sua personalidade e sua conduta. Dificilmente consegue voltar a ser o que era antes[(103)]. Daí a necessidade de reconhecer o valor da integridade, que coloca o homem como sujeito de direitos e obrigações, e a importância de se estabelecerem os meios para prevenir, reparar e punir eventual violação desses direitos.

Na convivência humana, enfrentamos incertezas e riscos. Quando estamos predispostos a situações com grandes probabilidades de ocorrência desses fatores, no entanto, o descontrole individual e social aumenta, porque a convivência pacífica começa a ser por eles perturbada. O cenário torna-se, então, propício ao aparecimento do dano, pois faltam mecanismos de controle.

O Estado do "bem-estar social" que vigorou durante o século XX e que tinha uma concepção mais solidária de proteção do ser humano como empregado começou a entrar em crise nos anos sessenta. Como consequência disso, no Brasil, tivemos, por exemplo, a substituição da estabilidade no emprego pelo FGTS.

A década de 90 é marcada por uma política neoliberal, com o abandono do conceito de Estado do bem-estar social. Enquanto se privilegiam os grandes grupos econômicos, as pequenas e médias empresas quebram, em decorrência dos danos causados pelas políticas econômicas.

Deparamos, então, no contexto social, com o abismo cada vez maior que separa os incluídos e os excluídos.

Esse contexto acarreta danos econômicos e extraeconômicos. Alguns são considerados invisíveis, como a perda da estabilidade no emprego, geradora de incertezas, e a perda da qualidade de vida, que vão deteriorando o ser humano, causando-lhe, e à sua família, danos de toda espécie. Outros são danos considerados visíveis, como os ocasionados pela perda de emprego com certa idade e pela impossibilidade de reintegrar-se na atividade funcional, fato que tem levado muitas pessoas a um elevado nível de agressividade ou mesmo a condutas suicidas.

---

(102) LUCKMAN, Berger. *La construcción social de la realidad*, p. 46.

(103) FROSINI. Derechos humanos y bioética, p. 14. *Apud* GHERSI, Carlos Alberto. *Op. cit.*, p. 52.

As mudanças na personalidade vão afetando a competência, o talento e a criatividade do indivíduo, podem mesmo vir a transformá-lo em uma pessoa destrutiva, em um doente mental ou em um suicida.

2.1.1. O assédio moral. Terminologia. Primeiras manifestações

O assédio moral está diretamente vinculado à nossa estrutura emocional-sentimental, conhecida popularmente como caráter.

O termo "assédio moral" foi utilizado pela primeira vez pelos psicólogos, e não faz muito tempo que entrou para o mundo jurídico. O que se denomina assédio moral, também conhecido como *mobbing* (Itália, Alemanha e Escandinávia), *harcèlement moral* (França), *acoso moral* (Espanha), terror psicológico ou assédio moral entre nós, além de outras denominações, são, a rigor, atentados contra a dignidade humana, que se manifestam, de início, na família e na escola, quando se confrontam, respectivamente, filhos e alunos com predileções ostensivas. Ora, a exibição de valores, o relato do brilho e da glória de uns e do ostracismo de outros geram ciúmes, inveja e rivalidades.

A inveja é um sentimento causado pelo fato de alguém possuir ou desfrutar de algo que desejamos. Pressupõe a relação do indivíduo com uma só pessoa. Já o ciúme pressupõe a relação do indivíduo com pelo menos duas pessoas. Diz respeito ao amor que alguém sente como lhe sendo devido ou como lhe tendo sido tirado(104). Todos nós podemos ter esses sentimentos como reações ocasionais, seguidas de arrependimento. Se alguém, entretanto, encontrar-se em crise emocional poderá ser levado por esses sentimentos a utilizar-se de mecanismos perversos para se defender. Aliás, o momento inicial da história humana está registrado com dramaticidade, no relato da inveja que levou Caim a matar Abel.

Por fim, o assédio moral deságua no trabalho, geralmente de forma estereotipada, e em várias outras áreas da sociedade.

Somente na virada deste século o tema passou a receber tratamento jurídico, quer por meio da doutrina ou da legislação, quer por meio da jurisprudência, embora se afirme que já havia trabalhos sobre o assunto desde os anos 70, sem que, contudo, houvesse uma definição do assédio moral, que era estudado juntamente com o estresse e a saúde laboral.

É exatamente a necessidade de proteção à dignidade do empregado que justifica a punição do assédio moral. Este é o seu fundamento.

2.2. Conceito

Inicialmente, os doutrinadores definiam o assédio moral como "a situação em que uma pessoa ou um grupo de pessoas exercem uma violência psicológica extrema, de

---

(104) KLEIN, Melanie. Inveja e gratidão. *Apud* BONDER, Nilton. *A cabala da inveja*. São Paulo: Imago, 1999, p. 17.

forma sistemática e frequente (em média uma vez por semana) e durante um tempo prolongado (em torno de uns 6 meses) sobre outra pessoa, com quem mantêm uma relação assimétrica de poder no local de trabalho, com o objetivo de destruir as redes de comunicação da vítima, destruir sua reputação, perturbar o exercício de seus trabalhos e conseguir, finalmente, que essa pessoa acabe deixando o emprego"[(105)]. O conceito é criticado por ser muito rigoroso.

Hoje é sabido que esse comportamento ocorre não só entre chefes e subordinados, mas também o contrário, e mesmo entre colegas de trabalho, com vários objetivos, entre eles o de forçar a demissão da vítima, o seu pedido de aposentadoria precoce, uma licença para tratamento de saúde, uma remoção ou transferência.

O assédio moral não se confunde com outros conflitos, que são esporádicos, nem mesmo com más condições de trabalho, pois pressupõe o comportamento (ação ou omissão) por um período prolongado, premeditado, que desestabiliza psicologicamente a vítima.

2.3. Comportamentos configuradores do assédio moral

São enumerados pela doutrina vários comportamentos[(106)] que se encaixam nesse conceito, os quais constituem verdadeiras "técnicas" destinadas a desestabilizar a vítima[(107)]. Vamos citar apenas algumas.

1) Há as chamadas "técnicas de relacionamento". O assediador não dirige o olhar nem a palavra à vítima, nem sequer para um bom dia; comunica-se com ela por bilhetes, impedindo-a de se expressar. A vítima é interrompida, frequentemente, pelo superior hierárquico ou por colegas, muitas vezes com gritos e recriminações; não a encaram, ignoram sua presença, dirigindo-se, exclusivamente, a outros. É comum também aproveitarem uma saída rápida da vítima para deixarem uma tarefa em sua mesa, sem solicitar-lhe pessoalmente a execução do trabalho[(108)].

2) São adotadas, ainda, "técnicas de isolamento", ou seja, são atribuídas à vítima funções que a isolam ou deixam-na sem qualquer atividade, exatamente para evitar que mantenha contato com colegas de trabalho e obtenha deles a solidariedade ou manifestação de apoio.

3) Existem as chamadas "técnicas de ataque", que se traduzem por atos que visam a desacreditar e/ou a desqualificar a vítima diante dos colegas ou clientes da empresa. Essa técnica de assédio moral implica, por exemplo, conferir à vítima tarefas de grande complexidade para serem executadas em curto lapso de tempo, com o fim

---

(105) Cf. Heinz Leymann, médico alemão e pesquisador na área de psicologia do trabalho, na Suécia, falecido em 1999, mas cujos textos foram compilados na obra de Noa Davenport e outras, intitulada *Mobbing*: *Emotional "Abuse in The American Work Place"*.

(106) LEYMANN. *Apud* GARCIA CALLEJO, José Maria. *Protección jurídica contra el acoso moral en el trabajo o la tutela de la dignidad del trabajador*. Madrid: Gráficas de Diego, 2003, p. 22.

(107) PEZÉ, Marie Grenier. Souffrance et travail. São estudos realizados no campo da Medicina do Trabalho. Site: *www.cnrs.fr/cnrspresse/n393/html/n393a02.htm*.

(108) HIRIGOYEN, Marie-France. *Assédio moral. A violência perversa no cotidiano*. 5. ed. Rio de Janeiro: Bertrand Brasil, 2002, *passim*.

de demonstrar a sua incompetência ou exigir-lhe tarefas absolutamente incompatíveis com a sua qualificação funcional e fora das atribuições de seu cargo.

4) Há também as "técnicas punitivas", que colocam a vítima sob pressão, como, por exemplo, por um simples erro cometido, elabora-se um relatório contra ela.

Há ainda outras formas de assédio moral, em que a agressão, em geral, é dissimulada, e não se permite o revide. Manifestam-se por suspiros seguidos, pelo erguer de ombros, por olhares de desprezo, críticas indiretas, subentendidos malévolos, zombarias, murmúrios, rumores sobre a vítima, ironias, sarcasmo e outros toques desestabilizadores, geralmente em público. Usam-se, ainda, discriminação, calúnias, difamações, injúrias, mentiras, boatos sobre preferências, favores sexuais e outros.

A hostilidade do assediador é percebida, mas alguns, mais distraídos, confundem-na com brincadeiras. Não raro o assediador tenta reverter a situação e apresenta a vítima como se fosse o próprio assediador.

Marie-France Hirigoyen[(109)] assevera que é muito comum o assediador utilizar-se de provocações e de indiretas. Quando a vítima se mostra irritada com a situação e reage, o perseguidor vale-se de justificativas como: "Ah, nada disso me espanta, essa pessoa é louca, é desequilibrada, é temperamental, é hipersensível, é agressiva, é desajustada". E em seguida acrescenta: "Imagina, eu estava só brincando! Aliás, eu nem estava falando de você!"[(110)].

Ora, alguns dos comportamentos relatados no início desse tópico poderão ser enquadrados em várias alíneas do art. 483 da CLT (como rigor excessivo, perigo manifesto de mal considerável, descumprimento de obrigações legais ou contratuais, serviços superiores às forças do trabalhador, ofensa à honra e à boa fama), capazes de autorizar a rescisão indireta, além de indenização por dano moral e/ou material.

Só que essa solução, em uma sociedade competitiva, com desemprego em massa, não resolve o problema e até favorece o assediador, pois o que ele deseja é se ver livre da vítima. Autorizada a rescisão indireta, seu sonho estará realizado. O mesmo ocorre se se optar por transferir a vítima.

Portanto, o ideal é que sejam firmadas normas coletivas ou editada legislação específica determinando a nulidade da dispensa, do pedido de demissão formulado nessa situação, da punição disciplinar ou da transferência que apresente vinculação com o assédio moral, sem prejuízo da indenização por dano moral e/ou material.

2.4. Elementos do conceito

O conceito jurídico de assédio moral é difícil de ser elaborado em face dos "difusos perfis do fenômeno". E assim é que alguns doutrinadores enfatizam no conceito o dano psíquico acarretado à vítima em face da violência psicológica sofrida.

---

(109) Cf. HIRIGOYEN, Marie-France. *Assédio moral: A violência perversa no cotidiano.* 5. ed. Rio de Janeiro: Bertrand Brasil, 2002.

(110) Cf. HIRIGOYEN, Marie-France. *Assédio moral: A violência perversa no cotidiano.* 5. ed. Rio de Janeiro: Bertrand Brasil, 2002, p. 69, 70, 78, 80, 117 e 137.

Outros destacam mais a situação vexatória e o dano à imagem que o assédio moral provoca. Saliente-se, entretanto, que há elementos caracterizadores do assédio moral, sobre os quais a doutrina e a jurisprudência estão em consonância. São eles:

a) a intensidade da violência psicológica. É necessário que ela seja grave na concepção objetiva de uma pessoa normal. Não deve ser avaliada sob a percepção subjetiva e particular do afetado, que poderá viver com muita ansiedade situações que objetivamente não possuem a gravidade capaz de justificar esse estado de alma. Nessas situações, a patologia estaria mais vinculada com a própria personalidade da vítima do que com a hostilidade no local de trabalho(111);

b) o prolongamento no tempo, pois episódio esporádico não caracteriza o assédio moral. Mister o caráter permanente dos atos capazes de produzir o objetivo;

c) a finalidade de ocasionar um dano psíquico ou moral ao empregado, para marginalizá-lo no seu ambiente de trabalho;

d) que se produzam efetivamente os danos psíquicos, os quais se revestem de índole patológica. Constituem, portanto, uma enfermidade que pressupõe diagnóstico clínico e que se deverá provar. O dano psíquico poderá ser permanente ou transitório. Ele se configura quando a personalidade da vítima é alterada e seu equilíbrio emocional sofre perturbações, que se exteriorizam por meio de depressão, bloqueio, inibições, etc. Esses estados devem guardar um nexo de causalidade com o fato danoso. Poderá ocorrer de este último não gerar o desequilíbrio emocional, mas agravá-lo. Nessa última hipótese, aplica-se a concausa, e o responsável responde pelo agravamento(112).

A doutrina distingue o dano psíquico do dano moral. O primeiro se expressa por meio de uma alteração psicopatológica comprovada, e o segundo lesa os direitos da personalidade e gera consequências extrapatrimoniais independentemente de prova, pois se presume. O dano moral independe do dano psíquico.

Quanto ao último elemento (dano psíquico), nós o consideramos dispensável, *data venia* de inúmeras posições contrárias. O conceito de assédio moral deverá ser definido pelo comportamento do assediador, e não pelo resultado danoso. Ademais, a Constituição vigente protege não apenas a integridade psíquica, mas também a moral. A se exigir o elemento alusivo ao dano psíquico como indispensável ao conceito de assédio moral, teríamos um mesmo comportamento caracterizando ou não a figura ilícita, conforme o grau de resistência da vítima, ficando sem punição as agressões que não tenham conseguido dobrar psicologicamente a pessoa(113). E mais, a se admitir como elemento do assédio moral o dano psíquico, o terror psicológico se converteria em um ilícito sujeito à mente e à subjetividade do ofendido.

A propósito, há decisões do Tribunal Europeu de Direitos Humanos que identificam o dano moral com o sofrimento proveniente da angústia, da tristeza ou da

---

(111) GARCIA CALLEJO, José Maria. *Protección jurídica contra el acoso moral en el trabajo o la tutela de la dignidad del trabajador.* Madrid: Gráficas de Diego, 2003, p. 43.

(112) GHERSI. *Op. cit.*, p. 206 e 207. O autor se baseia em Zavala de González. *Resarcimiento de daños*, tomo II, p. 193 e notas de jurisprudência.

(113) GARCIA CALLEJO, José Maria. *Protección jurídica contra el acoso moral en el trabajo o la tutela de la dignidad del trabajador*. Madrid: Gráficas de Diego, 2003, p. 45.

dor, independentemente da lesão psíquica (cf. STEDH 2002/12, de 14 de março de 2002). Esse tribunal considerou, em matéria relativa à vulneração dos direitos fundamentais, as perdas sofridas como consequência direta da violação alegada e o dano moral, quer dizer "a indenização pelo estado de angústia, dos dissabores e incertezas resultantes dessa infração". Isso porque se pode produzir uma corrosão moral na vítima sem que necessariamente seja afetada a sua integridade psíquica.

É óbvio, entretanto, que se o dano psíquico ocorrer, ele gerará aumento da indenização por dano moral ou uma compensação autônoma. A propósito, o STJ já o deferiu a um trabalhador de uma fábrica de automóveis que, após 23 anos de serviço na empresa, sofreu distúrbio severo do sono, que o levou a um desequilíbrio emocional e psíquico[(114)], além de ter provocado surdez bilateral, problemas de coluna e esporão calcâneo. A fixação do dano psíquico e do dano moral resulta de arbitramento do Juiz, após analisar a gravidade da falta; a intensidade e a repercussão da ofensa; a condição social da vítima; a sua personalidade e a do ofensor, bem como o comportamento deste último após o fato, entre outros. No Brasil, não há regramento legal estabelecendo critérios objetivos para fixá-los, e o mesmo ocorre nos EUA, na França e na Inglaterra[(115)]. Aliás, nem sequer se aplica ao dano moral a tarifação prevista na Lei de Imprensa, consoante dispõe a **Súmula n. 281 do Superior Tribunal de Justiça**.

Da mesma forma, na avaliação do dano psicológico não há critério objetivo para quantificar a compensação correspondente, mesmo porque a absorção da dor psíquica varia de indivíduo para indivíduo, pois é um fenômeno nervoso. Afirma-se já existir um aparelho nos EUA e, mais recentemente, na Europa, capaz de observar com precisão o momento em que a dor física ou psíquica é sentida. Ele reduz em unidades denominadas "dols" as sensações da pessoa. Ocorre que o mesmo aparelho não consegue medir a dor passada, tampouco a dor moral[(116)].

Há projeto de lei, no Brasil, aprovado no Senado, de n. 150, de 1999, com substitutivo do Senador Pedro Simon, estabelecendo tarifação para o dano moral.

2.5. Perfil do assediador

O assediador, como foi dito, não precisa, necessariamente, ser superior hierárquico, mas, se o for, o assédio classifica-se como "descendente", segundo Leymann. A conduta do assediador implica, nesse caso, abuso de poder.

O assediador poderá, também, ser um subalterno que sonha em ocupar o cargo do chefe (é o que Leymann denomina *mobbing* "ascendente") ou vários subalternos

---

(114) "**Acidente no trabalho. Dano psíquico. Distúrbio severo do sono.** Afirmado na perícia e reconhecido no r. acórdão que, devido às condições de trabalho, o autor sofreu distúrbio severo do sono, que leva a desequilíbrio emocional e psíquico, a ele deve ser deferida parcela para reparar esse dano psíquico, além da pensão de 20% correspondente à incapacidade física. Recurso conhecido e parcialmente provido". STJ — RESP 299629/SP — Recurso Especial 2001/0003615-5. Rel.: Min. Ruy Rosado de Aguiar. Órgão Julgador — 4ª Turma. DJ 4.2.2002, p. 381.

(115) ANDRADE, Ronaldo Alves de. *Dano moral à pessoa e sua valoração*. São Paulo: Juarez de Oliveira, 2000, p. 44, 45 e 46.

(116) Geneviève Viney *apud* Ronaldo Alves de Andrade. *Op. cit.*, p. 127.

que tenham predileção pelo antigo superior hierárquico e pretendam desvalorizar o atual. Os colegas de trabalho que têm dificuldade de conviver com a diferença (mulher em grupo de homens, homossexualidade, diferença religiosa ou social) também poderão ser assediadores[(117)]. O assédio moral poderá, ainda, manifestar-se em relação a colega de trabalho, por estar o assediador imbuído do espírito de competitividade, inimizade ou inveja. É o chamado *mobbing* "horizontal" (Leymann).

Nomenclatura popular, extraída de *site*, traça o perfil de vários tipos de assediadores, entre eles: "**o mala-babão**", bajulador do patrão e controlador dos subalternos; o ***pitt-bul,*** assim considerado o chefe perverso, agressivo, que sente prazer em humilhar e não se sensibiliza ao despedir o empregado; o **troglodita,** que é aquele que se considera o dono da verdade, dita normas e todos devem respeitá-las, sem contestar; o **tigrão,** que se utiliza de indelicadezas como escudo de sua incompetência e precisa de plateia para presenciar seu comportamento e sentir-se temido ou respeitado; o **garganta,** que não domina suas atividades, mas adora contar vantagem e desmerecer o subordinado mais preparado. Esses são apenas alguns tipos de assediadores apresentados sob a ótica — e na linguagem — popular.

O perfil do assediador moral, em princípio, é o de uma pessoa "perversa"[(118)]. A provocação que exerce sobre a vítima leva-a a ultrapassar os seus limites. O perverso só consegue existir e ter uma boa autoestima humilhando os outros. Em regra, utiliza-se "de um tom doutoral, dá a impressão de saber", "usa palavras técnicas sem se preocupar com o sentido", demonstra uma erudição superficial e argumentos incoerentes[(119)].

Muitas vezes o objetivo do assediador é massacrar alguém mais fraco, cujo medo gera conduta de obediência, não só da vítima, mas de outros empregados que se encontram ao seu lado. Ele é temido e, por isso, a possibilidade de a vítima receber ajuda dos que a cercam é remota. Ao agirmos assim, no entanto, tornamo-nos cúmplices do assediador pela indiferença, pelo medo ou pela covardia. A meta do "perverso, em geral, é chegar ao poder ou nele manter-se por qualquer meio ou então mascarar a própria incompetência". O importante para o assediador é o domínio na organização; é controlar os outros.

Segundo o psiquiatra González de Rivera, entre os fatores que interferem na personalidade do assediador está a mediocridade, a inveja e outros sentimentos mesquinhos que o levam a destruir os outros.

Realça a doutrina espanhola[(120)] o perfil de um tipo de assediador, pouco estudado, que é o ocupante de alto cargo, inteligente, muito considerado na sociedade, mas com dose excessiva de vaidade e narcisismo, que exige a tal ponto a entrega absoluta do

(117) HIRIGOYEN, Marie-France. *Assédio moral: A violência perversa no cotidiano.* 5. ed. Rio de Janeiro: Bertrand Brasil, 2002, p. 70.
(118) HIRIGOYEN, Marie-France. *Assédio moral: A violência perversa no cotidiano.* 5. ed. Rio de Janeiro: Bertrand Brasil, 2002, p. 133 e 116.
(119) HIRIGOYEN, Marie-France. *Op. cit.*, p. 12 e 116.
(120) GARCIA CALLEJO, José Maria. *Op. cit. passim.*

subordinado que acaba por incutir-lhe terror psicológico. Ele adota uma estratégia de utilização e depois de destruição do outro, sem qualquer culpa.

Esse assediador é um perverso narcisista, além de egocêntrico, que precisa ser admirado, não suporta crítica. Gosta de controvérsia; não raro sustenta "determinado ponto de vista em um dia e no dia seguinte defende ideias contrárias", exatamente para chocar ou para levar o outro a se opor[(121)]. É considerado um psicótico sem sintoma. Ele se sustenta na insensibilidade. Desconhece o afeto, a tristeza e o luto, combate a decepção com a vingança premeditada e sem limites. É também sádico, pois alegra-se com o sofrimento alheio[(122)].

Afirmam alguns autores[(123)] que há diferenças entre o assediador e a assediadora. O homem assediador adota comportamentos mais passivos, isolando a vítima. Já a assediadora se utiliza de murmúrios e insinuações, embora esses comportamentos sejam também utilizados pelos homens.

2.5.1. Efeitos

O assédio moral no trabalho é um fator de risco psicossocial capaz de provocar danos à saúde da vítima, podendo ser considerado como doença do trabalho, equiparada a acidente do trabalho, na forma do art. 20 da Lei n. 8.213, de 1991. Sob esse prisma, compete à CIPA (Comissão Interna de Prevenção contra Acidentes do Trabalho) atuar na sua prevenção e no seu combate.

O assédio moral afeta também os custos operacionais da empresa, pois pode levar a baixa produtividade, absenteísmo, falta de motivação e de concentração, que aumentam os erros no serviço.

Com relação à vítima, os efeitos são desastrosos, pois o assédio moral, além de conduzi-la à demissão, ao desemprego e à dificuldade de relacionar-se, causa sintomas psíquicos e físicos, que variam um pouco entre as vítimas, dependendo do sexo. As mulheres, em geral, são sujeitas a crises de choro; são também mais sujeitas a palpitações, tremores, tonturas e falta de apetite, enquanto os homens (100% deles) têm sede de vingança, ideia e tentativa de suicídio, falta de ar e passam a fazer uso de drogas[(124)].

A depressão, a insônia, a sonolência durante o dia e a dor de cabeça também se encontram presentes em ambos os sexos, numa proporção mais equilibrada entre eles (cf. *site Assédio Moral no Trabalho: chega de humilhação*!).

2.6. O assédio moral na legislação e na doutrina estrangeiras

A **França**, embora já tivesse preceitos legais capazes de enquadrar o assédio moral, adotou modelo legislativo específico em janeiro de 2002, acrescentando em

(121) HIRIGOYEN, Marie-France. *Op. cit.*, p. 121.
(122) HIRIGOYEN, Marie-France. *Op. cit.*, p. 141, 145 e 147.
(123) AUSFELDER, Trude. *Mobbing, el Acoso Moral en el Trabajo*. Océano, 2002, *passim*.
(124) Cf. Site *Assédio Moral: chega de humilhação!* O autor baseou-se em pesquisa de campo.

seu Código do Trabalho (art. 122-49) tipos de artimanhas reiteradas de assédio moral, cujo objeto ou efeito é a degradação das condições de trabalho, suscetível de atentar contra os direitos e a dignidade do trabalhador, alterar sua saúde psíquica, mental ou comprometer seu futuro profissional.

Assinala a legislação francesa que nenhum assalariado poderá ser punido, despedido ou discriminado, de forma direta ou indireta, especialmente em matéria de salário, formação profissional, reclassificação, transferência ou remoção, qualificação, promoção profissional, alteração de contrato, pelo fato de ter sofrido ou se insurgido contra o assédio moral, testemunhado ou relatado o acontecimento. Foram estabelecidas também sanções para todo trabalhador que praticar assédio moral contra outro.

A nova legislação trabalhista francesa disciplinadora do assédio moral concede à vítima a possibilidade de valer-se da mediação, antes da via judicial.

Esse comportamento levou a França a alterar também o art. 222-33-2 do seu Código Penal, castigando o assediador com um ano de prisão e multa de 15 mil Euros.

A legislação francesa é de inegável utilidade ao tratar do encargo probatório. Considera suficiente que o empregado apresente os elementos de fato, deixando supor a existência do assédio, e ao empregador compete provar que as decisões incriminadas são justificadas por elementos objetivos estranhos ao assédio.

Os doutrinadores franceses têm considerado louváveis essas disposições, principalmente em face das consequências irreversíveis que o assédio moral poderá acarretar, entre as quais o suicídio[(125)].

Já a **Suécia**, país pioneiro na edição de normas sobre a temática, segundo José Maria Garcia Callejo[(126)], publicou em 1993 uma ordenação definindo o assédio moral como repetidas ações reprováveis ou negativas, dirigidas contra determinado empregado ou empregados, de forma ofensiva, capazes de provocar sua exclusão da comunidade laboral.

A ordenação sueca focaliza o assédio como risco laboral e apresenta um caráter essencialmente técnico e preventivo.

A **Bélgica** também possui legislação sobre o assunto. A referida legislação é de 11 de junho de 2000 e visa a combater a violência no trabalho, incluindo nesse contexto o assédio moral e o sexual no local de trabalho. O assédio moral é ali definido como todo tipo de condutas abusivas e repetidas, de qualquer origem, que se manifestam mediante palavras, comportamentos, atos, escritos ou gestos que visem a atentar contra a personalidade, a dignidade ou a integridade física ou psíquica do trabalhador ou pôr em perigo seu emprego, ou ainda criar um ambiente degradante, humilhante ou ofensivo.

A mencionada lei estabelece a exigência de medidas preventivas, formativas e informativas a serem tomadas pelo empregador, assim como procedimentos para atuar

(125) BOUTY, Cédri. Harcèlement moral e droit commun de la responsabilité civile. *Droit Social,* juil./aou. 2002, p. 697.

(126) *Op. cit., passim.*

diligentemente, quando evidenciado o assédio moral. Exige-se que as empresas tenham um conselheiro destinado a solucionar problemas advindos dos riscos sociais no seu conjunto, entre os quais poderão ser incluídos o assédio moral e o assédio sexual. O trabalhador tem direito a recorrer aos procedimentos internos ou judiciais, sendo-lhe facultado ajuizar a ação pessoalmente ou por meio do sindicato de sua categoria profissional.

Em alguns países europeus, a experiência indica que há um certo receio, por parte da vítima do assédio moral, de levar o assunto ao âmbito sindical, temendo coletivizar a sua situação e adquirir uma publicidade não desejada e possível até de ser usada para outros fins.

No **Reino Unido** tramita projeto de lei sobre a dignidade no trabalho. Segundo pesquisa feita pelo Instituto de Ciência e Tecnologia de Manchester, de 1/3 a metade das doenças provocadas por estresse são geradas por assédio no emprego (Workplace Bullying, Andy Ellis), sendo que um em cada oito empregados no Reino Unido já sofreu esse terror psicológico, o que equivale a 3 milhões de empregados assediados, num total de 12 milhões de trabalhadores europeus vítimas do assédio moral.

Já a doutrina **espanhola**(127) alerta para o assédio moral no serviço público, onde as despedidas são mais difíceis e as chefias são cargos políticos, ocupados muitas vezes por pessoas de baixo nível de formação, que se negam a trabalhar com funcionários independentes que não se prestam à subserviência.

Diante desse cenário, o **Parlamento Europeu** aprovou, em setembro de 2001, uma resolução que chamou a atenção para o fenômeno. Assinala a referida resolução que o assédio moral apresenta diferentes aspectos: conduta agressiva, que atenta contra a dignidade e a integridade do trabalhador, violência verbal, inclusive acompanhada de agressão física, marginalização de quem o sofre e um extenso contingente de manifestações que "dão lugar a perfis muito difusos sob o prisma jurídico".

O Parlamento Europeu admite a dificuldade de tipificar o assédio moral, mas recomenda que os Estados-membros lutem contra ele no local de trabalho, revendo a legislação existente, complementando-a, se possível, com preceitos uniformes. Sugere procedimentos para prevenir e solucionar o problema no setor público e no setor privado. Alerta para o fato de que o aumento crescente de contratos temporários e da precariedade do emprego, principalmente entre as mulheres, criam condições propícias para a prática de diferentes tipos de assédio. Assevera que as mulheres são vítimas também do assédio moral com maior frequência do que os homens(128).

2.7. O assédio moral no Brasil

O serviço público, no Brasil, é também um campo fértil para o desenvolvimento do assédio moral.

---

(127) GARCIA CALLEJO, José Maria. *Op. cit., passim.*

(128) GARCIA CALLEJO, José Maria. *Protección juridica contra el acoso moral en el trabajo o la tutela de la dignidad del trabajador*. Madrid: Gráficas de Diego, 2003, p. 30.

Entre nós, já foram editadas algumas leis municipais sobre o assunto, destacando-se a Lei n. 13.288, de janeiro de 2001, de São Paulo, que trata da temática no âmbito da Administração. Seus destinatários são os servidores públicos municipais, e a finalidade da lei é protegê-los contra o terror psicológico no trabalho. A referida lei conceitua o assédio moral como "todo o tipo de ação, gesto ou palavra que atinja, pela repetição, a autoestima e a segurança de um indivíduo, fazendo-o duvidar de si e de sua competência, implicando em dano ao ambiente de trabalho, à evolução da carreira profissional ou à estabilidade do vínculo empregatício do funcionário, tais como: marcar tarefas com prazos impossíveis; passar alguém de uma área de responsabilidade para funções triviais; tomar crédito de ideias de outros; ignorar ou excluir um funcionário só se dirigindo a ele por meio de terceiros; sonegar informações de forma insistente; espalhar rumores maliciosos; criticar com persistência, subestimar esforços" (art. 1º, parágrafo único).

Aplicar esse preceito legal aos empregados, em geral, por analogia, não nos parece possível, a não ser que enquadremos a conduta no art. 483 da CLT. Isso porque quem legisla sobre Direito do Trabalho é a União. Invocar o parágrafo único do art. 8º da CLT, ao fundamento de que o Direito Comum seria aplicável, não nos parece correto, porque o legislador, quando se refere ao Direito Comum, quer significar o Direito Civil à semelhança do disposto no art. 769 da CLT.

O ideal seria, portanto, uma norma de âmbito federal inserida na CLT combatendo o assédio, à semelhança da legislação francesa. Além de estabelecer medidas de prevenção, essa norma deveria coibir o assédio moral com a nulidade da dispensa, da transferência, da demissão ou da punição disciplinar nele fundada, facultando à parte prejudicada a rescisão indireta, tudo isso sem prejuízo da indenização pelos danos ocasionados (material e/ou moral), já que o assunto é tratado de forma incompleta pelo legislador nacional.

Enquanto ausente a legislação, as convenções coletivas poderão ser um instrumento eficaz para estabelecer o conceito de assédio moral, bem como as infrações e sanções nesse terreno, além das medidas destinadas a evitar essa prática.

No Brasil, alguns sindicatos já inserem nas convenções coletivas cláusulas dessa natureza, como se infere da 81ª cláusula da convenção coletiva celebrada pelo SEMAPI — Sindicato dos Empregados em Empresas de Assessoramento, Perícias, Informações e Pesquisas e Fundações Estaduais do Rio Grande do Sul.

Dispõe a referida cláusula:

> "Constrangimento moral: As empresas envidarão esforços para que sejam implementadas orientações de conduta comportamental aos seus respectivos supervisores, gerentes e dirigentes para que, no exercício de suas funções, visem evitar ou coibir práticas que possam caracterizar agressão e constrangimento moral ou antiético a seus subordinados.
>
> *Parágrafo único:* Nos casos de denúncia por parte do trabalhador, será formada uma comissão paritária de 6 (seis) membros, SEMAPI/Entidades abrangidas, excluída a empregadora denunciada, para avaliação e acompanhamento da referida denúncia."

A jurisprudência tem se manifestado já durante alguns anos a respeito da temática, como se infere destes acórdãos, cujas ementas dispõem:

"Dano moral. Assédio moral. Contrato de inação. Indenização por dano moral. A tortura psicológica, destinada a golpear a autoestima do empregado, visando forçar sua demissão ou apressar a sua dispensa através de métodos que resulte em sobrecarregar o empregado de tarefas inúteis, sonegar-lhe informações e fingir que não o vê, resulta em assédio moral, cujo efeito é o direito à indenização por dano moral, porque ultrapassa o âmbito profissional, eis que mina a saúde física e mental da vítima e corrói a sua autoestima. No caso dos autos, o assédio foi além, porque a empresa transformou o contrato de atividade em contrato de inação, quebrando o caráter sinalagmático do contrato de trabalho, e por consequência, descumprindo a sua principal obrigação que é a de fornecer o trabalho, fonte de dignidade do empregado". Recurso improvido. TRT — 17ª Região — RO 1315.2000.00.17.00.1. Ac. 2276/2001, 20.8.02. Relª: Juíza Sônia das Dores Dionízio. *Revista LTr* 66-10/1237.

"Assédio moral — Resolução do contrato de trabalho por justa causa do empregador. Indenização por dano moral. Cabimento. O assédio moral, como forma de degradação deliberada das condições de trabalho por parte do empregador em relação ao obreiro, consubstanciado em atos e atitudes negativas ocasionando prejuízos emocionais para o trabalhador, face à exposição ao ridículo, humilhação e descrédito em relação aos demais trabalhadores, constitui ofensa à dignidade da pessoa humana e quebra do caráter sinalagmático do Contrato de Trabalho. Autorizando, por conseguinte, a resolução da relação empregatícia por justa causa do empregador, ensejando, inclusive, indenização por dano moral. TRT — 15ª Região — RO-01711-2001-111-15-00-0 — Ac. 20.534/ 2002. Relª: Juíza Mariane Khayat F. do Nascimento. Publicado em 21.3.2003. *Revista Consultor Jurídico,* 14 de julho de 2003".

No caso analisado no último acórdão citado, como se ressaltou nos fundamentos(129), o empregado foi colocado sentado em uma cadeira, por três dias, sem qualquer atividade, como se fosse uma criança de castigo nas antigas escolas ou no recinto familiar. A aplicação de castigos ao empregado é "absolutamente incompatível com o Direito do Trabalho pautado pelos princípios democráticos e voltado para a tutela e proteção do hipossuficiente, devendo ser suprimida"(130). Que houve lesão à honra, no comportamento citado, não há dúvida, entretanto, faltou, no nosso entendimento, o prolongamento no tempo, para enquadrar a citada conduta como assédio moral.

Tivemos também a oportunidade de atuar como relatora de um acórdão alusivo a um Recurso Ordinário que tramitou perante a 2ª Turma do TRT da 3ª Região, em que se caracterizou o assédio moral, como se infere da seguinte ementa:

"... Se a hipótese dos autos revela violência psicológica intensa sobre o empregado, prolongada no tempo, que acabou por ocasionar, intencionalmente, dano psíquico (depressão e síndrome do pânico), marginalizando-o no ambiente de trabalho, procede a

---

(129) "Ora, diferentemente do que sustenta a recorrente, o autor desvencilhou-se do encargo probante que lhe competia de demonstrar que sofreu assédio moral, relatado em sua peça exordial, na medida em que sua única testemunha assim declarou: '*...que viu o reclamante sentado em uma cadeira, durante todo o dia de trabalho, por 3 dias, sem fazer nada, que não sabe dizer porquê; que durante esses 3 dias a sala onde o reclamante trabalhava permaneceu fechada; que o reclamante trabalhava sozinho nessa sala; que viu o reclamante lendo a bíblia no primeiro dia; que não sabe dizer se foi proibido ou não, só que não viu mais o reclamante lendo tal livro'* (fl. 20)."

(130) COUTINHO, Aldacy Rachid. *Poder punitivo trabalhista.* São Paulo: LTr, 1999, p. 236.

indenização por dano moral advindo do assédio em questão". TRT — 3ª Região — 2ª Turma — RO-TRT-01292-2003-057-03-00-3. Relª: Juíza Alice Monteiro de Barros. Julgado em 3.8.2004. DJMG 11.8.2004.

2.8. A dificuldade da prova

Queremos lembrar, ainda, que a prova de algumas condutas configuradoras do assédio moral é muito difícil; logo, incumbe à vítima apresentar indícios que levem a uma razoável suspeita, aparência ou presunção da figura em exame, e o demandado assume o ônus de demonstrar que sua conduta foi razoável, isto é, não atentou contra qualquer direito fundamental. É nessa direção que se inclina a recente legislação francesa sobre a temática (art. 122-52 do Código do Trabalho). A experiência revela que se não existir a adequada distribuição da carga probatória, a normativa a respeito da temática não se tornará efetiva e permanecerá no terreno da declaração de boas intenções.

2.9. Conclusão

Dado o número expressivo de comportamentos capazes de gerar esse tipo de violência psíquica (o assédio moral), podemos afirmar que não existe nenhuma empresa e nenhum de seus integrantes que estejam isentos do risco de incorrer nessa prática reprovável. Portanto, apesar de, em geral, o assediador ser um perverso, todos nós poderemos nos enquadrar no tipo legal quando nos deixarmos vencer pelo ódio ou pela vaidade excessiva e pela tentação de impor nossas opiniões, como senhores absolutos da verdade. E para conter essa tentação deve-se deixar claro, na legislação, para todos os membros de uma empresa ou órgão público, independentemente de hierarquia, que as suas ações têm como limite as normas de respeito e de comportamento ético, com relação a todas as pessoas que ali labutam, cuja alma é um bem jurídico que se impõe tutelar.

3. O ASSÉDIO SEXUAL. JUSTA CAUSA. RESCISÃO INDIRETA

3.1. Introdução

O assédio sexual, por se tratar de uma violência contra outrem, até mesmo com reflexos psicológicos, poderá situar-se também como assédio moral, segundo vários doutrinadores.

Ele é equiparado ao uso medieval do *jus primae noctis* (direito à primeira noite), que obrigava as recém-casadas a passarem a noite de núpcias com o senhor do lugar, havendo decisão, de 1409, da França, declarando ilícita essa prática[(131)].

Ocorre que relatos bíblicos evidenciam o comportamento caracterizador do assédio sexual bem antes desse marco. É o que se infere do Pentateuco do livro Gênesis, Capítulo 39, de onde se extrai o seguinte:

(131) Semanário Francês Le Point Paris, n. 1.010, 25. ene. 1992, p. 63/69, *apud* HUSBANDS, Robert. Análisis internacional de las leyes que sancionan el acoso sexual. *Revista Internacional del Trabajo*, Ginebra, 1993, v. 112, n. 1, p. 133.

"1 José foi levado ao Egito; e Potifar, oficial de Faraó, capitão da guarda, egípcio, comprou-o da mão dos ismaelitas que o haviam levado para lá.

2 Mas o Senhor era com José, e ele tornou-se próspero; e estava na casa de seu senhor, o egípcio.

3 E viu o seu senhor que Deus era com ele, e que fazia prosperar em sua mão tudo quanto ele empreendia.

4 Assim José achou graça aos olhos dele, e o servia; de modo que o fez mordomo da sua casa, e entregou na sua mão tudo o que tinha.

5 Desde que o pôs como mordomo sobre a sua casa e sobre todos os seus bens, o Senhor abençoou a casa do egípcio por amor de José; e a bênção do Senhor estava sobre tudo o que tinha, tanto na casa como no campo.

6 Potifar deixou tudo na mão de José, de maneira que nada sabia do que estava com ele, a não ser do pão que comia. Ora, José era formoso de porte, e de semblante.

7 E aconteceu depois destas coisas que a mulher do seu senhor pôs os seus olhos em José, e lhe disse: Deita-te comigo.

8 Mas ele recusou, e disse à mulher do seu senhor: Eis que o meu senhor não sabe do que está em casa comigo, e entregou em minha mão tudo o que tem;

9 Ele não é maior do que eu nesta casa, e nenhuma coisa me vedou, senão a ti, porquanto tu és sua mulher. Como, pois, posso eu cometer este grande mal e pecar contra Deus?

10 Entretanto, ela instava com José dia após dia; ele, porém, não lhe dava ouvidos, para se deitar com ela, ou estar com ela,

11 Mas sucedeu, certo dia, que entrou na casa para fazer o seu serviço; e nenhum dos da casa estava lá dentro;

12 Então ela, pegando-o pela capa, lhe disse: Deita-te comigo! Mas ele, deixando a capa na mão dela, fugiu, escapando para fora.

13 Quando ela viu que ele deixara a capa na mão dela e fugira para fora,

14 Chamou pelos homens de sua casa, e disse-lhes: Vede! meu marido trouxe-nos um hebreu para nos insultar; veio a mim para se deitar comigo, e eu gritei em alta voz;

15 E ouvindo ele que eu levantava a voz e gritava, deixou aqui a sua capa e fugiu, escapando para fora.

16 Ela guardou a capa consigo, até que o seu senhor dele voltou à casa.

17 Então falou-lhe conforme as mesmas palavras, dizendo: O servo hebreu, que nos trouxeste, veio a mim para me insultar;

18 Mas, levantando eu a voz e gritando, ele deixou comigo a capa, e fugiu para fora.

> 19 Tendo o seu senhor ouvido as palavras de sua mulher, que lhe falava, dizendo: Desta maneira me fez teu servo, a sua ira se acendeu.
>
> 20 Então o senhor de José o tomou, e o lançou no cárcere, no lugar em que os presos do rei estavam encarcerados; e ele ficou ali no cárcere". (*In*: DISIDERI, Francisco Carlos. *Coletânea de Citações Jurídicas na Bíblia*. São Paulo: CL Edijur, 2002, p. 35-37).

Na passagem bíblica citada anteriormente, a vítima do assédio sexual foi o homem.

Atualmente, o assédio sexual vem sendo apontado como um dos fatores responsáveis pela discriminação de que são vítimas as mulheres no mercado de trabalho, embora o problema seja antigo e generalizado.

Aliás, o Brasil ratificou a Convenção Interamericana para Prevenir, Punir e Erradicar a Violência contra a Mulher — "Convenção de Belém do Pará/MRE" — tornando-a pública por meio do Decreto de Promulgação n. 1.973, de 1º de agosto de 1996. Essa norma internacional considera o assédio sexual como violência contra a mulher (art. 2º, "b"). Similarmente é o art. 1º, § 2º, II, da Lei n. 10.778, de 24 de novembro de 2003, que estabelece notificação compulsória no território nacional, no caso de violência contra a mulher que for atendida em serviços de saúde público ou privado.

Há, ainda, os que veem no assédio sexual um atentado à liberdade humana[132]. Aliás, o Código Penal, ao tipificar o assédio sexual por chantagem como crime, o inclui no Capítulo VI, dos crimes contra os costumes, integrando os delitos contra a liberdade sexual. O fato punível consiste em "constranger alguém com o intuito de obter vantagem ou favorecimento sexual, prevalecendo-se o agente da sua condição de superior hierárquico ou ascendência inerentes ao exercício do emprego, cargo ou função". Pena: detenção de 1 a 2 anos (art. 216-A). Excepcionalmente, a doutrina tem admitido a tentativa desse crime, como, por exemplo, a interceptação de bilhete contendo o ato coativo visando ao benefício de cunho sexual (cf. Heráclito Antônio Mossin. *Assédio sexual e crimes contra os costumes.* São Paulo: LTr, 2002, p. 25).

Na concepção moderna, a normatização sobre assédio sexual apareceu nos EUA. Na segunda metade da década de 70 e nos anos 80 editaram-se leis impondo sanções a essa prática. Evidentemente que a lei é genérica, ou seja, repele o assédio também quando a vítima é o homem[133], mas esse fato se verifica em dimensões muito menores e menos graves. O assédio sexual poderá ocorrer também entre pessoas do mesmo sexo.

---

(132) PAMPLONA FILHO, Rodolfo. *O assédio sexual na relação de emprego*. São Paulo: LTr, p. 62.

(133) *O jornal do Magistrado,* n. 32, de dezembro de 1995, p. 2, publicou a seguinte nota: "A cadeia de pizzarias Dominó terá de pagar US$ 237 mil ao funcionário David Papa, de um estabelecimento em Tampa (Flórida), cuja chefe o submeteu durante cinco meses a repetidos abusos sexuais. Trata-se do primeiro caso nos Estados Unidos em que se invocou a Lei de Igual Oportunidade no Emprego por um homem submetido a abusos sexuais de uma mulher. Papa disse que durante meses sofreu insinuações sobre seu corpo, ouviu frases mal-intencionadas e, seis dias depois que resolveu dar um 'basta' foi dispensado. Além de estabelecer o valor da indenização, o juiz federal Henry Lee Adams ordenou que a cadeia de pizzarias controle os abusos de seus funcionários e realize reuniões anuais com os gerentes para reprimir as várias formas de abuso sexual".

Afirma-se que 45% do contingente feminino da administração federal dos EUA sustentaram que tiveram de suportar algum tipo de assédio no trabalho. Nos Países Baixos, 58% das mulheres entrevistadas viveram situação semelhante[(134)]. No Brasil, pesquisa realizada no princípio do ano de 1995, em doze capitais, constatou que 52% das mulheres que trabalham já foram assediadas[(135)].

Os países disciplinam a temática na legislação penal, trabalhista ou em leis sobre igualdade de oportunidades[(136)]. Consideram o assédio uma violação à intimidade ou à dignidade da pessoa, consequentemente, o punem com o pagamento de indenização por dano material e/ou moral, além do que for devido na hipótese de uma rescisão indireta do contrato de trabalho.

O assunto apresenta novos problemas para o Direito do Trabalho, principalmente em face das várias atitudes culturais que devem sopesar-se na elaboração de seu conceito e na apreciação do comportamento faltoso. O conceito jurídico de assédio sexual encontra-se em franco desenvolvimento na legislação sobre o tema.

Em 1991, a União Europeia, atenta aos comportamentos com conotação sexual indesejável (assédio sexual) durante o trabalho público ou privado, adotou uma **recomendação sobre proteção à dignidade dos homens e mulheres no trabalho**. São relevantes para a caracterização do assédio sexual: **que o comportamento seja indesejável** para a vítima, gerando um clima de hostilidade, intimidação ou humilhação a seu respeito e que a recusa de tal comportamento seja considerada explícita ou implicitamente para a tomada de decisão afetando os direitos da vítima em matéria de emprego ou de remuneração. Quando o assédio sexual advém do empregador ou de seus prepostos, ele implica abuso de poder, tendo o empregador responsabilidade de fato pelo mau uso da autoridade que ele tenha delegado a alguém[(137)]. Nesses casos, os homens se aproveitam da maior vulnerabilidade da mulher, advinda de sua situação de desigualdade no mercado de trabalho, para impor o seu comportamento impregnado de preconceitos históricos imbuídos da ideia de que a mulher existe para atender às suas necessidades e deve ser sua dependente. Por outro lado, a socialização "cada sexo em seu lugar" impõe às mulheres o modelo paciente, compreensivo e tolerante. Esses condicionamentos conduzem a uma feminilidade que "aceita sua sorte de segundo sexo" e explicam a dificuldade que as mulheres enfrentam de não se oporem abertamente ao assédio sexual[(138)].

A Recomendação de 1991 prevê estratégias para o empregador e para os sindicatos prevenirem o assédio sexual. Com a finalidade preventiva, recomenda-se a adoção de um programa em que se assegure ao empregado garantias em caso de denúncia,

---

(134) *El trabajo en el mundo.* Ginebra: Oficina Internacional del Trabajo, 1992, v. 5, p. 27.

(135) BRASMARKET. Análise e Investigação de Mercado. *Revista Veja,* ano 28, n. 7, 15 de fevereiro de 1995, p. 81.

(136) Cf., de nossa autoria, O Assédio Sexual no Direito do Trabalho Comparado. Belo Horizonte: Mandamentos, 1999, *passim* e *Revista Gênesis* n. 70, p. 493 e ss.

(137) BLANPAIN, Roger e JAVILLIER, Jean-Claude. *Droit du travail communautaire.* 2. éd. Paris: LGDJ, 1995, p. 237.

(138) DRAPEAU, Maurice. *Le harcelèment sexuel au travail.* Quebec: Les éditions Yvon Blais Inc., 1991, *passim.*

com a designação de uma pessoa para a tentativa de solução informal, preservando-se o caráter confidencial do procedimento.

3.2. Conceito. Manifestações. Necessidade de repúdio

Distinguem-se o "assédio sexual por intimidação" (assédio ambiental), que é o mais genérico, e o "assédio sexual por chantagem". É o chamado assédio *quid pro quo*, ou seja, "isto por aquilo". O primeiro caracteriza-se por incitações sexuais importunas, ou por outras manifestações da mesma índole, verbais ou físicas, com o efeito de prejudicar a atuação laboral de uma pessoa ou de criar uma situação ofensiva, hostil, de intimidação ou abuso no trabalho[(139)]. Já o "assédio sexual por chantagem" traduz, em geral, exigência formulada por superior hierárquico a um subordinado para que se preste à atividade sexual, sob pena de perder o emprego ou benefícios advindos da relação de emprego[(140)]. Esse tipo de assédio sexual poderá ser praticado também por inferior hierárquico, excepcionalmente, sob a ameaça de revelar algum dado confidencial do empregador, por exemplo. Ocorre que nessa última hipótese, o comportamento do assediador, embora possa configurar justa causa para a dispensa, não caracteriza o tipo previsto na legislação penal, exatamente por faltar o requisito da superioridade hierárquica.

São inúmeras as manifestações do assédio sexual. Poderá assumir a forma **não verbal** (olhares concupiscentes e sugestivos, exibição de fotos e textos pornográficos seguidos de insinuações, passeios frequentes no local de trabalho ou diante do domicílio da vítima, perseguição à pessoa assediada, exibicionismo, entre outros); **verbal** (convites reiterados para sair, pressões sexuais sutis ou grosseiras, telefonemas obscenos, comentários inoportunos de natureza sexual), e **física** (toques, encurralamento dentro de um ângulo, roçaduras, apertos, palmadas, esbarrões propositais, apalpadelas, agarramentos, etc.). Na maioria das vezes, os gestos são acompanhados de linguagem sexista.

Em geral, só o repúdio a uma solicitação sexual ou a oposição declarada a uma atitude sexual ofensiva justifica a ação judicial. A doutrina vem sustentando, todavia, que não é necessário um não expresso. A conduta ou os movimentos do corpo podem traduzir sinais evidentes de recusa. A mulher, por exemplo, reage ao assédio sexual, em muitas situações, virando as costas e se retirando do local ou descartando o avanço em tom de brincadeira sem qualquer ambiguidade na recusa[(141)]. O homem deve compreender esses sinais e perceber que sua conduta não é desejada[(142)].

E mais, não se deve condicionar a dignidade de uma pessoa a elementos externos, como a aceitação por outras.

Por outro lado, é sabido que o ambiente de trabalho não é assexuado, mesmo porque muitas pessoas se conhecem no âmbito empresarial, convivem e se unem,

(139) HUSBANDS, Robert. *Op. cit.*, p. 115. O autor se baseia na legislação da Nova Zelândia sobre o tema.
(140) HUSBANDS, Robert. *Op. cit.*, p. 115.
(141) DRAPEAU, Maurice. *Le harcelèment sexuel au travail.* Quebec: Les éditions Yvon Blais Inc., 1991, p. 95-97.
(142) DRAPEAU, Maurice. *Op. cit.*, p. 97.

constituindo família. O Direito Social não se ocupa com as relações livres, salvo se assumirem conotação escandalosa no ambiente de trabalho. Isso não significa, entretanto, que o empregador não deva dar importância aos avanços de natureza sexual indesejados, ocorridos nesse ambiente, independentemente de sua procedência, pois todas as pessoas têm o direito à salvaguarda de sua dignidade, de sua honra e de sua reputação, pouco importando estejam no estabelecimento do empregador. Proíbe-se o assédio sexual como atentado à igualdade, "lembrando aos que têm a tendência a se esquecerem disso, que as mulheres têm essa 'identidade comum' pertencente à espécie humana"[(143)].

3.3. Legislação sobre a temática. Responsabilidade

No Brasil, nossas leis civis e trabalhistas não abordam o tema de forma específica, embora existam leis estaduais a respeito da matéria[(144)], cuja constitucionalidade é discutida, tendo-se em vista que a competência para legislar sobre a temática é da União.

O Código Penal Brasileiro, no art. 216-A, tipificou como crime o assédio sexual por chantagem, assim considerado o comportamento que visa a "constranger alguém com o intuito de obter vantagem ou favorecimento sexual, prevalecendo-se o agente de sua condição de superior hierárquico ou ascendência inerentes ao exercício de emprego, cargo ou função". A pena é de detenção de um a dois anos.

Ocorre que, além do assédio sexual por chantagem enquadrado como crime, não se pode esquecer que existe também o assédio sexual por intimidação, conhecido, ainda, como assédio ambiental[(145)]. Caracteriza assédio sexual por intimidação ou assédio sexual ambiental a conduta do empregador que, além de dirigir galanteios e elogios à empregada, sugere-lhe que compareça ao trabalho mais decotada, fazendo-lhe reiteradamente declarações de amor e propostas de união estável, acarretando para a empregada constrangimento no trabalho e transtorno em sua vida conjugal. A consequência do comportamento do empregador autoriza a rescisão indireta e a compensação por dano moral[(146)].

O ideal seria a edição, no Brasil, de uma estrutura legislativa trabalhista de âmbito federal, contendo um conceito mais amplo de assédio sexual e prevendo a responsabilidade não apenas do empregador, mas de qualquer superior hierárquico ou colega de trabalho do empregado e até mesmo de cliente do estabelecimento. Enquanto não se edita a legislação, as normas coletivas poderão suprir essa lacuna e dispor sobre a temática.

---

(143) DRAPEAU, Maurice. *Op. cit.*, p. 39.

(144) Em Minas Gerais, a Lei Estadual n. 11.039, de 14 de janeiro de 1993, estabelece sanções para o empregador (pessoa física ou jurídica) que praticar ato vexatório, discriminatório ou atentatório contra a mulher. Discute-se a constitucionalidade do referido diploma legal, uma vez que à União compete legislar sobre Direito Civil, Direito Penal e Direito do Trabalho.

(145) Cf. de nossa autoria O Assédio Sexual no Direito do Trabalho Comparado. *Revista de Direito Comparado*. Belo Horizonte: Mandamentos, 1999, p. 146.

(146) Nesse sentido nos pronunciamos como relatora do Acórdão relativo ao RO-7126/01, que tramitou perante a 2ª Turma do TRT da 3ª Região, publicado no DJMG de 18.7.2001.

A responsabilidade solidária do empregador nos parece a melhor solução, mormente se considerarmos a tendência de nosso direito a responsabilizar o empregador pelos atos de seus prepostos, como se infere do art. 843, § 1º, da CLT. Aliás, mesmo antes da CLT, o art. 1.521, III, do Código Civil de 1916, que guarda correspondente no art. 932, III, do Código Civil de 2002, já responsabilizava o empregador pelos atos de seus empregados, serviçais e prepostos, no exercício do trabalho que lhes competia ou por ocasião dele, abrangendo, inclusive, as pessoas jurídicas que exerciam exploração industrial.

A função da responsabilidade é servir como sanção, a qual se funda na culpa (responsabilidade subjetiva) e no risco (responsabilidade objetiva), traduzindo essa última uma reformulação da teoria da responsabilidade civil, dentro de um processo de humanização.

Considerando-se a extensão da responsabilidade, que se amplia no tocante ao número de pessoas responsáveis pelos danos, e admitindo-se a responsabilidade por fato próprio e indireta por fato de terceiro, fundada na ideia da culpa presumida, entendemos que o empregador deve ser responsável solidariamente por assédio sexual cometido pelos seus prepostos, em face da culpa *in eligendo* e *in vigilando.*

A responsabilidade objetiva e subsidiária do empregador, no tocante à indenização, deverá ser imposta ainda quando o assédio for praticado por colega de trabalho do empregado ou cliente do estabelecimento, por ser aquele o titular do poder diretivo e assumir os riscos do empreendimento econômico, nos termos do art. 2º da CLT. Logo, deverá zelar não só pela organização técnica, como também pela boa ordem na empresa, onde deverá existir um padrão mínimo de moralidade e de garantia pessoal. O respeito ao direito à intimidade dos empregados é manifestação dessa garantia pessoal.

A legislação trabalhista sobre a temática deverá ater-se aos aspectos culturais do País e dispor sobre meios de prevenção, sanção e responsabilidade, bem como sobre os procedimentos aplicáveis. Na ausência de preceito legal, as convenções coletivas poderão, perfeitamente, cumprir essa missão.

3.4. Enquadramento da falta

Em princípio, a caracterização do assédio sexual pressupõe reiteração, mas poderá configurar-se também por um só incidente, suficientemente grave(147).

Sob o prisma do Direito do Trabalho, se o assédio é de iniciativa de um empregado em relação a outro colega, ao empregador, ou a pessoa que se utiliza de serviço da empresa(148), poderá o autor ser dispensado, pela prática de incontinência de conduta

---

(147) O Tribunal do Reino Unido, no caso *Bracebridge Engineering Ltd. X Darby*, entendeu que um só incidente é suficientemente grave para se aplicar a lei contra discriminação sexual. A propósito, a legislação da Costa Rica assegura a possibilidade do assédio sexual configurar-se pela prática de uma única conduta, desde que seja grave (Cf., de nossa autoria, O Assédio Sexual no Direito do Trabalho Comparado. *Revista de Direito do Trabalho.* Curitiba: Gênesis, v. 70, out. 98, p. 503).

(148) "**Justa causa. 'Cantada' no horário e local do trabalho. Incontinência de conduta**. Caracteriza justa causa para o despedimento o comportamento do empregado, no local e no horário de trabalho, consistente em

ou mau procedimento[149]. Se o autor do assédio é o empregador ou outro superior hierárquico[150], o empregado poderá postular a rescisão indireta do contrato de trabalho, com amparo no art. 483. Em ambas as situações, o pleito versará também sobre compensação por dano material[151] e/ou moral, dada a violação ao direito à intimidade, assegurado em preceito constitucional.

A falta ensejadora da rescisão indireta se situa tanto na alínea "d", como nas alíneas "e" e "c" do art. 483 da CLT. Isso porque uma das principais obrigações do empregador é zelar pela segurança e decência no local de trabalho, preservando o respeito à vida privada do empregado. Logo, sendo o assédio sexual uma violação desse dever, enquadra-se a conduta faltosa na alínea "d" do art. 483 da CLT (descumprimento de obrigação contratual).

Veja-se, a propósito, a doutrina nacional:

> "... Sendo o empregador a pessoa que admite, assalaria e dirige a prestação pessoal de serviços (para usarmos os estritos termos da CLT, art. 2º, *caput*), há de ter ele uma maneira de proceder em relação ao empregado(a), que deve respeitar a dignidade e a privacidade de seu dependente, não o sujeitando a situações constrangedoras, sob pena de violar o contrato[152]."
>
> "Constituem igualmente obrigações do empregador: ... 3) Garantia de moralidade no trabalho e no ambiente de trabalho[153]."

A doutrina francesa[154] é na mesma linha de ideias, quando arrola entre os deveres do empregador, tratar humanamente o assalariado e respeitar sua vida privada, obrigação geral de segurança.

Considerando-se que o assédio sexual poderá traduzir também ato lesivo da honra e da boa fama do empregado, posto que a figura faltosa magoa o trabalhador na sua dignidade pessoal, a falta enquadra-se, ainda, na alínea "e", do art. 483 da CLT.

E se não bastasse, tendo em vista que do assédio sexual podem resultar sequelas de ordem psíquica, vista sob esse prisma a falta poderá enquadrar-se na alínea "c" do

---

'cantar' pessoa que se utiliza dos serviços da reclamada. Ato incompatível com a civilidade que razoavelmente é dado ao empregador exigir do empregado. Incontinência de conduta configurada". TRT — 10ª Reg. — RO-2528/99 — 1ª T. — Rel. p/o Ac. Juíza Maria de Assis Calsing. DJU 26.5.2000. *Revista Síntese Trabalhista*, n. 133, p. 76.

(149) "**Danos morais. Assédio sexual.** Demonstrada a conduta de conotação sexual não desejada, praticada pelo chefe, de forma repetida, acarretando consequências prejudiciais ao ambiente de trabalho da obreira e atentando contra sua integridade física, psicológica e, sobretudo, a sua dignidade, resta caracterizado o assédio sexual, sendo devida a correspondente indenização por danos morais." TRT — 17ª Região — RO-1118/97 — Rel: Juiz José Carlos Rizk. Ac. 2.7.1998.

(150) "**Assédio sexual. Rescisão indireta.** A empregada que sofre assédio sexual por superior hierárquico, registrando a ocorrência e sem que a administração empresarial tome quaisquer providências, tem autorizada a rescisão indireta do contrato de trabalho". TRT — 12ª Reg. — RO-V-06632/00 — Ac. 02896/01 — 1ª T. — Rel.: Juiz C. A. Godoy Ilha. Julg. em 22.3.2001 — DJSDC 30.3.2001. *Revista Justiça do Trabalho* n. 208. Porto Alegre: HS Editora, p. 96.

(151) Hipótese de dano material ou patrimonial, decorrente do assédio, seria a impossibilidade de permanecer a trabalhadora no emprego ou de conseguir outra ocupação em razão de má reputação advinda do assédio. (Cf. de nossa autoria O assédio sexual no Direito do Trabalho Comparado. *Revista de Direito Comparado*. Faculdade de Direito da UFMG. Belo Horizonte: Mandamentos, maio 1999, p. 146).

(152) CARDONE, Marly. O assédio sexual como justa causa. *Repertório IOB de Jurisprudência*. 1ª Quinzena de dezembro de 1994, n. 23/94, p. 391.

(153) DONATO, Messias Pereira. *Curso de Direito do Trabalho*. São Paulo: Saraiva. 3. ed., 1979, p. 184.

(154) VERDIER, Jean-Maurice. *Droit du Travail*. Paris: Dalloz, 1990, p. 209.

art. 483, que autoriza a rescisão indireta quando o empregado sofrer perigo manifesto de mal considerável.

A propósito, na Espanha, o assédio sexual é visto como violação das obrigações do empregador em matéria de higiene e segurança do trabalho. Há decisão do Tribunal de Justiça de Castilla-La Mancha — em que se afirmou que a incapacidade transitória sofrida pela vítima de assédio sexual praticado por colega de trabalho assemelha-se àquela advinda de acidente do trabalho, dando ensejo à indenização com amparo no Estatuto do Trabalhador Espanhol.

3.5. Ônus da prova do assédio sexual

Relativamente ao ônus da prova, cumpre ressaltar que ele fica a cargo do empregado.

O problema, que geralmente se enfrenta nos ordenamentos jurídicos, não é a extensão do princípio da não discriminação, já existente em muitos países, inclusive no Brasil, mas a dificuldade de se comprovar o tratamento diferenciado, cujo ônus compete exclusivamente ao empregado quando se considera discriminado. Dada a dificuldade de se desincumbir desse encargo, o que inviabiliza a efetivação do princípio em exame, já se sugere a inversão desse ônus (princípio da aptidão para a prova) em um Código-Tipo do Direito do Trabalho para a América do Sul, prevendo-se o ressarcimento dos prejuízos sofridos[(155)].

Em face do exposto, a jurisprudência não vem exigindo prova cabal e ocular dessa conduta para configurar o assédio sexual[(156)].

Admitimos como prova do assédio sexual, em feito submetido à nossa apreciação, como relatora, além do depoimento de testemunhas, gravação feita pela reclamante contra o empregador (assediador), cujo teor não foi por ele impugnado em juízo, embora desconhecesse que a conversa estava sendo gravada (RO-7126/01, que tramitou perante a 2ª Turma do TRT da 3ª Região, cujo acórdão foi publicado no DJMG de 18.7.2001). Lembre-se que a escuta ambiental (gravação) de conversa própria com alguém não se confunde com interceptação telefônica a que se refere o art. 5º, XII, da Constituição vigente, ainda que se realize sem o conhecimento de um dos interlocutores.

O STJ tem admitido a gravação de conversa por um dos interlocutores para fazer prova no processo penal, como se infere do seguinte aresto:

> "Processual. Gravação de conversa autorizada por um dos interlocutores. Controvérsia. 1. A jurisprudência desta Corte tem firmado o entendimento de que a gravação de conversa por um dos interlocutores não configura interceptação telefônica, sendo lícita como prova no processo penal. 2. Para se verificar se houve a efetiva autorização ou não por parte do

---

(155) SANTONI, Francesco. A tutela da dignidade e da privacidade do empregado. *Princípios para um Código-Tipo de Direito do Trabalho para a América Latina*. São Paulo: LTr, 1996, p. 184. Coord. de Gian Carlo Perone e Sandro Schipani.

(156) "**Prova.** Exigir-se prova cabal e ocular para vislumbrar o assédio sexual é simplesmente impossibilitar a prova em Juízo, e assim contribuir para que ilicitude de tanta gravidade continue ocorrendo". TRT/SP 20000383150 — Ac. 10ª T. 20010503530 — Relª: Juíza Vera Marta Públio Dias — DOE 31.8.2001.

ora paciente, necessária seria a realização de dilação probatória, o que não se admite esta via constitucional. 3. Não conheço do *Habeas Corpus*". STJ — HC 14336. Processo 200000961787 — Ac. 5ª Turma — Rel.: Min. Edson Vidigal. DJ 18.12.2000, p. 224. JBC, v. 39, p. 350.

O Tribunal de Justiça de Minas Gerais também tem-se manifestado nessa direção[157].

O próprio TST tem admitido inclusive a gravação de conversa telefônica realizada por uma das partes, como prova válida no processo trabalhista, conforme se verifica de decisão da sua SDI-1[158].

Desse modo, não é o meio utilizado para se obtê-la que invalidará a prova em questão.

Salientamos, entretanto, existir posições doutrinárias e jurisprudenciais[159] que não admitem as gravações clandestinas, considerando-as prova obtida por meio ilícito. Argumentam que ferem o direito constitucional à intimidade (art. 5º, X, da Constituição vigente).

Sustentamos que a pessoa pode gravar a sua conversa, mas a divulgação dependerá de uma causa justa, competindo ao Juiz examinar a relevância dos interesses que estão em jogo, valendo-se do princípio da proporcionalidade.

Cumpre frisar, todavia, que, se houver acusação falsa de assédio sexual, seu autor estará fadado às sanções alusivas à calúnia, à difamação e à injúria. A sanção recíproca evita atitude irresponsável, com o propósito exclusivo de angariar vultosas indenizações.

Para se combater o assédio sexual, não basta um instrumento legislativo avançado que, sem dúvida, poderá ter, a par do cunho punitivo, um caráter pedagógico, mas é necessária, principalmente, uma profunda modificação nas relações humanas, na mentalidade dos homens e das mulheres.

(157) "Coação no curso do processo (art. 344 do CP). Gravação de diálogos por um dos interlocutores — Meio lícito de prova. É admissível a utilização, como prova, de fita magnética contendo gravação de diálogo entabulado por um dos interlocutores, sem ciência do outro". Tribunal de Justiça de MG — 3ª Câmara Criminal — MG 27.9.2000. Apelação Criminal n. 000.173.653-7/00. Rel.: Des. Odilon Ferreira.

(158) "**Gravação telefônica.** A aceitação no processo Judiciário do Trabalho, de gravação de diálogo telefônico mantido pelas partes e oferecida por uma delas, como prova para elucidação de fatos controvertidos em juízo, não afronta suposto direito líquido e certo da outra parte, a inviolabilidade do sigilo das comunicações telefônicas, porque essa garantia se dá em relação a terceiros e não aos interlocutores. Recurso Ordinário a que se nega provimento, para ser confirmado o acórdão regional, que negou a segurança requerida". TST-SDI-I ROMS n. 11134/90. Rel.: Min. Ermes Pedro Pedrassani, decidido em 17.9.1991, publicado no DJ de 27.9.1991, p. 13.394.

(159) MENDES, Maria Gilmaíse de Oliveira. *Direito à intimidade e interceptações telefônicas.* Belo Horizonte: Mandamentos, 1999, *passim.*

CAPÍTULO XXVII

OBRIGAÇÕES DECORRENTES DA CESSAÇÃO DO CONTRATO. AVISO PRÉVIO. MULTA

1. DISSOLUÇÃO OU TERMINAÇÃO DO CONTRATO

A nomenclatura cessação[(1)], dissolução[(2)], ou terminação[(3)] do contrato é utilizada para designar as várias hipóteses de seu rompimento. Configuram espécies desse gênero a resilição, a resolução, a rescisão e a extinção do contrato de trabalho.

A **resilição** do contrato implica a sua terminação, sem que as partes tenham cometido falta. Situam-se entre as hipóteses de resilição a despedida sem justa causa, a qual a jurisprudência atribui a natureza de um direito potestativo[(4)]; a demissão ou saída espontânea do empregado, a aposentadoria por tempo de serviço ou por idade, requerida pelo empregado, o acordo firmado pelas partes, o encerramento das atividades da empresa ou o fechamento de um dos estabelecimentos, voluntariamente.

Já a **resolução** contratual é a cessação do contrato por culpa de uma das partes ou de ambas. Constituem resolução contratual a dispensa do empregado por justa causa (art. 482 da CLT), a rescisão indireta motivada por culpa do empregador (art. 483 da CLT) e a culpa recíproca, para a qual concorreram ambas as partes (art. 484 da CLT e **Súmula n. 14 do TST**).

A **rescisão** do contrato ocorre quando ele termina por nulidade.

Finalmente, temos a **extinção** do contrato, que é a cessação do pacto laboral por circunstâncias alheias à vontade das partes, como morte do empregado, força maior (acontecimento imprevisível para o qual o empregador não concorreu direta ou indiretamente) e implemento de contrato por prazo determinado.

O ***factum principis*** (fato do príncipe), como modalidade de força maior, poderá ser incluído entre as hipóteses de extinção do contrato de trabalho. Ele traduz todo o ato de autoridade pública que implique alteração nas condições contratuais, capaz de

---

(1) DONATO, Messias Pereira. *Op. cit.*, *passim*.

(2) GOMES, Orlando e GOTTSCHALK, Elson. *Op. cit.*, 2000, p. 343.

(3) CATHARINO, José Martins. *Compêndio Universitário de Direito do Trabalho*. v. II. São Paulo: Editora Jurídica e Universitária, 1977, p. 709.

(4) "**Estabilidade regulamentar.** Preceito regulamentar que exige apuração prévia de falta grave para dispensa de empregado não se aplica à hipótese de rescisão do vínculo de emprego sem justa causa, por ser faculdade inserida no direito potestativo do empregador dispensar os empregados, com pagamento de todos os direitos trabalhistas. Inexiste a garantia implícita de emprego e consequentemente é inviável a reintegração. Revista conhecida e desprovida." TST-RR-383.138/1997 — 1ª Turma — Rel.: Min. Ronaldo José Lopes Leal — DJ 7.6.2002.

impossibilitar a execução do pacto laboral. O *factum principis* caracteriza-se, portanto, por evento imprevisível, para o qual o empregador não concorreu direta nem indiretamente, sendo capaz de afetar substancialmente a situação econômico-financeira da empresa, total ou parcialmente, de forma irresistível[5]. Nesses casos, havendo paralisação temporária ou definitiva do trabalho, por ato da autoridade pública municipal, estadual ou federal, o responsável pelo pagamento da indenização é o governo (art. 486 da CLT), que deverá ser chamado à lide.

Não se situa como *factum principis* a extinção total ou parcial da empresa, provocada pelo cancelamento de concessão, tendo-se em vista a temporariedade desse tipo de contrato, tampouco pelo ato de autoridade federal que considera ilícita a atividade executada pelo empregador (bingos), de natureza precária, dada a possibilidade de cassação da licença a qualquer instante (TRT/MS00611/2004-004-24-00-4-RO — Rel.: Juiz Márcio Vasques Thibau de Almeida — DOMS 6.4.2005).

Uma das principais obrigações decorrentes da dispensa injusta e da demissão nos contratos indeterminados é a concessão do aviso prévio pela parte que tomou a iniciativa na ruptura do contrato.

2. AVISO PRÉVIO

2.1. Escorço histórico

O aviso prévio é originário das Corporações de Ofício, vindo a ser, posteriormente, consagrado pelos usos e costumes, passando para o Direito Civil e para o Direito Comercial, processo de evolução bem definido na França.

No Brasil, o instituto em questão surge, de início, no art. 81 do Código Comercial de 1850 e, mais tarde, no art. 1.221 do Código Civil de 1916. Alguns anos depois, o Decreto n. 16.107, de 1923, ao dispor sobre a locação de serviços domésticos, editou normas minuciosas sobre o aviso prévio e, curiosamente, admitiu-o nos contratos por prazo determinado, ideia abandonada posteriormente.

Sob o prisma da legislação trabalhista, a regulamentação do aviso prévio teve início com a Lei n. 62, de 1935, que previa o dever unilateral de o empregado pré-avisar. A matéria suscitou polêmica, que perdeu o interesse com o advento da CLT, em 1943, estipulando o dever recíproco de conceder o aviso prévio.

O aviso prévio é disciplinado na CLT do art. 487 ao 491. Os preceitos são imperativos, insuscetíveis de renúncia pelas partes (**Súmula n. 276 do TST**).

2.2. Conceito e natureza jurídica

O aviso prévio pode ser **conceituado** como a comunicação que uma parte faz a outra, avisando-lhe que pretende proceder à dissolução do contrato de trabalho por prazo indeterminado.

---

(5) OLIVEIRA, José César. "Factum principis", força maior e temas correlatos. *In*: *Curso de Direito do Trabalho. Estudos em memória de Célio Goyatá.* v. 2, 3. ed., 1997, p. 485. Coord.: Alice Monteiro de Barros.

Ele é um instituto jurídico bilateral, podendo ser concedido tanto pelo empregado como pelo empregador, dependendo de quem toma a iniciativa da ruptura do contrato.

O aviso prévio poderá ser trabalhado ou pago em dinheiro o período correspondente. Na primeira hipótese terá a natureza jurídica de salário e na segunda situação terá a natureza indenizatória. Sua natureza é também legal[(6)] e traduz uma "instituição de garantia"[(7)], pois visa a evitar surpresas na dissolução do contrato. O aviso prévio poderá também ter a natureza convencional, como se infere de algumas convenções coletivas, que o alongam em determinadas situações ou estabelecem sua proporcionalidade, enquanto não se regulamenta o preceito constitucional (art. 7º, XXI).

O prazo do aviso prévio de 60 dias, concedido por meio de norma coletiva que silencia sobre alcance de seus efeitos jurídicos, computa-se integralmente como tempo de serviço, nos termos do § 1º dp art. 487 da CLT, repercutindo nas verbas rescisórias (OJ n. 367 da SDI-1 do TST).

2.3. Finalidade

A **finalidade** do aviso prévio é impedir que as partes sejam pegas de surpresa com a ruptura brusca do contrato indeterminado. O período a ele alusivo propicia ao empregado pré-avisado a procura de um novo emprego para prover sua subsistência e ao empregador pré-avisado a substituição do empregado que pretende se desligar, evitando o decréscimo da produção. Como nos contratos por prazo determinado já se sabe a data da sua extinção, não há que se falar em surpresa e, portanto, não cabe aviso prévio. Se, entretanto, o pacto contiver a cláusula do direito recíproco de rescisão antecipada, e a parte dela se utilizar, rompendo o ajuste antecipadamente, o contrato passará a reger-se pelas normas próprias dos ajustes por prazo indeterminado, como prevê o art. 481 da CLT.

2.4. Presunção gerada pelo aviso prévio concedido

A parte que recebeu o aviso prévio goza da presunção relativa de não ter incorrido na prática de justa causa.

2.5. Duração do aviso prévio

A duração do aviso prévio será, no mínimo, de 30 dias, havendo previsão constitucional para o aviso prévio proporcional ao tempo de serviço (art. 7º, XXI). Acontece que a matéria não é autoaplicável, dependendo de regulamentação, a teor da **Orientação Jurisprudencial n. 84 da SDI-1 do TST**.

Antes da Constituição de 1988, o aviso prévio poderia ser de oito dias, desde que se tratasse de empregado com menos de um ano de serviço e que recebesse salário por semana ou tempo inferior. Essa hipótese foi revogada pela Constituição de 1988, ao prever o aviso prévio de, no mínimo, 30 dias.

---

(6) MARTINS NETO, Modestino. *Manual de Aviso Prévio*. Rio de Janeiro: Edições Trabalhistas, 1972, p. 41. PIMPÃO, Hirosé. *Aviso Prévio*. Rio de Janeiro: José Konfino Editor, 1958, p. 80.

(7) SALVADOR ALARCON Y HORCAS. *Código del Trabajo*, 1º v., Madrid, 1927, p. 238, *apud* RUSSOMANO, Mozart Victor. *O Aviso Prévio no Direito do Trabalho*. Rio de Janeiro: José Konfino Editora, 1961, p. 17.

A jornada normal de trabalho do empregado, durante o aviso prévio concedido **pelo empregador**, será reduzida de duas horas, sem prejuízo do salário integral (art. 488 da CLT). É facultado ao empregado trabalhar sem a redução da jornada e optar por desfrutar de sete dias corridos para a procura de um novo emprego (parágrafo único do art. 488 da CLT). A redução da jornada não poderá ser substituída por pagamento das horas correspondentes, sob pena de nulidade do aviso prévio (**Súmula n. 230 do TST**).

Em se tratando de empregado rural, a Lei n. 5.889, de 1973, assegura-lhe um dia por semana para esse fim (art. 15).

O direito à redução da jornada ou ao desfrute de sete dias corridos, em se tratando de empregado urbano, ou de um dia, em se tratando de empregado rural, destinado à procura de novo emprego, não se aplica se o aviso prévio partir do empregado para o empregador, pois presume-se que, sendo do empregado a iniciativa da ruptura do contrato, ele já tenha um novo emprego ou uma outra ocupação.

2.6. Retratação

Uma vez concedido o aviso prévio, a resilição torna-se efetiva após o transcurso do prazo, pois não se admite retratação, a não ser que a parte pré-avisada acate a reconsideração (art. 489 da CLT). Caso seja aceita a reconsideração, ou persistindo a prestação depois de expirado o prazo, o contrato continuará a vigorar, como se o aviso prévio não tivesse sido concedido (parágrafo único do art. 489 da CLT).

2.7. Dissolução do contrato

O prazo do aviso prévio é computado observando-se as regras do art. 132 do Código Civil de 2002, isto é, excluindo-se o dia do começo e incluindo-se o dia do vencimento **(Súmula n. 380 do TST)**.

Ele é devido não só na **despedida sem justa causa** do trabalhador, mas também quando o empregador praticar uma das **faltas previstas no art. 483** da CLT capazes de autorizar a **rescisão indireta** (art. 487, § 4º, da CLT) e na hipótese de **encerramento voluntário** das atividades da empresa (falência, dissolução irregular, etc.), a teor da **Súmula n. 44 do TST**. A crise econômica, a **falência** ou a **recuperação** de empresa são situações cujos efeitos vão se produzindo aos poucos, sendo, portanto, previsíveis, não se caracterizando como força maior. Ademais, a falência deve-se indiretamente à vontade do empregador, consubstanciada numa administração infeliz.

Se a causa da dissolução do contrato for a **culpa recíproca**, o empregado tem direito, segundo a nova redação da **Súmula n. 14 do TST**, a 50% do valor do aviso prévio, como também o mesmo percentual em relação ao 13º salário e às férias proporcionais que lhe seriam devidas na despedida injusta (aplicação analógica do art. 484 da CLT). O Tribunal Superior do Trabalho atribuiu ao aviso prévio, na hipótese, natureza jurídica de indenização. No sentido atual dessa súmula já acenava o saudoso ministro Luiz Philippe Vieira de Mello, em meados da década de 60[8].

---

(8) TRT — 3ª Região — Proc. 1530/67, proferido em 19.11.67. *In*. MARTINS NETO, Modestino. *Manual do Aviso Prévio*. São Paulo: LTr, 1972, p. 127.

Caso a dissolução do contrato esteja fundada na **força maior**, o aviso prévio será indevido. A hipótese é de extinção do contrato verificada por motivo inevitável, para a qual o empregador não concorreu direta ou indiretamente. Entendimento contrário "desfigura o conceito de força maior, do qual a imprevisibilidade e a irresistibilidade fazem parte". E se não bastasse, convém salientar que "o pré-aviso pressupõe conhecimento antecipado do evento que se dará, o que é impossível, em se tratando de força maior"[9]. Indaga-se, a propósito, sobre qual o prazo que teria o empregador para pré-avisar um empregado diante de um maremoto, um terremoto, uma inundação, uma invasão inimiga, um furacão, etc.

Se o contrato extingue-se por ***factum principis***, o empregado fará jus ao aviso prévio? O *factum principis* consiste na paralisação temporária ou definitiva do trabalho motivada por ato de autoridade municipal, estadual ou federal, ou pela promulgação de lei ou resolução que impossibilita o prosseguimento da atividade empresarial. Nessa situação, a indenização de antiguidade prevista na CLT ficaria a cargo do governo responsável (art. 486 da CLT). Como o aviso prévio terá feição indenizatória, nesse caso de cessação do contrato, segundo uma vertente doutrinária, sustenta-se que se deve conceder o aviso prévio ao empregado, mas como ônus da autoridade mencionada anteriormente. Outros afirmam que o *factum principis* é modalidade de força maior, logo não há aviso prévio[10]. Compartilhamos dessa tese.

Na **extinção** do contrato de trabalho por **morte** do empregado, também não há, evidentemente, aviso prévio. O contrato rompeu-se por circunstâncias alheias à vontade das partes. Da mesma forma, se o empregado se **aposenta** espontaneamente, não há que se falar em aviso prévio. Se ele continua trabalhando, o contrato persiste (maiores considerações sobre o assunto poderão ser encontradas no Capítulo sobre **Fundo de Garantia do Tempo de Serviço**).

Na hipótese do § 1º do art. 483 da CLT, o legislador autoriza o empregado a suspender ou rescindir o contrato, quando tiver que desempenhar obrigações legais incompatíveis com a continuidade do vínculo empregatício. Aqui também, na hipótese de o empregado rescindir o contrato de trabalho com motivo legal, está isento do dever de pré-avisar o empregador ou indenizá-lo, o mesmo ocorrendo na hipótese do § 2º do art. 483 da CLT, que faculta ao empregado rescindir o contrato no caso de morte do empregador constituído em empresa individual[11].

À luz do art. 424 da CLT, que autoriza o responsável legal do menor a afastá-lo de empregos que diminuam o seu tempo de serviço ou afetem sua integridade física ou moral, entendemos também que não há o encargo de pré-avisar o empregador, pois a dissolução do contrato ocorreu por um motivo justo.

---

(9) PIMPÃO, Hirosé. *Aviso prévio*. Rio de Janeiro: José Konfino Editor, 1958, p. 209. MARTINS NETO, Modestino. *Manual do Aviso Prévio*. São Paulo: LTr, 1972, p. 138. RUSSOMANO, Mozart Victor. *O Aviso Prévio no Direito do Trabalho*. Rio de Janeiro: José Konfino Editora, 1961, p. 230. PIMPÃO, Hirosé. *Aviso Prévio*. Rio de Janeiro: José Konfino Editora, 1958, p. 209-210.

(10) MARTINS NETO, Modestino. *Op. cit., passim*.

(11) RUSSOMANO, Mozart Victor. *Comentários à Consolidação das Leis do Trabalho*. 1º vol. *Op. cit.*, p. 566.

2.8. Estabilidade provisória

Caso o empregado esteja em gozo de estabilidade provisória, o empregador deverá esperar escoar esse prazo para só então conceder o aviso prévio (**Súmula n. 348 do TST**).

Se, entretanto, o fato gerador da estabilidade provisória, como, por exemplo, o registro da candidatura de um dirigente sindical ou a confirmação da gravidez da empregada, ocorrer no curso do aviso prévio trabalhado ou indenizado, a jurisprudência preponderante do Tribunal Superior do Trabalho denega a garantia de emprego, ao argumento de que o aviso prévio já se encontra sujeito a um termo. É o que se infere desta ementa:

> "Agravo regimental. Estabilidade provisória da gestante adquirida no curso do aviso prévio. A jurisprudência firmada no âmbito da Seção de Dissídios Individuais desta Corte não admite a aquisição de estabilidade provisória no período do aviso prévio, pois a superveniência durante o transcurso do aviso prévio de qualquer fato impeditivo da resolução contratual, no caso, a garantia de emprego da empregada gestante, ainda que desconhecidos à época da despedida, não impossibilita a rescisão do contrato de trabalho, eis que já sujeito a um termo. Agravo Regimental desprovido". TST-AGERR 349237/97. SDI-1. Rel.: Min. Vantuil Abdala. DJ 18.12.98, p. 95.

Nesse sentido consolidou-se a jurisprudência por meio da **Súmula n. 369, inciso V,** do TST.

2.9. Aviso prévio e sua projeção no tempo de serviço. Indenização adicional

Cumpre frisar que o aviso prévio trabalhado ou indenizado integra **sempre** o tempo de serviço do empregado. Logo, se durante o período do aviso prévio, ainda que indenizado, advier um reajuste salarial para a categoria, o trabalhador fará jus a ele, com amparo no § 6º do art. 487 da CLT. Da mesma forma, o período do pré-aviso sofrerá incidência dos recolhimentos para o Fundo de Garantia, seja trabalhado ou indenizado (**Súmula n. 305 do TST**). Ressalte-se, ainda, que o aviso prévio, trabalhado ou pago em dinheiro, projeta-se para fins de quitação da indenização adicional prevista no art. 9º da Lei n. 6.708, de 30 de outubro de 1979 (**Súmula n. 182 do TST**).

A indenização adicional prevista no art. 9º da Lei n. 6.708, de 30 de outubro de 1979, consiste no pagamento de um salário mensal, acrescido dos adicionais legais ou convencionais (**Súmula n. 242 do TST**), ao trabalhador que for dispensado sem justa causa, ou por motivo autorizador de rescisão indireta, às vésperas do reajuste salarial da categoria profissional, isto é, nos 30 dias anteriores a esse reajuste.

O aviso prévio, seja trabalhado, seja indenizado, projeta-se como tempo de serviço para fins dessa indenização (**Súmula n. 182 do TST**). Daí se infere que se o empregado for comunicado da dispensa em 20 de agosto, ocorrendo o reajuste da categoria (data-base) no dia 2 de setembro, com a projeção do aviso prévio, a relação jurídica terminará no dia 19 de setembro. Nesse caso, não haverá indenização adicional, pois a dispensa só se efetivou quando já ultrapassados os 30 dias do reajuste. As verbas rescisórias serão pagas com o novo salário (advindo do reajuste).

Outra será a situação se a comunicação da dispensa ocorrer no dia 20 de julho. Aí sim, com a projeção do aviso prévio, a relação jurídica terminará no dia 19 de agosto, dentro dos 30 dias que antecedem o reajuste. Em consequência, a indenização adicional será devida. Se o empregador limitou-se a pagar as verbas rescisórias com base no novo salário, como determina o § 6º do art. 487 da CLT, terá que pagar ainda a indenização adicional (Acórdão TST — 5ª Turma — RR-61.562/2002-900-01-00. Relª: Juíza Convocada Rosita de Nazaré S. Nassar. DJ 22.10.2004). Não há que se falar em compensação com o que houver pago a título de verbas rescisórias (**Súmula n. 314 do TST**), pois as duas parcelas são de natureza diversa.

À luz da **Orientação Jurisprudencial n. 82 da SDI-1 do TST**, a data de saída a ser anotada na CTPS do empregado deverá corresponder à do término do aviso prévio, ainda que indenizado. Em consequência, o prazo prescricional começará a fluir no final da data do término do aviso prévio (**Orientação Jurisprudencial n. 83 da SDI-1 do TST**).

2.10. Aviso prévio indenizado. Prazo de pagamento das verbas rescisórias

O período correspondente ao aviso prévio, ainda que indenizado, integra sempre o tempo de serviço do empregado, para todos os efeitos legais, projetando-se a relação jurídica até a expiração do prazo do aviso (art. 487, § 1º, da CLT). Nessa linha de ideias são as **Súmulas n. 182 e 305 do TST**, bem como o art. 487, § 6º, da CLT.

A posição da jurisprudência dominante do TST é a de que, sendo o aviso prévio cumprido em casa, a teor da alínea "b", do § 6º, do art. 477 da CLT, o prazo para pagamento das verbas rescisórias é até o décimo dia da notificação da despedida (**Orientação Jurisprudencial n. 14 da SDI-1 do TST**). Não sendo respeitado o prazo, a multa em tela se impõe.

2.11. Justa causa no curso do aviso prévio

A justa causa praticada pelo empregado no curso do aviso prévio produzirá os mesmos efeitos que produziria se o contrato estivesse em vigor, pois o aviso prévio é considerado sempre tempo de serviço. Abre-se uma exceção para a falta configuradora do abandono de emprego, que, se praticada no curso do aviso prévio, retirará do trabalhador apenas o direito aos salários do restante do período (**Súmula n. 73 do TST**), e não a outras parcelas, como férias e 13º proporcionais e saque do FGTS, acrescido de multa de 40%. A falta é relevada, pressupondo-se que a ausência prolongada do trabalhador é, provavelmente, consequência do fato de ter obtido um novo emprego ou ocupação. Em sendo assim, o aviso prévio cumpriu a sua finalidade, inexistindo razão para que as demais verbas rescisórias sejam retiradas.

2.12. Doença no curso do pré-aviso

Na hipótese de doença do empregado no curso do aviso prévio, suspende-se a fluência do respectivo prazo, de modo que, a teor da **Súmula n. 371 do TST**, os efeitos da dispensa só se concretizarão depois de expirado o benefício previdenciário.

Isso porque o contrato de trabalho, durante o aviso prévio, ainda que indenizado, está em plena vigência, substituindo a relação jurídica e seus efeitos até a expiração do prazo do aviso. A doença ocorrida durante o aviso prévio, portanto, suspende o seu curso, e o cumprimento do restante do pré-aviso deverá ocorrer após o término do auxílio-doença[(12)].

O raciocínio está em consonância com a finalidade do aviso prévio, pois se o empregado encontra-se em gozo de auxílio-doença não poderá procurar um novo emprego. Logo, cessado o benefício previdenciário, o prazo restante do aviso prévio recomeça a fluir, permitindo ao empregado a procura de um novo emprego.

2.13. Remuneração do aviso prévio

O cálculo do aviso prévio indenizado será feito tomando-se por base não só o salário mensal, mas também as horas extras habitualmente prestadas, conforme § 5º do art. 487 da CLT.

Cumpre lembrar que o cálculo do aviso prévio indenizado não sofre a incidência das gorjetas, como se infere da **Súmula n. 354 do TST**, tampouco das gratificações semestrais (**Súmula n. 253 do TST**).

2.14. Irrenunciabilidade

O aviso prévio é irrenunciável, dispondo a **Súmula n. 276 do TST** que: "o pedido de dispensa de cumprimento não exime o empregador de pagar o valor respectivo, salvo comprovação de haver o prestador de serviços obtido novo emprego".

O atraso no pagamento das verbas rescisórias enseja multa.

2.15. Aviso prévio indenizado e contribuição previdenciária

A contribuição previdenciária não incide sobre o valor referente ao aviso prévio indenizado assegurado ao empregado cujo caráter era eminentemente indenizatório e não remuneratório, pois não havia trabalho prestado nesse período de pré-aviso, encontrando-se o pagamento do prazo previsto em lei com o objetivo de obter um novo emprego (cf. TST-RR-578/2004-039-01-001, 8ª T., Rel. Min. Dora Maria da Costa, DJU 19.12.2008). Nesse sentido era o art. 214, § 9º, V, *f*, do Decreto n. 3.048/99 revogado em 12.1.09 pelo Decreto n. 6.727/09.

Independentemente da alteração acarretada pelo Decreto n. 6.727, de 2009, cumpre ressaltar que ele não se sobrepõe à Lei Federal, consoante o art. 195 da Constituição, afastando-se a contribuição previdenciária sobre aviso prévio indenizado e não remunerado na forma do art. 28, inciso I, da Lei n. 8.212/09 (cf. Decisão TST 8ª,

---

(12) "**Aviso prévio. Doença superveniente**. Prorrogação do contrato de trabalho. O tempo do aviso prévio indenizado é integrante do contrato de trabalho para todos os efeitos legais. A superveniência de doença do empregado, com o respectivo auxílio-doença, suspende a fluição do aviso prévio, tornando a rescisão contratual efetiva somente após o transcurso do respectivo prazo, que começa a fluir após a cessação do benefício previdenciário. Recurso conhecido e provido parcialmente". TST-RR-85593/93 — 2ª T. — Rel.: Min. Hylo Gurgel. DJ 18.8.1995, p. 25.252.

com amparo na SBDI-2, Rel. Min. Dora Maria da Costa, DETJ 7.4.2009, decisão). Outra vertente jurisprudencial assevera que diante da alteração ocorrida com a entrada em vigor do Decreto n. 6.727, de 12.1.09, revogou-se a alínea "f" do inciso V do § 9º do art. 214 do Decreto n. 3.048/99, passando com isso o aviso prévio indenizado a integrar a base de cálculo no cômputo da contribuição previdenciária (TRT-3ª R., 4ª T., RO 01167-2003-111-03-00-4, 4ª T., Rel. Juiz Luiz Otávio Linhares Renault, data da pub. 26.10.09).

3. MULTA EM DECORRÊNCIA DE ATRASO NO PAGAMENTO DAS VERBAS RESCISÓRIAS

Prevê o art. 477, § 8º, da CLT que o atraso no acerto das verbas rescisórias por parte do empregador, implica multa em favor dos cofres públicos (160 BTN) e do empregado em valor equivalente ao seu salário, devidamente corrigido, salvo se comprovadamente o trabalhador der causa à mora. A multa em favor do empregado procede mesmo que o empregador seja pessoa jurídica de direito público (**Orientação Jurisprudencial n. 238 da SDI-1 do TST**). Há quem sustente que a multa deva ser calculada na proporção dos dias de mora provocada pelo empregador, ou seja, à razão de 1/30 avos por dia de atraso[13]. Divergimos desse entendimento, uma vez que a lei não estabelece essa proporcionalidade, sendo vedado ao intérprete fazê-lo.

Para que o empregador fique isento da multa, mister que o pagamento das verbas rescisórias se verifique: até o primeiro dia útil imediato ao término do contrato (art. 477, § 6º, "a", da CLT); ou até o décimo dia, contado da data da notificação da demissão, quando da ausência do aviso prévio, indenização do mesmo ou dispensa de seu cumprimento (art. 477, § 6º, "b", da CLT).

A jurisprudência majoritária do TST, consubstanciada na **Orientação Jurisprudencial n. 14 da SDI-1**, entende que, na hipótese de aviso prévio cumprido em casa, o prazo para pagamento das verbas rescisórias é até o décimo dia da notificação da despedida. Incide na hipótese a alínea "b", do art. 477, § 6º, da CLT e a Instrução Normativa n. 2, de 12.3.92, do MTPS/SNT, sob pena de multa moratória[14].

---

(13) TRT — 8ª Região, 2ª T. — RO 3.310/93, Rel.: Juiz Vicente Fonseca, assinado em 14.1.94. BOMFIM, Calheiros B. *Dicionário de Decisões Trabalhistas*. 25. ed., p. 510.

(14) Sustentávamos, em várias decisões, ponto de vista diverso. Isto, porque quando a resilição contratual é de iniciativa do empregador, o período correspondente ao aviso prévio, ainda que indenizado, integra sempre o tempo de serviço do empregado, para os efeitos legais, projetando-se a relação jurídica até a expiração do prazo do aviso (art. 487, § 1º da CLT). Nessa linha de ideias são a **Súmula** n. 182 do TST e as **Orientações Jurisprudenciais** n. 82 e 83 do citado Tribunal. Dessa forma, mesmo quando convertido o pré-aviso em dinheiro, sem exigência de prestação de serviços, o contrato, gerador da relação empregatícia, só terminará quando expirado o prazo do aviso prévio, devendo o pagamento das verbas rescisórias ser efetuado até o primeiro dia útil imediato ao término do contrato, nos termos da alínea "a" do art. 477, § 6º da CLT, e não no décimo dia contado da indenização do aviso prévio, porquanto a alínea "b" do referido artigo, quando estabelece esse prazo, refere-se à demissão, ou seja, resilição contratual de iniciativa do empregado (sobre o significado do termo demissão cf. MARANHÃO, Délio. *Direito do Trabalho*. Ed. Fundação Getúlio Vargas, 7. ed., p. 223. GOMES, Orlando & GOTTSCHALK, Elson. *Curso de Direito do Trabalho*, 1971, p. 336. NASCIMENTO, Amauri Mascaro. *Curso de Direito do Trabalho*, 1989, p. 384). Essa exegese está em consonância com o princípio da razoabilidade, e impossibilita que o empregado receba as verbas decorrentes de uma dispensa injusta e, em seguida, ainda no curso do contrato, pratique justa causa, inviabilizando o estorno das verbas quitadas (**Súmula** n. 73 do TST), porquanto a falta não opera efeitos *ex tunc*. Outros

Na hipótese de o sindicato recusar-se a proceder a homologação, na forma do art. 477 consolidado, não se afasta a multa correspondente, uma vez que o empregador poderia recorrer ao Ministério do Trabalho ou ajuizar ação consignando o valor, liberando-se da quitação das verbas rescisórias. Permanecendo inerte até que o obreiro ajuizasse a ação, arcará com os ônus da multa, a qual só será indevida se o trabalhador comprovadamente der causa à mora. Em decisão alusiva ao RR-789.504/01, a 2ª Turma do TST também não isentou o empregador de multa por atraso na rescisão, pelo fato de os empregados encontrarem-se em greve. Entendeu-se que o empregador poderia ter-se valido de vários meios para proceder à quitação das verbas, o que não ocorreu.

Há julgados sustentando que a **controvérsia processual** estabelecida no tocante à relação empregatícia ou alusiva **à causa de cessação do contrato** (arguição de justa causa) são suficientes para tornar inaplicável a multa prevista no art. 477, § 8º da CLT, por descumprimento do prazo para quitação das verbas rescisórias[15]. Nesse sentido era a OJ n. 351 do TST, hoje cancelada.

Divergimos da tese esposada. Ora, o texto legal não contém essas exceções, limitando-se a tornar a multa indevida apenas quando **o trabalhador, comprovadamente, der causa à mora.**

É sabido que o referido dispositivo legal foi introduzido com a Lei n. 7.855, de 24 de outubro de 1989 e, sem dúvida, representou uma conquista da classe trabalhadora, que, até então, e salvo disposição contida em norma coletiva, teria que aguardar indefinidamente o pagamento das verbas decorrentes de uma dispensa injusta, sem que o empregador sofresse qualquer sanção de uma cláusula penal. Era assegurado ao trabalhador apenas o recurso ao judiciário, que lhe garantia a incidência de juros e correção monetária, os quais, em país de inflação acelerada e incontida, não lhe reporiam, jamais, o valor real das parcelas devidas.

Verifica-se, pois, que o legislador já chegou com atraso, trazendo um mínimo para o obreiro. E *data venia*, não cabe ao intérprete negar a lei, decidir o contrário do que ela estabelece, pois o papel da jurisprudência é o aperfeiçoamento do Direito, é o reconhecimento do que já existe.

Segundo a lição de Carlos Maximiliano, em sua clássica obra *Hermenêutica e Aplicação do Direito*, "as exceções é que se não deixam ao arbítrio do intérprete;

---

aplicam esse raciocínio apenas quando se trata de aviso prévio concedido para ser cumprido em casa; nessa hipótese, sustentam que a situação favoreceu ao trabalhador, pois, ao invés de contar com 2 horas de redução da jornada, pode usufruir das 8 horas de trabalho para a procura de novo emprego. Assim, entendem que o prazo para o pagamento das verbas rescisórias é o do art. 477, § 6º, alínea "a", consolidado.

Veja-se, nesse sentido, a jurisprudência a seguir: "**Aviso prévio. Cumprimento em casa. Hipótese não prevista na alínea 'b', § 6º do art. 477 da CLT.** Aplica-se, no caso, o prazo previsto na alínea 'a' do supracitado artigo, levando-se em conta, também, que a situação foi mais benéfica ao empregado, pois, ao invés de contar com a redução de duas horas na jornada, pode usufruir integralmente das oito horas, para encontrar novo emprego. Recurso a que se nega provimento". TST—RR-63.021/92.4 — Ac. 1ª T. — 1.257/93 — Rel.: Min. Indalécio Gomes Neto — Publicado em 28.5.93.

(15) "**Art. 477, § 8º, da CLT — Parcelas rescisórias. Vínculo empregatício. Controvérsia.** A multa prevista no art. 477, § 8º da CLT, refere-se exclusivamente ao atraso no pagamento de parcelas rescisórias incontroversas. Derivando as parcelas rescisórias de matéria controvertida no processo, referente ao reconhecimento em juízo de vínculo empregatício, indevido o pagamento de multa". TST — E-RR-423.159/1998 — SDI-1 — Rel.: Min. João Oreste Dalazen. DJ 10.9.2004. À luz da OJ n. 351 do TST "a multa será incabível quando houver fundada controvérsia quanto à existência da obrigação cujo inadimplemento gerou a multa". Ocorre que a OJ foi cancelada em nov. 2009.

devem ser expressas e, ainda assim, compreendidas e aplicadas estritamente" (p. 81 da 9ª edição).

Ora, na hipótese do § 8º do art. 477, a única exceção para que o empregador fique isento da multa é que o trabalhador, frise-se, comprovadamente, **dê causa à mora**. Não se incluiu, na exceção, relação jurídica controvertida, tampouco discussão em torno da causa da cessação do contrato(16).

E note-se que, no final do § 8º do art. 477 consolidado, o legislador nem mesmo usou o termo empregado, mas trabalhador, **estando aí incluído mesmo aquele cuja relação jurídica é controvertida**.

Antes de se invocar qualquer aspecto da hermenêutica, como a autointegração por via de analogia, por exemplo, cumpre ressaltar que a existência de normas jurídicas importa "no reconhecimento oficial da necessidade de uma direção, em proclamar que a vida social não pode prescindir de regras obrigatórias" (cf. Paul Vander Eyecken — *Méthode Positive de l'Interprétation Juridique*, 1907, p. 3).

E essa circunstância se sobressai, principalmente, no Direito do Trabalho, impregnado de normas imperativas, de força cogente, que surgem, propositadamente, para compensar, com uma desigualdade jurídica, a desigualdade econômica do trabalhador, a fim de tornar efetivo esse Direito Especial.

Logo, não vemos como admitir que a controvérsia torne inaplicável o preceito em questão, pois o legislador assim não dispôs e, quando pretendeu, ele o fez expressamente no art. 467 da CLT.

Se não há lacuna na lei, se a razão jurídica da norma não é a mesma, não há como recorrer ao processo de autointegração por meio da analogia *legis*.

Nem mesmo a analogia *iuris* poderia ser invocada, como se procede no tocante ao indeferimento da rescisão indireta, quando a relação de emprego é controvertida, pois há aí um fim de maior relevância, traduzido pelo princípio da continuidade da relação de emprego, ausente no caso em questão.

E nem se diga que, controvertida a relação jurídica, o empregador não poderia pagar as verbas rescisórias. Ora, tal circunstância traduz um risco do empreendimento econômico, que, de acordo com o art. 2º do texto consolidado, deverá ser suportado pelo empregador.

Por outro lado, uma vez reconhecido o liame empregatício, deve-se atribuir ao trabalhador a totalidade dos direitos assegurados nas normas trabalhistas e de imediato. Contemplar o empregador, no caso infrator, com a isenção da multa, implicaria injustiça em relação ao que desde o início reconheceu o pacto laboral, com todos os seus ônus.

---

(16) "**Multa do art. 477, § 8º, da CLT. Verbas rescisórias deferidas em juízo**. Como se infere da letra da Lei (art. 477, § 8º, da CLT), a multa pelo atraso no pagamento das parcelas a que faz jus o empregado por ocasião da rescisão contratual somente não será devida quando ele mesmo **der causa à mora**. Assim, merece reforma a Decisão embargada, porque o fato de a controvérsia acerca da forma de contratação e da ruptura do pacto, com o consequente deferimento de verbas rescisórias, ter sido dirimida apenas em juízo, não exclui o direito à referida multa, já que não pode tal fato ser equiparado à mora atribuível ao Reclamante. Embargos conhecidos e providos". TST-ERR-804.129/2001 — Ac. SDI-1 — Rel.: Min. José Luciano de Castilho Pereira. DJU 2.4.2004.

Tudo o que foi dito se aplica quando o contrato se extingue por aposentadoria do trabalhador, que é também modalidade de cessação de contrato de trabalho[17].

3.1. Multa e decretação de falência

A jurisprudência predominante no TST é no sentido de considerar inaplicável a multa a que alude o art. 477, § 8º da CLT, à empresa que se encontra em processo de falência, em face de sua indisponibilidade financeira para efetuar o pagamento dos salários e verbas rescisórias fora do Juízo falimentar. O mesmo raciocínio o TST adota, ao excluir a aplicação do art. 467 da CLT quando, na data da primeira audiência na Justiça do Trabalho, a empresa já havia tido sua falência decretada (**Súmula n. 388 do TST**).

Esse preceito legal, com a nova redação dada em 2001, determina, em caso de rescisão do contrato de trabalho, que o empregador deva pagar ao empregado, à primeira vez que comparecer à Justiça do Trabalho, a parte incontroversa das verbas rescisórias, sob pena de quitá-las acrescidas de 50%.

Consideramos que **a decretação da falência** também não impede a aplicação da sanção prevista nos dispositivos legais supracitados (art. 477, § 8º, e 467 da CLT), porque aquela traduz um risco inerente ao empreendimento econômico e, portanto, deve ser suportado exclusivamente pelo empregador, mormente se considerarmos que os créditos trabalhistas são privilegiados, preferindo até mesmo aos créditos de natureza fiscal. Entendemos, portanto, ser manifesta a intenção do legislador em resguardar o cumprimento da legislação social, mesmo em se tratando de massa falida ou recuperação de empresa. Ressaltamos que, à luz do TST, esse nosso entendimento não encontra guarida. Saliente-se que a nova Lei de Falências limita a 150 salários mínimos o privilégio dos créditos do empregado, frise-se.

3.2. Multa pelo descumprimento de norma coletiva. Obrigação assegurada em lei

O descumprimento de qualquer cláusula constante de instrumentos normativos diversos não submete o empregado a ajuizar várias ações, pleiteando em cada uma o pagamento da multa referente ao descumprimento de obrigações previstas nas cláusulas respectivas. A multa procede mesmo quando a cláusula da norma coletiva preveja obrigação que traduza mera repetição de texto legal (**Súmula n. 384, incisos I e II** do TST).

3.3. Multa a que se refere o art. 652 da CLT. Penalidades administrativas impostas na forma do art. 114, VII, da Constituição vigente

O Tribunal Superior tem sustentado que o art. 652, "d", da CLT, não autoriza o Tribunal Regional a aplicar multa pelo descumprimento de obrigação trabalhista em

(17) "**Extinção do contrato por aposentadoria. Multa do § 8º do art. 477 da CLT**. Não precisava o legislador trabalhista se referir à extinção do contrato de trabalho em razão da aposentadoria nos parágrafos do art. 477 da CLT. Estes sempre se referiram ao termo de rescisão e recibo de quitação. Portanto, independente da modalidade ou causa da extinção do contrato, em havendo verbas a serem quitadas ao empregado, serão observados os prazos das alíneas 'a' e 'b' do § 6º do enfocado art. 477 consolidado, conforme as hipóteses nele preconizadas. Inadimplidos os prazos pelo empregador, é cabível a multa prevista no § 8º do mesmo artigo, pela inocorrência da excludente contida no final desse mesmo parágrafo". TRT — SP 02930288803 — Ac. 9ª T. 15.819/95 — Rel.: Juiz Gilberto Alain Baldacci — DOE 17.5.95. *Revista Synthesis* 22/96, p. 283.

época própria, pois as multas que podem ser aplicadas são as que decorrem de lei ou norma coletiva, não se encontrando aí incluída a recomposição do valor real do crédito trabalhista não satisfeito na época própria, devendo-se recorrer para tal fim à Lei n. 8.177, de 1991, e não ao citado diploma consolidado (TST — 1ª T. — RR 5.723/93, Rel.: Min. Afonso Celso, DJU 9.12.94, p. 34.224; TST — 2ª T. — RR 94.024/93, Rel.: Min. Hylo Gurgel, DJU 9.12.94, p. 34.237, *in* Calheiros Bomfim. *Dicionário de Decisões Trabalhistas*, 25. ed., p. 501, 503 e 505).

À luz do art. 114, inciso VII, da Constituição da República de 1988, as ações relativas às penalidades administrativas impostas aos empregadores pelos órgãos de fiscalização das relações de trabalho, aí compreendidas as multas impostas pelo Ministério do Trabalho, serão de competência da Justiça do Trabalho. Cumpre ressaltar que compete à Justiça do Trabalho executar as ações alusivas a essas multas e não aplicá-las (Emenda Constitucional n. 45, de 2004).

3.4. Multa estipulada em cláusula penal

Na hipótese de a multa ter sido estipulada em cláusula penal, ainda que diária, não poderá ser superior à obrigação principal corrigida, por força do art. 412 do Código Civil de 2002, aplicado subsidiariamente, conforme autorizado pelo art. 8º da CLT. Dispõe o citado art. 412 que o valor da cominação imposta em cláusula penal, ainda que diária, não excederá o valor da obrigação principal corrigida (nesse sentido é a **Orientação Jurisprudencial n. 54 da SDI-1 do TST**).

3.5. Multa na litigância de má-fé

Finalmente, cumpre salientar que a multa a que alude o art. 601 do CPC alusiva à litigância de má-fé só tem aplicação na fase de execução e não na fase de conhecimento (cf. neste sentido TST-E-RR-246.362/96.5, Ac. SDI-1- Rel.: Min. Vantuil Abdala — *Revista Trabalho e Doutrina*, n. 23, dez. 1999, p. 209).

3.6. Multa. Pessoa jurídica de direito público

À pessoa jurídica de direito público aplica-se a multa do art. 477 da CLT; ao contratar e desrespeitar o prazo para pagamento das verbas rescisórias, equipara-se a qualquer particular, no que tange a direitos e obrigações, despojando-se do *jus imperii* (**Orientação Jurisprudencial n. 238 da SDI-1 do TST**).

4. QUITAÇÃO. HOMOLOGAÇÃO. EFICÁCIA LIBERATÓRIA

A CLT prevê certas formalidades para a quitação dos créditos trabalhistas. Assim, o pagamento do salário deverá ser efetuado contra recibo assinado pelo empregado, ainda que menor de dezoito anos; em se tratando de analfabeto, mediante sua impressão digital ou, não sendo esta possível, a seu rogo (art. 464 da CLT). Trata-se de formalidade essencial à validade do ato que visa à absoluta certeza na quitação realizada. Preterida tal exigência, é ineficaz o recibo, a não ser que a parte confesse o percebimento do valor.

Por outro lado, os instrumentos de rescisão ou **recibos de quitação**, qualquer que seja a forma de dissolução do contrato de trabalho, terão a sua validade condicionada à especificação das parcelas e respectivos valores, sendo válida a quitação apenas relativamente às mesmas parcelas (art. 477, § 1º, da CLT). Se o empregado tiver mais de um ano de serviço, a validade do citado recibo estará condicionada, ainda, à assistência do respectivo sindicato ou do Ministério do Trabalho e, se não houver, pelo representante do Ministério Público ou, onde houver, pelo Defensor Público e, na falta ou impedimentos destes, pelo Juiz de Paz (art. 477, §§ 1º e 3º da CLT).

A **Súmula n. 330 do TST**, revendo a **Súmula n. 41**, deu nova interpretação ao citado preceito legal, dispondo que a "quitação passada pelo empregado, com assistência de entidade sindical de sua categoria, ao empregador, com observância dos requisitos exigidos nos parágrafos do art. 477 da CLT, tem eficácia liberatória em relação às parcelas expressamente consignadas no recibo, salvo se aposta ressalva expressa e especificada ao valor dado à parcela ou parcelas impugnadas. I — A quitação não abrange parcelas não consignadas no recibo de quitação e, consequentemente, seus reflexos em outras parcelas, ainda que essas constem desse recibo. II — Quanto a direitos que deveriam ter sido satisfeitos durante a vigência do contrato de trabalho, a quitação é válida em relação ao período expressamente consignado no recibo de quitação".

Isso significa que se o recibo contiver pagamento de aviso prévio, calculado com base em um salário inferior ao efetivamente recebido, o empregado deverá apor a ressalva quanto ao direito de reclamar as diferenças a esse título, sob pena de não podê-las mais reclamar(18).

Caso o empregado seja menor de 18 anos, além das formalidades previstas acima, deverá estar assistido no ato da quitação das verbas rescisórias pelos responsáveis legais (art. 439 da CLT).

Exige-se, ainda, como requisito de validade do **pedido de demissão** de empregado com mais de um ano de serviço, que ele contenha a assistência do respectivo sindicato ou do Ministério do Trabalho (art. 477, § 1º, da CLT). Se, entretanto, não existir na localidade nenhum desses órgãos, a assistência será prestada pelo representante do Ministério Público ou, onde houver, pelo defensor público e, na falta ou impedimento destes, pelo Juiz de paz.

Essa exigência não se estende aos trabalhadores empregados da União, Estado, Município, Distrito Federal, Autarquias ou Fundações de Direito Público, que não explorem atividade econômica (art. 1º, I, do Decreto-Lei n. 779, de 1969).

Por outro lado, em se tratando de trabalhador amparado pela estabilidade decenária, o pedido de **demissão** só será válido quando feito com a assistência do respectivo sindicato e, se não o houver, perante autoridade local competente do Ministério do Trabalho ou da Justiça do Trabalho (art. 500 da CLT).

Maiores considerações a respeito do tema poderão ser encontradas no capítulo sobre Renúncia e Transação.

---

(18) A propósito das conciliações perante as Comissões de Conciliação Prévia confiram capítulo próprio.

CAPÍTULO XXVIII

ESTABILIDADE E GARANTIAS PROVISÓRIAS DE EMPREGO. FUNDAMENTOS. CONCEITO. CARACTERIZAÇÃO E DISTINÇÕES. FORMAS DE ESTABILIDADE. RENÚNCIA À ESTABILIDADE. HOMOLOGAÇÃO. DESPEDIDA DE EMPREGADO ESTÁVEL. EFEITOS

1. FUNDAMENTOS

À luz da doutrina estrangeira, o direito potestativo de despedir, independentemente de controles externos, é uma expressão típica da concepção dominial de empresa, inspiradora da formação do Direito do Trabalho. Essa concepção, que destaca a posição de supremacia do empregador, encontra-se em declínio, haja vista que "o perfil do empregador — único juiz", preconizado pela jurisprudência francesa, está hoje ultrapassado. É que a empresa "socializou-se", transformando-se a estrutura de poder no organismo empresarial, em decorrência dos mecanismos negociais das condições de trabalho, da ação sindical no âmbito da empresa e dos sistemas de controle de sua gestão.

O fundamento da estabilidade reside, portanto, no fato de ser o emprego a principal fonte de subsistência do empregado e fator de equilíbrio psicológico, interferindo com valores de personalidade[(1)].

Entretanto, no Brasil, o objetivo imediato da estabilidade foi a necessidade de se assegurar o custeio do sistema previdenciário, o que só era possível com o emprego de mão de obra permanente[(2)].

2. ESCORÇO HISTÓRICO

A estabilidade no emprego surgiu no Brasil em 1923, com a lei Elói Chaves, que a instituiu para os trabalhadores ferroviários que completassem 10 anos de serviço junto ao mesmo empregador. A CLT disciplina essa matéria do art. 492 ao 500. No

(1) FERNANDES, Antônio Monteiro. *Sobre as recentes limitações ao despedimento individual — Temas Laborais*. Coimbra: Livraria Almedina, p. 87.

(2) RUSSOMANO, Mozart Victor. A Estabilidade do Trabalhador no Direito Brasileiro, *in Estudos de Direito do Trabalho*. Rio de Janeiro: José Konfino Editora, 1964, p. 96.

plano constitucional, a primeira Carta que tratou do assunto foi a de 1937; a de 1946 assegurou-a na "empresa ou exploração rural". Com a Constituição de 1967, a estabilidade no emprego passou a coexistir com o regime do Fundo de Garantia e, finalmente, a partir da Constituição de 1988, este regime tornou-se obrigatório, eliminando-se do cenário jurídico a estabilidade no emprego, ressalvado o direito adquirido dos que já eram contemplados com ela, porque já contavam com 10 anos de serviço junto ao mesmo empregador, sem terem manifestado a opção pelo FGTS.

Lembre-se que até a Constituição de 1988 o FGTS não se estendia ao trabalhador do campo. Consequentemente, hoje, é mais fácil encontrarmos empregados portadores de estabilidade decenária no meio rural do que no meio urbano, em que o FGTS já existe desde 1967. Logo, em geral, a partir desse ano, a admissão do trabalhador urbano verificava-se sob a égide do regime do FGTS. É que, embora o ingresso nesse regime fosse uma faculdade, por ser mais conveniente ao empregador, este costumava não admitir o candidato ao emprego que não assinasse a declaração de opção pelo referido regime no ato da contratação. Ingressando o empregado na empresa, na condição de optante pelo FGTS, impossível seria a aquisição da estabilidade decenária, a não ser que o regimento interno das empresas o previsse, como regra mais favorável, o que é pouco provável ou quase impossível.

3. CONCEITO DE ESTABILIDADE DECENÁRIA

A estabilidade propriamente dita, ou seja, a chamada estabilidade decenária, era uma garantia de emprego concedida a certos tipos de empregados, após completarem 10 anos de serviço junto ao mesmo empregador ou a empresa do mesmo grupo econômico, sem que manifestassem a opção pelo regime do FGTS. Essa garantia impossibilitava sua despedida sem justa causa. Na hipótese de o empregado estável fazer a opção pelo FGTS, ele renunciaria à estabilidade. Isso significa que ele poderia ser dispensado sem justa causa, desde que o empregador lhe pagasse a indenização em dobro pelo período anterior à opção pelo FGTS.

A partir de 1988, o regime do FGTS perdeu sua característica facultativa e tornou-se o regime obrigatório. Logo, apenas aos empregados que já eram estáveis à época da promulgação da Constituição de 1988, ou seja, àqueles que já possuíam pelo menos 10 anos de serviço e não tinham optado pelo FGTS, foi assegurado o direito adquirido à garantia de emprego. Encontra-se nessa situação um contingente mínimo de empregados.

4. EMPREGADOS EXCLUÍDOS DA ESTABILIDADE DECENÁRIA

Estavam excluídos da estabilidade decenária os dirigentes contratados para cargos de confiança (art. 499 da CLT) e os trabalhadores de escritórios ou consultórios de profissionais liberais (art. 507 da CLT).

O ocupante de cargo de confiança, no Brasil, embora não seja, por força de lei, destinatário de um contrato especial de trabalho, como ocorre na Itália, ocupa posição *sui generis* no Direito do Trabalho. A exclusão desse trabalhador do instituto da estabilidade decenária se justifica, porque a confiança nele depositada poderá deixar de existir em face de motivos imponderáveis, quase imperceptíveis a terceiros[3]. O cargo de confiança que inviabiliza a concessão da estabilidade é aquele que investe o seu titular em poderes de gestão, como cargos de gerente, diretor, chefe de departamento e outros análogos, com padrão mais elevado de vencimento, na forma do art. 62, II, da CLT. A confiança, nesses casos, não se confunde com aquela que deve existir entre empregados e empregadores, em geral.

Cumpre salientar, entretanto, que o período de desempenho de cargo de confiança era adicionado ao cargo efetivo, eventualmente ocupado pelo empregado, para lhe conceder a estabilidade decenária neste último.

Se, todavia, o empregado tivesse se limitado a exercer na empresa as atribuições atinentes ao cargo de confiança, ele jamais adquiriria a estabilidade, e, ao ser dispensado, receberia indenização simples, na forma prevista nos art. 477 e 478 da CLT, pouco importando contasse 10 ou mais anos de serviço junto ao mesmo empregador. Dessa forma, para cada ano trabalhado, receberia o equivalente a uma remuneração mensal.

Inexplicavelmente ficaram excluídos também da esfera normativa da estabilidade no emprego os empregados de escritório ou consultório de profissionais liberais, embora fossem estes últimos equiparados a empregador, por força do art. 2º, § 1º, da CLT.

Alguns autores[4], com o objetivo de atenuar a injustiça do legislador para com esses trabalhadores, sustentavam que o dispositivo legal acima citado não alcançava os que trabalhavam em grandes escritórios ou organizações técnicas. Ocorre que a lei não contém essa exceção, e introduzi-la por meio de um recurso de interpretação poderá violar o princípio da isonomia e conduzir a um acentuado subjetivismo na apreciação dos casos concretos.

5. DESPEDIDA OBSTATIVA DA ESTABILIDADE

A estabilidade decenária foi objeto de muitas críticas. Sustentavam que ela era um "escudo" protetor dos maus empregados e que era suscetível de fraude, pois o empregador poderia dispensar o trabalhador às vésperas de completar 10 anos de serviço, o que, de fato, ocorria com frequência, levando a jurisprudência a criar a figura da despedida obstativa da estabilidade, a qual passou a autorizar não a reintegração, mas o pagamento da indenização em dobro.

Nesse contexto, de acordo com a **Súmula n. 26 do TST**, hoje cancelada, presumia-se obstativa da estabilidade a despedida, sem justo motivo, do empregado que alcançasse nove anos de serviço na empresa. Nesse caso, o empregado tinha a seu favor a presunção de que a despedida impedia a aquisição da estabilidade, competindo ao empregador destruir essa presunção. Contando o empregado menos de nove anos de

---

(3) RUSSOMANO, Mozart Victor. *Comentários à CLT*. v. 1. 13. ed. Rio de Janeiro: Forense, 1990, p. 605.

(4) COSSERMELLI, Eduardo. *Contrato Individual de Trabalho*, p. 326 e TOSTES MALTA, Christovão P. *Comentários à Consolidação das Leis do Trabalho*, 6. ed., p. 473-474, ambos *apud* RUSSOMANO, Mozart Victor. *Comentários à CLT*. v. 1. *Op. cit.*, p. 615.

serviço junto ao mesmo empregador, a despedida obstativa poder-se-ia configurar, porém, nesse caso, o ônus da prova recairia sobre o empregado.

6. NATUREZA JURÍDICA DA ESTABILIDADE DECENÁRIA

As teorias que procuram explicar a natureza jurídica da estabilidade dividem-se em **contratuais e extracontratuais**(5).

Para os **contratualistas**, a estabilidade é uma forma de conservar o emprego e de tutelar certos interesses, em face da natureza do contrato; para os adeptos das teorias extracontratuais, a estabilidade é um instrumento de segurança social. Estão incluídas nesta última modalidade as teses da estabilidade: a) como meio para garantir ao obreiro sua sobrevivência; b) como meio para alcançar a aposentadoria; c) como tutela do direito ao trabalho; d) como direito à propriedade do emprego, partindo do pressuposto de que o emprego seria um bem jurídico incorpóreo, do qual o empregado seria o proprietário.

Além da estabilidade decenária, instituíram-se outras, intituladas, impropriamente, provisórias, garantindo o emprego ao trabalhador, dentro de limites temporais, em virtude de interesses da categoria ou de circunstâncias pessoais.

7. DISSOLUÇÃO DO CONTRATO. EFEITOS. REINTEGRAÇÃO E READMISSÃO. INDENIZAÇÃO. RENÚNCIA À ESTABILIDADE DECENÁRIA

Em princípio, convém salientar que a despedida sem justa causa do empregado estável é nula e comporta reintegração.

Na hipótese de o contrato de trabalho do empregado estável dissolver-se em decorrência de **rescisão indireta,** decretada pela Justiça do Trabalho, por ter o empregador incorrido em uma das faltas arroladas no art. 483 da CLT, o trabalhador fará jus à indenização em dobro, na forma dos art. 496, 497 e 498 consolidado.

Em caso de **fechamento do estabelecimento, filial ou agência** (por falência, dissolução irregular, liquidação extrajudicial, por exemplo), sem ocorrência de força maior, é também assegurado aos empregados estáveis que ali trabalharem indenização em dobro. Mesmo que o empregador tenha estabelecimentos em outra localidade, é facultado ao empregado estável escolher entre a indenização em dobro e a transferência (art. 498 da CLT).

Essa indenização é calculada com base na maior remuneração recebida pelo empregado na empresa, acrescida de 1/12 do 13º salário (**Súmula n. 148 do TST**) e multiplicada pelo número de anos do empregado no emprego, em dobro. Considera-se ano, para esse fim, fração igual ou superior a seis meses. Exemplificando, se o empregado contasse com 12 anos e sete meses e recebesse um salário de R$ 1.200,00, caso a empresa falisse, o empregador lhe pagaria, a título de indenização, R$ 1.200,00,

(5) CATHARINO, José Martins. *Em defesa da estabilidade.* São Paulo: LTr, p. 70.

acrescido de 1/12 (R$ 100,00), multiplicado por 26 anos (ou seja, 13 anos, arredondados, em dobro), o que equivale a R$ 1.300,00 x 26, que é igual a R$ 33.800,00.

Comprovado que a dissolução do contrato operou-se por **culpa recíproca, força maior ou aposentadoria por idade** requerida pelo empregador, sendo compulsória, a indenização será simples, ou seja, não se efetua a dobra (art. 484 e 502, I, da CLT). É o que se infere do art. 51 da Lei n. 8.213, de 24 de julho de 1991[(6)].

Na hipótese de extinção do contrato por **morte** do empregado, **saída espontânea** do trabalhador (**demissão**) ou **aposentadoria** por tempo de serviço e idade requerida pelo empregado, a indenização de antiguidade não será devida.

Lembre-se que o pedido de demissão do empregado estável deverá conter as formalidades a que alude o art. 500 da CLT, isto é, só será válido quando feito com assistência do respectivo sindicato e, se não houver, perante a autoridade local competente do Ministério do Trabalho ou da Justiça do Trabalho. A situação retratada constitui hipótese de renúncia à estabilidade, no curso do contrato.

Havendo **transação** como responsável pela cessação do contrato, a indenização correspondente ao tempo de serviço anterior ao ingresso no regime do FGTS observará o limite mínimo de 60% da indenização em dobro. Se houver recebido menos do que esse total, qualquer que tenha sido a forma de transação, assegura-se ao empregado a complementação até aquele limite (§ 2º do art. 14 da Lei n. 8.036, de 1990, e **Súmula n. 54 do TST**).

O empregado portador de estabilidade poderá ser dispensado por **falta grave**, apurada em inquérito judicial ajuizado na Justiça do Trabalho.

Se o empregador se utiliza da faculdade de suspender o empregado estável para apurar a **falta grave** contra ele invocada, deverá ajuizar o inquérito dentro de 30 dias a contar da suspensão, sob pena de decadência (art. 853 da CLT).

Julgado improcedente o inquérito, porque não comprovada a falta, o empregador deverá **reintegrar** o trabalhador no serviço, pagando-lhe os salários e demais vantagens a que teria direito pelo período do afastamento. Essa hipótese de afastamento do empregado corresponde à interrupção do contrato.

Se, todavia, ocorrer a falta mas não for ela tão grave a ponto de inviabilizar o prosseguimento da relação de emprego, autoriza-se a **readmissão** do empregado, ou seja, ele retorna às atividades com o tempo de serviço que possuía à época do afastamento, mas o período em que permaneceu fora da empresa aguardando a tramitação do inquérito não será computado como tempo de serviço para nenhum efeito legal. Nesse período, o contrato permanecerá suspenso. A figura da readmissão foi criada pela jurisprudência.

---

(6) "Lei n. 8.213, de 24.7.91. Art. 51: A aposentadoria por idade pode ser requerida pela empresa, desde que o segurado empregado tenha cumprido o período de carência e completado 70 (setenta) anos de idade, se do sexo masculino, ou 65 (sessenta e cinco) anos, se do sexo feminino, sendo compulsória, caso em que será garantida ao empregado a indenização prevista na legislação trabalhista, considerada como data da rescisão do contrato de trabalho a imediatamente anterior à do início da aposentadoria."

Insurgindo-se o empregador contra essas determinações de reintegração ou readmissão, incorrerá nas sanções a que se refere o art. 729 da CLT, isto é, "o empregador que deixar de cumprir decisão passada em julgado sobre readmissão ou reintegração de empregado, além do pagamento dos salários deste, incorrerá na multa de 1/5 (um quinto) a 1 (um) valor de referência regional por dia, até que seja cumprida a decisão".

"No caso de se **converter a reintegração em indenização dobrada**, o direito aos salários é assegurado até a data da primeira decisão que determinou essa conversão" (nova redação da **Súmula n. 28 do TST**). Essa hipótese ocorrerá quando, apesar de inocentado o empregado, surge uma incompatibilidade entre as partes, tornando inviável o prosseguimento da relação jurídica.

Constatada a **falta grave**, opera-se a resolução contratual sem direito a qualquer indenização.

8. RELAÇÃO DE EMPREGO PROTEGIDA CONTRA DESPEDIDA ARBITRÁRIA OU SEM JUSTA CAUSA À LUZ DA CONSTITUIÇÃO VIGENTE

A Constituição da República, no art. 7º, I, assegura entre os direitos do trabalhador "a relação de emprego protegida contra despedida arbitrária ou sem justa causa, nos termos de lei complementar, que preverá indenização compensatória, dentre outros direitos"(7). Ocorre que o preceito em questão não é autoaplicável, e falta vontade política para a edição da referida lei complementar.

Portanto, no estágio atual da nossa legislação, o trabalhador de empresa privada não é destinatário de tutela quanto à ocupação, sendo a dispensa um direito potestativo do empregador, salvo se, à época da promulgação da Constituição da República (5 de outubro de 1988), o empregado já fosse amparado pela estabilidade prevista no art. 492 da CLT.

9. DENÚNCIA DA CONVENÇÃO N. 158 DA OIT

Perdemos grande oportunidade de assegurar uma tutela efetiva ao emprego, quando o Brasil ratificou a Convenção Internacional n. 158 da OIT, em **1996**. Infelizmente, o Governo brasileiro denunciou esta norma internacional no mesmo ano, tendo o STF concedido liminar na ADIN-1480-3-DF suspendendo os efeitos da referida Convenção. Afirmavam alguns que ela era incompatível com o art. 7º, I, e com o art. 10, I, do ADCT da Constituição vigente, pois esses dispositivos exigiam lei complementar para regulamentar a matéria. Outros afirmavam que ela regulamentava o término da relação de trabalho pelo empregador, e não a dispensa arbitrária ou a indenização compensatória. De acordo com o art. 1º do citado instrumento internacional, dever-se-ia dar efetividade aos seus dispositivos, por lei nacional, salvo quando aplicada por meio de convenção coletiva, laudo arbitral ou sentença judicial.

---

(7) Com amparo no art. 165 da CLT, aplicado por analogia, consideramos despedida arbitrária a que não se fundar em motivo disciplinar, técnico, econômico ou financeiro.

10. OUTRAS FORMAS DE ESTABILIDADE

Há várias formas de estabilidade. Entre elas, destacam-se: a legal, a contratual, prevista em contrato individual, convenção ou acordo coletivo e a unilateral, instituída em regulamento da empresa. Estas duas últimas estabilidades são compatíveis com o regime do FGTS, o mesmo ocorrendo com as estabilidades legais provisórias. Já a estabilidade legal decenal prevista na CLT é incompatível com o FGTS (**Súmula n. 98, inciso II, do TST**). Estável o empregado, ao optar pelo FGTS, antes da Constituição de 1988, renunciava à referida estabilidade (**Súmula n. 98, II, do TST**). A equivalência entre os dois regimes é meramente jurídica e não econômica, sendo indevidos valores a título de reposição de diferenças (**Súmula n. 98, I, do TST**).

A estabilidade legal, como o próprio nome indica, advém de **preceito legal.** A estabilidade decenária vista nos tópicos anteriores é um tipo de estabilidade legal inserida no art. 492 da CLT. **A estabilidade legal poderá ser também provisória. Inclui-se nessa modalidade a estabilidade conferida: a) ao empregado dirigente sindical**, inclusive suplente, desde o registro de sua candidatura e, se eleito, até um ano após o término do mandato (art. 8º, VIII, da Constituição e art. 543, § 3º, da CLT); **b) à empregada urbana, rural, avulsa e doméstica no ciclo gravídico-puerperal**, desde a confirmação da gravidez até cinco meses após o parto (art. 10, II, "b", do Ato das Disposições Constitucionais Transitórias, e art. 4º-A da Lei n. 5.859, de 1972, alterada em julho de 2006); **c) ao empregado eleito para cargo de direção das CIPA,** cuja dispensa arbitrária é vedada desde o registro da candidatura e, se eleito, até um ano após o término do mandato (art. 10, II, "a", do Ato das Disposições Constitucionais Transitórias), estendendo-se a garantia ao suplente, a partir da Constituição de 1988, nos termos da **Súmula n. 339, inciso I do TST**; **d) ao empregado acidentado,** pelo prazo de 12 meses após a cessação do auxílio-doença acidentário (art. 169 do Decreto n. 357, de 1991); **e) aos dirigentes de cooperativas de empregados** (art. 55 da Lei n. 5.764, de 1971); **f) aos empregados, membros de Comissão de Conciliação Prévia**, titulares e suplentes, até um ano após o término do mandato, salvo se cometerem falta grave, nos termos da lei (§ 1º do art. 625-B da CLT, incluído pela Lei n. 9.958, de 12 de janeiro de 2000); **g)** aos **empregados que representam os trabalhadores no Conselho Curador do FGTS** (art. 3º, § 9º, da Lei n. 8.036, de 1990), desde a sua nomeação até um ano após o término do mandato; **h) ao representante de empregado no Conselho Nacional da Previdência Social (art. 3º, § 7º, da Lei n. 8.213, de 1991).**

Desfrutava também de estabilidade o empregado que exercesse as funções de Juiz Classista na Justiça do Trabalho[(8)], cargo que está hoje extinto.

---

(8) "**Juiz classista representante dos empregados. Estabilidade provisória.** O Juiz Classista Representante dos Empregados na Justiça do Trabalho goza da estabilidade provisória prevista no art. 543, § 3º, da CLT, como representante profissional eleito em escrutínio secreto na forma do disposto no art. 524 e seus §§ 1º e 3º da CLT, conforme determina o art. 662 desse mesmo diploma. Trata-se de exercício de cargo que decorre de eleição prevista em lei, como exige o art. 543, § 4º, da CLT, para a caracterização da representação profissional a que se atribui a estabilidade provisória em questão". TRT — 3ª R. — 2ª T. — RO 13648/01 — Relª: Juíza Alice Monteiro de Barros — DJMG 14.11.2001, p. 22.

11. GARANTIAS OU ESTABILIDADES PROVISÓRIAS DE EMPREGO

Os trabalhadores brasileiros desfrutam da chamada, impropriamente, "estabilidade provisória" ou "estabilidade especial", a qual garante o emprego, dentro de limites temporais, em virtude de interesse da categoria ou circunstâncias especiais. Muitas dessas "estabilidades provisórias" foram criação da jurisprudência e estão hoje inseridas em leis. A rigor, as hipóteses são de garantia provisória de emprego, pois, se é provisória, não poderá ser estabilidade, embora a expressão seja muito utilizada pela doutrina e pela jurisprudência.

11.1. Dirigente sindical

Dispõe o art. 543 da CLT:

"Art. 543 — O empregado eleito para cargo de administração sindical ou representação profissional, inclusive junto a órgão de deliberação coletiva, não poderá ser impedido do exercício de suas funções, nem transferido para lugar ou mister que lhe dificulte ou torne impossível o desempenho das suas atribuições sindicais.

§ 1º O empregado perderá o mandato se a transferência for por ele solicitada ou voluntariamente aceita.

§ 2º Considera-se de licença não remunerada, salvo assentimento da empresa ou cláusula contratual, o tempo em que o empregado se ausentar do trabalho no desempenho das funções a que se refere este artigo.

§ 3º Fica vedada a dispensa do empregado sindicalizado ou associado, a partir do momento do registro de sua candidatura a cargo de direção ou representação de entidade sindical ou de associação profissional, até 1 (um) ano após o final do seu mandato, caso seja eleito, inclusive como suplente, salvo se cometer falta grave devidamente apurada nos termos desta Consolidação.

§ 4º Considera-se cargo de direção ou de representação sindical aquele cujo exercício ou indicação decorre de eleição prevista em lei.

§ 5º Para os fins deste artigo, a entidade sindical comunicará por escrito à empresa, dentro de 24 (vinte e quatro) horas, o dia e a hora do registro da candidatura do seu empregado e, em igual prazo, sua eleição e posse, fornecendo, outrossim, a este, comprovante no mesmo sentido. O Ministério do Trabalho fará no mesmo prazo a comunicação no caso da designação referida no final do § 4º.

§ 6º A empresa que, por qualquer modo, procurar impedir que o empregado se associe a sindicato, organize associação profissional ou sindical ou exerça os direitos inerentes à condição de sindicalizado, fica sujeita 'a penalidade prevista na letra 'a' do art. 553, sem prejuízo da reparação a que tiver direito o empregado".

O que se entende pela expressão "cargos de administração sindical" ou "representação profissional" mencionados no *caput* do art. 543 da CLT?

A estabilidade provisória é assegurada ao administrador de sindicato, federação ou confederação de empregados, e aos detentores de representação profissional de empregados. Incluem-se entre esses os representantes dos empregados no Conselho Nacional da Previdência Social (art. 3º, § 7º, da Lei n. 8.213, de 1991), bem como os representantes de empregados no Conselho Curador do FGTS, por exercerem eles cargo de representação profissional.

11.1.1. Fundamentos da tutela ao dirigente sindical

A tutela inserida no art. 543, § 3º, da CLT destina-se aos dirigentes de entidades sindicais de empregados. Ela visa a impedir desvios intencionais no poder diretivo, capazes de comprometer as funções sindicais, e a tranquilizar os ânimos eventualmente agastados, inclusive por exacerbações no decorrer do mandato. A proteção tem em mira, em última análise, resguardar a independência do dirigente sindical no exercício do mandato, assegurando-lhe condições para a ampla defesa dos interesses da categoria que representa, sem que daí lhe advenham prejuízos no contrato de trabalho.

11.1.2. Cargos que ensejam estabilidade. Sindicato sem registro

Os cargos que ensejam a estabilidade provisória são os de direção ou administração sindical e os de representação profissional ou sindical alusiva à categoria profissional, isto é, de empregados, sendo necessário que a investidura do associado resulte de eleição, nos termos do art. 522 da CLT. Não importa se o empregado é eleito titular ou suplente. Caso o empregado não obtenha êxito nas eleições, cessa imediatamente a garantia de emprego, porquanto a extensão de um ano a que alude a lei é posterior ao cumprimento do mandato, que, nesse caso, inexistiu.

A estabilidade alcança, segundo doutrina majoritária (RUSSOMANO. *Op. cit.*, p. 658, SÜSSEKIND. *Op. cit.*, p. 612), os membros da Diretoria, do Conselho Fiscal e do Conselho de Representantes das entidades sindicais (sindicatos, federações e confederações de empregados), respeitado o limite fixado no art. 522 da CLT (**Súmula n. 369, inciso II, do TST**).

Verifica-se, portanto, que, em face do *caput* do art. 522 da CLT, os membros do Conselho Fiscal fazem parte da administração do sindicato, desfrutando das garantias previstas no art. 543 da CLT. A rigor, administrar significa gerir negócios, controlar sua eficiência para obter determinado resultado, enquanto dirigir pressupõe comando, administração. A direção pressupõe distribuição por diversos setores (cf. *Novo Dicionário Aurélio da Língua Portuguesa*. 2. ed., p. 593). Pelo que se pode constatar, os termos dirigir e administrar identificam-se. Constata-se que a situação do membro de Conselho Fiscal do sindicato é diversa da do membro do Conselho Fiscal de cooperativa de empregados. Este último é tratado em seção distinta daquela que dispõe sobre os dirigentes. Confiram, a propósito, o que escrevemos na letra "e" desse capítulo.

Acontece, porém, que o TST tem excluído a estabilidade provisória dos membros do Conselho Fiscal do sindicato, ao argumento de que não o dirigem, mas apenas fiscalizam sua gestão financeira (**Orientação Jurisprudencial n. 365 do TST de 20.5.08**).

A jurisprudência começa, acertadamente, a se inclinar no sentido de estender a **estabilidade provisória ao dirigente sindical**, mesmo quando o seu **sindicato** ainda **não esteja registrado** no Ministério do Trabalho. O relator do acórdão referente ao

RR-739.329/2001, que tramitou perante a 2ª Turma do TST, destaca o fato de a Constituição da República (art. 8º) afastar a intervenção estatal para criação, surgimento e validade de entidade sindical, exigindo apenas a base territorial municipal. Além disso, segundo o relator, se a Constituição e a CLT protegem o trabalhador a partir do registro de sua candidatura à direção do sindicato, mais necessário ainda se faz a proteção quando o sindicato se encontra em fase de formação. Em consequência, o TST[9] reconheceu aos dirigentes em questão o direito à reintegração, com o pagamento dos salários atualizados desde a dispensa até o efetivo retorno. Da mesma forma procedeu o STF (RE-205.107-1-MG — Rel.: Min. Pertence. Ac. 6.8.98 — *Revista LTr* 62-10/1357) ao deferir estabilidade provisória aos dirigentes de sindicato ainda não registrado. Alegou-se que a concessão da estabilidade provisória, no caso, se apresenta mais necessária ainda, sob pena de esvaziamento da eficácia da referida garantia.

11.1.3. Dirigentes de associação profissional

A estabilidade provisória, antes da Constituição de 1988, era assegurada aos dirigentes de associação profissional, por constituir ela o germe dos sindicatos, os quais não eram reconhecidos pelo Ministério do Trabalho sem que antes passassem pela etapa de associação (art. 543, § 3º). Excetuava-se, entretanto, o dirigente de sindicato rural, pois este, para se constituir, não necessitava passar pela fase inicial de associação para só depois transformar-se em sindicato.

Logo, se não se assegurasse a garantia de emprego aos dirigentes das associações profissionais, os sindicatos não se constituiriam, em face do temor de perder o emprego que acometeria os dirigentes.

Após a Constituição de 1988, essa exigência deixou de existir, não competindo mais ao Estado intervir na organização sindical. A partir daí, duas correntes se firmaram.

Uma delas manifestava-se favoravelmente à manutenção da garantia de emprego ao dirigente de associação profissional, sustentando que o fato de a Constituição assegurá-la aos dirigentes sindicais não significa ter havido revogação da lei ordinária: "Simplesmente a garantia desta é mais ampla"[10].

Outros sustentavam o contrário, ressaltando que a associação profissional perdera a característica de entidade pré-sindical, já que não mais se impunha autorização do Estado para a constituição do sindicato. Asseverava-se que "entendimento em sentido contrário, inclusive, possibilitaria a todo e qualquer trabalhador adquirir tal tipo de estabilidade que a Carta outorga para a criação e o funcionamento de associações (incisos XVII e XVIII do art. 5º) e candidatar-se a cargo eletivo no âmbito da empresa"[11].

---

(9) RR-739.329/2001, 2ª Turma, Rel.: Juiz Convocado José Pedro de Camargo, julgado em 5.9.2001, publicado no DJU de 9.11.2001, p. 734.

(10) NASCIMENTO, Amauri Mascaro. *Direito do Trabalho na Constituição de 1988*. São Paulo: Editora Saraiva, p. 240.

(11) Octavio Bueno Magano (*Suplemento Trabalhista LTr* 97-493/89) e Nei Frederico Cano Martins (*Suplemento Trabalhista LTr* 56-298/90).

Este último posicionamento predomina no TST, a partir da Constituição de 1988[12], por se entender que a estabilidade provisória do dirigente de associação profissional não foi recepcionada pelo texto constitucional, uma vez que os sindicatos, para serem constituídos, não precisam mais passar pelo "estágio" da associação profissional. Com base nesses argumentos, cancelou-se a **Súmula n. 222 do TST**, que garantia a estabilidade aos dirigentes de associações. Como consequência, os dirigentes de associação profissional não mais desfrutam da estabilidade provisória.

11.1.4. Delegados que dirigem seções instituídas pelo sindicato

Os associados (delegados) que dirigem seções ou delegacias instituídas pelo sindicato dentro da base territorial correspondente, para melhor proteção do interesse dos integrantes da respectiva categoria (art. 517, § 2º, da CLT) estão excluídos da tutela legal, exatamente porque **não são eleitos, mas indicados** pela direção da entidade sindical (OJ n. 369, da SDI-1 do TST).

11.1.5. O registro da candidatura do empregado e a comunicação a que alude o art. 543, § 5º, da CLT. Caracterização da estabilidade provisória

A garantia de emprego prevista no § 3º do art. 543 da CLT, hoje assegurada também em preceito constitucional (art. 8º, VIII, da Constituição da República), traduz hipótese de garantia de emprego ou estabilidade provisória, que atua como limitação temporária ao direito potestativo de resilição contratual por parte do empregador. A garantia visa a propiciar ao representante da categoria independência e segurança no exercício do mandato. O direito à estabilidade provisória de que trata o § 3º do artigo mencionado nasce com o registro da candidatura do empregado ao cargo e, se eleito, estende-se até um ano após o cumprimento do mandato. Deve a entidade sindical, nos termos do § 5º do citado dispositivo e **do inciso I da Súmula n. 369 do TST**, comunicar à empresa, em 24 horas, e por escrito, o dia e hora do registro da candidatura do empregado. A exigência do § 5º do art. 543 da CLT é forma estabelecida *ad substantiam*, e não apenas *ad probationem tantum*, apesar do informalismo que norteia o Direito do Trabalho. Isso porque a lei não contém termos inúteis. Logo, o ato jurídico só se aperfeiçoa se atendido o requisito referente à forma prescrita em lei. Ademais, se a garantia de emprego daí advinda implica limites ao direito potestativo do empregador, sua eficácia independentemente do conhecimento deste último infringe o princípio da razoabilidade, e a omissão do sindicato não poderá constituir, para o empregador, restrições ao exercício desse direito **(Súmula n. 369, inciso I, do TST)**

Caso não seja feita a comunicação em 24 horas, o empregado não adquire a estabilidade a partir do registro da candidatura. Ressalte-se, entretanto, que a estabilidade em estudo é assegurada desde o registro da candidatura até o término do mandato,

---

(12) "**Estabilidade provisória. Dirigente de associação profissional. Descabimento. Enunciado** TST n. 222. Cancelamento. Dirigente de associação profissional. Inexistente estabilidade. A parte do § 3º do art. 543 da CLT que assegurava a estabilidade ao dirigente da associação profissional não foi recepcionada pela Constituição Federal de 1988, pelo que deixa de existir o pressuposto de validade do Enunciado n. 222 do Tribunal Superior do Trabalho". TST — IUJ-ERR-109.351/94.3 — Rel.: Min. Vantuil Abdala — j. 13.8.98 — DJU 5.3.99, p. 5.

logo, a comunicação fora desse prazo, **porém no curso do contrato**, não afasta a garantia pelo período posterior à efetiva comunicação até um ano após o término do mandato, caso o empregado seja eleito (TST-E-RR-581.708/1999.1. Rel.: Min. João Batista Brito Pereira, DJU 11.2.2005, p. 428).

Corrente doutrinária em sentido contrário a esse posicionamento assevera que o fato gerador da referida estabilidade é o registro da candidatura e a assunção ao cargo de dirigente sindical, sendo a comunicação mera formalidade complementar. Sustentam os partidários dessa corrente que a formalidade citada não poderá constituir obstáculo à garantia assegurada em preceito imperativo, podendo, quando muito, isentar o empregador da multa a que alude o art. 543, § 6º, da CLT e dos salários relativos ao período compreendido entre a dispensa e a efetiva reintegração. Asseveram que entendimento contrário poderá levar ao abuso de se permitir que determinado sindicato não comunique o registro da candidatura de integrantes de eventual chapa de oposição, impedindo a estabilidade do dirigente(13).

11.1.6. Efeitos do afastamento do empregado dirigente sindical

O afastamento do empregado para exercer mandato sindical corresponde, em regra, à licença não remunerada, equivalente à suspensão do contrato de trabalho, podendo, todavia, tornar-se interrupção contratual se a empresa se obrigar ao pagamento de salários no respectivo período, por convenção entre as partes ou norma coletiva.

O empregado poderá ainda ter suspensa a execução do contrato de trabalho, sempre que o desempenho do mandato o exigir.

11.1.7. Efeitos jurídicos da dissolução contratual do empregado dirigente de sindicato. Inquérito. Antecipação de tutela

Cumpre-nos agora esclarecer se os efeitos jurídicos da despedida do empregado na espécie em exame, ou seja, em gozo da estabilidade provisória, são os mesmos da estabilidade prevista no art. 492 da CLT.

Já frisamos que o dirigente de sindicato goza de estabilidade provisória, a qual atua como fator de limitação temporária ao direito potestativo de despedir e visa a assegurar ao representante da categoria profissional autonomia e segurança no exercício do mandato. Daí a universalização da garantia consubstanciada nas Convenções n. 98 e 135 da OIT. Logo, a falta grave a ele atribuída deverá ser apurada por meio de inquérito judicial, mesmo após a Constituição da República de 1988, nos termos da **Súmula n. 197 do STF** e da **Súmula n. 379 do TST**.

Como o art. 8º, VIII, da Constituição da República de 1988 não reproduziu textualmente o § 3º do art. 543 da CLT, deixando de mencionar que a falta grave seria apurada nos termos da lei, havia quem sustentasse que o inquérito seria desnecessário. Asseveram os defensores desse ponto de vista que "o constituinte agiu de forma

---

(13) CANO MARTINS, Nei Frederico. Garantias de Emprego: questões controvertidas. *Suplemento Trabalhista*, ano XXVI, n. 56/90, São Paulo, LTr, p. 297.

proposital, coerente com a extinção deste mecanismo processual (inquérito), o qual subsiste apenas para a estabilidade decenária em atenção ao direito adquirido dos que já eram portadores dessa garantia". Nesse sentido doutrina Cano Martins[(14)]. Assim também opinou uma vertente jurisprudencial[(15)].

Divergimos dessa tese, por entendermos que o texto constitucional não atrita com a lei ordinária, tampouco com a Súmula do STF; ademais, o inquérito é uma garantia do empregado portador de estabilidade[(16)]. Nesse sentido consolidou-se a jurisprudência, por meio da **Súmula n. 379 do TST**.

Se, entretanto, a Justiça do Trabalho não reconhecer a existência da falta grave imputada ao empregado, determinará a sua reintegração, não podendo a mesma ser convertida em indenização em dobro, reparação prevista apenas para os portadores de estabilidade decenária (art. 492 da CLT).

Ressalte-se que a Lei n. 9.270, de 17 de abril de 1996, introduziu o inciso X no art. 659 da CLT, autorizando o Juiz a antecipar a tutela em reclamações trabalhistas que visem a reintegrar no emprego dirigente sindical afastado, suspenso ou dispensado injustamente pelo empregador.

11.1.8. O registro da candidatura do dirigente sindical no curso do contrato por prazo determinado

Discute-se, ainda, o alcance da regra constitucional da estabilidade provisória no caso de empregado que obteve registro de sua candidatura a dirigente sindical no curso do contrato de experiência, também conhecido como contrato de prova, ou de outro contrato determinado.

Ressalte-se que, se o empregado foi admitido mediante contrato de experiência, pressupõe-se colocar-se em regime de prova durante esse período. Por outro lado, ao firmar o contrato, as partes, antecipadamente, já sabiam a data de sua extinção.

O fato superveniente de ter o empregado obtido o registro e sido eleito para o cargo de dirigente sindical não tem o condão de se sobrepor ao limite do contrato e assegurar a manutenção do emprego a trabalhador considerado sem habilitação durante a vigência do contrato de prova, por ferir o princípio da razoabilidade.

Logo, se de um lado a proteção à garantia do emprego se impõe, de outro, não se pode esquecer a boa-fé do empregador, que ajustou contrato experimental, por prazo

---

(14) Garantias de Emprego — questões controvertidas, *Suplemento Trabalhista LTr*, São Paulo, n. 56/90, p. 297.

(15) "**Empregado detentor de mandato sindical — Falta grave — Desnecessidade de inquérito judicial**. O empregado detentor de mandato sindical, logo portador de estabilidade provisória, pode ser dispensado se comete falta grave devidamente comprovada em dissídio individual, onde se lhe assegurou o princípio do contraditório e da ampla defesa. A Constituição Federal ao vedar a dispensa do empregado sindicalizado só excepciona o cometimento de falta grave nos termos da lei, sem exigir a propositura de inquérito judicial, instituto jurídico, aliás, por ela extinto ao consagrar o regime único do FGTS para todos os empregados, urbanos e rurais. Encontra-se, portanto, superada a letra da Súmula n. 197 do STF já contestada na vigência da Constituição anterior, pelo que, a partir de 5.10.88, com muito mais razão, torna-se patente a desnecessidade de instauração de inquérito judicial para a rescisão do contrato de trabalho de empregado agasalhado por estabilidade provisória, inclusive a sindical. Inteligência do art. 8º, item VIII, da CF/88 c/c o art. 7º, item III, da mesma Carta Política". TRT — 3ª Reg. — 2ª T. — RO-6857/89 — Rel.: Juiz Júlio Bernardo do Carmo. CALHEIROS BOMFIM, B. *Dicionário de Decisões Trabalhistas*. Rio de Janeiro: Edições Trabalhistas, 23. ed., p. 220.

(16) NASCIMENTO, Amauri Mascaro. *Comentários às Leis Trabalhistas*. v. 1, 2. ed., p. 167.

certo, e se viu surpreendido com alguma espécie de manobra de política sindical. Excetua-se a hipótese do art. 1º, § 4º da Lei n. 9.601, de 1998.

11.1.9. Empregado eleito dirigente de sindicato que não guarda correspondência com a função por ele exercida na empresa

Outra questão que tem suscitado controvérsia na doutrina e na jurisprudência consiste em saber se está amparado pela estabilidade provisória, a que aludem os art. 8º, VIII, da Constituição vigente, e 543, § 3º, da CLT, o empregado eleito dirigente de sindicato representativo de categoria que não guarda qualquer correspondência com a função por ele exercida na empresa.

Pelo que consta das considerações preliminares da Convenção n. 135 da OIT, verifica-se que o fim dessa estabilidade é proteger os trabalhadores contra atos discriminatórios que visem a prejudicar a liberdade sindical.

Com amparo nesse diploma internacional e também na Convenção n. 98 da mesma organização, Amauri Mascaro Nascimento adere à interpretação restritiva, sustentando

> "...que a estabilidade conferida aos representantes dos trabalhadores está diretamente relacionada com os atos que contra ele possam praticar o empregador, em determinada relação de emprego, com características de bilateralidade, o que pressupõe a sua compreensão de modo concreto e não genérico e inespecífico..."[(17)].

Prossegue o autor ressaltando que ampliar a estabilidade para outras categorias seria, de modo indireto, transferir de um para outro contrato de trabalho uma obrigação, o que não é razoável. Não tem consistência o argumento segundo o qual o dirigente sindical perderia a sua condição se fosse despedido de emprego estranho à sua categoria. Não podendo ser dispensado imotivadamente da empresa correspondente ao seu setor, continuaria normalmente no exercício das suas funções sindicais e com o seu emprego[(18)].

Também pela interpretação restritiva manifesta-se Octavio Bueno Magano, ao sublinhar "*que o dirigente sindical só goza da estabilidade provisória, de que trata o § 3º do art. 543 da CLT, se for dirigente do sindicato representativo da categoria profissional dos empregados da empresa em que trabalhe, ou então, se for representante da categoria diferenciada*"[(19)].

No mesmo diapasão doutrina Arnaldo Süssekind:

> "... a simples leitura do art. 543, já transcrito, revela claramente que a norma visa a proteger o trabalhador como empregado, contra atos do seu empregador que lhe possam impedir ou dificultar o exercício de seus direitos sindicais. Óbvio, portanto, que essa garantia não se estende ao empregado,

---

(17) NASCIMENTO, Amauri Mascaro. *Op. cit.*, p. 165-166.
(18) *Comentários às Leis Trabalhistas*. 2. ed., São Paulo: LTr, p. 165-66.
(19) *Manual de Direito do Trabalho. Direito Coletivo do Trabalho*. São Paulo: LTr, 2. ed., 1990, p. 102.

em determinada empresa, se ele for eleito dirigente sindical em outra categoria, seja de trabalhadores, de agentes autônomos ou de empregadores..."[20].

Se a função exercida pelo empregado na empresa não corresponde à da categoria profissional do sindicato para o qual foi eleito, inexistindo o nexo causal entre a sua categoria e o seu emprego, torna-se inviável conceder-lhe a estabilidade provisória a que alude o art. 543 da CLT. A tutela legal prevista nesse artigo, como afirmamos, objetiva propiciar ao representante da categoria independência no exercício do mandato, assegurando-lhe, sobretudo, ampla defesa dos interesses da coletividade profissional da qual é porta-voz. E esta não é afetada se a função exercida pelo empregado, na empresa, deixa de corresponder a qualquer grupo da categoria profissional que representa. Nesse sentido tem-se orientado o TST, como se infere da **Súmula n. 369, inciso III do TST**[21].

Há, entretanto, corrente minoritária, partidária da interpretação ampla[22].

11.2. Representantes de empregados na CIPA. Garantia de emprego. Fundamentos. Empregado representante de empregador na CIPA

Aos **representantes dos empregados na CIPA** garante-se também o emprego, desde o registro da candidatura e, se eleitos, até um ano após o final do mandato (art. 10, II, *a*, do Ato das Disposições Constitucionais Transitórias). Esses empregados têm o dever de zelar por condições de trabalho seguras. Compete-lhes relatar área de risco, solicitar ao empregador as medidas necessárias para reduzi-lo ou eliminá-lo, com o objetivo de prevenir a ocorrência de acidentes e doenças ocupacionais. Por essa razão, estão eles quase sempre em confronto com a vontade patronal, achando-se constantemente suscetíveis a represálias ou, ao menos, a intimidação no cumprimento desse mister. O fundamento dessa garantia de emprego reside, portanto, na necessidade de conferir ao cipeiro autonomia no exercício do mandato.

Considerando-se a possibilidade de os suplentes substituírem os titulares, a atuação desses empregados também poderá acarretar a insatisfação do empregador. Logo, se antes da Constituição da República de 1988 o art. 165 da CLT se referia expressamente a "titulares", levando o TST a negar a garantia de emprego aos suplentes da CIPA (**Súmula n. 339, inciso I, do TST**), agora não há mais razão legal para

---

(20) *Instituições de Direito do Trabalho*. Rio de Janeiro: Livraria Freitas Bastos, 1987, 10. ed., p. 613.

(21) "**Não possui estabilidade no emprego de professor o jornalista**, dirigente sindical, que também exerce o magistério em Instituição de Ensino Superior, uma vez que se trata de função que não integra a categoria profissional que o elegeu e a empresa para a qual trabalha não se dedica ao ramo do jornalismo." TRT—AM-RO 303/02 — Ac. 332/01 — Rel.: Juiz Antônio Carlos M. Bezerra — DOE 31.1.2002. *Revista Synthesis* 35/2002, p. 197.

(22) "... **se a imunidade sindical visasse apenas a proteger o empregado, para possibilitar-lhe o cumprimento pleno de seu mandato**, fácil seria concluir que a mesma não faria surtir efeitos junto a empregador estranho ao enquadramento sindical, em cuja esfera se construiu o mandato do empregado. Entretanto, porque a imunidade sindical antes de proteger o trabalhador visa à própria entidade e mesmo ao movimento sindical, pondo-os a salvo do arbítrio do empregador, entendemos que o dirigente sindical, ainda que de entidade alheia a seu relacionamento com o empregador, está protegido por aquele benefício. Qualquer que seja a profissão exercida no contrato de emprego, o exercício de função sindical está sempre protegido pela impunidade que decorre de seu mandato, ainda que esta diga respeito a outro enquadramento profissional". TST — RR-5.119/86 — Rel.: Min. Barata Silva, DJU 7.8.87, p. 15.576.

excluí-los desse direito, porquanto o art. 10, II, "a", do Ato das Disposições Constitucionais Transitórias não estabeleceu distinção entre titular e suplente, estendendo a garantia aos representantes dos empregados eleitos para "cargo de direção", e este, invocando-se o art. 543 da CLT, por analogia, é aquele cujo exercício dependa de eleição.

Não cabe aqui invocar a interpretação sistemática, estabelecendo-se um confronto com o art. 8º, VIII, da Constituição da República, mesmo porque, ao interpretar a Constituição, deve-se analisá-la num todo, já que ela é fruto de ideologias antagônicas. Além disso, o texto constitucional, além de tutelar o dirigente de CIPA, tutela a saúde. Logo, considerando-se que a CIPA exerce função de interesse público, a interpretação do citado dispositivo deverá verificar-se sob a ótica do critério teleológico, insculpido no art. 5º da Lei de Introdução ao Código Civil, por meio do qual o Juiz, na aplicação da lei, atenderá aos fins sociais a que ela se dirige e às exigências do bem comum. O fim social da norma é a proteção do emprego do cipeiro, pelas razões já expostas, e o bem comum, no caso, a exigência de CIPAs independentes e atuantes, com o objetivo de reduzir as agressivas condições de trabalho e o assustador número de acidentes e doenças profissionais no País[(23)]. Nesse sentido orientou-se o TST, mediante a **Súmula n. 339, inciso I**, que dispõe: "CIPA — Suplente — Garantia de emprego — CF/88. O suplente da CIPA goza de garantia de emprego prevista no art. 10, II, alínea "a" do ADCT da Constituição da República de 1988". A referida Súmula do TST só defere a estabilidade ao suplente de cipeiro após a Constituição de 1988, entendendo que, antes da vigência desse diploma constitucional, a legislação não o contemplava com essa garantia.

Não é necessário inquérito judicial para apuração de eventual ato faltoso praticado pelo cipeiro, pois a lei não estabelece essa exigência, como se pode verificar no art. 165 da CLT e no art. 10, II, "a", do ADCT da Constituição de 1988[(24)].

Já ao empregado, membro da CIPA, representante do empregador e por ele indicado, não se estende a garantia em exame, a qual cinge-se ao empregado eleito pelos colegas, como se infere do art. 10, II, "a", do Ato das Disposições Constitucionais Transitórias[(25)].

---

(23) Cf. MELO, Raimundo Simão de. A garantia do emprego dos membros da CIPA eleitos depois da Carta Constitucional de 1988. *Suplemento Trabalhista LTr*, ano XXVII, n. 125/91.

(24) TST-RR-556.215/1999-8 — 4ª T. — Rel.: Min. Ives Gandra Martins Filho — DJU 12.5.2000. *Revista Síntese*, n. 135, p. 79.

(25) "**Ação rescisória. Membro da CIPA Representante do empregador. Erro de fato não configurado. Violação do art. 10, II, 'A', do ADCT ocorrida. Inexistência do direito à estabilidade provisória**. Não há que se falar em erro de fato quando a declaração do julgador não discrepa da realidade dos autos originários, como no caso de se afirmar que o empregado foi 'indicado' como representante da CIPA, hipótese distinta de ser 'eleito' para a comissão, pois o empregador indica seu representante e os empregados elegem o seu. Partindo-se da premissa fática de que o Reclamante era representante do Empregador, conclui-se pela ofensa ao art. 10, II, 'a', do ADCT, uma vez que tal preceito constitucional é claro ao estatuir que a estabilidade provisória do cipeiro se aplica apenas ao 'empregado eleito, desde o registro de sua candidatura, até um ano após o final de seu mandato', o que descarta da possibilidade de gozar da garantia o empregado indicado pelo empregador, pois nem registra candidatura, nem é eleito, a par de a finalidade da estabilidade ser, justamente, a de preservar-lhe o emprego quando tiver de defender os interesses dos empregados na exigência de medidas preventivas de acidentes. Recurso ordinário desprovido". TST-ROAR-587068/99 — SDI-2. Rel.: Min. Ives Gandra Martins Filho, DJ 7.3.2003.

11.3. Empregada no ciclo gravídico-puerperal

A Constituição da República de 1988 instituiu a estabilidade provisória em favor da **empregada no ciclo gravídico-puerperal,** a qual consiste numa garantia de emprego desde a confirmação da gravidez até cinco meses após o parto. A medida legal atende ao elevado espírito social que essa situação particular reclama. A gestante, à semelhança do dirigente sindical, pode ser alvo da represália patronal, pela despedida injusta. E essa possibilidade torna-se gravíssima, pois atinge a mãe trabalhadora em momento difícil de sua vida.

Logo, se o legislador ordinário estabeleceu a garantia de emprego para o dirigente sindical, é razoável que se estenda a mesma tutela à empregada gestante, permitindo-lhe retornar ao emprego por um prazo razoável, quando ela já tenha recuperado sua capacidade normal para o trabalho.

A dispensa injusta ou arbitrária[26] da empregada nessas circunstâncias é nula. A responsabilidade do empregador é objetiva. São suficientes a prova da gravidez e da despedida injustificada.

Maiores considerações sobre o tema serão encontradas no **capítulo alusivo ao trabalho da mulher**.

11.4. Empregado acidentado. Garantia de emprego. Fundamentos

Seguindo a mesma diretriz traçada para o dirigente sindical, a Lei n. 8.213, de 1991, garantiu o emprego ao **acidentado** após a cessação do auxílio-doença acidentário, persistindo por 12 meses após a alta previdenciária. Verificou-se, aqui, uma **ampliação** da concessão da estabilidade provisória. Agiu com acerto o legislador, pois a realidade demonstra a frequência de despedidas de trabalhadores egressos de afastamentos motivados por acidentes e a dificuldade que encontram na obtenção de novo emprego, mormente quando o infortúnio deixa sequelas. A garantia visa a remediar esse mal, proporcionando ao trabalhador segurança em uma fase em que poderá apresentar certa fragilidade, com redução do ritmo normal de trabalho[27].

Houve quem afirmasse que o art. 118 da Lei n. 8.213, de 1991, assegurador da garantia em exame, era inconstitucional. Sustentaram que o citado dispositivo, ao instituir uma nova hipótese de estabilidade, violou os art. 7º, I, da Constituição da República e o art. 10 do ADCT, pois esses dois preceitos constitucionais exigem que a regulamentação da proteção da relação de emprego seja feita por meio de lei complementar.

Em que pesem as manifestações em sentido contrário, entendemos que o dispositivo legal não é inconstitucional.

Em se tratando de estabilidade provisória, o legislador ordinário pode estabelecer os casos que se fizerem necessários. A Constituição exige o procedimento da lei comple-

---

(26) Considera-se dispensa arbitrária a que não se fundar em motivo disciplinar, econômico ou financeiro, por força da aplicação analógica do art. 165 da CLT.

(27) Cf. CANO MARTINS, Nei Frederico. A estabilidade provisória do trabalhador acidentado da Nova Lei Previdenciária — *Revista LTr* 56-10/1.190.

mentar apenas para a regulamentação do inciso I do art. 7º, ou seja, para tratar da proteção genérica do emprego contra a dispensa arbitrária. Esse dispositivo constitucional alcança a universalidade das relações de trabalho, daí por que justifica-se que a lei que venha a regulamentá-lo seja submetida a um processo de votação mais complexo, como é o da lei complementar, pois terá alcance geral e tratará de matéria que abrange todos os trabalhadores.

Ao contrário, a estabilidade provisória abrange um pequeno contingente de trabalhadores, razão pela qual é possível que venha prevista em lei ordinária.

A matéria está superada, porquanto foi indeferida pelo Supremo Tribunal Federal a medida cautelar de suspensão do citado art. 118[28] e o TST também já acatou a constitucionalidade do preceito em exame[29].

Logo, à luz da **Súmula n. 378, inciso II do** TST, são pressupostos para a concessão da estabilidade provisória do acidentado o afastamento do trabalho por prazo superior a 15 (quinze) dias e a consequente percepção do auxílio-doença acidentário, salvo se constatada, após a despedida, doença profissional que guarde relação de causalidade com a execução do contrato de trabalho.

11.5. Diretores de sociedades cooperativas

A Lei n. 5.764, de 1971, no art. 55, confere estabilidade provisória aos empregados eleitos **diretores das sociedades cooperativas** por eles criadas, na forma daquela prevista no art. 543 da CLT, isto é, desde o registro da candidatura e, se eleito, até um ano após o término do mandato. O legislador visou a assegurar a independência das cooperativas e a preservar-lhes a existência[30], impedindo que o empregador do dirigente interferisse nos destinos de seus órgãos.

Controvertida era a posição da jurisprudência no que tange aos **suplentes de diretores** das cooperativas, também não considerados dirigentes sindicais.

Os partidários da interpretação ampla focalizavam o aspecto de o suplente ter a expectativa de assumir as obrigações do titular, enquanto a interpretação restritiva, hoje predominante[31], funda-se no caráter exceptivo da norma legal (Lei n. 5.764, de 1971), que, em seu art. 55, confere estabilidade apenas aos empregados de empresas eleitos diretores de sociedades cooperativas.

No que tange aos **membros do Conselho Fiscal das cooperativas**, não vemos como estender-lhes a referida garantia, porquanto o art. 55 da Lei n. 5.764, de 1971, faz referência apenas aos diretores dessa entidade[32], os quais compõem a Diretoria

(28) Sessão Plenária, DJ de 22.5.1992 — Ação Direta de Inconstitucionalidade n. 639 — DF — Rel.: Min. Moreira Alves.

(29) **O TST já se pronunciou pela constitucionalidade do art. 118 da Lei n. 8.213, de 1991, como se infere da Súmula n. 378, inciso I.**

(30) CANO MARTINS, Nei Frederico. *Estabilidade provisória no emprego*. São Paulo: LTr, 1995, p. 156.

(31) **Orientação Jurisprudencial** n. 253 da SDI-1 do TST, que dispõe: "Estabilidade provisória. Cooperativa. Lei n. 5.764/1971. Conselho fiscal. Suplente. Não assegurada. O art. 55 da Lei n. 5.764/1971 assegura a garantia de emprego apenas aos empregados eleitos diretores de Cooperativas, não abrangendo os membros suplentes".

(32) "**Estabilidade provisória. Membro do Conselho Fiscal. Cooperativa.** Empregado eleito membro do Conselho Fiscal de sociedade cooperativa não tem direito à estabilidade provisória assegurada aos dirigentes sindicais,

ou o Conselho de Administração(33), e não o Conselho Fiscal. Note-se que esses órgãos são tratados em seções distintas — os dois primeiros na Seção IV, e o último na Seção V —, encontrando-se a estabilidade inserida na Seção IV, que cuida dos órgãos administrativos.

11.6. Estabilidade provisória e membros de Comissão de Conciliação Prévia

A Lei n. 9.958, de 2000, criou as Comissões de Conciliação prévia como órgãos extrajudiciais destinados a tornar mais célere e econômica a solução dos conflitos trabalhistas judiciais.

A comissão constituída no âmbito da empresa será composta de, no mínimo, dois e, no máximo, 10 membros. A metade de seus membros será indicada pelo empregador e a outra metade eleita pelos empregados, em escrutínio secreto, fiscalizado pelo sindicato da categoria profissional.

O art. 625-B, § 1º, da CLT proíbe a dispensa dos representantes dos empregados membros da Comissão de Conciliação Prévia, constituída no âmbito da empresa, titulares e suplentes, até um ano após o final do mandato, salvo se cometerem falta grave, nos termos da lei. O mandato é de um ano, permitida uma recondução, na forma do art. 625-B, III, da CLT. Embora a lei seja omissa, entendemos que o início da estabilidade deverá coincidir com o registro da candidatura (aplicação analógica do art. 543, § 3º, da CLT), pois, a se admitir a garantia de emprego apenas a partir da eleição(34), poderá ser dispensado o candidato dos empregados que não desfrute da simpatia do empregador, inviabilizando a independência que deverá existir no desempenho dessas funções, com a discriminação do candidato cuja linha de pensamento não coincida com a dos interesses empresariais.

11.7. Representantes dos empregados no Conselho Curador do FGTS

Os representantes de empregados no Conselho Curador do FGTS também desfrutam da estabilidade provisória, a qual tem início com a nomeação e se estende até um ano após o término do mandato. Poderão, entretanto, ser dispensados por justa causa.

11.8. Representantes dos empregados no Conselho Previdenciário

A dispensa de representantes dos trabalhadores no Conselho Nacional de Previdência Social viola o art. 3º, § 7º, da Lei n. 8.213, de 1991, que os declara estáveis desde a nomeação até um ano após o término do mandato, salvo se a despedida fundar-se em falta grave comprovada por meio de processo judicial.

---

por aplicação do art. 55 da Lei n. 5.764/71". TST— RR-2757/89 — Ac. 3ª T. 546/90 — Rel.: Min. Antônio Amaral. *Revista do TST*, Jurisprudência Trabalhista, Dissídios individuais, n. 79, jul./set. 90, p. 517.

(33) "**Cooperativa. Membro do Conselho de Administração. Estabilidade provisória**. Os membros do Conselho de Administração da Cooperativa terão direito à estabilidade provisória prevista no art. 55 da Lei n. 5.764/71, desde que esse Conselho seja o órgão responsável pela administração da Cooperativa, estabelecendo sempre as suas diretrizes e políticas básicas". TRT — 3ª R. — 2ª T. — RO-13171/00 — Rel.: Juiz Emerson José Alves Lage — DJMG 25.4.2001 — p. 16.

(34) MARTINS, Sérgio Pinto. *Direito Individual do Trabalho*. São Paulo: Atlas, 2002, p. 392.

11.9. Estabilidade provisória e leis eleitorais

Leis eleitorais têm instituído regras que impedem a dispensa de servidores públicos, como também sua contratação ou transferência, e a supressão de vantagens, por ocasião das eleições. Essas regras têm em mira dar efetividade ao princípio da moralidade, evitando sejam admitidos ou dispensados simpatizantes de uma ou outra facção política. Discute-se a aplicação dessas restrições aos trabalhadores de empresa pública e de sociedade de economia mista[35].

Ora, é inegável que a Lei n. 7.773, de 1989, e outras sobre a mesma matéria estendem-se à Administração indireta, o que inclui as empresas públicas e as sociedades de economia mista, por força do Decreto-Lei n. 200, de 1967. É que, não obstante estarem estas últimas submetidas ao regime jurídico próprio da iniciativa privada, no que tange às obrigações trabalhistas e tributárias, conforme o teor do art. 173, § 1º, da Constituição da República, não perdem elas a condição de estatais, pois são um instrumento do Estado para a consecução do interesse coletivo. Vale lembrar que existem dois casos nos quais a Administração Pública pode atuar no setor empresarial: a fim de resguardar monopólios do Estado, estabelecidos na Constituição, ou para suprir necessidade em determinados setores econômicos que não sejam convenientemente explorados pela iniciativa privada. Em ambas as situações, a interferência da Administração Pública visa sempre ao interesse público, cuja consideração é indispensável para que o Estado venha a explorar atividade econômica. Dessa forma, considerando-se que a ordem econômica nacional orienta-se no sentido de que a regra geral é a prevalência da iniciativa privada na exploração da atividade econômica, entendemos que a regra contida no dispositivo constitucional acima mencionado (art. 173, § 1º) somente veio dar cumprimento a essa norma geral, evitando que o Estado, ao atuar na área empresarial, estabeleça concorrência desleal com o particular, garantindo a livre-iniciativa e a livre concorrência. Logo, entendemos que inexiste incompatibilidade entre essa norma constitucional e a estabilidade provisória assegurada nas leis eleitorais. É que, a par de as sociedades de economia mista e empresas públicas terem o mesmo tratamento que as da área privada, continuam a integrar a Administração indireta.

Outro aspecto que deverá ser analisado consiste em saber se a expressão "servidor público" mencionada nessas leis alcança o empregado das empresas paraestatais. O termo "servidor público" é tomado, nesse caso, em sentido amplo, ou seja, engloba todos os que prestam serviços à Administração em geral, seja ela direta, indireta ou fundacional.

É oportuno lembrar que a Constituição inclui os empregados das empresas públicas e sociedades de economia mista na proibição geral de acumulação de cargos. Esse fato, segundo o Min. Vantuil Abdala, "é indício seguro de que os empregados de empresas paraestatais têm, do ponto de vista constitucional, tratamento de servidores

---

(35) Sempre nos manifestamos favoravelmente a essa aplicação, como se infere dos RO 1.853/90 e RO 8.493/92, que tramitaram perante a 2ª T. do TRT da 3ª Região, dos quais atuamos como relatora.

públicos no que tange aos preceitos que objetivam a preservação dos princípios contidos no art. 37, *caput*"[36].

Aliás, vale salientar que a Lei n. 7.773, de 1989, não faz qualquer distinção quando estabelece as vedações previstas em seu art. 15, referindo-se, expressamente, aos servidores públicos de qualquer espécie, inclusive àqueles vinculados à Administração indireta.

Convém ressaltar, ainda, que as leis eleitorais ora discutidas destinam-se, principalmente, a garantir a observância da moralidade administrativa, preservando o interesse público contra desvios de poder motivados pela ingerência de forças emergentes nos períodos eleitorais. Ora, os dispositivos constitucionais e infraconstitucionais que resguardam a moralidade administrativa aplicam-se a todos os entes da Administração direta e indireta, por força do que dispõe o art. 37, *caput*, da Constituição da República de 1988. Inegável, portanto, que também alcançam as empresas públicas e sociedades de economia mista[37].

11.10. Estabilidade provisória: empregado transferido, alistando, empregado às vésperas da aposentadoria. Asseguramento em Precedentes Normativos do TST

A jurisprudência, por intermédio de Precedentes Normativos do TST, assegura o emprego ao **empregado transferido**, até um ano após a data da transferência (PN 77); ao **empregado alistando**, desde a data da incorporação ao serviço militar até 30 dias após a baixa (PN 80); e, ainda, **nos 12 meses que antecedem a aposentadoria voluntária do empregado**, desde que trabalhe na empresa há pelo menos cinco anos (PN 85). No tocante ao PN 77, a medida visa à adaptação do obreiro ao novo local, impedindo sofra ele os transtornos de uma transferência e venha a ser, em seguida, despedido. Quanto ao PN 80, seu conteúdo já vem inserido no art. 472 consolidado. Finalmente, o PN 85 apresenta relevante valor social.

Vale notar que a garantia de emprego estabelecida no Precedente Normativo n. 85 vigora durante os 12 meses que antecedem a data em que o empregado adquire direito à aposentadoria voluntária, desde que ele trabalhe na empresa há pelo menos cinco anos. Adquirido o direito, extingue-se a garantia.

Embora o Supremo Tribunal Federal seja contrário à concessão de qualquer tipo de estabilidade, por meio de sentença normativa, ainda que a título de mera garantia de salários, ressalta a doutrina[38] que o Precedente n. 85 possui relevante finalidade social, pois assegura ao trabalhador, às vésperas de sua aposentadoria, segurança e

---

(36) Estabilidade Provisória concedida por força da Lei n. 7.773, de 1989, em período pré e pós-eleitoral. Aplicabilidade aos Empregados em Sociedade de Economia Mista e Empresas Públicas. *Revista do TST*/1992, p. 54. Em consonância com esse entendimento, pronunciou-se o mesmo Ministro ao relatar o RR 12.996/90, perante a 2ª Turma do TST.

(37) Nesse sentido é a **Orientação Jurisprudencial n. 51 da SDI-1 do TST**, que assegura aos empregados de empresas públicas e sociedades de economia mista, regidos pela CLT, o disposto no art. 15 da Lei n. 7.773/89.

(38) FREITAS, Manoel Mendes. *Comentários aos precedentes normativos e à orientação jurisprudencial da SDC do TST.* São Paulo: LTr, 2001, p. 72.

tranquilidade, contribuindo para a paz social entre os interlocutores sociais, tendo a seu favor o disposto no art. 7º, incisos I e XXIV, do texto constitucional.

Preenchidos todos os pressupostos para a aquisição da estabilidade ainda durante a vigência do instrumento normativo, goza o empregado da garantia mesmo após o término da vigência deste (aplicação analógica da **Orientação Jurisprudencial n. 41 da SDI-1 do TST**).

11.11. Estabilidade provisória e entidades que congregam profissionais liberais

Não são beneficiários da estabilidade provisória os **dirigentes de entidades que congregam profissionais liberais**, atuando na fiscalização da atividade de seus integrantes. Esses órgãos não se identificam com os sindicatos, e a cessação do liame empregatício, nesse caso, não afeta o desempenho do respectivo mandato. Essa é a orientação do TST[(39)].

Há, todavia, julgados regionais que se inclinam pela concessão da estabilidade provisória aos dirigentes dessas entidades (Conselhos Regionais, por exemplo), por entenderem que elas constituem agrupamento específico e, em consequência, são órgãos de classe, que orientam e fiscalizam a prescrição. Logo, sustentam esses julgados que, por força de representatividade profissional, nos termos do art. 511 consolidado, merecem tratamento igualitário àquele atribuído aos sindicatos e associações profissionais[(40)].

11.12. Representantes de empregados de que trata o art. 11 da Constituição da República de 1988

Também controvertida é a possibilidade de se estender aos **representantes de empregados de que trata o art. 11 da Constituição da República de 1988** a estabilidade provisória.

O empregado escolhido por colegas para representá-los em empresa de grande porte não goza de estabilidade provisória, à falta de previsão legal. A hipótese encaixa-se no art. 11 da Constituição da República, o qual prevê que "nas empresas de mais de duzentos empregados, é assegurada a eleição de um representante destes com a finalidade exclusiva de promover-lhes o entendimento direto com os empregadores". Ocorre que, ao empregado eleito para essa função, o art. 8º da Constituição não assegurou a estabilidade provisória.

---

(39) "**Estabilidade provisória. Membro do CREA**. Suplente eleito para o Conselho Regional de Engenharia e Arquitetos não está resguardado pela garantia de emprego assegurada no art 543, § 3º da CLT, pois restrito a cargo de direção ou representação de entidade sindical ou de associação profissional, por ser aquele órgão criado por lei com finalidade específica, destinado à disciplina e defesa da classe de engenheiros e arquitetos. Revista provida para restabelecer a r. sentença de primeiro grau". TST — RR-33748/91 — 1ª T. — Rel.: Min. Indalécio Gomes Neto — DJ 6.8.93 — p. 15.069.

(40) Nesse sentido: TRT — 2ª Reg. — 2ª T. — RO 02880045740 — Rel.: Juiz Cássio Raposo Novo — prof. 26.6.89 e TRT — 1ª Reg. — 3ª T. — RO 1350/89 — Rel.: Juiz Júlio Menandro de Carvalho — prof. 9 de maio/90, ambas as ementas em BOMFIM, Calheiros. *Dicionário de Decisões Trabalhistas*, 23. ed., p. 284.

Veja-se a respeito a orientação doutrinária[(41)].

Nada impede, entretanto, seja a estabilidade provisória instituída em norma coletiva. Aliás, o TST, pelo Precedente Normativo n. 86 da SDC, já concede a esses trabalhadores as garantias do art. 543 e parágrafos da CLT, tornando efetivo o comando constitucional.

As normas sobre estabilidade provisória são de relevante alcance social, em face das situações peculiares que visam a atender, devendo ser asseguradas, mantidas e até mesmo **ampliadas**, como aliás tem ocorrido, não obstante a recessão, pois os valores tutelados, em última análise, são a vida, a saúde, a liberdade e a igualdade. É o preço social que um Estado Democrático de Direito deve pagar.

Em face da Convenção n. 135 da OIT, ratificada pelo Brasil em 1991, o País deverá assegurar a estabilidade a esses representantes de empregados, pois a norma internacional citada autoriza a reintegração desses trabalhadores.

11.13. Estabilidade provisória e portadores do vírus da AIDS

Afora essas situações e outras porventura correlatas, a **ampliação** da estabilidade provisória deverá ser estabelecida mediante procedimentos como a negociação. Verifica-se que o TST, na Seção de Dissídios Coletivos, já concedeu estabilidade ao **portador do vírus da AIDS**[(42)]. Maiores comentários sobre esse tema serão tecidos em capítulo próprio.

12. CONSIDERAÇÕES GERAIS

12.1. Estabilidade provisória e extinção da empresa

Atualmente, predomina no Tribunal Superior do Trabalho o entendimento segundo o qual o contrato de trabalho cessa com o encerramento das atividades

---

(41) Esse é o magistério de Amauri Mascaro Nascimento: "A Constituição não assegura estabilidade no emprego ao representante eleito. O art. 11 é omisso e o art. 8º, VIII, veda a dispensa do empregado exercente de cargo de direção ou representação sindical. Como representação dos trabalhadores e representação sindical são figuras diversas, não há fundamento para a extensão do direito de estabilidade de um para outro caso, a não ser que se admita, em tão delicado caso, a analogia, embora sobrem razões para a sua adoção, pelos mesmos motivos que a justificam para os dirigentes e representantes dos sindicatos. As convenções, acordos coletivos e sentenças normativas podem incluir a matéria, com provável trânsito, desde que não desvirtuada a finalidade do instituto pelo representante dos trabalhadores" (*Comentários às Leis Trabalhistas*. v. 1, 2. ed., São Paulo: LTr, p. 180).

Diverge desse entendimento Marco Aurélio Mendes de Farias Mello, mostrando-se favorável à concessão da estabilidade provisória aos representantes de empregados a que alude o art. 11 da CF de 88. Afirma que havia resistência em se admitir a estabilidade provisória ao representante de empregados na empresa, por meio de norma coletiva (sentença normativa, acordo ou convenção coletiva). Diz que, a partir de 1988, "a garantia de emprego do representante de empregados tem resguardo maior do que o decorrente da socialmente justificável construção jurisprudencial, uma vez que a nova Carta não só consagra a figura — art. 11, como também a viabiliza, em perfeita sintonia, aliás, com velha máxima segundo a qual a outorga de qualquer direito deve vir acompanhada dos meios indispensáveis ao exercício, sob pena de verdadeira denegação". Prossegue o autor dizendo que "de nada adiantaria a previsão constitucional em torno da figura do representante dos empregados, caso não se proporcionasse a este condições de atuar de forma desinibida, ou seja, sem receio de sofrer represálias, isto por posicionar-se na contramão dos interesses do tomador dos serviços" (*Relações Coletivas de Trabalho. Estudos em Homenagem ao Min. Arnaldo Süssekind*. São Paulo: LTr, 1989, p. 146).

(42) "Dissídio coletivo. Estabilidade. Cláusula asseguradora de estabilidade no emprego ao portador do vírus da SIDA (AIDS). A despedida por força de preconceito do paciente da SIDA deve ser evitada, para que mantenha suas condições de vida, trabalhando, até eventual afastamento pela Previdência. Recurso Ordinário, ao qual, no particular, é negado provimento". TST-RO-DC 89.574/93. Ac. SDC 1.335/94. DJU de 10.2.95, p. 2.023.

empresariais, na forma da **Súmula n. 173 desse mesmo Tribunal**, que preceitua: "Extinto automaticamente o vínculo empregatício, com a cessação das atividades da empresa, os salários só são devidos até a data da extinção". Em consequência, os efeitos da estabilidade provisória cessam com o encerramento das atividades empresariais (**Súmula n. 369, inciso IV, do TST**).

O mesmo TST, em decisão da 2ª Turma, anterior à citada Súmula, abriu exceção para a gestante, ao argumento de que "a garantia visa a não privar a gestante da conservação de um emprego que é vital para o nascituro, já que o salário percebido será utilizado em favor da subsistência e nutrição deste"[(43)].

Outra exceção apresentada pelo TST diz respeito ao acidentado[(44)]. É que, por encontrar-se em fase de recuperação de acidente do trabalho, deve-se-lhe assegurar o direito à garantia provisória, para que possa contar com os proventos necessários à sua subsistência e à de sua família, não obstante o encerramento das atividades empresariais no local.

A estabilidade provisória assegurada atua como fator de limitação temporária ao direito potestativo de resilição contratual e visa a propiciar a seu destinatário, em última análise, o exercício de direitos fundamentais. Dessa forma, mesmo havendo **extinção da empresa**, entendemos, para qualquer hipótese de estabilidade provisória, não se deva excluir essa proteção legal. Ora, se ao portador de estabilidade legal decenária, em caso de cessação do contrato, seria assegurada indenização em dobro pelos danos sofridos com a dissolução contratual, ante a perda do emprego e a impossibilidade de ser reintegrado, analogicamente o empregador, diante de circunstâncias factuais idênticas, deverá pagar ao empregado portador da estabilidade provisória prestações salariais que lhe seriam devidas até o término da garantia, assegurando-se o objetivo previsto nas normas correspondentes, ante a impossibilidade de reintegrá-lo[(45)].

12.2. Estabilidade provisória no curso do aviso prévio

Atualmente, a jurisprudência uniforme do TST é no sentido de não conceder ao empregado a estabilidade provisória quando seu fato gerador ocorrer no curso do aviso prévio, trabalhado ou indenizado, ao argumento de que, com a concessão do aviso prévio, já se opera a denúncia do contrato (**Súmula n. 369, inciso V, do TST**).

Temos sustentado o contrário. Assegurada a **estabilidade no curso do aviso prévio**, ainda que indenizado, o trabalhador fará jus aos efeitos correspondentes a essa garantia.

---

(43) TST — 2ª T. — RR-402.630/97 — Rel.: Min. Vantuil Abdala — DJ 5.10.2001. *Revista TST*, v. 67, n. 4. out./dez. 2001, p. 368.

(44) "**Embargos. Estabilidade. Acidente de trabalho. Extinção do estabelecimento empresarial.** A **Orientação Jurisprudencial** n. 230 da SDI-1, ao elencar as duas condições para o empregado adquirir o direito à estabilidade provisória — afastamento do trabalho por prazo superior a 15 dias e consequente percepção do auxílio-doença acidentário —, não fez nenhuma ressalva ao direito do trabalhador. Cumpridos os requisitos, a estabilidade ou a indenização correspondente deve ser assegurada, mesmo na hipótese de fechamento do estabelecimento. Embargos não conhecidos". TST — ERR-704998/2000 — SDI-1 — Relª: Min. Maria Cristina Irigoyen Peduzzi — DJ 5.12.2003.

(45) Essa era a antiga Orientação do TST, como se infere do acórdão TST — E. RR — 1.797/84 — Ac. SDI 1.757/89 — Rel.: Min. Orlando Teixeira da Costa.

Dispõe o art. 487, § 1º, da CLT que "a falta do aviso prévio por parte do empregador dá ao empregado o direito aos salários correspondentes ao prazo do aviso, garantida sempre a integração desse período no seu tempo de serviço".

Ainda que indenizado, o período alusivo ao aviso prévio é tempo de serviço para todos os efeitos legais. Logo, a despedida concretiza-se quando do término do aviso prévio, quer seja ele trabalhado, quer seja indenizado. Não obstante o desligamento de fato do trabalhador na data do aviso, a relação jurídica se projeta até o seu término.

Na mesma linha de ideias dispõe o art. 487, § 6º, da CLT, ao estender ao obreiro o reajuste salarial coletivo determinado no curso do prazo do aviso prévio indenizado. Essa, aliás, é também a orientação do TST, manifestada por meio das **Súmulas n. 182 e 305**.

Dispensa é resilição de iniciativa do empregador, porém sempre sem justa causa. Logo, o aviso é da intenção de dispensar, e não da própria dispensa, que só se verifica ao término do prazo do aviso. Isso é o que se infere da doutrina, quando, ao conceituar o aviso prévio, considera-o "a obrigação que tem qualquer das partes do contrato de trabalho por tempo indeterminado de notificar à outra de sua intenção de romper o vínculo contratual, em data futura e certa"[(46)].

Em consonância com essa assertiva, manifestava-se a jurisprudência do TST de meados da década de 80[(47)].

Os que divergem desse entendimento asseveram que o aviso prévio atribui ao contrato de trabalho feição de contrato por prazo determinado, incompatível com a estabilidade provisória[(48)]. Essa posição encontra ressonância na doutrina segundo a qual o aviso prévio transforma o contrato indeterminado em contrato a prazo determinado[(49)].

Discordamos desse ponto de vista, pois entendemos inadmissível a transformação da natureza do contrato por apenas uma das partes. Os direitos e obrigações das partes não se alteram no curso do aviso prévio, e as circunstâncias supervenientes regem-se pelas mesmas disposições que disciplinam o contrato originário[(50)].

Corrobora tal assertiva também a doutrina estrangeira:

> "... se durante o aviso prévio, interfere um novo contrato coletivo, segundo o qual a despedida é admitida apenas em determinadas circunstâncias, a

(46) GOMES, Orlando & GOTTSCHALK, Elson. *Curso de Direito do Trabalho*. Rio de Janeiro: Forense, 1984, p. 449.

(47) "**Estabilidade provisória à empregada gestante, no curso do aviso prévio**. Para efeito de garantia no emprego à empregada gestante, não importa a ciência antecipada da gestação pelo empregador, nem o fato de a gravidez ter ocorrido no curso do aviso prévio". TST — AG. E.RR 6.756/85 — Ac. TP 2.459/86 — Rel.: Min. Barata Silva — DJ 7.11.86, p. 21.599.

(48) "**Estabilidade provisória de dirigente sindical**. O aviso prévio confere ao contrato de trabalho feições de contrato a prazo determinado, o que, por analogia, não admite a estabilidade sindical. Embargos não conhecidos". TST — E-RR-50.278/92.2 — Ac. SDI n. 3.489/93 — Relª: Min. Cnéa Moreira — julgado em 30.11.93. Similarmente, os E-RR 23.702/91 — Ac. 4.458/94 — DJ 9.12.94 — Rel.: Min. Afonso Celso.

(49) MARTINS NETO, Modestino. *Manual de aviso prévio*. Rio de Janeiro: Edições Trabalhistas, 1972, p. 47.

(50) GOMES, Orlando & GOTTSCHALK, Elson. *Op. cit.*, p. 451. Em consonância com a ideia: ABDALA, Vantuil. Aviso prévio: causas interruptivas de seu efeito jurídico. *Revista LTr*, São Paulo, 1986, v. 50, n. 8, p. 920.

denúncia unilateral, conquanto já legitimamente notificada, com base num contrato coletivo anterior, fica inoperante, e a relação de trabalho não se extingue..."[51].

12.3. Estabilidade provisória e contratos determinados. Exceção prevista no § 4º do art. 1º da Lei n. 9.601, de 1998

Nos **contratos por prazo determinado ou a termo**, a jurisprudência predominante do TST entendia existir incompatibilidade entre esse tipo de ajuste e o instituto da estabilidade provisória e, **mesmo na hipótese de resilição contratual pelo empregador**[52], desautorizava a concessão desse instituto jurídico. Nosso entendimento continua sendo esse, pois a garantia de emprego não poderia ser levada ao extremo de assegurar ao empregado uma prorrogação do contrato a termo, sobrepondo-se ao limite do contrato estabelecido de boa-fé. É que milita a favor do empregador, em princípio, por força da própria estrutura do aludido contrato, a certeza de seu término, corolário do acordo de vontades celebrado pelas partes. Esse entendimento, no entanto, foi alterado pela **Súmula n. 244, inciso III, do TST**, que só retira os efeitos da estabilidade provisória da gestante se o contrato chegar ao termo. Logo, como a referida súmula limitou-se a excluir a estabilidade provisória quando do advento do termo de contrato a prazo, a garantia de emprego procederá quando a empregada for despedida arbitrariamente, dispensada sem justa causa ou obtiver a rescisão indireta.

Sustentamos, entretanto, que a única hipótese de contrato por prazo determinado que comporta estabilidade provisória é aquela prevista na Lei n. 9.601, de 21 de janeiro de 1998. À luz do art. 1º dessa lei, as convenções e acordos coletivos poderão instituir contrato de trabalho por prazo determinado, independentemente das exigências contidas no § 2º do art. 443 da CLT, em qualquer atividade desenvolvida pela empresa ou pelo estabelecimento, para admissões que representem acréscimo no número de empregados.

O § 4º do art. 1º da Lei n. 9.601, de 1998, assegura, **durante a vigência do contrato por prazo determinado**, a estabilidade provisória da gestante; do dirigente

---

(51) RIVA-SANSEVERINO, Luisa. *Curso de Direito do Trabalho*. Trad. Elson Gottschalk. São Paulo: LTr, 1976, p. 326.

(52) "**Salário-maternidade. Contrato de Experiência**. O art. 10, inciso II, alínea "b", do Ato das Disposições Constitucionais Transitórias não trouxe qualquer modificação quanto ao entendimento no sentido de ser indevido o salário-maternidade no contrato de experiência, uma vez que só o contrato por prazo indeterminado dá ensejo à despedida arbitrária ou sem justa causa, a que faz alusão o referido preceito, que inocorre com o contrato de experiência, que tem o seu termo final prefixado. Recurso de Revista não conhecido". TST — RR-207219/95.2 — Ac. 1ª T. 07315/96 — 4ª Reg. — Rel.: Min. Lourenço Prado — DJU 28.2.97 — p. 4.392. *Julgados Trabalhistas Selecionados*. Irany Ferrari e Melchíades R. Martins. v. V, São Paulo: LTr, 1998, p. 121. No mesmo sentido, e mais recentemente, manifestou-se o TST no RR-598.420/99 — 3ª Turma — Relª: Min. Maria Cristina I. Peduzzi, DJ 6.6.2003, como se infere de trecho extraído do acórdão: "... válida a cláusula de prorrogação automática e observado o limite fixado no Enunciado n. 188/TST, conclui-se, por óbvio, que a reclamante foi despedida no curso de contrato de experiência, não tendo jus à estabilidade provisória conferida à gestante no art. 10, II, *b*, do ADCT da Constituição da República, em razão da incompatibilidade entre os institutos. A dispensa da empregada, no curso ou após o término do prazo do contrato de experiência, não configura dispensa arbitrária, pois decorre de direito do empregador, que celebra esta modalidade de contrato por prazo determinado, de optar pela manutenção, ou não, do vínculo...".

sindical, ainda que suplente; do empregado eleito para cargo de direção de comissões internas de prevenção de acidente e do empregado acidentado, nos termos do art. 118 da Lei n. 8.213, de 1991. A estabilidade provisória assegurada está em consonância com a finalidade da Lei n. 9.601, de 1998, cujo objetivo é fomentar novas admissões na empresa.

Outra será a situação se o contrato por prazo determinado contiver a cláusula assecuratória do direito recíproco de rescisão antecipada (art. 481 da CLT) e esse direito for exercitado pelo empregador, sem justa causa. Nessa hipótese, o ajuste passará a reger-se pelas normas do contrato indeterminado, e o empregado fará jus à estabilidade provisória, incluindo-se, no respectivo período, a licença-maternidade.

12.4. Estabilidade provisória e renúncia

Finalmente, diverge a jurisprudência também a respeito da renúncia do empregado portador de estabilidade provisória. Em face do princípio da irrenunciabilidade, norteador do Direito do Trabalho, entendemos que esse ato unilateral, pelo qual o empregado se despoja de um direito, deverá ser visto como exceção, exigindo, portanto, manifestação expressa(53). Outros, no entanto, entendem possa a renúncia expressar-se tacitamente e dar validade aos recibos de quitação alusivos às verbas rescisórias(54).

Parece-nos que a tendência do TST é afastar a renúncia e admitir o termo de cessação do pacto laboral. Confiram os seguintes arestos:

> "CIPA. MEMBRO SUPLENTE. RENÚNCIA DE ESTABILIDADE PROVISÓRIA NO EMPREGO. Não implica renúncia à estabilidade provisória no emprego o fato de o membro suplente de CIPA, assistido pelo Sindicato da categoria profissional, dar quitação no termo rescisório do contrato de trabalho, receber as verbas rescisórias e levantar o depósito do FGTS. Recurso de Revista conhecido e não provido". TST — RR-459625/1998. Ac. **2ª Turma**. Rel.: Min. José Luciano de Castilho Pereira. DJ 14.2.2003.

> "DISPENSA IMOTIVADA DO CIPEIRO. DEMORA NA PROPOSITURA DA AÇÃO. IRRELEVÂNCIA. DIREITO À INDENIZAÇÃO COMPENSATÓRIA. O art. 10, II, alínea "a", do ADCT, não previu qualquer garantia no emprego ou estabilidade provisória. Ali o Constituinte se limitou a proibir momentaneamente o exercício do poder potestativo de resilição, cuja infringência abre para o empregado o direito à percepção de uma indenização, correspondente ao período de proibição do exercício daquele poder, com respaldo no art. 159 do CC. Desse modo, optando o empregado pela indenização compensatória, revela-se juridicamente inconsistente a tese da renúncia tácita à vantagem, extraída do fato de a ação ter sido proposta depois de vencido o prazo de proibição do exercício do poder potestativo de resilição, ou da circunstância de ele recusar a proposta de retorno ao trabalho ou da constatação de que já havia conseguido outro emprego. É que o decurso do prazo constitucional só teria relevância se ao tempo da propositura da ação houvesse transcorrido o biênio prescricional, enquanto a tese da renúncia tácita faz

---

(53) Cf. TRT — 3ª Região — 2ª T. — RO 7875/91 — Relª: Juíza Alice Monteiro de Barros, 16.6.92.

(54) "**Membro da CIPA: Renúncia**. Ao receber as verbas rescisórias, levantar o FGTS e dar quitação no termo de rescisão sob a assistência do sindicato, tacitamente renunciou o cipeiro à garantia da estabilidade provisória. Indenização indevida. Recurso improvido". TRT — 18ª Região — Ac. n. 1.366/94 — Rel.: Juiz Macedo Xavier — DJ 5.8.94 — p. 52.

tábula rasa do princípio segundo o qual a renúncia de direitos, sobretudo de direitos trabalhistas, há de ser, de regra, expressa, ao passo que a recusa ao retorno do serviço, quer o seja manifesta ou inferida da obtenção de outro emprego, traduz legítimo direito do empregado, consagrado no art. 489 da CLT. Recurso a que se nega provimento". TST-RR-539710/1999. Ac. **4ª Turma**. Redator Designado: Min. Antônio José de Barros Levenhagen. DJ 19.12.2002.

"ESTABILIDADE PROVISÓRIA — CIPA. RECEBIMENTO DE VERBAS RESCISÓRIAS. RENÚNCIA NÃO CONFIGURADA. O fato de o reclamante haver recebido as verbas rescisórias não implica a renúncia à garantia de emprego estipulada no art. 10, II, 'a', do ADCT. Revista desprovida". TST — RR-459983/1998 — Ac. **5ª Turma** — Rel.: Min. Rider Nogueira de Brito. DJ 16.11.2001, p. 628.

Outra será a situação se o cipeiro ou dirigente sindical, por meio de atos comissivos ou omissivos, deixar transparecer sua intenção, de forma clara, de despojar-se da garantia em questão. Nessas condições, não há como invocar o princípio da irrenunciabilidade. A título de exemplo, renuncia à estabilidade provisória o empregado, dirigente sindical ou cipeiro, que aceita transferência para estabelecimento empresarial situado em Município diverso ou se recusa a ser reintegrado quando o emprego é colocado à sua disposição. O objetivo da estabilidade provisória é permitir aos dirigentes sindicais ou membros da CIPA, respectivamente, agir, de forma efetiva, em defesa dos interesses dos integrantes da categoria em determinada base territorial ou da segurança de todos os empregados da empresa, ainda que para isso precise contrariar os interesses patronais. Ora, se esse objetivo é contrariado pelo próprio empregado, indevidas se tornam as verbas correspondentes ao período de garantia de emprego[55].

12.5. Aviso prévio no curso da garantia de emprego

Por força da **Súmula n. 348 do TST**, não é válida a concessão do aviso prévio na fluência da garantia de emprego, ante a incompatibilidade dos dois institutos. Isso porque o aviso prévio destina-se à procura de um novo emprego, e a estabilidade provisória tem por fim assegurar o emprego, impedindo que o trabalhador seja vítima de represália patronal no seu curso, pelo fato de encontrar-se na crista das reivindicações. Somente após o término do período estabilitário é que se inicia a contagem do aviso prévio.

---

(55) "**Estabilidade de Cipeiro.** Renuncia tacitamente à estabilidade empregado que, eleito membro da CIPA em uma unidade da empresa, aceita a sua transferência para outra, sediada em município diverso". TRT — 2ª Região — 1ª T. — RO-02970390900 — Rel.: Juiz Braz José Mollica — DOESP 25.8.97.

"**Estabilidade provisória. Membro da CIPA. Ex-empregada que recusa a oferta de reintegração. Renúncia à estabilidade.** A estabilidade provisória de empregados eleitos membros de CIPA é direito da categoria e não direito individual do empregado eleito. O objetivo dessa estabilidade provisória é permitir ao membro da CIPA agir de forma efetiva em defesa da segurança de todos os empregados da empresa, mesmo que para isso tenha de contrariar os interesses do empregador. Se o ex-empregado eleito membro da CIPA recusa-se a ser reintegrado, quando o emprego é colocado à sua disposição pelo empregador, configura-se a hipótese de renúncia ao mandato conferido por seus pares que o elegeram para a defesa de seus interesses e, em consequência, à estabilidade decorrente desse mandato. Frustrado o objetivo da estabilidade provisória pelo próprio empregado eleito membro de CIPA, em face da recusa à reintegração, são indevidas quaisquer verbas de caráter indenizatório. Recurso de revista parcialmente conhecido e desprovido". TST — 5ª Turma — RR-368829/1997 — Rel.: Min. Rider de Brito — DJ 9.3.2001.

12.6. Estabilidade prevista no art. 19 do Ato das Disposições Constitucionais Transitórias da Constituição vigente

O art. 19 do Ato das Disposições Constitucionais Transitórias assegurou estabilidade no serviço público aos servidores públicos civis da União, dos Estados, do Distrito Federal e dos Municípios, da Administração direta, autárquica e das fundações públicas, em exercício na data da promulgação da Constituição há pelo menos cinco anos continuados e que não tenham sido admitidos na forma do art. 37 da Constituição (por concurso).

Ficaram excluídos do conteúdo do art. 19 citado acima os ocupantes de cargos, empregos e funções de confiança ou em comissão, bem como os professores de nível superior.

Temos deparado com pedidos formulados por trabalhadores dos Conselhos Regionais de Engenharia, Agronomia, Administração, etc. no sentido de reconhecer-lhes a estabilidade do art. 19 do Ato das Disposições Constitucionais Transitórias, o qual dispõe: "Os servidores públicos civis da União, dos Estados, do Distrito Federal e dos Municípios, da administração direta, autárquica e das fundações públicas, em exercício na data da promulgação da Constituição, há pelo menos cinco anos continuados, e que não tenham sido admitidos na forma regulada no art. 37, da Constituição, são considerados estáveis no serviço público". Afirmam que os conselhos possuem a natureza de autarquia, integrando a Administração Pública federal indireta.

O principal fundamento invocado para afastar essa pretensão é a disposição contida no art. 58, § 3º, da Lei n. 9.649, de 1998.

Aliás, mesmo antes da vigência dessa norma já predominava o entendimento segundo o qual os conselhos regionais são entidades criadas para fiscalizar profissões regulamentadas, e, portanto, não integram a Administração Pública. Isso por força do Decreto-Lei n. 968, de 1969, que dispunha expressamente, em seu art. 1º, que essas entidades, embora desempenhem serviços tipicamente direcionados ao interesse público, não estão disciplinadas pelas normas legais atinentes à Administração Pública. A previsão contida nesse dispositivo justifica-se pelo fato de os conselhos regionais estarem desvinculados do poder público, pois possuem renda própria e prestam contas apenas a seus associados.

Nesse contexto, torna-se irrelevante a discussão travada acerca da constitucionalidade da Lei n. 9.649, de 1998, tendo em vista que mesmo antes de sua edição inexistia fundamento que amparasse a pretensão alusiva à estabilidade prevista no art. 19 do ADCT.

De qualquer sorte, é de se acentuar que o Supremo Tribunal Federal deferiu liminar suspendendo a vigência do art. 58, *caput* e parágrafos dessa lei (n. 9.649, de 1998), à exceção do § 3º. Esse único dispositivo, cuja vigência se mantém incólume, prevê que "os empregados dos conselhos de fiscalização de profissões regulamentadas são regidos pela legislação trabalhista, sendo vedada qualquer forma de transposição, transferência ou deslocamento para o quadro da Administração Pública direta ou indireta".

Constata-se, portanto, que a Excelsa Corte não vislumbrou inconstitucionalidade nesse dispositivo, reafirmando, por isso, a ausência de direito à estabilidade, bem como o vínculo estatutário pretendido pela consignada.

Confira-se, a respeito, o entendimento do TST:

> "ESTABILIDADE — ART. 19 DO ADCT — CONSELHO PROFISSIONAL — ENTE PARAESTATAL — ÓRGÃO DE FISCALIZAÇÃO — EMPREGADOS REGIDOS PELO REGIME DA CLT. Tendo os conselhos profissionais a missão de fiscalizar os profissionais a eles vinculados (médicos, odontólogos, veterinários, advogados, contabilistas, etc.), seus empregados não são, pelo fato de se tratar de entes paraestatais, regidos pelo Regime Jurídico Único, não possuindo, por isso, direito à estabilidade no emprego prevista no art. 19 do ADCT da Constituição Federal de 1988. Inteligência do § 3º do art. 58 da Lei n. 9.649/98, cristalizada na jurisprudência pacífica desta Corte. Incidência da Súmula n. 333 do TST. Recurso de embargos não conhecido". E-RR Número: 97913 — Ano: 1993 — ACÓRDÃO SDI-1 — 20.11.00, Rel.: Min. Ives Gandra Martins Filho.

12.7. Estabilidade assegurada no art. 41 da Constituição

A Constituição da República de 1988, no art. 41, assegurou estabilidade, após três anos de efetivo exercício, aos servidores nomeados para cargo de provimento efetivo em virtude de concurso público. Ele só perderá o cargo: por meio de sentença judicial transitada em julgado; mediante processo administrativo em que lhe seja assegurada ampla defesa e em virtude de procedimento de avaliação periódica de desempenho, na forma de lei complementar, assegurada ampla defesa.

Cumpre ressaltar que a estabilidade em questão alcança o empregado público estatutário ou celetista da Administração direta, autárquica ou fundacional, admitido por concurso público (**Súmula n. 390, inciso I, do TST**).

O TST, por meio da **Súmula n. 390, inciso II**, entende que o referido preceito não se aplica às empresas públicas e sociedades de economia mista, logo, mesmo que concursado, a despedida não precisa ser motivada, por não desfrutar da estabilidade prevista no art. 41 da Constituição da República.

CAPÍTULO XXIX

O FUNDO DE GARANTIA DO TEMPO DE SERVIÇO

1. INSTITUIÇÃO DO FUNDO DE GARANTIA DO TEMPO DE SERVIÇO

1.1. Primeiro momento histórico da flexibilização

Em 1967 foi introduzido no Brasil, ao lado da estabilidade, o regime do Fundo de Garantia do Tempo de Serviço (FGTS), exatamente no primeiro momento histórico da flexibilização, como imposição do chamado Direito do Trabalho da emergência.

Permitiu-se, na Constituição da República de 1967, a coexistência dos dois regimes: o da estabilidade, prevista na Consolidação das Leis do Trabalho (CLT), e o do Fundo de Garantia do Tempo de Serviço (FGTS).

Embora a Lei n. 5.107, de 1966 (com vigência da partir de 1967), que criou o Fundo de Garantia do Tempo de Serviço, o tenha instituído em caráter optativo, na verdade tratava-se de uma falsa opção, pois o novo trabalhador, se não manifestasse a opção por esse novo regime, provavelmente não obteria o emprego. Os antigos trabalhadores que optassem pelo FGTS renunciariam à estabilidade. Até então, o sistema do FGTS estendia-se apenas aos empregados urbanos e era, pelo menos em tese, facultativo.

Com a Constituição de 1988, o ingresso no Fundo de Garantia do Tempo de Serviço passou a ser automático, não havendo mais opção; logo, a antiga estabilidade na empresa, que se adquiria ao completar 10 anos de serviço junto ao mesmo dador de trabalho, foi extinta, respeitado o direito adquirido dos que já a possuíam em 5.10.88, data do início de vigência da nossa Constituição (art. 14 da Lei n. 8.036, de 1990). O regime do FGTS passou a existir também no meio rural, a partir de 1988 e, para o trabalhador avulso, a partir de 1968, com a Lei n. 5.480. A empregada doméstica não é destinatária obrigatória desse regime, sendo facultada a sua inserção a requerimento do empregador (Lei n. 10.208, de 23 de março de 2001, que acrescentou o art. 3º-A à Lei n. 5.859, de 11 de dezembro de 1972).

1.1.1. Conselho Curador do FGTS

À luz do art. 3º da Lei n. 8.036, de 1990, o FGTS será regido segundo normas e diretrizes estabelecidas por um Conselho Curador, composto de representante de trabalhadores, empregadores, órgãos e entidades governamentais, na forma estabelecida pelo Poder Executivo (Medida Provisória n. 2.216-37, de 31 de agosto de 2001). Os órgãos são os seguintes: I — Ministério do Trabalho; II — Ministério do Planejamento e Orçamento; III — Ministério da Fazenda; IV — Ministério da Indústria, do Comércio e do Turismo; V — Caixa Econômica Federal; VI — Banco Central do Brasil.

A Presidência do Conselho Curador será exercida pelo representante do Ministério do Trabalho e da Previdência Social (§ 1º do art. 3º da Lei n. 8.036, de 1990). Os representantes dos trabalhadores e dos empregadores e seus respectivos suplentes serão indicados pelas respectivas centrais sindicais e confederações nacionais e nomeados pelo Ministro do Trabalho e da Previdência Social. Terão mandato de dois anos, podendo ser reconduzidos uma única vez (§ 3º do art. 3º da Lei n. 8.036, de 1990).

O Conselho Curador reunir-se-á ordinariamente, a cada bimestre, por convocação de seu Presidente. Esgotado esse período, não tendo ocorrido convocação, qualquer de seus membros poderá fazê-la, no prazo de 15 dias. Havendo necessidade, qualquer membro poderá convocar reunião extraordinária, na forma que vier a ser regulamentada pelo Conselho Curador (§ 4º do art. 3º da Lei n. 8.036, de 1990).

As decisões do Conselho serão tomadas com a presença da maioria simples de seus membros, tendo o Presidente voto de qualidade (§ 5º do art. 3º da Lei n. 8.036, de 1990, alterado pela Medida Provisória n. 2.216-37, de 31 de agosto de 2001).

As despesas porventura exigidas para o comparecimento às reuniões do Conselho constituirão ônus das respectivas entidades representadas (§ 6º do art. 3º da Lei n. 8.036, de 1990).

As ausências ao trabalho dos representantes dos trabalhadores no Conselho Curador, decorrentes das atividades desse órgão, serão abonadas, computando-se como jornada efetivamente trabalhada para todos os fins e efeitos legais (§ 7º do art. 3º da Lei n. 8.036, de 1990). A hipótese é, portanto, de interrupção do contrato de trabalho.

2. CONSTITUIÇÃO DO FGTS. DOS DEPÓSITOS. NATUREZA JURÍDICA. IMPENHORABILIDADE DA CONTA VINCULADA

O Fundo de Garantia do Tempo de Serviço é constituído de uma conta bancária formada pelos depósitos feitos pelo empregador em nome do trabalhador, na qual o primeiro deposita em nome deste último, mensalmente, 8% da sua remuneração, salvo se se tratar de contrato de aprendizagem, cuja alíquota será reduzida para 2% (art. 15, § 7º, da Lei n. 8.036). Este valor é depositado na Caixa Econômica Federal, que o atualiza com juros e correção monetária, sendo ela o agente operador.

A equivalência entre o regime do FGTS e o da estabilidade da CLT é meramente jurídica, e não econômica, sendo indevidos quaisquer valores a título de reposição de diferença (**Súmula n. 98, inciso I, do TST**).

O FGTS incide sobre a remuneração mensal do empregado, inclusive horas extras e adicionais eventuais (**Súmula n. 63 do TST**). O FGTS incide também sobre todas as parcelas de natureza salarial pagas ao empregado, em virtude de prestação de serviços no exterior (**Orientação Jurisprudencial n. 232 da SDI-1 do TST**). Haverá ainda incidência do FGTS sobre o aviso prévio trabalhado ou indenizado (**Súmula n. 305 do TST**). Já sobre as férias indenizadas não há incidência de FGTS (**Orientação Jurisprudencial n. 195 da SDI-1 do TST**).

Os depósitos na conta vinculada do FGTS são devidos nos casos de interrupção do contrato, como nos 15 primeiros dias de afastamento por doença, concessão de férias, licença-paternidade, entre outras, e em algumas hipóteses de suspensão do contrato, como afastamento para prestação de serviço militar, acidente do trabalho e licença-maternidade (art. 28 do Regulamento do FGTS — Decreto n. 99.684, de 8 de novembro de 1990).

As contas vinculadas em nome dos trabalhadores são absolutamente impenhoráveis (art. 2º, § 2º, da Lei n. 8.036, de 1990), havendo uma vertente doutrinária que atribui aos depósitos a natureza jurídica de salário diferido e outra que os considera substitutivo da indenização. Já as multas de 20% e 40% que incidem, a primeira, nas hipóteses de culpa recíproca e força maior e, a segunda, nas de dispensa injusta, possuem inegável feição indenizatória.

2.1. Dos saques

Enquanto subsistir o contrato de trabalho, os depósitos do FGTS serão utilizados pelo governo em sistema habitacional do País e no saneamento básico.

Permite-se a movimentação imediata dessa conta na cessação do contrato, por dispensa injusta, rescisão indireta, encerramento das atividades da empresa, inclusive por motivo de força maior, término de contrato a prazo, aposentadoria e culpa recíproca. Na hipótese de morte do empregado, os dependentes arrolados como tais na Previdência Social receberão o valor da conta vinculada. É vedado ao trabalhador movimentar a conta do FGTS na hipótese de cessação do contrato por **saída espontânea** (demissão) ou **justa causa** (art. 15 do Decreto n. 99.684, de 1990). Entretanto, poderá fazê-lo nas hipóteses alinhadas nos incisos III a VIII do art. 35 do citado Decreto.

Na vigência do contrato de trabalho, o empregado está autorizado a receber o valor da conta do Fundo de Garantia quando: for pagar parte das prestações decorrentes de financiamento habitacional concedido no âmbito do Sistema Financeiro de Habitação (SFH); for pagar parte das prestações, liquidar ou amortizar o saldo devedor de financiamento imobiliário, desde que seja concedido no âmbito do SFH e haja interstício mínimo de dois anos para a movimentação (art. 20, V e VI, da Lei n. 8.036, de 1990); for pagar total ou parcialmente o preço da aquisição de moradia própria nas condições vigentes para o SFH (art. 20, VII, da Lei n. 8.036, de 1990); permanecer três anos ininterruptos, a partir de 1º de junho de 1990, fora do regime do FGTS (art. 20, VIII); for aplicar o valor em quotas de Fundos Mútuos de Privatização, regidos pela Lei n. 6.385, de dezembro de 1976 (art. 20, XII); o trabalhador ou seus dependentes forem acometidos de neoplasia maligna (inciso XI do art. 20, introduzido pela Lei n. 8.922, de 1994) ou forem portadores do vírus HIV (inciso XIII do art. 20, incluído pela Medida Provisória n. 2.164-41, de 24 de agosto de 2001); o trabalhador ou qualquer de seus dependentes estiver em estágio terminal, em razão de doença grave, nos termos do regulamento (art. 20, XIV, da Lei n. 8.036, introduzido pela já citada medida provisória); tiver o trabalhador idade igual ou superior a 70 anos (art. 20, XV, introduzida pela medida provisória mencionada).

Ressalte-se que é proibida a movimentação da conta vinculada do FGTS nas hipóteses previstas nos incisos V, VI e VII do art. 20 da Lei n. 8.036, de 1990, nas operações firmadas a partir de 25.6.98, caso o adquirente já seja proprietário ou promitente comprador de imóvel localizado no Município onde resida, ou já possua, em qualquer parte do País, pelo menos um financiamento nas condições do SFH (§ 17).

A Lei n. 10.878, de 8 de junho de 2004, acrescentou o inciso XVI ao art. 20 da Lei n. 8.036, de 11 de maio de 1990, o qual autoriza o saque da conta vinculada do FGTS na hipótese de necessidade pessoal, cuja urgência e gravidade decorram de desastre natural causado por chuvas, vendavais e inundações, na forma do art. 2º do Decreto n. 5.113, de 22 de junho de 2004, observadas as seguintes condições: a) o trabalhador deverá ser residente em áreas, comprovadamente atingidas, de Município ou do Distrito Federal, em situação de emergência ou de estado de calamidade pública, formalmente reconhecidos pelo Governo Federal; b) a solicitação de saque da conta vinculada será admitida até 90 (noventa) dias após a publicação do ato de reconhecimento pelo Governo Federal da situação de emergência ou calamidade pública declarados por decreto. O valor máximo do saque da referida conta será de R$ 2.600,00 (dois mil e seiscentos reais), desde que o intervalo entre uma movimentação e outra não seja inferior a 12 meses (art. 4º do Decreto citado). A comprovação da área atingida será realizada por meio de declaração fornecida pelo Município ou Distrito Federal à Caixa Econômica Federal.

Em se tratando de **dispensa injusta ou rescisão indireta**, o empregador deverá pagar mais 40% do valor dos depósitos mensais atualizados, realizados por ele na conta vinculada do Fundo de Garantia do trabalhador (art. 9º, § 1º, do Decreto n. 99.684, de 1990).

Havendo **culpa recíproca ou força maior,** reconhecida pela Justiça do Trabalho como responsável pela cessação do contrato, o empregador pagará multa de 20% do valor dos depósitos e o empregado sacará a conta vinculada (art. 9º, § 2º, do Decreto n. 99.684, de 1990).

Tanto a multa de 40% como a de 20% incidirão, inclusive, sobre o valor de saques corrigidos monetariamente ocorridos na vigência do contrato (art. 18, § 1º, da Lei n. 8.036, de 1990, e **Orientação Jurisprudencial n. 42, inciso I, da SDI-1 do TST**). Saliente-se que essas multas serão calculadas com base no saldo da conta vinculada da data do efetivo pagamento das verbas rescisórias, desconsiderando-se a projeção do aviso prévio, quando for ele indenizado, por ausência de previsão legal (**Orientação Jurisprudencial n. 42, inciso II da SDI-1 do TST**).

Na hipótese de **morte** do trabalhador, seus dependentes receberão o valor do Fundo de Garantia que estiver depositado.

O trabalhador poderá sacar o valor do Fundo de Garantia sem o aumento de 20% ou 40%, quando o contrato for **extinto por aposentadoria e término de contrato a prazo.**

No encerramento voluntário das atividades da empresa (falência, por exemplo), a jurisprudência[1] e alguns doutrinadores têm atribuído o mesmo tratamento previsto para o empregado na despedida injusta, embora a Lei n. 8.036, ao tratar do encerramento voluntário das atividades da empresa, não preveja a multa.

Sustenta a jurisprudência que a falência em si não implica extinção do contrato. A resilição se opera por vontade do administrador judicial ou por cessação das atividades da empresa (art. 449, *caput* e § 2º, da CLT). Também não há como admitir a existência de força maior, pois não se trata de acontecimento imprevisível e para o qual o empregador não concorreu direta ou indiretamente. A falência insere-se no risco do empreendimento econômico, que deverá ser suportado pelo empregador (art. 2º da CLT).

Filiamo-nos à vertente jurisprudencial segundo a qual a **adesão voluntária do empregado a programa de desligamento incentivado** não gera o direito à percepção da multa de 40% do FGTS, tampouco do aviso prévio, pois essas verbas são inerentes aos casos de dispensa imotivada, principalmente se considerarmos que os referidos planos asseguram, em geral, uma indenização[2].

2.2. Trabalhador aposentado que continua trabalhando após o benefício previdenciário

Ainda que o trabalhador aposentado espontaneamente continuasse a prestar serviços na mesma empresa, considerava-se que um novo contrato se firmava, pois a aposentadoria implicava extinção do contrato, nos termos do art. 453 da CLT. Indevido, pois, o cômputo do período que se extinguiu com a aposentadoria para fins de incidência da multa de 40% do FGTS, na hipótese de o último contrato ter cessado por despedida injusta (**Orientação Jurisprudencial n. 177 da SDI-1 do TST**, cancelada em 2006, por mudança de entendimento do STF).

No sentido constante da citada orientação jurisprudencial pronunciava-se o STF, como se infere do despacho que denegou seguimento ao Agravo de Instrumento que não admitiu Recurso Extraordinário:

> "Aposentadoria voluntária. Unicidade contratual. Multa de 40% sobre depósitos do FGTS de toda a contratualidade. Entende essa Corte Superior que, consoante dispõe o artigo 453 da Consolidação das Leis do Trabalho, a aposentadoria espontânea implica a extinção

---

(1) "**Falência. Multa sobre os depósitos do FGTS**. A quebra não é motivo para extinção dos contratos de trabalho, cuja resilição ou decorre da vontade do síndico ou da cessação da atividade da empresa, conforme se depreende do art. 449 e seu § 2º, da CLT. Tampouco pode ser equiparada à força maior de que trata o art. 18, § 2º, da Lei n. 8.036/90. É que a falência, mesmo que não seja fraudulenta, insere-se no risco inerente ao próprio negócio, não sendo classificada como acontecimento inevitável em relação à vontade do empresário, cuja precipitação decorre não raro de uma má gestão do empreendimento. Além disso, a multa de 40% do FGTS, apesar da sua titulação, não tem sentido punitivo, como o têm as normas dos art. 467 e 477, da CLT, que a jurisprudência do TST entende serem inaplicáveis à massa falida. Desfruta ela, na realidade, de claro conteúdo indenizatório, segundo se constata do art. 7º, inciso I, da Constituição, combinado com o art. 10, inciso I, do ADCT. Recurso provido". TST — RR-814.296/01 — Ac. 4ª Turma — Rel.: Min. Antônio José de Barros Levenhagen — DJU 27.9.2002. *Revista TST* — vol. 68, jul./dez. 2002, p. 411.

(2) Nesse sentido cf. TST-RR-463.149/98 — Ac. 3ª T. — Relª: Min. Maria Cristina Irigoyen Peduzzi. DJ 28.6.2002. *Revista do TS,* v. 68, jul./dez. 2002, p. 403.

do contrato de trabalho. Continuando o empregado a trabalhar, nasce um novo contrato de emprego, onde não é computável o período anterior. Recurso de Embargos não conhecido. Alega-se violação dos art. 5º, II e XXXVI, 194 e 201 da Constituição Federal. O acórdão recorrido não examinou os dispositivos constitucionais apontados no recurso extraordinário e não foram opostos embargos de declaração: incidem as Súmulas n. 282 e 356. Nego provimento ao agravo". Brasília, 4 de março de 2004. STF — AI- 380264/SP. Rel.: Min. Sepúlveda Pertence. DJ 19.3.2004.

Nota-se, entretanto, que o mesmo Supremo Tribunal Federal alterou o seu entendimento no RE-449420/PR, 1ª T. — Rel. Min. Sepúlveda Pertence, julgado em 16.8.2005. Sustentou-se nessa decisão que, havendo continuidade da atividade laboral, mesmo após a aposentadoria espontânea, não há que se falar em readmissão, nos termos do art. 453 da CLT. O Supremo Tribunal Federal deu provimento ao recurso extraordinário da empregada pública para afastar a tese contrária sustentada pelo TST e posteriormente considerou inconstitucionais os §§ 1º e 2º do art. 453 da CLT.

2.3. Rescisão contratual fictícia

Não é raro depararmos com rescisão contratual fictícia operada com o fim exclusivo de recebimento do FGTS e/ou do Seguro-Desemprego. O ato traduz dolo praticado por ambas as partes, que não poderão alegá-lo para anular o negócio ou reclamar indenização (art. 150 do Código Civil de 2002). Nesse sentido têm decidido os Tribunais[3].

2.4. FGTS. Partilha de bens

Questão polêmica diz respeito à inclusão ou não do valor referente ao FGTS e à respectiva multa na partilha de bens ocorrida em ação de separação judicial. A corrente que admitia a inclusão na partilha baseava-se no art. 271, VI, do Código Civil de 1916, que incluía na comunhão os frutos civis do trabalho de cada cônjuge.

Ocorre que a matéria tem tratamento diferente no Código Civil de 2002. O art. 1.668, V (que trata do regime de comunhão universal) excluiu dessa comunhão os proventos do trabalho pessoal de cada cônjuge, reportando-se ao art. 1.659, VI, do capítulo "Do Regime de Comunhão Parcial", que por sua vez também exclui expressamente desse regime os proventos do trabalho pessoal de cada cônjuge. Ora, não há dúvida de que a conta vinculada do FGTS, bem como a multa de 40% que sobre ela incide nas hipóteses de resilição, são proventos do trabalho. Logo, entendemos que essas verbas não poderão integrar a partilha na hipótese de separação judicial.

(3) "**Rescisão contratual fictícia. Simulação.** Esse tipo de acordo normalmente se dá a pedido do empregado, para receber o FGTS e o Seguro-desemprego, ou apenas o FGTS. Ao empregador só dá trabalho, pois tem de promover a rescisão, pagar atualmente depositar a multa de 40%, manter o empregado por um tempo sem a CTPS assinada para tentar dissimular a fraude, correndo os riscos daí decorrentes, e, logo depois, proceder ao registro novamente. Sendo assim, impõe-se aplicar, nesses casos, o disposto no art. 104 do Código Civil, segundo o qual havendo intuito de prejudicar a terceiros, ou infringir preceito de lei, que é a espécie em exame, nada poderão alegar, ou requerer os contraentes em juízo quanto à simulação do ato, em litígio de um contra o outro, ou contra terceiros". TRT — 3ª Região — RO-15.833/00 — 5ª Turma — Rel.: Juiz José Murilo de Morais — DJMG 24.3.01 — *Revista Tribunal Regional do Trabalho da 3ª Região* — Belo Horizonte, 33 (63): 231-406, jan./jun. 2001, p. 384.

Nesse sentido pronunciou-se a 1ª Câmara Cível do Tribunal de Justiça de Minas Gerais, no Agravo de Instrumento n. 000.298625-5/00[(4)].

3. INTERDEPENDÊNCIA DOS DOIS REGIMES

Com a Constituição de 1988, o regime do FGTS deixou de ser facultativo e foi instituído obrigatoriamente para todos os empregados.

Poderão ocorrer situações jurídicas em que os dois regimes se interpenetram.

Na hipótese de o empregado possuir um tempo de serviço disciplinado pelo *caput* do art. 477 da CLT, aplicado ao rural subsidiariamente (art. 4º do Decreto n. 73.626, de 1974), a partir de 5 de outubro de 1988, com a vigência do FGTS, os dois regimes se interpenetram, situação rara nos dias de hoje. Logo, se em 5 de outubro de 1988 o empregado possuía 10 ou mais anos de serviço (art. 492 da CLT, aplicado ao rural, subsidiariamente) junto ao mesmo empregador fora do regime do FGTS, ainda que, após a referida data, ele ingressasse automaticamente nesse regime, sua **despedida injusta será nula**, pois continua portador de estabilidade. Nesse caso, o empregado deverá ser reintegrado. **Se o tempo anterior ao ingresso no FGTS for inferior a 10 anos, a dispensa é válida**, porém será assegurada ao empregado a indenização simples (art. 477 da CLT), e pelo período posterior a 5 de outubro de 1988 sacará os valores depositados em sua conta vinculada do FGTS, acrescidos da multa de 40%.

Na hipótese de obter em Juízo **rescisão indireta** do contrato de trabalho sob o novo regime, o empregado estável fará jus à indenização em dobro pelo tempo anterior a 5 de outubro de 1988 e à conta vinculada do FGTS acrescida de 40% após essa data. Não sendo estável, aquela indenização será devida de forma simples (sem a dobra), e pelo período posterior a 5 de outubro de 1988 o empregado sacará o montante depositado em sua conta vinculada do FGTS, acrescido de 40%.

Cessado o contrato por falência ou outra causa de encerramento voluntário das atividades da empresa, o empregado estável receberá indenização em dobro pelo período anterior ao ingresso no regime do FGTS, e o não estável fará jus à indenização simples, nas duas situações, sem prejuízo do saque da conta vinculada do FGTS, em ambas as situações, acrescida de 40%, segundo a jurisprudência.

Caso **a dissolução do contrato ocorra por iniciativa do empregado** (demissão), ele perderá a indenização, sendo estável ou não, e terá acesso ao FGTS nas hipóteses de pagamento total ou parcial do preço de aquisição de moradia pelo sistema financeiro habitacional, quando ele ou seus dependentes forem acometidos de neoplasia maligna, forem portadores do vírus HIV, estiverem em estágio terminal em virtude de doença grave, quando o trabalhador tiver idade igual ou superior a 70 anos, quando o trabalhador permanecer três anos ininterruptos, a partir de 1º de junho de 1990, fora do regime do Fundo de Garantia, entre outras hipóteses citadas no art. 20 da Lei n. 8.036, de 1990.

---

(4) Comarca de Belo Horizonte. Rel. designado: Juiz Geraldo Augusto, publicado no DJMG de 11.4.2003.

Em se tratando de **extinção do contrato por morte do empregado, aposentadoria por tempo de serviço, invalidez ou idade**, não há que se falar em indenização, independentemente de o empregado ser ou não estável, e o FGTS será sacado sem acréscimo, ressaltando-se que, na hipótese de morte, o levantamento do valor é feito pelos dependentes habilitados junto à Previdência Social(5).

Na cessação do contrato por **culpa recíproca ou força maior**, a indenização é simples, em se tratando de empregado portador de estabilidade, e pela metade, no caso de empregado não estável (art. 484 da CLT), sendo o FGTS relativo ao período posterior a 5 de outubro de 1988, recebido pelo trabalhador com um acréscimo de 20% sobre a totalidade dos depósitos.

Na hipótese de despedida calcada em **justa causa** devidamente comprovada, o empregado perderá a indenização de antiguidade, e o FGTS só será sacado nas hipóteses de aquisição de moradia pelo sistema financeiro habitacional do País, doença grave (neoplasia maligna ou vírus HIV) do empregado ou de seus dependentes, estágio terminal em face de doença grave, quando o trabalhador permanecer três anos ininterruptos, a partir de 1º de junho de 1990, fora do regime do Fundo de Garantia, no caso de implemento de idade (70 anos), etc.

4. PRESCRIÇÃO

Dispõe a **Súmula n. 362 do TST**: "é trintenária a prescrição do direito de reclamar contra o não recolhimento da contribuição para o FGTS, observado o prazo de 2 (dois) anos após o término do contrato de trabalho".

A hipótese diz respeito às parcelas remuneratórias quitadas nos recibos salariais sem a correspondente incidência nos depósitos da conta vinculada, ou seja, o empregador deixa de efetuar o depósito do FGTS sobre tais valores.

Outra é a situação quando o empregador está em débito com a parcela de cunho remuneratório, isto é, deve diferença de salários, horas extras ou adicionais de insalubridade, entre outros. Se o empregado vier a postular em Juízo essas verbas, com os reflexos no FGTS, e o empregador arguir a prescrição nas instâncias ordinárias, evidentemente que, encontrando-se prescritas as parcelas principais (diferença de salários, horas extras, adicionais, etc.), vencidas há mais de cinco anos, a pretensão de incidência dessas verbas no cálculo dos depósitos do FGTS também estará prescrita, pois a obrigação acessória segue o mesmo prazo prescricional da obrigação principal (**Súmula n. 206 do TST**).

---

(5) "**Falecimento do trabalhador. Valores devidos. Leis específicas que regulam a matéria. Quitação do empregador.** Certos ou errados, inconstitucionais ou não (porque discriminam e excluem herdeiros necessários que não sejam dependentes perante a previdência social), o art. 477 — CLT e a Lei n. 6.858/80, regulamentada pelo Dec. n. 85.845/81, regulam a matéria no campo do Direito do Trabalho e na questão aqui trazida a lume. Dispondo que, no caso de falecimento, os valores devidos ao ex-empregado e o FGTS serão pagos, em quotas iguais, aos dependentes habilitados perante a previdência social e só na sua falta, aos sucessores previstos na lei civil (art. 1º da Lei). E que as cotas devidas a menores serão depositadas em caderneta de poupança (§ 1º). Pelo que, o empregador, que assim procede obtém boa e válida quitação, não podendo ser alvo de ataque na disputa entre herdeiros de mães diferentes e de amásias entre si. O acertamento entre herdeiros e candidatos ao monte se faz na via e pelo rito próprio". TRT — 3ª Região — 3ª Turma — RO-00327-2003-063-03-00-9. Rel.: Juiz Paulo Araújo — DJMG 10.7.2004, p. 3.

Transcorridos mais de dois anos da cessação do contrato de trabalho, está prescrita a pretensão relativa a créditos resultantes da relação de emprego, aí incluídas a indenização e o não recolhimento da contribuição do FGTS (**Súmula n. 362 do TST**).

Lembre-se, ainda, que a transferência do regime jurídico de celetista para estatutário implica extinção do contrato de trabalho, fluindo o biênio prescricional a partir da mudança de regime (**Súmula n. 382 do TST**).

É certo que a mudança de regime jurídico de celetista para estatutário extingue o contrato. Ocorre que o art. 20 da Lei n. 8.036, de 1990, quando estabelece as hipóteses de movimentação da conta vinculada, não inclui a mudança de regime jurídico, a qual não equivale à dispensa do empregado. Logo, o empregado não poderia ter liberado o valor da conta de imediato[(6)].

Saliente-se, entretanto, que **o STJ** autoriza a movimentação dessa conta quando "o contrato de trabalho é resolvido com a transferência do servidor do regime da CLT para o estatutário, em decorrência de lei...".

5. EXPURGOS INFLACIONÁRIOS. DIFERENÇA DE MULTA DE 40%. RESPONSABILIDADE PELO PAGAMENTO

Temos sustentado que o empregador deverá responder pela multa fundiária (40%) decorrente dos expurgos inflacionários, devendo recompor a totalidade dos depósitos, mesmo quando advém de desídia do órgão gestor da garantia. Eventual direito de reembolso demanda ação de regresso do empregador pela via ordinária. Nesse sentido é a **Orientação Jurisprudencial n. 341 da SDI-1 do TST**, que dispõe:

> "FGTS. Multa de 40%. Diferenças decorrentes dos expurgos inflacionários. Responsabilidade pelo pagamento. É de responsabilidade do empregador o pagamento da diferença da multa de 40% sobre os depósitos do FGTS, decorrente da atualização monetária em face dos expurgos inflacionários."

O termo inicial do prazo prescricional para o empregado pleitear em juízo diferenças dessa multa, decorrente dos expurgos inflacionários, ocorre com a edição da Lei Complementar n. 110, de 29 de junho de 2001, que reconheceu o direito à atualização do saldo das contas vinculadas, salvo comprovado trânsito em julgado de ação anteriormente proposta na Justiça Federal, que reconheça o direito à atualização do saldo da conta vinculada (**Orientação Jurisprudencial n. 344 da SDI-1 do TST**, com a nova redação dada em novembro de 2005). Se o contrato foi rompido posteriormente à edição da citada lei complementar ou da decisão da Justiça Federal, nesses casos, o direito à multa só irá surgir com a dispensa injusta, com a rescisão indireta, ou com a dissolução voluntária da empresa. Nessas hipóteses, o direito à diferença conta-se a partir da ruptura do contrato e o prazo prescricional será de dois anos.

---

(6) TRT — ES-124.2002.141.17.00.6 — Ac. 1062/03 — Relª: Juíza Anabella Almeida Gonçalves — DOE 18.2.03. *Revista Synthesis* 37/2003, p. 262.

6. ATUALIZAÇÃO

Os valores dos depósitos feitos na conta vinculada do FGTS pertencente ao empregado, quando executados na Justiça do Trabalho, possuem natureza de débito trabalhista, devendo, portanto, sujeitar-se aos índices aplicados por essa Justiça Especializada. Nesse sentido é a **Orientação Jurisprudencial n. 302 da SDI-1 do TST**.

7. OPÇÃO RETROATIVA DO FGTS

O art. 1º da Lei n. 5.958, de 1973, prevê a possibilidade de opção retroativa pelo FGTS, com a concordância expressa do empregador, não sendo incompatível com as leis posteriores, salvo em se tratando de empregado rural, que não era abrangido pelo referido regime anteriormente à Constituição de 1988 (**Orientação Jurisprudencial Transitória n. 39 da SDI-1 do TST**).

8. PROVA

A **Orientação Jurisprudencial n. 301 da SDI-1 do TST** transfere para o empregador o ônus da prova do recolhimento do FGTS quando o reclamante define na inicial os períodos em que não houve depósito a esse título, ou quando o depósito foi feito em valor inferior e o reclamado sustenta a inexistência de diferenças a esse título. No caso, compete ao empregador exibir as guias respectivas, com o objetivo de comprovar o fato extintivo por ele alegado (art. 818 da CLT e art. 333, II, do CPC).

9. FGTS E MULTA PREVISTA NO ART. 22 DA LEI N. 8.036, DE 1990. FGTS E ART. 467 DA CLT

O art. 22 da Lei n. 8.036, de 1990, previa multa de 20% por irregularidade nos depósitos do FGTS. O preceito legal em questão foi alterado, em abril de 2000, pela Lei n. 9.964, que acrescentou ao dispositivo citado o seguinte § 2º-A e deu nova redação a seu § 3º:

> "§ 2º-A. A multa referida no § 1º deste artigo será cobrada nas condições que se seguem: (incluído pela Lei n. 9.964, de 10 de abril de 2000)
>
> I — 5% (cinco por cento) no mês de vencimento da obrigação (incluído pela Lei n. 9.964, de 10 de abril de 2000);
>
> II — 10% (dez por cento) a partir do mês seguinte ao do vencimento da obrigação (incluído pela Lei n. 9.964, 10 de abril de 2000);
>
> § 3º Para efeito de levantamento de débito para com o FGTS, o percentual de 8% (oito por cento) incidirá sobre o valor acrescido da TR até a data da respectiva operação. (Redação dada pela Lei n. 9.964, de 10 de abril de 2000)."

Qual é a natureza jurídica dessa multa? Filiamo-nos à corrente segundo a qual essa multa constitui sanção administrativa e, portanto, reverte-se em favor do órgão gestor do FGTS[7], o que afastava a competência da Justiça do Trabalho para apreciar

---

(7) Cf. TST — RR-575.359/99 — Ac. 4ª Turma — Rel.: Min. Milton de Moura França — DJU 18.10.2002. *Revista TST*, v. 68, n. 3, jul./dez. 2002, p. 356. Afinado com o raciocínio: SAAD, Eduardo Gabriel. *Comentários à Lei do*

a matéria, antes da Emenda Constitucional n. 45, de dezembro de 2004, pois a partir de sua vigência compete à Justiça do Trabalho executá-la (art. 114, inciso VII da Constituição). Há, entretanto, jurisprudência minoritária admitindo reverta tal sanção para o patrimônio do empregado[8].

Discute-se sobre a aplicação do art. 467 da CLT na conta vinculada do FGTS e nas multas de 40% e 20% devidas, respectivamente, nas hipóteses de dispensa injusta, culpa recíproca e força maior.

O art. 467 da CLT, com a nova redação dada em 2001, prevê, na hipótese de incontrovérsia das verbas rescisórias, sejam elas pagas acrescidas de 50%, caso não haja quitação dos valores na data do comparecimento à Justiça do Trabalho. Entendemos que a norma não se aplica à conta vinculada do FGTS (depósitos, juros e correção monetária), os quais, a rigor, não são verbas rescisórias, pois o empregado pode lançar mão dela independentemente da ruptura contratual, como ocorre, por exemplo, nas hipóteses de determinadas doenças do trabalhador ou de seus dependentes, calamidade pública, aquisição de moradia, etc. Já no tocante às multas, elas serão devidas apenas quando ocorrer a terminação do contrato, portanto, cabe a incidência. Poder-se-ia argumentar que a hipótese traduz *bis in idem*, mas quem autorizou a incidência do art. 467 sobre as referidas multas foi o próprio legislador, que não as excluiu de seu texto.

9.1. Competência

Ressalte-se que a Justiça do Trabalho, anteriormente à ampliação da competência introduzida pela Emenda Constitucional n. 45, de 2004, só tinha competência para autorizar o levantamento do depósito do FGTS na ocorrência de dissídio entre empregado e empregador, como constava da **Súmula n. 176 do TST**, hoje cancelada. Como o instituto do FGTS é um corolário da relação de emprego, em geral, e da relação de trabalho, em especial, já que pode ser recolhido em favor do diretor de sociedade anônima não empregado, a competência, em ambos os casos, é da Justiça do Trabalho. As multas aplicadas ao empregador pelo Ministério do Trabalho em face da irregularidade do recolhimento dos depósitos do FGTS deverão ser executadas agora perante a Justiça do Trabalho, a teor do inciso VII do art. 114 da Constituição, introduzido pela Emenda Constitucional n. 45.

Fundo de Garantia do Tempo de Serviço. São Paulo: LTr, 1991, p. 355. Decisão mais recente do TST atribui a natureza de multa administrativa à sanção pecuniária contemplada pela Lei n. 8.036/90, a qual sujeita o empregador pelo não pagamento dos depósitos do FGTS. Deverá reverter o valor sobre o FGTS, pois se fosse em favor do empregado a multa seria expressa, como ocorre com o art. 477 da CLT, 18 e 23, § 4º da Lei n. 8.036/90, entre outros (ERR 809/1996-076-01500-0, Rel.: Min. João O. Dalazen) (DJU de 10.2.**06**).

(8) "**FGTS. Inadimplência. Multa do art. 22 que reverte para o trabalhador prejudicado.** Não se ajusta ao razoável admitir que para uma mesma infração estabeleça a lei duas penalidades diferentes em dispositivos próximos. O art. 23 da Lei n. 8.036, de 1990, pune o empregador inadimplente quanto aos depósitos pertinentes ao FGTS com multa equivalente de 10 a 100 BTNs. O art. 22, por seu turno, cuida de compensar o trabalhador em razão do dano que lhe causou a inadimplência, atualização monetária dos depósitos, juros. Fere a lógica entender que o dispositivo em sua continuação — justamente quando prevê multa de 20% do valor do débito corrigido — tenha alterado seu curso para, dando-lhe feição meramente administrativa, destiná-la, não ao trabalhador, mas ao Estado, consagrando o odioso *bis in idem*". TRT — SP-19990632181 — 8ª Turma — Ac. 20010240106 — Rel.: Juiz José Carlos da Silva Arouca — DOE 12.6.2001. *Revista Synthesis* 34/2002, p. 249.

10. DISPENSA VERIFICADA POR MOTIVO CENSURÁVEL

A dispensa verificada por motivo censurável é nula e autoriza a reintegração do trabalhador, caso o prazo de garantia de emprego não tenha se escoado durante o desenvolvimento do processo, pois se isso ocorrer o trabalhador fará jus ao pagamento dos direitos alusivos ao período correspondente.

Assim, tutela-se o emprego, preservando o trabalhador de dispensa proveniente de razões discriminatórias ou de motivo ilícito: a par das proibições constitucionais (art. 3º, IV, art. 4º, VIII, art. 5º, XLI e XLII, e art. 7º, XVIII), o art. 1º da Lei n. 9.029, de 1995, afirma que é vedado o rompimento do contrato de trabalho por "motivo de sexo, origem, raça, cor, estado civil, situação familiar ou idade, salvo as hipóteses de proteção ao trabalho do menor". A consequência dessa proibição é a reintegração, com direito à retribuição global desde a dispensa até o dia do retorno ao serviço ou o pagamento em dobro dessa retribuição, se o trabalhador optar pelo rompimento do contrato, como previsto no art. 4º da Lei n. 9.029, de 1995. Há quem sustente que a reparação, no caso, cinge-se à indenização por danos materiais e/ou morais, mas não à reintegração (TST-E-RR-381.531/98. SDI-1, 24.11.2003. Rel.: Min. Moura França. *Revista LTr* 68-3/331).

11. CONSIDERAÇÕES GERAIS

Infelizmente, o trabalhador brasileiro do setor privado não tem uma tutela eficaz contra a dispensa. No setor público federal, em que o trabalhador é admitido por concurso, a tutela é mais eficaz, porque depois de três anos de serviço ele adquire estabilidade no serviço (art. 41 da Constituição da República, com a nova redação dada pela Emenda Constitucional n. 19, de 1998) e só perderá o cargo em virtude de sentença judicial definitiva ou de processo administrativo disciplinar no qual lhe seja assegurada ampla defesa. Esse dispositivo legal aplica-se também ao servidor público celetista da Administração direta, autárquica ou fundacional, de acordo com a **Súmula n. 390, inciso I,** do TST.

A diversidade de tratamento dada pelo legislador ao setor privado, que reúne o grande contingente dos trabalhadores(9), em relação ao setor público, acentua a diferença havida no mercado de trabalho em detrimento da maioria dos trabalhadores não qualificados e de precoce envelhecimento, contribuindo, ainda mais, para que o Brasil esteja incluído entre os países de maior desigualdade social.

(9) Dados fornecidos pelo Ministério da Previdência e Assistência Social e publicados no Jornal do Brasil de dezembro de 2001 revelam existir no Brasil, em 1999, na população econômica ativa, 79,3 milhões de pessoas, sendo 71,7 milhões (90,4%) na população ocupada e 7,6 milhões (9,6%) na população desocupada. Ressaltou-se que 4,7 milhões estão no setor público e 66,9 milhões estão no setor privado (84,4%).

CAPÍTULO XXX

PRESCRIÇÃO E DECADÊNCIA

1. INTRODUÇÃO

As relações jurídicas sofrem os efeitos do tempo, que atua ora como fato gerador de direitos (prescrição aquisitiva — usucapião), ora como fato extintivo da pretensão em face da inércia de seu titular por certo lapso de tempo (prescrição extintiva).

Por outro lado, o tempo altera ainda a relação jurídica, condicionando a validade de alguns direitos ao seu exercício dentro de um prazo determinado, sob pena de seu perecimento ou caducidade (decadência).

No direito romano e no medieval, a prescrição era vista como um fenômeno do plano processual que afetava a ação, e não diretamente o direito material.

O direito alemão e o suíço seguiram essa diretriz, ao considerar a prescrição como fato extintivo da pretensão. Já o direito italiano, no Código Civil de 1942, deixou expresso que a prescrição era causa de extinção do próprio direito.

2. CONCEITO DE PRESCRIÇÃO E DECADÊNCIA. CÓDIGO CIVIL DE 1916 E DE 2002

Câmara Leal conceituava a *prescrição,* à luz do Código Civil de 1916, como "a extinção de uma ação ajuizável (*actio nata*), em virtude da inércia continuada de seu titular durante certo lapso de tempo, na ausência de causas preclusivas de seu curso"[(1)].

Já a decadência era vista pelo citado autor como "a extinção do direito pela inércia do seu titular, quando sua eficácia foi, de origem, subordinada à condição de seu exercício dentro de um prazo prefixado, e este se esgotou sem que esse exercício se tivesse verificado". **Modernamente**, a decadência é vista como a extinção dos direitos potestativos, cujo exercício tem duração limitada e o prazo se escoou sem que o seu titular ajuizasse a ação constitutiva.

O Código Civil de 2002, no art. 189, aderiu ao conceito de prescrição como perda da pretensão, vista esta última como o poder de exigir, pelas vias judiciais, a prestação descumprida pelo devedor.

Afirma a doutrina[(2)] que o Código evitou a linguagem do direito antigo, segundo o qual a prescrição provocava a perda da ação, exatamente "para evitar conflito

(1) CÂMARA LEAL, Antônio Luis. *Da Prescrição e da Decadência.* 3. ed., Rio de Janeiro: Forense, 1978, p. 12.
(2) THEODORO JÚNIOR, Humberto. Alguns aspectos relevantes da prescrição no novo Código Civil. *Jornal O Sino do Samuel*, n. 65, maio 2003, p. 5. Editado pela Faculdade de Direito da UFMG.

com o direito processual moderno que emancipa a ação de seu vínculo com o direito material da parte".

Se, entretanto, "a parte não tiver pretensão a exercer contra o demandado (porque este não tem obrigação de realizar qualquer prestação em favor do autor), o caso não será de prescrição, mas de decadência. É o que se passa com as ações constitutivas e declaratórias, porque nas primeiras se exerce um direito potestativo e nas últimas apenas se busca a certeza acerca da existência ou inexistência de uma relação jurídica"(3). Nessas ações não há pretensão capaz de justificar a prescrição.

No Código Civil de 2002, as hipóteses de prescrição estão nos art. 205 e 206 e as de decadência na regulamentação específica de cada modalidade de direito (art. 207 a 211 do mesmo diploma legal).

Na CLT, o prazo de decadência encontra-se no art. 853, cujo teor é o seguinte: "Para a instauração do inquérito para apuração de falta grave contra empregado garantido com estabilidade, o empregador apresentará reclamação por escrito à Vara do Trabalho ou Juiz de Direito, dentro de 30 dias, contados da data da suspensão do empregado".

Desses conceitos inferem-se **elementos comuns aos dois institutos** jurídicos: inércia e tempo.

3. DISTINÇÃO ENTRE PRESCRIÇÃO E DECADÊNCIA

A distinção entre prescrição e decadência continua a desafiar os juristas. Os critérios, em geral, apontados pela doutrina(4) para distinguir esses institutos podem ser arrolados da seguinte forma:

a. O principal traço de distinção entre os dois institutos jurídicos reside no fato de que a decadência dirige-se de preferência aos direitos potestativos. Esses direitos compreendem poderes, que a lei confere a determinadas pessoas, de influir, com uma declaração de vontade, sobre situações jurídicas de outras, sem o concurso da vontade destas. Uma das principais características dos direitos potestativos é o estado de sujeição que o seu exercício cria para outra pessoa, dispensando a sua manifestação de vontade ou outra atitude. Já a prescrição dirige-se aos direitos subjetivos, cuja finalidade é adquirir um bem de vida mediante uma prestação positiva ou negativa do sujeito passivo(5).

b. A função imediata da prescrição é a extinção da pretensão, vista não como direito processual de ação, pois este não é atingido por ela diretamente, mas como poder de exigir uma prestação positiva (obrigação de dar ou de fazer) ou negativa

(3) THEODORO JÚNIOR, Humberto. *Op. cit., passim.*

(4) CÂMARA LEAL, Antônio Luis. *Op. cit., passim.*

(5) AMORIM FILHO, Agnelo. Critério científico para distinguir a prescrição da decadência e para identificar as ações imprescritíveis. *Revista dos Tribunais*, v. 744, ano 86, out. 1997, p. 725-750. O autor, ao estabelecer a distinção acima, apoia-se em Chiovenda. "O art. 194 do Código Civil, **hoje revogado**, dispunha: "O juiz não pode auferir, de ofício, a alegação de prescrição, salvo se favorecer a absolutamente incapaz". Já a atual redação do § 5º do art. 219 do CPC prevê que o juiz pronunciará, de ofício, a prescrição.

(obrigação de abster-se). Mesmo operando-se a prescrição, o devedor poderá cumprir a obrigação, **e se**, demandado em Juízo, **não arguir a prescrição, o Juiz não poderá dela conhecer de ofício**, apesar de revogado em fevereiro de 2006 o art. 194 do Código Civil de 2002. Ele não possui condições seguras para decretar a prescrição trabalhista, mormente no que tange à interrupção e suspensão do contrato de trabalho, competindo às partes demonstrá-las, sob pena de ser ofendido o devido processo legal das partes. A prescrição é uma figura típica do direito material e não processual. Envolve questões de fato. Daí se infere que sua função não é extinguir a ação, como se entendeu no passado, mas extinguir a pretensão.

Já o objeto da decadência é o direito, e sua função imediata, a respectiva extinção. Aqui não se busca prestação da outra parte, logo inexiste a pretensão. Aí reside a outra diferença entre os dois institutos jurídicos.

c. A prescrição flui desde o momento em que a prestação é descumprida, e a decadência começa a fluir no momento em que nasce o direito.

d. Na vigência do Código Civil de 1916, os autores apresentavam como outra distinção entre prescrição e decadência o fato de não se encontrar esta última sujeita a causas interruptivas, suspensivas ou impeditivas, isto é, a causas preclusivas. Ocorre que, à luz do art. 207 do Código Civil de 2002, a decadência poderá estar sujeita a causas preclusivas, se houver disposição legal nesse sentido.

e. A prescrição, no Direito do Trabalho, por versar sobre matéria de cunho patrimonial, **não pode ser conhecida *ex officio* pelo Juiz** (apesar de o art. 219, § 5º do CPC ter sido alterado para o juiz acatar essa prescrição). Essa situação só seria aplicável ao Direito do Trabalho se compatível com seus princípios e suas regras. E é pouco provável que isso ocorra, pois além dos enfoques de interpretação, há o princípio da proteção que se funda na regra e norma mais favoráveis ao empregado.

No mesmo sentido decidiu a 6ª T. do TST, em 5.3.**08**, esclarecendo que "A prescrição é a perda da pretensão pela inércia do titular no prazo que a lei considera ideal para o exercício do direito de ação. Não se mostra compatível com o processo do trabalho, a nova regra processual inserida no art. 219, § 5º, do CPC, que determina a aplicação da prescrição, de ofício, em face da natureza alimentar dos créditos trabalhistas. Ao contrário da decadência, onde a ordem pública está a antever a estabilidade das relações jurídicas no lapso temporal, a prescrição tem a mesma finalidade de estabilidade apensa que entre as partes. Deste modo, é necessário que a prescrição seja arguida pela parte a quem a aproveita. Recurso de Revista conhecido e desprovido" (RR-404/2006-028-03-00.6, Julgamento 5.3.08 — Relator Ministro Aloysio Corrêa da Veiga — 6ª T. — Publicação DJ 28.3.08).

Filiamo-nos à corrente doutrinária (Humberto Theodoro Júnior. *As novas reformas do CPC*. São Paulo: Saraiva, 2007, p. 68) segundo a qual o juiz não poderá decretar a prescrição de direitos patrimoniais, salvo se o direito material assim dispuser, como ocorre com os créditos tributários (Lei n. 6.830/80) e pessoas absolutamente incapazes.

É vedado o conhecimento da prescrição por meio de **remessa oficial**, dada a necessidade de provocação pelas partes[(6)], o que, aliás, deverá ser feito nas instâncias ordinárias (**Súmula n. 153 do TST**), salvo se superveniente ao decisório exequendo. A prescrição não opera *ipso jure*. O art. 193 do Código Civil de 2002 substituiu o termo "instância", empregado pelo Código Civil de 1916, por "grau de jurisdição", significando 1ª e 2ª instância. Não se poderá fazê-lo pela primeira vez na instância superior (TST, por exemplo), porque a matéria não foi prequestionada.

Humberto Theodoro Júnior[(7)] considera que os critérios distintivos apresentados no início desse tópico pecam pelo casuísmo e o autor defende a técnica incontestável apresentada por Agnelo Amorim Filho, segundo o qual não é qualquer tipo de ação que se sujeita à prescrição, mas apenas "aquelas que por meio dos quais se reclama uma prestação destinada a restaurar o direito violado". E conclui que somente as ações condenatórias podem prescrever[(8)]. Esse autor assevera que "as únicas ações cuja não propositura implica decadência do direito que lhes corresponde são as ações constitutivas, que têm prazo especial fixado em lei, e apenas essas, pois — insista-se — a lei não fixa prazos gerais para o exercício de tais ações, a exemplo do que ocorre com as condenatórias" (*Op. cit.*, p. 23).

À luz do Código Civil de 2002, a prescrição extingue a pretensão de obter a prestação devida por aquele que a descumprir. Não se aplica aos direitos potestativos destituídos de pretensão e insuscetíveis de violação. A aquisição desse direito ocorre quando o seu titular o exerce dentro do lapso estipulado.

e.1. Arguição da prescrição pelo Ministério Público. Discutiu-se, ainda, se o **Ministério Público do Trabalho** poderia, na qualidade de fiscal da lei, arguir a prescrição na remessa de ofício quando a ação fosse movida contra entidade da Administração Pública direta ou indireta. Sempre nos filiamos à corrente, hoje majoritária[(9)], que nega a legitimidade ao Ministério Público para tal arguição, por não ser ele parte na demanda (apesar de revogado, o art. 194 do CC e alterado o art. 219, § 5º do CPC), enquanto outra vertente jurisprudencial asseverava que tinha ele o dever de arguir a prescrição, em face de suas funções de defensor dos interesses sociais individuais indisponíveis e do patrimônio público.

e.2. Arguição da prescrição pela primeira vez da tribuna. Convém ressaltar ser inadmissível arguir a prescrição pela primeira vez **da tribuna,** se a sentença foi em parte desfavorável ao recorrido e este contra ela não se insurgiu, mediante o meio

(6) Ponto de vista contrário e minoritário já foi manifestado em outros tribunais, ao fundamento de que o recurso necessário devolve ao Juízo *ad quem* o reexame de toda a matéria, inclusive da prescrição omitida e ensejadora de gravame ao erário. Razões de ordem pública justificam o exame da prescrição, segundo essa corrente: "Sendo a prescrição instituto de ordem pública, cumpre ao juiz decretá-la de ofício, ao julgar recurso necessário. Recursos voluntários e *ex officio* conhecidos e parcialmente provido este último." TRT — 7ª Reg. — RO-743/84 — julgado 26.9.84 — Rel.: Juiz Pereira Cardoso. *Repertório de Jurisprudência Trabalhista* — João de Lima T. Filho, v. 4, p. 740.

(7) Distinção científica entre prescrição e decadência. Um tributo à obra de Agnelo Amorim Filho. *Revista Juris Plenum*. Caxias do Sul: Editora Plenum, maio 2005, p. 28.

(8) AMORIM FILHO, Agnelo. *Op. cit.*, p. 19-20.

(9) Esse é o ponto de vista predominante inserido na **Orientação Jurisprudencial** n. 130 da SDI-1 do TST.

processual próprio (recurso ordinário), do contrário haverá ofensa ao contraditório. Ademais, o art. 554 do CPC, aplicado subsidiariamente à sistemática trabalhista, permite às partes sustentarem, por ocasião do julgamento, "as razões do recurso". Se ele não foi apresentado ou se foi interposto sem referência à prescrição, impossível sustentá-la em suas razões[(10)], em face da preclusão temporal e consumativa.

Decisão contrária autorizava a arguição pela primeira vez da tribuna, no TRT, sob o argumento de encontrar-se o feito ainda na instância ordinária, não exigindo a **Súmula n. 153 do TST** fosse alegada nos autos[(11)].

e.3. Arguição da prescrição na defesa. Improcedência da ação. Outra será a situação se o empregador invoca a prescrição na defesa e a sentença lhe é inteiramente favorável, julgando-se improcedente o pedido, sem manifestar-se sobre a prescrição.

Na hipótese de ser provido o apelo do autor, o Tribunal Regional poderá se pronunciar sobre a prescrição não renovada pelo empregador em contrarrazões?

A jurisprudência tem-se manifestado favoravelmente, ao argumento de que as contrarrazões constituem uma faculdade e que, considerando que o efeito devolutivo do recurso ordinário devolve ao Tribunal todas as questões trazidas ao debate nos limites da *litiscontestatio* (art. 515, § 1º, e art. 516 do Código de Processo Civil), deve ser enfrentada a prescrição. Sustenta-se que a assertiva tem amparo nos princípios da finalidade e utilidade processuais, bem como na economia e celeridade[(12)].

---

(10) "**Prescrição. Arguição da Tribuna** Deduz-se, logicamente, do Verbete n. 153 do TST que a prescrição pode ser arguida a qualquer tempo, desde que em grau ordinário. Todavia, não há possibilidade de ser suscitada da Tribuna, haja vista que a parte contrária não teria a oportunidade para rebater tal argumento. Ademais, a sustentação oral deve se referir às razões expendidas no recurso, conforme previsão do art. 554 do CPC. Recurso conhecido e desprovido". TST — RR-457877/98 — Ac. 2ª Turma. Rel.: Min. José Simpliciano Fernandes. DJU 26.4.2002. **No mesmo diapasão:** TST — RR-379407/1997 — Ac. 5ª Turma — Rel.: Juiz Convocado Walmir Oliveira da Costa. DJU 9.11.2001.

(11) "**Prescrição arguida da Tribuna. Súmula n. 153/TST.** A Súmula n. 153, do TST, assentou que a prescrição pode ser arguida na instância ordinária, não fazendo menção expressa ao fato de ser nos autos. Logo, a decisão que entendeu ser válida a arguição feita da tribuna, ainda no TRT, não colide com o princípio consagrado no citado verbete, nem viola dispositivos da Lei Maior. Embargos de declaração acolhidos". TST — ED-RR-6061/88 — Ac. 2ª T. 928/90 — Rel.: Min. José Ajuricaba — DJ de 19.5.90 — p. 4.386. *Boletim de Legislação, Jurisprudência e Pesquisa* — TRT 3ª Reg., v. 12, set./89 a jun./90.

(12) "**Prescrição. Arguição em contestação, mas não renovação nas contrarrazões ao recurso ordinário interposto pelo reclamante. Efeito devolutivo.** A Junta julgou improcedentes os pedidos, não se manifestando, via de consequência, sobre a prescrição, oportunamente arguida na contestação. O Reclamante recorreu ordinariamente e obteve êxito no TRT quanto aos pedidos formulados na exordial. A Reclamada, em embargos declaratórios ao acórdão regional, postulou manifestação acerca da prescrição. O Tribunal Regional entendeu que teria ocorrido a preclusão consumativa dos atos processuais, porquanto não renovada a prescrição em contrarrazões. Todavia, considerando que as contrarrazões constituem faculdade, já que desnecessário o prequestionamento em sede ordinária e, por outro lado, considerando que o apelo devolve ao TRT todas as questões trazidas ao debate nos limites da *litiscontestatio* (CPC, art. 515, § 1º e 516), deve o Tribunal enfrentar a prescrição, ainda que a Parte não a tenha renovada em contrarrazões ao apelo ordinário. Invocam-se os princípios da finalidade e utilidade processuais, bem como os da economia e celeridade, para a Turma, de plano, pronunciar a prescrição das parcelas anteriores ao quinquênio do ajuizamento da reclamação. Revista provida". TST — RR-403.519/97 — 4ª Turma — Rel.: Min. Ives Gandra da Silva Martins Filho — DJU 1.9.2000. *Revista TST*, v. 67, n. 1, p. 384. No mesmo rumo: "**Prescrição arguida em contestação e não renovada nas contrarrazões ao recurso ordinário.** O efeito devolutivo do recurso do autor vencido, além de transferir ao conhecimento do tribunal a matéria impugnada nas razões do apelo, também devolve a questão suscitada na defesa pelo réu e não apreciada na primeira instância ao julgar improcedente o pedido. A devolução do fundamento desprezado se produzirá, ainda que não tenha sido suscitado nas contrarrazões ao recurso, por força do disposto no art. 515, § 2º, do CPC. Não se impõe ao réu, que obteve vitória integral, o ônus

Discute-se, ainda, a possibilidade de se invocar, pela primeira vez, a prescrição em embargos declaratórios apresentados perante o Tribunal Regional. Entendemos que fere os princípios da eventualidade, da concentração e do contraditório a arguição da prescrição, pela primeira vez, em embargos declaratórios opostos contra acórdão do Tribunal Regional[(13)].

Poderá ocorrer que a parte, na defesa, argua a prescrição, e o Juízo de primeiro grau deixe de se manifestar sobre ela. Nesse caso, caberão embargos declaratórios para sanar a omissão. Não tendo sido opostos embargos declaratórios sobre a omissão, tampouco recurso ordinário da decisão, transitada em julgado esta última, entendemos deva ser julgada procedente a ação rescisória acaso ajuizada, com amparo no art. 485, V, do CPC, porquanto o Juízo *a quo* desrespeitou o art. 7º, XXIX, da Constituição da República de 1988 e o art. 459, *caput*, do CPC.

Nesse sentido manifesta-se Manoel Antonio Teixeira Filho, na obra *Ação Rescisória*[(14)]:

> "Se, ao contrário, a prescrição foi alegada, tempestivamente, em primeiro grau, e o Juiz deixou de apreciá-la, será possível o manejo da rescisória, para que o tribunal sobre ela se manifeste, ainda que o autor não haja oferecido embargos declaratórios à sentença de primeiro grau, que se omitiu no exame dessa matéria. Nesta hipótese, tendo o Juiz deixado de apreciar a prescrição alegada, a sentença por ele proferida violou o art. 459, *caput*, primeira parte do CPC, propiciando, com isso, o exercício da rescisória com fundamento no inciso V do art. 485, do mesmo álbum processual. Na hipótese, porém, de o Juiz afirmar que a prescrição não foi alegada quando na verdade esta o foi, a rescisória deverá ser deflagrada com apoio no inciso IX do art. 485, dado que o julgador, ao 'considerar inexistente um fato efetivamente ocorrido' (a alegação de prescrição), incidiu em manifesto erro de fato."

Julgada improcedente a reclamação trabalhista, sem análise da prescrição arguida na defesa, e reformada essa decisão pelo Tribunal Regional que condenou o empregador, por exemplo, ao pagamento de horas extras, compete ao Tribunal pronunciar-se sobre a prescrição, sob pena de ofensa ao art. 515, § 2º, do CPC[(15)].

---

de reiterar expressamente, na instância recursal, as exceções não acolhidas em primeiro grau de jurisdição. Essas defesas de qualquer modo escapam à preclusão e ficam sujeitas à cognição do tribunal, em caso de recurso do adversário derrotado. Revista parcialmente conhecida e provida". TST — RR-618091/99 — 5ª Turma — Rel.: Min. Rider de Brito — DJ de 7.2.2003.

(13) TST — ROAR-754.429/2001. SDI-2 — Decisão de 11.6.2002. Rel.: Min. José Simpliciano Fernandes — DJ de 2.8.2002.

(14) TEIXEIRA FILHO, Manoel Antonio. *Ação Rescisória no Processo do Trabalho*. São Paulo: LTr, 1991, *passim*.

(15) "**Ação rescisória. Prescrição arguida na contestação. Não apreciação pelo acórdão rescindendo. Violação do art. 515, § 2º, do CPC**. Se o acórdão rescindendo deu provimento ao recurso ordinário da Reclamante, para condenar o Reclamado ao pagamento de horas extras, modificando a sentença que havia julgado improcedente a reclamatória trabalhista, sem analisar a prescrição arguida na contestação, ofendeu o art. 515, § 2º, do CPC, que obriga o exame dos fundamentos da defesa não analisados pela sentença que se está reformando, razão pela qual deve ser desconstituído, com fundamento no inciso V do art. 485 do CPC. Recurso ordinário desprovido". TST — ROAR-10471-2002-900-05-00 — SDI II — Rel.: Min. Ives Gandra Martins Filho — DJ 23.5.2003.

Os relativamente incapazes e as pessoas jurídicas têm ação contra os seus assistentes ou representantes legais que derem causa à prescrição ou não a alegarem oportunamente (art. 195 do Código Civil de 2002). A responsabilidade, nesse caso, independe de dolo ou culpa, e se estende também aos que não a alegarem. O novo preceito legal, com acerto, foi mais rigoroso do que o art. 164 do Código Civil de 1916.

e.4. A decadência independe de arguição pela parte e só deverá ser conhecida pelo Juiz quando prevista em lei (art. 210 do Código Civil de 2002). Poderá ser alegada em qualquer grau de jurisdição.

f. A prescrição é renunciável, tácita ou expressamente, depois de consumada. Já a renúncia à decadência, fixada em lei, é nula (art. 209 do Código Civil de 2002). A renúncia antecipada à prescrição é vedada, com fundamento no seu caráter de ordem pública, instituído para estabilizar o direito, tornado incerto pela violação.

g. A prescrição é alegada como matéria de defesa, enquanto a decadência pode dar lugar à ação.

h. A prescrição está prevista em lei, como a decadência, mas esta última poderá também constar de contrato (art. 211 do Código Civil de 2002).

4. PRESCRIÇÃO, PRECLUSÃO E PEREMPÇÃO

A prescrição, como extinção da pretensão, distingue-se, ainda, da preclusão, que é a perda de uma faculdade processual pela parte (Chiovenda). Celso Agrícola Barbi[16] amplia o conceito e inclui na esfera normativa da preclusão também a perda, extinção ou consumação de poderes do Juiz.

Finalmente, a perempção não se confunde com a prescrição e caracteriza-se pela perda do direito de ação, por negligência de seu titular na prática de atos processuais. No processo do trabalho citamos como exemplo os art. 731 e 732 da CLT e, no CPC, os art. 267, III, e 268.

5. INÍCIO DA CONTAGEM DO PRAZO PRESCRICIONAL. ABRANGÊNCIA: CINCO ANOS ANTERIORES AO AJUIZAMENTO DA AÇÃO

Divergíamos da doutrina objetiva, seguida por Savigny, segundo a qual a fluência da prescrição tem como ponto de partida a *violação do direito*, tese consagrada hoje no art. 189 do Código Civil de 2002 (sem correspondente no Código Civil de 1916), e filiávamo-nos aos que entendem que:

> "...a prescrição é também um fenômeno subjetivo, cujo prazo começa a fluir a partir do momento em que o titular do direito violado toma ciência da lesão, mesmo que esta se tenha verificado anteriormente"...

É que, como ressalta Câmara Leal,

> "não nos parece racional admitir-se que a prescrição comece a correr sem que o titular do direito violado tenha ciência da violação. Se a prescrição é

(16) A preclusão no processo civil. *Revista Forense*, v. 158, p. 61.

um castigo à negligência do titular — *cum contra desides homines, et sui juris contentores, odio sal exceptiones oppositae sunt* — não se compreende a prescrição sem a negligência, e esta, certamente, não se dá, quando a inércia do titular decorre da ignorância da violação. (...) Todavia a ignorância não se presume, pelo que ao titular incumbe provar o momento em que teve ciência da violação, para que possa beneficiar-se por essa circunstância a fim de ser o prazo prescricional contado do momento da ciência e não da violação"[(17)].

Este ponto de vista foi manifestado pelo TST, em sua composição plena, muitos anos atrás:

"A prescrição deve ser contada a partir da data em que o trabalhador toma, efetivamente, conhecimento da violação de seu direito individual. Recurso de revista provido para que o Tribunal Regional aprecie o mérito da causa". TST — E. RR-2.396/68 — Ac. Pleno 942/69 — Rel.: Min. Mozart Victor Russomano. *Revista LTr* 34/46.

Posteriormente, o mesmo TST manteve o entendimento esposado acima, pelo que consta da seguinte ementa:

"Prescrição — Início. Tendo em vista o princípio da *actio nata*, o termo inicial do biênio prescricional previsto no art. 11, da Consolidação das Leis do Trabalho, coincide com a ciência pelo empregado do prejuízo sofrido, quando nasce o direito de ação para buscar a reparação do direito violado. Revista parcialmente provida". TST — RR-35018/91.4 (Ac. 1ª T. 3420/92) — TRT — 1ª Reg. — Rel.: Min. Afonso Celso — DJU 27.11.92, p. 22437. FERRARI, Irany e outro. *Julgados Trabalhistas Selecionados*, v. III, São Paulo: LTr, p. 483.

À luz da **Súmula n. 308, inciso I,** do TST, a prescrição quinquenal abrange os cinco anos anteriores ao ajuizamento da reclamatória e não os cinco anos anteriores à data da extinção do contrato. Logo, quanto mais tempo o empregado demorar para ingressar em Juízo, menor será o lapso de tempo alusivo aos direitos que lhe serão garantidos. Se o empregado é dispensado e o ingresso em Juízo ocorre de imediato, a prescrição abrangerá as parcelas vencidas há mais de cinco anos anteriores ao ajuizamento da ação.

Outra será a situação se o empregado ajuizar a reclamação um ano após a cessação do contrato. Nesse caso, ser-lhe-ão assegurados os direitos dos últimos quatro anos trabalhados. Se ajuizar a ação **dentro** de dois anos após a ruptura do contrato, ser-lhe-ão assegurados os direitos alusivos aos três últimos anos trabalhados.

Na hipótese de o empregado ajuizar ação após dois anos da ruptura do contrato, nenhum direito lhe será assegurado, pois a pretensão está fulminada pela prescrição total. Lembre-se, contudo, que estamos partindo do pressuposto de que ela foi arguida pelo empregador nas instâncias ordinárias, pois o Juiz não poderá se pronunciar sobre a prescrição, de ofício.

---

(17) CÂMARA LEAL, Antônio Luis. *Da Prescrição e da Decadência*. 3. ed. Rio de Janeiro: Forense, 1978, p. 23.

6. FUNDAMENTOS

São vários os fundamentos jurídicos do instituto da prescrição. Entre eles, temos o da ação destruidora do tempo, sugerido por Coviello, o do castigo à negligência, de Savigny, o da presunção de abandono ou renúncia, sugerido por M. I. Carvalho de Mendonça, o da presunção da extinção do direito, apontado por Colin e Capitant, o da proteção ao devedor, enunciado por Savigny e reproduzido por Vampré, o da diminuição das demandas, de Savigny, e o do interesse social, pela estabilidade das relações jurídicas, adotado pela maioria dos doutrinadores, como Planiol e Ripert, Colin e Capitant, Barassi, Rugiero e outros.

Trata-se de instituto criado com o objetivo de imprimir no campo obrigacional certeza e tranquilidade aos contratantes, visando, como medida de política jurídica, a paz social.

7. NATUREZA JURÍDICA

Do fundamento jurídico exposto, deduz-se, em princípio, o caráter público do instituto da prescrição, pelo sacrifício do interesse individual do titular do direito, pelo interesse público da harmonia social, que exige a estabilidade do direito tornado incerto.

Os prazos de prescrição não podem ser alterados por acordo das partes (art. 192 do Código Civil de 2002).

Entretanto, as relações jurídicas por ela disciplinadas no âmbito trabalhista são estabelecidas entre particulares, circunstância que lhe atribui um caráter privado, o que leva uma vertente doutrinária a lhe conceder uma natureza mista, simultaneamente pública e privada. Veja-se, a propósito, a orientação doutrinária:

> "Daí os dois fenômenos, virtualmente antagônicos, que apresenta contemporaneamente: como norma pública, têm sempre efeito retroativo, ficando a prescrição em curso sujeita às alterações da nova lei; mas, como norma privada, pode ser renunciada a prescrição pelo prescribente em se tratando de direitos patrimoniais"[18].

Conclui o autor pela natureza mista do instituto jurídico, enquanto Orlando Gomes defende seu caráter de ordem pública[19].

A renúncia à prescrição poderá ser expressa ou tácita, e só valerá, sendo feita, sem prejuízo de terceiro depois que a prescrição se consumar (art. 191 do Código Civil de 2002), pois se trata de instituto de ordem pública, criado para estabilizar a relação jurídica; do contrário, a prescrição tornar-se-ia ilusória, e o instituto desapareceria, pois dispositivos atinentes à matéria reduzir-se-iam a letra morta (Coviello). A renúncia tácita da prescrição presume-se de fatos do interessado, incompatíveis com esta última.

---

(18) CÂMARA LEAL, Antônio Luis. *Op. cit.*, p. 19.

(19) GOMES, Orlando. *Introdução ao Direito Civil*. 6. ed. Rio de Janeiro: Forense, 1979, p. 550.

8. CAUSAS PRECLUSIVAS DA PRESCRIÇÃO

O Código Civil alinha três ordens de fatos que tolhem o curso normal da prescrição, aplicáveis ao Direito do Trabalho, subsidiariamente: as causas impeditivas, suspensivas e interruptivas.

As causas impeditivas tolhem o início da prescrição, não permitindo que seu prazo comece a fluir. Como exemplo de causas impeditivas da prescrição, temos, no Direito do Trabalho, a menoridade (art. 440 da CLT, não alterado pelo Código Civil de 2002, pois norma geral não poderá revogar preceito especial, salvo se o fizer expressamente)[20], e a incapacidade absoluta (art. 3º e 198, I, do Código Civil de 2002). Assim, o início do prazo prescricional para menores só começa a fluir após o 18º aniversário[21]. Os direitos decorrentes do contrato de trabalho e transmitidos aos herdeiros são apenas aqueles ainda não alcançados pela prescrição na data do falecimento do pai[22]. A isenção prescricional, na hipótese, traduz uma justa medida de tutela.

Inocorre, também, a prescrição não estando vencido o prazo, e quando pendente o direito subjetivo de uma condição suspensiva, pois, nesse caso, o direito não tem existência atual, não é exigível, sendo impossível servir de fundamento a uma ação exercitável.

As causas impeditivas são anteriores ao início da prescrição, ao contrário das causas suspensivas, que são supervenientes ao início da fluência do prazo prescricional. As causas suspensivas, portanto, não impedem o início da prescrição, mas tolhem o prosseguimento de seu curso, suspendendo-o. Logo, desaparecendo a causa suspensiva, o prazo prescricional continua a fluir, computando-se o período transcorrido antes da suspensão.

Daí se infere que a incapacidade absoluta do titular da ação, em vez de causa impeditiva da prescrição, poderá transformar-se em causa suspensiva, se por acaso sobrevier a incapacidade do titular da ação após o início da prescrição[23].

Saliente-se que a decadência, em geral, flui inexoravelmente, não correndo, entretanto, contra os absolutamente incapazes (art. 208 do Código Civil de 2002).

As causas suspensivas paralisam o curso da prescrição já iniciada e, cessada a causa que a determinou, o prazo já transcorrido será adicionado ao restante, para a consumação da prescrição.

São causas suspensivas da prescrição (art. 198, II e III, do Código Civil de 2002):

a) A ausência do titular da ação, que se encontre fora do Brasil, a serviço público da União, dos Estados ou dos Municípios (incluem-se nessa isenção legal os repre-

---

(20) Ressaltamos que há controvérsia em torno da temática. Nosso entendimento se assemelha ao ponto de vista de SILVA, Homero Batista Mateus. Dez variações sobre o tema da prescrição trabalhista a partir do Código Civil de 2002. *Revista Synthesis* 37/2003, p. 88. MARTINS, Adalberto. O sistema das incapacidades no atual Código Civil. *Revista Synthesis* 37/03, p. 67.

(21) TRT — 9ª Reg. — RO-02861/93 — Rel.: Juiz Pretextato Pennafort Taborda Ribas Neto — DJPR 14.1.94, p. 65. FERRARI, Irany & MARTINS, Melchíades Rodrigues. *Julgados Trabalhistas Selecionados*. v. II, p. 551.

(22) TST — E-RR-569.384/99 — Ac. SDI-1 — Rel.: Min. João Batista Brito Pereira — DJU 29.6.01. *Revista TST*, v. 67, n. 3, jul./set. 2001, p. 302.

(23) CÂMARA LEAL. *Op. cit.*, *passim*.

sentantes diplomáticos, os agentes consulares, os adidos militares, os delegados, os comissionados, os encarregados brasileiros em missão oficial em país estrangeiro).

b) O período em que a pessoa se encontrar servindo as Forças Armadas em tempo de guerra (a guerra, na hipótese, tanto pode ser externa como interna, não exigindo o texto legal que o serviço prestado seja militar; a isenção se estende a todos os que forem mobilizados para tais fins).

A isenção se justifica em ambos os casos, considerando-se que tais ocupações absorvem a atividade individual, impedindo que o cidadão administre seus negócios.

Sendo taxativa a enumeração, não poderão ser acrescentadas outras causas suspensivas, por analogia, sendo possível, entretanto, ampliar sua enumeração, acrescentando-se aquelas que nela se acham contidas virtualmente, embora não estejam expressas no contexto.

c) Com base nesse argumento, *Câmara Leal* inclui, entre as causas suspensivas da prescrição, o obstáculo judicial e o obstáculo legal(24).

Assim, deve-se conceder a isenção ao titular do direito que se vê impossibilitado de ajuizar a ação, por paralisação das atividades judiciárias, por força maior (calamidade, guerra, peste), ou mesmo por descumprimento de seus deveres pelos respectivos órgãos, que criam embaraços à iniciativa das partes.

O mesmo raciocínio se aplica quando o obstáculo parte da própria lei. Dispõe o art. 6º da Lei n. 11.101, de 9 de fevereiro de 2005 (nova Lei de Falência), que a decretação da falência ou o deferimento do processamento da recuperação judicial suspende o curso da prescrição e de todas as ações e execuções em face do devedor, inclusive aquelas dos credores particulares do sócio solidário.

Considerado pela jurisprudência como obstáculo judicial, o recesso legal poderá ser também incluído como hipótese de suspensão da prescrição(25).

d) A jurisprudência vem acrescentando como causa suspensiva da prescrição a doença do empregado que o impossibilita de ajuizar a ação, aplicando por analogia o art. 199, I, do Código Civil de 2002(26). Outros se insurgem contra a assertiva, ao

---

(24) CÂMARA LEAL, Luiz Antônio. *Da Prescrição e da Decadência*. 3. ed. Rio de Janeiro: Forense, 1978, p. 166.

(25) "**Recesso**. O recesso forense (Lei n. 5.010, de 1966, art. 62, 1), embora formado por feriados contínuos, equipara-se às férias forenses, com a consequente suspensão dos prazos (CPC, art. 179, Súmula n. 105, do C. TFR, atual STJ)". TRT-RJ 327/90 — Ac. 3ª T. — Rel.: Juiz Azulino Joaquim de Andrade Filho — DO 27.8.90. *Revista Synthesis* 12/91, p. 256.

(26) "**Suspensão do contrato de trabalho. Auxílio-doença. Prescrição. Não fluência**. 1. Suspenso o contrato de trabalho, em virtude de o empregado haver sido acometido de doença profissional (leucopenia), com percepção de auxílio-doença, opera-se a correlata suspensão igualmente do fluxo do prazo prescricional para ajuizamento de ação trabalhista. Omissa a lei, razoável a invocação analógica do art. 170, inciso I, do Código Civil Brasileiro, segundo o qual não flui a prescrição 'pendendo condição suspensiva'. Daí se infere a regra absolutamente prudente de que se o titular do direito subjetivo material lesado está impossibilitado de agir, para tornar efetivo o seu direito, não flui a prescrição. Assim, forçoso reconhecer que, enquanto perdura a enfermidade determinante da paralisação das obrigações bilaterais principais do contrato, o empregado acha-se fisicamente impossibilitado de exercer o direito constitucional de ação. 2. Embargos de que se conhece e a que se dá provimento para, com supedâneo no art. 260 do RITST, afastar a prescrição total do direito de ação do Autor, determinando o retorno dos autos à Vara do Trabalho de origem para análise do mérito da demanda". TST — SDI-1 — E-RR — 741962/2001 — Rel.: Min. João Oreste Dalazen — DJ 13.12.2002.

argumento de que o rol do Código Civil e o da CLT não incluem a doença como causa suspensiva ou interruptiva, e esta não guarda correlação com as causas definidas no referido Código[(27)].

A suspensão do contrato de trabalho, em virtude da percepção do auxílio-doença ou da aposentadoria por invalidez, não impede a fluência da prescrição quinquenal, ressalvada a hipótese de absoluta impossibilidade de acesso ao Judiciário. (OJ-SDI-1 — 375 — Divulgado em abril de 2010).

e) Suspende a prescrição o período compreendido entre a provocação da Comissão de Conciliação Prévia e a declaração de conciliação frustrada ou de esgotamento do prazo para a conciliação dos direitos ali discutidos (art. 625-G da CLT).

Por outro lado, **as causas interruptivas** da prescrição são fatos provocados e determinados diretamente pelas partes. Paralisam o curso prescricional já iniciado, que será desprezado, desaparecida a causa interruptiva, quando então começará um novo curso prescricional. Já as causas suspensivas fundam-se na impossibilidade ou dificuldade, reconhecida pela lei, para o exercício da ação, independentemente da vontade das partes.

Em Direito do Trabalho, **interrompe-se a prescrição** pelo protesto (art. 202, II, do Código Civil de 2002), a teor do aresto que se segue:

"Recurso de Revista. Protesto judicial. Interrupção da prescrição. O simples ajuizamento do protesto judicial interrompe a prescrição, quer bienal, quer quinquenal. Inteligência do art. 172, II, do Código Civil de 1916 (art. 202, II, do Código Civil de 2002). Recurso conhecido e provido" (TST-RR-117-2003-531-05-00-6 — 3ª T. — Rel. Min. Carlos Alberto Reis de Paula — DJU 4.5.2007. *Justiça do Trabalho.* Porto Alegre: HS Editora, maio **2007**).

Interrompe-se, ainda, a prescrição, pelo reconhecimento do direito do titular pelo prescribente, por qualquer ato inequívoco, ainda que extrajudicial (art. 202, VI, do Código Civil de 2002)[(28)].

A prescrição poderá ser interrompida também pela reclamação administrativa em que se reconhece o direito do reclamante[(29)]. Aplica-se, na hipótese, o art. 202, VI,

(27) "**Prescrição — Auxílio-doença — Suspensão do contrato de trabalho — Violência aos art. 168 e seguintes e 172, inciso V, do CPC — Não configuração na forma do inciso V do art. 485 do CPC**. A suspensão do contrato de trabalho em virtude de gozo de auxílio-doença e posterior decretação de aposentadoria por invalidez não está taxativamente incluída na CLT e no Código Civil como causa interruptiva, impeditiva e suspensiva da prescrição, portanto a hipótese não configura violação literal dos art. 168 e seguintes e 172, inciso V, do CPC, conforme determina o inciso V do art. 485 do CPC. Ademais, Tribunais superiores (TST e STJ) têm decidido que a circunstância do presente feito não guarda relação direta com as causas suspensivas ou interruptivas da fluência do prazo prescricional definidas no Código Civil". TST — ROAR 424829/1998 — SDI-II —Rel.: Min. Ronaldo José Lopes Leal — DJ 8.6.2001 — p. 509.

(28) "**Interrupção da prescrição. Pagamento de diferenças salariais.** O pagamento de diferenças de remuneração decorrentes do instrumento normativo, como ato extrajudicial de inequívoco reconhecimento do direito, interrompe a prescrição (art. 172, item V, do Código Civil). Dessas diferenças advém para o empregado direito a Fundo de Garantia por Tempo de Serviço. Recurso Ordinário a que se dá provimento parcial". TRT — 3ª Região — RO-3.700/85 — Rel.: Juiz Aroldo Plínio Gonçalves — DJMG 4.4.86. De forma correlata pronunciou-se a 3ª Turma do TST no RR-560/86. Cf. TEIXEIRA FILHO, João de Lima. *Repertório de Jurisprudência Trabalhista*, v. 6.

(29) "O ato da autoridade administrativa reconhecendo o direito interrompe o prazo da prescrição." TRT— 3ª Região —RO 2.960/75 — 1ª T. — Rel.: Juiz Gustavo Pena de Andrade, *in Revista do TRT — 3ª Região*, n. 27/28 — p. 266.

do Código Civil de 2002. Se a solução não for favorável ao autor, a reclamação administrativa terá efeito suspensivo da prescrição.

Constitui igualmente causa interruptiva da prescrição qualquer ato judicial que constitua o devedor em mora (art. 202, V, do Código Civil de 2002).

Dispõe o art. 202, I, do Código Civil de 2002 que a citação pessoal feita ao devedor, ainda que ordenada por Juiz incompetente, interrompe a prescrição.

Ocorre, todavia, que, na Justiça do Trabalho, a citação independe de despacho judicial, logo, o ajuizamento da reclamação, por ser equivalente àquele despacho, interrompe a prescrição. Dessa forma, a interrupção se verifica no dia em que a reclamatória é apresentada ao Setor de Distribuição, já que a notificação não depende de despacho judicial ou de manifestação da parte, não se aplicando, na sistemática processual trabalhista, o art. 219, §§ 2º, 3º e 4º do CPC[30].

A jurisprudência dominante uniformizada pela Súmula n. 268 do TST é no sentido de que: "A ação trabalhista, ainda que arquivada, interrompe a prescrição somente em relação aos pedidos idênticos".

A título de exemplo, o ajuizamento de ação declaratória, após a despedida, postulando a declaração de estabilidade no emprego, não interrompe a prescrição, para ulterior ação condenatória postulando a reintegração[31], pois os pedidos são diversos.

Quando recomeça o novo curso do prazo prescricional interrompido?

De acordo com o parágrafo único do artigo 202 do novo Código Civil, que guarda correspondente no art. 173 do Código Civil de 1916, a prescrição interrompida recomeça a correr da data do ato que a interrompeu, ou do último ato do processo para a interromper. Como assevera Antônio Luís da Câmara Leal (*Da Prescrição e da Decadência*, 4. ed., Rio de Janeiro: Forense, 1982, p. 208), "o ato interruptivo é, em regra, momentâneo, isto é, realizada a interrupção, a prescrição recomeça um novo curso, imediatamente. Mas, se a interrupção se faz por meio de um processo judicial, ela dura tanto tempo quanto o processo interruptivo", tendo em vista o problema da perpetuação da lide. Nesse caso, o novo prazo só correrá a partir do último ato do

---

(30) Cf. nesse sentido o RO 993/88 — TRT 8ª Reg. Rel.: Juiz Rider Nogueira de Brito, proferido em 22.8.88. BOMFIM, Calheiros B. *Dicionário de Decisões Trabalhistas*, 22. ed.

(31) **"Prescrição. Interrupção. Ação declaratória.** 1. O ajuizamento de anterior ação declaratória, após a despedida, postulando a declaração de estabilidade no emprego, não interrompe a prescrição para a ulterior ação condenatória objetivando a reintegração e, portanto, não desloca o reinício da contagem do biênio prescricional para a data do trânsito em julgado da sentença proferida na ação declaratória. 2. A interrupção da prescrição, operando-se em caso de citação do devedor (art. 172, I do Código Civil de 1916 e art. 219 do CPC) supõe o exercício sucessivo de ação condenatória, única mediante a qual o credor exerce pretensão de reconhecimento judicial a uma prestação. A ação declaratória, colimando o mero acertamento de relação jurídica contenciosa, é insuscetível de constituir em mora o devedor. Assim, não havendo identidade de objeto entre a ação declaratória e a posterior ação condenatória, insuscetível de operar-se a interrupção da prescrição. 3. Abstendo-se o empregado de intentar ação condenatória no biênio posterior à cessação contratual, preferindo aguardar o desfecho da ação declaratória, consuma-se irremediavelmente a prescrição total da ação. 4. Inexistência de afronta ao art. 7º, inc. XXIX, da CF/88, que, de resto, não rege, de forma direta, a interrupção da prescrição, mas o prazo de prescrição. Embargos não conhecidos". TST — E-RR-500.017/1998.2 — Ac. SDI-1 — Rel.: Min. João Oreste Dalazen — DJU 23.5.2003, p. 544.

processo, devendo-se interpretar o dispositivo em razão da natureza e dos princípios que regem o instituto da prescrição. Dessa forma, não se autoriza a conclusão de que o último ato do processo, para fins de recontagem do prazo prescricional, seja tido como qualquer ato, exigindo-se que esteja atrelado à sua finalidade de interromper a prescrição. Por isso, o último ato do processo, para fins de retomada do curso prescricional, é, ordinariamente, o trânsito em julgado da sentença, exceto se o autor for excluído antes do julgamento de mérito, por ter feito algum acordo com o réu, por exemplo. Nessa hipótese, o último ato seria aquele em que sua exclusão se tornou definitiva (cf. Humberto Theodoro Júnior, *Comentários ao novo CC*, 2. ed., Rio de Janeiro: Forense, 2003, p. 276).

No mesmo diapasão é a jurisprudência do TST[(32)].

9. PRESCRIÇÃO E CONSTITUIÇÃO DA REPÚBLICA DE 1988

9.1. Prescrição da pretensão alusiva a institutos jurídicos assegurados na CLT e em legislação ordinária posterior. Prazo

À luz do art. 189 do Código Civil de 2002, violado o direito, nasce para o titular a pretensão, que se extingue pela prescrição.

Para o trabalhador urbano, antes da Constituição de 1988, a prescrição atingia a pretensão referente aos dois últimos anos anteriores ao ajuizamento da ação (antiga redação do art. 11 da CLT). Esse prazo foi dilatado para cinco anos, por força do art. 7º, XXIX, da Constituição da República de 1988, respeitados, sempre, os dois anos da dissolução contratual, como também a prescrição já consumada quando da promulgação do novo texto constitucional.

---

(32) "PRESCRIÇÃO. DIFERENÇAS DE HORAS EXTRAS. I — Dispõe o art. 173 do Código Civil anterior que "a prescrição interrompida recomeça a correr da data do ato que a interrompeu, ou do último do processo para a interromper". *Conclui-se, então, que o início do prazo prescricional para propositura de nova ação reinicia do trânsito em julgado da decisão que extinguiu o processo sem julgamento do mérito (último ato praticado no processo), momento da cessação da causa interruptiva.* II — A Súmula n. 268 é explícita ao se reportar à hipótese de interrupção da prescrição, mediante o ajuizamento da ação trabalhista, ainda que arquivada. O efeito interruptivo da prescrição importa na devolução integral do prazo prescricional. Com efeito, os fundamentos adotados pelo Tribunal *a quo* para dar provimento ao recurso ordinário do reclamado se contrapõe ao que prescreve a Súmula n. 268 desta Corte, que consigna, *in verbis*: A ação trabalhista, ainda que arquivada, interrompe a prescrição somente em relação aos pedidos idênticos. III — Assim, no período do ajuizamento da demanda ao arquivamento do feito o prazo esteve interrompido. Como o reclamante ingressou com a nova ação em 26.10.2000, dentro do período de dois anos do trânsito em julgado da extinção da ação anteriormente proposta, sem julgamento do mérito, não há se cogitar de prescrição total. Recurso conhecido e provido." TST-RR — 4058/2002-902-02-00.8, 4ª Turma, Rel. Min. Barros Levenhagen, DJ.: 4.11.2005.

"RECURSO DE REVISTA. PRESCRIÇÃO QUINQUENAL. INTERRUPÇÃO. CONTAGEM DO PRAZO. PRIMEIRA RECLAMAÇÃO TRABALHISTA. 1. O ajuizamento de Reclamação Trabalhista interrompe tanto a prescrição bienal quanto a quinquenal. Entender diversamente tornaria inócuo o efeito interruptivo assegurado pelos art. 219, § 1º, do CPC e 202 do Código Civil. 2. Destarte, *interrompida a prescrição, o cômputo do biênio é reiniciado a partir do término da condição interruptiva, qual seja, o trânsito em julgado da decisão proferida na primeira ação*, enquanto a prescrição quinquenal conta-se do primeiro ato de interrupção, isto é, a propositura da primeira Reclamação Trabalhista. Precedentes desta Corte. Recurso de Revista conhecido e provido". TST — RR — 11092/2002-900-09-00.8, 3ª Turma, Rel. Min. Maria Cristina Irigoyen Peduzzi, DJ 14.10.2005.

Não há como ressuscitar, com o preceito constitucional, pretensão já extinta pela prescrição prevista em lei anterior (antiga redação do art. 11 da CLT), ou seja, as parcelas anteriores a 5 de outubro de 1986.

O quinquênio previsto na Constituição da República de 1988 só se completou três anos após a promulgação do novo texto constitucional e, ainda assim, desde que se tratasse de contrato iniciado pelo menos dois anos antes da promulgação. Dessa forma, firmado o contrato em 4 de outubro de 1981, por exemplo, e encontrando-se este em vigor, a prescrição prevista na lei antiga já havia fulminado as verbas anteriores a 5 de outubro de 1986, logo, ela passou a ser quinquenal apenas em 5 de outubro de 1991, sendo inadmissível deferir, em 5 de outubro de 1988, parcelas devidas a partir de 5 de outubro de 1983, uma vez que a prescrição já se operara antes da Constituição entrar em vigor. Isso porque o prazo prescricional era de dois anos também no curso do contrato (art. 11 da CLT — redação antiga).

Nesse sentido consolidou-se a jurisprudência, por meio da **Súmula n. 308, inciso II** do TST, cujo teor se transcreve:

> "Prescrição quinquenal — A norma constitucional que ampliou a prescrição de ação trabalhista para 5 anos é de aplicação imediata, não atingindo pretensões já alcançadas pela prescrição bienal, quando da promulgação da Constituição de 1988".

9.2. Os prazos prescricionais poderão ser alterados por acordo entre as partes?

A resposta é negativa, em face da proibição constante do art. 192 do Código Civil de 2002, que não encontra correspondente no Código Civil de 1916.

10. PRESCRIÇÃO E AVISO PRÉVIO

Dispõe o art. 487, § 1º, da CLT que "a falta do aviso prévio por parte do empregador dá ao empregado o direito aos salários correspondentes ao prazo do aviso, garantida sempre a integração desse período no seu tempo de serviço".

Ainda que indenizado, o período alusivo ao aviso prévio é tempo de serviço para todos os efeitos legais (art. 487, § 1º, da CLT). Logo, a despedida concretiza-se quando do término do aviso prévio, quer seja ele trabalhado, quer seja indenizado. Não obstante o desligamento de fato do trabalhador na data do aviso, a relação jurídica se projeta até o seu término, devendo ser dada a baixa na CTPS quando do término do aviso prévio, ainda que indenizado (nesse sentido é a **Orientação Jurisprudencial n. 82 da SDI-1 do TST**).

Na mesma linha de ideias é o art. 487, § 6º, da CLT, ao estender ao obreiro o reajuste salarial coletivo, determinado no curso do prazo do aviso prévio, mesmo que indenizado. Essa, aliás, é também a orientação do TST, manifestada por meio das **Súmulas n. 182 e 305**.

Dispensa é resilição de iniciativa do empregador, porém sempre sem justa causa. Logo, o aviso é da intenção de dispensar e não da própria dispensa, que só se verifica ao término do prazo do aviso. Isso é o que se infere da doutrina, quando, ao conceituar o aviso prévio, considera-o "a obrigação que tem qualquer das partes do contrato de trabalho por tempo indeterminado de notificar à outra de sua intenção de romper o vínculo contratual, em data futura e certa"(33).

Em consequência de tudo o que foi exposto, a prescrição bienal a que alude o art. 7º, XXIX, da Constituição da República de 1988 começa a fluir do término do aviso prévio, ainda que indenizado, a teor da **Orientação Jurisprudencial n. 83 da SDI-1 do TST**.

Entendimento contrário afirma que "a dilatação de prazo em decorrência de aviso prévio indenizado é mera ficção jurídica, não tendo efeito para prorrogar prazo prescricional"(34).

11. O TERMO *A QUO* DO PRAZO PRESCRICIONAL

O art. 7º, XXIX, da Constituição da República dispõe ser de cinco anos o prazo prescricional do trabalhador urbano, **até** o limite de dois anos após a extinção do contrato, ou seja, somente após o decurso dos dois anos o trabalhador perde o direito à pretensão.

Veja-se, a respeito, o ensinamento de Câmara Leal:

> "Se o prazo se conta por dias, e o do vencimento deve ser nele computado, parece que, racionalmente, enquanto esse dia não se completa, o prazo, também, não se extingue. E isso se nos afigura inquestionável, porque se o titular, dentro das vinte e quatro horas que constituem o dia do vencimento do prazo, fizer a interrupção da prescrição, essa interrupção deverá prevalecer, porque foi feita antes de integralmente consumado o prazo" (Antônio Luís de Câmara Leal. *Da prescrição e da decadência*. 3. ed. Rio de Janeiro: Forense, p. 226).

Nesse sentido também já se manifestou a jurisprudência:

> "Prescrição. Se a contagem do prazo se verifica por dias e o vencimento deverá ser nele computado, ao que tudo indica, enquanto esse dia não se completa, o prazo também não se extingue (cf. Antônio Câmara Leal. *Da prescrição e da decadência.* 3. ed., Forense, p. 226). Logo, efetuado o pagamento das verbas rescisórias no término do aviso prévio (19.6.90) e ajuizada a ação em 19.6.92, não se operou a prescrição a que alude o art. 7º, XXIX da CF/88, mormente se considerarmos que o dia anterior foi feriado religioso". TRT — 3ª Região, RO 12.815/92, 2ª T. Relª: Juíza Alice Monteiro de Barros.

Na hipótese de o último dia para o autor propor a ação ter sido feriado, o prazo prorroga-se para o dia seguinte. Esse entendimento também encontra respaldo na jurisprudência, conforme se verifica da seguinte ementa:

> "Prescrição. Prazo. Prorrogação. Hipótese. O prazo prescricional prorroga-se para o primeiro dia útil subsequente, quando o seu término recair num domingo, por força do

---

(33) GOMES, Orlando & GOTTSCHALK, Elson. *Curso de Direito do Trabalho*. Rio de Janeiro: Forense, 2000, p. 356. Revisão e atualização: José Augusto Rodrigues Pinto.

(34) TRT — 8ª Reg.— 1ª T. (RO-2360/93). Relª: Juíza Iracilda Corrêa, assinado em 18.1.94. Ac. (unânime). BOMFIM, Calheiros B. *Dicionário de Decisões Trabalhistas*, 1995, p. 584.

disposto no § 1º do art. 125 do Código Civil de 1916". TRT — 4ª Região — 5ª T. — RO-00617.026/94-7. Rel.: Ricardo Gehling, DJ 12.4.99. ADCOAS 8175843.

12. O TERMO *A QUO* DA PRESCRIÇÃO E O PRAZO A QUE ALUDE O ART. 459 DA CLT

Cumpre ressaltar que o prazo prescricional para reivindicar diferença de salário conta-se, para cada quitação, da data em que a mesma tenha sido efetuada (art. 119 da CLT), ou deveria ter sido efetuada (art. 459 da CLT). Não havendo prova do pagamento em data anterior, considera-se como época própria, para fins de inclusão ou não da parcela não prescrita, o quinto dia útil do mês subsequente ao vencido[(35)].

13. PRESCRIÇÃO TOTAL E PARCIAL

Se a **lesão do direito atingir prestações sucessivas, fundadas em lei**, a prescrição será sempre parcial e só alcançará as verbas que se venceram há mais de cinco anos, contados do ajuizamento da reclamatória, pois a infração não compromete o direito em si, nem sua causa jurídica, fundada em norma imperativa. Na hipótese, a lesão do direito renova-se mês a mês, sempre que se tornar exigível a prestação quitada indevidamente, surgindo, a cada vez, a pretensão.

Logo, em se tratando de obrigação contínua, gerada por lei e não por ato negocial (de livre pactuação entre as partes), a prescrição na vigência do contrato será sempre parcial, independentemente de se tratar de mora, desvio funcional[(36)] ou equiparação salarial[(37)], e atingirá apenas os efeitos patrimoniais que se irradiam das relações jurídicas que se houverem vencido há mais de cinco anos, a contar do ajuizamento da ação.

Sucede que, se a hipótese versar sobre ato que traduza manifestação instantânea do empregador, caracterizada por uma alteração do pacto laboral, como, por exemplo, redução de percentual de comissões ou mesmo supressão dessa verba, comportamentos jungidos ao terreno da livre contratualidade, a prescrição será total (**Orientação Jurisprudencial n. 175 da SDI-1 do TST**) e começará a fluir a partir do momento em que se consolidou o ato único do empregador. É que a lesão, no caso, compromete a causa ensejadora do direito, do qual se originaram as prestações sucessivas.

Veja-se, a propósito, a **Súmula n. 294 do TST**:

"Prescrição — Alteração Contratual — Trabalhador Urbano. Tratando-se de demanda que envolva pedido de prestações sucessivas decorrente de alteração do pactuado, a prescrição é total, exceto quando o direito à parcela esteja também assegurado por preceito de lei".

---

(35) Cf. TRT — 3ª Reg. —3ª T. — AP-431/87 — Rel.: Juiz Ney Proença Doyle — publ. 20.11.87 — *Revista TRT* — 3ª Região, n. 46, p. 245.

(36) **Súmula** n. 275 do TST: "Prescrição parcial. Desvio de função. Na ação que objetive corrigir desvio funcional, a prescrição só alcança as diferenças salariais vencidas no período de 5 (cinco) anos que precedeu o ajuizamento."

(37) **Súmula** n. 274 do TST: "Prescrição parcial. Equiparação salarial. Na ação de equiparação salarial, a prescrição só alcança as diferenças salariais vencidas no período de 5 (cinco) anos que precedeu o ajuizamento."

Confira-se, ainda, no mesmo rumo, a jurisprudência do TST no tocante à prescrição para se insurgir contra supressão de ajuda de custo e de gratificação funcional fundada no contrato[38].

Relativamente à supressão das horas extras, a orientação jurisprudencial inclina-se atualmente pela prescrição total[39], ou seja, suprimido o trabalho em sobretempo à jornada legal e estando o contrato em vigor, o empregado tem o prazo prescricional de cinco anos para postular a indenização a que alude a **Súmula n. 291 do TST**, do contrário, operar-se-á a prescrição.

Aplica-se, também, a prescrição total sobre a pretensão alusiva a diferenças salariais resultantes de planos econômicos (**Orientação Jurisprudencial n. 243 da SDI-1 do TST**).

14. CONGELAMENTO E REDUÇÃO DE GRATIFICAÇÃO

Já o congelamento do valor das gratificações não traduz ato único, mas ato negativo, logo, as diferenças correspondentes estarão sujeitas à prescrição parcial. E, para reivindicá-la, basta invocar a norma ensejadora dos reajustes. Nesse sentido é a **Súmula n. 373 do TST**.

Enseja igualmente prescrição parcial, a redução do valor da gratificação semestral, como se infere do acórdão TST-E-RR 2715/88.4 — Ac. ADI 341/92, 11.3.92. Rel.: Min. José Luiz Vasconcellos — *Revista LTr* 56-7/863.

15. REENQUADRAMENTO EM PLANO DE CARGOS. DESVIO DE FUNÇÃO

No tocante ao reenquadramento em plano de classificação de cargos, a jurisprudência vem entendendo que o pedido sofre os efeitos da prescrição total.

Nessa linha é a **Súmula n. 275, inciso II,** do TST. Isso significa que, se o reenquadramento no plano de cargos realizou-se há mais de cinco anos do ajuizamento da ação, está prescrita a pretensão que visa a corrigir o referido posicionamento. Já a ação cuja pretensão vise a corrigir o desvio de função está sujeita à prescrição parcial, ou seja, só alcança as diferenças salariais vencidas no período de 5 anos anteriores ao ajuizamento (**Súmula n. 275, inciso I do TST**).

16. COMPLEMENTAÇÃO DE APOSENTADORIA

No que tange à complementação de aposentadoria a que se obrigou o empregador, por força de norma de seu regulamento interno, a matéria está hoje consubstanciada nas **Súmulas n. 326 e 327 do TST**.

---

(38) "**Ajuda de custo — Supressão — Prescrição total**. A supressão, pelo empregador, da parcela ajuda de custo, constitui evidente alteração contratual, a partir da qual corre o prazo prescricional, para que o empregado objetive restabelecer o recebimento da parcela. Incidência do **Enunciado** n. 294/TST. Recurso, em parte, conhecido e provido". TST — RR — 22.124/91.4 — Ac. 2ª T. 0789/92 — 2ª Reg. Rel.: Min. Ney Doyle, DJU 15.5.92, p. 6.862. FERRARI, Irany, MARTINS, Melchíades R. *Julgados Trabalhistas Selecionados*. São Paulo: LTr, v. II, p. 440.
"Prescrição — **Súmula** n. 294. Nos casos de supressão unilateral do pagamento da gratificação de função mensal, a prescrição é total, uma vez que caracterizada a alteração do pactuado". TST E-RR 7.132/85. Rel.: Min. Carlos da Fonseca. Ac. SDI 267/90. VALENTIN CARRION. *Nova Jurisprudência em Direito do Trabalho*, 1991, p. 388.

(39) Igual direção foi traçada pela **Súmula n. 199, inciso II,** do TST.

Dispõe a **Súmula n. 326**:

"Complementação dos Proventos de Aposentadoria. Parcela nunca recebida. Prescrição total. Tratando de pedido de complementação de aposentadoria oriunda de norma regulamentar e jamais paga ao ex-empregado, a prescrição aplicável é a total, começando a fluir o biênio a partir da aposentadoria."

Entretanto, se o pedido versar sobre diferenças a esse título, ou seja, se o empregado já estiver recebendo a complementação, mas em valor inferior ao devido, a prescrição será parcial. É o que dispõe a **Súmula n. 327 do TST**, cujo verbete é o seguinte:

"Complementação dos Proventos de Aposentadoria. Diferença. Prescrição Parcial. Tratando-se de pedido de diferença de complementação de aposentadoria, oriunda de norma regulamentar, a prescrição aplicável é a parcial, não atingindo o direito de ação, mas, tão somente, as parcelas anteriores ao quinquênio".

De acordo com a **Súmula n. 327 do TST**, o pedido de diferenças de complementação de aposentadoria, prevista em norma regulamentar, está sujeito à prescrição parcial. A redação conferida a essa súmula tem suscitado dúvida, pois, muitas vezes, o trabalhador se aposenta e obtém a complementação de aposentadoria paga pelo empregador sem a integração de uma determinada verba. Consoante o entendimento contido nessa súmula, seria possível, a qualquer momento, mesmo decorridos vários anos após a cessação do pacto, esse empregado vir a Juízo reivindicar a inclusão de uma verba específica, nunca integrada à vantagem. Essa hipótese, a rigor, envolve pedido de diferenças da complementação de aposentadoria e poderia atrair a incidência da Súmula em estudo. Entendemos, porém, que, se o pedido diz respeito a uma parcela nunca integrada à complementação de aposentadoria, deverá ser aplicada a prescrição total. Confira-se, a propósito, a decisão externada em acórdão proferido pela SDI-1 do TST[(40)].

17. PRESCRIÇÃO DO DIREITO DE RECLAMAR DIFERENÇA SALARIAL DECORRENTE DE SENTENÇA NORMATIVA

Situando-se o direito de exigir diferença salarial decorrente de norma coletiva na esfera das **Súmulas n. 349 do STF e n. 294 do TST**, por se tratar de obrigação contínua, os tribunais vêm entendendo que, se a mesma se fundar em sentença normativa, o prazo prescricional para reivindicar as vantagens ali inseridas é sempre

(40) "**Prescrição. Complementação de aposentadoria. Diferenças. Gratificação especial de função e auxílio--moradia.** 1. Empregado aposentado em 1986 que ajuíza ação trabalhista em 1993 para postular diferenças de complementação de aposentadoria porquanto não computadas, na correspondente base de cálculo, as parcelas denominadas gratificação especial de função e auxílio-moradia. 2. *Conquanto esteja sendo paga a complementação desde a jubilação, opera-se a prescrição total para a demanda se o empregado, após o biênio subsequente à aposentadoria, não questiona em juízo o complexo de parcelas salariais que, a seu ver, deveriam compor a base de cálculo da complementação. Para a lesão a direito subjetivo trabalhista operada já na concessão da aposentadoria, mediante cessação do contrato de emprego, dispõe o empregado de dois anos para demandar.* Incidência da Súmula n. 326 do TST por se cuidar de parcelas jamais computadas na complementação e, portanto, jamais pagas. 3. Embargos de que se conhece, com fulcro em violação ao art. 896 da CLT, em vista da contrariedade à Súmula n. 326 do TST, e aos quais se dá provimento para, com supedâneo no art. 143 do RITST, declarar a prescrição total do direito de ação do Reclamante em relação ao pedido de diferenças de complementação de aposentadoria pela integração da gratificação especial de função e do auxílio-moradia". TST-E-RR-414.085/1998 — SDI-1 — Rel.: Min. João Oreste Dalazen. DJ de 9.5.2003. (Grifou-se).

parcial e só começa a fluir a partir do trânsito em julgado da decisão, porquanto ninguém é obrigado a executar total ou parcialmente sentença normativa, pendente de recurso. Nesse sentido é a **Súmula n. 350 do TST**.

18. ANOTAÇÃO DA CTPS PARA FINS DE PROVA JUNTO À PREVIDÊNCIA SOCIAL. PRESCRIÇÃO

Não flui a prescrição da pretensão cujo objeto seja anotação de CTPS ou de outro documento para fins de prova junto à Previdência Social (art. 11, § 1º, da CLT, com a nova redação dada pela Lei n. 9.658, de junho de 1998). Isso porque, nesses casos, a ação é declaratória e visa apenas ao reconhecimento do liame empregatício. Jurisprudência em contrário está hoje superada.

19. PRESCRIÇÃO E PERÍODOS DESCONTÍNUOS DE TRABALHO

As disposições contidas no art. 453 da CLT possuem efeitos retro-operantes. Somam-se os períodos descontínuos de trabalho e sobre os anteriores não flui a prescrição, eis que passam a constituir uma relação jurídica única, cujos efeitos se contam da última dissolução. É o que dispõe a **Súmula n. 156 do TST**(41).

20. A PRESCRIÇÃO E OS ATOS NULOS

Para efeito do disposto no art. 7º, XXIX, da Constituição de 1988, e nos art. 9º e 11 da CLT, não há distinção entre ato nulo e anulável, como o fazem renomados doutrinadores. É que, no sistema consolidado (art. 11), esses atos se encontram no mesmo patamar.

Nota-se que, sob esse aspecto, as nulidades absolutas ou relativas igualam-se e possuem todas idêntico prazo prescricional, haja vista que a CLT, quanto a esses atos, não estabeleceu qualquer distinção no que se refere ao aspecto da sanção material (nulo ou anulável).

Aliás, os tribunais vinham assim decidindo, inclusive quando examinavam a hipótese de rompimento do contrato de empregado estável há mais de dois anos antes do ajuizamento da reclamatória, sem as formalidades de prévio inquérito judicial. Mesmo que nula a dispensa, porque verificada sem o prévio inquérito judicial, previsto em norma imperativa (art. 492 e 494 da CLT), ainda assim sustentava-se que prescrita estaria a ação objetivando a reintegração ou indenização dobrada(42).

21. PRESCRIÇÃO E FGTS

O TST vem afirmando que os depósitos do FGTS para fins de fiscalização têm os mesmos privilégios da contribuição social, considerando trintenária a prescrição (**Súmula n. 362**).

O raciocínio tem amparo no art. 23, § 5º, da Lei n. 8.036, de 1990, cuja constitucionalidade é discutida pelos que defendem a natureza tributária dos depósitos. Assevera-

---

(41) "Da extinção do último contrato é que começa a fluir o prazo prescricional do direito da ação, objetivando a soma de períodos descontínuos de trabalho".

(42) Cf. TRT — 3ª Região — RO 255/79 — 2ª Turma — Rel.: Juiz Gustavo Pena de Andrade — DJMG 9.6.79.

-se que a matéria deveria ser tratada em lei complementar (art. 145, 149 e 146, III, da Constituição da República de 1988).

A jurisprudência uniforme do TST, sedimentada nas **Súmulas n. 206 e 362**, distingue a prescrição da pretensão alusiva aos depósitos do FGTS não recolhidos, relativos a *direitos pagos no recibo*, da prescrição da pretensão referente aos depósitos do FGTS sobre *parcelas não pagas e que serão reivindicadas em Juízo*. Na primeira hipótese, considera-se mais longo o prazo prescricional (30 anos) e, na segunda hipótese, considera-se aplicável a prescrição quinquenal, ao fundamento de que as *parcelas não pagas*, que constituem a obrigação principal, estão sujeitas à prescrição quinquenal, logo, os depósitos do FGTS sobre elas também se submetem a esse prazo prescricional, já que, como obrigação acessória, segue a principal.

Veja-se, a respeito, **a Súmula n. 206 do TST**: "A prescrição da pretensão relativa às parcelas remuneratórias alcança o respectivo recolhimento da contribuição para o FGTS".

Se transcorridos mais de dois anos da cessação do contrato de trabalho, opera-se a prescrição total para reclamar a pretensão em Juízo quanto ao não recolhimento do FGTS(43).

22. PRESCRIÇÃO E PIS

O cadastramento no PIS é uma obrigação de natureza trabalhista, que deverá ser adimplida pelo empregador, portanto está sujeito à prescrição do art. 11 da CLT(44).

23. MUDANÇA DE REGIME JURÍDICO

Ressalte-se que, se houver mudança de regime jurídico (de celetista para estatutário), essa circunstância implica a extinção do contrato, portanto, os direitos trabalhistas deverão ser reivindicados até dois anos da mudança do regime, do contrário, operar-se-á a prescrição (**Súmula n. 382 do TST**).

24. PRESCRIÇÃO E COMPENSAÇÃO DO DANO MORAL

Discute-se qual é o prazo prescricional da pretensão destinada a exigir do empregador uma compensação pelo dano moral sofrido pelo empregado. A jurisprudência mais recente da SDI-1 do TST sustenta que o prazo prescricional será de 20 anos,

---

(43) **Súmula** n. 362 do TST: "FGTS. Prescrição. É trintenária a prescrição do direito de reclamar contra o não recolhimento da contribuição para o FGTS, observado o prazo de 2 (dois) anos após o término do contrato de trabalho".

(44) "**Prescrição. PIS. Cadastramento.** 1. O cadastramento do PIS, porque decorrente do contrato de trabalho, é uma obrigação patronal de natureza trabalhista. Por isso a competência da Justiça do Trabalho para apreciar e julgar as ações ajuizadas com o objetivo de obter o cadastramento no Plano de Integração Social — PIS. Tratando-se de reclamação trabalhista típica, aplica-se à hipótese a prescrição prevista no art. 7º, inciso XXIX, alínea 'a', da Constituição Federal. 2. Decisão de Turma do TST que não conhece de Recurso de Revista por violação do art. 7º, inciso XXIX, alínea 'a', da Constituição Federal, quando o Tribunal Regional declara a incidência da prescrição decenal do direito de ação para obter cadastramento no PIS, ofende o art. 896 da CLT. 3. Embargos conhecidos e providos". TST — ERR –125560/1994 — Ac. n. 125.560. SDI-1. Decisão 16.2.1998. Rel.: Juiz Convocado Carlos Alberto Reis de Paula. DJ 6.3.1998, p. 224.

como previsto no Código Civil de 1916 (art. 177), por se tratar de crédito de natureza civil, e não de verba trabalhista no sentido próprio[(45)], desde que a lesão tenha ocorrido sob a égide do Código Civil de 1916. Outros, aos quais nos filiamos, afirmam que, em se tratando de um crédito advindo da relação de emprego ou de trabalho, a pretensão destinada à compensação pelo dano moral estará sujeita à prescrição prevista no art. 7º, XXIX, da Constituição de 1988[(46)].

Discute-se, ainda, se seria ou não aplicável o prazo prescricional de dois anos a contar do término da relação de emprego, quando o pedido de compensação por dano moral decorre de imputação de crime ao empregado, cuja apuração está sendo feita em outro segmento do Judiciário.

Há quem afirme que a prescrição só começa a fluir após solucionado o processo criminal[(47)]. Outros entendem que a ação trabalhista deverá ser ajuizada no marco prescricional previsto no art. 7º, XXIX, da Constituição e, havendo informação de processo criminal em andamento, a ação trabalhista deverá ser suspensa, na forma do art. 265, IV, do CPC[(48)].

Mesmo quando o pedido de compensação por dano moral decorra da imputação de crime ao empregado, cuja apuração está sendo feita em outro segmento do Judiciário, a ação trabalhista deverá ser ajuizada dentro de dois anos a contar do término da relação de emprego, podendo a ação trabalhista ser posteriormente suspensa, se for o caso, na forma prevista no art. 265, IV, do CPC. "Admitir-se que a prescrição só começaria a fluir após solucionado o processo criminal implicaria reconhecer uma causa impeditiva da prescrição, além daquelas enumeradas no Código Civil, o que

---

(45) "**Indenização por danos morais. Prescrição.** Observada a natureza civil do pedido de reparação por danos morais, pode-se concluir que a indenização deferida a tal título em lide cujo trâmite se deu na Justiça do Trabalho não constitui crédito trabalhista, mas crédito de natureza civil resultante de ato praticado no curso da relação de trabalho. Assim, ainda que justificada a competência desta Especializada para processar a lide não resulta daí, automaticamente, a incidência da prescrição trabalhista. A circunstância de o fato gerador do crédito de natureza civil ter ocorrido na vigência do contrato de trabalho, e decorrer da prática de ato calunioso ou desonroso praticado por empregador contra trabalhador não transmuda a natureza do direito, uma vez que o dano moral se caracteriza pela projeção de um gravame na esfera da honra e da imagem do indivíduo, transcendendo os limites da condição de trabalhador do ofendido. Dessa forma, aplica-se, na hipótese, o prazo prescricional de 20 anos previsto no art. 177 do Código Civil, em observância ao art. 2.028 do novo Código Civil Brasileiro, e não o previsto no ordenamento jurídico-trabalhista, consagrado no art. 7º, XXIX, da Constituição Federal. Embargos conhecidos e providos". TST — E-RR-00871-2002-900-02-00.4 — Ac. SDI-1 — Rel.: Min. Lélio Bentes Corrêa — DJ 5.3.2004.

(46) "**Dano moral na Justiça do Trabalho. Indenização. Prazo de prescrição trabalhista e não civil.** Quando em juízo estão litigando as partes do contrato de trabalho, ambas agindo na condição de empregado e empregador, e tendo por objeto a indenização por dano moral decorrente de alegado ato ilícito patronal, a pretensão de direito material deduzida na reclamatória possui natureza de crédito trabalhista que, portanto, sujeita-se, para os efeitos da contagem do prazo de prescrição, à regra estabelecida no art. 7º, XXIX, da CF/88, e não à prescrição vintenária prevista no art. 177 do Código Civil. Recurso de Revista não conhecido". TST — RR-540996/99 — 5ª T.— Rel.: Juiz Convocado Walmir Oliveira da Costa — DJ 15.12.2000, p. 1053.

(47) "**Prescrição. Ação de indenização por danos morais. Termo inicial. Ação de indenização por danos morais. Interesse de agir. Prescrição.** Se a pretensão à indenização por danos morais decorre de imputação de crime feita ao empregado, somente após o trânsito em julgado da sentença que o inocentou é que lhe nasce o direito de vindicar a reparação, pois é deste marco que passa a ter o interesse de agir. Não há falar-se, nesta circunstância, em prescrição do direito de ação porque transcorridos mais de dois anos da extinção do contrato de trabalho, face ao princípio da *actio nata*". TRT — 3ª Reg. — RO — 12.596/94 — 3ª T. — Rel. (designado): Juiz Antônio Álvares da Silva — j. 23.11.94 — Minas Gerais II 6.12.94 — p. 58.

(48) PAMPLONA, Rodolfo. *O dano moral na relação de emprego*. 2. ed. São Paulo: LTr, 1999, p. 130.

não é possível, dado o caráter taxativo daquela enumeração. Se a ação foi ajuizada quando já transcorridos, por exemplo, quatro anos do término do contrato, operou-se a prescrição total, devendo o feito ser extinto com julgamento de mérito (art. 269, IV, do CPC)"(49).

O Código Civil de 2002 alterou esse raciocínio? Preceitua o art. 200 desse código: "Quando a ação se originar de fato que deva ser apurado no juízo criminal, não correrá a prescrição antes da respectiva sentença definitiva".

À luz desse preceito legal, a apuração do fato no Juízo criminal, agora, impede a fluência da prescrição. Ocorre que, embora com outros argumentos, nossa conclusão continua a mesma esposada acima. Isso porque o ilícito trabalhista guarda autonomia em relação ao ilícito penal. Não é necessário que se aguarde a decisão da Justiça Criminal para só então se apreciar a matéria na Justiça do Trabalho.

25. PRESCRIÇÃO INTERCORRENTE

A prescrição intercorrente verifica-se durante a tramitação do feito na Justiça, paralisado por negligência do autor na prática de atos de sua responsabilidade.

Entendia-se, antes da **Súmula n. 114 do TST**, aplicar-se ao processo trabalhista a prescrição intercorrente, com as cautelas impostas pela natureza tutelar do Direito do Trabalho e pelas características da sistemática processual trabalhista (**Súmula n. 327 do STF**), mas apenas se a paralisação do feito tivesse como causa única a inércia do autor na prática de atos de sua responsabilidade.

Se, todavia, a paralisação do processo se devesse aos órgãos judiciários, não se aplicaria o princípio, porque ao Juiz incumbiria velar pelo rápido andamento das causas (art. 765 da CLT), cabendo-lhe, inclusive, o poder de instaurar as execuções *ex officio* (art. 878 da CLT), à luz do princípio inquisitório. Se a paralisação fosse motivada pelo executado, também não se aplicaria a prescrição intercorrente.

O TST, uniformizando a jurisprudência trabalhista, afastou a aplicação da prescrição intercorrente na Justiça do Trabalho, por intermédio da **Súmula n. 114**, cujo teor é o seguinte: "É inaplicável na Justiça do Trabalho a prescrição intercorrente".

26. A PRESCRIÇÃO NA INTERRUPÇÃO E NA SUSPENSÃO DO CONTRATO DE TRABALHO

É indiscutível que, por ocasião da interrupção, o contrato de trabalho continua produzindo efeitos. E tanto é que o período de afastamento do trabalhador é computado como tempo de serviço para todos os efeitos legais, fazendo jus o empregado, inclusive, ao percebimento de salários.

Em consequência, vem entendendo a doutrina que, durante a interrupção do contrato, há fluência do prazo prescricional; o mesmo, entretanto, não ocorre na suspensão do contrato (cf. Ísis de Almeida. *Curso de Legislação do Trabalho*, 1982).

---

(49) Nesse sentido nos pronunciamos como relatora do RO-1896/02, que tramitou perante a 2ª Turma do TRT da 3ª Região, cuja decisão foi publicada no DJMG de 10.4.2002, p. 15.

Aqui, embora ocorra a cessação temporária da prestação de serviços, não há pagamento de salário, e tampouco o período de afastamento é considerado para os efeitos legais, excetuada a ausência motivada por acidente do trabalho e por prestação de serviço militar obrigatório, quando, então, o afastamento será computado como tempo de serviço para fins de indenização, estabilidade e FGTS, e a licença-maternidade, cujo afastamento é computado como de serviço, para todos os efeitos legais.

Uma hipótese que ocorre na prática, com certa frequência, diz respeito ao afastamento do empregado motivado por doença, a partir do 16º dia (já que os 15 primeiros correspondem à interrupção do contrato), passando a usufruir de benefício previdenciário. Ocorrendo violação do direito do trabalhador nesse período ou sendo inviável a concessão de férias no seu decorrer, entendo que não se opera a prescrição, uma vez que se encontra pendente de condição suspensiva. A doença do trabalhador, no caso, suspende a fluência do prazo prescricional (art. 199, I, do Código Civil de 2002).

Em consonância com esse ponto de vista, o eminente Professor Ísis de Almeida argumenta que:

> "... a fluência do prazo prescricional, em tais condições, seria proporcionar enriquecimento sem causa ao empregador, não sendo lícito exigir-se que o empregado enfermo muitas vezes até impossibilitado de locomover-se ou de manifestar a sua vontade — fosse à justiça propor e acompanhar a ação competente.
>
> Dir-se-á que poderá o empregado ajuizar o pedido, através de procurador, que, na audiência inaugural, requereria suspensão da instância até que o autor estivesse em condições de assumir os encargos processuais, interrompendo-se, assim, a prescrição. Tal procedimento, entretanto, iria contrariar princípio adjetivo que não admite a procrastinação indefinida do andamento do processo (art. 13 do CPC) e também, violaria uma das características do processo do trabalho, que consiste no *jus postulandi* atribuído às partes. A faculdade visou poupar-lhe os gastos com honorários advocatícios"(50).

Entendemos que tanto na suspensão como na interrupção do contrato poderá não ocorrer fluência de prazo prescricional sempre que a hipótese estiver pendente de condição suspensiva ou de outras causas, compreendidas virtualmente entre as suspensivas da prescrição (impossibilidade de se locomover para reclamar).

E assim é que, durante o afastamento por doença (que impossibilite o empregado de se locomover) nos 15 primeiros dias, embora se trate de interrupção contratual, sustentamos, pelas razões já expostas anteriormente, que o titular da pretensão estaria também impossibilitado de reivindicá-la.

Há, entretanto, quem sustente que as causas suspensivas da prescrição são apenas aquelas previstas expressamente em lei.

Confiram, a propósito, o tópico 8 deste capítulo.

---

(50) ALMEIDA, Ísis de. *Curso de legislação do trabalho*. 4. ed. São Paulo: Sugestões Literárias, 1981, p. 37.

27. PRESCRIÇÃO. DOMÉSTICO

É sabido que aos empregados domésticos, até 1988, aplicavam-se apenas as disposições da Lei n. 5.859, de 1972, que lhes assegurava o direito a férias de 20 dias úteis após um ano de serviço ao mesmo empregador doméstico e assinatura de CTPS para fins previdenciários.

A Constituição da República de 1988 (parágrafo único do art. 7º) estendeu ao empregado doméstico institutos jurídicos de natureza tipicamente trabalhista, assim relacionados: salário mínimo, irredutibilidade salarial, 13º salário, repouso semanal remunerado, preferencialmente aos domingos, gozo de férias anuais remuneradas, acrescidas de 1/3 do salário normal, licença de 120 dias à gestante, sem prejuízo do emprego e do salário, licença-paternidade de cinco dias, aviso prévio proporcional, aposentadoria e sua integração à Previdência Social. Tais direitos devem ser aplicados com a regulamentação contida nas leis já existentes e que disciplinam esses institutos.

Filiamo-nos aos que entendem que a pretensão resultante da relação de trabalho doméstico está sujeita à prescrição a que se refere o art. 7º, XXIX, da Constituição da República de 1988, embora o citado artigo não inclua este item em seu parágrafo único, no qual arrola os direitos sociais atribuídos aos domésticos. Essa circunstância não afasta a aplicação do disposto no mencionado inciso ao doméstico, pois a prescrição não é direito social, mas perda da pretensão, logo, a boa técnica legislativa não autorizaria a inserção da prescrição no citado parágrafo único.

Em consonância com a doutrina manifesta-se a jurisprudência[51].

Há, todavia, orientação jurisprudencial minoritária divergente, argumentando que a prescrição aplicável seria a do art. 178, § 10, V, do Código Civil de 1916, atinente aos contratos de locação de serviços, considerando que o doméstico está excluído do diploma consolidado, por força de seu art. 7º. Os adeptos desse ponto de vista consideram que o inciso XXIX do art. 7º da Constituição da República de 1988 substituiu o art. 11 consolidado, não havendo como aplicá-lo aos domésticos[52].

Uma terceira corrente, também minoritária, divergindo dos raciocínios anteriores, afirma que "entre as disposições do art. 7º da Constituição da República de 1988, aplicáveis aos domésticos, não se inclui o inciso XXIX, que fixou os prazos de

---

(51) "**Empregado doméstico. Prescrição**. A prescrição aplicável aos empregados domésticos é prevista no art. 7º, inciso XXIX, da Constituição Federal, que deve ser aplicado por analogia, pois o supracitado dispositivo abrange todos os empregados, rurais ou urbanos. Recurso de Revista conhecido e provido para extinguir o processo com julgamento do mérito, nos termos do art. 269, inciso IV, do CPC". TST — RR-374972/1997 — **5ª Turma** — Rel.: Min. João Batista Brito Pereira — DJ 7.12.2000 — p. 842.

"**Prescrição. Doméstico.** Ao trabalhador doméstico é aplicável a prescrição prevista no art. 7º, XXIX, alínea 'a', da Constituição, conforme precedentes do TST. Mesmo antes do advento da nova Constituição, era pacífica a jurisprudência desta Corte no tocante à inaplicabilidade da prescrição prevista no art. 178, § 10, inciso V, do Código Civil, entendendo incidente o prazo prescricional do art. 11 da CLT. Recurso de Revista conhecido mas não provido". TST — RR-406821/1997 — **3ª Turma** — Rel.: Min. Carlos Alberto Reis de Paula — DJ 7.12.2000 — p. 761.

(52) "**Doméstico. Prescrição.** Aos empregados domésticos não se aplicam os preceitos da CLT (art. 7º, *a*), mas as disposições da Lei n. 5.859/72 e do Código Civil, atinentes aos contratos de locação de serviços. Por isto é que prescreve em 5 anos o direito de ação para que os serviçais cobrem o pagamento de seus salários (art. 178, par. V, Código Civil) *Omissis*". TRT — 10ª Região — RO 3215/86 — Ac. 1788/87 — Rel.: Juiz Fernando A. V. Damasceno — DJU 27.1.88. *Revista do TRT da 10ª Região*, 1994, p. 158.

prescrição para o exercício dos direitos assegurados aos trabalhadores urbanos e rurais". Logo, afirma-se que a solução está no antigo texto do Decreto-Lei n. 1.237, de 3 de maio de 1939, que veio regular a Justiça do Trabalho, ou mais precisamente em seu art. 101, que, ao cuidar da prescrição, dispôs: "Não havendo disposição especial em contrário, prescreve em dois anos qualquer reclamação perante a Justiça do Trabalho". O dispositivo foi repetido pelo Regulamento da Justiça do Trabalho, que acresceu: "contados da data do ato ou fato que lhe der origem"[(53)].

Prosseguem os defensores dessa corrente dizendo, com base no art. 2º da Lei de Introdução ao Código Civil, que as disposições do Decreto-Lei n. 1.237, de 1939, não se destinando à vigência temporária, vigoram enquanto não sejam modificadas ou revogadas por outra lei e que, embora a CLT trouxesse disposição expressa sobre prescrição, não regulamentou inteiramente essa matéria, porquanto a prescrição ali inserida diz respeito aos preceitos nela contidos, mas se omitiu quanto a outros direitos trabalhistas que não os por ela acolhidos. Concluem sustentando que a prescrição para o exercício dos direitos assegurados aos empregados domésticos é de dois anos, mas com fulcro no Decreto-Lei n. 1.237, de 1939.

28. PRESCRIÇÃO E CRÉDITOS TRABALHISTAS DO EMPREGADO RURAL

Não apenas o revogado Estatuto do Trabalhador Rural (Lei n. 4.214, de 1963) como a Lei n. 5.889, de 1973, dispunham que a prescrição relativa à pretensão de direitos assegurados aos rurícolas começava a fluir apenas a partir do rompimento do vínculo empregatício, consumando-se dois anos após a dissolução contratual.

Sob o argumento de que, após a edição da Lei n. 4.214, de 2 de março de 1963, em vigor a partir de 18 de junho de 1963, não havia prescrição durante o curso da relação de emprego, sustentava-se que era facultado ao empregado admitido antes da publicação dessa lei reivindicar direitos que lhe foram reconhecidos anteriormente, pela CLT e legislação especial, desde dois anos anteriores à vigência da Lei n. 4.214, de 1963, ou seja, de 18 de junho de 1961 até a data da dispensa, porquanto a consumação do biênio prescricional só se verificava dois anos após a dissolução do contrato[(54)].

Havia, entretanto, outra corrente, segundo a qual a reclamação dos direitos assegurados pela CLT e anteriores à vigência do ETR prescreveu em 18 de junho de 1965, iniciando-se a contagem do biênio previsto no art. 11 da CLT na data da entrada em vigor da Lei n. 4.214, ou seja, a partir de 18 de junho de 1963[(55)].

---

(53) LUCA, Carlos Moreira de. O prazo de prescrição dos direitos assegurados aos empregados domésticos. *Revista LTr* 53-1/81, São Paulo e *Revista Synthesis* 9/89, p. 170.

(54) "A prescrição da ação trabalhista para a reclamação dos direitos devidos ao trabalhador rural, conta-se desde 2 anos antes da entrada em vigor do ETR para aqueles direitos antes a ele reconhecidos pela CLT (salário mínimo, férias e repouso remunerado) e só se consuma depois de 2 anos de rescindido o contrato". TRT — 3ª Reg. — 2ª T. — Proc. 978/71 — proferido em 4.8.71 — Rel.: Juiz Paulo Emílio Ribeiro de Vilhena.

(55) "**Empregado rural** — O termo inicial da prescrição é uno. Coincide com a cessação do contrato de trabalho — Art. 10 da Lei n. 5.889/73. Impossível é estabelecer distinção pela natureza da parcela. Onde o legislador não distingue, não é dado ao intérprete fazê-lo. *Ubi lex non distinguit nec nos distinguere debemus*. O princípio de que o termo inicial da prescrição coincide com a data da cessação do contrato de trabalho apenas passou a viger com o Estatuto dos Empregados Rurais, substituído pela Lei n. 5.889/73. Em relação às parcelas que se tornaram devidas

Entendemos que, uma vez consumada a prescrição prevista no art. 11 consolidado dos direitos assegurados ao rurícola, antes da vigência do Estatuto do Trabalhador Rural, não há como ressuscitá-los, em respeito ao direito adquirido do empregador de invocá-la. Entretanto, as parcelas que ainda não estavam prescritas, quando entrou em vigor o Estatuto, ou seja, aquelas relativas a junho de 1961 em diante, poderão ser reivindicadas até dois anos após a cessação do contrato, pois a elas foi estendido o disposto no art. 10 da Lei n. 5.889, de 1973. O raciocínio se assemelha ao contido na **Súmula n. 308, inciso II**, do TST(56).

Em se tratando do rurícola, o fato de inocorrer prescrição no curso do contrato fundava-se na circunstância de o empregado encontrar-se em estado de sujeição perante o credor do trabalho, detentor do direito potestativo de resilição, mormente quando, em regra, vivia na propriedade do empregador, o que o inibia de reivindicar a reparação de lesão que tivesse sofrido. A esses fatos acrescia a circunstância de ser pouco informado a respeito dos direitos que lhe eram assegurados pelo ordenamento jurídico.

O tratamento desigual sobre a matéria, dispensado aos empregadores rurais e urbanos, não mais se justifica na sociedade contemporânea(57), exatamente porque se desviou do princípio da igualdade. Ademais, as peculiaridades do trabalho nessas circunstâncias também já não justificam o tratamento desigual, não só em face do fortalecimento dos sindicatos de trabalhadores rurais, mas também da maior facilidade de acesso aos meios de comunicação e informação.

Por outro lado, a imprescritibilidade de direitos do rurícola, no curso do pacto laboral, vinha sendo apontada como uma das causas da utilização do "boia-fria", ou seja, fortalecia a intermediação da mão de obra, condenável, inclusive, pela ação internacional.

A Constituição da República de 1988, na redação original do art. 7º, XXIX, "b", manteve a fluência do prazo prescricional, relativamente ao rurícola, a partir da cessação do contrato.

Entretanto, o art. 233 da mesma Constituição da República de 1988 e o art. 10, § 3º, das suas Disposições Constitucionais Transitórias, no afã de "amenizar o exagero de uma proteção legal"(58), dispunham que o empregador rural poderia comprovar

---

em período anterior aos 2 anos que antecederam o referido estatuto a ação respectiva restou fulminada pela prescrição bienal". TST — 1ª T.— RR 1977/83 — Rel.: Min. Marco Aurélio Mendes de Farias Mello — Proferido em 26.6.84 *in Dicionário de Decisões Trabalhistas* — Calheiros Bomfim — 20. ed., p. 530.

(56) "**Prescrição Quinquenal**. A norma constitucional que ampliou a prescrição da ação trabalhista para 5 anos é de aplicação imediata, não atingindo pretensões já alcançadas pela prescrição bienal, quando da promulgação da Constituição de 1988".

(57) RIBEIRO DE VILHENA, Paulo Emílio. *Revista do TRT 3ª Região* n. 35/44, p. 18. O autor, invocando o princípio fundamental da igualdade de todos perante a lei, critica a Lei n. 5.889, de 1973, dizendo que a mesma conceituou o empregado rural nos mesmos termos em que a CLT conceituou o empregado urbano, aplicando aos rurícolas o mesmo estatuto jurídico que rege as demais relações de trabalho definidas por esses estatutos, estabelecendo, portanto, igualdade de condições gerais jurídicas de trabalho, no que tange a direitos e deveres das partes. Entretanto, desviou-se da regra geral, que é a igualdade, impondo aos empregadores rurais um risco maior que aos empregadores urbanos referente à segurança na relação jurídica e uma maior retenção de obrigações, quando dispõe que a prescrição, relativamente aos direitos do rurícola, só começa a fluir após a cessação dos contratos, o que não ocorre na CLT, já que no curso do contrato do trabalhador urbano a prescrição flui normalmente. Assevera, ainda, que peculiaridades ou singularidades do trabalho no campo não justificam esse tratamento desigual, porquanto "a diversidade de disposição quanto à prescrição nada tem a ver com tais 'especificidades' do trabalho no campo, quando a extinção preclusiva dos direitos alcança o estatuto inteiro e este é aplicado a ambas as relações".

(58) ALMEIDA, Ísis de. *Manual da Prescrição Trabalhista*. São Paulo: LTr, 1990, p. 47.

perante a Justiça do Trabalho o cumprimento de suas obrigações trabalhistas, em procedimento do qual participavam o empregador, o empregado e o sindicato da respectiva categoria profissional. O art. 233 da Constituição da República foi revogado, em maio de 2000, pela Emenda Constitucional n. 28, que também deu nova redação ao inciso XXIX do art. 7º da Constituição da República.

Pelo que consta da nova redação do inciso XXIX do art. 7º da Constituição de 1988, ao empregado rural foi atribuído o mesmo prazo prescricional aplicável ao empregado urbano (cinco anos).

A inovação legislativa trouxe um conflito de direito intertemporal, para algumas situações. O conflito intertemporal não surgirá em se tratando de trabalhador rural contratado sob a égide da Emenda Constitucional n. 28, de 2000, porque terá sua situação disciplinada por essa nova lei. Se o contrato rompeu-se e a ação foi ajuizada antes da modificação legislativa, também não vemos como aplicar a nova redação dada ao art. 7º, XXIX[59], pois a prescrição é instituto de direito material e não processual, logo, o novo prazo instituído pela Emenda Constitucional em questão não poderá afetar situação jurídica já definida sob o império de lei anterior (inteligência do art. 6º da Lei de Introdução ao Código Civil).

O conflito de direito intertemporal vai surgir quando a relação de emprego foi iniciada e terminada na vigência da lei antiga, mas a ação só foi proposta quando já em vigor a referida Emenda Constitucional ou, ainda, na hipótese de o vínculo empregatício ter-se iniciado na vigência da lei antiga e rescindido na vigência da nova lei.

Na primeira hipótese, aplica-se a lei antiga, pois a data do ajuizamento da ação é uma "contingência natural, que depende do ato humano", enquanto a solução de problemas jurídicos não poderá ficar fadada à vontade do interessado. Logo, nessa situação, os contratos rompidos antes da Emenda Constitucional ficam sujeitos à lei anterior[60], pois a relação jurídica exauriu-se quando de sua vigência, ocasião em que inexistia prescrição a ser declarada, salvo a bienal, após a ruptura do contrato, fixada para reivindicar a pretensão. Foi esse, aliás, o raciocínio adotado pelo TST, quando manteve a antiga multa de 10% e indeferiu a **multa de 40% sobre o FGTS** para os contratos resilidos antes da Constituição de 1988, porque a ação foi ajuizada após a vigência do novo texto constitucional.

Quanto aos contratos iniciados sob a égide da lei antiga, porém rompidos quando já em vigor a Emenda Constitucional n. 28, de 25 de maio de 2000, a matéria é polêmica.

---

(59) "**Prescrição. Empregado rural**. 'A prescrição é uma regra de harmonia e paz, isto porque imposta pela necessidade da certeza das relações jurídicas' (cf. Clóvis Bevilacqua, *Código Civil Comentado,* 6. ed., p. 433). Se o empregado rural está com processo em curso desde outubro de 1999, não há como acolher a prescrição instituída pela Emenda Constitucional n. 28, de maio do ano 2000, no tocante aos seus créditos. Referida norma, nivelando o prazo prescricional com aquele previsto para os trabalhadores urbanos, alterou a redação do inciso XXIX, do art. 7º da Constituição de 1988. A nova redação dada ao texto constitucional vale para o futuro, não para o passado. No tocante ao conflito intertemporal das leis, convém esclarecer que o princípio da imediatidade não poderá violar direito adquirido do trabalhador. Ora, se este, à época do ajuizamento da ação, não tinha contra ele nenhum prazo prescricional fluindo, impossível aplicar-lhe a nova lei". TRT — 3ª Região — 2ª T. — RO-6932/00 — Relª: Juíza Alice Monteiro de Barros — julgado em 26.9.2000.

(60) MALLET, Estêvão. A prescrição na relação de emprego rural após a Emenda Constitucional n. 28. *Revista LTr*, v. 64, ago. 2000, p. 999-1001.

Há quem sustente que a situação é disciplinada pela lei nova, logo, para os defensores dessa corrente, o rurícola só fará jus aos créditos trabalhistas referentes aos últimos cinco anos. Outros asseveram que os contratos que se iniciaram antes da vigência da Emenda Constitucional n. 28 continuam disciplinados pela Lei n. 5.859, de 1973, sob pena de se modificarem as bases sobre as quais as partes firmaram o ajuste.

Uma outra linha de interpretação parte do princípio segundo o qual a lei vale para o futuro, logo, a prescrição "só poderá ser acolhida e aplicada, decorridos cinco anos da data da publicação da norma atual, data em que se consumará a prescrição dos direitos anteriores à publicação da norma instituidora da prescrição para o trabalhador rural"(61). Fica esclarecido que, se antes do quinquênio houver ruptura do pacto laboral, a totalidade dos créditos deverá ser postulada dentro de dois anos da ruptura do contrato, segundo essa linha de pensamento.

Há, por fim, uma outra corrente de interpretação, que considera inconstitucional o art. 1º da Emenda Constitucional n. 28, porque aboliu direito social do trabalhador rural consagrado no art. 7º, XXIX, "b", da Constituição da República de 1988, o que viola o art. 60, § 4º, IV, do texto constitucional(62).

O Tribunal Superior do Trabalho manifestou-se sobre a matéria, por meio da **Orientação Jurisprudencial n. 271**, de 27 de setembro de 2002, dispondo, de início, que o novo prazo prescricional alusivo ao rurícola não se aplica aos processos em curso e que, considerando a inexistência de previsão expressa na Emenda Constitucional n. 28, de 2000, quanto à sua aplicação retroativa, há de prevalecer o princípio segundo o qual a prescrição aplicável é aquela vigente à época da propositura da ação. **Posteriormente, em novembro de 2005, a Orientação Jurisprudencial n. 271 foi alterada e seu texto atual prevê que o prazo prescricional da pretensão do rurícola, cujo contrato de emprego já se extinguira ao sobrevir a Emenda Constitucional n. 28, de 26 de maio de 2000, tenha sido ou não ajuizada ação trabalhista, prossegue regida pela lei vigente ao tempo da extinção do contrato de emprego.**

Entendemos, com amparo no art. 2.028 do Código Civil de 2002, que deve ser respeitado o prazo prescricional da lei anterior (Lei n. 5.889, de 1973, e antiga redação do art. 7º, XXIX, da Constituição de 1988). A nova legislação, que reduziu para cinco anos o prazo prescricional no curso do contrato de trabalho do rural (prescrição esta inexistente antes da Emenda Constitucional n. 28, de 2000, salvo se rompido o vínculo há mais de dois anos), tem eficácia imediata e se aplica às situações em curso, mas os cinco anos deverão ser contados a partir da entrada em vigor da citada Emenda, do contrário haverá retroatividade da lei nova para atingir fatos pretéritos, o que é vedado pelo ordenamento jurídico brasileiro. Essa temática deixa de ser relevante, pois a partir de maio de 2005, a Emenda Constitucional n. 28 completou cinco anos, logo, as ações ajuizadas a partir dessa data estarão indubitavelmente sujeitas à prescrição quinquenária.

---

(61) BARROS, Glauce de Oliveira. Prescrição dos direitos do trabalhador rural. Inciso XXIX do art. 7º da Constituição Federal à luz da Emenda Constitucional n. 28. *O Trabalho*, fascículo 41, jul. 2000, p. 982.

(62) GUNTHER, Luiz Eduardo e ALCURE NETO, Nacif. A inconstitucionalidade da Emenda Constitucional n. 28. *Revista Síntese*, dez. 2000, p. 19.

CAPÍTULO XXXI

MEIO AMBIENTE DO TRABALHO. SEGURANÇA E HIGIENE DO TRABALHO. O TRABALHO DA MULHER. ESCORÇO HISTÓRICO. RESTRIÇÕES AO TRABALHO DA MULHER. PROTEÇÃO À MATERNIDADE. DURAÇÃO DA LICENÇA--MATERNIDADE. DISCRIMINAÇÃO NO CONTRATO DE TRABALHO

1. MEIO AMBIENTE DO TRABALHO. SEGURANÇA E HIGIENE DO TRABALHO

1.1. Introdução

A integridade física do trabalhador é um direito da personalidade oponível contra o empregador.

Em geral, as condições em que se realiza o trabalho não estão adaptadas à capacidade física e mental do empregado. Além de acidente do trabalho e enfermidades profissionais, as deficiências nas condições em que ele executa as atividades geram tensão, fadiga e a insatisfação, fatores prejudiciais à saúde. Se não bastasse, elas provocam, ainda, o absenteísmo, instabilidade no emprego e queda na produtividade.

As más condições de trabalho provocam riscos já conhecidos há muitos anos, e que continuam a ser difundidos. Situam-se aqui, por exemplo, as doenças profissionais causadas pela absorção do chumbo, do mercúrio, de solventes, e pela exposição à poeira de silicose ou de amianto.

A par dessas enfermidades, existem outras que acometem o empregado, geram acidentes e envelhecimento precoce; suas principais causas são a duração excessiva da jornada, falta de repouso suficiente, trabalhos em turnos de revezamento, tarefas repetitivas, trabalho penoso(1), esforço físico,

(1) A Constituição de 1988 assegura o adicional de penosidade. O preceito em questão (art. 7º, XXIII) não foi regulamentado. José Cretella Júnior (*Comentários à Constituição Brasileira de 1988*. v. 2. Rio de Janeiro: Forense Universitária, 1991, p. 975), comentando o dispositivo constitucional considera penoso o trabalho de "ajuste e reajuste de aparelhos de alta precisão (microscópios, rádios, televisores, computadores, vídeos, fornos de micro--ondas, refrigeradores), pinturas artesanais de tecidos e vasos, em indústrias, bordados microscópicos, restauração de quadros, de esculturas danificadas, lapidação, tipografia fina, gravação, revisão de jornais, revistas, tecidos, impressos". O autor considera a atenção constante e a vigilância incomum nessas atividades um fator penoso.

ambiente hostil[(2)], posturas inadequadas[(3)], ritmo de trabalho[(4)], atenção[(5)] e tensão constantes.

A esses riscos aliam-se outros que surgem acompanhados do progresso tecnológico, como exposição a substâncias químicas, cujos efeitos ainda são mal conhecidos a curto prazo e os que decorrem da automação.

Ciente disso, a CLT, desde 1943, dispõe sobre segurança e higiene do trabalho, no Capítulo V, do Título II, do art. 154 ao 201. Coexistem com esses preceitos normas constitucionais, internacionais, entre as quais as Convenções da OIT n. 115, sobre proteção contra radiações ionizantes; n. 127, sobre peso máximo das cargas; n. 136, sobre proteção contra os riscos ocasionados pelo benzeno; n. 139, sobre prevenção e controle de riscos profissionais provocados por substâncias cancerígenas no local de trabalho; n. 148, sobre proteção contra os riscos provenientes da contaminação do ar, de ruído e de vibrações no local de trabalho; n. 155, sobre segurança e saúde dos trabalhadores e meio ambiente de trabalho e o Protocolo de 2002 a respeito do tema; n. 161, sobre serviços de saúde no trabalho; n. 162, sobre utilização do asbesto (amianto) com segurança; n. 170, sobre utilização de produtos químicos no trabalho, todas ratificadas pelo Brasil[(6)], e outras fontes, principalmente Portarias do Ministério do Trabalho, destacando-se a de n. 3.214, de 1978, composta de 30 NR (Normas Regulamentares), e a Portaria n. 598, de 17 de dezembro de 2004, sobre normas relacionadas com instalações e serviços em eletricidade.

1.2. Conceito de saúde

Um dos objetivos da República Federativa do Brasil consiste em promover o bem de todos (art. 3º, IV da Constituição vigente), garantindo-se, no art. 6º, no Capítulo Dos Direitos Sociais, o direito à saúde a todos, o qual corresponde a um dever do Estado. Daí se infere tratar-se a saúde de um direito subjetivo público, que se exige do Estado.

Quando se reconhece constitucionalmente o direito à saúde e ao ressarcimento de danos físicos, o que imediatamente se protege é a saúde como integridade psicofísica (art. 7º, XXVIII). Além de constitucionalmente garantida, ela é um direito fundamental.

---

(2) Cf., a respeito, no capítulo alusivo à justa causa, as consequências do assédio sexual e do assédio moral no local de trabalho.

(3) O art. 199 da CLT obriga a colocação de assentos que assegurem postura correta ao trabalhador, capazes de evitar posições incômodas ou forçadas, sempre que se exija a execução de trabalho sentado. E quando for executado em pé, os empregados terão à sua disposição assentos para serem utilizados nas pausas que o serviço permitir (parágrafo único do art. 199 da CLT).

(4) Nas tarefas de digitação, a NR 17.6.4 estabelece que o número máximo de toques não deverá ultrapassar 8.000 por hora. Após 90 minutos de trabalho contínuo lhe será assegurado um descanso de dez minutos, não excluído da duração normal de trabalho (**Súmula** n. 346 do TST).

(5) Nos locais de trabalho em que são realizadas atividades intelectuais e atenção constante recomendam-se baixos níveis de ruído (no máximo 65 decibéis), temperatura entre 20 e 23 graus centígrados e umidade relativa do ar não inferior a 40% (art. 17.5.2. da NR-17 da Portaria n. 3.214, de 1978, do Ministério do Trabalho).

(6) Desde a sua criação, a OIT tem se preocupado ativamente com as condições de trabalho, de higiene, segurança e de vida do empregado. A melhora dessas condições e do meio ambiente de trabalho se encontra presente na primeira de suas Convenções, seguida de várias outras, com destinatários específicos como menores, mulheres, marítimos, portuários, deficientes, trabalhadores da construção, trabalhadores noturnos mineiros, etc.

Até o século XIX, concebia-se a enfermidade como um fenômeno físico, mas atualmente ela é vista como um fenômeno psicossomático.

Para a Organização Mundial da Saúde — OMS, saúde "é o completo bem-estar psíquico, mental e social do indivíduo". Alguns autores[7] criticam o conceito indagando quando foi a última vez que você se sentiu assim? Afirmam que o completo bem-estar é difícil na nossa forma de vida.

Observa-se, entretanto, que esse conceito é mais uma aspiração que não poderá ser operacionalizado sem adaptações no campo jurídico, pois o completo bem-estar é um problema político que diz respeito à sociedade como um todo.

Quando o empregado é admitido pelo empregador, leva consigo uma série de bens jurídicos (vida, saúde, capacidade de trabalho, etc.), os quais deverão ser protegidos por este último, com adoção de medidas de higiene e segurança para prevenir doenças profissionais e acidentes no trabalho. O empregador deverá manter os locais de trabalho e suas instalações de modo que não ocasionem perigo à vida e à saúde do empregado. A falta de saúde do empregado gera a incapacidade, e se decorrente de ato ilícito ou de um risco gerado pelas condições de trabalho, a responsabilidade civil do empregador por dano material e/ou moral é uma técnica utilizada para reparar o dano e proteger a incapacidade, independentemente de seguro contra acidente feito por ele (art. 7º, XXVIII da Constituição). Na França, o Direito Penal enriqueceu a prevenção nos locais de trabalho, responsabilizando os empregadores criminalmente pelas infrações ditas não intencionais.

1.3. Regras sobre edificações, iluminação, ventilação e instalações elétricas

O texto consolidado contém, em resumo, regras que serão observadas nas edificações, cujo objetivo é garantir perfeita segurança aos que ali trabalham. Os locais deverão ter, no mínimo três metros de pé-direito, podendo ser reduzido quando atendidas as condições de iluminação e conforto térmico compatíveis com a natureza do trabalho e sob o controle da autoridade competente em matéria de segurança e medicina do trabalho. Os pisos nos locais não deverão conter saliências que prejudiquem a circulação de pessoas e movimentação de materiais. As aberturas nas paredes e pisos serão protegidas de forma que impeçam a queda de pessoas, e as paredes, rampas, escadas, corredores, coberturas, observarão as condições de segurança e higiene estabelecidas pelo Ministério do Trabalho (art. 174 da CLT).

A CLT contém também disposições sobre iluminação adequada (natural ou artificial) nos locais de trabalho, uniformemente distribuída, geral e difusa, a fim de evitar reflexos incômodos, sombras e contrastes excessivos. A par desse aspecto, os locais de trabalho deverão ter ventilação natural compatível com o serviço realizado, havendo previsão de ventilação artificial quando houver desconforto térmico fora dos limites traçados pelo Ministério do Trabalho.

---

(7) FURROW, JOHNSON, JOST e SCHWARTZ. *Health law. Cases, materials and problems*, West. Publ. Minnesota, 1987, p. 8.

Se as condições de ambiente se tornarem desconfortáveis em face de instalações geradoras de frio ou calor, será obrigatório o uso de vestimenta apropriada ou capelas[8], anteparos, paredes duplas, isolamento térmico e similares para protegerem os empregados contra as radiações térmicas.

O Ministério do Trabalho disporá sobre medidas de segurança a serem observadas nas instalações elétricas, tanto na fase de produção, transmissão, distribuição, como no consumo de energia elétrica. As instalações elétricas só poderão ser instaladas, inspecionadas ou reparadas por profissionais qualificados. E os que trabalham com serviços de eletricidade ou instalações elétricas deverão estar familiarizados com os métodos de socorro a acidentados por choque elétrico (art. 180 e 181 da CLT).

1.4. Periculosidade. Trabalhos com eletricidade. Trabalhos com inflamáveis e explosivos

Os empregados do setor de energia elétrica, por força da Lei n. 7.369, de 20 de setembro de 1985, são contemplados com um adicional de periculosidade de 30% sobre o salário contratual.

Por outro lado, o art. 193 e seu § 1º, da CLT, asseguram o adicional de periculosidade aos empregados que trabalham em contato permanente com inflamáveis ou explosivos em condição de risco acentuado. Esse adicional é de 30% sobre o salário contratual, **sem os acréscimos resultantes de gratificações, prêmios e participação nos lucros.**

1.5. Insalubridade

Já aos que trabalham de forma permanente, acima dos limites de tolerância estabelecidos pelo Ministério do Trabalho, em atividades ou operações insalubres provenientes de agentes químicos, físicos ou biológicos, autoriza-se o pagamento do adicional correspondente, conforme seja o grau mínimo, médio ou máximo (art. 192 da CLT), nos termos apurados por perito, que tanto poderá ser médico como engenheiro do trabalho.

A contaminação do meio ambiente de trabalho por gases, vapores e poeira é um dos problemas mais graves da indústria e não se limita ao âmbito do estabelecimento, constituindo uma ameaça para o perímetro que a circunda, com a contaminação da atmosfera, dos rios e dos mares. Como se vê, a contaminação nos grandes centros industriais põe em risco a saúde da população, em geral. Maiores considerações a respeito desses adicionais (periculosidade e insalubridade) poderão ser encontradas no **Capítulo XXI** dessa obra.

É muito criticada a solução adotada no Brasil de compensar com remuneração adicional (monetização do risco) o trabalho em condições insalubres, perigosas ou

(8) "Verbete: Capela: 1. Galeria de aqueduto, abóbada de forno, etc., cujas formas lembram abóbada de capela. 2. Compartimento fechado e envidraçado, nos laboratórios, serve para realizar as reações químicas que desprendem gases deletérios". Cf. FERREIRA, Aurélio Buarque de Holanda. *Novo Dicionário Aurélio da Língua Portuguesa.* Rio de Janeiro: Nova Fronteira, 1986, p. 341.

penosas. Afirma-se que o procedimento implica venda da saúde do trabalhador e sugere-se a redução da jornada com maior período de descanso[9].

Assinala Gianni Loy[10] que a recusa de monetização do risco caracterizou o final dos anos 60 na Itália, mas tem-se observado posteriormente uma aceitação de novas cláusulas de monetização por parte dos sindicatos.

1.6. Meio ambiente de trabalho

A Convenção n. 148 da OIT dispõe sobre meio ambiente de trabalho (contaminação do ar, ruído e vibrações) e se aplica a todas as categorias, sendo facultado ao Estado-parte, na sua ratificação, excluir uma delas. A utilização de procedimentos, substâncias ou materiais que exponham os trabalhadores a esses riscos deverá ser comunicada à autoridade competente, que poderá autorizá-las com cautela ou proibi-las, fixando limites de exposição. O estado de saúde dos trabalhadores, nesses locais, deverá ser objeto de uma vigilância médica gratuita com intervalos apropriados e exame médico prévio e periódico.

1.7. Ritmo excessivo de trabalho. Regime de revezamento. Trabalho noturno

Não só as más condições de trabalho advindas de condições perigosas ou insalubres, mas também o ritmo excessivo de trabalho e sistema de horários poderão afetar a saúde e a qualidade de vida do trabalhador, comprometendo a segurança do trabalho.

A primeira Convenção da OIT (de n. 1) teve por objetivo estabelecer a jornada de oito horas e a semana de 48 horas na indústria. Com o passar dos anos foram adotados outros instrumentos internacionais sobre a temática, entre as quais a de n. 30, que estendeu ao comércio a jornada de oito horas, fixando o módulo semanal em 48 horas. Seguiu-se a Convenção n. 47 que, com o objetivo de lutar contra o desemprego, propõe a redução da jornada para 40 horas semanais. A redução do módulo semanal dessas Convenções é objeto da Recomendação n. 116 da OIT, que reafirmou o módulo semanal em 48 horas, a ser reduzido, progressivamente, para 40 horas.

Em vários países industrializados, particularmente na Europa, há uma pressão crescente em favor da redução do módulo semanal para 35 horas.

As longas jornadas de trabalho têm sido apontadas como fato gerador do **estresse**, porque resultam em um grande desgaste para o organismo. O estresse, por sua vez, poderá ser responsável por enfermidades coronárias e úlceras[11], as quais estão relacionadas também com a natureza da atividade, com o ambiente de trabalho e com fatores genéticos. No Japão, a temática atingiu grande importância, em face das reclamações

---

(9) OLIVEIRA, Sebastião Geraldo de. *Proteção jurídica à saúde do trabalhador*. São Paulo: LTr, 2001, p. 111. Afirma o autor que vários países, entre os quais a Argentina e o Paraguai, limitaram a jornada de trabalho em condições insalubres em seis horas e o módulo semanal em 36 horas, o mesmo ocorrendo na Hungria, que ainda concede férias extraordinárias aos que trabalham em subterrâneos ou estejam expostos a radiações ionizantes (*Op. cit.*, p. 112-113).

(10) *La tutela della salute nei luoghi di lavore*. Obra coletiva. Padova: Cedam, 1996, p. 17. Coord.: LOY, Gianni.

(11) *El trabajo en el mundo*. Ginebra: OIT, 1993, v. 6, p. 83.

fundadas no chamado "karoshi", ou seja, a morte causada pelo excesso de trabalho. As jornadas, no Japão, foram majoradas a partir dos anos 70, quando as empresas reduziram o quadro de pessoal, para fazer frente à queda do preço do petróleo. Os japoneses cumprem jornadas mais longas do que os trabalhadores de outros países industrializados: em 1990, os operários das indústrias japonesas trabalharam 2.044 horas, frente a 1.646 horas na França; os bancários japoneses trabalham até 3.000 horas por ano, o que equivale a 12 horas diárias durante 250 dias(12). A par do desgaste para o organismo, o estresse é responsável ainda pelo absenteísmo, pela rotação de mão de obra e por acidentes do trabalho.

Em vários países, a par das normas gerais sobre duração do trabalho, existem as normas especiais previstas em leis ou convenções coletivas contendo jornadas de trabalho inferiores ao limite legal. A título de exemplo, temos, no Brasil, leis especiais prevendo jornada reduzida para os bancários que exercem certos tipos de atividade e para os mineiros. Acontece que a redução das horas normais tem pouco efeito prático se a exigência de horas extras não se mantiver nos limites razoáveis.

Razões de ordem técnica (tarefas preparatórias e complementares, acidentes, força maior, recuperação de tempo perdido) ou econômica (volume anormal de trabalho), poderão justificar as horas extras. Em muitos países, elas estão institucionalizadas, são a regra e não a exceção. A escassez de mão de obra, particularmente de trabalhadores qualificados ou familiarizados com a empresa, tem sido apontada como uma das razões que poderão resultar mais convenientes para o empregador do que contratar e formar pessoal idôneo ou melhorar a produtividade por meio da racionalização.

A contratação de mais empregados poderá também representar maiores encargos sociais e o pagamento de horas extras poderá resultar menos oneroso. Ademais, a vantagem imediata do aumento da remuneração em virtude do pagamento de horas extras poderá dissimular as consequências potencialmente prejudiciais aos empregados no que diz respeito à saúde e à segurança.

É sabido que o principal fundamento utilizado, originariamente, para limitar a jornada é prevenir a fadiga e os acidentes do trabalho.

A redução da jornada tem em mira também promover o bem-estar dos trabalhadores, concedendo-lhes maior tempo livre. Mesmo que, a curto prazo, o pagamento das horas extras aumente a remuneração, é sabido que em uma economia em crise elas poderão ser cortadas abruptamente e mesmo o pagamento de uma indenização (**Súmula n. 291 do TST**) não isenta o empregado de passar por consideráveis dificuldades econômicas(13).

Não há nenhuma fórmula perfeita para limitar as horas extras. A mais antiga delas consiste em remunerá-las com valor elevado para desestimular o empregador a exigi-las; outra medida consiste em estabelecer um descanso compensatório e,

(12) *El trabajo en el mundo*. Ginebra: OIT, 1993, p. 81.

(13) *Introducción a las condiciones y el medio ambiente de trabajo.* Ginebra: OIT, 1987, Dir. J. M. Clerc, p. 122-123.

finalmente, a terceira medida implica intervenção legislativa, especificando as circunstâncias capazes de autorizá-las.

Outro aspecto que possui conexão com a duração do trabalho é o **regime de revezamento**, muito utilizado entre nós. O empregado ora trabalha durante o dia, ora à noite. A Constituição de 1988 atribui tratamento diferenciado aos empregados que trabalham sob esse regime, por ser a atividade realizada em circunstâncias mais desgastantes. E, por isso, reduziu-lhe a jornada para seis horas, salvo norma coletiva em contrário. Os problemas fisiológicos específicos que têm sido atribuídos ao trabalho por turnos derivam de perturbação dos ritmos biológicos normais, ou seja, das trocas nas diversas funções e reação do organismo resultante da alternância entre o dia e a noite. As manifestações podem consistir em transtorno do aparelho digestivo, fadiga, irritabilidade, transtornos nervosos e perturbação do sono. Essas dificuldades parecem ser mais graves nos turnos rotativos do que nos turnos noturnos permanentes[14].

Convém salientar que os efeitos não são idênticos para todos os trabalhadores, pois alguns são gravemente afetados, outros moderadamente, e alguns só ligeiramente. O trabalho por turnos pode agravar problemas de saúde, principalmente em relação ao clima do país, más condições de higiene, má nutrição, entre outros.

Outra dificuldade enfrentada pelos que trabalham em turnos de revezamento reside na organização da vida familiar (contato com o cônjuge, pais e filhos, hora de refeições, realização de tarefas domésticas, compras). Em suma, todos esses fatores afetam a qualidade de vida do trabalhador sujeito a esse regime.

Cumpre esclarecer também que especialistas em ergonomia[15] concluíram que o trabalho realizado **à noite** ocasiona maior fadiga do que aquele prestado durante o dia, pois há uma coincidência entre a ativação biológica e o horário de trabalho e entre a desativação cerebral e o sono. Normalmente, à noite, a atividade biológica, os fenômenos da pulsação, a respiração e a atividade nervosa se reduzem, o mesmo ocorrendo com a atenção e os reflexos[16]. Logo, quem trabalha em estado de desativação noturna desenvolve esforço maior para a execução do mesmo trabalho. O esforço físico, a concentração e a capacidade de discernimento são mais intensos. Além disso, o sono em estado de ativação cerebral é menos reparador. Em consequência, surge o esgotamento e a fadiga, que poderão gerar redução do rendimento profissional e aumento da gravidade de acidentes do trabalho. Se a fadiga tornar-se crônica, provoca, muitas vezes, enfermidade psicossomática. Por outro lado, quando o trabalho noturno é alternado, poderá provocar transtornos digestivos capazes de evoluir independentemente ou de combinar-se com a enfermidade psicossomática.

Portanto, do ponto de vista médico, afirmam os especialistas que o trabalho noturno deveria ser proibido em geral.

Entretanto, há situações em que o trabalho à noite é inevitável, como ocorre nas indústrias que funcionam ininterruptamente e nos serviços de utilidade pública que

(14) *Introducción a las condiciones y el medio ambiente de trabajo.* Ginebra: OIT, 1987, Dir. J. M. Clerc, p. 136-137.
(15) CARPENTIER, J.; CAZAMIAN, P. *El trabajo nocturno; sus efectos sobre la salud y el bienestar del trabajador*. Ginebra: Oficina Internacional del Trabajo, 1977, p. 41, 42, 48.
(16) *Introducción a las condiciones y el medio ambiente de trabajo.* Ginebra: OIT, 1987, Dir. J. M. Clerc, p. 36.

devem ser prestados em caráter permanente. **Para essas situações, sugere-se reduzir a sua duração, com o objetivo de desestimular sua exigência.** A CLT reduz a hora noturna para 52'30" e prevê o adicional de 20% para o trabalho nessa condição.

1.8. Esforço físico

Outro fato gerador de enfermidade ou acidente do trabalho consiste no esforço físico. E atento a esse aspecto, que interfere nas condições de trabalho, o legislador, no art. 198 da CLT, visando a evitar a fadiga, lesões na coluna, nos pés e mãos, provocadas pela queda de objetos, entre outros, proibiu ao empregado remover peso superior a 60 quilos, salvo se for utilizada na remoção de material, vagonetes sobre trilhos, carros de mão ou outros aparelhos mecânicos. Mesmo com o uso desses meios, os acidentes ocorrem, com frequência, devido a um método de trabalho inadequado, formação ou supervisão insuficientes dos condutores dos aparelhos mecânicos. O Ministério do Trabalho poderá fixar limites diversos para o trabalho com pesos capazes de evitar serviços superiores às forças dos empregados.

Há autores(17), de cujo ponto de vista compartilhamos, que admitem possa o empregado desobedecer à ordem de superior hierárquico que determina o transporte de carga superior a 60 quilos, para ganhar tempo, recusando-se a trabalhar ou redistribuindo o peso por sua conta. Sugere que o *ius resistentiae* seja viabilizado pela Comissão Interna de Prevenção de Acidente do Trabalho (CIPA).

A mulher desfruta de proteção especial, no que diz respeito à remoção de pesos, a teor dos art. 390 e 405, § 5º da CLT, como ainda será examinado nesse capítulo, o mesmo ocorrendo no tocante ao menor, como se infere do **Capítulo XVII**.

1.9. Prevenção

A prevenção é, sem dúvida, o princípio inspirador de todas as normas de tutela à saúde, inclusive no local de trabalho. As medidas de proteção constituem o guia da realização e gestão prática dessa prevenção. Elas se subdividem em quatro grupos fundamentais(18): **a)** medidas estruturais atinentes à fase de projetos anteriores à atividade laboral, que reclama a intervenção estatal, exigindo a substituição do que é perigoso, eliminando-se os riscos na origem com atenção aos princípios ergonômicos e programando-se, com prioridade, medidas de tutela coletiva na atuação; **b)** medidas de gestão destinadas a regular a atividade operativa, não só pelo empregador, mas pelos empregados e seus representantes, os quais são sujeitos de obrigações relativas às medidas de segurança; **c)** medidas de emergência para se insurgir contra situação de perigo, como instituição de pronto-socorro, escadas e extintores de incêndio, saídas de emergência, etc.; **d)** medidas de caráter participativo, que dizem respeito aos sujeitos mais interessados diretamente no trabalho como o empregador, os empregados e seus representantes, aos quais são reconhecidas importantes prerrogativas. A informação e

(17) VIANA, Márcio Túlio. *Direito de resistência. Possibilidade de autodefesa do empregado em face do empregador.* São Paulo: LTr, 1996, p. 160.
(18) MELONI, Enrico. *Il sistema di tutela e prevenzione. La tutela della salute nei luoghi di lavoro. Op. cit.*, p. 22.

a formação dos trabalhadores e seus representantes não é deixada à sua livre-iniciativa, mas constituem uma obrigação do empregador.

A título de exemplo, o Código do Trabalho Francês, no art. 230-2 e seguintes, em 1991, transpôs para o capítulo dos princípios gerais de prevenção várias diretivas da União Europeia sobre o assunto, alusivas, particularmente, ao trabalho das mulheres, dos menores, aos comitês de higiene e segurança, às condições de trabalho e às operações na construção civil, entre outras. Esse conjunto é reforçado por um arsenal regulamentar, em parte codificado no art. 231 e seus incisos, do Código do Trabalho Francês, que diz respeito à prevenção de risco químico, biológico, utilização de equipamentos de proteção, etc. O Código ataca uma importante particularidade, que é dar ciência aos que se utilizam dos produtos químicos, biológicos e de maquinário do seu caráter perigoso, revelando tais características nas etiquetas ou na sinalização[19].

Entre as medidas preventivas de Medicina do Trabalho no Brasil, a CLT, no art. 160, proíbe que os estabelecimentos iniciem suas atividades sem prévia aprovação das respectivas instalações pela autoridade regional competente em matéria de segurança e medicina do trabalho. Havendo modificação substancial nas instalações e equipamentos, a empresa fica também obrigada a comunicar, prontamente, à Delegacia Regional do Trabalho, que, diante do laudo técnico emanado do setor competente, comprobatório de grave e iminente risco para o empregado, poderá interditar o estabelecimento, setor, máquina ou equipamento, indicando, com rapidez, as providências que deverão ser tomadas para prevenir infortúnio do trabalho (art. 161 da CLT). Determinada a interdição ou embargo da obra, responderá por desobediência, além das medidas penais cabíveis, quem ordenar ou permitir o funcionamento do estabelecimento, do setor, das máquinas ou equipamentos, se, em consequência, resultar dano a terceiro.

Já no art. 168 e seus parágrafos, a CLT torna obrigatório o exame médico às expensas do empregador, na admissão e desligamento do empregado, como também periodicamente. Serão exigíveis, ainda, exames complementares, conforme instruções do Ministério do Trabalho ou a critério médico, para apuração da capacidade ou aptidão física e mental do empregado em relação à função que irá desempenhar. O resultado dos exames será comunicado aos empregados, observados os preceitos de ética médica. O Ministério do Trabalho estabelecerá, de acordo com o risco da atividade e o tempo de exposição, a periodicidade dos exames médicos.

O empregador manterá, no estabelecimento, o material necessário aos primeiros socorros médicos, de acordo com o risco da atividade.

A empresa é obrigada a fornecer aos seus empregados, gratuitamente, equipamentos de proteção individual (EPI), em perfeito estado de conservação e funcionamento, sempre que as medidas gerais não oferecerem completa proteção contra os riscos de acidente e danos à saúde (art. 167). Esses equipamentos só poderão ser postos à venda com o certificado de aprovação do Ministério do Trabalho (art. 168).

---

(19) MONPEYSSEN, Therèse Aubert. La proteccion de la santé du travailleur: approche juridique de prevéncion. *In La santé du salarié.* Paris: Dalloz, 1999, p. 36.

O empregado que se recusar, injustificadamente, a usar o EPI pratica justa causa ensejadora da resolução contratual, conforme previsto no art. 158, parágrafo único, "b", da CLT, uma vez que o seu comportamento implica violação ao dever de obediência.

Constitui ainda dever do empregador prestar informações pormenorizadas sobre os riscos da operação a executar e do produto a manipular (art. 19, § 3º, da Lei n. 8.213, de 1991, art. 182, III, e 197 da CLT, em consonância com as Convenções n. 155 e n. 161 da OIT. Similarmente, há portarias do Ministério do Trabalho).

O empregador poderá proibir o tabagismo no local de trabalho?

O tabaco é uma droga aditiva, com várias características em comum com outras drogas, como, por exemplo, o fato de causar dependência. Seu consumo está associado a mais de 25 enfermidades, entre elas o câncer e enfermidades cardiovasculares e respiratórias, e é responsável pela morte de mais de 3 milhões de pessoas por ano, segundo dados fornecidos pela OMS[20]. O tabagismo no ambiente de trabalho, além de poder acarretar enfermidades, incomoda as pessoas, ocasionando conflitos entre fumantes e não fumantes, e custos adicionais, como espaços especiais para fumantes, com renovação de ar, auxílio-enfermidade nos 15 primeiros dias de doença, pois os fumantes são mais suscetíveis a certas doenças, substituição dos empregados que se afastam por esse motivo, entre outros. Procedem, portanto, as restrições ao tabagismo no local de trabalho, uma vez que o empregador deverá prevenir os riscos no ambiente de trabalho, considerando que os empregados têm direito a uma proteção eficaz em matéria de saúde e segurança nesse local. Aliás, os próprios empregados também têm o dever de zelar pela segurança e saúde de seus companheiros, não os transformando em fumantes passivos.

As restrições ao consumo do tabaco já existem em vários locais, como hospitais, escolas, elevadores, transportes públicos, cinemas, teatros, etc.

No âmbito empresarial, as proibições ao consumo do tabaco devem fazer parte de um programa de prevenção de riscos laborais, começando por conscientizar os trabalhadores a respeito dos malefícios acarretados pelo cigarro. O uso do tabaco deve ser proibido em setores em que haja riscos de incêndio ou explosão. Deverão existir zonas diferenciadas para os fumantes, com sistema de ventilação independente, a fim de que não afetem a saúde dos demais trabalhadores, inclusive a de mulheres grávidas. Não sendo possível o estabelecimento dessas medidas, seria razoável que os trabalhadores fumassem do lado de fora do estabelecimento, o que, aliás, é muito comum nos EUA.

A proibição radical de fumar nas empresas, de forma abrupta, poderá gerar baixo rendimento dos fumantes, em virtude do estresse, uma vez que está comprovado que o tabaco no organismo humano reclama uma dose de nicotina a cada 20 minutos[21]. Para evitar esses problemas, será melhor estabelecer uma política de eliminação

(20) GARCIA VIÑA, Jordi. *¿Prohibido fumar? La eliminación del tabaco. Un mecanismo para proteger la salud laboral*. Madrid: Tecnos, 2005, p. 29-35.
(21) GARCIA VIÑA, Jordi. *Op. cit.*, p. 123.

gradativa do tabaco, mediante orientação apropriada, sem discriminar o fumante, e respeitando-lhe a intimidade e a dignidade.

1.10. Órgãos de Segurança e de Medicina do Trabalho — CIPA e SESMT

As empresas, de acordo com normas do Ministério do Trabalho, estão obrigadas a manter serviços especializados em segurança e medicina do trabalho, a teor do art. 162 da CLT.

Será obrigatória, ainda, a constituição de Comissão Interna de Prevenção de Acidentes (CIPA) nos estabelecimentos, composta de representante de empregadores, titulares e suplentes, por eles designados, e representantes de empregados, titulares e suplentes, eleitos por escrutínio secreto, do qual participem, exclusivamente, os empregados interessados, independentemente de filiação sindical. O mandato dos membros da CIPA é de um ano, permitida uma reeleição. O empregador designará, anualmente, entre os seus representantes, o presidente da CIPA e os empregados elegerão entre eles o Vice-Presidente.

Tanto os titulares da representação dos empregados como seus suplentes não poderão sofrer despedida arbitrária, entendendo-se como tal a que não se fundar em motivo disciplinar, técnico, econômico ou financeiro (art. 165 da CLT, **Súmula n. 339, inciso I** do TST, e art. 10, II, "a", das Disposições Transitórias da Constituição de 1988). Evidenciada a despedida, compete ao empregador comprovar a existência dos motivos delineados acima, do contrário, a Justiça do Trabalho julgará procedente o pedido formulado em reclamação e determinará a reintegração do cipeiro.

À CIPA compete elaborar o Mapa de Riscos, identificando os agentes prejudiciais à saúde no ambiente de trabalho, relacionando os riscos físicos, químicos, biológicos e os de acidente, contando para isso com a colaboração do Serviço Especializado em Engenharia de Segurança e Medicina do Trabalho (SESMT), cuja principal meta é promover a saúde e proteger a integridade do trabalhador no local de trabalho. Ele é constituído de pessoal especializado, devendo agir, após comunicadas irregularidades ou agentes prejudiciais em determinada empresa, sob pena de sanções penais e civis, caso ocorra o acidente[22].

1.11. Sanções administrativas

As infrações ao disposto no citado Capítulo V da CLT, que disciplina a matéria referente à Segurança e Medicina do Trabalho, serão punidas com multa a ser aplicada pela autoridade do Ministério do Trabalho. A multa será aplicada no seu valor máximo, em caso de reincidência, embaraço ou resistência à fiscalização, emprego de artifício ou simulação, com o objetivo de fraudar a lei (art. 201 e parágrafo único da CLT).

1.12. O dano à pessoa

A saúde, como bem jurídico afetado, é um pressuposto do dano e poderá dar ensejo a um efeito de natureza patrimonial e/ou moral. Há quem considere o dano à

(22) OLIVEIRA, Sebastião Geraldo. *Op. cit.*, p. 359.

saúde, o dano corporal ou biológico como um terceiro gênero[(23)]. Uma primeira vertente o classifica como dano à pessoa, expressão surgida na Itália, em 1962, com Guido Gentile (Enciclopedia del Diritto). Esse termo não obteve a aceitação dos doutrinadores. Outros passaram a intitularem-no "dano à vida de relação", visto como prejuízo à vida social, em que o lesado perde total ou parcialmente, por um período mais ou menos extenso, ou por toda a vida, a possibilidade de dedicar-se a essa vida de relação — vida social, esportiva, etc., — com todos os prazeres que ela comporta e sofre um dano que merece ser reparado[(24)].

Finalmente, os doutrinadores passaram a adotar, em substituição ao dano à vida de relação, o dano biológico (ou dano à saúde), que se estende ao empregado no ambiente do trabalho[(25)].

O dano à saúde deverá ser considerado como a diminuição da integridade psicofísica do trabalhador, em toda a sua dimensão humana concreta, provocada pelo empregador, por meio de uma conduta dolosa, culposa ou por um risco criado. O pedido de ressarcimento desse dano tem, em geral, como causa, a negligência na adoção de medidas necessárias à tutela das condições de trabalho. O dano à saúde poderá implicar não só diminuição da aptidão laboral da vítima, mas lesão nas suas faculdades culturais, artísticas, desportivas, religiosas, sexuais, etc.

O dano biológico poderá acumular-se com o dano patrimonial; o primeiro diz respeito à lesão à saúde e o segundo à capacidade de produzir reduzida. Poderão esses danos vir acompanhados, ainda, de um dano moral, gênero do dano-consequência, que visa a compensar o efetivo sofrimento da vítima.

A respeito do tema dano moral e/ou patrimonial confiram o **Capítulo XVIII**.

1.13. A defesa do meio ambiente de trabalho

Do ponto de vista etimológico, meio ambiente significa aquilo que rodeia (*ambiens* e *entis*). Já para os gramáticos, a expressão traduz um pleonasmo, possuindo a mesma significação, ou seja, lugar, recinto. Sob o prisma legal, meio ambiente é definido, no Brasil, no art. 3º, I, da Lei de Política Nacional de Meio Ambiente — n. 6.938, de 1981, como sendo "o conjunto de condições, leis, influências e interações de ordem física, química e biológica, que permite, abriga e rege a vida em todas as suas formas".

Para fins didáticos e sem fracionar o conceito de meio ambiente, a doutrina[(26)] o classifica em: meio ambiente natural, artificial, cultural e meio ambiente do trabalho.

---

(23) CARBONIER, Jean. *Derecho Civil*. Barcelona: Bosch, 1971, tomo II, vol. III, p. 65; SCOGNAMIGLIO, Renato. Danno Morale (contributo alla teoria del danno estracontratualle), *Rivista di Diritto Civile*, 1957, T. I, p. 292.

(24) SCOGNAMIGLIO, Renato. *El daño moral*, Externado de Colombia, Bogotá, 1962, *passim*.

(25) A maioria dos autores italianos sustenta que a noção de dano à vida de relação está absorvida pelo dano à saúde, embora haja decisões da Cassação Civil, na Itália, que ainda façam alusão a ele (sentença 1133, de 17 de novembro de 1991). *Rivista Responsabilità civile e previdenza*, Milano: Giuffrè, 1991-5, v. LVI, p. 744. *Apud* CARLUCCI, Aída Kemelmajer de. El daño a la persona. Sierve al Derecho Argentino la creación pretoriana de la jurisprudencia italiana. *In: Revista de Derecho Privado e Comunitario*. Daños a la persona. Argentina, Santa Fé: Rubinzal-Culzoni Editores, p. 88.

(26) ROCHA, Júlio César de Sá da. *Direito Ambiental e Meio Ambiente do Trabalho. Dano, Prevenção e Proteção Jurídica*. São Paulo: LTr, 1997, p. 25/27. No mesmo rumo: FIORILLO, Celso Antonio Pacheco e RODRIGUES, Marcelo Abelha. *Manual de Direito Ambiental e Legislação Aplicável*. Max Limonad, 1997, p. 51.

O **meio ambiente natural** é constituído de recursos naturais, como a água, o ar, o solo, a fauna e a flora. O **meio ambiente artificial** é o espaço físico transformado pela ação do homem de forma contínua, tendo em mira a vida em sociedade. Ele se subdivide em meio ambiente urbano, periférico e rural. Já o **meio ambiente cultural** é constituído por bens, valores e tradições, que fazem parte da identidade e formação de uma sociedade. Finalmente, como **meio ambiente do trabalho** entende-se o local onde o homem obtém os meios para prover a sua subsistência, podendo ser o estabelecimento empresarial, o ambiente urbano, no caso dos que executam atividades externas e até o domicílio do trabalhador, no caso do empregado a domicílio, por exemplo. Há autores, entretanto, que incluem o meio ambiente do trabalho na classificação ambiente artificial(27).

A Constituição de 1988 dedica o Capítulo VI do Título VIII ao Meio Ambiente e ali, no art. 200, item VIII, determina que, ao sistema único de saúde compete, além de outras atribuições, "colaborar com a proteção do meio ambiente, nele compreendido o do trabalho".

A Lei de Política Nacional do Meio Ambiente foi recepcionada pela Constituição vigente, pelo que deve ser compreendido na sua definição, o meio ambiente do trabalho, onde estão incluídas também as condições de trabalho(28).

A doutrina vem considerando como legislação infraconstitucional protetiva do ambiente de trabalho, além desta que acabamos de mencionar, o capítulo da CLT que trata da Segurança e Saúde do Trabalhador e das Normas Especiais de Trabalho, a Portaria n. 3.214, de junho de 1978, relativa à Segurança e Medicina do Trabalho, com as alterações ocorridas em 1990, por meio da Portaria n. 3.751, a Lei n. 8.080, de 1990 (Lei Orgânica da Saúde) e as leis previdenciárias.

No meio ambiente do trabalho, o bem jurídico tutelado é a saúde e a segurança do trabalhador, o qual deve ser salvaguardado das formas de poluição do meio ambiente laboral, a fim de que desfrute de qualidade de vida saudável, vida com dignidade. A poluição, por sua vez, é definida pela Lei de Política Nacional como a "degradação da qualidade ambiental resultante de atividades que direta ou indiretamente prejudiquem a saúde, a segurança e o bem-estar da população ou afetem as condições estéticas ou sanitárias do meio ambiente".

Há no texto constitucional uma antinomia entre os artigos que protegem a saúde do trabalhador (art. 225, *caput*, art. 200, VIII, art. 7º, XXII) e o art. 7º, XXIII, que lhe assegura o adicional de insalubridade, periculosidade e penosidade, embora sustentem alguns que eles não podem ser entendidos como instrumento de monetização da saúde, mas como remuneração transitória na passagem de ambientes agressivos para ambientes ecologicamente equilibrados. Para se compensar essas agressões, a tendência moderna é reduzir a jornada, aumentar o período de descanso e não majorar o salário para essas situações.

---

(27) SILVA, José Afonso da. *Direito Constitucional Ambiental*. 3. ed. São Paulo: Malheiros, 2000, *passim*.

(28) *Introducción a las condiciones y el medio ambiente de trabajo*. Ginebra: OIT. Direção J. M. Clerc, 1991, p. 8.

Como já mencionado, são vários os fatores que afetam as condições ambientais, entre eles os gases, poeiras, altas ou baixas temperaturas, produtos tóxicos, irradiações, ruídos, regime de trabalho, as condições estressantes em que é desempenhado como à noite, em turnos ininterruptos de revezamento, em sobretempo à jornada legal etc. Dentro deste contexto, entendemos que normas sobre meio ambiente de trabalho e normas de segurança e medicina do trabalho são âmbitos convergentes da legislação, integrando o conceito amplo de meio ambiente (cf. João Hilário Valentim. Direito do Trabalho e Meio Ambiente. *Revista LTr*, v. 56, dez. 92).

A Convenção n. 148 da OIT, ratificada pelo Brasil, define a responsabilidade: do Estado na elaboração da legislação nacional sobre medidas de prevenção; dos empregadores pela aplicação das medidas definidas e dos empregados pela observância das normas, apresentação de propostas, recebimento de informação e orientação. Encontra-se implícito aí um campo vasto para a atuação dos sindicatos por meio das convenções coletivas.

Já a Convenção n. 155 sobre segurança, saúde dos trabalhadores e meio ambiente, ratificada pelo Brasil em 1992, estabelece a competência do Estado na elaboração e execução de políticas nacionais de saúde, segurança e meio ambiente do trabalho, instituindo um sistema de inspeção, para controle e aplicação da legislação, com reexame periódico das leis e política adotadas. **Assegura ao empregado** o direito de deixar o local de trabalho sempre que houver motivo razoável de que represente perigo grave para a vida ou saúde, sem que o fato autorize a aplicação de sanções. **No tocante às empresas**, elas devem zelar pela eliminação de riscos e fornecer vestimentas e equipamentos de proteção, além de prover os estabelecimentos de meios para situações de urgência e acidentes. É bom lembrar que a cada ano, só na indústria, ocorrem no mundo 50 milhões de acidentes, isto é, em média 160.000 por dia; destes acidentes, 100.000 são mortais. A cada ano, 1.500.000 trabalhadores ficam inválidos por toda a vida(29).

Sobre serviços de Saúde do Trabalho, a OIT adotou a Convenção n. 161, ratificada pelo Brasil em maio de 1990 e em vigor um ano após. De acordo com essa norma internacional, a expressão "serviços de saúde no trabalho" designa um serviço investido de funções essencialmente preventivas, destinado a aconselhar o empregador, o empregado e seus representantes sobre: requisitos necessários à manutenção de um ambiente de trabalho seguro e salubre; a adaptação do trabalho às capacidades dos empregados. A Convenção esclarece que todos os trabalhadores devem ser informados dos riscos para a saúde inerentes ao seu trabalho.

O fundamento do direito ambiental do trabalho é a tutela dos interesses difusos e coletivos(30).

Sob o prisma jurisdicional, a tutela do meio ambiente se efetiva pela legitimação concorrente do Ministério Público, da União, dos Estados, dos Municípios, das autarquias, empresas públicas, fundações, sociedades de economia mista e associações

---

(29) *Introducción a las condiciones y el medio ambiente de trabajo*. Ginebra. OIT. Dir. J. M. Clerc., 1991, p. 1

(30) ROCHA, Júlio César de Sá. *Op. cit.*, p. 42.

civis, entre elas os sindicatos, os quais poderão interpor ação civil pública, em face do dano causado ao meio ambiente de trabalho (art. 23, VI, art. 129, III ambos da Constituição vigente e art. 5º da Lei n. 7.347, de julho de 1985).

A atribuição exclusiva a organismos estatais poderia ser frustrante, uma vez que a violação dos interesses difusos muitas vezes é causada pelo próprio Estado. Por outro lado, a mesma frustração poderia advir se a legitimidade fosse conferida a grupos ou associações, considerando o que o sectarismo pode impingir a esses organismos ou ainda a possibilidade de se constituírem em centros de poder paralelo e de opressão a seus associados[31].

Já a Lei Complementar n. 734, de novembro de 93, de São Paulo, atribui, expressamente, competência ao Promotor de Justiça de Acidentes do Trabalho as funções judiciais e extrajudiciais quanto às relações jurídicas de natureza acidentária, inclusive para a defesa dos interesses difusos ou coletivos relacionados com o meio ambiente de trabalho (art. 295, II).

A jurisprudência do STJ era pela competência da Justiça Comum para apreciar a ação civil pública, cujo escopo consiste em interditar atividades empresariais, principalmente indústria extrativa e de transformação, quando desrespeitadas as condições de higidez e segurança do trabalho (cf. STJ — 1ª Seção, C. Comp. 2804 — MS, Rel.: Min. Antônio de Pádua Ribeiro, v. V, j. 24.3.1992).

Alterando posicionamento do STJ, o Supremo Tribunal Federal, em 16.3.1999, no RE 206.220-MG, cujo relator foi o Min. Marco Aurélio, decidiu que "compete à Justiça do Trabalho o julgamento de ação civil pública que tenha por objeto a preservação do meio ambiente trabalhista e o respeito irrestrito às normas de proteção ao trabalho (CF, art. 114, §§ 1º e 2º). Com esse entendimento, a Turma, por unanimidade, julgou procedente recurso extraordinário para reformar acórdão do STJ que, ao dirimir conflito negativo de competência estabelecido entre a Quarta Vara do Trabalho de Juiz de Fora-MG e o Juízo de Direito da Fazenda Pública, assentara a competência da justiça comum para o julgamento de ação civil pública, entendendo ser esta uma verdadeira ação de acidente de trabalho (CLT, art. 643, § 2º).

Por força da **Súmula n. 736 do STF**, "compete à Justiça do Trabalho julgar as ações que tenham como causa de pedir o descumprimento de normas trabalhistas relativas à segurança, higiene e saúde dos trabalhadores".

A **Orientação Jurisprudencial n. 130 da SDI-2 do TST**, por sua vez, preceitua: "Ação civil pública. Competência territorial. Extensão do dano causado ou a ser reparado. Aplicação analógica do art. 93 do Código de Defesa do Consumidor. Para a fixação da competência territorial em sede de ação civil pública, cumpre tomar em conta a extensão do dano causado ou a ser reparado, pautando-se pela incidência analógica do art. 93 do Código de Defesa do Consumidor. Assim, se a extensão do dano a ser reparado limitar-se ao âmbito regional, a competência é de uma das Varas

(31) USSIER, Jorge Luis. A defesa do meio ambiente de trabalho e da saúde do trabalhador pelo Ministério Público Estadual. *Justitia São Paulo*, n. 57, jul./set. 95, p. 49.

do Trabalho da Capital do Estado; se for de âmbito suprarregional ou nacional, o foro é o do Distrito Federal".

Superada a polêmica sobre a matéria[32] e definida a competência da Justiça do Trabalho para essas ações, estará, a nosso ver, legitimado o Ministério Público do Trabalho, em se tratando de interesses individuais homogêneos e interesses coletivos[33]. É que no nosso sistema constitucional existe uma organização político-administrativa onde os Poderes Legislativo e Executivo são organizados de modo dual, isto é, existem as funções federais, estaduais e municipais. Não há razão lógica para deixar de aplicar essa dualidade no Judiciário, que está organizado sob a forma federal e estadual. *Mutatis mutandis*, aplica-se o mesmo raciocínio em relação ao Ministério Público, o qual tem atribuição afeta à respectiva justiça, estadual ou federal[34]. No sistema traçado pela Constituição da República, obediente à forma federativa, ressai com clareza a área de atuação definida com exclusividade a cada um dos ramos do Ministério Público, do contrário, poderá ocorrer uma superfetação na atuação simultânea[35]. A cooperação entre os diversos ramos do Ministério Público pode existir, mas em sede administrativa e não no interior de um processo judicial. Em caso de uma ação ter sido ajuizada pelo Ministério Público dos Estados-membros e o Juiz se der por incompetente, remetendo os autos à Justiça Federal, haverá substituição de parte por força de preceito constitucional, devendo a ação prosseguir pelo Ministério Público Federal.

Se, entretanto, a hipótese versar sobre os direitos difusos de natureza transindividual, indivisível, cujos titulares sejam pessoas indeterminadas, ligadas por circunstâncias de fato, neste caso, embora a proteção ao meio ambiente de trabalho associe-se à tutela da saúde do trabalhador, entendemos que a legitimidade é do Ministério Público Estadual, pois outras pessoas indeterminadas também estão sendo vítimas da lesão ao meio ambiente.

---

(32) "**Ação civil pública. Competência da Justiça do Trabalho. Cabimento**. Em princípio, esta Justiça Especializada tem competência para conhecer destas ações, porquanto versam sobre Direito do Trabalho. Entretanto, descabe este tipo de ação para tutela de direitos individuais homogêneos, baseados em normas legais ou coletivas, sob duplo fundamento. Primeiro, porque não se fundam em relação jurídica que possa ser considerada como de origem comum, nos termos do art. 81, inciso III, do Código de Defesa do Consumidor, Lei n. 8.078, de 11 de setembro de 1990. Segundo, porque este código apenas legitima entidades de defesa de direitos do consumidor, conforme art. 82, inciso IV". TRT-SP-02434200104702006 — RO — Ac. 5ª T. 20040184611 — Rel.: Juiz Fernando Antônio Sampaio da Silva — DOE 7.5.2004. *Revista Synthesis* n. 39/2004, p. 187.

(33) "**Ação civil pública. Defesa de direitos individuais homogêneos. Cabimento.** Perfeitamente cabível a medida intentada pelo autor — Ministério Público do Trabalho — que agrupou na mesma ação coletiva direitos individuais, estes que poderiam ser defendidos isoladamente por seus titulares, com a propositura de ações individuais, mas que face à homogeneidade e origem comum, pois decorrentes os pleitos da lei e de convenções coletivas de trabalho, também autoriza a prática da ação civil pública, através da qual é possível empreender trato processual coletivo para reparar essas lesões de origem comum, envidando resposta judiciária que, em última análise, além de atender a esses interesses individuais homogêneos, restabelece a ordem jurídica naquele âmbito. Aplicação da Lei n. 7.347/85, art. 1º c/c art. 81, e incisos, da Lei n. 8.078/90 (Código de Defesa do Consumidor)." TRT — SP-02332200106602009 — RO — Ac. 10ª T. 20040148216 — Relª: Juíza Sônia Aparecida Gindro — DOE 20.4.2004. *Revista Synthesis* n. 39/2004, p. 187.

(34) NEIVA, Jose Antonio Lisboa. Ação Civil Pública. Litisconsórcio de Ministérios Públicos. *RT* 707 — set. 1994, p. 240.

(35) NEIVA, Jose Antonio Lisboa. *Op. cit.*, p. 241.

Lembre-se, ainda, que a Lei n. 9.605, de fevereiro de 1998, no art. 3º, impõe a responsabilização penal, administrativa e civil à pessoa jurídica, na hipótese de conduta lesiva ao meio ambiente. A atribuição de responsabilidade penal à pessoa jurídica demonstra um avanço da legislação que se situa, sob esse aspecto, entre as mais modernas legislações a respeito. Dispõe o art. 21 que as penas aplicáveis à pessoa jurídica (isolada, cumulativa ou alternativamente) são: multa; restrições de direitos e prestação de serviços à comunidade. São penas restritivas de direito da pessoa jurídica: a suspensão parcial ou total de atividades, interdição temporária do estabelecimento, obra ou atividade e proibição de contratar com o poder público, bem como de obter dele subsídios, subvenções ou doações.

Essa lei está em consonância com o art. 173 da Constituição da República de 1998, quando, no § 3º, estabelece que: as condutas e atividades lesivas ao meio ambiente sujeitarão os infratores, pessoas físicas ou jurídicas, às sanções penais e administrativas, independentemente da obrigação de reparar os danos causados. Não há, portanto, falar em inconstitucionalidade.

Está legitimado o Ministério Público da União e dos Estados para propor ação de responsabilidade civil e criminal por danos causados ao meio ambiente.

O sindicato também está legitimado para a defesa dos interesses coletivos, como se extrai dos art. 8º, III, da Constituição, e art. 5º da Lei n. 7.347, de 1985 (Lei de Ação Civil Pública). Nesse sentido pronunciou-se o TST, por meio de sua 4ª Turma, no RR-767.471/2001, cujo relator do acórdão foi o Min. Milton de Moura França, publicado no DO 6.8.2004.

2. TRABALHO DA MULHER

2.1. Escorço histórico

Nas **sociedades primitivas**, a divisão do trabalho se processava da seguinte forma: aos **homens** eram confiadas a caça como também a pesca e à **mulher**, a coleta dos frutos, evoluindo, mais tarde, para a cultura da terra. Na **Antiguidade**, a história registra que a vestimenta era uma **produção totalmente feminina**, competindo à mulher tosquiar as ovelhas e tecer a lã, trabalhando ainda na ceifa do trigo e no preparo do pão. Entre os **gauleses** e **germânicos** sua **posição** aproximava-se mais à **do homem**, chegando a participar das guerras, da construção de residências e a tomar parte nos conselhos que decidiam sobre a guerra e a paz. **Na Idade Média**, a agricultura continua a pesar sobre os ombros das mulheres, ao lado dos trabalhos de tapeçaria, ourivesaria e vestuário. Do século **X ao XIV**, as profissões comuns aos dois sexos se avolumaram, havendo mulheres escrivãs, médicas e professoras e os salários, por sua vez, não se distanciavam tanto dos salários pagos aos homens(36). **No Renascimento**, as mulheres foram perdendo várias atividades que lhes pertenciam, como o trabalho com a seda, com materiais preciosos, com a cerveja e com as velas, e se confinaram entre as paredes

---

(36) SULLEROT, Evelyne. *Historia y Sociología del trabajo femenino*. Trad. Bustamante Ortiz. Barcelona: Ediciones 62, 1970, p. 58.

domésticas, entregues ao trabalho a domicílio, que surge nos primórdios do século **XVI**[37], perdendo importância a partir do século XIX, quando o algodão e a lã são retirados das casas para as fábricas. Em seguida, a mão de obra da mulher e do menor foi solicitada na indústria têxtil, tanto na Inglaterra, como na França, porque menos dispendiosa e mais "dócil". O processo de industrialização vivido pelo mundo europeu, no século XIX, caracterizou-se pela exploração do trabalho dessas chamadas "meias--forças". O trabalho da mulher foi uma das primeiras matérias a constituir objeto de regulamentação pelos organismos internacionais[38] e seu escopo foi uniformizar os custos operacionais, visando a evitar uma concorrência injusta no mercado internacional.

É inegável a influência da ação internacional, principalmente da OIT, no desenvolvimento da legislação trabalhista brasileira, inclusive no capítulo alusivo ao trabalho da mulher.

No domínio do trabalho da mulher, a ação internacional assumiu dois perfis. O primeiro, de caráter tutelar, articulou-se em duas direções: de um lado, a disciplina dirige-se à mulher no ciclo gravídico-puerperal (Convenções n. 3, 103 e 183 da OIT) e, de outro, impõe restrições ao trabalho da mulher, em geral, proibindo-lhe atividades insalubres, perigosas e penosas, onde se inclui o trabalho noturno nas indústrias (Convenções n. 4, 41 e 89 da OIT), em regime de horas extras e com pesos. O segundo perfil caracteriza-se pela necessidade de se atribuir às mulheres igualdade de remuneração, de oportunidade e de tratamento com os homens no trabalho (Convenções n. 100 e 111 da OIT). Contraditoriamente, esse novo perfil coexiste com as normas de tutela à mulher, embora haja uma tendência a reduzir o seu rigor, como se infere do Protocolo n. 90 da OIT e da Convenção Internacional n. 171, de 1990, do mesmo organismo, que limita a proibição do trabalho noturno das mulheres àquelas que estiverem no ciclo gravídico-puerperal.

2.2. Primeiras leis sobre o trabalho da mulher no Brasil

No Brasil, o Decreto n. 21.417-A, de 1932, regulamentou o trabalho da mulher nos estabelecimentos industriais e comerciais, assegurando-lhe, no art. 7º, um descanso obrigatório de quatro semanas antes e quatro semanas depois do parto, independentemente de trabalhar em estabelecimento público ou particular. Esses períodos poderiam ser aumentados de até duas semanas cada um, em casos excepcionais, comprovados por atestados médicos. Durante o afastamento, era assegurado um auxílio correspondente à metade dos seus salários, de acordo com a média dos seis últimos meses, pagos pelas caixas criadas pelo Instituto de Seguridade Social e, na falta destas, pelo empregador (art. 9º e 14). O retorno ao trabalho nas funções que ocupava estava também garantido à empregada. Comprovado por atestado médico que o trabalho a

---

(37) MORAES FILHO, Evaristo de. *Trabalho a domicílio e contrato de trabalho*. São Paulo: LTr, 1994, p. 20.

(38) Cf., a propósito, o Protocolo de Berlim, de 1890, a Convenção de Berna, de 1906 e as seguintes Convenções da OIT: n. 3 e 103 (proteção à maternidade); n. 4, 41, 89 e Protocolo 90 (trabalho noturno); n. 156 (responsabilidades familiares); n. 45 (trabalho nos subterrâneos das minas); n. 13 e 136 (sobre trabalhos insalubres); n. 100 e 111 (sobre igualdade de salário e de oportunidades no emprego ou profissão).

ser executado era-lhe prejudicial, o art. 8º facultava à mulher grávida romper o compromisso resultante de qualquer contrato. A gestante, com a necessária antecedência, **deveria notificar o empregador,** à época do início do afastamento, sob pena de perder o auxílio acima mencionado e, caso o empregador impugnasse a notificação, deveria a empregada comprovar a gestação mediante atestado médico.

O Decreto n. 21.417-A, de 1932, assegurava, ainda, à empregada, na hipótese de aborto não criminoso, descanso remunerado de duas semanas, na forma estabelecida acima. Para aleitamento, ficavam reservados dois intervalos diários de meia hora cada um, nos primeiros seis meses da criança, prevendo-se local apropriado para tal fim, nos estabelecimentos em que trabalhassem pelo menos 30 mulheres com mais de 16 anos de idade. Finalmente, o art. 13 desse Decreto(39) dispunha não ser permitido aos empregadores despedir mulher grávida pelo simples fato da gravidez e sem outro motivo que justificasse a dispensa.

É notória a influência desse Decreto no texto do Capítulo III da CLT, mormente no que se refere aos art. 391, 392, §§ 1º e 2º, 393, 394, 395 e 396. Atualmente, a proteção do trabalho da mulher é disciplinada nesse capítulo, o qual não se estende às oficinas em que sirvam, exclusivamente, pessoas da família da mulher e estejam sob a direção do esposo, pai, mãe, tutor ou filho (art. 372, parágrafo único, da CLT). Nossa legislação, influenciada pelas normas internacionais, possuiu durante mais de meio século, um caráter altamente tutelar em relação às mulheres, em geral, estabelecendo restrições que hoje não mais se justificam na sociedade contemporânea, como passaremos a demonstrar.

2.3. Restrições ao trabalho das mulheres

2.3.1. Trabalho noturno

Embora os textos constitucionais não contivessem restrições ao trabalho noturno das mulheres, no Brasil, o **Decreto n. 21.417-A, de 1932**, influenciado pelas normas internacionais, hoje menos rigorosas, vedava-lhes o trabalho nos estabelecimentos industriais e comerciais, públicos ou particulares, das 22 horas de um dia às 5 horas do dia seguinte, exceção feita a empregadas em estabelecimentos em que só trabalhassem pessoas de sua família (art. 372); a mulheres cujo trabalho fosse indispensável para evitar interrupção do funcionamento normal do estabelecimento; ao trabalho decorrente de força maior que não apresentasse caráter de periodicidade, ou, ainda, aos casos em que o trabalho noturno fosse necessário para evitar perdas de matérias-primas ou substâncias perecíveis. Estavam também excluídas da esfera normativa desse diploma legal: as mulheres que pertencessem ao serviço de hospitais, clínicas, sanatórios, manicômios, e estivessem diretamente incumbidas de tratamento de enfermos; as maiores de 18 anos, empregadas em serviços de telefonia e radiofonia, e aquelas que, não participando de trabalho normal e contínuo, ocupassem posto de direção responsável.

---

(39) *Colleção das Leis da República dos Estados Unidos do Brasil*, de 1932. Rio de Janeiro: Imprensa Nacional, 1933, v. 2, p. 289, 290.

A redação inicial do art. 379 da CLT continha, como regra, a proibição do trabalho noturno das mulheres, e as permissões constituíam exceção. O art. 379 da CLT sofreu várias alterações. Com a **Lei n. 7.189, de 4 de junho de 1984**, ao contrário das redações anteriores, a regra passou a ser a permissão do trabalho noturno para a mulher maior de 18 anos, exceção feita apenas ao emprego em empresas ou atividades industriais. Ainda assim, a restrição não se aplicava à mulher ocupante de posto de direção ou qualificação técnica com acentuada responsabilidade, ou que trabalhasse em serviços de higiene e bem-estar nessas atividades, desde que não executasse tarefas manuais, habitualmente (art. 379, § 1º, I e II da CLT). Outra exceção referia-se às indústrias de bens perecíveis ou materiais suscetíveis de perda, durante o período de safra e quando ocorresse necessidade imperiosa de serviço (§§ 2º e 3º do art. 379 consolidado).

Por fim, em 24 de outubro de 1989, a Lei n. 7.855 revogou, expressamente, os art. 379 e 380 da CLT, não mais persistindo restrição ao trabalho noturno da mulher, o que representou um avanço considerável na legislação sobre a matéria, pois a proibição reforçava uma divisão sexista de atividades, sem qualquer respaldo científico. A rigor, do ponto de vista fisiológico, o trabalho noturno é prejudicial tanto à mulher como ao homem e, por isso mesmo, recomenda-se o afastamento do empregado, em geral, desse turno(40). Persiste a proibição de trabalho noturno para as empregadas no ciclo gravídico-puerperal, durante 16 semanas, sendo 8 semanas antes do parto (Convenção n. 171 da OIT).

Maiores considerações sobre a Convenção n. 171 serão encontradas no capítulo sobre jornada de trabalho.

2.3.2. Trabalho em condições insalubres, perigosas e penosas (nas minerações, em subsolo, pedreiras e obras de construção pública ou particular)

Desde a **Constituição** de 1934 até o texto constitucional de 1967, inclusive, proibia-se o trabalho da mulher em indústrias insalubres.

O art. 387 da CLT, influenciado pelo Decreto n. 21.417-A, de 1932, proibia o trabalho da mulher nos subterrâneos, nas minerações em subsolo, nas pedreiras e obras de construção pública ou particular, nos serviços perigosos e insalubres constantes do quadro aprovado para este fim.

Saliente-se que a Constituição de 1988 não estabeleceu restrição ao trabalho insalubre das mulheres, como procederam as Constituições anteriores a partir de 1934. Ao consagrar a igualdade de direitos e deveres entre homens e mulheres, no inciso I, do art. 5º, a Constituição vigente vedou, ainda, diferença de salário, de exercício de funções e critério de admissão por motivo de sexo (art. 7º, XXX), bem como tornou incompatível com o seu texto a legislação ordinária que restringia o trabalho das mulheres nessa condição e nos setores relacionados no parágrafo anterior, o que levou o legislador a revogar, expressamente, o citado art. 387, por meio da Lei n. 7.855, de outubro de 1989.

---

(40) BARROS, Alice Monteiro de. *A Mulher e o Direito do Trabalho*. São Paulo: LTr, 1995, p. 111 a 116.

Os riscos reprodutivos ocupacionais devem ser eliminados, reduzidos ou distribuídos dentro de um sistema racional de trabalho, de acordo com as particularidades de cada sexo. Ademais, são poucas as profissões, se realmente existem, nas quais o trabalho insalubre ou perigoso é mais prejudicial às mulheres do que aos homens, se uns e outros agirem com a prudência necessária[(41)], exceção feita, evidentemente, à mulher no ciclo gravídico-puerperal.

2.3.3. Trabalho em horas extras e com peso

No que concerne à igualdade de funções, de critério de admissão e de salário, assegurada no **art. 7º, XXX da Constituição** vigente, cumpre ressaltar que a revogação das leis tutelares que excluíam a mulher do trabalho noturno, em condições insalubres, perigosas e penosas (nas minerações em subsolo, nas pedreiras e obras da construção pública ou particular) poderá favorecê-las no mercado de trabalho, ampliando-lhes as oportunidades de emprego e profissão. É que, se não bastassem os preconceitos sociais, a mulher enfrentava também obstáculos legais.

Nem todos os obstáculos, entretanto, foram removidos pela Lei n. 7.855, de outubro de 1989, persistindo a proibição do trabalho extraordinário, salvo força maior (art. 376 da CLT) e em serviços que demandam emprego de força muscular superior a 20 quilos para trabalho contínuo ou 25 quilos para o trabalho ocasional, não se compreendendo, nessa restrição, a remoção de material feita por instrumentos mecânicos (art. 390 e parágrafo único da CLT).

Acontece que o disposto no art. 376 acabou sendo revogado expressamente, mais de 10 anos após a **Constituição de 1988** pela Lei n. 10.244, de 27 de junho de 2001, pois estava completamente distante do que ocorre na vida cotidiana e já não atendia à realidade social, considerando que, em geral, no Brasil, "a falsa proteção é posta de lado na prática e as mulheres trabalham costumeiramente em horário prorrogado"[(42)].

O principal fundamento utilizado para justificar a limitação da jornada de trabalho da mulher era de ordem familiar.

Afirmava-se que "... convém ao Estado que a mulher mãe disponha de tempo suficiente para cuidar de seus filhos, encaminhe os seus primeiros passos na vida, assistindo-lhes com o seu desvelo, com o seu carinho e com o seu exemplo, protegendo-os, amparando-os, orientando a sua educação" (...) "É inegável, pois, que a organização do trabalho feminino deve ser feita de molde a não roubar à mulher o tempo imprescindível ao cuidado de seus rebentos"[(43)]. O autor baseava-se na doutrina

(41) SÉGURET, Marie-Claire. ¿Mejorarán algún día las condiciones de trabajo de las mujeres? *Revista Internacional del Trabajo*. Ginebra, v. 102, n. 3, p. 416.

(42) LEITE, Júlio César Prado. Proteção ao trabalho da mulher. Revisão de conceitos. *Revista LTr*, São Paulo, jan.1975, v. 39, p. 32.

(43) RAMOS, Carlos de Oliveira. *Da proteção legal ao trabalho das mulheres e dos menores; da proteção à maternidade no direito operário*. Fortaleza: Imprensa Oficial, 1937, p. 67.

espanhola, segundo a qual "uma boa mãe durante os anos de fecundidade, que são os centrais de sua vida, não poderá ser nem deverá ser outra coisa, senão mãe"[(44)].

Vertente doutrinária bem mais recente (1974) do que a anterior também justificava a limitação à jornada de trabalho da mulher, com base em razões de ordem familiar e doméstica.

Vejamos: "Um dos pontos mais importantes, sem a menor dúvida, entre as necessidades de proteção ao trabalho feminino, é o relativo à duração do trabalho, pois a mulher trabalhadora, ao deixar a loja ou oficina, encontra, ainda, no seu lar, **tarefas a realizar e que são próprias do seu sexo:** a arrumação da casa, o conserto do vestuário, o preparo da alimentação, o cuidado dos filhos" (grifou-se)[(45)].

Esses posicionamentos refletiam uma estrutura cultural arraigada de estereótipos sexistas, que atribuíam à mulher apenas o "papel" secular de mãe e dona de casa, fortalecendo o mito da fragilidade feminina e o preconceito do homem, no tocante às atividades familiares e domésticas. Frise-se, o sexo não poderá constituir critério para atribuições de encargos à mulher e ao homem na família, no trabalho e na sociedade; do contrário, a igualdade almejada jamais será atingida.

Considerando que é um dever do estudioso do direito contribuir para o desenvolvimento de uma normativa que esteja em harmonia com a realidade social, há muito já sugeríamos[(46)] a revogação expressa do art. 376 da CLT, por traduzir um obstáculo legal que impedia o acesso igualitário da mulher no mercado de trabalho.

O dispositivo consolidado em exame, hoje revogado, poderia restringir o campo de trabalho da mulher e a mobilidade de mão de obra, acarretando menor possibilidade de ganho àquela. E exatamente considerando que a regra, em princípio voltada para a proteção da mulher, era-lhe prejudicial, foi que as mulheres americanas conseguiram abolir, em 1973, em quase todos os Estados americanos, as leis de cunho tutelar, sobretudo as que dispunham a respeito de número máximo de horas de trabalho. Essas leis, que de início tinham caráter protetor, passaram a ser restritivas, pois não seguiram o ritmo das modificações registradas nas condições de trabalho, como consequência da evolução tecnológica. Ademais, essas leis especiais nada mais refletiam do que atitude da sociedade a respeito da divisão do trabalho segundo o sexo, típica da primeira metade do século XX.

Em consequência da revogação expressa do art. 376 da CLT, pela Lei n. 10.244, de junho de 2001, está também revogado, tacitamente, o art. 384 da CLT, que prevê descanso de quinze minutos no mínimo para a mulher, na hipótese de prorrogação de jornada. Ambos os dispositivos conflitavam, sem dúvida, com o art. 5º, I, da **Constituição da República** (homens e mulheres são iguais em direitos e obrigações nos termos da Constituição).

---

(44) MARANÓN, G. *Tres ensayos sobre la vida sexual*, p. 123. *Apud* RAMOS, Carlos de Oliveira. *Da proteção legal ao trabalho das mulheres e dos menores; da proteção à maternidade no direito operário*. Fortaleza: Imprensa Oficial, 1937, p. 67, nota 36.

(45) VIANNA, J. Segadas. *Instituições de Direito do Trabalho*. 6. ed. Rio de Janeiro: Livraria Freitas Bastos, 1974, p. 852.

(46) MONTEIRO DE BARROS, Alice. *A mulher e o Direito do Trabalho*. São Paulo: LTr, 1995.

Não foi recepcionado o art. 384 da CLT pelo preceito constitucional. A diferença entre homens e mulheres não traduz fundamentos, para tratamento diferenciado, salvo em condições especiais, como a maternidade. O intervalo do art. 384 só seria possível à mulher se houvesse idêntica disposição para os trabalhadores do sexo masculino. A pretensão almejada pelo art. 384 da CLT poderia caracterizar um obstáculo à contratação de mulheres, na medida em que o empregador deveria certamente admitir homens, pois não teria a obrigação de conceder aquele descanso. Logo, o que seria uma norma protetiva acabaria por se tornar um motivo para preterição.

O TST assim se pronunciou:

RECURSO DE EMBARGOS. TRABALHO DA MULHER. INTERVALO PARA DESCANSO EM CASO DE PRORROGAÇÃO DO HORÁRIO NORMAL. ART. 384 DA CLT. NÃO RECEPÇÃO COM O PRINCÍPIO DA IGUALDADE ENTRE HOMENS E MULHERES. VIOLAÇÃO DO ART. 896 DA CLT RECONHECIDA. O art. 384 da CLT está inserido no capítulo que se destina à proteção do trabalho da mulher e contempla a concessão de quinze minutos de intervalo à mulher, no caso de prorrogação da jornada, antes de iniciar o trabalho extraordinário. O tratamento especial, previsto na legislação infraconstitucional, não foi recepcionado pela Constituição Federal ao consagrar, no inciso I do art. 5º, que homens e mulheres são iguais em direitos e obrigações. A história da humanidade, e mesmo a do Brasil, é suficiente para reconhecer que a mulher foi expropriada de garantias que apenas eram dirigidas aos homens e é esse o contexto constitucional em que é inserida a regra. Os direitos e obrigações a que se igualam homens e mulheres apenas viabilizam a estipulação de jornada diferenciada quando houver necessidade da distinção, não podendo ser admitida a diferenciação apenas em razão do sexo, sob pena de se estimular discriminação no trabalho entre iguais, que apenas se viabiliza em razão de ordem biológica. As únicas normas que possibilitam dar tratamento diferenciado à mulher diz respeito àquelas traduzidas na proteção à maternidade, dando à mulher garantias desde a concepção, o que não é o caso, quando se examina apenas o intervalo previsto no art. 384 da CLT, para ser aplicado apenas à jornada de trabalho da mulher intervalo este em prorrogação de jornada, que não encontra distinção entre homem e mulher. Embargos conhecidos e providos. (Processo E-RR-3886/2000-071-09-00.0, data de julgamento 31.3.08, rel. Min. Aloysio Corrêa da Veiga, Subseção I Especializada em Dissídios Individuais, data de publicação DJ 25.4.08 e DEJT 13.2.09).

Discute-se novamente o direito de a autora receber como extra o pagamento do intervalo previsto no art. 384 da CLT, quando não usufruído, sob a ênfase que esse dispositivo não foi recepcionado pelo art. 5º, I, da CF. O Tribunal Pleno decidiu, por maioria, rejeitar o incidente de inconstitucionalidade do art. 384 da CLT, suscitado no RR-1.540/2005-046-12-00.5. No presente caso, ficou registrado na decisão de primeiro grau ser incontroverso que a reclamante gozava de um único intervalo de uma hora e não usufruía o de 15 minutos antes do início da jornada extraordinária, dessa forma, faz ela jus ao pagamento do intervalo previsto no art. 384 da CLT como extra. Recurso de embargos conhecido e não provido. (E-ED-RR-43900-23-2007.5.01.0038 — Julgamento 11.3.2010 — Rel. Min. Horácio Raymundo de Senna Pires, Subseção I Especializada em Dissídios Individuais — Publicação DEJT 9.4.2010).

No que diz respeito aos serviços que demandam emprego de força muscular, desde 1932, já se vedava, no país, o emprego de mulheres na remoção de peso superior ao estabelecido nos regulamentos elaborados pela autoridade pública (art. 4º do Decreto n. 21.417-A). A partir de 1943, a restrição foi inserida no art. 390 da CLT, com a seguinte redação:

> "Ao empregador é vedado empregar a mulher em serviço que demande o emprego de força muscular superior a 20 (vinte) quilos, para o trabalho contínuo, ou 25 (vinte e cinco) quilos para o trabalho ocasional.
>
> Não está compreendida na determinação deste artigo a remoção de material feita por impulsão ou tração de vagonetes sobre trilhos, de carros de mão ou quaisquer aparelhos mecânicos. (Parágrafo único do art. 390 da CLT)."

O referido art. 390 e seu parágrafo único mantiveram-se, mesmo após a Lei n. 7.855, de 1989, que derrogou várias normas proibitivas do trabalho das mulheres e a Lei n. 10.244, de 2001, que revogou o art. 376 da CLT.

É sabido que, em diversos países, as mulheres trabalham com pesos, como ocorre na Índia, com as "peoas de alvanel", que carregam pesados materiais de construção, nos países africanos e até no Brasil, sobretudo no campo, transportando água, lenha e cereais.

Entretanto, estudos realizados no campo da fisiologia revelam que o sistema muscular da mulher é menos desenvolvido do que o do homem. Aos 20 anos, a sua força muscular corresponde, em média, a 65% da força masculina e, aos 55 anos, decresce para 54%[(47)].

Ademais, abortamentos espontâneos e partos prematuros têm sido associados ao trabalho contínuo com levantamento de cargas pesadas[(48)].

Nos EUA, embora inexista limite ao trabalho da mulher em serviços que demandam emprego de força muscular, a "Associação Médica Americana publicou orientações para a realização de várias tarefas durante a gestação... De acordo com essas orientações, justifica-se a adoção de limites para uma gestante com relação ao levantamento repetitivo de cargas e abaixamento repetitivo do corpo (na 20ª semana de gestação)"[(49)].

Portanto, o ideal seria abolir a restrição do art. 390 da CLT e submeter a apreciação de cada caso às condições pessoais da empregada, ao tempo consumido na atividade, às condições do serviço, mas sempre atentos ao disposto no art. 483, "a", da CLT.

---

(47) BIRYUKOVA, A. P. Legislación protectora e igualdad de oportunidades para las trabajadoras en la URSS. *Revista Internacional del Trabajo*. Ginebra, ene./mar.1980, v. 99, n. 1. p. 69, 70. A desvantagem da fisiologia muscular feminina não constitui obstáculo que não possa ser removido por uma organização de trabalho eficiente, pela utilização dos modernos recursos da técnica. Como exemplo, podemos citar as alterações nas condições de trabalho verificadas no correio belga, onde o recrutamento e a formação de distribuidores eram reservadas aos homens, em face de um regulamento que proibia às mulheres atividades que demandassem carregamento de peso superior a 15 Kg. A tipologia da atividade deixou de existir, quando passaram a utilizar carrinhos de mão e veículos apropriados no setor, substituindo-se, com mais eficiência, a força masculina e eliminando o desgaste físico que prejudicava tanto homens como mulheres (*Boletim da Condição Feminina*. Lisboa, 1982, n. 2, p. 45).

(48) MCDIARMID, Melissa A.; AGNEW, Jacqueline. *Efeitos do trabalho sobre a reprodução*. Trad. Joyce Lenora Douglas. Rio de Janeiro: Ateneu, *passim*.

(49) Conditions of work digest: women workers: protection or equality? *International Labour Office*, Geneva, 1987, v. 6, n. 2, p. 123.

As convenções coletivas poderiam, em maior harmonia com a realidade fática, individualizar os trabalhos considerados pesados, dos quais estariam excluídos certos trabalhadores, dadas as suas características particulares, à semelhança do que ocorre com a Lei italiana n. 903, de 1977 (art. 1º, § 4º).

Por outro lado, a desvantagem da fisiologia muscular feminina também não constitui obstáculo que não possa ser removido por uma organização de trabalho eficiente e pela utilização dos modernos recursos da técnica, capazes de alterar a natureza das atividades que exigem força física.

É inegável que, durante grande parte do século, a legislação proibitiva, que vedava o acesso da mulher ao trabalho em locais insalubres, perigosos, à noite, em regime de horas extras, em minas de subsolo, na construção civil e em pedreiras, perseguiu objetivos desejáveis, mas, na atualidade, acabou por se tornar discriminatória, pois além de reforçar a divisão sexista de atividades, reduziu as perspectivas de emprego das mulheres, retirando-lhes a possibilidade de ganharem a mesma remuneração conferida aos homens. A remoção desses obstáculos, ou seja, a revogação da legislação tutelar, acompanhada de uma política administrativa capaz de eliminar ou reduzir riscos reprodutivos ocupacionais ou riscos ocupacionais, poderá contribuir para uma igualdade formal da mulher, tornando mais flexível a utilização da mão de obra feminina, mas não cremos que possa obter efeitos imediatos de igualdade substancial.

A experiência tem demonstrado que o tratamento desigual atribuído às mulheres não é apenas uma decorrência de legislação proibitiva ou de preconceito contra elas, mas do fato de que sua contratação, em geral, aumenta os custos para o empregador, os quais estão mais relacionados com a maternidade e com o cuidado com os filhos. Entretanto, as tradições culturais que presidem os comportamentos podem reforçar a discriminação. A partir do momento em que os comportamentos alteram-se, tanto na vida familiar como na vida social, modifica-se também a posição da mulher no emprego ou profissão.

2.4. Proteção à Maternidade

2.4.1. Influência das normas internacionais da OIT sobre a legislação brasileira — Programa Empresa Cidadã (2008)

A legislação sobre proteção à maternidade, no Brasil, sofreu influência significativa das Convenções da OIT de n. 3, de 1919, e de n. 103, de 1952, que reviu a anterior[50]. A Convenção n. 103, por sua vez, foi revista pela de n. 183, de 1999. Esta última amplia sua esfera normativa estendendo a proteção à maternidade às mulheres que trabalham na economia informal, cuida da proteção à saúde da gestante, fixando em 14 semanas a duração da licença da empregada, com a possibilidade de sua prorrogação na hipótese de enfermidade ou complicações resultantes do parto. Quanto à garantia de emprego e ao custeio das prestações, manteve as disposições contidas na convenção anterior.

---

(50) Cf., a propósito, capítulo próprio de nossa tese de doutorado intitulada *A Mulher e o Direito do Trabalho*. São Paulo: LTr, 1995, *passim*.

Como é sabido, a duração da licença-maternidade, no Brasil, por força do **art. 7º, XVIII, da Constituição da República de 1988** passou a ser de 120 dias, superior, portanto, àquela prevista na nova Convenção n. 183. Caso o nosso país a ratifique, esse fato não implicará revogação da legislação brasileira, considerando que a ratificação de uma convenção ou a adoção de uma recomendação internacional não poderá afetar dispositivo de lei, sentença, costume ou acordo vigente do Estado-membro que seja mais favorável ao destinatário da norma(51). Inteligência do princípio da proteção, consubstanciado na regra mais favorável e inserido no art. 19 da Constituição da OIT.

Vinte anos após a Carta de 1988, a **Lei n. 11.770, de 9 de setembro de 2008**, criou o **Programa Empresa Cidadã**, destinado a assegurar, por mais 60 (sessenta) dias, a licença-maternidade a que alude o art. 7º, XVIII, da Constituição Federal. Essa prorrogação é garantida à empregada gestante, desde que a pessoas jurídica **adira ao programa e a prorrogação** seja requerida pela empregada até o final do primeiro mês, após o parto, e concedida imediatamente depois da fruição da licença-maternidade (art. 7º, XVIII, da CF/88). A prorrogação será garantida, **na mesma proporção**, também à empregada que adotar ou obtiver guarda judicial para fins de **adoção de crianças**. É vedado à empregada exercer qualquer atividade remunerada no período de prorrogação da licença-maternidade a que se refere essa lei, tampouco poderá a criança ser mantida em creche ou organização semelhante (art. 4º da Lei n. 11.770/08). A administração pública, direta, indireta e fundacional está autorizada a instituir programa que assegure prorrogação da licença-maternidade para suas servidoras.

2.4.2. Destinatárias da tutela legal

As medidas de tutela à maternidade previstas nos art. 391 a 401 da CLT estendem-se às **empregadas**, inclusive **a domicílio**, a que aludem os art. 3º e 6º desse diploma legal.

No que tange à empregada rural, cuja relação jurídica é disciplinada pela Lei n. 5.889, de 8 de junho de 1973, cumpre salientar que o Decreto n. 73.626, de 12 de fevereiro de 1984, que a regulamentou, determinou, em seu art. 4º, fossem aplicadas às relações de trabalho rural, entre outros, os art. 391 a 401 da CLT, ou seja, os dispositivos legais que se referem à proteção à maternidade.

Ocorre que o TST, em sua composição plena, manifestou-se contrariamente, ao argumento de que não havia previsão legal permitindo a concessão do salário-maternidade à empregada rural(52). Realmente, o instituto jurídico em questão não foi assegurado na Lei n. 5.889, de 1973, mas apenas no decreto que a regulamentou, invadindo-se a reserva legal.

---

(51) SÜSSEKIND, Arnaldo. As Convenções da OIT sobre proteção à maternidade e a legislação brasileira. *Revista do Direito Trabalhista*. Brasília: Consulex, jul. 2000, p. 9.

(52) "**O salário-maternidade somente é devido às empregadas urbanas,** não alcançando as rurais, porque, com relação a estas, não há previsão em lei ordinária que permita a aplicação do art. 165, XVI, combinado com o art. 43, X, ambos da Constituição Federal". TST — Pleno — AG.E.RR 7.128/84 — Rel.: Min. Marco Aurélio — DJ 110/86. TEIXEIRA FILHO, João de Lima. *Repertório de jurisprudência trabalhista*. Rio de Janeiro: Freitas Bastos, v. 5, p. 727.

Com a **Constituição da República de 1988**, o art. 7º arrolou, entre os direitos das trabalhadoras **urbanas e rurais,** a licença à gestante, com duração de 120 dias. Em 24 julho de 1991, a Lei n. 8.213 incluiu o salário-maternidade entre as espécies de prestação previdenciária do rurícola (art. 18, I, "f" e art. 71). Portanto, apenas a partir dessa data o TST passou a considerar devido o salário-maternidade à empregada rural(53).

Seguindo sua característica expansionista, de ampliação crescente, o Direito do Trabalho brasileiro, de forma ainda tímida, contemplou o **empregado doméstico** definido no art. 7º da Lei n. 5.859, de 1972, com o direito às férias anuais remuneradas de 20 dias úteis, após 12 meses de serviços prestados à mesma pessoa ou família, e assinatura da CTPS para fins previdenciários, deixando de aplicar-lhe as demais disposições consolidadas, entre as quais as relativas à proteção à maternidade. E, embora arrolada como segurada obrigatória, sujeita à contribuição mensal compulsória, na mesma proporção dos empregados regidos pelo art. 3º da CLT, a empregada doméstica era excluída, injustamente, do direito ao salário-maternidade (art. 103, § 4º do Decreto n. 83.080, de 1979 — Regulamento dos Benefícios da Previdência Social).

Com o advento da **Constituição de 1988, o parágrafo único do seu art. 7º**, estendeu à **empregada doméstica** o salário-maternidade.

Estabelecida a fonte de custeio em julho de 1989, com a Lei n. 7.787, torna-se devida a prestação, como encargo da Previdência Social.

A licença deverá ser concedida 28 dias antes e 92 dias após o parto, e o pagamento será efetuado diretamente pela Previdência Social à empregada doméstica, em valor correspondente ao seu último salário de contribuição (art. 101 do Decreto n. 3.048, de 1999, com a nova redação dada em novembro de 1999).

A Constituição vigente estendeu, ainda, o salário-maternidade à **trabalhadora avulsa (art. 7º, XXXIV)**. Posteriormente, a **segurada especial** foi contemplada com a prestação (Lei n. 8.861, de 25 de março de 1994), no valor de um salário mínimo, desde que comprove o exercício de atividade rural, ainda que de forma descontínua, nos 12 meses imediatamente anteriores ao início do benefício (art. 39 da Lei n. 8.213, com a nova redação dada pela Lei n. 8.861). No final de 1999, a **trabalhadora autônoma** (contribuinte individual e facultativa) foi também contemplada com a referida licença, cuja remuneração consistirá em 1/12 da soma dos 12 últimos salários de contribuição, apurados em período não superior a 15 meses (art. 101, III, do Decreto n. 3.048, de maio de 1999, com a nova redação dada em novembro de 1999).

Continua à margem do benefício a estagiária.

---

(53) **"Licença gestante de 120 dias. Lei n. 8.213/91.** Em sendo o pedido anterior ao advento da Lei n. 8.213/91, que regulamentou a licença gestante de 120 dias, prevista no novo ordenamento constitucional, inviável se mostra o deferimento da parcela. Revista conhecida e provida". TST — RR-28.591/91.7 — Ac. 3ª T. — 5.160/92 — Rel.: Min. Roberto Della Manna — Julgado em 14 de dezembro de 1992. Obs.: Embora a ementa não faça alusão à empregada rural, consta do relatório e do mérito deste voto tratar-se de rurícola.

2.4.2.1. *Mãe adotiva e a Lei n. 10.421, de 15 de abril de 2002*

Negava-se o salário-maternidade **à mãe adotiva**, por falta de previsão legal(54). É que no Brasil, tanto a Constituição da República de 1988 quanto a legislação ordinária, atribuíam tratamento especial à empregada gestante, assim considerada aquela que desenvolve o embrião em seu útero até o nascimento; logo, pouco importa que a gravidez ocorra por métodos modernos de inseminação artificial.

Sempre afirmamos(55) que deveria o legislador superar a concepção meramente biológica da maternidade e estender parte da licença pós-parto aos pais adotivos, concedendo-lhes o afastamento a partir do ingresso da criança no lar adotivo e desde que ela se encontrasse em idade que requeresse cuidados especiais, inclusive alusivos à adaptação. Muitas, aliás, são as legislações estrangeiras que estendem sua esfera normativa aos pais adotivos, entre elas o Código do Trabalho da França (art. 122-26), a Lei n. 3, de 1989, da Espanha, e a Lei n. 903, de 1977, da Itália.

A Lei n. 10.421, de 15 de abril de 2002 (DOU 16.4.2002), acrescentou a alínea "A" ao art. 392 da CLT e estendeu a licença-maternidade à empregada que adotar ou obtiver a guarda judicial de criança. Os §§ 1º a 3º do art. 392-A da CLT foram revogados pela Lei n. 12.010, de 4 de novembro de 2009.

Já a licença-maternidade só será concedida mediante apresentação do termo judicial de guarda à adotante ou guardiã (§ 4º do art. 392-A da CLT).

A mesma lei alterou o art. 71 da Lei n. 8.213, de 24 de julho de 1991, passando a vigorar com o seguinte dispositivo:

> "Art. 71-A — À segurada da Previdência Social que adotar ou obtiver guarda judicial para fins de adoção de criança é devido salário-maternidade pelo período de 120 (cento e vinte) dias, se a criança tiver até 1(um) ano de idade, de 60 (sessenta) dias, se a criança tiver entre 1 (um) e 4 (quatro) anos de idade, e de 30 (trinta) dias, se a criança tiver de 4 (quatro) a 8 (oito) anos de idade".

---

(54) O Supremo Tribunal Federal, por meio da decisão proferida no RE 197.807-4-RS — 1ª T., cujo relator foi o Min. Octavio Gallotti, assim decidiu: "Não se estende à mãe adotiva o direito à licença instituída em favor da empregada gestante pelo inciso XVIII do art. 7º da CF, ficando sujeito ao legislador ordinário o tratamento da matéria" (DJU 18.8.2000). *Revista Síntese*, nov. 2000, p. 113. A jurisprudência predominante no TST também negava a licença-maternidade à mãe adotante, pelas seguintes razões: "Mãe adotante — Licença-maternidade. Art. 7º, XVIII da Constituição Federal de 1988. Não extensão. 1. As circunstâncias que envolvem a mãe adotiva não têm similitude com as da mãe biológica. Em razão do **texto constitucional** que confere a licença-maternidade de 120 dias apenas à gestante (inc. XVIII do art. 7º), obrigar o empregador a conceder tal benefício importa em violação ao art. 5º, II, da CF/88.2. Embargos conhecidos, porém desprovidos." TST — SDI1-E.RR 159.112/95.5 — Red. Min. Levi Ceregato — DJ 26.11.99. *Revista do Direito Trabalhista*. Brasília: Consulex, dez. 1999.
Havia jurisprudência em sentido contrário, como se infere da seguinte ementa:
"**Salário-maternidade. Mãe adotiva.** Inobstante a legislação trabalhista seja omissa acerca do direito à licença-maternidade da mãe adotante, negar tal direito a esta, contudo, importaria discriminação ao próprio filho adotivo, contrariando-se, assim, a Carta Magna, que, ao instituir a licença-maternidade, visou resguardar o interesse social em que o novo ser humano alcance desenvolvimento pleno e satisfatório sob os aspectos físico e psicológico. Ao Estado, enquanto comunidade, interessa a formação de um ser humano hígido, saudável. E nisso é insubstituível o papel da mãe, especialmente nos primeiros meses, seja filho natural, ou não. Recurso de Revista a que se dá provimento". TST — RR-233891/95.6 — 1ª T. — Rel. Min. Lourenço Prado — DJ de 26.9.97 — p. 47.777. ADCOAS — PP&T — *Jurisprudência* n. 43, semana de 15 a 19/12 — 1997, ano VII.
(55) MONTEIRO DE BARROS, Alice. *A mulher e o Direito do Trabalho*. São Paulo: LTr, 1995, *passim*.

Tendo-se em vista que as empregadas rurais, domésticas, trabalhadoras avulsas e autônomas situam-se como seguradas da Previdência Social, a licença-maternidade instituída em favor da mãe adotiva é extensiva a elas também, o mesmo ocorrendo com a segurada especial.

No caso das seguradas da Previdência Social adotantes, a alíquota para custeio das despesas decorrentes da Lei n. 10.421 será a mesma que custeia as seguradas gestantes, disposta no inciso I, do art. 22, da Lei n. 8.212, de 24 de julho de 1991 (art. 4º). As obrigações geradas pela Lei n. 10.421, de 2002, não se aplicam a fatos anteriores à sua publicação.

A Lei n. 10.421, de abril de 2002, equiparou ao parto o ingresso da criança adotada no lar, fixando os limites de idade com referência às exigências físicas e afetivas do adotado. O legislador inspirou-se mais nas relações domésticas (a mãe também se ocupa da criança adotada) e não na preocupação a respeito da repartição dos papéis familiares, pois se fosse essa a sua intenção, teria estendido também ao pai adotivo a licença obrigatória, que corresponde ao período pós-parto, como, acertadamente, já procedem as legislações dos países escandinavos, da França, da Espanha, de Portugal, da Colômbia, da Venezuela e do Chile, para citar alguns exemplos. O legislador brasileiro poderia ter avançado mais, estendendo a licença também ao pai adotivo.

A Lei n. 11.770/08 assegura a prorrogação de forma proporcional à empregada que adotar ou obtiver guarda judicial para fins da adoção de crianças.

2.4.3. Duração da licença-maternidade

A **Constituição da República de 1988** ampliou a licença-maternidade para 120 dias. Vale observar que o **texto constitucional** não repetiu a expressão "antes e depois do parto", como o fizeram as Constituições anteriores. A omissão acabou por permitir que a legislação ordinária fosse mais flexível no que tange à distribuição da licença, mormente antes do parto. Sucede que, não obstante a omissão, a Constituição da República menciona "licença à gestante" (art. 7º, XVIII), pressupondo a necessidade da licença antes do parto, pois a empregada só será gestante antes de dar a luz.

Esses períodos de afastamento, antes e depois do parto, poderão ser aumentados de mais duas semanas cada um, mediante atestado médico fornecido pelo Sistema Único de Saúde e em circunstâncias excepcionais (art. 392, § 2º, art. 93, § 3º, e art. 96 do Decreto n. 3.048, de 6 de maio de 1999).

O início do afastamento da gestante verificar-se-á sempre mediante exibição de atestado médico ao empregador, expedido pelo SUS e, quando o parto ocorrer sem acompanhamento médico, o atestado será fornecido pela perícia médica do INSS (art. 95 e parágrafo único do Decreto n. 3.048, de 1999).

À luz da nova redação dada ao art. 392, § 1º, da CLT, a empregada deve, mediante atestado médico, notificar o seu empregador da data do início do afastamento do emprego, que poderá ocorrer entre o 28º (vigésimo oitavo) dia antes do parto e a ocorrência deste (art. 1º da Lei n. 10.421, de 2002).

O conteúdo do art. 392, § 1º, da CLT foi flexibilizado, pois o início do afastamento agora poderá ocorrer dentro dos 28 dias anteriores ao parto e não necessariamente 28 dias antes do mesmo. O preceito contém, atualmente, mais uma faculdade do que uma imposição, pois há inúmeras funções que permitem à mulher desfrutar do descanso em data mais próxima ao parto[56].

2.4.4. Natureza das normas

As normas de proteção à maternidade são imperativas, insuscetíveis de disponibilidade[57], logo, não se poderá, nem mesmo com assentimento da empregada gestante, exigir-lhe trabalho durante a licença, sob pena de arcar o empregador com o pagamento do salário relativo à prestação de serviços e sujeitar-se à penalidade administrativa a que alude o art. 401 da CLT, independentemente do salário-maternidade que será devido à empregada, nos termos do art. 393 da CLT.

2.4.5. Parto antecipado

Mesmo na hipótese de **parto antecipado**, à empregada é assegurada a licença remunerada, nos termos do § 3º do art. 392 da CLT, introduzido pelo Decreto-Lei n. 229, de 23 de fevereiro de 1967, que veio complementar este dispositivo consolidado e sanar a deficiência do direito positivo, cuja redação era confusa, ensejando entendimento contrário, tanto dos doutrinadores quanto dos tribunais[58].

Hoje, a CLT se encontra em consonância com norma internacional que garante à gestante a licença-maternidade, sem distinção entre parto normal ou prematuro, exatamente porque uma criança prematura exige cuidados especiais, por maior período. Na mesma tendência é o art. 93, § 4º do Decreto n. 3.048, de 6 de maio de 1999.

2.4.6. Estado civil da mulher e nascimento sem vida da criança

Cumpre salientar que o direito à licença-maternidade **independe do estado civil da mulher** (art. 2º da Convenção n. 103 da OIT, ratificada pelo Brasil), tampouco está condicionado **ao nascimento com vida do filho**. Anteriormente à ratificação da referida convenção pelo Brasil, havia os que admitiam o retorno da empregada ao trabalho antes do término da licença, caso o filho nascesse sem vida e desde que a saúde da

(56) Cf., de nossa autoria, *A Mulher e o Direito do Trabalho*. São Paulo: LTr, 1995, *passim*.

(57) "**Estabilidade provisória da mulher gestante. Impossibilidade de renúncia ou transação**. Não pode o sindicato profissional e o patronal pactuarem cláusula prevendo a possibilidade de renúncia ou transação de direito constitucionalmente assegurado à mulher gestante. Recurso provido". TST-RO-DC 347234/97.1 — Ac. SDC 1650/97. Rel.: Min. Moacyr Roberto Tesch Auersvald. *Revista Genesis* n. 64, abr. 98, p. 569.

(58) SÜSSEKIND, Arnaldo Lopes. *Comentários à Consolidação das Leis do Trabalho e à Legislação Complementar*. 2. ed. Rio de Janeiro: Freitas Bastos, 1964, v. 2, p. 411: "A hipótese inversa é a do parto prematuro. Se ocorrer em meio ao primeiro período de repouso, ou mesmo antes de iniciado o licenciamento (este tem início na data prevista pelo atestado médico), nenhuma responsabilidade poderá ser atribuída ao empregador, que não estará obrigado, por isso mesmo, a conceder à empregada licença superior a seis meses após a 'délivrance', nem a pagar-lhe em dobro os salários dos dias em que já poderia estar licenciada". Similarmente: BARRETO, Amaro. *Tutela especial do trabalho*. Guanabara: Edições Trabalhistas, 1967, v. 2, p. 529. TST — 1ª T. — RR-4.734/66 — Rel.: Min. Arnaldo Süssekind — proferido em 5.12.1966. CALHEIROS BOMFIM, B., SANTOS, Silvério dos. *Dicionário de decisões trabalhistas*. Rio de Janeiro: Edições Trabalhistas, 1968, p. 179.

mulher não o impedisse. Nesse caso, a empregada estaria onerada com a prova da necessidade de repouso após o parto; do contrário, seria facultado ao empregador exigir-lhe o retorno ao trabalho, antes do término da licença-maternidade[(59)].

Atualmente, o afastamento após o parto é obrigatório. É que a licença tem como fato gerador não só o nascimento do filho, mas também a gestação, que, como é sabido, ocasiona à mulher transtornos físicos naturais e até psíquicos. Aliás, o próprio diploma internacional citado, isto é, a Convenção n. 103 da OIT (revista pela de n. 183) e ratificada pelo Brasil, em 1966, previu no art. 3º, 6, para a hipótese de doença decorrente do parto, uma prorrogação dessa licença, mas nunca substituição da licença-maternidade por doença, ainda que decorrente daquela.

O fato de a criança ter falecido não elide a pretensão. É que o dispositivo constitucional pertinente, o art. 392 consolidado e a lei previdenciária não exigem que a criança nasça com vida, para que a empregada tenha direito à licença-maternidade e à garantia de emprego. Logo, onde o legislador não distingue, não cabe ao intérprete fazê-lo.

Aliás, inúmeros doutrinadores, igualmente juízes e alguns ex-ministros do TST[(60)], que abordam o tema, especificamente, defendem o descanso, independentemente de a criança nascer com vida, salvo a hipótese de aborto, dada a previsão legal específica. Se o legislador pretendesse reduzir a licença, nesta hipótese, deveria tê-lo feito expressamente, como ocorre com o Código do Trabalho da Hungria, entre outras legislações.

2.4.7. Falecimento da gestante. Tendência na legislação estrangeira

Outra será a situação **se é a empregada que falece** no curso da licença-maternidade ou durante o parto. Nesse caso, haverá extinção do contrato de trabalho

(59) BARRETO, Amaro. *Tutela Especial do Trabalho*. v. II. Guanabara: Edições Trabalhistas, 1967, p. 531: "... afigura-se-nos que o empregador pode exigir que a empregada mãe de filho nascido morto volte ao serviço logo que sua saúde o permita, antes de findo o prazo de seis semanas, mediante exame médico. O mencionado prazo é fixado tendo-se em vista a necessidade de permanecer a mãe ao lado do recém-nascido, para lhe prestar os cuidados maternos indispensáveis nos primeiros dias de vida. Mas, natimorto, nem sempre a saúde da mulher exigirá esse prazo longo para o retorno ao serviço. Cumpre-lhe apresentar atestado médico ao tempo necessário para repouso depois do parto; não o fazendo, o empregador poderá exigir que a empregada se submeta a exame médico adequado".

(60) MARANHÃO, Délio. *Direito do Trabalho*. 7. ed. Rio de Janeiro: Fundação Getúlio Vargas, 1979, p. 148: "A licença, após o parto, não está condicionada ao nascimento com vida do filho". Da mesma opinião é: ALMEIDA, Ísis de. *Curso de legislação do trabalho*. 4. ed. São Paulo: Sugestões Literárias, 1981, p. 389: "A concessão da 'licença' não fica condicionada ao nascimento com vida do filho". Do mesmo modo: RUSSOMANO, Mozart Victor. *Comentários à Consolidação das Leis do Trabalho*. Rio de Janeiro: Forense, 1990, p. 354. NASCIMENTO, Amauri Mascaro. *Compêndio de Direito do Trabalho*. São Paulo: LTr, 1976, p. 588. Nesse sentido nos pronunciamos como redatora do acórdão referente ao RO 12.332/93, julgado pela 2ª T. do TRT da 3ª Região, em 28 de setembro de 1993. Mais recentemente, já no ano de 2001, esta mesma Turma assim decidiu: "**Gestante. Estabilidade provisória e natimorto.** A circunstância de filho da empregada grávida nascer morto, em parto prematuro, não exclui a garantia de emprego de que trata o art. 10, inciso II, alínea 'b', do ADCT/CF-1988. Natimorto significa aquele que nasceu morto. Nasceu, há o parto, e deste são contados os cinco meses da garantia de emprego à gestante". TRT — 3ª R. — 2ª T. — RO/19959/00 — Rel.: Juiz Antônio Fernando Guimarães — DJMG 31.1.2001 — p. 23. *Revista TRT 3ª Região* n. 63, jan./jun. 2001, p. 309. No mesmo sentido: "Gestante. Estabilidade provisória. Os arts. 392, da CLT, e 10, II, letra *b*, da CF, não criaram qualquer óbice ao direito à garantia de emprego à gestante na hipótese da criança ter falecido, sendo-lhe devida a indenização correspondente a cinco meses após o parto. (TRT/SP 00189200344402008 — RO — Ac. 10ª T. 20060491072 — Rel. Rilma Aparecida Hemetério — DOE 18.7.**06**).

e cessa a obrigação do pagamento correspondente, pouco importando seja o encargo do órgão previdenciário ou do empregador. O ideal seria que o restante da licença fosse concedido ao pai para cuidar da criança, como já procede a legislação espanhola, a jurisprudência italiana, a legislação da Colômbia e do Chile. Lembre-se que há jurisprudência do TST, da década de 50, estendendo a referida licença ao cônjuge supérstite, em benefício da criança(61), exatamente como procedeu a jurisprudência italiana.

2.4.8. Aborto

Por aborto, entendia-se a interrupção da prenhez antes que o feto fosse viável, isto é, antes que o feto pudesse viver fora do útero materno, o que ocorria dos sete meses da gestação em diante. A morte do feto é requisito indispensável(62). Em face do avanço científico e tecnológico, o conceito de aborto sofreu alteração no decorrer dos anos. Atualmente, é definido pela doutrina "como a interrupção da gravidez antes da viabilidade fetal. O conceito de viabilidade fetal é discutível. No momento, de acordo com a Organização Mundial da Saúde, consideram-se inviáveis fetos com menos de 20 semanas de idade gestacional ou peso inferior a 500 gramas. Excepcionalmente, fetos com essas características sobrevivem"(63). A vigésima semana é contada a partir do primeiro dia da última menstruação(64).

O aborto pode ser espontâneo ou provocado. O primeiro é consequência de estados patológicos da mãe ou do feto, impeditivos de prosseguimento da gestação. O provocado pode ser legal ou criminoso. Legal é o aborto provocado nos casos em que a lei o autoriza. Criminoso é o provocado fora dos casos legais(65).

Se a gravidez for interrompida em virtude de aborto não criminoso, evidenciado por atestado médico do SUS, à empregada será concedido um repouso remunerado de duas semanas (art. 395 da CLT), ficando a cargo da Previdência Social o pagamento correspondente, desde que mantida a relação de emprego (art. 95 do Decreto n. 3.048, de 1999). A licença se justifica por motivos de ordem fisiológica.

Vale observar que a legislação brasileira só assegura a licença em caso de aborto, se este não for criminoso. Entretanto, verifica-se que o art. 131, II, do texto consolidado, em face da nova redação que lhe foi dada pela Lei n. 8.921, de 25 de julho de 1994, ao considerar o aborto ausência legal computada para fins de férias, já deixa de mencionar o fato de não ser ele criminoso, preocupando-se apenas com a saúde da empregada. Logo, a par dos problemas éticos que envolvem a questão, inexiste justificativa para

---

(61) "**Em caso de falecimento da empregada após o parto**, mas ainda no decurso do período durante o qual prevalece a proibição de atividade estabelecida no art. 392 da CLT, deve ser assegurado o pagamento do salário--maternidade até o final desse período, ao cônjuge supérstite em benefício do herdeiro recém-nascido". TST — 2ª T. — Proc. 6.210/51, Rel.: Min. Edgard Sanchez, Pub. DJ de 24.12.54.

(62) GOMES, Hélio. *Medicina legal*. 5. ed. 1959, v. 2, p. 54.

(63) CORRÊA, Mário Dias. *Noções Práticas de Obstetrícia.* 12. ed. Rio de Janeiro: Editora Médica e Científica, 1999, p. 290.

(64) PEREIRA, Alamanda Kfoury. *Abortamento in Obstetrícia* (Coletâneas). Coord.: Antônio Carlos Vieira Cabral, Silvana Santos Assrevy Diniz. Belo Horizonte, Minas Gerais, 1998, p. 215.

(65) GOMES, Hélio. Medicina Legal. *Op. cit., passim.*

se condicionar a licença a que alude o art. 395 ao aborto não criminoso, mormente se considerarmos que 50% da mortalidade materna na América Latina é proveniente de aborto clandestino e o Brasil possui aproximadamente a cifra de 5.000 mortes por ano, de mulheres no ciclo gravídico puerperal[(66)]. Na hipótese de aborto, deverá a empregada comunicar o fato ao empregador ou ao Juízo se já tiver ajuizado a ação, sob pena de incorrer na prática de omissão dolosa, induzindo o julgador a emitir pronunciamento não condizente com a verdade[(67)].

2.4.9. Amamentação. Tendência

Influenciado pelas normas internacionais e tendo como fundamento razões de eugenia social, o art. 396 da CLT concede à mulher o direito a dois descansos especiais de meia hora cada um para amamentar o próprio filho, até que ele complete seis meses de idade. A tutela tem em mira amparar a maternidade e assegurar o desenvolvimento físico das futuras gerações. A não concessão do intervalo para aleitamento, a que alude o dispositivo em exame, além de constituir infração administrativa, implica pagamento da pausa correspondente como hora extraordinária, adotando-se raciocínio análogo contido no disposto no art. 71 da CLT, que autoriza o pagamento de horas extras quando o intervalo para refeição for desrespeitado (**Orientação Jurisprudencial n. 307 da SDI-1 do TST**)[(68)]. É sabido que o aleitamento materno é importante para a

---

(66) *Manual dos Comitês de Mortalidade Materna.* Brasília, Ministério da Saúde, 1994, p. 3. Mujer y trabajo. Madrid, 1988, número extraordinario, p. 34.

(67) "**Ação rescisória. Interrupção da gravidez (dolo processual evidenciado).** *In casu*, impõe-se o acolhimento da demanda rescisória, no que tange à premissa de dolo por parte da empregada, consistente em omitir o fato da **interrupção** da **gravidez,** nos autos originários, visando auferir vantagem indevida. O aborto ocorreu antes do julgamento do recurso ordinário, portanto quando o pleito relativo ao reconhecimento da estabilidade provisória, decorrente do seu estado gravídico, ainda se encontrava *sub judice*. Assim, a conduta obreira de não comunicar o fato caracterizou omissão dolosa, perfeitamente enquadrável na hipótese tipificada no inciso III do art. 485 do CPC, porquanto reduziu a capacidade de defesa da empregadora, na medida em que impediu que ela produzisse prova tendo em vista aquele fato; além disso, influenciou o convencimento do órgão julgador, induzindo-o a emitir pronunciamento não condizente com a verdade, já que confirmou a condenação da empresa ao pagamento da indenização decorrente da estabilidade na forma em que foi deferida pela sentença, isto é, considerando todo o período após o parto, quando, na verdade, esse evento não se concretizou". TST — RO-AR 357.754/97-5 — SDI2 — Rel. Min. Ronaldo Leal — DJU 4.8.2000. *Revista Síntese*, out. 2000, p. 72.

(68) Confira-se TRT 3ª Região. RO 5.075/91. 2ª T., Relª: Juíza Alice Monteiro de Barros, julgado em 28 de abril de 1992. Similarmente:

"**Horas extras. Intervalo para amamentação** — Conforme preceitua o art. 396/CLT, os intervalos para amamentação devem ser considerados tempo à disposição do empregador, porque concedidos durante a jornada de trabalho. Caso não concedidos, devem ser remunerados como extra, sem prejuízo das sanções administrativas cabíveis". TRT 3ª R. — 2ª T. — RO/0497/00 — Relª: Juíza Nanci de Melo e Silva — DJMG 21.6.2000, p. 18. INTERVALO PARA AMAMENTAÇÃO NÃO USUFRUÍDO. PAGAMENTO COMO HORA EXTRA. O art. 396 da CLT concede à trabalhadora dois intervalos de trinta minutos cada para amamentação. A matéria tem contornos muito próximos com a hipótese da não concessão do intervalo intrajornada, que também é remunerado com acréscimo de cinquenta por cento, conforme o disposto no art. 71, § 4º, da CLT e Orientação Jurisprudencial n. 307 da SBDI-1. A jurisprudência desta Corte adota a tese de que o intervalo para amamentação não usufruído pela reclamante deve ser pago como hora extra, conforme precedentes citados. Recurso de revista conhecido e não provido. (TST-E-RR 92766/2003-900-04-00, 2ª T., Rel. Min. Vantuil Abdala, publ. 18.9.09) Justiça do Trabalho HS Editora n. 309, set. 09. p. 142). Há decisões em sentido contrário, sustentando que a sanção é simplesmente administrativa (multa): "Intervalo para amamentação. Art. 396 e 401 da CLT. O intervalo para amamentação, de que trata o art. 396 da CLT, quando não concedido, não gera direito a horas extras; gera apenas multa administrativa a ser aplicada pelo órgão do Ministério do Trabalho". TRT — 3ª Região — 1ª T. — RO-3186/94. Rel.: Juiz Antônio Miranda de Mendonça — DJMG 9.6.1994.

saúde da criança e contribui, consequentemente, para o fortalecimento e salvaguarda das futuras gerações. Negar à empregada esse intervalo inviabiliza o fim da normativa em questão. Quando a saúde da criança o exigir, o período de seis meses poderá ser dilatado, a critério de autoridade competente.

Propomos a extensão do intervalo previsto no art. 396 da CLT a um dos pais, quando se tratar de aleitamento artificial, como já ocorre na legislação espanhola, a fim de que se estreitem os elos afetivos também entre filhos e pai, tornando este último cada vez mais responsável pelos cuidados com aqueles.

Os estabelecimentos em que trabalharem pelo menos 30 mulheres, com mais de 16 anos de idade, terão local apropriado onde sejam permitidos às empregadas guardar sob vigilância e assistência os seus filhos, no período de amamentação. Essa exigência poderá ser suprida por meio de creches distritais, mantidas, diretamente ou mediante convênios com outras entidades públicas ou privadas, pelas próprias empresas, em regime comunitário, ou a cargo do SESI, SESC ou de entidades sindicais (art. 389, §§ 1º e 2º da CLT). Os locais destinados à guarda dos filhos das operárias deverão possuir, no mínimo, um berçário, uma saleta de amamentação, uma cozinha dietética e uma instalação sanitária (art. 400 da CLT).

2.4.10. Filhos gêmeos. Tendência na legislação estrangeira

Por outro lado, o nascimento de **filhos gêmeos** não altera o período da licença, nem o valor da prestação correspondente à falta de distinção legal a respeito. O Direito do Trabalho brasileiro não distingue, como deveria, entre parto simples ou múltiplo para fins de pagamento de salário-maternidade, o que já se verifica na legislação de outros países, como o Código do Trabalho da Hungria, de 1992, o Código do Trabalho da França (art. 122-26 § 2º), a Lei n. 3, de 1989, da Espanha, e o Código do Trabalho do Irã, de 1990, entre outros.

2.4.11. Mudança de função. Dispensa de horário para submeter-se a consultas médicas

Dispõe o art. 394 da CLT que à mulher grávida é facultado resilir o contrato de trabalho, mediante exibição de atestado médico, quando o serviço executado possa lhe acarretar prejuízos ou afetar a saúde do feto. Nesse caso, a ruptura do contrato é por motivo justo, ficando a empregada isenta de pagar o aviso prévio a que alude o art. 487 ou a indenização prevista no art. 480 e parágrafos da CLT. Ressalte-se, entretanto, que não lhe será devida nenhuma vantagem atinente ao seu estado de gestação.

É garantido à empregada, durante a gravidez, sem prejuízo dos salários e dos demais direitos, a transferência de função quando as condições de saúde o exigirem, assegurando-se o retorno à função anteriormente ocupada, logo após a sua volta ao trabalho (§ 4º, inciso I, do art. 392 da CLT). O preceito é inspirado em norma internacional.

Por força do art. 392, § 4º, II, da CLT, acrescentado pela citada Lei n. 9.799, de 1999, fica a empregada gestante dispensada do horário de trabalho pelo tempo necessário à realização de, no mínimo, seis consultas médicas e demais exames complementares, sem prejuízo do salário e demais direitos.

2.4.12. Empregos concomitantes

Na hipótese de **empregos concomitantes**, a empregada fará jus à licença-maternidade e tratamento econômico correspondente relativos a cada emprego (art. 98 do Decreto n. 3.048, de 6 de maio de 1999, que regulamentou a Lei n. 8.213, de 24 de julho de 1991).

2.4.13. Retribuição da licença-maternidade

A retribuição correspondente à licença compulsória da gestante, à sua prorrogação em circunstâncias excepcionais antes e após o parto, como também o afastamento na hipótese de aborto não criminoso, é denominada salário-maternidade, nos termos do art. 71 da Lei n. 8.213, de 24 de julho de 1991. Ele é devido à segurada da Previdência Social, sendo pago diretamente pelo INSS (art. 93 do Decreto n. 3.048, de maio de 1999, com a nova redação dada em novembro do mesmo ano).

Esse pagamento é equivalente a uma remuneração mensal à segurada empregada e à trabalhadora avulsa (art. 72 da Lei n. 8.213, de 24 de julho de 1991, art. 94 e 100 do Decreto n. 3.048, de 1999), no valor igual à sua remuneração integral. Em se tratando de empregada doméstica, o salário-maternidade será pago diretamente pela Previdência Social, no valor correspondente ao seu último salário de contribuição (art. 73 da Lei n. 8.213, de 24 de julho de 1991). À segurada especial, o salário-maternidade corresponderá a um salário mínimo, desde que comprove o exercício de atividade rural, ainda que de forma descontínua, nos 10 meses anteriores ao benefício (art. 11 da Lei n. 8.213, Lei n. 8.861, de 25 de março de 1994, e art. 93, § 2º do Decreto n. 3.048, de maio de 1999).

A concessão do salário-maternidade independe do tempo de serviço da empregada e de período de carência. Seu valor não está sujeito a um limite, como ocorre com outras prestações previdenciárias (art. 94 do Decreto n. 3.048, de 1999).

Durante o período de afastamento garante-se à gestante a remuneração integral (art. 94 do Decreto n. 3.048, de 1999) e, quando variável o salário, tira-se a média dos seis últimos meses de trabalho. Como o art. 393 da CLT ressalva-lhe todos os direitos e vantagens adquiridos na empresa, deve-se considerar para tais fins a remuneração auferida e não apenas o salário.

O fato de vários textos constitucionais garantirem à gestante o afastamento "sem prejuízo do salário", levou doutrinadores(69) a considerar desnecessária a média dos últimos meses quando variável o salário, devendo ser sempre assegurado o salário da época do afastamento ou o maior salário auferido, caso a média fosse inferior a este

(69) MARANHÃO, Délio. *Op. cit.*, p. 147: "Parece-nos, assim, que em face desse mandamento constitucional — 'sem prejuízo do salário' —, não há mais que falar em média dos últimos meses. A mulher grávida terá direito ao salário que perceber quando de sua entrada em licença, independentemente da remuneração dos dias de repouso compreendidos no respectivo período".

último. Entendemos que a média dos últimos seis meses, prevista no art. 393 da CLT, não induz a tais conclusões, traduzindo apenas um critério de se estabelecer a retribuição deste período, sem qualquer violação ao **texto constitucional**.

Já o Decreto n. 75.207, de 1975, que regulamentou a Lei n. 6.136, de 1974, inovou a matéria, acrescentando em seu art. 2º, § 2º, que, "na hipótese de a segurada contar menos de nove meses de trabalho, o valor do salário-maternidade não excederá o do salário inicial das empregadas com atividade equivalente". A restrição encontra obstáculo no princípio da irredutibilidade salarial previsto no **texto constitucional (art. 7º, XVIII)** e no dispositivo consolidado já mencionados, estabelecendo limites ali não permitidos[70].

Sobre o salário-maternidade decorrente das licenças compulsórias haverá contribuição previdenciária, nos moldes traçados pelo art. 3º da Lei n. 6.136, de 1974, e art. 28, § 2º, da Lei n. 8.212, de julho de 1991, como também incidência de encargos sociais, entre eles o recolhimento de depósitos para o FGTS.

Os períodos de afastamento em virtude de parto e aborto não serão deduzidos do período aquisitivo de férias, por força do art. 131 da CLT, que os considera ausência legal.

Nos termos do art. 102 do Regulamento da Previdência Social (Decreto n. 3.048, de maio de 1999), o salário-maternidade não poderá ser acumulado com benefício por incapacidade. Como visto, o art. 7º, XVIII da **Constituição da República de 1988**, assegura à gestante a licença-maternidade sem prejuízo do emprego e do salário durante 120 dias. A remuneração dessa licença deverá ser custeada pela Previdência Social, desde que exista e esteja mantida a relação empregatícia (Lei n. 8.213, de 1991, e art. 97 do Decreto n. 3.048, de 1999).

O valor do salário-maternidade correspondente à segurada empregada ou avulsa consistirá numa renda mensal igual à sua remuneração integral, na forma da Lei n. 8.213, de 4 de abril de 1991 (art. 71 a 73). Posteriormente, o art. 73 foi alterado para incluir na sua esfera normativa a segurada especial, e, mais tarde, a segurada contribuinte individual e facultativa (autônoma — art. 101 do Decreto n. 3.048, de 1999).

O **salário-maternidade tem a natureza jurídica de um benefício previdenciário**, como, aliás, se infere da legislação previdenciária, desde 1974. Em 1998, o art. 14 da Emenda Constitucional n. 20 estipulou que o limite máximo para o valor dos benefícios do regime geral da Previdência Social de que trata o **art. 201 da Constituição da República** seria fixado em R$ 1.200,00, devendo ser atualizado para preservar seu valor real. Acontece que o **art. 7º, XVIII da Constituição da República de 1988** assegura à empregada gestante a licença-maternidade sem prejuízo do salário, o qual, frise-se, deverá ser custeado pela Previdência Social. Na impossibilidade desta última custear a licença com o salário integral, em face do limite

(70) ALMEIDA, Ísis de. *Op. cit.*, p. 167: "Essa restrição, contudo, não poderá prevalecer, tendo em vista a irredutibilidade de salários (inclusive, com adicionais, abonos, prêmios, etc., integrativos) prevista no precitado art. 393 da CLT".

estabelecido, editou-se a Portaria n. 4.883, de 1998, no sentido de que o excedente do teto de R$ 1.200,00 seria pago pelo empregador. Essa orientação deu ensejo à ADIn n. 1946-5-DF, onde se impugnou o teor da Emenda n. 20, de 1998, e a Portaria n. 4.883, de 1993. O STF, em sua composição plena e por unanimidade, deferiu a liminar postulada naquela ação, esclarecendo que a Previdência Social deve arcar integralmente com o benefício da licença-maternidade prevista no **art. 7º, XVIII, da Constituição da República**. A decisão deixou clara a natureza previdenciária do salário-maternidade e reconheceu que transferir o encargo para o empregador, ainda que em parte, implica discriminação contra a mulher no mercado de trabalho, em afronta ao **art. 5º, I, da Constituição da República de 1988**, pois o empregador, onerado com esse encargo, irá, sem dúvida, restringir a contratação de mulheres na fase de procriação (cf. *Revista LTr* 63-5-582). Em consequência, o referido teto não se aplica ao benefício alusivo ao salário-maternidade.

2.4.14. Garantia de emprego à gestante. Destinatárias. Inclusão da empregada doméstica

Acirrada discussão foi travada outrora acerca da garantia de emprego da gestante, deixando de ser relevante por determinado período, porque o **art. 10, II, *b*, do Ato das Disposições Constitucionais Transitórias, da Constituição da República de 1988**, disciplinou a matéria, vedando a dispensa arbitrária ou sem justa causa da empregada gestante, desde a confirmação da gravidez até cinco meses após o parto, não incluindo a doméstica na garantia de emprego.

A **Constituição da República vigente ampliou os institutos jurídicos assegurados ao empregado doméstico**, conferindo-lhe, além de outros, a licença-maternidade de 120 dias, sem prejuízo do emprego e do salário, deferindo ao empregado do sexo masculino a licença-paternidade de cinco dias (**art. 7º e parágrafo único da Constituição e art. 10, § 1º, do Ato das Disposições Constitucionais Transitórias**).

Discutia-se a extensão da garantia de emprego assegurada no art. 10, II, *b*, do Ato das Disposições Constitucionais Transitórias à empregada doméstica. Por várias vezes, manifestamo-nos[(71)] contrariamente à extensão. Isto, porque o citado preceito legal e o **parágrafo único do art. 7º da Constituição da República**, que arrola os direitos sociais atribuídos à empregada doméstica, não a contemplaram com a proteção contra a dispensa arbitrária. Eram, portanto, destinatárias da garantia em questão apenas as empregadas **urbanas, rurais e trabalhadoras avulsas.**

Andou bem a norma constitucional ao excluir a doméstica da referida garantia, pois é sabido que seu trabalho, na maioria das vezes, constitui, além de uma simples relação jurídica, uma "complexa relação humana". Logo, como o serviço é prestado no âmbito residencial, o doméstico desfruta de uma íntima convivência com a família

(71) Acórdão TRT 3ª Região. 2ª T. RO 15.156/92, Relª: Juíza Alice Monteiro de Barros, julgado em 14 de setembro de 1993. No mesmo rumo: TRT 3ª Região. RO 6.691/90. 3ª T. Rel.: Juiz Álfio Amaury dos Santos. *Revista do TRT da 3ª Região*, v. 22, n. 51, p. 300 e TRT 3ª Região. 1ª T. RO 16.890/91, Rel.: Juiz Renato Moreira Figueiredo, MG de 23.10.1992.

e o elemento pessoalidade ressalta na simpatia, confiança, afinidade e afetividade entre o empregado e o empregador. Portanto, obrigar uma família a manter um empregado doméstico, a pretexto de uma estabilidade provisória, quando a confiança deixa de existir, afronta a natureza humana[(72)], invadindo-lhe a privacidade. Nesse sentido também vinha se manifestando a jurisprudência de outros tribunais[(73)].

E nem se diga que a Constituição da República assegura a estabilidade, quando garante a licença-maternidade "sem prejuízo do emprego", pois aquela não compreende apenas o período da licença. Ora, se assim o fosse, não haveria necessidade de se garantir o emprego no mencionado **art. 10, II, "b", do ADCT**.

Lembre-se, ainda, que o Direito estrangeiro, em geral, também não assegura a garantia em exame. E tanto é que, na Itália, não se proíbe à trabalhadora doméstica a dispensa durante o período de gestação até um ano após o nascimento da criança, como instituído pela Lei n. 860, de 1950, e Lei n. 1.204, de 1971, em favor de outras trabalhadoras[(74)]. No Chile, a doméstica também não é contemplada com a garantia de emprego de um ano, assegurada a outras trabalhadoras.

Ocorre que a Lei n. 11.324, de 19 de julho de 2006, ampliou a redação da Lei n. 5.859, de 1972, cujo art. 4º-A dispõe: "é vedada a dispensa arbitrária ou sem justa causa da **empregada doméstica** gestante desde a confirmação da gravidez até 5 (cinco) meses após o parto". Como se vê, a referida lei assegurou à empregada doméstica a garantia de emprego, também conhecida como estabilidade provisória, a qual autoriza a reintegração na residência do empregador. Esse direito tem efeito limitado, pois as relações laborais devem ser compatíveis com os compromissos ajustados. A execução do contrato permite ao empregador doméstico avaliar a capacidade profissional e a qualidade moral da empregada, a quem se concede, paralelamente, a conveniência e inserção no ambiente de trabalho. Como as atividades das partes formam, em geral, um círculo pessoal no âmbito familiar, muitas vezes com desconfiança e afronta à natureza humana, entendemos ser permitido o pagamento correspondente ao período da garantia de emprego. Exigir que o empregador imponha a estabilidade provisória, por meio da reintegração no emprego, com violação à vida privada, atenta contra preceito constitucional. Como é sabido, a casa é asilo inviolável do indivíduo, ninguém nela podendo penetrar sem consentimento do morador, salvo em caso de flagrante delito ou desastre, ou para prestar socorro, ou, durante o dia, por determinação judicial (art. 5º, XI da Constituição vigente).

A propósito, convém lembrar que, em Portugal, o Decreto-Lei n. 235, de 1992, em vigor, ao regulamentar o contrato de trabalho doméstico, não assegura a invalidade da despedida e o consequente direito à reintegração, estabelecendo efeito ressarcitório

---

(72) SANTOS, Edilton Meireles de. O doméstico e a estabilidade sindical provisória. *Suplemento Trabalhista*, São Paulo: LTr, 1990, v. 26, n. 27. Do mesmo modo: SANTOS, Aloysio. *Manual de contrato de trabalho doméstico*. São Paulo: LTr, 1989, p. 35.

(73) "**Gestante. Estabilidade. Empregada doméstica**. A estabilidade provisória preconizada no art. 10, II, 'b', do ADCT, do Texto Magno não contempla a empregada doméstica, em razão de não figurar no art. 7º, parágrafo único — dos direitos estendidos a trabalhadores domésticos — a dita estabilidade. Recurso de revista parcialmente conhecido e não provido". TST — RR-436259/1998 — Ac. 1ª Turma. Rel.: Min. João Oreste Dalazen. DJ 8.2.2002.

(74) GHIDINI, Mario. *Diritto del lavoro*. Padova: Cedam, 1981, p. 251.

quando se verifica a ilicitude da dispensa, em atenção aos particulares laços de natureza pessoal caracterizadores dessa específica relação de trabalho(75).

2.4.15. Dispensa injusta de empregada gestante antes do início da licença--maternidade

Outro aspecto que releva mencionar, dadas as inúmeras ocorrências práticas, diz respeito à dispensa injusta de empregada gestante, verificada antes do início da licença--maternidade.

É sabido que o pagamento do salário-maternidade, pela Previdência Social, só persiste quando em vigor o contrato de trabalho (art. 97 do Decreto n. 3.048, de 1999). Logo, dispensada a empregada sem justa causa, deverá o empregador arcar com o pagamento do período correspondente à licença, mesmo que desconheça o estado de gestação da empregada.

A responsabilidade do empregador se funda em dados objetivos, caracterizados pela gravidez da empregada e pela dispensa sem justa causa, cessação total ou parcial da atividade empresarial e por falta cometida pelo empregador, ensejadora da rescisão indireta. Este raciocínio tem por escopo afastar as dificuldades evidentes que a empregada enfrenta, na prática, em provar a malícia do empregador, pois não se pode ignorar que é exatamente na fase de cognição que se avulta a desigualdade do trabalhador.

Os adversários desta corrente(76) consideram necessário o conhecimento, real ou presumido, do estado de gestação da empregada pelo empregador, quando da dispensa imotivada, para que se lhe possa atribuir malícia no ato resilitório e consequente responsabilidade pelo pagamento do período referente à licença obstada. O raciocínio se estriba no art. 9º da CLT e art. 129 do Código Civil de 2002, o qual, por sua vez, considera realizada a condição quando seu implemento for maliciosamente obstado pela parte.

Sempre divergimos desta orientação e sustentamos que a reparação proveniente da dispensa imotivada de empregada gestante se impõe, independentemente do conhecimento, pelo empregador, do estado de gravidez da trabalhadora. A responsabilidade patronal, no caso, parte de um dado objetivo, constituindo a gravidez um risco empresarial assumido pelo empregador ao firmar o contrato de trabalho com uma mulher. Em consequência, a responsabilidade do empregador prescinde de sua culpa, autorizando a reparação não só na dispensa injusta, como no encerramento total ou parcial das atividades empresariais(77) e ainda nas rescisões indiretas(78), que, evidentemente, pressupõem culpa.

---

(75) REIS, Raquel Tavares dos. *Liberdade de Consciência e de Religião e Contrato de Trabalho do Trabalhador de Tendência: que equilíbrio do ponto de vista das relações individuais de trabaho?* Coimbra: Coimbra Editora, 2004, p. 238.

(76) ALMEIDA, Ísis de. *Op. cit.*, p. 389.

(77) "**Garantia de emprego à gestante. Fechamento de empresa. Art. 10, inciso II, letra 'b', do ADCT.** A empregada gestante faz jus à estabilidade de emprego conferida pelo art. 10, inciso II, alínea 'b', do ADCT, ainda que a despedida tenha ocorrido em virtude do fechamento da empresa, por se tratar, no caso, de uma garantia visando a não privar a gestante da conservação de um emprego que é vital para o nascituro, já que o salário percebido será utilizado em favor da subsistência e nutrição deste..." TST-RR-402630/97 — 2ª T. — Rel.: Min. Vantuil Abdala — DJ 5.10.01, p. 638.

(78) "**O salário-maternidade é um direito misto, de ordem trabalhista e previdenciária**, que é reconhecido pela lei à mãe, em razão do filho. Em vista disso, é devido mesmo na rescisão indireta, por iniciativa da gestante, mas por

Com a vigência da Constituição de 1988, ressurge a discussão em torno da necessidade da ciência do empregador a respeito do estado da gestante, por ocasião da dispensa.

Dispõe o art. 10, II, "b", do Ato das Disposições Constitucionais Transitórias da Constituição da República de 1988, que fica vedada a dispensa arbitrária ou sem justa causa da empregada gestante, desde a confirmação da gravidez até cinco meses após o parto.

Sustenta uma corrente doutrinária(79) que a confirmação é um "ato formal a ser praticado; caberá à interessada a demonstração da gravidez, porém, só depois que o fizer será protegida. Diverge o critério agora adotado da concepção objetivista sufragada pelos Tribunais do Trabalho...".

Continuamos nos filiando às correntes doutrinária e jurisprudencial segundo as quais a gravidez da empregada se vincula à teoria do risco objetivo, do risco social, porquanto o Direito do Trabalho não protege, simplesmente, o conhecimento da gravidez pelo empregador, mas a gestação, na sua grandeza biológica.

O termo "confirmar" não altera o critério objetivista, sufragado pelos tribunais do trabalho, segundo o qual a "garantia de emprego" e a licença-maternidade independem da comunicação da gravidez ao empregador.

Ora, confirmar significa ratificar, tornar uma coisa certa(80), dar certeza, mostrar a verdade, demonstrar, comprovar(81), enquanto comunicação pressupõe mensagem, informação que alguém presta a outrem. A primeira não exige a presença de outra pessoa, a segunda sim. Ou seja, pode-se confirmar um fato para si mesmo. Já a comunicação se faz para outrem. Com esse argumento, conclui-se que o termo confirmação, no dispositivo constitucional em exame, não tem sentido de aviso que deva ser feito pela empregada ao empregador. Marca apenas o início, em termos objetivos, da aquisição do direito ao emprego(82).

A jurisprudência do E. Supremo Tribunal Federal é no sentido de que nem mesmo por meio de norma coletiva pode-se alterar os termos da **Constituição** e condicionar o direito à estabilidade provisória à comunicação prévia ao empregador sobre a gravidez da empregada(83), como entendeu o TST, por meio da redação original da **Orientação**

culpa do empregador". TRT 3ª Região — RO 3.755/85, Rel.: Juiz Luiz Carlos Avellar, MG 66/86. TEIXEIRA FILHO, João de Lima. *Op. cit.*, v. 5, p. 726.

(79) NASCIMENTO, Amauri Mascaro. *Direito do trabalho na Constituição de 1988*. 2. ed. São Paulo: Saraiva, 1991, p. 46. Na mesma direção: TRT/SP 02900228020. Ac. 3ª T. 20.201/92 — Rel.: Décio Sebastião Daidone — DOE 24.11.92. *Synthesis*. Direito do Trabalho Material e Processual, São Paulo, 1993, n. 17, p. 228. TRT — 12ª Região RO-V-1.476/90 — Ac. 2ª T. 1.384/91. Rel.: Juiz Helmut Anton Schaarschimidt. Publicado em 9.5.91. FERRARI, Irany, MARTINS, Melchíades Rodrigues. *Julgados Trabalhistas Selecionados*. São Paulo: LTr, 1992, p. 284.

(80) *Pequeno Dicionário Enciclopédico Koogan-Larousse*, p. 217.

(81) *Novo Dicionário Aurélio da Língua Portuguesa*. 2. ed. revista e aumentada. Rio de Janeiro: Ed. Nova Fronteira, p. 451. O verbete em questão exemplifica na nota 4: O cardiologista **confirmou** o diagnóstico do clínico.

(82) MARTINS, Nei Frederico Cano. Garantias de emprego: questões controvertidas. *Suplemento Trabalhista*. São Paulo: LTr, 1990, v. 26, n. 56, p. 300.

(83) "**Considerando que os acordos e convenções coletivas de trabalho não podem restringir direitos irrenunciáveis dos trabalhadores**, a Turma deu provimento a recurso extraordinário para reformar acórdão do TST que

Jurisprudencial n. 88 da SDI-1(84), posteriormente alterada e hoje cancelada, porque foi transformada no **inciso I, da Súmula n. 244 do TST**, que preceitua: "*O desconhecimento do estado gravídico pelo empregador não afasta o direito ao pagamento da indenização decorrente da estabilidade (art. 10, II, 'b', ADCT)*".

E mais, quando o legislador brasileiro pretendeu que se desse ciência ao empregador do estado da gestante, o fez expressamente, como consta do Decreto n. 21.417-A, de 17 de maio de 1932, cujo art. 7º, § 1º, estatuía: "À época das quatro semanas anteriores ao parto **será notificado, com a necessária antecedência, ao empregador, pela empregada, sob pena de perder esta o direito ao auxílio previsto no art. 9º**", que era exatamente o correspondente ao salário-maternidade. Esse Decreto antecedeu-se aos termos da Recomendação da OIT n. 95, que sugere esta notificação, mas a legislação posterior e a atual Constituição atribuíram tratamento diverso à temática, dispondo que a proibição de dispensa da gestante opera em conexão com o estado objetivo de gravidez e puerpério e não com a sua comunicação ao empregador, exceção feita apenas quando já se encontrar à época do afastamento.

2.4.15.1. Dispensa injusta e não conhecimento da gravidez pela própria empregada

Outra será a situação se à época da dispensa sequer a empregada sabia da sua gestação. Neste caso, entendemos que não lhe assiste razão à estabilidade provisória, salvo norma coletiva mais favorável(85).

O art. 10, II, *b*, do Ato das Disposições Constitucionais Transitórias, ao prever a garantia de emprego à gestante, fixou como termo inicial da aquisição desse direito a "confirmação da gravidez". Segundo a norma constitucional, a gestante só fará jus à estabilidade provisória a partir da confirmação (ratificação) da gravidez, a qual deverá ocorrer no curso do contrato de trabalho.

Se à época em que o empregador a dispensou, ainda que sem justa causa, exercendo um direito potestativo, nem sequer a empregada tinha ciência da gravidez,

---

afastara o direito de empregada gestante à estabilidade provisória prevista no art. 10, II, *b*, do ADCT ('II — fica vedada a dispensa arbitrária ou sem justa causa: ... b) da empregada gestante, desde a confirmação da gravidez até cinco meses após o parto'), em razão da existência, na espécie, de cláusula de acordo coletivo que condicionara o mencionado direito à necessidade de prévia comunicação da gravidez ao empregador". STF 1ª T. — RE 234.186-SP, Rel. Min. Sepúlveda Pertence, 5.6.2001.

(84) "Gestante. Estabilidade Provisória. O desconhecimento do estado gravídico pelo empregador, salvo previsão contrária em norma coletiva, não afasta o direito ao pagamento da indenização decorrente da estabilidade". Nota-se, entretanto, que o próprio TST, após decisão do Supremo Tribunal Federal, alterou seu entendimento, como se infere de decisão da SDC proferida no RODC 16.745/02, ajustando-se à posição do Excelso Pretório.

(85) "**Gestante. Estabilidade provisória. Confirmação da gravidez após a ruptura do contrato**. Ao prever a garantia de emprego à gestante, a Constituição Federal fixou, como termo inicial da aquisição desse direito, a confirmação da gravidez (art. 10, II, 'b', ADCT). Segundo a norma constitucional, a gestante só faz jus à estabilidade provisória a partir da confirmação da gravidez, a qual deve ocorrer no curso do contrato de trabalho. Logo, se a gravidez da empregada somente foi confirmada três meses depois da dispensa, ela não seria detentora de estabilidade, sob o enfoque do texto constitucional. Ocorre que as normas constitucionais, como emerge do *caput* do art. 7º, atuam como um mínimo para os empregados, sendo facultado às partes estipularem melhores condições de trabalho. Dessa forma, se a estabilidade foi requerida com suporte em norma coletiva que protege o emprego da gestante contra a resilição unilateral pelo empregador durante todo o período de gravidez, ou seja, desde o seu início sem qualquer restrição relativa à sua confirmação, a empregada cuja gravidez é confirmada três meses após a ruptura do contrato é detentora da estabilidade provisória, nos termos da decisão normativa". TRT — 3ª Região — RO-8586/02 — (n. único 00637-2002-032-03-00-4 RO). Ac. 2ª Turma. Relª: Juíza Alice Monteiro de Barros. DJMG 28.8.02.

entendemos que o ato jurídico alusivo à resilição se tornou perfeito e acabado, não se podendo atribuir responsabilidade ao empregador. É que a garantia de emprego em exame surge com a confirmação da gravidez, isto é, ratificação junto à própria empregada, o que ainda não havia ocorrido quando ela foi dispensada.

2.4.16. Reintegração da empregada gestante

A Constituição da República de 1988 ampliou a garantia de emprego, vedando a dispensa arbitrária ou sem justa causa da empregada, desde a confirmação da gravidez até cinco meses após o parto (**art. 10, II, *b*, do Ato das Disposições Constitucionais Transitórias da Constituição de 1988**).

Considera-se dispensa arbitrária a que não se fundar em motivo disciplinar, econômico ou financeiro, por força da aplicação analógica do art. 165 da CLT. Afora as hipóteses de dispensa, fundada nas razões mencionadas, o objetivo da Constituição é proteger o emprego contra a resilição unilateral do contrato de trabalho pelo empregador, impedindo que a função fisiológica da mulher no processo de reprodução constitua causa de discriminação, com embaraços ao exercício de seu direito ao trabalho.

Portanto, o que se deve impor, caso dispensada a empregada, em princípio, é a reintegração no emprego, diante do fim perseguido pela normativa em questão. Se a decisão for proferida quando já não houver possibilidade de reintegrá-la, serão devidos os salários e demais direitos correspondentes ao respectivo período entre a data da despedida e o final da estabilidade (**Súmula n. 244, inciso II, e Súmula n. 396, inciso I do TST**). Não haverá nulidade por julgamento *extra petita* da decisão que deferir salário quando o período for de reintegração, por aplicação analógica do art. 496 da CLT (**Súmula n. 396, inciso II do TST**).

Para evitar que a reintegração em exame não se efetive, sugerimos seja inserida no art. 659 da CLT, à semelhança do que se verificou com o dirigente sindical, uma antecipação de tutela para esses casos de garantia de emprego, que põem em risco direitos relevantes das partes, como o direito ao emprego e à prestação laboral correspondente. Essa medida já está prevista na legislação da Nova Zelândia, especificamente para a empregada gestante.

Determinada a reintegração no emprego, porque nula a despedida, eventual recusa da empregada configurará renúncia à estabilidade provisória, salvo se comprovada a incompatibilidade entre as partes ou outro motivo justificável.

2.4.16.1. Ajuizamento da ação após transcorrido total ou parcialmente o período da estabilidade provisória

A licença-maternidade está assegurada no art. 7º da Constituição vigente, como integrante dos direitos fundamentais, e a estabilidade provisória da gestante no Ato das Disposições Constitucionais Transitórias. Ocorre que os direitos fundamentais também devem ser exercidos com base no princípio geral da boa-fé, principalmente quando se desenvolvem numa relação de emprego. E o exercício desse direito "é contrário à boa-fé não só quando utilizado para uma finalidade ou com uma função econômico-social distinta daquela para a qual tenha sido atribuída ao seu titular pelo ordenamento jurídico, mas também quando se exercita de modo ou circunstâncias que o fazem desleal..."[86].

Cumpre, portanto, valorar a conduta que transcreveremos a seguir para verificarmos se o direito que, indiscutivelmente existe, foi exercido de forma regular, dentro dos limites impostos pela boa-fé.

Se a empregada deixa transcorrer, injustificadamente, todo o período relativo à estabilidade provisória e ingressa em Juízo, só posteriormente, inviabilizando a reintegração, não há como assegurar-lhe as vantagens pecuniárias correspondentes[87]. A rigor, o que a empregada pretende, agindo dessa forma, não é o emprego, mas as vantagens pecuniárias advindas da estabilidade provisória, privando o empregador da prestação de serviços correspondente. Comportamento dessa natureza vem sendo considerado, com acerto, exercício abusivo do direito de ação, porque desvinculado de sua finalidade.

Ajuizada a ação pela empregada após transcorrida apenas parte da garantia provisória, em nome do princípio da boa-fé, a melhor solução nos parece autorizar a reintegração e seus corolários a partir do ajuizamento da ação[88], inobstante decisões em contrário[89].

---

(86) L. DIEZ-PICAZO, Prólogo, a F. Wieackr. *El principio general de buena fe*, cit., p. 19.20. *In*: MONTOYA MELGAR, Alfredo. La buena fe... 2001, nota 10, p. 77.

(87) Em consonância com a ideia: "**Estabilidade provisória. Gestante. Ajuizamento da ação após esgotado o período estabilitário** — Ajuizamento da reclamatória trabalhista após quinze meses da extinção do contrato de trabalho, portanto, após o término do período da garantia insculpida no art. 10, II, 'b', do ADCT. O fato de ter a empregada deixado para postular o direito a que fazia jus apenas depois de findo o período estabilitário, esvaziou o objetivo social de norma constitucional que é o de garantir à gestante de dispensa do emprego, assim como o exercício das prerrogativas inerentes à maternidade. Se a empregada realmente pretendesse retornar ao emprego e necessitasse para sua mantença e de seu filho, não prorrogaria o exercício de seu direito quando este não mais se justificava. Ultrapassado o período de estabilidade provisória, o pedido não pode ser de reintegração, e portanto, a resolução da obrigação em perdas e danos, também, não procede diante da inércia da detentora do direito, que na verdade, demonstrou a intenção de beneficiar-se de salário por período não trabalhado. Recurso de Revista não conhecido". TST-RR-590.292/99. Ac. **3ª** **T**. Min. Carlos Alberto Reis de Paula. DJU 16.5.03. *Revista TST,* jan./jun. 2003, p. 404-405. Similarmente, manifestou-se a **5ª Turma** desse Tribunal, no RR-610.397/1999.8. — Rel.: Juiz Convocado Marcus Pina Mugnaini — DJU 6.6.2003.

(88) "**Gestante — Despedida sem justa causa — Desconhecimento do estado gravídico por parte do empregador — Delonga injustificada no ajuizamento da ação — Direito apenas aos salários do período restante da estabilidade — Abuso do direito**. Configura-se abuso do direito de ação, justificando o deferimento dos salários apenas a partir do seu ajuizamento, quando há delonga injustificada por parte da empregada no ajuizamento da ação, quando o empregador não tinha conhecimento do estado gravídico. Embargos conhecidos e providos para condenar o reclamado ao pagamento apenas dos salários do período restante da estabilidade, contados a partir da data em que o reclamado foi citado da ação". TST-**SDI-1** — E-RR-280247/96.0 — Rel. Min. Vantuil Abdala — DJ 6.10.2000, p. 541. *Revista do Direito Trabalhista*. 30.11.2000, p. 53.

(89) "**Estabilidade provisória. Membro da CIPA. Período estabilitário exaurido quando da propositura da ação**. A possibilidade de fazer valer o direito subjetivo não se encontra afetado pelo transcurso do tempo, quando o seu titular busca a obtenção de uma decisão judicial dentro do prazo estabelecido na Constituição Federal, não se podendo, portanto, exigir que o autor, *in casu*, detentor de estabilidade provisória, ajuizasse reclamação trabalhista pleiteando a sua reintegração ou a indenização correspondente logo após o seu despedimento, quando lhe é conferido o prazo de dois anos. A prescrição para pleitear créditos decorrentes da relação de emprego ou lesão a direitos do trabalho tem prazo constitucional de cinco anos até o limite de dois anos, quando extinta a relação contratual. A norma se consubstancia em garantia social de índole fundamental, que não pode ser interpretada contra o trabalhador pelos princípios que regem a interpretação constitucional. A prescrição, portanto, é instituto de Direito Constitucional na

O ideal seria que se introduzisse, na nossa legislação, disposição semelhante à lei chilena (art. 201, § 1º, do Novo Código do Trabalho), a fim de que fosse assegurado à empregada gestante um prazo para reivindicar em Juízo a nulidade da dispensa, evitando-se que a trabalhadora deixe escoar todo o período da garantia de emprego, inviabilizando a reintegração e incorrendo no exercício abusivo do direito de ação.

E se a reclamante, na inicial, não postulou a reintegração mas apenas o pagamento dos direitos inerentes ao período abrangido pela estabilidade do ciclo gravídico-puerperal? A matéria é polêmica.

Como já afirmado, a finalidade da estabilidade provisória é preservar o emprego, permitindo que a empregada retorne ao trabalho, demonstrando que a gravidez não é doença, mas um estado fisiológico. A tutela dirige-se, primordialmente, à igualdade da mulher no mercado de trabalho e à salvaguarda das futuras gerações. Se a empregada reivindica apenas o pagamento da reparação correspondente ao período da estabilidade provisória, ela inviabiliza a finalidade do instituto em questão. Na verdade, o que se pretende com esta postulação é receber as reparações sem trabalhar, o que compromete o ingresso da mulher jovem, na idade de procriação, no mercado de trabalho. Por esse motivo, entendemos deva ter preferência a reintegração no emprego, admitindo-se a indenização substitutiva apenas na hipótese de restar inviabilizado o retorno da gestante ao emprego, seja pelo decurso do período da garantia, em virtude da demora na tramitação do feito, seja porque evidenciada a incompatibilidade entre as partes.

Nesse sentido há decisão do TST, de cujo ponto de vista compartilhamos inteiramente:

> "AGRAVO DE INSTRUMENTO. RECURSO DE REVISTA. ESTABILIDADE. GESTANTE. ART. 10, INC. II, B, DO ATO DAS DISPOSIÇÕES CONSTITUCIONAIS TRANSITÓRIAS. AUSÊNCIA DE PRETENSÃO DE REINTEGRAÇÃO NO EMPREGO. Violação do art. 10, inc. II, *b*, do Ato das Disposições Constitucionais Transitórias possivelmente demonstrada. Agravo de instrumento a que se dá provimento, a fim de se determinar o processamento do recurso de revista, nos termos da Resolução Administrativa n. 928/2003. RECURSO DE REVISTA. ESTABILIDADE. GESTANTE. ART. 10, INC. II, B, DO ATO DAS DISPOSIÇÕES CONSTITUCIONAIS TRANSITÓRIAS. AUSÊNCIA DE PRETENSÃO DE REINTEGRAÇÃO NO EMPREGO. A vedação estabelecida no art. 10, inc. II, *b*, do Ato das Disposições Constitucionais Transitórias visa a resguardar a empregada gestante da despedida sem justa causa e não

esfera do Direito do Trabalho, e como tal, garantia social. Defender a tese no sentido de que esgotado o prazo do período da estabilidade e ajuizada a reclamação trabalhista, não teria o empregado jus à indenização dela decorrente é criar pressuposto de ordem jurisprudencial contra texto da Constituição Federal, para obstar a eficácia da garantia social e jurídica nela erigida de proteção contra a dispensa arbitrária ou sem justa causa àqueles que ela destinou tratamento expresso, como no caso dos representantes da CIPA e da gestante. Entendimento em contrário cria um *discrímen* ilógico, pois o empregado que não tem a proteção contra a despedida arbitrária ou sem justa causa goza de dois anos para o ajuizamento da reclamação trabalhista, enquanto que ao empregado portador de estabilidade provisória, em que se impede a dispensa arbitrária ou sem justa causa, vê-se obrigado ao ajuizamento da ação em prazo inferior a dois anos da terminação do contrato e cujo termo inicial e o próprio prazo para esse fim revestir-se-ão do mais absoluto subjetivismo, criando verdadeira situação discriminatória. Embargos conhecidos por divergência, mas desprovidos". TST-E-RR-727.856/2001.8. Ac. SDI-1 — Rel.: Juiz Convocado Luiz Philippe Vieira de Mello Filho. DJU de 16.5.2003, p. 523-524.Da mesma forma: TST-E-RR 776.813/2001-9-SBDI, Rel.: Min. Aloysio C. da Veiga, DJU 31.8.**2007**.

apenas assegurar vantagens pecuniárias. Violação de preceito constitucional demonstrada. Recurso de revista a que se dá provimento". TST-RR-660973/2000 — DJ — 2.4.2004. Ac. 5ª T. — Rel.: Min. Gelson de Azevedo.

Acontece que a SDI 1 do TST, em decisão de 12.4.2004, entende dispensável que a reclamante postule a reintegração, permitindo que o pleito verse apenas sobre a indenização respectiva. Veja-se, a seguir, a decisão:

"ESTABILIDADE PROVISÓRIA. GESTANTE. PEDIDO ÚNICO DE INDENI-ZAÇÃO SUBSTITUTIVA. PERÍODO ESTABILITÁRIO NÃO EXAURIDO. SÚMULA N. 244 DO TST. 1. À empregada gestante, dispensada sem justa causa, a Súmula n. 244 do TST, em sua redação anterior, assegurava apenas o direito a salários e vantagens correspondentes ao período de estabilidade, não o direito à reintegração. Isso não significa, todavia, que o acolhimento do pedido de indenização substitutiva, enquanto não esgotado o período de estabilidade, pressupunha que a empregada postulasse reintegração. A um, porque semelhante pedido estaria fadado ao fracasso. A dois, porque, nula a despedida, abre-se à empregada à opção entre a manutenção do emprego ou a reparação da lesão advinda da ruptura ilegal do contrato de emprego. Naturalmente, quem tem direito ao mais (reintegração) tem direito ao menos (indenização substitutiva). 2. Embargos conhecidos, por violação ao art. 896 da CLT e por contrariedade à Súmula n. 244 do TST, e providos para acolher o pedido de indenização substitutiva decorrente de estabilidade provisória reconhecida à empregada gestante". TST-E-RR-539679/1999 — DJ 23.4.2004 Ac. SBDI-1. Rel.: Min. João Oreste Dalazen.

2.4.16.2. Justa causa. Demissão

A garantia de emprego conferida à empregada gestante não exige o ajuizamento de inquérito para apuração de falta grave, procedimento previsto para o empregado portador de estabilidade decenária, nos termos do art. 494 da CLT. Configurada a justa causa (art. 482 da CLT), a empregada não fará jus à estabilidade no emprego e seus corolários, nem sequer à licença-maternidade, o mesmo se verificando na hipótese de sua saída espontânea(90).

2.4.17. Contratos determinados e empregada gestante

No que tange aos **contratos determinados**, a jurisprudência do TST entendia que havia incompatibilidade entre esses contratos e a estabilidade provisória e, mesmo na hipótese de resilição contratual, pelo empregador, desautorizava-se a concessão do instituto jurídico em exame(91). A garantia de emprego não poderia ser levada ao extremo de assegurar à empregada considerada ineficiente ou sem habilitação durante um contrato de experiência, por exemplo, uma prorrogação do contrato a termo, sobrepondo-se ao limite do contrato estabelecido de boa-fé.

---

(90) "**Gestante. Pedido de demissão. Estabilidade provisória. Renúncia**. O pedido de demissão da empregada gestante, ato de vontade livremente manifestado com o ânimo de pôr fim ao contrato de trabalho, implica naturalmente a renúncia à estabilidade provisória garantida pelo art. 10, II, *b*, dos ADCT, não podendo o empregador ser responsabilizado por fato a que não deu causa". TRT — 3ª Reg. –RO-9256/02 (n. único 02345-2001-075-003-00-3). Ac. 1ª T. — Rel.: Juiz Marcus Moura. DJMG 20.9.2002.

(91) "**Não faz jus ao salário-maternidade e à estabilidade provisória a gestante que, admitida experimentalmente**, teve seu contrato rescindido antes do prazo prefixado com o pagamento do respectivo salário". TST — RR 8.702/85.9, Rel.: Min. Mendes Cavaleiro, Ac. 3ª T. 3.617/86. CARRION, Valentin. *Op. cit.*, 1987, p. 191.

Rompido o contrato determinado, sem inserção da cláusula do art. 481 da CLT, a empregada, na nossa opinião, continua não fazendo jus ao salário-maternidade[92], como se entendia antes da nova redação concedida à **Súmula n. 244 do TST** em 2005. É que milita a favor do empregador, em princípio, por força da própria estrutura do aludido contrato, a certeza de seu término, consequência lógica do acordo de vontades pactuado entre as partes. **Excetua-se, entretanto, a hipótese consagrada no art. 1º, § 4º, da Lei n. 9.601, de janeiro de 1998**.

Ocorre que o TST, por meio da Súmula n. 244, inciso III, com a nova redação atribuída em 2005, ao se limitar a afastar a estabilidade provisória apenas na hipótese de extinção[93], por término do contrato de experiência, acabou por permiti-la na ruptura por despedida injusta, arbitrária, ou cessação voluntária das atividades da empresa. E se não bastasse, cabe ainda interpretação extensiva desse verbete a outros contratos por prazo determinado e a outros empregados detentores de estabilidade provisória, cujo contrato seja a termo. O TST, apesar do termo utilizado no inciso III da Súmula n. 244, retira a estabilidade provisória do empregado contratado por prazo determinado, independentemente das demais causas de dissolução do pacto (RR-512/2004/003-17-00.4 — 17ª Região — 6ª T. — DJU 19.6.2006).

Outra será a situação se o contrato determinado contiver a cláusula assecuratória do direito recíproco de rescisão antecipada (art. 481 da CLT) e este direito for exercitado pelo empregador, sem justa causa. Nesta hipótese, o ajuste passará a reger-se pelas normas do contrato indeterminado e a empregada gestante fará jus ao salário-maternidade e à estabilidade provisória.

2.5. O combate à discriminação

O princípio da igualdade não se dirige somente ao legislador, impedindo que este faça leis arbitrárias, mas também atinge diretamente os particulares[94]. A isonomia, no Direito moderno, além de ser um princípio informador de todo o sistema jurídico, assume ainda a condição de um autêntico direito subjetivo.

A **Constituição** de 1824 dispôs, em seu art. 178, XII, que a lei seria igual para todos, entretanto, preteriu a mulher na sucessão ao Império, caso estivesse no mesmo grau do homem (art. 117). Em seguida, a **Constituição** de 1891 assegurou o princípio da igualdade e aboliu as regalias de nobreza. A Constituição de 1934 (art. 121) e a de 1946 proibiram diferença de salário para um mesmo trabalho, por motivo de idade,

---

(92) "**Salário-maternidade. Contrato de Experiência**. O art. 10, inciso II, alínea *b* do Ato das Disposições Constitucionais Transitórias não trouxe qualquer modificação quanto ao entendimento no sentido de ser indevido o salário-maternidade no contrato de experiência, uma vez que só o contrato por prazo indeterminado dá ensejo à despedida arbitrária ou sem justa causa, a que faz alusão o referido preceito, que inocorre com o contrato de experiência, que tem o seu termo final prefixado. Recurso de Revista não conhecido". TST-RR-207219/95.2 (Ac. 1ª T. 07315/96). 4ª Reg. — Rel.: Min. Lourenço Prado — DJU 28.2.97, p. 4.392. *Julgados Trabalhistas Selecionados*. Irany Ferrari e Melchíades R. Martins. vol. V. São Paulo: LTr, 1998, p. 121.

(93) O termo utilizado no inciso III, da Súmula n. 244 do TST, foi extinção do contrato, ou seja, cessação por circunstâncias alheias à vontade das partes, como ocorre com o implemento do prazo ajustado, isto é, do término do contrato.

(94) BASTOS, Celso Ribeiro. *Comentários à Constituição do Brasil*. 2. vol. Saraiva, 1989.

sexo, nacionalidade ou estado civil. A **Constituição** de 1937 limitou-se ao princípio genérico segundo o qual todos são iguais perante a lei. Não tardou a surgir, em agosto de 1940, um Decreto-Lei permitindo que o empregador pagasse às mulheres salário inferior ao dos homens, autorizando uma redução de 10% em prejuízo daquelas (Decreto-Lei n. 2.548). Já a **Constituição** de 1967 proibiu diferença de salário e de critério de admissão por motivo de sexo, cor e estado civil, enquanto **a Constituição de 1988 proibiu diferença de salário, de critério de admissão e de função pelos motivos relatados e também por idade (art. 7º, XXX).**

O combate à discriminação no trabalho humano está, portanto, inserido no princípio constitucional da isonomia.

A **Constituição de 1988**, em seu art. 5º, I, preceitua que "homens e mulheres são iguais em direitos e obrigações", e no art. 7º, XXX, proíbe "diferença de salário, de exercício de funções e de critério de admissão por motivo de sexo, idade, cor ou estado civil".

A própria CLT, no art. 461, já assegurava igualdade de salário para trabalho de igual valor, independentemente de sexo, como medida antidiscriminatória. No que tange ao acesso ao emprego, a Lei n. 5.473, de julho de 1968, considera nulas as disposições e providências geradoras de discriminações, entre brasileiros de ambos os sexos, para o provimento de cargos, sujeitos à seleção, tanto nas empresas privadas, como nos quadros do funcionalismo público federal, estadual ou municipal, do serviço autárquico, de sociedades de economia mista e de empresas concessionárias de serviço público.

Sucede que declarações enfáticas do princípio da igualdade, inseridas em textos legais, não são suficientes para que esse ideal penetre também na realidade, pois se a discriminação é banida dos textos legais, ela persiste em vários segmentos sociais e toma novas feições.

2.5.1. Discriminação contra a mulher casada ou trabalhadora grávida

Dispõe o art. 391 da CLT que: "não constitui justo motivo para a rescisão do contrato de trabalho da mulher, o fato de haver contraído matrimônio ou de encontrar-se em estado de gravidez". O dispositivo em questão visa, igualmente, a evitar discriminação contra a mulher casada ou em estado de gestação. Alinhado com a ideia, é o parágrafo único do dispositivo citado, quando preceitua que: "não serão permitidos em regulamentos, convenções coletivas ou contratos individuais de trabalho, restrições ao direito da mulher ao seu emprego, por motivo de casamento ou de gravidez". A proibição é reforçada nos itens I, II, III, IV e V do art. 373-A, da CLT, introduzidos pela Lei n. 9.799, de 25 de maio de 1999.

Inobstante os referidos preceitos, é comum o empregador investigar as circunstâncias pessoais, como estado civil ou gravidez da mulher e levar a cabo discriminação na época de seleção de pessoal ou no curso da relação de emprego.

Ora, admitindo-se que o empregador investigue a gravidez da trabalhadora, por meio de testes ou exames, sobretudo na fase de seleção de pessoal, o princípio da não discriminação restaria mutilado, pois o empregador, em face dos inconvenientes que a contratação de uma mulher grávida poderia acarretar, deixaria de admiti-la, sem que ela tivesse oportunidade de insurgir-se contra a medida, com êxito, o que tornaria inútil o preceito constitucional que veda tratamento diferenciado na admissão, por motivo de sexo. Ademais, estar-se-ia permitindo, ainda, violação ao direito à intimidade, assegurado **no art. 5º, X, da Constituição vigente**, ao cidadão brasileiro, em geral. Comprovada a infringência ao direito à intimidade da empregada, é cabível indenização por dano moral.

Maiores considerações sobre o tema serão tecidas neste capítulo, mas no tópico 3 sobre discriminação.

2.5.2. Proteção à intimidade da trabalhadora

O direito à intimidade há muito vem sendo conceituado como "aquele que visa a resguardar as pessoas dos sentidos alheios, principalmente da vista e dos ouvidos de outrem"[(95)]. Pressupõe ingerência na esfera íntima da pessoa por meio de espionagem e divulgação de fatos íntimos obtidos ilicitamente. Seu fundamento é o direito à liberdade de fazer e não fazer. Classifica-se como direito da personalidade, consagrado em preceito constitucional (art. 5º, X), sendo oponível *erga omnes*[(96)].

Logo, mesmo que o Direito do Trabalho não faça menção expressa ao direito à intimidade do empregado, ele é oponível contra o empregador. Não é o fato de um empregado encontrar-se subordinado juridicamente ao empregador ou de deter este último o poder diretivo, que irá justificar a ineficácia da tutela à intimidade no local de trabalho, do contrário haveria degeneração da subordinação jurídica em um estado de sujeição do trabalhador.

É sabido que a CLT data de 1943. Apesar das alterações sofridas, durante muitos anos demonstrou uma preocupação em tutelar a integridade física do empregado no local de trabalho, permanecendo em um plano secundário a esfera privada do trabalhador. Sob este aspecto, não se identifica com a legislação de outros países, principalmente europeus, os quais demonstram essa preocupação, ainda que por meio uma proposta dogmática, como ocorre com o Estatuto do Trabalhador da Espanha ou de forma mais incisiva, como é o caso do Estatuto do Trabalhador da Itália — Lei n. 300, de 1970[(97)], e agora do Código do Trabalho de Portugal (art. 16, 17, 18, 19, 20 e 21).

Atualmente, a Lei n. 9.029, de 13 de abril de 1995, no seu art. 2º, considera crime as seguintes práticas: exigência de teste, exame, perícia, laudo, atestado, declaração ou qualquer outro procedimento relativo à esterilização ou a estado de gravidez; a adoção de quaisquer medidas, de iniciativa do empregador, que configurem indução ou instigação à esterilização genética, bem como promoção do controle de natalidade, assim não considerado o oferecimento de serviços de aconselhamento ou

(95) PONTES DE MIRANDA, F. C. *Tratado de Direito Privado*. T. VIII. Rio de Janeiro: Borsoi, 1971, p. 124.
(96) CARRASCOSA LÓPEZ, Valentím. *Derecho a la intimidad e informática*. Informática y Derecho, p. 11.
(97) MONTEIRO DE BARROS, Alice. *Proteção à intimidade do empregado*. São Paulo: LTr, 1997, *passim*.

planejamento familiar, realizados por meio de instituições públicas ou privadas, submetidas às normas do Sistema Único de Saúde — SUS. São sujeitos ativos desse crime a pessoa física do empregador, seu representante legal ou ainda o dirigente, direto ou por delegação de órgãos públicos e entidades da administração direta, indireta ou fundacional. Ao infrator será cominada detenção de um a dois anos, além de multa administrativa correspondente a dez vezes o valor do maior salário pago pelo empregador, elevado em 50% na hipótese de reincidência e proibição de obter empréstimo ou financiamento junto a instituições financeiras oficiais.

Por outro lado, rompido o contrato de trabalho por esses atos discriminatórios, faculta-se à empregada optar entre a reintegração, com o pagamento das remunerações relativas ao período de afastamento, corrigidas monetariamente, ou a percepção em dobro destas importâncias, acrescidas de juros e correção monetária. A referida lei não consagra estabilidade no emprego, não obstante respeitáveis pronunciamentos neste sentido. Ela proíbe a dispensa da empregada apenas quando praticada com o intuito discriminatório, configurador do exercício abusivo do direito de despedir[98].

Algumas disposições contidas nesta lei foram transplantadas para a CLT, por meio da Lei n. 9.799, de 1999, como aliás se infere do art. 373-A, IV, que proíbe o empregador de exigir atestado ou exame, de qualquer natureza, para comprovação de esterilidade ou gravidez, na admissão ou permanência no emprego. A tutela se dirige ao direito à intimidade e à igualdade, impedindo que a gravidez da empregada possa ser utilizada como causa da discriminação. Ainda atenta para a questão da intimidade da trabalhadora, a mesma lei introduziu o inciso VI no art. 373-A consolidado, proibindo o empregador ou seus prepostos de submeter as empregadas a revistas íntimas[99]. Como o fundamento da proibição reside na dignidade do ser humano, em geral, melhor teria sido inserir o preceito na mesma seção que trata da higiene e segurança do trabalho, como procedem algumas legislações estrangeiras. Entretanto, com fulcro **no art. 5º, I, da CF de 88**, que considera homens e mulheres iguais em direitos e deveres, aqueles poderão invocar, por analogia, o citado inciso VI do art. 373-A para se insurgirem também contra as revistas íntimas, pois se a razão jurídica da norma é a mesma, ou seja, proteger a dignidade da pessoa humana, igual deverá ser a solução. A consequência para o empregador que realizar revista íntima é o pagamento da compensação por dano moral, sem prejuízo da rescisão indireta (art. 483 da CLT).

---

(98) TEIXEIRA, Sérgio Torres. *Proteção à relação de emprego*. São Paulo: LTr, 1998, p. 401.

(99) "**Dano moral. Caracterização.** Para o deferimento da indenização por danos morais, é necessária a prática de ato ilícito que, por sua vez, atinja bens incorpóreos, tais como a autoestima, a honra, a privacidade, a imagem, o nome, a dor, a emoção, a vergonha e outros. O conjunto probatório revela que a empregadora, no curso das investigações de furto, submeteu a reclamante a situação extremamente vexatória, obrigando-a a se despir diante de policiais femininas em busca do numerário desaparecido, sendo que nada foi encontrado. Mesmo tendo a empresa motivos para investigar as irregularidades denunciadas, o exercício desse direito pela empregadora não pode colidir com as garantias individuais asseguradas pela Lei Maior, no caso, a da inviolabilidade da intimidade (art. 5º, inc. X). Assim, demonstrada a existência de dano conexo com ato ilícito praticado pela empresa, impõe-se o deferimento do pedido de indenização por dano moral, nos termos do art. 159 do Código Civil". TRT — 12ª Reg. — RO-V-2100/00 — Ac. 8312/00 — 1ª T. — Rel.: Juiz Idemar Antônio Martini — DJSC 8.9.2000. Justiça do Trabalho. Porto Alegre: HS Editora, 2000, p. 94.

No afã de combater o assédio sexual, que, além de violar a intimidade do trabalhador, em geral, é considerada uma forma de violência contra a mulher, o Brasil ratificou a Convenção Interamericana de Belém do Pará/MRE, tornando-a pública por meio do Decreto de Promulgação n. 1.973, de 1º de agosto de 1996. Essa norma internacional considera o assédio sexual como violência contra a mulher, nos termos da alínea "b", do art. 2º.

Na mesma direção é a Lei n. 10.778, de 24 de novembro de 2003, que estabelece "a notificação compulsória, no território nacional, do caso de violência contra a mulher que for atendida em serviços de saúde públicos ou privados". O art. 1º, § 2º, II, dessa lei entende por violência contra a mulher "o assédio sexual no lugar de trabalho".

2.6. Revisão sugerida ao Capítulo III, do Título III, da CLT, intitulado "Da Proteção do Trabalho da Mulher"

Se outrora o trabalho da mulher e o do menor possuíam conotações semelhantes que os levaram a ser disciplinados, conjuntamente ou no mesmo capítulo, **como regimes especiais**, hoje não mais se justifica essa regulamentação conjunta, pois o regime jurídico da mulher deverá ser o mesmo que o do homem, nos termos do art. 372 da CLT, **reduzindo-se a proteção ao essencial, ou seja, à gravidez e à maternidade,** sob pena de se restringir suas possibilidades de contratação.

Por outro lado, são desnecessários: o art. 381, §§ 1º e 2º da CLT (trabalho noturno), porque previstos no art. 73, §§ 1º e 2º; os itens I, II, III e IV do art. 389 da CLT (prover os estabelecimentos de medidas de higienização, instalação de bebedouros, vestiários e fornecimento de equipamentos de proteção individual) ou por já estarem disciplinados nos art. 166, 175, 176, 177 e 178 do mesmo diploma legal ou porque estariam mais adequados no capítulo das medidas de higiene e segurança do trabalho, instituídas para ambos os sexos. Os descansos a que aludem os art. 382 (intervalo entre duas jornadas), 383 (intervalo para refeição), 385 (descanso semanal) e 386 (escala de revezamento para trabalho aos domingos) também já constam dos art. 66, 67, 68, 70 e 71 da CLT.

Saliente-se, ainda, que o art. 397 da CLT dispõe que o SESI, SESC e outras entidades públicas destinadas à assistência, à infância, manterão ou subvencionarão, de acordo com as suas possibilidades financeiras, escolas maternais e jardins de infância, distribuídos nas zonas de maior densidade de trabalhadores, destinados especialmente aos filhos das mulheres empregadas. A assistência gratuita aos filhos e dependentes desde o nascimento até cinco anos de idade em creches e pré-escolas foi atribuída ao empregador, por força do **art. 7º, XXV, da Constituição vigente**, embora constituísse dever do Estado (**art. 208, IV, da Constituição de 1988**).

O serviço adicional relacionado com creches, como encargo exclusivo do empregador, implica aumento no custo da mão de obra feminina, dificultando o emprego de mulheres; ademais, sua construção ou manutenção pelos órgãos previdenciários, como ocorria no passado, se torna impraticável, dada a dificuldade financeira que o sistema enfrenta.

No Brasil, a maior participação das mulheres na população economica-mente ativa coincide com o período de fertilidade[100], o que já é suficiente para o fomento de uma **política de criação de berçários, creches e pré-escolas**. Ademais, o índice de mortalidade infantil, no Brasil, é muito alto, principalmente em decorrência de desnutrição. Logo, a necessidade de berçários, creches e pré-escolas impõe-se, não só para assegurar às mulheres uma participação mais equitativa no mercado de trabalho, mas também para atender as necessidades vitais básicas da criança, como alimentação, saúde e desenvolvimento intelectual.

2.7. Penalidades

Pela infração de qualquer dispositivo do capítulo relacionado com a proteção do trabalho da mulher, o empregador estará sujeito à multa, aplicada pela Delegacia Regional do Trabalho, a qual será no grau máximo, nos casos de artifício ou simulação, para fraudar a aplicação desses dispositivos, e na hipótese de reincidência.

2.8. Conclusão

Concluindo esse estudo, queremos ressaltar que os problemas relacionados com o trabalho não são os únicos enfrentados pelas mulheres na luta contra a discriminação, pois eles advêm de fatores situados em campos interdisciplinares, como, por exemplo, condicionamentos culturais fundados em mitos e crenças, relações econômicas, condições de participação na vida política e social. E, se não bastasse, a integração da mulher na população econômica ativa tem exigido grande esforço de sua parte não só na luta contra os preconceitos de uma sociedade patriarcal, mas também contra os seus próprios preconceitos e estereótipos, transmitidos durante toda uma existência.

Desejamos que um dia, superados todos esses preconceitos, homens e mulheres, unidos, possam viver em uma sociedade mais humana, mais justa, mais solidária e mais digna de ser compartilhada.

3. DISCRIMINAÇÃO NO CONTRATO DE TRABALHO

"Todo sujeito é capaz
de viver com liberdade.
Ninguém vale mais que o outro:
eis uma grande verdade.

Seja qual for sua raça,
sua cor, homem ou mulher,
fale que língua falar,
adore o Deus que quiser.

---

(100) BARROS, Alice Monteiro de. *A Mulher e o Direito do Trabalho*. São Paulo: LTr, 1995, p. 76. (Tese de Doutorado). Este estudo é uma revisão de conceitos sobre o trabalho da mulher.

Seja qual for seu partido
ou a sua opinião,
seja pobre ou seja rico,
seja de qualquer nação.

Quer more num palacete
ou viva num barracão,
pertença à sociedade
ou ande de pé no chão.

Pouco importa ter nascido
num país de distinção
ou numa terra esquecida,
sem nenhuma projeção.

Seja qual for o sistema
que governa sua nação.
Quer seja de país livre
ou país em sujeição."

(Padre Jocy Rodrigues. Declaração Universal dos Direitos Humanos. Petrópolis: Vozes, 1978).

3.1. Introdução

A ideia de pessoa é incompatível com a desigualdade entre elas. A tutela jurídica do direito à igualdade passará, normalmente, pela declaração de inconstitucionalidade das normas que a violem no domínio privado e incluirá a obrigação de indenizar por parte de quem praticar atos discriminatórios(101) em razão de raça, estado civil, religião, sexo, orientação sexual, convicção filosófica, política e social, entre outros.

A não discriminação é, provavelmente, a mais expressiva manifestação do princípio da igualdade, cujo reconhecimento, como valor constitucional, inspira o ordenamento jurídico brasileiro no seu conjunto.

3.2. Conceito

A palavra "discriminação" é de origem anglo-americana. Do ponto de vista etimológico, significa o caráter infundado de uma distinção.

No plano internacional, a discriminação compreende qualquer

> **"... distinção, exclusão ou preferência fundada em raça, cor, sexo, religião, opinião política, ascendência nacional, origem social ou outra distinção, exclusão ou preferência especificada pelo Estado-membro interessado, qualquer que seja sua origem jurídica ou prática e que tenha por fim anular ou alterar a igualdade de oportunidades ou de tratamento no emprego ou profissão"** (art. 1º da Convenção n. 111 da OIT, de 1958, sobre discriminação no emprego ou ocupação).

---

(101) CAMPOS, Diogo Leite de. *Lições de Direitos da Personalidade*. 2. ed. Coimbra, 1995, p. 81.

Ocorre, todavia, que nem toda distinção, exclusão ou preferência poderá ser admitida como conduta discriminatória, no sentido da referida Convenção, pois ela própria exclui de sua esfera normativa as qualificações exigidas para um emprego determinado (art. 1º, inciso 2).

A título de exemplo, não constitui discriminação fundada em sexo a **distinção estabelecida para certos empregos** que demandam elevado esforço físico, dada a qualificação exigida para determinada atividade. É que estudos realizados no campo da fisiologia revelam que o sistema muscular da mulher é menos desenvolvido do que o do homem, sendo que aos 20 anos a sua força muscular corresponde, em média, a 65% da força masculina e, aos 55 anos, decresce para 54%[(102)].

Também não constitui discriminação a adoção de medidas que afetam uma pessoa em relação à qual recaiam suspeitas legítimas de exercício de atividade prejudicial à segurança do Estado. A hipótese não é de intenções, mas de atividade (art. 4º da Convenção n. 111 da OIT).

Por fim, não constituem discriminação as medidas especiais de proteção ou assistência, como as que são conferidas aos deficientes, às crianças que trabalham e às mulheres no ciclo gravídico-puerperal (art. 5º da citada Convenção).

3.2.1. Momento da discriminação — Ato da contratação — Curso do contrato e dissolução do ajuste laboral

A discriminação poderá ocorrer na **admissão, no curso do contrato e na dissolução do pacto laboral**, em vários ou em alguns setores, inclusive no emprego público, principalmente quando a seleção não se faz por concurso, como também em todo o País ou em algumas regiões.

A discriminação poderá ocorrer, portanto, em todas as etapas da contratação.

No **ato da contratação**, uma empresa poderá praticar ato de discriminação mediante anúncios de emprego ou de um modo mais discreto, por meio do departamento de pessoal, que acata a política da direção. Poderá ocorrer, também, o que é mais raro, de a discriminação ser fruto de pressão exercida pelos próprios empregados da empresa, que não desejam trabalhar com alguém em face de suas características pessoais. Geralmente, as pessoas sujeitas à discriminação, não tiveram acesso aos meios adequados de educação e formação profissional e, evidentemente, isso limita suas oportunidades quando reivindicam empregos que exijam maior qualificação. O trabalhador poderá obter o emprego, mas não no cargo postulado e sim em outro que implique atribuições mais rudes, de baixa remuneração, que outros se recusaram a aceitar.

No **curso do contrato**, a discriminação poderá se verificar na delegação de tarefas inferiores, que não requeiram qualificação e nas oportunidades de promoção.

---

(102) BIRYUKOVA, A. P. Legislación protectora e igualdad de oportunidades para las trabajadoras en la URSS. *Revista Internacional del Trabajo*, Ginebra, v. 99, n. 1, ene./mar. 1980, p. 69, 70.

No **final do contrato** poderá ocorrer a discriminação quando o empregador, alegando necessidade de conter gastos, dispensa empregados, mas apenas os do sexo feminino e em idade de procriação.

O rápido desenvolvimento da **genética** e as novas tecnologias afins têm facilitado a obtenção de informação sobre a condição **genética**. O "Informe" da OIT que revela o método de avaliar a genética tem implicações importantes no local de trabalho, mormente nos casos em que o empregador tenha se mostrado interessado em excluir pessoas cuja condição genética evidencia uma predisposição a determinada enfermidade no futuro (*Trabajo*, n. 59, abr. 2007, p. 6).

A **discriminação genética** tem sido objeto de ação trabalhista impugnada diante de vários tribunais no mundo, com **resultado favorável às pessoas penalizadas** com uma violação aos direitos humanos (*Trabajo*, n. 59, abril 2007, p. 6).

Em **fevereiro de 2007, o Senado Americano** aprovou lei vedando aos empregadores a contratação, a despedida e o acesso ao trabalho, com amparo na informação genética, atual ou potencial, de um empregado (*Kaisernet-Work* org., 1º de fevereiro de 2007).

3.3. Razões ensejadoras da discriminação

Convém lembrar que a discriminação não se limita ao trabalho, expandindo-se por um universo muito mais amplo[103], embora nosso estudo se restrinja ao emprego.

Para se conhecer bem a discriminação, não basta identificar suas manifestações, mas principalmente as razões que a ensejam, as quais poderão ser arroladas da seguinte forma: o ódio, a "superioridade racial", a antipatia, os preconceitos, a ignorância, o temor, a intolerância e a política meditada e estabelecida[104].

Origem histórica vem sendo apontada como responsável pelo **ódio**, sobretudo religioso ou racial; sua persistência, em regra, deve-se ao fato de não se conseguir "enterrar o passado". Poderá ocorrer, ainda, que a segregação racial advenha de um **sentimento de "superioridade"**, cuja raiz também se encontre no passado, onde uma raça tenha subjugado a outra, ou então, de razões econômicas, considerando que os indivíduos de uma raça monopolizaram a economia de um país, vendo, nas outras raças, intrusos.

A discriminação poderá advir, ainda, de um sentimento natural de **antipatia ou preconceito**, isto é, uma opinião formada, sem se atentar para a realidade dos fatos ou para aspectos racionais que evidenciam exatamente o contrário do que se pensa; nessas

(103) Apesar da consagração constitucional do princípio da igualdade e da não discriminação, na prática, no Brasil, na Argentina, no Uruguai e no Paraguai persiste a situação de desigualdade da mulher, não só no trabalho, mas em vários outros segmentos (Regulación del Trabajo de la Mujer en América Latina. Documentos de base para el Seminario Regional Tripartito, Montevideo, julio 1992, Oficina Internacional del Trabajo, Ginebra, 1992). Na política, por exemplo, aqui no Brasil, de um total de 81 senadores temos atualmente (março de 2004) apenas nove mulheres; na Câmara dos Deputados, de 513 parlamentares apenas 44 são mulheres. São várias as causas responsáveis por isso, entre elas fatores culturais e sociais, que reforçam os papéis estereotipados correspondentes a homens e mulheres.

(104) *La lucha contra la discriminación en el trabajo*. Ginebra: OIT, 1968, p. 10.

situações, "a opinião divorcia-se da razão" (Balzac) e conduz à prática de ações emocionais e injustas.

A **ignorância** também poderá produzir as mesmas consequências do preconceito, ou seja, o desconhecimento dos fatos e das pessoas poderá contribuir para que persistam boatos, mitos, lendas, crenças e falsos conceitos, sobre os quais se assentam os comportamentos.

O **temor** à concorrência aos empregos também tem sido invocado como motivo de discriminação fundada em raça ou sexo, aliado ao medo de a contratação de pessoas com essas características implicar diminuição de salário ou deterioração das condições de trabalho.

A **intolerância** é outro fator responsável pela discriminação, mormente contra pessoas que professem religiões diferentes, que pratiquem uma religião qualquer que seja, ou ainda quando as considerações religiosas exercem uma influência importante na vida pública e social, sendo vista como a religião do Estado. O problema poderá ocorrer também em direção oposta, quando o Estado é oficialmente hostil às religiões. A discriminação religiosa aumenta nos países em que a religião desenvolve papel importante na vida da nação e naqueles em que a política oficial é contrária à religião. Nesses casos, a discriminação pode ser praticada até pelas próprias autoridades.

A discriminação não é, necessariamente, fruto de atitudes pessoais, podendo advir da **adoção de políticas estabelecidas** com o objetivo de impor uma separação de raças e proteger uma delas, o que, aliás, tem sido até consagrado em leis de imigração, na regulamentação do emprego, nas práticas laborais, nos programas de formação profissional, nas convenções coletivas e nos estatutos e regulamentos sindicais. O sistema que vigorava na África do Sul, de reservar certos empregos para determinadas raças, traduz um exemplo flagrante de política de discriminação, a qual não desaparece com a simples derrogação de leis, mas com o combate de suas causas, que pressupõem modificação nas atitudes pessoais.

Conclui-se, portanto, que a **discriminação funda-se em fatores** de cunho **psicossocial, educacional ou econômico**, daí a dificuldade de eliminá-la.

A união desses fatores tem efeitos que se reforçam e que, por serem injustos, são condenados, pouco importando a intenção de prejudicar.

Sob o prisma econômico, a discriminação, além de inútil, é perigosa, pois impede o aproveitamento pleno da capacidade das pessoas afetadas, com efeito nocivo sobre a produtividade.

A tutela antidiscriminatória no Brasil desenvolve sua virtualidade nos incisos IV, VI, VIII e XVII do art. 5º e no art. 7º, XXX e XXXI, da Constituição da República de 1988[(105)]. Não basta, entretanto, promulgar leis contra os atos discriminatórios, é

---

(105) "**Art. 5º** Todos são iguais perante a lei, sem distinção de qualquer natureza, garantindo-se aos brasileiros e aos estrangeiros residentes no País a inviolabilidade do direito à vida, à liberdade, à igualdade, à segurança e à propriedade, nos termos seguintes: (...); IV — é livre a manifestação do pensamento, sendo vedado o anonimato; (...); VI — é inviolável a liberdade de consciência e de crença, sendo assegurado o livre exercício dos cultos religiosos e

necessário, principalmente, combater as causas. Seu combate exige educação, informação e sensibilização. O fato de a discriminação ser uma injustiça já é uma razão suficiente para condená-la.

3.4. Discriminação direta, indireta e oculta

A discriminação manifesta-se de forma **direta, indireta** e **oculta** em vários segmentos da sociedade, inclusive no trabalho. A **primeira** é conceituada como o ato por meio do qual se atribui ao empregado um tratamento desigual, com efeitos prejudiciais, fundado em razões proibidas (raça, sexo, estado civil, idade ou outra característica enumerada na lei), enquanto a **discriminação indireta** traduz um tratamento formalmente igual, mas que produzirá efeito diverso sobre determinados grupos. Já **a discriminação oculta**, prevista no direito francês, se funda em motivo proibido mas não confessado. Ela pressupõe a intenção de discriminar, traço que a distingue da discriminação indireta, em que está ausente tal intenção(106). A discriminação oculta vem disfarçada sob a forma de outro motivo e o verdadeiro é ocultado, daí sua intenção de discriminar.

No tocante ao acesso ao trabalho são consideradas como **discriminação indireta** medidas ou práticas que excluem maior número de mulheres (ou homens) como exigência de requisitos de altura, peso, idade, provas físicas, quando a atividade não necessita desses requisitos, e também critérios subjetivos, como agressividade e capacidade de liderança(107).

A pessoa considerada discriminada deverá apresentar fatos que permitam deduzir "indícios racionais" de discriminação fundada em sexo e o empregador deverá destruir a presunção, apresentando o motivo capaz de justificar o tratamento desigual. Exigir-se prova cabal da discriminação ou da intenção de discriminar, inviabiliza o reconhecimento da igualdade de oportunidades e de tratamento no emprego.

No afã de coibir comportamentos discriminatórios, a ONU e a OIT(108) têm publicado Convenções visando a combatê-los e a União Europeia tem editado várias Diretivas, com o mesmo fim. De 2000 são as **Diretivas n. 2000/43,** proibindo

---

garantida, na forma da lei, a proteção aos locais de culto e a suas liturgias; (...); VIII — ninguém será privado de direitos por motivo de crença religiosa ou de convicção filosófica ou política, salvo se as invocar para eximir-se de obrigação legal a todos imposta e recusar-se a cumprir prestação alternativa, fixada em lei; (...); XVII — é plena a liberdade de associação para fins lícitos, vedada a de caráter paramilitar."

"**Art. 7º** São direitos dos trabalhadores urbanos e rurais, além de outros que visem à melhoria de sua condição social: (...); XXX — proibição de diferença de salários, de exercício de funções e de critério de admissão por motivo de sexo, idade, cor ou estado civil; XXXI — proibição de qualquer discriminação no tocante a salário e critérios de admissão do trabalhador portador de deficiência."

(106) SILVA, Luiz de Pinho Pedreira da. A discriminação indireta. *Revista Synthesis* 33/2001, p. 123.

(107) SILVA, Luiz de Pinho Pedreira da. *Idem*, p. 124. O autor reporta-se à assertiva de PASTOR, Maria Amparo Ballester. Diferencia y Discriminación Normativa por Razón de sexo en el orden laboral. Valencia: Tirant lo Blanch, 1994, p. 44-45. *Revista LTr* 65-4/402.

(108) Convenção n. 100 da OIT e Convenção e Recomendação n. 111 da OIT, respectivamente, sobre Eliminação de Discriminação Salarial e de Igualdade de Oportunidades entre Homens e Mulheres; Convenção da ONU sobre Eliminação de Todas as Formas de Discriminação contra a Mulher e seu Protocolo; Convenção da ONU sobre Eliminação de Discriminação Racial; Declaração dos Direitos do Deficiente, aprovada pela Resolução da ONU n. 3.447, de 9 de dezembro de 1975, entre outras.

discriminações diretas e indiretas por motivo de raça e origem étnica no acesso ao trabalho, e a de **n. 2000/78**, que estabelece um quadro geral para a igualdade de tratamento em matéria de ocupação e condições de trabalho, proibindo discriminação baseada em religião, convicções pessoais, *handicap*, idade e tendências sexuais. Fica a critério da legislação nacional as medidas destinadas a tutelar a segurança pública, a ordem pública, a saúde e a liberdade de outrem. Não constitui discriminação a diferença de tratamento baseada em religião, convicções pessoais, **se estas últimas constituírem requisito essencial ao desenvolvimento da atividade profissional, tendo em conta a sua natureza e o contexto em que ela vem espelhada**. No que tange às convicções pessoais, são previstas disposições específicas para a Irlanda do Norte. As duas diretivas acolhem as noções de discriminação direta e indireta já formuladas pela Corte de Justiça[(109)] e por Diretivas anteriores, que vedam as discriminações por motivo de sexo.

3.5. Medidas sugeridas para o combate à discriminação. Ações afirmativas

A par de declarações enfáticas ao combate à discriminação inseridas em vários instrumentos internacionais, tanto da OIT como da ONU, que serão analisadas oportunamente, têm sido propostas pela ação internacional e comunitária medidas positivas especiais (ações afirmativas) para pôr em prática a execução das disposições desses instrumentos e atingir a efetiva igualdade de oportunidades e de tratamento. Várias normas internacionais, ratificadas pelo Brasil, têm sugerido a adoção de ações afirmativas.

As ações afirmativas, de origem norte-americana, são mecanismos que procuram conceder temporariamente preferências a certos grupos de pessoas que se encontram em desvantagem no contexto social (escola, trabalho, entre outros setores), mas sem infringir o princípio da isonomia. Seu objetivo é corrigir as desigualdades presentes em determinados grupos, com certas características, como raça, gênero, deficiência, as quais lhes diminuem as perspectivas e afetam os seus planos de vida.

Com as ações afirmativas institui-se uma "discriminação reversa", em consonância com o conceito de justiça distributiva que consiste em tratar de forma desigual os desiguais. O tratamento desigual, aqui, é compensatório, e vem sendo sugerido pelas normas internacionais, como se infere dessas passagens:

> "As medidas positivas especiais com a finalidade de atingir a igualdade efetiva de oportunidades e de tratamento entre os trabalhadores deficientes e os demais trabalhadores, não devem ser vistas como discriminatórias em relação a estes últimos" — Art. 4º da Convenção n. 159 da OIT, ratificada pelo Brasil.

> "As medidas especiais tomadas com a finalidade única de assegurar o progresso de determinados grupos raciais ou étnicos ou de indivíduos que tenham necessidade de proteção, que serve para lhes garantir o gozo e o exercício dos direitos do homem e liberdades fundamentais em condições de igualdade não são consideradas como medidas de discriminação racial, desde que não tenham por efeito a manutenção de direitos distintos

(109) GALANTINO, Luisa. *Op. cit.*, p. 192.

para grupos raciais diferentes e não permaneçam em vigor uma vez atingidos os objetivos que têm em mira" — item 4 do art. 1º da Convenção Internacional da ONU sobre Eliminação de todas as Formas de Discriminação Racial, ratificada pelo Brasil.

A Constituição de 1988, no art. 7º, XX, ao proteger o mercado de trabalho da mulher mediante incentivos específicos, está, sem dúvida, admitindo as "ações afirmativas", cujo fundamento consiste em "desigualar para criar igualdade"(110).

Da mesma forma, o art. 373-A, parágrafo único, da CLT.

A doutrina enumera várias regras para evitar que as ações afirmativas padeçam do vício da inconstitucionalidade, por violação ao art. 5º da Constituição vigente. São elas: a) a identificação do grupo e seu âmbito deverá ser conceituado de forma precisa e não com base em critérios político-eleitorais; b) a medida deverá ser proporcional à desigualdade a ser reparada, do contrário serão gerados novos privilégios (é a regra da proporcionalidade); c) as normas de avantajamento devem ser adequadas à correção da desigualdade (critério da razoabilidade); d) as medidas deverão ser temporárias, e, se com o passar do tempo não corrigirem a segregação é porque não foram adequadas; e) as medidas não poderão acarretar onerosidade excessiva para a sociedade, do contrário violarão os critérios da adequação e proporcionalidade do tratamento diferenciado(111).

3.6. Discriminação por motivo de raça, estado civil e idade

A preocupação com a discriminação fundada **em raça** extrai-se da ação internacional, mais precisamente da Convenção Internacional da ONU sobre Eliminação de Todas as Formas de Discriminação Racial, cujo art. 1º conceitua a discriminação como:

> "qualquer distinção, exclusão, restrição ou preferência, baseada em raça, cor, descendência ou origem nacional que tenha o propósito ou o efeito de anular ou prejudicar o reconhecimento, gozo ou exercício em pé de igualdade de direitos humanos e liberdades fundamentais nos campos político, econômico, social, cultural ou em qualquer outro campo da vida pública".

O art. 7º, XXX, da Constituição vigente, proíbe diferença de salário, de exercício de função e de critério de admissão por motivo de sexo, idade, **cor** ou estado civil.

Atento para a existência do chamado "racismo científico", que se funda na superioridade da raça branca, e no chamado "racismo heterofóbico", que nega as diferenças, o constituinte brasileiro o tipificou como crime inafiançável e imprescritível, sujeito à pena de reclusão (art. 5º, XLII, da Constituição de 1988).

Em 14 de maio de 1997, foi sancionada, em nosso País, a Lei n. 9.459, considerando crimes as condutas que implicam a prática, o induzimento e a incitação da discriminação ou preconceito de **raça, etnia, cor, nacionalidade ou religião**, cominando aos infratores a pena de reclusão de um a três anos, além de multa. E em 23 de

---

(110) FERREIRA FILHO, Manoel Gonçalves. Aspectos Jurídicos das Ações Afirmativas. *Revista TST*, v. 69, jul./dez. 2003, p. 72.

(111) FERREIRA FILHO, Manoel Gonçalves. *Op. cit.*, p. 76-77.

maio de 2003 editou-se a Lei n. 10.678, que criou a Secretaria Especial de Políticas de Promoção da Igualdade Racial, da Presidência da República, com o objetivo de tornar efetivo o combate à discriminação. O Decreto de 20 de agosto de 2004 cria a Comissão Tripartite no Ministério do Trabalho, com o objetivo de promover políticas públicas de igualdade de oportunidades e tratamento, visando a combater as formas de discriminação de gênero e de raça. O Decreto n. 5.397, de março de 2005, instituiu o Conselho Nacional de Combate à Discriminação e a Lei n. 12.288, de 20.7.2010, criou o Estatuto da Igualdade Racial, garantindo, entre outros, o direito à implementação de políticas voltadas para a população negra no mercado de trabalho com responsabilidade ao Poder Público.

Não obstante o preceito constitucional e infraconstitucional, lamentavelmente, o preconceito existe e o **racismo** tem sido responsável pela dispensa de trabalhadores, inclusive no serviço público, ensejando a nulidade do ato pelos Tribunais que, em consequência, autorizam a reintegração do empregado e a compensação pelos danos morais[112].

Visando a combater o **racismo**, o País tem implementado as chamadas "ações afirmativas ou corretivas", por meio de cotas para ingresso na Universidade do Rio de Janeiro, por exemplo, em favor de grupos de pessoas da raça negra ou parda. Esses grupos são desfavorecidos porque têm um ensino de menor qualidade e não conseguem ingressar em universidades melhores. Logo, exercerão atividades de menor prestígio e baixa remuneração, o que contribui para que as desigualdades se eternizem.

A escolaridade é fator determinante do desemprego e o analfabetismo entre as pessoas de 15 anos de idade ou mais atinge 8,3% dos brancos e 20% dos negros e pardos, enquanto o analfabetismo funcional alcança 21,7% dos brancos e 40% de negros e pardos[113].

Decisão da Suprema Corte americana, de junho de 2003, revendo decisão da década de 70, considerou legítimo o sistema de cotas instituído pela Universidade de

---

(112) "**Emprego público. Exoneração por simples ato administrativo sem motivação comprovada da inaptidão do servidor.** Ilegalidade, mormente quando o ato vem maculado pela indignidade moral da prática do racismo e confronto com os princípios da valorização da pessoa humana (Constituição Federal, art. 1º, inciso III e art. 5º, *caput* e inciso XLII). O ingresso no serviço público mediante o preenchimento de todos os requisitos exigidos pela Constituição Federal faz nascer o direito, ou melhor, a expectativa de direito à estabilidade e/ou, conforme o caso, à garantia de motivação das decisões, sendo a exoneração ou demissão indispensavelmente precedida, na forma da doutrina e da jurisprudência, da demonstração cabal da inaptidão do servidor às funções desempenhadas. Simples ato administrativo, sem motivação, afronta o poder discricionário e envereda nas raias do arbítrio. Direito à reintegração que merece ser deferido, notadamente ainda quando transparece da prova que a despedida, praticada pelo ente paraestatal, ou melhor, pelo servidor responsável pela escolha dos demitidos, vulnera até os princípios de respeito à dignidade do homem, à ética social, à moralidade, mediante a prática hedionda do **racismo**, cuja punição social ultrapassa o direito pretendido, por se constituir em crime e gerar o direito também à indenização pelo dano moral daí resultante". TRT/SC — RO-V-1.595/95 (Ac. 8.320/96) — Rel.: Juiz Antônio Carlos Facioli Chedid, julgado em 16.9.96 e publicado no DJ/SC de 27.9.96.

(113) PAULA, Carlos Alberto Santos de. A população negra brasileira e o mercado de trabalho. *Revista Synthesis* 36/2003, p. 75-76. O autor aponta estatística relativa ao ano de 1999, feita nas regiões metropolitanas de São Paulo, Salvador, Belo Horizonte, Recife, Porto Alegre e Distrito Federal. A população negra abrange 14.483.000 pessoas; de 2.963.000 desempregados nessas regiões, cerca de 50% são negros; e de 12.993.000 ocupados, 40% são negros.

Michigan, em favor de grupos desfavorecidos, desde que o critério racial não fosse o único e convivesse com outros critérios(114).

Da mesma forma, implica discriminação, mas no tocante ao **estado civil** e atenta contra o direito à igualdade o empregador que dispensa uma empregada pelo fato de ter ela contraído matrimônio(115). Repudiando o caráter discriminatório do comportamento, o TRT da 12ª Região condenou à compensação por dano moral o empregador que dispensou uma de suas empregadas pelo fato de ter ela marcado data para contrair matrimônio(116).

É, ainda, discriminatória a dispensa de empregado sob o argumento de encontrar-se ele **"em idade avançada"**. O comportamento do empregador infringe o art. 4º, I, da Lei n. 9.029, de 1995, como atesta esta decisão:

> "Dispensa discriminatória. Idade. Lei n. 9.029/95. Ônus da prova. Declinando a defesa que a dispensa do empregado, professor, não foi discriminatória, como alegado na inicial, mas sim pela inaptidão do reclamante, resta reconhecido que o ato não se tratou de livre exercício do 'poder potestativo' de dispensar, mas sim foi motivado. Portanto, a tese da inicial (de que houve motivo para a dispensa do reclamante) é incontroversa. A divergência está na natureza desse motivo: pela inicial, o motivo foi discriminatório (idade avançada do reclamante); pela defesa, o motivo foi a deficiência do reclamante na sua atuação como professor. Diante deste quadro, o ônus da prova era da reclamada, pois o motivo invocado em defesa tratou-se de fato modificativo ou impeditivo do direito postulado na inicial: discriminação não houve, segundo a reclamada, porque a dispensa teve motivos que justificavam a sua atitude. Não se desonerando deste ônus, reconhece-se a dispensa discriminatória, justificando o deferimento da indenização prevista no art. 4º, I, da Lei n. 9.029/95, no importe equivalente ao valor, em dobro, dos salários e vantagens do período de afastamento, compreendido entre a dispensa e o trânsito em julgado da decisão". TRT — 9ª Região — Ac. 2ª Turma — RO-1526/2002 — Rel. designado: Juiz Arion Mazurkevic. DJPR 23.8.2002.

Outro não é o posicionamento do TRT/SP, como se extrai desse julgado:

> "**Discriminação por idade**. Ociosidade imposta. Rescisão indireta. Danos morais. A ociosidade imposta é uma das mais graves ofensas ao trabalhador. Ainda mais ao

---

(114) MALLET, Estêvão. Direito do Trabalho e Discriminação. *Revista da AMATRA* II, dez. 2003, p. 26. De acordo com o economista americano Thomas Sowell, em entrevista dada ao canal Globo News de Televisão, no segundo semestre de 2004, as ações afirmativas nos EUA acabaram se tornando definitivas e não produziram os efeitos desejados, pois os seus beneficiários tiveram, no âmbito universitário, aproveitamento inferior aos alunos que não se beneficiaram do sistema, o que conduz a uma discriminação no mercado de trabalho quando da exibição do *curriculum vitae*. Sendo o referido economista da raça negra, seu pronunciamento pareceu-me relevante.

(115) Cf., a propósito, obra de nossa autoria intitulada *A Mulher e o Direito do Trabalho*. São Paulo: LTr, 1995, *passim*.

(116) "**Despedida discriminatória da mulher que contrai núpcias. Vulneração de preceitos constitucionais. Dano moral. Indenização.** Sendo a família a célula formadora de uma sociedade organizada, vulnera o sistema democrático o direito individual da trabalhadora e de sua futura entidade familiar e ainda perpetua discriminação atentatória dos direitos e liberdades individuais a despedida da mulher pelo fato de consignar seu desejo de contrair matrimônio, cuja lesão deve ser ressarcida pela contraprestação de uma indenização equivalente ao dano provocado em momento de considerável relevância individual e social (interpretação dos artigos 3º, inciso IV, 5º, incisos I e XLI, 7º, incisos I e XX e 226, da Constituição Federal e 159 do Código Civil Brasileiro)". TRT—SC- RO-V-A 6.070/94 — Ac. 1ª T. 6.637/96 — Rel.: Juiz Antônio Carlos Facioli Chedid. Genesis. *Revista de Direito do Trabalho*, out. 1996, n. 46, p. 537.

intelectual que por longos anos contribuiu para o engrandecimento do nome da empresa. Não bastasse tal situação humilhante, a ela fora levada a autora por motivos discriminatórios em razão de sua idade. Superaram-se os limites do poder potestivo da empresa, ferindo-se, não somente a dignidade da trabalhadora, mas princípios constitucionais, éticos e sociais. A ociosidade imposta à autora se dera com a finalidade de esta deixar a empresa e se firmara em bases discriminatórias, infringindo normas expressas na Constituição Federal e na Lei n. 9.029/95. Devida a indenização por danos morais" (TRT/SP 03138200005202007 — RO — Ac. 1ª T. 20050884799 — Rel. Lizete Belido Barreto Rocha — DOE 13.12.**05**)(117).

A discriminação é difícil de ser comprovada porque ela nunca é ostensiva, mas dissimulada, camuflada. E no âmbito do Direito do Trabalho esse fato se agrava porque os atos resilitórios se baseiam no direito potestativo, não sendo exigido do empregador que motive a dispensa.

No Direito do Trabalho, a teor do art. 818 da CLT, o ônus da prova da discriminação contestada compete a quem a invoca, no caso, o empregado. Dada a dificuldade de se comprovar o tratamento discriminatório, o que inviabilizaria a efetividade da tutela constitucional, entendemos suficiente que a vítima apresente em juízo circunstâncias fáticas que façam presumir o tratamento desigual, competindo ao empregador comprovar a razoabilidade dos critérios adotados, quando esses não forem transparentes, mostrando que não violou o princípio da igualdade.

Por outro lado, a Lei n. 10.173, de 9 de janeiro de 2001, introduziu no CPC os art. 1.211-A, 1.211-B e 1.211-C, concedendo prioridades na tramitação de procedimentos envolvendo as pessoas com mais de 65 anos de idade. Essa preferência viola o princípio da isonomia? Entendemos que não. Em primeiro lugar, porque o princípio em questão não é absoluto, e depois porque a idade do litigante não é um critério arbitrário para a determinação de preferência na conclusão de procedimentos judiciais.

Ademais, a morosidade do judiciário, além de afetar a garantia constitucional do direito de ação, compromete a entrega da prestação jurisdicional e, evidentemente, os prejuízos daí advindos atingem de modo diverso os litigantes, daí a preocupação de acelerar os procedimentos que envolvem idosos(118).

3.7. Discriminação por motivo de sexo

3.7.1. Introdução

As distinções por motivo de sexo dizem respeito às que se estabelecem contra a mulher, em geral. Diverge da discriminação por motivo de raça ou religião. A discriminação contra a mulher possui vinculação com conceitos relativos à vida familiar e social. São fruto de uma inferioridade presumida advinda, muitas vezes, de mitos e crenças, como também de outras considerações arbitrárias, que serão analisadas em

(117) Segue a mesma linha de interpretação a Súmula n. 683 do Supremo Tribunal Federal quando preceitua: "O limite de idade para a inscrição em concurso público só se legitima em face do art. 7º, XXX, da Constituição, quando possa ser justificado pela natureza das atribuições do cargo a ser preenchido".

(118) MALLET, Estêvão. Preferência nos procedimentos envolvendo idosos. *Revista Synthesis* 36/2003, p. 96.

seguida. A título de exemplo, existem, particularmente, distinções que limitam as possibilidades de contratação e conservação do emprego da mulher casada. Mesmo os pensadores que comungavam com os ideais preconizados pela Revolução Francesa, cujo lema era a liberdade, a igualdade e a fraternidade, não reconheceram a igualdade entre homens e mulheres.

As ideias de Rousseau não favorecem as mulheres, quando considera que "toda a educação da mulher deve ser relativa ao homem", sendo feita "para ceder ao homem e suportar-lhe as injustiças"[(119)].

Durante a Revolução Francesa (1789), as mulheres também lutaram contra a tirania, em favor da liberdade. Por ocasião da Declaração dos Direitos do Homem e do Cidadão, de 1789, foi apresentado também um projeto de Declaração dos Direitos da Mulher, sustentado por Olympe de Gouges, cujo texto dispõe que:

> "A mulher nasce livre e mantém-se igual ao homem no direito. O princípio da soberania reside na nação, ou seja, na reunião dos homens e das mulheres. Todas as cidadãs e todos os cidadãos — iguais diante da lei — devem ser igualmente admitidos em todos os cargos, em todos os postos e empregos públicos, segundo a sua capacidade, sem outra distinção sem ser a sua virtude ou o seu talento". E conclui dizendo que se a mulher tem o "direito" de subir ao cadafalso, deve ter o direito de subir à tribuna. (Cf. *As mulheres na Revolução Francesa.* Cadernos de Mulheres da Europa. Comissão das Comunidades Europeias, n. 33, Bruxelas, jan./91).

Em 3 de novembro de 1793, Olympe de Gouges foi guilhotinada, ficando proibidas as organizações de mulheres, as quais não obtiveram, com a Revolução Francesa, o reconhecimento de seus direitos; a legislação civil e política subsequentes que prevaleceram na Europa reforçaram a inferioridade feminina.

A discriminação pressupõe um tratamento diferenciado comparativamente desfavorável, que poderá advir de uma presumida inferioridade, de outras considerações arbitrárias e do fato de que sua contratação poderá elevar os custos operacionais da empresa.

Note-se, entretanto, que os comportamentos conservadores em relação à mulher, na vida familiar e social, reforçam a discriminação.

A educação em sentido estrito, transmitida de uma geração para a outra, desencoraja a mulher à aquisição de maior nível de escolaridade, passando-lhe uma falsa noção de feminilidade que a induz a relegar a um plano secundário a vida profissional a fim de que esteja mais disponível para as atividades domésticas e familiares[(120)]. A educação orientada nesse sentido funda-se em presumíveis características femininas, desprovidas de qualquer respaldo científico, mas que acabam sendo responsáveis pela distinção dos papéis femininos e masculinos baseados em estereótipos, que são

(119) ROUSSEAU *apud* BEAUVOIR, Simone de. *O segundo sexo. 1. Fatos e mitos.* Rio de Janeiro: Editora Nova Fronteira, 1980, p. 140. Trad. Sérgio Milliet.

(120) MIRANDA, Glaura Vasques de. A educação da mulher brasileira e sua participação nas atividades econômicas em 1970. *Cadernos de Pesquisa.* São Paulo, n. 15, dez. 1975, p. 21 a 36.

esquemas de interpretação com suporte em preconceitos e não em fatores reais[(121)]. As atitudes familiares conservadoras são reforçadas nos primeiros anos de escola, principalmente por meio de modelos de personagens constantes dos manuais infantis e juvenis, veiculados no aprendizado da leitura, onde estão presentes os estereótipos tradicionais. Estudos realizados nesta área evidenciam que as ilustrações e os textos mostram a mulher romântica e contemplativa, enquanto o homem está sempre fisicamente ativo. Nos traços preconcebidos de personalidade, o homem tem atitudes de domínio e autoconfiança, enquanto as atitudes da mulher são de obediência e passividade. Finalmente, nos traços preconcebidos funcionais, o homem é o sustento da família e a mulher a responsável pelos serviços domésticos[(122)].

A distribuição de papéis sociais influencia as condutas, ao lado de outros dados relativos à educação, em sentido amplo, como por exemplo a religião, os costumes, os fatores históricos, as relações entre os homens. Esses obstáculos culturais acabam por afetar a estrutura ocupacional das mulheres, associados a fatores como a legislação protecionista, a força muscular, os custos da mão de obra feminina, principalmente onde a taxa de natalidade é alta, o absenteísmo, a maior rotatividade da mão de obra feminina durante os primeiros anos de vida dos filhos, a falta de formação profissional apropriada e permanente, sobretudo na área técnica, científica e política[(123)]. A experiência tem demonstrado que, a partir do momento em que esses comportamentos conservadores evoluem, modifica-se também o perfil da mulher no emprego e rompe-se com uma herança cultural que admitia as diferenças sexuais, sem questionar ou explicar sua etiologia.

A discriminação manifesta-se de forma **direta** ou **indireta**. A primeira pressupõe um tratamento desigual fundado em razões proibidas, enquanto a discriminação indireta traduz um tratamento formalmente igual, mas que produzirá efeito diverso sobre determinados grupos.

Nos próximos tópicos desse estudo vamos analisar a temática em face das normas internacionais.

3.7.2. A ação internacional e o combate à discriminação contra a mulher

A ação internacional da OIT, numa **primeira fase**, estabelece restrições excessivas ao trabalho feminino, mormente no que tange ao trabalho noturno na indústria[(124)]. A legislação tutelar inserida em normas internacionais e transplantadas para a legislação interna dos países mostrou-se necessária e útil em determinado momento histórico, diante da exploração de que eram vítimas as mulheres e em face de um proletariado pouco consciente. Em vista da evolução científica, tecnológica, social e em face das novas necessidades econômicas, as restrições legislativas referentes ao trabalho da

(121) BARROS, Alice Monteiro de. *A mulher e o Direito do Trabalho*. São Paulo: LTr, 1995, p. 205 e ss.
(122) BRANDÃO, Eugênio. Estereótipos em Manuais Escolares. *Cadernos Condição Feminina*. Lisboa: Edição da Condição Feminina, 1979, p. 7.
(123) BARROS, Alice Monteiro de. *Op. cit.*, p. 205 e ss., 228 e ss.
(124) BARROS, Alice Monteiro de. *A mulher e o Direito do Trabalho*. São Paulo: LTr, 1995, p. 35, 93 e ss.

mulher em determinados locais, horários e circunstâncias têm sido submetidas a uma avaliação, para aferir-se a sua verdadeira necessidade[(125)].

Em uma **segunda fase** — e aí reside a sua grande contradição —, a OIT concentra-se no favorecimento das perspectivas das mulheres no mercado de trabalho, assegurando-lhes igualdade de remuneração com os homens. Em uma etapa subsequente, garante-lhes a igualdade de oportunidades e de tratamento no emprego e profissão.

Embora a ação internacional tenha sido a grande aliada da mulher na luta pela igualdade, declarações enfáticas deste princípio, inseridas em normas internacionais, não se têm mostrado suficientes para a concretização desse ideal.

3.7.3. Igualdade de remuneração

3.7.3.1. Conceito

A **Convenção n. 100 da OIT, de 1951,** ratificada pelo Brasil em abril de 1957 e promulgada pelo Decreto n. 41.721, de junho de 1957, na mesma diretriz da Recomendação n. 30, de 1928, da OIT, e da Resolução adotada no México, em 1946, pelos Estados da América, Membros da OIT, disciplina o princípio de **"igualdade de remuneração** para a mão de obra masculina e **feminina** por um trabalho de igual valor".

Em seu art. 1º, considera remuneração:

> "o salário ou o tratamento ordinário, de base, ou mínimo, e todas as outras vantagens, pagas direta ou indiretamente, em espécie ou 'in natura', pelo empregador ao trabalhador em razão do emprego deste último".

A igualdade de remuneração deverá fundar-se em um conjunto de operações realizadas e não nos resultados obtidos, afirmando-se não se poder levar em consideração que a mão de obra feminina possa resultar mais custosa em consequência das leis de tutela social[(126)].

Em geral, porém, a avaliação do trabalho de "igual valor" baseia-se em critérios que favorecem as características masculinas, como a força física, não se valorizando a habilidade manual e a perseverança enfrentadas pelas mulheres nas tarefas complexas e monótonas que muitas vezes causam mais fadiga do que os trabalhos que dependem de força física[(127)] e são muito valorizados.

Está comprovado que os serviços geralmente executados por mulheres, como os de telefonia, mecanografia e outros trabalhos predispostos a um ritmo determinado, dadas as percepções e exigências que impõem à mente, dão mais origem a neuroses do que os trabalhos pesados masculinos[(128)]. A par das sequelas psíquicas, os serviços

---

(125) BARROS, Alice Monteiro de. *A mulher e o Direito do Trabalho*. São Paulo: LTr, 1995, *passim*.

(126) SULLEROT, Evelyne. Igualdad de remuneración entre hombres y mujeres en los Estados de Europa miembros de la CEE. *Las Trabajadoras y la Sociedad*. Ginebra, 1976, p. 102.

(127) SÉGURET, Marie-Claire. ¿Mejorarán algún día las condiciones de trabajo de las mujeres? *Revista Internacional del Trabajo*. Ginebra, v. 102, ene/mar. 1983, p. 413.

(128) CARPENTIER, J.; CAZAMIAN, P. *El trabajo nocturno; sus efectos sobre la salud y el bienestar del trabajador*. Ginebra: Oficina Internacional del Trabajo, 1977, p. 44.

que implicam trabalhos com teclados, provocam a *Síndrome dos Esforços Repetidos*, associadas a patologias, como a tendinite e outros distúrbios, como a *Síndrome do Túnel do Carpo* e a epicondilite(129).

Os principais obstáculos encontrados na aplicação dessa Convenção, nos países desenvolvidos e nos países em desenvolvimento, decorrem das circunstâncias de que, em certos países, o Governo não intervém diretamente na fixação de salários do setor privado, o que geralmente é fruto de convenções coletivas. A outra dificuldade reside na falta de critérios objetivos para a avaliação das operações realizadas pelos trabalhadores(130).

Não obstante, foram inúmeros os países que ratificaram a Convenção n. 100 e promulgaram leis sobre a igualdade de remuneração(131).

Na mesma linha de ideias e sob o prisma comunitário, o Tratado de Roma, que instituiu a Comunidade Econômica Europeia (CEE), já em 1957, assegurava, em seu art. 119, "igualdade de retribuição para um mesmo trabalho" e não "igualdade de remuneração para trabalho de igual valor", como propôs a Convenção n. 100.

O princípio consubstanciado no Tratado de Roma foi **interpretado como aplicável só a empregos idênticos**, no que tange ao conteúdo das tarefas, e influenciou a legislação interna dos países, inclusive do Reino Unido (*Equal Pay Act* de 1979), do Canadá e dos Estados Unidos (Lei de 1963).

A expressão utilizada pelo Tratado de Roma acarretou dificuldades quando se tratava de confrontar empregos em que, geralmente, há maior contingente feminino, como ocorre com professoras de jardins de infância, secretárias e parteiras, por exemplo(132). Sob esse aspecto, o termo "trabalho de igual valor" tem um alcance mais amplo e permite estabelecer equivalência entre empregos exclusivamente femininos ou masculinos, com a ajuda de um método de classificação de funções.

A Diretiva n. 117, de 1975, da União Europeia, sobre igualdade de retribuição, aplicável tanto no setor público como no setor privado, reelaborou as ideias iniciais, compatibilizando as normas internacionais da OIT com as do Tratado de Roma. Assim, passou a considerar "trabalho igual" ou "mesmo trabalho" aquele em relação ao qual se atribui "igual valor"(133). Prescreve a diretiva seja utilizado um sistema de classificação profissional, para determinar que as retribuições tomem por base critérios comuns a homens e mulheres; determina aos Estados-Membros que introduzam, em

---

(129) A **Recomendação n. 90 da OIT, de 1951,** complementa a **Convenção n. 100, de 1951,** para garantir a aplicação do princípio da igualdade de remuneração; sugere medidas que permitam avaliar os trabalhos executados e classificar os empregos independentemente de sexo, como também elevar o rendimento dos trabalhadores, assegurando-lhes as mesmas oportunidades de orientação profissional.

(130) VALTICOS, Nicolas. *Droit international du travail*. 2. ed. Paris: Dalloz, 1983, p. 446.

(131) Como exemplo, podemos citar: **as alterações introduzidas no Código do Trabalho de Madagascar, em 1975; a lei canadense de julho de 1977 e as modificações ocasionadas no Código do Trabalho francês, em 1981 e 1983, entre outras.**

(132) LANDAU, C. E. Igualdad en el empleo entre hombres y mujeres en la CEE: legislación y jurisprudencia recientes. *Revista Internacional del Trabajo*, Ginebra, abr./jun. 1984, v. 103, n. 2, p. 222.

(133) LANDAU, C. E. *Op. cit.*, p. 223.

seus ordenamentos jurídicos, medidas que permitam o ingresso do trabalhador em juízo quando se sentir discriminado.

No início dos anos 80, a legislação, sobretudo do Reino Unido, Inglaterra e algumas províncias do Canadá, passou a dar preferência ao critério do "trabalho de igual valor", procurando tornar mais operacional esse conceito, precisando os elementos que devem ser tomados como parâmetro para avaliar trabalhos de igual valor. Tal critério abrange, em regra, a formação, a experiência, o nível de responsabilidade, o caráter mais ou menos penoso das tarefas e das condições de trabalho, em seu conjunto, e permite ampliar o âmbito de comparação dos empregos[(134)]. Não se poderá considerá-lo, entretanto, suficiente para a solução do problema, pois a análise do critério poderá constituir causa de discriminação indireta até mais difícil de se comprovar.

Apesar de todas as tentativas no sentido de igualar salários por trabalhos de igual valor, as estatísticas demonstram que as mulheres continuam percebendo salários inferiores aos que são pagos aos homens, na maioria dos países, independentemente do nível de desenvolvimento econômico e social, principalmente no setor privado, pois no serviço público os salários, em geral, se equivalem.

Esse fato demonstra não haver uma correspondência entre o progresso das ideias e o seu reflexo na realidade. Nesse domínio, a legislação revela uma tendência a adiantar-se ao fenômeno social.

E assim é que, em 1981, nos Estados Unidos, a remuneração global das mulheres que trabalhavam em tempo integral equivalia a 65% daquela auferida pelos homens, atingindo um percentual superior ao de 1979, quando a proporção era de 63%. No setor da agricultura, cujos salários são mais baixos, é que a remuneração das mulheres mais se aproximava daquela percebida pelos homens, sendo de 82% o percentual. Nas profissões intelectuais, a remuneração global das mulheres correspondia a 72% daquela atribuída aos homens[(135)].

Dados estatísticos da década de oitenta confirmam a disparidade de salário e de rendimento, em geral, entre os sexos, em setores não agrícolas, em vários países europeus, no Japão, Nova Zelândia e Chipre[(136)].

Na América Latina, a discriminação salarial decorrente do fator sexo também se manifesta, principalmente no Brasil, Costa Rica e Chile[(137)].

No nosso país, os textos constitucionais de 1934, 1946, 1967 e 1988 proíbem diferença de salário por motivo de sexo. A Carta de 1937, embora contenha o preceito

---

(134) EYRAUD, François. Igualdad de Remuneración y valor del trabajo en los países industrializados. *Revista Internacional del Trabajo.* Ginebra, 1993, v. 112, n. 2, p. 238, 239.

(135) *Femmes au travail.* Genève: Bureau International du Travail, 1982, n. 2, p. 7.

(136) *El trabajo en el mundo.* Ginebra: Oficina Internacional del Trabajo, 1992, v. 5, p. 26.

(137) Na Costa Rica, em 1978, os homens percebiam salários superiores aos das mulheres, no percentual de 13,73% e, em 1980, de 18,49%. No Chile, apesar de as mulheres integrantes da população ativa possuírem nível educacional superior ao dos homens tanto no meio rural como no meio urbano, as estatísticas revelam que, em 1979, o salário médio dos homens com nível educacional mínimo era 71% superior ao das mulheres; com nível educacional médio, o salário correspondia a 84% além do que elas auferiam e, em se tratando de homens com curso universitário, o salário era 191% superior ao das mulheres.

formal da igualdade de todos perante a lei, eliminou o dispositivo da Constituição anterior que vedava a diferença de salário por motivo de sexo. Diante dessa omissão, publicou-se o Decreto-Lei n. 2.548, de agosto de 1940, estabelecendo que as mulheres poderiam receber salários inferiores aos dos homens, autorizando uma redução de 10% em prejuízo daquelas.

No final do século XX[(138)] e na mesma diretriz das convenções internacionais ratificadas pelo Brasil, foi alterada a Seção I, do Capítulo da CLT, alusivo à proteção do trabalho da mulher, a qual passou a ter a seguinte redação: "Da Duração, Condições do Trabalho e da Discriminação contra a Mulher". Em consequência, foram introduzidos no art. 373 vários itens vedando a discriminação da mulher no mercado de trabalho. Entre esses itens, encontra-se o que proíbe considerar o sexo, a idade, a cor ou situação familiar como variável determinante para fins de **remuneração**, formação profissional e oportunidades de ascensão profissional. Apesar de todo o esforço legislativo no sentido de coibir a disparidade de salários entre os sexos, as estatísticas demonstram que, na prática, a realidade é outra.

Estatísticas levantadas no Brasil em 1970 e 1980 revelam que as mulheres recebiam, respectivamente, 46% e 33% do salário pago aos homens, apesar de possuírem nível de instrução mais elevado[(139)]. É que o nível de instrução mais elevado não corresponde, necessariamente, ao desenvolvimento de funções mais qualificadas, em face da distinção que existe entre cultura escolar e cultura profissional.

O perfil relatado acima não se alterou na década de noventa[(140)]. A título de exemplo, no nosso país, quando as mulheres ingressam no serviço público, por concurso, não há preconceito e os salários são iguais, entretanto, quando "chega a hora das promoções, os homens têm preferência. Quanto melhor o salário, menos mulheres"[(141)].

No setor privado, a jurisprudência registra ação civil pública ajuizada pelo Ministério Público do Trabalho, no final da **década de 90**, perante a 1ª Vara do Trabalho de Teresina, pleiteando que o empregador pague às empregadas do sexo feminino, ocupantes da função de vendedor, remuneração igual à que era paga aos vendedores do sexo masculino, com aplicação de multa. A Vara de origem reconheceu a violação ao art. 7º, XXX, da Constituição vigente, condenando a empresa a fazer cessar o tratamento discriminatório dispensado às vendedoras em relação à forma de remuneração adotada para os vendedores do sexo masculino, sob pena de multa mensal na hipótese de inadimplemento. Houve recurso ordinário, mas o TRT da 22ª Região, por meio do RO 781/97 (Ac. 1108/97), julgado em 23.9.97, negou provimento ao apelo[(142)].

---

(138) Lei n. 9.799, de 26 de maio de 1999.

(139) *FEMMES AU TRAVAIL*. Spécial. Genève, Bureau International du Travail, 1984, n.1, p. 24.

(140) *Diário da Tarde* de 8.11.97, reportagem de Luciana Sampaio, baseada em dados da economista do IPEA, Lena Lavinas.

(141) *Jornal Trabalhista*. n. 711, de 25.5.98, p. 541. Dados extraídos da *Folha de S. Paulo* de 5.4.98.

(142) Cf a ementa deste acórdão: Constitui prática de discriminação salarial contra empregadas do sexo feminino o fato de receberem remuneração desigual, quando desempenham as mesmas funções, a teor do inciso XXX, art. 4º, da Lei Básica da República. Sentença que se confirma. Rel.: Juiz Wellington Jim Boavista. *Revista LTr* 62-02/276.

Diversos fatores contribuem para essa discriminação na América Latina, entre eles: tradições culturais, relações econômicas, condições de participação na vida política e social, sistema normativo e característica das comunicações.

Com relação aos **países africanos,** apesar de terem, de um modo geral, ratificado a Convenção Internacional n. 100 e adotado disposições concernentes ao princípio da igualdade de remuneração, na prática, há dificuldades na aplicação da equivalência salarial entre homens e mulheres, não só no que tange ao salário-base, mas também ao salário indireto, muito comum nos países da África. É que as legislações desses países preveem exceções ao princípio da igualdade de remuneração para certas categorias de trabalhadores. Da mesma forma, nas convenções coletivas aprovadas pelos setores de pequeno comércio, artesanato e outras atividades em que predomina a mão de obra feminina, são estabelecidas tais exceções que não encontram justificativa nas leis[(143)].

Várias são as explicações para a diferença de salário entre os sexos, nos diversos países.

Com fundamento na **teoria neoclássica**, asseveram alguns economistas[(144)] que a concentração de mulheres em determinadas ocupações e sua escassa participação em outras reduz sua remuneração, sendo normal que se ofereçam salários mais baixos ao aumentar-se a oferta total de mão de obra em determinada categoria.

O principal fator que esclarece esse fenômeno da segregação profissional reside em atitudes tradicionais a respeito do "papel da mulher", transmitidas por pais e mestres, as quais poderão frear as aspirações das mulheres no trabalho[(145)] e induzi-las à aceitação de que seu salário seja apenas um complemento da renda familiar.

Essas diferenças poderiam ser reduzidas se melhorassem o nível de instrução e formação profissional das mulheres.

Outro aspecto da discriminação salarial e até profissional encontra-se na teoria do **"capital humano"**, ou seja, sustenta-se que, pensando na maternidade e na criação dos filhos, as mulheres investem menos na educação e escolhem profissões compatíveis com esses encargos, que não exigem delas horas extras, viagens, muito tempo para a formação ou serviços que não as penalizem pelas interrupções no emprego[(146)]. Assim, os "custos de oportunidade de tarefas caseiras" tendem a limitar a participação das mulheres no mercado de trabalho. E os empregadores, por sua vez, cientes da instabilidade do emprego das mulheres, também as excluem dos programas de formação ou aprendizagem que as capacitariam para trabalhos qualificados, de maior responsabilidade. Com o passar dos anos, afirma-se que a produtividade da mão de obra

(143) Esses dados foram fornecidos pela Comissão de *Experts* por ocasião da VI Conferência Regional Africana, que sugeriu o estabelecimento de sanções penais em normas internacionais como meio eficaz para assegurar a aplicação das leis sobre igualdade de remuneração. *Femmes au travail. Genève*, Bureau International du Travail, 1984, n. 2, p. 49.

(144) HOUSE, William J. Discriminación profesional y en materia de remuneración; situación de la mujer en el mercado del empleo en Chipre. *Revista Internacional del Trabajo*, Ginebra, ene./mar. 1983, v. 102, n. 1, p. 119.

(145) TERRELL, Katherine. Estructura ocupacional y diferencias salariales entre mujeres y hombres. *Revista Internacional del Trabajo*, Ginebra, 1993, v. 112, n. 1, p. 49, 52.

(146) TERRELL, Katherine. *Op. cit.,* 1993, p. 51. De forma correlata: Los salarios. *Manual de educación obrera.* Oficina Internacional del Trabajo, Ginebra, p. 120.

feminina é menor do que a dos homens, daí a diferença salarial. Essa diferença de produtividade estaria explicada porque sua prestação de serviço teria sofrido várias interrupções, o mesmo ocorrendo com a sua qualificação, que também teria ficado prejudicada, dada a menor experiência no trabalho. Concluindo, afirma-se que a disparidade salarial é também uma decorrência de menor "capital humano" acumulado pelas mulheres[(147)].

A aquisição de maior "capital humano" também poderá ser melhorada. Ainda são muitas as mulheres que deixam o trabalho enquanto os filhos são pequenos, esquecendo-se, até certo ponto, da experiência anteriormente adquirida e perdendo direitos que pressupõem a antiguidade[(148)]. Logo, quando retornam ao trabalho, evidentemente irão receber salários inferiores aos pagos aos homens.

Verifica-se, portanto, que a participação econômica ativa da mulher casada está "negativamente relacionada com o número de filhos", um dos principais fatores que desencorajam a atividade feminina[(149)].

Essa situação poder-se-ia reverter se a mulher estivesse mais preparada para uma maternidade responsável, por meio do planejamento familiar e se os países contassem com uma infraestrutura social capaz de proporcionar-lhe maior disponibilidade de berçários e creches, gratuitas ou com mensalidades acessíveis e próximas aos locais de trabalho, além de pré-escolas com longa duração da jornada escolar, em que se ofereça refeição às crianças. Também um horário mais flexível e maior número de cursos de reciclagem permitiriam às mulheres readquirirem a experiência e a eficiência, quando retornassem ao serviço.

A discriminação profissional e salarial simultâneas são ainda explicadas pela existência de um mercado de emprego **dual**, ou seja, há empregos "primários e secundários". Os primeiros são bem remunerados, oferecem escalas de promoção, segurança e boas condições de trabalho, enquanto os últimos, por possuírem características contrárias, são desalentadores. Ora, dentro de certos limites, os primeiros salários na empresa dependem do empregador, que estabelece se o candidato está apto para o emprego primário ou secundário. Na prática, então, o mercado de emprego dual favorece os homens[(150)].

Enfim, a demanda do mercado de trabalho de muitos países, principalmente aqueles em processo de desenvolvimento, sofre a influência de uma legislação proibitiva, que veda o acesso da mulher a locais insalubres, perigosos, penosos, como também a trabalhos noturnos e em regime extraordinário. No Brasil, até final de 1989, prevalecia essa legislação proibitiva. A revogação de leis dessa natureza tem sido

---

(147) TERRELL, Katherine. *Op. cit.*, p. 38.

(148) Los salarios. *Manual de educación obrera*. Ginebra, 1968, p. 119.

(149) CASARES BISADORO, Marta; GRADO, Carlos Peralta de; RODRÍGUEZ, José Manuel. *Actividad laboral de la mujer en relación a la fecundidad*. Madrid: Creaciones Gráficas y Publicitarias, Ministerio de Cultura, Instituto de la Mujer, 1987, p. 69, 88.

(150) HOUSE, William J. *Op. cit.*, p. 120.

apontada, em geral, como possível fator de crescimento da taxa de participação feminina no mercado de trabalho, aliada a outros fatores, como maior acesso aos níveis de instrução e expansão de oportunidades de emprego para a mulher no setor público, embora ainda seja grande o contingente feminino em idade de procriar que deixa o trabalho, provavelmente para cuidar dos filhos, e não retorna quando estes ingressam na escola, ao contrário do que ocorre nos países desenvolvidos, sobretudo nos EUA(151).

Outra fonte de disparidade salarial diz respeito ao **número de horas trabalhadas,** que pesa em favor do homem e está diretamente vinculado às tarefas domésticas(152).

Por outro lado, há ainda os que reconhecem a existência de barreiras discriminatórias contra o acesso da mulher ao trabalho, em geral. Assevera-se que as empresas têm um conhecimento imperfeito das características da mão de obra que irão contratar, estabelecendo **"filtros"** de entrada apriorísticos, com o fim de reduzir a incerteza quando da incorporação de novo pessoal. Tais filtros dariam como resultado um perfil que favorece o homem(153). Portanto, justificam a disparidade salarial, com fundamento em uma "discriminação estatística" por parte dos empregadores, que recorrem a diferenças observadas entre subgrupos da população para exercer discriminação contra todos os integrantes do subgrupo. Sob a alegação de que a mulher, em média, custa mais do que os homens, devido a sua maior mobilidade profissional e à descontinuidade na prestação de serviços em face dos encargos domésticos, dão preferência aos homens. Como o mercado não permite salários flexíveis, capazes de compensar os custos do trabalho feminino, o empregador prefere contratar homens(154). Essa forma de discriminação poderá levar o empregador a distinguir uma classe de trabalhador segundo o sexo, destinando às mulheres tarefas que requeiram menor formação e, em consequência, menor salário. Ocorre que, na medida em que a mulher não se adapta "à média", ao estereótipo, haverá discriminação contra ela, em particular.

Em face de tudo o que foi exposto, verifica-se que a discriminação salarial sofrida pelas mulheres é uma realidade universal, mas ela se manifesta também nas oportunidades de emprego, como veremos a seguir.

No final de 2006, nove entre dez Estados-membros notificaram os convênios sobre a discriminação na remuneração no emprego e na ocupação (Conv. n. 100 e n. 111 da OIT. Rev. da OIT, *Trabajo*, n. 59, abr. 2007, p. 4).

3.7.4. Igualdade de oportunidades e de tratamento. Convenção n. 111 da OIT

3.7.4.1. Formação profissional, acesso ao trabalho, manutenção e condições de trabalho

A conquista da igualdade de remuneração não se mostrou suficiente, pois a **discriminação manifesta-se** não só pela via de medidas arbitrárias tomadas em relação

(151) PSACHAROPOULOS, George; WINTER, Carolyn. *Latino-americanas: emprego e remuneração. Finanças e Desenvolvimento*. Publicação do FMI e Banco Mundial. Washington, dez. 1992, v. 12, n. 4, p. 14, 15.

(152) EYRAUD, François. *Op. cit.*, p. 240.

(153) ANGELES SALLÉ, María; IGNACIO CASAS, José. *Efectos de la crisis económica sobre el trabajo de las mujeres*. 2. ed. Madrid: Servicio Gráfico Colomina, Ministerio de Cultura. Instituto de la mujer. 1987, p. 8.

(154) HOUSE, William J. *Op. cit.*, p. 121.

ao salário, como também no tocante à **formação profissional, ao acesso das mulheres ao trabalho, à manutenção e condições de emprego, acentuando-se quando se trata de mulher casada, com responsabilidades familiares.**

Visando a coibir a discriminação em vários domínios, editou-se a **Convenção n. 111, de 1958, sobre discriminação no emprego ou profissão**[155], ratificada por vários países, entre eles o Brasil.

Para fins dessa Convenção, no conceito de **emprego ou profissão** inclui-se o acesso aos meios de formação profissional, ao emprego, às diferentes profissões e às condições de trabalho (art. 3º da Convenção n. 111, complementada pela Recomendação com o mesmo número).

Essa definição genérica abrange situações que afetam a igualdade não só por meio de comportamentos negativos mais comuns, como também por preferências.

No que tange à **formação profissional,** são apontados, com frequência, regimes de formação que preparam para empregos ou profissões diferentes, segundo o sexo, prevendo-se certos tipos de formação apenas para homens.

Quanto ao acesso aos serviços públicos, as restrições também se encontram presentes, por meio de legislações ou práticas administrativas injustificáveis, como é o caso da exclusão de mulheres de determinados postos, que podem ser ocupados indistintamente por homens e mulheres. Nota-se que, aos poucos, tais disposições vêm sendo revogadas, mas de forma lenta, ainda persistindo, inclusive, em países considerados avançados com relação ao trabalho da mulher, como é o caso da Dinamarca, cuja Lei de Sucessão ao trono, que entrou em vigor em junho de 1953, juntamente com a Constituição daquele país, concede prioridade aos homens.

Em Portugal, o Decreto de 13 de outubro de 1939, em seu art. 72, proibia às mulheres o ingresso em carreiras diplomáticas e consulares, e o Decreto-Lei de 14 de abril de 1962 vedava-lhes o exercício de funções judiciais[156]. A Lei portuguesa de 1974 permite às mulheres o acesso às carreiras diplomáticas, à magistratura e a outros postos de administração local[157], rompendo com a diretriz anterior. Os dispositivos legais restritivos foram derrogados em face do texto constitucional português (art. 13 e 47, § 2º) e do Decreto-Lei n. 390, de 1979, que visa a garantir às mulheres igualdade com os homens.

Na Itália, até 1962, o cargo de magistrado era privativo dos homens. Nos últimos anos, o ingresso de mulheres na magistratura foi significativo, e, atualmente, 20% desses cargos são ocupados por mulheres[158]. Nesse mesmo país, a partir de 1981,

---

(155) A Convenção n. 111 inspirou-se em princípio contido na **Declaração de Filadélfia**, segundo o qual *"... todos os seres humanos, sem distinção de raça, credo ou sexo, têm direito a perseguir seu bem-estar material e seu desenvolvimento espiritual em condições de liberdade e dignidade, de segurança econômica e em igualdade de oportunidades"* (parte II, **a**), como também na **Declaração Universal dos Direitos do Homem** (art. 2º), que proclama a igualdade de direitos e liberdades, dentre elas a de livre escolha do trabalho, *"sem distinção de raça, cor, sexo..."*.

(156) *La discriminación en materia de empleo y ocupación; conclusiones generales sobre las memorias relativas al convenio y a la recomendación que tratan de la discriminación*, 1958, 47ª reunión. Ginebra, Organização Internacional do Trabalho, 1963, n. 4, p. 234.

(157) Les femmes au Portugal. *Supplément* n. 11. Comissión des Communautes Européennes, p. 6.

(158) *Mulheres da Europa*. Bruxelas: Comissão das Comunidades Europeias, fev./maio 1991, n. 68, p. 24.

cessou a proibição de mulheres na polícia e, em 1987, elas já correspondiam a 2,3% dos policiais italianos[(159)].

Na Bélgica e na Espanha, desde 1987 e 1988, respectivamente, cessaram as restrições ao ingresso de mulheres na polícia[(160)].

No início da mesma década, a legislação brasileira criou corpo auxiliar feminino na Marinha e na Aeronáutica, mas desde 1968, a Lei n. 5.473 já considerava nulas as disposições geradoras de discriminações entre brasileiros de ambos os sexos, por ocasião de seleção para o serviço público.

Mesmo anteriormente à sua ratificação, é notória a influência da Convenção n. 111 na legislação brasileira, evidenciada no texto da **Lei n. 5.473**, de 10 de julho de 1968, que regula o provimento de cargos e dá outras providências; essa lei considera nulas as disposições e providências que, direta ou indiretamente, criem discriminações entre brasileiros de ambos os sexos para o provimento de cargos sujeitos à seleção, nas empresas privadas como nos quadros do funcionalismo público federal, estadual ou municipal, e, ainda, no serviço autárquico de sociedade de economia mista e de empresas concessionárias de serviço público.

Em seu art. 1º, parágrafo único, essa lei prevê prisão simples de três meses a um ano, além de multa pecuniária, a quem, de qualquer forma, obstar ou tentar obstar o cumprimento de suas determinações.

Essas mudanças legislativas têm contribuído, ainda que lentamente, para as modificações nas características dos trabalhos considerados femininos também no serviço público.

No setor privado, o acesso da mulher ao trabalho verifica-se em piores condições, daí a Lei n. 9.799, de maio de 1999, ter acrescentado a letra A no art. 373 da CLT, "proibindo impedir o acesso ou adotar critérios subjetivos para deferimento de inscrição ou aprovação em concursos, em empresas privadas, em razão de sexo..." (inciso V). A mesma lei, no item I, veda publicar ou fazer publicar anúncio de emprego no qual haja referência ao sexo, salvo quando a natureza da atividade a ser exercida pública e notoriamente o exigir.

A tendência a separar homens e mulheres em determinadas profissões, chamada **segregação horizontal**, é um dos fatores responsáveis pela disparidade salarial e ocupacional. Nos EUA[(161)], por exemplo, onde as mulheres, em média, recebem maior instrução escolar do que os homens e a discriminação por motivo de sexo está proibida por lei, as mulheres continuam excessivamente concentradas em ocupações consideradas femininas, do tipo assistencial, como professora, enfermeira e secretária, funções que reproduzem a divisão tradicional do trabalho no lar. A segregação profissional é o fato gerador de 40% da diferença salarial entre homens e mulheres nos EUA

(159) *El trabajo en el mundo.* Ginebra: Oficina Internacional del Trabajo, 1992, v. 5, p. 24.

(160) *El trabajo en el mundo.* Ginebra: Oficina Internacional del Trabajo, 1992, v. 5, p. 24.

(161) BADGETT, M. V. Lee e FOLBRE, Nancy. ¿Quién cuida de los demás? ¿Normas sociosexuales? Consecuencias económicas. *Revista Internacional del Trabajo,* v. 118 (1999), n. 3., p. 357.

(Peterson y Morgan, 1995). E eventual proximidade dos salários entre os dois sexos nesse país deve-se, atualmente, não ao fato de as mulheres terem passado a ganhar mais, porém à circunstância de que os homens passaram a ganhar menos.

Na Suécia, país considerado precursor nas questões de igualdade da mulher no trabalho e em que a política oficial em favor da temática é inflexível, contando as mulheres com 44% dos cargos no Parlamento, a segregação horizontal ainda persiste em alto grau, embora venha diminuindo com o tempo. Ademais, as mulheres, nesse país, possuem taxas elevadas de absenteísmo, além de trabalharem menos horas por semana, geralmente em regime de tempo parcial[(162)].

E por que as mulheres continuam ainda hoje se dedicando a essas atividades do tipo assistencial, quando são evidentes as vantagens pecuniárias das profissões exercidas pelos homens?

Para esclarecer essa segregação, as **teorias neoclássicas** do "capital humano" e da "divisão no mercado" são menos úteis do que a "**teoria sociossexual**", que atenta para fatores alheios ao mercado de trabalho, centrando-se nos estereótipos comuns e dominantes na sociedade a respeito das mulheres. Argumenta-se que elas ainda padecem do ordenamento patriarcal na sociedade e na família, que lhes confere predominantemente os cuidados com os filhos e os afazeres do lar, e ao homem o sustento econômico. Essa mentalidade reflete-se no campo do trabalho sob a forma de estereótipos negativos a respeito das mulheres, apontando presumidas características femininas, entre as quais: a) resistência a supervisionar o trabalho alheio, o que contribui para desqualificá-las para os cargos de direção e chefia e, em consequência, gera discriminação vertical, colocando-as em funções de nível inferior, inclusive na administração pública; b) menor aptidão para ciências e matemática, o que contribui para afastar as mulheres da engenharia, arquitetura, matemática, estatística, entre outras. A despeito de posições contrárias, há vários exemplos de mulheres notáveis que fizeram opção pela ciência, como Marie Curie, vencedora de dois prêmios Nobel (de física, em 1903, e de química, em 1911). Irene Curie, vencedora do Nobel de química em 1938. Hoje, Daphne Koller, da Universidade de Stanford, e Leslie Kaelbling, do MIT, são líderes na área de inteligência artificial[(163)]. Nesse aspecto, a discriminação começa na escola, com o desencorajamento das mulheres para essas disciplinas; c) menor disposição para viagens, o que é desmentido pelo número expressivo de aeromoças que, cotidianamente, cruzam o firmamento; d) menor disposição para enfrentar perigo físico e menor força física, que poderá afastar as mulheres das funções de bombeiro, policial, vigilante, quando hoje há muitas exercendo essas ocupações, principalmente as três primeiras. Quanto à força física, estudos revelam que o sistema muscular da mulher é menos desenvolvido do que o do homem. Aos vinte anos, a sua força muscular corresponde, em média, a 65% da força masculina e, aos 55 anos, decresce para 54%[(164)].

---

(162) PERSSON, Ingá e Wadensjö. À la recherche de l'égalité. Suède: l'égalité des sexes en question. *Cahiers du Genre* n. 27. Paris: L'Harmattan, 2000, p. 76.

(163) Cf. PUCCI DE FARIAS, Daniela. Engenheira de computação, pesquisadora do Instituto de Tecnologia de Massachusetts (MIT), *Revista Cláudia*, abr. 2005, p. 60.

(164) BIRYUKOVA, A. P. Legislación protectora e igualdad de oportunidades para las trabajadoras en la URSS. *Revista Internacional del Trabajo*, Ginebra, v. 99, n. 1, ene./mar. 1980, p. 69-70.

Sucede que modernos recursos da técnica e da automação poderão modificar a natureza das atividades que exigem elevado vigor físico e substituir, com mais eficiência, a força masculina, com a vantagem de eliminar ou reduzir o desgaste físico, prejudicial a ambos os sexos.

A par dessas características, consideradas negativas, atribuem-se ainda às mulheres características positivas, como disposição para cuidar das pessoas, que as qualifica para as ocupações de médica, enfermeira, professora, assistente social, entre outras; maior agilidade manual, que as habilita para as funções de costureira, modista e mecanógrafa; maior destreza nas atividades desempenhadas no lar, que facilitam a utilização de mão de obra feminina nos bares, hotéis, restaurantes, salões de beleza, etc. Ocorre que a destreza é algo que se pode aprender. Maior honradez é outra característica apontada como feminina, que contribui para a qualificação da mulher em funções de caixa, vendedora e contadora, e o aspecto físico, que contribui para qualificá-la para as funções de recepcionista, secretária, etc.(165). Note-se que essas características realçam importantes qualidades humanas como sensibilidade, afeto, solidariedade e honestidade. Por acaso estariam os homens excluídos desses sentimentos e desses atributos? Evidentemente que não.

Se, de um lado, a **segregação sexual horizontal** nas profissões contribui para proteger da concorrência masculina parte dos empregos femininos, principalmente no setor de serviços, em contrapartida ela é uma das responsáveis pelo baixo salário e pela escassez de promoções e de apreciação do trabalho da mulher.

Além da **segregação horizontal**, temos ainda a **segregação vertical**(166), responsável pelo afastamento das mulheres dos postos de direção. As principais razões apresentadas para justificar a exclusão das mulheres desses cargos referem-se à dificuldade de submeter os homens às suas ordens, à falta de qualificação das mesmas e à descontinuidade das carreiras femininas, principalmente em face da gravidez, do parto e dos cuidados com os filhos. Afirma-se também que a forma de dirigir adotada pelas mulheres é diferente, porque trabalham mais em equipe e fortalecem o diálogo, enquanto os homens adotam mais frequentemente o modelo "ordens são ditadas para serem cumpridas". Obstáculos implícitos derivados de preconceitos psicológicos e estruturais constituem as chamadas "barreiras invisíveis", que impedem o acesso das mulheres aos cargos diretivos, em todos os países.

Em síntese, a par das características **atribuídas aos sexos**, uma explicação óbvia para a **segregação horizontal** e **vertical** é que durante a infância as mulheres são

---

(165) ANKER, Richard. La segregación profesional entre hombres y mujeres. Repaso de las teorías. *Revista Internacional del Trabajo*. v. 116 (1997), n. 3, p. 354-355.

(166) Informação prestada por especialista em assuntos laborais da OIT revela que, no Canadá, estudo realizado nas 500 maiores empresas, em 1996, evidenciou que as mulheres ocupavam só 2,4% dos postos de direção superior. No Japão, este percentual, em 1990, era de 13%, mas incluindo grandes e médias empresas, enquanto nos Países Baixos o percentual era de 18%; na Alemanha, estudo realizado, em 1995, em 70.000 das maiores empresas demonstrou que a proporção de mulheres nos altos cargos ou como membros dos conselhos de administração oscilava entre 1% e 3%. No Brasil, pesquisa realizada em 1991, mostrou que apenas 3% dos postos diretivos de empresas eram ocupados por mulheres, sendo que nas 40 maiores empresas estatais esta proporção não chegava a 1%. A essa discriminação denomina-se segregação vertical. Ela é o traço mais evidente da discriminação ocupacional, que predomina em todos os segmentos do mercado de trabalho. WIRTH, Linda. Internet. Comunicados de imprensa OIT/97/35.

socializadas para as tarefas tradicionalmente femininas. É de se esperar que essas formas de educar se enfraqueçam ou desapareçam, à medida que fique demonstrado o prejuízo econômico causado por elas.

As aspirações profissionais têm interferência no mercado matrimonial?

Fundando-se ainda na chamada **teoria sociossexual**, as economistas americanas Badgett e Folbre (1999), professoras em Massachusetts, ressaltam que as aspirações profissionais têm consequências no mercado matrimonial e por isso apresentam condicionamentos.

Pesquisa realizada em 1999, por essas professoras, para avaliar o grau de atração exercido por diversas características pessoais, submeteu inúmeros estudantes de três cursos (física, sociologia e economia) a um teste para aferir as consequências socioculturais das opções profissionais das pessoas. As profissões se classificaram em quatro categorias: as de baixa condição social e alta feminilidade (como a de enfermeira), as de alta condição social e alta feminilidade (pediatra, por exemplo), as de baixa condição social e baixa feminilidade (carpinteira, por exemplo) e as de alta condição social e baixa feminilidade (como a de piloto de linhas aéreas). Os resultados confirmaram que as mulheres que não se ajustaram às funções tradicionais, como as que exerciam a profissão de carpinteira ou piloto, tiveram número menor de pretendentes. Da mesma forma, os homens com profissões atípicas de seu sexo foram considerados pelas mulheres menos atraentes[(167)].

A economista austríaca Doris Weichselbaumer, para confirmar a assertiva, fez a seguinte experiência: publicou em um jornal americano anúncios à procura de homens para relacionamento duradouro, feitos por mulheres imaginárias com características idênticas de cor, idade, tipo físico e preferências de lazer. A única diferença era a profissão, pois uma era enfermeira e a outra, eletricista. No resultado da pesquisa a enfermeira recebeu 77 respostas e a eletricista, apenas 39[(168)].

É certo que a interação entre mercado de trabalho e mercado matrimonial adota formas distintas, segundo os países e as épocas. Entretanto, a dinâmica descrita pelas economistas mencionadas acima revela que contrariar os estereótipos sexistas pode reduzir o número de pretendentes.

Acreditamos que os efeitos da socialização durante a infância diminuam futuramente, pois os estereótipos tendem a se enfraquecer com o passar dos anos, mormente diante da necessidade econômica e das consequências daí advindas. Se, entretanto, além de seguir uma carreira profissional a mulher também tiver o desejo natural de formar uma família, ainda assim ela poderá alcançar, embora com mais lentidão, posições de maior prestígio e remuneração em empresas privadas. Para evitar essa lentidão e as dificuldades que certamente ela enfrentará, além da necessidade de negociar com o cônjuge os encargos domésticos e os cuidados com os filhos — o que é não só um dever do pai, mas ainda um direito, já que ele participa também do afeto

(167) BADGETT e FOLBRE. *Op. cit.*, p. 360.
(168) BADGETT e FOLBRE. *Op. cit.*, p. 360.

dos filhos —, mister uma política decente de creches, pré-escolas e maternais, em horários compatíveis com o horário de trabalho, ao lado de uma educação constante em torno da maternidade e da paternidade responsável.

A condição civil ou familiar da mulher também tem sido obstáculo **à manutenção de seu emprego**, mormente em países que impõem ao empregador o ônus do salário-maternidade e de serviços de assistência à infância, à falta de uma infraestrutura social capaz de manter esses serviços gratuitamente ou a preços razoáveis(169).

No que tange às **condições de trabalho,** a igualdade também não é observada, a começar pela duração da jornada. Em geral, em face da tradicional estrutura familiar, às mulheres não resta outra alternativa senão o trabalho em tempo parcial ou temporário, de natureza precária. A esses fatos, acresce a ausência de mulheres nos cursos de formação contínua, que propiciam o aperfeiçoamento necessário às reciclagens e promoções a funções de maior responsabilidade.

3.7.5. Discriminação direta e indireta sob o prisma do direito comunitário

O Tratado de Roma, de 1957, que instituiu a Comunidade Econômica Europeia, hoje União Europeia, e cujos objetivos são econômicos, assinalou também objetivos sociais, dentre eles **a igualdade de remuneração e tratamento entre homens e mulheres para trabalho igual.** E, para tornar efetiva a igualdade de tratamento preconizada no Tratado de Roma, promulgou-se a Diretiva de 9 de fevereiro de 1976 (207/CE), aplicável no setor público e no setor privado. Essa igualdade diz respeito ao acesso ao emprego, formação profissional, promoções e condições de trabalho. A Diretiva refere-se a esta última e também ao acesso e dispensa do emprego. Em seu art. 2º, 1, considera tratamento desigual "toda distinção baseada em sexo, seja diretamente ou indiretamente, por referência, em particular, à situação matrimonial ou familiar". Abre-se exceção para atividades nas quais o sexo do trabalhador traduza uma condição determinante (artistas, por exemplo), para medidas relacionadas com gravidez ou parto, e para outras atividades visando a promover a igualdade de oportunidades para as mulheres.

A Irlanda e o Reino Unido têm apresentado maior número de causas judiciais fundadas em igualdade do que os demais membros da Comunidade. Este fato é uma decorrência de pertencerem ao regime do "common law", o qual atribui importância significativa à jurisprudência e também da eficiência dos Conselhos de Igualdade daqueles países(170), onde são encontrados exemplos **elucidativos de discriminação fundada em sexo, por meio de manifestação direta e indireta**.

E assim é que na ação movida por Coleman contra Skyrail Oceanic Ltd. (agência de viagem), constatou-se que a empregada foi dispensada, sob a alegação de que seu marido era quem sustentava a família. O Tribunal de Apelação da Irlanda entendeu ter

---

(169) Cf. a respeito, nossa tese de Doutorado intitulada *A mulher e o Direito do Trabalho.* São Paulo: LTr, 1995, p. 154.

(170) LANDAU, C. E. Igualdad en el empleo entre hombres y mujeres en la CEE; legislación y jurisprudencia recientes. *Revista Internacional del Trabajo*, Ginebra, abr./jun. 1984, v. 103, n. 2, p. 233.

havido discriminação em função do sexo e condenou a agência a pagar à postulante cem libras a título de indenização, por dano moral(171). Nesse primeiro exemplo, ocorreu uma **discriminação direta e menos frequente do que a indireta.**

Situa-se, nesta segunda modalidade de discriminação, o limite máximo de idade exigido para certos cargos na função pública, no mundo europeu. O limite exigido no Reino Unido, por exemplo, era de 26 anos. O Tribunal de Apelação na ação ajuizada por Price contra a British Civil Service Commission considerou a medida discriminatória contra as mulheres, principalmente casadas, que teriam dificuldade de preencher esse requisito, pois muitas estariam tendo filhos ou os criando nessa faixa etária. Questão semelhante foi submetida ao Tribunal da Irlanda onde a ré foi condenada à indenização por perdas e danos e a elevar a idade para 50 anos(172).

Do exemplo citado, infere-se que **a discriminação indireta pressupõe um tratamento formalmente igual, mas que, de fato, pode ser eliminado em função do critério utilizado, para assegurá-lo. Caracteriza-se quando um dos sexos é desfavorecido, no caso, as mulheres, pouco importando haja ou não a intenção de discriminá-las.**

Outra forma de discriminação indireta que vem ocorrendo diz respeito aos trabalhadores em regime de tempo parcial. O Tribunal do Trabalho da Escócia, na ação ajuizada por Dick contra a Universidade de Dundee, considerou discriminação indireta o fato de haver esta última despedido, por redução de pessoal, uma mulher empregada em regime de tempo parcial. A discriminação, na hipótese, foi flagrante, porque a maioria de trabalhadores nesse regime é mulher e a conclusão do Tribunal foi a reintegração da trabalhadora(173). A decisão fundou-se na legislação nacional e está em consonância com a Diretiva n. 76/207 da União Europeia.

Invocando a mesma diretiva, o Tribunal Federal do Trabalho da República Federal da Alemanha, em sentença proferida em 14 de março de 1989, entendeu que a exclusão de trabalhadores sujeitos à jornada parcial do plano de pensões de velhice das empresas constituía **discriminação indireta** em razão de sexo, considerando que a maioria fadada a esse regime de tempo parcial era mulher. Logo, como os efeitos da medida seriam significativamente mais danosos para um dos sexos e como inexistiam razões objetivas que pudessem justificar o tratamento desigual, concluiu o Tribunal pelo deferimento da pensão às postulantes(174).

A dificuldade objetiva de demonstrar o prejuízo ocasionado à vítima da discriminação indireta levou a Corte de Justiça da União Europeia a modificar os princípios concernentes ao **ônus da prova**, "afirmando que, na hipótese de tratamentos diferenciados entre homens e mulheres, compete ao empregador o ônus da prova da razoabilidade dos critérios adotados, quando esses não sejam transparentes" (Corte de Justiça, 7 de outubro de 1989, causa 109/88).

---

(171) *Idem*, p. 236.
(172) *Idem*, p. 235.
(173) *Idem*, p. 236.
(174) Resoluciones judiciales en materia de derecho del trabajo. *Revista Internacional del Trabajo*, Ginebra, 1993, v. 112, n. 3, p. 426.

Esta decisão deu origem à **Diretiva n. 97/80,** sobre ônus da prova nos casos de discriminação fundada em sexo. Com o objetivo de tornar efetivo o combate à discriminação, ela visa a introduzir um regime probatório mais favorável a quem se sinta discriminado e, em derrogação aos princípios gerais que regulam o ônus da prova, considera suficiente que o autor da ação apresente em juízo "elementos de fato com base nos quais se possa presumir que foi discriminado direta ou indiretamente. Fornecidos esses indícios fortes, compete à parte contrária provar a insubsistência da violação ao princípio da paridade de tratamento" (art. 4º, § 1º).

O regime probatório se aplica aos procedimentos civis ou administrativos que dizem respeito à discriminação inerente à relação de trabalho público ou privado. A diretiva se aplica nos casos de violação de normas sobre paridade de tratamento retributivo e condições de trabalho a que se referem **as Diretivas n. 75/117 e n. 76/207**; nos casos de discriminação sexual geradora de dano às empregadas gestantes, puérperas ou em períodos de aleitamento tuteladas pela **Diretiva n. 92/85**; nos casos de discriminação sexual e consequente inobservância da **Diretiva n. 96/34**, sobre licença parental. Fixou-se na diretiva em exame "norma mínima", sem constituir razão suficiente para justificar uma redução do nível geral de tutela dos trabalhadores.

Lembre-se, entretanto, que a diretiva de 1976 contém **exceções** ao princípio da igualdade de tratamento, ao permitir sejam excluídas de seu campo de aplicação as atividades profissionais que devem ser exercidas, por pessoa de determinado sexo, como condição essencial.

Em decisão de 1986, a Corte de Justiça negou a uma mulher[(175)] a contratação por tempo integral para o cargo de oficial de polícia, pelo fato de que as atribuições gerais implicavam frequentes operações com armas de fogo, as quais estavam reservadas aos homens. Em consequência lhe foi proposto aceitar, a tempo parcial, um cargo de assistente de comunicação, com salário menor. A Corte considerou que o Estado-Membro poderia reservar aquelas atribuições aos homens, em face dos frequentes atentados; razões de ordem pública justificaram a exceção[(176)].

Fato é que a transição entre o sistema jurídico anterior, de natureza nitidamente tutelar, e o direito igualitário têm ocasionado transtornos, por existir entre os países uma pronunciada diferença de pontos de vista a respeito de onde termina a igualdade e onde começa a discriminação.

3.7.6. O Ano Internacional da Mulher proclamado pelas Nações Unidas

Em 1975, realizou-se o Ano Internacional da Mulher, proclamado pela Assembleia Geral das Nações Unidas e de cujo programa participou a OIT intensamente. **Na oportunidade, realizou-se a 1ª Conferência Mundial sobre as mulheres e as Nações Unidas começaram a celebrar o dia 8 de março como o Dia Internacional da Mulher.**

---

(175) Processo Johnston c/ Chief Constable of The Royal Ulter Constabulary, Northern Irland (CJCE- Aff. n. 222/84, de 15.5.86).

(176) BLANSPAIN, Roger; JAVILLIER, Jean Claude. *Droit du Travail Communautaire. Op. cit.*, p. 222.

Foram estabelecidas comparações entre a situação de homens e mulheres, e entre estas nos diversos países e, em cada país, entre mulheres de diferentes grupos de população.

A OIT, nesse ano, adotou uma Declaração sobre a igualdade de oportunidades e de tratamento para as trabalhadoras, como também duas Resoluções, uma traçando um plano de ação com o objetivo de promover a igualdade de oportunidades e de tratamento para as trabalhadoras e a outra sobre a igualdade de condições e oportunidades para o homem e a mulher na profissão e no emprego.

A Declaração, calcada no princípio da liberdade e igualdade de direitos dos seres humanos e objetivando integrar as mulheres na força de trabalho, proclama a não discriminação em razão de sexo, assegurando, com **a ajuda de leis,** de convenções coletivas ou de disposições contratuais obrigatórias, igualdade de oportunidade e de tratamento a homens e mulheres, independentemente de seu estado civil ou de responsabilidades familiares; ressalta que tampouco será permitida discriminação contra as trabalhadoras em razão de gravidez ou parto, vedando a sua dispensa nesse período e assegurando-lhes o retorno ao emprego sem perda dos direitos adquiridos[177].

A Declaração de junho de 1975 dispõe, ainda, que os **pais adotivos** também terão tempo livre para cuidar dos filhos, sem prejuízo do emprego e dos direitos adquiridos; determina que o **tratamento especial transitório,** objetivando igualdade entre os sexos**, não será tido como discriminatório;** preconiza a adoção de medidas que garantam **o acesso dos jovens de ambos os sexos às mesmas formas de ensino** escolar, orientação, formação e readaptação profissional, considerando ser a falta de qualificação das mulheres uma causa de discriminação. Em seguida, a Declaração **proíbe os anúncios de emprego com indicação de sexo**. Considerando que a situação das mulheres não se poderá modificar sem se alterar **a função dos homens na sociedade e na família**, sugere a adoção de medidas necessárias e apropriadas para educar a opinião pública e incentivar comportamentos sociais que estimulem e garantam a igualdade entre as mulheres e os homens na vida ativa, familiar e social. E, para dar eficácia aos princípios inseridos na Declaração, estão previstos **procedimentos de reclamação, conciliação e recurso ante os tribunais.**

Também com a finalidade de promover a **igualdade de oportunidade e de tratamento para as trabalhadoras é o plano de ação inserido na Resolução de 1975,** que garante às mulheres, em especial às trabalhadoras rurais e migrantes, o acesso a todos os setores da vida econômica e social, mediante um sistema de aplicação eficaz da legislação a respeito, sob o controle do Estado, **revendo a legislação especial, diante da evolução científica e tecnológica**[178], mantendo-a, derrogando-a ou estendendo-a a todos os trabalhadores, visando a melhorar-lhes as condições de vida.

---

(177) Na década de 70 e no início da que se segue, **foram editadas várias leis** sobre igualdade de tratamento. A Áustria, em 1979, publica lei sobre igualdade de tratamento; a Irlanda, em 1974, também edita lei sobre o mesmo assunto; de 1977 é a lei italiana n. 902, sobre igualdade de tratamento entre homens e mulheres em matéria de trabalho; de 1978 é a lei norueguesa sobre igualdade entre os sexos; de 1979 é a lei sobre igualdade entre homens e mulheres na Suécia, modificada em 1980 e 1981; neste ano, o Uruguai e a Venezuela aprovam a Convenção da ONU sobre a eliminação de todas as formas de discriminação. Femmes au Travail. Spécial après Nairobi. Genève, Bureau International du Travail, 1985, n. 2, p. 10/11.

(178) No Brasil, em 1989, foram revogados artigos da CLT que continham restrições ao trabalho da mulher em vários locais e condições.

A Resolução citada sugere a eliminação de tratamento discriminatório das mulheres nas atividades educativas, de modo que proporcione distribuição mais equitativa nas tarefas domésticas, nos regimes de seguridade social, bem como **revisão do conceito de chefe de família.**

A superioridade conferida ao homem na família interfere negativamente nas relações de trabalho e caracteriza um aspecto particular da discriminação em razão do sexo. A subordinação na família acaba por corresponder à subordinação no trabalho. Corrobora a assertiva o art. 446 e parágrafo único da CLT, hoje revogado, que, além de permitir ao pai ou ao marido opor-se à celebração do contrato de trabalho da mulher, facultava a este pleitear a rescisão do pacto laboral, quando suscetível de acarretar ameaça aos vínculos da família, ou perigo manifesto às condições de mulher. Com a Lei n. 4.121, de 1962, ficou revogada a parte do art. 446 da CLT que permitia ao pai ou ao marido opor-se à celebração do contrato de trabalho da mulher. É que, deixando ela de integrar o rol dos relativamente incapazes, está apta a contratar. Persistiu, entretanto, o parágrafo único do dispositivo em questão, que permitia ao marido, na condição de chefe da sociedade conjugal, postular a rescisão do contrato da mulher. Pelo que se infere do preceito, o marido estava mais apto do que a própria mulher, para decidir a respeito de situações que lhe eram peculiares[(179)]. Finalmente, a Constituição de 1988, no seu art. 226, § 5º, rompe com o preceito civilista, segundo o qual o marido era o chefe da sociedade conjugal (art. 233 do Código Civil). No ano seguinte revoga-se, expressamente, o art. 446 da CLT. O novo Código Civil assegura a direção da sociedade conjugal em colaboração pelo marido e pela mulher (art. 1.567 do Código Civil de 2002).

Preconizam-se medidas para estender e melhorar o alcance das normas sobre proteção à maternidade, sugerindo que os custos sejam mantidos pelos sistemas de seguridade social, fundos públicos ou sistemas coletivos, garantindo-se o emprego após o término da licença da gestante.

A Resolução prevê estruturas administrativas para desenvolver a igualdade de oportunidades e tratamento entre homens e mulheres, com a criação de **comissão tripartite** sobre a condição jurídica e social das trabalhadoras, objetivando promover a igualdade na vida econômica e social, como também um órgão central encarregado de coordenar as investigações estatísticas, a planificação, a programação e a ação com respeito à mencionada igualdade[(180)]. Estão previstas, ainda, medidas que garantam uma participação efetiva das mulheres em todos os organismos nacionais de caráter decisório.

Em dezembro de 1975, a XXX Assembleia Geral das Nações Unidas proclamou que o **período de 1976 a 1985 seria o Decênio das Nações Unidas para a Mulher**, visando à igualdade, ao desenvolvimento e à paz, por meio de uma ação eficaz, nos

(179) PIMENTEL, Silvia. *Evolução dos Direitos da Mulher; norma, fato, valor.* São Paulo: Revista dos Tribunais, 1978, p. 70.

(180) Nessa linha de ideias, para promover a igualdade, foram criadas estruturas administrativas: no Reino Unido, na Irlanda, na Itália, na França e em outros países. Le droit communautaire et les femmes. *Supplément* n. 19 à Femmes d'Europe. Comission des Communautés Européenes, p. 15.

níveis nacional, regional e internacional, fixando-se metas em curto, médio e longo prazo, a fim de atingir os objetivos visados.

De **1975 são, ainda, a Convenção n. 142, ratificada pelo Brasil** (aprovada pelo Congresso Nacional por meio do Decreto Legislativo n. 46, de 23 de setembro de 1981) **e a Recomendação n. 150 da OIT, sobre orientação profissional e formação profissional no desenvolvimento de recursos humanos.** Essa Recomendação, no art. 54, sugere: **convencer a opinião pública e especialmente pais, mestres, orientadores profissionais,** empregadores e trabalhadores, da necessidade de homens e mulheres participarem, em igualdade econômica, da sociedade; **combater as atitudes tradicionais com respeito ao trabalho de homens e mulheres e preconizar a criação de creches e estabelecimentos** de programas de formação profissional, para mulheres que tenham ultrapassado a idade de ingresso na vida profissional ou que desejam dela participar após longo período de ausências.

Dada a necessidade urgente de inserir a mulher na sociedade, sobretudo nas mais pobres, para acelerar seu processo de desenvolvimento, a Assembleia Geral das Nações Unidas instituiu, em 1976, o Fundo Voluntário para a Década da Mulher das Nações Unidas (UNIFEM), que começou a funcionar em 1988[(181)].

Após 1975, vários estudos feitos pelas Nações Unidas e pela OIT revelam a criação de organismos especiais, no plano nacional, visando a promover e proteger o emprego de mulheres e a melhorar sua situação na sociedade[(182)].

Inspirados na mesma ideia de igualdade são a **Declaração de Princípios e o Programa de Ação da Conferência Mundial de Emprego, de 1976, como também a Resolução destinada a dar sequência a essa Conferência, adotada em 1979. Outra Conferência Mundial de importância para o tema em questão foi aquela realizada em Copenhague[(183)], em julho de 1980, tendo em vista o exame de medidas tomadas pelos governos visando à aplicação do Plano de Ação adotado no México em 1975.**

---

(181) O UNIFEM apoia projetos em várias atividades, que compreendem desde o treinamento de mulheres nômades no uso de máquinas de costura, para que confeccionem os uniformes dos filhos, até a criação de cooperativas agrícolas, para oferecer créditos a mulheres empresárias.

(182) **No Brasil,** as instituições governamentais destinadas a prestar orientação, assessoria, informações e realizar estudos sobre questões relacionadas com a mulher, tiveram início na metade da década de setenta e durante a década de oitenta. Com essa finalidade, foram criados a Coordenação de Proteção ao Trabalho da Mulher e do Menor (1975), junto ao Ministério do Trabalho, os Núcleos de Estudos e Pesquisa sobre a mulher nas universidades, os Conselhos dos Direitos da Mulher, em vários municípios e estados, a Comissão de Apoio à Mulher Trabalhadora Rural, os Programas de Assistência Integral à Saúde da Mulher, as Delegacias de Polícia de Defesa da Mulher, as Secretarias de Estado da Condição Feminina, os Centros de Promoção da Mulher, os Programas de Estudos Feministas e o Conselho Nacional de Direitos da Mulher, com o objetivo de eliminar as discriminações.

(183) A Conferência de Copenhague aprovou o Plano de Ação para a segunda metade do decênio. Nessa oportunidade, sugeriu-se fosse previsto, nos programas nacionais de formação na escola ou no emprego, **um percentual reservado às mulheres**, recomendando-se aos governantes, empregadores e sindicatos que cooperassem na execução dos programas, em particular nos de formação e reciclagem, com o objetivo de suprimir as formas estereotipadas de se considerarem certos trabalhos "masculinos" ou "femininos" e de eliminar as discriminações na classificação de empregos.

Outro aspecto previsto na Conferência refere-se às **trabalhadoras rurais**; sugere-se que as políticas de reforma agrária e de repartição de terras deverão assegurar-lhes iguais benefícios no que tange ao direito de propriedade, à repartição do crédito e ao fornecimento de bens necessários ao desenvolvimento agrícola.

Recomenda aos governantes e aos organismos sindicais sejam realizados esforços no sentido de se convencer as mulheres que exercem emprego assalariado ou não, no meio rural ou urbano, a se **organizarem em torno de sindicatos**, para obterem força coletiva e terem acesso a todos os tipos de ajuda ao desenvolvimento.

Apesar de todos os esforços desenvolvidos pela ação internacional, cumpre lembrar que não bastam, portanto, declarações legais enfáticas a respeito da igualdade entre os sexos, pois as formas de discriminação estão arraigadas e levarão muito tempo para serem eliminadas. A igualdade só será atingida quando mudar a mentalidade dos povos, mas é necessário acelerar esse processo pela educação do público em geral e pelo incentivo às mulheres para que reivindiquem os seus direitos, conscientizando-as de que deverão assumir, na mesma proporção, os seus deveres, a fim de que possamos viver numa sociedade mais humana, mais justa e mais solidária.

3.7.7. A Convenção das Nações Unidas e seu protocolo

Explicações detalhadas a respeito do direito das mulheres ao trabalho encontram-se na **Convenção das Nações Unidas sobre eliminação de todas as formas de discriminação contra a mulher, adotada em dezembro de 1979 e em vigor a partir de 16 de abril de 1982**[(184)].

A Convenção define a discriminação a respeito das mulheres como sendo toda distinção, exclusão ou restrição fundada no sexo e que tenha por objetivo ou resultado prejudicar ou anular o reconhecimento, gozo ou exercício dos direitos humanos e das liberdades fundamentais pela mulher, qualquer que seja seu estado civil, nos mais diversos campos (art. 1º).

Essa Convenção condena a discriminação, praticada por qualquer pessoa, organização ou empresa, em todas as suas formas e domínios, principalmente na vida política e pública, assegurando aos homens e mulheres os mesmos direitos, particularmente às trabalhadoras rurais. Determina **a eliminação de modelos estereotipados e a supressão da prostituição.**

O caráter *erga omnes* da proibição de discriminar demonstra que o princípio tem adquirido um sentido mais amplo, mais social.

Com o objetivo de impedir a discriminação, a Convenção determina aos Estados-Membros sejam tomadas medidas adequadas para proibir, **sob sanções,** a dispensa de empregada por motivo de estado civil, gravidez ou licença-maternidade. Paralelamente, estimula a criação e o desenvolvimento de serviços destinados aos cuidados das crianças, a fim de que os pais possam conciliar as obrigações familiares com as responsabilidades do trabalho e a participação na vida pública.

Concede-se às mulheres proteção especial durante a gravidez, quando o trabalho lhes for prejudicial (art. 11, § 2º), esclarecendo que a legislação relacionada com essa tutela será objeto de reavaliação periódica, **diante dos conhecimentos científicos e tecnológicos**, podendo ser derrogada ou ampliada conforme as necessidades.

As medidas adotadas pelos Estados-partes objetivando tutelar a maternidade não serão consideradas discriminatórias, **tampouco as de caráter transitório adotadas com o escopo de acelerar a igualdade de fato entre homens e mulheres (art. 4º).** Situam-se aqui as ações afirmativas.

---

(184) *Femmes au Travail*. Genève: Bureau International du Travail, 1984, n. 1, p. 60, nota 1.

Em vários dispositivos, a norma internacional assegura os mesmos direitos (art. 11.1, 13 e 16), as mesmas condições (art. 10) e as mesmas oportunidades (art. 10 e 16) aos homens e mulheres no trabalho.

Essa Convenção prevê, entre os comportamentos especiais, que os Estados-partes adotem medidas legislativas contra leis, regulamentos, costumes e práticas que impliquem discriminação contra a mulher. Determina, ainda, que os Estados-partes procedam a alterações em suas estruturas socioculturais, se fundadas na inferioridade ou superioridade de um dos dois sexos, ou em conceitos estereotipados de papéis masculinos ou femininos, em todos os níveis e em todas as formas de ensino, por meio de **estímulo à educação mista** e a outras espécies de educação que visem a atingir essa meta.

Pelo que se constatou, a Convenção em exame insiste na paridade como instrumento para garantir a eliminação da discriminação de que tem sido vítima a mulher.

Essa Convenção foi ratificada pelo Brasil, de início, com reserva do art. 15, § 4º e art. 16, § 1º, alíneas **a, c, g** e **h,** sendo promulgada pelo Decreto n. 89.460, de 20 de março de 1984, e publicada no Diário Oficial de 21 de março de 1984. Posteriormente, em 23 de junho de 1994, o Decreto Legislativo n. 26, de 1994, aprovou o texto integral dessa convenção, sobre a eliminação de todas as formas de discriminação contra a mulher. O texto dessa Convenção influenciou sobremaneira a Constituição da República Federal do Brasil de 1988, quando, em seu art. 5º, I, preconiza que "homens e mulheres são iguais em direitos e obrigações" e, em seguida, no art. 7º, XXX, dispõe sobre "a proibição de diferença de salários, de exercício de funções e de critério de admissão por motivo de sexo, idade, cor ou estado civil".

Em outubro de 1989, adveio a Lei n. 7.855, que derrogou os dispositivos da CLT proibitivos do trabalho noturno das mulheres na indústria, em subterrâneos, nas minerações de subsolo, nas pedreiras e obras da construção pública ou particular e nas atividades perigosas e insalubres. Ocorre que persistiram a proibição do trabalho extraordinário, salvo força maior (art. 376 da CLT, revogado só em 2001) e em serviços que demandem emprego de força muscular (art. 390 e parágrafo único da CLT). A restrição legislativa quanto à jornada fundava-se em razões de ordem familiar e doméstica e refletia uma estrutura cultural arraigada de estereótipos sexistas, pois o sexo não poderá constituir critério para atribuições de encargos na família, na sociedade e no trabalho. O art. 376 da CLT chocava-se com o art. 5º, I, da Constituição de 1988, e por isso acabou sendo revogado em 2001. Já a restrição contida no art. 390 da CLT, em tese, justifica-se, considerando-se que o sistema muscular da mulher é menos desenvolvido do que o homem. Entendemos, entretanto, que o ideal seria abolir essa restrição e submeter à apreciação de cada caso as condições atuais da empregada, ao tempo consumido na atividade e as condições do serviço. As convenções coletivas poderiam, em maior harmonia com a realidade fática, individualizar os trabalhos considerados pesados, dos quais estariam excluídos certos trabalhadores, dadas as suas características particulares, como aliás dispõe a Lei italiana n. 903, de 1977 (art. 1º, § 4º).

Ainda sob a influência das normas internacionais, editou-se no **Brasil a Lei n. 9.029, de 13 de abril de 1995**, que considera crimes as seguintes práticas: exigência de teste, perícia, atestado, exame ou outro procedimento relativo à esterilização ou estado de gravidez; a adoção de quaisquer medidas de iniciativa do empregador, que configurem indução ou instigação à esterilização genética, bem como a promoção do controle de natalidade, não se enquadrando aí os serviços de aconselhamento ou planejamento familiar, submetidos às normas do SUS. Ao infrator será cominada a detenção de 1 (um) a 2 (dois) anos, além de multa administrativa equivalente a dez vezes o valor do salário pago pelo empregador, elevado em 50% na hipótese de reincidência, além da proibição de obter empréstimos ou financiamento junto a instituições financeiras oficiais. Rompido o contrato de trabalho por esses atos discriminatórios, faculta-se à empregada optar entre a reintegração, com o pagamento das remunerações relativas ao período de afastamento, devidamente corrigidas e a percepção em dobro dessas importâncias, acrescidas de juros e correção monetária.

Em **6 de junho de 2002, o Brasil,** por meio do Decreto Legislativo n. 107, **aprovou** o texto do Protocolo Facultativo à **Convenção sobre Eliminação de Todas as Formas de Discriminação contra a Mulher,** assinado em Nova Iorque em 13 de março de 2001. Esse Protocolo reconhece competência ao Comitê sobre Eliminação da Discriminação contra a Mulher para receber e considerar comunicações, por escrito e não anônimas, apresentadas por indivíduos ou grupos que se encontrem sob a jurisdição do Estado-parte e aleguem ser vítimas de violação a quaisquer direitos estabelecidos na citada Convenção. Sempre que o grupo agir em favor de determinado indivíduo, a comunicação deverá contar com o seu consentimento, a menos que se justifique estar agindo em nome dele sem seu consentimento.

Após o recebimento da comunicação e antes de examinar o seu mérito, o Comitê poderá solicitar do Estado-parte que tome as medidas necessárias a evitar possíveis danos irreparáveis à vítima. A confidencialidade será observada, a não ser que a revelação da identidade da vítima seja imprescindível à elucidação da questão, ou seja por ela autorizada.

O Estado-parte terá o prazo de seis meses para fornecer explicações, as quais serão examinadas pelo Comitê em reuniões fechadas. Após o exame das informações, ele transmitirá às partes sua opinião e recomendações, se houver.

É facultado ao Comitê designar um de seus membros para realizar investigação e apresentar relatório urgente, incluindo-se visita ao Estado-parte, com o seu consentimento, cuja cooperação é buscada em todos os estágios dos procedimentos.

E para dar efetividade ao teor desse Protocolo, publicou-se no Brasil a Lei n. 10.778, de 24 de novembro de 2003, estabelecendo notificação compulsória no território nacional dos casos de violência contra a mulher que for atendida em serviços de saúde públicos ou privados. No art. 1º, § 2º, entende-se por violência contra a mulher não só a física, mas também a sexual e psicológica, que tenham ocorrido na família, em unidade doméstica ou em qualquer outra relação interpessoal, em que o agressor conviva ou haja convivido no mesmo domicílio que a mulher e que compreende, entre outros, o estupro, violação, maus-tratos e abuso sexual; tenha ocorrido na comunidade e seja perpetrada por qualquer pessoa, compreendendo-se, além do que já foi citado, a tortura, o tráfico de mulheres, a prostituição forçada, o sequestro e o assédio sexual no lugar de trabalho, bem como em instituições educacionais, estabelecimentos de saúde ou qualquer outro lugar, e seja perpetrada ou tolerada pelo Estado ou seus agentes, onde quer que ocorra.

A legislação foi necessária, considerando que o Brasil, na "estatística da vergonha", ocupa um dos primeiros lugares na violência contra as mulheres. Não basta, entretanto, a legislação, é necessário que se notifique a autoridade competente.

A igualdade entre os sexos perturba as escalas de valores e as imagens estereotipadas, fruto de uma cultura que não encontra fundamento científico na época atual. A força dessas ideias preconceituosas a respeito da imagem da mulher é tão forte que, em geral, ela própria tende a adaptar-se a tais preconceitos e até mesmo à violência.

Por outro lado, **o Decreto de 20 de agosto de 2004** cria no âmbito do Ministério do Trabalho a Comissão Tripartite, com o objetivo de promover políticas públicas de igualdade de oportunidades e de tratamento, e de combate a todas as formas de discriminação de gênero e de raça, no emprego e na ocupação. Compete à Comissão: "I — discutir e apresentar propostas para políticas públicas de igualdade de oportunidades e de tratamento, e de combate a todas as formas de discriminação de gênero e raça, no emprego e na ocupação; II — incentivar a incorporação das questões de gênero, raça e etnia, na programação, execução, supervisão e avaliação das atividades levadas a efeito pelo Ministério do Trabalho e Emprego; III — apoiar, incentivar e subsidiar iniciativas parlamentares sobre o tema; IV — apoiar e incentivar as iniciativas adotadas por órgãos e entidades, inclusive da sociedade civil; e V — promover a difusão da legislação pertinente".

Em agosto de 2006, a Lei n. 11.340 cria mecanismos para coibir a violência doméstica e familiar contra a mulher, assim considerada a ação ou omissão baseada no gênero que lhe cause morte, lesão, sofrimento físico, sexual ou psicológico, e dano moral ou patrimonial. Essa violência é uma forma de violação aos direitos humanos, podendo ocorrer no âmbito da unidade doméstica, abrangendo pessoas até mesmo esporadicamente agregadas. A manutenção do vínculo trabalhista será de até 6 meses de afastamento dessa última do local de trabalho.

3.7.8. Estratégias avançadas de Nairobi para o progresso da mulher até o ano 2000. Avanços e recuos

Cumpre ressaltar que a **década de 70** impulsionou o desenvolvimento do trabalho feminino, com avanço significativo no plano constitucional e na legislação ordinária dos países, mormente no que tange ao reconhecimento do princípio da igualdade entre os sexos, em todos os domínios da vida, vedando-lhes a discriminação. Entretanto, o mesmo não poderá ser dito no tocante à **década seguinte**, que só em parte atingiu as suas metas. Grande responsável por essa estagnação **foi a crise econômica internacional** que ensejou a recessão econômica na primeira metade de 1980. Ela "fez morrer por toda a parte as tentativas de melhorar a situação das mulheres e o ínfimo estado que mundialmente chegou o seu desenvolvimento..."[185], mormente nos países em desenvolvimento. É que, para se compensar o impacto da situação econômica negativa, os programas econômicos tiveram um elevado custo social, levando as políticas governamentais a se concentrarem mais no combate à pobreza do que em questões da igualdade.

A igualdade de oportunidade e de tratamento entre homens e mulheres foi objeto de discussão na 71ª Sessão da Conferência Internacional do Trabalho, **em Nairobi, em julho de 1985**, ano que encerrou o **Decênio das Nações Unidas para a Mulher.**

Essa **Conferência Mundial (Igualdade — Desenvolvimento e Paz),** da qual participaram 157 Estados e 166 entidades, teve por objetivo rever e apreciar os progressos obtidos e os obstáculos enfrentados durante a década, e adotar um conjunto coerente de **estratégias avançadas**, capazes de contribuir para o progresso da mulher até o ano 2000. As estratégias foram intituladas **Estratégias Avançadas de Nairobi para o Progresso da Mulher**, aprovadas pela Conferência de Nairobi. **Os seus aspectos mais importantes, que servirão de diretriz para uma ação global, a longo prazo, dadas as diversidades econômicas e sociais dos povos, serão mencionados a seguir.**

Entre as principais sugestões constantes da estratégia, encontra-se solicitação no sentido de que os países ratifiquem a **Convenção das Nações Unidas sobre combate a todas as formas de discriminação contra as mulheres**. Ressalta o documento que o grande responsável pela desigualdade entre os sexos **é o atraso provocado pela miséria dos países em desenvolvimento**, reforçado pela **real discriminação** contra as mulheres. Sugere-se, como ponto de partida, para evitar as desigualdades, **uma legislação que contenha mecanismos de fiscalização capazes de dar eficácia ao tratamento igualitário**, de modo que a mulher possa recorrer a ele sem o receio "de se tornar vítima ou ser desviada do seu propósito"[186].

A legislação deve estender-se não só às mulheres que fazem parte do trabalho convencional, mas também às que **integram o setor informal**, nas **zonas urbanas e rurais**, e às que **trabalham por conta própria**, onde se situa considerável número de contingente feminino.

No que tange à igualdade, as **metas** compreendem: as mesmas oportunidades de educação, formação profissional, níveis de emprego e promoções; salário igual; melhorias nas instituições nacionais responsáveis pelas estatísticas de questões femininas, a fim de que possam os governos utilizá-las no planejamento das políticas; imposição de sanções às despedidas fundadas em gravidez e parto; estabelecimento de medidas que facilitem o retorno das mulheres após o parto; edição de leis para eliminar os crimes de natureza sexual, aliada à ação para evitar o assédio sexual no emprego[187], principalmente em setores específicos como o doméstico; revisão da

---

(185) A Conferência Mundial de Nairobi. *Suplemento* n. 24. Comissão das Comunidades Europeias, p. 23.

(186) A Conferência Mundial de Nairobi. *Suplemento* n. 24. Comissão das Comunidades Europeias, p. 24.

(187) Dando efetividade ao comando contido nas normas internacionais, o Brasil ratificou, em 1º de agosto de 1996, por meio do Decreto n. 1.973, a Convenção Interamericana (em vigor desde agosto de 1995), destinada a prevenir, punir e erradicar a violência contra a mulher. Essa Convenção, no seu art. 1º, considera como violência "qualquer ato ou conduta baseada no gênero, que cause morte, dano ou sofrimento físico, sexual ou psicológico à

capacidade legal das mulheres, visando a conceder-lhes iguais direitos e deveres; difusão de informações dos direitos das mulheres; elaboração de políticas nacionais visando a eliminar todos os obstáculos que se erguem contra as mulheres nos diversos segmentos sociais, inclusive naqueles em que, tradicionalmente, há concentração masculina, como, aliás, ocorre em todos os níveis do processo político; combate ao desemprego; redução dos efeitos adversos gerados pelas novas indústrias tecnológicas; eliminação da elevada taxa de analfabetismo; eliminação de imagens estereotipadas da mulher nos meios de comunicação e publicidade.

A **publicidade,** para convencer o consumidor, utiliza-se de certas técnicas e instrumentos, que reforçam os conceitos tradicionais sobre funções e papéis masculinos e femininos, facilmente aceitáveis pelos destinatários, sem que se atentem para um juízo crítico. "Raramente são utilizados anúncios que, usando imagens femininas ou masculinas, as fixem de modo inovador ou não estereotipado"[(188)]. A criação da nova imagem da mulher na publicidade pressupõe, de um lado, o respeito à sua dignidade e, de outro lado, a eliminação de toda a discriminação refletida em imagens estereotipadas, que criem resistências às mudanças que deverão se verificar, para que ambos os sexos deem sua contribuição efetiva ao progresso social.

Considerando as mudanças regionais e seu impacto sobre a condição das mulheres, a Comissão Econômica das Nações Unidas para a América Latina e Caribe (CEPAL) preparou um Programa de Ação Regional (1995-2001).

O referido programa revelou que, **nos anos 90**, em muitos países da América Latina e do Caribe, houve avanços no plano econômico e, paralelamente, persistiu ou até mesmo intensificou-se o grave problema da pobreza, "transformando-se na região que apresenta a pior distribuição de receita", além da queda dos investimentos econômicos e sociais, que afeta a educação, a saúde e a habitação. Apesar de avanços registrados em outras áreas, persistiram as desigualdades sociais e, no tocante às mulheres, a desigualdade social de caráter estrutural, **que se acentuou durante a crise dos anos oitenta, associa-se à discriminação no acesso ao emprego, ao poder e ao processo decisório**.

Constatou-se que as novas oportunidades introduzidas pela urbanização e pela modernização não foram suficientes para assegurar uma igualdade de fato entre homens e mulheres na sociedade. E para tratar desse problema, um novo conceito foi elaborado, o da "**igualdade de gênero**".

---

mulher, tanto na esfera pública como privada", ocorrida na comunidade "e cometida por qualquer pessoa, incluindo, entre outras formas, o estupro, o abuso sexual, a tortura, o tráfico de mulheres, a prostituição forçada, o sequestro e o assédio sexual no local de trabalho"... (art. 2º, alínea *b*).

(188) SILVA, Regina Tavares da; DOMINGUEZ, Cristina; LEMOS, Conceição. A imagem da mulher na publicidade. *Cadernos da Condição Feminina*, Lisboa, mar. 1979, n. 10, p. 5. Sustentam as autoras, em levantamento feito em um total de 121 anúncios, que, na maioria deles, a mulher é apresentada como doméstica e mesmo quando ultrapassa os limites da casa, o seu caráter sedutor e atraente faz parte de sua imagem profissional, em funções que, em geral, representam um prolongamento de suas atribuições domésticas. Já a imagem do homem é mais difusa e envolve uma simultaneidade de aspectos. "O marido tradicional, por exemplo, conjuga-se facilmente com o profissional de sucesso, associação praticamente impossível para a mulher". (Cf. p. 24). Afinados com a ideia: ESCOLA, Carina; TAMAYO, Montse; ZALLO, Itziar. La imagen de la mujer a traves de la publicidad en las revistas españolas. *Papers — Revista de Sociologia*. Barcelona: Ediciones Península, 1978, n. 9, p. 146.

O conceito de gênero passou por **três etapas**. **A primeira** é caracterizada pela adoção do modelo unidimensional da determinação biológica, que prevaleceu até meados do século XX. De acordo com esse modelo, a natureza dos homens é diferente da natureza das mulheres. Aspectos da individualidade, em que se destacam comportamento, valores e predileções, induzem à conclusão de que o homem está predisposto para funções viris, enquanto a mulher possui inclinações naturais para a esfera doméstica, dada a sua capacidade de ser mãe. Ocorre que a natureza não é a única responsável por esses componentes do gênero.

Em uma **segunda etapa**, no início dos anos 60, sob a influência dos movimentos de emancipação feminina, o conceito de gênero passou a ser construído sob o **modelo bidimensional**, segundo o qual as categorias tradicionais de masculino e feminino, com suas qualidades opostas e mutuamente excludentes, não constituem algo naturalmente determinado, e encará-las dessa forma significa reduzir o potencial tanto dos homens quanto das mulheres. Afirma-se que a visão da sexualidade sob o prisma de categorias biológicas absolutas tem por objetivo "não só evitar declarar a verdade, mas impedir que ela aflore" (Foucault). É sabido que a sexualidade se produz "numa convergência crucial do fisiológico, do psicológico, do social, do econômico, do cultural e do estático, com forças políticas"[(189)].

Nos anos 80 inicia-se a **terceira etapa** da teoria do gênero, com a construção do **modelo pluridimensional**, mediante o qual o gênero conceitua-se "não como uma propriedade simples dos indivíduos, mas como uma dinâmica integral das ordens sociais que produz, reproduz e legitima as escolhas e limites que se predicam nas categorias sexuais"[(190)].

Tem sido apontada como um complicador na teoria do gênero a **tese neoessencialista**, que, com base em pesquisas científicas, revela a existência de determinantes biológicos das diferenças de atitude e comportamento entre homens e mulheres. Essa teoria sustenta que pode haver mais coisas no gênero do que as que se apresentam à sociedade. Por exemplo, as estatísticas dizem que as aptidões linguísticas da mulher situam-se em uma região mais frontal do que as do homem; o hipotálamo (que intervém no comportamento sexual) de um homem heterossexual é maior que o de uma mulher ou de um homem homossexual; o *corpus callosum* que enlaça os dois hemisférios cerebrais é mais largo nas mulheres, o que indica mais comunicação inter-hemisférica e possivelmente mais intuição, etc.[(191)].

Afirma-se, ainda, com base em testes realizados, que as mulheres são superiores aos homens em testes verbais e "brilham nas tarefas motoras de precisão, o que as conduz a controlar com maior rapidez e exatidão a musculatura dos dedos e da mão, bem como a realizar melhor complicadas sequências de movimentos", o que poderia induzir à conclusão de que são mais hábeis para as tarefas manuais. Já os homens

(189) MAC KINNON, 1979, p. 182. *In:* LANSKY, Mark. Perspectivas. *Revista Internacional del Trabajo*, v. 119/ 2000, n. 4, p. 538.
(190) WEST Y ZIMMERMAN, 2000, p. 148. *In*: Mark Lansky. *Op. cit.*, p. 540.
(191) GORMAN, 1992, p. 36. *In*: LANSKY, Mark. *Op. cit.*, p. 541.

demonstram um talento superior para a orientação espacial, o que os ajuda na visualização mental de figuras tridimensionais e em habilidades motoras(192).

Conclui-se dizendo, com base na estrutura cerebral ou hormonal, que:

> "pelas diferenças entre os sexos aqui descritas não se pode inferir em que medida homens e mulheres se adequariam melhor a determinada profissão. São antes pontos fortes e pontos fracos de cada um que determina o interesse em certas atividades. É de supor que alguém dotado de péssima capacidade de orientação espacial não queira ser piloto de avião, assim como alguém com baixo desempenho linguístico não almejará o curso de letras, independentemente de seu sexo genético ou hormonal"(193).

Sustenta-se, ainda, que se as consequências desses traços em matéria de conduta fossem reais, poderiam situar as diferenças de gênero numa perspectiva ligeiramente distinta. Entretanto, as características neurobiológicas não poderão negar a evidência de que o gênero sofre uma influência significativa de natureza sociocultural. Assim, supondo-se que os elementos essencialistas sejam verdades científicas, é possível que não sirvam para muito mais do que desviar o debate de assuntos básicos que afetam hoje em dia a mulher. Isso porque a razão de ser da política social é criar um ambiente em que todas as pessoas possam elevar-se acima de suas características naturais. Além do mais, sabe-se que a biologia tem suas limitações(194).

A argumentação de que as capacidades masculinas e femininas são diferentes desvaloriza o potencial das capacidades humanas, além de menosprezar a força da política socioeconômica para desenvolvê-las. No tocante às qualidades presumidamente naturais dos homens e das mulheres, longe de serem incompatíveis, são indissociáveis, o que merece ser chamado humano(195).

Outros autores têm sido mais felizes na construção do gênero, reconhecendo as implicações das diferenças **físicas**, **biológicas** e **reprodutivas** no seu conceito, sem, entretanto, arriscar-se a procurar as causas da segregação profissional entre os sexos numa remota possibilidade neurobiológica ou na divisão entre inclinações e aptidões masculinas e femininas.

Fato é que as mulheres não se encontram mais confinadas nos gineceus; penetraram em um mundo edificado pelos homens, num momento histórico em que o fator biológico ainda era considerado essencial, daí a dificuldade de se aceitar a influência sociocultural na formação do gênero.

O **Programa de ação para as mulheres da América Latina e Caribe,** 1995-2001, estava estruturado em seis temas básicos: equidade de gênero; integração social:

---

(192) HAUSMANN, Markus. Questão de simetria. *Revista Viver-mente e cérebro*. São Paulo: Ediouro, n. 46, mar. 2005, p. 41.

(193) HAUSMANN, Markus. Questão de simetria. *Revista Viver-mente e cérebro*, n. 46, mar. 2005, p. 45.

(194) Ao longo dos anos, tem-se verificado que muitas mulheres atletas — identidades do gênero feminino em anatomia feminina — nas provas genéticas têm resultado ser homens e têm tido que se retirar de competições de mulheres (BOWN, 1992. *In*: Mark Lansky. *Op. cit.*, p. 542).

(195) BADINTER, 1992, p. 273. *In*: LANSKY, Mark. *Op. cit.*, p. 544.

participação das mulheres nas responsabilidades e nos benefícios do desenvolvimento; redução e alívio da pobreza das mulheres; participação das mulheres no processo de decisão e no poder; direitos humanos, paz e violência e responsabilidades familiares compartilhadas.

Em setembro de 1995 realizou-se em Pequim a IV Conferência Mundial da ONU sobre a mulher, da qual originou o documento chamado Plataforma de Ação, contendo um minucioso relatório dos principais problemas enfrentados pelas mulheres, entre eles a **AIDS, o assédio sexual, a pobreza, o analfabetismo, o meio ambiente, a guerra e o espancamento**. O citado documento recomenda que os **países revejam as leis punitivas do aborto**, mobilizem novos recursos na luta contra a feminização da pobreza e que reconheçam que os direitos da mulher são direitos humanos.

As mulheres, ainda hoje, representam 2/3 dos analfabetos e 70% dos pobres em todo o mundo.

Aliás, relatório das Nações Unidas(196) elaborado em 1994, revela que "nenhuma sociedade trata suas mulheres tão bem quanto seus homens". O quadro a seguir revela os percentuais em desenvolvimento, por gênero.

Os 10 melhores, os 10 piores e os países latino-americanos em desenvolvimento por gênero.

Condições de vida das mulheres								Participação feminina no poder		
Ranking IDG*	Países (1994)	Ranking IDH **	% da renda	% do mercado de trabalho	Esperança de vida	Anos a mais do que os homens	Alfabetização de mulheres	Ranking IPG ***	% de mulheres no Parlamento	% dos cargos executivos
1º	Canadá	1º	38	44	81,7	5,4	99	6º	19,3	42,2
2º	Noruega	3º	42	45	80,4	5,8	99	1º	39,4	30,9
3º	Suécia	10º	45	47	80,9	5,1	99	2º	40,4	38,9
4º	Islândia	5º	nd	45	80,8	3,4	99	nd	nd	nd
5º	EUA	4º	41	44	79,5	6,7	99	7º	11,2	42
6º	França	2º	39	43	83,0	8,7	99	40º	6,1	9,4
7º	Finlândia	8º	41	46	79,9	7,5	99	4º	33,5	26,4
8º	Nova Zelândia	9º	39	44	79,2	5,6	99	5º	29,2	32,3
9º	Austrália	14º	40	43	81,0	5,8	99	11º	20,5	43,3
10º	Dinamarca	18º	42	46	77,8	5,2	99	3º	33	20
138º	Zâmbia	165º	nd	44	47,2	3,2	22,7	nd	nd	nd
139º	Moçambique	166º	41	48	47,5	3	22,1	43º	25,2	11,3
140º	Guiné	167º	nd	48	45,6	1	20,3	nd	nd	nd
141º	Etiópia	170º	nd	41	49,8	3,1	24,1	nd	nd	nd
142º	Burundi	169º	nd	48	45,0	3,1	21	nd	nd	nd
143º	Mali	171º	39	46	48,3	3,3	20,2	83º	2,3	19,7

(196) *Folha de S. Paulo* de 6.7.1997, p. 26.

Condições de vida das mulheres								Participação feminina no poder		
Ranking IDG*	Países (1994)	Ranking IDH **	% da renda	% do mercado de trabalho	Esperança de vida	Anos a mais do que os homens	Alfabetização de mulheres	Ranking IPG ***	% de mulheres no Parlamento	% dos cargos executivos
144º	Burkina Faso	172º	40	46	47,5	2,1	8,6	69º	8,8	13,5
145º	Níger	173º	nd	44	48,7	3,2	5,6	nd	nd	nd
146º	Serra Leoa	175º	30	35	35,2	3,1	16,7	77º	6,3	8
31º	Uruguai	37º	33	39	75,9	6,5	97,3	54º	6,9	25,3
40º	Colômbia	51º	33	37	72,8	5,4	91,3	38º	9,8	27,2
44º	Chile	30º	22	32	77,9	5,8	95	57º	7,2	17,4
47º	Argentina	36º	nd	30	76,0	7,1	96	nd	nd	nd
50º	México	50º	25	31	75,0	5,9	86,7	31º	13,9	20
60º	Brasil	68º	29	35	70,5	8	82,5	58º	6,7	17,3
68º	Cuba	86º	31	38	77,5	3,8	94,8	23º	22,8	18,5
76º	Peru	89º	23	29	69,9	4,8	82,2	53º	10,8	20
82º	Paraguai	94º	23	29	71,1	4,5	90,2	64º	5,6	14,5
99º	Bolívia	113º	27	37	61,7	3,2	75,2	62º	6,4	16,8

(*) Índice de Desenvolvimento por Gênero;
(**) Índice de Desenvolvimento Humano;
(***) Índice de Poder de Gênero.

Obs.: Os dez países mais bem colocados na classificação pelo IDG são industrializados.

As mulheres da África são os seres mais excluídos do planeta: os dez países com pior IDG são africanos. O diferencial de anos de vida entre homens e mulheres no Brasil é um dos maiores do mundo. Quando classificado pelo IPG (poder feminino), o Brasil é ultrapassado por outros latino-americanos, como Cuba. A Suécia é o país onde as mulheres têm maior participação na política, com 40,4% das vagas no Parlamento. Esse país é classificado pela ONU como o mais igualitário do mundo nas questões de gênero, por apresentar uma distribuição particularmente igual entre homens e mulheres no trabalho. Entretanto, estatística realizada em 1997 pela EUROSTAT revela que a discriminação salarial persiste, com as mulheres ganhando 84% dos salários pagos aos homens. Constatou-se também que as mulheres estão concentradas em empregos considerados femininos, de menor qualificação, o que pode ser, segundo alguns, uma etapa de ingresso no mercado de trabalho, em uma sociedade marcada por uma larga concepção da igualdade entre os sexos. A mesma estatística revela, ainda, que só uma minoria de casais suecos, geralmente sem filhos, divide equitativamente as tarefas domésticas; entre a maioria dos casais, a mulher se encarrega dos trabalhos de casa(197).

---

(197) *Suède: l'égalité des sexes en question.* Paris: L'Harmattan, 2000, p. 166-170. Cahiers du Genre n. 27. Coord.: Boel Berner, Elisabeth Elgan e Jacqueline Heinen.

Pelo que foi exposto, conclui-se que, embora as normas internacionais, em uma segunda fase, tenham-se integrado à luta da mulher pela igualdade de tratamento em vários setores, as declarações enfáticas do princípio da igualdade, inseridas em documentos internacionais e transplantadas para a legislação interna dos países, são insuficientes para que esse princípio penetre também na realidade, pois a prática nem sempre é um reflexo das leis. Se a discriminação é banida dos textos legais, ela persiste na sociedade, nos mais diversos segmentos, podendo tomar novos matizes, novas feições.

3.7.9. Ações afirmativas atribuindo tratamento especial às mulheres

As ações afirmativas recomendadas são programas adotados tanto no setor público como no setor privado, atribuindo um tratamento especial às mulheres, temporariamente, até que haja um equilíbrio entre os sexos no mercado de trabalho, tornando-o mais homogêneo. Sua função consiste, portanto, em promover a igualdade de oportunidades, transformando a função estática do princípio igualitário inserido na lei em uma função ativa, com a utilização de meios capazes de alterar as regras do "jogo no mercado de trabalho"[(198)]. **As ações afirmativas já não visam ao reconhecimento da igualdade de tratamento, mas aos meios necessários para torná-la efetiva**.

O progresso a respeito dessa temática não é significativo, mesmo porque os planos são pouco divulgados e não estão bem inseridos nos sistemas jurídicos que os consagram.

As ações afirmativas congregam medidas que implicam supressão das desigualdades de fato, capazes de restringir as oportunidades de formação profissional das mulheres, com reflexos nas suas condições de trabalho.

Essas medidas destinam-se a: eliminar ou reduzir estereótipos a respeito das funções na sociedade, com prejuízo para as mulheres; incentivar a participação de mulheres em ocupações, em setores mais promissores para a economia e em níveis mais elevados; ajudar as mulheres a adquirirem capacidade profissional adequada, alentar os empregadores para que favoreçam essas postulações; ajustar a organização de trabalho e os horários às necessidades das mulheres; velar para que sejam compartilhadas entre homem e mulher as responsabilidades familiares, profissionais e sociais; favorecer a participação de mulheres nos organismos destinados a decidir sobre matéria de emprego em geral; cuidar para que a administração pública promova ações afirmativas, principalmente em setores técnicos mais recentes, servindo de exemplo para outros setores, inclusive empresas privadas, onde os interlocutores também deverão introduzir disposições adequadas para promover a igualdade, utilizando-se de orientações, códigos de conduta, etc.[(199)].

E para que essas ações não traduzam mera declaração enfática do princípio da igualdade, é **imprescindível que haja vontade política**[(200)] e se implantem programas

---

(198) VOGEL-POLSKY, Eliane. Los programas de acción positiva en provecho de las mujeres, 1. Análisis teórico. *Revista Internacional del Trabajo*. Ginebra, abr./jun. 1985, v. 104, n. 2, p. 231.

(199) VOGEL-POLSKY, Eliane. Los programas de acción positiva en provecho de las mujeres, 1. Análisis teórico. *Op. cit.*, p. 236.

(200) VOGEL-POLSKY, Eliane. Los programas de acción positiva en provecho de las mujeres, 1. Análisis teórico. *Op. cit.*, p. 237.

de ação positiva, que acelerem a participação de mulheres nos órgãos responsáveis pela elaboração e fiscalização das leis sobre condições de trabalho. É importante que se exerçam pressões sobre o legislativo, o qual, por sua vez, também sofre as influências dos estereótipos socioculturais que devem ser combatidos.

Finalmente, o Estado pode impor, pela via da intervenção legislativa no setor público, a obrigação de se elaborarem e de se aplicarem programas de ação positiva no setor privado, subvencionando-os, arcando total ou parcialmente com os gastos extras que advenham da contratação ou transferência de mulheres para funções tradicionalmente ocupadas por homens, como ocorre na Suécia e na França. Esses programas versam sobre alteração das mentalidades, distribuição mais justa das responsabilidades familiares, condições de trabalho (horários flexíveis, licenças para o pai ou para a mãe) e formação profissional, entre outros.

As primeiras experiências de ações afirmativas surgiram nos Estados Unidos, em 1963, editando-se a lei sobre igualdade de salários, em 1964, referente a direitos civis, e a lei a respeito da igualdade de oportunidades no emprego, em 1972[(201)]. Essa lei obriga os contratantes a estabelecerem programas de ação positiva como condição para a concessão de serviços públicos. Apesar da experiência americana, as ações afirmativas têm enfrentado resistência no país, sobretudo a partir de 1981. A questão da igualdade está mais concentrada nos programas de formação profissional em setores não tradicionais. Todavia, ainda assim, as ações afirmativas têm sido responsáveis pela quebra da "barreira invisível", manifestada pelo crescimento da proporção de mulheres em postos diretivos, passando de 5%, em 1972, para 11%, em 1991[(202)].

A União Europeia tem promovido e financiado investigações sobre o assunto, adotando uma Recomendação a esse respeito, em dezembro de 1984. O objetivo é favorecer a diversificação de escolhas profissionais das mulheres e, no domínio das novas tecnologias, principalmente no que tange à formação profissional, a difusão das possibilidades reais de escolha, a supressão da segregação em todos os setores e níveis profissionais, a avaliação das tendências de emprego das mulheres e dos impactos de políticas nacionais, avaliando os progressos realizados[(203)].

Os programas de ação afirmativa podem ser de caráter obrigatório, voluntário ou misto[(204)]. Em geral, o primeiro ocorre na administração pública, o segundo, no setor privado.

---

(201) VOGEL-POLSKY, Eliane. Los programas de acción positiva en provecho de las mujeres, 2. La práctica. *Revista Internacional del Trabajo*, Ginebra, jul./set. 1985, v. 104, n. 3, p. 344.
Há dois órgãos destinados a pôr em prática as ações afirmativas nos Estados Unidos: a Comissão sobre Igualdade de Oportunidades de Emprego e a Oficina encarregada de examinar a conformidade dos contratos federais. A Comissão poderá submeter à apreciação da Justiça um caso de discriminação sobre essa temática, na hipótese de ser inviável a conciliação, podendo ingressar com ações coletivas quando a atitude implique prejuízo de uma categoria de pessoas, havendo casos de condenação vultosa.

(202) Algunos resultados de la "acción positiva": Trabajo — *Revista de la OIT*, Ginebra, 1992, n. 2, p. 11.

(203) LE DROIT communautaire et les femmes. *Supplément* n.19. Comission des Communautes Europeennes, p. 18, 22.

(204) VOGEL-POLSKY, Eliane. Los programas de acción positiva en provecho de las mujeres — 1. Análisis teórico. *Op. cit.*, p. 239, 241.

Foram apontados programas de ação afirmativa muito eficientes no Reino Unido, sobretudo nas municipalidades, o que tem sido bem avaliado pela Comissão de Igualdade de Oportunidades, por meio de pesquisas nos locais de trabalho[(205)].

Já no setor privado, surgiram, em quase todos os países europeus, problemas complexos no que tange às ações afirmativas, diversificando os procedimentos de aplicação do princípio da igualdade de oportunidades; suas leis, editadas entre 1975 e 1979, adequaram-se às diretivas da CE[(206)]. Em nenhum deles se impõe a obrigação de adotá-las.

Nos países nórdicos, em geral, as relações laborais fundavam-se em convenções coletivas, e estas raramente se referem às ações afirmativas.

A Suécia, a Bélgica e a Itália, respectivamente, por meio da Lei n. 443, de 1991, da Real Ordem de 27 de fevereiro de 1990[(207)] e da Lei n. 125, de 10 de abril de 1991, editaram ações afirmativas para o fomento da igualdade de oportunidades entre homens e mulheres.

E qual tem sido o posicionamento da União Europeia a respeito do implemento das ações afirmativas como forma de dar efetividade ao combate à discriminação fundada em sexo, diante da insuficiência do princípio da igualdade formal?

Há uma Recomendação do Conselho, de 13 de dezembro de 1984, relativa à promoção de ações afirmativas em favor da mulher, como remédio temporário para tentar corrigir as desigualdades de fato em setores cuja representação feminina é insignificante. Não se trata de incluir as mulheres à custa de excluir outros grupos de trabalhadores[(208)].

Além dessa Recomendação, o Tratado de Amsterdã estabelece as bases para a adoção dessas medidas. O art. 119.4, embora não faça menção às ações afirmativas, admite que os Estados-membros ofereçam vantagens concretas destinadas a facilitar o exercício de atividades profissionais ou compensar desvantagens em suas carreiras profissionais. Não é suficiente que um sexo esteja com menor representatividade em um determinado setor; mister analisar as razões dessa infrarrepresentação para se determinar a possibilidade de adoção de ações afirmativas.

---

(205) Essa Comissão tem poderes para submeter aos tribunais os casos de discriminação fundada no sexo e no estado civil, contrariamente ao disposto na Lei de 1975, o que tem ensejado sanções legais pelos tribunais do trabalho. Por outro lado, as organizações de sindicatos dos servidores das administrações locais fazem inserir, nas convenções coletivas, cláusulas de igualdade, e os empregadores conscientizam-se de que a subutilização do pessoal feminino é um desperdício de recursos humanos e que o incentivo à formação profissional das mulheres propiciará melhor atendimento das necessidades da comunidade. Por fim, as próprias servidoras debatem a respeito dos ajustes que devem ser feitos para conciliar as atividades profissionais com suas responsabilidades, encontrando, nos meios de comunicação, grandes aliados no combate aos estereótipos culturais, localizando as barreiras com que depara a luta pela igualdade. As políticas de igualdade de oportunidades adotadas no Reino Unido identificam-se nos seguintes aspectos: política de pessoal, procedimentos e métodos de gestão, estrutura interna de organização e segregação das atividades.

(206) BARBERA, Marzia. Egualianza di opportunità e azioni positive nel diritto comunitario e nelle legislazioni dei paesi membri della CEE. *Rivista Italiana di Diritto del Lavoro*, Milano, ott./dic. 1986, n. 4-5, p. 858.

(207) *Documentos de Derecho Social*. Ginebra, 1990/2, p. 8.

(208) BALLESTRERO, Maria Vittoria. *Paritá e oltre. Paritá, pari opportunità, azioni positive.* Roma: Ediese, 1989, 2. ed., p. 101 e ss.

As poucas decisões do Tribunal de Justiça da União Europeia sobre o tema são o caso conhecido como Kalanke (sentença de 17.10.1995) **e o caso Marshall** (sentença de 11.11.1997). **Na primeira decisão** (Kalanke) discutia-se preceito de uma Lei Alemã (do Estado de Bremen) sobre igualdade entre os sexos no serviço público. Tal norma estabelecia, em situações de igual capacidade entre pessoas, uma preferência na contratação de mulheres quando da seleção e promoção, caso elas não atingissem pelo menos a metade dos postos em distintos níveis salariais e funcionais de determinado setor da Administração (parques e jardins). A lei foi considerada pelo Tribunal de Justiça da União Europeia atentatória à Diretiva n. 76, ao argumento de que a igualdade de oportunidade não deverá ser atingida por imposição, forçosa e direta, de um resultado de igualdade.

Já em caso análogo, **na sentença Marshall**, o Tribunal alemão também submeteu ao Tribunal de Justiça da União Europeia, questão prejudicial solicitando que apreciasse um preceito legal (art. 25.5 da Lei Alemã de Função Pública de Land) e verificasse se ele estava de acordo com a Diretiva n. 76/207 da CEE. A lei estabelecia preferência em favor das mulheres na promoção, quando os candidatos tivessem a mesma aptidão e caso a representação destas últimas no setor fosse inferior à dos homens. A mulher foi promovida e o servidor (homem) recorreu, momento em que a questão prejudicial foi submetida ao Tribunal de Justiça da União Europeia, que, contrariamente ao julgado anterior, admitiu a ação afirmativa e, consequentemente, não considerou a lei alemã atentatória à Diretiva n. 76. Entendeu-se que a norma servia de contrapeso em relação aos efeitos prejudiciais de que padeciam as mulheres, diante da realidade da vida social e contribuía, de fato, para reduzir as desigualdades.

No Brasil, a Lei n. 9.799, de 26 de maio de 1999, ao rever a redação do art. 373 da CLT, admite, no parágrafo único, a adoção de medidas temporárias que visem ao estabelecimento das políticas de igualdade entre homens e mulheres, em particular às que se destinam a corrigir as distorções que afetam a formação profissional, o acesso ao emprego e as condições gerais de trabalho da mulher. Ora, essas medidas temporárias nada mais são do que ações afirmativas.

Ao Direito compete, sem dúvida, ampliar os horizontes das oportunidades e contribuir para conscientizar a opinião pública, favorecendo a igualdade, mas torná-la efetiva depende não só dos interessados, como também da vontade política dos países, que, de início, devem remover os obstáculos traduzidos pelas práticas sociais que impedem a concretização desse princípio. Vale ressaltar, ainda, que os tribunais não estão em condições de assegurar à vítima do tratamento desigual o exercício efetivo de seu direito. É que as sanções previstas para as transgressões não constituem um remédio satisfatório, pois sujeitam-se aos mecanismos jurídicos tradicionais (multas de valor ínfimo e compensações pecuniárias de valor insignificante), ao invés de sanções reais e apropriadas, como o direito à reintegração no emprego ou a uma compensação pecuniária equivalente, com "autêntica força dissuasiva"(209).

---

(209) VOGEL-POLSKY, Eliane. Los programas de acción positiva en provecho de las mujeres — 1. Análisis teórico. *Op. cit.*, p. 235.

3.8. Deficiente físico: novas dimensões da proteção no mercado de trabalho

Um breve relato histórico revela a bifurcação do tratamento atribuído aos deficientes em várias fases da humanidade, o qual compreende desde as atrocidades por eles sofridas, passando pelo menosprezo, pela concessão de certas vantagens e até mesmo pelo reconhecimento de serem enviados pelos deuses[(210)].

E assim é que, na Antiguidade, entre os romanos, a Lei das XII Tábuas estabelece: I — que o filho nascido monstruoso seja morto imediatamente; II — que o pai tenha sobre o filho o direito de vida e de morte (Tábua IV).

Entre os gregos, mais precisamente na sociedade espartana, "as crianças pertenciam ao Estado, e ao Conselho de Anciãos da cidade cabia examinar as crianças ao nascer; julgando-as fracas ou disformes seriam atiradas do alto do Taigeto (*Taygetos*), abismo de 2.400 metros de altitude, para serem eliminadas".

Entretanto, na mesma sociedade espartana, havia proteção e várias vantagens oficiais concedidas aos guerreiros feridos e mutilados em combate.

Por outro lado, nas Ilíadas de Homero, o Deus Hefesto era portador de deficiência física nas pernas e possuía grandes habilidades em metalurgia e artes marciais[(211)].

Na Idade Média, os indivíduos portadores de deficiência física eram vítimas de extermínio, porque os concebiam como portadores de poderes especiais, oriundos dos demônios. Por outro lado, no Renascimento, com o surgimento do espírito científico, os "deficientes físicos" começam a desfrutar de um tratamento mais humanitário, e, na Idade Moderna, alguns deficientes físicos tornaram-se notáveis no campo das artes e da literatura, como por exemplo Beethoven, deficiente auditivo; entre nós, Antônio Francisco Lisboa, "o Aleijadinho"; em Portugal, Antônio Feliciano de Castilho, deficiente visual, entre outros.

A deficiência poderá ser física, mental e sensorial. Dados obtidos por meio da *internet*, fornecidos pela Organização Mundial da Saúde e pelo Instituto Brasileiro de Geografia e Estatística, revelam que os portadores de deficiência no País somam 24,5 milhões, de acordo com o censo de 2000[(212)], o que, por si só, já justifica uma reserva de mercado para os mesmos.

A Lei n. 7.853, de 1989, e seu Regulamento, Decreto n. 914, de 2000, dispõem sobre apoio às pessoas portadoras de deficiência, sua integração social e sobre a Coordenadoria Nacional para Integração da Pessoa Portadora de Deficiência.

A natureza da proteção, no plano constitucional, estende-se à seguridade social (art. 203, IV e V); à saúde (art. 227, § 1º e incisos) e à proteção jurídica no mercado de trabalho (art. 7º, XXXI e 37, V e VIII).

O art. 203 da Constituição, no inciso IV, assegura ao deficiente habilitação, reabilitação profissional e a promoção de sua integração à vida comunitária e, no

---

(210) ALVES, Rubens Valtecides. *Deficiente físico. Novas dimensões da proteção ao trabalhador*. São Paulo: LTr, 1992, p. 18 e 19.

(211) ALVES, Rubens Valtecides. *Op. cit.*, p. 21.

(212) Dados extraídos do acórdão TRT — 4ª Região — RO- 00843-2000-010-04-00-0- 7ª T. — Relª: Juíza Maria Inês Cunha Dornelles — DOERS 5.4.2004.

inciso V, garante um salário mínimo mensal ao deficiente que comprovar não possuir meios próprios de manutenção ou de tê-la provida pela família. A regulamentação desses direitos encontra-se nos art. 88 e 89 da Lei n. 8.213, de 1991. No art. 227, § 1º, e incisos da Constituição, são estabelecidas medidas de prevenção, relativas ao planejamento genético, acompanhamento da gravidez, do parto e do puerpério, à nutrição da mulher e da criança, à identificação e ao controle da gestante e do feto de alto risco, à imunização, às doenças do metabolismo e seu diagnóstico e ao encaminhamento precoce de outras doenças causadoras de deficiência.

No mercado de trabalho, o art. 7º, XXXI, proíbe qualquer discriminação no tocante a salário e critérios de admissão do trabalhador portador de deficiência física. No art. 37, VIII, a mesma Constituição prevê que a lei reserve percentual dos cargos e empregos públicos para as pessoas portadoras de deficiência e definirá critérios de sua admissão.

A Lei n. 8.112, de 1990, no § 2º, do art. 5º, assegura aos portadores de deficiência o direito de se inscrever em concurso público para provimento de cargo cujas atribuições sejam compatíveis com a deficiência de que são portadores; para tais pessoas serão reservadas até 20% das vagas oferecidas no concurso.

No âmbito privado, a empresa com 100 ou mais empregados está obrigada a preencher de 2% a 5% dos seus cargos com beneficiários reabilitados ou pessoas portadoras de deficiência, habilitadas na seguinte proporção: I — até 200 empregados, 2%; II — de 201 a 500, 3%; III — de 501 a 1.000, 4%; IV — de 1.001 em diante, 5% (art. 93 da Lei n. 8.213, de 1991).

A dispensa de trabalhador reabilitado ou de deficiente habilitado ao final de contrato por prazo determinado de mais de 90 dias, e a imotivada, no contrato por prazo indeterminado, só poderá ocorrer após a contratação de substituto de condição semelhante (§ 1º do art. 93 citado). Uma vertente doutrinária e jurisprudencial sustenta que o art. 93 da Lei n. 8.213, de 1991, ao estabelecer como condição para a dispensa de trabalhador reabilitado ou de deficiente habilitado a contratação de substituto de condição semelhante, institui garantia de emprego[(213)].

Outros sustentam que a hipótese não é, a rigor, de garantia de emprego, mas de um ato jurídico submetido a uma condição suspensiva (admissão de empregado de condição semelhante) que, se não verificada, acarreta a nulidade da despedida em face do art. 125 do Código Civil de 2002, do art. 9º da CLT, e do art. 7º, inciso XXXI

---

(213) "**Deficiente físico. Trabalhador reabilitado. Resilição. Garantia de emprego e reintegração**. O art. 93 da Lei n. 8.213/91, ao estabelecer como condição para a dispensa de trabalhador reabilitado ou de deficiente habilitado a contratação de substituto de condição semelhante, institui garantia de emprego, que embora não tenha caráter de direito individual assume feição social e coletiva. Havendo forma peculiar de garantia de emprego para os deficientes reabilitados que compõem a cota de vagas reservadas pelo art. 93 da Lei n. 8.213/91, a falta de atendimento da condição prevista em lei retira do empregador o direito potestativo de resilir o contrato de trabalho, o que torna nula a dispensa." TRT — 15ª Região — Proc. 5.352/03 — Ac. 25.859/03 — 5ª T. — Rel.: Juiz João Alberto Alves Machado — DOESP 5.9.2003. No mesmo sentido TRT da 3ª Região — 4ª T. — RO-01361.2002.105.03.00.7. Rel.: Juiz Caio Luiz A. Vieira de Mello — DJMG 8.5.2004. Revista Síntese, julho de 2004, p. 54. Adere a essa vertente OLIVEIRA, Sebastião G. *In*: *Discriminação*. *Op. cit.*, p. 138. Coord.: Márcio Túlio Viana e Luiz Otávio Linhares Renault.

da Constituição vigente. E a consequência é a reintegração. Impor-se apenas sanção administrativa ao empregador implicaria frustrar os desígnios do legislador, desatendendo o escopo protetivo da lei que é tutelar mais a coletividade, do que o empregado deficiente diante da fragilidade em que se encontra (cf. TST-RR-199/2002.008-17.00.4 — Ac. 1ª T. 9.6.04. Rel.: Min. João Oreste Dalazen. *Revista LTr* 68-10/1230).

Compartilhamos desse posicionamento, por entender que o direito potestativo de o empregador despedir está condicionado à contratação de substituto em condição semelhante. À falta de prova dessa contratação, a dispensa injusta do empregado beneficiado pela reserva de mercado é nula, comportando reintegração, com o objetivo de dar efetividade ao comando contido no inciso XXXI do art. 7º da Constituição.

O Ministério do Trabalho e da Previdência Social deverá gerar estatísticas sobre o total de empregados e as vagas preenchidas por reabilitados e deficientes habilitados fornecendo-as quando solicitadas, aos sindicatos ou entidades representativas dos empregados (§ 2º do art. 93 da Lei n. 8.213, de 1991).

O Decreto n. 3.298, de 20 de dezembro de 1999, regulamenta a Lei n. 7.853, de 1989, que dispõe sobre a Política Nacional para a Integração da Pessoa Portadora de Deficiência. Na Seção IV, "Do Acesso ao Trabalho", estabelece dito decreto a mesma proporcionalidade já reconhecida pela Lei n. 8.213, de 1991.

O atendimento da regra tem por objetivo a reserva de mercado para trabalhadores portadores de alguma deficiência, habilitados para determinadas atividades, como para reabilitados da Previdência Social. A rigor, já existia a reserva desde a edição da Lei n. 8.213, de 1991. O decreto de 1999 veio apenas regulamentar a política nacional para a integração destas pessoas.

A reserva está diretamente vinculada ao número de empregados. Não há outro enquadramento senão do art. 93, da Lei n. 8.213, de 1991.

Por outro lado, a Ordem de Serviço Conjunta do INSS n. 90/98, estabelece que:

"6.2. A empresa cujo quadro de recursos humanos já esteja preenchido, sem no entanto atender ao percentual de reserva de vagas a que se refere o item 4, promoverá o preenchimento do mesmo, de forma gradativa, a medida em que surjam as vagas."

O descumprimento dessas normas poderá dar ensejo a ação civil pública.

A medida consagrada na Ordem de Serviço é salutar, pois não se pode retirar do empregador o *jus variandi*, para simplesmente determinar a criação de posto para o trabalhador em condições especiais. O que se pode e deve buscar é a prioridade no provimento de vaga acaso existente, por trabalhador reabilitado ou deficiente habilitado em condições de exercê-la. Assim, o citado item "6.2" deve ser interpretado no sentido de que, verificada a inexistência de vaga, não resulta violado o art. 93 da Lei n. 8.213, de 1991. É imperioso, entretanto, que sejam adotadas, no âmbito da empresa, providências no sentido de permitir o cumprimento gradativo da lei, na medida em que venham a surgir vagas passíveis de provimento por pessoal habilitado.

A interpretação da lei não poderá prescindir dos interesses de ambas as partes. A construção jurisprudencial, neste aspecto, é importante, na medida em que se deve emprestar regular aplicabilidade ao dispositivo legal, sem afronta aos interesses difusos dos diversos e inominados portadores de deficiência física e mental representados pelo Ministério Público, em ação civil pública, e aos interesses da empresa, que não pode ser condenada a uma prestação inexequível. A indicação precisa do modo como se deve cumprir a obrigação é necessária, sob pena de transformar-se a ação civil pública, de natureza declaratório-constitutiva em mero comando condenatório, em que o pedido acessório, que consiste na fixação da pena de que trata o art. 461 do CPC, passa a sobrepor-se ao principal(214).

3.9. AIDS no local de trabalho

3.9.1. Introdução

As enfermidades afligem o homem desde as épocas mais remotas, e os maiores problemas de saúde estão relacionados com a vida em comunidade. Doenças endêmicas e epidêmicas estiveram presentes em todas as fases da existência humana. Na **Antiguidade**, os escritos hipocráticos concentravam-se nas doenças endêmicas, isto é, em certas doenças que têm presença contínua na população, entre as quais se incluem resfriados, pneumonias, febres maláricas e inflamações nos olhos. Quando doenças nem sempre presentes aumentavam em demasia, foram chamadas de epidêmicas. A transmissibilidade de certas doenças foi notada desde muitos séculos, antes mesmo de se saber a sua etiologia.

As epidemias, durante milhares de anos, foram consideradas como julgamento divino em face das perversidades humanas. Essa teoria teúrgica foi sendo paulatinamente substituída por uma teoria científica. Essa transformação teve lugar na Grécia, nos séculos V e IV antes de Cristo, época em que médicos e pensadores passaram a se orientar pelo mundo natural, embora não estivessem completamente divorciados de aspectos religiosos. Nessa civilização, a medicina não se resumia à cura, atentando também para aspectos da higiene.

Referências à saúde do trabalhador não aparecem na literatura médica da Grécia clássica, embora as doenças ocupacionais estivessem presentes, como se pode ver nas imagens de tocadores de flauta usando bandagem de couro em volta das bochechas

(214) "**Ação civil pública. Reserva legal de vagas para portadores de deficiência habilitados ou beneficiários reabilitados. Art. 93 da Lei n. 8.213/91 e art. 36 do Decreto n. 3.298/99.** Hipótese em que a sentença deu procedência à Ação Civil Pública para obrigar a empresa a contratar trabalhadores portadores de deficiência habilitados ou beneficiários reabilitados. A observância dos artigos 93 da Lei n. 8.213/91 e 36 do Decreto n. 3.289/99 que regulamentou a Política Nacional para a Integração da Pessoa Portadora de Deficiência (Lei n. 7.853/99) deve levar em conta a OS Conjunta do INSS n. 90/98, segundo a qual a inexistência de vaga na empresa não enseja o descumprimento da norma. É certo que a reserva legal atende o objetivo de inserção, no mercado, dos trabalhadores recapacitados ou portadores de deficiência física ou mental, habilitados para o desempenho de atividades laborais. Ocorre que esta inserção deve ser feita com uma margem mínima de critérios, de modo a permitir a aplicabilidade da norma, e atingir os objetivos legal e constitucional. Assim, em atenção aos interesses difusos dos diversos e inominados portadores de deficiência física e mental, representados pelo Ministério Público do Trabalho, e também em vista do interesse da empresa, de não ser condenada a cumprir ordem inexequível, admite-se o atendimento gradativo do percentual mínimo, na medida em que venham surgir vagas capazes de provimento por pessoal habilitado. Recurso ordinário a que se dá parcial provimento". TRT — 4ª Região — RO 00843-2000-010-04-00-0 — 7ª T. — Relª: Juíza Maria Inês Cunha Dornelles — DOERS 5.4.2004.

para evitar a dilatação excessiva. Há também relatos hipocráticos sobre envenenamento por chumbo ou pneumonia de mineiro na Grécia antiga.

Entre os romanos, as doenças ocupacionais também eram conhecidas, principalmente a dos mineiros, mesmo antes de receberem a herança grega relativa à medicina e à higiene. Roma conviveu com epidemias em vários momentos históricos, uma delas a peste bubônica, destruidora do Império Oriental, cuja gravidade só se assemelha à Peste Negra. O apreço dos romanos pelo suprimento de água e pelo destino da água de esgoto provavelmente foi responsável pela prevenção da disenteria e da febre tifoide. Com a queda do Império Romano, as instalações higiênicas das cidades acabaram sendo destruídas, mas o legado greco-romano foi preservado na Roma Oriental (Império Bizantino) e nos mosteiros ocidentais.

Duas epidemias marcaram a **Idade Média**: a Peste de Justiniano (543) e a Peste Negra (1348). Entre essas duas datas, outras doenças assolaram a Europa, como a lepra, a peste bubônica, a difteria, o sarampo, a tuberculose, a escabiose, a erisipela, o ergotismo, a varíola, etc. A lepra alcançou grande proporção epidêmica nos séculos XIII e XIV e, de todas as doenças, foi a que despertou maior temor. Nem mesmo a Peste Negra, no século XIV, e a sífilis, no final do século XV, produziram tanto pavor. A Igreja assumiu o encargo de combater a lepra, lançando um edital que determinava o isolamento dos leprosos, os quais, antes mesmo de sucumbirem à morte física, já eram considerados mortos pela sociedade, que os excluía dos direitos civis, condenando-os ao isolamento[(215)]. Essa segregação tinha regras precisas: o leproso era vestido com uma mortalha, ouvia missa solene para os mortos e recebia a terra que era jogada sobre ele; em seguida, os padres, os parentes e amigos do doente conduziam-no ao leprosário, fora dos limites da comunidade[(216)].

Talvez o temor e a estigmatização social que outrora existiram em relação à lepra sejam muito semelhantes ao que hoje se tem demonstrado no tocante à AIDS, vista como "o mal que discrimina". A desinformação sobre a doença é, provavelmente, a principal causa dos preconceitos. Frequentemente a imprensa nacional noticia casos em que o doente é expulso de casa, da escola, da organização social de empresa e do emprego, e houve até mesmo situações em que médicos se negaram a operar o doente, por temor[(217)]. Companhias aéreas, com o mesmo pavor, exigiram atestado médico de portador do HIV para embarcar em aeronave[(218)]. Queremos lembrar, entretanto, que

---

(215) Todos esses dados históricos foram obtidos da obra *Uma História da Saúde Pública*, de George Rosen, 2. ed., Ed. UNESP.

(216) ROSEN, George. *Op. cit.*, p. 60.

(217) Cf. Jornal *O Globo*, de 13.3.1994, p. 13.

(218) "**Responsabilidade civil. Ação ordinária visando à indenização por danos materiais e morais. Impedimento de viajar em avião em virtude do passageiro ser possuidor do vírus HIV. Discriminação. Reparação devida**. Sendo notório que os portadores do vírus HIV não representam um perigo para si ou para terceiros, quando em viagem aérea, constitui humilhação e discriminação a exigência ao passageiro de apresentar um atestado médico para embarcar em aeronave, a ensejar reparação por dano moral." TJRJ — 6ª Câmara Cível — Ap. cível 5632/97. Rel.: Desemb. José Affonso Rondeau. Julgado em 11.11.1997. *In*: *Dano moral*. 2. ed. Série Jurisprudência. São Paulo: Esplanada, Adcoas, 1999, p. 11.

não é apenas o portador do HIV que é discriminado, mas também aquele acometido por outras doenças que estigmatizam(219).

3.9.2. Características da infecção pelo vírus HIV

A AIDS, sigla utilizada nos países ingleses e também adotada no Brasil, é a denominação popular da *Síndrome da Imunodeficiência Adquirida (SIDA)* pelo Vírus da Imunodeficiência Humana — HIV. A doença recebeu esse nome porque, uma vez infectado, o sistema imunológico não mais pode proteger o corpo, facilitando o aparecimento de infecções oportunistas e/ou neoplasias, particularmente o Sarcoma de Kaposi.

A AIDS é de origem desconhecida e foi diagnosticada nos primeiros anos da década de 80. Não é uma doença hereditária, ela se transmite pela via sexual, sanguínea e materno-filial, ou seja, por meio da gravidez e do parto. Afirma-se que não há risco de contágio pela "manipulação comum de objetos" ou durante a preparação ou serviço de comidas ou bebidas(220).

3.9.3. AIDS e direitos fundamentais

A questão da AIDS apresenta repercussões no mundo do trabalho.

Afirma-se(221) que 90% das pessoas contaminadas ou que tenham contraído o vírus HIV encontram-se na faixa etária em que são capazes de integrar a população economicamente ativa, o que gera, a par de prolongados sofrimentos, consequências de ordem econômica, provocadas pela perda de mão de obra qualificada, pelos custos trabalhistas, pelo absenteísmo, pela perda da produtividade e pelo aumento dos custos da seguridade.

Sob o prisma das relações de emprego, a questão da AIDS coloca em jogo direitos fundamentais: de um lado, o direito do cidadão a trabalhar, a não ser discriminado e a

---

(219) "**Dano moral. Dispensa discriminatória. Doença do empregado.** Dentre os direitos e garantias fundamentais, assegurados na Constituição Federal, encontra-se a vedação da prática discriminatória, dispondo o art. 5º, *caput*, da C.F. que 'Todos são iguais perante a lei, sem distinção de qualquer natureza...'. Se o empregado é dispensado sob a alegação de que, em tendo sido portador de câncer, a doença poderá retornar, o que significará prejuízo para a empresa, em face da perda da força laborativa do trabalhador, há, sem dúvida, ato patronal, flagrantemente, discriminatório. Verifica-se a insatisfação da empresa com a deficiência da saúde do trabalhador, a ponto de cortá-lo de seus quadros funcionais, o que significa diminuir-lhe ou vedar-lhe o direito ao trabalho, em face do preconceito exteriorizado. E a atitude do empregador toma caráter de humilhação, pois coloca o laborista, assim afetado, em situação de inferioridade. A doença, por si, traz ao indivíduo queda na autoestima, tornando-o mais frágil e sensível moralmente. Portanto, ao ser tratado de forma diferenciada, em face do mal que o acometera, a ponto de perder o emprego, (embora já estivesse curado), vê-se, certamente, aviltado em sua dignidade como pessoa humana. O dano moral, na espécie, é flagrante e independe de prova, já que implícita no ato do empregador a afronta à sensibilidade moral do laborista. Indenização que se defere." TRT — 3ª Região — RO-11278/02 — 8ª T. — Relª: Juíza Denise Alves Horta — DJMG 9.11.2002.

(220) GOÑI SEIN, José Luis. El sida y la relación del trabajo. *In Relaciones Laborales*, n. 17, sep. 1997. La Ley Actualidad, p. 51. O autor, ao fazer as afirmações acima, cita FEZZI, M. Aids e rapporto di lavoro. Lavoro 80, 1987, p. 890 y ss.

(221) ERMIDA URIARTE, Oscar. AIDS e Direito do Trabalho. *Revista de Direito do Trabalho*. n. 83, p. 48. No mesmo rumo: TREBILCOCK, Anne M. El sida y el lugar de trabajo. Orienta-ciones deducibles de las normas internacionales del trabajo. *Revista Internacional del Trabajo*, v. 108, 1980, n. 2, p. 219.

ter preservada a sua intimidade, impedindo que seja conhecido o seu estado de saúde, pelas graves consequências que tal conhecimento provoca, e, de outro lado, o direito da comunidade à saúde. Diante da contraposição desses direitos fundamentais, torna-se urgente a definição de políticas a serem adotadas pelo governo e por entidades sindicais para tornar efetivo o exercício desses direitos. Apesar de não haver convenção ou recomendações específicas dos organismos internacionais, **há instrumentos internacionais que poderão fornecer critérios para a formulação de políticas que protejam os direitos dos empregados e a saúde pública**, como veremos a seguir.

3.9.4. Declaração da OMS e da OIT sobre AIDS. Tratamento atribuído aos empregados portadores do HIV ou com AIDS

Como foi ressaltado, as vias de transmissão do vírus HIV reconhecidas pela comunidade científica são escassas, compreendendo a sexual, a sanguínea e a materno-filial, por meio da gravidez e do parto.

Atenta a essas circunstâncias, a Organização Mundial de Saúde (OMS), em associação com a OIT, baixou instruções gerais sobre a temática, por meio da **Declaração da Reunião Consultiva sobre a AIDS e o Local de Trabalho**. Dessa declaração se infere que, na grande maioria dos ofícios ou profissões e das situações laborais, o trabalho não acarreta nenhum risco de contaminação ou transmissão do vírus HIV, seja de um empregado para outro, seja de um empregado para um cliente ou de um cliente para um empregado (seção II, § 4º).

A mesma declaração acrescenta que **as pessoas soropositivas, sem sintomas da doença, devem ser tratadas como qualquer empregado, e às que apresentam sintomas ou enfermidade relacionados com o HIV ou com a AIDS deve-se atribuir o mesmo tratamento dado ao empregado enfermo** (seção III, § 1º).

Recomenda a citada declaração que as autoridades públicas adotem **procedimentos e políticas sobre HIV/AIDS**, tanto no âmbito nacional como no âmbito empresarial, ouvidos sempre os interlocutores sociais, por meio de seus sindicatos, os quais poderão sugerir medidas com vista a combater as discriminações e a oferecer salvaguardas, quando forem necessárias precauções sanitárias especiais.

3.9.5. Procedimentos e políticas no trabalho sobre HIV/AIDS no Brasil

No Brasil, desde agosto de 1988, a Portaria Interministerial MTb/MS n. 3.195 instituiu, em âmbito nacional, a Campanha Interna de Prevenção da AIDS (CIPAS), a ser realizada permanentemente pelos órgãos da Administração direta, indireta, empresas públicas e privadas, sob a supervisão do Ministério do Trabalho e do Ministério da Saúde. A finalidade dessa campanha é divulgar conhecimentos e estimular, no interior das empresas e em todos os locais de trabalho, a adoção de medidas preventivas contra a AIDS. Essas medidas compreendem atividades como a realização de palestras, debates, divulgação educativa, por meio da imprensa falada e escrita, confecção e distribuição gratuita de cartazes, livretos, cartilhas, exibição de filmes e *slides* sobre o assunto. Às Comissões Internas de Prevenção de Acidentes compete, no âmbito das empresas em que se encontram organizadas, a promoção de campanhas de prevenção contra a AIDS, e as empresas não obrigadas a constituir CIPA deverão participar da campanha, por meio de seu representante junto ao órgão regional do MTb ou outra instituição, com a cooperação das entidades sindicais.

3.9.6. Investigação do HIV/AIDS por ocasião da contratação ou no curso do contrato. O respeito ao direito à intimidade do trabalhador

Em face das específicas vias de transmissão do vírus, a declaração internacional citada sugere não se deva exigir a investigação de HIV/AIDS antes da contratação, como etapa de seleção para o trabalho (seção V, A), e acrescenta que o empregado não deve ser obrigado a informar ao empregador acerca de sua situação relacionada com o HIV/AIDS (seção V, B, 3). De maneira análoga tem-se pronunciado o conselho de Ministros da Saúde dos Estados-membros da Comunidade Econômica Europeia, nas conclusões adotadas por esse organismo, em 15 de dezembro de 1988, em que se lê: "não se justifica submeter a provas de detecção de anticorpos de HIV as pessoas que se pretende contratar".

Nessa linha de ideias manifesta-se o Conselho Federal de Medicina do Brasil, por meio da Resolução n. 1.359/92, que, após prever a obrigatoriedade de os médicos atenderem os pacientes portadores do HIV, **assevera estarem esses profissionais, quando prestam serviços à empresa, proibidos de revelar ao empregador o diagnóstico do empregado ou do candidato** ao emprego, cabendo-lhes informar, exclusivamente, aspectos ligados à capacidade ou não de o trabalhador exercer determinada função (art. 3º da Resolução n. 1.359, publicada no DOU de 19.11.1992). Isso porque a soropositividade é um dado confidencial, circunscrito à esfera íntima, dadas as implicações sociais que a sua divulgação acarreta. Entretanto, se o médico estiver subordinado juridicamente ao empregador, o risco de este último descobrir a condição de soropositivo do empregado é maior, logo, a garantia da confidencialidade vai depender da consciência profissional e ética do médico da empresa. Lembre-se, ainda, que a revelação de segredo profissional é crime, tipificado no art. 154 do Código Penal.

Como compatibilizar essas proibições e a exigência de confidencialidade com o art. 168 da CLT, que prevê obrigatoriedade de exames médicos dos empregados?

É sabido que, no Direito do Trabalho brasileiro, vigora o sistema de exames médicos periódicos, a que são submetidos os empregados, na forma fixada pelo Ministério do Trabalho, independentemente de epidemia. Aliás, o art. 168 da Consolidação das Leis do Trabalho estabelece a obrigatoriedade de realização de exame médico, por conta do empregador, quando da **admissão** e da **despedida** do empregado, e, ainda, **periodicamente**, mesmo nas atividades que não ofereçam nenhum grau de insalubridade. A investigação clínica consiste em exame de **aptidão física, mental e abreugrafia.** A exigência desta última é resultado de estatísticas que mostraram o aumento das enfermidades pulmonares, especialmente da tuberculose. Entretanto, a Portaria GM/MTPS n. 3.720, de 31.10.1990 (DOU de 1º.11.90), excluiu a abreugrafia dos exames obrigatórios constantes da NR-7[222].

---

(222) *Revista LTr* 54-11/1.431.

Exames complementares devem ser realizados, a critério do médico e em decorrência de investigação clínica ou radiológica, a fim de averiguar a capacidade física ou mental do empregado para a função que irá desempenhar. Por força do art. 168 da Consolidação das Leis do Trabalho, o resultado desses exames será comunicado ao empregado, observados os preceitos da ética médica.

Em princípio, essa investigação clínica é legítima, pois o empregador tem o direito de controlar a capacidade física de seus empregados e o dever de zelar pela saúde e segurança no ambiente de trabalho.

Entretanto, esses exames não poderão, em princípio, compreender investigações capazes de constatar a presença do vírus da AIDS(223). No período de soropositividade assintomática, as condições de saúde do obreiro não são afetadas, mantendo-se a aptidão para o trabalho. Logo, a intervenção do empregador é desproporcional ao fim proposto (avaliar a capacidade física do trabalhador), em face das graves consequências que daí poderão advir, pois a enfermidade tem sido considerada "infamante", levando as pessoas a adotarem atitudes de desprezo ou de pouca solidariedade para com os que padecem desse mal(224). Ademais, frise-se, são escassas as vias de transmissão do vírus.

Se, todavia, houver possibilidade de transmissão e contágio na função que o empregado for executar, a exigência da investigação do vírus procede, mas nunca clandestinamente ou sem autorização expressa do empregado, pois poderá ocorrer de o empregado não desejar revelar um aspecto tão sensível de sua vida privada, capaz de sacrificar sua integração na sociedade e a naturalidade de suas relações sociais. A realização do teste em questão sem o conhecimento do interessado lesa a liberdade do indivíduo e o seu patrimônio moral, violando-lhe o direito à intimidade, uma vez que constitui uma intromissão em um aspecto reservado da pessoa, qual seja, a sua saúde. Fatos relativos às enfermidades e ao respectivo tratamento pertencem à esfera do íntimo, devendo ser preservados dos sentidos dos outros. **Lembre-se que a violação ao direito à intimidade implica indenização por dano moral, sem prejuízo daquela advinda de danos materiais**.

Como já salientado, a Resolução n. 1.359/92, do Conselho Federal de Medicina do Brasil, em consonância com as normas internacionais, proíbe os médicos de empresa de revelarem ao empregador o diagnóstico do empregado ou candidato ao emprego, cabendo-lhes informar, exclusivamente, sobre aspectos ligados à capacidade ou não para exercer determinada função.

Ressalte-se, entretanto, que, na hipótese de moléstia infectocontagiosa, entre as quais se inclui a AIDS, deve o médico comunicar o fato à saúde pública, sob pena de incorrer em delito (art. 269 do nosso Código Penal), garantindo-se, no entanto, o anonimato do paciente. A notificação dessas doenças não compete apenas ao médico

---

(223) Com fulcro no art. 168 da CLT, alguns órgãos públicos, como o Ministério da Economia e a Justiça Federal da 1ª Região, chegaram a exigir, no início da década de 90, teste anti-AIDS. Cf. *O Estado de S. Paulo* de 18.7.92 e 24.7.92. A exigência do teste é discriminatória e atenta contra direitos fundamentais, não estando em jogo interesse público capaz de justificá-la.

(224) GOÑI SEIN, José Luis. El sida y la relación del trabajo. (A propósito de la sentencia del TSJ del País Vasco de 23 de abril de 1996). *Relaciones Laborales*, n. 17, sep. 1997, p. 59.

ou enfermeiro, mas também a familiares do empregado ou a outras pessoas que o acompanhem, além dos diretores do estabelecimento onde estiver o funcionário doente ou com suspeita da doença[(225)]. Ressalte-se que apenas o médico está sujeito às sanções penais citadas, pois ele tem o dever jurídico de impedir o contágio, tutelando a coletividade exposta ao perigo[(226)].

Na França, a lei de 31 de dezembro de 1992 introduziu no Código do Trabalho o princípio geral da não discriminação, segundo o qual ninguém pode estabelecer restrições aos direitos das pessoas e às liberdades individuais e coletivas que não sejam justificadas pela natureza da tarefa a desempenhar, nem proporcionais ao fim almejado (art. 120.2). O citado código estabelece, ainda, que é vedado ao empregador informar-se sobre o estado de saúde de um candidato ao emprego (art. 121.6 do Código do Trabalho) e que ninguém terá que responder a perguntas relativas à soropositividade. Somente o médico do trabalho poderá colher informações com o objetivo de avaliar a aptidão para o trabalho; da ficha do empregado deverá constar apenas se ele está apto ou não para o exercício de suas atividades, podendo as partes impugnarem essa decisão perante o Conselho Prud'hommes. Por outro lado, o Código Penal Francês pune com pena de reclusão e/ou multa toda a recusa de contratação baseada no estado de saúde ou *handicap*, salvo nos casos de inaptidão para o emprego, constatada por médico (art. 225). O conhecimento, pelo empregador, desse estado de saúde do empregado, no curso do contrato, não autoriza a sua ruptura, mas a suspensão de sua execução, quando o empregado não estiver em condição de executar suas atividades.

Na Espanha, o dever de confidencialidade, além de previsto no Código Penal, está inserido na Lei de Prevenção de Riscos Laborais, cujo art. 22 estabelece "que as medidas de vigilância e controle de saúde dos trabalhadores respeitarão sempre o direito à intimidade e à dignidade da pessoa do empregado, além da confidencialidade de toda a informação relacionada com seu estado de saúde". Dessa mesma lei se infere que o acesso à informação médica de caráter pessoal limita-se ao corpo médico, **não se podendo fornecer tais informações ao empregador ou a outras pessoas sem o consentimento expresso do empregado.** Esses textos da legislação espanhola deixam clara a proibição de qualquer forma de comunicação da condição de soropositivo do empregado, por parte do médico, ao empregador. O que o médico deve relatar não é a patologia, mas o Juízo definitivo sobre a aptidão profissional do obreiro. A proibição se impõe, para impedir o risco de marginalização na vida laboral, uma vez que o conhecimento dessa patologia muitas vezes implica exclusão social. O Código Penal da Espanha, no art. 200.2, tipifica também como delito de violação do sigilo profissional o ato cometido por aquele que, "descumprindo sua obrigação de sigilo ou reserva, divulga os segredos de outra pessoa". O profissional que assim procede estará sujeito à pena de prisão de um a quatro anos, multa e inabilitação especial para a referida profissão pelo período de dois a seis anos.

Considerando que a presença do vírus HIV, por si só, não prejudica a capacidade de trabalho de quem o contrai, **o legislador italiano** também interveio com o objetivo

---

(225) No tocante à AIDS, poderá ocorrer que o empregado deseje manter sigilo, inclusive em relação a familiares, acompanhantes ou qualquer outra pessoa. Nesse caso, a confidencialidade deverá ser respeitada.

(226) MAGALHÃES NORONHA, E. *Direito Penal*. São Paulo: Saraiva, 18. ed., v. 4, 1988, p. 12/13.

de evitar discriminação dos portadores da infecção. Dentro dessa perspectiva, editou-se a Lei n. 135, de 1990, cujo art. 6º proíbe os empregadores, públicos ou privados, de fazer perguntas aos empregados ou candidatos ao emprego sobre a existência de estado de soropositividade. A inobservância desse preceito enseja sanção penal. A citada lei, no art. 5º, § 1º, dispõe, ainda, que "se os sanitaristas, no exercício da sua profissão, tomarem conhecimento de um caso de AIDS ou de infecção pelo HIV, não acompanhado de um estado de morbidez, deverão prestar a necessária assistência, adotando todas as medidas apropriadas à tutela da privacidade da pessoa assistida". A revelação estatística da infecção deverá ser efetuada de modo que não se permita a identificação da pessoa. Prevê também o § 3º do art. 5º da **lei italiana** que "ninguém poderá ser submetido, sem o seu consentimento, a análises tendentes a constatar a infecção do HIV, salvo por motivos de necessidade clínica de seu interesse". **São permitidas análises de averiguação de infecção pelo HIV**, no âmbito de programas epidemiológicos, apenas quando for mantido o anonimato, com absoluta impossibilidade de identificação da pessoa interessada. A comunicação dos resultados da averiguação do diagnóstico direto ou indireto só poderá ser dada à pessoa que se prestou aos exames (§ 4º do art. 5º da Lei n. 135). O § 5º do citado preceito legal prevê "que o atestado de infecção pelo HIV não pode constituir motivo de discriminação, particularmente na inscrição de escola, no desenvolvimento de atividade esportiva e para acesso ou manutenção de postos de trabalho".

Por outro lado, o art. 7º da Lei italiana n. 135, de 1990, atribui ao Ministro da Saúde a tarefa de elaborar normas para a proteção contra contágio profissional pelo HIV nas estruturas sanitárias, assistenciais públicas e privadas. A Corte constitucional declarou a inconstitucionalidade parcial do art. 5º, §§ 3º e 5º da Lei n. 135, de 1990, na parte que não prevê averiguação da ausência de soropositividade como condição para o exercício de atividade que implique risco à saúde de terceiro, o que será visto em tópico próprio.

Na Alemanha, a corrente que tem prevalecido não admite a indagação direta ou a submissão a um teste para averiguação da soropositividade de candidato a emprego, salvo se a atividade comportar risco de infecção a outros sujeitos, como no caso de funções médico-sanitárias. Nessas atividades, considera-se lícito indagar ao candidato ao emprego se padece de doença advinda da AIDS ou se é portador de uma das síndromes correlatas, quando as manifestações crônicas da doença comprometam ou possam comprometer, em pouco tempo, significativamente, a capacidade para o trabalho[227].

Nos EUA, as fontes do direito são federais, estaduais e municipais. Em cada um desses níveis, há regras que poderão proteger o aidético. No plano federal, a questão da discriminação em virtude de *handicap*, isto é, de uma deficiência que limite uma ou várias das principais atividades da vida, é regida pelo *Federal Rehabilitation Act*, de 1973, aplicável aos empregadores federais ou que se beneficiam de subvenções federais, e o de 1990, em vigor desde junho de 1992, para os empregadores privados

(227) BELLAVISTA, Alessandro. *Il controllo sui lavoratori*. Torino: G. Giappichelli Editore, 1995, p. 197, nota de rodapé 102.

com mais de 25 empregados. Já a lei de 26 de julho de 1994 aplica-se aos empregadores que tiverem de 15 a 26 empregados. A primeira lei exige para a sua aplicação os seguintes requisitos: prova de que o empregador está sujeito a ela, demonstração de existência de um *handicap*, prova da capacidade para o trabalho e da discriminação fundada na existência de *handicap* que não retira do trabalhador a qualificação para o emprego. A infecção pelo vírus da AIDS vem sendo compreendida no contexto dessa "deficiência", e a Corte de Apelação dos EUA, após constatar que um professor dispensado estava infectado pelo referido vírus, concluiu que o empregador não provou que sua presença em classe constituiria um risco para os alunos e que, portanto, ele deveria ser reintegrado[(228)], sob a condição de se controlar o seu estado de saúde, a fim de assegurar que as doenças oportunistas que ele poderá desenvolver não serão transmitidas. Já o *Americans With Disabilities Act*, de 1990, destina-se aos empregadores privados e proíbe-lhes a discriminação de pessoas vítimas de *handicap*, exigindo precauções para favorecer o desenvolvimento profissional dessas pessoas. Essa lei contribuiu para a obtenção de uma situação uniforme em todos os estados americanos, independentemente do caráter público ou privado do emprego[(229)], pois os termos por ela utilizados permitem interpretar extensivamente o termo *handicap,* para abranger os infectados pelo vírus da AIDS e as pessoas que já desenvolveram a doença. O direito americano considera qualificados para o trabalho os portadores do vírus HIV que não desenvolveram a doença, salvo para os serviços que representem sério risco de transmissão a terceiros, como nos meios hospitalares.

3.9.7. A efetividade da tutela antidiscriminatória em alguns países

Dando efetividade ao comando das normas internacionais que vedam a discriminação, em geral, o Tribunal do Distrito de Columbia, **EUA**, por meio de decisão proferida em 1º de julho de 1992, considerou discriminatória a não contratação de um bombeiro aprovado nos exames físicos e intelectuais pertinentes ao cargo. Embora tivesse recebido carta comunicando a sua nomeação, o empregado foi recusado pelo fato de haver revelado ao futuro empregador ser portador do vírus HIV. O empregado insurgiu-se contra a recusa e o tribunal considerou inaplicável à hipótese a lei de reabilitação de 1973, cujo art. 504 dispõe que não está amparada pelas disposições que proíbem a discriminação a pessoa portadora de infecção contagiosa e que, por esse motivo, pode constituir uma ameaça direta à saúde ou à segurança de outros indivíduos ou que, pela mesma razão, não pode cumprir as obrigações inerentes ao trabalho. O tribunal classificou o autor como pessoa minorada, devido à contaminação com o vírus HIV, tendo reduzidas, de forma significativa, algumas de suas atividades, mas considerou, em face das formas limitadas de transmissão da enfermidade, que não se tratava de ameaça direta à saúde ou à segurança de outras pessoas, nas funções de luta contra o fogo ou em outras tarefas de urgência. Quanto à aptidão para o trabalho,

---

(228) CHALK c. United States District Court, central district of California, (1988) 840 F.2d701 (9th Cir). *In* GREGOIRE, Sylvie. *La problématique du SIDA en milieu de travail*. W e L. Montréal, 1994, p. 52.
(229) GREGOIRE, Sylvie. *Op. cit.*, p. 53.

ficou comprovado ser o autor plenamente apto para o desempenho da função. Em **consequência, ordenou o tribunal que fosse ele admitido, com o pagamento dos salários retroativos, e que se lhe pagasse uma indenização pelo sentimento de angústia e dano moral, bem como que lhe fornecessem uma declaração assinalando a ilegalidade dessa classe de discriminação**[230].

A declaração da OMS e da OIT opõe-se à constatação da existência da doença, tanto por meios diretos, como é o caso da investigação do vírus, como por meio indireto, avaliando-se os comportamentos de risco. Assim, a declaração, além de proibir discriminação baseada no estado de saúde, refere-se também aos preconceitos que possa ter a sociedade contra pes-soas que se pensa serem particularmente propensas a contrair o vírus HIV, por integrarem grupos de risco.

A propósito da investigação do vírus da AIDS **sem o conhecimento do empregado**, pronunciou-se a Câmara Nacional Contencioso-Administrativa Federal da **Argentina**, em sentença de 7 de julho de 1994. Entendeu a referida câmara configurar desrespeito à dignidade do autor, subcomissário de polícia, o fato de a autoridade policial tê-lo submetido a exame psicofísico e, na oportunidade, **sem seu conhecimento**, investigar e concluir ser ele portador assintomático do HIV, iniciando os trâmites de sua saída obrigatória da polícia. O comportamento da autoridade policial **violou a Lei n. 23.798 e o decreto que a regulamentou, os quais estabelecem que todo teste de detecção desse vírus deve contar com o consentimento da pessoa interessada**, a qual não poderá ser prejudicada ou discriminada por sua condição de infectada, sob pena de violação do direito à privacidade e à intimidade, que encontra fundamento no art. 19 da Constituição argentina. Assinalou-se, no acórdão, o comportamento contraditório da autoridade, quando argumentou que a retirada do autor visou a preservar terceiros de um eventual contágio do vírus, mas admitiu que, desde a data em que se realizou a análise clínica (29 de outubro de 1992) até aquela em que se lhe outorgou a licença (setembro de 93), o autor continuou executando suas funções, sem limitação alguma.

Concluindo, **a jurisprudência argentina** tornou sem efeito a retirada obrigatória do autor, determinando a realização de novos exames médicos, sem considerar os resultados da reação de Western-Blot (detecção de AIDS), a fim de que lhe fosse conferida uma função adequada, que não implicasse risco para a saúde da população[231].

Além da declaração já referida, a OIT editou a Convenção n. 111, ratificada pelo Brasil e por mais de cem países, inclusive a Argentina, a qual veda discriminação no acesso à formação profissional, admissão no emprego, como também nas condições de trabalho, por motivo de raça, cor, sexo, religião, opinião política, ascendência nacional ou origem social (art. 1º, § 1º, "a"). A mesma convenção oferece aos Estados a possibilidade de acrescentarem, como discriminatória, após consulta aos organismos sindicais de empregados e empregadores, *"qualquer outra distinção, exclusão ou*

---

(230) *Revista International del Trabajo*, 1993/3, v. 112, n. 43, p. 424.

(231) Cf. *Revista de Relasur*, n. 6, Montevidéu, 1995, p. 221.

preferência que tenha por efeito anular ou alterar a igualdade de oportunidades ou de tratamento no emprego ou ocupação". Entretanto, não se considera discriminatória a distinção, exclusão ou preferência baseada na "qualificação exigida para um emprego determinado". Logo, entre os motivos de discriminação vedados, poderá ser incluído o estado de saúde, atribuindo-se ao HIV/AIDS o mesmo tratamento concedido a outras enfermidades, inclusive provocadas por certos defeitos genéticos, que autorizam, em muitas situações, que as pessoas continuem trabalhando por determinado período.

3.9.7.1. Exigibilidade do teste em face do exercício de função que implique a possibilidade de contágio

Quando estiver comprovado cientificamente o risco de transmissão do vírus HIV no local de trabalho, torna-se necessário proteger os clientes e demais empregados de uma possível infecção, adotando critérios que permitam determinar quando é indicado recorrer a provas de investigação do vírus. Essas provas deverão limitar-se aos ocupantes de cargos que os exponham ao perigo de transmitir o vírus ou de ser infectados por ele. Caso o candidato ao emprego não esteja em condições físicas ou mentais de executar as funções sem constituir um perigo para os demais, inviável se torna estender-lhe as medidas que vedam a discriminação, pois a pessoa não possui a "qualificação exigida para o emprego".

Seguindo essa diretriz, a Corte Constitucional **Italiana** (decisão n. 218, Casavola Pres, Mirabelli Rel, em 2 de junho de 1994) considerou inconstitucional o art. 5º, §§ 3º e 5º da Lei n. 135, de 5 de junho de 1990, **sobre programa de intervenção urgente para a prevenção e luta contra a AIDS**, na parte em que não prevê certificados sanitários de ausência de soropositividade para o HIV como condição para o exercício de atividades que comportem riscos para a saúde de terceiros. A questão foi levantada em ação ajuizada por Patrizia Marchioro contra a Associação de Obra Imaculada Conceição, visando à reintegração liminar ao trabalho, após ter sido suspensa do serviço, sem prejuízo da retribuição, por haver-se recusado a submeter-se a exames sanitários, junto à divisão de doenças infecciosas do Hospital de Pádua, destinados a constatar a existência de infecções pelo HIV. O citado art. 5º da Lei Italiana n. 135, de 1990, estabelece que ninguém poderá ser submetido, sem o próprio consentimento, a teste de detecção do HIV, senão por motivos de necessidade clínica, no seu interesse, e que o atestado de infecção não pode constituir motivo de discriminação em particular, entre outros, para acesso a cargos no trabalho ou para manutenção daquele já ocupado. O art. 6º da mesma lei proíbe o empregador de fazer perguntas diretas para atestar a existência de estado de soropositividade em um empregado ou candidato ao emprego.

A jurisprudência italiana, embora considerasse a legislação em exame informada por princípios de alto valor social, como o de não discriminar ou isolar, nem mesmo no trabalho, as pessoas soropositivas ou afetadas pela AIDS, entendeu que a legislação italiana citada contraria o art. 32 da Constituição. Esse dispositivo constitucional considera a saúde direito fundamental do indivíduo e interesse da coletividade, cuja tutela compreende não só a pretensão do indivíduo a condições de vida, de ambiente e de trabalho que não ponham em risco esse bem essencial, estendendo-se também ao dever de não pôr em risco, com o próprio comportamento, a saúde de outros. No caso em exame, entendeu a Corte Constitucional que a exigência de atestado médico feita à autora, longe de configurar controle sanitário de massa, constituía um ônus da atividade por ela exercida, a qual comporta um sério risco de contágio das pessoas assistidas. Verifica-se, portanto, que o respeito à dignidade do indivíduo compreende o direito à privacidade sobre o próprio estado de saúde e à manutenção do trabalho, quando compatível com esse estado, mas encontra um necessário limite na exigência de tutela à saúde como interesse da coletividade e de terceiros. Considerou-se, pois, que a defesa do contágio por doenças infectocontagiosas corresponde não só a um interesse geral e social, mas a um verdadeiro direito subjetivo de cada cidadão de ser preservado de um mal, ao qual corresponde um dever inderrogável de solidariedade social, que torna exigíveis de todos os cidadãos formas de colaboração (voluntária ou coagida) com o fim de proteção do bem comum[(232)].

3.9.7.2. Informação e educação

A declaração já mencionada reconhece que **a informação e a educação são fundamentais** para se manter um clima de confiança mútua, indispensável à proteção das pessoas infectadas pelo HIV/AIDS, contra toda estigmatização e discriminação (seção V, B4). Aliás, a Recomendação n. 111 (§ 4º) já sugere aos Estados que promovam *"políticas tanto no emprego público como no particular, no sentido de adotarem medidas que façam com que o público compreenda e aceite os princípios da não discriminação"*.

Com os mesmos propósitos traçados pela declaração da OMS, o Tribunal de Direitos Humanos do **Canadá** autorizou a rescisão indireta do contrato de trabalho de um empregado, cozinheiro de cantina, que servia à companhia ferroviária Canadian Pacific. O empregado confessou ser portador do vírus da AIDS e, a partir daí, a confidência foi divulgada entre os colegas de trabalho, tendo o capataz se recusado a provar a comida, chegando a empresa de serviços de cantina a advertir que não seria possível conter os membros da brigada se decidissem agredir o cozinheiro. O tribunal, após reconhecer o vínculo empregatício com a Canadian Pacific e admitir que a empresa não discriminava as pessoas soropositivas, entendeu que a mesma **deixou de fornecer instruções claras com respeito à AIDS no local de trabalho, o que levou os empregados, como o capataz, a adotarem determinadas atitudes, em função de seus próprios preconceitos**. Em consequência, condenou a empresa a pagar ao cozinheiro **indenização pela perda dos salários e pelo dano à sua reputação**, bem como a enviar-lhe uma carta de desculpas[(233)].

3.9.7.3. A infecção pelo HIV. Justa causa. Motivo justificado

A infecção pelo HIV não constitui justa causa, tampouco motivo justificado para a ruptura do contrato de trabalho.

---

(232) Cf. *Rivista Il Diritto del Lavoro*. Roma. Anno LXVIII; nov./dic. 1994, p. 478-486.
(233) *Revista Internacional del Trabajo*. 1992/2, v. 111, n. 2, p. 182.

A Recomendação n. 169, de 1984, que vem complementar a Convenção n. 122/64 da OIT, sobre política de emprego, após sugerir seja eliminada toda forma de discriminação, recomenda, ainda, medidas que satisfaçam às necessidades de pessoas que tenham, frequentemente, dificuldade para encontrar emprego duradouro, podendo ser incluídos aí os portadores de HIV/AIDS.

Por outro lado, a declaração da OMS/OIT dispõe que a infecção pelo HIV não é motivo capaz de ensejar a cessação do contrato de trabalho. Como ocorre com as demais enfermidades, as pessoas deverão continuar trabalhando, quando estão em condições de ocupar um emprego apropriado (Seção V, B8). A alusão a "emprego apropriado" induz à conclusão de uma possível alteração nas condições de trabalho das pessoas infectadas pelo HIV, mas que continuam aptas para o trabalho.

A **jurisprudência argentina** revela precedente em que o empregado, trabalhando na limpeza de camarotes e enfermaria de navio, foi dispensado, sob arguição de justa causa, por padecer da síndrome HIV. Entendeu o Julgado Nacional de 1ª Instância do Trabalho n. 47, por meio da sentença de 30 de setembro de 1994, sobre despedida de enfermo portador de AIDS, que, em primeiro lugar, **o autor deveria ter dado expresso consentimento** para que se efetuasse a análise de seu sangue, o que não ocorreu; em segundo lugar, a empregadora, ciente de que o autor padecia do mal, omitiu-se em comunicar-lhe o fato, deixando que a Prefeitura Naval Argentina — tomadora dos seus serviços — o fizesse e, finalmente, o dispensasse, invocando justa causa. Considerou a jurisprudência que, embora o art. 991, inciso 4º, do Código de Comércio considere justa causa qualquer ocorrência que inabilite o homem do mar ao exercício de suas funções, o referido código fora promulgado e sancionado em 1859, logo, não poderia abranger uma situação tão grave como a dos autos. O comportamento do empregador foi considerado discriminatório e infringente da Lei n. 23.798, ao dispensar o obreiro, quando deveria conferir-lhe atividade em terra. Afastou-se a falta grave com o argumento de que, no mundo contemporâneo, de tantos padecimentos, o fato de ser portador da AIDS, enfermidade adquirida involuntariamente, jamais poderia ser compreendida como ato doloso, capaz de eximir o empregador das indenizações legais, inclusive de antiguidade, e de outras verbas rescisórias(234).

Ademais, a Convenção n. 158, de 1982, sobre término da relação de emprego, ratificada pelo Brasil e denunciada em seguida (Decreto n. 2.100, de 20 de dezembro de 1996), não autoriza a ruptura do vínculo sem uma "causa justificada", relacionada com sua capacidade ou conduta, baseada nas necessidades de funcionamento da empresa, estabelecimento ou serviço. Não se poderá invocar como "causa justificada" o fato de o obreiro ser infectado pelo HIV, se ele se encontra em condições de trabalhar e tem comportamento irreprovável. Também não se enquadra como "causa justificada" ou "necessidade de funcionamento" o medo de colegas ou clientes diante de pessoas portadoras do HIV, no local de trabalho, que não ofereçam risco algum a outrem(235).

Nem mesmo as ausências temporárias do empregado ao serviço, provocadas pelas enfermidades advindas do HIV, assim entendidas aquelas que se fundam na

---

(234) Cf. *Revista Relasur*, n. 6, p. 227.

(235) TREBILCOCK, Anne. El sida y el lugar de trabajo. *Op. cit.*, p. 226.

impossibilidade de o obreiro trabalhar, autorizam a dispensa com causa justificada (art. 6º da Convenção n. 158). As normas coletivas poderiam precisar os critérios definidores da "ausência temporária".

Convém registrar que a maioria das pessoas infectadas pelo HIV desejam prosseguir trabalhando, para melhorar seu bem-estar físico e mental, a par das consequências econômicas que revestem o fato de continuar em atividade o maior tempo possível. É que o tempo de serviço do empregado poderá repercutir na duração do seguro de enfermidade, no valor da indenização por despedida, nas prestações da aposentadoria e pensões ou do seguro-desemprego acaso devidos ao empregado[236].

A Convenção n. 142, ratificada pelo Brasil[237], e a Recomendação n. 150 da OIT referem-se, especialmente, à formação e à orientação profissionais das pessoas minoradas, recomendando-se assessoramento individual, além de medidas para garantir a integração ou a reintegração dos minorados físicos ou mentais na vida produtiva, em um ambiente normal de trabalho.

3.9.7.4. A resilição do contrato e a consequente reintegração. Dificuldade de se comprovar o tratamento discriminatório

À luz da legislação brasileira, o empregado soropositivo não goza de estabilidade provisória no emprego, salvo se houver disposição expressa em norma coletiva (acordo, convenção ou dissídio coletivo). Falta uma norma de alcance geral, que adote regras específicas destinadas a proteger os soropositivos contra a conduta discriminatória ensejadora de limites aos seus direitos e expectativas, em flagrante violação à dignidade da pessoa humana, um dos fundamentos da República do Brasil e do Estado Democrático de Direito.

Se a Lei n. 9.029, de abril de 1995, que proíbe a adoção de qualquer prática discriminatória e limitativa para acesso à relação de emprego ou à sua manutenção, tivesse incluído o estado de saúde, ao lado dos motivos de sexo, origem, raça, cor, estado civil, situação familiar ou idade, que relacionou, não haveria dificuldade na interpretação e no consequente deferimento da reintegração do portador do HIV no emprego, pois essa lei a prevê, embora, por imprecisão técnica, faça menção a readmissão, mas com direito a salários. Não se pode aplicar a Lei n. 9.029 aos portadores do HIV, uma vez que ela contém preceito de natureza penal, insuscetível de interpretação analógica ou extensiva.

Entretanto, é possível individualizar hipóteses de tutela internacional e constitucional dos soropositivos contra a discriminação, a partir do que passaremos a expor.

Em princípio, ressalte-se que a Convenção n. 111 da OIT, ratificada pelo Brasil, veda a discriminação no acesso à formação profissional, à admissão no emprego e às condições de trabalho, por motivo de raça, cor, sexo, religião, opinião política,

---

(236) TREBILCOCK, Anne. *Op. cit.*, p. 227.
(237) Decreto n. 98.656, de 21.12.89.

ascendência nacional ou origem social. A mesma convenção oferece aos países que a ratificaram a possibilidade de acrescentar como discriminatória **"qualquer outra exclusão que tenha por efeito anular ou alterar a igualdade de tratamento no emprego". Entre essas exclusões pode ser inserido o estado de saúde do empregado soropositivo. Segue essa mesma diretriz a Recomendação n. 150**, que **complementa a Convenção n. 142 da OIT, ratificada pelo Brasil, quando sugere sejam adotadas medidas para garantir a reintegração dos mino rados físicos em um ambiente de trabalho**. Entre os minorados estão incluídos os portadores do HIV. Ademais, a Constituição vigente prevê, no art. 3º, IV, como objetivo fundamental da República Federativa do Brasil, promover o bem de todos, sem preconceitos de origem, raça, sexo, cor, idade e quaisquer outras formas de discriminação. **Entre essas "outras formas de discriminação", pode-se incluir o estado de saúde do soropositivo**, na medida em que, estando delimitadas as possibilidades reais de contágio pelo vírus HIV, não há razão que justifique a resilição do pacto laboral.

De que adiantarão as normas internacionais e constitucionais proibitivas de discriminação, se não as colocarmos no tempo ou as integrarmos na realidade? Sempre que possível, deverá o dispositivo constitucional ser interpretado num sentido que lhe atribua maior eficácia. É o princípio da "máxima eficiência", do qual se extrai o entendimento segundo o qual a lei não emprega palavras inúteis, o que significa a impossibilidade de se ignorar, na interpretação da Constituição, um artigo ou parte dele. Além de conferir a máxima efetividade possível ao texto constitucional, esse entendimento atende ao postulado da harmonização, pois se está atribuindo à norma constitucional um significado coerente com as demais regras de direito, inclusive com aquelas de cunho internacional.

Atento para o alcance das obrigações internacionais de proteção contra a discriminação, o intérprete, autorizado pelo texto constitucional vigente, evitará a repetição de violação de direitos humanos, entre eles os direitos sociais, reagindo contra as omissões da lei nacional e contribuindo para que possamos viver numa sociedade mais solidária e mais humana.

Assim, a dispensa do empregado portador do HIV, quando não comprovado um motivo justificável, presume-se discriminatória e arbitrária, devendo ser coibida, pois a permanência do trabalhador no emprego, além do caráter de laborterapia, irá propiciar-lhe a aquisição dos benefícios previdenciários(238) que receberá quando estiver impossibilitado de continuar trabalhando, o que, certamente, ocorrerá, considerando tratar-se de doença letal.

---

(238) "**AIDS. Doença já manifestada.** Quando o empregado já não é simplesmente um portador do vírus HIV, ou seja, quando a doença denominada AIDS já se manifestou, a dispensa sem justo motivo, mesmo não comprovada a discriminação pela doença letal, é vedada, pois caracteriza-se como obstativa ao percebimento do direito previdenciário contido na Lei n. 7.670, de 8 de setembro de 1988. É sobejamente sabido que o empregado gravemente enfermo, com doença letal em desenvolvimento, não pode ser demitido: o art. 476 da CLT é claro ao informar que o empregado que está em auxílio-doença ou auxílio-enfermidade é considerado em licença não remunerada, durante o prazo desse benefício, não se pondere no sentido de que o autor não estava em seguro-doença ou auxílio-enfermidade, uma vez que a reclamada impediu-lhe a obtenção desse benefício quando o demitiu. Não pode a reclamada obstar o reclamante de perceber o benefício previdenciário e talvez sua aposentadoria". TRT — SP-02920254140 — Ac. 7ª T. 35.453/94 — Relª: Juíza Rosa Maria Zuccaro — DOE 8.9.94. *Revista Synthesis* 21/95, p. 228.

Outro problema que, em regra, hoje se enfrenta, além da necessidade de inserção do princípio da não discriminação por motivo de saúde nos ordenamentos jurídicos — princípio que, como vimos, já é previsto nas legislações de países desenvolvidos —, é a dificuldade de se comprovar o tratamento diferenciado, cujo ônus compete exclusivamente ao empregado que se considera discriminado. Dada a dificuldade de se desincumbir desse encargo, o que inviabiliza a efetivação do princípio em questão, já se sugere a inversão desse ônus em um Código-Tipo do Direito do Trabalho para a América do Sul, prevendo-se o ressarcimento dos prejuízos sofridos(239).

Aliás, uma corrente jurisprudencial, acertadamente, inclina-se nesse sentido, ao entender que se presume discriminatória e arbitrária a dispensa do portador do vírus HIV, ainda que assintomático.

A jurisprudência do TST vem seguindo também essa diretriz, como se infere deste aresto:

> "Reintegração. Empregado portador do vírus HIV. Dispensa discriminatória. 1. Caracteriza atitude discriminatória ato de Empresa que, a pretexto de motivação de ordem técnica, dispensa empregado portador do vírus HIV sem a ocorrência de justa causa e já ciente, à época, do estado de saúde em que se encontrava o empregado. 2. O repúdio à atitude discriminatória, objetivo fundamental da República Federativa do Brasil (art. 3º, inciso IV), e o próprio respeito à dignidade da pessoa humana, fundamento basilar do Estado Democrático de Direito (artigo 1º, inciso III), sobrepõem-se à própria inexistência de dispositivo legal que assegure ao trabalhador portador do vírus HIV estabilidade no emprego. 3. Afronta aos artigos 1º, inciso III, 5º, *caput* e inciso II, e 7º, inciso I, da Constituição Federal não reconhecida na decisão de Turma do TST que conclui pela reintegração do Reclamante no emprego. 4. Embargos de que não se conhece". TST-E-RR- 439.041/1998.5. Ac. SDI-1. Rel.: Min. João Oreste Dalazen. DJ — 23.5.2003.

Coerente com o raciocínio constante da ementa citada acima, o mesmo tribunal já concedeu cláusula assecuratória de estabilidade no emprego ao portador do vírus da AIDS, **em processo de dissídio coletivo**, como se infere da ementa que ora se transcreve:

> "Aidético — Dissídio coletivo — Estabilidade. Cláusula asseguradora de estabilidade no emprego ao portador do vírus da SIDA (AIDS). A despedida por força de preconceito do paciente da SIDA deve ser evitada, para que mantenha suas condições de vida, trabalhando, até eventual afastamento pela Previdência. Recurso Ordinário ao qual, no particular, é negado provimento". TST — RO — DC 89.574/93.8 — TRT 02 — Ac. SDC — 1.335/94. Rel.: Min. Almir Pazzianotto Pinto — DJ 10.2.95 — p. 2.023.

Há, entretanto, julgados que sustentam ser válida a dispensa do portador do vírus HIV, considerando sem amparo legal o pedido de reintegração(240), ao fundamento de que a despedida traduz direito potestativo do empregador.

---

(239) SANTONI, Francesco. *A tutela da dignidade e da privacidade do empregado. Princípios para um Código-Tipo do Direito do Trabalho para a América Latina.* São Paulo: LTr, 1996. Coord. de Gian Carlo Peroni e Sandro Schipani.

(240) "Carece de amparo legal a sentença que determinou a reintegração no emprego, pelo fato de o reclamante ser portador do vírus da AIDS. Cabia ao empregador o direito potestativo de demitir sem justa causa, não se tratando de hipótese de lacuna na lei". TRT — 4ª Reg. — RO-574/89 — Ac. 5ª T. — Rel.: Juiz Flávio O. Sirângelo. *Revista LTr* 55-7/795.

3.9.7.5. Capacidade parcial e incapacidade do soropositivo para o exercício das funções. Readaptação. Ações afirmativas

A partir do momento em que uma pessoa infectada pelo HIV ou com AIDS está incapacitada para realizar seu trabalho, surgem problemas não só relacionados com a extinção do pacto, mas também com a determinação de sua minoração, para que sejam conferidas as medidas especiais. É, aliás, o que se infere da declaração da OMS/OIT, quando recomenda que às pessoas que tenham enfermidades relacionadas com o HIV seja permitido o trabalho, enquanto estejam em condições de ocupar um cargo apropriado.

Por outro lado, a Convenção n. 159 da OIT sobre readaptação profissional, ratificada pelo Brasil[241], considera inválida *"a pessoa cujas possibilidades de obter e conservar um emprego adequado e de progredir no mesmo fiquem substancialmente reduzidas por causa de uma deficiência física ou mental devidamente reconhecida"*. Ora, o funcionamento defeituoso do sistema imunológico do organismo, característico da AIDS e das enfermidades relacionadas com o HIV, constitui, sem dúvida, uma deficiência desse tipo. E os Estados que ratificaram a Convenção se obrigam a formular, aplicar e rever periodicamente a política nacional sobre a readaptação profissional e o emprego de pessoas inválidas. Essa obrigação de revisão tem particular interesse no caso da AIDS, pela necessidade de saber se a legislação nacional tem considerado essa enfermidade como causa de invalidez e, em caso afirmativo, a partir de quando.

No Brasil, a Lei n. 7.670, de setembro de 1988, no seu art. 1º, inclui a SIDA/AIDS como causa de concessão de licença para tratamento de saúde e consequente auxílio-doença ou aposentadoria, independentemente de período de carência, para o segurado que, após a filiação à Previdência Social, vier a manifestá-la. Durante os afastamentos para tratamento de saúde, o contrato de trabalho estará suspenso. Caso o empregado faleça, é assegurada pensão por morte aos seus dependentes. A par desses direitos previdenciários, a mesma lei, no art. 1º, II, permite ao empregado portador da SIDA o levantamento do FGTS, independentemente de dissolução do contrato de trabalho.

Os Estados que ratificaram o Convênio n. 159 deverão instituir políticas para assegurar aos minorados igualdade de oportunidades, não se considerando discriminatórias as medidas afirmativas especiais adotadas objetivando obter a igualdade efetiva. Entre essas medidas especiais, a Recomendação n. 168 da OIT enumera: emprego em tempo parcial, fomento da difusão de informação sobre exemplos de casos de integração com êxito de pessoas inválidas no emprego, o que seria útil, considerando-se a necessidade de se promover o espírito de compreensão e de facilitar o acesso a informações essenciais para manter um clima de confiança indispensável à obtenção da proteção das pessoas infectadas pelo HIV/AIDS (seção V, B4).

Em sintonia com esses comandos internacionais, temos no Brasil o art. 7º, XXXI, da Constituição, que proíbe qualquer discriminação no tocante a salário e critérios de admissão do trabalhador portador de deficiência. No mesmo rumo é o art. 82 da Lei n. 7.853, de 1989, que tipifica como crime negar emprego ou trabalho a alguém por motivo derivado de sua deficiência, sem causa justificada. Dentro do espírito da

(241) Decreto Legislativo n. 151, de 28.8.89.

Convenção n. 159 da OIT, editou-se no Brasil a Lei n. 8.213, de 1991, cujo art. 93 exige que as empresas com determinado número de empregados preencham percentuais de seus cargos com reabilitados ou portadores de deficiência.

3.9.8. A possibilidade de contágio pelo HIV no trabalho. Precauções

Embora remota, há a possibilidade de o empregado ser contaminado pelo HIV no exercício de suas funções, daí a Declaração OMS/OIT recomendar que se tomem os cuidados necessários para evitar o perigo da transmissão de infecção sanguínea (seção V, B9). Em alguns casos, são necessárias precauções especiais, devendo conceder-se roupas e equipamentos de proteção especial, sem qualquer ônus para o empregado, informando-o sobre os riscos, por meio de dados científicos, e ministrando-lhe formação profissional adequada. Quando não for possível tomar as precauções especiais, o empregado poderá abster-se de realizar suas atividades no setor, aguardando as medidas cabíveis, ou postular a rescisão indireta do contrato, diante do perigo manifesto de mal considerável (art. 483 da CLT).

A doutrina alerta para o fato de que "algumas atividades poderiam ser preservadas, não como áreas proibidas ou intocáveis, mas sujeitas a um cuidado médico científico maior, no momento da contratação dos portadores do HIV". Cita-se, como exemplo, "o cozinheiro de um colégio, de um restaurante ou de qualquer empresa, que fornece refeição para os seus empregados ou para terceiros, de enfermeiro, de um padeiro, etc."(242).

Em face da omissão da legislação brasileira sobre a temática, procuramos apresentar preceitos de normas internacionais, que poderão servir de parâmetro para que o intérprete evite a violação dos direitos humanos, reagindo contra a discriminação no ambiente de trabalho. Embora cientes de que "experiências culturais não se transmitem", fizemos também incursões ao Direito Comparado, para demonstrar que os direitos humanos têm se ampliado no tempo, a fim de propiciar a realização de todas as virtualidades do ser humano(243). Com base no princípio da solidariedade, segundo o qual todos são responsáveis pelas carências ou necessidades humanas, os direitos sociais, que englobam o direito ao trabalho, à seguridade social e à igualdade, entre outros, passaram também a ser reconhecidos como direitos humanos.

4. DISCRIMINAÇÃO E ORIENTAÇÃO SEXUAL DO EMPREGADO

A discriminação é equiparada a um comportamento indesejado, que viola a dignidade da pessoa, e cria um clima intimidatório, hostil, degradante e humilhante.

O assédio sexual inclui-se no conceito de discriminação por motivo de orientação sexual e contempla o **assédio por chantagem**, em geral, por superior hierárquico a um subordinado para que preste atividade sexual, sob pena de perder o emprego ou benefícios dele advindos, e também **o assédio ambiental**, cujo objetivo é a criação de um ambiente intimidante, hostil, ofensivo ou perturbador.

---

(242) RENAULT, Luiz Otávio Linhares. Proteção ao portador do vírus HIV e ao aidético: enfoque trabalhista a um projeto de lei. *In*: *Discriminação*. São Paulo: LTr, 2000, p. 130. Coord.: Márcio Túlio Viana e Luiz Otávio Linhares Renault.

(243) COMPARATO, Fábio Konder. *A afirmação histórica dos direitos humanos*. São Paulo: Saraiva, 1999, p. 27, 52, 56.

Os Estados-Membros da União Europeia não se identificam no tratamento discriminatório por motivo de orientação sexual (homossexual, bissexual e transexual) no local de trabalho. Por homossexualismo entende-se a prática de atos sexuais ou a mera atração por pessoas do mesmo sexo, enquanto a bissexualidade é um comportamento em que o indivíduo sente atração por pessoas de seu próprio sexo ou de sexo oposto. Já o transexual torna a pessoa obcecada por alterar o seu corpo e ajustá-lo no que considera verdadeiro[244]. Enquanto a Bulgária, o Chipre, a Hungria, entre outros, asseguram no Código Penal discriminação contra os homossexuais, criminalizados até mesmo pela Áustria, França, Irlanda e Holanda possuem legislações que vedam a discriminação a esse título[245].

A jurisprudência do Tribunal Europeu de Direitos Humanos (TEDH) tem adotado critérios para o tratamento das diferenças de orientação sexual, tomando, entre outros, como referência, o art. 8.1 do Convênio Europeu para a Proteção dos Direitos Humanos e das Liberdades Fundamentais de 1950, cujo teor é o seguinte: "Toda pessoa tem direito ao respeito à sua vida privada e familiar, ao seu domicílio e à sua correspondência". Um elemento a respeito da vida privada apresentado pelo TEDH é a proteção da vida sexual da pessoa, que constitui um dos aspectos mais íntimos do indivíduo, devendo existir sérias razões que justifiquem as ingerências pelo poder público (art. 8.2 e 14 do Convênio).

Em 13 de março de 1984, o Parlamento Europeu aprovou uma Resolução sobre discriminação sexual no local de trabalho, esclarecendo que o respeito à dignidade, à liberdade do indivíduo e à justiça social é essencial à democracia, eliminando discriminações de qualquer tipo contra os homossexuais. A Resolução em exame alerta para a circunstância de que, em alguns países-membros, os homossexuais são vítimas de discriminação, de fato, na sua contratação, na carreira profissional, no salário, na seguridade e na dispensa do trabalho[246].

Aliás, com a sentença de 21 de dezembro de 1999, houve uma mudança na jurisprudência do TEDH, vedando a discriminação por motivo de orientação sexual com suporte no art. 14 do Convênio. Esse artigo permite adotar conceitos próprios do Direito do Trabalho, que consideram discriminatórios comportamentos por parte do empregador na diferença de tratamento ao empregado por motivo de orientação sexual, condição pessoal integrante da sua esfera de intimidade que não deve afetar o liame empregatício. O art. 13 do Tratado de Amsterdã evidencia um avanço ao permitir a adoção da Diretiva n. 2.000/78/CE do Conselho de 27 de novembro de 2000, relativa à fixação de um marco para igualdade de tratamento no emprego e na ocupação e na ação comunitária na luta contra a discriminação (2001-2006). A mencionada Diretiva, no art. 3º, I, "a", além de proibir discriminação quanto aos critérios de seleção, de condições de contratação, de possibilidades de promoção, independentemente do setor e em todos os níveis, autoriza a ascensão na carreira profissional com base na qualificação, capacidade, competência e experiência para o trabalho.

---

(244) OLIVEIRA, Alexandre Miceli Ancântara de. *Direito de autodeterminação sexual*. São Paulo: Editora Juarez de Oliveira, 2003, p. 19, 20 e 24.

(245) CHACAR TEGUI JÁVEGA, Consuelo. *Discriminación y Orientación sexual del trabajador.* Valladolid: Editorial Lex Nova, 2001, p. 52.

(246) CHACAR TEGUI JÁVEGA, Consuelo. *Op. cit.*, p. 43.

A citada Diretiva n. 2.000/78 (art. 10.1), como também a de n. 97/80, consideram suficientes que o trabalhador forneça os elementos de fato, com base nos quais se possa presumir a existência de uma discriminação direta ou indireta, enquanto compete ao empregador provar que não houve violação ao princípio da igualdade de tratamento[(247)]. O art. 4º, I, da Diretiva n. 2.000/78/CE veda a discriminação direta ou indireta, mas prevê uma exceção ao princípio da não discriminação nas chamadas empresas ideológicas ou de tendência, cuja ética se baseia em crenças religiosas ou convicções ideológicas de determinado empregador. Os empregados que, nestas situações, podem ser afastados, são os que comportam crenças diversas, desacreditando na ideologia da organização empresarial. Ao que nos parece, a orientação sexual não se enquadra nessa hipótese; ela é uma condição pessoal inserida no livre desenvolvimento da personalidade do trabalhador e pertencente à sua esfera íntima.

A dignidade humana impõe o respeito à orientação sexual da pessoa como um aspecto inseparável do direito ao livre desenvolvimento da personalidade. Se a prestação laboral do trabalhador de tendência verificou-se com base na lealdade e boa-fé, sem violação objetiva, eminente, intensa e grave aos deveres laborais, entendemos que assegurou-se regular funcionamento na organização empresarial de tendência ou de ideologia.

Os ordenamentos jurídicos nacionais de determinados países proíbem, em textos constitucionais e na lei ordinária, a discriminação, como forma de proteção à dignidade humana, por ocasião do acesso ao emprego e no curso das relações laborais. E tanto é que, na França (art. 122-45 do Código do Trabalho), proíbe-se a discriminação "tentando conciliar as exigências da entidade empregadora com o respeito pelos direitos fundamentais pessoais do trabalhador, em particular a intimidade da sua vida privada e a sua liberdade ideológica"[(248)].

Aliás, a jurisprudência francesa[(249)] registra ação proposta por um ajudante de sacristão contra associação religiosa, insurgindo-se contra a dispensa fundada no **fato de ser ele homossexual**. A entidade religiosa asseverou que o homossexualismo é um costume que vulnera os princípios católicos. Argumenta o autor que, não exercendo função espiritual ou litúrgica, tampouco sendo advertido durante os três anos de serviço, o empregador não tem o direito de invocar o homossexualismo para despedi-lo, uma vez que sua vida privada deveria ser respeitada. O **Tribunal de Apelação** julgou a **ação improcedente**, sustentando, entre outras razões, que o autor foi selecionado entre os que professavam a fé católica e praticavam seus ensinamentos, os quais deveriam ser considerados como o regramento interno da paróquia em que trabalhava; que seu homossexualismo não era uma experiência passageira, mas um hábito arraigado, e que a Igreja católica sempre havia condenado, com firmeza, essa inclinação. Considerou, portanto, o Tribunal, que havia descumprimento contratual, independentemente do possível escândalo que poderia envolver o caso, carecendo de importância

---

(247) GALANTINO, Luisa. *Diritto Comunitario Del Lavoro*. Torino: G. Giappichelli Editore, 2001, p. 193.

(248) DOLE, Georges. La liberté d'opinion et de croyance an en droit comparé du travail. *In*: REIS, Raquel Tavares dos. *Liberdade de consciência e de religião e contrato de trabalho do trabalhador de tendência*. Que equilíbrio do ponto de vista das relações individuais do trabalho? Coimbra: Editora Coimbra, 2004, p. 56.

(249) *Revista Internacional del Trabajo*, 1992/2, v. 111, n. 2, p. 181. A decisão refere-se ao Tribunal de Casación (Camara Social), sentencia de 17 de abril de 1991. Les Cahiers Sociaux du Barreau de Paris (Paris), mayo de 1991, p. 133-134.

o fato de que seu comportamento não tivesse chamado a atenção da maioria dos fiéis. **O acórdão do Tribunal de Apelação foi reformado pelo Tribunal de Cassação**, por entender que o Código do Trabalho proibia a dispensa por motivo de costumes ou convicções religiosas, e que a empregadora se havia limitado a pôr em evidência os costumes do autor, sem haver assinalado nenhuma atuação deste último capaz de provocar perturbação no seio da associação, a qual acabou por infringir os art. 122-35 e 122-45 do Código do Trabalho[(250)].

No Brasil, **a discriminação** por orientação sexual no local de trabalho autoriza a rescisão indireta (art. 483, "e", da CLT) e a compensação por dano moral, dada a violação ao direito da personalidade[(251)], por meio do ato lesivo da honra, da boafama e da intimidade (art. 3º, IV e art. 5º, X, da Constituição).

A orientação sexual situa-se na esfera íntima do empregado e sob a tutela de sua vida particular, as quais fogem "ao crivo de juízo de censura" do âmbito do Direito do Trabalho. Figuram também como causa a discriminação e o princípio da igualdade. Lembre-se, entretanto, que a opção pelo homossexualismo não eleva esse empregado ou empregada acima do poder disciplinar do empregador, tampouco lhe concede a liberdade de exercer formas de comportamento sexual no ambiente de trabalho. A liberdade sexual encontra limites nas liberdades de outros empregados (indivíduos heterossexuais) aos quais não se permite constrangimento, com manifestações eróticas, no âmbito do trabalho, inaceitando o empregador esse gênero de dispersão[(252)]. Em consequência, não se autorizou a rescisão indireta e o dano moral pleiteados em ação trabalhista ajuizada por empregada com opção pelo homossexualismo.

---

(250) BARROS, Alice Monteiro de. *Proteção à intimidade do empregado*. São Paulo: LTr, 1997, p. 128-129; e 2. ed., 2009.

(251) "**Dano moral. Suposta opção sexual. Discriminação. Dispensa Indireta. Ato lesivo da honra e boa fama. Cabimento.** Enseja indenização por dano moral, de responsabilidade da empresa, atos reiterados de chefe que, no ambiente de trabalho, ridiculariza subordinado, chamando pejorativamente de 'gay' e 'veado', por suposta opção sexual. Aliás, é odiosa a discriminação por orientação sexual, mormente no local de labor. O tratamento dispensado com requintes de discriminação, humilhação e desprezo a pessoa do reclamante, afeta a sua imagem, o íntimo, o moral, dá azo à reparação por dano moral, além de configurar a dispensa indireta por ato lesivo da honra e boa fama do trabalhador, eis que esses valores estão ao abrigo da legislação constitucional e trabalhista (art. 3º, IV, e 5º, X, da CF; art. 483, 'e', da CLT)." TRT — 15ª Região — 00872-2005-015-15-00-8 ROPS — 6ª T. — Rel.: Juiz Edison dos Santos Pelegrini — DJSP 7.4.**2006. Opção sexual. Demissão. Dano moral configurado.** *In casu*, não restam dúvidas de que a ré lesou a honra do recorrido, pois ainda que a dispensa tenha se dado sob o manto de imotivada, e não passou de uma atitude totalmente arbitrária. O preconceito sexual de seus prepostos violou o disposto no inciso IV, do art. 3º da Carta Magna, a merecer indenização por dano moral. Com efeito, não se pode negar que a dispensa de um trabalhador constitui em direito subjetivo do empregador que, a qualquer momento, e pagando-lhe os direitos correlatos, pode pôr fim ao liame empregatício mantido entre as partes. Contudo, não pode valer-se de seu poder potestativo para praticar atos discriminatórios como os descritos nos autos em epígrafe, causando gravame ao empregado, em seus direitos personalíssimos. Discriminar o que se convenciona fora dos "padrões normais" é comum em nossa sociedade (aliás, afirmar o contrário seria hipocrisia!), não obstante nos dias de hoje, as atitudes não sejam tão ostensivas como no passado. Contudo, não há como o Poder Judiciário tolerar abusos dessa ordem e o legislador não pode mais se manter insensível à necessidade de regulamentação da matéria em comento. O homossexual não pode ser marginalizado pelo simples fato de direcionar sua atenção para outra pessoa do mesmo sexo, já que sequer pode-se precisar o que define a opção sexual do ser humano: se fatores biológicos, psicológicos ou até mesmo ambos. De todo acerto e procedência é a decisão de primeiro grau, que censurou a atitude da recorrente. Não há razão alguma ou argumento que possa retirar a condenação. (TRT/SP — 00742200201902009 — RO — Ac. 6ª T. 20050694159 — Rel. Valdir Florindo — DOE 14.10.**2005**. *Equilíbrio*. São Paulo, n. 5, 2005, p. 61)

(252) Ac. TRT 2ª Reg. 022172005030206 — Ac. 20080093307 — 6ª T. — Rel. Juiz Salvador Franco de Lima Laurindo —DOESP 20.2.**08**.

PARTE II

DIREITO COLETIVO DO TRABALHO

CAPÍTULO I

DIREITO COLETIVO DO TRABALHO. DEFINIÇÃO. DENOMINAÇÃO. FONTES E PRINCÍPIOS JURÍDICOS

1. DEFINIÇÃO. DENOMINAÇÃO. AUTONOMIA

Filiamo-nos aos que sustentam que o Direito Coletivo do Trabalho, também denominado Direito Sindical, embora apresente características próprias e persiga fins especiais, constitui parte do Direito do Trabalho, devendo este ser considerado como unidade harmônica que, dada a sua extensão, permite essa subdivisão[(1)].

Amauri Mascaro Nascimento, ao situar o Direito Sindical brasileiro como parte do Direito do Trabalho, afirma ser aquele destituído de autonomia legislativa, doutrinária, didática e jurisdicional. É que suas normas encontram-se reunidas no mesmo diploma legal do Direito Individual (CLT) e no mesmo capítulo da Constituição da República; os doutrinadores, quando o estudam, salvo em monografias, o fazem, em geral, ao lado do Direito Individual; este e o Direito Coletivo são estudados nos currículos escolares na disciplina Direito do Trabalho, e, finalmente, as controvérsias resultantes de uma ou outra subdivisão serão solucionadas pelo mesmo órgão do Poder Judiciário, ou seja, pela Justiça do Trabalho[(2)].

Outro aspecto que afasta o Direito Coletivo de uma vida autônoma consiste no fato de que este não possui princípios informativos próprios, porquanto os princípios do Direito do Trabalho se lhe aplicam, com certas peculiaridades[(3)].

Há autores que defendem a autonomia do Direito Sindical, como o faz Antônio Álvares da Silva, ressaltando possuir ele sujeito, objeto e relação jurídica diversos do Direito do Trabalho[(4)]. No Direito do Trabalho, o sujeito é o trabalhador, o objeto é a satisfação de seus interesses, e a relação jurídica cria obrigações de ordem contratual, enquanto no Direito Coletivo o sujeito é a categoria, o objeto é a satisfação dos interesses do trabalhador, não como pessoa, mas como integrante da categoria, e a relação jurídica estabelece condições mais vantajosas que se incorporam aos contratos

---

(1) Nesse sentido manifestam-se Roberto Pérez Paton (*Derecho Social y Legislación del Trabajo*. Buenos Aires: Editora Arayú); Mozart Victor Russomano (*Direito Sindical, Princípios Gerais*. Rio de Janeiro: Konfino, 1975); Cesarino Júnior (*Direito Social*. São Paulo: LTr); Arion Sayão Romita (*Direito Sindical Brasileiro*. Ed. Brasília, 1976); Octavio Bueno Magano (*Manual de Direito do Trabalho*. v. 1. São Paulo: LTr, 1981), e Amauri Mascaro Nascimento (*Direito Sindical*. São Paulo: Saraiva, 1989, p. 19).

(2) *Direito Sindical*. São Paulo: Saraiva, 1989, *passim*.

(3) PLÁ RODRIGUEZ, Américo. *Princípios de Direito do Trabalho*. São Paulo: LTr, p. 24.

(4) *Direito Coletivo do Trabalho*. Rio de Janeiro: Forense, 1979, p. 43.

celebrados. Ernesto Krotoschin[5] também defende a autonomia do Direito Sindical, enquanto João Regis Teixeira o situa na fase de transição, caminhando para uma autonomia[6].

Consideramos que o Direito do Trabalho compreende o Direito Individual e o Direito Coletivo do Trabalho, também denominado Direito Sindical.

O primeiro é conceituado como "o conjunto das leis que consideram individualmente o empregado e o empregador, unidos numa relação contratual"[7], enquanto o Direito Coletivo é definido ora destacando-se o aspecto subjetivo, ora focalizando também sua feição objetiva.

Cesarino Júnior, adepto da corrente subjetiva, conceitua o Direito Coletivo como sendo "o conjunto das leis sociais que consideram os empregados e empregadores coletivamente reunidos, principalmente na forma de 'entidades sindicais'"[8].

Igualmente subjetivista é Giuliano Mazzoni (*Corso di Diritto del Lavoro*. Bolonha: Cesare Zuffi), quando sustenta que o Direito Coletivo é a "relação entre sujeitos de direito, em que a participação dos indivíduos é também considerada; não porém como tais e sim como membros de uma determinada coletividade".

Já Russomano o define destacando ambos os aspectos, e conclui: "Direito Sindical é a parte do Direito do Trabalho que estuda as organizações sindicais, a negociação coletiva e os conflitos coletivos".

O Direito Individual tem como núcleo o contrato, que por sua vez cria uma relação individual de trabalho, cujos interesses são concretos, referindo-se a cada indivíduo determinado, enquanto o Direito Coletivo pressupõe uma relação coletiva de trabalho, em que os sujeitos se encontram em função de uma coletividade profissional; logo, a relação jurídica daí advinda põe em jogo interesses abstratos do grupo.

2. EVOLUÇÃO HISTÓRICA

Por ser parte do Direito do Trabalho, situamos a origem do Direito Coletivo na época liberal, e não em remotos precedentes, apesar de o regime liberal proibir o fenômeno associativo.

Embora na Antiguidade Clássica e na Idade Média encontrem-se exemplos da existência de grupos sociais, respectivamente, os colégios romanos e as corporações de ofício, congregando pessoas de acordo com as singularidades profissionais, esses grupos não podem ser equiparados aos sindicatos, dada a diversidade de seus fins.

Os colégios romanos, alguns criados provavelmente pelo Rei Numa, ampliados e normatizados por Sérvio Túlio, eram sociedades de socorro mútuo, com acentuado caráter religioso. Já as corporações de ofício, fenômeno particular do sistema medieval,

(5) *Instituciones de Derecho del Trabajo*. Buenos Aires: Depalma, 1968
(6) *Introdução ao Direito Sindical*. São Paulo: Revista dos Tribunais, 1969.
(7) CESARINO JÚNIOR. *Direito Social*. São Paulo: LTr, 1980, p. 52.
(8) *Op. cit.*, p. 52.

tiveram como fins o monopólio da profissão, uma vez que ninguém poderia exercer um ofício se não pertencesse a um grêmio; a defesa do mercado contra estrangeiros e o impedimento da livre concorrência, pois as corporações controlavam o mercado, fixando preços e organizando as formas de trabalho, valorizando a via estatutária em detrimento da via contratual.

Os sindicatos, como instituição de Direito Coletivo, têm escopo diverso, podendo ser destacadas como seus fins fundamentais a determinação das condições de trabalho, por meio de convenção coletiva, visando a melhores condições de vida para os trabalhadores; a assistência aos integrantes da categoria, mormente em época de desemprego ou crise econômica, no caso de sindicato patronal, e a defesa dos interesses da categoria. Ao lado desses fins principais podem ser elencados outros fins acessórios, por exemplo, a participação dos empregados na gestão da empresa, a colaboração no exercício de funções estatais, como inspeção do trabalho, agências de colocação, criação de cooperativas, etc.; a realização de funções quase jurisdicionais, visando à conciliação de interesses nos conflitos surgidos entre empregados e empregadores e a transformação das estruturas econômico-sociais(9).

Fatores diversos contribuíam para o enfraquecimento e o desaparecimento das corporações de ofício, cujo declínio iniciou-se com o Edito de Turgot e cuja abolição se deu com a publicação da Lei Chapelier, de 1791. Dentre as causas que contribuíram para a decadência desse regime podem ser identificadas, de acordo com Alonso Garcia, na obra citada anteriormente, as fórmulas monopolísticas em que o sistema se concretizou, tornando cada dia mais acentuada a separação entre mestres e companheiros, relegando esses últimos e os aprendizes a autêntico proletariado e convertendo os grêmios em associações de privilégios. Essas causas, associadas à falta de capacidade das corporações para adaptarem-se às exigências econômicas e sociais que a realidade impunha; às novas formas de comércio; à criação de um sistema distinto de produção e troca; às inovações técnicas, em confronto com o apego dos grêmios a métodos rudimentares e anacrônicos, foram fatores mais do que suficientes para conduzir à reivindicação de um trabalho livre. Desencadeada a crise do regime gremial, segue-se um individualismo exacerbado, fundado na livre-iniciativa, entregue à lei da oferta e da procura, a qual regulava todos os preços, inclusive da mão de obra.

A pretexto de que todas as associações implicavam perturbação às relações entre os indivíduos e entre estes e o Estado, o liberalismo proibiu as uniões com espírito de classe ou proteção mútua. Foram elas consideradas crime pelo Código Penal francês de 1819 (Código de Napoleão). Tem-se, portanto, a *fase de proibição* do Direito Sindical, iniciada com a Lei Chapelier. Em seguida, há uma *fase de tolerância,* quando esse delito é suprimido, seguindo-se a *fase de reconhecimento* do direito de associação, admitido na Inglaterra, em 1824, e concretizado nas *Trade Unions,* fundadas em 1833, por *Roberl Qwen,* passando por várias vicissitudes. A exemplo da Inglaterra, a Lei francesa Waldeck Rousseau, de 21 de março de 1884, reconhece a liberdade de associação sindical, e, a partir daí, outros países seguem-lhes o exemplo.

(9) ALONSO GARCIA, Manuel. *Manual de Derecho del Trabajo*. 8. ed. Barcelona: Ariel, 1982.

Independente da proibição, o espírito de solidariedade e a tomada de consciência coletiva permitiram que se realizassem, mesmo clandestinamente, reuniões passageiras visando a melhores condições de trabalho (coalizões).

Após o reconhecimento da liberdade de associação sindical na lei ordinária, a matéria passou a ser inserida nos textos constitucionais. A Constituição Mexicana de 1917, em seu art. 123, contém toda uma regulamentação do trabalho, destacando-se o direito de coalizão e greve; a Constituição de Weimar, de 1919, em seu art. 159, também assegura a liberdade de coalizão para a defesa e melhoria das condições de trabalho e de produção, reconhecendo, no art. 165, a organização de trabalhadores e patrões.

Durante vários anos os trabalhadores lutaram pelo reconhecimento internacional do direito de associação. Após a publicação do Manifesto Comunista de Marx (1848), as ideias ali inseridas não demoraram a adquirir ressonância internacional. Em 1864 constitui-se a Primeira Internacional (comunista), a Segunda (socialista), em 1869, e a Terceira (Leninista), em 1914. Após o término da Primeira Guerra Mundial, o direito de sindicalização surgiu concretamente no art. 427, II, do Tratado de Versalhes, tanto para os assalariados como para os patrões, desde que não contrariassem as leis.

Em 1948, aprovou-se em Paris a Declaração Universal dos Direitos do Homem, que apresenta os seguintes pontos básicos a respeito do Direito Sindical: Art. XX — "Todo homem tem direito à liberdade de reunião e associação pacíficas, ninguém poderá ser obrigado a fazer parte de uma associação"; Art. XXIII — "Todo homem tem direito a organizar sindicatos e a neles ingressar para proteção de seus interesses".

Ainda na França, em Versalhes, aprovou-se a criação da Organização Internacional do Trabalho, organismo especial vinculado à ONU. Em 1944 realizou-se a 26ª Conferência da OIT, na qual já se reconhecia o efetivo direito às organizações coletivas.

Logo após a criação da OIT, o princípio geral da liberdade sindical é reforçado pela adoção de convenções que tratavam mais especificamente dessa questão. A primeira foi a Convenção n. 11, adotada em 1921, que diz respeito ao direito de associação na agricultura, seguida da de n. 84, sobre liberdade sindical nos territórios não metropolitanos. A partir daí foi adotada, em 1948, a Convenção n. 87, sobre liberdade sindical e proteção ao direito sindical, complementada pela adoção, em 1949, da Convenção n. 98, sobre direito de organização e de negociação coletiva. Igualmente sobre negociação coletiva é a Convenção n. 154. Em 1971, adotou-se a Convenção n. 135, sobre facilidades para os representantes de trabalhadores. Finalmente, em 1978, foi adotada a Convenção n. 151, tratando, entre outros aspectos, da sindicalização do funcionário público.

A par dessas convenções, a OIT aprovou inúmeras recomendações sobre matéria sindical. Ocorre que estas últimas não são objeto de ratificação pelos Países-Membros. Das convenções mencionadas, o Brasil ratificou apenas as de n. 11 e 98.

Além das convenções e das recomendações da OIT, outros atos internacionais sobre direito coletivo merecem destaque, entre eles a Carta Internacional Americana de Garantias Sociais, de 1948; a Convenção Europeia de Direitos Humanos, de 1950; a Carta Europeia de 1961 e a Carta Americana sobre Direitos Humanos.

3. DIREITO SINDICAL NO BRASIL. EVOLUÇÃO LEGISLATIVA

No Brasil, o movimento sindical foi mais lento do que na Europa, pois, dada a predominância do trabalho servil em uma economia agrícola, o clima não era propício às associações de trabalhadores(10). Com a abolição da escravatura e a necessidade de trazer estrangeiros para substituir o trabalho escravo, teve o Estado de criar "regalias" para os imigrantes, que temiam os maus-tratos dos patrões, habituados a conviver com escravos.

Como havia predominância do trabalho agrícola e a indústria era incipiente no Brasil, as primeiras leis sindicais destinaram-se àquele setor da produção, ao contrário do que ocorreu na Europa, onde seus destinatários são os trabalhadores urbanos. Daí não se pode presumir a inexistência de luta reivindicatória dos trabalhadores no Brasil por melhores condições de trabalho. Comprova nossa assertiva Evaristo de Moraes Filho, em seus *Apontamentos de Direito Operário*, quando faz alusão à multiplicação de greves, com destaque para as greves dos cocheiros e dos sapateiros, que deram ensejo a intervenções policiais.

Evaristo de Moraes Filho(11) lembra casos de organizações operárias, com características de associação de classe, de cunho reivindicatório. São elas a Liga Operária (1870) e a União Operária, instituída em 1880.

4. A EVOLUÇÃO DO DIREITO COLETIVO BRASILEIRO NO PLANO CONSTITUCIONAL. FONTES NORMATIVAS

Atualmente, a principal fonte normativa do Direito Coletivo é a Constituição da República, o que nem sempre ocorreu no curso de sua evolução histórica.

A Constituição de 1824 (Constituição do Império) consagrou a liberdade de trabalho e, no art. 179, XXV, aboliu as corporações de ofício, não fazendo nenhuma menção aos institutos do Direito Coletivo.

A Constituição republicana de 1891 também não faz alusão ao Direito Coletivo; apenas assegura, no art. 72, § 8º, a liberdade de associação, sem armas.

Já em 1903, o Decreto n. 979 regula a sindicalização rural. Essa legislação possuía caráter mais econômico do que sindical, pois servia de intermediária de crédito em favor dos associados.

De 1907 é o Decreto n. 1.637, regulamentador da sindicalização urbana. Sustentam alguns autores que esses decretos quase não tiveram aplicação, pois a industrialização no País, responsável pelo desenvolvimento do espírito associativo, só ocorreu após a Primeira Guerra Mundial.

Afirmam outros que a primeira lei sindical brasileira é o Decreto n. 19.770, de 19 março de 1931. Esse decreto consagrou, no art. 9º, a unicidade sindical; no art. 1º, alínea "f", a neutralidade sindical, proibindo os sindicatos de se preocuparem com

(10) CESARINO JÚNIOR. *Direito Social*. São Paulo: LTr, 1980.

(11) *O Problema do Sindicato Único no Brasil*. Ed. Alfa-Ômega, 1952, p. 182.

ideologias políticas ou religiosas, devendo restringir-se à defesa dos interesses profissionais. Finalmente, o mesmo decreto, no art. 12, estabelecia que os sindicatos não poderiam unir-se a entidades internacionais sem a autorização do governo. Estão, portanto, consagrados nesse diploma legal a unicidade, a neutralidade e a nacionalidade dos sindicatos.

Com a Constituição de 1934, as diretrizes de nossa organização sindical foram alteradas. Em substituição à unicidade sindical, garantiu-se a pluralidade e a completa autonomia dos sindicatos (art. 120, *caput* e parágrafo único), as quais seriam reconhecidas na forma da lei. Instituiu-se no art. 122 a Justiça do Trabalho, e em seu parágrafo único a representação paritária dos Tribunais do Trabalho.

Com a Carta Constitucional de 1937, de feição nitidamente corporativista, como se infere do art. 140, a pluralidade é substituída pelo sindicato único. A investidura sindical passou a ser conferida à associação mais representativa (art. 138), instituindo-se a contribuição sindical, posteriormente regulamentada. Nessa Constituição a greve e o *lockout* foram declarados recursos nocivos, antissociais (art. 139).

Em 1943 publica-se a Consolidação das Leis do Trabalho, por meio do Decreto-Lei n. 5.452, com 922 artigos, distribuídos em 11 títulos. O 5º título contém matéria sobre Direito Sindical. A CLT sofreu várias alterações, principalmente pelo Decreto-Lei n. 229, de 28 de fevereiro de 1967, e pela Constituição da República de 1988.

A Constituição de 1946 retoma as diretrizes democráticas inseridas na Constituição de 1934, embora considerada, por alguns autores, liberal e pouco progressista. Assegura esse novo texto constitucional a liberdade de associação profissional, devendo ser regulada por lei a sua constituição; a representação legal nas convenções coletivas e o exercício de funções delegadas pelo poder público. Reconheceu-se o direito de greve, cujo exercício deveria ser regulamentado em lei (art. 158 e 159).

Em 1964 institui-se o regime militar no País, e em 1967 promulga-se a nova Constituição, assegurando a liberdade de associação profissional, à semelhança da Constituição de 1946. Entre as funções delegadas, cujo exercício era regulado em lei, compreende-se a de arrecadar contribuições para o custeio das atividades dos órgãos sindicais. O voto nas eleições sindicais torna-se obrigatório, e o direito de greve é assegurado no art. 158, XXI, exceto nos serviços públicos e nas atividades essenciais definidas em lei (art. 157, § 72). Com a regulamentação do direito de greve (Lei n. 4.330, de 1º de junho de 1964), foi ela proibida em um número expressivo de atividades. A Emenda Constitucional n. 1, de 1969, reproduziu essas mesmas diretrizes nos art. 165, XX, e 166.

5. DIREITO COLETIVO NA CONSTITUIÇÃO DA REPÚBLICA DE 1988

A Constituição de 1988, em seu art. 5º, XVII, assegurou a liberdade de associação, vedada a de caráter paramilitar, ou seja, corporações associativas armadas de natureza religiosa, ideológica, patriótica, etc.[12].

(12) CHIARELLI, Carlos. *Trabalho na Constituição*. São Paulo: LTr, 1990, *passim*.

No art. 37, VI, a referida Constituição garantiu ao servidor público civil o direito à livre associação sindical, proibindo-a ao servidor público militar (art. 142, IV).

Como se vê, o dispositivo representou um avanço considerável em relação à CLT, que, no art. 566, proibia a sindicalização aos servidores do Estado e das instituições paraestatais. A restrição não se estendia aos servidores de sociedade de economia mista, fundações públicas e, por força de decisões judiciais, aos servidores autárquicos regidos pela CLT.

A proibição da sindicalização, no caso, residia no temor da greve, que se julgava inadmissível nos serviços públicos.

A Constituição da República de 1988, no *caput* do art. 8º, considera livre a associação profissional ou sindical.

O mesmo texto constitucional, em seu art. 8º, I, coerente com o princípio da liberdade sindical assegurada, proibiu a interferência e a intervenção do poder público na organização sindical, dizendo expressamente que a lei não poderá exigir autorização do Estado para a fundação de sindicato, ressalvado o registro no órgão competente.

No tocante às condições de registro e funcionamento, o art. 8º, I, da Constituição da República de 1988, embora vede ao poder público a interferência e a intervenção na organização sindical, estabelece que a lei poderá exigir o registro no órgão competente.

Não há na referida Constituição, tampouco em lei regulamentadora, a indicação do órgão destinado a efetuar o registro. Muito se discutiu qual seria o órgão competente, entendendo uns que seriam os Cartórios e outros o Ministério do Trabalho, do contrário, haveria interferência do poder público na organização sindical, vedada pelo mesmo art. 8º já citado.

Prevaleceu a última corrente, ao argumento de que, enquanto não for regulamentado o dispositivo constitucional, a competência para o registro é do Ministério do Trabalho, e a exigência "visa a dar atendimento ao princípio da unicidade sindical"(13).

Assevera-se que os Cartórios de Títulos e Documentos não possuem infraestrutura suficiente para realizar o controle da unicidade sindical, podendo provocar "anarquia na vida sindical e o caos nas relações coletivas de trabalho"(14).

Alinhado com a ideia manifesta-se Arnaldo Süssekind(15), ao afirmar que a competência do Ministério do Trabalho para o registro de entidades sindicais é uma decorrência da manutenção do sistema da unicidade sindical. O Ministério do Trabalho só efetuará o registro após analisados os requisitos necessários, depois de examinar o cadastro nacional das entidades sindicais. E só quem o possui é o Ministério do Trabalho, daí por que compete a ele tal tarefa. Esse procedimento, como já decidiu a OIT, não traduz autorização prévia de autoridade competente com interferência do poder público na organização sindical, mas ato administrativo vinculado.

---

(13) NASCIMENTO, Amauri Mascaro. *Comentários às Leis Trabalhistas*. v. 1. 2. ed. São Paulo: LTr, p. 135.

(14) RUFINO, J. F. Câmara. A criação de sindicatos e órgão competente para registrá-los. *Revista Synthesis* 11/90.

(15) Registro Sindical. *Revista Synthesis* 11/90.

O autor sustenta que, se o Estado, por força de preceito constitucional, pode indicar o órgão competente para proceder ao registro da entidade sindical, pode também fazer o registro, como atividade atributiva de personalidade jurídica sindical, o que não implica interferência do poder público na organização sindical, inexistindo inconstitucionalidade nessa diretriz.

Essa foi a orientação que prevaleceu no STF, como se infere do Mandado de Injunção n. 144 (DJ 28.5.93, p. 10.381).

O inciso II do art. 8º da Constituição da República de 1988 veda a criação de mais de uma organização sindical, em qualquer grau (sindicatos, federações e confederações), representativa de categoria profissional (conjunto de trabalhadores) ou econômica (conjunto de empresas que exercem a mesma atividade), na mesma base territorial, que será definida pelos trabalhadores ou empregadores interessados, não podendo, entretanto, ser inferior à área de um Município. Ficou, assim, revogado parcialmente o art. 517 da CLT, que permitia o sindicato distrital.

Prosseguindo na análise do Direito Coletivo na Constituição da República de 1988, verifica-se que o inciso III do art. 8º assegura ao sindicato a defesa dos direitos e interesses coletivos ou individuais da categoria.

Discute-se muito, com fundamento nesse dispositivo, se se conferiu ao sindicato representação da categoria ou substituição processual.

Sustenta-se que o sindicato poderá atuar como substituto processual, porquanto o art. 8º, III, da Constituição da República de 1988 concede-lhe tal legitimação.

Saliente-se, em princípio, que, em nosso sistema processual, ninguém poderá pleitear, em nome próprio, direito alheio (art. 6º do CPC).

Entretanto, considerando-se razões de conveniência, por vezes a lei substitui quem ordinariamente seria legitimado por um terceiro, que será, então, parte legítima e irá pleitear, em nome próprio, direito alheio. Esse fenômeno — "direito de estar em Juízo por outrem" ou "direito de dirigir o processo", ou, ainda, "legitimação de terceiro para defender em seu próprio nome direito alheio" — foi denominado, por Chiovenda, substituição processual. E é essa defesa, em seu próprio nome, que distingue a substituição processual da representação, em que o representante age em nome do representado.

Antes da promulgação da Constituição da República de 1988 era praticamente unânime o entendimento segundo o qual havia no Direito do Trabalho apenas as hipóteses de substituição processual consagradas no art. 195, § 2º, no art. 872, parágrafo único, da CLT e demandas visando ao recebimento de diferenças de reajuste salarial automático a partir da vigência da Lei n. 6.708, de 1979.

Mesmo nesses casos a substituição processual restringia-se aos associados do sindicato, não se aplicando aqui a faculdade concedida a ele, sem distinções de sindicalização, pelo art. 843 da CLT, que se refere à representação e não à substituição[(16)].

---

(16) Cf. nesse sentido Russomano. *Comentários à CLT*; Ronaldo Leal. *Revista TST,* 1982, p. 232; José Torres das Neves. *Revista LTr* de outubro de 1983, e Emílio Gonçalves. *Ação de Cumprimento no Direito Brasileiro*. São Paulo: LTr, 1989.

Provavelmente, a restrição da substituição aos associados seria uma decorrência do intuito de se estimular a sindicalização.

Em relação aos substituídos, vinha-se exigindo a sua discriminação, mencionando-os[17].

Com o advento da Constituição da República de 1988, o art. 8º, III, dispôs que "ao sindicato cabe a defesa dos direitos e interesses coletivos ou individuais da categoria, inclusive em questões judiciais ou administrativas".

O dispositivo ensejou uma cisão na doutrina e divergência jurisprudencial, que persiste. Uns sustentaram que ao sindicato cabe defender direitos e interesses quer coletivos, quer individuais. Esses consideram ampliadas as hipóteses de legitimação extraordinária, possibilitando a substituição processual em todos os processos individuais em que estejam em jogo de interesses do sindicato, admitindo que a substituição alcança a todos os integrantes da categoria[18]. Outros afirmaram que o artigo apenas sugeriu ampliação da legitimação do sindicato, dependendo tal alargamento da intermediação do legislador ordinário[19].

Assim, no nosso entender, em face do direito processual, nem mesmo a grandeza da luta sindical poderá esmagar a vontade individual de trabalhadores que pretendam agir diferentemente do conjunto de sua categoria ou em desacordo com seu sindicato, escolhendo, até mesmo, seu advogado. Ademais, se a legitimação processual para comparecer em Juízo está assegurada pela Constituição da República de 1988, não se sabe em que condições, ou seja, se como substituto processual ou como representante dos trabalhadores, embora o STF tenha se inclinado pela primeira hipótese.

Nessas condições, como a defesa dos interesses individuais pelo sindicato, em Juízo, poderá verificar-se por meio da representação do titular do direito individual, mediante mandato, pela concessão de assistência jurídica, pela intervenção no processo como assistente ou como substituto processual[20], só o legislador ordinário poderá dizer qual a melhor solução. Ocorre que o STF posicionou-se de forma diversa,

---

(17) Precedentes: E. RR-676/82, Ac. TP 597/87, Rel.: Min. José Ajuricaba, DJ 19.6.87; E. RR-2.238/88, Ac. TP 643/88, Rel.: Min. José Ajuricaba, DJ 10.6.88; E. RR-4.149/81, Ac. TP 1.267/86, Rel.: Min. Vieira de Mello, DJ 2.918/86.

(18) Cf. nesse sentido Antônio Álvares da Silva. Ação Sindical e Justiça do Trabalho, Representação Legal e Substituição Processual, *in Sindicalismo*. São Paulo: LTr, 1986, p. 222; Ben Hur Clau. Substituição Processual Sindical, Individualização dos Empregados Substituídos. *Revista LTr* 54-2/216 e Wagner Giglio — *Revista LTr* 55-2/151.

(19) Cf. Valentin Carrion. *In Comentários à CLT de 1989*, p. 635; Clemente Salomão de Oliveira Filho. Legitimação Extraordinária do Sindicato em Face da Nova Constituição Federal. *Revista LTr* 54-9/1.093; Aloysio S. Correia da Veiga. O art. 8º, III, da Constituição Federal e a Substituição Processual da Categoria. *Revista LTr* 54-4/399.

(20) Essa foi a posição adotada pelo TST, por intermédio do item 1 da Súmula n. 310, **hoje cancelada**, lamentavelmente, pois, dada a sua clareza, contribuiu para solucionar milhares de demandas, auxiliando o processo de otimização da entrega da prestação jurisdicional. A mesma Súmula n. 310 dispunha que os substituídos deveriam ser sempre individualizados na ação ajuizada pelo sindicato como substituto processual, e no início da execução deveriam ser identificados com o número da CTPS ou outro documento de identidade. No item VI, a Súmula n. 310 do TST autorizava o substituto a integrar a lide como litisconsorte, podendo acordar, transigir e renunciar, independentemente de autorização do substituto, ao qual não eram devidos honorários advocatícios. A Súmula n. 310, item VII, previa, ainda, que na liquidação os valores devidos aos substituídos seriam individualizados e os depósitos levantados por meio de guias expedidas em seu nome ou de procurador com poderes especiais para esse fim.

admitindo a substituição processual na hipótese do art. 8º, inciso III, da Constituição vigente (STF-RE-202.063-0 — Ac. 1ª T. 27.6.97. Rel.: Min. Gallotti. *Revista LTr* 61-11/1.495).

Outro traço corporativista agasalhado na Constituição da República de 1988 diz respeito à fixação de contribuição confederativa pela assembleia-geral, que, em se tratando de categoria profissional, será descontada em folha, independentemente da contribuição prevista em lei (art. 8º, IV). Essa matéria será examinada no tópico referente às prerrogativas sindicais.

No inciso V do artigo citado no parágrafo anterior, a Constituição dispõe que "ninguém será obrigado a filiar-se ou a manter-se filiado a sindicato".

A inserção desse preceito implicou a revogação dos art. 544 e 546 da CLT, que concediam preferência aos sindicalizados para ingresso em função pública ou assemelhadas e serviços portuários, preferência nas concorrências para aquisição de casa própria pelo Plano Nacional de Habitação, preferência na concessão de empréstimo simples, por meio de agências financeiras do governo, etc.

Octavio Bueno Magano[21] sustenta que a declaração é de natureza retórica, pois o trabalhador, querendo ou não, é obrigado a canalizar recursos seus para o sindicato (inciso IV do art. 8º da Constituição da República de 1988), tratando-se de constrangimento não compensado pelo direito de associado.

Prosseguindo o estudo do Direito Coletivo na Constituição da República de 1988, constata-se que o art. 8º, VII, assegura ao aposentado o direito de votar e ser votado nas eleições sindicais.

Anteriormente à Constituição da República de 1988, o art. 540 da CLT assegurava ao aposentado os direitos sindicais, entre eles o de votar, mas não lhe permitia ser votado, pois lhe vedava o exercício do cargo de administração sindical.

Entendemos correta a participação dos aposentados nesses cargos de administração, porquanto seus interesses são também objeto de defesa pela respectiva entidade, embora haja quem apresente o inconveniente de os interesses dos aposentados serem diversos dos interesses daqueles que se encontram na ativa, ficando prejudicados os desses últimos e os do próprio sindicato, além de se correr o risco de a entidade ser dirigida por aposentados, quando esses forem em grande número[22].

O art. 543 consolidado foi transposto para o texto constitucional (art. 8º VIII), vedando-se a dispensa do empregado sindicalizado desde o momento de sua candidatura a cargo de direção ou representação sindical e, se eleito, ainda que suplente, até um ano após o final do mandato, salvo se cometer falta grave, nos termos da lei.

As disposições do art. 8º estenderam-se à organização de sindicatos rurais e colônias de pescadores, atendidas as condições que a lei estabelecer (parágrafo único do art. 8º da Constituição Federal de 1988).

---

(21) A Organização Sindical na Nova Constituição. *Revista LTr* 53-1/89 e *Revista Synthesis* 9/89.

(22) Cf. Ubiracy Torres Cuoco. A Realidade Sindical e a Nova Constituição. *Revista LTr* 52-11/88 e *Revista Synthesis* 9/89, p. 203.

O art. 9º da Constituição de 1988 assegura o direito de greve, matéria que será examinada em capítulo próprio, enquanto o art. 10 dispõe sobre a representação de trabalhadores e empregadores nos colegiados de órgãos públicos em que seus interesses sejam objeto de discussão ou deliberação, como, por exemplo, em órgãos previdenciários e no Conselho Curador do FGTS (Lei n. 8.036, de 1990, art. 3º).

Finalmente, o art. 11 da Constituição da República de 1988 assegurou, nas empresas com mais de 200 empregados, a eleição de um representante desses com a finalidade exclusiva de promover-lhes o entendimento direto com os empregadores. A norma é autoaplicável. Esse representante não se confunde com o representante sindical. Aquele visa a promover o entendimento direto com o empregador, e não a representar os interesses abstratos do grupo.

As principais fontes do Direito Coletivo são a Constituição, as leis ordinárias, entre as quais a CLT, as convenções e acordos coletivos, bem como a sentença normativa.

Os princípios do Direito Coletivo compreendem a liberdade sindical, a unicidade sindical e os que serão examinados no **Capítulo IV**.

CAPÍTULO II

LIBERDADE SINDICAL. CONVENÇÃO N. 87 DA OIT. ORGANIZAÇÃO SINDICAL. CONCEITO DE CATEGORIA. CATEGORIA DIFERENCIADA. MEMBROS DA CATEGORIA. DISSOCIAÇÃO DE CATEGORIA

1. LIBERDADE SINDICAL

Como já afirmado, a Constituição de 1988, no art. 8º, considera livre a associação profissional ou sindical; assegurou a liberdade de associação, vedada a de caráter paramilitar (art. 5º, XVII).

A liberdade sindical constitui o alicerce "sobre o qual se constrói o edifício das relações coletivas de trabalho com características próprias"; ela se "sobrepõe ao indivíduo isolado e implica restrições à liberdade individual, quando submete esse homem isolado à deliberação do homem-massa que é a assembleia"(1).

A liberdade sindical poderá ser focalizada sob vários prismas: como o direito de constituir sindicatos; como o direito de o sindicato autodeterminar-se; como a liberdade de filiação ou não a sindicato e como a liberdade de organizar mais de um sindicato da mesma categoria econômica ou profissional dentro da mesma base territorial, que se identifica com o tema intitulado pluralidade sindical.

Uma das mais importantes Convenções da OIT sobre matéria sindical é a de n. 87, sobre liberdade sindical e proteção do Direito Sindical, de 1948, ratificada por vários membros da OIT. Embora ainda em 1949 tenha sido encaminhada ao Congresso Nacional brasileiro mensagem recomendando sua aprovação, a matéria ainda não foi objeto de apreciação pelo Senado, tendo sido aprovada na Câmara dos Deputados em 1984. Entendemos que a aprovação da Convenção n. 87 implicará modificação na legislação brasileira, pois, embora a Constituição de 1988 tenha consagrado a autonomia sindical, manteve a unicidade sindical em seu art. 8º, II, que consiste, por imposição legal, na criação de apenas uma entidade sindical, de determinada categoria, de qualquer grau, na mesma base territorial. Essa base territorial não poderá ser inferior à área de um Município.

---

(1) SPYROPOULOS, Georges. *La Liberté Syndicale, in* SEGADAS VIANNA, J. de. *Direito Coletivo do Trabalho.*

Por outro lado, a mesma Constituição, em seu art. 8º, IV, manteve a contribuição sindical já existente na lei ordinária e ainda instituiu outra (a confederativa). Ora, tal dispositivo mantém reminiscências do regime corporativo no País, inspirado no modelo fascista de *Mussolini,* e continua impedindo a ratificação da Convenção n. 87, que permite livremente a criação de entidades sindicais, pouco importando que já exista dentro da respectiva base territorial outra da mesma categoria, econômica ou profissional, competindo à entidade sindical definir a respectiva base. Como se vê, à luz da referida Convenção, a entidade sindical não está sujeita, por determinação legal, a restrições no âmbito de sua representação, tampouco na sua base territorial.

A par da unicidade sindical, a contribuição compulsória prevista na nossa legislação ordinária e constitucional também constitui obstáculo à ratificação almejada. Isso porque, como ressalta Arion Sayão Romita[(2)],

> "a convenção consagra o direito do indivíduo à filiação sindical, não fazendo qualquer alusão ao dever de sindicalização. O princípio da liberdade sindical é incompatível com a sindicalização obrigatória. Parece claro que o dever de pagar contribuição ao sindicato depende do fato de ser o trabalhador voluntariamente filiado a um sindicato."
>
> "A Convenção n. 87, portanto, veda implicitamente a imposição, por via legislativa, do pagamento de uma contribuição sindical compulsória, pois se a sindicalização é um direito, o pagamento da contribuição não pode constituir uma obrigação."
>
> "No Brasil, a legislação em vigor obriga todos os integrantes das categorias profissionais ou econômicas, sejam ou não associados aos sindicatos, a pagar o imposto sindical, eufemisticamente denominado contribuição sindical, verdadeiro atentado ao princípio de liberdade sindical, mantido pela Constituição de 1988."

Nem se diga que a Convenção n. 98, tratando de matéria semelhante e tendo sido ratificada, facilitaria a ratificação da Convenção n. 87. Ora, a Convenção n. 98 garante a autonomia e a liberdade de ação dos sindicatos de trabalhadores perante o empregador, além de fomentar a negociação coletiva. Já a Convenção n. 87 assegura a liberdade sindical, mas ante o Estado. Em face das considerações já expostas, a ratificação da Convenção n. 98 não encontra obstáculo na nossa legislação, diante da autonomia do sindicato de trabalhadores perante o empregador, o mesmo não ocorrendo no tocante à ratificação da Convenção n. 87.

Conquanto consagrasse a liberdade sindical, no *caput* do art. 8º, a Constituição da República de 1988, no inciso II do mesmo artigo, traz resquício do regime corporativista existente no art. 516 da CLT, ao prever a unicidade sindical, e com isso limitou a liberdade sindical. E nem se diga que a Constituição, ao permitir seja a base territorial da entidade sindical fixada pelos interessados, teria consagrado a pluralidade. Ora, a fixação de base territorial, no caso, até mesmo com restrições, porque o sindicato

---

(2) *Os Direitos Sociais na Constituição e Outros Estudos*. São Paulo: LTr, 1991, *passim*.

distrital não é permitido pela Constituição da República de 1988, não descaracteriza a unicidade, pois o que a define é a circunstância de a lei só permitir um sindicato de determinada categoria na mesma base territorial.

Sustenta Octavio Bueno Magano que a regra da unicidade "foi adotada com base no argumento de que seria necessário evitar a atomização das entidades sindicais. É possível que estivesse encoberto o interesse das cúpulas sindicais dominantes de conservarem o monopólio do poder, nas fortalezas em que muitas delas se encastelaram"[(3)].

Matéria controvertida é a que diz respeito à ***unicidade,*** à ***unidade*** e à ***pluralidade sindical***.

A unicidade sindical (ou monismo sindical) consiste no reconhecimento pelo Estado de uma única entidade sindical, de qualquer grau, para determinada categoria econômica ou profissional, na mesma base territorial, enquanto a unidade sindical traduz a união espontânea em torno de um único sindicato, à semelhança do que ocorre na unicidade, porém não em decorrência de imposição legal, mas como uma opção, como manifestação espontânea dos seus integrantes.

A República Federal da Alemanha adota a unidade sindical.

Por fim, a pluralidade sindical consiste na possibilidade de se criar mais de uma entidade sindical, de qualquer grau, dentro da mesma base territorial, para uma mesma categoria.

Os defensores do monismo sustentam, em geral, que o sindicato nasceu da proximidade e não representa apenas os seus associados, mas toda uma coletividade profissional, cujos interesses são semelhantes, e, em consequência, os objetivos são os mesmos, impondo-se a unidade de representação.

Asseveram que as lutas advindas de sindicatos múltiplos os enfraquecem, reduzindo-lhes a capacidade de reivindicar, tornando mais vulnerável a ação destruidora pelos Estados totalitários.

Os críticos da unicidade sindical afirmam que ela representa uma violação aos princípios democráticos e, mais especificamente, à liberdade sindical, impedindo aos componentes de determinada categoria a livre escolha de sindicato para se filarem. Sublinham a importância da saudável competição entre as entidades, evitando a acomodação de lideranças sindicais, advinda da exclusividade de representação classista. Ressaltam que os países nos quais as reivindicações são mais expressivas adotam a pluralidade, a qual não deverá ser obrigatória, mas facultativa, de modo que os trabalhadores, se assim pretenderem, podem reunir-se em representações unitárias, quando então "estaremos diante do ideal: a unidade na pluralidade"[(4)].

---

(3) A organização sindical na nova Constituição. *Revista Synthesis* 9/89, p. 206.

(4) Carlos Chiarelli — relator do documento Fundamentos básicos para uma nova política trabalhista (1980), citado por Amauri Mascaro Nascimento. *Curso de Direito do Trabalho*. São Paulo: Saraiva, p. 572.

2. ORGANIZAÇÃO SINDICAL

A solidariedade de interesses econômicos dos que empreendem atividades idênticas, similares ou conexas constitui o vínculo social básico que se denomina categoria econômica (inteligência do art. 511 da CLT, mantido na Constituição da República de 1988).

Já o § 2º do mencionado artigo estabelece: “A similitude de condições de vida oriunda da profissão ou trabalho em comum, em situação de emprego na mesma atividade econômica ou em atividades econômicas similares ou conexas, compõe a expressão social elementar compreendida como ‘categoria profissional’”.

Finalmente, o § 3º do art. 511 define a categoria diferenciada como sendo a que se forma dos empregados que exercem profissões ou funções diferenciadas por força de estatuto profissional especial ou em consequência de condições de vida singulares. Situam-se como integrantes dessa categoria, na forma estabelecida pela antiga Comissão de Enquadramento Sindical, “*os aeronautas; os aeroviários; os agenciadores de publicidade; os artistas e técnicos em espetáculos de diversões (cenógrafos e cenotécnicos), os atores teatrais, inclusive corpos corais e bailados, os atores cinematográficos; os cabineiros (ascensoristas); os carpinteiros navais; os classificadores de produtos de origem vegetal; os condutores de veículos rodoviários (motoristas); os empregados desenhistas técnicos, artísticos, industriais, copistas, projetistas técnicos e auxiliares; os maquinistas e foguistas (de geradores termoelétricos e congêneres, inclusive marítimos); os jornalistas profissionais (redatores, repórteres, revisores, fotógrafos, etc.); os músicos profissionais; os oficiais de radiocomunicações da Marinha Mercante; os oficiais gráficos; os operadores de mesas telefônicas (telefonistas em geral); os práticos de farmácia; os professores; os profissionais de enfermagem, técnicos, duchistas, massagistas e empregados em hospitais e casas de saúde; os profissionais de relações públicas; os propagandistas de produtos farmacêuticos (propagandistas-vendedores e vendedores de produtos farmacêuticos); os publicitários; as secretárias; os técnicos de segurança do trabalho; os trabalhadores em agências de propaganda; os trabalhadores na movimentação de mercadorias em geral; os trabalhadores em atividades subaquáticas e afins; os trabalhadores em serviços de segurança do trabalho — técnicos de segurança do trabalho; os tratoristas (excetuados os rurais); os vendedores e viajantes do comércio*”.

Em face do exposto, podemos concluir que as dimensões do sindicato são a categoria e a base territorial (art. 511 da CLT).

Feitas essas considerações, cumpre salientar que a colocação de um empregado, empregador ou trabalhador autônomo no quadro da respectiva categoria constitui o que denominamos enquadramento sindical, e se processava nos termos do art. 577 da CLT. As dúvidas a respeito, antes da Constituição da República de 1988, eram solucionadas pela Comissão de Enquadramento Sindical (órgão do Ministério do Trabalho).

Com a proibição de intervenção do poder público na organização sindical (art. 8º, I e II), cessaram as atribuições da Comissão de Enquadramento Sindical, competindo, agora, às confederações a coordenação das atividades do sistema, podendo, inclusive, solucionar controvérsias, garantindo-se sempre o recurso ao Judiciário, na hipótese de inconformismo de uma das partes (art. 114, III, da Constituição vigente).

Entendemos que o quadro de atividades e profissões poderá constituir um plano de consulta para o enquadramento sindical, sem prejuízo da autonomia dos órgãos que venham a ser criados pelo sistema confederativo para dispor sobre o assunto.

A extensão de representação e de base territorial deve respeitar a unicidade, e esta última não poderá ser inferior à área de um Município.

Já no tocante às categorias agrupadas em entidades sindicais, consoante o critério de similitude e conexão, com especialidades diversas, poderá ocorrer o desmembramento, de acordo com o disposto no art. 511, § 3º, da CLT. Assim, um sindicato municipal que congregue trabalhadores da indústria de doces, conservas alimentares, açúcar e aveia poderá ter sua representação reduzida com a constituição de um sindicato específico dos trabalhadores da indústria da aveia, tendo em vista o princípio legal da especialidade.

O mesmo poderá verificar-se no que tange à descentralização de uma categoria, ou seja, na hipótese de existir um sindicato de base nacional (dos aeronautas, por exemplo), nada impede que se crie um sindicato estadual dessa categoria, assegurando-se sempre à parte que se julgar prejudicada o recurso ao Judiciário, na forma do art. 114, III, da Constituição de 1988.

A jurisprudência tem negado o direito de sindicalização dos empregados de sindicato, aos quais são conferidos, por força de lei, os reajustes salariais da categoria do sindicato a que servem (TST-RO-DC-755.396/2001. Rel.: Min. Rider de Brito — DO 8.8.2002). A criação indiscriminada de sindicato de empregados de entidades sindicais terá como limite o infinito, pois também haverá empregado do último sindicato criado pretendendo se sindicalizar em outro sindicato (Cf. TJSP — Acórdão 113.533-416 — 3ª T. CD Priv. Rel.: Des. Ênio Santarelli Zuliani. DJ 30.1.2005. *Revista Síntese*, junho de 2001, p. 123).

Ocorre que a nova redação atribuída ao art. 526 da CLT, por meio do § 2º, introduzido pela Lei n. 11.295, de maio de 2006, dispõe: "aplicam-se ao empregado de entidade sindical os preceitos das leis de proteção do trabalho e da previdência social, inclusive o direito de associação em sindicato".

ENTIDADES SINDICAIS: CONCEITO, NATUREZA JURÍDICA, AUTONOMIA E ESTRUTURA, PRERROGATIVAS E LIMITAÇÕES. GARANTIAS SINDICAIS

1. CONCEITO DE SINDICATO

O sindicato vem sendo definido legalmente como uma forma de "associação profissional devidamente reconhecida pelo Estado como representante legal da categoria".

2. NATUREZA JURÍDICA DO SINDICATO NO BRASIL

Ao lado do ser humano (pessoa natural), são também suscetíveis de adquirir direitos e contrair obrigações certas entidades, que são denominadas pessoa jurídica ou pessoa moral.

Há quem sustente que a pessoa jurídica é produto de ficção, ou seja, é um artifício criado pela vontade da lei (Savigny).

A principal crítica que se tece a essa teoria é a de que, se a pessoa jurídica é o nada, como então atribuírem-se direitos e deveres a esse nada? Ademais, poderia o direito fazer nascer um sujeito?

Em contraposição a essa teoria, temos a da realidade objetiva ou da realidade orgânica (Gierke), que admite, além do homem, a existência de outras realidades capazes de titularidade jurídica. E essas realidades são constituídas pelas pessoas jurídicas, as quais não poderiam ser ignoradas, porque são tão reais e vivas para o Direito como os próprios seres humanos. Tal teoria acaba por entender que a pessoa jurídica é portadora de uma vontade psicológica própria, e aí reside a sua falha, pois não há possibilidade de se atribuir à pessoa jurídica uma vontade autônoma que pressupõe uma consciência, uma sensibilidade e uma inteligência próprias do ser que pensa.

Feitas essas considerações, entendemos que a teoria mais satisfatória para explicar a natureza da pessoa jurídica é a da realidade técnica ou jurídica, a qual admite a pessoa jurídica como realidade ideal em Direito, existindo de fato fora do mundo material, e não como realidade corporal e sensível.

Concluindo, a pessoa jurídica, no mundo do Direito, seria em tudo idêntica ao ser humano, exceto no que este último tivesse de peculiar no tocante à sua própria natureza[(1)].

Na classificação tradicional, seriam os sindicatos pessoa jurídica de direito público ou de direito privado?

A rigor, a dicotomia entre direito público e direito privado não apresenta limites definidos, em face dos interesses que estão em jogo; entretanto, os autores utilizam essa clássica divisão, sobretudo para efeito didático.

Em regra, esse enquadramento depende do ordenamento jurídico de cada país.

Nos regimes totalitários, atribui-se ao sindicato a fisionomia de direito público, transformando-o em órgão de colaboração com o Estado, enquanto nos países de tradição democrática prevalece a natureza privada, afastando-se o sindicato da influência política estatal.

A título de exemplo podemos citar como sindicatos de direito público aqueles instituídos por ocasião do regime fascista italiano.

No Brasil, o sindicato é pessoa jurídica de direito privado. O Estado estabelece a exigência formal (registro no Ministério do Trabalho) apenas para que o sindicato adquira personalidade jurídica, sindical e representatividade da categoria.

Orlando Gomes[(2)] aponta as três teorias utilizadas para distinguir a natureza da entidade sindical, se de direito público ou de direito privado.

A primeira delas é a teoria ***do fim***, segundo a qual é o interesse público que define a natureza jurídica do ente; embora agindo no próprio interesse, o sindicato é destinado a satisfazer interesses públicos próprios do Estado.

Essa teoria não satisfaz, pois o sindicato representa voluntariamente interesses individuais dos associados e detém a representação necessária dos interesses particulares de grupos ou categorias, chamados interesses coletivos, sem, contudo, se confundir com os interesses gerais da sociedade. E, mesmo que se admita exercer o sindicato funções de interesse público, ainda assim não se descaracteriza sua natureza privada, pois as executa por delegação.

Ademais, esses interesses são alcançados também por intermédio dos indivíduos ou de outras pessoas jurídicas de direito privado, como ocorre com as concessionárias de serviços públicos.

A segunda teoria é a ***da funcionalidade***, segundo a qual a pessoa jurídica será de interesse público se toda a sua atividade estiver submetida ao controle do Estado. Ora, é sabido que no Estado moderno muitas pessoas jurídicas de direito privado (associações civis, cooperativas e fundações) estão sujeitas a esse controle e, não obstante, mantêm sua natureza privada. Ademais, essa teoria não seria apropriada para definir a

---

(1) Cf. Wilson Melo da Silva. Pessoas Jurídicas. *Revista da Faculdade de Direito da UFMG*, ano XVII, out. 1966, Belo Horizonte-MG.

(2) *Op. cit., passim.*

natureza dos sindicatos brasileiros como sendo de direito público, pois, de acordo com o preceito da Constituição, veda-se a intervenção do Estado na organização sindical (art. 8º, I, da Constituição da República de 1988).

Por fim, temos a ***teoria integral ou eclética***, que engloba as duas anteriores e considera a entidade como de direito público se o Estado intervém na constituição ou na gestão da pessoa jurídica, ou em ambas, ora com meios econômicos, ora com meios jurídicos, ou, ainda, se o Estado impõe vigilância e tutela, ou normas particulares da administração, ou cria órgãos de controle. Essa teoria baseia-se também em outras razões: obrigação de atingir fins públicos, porque o Estado é quem proclama o caráter público e cria a pessoa jurídica.

Neste último caso, realmente, trata-se de uma pessoa jurídica de direito público. Entretanto, não basta o Estado intervir na gestão ou na constituição do sujeito para lhe emprestar esse caráter. Como exemplo podemos citar as sociedades de economia mista, nas quais o Estado intervém em ambos os momentos, e que nem por isso deixam de ser pessoa jurídica de direito privado.

Concluindo, Orlando Gomes[(3)] alega que o que caracteriza a pessoa jurídica de direito público é a qualidade da iniciativa de sua criação e dos que desejam a ela se filiar, pouco importando a finalidade.

Os sindicatos são, frise-se, fruto da vontade dos indivíduos que compõem grupos, cujos interesses são iguais, similares ou conexos, congregando determinada categoria econômica, profissional, de trabalhadores autônomos ou profissionais liberais, daí sua natureza jurídica de direito privado.

3. AUTONOMIA SINDICAL

A autonomia sindical é uma espécie da liberdade sindical, sendo consagrada na Convenção Internacional n. 87, que a conceitua como o direito de o sindicato elaborar seus estatutos e regulamentos administrativos, de eleger livremente seus representantes, de organizar sua gestão e sua atividade e de formular seu programa de ação (art. 3º).

A autonomia sindical é, portanto, o direito que têm os sindicatos de autodeterminação, de governar-se.

O Decreto n. 19.770, de 1931, exigia aprovação prévia dos estatutos pelo Estado para se proceder ao registro dos sindicatos no Ministério do Trabalho, o que hoje é inadmissível, por implicar intervenção do Estado na organização sindical, pois o Estado estaria restringindo a área de atuação dos sindicatos.

Compete aos sindicatos organizar os seus próprios estatutos, não mais prevalecendo as exigências contidas no art. 518 consolidado. Os padrões estatutários tampouco são os fornecidos pelo Ministério do Trabalho, mas os previstos no art. 46 do Código Civil de 2002 e no Capítulo II do Título III da Lei de Registros Públicos (Lei n. 6.015, de 1973), devendo conter denominação, fundo social, fim, sede da

---

(3) *Op. cit., passim.*

associação, tempo de duração, modo pelo qual se administra e registra a entidade, possibilidade de reforma do estatuto no tocante à administração, natureza da responsabilidade dos membros, condições de extinção do sindicato, como também destino de seu patrimônio, nome dos fundadores e dos membros da diretoria, com a respectiva qualificação.

Compete ao sindicato aprovar seu próprio estatuto.

A autonomia implica também a circunstância de os sindicatos elegerem livremente seus representantes, sem se sujeitarem às condições exigidas para o exercício do direito de voto, elegibilidade e procedimento das eleições previstos nos art. 529, 530, 531 e 532 da CLT, a nosso ver revogados, em face do disposto no inciso I do art. 8º da Constituição da República de 1988.

Aos sindicatos compete organizar sua estrutura administrativa, instituindo órgãos, atribuições e número de componentes, não mais persistindo, em caráter obrigatório, a tradicional administração constituída apenas de diretoria, conselho fiscal e assembleia-geral, embora este último órgão deva existir, por força de preceito constitucional (art. 8º, IV, da Constituição da República de 1988).

Também não poderão prevalecer as suspensões e destituições de diretores de sindicato, com a indicação de junta governativa, nem mesmo o fechamento do sindicato e a cassação da carta de reconhecimento pelo Ministério do Trabalho (art. 553/557 da CLT), porquanto sua dissolução ou suspensão só poderá ocorrer por força de decisão judicial, como se infere do art. 5º, XIX, da Constituição da República de 1988.

Finalmente, a autonomia do sindicato permite-lhe traçar programa de ação, o qual lhe confere a prerrogativa de representar os interesses dos associados e membros da categoria, de celebrar convenções coletivas, manter serviços sociais e impor contribuições sindicais.

É inegável que as entidades sindicais passaram a ter participação mais atuante, não obstante a autonomia continue sofrendo restrições impostas pela unicidade e por outros traços corporativistas mantidos no ordenamento jurídico brasileiro.

A Constituição da República de 1988, no *caput* do art. 8º, assegurou a livre associação profissional ou sindical. A associação profissional não mais constitui o germe dos sindicatos, como ocorria anteriormente a 5 de outubro de 1988, por força de preceito consolidado (art. 512).

As associações permanecem, devendo ser registradas no Registro Civil das Pessoas Jurídicas, não prevalecendo em relação a elas a unicidade sindical. Podem, inclusive, coexistir com o sindicato preexistente, mas seus dirigentes não desfrutam de estabilidade provisória[(4)].

As associações representam apenas os seus associados; em consequência, não poderão celebrar convenções coletivas, tampouco suscitar dissídio coletivo, mas poderão ser ouvidas como órgão técnico e consultivo, colaborando com o Estado na

---

(4) Lembre-se que a **Súmula** n. 222, que lhe conferia a garantia em questão, foi cancelada.

regulamentação das profissões, possuindo ainda a prerrogativa de fundar agência de colocação.

Verifica-se, pois, que a associação profissional distingue-se do sindicato quanto à extensão de representação e às prerrogativas, mais amplas no caso dos sindicatos.

4. PRERROGATIVAS SINDICAIS (ART. 513 DA CLT). CONTRIBUIÇÕES PARA ENTIDADES SINDICAIS EM FACE DA NOVA REDAÇÃO DADA AO ART. 114 DA CONSTITUIÇÃO. COMPETÊNCIA DA JUSTIÇA DO TRABALHO

O sindicato tem a **prerrogativa de representar, perante as autoridades administrativas e judiciárias**, os interesses gerais da profissão liberal ou da categoria, ou os interesses individuais dos associados relativos à atividade ou profissão exercida (art. 513, "a", da CLT). Trata-se de uma representação legal e não voluntária, cujos poderes são outorgados ao sindicato pelo Estado, mormente se considerarmos que, no Brasil, a categoria é a base sobre a qual se constrói a organização sindical.

Nossa legislação ora atribui ao sindicato a condição de representante, ora de substituto processual; na primeira hipótese, o sindicato necessita de autorização dos representados, e na segunda age em nome próprio, em favor de terceiro, independentemente de outorga de poderes dos substituídos.

Logo, quando o sindicato atua nas hipóteses previstas nos art. 195, § 2º, e 872, parágrafo único, da CLT, age como substituto processual; já na hipótese prevista no art. 843, § 2º, do mesmo diploma consolidado, atua como representante.

A segunda prerrogativa do sindicato consiste na possibilidade de celebrar convenções coletivas de trabalho.

Convém observar que a regra em exame comporta exceções, pois, como se infere do art. 611, § 2º, da CLT, à falta de sindicato, "as Federações e, na falta destas, as Confederações representativas de categorias econômicas ou profissionais poderão celebrar convenções coletivas de trabalho para reger as relações das categorias a elas vinculadas, inorganizadas em sindicatos, no âmbito de suas representações".

Cumpre ressaltar, entretanto, que as entidades sindicais de grau superior carecerão de legitimidade ativa para celebrar convenções coletivas se existir sindicato da categoria na base territorial correspondente.

Outra prerrogativa sindical consiste na imposição de contribuição a todos aqueles que participam das categorias econômicas ou profissionais ou das profissões liberais.

Anteriormente à Constituição da República de 1988, a receita do sindicato era constituída dessa contribuição de caráter obrigatório, devida por todos os integrantes da categoria; da contribuição assistencial prevista em norma coletiva e da mensalidade sindical, esta última devida apenas pelos sócios do sindicato, como é reconhecido a qualquer associação.

Quanto a essa prerrogativa (letra *c* do art. 513 da CLT), convém lembrar que a chamada **contribuição sindical**, anteriormente denominada imposto sindical, foi uma criação do Decreto-Lei n. 2.377, de 1940, alterado pelo Decreto-Lei n. 27, de 19 de novembro de 1966: não emanou do poder impositivo do sindicato, que, destituído do *jus imperii*, não poderia exercer ato de soberania própria do Estado, como aliás realça Orlando Gomes[(5)].

Verifica-se, pois, que a contribuição sindical advém da vontade do Estado (de lei) e é imposta a toda a categoria. Corresponde a um dia de remuneração do empregado; é descontada na folha de pagamento de março e recolhida ao estabelecimento bancário em abril de cada ano.

A contribuição **assistencial** é autorizada pela assembleia-geral do sindicato e se destina a custear atividades assistenciais do mesmo, como planos de bolsa de estudo, serviço médico, odontológico, etc. É devida apenas pelos associados.

Sujeita-se essa contribuição à não oposição do empregado até 10 dias antes do primeiro pagamento registrado (TST-SDC-RODC-617/88, Rel.: Min. Wagner Pimenta, DJU 15.6.90, p. 5.576. *Dicionário de Decisões Trabalhistas*. Calheiros Bomfim, 23. ed, p. 197).

Já **as mensalidades** são contribuições estatutárias (contribuição voluntária ou associativa) e estendem-se apenas aos associados do sindicato, podendo os estatutos fixar o respectivo *quantum*. Ela é voluntária e traduz uma decorrência do gesto livre de filiar-se a um sindicato.

Feita essa distinção, passaremos a examinar mais detalhadamente a contribuição sindical prevista no art. 578 da CLT.

Encarando o problema da natureza jurídica da contribuição sindical, pode-se classificá-la como modalidade de tributo, "cujo fato gerador é a situação definida nos art. 578 e 579 da CLT; estar o sujeito passivo participando de determinada categoria sindical"[(6)].

São elas contribuições parafiscais, tendo a Constituição da República de 1988 (art. 149) enquadrado-as no gênero contribuições sociais. A elas estão sujeitos todos os que pertencerem a uma determinada categoria econômica ou profissional, ou a uma profissão liberal, em favor do sindicato representativo da respectiva categoria ou profissão, independentemente de serem ou não associados do sindicato.

Quanto aos profissionais liberais, a CLT faculta o pagamento da contribuição unicamente aos sindicatos das respectivas profissões, ainda quando trabalhem como empregados em outra atividade (art. 585).

Muitos doutrinadores, entre eles Orlando Gomes e Elson Gottschalk, combatem-na, nos seguintes termos:

---

(5) *Op. cit.*, *passim*.

(6) CATHARINO, José Martins. *Tratado Elementar de Direito Sindical.* São Paulo: LTr, 1977, p. 312.

> "A contribuição sindical representa, no fundo, uma deformação legal do poder representativo do sindicato. Baseado numa fictícia representação legal dos interesses gerais da categoria profissional (art. 138 da Carta de 1937), atribui-se, por lei, ao sindicato, os recursos tributários impostos pelo próprio Estado, à guisa de estar legislando em nome do sindicato. Daí dizer-se que o mesmo tem poderes de impor contribuições a todos os que pertencem às categorias econômicas e profissionais (letra e, art. 513, CLT) (...) O sindicato, alimentado por um tributo público, vivendo às expensas do Estado, controlado por este, perdeu a sua independência, alienou toda a sua liberdade. Se todas as modalidades de controle que o sistema sindical pátrio impõe ao sindicato deixassem de existir, por uma reforma completa da lei sindical, bastaria a permanência deste tributo para suprir-lhe qualquer veleidade de independência.
>
> Nenhum Estado pode dispensar-se da tutela às pessoas jurídicas, quando fornece os recursos que lhes mantêm a sobrevivência. Pensar de modo diferente é raciocinar em termos irreais, fantasiosos, quanto não o seja de má-fé.
>
> Vai daí que se criou uma pessoa jurídica de direito privado nutrida por tributos públicos extraorçamentários.
>
> Em nenhum país democrático que preza a liberdade sindical, jamais se instituiu semelhante tributação. Os sindicatos, ali, vivem de seus próprios recursos previstos nos seus estatutos, e são eles que dão força ao sindicalismo independente. Tributos dessa ordem são próprios ao sistema corporativo tipo italiano da era mussoliniana, que sobreviveu por acaso, em pouquíssimos países". (*Curso de Direito do Trabalho*. v. 1-2. Rio de Janeiro: Forense. 9. ed., p. 714-715).

Há, entretanto, corrente doutrinária, seguida principalmente por Segadas Vianna, que compreende e aceita a contribuição sindical, dizendo, em resumo, que tal tributo não é para que o sindicato viva à custa do Estado, mas para que seja aplicado em finalidades assistenciais, proibindo que os sindicatos o utilizem na manutenção de seus serviços normais, que devem ser atendidos pelas rendas próprias. E, na complexidade do mundo contemporâneo, prossegue o autor, "o Estado sente a necessidade de delegar atribuições, tem a faculdade de até mesmo encarregar organismos privados de realizar finalidades e de executar tarefas que, na concepção vigente da democracia e da sociedade, poderiam incluir-se entre seus deveres primordiais"(7).

A Constituição da República de 1988 preservou a contribuição sindical, perdendo a oportunidade de banir da organização sindical brasileira um dos traços mais expressivos do regime corporativista. Por outro lado, a Medida Provisória n. 236, de 1990, que a extinguira, não foi transformada em lei. E, se não bastasse, no inciso IV do art. 8º, a mesma Constituição introduziu **outra contribuição**, a ser fixada pela assembleia-geral, destinada **a custear o sistema confederativo**.

---

(7) *Direito Coletivo do Trabalho*. São Paulo: LTr, 1972, p. 112.

Coerentemente com o que sustentamos no tocante à contribuição sindical, reafirmamos que a cobrança da contribuição confederativa de todos os integrantes da categoria implica bitributação e autoritarismo sindical.

Assim, entendemos que **a cobrança da contribuição confederativa** só pode ser efetuada em relação aos associados do sindicato que participaram ou poderiam ter participado da assembleia instituidora, pois no tocante aos não associados depende de lei, que fixará *quorum* para deliberação da assembleia, valor, critério para distribuição das importâncias arrecadadas, sanção para os abusos cometidos, etc.[8]. Esse é o entendimento do STF, consubstanciado na **Súmula n. 666** e do TST também[9].

Na hipótese de abuso na fixação da "contribuição confederativa", ou seja, exercício abusivo de um direito, porque em desacordo com a sua destinação social, os empregados poderão insurgir-se contra o desconto, solicitando a reposição do valor, nos termos do art. 462 consolidado, por meio de ação trabalhista ajuizada contra o empregador que o efetue. É que o abuso de direito configura-se na ocorrência de um dano objetivamente injusto. Traduz uma das dimensões do ilícito e se expressa pela relação de contrariedade entre a conduta do homem e o social pretendido pelo ordenamento jurídico[10]. Se o desconto ainda não se concretizou, consideramos prudente o ajuizamento de ação declaratória postulando seja declarada a ilegalidade dos descontos. Os argumentos apresentados poderão fundamentar a defesa do empregador, caso seja o sindicato de trabalhadores beneficiário e autor da ação, agora ajuizada na Justiça do Trabalho, a teor da Lei n. 8.984, de 7 de fevereiro de 1995, se a contribuição confederativa estiver inserida em acordo ou convenção coletiva, e nas demais situações, também na Justiça do Trabalho, com amparo no art. 114, inciso III, da Constituição vigente.

Isso porque o art. 1º da Lei n. 8.984, de fevereiro de 1995, estabelece que:

> "Compete à Justiça do Trabalho conciliar e julgar os dissídios que tenham origem no cumprimento de convenções coletivas de trabalho ou acordos coletivos de trabalho, mesmo quando ocorram entre sindicatos ou entre sindicatos de trabalhadores e empregador."

Ratifica e amplia o preceito acima o art. 114, e inciso III, da Constituição vigente, ao dispor: "Compete à Justiça do Trabalho processar e julgar: III — as ações sobre representação sindical, entre sindicatos, entre sindicatos e trabalhadores, e entre sindicatos e empregadores".

---

(8) ROMITA, Arion Sayão. *Os Direitos Sociais na Constituição e Outros Estudos*. São Paulo: LTr, p. 236. Na mesma direção: CATHARINO, José Martins. A Contribuição Sindical e a Constituição. *Revista de Direito do Trabalho*, n. 79, 1992. DONATO, Messias Pereira. Contribuições Sociais e Assistência Jurídica. *Revista de Direito do Trabalho*, n. 79, 1992, p. 24.

(9) Súmula n. 666 do STF: A contribuição confederativa de que trata o art. 8º, IV, da Constituição, só é exigível dos filiados ao sindicato respectivo. "**Precedente normativo n. 119 do TST — Contribuições Sindicais. Inobservância de Preceitos Constitucionais.** A Constituição da República, em seus arts. 5º, XX e 8º, V, assegura o direito de livre associação e sindicalização. É ofensiva a essa modalidade de liberdade cláusula constante de acordo, convenção coletiva ou sentença normativa estabelecendo contribuição em favor de entidade sindical a título de taxa para custeio do sistema confederativo, assistencial, revigoramento ou fortalecimento sindical e outras da mesma espécie, obrigando trabalhadores não sindicalizados. Sendo nulas as estipulações que inobservem tal restrição, tornam-se passíveis de devolução os valores irregularmente descontados".

(10) LEÃO, Adroaldo. *O Litigante de Má-Fé*. Rio de Janeiro: Forense, 1982, p. 10.

Concluindo, sustentamos que, provavelmente, o mais sensato seria que a reforma na legislação sindical não impusesse o sistema confederativo, deixando a critério das categorias defini-lo. A extinção do sistema confederativo vem sendo preconizada por grande parte da doutrina, o que acabaria também por extinguir a malsinada contribuição confederativa, por traduzir resquício corporativista incompatível com a regra de menor densidade estatal nos sindicatos, substituindo esse sistema vertical de federações e confederações "distantes e inexpressivas na defesa judicial das categorias inorganizadas"(11) por uma estrutura desenhada no plano horizontal, com o agrupamento dos sindicatos, com característica inorgânica, mas providos de unidade de ação, ao menos em certas ocasiões, os quais poderiam unir-se espontaneamente em centrais sindicais, que se têm mostrado mais eficientes na defesa dos interesses profissionais.

Após a Emenda Constitucional n. 45, de 2004, que introduziu o inciso III no art. 114 da Constituição vigente, as ações alusivas à contribuição sindical a que aludem os art. 548 e 578 da CLT, as que versam sobre mensalidade sindical e ainda entre sindicatos e empregadores situam-se no âmbito de competência da Justiça do Trabalho. Atento a esse aspecto, o TST cancelou a **Orientação Jurisprudencial n. 290 da SDI-1**, que considerava incompetente a Justiça do Trabalho para examinar conflito entre sindicato patronal e a respectiva categoria econômica em relação à cobrança da contribuição assistencial. Lembre-se que os litígios entre sindicatos, ou entre sindicatos de trabalhadores e empregador, referentes à contribuição assistencial e confederativa, previstas em normas coletivas, já se encontravam na esfera normativa dessa Justiça Especializada, por força da Lei n. 8.984, de 1995, e da parte final do art. 114 da Constituição, na sua redação original.

São inúmeros os pleitos com os quais temos deparado reivindicando a contribuição sindical obrigatória (art. 616 da CLT), ora por meio de ação monitória, ora por meio de uma ação ordinária de cobrança, seguindo as regras do processo do trabalho, o que nos parece mais adequado, não estando para isso obrigada a parte a trazer prova pré-constituída, contendo nome, número e valor da contribuição, pois esses dados se encontram na contabilidade da empregadora, inacessível ao autor, salvo por meio de ação judicial (art. 286, II, do CPC). Já o procedimento monitório é do tipo de cognição sumária, caracterizado pelo propósito de conseguir o mais rápido possível o título executivo e com isso o início da execução forçada.

A ação monitória tem por fim possibilitar ao credor, que possui prova escrita do débito sem força de título judicial, o reconhecimento desse crédito. A cobrança judicial da contribuição sindical a que alude o art. 579 da CLT, em princípio, pode ser efetuada por meio da ação monitória. Mister, entretanto, que a parte interessada apresente os documentos que atestem a certeza da obrigação, o que não tem se verificado nas ações submetidas à nossa apreciação na Justiça do Trabalho. Entre esses documentos podem ser arrolados: a guia de recolhimento da contribuição sindical, com a devida individualização do contribuinte e o valor da dívida, além de outros dados pertinentes, na forma

---

(11) TRINDADE, Washington Luiz da. A Inatualidade da Confederação e da Contribuição Confederativa. *Revista de Direito do Trabalho*, n. 79, set. 1992, p. 27.

da Portaria n. 3.233/84 do MTE, acompanhadas do demonstrativo detalhado do cálculo do valor devido. Necessária, ainda, a notificação do devedor, sem a qual os referidos documentos pecam pela unilateralidade e não demonstram a presença da relação jurídica entre supostos credor e devedor(12).

Encontram-se também sujeitos à competência da Justiça do Trabalho, em face da atual redação do inciso III do art. 114 do texto constitucional, **os conflitos extrassindicais** entre sindicatos e empresas não sindicalizadas, discutindo a questão das contribuições sindicais confederativas **e outras entre trabalhadores ou empregadores** que tiverem rejeitado seu pedido de inscrição no sindicato da respectiva categoria. É bom lembrar que a hipótese poderá ser discutida em uma ação trabalhista comum e não em mandado de segurança, pois o sindicato tem personalidade jurídica de direito privado, não desenvolvendo função delegada de órgão público. Logo, o ato praticado por ele não poderá ser enquadrado como ato de autoridade(13), nos termos do art. 1º, § 1º da Lei n. 1.533/51 (TST-ROMS-347.858/97.8 — Ac. SDI-2, 4.8.98. Rel.: Min. João Oreste Dalazen. *Revista LTr* 63-5-640).

Em consequência, não cabe Mandado de Segurança contra ato de dirigente sindical que rejeita pedido de inscrição de trabalhador ou empresa, como associado do respectivo sindicato, mas ação trabalhista comum perante as Varas do Trabalho, segundo o rito ordinário. Se, contudo, a questão versar sobre atos do Ministro do Trabalho, caberá Mandado de Segurança (Lei n. 12.016, de 7.8.09) perante as Varas do Trabalho, à falta de norma expressa que o inclua na competência originária dos

(12) Confira-se, a propósito, o entendimento jurisprudencial: **"Processo Civil. Procedimento monitório. Guias de recolhimento de contribuição e notificação ao devedor. Viabilidade. Débito. "Prova escrita sem eficácia de título executivo". Art. 1.102, 'a', do CPC. Caracterização. Doutrina. Precedentes da Turma. Recurso desacolhido**. I — O procedimento monitório, também conhecido como injuntivo, introduzido no atual processo civil brasileiro, largamente difundido e utilizado na Europa, com amplo sucesso, tem por objetivo abreviar a formação do título executivo, encurtando a via procedimental do processo de conhecimento. II — A ação monitória tem a natureza de processo cognitivo sumário e a finalidade de agilizar a prestação jurisdicional, sendo facultada a sua utilização, em nosso sistema, nos termos do art. 1.102-A, CPC, ao credor que possuir prova escrita do débito, grafada, documento sem força de título executivo mas merecedor de fé quanto à sua autenticidade. III — Se guias de recolhimento de contribuição e a notificação ao devedor demonstram a presença da relação jurídica entre credor e devedor e denotam a existência do débito, mostram-se elas hábeis a instruir a ação monitória. IV — Em relação à liquidez do débito e à oportunidade de o devedor discutir os valores, a forma de cálculo e a própria legitimidade da dívida, assegura-lhe a lei a via dos embargos, previstos no art. 1.102-C, que instauram amplo contraditório e levam a causa para o procedimento ordinário" (STJ — Resp 245659/SP, 4ª Turma, Min. Sálvio de Figueiredo Teixeira, DJ 5.6.2000). **"Processual civil. Contribuição sindical. Ação monitória. CPC, Art.1102-A. Possibilidade**. I — Em se tratando de cobrança de contribuição lastreada em norma legal, suficiente ao embasamento da ação monitória a apresentação de demonstrativo de débito, da guia de cobrança e do comprovante da notificação do devedor. II — Precedentes. III — Recurso especial não conhecido" (STJ — Resp 299071/SP, 4ª Turma, Min. Aldir Passarinho Júnior, DJ 10.6.02). **"Processo civil. Ação monitória. Contribuição sindical. Documento hábil à propositura da ação. Guias de recolhimento de contribuição e notificação ao devedor. Possibilidade**. 1 — A Guia de Recolhimento da Contribuição Sindical e a prova da notificação do devedor são documentos aptos a instruir ação monitória visando à cobrança de contribuição sindical. 2 — Recurso especial a que se dá provimento" (STJ — Resp 595367/MG, 1ª Turma, Min. Teori Albino Zavascki, DJ 9.5.05).

(13) Ora, ato de autoridade é toda a manifestação ou omissão do Poder Público, por meio de titulares de seus órgãos, de seus agentes, servidores públicos e delegados no exercício de suas atribuições. "A noção se estende ao Presidente da República, aos governadores, aos prefeitos, aos ministros, aos secretários de Estado e de Municípios, aos senadores, aos deputados, aos vereadores, como também aos funcionários públicos, aos contratados pelo Poder Público para servirem-no sob regime trabalhista, aos servidores de autarquias, aos cessionários do serviço público ou delegados de função pública, assim como aos requisitados e gestores de negócios públicos..." (cf. Celso Antônio Bandeira de Mello. *In*: *Autoridade Coatora e o Sujeito Passivo do Mandado de Segurança.* Editora RT, 1991, p. 22/23).

Tribunais Regionais, submetendo-se, portanto, às regras gerais de determinação da competência funcional.

Além das contribuições já mencionadas, integrarão a receita dos sindicatos a mensalidade sindical, bens e valores adquiridos e respectivas rendas, doações e legados, multas e outras rendas eventuais.

Constitui, igualmente, **prerrogativa sindical** instaurar dissídios coletivos, **eleger ou designar representantes da categoria, como também colaborar com o Estado no estudo da solução de problemas relacionados com a respectiva categoria ou profissão**, o que nos parece mais um dever.

Atribuiu-se também aos sindicatos, como ocorreu em relação às associações profissionais, a faculdade de organizar e manter agências de colocação (art. 513, parágrafo único, da CLT).

Sustentam alguns autores que esse dispositivo foi revogado tacitamente por lei posterior (Lei n. 4.589, de 1964), que concedeu a órgão do Ministério do Trabalho tais atribuições(14).

A nova Lei de Falências (n. 11.101, de 9 de fevereiro de 2005) incluiu **outra prerrogativa do sindicato** de trabalhadores, que consiste em representar, perante a assembleia-geral de credores, os seus associados titulares de créditos derivados da legislação do trabalho ou decorrentes de acidente de trabalho que não comparecerem, pessoalmente ou por procurador.

Para exercer essa prerrogativa, o sindicato deverá:

> "I — apresentar ao administrador judicial, até 10 (dez) dias antes da assembleia, a relação dos associados que pretende representar, e o trabalhador que conste da relação de mais de um sindicato deverá esclarecer, até 24 (vinte e quatro) horas antes da assembleia, qual sindicato o representa, sob pena de não ser representado em assembleia por nenhum deles;" (art. 37, §§ 5º e 6º, inciso I).

5. GARANTIAS DO DIRIGENTE SINDICAL

Os dirigentes de sindicato de empregados gozam da garantia a que se refere o art. 543 da CLT(15).

A garantia de emprego citada, hoje assegurada em preceito constitucional (art. 8º, VIII), traduz hipótese de estabilidade provisória, que atua como limitação temporária ao direito potestativo de resilição contratual por parte do empregador. Saliente-se que essa garantia é assegurada com o objetivo de propiciar ao representante da categoria independência e segurança no exercício do mandato. O direito

---

(14) CARRION, Valentin. *Comentários à CLT.* São Paulo: Saraiva, 6. ed., p. 364.

(15) "O empregado eleito para cargo de administração sindical ou representação profissional, inclusive junto a órgão de deliberação coletiva, não poderá ser impedido do exercício de suas funções, nem transferido para lugar ou mister que lhe dificulte ou torne impossível o desempenho das suas atribuições sindicais. (...). § 3º Fica vedada a dispensa do empregado sindicalizado ou associado, a partir do momento do registro de sua candidatura a cargo de direção ou representação de entidade sindical ou de associação profissional, até 1 (um) ano após o final do seu mandato, caso seja eleito, inclusive como suplente, salvo se cometer falta grave devidamente apurada nos termos desta Consolidação".

à estabilidade provisória, de que trata o § 3º do artigo mencionado acima, nasce com o registro da candidatura do empregado ao cargo e, se eleito, estende-se até um ano após o cumprimento do mandato. Deve a entidade sindical, nos termos do § 5º do citado dispositivo, comunicar à empresa em 24 horas, e por escrito, o dia e a hora do registro da candidatura do seu empregado.

6. COMUNICAÇÃO AO EMPREGADOR DO REGISTRO DA CANDIDATURA DO EMPREGADO

A comunicação prevista no § 5º do art. 543 da CLT é forma estabelecida *ad substantiam,* e não apenas *ad probationem tantum,* apesar do informalismo que norteia o Direito do Trabalho.

Isso porque a lei não contém termos inúteis. Logo, o ato jurídico só se aperfeiçoa se atendido o requisito referente à forma prescrita em lei. Ademais, se a garantia de emprego daí advinda implica limites ao direito potestativo do empregador, como afirmamos, sua eficácia, independentemente do conhecimento deste último, infringe o princípio da razoabilidade, e a omissão do sindicato não poderá constituir para o empregador restrição ao exercício desse direito[(16)].

> "Se não for feita a comunicação no prazo de 24 horas, o empregado não adquire a estabilidade a partir do registro da candidatura. Entretanto, considerando que essa estabilidade é assegurada desde a inscrição no pleito até o término do mandato, a comunicação fora daquele prazo mas no curso da relação contratual, embora não garanta a estabilidade a partir do registro da candidatura do empregado ao cargo de direção ou representação sindical, não afasta a garantia pelo período posterior à efetiva comunicação até um ano após o término do mandato, caso o empregado seja eleito" (TST-E-RR-581.708/99. Rel.: Min. João Batista B. Pereira, DJU 11.2.2005).

7. REGISTRO DA CANDIDATURA OU AQUISIÇÃO DO DIREITO, EM FACE DA COMUNICAÇÃO DA GARANTIA DE EMPREGO

O TST, por meio das **Súmulas n. 369, V e 371**, não autoriza a estabilidade provisória quando o registro da candidatura ou o fato gerador da estabilidade provisória (comunicação ao empregador) ocorrer no curso do aviso prévio, por entender que o contrato já havia sido rompido.

8. FIXAÇÃO DO NÚMERO DE DIRIGENTES SINDICAIS

Prescreve o art. 522 da CLT que a administração do sindicato seria exercida por uma diretoria constituída no máximo de sete e no mínimo de três membros e de um Conselho Fiscal composto de três membros. A jurisprudência entendeu que o preceito em questão foi recepcionado pela Constituição (**Súmula n. 369, inciso II, do TST**)[(17)].

---

(16) Nesse sentido é a **Súmula n. 369, inciso I** do TST.

(17) Entendemos que o art. 522 da CLT viola o art. 8º, I, da Constituição, por implicar intervenção do Estado na organização sindical. Note-se, entretanto, que não poderá o sindicato indicar um número excessivo de dirigentes.

Esse Tribunal tem excluído da estabilidade provisória os membros do Conselho Fiscal, ao argumento de que não dirigem a entidade, limitando-se a gerir sua gestão financeira (Orientação Jurisprudencial n. 365 da SDI-1 do TST).

O art. 522 da CLT possibilita a limitação do número de dirigentes (cf. STF, AI-AgR-735, 158).

9. EFEITOS DO AFASTAMENTO E DA DESPEDIDA DO DIRIGENTE SINDICAL SOBRE O CONTRATO DE TRABALHO

O afastamento do empregado para exercer mandato sindical corresponde, em regra, à licença não remunerada, equivalente à suspensão do contrato de trabalho, podendo todavia tornar-se interrupção contratual se a empresa estiver obrigada ao pagamento de salários no respectivo período por convenção entre as partes ou acordo coletivo.

O empregado poderá ainda ter suspensa, interpoladamente, a execução do contrato de trabalho, sempre que o desempenho do mandato o exigir.

Cumpre-nos agora esclarecer se os efeitos jurídicos da despedida do empregado na espécie em exame, ou seja, em gozo da estabilidade provisória, são os mesmos da estabilidade prevista no art. 492 da CLT.

Já frisamos que o dirigente do sindicato goza de estabilidade provisória, a qual atua como fator de limitação temporária ao direito potestativo de despedir e visa a assegurar ao representante da categoria profissional correspondente autonomia e segurança no exercício do mandato. Daí a universalização da garantia consubstanciada nas Convenções n. 98 e n. 135 da OIT. Logo, a falta grave a ele atribuída deverá ser apurada por meio de inquérito judicial, nos termos da **Súmula n. 197 do STF** e da **Súmula n. 379 do TST**.

Se a Justiça do Trabalho não reconhecer a existência da falta grave imputada ao empregado, determinará a reintegração, não podendo esta ser convertida em indenização em dobro, reparação prevista apenas para os portadores de estabilidade decenária.

Havendo extinção da empresa ou do estabelecimento em que trabalhava o dirigente sindical, os efeitos da estabilidade cessam com a referida extinção (**Súmula n. 369, inciso IV do TST).**

10. REGISTRO DA CANDIDATURA DO DIRIGENTE SINDICAL NO CURSO DE CONTRATO DETERMINADO

Discute-se, ainda, o alcance da regra legal, hoje constitucional, da estabilidade provisória ao empregado que obteve registro de sua candidatura a dirigente sindical

---

Não se discute a liberdade do sindicato de auto-organizar-se, sem interferência do Estado. Todavia, essa autonomia sindical deverá ser exercida dentro dos limites legais. Isso porque o direito de o sindicato eleger sua diretoria vai interferir na relação contratual entre o empregado (dirigente sindical) e seu empregador, restringindo-se o direito potestativo de resilição contratual. Logo, se se impuser ao empregador um número ilimitado de dirigentes, ficará ele sujeito ao arbítrio do sindicato, competindo ao Judiciário coibir tais abusos, que acabarão por implicar uso anormal de um direito, já que desviado de sua finalidade.

no curso do contrato de experiência ou de outro contrato a termo firmado ou de outro contrato determinado.

Ressalte-se que, se o empregado foi admitido mediante contrato de experiência, pressupõe-se colocar-se em regime de prova durante esse período. Por outro lado, ao firmar o contrato, as partes, antecipadamente, já sabiam a data de sua extinção.

O fato superveniente de ter o empregado obtido o registro e sido eleito para o cargo de dirigente sindical não tem o condão de se sobrepor ao limite do contrato e assegurar a manutenção do emprego a trabalhador considerado sem habilitação durante a vigência do contrato de prova, por ferir o princípio da razoabilidade.

Logo, se de um lado a proteção à garantia do emprego se impõe, de outro não se pode olvidar a boa-fé do empregador, que ajustou contrato experimental, por prazo certo, e se viu surpreendido com alguma espécie de manobra política sindical.

Maiores considerações sobre o tema poderão ser encontradas no capítulo sobre Contrato de Experiência ou no capítulo sobre o Trabalho da Mulher.

11. ESTABILIDADE PROVISÓRIA JUNTO A SINDICATO DE CATEGORIA QUE NÃO GUARDA CORRESPONDÊNCIA COM A FUNÇÃO EXERCIDA NA EMPRESA

Também não desfruta de estabilidade provisória o empregado eleito dirigente de sindicato representativo de categoria que não guarda qualquer correspondência com a função por ele exercida na empresa, pois não haverá motivo para ser vítima de insatisfação do empregador, já que nessa empresa não terá a tarefa de reivindicar e defender os interesses da categoria.

12. CENTRAIS SINDICAIS

Em março de 2008, a Lei n. 11.648 dispôs sobre **Centrais Sindicais**, alterando textos da CLT, constantes dos art. 589, 590, 591 e 593. Elas são entidades de representação geral dos trabalhadores, constituída em âmbito nacional. Possui a entidade associativa (central sindical) a natureza de direito privado, composta por organizações sindicais de trabalhadores. Suas atribuições e prerrogativas (art. 1º) consistem em coordenar a representação dos trabalhadores por meio das organizações sindicais a ela filiadas e participar de negociações em fóruns, colegiados de órgãos públicos e demais espaços de diálogo sociais, cujos assuntos sejam de interesse geral dos trabalhadores.

O art. 2º dessa lei exige que a central sindical cumpra os **requisitos** consistentes na filiação de sindicatos discriminada no referido artigo, cuja aferição será realizada pelo Ministro do Trabalho e Emprego (art. 4º).

Os art. 578 a 610 da CLT vigorarão até que a lei venha disciplinar a contribuição negocial vinculada ao exercício efetivo da negociação coletiva e à aprovação em assembleia geral da categoria (art. 7º). A matéria está sendo discutida no STF, em Ação Direta de Inconstitucionalidade.

CAPÍTULO IV

NEGOCIAÇÃO COLETIVA. CONVENÇÃO COLETIVA

1. NEGOCIAÇÃO COLETIVA

A Constituição vigente, no inciso VI do art. 8º, considera obrigatória a participação dos sindicatos nas negociações coletivas; embora tivesse dado destaque à negociação coletiva, manteve a competência normativa dos tribunais trabalhistas para a solução dos conflitos coletivos, por meio de processo.

A negociação coletiva é modalidade de autocomposição de conflitos advinda do entendimento entre os interlocutores sociais.

Podem ser elencadas, além da negociação, outras modalidades de autocomposição, como a conciliação, a mediação e a arbitragem.

Apesar de o citado inciso VI do art. 8º fazer alusão a sindicatos, no plural, vem-se entendendo que a participação obrigatória nas negociações refere-se ao sindicato profissional e é uma decorrência do princípio da tutela, que só se aplica ao empregado. Daí se infere que o sindicato patronal não necessita de participação obrigatória na negociação, mesmo porque na celebração do acordo coletivo (entre empregados e empresas), com eficácia interpartes, prescinde-se da presença do sindicato patronal. A se exigir a presença desse sindicato, os acordos coletivos se inviabilizariam, e, como é sabido, a Constituição da República os manteve (art. 7º, XVI).

Hugo Gueiros Bernardes[(1)] arrola os princípios da negociação coletiva, que poderão ser sintetizados em princípio *da boa-fé ou da lealdade,* cuja consequência é *o dever formal de negociar,* consubstanciado na obrigatoriedade do exame de propostas recíprocas e na formulação de contrapropostas convergentes, devendo-se sempre discutir as razões da rejeição de determinada cláusula e prestar as informações necessárias à justificação de suas propostas. Outra consequência do princípio da boa-fé consiste no fato de que as partes deverão concordar em estabelecer com antecedência *a finalidade e o alcance da negociação,* a qual deverá ater-se a interesses recíprocos, que se resumam em normas e condições de trabalho, para melhoria das condições de vida dos empregados, para incremento da produtividade, visando *à harmonia* nas relações de trabalho. A terceira consequência, intitulada princípio *do conglobamento,*

---

(1) *Princípios da Negociação Coletiva. Relações Coletivas de Trabalho.* Estudos em homenagem ao Ministro Arnaldo Süssekind, São Paulo: LTr, 1989, p. 357 e ss.

"é uma norma técnica que não admite a invocação de prejuízo como objeção a uma cláusula sem a demonstração de que esse (o prejuízo) também é o resultado da negociação globalmente considerada em seu resultado final proposto ou aceito".

O mesmo autor salienta, ainda, como princípios norteadores do procedimento da negociação, o dever de as partes negociarem em clima de paz, abstendo-se de greve ou *lockout* durante determinado período, embora inexista tal obrigação na lei; marcarem a negociação com antecedência em relação à data-base, para evitar convocações súbitas; explicitarem as suas condições de representação; declararem a garantia formal de cumprimento dos compromissos relativamente à negociação, obrigando-se a influir sobre os interessados no sentido de fazer respeitar os princípios ajustados para garantir sua eficácia. Paralelamente a esse dever, inclui-se o de adequação, por meio do qual as partes comprometem-se a proceder com racionalidade, "adequando suas pretensões e respostas às possibilidades reais da economia como um todo e de cada empreendimento em particular".

Outros princípios apontados pelo autor, relativos ao procedimento da negociação, dizem respeito à greve e ao *lockout,* que serão examinados em capítulo distinto.

E os princípios peculiares ao Direito do Trabalho, arrolados por Plá Rodriguez, aplicam-se ao Direito Coletivo do Trabalho?

Na negociação coletiva, nenhum interesse de classe deverá prevalecer sobre o interesse público, não podendo, entretanto, ser transacionados preceitos que resguardam a saúde do obreiro, como os relativos à higiene e segurança do trabalho, e também os que se referem à integridade moral, situando-se aqui o direito à honra, à intimidade, à boa fama, à privacidade.

No que tange à irrenunciabilidade dos direitos do empregado, o art. 468 da CLT veda as alterações consensuais prejudiciais, mas a Constituição de 1988 permite que, por meio da negociação coletiva, seja reduzido o salário (art. 7º, VI), e majorada a jornada em turnos ininterruptos de revezamento.

Também o princípio da *continuidade,* do fornecimento de vantagens asseguradas em norma coletiva com o caráter habitual do qual decorre a sua incorporação ao contrato de trabalho, não encontra ressonância absoluta na negociação da qual resultam os acordos e convenções coletivas, pois esses últimos vigoram por prazo determinado[(2)]. Nesse sentido é a **Súmula n. 277 do TST**. Não obstante, em se tratando de vantagens salariais, a jurisprudência tem-se inclinado no sentido de autorizar a sua incorporação ao pacto laboral.

Finalmente, Hugo Gueiros[(3)] ressalta o enfraquecimento do *princípio da proteção ao empregado* no Direito Coletivo, no qual o *in dubio pro misero* e a norma mais favorável não têm aplicação, pois a norma coletiva deverá ser interpretada em atenção aos fins sociais mais amplos, que se sobrepõem aos interesses individuais, visando à harmonia nas relações do trabalho.

---

(2) BERNARDES, Hugo Gueiros. *Op. cit., passim.*

(3) *Op. cit., passim.*

1.1. Negociação coletiva no serviço público

É bom lembrar que até o término da Segunda Guerra Mundial a sindicalização e a negociação coletiva eram privilégios dos trabalhadores do setor privado, regendo-se os servidores públicos exclusivamente pelas regras do Direito Administrativo. A proibição da sindicalização no setor público residia no fato de que a organização administrativa assentava-se na ordem hierárquica, sendo a intervenção de forças sociais e econômicas nesse regime incompatível com a autoridade do Estado (*Villegas Basavildaso*). Ademais, o Estado era considerado modelo de "bom empregador". Aliado a esses argumentos, acrescentava-se o de que a atividade dos sindicatos tinha como finalidade principal a greve, e se esta era vedada não se poderia autorizar a sindicalização.

Já a negociação encontrava obstáculo na dificuldade que o Estado teria de transigir, por estarem as condições econômicas dos funcionários públicos incluídas nas verbas orçamentárias do Estado e mormente no fato de que esses servidores são regidos por um regime institucional, e não contratual.

Sucede que o aumento dos servidores públicos, a expansão das funções do Estado, que passou a estender o seu campo de ação aos serviços similares aos executados pelos particulares, e a piora nas condições de trabalho no serviço público, gerando insatisfação, têm contribuído para o surgimento das associações profissionais desses servidores.

A partir da década de 60, consolida-se a sindicalização no serviço público e começa a expandir-se a negociação coletiva, manifestando-se no cenário internacional por meio das Convenções de n. 87, 98, 151 e 154, todas da OIT. A Convenção n. 87, no art. 2º, assegura aos trabalhadores e empregadores, sem nenhuma distinção, o direito de constituírem organizações de sua escolha e de a elas se filiarem. Percebe-se que o instrumento internacional, quando se expressou dessa forma, pretendeu excluir toda a sorte de discriminação, de distinção, inclusive no tocante ao funcionário público (*Nikolas Valticos*). A Convenção n. 98, ratificada pelo Brasil, ao referir-se à negociação no setor público, assevera que "a legislação nacional deverá determinar o alcance das garantias previstas na presente Convenção, no que se refere à sua aplicação às forças armadas e à polícia".

A Convenção n. 151/78 da OIT, sobre relações de trabalho na função pública, prevê que os agentes públicos devam beneficiar-se de uma proteção adequada contra os atos de discriminação capazes de implicar atentado à liberdade sindical, devendo suas organizações gozar de independência em relação às autoridades públicas. A mesma Convenção preceitua "devam ser adotadas medidas apropriadas para encorajar e promover o pleno desenvolvimento e utilização de procedimentos de negociação sobre as condições de trabalho entre as autoridades públicas e as organizações de empregados públicos ou de qualquer outro método que permita aos representantes dos empregados públicos participarem da determinação dessas condições" (Parte IV). O instrumento internacional em questão estende-se a todas as pessoas empregadas na Administração Pública, mas permite sejam excetuados os agentes de nível elevado, cujas funções sejam normalmente consideradas como de direção, ou agentes cujas responsabilidades tenham um caráter altamente confidencial, assim como as forças armadas e a polícia (Parte I).

A Recomendação n. 159, que completa a Convenção, sugere aos países que aplicam procedimentos para reconhecer os sindicatos de servidores públicos a fixação de critérios objetivos e previamente definidos no que tange ao caráter representativo das organizações, as quais não devem proliferar, cobrindo as mesmas categorias de servidores. A recomendação deixa a critério da legislação nacional os meios apropriados para determinar as diversas modalidades de negociação ou outros métodos para a determinação das condições de emprego, ressaltando que a validade dos acordos, como também sua renovação, deve ser precisa.

Finalmente, a Convenção n. 154, de 1981, sobre negociação coletiva, prevê a possibilidade de serem estabelecidas modalidades especiais para a sua aplicação à função pública.

Ademais, o Direito Comparado revela um número razoável de países onde a negociação coletiva no setor público está assegurada ou na lei ou no costume. É o que ocorre, por exemplo, na Inglaterra, na França (Lei de 13 de julho de 1983), na Suécia (Lei de 1960), nos Estados Unidos (39 Estados — a legislação data de 1981), na Itália (inicia-se o processo em 1969, e o último ato é o de n. 93, de 1983), na Venezuela (a negociação dos servidores públicos tem-se desenvolvido sem base legislativa) e no Peru (onde a negociação é autorizada apenas para hipóteses não relacionadas com salários).

No Brasil, a Constituição de 1988, em seu art. 5º, XVII, assegurou a liberdade de associação, vedada a de caráter paramilitar, ou seja, as "corporações associativas armadas de natureza religiosa, ideológica, patriótica, etc."(4). Mais adiante, no art. 37, VI, garante ao servidor público civil o direito à livre associação sindical e, no inciso VII, assegura-lhe o direito de greve, que será exercido nos termos e limites definidos em lei específica. Desses direitos estão excluídos expressamente os servidores militares (art. 142, IV, da Constituição da República de 1988).

Como se vê, os incisos VI e VII do art. 37 do texto constitucional de 1988 representaram um avanço considerável em relação à CLT, que, no art. 566, proibia a sindicalização aos servidores do Estado e das instituições paraestatais. A restrição não se estendia aos servidores de sociedade de economia mista, fundações públicas e, por força de decisões judiciais, aos servidores autárquicos regidos pela CLT.

Em seguida à promulgação do texto constitucional, dividiu-se a doutrina entre os que sustentavam a possibilidade de negociação e consequente convenção e acordo coletivo no serviço público e os que não os admitiam. Os favoráveis à negociação coletiva, entre os quais nos incluímos, sustentavam que, apesar de não ter a Constituição da República de 1988 estendido aos servidores públicos o inciso XXVI do art. 7º, que dispõe expressamente sobre convenção e acordo coletivo, admitiu-os quando

(4) CHIARELLI, Carlos. *Trabalho na Constituição*. São Paulo: LTr, 1990, v. II, p. 11.

considerou aplicável aos servidores o inciso referente à redutibilidade salarial mediante tais ajustes. Essa corrente reconheceu, entretanto, a dificuldade de se precisar "a identificação de empregadores, dada a fragmentação de poder na administração pública", mas sugere que a "questão poderia ser resolvida com a criação de um órgão para negociar em seu nome"(5). Outros não admitiam a negociação, tampouco a convenção coletiva, por entenderem que o regime jurídico único dos mencionados sujeitos deveria ser o estatutário, de natureza institucional e não contratual, sendo, portanto, a relação jurídica fixada unilateralmente por leis, decretos e regulamentos. Concluem dizendo que, se tais servidores podem organizar sindicatos, nem por isso podem negociar, celebrar convenção coletiva ou suscitar dissídio coletivo de natureza econômica, admitindo o ajuizamento de dissídio coletivo apenas de natureza jurídica.

A Lei n. 8.112, de 11 de dezembro de 1990, instituiu o regime jurídico único para os servidores da Administração Pública direta, das autarquias e fundações públicas. As alíneas "*d*" e "*e*" de seu art. 240 foram declaradas inconstitucionais pelo Supremo Tribunal Federal, em 12 de novembro de 1992, ao julgar ação direta de inconstitucionalidade proposta pelo Procurador-Geral da República, retirando-se desses servidores o direito de negociação coletiva e de ajuizamento de dissídio individual e coletivo em face da Justiça do Trabalho, assegurado nas respectivas alíneas. A Lei n. 9.527, de 1997, revogou as referidas alíneas.

Esses fatos dificultaram a possibilidade de existirem convenções coletivas de trabalho na Administração Pública direta no Brasil, já que seu pressuposto é a negociação coletiva. Aliás, mesmo que a negociação coletiva se viabilizasse, o entendimento só poderia ser formalizado via heterônoma (por meio do Poder Legislativo ou Executivo — art. 61, § 1º, II, *a*, da Constituição da República de 1988), em face dos limites impostos ao exercício do poder de transigir, evitando-se o comprometimento do erário.

Note-se, entretanto, que a decisão do STF e a Lei n. 9.527, de 1997, não encerram a discussão em torno da negociação coletiva no serviço público, mesmo porque o direito de sindicalização dos servidores continua, e esses sindicatos podem firmar acordos destituídos de valor jurídico, mas com valor político, atuando como grupos de pressão, visando a influenciar a atividade de produção normativa, que era privilégio da administração, à semelhança do que ocorreu na Itália anteriormente à Lei n. 93, de 1983(6).

2. CONVENÇÃO COLETIVA E O ART. 7º, VI, DA CONSTITUIÇÃO DA REPÚBLICA DE 1988

2.1. Conceito e natureza jurídica da convenção coletiva

A convenção coletiva é uma instituição do Direito Coletivo do trabalho. Traduz um ajuste entre entidades sindicais visando a novas condições de trabalho, cuja eficácia é *erga omnes*.

---

(5) Pinho Pedreira. A Problemática da Negociação Coletiva dos Servidores Públicos. *Revista LTr* 54-3/90 e *Revista Synthesis* 11/90.

(6) GIUGNI, Gino. *Direito Sindical*. São Paulo: LTr, 1991, *passim*. Trad. E. L. Itioka.

Pelo texto consolidado, a convenção coletiva é conceituada como sendo "o acordo de caráter normativo, pelo qual dois ou mais sindicatos representativos de categorias econômicas e profissionais estipulam condições de trabalho aplicáveis, no âmbito das respectivas representações, às relações individuais de trabalho" (art. 611).

O mesmo artigo, em seu § 1º, define o acordo coletivo como sendo o ajuste celebrado entre "sindicatos representativos de categorias profissionais com uma ou mais empresas da correspondente categoria econômica estipulando condições de trabalho, aplicáveis no âmbito da empresa ou empresas acordantes". Em consequência, seus efeitos são *inter partes.*

Não havia previsão no texto consolidado para os acordos coletivos, embora fossem comuns entre empresas e empregados, visando, em geral, à revisão de condições salariais. Em maio de 1965, encaminhou-se ao Presidente da República um projeto de lei alterando o Título VI da CLT, para introduzir o acordo coletivo. A distinção entre o acordo e a convenção, frise-se, consiste no seguinte: enquanto esta é intersindical, aquele pode ser celebrado entre sindicato profissional e empresas (art. 611, § 1º da CLT), por empregados que resolvam celebrar acordo com os respectivos empregadores (art. 617 da CLT) e também por empresas que não estejam incluídas no enquadramento a que se referia o art. 577, sendo a outra parte uma entidade de representação profissional (art. 618 e 921 da CLT); os efeitos do acordo coletivo são *inter partes,* e os da convenção coletiva, *erga omnes.*

Cesarino Júnior considera as convenções como contratos coletivos típicos, e os acordos, contratos coletivos atípicos[(7)].

Matéria controvertida é a que se refere à natureza do instituto em exame.

As teorias a respeito da natureza jurídica podem ser classificadas em contratualistas, normativas e mistas.

Para Gallart Folch[(8)] as teorias dividem-se em civilistas, ecléticas ou de transição e jurídico-sociais. No primeiro grupo, o autor inclui as teorias do mandato, da gestão de negócios, da estipulação em favor de terceiros, do contrato inominado, da personalidade moral fictícia. No segundo, as do pacto social, da solidariedade necessária, da representação legal e do uso e costume industrial. No terceiro, as teorias da lei delegada, a sindicalista integral e a do ordenamento corporativo.

As teorias contratualistas são provenientes dos conceitos clássicos do Direito Civil e se assentam na autonomia da vontade.

Citaremos apenas algumas teorias de cada uma dessas classificações.

3. TEORIAS CONTRATUALISTAS, ECLÉTICAS, JURÍDICO-SOCIAIS, NORMATIVAS E MISTA

3.1. Mandato

O mandato, a teor do art. 653 do Código Civil de 2002, é um contrato por meio do qual alguém recebe de outrem poderes para, em seu nome, praticar atos ou administrar interesses.

---

(7) *Direito Social.* São Paulo: LTr, 1980, *passim.*

(8) *Las Convenciones Colectivas de Condiciones de Trabajo*, 1932, *passim.*

Segundo os defensores da teoria do mandato, a entidade sindical, ao celebrar uma convenção coletiva, representa os seus membros em virtude de um mandato resultante da adesão ou da lei, a qual a autoriza a defender os interesses da classe, representando-a no contrato.

Segadas Vianna critica essa teoria, argumentando que, "em última análise, depois de concluído o objeto do mandato nenhuma ligação de direito existe entre os mandatários, mas apenas entre os mandantes enquanto que, concluída a convenção coletiva, os seus efeitos atingem sempre os sindicatos celebrantes (mandatários) e os respectivos associados (mandantes)"[(9)].

A teoria, na primeira formulação, não explica a inderrogabilidade pelos supostos mandantes, por meio do contrato individual, das cláusulas estabelecidas pelos sindicatos mandatários. E, mesmo que se recorra à regra da representação dos interesses gerais, da qual resulta o mandato irrevogável, esta não se ajusta à possibilidade de ser revogada diante de regra ou condição mais favorável.

Sustenta-se, ainda, que, celebrada a convenção, seus efeitos são *erga omnes,* ou seja, estendem-se a toda a categoria, inclusive àqueles que sequer outorgaram mandato ou que se recusaram a fazê-lo, porque vencidos em assembleia, podendo até mesmo ser a convenção contrária aos interesses de indivíduos do grupo[(10)].

Ora, é inconcebível que alguém outorgue poderes a outrem para agir contra ele próprio.

3.2. Teoria da estipulação em favor de terceiros

Há autores que sustentam possuir a convenção coletiva a natureza jurídica de uma estipulação em favor de terceiro.

Segundo Clóvis Bevilaqua, a estipulação em favor de terceiro configura-se quando "uma pessoa convenciona com outra certa vantagem em benefício de terceiro, que não toma parte no contrato". O terceiro se conserva alheio, estranho ao ajuste.

De acordo com a teoria em exame, o sindicato operário (estipulante) firma com o sindicato patronal (promitente) as condições contratuais contendo cláusulas em favor de terceiro, os beneficiários (associados do sindicato ou integrantes da categoria).

A teoria não foi acolhida, porque os associados ou integrantes da categoria não podem ser considerados terceiros, alheios à relação jurídica, pois dela participam por intermédio dos dirigentes do sindicato. Ademais, a estipulação é prevalentemente a favor de um terceiro, enquanto a convenção coletiva cria direitos e obrigações recíprocos.

Também na estipulação em favor de terceiro, como afirma Cunha Gonçalves, há sempre beneficiários determinados que adquirem direito a uma prestação do promitente, pela simples aceitação, ao passo que a convenção, além de não conter prestação alguma

(9) *Direito Coletivo do Trabalho*. São Paulo: LTr, 1972, p. 136.
(10) MAGANO, Octavio Bueno. *Convenção Coletiva de Trabalho*. São Paulo: LTr, 1972.

estipulada por qualquer das partes a favor de terceiro, não cria direitos individuais; quem os cria é o contrato individual[11].

Finalmente, a estipulação implica a aceitação de benefício renunciável por natureza, enquanto as vantagens asseguradas na convenção são irrenunciáveis.

3.3. Teoria da gestão de negócios

Outra teoria que procura explicar a natureza jurídica da convenção coletiva é a da gestão de negócios.

A gestão de negócios consiste na "administração oficiosa de negócios alheios, sem procuração" (Clóvis Bevilaqua).

Segundo essa teoria, o sindicato contrata por sua própria iniciativa, mas em proveito de seus membros, aos quais se estendem os efeitos da convenção.

Orlando Gomes critica a teoria, alegando que a assunção do negócio, por parte do gestor, "deve ser voluntária e espontânea, ao passo que na convenção coletiva comumente há a prévia delegação expressa ou tácita do grupo profissional aos seus dirigentes para a sua estipulação. Por outro lado, seria difícil de se demonstrar que o negócio se referia a outrem, sendo o sindicato como o é, interessado na sua conclusão, ademais de poder vincular-se ao negócio por obrigações específicas"[12].

Outra objeção a essa teoria reside no fato de que a gestão de negócios visa a proveitos pessoais, o que não ocorre com a convenção, que visa a vantagens e proveitos coletivos.

Também a gestão de negócios pressupõe, enquanto durar, o silêncio do suposto beneficiado, o que não ocorre com a convenção, pois, quando da negociação coletiva, inexiste unanimidade a respeito das condições ajustadas.

Cunha Gonçalves[13], dando prosseguimento às críticas, afirma que o mandatário ou gestor de negócios não assume responsabilidades pessoais no contrato, contrariamente aos sindicatos na celebração de convenção. Ademais, não pode haver gestor de negócios ou mandatário de pessoas desconhecidas e até futuras, como ocorre com as sucessivas entradas e saídas dos integrantes de cada categoria.

Finalmente, de administração oficiosa não se trata, porquanto na convenção coletiva o sindicato está autorizado, por assembleia, a celebrá-la.

3.4. Teoria da personalidade moral e fictícia

Essa teoria identifica os sindicatos com os seus associados, considerando-os como partes na convenção. No entanto, na convenção coletiva não há terceiro, conforme

(11) Princípios de Direito Corporativo, citado por Segadas Vianna. *Direito Coletivo do Trabalho*. São Paulo: LTr, 1972.

(12) *Curso de Direito do Trabalho*. 9. ed. Rio de Janeiro: Forense, p. 728.

(13) Princípios de Direito Corporativo, citado por Segadas Vianna *in Direito Coletivo do Trabalho*. São Paulo: LTr, 1972, *passim*.

já se examinou em teoria precedente, tampouco é o sindicato pessoa fictícia. A essa crítica acresce a de que os interesses dos sindicatos são diversos dos de seus associados, pois os desses últimos são individuais, enquanto o interesse dos sindicatos é coletivo e traduz uma média geral, podendo não coincidir com os anseios de cada trabalhador.

Délio Maranhão[14], na sua crítica à teoria, diz que esta não explica a obrigatoriedade das convenções ajustadas.

Também a teoria do contrato inominado é inaceitável, pois engloba as teorias da personalidade moral fictícia e do contrato complexo (misto de mandato e estipulação em favor de terceiro).

Opõem-se a ela as críticas tecidas em relação a cada uma dessas teorias.

O insucesso das teorias civilistas conduziu os doutrinadores a mudar a orientação, dando ensejo às teorias de transição: pacto social, solidariedade necessária, representação legal, uso ou costume industrial.

3.5. Teoria do pacto social

A teoria do pacto social parte do pressuposto segundo o qual o indivíduo, ao entrar para o sindicato, celebra um pacto social, submetendo-se à vontade coletiva no que se referir ao exercício profissional. Sustenta-se que, entre empregado e empregador, não há contrato, mas coincidência de interesses. Logo, a convenção é um ato-regra e se destina a disciplinar as relações de trabalho.

Gallart Folch critica essa teoria, interrogando: o ato de ingresso numa entidade sindical tem o valor de uma renúncia à autonomia da vontade? Ainda que tivesse, poderia o Estado permitir que renúncias de tão grande importância se verificassem no quadro do direito contratual privado, no qual a lei suprema é a vontade dos contratantes?[15].

3.6. Teoria da solidariedade necessária **(Rouast)**

Para essa teoria, o fundamento da convenção é a solidariedade, assentando-se no princípio da subordinação da vontade do indivíduo à vontade da maioria. Vê-se que a teoria confunde o interesse da maioria com o da coletividade. Como bem sintetiza Délio Maranhão, tal teoria é menos uma explicação jurídica do que a verificação de um simples antecedente social.

3.7. Teoria da representação legal

Semelhante à teoria do mandato é a da representação legal, segundo a qual o poder de representação do sindicato decorre de um princípio oriundo de lei.

A teoria da representação legal foi-se tornando inaceitável à medida que a convenção coletiva evoluía, em função, inclusive, do problema de sua eficácia *erga omnes.*

---

(14) *Direito do Trabalho*. 7. ed. Rio de Janeiro: Fundação Getúlio Vargas, 1979, *passim*.
(15) *Las Convenciones Colectivas de Condiciones de Trabajo*, 1932, *passim*.

Ocorre, entretanto, que o efeito normativo atribuído à convenção coletiva na quase totalidade dos países não podia resultar do contrato, cuja função dispositiva é incompatível com a normativa.

Ademais, como já afirmamos, quando da análise da primeira prerrogativa, a ideia de representação da categoria vem sendo substituída pela autonomia do poder da organização sindical.

O choque entre as teorias civilistas e de transição ocasionou a formulação das teorias jurídico-sociais.

3.8. Teoria institucional

A teoria institucional é atribuída a Hauriou e foi seguida por Renard, Couche e Gounot. Para os referidos doutrinadores, "a instituição é todo elemento da sociedade cuja duração não depende da vontade subjetiva de determinados indivíduos".

Quando integrante desse organismo, dessa instituição, o indivíduo submete-se à disciplina da mesma (convenção coletiva), como se fosse norma jurídica.

A teoria é inaceitável, pois a convenção não é norma interna da instituição, mas ato bilateral com efeitos externos.

3.9. Teoria normativa de Kelsen

Kelsen não admite outro direito que não seja a norma *agendi*. A teoria de Kelsen assemelha-se à de Duguit, no tocante à concepção normativa da convenção coletiva. Para Kelsen, a convenção coletiva entra como uma espécie de ato jurídico normativo. Ele identifica a norma de direito com o Estado, daí não se poder conceber a convenção coletiva no seu sistema, porque esta decorre de autonomia coletiva dos grupos profissionais.

3.10. Teoria da lei delegada

Para os defensores dessa teoria, entre nós, Segadas Vianna, "desde que exista uma regra comum a todo um grupo de indivíduos, imposta com força obrigatória — donde quer que venha esta força —, qualquer que seja a autoridade que a editou e lhe assegurou eficácia, qualquer que seja o processo pelo qual ela tenha sido elaborada — determinação de autoridade ou pacto convencional — existe lei"[(16)].

Segundo seus defensores, a Lei Maior delega ao sindicato a prerrogativa de legislar em âmbito menor.

A crítica a essa teoria embasa-se na falta de expressa homologação pelo Estado; por outro lado, seus defensores citam certas instituições de caráter executivo, especialmente autárquico, que têm poderes para expedir atos com verdadeira força de lei (Banco Central, etc.), embora lhes faltem condições legislativas que decorram do texto constitucional.

---

(16) *Op. cit.*, p. 139.

Outra crítica que se tece à teoria consiste no fato de que esta reconheceu ao sindicato personalidade jurídica de direito público, integrante do aparelho estatal, quando é sabido que nos regimes democráticos não é esse o perfil da organização sindical.

3.11. Teoria mista

Essa teoria encontra adesão de vários doutrinadores, além de ter sido aprovada no 2º Congresso Internacional de Direito Social, realizado na Bélgica, e no 2º Congresso Internacional de Direito do Trabalho, realizado em Genebra. Segundo essa teoria, que nos parece a mais apropriada para definir a natureza jurídica da convenção, ela se identifica com o contrato *lato sensu,* na sua formação, pois traduz um ajuste entre entidades sindicais por meio do qual se criam obrigações mútuas.

No que tange ao conteúdo, a convenção assemelha-se à norma jurídica, pois cria normas trabalhistas objetivas autônomas, que vão constituir o conteúdo dos contratos individuais de trabalho, insuscetíveis de derrogação.

Entre nós, Délio Maranhão(17) filia-se à teoria mista, atribuindo à convenção coletiva a natureza de um **contrato-ato-regra**. É **contrato** porque pressupõe um ajuste de vontades sindicais e **ato-regra** porque tem efeito *erga omnes*, ou seja, estende-se a todos os integrantes da categoria, independentemente de sua condição de associados.

4. CONVENÇÃO COLETIVA E ALTERAÇÃO DE PRECEITOS LEGAIS

Temos sustentado a impossibilidade de convenção coletiva contrariar a lei, em face da interdição específica do art. 444 da CLT. Aliás, a primazia da lei sobre o acordo e a convenção coletiva emerge do art. 9º do mesmo diploma consolidado e traduz uma decorrência do intervencionismo estatal, no afã de corrigir desigualdades.

A Constituição da República de 1988 alterou a assertiva, ao permitir a redução salarial por meio de acordo ou convenção coletiva (art. 7º, VI, XIII e XIV), como se infere de julgados do TST(18).

5. CONVENÇÃO COLETIVA. CATEGORIA DIFERENCIADA

Se a empregadora integra determinada categoria econômica, mas possui empregados pertencentes a categoria diferenciada, não está sujeita a normas coletivas advindas de acordo ou convenção coletiva instituídas em favor desses empregados, quando deles não participou, nem sequer por meio da entidade sindical a que pertence (**Orientação Jurisprudencial n. 55 da SDI-1 do TST**).

---

(17) *Direito do Trabalho*. 7. ed. Rio de Janeiro: Fundação Getúlio Vargas, *passim*.

(18) "**Após a Constituição de 1988, que veio consagrar a eficácia das convenções e acordos coletivos** (art. 7º, XXVI), admitindo até a validade de pactos para redução salarial (inciso VI), que é o direito maior do trabalhador, aqueles hão de ser respeitados sempre, ainda que implique em afastamento de algum direito dos membros das categorias respectivas. A convenção ou acordo coletivo resulta de uma negociação na qual são feitas concessões em troca de vantagens outras, pelo que hão de ser considerados em seu todo. É a teoria da conglobalização dos pactos coletivos. Recurso de revista conhecido e provido". TST — 2ª T. — Ac. n. 688/96 — Rel.: Min. Vantuil Abdala — DJ 19.4.96 — p. 12.433.

6. ELABORAÇÃO, APROVAÇÃO, EFEITOS, IMPORTÂNCIA, PRORROGAÇÃO, REVISÃO, DENÚNCIA E REVOGAÇÃO DAS CONVENÇÕES COLETIVAS

Dada a importância da convenção coletiva para os integrantes das categorias convenentes, pressupõe-se sejam suas cláusulas discutidas em assembleia. As diretorias devem examinar o seu aspecto jurídico e econômico.

Entendimentos prévios devem ser realizados para que os resultados sejam mais eficazes.

A celebração da convenção coletiva pressupõe convocação de uma assembleia-geral pelo sindicato da categoria interessada, por meio de edital publicado no órgão oficial ou de maior circulação no local, contendo na ordem do dia a matéria que deverá ser discutida.

A validade da assembleia está condicionada ao disposto no art. 612, *caput* e parágrafo único, da CLT.

Por outro lado, cumpre frisar que o âmbito de eficácia territorial da convenção é aferido pela base territorial das entidades sindicais convenentes, e sua eficácia temporal vai de três dias após o depósito até a expiração do prazo da convenção.

Considerando-se o caráter convencional de suas cláusulas, admite-se possam elas retroagir a data anterior ao início de sua vigência, não podendo, entretanto, alcançar os contratos individuais extintos antes desse início, porque, como bem salienta Délio Maranhão, estaria atingindo situações jurídicas constituídas(19).

7. CONTEÚDO DA CONVENÇÃO COLETIVA

Outro aspecto que merece destaque é o que se refere ao conteúdo da convenção, previsto no art. 613 da CLT.

Essa matéria, segundo alguns autores, corresponde a requisitos extrínsecos relativos à forma exigida para a validade do negócio jurídico que a lei impõe, por se tratar de negócio solene.

A liberdade contratual na estipulação do conteúdo da convenção coletiva está limitada pelos art. 9º e 444 da CLT, salvo as exceções constitucionais (art. 7º, VI, XIII e XIV).

A convenção coletiva é constituída de cláusulas normativas, que vão estabelecer o conteúdo do contrato individual, e de cláusulas obrigacionais, dispondo sobre direitos e deveres recíprocos entre os convenentes.

Octavio Bueno Magano(20) enumera como **cláusulas normativas** as que instituem benefício individual, como reajuste salarial, férias, jornada, indenização, estabilidade, prêmios, etc.; as que dizem respeito às formalidades que devem ser observadas na celebração da convenção, como, por exemplo, a exigência de forma escrita, a

---

(19) *Direito do Trabalho*. 7. ed. Rio de Janeiro: Fundação Getúlio Vargas, p. 332.
(20) *Convenção Coletiva do Trabalho*. São Paulo: LTr, 1972, *passim*.

obrigatoriedade de readmissão de trabalhadores dispensados em decorrência de participação em movimento grevista; as normas solidárias, que instituem benefícios para o empregado, como membro da empresa, ou seja, normas sobre higiene e segurança do trabalho; as normas relativas à constituição interna da empresa, entre elas as que dispõem sobre comissões de arbitragem e conselhos de empresas e as normas referentes a instituições comuns, nas quais se enquadram as que dispõem a respeito de previdência.

Finalmente, como **cláusulas obrigacionais**, podem ser citadas as chamadas cláusulas de paz, estipulando sobre impossibilidade de se recorrer à greve enquanto vigorar a convenção. Entre nós, as penalidades previstas no art. 613, VIII, da CLT, podem ser consideradas como cláusulas obrigacionais.

8. EFEITOS POSTERIORES. INCORPORAÇÃO DAS CLÁUSULAS NO CONTRATO DE TRABALHO

Não prorrogada a convenção, os seus efeitos não se estenderão aos contratos individuais firmados após seu termo, como se infere da **Súmula n. 277**, alterada em novembro de 2009.

Há, todavia, quem defenda a integração das cláusulas convencionais aos contratos individuais de trabalho, como regra mais vantajosa e, em consequência, insuscetível de supressão, sob pena de se incorrer em alteração contratual, vedada pelo art. 468 da CLT.

9. IMPORTÂNCIA DA CONVENÇÃO COLETIVA PARA O ESTADO

É indiscutível a importância das convenções coletivas para o entendimento entre o capital e o trabalho, para o aumento da produtividade e para melhores condições de vida do trabalhador, elementos indispensáveis à paz social.

Mario de La Cueva ressalta outra vantagem das convenções coletivas para o Estado, ao afirmar que o Direito do Trabalho "é um direito vital e muda quando variam as condições econômicas dos povos; é um direito em constante transformação que não pode ser seguido pela lei e esse papel está reservado à convenção coletiva de trabalho".

A convenção coletiva é mais flexível do que a legislação trabalhista, que, por conter comandos abstratos e gerais, não poderá se ocupar com as especificidades da organização empresarial, principalmente considerando a vastidão do território brasileiro, onde variam com acentuada intensidade as condições socioeconômicas.

Além disso, a convenção coletiva diminui a concorrência entre empresas e configura um dos meios mais eficazes de atingir a integração entre empresas e trabalhadores.

9.1. Importância da convenção coletiva para o sindicato

Para o sindicato, a convenção coletiva traduz uma afirmação do seu poder e da faculdade que lhe foi atribuída no sentido de resolver problemas e de melhorar as condições de vida dos trabalhadores.

9.2. Importância da convenção coletiva como fonte de Direito

Os autores são quase unânimes em considerar a convenção coletiva fonte do Direito do Trabalho, salvo alguns (Gama Cerqueira), que negam essa condição, afirmando que a convenção coletiva está subordinada à lei, tem objetivo e duração limitada.

Délio Maranhão, como já dissemos, quando analisa o problema da natureza jurídica da convenção, vê no instituto em exame "um contrato-ato-regra: fonte de direito que melhor atende às exigências das relações de trabalho e a que melhor traduz o sentido desse direito que se deslocou do mundo jurídico do indivíduo para o coletivo. É o instrumento de produção de normas jurídicas pelos próprios destinatários"(21).

10. PRORROGAÇÃO, REVISÃO, DENÚNCIA E REVOGAÇÃO

O art. 615 da CLT prevê expressamente a possibilidade de denúncia, devendo a prorrogação obedecer ao mesmo processo imposto para a celebração (aprovação pela assembleia). Ademais, é de se salientar que, se a nossa legislação veda celebração de convenções coletivas por prazo indeterminado, desnecessária se torna a denúncia prevista em lei, cujo objetivo é evitar a prorrogação automática da convenção ou pôr fim à convenção ou ao acordo de prazo indeterminado.

10.1. Revisão

A revisão consiste em um processo de adaptação da convenção ou do acordo a novas situações de fato. Na vigência da convenção ou do acordo, portanto, apenas será permitida a revisão quando tiverem sido modificadas substancialmente as condições de fato vigorantes quando da respectiva celebração, salvo disposição diversa pactuada pelas partes. A revisão deve, ainda, ser aprovada pela assembleia sindical.

10.2. Revogação

Desde que autorizadas por assembleia, as partes convenentes poderão revogar, total ou parcialmente, a convenção, antes do termo final estipulado, caso seja desnecessária a sequência.

11. FORMA E PUBLICIDADE

As convenções e acordos serão celebrados por escrito, sem emendas ou rasuras, em quantas vias quantos forem os sindicatos ou empresas acordantes, além de uma que deverá ser levada a registro. A forma é requisito substancial do ato jurídico.

Mister se faz que uma das vias seja remetida ao Ministério do Trabalho para conhecimento, registro e arquivamento, nos termos do art. 614 da CLT.

Como se infere do aludido dispositivo legal, com a inovação trazida pelo Decreto-Lei n. 229, de 1967, a eficácia da convenção não mais depende de homologação pelo Ministério do Trabalho.

---

(21) *Direito do Trabalho*. 7. ed. Rio de Janeiro: Fundação Getúlio Vargas, *passim*.

Hoje a convenção entra em vigor três dias após a data da entrega da via ao órgão competente do Ministério do Trabalho.

A homologação deixava o crivo do Estado num ato que deveria traduzir a autonomia das partes convenentes.

12. SUBSTITUIÇÃO PROCESSUAL. ACORDO E CONVENÇÃO COLETIVA

Saliente-se, em princípio, que em nosso sistema processual, ninguém poderá pleitear, em nome próprio, direito alheio (art. 6º do CPC).

Entretanto, considerando-se razões de conveniência, por vezes a lei substitui quem ordinariamente seria legitimado por um terceiro, que será, então, parte legítima e irá pleitear em nome próprio direito alheio. Esse fenômeno — "direito de estar em Juízo por outrem" ou "direito de dirigir o processo" ou, ainda, "legitimação de terceiro para defender em seu próprio nome direito alheio" — foi denominado, por Chiovenda, substituição processual. E é essa defesa em seu próprio nome que distingue a substituição processual da representação, em que o representante age em nome do representado.

No Direito do Trabalho, em geral, as hipóteses de substituição processual então consagradas nos art. 195, § 2º, e 872, parágrafo único, da CLT, art. 25 da Lei n. 8.036, de 1990, e demandas que visem ao recebimento de diferenças de reajuste salarial automático a partir da vigência da Lei n. 6.708, de 1979.

O referido art. 872, parágrafo único, restringe-se a sentença normativa ou acordo proferido em processo de dissídio coletivo, e não à convenção coletiva ou ao acordo coletivo celebrado extrajudicialmente[22].

Afirma-se que o mencionado art. 872, ao se referir a acordos, restringia-se aos celebrados em Juízo, pois a Seção IV do Capítulo IV, em que se insere, cuida apenas de cumprimento das decisões, e o referido Capítulo IV trata apenas de dissídios coletivos.

Ocorre, porém, que o sindicato, agora, é parte legítima para postular vantagem prevista em convenção ou acordo coletivo por expressa previsão legal. O argumento consiste em que a Lei n. 8.984, de 1995, ao atribuir à Justiça do Trabalho a competência para apreciar as ações de cumprimento de convenções e acordos coletivos, confere ao sindicato profissional legitimidade para atuar como substituto processual. Nesse sentido é a **Súmula n. 286 do TST**, com a nova redação.

---

(22) Cf. nesse sentido Mozart Victor Russomano. *Comentários à CLT*. Rio de Janeiro: Forense, 12. ed., 1988, p. 963; Coqueijo Costa. *Direito Processual do Trabalho*. Rio de Janeiro: Forense, 2. ed., p. 129.

CAPÍTULO V

PODER NORMATIVO DA JUSTIÇA DO TRABALHO. DISSÍDIO COLETIVO

1. CONCEITO

Do ponto de vista sociológico, o interesse está sempre presente nas relações humanas, justificando a formação dos grupos sociais para a satisfação de suas necessidades. Quando ao interesse de determinada categoria profissional se opõe a resistência da categoria econômica correspondente, surgem os conflitos coletivos oriundos do trabalho. Sucede que os conflitos também podem ser individuais. Estes configuram-se quando estão em jogo interesses concretos de indivíduos determinados e aqueles quando os interesses ventilados são abstratos, pertencem a sujeitos indeterminados de um certo grupo social. Esses conflitos são solucionados processualmente, por meio de dissídios coletivos e individuais, pois o ordenamento jurídico brasileiro submete-os à apreciação da Justiça do Trabalho, conferindo-lhe o poder normativo. Os conflitos poderão ser solucionados também por arbitragem, como analisado no Capítulo sobre Fontes, e por mediação.

Não se confunde o dissídio coletivo com o dissídio individual plúrimo, pois no primeiro estão em jogo, imediatamente, interesses abstratos de um grupo social ou de uma categoria, enquanto no segundo a relação jurídica submete à apreciação do Judiciário interesses concretos de indivíduos determinados. Nos dissídios coletivos reivindica-se a criação de novas condições de trabalho ou a interpretação de norma preexistente e nos dissídios individuais plúrimos pleiteia-se a aplicação dessas normas. Nos primeiros, o conflito diz respeito a uma comunidade de interesses e as decisões se aplicam a pessoas indeterminadas que pertencem ou venham a pertencer à coletividade; nos segundos, os interesses em jogo são de um grupo, de uma soma material de indivíduos. A indeterminação dos sujeitos é o traço fundamental do dissídio coletivo: refere-se indeterminadamente aos que pertençam ou venham a pertencer à coletividade, cujos interesses abstratos estão em jogo.

Por fim, há um outro traço distintivo entre o dissídio coletivo e o dissídio individual plúrimo que merece ser destacado: trata-se da competência para julgá-los. Enquanto a competência para julgar os dissídios individuais plúrimos é originariamente das Varas do Trabalho (art. 652 da CLT), nos dissídios coletivos a competência é dos Tribunais Regionais (Pleno) ou da Seção Especializada nesse assunto, conforme disposição regimental, quando a base territorial do sindicato restringe-se a um Estado (art. 678 da CLT, I, "a" e do TST, quando a base territorial do sindicato abranger mais de um Estado da Federação (art. 896, "b", da CLT).

2. CLASSIFICAÇÃO DOS DISSÍDIOS COLETIVOS

Classificam-se os dissídios coletivos em **econômicos e jurídicos**. Os dissídios coletivos de natureza econômica têm em mira a criação de novas condições de trabalho. Já os dissídios coletivos de natureza jurídica têm em vista a aplicação ou interpretação de norma preexistente. A sentença normativa proferida em processo de dissídio coletivo de natureza econômica será constitutiva se a matéria versar sobre salário e dispositiva se girar em torno de condições de trabalho[(1)]. Em se tratando de dissídio coletivo de natureza jurídica, a sentença será declaratória.

3. CONTEÚDO DAS SENTENÇAS NORMATIVAS

As sentenças normativas, à semelhança das convenções coletivas, possuem **cláusulas normativas**, que instituem benefício individual, como reajuste salarial, por exemplo. Anteriormente, essas cláusulas versavam também sobre majoração do adicional de horas extras em 100%, do adicional noturno em 60% e do adicional de transferência em 50% (Precedentes Normativos n. 43, 90 e 101 do TST, respectivamente). Acontece que o TST cancelou vários precedentes normativos, entre eles: PN 01 (Antecipação salarial trimestral), PN 02 (Abono pecuniário), PN 03 (Adicional de insalubridade), PN 04 (Ajuda de custo por quilometragem rodada), PN 06 (Assembleia — Sindicato), PN 07 (Assistência sindical), PN 09 (Auxílio-alimentação), PN 11 (Bonificação a quem se aposenta), PN 12 (Horário de caixa), PN 13 (Local para sindicalização), PN 16 (Comissão para disciplinar quadro de carreira de empresa), PN 17 (Complementação de auxílio-doença), PN 18 (Contrato de experiência), PN 19 (Cursos e reuniões obrigatórios), PN 21 (Dedução do auxílio-doença para aquisição de férias), PN 23 (Criação de feriado), PN 25 (Eleições das CIPAs), PN 26 (Estabilidade ao beneficiário do auxílio-doença), PN 27 (Estabilidade ao empregado que retorna de férias), PN 28 (Férias proporcionais), PN 30 (Empregado acidentado. Garantia no emprego), PN 33 (Licença-prêmio), PN 35 (Mão de obra locada), PN 36 (13º salário. Multa), PN 38 (Adicional por tempo de serviço), PN 39 (Readmissão. Preferência), PN 40 (Repouso semanal do comissionista), PN 43 (Horas extras. Adicional), PN 44 (Transporte), PN 45 (Trimestralidade), PN 46 (Verbas rescisórias), PN 49 (Gestante. Garantia de emprego), PN 51 (CIPA. Suplentes. Garantia de emprego), PN 54 (Transporte para audiência), PN 57 (Empregado rural. Insalubridade), PN 74 (Desconto Assistencial), PN 75 (Contrato de experiência. Readmissão), PN 76 (Aviso prévio de 60 dias), PN 88 (Desconto em folha), PN 90 (Trabalho noturno. Adicional de 60%), PN 94 (Empregado rural. Salário-doença), PN 96 (Aviso Prévio. Redução da Jornada), PN 99 (Nova função. Salário), PN 101 (Adicional de transferência), PN 114 (Contagem do tempo gasto com transporte). Os referidos cancelamentos seguiram diretriz traçada pelo STF (RE 197.911-PE, Rel.:

(1) CHAVES, César Pires. *Da Ação Trabalhista*. Rio de Janeiro: Forense, 1956, p. 229 e ss.

Min. Octávio Galotti, julgado em 24.9.96), no sentido de que a Justiça do Trabalho, no exercício de seu poder normativo, poderá criar obrigações para as partes envolvidas no dissídio coletivo, apenas quando **haja lacuna no texto legal**, mas não poderá se sobrepor ou contrariar a legislação em vigor, criando condições mais vantajosas do que a previsão legal. É inegável que os cancelamentos demonstram uma nítida tendência a reduzir o poder normativo da Justiça do Trabalho, privilegiando a negociação coletiva, com o objetivo de aumentar o garantismo convencional, por meio da celebração de convenção e acordo coletivo.

Evidentemente que após a nova redação concedida ao art. 114 da Constituição, com a introdução do § 2º, esse raciocínio do STF não poderá prevalecer, porque se as vantagens outrora previstas nos citados Precedentes Normativos (PN) traduzirem conquistas previstas em convenções anteriores, como condições mais favoráveis do que a lei, a Justiça do Trabalho, no exercício do seu poder normativo, deverá respeitá-las, introduzindo-as entre as cláusulas da sentença normativa.

São igualmente normativas as cláusulas que exigem certas formalidades, como, por exemplo, a que exige que se faça constar da CTPS do empregado o percentual de comissões a que faz jus (Precedente Normativo do TST n. 5) e as que dispõem sobre higiene e segurança do trabalho, como as cláusulas que obrigam os empregadores rurais a construir abrigos rústicos nos locais de trabalho.

As sentenças normativas possuem também **cláusulas obrigacionais** estipulando direitos e deveres recíprocos.

Em geral, têm sido indeferidas na sentença normativa as cláusulas que versam sobre matéria previdenciária, as que já estão suficientemente previstas em lei e as que possam acarretar ônus demasiado para o empregador, passíveis de obtenção somente pela via negocial. As cláusulas que estabelecem taxa para homologação de rescisão contratual têm sido repelidas, porque contrárias ao espírito da lei (art. 477, § 7º, da CLT), bem como as que instituem contribuição em favor da entidade sindical a qualquer título, obrigando trabalhadores não sindicalizados, por ferir a liberdade de associação (**Súmula n. 666 do STF** e Precedente Normativo n. 119 da SDC do TST).

4. QUESTÕES LIGADAS À INTERPRETAÇÃO DE NORMAS DE CARÁTER GENÉRICO, ENQUADRAMENTO SINDICAL E DISPUTA INTERSINDICAL. CONFLITOS INTERSINDICAIS, INTRASSINDICAIS E EXTRASSINDICAIS. COMPETÊNCIA DA JUSTIÇA DO TRABALHO

Lembre-se que a interpretação de normas de caráter genérico não poderá ser objeto de dissídio coletivo de natureza jurídica, na forma do art. 313 do Regimento Interno do TST (cf. Precedente Normativo RO DC 256028/96, Ac. 1363/96, DJ de 21.2.97. Rel.: Min. Armando de Brito). O TST negava a possibilidade de ser objeto de dissídio coletivo (por incompetência material da Justiça do Trabalho) o enquadramento sindical de empregados e de empresas (Precedente TST-RODC-537/2002-000-08-00.6. Rel. Min. Gelson Azevedo — DJ 19.10.2004). Afastava-se, ainda, do âmbito da competência material da Justiça do Trabalho a disputa intersindical pela representatividade de certa categoria (Precedente TST-RODC 709.477/2000. Rel.: Min. Ronaldo Leal — DJ 14.6.2002). Saliente-se, entretanto, que com a nova redação conferida ao art. 114 da Constituição, inciso III, pela Emenda Constitucional n. 45, promulgada em dezembro de 2004, a competência para apreciar questões ligadas ao enquadramento sindical (não só incidentalmente) ou à disputa intersindical foi atribuída à Justiça do Trabalho.

Outra matéria que, certamente, sofrerá alteração diz respeito à homologação de cláusula de acordo coletivo que prevê contribuição das empresas ao sindicato patronal. O TST negava o pedido, sob o argumento de que a matéria escapava do âmbito da Justiça do Trabalho, por não se enquadrar em nenhuma das hipóteses do art. 114 da Constituição vigente (TST-RODC-000585/2003-000-04-00.7. Rel. Min. Rider de Brito, DJ 2.4.2004).

Sucede que, com a nova redação do art. 114, inciso III, do texto constitucional, compete à Justiça do Trabalho processar e julgar as ações entre sindicatos e empregadores, frise-se. Logo, a Justiça do Trabalho passou a ter competência para apreciar o feito envolvendo essa postulação.

A Emenda n. 45, de dezembro de 2004, ao introduzir o inciso III no art. 114 da Constituição, atribuiu à Justiça do Trabalho competência para dirimir conflitos impróprios, isto é, os que não se estabelecem por meio de uma relação de emprego entre empregado e empregador. Esses conflitos, a teor do citado inciso III, atribuem à Justiça do Trabalho competência para apreciar ações sobre representação sindical, entre sindicatos, entre sindicatos e trabalhadores, e entre sindicatos e empregadores.

Interpretação literal do preceito em questão induziria à conclusão de que a Justiça do Trabalho seria competente apenas para apreciar litígios intersindicais provenientes de representação sindical (art. 114, inciso III, da Constituição). Ocorre que não seria razoável excluir-se do campo de incidência dessa norma, por meio de uma exegese restritiva, a representatividade de entidades de grau superior, como ocorre com os vínculos jurídicos entre sindicato e federação ou entre federações. Portanto, filiamo-nos aos que sustentam que o preceito em exame abrange, de um modo geral, os litígios intersindicais, intrassindicais[2] e até mesmo os extrassindicais. Nesse contexto, após a Emenda Constitucional n. 45, compete à Justiça do Trabalho apreciar os **conflitos intersindicais de representatividade**, definindo qual a entidade sindical que representa a categoria econômica ou profissional.

A par desses conflitos intersindicais, compete à Justiça do Trabalho, ainda, por meio de uma interpretação extensiva, apreciar e julgar os conflitos **intrassindicatos ou internos** que se estabelecem entre os seus órgãos, ou seja, entre o dirigente sindical licenciado e a entidade sindical por ele dirigida, discutindo, por exemplo, matéria ligada à sua remuneração. Ora, o exame dessa temática envolve princípios e normas trabalhistas, como, aliás, se infere dos art. 521 e 543 da CLT, não sendo racional que a temática permanecesse a cargo da Justiça Comum, em um momento histórico de ampliação da competência material da Justiça do Trabalho. Da mesma forma, compete

(2) Cf. DALAZEN, João Oreste. A reforma do judiciário e os novos marcos da competência material de Justiça do Trabalho no Brasil. *Revista LTr* 69-3/263.

à Justiça do Trabalho conciliar e julgar as demandas sobre anulação do procedimento eleitoral ou de assembleia geral de entidade sindical proposta por membro da categoria econômica ou profissional.

Encontram-se também sujeitos à competência da Justiça do Trabalho, em face da atual redação do inciso III do art. 114 do texto constitucional, **os conflitos extrassindicais** entre sindicatos e empresas não sindicalizadas, discutindo a questão das contribuições sindicais confederativas **e outras entre trabalhadores ou empregadores** que tiverem rejeitado seu pedido de inscrição no sindicato da respectiva categoria.

5. PARTES NO DISSÍDIO COLETIVO

Afirmam alguns doutrinadores[(3)] que o sindicato, nos processos de dissídio coletivo, representa os interesses da categoria; é seu procurador em Juízo e, como tal, poderia ser parte em sentido formal ou processual, mas não em sentido material. Por outro lado, a categoria também não é parte, porque destituída de personalidade jurídica, tampouco o indivíduo isolado portador de interesses próprios diversos dos interesses coletivos e muito menos a autoridade pública que atua por delegação da lei, como cooperador jurídico. Concluem estes autores dizendo que procurar a parte nos processos de dissídio coletivo "é esbracejar no vácuo".

Filiamo-nos à corrente doutrinária segundo a qual o sindicato é parte, atuando como substituto processual[(4)], pois atua em nome próprio, mas defende interesse alheio (da categoria). E, finalmente, há quem afirme que partes são as categorias representadas nos dissídios coletivos pelas entidades sindicais[(5)].

6. INSTAURAÇÃO DA INSTÂNCIA. O PRESSUPOSTO DO "COMUM ACORDO" INTRODUZIDO NO § 2º DO ART. 114 DA CONSTITUIÇÃO VIGENTE PELA EMENDA CONSTITUCIONAL N. 45, DE 2004

Por força do § 2º do art. 114 da Constituição, com a nova redação concedida pela Emenda Constitucional n. 45, de 2004, "recusando-se qualquer das partes à negociação ou à arbitragem, é facultado às mesmas, **de comum acordo**, ajuizar dissídio coletivo de natureza econômica, podendo a Justiça do Trabalho decidir o conflito, respeitadas as disposições mínimas legais de proteção ao trabalho, bem como as convencionadas anteriormente".

À primeira vista, pareceu-nos violar a autonomia do sindicato condicionar o exercício do direito de ação à aquiescência da outra parte e, consequentemente, um desrespeito a esse direito. Analisando melhor o assunto, concluímos que a intenção da lei foi, de fato, imprimir nova dimensão ao poder normativo atribuído à Justiça do Trabalho, mantendo-o de forma mitigada com o objetivo de estimular a negociação coletiva.

---

(3) GOMES, Orlando e GOTTSCHALK, Elson. *Curso de Direito do Trabalho*. 9. ed. Rio de Janeiro: Forense, 1984, p. 790/791.

(4) ANDRADE, Everaldo Gaspar Lopes de. *Dissídio Coletivo*. São Paulo: LTr, 1993, p. 56.

(5) TEIXEIRA FILHO, João de Lima. *Instituições de Direito do Trabalho*. v. 2, 16. ed. São Paulo: LTr, p. 1.332.

O dissídio coletivo é o último recurso a ser utilizado, pois representa uma anomalia do nosso sistema judiciário e tem sua origem no regime fascista italiano, há muito abolido nesse país.

Essa convicção mais se reforça diante da transcrição das discussões suscitadas no curso da votação desse dispositivo. Cabe destacar a manifestação do deputado Ricardo Bersoini, do Partido dos Trabalhadores:

> "Quero sustentar que uma das teses mais caras ao Partido dos Trabalhadores é a luta contra o poder normativo da Justiça do Trabalho. Acreditamos que a negociação coletiva se constrói pela vontade das partes. Ou seja, se não tivermos no processo de negociação a garantia da exaustão dos argumentos, da busca do conflito e da sua negociação, vai acontecer o que vemos em muitos movimentos hoje, particularmente em São Paulo, como o recente caso dos metroviários em que a empresa recorre ao poder normativo antes de esgotada a capacidade de negociação. Portanto, na nossa avaliação, manter a expressão de comum acordo é uma forma de garantir que haja exaustão do processo de negociação coletiva..." (trecho transcrito no artigo As Ações que envolvem o Exercício do Direito de Greve — Primeiras Impressões da EC n. 45/2004, André Luís Spies, *Revista LTr*-69-04/436/440).

Também é relevante o pronunciamento do Deputado Mendes Ribeiro, do PMDB:

> "Vou inscrever esta sessão nos meus cadernos especiais. Durante o trabalho da Comissão, a grande discussão era o poder normativo da Justiça do Trabalho. Estavam tentando terminar com a Justiça do Trabalho, não queriam o poder normativo. Eu era uma das poucas vozes a defendê-lo. Buscou-se o Fórum Barelli, o poder normativo mitigado, as duas partes do entendimento, para buscar a intervenção da Justiça, a fim de aproximar e não para separar. O que se quer é que a Justiça do Trabalho fique com a participação, com o poder normativo quando as partes se julgarem incapazes de encaminhar o diálogo. É um avanço. Agora, se retirarmos o de comum acordo, teremos exatamente o poder normativo da Justiça do Trabalho, contra o qual tantas e tantas lideranças se manifestaram...".

A leitura dos dois trechos não deixa dúvida quanto ao resultado da interpretação teleológica nesse caso. A intenção do legislador era, de fato, restringir o poder normativo da Justiça do Trabalho. Concluimos, por isso, que o ajuizamento do dissídio coletivo de natureza econômica depende da comunhão de interesses das partes envolvidas. Ausente esse pressuposto, considera-se que a possibilidade de negociação fica em aberto e é dado à categoria profissional valer-se da greve como recurso para alcançar algum tipo de ajuste, ainda que seja aquele voltado para o judiciário.

Não se ignora que essa norma jurídica tem comportado interpretação diversa. Admitir, porém, que a atual redação do art. 114 da Constituição permite o ajuizamento do dissídio coletivo nos mesmos moldes vigentes anteriormente importaria dizer que a modificação da letra da lei não trouxe alteração da realidade social que se pretende regular, ou seja, restaria anulado o avanço visado pelo legislador. Além do mais, a norma, principalmente constitucional, não contém termos inúteis.

E nem mesmo caberia dizer que a norma em estudo traduziria ofensa ao art. 5º, XXXV, da Constituição, que assegura o exame de lesão ou ameaça a direito pelo Poder Judiciário. O art. 114, § 2º apenas impôs condição para o exercício do direito de ação, o que pode ser instituído até mesmo pelo legislador ordinário.

Cabe perquirir, ainda, se a circunstância de a suscitada ter deixado de abordar esse aspecto na defesa importaria anuência tácita com o ajuizamento do dissídio coletivo. A resposta é negativa. O art. 114, § 2º, da Constituição impõe como pressuposto de admissibilidade do dissídio coletivo de natureza econômica o ajuizamento de "comum acordo", ou seja, que as partes venham a Juízo solicitar a solução do litígio.

Outros sutentam que os §§ 1º e 2º do art. 114 da Constituição encerram uma faculdade, pois ambos estabelecem que as partes, uma vez frustrada a negociação direta, poderão valer-se da arbitragem ou ajuizar dissídio coletivo mediante acordo. Consoante esse entendimento, a conjugação desses dois dispositivos não exclui o acesso ao Judiciário, o que implicaria afronta ao art. 5º, XXXV, da mesma Constituição. Considera-se, por isso, que o ajuizamento do dissídio coletivo, mediante comum acordo, consubstancia uma mera faculdade, a ser exercida em face da recusa de uma das partes à negociação coletiva ou à arbitragem (nesse sentido pronunciou-se o TRT da 3ª Região — SDC — DC-00685-2005-000-03-00-0).

A iniciativa para instaurar a instância é deferida às entidades sindicais, por meio de seus órgãos. Dispõe o art. 522, § 3º, da CLT, que constitui atribuição exclusiva da diretoria do sindicato e dos delegados sindicais a representação e a defesa dos interesses da entidade perante os poderes públicos. A diretoria poderá, entretanto, outorgar poderes a mandatário ou a associado investido em representação para instaurar a instância perante o Tribunal competente.

Quando não houver sindicato representativo da categoria econômica ou profissional, poderá a instância ser instaurada pelas federações correspondentes e, na falta destas, pelas confederações respectivas, no âmbito de sua representação (art. 857 da CLT, parágrafo único).

Dispõe o art. 856 da CLT que a instância será instaurada pelo Presidente do Tribunal ou pela Procuradoria da Justiça do Trabalho, sempre que ocorrer suspensão do trabalho, ou seja, greve. Filiamo-nos à corrente doutrinária que sustenta, em face da liberdade sindical assegurada no art. 8º da Constituição vigente e do direito de greve, não mais prevalecer a possibilidade de instauração de dissídio coletivo *ex officio* pelo Presidente do Tribunal, pois tal fato implicaria controle do Poder Judiciário sobre o direito de greve(6). Ademais, o art. 8º da Lei n. 7.783, de 1989, derrogou parte do preceito legal citado, que permitia ao presidente do Tribunal instaurar o dissídio coletivo(7). Persiste a competência do Ministério Público do Trabalho (órgão

(6) ANDRADE, Everaldo Gaspar de. *Op. cit.*, p. 52.

(7) MARTINS, Sérgio Pinto. *Comentários à CLT*. São Paulo: Atlas, 2000, p. 846.

extrapoderes) para instaurá-lo quando ocorrer greve em atividade essencial, com possibilidade de lesão ao interesse público (art. 114, § 3º, da Constituição, com a nova redação dada pela Emenda Constitucional n. 45, de 2004).

As empresas que não possuem sindicato, na hipótese de greve, poderão compor a lide nas ações coletivas, como suscitante ou como suscitado.

As associações profissionais e de classe (OAB, CRM, etc.) não possuem legitimidade para ajuizamento de dissídio coletivo.

Para a instauração da instância pelas entidades sindicais, torna-se necessária a autorização da assembleia-geral. A "validade da assembleia dos trabalhadores, para a legitimação da atuação da entidade sindical profissional para a negociação coletiva dos interesses da respectiva categoria, subordina-se à observância do *quorum* estabelecido no art. 859, da CLT. Tanto assim, que foram canceladas as **Orientações Jurisprudenciais** n. 13 e 21 que se reportavam à insuficiência do *quorum* tomando por base o contido no art. 612 da CLT. Analisando-se a matéria à luz do disposto no art. 859 da CLT, a representação dos sindicatos para instauração da instância fica subordinada apenas a realização de assembleia com o *quorum* ali preconizado, precedida de ampla divulgação da sua realização para que dela possam participar todos os interessados integrantes da categoria profissional...". TST-RODC-20.022/2001-000-05-00. Rel.: Min. Barros Levenhagen. Acórdão SDC. DJ 3.9.2004.

Não se exige mais a realização de tantas assembleias quantos forem os municípios integrantes da base territorial do suscitante, sendo suficiente que se realize uma única assembleia com o *quorum* previsto no art. 859 da CLT, precedida de ampla divulgação.

A teor do disposto nos art. 856 e 858 da CLT, a instauração da instância será feita por meio de representação escrita dirigida ao Presidente do Tribunal, em tantas vias quantos forem os suscitados, contendo sempre a designação e a qualificação dos suscitantes e dos suscitados, bem como a natureza do estabelecimento ou serviço, os motivos do dissídio e as bases para a conciliação. Quando o dissídio versar sobre aumento salarial, deve-se juntar à petição inicial cópia autêntica do acordo, da convenção ou da sentença normativa do ano anterior à propositura da ação envolvendo a categoria suscitante. Convém destacar, ainda, que a petição inicial deve-se fazer acompanhar também da ata da assembleia sindical que autorizou a instauração do dissídio, contendo, obrigatoriamente, a pauta reivindicatória, sob pena de extinção do processo, bem como o edital de convocação, a relação dos associados que compareceram à assembleia, procuração (caso tenha sido outorgado mandato), cópia da ata da reunião na qual foi tentada a negociação, sem êxito. A ausência desse último documento implica também extinção do processo, sem julgamento de mérito[8]. Entretanto, antes de se extinguir o processo, recomenda-se que se dê vista, no prazo máximo de 10 dias, ao suscitante, para complementar a documentação, e sanar defeitos

---

(8) "**Extinção do processo por falta de negociação prévia** — O § 4º, do art. 616 da CLT, não é incompatível com o que dispõe o § 2º, do art. 114 da Constituição. Neste sentido, todas as tentativas de negociação devem ser praticadas antes da instauração do dissídio, sob pena de extinção. — Dissídio Coletivo não conhecido, para julgar extinto o processo, com base no art. 267, IV, do CPC, por não esgotamento da negociação prévia". TST — DC 51/89.7 — Ac. SDC 829/91 — 29.10.91 — Rel.: Min. Hylo Gurgel — *Revista LTr* 56-2/211 — fev. 92.

e irregularidades capazes de dificultar a apreciação do pedido, em atenção ao princípio da economia e da celeridade processual.

Segundo a jurisprudência, mesmo que seja de natureza jurídica, o dissídio coletivo, para ser suscitado, depende de autorização dada ao sindicato da categoria, pela assembleia, e de etapa negocial prévia, pois a lei não o excetua (TST-DC-316.836/96. Ac. 426/97. 20.6.97. Rel.: Min. Ursulino Santos). Há posição doutrinária em contrário (TEIXEIRA FILHO, João de Lima. *Op. cit.*, 2003, p. 1.441). Alega o autor que a negociação é dispensável, porque nesse tipo de dissídio coletivo não há criação de novas condições de trabalho.

Na impossibilidade real de encerramento da negociação coletiva em curso antes do termo final a que se refere o art. 616, § 3º, da CLT, a entidade interessada poderá formular protesto judicial em petição escrita dirigida ao Presidente do Tribunal do Trabalho, a fim de preservar a data-base da categoria, que é o dia, em cada ano, da substituição da norma coletiva anterior por novo instrumento coletivo contendo novas condições de trabalho. Há, entretanto, quem sustente a revogação do § 3º do art. 616 da CLT pela Constituição vigente (TEIXEIRA FILHO, João de Lima. *Op. cit.*, 2003, p. 1.442).

Na hipótese de o suscitante ser categoria diferenciada, deverão ser citados os sindicatos das diversas categorias econômicas às quais os integrantes da categoria diferenciada prestem serviços[(9)].

A notificação dos suscitados se faz por via postal, com a remessa de uma cópia da representação (art. 860 e 841 da CLT), devendo a audiência preliminar ser designada pelo Presidente do Tribunal, ou por sua delegação, pelo vice-presidente ou Magistrado da Seção Especializada em dissídios coletivos, dentro de 10 dias. Nessa audiência, a autoridade já mencionada proporá a conciliação, a qual poderá também ser realizada pela autoridade judiciária local, quando o dissídio for fora da sede do Tribunal. Caso não sejam aceitas as propostas de conciliação ou não comparecendo ambas as partes, serão realizadas as diligências cabíveis, ouvida a Procuradoria e, em seguida, o processo será submetido a julgamento pelo Tribunal Pleno ou pela Seção Especializada, na forma regimental (art. 864 da CLT). Daí se infere que não se aplica a revelia **nos processos de dissídio coletivo**.

Da decisão do Tribunal Regional serão intimadas as partes ou seus representantes, por meio de publicação nos órgãos oficiais, cabendo recurso ordinário em oito dias para o Tribunal Superior do Trabalho, não tendo, em regra, efeito suspensivo, pois a sentença tem eficácia imediata e, caso seja dado provimento ao apelo, não haverá restituição dos salários que já tenham sido pagos de acordo com as normas da sentença. Poderá o recurso ter efeito suspensivo, se a norma coletiva violar lei ou jurisprudência pacificada no TST (art. 14 da Lei n. 10.192, de 14 de fevereiro de 2001). Se, porém, a sentença normativa for proferida pelo TST, caberá embargos para o mesmo Tribunal, em oito dias.

---

(9) MARANHÃO, Délio. *Direito do Trabalho*. 7. ed. Rio de Janeiro: Ed. Fundação Getúlio Vargas, 1979, p. 344.

Caso haja acordo, o Presidente do Tribunal ou, por delegação, o Vice-Presidente ou outro Juiz da Seção Especializada em Dissídios Coletivos o submeterá à homologação pelos respectivos órgãos, na primeira sessão.

7. EXTENSÃO DA SENTENÇA NORMATIVA

No que diz respeito à extensão da sentença normativa, a matéria vem regulada no art. 868 e seu parágrafo único da CLT. Dispõe o citado preceito legal que, quando o dissídio coletivo versar sobre novas condições de trabalho e nele figure como parte apenas uma fração dos empregados de uma empresa, poderá o Tribunal competente, na própria decisão, estender essas condições, se julgar justo e conveniente, aos demais empregados da empresa que forem da mesma profissão dos dissidentes. Essa decisão poderá, ainda, estender-se a todos os empregados da categoria profissional compreendida na jurisdição do Tribunal, por solicitação de um ou mais empregadores ou de quaisquer de seus sindicatos, por solicitação de um ou mais sindicatos de empregados, *ex officio* pelo Tribunal prolator da decisão ou por solicitação do Ministério Público. Para isso, é preciso que 3/4 dos empregadores e 3/4 dos empregados ou os respectivos sindicatos concordem com a extensão, os quais serão ouvidos em prazo não inferior a 30 e não superior a 60 dias. Em seguida, o processo será remetido à Procuradoria e submetido a julgamento pelo Tribunal, que marcará a data em que a extensão entrará em vigor (art. 870 e 871 da CLT), e sua vigência, que não poderá ser superior a quatro anos.

8. REVISÃO DA SENTENÇA NORMATIVA

Decorrido mais de um ano da vigência da sentença normativa, caberá revisão das decisões que fixarem condições de trabalho, quando se tiverem modificado as circunstâncias que as ditaram, de modo que tais condições se hajam tornado injustas (art. 873 da CLT). A revisão, a teor do art. 874 da CLT, poderá ser promovida pelo Tribunal prolator, pela Procuradoria do Trabalho, pelas entidades sindicais, por empregador ou empregadores interessados, os quais serão sempre ouvidos no prazo de 30 dias. Depois de ouvido o Ministério Público, a revisão será julgada pelo Tribunal prolator da decisão normativa, cuja natureza é constitutiva.

9. EFICÁCIA

A eficácia da sentença normativa poderá ser examinada segundo o elemento temporal, a incidência subjetiva e a incidência territorial[(10)].

A eficácia no tempo assemelha-se à própria lei, ou seja, não retroage. Se a retroatividade da sentença normativa já suscitou discussão no passado, quando o Tribunal podia fixar a data em que a decisão deveria ser executada, hoje, a questão está pacificada, pois o art. 867, parágrafo único, da CLT estabelece que as normas e condições previstas na sentença normativa vigorarão a partir da data de sua publicação,

(10) GOMES, Orlando e GOTTSCHALK, Elson. *Op. cit.*, p. 798.

quando ajuizado o dissídio após o prazo previsto no art. 616, § 3º, ou da data do ajuizamento, quando não existir acordo, convenção ou sentença normativa em vigor; a partir do dia imediato ao termo final de vigência do acordo, da convenção ou da sentença normativa, quando ajuizado o dissídio no prazo previsto no art. 616, § 3º, da CLT, ou seja, dentro de 60 dias anteriores ao termo final da norma coletiva vigente.

Feitas essas considerações, e principalmente tendo em vista que a sentença normativa é uma fonte de direito de origem estatal, hierarquicamente inferior à lei, não poderá produzir efeitos retroativos. Veja-se, a propósito, a orientação jurisprudencial[(11)]. O TST tem autorizado, entretanto, que as diferenças salariais deferidas em sentença normativa sejam devidas a partir do ajuizamento do dissídio coletivo, quando instaurado após a data-base, ou seja, originário, a fim de evitar distorções decorrentes do período de tramitação do processo.

Quanto ao termo final, dispõe o art. 868, parágrafo único da CLT que o prazo não pode ser superior a quatro anos, sendo que após um ano da sentença poderá ser revista, em face das modificações das circunstâncias que a ditaram e visando sempre ao equilíbrio econômico das prestações contratuais. Assim vê-se que a cláusula *rebus sic stantibus* é aplicável, nos casos de excessiva desproporção das prestações, somente após o primeiro ano de vigência da sentença normativa[(12)].

Considerando-se a possibilidade de revisão, é frequente a opinião segundo a qual as sentenças proferidas em dissídio coletivo não produzem o efeito da coisa julgada.

Os efeitos que a sentença normativa tiverem produzido durante sua vigência são imutáveis no aspecto comumente intitulado coisa julgada material (Wilson de Souza Campos Batalha). Sob esse prisma, pode-se falar em eficácia negativa da coisa julgada (Nicola Jaeger), a qual consiste na proibição de que o Juiz torne a decidir a mesma controvérsia já decidida, proibição, em tese, prevista pelo art. 836 da CLT.

Por outro lado, é de se esclarecer que, se a possibilidade de revisão excluísse a coisa julgada, os efeitos da sentença de revisão seriam retroativos (*ex tunc*). Ora, como se sabe, a revisão dispõe para o futuro (*ex nunc*). A revisão é uma nova ação; para uns, dispositivo-constitutiva; para outros, declaratória-dispositiva. Ela não é recurso, pois se o fosse, as partes teriam que se dirigir à instância superior e os efeitos seriam *ex tunc*.

Outro aspecto da eficácia no tempo diz respeito aos efeitos dos recursos interpostos contra as sentenças normativas. Trata-se de saber se a sentença normativa tem eficácia imediata. O problema sempre suscitou controvérsia.

Os recursos, na sistemática processual trabalhista, têm, em regra, efeito devolutivo (art. 899 da CLT). Com o Decreto-Lei n. 9.070, de 15 de março de 1946, discutiu-se o efeito dos recursos interpostos nos processos de dissídio coletivo.

---

(11) "A sentença normativa editada posteriormente à rescisão contratual não pode afetá-la, em respeito ao ato jurídico perfeito". TRT — 12ª Reg. 2ª T. (Ac. 6332/93). Relª: Juíza Pina Mugnaine. DJSC 3.12.93.

(12) GOMES, Orlando e GOTTSCHALK, Elson. *Op. cit.*, p. 799.

Acontece que, posteriormente, com o advento da Lei n. 4.725, de 1965, seu art. 6º atribuiu efeito devolutivo aos recursos interpostos de sentenças normativas, tendo o art. 9º da Lei n. 7.701, de 1988, admitido e limitado a eficácia do pedido de efeito suspensivo ao prazo improrrogável de 120 dias contados do despacho do Presidente do TST. Com a Lei n. 7.788, de 1989, seu art. 7º impediu o efeito suspensivo, em qualquer circunstância. Revogada esta lei pela de n. 8.030, de 1990, "abriu-se um hiato legislativo sobre o procedimento do efeito suspensivo". Entretanto, o TST o assegurou, obliquamente, na prática, concedendo Mandado de Segurança contra ordem liminar que tornava efetiva a sentença normativa e acolhendo cautelar inominada para dar efeito suspensivo ao recurso interposto, em face da sentença normativa proferida(13).

A requerimento da parte interessada e desde que a sentença normativa tenha sido proferida contra a lei ou jurisprudência pacificada do TST, "o recurso interposto de decisão normativa da Justiça do Trabalho terá efeito suspensivo" (art. 14 da Lei n. 10.192, de 2001).

Dessa forma, ainda que pendente de recurso, os efeitos da sentença normativa são, em regra, devolutivos (art. 899 da CLT), podendo, entretanto, o Presidente do TST dar-lhe efeito suspensivo, como já salientado.

Outro problema relativo à eficácia das sentenças normativas refere-se ao fato de se saber se o dissídio de natureza jurídica, cuja sentença é meramente declaratória, interrompe a prescrição quanto às reclamatórias individuais ajuizadas com base em normas preexistentes, em que a interpretação se postula. Sabe-se que a declaração, no caso, retroagirá à data em que nasceu o direito e, se da violação desse direito nasceu o direito a uma reclamação individual, na qual se ventilam interesses concretos, que podia ser desde logo ajuizada (embora se compreenda que o sindicato tenha preferido o dissídio coletivo, para evitar julgamentos contraditórios em reclamações individuais), é claro que o ajuizamento do dissídio coletivo não interromperá a prescrição das reclamatórias individuais(14).

Outro elemento da eficácia da sentença normativa diz respeito **aos limites individuais** dos que são por ela abrangidos, ou seja, sua dimensão profissional. Sabemos que as sentenças normativas estendem-se aos integrantes das categorias dissidentes, independentemente de serem ou não associados do sindicato **e até aos próprios empregados dos sindicatos suscitantes (art. 10 da Lei n. 4.725, de 1965)**.

Resta-nos, agora, examinar o último elemento da eficácia da sentença normativa, que se refere à sua **incidência territorial**. Essa eficácia limita-se ao território de jurisdição do TRT. Quando o dissídio coletivo excedê-lo, por suas dimensões profissional e territorial, compete ao TST processá-lo e julgá-lo (art. 896, "b", da CLT).

Quanto aos efeitos posteriores, as condições de trabalho alcançadas por força de sentença normativa vigoram no prazo assinado (**Súmula n. 277 do TST**).

---

(13) TEIXEIRA FILHO, João de Lima. *Instituições de Direito do Trabalho*. São Paulo: LTr, 16. ed., 2. v., p. 1.358.
(14) MARANHÃO, Délio. *Direito do Trabalho*. Rio de Janeiro: Fundação Getúlio Vargas, 1979, p. 343.

À luz do § 2º do art. 114 da Constituição, introduzido pela Emenda Constitucional n. 45, de 2004, a Justiça do Trabalho, ao decidir o dissídio coletivo, deverá "respeitar as disposições mínimas legais de proteção ao trabalho, bem como as convencionadas anteriormente". Isso significa que as conquistas legais e outras obtidas por convenção ou acordo coletivo deverão ser mantidas na sentença normativa.

10. NATUREZA JURÍDICA DA SENTENÇA NORMATIVA

Em geral, quando deparamos com um fato novo, temos a tendência de procurar explicá-lo, identificando-o com outro já existente. O jurista também age dessa forma. Logo, em face da sentença normativa, procura-se saber qual é a sua natureza, já que, em vez de aplicar o Direito ao caso concreto, a sentença normativa acaba por criá-lo. Em consequência, não se discute o fato de tratar-se de um ato de jurisdição, pois toda vez que a ordem jurídica autoriza a composição processual dos conflitos de interesse, seja mediante a aplicação do direito preexistente ou por meio da formação de comandos jurídicos, a atividade do Estado, na composição do litígio, será jurisdicional, como bem sintetiza Délio Maranhão[15].

Ocorre que os efeitos da sentença normativa são *erga omnes*, estendem-se a todos os integrantes da categoria, o que a aproxima da lei, em sentido material. Deferida ao Tribunal competência para prolatar sentença normativa, tem lugar aí, como observa Passarelli, uma atividade formalmente jurisdicional e materialmente legislativa. Trata-se, pois, de ato jurisdicional, com eficácia normativa.

11. AÇÃO DE CUMPRIMENTO

Proferida a sentença normativa ou celebrado um acordo no processo de dissídio coletivo, o instrumento normativo deve ser cumprido. Se uma das empresas pertencentes à categoria econômica representada pelo sindicato suscitado deixar de cumprir a decisão proferida, no processo de dissídio coletivo ou em acordo celebrado nesse processo, a reclamação correspondente assumirá a feição de dissídio individual, ainda que plúrimo, cuja apreciação compete às Varas do Trabalho ou ao Juiz de Direito investido de jurisdição trabalhista. Trata-se de ação de cumprimento prevista no art. 872 e parágrafo único da CLT, que poderá ser ajuizada pelos empregados ou seus sindicatos, estes, na condição de substituto processual, independentemente de outorga de poderes de seus associados, juntando certidão da decisão que se pretende fazer cumprir. Na ação de cumprimento é vedado questionar sobre matéria de fato e de direito já apreciada na decisão normativa. Consideramos lícito aos substituídos integrar a lide, como assistente litisconsorcial, podendo acordar, transigir e renunciar, independentemente de anuência do substituto. Quando o sindicato for o autor da ação, na condição de substituto processual, não serão devidos honorários advocatícios, na forma da Lei n. 5.584, de 1970, que os prevê apenas quando ele atua como assistente. Saliente-se que é dispensável o trânsito em julgado da sentença normativa para a

(15) MARANHÃO, Délio. *Op. cit.*, p. 341.

propositura da ação de cumprimento, na forma da **Súmula n. 246 do TST**, baseada na Lei n. 4.725, de 13 de julho de 1965, não revogada expressamente[16].

O prazo de prescrição com relação à pretensão objeto da ação de cumprimento de decisão normativa flui apenas a partir da data de seu trânsito em julgado, a teor do disposto na **Súmula n. 350 do TST**.

12. DISSÍDIO COLETIVO NO SERVIÇO PÚBLICO

A Constituição de 1988, em seu art. 5º, XVIII, assegurou a liberdade de associação, vedada a de caráter paramilitar, ou seja, as "corporações associativas armadas de natureza religiosa, ideológica, patriótica, etc."[17]. Mais adiante, no art. 37, VI, garante ao servidor público civil o direito à livre associação sindical e, no inciso VII, assegura-lhe o direito de greve, que será exercido nos termos e limites definidos em lei específica. Desses direitos estão excluídos expressamente os servidores militares (art. 142, inciso IV, da Constituição da República de 1988).

Os incisos VI e VII do art. 37 do texto constitucional representaram um avanço considerável em relação à CLT, que, no art. 566, proibia a sindicalização aos servidores do Estado e das instituições paraestatais.

Ocorre que, com a Lei n. 8.112, de 11 de dezembro de 1990, instituiu-se o regime jurídico único para os servidores da Administração Pública direta, das autarquias e fundações públicas. As alíneas "d" e "e" de seu art. 240 foram declaradas inconstitucionais pelo Supremo Tribunal Federal, em 12 de novembro de 1992, ao julgar ação direta de inconstitucionalidade proposta pelo Procurador-Geral da República, retirando-se desses servidores o direito de negociação coletiva e de ajuizamento de dissídio individual e coletivo em face da Justiça do Trabalho, assegurado nas respectivas alíneas[18].

13. DISSÍDIO COLETIVO E TRABALHO DOMÉSTICO

A Constituição da República de 1988 não arrolou expressamente entre os direitos assegurados aos domésticos os acordos, tampouco as convenções coletivas, e tanto é assim que o art. 7º, parágrafo único, não incluiu em seu contexto o inciso XXVI do referido artigo. Com base nesse argumento, e também sob o fundamento de que a atividade doméstica não poderá ser considerada atividade econômica, o TST[19] tem

(16) OLIVEIRA, Francisco Antônio de. *Comentários aos Enunciados do TST*. 4. ed. São Paulo: Revista dos Tribunais, p. 619.

(17) CHIARELLI, Carlos. *Trabalho na Constituição*. São Paulo: LTr, 1990, *passim*.

(18) Em consonância com esse entendimento são os Precedentes do TST, entre eles o RO DC 347442/97. Ac. 1028/97, DJ 26.9.97 — Rel.: Min. Ursulino Santos.

(19) "**Dissídio coletivo. Sindicato de trabalhadores domésticos. Impossibilidade jurídica**. A categoria dos trabalhadores domésticos é, ainda, uma categoria limitada no que tange a direitos coletivos e individuais, não lhe tendo sido assegurado, no que tange àqueles, o reconhecimento dos acordos e convenções coletivas (art. 7º, parágrafo único, da Carta Magna), o que afasta, por incompatibilidade lógica, a possibilidade de negociação coletiva e, finalmente, de chegar-se ao estágio final do ajuizamento da ação coletiva (art. 114, § 2º). Recurso ordinário desprovido". TST-RO-DC 112.868/94.7 — Ac. SDI 1.271/94, 17.10.94 — Rel.: Min. Manoel Mendes de Freitas. *Revista LTr* 59-1/51.

sustentado a impossibilidade de negociação coletiva (art. 8º, VI, da Constituição da República de 1988) ao sindicato dos trabalhadores domésticos, negando-lhes o direito ao ajuizamento de dissídio coletivo, por impossibilidade jurídica.

Note-se, entretanto, que o direito de sindicalização tem sido exercido pelos domésticos. Embora não lhes tenha sido assegurado de forma expressa, esse direito lhes é reconhecido implicitamente, pois, além de a Constituição da República não proibi-lo, como o fez com relação ao militar (art. 142, IV), o art. 5º, XVII, assegura aos brasileiros e aos estrangeiros a plena liberdade de associação para fins lícitos, vedando apenas a de caráter paramilitar. Ora, a liberdade de sindicalização é mero corolário desse direito. Da mesma forma, no tocante à greve, também não há reconhecimento expresso desse direito, mas inexiste vedação constitucional, a qual se restringe aos militares (art. 142, IV); logo, compete aos domésticos exercê-lo, se considerarem conveniente[20].

(20) FRANCO FILHO, Georgenor de Sousa. A revisão constitucional e o empregado doméstico. *Jornal Trabalhista*, Brasília, ano XI, n. 489, 24.1.1994, p. 93.

CAPÍTULO VI

CONDUTAS ANTISSINDICAIS

1. CONCEITO

O tema deste estudo é interdisciplinar, pois envolve questões ligadas ao Direito Sindical, ao Direito Internacional, ao Direito Comparado, ao Direito Processual e, principalmente, ao Direito Constitucional.

Para equacionar bem o objeto deste estudo, convém lembrar que a Constituição da República de 1988 assegura, no seu art. 8º, a liberdade de associação profissional ou sindical, a qual compreende não apenas o direito de constituir sindicato e de nele ingressar ou dele retirar-se, mas também o exercício das atividades sindicais, em sentido amplo. Para tornar efetivo o exercício desse direito subjetivo e eficaz o desenvolvimento da atividade sindical, os ordenamentos jurídicos, em geral, proíbem os **atos antissindicais**. O principal valor a ser protegido aqui é a liberdade sindical, que está exposta a vários tipos de lesão, gerando inúmeros comportamentos suscetíveis de serem enquadrados como antissindicais.

O conceito de **conduta antissindical** é amplo e abrange os atos que "prejudicam indevidamente um titular de direitos sindicais no exercício da atividade sindical ou por causa desta ou aqueles atos mediante os quais lhe são negadas, injustificadamente, as facilidades ou prerrogativas necessárias ao normal desempenho da ação coletiva"(1).

Nem sempre o termo conduta **antissindical** vem inserido nas legislações. Por ser ele mais abrangente, compreende o chamado "**foro sindical**", utilizado pelo Direito Coletivo do Trabalho de alguns países da América Latina, como Venezuela e Colômbia, e também as **"práticas desleais",** que remontam à lei de 1935, dos EUA(2).

De início, o "**foro sindical"** compreendia apenas as medidas de proteção ao dirigente de sindicato. Posteriormente, estendeu-se a outros empregados que desenvolvem uma ação sindical, gremial ou coletiva e, finalmente, "tende a incluir as prerrogativas ou facilidades que são concedidas a dirigentes e representantes sindicais ou, eventualmente, aos trabalhadores em geral, para facilitar, promover ou fomentar a atividade gremial"(3).

---

(1) ERMIDA URIARTE, Oscar. *A proteção contra os atos antissindicais*. São Paulo: LTr, 1989, p. 35.

(2) Codigo del trabajo. Ediciones Siena, 1994.

(3) ERMIDA URIARTE, Oscar. *A proteção contra os atos antissindicais*. São Paulo: LTr, 1989, p. 10. Trad. Irany Ferrari.

A propósito, o atual Código do Trabalho da **Venezuela** assegura aos trabalhadores que gozam de **foro sindical** a garantia de emprego, proibindo-lhes a dispensa, a transferência ou a alteração prejudicial nas condições de trabalho. Estão compreendidos no âmbito do foro sindical não só os **dirigentes sindicais, mas também os trabalhadores que aderirem a um sindicato em formação e os que estiverem na fase de negociação coletiva ou de tramitação de um conflito de trabalho** (art. 450, 451 e 459).

Por outro lado, as "**práticas desleais**", cuja origem encontra-se na Lei de Wagner, dos EUA, de 1935, são determinadas condutas patronais, entre elas atos de ingerência nas organizações dos trabalhadores, obstrução do exercício dos direitos sindicais, atos de discriminação antissindicais e recusa de negociar coletivamente, hipóteses ampliadas pela jurisprudência. Aponta-se como um dos traços distintivos entre o "foro sindical" e as "práticas desleais" a bilateralização ocorrida nestas e, em geral, ausente naquele, cuja técnica é unilateral, fruto de legislação escrita de cunho tutelar.

Há legislações, como a **do Chile,** que identificam **os atos antissindicais com as práticas desleais.**

Finalmente, há os chamados **atos de discriminação antissindical e atos de ingerência,** expressões utilizadas pela **Convenção Internacional n. 98 da OIT**, ratificada pelo Brasil.

Os **atos de discriminação antissindical** dirigem-se a um ou a vários trabalhadores, embora reúnam valores individuais ou coletivos, enquanto os **atos de ingerência** dirigem-se mais diretamente à organização profissional.

Sustenta a doutrina[(4)] que a expressão **atos antissindicais** é preferível, porque engloba o **foro sindical**, os atos de **discriminação antissindical**, os **atos de ingerência** e **as práticas desleais**, coincidindo com a evolução desses conceitos, cuja tendência é estender seu campo de aplicação a outras condutas, além daquelas originárias, que implicam violação de direitos do dirigente sindical. Ademais, o ato antissindical tem seu alcance ampliado quando se elimina o termo discriminação, o qual pressupõe ruptura com o princípio da igualdade, pois o ato antissindical poderá ir além e abranger, por exemplo, até mesmo o tratamento de favor, atribuído pelo empregador a um dirigente, mas com conotação de suborno.

2. MECANISMOS DE TUTELA

Para garantir o respeito ao direito de sindicalização, a Convenção n. 98 da OIT prevê mecanismos de **prevenção**, de **reparação** e **outros**, entre eles a aplicação de medidas de natureza penal e a autotutela coletiva.

O mecanismo de **prevenção** tende a impedir que o ato antissindical se concretize, sendo o mais divulgado aquele que condiciona a validade do ato à comunicação ou à autorização prévia de determinado órgão, que poderá ser judicial, administrativo, sindical ou conselho de empresa. Utiliza o mecanismo judicial a Colômbia, quando,

(4) ERMIDA URIARTE, Oscar. *Op. cit.*, p. 16.

no art. 408 do Código do Trabalho, dispõe "que o Juiz negará a autorização ao empregador para despedir um trabalhador amparado pelo foro sindical, ou para transferi-lo, se não comprovar a existência de uma justa causa...".

Já os meios de **reparação** consistem em declarar a nulidade do ato, com a consequente reintegração do empregado, ou então em converter os seus efeitos em indenização. **A doutrina espanhola** considera que o simples efeito anulatório do ato lesivo é insuficiente para restabelecer a integralidade desse direito fundamental, que é a liberdade sindical. Sugere, para neutralizar a conduta antissindical, uma sanção (indenização por dano moral) que seja pelo menos igual ao prejuízo causado, do contrário ficará comprometida a efetividade desse direito fundamental.

São também apontados como meios de **reparação** os **procedimentos cautelares** e **antecipação de tutela** visando a suspender os efeitos do ato antissindical. Aliás, o art. 659, X, da CLT, acrescentado em 1996, traduz um exemplo típico desse mecanismo de reparação.

Nos EUA, as sanções compreendem ainda a **publicidade,** nos locais de trabalho ou em jornais, das **decisões administrativas ou judiciais sobre atos de discriminação** antissindicais, para que o fato seja divulgado e cessem as condutas dessa natureza.

Os ordenamentos jurídicos preveem também, além da **sanção administrativa** (multas), como ocorre no Brasil (art. 553 da CLT) e na Itália (art. 28 da Lei n. 300, de 1970), a **sanção penal** (art. 461-3 do Código do Trabalho da França).

A Convenção n. 98 da OIT acrescenta como meio de proteção sindical a **autotutela coletiva**, que consiste em regular a proteção da atividade sindical por meio de convenção coletiva, suprindo a lacuna da legislação(5).

3. OS AGENTES DA CONDUTA ANTISSINDICAL

Os agentes da conduta antissindical, geralmente, são os **empregadores** ou as suas **organizações**, admitindo-se, entretanto, que o **Estado**, quer como empregador, quer como legislador, também incorra na prática desses atos.

As próprias **organizações de trabalhadores** podem praticar atos antissindicais contra os empregados ou seus sindicatos. E assim é que os sindicatos, em determinados momentos, têm visto nas cooperativas ou em outras instituições uma forma de desestimular a sindicalização(6).

As **entidades sindicais que congregam trabalhadores** também poderão praticar atos antissindicais, prejudicando o trabalhador, outro sindicato, o empregador ou suas organizações.

Até mesmo o empregado, excepcionalmente, pode praticar uma conduta antissindical, quando, por exemplo, o dirigente de sindicato força uma rescisão indireta para receber o FGTS e indenização por dano moral(7).

(5) ERMIDA URIARTE, Oscar. *Op. cit.*, p. 52.

(6) ERMIDA URIARTE, Oscar. *Op. cit.*, p. 39.

(7) "**Rescisão indireta**. A ocorrência de incidente isolado entre o empregado e seu encarregado, no qual este, no calor da discussão, empurra aquele, sem ocasionar-lhe lesão, chamando-o de "babaca" e "palhaço", fato presenciado

Entre os diversos agentes da prática de ato antissindical destaca-se o empregador, "estruturalmente propenso à materialização de condutas antissindicais". Ele é considerado o "infrator potencial da liberdade sindical"(8), ainda que indiretamente, por meio de seus prepostos.

4. MANIFESTAÇÃO DOS ATOS ANTISSINDICAIS

Os atos antissindicais manifestam-se por intermédio de diversos meios e em vários momentos da relação de emprego, inclusive na fase pré-contratual. Assim, a principal medida que um ordenamento jurídico pode consagrar para dar efetividade ao preceito contido no art. 5º, XVIII, da Constituição, é proibir o empregador de fazer qualquer indagação ao candidato ao emprego acerca de sua filiação ou atuação sindical. Daí a doutrina espanhola admitir que o empregado possa até prestar informações incorretas ou omitir-se acerca de sua situação sindical(9).

Uma das formas mais perigosas e insidiosas de discriminação é aquela exercida pelos empregadores sobre os trabalhadores, na fase pré-contratual, recusando-se a admiti-los no emprego, em decorrência de sua filiação ou atividade sindical. Sob um certo aspecto, essa situação se acentua se atentarmos para a escassez dos mecanismos de proteção, em relação às condutas da mesma natureza, praticadas após a contratação. A insuficiência dessa proteção reside, de início, na dificuldade da prova da antissindicalidade, que, na fase pré-contratual, poderá estar amparada em causas aparentemente lícitas. Esse fato se agrava, considerando-se que a contratação de um empregado manifesta-se em um contexto discricionário, capaz de conduzir a uma vertente psicológica e subjetiva de difícil controle, colocando o empregador em posição inicialmente vantajosa.

4.1. Competência

Outro problema está relacionado com a questão da **competência** para apreciar a matéria da responsabilidade pré-contratual, sendo indiscutível a competência da Justiça do Trabalho, quando a conduta antissindical ocorre durante a relação de emprego.

Afirmam alguns autores que, se o dano ocorreu na fase de seleção de pessoal, falece competência à Justiça do Trabalho para apreciar a questão, devendo a matéria ser julgada pela Justiça comum, uma vez que a relação de emprego não chegou a se estabelecer(10).

---

apenas por pessoa que sequer trabalhava no estabelecimento reclamado, não constitui ofensa à integridade física e à honra do empregado capaz de autorizar a rescisão indireta, sobretudo quando resta demonstrado que não se tornou penosa, difícil ou insuportável a continuação da relação de trabalho entre as partes, pois o citado encarregado não mais integra o quadro de empregados da empresa. A todos estes fatos acresce a circunstância de o autor ser dirigente sindical portador de estabilidade provisória, a qual só autoriza a ruptura do vínculo por falta efetivamente grave capaz de inviabilizar o prosseguimento do liame empregatício". TRT — 3ª Região 2ª T. — RO-15318/01 — julgado em 12.12.01 — Relª: Juíza Alice Monteiro de Barros.

(8) VALDEOLIVAS GARCIA, Yolanda. *Antisindicalidad y relaciones de trabajo* (un estudio de la conducta antisindical en la empresa). Madrid: Ediciones de la Universidad Autónoma, 1994, p. 26.

(9) GOÑI SEIN, Jose Luis. *El respeto a la esfera privada del trabajador*. Madrid: Civitas, 1988.

(10) TEIXEIRA FILHO, João de Lima. O dano moral no Direito do Trabalho. *Revista LTr* 60-9/1179. DALAZEN, João Oreste. Indenização civil de empregado e empregador por dano patrimonial ou moral. *Revista de Direito do Trabalho*, n. 77, p. 49.

Outros, aos quais nos filiamos, concluem pela competência da Justiça do Trabalho, também quando o dano ocorre na fase pré-contratual.

O dever de ressarcimento, nesses casos, funda-se na teoria da culpa *in contrahendo* ou responsabilidade pré-contratual, com a qual Jhering visou a tutelar a confiança recíproca, que deve nortear o comportamento das partes desde a fase das negociações preliminares. O fundamento dessa responsabilidade reside no dever de agir consoante o princípio da boa-fé objetiva, que incide no direito obrigacional, atuando como norma de conduta social, segundo a qual as pessoas devem se comportar com lealdade recíproca nas relações sociais, enquanto a boa-fé subjetiva cinge-se ao campo dos direitos reais[(11)].

Corroboram nossa assertiva Délio Maranhão[(12)], Amauri Mascaro Nascimento[(13)] e Christovão Piragibe Tostes Malta[(14)].

A doutrina estrangeira também assevera que não é inconveniente aplicar os princípios da responsabilidade pré-contratual elaborados pelo Direito Civil para os casos em que, em virtude da atitude de uma das partes, configuradora de um claro abuso de direito, se produza um dano com a frustração do contrato de trabalho[(15)]. Dá-se, na hipótese, "abuso da liberdade de não contratar", que constitui abuso de direito[(16)]. A consequência será o ressarcimento do dano emergente (gastos realizados), como também do lucro cessante que poderia ser obtido em outra contratação que não se concretizou, dada a frustração da negociação anterior, sem prejuízo da compensação pelo dano moral acaso verificado[(17)].

Iniciada a relação de emprego, a possibilidade que o empregador tem de praticar atos antissindicais persiste, compreendendo atuações positivas ou omissivas, desde o período de experiência até o momento imediatamente anterior ao término do contrato.

5. PROVA

Para facilitar a prova da conduta antissindical, tem-se sugerido a inversão **dos ônus**, transferindo para o empregador a demonstração de que os indícios existentes sobre a discriminação são infundados e de que existe razoabilidade para não contratar o empregado, ao invés de impor ao obreiro **a prova** do comportamento antissindical[(18)]. A esses fatos acresce a circunstância de que a sanção efetiva para essas práticas

(11) CAPPELARI, Récio Eduardo. *Responsabilidade pré-contratual*. Porto Alegre: Livraria do Advogado, 1995, p. 76. Do mesmo modo: ARAÚJO, Francisco Rossal de. *A boa-fé no contrato de trabalho*. São Paulo: LTr, 1996, p. 38; ROMAN GARCIA, Antonio. *El precontrato. Estudio dogmático y jurisprudencial*. Madrid: Editorial Montecorvo, 1982, p. 419.

(12) *Instituições de Direito do Trabalho*. 12. ed. v. 1. São Paulo: LTr, p. 241.

(13) *Iniciação ao Direito do Trabalho*. 15.ed. São Paulo: LTr, p. 130.

(14) *Prática do Processo Trabalhista*. São Paulo: LTr, 1989, 19. ed., p. 253.

(15) VAZQUEZ VIALARD, Antonio. *La responsabilidad en el derecho del trabajo*. Buenos Aires: Astrea, 1988, p. 157. VALDEOLIVAS GARCIA, Yolanda. *Op. cit.*, p. 73-74.

(16) Cf. Llambías, *Tratado. Obligaciones*, T. I, p. 224 y ss. citado por VAZQUEZ VIALARD, Antonio. *La responsabilidad en el derecho del trabajo*. Buenos Aires: Astrea, 1988.

(17) VAZQUEZ VIALARD, Antonio. *Op. cit.*, p. 157.

(18) VALDEOLIVAS GARCIA, Yolanda. *Op. cit.*, p. 66.

discriminatórias é a indenização por dano material e/ou moral, a que alude o art. 5º, X, da Constituição da República de 1988. Nem mesmo a mera declaração de nulidade desse ato seria eficaz à restituição do direito violado, pois não equivale à decisão de contratar, substituindo a vontade do empregador. Exatamente para tornar essa tutela mais eficaz, sugere-se[19] a inserção, em convenção coletiva, de cláusula de contratação automática do candidato que tenha sido vítima de conduta antissindical, no momento da admissão no emprego.

Por outro lado, se a conduta antissindical se manifesta no curso da relação de emprego, a doutrina[20] vem sustentando que, comprovada a lesão à liberdade sindical, o dano moral se presume. Essa presunção, segundo a jurisprudência espanhola, é absoluta[21], pois o que ocorreu, na hipótese, foi a lesão a um direito fundamental, e o dano causado não é suscetível, em princípio, de quantificação.

6. A CONDUTA ANTISSINDICAL NA LEGISLAÇÃO ESTRANGEIRA

A legislação de muitos países considera nulos todos os atos que visam a subordinar a contratação de um trabalhador à condição de este aderir ou não a um sindicato ou de desligar-se dele. São igualmente nulas as dispensas de dirigentes, e a discriminação quanto às funções, transferências, medidas disciplinares ou outros comportamentos que ocasionem prejuízos ao trabalhador em decorrência de sua filiação ou atividade sindical, bem como de sua participação em greve.

Na hipótese de despedida injusta, advinda de ato antissindical, várias legislações determinam a reintegração do empregado, podendo o Juiz autorizá-la liminarmente, baseando-se em informações sumárias. As decisões serão motivadas e ensejam recurso, porém sem efeito suspensivo, como ocorre na Itália (art. 28 do Estatuto do Trabalhador Italiano).

A doutrina italiana assevera que a adoção dessas regras processuais "foi inspirada na necessidade de se garantir a tempestividade da intervenção jurisdicional, pois, em matéria de relações sindicais, tempestividade é sinônimo de efetividade"[22]. O legislador italiano introduziu também um sistema de coação indireta, pois, se o empregador não cumprir a decisão judicial, incorrerá em sanção penal (art. 650 do Código Penal Italiano), **traduzida por prisão de até três meses ou indenização.**

Na Espanha, a Lei Orgânica de Liberdade Sindical — LOLS (art. 15) e a Lei de Procedimento Laboral (art. 180 1.1) estabelecem as medidas que o Juiz do Trabalho deve adotar quando for reconhecida a violação à liberdade sindical. Essas medidas compreendem a ordem de "cessar imediatamente o comportamento antissindical, repor a situação ao momento anterior, assim como reparar as consequências derivadas do ato, incluída a indenização".

---

(19) ALIPRANTIS, N. *La place de la convention collective dans la hiérarchie des normes*. Paris: LGDJ, 1980, p. 117.

(20) GOÑI SEIN, José Luis. *Op. cit.*, 1996, p. 21.

(21) Tribunal Supremo, sentença de 9 de junho de 1993 (art. 4.553), citada por GOÑI SEIN, José Luis. *Op. cit.*, 1996, p. 20.

(22) GIUGNI, Gino. *Direito Sindical*. São Paulo: LTr, 1991, p. 89.

Assinala a doutrina[23] que o sistema da tutela da liberdade sindical não se esgota com a simples anulação do ato antissindical, exigindo a remoção completa das suas consequências.

E como ficam as situações jurídicas criadas por essas condutas em relação a terceiro de boa-fé? O Tribunal Constitucional da Espanha limita os efeitos da declaração de nulidade dessas condutas, não a estendendo a direitos e obrigações criados em relação a terceiro, que não tenha vinculação direta com a tutela do direito violado. E assim é que, em um caso concreto, em que o sindicato foi excluído ilegitimamente da negociação de uma convenção coletiva, não se outorgou eficácia retroativa à declaração de nulidade do ato de constituição da comissão negociadora e manteve-se a validade jurídica das situações produzidas pelo acordo coletivo firmado (STC n. 73/1984). O Tribunal Constitucional visou a preservar a segurança jurídica e a boa-fé nas relações laborais que estavam sujeitas e regidas pelo convênio pactuado, evitando perturbação aos direitos e interesses de terceiros.

Para eliminar os efeitos provenientes da conduta antissindical, a legislação espanhola prevê uma reparação econômica do dano, que é uma espécie de sanção civil.

Sustenta-se que, não obstante, o Tribunal Constitucional da Espanha vem, progressivamente, restringindo a margem de viabilidade das indenizações no recurso de amparo. Sucede que o Tribunal Europeu de Direitos Humanos, na forma do art. 50 da Convenção Europeia, "que protege os direitos do homem e as liberdades fundamentais", autoriza o pagamento da indenização, ante a impossibilidade de restituir, de forma específica, o direito violado.

A tutela reparadora propõe-se a restituir a confiança ou credibilidade na ação sindical e, ainda, o objetivo profilático de conservação do estado de liberdade sindical.

Com o pagamento da indenização pretende-se, também, devolver ao sindicato as armas e os instrumentos de tutela de seus direitos. Cumpre, portanto, uma função recuperadora das formas de exercício da liberdade sindical, pois leva em consideração o efeito psicológico negativo, e a desmoralização que causam na vítima (dirigentes sindicais e massa social) certas medidas de limitação ou privação da liberdade sindical.

7. CONDUTAS ANTISSINDICAIS NO BRASIL

No Brasil, a liberdade de associação, como vimos, é reconhecida pelo texto constitucional. Entretanto, nossa legislação ordinária, por enquanto, não contém uma seção intitulada "foro sindical", "práticas desleais" ou "condutas antissindicais", mas há seção que trata dos direitos dos sindicalizados.

No art. 543 da CLT, assegura-se estabilidade provisória aos empregados que exercem cargo de representação sindical ou administração profissional, inclusive junto a órgão de deliberação coletiva, ainda que suplentes. Essa garantia implica a

(23) GOÑI SEIN, José Luis. *La indemnización por daños derivados de la conducta antisindical. Colección Jurisprudencia Práctica*. Madrid: Tecnos, 1996.

impossibilidade de dispensa desses empregados, desde o momento do registro da candidatura aos citados cargos e, se eleitos, até um ano após o término do mandato. Excetua-se da proibição a dispensa por falta grave reconhecida em inquérito, a teor da **Súmula n. 197 do STF**.

Importante ressaltar que a jurisprudência do TST começa a se inclinar no sentido de estender a estabilidade provisória ao dirigente sindical, mesmo que seu sindicato ainda não esteja registrado no Ministério do Trabalho. O relator do acórdão referente ao RR-739.329/2001, que tramitou perante a 2ª Turma do TST, destacou o fato de a Constituição (art. 8º) afastar a intervenção estatal para a criação, o surgimento e a validade da entidade sindical, exigindo apenas a base territorial municipal. Lembra também que o Supremo Tribunal Federal não considera o registro no órgão essencial para o reconhecimento de entidade sindical. Além disso, segundo o relator, se a Constituição e a CLT protegem o trabalhador a partir do registro de sua candidatura à direção do sindicato, mais necessário ainda se faz a proteção quando o sindicato se encontra em fase de formação. Em consequência, o TST[24] reconheceu aos dirigentes da entidade sindical ainda não registrada no Ministério do Trabalho o direito à reintegração, com o pagamento dos salários atualizados desde a dispensa até o efetivo retorno.

A garantia assegurada ao dirigente sindical tem em mira evitar que a representação fique comprometida pela represália patronal, ou se veja ele desguarnecido quando termina o mandato; o período de garantia fixado pela lei tende a eliminar qualquer aspereza ou dissensão que, porventura, tenha ocorrido durante a gestão.

A par da estabilidade provisória assegurada, o referido dispositivo legal proíbe ainda a transferência desse empregado e qualquer obstáculo que o impeça de exercer as atribuições sindicais.

Até há alguns anos nós não tínhamos uma sanção eficaz, capaz de garantir a tempestividade da tutela jurisdicional ao dirigente de sindicato, pois a jurisprudência que predominava na mais alta Corte trabalhista desautorizava liminar de reintegração desse dirigente, por considerar a medida satisfativa[25]; por outro lado, a tutela preventiva esbarrava na ausência de prova inequívoca de verossimilhança, exceto quando a dispensa do dirigente se verificasse sumariamente, sem inquérito. Ocorre que, a partir de 1996, o legislador inseriu no art. 659, da CLT, o inciso X, atribuindo competência ao Juiz presidente da Vara do Trabalho para "conceder liminar até decisão final do

---

(24) RR-739.329/2001, 2ª Turma, Rel.: Juiz Convocado José Pedro de Camargo, julgado em 5.9.2001, publicado no DJU de 9.11.2001, p. 734.

(25) "**Segurança concedida para cassar a liminar de reintegração**. Na forma do § 3º do art. 543 da CLT, o empregado dirigente sindical só pode ser demitido mediante inquérito judicial para apuração de falta grave. Em sendo assim, pode o empregador suspender previamente o empregado para ajuizar o inquérito judicial (art. 494 da CLT). A concessão de liminar em ação cautelar proposta pelo empregado suspenso para inquérito judicial determinando sua reintegração imediata no emprego, com direito a salários, fere o direito líquido e certo da impetrante de usar da faculdade de suspender seu empregado para ajuizar inquérito judicial. Segurança concedida para cassar a liminar de reintegração". TST-RO-MS-0571/87.1 — Ac. SDI-1-1062/90, 12.6.90. Rel. Min. Guimarães Falcão. *Revista LTr* 55-1/83. FERRARI, Irany & MARTINS, Melchíades Rodrigues. *Julgados Trabalhistas Selecionados*. São Paulo: LTr, 1992, p. 213.

processo, em reclamações trabalhistas que visem reintegrar no emprego dirigente sindical afastado, suspenso ou dispensado pelo empregador". Essa inovação legislativa reveste-se de um valor exemplar e contribui, sem dúvida, para tornar o mecanismo de proteção mais real.

No art. 165 da CLT assegura-se a garantia de emprego aos titulares da representação dos empregados na Comissão Interna de Prevenção contra Acidente do Trabalho (CIPA), garantia essa estendida aos suplentes a partir da Constituição de 1988 (art. 10, II, "a", do ADCT e **Súmula n. 339 do TST**).

Com a ratificação, pelo Brasil, da Convenção n. 135 da OIT, em 1991, a estabilidade provisória deverá ser assegurada também aos representantes de empregados nas empresas com mais de duzentos trabalhadores (art. 11 da Constituição).

Como é sabido, não só a legislação brasileira, mas também o TST, por intermédio dos precedentes em dissídios coletivos, tem procurado tornar efetivo o exercício da liberdade sindical, consagrando, a par das garantias ao dirigente sindical[(26)], o direito de afixar, no interior da empresa, publicações relativas à matéria sindical, dando virtualidade ao comando contido no art. 614, § 2º, consolidado. É o que se infere do Precedente Normativo n. 104 do TST.

A evolução do conceito de ato antissindical manifesta-se, ainda, no § 6º do art. 543 da CLT, quando sujeita o empregador à sanção administrativa, sem prejuízo da reparação a que tiver direito o empregado, se, por qualquer modo, impedi-lo de se associar a sindicato, de organizar associação profissional ou sindical ou de exercer os direitos inerentes à condição de sindicalizado. O citado dispositivo legal confirma a tendência do conceito moderno de ato antissindical, incluindo no seu campo de incidência não só os dirigentes sindicais, mas outros trabalhadores, tentando **facilitar-lhes o exercício da liberdade sindical, nesse momento histórico em que os sindicatos mostram-se enfraquecidos e precisam ser fortalecidos, para impedir a desregulamentação no tocante a garantias constitucionais mínimas e atuar eficazmente na flexibilização convencional.**

No Brasil, temos exemplo de **conduta antissindical praticada pelo Estado** no exercício de seu poder regulamentar, antes da Constituição de 1988, quando estabelecia privilégio para os empregados sindicalizados, na admissão nas empresas que explorassem serviços públicos, no ingresso em funções públicas em caso de cessação coletiva do trabalho, nas concorrências para aquisição de casa própria pelo Plano Nacional de Habitação, entre outros arrolados no art. 544 da CLT. Esse dispositivo, embora tivesse em mira incentivar a sindicalização, viola a liberdade sindical, que consiste não só no direito de constituir sindicato e nele ingressar, mas também no direito de dele se desligar, se conveniente. Portanto, o desligamento do associado não poderia constituir motivo para impedi-lo de desfrutar desses benefícios, sob pena de discriminação.

Atualmente, em face do art. 8º, I, da Constituição da República de 1988, esse dispositivo, no nosso entendimento, ficou derrogado, pois implica interferência do

(26) Art. 543 consolidado e Precedente Normativo n. 83 do TST, que assegura a frequência livre desses dirigentes às assembleias sindicais devidamente convocadas e comprovadas.

poder público na organização sindical; entretanto, persistem a contribuição sindical compulsória e a unicidade sindical, institutos que ferem a liberdade sindical e constituem ato antissindical praticado pelo Estado na sua função de ditar normas.

O rol dos casos concretos é extenso, situando-nos em uma ampla casuística, que tem como elemento comum o fato de que quanto maiores forem as margens de discricionariedade e unilateralidade do poder de comando do empregador na fixação das condições de trabalho, mais acentuada será a possibilidade de adoção de medidas aparentemente lícitas, mas que, a rigor, ocultam tratamento discriminatório em relação aos empregados mais empenhados sindicalmente. Esse fato agrava-se em época de crise[27]. Urge, portanto, um controle desse poder econômico organizativo, reclamando um papel mais atuante das convenções coletivas.

(27) VALDEOLIVAS GARCIA, Yolanda. *Op. cit.*, p. 88 e 89.

A GREVE NO DIREITO BRASILEIRO

1. INTRODUÇÃO

A partir do momento em que os indivíduos entram em contato uns com os outros, opera-se a interação social. Os indivíduos constituem um **grupo social** quando os seus componentes formarem "uma unidade sólida, capaz de realizar ação conjugada"[(1)]. Não são, portanto, grupos sociais os aglomerados de pessoas, como, por exemplo, os que se reúnem nas ruas, praças e praias, aleatoriamente, sem unidade sólida.

Os grupos sociais possuem várias divisões, entre elas os **grupos primários,** cuja base é a afetividade, e que compreendem a família, o clube, uma confraria, etc., e os **grupos secundários,** que se encontram, geralmente, distribuídos em grandes espaços, enquadrando-se aí os empregados de uma empresa e também os sindicatos[(2)].

Interessa-nos, neste estudo, **o grupo social organizado**, o fenômeno associativo profissional, como "maneira coletiva de pensar", tendo em vista a identidade, conexidade ou similitude de condições de vida, oriundas do trabalho comum.

São frequentes as dissensões entre grupos sociais antagônicos, dando-se origem a um conflito coletivo. A greve é considerada uma modalidade[(3)], ou, mais precisamente, uma expressão desses conflitos, que lhe preexistem.

Muitas vezes, o termo greve é utilizado para designar abstenções advindas de inconformismos de estudantes, consumidores ou contribuintes, mas neste estudo vamos nos limitar ao tratamento da greve nos domínios do quadro laboral, embora saibamos que ela é uma realidade sociológica que transcende esse terreno[(4)].

2. ESCORÇO HISTÓRICO

Alguns autores afirmam que o primeiro episódio de greve teria sido a fuga dos hebreus do Egito, narrada no Êxodo, enquanto outros asseveram que a gênese desse fenômeno se encontra em movimento de paralisação realizado por operários egípcios que trabalhavam no Templo de Mut (2100 a.C., em Tebas). Esses trabalhadores rebelaram-se contra o pagamento do salário, que era feito *in natura* (alimentação),

---

(1) PIERSON, Donald. *Teoria e Pesquisa em Sociologia.* São Paulo: Ed. Melhoramentos. 6. ed., p. 324.

(2) BRANDÃO, Adelino. *Liberdade Sindical e Sociologia do Trabalho.* Campinas: Julex Livros, 1988, p. 35.

(3) RUSSOMANO, Mozart Victor & CABANELLAS, G. *Conflitos Coletivos de Trabalho.* São Paulo: Revista dos Tribunais, 1979.

(4) XAVIER, Bernardo da Gama Lobo. *Direito de Greve.* Lisboa: Verbo, 1983, p. 15.

porque além de insuficiente era ainda irregular. Afirma-se que as mulheres desses operários é que convenceram os maridos a reivindicar dois pães suplementares por dia. A tentativa de solucionar o problema junto ao governador Psanc frustrou-se, com a consequente paralisação dos trabalhos, o que gerou a condenação dos grevistas à forca. Entretanto, as mulheres desses operários intercederam junto ao faraó e conseguiram evitar o enforcamento[(5)].

Fala-se também em greve quando da retirada dos plebeus em Roma para o Monte Aventino (493 a.C.). A rigor, esse movimento teve uma conotação política, de protesto[(6)].

Outros autores asseveram que, na Fenícia, os trabalhadores declararam-se em greve em várias ocasiões[(7)].

Na Idade Média registram-se agrupamentos clandestinos contra as corporações de ofício na França, na Alemanha e na Itália, os quais deram origem à legislação proibitiva. Entretanto, "o terreno de eleição" da greve encontra-se na sociedade capitalista que emerge da Revolução Industrial[(8)].

De fato, desde a Antiguidade até o século XVIII, os movimentos de paralisação do trabalho não se revestiam do caráter de greve, mesmo porque a Antiguidade e a Idade Média, entre outras razões, conheceram a escravidão e a servidão, e os movimentos de abstenção do trabalho tinham caráter episódico, traduzindo mais rebeliões ou motins do que um movimento organizado e sistematizado.

Com a decadência do sistema corporativo, "começam a aparecer as greves, que coincidem com os prolegômenos da transformação industrial"[(9)].

A concentração das massas proletárias, advinda do nascimento da indústria, associada à precariedade de sua situação socioeconômica frente aos patrões, impulsionada pela difusão das doutrinas socialistas, contribuíram para a formação das associações profissionais, que exaltavam a greve como forma de educar os trabalhadores, de reivindicar e de obter melhorias das condições de trabalho. Em consequência, não obteve a greve, de início, a indulgência do sistema liberal que imperava na época. É que ela tem o mesmo fundamento social do direito coletivo ou, mais precisamente, da associação profissional, vedadas pela doutrina individualista e liberal, porque não reconhecia a vida em grupos sociais e, em consequência, ignorava o interesse coletivo. Ademais, pretendia a doutrina liberal que o Estado se abstivesse de intervir na vida econômica, criando barreira aos obstáculos que se opusessem ao livre jogo das forças naturais, entre eles a liberdade de coalizão. A greve era uma soma de direitos individuais, mas não tinha existência própria[(10)].

---

(5) CASTRO, Pedro. *Greve — fatos e significados*. São Paulo: Ática, 1986, p. 10 e 11.

(6) RUPRECHT, Alfredo. *Conflitos coletivos de trabalho*. São Paulo: LTr. Trad. José Luiz Ferreira Prunes, p. 63.

(7) DE LA ZARDA. *El derecho de huelga*. Tucumán: Universidad Nacional de Tucumán, 1972, p. 12.

(8) XAVIER, Bernardo da Gama Lobo. *Direito da greve*. Lisboa: Verbo, 1984, p. 17. No mesmo sentido: RUPRECHT, Alfredo. *Op. cit.*, p. 63. PÉREZ PATON. *Principios de Derecho Social e de Legislación del Trabajo*. La Paz, 1946, p. 453.

(9) RUPRECHT, Alfredo. *Op. cit.*, p. 65.

(10) DE LA CUEVA, Mário. *Derecho Mexicano del Trabajo*. México: Editorial Porrúa. T. II, 1970, p. 769.

Afirma-se que a Inglaterra e a França (Lei Chapellier de 1791 e Código Penal de 1810) foram os países que mais reprimiram a greve, considerando-a delito[(11)], enquanto a Bélgica ficou à margem dessa restrição. Em Portugal, a greve, embora penalmente punida, não ensejava sanções aos grevistas[(12)]. Na Itália, até 1889, a greve era considerada delito; com a promulgação do Código Zanardelli, foi revogada a proibição de coalizão e a greve deixou de constituir delito, desde que realizada sem violência ou ameaça. Com o advento do regime corporativo, em 1926, retornou a repressão, até que a Constituição Republicana da Itália, no art. 40, assegurou o direito de greve[(13)].

Pelo que se pode constatar, a greve passou pela **fase da proibição**, com uma dupla qualificação: **ilícito civil**, cuja consequência era a resolução contratual, e **ilícito penal,** reprimida como delito. Numa etapa seguinte, a greve deixa de constituir ilícito penal e continua como ilícito civil; é a **fase da tolerância**. Finalmente, a greve passa a ser reconhecida como um **direito**, inclusive no plano constitucional, vista como forma de legítima defesa dos trabalhadores, visando a constranger o empregador a acatar suas reivindicações. Como tal, a greve tende a reequilibrar os fatores da produção (capital e trabalho).

O motivo que levou a greve a ser vista como feito legítimo é o direito natural que assegura aos homens a liberdade de trabalhar ou de não o fazer; logo, se esse direito é garantido a um indivíduo isolado, porque não estendê-lo ao indivíduo associado aos demais colegas[(14)]? Ora, os interesses coletivos merecem a mesma proteção jurídica dos interesses individuais.

Em contraposição, a greve é proibida nos regimes socialistas, ao argumento de que, se o proletariado já se encontra no poder, não há motivo para fazê-la[(15)].

Já no plano internacional, a greve não é disciplinada pela OIT, que a vê como corolário do direito de sindicalização. Entretanto, ela é prevista como um direito no art. 6º da Carta Social Europeia e no Pacto sobre Direitos Econômicos, Sociais e Culturais, assinado em Nova York (1966).

2.1. A greve como fato social e como direito

A greve é, portanto, um fenômeno social que advém da associação dos obreiros, e teve, historicamente, uma penosa trajetória para ser reconhecida como um direito.

Como fenômeno social de caráter coletivo, a greve é uma manifestação visível da atuação dos sindicatos, testando-se nela o grau de consciência de classe e de capacidade de luta que os trabalhadores adquiriram como membros desses grupos sociais secundários. Essa capacidade de luta está correlacionada com a politização

---

(11) RAMÍREZ, Bernardo Z. La huelga, un fenómeno social y su problemática jurídica. Estudios de derecho. *Revista Estudios de Derecho*. Facultad de Derecho y Ciencias Políticas de la Universidad de Antioquia. Medellín. Colômbia. set. 1977, v. 36, n. 92, p. 372.

(12) XAVIER, Bernardo da Gama Lobo. *Op. cit.*, p. 20.

(13) GIUGNI, Gino. *Direito Sindical.* São Paulo: LTr, 1991, p. 169. Trad. Eiko Lucia Itioca.

(14) DE LA CUEVA, Mario. *Derecho Mexicano del Trabajo.* México: Editorial Porrúa, 1970, t. II, *passim*.

(15) PÉREZ DEL CASTILLO, Santiago. *O direito de greve*. São Paulo: LTr, 1994, p. 49. Revisão Técnica de Irany Ferrari.

dos trabalhadores, de tal forma que neles se têm desenvolvido o sentimento de solidariedade coletiva como superação dos seus interesses meramente individuais ou de suas conveniências particulares. Essa entrega total de cada trabalhador, em função de um interesse abstrato do grupo, tendo em vista a consecução de um fim comum e coletivo, independentemente dos riscos que dela decorrem, "justifica o fundamento social da greve"[(16)].

A identificação dos obreiros com as orientações e metas traçadas coletivamente revela o grau de consciência de classe obtido pela respectiva categoria profissional.

De direito individual transforma-se a greve em direito coletivo, segundo muitos autores, demonstrando que a empresa não é exclusivo objeto do direito de propriedade do empregador, formando parte de uma sociedade que não pode ignorar a existência desse grupo de pessoas que são os trabalhadores, cujos interesses abstratos estão em jogo[(17)]. Assim, com o advento do direito coletivo, a empresa não é mais um "feudo do patrão, mas um centro de atividades em que convergem os dois fatores da produção: capital e trabalho; o primeiro tem direito a um rendimento razoável e o segundo tem direito a viver honestamente dos salários que recebe"[(18)]. Ora, se a justiça ordena que todos os homens sejam tratados como iguais e como pessoas, e se as regras da empresa são injustas, na falta de um acordo para melhorar as condições de trabalho, a paralisação das atividades é a solução para atingir o fim almejado. Esse raciocínio está em consonância com a função social da propriedade e com os mandamentos da justiça social.

3. TRAJETÓRIA HISTÓRICA NO BRASIL

Seguindo mais ou menos a trajetória europeia, a greve, no Brasil, passou pela fase da proibição, como se infere da Carta de 1937, que a considerava, juntamente com o *lockout*, recurso nocivo ao capital e ao trabalho, embora anteriormente fosse tolerada, talvez em função da pequena dimensão de suas repercussões.

O Decreto-Lei n. 9.070, de 1946, prevê o direito de greve, proibindo-a nas atividades fundamentais, no que foi recepcionado pela Constituição do mesmo ano. Retoma-se a tradição liberal e a greve passa a ser admitida (art. 158).

Posteriormente, a Lei n. 4.330, de 1964, embora tivesse criado exigências formais que condicionaram o exercício desse direito, não proibiu a greve nas atividades essenciais. Essa restrição e a proibição da greve nos serviços públicos constam da Constituição de 1967, sem alteração pela Emenda Constitucional de 1969.

Em 1978, o Decreto-Lei n. 1.632 relacionou essas atividades essenciais, de modo exacerbado, até que a Constituição da República de 1988, ao contrário da Constituição anterior, assegurou o exercício do direito de greve, inclusive em serviços ou atividades essenciais, transferindo para a lei regulamentadora a sua definição e a disposição

(16) VIANNA, Segadas. *Greve. Direito ou violência?* São Paulo: Livraria Freitas Bastos, 1959, p. 41. Similarmente, RAMÍREZ. Bernardo Z. *Op. cit.*, p. 372.
(17) RUPRECHT, Alfredo. *Op. cit.*, p. 93.
(18) DE LA CUEVA, Mario. *Op. cit.*, p. 769.

sobre o atendimento das necessidades inadiáveis da comunidade (art. 9º, § 1º). No § 2º desse mesmo artigo, coíbem-se os abusos, sujeitando os responsáveis às penas da lei. A mesma Constituição, no art. 37, inciso VII, submete o exercício do direito de greve pelos servidores públicos aos termos de lei específica, proibindo-a aos militares (art. 142, IV). Sucede "que nem sempre a norma impede seu conflito com a realidade que se sobrepõe à sua previsão"[19].

4. CONCEITO

A greve é **conceituada** pelo art. 2º da Lei n. 7.783, de 28 de junho de 1989, como sendo "a suspensão coletiva temporária e pacífica, total ou parcial, da prestação pessoal de serviços ao empregador".

Ela não é simplesmente uma paralisação do trabalho, mas uma cessação temporária do trabalho, com o objetivo de impor a vontade dos trabalhadores ao empregador sobre determinados pontos. Ela implica a crença de continuar o contrato, limitando-se a suspendê-lo[20]. Por outro lado, nem todas as greves comportam necessariamente uma paralisação do trabalho, pois na greve "perlée", por exemplo, os empregados não paralisam o trabalho, limitando-se a chegar atrasados uma hora ou a recusar-se a fazer horas extras.

A greve é também um movimento de massa; é um fenômeno coletivo, residindo aí seu poder de coerção. Infere-se desse fato que deverá ser um movimento organizado, determinado e comum ao grupo social envolvido[21].

4.1. Natureza jurídica

A **natureza jurídica** da greve é a de um direito coletivo[22], sendo, no passado, reconhecida como um direito individual, de exercício coletivo.

4.2. Modalidades de greve

A doutrina aponta, em geral, **duas modalidades de greve: a greve típica**, que tem fins econômicos e profissionais, e a **greve atípica,** cujos fins são políticos, religiosos ou sociais.

Vista sob o prisma puramente social, como um fenômeno sociológico, independentemente de sua licitude ou ilicitude, a greve poderá ter fins diversos, traduzindo uma forma de luta contra os empregadores que se recusam, na negociação, a conceder melhores condições de trabalho, sobretudo de ordem salarial[23]. Vislumbram-se aí as greves **econômicas e profissionais**.

---

(19) MORENO, Valter Batista. O direito de greve na ordem social, econômica e jurídica. *Revista TST,* 1982, p. 175.
(20) JOSSERAND, L. *De l'esprit des droits et leur relativité; Théorie dite de l'abus des droits*. Paris: Dalloz, 1939, n. 182, p. 246.
(21) GUBBELS, Robert. *La grève, phénomène de civilisation.* Bruxelles: Université Libre, 1962, p. 260.
(22) Alteramos ponto de vista exposto anteriormente, em artigo sobre a temática.
(23) DURAND, Claude e DUBOIS, Pierre. *La grève — enquête sociologique*. Paris: Cedex, 1975, p. 363. Afinado com o raciocínio: GUBBELS, Robert. *Op. cit., passim.*

As greves podem também traduzir o inconformismo contra abusos ou arbitrariedades praticadas contra os trabalhadores no plano disciplinar ou por descumprimento de norma legal ou coletiva. Nesse último caso situam-se as **greves de protesto.**

Em outras situações, a greve traduz um apoio à paralisação que se realiza contra outros empregadores; são as **greves de solidariedade ou simpatia**.

Existem, ainda, as greves que implicam **protesto** contra ato governamental lesivo aos interesses do trabalhador; nesse caso, a greve é política e prescinde de situação conflitiva de cunho trabalhista. Há uma tendência nos ordenamentos jurídicos de considerar legítimas apenas as greves de cunho econômico ou profissional.

No nosso país, compete aos trabalhadores decidir sobre a oportunidade de exercer esse direito e sobre os interesses que devam por meio dele defender, não havendo restrição às **greves políticas e de solidariedade**, embora a doutrina venha sustentando que o interesse a que se refere a lei deva versar sobre alteração ou criação de novas condições de trabalho, de cunho salarial ou não[24].

4.3. Deflagração da greve

No Brasil, cabe à entidade sindical convocar assembleia, com o *quorum* previsto nos estatutos, para deliberar sobre a greve. Em se tratando de categoria inorganizada em sindicato, compete aos trabalhadores interessados deliberar sobre a greve, constituindo uma comissão que os representará nas negociações e no dissídio coletivo.

Frustrada a negociação ou verificada a impossibilidade de recurso por via arbitral, é facultada a cessação coletiva do trabalho (art. 3º da Lei n. 7.783, de 1989).

A greve deverá ser precedida de um aviso de 48 horas, ao sindicato patronal ou ao empregador, e de 72 horas, no caso das atividades essenciais, a fim de que se tomem as providências necessárias para enfrentar a paralisação. A exigência desse aviso não fere a liberdade sindical, mesmo porque o objetivo da greve não é destruir a unidade econômica de produção, da qual advém o meio de subsistência dos trabalhadores.

Durante a greve, o sindicato ou a comissão de negociação, mediante acordo com a entidade patronal ou diretamente com o empregador, manterá em atividade equipe de empregados com o propósito de assegurar a manutenção dos serviços cuja paralisação resulte em prejuízo irreparável, pela deterioração irreversível de bens, máquinas e equipamentos, bem como daqueles essenciais à retomada das atividades da empresa quando da cessação do movimento (art. 9º).

Não havendo acordo, é assegurado ao empregador, enquanto durar a greve, o direito de contratar diretamente os serviços necessários a que se refere o artigo citado (parágrafo único do art. 9º), o mesmo ocorrendo se houver abuso do direito de greve, previsto no art. 14 da legislação em vigor.

---

(24) NASCIMENTO, Amauri Mascaro. *Comentários à Lei de Greve*. São Paulo: LTr, 1989, p. 33.

4.4. Efeitos no contrato

A entidade sindical, para deflagrar uma greve, deverá estar **autorizada pela assembleia-geral.** O *quorum* e a forma de convocação da assembleia para definir as reivindicações da categoria e deliberar sobre a paralisação coletiva, serão fixados no estatuto. Na falta de entidade sindical, a assembleia-geral dos trabalhadores interessados constituirá uma comissão de negociação que representará os interesses dos trabalhadores nas negociações ou na Justiça do Trabalho.

À luz do art. 7º da Lei n. 7.783, **a greve suspende o contrato de trabalho**(25), devendo as relações obrigacionais durante o período ser regidas por acordo, convenção, laudo arbitral ou decisão da Justiça do Trabalho.

É vedada a rescisão contratual, bem como a contratação de trabalhadores substitutos dos grevistas nesse período, excetuadas as hipóteses previstas nos art. 9º e 14 da referida lei.

4.5. Direitos e deveres dos grevistas

Antes da deflagração da greve, deve-se tentar negociar. Frustrada a negociação ou verificada a impossibilidade de recurso por via arbitral, é facultada a cessação coletiva do trabalho, devendo a entidade patronal ser notificada, com 48 horas de antecedência, da paralisação (art. 3º).

São direitos dos grevistas a utilização de meios pacíficos tendentes a persuadir ou aliciar os trabalhadores a aderirem à greve, a arrecadação de fundos e a livre divulgação do movimento.

Entre os deveres dos grevistas encontram-se os de que as manifestações e atos de persuasão não poderão impedir o acesso ao trabalho, pois o exercício desse direito é facultativo, nem causar ameaça ou dano à propriedade ou a pessoa (art. 6º, § 3º, da Lei n. 7.783, de 1989). Fica esclarecido que, em nenhuma hipótese, os meios adotados poderão violar ou constranger os direitos e garantias fundamentais de outrem.

Por outro lado, o mesmo art. 6º, § 2º, proíbe que as empresas adotem meios para constranger o empregado a comparecer ao trabalho, e o art. 17 proíbe que o empregador paralise as atividades, visando a frustrar negociação ou dificultar o atendimento das reivindicações operárias (*lockout*). É bom lembrar, ainda, que a Lei n. 7.783, de 1989, veda a dispensa de trabalhadores durante a greve, como também a contratação de substitutos, salvo para assegurar a manutenção de serviços cuja paralisação acarrete prejuízo irreparável (art. 9º) ou em caso de abuso do direito de greve (art. 14).

5. GREVE EM ATIVIDADES ESSENCIAIS

Em se tratando de greve em atividades ou serviços essenciais, as entidades sindicais ou os trabalhadores, conforme o caso, ficam obrigados a comunicar

---

(25) "**A participação do trabalhador em movimento** grevista, embora não macule o vínculo empregatício, suspende as relações emergentes do contrato de trabalho, notadamente o direito à retribuição salarial (Lei n. 7.783/89, art. 7º)." TST-RODC- 680.017/2000.3 — Ac. SDC 24.5.01 — Rel.: Min. Ronaldo Lopes Leal. *Revista LTr* 65-10/1217.

aos empregadores e aos usuários, com antecedência mínima de 72 horas, da paralisação (art. 13).

São considerados serviços ou atividades essenciais: tratamento e abastecimento de água, produção e distribuição de energia elétrica, gás e combustíveis; assistência médica e hospitalar; distribuição e comercialização de medicamentos e alimentos; funerários; transporte coletivo; captação e tratamento de esgoto e lixo; telecomunicações; guarda, uso e controle de substâncias radioativas; equipamentos e materiais nucleares; processamento de dados ligados a serviços essenciais; controle de tráfego aéreo e compensação bancária (art. 10). Nesses serviços, os sindicatos, os patrões e os trabalhadores ficam obrigados a garantir durante a greve a prestação indispensável ao atendimento das necessidades inadiáveis da comunidade, assim consideradas aquelas que, não atendidas, colocam em perigo iminente a sobrevivência, a saúde ou a segurança da população (art. 11). No caso de inobservância do disposto nesse artigo, o poder público assegurará a prestação dos serviços indispensáveis. Constitui exercício abusivo do direito de greve o desrespeito às regras da Lei n. 7.783, de 1989, como também a manutenção da paralisação após a celebração de acordo, convenção ou decisão da Justiça do Trabalho, salvo se a greve tiver por objetivo exigir o cumprimento de cláusula ou condição do acordo ou se for motivada por fato novo que modifique substancialmente a relação de trabalho.

É vedado ao empregador paralisar as suas atividades com o objetivo de frustrar a negociação ou dificultar o atendimento das reivindicações (*lockout* — art. 17).

A Justiça do Trabalho, por iniciativa de quaisquer das partes ou do Ministério Público, decidirá sobre a procedência total ou parcial ou a improcedência das reivindicações, devendo publicar de imediato o acórdão respectivo (art. 8º da Lei n. 7.783, de 1989). Por força da Súmula Vinculante do STF n. 24, a Justiça do Trabalho é competente para processar e julgar ação possessória ajuizada em decorrência do exercício do direito de greve pelos trabalhadores da iniciativa privada.

6. LIMITES AO DIREITO DE GREVE

As Constituições, em geral, inclusive a brasileira de 1988, consagraram a greve como um direito, mas não de forma irrestrita, absoluta, a ponto de induzir à concepção de se tratar de expressão da liberdade plena, mesmo porque todo direito nasce com um limite.

Os autores ressaltam que, nos países onde a greve se incorporou à Constituição, criou-se nos meios operários um mito, ou seja, a greve passou a ser "prerrogativa intangível"[26]. A título de exemplo, citamos o Direito italiano, que, anteriormente à Lei de greve n. 146, de 12 de julho de 1990, limitou-se, simplesmente, a reconhecê-la no art. 40 da Constituição de 1948, dispondo que esse direito se exercia no âmbito da lei que o regula. Não obstante, a regulamentação heterônoma só ocorreu em 1990, pois havia o temor, sobretudo da classe trabalhadora, de que a regulamentação viesse cercear o exercício desse direito. Em consequência, antes de 1990, havia apenas regulamentação autônoma dos sindicatos, por intermédio de códigos de comportamento, sem caráter geral.

(26) DURAND, Paul. *Traité de Droit du Travail*. Paris: Dalloz, 1956, p. 711.

Foram vários os esforços desenvolvidos em favor da regulamentação. É que a greve, além de ser um direito, é também um fato que se projeta na sociedade e, por essa razão, os sujeitos ativos e passivos esforçam-se no sentido de influenciar a opinião pública em seu favor, embora muitas vezes ela se manifeste contrária à paralisação, em razão dos transtornos causados[27]. Além da pressão exercida pelos usuários dos serviços públicos, ainda que não essenciais, fartos da convivência diária com a greve, a própria Corte Constitucional Italiana, por meio da sentença 125, de 24.7.1980, recomendava indiretamente a regulamentação, ao advertir que o recurso à substituição de pessoal nos serviços públicos essenciais deveria ser feita com a mesma frequência com que vêm proclamadas as greves e que muitas delas haviam perdido sua finalidade e se transformado em um dano que, embora relevante para os grevistas, não o seria para o empregador[28]. Finalmente, a Lei italiana n. 146, de 1990, passou a regular o exercício do direito de greve nos serviços públicos essenciais, estabelecendo proteção aos direitos da pessoa amparados pela Constituição, como o direito à vida, à saúde, à liberdade, à segurança, à liberdade de circulação, à assistência e previdência social, à educação e à liberdade de comunicação.

Mencionamos o exemplo italiano exatamente porque o direito sindical desse país, além de ter superado em pouco tempo o autoritarismo fascista, influenciou sobremaneira o Direito Coletivo no Brasil.

Entendemos que a partir do momento em que a greve, como fenômeno fático, "ingressou no mundo jurídico não se pode esquivar de sua regulamentação, por mais difícil ou complexa que seja"[29].

Filiamo-nos a essa corrente, que considera necessária a regulamentação por lei da obrigação de manter os serviços inadiáveis durante a greve, porque está ela inserida no mesmo título da Constituição que assegura outros direitos e garantias fundamentais, como o direito à vida, à liberdade, à igualdade, à segurança e à propriedade.

A regulamentação é um imperativo, cujo objeto é garantir a efetividade do conteúdo essencial desses direitos, à semelhança do que fez a lei italiana n. 146, de 1990.

Impõe-se, portanto, sejam compatibilizados tais direitos e liberdades.

A greve, mormente nos serviços essenciais, deverá ser exercida em harmonia com os interesses da coletividade, para evitar que os direitos de grupos determinados se sobreponham ao Direito Coletivo difuso, que se refere a toda a comunidade.

Entretanto, consideramos que as condições impostas pela regulamentação devem ser razoáveis, de tal natureza que não constituam uma limitação às possibilidades de ação das organizações sindicais, sendo aceitáveis a obrigação de dar um pré-aviso, a obrigação de recorrer a procedimentos de conciliação e arbitragem, a adoção de medidas

---

(27) RUPRECHT, Alfredo. *Op. cit.*, p. 60.

(28) VACCA, Michele. *Il Diritto di Sciopero e Limitazioni nelle Organizzazioni e nei paesi Europei*. Milano: Giuffrè, 1983, p. 92.

(29) PLÁ RODRIGUEZ. *Formas de Regulamentação da Greve. Relações Coletivas de Trabalho*. São Paulo: LTr, p. 457.

para respeitar os regulamentos de segurança e prevenção de acidentes, a obrigação de garantir um serviço mínimo à coletividade, limitado às operações estritamente necessárias, para não comprometer a vida, a segurança ou a saúde das pessoas no conjunto ou em parte da população.

Ademais, reconhecido que a greve não é um direito absoluto, no seu exercício deverá haver restrições, mesmo porque todo o direito nasce com um limite, não sendo expressão de liberdade plena.

Os argumentos utilizados pela doutrina para fundamentar os limites do direito de greve são desdobrados em duas teorias: **a primeira**, intitulada "equivalência dos danos" ou "proporcionalidade de sacrifícios", assenta-se no fato de que o empregador está obrigado a suportar um dano econômico, pelo qual não poderá reclamar nenhum tipo de ressarcimento, porém tal dano não pode ser ilimitado. O direito de greve, consoante essa teoria, deverá situar-se em um marco de luta leal, em que os interlocutores sociais não poderão sofrer um prejuízo desproporcional e, em consequência, o custo da greve terá que ser equivalente para ambas as partes. Esse limite é considerado interno. **Essa primeira tese** tem sido muito criticada pela doutrina, principalmente por considerar que o dano sofrido pelo empregado e pelo empregador não podem ser postos em confronto, pois "inexiste homogeneidade entre os termos do princípio enunciado, já que o dano do empregador é a consequência de um ato coletivo, enquanto a perda da retribuição depende da crise do sinalagma funcional. Sustentam, ainda, que não se torna possível estabelecer relação causal entre as formas de atuação da greve e as características qualitativas ou quantitativas do dano"[(30)].

A opinião doutrinária predominante é no sentido de que a greve é um instrumento de pressão coletiva e, nesse contexto, o dano que se causa ao empregador tem um papel relevante. Logo, incrementar a pressão, por meio do aumento do prejuízo que se pode acarretar, poderá traduzir uma consequência da própria estratégia grevista, que poderá buscar, não o momento mais inofensivo para realizar a greve, senão o de maior volume de atividade da empresa, sem que essa atitude possa ser censurável, desde o ponto de vista da própria essência do direito de greve[(31)].

A segunda das teorias usadas para justificar o limite do direito de greve reside no respeito a outros direitos protegidos pelo ordenamento jurídico. Trata-se de limite externo, o qual tem sido traduzido como o respeito à integridade físico-psíquica dos indivíduos, e à salvaguarda da empresa, proibindo-se a destruição e a inutilização das instalações, o que é, em última análise, uma salvaguarda do direito de propriedade do empregador. Isso porque não nos parece aceitável se possa destruir a atividade produtiva de uma empresa, em razão de uma disputa laboral, já que há interesse geral no sentido de que marche a economia, de que os níveis de emprego não caiam e de que uma empresa não sofra perdas descabidas.

---

(30) VALDÉS DAL-RE. Límites ao Derecho de Huelga: opuntes críticos e ALLEVA, G. L'esercízio del diritto di sciopero nele aziende con impianti a ciclo continuo. *Rivista Giuridica del Lavoro*, 1976, 1, p. 397.

(31) GONZÁLEZ BIEDMA, Eduardo. *Derecho de Huelga y Servicios de mantenimiento y seguridad en la empresa.* Madrid: Civitas, 1992, p. 38.

A nosso ver, equilibrar esses fatores, ou seja, traçar a fronteira exata do limite recíproco, interno e externo, é uma tarefa que deverá ser desenvolvida pelo intérprete. Por isso, deverá fundar-se no art. 9º, § 2º, da Constituição, que sujeita os responsáveis pelos abusos cometidos por ocasião da greve, às penas da lei, e, no art. 14 da Lei n. 7.783, de 1989, que englobou no conceito de abuso do direito de greve o abuso de direito previsto no art. 188, I, do Código Civil de 2002(32). Logo, se "a greve exime o empregado do dever de assiduidade não o exime do dever de lealdade". Em consequência, à luz do art. 14 da Lei n. 7.783, constituirá abuso do direito de greve o **descumprimento de normas contidas na citada lei**, como deliberação da assembleia (art. 4º), aviso prévio (art. 3º, parágrafo único, e art. 13), tentativa de negociação (art. 3º), deflagração na vigência de acordo, convenção coletiva ou sentença normativa, a não ser que o objetivo seja forçar o cumprimento de suas cláusulas ou postular a revisão de condição que se tornou injusta, dada a superveniência de fato novo ou imprevisto (art. 14, parágrafo único).

O abuso do direito de greve poderá ocorrer também quando o sindicato ou os grevistas utilizarem-se de meios violentos para aliciar trabalhadores, violando-lhes os direitos fundamentais, causando ameaça ou dano à propriedade e à pessoa, ou quando o sindicato organizar piquetes obstativos de livre acesso ao trabalho, retirando do local os empregados que não aderiram à greve ou ainda ocupando o estabelecimento(33).

Constitui, igualmente, abuso do direito de greve o fato de o sindicato descumprir ordem judicial determinando a manutenção dos serviços indispensáveis ao atendimento de necessidades inadiáveis da comunidade, assim consideradas as que, se não atendidas, coloquem em perigo a vida, a saúde e a segurança da população.

7. RESPONSABILIDADE PELOS ATOS PRATICADOS DURANTE A GREVE

A **responsabilidade** pelos atos praticados no curso da greve será apurada de acordo com a legislação trabalhista, penal ou civil, devendo o Ministério Público requisitar abertura de inquérito e oferecer denúncia quando houver indício de delito.

---

(32) Cf. nesse sentido COSTA, Orlando Teixeira. *Direito Coletivo do Trabalho e Crise Econômica*. São Paulo: LTr, 1991, p. 193; FERREIRA FILHO, Manoel Gonçalves. *Comentários à Constituição Brasileira de 1988*. 2. ed. São Paulo: Saraiva, 1997, v. I, p. 112.

(33) "**Greve de ocupação. Serviços ou atividades essenciais. Abusividade. Multa diária**. 1. Configura greve de ocupação o comparecimento de empregados ao local da prestação de serviços essenciais com o intuito de evitar que trabalhem aqueles que assim o desejam ou para obstar eventual substituição temporária por novos empregados e, pois, impedir que se garanta o atendimento às necessidades inadiáveis da população. Tal modalidade de paralisação coletiva de trabalho é duplamente abusiva. A uma, porque inibe a liberdade de trabalho assegurada tanto pela Carta da República, nos arts. 5º, inciso XIII, e 6º, quanto pela Lei n. 7.783/89, em seu art. 6º, inciso I e §§ 1º e 3º. A duas, porquanto atenta contra a propriedade privada da empregadora, protegida pelo art. 5º, inciso XXII, da Constituição Federal. 2. Verificada a ocupação abusiva do local da prestação de serviços durante a greve, bem assim a interrupção da negociação coletiva e o completo descumprimento da ordem judicial que fixou parâmetros para que se atendesse as necessidades inadiáveis da população, respondem solidariamente os sindicatos profissionais pela multa diária reduzida, todavia, de modo a não impor gravame excessivo às organizações profissionais. 3. Recurso ordinário a que se dá parcial provimento, mantendo-se a declaração de abusividade do movimento e reduzindo-se a multa diária à metade de seu valor originário". TST-RODC 816.858/2001.0. Rel.: Min. João Oreste Dalazen. DJ 2.4.2004.

A ação culposa do sindicato, já relatada, contraria dever geral preexistente (art. 10 da Lei n. 7.783, de 1989), previsto no ordenamento jurídico e destinado a proteger interesses alheios.

A conduta sindical poderá enquadrar-se no disposto no art. 186 do Código Civil de 2002, que considera ilícita a ação ou omissão voluntária (dolo), a negligência ou a imprudência (culpa), que viole direito ou cause dano a outrem, em face do que o autor será responsabilizado pela reparação dos prejuízos. Esse ato ilícito é o fato gerador da responsabilidade civil subjetiva (art. 9º, § 2º, da Constituição da República de 1988).

Aliás, os tribunais têm concluído pela abusividade da greve em situações semelhantes, quando há paralisação total em atividades consideradas essenciais, como o serviço médico, por exemplo, e não se assegura o mínimo de garantia de prestação de serviços à população (cf. TRT — 10ª Região — DC 19/90 — Ac. TP 262/90, 10.10.90 — Rel. designado: Juiz José Luciano de Castilho Pereira — *Revista LTr* 55-4/478).

Se, entretanto, a ordem judicial exigir a manutenção de serviços não arrolados no art. 11, *caput* e parágrafo único, da Lei n. 7.783, de 1989, entendemos que a ilicitude não se caracteriza, tampouco o abuso de direito, capazes de autorizar a responsabilidade civil do sindicato. Ao contrário, o ato judicial, por violar preceito constitucional (direito de greve), é que é passível de mandado de segurança.

É inquestionável que a responsabilidade trabalhista e a penal são de caráter individual e se limitam aos autores, porém, o sindicato, como pessoa jurídica de direito privado que é, responderá pelo ilícito civil que cometer, por intermédio de sua diretoria, devendo pagar a indenização correspondente, agora perante a Justiça do Trabalho (art. 114, inciso II, da Constituição, introduzido pela Emenda Constitucional n. 45, de 2004), independentemente de ter sido a reparação ajustada em convenção coletiva, nos termos da Lei n. 8.984, de fevereiro de 1995. A responsabilidade criminal fica excluída da competência trabalhista.

A configuração da responsabilidade civil do sindicato pressupõe ato ilícito, ou seja, ação ou omissão praticada dolosa ou culposamente, em desacordo com a norma jurídica, causando dano, sem excludente de responsabilidade (inteligência dos art. 186, 187 e 188 do Código Civil de 2002 e do art. 15 da Lei n. 7.783, de 1989).

8. GREVE NO SERVIÇO PÚBLICO

A Constituição da República, no art. 37, VII, com a redação dada pela Emenda Constitucional n. 19, de 1998, assegurou o direito de greve ao servidor público, nos termos e limites definidos em lei especial, sendo que o texto original fazia referência à lei complementar.

Os ordenamentos jurídicos, em geral, proibiam a greve no serviço público, temerosos de que o interesse público pudesse ser afetado.

Atualmente, prevalece entendimento contrário, e a Constituição vigente aderiu a esse avanço. A manutenção de serviços essenciais e a concessão de aviso anterior à paralisação contornaram os obstáculos à greve no serviço público, cujo principal fundamento utilizado para a sua proibição era a continuidade dos serviços considerados, em geral, vitais. Ocorre que o texto constitucional transferiu para a legislação específica os termos e limites desse direito.

A ausência dessa lei, segundo o STJ, impede o exercício do direito de greve (STJ, Rec. MS 2.672, de junho de 1993, RDA 194, p. 107-109).

Outros sustentam que a ausência de lei não poderia eliminar esse direito consagrado em preceito constitucional. Logo, às manifestações grevistas ocorridas com frequência no serviço público atribuem-se, por analogia, os preceitos contidos na Lei n. 7.783, de 28 de junho de 1989, aplicável à greve no setor privado[(34)].

Sustentamos que, apesar de a greve, nessas circunstâncias, não ter respaldo legal, a simples manifestação pacífica no movimento não autoriza a dispensa por justa causa[(35)], mas permite o corte dos salários dos dias de paralisação, pois a ausência por motivo de greve, a teor da Lei n. 7.783, de 1989, é hipótese de suspensão do contrato.

(34) Nesse sentido doutrina Odete Medauar. *Direito Administrativo Moderno*. 8. ed. São Paulo: Revista dos Tribunais, 2004, p. 333.

(35) Súmula n. 316 do Supremo Tribunal Federal.

PARTE III

DIREITO COMUNITÁRIO DO TRABALHO

CAPÍTULO I

1. ORIGEM E EVOLUÇÃO DAS COMUNIDADES EUROPEIAS

Neste estudo, vamos nos ater ao exame de algumas normas jurídicas que contribuem para favorecer uma política social, em face do fenômeno comunitário. Vamos partir da experiência europeia, salientando que as fontes comunitárias, sob o prisma social, "ainda são desprovidas de um grau suficiente de organicidade capaz de permitir a construção de uma base normativa coerente, autossuficiente, com características sistemáticas que autorizem concluir por um direito comunitário do trabalho"[(1)]. Esse fato, entretanto, não permite negar a relevância da progressiva e constante atenção das fontes comunitárias à dimensão social.

O surgimento de novas superpotências, após o término da Segunda Guerra Mundial, fez com que o ideal da integração europeia se transformasse em realidade, da qual a Comunidade Europeia, hoje União Europeia, é um dos exemplos mais expressivos.

As Comunidades Europeias foram precedidas da criação de organizações de cooperação em três planos: o militar, o econômico e o político.

No plano militar, foi criada a União da Europa Ocidental (UEO), cujos membros são: França, Reino Unido, Bélgica, Países Baixos, Luxemburgo, Alemanha, Itália, Espanha, Portugal e Grécia. A UEO repousa sobre uma cláusula de engajamento militar automática na hipótese de agressão contra um de seus membros. Além da UEO, criou-se, em 1949, por meio do tratado de Washington, a OTAN, que engloba os Estados Europeus, os EUA e o Canadá e traduz aliança política visando a uma integração militar. Paralelamente a esses organismos funciona o Grupo Europeu Independente de Programa (GEIP).

No plano econômico, foi criada, em 1948, a Organização Europeia de Cooperação Econômica (OECE), encarregada de gerir a ajuda americana atribuída aos Estados europeus após a Segunda Guerra Mundial. Em 1960, a OECE transformou-se na Organização de Cooperação e de Desenvolvimento Econômico (OCDE), que reúne os países industrializados de economia de mercado.

No plano político, o Congresso de Haia, de 1948, organizado pelos movimentos europeus, acabou por criar o **Conselho da Europa** (Tratado de Estrasburgo, de 1949), que reúne os Estados europeus dotados de um regime de democracia pluralista e ligados à proteção dos direitos do homem. A Rússia foi admitida como 39º membro do Conselho da Europa, por voto da Assembleia Parlamentar de 25.1.96. O **Conselho da Europa** tem por objetivo salvaguardar os ideais de seus membros e os princípios que constituem patrimônio comum, como também facilitar o progresso econômico e social. O **Conselho** é considerado lugar de diálogo político e instrumento de harmonização de direitos

(1) FOGLIA, Raffaele & SANTORO PASSARELLI, Giuseppe. *Profili di diritto comunitario del lavoro*. Torino: G. Giappichelli Editore, 1996, p. 236.

nacionais, pela adoção de convenções; possui um Comitê de Ministros, uma Secretaria e uma Assembleia Parlamentar. Ele age por meio de recomendações dirigidas ao Comitê de Ministros.

Entre as principais realizações do Conselho da Europa encontram-se a **Convenção de Salvaguarda dos Direitos do Homem e das Liberdades Fundamentais (Roma, 4.4.1950),** modificada pelo Protocolo n. 11, firmado em Estrasburgo, em 1994, que sempre constituiu um parâmetro de referência para o legislador comunitário**, e a Carta Social Europeia (Turim, out. de 1961).** À época da elaboração da Carta, havia acordo bastante consolidado quanto a direitos políticos e civis, mas não quanto a direitos fundamentais de conteúdo econômico-social. A primeira parte da Carta Social Europeia consagra o direito ao trabalho, o direito a condições equitativas de trabalho, o direito à segurança e à higiene, o direito a uma remuneração justa e suficiente para assegurar à família um nível de vida satisfatório, o direito de sindicalização, o direito à seguridade social. Pelo que se vê, não se trata de modelo inovador, mas consolidador de uma situação da qual os direitos nacionais se iam aproximando, no clima produzido pela ideia de Estado Social do Direito, Estado Intervencionista e de Direito do Trabalho protecionista dos trabalhadores(2).

Mais tarde, em 1983, foi firmado o Código de Seguridade Social, com o objetivo de criar uma harmonia no progresso dos sistemas nacionais de seguridade social, visando a facilitar a mobilidade da mão de obra.

2. NASCIMENTO DA INTEGRAÇÃO EUROPEIA

As Comunidades Europeias tiveram por objetivo estabelecer entre seus membros uma aproximação mais acentuada do que aquela resultante de uma simples cooperação.

Uma instituição está sempre acompanhada de acontecimentos históricos, de preocupações e esperanças. Nesse contexto, o então Ministro de Negócios Estrangeiros francês, Robert Schuman, preocupado com a paz mundial, considerou imprescindível a união da Europa. E para acabar com o antagonismo entre a França e a Alemanha, ele propôs colocar sob a proteção de uma alta autoridade comum toda a produção de carvão e aço desses dois países, numa organização aberta à participação de outros países europeus(3). As negociações avançaram e, com a assinatura do Tratado de Paris, criou-se a Comunidade Europeia do Carvão e do Aço (CECA) em 1951, vigorando a partir de 1952. Inicialmente, o tratado foi assinado pelos chamados representantes dos "Seis", ou seja, França, Itália, República Federal da Alemanha e os três países do Benelux (Bélgica, Países Baixos e Luxemburgo), já integrados estes últimos, em esforço pioneiro, no chamado "plano piloto de integração econômica na Europa". A integração europeia prossegue com a assinatura e ratificação, em 1957, do Tratado de Roma, inicialmente pelos seis Estados-membros originais. O tratado que instituiu a

(2) SORIA, José Vidal. Las Cartas Sociales Europeas en la Construcción de la Europa Social. *Revista Relasur*, n. 1, p. 13.

(3) MATHIJSEN, P. S. F. R. *Introdução ao Direito Comunitário*. Coimbra: Biblioteca Jurídica Coimbra Editora, 1991, p. 17.

Comunidade Econômica Europeia (TCE), assinado em Roma, entrou em vigor em 1º de janeiro de 1958. Posteriormente, em 1972, passaram a fazer parte da Comunidade a Dinamarca, o Reino Unido, a Irlanda, e, mais tarde, a Grécia (1981), a Espanha e Portugal, em 1986. A partir de janeiro de 1995, integraram também a União Europeia a Áustria, a Finlândia e a Suécia, originando daí a chamada Europa dos 15. A Noruega teve que renunciar ao seu ato de adesão, em face de um *referendum* de rejeição. No início de 2004, por meio do Tratado de Adesão, ampliam-se os membros da União Europeia com a entrada de mais 10 novos países: Chipre, República Checa, Estônia, Hungria, Letônia, Lituânia, Malta, Polônia, República Eslováquia e Eslovênia, os quais somam mais de 100 milhões de cidadãos da União Europeia.

Em meados dos anos 80, adotou-se o Ato Único Europeu, em vigor a partir de 1º de julho de 1987, pelo qual os Estados-membros deveriam se empenhar no sentido de realizar a plena liberdade de circulação de mercadorias, pessoas, serviços e capitais.

Em fevereiro de **1992**, assinou-se o **Tratado da União Europeia (TUE), em Maastrich (Luxemburgo)**. Esse tratado propõe algumas novidades, que compreendem: cidadania europeia ao lado da nacional, com direito a voto nas eleições do Estado-membro em que residem, na forma da Diretiva n. 94/80 do Conselho; instituição de um liame entre o cidadão e o Parlamento europeu para os trâmites da petição (art. 194, TCE) e do mediador (art. 195, TCE), que permitem à pessoa física ou jurídica residente em determinado Estado-membro levar à apreciação questões específicas ou relacionadas com má administração das instituições ou dos órgãos comunitários, como gestão ineficaz proveniente de irregularidades e omissões administrativas, abuso de poder, negligência, procedimentos ilegais, discriminação, falta ou recusa de informação; a política externa e a segurança entram no âmbito de competência da União e vêm geridas por um sistema do tipo confederal ou intergovernativo, por meio do qual cada Estado-membro mantém o direito de veto. Eventuais ações comuns em tais setores deverão ser tomadas por unanimidade pelo Conselho, enquanto o Parlamento tem apenas o direito de ser informado e emitir opinião; a cooperação na Justiça e nos negócios internos é incluída entre os interesses comuns e as ações são também deliberadas pela unanimidade do Conselho, segundo uma cooperação intergovernativa(4).

O tema alusivo à política social comunitária constituiu um dos pontos mais delicados das negociações que precederam o Tratado de Maastrich, dadas as divergências que existiam entre o Reino Unido e outros Estados-membros a respeito da temática. Para evitar o impasse, foi escolhida uma solução por meio da qual os 11 Estados-membros assinaram um acordo sobre política salarial, o qual não teve a adesão do Reino Unido. Esse acordo constituiu uma forma indireta de concretizar o empenho dos 11 Estados-membros de promover a atuação, no nível comunitário, dos princípios da Carta comunitária dos direitos sociais fundamentais dos trabalhadores. Daí se infere que o Tratado de Maastrich introduziu uma dupla regulamentação legal: a) aquela dos 12 Estados-membros, disciplinada pelo Ato Único Europeu, como a única novidade de procedimento, a qual consiste na cooperação do Parlamento europeu com o Conselho

(4) GALANTINO, Luisa. *Diritto comunitario del lavoro*. Torino: G. Giappichelli Editore. 3. ed., 2001.

Econômico e Social; b) aquela dos 11 Estados-membros, com a exclusão da Grã--Bretanha, que disciplina a política social por meio de um acordo anexado ao Tratado da Comunidade Europeia nas condições estabelecidas por um Protocolo, que autorizava esses 11 países a aplicar o acordo com base nos trâmites, fontes e instituições da comunidade.

O Tratado de Maastrich entrou em vigor em 1º de novembro de 1993. Ele "assinala uma nova etapa de criação de uma união cada vez mais estreita entre os povos da Europa" (art. 1º TUE), a qual tem três objetivos fundamentais: a criação de um espaço sem fronteira interna, com reforço da coesão econômica e social e instauração de uma União econômica e monetária; a atuação de uma polícia externa e de segurança comum e o desenvolvimento de uma estreita cooperação no setor da Justiça e das relações exteriores (títulos II, V, VI). O Tratado de Maastrich modificou de forma radical o tratado constitutivo da Comunidade Econômica Europeia, com a previsão da união econômica e monetária(5). A nova estrutura de cooperação refletiu também no perfil das fontes de direito primário ou originário. Isso porque o Tratado Institutivo da Comunidade Econômica Europeia individualiza os setores de intervenção comunitária, enquanto o Tratado da União Europeia, conhecido como Tratado de Maastrich, disciplina as matérias (política exterior, segurança comum, Justiça e relações exteriores) de cooperação intergovernativa entre os Estados da União. O mesmo Tratado de Maastrich previu a convocação, em 1996, de uma conferência intergovernativa para a revisão de determinadas disposições dos dois tratados (Tratado da Comunidade Europeia — TCE e Tratado da União Europeia — TUE), em face dos objetivos previstos no art. 48, § 2º, do Tratado da Comunidade Europeia. Diante desse preceito, os Estados--membros subscreveram, em 2 de outubro de 1997, o Tratado de Amsterdã, o qual, por sua vez, modifica o Tratado da União Europeia e o Tratado Institutivo da Comunidade Europeia. O Tratado de Amsterdã incorporou o acordo sobre Política Social no Título VIII, Capítulo I, do Tratado Institutivo da Comunidade Europeia, que trata das disposições sociais.

3. A LIVRE CIRCULAÇÃO DE TRABALHADORES

A Comunidade Europeia surgiu, historicamente, como decorrência de razões econômicas, baseada na livre circulação de mercadorias entre os Estados-membros e protegida por uma tarifa aduaneira comum. O trabalhador era, inicialmente, considerado dentro de uma perspectiva mercantilista(6). A política social aparecia subordinada à

(5) A União econômica e monetária realizou-se após um processo que compreendeu três fases: a **primeira**, iniciada em 1990, propôs promover a convergência entre as economias dos diversos Estados-membros. **A segunda fase**, com início em 1994, caracteriza-se pela criação do Instituto Monetário Europeu sediado em Frankfurt, dotado de recursos próprios e que consiste em um consórcio entre bancos centrais nacionais, com a tarefa de coordenar as políticas monetárias nacionais para realizar a estabilidade dos preços. Finalmente, **a terceira fase** começou em 1999 e previa a adoção de uma moeda única, o EURO, que passou a substituir as moedas nacionais de 15 Estados--membros a partir de janeiro de 2002. No momento, não entraram na união monetária a Dinamarca, o Reino Unido da Grã-Bretanha e a Suécia, por livre escolha desses países. Cf. GALANTINO, Luisa. *Op. cit.*, p. 10 e 11.

(6) ALMEIDA, José Carlos de Carvalho Moitinho. La libre circulation des travailleurs dans la jurisprudence de la Cour de Justice (art. 48 CEE/art. 28 EEE). *Collection de droit européen*, n. 9, p. 180.

política econômica, em uma perspectiva de passividade(7), embora o art. 117 do Tratado de Roma dispusesse sobre a necessidade de promover a melhoria das condições de vida e de trabalho mediante a harmonização. Acontece que o funcionamento eficiente desse mercado europeu exigia a supressão de obstáculos à livre circulação de pessoas (art. 3, "g", CEE), em geral, e dos trabalhadores em particular (art. 48 do TCE), reclamando a eliminação de discriminação fundada em nacionalidade (art. 12 do TCE), no que diz respeito ao acesso ao emprego, com algumas exceções no serviço público, a igualdade de remuneração e de condições de trabalho (art. 39 do TCE), além da não discriminação na obtenção dos benefícios da seguridade social.

Os familiares do trabalhador, à sua semelhança, também têm o direito de se instalar e de exercer uma atividade assalariada ou de se submeter ao ensino geral de aprendizagem ou formação profissional. Como familiar entende-se o cônjuge e os filhos menores de 21 anos ou dependentes.

A Comunidade tem hoje por objetivo, por meio da criação de um mercado comum e de uma união econômica e monetária e da aplicação de políticas ou ações comuns, promover "o desenvolvimento harmonioso e equilibrado das atividades econômicas, um crescimento sustentável e não **inflacionista**, que respeite o ambiente, um alto grau de convergência dos comportamentos das economias, **um elevado nível de emprego e de proteção social, o aumento do nível e da qualidade de vida**, a coesão econômica e social e a solidariedade entre os Estados-membros" (art. 2º do TUE). Já o art. 3º, "h", do TUE alude a uma aproximação das leis sociais.

Essas disposições demonstram não só a necessidade de se harmonizarem os custos da mão de obra, para evitar que a integração constitua uma concorrência em detrimento dos países onde a legislação social é mais avançada, como também revelam uma Europa de cidadãos atenta às exigências sociais.

A análise da jurisprudência da Corte de Justiça, que será feita a seguir e no decorrer deste estudo, revela essa evolução. Ela proferiu várias decisões a respeito de livre circulação de trabalhadores subordinados; a propósito, na decisão Unger (CJCE, decisão de 19.3.64, aff. 75/63), considerou que o conceito de trabalhador, a que alude o art. 48, § 1º, do Tratado Institutivo da Comunidade Europeia, deveria ser interpretado conforme os direitos nacionais. Sucede que a legislação dos Estados-membros permitia excluir certas categorias de pessoas dos benefícios do Tratado da CE, pondo em xeque as regras e a unidade do Direito Comunitário(8), o que levou a Corte de Justiça a rever o alcance desse conceito, passando a entender que a noção de trabalhador deveria ser definida segundo critérios objetivos que caracterizassem a relação de emprego. A característica essencial dessa relação jurídica reside na circunstância de que uma pessoa execute um serviço, durante certo tempo, **em favor de outrem**, mediante **salário e subordinação jurídica**. Partindo dessa noção de relação de emprego, a Corte tem considerado como empregado as pessoas que executam trabalho, ainda que a tempo

(7) SALA FRANCO, Tomás. La política social en la Comunidad Europea. *Revista Relasur*, n. 1, p. 45.
(8) ALMEIDA, José Carlos de Carvalho Moitinho de. *Op. cit.*, *passim*.

parcial, mediante retribuição, mesmo inferior à remuneração mínima garantida para aquela categoria. O importante é que a atividade seja **real e efetiva,** e não marginal ou acessória.

A atividade deve ter uma **natureza econômica**, consoante o art. 2º do Tratado da Comunidade Europeia, considerando-se como tal o trabalho realizado pelos **jogadores e treinadores de futebol** (aff. 36/74, de 12.12.74; aff. 222/86, de 15.10.87. Unectef c/G.Heylens et autres)(9). E assim é que, na famosa sentença BOSMAN, a Corte afirmou que as disposições sobre indenização de transferência de jogadores de futebol e a limitação do número de jogadores comunitários nas partidas entre sociedades futebolísticas estão em contraste com o art. 48 do Tratado Institutivo da Comunidade Econômica Europeia, que impõe a livre circulação de trabalhadores dos Estados-membros (Corte de Justiça, 15 de dezembro de 1993, causa 415/93), levando o legislador interno a rever sua legislação e, em consequência, a revogar preceito alusivo à citada indenização.

A Corte de Justiça tem considerado também como de natureza econômica as atividades exercidas junto a uma **comunidade religiosa**, desde que exista uma contraprestação pelo exercício da função real e efetiva, bem como o estágio de **formação profissional**, o mesmo não ocorrendo com as atividades exercidas dentro de um quadro de **laboterapia**, ao argumento de que o elemento social prima sobre o elemento econômico(10).

A liberdade de circulação se aplica igualmente às atividades do **setor público**, mesmo que sejam organizações internacionais, exceção feita aos empregos relevantes da Administração Pública (art. 48, § 4º, do Tratado da CE), o que tem gerado inúmeras controvérsias. O citado dispositivo legal constitui uma exceção ao princípio segundo o qual os trabalhadores devem poder desfrutar da liberdade de circulação na comunidade, sem sofrer qualquer discriminação. É que a livre circulação de trabalhadores compreende o direito de trabalhar em um outro Estado-membro nas mesmas condições que o trabalhador nacional. Para que se inclua na exceção do § 4º do art. 48 já citado, é necessário que a função envolva uma participação direta ou indireta no exercício do poder público, compreendendo como tal a que tenha por objeto a salvaguarda dos interesses gerais do Estado e de outras coletividades públicas. O que importa não é a qualificação jurídica, mas o conteúdo da função.

Ainda no que diz respeito à livre circulação de trabalhadores, merece particular atenção uma decisão proferida pela Corte de Justiça, em 1990, no processo Rush Portuguesa, na qual se reconheceu às empresas que exerciam as atividades em outro Estado-membro, sobre a base da livre circulação de serviços, o direito de realizar essas atividades com seus próprios trabalhadores, ainda que esses fossem desprovidos do direito de livre circulação(11), como ocorria com os portugueses até 1992. A

---

(9) BLANPAIN, Roger e JAVILLIER Jean-Claude. *Droit du travail communautaire*. 2. éd. Paris: LGDJ, 1995, p. 163 e 164.

(10) Aff. n. 344/87, de 31.5.1989. I. Bettray c/ staatssecretaris van Justitie — citado em nota de rodapé da obra BLANPAIN, Roger e JAVILLIER Jean-Claude. *Op. cit.*, p. 164.

(11) Aff. n. C. 113/89, de 27.3.90. Rush Portuguesa LDA c/ Office national d'immigration, JCP, 1991, III, p. 189, annexe III à la circ. du 2 mai 1991; RTDE, 1990, p. 632, note P. Rodiere.

importância prática dessa decisão resulta de dois princípios: de um lado, o respeito à liberdade das empresas de um outro Estado-membro de contratar sem restrições desprovidas de efeito útil e, de outro lado, o reconhecimento aos assalariados de direitos equivalentes àqueles conferidos aos trabalhadores de empresas do direito francês. A Corte de Justiça esclareceu que os Estados-membros podem estender suas legislações e convenções coletivas de trabalho concluídas pelos interlocutores sociais às pessoas que efetuarem um trabalho assalariado, mesmo de caráter temporário, qualquer que seja o país de estabelecimento do empregador, acrescentando que o Direito Comunitário não proíbe aos Estados-membros impor o respeito às regras pelos meios apropriados. São assim aplicáveis as regras relativas a um determinado nível de remuneração, à higiene e à segurança.

4. OS TRÊS PILARES DA UNIÃO EUROPEIA

As atividades da União Europeia estão agrupadas em torno de **três pilares**. **O primeiro pilar** cobre vasto leque de políticas comunitárias, como agricultura, transporte, meio ambiente, energia, pesquisa e desenvolvimento; engloba aquisições comunitárias contidas nos Tratados de Paris e de Roma, modificadas pelo Ato Único Europeu e pelo Tratado sobre a União Europeia; **o segundo pilar** compreende políticas estrangeiras e de segurança comum e, finalmente, **o terceiro pilar** abrange a cooperação no domínio da Justiça e das relações interiores.

5. PRINCÍPIO DA SUBSIDIARIEDADE

A Comunidade age nos limites de competência que lhe são conferidos pelos tratados e dentro dos objetivos traçados. Nos domínios que não são de sua competência exclusiva, a Comunidade deverá agir conforme o princípio da subsidiariedade definido no art. 3º B do Tratado de Maastrich. Segundo esse princípio, a Comunidade só intervirá se e na medida em que os objetivos da ação prevista não possam ser suficientemente realizados pelos Estados-membros e possam, pois, devido às dimensões ou aos efeitos da ação, ser alcançados de uma forma mais satisfatória no plano comunitário. Pelo que se infere desse dispositivo, ninguém deve fazer no nível da Comunidade Europeia o que pode ser feito com função equivalente ou melhor em nível inferior. Esse princípio limita os poderes internos e externos das instituições. É um princípio de atribuição de competência e de proporcionalidade ou de intensidade, pois os meios empregados pela Comunidade devem ser proporcionais aos objetivos visados.

6. ESTRUTURA INSTITUCIONAL

Para a realização dos objetivos comunitários e a efetivação dos princípios acordados, a União Europeia dotou-se de uma estrutura institucional constituída do **Parlamento Europeu**, cujas sessões plenárias ordinárias realizam-se em **Estrasburgo**, enquanto as sessões plenárias adicionais realizam-se em Bruxelas; de um **Conselho de Ministros**, sediado em **Bruxelas**; de uma **Comissão**, esses dois últimos assistidos por um **Comitê Econômico e Social**, por uma **Corte de Justiça** e pelo **Tribunal de**

Contas, localizados em **Luxemburgo**, cidade que abriga também a Secretaria do Parlamento. Certos serviços da Comissão e certas sessões do Conselho são realizadas em abril, junho e outubro.

O funcionamento do sistema institucional comunitário pressupõe a repartição de poderes entre eles, como passaremos a demonstrar.

6.1. O Parlamento

Originariamente, o Parlamento desempenhava um papel puramente consultivo, mas hoje ele exerce poderes de decisão e controle, intervindo no processo de revisão dos tratados, na celebração dos acordos internacionais, na elaboração do Direito Comunitário derivado, como também em matéria de elaboração e fiscalização orçamentária. Ele é considerado o assegurador do interesse europeu e o defensor dos direitos do cidadão.

O **Parlamento Europeu**, designado Assembleia pelos Tratados Constitutivos, representa os povos reunidos na Comunidade. Ele não possui os mesmos poderes conferidos aos Parlamentos nacionais. Os parlamentares são, desde 1979, eleitos por sufrágio universal direto, para um mandato de cinco anos. O Tratado de Maastrich reconheceu aos cidadãos o direito de participar das eleições, como eleitores ou elegíveis, mesmo que residam em outros países.

Os parlamentares não podem acumular funções na Comunidade (membros da Comissão, Corte de Justiça, etc.) e gozam de imunidades semelhantes às dos parlamentares nacionais. A imunidade não se estende à totalidade do mandato, mas se limita à duração das sessões da Assembleia, considerando-se como tal não só o período em que tenham elas se realizado, mas até a decisão em que se pronuncia o encerramento das sessões anuais ou extraordinárias. Na prática, o Parlamento conferiu a seus membros uma imunidade de fato permanente, pois o encerramento das sessões não existe, dadas as suas atividades múltiplas e descontínuas.

6.2. O Conselho

O Conselho é o órgão superior da Comunidade, e define as suas principais políticas. É formado pelos representantes dos Estados-membros, sendo os seus componentes escolhidos pelos respectivos governos. Os representantes geralmente são do Ministério das Relações Exteriores, podendo, entretanto, pertencer a outros ministérios, o que acarreta uma certa dispersão nas atividades do conselho. O presidente do Conselho será escolhido entre os seus membros. O **Conselho possui ainda uma secretaria-geral, com várias direções gerais** (agricultura, relações exteriores, etc.) e um **serviço jurídico**.

Entre as mais importantes atribuições do Conselho no campo do **Direito do Trabalho,** destacam-se: assegurar a livre circulação de trabalhadores (art. 48 a 51 do Tratado Institutivo da CE); promover a reaproximação das leis (art. 100 a 102 do Tratado Institutivo da CE); elaborar a política social (art. 117 a 122 do Tratado

Institutivo da CE); pôr em prática decisões relativas ao Fundo Social (art. 125 do referido Tratado) e desenvolver uma educação de qualidade e a formação profissional (art. 126 e 127 do citado Tratado).

O Conselho Europeu reuniu-se em Nice, em dezembro de 2000, proclamando, juntamente com o Parlamento Europeu e a Comissão, a **Carta de Direitos Fundamentais**, que reúne, em um único texto, direitos civis, políticos, econômicos, sociais e societários até então previstos em fontes diversas (nacionais, internacionais ou comunitárias). O preâmbulo dessa Carta reafirma o respeito às competências e atribuições da Comunidade e da União, ao princípio da subsidiariedade, aos direitos derivados e às obrigações internacionais comuns aos Estados-membros. Ela compõe-se de 54 artigos, que dizem respeito à dignidade, à liberdade, à igualdade, à solidariedade, à cidadania e à justiça. No estágio atual, a Carta tem um valor de empenho político, pois, para assumir eficácia jurídica, deverá ser inserida nos Tratados; seu *status* deverá ser definido em nova conferência dos Estados-membros, convocada para 2004[(12)].

O Tratado de Amsterdã confere ao Conselho o poder de tomar providências oportunas para combater a discriminação fundada em sexo, raça, origem étnica, religião, convicções pessoais, deficiência física, idade ou tendências sexuais (art. 13).

O Conselho adotou, em 29 de junho de 2000, **a Diretiva n. 2.000/43**, proibindo discriminações diretas e indiretas baseadas em raça, ou origem étnica, no que tange ao acesso ao trabalho, seja subordinado ou autônomo. Já a **Diretiva n. 2.000/78**, de 27 de novembro de 2000, estabelece um quadro para a igualdade de tratamento em matéria de emprego e condições de trabalho, proibindo discriminação por motivo de religião, convicções pessoais, *handicap*, idade e tendências sexuais. As medidas destinadas a proteger a segurança pública, a ordem pública, a saúde e a liberdade de outrem ficam a critério da legislação nacional. São previstas disposições específicas com referência às religiões e às convicções pessoais para a Irlanda do Norte (art. 15). A diretiva deve ser recebida até 2 de dezembro de 2003, com possibilidade para os Estados-membros de valerem-se de três anos suplementares no que diz respeito a discriminações baseadas em idade ou *handicap*.

6.3. A Comissão

A **Comissão** é um colégio, cujo presidente tem função administrativa (convocação de reuniões, etc.) e protocolar (representação no exterior). Ela é encarregada de supervisionar a aplicação dos tratados e dos atos das instituições tanto pelos Estados-membros como pelos particulares. Os Estados-membros devem manter a Comissão informada de medidas e projetos capazes de afetar o funcionamento do mercado comum e fornecer-lhe informações úteis a esse respeito, considerando o dever de colaboração previsto no art. 5º do Tratado da CE. No plano preventivo, a Comissão chama a atenção dos Estados sobre os riscos de infração, velando pela ordem jurídica comunitária, e constitui o que se denomina "órgão motor da atividade legislativa comunitária".

---

(12) GALANTINO, Luisa. *Diritto Comunitario del Lavoro*. Torino: G. Giappichelli, 2001, p. 15 e 16.

6.4. A Corte de Justiça

A Corte de Justiça assegura a uniformidade de interpretação do ordenamento jurídico comunitário, atuando paralelamente ao Juízo de 1ª Instância, instituído pelo Ato Único e em funcionamento desde 1988. Compete a esse último conhecer de determinados feitos, mormente no que tange à concorrência.

A Corte de Justiça é formada por Juízes e Advogados-Gerais (art. 166 do TCE, modificado pelos Atos de Adesão).

O Advogado-Geral deve apresentar à Corte parecer motivado sobre os processos a ela submetidos e esclarecer os peritos de Direito Comunitário. Os Advogados não participam das deliberações da Corte, mas assistem às reuniões administrativas, onde eles têm voz deliberativa.

Os Juízes e Advogados-Gerais são escolhidos entre personalidades que reúnem as condições requeridas para o exercício, nos seus respectivos países, nas mais altas funções jurisdicionais ou entre jurisconsultos com notória competência. A independência dos Juízes e Advogados-Gerais é primordial. Eles devem exercer sua função com imparcialidade, comprometendo-se a não divulgar segredos das deliberações; gozam de imunidade de jurisdição, inclusive após a cessação de suas funções. Eles estão impedidos de exercer função política ou administrativa, não podendo participar de processos em que tenham atuado como magistrado ou procuradores, sendo ainda proibidos de exercer outra atividade profissional, remunerada ou não, salvo derrogação acordada em caráter excepcional. Os tratamentos, as indenizações e a aposentadoria dos Juízes e Advogados-Gerais são fixados pelo Conselho, por maioria qualificada.

O Presidente da Corte de Justiça é eleito pelos Juízes. Ele preside as audiências e dirige os trabalhos e serviços da Corte.

O escrivão é nomeado pela Corte e encarrega-se de receber, transmitir e conservar documentos relativos à aplicação do regulamento dos procedimentos. Suas principais atribuições consistem em assistir a Corte, as Câmaras, o Presidente e os Juízes nos atos de seu mister. Ele tem também a responsabilidade pelos arquivos e pelas publicações da Corte.

A Corte e as Câmaras deliberam em Conselho. Só os Juízes assistem aos procedimentos orais, tomando parte ou deliberando e as decisões são tomadas pela maioria, após exprimir sua opinião motivada. O Presidente não dispõe de voz preponderante. A opinião dissidente de algum Juiz não é tornada pública, contrariamente ao que acontece com a Corte Internacional de Justiça. Os Advogados Gerais e os escrivães não podem se fazer presentes a essas deliberações e a língua tradicionalmente utilizada é o francês.

Os Estados ou as instituições são representados pelos agentes e podem ser assistidos por Conselhos ou advogados. Nos Estados onde os advogados não têm monopólio de postulação, as pessoas podem se fazer representar por professores da Universidade, por exemplo.

A sustentação oral se faz na língua de origem, com uma interpretação simultânea e, nas questões prejudiciais, pode-se exprimir em uma das línguas oficiais.

A Corte de Justiça se escalona sobre todos os níveis de competência atribuídos aos Juízes nacionais (do Juiz de polícia ao Juiz criminal). Esse fato gera pesada carga de trabalho e repercutiu no aumento da demora nos julgamentos. Outro fator que compromete a celeridade são as traduções, pois compõem a União Europeia países com vários idiomas diferentes. O atraso judiciário prejudica a boa administração da Justiça, o prestígio da Corte e a confiança no seu funcionamento. Essa situação poderá ser perigosa, segundo alguns autores, na medida em que o Juiz nacional ou as partes possam preferir não mais solicitar a colaboração da Corte no mecanismo prejudicial, instalando-se progressivamente uma desestabilização da credibilidade da Corte, que se assenta hoje no prestígio que têm suas decisões, já que não possui a força pública, no plano comunitário, de executar suas decisões.

Propõe-se como solução uma certa especialização entre as diversas câmaras e aumento do número de Juízes; todavia, o pedido efetivamente formulado a esse último título chocou-se com a oposição do Conselho, cujas decisões devem ser por maioria.

Decidiu-se, por solicitação expressa da Corte, juntar-lhe uma jurisdição de grau inferior (Tribunal de 1ª Instância), para a qual foram delegadas certas competências da Corte. Acredita-se que essa solução possa diminuir a carga de trabalho, que dependerá, entretanto, da frequência dos recursos interpostos contra as decisões dos Tribunais de 1ª Instância.

6.5. O Tribunal de 1ª Instância

O Tribunal de 1ª Instância começou a funcionar em 1989. É um órgão autônomo, embora não constitua uma nova instituição comunitária, e possui atribuições específicas, como o contencioso dos funcionários e da concorrência.

Quando o Tribunal se reúne em sessão plenária, está sempre assistido por um Advogado-Geral designado pelo Presidente; em outros casos, o Tribunal, reunindo-se em Câmara, pode também ser assistido por Advogado-Geral, quando se tratar de matéria complexa a ser apreciada ou haja dificuldade sob o prisma legal.

Os Juízes e Advogados contam com a assistência de assessores (os referendários).

Ao Presidente do Tribunal de 1ª Instância compete dirigir os trabalhos e serviços do Tribunal, presidindo as audiências plenárias e as deliberações em Conselho.

No que tange aos agentes, aos cartórios e ao regime linguístico, aplicam-se-lhe as mesmas regras da Corte de Justiça.

Em face da aplicabilidade direta do Direito Comunitário e de sua proeminência sobre o Direito Comum, o Juiz nacional é chamado a desenvolver um papel fundamental como "juiz comunitário comum", obrigando-o a ficar atento a aspectos do Direito Comunitário, em um litígio, pois existe uma certa hierarquia da Corte de Justiça sobre os tribunais nacionais. Para muitos, o Juiz nacional pode ou deve, segundo as circunstâncias, suspender o julgamento para submeter à Corte de Justiça questão prejudicial, procedimento que autoriza um certo paralelismo de competência[13].

---

(13) VANDERSANDEN, Georges. *Droit des Communautes Europeenes*. Bruxelles: Presses Universitaires de Bruxelles, 1996, v. 1, p. 78.

6.6. Tribunal de Contas

Finalmente, a União Europeia possui como instituição o Tribunal de Contas, criado por iniciativa do Parlamento Europeu, pelo Tratado de Bruxelas (julho de 1975). Ele é comum aos três tratados (CEE — EURATOM e CECA). Apesar do nome, o Tribunal de Contas não tem uma jurisdição. O Tratado sobre União Europeia instituiu o Tribunal de Contas como simples órgão técnico.

7. NATUREZA JURÍDICA

Os tratados criaram para as Comunidades personalidade jurídica de direito público, a qual lhes confere poderes e atribuições próprias indispensáveis à consecução de seus objetivos. Já a União Europeia não tem personalidade jurídica, logo não poderá celebrar tratado.

Muito tem sido discutida a natureza jurídica da União Europeia.

Afirmam alguns tratar-se de **organização internacional**, por ter sido criada por tratados internacionais, enquanto outros se insurgem contra essa corrente, ao argumento de que a UE é desprovida das características concernentes àquela, pois sua missão não é apenas organizar as relações entre Estados-membros, mas também entre seus povos, a teor do disposto no art. A do Tratado. Ademais, na União Europeia encontram-se instituições que não estão presentes em nenhuma organização internacional, a saber, um Parlamento eleito por sufrágio universal direto, dotado de poderes de decisão e de uma cidadania, com atribuição direta de direitos. Em segundo lugar, no quadro das Comunidades, a União possui uma ordem jurídica que, por seu caráter completo, sua hierarquia e pelo fato tocar diretamente aos cidadãos, parece muito mais com a de um Estado do que com a de uma organização internacional.

Outros identificam a União Europeia a um **Estado Federal**. Deve-se admitir que a União Europeia se utiliza de princípios e de mecanismos tirados dos sistemas federais, como a integração, a primazia e o controle jurisdicional. É claro que, na União, a identidade nacional dos componentes, consagrada no art. F, é muito mais evidente e protegida do que no Estado Federal. Note-se, em particular, que todo Estado Federal supõe a existência de uma verdadeira política estrangeira comum (pelo menos sobre os sujeitos essenciais) e de uma verdadeira política de defesa comum, assim como, em regra geral, de uma unidade de representação internacional, notadamente nas organizações universais como a ONU. Esse não é o caso da União no estado atual de seu desenvolvimento. É igualmente certo que, no Estado Federal, os principais fatos da via política se situam no nível da União, como por exemplo a eleição do Presidente dos EUA. Na União Europeia, o fato político que se situa no nível da União é só a eleição do Parlamento europeu, não tendo a importância e a significação do evento indicado.

Há ainda uma corrente que atribui à UE a natureza de uma **confederação**. Refuta-se a tese, ao argumento de que a UE é muito diferente das confederações, pois estas tiveram por objeto primordial colocar em comum atribuições em matéria de política estrangeira e de defesa, ainda que esses objetivos só apareçam secundariamente na construção europeia. Se o princípio essencial de funcionamento de uma confederação é a tomada de decisão por via de acordo entre os representantes dos seus componentes, deve-se constatar que, na União Europeia, esse princípio encontra um largo emprego. Esse é, com efeito, o princípio que domina o funcionamento do Conselho europeu, e seu lugar e papel não fizeram outra coisa senão desenvolver-se. Este também é o princípio que domina todo o segundo pilar (política estrangeira e de segurança comum). Embora haja, na União, elementos de confederalismo e de federalismo, os autores têm concluído pela especificidade da União Europeia no tempo e no espaço[(14)].

8. O ORDENAMENTO JURÍDICO COMUNITÁRIO EUROPEU

A expressão "ordem jurídica comunitária" é de uso corrente. O Direito Comunitário forma um sistema jurídico autônomo, não se confundindo com o Direito Internacional. Aquele é constituído de um conjunto de fontes de direito ordenado por uma hierarquia de normas, sendo regido por dois princípios essenciais: o princípio da integração e o princípio da primazia[(15)]. Por outro lado, enquanto o Direito Comunitário modifica e integra direta ou indiretamente (por intermédio de diretivas) o ordenamento nacional, em virtude de uma limitação de soberania aceita pelos Estados-membros, o Direito Internacional pressupõe a autonomia dos ordenamentos nacionais, só intervindo por intermédio de um ato que se expressa por meio da ratificação.

O ordenamento jurídico comunitário constitui-se do **direito originário ou primário,** composto de normas jurídicas contidas nos três Tratados (CE, CECA e EURATOM) e nos protocolos e tratados de adesão, e do **direito derivado**, criado pelas instituições comunitárias, por intermédio de várias roupagens jurídicas, como regulamentos, diretivas, decisões dirigidas aos Estados-membros, recomendações e pareceres (não vinculativos), além de outros atos comunitários de ordem interna. Esses instrumentos **são obrigatórios** (regulamentos, diretivas e decisões) **e não obrigatórios**, como as recomendações, ditames ou informes[(16)].

---

(14) MANIN, Philippe. Les Communautés européenne. *Études Internationales*, n. 6, 1996, 2 eme édition, Pedone, *passim*.

(15) MANIN, Philippe. Les Communautés européenne. *Études Internationales* n. 6, 1996, 2 eme édition, Pedone, p. 275. O citado autor esclarece que a ordem jurídica comunitária é integrada ao direito dos Estados-membros. Não se pode escolher entre o dualismo e o monismo, pois este último prevalece. Os sujeitos do Direito Comunitário são os Estados-membros e os jurisdicionados. Logo, estes últimos podem invocar as disposições do Direito Comunitário diante das autoridades nacionais, principalmente dos tribunais, para os fins que lhes parecerem úteis, inclusive para anular ou declarar inaplicáveis os atos nacionais que estiverem em desacordo com o Direito Comunitário (cf. decisão da Corte de Justiça Costa x ENEL, de 1964). Sob a base de uma interpretação global do sistema comunitário, a Corte de Justiça construiu a teoria do "efeito direto", que determina as condições em que o particular pode invocar esse efeito. Por força do art. 189, § 2º, do Tratado da CE, os regulamentos são diretamente aplicáveis. Os particulares podem invocá-los nos litígios contra o poder público (tipo vertical) ou contra um outro particular (tipo horizontal).
A aplicação direta de um dispositivo do direito comunitário poderá implicar contradição com o direito nacional do Estado-membro. O conflito entre os dispositivos pode ser solucionado aplicando-se o princípio da **primazia** do Direito Comunitário, reconhecido pela Corte de Justiça da CE em relação a **todas** as fontes do direito interno, inclusive constitucional.
A autonomia da ordem jurídica permite a aplicação unitária do direito comunitário aos Estados-membros; para isso, as noções jurídicas comunitárias são sempre definidas em função da necessidade do Direito Comunitário e de seus objetivos. Assim, o conceito de trabalhador, no sentido comunitário, poderá ser diverso daquele adotado pelos sistemas nacionais.

(16) CASELLA, Paulo Borba. *Comunidade Europeia e seu ordenamento jurídico*. São Paulo: LTr, 1994, p. 122.

Merecem destaque, aqui, os **regulamentos** elaborados pelo Conselho, que são equivalentes às leis comunitárias. Eles têm caráter obrigatório e são diretamente aplicáveis na ordem jurídica interna dos Estados-membros, sem necessidade de norma nacional, o que constitui originalidade do Direito Comunitário europeu(17). Entretanto, para os regulamentos de caráter programático há necessidade de norma nacional.

A **diretiva**, no tratado CECA denominada recomendação, é também elaborada pelo Conselho. Trata-se de um ato jurídico comunitário, pelo qual se estabelece uma obrigação dos Estados-membros quanto a objetivos determinados, porém deixa-lhes a escolha da forma e dos meios para alcançá-los em um prazo determinado, no quadro do ordenamento jurídico interno. Visa a reaproximar as legislações.

Excepcionalmente, a jurisprudência comunitária admite a aplicação direta da diretiva. Isso é possível quando ela contém regulamentação autossuficiente e suscetível de ser aplicada pelos tribunais, por estarem detalhados os direitos, e ainda quando se tenha fixado prazo para adaptar o ordenamento estatal ao comunitário e o Estado tenha se omitido ou tenha feito a adaptação contrariando a diretiva. A diretiva entra em vigor a partir da notificação dos destinatários, tendo a publicação no diário oficial mero efeito informativo.

A Corte de Justiça declarou que os Estados-membros têm a obrigação de reparar os prejuízos advindos da ausência ou incorreção de transposição da diretiva (Processo Francovich *et* Bonifaci — 1991); em consequência, atribuiu responsabilidade à Itália pela não transposição no prazo estipulado da Diretiva n. 80/987/CEE, de 20 de outubro de 1980, relativa à **proteção dos trabalhadores em caso de insolvência do empregador. Essa diretiva garante aos trabalhadores o direito de perceberem um salário durante certo período precedente à insolvência ou à despedida por essa razão**(18).

Já as **decisões** são atos emanados do **Conselho ou da Comissão**, dirigidas a um ou a vários particulares ou a um ou a vários Estados-membros. São obrigatórias só para os seus destinatários. Entram em vigor com a notificação, sem necessidade de publicação no diário oficial.

As **recomendações** não se vinculam e têm em mira uniformizar a legislação dos Estados-membros. São ditadas pelo Conselho ou pela Comissão e têm como destinatários os Estados-membros ou as empresas. Já os **ditames e informes**, ditados pela Comissão, são atos com conteúdo mais difuso, e não concreto como o das recomendações. Assim, uma recomendação poderá fixar a duração do trabalho em, por exemplo, 40 horas semanais, enquanto o ditame limita-se a aconselhar a sua diminuição(19).

O esquema clássico de adoção dos atos normativos compreende: proposição da Comissão, intervenção do Parlamento Europeu, parecer dos órgãos consultivos e adoção pelo Conselho(20).

---

(17) VALTICOS, Nikolas. *Droit International du Travail*. Paris: Dalloz. 2. ed., p. 640.

(18) BORCHARDT, Klauss-Dieter. *L'ABC du Droit Communautaire Documentation Européenne*. Luxembourg: Office des publications officielles des communautés européennes, 1994, p. 38.

(19) SALA FRANCO, Tomás. A política social na Comunidade Europeia. *Revista Relasur*, n. 1, p. 53-54.

(20) Não há, no Direito Comunitário uma separação de poderes (sobretudo entre legislativo e executivo), conforme o que existe nos regimes constitucionais nacionais.

9. OS ASPECTOS CONSTITUCIONAIS

O art. G.C. do Tratado sobre a União Europeia, de 7 de fevereiro de 1992, introduziu no Tratado Instituidor da Comunidade Europeia uma 2ª Parte, intitulada "A cidadania da União", dispondo o novo art. 8º:

> "1 — Instituiu-se uma cidadania de União.
>
> É cidadão da União toda pessoa possuidora da nacionalidade de um Estado-membro.
>
> 2 — Os cidadãos da União gozam dos direitos e são submetidos aos deveres previstos no presente Tratado".

O dispositivo é criticado ao argumento de que a União não tem personalidade jurídica como a Comunidade, logo não poderá criar uma nacionalidade de União. Outros afirmam que o objetivo foi evitar conflito com os Estados-membros, aos quais os jurisdicionados são ligados pela nacionalidade. Logo, a cidadania não está ligada às condições da nacionalidade do Estado-membro.

Os art. 8ºA e 8ºB enumeram os atributos relativos à noção de cidadania, classificados em duas categorias: o cidadão tem os direitos comunitários consagrados pelos tratados constitutivos e derivados, o que não é original, pois a Corte de Justiça já há muitos anos consagra esse entendimento; por outro lado, é reconhecido ao cidadão da União o direito de circular e de permanecer livremente em território dos Estados-membros; o direito à proteção diplomática e consular por um Estado onde ele não é jurisdicionado; o direito de votar e ser votado nas eleições Municipais e do Parlamento Europeu, além do direito de petição diante desse, como também o direito de dirigir-se a um mediador.

No tocante à liberdade de circulação, por força do Tratado de Roma, assegura-se a livre circulação dos assalariados, prestadores de serviço, como também o direito de se estabelecerem em outro Estado-membro para exercer uma atividade profissional. O turista comunitário inclui-se nesse campo, na sua condição de destinatário dos serviços. Em 1990, três Diretivas do Conselho estenderam o direito de permanência aos aposentados, aos estudantes e a outros inativos que não se beneficiam de disposições de direitos comunitários, desde que tenham recursos financeiros suficientes para evitar que onerem a assistência social do Estado-membro acolhedor.

Inovação importante foi o direito de votar e ser votado assegurado ao cidadão no país que o acolheu. Trata-se de um avanço na integração europeia, capaz de gerar revisões constitucionais. Esse direito traduz a aplicação do princípio de não

---

Tradicionalmente, o poder de iniciativa pertence à Comissão. O Tratado de Maastrich, todavia, matizou essa situação no domínio da competência comunitária, concedendo poderes concorrentes ao Banco Central e ao Parlamento, no que tange à cooperação intergovernamental.

A Comissão é uma instituição motriz; participa da formação de atos do Conselho e do Parlamento Europeu e constitui um "verdadeiro contrapeso ao poder normativo geral do Conselho". A tomada de decisão na Comunidade apresenta um caráter típico e original: colaboração Comissão-Conselho. As decisões deste último devem, na maioria dos casos, ser baseadas em proposição da Comissão, e o Conselho só poderá modificar tal proposição por unanimidade, do contrário, deverá aprovar o ato ou abster-se de decidir. Por outro lado, a Comissão poderá modificar sua proposição inicial ou mesmo retirá-la. O art. 152 do Tratado CEE reconhece um poder subsidiário do Conselho, o qual poderá solicitar à Comissão que proceda a todos os estudos que ele julgar oportunos para a realização dos objetivos comuns e lhe submeter todas as proposições apropriadas.

discriminação e foi objeto das Diretivas n. 93/109 e n. 94/80 do Conselho. São autorizadas derrogações desse princípio, em situações específicas de um Estado, como residência efetiva em certos Estados-membros, cuja duração não poderá ser superior a cinco anos. Essa exigência é tida como cumprida quando os eleitores ou elegíveis residirem durante período equivalente em outro Estado-membro. As funções de chefe, adjunto suplente e membro diretor do executivo de uma coletividade local podem ser reservadas aos cidadãos nacionais.

Por força do art. 8º-C, as autoridades diplomáticas e consulares de um Estado-membro devem conceder proteção aos jurisdicionados de outros Estados-membros no estrangeiro, desde que não haja representação de seu Estado no local. Essa proteção compreende: assistência em caso de falecimento, acidente, doença grave, detenção, sequestro, violência, repatriação dos cidadãos em dificuldade.

Os cidadãos têm o direito de requerer ou apresentar queixa, por escrito, ao Parlamento. Esse direito é reservado aos cidadãos da União e às pessoas físicas ou jurídicas que tenham residência ou sede estatutária em um Estado-membro. Ademais, a questão deverá versar sobre os sujeitos que apresentem as queixas e que se encontrem no domínio da comunidade.

Finalmente, o cidadão poderá recorrer a um mediador, instituído com o objetivo de aumentar a transparência das atividades da Comunidade. Constatada a má administração das instituições, exceto no exercício das atividades judiciais, o mediador notifica a instituição concernente, que dispõe de um prazo de três meses para se pronunciar, em seguida elabora um relatório e o encaminha ao Parlamento, à instituição e à pessoa que fez a denúncia. A necessidade de atribuir maior transparência aos atos não é própria do Direito Comunitário, constituindo uma influência dos países nórdicos.

Outras medidas de proteção são asseguradas aos cidadãos, principalmente pelo Código de Comportamento n. 93/730 CE do Conselho e da Comissão. O Código assegura o princípio do acesso aos documentos e textos, estabelecendo limites quanto à proteção do interesse público, individual e da vida privada; à proteção do segredo em matéria comercial e industrial; à proteção dos interesses financeiros da Comunidade; à proteção da confidencialidade à demanda de interessados. O acesso aos documentos do Conselho pode igualmente ser recusado para proteger o segredo de suas deliberações.

Em outubro de 2004 foi assinada em Roma a Constituição da União Europeia.

10. POLÍTICA SOCIAL DA COMUNIDADE EUROPEIA

A política social da Comunidade Europeia compreende três períodos[21]. **O primeiro**, que se inicia no final da década de 50 e termina em 1974, foi marcado pelo crescimento econômico e por taxas de desemprego muito reduzidas, limitando-se a intervenção da CE à coordenação da seguridade social em proveito dos trabalhadores migrantes. **O segundo período** (1974-1985) caracteriza-se por um crescimento econômico lento e por desemprego continuamente elevado; a política social mostrou-

(21) MOSLEY, Hugh G. La dimensión social de la integración europea. *Revista Internacional del Trabajo*, 1990, v. 109, n. 1, p. 87 e ss.

-se mais ativa, intervindo a CE no princípio da não discriminação no emprego entre homens e mulheres, que, até então, permanecera em estado latente, embora assegurado no art. 119 do Tratado de Roma; inúmeros programas de ação foram adotados para fomentar o direito geral de não ser discriminado no emprego. Nesse período, várias diretivas foram também adotadas em matéria de Direito do Trabalho, entre elas, a de **n. 75/129**, de fevereiro de 1975, relativa **à despedida coletiva**, exigindo a notificação prévia da autoridade pública competente e dos assalariados, no caso de despedidas em massa; a de **n. 75/117,** de fevereiro de 1975, relativa **à igualdade de remuneração entre homens e mulheres**; a Diretiva **n. 76/207,** de 9 de fevereiro de 1976, sobre **igualdade de tratamento entre homens e mulheres**; a Diretiva **n. 77/187**, de 1977, sobre **medidas de proteção ao salário**, em caso de sucessão de empresas ou estabelecimentos; a Diretiva **n. 80/987**, de 20 de outubro de 1980, relativa **à proteção dos assalariados, na hipótese de insolvência do empregador**, estabelecendo que as Convenções Coletivas são aplicáveis ao sucessor e determinando ainda a obrigação de criar instituições para assegurar o pagamento dos salários dos empregados de empresas falidas.

A noção de igualdade de tratamento comporta conceitos diversos nos instrumentos comunitários. A diretiva de 1975 a define como a eliminação de toda discriminação fundada em sexo (art. 1º). Já a diretiva de 1976 dispõe que o princípio da igualdade de tratamento implica ausência de toda discriminação fundada em sexo, seja direta ou indireta, notadamente, em relação ao estado matrimonial ou familiar. A diretiva cobre todas as formas de discriminação ou tratamento desigual. A discriminação direta é fundada no sexo e a indireta se funda em outros critérios, aparentemente objetivos e aceitáveis, mas que, de fato, conduzem a tratamento discriminatório.

As regras alusivas à **igualdade de tratamento** previstas no art. 119 do Tratado da Comunidade Europeia proíbem não só a discriminação ostensiva, mas toda forma dissimulada de discriminação. A igualdade de tratamento está prevista, com detalhes, no Regulamento n. 1612/68, relativo à liberdade dos trabalhadores no interior da Comunidade. Essas disposições relativas à igualdade de tratamento são características do princípio geral da igualdade, previsto no art. 6º do Tratado da CE.

Exemplo elucidativo de discriminação indireta encontra-se no processo Jeannette Jenkins c/ Kingsgate Ltd., submetido à Corte de Justiça. A assalariada Jeannette estava empregada a tempo parcial, e recebia um salário-hora inferior a 10% do salário-hora pago aos trabalhadores a tempo integral. Entendeu a Corte que uma diferença de remuneração entre os trabalhadores a tempo parcial e integral só constitui discriminação proibida pelo art. 119 do Tratado da CE quando traduz um meio indireto para reduzir a remuneração dos trabalhadores a tempo parcial. Observou-se que esse grupo de trabalhadores era constituído quase que exclusivamente de mulheres.

Esse tipo de discriminação indireta foi igualmente constatado na ação proposta por Luisa Sabatini contra o Parlamento Europeu, em que a autora, funcionária da Comunidade Europeia, havia perdido a indenização de expatriação logo após o seu casamento. É que o regulamento de pessoal do referido organismo retirava esse direito de quem se casasse com uma pessoa que não reunisse os requisitos para receber essa indenização, salvo se o funcionário se tornasse chefe de família. Por chefe de família entendia-se, geralmente, o funcionário do sexo masculino, salvo se esse fosse incapaz ou padecesse de doença grave. A Corte entendeu que a perda da indenização poderia se justificar se a situação da família pusesse fim à situação de expatriação. Em consequência, entendeu a Corte que o desaparecimento do *status* de expatriação deve, necessariamente, depender de critérios uniformes, entre os quais não está incluído o sexo.

A dificuldade objetiva de demonstrar o prejuízo ocasionado à vítima da discriminação indireta levou a Corte de Justiça a modificar os princípios concernentes ao ônus da prova, "afirmando que, na hipótese de tratamentos diferenciados entre homens e mulheres, compete ao empregador o ônus da prova da razoabilidade dos critérios adotados, quando esses não sejam transparentes" (Corte de Justiça, 7 de outubro de 1989, causa 109/88). Essa decisão deu origem à **Diretiva n. 97/80** sobre ônus da prova nos casos de discriminação fundada em sexo. A diretiva visa a introduzir um regime probatório mais favorável a quem se sinta discriminado e, em derrogação aos princípios gerais que regulam o ônus da prova, considera suficiente que o autor da ação deduza em Juízo "elementos de fato com base nos quais se possa presumir que foi discriminado direta ou indiretamente. Fornecidas tais indicações, compete à parte contrária provar a insubsistência da violação ao princípio da paridade de tratamento" (art. 4º, § 1º). O regime probatório se aplica aos procedimentos civis ou administrativos que dizem respeito à discriminação inerente à relação de trabalho público ou privado. A diretiva se aplica nos casos de violação de normas sobre paridade de tratamento retributivo e condições de trabalho a que se referem **as Diretivas n. 75/117 e n. 76/207**; nos casos de discriminação sexual geradora de dano às empregadas gestantes, puérperas ou em períodos de aleitamento tutelados pela **Diretiva n. 92/85**; nos casos de discriminação sexual e consequente inobservância da **Diretiva n. 96/34**, sobre licença parental. Fixou-se na diretiva em exame "norma mínima", sem constituir razão suficiente para justificar uma redução do nível geral de tutela dos trabalhadores.

A diretiva de 1976 contém **exceções** ao princípio da igualdade de tratamento, ao permitir sejam excluídas de seu campo de aplicação as atividades profissionais em cujas condições de exercício o sexo constitua uma condição determinada. Assim, no processo Johnston c/ Chief Constable of The Royal Ulter Constabulary, Northern Irland (CJCE — Aff. n. 222/84, de 15.5.86), a senhora Johnston não conseguiu obter a contratação por tempo integral para o cargo de oficial de polícia, pelo fato de que as atribuições gerais implicavam frequentes operações com armas de fogo, as quais estavam reservadas aos homens. Em consequência, foi-lhe proposto aceitar, a tempo parcial, um cargo de assistente de comunicação, com salário menor. A Corte considerou que o Estado-membro poderia reservar aquelas atribuições aos homens, em face dos frequentes atentados; razões de ordem pública justificaram a exceção[(22)].

Importante decisão envolvendo a aplicação da Diretiva n. 76 e a interpretação do dispositivo que veda o trabalho noturno das mulheres na França[(23)] foi proferida pela

(22) BLANSPAIN, Roger; JAVILLIER, Jean-Claude. *Droit du Travail Communautaire*, p. 222.

(23) O art. 213-1 do Código de Trabalho da França (*Code du Travail*. Paris: Dalloz, 1993) proibia o trabalho noturno das mulheres em usinas, manufaturas, minas, pedreiras, canteiros, oficinas e suas dependências, de qualquer natureza,

Corte de Justiça da Comunidade Europeia, **em 25 de julho de 1991, ao apreciar o processo que lhe foi submetido pelo Tribunal de Polícia d'Illkirch, como questão prejudicial, com amparo no art. 177 do Tratado da Comunidade Europeia.**

Essa questão foi levantada em processo penal movido contra M. Stoeckel, diretor da empresa SUMA S/A, sob a alegação de haver empregado, em 28 de outubro de 1988, 77 mulheres em trabalho noturno, violando o citado art. 213-1 do Código do Trabalho Francês[(24)].

A Sociedade SUMA S/A sustentou que, diante das dificuldades econômicas encontradas, provenientes da concorrência estrangeira, constatara que uma organização de sistemas de trabalho por equipes permitiria evitar a supressão de empregos importantes; que uma negociação com os organismos sindicais representativos conduziria a um acordo; que o trabalho noturno teria um caráter excepcionalmente limitado, respeitando os salários, as qualificações e as funções, qualquer que fosse o sexo. Acrescentou que a deliberação foi submetida a uma votação, aceitando a maioria a manutenção dos cargos com o salário noturno[(25)]. O inspetor do trabalho entendeu que a atividade feminina nessas circunstâncias deveria ser precedida de um acordo do ramo, o que já existia no setor metalúrgico, mas não no setor químico. Por essas razões, considerou haver a empresa violado o dispositivo legal em questão.

O empregador valeu-se do art. 5º da Diretiva n. 207/CE, de 9 de fevereiro de 1976, que consagra a aplicação do princípio da igualdade de tratamento, segundo o qual devem ser garantidas aos homens e às mulheres as mesmas condições de trabalho, sem distinção fundada em sexo. Visando à igualdade de tratamento, a diretiva prescreve a supressão de disposições nacionais contrárias a esse princípio, quando os cuidados que inspiraram a proteção não mais se justificam.

Vale ressaltar que os governos francês e italiano, quando responderam às indagações do BIT a respeito da Convenção n. 89, sustentaram que a proibição do trabalho noturno das mulheres, não obstante numerosas derrogações, funda-se em objetivos gerais de proteção da mão de obra feminina e em considerações particulares de ordem social, atenta, por exemplo, aos riscos de agressão e a cargas superiores de trabalho familiar, que pesam sobre as mulheres. A Corte de Justiça, ciente desses argumentos, ao decidir o caso Stoeckel, realça os debates sobre a escolha da violação das normas da OIT ou das normas comunitárias, e oferece nova oportunidade para se meditar a respeito do dinamismo e da complexidade do princípio da igualdade no Direito do Trabalho[(26)], como analisaremos mais adiante.

---

pública ou particular, laicas ou religiosas; em estabelecimentos que tenham caráter de ensino profissionalizante ou de beneficência, repartições públicas ou ministeriais, estabelecimentos de profissionais liberais, sociedades civis, sindicatos profissionais e associações de qualquer natureza. Por trabalho noturno, entende-se aquele compreendido entre as 22 horas de um dia e as 5 horas do dia seguinte (art. 213-2). As restrições ao trabalho noturno não se aplicam a mulheres que ocupam postos de direção ou de caráter técnico e que impliquem responsabilidade. Excetuam-se, também, as mulheres que trabalham em serviços de higiene e bem-estar e não executam, normalmente, trabalho manual. A proibição ao trabalho noturno poderá ser suspensa se o interesse nacional o exigir, em virtude de circunstâncias graves.

(24) MOREAU-BOURLES, Marie-Ange. *Droit Social*. Paris: Librairie Sociale et Economique, fév. 1992, n. 2, p. 174.

(25) MOREAU-BOURLES, Marie-Ange. *Op. cit.*, 1992, p. 174.

(26) SUPIOT, Alain. Principe d'égalité et limites du droit du travail (en marge de l'arrêt Stoeckel). *Droit Social*. Paris, avr. 1992, n. 4, p. 382-385.

A decisão da Corte de Justiça procurou manter uma coerência com a jurisprudência anterior, conciliando os objetivos econômicos, ligados ao equilíbrio da concorrência no mercado único, com os objetivos sociais, garantindo a igualdade profissional, por meio da eliminação de todas as formas diretas ou indiretas de tratamento discriminatório.

A Corte tem excetuado as medidas particulares em favor das mulheres, no que tange à especificidade biológica, ou seja, à sua função de reprodução, em razão de riscos que existem para a criança e para a mãe.

Entretanto, ao decidir o caso em exame, considerou que a proibição do trabalho noturno feminino não se encaixa nessas exceções, pois os riscos a que as mulheres se sujeitam, no geral, não divergem daqueles a que estão expostos os homens. No que tange aos riscos de agressão, asseverou a Corte que, na hipótese de esses serem maiores à noite do que durante o dia, medidas apropriadas podem ser adotadas para fazer face a eles, sem se atentar, contudo, contra o princípio da igualdade entre os sexos. Quanto às responsabilidades familiares, a Corte, coerente com decisões anteriores, entendeu que a diretiva não tinha por objetivo regular questões relativas à organização da família, ou modificar a repartição de responsabilidades junto aos casais (sentença de 12 de julho de 1984, 184/83, Hoffman, Rec. P. 3047).

Considerando que as razões que inspiraram a proibição do trabalho noturno das mulheres não apresentam mais fundamento e que os riscos não lhes são mais peculiares, entendeu a Corte que os Estados devem tomar as medidas necessárias, a fim de que sejam suprimidas as disposições contrárias ao princípio da igualdade de tratamento, revendo os preceitos a ele contrários, quando os cuidados que os inspiraram não mais se justificam, nos termos do art. 2º, § 3º, da citada Diretiva.

Em consequência, concluiu a Corte que o **art. 5º da Diretiva n. 207, de 1976, relativo à aplicação do princípio da igualdade de tratamento entre homens e mulheres**, no que concerne ao acesso ao emprego, à formação, à promoção profissional e às condições de trabalho é suficientemente preciso para obrigar os Estados-membros a não inserirem, em texto legislativo, a interdição do trabalho noturno das mulheres, mesmo que essa obrigação comporte derrogações, quando não existe qualquer proibição do trabalho à noite para os homens.

Em face dessa decisão, o Tribunal de Polícia de d'Illkirch entendeu inexistirem razões para condenar o empregador no caso Stoeckel.

Ressaltou a doutrina[27] que, diante dessa decisão, há três alternativas para a França: denunciar a Convenção da OIT e regulamentar o trabalho noturno para os trabalhadores dos dois sexos em condições idênticas; restabelecer o princípio da interdição do trabalho noturno para os dois sexos e aumentar as derrogações ou, ainda, obter modificação das normas comunitárias, sendo esta última a mais difícil, porque, provavelmente, contará com a oposição dos países mais adiantados em termos de igualdade entre os sexos, como, por exemplo, Inglaterra, Países Baixos, Luxemburgo, Irlanda e Itália.

---

(27) MOREAU-BOURLES, Marie-Ange. *Op. cit.*, 1992, p. 179.

Depois da decisão do caso Stoeckel, os governos da França, da Itália, da Bélgica e de Portugal denunciaram a Convenção da OIT n. 89, substituída pela de n. 171, de 1990, a qual proíbe o trabalho noturno das mulheres apenas no ciclo gravídico-puerperal.

Ainda no âmbito da política desenvolvida para promover a igualdade de oportunidades entre homens e mulheres, o Conselho publicou a **Diretiva n. 96/34** a respeito das licenças parentais e ausências ao trabalho por força maior. Essa diretiva dá efetividade a um acordo concluído em 1995 entre organizações interprofissionais, na forma do Acordo sobre Política Social anexo ao Tratado de Maastrich. Em seguida à inserção de tal Acordo no texto do Tratado de Amsterdã, o Conselho editou a **Diretiva n. 97/75**, incluindo no seu campo de aplicação o Reino Unido da Grã-Bretanha e a Irlanda do Norte. Essa Diretiva tem em mira promover medidas que permitam a homens e mulheres conciliarem melhor suas obrigações profissionais e familiares. Ela propõe uma estratégia global integrada que permite uma melhor organização do horário de trabalho, uma maior flexibilidade e um retorno mais rápido à vida profissional. A **Diretiva n. 97/75** atribui aos trabalhadores o direito individual à licença parental após o nascimento ou a adoção de uma criança, por um período mínimo de três meses, a ser usufruído até a idade de oito anos da criança. Os requisitos necessários à obtenção da licença parental estão, em grande parte, nas leis nacionais ou convenções coletivas dos Estados-membros, respeitando-se prescrições mínimas previstas no Direito Comunitário. As legislações nacionais poderão prever modalidades temporais para a licença (tempo integral, parcial ou fragmentado), como também condicioná-la a determinada antiguidade na empresa ou indicar circunstâncias em que o empregador esteja legitimado a recusá-la. As legislações nacionais deverão prever tutelas apropriadas para proteger os trabalhadores que desfrutaram da licença dos riscos de desqualificação profissional ou de despedida causada pelo pedido ou pela fruição da licença.

Na década de 80, várias **diretivas sobre segurança no trabalho** foram adotadas[(28)] e muitas outras sobre Direito do Trabalho deixaram de sê-lo, porque à época era necessária a unanimidade do Conselho, no que dizia respeito a quase todas as matérias dessa esfera. Entre as mais importantes encontravam-se a diretiva sobre o trabalho a tempo parcial, que dispunha sobre igualdade de tratamento dos trabalhadores sujeitos à jornada reduzida e outra sobre trabalhadores temporários, aos quais seriam assegurados os mesmos direitos conferidos ao pessoal permanente.

---

(28) Diretiva n. 77/576, de 25 de julho de 1977, concernente ao significado de segurança no local de trabalho, modificada pela Diretiva n. 79/640; Diretiva n. 78/610, de 29 de junho de 1978, relativa à proteção sanitária dos trabalhadores expostos ao cloro; Diretiva n. 80/1107, de 27 de novembro de 1980, concernente à proteção de trabalhadores contra riscos ligados à exposição a agentes químicos, físicos ou biológicos durante o trabalho, modificada pela Diretiva n. 88/642, de 16 de dezembro de 1988; Diretiva n. 82/501, de 24 de junho de 1982, concernente aos riscos de acidentes em certas atividades industriais, modificada pelas Diretivas n. 87/216/CE e n. 88/610/CE; Diretiva n. 82/605, de 28 de julho de 1982, concernente à proteção dos trabalhadores contra riscos ligados à exposição de chumbo metálico e componentes iônicos durante o trabalho; Diretiva n. 83/447, de 19 de setembro de 1983, concernente à proteção dos trabalhadores contra riscos ligados à exposição ao amianto; Diretiva n. 86/188, de 12 de maio de 1986, alusiva à proteção dos trabalhadores contra riscos de exposição ao barulho no emprego; Diretiva n. 88/364, de 9 de junho de 1988, proibindo o trabalho com determinados agentes específicos em certas atividades; Diretiva n. 91/322, de 29 de maio de 1991, fixando limites para a aplicação da Diretiva n. 80/1107/CE e Diretiva n. 92/29/CE, de 31 de março de 1992, contendo prescrições mínimas de saúde e segurança para melhor assistência médica a bordo dos navios. Em 12 de junho de 1989 foi adotada uma Diretiva n. 89/391, contendo princípios gerais relativos à prevenção de riscos profissionais, proteção à saúde e segurança. Da aplicação dessa diretiva várias outras foram adotadas, formando um verdadeiro Código Europeu de Saúde e Segurança do Trabalho.

Em 1985, a Comissão Europeia publicou o seu clássico livro branco, relativo ao programa da CE, para completar o mercado interior, em 1992[29].

Em 1986, começa um novo período na política da Comunidade Europeia, que passa a prestar maior atenção à "dimensão social" e propõe uma legislação comunitária sob a forma de várias diretivas a respeito da segurança e da saúde dos trabalhadores. Previu-se, ainda, uma harmonia considerável de normas **mínimas** europeias. Esse assunto, conforme emendas ao Tratado de Roma, autoriza a tomada de decisões por maioria qualificada. A Comissão reavivou, ainda, a proposta de participação na gestão empresarial (Boletim da CE, Suplemento 3, 1988) e adotou reforma dos fundos de aplicação estrutural no desenvolvimento rural, os quais são, antes de tudo, um meio de luta contra as disparidades regionais na Comunidade Europeia.

O principal elemento da "dimensão social" proposto pela Comissão é a **Carta Comunitária** de direitos fundamentais dos trabalhadores, assinada em Estrasburgo **em 1989**, a qual sugere a adoção de normas europeias mínimas nos principais setores da legislação trabalhista, como livre circulação dos trabalhadores no âmbito do mercado comum e consequente direito de exercício de qualquer profissão nas mesmas condições de trabalho previstas nos países hóspedes; direito ao emprego, à retribuição suficiente, à melhoria de condições de vida e de trabalho, com particular aproximação no que tange à duração e à distribuição do tempo de trabalho; direito a uma proteção social adequada, à liberdade de associação e à negociação coletiva, com possibilidade de recorrer à greve na hipótese de conflito de interesse; formação profissional contínua e permanente em qualquer Estado-membro; igualdade de tratamento e de oportunidade entre homens e mulheres, sobretudo no que se refere ao acesso às condições de trabalho; direito à informação, à consulta e à participação; tutela da saúde no ambiente de trabalho; proteção dos menores, dos idosos e dos minorados. Contrariamente ao esperado, o Tratado de Amsterdã não incorporou essa Carta no Tratado; entretanto, o novo texto do art. 136 do Tratado CEE, referindo-se aos direitos sociais, faz menção a ela.

As modificações introduzidas pelo Tratado de Amsterdã assinalam um progresso no sentido da afirmação dos princípios da paridade de tratamento e oportunidade entre homens e mulheres, em matéria de emprego e ocupação. No texto, afirma-se que a Comunidade tem a tarefa de "eliminar as desigualdades, como também promover a paridade entre homens e mulheres" (art. 3º, § 2º). E mais adiante, no art. 13, permite ao Conselho "deliberar por unanimidade sobre proposta da Comissão e prévia consulta ao Parlamento Europeu" de tomar as providências oportunas para combater as discriminações fundadas em sexo e em orientação sexual. No art. 141 do Tratado da Comunidade Europeia, fica reconhecido, expressamente, que o Conselho pode tomar, por maioria qualificada, medidas que assegurem a aplicação do princípio da igualdade de oportunidade e de tratamento entre homens e mulheres em matéria de ocupação e de emprego, devendo considerar lícitas eventuais discriminações positivas diretas capazes

(29) O programa da Comissão destinado a concluir o mercado interior em 1992 criou para a Alemanha, a Bélgica e a Dinamarca a preocupação, em particular, com o "*dumping* social", ou seja, havia o temor de que se rebaixassem normas de proteção social, ou, quando menos, de que se impedisse a sua elevação. Esse "*dumping* social" pode-se manifestar por meio da expulsão dos produtores que suportam custos elevados pelos produtores que suportam custos baixos, ao argumento de que a legislação trabalhista destes últimos países é muito inferior.

de facilitar o exercício de uma atividade profissional do sexo que está sub-representado ou de evitar desvantagem nas carreiras.

A Carta Comunitária é uma declaração política, e não um instrumento jurídico obrigatório, embora seja documento de grande significação para o desenvolvimento de um Direito Comunitário, que não é um arranha-céu regulamentar, devendo gravitar em torno de princípios fundamentais[30].

Em atenção ao comando contido na Carta Comunitária, o Conselho adotou a **Diretiva n. 91/383, em 25 de junho de 1991, completando as medidas com o objetivo de promover a melhoria da saúde e da segurança no trabalho dos que mantêm relação de emprego atípica, por prazo determinado ou se submetem ao trabalho temporário por intermédio de empresa interposta**. A diretiva fundou-se no art. 118-A do Tratado da CE e levou em consideração o aumento desse tipo de trabalho e a exposição a riscos de acidente do trabalho ou de doença profissional em certos setores, os quais podem ser reduzidos por meio de informação e formação adequadas desde o início da relação jurídica. Essa diretiva veda o recurso ao trabalho temporário para atividades insalubres; ela visou a assegurar aos trabalhadores, em matéria de saúde e segurança no trabalho, o mesmo nível de proteção concedido aos trabalhadores contratados por prazo indeterminado ou àqueles admitidos pela empresa tomadora, prevendo a responsabilidade desta última, por toda a duração da missão, a respeito das condições de execução da atividade relativas a segurança, higiene e saúde no trabalho.

Ainda em 1991, o Conselho adotou a **Diretiva n. 91/553/CE, atinente à obrigação do empregador de informar os trabalhadores sobre as condições aplicáveis ao contrato ou à relação de trabalho**, em atenção ao § 9º da Carta dos Direitos Sociais relativos à melhoria das condições de vida e de trabalho.

No mesmo ano de 1991, a Comunidade, atenta aos comportamentos com conotação sexual indesejável (assédio sexual) durante o trabalho, adotou, em 27 de novembro, uma **recomendação sobre proteção à dignidade dos homens e das mulheres no trabalho**. A Comissão recomendou aos Estados-membros que adotassem medidas no sentido de promover, inclusive no setor público, uma tomada de consciência de que é inaceitável a conduta fundada em sexo capaz de afetar os trabalhadores (homens ou mulheres), quer advenha de superior hierárquico, quer advenha de colegas. Ressalte-se que, em certas circunstâncias, essa conduta poderá ser contrária ao princípio da igualdade de tratamento, conforme preceituam os **art. 3º, 4º e 5º da Diretiva de 1976**. São relevantes para a caracterização do assédio sexual: que o comportamento seja indesejável para a vítima, gerando um clima de hostilidade, intimidação ou humilhação, e que a recusa ou aceitação de tal comportamento seja considerada explícita ou implicitamente para a tomada de decisão que afete os direitos da vítima em matéria de emprego ou de remuneração. Quando o assédio sexual advém do empregador ou de seus prepostos, ele implica abuso de poder, tendo aquele responsabilidade de fato pelo mau uso da autoridade que ele tenha delegado[31].

---

(30) JAVILLIER, Jean-Claude. O Direito do Trabalho Comunitário: um direito em construção? Resumo de artigo *in Revue des Affaires Européennes* n. 1/92. *Revista Synthesis* 16/93, p. 9 a 11.

(31) BLANPAIN, Roger e JAVILLIER, Jean-Claude. *Droit du travail communautaire*. *Op. cit.*, p. 237.

Dando prosseguimento ao programa de ação previsto na Carta Comunitária, foi adotada, em outubro de **1992, a Diretiva n. 92/85, dispondo sobre medidas para melhorar a segurança e a saúde das trabalhadoras durante a gravidez, o parto e o aleitamento.** Essa diretiva estabelece que a licença-maternidade deverá ser, no mínimo, de 14 semanas e, de acordo com o direito nacional, duas semanas devem ser antes e/ou após o parto. A mesma diretiva prevê dispensa do trabalho para a realização de pré-natal e garantia de emprego durante o início da gravidez até o término da licença-maternidade. Na hipótese de o serviço apresentar risco para a saúde ou a segurança, com possível repercussão sobre a gravidez ou o aleitamento, o empregador deverá avaliar a natureza, o grau e a duração da exposição para tomar as providências ou trocar, provisoriamente, as condições e/ou o tempo de trabalho da empregada; não sendo possível tais providências, o empregador deverá trocá-la de função; caso a troca não possa se verificar, dever-se-á conceder-lhe uma licença remunerada, conforme o direito nacional. O art. 7º da diretiva em questão preceitua que os Estados-membros deverão transferir a empregada grávida que trabalha à noite para o turno diurno, dispensá-la do trabalho ou prolongar a licença-maternidade, na impossibilidade justificada de sua alteração de turno.

Também com o propósito de dar prosseguimento ao programa de ação da Carta Comunitária, o Conselho adotou, em **23 de novembro de 1993, a Diretiva n. 93/104,** por maioria qualificada, com oposição do Reino Unido. **Essa diretiva fixa prescrições mínimas de segurança e saúde em matéria de "tempo de trabalho"**, tendo sido modificada pela **Diretiva n. 2.000/34**, de 23 de novembro de 2000, sobre organização de horário de trabalho. Ela amplia o campo de aplicação, estendendo seus preceitos aos empregados nos setores de transporte terrestre, aéreo, ferroviário, marítimo e meios em formação, prevendo derrogações para certas categorias (art. 17). A nova diretiva define horário de trabalho como qualquer período em que o trabalhador permaneça em serviço à disposição do empregador, no exercício de suas atividades ou funções, segundo o direito ou praxe nacional. A diretiva previu um repouso de 11 horas consecutivas no curso de cada período de 24 horas, como também uma pausa a ser fixada pela legislação nacional ou convenção coletiva, sempre que a jornada de trabalho for superior a seis horas (art. 3º e 4º). Ela prevê, ainda, para um período de sete dias, um repouso semanal de 24 horas (art. 5º), que não precisa coincidir com o domingo, e férias anuais de pelo menos quatro semanas (art. 7º, 1), as quais não poderão ser convertidas em indenização, salvo se for rompida a relação de emprego. Admite-se que os Estados-membros concedam férias de três semanas por um período transitório de três anos, a partir da entrada em vigor da Diretiva n. 93/104 (23 de novembro de 1993). Essa Diretiva sofreu modificações pela Diretiva n. 2.000/34[32]. Compete aos Estados-membros a fixação do número máximo de horas diárias de trabalho (art. 6º), o qual não poderá exceder, em um período de sete dias, de 48 horas, inclusive extraordinárias (art. 6º, n. 2). As 48 horas podem ser calculadas como média no curso de um período não superior a quatro meses, aumentado para seis meses para uma ampla série de atividades e para 12 meses por motivos objetivos, técnicos ou inerentes

(32) GALANTINO, Luisa. *Diritto Comunitario del Lavoro*. Torino: G. Giappichelli Editore, 2001, p. 151.

à organização do trabalho, com previsão contida em norma coletiva. No tocante ao horário noturno, ele é definido como aquele realizado entre as 24 horas e as 5 horas e compreende sete horas; ele não poderá ultrapassar oito horas, em média, por um período de 24 horas, se comportar riscos particulares, tensões físicas ou mentais, definidas na legislação nacional. Medidas particulares são previstas em favor do trabalhador noturno, a fim de avaliar sua saúde e, eventualmente, transferi-lo para o turno diurno. Os trabalhadores noturnos beneficiam-se de uma avaliação gratuita de sua saúde, a qual deve respeitar o segredo médico. A diretiva também se preocupa com o ritmo de trabalho, esclarecendo-se que convém considerar o "*princípio geral de adaptação do trabalho ao homem, devendo-se tomar as medidas necessárias, principalmente em via de atenuar o trabalho monótono e o trabalho cadenciado em função do tipo de atividade e de exigências em matéria de segurança e de saúde, principalmente no que concerne às pausas durante o tempo de trabalho*" (art. 8º a 13).

Questões relativas **ao repouso aos domingos** também têm sido discutidas junto à Corte de Justiça. Indagava-se sobre a compatibilidade do Direito Comunitário com as regras que proíbem os comerciantes de retalhos de abrirem seus estabelecimentos aos domingos. Essa medida tem efeito equivalente à restrição quantitativa vedada pelo art. 30 do Tratado da CE. Esclareceu a Corte que as regras nacionais, proibindo os comerciantes de retalhos de abrirem seus estabelecimentos aos domingos aplicam-se com a mesma feição aos produtos nacionais e importados. Sustentou a Corte (Aff. n. 155/80, Oebel — 1981 — ECR 1993) que as regras nacionais regem os horários de trabalho, de entrega e venda, no setor de padaria e de pastelaria, constituindo um dispositivo legítimo da política social e econômica, em conformidade com os objetivos de interesse público perseguidos pelo Tratado. Entendeu a Corte que se deve aplicar o mesmo raciocínio no que concerne às regras nacionais que dispõem sobre os horários de abertura das lojas que vendem retalhos. Os horários de trabalho devem se ater às características socioculturais nacionais e regionais. Concluiu a Corte que, no estado atual, essas questões são de inteira competência dos Estados-membros, não afetando o intercâmbio entre eles, tampouco ferindo o art. 30 do Tratado da CE.

Em 22 de junho de 1994 foi adotada uma diretiva sobre proteção dos jovens no trabalho, com base nos §§ 2º e 22 da Carta Comunitária dos Direitos Sociais Fundamentais dos Trabalhadores, relativos à proteção das crianças e dos adolescentes. A diretiva foi adotada com fundamento no art. 118-A do Tratado da Comunidade Europeia, por maioria qualificada, e se aplica sem prejuízo das normas mais favoráveis instituídas pelos Estados-membros. O Reino Unido obteve um período de quatro anos para se abster de aplicar certas disposições dessa diretiva, cujo fim é proteger os jovens contra a exploração econômica e contra todo trabalho suscetível de afetar sua segurança, saúde, seu desenvolvimento físico, psíquico, moral ou social ou capaz de comprometer sua educação. São seus destinatários os menores de 18 anos, sujeitos de uma relação de emprego. A admissão do menor ao trabalho não deve ser anterior à idade em que termina o seu período escolar obrigatório e em nenhum caso deve se dar antes dos 15 anos, salvo se estiver sujeito a alguma formação profissional ou a trabalho de natureza leve. Consideram-se serviços de natureza leve os que compreendem tarefas efetuadas em condições particulares, sem causar prejuízo à segurança, à saúde ou ao desenvolvimento das crianças, e que não constituam obstáculo à assiduidade escolar. Incluem-se nesse conceito os trabalhos que implicam orientação ou formação profissional. O § 22, I, da citada Carta dispõe sobre a conveniência de medidas para amenizar as normas aplicáveis aos jovens trabalhadores, a fim de que elas respondam às exigências de seu desenvolvimento e às necessidades de sua formação profissional e de seu acesso ao emprego.

No tocante à duração do trabalho, ele deve ser limitado, proibindo-se as horas extras e o trabalho noturno aos menores de 18 anos, podendo a legislação nacional prever exceções. A mesma diretiva preceitua que crianças e adolescentes devam ser considerados como grupos de riscos específicos e que sejam tomadas medidas no que concerne à segurança e à saúde. Os Estados-membros podem excluir da aplicação da diretiva os menores que trabalham em serviços ocasionais, de curta duração, em serviços domésticos em residência e, desde que o trabalho não seja nocivo, perigoso ou prejudicial, podem ser excluídos também os jovens que trabalham em empresa familiar. O art. 3º da diretiva considera jovem o menor de 18 anos e criança o menor de 15 anos ou ainda submetido a obrigação escolar, com tempo integral legalmente aplicável. Considera-se adolescente o jovem de 15 a 18 anos, não submetido a obrigação escolar em tempo integral.

Os Estados-membros são livres para determinar as condições de trabalho das crianças e as modalidades de autorização citadas, mas convém que essas atividades apresentem certas garantias, não podendo prejudicar sua saúde, segurança ou seu desenvolvimento, tampouco a assiduidade escolar. Pode ser derrogada a proibição do trabalho do menor, a partir de 13 anos, quando ele for empregado em atividade de natureza cultural, artística, esportiva ou publicitária. O empregador deverá avaliar os riscos existentes para os jovens antes de contratá-los, como também as modificações nas condições de trabalho. Caso haja risco para a segurança, a saúde física ou mental e o desenvolvimento do menor, o trabalhador deverá ser informado e, se estiver na faixa etária entre 13 a 15 anos, a comunicação deverá se estender aos representantes legais. O art. 7º da diretiva trata das proibições e da vulnerabilidade dos jovens, compreendendo esta última a falta de experiência, a falta de consciência dos riscos existentes ou virtualmente existentes e de seu desenvolvimento incompleto.

Os Estados-membros devem proibir o trabalho dos menores quando for além de suas capacidades físicas ou psíquicas, com exposição nociva a agentes tóxicos, cancerígenos ou capazes de provocar alteração genética hereditária, prejudiciais à gravidez ou com efeito nefasto crônico sobre o ser humano. São proibidos também trabalhos que impliquem exposição nociva a radiações, trabalho com riscos de acidente e trabalhos que ponham em perigo a saúde. No tocante aos adolescentes, os Estados-membros podem autorizar derrogações, desde que se adote a devida proteção e que o trabalho seja realizado sob a fiscalização de uma pessoa competente. Ainda assim, é necessário que esse serviço seja indispensável à sua formação profissional.

A duração do trabalho do menor adolescente está limitada em oito horas diárias e 40 semanais, incluídas as horas de serviço prestadas a outro empregador, em caso de pluralidade de emprego. Sempre que a jornada for superior a 4 horas e 30 minutos deve ser assegurado ao menor um repouso de 30 minutos.

O Conselho adotou, **em outubro de 1995**, em codecisão com o Parlamento, a **diretiva relativa à proteção das pessoas físicas quanto ao tratamento e à circulação de dados de caráter pessoal**. O objeto dessa diretiva, que deveria ser transposta pelos Estados-membros dentro de **três anos**, é garantir a proteção da vida privada, por meio do acesso aos dados, assegurando-lhe à pessoa o direito de fazer retificar os dados inexatos, de recorrer em caso de tratamento ilegal e de recusar a utilização de dados em certas circunstâncias. Essa diretiva garante uma proteção ampliada no tocante aos dados sensíveis (origem étnica ou racial, opinião política, convicções religiosas, associação sindical, estado de saúde, vida sexual). Sugere-se aos Estados-membros a adoção de sistemas adequados de recursos jurisdicionais, como também a previsão de responsabilidade e sanções, além da criação de uma ou várias autoridades públicas encarregadas de supervisionar a aplicação, em seu território, das disposições adotadas.

De junho de 1996 é a **Diretiva n. 96/34,** sobre licença parental, e de 1997 é a **Diretiva n. 97/80**, a respeito de ônus da prova nos casos de discriminação fundada em sexo, ambas já mencionadas anteriormente.

Também de 1997 é a **Diretiva n. 97/81,** sobre trabalho a tempo parcial, que deu efetividade a um acordo concluído em junho de 1997 pelas organizações intercategoriais. Em seguida à renúncia por parte do Reino Unido, o Conselho publicou a **Diretiva n. 98/32**, a qual estende a esse último Estado-membro a normativa sobre trabalho a tempo parcial, esclarecendo-se que ele estava excluído do campo de aplicação dos atos adotados com base no acordo. Essa diretiva considera trabalhador a tempo parcial quem desenvolve uma atividade cujo horário normal (calculado por semana ou, em média, sobre um período que possa compreender até um ano) é inferior ao de um trabalho a tempo integral. Se não houver alguém executando um trabalho a tempo integral para ser tomado como parâmetro, a matéria fica ao encargo da convenção coletiva. O objetivo principal dessa diretiva é a supressão das discriminações existentes no campo do trabalho a tempo parcial e a consequente melhora da qualidade de vida e de trabalho desses prestadores. No tocante às condições de emprego, a diretiva considera ilegítimo qualquer tratamento desfavorável atribuído ao trabalhador a tempo parcial em relação ao que exerce as suas atividades em tempo integral, a menos que existam razões objetivas.

A **Diretiva n. 98/59, de 30 de julho de 1998**, reuniu, em um texto único, outras diretivas concernentes à aproximação da legislação dos Estados-membros em matéria de despedida coletiva, assim considerada aquela efetuada por um empregador com pelo menos 20 empregados, "por um ou mais motivos não inerentes à pessoa do trabalhador se o número de dispensas efetuadas é à escolha dos Estados-membros: por um período de 30 dias pelo menos igual a 10, nos estabelecimentos que ocupam habitualmente mais de vinte ou menos de cem trabalhadores; pelo menos igual a 10% do número de trabalhadores nos estabelecimentos que ocupem, habitualmente, pelo menos cem trabalhadores; pelo menos igual a 30 nos estabelecimentos que ocupem, habitualmente, pelo menos trezentos trabalhadores; ou por um período de 90 dias pelo menos igual a vinte, sem considerar o número de trabalhadores habitualmente ocupados nos estabelecimentos interessados". Ressalta a doutrina que a definição de dispensa coletiva é baseada em um elemento quantitativo temporal, isto é, a dispensa de um determinado número de trabalhadores em um certo período de tempo, e em um elemento qualitativo, que consiste na presença de motivos não inerentes à pessoa do trabalhador. Sob esse perfil, devem considerar-se, nesse conceito de dispensa coletiva, as despedidas consideradas tecnológicas, provenientes de uma reestrutura da empresa, independentemente do cálculo da atividade da mesma[33]. São igualmente consideradas dispensas coletivas as cessações do contrato de trabalho verificadas por iniciativa do empregador por uma ou mais razões não inerentes à pessoa do trabalhador, desde que as dispensas sejam, pelo menos, cinco. A diretiva prevê uma consulta sindical preventiva às despedidas, com o objetivo de evitá-las ou reduzi-las, como também de atenuar as consequências, recorrendo a medidas sociais capazes de facilitar a requalificação dos trabalhadores. Pretende-se, com isso, atribuir ao sindicato um papel ativo de cogestor da crise empresarial, segundo o modelo típico participativo da legislação comunitária[34].

Em 28 de junho de 1999, editou-se a **Diretiva n. 1999/70**, que dá efetividade ao acordo sobre trabalho por prazo determinado concluído em 18 de março de 1999, entre organizações intercategoriais, na forma prevista no art. 4º, § 2º, do Acordo sobre Política Salarial, cujas disposições estão inseridas no Tratado Institutivo da Comunidade Europeia, por força do Tratado de Amsterdã. O acordo intercategorial, como o que vimos anteriormente, cumpre o papel que os interlocutores sociais possuem, de desenvolver, no âmbito europeu, uma estratégia para implementar a ocupação, visando a um melhor equilíbrio entre flexibilidade de horário de trabalho e segurança dos trabalhadores. Saliente-se, entretanto, que o contrato indeterminado continua a ser a forma comum das relações de trabalho entre empregados e empregadores. Essa **Diretiva n. 1.999/70** considera como ajuste a termo aquele que tenha um prazo determinado em virtude de razões objetivas, como o implemento de uma certa data, o término de uma tarefa ou a verificação de um evento específico. Prevê-se, também, prévia consulta aos interlocutores sociais a respeito da aplicação ou não do contrato a termo às relações de formação profissional iniciais e de aprendizado, como também às relações de trabalho definidas no quadro de um programa específico de formação, inserção e requalificação profissional pública ou financiado mediante contribuição pública. O objetivo é não desencorajar os Estados-membros de recorrerem a esses contratos determinados, que são úteis para aliviar o desemprego, sobretudo dos jovens. A diretiva deixa claro que os destinatários de contrato por prazo determinado não poderão obter tratamento menos favorável do que aquele atribuído aos trabalhadores contratados por prazo indeterminado admitidos na empresa em funções equivalentes, salvo se existirem razões de caráter objetivo que o justifiquem.

Como mencionado anteriormente, de 29 de junho de 2000 é a **Diretiva n. 2.000/43**, que proíbe discriminação fundada em raça e origem étnica. Ela é aplicável no setor público e privado, com referência não só às condições de acesso ao trabalho subordinado ou autônomo, mas também à proteção social, à instrução e ao acesso a bens e serviços. Não se compreendem nesse contexto as diferenças de tratamento baseadas em nacionalidade e disposições que regulam o ingresso e a residência de cidadãos de outros países.

(33) GALANTINO, Luisa. *Op. cit.*, p. 197.
(34) GALANTINO, Luisa. *Op. cit.*, p. 198.

Também de 2000 é a **Diretiva n. 2.000/78**, que estabelece um quadro geral para a igualdade de tratamento em matéria de ocupação e condições de trabalho, proibindo discriminação baseada em religião, convicções pessoais, *handicap*, idade e tendências sexuais. Fica a critério da legislação nacional as medidas destinadas a tutelar a segurança pública, a ordem pública, a saúde e a liberdade de outrem. Não constitui discriminação a diferença de tratamento baseada em religião ou convicções pessoais, se estas constituírem requisito essencial ao desenvolvimento da atividade profissional, tendo em conta a sua natureza e o contexto em que ela vem espelhada. No que tange às convicções pessoais, são previstas disposições específicas para a Irlanda do Norte. As duas diretivas acolhem as noções de discriminação direta e indireta já formuladas pela Corte de Justiça(35).

Os autores sustentam que, atualmente, há tantas ou mais diferenças nos regimes de proteção social do que quando se fundou a CE. Afirma-se que os países mediterrâneos são os que impõem aos empregadores as restrições regulamentares mais rigorosas no que diz respeito ao trabalho temporário (Itália e Espanha), contrato a termo (Itália) e proteção ao emprego (Espanha e Portugal), enquanto o Reino Unido e a Dinamarca impõem menos restrições(36).

Assevera-se também que, com exceção do domínio de segurança e higiene, no qual o avanço era previsível, os resultados normativos do Ato Único Europeu, no campo da política social, foram tímidos, em face das expectativas(37).

No tocante ao Direito Coletivo, cujas principais instituições compreendem a liberdade sindical, os sindicatos, a convenção coletiva, a prevenção e regulamentação de conflitos, a participação dos trabalhadores na empresa, a greve e o *lockout*, pode-se afirmar que os projetos normativos são muito controvertidos. Um consenso entre organizações de empregados e empregadores, como entre Estados-membros, é quase impossível, pois as relações coletivas são ligadas ao particularismo dos sistemas nacionais e das relações profissionais(38). Entretanto, a Carta Comunitária consagra o direito de associação, de negociação, de celebração de convenções coletivas e de recurso às ações coletivas, inclusive à greve, formalmente reconhecida; há também previsão para regulamentar os conflitos, tais como conciliação, arbitragem e mediação. E, finalmente, em 7 de fevereiro de 1992, foi assinado um acordo sobre política social, permitindo sejam concluídas convenções coletivas com eficácia *erga omnes*.

11. O PROGRESSO INTEGRACIONISTA NA AMÉRICA DO SUL

O progresso integracionista na América do Sul teve origem com a criação da União Aduaneira Brasil — Argentina, em 1940, e com a Associação Latino-Americana de Livre Comércio (ALALC — Tratado de Montevidéu de 1960). São também seus precedentes a Associação Latino-Americana de Integração (ALADI), de 1980, e o Tratado de Integração, Cooperação e Desenvolvimento, celebrado entre Brasil e

(35) GALANTINO, Luisa. *Op. cit.*, p. 192.
(36) MOSLEY, Hugh G. *Op. cit.*, p. 102.
(37) COBOS ORIHUEL, Francisco Perez. *El derecho social comunitario en el Tratado de la Union Europea.* Madrid: Civitas, 1994, p. 65.
(38) BLANPAIN, Roger e JAVILLIER, Jean-Claude. *Droit du travail communautaire.* Paris: LGDJ, 1995, p. 311.

Argentina, em 1988, instituído com o objetivo de criar um mercado comum entre os dois países. Esse Tratado foi revisto em 1990, daí resultando a disposição do Paraguai e do Uruguai de participarem do mesmo mercado comum. Surge, assim, o Mercosul, por meio do Tratado de Assunção, celebrado em 26 de março de 1991, e que entrou em vigor em 29 de novembro de 1991. Esse tratado fixa regras de transição para se chegar ao mercado comum e não atribui ao Mercosul personalidade jurídica de Direito Internacional, a qual só é adquirida com o Protocolo de Ouro Preto. Embora o Tratado de Assunção não disponha sobre normas de política social, seu preâmbulo revela o objetivo da integração, que é o "desenvolvimento econômico com justiça social e a melhoria de condição de vida dos cidadãos", pois o resultado positivo dessa integração deverá ser compartilhado com eles, na condição de consumidores e trabalhadores.

12. ESTRUTURA ORGANIZACIONAL

O Mercosul possui, na sua estrutura organizacional, o Conselho do Mercado Comum, que responde pelas deliberações políticas sobre a integração e a implementação do mercado comum; o Grupo Mercado Comum, órgão executivo que supervisiona as atividades dos subgrupos; os Subgrupos de Trabalho, cuja atribuição é coordenar políticas macroeconômicas e setoriais, auxiliando nas tarefas de negociação e fundamentação técnica; as Comissões Técnicas, a Secretaria Administrativa e o Foro Consultivo Econômico e Social.

13. ETAPAS DA IMPLANTAÇÃO

A implantação do Mercosul compreende duas etapas distintas: **a transitória**, encerrada com o Protocolo de Ouro Preto, assinado em 17 de dezembro de 1994, nessa cidade, e, a partir daí, o **período de consolidação** da União Aduaneira.

14. O SUBGRUPO 11

O anexo V do Tratado de Assunção instituiu 10 subgrupos. Posteriormente, por insistência da sociedade civil, por intermédio das centrais sindicais dos países do Cone Sul, criou-se o subgrupo 11, dedicado a "assuntos trabalhistas" (Resolução n. 11/91), ampliado mais tarde para "relações trabalhistas, emprego e seguridade social", o qual possui oito Comissões, dedicadas a Relações Individuais do Trabalho, Relações Coletivas de Trabalho, Emprego e Migrações Laborais, Formação Profissional, Saúde e Segurança do Trabalhador, Seguridade Social, Setores Específicos e Princípios e Convenções Internacionais. Esse subgrupo foi reordenado e intitula-se hoje SGT-10 (Resolução n. 20/95).

15. HARMONIZAÇÃO DAS LEIS

Dada a inviabilidade de uniformização das leis desses países, sua harmonia é necessária, assim entendida a equivalência de resultados econômicos; a equivalência dos rendimentos salariais e prestações sociais para os trabalhadores, além da equivalência dos encargos sociais para as empresas[39]. Duas estratégias têm sido

(39) LYON-CAEN, G. e A. *Droit Social International et Européen.* 7. ed. Paris: Dalloz, 1991, p. 1.

propostas para essa harmonização[40]: a ratificação, pelos quatro países, de um elenco de Convenções da OIT e/ou a elaboração de uma Carta de Direitos Sociais ou Fundamentais dos Trabalhadores. Levantamento realizado pelo Subgrupo 10 apurou que o Paraguai ratificou 34, o Brasil, 65, a Argentina, 66 e o Uruguai, 96 Convenções Internacionais da OIT. Todos os quatro países ratificaram a Convenção n. 11/1921, sobre direito de associação (agricultura); a Convenção n. 14/1921, sobre o descanso semanal (indústria); a Convenção n. 26/1929, sobre os métodos para fixação do salário mínimo; a Convenção n. 52/1936 sobre férias; a Convenção n. 81/1947, sobre inspeção do trabalho; a Convenção n. 95/1949, sobre proteção ao salário; a Convenção n. 98/1949, sobre o direito de sindicalização e de negociação coletiva, a Convenção n. 100/1951, sobre a igualdade de remuneração; a Convenção n. 105/1957, sobre a abolição do trabalho forçado; a Convenção n. 111/1958, sobre proibição de discriminação no emprego e profissão, e a Convenção n. 159/1983, sobre readaptação profissional e o emprego.

Os autores[41] apontam como inconveniente à harmonização por meio das Convenções o fato de elas conterem, nos últimos anos, apenas princípios que revogam leis internas que lhe são contrárias, mas com pouca utilidade prática no estabelecimento mínimo de garantias sociais. Outra dificuldade consistia na circunstância de que a Argentina adotava o sistema dualista de incorporação de normas internacionais, ou seja, era necessário, independentemente da ratificação da Convenção Internacional, um ato normativo interno, para que a norma entrasse em vigor. Já o Brasil, o Paraguai e o Uruguai consagram o monismo. Essa circunstância poderia produzir efeitos distintos nos quatro países, além da possibilidade de a legislação interna de cada um deles regulamentar diferentemente o instituto, gerando dificuldades na comparação. Sucede que a jurisprudência mais recente vem sustentando que a Argentina acabou por adotar também o monismo. Logo, essa distinção, que poderia gerar inconvenientes, deixou de existir.

Estudo realizado pelo Subgrupo em questão, por meio de sua Comissão Temática n. 1, comparou a legislação dos quatro países, com o objetivo de identificar assimetrias e propor eventuais harmonizações.

Esse estudo constatou que no Brasil, na Argentina e no Paraguai as normas trabalhistas estão contidas na Constituição, na CLT, na Lei de Contrato de Trabalho e no Código Laboral, respectivamente, enquanto no Uruguai, embora haja algumas leis trabalhistas, a negociação coletiva predomina sobre as fontes heterônomas, preservando-se, entretanto, as garantias universais do trabalhador.

Os quatro países citados admitem o princípio da territorialidade da lei, segundo o qual a relação de emprego rege-se pela lei da execução do contrato, cujo conceito é semelhante nos referidos países. Esses mesmos países, em face do princípio da continuidade, consideram como regra os contratos indeterminados, e só excepcionalmente permitem o ajuste a termo. Outro ponto comum na legislação desses países consiste em se manterem incólume os contratos de trabalho nas hipóteses de sucessão.

---

(40) MORAES, Luiz Carlos Calachi. Mercosul e perspectiva laboral. *Jornal Trabalhista*, Brasília, 1995.

(41) TEIXEIRA FILHO, João de Lima. O Mercosul e as Relações de Trabalho. *Revista Trabalho e Processo*, n. 2, set. 94, p. 82/83.

Relativamente à jornada, a duração semanal do trabalho na Argentina e no Paraguai é de 48 horas, enquanto no Brasil é de 44 horas e no Uruguai também, quando se trata de atividade comercial, pois, na indústria, a jornada é de 48 horas neste país. Todos eles admitem o regime de compensação e contêm normas especiais sobre turnos ininterruptos de trabalho. As férias anuais são asseguradas na Argentina, e seu período varia de acordo com os anos de serviço, atingindo o máximo de 35 dias para empregados com mais de 20 anos de serviço. O Brasil assegura férias de 30 dias corridos aos empregados que não tiveram mais de cinco faltas no período aquisitivo correspondente, dispensando o mesmo tratamento aos trabalhadores, independentemente de tempo de serviço. No Uruguai, as férias são de 20 dias úteis por ano, mas acrescidas de acordo com o tempo de serviço, enquanto no Paraguai as férias são no máximo de 30 dias e variam também de acordo com o tempo de serviço. Dos quatro países, o único que permite a conversão de férias em dinheiro é o Brasil. O número de feriados anuais nos países é de 10, na Argentina e no Paraguai, 11, no Brasil, e cinco, no Uruguai.

Todos os países mencionados asseguram a licença-maternidade, cuja remuneração (integral) constitui ônus da Previdência Social, variando de 45 dias antes a 45 dias após o parto (Argentina); seis semanas antes e seis depois do parto (Paraguai e Uruguai) e 120 dias no Brasil, sendo 28 dias antes e 92 após o parto. A licença-maternidade, no Brasil, é a segunda mais longa de toda a América. Nenhum desses países estende a licença-maternidade à mãe adotiva, exceção feita ao Brasil[(42)], tampouco a majora na hipótese de parto múltiplo. Todos eles preveem dois descansos de meia hora cada um para aleitamento, até que a criança complete um ano (Argentina) ou seis meses (Brasil), ficando esse descanso a critério do médico do Instituto Nacional do Menor, no Uruguai. Os estabelecimentos com mais de 50 trabalhadoras, na Argentina, no Paraguai e no Brasil, com o mínimo de 30 mulheres maiores de 16 anos, devem manter creches ou salas para aleitamento[(43)].

Já as políticas de promoção da igualdade entre homens e mulheres são inexistentes. Embora os quatro países analisados tenham ratificado as Convenções Internacionais da OIT n. 100 (igualdade de remuneração entre homens e mulheres) e 111 (igualdade de oportunidades no emprego e na ocupação), somente a Argentina e o Uruguai ratificaram a Convenção n. 156, que impõe aos países a obrigação de fomentar políticas em favor de trabalhadores com responsabilidades familiares. Apesar da consagração constitucional do princípio da igualdade e da não discriminação, na prática, nos quatro países persiste a situação de desigualdade[(44)], a qual se funda em várias causas, inclusive em fatores culturais e sociais, que reforçam os papéis estereotipados correspondentes a homens e mulheres.

A gratificação natalina é assegurada em todos os países, como também o salário mínimo.

---

(42) A Lei n. 10.421, de 15 de abril de 2002, incorporada à CLT e à Legislação Previdenciária, assegurou à empregada e à segurada da Previdência Social que adotar ou obtiver a guarda judicial para fins de adoção de criança uma licença-maternidade de 120 dias quando a criança tiver até um ano de idade; a partir de um ano até quatro anos de idade, o período será de 60 dias; se a criança encontrar-se na faixa etária de quatro a oito anos, a licença será de 30 dias.

(43) *Revista de Relasur*, n. 4, 1994, p. 237/239.

(44) *Regulación del Trabajo de la Mujer en América Latina*. Documentos de base para el Seminario Regional Tripartito, Montevideo, jul. 1992, Ginebra: Oficina Internacional del Trabajo, 1992.

As principais centrais sul-americanas realizaram em São Paulo, em 10 de outubro de 1996, o projeto de globalização do sindicalismo, começando pela proposta de unificar o salário mínimo nos quatro países do Mercosul, o que, na prática, significa elevar o salário mínimo brasileiro, por ser o menor dos quatro países.

No tocante à despedida do trabalhador, todos os países a autorizam, exceto nos casos de empregados garantidos por estabilidade provisória advinda de mandato sindical, excetuando-se o Paraguai, que assegura a estabilidade no emprego após 10 anos de trabalho ao mesmo empregador, à semelhança do que existia no Brasil anteriormente à implantação do FGTS. A dispensa injusta importa pagamento de aviso prévio, de 30 dias no Brasil, de 30 ou 60 na Argentina, conforme o tempo de casa, e de 30 a 90 dias no Paraguai; no Uruguai não existe o pré-aviso. Além do aviso prévio, esses países preveem ainda uma indenização por ano de serviço prestado, como ocorre na Argentina, no Paraguai e no Uruguai, enquanto no Brasil o instituto em questão foi substituído pelo FGTS.

Já o direito de greve é admitido em todos os países integrantes do Mercosul.

Embora debilitado nos últimos anos, o intervencionismo estatal é uma característica das relações coletivas do trabalho nos países do Mercosul, excetuando-se o Uruguai. Todos esses países reconhecem o direito de sindicalização, tanto no setor público como no privado. No tocante à liberdade de criar sindicato, o Paraguai e o Uruguai adotam o sistema pluralista, enquanto na Argentina e no Brasil vigora a unicidade sindical. As legislações preveem organizações de grau superior; proteção especial aos dirigentes sindicais são também asseguradas na lei, exceto no Uruguai. Em todos os países, a convenção coletiva está subordinada à lei e tem por função melhorá-la, a não ser que a própria lei disponha em contrário, como ocorre no Brasil e na Argentina[(45)].

A negociação coletiva como prática de determinação de condições de emprego é um outro aspecto que deverá ser abordado, tendo em vista que ela é uma fonte normativa no processo de integração. O desenvolvimento da negociação coletiva tem sido limitado e acidentado nos países do Mercosul. Na Argentina e no Uruguai, a negociação coletiva, que outrora havia alcançado êxito, sofreu fortes restrições durante os governos autoritários ou em decorrência das políticas econômicas. Na década de 80 restabeleceram-se paulatinamente a negociação. No Brasil e no Paraguai, a negociação coletiva tem sido limitada pelo sistema de solução de conflitos, caracterizado, principalmente, pelas intervenções governamentais. Mudanças legislativas e correntes sindicais autônomas alteraram um pouco essa situação. Entre nós, o recurso ao poder normativo da Justiça do Trabalho tem sido uma via utilizada pelos próprios sindicatos para a obtenção de novas condições de trabalho, em face de sua débil capacidade de pressão, acentuada pela proibição da greve no regime militar. Estudos realizados entre os anos 70 e 80 mostram avanço das convenções coletivas em relação aos dissídios coletivos, principalmente no meio urbano e no Estado de São Paulo[(46)].

---

(45) Las relaciones laborales en el Cono Sur. Estudio comparado. *Informe Relasur*. Madrid: Ministerio de Trabajo y Seguridad Social, 1995, p. 90.

(46) CASTRO, Maria Silvia Portella de. Brasil: negociação coletiva nos anos 80. Debate Laboral. *Revista Americana e Italiana de Derecho del Trabajo*, n. 10, San José de Costa Rica, 1992, p. 137, 139 e 141.

No Paraguai, a negociação coletiva adquiriu alguma difusão apenas após a queda da ditadura, que se prolongou por 35 anos em 1989. A sindicalização inexpressiva, a arbitragem obrigatória, as restrições à atividade sindical e as perseguições aos dirigentes sindicais inibiram a negociação coletiva[47]. Alguns dados estatísticos mostram indícios de impulso à negociação coletiva no final da década de 80 e no início dos anos 90.

As modificações políticas e institucionais que restabeleceram o regime democrático nos países do Cone Sul coincidiram com a criação do Mercado Comum e da integração da economia dessa região, levando os sindicatos desses quatro países a atuarem conjuntamente diante de problemas semelhantes (redução do aparelho do Estado, privatização de empresas e serviços estatais, flexibilização do mercado de trabalho, etc.), em face da eminência da livre circulação de trabalhadores[48]. Já em 1991, as centrais sindicais reivindicaram a democratização do processo e a elaboração de uma Carta Social e, como resposta, foi criado o Subgrupo de Relações Trabalhistas 11, agora 10. Após o Protocolo de Ouro Preto, em 1995, as negociações se restringiram a acertos comerciais para a conclusão da União Aduaneira, ficando excluídos os sindicatos, o que os enfraqueceu. Em 1996, com a retomada das discussões do Subgrupo de Relações Trabalhistas, agora SGT 10, a articulação sindical reaqueceu-se, como se infere da Reunião de Presidentes realizada em Fortaleza e da Reunião dos Ministros de Economia e Comércio da Área de Livre Comércio das Américas (ALCA), realizada em Belo Horizonte. À época, impulsionou-se também a criação do Fórum Consultivo Econômico e Social do Mercosul, efetivado em junho de 1996, como representante dos setores econômicos e sociais, cuja função é atender às consultas remetidas pelo GMC. O Fórum era visto como forma de estabelecer uma dimensão social ao processo de integração. Acontece que os impactos dos novos cenários sociais, caracterizados pelo desemprego e pela precariedade do mercado de trabalho, levaram o sindicalismo do Mercosul a estabelecer outras prioridades, como diminuir o desemprego, investir na qualificação profissional, adotar instrumentos menos ambiciosos no tocante aos direitos trabalhistas, mas insistir na fiscalização necessária ao seu cumprimento[49]. O Subgrupo 10, de Relações Trabalhistas, Emprego e Seguridade Social, firmou, até 1998, praticamente, um único acordo com participação da classe empresarial e sindical, o qual abrangeu a contagem de tempo de serviço para os que contribuíram em mais de um país e a cobertura de acidente do trabalho se o empregado estiver prestando serviços fora do país de origem. Para avaliar o comportamento do Mercado de Trabalho — Mercosul, está em construção o Observatório sobre o Mercado Mercosul. Como organismo tripartite, o observatório poderá traduzir um espaço de negociação e busca de soluções para o desemprego e, quem sabe, num projeto mais ambicioso, fornecer diretrizes para acordos internacionais com cláusulas sociais inspiradas nos institutos mais avançados de cada país.

Em face desse estudo, concluiu a Comissão Temática n. 1 que, no momento atual, as estruturas jurídicas dos quatro países são muito semelhantes, e as assimetrias, irrelevantes, sendo recomendáveis medidas para fortalecer a fiscalização do trabalho internamente, a fim de que se efetive o asseguramento desses direitos.

---

(47) BARBOZA, Ramiro. La huelga en el Paraguay. *Cuadernos Laborales de America y España.* Consejería Laboral Embajada de España, Asunción, 1991, p. 95.

(48) CASTRO, Maria Silvia Portella de. *O Sindicalismo na Europa, Mercosul e Nafta.* São Paulo: LTr, 2000, p. 113.

(49) CASTRO, Maria Silvia Portella de. *Op. cit.*, 2000, p. 113/114.

BIBLIOGRAFIA

ABDALA, Vantuil. Aviso prévio: causas interruptivas de seu efeito jurídico. *Revista LTr*, São Paulo, v. 50, n. 8, 1996.

ALEXY, Robert. *Teoria da argumentação jurídica*. São Paulo: Landy Editora, 2001.

ALIPRANTIS, N. *La place de la convention collective dans la hiérarchie des normes*. Paris: LGDJ, 1980.

ALMEIDA, Carlos Ferreira de. *Introdução ao Direito Comparado*. Coimbra: Almedina, 1994.

ALMEIDA, Ísis de. *O Regime de Trabalho Temporário*. São Paulo: LTr, 1977.

________. *Curso de Legislação do Trabalho*. São Paulo: Sugestões Literárias, 1981.

________. *Manual da Prescrição Trabalhista*. São Paulo: LTr, 1990.

________. *Manual de Direito Individual do Trabalho*. São Paulo: LTr, 1998.

________. *O Regime de Trabalho Temporário. Curso de Direito do Trabalho. Estudos em Memória de Célio Goyatá*, v. I. São Paulo: LTr, 1994. Coord.: Alice Monteiro de Barros.

ALMEIDA, José Carlos de Carvalho Moitinho. La libre circulation des travailleurs dans la jurisprudence de la Cour de Justice (art. 48 CEE/art. 28 EEE). *Collection de droit èuropéen*, n. 9, 1982. Schulthers Polygraphischer Verlag Zurich Verlag Stämpfli e Cie AG Bern (separata).

ALONSO GARCIA, Manoel. *Curso de Derecho del Trabajo*. Barcelona: Editorial Ariel, 1982.

________. *Derecho del Trabajo*. Barcelona: José Maria Bosch Editor, 1960.

ALONSO OLEA, Manoel. *Derecho del Trabajo*. Madrid: Universidad, 1973.

ALVES, Alexandre Ferreira de Assumpção. *A pessoa jurídica e os direitos da personalidade*. Rio de Janeiro: Renovar, 1998. Dissertação de Mestrado apresentada à Faculdade de Direito da Universidade do Estado do Rio de Janeiro.

AMADO, João Leal. *Temas laborais. Contrato de trabalho prostitucional*. Coimbra: Coimbra Editora, 2005.

AMORIM FILHO, Agnelo. Critério científico para distinguir a prescrição da decadência e para identificar as ações imprescritíveis. *Revista dos Tribunais*, v. 744, ano 86, out. 1997.

ANDRADE, Everaldo Gaspar Lopes de. *Dissídio Coletivo*. São Paulo: LTr, 1993.

ANDRADE, Ronaldo Alves de. *Dano moral à pessoa e sua valoração*. São Paulo: Juarez de Oliveira, 2000.

ANGELES SALLÉ, María; IGNACIO CASAS, José. *Efectos de la crisis económica sobre el trabajo de las mujeres*. 2. ed. Madrid: Servicio Gráfico Colomina, Ministerio de Cultura. Instituto de la mujer, 1987.

ANKER, Richard; HEIN, Catherine. Por qué los empresarios de las ciudades del tercer mundo suelen preferir el empleo de varones. *Revista Internacional del Trabajo*. Ginebra, v. 104, n. 1, ene./mar. 1985.

ARAÚJO, Francisco Rossal de. *A boa-fé no contrato de trabalho*. São Paulo: LTr, 1996.

ASCARELLI. *Teoria della concorrenza e dei beni immateriali*. Milano: Giuffrè, 1960.

ASCENSÃO, José de Oliveira. *O Direito. Introdução e Teoria Geral*. 7. ed. Coimbra: Almedina, 1993.

AUSFELDER, Trude. *Mobbing, el Acoso Moral en el Trabajo*. Océano, 2002.

AUSTIN, John. *Lectures on Jurisprudence or the Philosophy of Positive Law*. Londres: John Murray, 1879.

BALLESTRERO, Maria Vittoria. *Dalla tutela alla parità; la legislazione italiana sul lavoro delle donne*. Bologna: Società Editrici Il Mulino, 1979.

________. *Paritá e oltre. Paritá, pari opportunità, azioni positive*. 2. ed. Roma: Ediese, 1989.

BARASSI, Ludovico. *El derecho del trabajo*. Buenos Aires: Editorial Alfa, 1953. Trad. Dr. Miguel Sussini, 3 v.

________. *Il Contratto di Lavoro nel Diritto Positivo Italiano*. Milano: Societá Editrice Librairia, 1901.

________. *Il Diritto del Lavoro*. Milano: Giuffrè, 1949.

BARATA SILVA, Carlos Alberto. *Compêndio de Direito do Trabalho*. São Paulo: LTr, 1978.

BARBAGELATA, Anibal Luis. La independencia de la consciencia moral y civica del trabajador. *Revista Derecho Laboral*, Montevideo, 1950.

BARBERA, Marzia. *Discriminazioni ed eguaglianza nel rapporto di lavoro*. Milano: Giuffré, 1991.

BARBOSA MOREIRA, José Carlos. O Poder Judiciário e a efetividade da nova Constituição. *Revista Forense*, v. 304.

BARBOZA, Ramiro. La huelga en el Paraguay. *Cuadernos Laborales de America y España*. Consejería Laboral Embajada de España, Asunción, 1991.

BARRETO, Amaro. *Tutela Especial do Trabalho*. Guanabara: Edições Trabalhistas, 1967.

________. *Tutela Geral do Trabalho*. v. II. Rio de Janeiro: Edições Trabalhistas, 1964.

BARROS, Alice Monteiro de. *A Mulher e o Direito do Trabalho*. São Paulo: LTr, 1995.

________. *As Relações de Trabalho no Espetáculo*. São Paulo: LTr, 2003.

________. *Contratos e Regulamentações Especiais de Trabalho*. São Paulo: LTr, 2002.

________. *Proteção à intimidade do empregado*. São Paulo: LTr, 1997.

BARROS, Glauce de Oliveira. Prescrição dos direitos do trabalhador rural. Inciso XXIX do art. 7º da Constituição Federal à luz da Emenda Constitucional n. 28. *Revista O Trabalho*. Curitiba: Decisório Trabalhista, fascículo 41, jul. 2000.

BARROS, Suzana de Toledo. *O princípio da proporcionalidade e o controle de constitucionalidade das leis restritivas de direitos fundamentais*. Brasília: Editora Brasília Jurídica, 2003 (tese de mestrado).

BARROSO, Luis Roberto. *Interpretação e Aplicação da Constituição*. São Paulo: Saraiva, 2003.

________. *O Direito Constitucional e a efetividade de suas normas. Limites e possibilidades da Constituição Brasileira*. 2. ed. Rio de Janeiro: Renovar, 1993.

BARTOLOME, James. La protección de las obras audiovisuales. *IV Congreso Internacional sobre la protección de los Derechos Intelectuales (del autor, el artista y el producor)*. Guatemala: —, 1989.

BASTOS, Celso Ribeiro. *Comentários à Constituição do Brasil*. São Paulo: Saraiva, 1989.

________. *Hermenêutica e Interpretação Constitucional*. São Paulo: Celso Bastos Editor, 1997.

BATTAGLIA, Felice. *Filosofia do Trabalho*. São Paulo: Saraiva, 1958. Trad.: Luis Washington Vita e Antonio D' Elia.

BAYON CHACON, Gaspar. *La autonomía de la voluntad en el derecho del trabajo*. Madrid: Tecnos, 1955.

________ & PEREZ BOTIJA, Eugenio. *Introducción al Derecho Español del Trabajo*. 3. ed. Madrid: Tecnos, 1971.

BEBBER, Júlio César. Intervenção e Liquidação extrajudicial de instituições financeiras. Sucessão trabalhista — O caso da venda dos bancos sob intervenção. *Revista LTr*, São Paulo, 62-4/467.

BELTRÃO, Ari Possidônio. Dever de fidelidade, dever de não concorrência e cláusula de não concorrência. *Revista Synthesis*. São Paulo, n. 35/2002.

BERMAN, Jason S. Combatiendo la piratería en un ambiente tecnológico de rápidos cambios. ¿Estamos perdiendo la guerra? *VIII Congresso Internacional sobre la protección de los Derechos Intelectuales (Del autor, el artista y el productor)*. Asunción, 1993.

BERNARDES, Hugo Gueiros. *Cláusula de aprendizagem nos contratos de trabalho*. Brasília: Editora Universidade de Brasília, 1969.

BETTI, Emilio. *Teoria Geral do Negócio Jurídico*. Portugal: Coimbra Editora, 1969.

BIRYUKOVA, A. P. Legislación protectora e igualdad de oportunidades para las trabajadoras en la URSS. *Revista Internacional del Trabajo*. Ginebra, v. 99, n. 1, ene./mar. 1980.

BITTAR, Carlos Alberto. *Direito do autor*. Rio de Janeiro: Forense Universitária, 2000.

________. *Os direitos da personalidade*. Rio de Janeiro: Forense Universitária, 1989.

BLANPAIN, Roger e JAVILLIER Jean-Claude. *Droit du travail communautaire*. Paris: LGDJ, 1995.

BOBBIO, Norberto. *Teoria do ordenamento jurídico*. Brasília: Editora Polis, 1989. Trad.: Cláudio de Cicco (capítulo I e Maria Celeste C. J. Santos (capítulos II a V). Revisão Técnica: João Ferreira.

BONARETTI, Loris. Il lavoro subordinato a domicilio. *In Teoria e Pratica del Diritto*. Sez I-64. Diritto e Procedura Civile. Milano: Giuffré Editore, 1993.

BONAVIDES, Paulo. *Curso de Direito Constitucional*. São Paulo: Malheiros, 1993.

BONDER, Nilton. *A cabala da inveja*. São Paulo: Imago, 1999.

BORCHARDT, Klauss-Dieter. *L'ABC du Droit Communautaire Documentation Européenne*. Luxembourg: Office des publications officielles des communautés européennes, 1994.

BORGOGELLI, Franca; D'INZEO, Carla; DOMENEGUETTI, Enrica; HOESCH, Laura (a cura di). *La donna e il secondo mercato del lavoro*. Problemi del lavoro femminile. Milano: Unicoli, 1980.

BOTTOMORE. *Introdução à Sociologia*. 3. ed. Rio de Janeiro: Zahar.

BOUTY, Cédri. *Harcèlement moral e droit commun de la responsabilité civile*. Droit Social. Jui./aou. 2002.

BRANDÃO, Adelino. *Liberdade Sindical e Sociologia do Trabalho*. Campinas: Julex Livros, 1988.

BRANDÃO, Eugênio. Estereótipos em Manuais Escolares. *Cadernos Condição Feminina*. Lisboa: Edição da Condição Feminina, 1979.

BRASMARKET. Análise e Investigação de Mercado. *Revista Veja*. São Paulo, n. 7, 15 de fevereiro de 1995.

BRONSTEIN, Arturo S. Reforma Laboral en America Latina. Entre garantismo y flexibilidad. *Revista Internacional del Trabajo*. Ginebra, v. 116, 1997.

CABANELLAS. *Compendio de Derecho Laboral*. Buenos Aires: Omeba, 1968.

CALHEIROS BOMFIM, B. Diretores de Sociedades Anônimas. *Revista LTr*, São Paulo, 40/1006.

________& SANTOS, Silvério dos. *Dicionário de decisões trabalhistas*. 20. ed. Rio de Janeiro: Edições Trabalhistas.

CÂMARA LEAL, Antônio Luis. *Da Prescrição e da Decadência*. Rio de Janeiro: Forense, 1978.

CAMARGO, Margarida Maria Lacombe. *Hermenêutica e Argumentação*. Rio de Janeiro: Renovar, 2003.

CAMPINHO, Sérgio. *O direito de empresa à luz do novo Código Civil*. Rio de Janeiro: Renovar, 2003.

CAMPOS, Diogo Leite de. Lições de Direitos da Personalidade. *Separata da Revista da Faculdade de Direito da Universidade de Coimbra*, Coimbra, 1995.

CANÇADO TRINDADE, Antônio Augusto. Memorial em Prol de uma Nova Mentalidade quanto à Proteção dos Direitos Humanos nos Planos Internacional e Nacional. *Revista de Direito Comparado*. Belo Horizonte, v. 3, 1998.

CÂNDIA, Ralph. *Comentários aos contratos trabalhistas especiais*. São Paulo: LTr, 1990.

CANO MARTINS, Nei Frederico. Garantias de Emprego: questões controvertidas. *Suplemento Trabalhista LTr*, São Paulo, n. 56/90, ano XXVI.

________. *Estabilidade provisória no emprego*. São Paulo: LTr, 1995.

CAPPELARI, Récio Eduardo. *Responsabilidade pré-contratual. Aplicabilidade ao Direito Brasileiro*. Porto Alegre: Livraria do Advogado Editora, 1995.

CAPPELLETTI, Mauro. *Juízes legisladores?* Porto Alegre: Editora Sergio A. Fabris, 1993. Trad.: Carlos Alberto A. de Oliveira.

CARACUEL, Alarcón & MOYA, Gallardo Moya *apud* WILFREDO SANGUINETI, Raymond. Teletrabajo: notas sobre su calificación y regimen jurídico. *Revista do Instituto Goiano de Direito do Trabalho*. Ano VIII, n. 9, nov. 2001, p. 294.

CARDONE, Marly. Da responsabilidade civil no Direito do Trabalho. *Repertório IOB de Jurisprudência*, São Paulo, n. 18, set. 93.

________. *Viajantes e pracistas no Direito do Trabalho*. São Paulo: LTr, 1998.

CARDONI, Giovanni. Autonomia e subordinazione nel rapporto di lavoro artístico. *Il Diritto del Lavoro*, Parte I, v. 71, jan./fev. 1997.

CARMO, Júlio Bernardo do. O dano moral e sua reparação no âmbito do Direito Civil e do Trabalho. *Revista LTr*. São Paulo, 60-03/318.

________. Salário *in natura* ou em utilidades. *Curso de Direito do Trabalho. Estudos em Memória de Célio Goyatá*. v. II. São Paulo: LTr, 1997.

CARPENTIER, J.; CAZAMIAN, P. *El trabajo nocturno; sus efectos sobre la salud y el bienestar del trabajador*. Ginebra: Oficina Internacional del Trabajo, 1977.

CARRASCOSA LÓPEZ, Valentím. *Derecho a la intimidad e informática*. Informática y Derecho. Merida: Universidad Nacional de Educación a Distancia, Centro Regional de Extremadura, 1992, v. 1.

CARRION, Valentin. A Substituição Processual e Representação pelo Sindicato. *Revista Synthesis,* São Paulo, 11/90.

________. *Comentários à CLT,* 1989.

________. *Comentários à Consolidação das Leis do Trabalho*. São Paulo: Saraiva, 1998.

________. *Nova Jurisprudência em Direito do Trabalho*. São Paulo: Revista dos Tribunais, 1986.

CASARES BISADORO, Marta; GRADO, Carlos Peralta de; RODRIGUEZ, José Manuel. *Actividad laboral de la mujer en relación a la fecundidad*. Madrid: Creaciones Gráficas y Publicitarias, Ministério de Cultura, Instituto de la Mujer, 1987.

CASELLA, João Carlos. *Regimes de Repouso Semanal Remunerado*. São Paulo: LTr, 1983.

CASELLA, Paulo Borba. *Comunidade Europeia e seu ordenamento jurídico*. São Paulo: LTr, 1994.

CASELLI, Giovanni. *O Império Romano e a Idade Média*. São Paulo: Melhoramentos Editora, 1981. Trad.: Alida Christina Sauer.

CASSÍ, Vincenzo. *La subordinazione del lavoratore nel diritto del lavoro*. Milano: Giuffrè, 1961.

CASTELLÕES, Paulo A. G. *Invenções do Empregado. Curso de Direito do Trabalho. Estudos em memória de Célio Goyatá*. 3. ed. São Paulo: LTr, 1997. Coord.: Alice Monteiro de Barros.

CASTRO, Maria Silva Portella de. Brasil: negociação nos anos 80. Debate Laboral. *Revista Americana e Italiana de Derecho del Trabajo*. San José de Costa Rica, n. 10, 1992.

________. *O Sindicalismo na Europa, Mercosul e Nafta*. São Paulo: LTr, 2000.

CASTRO, Pedro. *Greve — fatos e significados*. São Paulo: Ática, 1986.

CATHARINO, José Martins. A Contribuição Sindical e a Constituição. *Revista de Direito do Trabalho,* São Paulo: Revista dos Tribunais, n. 79, 1992.

________. *Compêndio de Direito do Trabalho*. São Paulo: Editora Jurídica e Universitária, 1972.

________. *Compêndio de Direito do Trabalho*. São Paulo: Saraiva, 1982.

________. *Contrato de emprego*. Guanabara: Edições Trabalhistas, 1965.

________. *Contrato de trabalho e aprendizagem*. Bahia: Fundação Gonçalo Muniz, 1956.

________. Contrato futebolístico e a lei brasileira. *Revista de Direito do Trabalho,* São Paulo, v. 6, maio/abr. 1977.

________. *O novo sistema portuário brasileiro*. Rio de Janeiro: Destaque, s.d.

________. *Tratado jurídico do salário*. São Paulo: Freitas Bastos, 1951.

CAVALCANTI, Themístocles B. *Direito e Processo Disciplinar*. 2. ed., Rio de Janeiro: Fundação Getúlio Vargas, 1966.

CERQUEIRA, João da Gama. *Sistema de Direito do Trabalho*. v. I. São Paulo: LTr, 1961.

CESARINO JÚNIOR, A. F. *Direito Social Brasileiro*. São Paulo: Saraiva, 1970.

________. *Direito Social*. São Paulo: LTr, 1980.

CHACAR TEGIN JÁVEGA, Consuelo. *Dicriminación y Orientación Sexual del Trabajador*. Valladolid: Editorial Lex Nova, 2001.

CHAVES, Antônio. *Responsabilidade civil*. São Paulo: Bushatsky, 1972.

CHAVES, César Pires. *Da Ação Trabalhista*. Rio de Janeiro: Forense, 1956.

CHIARELLI, Carlos. *Trabalho na Constituição*. São Paulo: LTr, 1990, 2 v.

CHRISTOPHE, Radé. Novas Tecnologias de Informação e de Comunicação e novas formas de subordinação. Tradução e resumo de Eliane Pedroso. *Revista Synthesis*, São Paulo, n. 36, ano 2003.

CLAUS, Ben-Hur. Substituição Processual Sindical — Individualização dos Empregados Substituídos. *Revista LTr*, São Paulo, 54-2/216.

COBOS ORIHUEL, Francisco Perez. *El derecho social comunitario en el Tratado de la Union Europea*. Madrid: Civitas, 1994.

CODIGO DEL TRABAJO. Venezuela: Ediciones Siena, 1994.

CÓDIGO DO TRABALHO DE PORTUGAL. Internet, 2003.

CÓDIGO SUSTANTIVO DEL TRABAJO. Colômbia: Santa Fé de Bogotá, 1993.

COLLEÇÃO DAS LEIS DA REPÚBLICA DOS ESTADOS UNIDOS DO BRASIL de 1932. Rio de Janeiro: Imprensa Nacional, 1933.

COMPARATO, Fábio K. *A afirmação histórica dos direitos humanos*. São Paulo: Saraiva, 1999.

CONCEPCIÓN RODRIGUEZ, José Luis. *Honor, intimidad e imagen*. Barcelona: Bosch, Casa Editorial, 1996.

CONDITIONS of work digest: women workers: protection or equality? International Labour Office, Geneva, v. 6, n. 2, 1987.

COQUEIJO COSTA. *Direito Processual do Trabalho*. 2. ed. Rio de Janeiro: Forense.

CORDOBERA GARRIDO. *Los daños colectivos y la reparación*. Buenos Aires: Editorial Universidad, 1993.

CORNESSE, Isabelle. *La proporcionnalité en Droit du Travail*. Paris: Litec, 2001.

CORRÊA, Mário Dias. *Noções Práticas de Obstetrícia*. 12. ed. Rio de Janeiro: Editora Médica e Científica, 1999.

COSTA, Orlando Teixeira. *Direito Coletivo do Trabalho e Crise Econômica*. São Paulo: LTr, 1991.

COUTINHO, Aldacy Rachid. *Poder Punitivo Trabalhista*. São Paulo: LTr, 1999. Tese de Doutorado.

COUTURE, Eduardo J. El derecho intelectual del ejecutante. *Revista de Derecho, Jurisprudencia y Administración* (Montevideo), feb. 1947.

CUETO RUA, Julio. *Fuentes del Derecho*. Buenos Aires: Abeledo-Perrot, 1971.

CUNHA, Antônio Geraldo da. *Dicionário etimológico Nova Fronteira da língua portuguesa*. Rio de Janeiro: Nova Fronteira, 1982.

CUÓCO, Ubiracy Torres. Contribuição Confederativa. *Revista LTr*, São Paulo, 57-1/93.

D'AOUST, Claude. *Relation d'emploi et droit de la personne. Actes du colloque Relation d'emploi et droits de la personne: évolution et tensions*! Québec: Éditions Yvon Blais, 1994. Direction de Denis Nadeau et Benoit Pelletier.

DABIN, Jean. *El derecho subjetivo*. Madrid: Revista de Derecho Privado, 1955.

DALAZEN, João Oreste. Indenização civil de empregado e empregador por dano patrimonial ou moral. *Revista de Direito do Trabalho*, São Paulo, n. 77, 1992.

DALLEGRAVE NETO, José Affonso. *Contrato Individual de Trabalho — uma visão estrutural*. São Paulo: LTr, 1998.

________. *Inovações na legislação trabalhista*. São Paulo: LTr, 2000.

________ e NORRIS, Roberto. *Inovações no processo do trabalho*. Rio de Janeiro: Forense, 2000.

DAMASCENO, Fernando Américo Veiga. *Equiparação salarial*. São Paulo: LTr, 1980.

DAVID, René. *Os Grandes Sistemas do Direito Contemporâneo*. São Paulo: Martins Fontes, 1998. Trad.: Hermínio A. Carvalho.

DE CASTRO Y BRAVO, F. *El negocio jurídico*. Madrid: Civitas, 1985.

DE CUPIS, Adriano. *El daño*. Barcelona: Bosch, 1975. Trad. de la 2. ed. italiana por Angel Martínez Sarrión.

DE LA CUEVA, Mário. *Derecho Mexicano del Trabajo*. México: Porrúa, 1970.

DE LA ZARDA. *El derecho de huelga*. Tucumán: Universidad Nacional de Tucumán, 1972.

DE LA VILLA GIL, Luis Enrique. *Los principios del Derecho del Trabajo*. Directores: Luis Enrique de la Villa Gil e Lourdes López Cumbre. Madrid: Centro de estudios financieros, 2003.

________ e CUMBRE, Lourdes López. El principio de adecuación social y los conceptos jurídicos indeterminados en el Derecho del Trabajo. *In Los principios del Derecho del Trabajo*. Directores: Luis Enrique de la Villa Gil e Lourdes López Cumbre. Madrid: Centro de Estudios Financieros, 2003.

DELGADO, Mauricio José Godinho. *Poder empregatício*. São Paulo: LTr, 1996. Tese de doutorado.

DEVEALI, Mario L. *El derecho del trabajo en su aplicación y sus tendencias*. Astrea: Buenos Aires, 1983.

________. Orden Público y Inderogabilidad de las Normas Laborales. *Revista Derecho del Trabajo*, Buenos Aires, n. 6, 1957.

DI CERBO, Fernando. *I rapporti speciali di lavoro*. Padova: Cedam, 2000.

DI MARTINO, Vittorio e WIRTH, Linda. Teletrabajo: un nuevo modo de trabajo y de vida. *Revista Internacional del Trabajo*, v. 109, 1990, n. 4. Ginebra: Oficina Internacional del Trabajo.

DIAS MARQUES, J. *Introdução ao Estudo do Direito*. Lisboa: Tipografia Guerra, 1972.

DIAS, José Aguiar. *Da responsabilidade civil*. Rio de Janeiro: Forense, 1960.

DINIZ, Maria Helena. *As lacunas do direito*. São Paulo: Saraiva, 1997.

_______. *Curso de Direito Civil Brasileiro*. Responsabilidade civil. v. 7. São Paulo: Saraiva, 1987.

_______. *Documentos de Derecho Social*. Ginebra, 1990/2.

_______. *Documentos de Derecho Social*. Ginebra, 1992/3.

DOLE, Georges. La qualification juridique de l'activité religieuse. *Droit Social*, Paris, n. 4, avr. 1987.

_______. La liberté d'opinion et de croyance an en droit comparé du travail. *In*: REIS, Raquel Tavares dos. *Liberdade de consciência e de religião e contrato de trabalho do trabalhador de tendência*. Que equilíbrio do ponto de vista das relações individuais do trabalho? Coimbra: Editora Coimbra, 2004.

DOMINGUES DE ANDRADE, Manuel A. *Teoria Geral da Relação Jurídica*. Coimbra: Almedina, 1997.

DONATO, Messias Pereira. Contribuições Sociais e Assistência Jurídica. *Revista de Direito do Trabalho*, n. 79, 1992.

_______. *Curso de Direito do Trabalho*. São Paulo: Saraiva, 1979.

DUMÉNIL, Marc e ROUX, Jean Christophe. *Le télétravail*. Paris: Gualino Editeur, 1995.

DURÁN LÓPEZ, Federico. Inviolabilidad de la persona del trabajador. *In: Comentarios a las leys laborales*. El Estatuto de los Trabajadores. Madrid: Edersa, 1983. Efrén Borrajo Dacruz (dir.).

_______. Las relaciones especiales de trabajo de los deportistas profesionales y de los artistas em los espectáculos públicos. *Documentación Laboral*, Madrid, ACARL, dic. 1985.

DURAND, Claude e DUBOIS, Pierre. *La grève — enquête sociologique*. Paris: Cedex, 1975.

DURAND, P. e VITU, A. *Traité du droit du travail*. Paris: Dalloz, 1950.

DURAND, Paul. *Traité de Droit du Travail*. Paris: Dalloz, 1956.

EL TRABAJO en el mundo. Ginebra: Oficina Internacional del Trabajo, 1984, v. 1.

EL TRABAJO en el mundo. Ginebra: Oficina Internacional del Trabajo, 1985, v. 2.

EL TRABAJO en el mundo. Ginebra: Oficina Internacional del Trabajo, 1992, v. 5.

EL TRABAJO en el mundo. Ginebra: Oficina Internacional del Trabajo, 1993, v. 6.

ERMIDA URIARTE, Oscar. *A proteção contra os atos anti-sindicais*. São Paulo: LTr, 1989. Trad. Irany Ferrari.

_______ e HERNÁNDEZ ALVAREZ, Oscar. Considerações sobre os questionamentos acerca do conceito de subordinação. *Revista Synthesis*, São Paulo, n. 35/33.

ESCOLA, Carina; TAMAYO, Montse; ZALLO, Itziar. La imagen de la mujer através de la publicidad en las revistas españolas. *Papers — Revista de Sociología*. Barcelona: Ediciones Península, 1978, n. 9.

EYECKEN, Paul Vander. *Méthode Positive de l'Interprétation Juridique*. Bruxelles: Librairie Falk Fils, 1907.

EYRAUD, François. Igualdad de remuneración y valor del trabajo en los países industrializados. *Revista Internacional del Trabajo*, Ginebra, 1993, v. 112, n. 2.

FARIAS MELLO, Marco Aurélio. Prescrição. Momento Propício à Articulação. *Revista LTr*, São Paulo, 49-8/909 a 911.

FELDMAN, Isaias. *El contrato de trabajo por equipo y el trabajo por equipo*. Buenos Aires: Ediciones Pannedille, 1971 (Tese de doutorado).

FEMMES au travail. Genève: Bureau International du Travail, 1982, n. 2.

FEMMES au travail. Spécial. Genève: Bureau International du Travail, 1984, n. 1.

FEMMES au travail. Sécial après Nairobi. Genève: Bureau International du Travail, 1985, n. 2.

FERNANDES, Antônio Monteiro. *Sobre as recentes limitações ao despedimento individual — Temas Laborais*. Coimbra: Almedina, 1984.

FERNANDES, Lina. *Do contrato de franquia*. Belo Horizonte: Del Rey, 2000.

FERNANDES, Milton. *Problemas e Limites do Dirigismo Contratual*. Belo Horizonte, 1969. Tese de Doutoramento apresentada à Faculdade de Direito da UFMG.

FERNANDÉZ, Raymundo L. *Cod. de Comércio de La República Argentina, Tratado de Derecho Comercial en forma exegética*. Buenos Aires: Sebastian de Amorrortu e Hijos, 1946.

FERRARA, Francesco. *Ensaio sobre a interpretação das leis*. Coimbra: Armênio Amado Editor, Sucessos. 1987. Trad.: Manuel A. Domingos de Andrade.

FERRARI, Irany. *O trabalhador avulso e o profissional autônomo*. São Paulo: LTr, 1972.

________ & MARTINS, Melchíades Rodrigues. *Julgados Trabalhistas Selecionados*. São Paulo: LTr, 1992.

FERRAZ, Sérgio. *Duração do trabalho e repouso remunerado*. São Paulo: Revista dos Tribunais, 1977.

FERREIRA, Aurélio Buarque Holanda. *Novo Dicionário Aurélio da Língua Portuguesa*. 2. ed. revista e aumentada. Rio de Janeiro: Nova Fronteira.

FERREIRA FILHO, Manoel Gonçalves. Aspectos Jurídicos das Ações Afirmativas. *Revista TST*, Brasília, v. 69, jul./dez. 2003.

________. *Comentários à Constituição Brasileira de 1988*. 2. ed. São Paulo: Saraiva, 1997.

FLORINDO, Valdir. *Dano moral e o direito do trabalho*. São Paulo: LTr, 1995.

FOGLIA, Raffaele & SANTORO PASSARELLI, Giuseppe. *Profili di diritto comunitario del lavoro*. Torino: G. Giappichelli Editore,1996.

FONSECA, Ricardo Tadeu Marques da. A reforma do Instituto da Aprendizagem no Brasil: Anotações sobre a Lei n. 10.097/2000. *Revista O Trabalho*, Curitiba, fascículo 49, mar. 2001.

________. *A idade mínima para o trabalho. Proteção ou desamparo*. Curitiba: Editora Decisório Trabalhista, 1999.

________. Modalidades de contratação no meio rural e o consórcio de empregadores. *Jornal Trabalhista,* Consulex, Brasília, dez. 2000.

FONTANA, David. *Estresse*. São Paulo: Saraiva, 1991. Trad.: Nivaldo Montingelli Júnior.

FRANÇA, Rubens Limongi. *Hermenêutica Jurídica*. São Paulo: Saraiva, 1997.

________. *Manual de Direito Civil*. São Paulo: Revista dos Tribunais, 1971.

FRANCO FILHO, Georgenor de Sousa Franco. A Cobrança da Contribuição Confederativa. *Revista do TST*, Brasília, v. 63, 1994.

________. A revisão constitucional e o empregado doméstico. *Jornal Trabalhista,* Brasília, n. 489, 24.1.1994.

________. A Convenção n. 132 da OIT e seus reflexos. *Revista Synthesis* 34/2002.

FRANK, Jerome. Law and the Modern Mind. New York, 1930. *Apud* PUIG BRUTAU, José. *A jurisprudência como fonte do direito*. Porto Alegre: AGE, 1977. Trad.: Lenine Nequete.

FRATTAROLO, V. *La responsabilità civile per le attività sportive*. Milano: Giuffrè, 1984.

FREITAS, Manoel Mendes. *Comentários aos precedentes normativos e à orientação jurisprudencial da SDC do TST*. São Paulo: LTr, 2001.

FRIEDE, Reis. *Ciência do Direito, Norma, Interpretação e Hermenêutica Jurídica*. Rio de Janeiro: Forense, 1997.

FURTADO, Emmanuel Teófilo. *Terminação do contrato de trabalho*. São Paulo: LTr, 1997.

FUSTEL DE COULANGES, N. D. *A Cidade Antiga*. São Paulo: Ed. das Américas, 1961. Trad. Frederico Ozanam L. Pessoa de Barros.

GALANTINO, Luísa. *Diritto del Lavoro*. Torino: G. Giappichelli Editore, 2000.

GALDINO, Dirceu e LOPES, Aparecido Domingos Erreria. *Manual de Direito do Trabalho Rural*. São Paulo: LTr.

GALIANA MORENO, Jésus M. *El contrato de trabajo en el Derecho Inglês*. Barcelona: Bosch, Casa Editorial, 1978.

GALLART y FOLCH. *Derecho español del trabajo*. Barcelona, 1936.

________. *Las Convenciones Colectivas de Condiciones de Trabajo*. Barcelona, 1932.

GALLEGOS CIGARROA, Jorge E. *La prestación de servicios en las empresas de espectáculos taurinos*. Mexico. Tesi para obtener el título de licenciado en Derecho, 1968.

GAMA CERQUEIRA, João. Sistema de Direito do Trabalho. *Revista dos Tribunais*, São Paulo, v. 1, 1961.

GARCÍA, Manuel Alonso. *Derecho del Trabajo*. Barcelona: José Mª Bosch, 1960.

GARCIA CALLEJO, José Maria. *Protección jurídica contra el acoso moral en el trabajo o la tutela de la dignidad del trabajador*. Madrid: Gráficas de Diego, 2003.

GARCÍA OVIEDO, Carlos. *Tratado elemental de Derecho Social*. Madrid: EISA, 1954.

GARCÍA-PERROTE ESCARTÍN, I. *Flexibilización y ajuste de la noción de alto directivo en la jurisprudencia de la Sala de lo Social del TS, Relaciones Laborales*. Madrid: La Ley Edilex, n. 14, jul. 1992.

GARCIA VIÑA, Jordi. *¿Prohibido fumar? La eliminación del tabaco. Un mecanismo para proteger la salud laboral*. Madrid: Tecnos, 2005.

GARRIDO CORDOBERA, Lidia M. *Los daños colectivos y la reparación*. Buenos Aires: Universidad, 1993.

GAVALDA, Natacha. Les critéres de validité des clauses de non-concurrence em droit du travail. *Droit Social*, Paris, n. 6, jun. 1999.

GHERA, Edoardo. *Diritto del lavoro*. Bari: Cacucci, 1982.

________. Perspectiva do contrato individual do Trabalho. *Anais do Seminário Internacional. Relações de Trabalho — Aspectos Jurídicos, Sociais e Econômicos*. Ministério do Trabalho, Brasília, 1998.

GHEZZI e ROMAGNOLI. *Il Rapporto di lavoro*. Bologna: Zanichelli, 1984.

GHIDINI, Mario. *Diritto del lavoro*. Padova: Cedam, 1981.

GIGLIO, Wagner D. Fontes do Direito do Trabalho. *Revista LTr*, São Paulo, 42/570.

________. *Justa causa*. São Paulo: LTr, 1993.

________. *Justa causa para despedimento do empregado*. São Paulo: Florença, 1966.

GIL Y GIL, José Luis. *Autotutela privada y poder disciplinario en la empresa*. Madrid: Din Impresores, SL, 1994.

GIUGNI, Gino. *Direito Sindical*. São Paulo: LTr, 1991. Trad. Eiko Lucia Itioka.

GIUSTINIANI, Mario. *Trattato di Diritto del Lavoro*. Padova: Cedam, 1938.

GNOCCHI, Alexandre. *Direito industrial: patentes*. São Paulo: Inventa, 1981.

GODOI, Luiz Carlos Gomes. *O trabalho avulso nos portos brasileiros*. Tese de doutorado aprovada na Faculdade de Direito de São Paulo em 1996.

GOLDSTEIN, Mabel. *Derecho de autor*. Buenos Aires: Ediciones La Rocca, 1995.

GOMES, Hélio. *Medicina legal*. 2 v. 1959.

GOMES, Orlando. *Introdução ao Direito Civil*. Rio de Janeiro: Forense, 1979.

________. *O salário no direito brasileiro*. Rio de Janeiro: J. Konfino, 1947.

GOMES, Orlando & GOTTSCHALK, Elson. *Curso de Direito do Trabalho*. Rio de Janeiro: Forense, 1971.

________. *Curso de Direito do Trabalho*. Rio de Janeiro: Forense, 1984.

________. *Curso de Direito do Trabalho*. Rio de Janeiro: Forense, 2000. Revisão e atualização: José Augusto Rodrigues Pinto.

GOMES CANOTILHO, José Joaquim. *Direito Constitucional*. 5. ed. aum. e ref. Coimbra: Almedina, 1992.

GOMES NETO, Indalécio. Interpretação do art. 233 da Constituição Federal. *Revista LTr*, São Paulo, 53-2/142.

GOMIERI, Olga Aida Joaquim. A Convenção n. 132 da OIT e a falta de seu manejo pelos aplicadores do Direito. *Revista Synthesis* 32/2003.

GONÇALVES, Emílio. *O magistério particular e as leis trabalhistas*. São Paulo: LTr, 1970.

GONÇALVES, Emílio e GONÇALVES, Emílio Carlos Garcia. A representação do empregador doméstico na Justiça do Trabalho. *Revista LTr*, São Paulo, 58-2/174.

________. Controle administrativo e judicial do Regulamento da empresa. *Revista Direito do Trabalho*, São Paulo, n. 53.

GOÑI SEIN, José Luis. *El respeto a la esfera privada del trabajador; un estudio sobre los limites del poder de control empresarial*. Madrid: Editorial Civitas, 1988.

________. *La indemnización por daños derivados de la conducta antisindical*. Colección Jurisprudencia Práctica. Madrid: Tecnos, 1996.

GONZÁLEZ BIEDMA, Eduardo. *Derecho de Huelga y Servicios de mantenimiento y seguridad en la empresa*. Madrid: Civitas, 1992.

GOTTSCHALK, Elson. *Férias anuais remuneradas*. São Paulo: Max Limonad, 1956.

GOYATÁ, Célio. Os Sacristães e a Legislação Social Trabalhista. *Revista do Trabalho*, set./out. 1953.

________. *Questões Práticas de Direito do Trabalho*. São Paulo: LTr, 1947.

GRANDOV, Balldomero e BASCARY Miguel Carrillo. *Cicatrices. Dano estético y Derecho a la integridad física.* Rosario: Editorial Faz, 2000.

GRECO, Marco Aurélio. Medidas Provisórias. *Revista dos Tribunais*, São Paulo, 1988.

GRINOVER, Ada Pellegrini. Infrações ambientais. Menor potencial ofensivo. *Revista Jurídica Consulex*, Brasília, n. 31, ago. 1999.

GRONDA, Ramirez. *Tratado de Derecho del Trabajo.* La Lei S/A. Buenos Aires: Editora e Impressora Buenos Aires, 1964.

GUBBELS, Robert. *La grève, phénomène de civilisation.* Bruxelles: Université Libre, 1962.

GUERRA FILHO, Willis Santiago. Apresentação à obra coletiva *Dos Direitos Humanos aos Direitos Fundamentais.* Porto Alegre: Livraria do Advogado, 1997.

________. *Nota em torno do princípio da proporcionalidade. Perspectivas constitucionais nos anos 20 da Constituição de 1976.* Coimbra: Jorge Miranda Coimbra, 1996.

________. O princípio constitucional da proporcionalidade. *Revista TRT 15ª Região, n. 20/2002* e *Revista Synthesis 37/2003.*

________. *Ensaios de teoria constitucional.* Fortaleza: Imprensa, 1989.

GUIMARÃES, Flávia Lefèvre. *Desconsideração da personalidade jurídica no Código do Consumidor. Aspectos processuais.* São Paulo: Max Limonad, 1998 (dissertação de mestrado).

GUIMARÃES, José Alfredo C. Ação de Cumprimento — Perda de sua identidade. *Revista LTr*, São Paulo, 54-2/90.

GUNTHER, Luiz Eduardo e ALCURE NETO, Nacif. A inconstitucionalidade da Emenda Constitucional n. 28. *Revista Síntese*, Porto Alegre, dez. 2000.

GUTIÉRREZ GUTIÉRREZ, Ignacio. *Dignidad de la persona y derechos fundamentales.* Madrid: Marcial Pons, 2005.

HAMMES, Bruno Jorge. *O Direito da Propriedade Intelectual. Subsídios para o ensino.* Rio Grande do Sul: Unisinos, 1996.

HERKENHOFF, João Baptista. *Como aplicar o Direito.* Rio de Janeiro: Forense, 1999.

HIRIGOYEN, Marie-France. *Assédio moral: A violência perversa no cotidiano.* Rio de Janeiro: Bertrand Brasil, 2002.

HOUVE, William J. Discriminación profesional y en materia de remuneración; situación de la mujer en el mercado del empleo en Chipre. *Revista Internacional del Trabajo*, Ginebra, ene./mar. 1983, v. 102, n. 2.

HUSBANDS, Robert. Análisis internacional de las leyes que sancionan el acoso sexual. *Revista Internacional del Trabajo*, Ginebra, v. 112, n. 1, 1993.

JACQUES, Paulino. *Curso de Introdução ao Estudo do Direito.* Rio de Janeiro: Forense, 1978.

JAVILLIER, Jean-Claude. O Direito do Trabalho Comunitário: um direito em construção? Resumo de artigo *in Revue des Affaires Européennes* n. 1/92. *Revista Synthesis*, São Paulo, 16/93.

JIMÉNEZ DE ARÉCHAGA, Eduardo. *El derecho internacional contemporáneo.* Madrid: Tecnos, 1980.

________. *El derecho internacional en un mundo en transformación.* Montevideo: Fundación de Cultura, 1994.

JOSSERAND, L. *De l'esprit des droits et leur relativité. Théorie dite de l'abus des droits*. Paris: Dalloz, 1939.

________. *L'évolution de la responsabilité, in Évolutions et actualités* (Conférences de droit civil). Paris: Sirey, 1936.

KASKEL, Walter e DERSCH, Hermann. *Derecho del Trabajo*. Buenos Aires: Depalma, 1961.

KHAMIS, Roberto Mehanna. *Contrato de trabalho de duração determinada*. São Paulo: LTr, 1987.

KOMPARATO, Fábio C. *A afirmação histórica dos direitos humanos*. São Paulo: Saraiva, 1999.

KROTOSCHIN, Ernesto. *Instituciones de derecho del trabajo*. Buenos Aires: Depalma, 1968.

LACERDA, Dorval de. *A falta grave no Direito do Trabalho*. Guanabara: Edições Trabalhistas, 1964.

LAMARCA, Antônio. *Contrato individual de trabalho*. São Paulo: Revista dos Tribunais, 1969.

________. *Manual das justas causas*. São Paulo: Revista dos Tribunais, 1977.

LANDAU, C. E. Igualdad en el empleo entre hombres y mujeres en la CEE: legislación y jurisprudencia recientes. *Revista Internacional del Trabajo*, Ginebra, abr./jun. 1984, v. 103, n. 2.

LAVAGNE, A. *Droit Social*. Paris: Librairie Sociale et economique, 1950.

________. Le Droit communautaire et les femmes. Supplément n. 19 à Femmes d'Europe. *Comission des Communautés Européenes*.

LEÃO, Adroaldo. *O Litigante de Má-Fé*. Rio de Janeiro: Forense, 1982.

LEÃO, Antônio Carlos Amaral. A questão do dano moral na Justiça do Trabalho. *Revista dos Tribunais*, São Paulo, v. 701, mar. 1994.

LEFEBRE, Sylvain. *Nouvelles Technologies et protection de la vie privée en milieu de travail en France et au Québec*. Aix-en-Provence: Presses Universitaires D'Aix-Marseille, 1998, p. 67.

LEGA, C. *La capacità lavorativa e la sua tutela giuridica*. Milano: Giuffrè, 1950.

LEITE, Jorge. *A precariedade corrompe o caráter*. Portugal.

LEITE, Júlio César. Idade mínima para o trabalho. Alteração Constitucional. *Jornal Trabalhista*, Brasília, 16-765/5, Brasília: Consulex, 21.6.99.

LEITE, Júlio César Prado. Proteção ao trabalho da mulher. Revisão de conceitos. *Revista LTr*, São Paulo, jan. 1975, v. 39.

LES FEMMES au Portugal. Supplément n. 11. Comissión des Communautes Européennes.

LIMA, Francisco Meton Marques de. *Os princípios de Direito do Trabalho na lei e na jurisprudência*. 2. ed. São Paulo: LTr, 1997.

LIMONGI FRANÇA, R. *Hermenêutica Jurídica*. São Paulo: Saraiva, 1997.

LIVRO GÊNESIS. *Bíblia Sagrada*. São Paulo: Edições Paulinas, 1987.

LOBO XAVIER, Bernardo da Gama. Contratos de trabalho dos profissionais de espetáculos (direito aplicável). *Revista de Direito e de Estudos Sociais*, Coimbra: Almedina, jan./março 1986.

LOPES, Juan Antonio. *El cambio de firma y la moderna teoría de la empresa*. Buenos Aires: Derecho del Trabalho, 1950.

LUCA, Carlos Moreira de. Contrato de emprego doméstico. *Revista de Direito do Trabalho*, São Paulo, n. 36. 1982.

________. Contribuições a Favor do Sindicato. *Revista da 15ª Região*, São Paulo, n. 1, 1991.

________. O prazo de prescrição dos direitos assegurados aos empregados domésticos. *Revista LTr*, São Paulo, n. 53-1/81 e *Revista Synthesis* 9/89.

LYON-CAEN, Gérard. *Droit Social International et Européen*. Paris: Dalloz, 1991.

MACHADO JÚNIOR, César P. S. *Direito do Trabalho*. São Paulo: LTr, 1999.

MACHADO NETO, A. L. *Teoria da Ciência Jurídica*. São Paulo: Saraiva, 1975.

MACIEL, José Alberto Couto. Comentários à Lei n. 9.958/2000. *Revista de Direito do Trabalho*, São Paulo, jan. 2000.

________. *Curso de Direito Constitucional do Trabalho. Estudos em homenagem ao Prof. Amauri Mascaro Nascimento*. São Paulo: LTr, 1991. 2 v.

MAGALHÃES FILHO, Glauco Barreira. *Hermenêutica Jurídica Clássica*. Belo Horizonte: Melhoramentos, 2002.

MAGANO, Octavio Bueno. *Contrato de prazo determinado*. São Paulo: Saraiva, 1984.

________. Contribuições do IAPI sobre gratificações. *Revista LTr*, São Paulo, n. 26/15.

________. *Convenção Coletiva do Trabalho*. São Paulo: LTr, 1972.

________. *Do Poder Diretivo na Empresa*. São Paulo: Saraiva, 1982.

________. *Manual de Direito do Trabalho*. São Paulo: LTr, 1980. 4 v.

________. *Manual de Direito do Trabalho. Direito Coletivo do Trabalho*. São Paulo: LTr, 1990.

________. *Manual de Direito do Trabalho. Direito Individual do Trabalho*. São Paulo: LTr, 1993.

MALLET, Estêvão. A prescrição na relação de emprego rural após a Emenda Constitucional n. 28. *Revista LTr*, São Paulo, v. 64, ago. 2000.

________. Sobre o projeto de criação de comissões de conciliação. *Revista de Direito do Trabalho*, São Paulo, n. 83.

MANGARELLI, Cristina. *Estudos sobre as Fontes do Direito do Trabalho*. São Paulo: LTr, 1998. Coord.: Americo Plá Rodríguez.

MANIN, Philippe. *Les Communautes européenne. Edudes Internationales*, n. 6, 1996, 2 eme édition, Pedone.

MANNRICH, Nelson. *Dispensa coletiva*. São Paulo: LTr, 2000.

MANS PUIGARNAU, Jaime M. *Los principios generales del Derecho*, Repertório, Barcelona: Bosch, Casa Editorial, 1947.

_________. *Manual dos Comitês de Mortalidade Materna*. Brasília, Ministério da Saúde, 1994.

MARANHÃO, Délio. *Direito do Trabalho*. Rio de Janeiro: Fundação Getúlio Vargas, 1979.

________. *Curso de Direito do Trabalho*. Rio de Janeiro: Fundação Getúlio Vargas, 1982.

________. *Instituições de Direito do Trabalho*. São Paulo: LTr, 2002.

________. *Instituições de Direito do Trabalho*. São Paulo: LTr, 2003. Texto revisto por João de Lima Teixeira Filho.

MARCHETTI, Maurizio. *Analogia e Criação Judicial*. São Paulo: Komedi, 1998.

MARTIN MARCHESINI, Gualtiero. El Poder de Dirección. *Revista de Direito do Trabalho*, São Paulo, n. 65, ano 12, jan./fev. 1987.

MARTINEZ VIVOT, Julio J. e outros. *Ley de Contrato de Trabajo*. Buenos Aires: Astrea, 1981.

________. *Los menores y las mujeres en el derecho del trabajo*. Buenos Aires: Astrea, 1981.

MARTINS, Nei Frederico Cano. Garantias de emprego: questões controvertidas. *Suplemento Trabalhista LTr*, São Paulo, v. 26, n. 56, 1990.

MARTINS, Sérgio Pinto. *Direito do Trabalho*. São Paulo: Atlas, 2002.

________. *A terceirização e o Direito do Trabalho*. 2. ed. São Paulo: Malheiros, 1996.

MARTINS NETO, Modestino. *Manual do Aviso Prévio*. São Paulo: LTr, 1972.

MATHIJSEN, P. S. F. R. *Introdução ao Direito Comunitário*. Coimbra: Biblioteca Jurídica Coimbra Editora, 1991.

MATTOS, Cláudio de Oliveira. Invenções do empregado e o Direito Patentário. *Revista LTr*, São Paulo, v. 65, n. 7, jul. 2001.

MAXIMILIANO, Carlos. *Hermenêutica e Aplicação do Direito*. Rio de Janeiro: Forense, 1984.

________. *Hermenêutica e Aplicação do Direito*. Rio de Janeiro: Forense, 1988.

MAZZONI, Giuliano. *Corso di Diritto del Lavoro*. Bolonha: Cesare Zuffi.

MAZUR, Maurício. O contrato de trabalho nulo com a Administração Pública e o recente Enunciado n. 363 do TST. *Revista Synthesis,* São Paulo, n. 33, 2001.

MCDIARMID, Melissa A.; AGNEW, Jacqueline. *Efeitos do trabalho sobre a reprodução*. Trad. Joyce Lenora Douglas. Rio de Janeiro: Ateneu, 1995. Coord.: René Mendes.

MEDAUAR, Odete. *Direito Administrativo Moderno*. São Paulo: Revista dos Tribunais, 2004.

MEILIJ, Gustavo R. *Contrato de Trabajo*. Buenos Aires: Depalma, 1989.

MEIRELES, Hely Lopes. *Direito Administrativo Brasileiro*, 22. ed., São Paulo: Malheiros.

MELLO, Celso Antônio Bandeira de. *Curso de Direito Administrativo*, 5. ed. e 17. ed., São Paulo: Malheiros.

________. *Elementos de Direito Administrativo*. 2. ed. São Paulo: Revista dos Tribunais, 1991.

MELO, Raimundo Simão de. A Garantia de Emprego dos Membros da CIPA eleitos depois da Carta Constitucional de 1988. *Suplemento Trabalhista LTr*, São Paulo, n. 125/91, ano XXVII.

________. Cooperativas de Trabalho. *Revista Gênesis*, Curitiba, n. 42, jun. 1996.

MELLO FRANCO, Guilherme Alves de. O empregado doméstico no campo do Direito do Trabalho. *Jornal Trabalhista,* Brasília, n. 513, ano XI.

MENDES, Maria Gilmaíse de Oliveira. *Direito à Intimidade e Interceptações Telefônicas*. Belo Horizonte: Mandamentos, 1999.

MENEZES, Cláudio Armando Couce de. A responsabilidade civil no direito material e processual do trabalho. *Jornal Trabalhista*, Brasília, n. 571, ago. 1995.

MERLI, Stefano. *Proletariato di fabbrica e capitalismo industriale*. Firenzi: La Nuova Italia, 1972.

MESQUITA, José Luiz de. *Das gratificações no Direito do Trabalho*. São Paulo: Saraiva, 1957.

________. *Direito disciplinar do trabalho*. São Paulo: Saraiva, 1982.

________. *Direito disciplinar do trabalho*. São Paulo: LTr, 1991.

________. *Trabalho do menor. Emprego de menores (Teoria e prática)*. São Paulo: LTr, 1968.

MIRANDA, Glaura Vasques de. *A educação da mulher brasileira e sua participação nas atividades econômicas em 1970*. Cadernos de Pesquisa.

MOLERO MANGLANO, Carlos. *El contrato de alta dirección*. Madrid: Editorial Civitas, 1995.

MONTALVO CORREA, Jaime. *Fundamentos de Direito do Trabalho*. Madrid: Civitas, 1973.

MONTEIRO, Washington de Barros. *Curso de Direito Civil*. São Paulo: Saraiva, 1985.

MONTENEGRO JÚNIOR, Eurico. Breves Anotações ao Novo Estatuto dos Notários e Registradores Públicos. *Revista dos Tribunais* n. 739, maio 1997.

MONTOYA MELGAR, Alfredo. *Derecho del Trabajo*. Madrid: Tecnos, 2003.

________. *La buena fe en el derecho del trabajo*. Madrid: Tecnos, 2001.

MORAES, Alexandre de. Direitos Humanos Fundamentais e as Constituições Brasileiras. *Constitucionalismo Social. Estudos em Homenagem ao Min. Marco Aurélio Mendes de Farias Mello*. São Paulo: LTr, 2003. Coord.: Jane Granzoto.

MORAES, Luiz Carlos Calachi. Mercosul e perspectiva laboral. *Jornal Trabalhista*, Brasília, 1995.

MORAES FILHO, Evaristo de. *A justa causa na rescisão do contrato de trabalho*. Rio de Janeiro: Forense, 1968.

________. A Situação Jurídica das Empresas de Fornecimento de Mão de obra Temporária no Direito do Trabalho Brasileiro. *Revista LTr*, São Paulo, 34/144.

________. *Conceito de trabalhador rural e enquadramento sindical. Estudos de Direito do Trabalho*. São Paulo: LTr, 1971.

________. *Diretor de Sociedade Anônima. Pareceres de Direito do Trabalho*. São Paulo: LTr, 1976 e 1979. 2 v.

________. *Introdução do Direito do Trabalho*. São Paulo: LTr, 1971.

________. *O problema do sindicato único no Brasil*. São Paulo: Alfa-Omega, 1978.

________. *O repouso semanal e as empresas de atividade de fim de semana. Estudos de Direito do Trabalho*. São Paulo: LTr, 1971.

________. *Trabalho a domicílio e contrato de trabalho*. São Paulo: LTr, 1994.

________. O credenciamento perante as instituições de Previdência. *Revista LTr*, São Paulo, n. 34/701.

________. *Tratado Elementar de Direito do Trabalho*. Rio de Janeiro: Freitas Bastos, 1956.

MORALES PRATS, F. *Privacy y reforma penal: la propuesta de Anteproyecto de Nuevo Código Penal*. (1983) *en Documentación Jurídica*, v. 1, ene./dic. 1983.

MOREAU-BOURLES, Marie-Ange. *Droit Social*. Paris: Librairie Sociale et Economique, fév. 1992, n. 2.

MOREIRA ANTUNES, Osvaldo. Arquivamento da reclamação. *Revista de Direito do Trabalho*, São Paulo, n. 67, ano XII.

MORENO, Valter Batista. O direito de greve na ordem social, econômica e jurídica. *Revista do TST*, Brasília, 1982.

MOSSIN, Heráclito Antônio. *Assédio sexual e crimes contra os costumes*. São Paulo: LTr, 2002.

MOSLEY, Hugh G. La dimensión social de la integración europea. *Revista Internacional del Trabajo*, Ginebra, v. 109, n. 1, 1990.

MOSSET ITURRASPE, Jorge. El daño fundado en la dimensión del hombre en su concreta realidad. Daños a la persona. *Revista de Derecho Privado y Comunitario,* Santa Fé: Rubinzal Culzoni Editores, n. 1, 1994.

MOTA PINTO, Carlos Alberto da. *Teoria Geral do Direito Civil*. 3. ed. Coimbra: Editora Coimbra, 1990.

Mujer y Trabajo. Ginebra: Oficina Internacional del Trabajo, 1988, numero extraordinario.

Mulheres da Europa. Bruxelas: Comissão das Comunidades Europeias, fev./maio 1991, n. 68.

NASCIMENTO, Amauri Mascaro. *Comentários à Lei de Greve*. São Paulo: LTr, 1989.

________. *Comentários às Leis Trabalhistas*. 2. ed. São Paulo: LTr, 1992.

________. *Direito do trabalho na Constituição de 1988*. São Paulo: Saraiva, 1991.

________. *Dispensa indireta. Pareceres de Direito do Trabalho e Previdência Social*. São Paulo: LTr, 1986.

________. *Direito Sindical*. São Paulo: Saraiva, 1989.

________. *Iniciação ao Direito do Trabalho*. São Paulo: LTr, 1993.

________. *Iniciação ao Direito do Trabalho*. São Paulo: LTr, 2003/2004.

________. *O Salário*. Edição fac-similada. São Paulo: LTr, 1996.

________. O trabalho rural na Constituição de 1988. Regulamentação e realidade. *Revista LTr*, São Paulo, 59-10/1308.

NASCIMENTO, Sônia Aparecida Costa. *Revista do TST*, 1984.

NASSAR, Rosita de Nazaré Sidrim. *Flexibilização do Direito do Trabalho*. São Paulo: LTr, 1991. Tese de doutorado.

NETTO, Modestino Martins. *Manual de aviso prévio*. Rio de Janeiro: Edições Trabalhistas, 1972.

OLIVEIRA, Alexandre Miceli Alcântara de. *Direito de autodeterminação sexual*. São Paulo: Juarez de Oliveira, 2003.

OLIVEIRA, Fábio Leopoldo de. *Introdução elementar ao estudo do salário social no Brasil*. São Paulo: LTr, 1974.

OLIVEIRA, Francisco Antônio de. Transação. *Revista Trabalho e Doutrina*, n. 27, dez. 2002.

________. *Comentários aos Enunciados do TST*. 4. ed. São Paulo: Editora Revista dos Tribunais.

OLIVEIRA, José César. "Factum principis", força maior e temas correlatos. *In*: *Curso de Direito do Trabalho. Estudos em memória de Célio Goyatá*. V. 2. 3. ed., 1997, p. 485. Coord.: Alice Monteiro de Barros.

OLIVEIRA, Oris de. *O trabalho da criança e do adolescente*. São Paulo: LTr, 1994.

________. A aprendizagem empresária do adolescente. *Revista Synthesis*, São Paulo, 33/01.

OLIVEIRA, Paulo Eduardo V. *O Dano Pessoal no Direito do Trabalho*. São Paulo: LTr, 2002.

OLIVEIRA, Sebastião Geraldo de. *Proteção jurídica à saúde do trabalhador*. São Paulo: LTr, 2001.

OLIVEIRA, Zilma de Moraes; MELLO, Ana Maria; VITÓRIA, Telma; FERREIRA, Maria Clotilde R. *Creches: Crianças, Faz de conta & Cia*. Petrópolis: Editora Vozes, 1992.

OLIVEIRA ASCENSÃO, José de. *O direito. Introdução e teoria geral. Uma perspectiva luso--brasileira*. 7. ed. Coimbra: Livraria Almedina, 1993.

OLIVEIRA FILHO, Clemente Salomão de. Legitimação extraordinária do sindicato em face da nova Constituição Federal. *Revista LTr*, São Paulo, 54-9/1093.

ORTI VALLEJO, Antonio. *Derecho a la intimidad e informática*. Granada: Editorial Comares, 1994.

PACHECO, Iara Alves Cordeiro. Cooperativas de trabalho x intermediação de mão de obra. *Revista LTr*, São Paulo, 60-08/1102 & PEREIRA, Adilson Bassalho. *Revista LTr*, São Paulo, nov. 1995.

________. Trabalhador rural. *Jornal Trabalhista*, Brasília, n. 460, 28.6.93.

PALOMAR OLMEDA, Alberto e DESCALZO GONZÁLEZ, Antonio. *Los derechos de imagen en el ámbito del deporte profesional*. Madrid: Dykinson, 2001.

PALOMINO, Teodosio A. *Trabalhadores de confiança. Sua situação laboral*. São Paulo: LTr, 1992. Trad. Ronald Amorim e Souza.

PAMPLONA, Rodolfo. *O dano moral na relação de emprego*. São Paulo: LTr, 1999.

________ & outro. *Direito do Trabalho Doméstico*. São Paulo: LTr, 1997 e 2006 (3. ed.).

PAMPLONA FILHO, Rodolfo. *O assédio sexual na relação de emprego*. São Paulo: LTr.

PASSOS, Nicanor Sena. *Contrato de experiência*. São Paulo: LTr, 1995.

PAULA, Carlos Alberto Santos de. A população negra brasileira e o mercado de trabalho. *Revista Synthesis* 36/2003.

PAULON, C. A. Contrato de Experiência e aviso prévio. *Revista LTr*, São Paulo, 46-7/785.

PEQUENO DICIONÁRIO ENCICLOPÉDICO KOOGAN-LAROUSSE. Rio de Janeiro: Larousse do Brasil, 1984.

PERA, Giuseppe. *Diritto del Lavoro*. Padova: Cedam, 1980.

PEREIRA, Alamanda Kfoury. Abortamento *in Obstetrícia* (Coletâneas). Coord.: Antônio Carlos Vieira Cabral, Silvana Santos Assrevy Diniz. Belo Horizonte, Minas Gerais, 1998.

PEREIRA, Caio Mário da Silva. *Instituições de Direito Civil*. 19. ed. Rio de Janeiro: Forense, 1998.

PEREIRA CAMPOS, Santiago. *Laudos arbitrais em matéria de trabalho. Estudos sobre as fontes do Direito do Trabalho*. São Paulo: LTr, 1998. Cood.: Plá Rodriguez.

PEREZ BOTIJA, Eugenio. *Curso de Derecho del Trabajo*. 6. ed. Madrid: Tecnos, 1960.

PÉREZ DE LOS COBOS, Francisco e ARANDA, Javier Thibault. *El teletrabajo en España. Perspectiva jurídico laboral*. Madrid: Sociedad Anônima de Fotocomposición Talisio, 2001.

PEREZ DEL CASTILLO, Santiago. *Hierarquia das Fontes no Direito do Trabalho*. Estudos sobre as fontes do Direito do Trabalho. São Paulo: LTr, 1998. Coord. Plá Rodriguez.

________. *O direito de greve*. São Paulo: LTr, 1994. Revisão Técnica de Irany Ferrari.

PÉREZ LEÑERO, José. *Teoría General del Derecho Español de Trabajo*. Madrid: Espasa — Calpe, 1948.

PÉREZ PATON, Roberto. *Principios de Derecho Social y de Legislación del Trabajo*. Buenos Aires: Ed. Arayú, 1945.

PÉREZ, Jordi Bonet. *Principios y derechos fundamentales en el trabajo*. Bilbao: Universidad de Deusto, 1999.

PERSIANI, Mattia. Autonomia, subordinazione e coordinamento nei recenti modelli de collaborazione lavorativa. *In: Contratto e lavoro subordinato*. Padova: Cedam, 2000. Scritti in onere di Renato Scognamiglio.

PIC, Paul. *Traité Elementaire de législation industrielle*. Paris: Arthur Rousseau Éditeur, 1930.

PIERSON, Donald. *Teoria e Pesquisa em Sociologia*. 6. ed. São Paulo: Melhoramentos.

PIMENTA, Joaquim. *Sociologia Econômica e Jurídica do Trabalho*. Rio de Janeiro: Freitas Bastos, 1957.

PIMENTEL, Silvia. *Evolução dos Direitos da Mulher: norma, fato, valor*. São Paulo: Revista dos Tribunais, 1978.

PIMPÃO, Hirosé. *Aviso Prévio*. Rio de Janeiro: José Konfino Editor, 1958.

PIPPI, Felix. *De la notion de salaire social*. Paris: LGDJ, 1966.

PISÓN CAVERO, José Martínez de. *El derecho a la intimidad en la jurisprudencia constitucional*. Madrid: Civitas, 1993.

PIZARRO, Daniel; RAMÓN E ROITMAN, Horacio. El daño moral y la persona jurídica. Daños a la persona. *Revista de Derecho Privado e Comunitario*. Santa Fé (Argentina): Rubinzal--Culzoni Editores, 1994.

PLÁ RODRIGUEZ, Americo. *Curso de Derecho Laboral*. Montevidéu: Acali, 1980.

________. *Princípios de Direito do Trabalho*. São Paulo: LTr, 1978. Trad. Wagner Giglio.

________. El derecho laboral y la protección de la intimidad del trabajador. *Revista Derecho Laboral*, Montevidéo, n. 144, oct./dic. 1986.

________. *Formas de Regulamentação da Greve. Relações Coletivas de Trabalho. Estudos em homenagem a Arnaldo Süssekind*. São Paulo: LTr, 1989.

PONTES DE MIRANDA, F. C. *Tratado de Direito Privado*. Rio de Janeiro: Borsoi, 1971.

PRADO, Roberto Barreto. *Comentários à Nova Lei do Trabalhador Rural*. São Paulo: Revista dos Tribunais, 1975.

________. *Direito do Trabalho*. São Paulo: Revista dos Tribunais, 1971.

________. Prescrição nas ações interpostas pelos empregados domésticos. *Revista LTr*, São Paulo, n. 54-2/171.

PRATA, Ana. *Notas sobre responsabilidade pré-contratual*. Coimbra: Almedina, 2002.

PRUNES, José Luis Ferreira. *Justa Causa e Despedida Indireta*. Curitiba: Juruá, 1994.

________. *Contrato de trabalho com cláusula de experiência*. São Paulo: LTr, 1981.

________. *Contrato de trabalho doméstico e trabalho a domicílio*. Curitiba: Juruá, 1995.

________. *Direito do Trabalho Rural*. Dicionários LTr. São Paulo: LTr, 1991.

________. *Equiparação Salarial*. São Paulo: LTr, 1977.

________. Poder Empresarial: Fundamentos, conteúdo e limites. Temas de Direito do Trabalho. *IV Jornadas Luso-Brasileiras de Direito do Trabalho*. Coimbra: Coimbra Editora, 1990.

PSACHAROPOULOS, George; WINTER, Carolyn. *Latino-americanas: emprego e remuneração. Finanças e Desenvolvimento*. Publicação do FMI e Banco Mundial. Washington, dez. 1992, v. 12, n. 4.

PUCCI DE FARIAS, Daniela. *Revista Cláudia*, abr. 2005.

QUIROGA LAVIÉ, Humberto. *Derecho Constitucional*. Buenos Aires: Depalma, 1993.

RAMÍREZ, Bernardo Z. La huelga, un fenómeno social y sua problemática jurídica. Estudios de derecho. *Revista Estudios de Derecho*, Facultad de Derecho y Ciencias Politicas de la Universidad de Antioquia, Medellín, Colômbia, v. 36, n. 92, set. 1977.

RAMOS, Carlos de Oliveira. *Da proteção legal ao trabalho das mulheres e dos menores; da proteção à maternidade no direito operário*. Fortaleza: Imprensa Oficial, 1937.

RAY, Jean Emmanuel. *Droit du travail. Droit vivant*. Paris: Les éditions Liaisons, 1999.

________. Le droit du travail à l'épreuve du télétravail: le statut du teletravailleur. *Droit Social*, 1996, n. 2.

________. Nouvelles techniques e nouvelles formes de subordination. *Droit Social*. 1992, n. 6.

REALE, Miguel. *Lições Preliminares de Direito*. 7. ed. São Paulo: Saraiva, 1980.

________. *O direito como experiência*. São Paulo: Saraiva, 1968.

RECASENS SICHES, Luis. *Nueva Filosofía de la interpretación del Derecho*. Mexico: Porrúa, 1973.

Recomendação n. 190 da OIT, jun. 1999.

REIS, Nélio. *Alteração do contrato de trabalho*. São Paulo: Livraria Freitas Bastos, 1968.

________. *Contrato de prova*. São Paulo: Freitas Bastos, 1963.

RENAULT, Luiz Otávio Linhares. Proteção ao portador do vírus HIV e ao aidético: enfoque trabalhista a um projeto de lei. *In*: *Discriminação*. São Paulo: LTr, 2000, p. 130. Coord.: Márcio Túlio Viana e Luiz Otávio Linhares Renault.

REQUIÃO, Rubens. *Do representante comercial*. 8. ed. Rio de Janeiro: Forense, 2000.

Resoluciones judiciales en materia de derecho del trabajo. *Revista Internacional del Trabajo*, Ginebra, 1993, v. 112, n. 3.

REVISTA CIPA, n. 240, ano XX, nov. 1999.

REVISTA DE DERECHO PRIVADO Y COMUNITARIO. Argentina: Rubinzal-Culzoni Editores, 1994.

REVISTA TRABAJO. OIT, n. 10, 1994.

REZENDE, Nilza Perez de. *Cumprimento de obrigações trabalhistas*. 6. ed. São Paulo: LTr.

RIBEIRO DE VILHENA, Paulo Emílio. Lei n. 4.066: Quitação e Transação. *Revista LTr*, São Paulo, 29/364.

________. *Direito do Trabalho e Fundo de Garantia. Suspensão disciplinar e graduação da pena pelo juiz*. São Paulo: LTr, 1978.

________. Princípios de Direito. Princípio Jurídico. Direito do Trabalho. *Curso de Direito do Trabalho. Estudos em memória de Célio Goyatá*. São Paulo: LTr, 1997.

________. *Relação de emprego. Estrutura legal e supostos*. 2. ed. São Paulo: LTr, 1999.

________. Revista. Direito de Revista (Antessupostos constitucionais). *Direito do Trabalho e Fundo de Garantia*. São Paulo: LTr, 1978.

________. Trabalho voluntário. *Revista Trabalho e Doutrina*, n. 18, set. 1998.

RIVA SANSEVERINO, Luisa. *Curso de Direito do Trabalho*. São Paulo: LTr, 1976. Trad.: Elson Gottschalk.

________. *Diritto del Lavoro*. Padova: Cedam, 1967.

ROCHA, Osiris. Contrato de Trabalho Rural e os familiares do empregado. *Revista Gênesis*, Curitiba, n. 22, out. 1994.

RODRIGUES PINTO, José Augusto. Nulidade de ato jurídico e proteção do empregado. *Revista LTr*, São Paulo, 60-5/603.

RODRIGUEZ-PIÑERO, Miguel. Costituzione, diritti fundamentali e contratto di lavoro. *Giornale di Diritto del Lavoro e di Relazioni Industriali*, Milano, n. 65, 1995.

________ ; FERNANDEZ LÓPEZ, Maria Fernanda. *Igualdad y discriminación*. Madrid: Editorial Tecnos, 1986.

ROMAN GARCIA, Antonio. *El precontrato. Estudio dogmático y jurisprudencial*. Madrid: Editorial Montecorvo, 1982.

ROMITA, Arion Sayão. *A Norma Jurídica no Direito do Trabalho*. São Paulo: LTr, 1981.

________. *A subordinação no contrato de trabalho*. Rio de Janeiro: Forense, 1979.

________. Contrato de trabalho por prazo determinado e trabalho temporário: Espanha, Itália, Brasil. *Revista do Direito Trabalhista,* Brasília, n. 4, abr. 1998.

________. Contribuição Confederativa. *Revista de Direito do Trabalho*, São Paulo, n. 79/92.

________. *Direito Sindical Brasileiro*. Rio de Janeiro: Brasília, 1976.

________. *Direito do Trabalho. Estudos*. Rio de Janeiro: Freitas Bastos, 1981.

________. *Os Direitos Sociais na Constituição e outros estudos*. São Paulo: LTr, 1991.

________. *Temas de Direito Social*. Rio de Janeiro: Freitas Bastos, 1984.

ROQUETA BUJ, Remedios. *El trabajo de los deportistas profesionales*. Valencia: Tirant Blanch, 1996.

ROUSSEAU *apud* BEAVOIR, Simone de. *O segundo sexo. 1. Fatos e mitos*. Rio de Janeiro: Editora Nova Fronteira, 1980. Trad. Sérgio Milliet.

RUIZ MIGUEL, Carlos. *La configuración constitucional del derecho a la intimidad*. Madrid: Editorial Tecnos, 1995.

RUPRECHT, Alfredo. *Conflitos coletivos de trabalho*. São Paulo: LTr. Trad.: José Luiz Ferreira Prunes.

________. *Os princípios do Direito do Trabalho*. São Paulo: LTr, 1995. Trad.: Edilson A. Cunha.

RUSSOMANO, Mozart Victor. A propósito da Lei n. 9.601, de 21 de janeiro de 1998. *Revista Gênesis*, Curitiba, abr. 1998.

________. *Comentários à Consolidação das Leis do Trabalho*. v. 1. 13. ed. Rio de Janeiro: Forense.

________. *Direito Sindical. Princípios Gerais*. Rio de Janeiro: José Konfino Editora, 1975.

________. *O Aviso Prévio no Direito do Trabalho*. Rio de Janeiro: José Konfino Editora, 1961.

________. *O empregado e o empregador no Direito Brasileiro*. Rio de Janeiro: Forense, 1984.

________ & CABANELLAS, G. *Conflitos Coletivos de Trabalho*. São Paulo: Revista dos Tribunais, 1979.

SAAD, Eduardo Gabriel. *Constituição e direito do trabalho*. São Paulo: LTr, 1989.

________. Temas trabalhistas. Do serviço voluntário. Nova lei. *Suplemento trabalhista LTr*, São Paulo, 42/98.

SADY, João José. *Direito do Trabalho do Professor*. São Paulo: LTr, 1996.

SALA FRANCO, Tomás. La política social en la Comunidad Europea. *Revista Relasur*, Montevideo, n. 1, 1993.

________. El debate sobre políticas de flexibilidad laboral y el derecho del Trabajo. *Revista Jurídica do Trabalho*, Salvador/Lisboa, n. 3, out./dez. 1988.

SALVADOR ALARCON Y HORCAS. Código del Trabajo, 1º v., Madrid, 1927, *apud* RUSSOMANO, Mozart Victor. *Aviso prévio no Direito do Trabalho*.

SALVATORE, Hernandez. Lavori atipici e autonomia colletiva: un incontro difficile. *Rivista Il Diritto del Lavoro*, n. 4, jul./ago. 2000. *Revista Síntese* 33/01. Resumido e traduzido por Marco Antônio César Villatore.

________. Uma releitura da inderrogabilidade na crise dos princípios do Direito do Trabalho. *Revista Synthesis 39/04*. Resumido e traduzido por Paulo Augusto Câmara.

SAMPAIO, Ricardo. O rurícola boia-fria é empregado: não há autonomia, nem vazio legal. *Revista LTr*, São Paulo, 48-11/1306.

SANCHES DE LA TORRE, Angel. *Los principios clásicos del derecho*. Madrid: Union Editorial, 1975.

SANTONI, Francesco. *A tutela da dignidade e da privacidade do empregado. Princípios para um Código-Tipo de Direito do Trabalho para a América Latina*. São Paulo: LTr, 1996. Coord. de Gian Carlo Perone e Sandro Schipani.

SANTOS, Aloysio. O art. 8º, III, da Constituição Federal e a Substituição Processual. *Revista LTr*, São Paulo, 54-4/427.

________. *Manual de contrato de trabalho doméstico*. São Paulo: LTr, 1989.

SANTOS, Brasilino Pereira dos. *As medidas provisórias no Direito Comparado e no Brasil*. São Paulo: LTr, 1994.

SANTOS, Edilton Meireles de. O doméstico e a estabilidade sindical provisória. *Suplemento Trabalhista LTr*, São Paulo, LTr, v. 26, n. 27, 1990.

SANTOS, Moacyr Amaral dos. *Primeiras Linhas*. São Paulo: Saraiva, 1987.

SANTOS, Reinaldo. *Empregado Doméstico*. Rio de Janeiro: Edições Trabalhistas, 1986.

SARDEGNA, Miguel Angel. *Ley de Contrato de Trabajo y sus reformas*. Buenos Aires: Editorial Universidad, 1999.

SAVATIER, Jean. La situation au regard du droit du travail, des pasteurs de l'Église reformée. *Droit Social*, Paris, n. 4, avr. 1987.

SAVATIER, René. *Traité de la responsabilité civil en Droit français*. Paris: Librairie Generale de Droit et Jurisprudence, 1951.

________. *La Théorie des Vision Juridique et Economique*. Paris: Librairie Dalloz, 1967.

SCHNIDER DE VILLEGAS, Gisela. Trabajadores a domicilio: necesidad de una protección social. *Revista Internacional del Trabajo*, Ginebra, v. 109, n. 3, 1990.

SCOGNAMIGLIO, Renato. *Manuale di Diritto del Lavoro*. Napoli: Jovene Editore, 2003.

SEGADAS VIANNA, J. de. *Instituições de Direito do Trabalho*. Rio de Janeiro: Livraria Freitas Bastos, 1974.

________. *Greve. Direito ou violência?* Rio de Janeiro: Livraria Freitas Bastos, 1959.

________ e outros. *Instituições de Direito do Trabalho*. São Paulo: LTr, 1993.

SÉGURET, Marie-Claire. Igualdad de oportunidades y de trato entre trabajadores y trabajadoras; trabajadores con responsabilidades familiares. *Conferencia Internacional del Trabajo*, 66ª reunión, 1980. Informe VI (1), Ginebra: Oficina Internacional del Trabajo, 1980.

________. ¿Mejorarán algún día las condiciones de trabajo de las mujeres? *Revista Internacional del Trabajo,* Ginebra, v. 102, n. 3, 1983.

Semanário Francês Le Point Paris, n. 1.010, 25 ene. 1992.

SENA, Adriana Goulart de. *A nova caracterização da sucessão trabalhista*. São Paulo: LTr, 2000, p. 285-286 (dissertação de mestrado apresentada à Faculdade de Direito da UFMG).

SERVAIS, Jean Michel. Flexibilidad y rigor de las normas internacionales del trabajo. *Revista Internacional del Trabajo*, Ginebra, abr./jun. 1986, v. 105, n. 2.

SIDAOUI, Alberto. *Teoría general de las obligaciones en el Derecho del Trabajo*. México: Porrua Hnos, 1946.

SILVA, Antônio Álvares da. *Direito Coletivo do Trabalho*. Rio de Janeiro: Forense, 1979.

SILVA, Homero Batista Mateus da. A discreta vigência da Convenção n. 132 da OIT sobre férias anuais remuneradas. *Revista Synthesis* 34/2002.

SILVA, José Afonso da. *Curso de Direito Constitucional Positivo*. São Paulo: Malheiros Editores, 1992.

SILVA, Luiz de Pinho Pedreira da. A reparação do dano moral no Direito do Trabalho. *Revista LTr*, São Paulo, 55-5/552.

________. A Problemática da Negociação Coletiva dos Servidores Públicos. *Revista LTr*, São Paulo, 54-3/90 e *Revista Synthesis*, São Paulo, 11/90.

________. *Principiologia do Direito do Trabalho*. Salvador: Gráfica Contraste, 1996.

SILVA, Regina Tavares da; DOMINGUEZ, Cristina; LEMOS, Conceição. A imagem da mulher na publicidade. *Cadernos da Condição Feminina*, Lisboa, mar. 1979, n. 10.

SILVA, Wilson Melo da. *O dano moral e sua reparação*. 2. ed. Rio de Janeiro: Forense, 1969.

SILVEIRA, Alípio. Analogia. *Repertório enciclopédico do direito brasileiro*. Rio de Janeiro: Borsoi, s/d.

SIMIN, Valente. *L'estinzione del rapporto di lavoro*. Milano, 1949.

SIMÕES, Carlos. O Sindicato e a Representação Processual da Categoria. *Revista LTr*, São Paulo, 54-4/399.

SOARES FILHO, José. *A proteção da relação de emprego*. São Paulo: LTr, 2002.

SORIA, José Vidal. Las Cartas Sociales Europeas en la Construcción de la Europa Social. *Revista Relasur*, Montevideo, n. 1, 1993.

SOTELO FILIPPE, Márcio. *Razão Jurídica e Dignidade Humana*. São Paulo: Max Limonad, 1999.

SOUTO MAIOR, Jorge Luiz. I — O Procedimento Sumaríssimo Trabalhista. II — Comissões de Conciliação Prévia. *Suplemento Trabalhista LTr*, São Paulo, 33/00.

SULLEROT, Evelyne. *Igualdad de remuneración entre hombres y mujeres en los Estados de Europa miembros de la CEE. Las Trabajadoras y la Sociedad*. Ginebra, 1976.

________. *Historia y Sociología del trabajo femenino*. Barcelona: Ediciones 62, 1970. Trad. Bustamante Ortiz.

SUPIOT, Alain. Principe d'égalité et limites du droit du travail (en marge de l'arrêt Stoeckel). *Droit Social*, Paris, avr. 1992, n. 4.

SÜSSEKIND, Arnaldo; MARANHÃO, Délio; SEGADAS VIANNA, J. de. *Instituições de Direito Trabalho*. Rio de Janeiro: Freitas Bastos, 1971.

SÜSSEKIND, Arnaldo Lopes. As Convenções da OIT sobre proteção à maternidade e a legislação brasileira. *Revista do Direito Trabalhista*. Brasília: Consulex, jul. 2000.

________. As horas extras e os depósitos do FGTS. *Revista LTr,* São Paulo, v. 32/125, 1968.

________. *Comentários à CLT e à legislação complementar*. Rio de Janeiro: Freitas Bastos, 1964.

________. *Duração do trabalho e repousos remunerados*. Rio de Janeiro: Freitas Bastos, 1950.

________. *Instituições de Direito do Trabalho*. 16. ed. São Paulo: LTr, 1996.

________. Prescrição. *Revista LTr*, São Paulo, 53-9/1019.

________. *Temas atuais de Trabalho e Previdência*. São Paulo: LTr, 1976.

________. *Trabalhador Rural. Pareceres*. São Paulo: LTr, 1984.

________. Tutela da personalidade do empregado. *Revista LTr*, São Paulo, 59-5/595.

TAGLIALEGNA, Aldon e DIAS, Renato Costa. Comprovação do cumprimento das obrigações trabalhistas pelo empregador rural. *Revista LTr*, São Paulo, 53-6/663.

TEIXEIRA, João Régis. *Direito do Trabalho*. São Paulo: Sugestões Literárias, 1968.

TEIXEIRA, Sérgio Torres. *Proteção à relação de emprego*. São Paulo: LTr, 1998.

TEIXEIRA FILHO, João de Lima. O dano moral no Direito do Trabalho. *Revista LTr*, São Paulo, 60-9/1179.

________. O Mercosul e as Relações de Trabalho. *Revista Trabalho e Processo*, n. 2, set. 1994.

________. *Repertório de Jurisprudência Trabalhista*. Rio de Janeiro: Freitas Bastos. 6 v.

________. *Repertório de Jurisprudência Trabalhista*. Rio de Janeiro: Renovar. 3 v.

TEIXEIRA FILHO, Manoel Antonio. *A prova no processo do trabalho*. São Paulo: LTr, 1997.

________. *Ação Rescisória no Processo do Trabalho*. São Paulo: LTr, 1991.

TERRADILLOS ORMAETXEA, Edurne. *Principio de proporcionalidad constitución y derecho del trabajo*. Valencia: Tirant to Blanch, 2004.

TERREL, Katherine. Estructura ocupacional y diferencias salariales entre mujeres y hombres. *Revista Internacional del Trabajo*, Ginebra, 1993, v. 112, n. 1.

THEODORO JÚNIOR, Humberto. Alguns impactos da nova ordem constitucional sobre o Direito Civil. *In: Direitos de família e do menor*. Coord.: Sálvio Figueiredo Teixeira. Belo Horizonte: Del Rey, 1993.

________. Distinção científica entre prescrição e decadência. Um tributo à obra de Agnelo Amorim Filho. *Revista Juris Plenum*. Caxias do Sul: Editora Plenum, maio 2005.

THOMPSON, Edward. Protección internacional de los derechos de los artistas intérpretes o ejecutantes; alguns problemas atuais. *Revista Internacional del trabajo*, Ginebra, v. 87, n. 4, abr. 1973.

TOSTES MALTA, Christovão Piragibe. *Comentários à Consolidação das Leis do Trabalho*. São Paulo: LTr, 1993.

________. *Prática do Processo Trabalhista*. São Paulo: LTr, 1989.

TRINDADE, Antônio A. C. e PIOVESAN, Flávia. *Direitos Humanos e Direito Constitucional Internacional*. São Paulo: Max Limonad, 1996.

TRINDADE, Washington Luiz da. A Inatualidade da Confederação e da Contribuição Confederativa. *Revista de Direito do Trabalho*, São Paulo, n. 79, set. 1992.

TRUEBA-URBINA, Alberto. *Nuevo Derecho Procesal del Trabajo*. México: Porrúa, 1978.

VACCA, Michele. *Il Diritto di Sciopero e Limitazioni nelle Organizzazioni e nei paesi Europei*. Milano: Giuffrè, 1983.

VALDEOLIVAS GARCIA, Yolanda. *Antisindicalidad y relaciones de trabajo (un estudio de la conducta antisindical en la empresa)*. Madrid: Ediciones de la Universidad Autonoma, 1994.

VALDÉS DAL-RE. Límites al Derecho de Huelga: opuntes críticos e ALLEVA, G. L'esercízio del diritto di sciopero nele aziende con impianti a ciclo continuo. *Rivista Giuridica del Lavoro*, 1, 1976.

VALTICOS, Nikolas. *Droit International du Travail*. 2. ed. Paris: Dalloz, 1983.

VANDERSANDEN, Georges. *Droit des Communautes Europeenes*. Bruxelles: Presses Universitaires de Bruxelles, 1996. 3 v.

VARELA, Antunes. *Manual de Processo Civil*. Coimbra: Coimbra Editora, 1985.

VARELLA, Raúl H. *Participação do Poder Executivo e do Poder Legislativo no processo de ratificação das Convenções Internacionais do Trabalho. Estudos sobre as fontes do Direito do Trabalho*. São Paulo: LTr, 1998. Coord.: Plá Rodriguez.

VASILACHIS DE GIALDINO, Irene. *Las condiciones de trabajo*. Buenos Aires: Abele do Pierrot, 1986.

VASQUEZ VIALARDI, Antonio. *Derecho del Trabajo*. Buenos Aires: Astrea, 1981.

________. *La responsabilidad en el derecho del trabajo*. Buenos Aires: Astrea, 1988.

VEGA RUIZ, Maria Luz. El trabajo a domicilio: un análisis comparativo de la legislación y la práctica. *Documento da OIT*, Ginebra, n. 10, 1995.

VERDIER, Jean-Maurice. *Droit du Travail*. Paris: Dalloz, 1990.

VERNENGO, Roberto J. *La interpretación literal de la ley*. 2. ed. Buenos Aires: Abeledo--Perrot, 1994.

VESCOVI. *Introducción al derecho*. Montevideo: Idea, 1995.

VIANA, Márcio Túlio. *Direito de resistência. Possibilidade de autodefesa do empregado em face do empregador*. São Paulo: LTr, 1996.

VILLELA, João Baptista. Sobre Renúncia e Transação no Direito do Trabalho. *Curso de Direito do Trabalho. Estudos em memória de Célio Goyatá*. São Paulo: LTr, 1996. Coord.: Alice Monteiro de Barros.

VOGEL-POLSKY, Eliane. Los programas de acción positiva en provecho de las mujeres, 1. Análisis teórico. *Revista Internacional del Trabajo*, Ginebra, abr./jun. 1985, v. 104, n. 2.

________. Los programas de acción positiva en provecho de las mujeres, 2. La práctica. *Revista Internacional del Trabajo*, Ginebra, jul./set. 1985, v. 104, n. 3.

XAVIER, Bernardo da Gama Lobo. *Direito de greve*. Lisboa: Verbo, 1984.

ZAMORA Y CASTILLO, Luis Alcala e CABANELLAS DE TORRES, Guillermo. *Tratado de Política Laboral y Social*. T. II. Buenos Aires: Heliasta, SRL, 1972.

ZAVALA DE GONZÁLEZ, Matilde. *El daño colectivo, en Derecho de Daños*. Buenos Aires: La Rocca, 1989.